DICCIONARIO
escolar
DE LA LENGUA ESPAÑOLA

Ilustrado a color

EVEREST
DICCIONARIOS

Dirección editorial
Raquel López Varela

Coordinación editorial
Ana Rodríguez Vega

Redacción
Ángeles Llamazares

Equipo lexicográfico
Yolanda Lobejón
Ana Cristina López Viñuela

Maquetación
Carmen García Rodríguez
Ana Cristina López Viñuela

Corrección
Carmen Gutiérrez Gutiérrez

Ilustración
Francisco Morais
Carlos Martín Suaz

Diseño de cubierta
David de Ramón

Queda prohibida, salvo excepción prevista por la ley, la reproducción total oparcial de este libro, su tratamiento informático y su transmisión por culaquier forma o medio, ya sea electrónico, mecánico, por fotocopia, por registro u otros métodos, sin el premiso previo y por escrito de los titulares del Copyright.
Reservados todos los derechos, incluido el derecho de venta, alquiler, préstamo o cualquier otra forma de cesión del uso del ejemplar.
La infracción de los derechos mencionados puede ser constitutiva de delito contra la propiedad intelectual (arts. 270 y ss. Código Penal). El centro Español de Derechos Reprográficos (www.cedro.org) vela por el respeto de los citados derechos.

© EDITORIAL EVEREST, S. A.
Carretera León-La Coruña, km 5 - LEÓN
ISBN: 84-241-1107-9 (Libro + CD-ROM)
Depósito legal: LE. 901-2005
Printed in Spain - Impreso en España

EDITORIAL EVERGRÁFICAS, S. L.
Carretera León-La Coruña, km 5
LEÓN (España)

www.everest. es
Atención al cliente: 902 123 400

Presentación

Dentro de los distintos registros que posee una lengua, el vocabulario es uno de los elementos más importantes en la comunicación humana. Conocer el significado exacto de las palabras y tener una ortografía correcta siguen siendo los dos objetivos más importantes en la enseñanza de cualquier lengua. Entre los instrumentos que puede utilizar un escolar para conocer mejor su propia lengua, el uso del diccionario juega un papel primordial y determinante, por ello, tan pronto como el estudiante tiene un dominio de la lectura, conviene adiestrarle en el uso del diccionario.

Un diccionario escolar lleva consigo, en primer lugar, una síntesis léxica, es decir, una reducción del vocabulario en función de las necesidades que se le plantean al estudiante en cada ciclo. Además de la reducción léxica, se impone también, una reducción semántica, que se reflejará en la concisión y claridad de las definiciones. Cada voz puede tener muy distintas definiciones, así, el diccionario escolar ha de ofrecer, por tanto, una selección de los campos semánticos en función de las necesidades del estudiante.

Con el **Diccionario Escolar de la Lengua Española**, creemos haber acertado plenamente en el intento de ofrecer un auténtico diccionario escolar. Su corpus léxico resulta sintético, y a la vez lo suficientemente amplio para responder a las necesidades de un estudiante de 1º y 2º ciclo de ESO. Asimismo, las definiciones recogidas para cada voz reúnen claridad y concisión. Por último, hemos ilustrado todas y cada una de las acepciones con su correspondiente ejemplo, para aclarar más, si es posible, los diferentes usos de cada definición dentro de su contexto. Claramente diferenciado tipográficamente, podemos encontrar además en cada voz una completa descripción gramatical que incluye: partición silábica e indicación de la sílaba tónica, categoría gramatical, morfemas de género y número, así como sinónimos y antónimos. En el caso particular de los verbos se señala, además de lo ya reseñado, su naturaleza (transitivo, intransitivo, impersonal, etc.), su posible uso pronominal y si su conjugación es regular o irregular, remitiendo siempre al modelo de conjugación correspondiente en cada caso.

Si a ello le sumamos lo manejable del formato, la profusión de láminas ilustradas, así como la gran cantidad de cuadros de conjugaciones de verbos irregulares, gramática y de variado contenido enciclopédico, consideramos sin ningún lugar a dudas que nos encontramos ante un pequeño gran diccionario.

EDITORIAL EVEREST

Cómo utilizar este diccionario

Entradas o voces

La ordenación de las entradas sigue el criterio alfabético. La *ch* y la *ll*, siguiendo la decisión adoptada por las Academias de la Lengua de los países de habla castellana, aparecen alfabetizadas dentro de la *c* y la *l*, respectivamente.

Las voces formadas por más de una palabra, separadas o no por un guión, coma, etc., se alfabetizan como si fueran una sola palabra. Ej.: **jet set** va detrás de **jeta**, **best-séller** va detrás de **beso**, **órdiga!**, **¡la** va delante de **ordinal**, etc.

Todas las voces del diccionario aparecen escritas en minúscula, salvo aquellas que tienen como categoría gramatical *nombre propio (n. p.)*, que van escritas en mayúscula. Por otra parte, aparecen escritas en minúscula aquellas voces que en alguna de sus acepciones tienen categoría gramatical *nombre propio (n. p.)*, presentando dicha acepción una observación ortográfica (✎ y **ORT.**) en la que se especifica que se ha de escribir con mayúscula.

Maricastaña *n. p.* Personaje proverbial símbolo de antigüedad muy remota.

norte *n. p.* Uno de los cuatro puntos cardinales. **ORT.** Se escribe con mayúscula. [...]

Se ha hecho un importante esfuerzo por incluir en el presente diccionario no sólo aquellas palabras aceptadas por la RAE, sino también numerosos extranjerismos y neologismos de uso frecuente en nuestro idioma, y que dicha institución todavía no ha recogido en su diccionario. Asimismo, se han incluido, tanto en las acepciones como bajo entradas particulares, numerosos americanismos.

Por último, nos quedarían por distinguir los distintos tipos de entradas que hemos diferenciado:

• Aquéllas sin ningún tipo de peculiaridad, es decir, en las que la voz aparece definida en todas y cada una de sus acepciones.

• Envío, palabra marcada con un asterisco (*), a donde se remite la definición de la actual. Ej.: **e-mail** *s. m.* *Correo electrónico.

• Entradas de homónimos, distinguidas con números árabes. Ej.: **coco**^{1}, **coco**^{2}, **coco**^{3}.

Acepciones

Encabeza cada acepción su categoría gramatical, el estrato del habla o contexto en el que se utiliza (*fam., vulg., desp.* y *amer.*), así como el país o países en los que se registra su uso, si se trata de un americanismo.

En cuanto al orden, aparecen en primer lugar las acepciones de uso más frecuente, les siguen las utilizadas en un entorno familiar y las acepciones de carácter técnico, a continuación los americanismos y, por último, los términos compuestos, locuciones y frases hechas de mayor rentabilidad en el idioma.

Se ha evitado en las definiciones cualquier tipo de referencia sexista o de discriminaciones sociales, políticas, etc., adecuando el significado de muchas palabras a su uso en la sociedad actual.

Igualmente, detrás de todas las acepciones, y con el fin de comprenderlas y utilizarlas correctamente, aparece siempre un ejemplo de uso, salvo en el caso de los americanismos, y los términos compuestos, locuciones y frases hechas.

Términos compuestos

Éstos aparecen por orden alfabético dentro de cada voz, delante de las locuciones (**LOC.**), numerados correlativamente con el resto de las acepciones.

Locuciones

Las locuciones se sitúan a continuación de los compuestos. Éstas se recogen en la entrada de la palabra de mayor importancia gramatical, dando prioridad según el siguiente orden: sustantivo, verbo, adjetivo, pronombre y adverbio.

¿Qué orden presentan cuando aparecen varias locuciones? Si la palabra de mayor importancia gramatical no tiene un uso independiente en la lengua, la locución irá bajo una entrada formada por dicha palabra. Por su parte, las locuciones que aparecen de forma independiente están incluidas por el orden alfabético de la primera palabra, siendo su lema la locución completa.

Observaciones

En cada acepción se recogen las indicaciones más relevantes desde el punto de vista gramatical (**GRA.**), cuando proceda. En él se recogen aquellas observaciones de morfología con información sobre la flexión nominal y verbal. También se recogen indicaciones ortográficas (**ORT.**) y otras curiosidades lingüísticas (**OBS.**).

Por otra parte, al final de cada artículo, aparecen también otro tipo de indicaciones, que afectan a todas las acepciones de la entrada desde el punto de vista gramatical y ortográfico (✎), y semántico (☞). Bajo el signo (✎) se recogen las observaciones gramaticales y ortográficas que hacen referencia a las posibilidades de irregularidades en la conjugación, remitiendo al modelo de conjugación; de sintaxis, como los regímenes de construcción verbal, y de uso, acercando la norma de la lengua al uso del término en el habla; también se hacen indicaciones sobre irregularidades ortográficas en la conjugación de los verbos.

Bajo el signo (☞) se llama la atención sobre la existencia de palabras homófonas, y se hace referencia a otras posibles grafías y pronunciaciones de las voces. Asimismo, se señalan indicaciones de uso y semánticas.

Sinónimos y antónimos

Aparecen incluidos en cada voz detrás de las acepciones. De esta manera, además de ofrecer una valiosísima información desde el punto de vista lexicográfico, se consigue una mejor comprensión de la acepción a que se refieren.

Ilustraciones

Éstas se presentan a lo largo del diccionario agrupadas en 70 láminas temáticas a color, que tratan de ejemplificar gráficamente las definiciones de los términos, a la vez que aportan nuevos datos que amplían la significación de los mismos.

Cuadros informativos

A lo largo del diccionario se recogen cuadros informativos sobre las distintas materias, que se señalan con su correspondiente icono al final de la entrada: Arte (🎨), Ciencia (⚛), Geografía (🌐), Historia (📕), los Seres Vivos (✺), Universo (☀) y Gramática (✎). Además, dentro del apartado de Gramática (✎) pueden encontrarse cuadros gramaticales sobre el acento, conjugaciones, diptongos, medidas, cardinales y ordinales, preposiciones y pronombres, etc.

Guía de consulta

PARTICIÓN SILÁBICA de cada voz con indicación de la sílaba tónica, siguiendo las normas de la RAE.

CATEGORÍA GRAMATICAL de cada acepción.

SINÓNIMOS Y ANTÓNIMOS que ofrecen una valiosa información para conseguir una mejor comprensión de la acepción a que se refiere.

OBSERVACIONES ORTOGRÁFICAS Y SEMÁNTICAS sobre plurales irregulares, castellanización y pronunciación de extranjerismos, etc.

AMERICANISMOS de uso más frecuente.

accidente (ac-ci-**den**-te) *s. m.* **1.** Suceso imprevisto que normalmente causa algún daño y sucede sin quererlo nadie. *Tuvo un accidente, chocó contra un árbol.* **SIN.** Incidente, desgracia, percance, contratiempo. **2.** Escabrosidad o irregularidad del terreno. *La montaña tenía muchos accidentes.* **3.** Aquello que no es esencial. *La belleza en una persona es un accidente, lo importante son sus sentimientos.* **4.** Cada una de las modificaciones que sufren las partes variables de la oración. *Los accidentes gramaticales del sustantivo son género y número; los del verbo, modo, tiempo, número y persona.* ‖ **5. accidente de trabajo** Daño que sufre un trabajador a consecuencia del trabajo que realiza. ‖ **LOC. por accidente** Por casualidad.

acertar (a-cer-**tar**) *v. tr.* **1.** Dar en el punto a que se dirige algo. **GRA.** También v. intr. *Acertó en el blanco.* **SIN.** Atinar. **2.** Encontrar la respuesta o solución a algo dudoso, desconocido u oculto. **GRA.** También v. intr. *Acerté los resultados de todos los problemas de matemáticas.* **SIN.** Adivinar, descifrar, hallar, resolver, solucionar. **ANT.** Errar, equivocarse, engañarse, divagar, alejarse. ‖ *v. intr.* **3.** Con la preposición "a" y un verbo en infinitivo, suceder por casualidad. *Acertó a pasar por allí cuando sucedió el accidente.* 🐌 v. irreg. ✍

INDICATIVO	SUBJUNTIVO	IMPERATIVO
Pres.	Pres.	
acierto	acierte	
aciertas	aciertes	acierta
acierta	acierte	acierte
acertamos	acertemos	acertemos
acertáis	acertéis	acertad
aciertan	acierten	acierten

acerca de (a-**cer**-ca) *loc. adv.* En cuanto a, sobre, respecto a. *No diré nada acerca de lo que hablamos.* ☞ *La omisión de la prep. "de" es un vulgarismo.*

achuchado, da (a-chu-**cha**-do) *adj., fam.* Con dificultades económicas. *Este mes estoy un poco achuchado, tendré que reducir gastos.* **ANT.** Sobrado.

arenga (a-**ren**-ga) *s. f.* **1.** Discurso pronunciado solemnemente. *El general pronunció una arenga a sus soldados.* **2.** *Chil.* Disputa.

EJEMPLOS de cada acepción con el fin de comprenderlas y utilizarlas correctamente.

TÉRMINOS COMPUESTOS Y LOCUCIONES de uso más frecuente.

OBSERVACIONES GRAMATICALES sobre morfología con información sobre la flexión nominal y verbal, que afectan a todas las acepciones.

CUADROS DE VERBOS IRREGULARES

NIVEL DEL LENGUAJE en el que se usa cada definición.

6

Abreviaturas

A		**F**		onomat.	onomatopeya	
a. C.	antes de Cristo	f.	femenino	ord.	ordinal	
abrev.	abreviatura	fam.	familiar	**ORT**.	observaciones ortográficas	
adj.	adjetivo	fra.	frase			
adv.	adverbio	fut.	futuro			
adv. m.	adverbio de modo			**P**		
afirm.	afirmativo	**G**		p. a.	participio activo	
amb.	ambiguo	ger.	gerundio	pag.	página	
amer.	americanismo	**GRA**.	observaciones gramaticales	Par.	Paraguay	
ANT.	antónimos			part.	partitivo	
apóc.	apócope	Guat.	Guatemala	pers.	persona, personal	
Arg.	Argentina			pl.	plural	
art.	artículo	**H**		Por antonom.	Por antonomasia	
aux.	auxiliar	Hond.	Honduras	Por ext.	Por extensión	
				pos.	posesivo	
B		**I**		p. p.	participio pasivo	
Bol.	Bolivia	imperat.	imperativo	pref.	prefijo	
		impers.	impersonal	prep.	preposición	
C		indef.	indefinido	pres.	presente	
c.	cantidad	indet.	indeterminado	pret. imperf.	pretérito imperfecto	
card.	cardinal	indicat.	indicativo	pret. perf.	pretérito perfecto	
cg	centigramo	inf.	infinitivo	P. Ric.	Puerto Rico	
Chil.	Chile	int.	interrogativo	prnl.	pronominal	
Col.	Colombia	intr.	intransitivo	pron.	pronombre	
compar.	comparativo	irreg.	irregular			
cond.	condicional			**R**		
conj.	conjunción	**L**		rel.	relativo	
contracc.	contracción	l.	lugar			
cop.	copulativo	loc.	locución	**S**		
C. Ric.	Costa Rica	**LOC**.	frases hechas	s.	sustantivo	
Cub.	Cuba			sing.	singular	
		M		**SIN**.	sinónimos	
D		m.	masculino	subj.	subjuntivo	
d. C.	después de Cristo	m	metro	suf.	sufijo	
defect.	defectivo	Méx.	México	sup.	superlativo	
dem.	demostrativo	mm	milímetro			
desp.	despectivo	mult.	multiplicativo	**T**		
det.	determinado			t.	tiempo	
dg	decigramo	**N**		tr.	transitivo	
distrib.	distributivo	n.	neutro			
dm	decímetro	neg.	negación	**U**		
dud.	duda	Nic.	Nicaragua	unipers.	unipersonal	
		n. p.	nombre propio	Ur.	Uruguay	
E		num.	numeral			
Ec.	Ecuador			**V**		
enclít.	enclítico	**O**		v.	verbo	
excl.	exclamativo	**OBS**.	observaciones lingüísticas	vulg.	vulgarismo	
expr.	expresión					

Ilustraciones

	página		página
Aeronáutica	42	Laboratorio	599
Ajedrez	53	Lámparas	602
Albañilería	55	Libro	619
Anatomía	72		
Arcos arquitectónicos	91	Mariposa	661
Arquitectura	94	Motocicleta	708
Atmósfera	108	Motores	709
		Muebles	712
Bicicleta	137		
Boca	143	Náutica	723
Bosque	148	Nudos	738
Caballo	158	Ojo	751
Calzado	170	Órdenes arquitectónicos	759
Cámara fotográfica	171		
Carpintería	186	Pavimentos	799
Castillo	192	Pesca	817
Círculo y circunferencia	215	Picos	822
Columnas	227	Piel	823
Cráneo	261	Poleas	841
		Puentes	878
Dedos	281	Puertas	879
Dentadura	287		
Deportes	290	Quiróptero	891
Electricidad	357	Radar	895
Engranajes	379	Relojes	932
Escala de un mapa	397	Reptiles	942
Estómago	418	Río	958
Falla	436		
Ferrocarril	445	Señales de tráfico	989
Flor	454	Sillas	999
Fotosíntesis	461	Submarino	1019
Gallo	473	Tecnología	1040
Glaciar	485	Televisor	1042
Grúas	497	Túneles	1085
Herramientas	516	Ungulados	1091
Hojas	523		
		Velas	1106
Instrumentos musicales	570	Vértebra	1116
		Volcán	1131
Jardinería	587		
Juegos de mesa	591	Zancudas	1144

a¹ *s. f.* Primera letra del abecedario español y primera de sus vocales. *Ana empieza por "a".* ‖ **LOC. a por a y b por b** Punto por punto. ✎ Su pl. es "aes".

a² *prep.* **1.** Une el verbo con el complemento indirecto y con el directo cuando éste es de persona. *Di la mitad de mi bocadillo a Luis. Vi a tu hermana.* **2.** Indica la dirección que lleva o el lugar al que se dirige una persona o cosa. *Mi padre fue a Madrid.* **3.** Indica también lugar o tiempo. *Estaba a la orilla del río. El partido dará comienzo a las cinco.* **4.** Marca la distancia en el tiempo y en el espacio. *De seis a siete de la tarde. De acera a acera.* **5.** Expresa modo. *Iba a caballo.* **6.** Indica finalidad. *Fui a la estación a esperar al abuelo.* **7.** Expresa distribución de cosas. *Tocamos a tres manzanas por cabeza.* **8.** Compara dos o más personas o cosas. *De Pedro a Luis, prefiero a Luis.* **9.** Señala el precio de una cosa. *Las manzanas son a 75 pesetas el kilo.* **10.** Indica una orden. *¡A cenar! ¡Al ataque!* ‖ **LOC. a que** Aparece en frases interrogativas o exclamativas expresando una idea de convencimiento, temor, desafío o censura. ☞ No debe confundirse con "ha" del v. "haber" (*Se ha roto*) o con la interj. "¡ah!" (*¡Ah, no me había dado cuenta!*)

abacería (a-ba-ce-**rí**-a) *s. f.* Tienda donde se venden comestibles como aceite, vinagre, legumbres secas, bacalao, etc. *Compré estos garbanzos en la abacería del barrio viejo.* **SIN.** Ultramarinos, comercio, puesto.

ábaco (**á**-ba-co) *s. m.* **1.** Tablero compuesto de un marco de madera que sostiene diez cables paralelos, en cada uno de los cuales corren diez bolas. Se usa para aprender a contar o hacer otras operaciones matemáticas. *En la escuela le están enseñando a contar con un ábaco.* **SIN.** Numerador, tabla, marcador, tanteador. **2.** Pieza en forma de tablero que se coloca en la parte superior del capitel de una columna. *El equino y el ábaco son las dos piezas que forman un capitel dórico.* **3.** Especie de cajón para lavar los minerales. *En el laboratorio del colegio hay un ábaco para lavar las piedras que recogemos cuando vamos de excursión.* **SIN.** Artesa.

abad (a-**bad**) *s. m.* **1.** Superior de un monasterio o comunidad religiosa en la que viven frailes. *El abad presidió el rezo.* **SIN.** Rector. **2.** Dignidad superior de algunas colegiatas. *A la ceremonia de la Santa Misa de este domingo asistirá el abad.* **3.** En algunas regiones, cura párroco. *La gente del pueblo apreciaba mucho a su abad.* **SIN.** Sacerdote, capellán.

abadejo (a-ba-**de**-jo) *s. m.* **1.** Bacalao salado y prensado. *Nunca he comido abadejo.* **2.** Nombre común a varios peces de la misma especie que el bacalao. *El abadejo es un pez marino.*

abadesa (a-ba-**de**-sa) *s. f.* Superiora de ciertos conventos de religiosas. *La abadesa reunió a todas las religiosas de la comunidad.*

abadía (a-ba-**dí**-a) *s. f.* Monasterio o comunidad religiosa regida por un abad o una abadesa. *Al lado de la abadía se podía contemplar un paisaje maravilloso.* **SIN.** Priorato, colegiata, convento.

abajo (a-**ba**-jo) *adv. l.* **1.** Hacia lugar o parte inferior. *De arriba abajo.* **ANT.** Arriba. **2.** En lugar o parte inferior. *Voy al garaje, que está abajo.* **SIN.** Debajo. **ANT.** Arriba. ‖ *interj.* **3.** Grito que se da contra algo o alguien. *¡Abajo la opresión!* **SIN.** Fuera, muera. **ANT.** Arriba, viva. ☞ No debe confundirse con la forma "a bajo": "a", prep., y "bajo", adj. (*Compré este abrigo a bajo precio*), ni con "debajo", que significa 'en lugar o parte inferior' (*Está colocado debajo*).

abalanzarse (a-ba-lan-**zar**-se) *v. prnl.* **1.** Lanzarse, arrojarse en dirección a alguien o algo. *Al oír el insulto se abalanzó sobre él.* **SIN.** Echarse, desplomarse, arremeter, acometer, lanzarse. **ANT.** Contenerse, reprimirse. **2.** Precipitarse a decir o hacer algo sin pensar. *Se abalanzó a contestar y metió la pata.* **SIN.** Acometer, lanzarse. **ANT.** Contenerse, reprimirse. **3.** *Arg. y Ur.* Encabritarse un caballo. ✎ Se conjuga como abrazar.

abaldonar - abarcar

abaldonar (a-bal-do-**nar**) *v. tr.* Ofender, insultar. **GRA.** También v. prnl. *Estaba harto de que su compañero le abaldonara delante de sus amigos.* **SIN.** Envilecer(se), denigrar(se), afrentar, humillar(se), rebajar(se). **ANT.** Ennoblecer(se), dignificar, honrar.

abalizar (a-ba-li-**zar**) *v. tr.* **1.** Señalar con balizas algún lugar en aguas navegables. *Abalizaron la zona por donde discurría la regata.* **2.** Señalar con balizas las pistas de los aeropuertos y aeródromos o las desviaciones en las carreteras. *Abalizaron el tramo de autopista que estaba en obras.* ✎ Se conjuga como abrazar.

abalorio (a-ba-**lo**-rio) *s. m.* **1.** Cuentecillas de vidrio agujereadas que se meten en un hilo para hacer collares u otros adornos. *Ata bien el hilo para que no se salgan los abalorios.* **SIN.** Cuenta, bolita, lentejuela. **2.** Conjunto de esas cuentecillas. *Se puso el abalorio de cristal de roca para la fiesta.* **SIN.** Collar, gargantilla. **3.** Cualquier adorno o cosa de poco valor. *Tiene muy mal gusto, siempre va lleno de abalorios.* **SIN.** Oropel, quincalla, baratija.

abanderado, da (a-ban-de-**ra**-do) *s. m. y s. f.* Persona que lleva la bandera en los desfiles y otros actos públicos. *El abanderado encabezará el desfile de cada equipo participante en las olimpiadas.* **SIN.** Portaestandarte.

abanderar (a-ban-de-**rar**) *v. tr.* Matricular o registrar un barco bajo la bandera de un determinado país. *Decidieron abanderar el barco en Italia.*

abandonado, da (a-ban-do-**na**-do) *adj.* **1.** Se dice de la persona o cosa que se encuentra desatendida. *Encontramos un perro abandonado y nos lo trajimos a casa.* **SIN.** Solo, descuidado, desamparado. **ANT.** Atendido, cuidado. **2.** Sucio, desaseado. *Deberías limpiar tu habitación, la tienes totalmente abandonada.* **SIN.** Desaliñado, desastrado, desarreglado. **ANT.** Aseado, limpio, ordenado. **3.** *Per.* Calavera, vicioso. ∥ **LOC. tener algo abandonado** Tenerlo desatendido, no preocuparse de ello.

abandonar (a-ban-do-**nar**) *v. tr.* **1.** Dejar solo a alguien o descuidar algo. *No podía entender que algunas personas abandonaran a sus animales de compañía.* **SIN.** Desamparar, desatender, desasistir. **ANT.** Atender, amparar, asistir, cuidar. **2.** Irse de un lugar. *Pablo abandonó su país para buscar trabajo en el extranjero.* **3.** Dejar sin terminar una cosa que se había comenzado. *Abandonó los estudios sin terminar el bachillerato.* **SIN.** Renunciar, desistir. **ANT.** Insistir, seguir. **4.** Retirarse de una prueba deportiva. *Abandonó en la prueba de 10 000 metros.* **ANT.** Continuar. ∥ *v. prnl.* **5.** Dejarse dominar por pasiones o vicios. *Se abandonó a la bebida y tuvo graves problemas.* **SIN.** Entregarse, dejarse llevar. **ANT.** Resistir, ser fuerte. **6.** Descuidar alguien sus intereses, sus obligaciones o su aspecto físico. *Después de la muerte de su esposa, tuvo una fuerte depresión y se abandonó totalmente.*

abandono (a-ban-**do**-no) *s. m.* **1.** Acción de abandonar. *Se vieron obligados al abandono de su casa por no poder pagar la hipoteca.* **SIN.** Desvalimiento, deslealtad, renuncia. **2.** Acción de abandonarse. *Su actitud de abandono no le beneficia nada.*

abanicar (a-ba-ni-**car**) *v. tr.* **1.** Dar aire con el abanico o con otra cosa semejante. **GRA.** Se usa más como v. prnl. *Hacía tanto calor que no paraba de abanicarse.* **2.** *P. Ric.* Tratar con severidad a alguien. ✎ Se conjuga como abarcar.

abanico (a-ba-**ni**-co) *s. m.* **1.** Instrumento plegable de tela o papel sujeto con varillas usado para dar aire que, cuando está abierto, tiene forma de semicírculo. *Le regalaron un abanico de vistosos colores.* **2.** Todo aquello que tiene la forma de abanico. *La gente formó un abanico alrededor del cantante.* **3.** Gama de alguna cosa. *Si terminas la carrera tendrás un amplio abanico de posibilidades.*

abanto (a-**ban**-to) *s. m.* **1.** Ave rapaz de plumaje blanco y alas negras, parecida al buitre pero de menor tamaño. *El abanto tiene un pico y unas uñas muy fuertes.* ∥ *adj.* **2.** Se dice de la persona torpe. *No te molestes en explicárselo, es un poco abanto.* **SIN.** Alelado, atolondrado. **ANT.** Despabilado, avispado.

abaratar (a-ba-ra-**tar**) *v. tr.* Disminuir o bajar el precio de algo. **GRA.** También v. intr. y v. prnl. *La bajada de impuestos abarata el coste de la vida.* **SIN.** Bajar, rebajar(se), depreciar(se), desvalorizar(se). **ANT.** Encarecer(se), subir, aumentar.

abarca (a-**bar**-ca) *s. f.* **1.** Calzado tosco de cuero, goma o caucho que sirve para cubrir la planta del pie y se ata al tobillo con correas. *Traía las abarcas llenas de barro.* **2.** En algunas regiones, zueco, zapato de madera. *No le valían las abarcas con las zapatillas nuevas.* **SIN.** Almadreña.

abarcar (a-bar-**car**) *v. tr.* **1.** Rodear algo con los brazos o con las manos. *No podrás abarcar un paquete tan grande.* **SIN.** Abrazar, ceñir, rodear. **ANT.** Soltar. **2.** Contener una cosa en sí misma. *Esta comarca abarca la mayor parte de la provincia.* **SIN.** Englobar, incluir, comprender. **ANT.** Excluir. **3.** Alcanzar con la vista. *El mar es tan grande que la mirada no lo abarca.* **SIN.** Dominar. **4.** *fam.* Tener o desempeñar

abarquillar - abecé

alguien muchos negocios o cosas al mismo tiempo. *Quien mucho abarca poco aprieta.* **5.** *amer.* Acaparar. ✎ v. con irregularidad ortográfica: se escribe "qu" en vez de "c" seguido de "-e" en el presente de subjuntivo, en el imperativo y en la 1ª persona del sing. del pretérito perfecto simple. ✍

INDICATIVO	SUBJUNTIVO	IMPERATIVO
Pret. perf. simple	Pres.	
abarqué	abarque	
abarcaste	abarques	abarca
abarcó	abarque	abarque
abarcamos	abarquemos	abarquemos
abarcasteis	abarquéis	abarcad
abarcaron	abarquen	abarquen

abarquillar (a-bar-qui-**llar**) *v. tr.* Poner curva una superficie plana y delgada. **GRA.** También v. prnl. *La humedad abarquilló la puerta de la bodega.* **SIN.** Alabear(se), combar(se). **ANT.** Enderezar(se).

abarrancar (a-ba-rran-**car**) *v. tr.* **1.** Meter en un barranco. **GRA.** También v. prnl. *Se abarrancó el carro cargado de heno.* ‖ *v. intr.* **2.** Encallar la embarcación. *El temporal hizo que el buque abarrancara.* **SIN.** Embarrancar, varar. ‖ *v. prnl.* **3.** *fam.* Meterse en un negocio o asunto del que no se puede salir fácilmente. *Se abarrancó en un préstamo con el banco y ahora no tiene dinero para pagarlo.* **SIN.** Atollarse, embarrarse. ✎ Se conjuga como abarcar.

abarrotar (a-ba-rro-**tar**) *v. tr.* **1.** Llenar por completo un recipiente o lugar. *Una hora antes del concierto la gente abarrotaba ya la plaza.* **SIN.** Colmar, atestar, atiborrar, sobrecargar. **ANT.** Vaciar, descargar. **2.** *Arg., Cub., Ec., Per. y Ven.* Abaratarse un producto por su gran abundancia. **3.** *Chil.* Proveer, abastecer.

abastecer (a-bas-te-**cer**) *v. tr.* Proporcionar alimentos y cosas necesarias. **GRA.** También v. prnl. *Se abasteció de carne para toda la semana.* **SIN.** Proveer(se), surtir(se), suministrar, aprovisionar(se), avituallar, abastar. **ANT.** Desabastecer, desproveer. ✎ v. irreg., se conjuga como parecer.

abastecimiento (a-bas-te-ci-**mien**-to) *s. m.* **1.** Acción de abastecer o abastecerse. *A pesar de la huelga de transporte, el abastecimiento de víveres está garantizado.* **SIN.** Provisión, suministro, surtimiento. ‖ **2. abastecimiento de aguas** Suministro de agua potable a una población.

abasto (a-**bas**-to) *s. m.* **1.** Provisión de víveres. *La intensa nevada ha provocado problemas de abasto en los pueblos de la montaña.* **SIN.** Aprovisionamiento, abastecimiento, suministro, avituallamiento. ‖ *s. m. pl.* **2.** Abastecimiento de artículos de primera necesidad en una población. *Fue a comprar al mercado de abastos.* ‖ **LOC. dar abasto a una cosa** Ser capaz de hacerla o de satisfacer su demanda. **GRA.** Se usa más con neg. ☞ "A basto" y "a abasto" son vulgarismos.

abatible (a-ba-**ti**-ble) *adj.* Que se puede abatir. *El mueble de la salita tiene una cama abatible.*

abatimiento (a-ba-ti-**mien**-to) *s. m.* Bajo estado de ánimo de una persona. *Su abatimiento es tan profundo que nada consigue despertar su interés.* **SIN.** Desánimo, depresión, languidez.

abatir (a-ba-**tir**) *v. tr.* **1.** Derribar, echar por tierra. **GRA.** También v. prnl. *El leñador abatió el árbol a hachazos.* **SIN.** Hundir(se), derrumbar(se), tirar(se). **ANT.** Levantar(se). **2.** Poner tumbado lo que estaba de pie. *Los asientos de su nuevo coche se pueden abatir.* **SIN.** Inclinar, tumbar. **ANT.** Alzar, elevar, levantar. **3.** Hacer perder el ánimo o las fuerzas. **GRA.** Se usa más como v. prnl. *La noticia de su enfermedad le abatió mucho.* **SIN.** Decaer, desfallecer, desanimar(se), entristecer(se), debilitar(se), aplanar(se). **ANT.** Animar(se), excitar(se).

abdicar (ab-di-**car**) *v. tr.* **1.** Renunciar el rey a sus derechos y dignidad real. **GRA.** También v. intr. *El rey abdicó en favor de su hijo.* **SIN.** Dimitir, declinar, ceder, abandonar. **ANT.** Asumir, conservar, aceptar. **2.** Renunciar, abandonar derechos, cargos, creencias, ideas, etc. **GRA.** También v. intr. *Abdicó de su religión.* **SIN.** Renegar, apostatar. **ANT.** Abrazar, conservar. ✎ Se conjuga como abarcar.

abdomen (ab-**do**-men) *s. m.* **1.** Vientre, cavidad del cuerpo de los animales vertebrados que contiene la mayoría de los órganos del aparato digestivo y urinario. *Tuvo que ir al médico porque tenía un fuerte dolor en el abdomen.* **SIN.** Barriga, tripa, panza. **2.** Una de las tres partes principales en que se divide el cuerpo de los insectos (cabeza, tórax y abdomen) y que está formada por varios segmentos. *El abdomen de los insectos contiene su aparato reproductor, excretor y gran parte del digestivo.*

abdominal (ab-do-mi-**nal**) *adj.* Que se refiere al abdomen o está relacionado con él. *Todos los días hace ejercicios abdominales.*

abductor (ab-duc-**tor**) *adj.* Se dice de los músculos que realizan un movimiento de separación de una parte del cuerpo respecto al eje medio del mismo. **GRA.** También s. m. *Ese ejercicio es para fortalecer los abductores.* ☞ No debe confundirse con "aductor".

abecé (a-be-**cé**) *s. m.* **1.** Abecedario, serie de las letras. *Para aprender a leer tienes que saber el abecé.*

abecedario - ablución

2. Principios fundamentales de algo. *Las elecciones son el abecé de la democracia.* ‖ **LOC. no saber alguien el abecé** *fam.* Ser muy ignorante.
abecedario (a-be-ce-**da**-rio) *s. m.* **1.** Conjunto ordenado de las letras de un idioma. *Se aprendió de memoria el abecedario.* **SIN.** Alfabeto, abecé. **2.** Librito con las letras del abecedario, que se utiliza para aprender a leer. *Cada alumno tiene su propio abecedario.* **SIN.** Cartilla.

ABECEDARIO
A, B, C, D, E, F, G, H, I, J, K, L, M, N, Ñ, O, P, Q, R, S, T, U, V, W, X, Y, Z
a, b, c, d, e, f, g, h, i, j, k, l, m, n, ñ, o, p, q, r, s, t, u, v, w, x, y, z

abedul (a-be-**dul**) *s. m.* Árbol que crece en las regiones montañosas y frías, de corteza plateada y ramas flexibles y colgantes, y madera de este árbol. *El abedul abunda en los montes de Europa.*
abeja (a-**be**-ja) *s. f.* **1.** Insecto que vive en enjambres y produce cera y miel. *Las abejas se alimentan de polen y néctar.* **2.** Persona laboriosa y ahorradora. *Es una abeja para la economía del hogar.*
abejaruco (a-be-ja-**ru**-co) *s. m.* Ave trepadora de plumaje de vistosos colores, de unos 15 cm de largo, que abunda en España. *El abejaruco se alimenta de insectos, principalmente de abejas.*
abejorro (a-be-**jo**-rro) *s. m.* **1.** Insecto relativamente grande y muy velludo, parecido a la abeja. *El abejorro zumba mucho al volar.* **2.** Persona pesada y molesta. *Procura evitar siempre a Juan porque es un auténtico abejorro.* **SIN.** Pelmazo.
aberración (a-be-rra-**ción**) *s. f.* Apartamiento de lo que es normal, justo, correcto, típico, lógico, etc. *No presentarte al examen después de tenerlo estudiado es una aberración.* **SIN.** Extravío, absurdo, error, equivocación. **ANT.** Acierto, verdad.
abertura (a-ber-**tu**-ra) *s. f.* Espacio que se abre entre dos partes de una cosa o agujero que permite el paso a través de ella. *Entró por una abertura que había en la tapia.* **SIN.** Rendija, boquete, hendidura, resquicio, resquebradura. ☞ No debe confundirse con "apertura".
abeto (a-**be**-to) *s. m.* Árbol en forma de cono, de tronco alto y recto y ramas horizontales. Está siempre verde y crece en las montañas altas. *Los pinos y los abetos son los árboles más típicos de Navidad.*
abierto, ta (a-**bier**-to) *p. p. irreg.* de abrir. *He abierto la ventana.* ‖ *adj.* **2.** Llano, raso, sin obstáculos. *Aun-* que ha nevado esta noche, el camino a la cabaña está abierto. **SIN.** Liso, despejado. **ANT.** Escarpado, cerrado. **3.** Se dice de la persona sincera y de trato fácil. *Es una persona muy abierta, tiene muchos amigos.* **SIN.** Espontáneo, llano, franco. **ANT.** Reservado, cerrado, hipócrita.
abigarrado, da (a-bi-ga-**rra**-do) *adj.* **1.** De varios colores mal combinados. *Sus pinturas son demasiado abigarradas.* **SIN.** Chillón, multicolor, mezclado, confuso, sobrecargado. **ANT.** Unicolor, homogéneo, uniforme. **2.** Demasiado lleno de cosas distintas. *Esta página te va a quedar demasiado abigarrada.*
abisal (a-bi-**sal**) *adj.* Se dice de lo más profundo del mar, donde no hay luz y la presión es muy elevada, y de lo que allí hay. *Peces abisales.*
abismal (a-bis-**mal**) *adj.* **1.** Que pertenece o se refiere al abismo. *Tenía una profundidad abismal.* **2.** Profundo, incomprensible. *Entre un hermano y otro hay una diferencia de carácter abismal.*
abismo (a-**bis**-mo) *s. m.* Profundidad inmensa y peligrosa, como la del mar o un desfiladero. *El coche se salió de la carretera y se precipitó al abismo.* **SIN.** Sima, precipicio, despeñadero, vacío. **ANT.** Cima, cumbre, cúspide. ‖ **LOC. haber un abismo** Haber una diferencia insalvable de categoría o condición entre dos o más personas o cosas.
abjurar (ab-ju-**rar**) *v. tr.* Renunciar solemnemente a una doctrina, creencia o religión. **GRA.** También v. intr. + "de". *En presencia de los súbditos abjuró de su religión.* **SIN.** Renegar, apostatar, retractarse, abandonar, renunciar. **ANT.** Abrazar.
ablandar (a-blan-**dar**) *v. tr.* **1.** Poner suave o blanda una cosa. **GRA.** También v. prnl. *La mantequilla se ablandó por tenerla fuera de la nevera.* **SIN.** Reblandecer(se), suavizar(se). **ANT.** Endurecer(se). **2.** Calmar el enfado o la indignación de alguien. **GRA.** También v. prnl. *Al final consiguió ablandar a sus padres y le dejaron ir a la excursión.* **SIN.** Desenfadar, enternecer(se), conmover(se), desenojar(se), desencolerizar(se). **ANT.** Enfadar(se).
ablativo (a-bla-**ti**-vo) *s. m.* **1.** Caso de la declinación latina, que expresa los complementos circunstanciales: procedencia, situación, modo, tiempo, etc. *El ablativo singular latino de* pes, pedis *es* pede. ‖ **2. ablativo absoluto** Por influencia de la gramática latina, se llama así a la frase de sentido completo incrustada en una oración sin depender gramaticalmente de ninguno de los términos de ella.
ablución (a-blu-**ción**) *s. f.* **1.** Acción de purificarse por medio del agua, según ritos de las religiones

abnegación - abombar

musulmana, hebrea e hindú. *Miles de hindúes hacen sus abluciones en el Ganges.* **2.** Rito de la misa católica en el que el sacerdote lava con vino el cáliz y sus propios dedos con agua. *Llegó a misa cuando el sacerdote estaba haciendo la ablución.* ☞ No debe confundirse con "ablación".

abnegación (ab-ne-ga-**ción**) *s. f.* Sacrificio que una persona hace voluntariamente renunciando a su propio interés, en servicio de otras personas, por un ideal, etc. *La abnegación de los misioneros y misioneras es admirable.* **SIN.** Altruismo, desinterés, filantropía. **ANT.** Egoísmo, interés.

abnegar (ab-ne-**gar**) *v. tr.* Renunciar alguien a sus intereses o deseos en beneficio de los demás. **GRA.** Se usa más como v. prnl. *Todos los padres están dispuestos a abnegarse por sus hijos.* **SIN.** Sacrificarse. ✎ v. irreg., se conjuga como acertar. Se escribe "gu" en vez de "g" seguido de "-e".

abocado, da (a-bo-**ca**-do) *adj.* Que está amenazado o expuesto a algo. *Se vio abocado a la quiebra.*

abochornar (a-bo-chor-**nar**) *v. tr.* **1.** Producir sensación de ahogo el exceso de calor. **GRA.** También v. prnl. *Aquel solazo abochornaba porque no hacía nada de viento.* **2.** Avergonzar. **GRA.** También v. prnl. *Cuando le dije que mentía se abochornó.* **SIN.** Ruborizar(se), sofocar(se), sonrojar(se). **ANT.** Enorgullecerse.

abocinado, da (a-bo-ci-**na**-do) *adj.* Que tiene la forma de una bocina. *Los arcos abocinados son muy frecuentes en el estilo románico.*

abofetear (a-bo-fe-te-**ar**) *v. tr.* Dar bofetadas o tortas. *Le abofeteó porque le había insultado.* **SIN.** Golpear, sopapear.

abogado, da (a-bo-**ga**-do) *s. m. y s. f.* **1.** Licenciado en Derecho que, como profesión, asesora en cuestiones legales y defiende ante los tribunales de justicia los intereses de las personas que van a juicio. *La abogada que le defendió en el juicio tuvo una buena intervención y consiguió que le declarasen inocente.* **SIN.** Letrado, jurisconsulto, jurista, asesor, defensor. **ANT.** Acusador, fiscal. **2.** Persona que hace de mediador o intercede por algo. *Su hermano mayor hizo de abogado ante sus padres y le levantaron el castigo.* **SIN.** Intercesor, defensor, medianero, mediador. **ANT.** Acusador, fiscal. **3.** Santo protector. *San Cristóbal es abogado de los conductores.* || **4. abogado de oficio** El que por turno se encarga de la defensa o representación de las personas que no quieren contratar a uno o carecen de medios económicos para hacerlo.

abogar (a-bo-**gar**) *v. intr.* **1.** Interceder, hablar en favor de alguien o algo. *En su conferencia el ministro abogó por la libertad de prensa.* **SIN.** Defender, proteger. **2.** Defender en un juicio, por escrito o de palabra. *Sus amigos abogarán por él en el juicio.* **SIN.** Proteger, mediar, interceder. **ANT.** Acusar, atacar. **3.** Declararse partidario de algo. *Todos los presentes abogaron por la paz en el mundo.* ✎ Se conjuga como ahogar.

abolengo (a-bo-**len**-go) *s. m.* Conjunto de antepasados de una persona. *Está investigando en su abolengo para realizar el árbol genealógico de su familia.* **SIN.** Alcurnia, genealogía, linaje. || **LOC. de abolengo** De ascendencia conocida, noble o aristocrática.

abolir (a-bo-**lir**) *v. tr.* Dejar sin valor una ley, norma o costumbre. *Abolieron la pena de muerte.* **SIN.** Derogar, anular, suprimir, revocar, rescindir. **ANT.** Implantar, instaurar, restablecer. ✎ v. defect.

	INDICATIVO			
Pres.	**Pret. imperf.**	**Pret. perf. s.**	**Fut. imperf.**	**Cond. simple**
	abolía	abolí	aboliré	aboliría
	abolías	aboliste	abolirás	abolirías
	abolía	abolió	abolirá	aboliría
abolimos	abolíamos	abolimos	aboliremos	aboliríamos
abolís	abolíais	abolisteis	aboliréis	aboliríais
	abolían	abolieron	abolirán	abolirían
	SUBJUNTIVO			
Pres.	**Pret. imperf.**		**Fut. imperf.**	
no se usa	aboliera/se		aboliere	
	abolieras/ses		abolieres	
	aboliera/se		aboliere	
	aboliéramos/semos		aboliéremos	
	abolierais/seis		aboliereis	
	abolieran/sen		abolieren	
IMPERATIVO	abolid (las demás personas no se usan)			
FORMAS NO PERSONALES	**Infinitivo**	abolir		
	Gerundio	aboliendo		
	Participio	abolido		

abolladura (a-bo-lla-**du**-ra) *s. f.* Acción y efecto de abollar o abollarse. *El coche tiene una pequeña abolladura en la puerta izquierda.*

abollar (a-bo-**llar**) *v. tr.* Hundir una superficie con un golpe. *Al caer al suelo, la lata se abolló.* **SIN.** Hender, machacar, aplastar. **ANT.** Aplanar.

abollón (a-bo-**llón**) *s. m.* Abolladura grande. *Arreglar el abollón del coche le costará un dineral.*

abolsarse (a-bol-**sar**-se) *v. prnl.* **1.** Adquirir forma de bolsa. *El hule se abolsó con el calor.* **2.** Ahuecarse las paredes. *El techo se abolsa por la humedad.*

abombar (a-bom-**bar**) *v. tr.* **1.** Dar forma convexa, es decir redondeada y saliente. **GRA.** También v. prnl.

abominable - abotargarse

La pared se está abombando. **SIN.** Arquear(se), abultar(se), ahuecar(se), combar(se). ‖ v. prnl. **2.** Chil. Emborracharse.

abominable (a-bo-mi-**na**-ble) adj. Que merece ser odiado. La guerra es algo abominable. **SIN.** Aborrecible, atroz, detestable, ominoso, execrable. **ANT.** Admirable, amable, encomiable.

abominar (a-bo-mi-**nar**) v. tr. Rechazar, maldecir a personas o cosas por malas o perjudiciales. **GRA.** Se usa más como v. intr. + "de". Abominaba de su vecino porque hacía imposible la convivencia. **SIN.** Condenar, reprobar, detestar, aborrecer. **ANT.** Glorificar, bendecir, amar, adorar.

abonanzar (a-bo-nan-**zar**) v. intr. Calmarse la tormenta o mejorar el tiempo. Para la próxima semana se espera que cese el temporal de nieve y el tiempo abonance. **SIN.** Serenar, despejar, aclarar, abrir. **ANT.** Aborrascarse, encapotarse, cubrirse, empeorar. ✎ Se conjuga como abrazar.

abonar[1] (a-bo-**nar**) v. tr. Echar en la tierra sustancias químicas o naturales, para que aumente su fertilidad. Esta tarde abonaré la finca. **SIN.** Fertilizar, enriquecer. **ANT.** Esterilizar.

abonar[2] (a-bo-**nar**) v. tr. **1.** Pagar, entregar una cantidad de dinero. Ayer abonó las 10 000 pesetas que debía. **SIN.** Satisfacer, saldar, liquidar una cuenta. **ANT.** Adeudar, deber. **2.** Inscribir a alguien, mediante el pago correspondiente, para que pueda concurrir a algún lugar o recibir determinado servicio. **GRA.** Se usa más como v. prnl. Se ha abonado a la revista y la recibirá en casa cada mes. **SIN.** Apuntar(se).

abono[1] (a-**bo**-no) s. m. Sustancia química o natural que se echa a la tierra para incrementar su productividad. El estiércol y el guano son abonos naturales. **SIN.** Fertilizante.

abono[2] (a-**bo**-no) s. m. **1.** Derecho de la persona que se abona o inscribe para asistir a un lugar o recibir un servicio. He sacado un abono para las corridas de toros de la feria. **SIN.** Suscripción. **2.** Documento o tarjeta en que consta ese derecho. Si vas a la piscina no olvides el abono o tendrás que pagar la entrada normal.

abordaje, al loc. adv. Modo de ocupar, luchando, la embarcación abordada, pasando a ella los tripulantes de la embarcación que aborda. **GRA.** Se usa principalmente con los v. "entrar", "saltar", "tomar", etc. Saltaron al abordaje.

abordar (a-bor-**dar**) v. tr. **1.** Dirigirse a alguien para hablarle de un asunto o pedirle algo. Iba tan tranquilo por la calle, cuando le abordó un señor preguntándole la hora. **SIN.** Acercarse, aproximarse. **ANT.** Evitar, eludir. **2.** Emprender o plantear un tema o asunto peligroso o difícil. El ministro de trabajo abordó el tema de las huelgas. **SIN.** Iniciar, empezar, plantear. **3.** Acercarse una embarcación a otra o chocar con ella. **GRA.** También v. intr. El navío pirata abordó a la galera española. **SIN.** Entrechocarse, topar.

aborigen (a-bo-**ri**-gen) adj. **1.** Que es originario del suelo en que vive. Estos matorrales son aborígenes de esta parte de la región. **SIN.** Autóctono. **2.** Se dice del primitivo habitante de un país o lugar. **GRA.** Se usa más como s. m. y s. f. y en pl. Hoy echan en la tele un documental sobre los aborígenes de África. **SIN.** Indígena, nativo. **ANT.** Forastero, extranjero.

aborrascarse (a-bo-rras-**car**-se) v. prnl. Ponerse el tiempo como para llover. Lucía un sol espléndido, pero acabó el día aborrascándose. **SIN.** Encapotarse, cubrirse, nublarse, oscurecerse. **ANT.** Abonanzar, escampar. ✎ Se conjuga como abarcar.

aborrecer (a-bo-rre-**cer**) v. tr. Tener odio a alguien o a algo. Juan aborrece la hipocresía y la mentira. **SIN.** Odiar, detestar, abominar, execrar, despreciar. **ANT.** Amar, adorar, admirar. ✎ Se conjuga como parecer.

aborregarse (a-bo-rre-**gar**-se) v. prnl. Volverse una persona estúpida y vulgar, sin iniciativa ni ideas propias. Desde que sale con esos amigos se ha aborregado totalmente y sólo hace lo que ellos dicen. ✎ Se conjuga como ahogar.

abortar (a-bor-**tar**) v. tr. **1.** Interrumpir un embarazo por causas naturales o de forma provocada. **GRA.** También v. intr. Debido a su delicado estado de salud, se presentaron complicaciones en el embarazo y abortó a los tres meses. **2.** Fracasar o hacer fracasar algo. **GRA.** También v. intr. La policía abortó el plan de los ladrones. **SIN.** Frustrar, fallar, malograr. **ANT.** Lograr, triunfar, salir adelante.

aborto (a-**bor**-to) s. m. **1.** Interrupción del embarazo por causas naturales o medios artificiales. Su hermana tuvo un aborto. **2.** Fracaso. La operación resultó un aborto. **3.** Engendro, persona o cosa que resulta desagradable. Vaya aborto de programa.

abotargarse (a-bo-tar-**gar**-se) v. prnl. **1.** Hincharse el cuerpo o una parte de él, generalmente por enfermedad. Se está abotargando cada vez más debido a las pastillas que está tomando. **SIN.** Inflarse, inflamarse. **ANT.** Deshincharse, desinflarse. **2.** Abobarse, entontecerse. No me gusta comer demasiado porque luego me abotargo. ✎ Se conjuga como ahogar.

abotinado - abrigar

abotinado, da (a-bo-ti-**na**-do) *adj.* Que tiene forma de botín. Se dice especialmente del zapato que cubre todo el pie. *Este invierno se llevarán mucho los zapatos abotinados.*

abotonar (a-bo-to-**nar**) *v. tr.* Ajustar las dos partes de una prenda de vestir metiendo cada botón en su ojal. **GRA.** También v. prnl. *Abotónate el abrigo, que hace mucho frío.* **SIN.** Abrochar(se), atacar(se), fijar(se). **ANT.** Desabrochar(se).

abovedado, da (a-bo-ve-**da**-do) *adj.* Que tiene forma de bóveda o está cubierto con una bóveda. *La Capilla Sixtina tiene el techo abovedado.*

abrasar (a-bra-**sar**) *v. tr.* **1.** Reducir a brasas o quemar alguna cosa. **GRA.** También v. prnl. *El fuego abrasó el bosque entero.* **SIN.** Incendiar(se), carbonizar(se), calcinar(se), achicharrar(se). **ANT.** Congelar(se), enfriar(se), apagar(se). **2.** Secar las plantas el excesivo calor o frío. **GRA.** También v. prnl. *No dejes las plantas en la terraza, las heladas las abrasarán.* **SIN.** Marchitar(se), agostar(se). **3.** Calentar demasiado. **GRA.** También v. intr. *A primeras horas de la tarde el sol abrasa.* **SIN.** Arder, quemar. **ANT.** Enfriar, templar. **4.** Hacer heridas o quemaduras por el fuego. **GRA.** También v. prnl. *Estaba echando más leña en la chimenea y se abrasó la mano.* || *v. intr.* **5.** Estar algo demasiado caliente. *El asa de la cafetera abrasa, ten cuidado.* || *v. prnl.* **6.** Sentir alguien demasiado calor. *No puedo aguantar más tiempo tomando el sol, me abraso.* || **LOC. abrasarse vivo** Sentir demasiado calor o un sentimiento muy fuerte.

abrasivo, va (a-bra-**si**-vo) *adj.* Se dice de los productos que sirven para limpiar o pulir, por fricción o roce, sustancias duras como metales, vidrios, etc. **GRA.** También s. m. *Utilizó un abrasivo demasiado fuerte para pulir la bandeja y la estropeó.*

abrazadera (a-bra-za-**de**-ra) *s. f.* Pieza de metal, madera o plástico que se ciñe en torno a alguna cosa para sujetarla. *Puse una abrazadera en la tubería del gas.* **SIN.** Corchete, llave, aro, cerco.

abrazar (a-bra-**zar**) *v. tr.* **1.** Rodear algo con los brazos. **GRA.** También v. prnl. *Abrazó la columna para no caerse.* **SIN.** Ceñir(se), estrechar(se), coger(se), abarcar(se), envolver(se), rodear (se). **ANT.** Soltar. **2.** Estrechar entre los brazos en señal de cariño. **GRA.** También v. prnl. *La madre abrazó a su hijo.* **SIN.** Rodear, dar(se) un abrazo. **ANT.** Soltar. **3.** Creer y seguir una doctrina. **GRA.** También v. prnl. + "a". *Numerosos pueblos abrazaron el cristianismo.* **SIN.** Aceptar, adoptar. **ANT.** Abjurar, renegar, apostatar, rechazar. ✎ v. con irregularidad ortográfica: se escribe "c" en vez de "z" seguido de "-e" en el presente de subjuntivo, en el imperativo y en la 1ª persona del sing. del pretérito perfecto simple. ✎

INDICATIVO	SUBJUNTIVO	IMPERATIVO
Pret. perf. simple	Pres.	
abracé	abrace	
abrazaste	abraces	abraza
abrazó	abrace	abrace
abrazamos	abracemos	abracemos
abrazasteis	abracéis	abrazad
abrazaron	abracen	abracen

abrazo (a-**bra**-zo) *s. m.* Acción y efecto de abrazar o abrazarse. *Se dieron un fuerte abrazo.* || **LOC. un abrazo** Fórmula de despedida.

abrebotellas (a-bre-bo-**te**-llas) *s. m.* Instrumento para abrir botellas. *Mete el abrebotellas en la mochila.* **SIN.** Abridor. ✎ Invariable en número.

abrecartas (a-bre-**car**-tas) *s. m.* Instrumento, parecido a un puñal, que sirve para abrir los sobres de las cartas. *Guarda el abrecartas en el cajón de la mesa del despacho.* ✎ Invariable en número.

ábrego (**á**-bre-go) *s. m.* Viento que sopla del sur o del sudoeste. *El ábrego soplaba sobre las velas de la ligera embarcación.*

abrelatas (a-bre-**la**-tas) *s. m.* Instrumento metálico que se usa para abrir latas de conserva. *Utiliza el abrelatas para abrir estas latas de berberechos.* **SIN.** Abridor. ✎ Invariable en número.

abrevadero (a-bre-va-**de**-ro) *s. m.* Lugar donde bebe el ganado. *Lleva las vacas al abrevadero.* **SIN.** Pilón, pila, estanque.

abrevar (a-bre-**var**) *v. tr.* Beber el ganado o darle de beber. *De vuelta a casa, las vacas siempre abrevan en el pilón de la plaza.*

abreviar (a-bre-**viar**) *v. tr.* **1.** Acortar el tiempo o el espacio. *El profesor abrevió la frase del dictado porque era muy larga. Abreviaron el tiempo destinado a la conferencia.* **SIN.** Reducir, compendiar, resumir. **ANT.** Extender, alargar, ampliar, dilatar, prolongar. **2.** Acelerar, apresurar. **GRA.** También v. intr. *Abreviemos el asunto, es muy tarde.* **SIN.** Apurar, aligerar, apremiar, darse prisa. **ANT.** Retardar, demorar, retrasar. ✎ En cuanto al acento, se conjuga como cambiar.

abreviatura (a-bre-via-**tu**-ra) *s. f.* Representación escrita de una palabra por medio de alguna de sus letras, pero no de todas. *La abreviatura de adjetivo es adj.* **SIN.** Sigla, inicial.

abrigar (a-bri-**gar**) *v. tr.* **1.** Defender, resguardar del frío a alguna persona, animal o cosa, cubriéndole

abrigo - abrojo

con algo. **GRA.** También v. prnl. *Repartieron mantas entre los refugiados para que se abrigasen.* **SIN.** Arropar(se), tapar(se), cubrir(se), cobijar(se). **ANT.** Desabrigar(se), desarropar(se). **2.** Amparar o prestar ayuda. *El pastor abrigó a los montañeros que se habían perdido.* **SIN.** Proteger, cobijar, auxiliar. **ANT.** Desamparar, abandonar. **3.** Tener una idea, opinión, proyecto o pensamiento. *Abrigaba la intención de marchar al extranjero.* **SIN.** Albergar, pensar, intentar. ✎ Se conjuga como ahogar.

abrigo (a-**bri**-go) *s. m.* **1.** Prenda de vestir que se coloca sobre las demás para protegerse del frío. *Ponte el abrigo de lana, está nevando.* **SIN.** Pelliza, tabardo, zamarra, gabán. **2.** Lugar protegido del viento, la lluvia, etc. *La vieja cabaña del bosque nos sirvió de abrigo.* **SIN.** Albergue, refugio, guarida, cobijo. **3.** Amparo, protección. *Cuando le pasa algo, siempre busca el abrigo de sus padres.* **SIN.** Resguardo. || **LOC. de abrigo** *fam.* De cuidado, temible.

abril (a-**bril**) *s. m.* **1.** Cuarto mes del año, con treinta días. *Mi padre se irá al extranjero el próximo mes de abril.* || *s. m. pl.* **2.** *fam.* Edad de una persona. *María tiene trece abriles.* **SIN.** Años, primaveras.

abrillantador (a-bri-llan-ta-**dor**) *s. m.* Sustancia o instrumento con que se abrillanta. *Compra un abrillantador especial para la madera.* **SIN.** Bruñidor, lustrador, pulimentador.

abrillantar (a-bri-llan-**tar**) *v. tr.* Dar o sacar brillo a una cosa. *Este fin de semana sacaremos los muebles de la habitación para lijar y abrillantar el parqué.* **SIN.** Pulir, pulimentar, bruñir, lustrar. **ANT.** Deslucir.

abrir (a-**brir**) *v. tr.* **1.** Separar las hojas de una puerta o ventana, o quitar o separar cualquier otra cosa con la que está cerrada una abertura. **GRA.** También v. intr. y v. prnl. *La puerta se abrió con el viento. Abre la ventana, hace demasiado calor.* **2.** Descorrer una cerradura, pestillo, etc. *Le costó abrir la puerta de la bodega porque el cerrojo estaba oxidado.* **3.** Tirar de un cajón hacia fuera. *Abre el cajón de la mesita, allí está la carta.* **4.** Separar la tapa de una caja, vasija, etc. *No puedo abrir la botella de agua.* **SIN.** Descubrir, destapar. **ANT.** Cerrar, tapar. **5.** Extender, levantar o despegar algo. *Abrió el paraguas. Abrid el cuaderno, vamos a hacer un dictado. Le dieron la carta y abrió en seguida el sobre.* **SIN.** Desplegar, separar, soltar. **ANT.** Cerrar, plegar. **6.** Hacer un agujero, el paso de un canal, etc. *El labrador abrió una zanja en la huerta.* **7.** Dar comienzo a un plazo. *El lunes abren el plazo de matrícula para la escuela de idiomas.* **8.** Dar comienzo a alguna activi-

dad, inaugurar un acto, sesión, etc. **GRA.** También v. prnl. *Al terminar la conferencia, se abrió un coloquio entre el público y el conferenciante.* **SIN.** Iniciar(se), comenzar(se). **ANT.** Cerrar(se), clausurar(se). **9.** Ir en cabeza. *Ana abrirá el desfile de las gimnastas en las fiestas del colegio.* **10.** Separar los dedos del puño cerrado. *Abre la mano.* **11.** Separar los párpados. *Abre los ojos.* **12.** Hacer que un líquido o gas salga al exterior o pase por determinado conducto. *Abre el grifo y deja correr el agua para que esté más fría.* **13.** Comenzar ciertas cosas y darles principio. *La letra "a" abre el abecedario.* **14.** Meter en un banco, a nombre propio o ajeno, cierta cantidad de dinero. *Decidimos abrir una cuenta corriente en el banco para guardar nuestros ahorros.* **15.** Descubrir lo que está cerrado u oculto. **GRA.** También v. prnl. *Al abrir el regalo se llevó una gran sorpresa.* **SIN.** Descubrir(se), destapar(se). **ANT.** Cerrar(se), tapar(se). **16.** Rasgar, agrietar, despegar. **GRA.** También v. prnl. *Hubo una fuga de agua en el piso de arriba y el techo de la cocina se abrió.* **SIN.** Rajar(se), dividir(se). **17.** Despejarse la atmósfera. **GRA.** También v. prnl. *Después de la tormenta, el cielo abrió y salió el arco iris.* **SIN.** Serenar, aclarar, abonanzar. **ANT.** Aborrascarse, oscurecerse, encapotarse, cubrirse. **18.** Extenderse los pétalos del capullo. **GRA.** También v. prnl. *Se han abierto todos los capullos del rosal.* || *v. prnl.* **19.** Confiar una persona a otra sus pensamientos, sentimientos, etc. *Por fin Juan decidió abrirse y contarnos sus problemas.* **SIN.** Sincerarse, franquearse, declarar. **20.** Tomar una curva un vehículo o su conductor, por el lado exterior. *Se abrió demasiado al tomar la curva del pantano y se salió de la carretera.* **21.** *fam.* Marcharse, irse. *Se estaba aburriendo mucho en la fiesta y decidió abrirse.* **22.** *fam.* Huir precipitadamente. *En cuanto oyeron la sirena de la policía, los ladrones se abrieron.* ✎ Tiene part. irreg., abierto.

abrochar (a-bro-**char**) *v. tr.* **1.** Sujetar las dos partes de una cosa, generalmente una prenda de vestir, con broches o botones para que ésta quede bien cerrada. **GRA.** También v. prnl. *Abróchate la chaqueta.* **SIN.** Abotonar(se), cerrar(se). **ANT.** Desabrochar(se), desabotonar(se). **2.** *amer.* Castigar, reprender. || *v. prnl.* **3.** *Chil. y Méx.* Enzarzarse en una pelea. **SIN.** Reñir, pelearse.

abrogar (a-bro-**gar**) *v. tr.* *Abolir. ✎ Se conjuga como ahogar.

abrojo (a-**bro**-jo) *s. m.* Planta de tallos largos y rastreros, flores pequeñas y amarillas, y fruto espino-

abroncar - absorto

so, que es muy perjudicial para los sembrados. *Fueron al campo a quitar abrojos.*
abroncar (a-bron-**car**) *v. tr.* **1.** *fam.* Reprender con dureza. *Su padre le abroncó ásperamente por haberse pirado la clase.* **2.** *fam.* Abuchear. *El público abroncó al cantante por su tardanza.* 🖎 Se conjuga como abarcar.
abrótano (a-**bró**-ta-no) *s. m.* Planta herbácea de olor suave y flores amarillas, que se emplea para fortalecer y hacer crecer el cabello. *Se lava el pelo con infusiones de abrótano.*
abrumador, ra (a-bru-ma-**dor**) *adj.* **1.** Que resulta agobiante. *Era un trabajo muy abrumador.* **SIN.** Agobiante, atosigante, pesado. **ANT.** Cómodo, confortante, agradable. **2.** Muy grande o importante. *Su partido obtuvo una victoria abrumadora en las elecciones generales.* **SIN.** Aplastante, total.
abrumar (a-bru-**mar**) *v. tr.* **1.** Cargar a alguien con algo que difícilmente puede llevar o soportar. Puede ser un peso físico o la preocupación por un asunto, una obligación, etc. *El exceso de trabajo le abruma. Está abrumado por las deudas.* **SIN.** Agotar, cansar. **ANT.** Aliviar, confortar. **2.** Molestar a alguien. *Me está abrumando todo el día con sus problemas.* **SIN.** Agobiar, atosigar, hastiar, aplanar, cansar. **ANT.** Aliviar. **3.** Agobiar con elogios o atenciones. **GRA.** También v. prnl. *Cada vez que les visitaba, me abrumaban con tanta amabilidad.* **SIN.** Azorar(se).
abrupto, ta (a-**brup**-to) *adj.* Se dice del terreno lleno de rocas, cuestas o pedregales, que resulta difícil de atravesar. *El paso por aquel lugar era muy abrupto.* **SIN.** Escarpado, accidentado, intrincado, quebrado, montañoso. **ANT.** Llano, liso, raso, accesible.
ABS *s. m.* Sistema electromecánico que regula la presión enviada al sistema de frenado para evitar su bloqueo. *El coche que se ha comprado tiene ABS.*
absceso (abs-**ce**-so) *s. m.* Zona hinchada, roja y dolorosa, en el interior del cuerpo humano, causada por bacterias y llena de pus. *Un flemón es un absceso provocado por un diente infectado.* **SIN.** Tumor, divieso, forúnculo. 🖝 No debe confundirse con "acceso".
abscisa (abs-**ci**-sa) *s. f.* En matemáticas, una de las dos coordenadas, la horizontal, del sistema cartesiano. *Al eje de abscisas también se le llama eje de las equis.*
absentismo (ab-sen-**tis**-mo) *s. m.* **1.** Falta de asistencia de los trabajadores al lugar de trabajo por causa no justificada. *El grado de absentismo era bastante elevado.* **2.** Ausencia de cualquier acto o lugar al que debiera asistirse. *Fue considerable el absentismo en la Cámara de Diputados.* **SIN.** Incumplimiento, abandono.
ábside (**áb**-si-de) *s. m.* Parte abovedada y semicircular en que termina la nave de un templo y encierra el altar mayor o una capilla. *Las iglesias románicas suelen tener un ábside.*
absolución (ab-so-lu-**ción**) *s. f.* Acción de absolver o perdonar. *El sacerdote le dio la absolución.* **SIN.** Liberación, perdón, exención, redención. **ANT.** Condena.
absolutismo (ab-so-lu-**tis**-mo) *s. m.* Sistema del gobierno absoluto, en el que el soberano o presidente de un país tiene todos los poderes. *En el absolutismo las leyes se elaboraban y ejecutaban sin tener en cuenta a la mayoría del pueblo.* **SIN.** Autocracia, despotismo, dictadura. **ANT.** Democracia.
absoluto, ta (ab-so-**lu**-to) *adj.* **1.** Que excluye toda otra relación o posibilidad. *Lo sé con absoluta seguridad.* **SIN.** Completo, tajante. **ANT.** Relativo. **2.** Independiente, ilimitado. *Su poder en el grupo era absoluto.* **SIN.** Total. ‖ **LOC. en absoluto** No, de ningún modo.
absolver (ab-sol-**ver**) *v. tr.* **1.** Liberar a alguien de algún cargo, obligación o acusación. *Ante las pruebas de la defensa, el juez le absolvió.* **SIN.** Perdonar, remitir, eximir, exculpar. **ANT.** Condenar. **2.** Perdonar los pecados en el acto de la confesión. *El sacerdote le absolvió después de imponerle la penitencia.* **SIN.** Remitir, eximir. **ANT.** Condenar, inculpar. 🖎 v. irreg., se conjuga como mover. Tiene part. irreg., absuelto.
absorbente (ab-sor-**ben**-te) *adj.* **1.** Que absorbe. *Esta bayeta es muy absorbente.* **2.** Dominante, que trata de imponer su voluntad a los demás. *Su carácter es demasiado absorbente, por eso no tiene amigos.* **SIN.** Avasallador, arrollador, posesivo, dominante.
absorber (ab-sor-**ber**) *v. tr.* **1.** Recoger un cuerpo a otro y retenerlo, tratándose de líquidos y gases. *El secante absorbió la tinta del borrón. Los animales y las plantas absorben el oxígeno del aire.* **SIN.** Aspirar, chupar, embeber, empapar. **ANT.** Arrojar, expulsar. **2.** Atraer la atención o el interés de alguien. *El paisaje absorbió a María y perdió el hilo de la conversación.* **SIN.** Ensimismar, embeber, cautivar, seducir. **ANT.** Distraer, aburrir, desencantar. 🖎 Tiene doble part.; uno reg., absorbido, y otro irreg., absorto.
absorto, ta (ab-**sor**-to) *adj.* **1.** Se dice de la persona que está concentrada en sus propios pensamientos

abstemio - abundancia

o fantasías. *Estaba absorto en su lectura, no se enteró de nada.* **SIN.** Abstraído, ensimismado, embebido, enfrascado. **ANT.** Distraído, desentendido. **2.** Que queda admirado ante un espectáculo, noticia, suceso, etc. *Cuando me lo dijo me quedé tan absorto que no sabía qué hacer. Se quedó absorto mirando las estrellas.* **SIN.** Atónito, pasmado. **ANT.** Impasible.

abstemio, mia (abs-**te**-mio) *adj.* Se dice de la persona que no toma bebidas alcohólicas. **GRA.** También s. m. y s. f. *Cuando sale por la noche bebe zumos, porque es abstemio.* **SIN.** Sobrio, sereno. **ANT.** Borracho, ebrio, alcohólico.

abstención (abs-ten-**ción**) *s. f.* Acción de abstenerse. *La abstención en estas elecciones ha descendido mucho.* **SIN.** Contención, inhibición, renuncia.

abstenerse (abs-te-**ner**-se) *v. prnl.* Privarse de hacer, decir o tomar algo. *Según el médico, debo abstenerme de fumar. Iba a intervenir en la conversación, pero me abstuve.* **SIN.** Prescindir, inhibirse. **ANT.** Participar. ✎ v. irreg., se conjuga como tener.

abstinencia (abs-ti-**nen**-cia) *s. f.* **1.** Acción de abstenerse de algo. *La abstinencia de tabaco es beneficiosa para la salud.* **2.** Privación total o parcial de algo, por motivos religiosos, especialmente de comer carne. *La Iglesia Católica recomienda la abstinencia los viernes de cuaresma.* **SIN.** Continencia, moderación. **ANT.** Exceso, lujuria, gula, incontinencia.

abstracto, ta (abs-**trac**-to) *adj.* **1.** Se dice de aquello que no puede ser visto, oído o tocado por no tener una realidad propia. *Los sentimientos son abstractos.* **2.** Genérico, no concreto. *Me había dado una descripción tan abstracta de su amigo que no logré reconocerle entre la multitud.* **SIN.** Impreciso, indefinido. **ANT.** Preciso, concreto. **3.** Se dice del sustantivo que se refiere a cualidades que no pueden existir independientemente. *Belleza es un sustantivo abstracto.* **4.** Se dice del arte y de los artistas que no pretenden representar seres o cosas concretos y atienden sólo a elementos de forma, color, estructura, proporción, etc. *Es una auténtica admiradora de la pintura abstracta de Picasso.*

abstraer (abs-tra-**er**) *v. tr.* **1.** Separar mentalmente una cualidad, estado o fenómeno del objeto u objetos en que se dan. Es una función puramente intelectual que prescinde de todo lo material. *Intenta abstraer los rasgos peculiares de la justicia.* ‖ *v. prnl.* **2.** Ensimismarse alguien en un pensamiento, la contemplación de algo, la audición de una pieza musical, etc., olvidándose de lo que hay a su alrededor. *Cerró los ojos y se abstrajo con la emotiva melodía.*

SIN. Abismarse, absorberse, embeberse. **ANT.** Distraerse. ✎ v. irreg., se conjuga como traer. Tiene doble part.; uno reg., abstraído, y otro irreg., abstracto.

absurdo, da (ab-**sur**-do) *adj.* **1.** Se dice de todo lo que va contra la razón. *Es absurdo que vayas a esquiar si no te gusta nada.* **SIN.** Ilógico, desatinado, disparatado, irracional, extravagante. **ANT.** Lógico, sensato, racional, razonable. ‖ *s. m.* **2.** Dicho o hecho contrario a la razón. *No me vengas con absurdos.* **SIN.** Disparate, desatino, incoherencia, incongruencia. **ANT.** Congruencia, sensatez, coherencia.

abubilla (a-bu-**bi**-lla) *s. f.* Pájaro insectívoro de plumaje anaranjado, pico fino y un poco arqueado, y con un típico penacho de plumas en la cabeza. *Las abubillas habitan en muchos bosques europeos.*

abuchear (a-bu-che-**ar**) *v. tr.* Censurar o burlarse públicamente de alguien con ruidos o murmullos. *El público abucheó al árbitro.* **SIN.** Abroncar, patear, silbar. **ANT.** Aplaudir, jalear, ovacionar.

abuelo, la (a-bu-**e**-lo) *s. m. y s. f.* **1.** Padre o madre de la madre o del padre. **2.** *fig.* Anciano.

abuhardillado, da (a-buhar-di-**lla**-do) *adj.* Con buhardilla o en forma de buhardilla. *La habitación que más le gusta de la nueva casa es la que tiene el techo abuhardillado.*

abulia (a-**bu**-lia) *s. f.* Falta de voluntad o importante disminución de su fuerza. *Tu abulia es la causa de que te vaya tan mal en los estudios.* **SIN.** Desinterés, desgana, indiferencia, apatía. **ANT.** Actividad, entusiasmo, dinamismo, gana, interés.

abúlico, ca (a-**bú**-li-co) *adj.* Que padece abulia. *Está tan abúlico que se pasa los fines de semana tumbado en el sofá viendo la tele.* **SIN.** Desganado, lánguido, apático. **ANT.** Activo, dinámico.

abultado, da (a-bul-**ta**-do) *adj.* Voluminoso, grueso, grande. *Ese grano está muy abultado. Ganaron por una abultada mayoría.*

abultar (a-bul-**tar**) *v. tr.* **1.** Ocupar un cuerpo un espacio. *Esta maleta abulta mucho.* **2.** Aumentar, exagerar algo. *Abultaron mucho los hechos, no era para tanto.* **SIN.** Acrecentar, exorbitar, hiperbolizar. **ANT.** Disminuir, minimizar. ‖ *v. prnl.* **3.** Aumentar de volumen o tamaño una cosa. *Se le abultó la parte derecha de la cara por la infección de muelas.* **SIN.** Hincharse, inflamarse. **ANT.** Deshincharse.

abundancia (a-bun-**dan**-cia) *s. f.* Gran cantidad de alguna cosa. *Este año hay abundancia de uva.* **SIN.** Copia, caudal, exceso, multitud. **ANT.** Escasez, pobreza. ‖ **LOC. nadar en la abundancia** Gozar de buena situación económica.

abundante - acabar

abundante (a-bun-**dan**-te) *adj.* Que se da o existe en gran cantidad. *En el primer tiempo hubo abundantes ocasiones de gol.* **SIN.** Cuantioso, numeroso, profuso, innumerable, rico, pródigo. **ANT.** Escaso, contado, exiguo, pobre, limitado.

abundar (a-bun-**dar**) *v. intr.* **1.** Darse una cosa en abundancia; haber gran cantidad de algo. *En la selva abundan los animales salvajes.* **SIN.** Multiplicarse, cundir, rebosar, sobrar. **ANT.** Escasear, faltar. **2.** Insistir en un tema, idea u opinión. *Abundando en lo dicho, te diré que no tienes razón.* **SIN.** Recalcar, insistir. **ANT.** Olvidar, omitir.

aburguesarse (a-bur-gue-**sar**-se) *v. prnl.* Adquirir las costumbres y convencionalismos de la sociedad burguesa. *Se ha aburguesado mucho y sólo trata con gente de su posición social.* **SIN.** Establecerse. ☞ Suele tener un matiz despectivo.

aburrido, da (a-bu-**rri**-do) *adj.* **1.** Que causa aburrimiento. *Jugar a las cartas le resulta muy aburrido.* **SIN.** Monótono, cargante, insulso, pesado. **ANT.** Divertido, entretenido, ameno. **2.** Que no se divierte con nada. **GRA.** También s. m. y s. f. *Tu amigo es muy aburrido, nunca quiere hacer nada.*

aburrimiento (a-bu-rri-**mien**-to) *s. m.* Estado de ánimo producido por cansancio o fastidio. *La película era muy lenta y me producía un enorme aburrimiento.* **SIN.** Desgana, tedio, hastío. **ANT.** Diversión, entretenimiento, distracción.

aburrir (a-bu-**rrir**) *v. tr.* **1.** Causar aburrimiento. *Aquel juego aburrió a los niños porque era poco interesante.* **SIN.** Cansar, hartar, hastiar. **ANT.** Divertir, entretener. **2.** Molestar, fastidiar. *El pequeño es tan trasto y caprichoso que tiene aburrida a toda la familia.* **SIN.** Cansar, cargar, hartar. **ANT.** Agradar. ‖ *v. prnl.* **3.** Cansarse de algo, sentir desgana o fastidio. *Vamos a dar un paseo, me aburro viendo la televisión.* **SIN.** Hastiarse, agobiarse, hartarse. **ANT.** Divertirse, entretenerse.

abusar (a-bu-**sar**) *v. intr.* **1.** Hacer uso excesivo de alguna cosa. *No es bueno abusar de los medicamentos.* **SIN.** Excederse, extralimitarse, pasarse. **ANT.** Contenerse, moderarse, controlarse. **2.** Aprovecharse de una persona más débil o con menos experiencia. *La profesora les castigó por abusar de los más pequeños.* **SIN.** Atropellar, forzar, violar, aprovecharse, engañar. **ANT.** Respetar, honrar.

abusivo, va (a-bu-**si**-vo) *adj.* Que es excesivo. *Este nuevo impuesto es realmente abusivo.*

abuso (a-**bu**-so) *s. m.* **1.** Acción y efecto de abusar. *Siempre se excede en su autoridad y comete abusos intolerables.* **SIN.** Exceso, injusticia, atropello. **ANT.** Moderación, control. **2.** Mal uso o uso excesivo de algo. *El abuso del tabaco le ha producido muchos problemas respiratorios.* ‖ **3. abuso de confianza** Acción desleal de la persona que se aprovecha de la confianza de otro en beneficio propio.

abusón, na (a-bu-**són**) *adj.* Se dice de la persona que abusa de otra. **GRA.** También s. m. y s. f. *Le tienen miedo los niños más pequeños porque es un abusón.* **SIN.** Abusivo, explotador, aprovechado. **ANT.** Comedido, considerado.

abyección (ab-yec-**ción**) *s. f.* Bajeza o envilecimiento. *¡Qué abyección, traicionar a su propio hermano!* **SIN.** Bajeza, infamia, oprobio. **ANT.** Nobleza, alteza, sublimidad, dignidad.

acá (a-**cá**) *adv. l.* **1.** Indica proximidad a la persona que está hablando, pero con más imprecisión que la que se denota con el adverbio "aquí". *Las cosas marchan muy bien por acá.* **ANT.** Allá. ‖ *adv. t.* **2.** Denota lo presente. *Desde el lunes acá ha cambiado mucho el tiempo.* ‖ **LOC. de acá para allá** De un lado para otro.

acabado, da (a-ca-**ba**-do) *adj.* **1.** Se dice de aquello a lo que se ha puesto fin. *El trabajo está acabado, ya lo puedes entregar.* **SIN.** Finalizado, concluido, terminado. **ANT.** Incompleto, inacabado. **2.** Que está viejo o consumido. *Tendré que comprarme unos zapatos nuevos, éstos están acabados.* **SIN.** Gastado, agotado. **ANT.** Joven, vital, nuevo. ‖ *s. m.* **3.** Perfeccionamiento o último retoque de una cosa. *El acabado de esta mesa es perfecto.*

acabar (a-ca-**bar**) *v. tr.* **1.** Poner o dar fin a una cosa, terminarla. **GRA.** También v. prnl. *Acabó pronto el trabajo que le habíamos encargado. El concierto acabó muy tarde.* **SIN.** Terminar(se), concluir(se), finalizar(se), consumir(se), agotar(se), gastar(se), apurar(se). **ANT.** Empezar, comenzar, iniciar(se), principiar, emprender. **2.** Consumir algo hasta el final. *Acabó el vaso de leche con rapidez.* **SIN.** Agotar, apurar. **ANT.** Guardar, reservar ‖ *v. prnl.* **3.** Morirse, fenecer. *El pobre perro estaba tan viejo y enfermo que se acabó en una semana.* **SIN.** Extinguirse, fallecer, fenecer. **ANT.** Nacer, aparecer. **4.** Extinguirse, terminarse. *Vete a buscar más leña, el fuego se está acabando.* ‖ *v. intr.* **5.** Rematar, terminar, finalizar. *Este palo acaba en punta.* **6.** Seguido de la preposición "con" y un nombre de persona o cosa o pronombre, poner fin, destruir, aniquilar. *Su grave enfermedad acabó con él. Acabarás con mi paciencia.* **7.** Seguido de la preposición "de" y un verbo en in-

acabose - acaparar

finitivo, denota pasado reciente. *Acaba de salir, si echas una carrera lo alcanzarás.* **8.** Seguido de gerundio o de la preposición "por" + infinitivo, llegar el momento de decidir o hacer algo. *Después de mucho pensarlo, acabó cambiándose de casa.* ‖ **LOC. acabar bien o mal algo** Tener un buen o mal final. **para acabar de arreglarlo** Para colmo. **¡acabáramos!** Indica que por fin se comprende algo o se termina o logra alguna cosa. **san se acabó** *fam.* Indica que lo que se ha dicho es suficiente y que no es necesario ni se quiere añadir nada más. **se acabó lo que se daba** *fam.* Indica que una cuestión o situación se da por terminada.

acabose (a-ca-**bo**-se) *s. m.* Lo último a que puede llegar una cosa. *El negocio marcha mal, si no aumenta el número de ventas será el acabose.* **SIN.** Colmo, desastre, ruina. ☞ Suele aparecer siempre con artículo.

acacia (a-**ca**-cia) *s. f.* Árbol de madera dura y flores olorosas en forma de racimos colgantes. *En las ciudades se plantan acacias como adorno en plazas, calles y paseos.*

academia (a-ca-**de**-mia) *s. f.* **1.** Centro particular dedicado a la enseñanza. *Va a clase de matemáticas a una academia.* **2.** Sociedad compuesta por estudiosos de las diversas especialidades de la literatura, el arte y la ciencia, creada para favorecer la cultura en un país, y edificio al que asisten los miembros de esa sociedad. *La Real Academia Española de la Lengua fue fundada en 1713.*

acaecer (a-ca-e-**cer**) *v. intr.* Suceder, producirse un hecho. *El accidente acaeció a las ocho de la mañana.* **SIN.** Acontecer, ocurrir, pasar. ✎ v. unipers.

INDICATIVO	SUBJUNTIVO
Pres. acaece	**Pres.** acaezca
Pret. imperf. acaecía	**Pret. imperf.** acaeciera/se
Pret. perf. simple acaeció	**Fut. imperf.** acaeciere
Fut. imperf. acaecerá	**FORMAS NO PERSONALES**
Cond. simple acaecería	**Infinitivo** acaecer
	Gerundio acaeciendo
	Participio acaecido

acallar (a-ca-**llar**) *v. tr.* **1.** Hacer callar. *Decidió aparecer en público para acallar las murmuraciones sobre su enfermedad.* **SIN.** Enmudecer, silenciar. **2.** Aplacar, tranquilizar. *Acalló su hambre con una buena cena.* **SIN.** Aquietar, calmar. **ANT.** Excitar, incitar.

acalorarse (a-ca-lo-**rar**-se) *v. prnl.* **1.** Fatigarse con el trabajo o con el ejercicio. *Se acaloró mucho durante el partido.* **2.** Exaltarse alguien durante una discusión. *Se acaloraron tanto que llegaron a las manos.* **SIN.** Enardecerse, entusiasmarse, excitarse, irritarse. **ANT.** Calmarse, apaciguarse.

acampanado, da (a-cam-pa-**na**-do) *adj.* Que tiene forma de campana. *Compré una pantalla acampanada para el pie de bronce de la lámpara.* **SIN.** Abocardado, atrompetado.

acampar (a-cam-**par**) *v. intr.* Quedarse en campo abierto o en un campamento a descansar, dormir, etc. **GRA.** También v. tr. *Acampamos junto al río y pasamos allí dos días.* **SIN.** Asentarse, establecerse, instalarse.

acanalado, da (a-ca-na-**la**-do) *adj.* **1.** Que tiene forma de un canal. *Los toboganes de los parques acuáticos son acanalados.* **2.** De figura de estría o con estrías. *El soportal de la plaza del pueblo tiene las columnas acanaladas.*

acantilado, da (a-can-ti-**la**-do) *adj.* **1.** Se dice de la costa cortada a pico. *La Costa Brava es acantilada.* **SIN.** Escabroso, escarpado, abrupto. **ANT.** Llano, liso. ‖ *s. m.* **2.** Orilla del mar alta y con muchas rocas. *No te acerques al acantilado, es peligroso.* **SIN.** Barranco, precipicio.

acantilar (a-can-ti-**lar**) *v. tr.* *Embarrancar. **GRA.** Se usa más como v. prnl.

acanto (a-**can**-to) *s. m.* **1.** Planta perenne de hojas largas, dentadas y espinosas. *El acanto es una planta muy decorativa.* **2.** Adorno del capitel corintio que imita la hoja del acanto. *El arte griego utilizaba el adorno de acanto.*

acantocéfalo, la (a-can-to-**cé**-fa-lo) *adj.* Se dice de los gusanos de cuerpo cilíndrico, cuyas larvas viven como parásitos en los insectos y, ya de adultos, en los intestinos de los vertebrados. *Existen más de 500 especies de acantocéfalos.*

acantonar (a-can-to-**nar**) *v. tr.* Distribuir y alojar las tropas militares en distintos lugares o emplazamientos. **GRA.** También v. prnl. *Acantonaron tropas junto a la frontera.* **SIN.** Acampar, emplazar(se), localizar(se).

acaparar (a-ca-pa-**rar**) *v. tr.* **1.** Adquirir y retener muchas cosas. *Acapararon todo el azúcar porque habían oído que iba a subir el precio.* **SIN.** Acumular, almacenar, especular, retener. **2.** Apropiarse o aprovecharse de algo. *Como siempre acapara el mando de la tele, vemos siempre lo que él quiere.* **SIN.** Monopolizar, centralizar. **ANT.** Compartir, repartir. **3.** Atraer la atención de otras personas. *Con sus gracias, Luis acaparó la simpatía de todos.* **SIN.** Centrar, absorber.

acaracolado - accidental

acaracolado, da (a-ca-ra-co-**la**-do) *adj.* Que tiene forma de caracol. *Las escaleras que subían al coro de la capilla eran acaracoladas.*

acaramelado, da (a-ca-ra-me-**la**-do) *adj.* **1.** Cubierto de caramelo. *Las frutas de la tarta estaban acarameladas.* **2.** Que se muestra muy galante o cariñoso. *Ana y su novio paseaban por el parque muy acaramelados.*

acariciar (a-ca-ri-**ciar**) *v. tr.* **1.** Hacer caricias. *El niño acarició a su gata.* **SIN.** Mimar. **ANT.** Maltratar, pegar. **2.** Rozar suavemente una cosa. *Me gusta pasear por la playa y sentir cómo la brisa acaricia mi rostro.* **SIN.** Tocar. ✎ En cuanto al acento, se conjuga como cambiar.

acarrear (a-ca-rre-**ar**) *v. tr.* **1.** Transportar en carro, o en otros medios de transporte. *Está acarreando las patatas desde la tierra hasta el almacén.* **SIN.** Transportar, llevar, conducir, cargar. **2.** Ocasionar algo un daño o un mal. *No estudió y eso le acarreó el suspenso.* **SIN.** Originar, causar, implicar.

acartonarse (a-car-to-**nar**-se) *v. prnl.* Ponerse tieso o rígido como el cartón. *La bayeta se acartonó.*

acaso (a-**ca**-so) *adv. m.* **1.** Por casualidad. *¿Acaso no sabes lo que ha ocurrido aquí?* || *adv. dud.* **2.** Quizá, tal vez. *Acaso llueva mañana.* || **LOC. por si acaso** Por si llega a ocurrir algo. **si acaso** Como mucho. | Si por casualidad.

acatar (a-ca-**tar**) *v. tr.* Obedecer una orden o ley. *Hay que acatar las normas de circulación.* **SIN.** Aceptar, someterse, supeditarse. **ANT.** Desacatar, rebelarse, desobedecer, insubordinarse.

acatarrarse (a-ca-ta-**rrar**-se) *v. prnl.* Coger un catarro por enfriamiento de las vías respiratorias. *Salió sin abrigo y se acatarró.* **SIN.** Constiparse, resfriarse.

acaudalado, da (a-cau-da-**la**-do) *adj.* Que tiene mucho dinero. *Es una persona muy acaudalada e influyente.* **SIN.** Rico, millonario, pudiente, forrado, adinerado. **ANT.** Pobre.

acaudillar (a-cau-di-**llar**) *v. tr.* **1.** Dirigir o capitanear una batalla, una revolución, etc. *Bolívar acaudilló el movimiento de la independencia.* **SIN.** Encabezar, gobernar. **2.** Estar al frente de un grupo político. *Acaudilla al grupo de la oposición y prepara la campaña electoral.* **SIN.** Dirigir, guiar.

acceder (ac-ce-**der**) *v. intr.* **1.** Consentir voluntariamente en lo que otra persona necesita o quiere. *El juez accedió a la petición de clemencia.* **SIN.** Permitir, autorizar, condescender, transigir, aceptar, ceder. **ANT.** Rehusar, negarse, denegar, rechazar, resistirse. **2.** Llegar, entrar en un lugar. *Accedió a los camerinos sin que nadie lo viese.* **ANT.** Salir. **3.** Lograr una situación o condición. *Aprobó las oposiciones y accedió a un cargo público.*

accesible (ac-ce-**si**-ble) *adj.* **1.** De fácil acceso. *Pudo entrar en casa por la ventana porque estaba muy accesible.* **SIN.** Abordable, alcanzable, asequible, cercano. **ANT.** Inalcanzable. **2.** Que se comprende con facilidad. *Esta novela, aunque extraña, es bastante accesible.* **SIN.** Comprensible, llano, sencillo. **ANT.** Incomprensible. **3.** De fácil acceso o trato. *Aunque tiene un puesto muy importante, es una persona muy accesible.* **SIN.** Cordial, abierto, amable. **ANT.** Altivo, orgulloso, intratable. ☞ No debe confundirse con "asequible".

accésit (ac-**cé**-sit) *s. m.* En un concurso, recompensa de categoría inferior al premio establecido. *No consiguió el primer premio, pero sí un accésit.* **SIN.** Gratificación, premio, galardón. ✎ Invariable en número.

acceso (ac-**ce**-so) *s. m.* **1.** Acción de llegar o aproximarse. *El acceso a la cabaña resultó más fácil de lo que pensábamos.* **SIN.** Acercamiento, llegada. **ANT.** Alejamiento. **2.** Camino o vía de entrada a un lugar. *Por ese puente hay acceso a la parte posterior del castillo.* **SIN.** Paso, entrada, senda, vereda. **ANT.** Salida. **3.** Acercamiento a alguien o algo. *No tuvo acceso al premio, quedó eliminado en las semifinales.* **4.** Arrebato, ataque. *Tuvo un acceso de tos y se puso completamente rojo.*

accesorio, ria (ac-ce-**so**-rio) *adj.* **1.** Secundario, de menor importancia que otra cosa. *Para él era una cuestión accesoria.* **SIN.** Complementario, secundario, accidental, anejo, anexo. **ANT.** Esencial, fundamental, principal. || *s. m.* **2.** Utensilio auxiliar que se emplea en determinado trabajo o función. *Necesitaba más accesorios de jardinería.* || *s. m. pl.* **3.** Objeto de adorno que se añade a una persona o cosa. *Ya tenía el traje pero le faltaban los accesorios.* **SIN.** Complementos.

accidentado, da (ac-ci-den-**ta**-do) *adj.* **1.** Turbado, agitado. *Tuvo un día muy accidentado.* **2.** Se dice del terreno escabroso, abrupto. *La subida a la montaña fue difícil porque el terreno era muy accidentado.* **SIN.** Escarpado, montañoso. **ANT.** Llano. **3.** Se dice de la persona que ha sufrido un accidente. **GRA.** También s. m. y s. f. *Recogimos a los accidentados y los llevamos al hospital.*

accidental (ac-ci-den-**tal**) *adj.* **1.** No esencial. *Es un hecho accidental que no tiene importancia.* **SIN.** Secundario, accesorio. **ANT.** Esencial, principal. **2.** Se

accidentarse - acecinar

dice de aquello que depende de la suerte. *Fue un encuentro accidental.* **SIN.** Casual, contingente, fortuito, impensado. **ANT.** Premeditado, preparado, previsto.

accidentarse (ac-ci-den-**tar**-se) *v. prnl.* Sufrir un accidente. *Jugando el partido se accidentó y tuvieron que llevarle a urgencias.* **SIN.** Dañarse, indisponerse. **ANT.** Recuperarse, curarse.

accidente (ac-ci-**den**-te) *s. m.* **1.** Suceso imprevisto que normalmente causa algún daño y sucede sin quererlo nadie. *Tuvo un accidente, chocó contra un árbol.* **SIN.** Incidente, desgracia, percance, contratiempo. **2.** Escabrosidad o irregularidad del terreno. *La montaña tenía muchos accidentes.* **3.** Aquello que no es esencial. *La belleza en una persona es un accidente, lo importante son sus sentimientos.* **4.** Cada una de las modificaciones que sufren las partes variables de la oración. *Los accidentes gramaticales del sustantivo son: género y número; los del verbo: modo, tiempo, número y persona.* ‖ **5. accidente laboral** Daño que sufre un trabajador a consecuencia del trabajo que realiza. *En el sector de la construcción se producen muchos accidentes laborales.* ‖ **LOC. por accidente** Por casualidad.

acción (ac-**ción**) *s. f.* **1.** Obra o hecho realizado por una persona. *Lo conocen por sus buenas acciones.* **SIN.** Acto, operación. **2.** Ejercicio de una fuerza o potencia. *El volcán entró en acción.* **SIN.** Actividad, práctica, movimiento. **ANT.** Inacción, inactividad. **3.** Valor mobiliario que representa cada una de las partes en las que se divide el capital de una sociedad anónima. *Compró un paquete de acciones.* **4.** Documento que expresa la participación de una persona en los beneficios del capital de una sociedad anónima. *Guarda tus acciones en un lugar seguro.* **SIN.** Título, participación, bono, valor. **5.** Desarrollo de los hechos que integran el contenido de una obra literaria o de una película y constituyen su argumento. *La acción de la novela se desarrolla en un pequeño pueblo de la costa mediterránea.* **6.** Combate, batalla. *El ejército entró en acción al amanecer.* **SIN.** Escaramuza, encuentro. **7.** Fuerza, energía. *La acción del viento le hizo retroceder.* ‖ **8. mala acción** Fechoría, mala pasada.

accionar (ac-cio-**nar**) *v. tr.* **1.** Poner en funcionamiento un mecanismo, dar movimiento. *Accioné el mecanismo de seguridad.* **SIN.** Manipular, mover, operar. ‖ *v. intr.* **2.** Hacer movimientos y gestos para dar a entender algo. *Lo reconocí por la manera de accionar.* **SIN.** Gesticular, manotear, moverse.

accionista (ac-cio-**nis**-ta) *s. m. y s. f.* Propietario de acciones en una sociedad comercial o industrial. *Los accionistas cobraron la parte correspondiente a sus acciones.* **SIN.** Beneficiario, capitalista, socio.

acebo (a-**ce**-bo) *s. m.* Árbol silvestre poblado todo el año de hojas de color verde oscuro, duras y espinosas y flores blancas, y madera de este árbol. *El fruto del acebo sirve de alimento a los urogallos.*

acebuche (a-ce-**bu**-che) *s. m.* Olivo silvestre, y madera de este árbol. *En esa parte de la finca hay varios acebuches.*

acechar (a-ce-**char**) *v. tr.* Aguardar cautelosamente con alguna intención determinada. *Los ladrones estuvieron acechando durante semanas las operaciones que se hacían en el banco.* **SIN.** Vigilar, espiar, atisbar, observar, husmear.

acecho, al *loc. adv.* Observando a escondidas. *Un detective privado estaba al acecho de todos sus movimientos.*

acecinar (a-ce-ci-**nar**) *v. tr.* Salar y secar la carne al humo y al aire para conservarla. **GRA.** También *v. prnl. Esta carne se acecina muy bien en la cocina del horno.* **SIN.** Ahumar, curar.

CLASES PRINCIPALES DE ACEITE

animal El que se obtiene de la médula ósea de algunos animales. Se usa para engrasar aparatos de precisión.
alcanforado Solución, al 1 por 10, de alcanfor en aceite de olivas o almendras. Se usa en medicina como excitante de la función cardíaca.
de almendras Se obtiene de almendras dulces. Se usa en medicina y para hacer jabón.
de ballena Grasa líquida que se extrae de la ballena, así como también de otros cetáceos. Tiene múltiples aplicaciones en la industria.
de cedro Se extrae de los residuos de madera de cedro. Se usa para lapiceros, perfumería y jabones.
de colza El que se obtiene de colza y nabina. Se emplea como lubricante y combustible.
de hígado de bacalao El que fluye naturalmente del hígado extraído del bacalao. Es muy rico en vitaminas, especialmente A y D.
de linaza El obtenido de la semilla de una especie de lino. Tiene acción secante.
de oliva El extraído de la aceituna.
de palma Se obtiene del fruto de la palma y se usa para fabricar jabón y margarina.
de parafina Laxante intestinal.
de pescado Se obtiene del tocino de ballenas, focas, etc., y del hígado de bacalao. Se usa para fabricar jabón y en la industria de cueros.
de ricino Se extrae de la planta de este mismo nombre; sirve como purgante.
de vitriolo Ácido sulfúrico comercial.

acedera (a-ce-**de**-ra) *s. f.* Hierba comestible de sabor ácido. *La acedera se emplea a veces como condimento.*

acéfalo, la (a-**cé**-fa-lo) *adj.* **1.** Que no tiene cabeza. *Escultura acéfala.* **SIN.** Descabezado, decapitado. **2.** Se dice de los moluscos cuya cabeza apenas se distingue del resto del cuerpo. *La almeja es un acéfalo.*

aceite (a-**cei**-te) *s. m.* **1.** Líquido graso de color amarillo verdoso, que se saca de la aceituna. *Arreglo las ensaladas con aceite y vinagre.* **SIN.** Grasa, óleo. **2.** Por ext., todo líquido graso que se saca de otros frutos o semillas, como nueces, soja, etc., y de algunos animales como la ballena, la foca, etc., e incluso de sustancias minerales, como la hulla, el lignito, etc. *El aceite de hígado de bacalao sabe muy mal.* **SIN.** Grasa. ‖ **LOC. echar aceite al fuego** Echar leña al fuego. ❀ Ver cuadro, pág. 22.

aceiteras (a-cei-**te**-ras) *s. f. pl.* Vinagreras, conjunto de dos recipientes para el aceite y el vinagre. *Pon las aceiteras en la mesa para que cada uno aliñe la ensalada a su gusto.*

aceitoso, sa (a-cei-**to**-so) *adj.* Que tiene aceite, grasiento. *Hoy las patatas fritas están un poco aceitosas.* **SIN.** Oleaginoso, oleoso, untoso, graso. **ANT.** Seco.

aceituna (a-cei-**tu**-na) *s. f.* Fruto del olivo. Es comestible y también se emplea para sacar de él aceite. *Compra aceitunas negras para la ensalada.* **SIN.** Oliva.

aceitunado, da (a-cei-tu-**na**-do) *adj.* Verdoso, del color de la aceituna antes de madurar. *La tela es de color verde aceitunado.*

acelerador (a-ce-le-ra-**dor**) *s. m.* Mecanismo del automóvil, accionado mediante un pedal, que permite aumentar la velocidad. *No pises tanto el acelerador, en esta carretera hay límite de velocidad.*

acelerar (a-ce-le-**rar**) *v. tr.* **1.** Aumentar la velocidad. **GRA.** También v. prnl. *Aceleró el paso para llegar antes.* **SIN.** Apresurar, activar, avivar, aligerar, precipitar, apurar. **ANT.** Retardar, entretener, frenar, diferir. **2.** Accionar el mecanismo acelerador de un automóvil. *No aceleres tanto.* **SIN.** Activar, precipitar, apurar. **ANT.** Retardar, frenar.

acelerón (a-ce-le-**rón**) *s. m.* Aumento brusco de la velocidad. *Íbamos igualados pero pegó un acelerón en los últimos minutos y ganó la carrera.*

acelga (a-**cel**-ga) *s. f.* Planta que se siembra en las huertas, de hojas muy anchas, lisas y jugosas, que se comen como verdura. *Hoy hay acelgas con patatas.*

acémila (a-**cé**-mi-la) *s. f.* **1.** Mula o macho de carga. *En mi pueblo casi todos los labradores tienen una acémila.* **2.** *fam.* Persona ruda y torpe. *Juan es una acémila, no entiende nada.* **SIN.** Asno.

acendrar (a-cen-**drar**) *v. tr.* **1.** Purificar los metales al fuego. *Trabaja en la fundición acendrando oro y plata.* **SIN.** Decantar, acrisolar, limpiar, depurar. **2.** Purificar, dejar sin mancha ni defecto. *El artesano acendraba su obra.* **SIN.** Refinar, perfeccionar.

acento (a-**cen**-to) *s. m.* **1.** Mayor intensidad con que se pronuncia determinada sílaba de una palabra. *El acento de acelga recae en la penúltima sílaba.* **2.** Signo ortográfico que indica la mayor intensidad en la pronunciación de una sílaba. *Cañón.* **SIN.** Tilde. **3.** Tono característico de cada país o región. *Conserva el acento gallego.* **SIN.** Dejo, tonillo. **4.** Modulación de la voz. *Tiene un acento muy empalagoso.* ‖ **5. acento circunflejo** El que se compone de uno agudo y otro grave unidos por arriba "^". ✎

acentuado, da (a-cen-**tua**-do) *adj.* Exagerado, destacado. *Tiene los rasgos de su padre muy acentuados.* **SIN.** Prominente.

EL ACENTO		
Acento prosódico, tónico o fonético: Mayor intensidad con que se pronuncia una sílaba.		
Acento ortográfico, gráfico o tilde: Signo escrito (´) sobre determinadas vocales tónicas.		
Clasificación de las palabras según el acento		
	CON TILDE	SIN TILDE
Agudas ___ ___ ___´	Si acaban en vocal, **n** o **s** a-**mó**, ra-**zón**, cor-**tés**	Si no acaban en vocal, **n** o **s** re-**loj**, pa-**red**, ca-**sual**
Llanas ___ ___´ ___	Si no acaban en vocal, **n** o **s** **cés**-ped, **tó**-tem, **Pé**-rez	Si acaban en vocal, **n** o **s** **ce**-lo, **cul**-men, ti-**je**-ras
Esdrújulas ___´ ___ ___	Todas so-**vié**-ti-co, **ár**-bi-tro	Ninguna
Sobreesdrújulas ´___ ___ ___ ___	Todas **pién**-sa-te-lo, a-**rré**-gle-se-lo	Ninguna

acentuar (a-cen-tu-**ar**) *v. tr.* **1.** Pronunciar las palabras con su debido acento y poner el acento gráfico en la escritura. *Acentúa esa palabra aguda.* **SIN.** Recalcar, realzar. **2.** Recalcar, exagerar la expresión. *En su discurso acentuó la necesidad de solidaridad con los más necesitados.* **SIN.** Marcar, insistir, hacer hincapié, subrayar, destacar. **ANT.** Atenuar, soslayar, disimular. **3.** Hacer que algo resalte o destaque. *Aquel collar acentuaba su belleza.* **SIN.** Realzar, resaltar, aumentar. ‖ *v. prnl.* **4.** Tomar importancia. *El paro se acentuó con la crisis económica del país.* **SIN.** Aumentar, crecer. **ANT.** Menguar, decrecer. ✎ En cuanto al acento, se conjuga como actuar.

aceña (a-ce-ña) *s. f.* Molino de harina situado dentro del cauce de un río o de un arroyo. *Se dirigía a la aceña para moler tres sacos de trigo.*

acepción (a-cep-**ción**) *s. f.* Cada uno de los distintos sentidos o significados que puede tener una palabra. *"Acelerar" es un verbo con dos acepciones distintas.* **SIN.** Significación, significado.

acepillar (a-ce-pi-**llar**) *v. tr.* Alisar y limpiar con un cepillo la madera o los metales. *Acepilla las tablas antes de montar las estanterías.* **SIN.** Cepillar.

aceptable (a-cep-**ta**-ble) *adj.* Que puede ser aceptado. *Aunque no es del todo bueno, su comportamiento es aceptable.* **SIN.** Admisible, pasable, tolerable.

aceptación (a-cep-ta-**ción**) *s. f.* **1.** Acción y efecto de aceptar. *Su aceptación en el centro depende del número de plazas que queden libres.* **2.** Aprobación, éxito. *Su último libro ha tenido una gran aceptación.*

aceptar (a-cep-**tar**) *v. tr.* **1.** Admitir alguien voluntariamente lo que se le ofrece o entrega. *Aceptó casarse con él cuando se lo pidió.* **SIN.** Acoger, recoger, tomar. **ANT.** Rechazar, rehusar. **2.** Dar por bueno algo, aprobarlo. *Aceptó hacer el trabajo en el tiempo acordado.* **SIN.** Acceder, consentir. **ANT.** Renunciar, desaprobar. **3.** Soportar. *No puedo aceptar tu comportamiento.* **SIN.** Tolerar, aguantar.

acequia (a-**ce**-quia) *s. f.* Zanja o canal por donde se conduce el agua para el riego u otros fines. *Una acequia bordeaba la carretera.* **SIN.** Cacera, reguera.

acera (a-**ce**-ra) *s. f.* **1.** Orilla pavimentada a ambos lados de la calle, un poco más elevada que el centro, y que está reservada para el paso de peatones. *Sube a la acera, no sea que te atropelle un coche.* **SIN.** Andén, orilla. ‖ **LOC. de la otra acera o de la acera de enfrente** *fam.* Se dice del hombre que es homosexual. ☞ "Cera" es un vulgarismo.

acerado, da (a-ce-**ra**-do) *adj.* **1.** De acero o muy parecido a él. *Este cuchillo tiene la hoja acerada.* **2.** De mucha resistencia o fortaleza. *Tiene un carácter muy acerado y no se ablanda fácilmente.* **SIN.** Resistente, templado, duro, firme. **ANT.** Blando, débil, frágil. **3.** Mordaz, penetrante. *Tus aceradas críticas le hicieron mucho daño.* **SIN.** Agudo, incisivo. **4.** Se dice de las hojas cilíndricas y punzantes de algunas coníferas. *El enebro tiene hojas aceradas.*

acerbo, ba (a-**cer**-bo) *adj.* **1.** Se dice de lo que es agrio y áspero. *No me gusta el pomelo por su acerbo sabor.* **SIN.** Ácido, amargo. **ANT.** Suave, dulce. **2.** De gran crueldad o antipatía. *Tiene muchos enemigos por su acerbo comportamiento.* **SIN.** Cruel, desapacible. **ANT.** Benigno, indulgente, amable, apacible. ☞ No debe confundirse con "acervo".

acerca de *loc. adv.* En cuanto a, sobre, respecto a. *No diré nada acerca de lo que hablamos.* ☞ La omisión de la prep. "de" es un vulgarismo.

acercar (a-cer-**car**) *v. tr.* **1.** Poner una cosa a menor distancia de lugar o tiempo. **GRA.** También v. prnl. *Acercó sus manos al fuego para calentarse.* **SIN.** Arrimar(se), aproximar(se), avecinar(se), unir(se), juntar(se), adosar(se), pegar(se). **ANT.** Alejar(se), separar(se), apartar(se). **2.** Llevar a alguien en coche a algún sitio. *Me acercó a casa porque llovía.* ‖ *v. prnl.* **3.** Estar próximo a suceder algo. *Se acerca una fuerte tormenta.* **SIN.** Aproximarse, avecinarse. **ANT.** Alejarse, separarse, apartarse. ✎ Se conjuga como abarcar.

acería (a-ce-**rí**-a) *s. f.* Fábrica de acero. *La semana pasada fuimos con el colegio a visitar una acería.* También "acerería".

acerico (a-ce-**ri**-co) *s. m.* Almohada pequeña para clavar en ella alfileres o agujas. *Pon esa aguja en el acerico para que no se pierda.* **SIN.** Alfiletero.

acero (a-**ce**-ro) *s. m.* **1.** Hierro que contiene una pequeña cantidad de carbono, con lo que adquiere más dureza y elasticidad. *El marco de esta ventana es de acero.* ‖ **2. acero inoxidable** Aleación de cromo, níquel, etc., resistente a la corrosión.

acerolo (a-ce-**ro**-lo) *s. m.* Árbol de ramas cortas y frágiles y flores blancas, cuyo fruto es la acerola. *En la huerta hemos plantado varios acerolos.*

acérrimo, ma (a-**cé**-rri-mo) *adj.* Muy fuerte, vigoroso o tenaz. *Es un acérrimo enemigo de la violencia.* **SIN.** Incansable, constante. **ANT.** Moderado débil. ☞ Aunque es sup. de "acre", su significado no corresponde al de éste y puede añadírsele el adv. "más".

acertado, da (a-cer-**ta**-do) *adj.* Que tiene acierto. *Su intervención en el debate estuvo muy acertada.* **SIN.** Apropiado, oportuno. **ANT.** Inoportuno.

acertar (a-cer-**tar**) *v. tr.* **1.** Dar en el punto a que se dirige algo. **GRA.** También v. intr. *Acertó en el blanco.* **SIN.** Atinar. **2.** Encontrar la respuesta o solución a algo dudoso, desconocido u oculto. **GRA.** También v. intr. *Acerté los resultados de todos los problemas de matemáticas.* **SIN.** Adivinar, descifrar, hallar, resolver, solucionar. **ANT.** Errar, equivocarse, engañarse, divagar, alejarse. ‖ *v. intr.* **3.** Con la preposición "a" y un verbo en infinitivo, suceder por casualidad. *Acertó a pasar por allí cuando sucedió el accidente.* ✎ v. irreg.

INDICATIVO	SUBJUNTIVO	IMPERATIVO
Pres.	Pres.	
acierto	acierte	
aciertas	aciertes	acierta
acierta	acierte	acierte
acertamos	acertemos	acertemos
acertáis	acertéis	acertad
aciertan	acierten	acierten

acertijo (a-cer-**ti**-jo) *s. m.* Especie de enigma o adivinanza para entretenerse en resolverla. *Ganó el concurso de acertijos de la radio.* **SIN.** Jeroglífico, misterio, rompecabezas, ovillejo.

acervo (a-**cer**-vo) *s. m.* **1.** Montón de cosas menudas. *Guardaba con cuidado su acervo de bisutería.* **2.** Conjunto de bienes morales o culturales de una persona o colectividad. *Destacaba por su acervo literario.* **SIN.** Tradición, cultura. ☞ No debe confundirse con "acerbo".

acetato (a-ce-**ta**-to) *s. m.* **1.** Sal formada por la combinación del ácido acético con una base. *El frasco contiene una disolución de acetato sódico.* **2.** Material transparente que se usa para fabricar películas fotográficas y en las artes gráficas. *La filmadora imprime los textos sobre un acetato.*

acetona (a-ce-**to**-na) *s. f.* Líquido incoloro e inflamable, que se emplea como disolvente de grasas, resinas y otros compuestos orgánicos. *Si la mancha no se quita con jabón, tendré que usar acetona.*

acetre (a-**ce**-tre) *s. m.* **1.** Caldero pequeño con el que se saca agua de las tinajas o pozos. *Ten cuidado cuando vayas a sacar el agua, el acetre está un poco rajado por la parte de arriba.* **2.** Recipiente pequeño en el que se lleva agua bendita para las aspersiones. *El sacerdote metió el isopo en el acetre y después bendijo los campos.*

achacar (a-cha-**car**) *v. tr.* Atribuir una cosa a alguien. *Le achacaron la mala organización de la fiesta de fin de curso.* **SIN.** Imputar. **ANT.** Desvincular, disculpar. ✎ Se conjuga como abarcar.

achacoso, sa (a-cha-**co**-so) *adj.* **1.** Que padece algún achaque o enfermedad habitual. *Cada poco ingresa en el hospital, está muy achacosa.* **SIN.** Enfermizo, enclenque, doliente. **ANT.** Sano, lozano. **2.** Indispuesto o un poco enfermo. *Esta tarde no podrá ir a clase porque se encuentra un poco achacoso.*

achantar (a-chan-**tar**) *v. tr.* Hacer perder a alguien su ánimo o valentía. **GRA.** También v. prnl. *Se achantó ante la corpulencia de su oponente.* **SIN.** Acoquinar(se), apabullar(se), achicar(se), intimidar, acobardar(se). **ANT.** Estimular, animar(se), afrontar, crecerse, animarse.

achaparrado, da (a-cha-pa-**rra**-do) *adj.* **1.** Se dice de las cosas bajas y extendidas. *Había unos árboles en copa y achaparrados en aquel monte.* **2.** Se dice de la persona gruesa y de poca estatura. *Quiere ponerse a régimen porque se ve un poco achaparrado.* **SIN.** Repolludo, rechoncho. **ANT.** Estilizado, alto.

achaque (a-**cha**-que) *s. m.* **1.** Indisposición, molestia o enfermedad habitual. *El abuelo tenía los achaques propios de su edad.* **SIN.** Dolencia, mal, afección, padecimiento. **2.** Indisposición ligera. *Sufrió un pequeño achaque.* **3.** Vicio o defecto habitual de una persona. *Tiene el achaque de ser muy mentiroso y eso no me gusta nada.* **SIN.** Tacha. **ANT.** Cualidad.

acharolado, da (a-cha-ro-**la**-do) *adj.* Parecido al charol. *Llevaba unos zapatos y un bolso acharolados.* **SIN.** Charolado, embetunado.

achatar (a-cha-**tar**) *v. tr.* Poner chata una cosa. **GRA.** También v. prnl. *La esquina de la mesa se acható con el golpe.* **SIN.** Achaflanar(se), aplastar(se), embotar(se). **ANT.** Afilar(se), acerar(se).

achicador (a-chi-ca-**dor**) *s. m.* Especie de pala de madera que sirve para sacar el agua que entra en las barcas. *Toma el achicador y vete sacando el agua del bote.*

achicar (a-chi-**car**) *v. tr.* **1.** Reducir el tamaño de una cosa. **GRA.** También v. prnl. *Achica un poco el largo de las cortinas, casi arrastran.* **SIN.** Acortar, disminuir, empequeñecer. **ANT.** Agrandar, aumentar, extender, ampliar. **2.** Hacer perder el ánimo o la valentía. **GRA.** También v. prnl. *En el juicio el ladrón se achicó en seguida.* **SIN.** Humillar, acobardar, apocar, acoquinar, intimidar, arredrar, achantar. **ANT.** Alentar, animar, envalentonar, engrandecer, ensalzar. **3.** Sacar el agua de algo que se ha inundado, una embarcación, mina, etc. *Allí todo el mundo achicaba agua.* ✎ Se conjuga como abarcar.

achicharrar (a-chi-cha-**rrar**) *v. tr.* **1.** Quemar demasiado una cosa. **GRA.** También v. prnl. *Se le olvidó*

achicoria - ácido

mirar el asado y se achicharró. **SIN.** Chamuscar, tostar, quemar, abrasar. **ANT.** Helar, enfriar. **2.** Molestar en exceso una persona o cosa. *¡Cómo achicharra el ruido de las excavadoras!* **SIN.** Fastidiar, importunar, abrumar, freír. **ANT.** Agradar. ‖ *v. prnl.* **3.** Experimentar demasiado calor, quemarse, por la acción del aire, el sol, etc. *Estuve demasiado tiempo al sol el primer día y me achicharré.*

achicoria (a-chi-**co**-ria) *s. f.* Planta de hojas y raíces amargas. *Una variedad de achicoria se utiliza como sucedáneo del café.*

achispar (a-chis-**par**) *v. tr.* Poner casi ebria a una persona. **GRA.** También v. prnl. *Bebió demasiado vino en la boda y se achispó.* **SIN.** Ajumar(se), empipar(se), embriagar(se), emborrachar(se).

achubascarse (a-chu-bas-**car**-se) *v. prnl.* Cubrirse el cielo de nubarrones que amenazan lluvia. *El cielo se achubascó y al momento comenzó a llover con fuerza.* **SIN.** Encapotarse, oscurecerse, nublarse. **ANT.** Despejarse. 🖎 Se conjuga como abarcar.

achuchado, da (a-chu-**cha**-do) *adj., fam.* Con dificultades económicas. *Este mes estoy achuchado, debo reducir gastos.* **SIN.** Escaso. **ANT.** Sobrado.

achuchar (a-chu-**char**) *v. tr.* **1.** *fam.* Aplastar, estrujar con un peso o golpe. *Saltó encima de la cama y la achuchó toda.* **2.** *fam.* Empujar una persona a otra. *La gente en el metro no hacía más que achucharte.* **3.** *fam.* Dar excesivos abrazos y muestras de cariño a alguien. *Cada vez que nos encontramos me achucha como si hiciera años que no nos vemos.*

achuchón (a-chu-**chón**) *s. m., fam.* Acción y efecto de achuchar o aplastar. *Había tanta gente en las rebajas, que todo eran achuchones y pisotones.* **SIN.** Estrujón, embestida.

aciago, ga (a-**cia**-go) *adj.* Infeliz, desgraciado, de mal agüero. *Tuvo un día muy aciago y suspendió el examen.* **SIN.** Funesto, desafortunado. **ANT.** Feliz, venturoso, dichoso, bienhadado.

acíbar (a-**cí**-bar) *s. m.* **1.** Planta de jugo amargo y jugo de esta planta. *No me gusta, es amargo como el acíbar.* **SIN.** Áloe. **2.** Amargura, disgusto. *Sentía gran acíbar por su fracaso sentimental.*

acicalar (a-ci-ca-**lar**) *v. tr.* **1.** Adornar con esmero. **GRA.** También v. prnl. *Necesita dos horas para acicalarse antes de salir.* **SIN.** Maquillar, ataviar, arreglar, componer. **2.** Limpiar, especialmente sacar brillo a las armas blancas. *Cada poco acicala con esmero su colección de espadas.* **SIN.** Bruñir.

acicate (a-ci-**ca**-te) *s. m.* **1.** Estímulo, algo que le impulsa a uno a hacer alguna cosa. *Quiero que este aprobado te sirva de acicate para que estudies más.* **SIN.** Incentivo, aliciente, atractivo. **ANT.** Freno. **2.** Especie de espuela con una sola punta. *Golpeó al caballo con el acicate para que corriera más.*

acicular (a-ci-cu-**lar**) *adj.* Que tiene forma de aguja. *Los pinos tienen hojas aciculares.*

acidez (a-ci-**dez**) *s. f.* Cualidad de ácido. *No me gustan los limones por su excesiva acidez.*

acidia (a-**ci**-dia) *s. f.* Pereza. *Le despidieron del trabajo por su acidia.* **SIN.** Descuido. **ANT.** Diligencia.

ácido, da (**á**-ci-do) *adj.* **1.** De sabor parecido al vinagre o limón. *La leche se ha estropeado, está ácida.* **SIN.** Agrio, acedo, acidulado, avinagrado. **ANT.** Dulce. **2.** Áspero, desabrido. *Tenía un carácter tan amargado y ácido que nadie le aguantaba.* ‖ *s. m.* **3.** Compuesto químico que disuelto en agua produce iones de hidrógeno, que pueden ser sustituidos por un metal para formar sales. *Hay que tomar precauciones para el manejo de ácidos en el laboratorio.* ‖ **4. ácido acético** Líquido incoloro, de olor picante y cáustico. Es un componente del vinagre. **5. ácido arsénico** Compuesto de color blanco, soluble en agua y muy venenoso. **6. ácido benzoico** Compuesto de color blanco que se utiliza para la obtención de colorantes y como medicamento. **7. ácido bórico** Compuesto de color blanco que se usa en medicina y en la industria como antiséptico. **8. ácido carbónico** Líquido que se obtiene introduciendo anhídrido carbónico en agua. **9. ácido cítrico** Sustancia que se utiliza para limonadas, jarabes y algunos medicamentos. **10. ácido clorhídrico** Gas incoloro, muy corrosivo que, disuelto en agua, se utiliza como disolvente de la suciedad en usos domésticos. **11. ácido desoxirribonucleico** Sustancia química que compone nuestros cromosomas y transporta toda la información que heredamos de nuestros padres. **12. ácido fluorhídrico** Líquido muy corrosivo, resultado de combinarse un átomo de flúor con otro de hidrógeno. **13. ácido fórmico** Líquido incoloro, de olor picante, que se usa en medicina. **14. ácido láctico** Ácido que se extrae de la leche agria, aunque también pueden producirlo azúcares de otra procedencia. **15. ácido nítrico** Líquido claro, de olor picante y tóxico. Es muy corrosivo y se utiliza para la obtención del algodón de pólvora, la nitroglicerina, etc. **16. ácido salicílico** Compuesto de color blanco, que usa en medicina como antiséptico, desinfectante y antirreumático. **17. ácido sulfhídrico** Gas tóxico, inflamable, resultante de la

acidosis - acogotar

combinación del azufre con el hidrógeno. **18. ácido sulfúrico** Líquido de consistencia oleosa, incoloro e inodoro, compuesto de azufre, hidrógeno y oxígeno. Tiene muchos usos en la industria. **19. ácido úrico** El que está contenido en la orina y en los cálculos de riñón y vejiga.

acidosis (a-ci-**do**-sis) *s. f.* Exceso de ácidos en la sangre o en los tejidos. *Tiene acidosis.* 🖎 Invariable en número.

acierto (a-**cier**-to) *s. m.* **1.** Acción y efecto de acertar. *Fue un acierto ir de vacaciones al sur, en el norte ha estado lloviendo todo el verano.* **SIN.** Puntería, tiento, tino, éxito. **ANT.** Desacierto, desatino. **2.** Habilidad en lo que se realiza. *Tiene mucho acierto para la cocina, da gusto que te invite a comer.* **SIN.** Destreza, maña, competencia, actitud. **ANT.** Incompetencia, torpeza.

ación (a-**ción**) *s. f.* Correa fija a la silla de montar, de la que cuelga el estribo. *Se rompió la ación y perdimos el estribo.*

aclamar (a-cla-**mar**) *v. tr.* **1.** Dar voces la gente en honor y aplauso de una persona. *La multitud aclamaba al Papa entusiasmada.* **SIN.** Vitorear, aplaudir, ovacionar, exaltar. **ANT.** Patear, silbar, protestar, abuchear. **2.** Dar a alguien algún cargo u honor por unanimidad. *Tras años de trabajo, la universidad le aclamó doctor honoris causa.* **SIN.** Proclamar, nombrar, conferir. **ANT.** Destituir.

aclarar (a-cla-**rar**) *v. tr.* **1.** Explicar algo. **GRA.** También v. prnl. *Me aclaró cómo llegar a la estación.* **SIN.** Clarificar, despejar, manifestar, esclarecer. **ANT.** Oscurecer, ensombrecer. **2.** Volver a lavar la ropa sólo con agua, para quitar el jabón. *Aclárame esa ropa, voy a tenderla.* **SIN.** Enjuagar. **ANT.** Jabonar. **3.** Hacer más perceptible la voz. *El profesor aclaró su voz antes de comenzar el discurso.* || *v. intr.* **4.** Disiparse las nubes o la niebla. *Por la tarde el día aclaró y salió el sol.* **SIN.** Clarear, despejar, serenar, abrir. **ANT.** Encapotarse, aborrascarse, oscurecerse, cubrirse. **5.** Amanecer, clarear. *A las siete de la mañana ya empieza a aclarar.* || *v. prnl.* **6.** Manifestar lo que se tenía secreto. *Se aclaró el misterio de los millones desaparecidos.* **7.** Ordenar las propias ideas. *Dijo que necesitaba tiempo para aclararse.*

aclaratorio, ria (a-cla-ra-**to**-rio) *adj.* Se dice de lo que aclara o explica. *Cada definición del diccionario lleva su ejemplo aclaratorio.* **SIN.** Definitorio, explicativo. **ANT.** Confuso, lioso.

aclimatar (a-cli-ma-**tar**) *v. tr.* Acostumbrar a un ser a un clima distinto del suyo. **GRA.** También v. prnl. *Los osos polares se aclimataron perfectamente en el zoológico.* **SIN.** Adaptar(se), habituar(se). **ANT.** Desaclimatar(se), desadaptar(se).

acné (ac-**né**) *s. m.* Puntos negros o blancos provocados por la inflamación de las glándulas sebáceas de la piel, muy frecuente en la adolescencia. **GRA.** También s. f. *Le han recetado una pomada para el acné juvenil.* **SIN.** Espinilla, grano, barrillo.

acobardar (a-co-bar-**dar**) *v. tr.* Hacer que una persona coja miedo. **GRA.** También v. prnl. y v. intr. *Al ver el toro se acobardó.* **SIN.** Intimidar, atemorizar, arredrar, acoquinar(se), amilanar(se), achicar(se). **ANT.** Animarse, alentar, envalentonarse, crecerse.

acocharse (a-co-**char**-se) *v. prnl.* Agazaparse, agacharse. *El gato se acochó en el rincón de la salita y se quedó dormido.* **SIN.** Encogerse.

acodado, da (a-co-**da**-do) *adj.* Doblado en forma de codo. *En esta esquina tienes que poner una tubería acodada.*

acodar (a-co-**dar**) *v. tr.* Apoyar alguien el codo sobre algo para sostener con la mano la cabeza. **GRA.** También v. prnl. *Se acodó sobre la mesa de estudio mientras pensaba.*

acodo (a-**co**-do) *s. m.* Rama tierna de una planta. *A la planta que me regalaste ya le han salido varios acodos.* **SIN.** Brote, retoño.

acogedor, ra (a-co-ge-**dor**) *adj.* **1.** Se dice de una habitación o casa agradable, confortable. *Con la nueva decoración el salón te ha quedado muy acogedor.* **SIN.** Cómodo. **2.** Que acoge. Hay varios centros públicos acogedores de gente necesitada.

acoger (a-co-**ger**) *v. tr.* **1.** Admitir alguien en su casa o compañía a otra u otras personas. *Acogieron a su amigo extranjero con entusiasmo.* **SIN.** Recibir, aceptar. **ANT.** Rehusar, denegar, rechazar, expulsar. **2.** Dar refugio una cosa a alguien. *La cabaña del bosque nos acogió durante la tormenta.* **SIN.** Cobijar. **3.** Proteger, amparar. **GRA.** También v. prnl. *La nueva ley acogerá a los inquilinos que lleven más de diez años en la vivienda.* **ANT.** Rehusar, denegar, rechazar, expulsar. || *v. prnl.* **4.** Refugiarse, ampararse. *Se acogieron al derecho internacional para pedir su libertad.* 🖎 Se conjuga como proteger.

acogida (a-co-**gi**-da) *s. f.* **1.** Protección o amparo. *Dieron acogida a los jóvenes que se habían perdido en la montaña.* **2.** Aceptación o aprobación. *Su acogida en el nuevo colegio fue muy buena.*

acogotar (a-co-go-**tar**) *v. tr.* **1.** Matar con un golpe en el cogote. *No me gustó ver cómo acogotaba al gallo.* **2.** Dominar, vencer. *El jefe del grupo los tiene*

acojonar - acomplejado

acogotados y sólo hacen lo que él dice. **SIN.** Asustar, acoquinar, atrapar.

acojonar (a-co-jo-**nar**) v. tr. **1.** vulg. Acobardar, asustar. **GRA.** También v. prnl. Se acojonó ante la amenaza. **2.** vulg. Asombrar, impresionar. **GRA.** También v. prnl. La movida me acojonó cantidad.

acolchado, da (a-col-**cha**-do) adj. Mullido, tapizado. Me gustan los asientos acolchados porque son muy cómodos. **SIN.** Revestido, almohadillado.

acólito (a-**có**-li-to) s. m. **1.** Joven que ayuda al sacerdote en la misa. Los domingos hacía de acólito. **SIN.** Monaguillo. **2.** Persona que acompaña o sigue a otra constantemente. Su hermano mayor parecía su acólito, siempre le acompañaba a todos los sitios. **SIN.** Cómplice, auxiliar, asistente, satélite, ayudante.

acollar (a-co-**llar**) v. tr. Tapar con tierra el pie de las plantas o los troncos de las vides. Fuimos al campo para acollar las vides.

acombar (a-com-**bar**) v. tr. Encorvar una cosa. **GRA.** También v. prnl. Cada día la pared se acomba más. **SIN.** Combar(se).

acometer (a-co-me-**ter**) v. tr. **1.** Comenzar una actividad. La empresa acometió una nueva etapa con éxito. **SIN.** Iniciar, empezar, abordar. **ANT.** Abandonar, cesar. **2.** Abalanzarse con fuerza y atrevimiento. Estaba tan enfadado que lo acometió con violencia. **SIN.** Atacar, embestir, agredir, arremeter. **ANT.** Huir, evitar, abandonar, dejar. **3.** Empezar a sentir alguien repentinamente cierto estado físico o moral. Unas fuertes ganas de gritar la acometieron de repente y no pudo contenerse.

acomodado, da (a-co-mo-**da**-do) adj. **1.** Bien situado, que dispone de medios y de una posición económica desahogada. Este lujoso chalé es de una familia muy acomodada. **SIN.** Adinerado, pudiente, rico. **ANT.** Necesitado, pobre. **2.** Que resulta oportuno para algo. Le pusieron un nuevo horario, más acomodado a sus necesidades. **SIN.** Apto, conveniente, apropiado, adecuado. **ANT.** Inadecuado, inoportuno. **3.** Que está cómodo o a gusto. Estaba tan acomodada en el sofá que se quedó dormida. **SIN.** Relajado. **4.** Que tiene un precio razonable. Ese coche tiene un precio bastante acomodado. **SIN.** Arreglado, ajustado, moderado.

acomodador, ra (a-co-mo-da-**dor**) s. m. y s. f. Persona que en el cine, teatro y otros espectáculos indica a los espectadores el lugar o butaca que les corresponde. El acomodador nos indicó la fila.

acomodar (a-co-mo-**dar**) v. tr. **1.** Colocar a una persona o cosa en el lugar adecuado. Acomodó a los asistentes en la sala de conferencias. **SIN.** Situar(se), colocar(se). **ANT.** Desacomodar(se), descolocar(se). **2.** Colocar una cosa para que se ajuste o adapte a otra. Acomodó la altura de la mesa a la de la silla para poder trabajar a gusto. **SIN.** Encajar, amoldar. **ANT.** Desajustar, desencajar. **3.** Arreglar o preparar algo de modo conveniente. Hay que acomodar la casa para la fiesta de esta noche. **SIN.** Ordenar, ajustar, acondicionar. **ANT.** Desajustar. **4.** Proveer, dar empleo. Como se enteró de que estaba en el paro, lo acomodó en su propia empresa. **SIN.** Establecer, situar. **5.** Ajustar una norma al momento actual. **GRA.** También v. intr. y v. prnl. Decidieron acomodar las reglas de la comunidad a los nuevos tiempos. ‖ v. prnl. **6.** Conformarse. Tuvo que acomodarse a su nueva situación, aunque no perdía la esperanza de que todo cambiase. **SIN.** Atenerse, transigir, avenirse.

acompañamiento (a-com-pa-ña-**mien**-to) s. m. **1.** Gente que acompaña a alguien. El príncipe llevaba un gran acompañamiento. **SIN.** Comparsa, escolta, séquito, cortejo. **2.** Conjunto de personas que en las representaciones teatrales o actuaciones musicales intervienen secundariamente. Siempre actúa con acompañamiento. **SIN.** Comparsa, coro.

acompañar (a-com-pa-**ñar**) v. tr. **1.** Estar o ir con otras personas. **GRA.** También v. prnl. Cuando estuve enfermo, mis amigos me acompañaron. **SIN.** Estar con, ir con, escoltar, seguir, conducir. **ANT.** Abandonar, dejar. **2.** Juntar o agregar una cosa a otra. Acompañaron la comida con un buen vino. **SIN.** Guarnecer, adjuntar, añadir, anexar. **ANT.** Separar, aislar. **3.** Hallarse algo en una persona, especialmente hablando de su fortuna, estado de ánimo, gustos o cualidades. Su gran afición por la música la acompañaba siempre. **4.** Ejecutar el acompañamiento musical. **GRA.** También v. prnl. Tres magníficos vocalistas acompañaron a la estrella en toda su gira.

acompasado, da (a-com-pa-**sa**-do) adj. **1.** Hecho o puesto a compás. Todos llevaban el ritmo acompasado. **SIN.** Métrico, rítmico. **ANT.** Irregular, arrítmico, desacompasado. **2.** Que tiene la costumbre de hablar pausadamente o que suele moverse con lentitud. Usa un tono tan acompasado en sus conferencias que tienes que hacer esfuerzos para no dormirte. **SIN.** Mesurado, medido, pausado, reposado. **ANT.** Desmedido, desmesurado.

acomplejado, da (a-com-ple-**ja**-do) adj. Se dice de la persona que se siente inferior a los demás por padecer algún complejo. Se sentía tan acomplejado que le costaba hacer amigos.

acomplejar - acorde

acomplejar (a-com-ple-**jar**) *v. tr.* **1.** Producir en alguna persona una serie de complejos. *Se pusieron tan pesados con su gordura que acabaron acomplejándolo.* ‖ *v. prnl.* **2.** Tener algún complejo. *Se acompleja de su altura.*

acomunarse (a-co-mu-**nar**-se) *v. prnl.* Confederarse en comunidad para un bien común. *Ambos pueblos se acomunaron para enfrentarse al enemigo.* **SIN.** Coligarse.

aconchabarse (a-con-cha-**bar**-se) *v. prnl., fam.* Asociarse varias personas para fastidiar a otra. *Se aconchabaron para hacerle la pascua.* **SIN.** Confabularse, conchabarse.

acondicionado, da (a-con-di-cio-**na**-do) *adj.* **1.** Arreglado, preparado. *El local ya está acondicionado para la fiesta de Nochevieja.* **SIN.** Dispuesto. **2.** De buena calidad o en buenas condiciones, o al contrario. *Tendrán que cerrar la vieja escuela porque está muy mal acondicionada.*

acondicionar (a-con-di-cio-**nar**) *v. tr.* **1.** Colocar una cosa de modo que se ajuste o adapte a otra. *Acondicionamos la calefacción para que funcionara con carbón.* **SIN.** Ajustar, adaptar, adecuar, amoldar, encajar. **ANT.** Desajustar, desencajar. **2.** Preparar alguna cosa de manera adecuada a determinado fin. *Acondicionaron el salón para la fiesta.* **SIN.** Arreglar, armonizar, acomodar, componer. **ANT.** Desarreglar, desarmonizar.

acongojar (a-con-go-**jar**) *v. tr.* Llenar de tristeza y aflicción. **GRA.** También v. prnl. *No te acongojes, ya verás que pronto se soluciona todo.* **SIN.** Apenar(se), entristecer(se), angustiar(se), amargar(se), apesadumbrar(se). **ANT.** Aliviar(se), consolar(se), alentar(se), confortar(se), alegrar(se), animar(se).

aconsejar (a-con-se-**jar**) *v. tr.* Dar consejos o indicaciones para que alguien actúe o se comporte bien. *Le aconsejó que estudiara para aprobar el curso.* **SIN.** Asesorar, avisar, advertir, guiar, recomendar. **ANT.** Desaconsejar.

acontecer (a-con-te-**cer**) *v. intr.* Suceder un hecho. *Aconteció lo que él había pronosticado.* **SIN.** Acaecer, ocurrir, sobrevenir. ✎ v. irreg. y v. defect., se conjuga como parecer.

acontecimiento (a-con-te-ci-**mien**-to) *s. m.* Hecho importante que sucede. *El descubrimiento de América fue todo un acontecimiento.* **SIN.** Suceso, circunstancia, evento, incidente, caso.

acopar (a-co-**par**) *v. intr.* Formar copa los árboles y otras plantas. **GRA.** También v. prnl. *En primavera todos los árboles del jardín se acoparon.*

acopiar (a-co-**piar**) *v. tr.* Reunir gran cantidad de una cosa. *Acopiaron gran cantidad de trigo en la era.* **SIN.** Acumular, amontonar, almacenar, apilar. **ANT.** Desperdigar, desparramar, espaciar, derrochar, dispersar, esparcir. ✎ En cuanto al acento, se conjuga como cambiar.

acoplar (a-co-**plar**) *v. tr.* **1.** Unir entre sí dos piezas para que ajusten exactamente. *Acopla bien esa tuerca para que no se salga.* **SIN.** Unir, ajustar, casar, encajar, ensamblar, conectar. **ANT.** Desacoplar, desencajar, desunir, separar, despegar. **2.** Ajustar una pieza al sitio donde deba colocarse. *Acopló todas las piezas del rompecabezas perfectamente.* **3.** Unir entre sí a las personas que estaban enfrentadas. **GRA.** También v. prnl. *Nunca se acoplaron bien.*

acoquinar (a-co-qui-**nar**) *v. tr., fam.* Acobardar, amilanar. **GRA.** También v. prnl. *Tan pronto como encajó el primer gol, el equipo visitante se acoquinó.* **SIN.** Acogotar(se), asustar(se), atemorizar(se). **ANT.** Tranquilizar(se), sosegar(se), animar(se), envalentonar(se).

acorazado (a-co-ra-**za**-do) *s. m.* Barco de guerra protegido con enormes láminas de acero para defenderse de los ataques del enemigo. *La aviación enemiga hundió un acorazado en el Pacífico.*

acorazar (a-co-ra-**zar**) *v. tr.* Proteger con láminas o planchas de acero barcos de guerra, fortificaciones, etc. *Están acorazando el nuevo buque de la marina.* **SIN.** Blindar, reforzar, revestir. ✎ Se conjuga como abrazar.

acorcharse (a-cor-**char**-se) *v. prnl.* **1.** Ponerse algo esponjoso como el corcho. *La madera de esta mesa se está acorchando.* **2.** Entorpecerse la sensibilidad de alguna parte del cuerpo. *Las piernas se me acorcharon de la mala postura.* **SIN.** Insensibilizarse.

acordar (a-cor-**dar**) *v. tr.* **1.** Llegar a una conclusión por mayoría, ponerse de acuerdo. *Acordaron repartir la herencia entre todos.* **SIN.** Convenir, quedar en, pactar. **ANT.** Discordiar, desacordar. ‖ *v. prnl.* **2.** Tener una cosa en la memoria y recordarla. *No me acuerdo de dónde dejé el lapicero.* **SIN.** Rememorar, evocar. **ANT.** Olvidar(se). ‖ **LOC. si mal no me acuerdo** *fam.* Si no me equivoco o engaño. ✎ v. irreg., se conjuga como contar.

acorde (a-**cor**-de) *adj.* **1.** Que concuerda bien con algo. *Compra el edredón acorde con la alfombra y las cortinas.* **SIN.** Armónico, conforme, concorde. **ANT.** Disconforme, discordante. ‖ *s. m.* **2.** Tres o más notas interpretadas simultáneamente. *Esta canción tiene muy pocos acordes.*

acordeón - acreditar

acordeón (a-cor-de-**ón**) *s. m.* Instrumento musical de viento, que se toca haciendo entrar y salir el aire de un fuelle. *La gente de la romería bailaba muy animada al son del acordeón.*

acordonar (a-cor-do-**nar**) *v. tr.* **1.** Rodear un sitio para incomunicarlo. *Después de producirse el incendio, acordonaron la zona para que nadie pasara.* **SIN.** Cercar. **ANT.** Dejar paso libre, abrir el cerco. **2.** Sujetar mediante un cordón. *Mete todo dentro de esta caja y acordónala bien.* **SIN.** Ajustar, rodear, ceñir. **ANT.** Desceñir, desajustar.

acorralar (a-co-rra-**lar**) *v. tr.* **1.** Encerrar a alguien dentro de unos límites estrechos, impidiéndole que pueda escapar. *La policía acorraló a los atracadores.* **SIN.** Cercar, rodear, arrinconar, atenazar. **ANT.** Soltar, dejar, escapar. **2.** Dejar a alguien confundido, sin saber qué responder. *Lo acorralaron con tantas preguntas.* **SIN.** Confundir, turbar. **3.** Encerrar o meter el ganado en el corral. **GRA.** También v. prnl. *Todas las noches acorralan las reses.* **SIN.** Encorralar, arredilar. **ANT.** Liberar, soltar.

acortar (a-cor-**tar**) *v. tr.* Reducir la longitud, cantidad o duración de algo. **GRA.** También v. intr. y v. prnl. *Acortaron el recorrido de la carrera.* **SIN.** Abreviar. **ANT.** Alargar(se), aumentar(se), prolongar(se).

acosar (a-co-**sar**) *v. tr.* **1.** Perseguir a una persona o animal sin darle descanso. *El perro se pasa todo el día acosando al pobre gato.* **SIN.** Hostigar, estrechar, asediar, cercar. **ANT.** Dejar escapar, dejar huir. **2.** Molestar a alguien. *Es un pesado, me está acosando continuamente.* **SIN.** Abrumar, fatigar.

acostar (a-cos-**tar**) *v. tr.* **1.** Poner a alguien tumbado para que duerma o descanse. **GRA.** Se usa más como v. prnl. *Acostó al niño en la cuna.* **SIN.** Tender(se), echar(se), tumbar(se). **ANT.** Levantar(se), alzar(se). ‖ *v. prnl.* **2.** Mantener relaciones sexuales con una persona. **GRA.** Se usa seguido de la prep. "con". *Afirmaba que se había acostado con él.* ✎ v. irreg., se conjuga como contar.

acostumbrado, da (a-cos-tum-**bra**-do) *p. p.* de acostumbrar. *Se ha acostumbrado a estudiar diariamente.* ‖ *adj.* **2.** Habitual. *Estará comiendo en el restaurante acostumbrado, vete hasta allí.*

acostumbrar (a-cos-tum-**brar**) *v. tr.* **1.** Adquirir o hacer adquirir la costumbre de alguna cosa. **GRA.** También v. prnl. *Acostúmbrate a sentarte bien.* **SIN.** Habituar(se), soler, estilar, enseñar, familiarizar(se). **ANT.** Desacostumbrar(se). ‖ *v. intr.* **2.** Tener la costumbre de algo. **GRA.** También v. prnl. *Acostumbro a dar un paseo por las mañanas.* **SIN.** Soler.

acotar (a-co-**tar**) *v. tr.* **1.** Poner cotas o límites. *Acotaron la finca.* **SIN.** Amojonar, delimitar, limitar, marcar. **ANT.** Desmarcar, quitar cotas. **2.** Reservar el uso de un terreno. *Acotaron miles de hectáreas para la caza.* **SIN.** Vedar, limitar, prohibir. **3.** Poner notas o acotaciones a un texto. *Tiene acotados todos los párrafos del libro que le interesan.* **SIN.** Anotar, señalar, glosar. **4.** *Testificar.

acotiledóneo, a (a-co-ti-le-**dó**-ne-o) *adj.* Se dice de las plantas cuyo embrión carece de cotiledones. **GRA.** También s. f. *Las algas son acotiledóneas.*

ácrata (**á**-cra-ta) *adj.* Partidario de la supresión de toda autoridad. **GRA.** También s. m. y s. f. *En su novela se reflejan claramente sus ideas ácratas.* **SIN.** Libertario, anarquista, nihilista.

acre[1] (**a**-cre) *adj.* **1.** Áspero, picante al gusto y olfato. *No me gusta su sabor, es muy acre.* **SIN.** Agrio, ácido. **ANT.** Suave, dulce. **2.** Se aplica al lenguaje o modo de ser áspero y desabrido. *Tiene un carácter muy acre, aunque es buena persona.* **ANT.** Suave, dulce. ✎ El sup. es "acérrimo", aunque esta forma significa "muy fuerte" y "tenaz".

acre[2] (**a**-cre) *s. m.* Medida inglesa de superficie, que equivale a 40 áreas y 47 centiáreas. *Tiene una finca de 100 acres en el sur de Escocia.*

acrecentar (a-cre-cen-**tar**) *v. tr.* **1.** Hacer algo más grande. **GRA.** También v. prnl. *En poco tiempo acrecentó sus negocios y se hizo rico.* **SIN.** Aumentar(se), agrandar(se), engrandecer(se), extender(se), ampliar(se), desarrollar(se), incrementar(se). **ANT.** Disminuir, menguar, reducir(se), menoscabar, mermar, restar. **2.** Mejorar la situación o el empleo de alguien. **GRA.** También v. prnl. *Desde que abrió la tienda su nivel de vida se acrecentó notablemente.* **SIN.** Enriquecer(se), enaltecer(se). ✎ v. irreg., se conjuga como acertar.

acrecer (a-cre-**cer**) *v. tr.* Hacer mayor, aumentar. **GRA.** También v. intr. y v. prnl. *Acreció el miedo entre los allí presentes.* **SIN.** Aumentar(se), acrecentar(se), agrandar(se), engrandecer(se), extender(se). **ANT.** Disminuir, menguar, reducir(se), menoscabar. ✎ v. irreg., se conjuga como parecer.

acreditado, da (a-cre-di-**ta**-do) *adj.* Que tiene crédito o reputación. *El presentador del festival es un actor muy acreditado.* **SIN.** Afamado, reputado, renombrado. **ANT.** Desconocido, dudoso.

acreditar (a-cre-di-**tar**) *v. tr.* **1.** Hacer digna de crédito o alguna cosa, probar algo. **GRA.** También v. prnl. *Tuvo que acreditarse como periodista para poder asistir a la rueda de prensa.* **SIN.** Justificar, demos-

acreedor - activar

trar, confirmar, atestiguar, demostrar. **ANT.** Desacreditar. **2.** Dar buena fama o reputación a una persona. **GRA.** También v. prnl. *Su último libro le ha acreditado como uno de los mejores poetas de los últimos años.* **SIN.** Justificar, demostrar, confirmar(se). **ANT.** Desacreditar, difamar.

acreedor, ra (a-cre-e-**dor**) *adj.* **1.** Que tiene méritos para obtener algo. **GRA.** También s. m. y s. f. Se construye generalmente con los v. *ser* o *hacerse* "acreedor" + la prep. "a". *Con su esfuerzo se hizo acreedor al premio.* **SIN.** Merecedor. **ANT.** Indigno. **2.** Se dice de la persona que tiene derecho a exigir el pago de una deuda. **GRA.** También s. m. y s. f. *Es uno de los acreedores de la empresa.* **ANT.** Deudor.

acribillar (a-cri-bi-**llar**) *v. tr.* **1.** Abrir muchos agujeros en algo. *Los topos acribillaron el césped.* **SIN.** Agujerear, picar, acribar. **2.** Hacer muchas heridas o picaduras. **GRA.** También v. prnl. *Las abejas lo acribillaron.* **SIN.** Picar, herir. **3.** Molestar mucho y con frecuencia. *Me acribilló con preguntas estúpidas.* **SIN.** Hostigar, picar, fastidiar, abrumar.

acrílico, ca (a-**crí**-li-co) *adj.* Se dice de ciertas fibras y materiales plásticos que se obtienen por un proceso químico. **GRA.** También s. m. *Este tejido es mezcla de algodón y acrílico.*

acriminar (a-cri-mi-**nar**) *v. tr.* **1.** Acusar de algún crimen o delito. *Fue acriminado por un testigo.* **SIN.** Culpar, imputar. **ANT.** Exculpar, perdonar, disculpar. **2.** Presentar como más grave un delito o falta. *Acriminaron la agresión, ya que en realidad sólo había sido una fuerte discusión.* **SIN.** Exagerar, abultar. **ANT.** Disminuir, suavizar.

acrimonia (a-cri-**mo**-nia) *s. f.* **1.** Aspereza de las cosas, especialmente al gusto o al olfato. *El pomelo me resulta de una acrimonia insoportable.* **SIN.** Acidez, acritud. **ANT.** Dulzura, suavidad. **2.** Aspereza de carácter o en el trato. *No me gusta tu nuevo amigo, se comporta con mucha acrimonia.* **SIN.** Causticidad, adustez, sequedad, virulencia, insidiosidad. **ANT.** Afabilidad, amabilidad, cordialidad, simpatía.

acrisolar (a-cri-so-**lar**) *v. tr.* **1.** Depurar o purificar los metales en el crisol por medio del fuego. *Acrisolaron el cobre antes de hacer la aleación.* **2.** Perfeccionar. *Tenían que acrisolar la superficie.* **SIN.** Purificar.

acristalar (a-cris-ta-**lar**) *v. tr.* *Encristalar.

acritud (a-cri-**tud**) *s. f.* Mordacidad, aspereza de carácter. *Siempre habla de él con acritud, no lo soporta.*

acrobacia (a-cro-**ba**-cia) *s. f.* **1.** Conjunto de habilidades propias de un equilibrista. *Es fantástico haciendo acrobacias sobre un alambre.* **2.** Evolución espectacular hecha por un aviador en el aire. *El piloto hizo acrobacias con su avioneta.*

acróbata (a-**cró**-ba-ta) *s. m. y s. f.* Persona que hace habilidades sobre el trapecio, la cuerda floja, o realiza ejercicios gimnásticos en los espectáculos públicos. *Aquel circo tenía muy buenos acróbatas.* **SIN.** Equilibrista, saltimbanqui, volatinero, trapecista.

acrofobia (a-cro-**fo**-bia) *s. f.* Temor a las alturas. *No puede asomarse a las terrazas de los pisos altos porque tiene acrofobia.* **SIN.** Vértigo.

acromático, ca (a-cro-**má**-ti-co) *adj.* Que no tiene color. *El cristal de mis gafas es acromático.*

acrónimo (a-**cró**-ni-mo) *s. m.* Palabra constituida por las iniciales de un grupo de palabras. *ESO es el acrónimo de Enseñanza Secundaria Obligatoria.*

acrópolis (a-**cró**-po-lis) *s. f.* Parte más alta de las antiguas ciudades griegas, en la que se encontraban los edificios más importantes. *Fuimos a ver la Acrópolis de Atenas.* **SIN.** Ciudadela, fortificación. ✎ Invariable en número.

acróstico, ca (a-**crós**-ti-co) *adj.* Se dice de aquellos versos en los que, con la letra inicial de cada uno de ellos, se forma una palabra o frase. **GRA.** También s. m. *Era un poema acróstico.*

acrotera (a-cro-**te**-ra) *s. f.* **1.** En arquitectura, pedestal que sirve de remate en los frontones. *Sobre la acrotera se colocan generalmente estatuas o adornos.* **SIN.** Basa, base. **2.** Decoración que adorna los vértices de ese frontón. *En los templos griegos y romanos se pueden ver muchas acroteras.*

acta (**ac**-ta) *s. f.* **1.** Relación escrita de lo sucedido, tratado o acordado en una junta o reunión. *Tengo que redactar el acta de la reunión.* **SIN.** Reseña, atestado, certificación, memoria. **2.** Certificación oficial de un hecho. *Necesitaba un acta de matrimonio.* || **LOC. levantar acta** Redactarla. ☞ Suele llevar un complemento con "de".

actinia (ac-**ti**-nia) *s. f.* Animal invertebrado en forma de flor. *Las actinias son animales marinos.* **SIN.** Anémona de mar.

actinomancia (ac-ti-no-**man**-cia) *s. f.* Adivinación por medio de las estrellas. *Mucha gente cree en la actinomancia.*

actitud (ac-ti-**tud**) *s. f.* Disposición para hacer o no hacer una cosa. *Su actitud de diálogo es muy positiva para la solución del conflicto.* **SIN.** Postura, ademán. ☞ No debe confundirse con "aptitud".

activar (ac-ti-**var**) *v. tr.* **1.** Agilizar la realización de un asunto. *Activaron las obras porque se acercaba la fecha de la inauguración.* **SIN.** Apresurar, acelerar,

actividad - acuciar

avivar. **ANT.** Retardar, frenar. **2.** Poner en funcionamiento. *Activa el resorte y se abrirá.*

actividad (ac-ti-vi-**dad**) *s. f.* **1.** Todos y cada uno de los movimientos de un ser o cosa. *Es una persona con muy poca actividad, se pasa el día sentado o tumbado.* **ANT.** Inactividad, pasividad. **2.** Prontitud en el obrar. *Solucionó todos los papeles con una actividad asombrosa.* **SIN.** Diligencia, dinamismo, celeridad. **3.** Trabajo o tarea de una persona o entidad. **GRA.** Se usa más en pl. *Su empresa se dedica a actividades comerciales.* **SIN.** Ocupación, profesión. **4.** Ejercicio. *Al final de cada lección hay una serie de actividades para el alumno.* || **LOC. en actividad** En acción.

activo, va (ac-**ti**-vo) *adj.* **1.** Se dice de la persona que actúa rápidamente y con eficacia. *Es una persona muy activa, por eso le da tiempo a hacer tantas cosa.* **SIN.** Diligente, laborioso, dinámico. **ANT.** Inactivo, abúlico. **2.** Se dice del funcionario durante el tiempo que presta servicio. *Lleva sólo dos años en activo.* || *s. m.* **3.** Bien o derecho que tiene valor económico positivo para la empresa. *He aumentado el activo de mi empresa comprando un camión.* || **LOC. por activa y por pasiva** *fam.* De todos modos.

acto (**ac**-to) *s. m.* **1.** Acción o hecho. *No puedo aprobar tu acto, pirarse la clase no está bien.* **SIN.** Obra, operación. **2.** Hecho público o solemne. *El acto de la entrega de premios se celebrará en el aula magna.* **3.** Cada una de las partes principales en que se divide una obra de teatro. *Nos gustó mucho el primer acto de la comedia.* **SIN.** Jornada, cuadro. || **4. acto de contrición** Acción de arrepentirse de haber ofendido a Dios. **5. acto de presencia** Asistencia breve a una reunión y por compromiso. || **LOC. en el acto** En seguida. **acto seguido** Inmediatamente después.

actor, triz (ac-**tor**) *s. m. y s. f.* Artista que representa un papel en el teatro, en el cine o en la televisión. *Está estudiando arte dramático porque quiere ser actriz.* **SIN.** Artista, cómico, intérprete, protagonista. 🖎 El pl. de "actriz" es "actrices".

actual (ac-**tual**) *adj.* De ahora, del momento presente. *La moda actual estará anticuada en poco tiempo.* **SIN.** Presente, moderno, contemporáneo, en boga. **ANT.** Inactual, pasado, anticuado.

actualidad (ac-tua-li-**dad**) *s. f.* **1.** Tiempo presente. *En la actualidad está grabando su segundo disco, pronto saldrá a la venta.* **SIN.** Coetaneidad, contemporaneidad. **2.** Cosa o suceso que atrae y ocupa la atención de la mayoría de la gente en un momento dado. *En los años 60 la llegada a la luna fue noticia de actualidad.*

actualizar (ac-tua-li-**zar**) *v. tr.* Convertir una cosa ya pasada en actual. *Deberías actualizar tu vestuario, esto se llevaba hace mil años.* **SIN.** Renovar, modernizar. 🖎 Se conjuga como abrazar.

actuar (ac-tu-**ar**) *v. intr.* **1.** Hacer algo o comportarse de una determinada manera. *La policía actuó con mucha rapidez.* **SIN.** Portarse, proceder. **ANT.** Abstenerse, inhibirse. **2.** Hacer una persona o cosa su función. *Actuó como director durante su ausencia.* **SIN.** Realizar, ejercer, desempeñar. **3.** Representar un papel en el teatro, en el cine o en la televisión. *La cantante actuó en el estadio ayer por la noche.* **4.** Producir algo efecto sobre una persona o cosa. *El antiinflamatorio actuó rápidamente.* 🖎 Verbo con irregularidad acentual. ✎

INDICATIVO	SUBJUNTIVO	IMPERATIVO
Pres.	Pres.	
actúo	actúe	
actúas	actúes	actúa
actúa	actúe	actúe
actuamos	actuemos	actuemos
actuáis	actuéis	actuad
actúan	actúen	actúen

acuarela (a-cua-**re**-la) *s. f.* **1.** Pintura sobre papel o cartón con colores diluidos en agua. *Me gustan más las acuarelas que los cuadros pintados al óleo.* **SIN.** Aguada. || *s. f. pl.* **2.** Colores con los que se realiza esta pintura. *Le regalaron un caja de acuarelas para su cumpleaños.*

acuario (a-**cua**-rio) *s. m.* Depósito de agua donde tienen animales o vegetales acuáticos vivos. *Fuimos al acuario a ver cómo daban de comer a los delfines.* **SIN.** Pecera, vivero.

acuartelar (a-cuar-te-**lar**) *v. tr.* Obligar a las tropas a permanecer en el cuartel. *Ante la posibilidad de un conflicto armado, acuartelaron a las tropas.*

acuático, ca (a-**cuá**-ti-co) *adj.* Que vive en el agua. *Los animales acuáticos tienen aletas para nadar.*

acuchillar (a-cu-chi-**llar**) *v. tr.* **1.** Herir, cortar o matar con el cuchillo y, por ext., con otras armas blancas. *Lo acuchillaron para robarle.* **SIN.** Estoquear, apuñalar. **2.** Cepillar o alisar con cuchilla una superficie de madera. *Acuchilla la mesa antes de pintarla.*

acuciar (a-cu-**ciar**) *v. tr.* **1.** Estimular, meter prisa. *Le acuciaban para que pagara la deuda.* **SIN.** Apremiar, instigar, incitar. **ANT.** Calmar, aplacar. **2.** Desear una cosa con gran interés. *Nos acuciaba el deseo de verla.* **SIN.** Anhelar, perseguir, ansiar, solicitar. **ANT.** Despreciar, desdeñar. 🖎 En cuanto al acento, se conjuga como cambiar.

acuclillarse - acutángulo

acuclillarse (a-cu-cli-**llar**-se) *v. prnl.* Ponerse en cuclillas, es decir, agachado descansando sobre los talones. *Se acuclilló detrás del sofá para que no le viera.* **SIN.** Agacharse. **ANT.** Erguirse, levantarse.

acudir (a-cu-**dir**) *v. intr.* **1.** Ir alguien al sitio a donde le conviene o es llamado. *Acudió en cuanto le llamaron.* **SIN.** Ir, presentarse, llegar, asistir. **ANT.** Marchar, partir. **2.** Ir en socorro de alguien. *Acudimos en su ayuda.* **SIN.** Ayudar, auxiliar, socorrer. **ANT.** Abandonar, desamparar, desasistir. **3.** Recurrir a alguien o valerse de él. *Acudió a sus padres para que le prestasen dinero.* **SIN.** Apelar. **4.** Valerse de una cosa para algún fin. *Acudí a mi diplomacia para zanjar la discusión.*

acueducto (a-cue-**duc**-to) *s. m.* Especie de puente con varios arcos para que por arriba corra el agua, y abastecer de ella a una población. *El acueducto romano más famoso de España es el de Segovia.*

acuerdo (a-**cuer**-do) *s. m.* **1.** Decisión tomada por varias personas juntas. *A pesar de hablar durante horas, no llegaron a un acuerdo sobre las medidas a tomar.* **SIN.** Determinación, disposición, fallo, pacto. **ANT.** Desacuerdo. **2.** Pacto, tratado. *El acuerdo de paz se firmó entre las dos partes en conflicto.* **SIN.** Unión, armonía, consonancia, conformidad. **ANT.** Desacuerdo, disconformidad. ‖ **LOC. de acuerdo** De conformidad. **de acuerdo con** Conforme a. **GRA.** Se usa principalmente con los v. "estar", "quedar" y "ponerse".

acullá (a-cu-**llá**) *adv. l.* Lejos de la persona que habla. *Se encontraba acullá.* ☞ Su uso es literario.

acumulador (a-cu-mu-la-**dor**) *s. m.* Aparato que acumula energía eléctrica, para regular el consumo según convenga. *Se estropeó el acumulador a causa de la tormenta.* **SIN.** Condensador, batería, pila.

acumular (a-cu-mu-**lar**) *v. tr.* Juntar en un grupo o montón personas, animales o cosas. **GRA.** También v. prnl. *El cartero acumuló todas las cartas que tenía que repartir, para clasificarlas por calles.* **SIN.** Amontonar(se), acopiar, hacinar(se), reunir(se), almacenar. **ANT.** Esparcir(se), distribuir(se), desparramar(se), disgregar(se), desperdigar(se).

acunar (a-cu-**nar**) *v. tr.* Mecer al niño en la cuna para que duerma. *Su hermanito cantaba una canción al tiempo que lo acunaba.* **SIN.** Arrullar, cunear.

acuñar[1] (a-cu-**ñar**) *v. tr.* **1.** Sellar piezas metálicas o monedas mediante cuño o troquel. *Acuñaron las medallas para la competición.* **SIN.** Grabar, estampar. **2.** Fabricar la moneda. *Acuñaron una nueva moneda.*

acuñar[2] (a-cu-**ñar**) *v. tr.* Poner cuñas. *Acuña el coche para que no se vaya.* **SIN.** Calzar, atarugar.

acuoso, sa (a-**cuo**-so) *adj.* **1.** Abundante en agua. *Es una zona muy acuosa en la que hay muchos lagos.* **SIN.** Húmedo, mojado. **2.** Que tiene el aspecto del agua. *Tenía una consistencia muy acuosa.* **3.** Se dice de la fruta de mucho jugo. *Los melocotones que compramos estaban muy acuosos y sabrosos.*

acupuntura (a-cu-pun-**tu**-ra) *s. f.* Sistema curativo de la medicina oriental que utiliza el procedimiento de introducir agujas muy finas en diversas partes del cuerpo donde se cree que fluyen las fuerzas de la vida. *Va a un centro de acupuntura para adelgazar.*

acurrucarse (a-cu-rru-**car**-se) *v. prnl.* Encogerse para resguardarse del frío o por miedo. *Hacía tanto frío que todos se acurrucaron junto a la hoguera.* **SIN.** Acuclillarse, ovillarse, agacharse, agazaparse, recogerse. **ANT.** Estirarse, extenderse, desencogerse. ✎ Se conjuga como abarcar.

acusado, da (a-cu-**sa**-do) *s. m. y s. f.* Persona a quien se acusa. *El acusado del robo negó todos los hechos.* **SIN.** Inculpado, reo, procesado.

acusar (a-cu-**sar**) *v. tr.* **1.** Echar la culpa a alguien. *Lo acusaron de robo y no pudo negarlo.* **SIN.** Culpar, inculpar. **ANT.** Defender, exculpar, interceder. **2.** Decir algo malo de una persona a otra que puede castigarla. **GRA.** También v. prnl. *Siempre nos está acusando al profesor de que hablamos en clase.* **SIN.** Denunciar, delatar(se), chivarse. **ANT.** Defender(se), exculpar(se), interceder, encubrir.

acusativo (a-cu-sa-**ti**-vo) *s. m.* Caso gramatical que indica la persona o la cosa que recibe la acción del verbo. *El acusativo singular latino de "rosa, -ae" es "rosam".*

acusica (a-cu-**si**-ca) *adj.* Se dice del escolar que delata a sus compañeros. **GRA.** También s. m. y s. f. *Nadie quiere ser su amigo porque es un acusica.* **SIN.** Chivato, acusón, sapo, soplón.

acústico, ca (a-**cús**-ti-co) *adj.* **1.** Que pertenece o se refiere al órgano del oído. *Nervio acústico.* **SIN.** Auditivo. **2.** Que pertenece o se refiere a la acústica. *Hay muchos estudios acústicos sobre la voz humana.* **3.** Se dice del instrumento no electrónico. *Me regalaron una guitarra acústica.* **4.** Favorable para la propagación o producción del sonido. **GRA.** También s. f. *Ese teatro tiene muy buena acústica.* ‖ *s. f.* **5.** Parte de la física que estudia los sonidos. *Inventos como el fonógrafo y el teléfono se los debemos a la evolución de la acústica.*

acutángulo (a-cu-**tán**-gu-lo) *adj.* Se dice del triángulo que tiene los tres ángulos agudos. *Dibuja un triángulo acutángulo.*

adagio - adelanto

adagio¹ (a-da-gio) *s. m.* Dicho breve y generalmente de carácter moral. *"Ojos que no ven, corazón que no siente" es un adagio.* **SIN.** Proverbio, refrán, aforismo, apotegma, sentencia.

adagio² (a-da-gio) *s. m.* Movimiento lento, y composición musical que se ha de ejecutar en todo o en parte con este movimiento. *Le gusta escuchar adagios mientras lee.*

adalid (a-da-lid) *s. m.* **1.** Caudillo de gente de guerra. *El adalid indicó a sus soldados dónde estaba el campamento de los enemigos.* **SIN.** Jefe, dirigente. **2.** Guía y cabeza de algún partido o escuela. *El adalid del partido fue aclamado por sus seguidores.* **SIN.** Jefe, guía, cabeza, cabecilla, dirigente.

adán (a-dán) *s. m., fam.* Persona desaliñada y sucia. *Es un adán, siempre va mal vestido y sucio.* **SIN.** Marrano, dejado, guarro. **ANT.** Elegante, limpio.

adaptación (a-dap-ta-ción) *s. f.* **1.** Acción y efecto de adaptar o adaptarse. *Su adaptación al nuevo colegio fue asombrosa.* **SIN.** Aclimatación, acomodación, conformación. **2.** Proceso por el que un animal o planta se acomoda al medio ambiente. *El pelo espeso y las orejas y rabos cortos de los mamíferos árticos son adaptaciones al frío.* **SIN.** Aclimatación. **3.** Modificación o cambio de una obra literaria. *Hizo una adaptación cinematográfica de "La Celestina".*

adaptador (a-dap-ta-dor) *s. m.* Cualquier dispositivo o aparato que sirve para acomodar elementos de distinto uso, diseño, tamaño, finalidad, etc. *Necesito un adaptador para conectar la televisión.*

adaptar (a-dap-tar) *v. tr.* **1.** Acomodar, ajustar una cosa a otra. **GRA.** También v. prnl. *Adáptalo a este enchufe.* **SIN.** Ajustar(se), acoplar(se), aplicar(se), apropiar, amoldar(se). **ANT.** Desajustar(se), desarraigar, resistirse. **2.** Hacer que algo sirva para un fin distinto de aquel para el que fue creado, o que tenga varias finalidades. *Los expertos adaptaron el avión con esquíes para que pudiera aterrizar sobre el agua.* **SIN.** Adecuar, acomodar, transformar. **3.** Modificar una obra científica, literaria, musical, etc., para hacerla más comprensible para un determinado grupo de personas. *Adaptamos ese diccionario para niños, haciendo las definiciones más sencillas.* **SIN.** Arreglar. || *v. prnl.* **4.** Acostumbrarse a una situación diferente a la habitual. *Se adaptó pronto a vivir sola en Francia.* **SIN.** Acomodarse, aclimatarse, amoldarse.

adaraja (a-da-ra-ja) *s. f.* Parte que se deja sobresaliendo en un edificio o construcción para continuarla. *Dejaron una adaraja para levantar otro piso en el futuro.* **SIN.** Endeja, enjarje.

adarga (a-dar-ga) *s. f.* Escudo de piel, ovalado o de figura de corazón. *Necesito una adarga para mi disfraz de guerrero.* **SIN.** Broquel.

adecentar (a-de-cen-tar) *v. tr.* Poner decente o bien una cosa. **GRA.** Se usa más como v. prnl. *Adecenta un poco la habitación, está hecha un desastre.* **SIN.** Ordenar, limpiar, adornar.

adecuado, da (a-de-cua-do) *adj.* Propio o conveniente en determinadas situaciones. *Ese campo no es adecuado para hacer la casa.* **SIN.** Apropiado, proporcionado, apto. **ANT.** Inadecuado, impropio.

adecuar (a-de-cuar) *v. tr.* Acomodar, apropiar una cosa con otra. **GRA.** También v. prnl. *Hay que adecuarse a las circunstancias y salir adelante.* **SIN.** Acomodar(se), acompasar, proporcionar. **ANT.** Desarreglar(se), desigualar(se). En cuanto al acento, se conjuga como actuar.

adefesio (a-de-fe-sio) *s. m.* **1.** *fam.* Persona extravagante y ridícula. *Venía hecho un adefesio y todo el mundo se le quedaba mirando.* **SIN.** Esperpento, mamarracho, facha, espantajo. **2.** *fam.* Cosa extravagante. *Ese vestido es un adefesio.*

adelantado, da (a-de-lan-ta-do) *adj.* **1.** *Precoz.* **2.** Aventajado, excelente. *Va muy adelantado en la carrera.* || **LOC. por adelantado** Anticipadamente.

adelantamiento (a-de-lan-ta-mien-to) *s. m.* Acción y efecto de adelantar o adelantarse. *Hizo un peligroso adelantamiento con el coche.* **SIN.** Rebasamiento, superación. **ANT.** Retraso, retroceso.

adelantar (a-de-lan-tar) *v. tr.* **1.** Mover o llevar una cosa hacia adelante. *Adelanta el asiento del coche para llegar a los pedales.* **SIN.** Avanzar. **2.** Aventajar, ir por delante de alguien o algo. *Adelantó a los otros ciclistas.* **SIN.** Rebasar, sobrepasar. **3.** Progresar en los estudios, la posición social, etc. *Estoy adelantando mucho en este curso.* **4.** Correr las agujas del reloj con más velocidad de la debida. *Mi reloj adelanta mucho.* **5.** Suceder o hacer que suceda una cosa antes del tiempo previsto. *La cosecha se adelantó este año por el calor.* || **LOC. adelantarse alguien a su tiempo** Tener ideas o actitudes que son más propias de un tiempo futuro que del presente.

adelante (a-de-lan-te) *adv. l.* **1.** Más allá. *Siguió adelante, sin mirar atrás.* **ANT.** Atrás. || *adv. t.* **2.** En el futuro. *De hoy en adelante estudiaré más.* || *interj.* **3. ¡adelante!** Se usa para ordenar o permitir a alguien que entre en determinado sitio, o siga haciendo lo que hacía. "Alante" es un vulgarismo.

adelanto (a-de-lan-to) *s. m.* **1.** Acción y efecto de adelantar. *El mundo de la informática se ha revolu-*

adelfa - adicionar

cionado mucho con tantos adelantos. **SIN.** Rebasamiento. **2.** Cantidad de dinero que se paga por adelantado. *Pidió un adelanto del sueldo.* **SIN.** Anticipo.

adelfa (a-**del**-fa) *s. f.* Arbusto venenoso, de flores blancas, rosáceas o amarillas, que florece en verano. *El bosque estaba lleno de adelfas.*

adelgazar (a-del-ga-**zar**) *v. tr.* **1.** Disminuir una persona o cosa de peso y volumen. **GRA.** También v. prnl. *Mi hermano se ha puesto a régimen porque quiere adelgazar algunos kilos.* **SIN.** Afilarse, encanijarse, reducir. **ANT.** Engordar. ‖ *v. intr.* **2.** Ponerse delgado, enflaquecer. *Ha adelgazado tanto que pierde los pantalones.* **SIN.** Afilarse, encanijarse, disminuir, reducir. **ANT.** Engordar, engrosar. ✎ Se conjuga como abrazar.

ademán (a-de-**mán**) *s. m.* **1.** Acción que refleja algún afecto del ánimo, gesto, etc. *Hizo ademán de pegarla.* **SIN.** Gesto, ceño, mohín, actitud, seña, mueca. ‖ *s. m. pl.* **2.** Maneras, modos. *No me gustan sus ademanes, es un grosero.*

además (a-de-**más**) *adv.* Todavía más. *Y además tuvo que pagar una multa.* **SIN.** Tras de, encima de, también, asimismo, aparte de, por otra parte, inclusive. **ANT.** Excepto, con exclusión de.

adentrar (a-den-**trar**) *v. intr.* Penetrar en el interior de una cosa o lugar. **GRA.** También v. prnl. *Se adentraron en el bosque.* **SIN.** Profundizar, entrar, internar(se), introducir(se). **ANT.** Salir(se), sacar.

adentro (a-**den**-tro) *adv. l.* **1.** Hacia o en el interior. *Vámonos adentro, aquí hace demasiado frío.* **SIN.** Dentro. **ANT.** Fuera. ‖ *s. m. pl.* **2.** El interior del ánimo. *Lo guarda para sus adentros.*

adepto, ta (a-**dep**-to) *adj.* **1.** Partidario o afiliado en alguna secta o asociación, especialmente si es clandestina. **GRA.** También s. m. y s. f. *La policía ha detenido a varios adeptos de una nueva secta religiosa muy peligrosa.* **SIN.** Adicto, afecto, correligionario, asociado, sectario. **ANT.** Opuesto, contrario. **2.** Partidario de alguna persona o idea. **GRA.** También s. m. y s. f. *En poco tiempo su partido consiguió muchos adeptos.* **SIN.** Adicto, afecto, discípulo, correligionario, seguidor. **ANT.** Opuesto, contrario.

aderezar (a-de-re-**zar**) *v. tr.* **1.** Añadir adornos a algo para embellecerlo. **GRA.** También v. prnl. *Aderezaron la carroza con muchos adornos.* **SIN.** Componer, ataviar, acicalar, adornar, hermosear. **ANT.** Desadornar, descomponer, desaliñar, deslucir, ajar. **2.** Condimentar o sazonar los alimentos. *Adereza la ensalada con aceite y vinagre.* **SIN.** Aliñar, adobar. **3.** Componer una cosa. *Adereza un poco los coji-*

nes. **SIN.** Arreglar, apañar, preparar. **ANT.** Descomponer, estropear. ✎ Se conjuga como abrazar.

adeudar (a-deu-**dar**) *v. tr.* Deber o tener deudas. **GRA.** También v. prnl. *Adeuda una fuerte cantidad de dinero al banco.* **ANT.** Acreditar, pagar.

adherencia (ad-he-**ren**-cia) *s. f.* Unión física de cosas. *Este nuevo papel no se despegará con la humedad, tiene una gran adherencia.* **SIN.** Cohesión.

adherente (ad-he-**ren**-te) *adj.* **1.** Que adhiere o se adhiere. *Todos los productos llevan etiquetas adherentes con su precio.* ‖ *s. m.* **2.** Adhesivo, sustancia que sirve para unir otras. *Pondré un adherente especial al letrero para que no se vuelva a caer.*

adherir (ad-he-**rir**) *v. tr.* **1.** Pegar una cosa a otra. **GRA.** También v. prnl. *El sello se adhiere bien al papel.* **SIN.** Unir(se), juntar(se). **ANT.** Separar(se), despegar(se), desunir(se). ‖ *v. prnl.* **2.** Convenir en un dictamen o partido. *Se adhirieron todos a su propuesta y salió ganadora en la votación.* **SIN.** Unirse, consentir, aceptar, aprobar, afiliarse. **ANT.** Discrepar, apartarse, separarse, darse de baja. ✎ v. irreg., se conjuga como sentir.

adhesión (ad-he-**sión**) *s. f.* **1.** Adherencia, unión física. *Las moléculas en los sólidos tienen mayor adhesión que en los gases.* **2.** Acción y efecto de adherir o adherirse. *Mostró su adhesión a mi propuesta.*

adhesivo, va (ad-he-**si**-vo) *adj.* **1.** Que puede pegarse. *El esparadrapo es una cinta de tela o papel adhesivo.* ‖ *s. m.* **2.** Objeto de materia pegajosa que sirve para unirse a una superficie. *Muchos adhesivos se usan para hacer publicidad.* **SIN.** Pegatina.

adicción (a-dic-**ción**) *s. f.* Dependencia de una droga. *Le costó mucho dejar su adicción a la cocaína.* ☞ No debe confundirse con "adición".

adición (a-di-**ción**) *s. f.* **1.** Acción y efecto de añadir o agregar. *La adición de nuevas responsabilidades en su trabajo supuso un mayor esfuerzo por su parte.* **SIN.** Agregación, incremento. **2.** Añadidura que se hace, parte que se aumenta. *La adición de una planta más solucionará nuestros problemas de espacio.* **3.** Operación de sumar. *El profesor puso un problema con una adición y una resta.* **SIN.** Suma. ☞ No debe confundirse con "adicción".

adicional (a-di-cio-**nal**) *adj.* Se dice de aquello que se agrega o suma a algo. *Tiene una paga adicional.* **SIN.** Accesorio, añadido, secundario. **ANT.** Fundamental, principal.

adicionar (a-di-cio-**nar**) *v. tr.* Sumar más cosas a algo ya existente. *Hay que adicionar otros gastos.* **SIN.** Aumentar, añadir, agregar. **ANT.** Restar, disminuir.

adicto - adjudicar

ADJETIVOS CALIFICATIVOS		
Palabra que acompaña al sustantivo indicando una cualidad del mismo		
CLASIFICACIÓN	EXPLICATIVOS O EPÍTETOS	Indican una cualidad que tiene necesariamente el sustantivo, y se suelen colocar delante del mismo. *negro* carbón - *blanca* nieve
	ESPECIFICATIVOS	Indican una cualidad que puede tener o no tener el sustantivo, y se suelen poner detrás. niño *alto* - rosa *roja*
GRADOS DE SIGNIFICACIÓN	POSITIVO	El adjetivo indica simplemente una cualidad del sustantivo. La casa es *alta*
	COMPARATIVO	Cuando compara la cualidad de un ser con la de otro.
	DE SUPERIORIDAD	DE IGUALDAD	DE INFERIORIDAD
	más ... que El coche es más rápido que la bicicleta	**tan ... como** Juan es tan alto como Luis	**menos ... que** El cuaderno es menos grueso que el libro
	SUPERLATIVO	Cuando indica la cualidad con gran intensidad.
	ABSOLUTO (no compara)	RELATIVO (sí compara)
	Se forma añadiendo **-ísimo/-érrimo** o anteponiendo **muy** Este niño es *muy alto* o *altísimo*	Se forma anteponiendo **el más**, **el menos**, **los más**, **los menos** Este niño es *el más alto* de la clase

adicto, ta (a-**dic**-to) *adj.* **1.** Se dice de la persona que está muy apegada a algo o a alguien. **GRA.** También s. m. y s. f. *Es adicto a sus amigos.* **2.** Partidario. **GRA.** También s. m. y s. f. *Contaba con el apoyo de todos sus adictos.* **3.** Se dice de la persona que tiene una dependencia física o psíquica de alguna droga u otra sustancia o hábito. **GRA.** También s. m. y s. f. *Es adicta a la heroína.*

adiestrar (a-dies-**trar**) *v. tr.* Preparar a alguien en alguna actividad o manejo. **GRA.** También v. prnl. *Se está adiestrando en el arte de la cocina.* **SIN.** Enseñar, instruir, ejercitar.

adinerado, da (a-di-ne-**ra**-do) *adj.* Se dice de la persona que tiene mucho dinero. *Un adinerado empresario invirtió en el proyecto.* **SIN.** Rico, poderoso, opulento, potentado, acaudalado. **ANT.** Arruinado, pobre, necesitado.

adiposo, sa (a-di-**po**-so) *adj.* Que tiene grasas. *Tejido adiposo.* **SIN.** Gordo, obeso, grasoso, grasiento. **ANT.** Magro, delgado, seco.

aditamento (a-di-ta-**men**-to) *s. m.* **1.** Aquello que se añade a algo que ya está completo. *El diccionario de latín lleva como aditamento los modelos de conjugación de los verbos.* **SIN.** Añadidura, adición, aumento, complemento, apéndice. **ANT.** Supresión. **2.** En algunas escuelas lingüísticas, complemento circunstancial. *En la oración: "llegaré tarde", "tarde" es el aditamento.*

aditivo (a-di-**ti**-vo) *s. m.* Sustancia que se agrega a otras para darles cualidades de las que carecen o para mejorar las que poseen. *Este yogur lleva aditivos para darle sabor a limón.*

adivinación (a-di-vi-na-**ción**) *s. f.* Hecho de acertar una cosa oculta que va a suceder en el futuro. *Su poder de adivinación es asombroso.* **SIN.** Auspicio, oráculo, predicción, pronóstico.

adivinanza (a-di-vi-**nan**-za) *s. f.* *Acertijo.

adivinar (a-di-vi-**nar**) *v. tr.* **1.** Predecir lo que va a suceder en el futuro o descubrir las cosas ocultas. *Adivinó que iba a nevar.* **SIN.** Profetizar, vaticinar, augurar, pronosticar. **2.** Descubrir algo que no se sabía, un enigma o acertijo. *Adivinó la solución del problema.* **SIN.** Resolver, solucionar, descifrar.

adjetivo (ad-je-**ti**-vo) *s. m.* Clase de palabra que se une a un sustantivo para calificarlo o determinarlo. *En la oración: "el cielo oscuro amenazaba lluvia", "oscuro" es un adjetivo.*

adjudicar (ad-ju-di-**car**) *v. tr.* **1.** Dar a una persona algo que otras también habían solicitado. *Le adjudicaron las obras del campo de fútbol.* **SIN.** Asignar, conferir, atribuir, entregar, aplicar, adscribir. **ANT.** Expropiar, quitar. || *v. prnl.* **2.** Apropiarse alguien de algo. *Se adjudicó el puesto de jefe de grupo aunque nadie lo había elegido.* **SIN.** Quedarse, retener, arrogarse. **ANT.** Privarse, despojarse. **3.** En las competiciones deportivas u otras actividades, lograr el

adjuntar - administrar

ADJETIVOS DETERMINATIVOS Parte de la oración que acompaña al sustantivo, sin decir de él ninguna cualidad.			
DEMOSTRATIVOS: Indican una idea de lugar			
		Cerca del hablante	Cerca del oyente	Lejos de los dos

		Cerca del hablante	Cerca del oyente	Lejos de los dos
Singular	Masculino	este	ese	aquel
	Femenino	esta	esa	aquella
Plural	Masculino	estos	esos	aquellos
	Femenino	estas	esas	aquellas

POSESIVOS: Indican una idea de posesión

		Un solo poseedor	Varios poseedores
Singular	Masculino	mío-tuyo-suyo	nuestro-vuestro-suyo
	Femenino	mía-tuya-suya	nuestra-vuestra-suya
Plural	Masculino	míos-tuyos-suyos	nuestros-vuestros-suyos
	Femenino	mías-tuyas-suyas	nuestras-vuestras-suyas

NUMERALES: Indican una idea de número

CARDINALES	Indican simplemente cantidad: cinco, tres,…
ORDINALES	Indican orden: quinto, tercer,…
MÚLTIPLES	Indican multiplicación: tercero, triple,…
PARTITIVOS	Indican división; tercio,…
DISTRIBUTIVOS	Indican que la cantidad se distribuye entre varios: cada, sendos,…

INDEFINIDOS: Indican la cantidad de una manera imprecisa
alguno, ninguno, algo, poco, varios, ciertos, cualquiera, bastante

RELATIVOS: Introducen las oraciones subordinadas adjetivas o de relativo
que, cuyo, cuya, cuyos, cuyas, cuanto, cuanta, cuantos, cuantas

INTERROGATIVOS Y EXCLAMATIVOS: Acompañan al nombre en frases interrogativas y exclamativas
qué, cuánto, cuánta, cuántos, cuántas, cuál, cuáles

triunfo. *Su equipo se adjudicó el triunfo del torneo de baloncesto.* ◊ Se conjuga como abarcar.

adjuntar (ad-jun-**tar**) *v. tr.* Enviar juntamente con una carta o escrito, notas, facturas, muestras, etc. *Le adjunto las muestras que me pidió.* **SIN.** Acompañar, agregar.

adjuntía (ad-jun-**tí**-a) *s. f.* Categoría y plaza de adjunto. *Está trabajando en la universidad porque le han concedido una adjuntía.*

adjunto, ta (ad-**jun**-to) *adj.* **1.** Que está unido o que va con otra cosa. *Le envío adjuntas las fotocopias de las facturas.* **SIN.** Unido, pegado, agregado. **ANT.** Separado, dividido. **2.** Se dice de la persona que trabaja dependiendo de un superior. **GRA.** También s. m. y s. f. *Es profesora adjunta en el departamento de química.* **SIN.** Auxiliar, acompañante, acólito, colaborador.

adlátere (ad-**lá**-te-re) *s. m. y s. f.* Persona que trabaja al servicio de otra. *Su adlátere va con él a todos los sitios, sean cuestiones de trabajo o no.* **SIN.** Acompañante, satélite, acólito, asesor, adjunto. ☞ Suele tener un matiz despectivo.

administración (ad-mi-nis-tra-**ción**) *s. f.* **1.** Acción y efecto de administrar. *Se le da muy bien la administración de la casa.* **SIN.** Gerencia, gestión, gobierno. **2.** Oficina o empleo del administrador. *Fue a reclamar a la administración.*

administrador, ra (ad-mi-nis-tra-**dor**) *adj.* **1.** Que administra. **GRA.** También s. m. y s. f. *María es la nueva administradora del grupo de montaña.* **SIN.** Apoderado, gerente. || *s. m. y s. f.* **2.** Persona que cuida los negocios o bienes de otra. *Nombraron un administrador que se encargara de resolver todos los asuntos de la herencia.* || *s. m.* **3.** *Cub.* Encargado de los trabajos del campo. **SIN.** Capataz, mayoral.

administrar (ad-mi-nis-**trar**) *v. tr.* **1.** Gobernar, regir, cuidar, dirigir. *El gobierno es el que se encarga de administrar el estado.* **2.** Regentar, cuidar los

administrativo - adoptivo

bienes que uno tiene a su cargo. *Le administra la herencia hasta la mayoría de edad.* **SIN.** Apoderar, disponer, manejar. **3.** Conferir o dar los Sacramentos. *Le administraron la comunión.* **4.** Dar o tomar medicamentos. **GRA.** Se usa más como v. prnl. *Decidieron administrarle pastillas para dormir.*

administrativo, va (ad-mi-nis-tra-**ti**-vo) *adj.* Que pertenece o se refiere a la administración. *Se pasó toda la mañana solucionando asuntos administrativos.* **SIN.** Burócrata.

admiración (ad-mi-ra-**ción**) *s. f.* **1.** Sorpresa, acción de admirar o admirarse. *Su actuación es digna de admiración.* **2.** Signo ortográfico (¡!) que, en español, se pone antes y después de cláusulas o palabras para expresar admiración, queja, lástima, etc. *Pon la frase entre admiraciones.*

admirador, ra (ad-mi-ra-**dor**) *adj.* Se dice de la persona que admira, es decir, que mira con entusiasmo una cosa. **GRA.** También s. m. y s. f. *Es un admirador de la música de Vivaldi.* **SIN.** Devoto, seguidor, adepto. **ANT.** Enemigo, hostil.

admirar (ad-mi-**rar**) *v. tr.* **1.** Causar sorpresa una cosa extraordinaria o inesperada. *La llegada del ser humano a la Luna admiró al mundo.* **SIN.** Asombrar, maravillar, chocar. **2.** Ver una cosa con sorpresa y placer. *Desde el coche admiramos el hermoso paisaje.* **SIN.** Contemplar. **3.** Sentir entusiasmo por una persona o cosa que está fuera de lo normal. *Admira a su hermana porque sabe mucho.* **SIN.** Apreciar.

admisible (ad-mi-**si**-ble) *adj.* Se dice de aquello que se puede admitir. *Su comportamiento puede ser admisible, pero no es demasiado correcto.* **SIN.** Aceptable, plausible, permisible, tolerable. **ANT.** Inadmisible, intolerable, inaceptable.

admitir (ad-mi-**tir**) *v. tr.* **1.** Dar entrada a algo o alguien. *No admitieron su reclamación.* **SIN.** Acoger, aceptar, aprobar. **ANT.** Rechazar. **2.** Aceptar lo que se ofrece. *Admitió la propuesta pero con cierto recelo.* **SIN.** Tomar, acoger. **3.** Permitir. *Admitieron que fuera a la fiesta aunque no les hacía mucha gracia.* **SIN.** Sufrir, consentir, tolerar. **ANT.** Desaprobar, prohibir.

ADN *s. m.* *Ácido desoxirribonucleico.

adobar (a-do-**bar**) *v. tr.* **1.** Curtir las pieles. *Está adobando la piel para hacer una alforja.* **2.** Preparar o sazonar la carne para que se conserve durante tiempo. *Cuando hacen la matanza siempre adoban el lomo para que se conserve todo el año.*

adobe (a-**do**-be) *s. m.* Ladrillo hecho de barro secado al aire. *Esta tapia está hecha de adobes.*

adobo (a-**do**-bo) *s. m.* **1.** Acción de adobar. *Vendrá a ayudarnos en el adobo de la matanza.* **2.** Salsa para sazonar y conservar las carnes y otros manjares. *No me gusta el adobo de este chorizo, es demasiado fuerte.* **SIN.** Aliño, caldo, condimento. **3.** Mezcla de ingredientes para curtir las pieles o lustrar las telas. *Este bolso huele demasiado a adobo.*

adocenado, da (a-do-ce-**na**-do) *adj.* Vulgar y de poco mérito. *Su actitud adocenada me saca de quicio.* **SIN.** Ordinario, ramplón, trivial. **ANT.** Selecto, supremo.

adocenar (a-do-ce-**nar**) *v. tr.* Hacerse una persona vulgar y conformista. **GRA.** También v. prnl. *Como no cambie de actitud, se adocenará y no saldrá adelante.* **SIN.** Conformarse, vulgarizarse, estancarse. **ANT.** Destacar, superar.

adolecer (a-do-le-**cer**) *v. intr.* **1.** Caer enfermo o padecer enfermedad habitual. *No puede comer todo lo que le gusta porque adolece del estómago.* **2.** Estar sujeto a pasiones, vicios, etc. *No esperes que le perdone: adolece de intransigencia y orgullo por los cuatro costados.* ✎ v. irreg., se conjuga como parecer.

adolescencia (a-do-les-**cen**-cia) *s. f.* Período de la vida humana comprendido entre la niñez y la edad adulta. *Recordaba con nostalgia su adolescencia.* **SIN.** Pubertad, mocedad, muchachez.

adolescente (a-do-les-**cen**-te) *adj.* Que está en la adolescencia. **GRA.** También s. m. y s. f. *Hay que comprender los problemas de los adolescentes.*

adonde (a-**don**-de) *adv. rel.* A la parte que, al lugar que. *Fui al hotel adonde tú me recomendaste. Iré a donde tú quieras.* ☞ Se escribe separado si el antecedente no está expreso.

adónde (a-**dón**-de) *adv. int. y excl.* Hacia qué lugar, a qué parte. *¿Adónde vas?*

adondequiera (a-don-de-**quie**-ra) *adv. l.* A cualquier parte. *Adondequiera que voy te encuentro.*

adoptar (a-dop-**tar**) *v. tr.* **1.** Admitir o tomar como propia una opinión, doctrina, etc., que antes no lo era. *Adoptó la defensa de la paz como objetivo de su trabajo.* **SIN.** Abrazar, seguir, practicar. **ANT.** Dejar, descartar. **2.** Tomar legalmente como hijo a quien no lo es por nacimiento. *Como ellos no podían tener hijos, adoptaron una niña.* **SIN.** Prohijar, ahijar, afiliar. **ANT.** Abandonar. **3.** Tomar una decisión. *Adoptó el enfado como medida de presión.* **SIN.** Elegir, admitir, aceptar, acoger. **ANT.** Dejar, rehusar, descartar.

adoptivo, va (a-dop-**ti**-vo) *adj.* **1.** Se aplica a la persona adoptada. *Sus dos hijos eran adoptivos.* **SIN.** Aco-

adoquín - adueñarse

gido, afiliado, amparado. **2.** Se dice de la persona que adopta. *Quiere mucho a sus padres adoptivos.*

adoquín (a-do-**quín**) *s. m.* **1.** Piedra labrada en forma de prisma rectangular para empedrados, etc. *Están poniendo adoquines en la entrada de la casa.* **SIN.** Losa, ladrillo. **2.** Persona ignorante y necia. *No te hará caso, es un adoquín.*

adoquinado (a-do-qui-**na**-do) *s. m.* Suelo empedrado con adoquines. *El adoquinado de la calle vieja está muy deteriorado.* **SIN.** Pavimento.

adoquinar (a-do-qui-**nar**) *v. tr.* Empedrar con adoquines. *Hemos decidido adoquinar el suelo del porche.* **SIN.** Pavimentar, enlosar, entarugar.

adorable (a-do-**ra**-ble) *adj.* Agradable, encantador. *Tu hermano pequeño es realmente adorable.* **SIN.** Delicioso. **ANT.** Detestable, repugnante.

adorar (a-do-**rar**) *v. tr.* **1.** Hacer reverencias a Dios o a cualquier ser que se considera como cosa divina. *Adoraban al dios del Sol.* **2.** Amar algo o a alguien intensamente. *Adora la lectura desde pequeño.* **SIN.** Querer, idolatrar, estimar, apreciar. **ANT.** Detestar, abominar, aborrecer, odiar.

adormecer (a-dor-me-**cer**) *v. tr.* **1.** Producir o causar sueño. **GRA.** También v. prnl. *El calor de la tarde me adormecía.* **SIN.** Adormilar(se), amodorrar(se), aletargar(se). **ANT.** Despabilar(se), despertar(se). **2.** Calmar la intensidad de un sentimiento o deseo. *El tiempo adormeció sus deseos de venganza.* **SIN.** Aplacar, sosegar, aquietar, mitigar. **ANT.** Excitar, avivar. ‖ *v. prnl.* **3.** Entorpecerse, entumecerse. *Me senté en una mala postura y se me adormecieron las piernas.* v. irreg., se conjuga como parecer.

adormilarse (a-dor-mi-**lar**-se) *v. prnl.* Dormirse a medias. *Me había adormilado un poco cuando sonó el timbre.* **SIN.** Amodorrarse, adormecerse.

adornar (a-dor-**nar**) *v. tr.* **1.** Engalanar o poner adornos, que hacen que una cosa esté más bonita. **GRA.** También v. prnl. *Adornamos el árbol de Navidad.* **SIN.** Ornar, engalanar(se), ataviar(se), acicalar(se), ornamentar. **ANT.** Desadornar(se), descomponer(se), desaliñar(se). **2.** Servir de adorno una cosa a otra. *Esta puntilla adorna mucho la toalla.*

adorno (a-**dor**-no) *s. m.* Lo que se pone a alguien o algo para que esté más bonito. *Tenía el salón lleno de adornos.* **SIN.** Aderezo, ornato, ornamento.

adosado, da (a-do-**sa**-do) *adj.* Que está pegado o unido a otra cosa. *Están construyendo una urbanización de chalés adosados.*

adosar (a-do-**sar**) *v. tr.* Poner una cosa pegada al lado de otra. *Adosaron un almacén al lado de la vi-*

vienda. **SIN.** Arrimar, pegar, unir, juntar, acercar, aproximar. **ANT.** Despegar, separar.

adquirir (ad-qui-**rir**) *v. tr.* **1.** Conseguir alguna cosa. *Cuando estuve de vacaciones en Estados Unidos, adquirí importantes conocimientos de inglés.* **SIN.** Alcanzar, lograr, obtener, ganar. **ANT.** Perder. **2.** Comprar algo. *Adquirí las papeletas del sorteo en la oficina.* **ANT.** Vender. v. irreg.

INDICATIVO	SUBJUNTIVO	IMPERATIVO
Pres.	Pres.	
adquiero	adquiera	
adquieres	adquieras	adquiere
adquiere	adquiera	adquiera
adquirimos	adquiramos	adquiramos
adquirís	adquiráis	adquirid
adquieren	adquieran	adquieran

adrede (a-**dre**-de) *adv. m.* Intencionadamente. *Se manchó la camisa adrede porque no le gustaba.* **SIN.** Deliberadamente, aposta, ex profeso, de intento, expresamente, a propósito. **ANT.** Sin querer, involuntariamente, inconscientemente.

adrenalina (a-dre-na-**li**-na) *s. f.* Hormona que estimula el ritmo cardíaco y aumenta la fuerza y la intensidad musculares. *Durante el partido me subió mucho la adrenalina.*

adscribir (ads-cri-**bir**) *v. tr.* **1.** Asignar algo a una persona o cosa. *Le adscribieron las tareas de cocina del campamento.* **SIN.** Atribuir. **2.** Agregar a una persona al servicio de un cuerpo o entidad. **GRA.** También v. prnl. *Adscribieron una secretaria a la directora del departamento.* **SIN.** Vincular. Tiene part. irreg., adscrito o adscripto.

adscripción (ads-crip-**ción**) *s. m.* Acción y efecto de adscribir o adscribirse. *La adscripción del instituto a la universidad se ha producido recientemente.* **SIN.** Anexión, vinculación. **ANT.** Desvinculación.

aduana (a-**dua**-na) *s. f.* Oficina que existe en las fronteras de los distintos países, cuya misión es la de cobrar los impuestos de las mercancías u objetos procedentes del extranjero. *Se cerró la aduana con el país vecino por problemas políticos.*

aducir (a-du-**cir**) *v. tr.* Presentar, alegar pruebas o razones. *Dejó el puesto aduciendo problemas de salud.* **SIN.** Alegar, argumentar, citar, razonar. **ANT.** Callar. v. irreg., se conjuga como conducir.

adueñarse (a-due-**ñar**-se) *v. prnl.* Hacerse alguien el dueño o propietario de una cosa. *Se adueñó de la empresa al desaparecer su socio.* **SIN.** Apoderarse, posesionarse, ocupar, conquistar. **ANT.** Desposeerse, renunciar, desprenderse.

adulación - advertir

adulación (a-du-la-**ción**) *s. f.* Acción y efecto de alabar. *Era una persona muy dada a la adulación, para conseguir sus intereses.* **SIN.** Carantoña, embeleco, halago, lisonja, coba.

adular (a-du-**lar**) *v. tr.* Alabar a alguien cuando está delante para ganarse su voluntad y amistad. *Con adular a tu jefe no conseguirás nada.* **SIN.** Halagar, lisonjear, dar coba, dar jabón. **ANT.** Ofender, insultar, afrentar, despreciar.

adulterar (a-dul-te-**rar**) *v. tr.* **1.** Falsificar alguna cosa. **GRA.** También v. prnl. *Adulteraron las pruebas para despistar a la policía.* **SIN.** Falsear. **2.** Alterar una sustancia mezclándola con otra distinta. **GRA.** También v. prnl. *Adulteraron el producto para aumentar sus beneficios.* **SIN.** Depurar, purificar.

adulterio (a-dul-**te**-rio) *s. m.* Relaciones sexuales que mantienen dos personas, estando una de ellas o las dos casada con otra. *El adulterio fue la causa de su divorcio.* **SIN.** Infidelidad, amancebamiento. **ANT.** Fidelidad.

adulto, ta (a-**dul**-to) *adj.* Se dice de la persona que ha alcanzado el pleno desarrollo mental, físico, sexual, etc. **GRA.** También s. m. y s. f. *Juan ha crecido mucho, es casi un adulto.* **SIN.** Maduro, crecido, mayor. **ANT.** Adolescente, niño, inmaduro.

adusto, ta (a-**dus**-to) *adj.* Arisco, hosco, seco. *Su adusto semblante imponía mucho respeto.* **SIN.** Austero, rígido, melancólico. **ANT.** Simpático, afable, cortés.

advenimiento (ad-ve-ni-**mien**-to) *s. m.* **1.** Venida o llegada. *Esperaban su advenimiento.* **2.** Acaecimiento, suceso. *Celebraron el advenimiento.*

adverbial (ad-ver-**bial**) *adj.* Que pertenece o se refiere al adverbio. *Estamos estudiando las oraciones adverbiales.*

adverbio (ad-**ver**-bio) *s. m.* Clase de palabra invariable que modifica el significado del verbo, del adjetivo o de otro adverbio. *Bastante, poco, alto, muy lejos, etc.* Cuando van juntos dos o más adv. terminados en "-mente", sólo se le pone dicho suf. al último.

adversario, ria (ad-ver-**sa**-rio) *s. m. y s. f.* Persona contraria o enemiga. *Tiene un debate con su adversario político.* **SIN.** Contrario, antagonista, oponente. **ANT.** Simpatizante, aliado, compañero.

adversativo, va (ad-ver-sa-**ti**-vo) *adj.* **1.** Que implica o denota oposición o contrariedad de concepto. *Oraciones adversativas.* **2.** Se dice de la conjunción que indica contrariedad u oposición de carácter exclusivo o restrictivo. *Pero.*

adversidad (ad-ver-si-**dad**) *s. f.* Suceso o situación desgraciada, mala suerte. *En la adversidad, sigue siendo una persona optimista.* **SIN.** Accidente, desastre, revés, desdicha, desgracia, infortunio. **ANT.** Fortuna, felicidad, dicha.

adverso, sa (ad-**ver**-so) *adj.* Contrario, enemigo. *A pesar del resultado adverso del partido, estaba satisfecho con su equipo.*

advertencia (ad-ver-**ten**-cia) *s. f.* Acción y efecto de advertir. *No hizo caso de las advertencias de su padre y ahora tendrá que pagar las consecuencias.* **SIN.** Prevención, admonición.

advertir (ad-ver-**tir**) *v. tr.* **1.** Fijar en algo la atención. **GRA.** También v. intr. *No advirtió que venía detrás.*

CLASIFICACIÓN DE LOS ADVERBIOS

POR SU FORMA	**SIMPLES**	Formados por una sola palabra *bien, luego, mucho*
	COMPUESTOS	Formados por un adjetivo con terminación femenina y el sufijo -mente; y si el adjetivo tiene una sola terminación para los dos géneros, añadiendo al adjetivo el sufijo -mente. *buenamente - felizmente*
POR SU SIGNIFICACIÓN	**LUGAR**	Aquí, allí, allá, ahí, lejos, etc.
	TIEMPO	Ahora, luego, ayer, nunca, etc.
	MODO	Bien, así, etc., y la mayoría de los adverbios terminados en -mente
	CANTIDAD	Mucho, tanto, nada, demasiado, etc.
	AFIRMACIÓN	Sí, ciertamente, verdaderamente, cierto, también
	NEGACIÓN	No, nunca, jamás, tampoco, nada, etc.
	DUDA	Acaso, quizá, quizás, probablemente, etc.
	ORDEN	Primeramente, últimamente, etc.

SIN. Reparar, percatarse, observar, notar. **ANT.** Pasar por alto, desadvertir. **2.** Llamar la atención de una persona sobre algo. *Me advirtió que estaba prohibido pisar el césped.* **3.** Dar consejos, enseñanzas o advertencias. *Le advirtió para que no lo volviera a hacer.* **SIN.** Amonestar, informar, prevenir. **ANT.** Ocultar, engañar. ✎ v. irreg., se conjuga como sentir.

adviento (ad-**vien**-to) *s. m.* Tiempo del año litúrgico que comprende las cuatro semanas precedentes a la fiesta de la Natividad de Cristo. *Queda poco para Navidad, ya estamos en adviento.*

advocación (ad-vo-ca-**ción**) *s. f.* Nombre bajo el cual se venera una imagen, templo, etc., de la Virgen o de algún santo. *Hay una ermita con la advocación de Nuestra Señora de los Remedios.*

adyacente (ad-ya-**cen**-te) *adj.* Se dice de lo que está cerca de algo. *Los jardines adyacentes a la casa están muy bien cuidados.* **SIN.** Aledaño, anejo, lindante, próximo, inmediato, colindante. **ANT.** Lejano, apartado, separado, distante.

aéreo, a (a-**é**-re-o) *adj.* De aire. *El transporte aéreo es más rápido que el terrestre.*

aeróbic (a-e-**ró**-bic) *s. m.* Serie de ejercicios físicos, realizados con acompañamiento musical, que potencian la actividad respiratoria. *Está en buena forma porque practica aeróbic.* ✎ También "aerobic". Invariable en número.

aerobio, bia (a-e-**ro**-bio) *adj.* Se aplica al ser vivo que necesita del aire para subsistir. **GRA.** También s. m. y s. f. *Todos los vertebrados son organismos aerobios.*

aerodinámica (a-e-ro-di-**ná**-mi-ca) *s. f.* Parte de la mecánica que estudia el movimiento de los gases. *Estudió mucha física pero sobre todo aerodinámica.*

aerodinámico, ca (a-e-ro-di-**ná**-mi-co) *adj.* **1.** Que pertenece o se refiere a la aerodinámica. *Tiene un diseño muy aerodinámico.* **2.** Se dice de la forma dada a ciertos vehículos para disminuir la resistencia del aire, y de los vehículos que la tienen. *Este coche tiene una forma muy aerodinámica.* **SIN.** Alargado, esbelto. **SIN.** Chato, romo.

aeródromo (a-e-**ró**-dro-mo) *s. m.* Lugar preparado para la entrada y salida de aviones, etc., y sus maniobras. *El avión tuvo que aterrizar en otro aeródromo a causa de la niebla.* **SIN.** Aeropuerto.

aeroespacial (a-e-ro-es-pa-**cial**) *adj.* Que pertenece o se refiere a la aviación y la aeronáutica. *Trabajaban en un importante proyecto aeroespacial.*

aerógrafo (a-e-**ró**-gra-fo) *s. m.* Instrumento de aire comprimido que pulveriza un chorro controlado de pintura. *Tendré que comprar un aerógrafo para pintar el coche.*

aerolito (a-e-ro-**li**-to) *s. m.* Trozo de masa mineral que cae en la tierra y que procede de los espacios que hay entre los planetas. *Este verano vimos una lluvia de aerolitos.* **SIN.** Astrolito, meteorito.

aeromodelismo (a-e-ro-mo-de-**lis**-mo) *s. m.* Actividad que consiste en construir aviones de pequeño tamaño y hacerlos volar. *Es una persona muy aficionada al aeromodelismo.*

aeronauta (a-e-ro-**nau**-ta) *s. m. y s. f.* Persona que navega por el aire. *La tripulación de la nave está formada por dos aeronautas.* **SIN.** Cosmonauta, piloto.

aeronáutico, ca (a-e-ro-**náu**-ti-co) *adj.* **1.** Que pertenece o se refiere a la aeronáutica. *Es ingeniero aeronáutico.* ‖ *s. f.* **2.** Ciencia o arte de la navegación aérea. *Quería estudiar aeronáutica.* ☞ Ver ilustración pág. 42.

aeronave (a-e-ro-**na**-ve) *s. f.* Vehículo dirigible que sirve para viajar por el aire. *Su mayor ilusión es construir una aeronave y pilotarla.*

aeroplano (a-e-ro-**pla**-no) *s. m.* Vehículo con alas para viajar por el aire. *Visité una exposición de aeroplanos antiguos.* **SIN.** Avión, aeronave, avioneta.

aeropuerto (a-e-ro-**puer**-to) *s. m.* Lugar destinado al aterrizaje y despegue de los aviones. *Fuimos al aeropuerto de Barajas.* **SIN.** Aeródromo.

aerosol (a-e-ro-**sol**) *s. m.* **1.** Suspensión en un medio gaseoso de una sustancia pulverizada. *La niebla es un ejemplo de un aerosol.* **SIN.** Vaporización, pulverización. **2.** Líquido que, almacenado bajo presión, puede ser lanzado al exterior en forma de aerosol. *Utiliza un aerosol para perfumar su casa.* **3.** Recipiente que contiene este líquido. *Los aerosoles son altamente inflamables, incluso vacíos.*

afable (a-**fa**-ble) *adj.* Se dice de la persona que es amable en el trato y la conversación. *Hizo pronto amigos gracias a su carácter afable.* **SIN.** Atento, cortés, cordial, tratable, agradable. **ANT.** Descortés, brusco, intratable, antipático, huraño, agrio.

afamado, da (a-fa-**ma**-do) *adj.* Célebre, famoso. *Llegó a la ciudad un afamado cantante de ópera.*

afán (a-**fán**) *s. m.* **1.** Deseo grande de hacer algo. *Pone mucho afán en terminar su trabajo.* **SIN.** Ansia, aspiración, interés. **ANT.** Desilusión, desencanto, desánimo. **2.** Trabajo excesivo. *Estudió con afán para aprobar el examen.* **SIN.** Ahínco, empeño, fatiga. **ANT.** Negligencia, apatía, desgana.

afanar (a-fa-**nar**) *v. tr.* **1.** *fam.* *Robar. ‖ *v. prnl.* **2.** Trabajar con mucho ahínco. *Se afanó mucho para*

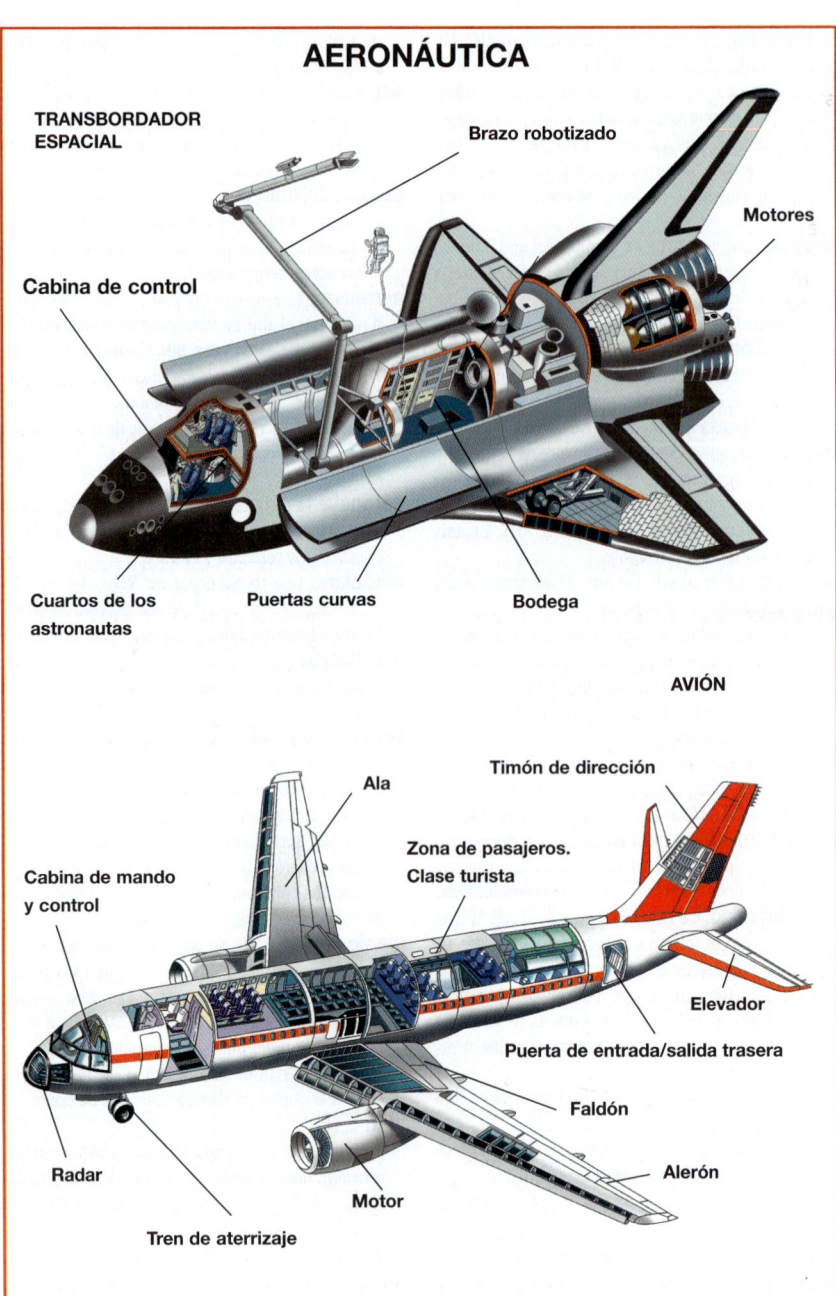

afanoso - afición

conseguir una buena cosecha y lo logró. **SIN.** Esmerarse, empeñarse.

afanoso, sa (a-fa-**no**-so) adj. **1.** Que se afana. No le molestes, está muy afanoso estudiando. **SIN.** Diligente, trabajador. **ANT.** Vago. **2.** Muy penoso o trabajoso. Era un trabajo demasiado afanoso. **SIN.** Dificultoso.

afasia (a-**fa**-sia) s. f. Pérdida del habla como consecuencia de una lesión en el cerebro. El accidente de tráfico que sufrió le produjo afasia.

afear (a-fe-**ar**) v. tr. **1.** Hacer o poner fea a una persona o cosa. **GRA.** También v. prnl. La maleza del jardín afeaba la entrada de la casa. **SIN.** Desfavorecer, desgraciar, deformar, estropear. **ANT.** Embellecer, hermosear, agraciar, favorecer. **2.** Echar en cara algo malo a alguien. Le afearon su mal comportamiento en la reunión. **SIN.** Reprender, tachar, vituperar. **ANT.** Encomiar, alabar, elogiar.

afección (a-fec-**ción**) s. f. Enfermedad o alteración del estado de salud. Se encuentra en cama con una afección gripal. **SIN.** Dolencia, anormalidad. **ANT.** Normalidad.

afectación (a-fec-ta-**ción**) s. f. **1.** Acción y efecto de afectar. La enfermedad de su amigo le produjo una gran afectación. **2.** Falta de sencillez y naturalidad, extravagancia. Viste con tanta afectación que todo el mundo se queda mirando. **SIN.** Artificio, disimulo, esnobismo, pedantería. **ANT.** Naturalidad, sencillez.

afectado, da (a-fec-**ta**-do) adj. **1.** Molestado, aquejado por algo. Estaba muy afectado por el accidente. **SIN.** Dolorido. **2.** Que adolece de afectación. Tu nuevo amigo es demasiado afectado y pedante. **SIN.** Fingido, esnob, cursi, petulante. **ANT.** Sencillo, natural, espontáneo. **3.** Aparente, fingido. Sabíamos que estaba triste a pesar de su afectada alegría.

afectar (a-fec-**tar**) v. tr. **1.** Causar impresión una cosa en una persona, provocando en ella gran sensación. **GRA.** También v. prnl. Estas cosas le afectan mucho. **SIN.** Impresionar(se), conmover(se), emocionar(se). **2.** Producir alteración en algún órgano. Las pastillas que tomaba le afectaron al estómago. **3.** Estar relacionado con. La medida afectará a varios trabajadores. **SIN.** Concernir, atañer, incumbir.

afectividad (a-fec-ti-vi-**dad**) s. f. **1.** Cualidad de tener afecto. Siente una gran afectividad por sus amigos. **2.** Conjunto de los fenómenos afectivos. El accidente de su hermano ha influido mucho en su afectividad. **SIN.** Emotividad, sentimiento.

afectivo, va (a-fec-**ti**-vo) adj. **1.** Que pertenece o se refiere al afecto. Les unen intensos lazos afectivos. **2.** Que pertenece o se refiere a la sensibilidad. Tiene problemas afectivos debido a su débil personalidad.

afecto (a-**fec**-to) s. m. Amor y cariño. Sentía mucho afecto por su amigo. **SIN.** Inclinación, afición, apasionamiento, ternura, amistad. **ANT.** Desafecto, desamor, malquerencia, antipatía.

afeitar (a-fei-**tar**) v. tr. Cortar o raer la barba con una navaja o con una maquinilla apropiada. Se afeita todas las mañanas. **SIN.** Rasurar, rapar.

afelio (a-**fe**-lio) s. m. Punto en el que un planeta que gira alrededor del Sol se encuentra más lejos. Afelio se opone a perihelio.

afelpado, da (a-fel-**pa**-do) adj. **1.** Hecho o tejido en forma de felpa. Me regalaron unas zapatillas afelpadas. **2.** Parecido a la felpa. Me gusta el tacto afelpado de esta tela. **SIN.** Aterciopelado, velloso, velludo.

afeminado, da (a-fe-mi-**na**-do) adj. Se dice del que en su modo de hablar o en sus modales se parece a las mujeres. **GRA.** También s. m. Tu nuevo amigo es un poco afeminado. **SIN.** Amariconado, sarasa.

afeminar (a-fe-mi-**nar**) v. tr. Hacer a alguien perder su virilidad o inclinarle a que en sus modales y aspecto exterior se parezca a las mujeres. **GRA.** Se usa más como v. prnl. Ese chico se afeminó mucho. **SIN.** Adamarse.

aféresis (a-**fé**-re-sis) s. f. Supresión de una o más letras al principio de palabra. "Vión" es una aféresis de "avión". ✎ Invariable en número.

aferrar (a-fe-**rrar**) v. tr. **1.** Coger algo con fuerza. **GRA.** También v. intr. Aferró a su compañero de la mano para que no resbalase. **SIN.** Agarrar, asegurar, atrapar, amarrar. **ANT.** Soltar, dejar, desasir. **2.** Obstinarse manteniendo una idea u opinión. **GRA.** También v. prnl. Se aferró en su idea de no asistir a la fiesta y no cedió. **SIN.** Porfiar. **ANT.** Ceder, desistir.

affaire s. m. **1.** Cuestión, asunto. La prensa del corazón ha publicado esta semana el último affaire amoroso del artista. **2.** Asunto que promueve escándalo. Declaró que no tenía nada que ver con aquel affaire de estafa. ☞ Es un galicismo innecesario.

afianzar (a-fian-**zar**) v. tr. **1.** Dejar bien sujeta o clavada una cosa. Tienes que afianzar bien la estantería para que no se venza con el peso de los libros. **SIN.** Afirmar, asegurar, amarrar, consolidar. **ANT.** Soltar, abandonar, aflojar. **2.** Avalar, garantizar. El negocio estaba afianzado por un fuerte banco. ✎ Se conjuga como abrazar.

afiche s. m. **1.** *Cartel. **2.** *Edicto.

afición (a-fi-**ción**) s. f. **1.** Inclinación o tendencia por algo o alguien. Tiene afición a hablar en otros idio-

aficionado - aflojar

mas. **SIN.** Afecto, apego, propensión, predilección. **ANT.** Desafición, desapego, desamor. **2.** Actividad por la que se siente inclinación. *Su gran afición es montar a caballo.* **3.** Conjunto de personas amantes de un espectáculo o deporte. *Nuestro equipo de baloncesto está muy orgulloso de su afición.* **SIN.** Hinchada, peña.

aficionado, da (a-fi-cio-**na**-do) *adj.* **1.** Que tiene gusto por alguna cosa. *Es muy aficionado al cine.* **SIN.** Entusiasta, amante. **2.** Se dice de la persona a la que le gusta mucho una cosa o dedicarse a una actividad. **GRA.** También s. m. y s. f. *Es aficionada a la natación. El ciclismo tiene muchos aficionados.* **SIN.** Entusiasta, apegado, seguidor, hincha. **ANT.** Indiferente, desinteresado. **3.** Que trabaja sin remuneración alguna. **GRA.** También s. m. y s. f. *Trabaja como aficionado para adquirir experiencia.* **4.** Que cultiva algún arte o deporte sin tenerlo por oficio. **GRA.** También s. m. y s. f. *Aunque sólo es un aficionado, es muy bueno como actor.*

aficionar (a-fi-cio-**nar**) *v. tr.* **1.** Inclinar a una persona a que guste de alguna persona o cosa. *Su madre le aficionó al teatro.* **SIN.** Encariñar, enamorar, interesar. **ANT.** Desinteresar, despegar. ‖ *v. prnl.* **2.** Interesarse por alguna cosa. *Se aficionó al coleccionismo de sellos.* **SIN.** Inclinarse, encariñarse, enamorarse, prendarse, enviciarse, simpatizar. **ANT.** Desaficionarse, despegarse, descariñarse, desinteresarse.

afijo (a-**fi**-jo) *s. m.* Partícula que se emplea en la formación de palabras derivadas y compuestas. *Los prefijos y los sufijos son afijos.*

afilado, da (a-fi-**la**-do) *adj.* **1.** Se dice de lo que acaba en punta. *Déjame tu lápiz, está más afilado que el mío. Los rasgos de su cara son muy afilados.* **2.** Mordaz. *No le gustaron nada sus afilados comentarios.*

afilar (a-fi-**lar**) *v. tr.* Sacar punta a un objeto o hacer más delgada la que ya tiene. *Afilé el lapicero antes de escribir.* **SIN.** Afinar, aguzar. **ANT.** Embotar.

afiliarse (a-fi-**liar**-se) *v. prnl.* Asociarse una persona a otras que forman una corporación. **GRA.** También v. tr. *Se afilió al sindicato de trabajadores.* **SIN.** Adherir, inscribir. ✎ En cuanto al acento, se conjuga como cambiar.

afín (a-**fín**) *adj.* **1.** Que se halla muy próximo. *En los días afines.* **SIN.** Contiguo, inmediato. **ANT.** Apartado, distante, lejano. **2.** Que tiene parecido con otra cosa. *Tienen gustos afines; por eso se llevan tan bien.* **SIN.** Cercano, parecido, similar, análogo, semejante. **ANT.** Apartado, distinto, dispar, desemejante, extraño, contrario, diferente. **3.** Que es pariente por afinidad. **GRA.** También s. m. y s. f. *Invitó a la boda a todos sus afines.* **SIN.** Cercano, allegado, ascendiente, descendiente. **ANT.** Extraño.

afinar (a-fi-**nar**) *v. tr.* **1.** Preparar los instrumentos musicales para que suenen bien. *Afina la guitarra para la actuación de esta tarde.* **SIN.** Templar, ajustar. **2.** Dar el último toque de perfección a una cosa. **GRA.** También v. prnl. *Le gusta afinar al máximo en sus trabajos.* **SIN.** Pulir, acabar, retocar, perfeccionar. **3.** Cantar o tocar entonando con perfección los sonidos. *A pesar de los nervios, afinó muy bien y todo sonó de maravilla.* **4.** *Chil.* Concluir algo, finalizar.

afincar (a-fin-**car**) *v. intr.* **1.** Fijar residencia o domicilio. **GRA.** También v. prnl. *Se afincó en Francia.* **SIN.** Establecerse, fijarse. **ANT.** Desarraigarse, emigrar. ‖ *v. tr.* **2.** *Cub.* Prestar dinero con la garantía de fincas. ✎ Se conjuga como abarcar.

afinidad (a-fi-ni-**dad**) *s. f.* **1.** Semejanza de una cosa con otra. *Afinidad de caracteres.* **SIN.** Correlación, parecido, similitud, proximidad. **ANT.** Desemejanza, disimilitud. **2.** Parentesco que se establece mediante el matrimonio entre cada cónyuge y los deudos del otro. *Somos familia por afinidad.*

afirmar (a-fir-**mar**) *v. tr.* **1.** Poner firme, dar firmeza. **GRA.** También v. prnl. *Su amistad se afirmó con el tiempo.* **SIN.** Consolidar, afianzar, asegurar. **ANT.** Debilitar, desafianzar. **2.** Decir que sí o dar por cierta una cosa. *Mi hermana afirmó que había ido a visitar a la abuela.* **SIN.** Aseverar, atestiguar, confirmar, ratificarse, reiterarse. **ANT.** Negar, denegar, rectificarse. **3.** *Chil.* Dar azotes o bofetadas.

afirmativo, va (a-fir-ma-**ti**-vo) *adj.* Que afirma. *No tenía ninguna duda, lo dijo en un tono muy afirmativo.*

aflicción (a-flic-**ción**) *s. f.* Congoja, angustia. *Tiene una gran aflicción por la muerte de su amigo.* **SIN.** Desesperación, duelo, desolación, pena. **ANT.** Alegría, contento.

afligir (a-fli-**gir**) *v. tr.* Causar tristeza o angustia. **GRA.** También v. prnl. *Le afligió mucho conocer la noticia del accidente.* **SIN.** Apenar(se), apesadumbrar(se), disgustar(se), entristecer(se), angustiar(se), acongojar(se), abatir(se). **ANT.** Alegrar(se), contentar(se), consolar(se), confortar(se). ✎ Se conjuga como urgir.

aflojado, da (a-flo-**ja**-do) *adj.* Flujo, suelto. *Lleva aflojado el nudo de la corbata.* **ANT.** Apretado, tenso.

aflojar (a-flo-**jar**) *v. tr.* **1.** Disminuir la presión o la tirantez. **GRA.** También v. prnl. *Afloja un poco la venda, me hace daño.* **SIN.** Ceder, relajarse. **ANT.** Apretar, ceñir. **2.** Perder fuerza una cosa. *La presión va*

aflorar - agarrado

aflojando. **SIN.** Deshincharse, debilitarse, disminuir. **ANT.** Aumentar, congestionarse, fortalecer.

aflorar (a-flo-**rar**) *v. intr.* Asomar a la superficie algo. *El manantial aflora un poco más abajo de esta peña. Su romance afloró a la luz pública.* **SIN.** Brotar, manar, surgir, aparecer, salir. **ANT.** Desaparecer.

afluencia (a-**fluen**-cia) *s. f.* **1.** Abundancia de algo. *Había mucha afluencia de gente.* **2.** Acción y efecto de afluir. *La afluencia de público a la manifestación dejó asombrados a los convocantes.*

afluente (a-**fluen**-te) *s. m.* Arroyo o río que desemboca o va a parar a otro mayor y más importante. *El Sil es afluente del Miño.*

afluir (a-flu-**ir**) *v. intr.* **1.** Acudir en abundancia a un lugar o sitio determinado. *Afluyeron vecinos de los pueblos de alrededor.* **SIN.** Aglomerarse. **ANT.** Alejarse, dispersarse. **2.** Verter un río o arroyo sus aguas en las de otro o en un lago, mar, océano, etc. *Este río afluye en el océano Atlántico.* **SIN.** Desaguar, desembocar. ✎ v. irreg., se conjuga como huir.

afonía (a-fo-**ní**-a) *s. f.* Pérdida total o parcial de la voz. *Ayer cogí frío y tengo mucha afonía.* **SIN.** Carraspera, enronquecimiento, ronquera.

afónico, ca (a-**fó**-ni-co) *adj.* Falto de voz o de sonido. *No podrá cantar hoy porque está afónico.* **SIN.** Ronco, mudo.

aforismo (a-fo-**ris**-mo) *s. m.* Sentencia breve y doctrinal. *Este libro es una recopilación de aforismos de filósofos de todos los tiempos.* **SIN.** Adagio, máxima, axioma, refrán, fórmula.

aforo (a-**fo**-ro) *s. m.* Capacidad total de las localidades de un teatro, cine, etc. *No se puede celebrar el concierto en el pabellón de deportes porque tiene muy poco aforo.*

afortunado, da (a-for-tu-**na**-do) *adj.* Que tiene fortuna o buena suerte. *Tiene un trabajo que le gusta mucho, es muy afortunado.* **SIN.** Dichoso, venturoso, próspero. **ANT.** Desafortunado, desventurado, infeliz, desdichado.

afrenta (a-**fren**-ta) *s. f.* **1.** Vergüenza que resulta de algún dicho o hecho. *Soportó la afrenta con una calma asombrosa.* **SIN.** Agravio, desprecio, injuria, ultraje. **2.** Ofensa que se dice o hace a alguien. *Tu afrenta hizo que él se sintiera realmente mal.* **SIN.** Agravio, desprecio, injuria, ultraje. **ANT.** Honra, homenaje.

africado, da (a-fri-**ca**-do) *adj.* Se dice del sonido consonante que resulta de la articulación mixta de oclusión y fricación, y de la letra que representa este sonido. **GRA.** También s. f. *La "ch" en "ocho".*

afrodisíaco, ca (a-fro-di-**sí**-a-co) *adj.* Se dice de aquellas sustancias que aumentan el deseo sexual. *El mito de que las ostras son afrodisíacas está muy extendido.* **SIN.** Estimulante, excitante. ✎ También "afrodisiaco".

afrontar (a-fron-**tar**) *v. tr.* Hacer frente a una situación o peligro. *Sabe afrontar la realidad con valentía.* **SIN.** Desafiar, enfrentarse, oponerse, encararse. **ANT.** Eludir, esquivar, soslayar, evitar.

afuera (a-**fue**-ra) *adv. l.* **1.** Hacia lo exterior. *Vámonos afuera, aquí hace demasiado calor.* **ANT.** Adentro. ‖ *s. f. pl.* **2.** Alrededores de una ciudad, cercanías. *Vive en un chalé a las afueras de la ciudad.* **SIN.** Extramuros, extrarradio, contorno. **ANT.** Centro.

agachar (a-ga-**char**) *v. tr.* **1.** Inclinar la cabeza o una parte del cuerpo. **GRA.** También s. f. *Agachó la cabeza avergonzado y se fue.* **SIN.** Doblar, bajar. **ANT.** Enderezar, levantar, alzar. ‖ *v. prnl.* **2.** Encogerse, doblando mucho el cuerpo hacia la tierra. *Se agachó para ver qué había debajo del armario.* **SIN.** Doblarse, agazaparse, acurrucarse. **3.** *Cub.* Huir, escaparse. **4.** *Méx.* Callar maliciosamente.

agalla (a-**ga**-lla) *s. f.* **1.** Órgano respiratorio de un animal, como el pez, que vive en el agua. **GRA.** Se usa más en pl. *Quita las agallas del besugo cuando lo limpies.* **SIN.** Branquia. ‖ *s. f. pl.* **2.** *fam.* Valor, osadía. **GRA.** Se usa también con el v. "tener". *Tiene muchas agallas y se enfrentará a quien haga falta.* **SIN.** Audacia, redaños. **3.** *fam., Ec. y Col.* *Cicatería. **4.** *fam., Per.* Astucia.

ágape (**á**-ga-pe) *s. m.* Banquete, comida para celebrar algún acontecimiento. *Celebraron la inauguración de su nueva tienda con un ágape.* **SIN.** Festín, merendola, comilona.

agarradero, ra (a-ga-rra-**de**-ro) *s. m.* **1.** Asa o mango de cualquier cosa. *Se rompió el agarradero de la taza.* **2.** Protección o recurso con que se cuenta para conseguir algo. *Su único agarradero era la herencia de su tío.* ‖ *s. f. pl.* **3.** *fam.* Favor o influencias con que alguien cuenta para conseguir sus fines. *Tenía muchas agarraderas, por eso consiguió el primer premio.*

agarrado, da (a-ga-**rra**-do) *adj.* **1.** *fam.* Mezquino, tacaño. *No pienses que él te va a invitar al cine, es muy agarrado.* **2.** *fam.* Se dice del baile en el que la pareja va estrechamente enlazada. **GRA.** También s. m. *Me sacó a bailar cuando empezaron los agarrados.* ‖ *s. f.* **3.** *fam.* Altercado, riña. *A la salida de la fiesta empezaron a discutir y tuvieron una agarrada.* **SIN.** Pendencia, porfía, follón.

agarrar - aglomeración

agarrar (a-ga-**rrar**) *v. tr.* **1.** Coger con fuerza. *Agarra una maleta en cada mano, si no quieres hacerte daño en la espalda.* **SIN.** Asir, tomar, aferrar, sujetar. **ANT.** Soltar, desasir. **2.** Coger o contraer una enfermedad. *Menuda gripe agarró.* **SIN.** Contagiarse, infectarse. **ANT.** Mejorar, sanar. ‖ *v. prnl.* **3.** Asirse fuertemente de alguna cosa. *Se agarró a mi mano muerto de miedo.* **4.** Reñir. *Si no les separan sus amigos a tiempo se agarran a tortas.* **SIN.** Pelearse. **5.** Utilizar algo como pretexto. *Se agarraba a que siempre lo había hecho así.*

agarrotado, da (a-ga-rro-**ta**-do) *adj.* Tieso, rígido, tenso. *Me dio un masaje porque tenía los músculos muy agarrotados.*

agarrotar (a-ga-rro-**tar**) *v. tr.* **1.** Oprimir mucho una cosa. *Se me hincharon las manos y el anillo me agarrotaba el dedo.* **SIN.** Comprimir, estrangular. **ANT.** Soltar, aflojar. ‖ *v. prnl.* **2.** Quedarse un miembro del cuerpo humano inmóvil o rígido. *Se me agarrotaron las piernas por el frío.* **SIN.** Entumecerse, endurecerse, inmovilizarse. **ANT.** Desentumecerse, aflojarse, relajarse. **3.** Quedarse inmovilizado un mecanismo por producirse una unión rígida entre dos de sus piezas. *El freno de la bici se agarrotó.*

agasajar (a-ga-sa-**jar**) *v. tr.* Tratar a una persona con afecto y consideración. *Fue agasajado con toda clase de regalos.* **SIN.** Regalar, festejar, halagar, obsequiar. **ANT.** Desdeñar, desatender, menospreciar.

agasajo (a-ga-**sa**-jo) *s. m.* Regalo o muestra de afecto y consideración que se tiene hacia otra persona. *Le hicieron un pequeño agasajo con motivo de su jubilación.* **SIN.** Convite, cortesía, delicadeza, homenaje, halago, obsequio. **ANT.** Desdén, desprecio, desaire.

ágata (**á**-ga-ta) *s. f.* Variedad del cuarzo duro, translúcido, de colores generalmente dispuestos en franjas concéntricas. *En la joyería tenían ágatas de todos los tamaños y colores.* ✎ Es s. f., pero en sing. lleva art. m. para evitar la cacofonía.

agazaparse (a-ga-za-**par**-se) *v. prnl.* Agacharse para no ser visto. *El conejo se agazapó entre unos matorrales.* **SIN.** Doblarse, encogerse, esconderse. **ANT.** Levantarse, enderezarse, mostrarse.

agencia (a-**gen**-cia) *s. f.* Empresa dedicada a gestionar asuntos por encargo de sus clientes o a prestar servicios determinados. *Fuimos a la agencia de viajes a por los billetes de avión.* **SIN.** Oficina, despacho.

agenciar (a-gen-**ciar**) *v. tr.* **1.** Procurar o conseguir con maña o diligencia una cosa. **GRA.** También v. prnl. y v. intr. *Se las agenció para conseguir su apoyo.* **SIN.** Disponer, lograr, organizar. ‖ *v. prnl.* **2.** Arreglárselas con los medios propios. *Tendré que agenciármelas con lo que tengo para llegar a final de mes.* **SIN.** Componérselas. ✎ En cuanto al acento, se conjuga como cambiar.

agenda (a-**gen**-da) *s. f.* Libro pequeño o cuaderno con calendario, en el que se anota lo que se quiere recordar. *En mi agenda he anotado tu dirección, teléfono y el día de tu cumpleaños.* **SIN.** Dietario, memorándum.

agente (a-**gen**-te) *adj.* **1.** Que hace o realiza una acción. *Sujeto agente.* ‖ *s. m.* **2.** Causa activa, lo que tiene poder para producir un efecto. *Agente meteorológico.* ‖ *s. m. y s. f.* **3.** Persona que obra en nombre de otra. *Nos visitó un agente comercial ofreciendo los libros de su casa editorial.* **SIN.** Delegado, comisionado, gerente. ‖ **4. agente de policía** Funcionario subalterno de la policía, encargado de mantener el orden público, dirigir la circulación, etc.

ágil (**á**-gil) *adj.* Que se mueve o actúa con facilidad y ligereza. *Es ágil como una gacela.* **SIN.** Pronto, activo, diligente, rápido. **ANT.** Pesado, lento, torpe.

agilidad (a-gi-li-**dad**) *s. f.* Cualidad de ágil, facilidad para moverse con prontitud. *Su agilidad le permitió escalar la montaña sin problemas.* **SIN.** Elasticidad, ligereza, viveza, destreza. **ANT.** Lentitud, torpeza.

agilizar (a-gi-li-**zar**) *v. tr.* Facilitar el desarrollo de un proceso. *Era conveniente agilizar las negociaciones.* ✎ Se conjuga como abrazar.

agitación (a-gi-ta-**ción**) *s. f.* Acción y efecto de agitar o agitarse. *Había mucha agitación en la ciudad en los días de las elecciones.* **SIN.** Convulsión, movimiento, revuelo, sacudida, inquietud, intranquilidad. **ANT.** Tranquilidad.

agitador, ra (a-gi-ta-**dor**) *adj.* **1.** Que agita. **GRA.** También s. m. y s. f. *Se mareó con el movimiento agitador del tren.* **2.** Instigador, en política. *Los agitadores organizaron una protesta delante del ayuntamiento.* **SIN.** Revoltoso, amotinador.

agitar (a-gi-**tar**) *v. tr.* **1.** Mover enérgicamente algo en una o varias direcciones. **GRA.** También v. prnl. *Agita la botella para que se disuelva bien el contenido.* **SIN.** Remover(se), batir(se), sacudir(se). **2.** Poner nervioso o inquieto, alterar. **GRA.** También v. prnl. *Aquellas palabras agitaron el ánimo de sus seguidores.* **SIN.** Intranquilizar(se), perturbar(se), conmover(se), alterar(se), inquietar(se). **ANT.** Aquietar(se), calmar(se), serenar(se), aplacar(se), tranquilizar(se), apaciguar(se).

aglomeración (a-glo-me-ra-**ción**) *s. f.* Gran acumulación o amontonamiento de personas o de cosas.

aglomerar - agraciar

En la romería había una gran aglomeración de coches. **SIN.** Acopio, hacinamiento, muchedumbre, gentío, masa. **ANT.** Dispersión, disgregación, desparramiento.

aglomerar (a-glo-me-**rar**) *v. tr.* Juntar unas cosas con otras sin orden. **GRA.** También v. prnl. *Se aglomeraron junto a la ventanilla.* **SIN.** Amontonar, acumular, acopiar, apilar. **ANT.** Disgregar, dispersar.

aglutinar (a-glu-ti-**nar**) *v. tr.* **1.** Unir una cosa con otra. **GRA.** También v. prnl. *Ambas sustancias se aglutinaron.* **SIN.** Amasar, encolar, pegar, unir. **ANT.** Despegar, desencolar, desunir. **2.** Armonizar, aunar. **GRA.** También v. prnl. *Aglutinaba todas las posturas.*

agobiado, da (a-go-**bia**-do) *adj.* Fatigado, abatido. *Estaba muy agobiado por el exceso de trabajo.*

agobiante (a-go-**bian**-te) *adj.* Que agobia. *En esta habitación hace un calor agobiante.*

agobiar (a-go-**biar**) *v. tr.* Causar gran angustia, molestia o fatiga. *Le agobiaba la falta de noticias sobre su amigo.* **SIN.** Abrumar, angustiar, atosigar, cansar oprimir. **ANT.** Aliviar, despejar, despreocupar. ✎ En cuanto al acento, se conjuga como cambiar.

agobio (a-**go**-bio) *s. m.* Sofocación, angustia. *Sentí un gran agobio cuando vi que se acercaba la fecha de entrega y no tenía el trabajo terminado.*

agolpar (a-gol-**par**) *v. tr.* **1.** Juntar de golpe en un lugar. **GRA.** También v. prnl. *Los vecinos se agolparon en el lugar del suceso.* **SIN.** Amontonar(se), hacinar(se). **ANT.** Disgregar(se). ‖ *v. prnl.* **2.** Venir juntas y de golpe penas, lágrimas, etc. *Las lágrimas se agolparon en sus ojos y no pudo contenerse.*

agonía (a-go-**ní**-a) *s. f.* **1.** Angustia y congoja de la persona que está a punto de morir. *Afortunadamente su agonía no fue dolorosa.* **SIN.** Desenlace, óbito. **2.** Pena o aflicción extremada. *La muerte de su madre le causó una gran agonía.* **SIN.** Dolor, angustia, pesadumbre. ‖ *s. m. pl. y s. f. pl.* **3.** *fam.* Persona quejumbrosa y pesimista. *No le hagas caso, es un agonías, siempre se está quejando.*

agonizar (a-go-ni-**zar**) *v. intr.* **1.** Luchar entre la vida y la muerte. *El pobre animal agonizaba y nadie podía hacer nada para salvarle.* **SIN.** Acabar, perecer. **2.** Extinguirse o terminarse una cosa. *Afortunadamente, la crisis económica agonizaba a pasos agigantados.* ✎ Se conjuga como abrazar.

ágora (**á**-go-ra) *s. f.* **1.** Plaza pública en las antiguas ciudades griegas. *El ágora era el centro de la vida de la ciudad.* **2.** Asamblea que se reunía en ellas. *Se celebró el ágora.* ✎ Es s. f., pero en sing. lleva art. m. para evitar la cacofonía.

agorafobia (a-go-ra-**fo**-bia) *s. f.* Temor a los espacios amplios y abiertos. *Padecía de agorafobia, por eso no va nunca al campo.* **ANT.** Claustrofobia.

agorero, ra (a-go-**re**-ro) *adj.* **1.** Que adivina por agüeros o cree en ellos. *Es un agorero y siempre anda yendo a que le adivinen el futuro.* **2.** Que predice, sin fundamento, males o desgracias. **GRA.** También s. m. y s. f. *Tú siempre tan agorero, desanimando a todo el mundo.* **SIN.** Pesimista. **ANT.** Optimista.

agostar (a-gos-**tar**) *v. tr.* Quemar las plantas el excesivo calor. **GRA.** También v. prnl. *El intenso calor agostó los campos de trigo.* **SIN.** Abrasar, marchitar, languidecer, secar. **ANT.** Lozanear, reverdecer.

agosto (a-**gos**-to) *s. m.* Octavo mes del año; consta de 31 días. *Mi madre suele tener vacaciones en agosto.* ‖ **LOC. hacer alguien su agosto** *fam.* Enriquecerse una persona, aprovechando la ocasión.

agotador, ra (a-go-ta-**dor**) *adj.* Que agota. *Ha sido un día agotador, me voy a la cama ahora mismo.* **SIN.** Abrumador, fatigoso, pesado.

agotamiento (a-go-ta-**mien**-to) *s. m.* Acción y efecto de agotar o agotarse. *Llevaba tantas horas sin dormir que al final le venció el agotamiento.* **SIN.** Cansancio, consunción, debilidad, extenuación. **ANT.** Buena forma, lozanía.

agotar (a-go-**tar**) *v. tr.* **1.** Gastar del todo, consumir. **GRA.** También v. prnl. *Se agotaron las reservas de agua ante la prolongada sequía.* **SIN.** Acabar, apurar, terminar. **ANT.** Colmar, llenar. **2.** Causar gran cansancio y fatiga. **GRA.** También v. prnl. *Cavar este pozo agota mucho, no sé si lo acabaremos pronto.* **SIN.** Extenuar, fatigar. **ANT.** Vigorizar, robustecer.

agraciado, da (a-gra-**cia**-do) *adj.* **1.** Hermoso, lindo. *Tiene un rostro muy agraciado y lo más bonito son sus ojos. Salió muy poco agraciado en la foto.* **2.** Se dice de la persona a quien le ha tocado algo en suerte. **GRA.** También s. m. y s. f. *Los agraciados con el número premiado de la lotería estaban celebrándolo en la plaza del pueblo.* **SIN.** Suertudo, afortunado. **3.** Que tiene gracia o es gracioso. *Hizo unos comentarios muy agraciados.* **SIN.** Chistoso, saleroso, chispeante.

agraciar (a-gra-**ciar**) *v. tr.* **1.** Dar gracia o belleza a una persona o cosa. *La verdad es que el pintor le agració mucho la cara en el retrato.* **SIN.** Beneficiar, favorecer. **ANT.** Dañar, perjudicar. **2.** Conceder alguna gracia o merced. *Le agraciaron con un premio honorífico por su dedicación.* **SIN.** Premiar, dispensar, otorgar. **ANT.** Castigar, sancionar. ✎ En cuanto al acento, se conjuga como cambiar.

agradable - agreste

agradable (a-gra-**da**-ble) *adj.* Que produce complacencia o agrado. *Me pareció una persona muy agradable.* **SIN.** Afable, ameno, deleitoso, gustoso, placentero, simpático. **ANT.** Desagradable, molesto, incómodo.

agradar (a-gra-**dar**) *v. intr.* Gustar una cosa o persona a alguien. **GRA.** También v. prnl. *Me agrada salir cuando hace calor.* **SIN.** Satisfacer, contentar, encantar. **ANT.** Desagradar, molestar, disgustar.

agradecer (a-gra-de-**cer**) *v. tr.* Dar las gracias o mostrar gratitud por un beneficio recibido. *Mi vecino me agradeció que le ayudara a pintar la puerta. Agradecieron mucho nuestro ofrecimiento.* **SIN.** Apreciar, gratificar, premiar. ✎ v. irreg., se conjuga como parecer.

agradecido, da (a-gra-de-**ci**-do) *adj.* Que agradece. **GRA.** También s. m. y s. f. *Es muy agradecida y nunca olvida los favores que le han hecho.*

agradecimiento (a-gra-de-ci-**mien**-to) *s. m.* Acción y efecto de agradecer. *Me regaló este libro como agradecimiento por haberle ayudado.* **SIN.** Gratitud, reconocimiento.

agrado (a-**gra**-do) *s. m.* **1.** Amabilidad y gracia en el modo de tratar a las personas. *Le trató con mucho agrado.* **SIN.** Afabilidad, simpatía. **ANT.** Antipatía. **2.** Voluntad o gusto. *Lo hizo con sumo agrado.*

agrandar (a-gran-**dar**) *v. tr.* Hacer más grande alguna cosa. **GRA.** También v. prnl. *Agrandaron la terraza del café.* **SIN.** Aumentar(se), ampliar(se), engrandecer(se), acrecentar, dilatar(se), ensanchar(se). **ANT.** Empequeñecer(se), achicar(se), reducir(se), disminuir(se), encoger(se).

agrario, ria (a-**gra**-rio) *adj.* Se dice de aquello que se refiere al campo. *Están elaborando un plan para potenciar el desarrollo del sector agrario.* **SIN.** Rural, campestre.

agravar (a-gra-**var**) *v. tr.* **1.** Aumentar la gravedad de una situación o de una persona enferma. **GRA.** También v. prnl. *La inestabilidad política se agravó en pocos días.* **SIN.** Empeorar, recrudecer. **ANT.** Aliviar, aplacar, mejorar. **2.** Oprimir con tributos o gravámenes. *Agravaron las cargas fiscales para hacer frente a la crisis.* **SIN.** Gravar.

agraviar (a-gra-**viar**) *v. tr.* **1.** Perjudicar el honor o los intereses de alguien. *Le agravió con sus falsas acusaciones.* **SIN.** Insultar, afrentar, calumniar, ultrajar, deshonrar. **ANT.** Alabar, ensalzar, honrar, respetar, bendecir. ‖ *v. prnl.* **2.** Ofenderse o mostrarse resentido por algún agravio. *Se agravia cada vez que le hablan de lo sucedido.* **SIN.** Picarse, molestarse. **3.** Agravarse una enfermedad. *Su catarro se agravió por coger frío.* ✎ En cuanto al acento, se conjuga como cambiar.

agravio (a-**gra**-vio) *s. m.* Mal o daño que se causa a una persona con algo que se dice o hace. *Le causó un gran agravio acusándole de ser el responsable del fracaso del negocio.* **SIN.** Insulto, afrenta, infamia, ofensa, perjuicio, deshonra. **ANT.** Desagravio.

agredir (a-gre-**dir**) *v. tr.* Atacar a alguien violentamente con la intención de hacerle daño. *Agredió a un joven para quitarle el dinero.* **SIN.** Arremeter, embestir, golpear, pegar, sacudir. **ANT.** Huir, esquivar. ✎ v. defect., se conjuga como abolir.

agregado, da (a-gre-**ga**-do) *adj.* **1.** Se dice de aquello que es añadido o colocado junto a otra cosa. *Las cláusulas agregadas al final del documento no son válidas.* **SIN.** Adherido, anexionado. **ANT.** Separado, apartado. ‖ *s. m. y s. f.* **2.** Persona destinada a un cuerpo u oficina, pero sin plaza efectiva. *Es agregado del departamento de literatura de la facultad.* **SIN.** Adjunto, asociado, auxiliar. **ANT.** Titular. **3.** *amer.* Pequeño arrendatario de tierras.

agregar (a-gre-**gar**) *v. tr.* **1.** Juntar o añadir unas personas o cosas a otras. **GRA.** También v. prnl. *Tienes que agregar sal y pimienta al guiso.* **SIN.** Adicionar, sumar(se), incorporar(se), complementar(se). **ANT.** Separar(se), restar, disminuir, quitar(se). **2.** Decir o escribir algo sobre lo ya dicho o escrito. *Agregó unas palabras de agradecimiento al acabar la conferencia.* ✎ Se conjuga como ahogar.

agremiar (a-gre-**miar**) *v. tr.* Reunir en gremio o asociación profesional. **GRA.** También v. prnl. *En la Edad Media ya se agremiaban por profesiones.* **SIN.** Sindicar, asociar, confederar. ✎ En cuanto al acento, se conjuga como cambiar.

agresión (a-gre-**sión**) *s. f.* Acción y efecto de agredir. *Cuando volvía por la noche del trabajo sufrió una agresión por un desconocido.*

agresividad (a-gre-si-vi-**dad**) *s. f.* Inclinación a faltar al respeto u ofender a los demás. *Debes contener tu agresividad si quieres jugar en el equipo de baloncesto del colegio.*

agresor, ra (a-gre-**sor**) *adj.* Se dice de quien acomete o ataca injustamente. **GRA.** También s. m. y s. f. *La policía detuvo al agresor.* **SIN.** Asaltante, atacante.

agreste (a-**gres**-te) *adj.* **1.** Se dice del terreno lleno de matorrales y sin cultivar. *La finca estaba rodeada de un terreno muy seco y agreste.* **SIN.** Abrupto, montuoso, áspero, silvestre, salvaje. **ANT.** Llano, cultivado, labrado, sembrado. **2.** Se dice de la persona de trato grosero y falta de educación. *Parece mentira que él sea tan agreste, con lo educados que son sus hermanos.* **SIN.** Grosero, basto, tosco, bruto, rudo. **ANT.** Fino, culto, refinado.

agriar (a-**griar**) *v. tr.* **1.** Poner agria alguna cosa. **GRA.** Se usa más como v. prnl. *No bebas el vino, se ha agriado.* **SIN.** Acedar, acedificar, avinagrarse. **2.** Irritar. **GRA.** También v. prnl. *Su amigo se agrió al oír tantas tonterías.* **SIN.** Exacerbar(se), alterar(se), exasperar(se). **ANT.** Calmar(se), sosegar(se), serenar(se). ✎ Algunas formas de este v. como "agrio", "agrias", etc., de acentuación dudosa, pueden pronunciarse como diptongo o rompiéndolo, con acento en la "í".

agrícola (a-**grí**-co-la) *adj.* Que pertenece a la agricultura o que se ocupa de ella. *Se dedica a las faenas agrícolas.* **SIN.** Agrario, rural.

agricultor, ra (a-gri-cul-**tor**) *s. m. y s. f.* Persona que labra o cultiva la tierra. *La maquinaria ha facilitado mucho el trabajo de los agricultores.* **SIN.** Campesino, colono, hortelano, labriego.

agricultura (a-gri-cul-**tu**-ra) *s. f.* Arte de trabajar la tierra para que dé frutos. *El oficio de los campesinos es la agricultura.* **SIN.** Agronomía.

agridulce (a-gri-**dul**-ce) *adj.* De sabor entre agrio y dulce. *Esta naranja me gusta porque es agridulce.*

agrietar (a-grie-**tar**) *v. tr.* Abrir grietas en una cosa. **GRA.** Se usa más como v. prnl. *Las paredes de la casa vieja se están agrietando.* **SIN.** Abrir, hender, rajar, resquebrajar. **ANT.** Cerrar, unir, pegar.

agrimensura (a-gri-men-**su**-ra) *s. f.* *Topografía.

agrio, gria (a-grio) *adj.* **1.** De sabor parecido al vinagre. *El limón tiene un sabor agrio.* **SIN.** Acedo, acidulado. **ANT.** Dulce, dulzón. **2.** De mal humor y agresivo. *Tiene un carácter tan agrio que nadie le aguanta.* **SIN.** Hiriente, punzante. **ANT.** Agradable, amable. || *s. m. pl.* **3.** Frutas agrias o agridulces, como el limón, la naranja, etc. *España exporta agrios.*

agronomía (a-gro-no-**mí**-a) *s. f.* Conjunto de teorías sobre el cultivo de la tierra. *Está estudiando agronomía para montar invernaderos de hortalizas.*

agropecuario, ria (a-gro-pe-**cua**-rio) *adj.* Se dice de aquello que tiene relación con la agricultura y la ganadería. *Tiene una granja agropecuaria.*

agrupación (a-gru-pa-**ción**) *s. f.* **1.** Acción y efecto de agrupar o agruparse. *Haz la agrupación de los niños para la excursión según los cursos.* **SIN.** Reunión, conjunto, montón, pila. **2.** Conjunto de personas agrupadas para algún fin. *La agrupación a la que pertenezco se dedica a actividades benéficas.* **SIN.** Asamblea, clan, comunidad, junta, gremio, asociación, corporación.

agrupar (a-gru-**par**) *v. tr.* Reunir en grupo, con o sin orden. **GRA.** También v. prnl. *Nos agrupamos junto al autobús.* **SIN.** Aglomerar, apandillar, apiñar, asociar, congregar, reunir. **ANT.** Desunir, disgregar, separar.

agua (a-gua) *s. f.* **1.** Líquido sin color, olor ni sabor, que está formado por dos partes de hidrógeno y una de oxígeno. En estado más o menos puro forma la lluvia, las fuentes, los ríos y los mares. Ocupa las tres cuartas partes de la superficie del globo terrestre. *Cuando se tiene mucha sed, lo mejor es beber agua.* **2.** Lluvia. *Esta noche cayó mucha agua.* || **3. agua artesiana** La de los pozos artesianos. **4. agua bendita** La que bendice el sacerdote para uso de la Iglesia y sus fieles. **5. agua carbónica** La potable con gas, natural o preparada artificialmente. **6. agua de colonia** Perfume hecho con esencias aromáticas y alcohol. **7. agua de lluvia** La que cae de las nubes. **8. agua fuerte** Ácido nítrico disuelto en un poco de agua. **9. agua medicinal** La mineral dotada de propiedades curativas. **10. agua mineral** La de manantial con sustancias minerales disueltas. **11. agua nieve** La que cae de las nubes mezclada con nieve. **12. agua oxigenada** Disolución en agua destilada utilizada para desinfectar. **13. agua potable** Aquella que puede beberse. **14. agua salada** La del mar, que no se puede beber. **15. aguas jurisdiccionales** Las que están sujetas a la jurisdicción de un país hasta cierta distancia de la costa. **16. aguas residuales** Las que se han utilizado en las viviendas y arrastran residuos. || **LOC. agua pasada, no mueve molino** Frase para expresar que una oportunidad ha pasado ya. **ahogarse alguien en poca agua, o en un vaso de agua** *fam.* Afligirse por algo de poca importancia. **bailarle uno el agua a otro** *fam.* Adularlo para conseguir algo. **de este agua no beberé** *fam.* Frase para expresar que no se hará una cosa o no se verá alguien en determinada situación. **estar con el agua al cuello** *fam.* Pasar apuros por falta de dinero. **estar o nadar entre dos aguas** *fam.* Estar con dudas o en actitud equivocada. **hacer agua algo** *fam.* Se dice de las cosas muy evidentes. **hacer aguas** *fam.* Abrirse una vía de agua en una embarcación y, por ext., hallarse un asunto en una situación grave. **hacerse la boca agua** *fam.* Pensar con gusto en algo, particularmente de comer. **quedar una cosa en agua de borrajas** *fam.* Quedar en nada. **venir algo como agua**

de mayo *fam.* Ser bien recibido algo muy deseado. **volver las aguas a su cauce** *fam.* Marchar las cosas otra vez como antes. ✎ Es s. f., pero en sing. lleva art. m. para evitar la cacofonía.

aguacate (a-gua-**ca**-te) *s. m.* Árbol con hojas siempre verdes y cuyo fruto, del mismo nombre, es parecido a una pera grande. *Me gustan mucho los aguacates rellenos con gambas.*

aguacero (a-gua-**ce**-ro) *s. m.* **1.** Lluvia repentina, abundante y de corta duración. *Cayó un fuerte aguacero y nos fastidió la merienda en el campo.* **SIN.** Chaparrón, chubasco. **2.** Sucesos y cosas molestas que le suceden de golpe a una persona. *Aguantó el aguacero con resignación.* **3.** *Cub.* Insecto parecido a la luciérnaga.

aguada (a-**gua**-da) *s. f.* Técnica pictórica que consiste en diluir los colores en agua de goma, mezclándolos con miel. *En esa exposición de pintura había varias aguadas.* **SIN.** Gouache.

aguadilla (a-gua-**di**-lla) *s. f.* Zambullida que se da a una persona, en broma, manteniendo sumergida su cabeza durante unos instantes. *Se enfadó porque le hicieron aguadillas.*

aguafiestas (a-gua-**fies**-tas) *s. m. y s. f.* Persona que estropea una diversión. *No quiero que venga con nosotros a la excursión, es un aguafiestas.* **SIN.** Ceñudo, pesimista, cascarrabias, gruñón, gafe. **ANT.** Optimista, parrandero, alegre, simpático. ✎ Invariable en número.

aguafuerte (a-gua-**fuer**-te) *s. amb.* Lámina obtenida por el grabado al agua fuerte. *En la casa de cultura hay una exposición de aguafuertes.*

aguamarina (a-gua-ma-**ri**-na) *s. f.* Piedra preciosa, de color verde mar. *La piedra de ese anillo es una aguamarina*.

aguanieve (a-gua-**nie**-ve) *s. f.* Mezcla de lluvia y nieve derretida. *Lo que cae es aguanieve.* ✎ Su pl. es "aguanieves".

aguantar (a-guan-**tar**) *v. tr.* **1.** Contener un movimiento, impulso, pasión o necesidad. **GRA.** También v. prnl. *Le costó mucho trabajo aguantar su enfado y no decirle cuatro cosas.* **SIN.** Reprimir(se), sostener(se), mantener(se). **ANT.** Ceder, soltar(se). **2.** Sufrir los disgustos y las cosas desagradables. *Después de la operación tuvo que aguantar muchos dolores.* **SIN.** Tolerar, soportar, sobrellevar, padecer. **ANT.** Ceder, cejar, flaquear. ‖ *v. prnl.* **3.** Reprimirse, contenerse, callar. *Tuve que aguantarme.* **4.** Resignarse, amoldarse. *Tenía que aguantarse con eso, le gustase o no.*

aguante (a-**guan**-te) *s. m.* **1.** Sufrimiento, tolerancia, paciencia. *No sé cómo tiene tanto aguante, yo ya le habría dejado de hablar.* **SIN.** Imperturbabilidad, flema, cuajo. **2.** Fuerza, vigor para resistir cargas físicas o morales. *Gracias a su aguante y optimismo, se recuperó pronto de la operación.*

aguar (a-**guar**) *v. tr.* **1.** Mezclar agua con vino u otra bebida. **GRA.** También v. prnl. *Suele aguar la leche para que enfríe más pronto.* **SIN.** Bautizar. **2.** Interrumpir una cosa alegre. *Nos aguó la fiesta con la noticia de su marcha.* **SIN.** Fastidiar, frustrar, chafar, estropear, turbar. **ANT.** Alentar, animar, excitar. ✎ En cuanto al acento, se conjuga como averiguar.

aguardar (a-guar-**dar**) *v. tr.* **1.** Estar esperando a que llegue alguien o a que suceda algo. **GRA.** También v. prnl. *Aguárdame un momento, llegaré enseguida.* **SIN.** Esperar, acechar, atender. **2.** Tener esperanza de que llegará o sucederá algo. *Aguardaba su llegada con impaciencia.*

aguardiente (a-guar-**dien**-te) *s. m.* Bebida alcohólica que se obtiene por destilación del vino y de otras sustancias. *Tiene la costumbre de echar unas gotas de aguardiente en el café.* **SIN.** Cazalla, ojén.

aguarrás (a-gua-**rrás**) *s. m.* Disolvente para pinturas y barnices. *Trae aguarrás para quitar esas manchas de pintura.* ✎ Su pl. es "aguarrases".

agudizar (a-gu-di-**zar**) *v. tr.* **1.** Hacer aguda una cosa. *Agudiza el oído.* **SIN.** Acerar, aguzar, adelgazar, afilar, afinar. **ANT.** Engrosar. ‖ *v. prnl.* **2.** Intensificarse la gravedad de una situación o enfermedad. *El descontento de la población se agudizó con la subida de los impuestos.* **SIN.** Agravarse, aguzarse, empeorar, recrudecer. **ANT.** Aliviar, mejorar. ✎ Se conjuga como abrazar.

agudo, da (a-**gu**-do) *adj.* **1.** Se dice del corte delgado y afilado. *El punzón tiene una punta muy aguda.* **SIN.** Acerado, puntiagudo, aguzado, fino. **ANT.** Romo, obtuso. **2.** Se dice del sonido alto, por contraposición al grave. *Las mujeres suelen tener la voz más aguda que los hombres.* **SIN.** Alto. **ANT.** Bajo, grave. **3.** Se dice del dolor vivo y penetrante. *Sintió un dolor muy agudo cuando se le salió el hombro.* **SIN.** Profundo, fuerte, lacerante, punzante. **ANT.** Suave, sordo. **4.** Se dice de la persona de ingenio vivo y penetrante. *Es una chica muy aguda, no hay quien la engañe.* **SIN.** Sagaz, vivo, perspicaz. **ANT.** Necio, simple, torpe. **5.** Se dice del ángulo menor que el recto. *Dibújame aquí un ángulo agudo.* **6.** Se dice de la palabra que lleva acento en la última sílaba. *"Canción" es una palabra aguda.* **7.** Se dice del verso cuya última sílaba es aguda. *Los tres últimos versos son agudos.*

agüero (a-**güe**-ro) *s. m.* Presagio o señal de una cosa futura. *Parece que trae malos agüeros.* **SIN.** Premonición, auspicio, vaticinio, augurio, anuncio.

aguerrir (a-gue-**rrir**) *v. tr.* Acostumbrar a los soldados a los peligros de la guerra. **GRA.** También v. prnl. *Los soldados llevaban a cabo un fuerte entrenamiento para aguerrirse para la batalla.* v. defect., se conjuga como abolir.

aguijón (a-gui-**jón**) *s. m.* **1.** Especie de pincho trasero que tienen algunos insectos y otros invertebrados. *Le clavó el aguijón una avispa.* **2.** Punta o extremo puntiagudo del palo con el que se pincha al ganado. *Si le pones un aguijón a esta vara de avellano, te servirá como aguijada.* **SIN.** Pincho, púa.

aguijonear (a-gui-jo-ne-**ar**) *v. tr.* **1.** Picar con el aguijón. *Aguijoneaba al caballo para que fuera más rápido.* **2.** Inquietar, atormentar. *Le aguijoneaba continuamente con sus insinuaciones.* **SIN.** Pinchar, incitar, provocar.

águila (**á**-gui-la) *s. f.* **1.** Ave rapaz diurna, que supera a las demás aves en fuerza y en la rapidez de su vuelo. *Las águilas tienen una vista muy aguda.* **2.** Persona de mucha viveza y perspicacia. *Es un águila para los negocios.* ‖ *s. m.* **3.** *Chil.* Cometa con la que juegan los niños. Es s. f., pero en sing. lleva art. m. para evitar la cacofonía.

aguileño, ña (a-gui-**le**-ño) *adj.* Se dice del rostro largo y delgado. *La reconocerás en seguida por su rostro aguileño y su pelo rizado.* **SIN.** Ganchudo.

aguilucho (a-gui-**lu**-cho) *s. m.* Pollo del águila. *Encontraron un nido de águilas con dos aguiluchos.*

aguinaldo (a-gui-**nal**-do) *s. m.* **1.** Regalo que se da en Navidad. *Los niños de la parroquia irán por las casas del barrio pidiendo el aguinaldo.* **2.** Retribución extraordinaria. *El jefe dio personalmente el aguinaldo a sus empleados.* **SIN.** Gratificación.

aguja (a-**gu**-ja) *s. f.* **1.** Barrita de metal, madera, hueso, etc., con un ojo por donde pasa el hilo, y que sirve para coser, bordar, etc. *Necesito una aguja más fina para coser este botón.* **2.** Manecilla del reloj, barómetro, etc. *La aguja corta del reloj es la que marca las horas.* **SIN.** Saeta. **3.** Tubito metálico de pequeño diámetro para inyectar medicamentos. *Esteriliza la aguja antes de colocarla en la jeringuilla.* **4.** Capitel estrecho y alto de la torre de una iglesia o de una catedral. *Están restaurando las agujas de la torre de la catedral porque sufre del mal de la piedra.* ‖ *s. f. pl.* **5.** Carriles móviles de extremos afilados que se utilizan en los cambios de vía. *El accidente se debió a un fallo en el cambio de agujas.* ‖ **LOC. ser algo como buscar una aguja en un pajar** Ser muy difícil.

agujerear (a-gu-je-re-**ar**) *v. tr.* Hacer uno o varios agujeros en alguna cosa. *Agujerea una caja de cartón para meter dentro el grillo.* **SIN.** Atravesar, horadar, taladrar, acribillar. **ANT.** Taponar.

agujero (a-gu-**je**-ro) *s. m.* **1.** Abertura más o menos redonda. *El ratón se metió en un agujero que había en la pared de la bodega.* **SIN.** Boquete, hueco, ojo, orificio. ‖ **2. agujero negro** Hipotética región del espacio sometida a una intensa fuerza de gravedad a consecuencia del colapso de una estrella.

agujetas (a-gu-**je**-tas) *s. f. pl.* Dolor que se siente por hacer ejercicio sin un entrenamiento previo. *Al día siguiente de la caminata tenía unas agujetas espantosas.* **SIN.** Hormiguillo.

aguzar (a-gu-**zar**) *v. tr.* **1.** Sacar punta a una cosa. *Aguza un poco la broca.* **SIN.** Afilar, afinar. **2.** Mover a alguien para que realice o prosiga algo. *Los aguzó a continuar con su actitud.* **SIN.** Animar, estimular, excitar, incitar. **ANT.** Contener, frenar. **3.** Discurrir con más inteligencia. *La necesidad aguza el ingenio* **SIN.** Afinar, agudizar, despabilar. Se conjuga como abrazar.

ahí (a-**hí**) *adv. l.* **1.** Indica el lugar o la cosa donde hay algo. *Ahí tienes la merienda.* **SIN.** Allí, allá. **2.** En esto, o en eso. *Ahí reside el problema.* ‖ **LOC. por ahí** Se emplea para indicar un lugar indeterminado.

ahijado, da (a-hi-**ja**-do) *s. m. y s. f.* Cualquiera persona respecto de sus padrinos. *Mi sobrino es también mi ahijado.* **SIN.** Apadrinado.

ahínco (a-**hín**-co) *s. m.* Empeño o esfuerzo grande con que se hace o se solicita una cosa. *Estudió con ahínco para aprobarlo todo.* **SIN.** Tesón, firmeza, insistencia, afán, ansia. **ANT.** Desgana, apatía.

ahíto, ta (a-**hí**-to) *adj.* **1.** Se aplica al que padece alguna indigestión. *Como no sabe comer con moderación siempre acaba ahíta.* **SIN.** Empachado, saciado, indigesto. **2.** Cansado de alguna persona o cosa. *Estaba ahíto de aguantar sus bromas.*

ahogar (a-ho-**gar**) *v. tr.* **1.** Quitar la vida a un ser vivo al impedirle respirar. **GRA.** También v. prnl. *Le apretó tan fuerte el cuello que casi le ahoga.* **SIN.** Asfixiar(se). **2.** Matar a las plantas el exceso de agua o el apiñamiento. **GRA.** También v. prnl. *Deberías cambiar de tiesto una de las plantas, porque las dos juntas se están ahogando.* **3.** Apagar el fuego, una cualidad, deseo, etc. **GRA.** También v. prnl. *Si echas*

ahogo - aire

tanta leña, ahogarás el fuego. **SIN.** Extinguir(se), sofocar. ‖ **LOC. estar, o verse, alguien ahogado** *fam.* Estar acongojado o agobiado por una situación difícil. ✎ v. con irregularidad ortográfica: se escribe "gu" en vez de "g" seguido de "-e" en el presente de subjuntivo, en el imperativo y en la 1ª persona del sing. del pretérito perfecto simple. ⚠

INDICATIVO	SUBJUNTIVO	IMPERATIVO
Pret. perf. simple	Pres.	
ahogué	ahogue	
ahogaste	ahogues	ahoga
ahogó	ahogue	ahogue
ahogamos	ahoguemos	ahoguemos
ahogasteis	ahoguéis	ahogad
ahogaron	ahoguen	ahoguen

ahogo (a-**ho**-go) *s. m.* **1.** Opresión, fatiga en el pecho que impide respirar bien. *Tuvo que parar porque el ahogo le impedía seguir subiendo por la montaña.* **SIN.** Opresión, sofocación. **2.** Aprieto, congoja o aflicción grande. *Sintió un gran ahogo cuando supo que su casa estaba a punto de ser embargada.*

ahondar (a-hon-**dar**) *v. tr.* **1.** Investigar en lo más profundo de un asunto. **GRA.** También v. intr. *Hay que ahondar más en los motivos de su actuación.* **SIN.** Profundizar, escudriñar, adentrar, calar. **ANT.** Pasar por encima. **2.** Hacer más profunda una cavidad o agujero. *Ahondaron la zanja un metro más.* **SIN.** Cavar, penetrar. **ANT.** Cerrar, obstruir, tapar.

ahora (a-**ho**-ra) *adv. t.* **1.** En el momento presente. *Hazlo ahora, después no tendrás tiempo.* **SIN.** Hoy, actualmente. **2.** Dentro de poco tiempo. *Ahora te lo mostraré.* ‖ *conj. distrib.* **3.** Ya, ora. *Ahora ría, ahora cante.* ‖ **LOC. hasta ahora** Expresión que se usa para despedirse. **ahora bien** Supuesto esto, pero. **por ahora** De momento. **de ahora en adelante** Desde este momento.

ahorcar (a-hor-**car**) *v. tr.* **1.** Matar a alguien colocándole un lazo al cuello y colgándole de él en la horca u otra parte. **GRA.** También v. prnl. *Se ahorcó en un árbol.* **SIN.** Ajusticiar, colgar. **2.** Dejar los estudios, el hábito religioso, etc. *Ahorcó sus estudios el primer año.* ✎ Se conjuga como abarcar.

ahorrar (a-ho-**rrar**) *v. tr.* Guardar para algo parte del dinero obtenido. *Estoy ahorrando para comprarte un regalo.* **SIN.** Economizar, reservar. **ANT.** Gastar.

ahorrativo, va (a-ho-rra-**ti**-vo) *adj.* Se dice de la persona que ahorra de su gasto más de lo debido. *Es tan ahorrativo que casi ni come.*

ahorro (a-**ho**-rro) *s. m.* **1.** Acción de ahorrar. *Es bueno acostumbrarse al ahorro aunque se tenga mucho dinero.* **SIN.** Economía. **2.** Lo que se ahorra. *Tiene muchos ahorros en el banco.* **SIN.** Reserva, tesoro.

ahuecar (a-hue-**car**) *v. tr.* **1.** Poner hueca o cóncava alguna cosa. *Ahueca un poco el cojín, está muy aplastado.* **SIN.** Esponjar, ablandar, mullir. **ANT.** Tupir, apelmazar, deshinchar. ‖ *v. intr.* **2.** *fam.* Ausentarse de una reunión. *Cuando nos dimos cuenta, había ahuecado y nadie le volvió a ver.* **SIN.** Marcharse, irse. **ANT.** Llegar, presentarse. ‖ *v. prnl.* **3.** *fam.* Llenarse de vanidad o soberbia. *Se ahuecó mucho desde que le tocó la lotería.* **SIN.** Envanecerse, hincharse, pavonearse, engreírse. **ANT.** Humillarse, achicarse. ✎ Se conjuga como abarcar.

ahumado, da (a-hu-**ma**-do) *adj.* **1.** Se dice de los cuerpos transparentes que tienen color sombrío. *Este espejo tiene un cristal ahumado, no podrás mirarte en él.* **2.** Se dice del alimento, especialmente pescado, que se ha sometido a la acción del humo para curarlo. *Le encanta el salmón ahumado.*

ahumar (a-hu-**mar**) *v. tr.* **1.** Llenar de humo. **GRA.** También v. prnl. *La habitación se ahumó porque la chimenea no tiraba bien.* **2.** Someter al humo algún alimento para su conservación o para darle cierto sabor. *Siempre ahuman los chorizos y los jamones, porque les gusta más su sabor.* **SIN.** Curar, acecinar. ‖ *v. prnl.* **3.** Tomar los guisos sabor a humo. *No podremos comer el asado porque se ha ahumado demasiado.* **4.** Ennegrecerse una cosa con el humo. *Tendremos que pintar la pared porque se ha ahumado.* ✎ En cuanto al acento, se conjuga como aullar.

ahuyentar (a-hu-yen-**tar**) *v. tr.* **1.** Hacer huir a alguien. *Los pastores ahuyentaron al lobo.* **SIN.** Expulsar, rechazar, espantar, asustar. **ANT.** Atraer, seducir, cautivar. **2.** Desechar algo que molesta, una pasión, etc. *Ahuyentó los malos pensamientos.* **SIN.** Apartar, rechazar. **ANT.** Atraer, animar.

airado, da (ai-**ra**-do) *adj.* Irritado, furioso. *Se puso muy airado porque todo el mundo le llevó la contraria.* **SIN.** Enfadado, enojado, enfurecido. **ANT.** Apaciguado, calmado, tranquilizado, sosegado.

airbag *s. m.* Sistema de seguridad en los automóviles que consiste en una bolsa incorporada al volante y que se infla de aire en pocos segundos en caso de colisión violenta. *Se ha comprado un nuevo coche con ABS y airbag.*

aire (**ai**-re) *s. m.* **1.** Atmósfera, cuerpo gaseoso que envuelve la tierra. *Me gusta respirar el aire del campo.* **SIN.** Cielo, éter, espacio. **2.** Viento. *¡Qué aire más fuerte!* **3.** Aspecto de una persona o cosa. *Esa persona tiene aires de grandeza.* **SIN.** Apariencia, porte, figura. **4.** Garbo, gracia. *María tiene mucho aire y salero.* **SIN.** Gallardía, apostura. **ANT.** Torpeza. ‖ **5. aire acondicionado** Atmósfera de un sitio cerrado que, por medio de aparatos, tiene temperatura, humedad y presión determinadas. ‖ **LOC. al aire libre** A la intemperie. **en el aire** En el ambiente. **estar en el aire** Estar pendiente de un suceso eventual. **cambiar de aires** Cambiar de lugar, clima o ambiente. **tomar el aire** Pasear por un lugar descubierto. **darse aires** Darse importancia.

airear (ai-re-**ar**) *v. tr.* **1.** Poner al aire o ventilar algo. *Airea un poco el saco de dormir antes de recogerlo.* **SIN.** Orear, oxigenarse. **ANT.** Encerrar. **2.** Hacer público algo que quería mantenerse en secreto. *Aireó la noticia de su boda y él se enfadó.* **SIN.** Propagar, divulgar. ‖ *v. prnl.* **3.** Ponerse o estar al aire para ventilarse, o respirar con más desahogo. *Salió a dar un paseo por el jardín para airearse.*

airoso, sa (ai-**ro**-so) *adj.* **1.** Se aplica al tiempo o lugar donde hace mucho aire. *Hizo una tarde muy desagradable y airosa, casi no pudimos salir de casa.* **2.** Garboso, gallardo. *Va siempre muy airoso y erguido, como si no conociera a nadie.* **SIN.** Apuesto, arrogante. **ANT.** Desgarbado. **3.** Se dice del que lleva a cabo una empresa o cometido con honor, lucimiento. *A pesar de las dificultades, salió airoso del asunto.*

aislado, da (ais-**la**-do) *adj.* Solo, suelto, individual. *Es un hecho aislado, no debes tenérselo en cuenta.*

aislante (ais-**lan**-te) *s. m.* Material que no conduce la electricidad o que no deja pasar el calor. *Pusieron aislante en las ventanas.*

aislar (ais-**lar**) *v. tr.* **1.** Dejar a una persona o cosa sola y separada de las demás. **GRA.** También v. prnl. *Aislaron al cerdo enfermo para que no contagiase al resto.* **SIN.** Incomunicar, desconectar, separar, desunir, apartar. **ANT.** Comunicar, conectar, unir, enlazar. **2.** Recubrir un local público con los materiales necesarios para que el ruido no moleste fuera. *No les dieron la licencia para abrir el pub, porque no lo habían aislado convenientemente.* ✎ En cuanto al acento, se conjuga como enraizar.

ajado, da (a-**ja**-do) *adj.* Que está deteriorado, marchitado. *Esa chaqueta está ya muy ajada por las mangas.* **SIN.** Pocho, lacio. **ANT.** Lozano.

ajardinar (a-jar-di-**nar**) *v. tr.* Hacer jardín un terreno. *Ajardinaron lo que antes era un basurero.*

ajedrez (a-je-**drez**) *s. m.* Juego practicado con un tablero de 64 cuadros negros y blancos, en el que in-

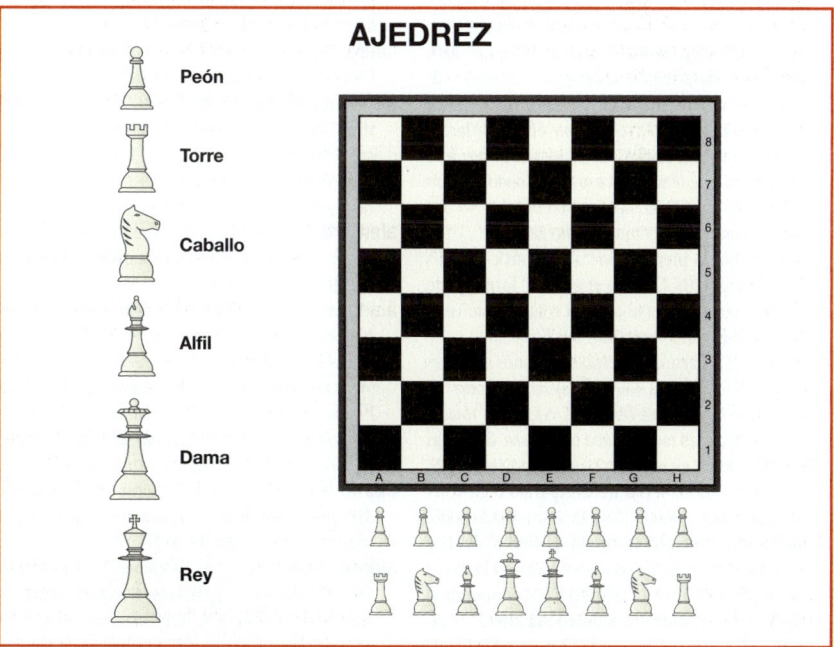

AJEDREZ

Peón
Torre
Caballo
Alfil
Dama
Rey

ajeno - alarde

tervienen dos jugadores que mueven 16 piezas cada uno. *La pieza más importante del ajedrez es el rey.*

ajeno, na (a-**je**-no) *adj.* **1.** Que pertenece a otro, no propio. *No deberías meterte en los asuntos ajenos.* **2.** Impropio o no correspondiente. *Esa cuestión es ajena al tema que estamos tratando.* **SIN.** Extraño, impropio. **ANT.** Propio, personal. **3.** Libre de algo. *Estaba ajeno de toda responsabilidad.*

ají (a-**jí**) *s. m.* Variedad de pimiento muy picante. *Echó un poco de ají.* **SIN.** Guindilla, chile.

ajo (**a**-jo) *s. m.* Planta de la familia de las liliáceas, cuyo bulbo en forma de diente se usa mucho como condimento. *Machaca ajo y perejil.* ‖ **LOC. tieso como un ajo** Se dice de la persona que por afectación u orgullo anda muy derecha y erguida.

ajornalar (a-jor-na-**lar**) *v. tr.* Ajustar a un trabajador por un jornal. **GRA.** También v. prnl. *Ajornaló a varios obreros para la campaña de la fresa.*

ajuar (a-**juar**) *s. m.* **1.** Conjunto de muebles, enseres y ropas de uso común en una casa. *Tenían el ajuar completo.* **SIN.** Menaje, mobiliario. **2.** Conjunto de muebles, alhajas y ropas que se aportan al matrimonio. *Estaba preparando el ajuar.* **SIN.** Equipo, canastilla.

ajustar (a-jus-**tar**) *v. tr.* **1.** Adaptar, acomodar o encajar una cosa en otra. **GRA.** También v. prnl. *Esta pata de la mesa no ajusta bien, habrá que serrarla un poco.* **SIN.** Acoplar, unir, amoldar, adaptar. **ANT.** Desajustar, desarreglar, desacoplar, desencajar. **2.** Concertar algo de antemano. *Ajustaron el precio de mutuo acuerdo.* **SIN.** Arreglar, convenir, acordar.

ajusticiar (a-jus-ti-**ciar**) *v. tr.* Condenar al reo a la pena de muerte. *Padilla, Bravo y Maldonado fueron ajusticiados en Villalar de los Comuneros.* ✎ En cuanto al acento, se conjuga como cambiar.

al *contracc.* de la preposición "a" y el artículo "el". *Voy al campo.* ✎ Cuando el art. "el" forma parte del sust. puede hacerse o no la contracción: *venimos de El Escorial* o *venimos del Escorial*.

ala (**a**-la) *s. f.* **1.** Parte del cuerpo de algunos animales de que se sirven para volar. *El pajarillo no podía volar porque tenía un ala herida.* **2.** Alero del tejado. *Una ancha ala les resguardaba de la lluvia.* **3.** Tropas laterales de un ejército. *Atacó el ala izquierda.* **SIN.** Flanco, costado. ‖ **4. ala delta** Aparato para volar sin motor, que consiste en una tela tensada sobre un bastidor metálico en forma de flecha, del que cuelga una barra de dirección y un arnés. ǀ Deporte que se practica con este aparato. ‖ **LOC. ahuecar el ala** Marcharse. **cortar a alguien las alas** Desanimarle o hacer lo posible para que no consiga lo que quiere. **del ala** Detrás de una cantidad, destaca el valor o el gasto que supone. **estar alguien tocado del ala** Estar un poco chiflado. ✎ Es s. f., pero en sing. lleva art. m. para evitar la cacofonía.

alabar (a-la-**bar**) *v. tr.* **1.** Expresar de palabra o por escrito elogios en favor de algo o de alguien. **GRA.** También v. prnl. *Siempre alaba las virtudes de su amigo.* **SIN.** Celebrar, elogiar, loar. **ANT.** Censurar, condenar, desaprobar. ‖ *v. prnl.* **2.** Hacer ostentación de las cualidades propias. *Suele alabarse mucho, es muy creído.* **SIN.** Vanagloriarse, jactarse, pavonear, presumir. **ANT.** Reprocharse, rebajarse.

alabastro (a-la-**bas**-tro) *s. m.* Mármol translúcido, generalmente con vetas de colores. *Las columnas eran de alabastro.*

alabear (a-la-be-**ar**) *v. tr.* **1.** Dar a una superficie la forma alabeada. *Alabeó la lámina.* **SIN.** Combar, curvar. ‖ *v. prnl.* **2.** Torcerse o combarse la madera labrada. *Se alabeó por la humedad.* **SIN.** Pandearse.

alacena (a-la-**ce**-na) *s. f.* Hueco hecho en la pared a modo de armario. *Guarda el queso en la alacena de la bodega.* **SIN.** Armario, despensa, fresquera.

alacrán (a-la-**crán**) *s. m.* Insecto pulmonado, de la familia de las arañas, con abdomen alargado y terminado en un aguijón venenoso. *Debajo de una piedra había un alacrán.* **SIN.** Escorpión.

alado, da (a-**la**-do) *adj.* Que tiene alas. *La estatua de Mercurio representa una figura alada.*

alambique (a-lam-**bi**-que) *s. m.* Aparato de metal, vidrio, etc. para destilar. *En el sótano está el alambique en el que destilamos el licor.* **SIN.** Serpentín.

alambrada (a-lam-**bra**-da) *s. f.* Valla de tela metálica. *El jardín estaba rodeado con una alambrada.*

alambre (a-**lam**-bre) *s. m.* Hilo de cualquier metal. *Utilizó un trozo de alambre para desatascar el lavabo.* **SIN.** Cable.

alameda (a-la-**me**-da) *s. f.* **1.** Lugar poblado de álamos. *Iremos a merendar a la alameda.* **SIN.** Chopera. **2.** Paseo con álamos. *Una alameda atraviesa el barrio antiguo de la ciudad.* **SIN.** Arboleda, avenida. **3.** Paseo con árboles. *Por la noche mucha gente va a tomar algo a las terrazas que hay en la alameda cerca del puerto.* **SIN.** Arboleda, parque, avenida.

álamo (**á**-la-mo) *s. m.* Árbol de gran altura, cuya madera es blanca, ligera y resistente al agua. *Había unos álamos a la orilla del río.*

alarde (a-**lar**-de) *s. m.* **1.** Ostentación y gala que se hace de algo. *Hace alarde de tener mucho dinero y en realidad es mentira.* **SIN.** Jactancia, vanidad, pompa, presunción, vanagloria. **ANT.** Ocultación. **2.** Demos-

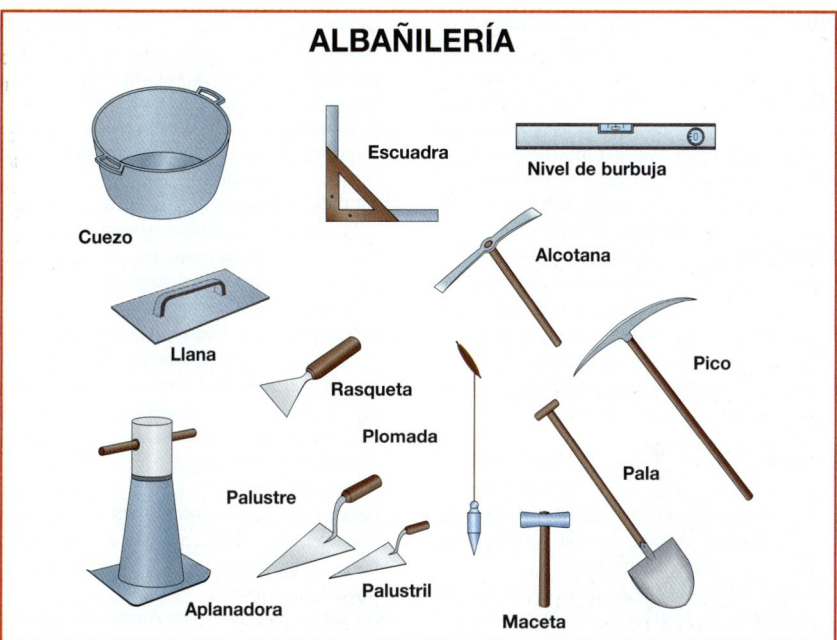

tración de unas facultades. *Hizo un alarde de fuerza al levantar aquella enorme piedra.*

alardear (a-lar-de-**ar**) *v. intr.* Hacer ostentación de algo. *Alardeaba de haber viajado mucho.* **SIN.** Jactarse, enorgullecerse, vanagloriarse, presumir.

alargador (a-lar-ga-**dor**) *s. m.* Pieza, instrumento o dispositivo que sirve para alargar. *Trae un alargador para poner el radiador, este cable es muy corto.*

alargar (a-lar-**gar**) *v. tr.* **1.** Dar a una cosa mayor longitud. *Alargaron el estante para poner más libros.* **SIN.** Prolongar, extender. **ANT.** Acortar, reducir, disminuir, menguar. **2.** Dar más duración, aumentar el tiempo de algo. **GRA.** También v. prnl. *Alargaron el curso escolar.* **SIN.** Prorrogar, prolongar. **ANT.** Acortar, reducir. ◈ Se conjuga como ahogar.

alarido (a-la-**ri**-do) *s. m.* Grito lastimero de dolor, espanto o pena. *Dio grandes alaridos de dolor cuando se rompió la pierna.* **SIN.** Chillido, rugido, bramido.

alarma (a-**lar**-ma) *s. f.* **1.** Señal o aviso que se da para que alguien se prepare para el combate o cualquier servicio de urgencia. *Sonó la alarma de robo de la joyería y la policía llegó al momento.* **2.** Inquietud o intranquilidad ante algo. *Hubo alarma ante el temor de una inundación.* **SIN.** Sobresalto, inquietud, susto, temor, miedo. **ANT.** Tranquilidad, sosiego, calma. ‖ **LOC. dar la alarma** Advertir de un peligro.

alarmar (a-lar-**mar**) *v. tr.* **1.** Dar la señal de alarma o incitar a tomar las armas. *Alarmaron a la tropa ante un posible ataque enemigo.* **2.** Causar miedo o sobresalto. **GRA.** También v. prnl. *La población se alarmó ante la nueva crisis económica.* **SIN.** Alterar, angustiar, asustar. **ANT.** Tranquilizar, calmar.

alazán, na (a-la-**zán**) *adj.* Se dice del caballo que tiene el pelo de color muy parecido al de la canela. *La mayoría de las yeguas de mi tío son alazanas.*

albacea (al-ba-**ce**-a) *s. m. y s. f.* Persona nombrada por alguien que hace testamento, para que cumpla o haga cumplir su última voluntad. *Era su albacea.*

albahaca (al-ba-**ha**-ca) *s. f.* Planta de flores blancas y muy olorosas, que se usa como condimento. *Arregló las aceitunas con albahaca.*

albañil (al-ba-**ñil**) *s. m.* Maestro u oficial de albañilería. *El albañil vendrá mañana a azulejar la cocina.* **SIN.** Alarife.

albañilería (al-ba-ñi-le-**rí**-a) *s. f.* Arte de construir edificios y obras en que se emplean ladrillos, piedra, cal u otros materiales parecidos. *Se dedica a la albañilería.*

albarán - alboroto

albarán (al-ba-**rán**) *s. m.* Nota con la relación de objetos o mercancías que se entregan. *Comprueba que todo está correctamente antes de firmar el albarán.*

albarda (al-**bar**-da) *s. f.* Especie de almohadón, generalmente de paja, que se pone sobre los animales de carga. *Coloca la albarda sobre el lomo del burro.*

albaricoque (al-ba-ri-**co**-que) *s. m.* Fruto carnoso y amarillento del albaricoquero. *El hueso de albaricoque tiene sabor amargo.* **SIN.** Albérchigo.

albaricoquero (al-ba-ri-co-**que**-ro) *s. m.* Árbol de flores grandes de corola blanca y cáliz rojo, cuyo fruto es el albaricoque. *La madera del albaricoquero se emplea en ebanistería.* **SIN.** Alberchiguero.

albatros (al-**ba**-tros) *s. m.* Ave palmípeda, de color blanco, muy voraz y mayor que el ganso. *El albatros tiene las alas muy largas y vuela muy bien.* ✎ Invariable en número.

albedrío (al-be-**drí**-o) *s. m.* Libertad para poder obrar o elegir como se quiere. *No hace caso de las normas y siempre obra a su libre albedrío.* **SIN.** Arbitrio, voluntad, elección, decisión. **ANT.** Fatalidad, necesidad, destino, determinación.

alberca (al-**ber**-ca) *s. f.* Depósito grande de agua que se emplea para regar las huertas. *No te bañes en la alberca, el agua estará sucia.* **SIN.** Charca, estanque, pozo, acequia.

albérchigo (al-**bér**-chi-go) *s. m.* **1.** Fruto del alberchiguero. *Ya es la época de los albérchigos.* **2.** En algunas partes, albaricoque. *Estos albérchigos están poco sabrosos.*

alberchiguero (al-ber-chi-**gue**-ro) *s. m.* **1.** Árbol, variedad del melocotonero, cuyo fruto es el albérchigo. *Plantó alberchigueros en la huerta.* **2.** En algunas partes, albaricoquero.

albergar (al-ber-**gar**) *v. tr.* **1.** Dar albergue u hospedaje. *Albergaron al mendigo en su casa.* **SIN.** Alojar, amparar, cobijar, aposentar. ‖ *v. intr.* **2.** Tomar albergue. **GRA.** También v. prnl. *Se albergó en una cabaña abandonada del bosque porque la noche se le echaba encima.* **SIN.** Hospedarse, cobijarse. ✎ Se conjuga como ahogar.

albergue (al-**ber**-gue) *s. m.* Lugar o edificio en el que una persona encuentra hospedaje o resguardo. *Fueron a pasar la semana a un albergue de montaña.* **SIN.** Mesón, posada, pensión, parador, refugio.

albino, na (al-**bi**-no) *adj.* Se dice de los seres vivos que tienen la piel, el pelo, etc., más o menos blancos. **GRA.** También s. m. y s. f. *Su madre es albina.*

albo, ba (**al**-bo) *adj.* **1.** *poét.* Blanco. *Elogiaba su albo rostro.* **SIN.** Níveo. **ANT.** Negro. ‖ *s. f.* **2.** Momento en que sale el sol y comienza el día. *Salió al alba.* **SIN.** Aurora, alborada, madrugada, amanecer. **ANT.** Anochecer, atardecer. **3.** Vestidura blanca y larga que se ponen los sacerdotes para celebrar la misa. *El monaguillo le ayudó a ponerse el alba.* ✎ En las acepciones 2 y 3 es s. f., pero en sing. lleva art. m. para evitar la cacofonía.

albóndiga (al-**bón**-di-ga) *s. f.* Bolita de carne o pescado picado muy menudo y mezclado con pan rallado, huevos batidos y especias, que se fríe y después se guisa. *Uno de sus platos favoritos son las albóndigas de carne con tomate.*

albor (al-**bor**) *s. m.* **1.** Comienzo de una cosa. *El proyecto se encontraba todavía en sus albores.* **SIN.** Inicio, preludio. **ANT.** Final, término. **2.** Luz del alba. **GRA.** Se usa más en pl. *Ya entraban por la ventana los primeros albores.* **SIN.** Amanecer, aurora. ‖ **3. albores de la vida** Infancia o juventud.

alborada (al-bo-**ra**-da) *s. f.* **1.** Hora en que amanece. *Faltaba poco para la alborada.* **SIN.** Aurora, alba, amanecer, albor. **ANT.** Crepúsculo. **2.** Composición poética o musical destinada a cantar la mañana. *Compuso una alborada.*

alborear (al-bo-re-**ar**) *v. intr.* Amanecer o rayar el día. *Se levantó cuando todavía no había comenzado a alborear.* **SIN.** Clarear, albear. **ANT.** Anochecer, atardecer.

albornoz (al-bor-**noz**) *s. m.* Bata de felpa para después del baño o para estar en casa. *Compró un albornoz a juego con las toallas.* ✎ Su pl. es "albornoces".

alborotador, ra (al-bo-ro-ta-**dor**) *adj.* Que alborota. **GRA.** También s. m. y s. f. *Es el más alborotador de toda la clase.* **SIN.** Bullicioso, buscarruidos, jaranero, levantisco. **ANT.** Furtivo, silencioso.

alborotar (al-bo-ro-**tar**) *v. tr.* **1.** Alterar el ánimo o las situaciones causando desorden o bullicio. **GRA.** También v. prnl. *Alborotó la reunión con sus absurdas quejas.* **SIN.** Inquietar, alterar, excitar, alegrar. **ANT.** Calmar, apaciguar, serenar. ‖ *v. intr.* **2.** Causar alboroto. *Alborota mucho, esté donde esté.* **ANT.** Calmar, apaciguar. ‖ *v. prnl.* **3.** Encresparse el mar. *No nos pudimos bañar porque el mar se alborotó mucho.* **ANT.** Calmar, apaciguar.

alboroto (al-bo-**ro**-to) *s. m.* **1.** Vocerío o tumulto causado por una o varias personas. *Había gran alboroto en la calle y bajamos a ver qué pasaba.* **SIN.** Altercado, bullicio, estrépito, jaleo, jarana. **ANT.** Silencio, calma, paz, tranquilidad. ‖ *s. m. pl.* **2.** *amer.* Palomitas de maíz tostado, con algo de miel.

alborozo (al-bo-**ro**-zo) *s. m.* Gran placer o alegría. *Celebró su aprobado con gran alborozo.* **SIN.** Entusiasmo, gozo, júbilo. **ANT.** Tristeza, congoja.

albufera (al-bu-**fe**-ra) *s. f.* Laguna formada en las playas bajas por el agua del mar. *Visitaron la albufera.*

álbum (**ál**-bum) *s. m.* **1.** Libro en blanco para poner fotografías, sellos, firmas, etc. *Le regaló un álbum de fotos.* **2.** Carpeta que contiene varios elepés. *Ha salido un álbum con los mejores éxitos de su cantante favorito.* 🐚 Su pl. es "álbumes".

albumen (al-**bu**-men) *s. m.* Fécula o almidón que rodea al embrión de algunas plantas y que alimenta a éstas al germinar la semilla. *La harina integral tiene mucho albumen.*

albúmina (al-**bú**-mi-na) *s. f.* **1.** Proteína, sustancia nutritiva rica en nitrógeno y que produce energía para el cuerpo. *Es rica en albúmina.* **2.** Proteína de la clara del huevo. *La albúmina es un componente de algunos alimentos.*

alcachofa (al-ca-**cho**-fa) *s. f.* **1.** Planta hortense comestible. *Le echó alcachofas frescas a la menestra.* **2.** Cabeza de la regadera, de un grifo o ducha, parecida a un colador, por donde sale el agua en chorritos. *Desmontó la alcachofa de la ducha.*

alcahuete, ta (al-ca-**hue**-te) *s. m. y s. f.* Persona que procura, encubre o facilita un amor ilícito a otra. *Le acusó de ser su alcahuete.* **SIN.** Encubridor.

alcaide (al-**cai**-de) *s. m.* Persona que custodia a los presos. *El alcaide de la prisión hizo un informe favorable sobre su buen comportamiento.* **SIN.** Guardián, carcelero.

alcalde (al-**cal**-de) *s. m.* Persona que dirige el ayuntamiento de cada municipio. *La ciudad ha mejorado mucho desde que está el nuevo alcalde.* 🐚 Su f. es "alcaldesa".

alcaldía (al-cal-**dí**-a) *s. f.* **1.** Oficio o cargo de alcalde. *Llevaba dos años en la alcaldía.* **2.** Territorio o distrito de su jurisdicción. *Aquel pueblo no pertenece a su alcaldía.* **3.** Oficina donde se despachan los negocios propios del alcalde. *Llegó temprano a la alcaldía.*

alcaloide (al-ca-**loi**-de) *s. m.* Sustancia de origen vegetal, la mayoría son tóxicos, y a menudo defienden a la planta contra el ataque de los herbívoros. *La nicotina del tabaco es un alcaloide.* **SIN.** Soporífero, somnífero.

alcance (al-**can**-ce) *s. m.* **1.** Acción y efecto de alcanzar. *Le dio alcance.* **SIN.** Seguimiento, persecución, obtención, logro. **2.** Distancia máxima a que llega cierta cosa. *Las ondas de la radio tienen largo alcance.* **3.** Capacidad para realizar o comprender algo. **GRA.** Se usa más en pl. *Tiene muchos alcances, no le costaría aprobarlo todo.* **SIN.** Inteligencia, luces, clarividencia, talento. **ANT.** Torpeza, incapacidad. **4.** Importancia o trascendencia de un discurso, de una obra, etc. *La noticia tuvo gran alcance en todo el país.* **SIN.** Difusión.

alcancía (al-can-**cí**-a) *s. f.* Hucha de barro con una ranura en la parte superior, por donde se echan las monedas. *Le regalaron una alcancía con forma de osito.*

alcanfor (al-can-**for**) *s. m.* Sustancia blanca, sólida, cristalina, volátil, de olor característico. *Puso unas bolas de alcanfor entre la ropa.*

alcantarilla (al-can-ta-**ri**-lla) *s. f.* Conducto subterráneo donde van a parar las aguas de la lluvia o las aguas sucias. *Llovió tanto, que la alcantarilla se atascó.* **SIN.** Cloaca, colector, sumidero, desaguadero.

alcantarillado (al-can-ta-ri-**lla**-do) *s. m.* Conjunto de alcantarillas. *El ayuntamiento ha aprobado los presupuestos para el alcantarillado del pueblo.*

alcanzar (al-can-**zar**) *v. tr.* **1.** Llegar a juntarse con una persona o cosa que va delante. *Logró alcanzarlo después de una larga carrera.* **SIN.** Atrapar, rebasar, cazar. **ANT.** Quedarse atrás. **2.** Llegar a igualarse con otro. *Como Juan repitió dos cursos, Pedro le alcanzó y ahora están en la misma clase.* **3.** Llegar a tocar algo con la mano. *No alcanzo a la estantería de arriba.* **4.** Coger una cosa con la mano. *Alcánzame la mantequilla, por favor.* **SIN.** Coger, tomar. **ANT.** Soltar. **5.** Llegar a poseer lo que se busca o solicita. *Alcanzó su sueño de ser escritor.* **SIN.** Lograr, obtener, conseguir. **ANT.** Perder. ‖ *v. intr.* **6.** Ser suficiente o bastante una cosa para un fin. *Dame más dinero, con mil pesetas no alcanza.* 🐚 Se conjuga como *abrazar*.

alcaparra (al-ca-**pa**-rra) *s. f.* Botón de la flor de una planta que se usa como condimento y como entremés. *Me gusta esta pizza porque lleva alcaparras.*

alcatraz (al-ca-**traz**) *s. m.* Ave palmípeda de cuello robusto y fuertes patas, planea sobre el agua en busca de peces y calamares. *Los alcatraces se lanzan más de 30 m en picado para capturar sus presas.*

alcaudón (al-cau-**dón**) *s. m.* Pájaro carnívoro, de alas y cola negras, manchadas de blanco, que se usó como ave de cetrería. *Los alcaudones son aves insectívoras.* **SIN.** Desollador, picagrega, verdugo.

alcayata (al-ca-**ya**-ta) *s. f.* Clavo con forma de ángulo recto. *Necesitas alcayatas más grandes para colgar el espejo.* **SIN.** Clavija, candileja.

alcazaba - alegre

alcazaba (al-ca-**za**-ba) *s. f.* Recinto fortificado en una población amurallada. *Visitaron la alcazaba.* **SIN.** Alcázar, castillo.

alcázar (al-**cá**-zar) *s. m.* Fortaleza, castillo. *Visitamos el alcázar de Segovia.*

alce (**al**-ce) *s. m.* Rumiante parecido al ciervo. *Vieron un alce.*

alcoba (al-**co**-ba) *s. f.* Habitación para dormir. *Las ventanas de su alcoba daban al jardín.* **SIN.** Dormitorio, cuarto, aposento.

alcohol (al-co-**hol**) *s. m.* **1.** Compuesto químico líquido que contiene átomos de carbono, hidrógeno y oxígeno. *En la industria los alcoholes se utilizan como solventes.* **2.** Líquido incoloro de olor muy fuerte, obtenido de la destilación del vino u otras bebidas orgánicas. *La ginebra tiene mucho alcohol.*

alcohólico, ca (al-co-**hó**-li-co) *adj.* **1.** Que contiene alcohol. **GRA.** También s. m. y s. f. *Con estos medicamentos no se pueden tomar bebidas alcohólicas.* **2.** Persona enferma por el abuso de alcohol. *Se ha dado cuenta de que es un alcohólico y ha decidido ponerse en tratamiento.*

alcoholismo (al-co-ho-**lis**-mo) *s. m.* **1.** Abuso de las bebidas alcohólicas. *Las estadísticas dicen que la tasa de alcoholismo es muy elevada.* **SIN.** Borrachera, embriaguez. **ANT.** Abstinencia. **2.** Enfermedad producida por el abuso del alcohol. *El hábito de la bebida le produjo un acusado alcoholismo.*

alcornoque (al-cor-**no**-que) *s. m.* **1.** Árbol siempre verde, de madera muy dura, y cuya gruesa corteza constituye el corcho. *Las bellotas son el fruto del alcornoque.* **2.** Persona ignorante y torpe. **GRA.** También adj. *Es un alcornoque, nunca entiende nada.* **SIN.** Necio, estúpido, tarugo, zote. **ANT.** Inteligente, agudo.

alcotán (al-co-**tán**) *s. m.* Ave rapaz diurna, semejante al halcón, del que se distingue por tener las plumas de las piernas y la cola de color rojo con listas algo más oscuras. *Los alcotanes capturan sus presas en el aire.* **SIN.** Esmerejón.

alcurnia (al-cur-**nia**) *s. f.* Linaje, estirpe. *Pertenecía a una alta alcurnia.* **SIN.** Genealogía, ascendencia.

alcuza (al-**cu**-za) *s. f.* Vasija pequeña de lata para contener aceite. *Trae la alcuza de la despensa, hay que echarle más aceite a la ensalada.*

aldaba (al-**da**-ba) *s. f.* Pieza de hierro o bronce para golpear y llamar en una puerta. *El portón tenía una enorme aldaba de bronce.* **SIN.** Llamador, picaporte.

aldea (al-**de**-a) *s. f.* Pueblo muy pequeño que no tiene ayuntamiento propio. *Pasamos las vacaciones de verano en una aldea de la montaña, porque se respira tranquilidad.* **SIN.** Lugar, burgo, villorrio.

aleación (a-le-a-**ción**) *s. f.* Mezcla de varios metales. *El latón es una aleación de cobre y zinc.*

alear (a-le-**ar**) *v. tr.* Mezclar dos o más metales, fundiéndolos. *Estaban aleando cobre y zinc.* **SIN.** Fundir, fusionar. **ANT.** Desintegrar, separar.

aleccionador, ra (a-lec-cio-na-**dor**) *adj.* Que alecciona. *Su ejemplo fue muy aleccionador para el resto de los alumnos.* **SIN.** Entrenador, instructor.

aleccionar (a-lec-cio-**nar**) *v. tr.* Adoctrinar. **GRA.** También v. prnl. *Le habían aleccionado sobre lo que tenía que decir.* **SIN.** Aconsejar, adiestrar, instruir, enseñar. **ANT.** Aprender.

aledaño, ña (a-le-**da**-ño) *adj.* **1.** Contiguo, próximo. *Tiene problemas de riego con las fincas aledañas.* **SIN.** Limítrofe, confinante, colindante, vecino. **ANT.** Separado, lejano, apartado. ‖ *s. m.* **2.** Confín, término. **GRA.** Se usa más en pl. *Vagaba sin rumbo por los aledaños de la casa.*

alegar (a-le-**gar**) *v. tr.* Citar algo que sirve de prueba. *Alegó motivos de salud para no presentarse.* **SIN.** Aducir, exponer, pretextar. ✎ Se conjuga como ahogar.

alegato (a-le-**ga**-to) *s. m.* Escrito en que el abogado expone los fundamentos de su defensa. *Su alegato no tenía ningún argumento de peso.*

alegoría (a-le-go-**rí**-a) *s. f.* **1.** Representación simbólica, metafórica de una idea, concepto, etc. Se emplea frecuentemente en el cine, teatro y obras de arte. *La paloma es una alegoría de la paz.* **SIN.** Imagen, emblema, metáfora, símbolo. **2.** Obra cuyo significado obvio encierra otro simbólico. *Las obras de S. Juan de la Cruz son alegorías, hablan del amor terreno haciendo alusión al divino.*

alegrar (a-le-**grar**) *v. tr.* **1.** Causar alegría. *Le alegró saber que habías conseguido el puesto.* **SIN.** Animar, regocijar, excitar, entusiasmar. **ANT.** Entristecer, apenar, contristar, afligir, chafar. ‖ *v. prnl.* **2.** Recibir o sentir alegría. *Se alegró ante la buena noticia.*

alegre (a-**le**-gre) *adj.* **1.** Contento, que siente alegría. *Está alegre porque hace un buen día.* **SIN.** Gozoso, jubiloso. **ANT.** Triste. **2.** Propenso a la alegría. *Es una persona muy alegre y optimista, siempre se está riendo.* **SIN.** Jovial, risueño. **ANT.** Triste, serio. **3.** Que da alegría. *La casa que teníamos en el campo era muy alegre.* **4.** De colores vivos. *Me gusta esa tela para un vestido, es muy alegre.* **5.** Que ha bebido con cierto exceso. *En la fiesta se tomó alguna copa de más y acabó un poco alegre.*

alegría - alfarería

alegría (a-le-**grí**-a) *s. f.* **1.** Animación y gozo que se siente por la posesión de algún bien. *Sintió una gran alegría ante aquel premio.* **SIN.** Júbilo, contento, entusiasmo, dicha, felicidad. **ANT.** Tristeza, pesar, pena. **2.** Palabras, gestos o actos con que se manifiesta el júbilo que se siente. *Daba saltos de alegría y no podía contener la emoción.* **SIN.** Risa, alborozo. **ANT.** Llanto, ceño. **3.** Irresponsabilidad, ligereza. *Se lo tomó con tanta alegría que no acabó el trabajo a tiempo.*

alejar (a-le-**jar**) *v. tr.* Poner lejos o más lejos. **GRA.** También v. prnl. *Aleja al niño del fuego, es muy peligroso.* **SIN.** Separar(se), apartar(se), distanciar(se). **ANT.** Acercar(se), aproximar(se), allegar.

alelado, da (a-le-**la**-do) *adj.* Embobado, turulato. *Se quedó alelado contemplando el paisaje.*

alelar (a-le-**lar**) *v. tr.* Atontar. **GRA.** También v. prnl. *Se alelaba con la tele y ya no escuchaba a nadie.* **SIN.** Embobar, atontar, atontolinar. **ANT.** Despabilar, avispar, despertar.

alentador, ra (a-len-ta-**dor**) *adj.* Que infunde aliento, ánimo. *El informe del médico sobre la evolución de la enfermedad fue muy alentador.*

alentar (a-len-**tar**) *v. tr.* Dar aliento o ánimos. **GRA.** También v. prnl. *Le alentó para que siguiera con su trabajo.* **SIN.** Estimular, reanimar, confortar. **ANT.** Desalentar, desanimar, descorazonar, disuadir, desengañar. ✎ v. irreg., se conjuga como acertar.

alerce (a-**ler**-ce) *s. m.* Árbol conífero muy alto, cuyo fruto es una piña más pequeña que la del pino. *La madera del alerce es aromática.*

alergia (a-**ler**-gia) *s. f.* Reacción que se manifiesta en picor, estornudo y otras molestias, causada cuando una persona es sensible a ciertas sustancias como el polvo, el polen, etc. *La fiebre del heno es la alergia al polen.* **SIN.** Hipersensibilidad, reacción, rechazo.

alero (a-**le**-ro) *s. m.* Borde del tejado que sobresale fuera de la pared y sirve para desviar el agua de la lluvia. *La pelota quedó enganchada en el alero del tejado.* **SIN.** Ala, borde, saliente.

alerón (a-le-**rón**) *s. m.* Parte movible del ala de algunos aeroplanos que permite la inclinación o el enderezamiento lateral del aparato. *Tenían avería en el alerón.*

alerta (a-**ler**-ta) *adv. m.* **1.** Atentamente. **GRA.** Se usa con los v. "estar", "andar", etc. *Estaba alerta por si ocurría algo.* ‖ *interj.* **2.** Se emplea para excitar a la vigilancia. **GRA.** También s. m. *¡Alerta!, esta noche puede ocurrir algo.*

alertar (a-ler-**tar**) *v. tr.* Poner en guardia. *Nos alertó de que la carretera estaba cortada.* **SIN.** Avisar.

aleta (a-**le**-ta) *s. f.* Membrana externa, a manera de ala, con la que nadan los peces y otros animales. *Las rayas tienen las aletas pectorales muy anchas.*

aletargar (a-le-tar-**gar**) *v. tr.* Producir sueño profundo durante mucho tiempo. **GRA.** También v. prnl. *Las lagartijas se aletargan durante el invierno.* **SIN.** Adormecer(se), amodorrar(se), adormilar(se). **ANT.** Desvelar(se), despabilar(se), despertar(se).

aletear (a-le-te-**ar**) *v. intr.* **1.** Mover las alas sin volar. *El canario aleteaba porque estaba contento.* **2.** Mover los peces las aletas cuando se les saca del agua. *Las pobres truchas aleteaban en la orilla del río seco.*

alevín (a-le-**vín**) *s. m.* **1.** Cría de peces de agua dulce que se echa a un río o estanque para su repoblación. *Han soltado alevines de trucha en el río.* **2.** Joven principiante que se inicia en una disciplina o profesión. *Participó en una carrera para alevines.*

alevosía (a-le-vo-**sí**-a) *s. f.* Traición, perfidia. *La alevosía de un amigo es imperdonable.* **SIN.** Deslealtad, infidelidad. **ANT.** Nobleza, lealtad, fidelidad. ‖ **LOC. con alevosía** A traición y sobre seguro.

alfa (**al**-fa) *s. f.* Primera letra del alfabeto griego, correspondiente a la "a" de nuestro abecedario. *La palabra alfabeto procede de las dos primeras letras griegas: alfa y beta.* ‖ **LOC. alfa y omega** Principio y fin. Se dice de Dios, principio y fin de todo.

alfabético, ca (al-fa-**bé**-ti-co) *adj.* Que pertenece o se refiere al alfabeto. *Fueron llamándoles por orden alfabético.*

alfabetizar (al-fa-be-ti-**zar**) *v. tr.* **1.** Poner en orden alfabético. *Hay que alfabetizar este índice, está mal ordenado.* **2.** Enseñar a leer y escribir. *Están realizando una importante campaña para alfabetizar a todas las personas analfabetas.* **SIN.** Enseñar, educar, instruir. ✎ Se conjuga como abrazar.

alfabeto (al-fa-**be**-to) *s. m.* Abecedario, serie ordenada de las letras de un idioma. *El alfabeto español tiene 27 letras.*

alfalfa (al-**fal**-fa) *s. f.* Planta cultivada para forraje. *No ha podido empezar a segar las alfalfas porque llueve.*

alfanje (al-**fan**-je) *s. m.* Especie de sable ancho y curvo. *Los orientales luchaban con alfanjes.*

alfaque (al-**fa**-que) *s. m.* Banco de arena en la desembocadura de un río. **GRA.** Se usa más en pl. *Vimos los alfaques de Tortosa.*

alfarería (al-fa-re-**rí**-a) *s. f.* **1.** Arte o técnica del alfarero. *Fuimos a ver la feria de alfarería.* **SIN.** Cerámica. **2.** Taller en el que se fabrican o tienda donde se venden los objetos de barro. *Compramos esta vasija en la alfarería del barrio viejo.*

alfeñique (al-fe-**ñi**-que) *s. m.* **1.** Pasta de azúcar, cocida y estirada en barras delgadas y retorcidas. *Comimos alfeñiques de postre.* **2.** *fam.* Persona delicada de cuerpo y complexión. *Se ha quedado hecho un alfeñique.* **SIN.** Enclenque, escuchimizado, flojo.

alférez (al-**fé**-rez) *s. m.* Grado de la escala militar, inferior al de teniente y capitán. *El cuerpo de guardia estaba al mando de un alférez.* **SIN.** Lugarteniente, subteniente.

alfil (al-**fil**) *s. m.* Pieza del juego de ajedrez que se mueve diagonalmente tantas casillas como se quiera en cada jugada. *Le comió el alfil.*

alfiler (al-fi-**ler**) *s. m.* **1.** Clavillo de metal muy fino, con punta en uno de sus extremos y una cabecilla en el otro. *Sujeta el bajo del vestido con alfileres.* **2.** Broche de adorno. *Llevaba un alfiler en la chaqueta.* **SIN.** Pasador. ‖ **LOC. prendido con alfileres** *fam.* Inseguro.

alfiletero (al-fi-le-**te**-ro) *s. m.* **1.** Tubo para guardar alfileres y agujas. *Guarda el alfiletero en la caja de los hilos.* **SIN.** Agujetero. **2.** Acerico, almohadilla. *Hizo un alfiletero de guata.*

alfombra (al-**fom**-bra) *s. f.* Tejido grueso con el que se cubre el piso de las habitaciones, escaleras, etc. *En el salón quedaría bien una alfombra de colores vivos.* **SIN.** Tapiz, estera, moqueta.

alfombrar (al-fom-**brar**) *v. tr.* Cubrir el suelo con alfombra. *Hemos decidido alfombrar el pasillo para que no se estropee el piso.*

alforja (al-**for**-ja) *s. f.* **1.** Bolsa doble que se cuelga del hombro o del lomo de un animal para repartir bien el peso. *El burro llevaba las alforjas muy cargadas.* ‖ **LOC. sacar los pies de las alforjas** *fam.* Decir algo fuera de lugar.

alga (**al**-ga) *s. f.* Planta talofita unicelular o pluricelular, con tallos en forma de cintas filamentosas. *Algas marinas gigantes.*

algarabía (al-ga-ra-**bí**-a) *s. f.* Griterío confuso de personas que hablan al mismo tiempo. *Se formó una gran algarabía en la reunión.* **SIN.** Vocerío, bulla, jaleo, lío, follón. **ANT.** Silencio, orden, quietud, calma.

algarada (al-ga-**ra**-da) *s. f.* Griterío causado por un gran grupo de personas. *La algarada de la fiesta llenaba la plaza.* **SIN.** Asonada, clamor, tumulto.

algarroba (al-ga-**rro**-ba) *s. f.* Planta leguminosa cuya semilla se utiliza como pienso para el ganado. *Plantaron algarrobas en la huerta.* **SIN.** Arveja.

algazara (al-ga-**za**-ra) *s. f.* Ruido de muchas voces que, generalmente, nacen de la alegría. *Lo celebraron con gran algazara.* **SIN.** Jolgorio, zarabanda.

álgebra (**ál**-ge-bra) *s. f.* Parte de las matemáticas que representa las cantidades mediante letras u otros símbolos. *Le gusta estudiar álgebra.* Es s. f., pero en sing. lleva art. m. para evitar la cacofonía.

algebraico, ca (al-ge-**brai**-co) *adj.* Que pertenece o se refiere al álgebra. *Operación algebraica.*

álgido, da (**ál**-gi-do) *adj.* Se dice del momento o período crítico o culminante de algunos procesos orgánicos, físicos, sociales, políticos, etc. *Aquel año fue el momento álgido de su carrera política.*

algo (**al**-go) *pron. indef.* **1.** Expresa una cosa que no se quiere o no se puede nombrar. *Nos dijo algo sobre aquello.* **2.** Cantidad indeterminada. *Tengo algo de dinero.* ‖ *adv. c.* **3.** Un poco, no completamente o del todo, hasta cierto punto. *Estoy algo mareado.* ‖ **LOC. algo es algo** Mejor es poco que nada.

algodón (al-go-**dón**) *s. m.* **1.** Planta que tiene una borra o pelusa blanca y larga. *En EE UU hay muchas plantaciones de algodón.* **2.** Esta borra o pelusa. *Trae un poco de algodón empapado en alcohol.* **3.** Tejido hecho de esta borra. *Me compré un vestido de algodón.* ‖ **LOC. estar alguien criado entre algodones** *fam.* Estar criado con excesivo mimo.

algoritmo (al-go-**rit**-mo) *s. m.* Cualquier procedimiento sistemático de cálculo con el que se obtiene el resultado deseado. *Despejó la incógnita a través de un algoritmo.*

alguacil (al-gua-**cil**) *s. m.* Subalterno que ejecuta las órdenes del alcalde, y que antiguamente daba los pregones. *El alguacil dio un bando en la plaza.* También "aguacil".

alguien (**al**-guien) *pron. indef.* Persona cualquiera que no se nombra ni determina. *¿Vino alguien?* **SIN.** Alguno. **ANT.** Nadie.

algún (al-**gún**) *adj. indef.* Apócope de alguno. Sólo se usa antepuesto a un s. m. sing. *Algún defecto tendrá.* **SIN.** Alguno. **ANT.** Ningún.

alguno, na (al-**gu**-no) *adj.* **1.** Que expresa entre varios persona o cosa indeterminada. *Alguna cosa tendría que hacer.* **2.** Ni poco ni mucho. *Recibió algunos premios por su trabajo.* ‖ *pron. indef.* **3.** Alguien. *¿Lo sabe alguno?* ‖ **LOC. alguno que otro** Unos cuantos, pocos.

alhaja (al-**ha**-ja) *s. f.* **1.** Pieza de oro, plata o platino que tiene mucho valor y que sirve para adornar. *Tuvo que vender sus alhajas porque estaba arruinado.* **SIN.** Joya. **2.** Cosa de mucho valor y estima. *Este libro es una verdadera alhaja.* **SIN.** Reliquia, joya. **3.** Persona o animal de excelentes cualidades. *Da gusto tratar con tu hermano, es una alhaja.*

alhelí (al-he-**lí**) *s. m.* Planta de flores de varios colores y olor agradable. *Le trajo un ramo de alhelíes.* 🖉 Su pl. es "alhelíes" o "alhelís".

aliado, da (a-**lia**-do) *adj.* Se dice de la persona, entidad o nación que se asocia con otra, para la defensa u otros fines comunes. *Aquel país tenía muchos aliados.*

alianza (a-**lian**-za) *s. f.* **1.** Acción y efecto de aliarse. *En la historia de España hay muchas alianzas con otros países.* **SIN.** Unión, liga, coalición, pacto, acuerdo. **ANT.** Rivalidad, discordia, hostilidad, ruptura. **2.** Anillo de compromiso con alguien. *Fueron a comprar las alianzas para la boda.* **SIN.** Aro, sortija. **3.** *Chil.* Mezcla de varios licores que se hace en un mismo vaso.

aliarse (a-li-**ar**-se) *v. prnl.* Unirse para lograr algo en común. *En la Segunda Guerra Mundial, Inglaterra se alió con Estados Unidos.* **SIN.** Asociarse, confederarse, pactar. **ANT.** Desunirse, romper. 🖉 En cuanto al acento, se conjuga como desviar.

alias (a-lias) *s. m.* Apodo. *Nadie sabe su nombre, todo el mundo le conoce por el alias.* **SIN.** Mote, seudónimo, sobrenombre.

alicaído, da (a-li-ca-**í**-do) *adj.* **1.** *fam.* Débil, sin fuerzas. *Se encontraba muy alicaído después de su larga enfermedad.* **2.** *fam.* Triste y desanimado. *Aunque sus amigos intentaban animarla, estaba muy alicaída y sin ganas de hacer nada.* **SIN.** Decaído, abatido. **ANT.** Entusiasmado, alegre, exaltado, enardecido.

alicatado (a-li-ca-**ta**-do) *s. m.* Obra de azulejos, generalmente de estilo árabe. *El alicatado de la cocina tiene motivos árabes.*

alicatar (a-li-ca-**tar**) *v. tr.* Azulejar. *El albañil está alicatando la cocina.*

alicates (a-li-**ca**-tes) *s. m. pl.* Tenacillas de acero que se utilizan para torcer alambres, enroscar tornillos, etc. *Trae unos alicates, no puedo sacar esta punta.* **SIN.** Tenaza. 🖉 También en sing.

aliciente (a-li-**cien**-te) *s. m.* Estímulo para empezar algo o proseguir en ello. *No tenía ningún aliciente en el trabajo, así que decidió buscar otro.* **SIN.** Acicate, encanto, estímulo, incentivo. **ANT.** Inconveniente, pega, dificultad.

alienar (a-lie-**nar**) *v. tr.* Perder o hacer perder conciencia de la propia realidad y someter a cualquier relación social sin crítica alguna. **GRA.** También v. prnl. *El líder de la secta las alienaba.*

alienígena (a-lie-**ní**-ge-na) *adj.* Extraterrestre. **GRA.** También s. m. y s. f. *Decía que había visto un alienígena.*

alienígeno, na (a-lie-**ní**-ge-no) *adj.* Extraño, no natural. *Organismo alienígena.*

aliento (a-**lien**-to) *s. m.* **1.** Respiración, aire que se respira. *Le faltaba aliento para continuar la carrera.* **SIN.** Soplo, resuello. **2.** Vigor del ánimo, esfuerzo, valor. **GRA.** También en pl. *No tenía aliento para hacerlo.* **SIN.** Esfuerzo, denuedo, brío, voluntad, valor. **ANT.** Desaliento, flaqueza, desánimo, debilidad.

aligerar (a-li-ge-**rar**) *v. tr.* **1.** Hacer ligero o menos pesado algo. **GRA.** También v. prnl. *Debería aligerar la mochila o no podrá con ella.* **ANT.** Agravar(se). **2.** Abreviar, acelerar. *Aligera el paso si no quieres llegar tarde.* **SIN.** Avivar, apresurar, apurar. **ANT.** Retardar, diferir. **3.** Aliviar, moderar, templar. *Habla con ella a ver si consigues aligerar sus penas.* **SIN.** Atenuar, moderar. **ANT.** Agravar.

alijo (a-**li**-jo) *s. m.* Conjunto de géneros de contrabando. *En la operación de ayer, la policía descubrió un importante alijo de drogas.*

alimaña (a-li-**ma**-ña) *s. f.* Animal perjudicial para la caza menor o la ganadería. *Mataron a unas alimañas.* **SIN.** Bestia, bicho, fiera.

alimentación (a-li-men-ta-**ción**) *s. f.* **1.** Acción y efecto de alimentar o alimentarse. *Cuida mucho de que su alimentación sea equilibrada.* **SIN.** Nutrición, sustento, manutención. **2.** Conjunto de lo que se toma o se proporciona como alimento. *La base de su alimentación son las verduras.* **SIN.** Comida.

alimentar (a-li-men-**tar**) *v. tr.* **1.** Dar alimento. **GRA.** También v. prnl. *Alimentaba al ganado con pienso.* **SIN.** Nutrir, sustentar, mantener. **2.** Fomentar hábitos, vicios, esperanzas, etc. *Alimentaba su ilusión de conseguirlo con continuas palabras de ánimo.* **SIN.** Sostener, avivar, estimular. **ANT.** Desistir.

alimentario (a-li-men-**ta**-rio) *adj.* Propio de la alimentación o que se refiere a ella. *Deberías prestar más atención a tus hábitos alimentarios.*

alimenticio, cia (a-li-men-**ti**-cio) *adj.* **1.** Que alimenta o tiene la propiedad de alimentar. *El yogur es muy alimenticio.* **SIN.** Nutritivo, sustancioso, vitaminado. **2.** Que se refiere a los alimentos o a la alimentación. *Están haciendo un estudio sobre los productos alimenticios de mejor calidad.*

alimento (a-li-**men**-to) *s. m.* Comida y bebida que toman los seres vivos para seguir viviendo. *Las verduras son un alimento sano.* **SIN.** Manjar, vianda, comida. ‖ **LOC. ser una cosa de mucho o poco alimento** Tener mucho o poco poder nutritivo.

alinear (a-li-ne-**ar**) *v. tr.* **1.** Poner en línea recta. **GRA.** También v. prnl. *Se alinearon unos tras otros.* **SIN.**

aliñar - almacén

Ahilar(se), formar, colocar(se). **2.** Incluir a un jugador en las líneas de un equipo deportivo para un determinado partido. *Al final decidió alinear al polémico delantero.* ☞ La "i" de la raíz es siempre átona.

aliñar (a-li-**ñar**) *v. tr.* Añadir condimentos a la comida para hacerla más sabrosa. *Aliña las patatas con ajo y perejil.* **SIN.** Condimentar, sazonar, adobar, aderezar.

alioli (a-**lio**-li) *s. m.* Salsa de ajo y aceite. *Nos gustan mucho las patatas con alioli.* **SIN.** Ajoaceite.

alisar (a-li-**sar**) *v. tr.* Poner lisa alguna cosa. **GRA.** También v. prnl. *Se alisó el pelo.* **SIN.** Pulir(se), pulimentar(se), bruñir(se), planchar(se), desarrugar(se). **ANT.** Arrugar(se).

alistar (a-lis-**tar**) *v. tr.* **1.** Inscribir en lista a alguien. **GRA.** También v. prnl. *No te olvides de alistarle para la excursión.* **SIN.** Inscribir(se), matricular(se), afiliar(se). ‖ *v. prnl.* **2.** Inscribirse como soldado. *Se alistó en la marina.* **SIN.** Engancharse.

aliteración (a-li-te-ra-**ción**) *s. f.* Repetición frecuente del mismo o de los mismos sonidos para producir un efecto imitativo. *"Bajo el ala aleve del leve abanico" (Rubén Darío).*

aliviar (a-li-**viar**) *v. tr.* **1.** Hacer algo menos pesado y más llevadero. *Saco algo de la caja para aliviarla un poco, pesa demasiado.* **SIN.** Descargar, aligerar. **ANT.** Reforzar, cargar, gravar. **2.** Disminuir un mal físico o moral. *Este analgésico te aliviará el dolor de cabeza.* **SIN.** Mejorar, mitigar, reponer, paliar, confortar. **ANT.** Afligir, acongojar, apesadumbrar. ✎ En cuanto al acento, se conjuga como cambiar.

alivio (a-**li**-vio) *s. m.* Mejoría, consuelo, descanso. *No encontró alivio para sus penas.*

aljaba (al-**ja**-ba) *s. f.* Especie de caja para guardar las flechas. *El arquero sacó unas flechas de su aljaba.*

aljibe (al-**ji**-be) *s. m.* Depósito hondo para recoger el agua de las lluvias. *Lleva los animales al aljibe para que beban.*

allá (a-**llá**) *adv. l.* **1.** Indica lugar alejado de la persona que habla. *No sabemos nada de allá.* **SIN.** Más lejos, al otro lado. **ANT.** Acá, aquí. ‖ *adv. t.* **2.** Indica tiempo remoto. *Allá, en los tiempos de mi abuelo.* ‖ **LOC. el más allá** La vida de ultratumba.

allanamiento (a-lla-na-**mien**-to) *s. m.* Acción y efecto de poner una cosa lisa o plana. *El allanamiento del terreno va a ser un laborioso trabajo.* ‖ **LOC. allanamiento de morada** Acción de entrar por la fuerza en un domicilio ajeno.

allanar (a-lla-**nar**) *v. tr.* **1.** Poner llana o igual la superficie de un terreno, suelo o cualquier cosa. **GRA.** También v. prnl. y v. intr. *Allanaron la explanada.* **SIN.** Aplanar, nivelar, igualar. **ANT.** Desnivelar, desigualar. **2.** Vencer alguna dificultad o inconveniente. **GRA.** También v. prnl. *Se allanaron todas las dificultades y firmaron el acuerdo.* **SIN.** Resolver, zanjar. **ANT.** Fracasar, malograr. **3.** Entrar por la fuerza en casa ajena contra la voluntad de su dueño. *Los ladrones allanaron su casa durante la noche.*

allegado, da (a-lle-**ga**-do) *adj.* **1.** Cercano, próximo. *Fue a avisar a los vecinos más allegados.* **ANT.** Lejano, distante. **2.** Pariente. **GRA.** También s. m. y s. f. *Asistieron sus familiares más allegados.* **SIN.** Deudo, familiar, ahijado, consanguíneo. **ANT.** Extraño.

allegar (a-lle-**gar**) *v. tr.* **1.** Juntar en un mismo sitio lo disperso. *Allegó todos los sacos junto a la esquina.* **SIN.** Acopiar, recoger, reunir. **ANT.** Dispersar, disgregar. **2.** Acercar una cosa a otra. **GRA.** También v. prnl. *Sus enfrentadas posturas se allegaron.* **SIN.** Aproximar, juntar. **ANT.** Alejar, apartar, separar.

allende (a-**llen**-de) *adv. l.* De la parte de allá. *Allende los mares.* **SIN.** Allá, lejos.

allí (a-**llí**) *adv. l.* **1.** En aquel lugar. *Te esperamos allí.* **SIN.** Allá. **ANT.** Aquí, acá. **2.** A aquel lugar. *Se fue allí por motivos de trabajo.*

alma (**al**-ma) *s. f.* **1.** Principio espiritual e inmortal que, unido al cuerpo, forma la esencia del ser humano. *Defendía la inmortalidad del alma.* **SIN.** Espíritu, mente, ánima. **2.** Lo que sostiene, anima y da fuerzas. *Su madre es el alma de la familia.* **SIN.** Ánimo, energía, esfuerzo, expresión, nervio, coraje. **ANT.** Desánimo, flaqueza, inexpresión. ‖ **3. alma en pena** Persona que anda sola, triste y melancólica. ‖ **LOC. como alma que lleva el diablo** *fam.* Con extraordinaria ligereza o velocidad y grande agitación o perturbación del ánimo. **con el alma** Entrañablemente. **GRA.** Se usa principalmente con los v. "sentir", "doler", "alegrarse", etc. **agradecer con o en el alma** *fam.* Agradecer vivamente. **caérsele a alguien el alma a los pies** *fam.* Abatirse, desanimarse por no corresponder la realidad a lo que esperaba o creía. **doler el alma** *fam.* Estar cansado. **llegarle a alguien al alma alguna cosa** Sentirla vivamente. **partir una cosa el alma** Causar gran pena o sufrimiento. ✎ Es s. f., pero en sing. lleva art. m. para evitar la cacofonía.

almacén (al-ma-**cén**) *s. m.* **1.** Local donde se guardan géneros de cualquier clase. *En la esquina hay un almacén de vinos.* **SIN.** Depósito, factoría. **2.** Tienda en la que se vende al por mayor. *En los grandes almacenes puedes comprar de todo.* **SIN.** Comercio.

almacenar - alpinismo

almacenar (al-ma-ce-**nar**) *v. tr.* **1.** Guardar o poner cosas en el almacén. *Almacenaron trigo en el granero.* **SIN.** Amontonar, aglomerar, reservar. **2.** Reunir o guardar muchas cosas. *No almacenes los juguetes en el cuarto de estar, llévalos a tu habitación.* **SIN.** Guardar, acumular, juntar, amontonar. **ANT.** Sacar, repartir, distribuir. **3.** En informática, guardar información y retenerla para usos futuros. *Almacena estos datos en un archivo distinto.*

almadreña (al-ma-**dre**-ña) *s. f.* Especie de zapato de madera que se conoce también con el nombre de zueco. *Ponte las almadreñas para ir a la huerta, el suelo está muy mojado.* ✎ También "madreña".

almanaque (al-ma-**na**-que) *s. m.* Calendario de los días del año distribuidos por meses y semanas, con indicaciones astronómicas, meteorológicas, de festividades religiosas, etc. *En su mesa de trabajo tenía un almanaque.*

almazara (al-ma-**za**-ra) *s. f.* Molino de aceite. *Se conservaban los restos de una vieja almazara.*

almeja (al-**me**-ja) *s. f.* Molusco de dos conchas que es comestible. *Pidió una ración de almejas a la marinera.*

almena (al-**me**-na) *s. f.* Remate en forma de prisma de los muros de una fortaleza. *La vista era maravillosa desde las almenas del castillo.* **SIN.** Atalaya.

almendra (al-**men**-dra) *s. f.* **1.** Fruto del almendro. *Todavía no han salido almendras.* **2.** Fruto de la almendra sin su envoltura. *Molió almendras para echárselas a la tarta.*

almendro (al-**men**-dro) *s. m.* Árbol de madera dura y flores blancas o rosadas, cuyo fruto es la almendra. *En el huerto tenían varios almendros.*

almendruco (al-men-**dru**-co) *s. m.* Fruto tierno del almendro. *Le gustan los almendrucos.*

almíbar (al-**mí**-bar) *s. m.* Especie de jarabe hecho con membrillo y azúcar, o bien con agua y azúcar. *Le encanta el melocotón en almíbar.*

almidón (al-mi-**dón**) *s. m.* Sustancia blanca que se encuentra en las semillas de varias plantas y que es muy útil para la alimentación y la industria. *El almidón es un hidrato de carbono.*

alminar (al-mi-**nar**) *s. m.* Torre de una mezquita árabe desde la que se llama a la oración. *Visitaron el alminar.* **SIN.** Minarete.

almirante (al-mi-**ran**-te) *s. m.* Cargo superior de la Armada. *El almirante iba al frente de la escuadra.*

almohada (al-mo-**ha**-da) *s. f.* Colchoncillo que sirve para reclinar la cabeza en la cama. *No le gusta dormir sin almohada.* ‖ **LOC. consultar con la almohada** Meditar algo con calma.

almohadón (al-mo-ha-**dón**) *s. m.* Funda en que se mete la almohada. *Cambia el almohadón.*

almorrana (al-mo-**rra**-na) *s. f.* **1.** Tumorcillo que se forma en la parte exterior del ano. **GRA.** Se usa más en pl. *No podía casi sentarse porque tenía almorranas.* **SIN.** Hemorroide. **2.** *Cub.* Planta indígena llamada también "tomate de mar".

almorzar (al-mor-**zar**) *v. intr.* **1.** Tomar el almuerzo. *Suelo almorzar siempre sobre las dos.* **SIN.** Comer, desayunar. ‖ *v. tr.* **2.** Comer en el almuerzo una cosa u otra. *Almorzó un filete a la plancha y una ensalada.* ✎ v. irreg., se conjuga como contar. Se escribe "c" en vez de "z" seguido de "-e".

almuecín (al-mue-**cín**) *s. m.* Musulmán que llama al pueblo para la oración desde el alminar o torre de la mezquita. *Escuchamos a los almuecines en Estambul.* ✎ También "almuédano".

almuerzo (al-**muer**-zo) *s. m.* **1.** Comida que se toma por la mañana, o durante el día, antes de la principal. *Normalmente llevo un sándwich para el almuerzo.* **SIN.** Desayuno, tentempié. **2.** Comida del mediodía. *El almuerzo de ayer fue muy sabroso.*

alocado, da (a-lo-**ca**-do) *adj.* Que actúa como si estuviese loco. *Es un alocado y todo lo hace sin pensar.* **SIN.** Irreflexivo, atolondrado. **ANT.** Juicioso.

alocución (a-lo-cu-**ción**) *s. f.* Discurso breve que dirige un superior a sus subordinados. *El general pronunció una alocución.* **SIN.** Arenga, perorata.

alojamiento (a-lo-ja-**mien**-to) *s. m.* Lugar donde alguien está alojado o aposentado. *No encontramos alojamiento en ningún hotel y tuvimos que ir al pueblo de al lado.* **SIN.** Posada, hospedaje, residencia.

alojar (a-lo-**jar**) *v. tr.* Dar hospedaje o alojamiento. **GRA.** También v. intr. y v. prnl. *Nos alojamos en un pequeño refugio de la montaña para pasar la noche.* **SIN.** Albergar, guarecer, cobijar, aposentar.

alondra (a-**lon**-dra) *s. f.* Pájaro de color pardo, de mayor tamaño que el gorrión y cuyo canto es muy agradable. *La alondra se alimenta de insectos.*

alpaca[1] (al-**pa**-ca) *s. f.* Mamífero rumiante de América del Sur parecido a la llama. *La alpaca es un animal doméstico.*

alpaca[2] (al-**pa**-ca) *s. f.* Metal blanco, parecido a la plata. *Le regalaron una bandeja de alpaca.*

alpargata (al-par-**ga**-ta) *s. f.* Calzado de esparto, cáñamo, goma y tela. *Ponte las alpargatas para ir al campo, estarás más cómoda.*

alpinismo (al-pi-**nis**-mo) *s. m.* Deporte consistente en escalar las montañas altas. *Estas vacaciones iremos a los Alpes para practicar alpinismo.*

alpiste - alteza

alpiste (al-**pis**-te) *s. m.* Semilla que se utiliza como alimento de pájaros. *Echó el alpiste al canario.*

alquería (al-que-**rí**-a) *s. f.* Casa de labranza. *Vivían en una alquería donde criaban cerdos y gallinas.* **SIN.** Cortijo, hacienda, masía.

alquilar (al-qui-**lar**) *v. tr.* **1.** Dar a una persona una cosa para que haga uso de ella, durante el tiempo determinado, mediante el pago de la cantidad convenida. *Alquilaban el piso por tres años.* **SIN.** Arrendar. **2.** Tomar de una persona una cosa para disfrutarla y pagar por su uso. *Hemos alquilado una casita en la playa.*

alquiler (al-qui-**ler**) *s. m.* Cantidad que se paga por alquilar algo. *El primer día de mes viene a cobrar el alquiler.* ‖ **LOC. de alquiler** Se dice de los animales o cosas destinados a ser alquilados.

alquitrán (al-qui-**trán**) *s. m.* Líquido denso, oscuro y untuoso que se obtiene de la destilación de la hulla, petróleo y de algunas plantas. *Echaron alquitrán en la carretera.*

alrededor (al-re-de-**dor**) *adv. l.* **1.** Indica la situación de un persona o cosa que está rodeando algo. *Hay una valla alrededor del jardín.* ‖ *adv. c.* **2.** *fam.* Poco más o menos. *Vendrá alrededor de las cinco.* ‖ *s. m. pl.* **3.** Cercanías, proximidades. *Dimos una vuelta por los alrededores de París.* **SIN.** Afueras, aledaños, contorno.

alta (**al**-ta) *s. f.* Orden que se comunica al enfermo para que deje el hospital cuando ya está curado. *Después de dos meses en el hospital le dieron el alta.* **ANT.** Baja. ✎ Es s. f., pero en sing. lleva art. m. para evitar la cacofonía.

altanero, ra (al-ta-**ne**-ro) *adj.* Altivo, soberbio. *No hay quién le soporte, es un altanero que sólo habla de sí mismo.* **SIN.** Engreído, envanecido, vanidoso. **ANT.** Humilde, sencillo, modesto.

altar (al-**tar**) *s. m.* **1.** Mesa para celebrar la misa. *El sacerdote fue hacia el altar.* **SIN.** Ara. ‖ **2. altar mayor** El principal. ‖ **LOC. conducir o llevar al altar a una persona** *fam.* Casarse con ella.

altavoz (al-ta-**voz**) *s. m.* Aparato eléctrico que sirve para ampliar el tono de los sonidos. *Se estropeó uno de los altavoces del equipo de música.* **SIN.** Amplificador, megáfono. ✎ Su pl. es "altavoces". ☞ No confundir con la expresión "alta voz": *Lo dijo en alta voz para que todos le oyeran.*

alteración (al-te-ra-**ción**) *s. f.* **1.** Acción de alterar o alterarse. *Este texto ha sufrido tantas alteraciones que ya no se reconoce el estilo de su autor.* **SIN.** Perturbación, mudanza, cambio. **ANT.** Permanencia. **2.** Sobresalto, inquietud. *Sufrió una fuerte alteración al enterarse de la noticia.* **SIN.** Trastorno, perturbación, sofoco, enfado. **3.** Alboroto, tumulto. *En la calle había gran alteración ante la llegada de la vuelta ciclista.*

alterar (al-te-**rar**) *v. tr.* **1.** Cambiar la esencia o forma de una cosa. **GRA.** También v. prnl. *Alteraron el orden de actuación porque el primer grupo todavía no estaba preparado.* **SIN.** Variar, mudar, modificar. **ANT.** Permanecer, conservar, mantener. **2.** Quitar la quietud y sosiego. **GRA.** También v. prnl. *Se alteró mucho al enterarse de que su hermano le había cogido el coche sin su permiso.* **SIN.** Perturbar, inquietar, trastornar, intranquilizar. **ANT.** Calmar, sosegar.

altercado (al-ter-**ca**-do) *s. m.* Enfrentamiento entre dos o más personas. *Había un altercado en la calle.* **SIN.** Pelotera, disputa, agarrada, riña, cisco, bronca. **ANT.** Conciliación, acuerdo, reconciliación.

alternador (al-ter-na-**dor**) *s. m.* Máquina que produce la corriente eléctrica que nos da la luz en las casas. *Se estropeó el alternador.*

alternar (al-ter-**nar**) *v. tr.* **1.** Variar las acciones diciendo o haciendo cosas diversas y repitiéndolas sucesivamente. *Alterna ahora las palabras.* **SIN.** Turnar, relevar, cambiar. **ANT.** Continuar, mantener. ‖ *v. intr.* **2.** Sucederse varias personas por turno en un cargo o en alguna realización. *Alternan para hacer la guardia.* **3.** Sucederse unas cosas a otras repetidamente. *Los buenos ratos alternan con los malos.* **4.** Tener trato amistoso unas personas con otras. *Alternábamos con unos amigos.* **SIN.** Codearse, tratarse, frecuentar, relacionarse. **ANT.** Aislarse, recogerse.

alternativo, va (al-ter-na-**ti**-vo) *adj.* **1.** Que se dice, hace o sucede con alternación. *Tiene turnos alternativos.* **SIN.** Alterno, rotatorio. ‖ *s. f.* **2.** Opción entre dos cosas. *No tienes más alternativa que aceptar ese trabajo.* **SIN.** Dilema, disyuntiva. **3.** Acto por el que un matador de cartel autoriza a un principiante para que pueda torear alternando con los demás espadas. *Le dio la alternativa.*

alterno, na (al-**ter**-no) *adj.* *Alternativo. Tiene clases de inglés en días alternos.*

alteza (al-**te**-za) *s. f.* Tratamiento dado en España a los reyes hasta el advenimiento de la dinastía austriaca; ahora se da a los hijos de los reyes, a los infantes de España, aunque no sean hijos de reyes, y a algunas otras personas a quienes, sin ser de la real familia, concede el monarca título de príncipes con este tratamiento. *A la inauguración acudió Su Alteza la Reina.* **SIN.** Majestad.

altibajos (al-ti-**ba**-jos) *s. m. pl.* **1.** Desigualdades o altos y bajos de un terreno. *No lleves el coche por ese camino, está lleno de altibajos.* **2.** Alternativas de sucesos prósperos y adversos. *Tiene muchos altibajos en su estado de ánimo.* **SIN.** Avatares.

altillo (al-**ti**-llo) *s. m.* Cerrillo o sitio algo elevado. *Desde ese altillo verás mejor el paisaje.* **SIN.** Altozano, cerro, montículo.

altímetro (al-**tí**-me-tro) *s. m.* Instrumento destinado a medir la altura sobre el nivel del mar. *Usamos el altímetro para saber la altura a la que estábamos.*

altiplanicie (al-ti-pla-**ni**-cie) *s. f.* Meseta de mucha extensión y de gran altura. *Vivía en un pequeño pueblo de la altiplanicie.* **SIN.** Altiplano.

altiplano (al-ti-**pla**-no) *s. m.* *Altiplanicie.

altísimo, ma (al-**tí**-si-mo) *adj. sup.* de alto. *Es una niña altísima.* || **2. el Altísimo** Dios.

altitud (al-ti-**tud**) *s. f.* Altura de un punto de la tierra con relación al nivel del mar. *El pueblo se encuentra a más de 2 000 m de altitud.* **SIN.** Elevación.

altivo, va (al-**ti**-vo) *adj.* Orgulloso, soberbio. *Es muy altivo.* **ANT.** Humilde, modesto.

alto (**al**-to) *s. m.* Detención o parada que se hace durante un trabajo o una marcha. *Hicimos un alto en la marcha para descansar.*

alto, ta (**al**-to) *adj.* **1.** Elevado sobre el nivel del suelo. *Subimos a una peña muy alta.* **SIN.** Eminente, prominente, encumbrado. **ANT.** Bajo, llano, hondo, profundo. **2.** Se dice de la persona de elevada estatura. *Los jugadores de baloncesto son altos.* **SIN.** Crecido, espigado. **ANT.** Bajo, achaparrado. **3.** Se dice del mar alborotado y del río muy crecido. *El río está muy alto y hay peligro de que se desborde.* || *s. m.* **4.** Sitio elevado en el campo, como collado o cerro. *Subimos a un alto desde el que se veía toda la comarca.* **5.** *Altura. || *adv. l.* **6.** En un lugar elevado. *Está en alto.* || *adv. m.* **7.** En voz fuerte o que suene bastante. *Tiene la mala costumbre de hablar muy alto.*

altocúmulos (al-to-**cú**-mu-los) *s. m. pl.* Masas abiertas de nubes a través de las cuales se ve el cielo azul. *Cuando se despejó la tormenta, el cielo se llenó de altocúmulos.*

altostratos (al-tos-**tra**-tos) *s. m. pl.* Capa grisácea de nubes que deja pasar un sol neblinoso. *El día amaneció oscuro debido a los altostratos.*

altozano (al-to-**za**-no) *s. m.* **1.** Cerro o monte de poca altura. *Paseamos hasta un altozano próximo a la ciudad.* **SIN.** Otero, cerrillo, alcor. **ANT.** Valle. **2.** *amer.* Atrio o pórtico de una iglesia.

altramuz (al-tra-**muz**) *s. m.* **1.** Planta leguminosa de fruto comestible. *Hay un altramuz en el huerto.* **2.** Fruto de esta planta. *Me encantan los altramuces.* ✎ Su pl. es "altramuces". También "atramuz".

altruismo (al-tru-**is**-mo) *s. m.* Virtud consistente en procurar la felicidad ajena aun renunciando a la propia. *Su altruismo es lo que le ha hecho dedicar su vida a cuidar de los pobres.* **SIN.** Generosidad, filantropía, humanitarismo. **ANT.** Egoísmo.

altura (al-**tu**-ra) *s. f.* Elevación de cualquier cuerpo sobre la superficie de la tierra. *El edificio tenía 18 metros de altura.* **SIN.** Altitud. **ANT.** Bajura, depresión. || **LOC. a estas alturas** En este tiempo. **quedar alguien a la altura del betún** Quedar mal.

alubia (a-**lu**-bia) *s. f.* *Judía.

alucinación (a-lu-ci-na-**ción**) *s. f.* Engaño de los sentidos corporales, consistente en ver lo que no hay y oír lo que nadie ha pronunciado. *Tenía tanta fiebre que sufría alucinaciones.* **SIN.** Pesadilla, visión, deslumbramiento. **ANT.** Realidad.

alucinante (a-lu-ci-**nan**-te) *adj.* Emocionante, fantástico. *Llevaba un disfraz alucinante.* **SIN.** Imponente. **ANT.** Sencillo, corriente.

alucinar (a-lu-ci-**nar**) *v. tr.* **1.** Engañar haciendo que se tome una cosa por otra. *Con esas sustancias los indígenas alucinan en sus rituales.* **GRA.** También v. prnl. **SIN.** Ofuscar, confundir, seducir, embaucar, cautivar, engañar, cegar. **ANT.** Aclarar, iluminar. || *v. intr.* **2.** Confundirse, ofuscarse, desvariar. *Alucinaba al oír sus falsas excusas.*

alucine (a-lu-**ci**-ne) *s. m., fam.* Asombro, admiración. *La película es un alucine.* || **LOC. de alucine** Se aplica a lo que causa asombro o admiración.

alucinógeno, na (a-lu-ci-**nó**-ge-no) *adj.* Que produce alucinación. Se dice especialmente de algunas drogas. **GRA.** También s. m. *Esas pastillas tienen efectos alucinógenos.* **SIN.** Estupefaciente, droga.

alud (a-**lud**) *s. m.* **1.** Gran masa de nieve que se derrumba de los montes con violencia. Por ext., se aplica al desprendimiento de rocas. *Cayó un alud sobre la carretera y tuvieron que desviar el tráfico.* **SIN.** Avalancha. **2.** Lo que se acumula, desborda o precipita impetuosamente en gran cantidad. *Un alud de problemas se nos vino encima.*

aludir (a-lu-**dir**) *v. intr.* **1.** Referirse a alguien o algo sin mencionarlo. *Todos nos dimos cuenta de que estaba aludiendo a su hermano.* **SIN.** Insinuar. **2.** Referirse a personas o cosas. *Aludió en su conferencia a "El Quijote", su obra preferida.* **SIN.** Hacer referencia, mencionar, mentar, citar. **ANT.** Silenciar, callar, omitir.

alumbrado, da (a-lum-**bra**-do) *adj.* **1.** Que tiene mucha luz. *El túnel estaba muy bien alumbrado y no necesitamos las linternas.* ‖ *s. m.* **2.** Conjunto de luces de un pueblo o ciudad. *Mañana comenzarán las obras del alumbrado del pueblo.*

alumbramiento (a-lum-bra-**mien**-to) *s. m.* **1.** Acción y efecto de alumbrar. *Había problemas con el alumbramiento de la ciudad.* **2.** *Parto.

alumbrar (a-lum-**brar**) *v. tr.* **1.** Dar luz. *Una pequeña lámpara alumbraba la habitación.* **SIN.** Iluminar, aclarar, encender. **ANT.** Apagar, oscurecer. **2.** Poner luz o luces en un lugar. *Tenemos que alumbrar el sótano.* **3.** Acompañar con luz a otro. *Alúmbrame con la linterna mientras arreglo la avería.* ‖ *v. prnl.* **4.** *fam.* Emborracharse. *Salimos a tomar algo y me alumbré un poco.* **SIN.** Embriagarse, achisparse.

aluminio (a-lu-**mi**-nio) *s. m.* Metal de color y brillo parecidos a los de la plata. *El marco de la ventana es de aluminio.*

alumnado (a-lum-**na**-do) *s. m.* Conjunto de alumnos de un centro docente. *Tenía el apoyo del alumnado.*

alumno, na (a-**lum**-no) *s. m. y s. f.* **1.** Persona que aprende una materia o disciplina con la ayuda de un maestro. *El maestro aprobó a la mayoría de los alumnos del último curso.* **SIN.** Discípulo, estudiante, pupilo. **2.** Persona que está matriculada en un centro de enseñanza y que asiste a sus clases. *Aquel centro tenía pocos alumnos.* **SIN.** Estudiante, escolar, colegial.

alunizar (a-lu-ni-**zar**) *v. intr.* Posarse en la superficie de la Luna. *El satélite acababa de alunizar.* ☞ Lo más correcto es usar "aterrizar", ya que significa 'posarse en el suelo', por lo que se puede aterrizar en la Luna. 🖎 Se conjuga como abrazar.

alusión (a-lu-**sión**) *s. f.* Acción y efecto de aludir o de referirse a algo. *Hizo una alusión al tema.* **SIN.** Insinuación, mención, referencia, cita.

alusivo, va (a-lu-**si**-vo) *adj.* Que alude o implica alusión. *No hizo ningún comentario alusivo al suceso.* **SIN.** Insinuativo, referente.

aluvión (a-lu-**vión**) *s. m.* **1.** Sedimentos transportados por un río o arroyo y depositados en las avenidas de los ríos, quedando muchas veces al descubierto. *Esa vaguada se rellenó con tierras de aluvión.* **SIN.** Tromba, desbordamiento, inundación. **2.** Cantidad de personas o cosas agolpadas. *Un aluvión de gente se echó a la calle para protestar.* **SIN.** Muchedumbre, multitud, masa, gentío.

alvéolo (al-**vé**-o-lo) *s. m.* Cavidad en la que se encuentran cada uno de los dientes. *En la pronuncia-* *ción de la /ll/ y la /r/ intervienen la lengua y los alvéolos.* 🖎 También "alveolo".

alza (**al**-za) *s. f.* Aumento del precio de las cosas. *En las fiestas se produjo un alza de precios.* **SIN.** Encarecimiento, acrecentamiento, elevación. **ANT.** Baja, descenso, abaratamiento. 🖎 Es *s. f.*, pero en sing. lleva art. m. para evitar la cacofonía.

alzar (al-**zar**) *v. tr.* **1.** Mover hacia arriba y poner una cosa más alta de lo que está. *Alzó la mano.* **SIN.** Elevar, subir, ascender. **ANT.** Bajar, descender. ‖ *v. prnl.* **2.** Rebelarse, sublevarse. *Los ejércitos se alzaron contra el rey.* 🖎 Se conjuga como abrazar.

ama (**a**-ma) *s. f.* **1.** Poseedora o propietaria de alguna cosa. *Es el ama de la casa de la colina.* **SIN.** Dueña. **2.** Criada principal del clérigo que vive solo. *Mi tía es el ama del cura.* ‖ **3. ama de casa** Persona que se dedica a las labores del hogar. **4. ama de cría o de leche** Mujer que da de mamar o cuida niños ajenos. **SIN.** Nodriza, aya. **5. ama de llaves** Mujer que administra una casa. 🖎 Es *s. f.*, pero en sing. lleva art. m. para evitar la cacofonía.

amabilidad (a-ma-bi-li-**dad**) *s. f.* **1.** Cualidad de amable. *En el banco nos trataron con mucha amabilidad.* **SIN.** Afabilidad, bondad, gentileza, cortesía. **ANT.** Descortesía, grosería, antipatía. **2.** Hecho o dicho amables. *No estaba acostumbrado a tantas amabilidades.*

amable (a-**ma**-ble) *adj.* Que es o se muestra de trato complaciente y atento. *El taxista era tan amable que le subió las maletas a su casa.* **SIN.** Afable, cordial, simpático. **ANT.** Desatento, descortés, antipático.

amaestrar (a-ma-es-**trar**) *v. tr.* Hacer doméstico un animal salvaje. *Debes amaestrar al gato desde pequeñito.* **SIN.** Adiestrar, domesticar.

amagar (a-ma-**gar**) *v. tr.* **1.** Dejar ver la intención o disposición de ejecutar próximamente alguna cosa. **GRA.** También *v. intr. El delantero amagó el disparo y engañó al portero.* ‖ *v. intr.* **2.** Estar próximo a sobrevenir. *Amaga lluvia.* **SIN.** Amenazar. 🖎 Se conjuga como abrazar.

amago (a-**ma**-go) *s. m.* **1.** Acción de amagar. *Hizo amago de venir, pero se quedó.* **SIN.** Conato, síntoma, señal. **2.** Señal o indicio de alguna cosa. *Hubo un amago de tormenta, pero al final no estalló.*

amainar (a-mai-**nar**) *v. intr.* **1.** Perder su fuerza algún fenómeno de la naturaleza como la lluvia o el viento. *Después de dos horas, la lluvia amainó y pudimos salir del refugio.* **SIN.** Disminuir, aflojar, ceder. **ANT.** Arreciar, recrudecer. **2.** Aflojar en algún deseo o empeño. **GRA.** También *v. tr. Sus esperan-*

zas de ser famoso amainaron con el tiempo. **SIN.** Disminuir, aflojar, ceder.

amalgama (a-mal-**ga**-ma) *s. f.* Unión o mezcla de cosas de naturaleza contraria o distinta. *No me gusta nada el cuadro, es una amalgama de colores sin ningún gusto.* **SIN.** Combinación, mezcolanza.

amamantar (a-ma-man-**tar**) *v. tr.* Dar de mamar. *La leyenda dice que una loba amamantó a Rómulo y Remo.* **SIN.** Atetar, nutrir.

amanecer (a-ma-ne-**cer**) *v. intr.* **1.** Empezar a salir la luz del día. *En esta época del año amanece muy tarde.* **SIN.** Aclarar, alborear, apuntar, despuntar. **ANT.** Anochecer, atardecer, oscurecer. **2.** Llegar o estar en un paraje o condición determinados al comenzar el día. *Ayer amanecí con muchas ganas de hacer cosas. Amaneceremos cerca de la frontera con Francia.* **3.** Empezar a manifestarse alguna cosa. *Amaneció un rayo de esperanza entre tanta discordia.* **SIN.** Aparecer, surgir. **ANT.** Desaparecer.

amanecer (a-ma-ne-**cer**) *s. m.* Comienzo del día, tiempo en que amanece. *Desde mi ventana veo un bonito amanecer.* **SIN.** Alba, aurora, madrugada, amanecida, alborada. **ANT.** Anochecer, ocaso. ✎ *v. irreg.*, se conjuga como parecer.

amanerado, da (a-ma-ne-**ra**-do) *adj.* Rebuscado, afectado. *Sus modales son demasiado amanerados, resulta cargante.* **SIN.** Remilgado. **ANT.** Natural.

amansar (a-man-**sar**) *v. tr.* **1.** Hacer manso a un animal. **GRA.** También v. prnl. *Están amansando un perro para poder tenerlo en casa.* **SIN.** Domar, amaestrar, domesticar. **ANT.** Embravecer. **2.** Sosegar, apaciguar. **GRA.** También v. prnl. *Su fuerte carácter se ha amansado con los años.* **SIN.** Calmar, mitigar, amainar, aplacar. **ANT.** Excitar, levantar, recrudecer.

amante (a-**man**-te) *adj.* **1.** Que ama. *Es una gran amante de la música.* ∥ *s. m. y s. f.* **2.** Persona con la que se tienen relaciones sexuales fuera del matrimonio. *Tiene un amante.* **SIN.** Querido, querida.

amanuense (a-ma-**nuen**-se) *s. m. y s. f.* Escribiente a mano. *En la Edad Media, los amanuenses se encargaban de copiar las obras y de escribir documentos.*

amañar (a-ma-**ñar**) *v. tr.* **1.** Componer algo mañosamente. *Amañó el fuego para que pareciese un accidente.* **SIN.** Arreglar, preparar, componer. ∥ *v. prnl.* **2.** Darse maña, acomodarse con facilidad a hacer alguna cosa. *No hace falta que le ayudes, se amañará solo.* **SIN.** Arreglarse, apañarse, componérselas.

amapola (a-ma-**po**-la) *s. f.* Planta de flores rojas muy frecuente entre los cereales. *En el campo se veía el contraste del verde del trigo y el rojo de la amapola.*

amar (a-**mar**) *v. tr.* Tener cariño a personas, animales o cosas. *Nosotros amamos la naturaleza.* **SIN.** Estimar, apreciar, querer. **ANT.** Odiar, aborrecer.

amarar (a-ma-**rar**) *v. intr.* Posarse en el agua el hidroavión. *El hidroavión amaró sin dificultades.* **SIN.** Amerizar. **ANT.** Despegar.

amargar (a-mar-**gar**) *v. intr.* **1.** Tener una cosa un sabor o gusto desagradable al paladar. **GRA.** También v. prnl. *Este limón amarga mucho.* **2.** Causar aflicción o disgusto. **GRA.** También v. prnl. *Aquella triste noticia amargó la fiesta.* **SIN.** Apesadumbrar, entristecer, disgustar, apenar. **ANT.** Alegrar, animar, contentar. ✎ Se conjuga como ahogar.

amargo, ga (a-**mar**-go) *adj.* **1.** De gusto o sabor desagradable. *El café sin azúcar tiene sabor amargo.* **ANT.** Dulce. **2.** Que produce aflicción o amargura. *El fracaso fue muy amargo y tardó mucho tiempo en recuperarse.* **SIN.** Doloroso, penoso, aflictivo, triste.

amarguillo (a-mar-**gui**-llo) *s. m.* Dulce de confitería hecho con almendras amargas. *Tomó unos amarguillos con el café.*

amargura (a-mar-**gu**-ra) *s. f.* **1.** Sentimiento de tristeza, dolor o pesadumbre. *Sintió una gran amargura al enterarse de la enfermedad de su amigo.* **SIN.** Aflicción, disgusto, sufrimiento. **ANT.** Alegría, dicha, felicidad. **2.** Sabor desagradable al paladar. *No podía soportar la amargura del pomelo.* **ANT.** Dulzura.

amarillento, ta (a-ma-ri-**llen**-to) *adj.* Que tira a amarillo. *El mantel blanco ha quedado amarillento.*

amarillo, lla (a-ma-**ri**-llo) *s. m.* **1.** Color del limón, del oro, de la paja seca, etc. *El amarillo es el color de los narcisos.* **SIN.** Ambarino, áureo, dorado, gualdo, rubio. ∥ *adj.* **2.** De ese color. *Los plátanos maduros tienen la cáscara amarilla.*

amarra (a-**ma**-rra) *s. f.* Cable para asegurar la embarcación en el muelle de un puerto. *El barco echó amarras.* **SIN.** Soga, cabo, maroma.

amarradero (a-ma-rra-**de**-ro) *s. m.* Sitio donde se amarran los barcos. *Dejé la barca en el amarradero.*

amarrar (a-ma-**rrar**) *v. tr.* Atar y asegurar por medio de cuerdas. *Amarraron la barca en el puerto.* **SIN.** Atar, ligar, unir. **ANT.** Desamarrar, desatar, soltar.

amasar (a-ma-**sar**) *v. tr.* Hacer una masa mezclando agua con harina, con cemento, con tierra, etc. *Está amasando la tierra para hacer una vasija de barro.* **SIN.** Mezclar, amalgamar.

amasijo (a-ma-**si**-jo) *s. m.* Mezcla o unión de cosas diferentes que causa confusión. *Tenía tal amasijo de ideas que nadie sabía de qué lado estaba.* **SIN.** Revoltijo, lío, confusión.

amateur *adj.* **1.** Se dice del deportista no profesional. **GRA.** También s. m. y s. f. *Es una gimnasta amateur.* **SIN.** Aficionado. **2.** Aficionado o para aficionados. **GRA.** También s. m. y s. f. *Participó en un festival de cine amateur.* ✎ Su pl. es "amateurs".

amatista (a-ma-**tis**-ta) *s. f.* Variedad de cuarzo cristalizado de color violeta que se usa en joyería. *La piedra de esa sortija es una amatista.*

amazacotado, da (a-ma-za-co-**ta**-do) *adj.* Que está muy junto y en desorden. *Ordena un poco esos libros, están demasiado amazacotados.* **SIN.** Compacto, informe, desordenado, confuso. **ANT.** Ordenado.

amazona (a-ma-**zo**-na) *s. f.* **1.** Mujer de alguna de las razas guerreras de la mitología, que combatía con arco e iba a caballo. *He visto una película sobre amazonas.* **SIN.** Cazadora, guerrera. **2.** Mujer que monta a caballo. *Es una buena amazona.*

ámbar (**ám**-bar) *s. m.* Savia fosilizada de las coníferas, que se endurece hasta convertirse en una resina de color marrón claro y puede contener insectos atrapados. Se emplea en cuentas de collares, etc. *Le regalaron unos pendientes de ámbar.*

ambición (am-bi-**ción**) *s. f.* Deseo de conseguir poder, riquezas, etc. *Tenía ambición por conseguir el primer premio.* **SIN.** Aspiración, pretensión, codicia, ansia. **ANT.** Modestia, conformidad.

ambicionar (am-bi-cio-**nar**) *v. tr.* Desear con fuerza una cosa. *Ambicionaba ser el jefe del equipo.* **SIN.** Codiciar, ansiar, anhelar, querer, apetecer. **ANT.** Despreciar, desdeñar, renunciar.

ambicioso, sa (am-bi-**cio**-so) *adj.* Que tiene ambición. **GRA.** También s. m. y s. f. *Es muy ambicioso, no descansará hasta que consiga lo que quiere.*

ambidextro, tra (am-bi-**dex**-tro) *adj.* Que usa la mano derecha y la izquierda con la misma habilidad. *Es ambidextra.*

ambidiestro, tra (am-bi-**dies**-tro) *adj.* *Ambidextro.

ambientador (am-bien-ta-**dor**) *s. m.* Sustancia que se utiliza para perfumar un sitio cerrado. *Colocó un ambientador con olor a rosas en el cuarto de baño.*

ambientar (am-bien-**tar**) *v. tr.* **1.** Dar a una cosa el ambiente adecuado al fin que se pretende. *Ambientó la película en la sociedad del XIX.* **OBS.** Se usa más hablando de obras de arte. **2.** Adaptar o acostumbrar una persona a un medio o lugar desconocido. **GRA.** Se usa más como v. prnl. *Te ambientarás pronto en tu nueva casa, los vecinos son muy agradables.* **SIN.** Aclimatar, acomodar.

ambiente (am-**bien**-te) *s. m.* **1.** Aire en el que se respira. *Con tantas personas, el ambiente estaba muy cargado.* **SIN.** Atmósfera. **2.** Circunstancias que rodean a las personas o cosas. *En el agua, el pez está en su ambiente.* **SIN.** Medio, ámbito, situación.

ambiguo, gua (am-**bi**-guo) *adj.* Que puede entenderse de varias maneras. *Me dio una respuesta ambigua.* **SIN.** Oscuro, confuso, de doble sentido, equívoco. **ANT.** Claro, preciso, simple.

ámbito (**ám**-bi-to) *s. m.* Espacio comprendido dentro de unos límites determinados. *Se siente muy integrada en el ámbito familiar.* **SIN.** Campo, medio.

ambos, bas (**am**-bos) *adj. pl.* El uno y el otro, los dos. *Son hermanos gemelos, ambos nacieron el mismo día. Sabe escribir con ambas manos.*

ambulancia (am-bu-**lan**-cia) *s. f.* Vehículo con camilla que sirve para transportar heridos y enfermos. *Dos ambulancias llegaron al lugar del accidente y se llevaron a los heridos.*

ambulante (am-bu-**lan**-te) *adj.* Que va de un lugar a otro sin tener un sitio fijo. *Es un vendedor ambulante que va por todas las ferias de la región.* **SIN.** Nómada, vagabundo, trashumante, andarín. **ANT.** Sedentario, quieto, permanente.

ambulatorio (am-bu-la-**to**-rio) *s. m.* Clínica en la que se presta atención médica. *Fue al ambulatorio porque le dolía mucho el estómago.* **SIN.** Consultorio, consulta, sanatorio, enfermería.

ameba (a-**me**-ba) *s. f.* Organismo gelatinoso unicelular que cambia continuamente de forma. *Las amebas viven en lugares húmedos.*

amedrentar (a-me-dren-**tar**) *v. tr.* Infundir miedo. **GRA.** También v. prnl. *Solía amedrentar a la gente con sus amenazas.* **SIN.** Atemorizar, acobardar, asustar, acoquinar. **ANT.** Animar, envalentonar.

amén (a-**mén**) *expr.* Voz con la que terminan algunas oraciones y que quiere decir 'así sea'. **GRA.** También s. m. *Al final del Avemaría siempre se dice amén.* ‖ **LOC. en un amén** Instantáneamente.

amenaza (a-me-**na**-za) *s. f.* Dicho, gesto o hecho con que se amenaza. *Sus amenazas no le hicieron cambiar de opinión.* **SIN.** Advertencia, intimidación, reto.

amenazar (a-me-na-**zar**) *v. tr.* **1.** Dar a entender que se quiere hacer algún mal a otro. *Le amenazó con castigarlo, pero no lo hizo.* **SIN.** Amagar, conminar, advertir. **ANT.** Halagar, atraer, seducir. **2.** Acercarse un peligro. **GRA.** También v. intr. *Las nubes negras amenazaban una fuerte tormenta.* **SIN.** Presagiar. ✎ Se conjuga como abrazar.

amenizar (a-me-ni-**zar**) *v. tr.* Hacer algo entretenido. *Una gran orquesta amenizaba la fiesta en la plaza.* **SIN.** Entretener, divertir, deleitar.

ameno - amor

ameno, na (a-**me**-no) *adj.* Que agrada o entretiene. *Pasamos una tarde muy amena jugando al parchís.* **SIN.** Grato, divertido, placentero, delicioso, atractivo. **ANT.** Aburrido, ingrato, desagradable, pesado.

americanismo (a-me-ri-ca-**nis**-mo) *s. m.* Voz, acepción o giro propio de los americanos y particularmente de los que hablan la lengua española. *En este diccionario encontrarás numerosos americanismos.*

americana (a-me-ri-**ca**-na) *s. f.* Chaqueta de hombre o mujer. *Lleva la camisa blanca con la americana azul.*

amerizar (a-me-ri-**zar**) *v. intr.* Posarse en la superficie del mar. *La nave espacial amerizó cerca de la costa africana.* **SIN.** Amarar. ✎ *Se conjuga como abrazar.*

ametralladora (a-me-tra-lla-**do**-ra) *s. f.* Arma de fuego que dispara automáticamente y con gran rapidez balas como las del fusil. *Disparó con una ametralladora durante los entrenamientos.*

ametrallar (a-me-tra-**llar**) *v. tr.* Disparar metralla contra el enemigo. *Les ametrallaron.* **SIN.** Acribillar, disparar, tirotear.

amianto (a-**mian**-to) *s. m.* Mineral fibroso de aspecto sedoso, que es muy resistente al fuego. *Los trajes de los bomberos están hechos con amianto.*

amígdala (a-**míg**-da-la) *s. f.* Cada una de las dos glándulas carnosas situadas en la entrada de la garganta. *Las amígdalas protegen a los pulmones de las infecciones.*

amigo, ga (a-**mi**-go) *adj.* Se dice de la persona a la que se quiere mucho sin ser de la familia. **GRA.** También s. m. y s. f. *Juan es mi mejor amigo.* **SIN.** Compañero, camarada, aliado. **ANT.** Enemigo, adversario, rival.

amilanar (a-mi-la-**nar**) *v. tr.* **1.** Causar mucho miedo a alguien. *Les amilanó con sus amenazas.* **SIN.** Acoquinar, acobardar, intimidar. **2.** Desanimarse. **GRA.** También v. prnl. *No te amilanes, todo se arreglará.*

aminoácidos (a-mi-no-**á**-ci-dos) *s. m. pl.* Ácidos orgánicos que forman las proteínas. *Una molécula de proteína contiene cientos o miles de moléculas de aminoácidos.*

aminorar (a-mi-no-**rar**) *v. tr.* Disminuir la intensidad de una cosa. **GRA.** También v. prnl. *Aminora la velocidad, que viene una curva.* **SIN.** Reducir, atenuar. **ANT.** Aumentar, acrecentar, acentuar.

amistad (a-mis-**tad**) *s. f.* Afecto desinteresado entre personas, que se hace más fuerte con el trato. *Su falta de sinceridad acabó con la amistad que había entre ellos.* **SIN.** Intimidad, afecto, apego, cariño. **ANT.** Enemistad, rivalidad, aversión.

amistoso, sa (a-mis-**to**-so) *adj.* **1.** Que pertenece o se refiere a la amistad. *Cae muy bien a todo el mundo porque tiene un carácter muy amistoso.* **SIN.** Accesible, afable, amigable, cordial. **ANT.** Desagradable, hosco. **2.** Se dice de los partidos no oficiales. *Jugarán un partido amistoso y la recaudación será para la sociedad protectora de animales.*

amnesia (am-**ne**-sia) *s. f.* Pérdida de la memoria. *Padece de amnesia y no recuerda ni cómo se llama.*

amnistía (am-nis-**tí**-a) *s. f.* Olvido de los delitos políticos que se otorga mediante una ley. *El presidente concedió una amnistía general.* **SIN.** Indulto, perdón.

amo (**a**-mo) *s. m.* **1.** Dueño o poseedor de una cosa. *Habló con el amo del caballo a ver si le dejaba montarlo.* **SIN.** Patrono, propietario. **ANT.** Empleado, criado. **2.** *Capataz.

amodorrarse (a-mo-do-**rrar**-se) *v. prnl.* Adormilarse. *Siempre se amodorra un poco después de las comidas.* **SIN.** Adormecerse, dormitar, aletargarse. **ANT.** Desvelarse, despabilarse, espabilarse.

amolar (a-mo-**lar**) *v. tr.* Fastidiar, molestar. *Nos amoló la fiesta con sus quejas.* **SIN.** Enojar, incomodar. **ANT.** Agradar. ✎ v. irreg., se conjuga como contar.

amoldarse (a-mol-**dar**-se) *v. prnl.* Adaptarse. *Se amoldó muy bien al nuevo colegio.* **SIN.** Avenirse, transigir. **ANT.** Resistirse, cuadrarse.

amonestar (a-mo-nes-**tar**) *v. tr.* **1.** Avisar a alguien para que sepa lo que tiene que hacer y lo que no puede hacer. *Amonestó a los alumnos para que se portaran bien.* **SIN.** Advertir, aconsejar, reprender, regañar. **2.** Publicar en la iglesia los nombres de los que van a casarse. *Les amonestarán en la misa de este domingo.*

amoníaco (a-mo-**ní**-a-co) *s. m.* Gas compuesto de nitrógeno e hidrógeno. *El amoníaco es incoloro.* ✎ También "amoniaco".

amontonar (a-mon-to-**nar**) *v. tr.* **1.** Poner unas cosas sobre otras sin ningún tipo de orden. **GRA.** También v. prnl. *Amontona los ladrillos en esa esquina.* **SIN.** Acumular, aglomerar, hacinar, apilar. **ANT.** Esparcir, separar. **2.** Juntar, reunir cosas en abundancia. *Amontonó tantas revistas que ahora no sabe qué hacer con ellas.* ‖ *v. prnl.* **3.** Juntarse muchas personas o animales. *La gente se amontonaba a la entrada del concierto.*

amor (a-**mor**) *s. m.* **1.** Sentimiento de afecto y cariño. *Siente un gran amor por los animales.* **SIN.** Cariño, apego, estimación. **ANT.** Odio, aversión, aborrecimiento, enemistad. **2.** Esmero con el que se hacen las cosas. *Hizo el dibujo con todo su amor, porque iba*

amoratarse - amuleto

a regalárselo a su madre. ‖ *s. m. pl.* **3.** Relaciones amorosas. *A veces se recuerdan los amores de la juventud.* ‖ **4. amor propio** Excesiva estimación de sí mismo. | Vanidad, engreimiento. ‖ **LOC. al amor de la lumbre o del fuego** *fam.* Cerca de una u otro. **con mil amores, de mil amores** Con agrado, de buena voluntad. **por amor al arte** *fam.* Gratuitamente, sin obtener recompensa por el trabajo.

amoratarse (a-mo-ra-**tar**-se) *v. prnl.* Ponerse morada una cosa. *Se le amorató la rodilla con el golpe.*

amordazar (a-mor-da-**zar**) *v. tr.* Ponerle a alguien una mordaza. *Le amordazaron para que no pudiera gritar.* ✎ Se conjuga como abrazar.

amorfo, fa (a-**mor**-fo) *adj.* Sin forma determinada. *Es una escultura amorfa, todavía no la he terminado.* **SIN.** Informe, disforme, deforme.

amorío (a-mo-**rí**-o) *s. m., fam.* Relación amorosa de escasa importancia y corta duración. *Han publicado todos sus amoríos en la revista.* **SIN.** Romance.

amoroso, sa (a-mo-**ro**-so) *adj.* Que siente o manifiesta amor. *Les dirigió unas amorosas palabras y los niños se sintieron mejor.* **SIN.** Afectivo, cordial.

amortajar (a-mor-ta-**jar**) *v. tr.* Poner la mortaja a una persona que ha fallecido. *Amortajaron el cadáver.*

amortiguación (a-mor-ti-gua-**ción**) *s. f.* Mecanismo de suspensión de un vehículo. *El coche no anda muy bien de amortiguación.*

amortiguador (a-mor-ti-gua-**dor**) *s. m.* Mecanismo que llevan los vehículos para hacer más suaves los movimientos bruscos. *Tuvo que cambiar el amortiguador del coche porque estaba muy gastado.* **SIN.** Ballesta, muelle, suspensión.

amortiguar (a-mor-ti-**guar**) *v. tr.* Hacer menos viva, intensa o violenta alguna cosa. *La colchoneta amortiguó el golpe.* **SIN.** Mitigar, moderar, paliar, atenuar. **ANT.** Avivar, recrudecer. ✎ En cuanto al acento, se conjuga como averiguar.

amortizar (a-mor-ti-**zar**) *v. tr.* **1.** Acabar de pagar un préstamo o deuda, o recuperar el dinero invertido en algún negocio. *Han amortizado ya el préstamo de la casa.* **SIN.** Liquidar, extinguir. **2.** Recuperar la cantidad de dinero invertida en algún negocio. **SIN.** Compensar. ✎ Se conjuga como abrazar.

amotinar (a-mo-ti-**nar**) *v. tr.* Llevar a cabo un levantamiento o rebelión contra la persona que manda. **GRA.** También v. prnl. *Varios oficiales del ejército se amotinaron.* **SIN.** Sublevar(se), insubordinar(se), insurreccionar(se), levantar(se).

amparar (am-pa-**rar**) *v. tr.* **1.** Proporcionar ayuda o protección. *Ampararon a los heridos del accidente.* **SIN.** Auxiliar, ayudar, salvaguardar, proteger. **ANT.** Desamparar, abandonar. ‖ *v. prnl.* **2.** Valerse del favor o protección de alguien. *Se ampara en que su padre tiene mucho poder, pero no le servirá de nada.*

amperímetro (am-pe-**rí**-me-tro) *s. m.* Aparato que sirve para medir los amperios de una corriente eléctrica. *Comprobó el generador con un amperímetro.*

amperio (am-**pe**-rio) *s. m.* Unidad de intensidad de la corriente eléctrica. *El símbolo del amperio es A.*

ampliar (am-pli-**ar**) *v. tr.* **1.** Hacer más grande o extensa una cosa. *Va a ampliar la casa para tener más habitaciones. Ha ampliado sus conocimientos viajando.* **SIN.** Agrandar, aumentar, ensanchar, desarrollar, amplificar. **ANT.** Reducir, estrechar, disminuir. **2.** Reproducir una fotografía en tamaño mayor del que tiene. *Quiero ampliar esta foto para colgarla en mi habitación.* ✎ En cuanto al acento, se conjuga como desviar.

amplificador (am-pli-fi-ca-**dor**) *s. m.* Aparato o sistema que sirve para aumentar la amplitud o intensidad de algo. *Este amplificador de sonido es bueno.*

amplio, plia (**am**-plio) *adj.* Extenso, espacioso. *Tiene una habitación muy amplia y todavía se queja de que no tiene bastante sitio.* **SIN.** Ancho, copioso, extenso, sobrado. **ANT.** Estrecho, escaso, mezquino.

amplitud (am-pli-**tud**) *s. f.* **1.** Extensión, anchura. *La finca tiene mucha amplitud.* **2.** Valor máximo de cualquier cosa que se mueva en un ciclo. *Amplitud de onda.*

ampolla (am-**po**-lla) *s. f.* **1.** Tubito de vidrio cerrado herméticamente, que contiene el líquido de las inyecciones. *El médico le recetó cinco ampollas.* **2.** Abultamiento de la piel con agua o pus. *Le salieron ampollas en los pies después de la caminata.*

ampuloso, sa (am-pu-**lo**-so) *adj.* Se dice del estilo o lenguaje hinchado y redundante. *No me gustan sus descripciones porque son demasiado ampulosas.* **SIN.** Rimbombante, pomposo, exagerado. **ANT.** Llano, escueto, natural, sencillo.

amputar (am-pu-**tar**) *v. tr.* Cortar y separar del cuerpo un miembro o parte de él. *Le tuvieron que amputar la pierna para salvarle.* **SIN.** Cercenar, mutilar.

amueblar (a-mue-**blar**) *v. tr.* Poner los muebles necesarios en un edificio, habitación, etc. *Mañana vendrán el escayolista y el pintor, y después ya podremos amueblar la habitación.* **SIN.** Decorar, adornar.

amuleto (a-mu-**le**-to) *s. m.* Figura, medalla o cualquier objeto pequeño al que se atribuyen propiedades benéficas. *A los exámenes lleva siempre su amuleto de la suerte.* **SIN.** Mascota, talismán, fetiche.

amurallar - ancho

amurallar (a-mu-ra-**llar**) *v. tr.* Rodear algo con murallas. *En la Edad Media se amurallaron muchas ciudades.* **SIN.** Cercar, defender, encerrar.

anaconda (a-na-**con**-da) *s. f.* Serpiente americana de gran tamaño. *Una anaconda puede llegar a medir diez m de largo.*

anacoreta (a-na-co-**re**-ta) *s. m. y s. f.* Persona que vive en lugar solitario y retirada del trato con los demás. *Decidió marcharse a vivir al bosque y llevar una vida de anacoreta.* **SIN.** Ermitaño, solitario, asceta.

anacrónico, ca (a-na-**cró**-ni-co) *adj.* Que no es propio de la fecha o época que le corresponde. *Así vestida resultaba anacrónica.*

ánade (**á**-na-de) *s. m.* *Pato.

anaerobio, bia (a-na-e-**ro**-bio) *adj.* Se dice del ser que puede vivir sin aire, y en especial sin oxígeno. *Las bacterias son seres anaerobios.* ☞ "Anerobio" es un vulgarismo.

anáfora (a-**ná**-fo-ra) *s. f.* Figura literaria de dicción que consiste en la repetición de las mismas palabras al comienzo de cada verso. *Esto dice la gente, esto proclama el amor, esto persigue el deseo.*

anagrama (a-na-**gra**-ma) *s. m.* **1.** Palabra o sentencia que resulta de la transformación de otra por medio de la transposición de sus letras. *"Gabriel Padecopeo" es el anagrama de "Lope de Vega Carpio".* **2.** Símbolo o emblema, especialmente el constituido por letras. *Crearon un anagrama con las iniciale de los socios: LIS (Luis, Ignacio y Silvia).*

anal (a-**nal**) *adj.* Que pertenece o se refiere al ano. *Los supositorios se introducen por vía anal.*

analfabeto, ta (a-nal-fa-**be**-to) *adj.* **1.** Que no sabe leer ni escribir. **GRA.** También s. m. y s. f. *Afortunadamente, cada vez quedan menos personas analfabetas.* **SIN.** Inculto, iletrado. **ANT.** Letrado, cultivado, instruido. **2.** Ignorante, desconocedor de los conocimientos elementales. *Es un completo analfabeto en cuanto le sacas de su especialidad.* **SIN.** Iletrado, ignorante, inculto, paleto. **ANT.** Culto.

analgésico, ca (a-nal-**gé**-si-co) *adj.* Que quita o calma el dolor. **GRA.** También s. m. *Tomé un analgésico para el dolor de muelas y por fin pude dormir.*

análisis (a-**ná**-li-sis) *s. m.* **1.** Separación de las partes de un todo hasta llegar a conocer sus principios o elementos. *Realizaron un análisis del suelo.* **SIN.** Descomposición, distinción. **ANT.** Síntesis, unión, suma. **2.** Examen que se hace de alguna cosa. *Se hizo un análisis de sangre porque no se encontraba bien.* **SIN.** Estudio, observación. **3.** Estudio de las diversas oraciones que componen un discurso o de las palabras que componen una oración. *Haz el análisis de esta oración.* ☞ Invariable en número.

analizar (a-na-li-**zar**) *v. tr.* Hacer análisis de alguna cosa. *Le están analizando la sangre para ver dónde puede estar la infección.* **SIN.** Descomponer, estudiar, examinar. **ANT.** Sintetizar.

analogía (a-na-lo-**gí**-a) *s. f.* Relación de semejanza entre dos o más cosas. *Existen varias analogías entre esas dos novelas.* **SIN.** Similitud, parecido.

ananás (a-na-**nás**) *s. m.* **1.** Planta exótica cuyo fruto es grande y carnoso. *Vimos una plantación de ananás en el Caribe.* **2.** Fruto de esta planta. *En la carta del restaurante había ananás de postre.* **SIN.** Piña.

anaquel (a-na-**quel**) *s. m.* Cada una de las tablas puestas horizontalmente en los muros o en armarios, alacenas, etc., para colocar sobre ellas libros, piezas de vajilla, etc. *Deberías colocar varios anaqueles dentro del aparador, así te cabrían muchas más cosas.* **SIN.** Estante, repisa, tabla.

anaranjado, da (a-na-ran-**ja**-do) *adj.* De color semejante al de la naranja. **GRA.** También s. m. y s. f. *Cóselo con un hilo de tono anaranjado.*

anarquía (a-nar-**quí**-a) *s. f.* **1.** Ausencia de todo gobierno y autoridad en un Estado. *En aquel país reinaba la anarquía tras la muerte del presidente.* **SIN.** Acracia. **2.** Desorden producido por falta de autoridad. *La reunión fue una absoluta anarquía, todo el mundo hablaba a la vez y a gritos.* **SIN.** Confusión, desconcierto, barullo. **ANT.** Orden, disciplina.

anatomía (a-na-to-**mí**-a) *s. f.* Ciencia que estudia la estructura interna en los seres vivos. *Le gusta estudiar anatomía.* ☞ Ver ilustración pág. 72.

anatómico, ca (a-na-**tó**-mi-co) *adj.* **1.** Que pertenece o se refiere a la anatomía. *Estudio anatómico.* **2.** Se dice de cualquier objeto construido para que se adapte perfectamente al cuerpo humano o a alguna de sus partes. *Se ha comprado una silla anatómica para trabajar más a gusto.*

anca (**an**-ca) *s. f.* **1.** Parte posterior de algunos animales. *Uno de sus platos favoritos son las ancas de rana.* **SIN.** Flanco, pernil. **2.** Parte posterior y superior de las caballerías. *El burro tenía una herida en el anca.* **SIN.** Grupa. ☞ Es s. f., pero en sing. lleva art. m. para evitar la cacofonía.

ancestral (an-ces-**tral**) *adj.* Que pertenece o se refiere a los antepasados. *Es una costumbre ancestral que tiene este pueblo.*

ancho, cha (**an**-cho) *adj.* **1.** Que tiene anchura o amplitud. *Compró una cama más ancha.* **SIN.** Amplio, espacioso, extenso. **ANT.** Estrecho, angosto, re-

ANATOMÍA

MÚSCULOS

- Temporal
- Frontal
- Masetero
- Esternocleidomastoideo
- Trapecio
- Tríceps
- Bíceps
- Oblicuo externo
- Flexor
- Recto del abdomen
- Esternón
- Recto interno
- Húmero
- Sartorio
- Recto anterior
- Vasto interno
- Vasto externo
- Peroneal
- Carpo
- Metacarpo
- Tibial anterior
- Falanges
- Sóleos

HUESOS

- Cráneo
- Clavícula
- Costillas
- Cúbito
- Radio
- Cóccix
- Fémur
- Tibia
- Peroné
- Tarso
- Metatarso
- Falanges

ducido. **2.** Que se manifiesta con orgullo y satisfacción. **GRA.** Se usa principalmente con los v. "estar" y "ponerse". *Estaba todo ancho con su trofeo.* **SIN.** Satisfecho, ufano, orgulloso, orondo. **ANT.** Insatisfecho, modesto, humilde, sencillo. || **LOC. a mis, a tus, a sus anchas** *fam.* Cómodamente.

anchoa (an-**cho**-a) *s. f.* Boquerón en aceite y sal. *Merendó un bocadillo de anchoas.*

anchura (an-**chu**-ra) *s. f.* **1.** *Latitud. **SIN.** Extensión. **ANT.** Estrechez. **2.** Libertad, desenvoltura. *Aunque es nuevo, se desenvuelve con anchura.*

anciano, na (an-**cia**-no) *adj.* Se dice de la persona de mucha edad y de lo que es propio de ellos. **GRA.** También s. m. y s. f. *Los ancianos tienen mucha experiencia y suelen dar buenos consejos.* **SIN.** Viejo.

ancla (**an**-cla) *s. f.* Instrumento de hierro que se echa al mar para sujetar la embarcación. *Echaron el ancla en el puerto más cercano.* **SIN.** Áncora. ✎ Es s. f., pero en sing. lleva art. m. para evitar la cacofonía.

anclar (an-**clar**) *v. intr.* Quedar sujeta la nave por medio del ancla. *El barco ancló en el puerto.*

áncora (**án**-co-ra) *s. f.* *Ancla. ✎ Es s. f., pero en sing. lleva art. m. para evitar la cacofonía.

andadas (an-**da**-das) *s. f. pl.* que se usa en la expresión "volver alguien a las andadas", 'reincidir en un vicio o mala costumbre'. *En cuanto dejaron de vigilarle, volvió a las andadas.*

andamio (an-**da**-mio) *s. m.* Armazón de madera o metal en el que se suben los obreros para trabajar en la construcción, en la reparación de edificios, etc. *Los obreros estaban sobre el andamio pintando la fachada del edificio.* **SIN.** Andamiaje, plataforma.

andanza (an-**dan**-za) *s. f.* Suceso acaecido a alguien en determinada situación. *Nos contó todas sus andanzas durante las vacaciones de verano.*

andar[1] (an-**dar**) *v. intr.* **1.** Ir de un lugar a otro dando pasos. **GRA.** También v. prnl. *Va andando al trabajo porque está cerca de su casa.* **SIN.** Caminar, correr, marchar. **ANT.** Detener, parar. **2.** Funcionar una máquina. *El nuevo tractor anda muy bien, no nos ha dado ningún problema.* **3.** Con gerundios, denota la acción que expresan éstos. *Andaba leyendo unos papeles.* || *v. tr.* **4.** Recorrer un lugar, espacio o distancia. *Anduvo 12 kilómetros.* || **LOC. andar a palos, golpes, pedradas, etc.** Dar, repartir. **andar en bolsillo, cajón, etc.** Hurgar, revolver. **a más, o a todo andar** A toda prisa. **andar tras alguna cosa** Intentar conseguirla con insistencia. **andar tras alguien** Estar buscándole o persiguiéndole. **andar alguien a la que salta** Aprovecharse de cualquier ocasión que se presente para conseguir sus fines. **todo se andará** Expresa que ya llegará el momento de hacer algo. **¡anda!** Expresa diversos estados de ánimo, como sorpresa, susto, extrañeza, desilusión, incredulidad, súplica, etc. ✎ v. irreg. ✎

INDICATIVO	SUBJUNTIVO	
Pret. perf. s.	Pret. imperf.	Fut. imperf.
anduve	anduviera/se	anduviere
anduviste	anduvieras/ses	anduvieres
anduvo	anduviera/se	anduviere
anduvimos	anduviéramos/semos	anduviéremos
anduvisteis	anduvierais/seis	anduviereis
anduvieron	anduvieran/sen	anduvieren

andar[2] (an-**dar**) *s. m.* Modo de andar que tiene una persona. *Tiene unos andares inconfundibles.*

andarín, na (an-da-**rín**) *adj.* Se dice de la persona que anda mucho. **GRA.** También s. m. y s. f. *Es muy andarín, se hace todos los días 10 o 15 kilómetros.*

andas (**an**-das) *s. f. pl.* Tablero con mangos que sirve para llevar algo, generalmente una imagen. *En la procesión llevaban en andas al Santo Patrono.* || **LOC. llevar en andas** En volandas.

andén (an-**dén**) *s. m.* En las calles, muelles, vías de ferrocarril, etc., lugar destinado para los peatones. *Me gusta ver pasar los trenes desde el andén.*

andrajo (an-**dra**-jo) *s. m.* **1.** Trozo de ropa vieja. *Este vestido ya no se puede poner, parece un andrajo.* **2.** Persona o cosa despreciable. *Es un andrajo de amigo, no te puedes fiar de él para nada.* **SIN.** Piltrafa.

andrajoso, sa (an-dra-**jo**-so) *adj.* Cubierto de andrajos. *Tengo la ropa tan vieja que parezco andrajosa.*

androceo (an-dro-**ce**-o) *s. m.* Parte masculina de la flor, formada por estambres. *El androceo produce los gametos masculinos contenidos en el polen.*

androide (an-**droi**-de) *s. m.* Autómata con figura de persona. *Los androides de "La Guerra de la Galaxias" son muy divertidos.* **SIN.** Muñeco, robot.

andurrial (an-du-**rrial**) *s. m.* Paraje alejado o fuera del camino. **GRA.** Se usa más en pl. *Nos metimos por unos andurriales y nos perdimos.* **SIN.** Vericueto.

anécdota (a-**néc**-do-ta) *s. f.* Narración breve de algún suceso más o menos notable. *Nos contó varias anécdotas graciosas de su viaje a París.*

anegar (a-ne-**gar**) *v. tr.* *Inundar. **GRA.** Se usa más como v. prnl. **SIN.** Encharcar. **ANT.** Achicar.

anejo, ja (a-**ne**-jo) *adj.* *Anexo.

anélido (a-**né**-li-do) *adj.* Se dice de animales pertenecientes al tipo de los gusanos, de cuerpo dividido en pequeños segmentos y sangre roja. **GRA.** También s. m. *La lombriz y la sanguijuela son anélidos.*

anemia - angarillas

FAMILIAS DE ANGIOSPERMAS

Hay más de 140 familias de plantas con flor; algunas tienen sólo una o dos especies, frente a las varias decenas de otras. Las afinidades entre las especies de una misma familia no siempre son evidentes, como ocurre entre la col y el alhelí.

- **Amarilidáceas**: narciso, cebolla.
- **Anacardiáceas**: mango, pistacho.
- **Aráceas**: aro, poto.
- **Asteráceas**: alcachofa, crisantemo, margarita, diente de león, lechuga, cardo.
- **Betuláceas**: abedul, avellano.
- **Borragináceas**: nomeolvides, heliotropo.
- **Cactáceas**: cactos, chumbera.
- **Cariofiláceas**: clavel.
- **Cingiberáceas**: jengibre.
- **Crucíferas**: alhelí, berro, col, mostaza.
- **Ericáceas**: brezo, azalea, rododendro.
- **Escrofulariáceas**: gordolobo, almizcle.
- **Euforbiáceas**: caucho, lechetrezna, tártago.
- **Fagáceas**: haya, castaño, roble.
- **Gramíneas**: bambú, arroz, trigo, centeno.
- **Labiadas**: albahaca, espliego, menta, romero.
- **Lauráceas**: aguacate, laurel.
- **Leguminosas**: arveja, judía, regaliz, soja, trébol.
- **Liliáceas**: áloe, esparraguera, jacinto.
- **Malváceas**: algodón, malva, malvavisco.
- **Moráceas**: ficus, higuera, morera.
- **Musáceas**: plátano.
- **Mirtáceas**: clavero, eucalipto, pimienta.
- **Oleáceas**: fresno, lila, olivo.
- **Palmas**: cocotero, palmera datilera.
- **Poligonáceas**: acedera, romaza.
- **Primuláceas**: oreja de oso, primavera.
- **Ranunculáceas**: anémona, aguileña, heléboro.
- **Rosáceas**: ciruelo, frambueso, fresal, manzano, rosal, zarzamora,
- **Rubiáceas**: café, galio.
- **Rutáceas**: limero, limonero, naranjo.
- **Salicáceas**: chopo, sauce.
- **Saxifragáceas**: hortensia.
- **Solanáceas**: berenjena, patata, tabaco, tomate.
- **Teáceas**: camelia, té.
- **Umbelíferas**: eneldo, perejil, zanahoria.

anemia (a-**ne**-mia) *s. f.* Empobrecimiento de la sangre debido a la falta de glóbulos rojos, y que se caracteriza por la palidez y falta de fuerzas. *Tenía una fuerte anemia y el médico le recetó unas vitaminas.*

anemómetro (a-ne-**mó**-me-tro) *s. m.* Instrumento que sirve para medir la velocidad o la fuerza del viento. *Han instalado un anemómetro en el observatorio metereológico del instituto.*

anémona (a-**né**-mo-na) *s. f.* **1.** Planta con pocas hojas y flores grandes y vistosas, que se cultiva en jardines. *Han plantado anémonas en el paseo.* ‖ **2. anémona de mar** Animal marino de aspecto muy parecido a una flor. También "anemone".

anestesia (a-nes-**te**-sia) *s. f.* Pérdida de la sensibilidad total o parcial a causa de una inyección. *Le pusieron anestesia local para sacarle la muela.* **SIN.** Adormecimiento, eterización, letargo, sueño.

anestesiar (a-nes-te-**siar**) *v. tr.* Privar total o parcialmente de la sensibilidad por medio de la anestesia. **GRA.** También v. prnl. *Me anestesiaron para operarme.* **SIN.** Insensibilizar, paralizar, adormecer. En cuanto al acento, se conjuga como cambiar.

anexionar (a-ne-xio-**nar**) *v. tr.* Unir una cosa a otra. **GRA.** También v. prnl. *Anexionaron nuevas tierras para ampliar más la finca.* **SIN.** Agregar(se), incorporar(se). **ANT.** Desunir(se), separar(se).

anexo, xa (a-**ne**-xo) *adj.* Unido a otra cosa y dependiente de ella. **GRA.** También s. m. y s. f. *Aquella situación llevaba anexos grandes cambios.* **SIN.** Anejo, unido, agregado, adjunto. **ANT.** Separado.

anfibio, bia (an-**fi**-bio) *adj.* **1.** Se dice de los vertebrados de sangre fría, normalmente provistos de cuatro extremidades y de piel húmeda, que viven en la tierra y en el agua indistintamente. **GRA.** También s. m. *La rana es un anfibio.* **2.** Se dice de los vehículos adaptados para circular por agua y tierra. **GRA.** También s. m. *El ejército usa carros anfibios.*

anfibología (an-fi-bo-lo-**gí**-a) *s. f.* Significado ambiguo o de doble sentido de una palabra o de una frase. *Hemos leído un texto en clase para estudiar su anfibología.* **SIN.** Ambigüedad. **ANT.** Precisión.

anfiteatro (an-fi-te-**a**-tro) *s. m.* **1.** Edificio de forma circular con gradas alrededor en el cual se celebraban espectáculos. *Anfiteatro romano de Mérida.* **SIN.** Circo, coliseo, teatro. **2.** Localidad de algunos cines o teatros. *Sacamos entrada de anfiteatro.*

anfitrión, na (an-fi-**trión**) *s. m. y s. f.* **1.** Persona que tiene invitados y se ocupa de ellos. *La anfitriona estaba pendiente de sus invitados.* **SIN.** Convidador. ‖ *s. m.* **2.** En internet, ordenador que puede recibir o enviar información a otro ordenador. *Envié un mensaje al anfitrión, pero su dirección era desconocida.*

ánfora (**án**-fo-ra) *s. f.* **1.** Cántaro alto y estrecho, de cuello largo y con dos asas. *Los antiguos griegos y romanos usaban mucho el ánfora.* **SIN.** Jarra, jarrón. ‖ *s. f. pl.* **2.** *Méx.* Urna para votaciones. Es s. f., pero en sing. lleva art. m. para evitar la cacofonía.

angarillas (an-ga-**ri**-llas) *s. f. pl.* Tablero con dos varas para llevar cosas a mano. *Me he fabricado unas angarillas para transportar los ladrillos de la obra.*

ángel - anilina

ángel (án-gel) *s. m.* **1.** Espíritu celeste creado por Dios. *Los ángeles son un motivo frecuente en los cuadros de Murillo.* **SIN.** Querubín, querube, arcángel, serafín. **ANT.** Demonio, diablo. **2.** Persona muy buena o hermosa. *Carlos es un ángel, me ayuda siempre que le necesito.* ‖ **LOC. pasa un ángel** Se emplea cuando en una conversación se produce un silencio completo. **tener ángel** Tener encanto.

ángelus (án-ge-lus) *s. m.* Oración que recuerda la anunciación del ángel a la Virgen. *El Papa rezó el ángelus en la plaza de San Pedro.*

angina (an-gi-na) *s. f.* Inflamación de la laringe que produce dolor de garganta, elevación de la temperatura y dolor de cabeza. *No pudo ir a clase porque tenía anginas.* **SIN.** Amigdalitis.

angioma (an-gio-ma) *s. m.* Tumorcillo de carácter benigno. *Le salió un pequeño angioma en la nariz.*

angiospermo, ma (an-gios-per-mo) *adj.* Se dice de las plantas fanerógamas, cuyos carpelos forman una cavidad cerrada u ovario, dentro de la cual están los óvulos. **GRA.** También s. f. *La mayoría de los árboles son plantas angiospermas.*

anglicismo (an-gli-cis-mo) *s. m.* Vocablo o giro de la lengua inglesa empleado en otra. *Parquear es un anglicismo.*

angora (an-go-ra) *s. f.* Lana de pelo muy suave utilizada para hacer prendas de punto. *Le regalaron un jersey de angora.*

angostar (an-gos-tar) *v. tr.* Estrechar algo. **GRA.** También v. intr. y v. prnl. *Se angostó el camino al llegar al puente.* **SIN.** Apretar, ceñir, encajonar, encañonar. **ANT.** Abrir, ensanchar.

angosto, ta (an-gos-to) *adj.* Estrecho o reducido. *No pude pasar por ese sendero tan angosto.* **SIN.** Ajustado, apretado, ceñido. **ANT.** Ancho, amplio.

anguila (an-gui-la) *s. f.* Pez de cuerpo largo y cilíndrico, comestible, y que es parecido a una culebra. *Pescó una anguila.*

angula (an-gu-la) *s. f.* Cría de la anguila, de color oscuro, que, cocida, se vuelve blanca, y es un sabroso pescado. *Le encantan las angulas.*

ángulo (án-gu-lo) *s. m.* **1.** Abertura formada por dos líneas que parten de un mismo punto. *Los ángulos del cuadrado tienen 90º.* **2.** Rincón, esquina. *En un ángulo del salón tenía el piano.* **3.** Punto de vista. *Cada uno tratará el tema desde su propio ángulo.*

angustia (an-gus-tia) *s. f.* Sentimiento grande de tristeza, pena o miedo ante algo. *Sintió una gran angustia al enterarse de la mala noticia.* **SIN.** Dolor, desconsuelo, aflicción. **ANT.** Serenidad, gozo.

anhelar (an-he-lar) *v. tr.* Tener grandes deseos de conseguir algo. **GRA.** También v. intr. *Anhelaba ese viaje a Praga desde hacía años.* **SIN.** Ansiar, ambicionar, suspirar por. **ANT.** Renunciar, despreciar.

anhelo (an-he-lo) *s. m.* Deseo ardiente de algo. *Todos conocíamos su anhelo por estudiar Bellas Artes.* **SIN.** Afán, ambición, avidez, pasión, ansia. **ANT.** Indiferencia, desgana.

anidar (a-ni-dar) *v. intr.* **1.** Hacer el nido las aves o vivir en él. **GRA.** También v. prnl. *Las cigüeñas anidaron en la torre.* **2.** Vivir en un lugar determinado. **GRA.** También v. prnl. *Anidan en ese pequeño chalé desde que se casaron.* **SIN.** Residir, establecerse.

anilina (a-ni-li-na) *s. f.* Líquido que sirve para la obtención de colorantes. *Pintaron el armario con anilinas de diferentes colores.*

CLASES DE ÁNGULOS

- **acimutal** El comprendido entre el meridiano de un lugar y el plano vertical en que esté la visual dirigida a un objeto cualquiera.
- **agudo** El menor o más cerrado que el recto.
- **adyacentes** Los que tienen un lado común, y los otros dos lados, uno a continuación de otro y están sobre una recta.
- **cenital** El que forma una visual con la vertical del punto de observación.
- **complementarios** Los dos que, reuniendo su valor, suman 90º.
- **curvilíneo** El formado por dos líneas curvas.
- **de incidencia** El que forma un rayo de luz o una trayectoria cualquiera, que toca en una superficie con la normal del punto de contacto.
- **de reflexión** El que forma un rayo de luz con la normal a una superficie después de la incidencia.
- **de refracción** El que un rayo refractado forma, en el punto de incidencia, con la línea perpendicular o normal a la superficie de separación de los dos medios transparentes.
- **diedro** El formado por dos planos que se cortan.
- **esférico** El formado en la superficie de la esfera por dos arcos de circunferencia máxima.
- **oblicuo** El que no es recto.
- **obtuso** El mayor o más abierto que el recto.
- **óptico** El formado por las dos visuales que van desde el ojo del observador a los extremos del objeto que se mira.
- **opuestos por el vértice** Los que tienen el vértice común y los lados de cada uno en prolongación de los del otro.
- **plano** El que está formado en una superficie plana.
- **rectilíneo** El que forman dos líneas rectas.
- **recto** El que forman dos líneas o dos planos que se cortan perpendicularmente. Vale 90º.
- **semirrecto** El de 45º, mitad del recto.
- **suplementarios** Los que, conjuntamente, valen 180º.
- **triedro** El formado por tres planos que concurren en un punto.

anilla - aniquilar

anilla (a-**ni**-lla) *s. f.* **1.** Pieza en forma de anillo que sirve para colgar cortinas, para sujetar un objeto, etc. *Tiene una carpeta de anillas.* ‖ *s. f. pl.* **2.** Aros de gimnasia colgados de cuerdas o cadenas en los que se hacen diferentes ejercicios. *En el gimnasio hacemos ejercicios en las anillas.*

anillo (a-**ni**-llo) *s. m.* **1.** Aro pequeño. *Se le perdió un anillo de oro cuando se estaba bañando en el mar.* **2.** Cada uno de los segmentos en que se divide el cuerpo de algunos animales. *El cangrejo tiene su cuerpo segmentado en anillos.* ‖ **3. anillo de boda** El que se dan uno a otro los que se casan. **4. anillo de Saturno** Círculo que rodea a este planeta y está compuesto de tres zonas concéntricas de distinto resplandor. ‖ **LOC. caérsele a alguien los anillos** *fam.* No querer rebajarse a hacer algo. **venir una cosa como anillo al dedo** *fam.* Sentar bien, ser muy oportuna.

ánima (**á**-ni-ma) *s. f.* **1.** *Alma. **2.** Alma que está en el Purgatorio. *Rezaron por las ánimas del Purgatorio.* ‖ *s. f. pl.* **3.** Toque de campana a cierta hora de la noche con que se avisa a los fieles para que rueguen por las ánimas del purgatorio. *El pueblo se sobrecogió al oír el toque de ánimas.* ✎ Es s. f., pero en sing. lleva art. m. para evitar la cacofonía.

animación (a-ni-ma-**ción**) *s. f.* **1.** Acción y efecto de animar o animarse. *Había gran animación en aquella fiesta.* **SIN.** Movimiento, actividad, excitación, alborozo. **ANT.** Inactividad, desánimo, calma, quietud. **2.** Viveza, expresión en las acciones, palabras o movimientos. *Me encanta la animación y expresividad de sus descripciones.* **SIN.** Vivacidad, excitación. **ANT.** Abatimiento, desánimo.

animadversión (a-ni-mad-ver-**sión**) *s. f.* **1.** Repugnancia u odio que se tiene a alguna persona o cosa. *Sentía una gran animadversión por las películas de violencia.* **SIN.** Desafecto, antipatía, enemistad. **ANT.** Amistad, simpatía, afecto, cariño, inclinación. **2.** Crítica, oposición severa. *Todos sabían que la animadversión a su hermano era por su bien.*

animal[1] (a-ni-**mal**) *s. m.* Ser vivo que puede moverse y sentir. *En la selva los animales viven en libertad.* **SIN.** Bestia. ✿

animal[2] (a-ni-**mal**) *adj.* **1.** Que pertenece o se refiere al animal. *Dentro del reino animal hay muchas y variadas especies.* **2.** Se dice de la persona grosera o muy ignorante. **GRA.** También s. m. y s. f. *Siempre mete la pata, es un animal.* **SIN.** Torpe, zafio, grosero, bruto, zote. **ANT.** Fino, elegante, delicado. ✎ Invariable en género.

animalada (a-ni-ma-**la**-da) *s. f., fam.* Barbaridad. *Es un grosero y un maleducado, se pasa el día diciendo animaladas.* **SIN.** Asnada, borricada, grosería, brutalidad.

animar (a-ni-**mar**) *v. tr.* Dar ánimos, aliento y vigor. **GRA.** También . prnl. *El público animaba a su equipo.* **SIN.** Confortar, consolar, aconsejar, alentar. **ANT.** Abatir, angustiar, desanimar.

ánimo (**á**-ni-mo) *s. m.* **1.** Valor, esfuerzo, energía. *Tiene mucho ánimo y no se dará fácilmente por vencida.* **SIN.** Brío. **ANT.** Desánimo, postración, desaliento. **2.** Intención, voluntad. *Tiene ánimo de ir contigo el domingo.* ‖ *interj.* **3.** Se usa para animar a alguien. *¡Ánimo, lo conseguiremos!*

animosidad (a-ni-mo-si-**dad**) *s. f.* **1.** Valor, osadía. *Su animosidad es envidiable, nunca pierde la esperanza.* **2.** Ojeriza, aversión. *No le soporta, su animosidad se ve a la legua.* **SIN.** Amistad, inclinación.

animoso, sa (a-ni-**mo**-so) *adj.* Que tiene valor o ánimo. *Pese a la enfermedad es una persona muy animosa.* **SIN.** Valeroso, atrevido, audaz, esforzado, valiente. **ANT.** Cobarde, pusilánime.

aniñarse (a-ni-**ñar**-se) *v. prnl.* Parecer o comportarse como un niño. *Cuando surge un problema siempre se aniña y no se puede contar con él para nada.*

anión (a-**nión**) *s. m.* Elemento electronegativo que en la electrólisis se dirige al ánodo. *El ión de cloruro es un anión.*

aniquilar (a-ni-qui-**lar**) *v. tr.* Destruir o arruinar algo por completo. **GRA.** También v. prnl. *Los soldados*

ANIMALES EN PELIGRO	
Nombre	**Visto por última vez**
Águila calva	América del Norte
Águila imperial	España
Ballena azul	Océano
Bisonte europeo	Polonia
Bontebok	Sudáfrica
Búfalo asiático	La India, Nepal
Caballo de Przewalski	Asia Central
Caribú	América del Norte
Ciervo del Padre David	China
Foca monje	Mediterráneo
Grulla americana	América del Norte
Ibis crestado	Japón
Kakapo (loro)	Nueva Zelanda
Milano de Everglades	Florida
Orangután	Borneo, Sumatra
Oso blanco	Ártico
Pantera de Florida	Florida
Panda gigante	China
Rinoceronte indio	La India, Nepal
Rinoceronte javanés	Indonesia
Tigre de Siberia	CEI, China, Corea

aniquilaron la ciudad. **SIN.** Exterminar, suprimir, desbaratar. **ANT.** Crear, construir, levantar.

anís (a-**nís**) s. m. **1.** Planta de flores pequeñas y blancas, cuyo fruto son unas semillas aromáticas y de sabor agradable. *Estuvimos buscando anises en el campo.* **2.** Bebida preparada con esta planta. *Tomó una copa de anís.*

aniversario (a-ni-ver-**sa**-rio) s. m. Día en que se cumplen años de algún suceso. *Celebraron el aniversario de boda con toda la familia.* **SIN.** Conmemoración, cumpleaños, onomástica.

ano (**a**-no) s. m. Orificio en que termina el tubo digestivo y por el cual se eliminan los excrementos. *Tiene una inflamación en el ano.* **SIN.** Recto, culo.

anoche (a-**no**-che) adv. t. En la noche de ayer. *Anoche llovió mucho, hoy el suelo está muy mojado.*

anochecer[1] (a-no-che-**cer**) v. intr. **1.** Empezar a faltar la luz del día y venir la noche. *Estaba anocheciendo en la ciudad y ya se encendían las primeras farolas.* **SIN.** Ensombrecer. **ANT.** Amanecer, clarear, alborear. **2.** Llegar o estar en un lugar, situación o condición determinados al empezar la noche. *Anocheceré en Sevilla si el viaje sale bien.* v. irreg., se conjuga como parecer.

anochecer[2] (a-no-che-**cer**) s. m. Tiempo durante el cual anochece. *Era un anochecer triste y lluvioso.* **SIN.** Anochecida, ocaso, crepúsculo. **ANT.** Amanecer, aurora, alborada. || **LOC. al anochecer** Al acercarse la noche.

anodino, na (a-no-**di**-no) adj. Insignificante, ineficaz. *Sus opiniones son tan anodinas que nadie las tiene en cuenta.* **SIN.** Insustancial. **ANT.** Excitante, interesante.

ánodo (**á**-no-do) s. m. Polo positivo de un generador de electricidad. *La pilas tienen ánodo y cátodo.*

anofeles (a-no-**fe**-les) s. m. Mosquito que transmite el paludismo. *Los anofeles son propios de las zonas húmedas tropicales.* Invariable en número.

anomalía (a-no-ma-**lí**-a) s. f. Aquello que se sale de la regla o de lo normal. *El motor tiene una anomalía en el sistema de ventilación, habrá que llevarlo al garaje.* **SIN.** Irregularidad, anormalidad, desigualdad.

anómalo, la (a-**nó**-ma-lo) adj. Se dice de aquello que no sucede ordinariamente o se sale de la regla. *Tenía un comportamiento anómalo, algo le pasaba.* **SIN.** Anormal, desigual, insólito, irregular, extraño. **ANT.** Vulgar, regular, correcto, normal.

anonadar (a-no-na-**dar**) v. tr. Confundir, impresionar a alguien. *Les dejó a todos anonadados con sus trucos de magia.* **SIN.** Sorprender, desconcertar.

anónimo, ma (a-**nó**-ni-mo) adj. **1.** Se dice de la obra o escrito que no lleva el nombre de su autor. *"El Lazarillo de Tormes" es anónimo.* **2.** Desconocido. **GRA.** También s. m. *Le llegó un paquete de un amigo anónimo.* || s. m. **3.** Escrito que no va firmado. *Recibió varios anónimos amenazándole, pero no se asustó.*

anorak (a-no-**rak**) s. m. Chaqueta corta de tejido ligero e impermeable, forrada, y con capucha incorporada o separable. *Los anorak son ideales para la lluvia.* **SIN.** Impermeable. Invariable en número.

anorexia (a-no-**re**-xia) s. f. Falta anormal de ganas de comer. *Se ha quedado tan delgada porque tiene anorexia.* **SIN.** Inapetencia.

anormal (a-nor-**mal**) adj. **1.** Se dice de aquello que se sale de las condiciones ordinarias. *Fue muy anormal que se levantara tan temprano, siempre es muy perezoso.* **SIN.** Anómalo, defectuoso, irregular. || s. m. y s. f. **2.** Persona cuyo desarrollo físico o intelectual es inferior al que corresponde a su edad. *Su hijo pequeño es anormal.* **SIN.** Subnormal.

anotación (a-no-ta-**ción**) s. f. Acción y efecto de anotar. *Tengo varias anotaciones de la conferencia.*

anotar (a-no-**tar**) v. tr. Escribir una nota o apunte de alguna cosa en un papel. *Anota mi teléfono.*

anquilosarse (an-qui-lo-**sar**-se) v. prnl. Detenerse una cosa en su progreso. *La investigación se anquilosó durante meses por falta de presupuesto.* **SIN.** Estancarse, envejecer.

ánsar (**án**-sar) s. m. Ganso silvestre del que procede el ganso doméstico. *Las plumas de los ánsares sirven para rellenar colchones y para escribir.* **SIN.** Ánade.

ansia (**an**-sia) s. f. **1.** Deseo grande de hacer o de que ocurra alguna cosa. *Tenía un ansia terrible de comer un pastel.* **SIN.** Afán, ilusión, ambición. **ANT.** Indiferencia. **2.** Fatiga que causa en el ánimo inquietud. *Estaba tan nerviosa por la falta de noticias, que no podía controlar su ansia.* **SIN.** Ansiedad, zozobra, incertidumbre. **ANT.** Despreocupación.

ansiar (an-si-**ar**) v. tr. Desear con ansia. *Ansiaba tanto verle que los minutos le parecían horas.* **SIN.** Ambicionar, anhelar, desear, suspirar. **ANT.** Ignorar, despreocuparse. En cuanto al acento, se conjuga como desviar.

antagonismo (an-ta-go-**nis**-mo) s. m. Oposición entre personas o doctrinas y opiniones. *El antagonismo entre los dos era evidente, siempre estaban discutiendo.* **SIN.** Contraposición, conflicto, lucha. **ANT.** Acuerdo, concordia.

antaño (an-**ta**-ño) adv. t. En el año pasado o, por extensión, en otro tiempo pasado. *Los mayores re-*

antártico - antes

a
cuerdan las costumbres de antaño que ya se han perdido. **SIN.** Antiguamente, otrora. **ANT.** Actualmente, ahora, hoy.

antártico, ca (an-**tár**-ti-co) *adj.* Que pertenece o se refiere al polo sur. *Océano Antártico.* **SIN.** Austral.

ante[1] (**an**-te) *s. m.* **1.** *Alce.* **2.** Piel del ante adobada y curtida. *Se compró una cazadora de ante.*

ante[2] (**an**-te) *prep.* **1.** En presencia de, delante de. *Se presentó ante ellos vestido de uniforme.* **2.** En comparación, respecto de. *Ante esta situación, nada se puede hacer.*

anteanoche (an-te-a-**no**-che) *adv. t.* En la noche de anteayer. *Anteanoche me llamó por teléfono.*

anteayer (an-te-a-**yer**) *adv. t.* En el día anterior al de ayer. *Anteayer fui al cine.*

antebrazo (an-te-**bra**-zo) *s. m.* Parte del brazo que va desde el codo a la muñeca. *Tenía escayolada la mano y el antebrazo.*

antecámara (an-te-**cá**-ma-ra) *s. f.* Sala que antecede a la principal en un palacio o casa grande. *La antecámara del palacio era de estilo mozárabe.* **SIN.** Antesala, recibimiento, vestíbulo.

antecedente (an-te-ce-**den**-te) *adj.* **1.** Que antecede, que va antes en el tiempo, lugar u orden. *Obtuvo el puesto porque la persona antecedente de la lista no se presentó.* **SIN.** Precedente, antecesor. **ANT.** Siguiente, consiguiente, sucesor. || *s. m.* **2.** Acción, dicho o circunstancia anterior que sirve para juzgar hechos posteriores. *Con sus antecedentes de robo no le cogerán para trabajar en ningún sitio.* **SIN.** Precedente, referencia. **3.** Sustantivo, pronombre u oración al que hacen referencia los pronombres relativos. *El último libro que he leído.*

antecesor, ra (an-te-ce-**sor**) *s. m. y s. f.* **1.** Persona que precedió a otra en una dignidad, cargo o empleo. *Visitó a su antecesor en el cargo.* **SIN.** Predecesor, precursor. **ANT.** Sucesor, continuador. || *s. m.* **2.** Antepasado del que desciende una persona, como puede ser el padre o los abuelos. *Estaba orgulloso de sus antecesores.* **SIN.** Ascendiente, procreador, progenitor. **ANT.** Descendientes.

antelación (an-te-la-**ción**) *s. f.* Anticipación con respecto a otra cosa. *Vino con dos días de antelación.* **SIN.** Anterioridad. **ANT.** Demora, tardanza.

antelina (an-te-**li**-na) *s. f.* Tejido que imita el ante. *La cazadora no es muy cara porque es de antelina.*

antemano, de *adv. t.* Con anticipación, anteriormente. *Yo sabía la noticia de antemano, por eso no me sorprendió.* **SIN.** Por anticipado, por adelantado, previamente. **ANT.** Después, posteriormente.

antena (an-**te**-na) *s. f.* **1.** Vara metálica que sirve para recoger las ondas en los aparatos de radio y televisión. *La tele se veía con interferencias porque la antena estaba estropeada.* **2.** Órgano sensorial que tienen en la cabeza muchos animales artrópodos. **GRA.** Se usa más en pl. *Las antenas de los insectos son como pequeños cuernecillos.* || **LOC. estar, o poner, en antena** Emitir un programa en radio o televisión.

antenista (an-te-**nis**-ta) *s. m. y s. f.* Persona que se encarga de instalar y reparar antenas receptoras. *La tele se ve mal, habrá que llamar a la antenista para que revise la instalación.*

anteojo (an-te-**o**-jo) *s. m.* **1.** Instrumento óptico preparado para poder ver objetos lejanos. *Miró por el anteojo para ver si conseguía divisar la barca.* **SIN.** Catalejo, telescopio. || *s. m. pl.* **2.** Instrumento óptico con dos tubos que sirve para mirar a lo lejos con ambos ojos. *Cuando va de excursión siempre lleva los anteojos.* **SIN.** Prismáticos, gemelos. **3.** Gafas, lentes. *De lejos, tengo que usar anteojos, soy miope.*

antepasado (an-te-pa-**sa**-do) *s. m.* Persona que nos ha precedido en el tiempo. **GRA.** Se usa más en pl. *Nuestros antepasados descubrieron América.*

antepenúltimo, ma (an-te-pe-**núl**-ti-mo) *adj.* Inmediatamente anterior al penúltimo. *Prismáticos va acentuada en la antepenúltima sílaba.*

anteponer (an-te-po-**ner**) *v. tr.* **1.** Poner delante. **GRA.** También v. prnl. *Cuando Santo se antepone al nombre se escribe San.* **ANT.** Posponer. **2.** Preferir. *Siempre antepone el campo a la playa.* **ANT.** Posponer. ✎ v. irreg., se conjuga como poner. Tiene part. irreg., antepuesto.

anteportada (an-te-por-**ta**-da) *s. f.* Hoja de un libro que precede a la portada y en la que sólo suele aparecer el título del libro. *Le puso una dedicatoria en la anteportada.*

anteproyecto (an-te-pro-**yec**-to) *s. m.* Primera redacción de una ley, programa, etc. *El anteproyecto fue aprobado por mayoría.*

antera (an-**te**-ra) *s. f.* Parte del estambre de las flores en la que se produce el polen. *Los estambres están compuestos de antera y filamento.*

anterior (an-te-**rior**) *adj.* Que precede, que va delante. *El cuatro es anterior al cinco.* **SIN.** Precedente, antecedente, previo. **ANT.** Posterior.

antes (**an**-tes) *adv. t. y adv. l.* **1.** Denota prioridad de tiempo o lugar. *Antes del lunes va el domingo.* || *adv. ord.* **2.** Denota prioridad o preferencia. *Prefiero llevar el vestido negro antes que el verde.*

antesala - antihigiénico

antesala (an-te-**sa**-la) *s. f.* Pieza delante de la sala o salas principales de una casa. *Esperó en la antesala.* **SIN.** Antecámara, recibidor, vestíbulo.

antiaéreo, a (an-tia-**é**-re-o) *adj.* **1.** Que pertenece o se refiere a la defensa contra los aviones. *Alarma antiaérea.* **2.** Se dice del cañón o ametralladora para la defensa del espacio aéreo. *La ciudad estaba protegida por misiles antiaéreos.*

antibiótico (an-ti-**bió**-ti-co) *s. m.* Medicamento que impiden el crecimiento o la reproducción de las bacterias. *El médico le recetó antibióticos porque tenía mucha fiebre.*

anticiclón (an-ti-ci-**clón**) *s. m.* Zona de altas presiones atmosféricas, en la cual reina un tiempo agradable. *Se acercaba un anticiclón.*

anticipar (an-ti-ci-**par**) *v. tr.* **1.** Hacer o decir algo antes de lo normal o previsto. *Al final tuvo que anticipar su viaje.* **SIN.** Adelantar, avanzar. **ANT.** Retrasar, posponer, demorar. **2.** Entregar el dinero antes del momento señalado para ello. *Le anticipó dinero para comprarse la casa que tanto le gustaba.* **SIN.** Adelantar, fiar, prestar. **ANT.** Retrasar, posponer, demorar. ‖ *v. prnl.* **3.** Hacer o decir alguna cosa antes que los demás. *Galileo Galilei se anticipó a su época con sus revolucionarias teorías.* **SIN.** Adelantarse. **ANT.** Retrasarse, demorarse. **4.** Suceder una cosa antes de tiempo. *El verano se ha anticipado, hace mucho calor.* **SIN.** Adelantarse. **ANT.** Retrasarse, demorarse.

anticipo (an-ti-**ci**-po) *s. m.* Dinero que se da por adelantado. *Dio un anticipo para comprar el piso.* **SIN.** Préstamo, señal.

anticlerical (an-ti-cle-ri-**cal**) *adj.* Contrario al clericalismo o al clero. **GRA.** También s. m. y s. f., aplicado a personas. *Tenía ideas anticlericales.*

anticonceptivo, va (an-ti-con-cep-**ti**-vo) *adj.* Se aplica a ciertos fármacos o métodos destinados a evitar la fecundación. **GRA.** También s. m. *El preservativo es un método anticonceptivo.*

anticongelante (an-ti-con-ge-**lan**-te) *adj.* Se dice de un producto que se mezcla con el agua de los motores para evitar que se congele. **GRA.** También s. m. *No olvides echarle anticongelante al coche.*

anticonstitucional (an-ti-cons-ti-tu-cio-**nal**) *adj.* Contrario a la Constitución. *Decían que aquella medida era anticonstitucional.*

anticuado, da (an-ti-**cua**-do) *adj.* Se dice de lo que ya no se usa. *Su modo de vestir es tan anticuado que llama la atención.* **SIN.** Desusado, trasnochado, antiguo, pasado de moda. **ANT.** Moderno, actual.

anticuario (an-ti-**cua**-rio) *s. m. y s. f.* Persona que colecciona o negocia con las cosas antiguas. *Visitó a un anticuario de París para comprar unos candelabros.*

anticuarse (an-ti-**cuar**-se) *v. prnl.* Quedar una cosa en desuso, hacerse antigua. *El brasero de cisco se anticuó.*

anticuerpo (an-ti-**cuer**-po) *s. m.* Sustancia producida por el sistema inmunológico del cuerpo y que destruye las bacterias y virus peligrosos. *Tenía pocos anticuerpos.*

antideportivo, va (an-ti-de-por-**ti**-vo) *adj.* Que va contra las normas de la deportividad. *Fue sancionado por su comportamiento antideportivo.*

antidopaje (an-ti-do-**pa**-je) *s. m.* *Control antidopaje.

antidoping *s. m.* *Antidopaje.

antídoto (an-**tí**-do-to) *s. m.* Remedio o medicamento. *No encontraba ningún antídoto que calmara su dolor.*

antiestético, ca (an-ties-**té**-ti-co) *adj.* Que no está conforme a la estética. *Eso es antiestético.* **SIN.** Repulsivo, feo, desagradable. **ANT.** Bello, estético.

antifaz (an-ti-**faz**) *s. m.* Máscara para cubrirse el rostro. *Fue al baile de disfraces con un antifaz.* **SIN.** Careta. ✎ Su pl. es "antifaces".

antigás (an-ti-**gás**) *adj.* Se dice de la careta, vestidos, etc., que protegen contra los gases tóxicos. *Para ese trabajo necesita una careta antigás.*

antigüedad (an-ti-güe-**dad**) *s. f.* **1.** Cualidad de antiguo. *Tiene mucha antigüedad en la empresa.* **SIN.** Rancriedad, vejez. **ANT.** Actualidad, novedad. **2.** Tiempo antiguo de nuestros antepasados. *Le gusta estudiar la antigüedad griega.* **SIN.** Pasado, tiempos remotos. **ANT.** Presente, hoy, actualidad. ‖ *s. f. pl.* **3.** Monumentos u objetos artísticos de tiempo antiguo. *En el barrio viejo hay tiendas de antigüedades.*

antiguo, gua (an-**ti**-guo) *adj.* **1.** Que existe desde hace mucho tiempo o que sucedió hace muchos años. *Prefiero los coches antiguos a los modernos. Ese reloj es muy antiguo, pertenecía a mi bisabuela.* **SIN.** Viejo, anticuado, trasnochado, primitivo. **ANT.** Actual, moderno, nuevo, contemporáneo. **2.** Se dice de la persona que lleva mucho tiempo en un empleo o profesión. *Es uno de los más antiguos de la empresa.* **3.** Se dice de la persona que no vive los tiempos modernos. *No seas antiguo, ya nadie lleva esos vestidos.* ‖ *s. m. pl.* **4.** Los que vivieron en siglos remotos. *Los antiguos inventaron el fuego.* ✎ Tiene sup. irreg., antiquísimo.

antihigiénico, ca (an-ti-hi-**gié**-ni-co) *adj.* Que no está conforme a la higiene. *Tirar la basura ahí es antihigiénico.* **SIN.** Insano, nocivo.

antílope - anudar

antílope (an-**tí**-lo-pe) *s. m.* Mamífero rumiante con cuernos óseos, parecido al ciervo. *La gacela y la gamuza son antílopes.*

antimonio (an-ti-**mo**-nio) *s. m.* Metal brillante de color azulado. *El símbolo del antimonio es Sb.*

antipatía (an-ti-pa-**tí**-a) *s. f.* Oposición o repugnancia que se siente hacia alguna persona o cosa. *Nos tenemos cierta antipatía.* **SIN.** Asco, aversión, desafecto, hostilidad, tirria. **ANT.** Simpatía, cariño, inclinación.

antipático, ca (an-ti-**pá**-ti-co) *adj.* Que causa antipatía. *Es tan antipático que nunca hace amigos.* **SIN.** Aborrecible, odioso. **ANT.** Amable, simpático.

antipatriótico, ca (an-ti-pa-**trió**-ti-co) *adj.* Contrario al patriotismo. *Es un antipatriótico, siempre habla mal de su país.*

antipirético, ca (an-ti-pi-**ré**-ti-co) *s. m.* Medicamento que combate la fiebre, haciéndola bajar. **GRA.** También adj. *La aspirina es antipirética.* **SIN.** Antifebril, febrífugo.

antípoda (an-**tí**-po-da) *adj.* Se dice del habitante o lugar de la Tierra que está completamente opuesto al punto que ocupamos nosotros. **GRA.** Se usa más como s. m. y s. f. y en pl. *Nueva Zelanda y sus habitantes son las antípodas de España.*

antirreglamentario, ria (an-ti-rre-gla-men-**ta**-rio) *adj.* Que se hace o se dice contra lo que dispone el reglamento. *Su actuación fue antirreglamentaria.*

antirreumático, ca (an-ti-rreu-**má**-ti-co) *adj.* Que sirve para curar el reuma. **GRA.** También s. m. *Le pusieron inyecciones antirreumáticas.*

antiséptico, ca (an-ti-**sép**-ti-co) *adj.* Se dice de las sustancias utilizadas para limpiar heridas y esterilizar instrumentos médicos. **GRA.** También s. m. *Los antisépticos previenen el contagio de enfermedades.*

antisocial (an-ti-so-**cial**) *adj.* Contrario, opuesto a la sociedad, al orden social. *Su comportamiento antisocial le está causando muchos problemas.*

antítesis (an-**tí**-te-sis) *s. f.* **1.** Persona o cosa completamente opuesta en sus condiciones a otra. *Sancho Panza es la antítesis de D. Quijote.* **2.** Figura literaria de pensamiento que consiste en contraponer dos palabras o frases de significación contraria. *"Si deseas para vivir, nunca serás pobre; si vives para tu deseo, nunca serás rico" (Polo de Medina).* ✎ Invariable en número.

antitetánico, ca (an-ti-te-**tá**-ni-co) *adj.* Se dice de los medicamentos empleados contra el tétanos. **GRA.** También s. f. *Tuvo que ponerse la antitetánica.*

antojarse (an-to-**jar**-se) *v. prnl.* **1.** Querer una cosa repentinamente y a veces sin razón para ello. *Se le antojó ese pantalón, aunque tenía otro casi igual.* **SIN.** Apetecer, desear, encapricharse. **2.** Presentarse algo como probable. *Se me antoja que tendremos visita esta tarde.* ✎ v. unipers.

antojo (an-**to**-jo) *s. m.* **1.** Deseo pasajero y caprichoso de una cosa. *No suele tener antojos, pero hoy se ha encaprichado por un helado.* **SIN.** Capricho, gusto. **2.** Lunar o mancha que algunas personas tienen en la piel. *Tengo un antojo en la espalda con forma de fresa.*

antología (an-to-lo-**gí**-a) *s. f.* Colección de poesías o de textos seleccionados. *Compró una antología de poetas románticos.* **SIN.** Selección.

antónimo, ma (an-**tó**-ni-mo) *adj.* Se dice de las palabras que expresan ideas opuestas o contrarias. **GRA.** También s. m. *Claro es el antónimo de oscuro.* **SIN.** Contrario, opuesto. **ANT.** Sinónimo.

antorcha (an-**tor**-cha) *s. f.* Mezcla de esparto y alquitrán para que resista al viento sin apagarse. *Durante la noche se alumbraron con antorchas.* **SIN.** Tea.

antracita (an-tra-**ci**-ta) *s. f.* Carbón fósil y brillante que arde con poca llama y sin humo ni olor. *Para la calefacción de carbón utilizaban antracita.*

antro (**an**-tro) *s. m.* Lugar desagradable o de mala fama. *No entres en ese bar, es un antro.* **SIN.** Tugurio, covacha.

antropófago, ga (an-tro-**pó**-fa-go) *adj.* Que come carne humana. **GRA.** También s. m. y s. f. *Se encontraron con una tribu de antropófagos.* **SIN.** Caníbal.

antropoide (an-tro-**poi**-de) *adj.* Se dice de los animales que por sus caracteres externos se parecen al ser humano. **GRA.** También s. m. *Los orangutanes son antropoides.* **SIN.** Primate, antropomorfo.

antropología (an-tro-po-lo-**gí**-a) *s. f.* Ciencia que estudia al ser humano tanto física como moralmente. *Estudia antropología.*

antropomorfo, fa (an-tro-po-**mor**-fo) *adj.* Se aplica a lo que tiene forma o apariencia humana. *Se han encontrado esculturas antropomorfas prehistóricas.*

anual (a-nu-**al**) *adj.* **1.** Que sucede o se repite cada año. *Asistió a la fiesta anual del colegio.* **2.** Que dura un año. *Es un curso anual.*

anuario (a-**nua**-rio) *s. m.* Libro que se publica anualmente, y que contiene las informaciones correspondientes al año. *Si necesitas los datos más actualizados consulta el anuario.* **SIN.** Almanaque.

anudar (a-nu-**dar**) *v. tr.* Hacer nudos. **GRA.** También v. prnl. *Anuda bien esta cuerda para que no se desenvuelva el paquete.* **SIN.** Atar, amarrar, enlazar. **ANT.** Desanudar, desatar, soltar.

anular - apagado

anular[1] (a-nu-**lar**) *adj.* **1.** De figura de anillo. *La lámpara tiene figura anular.* **2.** Se dice del dedo de la mano que está al lado del meñique. *Se rompió el dedo anular.*

anular[2] (a-nu-**lar**) *v. tr.* Dar por nulo o sin validez una cosa. *Anularon esa norma.* **SIN.** Abolir, derogar, invalidar. **ANT.** Aprobar, ratificar, validar.

anunciar (a-nun-**ciar**) *v. tr.* **1.** Hacer saber algo. *Han anunciado la llegada del tren.* **SIN.** Advertir, comunicar, decir, informar. **ANT.** Ocultar, callar. **2.** Informar a la gente sobre algo por medio de periódicos, carteles, radio, etc. *Para anunciar algo en televisión hay que pagar mucho dinero.* **SIN.** Publicar, divulgar, proclamar. **3.** Predecir lo que va a suceder. *Habían anunciado fuertes tormentas, pero nadie tomó precauciones.* **SIN.** Presagiar, predecir, pronosticar, vaticinar. ✎ En cuanto al acento, se conjuga como cambiar.

anuncio (a-**nun**-cio) *s. m.* **1.** Conjunto de palabras o signos con que se anuncia algo. *Pusieron un anuncio en el tablón, para que todo el mundo pudiera leerlo.* **SIN.** Bando, informe, cartel. **2.** Pronóstico. *El anuncio del buen tiempo para el fin de semana les puso muy contentos.* **SIN.** Augurio, profecía.

anuro, ra (a-**nu**-ro) *adj.* Se dice de los anfibios que no tiene cola. **GRA.** También s. m. *El sapo es un anuro.*

anverso (an-**ver**-so) *s. m.* Cara principal de las monedas o medallas. *En el anverso de la medalla lleva su nombre.* **SIN.** Haz, cara. **ANT.** Cruz, reverso, envés.

anzuelo (an-**zue**-lo) *s. m.* Gancho utilizado para pescar. *Ni un pez mordió el anzuelo en toda la mañana.* ‖ **LOC. picar en el anzuelo o tragar el anzuelo** *fam.* Caer en un engaño.

añadir (a-ña-**dir**) *v. tr.* Unir o juntar una cosa a otra. *Añade más agua al guiso.* **SIN.** Agregar, sumar, cargar, adicionar, ampliar. **ANT.** Disminuir, quitar, restar, mermar.

añejo, ja (a-**ñe**-jo) *adj.* Que tiene varios años. *Nos sirvieron un vino muy añejo.* **SIN.** Añoso, viejo, rancio. **ANT.** Nuevo.

añicos (a-**ñi**-cos) *s. m. pl.* Pedazos en que se divide una cosa al romperse. *Se cayó la botella y se hizo añicos.* **SIN.** Trozos, fragmentos, polvo, trizas, migajas. ✎ Invariable en número.

añil (a-**ñil**) *adj.* De color azul. *Me he comprado una camisa de color añil.* **SIN.** Azulado. ✎ Invariable en género y número.

año (**a**-ño) *s. m.* **1.** Tiempo que emplea un planeta en recorrer su órbita, especialmente el que emplea la Tierra en dar la vuelta alrededor del Sol. *El año solar dura 365,2422 días.* **2.** Período de doce meses a contar desde el día 1 de enero hasta el 31 de diciembre, ambos inclusive. *Un año consta de 365 días.* ‖ **3. año bisiesto** El que excede al año común en un día, que se añade al mes de febrero, para mantener el calendario acorde con el año solar. **4. año luz** Distancia que recorre la luz en un año, igual a 9,46 billones de km. ‖ **LOC. de buen año** Grueso, de salud excelente. **entrado en años** De avanzada edad.

añojo, ja (a-**ño**-jo) *s. m. y s. f.* Novillo o cordero de un año. *Compró filetes de añojo.*

añoranza (a-ño-**ran**-za) *s. f.* Pesar por la ausencia de una persona o cosa. *Sentía añoranza de su tierra.* **SIN.** Melancolía, nostalgia. **ANT.** Olvido, desapego.

añorar (a-ño-**rar**) *v. tr.* Recordar con tristeza la pérdida o ausencia de una persona o cosa muy querida. **GRA.** También v. intr. *Añoraba los buenos momentos de su infancia.* **SIN.** Evocar, rememorar.

aorta (a-**or**-ta) *s. f.* Arteria principal del cuerpo que nace del ventrículo izquierdo del corazón. *La arteria aorta transporta sangre oxigenada desde el corazón.*

aovado, da (a-o-**va**-do) *adj.* Que tiene la forma de huevo. *Compró un cuadro aovado para el recibidor.*

apabullar (a-pa-bu-**llar**) *v. tr., fam.* Dejar a alguien confuso y sin saber qué responder. *Al pobre le apabullaron entre todos.* **SIN.** Confundir, anonadar, avergonzar. **ANT.** Halagar, animar, tranquilizar.

apacentar (a-pa-cen-**tar**) *v. tr.* Dar pasto al ganado. **GRA.** También v. prnl. *Está apacentando las ovejas.* **SIN.** Pastorear. ✎ v. irreg., se conjuga como acertar.

apacible (a-pa-**ci**-ble) *adj.* Dulce y agradable en el trato. *Es una persona muy apacible.* **SIN.** Afable, bondadoso, pacífico, tranquilo. **ANT.** Brusco, revoltoso, duro. ✎ Tiene sup. irreg., apacibilísimo.

apaciguar (a-pa-ci-**guar**) *v. tr.* Poner en paz. **GRA.** También v. prnl. *Tras la discusión se apaciguaron los ánimos.* **SIN.** Calmar, serenar, sosegar, aplacar. **ANT.** Excitar, enconar, inquietar, irritar. ✎ En cuanto al acento, se conjuga como averiguar.

apadrinar (a-pa-dri-**nar**) *v. tr.* **1.** Acompañar o asistir como padrino a una persona. *El padre apadrinará a la novia.* **2.** Patrocinar, proteger. *Su exposición de cuadros la apadrina un famoso pintor.*

apagado, da (a-pa-**ga**-do) *adj.* **1.** Que no está encendido o en funcionamiento. *La cafetera está apagada.* **ANT.** Encendido. **2.** De carácter muy tranquilo y sosegado. *Nunca destaca en las reuniones porque es muy tímido y apagado.* **ANT.** Brillante. **3.** De color, brillo, etc., poco vivo. *Viste con colores apagados.* **ANT.** Vivo, brillante. **4.** Apocado, triste. *Lleva unos días muy apagada.*

apagar (a-pa-**gar**) *v. tr.* **1.** Extinguir el fuego o la luz. **GRA.** También v. prnl. *Los bomberos apagaron el incendio. Apaga la luz, vamos a ver unas diapositivas sobre el Universo.* **SIN.** Sofocar(se). **ANT.** Encender(se). **2.** Aplacar, disipar, extinguir. **GRA.** También v. prnl. *Su intervención logró apagar la discusión y pudieron llegar a un acuerdo.* **SIN.** Aplacar(se), reprimir(se). **ANT.** Excitar(se). ‖ **LOC. apaga y vámonos** *fam.* Se emplea al conocer que una cosa toca a su término, o al oír o ver algo muy absurdo, disparatado o escandaloso. ✎ Se conjuga como ahogar.

apagón (a-pa-**gón**) *s. m.* Corte repentino y momentáneo de la corriente y luz eléctrica. *Se produjo un apagón de luz en toda la ciudad.* **SIN.** Interrupción, oscuridad. **ANT.** Iluminación.

apaisado, da (a-pai-**sa**-do) *adj.* Se dice de lo que es más ancho que alto. *Pon la hoja apaisada.* **SIN.** Alargado, horizontal, prolongado. **ANT.** Alto, vertical.

apalabrar (a-pa-la-**brar**) *v. tr.* Llegar a un acuerdo de palabra. *Apalabraron la venta de la casa.* **SIN.** Tratar, convenir, pactar.

apalancar (a-pa-lan-**car**) *v. tr.* **1.** Levantar, mover alguna cosa con palanca. *Tuvimos que apalancar la rueda del coche para que pudiera salir del barro.* ‖ *v. prnl.* **2.** *fam.* No tener ganas de hacer nada. *Me apalanqué en el sillón viendo la tele y ya no me apeteció salir.*

apalear (a-pa-le-**ar**) *v. tr.* **1.** Dar golpes a una persona o cosa con un palo. *Unos gamberros apalearon al pobre mendigo.* **SIN.** Aporrear, bastonear. **2.** Sacudir ropas, alfombras, etc., con palo o con vara. *Estaban apaleando la alfombra grande del salón.*

apañar (a-pa-**ñar**) *v. tr.* **1.** Coger algo. *Apañaba troncos del suelo.* **SIN.** Agarrar, asir, tomar, apropiarse, prender. **2.** Tomar alguna cosa ilícitamente. *Apañó el dinero que había en la caja, aunque sabía que no era suyo.* **SIN.** Hurtar, robar, sisar. **ANT.** Dar, entregar. **3.** Arreglar con curiosidad y limpieza. *Apaña un poco la casa, está hecha un desastre.* **SIN.** Acicalar, adornar, asear. **ANT.** Estropear, desarreglar, desasear. ‖ *v. prnl.* **4.** *fam.* Ser muy hábil para hacer alguna cosa. *Se apaña muy bien él solo para hacer la comida.* **SIN.** Amañarse, industriarse, arreglarse.

apaño (a-**pa**-ño) *s. m., fam.* Reparo o remiendo que se hace en alguna cosa. *Hizo un apaño de mala manera.* **SIN.** Chapuza, arreglo.

aparador (a-pa-ra-**dor**) *s. m.* Mueble donde se guarda o contiene lo necesario para el servicio de la mesa. *Compramos un aparador de madera de roble para el comedor.* **SIN.** Cómoda, vitrina, estantería.

aparato (a-pa-**ra**-to) *s. m.* **1.** Cosa o conjunto de cosas utilizadas para un fin. *En el gimnasio hay muchos aparatos.* **2.** Mecanismo formado por un conjunto de piezas que realizan una función. *Mi canción favorita sonó en el aparato de radio.* **SIN.** Máquina, artefacto. **3.** Pompa, ostentación. *Siempre llama la atención porque va a los sitios con mucho aparato.* **SIN.** Fausto, boato. **4.** Conjunto de órganos de un animal o planta que tienen idéntica función. *Aparato digestivo.*

aparatoso, sa (a-pa-ra-**to**-so) *adj.* Que tiene mucho ostentación. *Hicieron una boda demasiado aparatosa.* **SIN.** Ostentoso, pomposo, lujoso, llamativo. **ANT.** Sobrio, sencillo.

aparcamiento (a-par-ca-**mien**-to) *s. m.* **1.** Acción y efecto de aparcar. *Le suspendieron el carnet de conducir porque hizo mal el aparcamiento.* **2.** Lugar en el que se dejan los coches. *No había ningún lugar vacío en el aparcamiento.* **SIN.** Estacionamiento.

aparcar (a-par-**car**) *v. tr.* **1.** Colocar en un lugar público señalado a tal efecto los coches u otros vehículos. *Había un sitio libre frente a tu casa y aparcamos allí.* **SIN.** Estacionar. **ANT.** Desaparcar. **2.** Aplazar algo. *Aparcó ese trabajo durante algunos meses.* ✎ Se conjuga como abarcar. ☞ En Amér. se usa más el v. "parquear", con el mismo significado que el v. "aparcar" español.

aparear (a-pa-re-**ar**) *v. tr.* Juntar las hembras de los animales con los machos para que críen. **GRA.** También v. prnl. *Soltaron la vaca y el toro en el corral para que se aparearan.* **SIN.** Ayuntar, emparejar.

aparecer (a-pa-re-**cer**) *v. intr.* **1.** Ponerse a la vista algo que estaba oculto. **GRA.** También v. prnl. *La luna apareció entre las nubes.* **SIN.** Asomar(se), apuntar, aflorar, mostrarse. **ANT.** Desaparecer. **2.** Llegar alguien a un sitio. *Seguro que aparecerá cuando nadie lo espere.* **SIN.** Presentarse. **3.** Ser encontrado algo que se había perdido. *Ya aparecieron las llaves.* **SIN.** Hallarse. ✎ v. irreg., se conjuga como parecer.

aparejador, ra (a-pa-re-ja-**dor**) *s. m. y s. f.* Arquitecto técnico. *El aparejador ayudó al arquitecto a hacer los planos del edificio.*

aparejo (a-pa-**re**-jo) *s. m.* Conjunto de objetos necesarios para hacer diversas cosas. *Preparó los aparejos de pesca.* **SIN.** Instrumentos, herramientas.

aparentar (a-pa-ren-**tar**) *v. tr.* **1.** Manifestar o dar a entender lo que no es o lo que no hay. *Aparentaba alegría para que los demás no sospecharan nada.* **SIN.** Fingir, disimular, simular. **ANT.** Desenmascarar. **2.** Tener una persona el aspecto que corresponde a su edad. *Aparenta muchos menos años de los que tiene.*

aparente (a-pa-**ren**-te) *adj.* **1.** Que parece y no es. *Era una verdad sólo aparente.* **SIN.** Simulado, fingido, disfrazado. **ANT.** Real, verdadero. || *adj.* **2.** De buena presencia, que llama la atención. *Te ha quedado muy aparente.* || *adj.* **3.** Que es apto para algo. *Es aparente para la situación.* **SIN.** Conveniente, oportuno, adecuado.

aparición (a-pa-ri-**ción**) *s. f.* **1.** Acción de aparecer o aparecerse. *Su aparición en la fiesta fue una gran sorpresa para todos.* **SIN.** Manifestación, presentación. **2.** Visión de un ser sobrenatural o fantástico. *Una vidente dice que ha tenido una aparición de la Virgen.* **SIN.** Aparecido, fantasma, espectro.

apariencia (a-pa-**rien**-cia) *s. f.* **1.** Aspecto exterior de una persona o cosa. *En apariencia es una persona muy educada.* **SIN.** Forma, plante, figura, pinta, aire. **2.** Cosa que parece y no es. *Las apariencias engañan.* **SIN.** Ficción, simulación, invención. **ANT.** Realidad, verdad.

apartado, da (a-par-**ta**-do) *adj.* **1.** Que se encuentra lejos o a larga distancia. *Vive solo en una casa apartada del resto del pueblo.* **SIN.** Retirado, remoto, alejado, distante. **ANT.** Próximo, cercano. || *s. m.* **2.** Cada uno de los párrafos o artículos de un tratado o ley. *La reforma se dividía en cinco apartados importantes.* **SIN.** Capítulo, título, parte. **3.** *Méx.* Edificio en el que se realiza la operación de apartar metales.

apartamento (a-par-ta-**men**-to) *s. m.* Vivienda de pequeñas dimensiones y con pocas habitaciones. *Compraron un apartamento en la playa para ir de vacaciones.* **SIN.** Buhardilla, estudio, piso.

apartar (a-par-**tar**) *v. tr.* **1.** Separar, desunir, dividir. **GRA.** También v. prnl. *Aparta los lapiceros azules de los rojos.* **SIN.** Escoger, separar(se), dividir(se). **2.** Quitar a una persona o cosa del lugar en que estaba. **GRA.** También v. prnl. *Apartaron a los curiosos.* **SIN.** Alejar(se), retirar(se), separar(se), aislar(se), desviar(se). **ANT.** Acercar(se), unir(se).

aparte (a-**par**-te) *adv. l.* **1.** En otro lugar. *Como le molestaba la tele, se puso a leer aparte.* || *adv. m.* **2.** Separadamente, con distinción. *Envuelve aparte los dos paquetes.*

apartheid *s. m.* Segregación racial promovida desde el poder. Se aplicaba especialmente a la situación de la República Sudafricana. *Siempre estuvo en contra del apartheid.* **SIN.** Segregacionismo, racismo.

apasionar (a-pa-sio-**nar**) *v. tr.* Causar alguna pasión. **GRA.** Se usa más como v. prnl. *Hace años que se apasionó mucho con la pintura y ahora es un pintor famoso.* **SIN.** Excitar(se), entusiasmar(se). **ANT.** Desinteresar(se), desengañar(se).

apatía (a-pa-**tí**-a) *s. f.* Dejadez, indolencia, falta de vigor o energía. *Mostraba mucha apatía.* **SIN.** Abandono, desgana, desidia. **ANT.** Ardor, esfuerzo.

apátrida (a-**pá**-tri-da) *adj.* Se dice de de la persona que no tiene ninguna nacionalidad. **GRA.** También s. m. y s. f. *Ha vivido en tantos países distintos que ahora se siente como un apátrida.*

apeadero (a-pe-a-**de**-ro) *s. m.* En los ferrocarriles, sitio de la vía preparado para el servicio público, pero sin estación. *Ese pueblo es tan pequeño que sólo tiene apeadero.*

apear (a-pe-**ar**) *v. tr.* **1.** Desmontar, bajar a lguien de una caballería o carruaje. **GRA.** Se usa más como v. prnl. *Se apean en la siguiente estación.* **SIN.** Descender, desmontar, descabalgar. **ANT.** Subir(se), montar(se). || *v. prnl.* **2.** *amer.* Comer con las manos.

apechar (a-pe-**char**) *v. intr.* *Apechugar.

apechugar (a-pe-chu-**gar**) *v. intr., fam.* Cargar con alguna responsabilidad. *Dijo que apechugaría con todos los gastos porque había sido culpa suya.* **SIN.** Aguantar, apencar, tragar. **ANT.** Rechazar, rehusar.

apedrear (a-pe-dre-**ar**) *v. tr.* Tirar piedras a una persona o cosa. *En la manifestación apedrearon varios coches que estaban aparcados.* **SIN.** Cantear.

apego (a-**pe**-go) *s. m.* Inclinación particular hacia alguien o algo. *Tiene mucho apego a su ciudad natal, siempre que puede va allí.* **SIN.** Amistad, simpatía, cariño. **ANT.** Desapego, enemistad, desinterés.

apelar (a-pe-**lar**) *v. intr.* **1.** Recurrir ante un tribunal superior para que enmiende o anule la sentencia dada por otro tribunal. *Apeló ante el Supremo.* **SIN.** Reclamar, interponer, alzarse. **ANT.** Abandonar, aceptar. **2.** Recurrir a una persona o cosa para algún trabajo o necesidad. **GRA.** También v. prnl. *Apeló a su hermano para que le ayudase.* **3.** Referirse, recaer. *En el discurso apeló a la buena labor del director.*

apelativo (a-pe-la-**ti**-vo) *adj.* Se dice del apodo con que se conoce a alguien. **GRA.** También s. m. *"Tacho" es el apelativo cariñoso de mi amigo Miguel.*

apellidar (a-pe-lli-**dar**) *v. tr.* **1.** Nombrar, llamar. *Le apellidaron jefe por su poder de decisión.* || *v. prnl.* **2.** Tener determinado apellido. *Se apellida Galindo.* **SIN.** Llamarse.

apellido (a-pe-**lli**-do) *s. m.* Nombre de familia con que se distinguen las personas y que se transmite de padres a hijos. *Sus apellidos son González, por su padre, y Álvarez por su madre.*

apelmazar - aplacar

apelmazar (a-pel-ma-**zar**) *v. tr.* Hacer que una cosa esté menos esponjosa o hueca. **GRA.** También v. prnl. *La lana del cojín se apelmazó al lavarlo.* **SIN.** Comprimir, tupir, compactar.

apelotonar (a-pe-lo-to-**nar**) *v. tr.* Reunirse muchas personas o cosas formando un grupo sin orden. **GRA.** También v. prnl. *Se apelotonaron todos en la entrada.* **SIN.** Apiñar(se), amontonar(se).

apenar (a-pe-**nar**) *v. tr.* Causar pena o aflicción. **GRA.** También v. prnl. *Se apenó mucho al enterarse de su enfermedad.* **SIN.** Abrumar(se), entriste-cer(se). **ANT.** Alegrar(se), regocijar(se).

apenas (a-**pe**-nas) *adv. m.* **1.** Casi no, con dificultad. *Apenas lo he visto esta semana.* ‖ *adv. t.* **2.** Luego que, al punto que. *Apenas llegó, se lo contaron.*

apencar (a-pen-**car**) *v. intr., fam.* Aceptar algo que desagrada. *Tuvo que apencar con toda la responsabilidad.* **SIN.** Aguantar, soportar, apechugar. **SIN.** Rechazar. ✎ Se conjuga como abarcar.

apéndice (a-**pén**-di-ce) *s. m.* **1.** Parte saliente del cuerpo de un animal. *El elefante tiene un apéndice nasal muy pronunciado.* **2.** Prolongación del intestino ciego. *Le dolía el apéndice.* **3.** Cosa adjunta o añadida a otra, de la cual es parte accesoria o dependiente. *El diccionario tiene al final un apéndice de gramática.* **SIN.** Añadido, anexo, suplemento.

apendicitis (a-pen-di-**ci**-tis) *s. f.* Inflamación muy aguda del apéndice vermicular. *Le dio un ataque de apendicitis.* ✎ Invariable en número.

apercibirse (a-per-ci-**bir**-se) *v. tr. v. prnl.* Darse cuenta de algo. *Se apercibió de lo sucedido en cuanto le vio la cara.*

aperitivo (a-pe-ri-**ti**-vo) *s. m.* Tapa y bebida que se toma antes de comer. *Tomaron el aperitivo.* **SIN.** Tentempié, entrante.

apero (a-**pe**-ro) *s. m.* Conjunto de instrumentos necesarios para la labranza u otra actividad. *Guardaban los aperos en el establo.*

apertura (a-per-**tu**-ra) *s. f.* **1.** Inauguración de un local o acto. *Asistimos a la apertura del curso académico.* **SIN.** Estreno, inauguración, comienzo. **ANT.** Clausura, cierre. **2.** Tendencia favorable a la comprensión de actitudes ideológicas, políticas, etc., distintas de las que alguien sostiene, o a la colaboración con quienes las representan. *El gobierno defiende una apertura del país hacia nuevas ideas.*

apesadumbrar (a-pe-sa-dum-**brar**) *v. tr.* Entristecer. **GRA.** Se usa más como v. prnl. *Se apesadumbró mucho al saber que había suspendido.* **SIN.** Afligir(se), apenar(se). **ANT.** Alegrar(se), confortar(se).

apestar (a-pes-**tar**) *v. tr.* **1.** Causar o contagiar la peste. **GRA.** También v. prnl. *La falta de higiene hizo que muchas personas se apestaran.* **SIN.** Infectar(se). **ANT.** Curar(se), sanar. **2.** *fam.* Causar fastidio o cansancio. *Nadie le aguanta porque apesta con sus continuas bromas.* **SIN.** Molestar, enfadar, aburrir, cansar, fastidiar. **ANT.** Divertir, entretener. ‖ *v. intr.* **3.** Despedir o arrojar mal olor. *Salía en aquel momento de la cuadra y apestaba a abono.* **SIN.** Heder, maloler. **ANT.** Aromatizar, perfumar. ‖ **LOC. estar apestado de algo** *fam.* Abundar.

apetecer (a-pe-te-**cer**) *v. tr.* Tener ganas de alguna cosa o desearla. *Me apetece ver esa película, es muy divertida.* **SIN.** Querer, ansiar, ambicionar. **ANT.** Detestar. ✎ v. irreg., se conjuga como parecer.

apetito (a-pe-**ti**-to) *s. m.* Ganas de comer. *Tiene apetito a cualquier hora.* **SIN.** Apetencia, hambre. **ANT.** Inapetencia. ‖ **LOC. abrir o despertar el apetito** *fam.* Excitar las ganas de comer.

apetitoso, sa (a-pe-ti-**to**-so) *adj.* Gustoso, sabroso. *Esa tarta de chocolate es muy apetitosa.*

apiadarse (a-pia-**dar**-se) *v. prnl.* Tener piedad. *Se apiadaba de los débiles.* **SIN.** Compadecerse.

ápice (**á**-pi-ce) *s. m.* Extremo superior o punta de alguna cosa. *Ápice de la lengua.* **SIN.** Cima, vértice.

apicultura (a-pi-cul-**tu**-ra) *s. f.* Arte de criar abejas para aprovechar sus productos. *Se dedica a la apicultura porque le gusta mucho la miel.*

apilar (a-pi-**lar**) *v. tr.* Hacer un montón de algo. *Apilaron la leña en el patio.* **SIN.** Amontonar, acumular, juntar. **ANT.** Esparcir, desperdigar, desparramar.

apiñar (a-pi-**ñar**) *v. tr.* Juntar estrechamente muchas personas o cosas. **GRA.** También v. prnl. *Se apiñaron todos en el autobús como pudieron.* **SIN.** Apretar(se), arrimar(se). **ANT.** Disgregar(se).

apio (**a**-pio) *s. m.* Planta de huerta de raíz y tallo comestibles. *Me gusta echar apio en la ensalada.*

apisonadora (a-pi-so-na-**do**-ra) *s. f.* Máquina pesada que cuenta con unos grandes rodillos, y que se usa para apelmazar el firme de las carreteras y caminos. *Varias apisonadoras trabajan en la construcción de la nueva carretera.* **SIN.** Aplanadora.

apisonar (a-pi-so-**nar**) *v. tr.* Apretar la tierra con una máquina apropiada. *Apisonaron la carretera y después echaron brea.* **SIN.** Aplanar, aplastar, planchar.

aplacar (a-pla-**car**) *v. tr.* Quitar el enfado. **GRA.** También v. prnl. *Consiguió aplacarle y hablar con él para buscar una solución.* **SIN.** Mitigar, suavizar, amansar, calmar, tranquilizar. **ANT.** Intranquilizar, irritar, excitar. ✎ Se conjuga como abarcar.

aplanar - apolillar

aplanar (a-pla-**nar**) *v. tr.* **1.** *Allanar. **SIN.** Igualar, explanar. **2.** *fam.* Asombrar, pasmar. *Lo aplanó con sus gritos y no supo reaccionar.* **fam.** Desalentar, debilitar, abatir. **ANT.** Vigorizar. ‖ *v. prnl.* **3.** Perder el vigor por enfermedad u otra causa. *Al ver que sus compañeros le habían abandonado, se aplanó.*

aplastar (a-plas-**tar**) *v. tr.* **1.** Deformar una cosa mediante un golpe o presión, aplanándola o haciendo disminuir su grosor. **GRA.** También v. prnl. *Al caer al suelo la caja de huevos, se aplastaron todos.* **SIN.** Estrujar(se), desparruchar(se). **2.** Vencer al enemigo de manera clara. *Aplastaron al enemigo en una dura batalla.* **SIN.** Aniquilar, derrotar. **ANT.** Ser derrotado, perder. **3.** *fam.* Dejar a alguien confuso y sin saber qué hablar o responder. *Aplastó claramente a su oponente en el debate.* **SIN.** Avergonzar, humillar, abatir. **ANT.** Exaltar.

aplatanar (a-pla-ta-**nar**) *v. tr.* **1.** Causar indolencia o restar actividad a alguien. *El dolor de cabeza le aplatanó por completo.* ‖ *v. prnl.* **2.** Tender a la inactividad. *Se aplatanó con el calor de la tarde y decidió ir a tumbarse a la playa.*

aplaudir (a-plau-**dir**) *v. tr.* **1.** Dar una palma de la mano contra otra en señal de entusiasmo. *Al acabar la actuación, el público aplaudió a los actores emocionado.* **SIN.** Celebrar, ovacionar, palmotear, aclamar. **ANT.** Abuchear, patear, vituperar, sisear. **2.** Aprobar con palabras u otras demostraciones a personas o cosas. *Aplaudió su decisión delante de todo el equipo directivo.* **SIN.** Celebrar, alabar, felicitar. **ANT.** Censurar, condenar, reprobar.

aplauso (a-**plau**-so) *s. m.* Acción y efecto de aplaudir. *El cantante recibió muchos aplausos, el público estaba entusiasmado.* **SIN.** Ovación.

aplazar (a-pla-**zar**) *v. tr.* Dejar un acto para más tarde. *Aplazaron el partido para otro día a causa de la lluvia.* **SIN.** Prorrogar, retrasar, posponer. **ANT.** Anticipar, adelantar. ✎ Se conjuga como abrazar.

aplicación (a-pli-ca-**ción**) *s. f.* **1.** Afición y asiduidad con que se hace algo, especialmente el estudio. *Su aplicación para las matemáticas es envidiable.* **SIN.** Esmero, tesón., atención, afán. **ANT.** Desatención, descuido. **2.** Programa informático destinado a realizar una tarea específica. *Hizo un curso de aplicaciones informáticas de oficina.*

aplicar (a-pli-**car**) *v. tr.* **1.** Poner una cosa sobre otra o en contacto de otra. *Le aplicaron una pomada en la herida.* **SIN.** Superponer, adosar, juntar. **ANT.** Separar, desunir. ‖ *v. prnl.* **2.** Dedicarse a un estudio o ejercicio con esmero y cuidado. *Se aplica mucho en el estudio.* **SIN.** Afanarse, esmerarse, concentrarse. **ANT.** Desatenderse, distraerse, desaplicarse, descuidarse. ✎ Se conjuga como abarcar.

aplique (a-**pli**-que) *s. m.* Aparato adosado a la pared. *Puso un aplique en el fondo del pasillo.* **SIN.** Adorno, lámpara.

aplomo (a-**plo**-mo) *s. m.* Gravedad, serenidad. *Habló con tanto aplomo que convenció a todos.*

apocar (a-po-**car**) *v. tr.* Humillar, hacer a alguien de menos. **GRA.** También v. prnl. *Se apocó al ver que los demás se reían de él.* **SIN.** Abatir(se), turbar(se), acobardar(se). **ANT.** Alabar(se), engrandecer(se). ✎ Se conjuga como abarcar.

apócope (a-**pó**-co-pe) *s. f.* Supresión de una o varias letras al final de una palabra. **GRA.** Es muy frecuente su uso como s. m. *San es un apócope de santo.* **SIN.** Elisión.

apodar (a-po-**dar**) *v. tr.* Poner o decir apodos. *Le apodaron "el cabra" porque le gustaba mucho subir a la montaña.* **SIN.** Motejar.

apoderado, da (a-po-de-**ra**-do) *adj.* Se dice de la persona que tiene poderes de otra para representarla. **GRA.** También s. m. y s. f. *Vino su apoderado a firmar el contrato.* **SIN.** Administrador, procurador, representante.

apoderar (a-po-de-**rar**) *v. tr.* **1.** Dar poder una persona a otra para que la represente. *Apoderó a su hermano para que asistiera por él a la reunión.* **SIN.** Facultar, conferir. **ANT.** Desautorizar. ‖ *v. prnl.* **2.** Hacerse alguien dueño de una cosa, o ponerla bajo su dirección. *Los ladrones se apoderaron de todo el dinero del banco.* **SIN.** Tomar, coger, usurpar, adueñarse, apropiarse. **ANT.** Desposeer, renunciar, ceder, restituir.

apodo (a-**po**-do) *s. m.* Nombre que suele darse a una persona, tomado generalmente de alguno de sus defectos o circunstancias personales. *Todos le conocen por su apodo.* **SIN.** Alias, mote, sobrenombre.

ápodo, da (**á**-po-do) *adj.* Se dice de los animales que no tienen pies. *Las serpientes son reptiles ápodos.*

apogeo (a-po-**ge**-o) *s. m.* **1.** Grado superior que puede alcanzar una cosa, como el poder, la virtud, la gloria, etc. *La nación estaba en su mayor apogeo.* **SIN.** Auge, culminación, esplendor, plenitud. **ANT.** Decadencia, apagamiento, ruina. **2.** Punto en que un cuerpo se encuentra a mayor distancia de la Tierra. *El apogeo máximo de la Luna es de 406 720 Km.*

apolillar (a-po-li-**llar**) *v. tr.* Estropear las cosas la polilla. **GRA.** Se usa más como v. prnl. *Se apolilló un abrigo en el armario.* **SIN.** Carcomer, deteriorar, picar.

apolítico - apoyar

apolítico, ca (a-po-**lí**-ti-co) *adj.* Que no le interesa la política. *No es de ningún partido porque se considera una persona apolítica.*

apología (a-po-lo-**gí**-a) *s. f.* Defensa o elogio de algo. *Hace apología de la paz en sus discursos.* **SIN.** Elogio, encomio, loa, ponderación. **ANT.** Vituperio.

apólogo (a-**pó**-lo-go) *s. m.* Cuento breve. *El "Conde Lucanor" es una obra de apólogos.* **SIN.** Parábola, fábula.

apoltronarse (a-pol-tro-**nar**-se) *v. prnl.* Hacerse perezoso. *Se apoltronó en el sofá y no hizo nada en toda la tarde.* **SIN.** Arrellanarse, repantigarse.

apoplejía (a-po-ple-**jí**-a) *s. f.* Suspensión repentina de la acción cerebral. *Sufrió una apoplejía.*

apoquinar (a-po-qui-**nar**) *v. tr., fam.* Entregar alguien a disgusto lo que le corresponde pagar. *Aunque no quería, tuvo que apoquinar la cuenta.*

aporrear (a-po-rre-**ar**) *v. tr.* Dar golpes, aunque no sea con porra. **GRA.** También v. prnl. *Aporrearon la puerta.* **SIN.** Zurrar(se), apalear(se), golpear(se), sacudir(se). **ANT.** Acariciar(se), mimar(se).

aportar (a-por-**tar**) *v. tr.* **1.** Contribuir con algo a alguna causa o situación. *Cada uno aportó lo que pudo para las misiones.* **SIN.** Dar, proporcionar. **2.** Presentar pruebas para demostrar algo. *Aportó su testimonio de los hechos en el juicio.*

aporte (a-**por**-te) *s. m.* Contribución, participación, ayuda. *Su aporte hizo que mucha gente se animara.*

aposentar (a-po-sen-**tar**) *v. tr.* Hospedar, alojar. *Se aposentó en un albergue de montaña hasta que dejó de nevar.* **SIN.** Albergar(se), acomodar(se).

aposento (a-po-**sen**-to) *s. m.* **1.** Habitación de una casa. *Su casa de campo es muy pequeña, sólo tiene tres aposentos.* **SIN.** Dormitorio, cuarto, estancia, sala. **2.** Posada, hospedaje. *Tomó aposento en un refugio que había cerca del pueblo.*

aposición (a-po-si-**ción**) *s. f.* Sustantivo, puesto a continuación de otro, que completa el significado de éste. *En la frase "Juan, el panadero, vino esta mañana", "el panadero" es una aposición.*

aposta (a-**pos**-ta) *adv. m.* Deliberadamente. *Lo hizo aposta, porque sabía que no le gustaba.* **SIN.** Adrede, ex profeso. **ANT.** Involuntariamente, sin querer.

apostar (a-pos-**tar**) *v. tr.* **1.** Hacer una apuesta. *Apostó a las quinielas de caballos.* **SIN.** Aventurar, arriesgar, jugar. **2.** Poner a alguien en un lugar determinado con algún fin. **GRA.** También v. prnl. *Apostaron centinelas en la puerta.* **SIN.** Colocar(se), situar(se). ✎ En la acepción 1 es v. irreg., se conjuga como contar.

apostatar (a-pos-ta-**tar**) *v. intr.* **1.** Negar la fe de Jesucristo recibida en el bautismo. *El emperador Juliano apostató de su fe.* **SIN.** Abjurar, retractarse. **ANT.** Abrazar, convertir. **2.** Abandonar un religioso la orden a que pertenece. *Su decisión de apostatar sorprendió a sus feligreses.* **SIN.** Abjurar, retractarse. **ANT.** Abrazar, convertir.

apóstol (a-**pós**-tol) *s. m.* Persona que se encarga de difundir una doctrina determinada. *Jesucristo dijo a los apóstoles que predicaran el evangelio.* **SIN.** Misionero, evangelista, predicador.

apostólico, ca (a-pos-**tó**-li-co) *adj.* **1.** Que pertenece o se refiere a los apóstoles. *El rechazo a las riquezas es una de las máximas apostólicas.* **2.** Que pertenece o se refiere al Papa o que dimana de su autoridad. *Bendición apostólica.*

apóstrofe (a-**pós**-tro-fe) *s. amb.* Figura literaria que consiste en dirigir la palabra con viveza a una persona o cosa personificada. *"Para y óyeme, oh sol, yo te saludo" (Espronceda).* ☞ No debe confundirse con "apóstrofo".

apóstrofo (a-**pós**-tro-fo) *s. m.* Signo ortográfico en figura de vírgula, que indica la oclusión de una vocal. *En inglés se necesita un apóstrofo para formar el genitivo sajón.* **SIN.** Tilde. ☞ No debe confundirse con "apóstrofe".

apotema (a-po-**te**-ma) *s. f.* **1.** Perpendicular trazada desde el centro de un polígono regular a uno cualquiera de sus lados. *La apotema de un cuadrado es igual a la mitad de longitud de su lado.* **2.** Altura de las caras triangulares de una pirámide regular. *Debes hallar la apotema de ese triángulo.*

apoteosis (a-po-te-**o**-sis) *s. f.* **1.** Ensalzamiento de una persona con grandes honores o alabanzas. *Recibir el premio Nobel fue la apoteosis de su carrera.* **SIN.** Exaltación, glorificación. **ANT.** Humillación. **2.** Éxito total. *El espectáculo fue una apoteosis.* ✎ Invariable en número.

apoyar (a-po-**yar**) *v. tr.* **1.** Hacer que una cosa descanse sobre otra. *Apoyó su cabeza en la almohada.* **SIN.** Asentar, sostener, basar. **ANT.** Desapoyar. **2.** Prestar ayuda o protección a alguien. *Apoyaba su candidatura.* **SIN.** Favorecer, proteger, amparar, defender. **ANT.** Atacar, combatir, abandonar. **3.** Sostener con pruebas una opinión o doctrina. *Apoyó sus argumentos con sólidas pruebas.* **SIN.** Corroborar, fundamentar, avalar. **ANT.** Atacar, combatir, rechazar, desaprobar. ‖ *v. prnl.* **4.** Servirse de algo para protección o fundamento de una opinión o doctrina. *Se apoyaba en sus muchos años de estudio.*

apoyo (a-**po**-yo) *s. m.* **1.** Sostén o soporte de algo. **SIN.** Columna, cimiento, pilar. *Varios pilares servían de apoyo.* **2.** Protección física o moral. *Contaba con el apoyo de su padre para llevar a cabo el negocio.* **SIN.** Amparo, auxilio, defensa. **ANT.** Desprotección, abandono. **3.** Fundamento o prueba de una opinión o doctrina. *Necesitaba encontrar un apoyo más firme para su teoría.* **SIN.** Confirmación, corroboración. **ANT.** Rechazo, desaprobación.

apreciar (a-pre-**ciar**) *v. tr.* **1.** Reconocer y estimar el mérito de las personas o de las cosas. *Apreciaba su colaboración.* **SIN.** Estimar, considerar, valorar. **ANT.** Despreciar, desestimar. **3.** Sentir cariño por una persona o cosa. *Aprecia mucho el libro que le regalaste por su cumpleaños. Mi hermano te aprecia mucho.* **SIN.** Querer, estimar, valorar. ✎ En cuanto al acento, se conjuga como cambiar.

aprecio (a-**pre**-cio) *s. m.* Estimación que se tiene a una persona o cosa. *Me demostró mucho aprecio.* **SIN.** Consideración, cariño. **ANT.** Desprecio, odio.

aprehender (a-pre-hen-**der**) *v. tr.* Prender a una persona o cosa, especialmente si es de contrabando. *La policía aprehendió un alijo de tabaco.* **SIN.** Coger, apresar, capturar, detener, atacar. **ANT.** Soltar, liberar. ☞ No debe confundirse con "aprender", que significa 'instruirse'.

apremiar (a-pre-**miar**) *v. tr.* Meter prisa a alguien para que haga una cosa lo más pronto posible. *No apremies tanto, que luego sale mal.* **SIN.** Apurar, acelerar, exigir. **ANT.** Tranquilizar, sosegar. ✎ En cuanto al acento, se conjuga como cambiar.

aprender (a-pren-**der**) *v. tr.* Adquirir conocimientos mediante el estudio o la experiencia. *Estoy aprendiendo a conducir. Aprendió la lección de Historia en muy poco tiempo.* **SIN.** Estudiar, ilustrarse, instruirse. **ANT.** Desaprender, olvidar. ☞ No debe confundirse con "aprehender", que significa 'coger'.

aprendiz, za (a-pren-**diz**) *s. m. y s. f.* Persona que aprende algún arte u oficio. *Ahora está de aprendiz de mecánico de coches.* **SIN.** Novel, aspirante, discípulo, principiante. **ANT.** Maestro, oficial. ✎ Su pl. es "aprendices".

aprendizaje (a-pren-di-**za**-je) *s. m.* Acción de aprender algún arte u oficio, y tiempo que se emplea para ello. *En sus seis meses de aprendizaje demostró que valía para ese trabajo.* **SIN.** Ejercitamiento, estudio, instrucción, lección.

aprensión (a-pren-**sión**) *s. f.* **1.** Temor, desconfianza. *Sentía cierta aprensión ante aquel desconocido.* **SIN.** Reparo, sospecha. **2.** Opinión, figuración, idea infundada o extraña. **GRA.** Se usa más en pl. *No tiene ningún motivo para pensar eso, son sólo aprensiones suyas.*

aprensivo, va (a-pren-**si**-vo) *adj.* Se dice de la persona muy débil que ve peligros en todo para su salud, o imagina que es grave cualquier leve dolencia que tiene. *Es tan aprensivo que se pasa todo el día en el médico.* **SIN.** Desconfiado, reparón, temeroso, miedoso.

apresar (a-pre-**sar**) *v. tr.* Tomar por la fuerza a alguien o algo. *Apresaron un pesquero en aguas del Mediterráneo.* **SIN.** Aprehender, prender, capturar. **ANT.** Soltar, libertar, liberar.

apresto (a-**pres**-to) *s. m.* Dureza que tiene una tela por llevar almidón, cola, añil, etc. *Esta tela tiene demasiado apresto para hacer una falda.*

apresurar (a-pre-su-**rar**) *v. tr.* Meter prisa. **GRA.** También v. prnl. *No te apresures tanto, todavía es pronto.* **SIN.** Acelerar(se), aligerar(se), avivar(se), activar(se). **ANT.** Entretener(se), retardar(se), retrasar(se), sosegar(se).

apretado, da (a-pre-**ta**-do) *adj., fam.* Estrecho. *A mi hermana le encanta llevar vestidos muy apretados.* **SIN.** Prieto, ceñido. **ANT.** Holgado, ancho, amplio, generoso.

apretar (a-pre-**tar**) *v. tr.* **1.** Estrechar contra el pecho; estrechar ciñendo con la mano o los brazos. *Aprieta tanto al saludar que casi hace daño.* **SIN.** Abrazar, apretujar, estrujar. **ANT.** Soltar, liberar, aflojar. **2.** Quedar demasiado estrecho el calzado, una prenda de vestir, etc. *No puedo ponerme los zapatos nuevos porque me aprietan.* **3.** Poner más tirante. *Aprieta más la cuerda para que quede mejor atada la caja.* **4.** Estrechar, reducir una cosa a menor volumen. *Ayúdame a apretar la maleta, así no cierra.* **SIN.** Apretujar, aplastar, oprimir, cerrar. **5.** Apiñar estrechamente. **GRA.** También v. prnl. *Tuvimos que apretarnos mucho en el autobús para que subiesen los de la última parada.* **SIN.** Juntar(se). **6.** Tratar con excesivo rigor. *El nuevo profesor les aprieta mucho.* **7.** Acosar a alguien. *Le apretaron tanto que al final confesó que había sido él.* **SIN.** Importunar, apremir, hostigar. **ANT.** Sosegar, dejar en paz. ✎ v. irreg., se conjuga como acertar.

aprieto (a-**prie**-to) *s. m.* **1.** Opresión por excesiva concurrencia de gente. *Habíamos quedado a la entrada del concierto, pero había tal aprieto en la puerta que no nos encontramos.* **2.** Apuro, dificultad. *Se vio en grandes aprietos para devolver el dinero que había pedido.*

aprisa (a-**pri**-sa) *adv. m.* Con toda rapidez. *Ven aprisa, es urgente.* **SIN.** Rápidamente. **ANT.** Despacio.

aprisco (a-**pris**-co) *s. m.* Paraje donde los pastores recogen el ganado para resguardarlo del mal tiempo. *Llevó las ovejas al aprisco.* **SIN.** Majada.

aprisionar (a-pri-sio-**nar**) *v. tr.* **1.** Meter en prisión. *Aprisionaron a los ladrones.* **SIN.** Prender, encarcelar. **ANT.** Libertar. **2.** Atar, sujetar. *Estaba aprisionado entre dos barrotes.* **SIN.** Coger, asir. **ANT.** Soltar.

aprobado (a-pro-**ba**-do) *s. m.* En los exámenes, calificación mínima de aptitud. *Sólo saqué un aprobado.* **ANT.** Suspenso.

aprobar (a-pro-**bar**) *v. tr.* **1.** Calificar o dar por bueno. *Aprobaron los presupuestos.* **2.** Asentir a doctrinas u opiniones. *Aprobaron su propuesta.* **ANT.** Desaprobar, reprobar. **3.** Declarar apto, competente a alguien. *Aprobaron su ingreso en la Universidad.* **4.** Conseguir la calificación suficiente para superar un examen. *Aprobó la Física con buena nota.* **ANT.** Suspender. ✎ v. irreg., se conjuga como contar.

apropiado, da (a-pro-**pia**-do) *adj.* Adaptado o proporcionado para el fin a que se destina. *Adoptaron las medidas apropiadas.* **SIN.** Conveniente, correcto, oportuno, pertinente, idóneo. **ANT.** Inapropiado, incorrecto, inadecuado.

apropiarse (a-pro-**piar**-se) *v. prnl.* Tomar para sí alguna cosa haciéndose dueño de ella. *Se apropió de su idea.* **SIN.** Apoderarse, tomar. **ANT.** Ceder, dejar. ✎ En cuanto al acento, se conjuga como cambiar.

aprovechado, da (a-pro-ve-**cha**-do) *adj.* Que abusa de los demás. *Es una aprovechada.*

aprovechar (a-pro-ve-**char**) *v. intr.* **1.** Servir de provecho alguna cosa. *Mi madre aprovechó unas maderas para hacer un armario.* **SIN.** Servir, valer, rendir. **ANT.** Ser inútil. ‖ *v. tr.* **2.** Usar algo al máximo. *Aprovecha el tiempo libre para estudiar.* **SIN.** Emplear, utilizar, disfrutar, explotar. **ANT.** Desaprovechar, desperdiciar. ‖ *v. prnl.* **3.** Usar algo para el propio beneficio aunque dañe a otros. *Se aprovechó de que llegué tarde para elegir el mejor asiento.* **SIN.** Beneficiarse, servirse de.

aprovisionar (a-pro-vi-sio-**nar**) *v. tr.* *Abastecer.

aproximación (a-pro-xi-ma-**ción**) *s. f.* **1.** Acción y efecto de aproximar o aproximarse. *Fue el primer intento de aproximación entre los dos países.* **SIN.** Acercamiento, afinidad. **ANT.** Alejamiento, separación. **2.** En la lotería nacional cada uno de los premios que se conceden a los números anterior y posterior, y a los de la centena de los primeros premios de un sorteo. *Nos ha tocado sólo una aproximación.*

aproximar (a-pro-xi-**mar**) *v. tr.* Arrimar, acercar. **GRA.** También v. prnl. *Aproximó sus manos al fuego para calentarse.* **SIN.** Juntar(se), arrimar(se). **ANT.** Alejar(se), apartar(se).

áptero, ra (**áp**-te-ro) *adj.* Que no tiene alas. *La hormiga es un insecto áptero.* **SIN.** Inalado.

aptitud (ap-ti-**tud**) *s. f.* Suficiencia o capacidad para desarrollar una actividad, ejercer un empleo o cargo, etc. *Demostró su aptitud para la natación.* **SIN.** Capacidad, disposición, idoneidad, habilidad, talento. **ANT.** Ineptitud, incompetencia. ☞ No debe confundirse con "actitud".

apto, ta (**ap**-to) *adj.* Preparado para realizar algo. *Le declararon apto para el servicio militar.* **SIN.** Idóneo, hábil, capacitado, perito, competente. **ANT.** Inepto.

apuesta (a-**pues**-ta) *s. f.* **1.** Acción y efecto de apostar dinero u otra cosa. *Hizo una apuesta.* **SIN.** Envite, postura, jugada. **2.** Cosa que se apuesta. *La apuesta era una cena.*

apuesto, ta (a-**pues**-to) *adj.* Arreglado, de muy buena presencia. *Era un caballero muy apuesto.* **SIN.** Garboso, gallardo. **ANT.** Zarrapastroso.

apuntador (a-pun-ta-**dor**) *s. m.* Persona que en el teatro va apuntando a los actores lo que tienen que decir. *Se quedó en blanco y se lo tuvo que decir el apuntador.* **SIN.** Soplón, comentarista.

apuntalar (a-pun-ta-**lar**) *v. tr.* **1.** Poner puntales. *Apuntalaron la pared que estaba a punto de caerse.* **2.** Sostener, afirmar. *En su discurso apuntaló con pruebas sus argumentos.* **SIN.** Asegurar, consolidar.

apuntar (a-pun-**tar**) *v. tr.* **1.** Señalar algo con el dedo o de otra manera. *Apunta tu ciudad en el mapa.* **SIN.** Indicar. **2.** Tomar nota por escrito de alguna cosa. *Apunta mi número de teléfono.* **SIN.** Anotar. **3.** Inscribir a alguien en una asociación, curso, actividad, etc. **GRA.** También v. prnl. *Me apunté a un curso de natación.* **ANT.** Borrar(se). **4.** Señalar o indicar. *Apunta hacia la derecha.* **5.** Sugerir algo a la persona que está hablando para que recuerde lo olvidado o para que corrija lo que está diciendo. *Cuando le preguntó el profesor, sus compañeros le apuntaban.* ‖ *v. intr.* **6.** Empezar a mostrarse alguna cosa. *Ya apuntaban los trigos en los campos.*

apunte (a-**pun**-te) *s. m.* **1.** Nota que se hace por escrito. *Era muy rápida tomando apuntes.* **SIN.** Glosa, anotación. **2.** Dibujo hecho rápidamente para dar idea o recordar algo. *Nos hizo un rápido apunte del esquema de trabajo a seguir.* **SIN.** Esbozo, bosquejo.

apuñalar (a-pu-ña-**lar**) *v. tr.* Dar puñaladas. *Tuvo que apuñalar al tigre para salvarse.* **SIN.** Acuchillar.

apurado, da (a-pu-**ra**-do) *adj.* **1.** Pobre, que no tiene lo que necesita. *Este mes andaba un poco apurado de dinero.* **2.** Dificultoso, peligroso, angustioso. *Lo pasa mal en situaciones tan apuradas.* **3.** Esmerado, exacto. *Afeitado apurado.* **4.** Apresurado, con prisa. *Se vieron apurados para coger el autobús.*

apurar (a-pu-**rar**) *v. tr.* **1.** Llevar una cosa hasta el extremo. *Apuró hasta la última gota de agua.* **SIN.** Extremar, agotar, consumir. **ANT.** Desaprovechar, desperdiciar. **2.** Meter prisa. **GRA.** También v. prnl. *Apúrate o llegaremos tarde.* **SIN.** Acelerar, apremiar, apresurar(se). **ANT.** Tardar, atrasar, retrasar(se). ‖ *v. prnl.* **3.** Sentir preocupación o congoja. *No te apures, seguro que no le ha pasado nada.* **SIN.** Afligirse, acongojarse. **ANT.** Consolarse, animarse.

apuro (a-**pu**-ro) *s. m.* **1.** Aprieto, escasez grande. *Pasó grandes apuros económicos cuando se quedó en el paro.* **SIN.** Necesidad, urgencia. **ANT.** Abundancia, desahogo **2.** Situación de difícil solución que hay que resolver. *Estuve en un apuro cuando me quedé encerrado en el ascensor.* **SIN.** Aprieto, dificultad.

aquejar (a-que-**jar**) *v. tr.* Hablando de enfermedades, vicios, defectos, etc., afectar a una persona o cosa, causarles daño. *Está un poco aquejado de artritis.*

aquel, lla, llo (a-**quel**) *pron. dem.* Designa una persona o cosa que está lejos del hablante y del oyente. **GRA.** También adj. en m. y f. *Dame aquella de allí.* ☞ Cuando existe riesgo de confusión, las formas m. y f. del pron. se escriben con tilde.

aquelarre (a-que-**la**-rre) *s. m.* Reunión de brujas o sitio donde se celebra. *El cuadro representaba un aquelarre.*

aquí (a-**quí**) *adv. l.* **1.** En este lugar. *Lo haremos aquí.* **SIN.** Acá. **ANT.** Allí. **2.** A este lugar. *Vendrá aquí.* ‖ *adv. t.* **3.** Ahora, en el tiempo presente. *Estamos aquí, no hace cien años.* ‖ **LOC. aquí y allá** Expresión que designa varios lugares al mismo tiempo.

aquietar (a-quie-**tar**) *v. tr.* Sosegar, apaciguar. **GRA.** También v. prnl. *Consiguió aquietar su enfado.* **SIN.** Serenar(se). **ANT.** Alborotar(se), excitar(se).

aquilatar (a-qui-la-**tar**) *v. tr.* Apreciar debidamente el mérito de una persona o la verdad de una cosa. *Aquilató bien las bases del concurso.* **SIN.** Valorar, apreciar, estimar, examinar.

ara (a-ra) *s. f.* Altar en que se ofrecen sacrificios. *El Senado romano erigió el Ara Pacis para conmemorar la paz de Augusto.* ‖ **LOC. en aras de** En honor de. ✎ Es s. f., pero en sing. lleva art. m. para evitar la cacofonía.

arabesco (a-ra-**bes**-co) *s. m.* Dibujo de adorno compuesto de tracerías, follajes, volutas, etc., y que se suele emplear en frisos, zócalos y cenefas. *La decoración del friso era de arabescos.*

arabismo (a-ra-**bis**-mo) *s. m.* Vocablo o giro de la lengua árabe empleado en otra. *En la lengua castellana hay bastantes arabismos.*

arácnido, da (a-**rác**-ni-do) *adj.* Se dice de los artrópodos sin antenas de respiración aérea, con cuatro pares de patas y con cefalotórax. Carecen de ojos compuestos y tienen dos pares de apéndices bucales variables por su forma y función. **GRA.** También s. m. *Los escorpiones y las arañas son arácnidos.*

arado (a-**ra**-do) *s. m.* Instrumento que sirve para trabajar la tierra haciendo surcos en ella. *Salió al campo con el arado y las vacas.* **SIN.** Reja.

arancel (a-ran-**cel**) *s. m.* Tarifa que ha de pagarse por el tránsito de una mercancía de un país a otro. *En la Unión Europea han desaparecido por completo los aranceles.* **SIN.** Impuesto.

arándano (a-**rán**-da-no) *s. m.* **1.** Arbusto pequeño de abundante ramaje, que tiene unos frutos de color azulado oscuro, dulces y comestibles. *Fuimos a buscar arándanos a esa montaña.* **2.** Fruto de este arbusto. *Hicimos mermelada de arándanos.*

arandela (a-ran-**de**-la) *s. f.* **1.** Pieza en forma de disco con un agujero en medio. *Al quitar los tornillos de la rueda pinchada perdí una arandela.* **2.** Corona o anillo metálico de uso frecuente en las máquinas, para evitar el roce entre dos piezas. *Redujo la fricción de las ruedas del coche colocando unas arandelas en el eje.*

araña (a-**ra**-ña) *s. f.* **1.** Arácnido de pequeño tamaño, articulado, con ocho patas, que fabrica una especie de tela en la que aprisiona a los insectos de los que se alimenta. *Tiene un miedo terrible a las arañas.* **2.** Lámpara con varios brazos para colgarla en el techo. *Se fundió una bombilla de la araña.* **3.** *fam.* Persona muy aprovechada. *Es una araña, siempre anda escatimando de todos sitios.*

arañar (a-ra-**ñar**) *v. tr.* **1.** Herir ligeramente la piel con las uñas, un alfiler, etc. **GRA.** También v. prnl. *Se arañó con una zarza.* **SIN.** Rasguñar, rascar, rayar, raspar. **2.** *fam.* Recoger con mucho afán lo necesario para algún fin. *Arañó dinero de donde pudo para comprar el coche.*

arañazo (a-ra-**ña**-zo) *s. m.* Rasgadura hecha en la piel con las uñas, un alfiler u otra cosa. *Estaba jugando con el gato y le hizo sin querer un arañazo.* **SIN.** Rasguño, uñada, zarpazo.

arar (a-**rar**) *v. tr.* Hacer surcos en la tierra con el arado. *Estuvieron arando toda la tarde.* **SIN.** Cultivar, roturar, labrar. **ANT.** Dejar en barbecho.

arbitrar (ar-bi-**trar**) *v. tr.* Juzgar como árbitro. *Arbitró el partido de forma imparcial.*

arbitrio (ar-**bi**-trio) *s. m.* **1.** Facultad que tenemos de adoptar una resolución con preferencia a otra. *Todo depende de su libre arbitrio.* **2.** Mando o dominio de una persona sobre otra. *Tiene todo el arbitrio sobre él.* **SIN.** Autoridad, poder, facultad.

árbitro, tra (**ár**-bi-tro) *s. m. y s. f.* **1.** Juez que decide. *Fue el árbitro de la discusión.* **2.** Persona que, en ciertos deportes, cuida del cumplimiento del reglamento y castiga las faltas. *El árbitro pitó penalti.* **SIN.** Juez, mediador.

árbol (**ár**-bol) *s. m.* **1.** Planta de tronco leñoso y elevado, que a partir de una determinada altura se divide en ramas. *Plantaron árboles en el paseo.* ‖ **2. árbol de Navidad** El que se adorna durante las fiestas navideñas. **3. árbol genealógico** Cuadro descriptivo de los parentescos de una familia. ‖ **LOC. al que a buen árbol se arrima, buena sombra le cobija** Refrán que expresa que quien busca un buen apoyo en la vida, está seguro y protegido.

arboleda (ar-bo-**le**-da) *s. f.* Lugar poblado de árboles. *A las afueras del pueblo hay una bonita arboleda.* **SIN.** Alameda, soto, floresta.

arboricultura (ar-bo-ri-cul-**tu**-ra) *s. f.* Cultivo de árboles y arte de cultivarlos. *Estudia arboricultura.*

arbusto (ar-**bus**-to) *s. m.* Planta leñosa con numerosas ramas y sin un tronco principal diferenciado. *No podemos pasar por este camino lleno de arbustos.*

arca (**ar**-ca) *s. f.* Caja de madera con tapa llana para guardar cosas. *Tenía guardadas las sábanas en un arca.* **SIN.** Cofre, baúl, arcón. ✎ Es s. f., pero en sing. lleva art. m. para evitar la cacofonía.

arcabuz (ar-ca-**buz**) *s. m.* Arma antigua de fuego parecida al fusil. *Le apuntó con el arcabuz.* **SIN.** Trabuco. ✎ Su pl. es "arcabuces".

arcada (ar-**ca**-da) *s. f.* Hilera de arcos apoyados en columnas que sujetan una cubierta. *El patio tenía alrededor una preciosa arcada.*

arcaico, ca (ar-**cai**-co) *adj.* Anticuado. *El uso de esa palabra es arcaico.* **SIN.** Viejo, primitivo. **ANT.** Reciente, moderno.

arcaísmo (ar-ca-**ís**-mo) *s. m.* Palabra o giro antiguo ya en desuso. *El texto tenía numerosos arcaísmos.*

arcángel (ar-**cán**-gel) *s. m.* Espíritu angélico bienaventurado perteneciente al octavo coro angélico, que es el inmediatamente superior al de los ángeles. *El arcángel San Gabriel anunció a la Virgen María que sería Madre de Jesús.*

arcano (ar-**ca**-no) *s. m.* Secreto importante, cosa oculta y difícil de conocer. **GRA.** También adj. *Sólo el sumo sacerdote conocía los arcanos para adivinar el futuro.* **SIN.** Enigma, misterio.

arce (**ar**-ce) *s. m.* Árbol cuya madera es muy dura y apreciada. *El arce crece en zonas montañosas.*

arcén (ar-**cén**) *s. m.* Margen u orilla de las carreteras que sirve para que puedan detenerse los vehículos momentáneamente sin obstaculizar el tráfico. *La policía de tráfico nos ordenó parar en el arcén.*

archiduque, sa (ar-chi-**du**-que) *s. m. y s. f.* Antiguamente, título y dignidad superior a la de duque. Modernamente, dignidad de los príncipes de la casa de Austria y de Baviera. *El asesinato de un archiduque austríaco desencadenó la 1ª Guerra Mundial.*

archimillonario, ria (ar-chi-mi-llo-**na**-rio) *adj.* Que posee una fortuna de muchos millones. **GRA.** También s. m. y s. f. *Tenía un pariente archimillonario.*

archipiélago (ar-chi-**pié**-la-go) *s. m.* Conjunto de islas. *Pronosticaron buen tiempo para los archipiélagos canario y balear.*

archivador (ar-chi-va-**dor**) *s. m.* Mueble de oficina para archivar documentos, fichas u otros papeles. *La ficha está en el archivador.* **SIN.** Clasificador, archivo.

archivar (ar-chi-**var**) *v. tr.* Poner y guardar papeles o documentos en un archivo. *Archiva todos los recibos de la luz para que no se pierdan.* **SIN.** Conservar, custodiar, encarpetar, fichar.

archivo (ar-**chi**-vo) *s. m.* **1.** Local en que se custodian documentos. *Visitamos el archivo de Simancas.* **SIN.** Registro, biblioteca. **2.** Conjunto de estos documentos. *Encontró el documento en el archivo.* **3.** En informática, programa o documento almacenado en cualquier tipo de soporte en forma de entidad única. *Crea un archivo nuevo.*

arcilla (ar-**ci**-lla) *s. f.* Sustancia mineral de color rojizo, que es producto de la transformación de otras rocas. *La arcilla es el material básico de la cerámica.*

arcipreste (ar-ci-**pres**-te) *s. m.* Presbítero que, por nombramiento del obispo, ejerce ciertas atribuciones sobre las parroquias e iglesias de un territorio. *El actual obispo fue antes arcipreste.*

arco (**ar**-co) *s. m.* **1.** Arma que sirve para arrojar flechas. *Disparó una flecha con el arco.* **2.** Porción de una línea curva. *Dibuja un arco.* **3.** Elemento arquitectónico compuesto de varias piezas o dovelas, de las cuales la central recibe el nombre de clave. *Los griegos no utilizaron nunca el arco en sus edificios.* ‖

ARCOS ARQUITECTÓNICOS

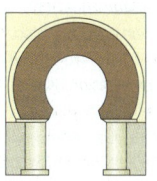
De herradura

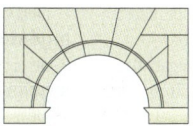
De medio punto

Trebolado
El de figura de trébol

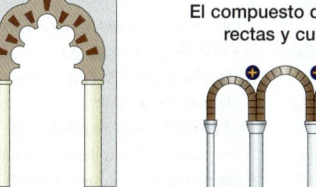
Mixtilíneo
El compuesto de líneas rectas y curvas

Quinquefoliado
El formado por cinco segmentos de circunferencia o subarcos

Peraltado

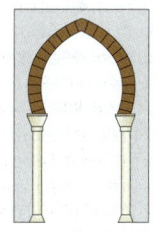
Túmido
Variedad apuntada del arco de herradura

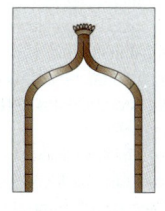
Conopial

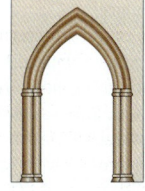
Visigodo
Variedad del arco de herradura

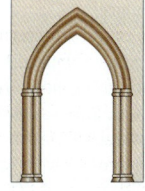
Apuntado

De descarga
El construido dentro de un muro y sobre un dintel u otro arco, para desviar el peso hacia puntos más resistentes

arder - ariete

4. arco iris Arco con los siete colores que aparece en el cielo después de llover.

arder (ar-**der**) *v. intr.* **1.** Estar encendido. *Los leños ardían en la chimenea.* **SIN.** Abrasar, quemarse. **ANT.** Estar apagado. **2.** Sentir vivos deseos de hacer o decir algo. *Ardía en deseos de contárselo.*

ardid (ar-**did**) *s. m.* Artificio, maña. *Utiliza muchos ardides para conseguir lo que quiere.* **SIN.** Treta, astucia, estratagema.

ardiente (ar-**dien**-te) *adj.* **1.** Que está ardiendo o que abrasa. *Las ascuas estaban ardientes.* **SIN.** Caliente, tórrido. **ANT.** Frío, helado, apagado. **2.** Se dice de la persona que actúa con apasionamiento y fervor. *Su ardiente deseo de conseguirlo le animó a seguir adelante.* **SIN.** Fogoso, enérgico, apasionado. **ANT.** Frío.

ardilla (ar-**di**-lla) *s. f.* Mamífero roedor de cola larga, que vive en los bosques y es muy inquieto. *Las ardillas llevan el alimento a la boca con la mano.*

ardor (ar-**dor**) *s. m.* **1.** Valentía, coraje. *Demostró mucho ardor.* ‖ **2. ardor de estómago** Acidez.

arduo, dua (ar-duo) *adj.* Muy trabajoso y difícil. *Era una tarea muy ardua.* **SIN.** Dificultoso, apurado, penoso. **ANT.** Cómodo, fácil, sencillo, asequible.

área (á-re-a) *s. f.* **1.** Pequeña porción de terreno. *En esta pequeña área del jardín, cultivaremos tulipanes.* **SIN.** Era, faja. **2.** Superficie de las figuras geométricas. *Calcula el área de este cubo.* **3.** Cada uno de los cuadrados que hay delante de una portería de fútbol, de balonmano, etc. *Chutó desde fuera del área.* **4.** Medida de superficie que equivale a un cuadrado de 10 metros de lado. *Una hectárea equivale a 100 áreas.* ✎ Es s. f., pero en sing. lleva art. m. para evitar la cacofonía.

arena (a-**re**-na) *s. f.* **1.** Partículas muy finas de piedra que se encuentran acumuladas en la orilla de los ríos o del mar y en algunos terrenos. *En el desierto hay mucha arena.* **2.** Lugar de lucha en los circos romanos. *El gladiador salió a la arena.* **3.** Redondel de la plaza de toros. *El torero hizo una buena faena en la arena.* **SIN.** Ruedo. ‖ **LOC. construir sobre arena** Denota inestabilidad, poca firmeza.

arenal (a-re-**nal**) *s. m.* Extensión grande de terreno arenoso. *Estuvo en el arenal.*

arenga (a-**ren**-ga) *s. f.* Discurso pronunciado solemnemente y con tono elevado. *El general pronunció una arenga a sus soldados.* **SIN.** Perorata, oración.

arenque (a-**ren**-que) *s. m.* Pez marino parecido a la sardina, que se come fresco, salado o desecado al humo. *Los arenques son de color azulado por encima y plateado por el vientre.*

arete (a-**re**-te) *s. m.* Pendiente. *Me he comprado unos aretes nuevos.*

argamasa (ar-ga-**ma**-sa) *s. f.* Mezcla de cal, arena y agua, que se emplea en las obras de albañilería. *El albañil preparó la argamasa.* **SIN.** Cemento, mortero.

argénteo, a (ar-**gén**-te-o) *adj.* De plata o del color de la plata. *Tenía un brillo argénteo.* **SIN.** Plateado.

argolla (ar-**go**-lla) *s. f.* **1.** Aro grueso de metal. *Coloca las cortinas con estas argollas.* **2.** *Arg., Bol., Col., Chil.* y *Guat.* Anillo de bodas.

argón (ar-**gón**) *s. m.* Gas noble que es uno de los componentes del aire. *El símbolo del argón es Ar.*

argot (ar-**got**) *s. m.* **1.** Lenguaje especial que usan algunas personas para entenderse entre sí. *Tenían su propio argot.* **SIN.** Germanía. **2.** Lenguaje propio de algún oficio o profesión. *Es una palabra propia del argot médico.* **SIN.** Jerga. ✎ Su pl. es "argots".

argucia (ar-**gu**-cia) *s. f.* Argumento falso para engañar a alguien. *Empleó todas sus argucias para convencerle de que era cierto y el pobre se lo creyó.* **SIN.** Sutileza, tergiversación.

argüir (ar-güi-**ir**) *v. tr.* Dar razones para apoyar lo que alguien dice o para rechazar lo que dice otro. *Arguyó varias razones en contra.* **SIN.** Argumentar, mostrar, razonar. ✎ v. irreg., se conjuga como huir.

argumentar (ar-gu-men-**tar**) *v. tr.* **1.** Demostrar con razones una cosa. *Argumentó su afirmación con datos estadísticos.* ‖ *v. intr.* **2.** Impugnar la opinión ajena y oponer argumentos contra ella. **GRA.** También v. prnl. *Argumentó que había sido entregado fuera de plazo.* **SIN.** Objetar, refutar. **ANT.** Aceptar.

argumento (ar-gu-**men**-to) *s. m.* **1.** Asunto o tema de una obra. *Nos contó el argumento de la obra.* **SIN.** Materia. **2.** Razonamiento que se emplea para convencer a alguien de lo que se afirma o se niega. *No le convencieron sus argumentos.* **SIN.** Argumentación, raciocinio, prueba.

árido, da (á-ri-do) *adj.* **1.** Se dice del terreno que no produce y que está falto de humedad. *Estas tierras son muy áridas.* **SIN.** Estéril, improductivo, infecundo, seco. **ANT.** Fecundo, húmedo. **2.** Se dice de aquello falto de amenidad. *Le costó mucho estudiar la lección porque era muy árida.* **SIN.** Fastidioso, cansado, monótono, aburrido. **ANT.** Ameno, atractivo, placentero, agradable.

ariete (a-**rie**-te) *s. m.* **1.** Máquina militar antigua que se empleaba para batir murallas. *El ejército derribó las puertas de la ciudad con el ariete.* **2.** En fútbol, delantero centro del equipo. *El ariete del equipo marcó todos los goles del partido.*

arisco - armonía

arisco, ca (a-**ris**-co) *adj.* Que es de trato seco y desagradable. *Es una persona muy arisca.* **SIN.** Antipático, áspero, huraño, insociable. **ANT.** Sociable, afable, cordial, tratable, amable.

arista (a-**ris**-ta) *s. f.* **1.** Esquina, borde, punta afilada. *El diamante tiene muchas aristas.* **2.** En geometría, línea de intersección de dos superficies de un cuerpo. *El cubo tiene 12 aristas.* **SIN.** Ángulo.

aristocracia (a-ris-to-**cra**-cia) *s. f.* Clase noble de una provincia, región, nación, etc. *Pertenece a la aristocracia.* **SIN.** Nobleza. **ANT.** Plebe.

aritmética (a-rit-**mé**-ti-ca) *s. f.* Parte de la Matemática que estudia las operaciones con números y cantidades. *El maestro puso un problema de Aritmética.*

arlequín (ar-le-**quín**) *s. m.* Personaje cómico de la antigua comedia italiana, que llevaba mascarilla negra y traje de cuadros de distintos colores. *En carnaval se disfrazó de arlequín.*

arma (**ar**-ma) *s. f.* **1.** Instrumento defensivo y ofensivo. *El escudo y la espada son dos armas, una sirve para defenderse y la otra para atacar.* **SIN.** Artefacto, defensa. **2.** Tropa militar. *Pertenece al arma de caballería.* ‖ *s. f. pl.* **3.** *fam.* Medios para conseguir una cosa. *Utilizó todas sus armas para conseguir que se contentara.* ‖ **4. arma arrojadiza** La que puede lanzarse desde lejos. **5. arma automática** La de repetición. **6. arma blanca** La que está formada por una hoja de acero. **7. arma de fuego** Aquella en que se emplea la pólvora. ‖ **LOC. de armas tomar** *fam.* Se aplica a la persona muy enérgica. ✎ Es s. f., pero en sing. lleva art. m. para evitar la cacofonía.

armada (ar-**ma**-da) *s. f.* **1.** Conjunto de fuerzas navales de un país. *El Rey es el Capitán General del Ejército y la Armada Española.* **SIN.** Flota. **2.** Escuadra, conjunto de buques de guerra. *La armada estaba preparada para entrar en combate. La Armada Invencible.* **SIN.** Flota, escuadra, marina de guerra.

armadillo (ar-ma-**di**-llo) *s. m.* Mamífero suramericano que tiene el cuerpo cubierto de escamas muy duras. *El armadillo se hace un ovillo para protegerse.*

armadura (ar-ma-**du**-ra) *s. f.* **1.** Traje hecho con piezas metálicas, que se empleaba para pelear en las guerras. *En el museo había una sala con armaduras medievales.* **2.** Armazón, montura. *La armadura de la casa es de madera.*

armamento (ar-ma-**men**-to) *s. m.* Conjunto de armas o previsiones para la guerra. *El ejército solicitó más armamento.*

armar (ar-**mar**) *v. tr.* **1.** Proporcionar armas y preparar para la guerra. **GRA.** También v. prnl. *Los trafi-* *cantes armaron al grupo terrorista.* **SIN.** Abastecer(se). **ANT.** Desarmar(se). **2.** Juntar y colocar en su sitio las distintas partes o piezas de que se compone alguna cosa. *He armado un puzzle de 5 000 piezas.* **SIN.** Montar, componer, construir. **ANT.** Desarmar, desmontar. **3.** Sentar, fundar una cosa sobre otra. *Armó su teoría sobre una hipótesis errónea.* ‖ **LOC. armarse de valor o paciencia** *fam.* Disponer el ánimo para conseguir o hacer frente a algo. **armarla** *fam.* Provocar una riña o alboroto.

armario (ar-**ma**-rio) *s. m.* Mueble con puertas, cajones, perchas, etc. para guardar ropa y otros objetos. *Coloca el abrigo en el armario.* **SIN.** Ropero.

armatoste (ar-ma-**tos**-te) *s. m.* Objeto viejo y pesado, sin apenas utilidad. *Tira ese armatoste, lo único que hace es ocupar sitio.* **SIN.** Cachivache, trasto.

armazón (ar-ma-**zón**) *s. amb.* **1.** Pieza o conjunto de piezas que sostienen a otra. *El armazón de la casa es de madera.* **SIN.** Armadura, montura, andamiaje. **2.** Acción y efecto de armar, o juntar las piezas de que se compone un mueble, artefacto, etc. *Colaboró en el armazón del armario.* ✎ Aunque tradicionalmente se ha considerado s. f., el uso moderno lo consagra como s. m.

armería (ar-me-**rí**-a) *s. f.* Tienda o almacen donde se venden o guardan las armas. *Trabaja en una armería.*

armero (ar-**me**-ro) *s. m.* **1.** Persona que fabrica, vende o arregla armas. *Llevó el rifle al armero.* **2.** Persona que está encargada de custodiarlas y conservarlas. *Le tocaba servicio de armero.* **3.** Especie de armario para guardar las armas. *El soldado limpió el fusil y lo guardó en el armero.*

armiño (ar-**mi**-ño) *s. m.* Mamífero carnívoro de piel muy suave, muy estimada en peletería. *Se compró un chaquetón de piel de armiño.*

armisticio (ar-mis-**ti**-cio) *s. m.* Terminación o tregua de una guerra pactada entre dos países o ejércitos que combaten. *Firmaron el armisticio.* **SIN.** Paz, reconciliación, pacto. **ANT.** Guerra, enfrentamiento.

armonía (ar-mo-**ní**-a) *s. f.* **1.** Unión y combinación de sonidos. *Esta pieza guarda una armonía perfecta.* **SIN.** Cadencia, consonancia. **ANT.** Discordancia, asonancia. **2.** Conveniente proporción y correspondencia de unas cosas con otras. *Hay mucha armonía entre todos los elementos del cuadro.* **SIN.** Concordancia, conformidad, equilibrio. **3.** Amistad y buena correspondencia en el trato con las personas. *Hay buena armonía entre ellos.* **SIN.** Concordia, cordialidad, simpatía. **ANT.** Discordia, desacuerdo, enemistad.

93

ARQUITECTURA

ROMÁNICO

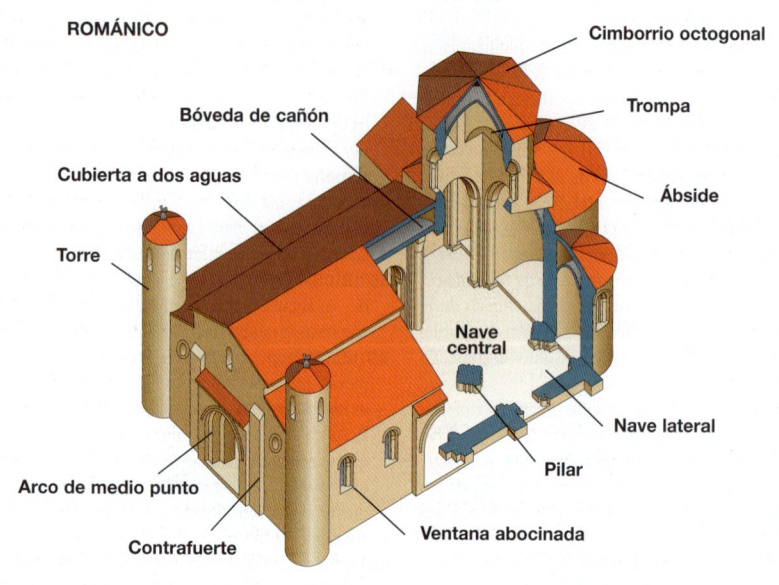

GÓTICO

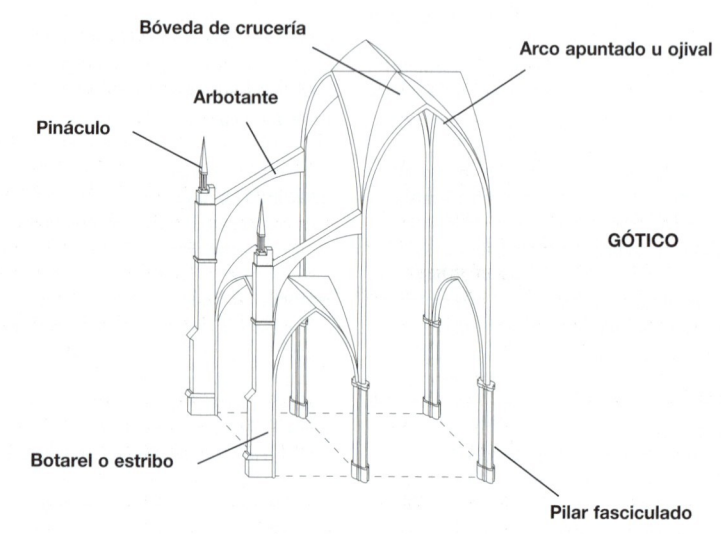

armónica - arramplar

armónica (ar-**mó**-ni-ca) *s. f.* Pequeño instrumento musical de viento en el que soplando o aspirando se producen sonidos. *Toca muy bien la armónica.*

armonio (ar-**mo**-nio) *s. m.* Órgano pequeño al que se le da aire con un fuelle que se mueve con los pies. *La forma del armonio es muy parecida a la del piano.*

armonioso, sa (ar-mo-**nio**-so) *adj.* **1.** Que es agradable al oído. *Melodía armoniosa.* **SIN.** Cadencioso, melodioso. **2.** Que tiene armonía o correspondencia entre sus partes. *Forman una pareja muy armoniosa.* **SIN.** Equilibrado, simétrico.

armonizar (ar-mo-ni-**zar**) *v. tr.* Poner en armonía unas cosas con otras. *Los muebles armonizaban perfectamente con los tonos de la pared.* **SIN.** Acordar, avenir. **ANT.** Desarmonizar, enemistar. ✎ Se conjuga como abrazar.

arnés (ar-**nés**) *s. m.* **1.** Conjunto de armas de acero con que se cubría el cuerpo para defenderse. *Los caballeros medievales iban provistos de arneses.* **SIN.** Armadura. ‖ *s. m. pl.* **2.** *Arreos.

aro (**a**-ro) *s. m.* Pieza de hierro, madera u otro material duro que tiene la forma de una circunferencia. *Lleva unos pendientes de aro.* **SIN.** Anillo. ‖ **LOC. entrar o pasar alguien por el aro** *fam.* Ser convencido para hacer algo que no quería.

aroma (a-**ro**-ma) *s. f.* **1.** Olor agradable de algunas plantas. *Le gustaba el aroma de las rosas.* **SIN.** Fragancia. **ANT.** Mal olor, fetidez. **2.** Perfume. *Me agrada el aroma de esa colonia.*

arpa (**ar**-pa) *s. f.* Instrumento musical de cuerda de forma triangular que se toca con ambas manos. *Tocaba el arpa.* ✎ Es s. f., pero en sing. lleva art. m. para evitar la cacofonía.

arpía (ar-**pí**-a) *s. f.* **1.** En la mitología griega, ave de rapiña con cabeza de mujer enfurecida. *Las leyendas sobre las arpías las representan como seres malignos.* **2.** *fam.* Persona codiciosa que intenta sacar cuanto puede. *No te fíes de él, es una arpía.*

arpón (ar-**pón**) *s. m.* Especie de lanza que termina en una punta de hierro que sirve para clavar. Se emplea para la pesca de animales marinos como la ballena, y también en la caza. *Disparó un arpón.*

arquear (ar-que-**ar**) *v. tr.* Dar figura de arco. **GRA.** También v. prnl. *Se arqueó con facilidad.* **SIN.** Combar(se), encorvar(se). **ANT.** Enderezar(se).

arqueología (ar-que-o-lo-**gí**-a) *s. f.* Ciencia que se ocupa del estudio de las civilizaciones de la antigüedad, basándose en el arte, ruinas o testimonios escritos en los monumentos. *Se dedica a la arqueología.*

arquería (ar-que-**rí**-a) *s. f.* Conjunto de arcos de un edificio. *El monasterio tenía una bella arquería de estilo románico.* **SIN.** Arcada, bóveda.

arquetipo (ar-que-**ti**-po) *s. m.* Modelo original. *Era el arquetipo de persona que le gustaba.* **SIN.** Prototipo.

arquitecto, ta (ar-qui-**tec**-to) *s. m. y s. f.* Persona que profesa o ejerce la arquitectura. *Ese edificio es obra de una famosa arquitecta.*

arquitectura (ar-qui-tec-**tu**-ra) *s. f.* **1.** Arte de proyectar o construir edificios. *La Arquitectura ha evolucionado a lo largo de la Historia.* ‖ **2. arquitectura civil** Arte de construir edificios y monumentos públicos y particulares no religiosos. **3. arquitectura hidráulica** Arte de conducir y aprovechar las aguas, o de construir debajo de ellas. **4. arquitectura naval** Arte de construir embarcaciones. **5. arquitectura religiosa** Arte de construir templos, monasterios y otras obras de carácter religioso.

arquitrabe (ar-qui-**tra**-be) *s. m.* Parte inferior de un entablamento, que descansa sobre el capitel de la columna. *El arquitrabe de los primitivos templos griegos era de madera.* **SIN.** Viga, cornisa.

arquivolta (ar-qui-**vol**-ta) *s. f.* Conjunto de molduras externas que decoran un arco. *La arquivolta suele estar formada por una serie concéntrica de arcos.*

arrabal (a-rra-**bal**) *s. m.* Barrio situado a las afueras de una población. *Mucha gente vivía en chabolas en los arrabales de la ciudad.* **SIN.** Suburbio, alrededores. **ANT.** Centro.

arracimarse (a-rra-ci-**mar**-se) *v. prnl.* Juntarse como formando un racimo. *Se arracimaron todos frente a la tele par ver su actuación.* **SIN.** Aglomerarse, apretujarse. **ANT.** Separarse.

arraigar (a-rrai-**gar**) *v. intr.* **1.** Echar o criar raíces. **GRA.** También v. prnl. *El árbol que plantamos ya ha arraigado.* **SIN.** Enraizar(se). **ANT.** Desarraigar(se). **2.** Hacerse muy firme y difícil de extinguir una virtud, vicio, etc. **GRA.** Se usa más como v. prnl. *Tiene arraigado el vicio de fumar.* ‖ *v. prnl.* **3.** Establecerse en un lugar. *Se han arraigado definitivamente en la ciudad.* **SIN.** Afincarse, avecindarse. **ANT.** Desarraigarse. ✎ Se conjuga como ahogar.

arramblar (a-rram-**blar**) *v. tr.* **1.** En una crecida, dejar los ríos, torrentes o arroyos cubiertos de arena los lugares por donde pasan. *El río desbordado arrambló con todas las cosechas.* **2.** Arrastrarlo y destrozarlo todo. *Estaba tan enfadada que arrambló con todo lo que había encima de la mesa.*

arramplar (a-rram-**plar**) *v. tr.* Llevarse todo lo que se puede. *Los ladrones arramplaron con todo.*

arrancar - arreglar

arrancar (a-rran-**car**) *v. tr.* **1.** Sacar de raíz, separar una cosa del lugar donde está sujeta o del que forma parte. *Arrancaron el árbol seco.* **SIN.** Extraer, extirpar, quitar, sacar. **ANT.** Enraizar, pegar, meter. **2.** Obtener o conseguir algo de una persona con trabajo, violencia o astucia. *Al final consiguieron arrancarle la verdad.* ‖ *v. intr.* **3.** Ponerse en marcha un motor. *El coche estaba estropeado y no arrancaba.* **SIN.** Funcionar, marchar. **ANT.** Detener, parar. **4.** Originarse. *El río arranca de esas montañas.* **ANT.** Terminar. ✎ Se conjuga como abarcar.

arranque (a-**rran**-que) *s. m.* Ímpetu de algún sentimiento. *En un arranque de genio, rompió todo lo que había escrito.* **SIN.** Pronto, arrebato.

arras (**a**-rras) *s. f. pl.* Las trece monedas que, durante la boda, pasan de las manos del novio a las de la novia. *Su hermana pequeña llevó las arras en su boda.*

arrasar (a-rra-**sar**) *v. tr.* **1.** Echar por tierra, destruir violentamente. *La manada entró en la tierra y arrasó toda la cosecha.* **SIN.** Asolar, devastar, arruinar. **ANT.** Construir, edificar. **2.** Llenar los ojos de lágrimas. **GRA.** También v. prnl. *Sus ojos se arrasaron de lágrimas.* ‖ *v. intr.* **3.** Quedar el cielo despejado de nubes. **GRA.** También v. prnl. *Amaneció nublado, pero al mediodía arrasó un poco.*

arrastrado, da (a-rras-**tra**-do) *adj.* **1.** *fam.* Pobre, afligido por las privaciones. *Lleva una vida muy arrastrada.* **SIN.** Baqueteado, mísero, fatigado. **2.** *fam.* Que se comporta con malicia y picardía. *Es un arrastrado.* También s. m. y s. f. *Es un arrastrado.* **SIN.** Bribón, pícaro, tunante. **ANT.** Buenazo, cándido, ingenuo. **3.** *Arg., Col., Cub. y Méx.* Despreciable, miserable.

arrastrar (a-rras-**trar**) *v. tr.* **1.** Llevar a una persona o cosa detrás, tirando de ella. *La locomotora arrastraba diez vagones.* **SIN.** Transportar, tirar, acarrear, remolcar. **2.** Llevar a alguien a hacer algo. *El apoyo del público nos arrastró a ganar el partido.* **SIN.** Atraer, persuadir. **ANT.** Alejar, disuadir. ‖ *v. intr.* **3.** En varios juegos de cartas, tirar una carta que los demás jugadores tienen que seguir. *Arrastra con la carta más alta que tengas.* ‖ *v. prnl.* **4.** Moverse tocando el suelo con el cuerpo. *Las serpientes se arrastran por la tierra.* **SIN.** Reptar. **5.** *Humillarse. *Se arrastró pidiendo perdón.*

arrear (a-rre-**ar**) *v. tr.* **1.** Estimular a los animales para que comiencen a andar o para que vayan más de prisa. *Llevaba un aguijada para arrear a las vacas.* **SIN.** Espolear, aguijar. **2.** Meter prisa, estimular. *Deja de arrearme, me vas a confundir.* ‖ *v. intr.* **3.** Ir, caminar de prisa. *Arrea, que llegas tarde.*

arrebañar (a-rre-ba-**ñar**) *v. tr.* *Rebañar.

arrebatar (a-rre-ba-**tar**) *v. tr.* **1.** Quitar o tomar alguna cosa con violencia o fuerza. *Le arrebató la carpeta.* **SIN.** Arrancar, desposeer, despojar. **ANT.** Devolver, ceder, dar. **2.** Llevar tras sí o consigo con fuerza irresistible. *Arrebató su espíritu.* **SIN.** Cautivar, encantar. **ANT.** Repugnar.

arrebato (a-rre-**ba**-to) *s. m.* Agitación violenta con signos de cólera. *Lo hizo en un arrebato.* **SIN.** Cólera, arranque, pronto, ira. **ANT.** Calma, flema.

arrebujar (a-rre-bu-**jar**) *v. tr.* **1.** Coger mal y desordenadamente alguna cosa flexible, como ropa, etc. *Cogió toda la ropa que había sobre la silla y la arrebujó en el armario.* **SIN.** Rebujar. ‖ *v. prnl.* **2.** Cubrirse bien y envolverse con la ropa de cama, o con la capa, mantón, etc. *Se arrebujó calentita en la cama y se volvió a quedar dormida.* **SIN.** Arroparse, taparse, cubrirse. **ANT.** Desarroparse.

arrechucho (a-rre-**chu**-cho) *s. m.* **1.** Indisposición repentina y pasajera. *Ya es tan mayor que le dio un arrechucho.* **SIN.** Achaque, patatús. **2.** Apretujón afectuoso. *Le dio un arrechucho a su hijo.* **3.** Ataque de ira y cólera. **SIN.** Arrebato, arranque, pronto. *Le dio el arrechucho y empezó a chillar como un loco.*

arreciar (a-rre-**ciar**) *v. tr.* Dar o cobrar fuerza y vigor. **GRA.** También v. prnl. *Comienza a arreciar la lluvia.* **SIN.** Acrecentar, apretar, aumentar, crecer, recrudecer. **ANT.** Amainar, decrecer, disminuir. ✎ En cuanto al acento, se conjuga como cambiar.

arrecife (a-rre-**ci**-fe) *s. m.* Banco estrecho de rocas, normalmente piedra caliza, que se forma en el mar como resultado de la actividad de animales como los corales. *Un enorme arrecife impedía el paso de los barcos.* **SIN.** Escollo, islote, punta.

arrecirse (a-rre-**cir**-se) *v. prnl.* Quedarse agarrotado por el frío. *Sin calefacción os vais a arrecir.* **SIN.** Entumecerse, congelarse. ✎ v. defect., se conjuga como abolir.

arredrar (a-rre-**drar**) *v. tr.* Infundir miedo, causar mucho temor. **GRA.** También v. prnl. *No le arredraba el peligro, era muy valiente.* **SIN.** Asustar, acoquinar, amedrentar, intimidar. **ANT.** Envalentonar, animar, incitar.

arreglar (a-rre-**glar**) *v. tr.* **1.** Poner las cosas como deben estar. *Tienes que arreglar tu habitación.* **SIN.** Ordenar, concertar, componer, reparar, organizar. **ANT.** Desordenar, estropear. **2.** Poner bien de nuevo algo que estaba en mal estado. *Mi reloj no funciona y nadie sabe arreglarlo.* **SIN.** Reparar. **ANT.** Estropear. **3.** Lavar, peinar, vestir, etc. a una persona. *Ha*

arreglo - arrinconar

arreglado a su hermana para ir a la fiesta. ‖ **LOC. arreglárselas** *fam.* Apañárselas para hacer algo.

arreglo (a-**rre**-glo) *s. m.* **1.** Acción y efecto de arreglar o reparar algo. *Tiré el molinillo de café porque me dijeron que no tenía arreglo.* **2.** Orden, compostura. *Tú te ocuparás del arreglo de la casa y yo haré la comida.* **3.** Avenencia, conciliación. *Al final llegaron a un arreglo y firmaron el contrato.* ‖ **LOC. con arreglo a** Según, conforme a.

arrellanarse (a-rre-lla-**nar**-se) *v. prnl.* Extenderse en el asiento con toda comodidad. *Se arrellanó en el sofá y se quedó dormido.* **SIN.** Apoltronarse, repantigarse.

arremangar (a-rre-man-**gar**) *v. tr.* **1.** Recoger hacia arriba las mangas o la ropa. **GRA.** También v. prnl. *Se arremangó la falda para cruzar el arroyo.* **SIN.** Remangar. ‖ *v. prnl.* **2.** Tomar una decisión con energía. *Se arremangó y decidió presentarse a la entrevista.* ✎ Se conjuga como ahogar.

arremeter (a-rre-me-**ter**) *v. intr.* Acometer con ímpetu y furia. *El toro arremetió contra el caballo.* **SIN.** Abalanzarse, agredir, atacar. **ANT.** Huir, evitar.

arremolinarse (a-rre-mo-li-**nar**-se) *v. prnl.* **1.** Amontonarse un grupo de gente alrededor de algo. *Los curiosos se arremolinaron en el lugar del accidente.* **SIN.** Apiñarse. **ANT.** Esparcirse, separarse. **2.** Formar remolinos. *Las aguas del río se arremolinaron en los pilares del puente.*

arrendajo (a-rren-**da**-jo) *s. m.* Pájaro de color gris morado, que se alimenta de los frutos de los árboles y también de los huevos de otras aves cuyas voces imita. *El arrendajo es parecido al cuervo, pero más pequeño.* **SIN.** Grajo.

arrendar (a-rren-**dar**) *v. tr.* Ceder o adquirir por el precio convenido el aprovechamiento temporal de las cosas, obras o servicios. *Hemos arrendado un piso por tres años.* **SIN.** Alquilar, ceder. **ANT.** Desalquilar. ✎ v. irreg., se conjuga como acertar.

arreos (a-**rre**-os) *s. m. pl.* Guarniciones de las caballerías de montar o de tiro. *Colocaron los arreos al caballo.* **SIN.** Jaeces, arnés.

arrepentirse (a-rre-pen-**tir**-se) *v. prnl.* Pesarle a alguien haber hecho algo o haber dejado de hacerlo. *Se arrepintió de haber ido a la fiesta, era un aburrimiento.* **SIN.** Dolerse, deplorar, lamentar. **ANT.** Alegrarse, complacerse. ✎ v. irreg., se conjuga como sentir.

arrestar (a-rres-**tar**) *v. tr.* Quitar la libertad, poner preso. *Arrestaron a varios soldados por haber salido del cuartel sin permiso.* **SIN.** Apresar, prender, encarcelar, recluir. **ANT.** Soltar, libertar, liberar.

arresto (a-**rres**-to) *s. m.* **1.** Acción de arrestar. *Sufrió un arresto por quedarse dormido en una guardia.* **SIN.** Encarcelamiento. ‖ **2. arresto mayor** Pena de privación de libertad desde un mes y un día hasta seis meses. **3. arresto menor** Pena que dura de uno a treinta días, que en a veces se puede cumplir en el mismo domicilio del reo. ‖ **LOC. tener alguien arrestos** Ser muy decidido, actuar con coraje.

arriar (a-rri-**ar**) *v. tr.* Bajar las velas o las banderas que están izadas. *Arriaron la bandera.* **SIN.** Soltar, recoger, aflojar. **ANT.** Izar, levantar. ✎ En cuanto al acento, se conjuga como desviar.

arriate (a-**rria**-te) *s. m.* Cada una de las partes sembradas y con flores de un jardín. *Los arriates estaban plantados con tulipanes rojos y amarillos.*

arriba (a-**rri**-ba) *adv. l.* **1.** A lo alto, hacia lo alto. *Dijo que iba un poco más arriba, para poder ver mejor el paisaje.* **2.** En lo alto, en la parte alta. *Voy al desván, que está arriba.* ‖ **LOC. de arriba abajo** De un extremo a otro.

arribar (a-rri-**bar**) *v. intr.* Llegar la nave al puerto en que termina su viaje. *El barco arribó a primeras horas de la mañana.* **SIN.** Venir, recalar. **ANT.** Zarpar.

arriero, ra (a-**rrie**-ro) *s. m. y s. f.* Persona que acarrea o lleva mercancías con bestias de carga. *Por el pueblo iba un arriero con su burro vendiendo cacharros de barro.* **SIN.** Carrero.

arriesgado, da (a-rries-**ga**-do) *adj.* Que implica aventura y riesgo. *Su trabajo de reportero de guerra era muy arriesgado.* **SIN.** Aventurado, peligroso, incierto. **ANT.** Seguro.

arriesgar (a-rries-**gar**) *v. tr.* Exponer a algún peligro. **GRA.** También v. prnl. *Se arriesgó mucho al meterse en ese negocio.* **SIN.** Aventurar(se), atreverse, osar. **ANT.** Guardar(se), proteger(se). ✎ Se conjuga como ahogar.

arrimar (a-rri-**mar**) *v. tr.* **1.** Acercar o poner una cosa junto a otra de modo que toque con ella. **GRA.** También v. prnl. *Arrima la silla a la mesa.* **SIN.** Unir(se), juntar(se), aproximar(se). **ANT.** Separar(se), apartar(se), alejar(se), distanciar(se). ‖ *v. prnl.* **2.** Acogerse a la protección de alguien o valerse de ella. *Cuando tiene problemas siempre se arrima a sus padres.* **SIN.** Apoyarse, ampararse. **ANT.** Independizarse.

arrinconar (a-rrin-co-**nar**) *v. tr.* **1.** Poner algo en un rincón. *Arrinconó el juguete y no volvió a hacerle caso.* **SIN.** Apartar, alejar. **2.** Dejar a alguien de lado, no hacerle caso. **GRA.** También v. prnl. *Desde el primer día de clase se arrinconó y no quiso hacer amigos.* **SIN.** Alejar(se), aislar(se). **3.** Acorralar a alguien de

arriscado - artefacto

modo que no pueda escapar. *La policía arrinconó a los ladrones en el callejón.*

arriscado, da (a-rris-**ca**-do) *adj.* Lleno de riscos. *Tardaron mucho en llegar a la cabaña porque el camino era muy arriscado.* **SIN.** Abrupto, rocoso. **ANT.** Llano.

arritmia (a-**rrit**-mia) *s. f.* Irregularidad y desigualdad en las contracciones del corazón. *Tenía arritmia.*

arroba (a-**rro**-ba) *s. f.* Medida de peso que equivale a 11 kg y 502 g. *Compraron varias arrobas de patatas.*

arrodillarse (a-rro-di-**llar**-se) *v. prnl.* Ponerse de rodillas. *Se arrodillaron ante el altar.* **SIN.** Inclinarse, postrarse, hincarse. **ANT.** Levantarse.

arrogancia (a-rro-**gan**-cia) *s. f.* Soberbia, altivez. *Su arrogancia y chulería me sacan de quicio.* **SIN.** Desdén, imperio. **ANT.** Humildad, sencillez.

arrojar (a-rro-**jar**) *v. tr.* **1.** Lanzar algo lejos o al suelo. *Me arrojó la pelota.* **SIN.** Despedir, expeler, expulsar, echar, tirar. **ANT.** Parar, recoger. **2.** Echar a alguien de un sitio. *Las ratas fueron arrojadas de la ciudad por el flautista de Hamelin.* **SIN.** Despedir, expulsar. **ANT.** Acoger. **3.** Echar de dentro afuera humo, olor, brotes, etc. *Las chimeneas arrojan humo.* ‖ *v. prnl.* **4.** Tirarse con violencia de lo alto hacia abajo. *Se arrojó al vacío.* **SIN.** Lanzarse, precipitarse, despeñarse. **5.** Decidirse a emprender algo sin reparar en sus dificultades o riesgos. *Se arrojó a hacerlo sin más.* **SIN.** Decidirse, atreverse, lanzarse. **ANT.** Retraerse.

arrojo (a-**rro**-jo) *s. m.* Atrevimiento, osadía. *Tenía mucho arrojo y decidió decir toda la verdad.* **SIN.** Valentía, coraje, tenacidad. **ANT.** Cobardía, timidez.

arrollar (a-rro-**llar**) *v. tr.* *Enrollar. **2.** Arrastrar lo que encuentra a su paso una fuerza natural o una máquina. *El coche arrolló al peatón.* **3.** Causar una derrota total, física o moral. *Arrollaron al equipo contrario.* **SIN.** Derrotar, dominar, aplastar, vencer.

arropar (a-rro-**par**) *v. tr.* Cubrir o abrigar con ropa. **GRA.** También v. prnl. *Arrópate bien, que hace frío.* **SIN.** Abrigar(se), envolver(se), tapar(se). **ANT.** Desarropar(se), destapar(se).

arrostrar (a-rros-**trar**) *v. tr.* Hacer frente a las desgracias o peligros. *Arrostró los problemas de su negocio con optimismo.*

arroyo (a-**rro**-yo) *s. m.* Río pequeño y lento. *Fueron siguiendo el curso del arroyo para no perderse.* ‖ **LOC. plantar o poner a alguien en el arroyo** *fam.* Plantarle en la calle.

arroz (a-**rroz**) *s. m.* **1.** Planta propia de terrenos muy húmedos y climas cálidos, cuyo fruto en forma de grano blanco es comestible. *Plantaron arroz.* **2.** Fruto de esta planta. *La paella se hace con arroz.*

arruga (a-**rru**-ga) *s. f.* Pliegue o surco que se hace en la piel o en la ropa. *Plancha la camisa antes de ponerla, tiene arrugas.* **SIN.** Rugosidad, doblez, frunce.

arrugar (a-rru-**gar**) *v. tr.* Hacer arrugas. **GRA.** También v. prnl. *Esta tela se arruga mucho.* **SIN.** Fruncir(se), plegar(se), tablear(se). ‖ **LOC. arrugar la frente, el ceño, el entrecejo** Enfadarse, molestarse. ✎ Se conjuga como ahogar.

arruinar (a-rrui-**nar**) *v. tr.* **1.** Destruir, causar un grave daño. **GRA.** También v. prnl. *La tormenta arruinó los campos de trigo.* **SIN.** Aniquilar, derruir(se), desplomar(se), deshacer(se), abatir(se). **ANT.** Construir, levantar(se). **2.** Empobrecer, causar ruina. **GRA.** También v. prnl. *Se arruinó al invertir todo su capital en ese negocio que fue mal.* **SIN.** Fracasar, quebrar. **ANT.** Enriquecer(se).

arrullar (a-rru-**llar**) *v. tr.* **1.** Atraer con cantos el palomo a la hembra, o al contrario. *Las palomas arrullaban de un modo ensordecedor.* **SIN.** Zurear. **2.** Adormecer al niño con cantos o palabras suaves y cariñosas. *Arrullaba al niño entre sus brazos.* **SIN.** Cantar, acunar.

arrumaco (a-rru-**ma**-co) *s. m., fam.* Demostración de cariño hecha con gestos. **GRA.** Se usa más en pl. *Intentaba contentarle con arrumacos.* **SIN.** Carantoña, zalamería, caricia, coba.

arsenal (ar-se-**nal**) *s. m.* **1.** Establecimiento en que se construyen, reparan y conservan las embarcaciones. *Mi tío tenía el yate en el arsenal.* **2.** Almacen general de armas y otros efectos de guerra. *Tuvieron que desmontar el arsenal de armas nucleares.* **SIN.** Polvorín. **3.** *fam.* Depósito de noticias, datos, etc. *Mi hermano tiene un arsenal de fotos de Ronaldo.*

arsénico (ar-**sé**-ni-co) *s. m.* Metaloide cuyos componentes son muy venenosos. *El forense encontró arsénico en el cadáver.*

arte (ar-te) *s. amb.* **1.** Manera en que se hace o debe hacerse una cosa. *Domina el arte de la conversación.* **2.** Actividad humana dedicada a crear cosas bellas. *Las Bellas Artes son siete: Arquitectura, Pintura, Escultura, Literatura, Música, Danza y Cine.* **3.** Habilidad, facilidad para conseguir algo. *Le convenció con su arte.* ‖ **4. arte mayor** Se dice de los versos que tienen más de ocho sílabas. **5. arte menor** Se dice de los versos de ocho sílabas o menos. **6. séptimo arte** Nombre con que se designa la cinematografía. ‖ **LOC. malas artes** Medios ilícitos de los que alguien se vale para alentar un fin.

artefacto (ar-te-**fac**-to) *s. m.* Aparato, mecanismo, máquina. *No sabían para qué servía aquel artefacto.*

artejo - artificio

artejo (ar-**te**-jo) *s. m.* Cada una de las piezas articuladas entre sí de que se forman los apéndices segmentados de los artrópodos. *En las patas de las nécoras se ven muy bien los artejos.*

arteria (ar-**te**-ria) *s. f.* **1.** Cada uno de los vasos sanguíneos que llevan la sangre desde el corazón a las demás partes del cuerpo. *Algunas arterias tienen válvulas para controlar el flujo.* **2.** Calle de una población a la cual van a parar otras muchas. *La Castellana es una de las principales arterias de Madrid.* **SIN.** Avenida, paseo.

ARTÍCULO					
	DETERMINADO		INDETERMINADO		CONTRACTO
	Singular	Plural	Singular	Plural	del
m.	el	los	un	unos	
f.	la	las	una	unas	al

arteriosclerosis (ar-te-rios-cle-**ro**-sis) *s. f.* Endurecimiento de las arterias. *Tenía arteriosclerosis.* Invariable en número.

artesa (ar-**te**-sa) *s. f.* Cajón de madera que sirve para amasar el pan y otros usos. *Amasaban el picadillo en la artesa.*

artesanía (ar-te-sa-**ní**-a) *s. f.* Arte o trabajo de los artesanos. *Este fin de semana hay una feria de artesanía.*

artesano, na (ar-te-**sa**-no) *s. m. y s. f.* Persona que ejerce un arte u oficio manual por cuenta propia. *Los artesanos expusieron sus obras.* **SIN.** Artífice, obrero.

artesiano, na (ar-te-**sia**-no) *adj.* Se dice del pozo muy hondo. *En la finca hay un pozo artesiano.*

artesonado (ar-te-so-**na**-do) *s. m.* Techo adornado con cuadrados o polígonos. *El corredor tenía un magnífico artesonado.*

ártico, ca (**ár**-ti-co) *adj.* Perteneciente, cercano o relativo al polo ártico. *El tiempo cambió por culpa de un frente frío del ártico.* **SIN.** Boreal, septentrional, norte. **ANT.** Antártico.

articulación (ar-ti-cu-la-**ción**) *s. f.* Unión de dos huesos. *Las articulaciones están sujetas por los ligamentos.*

articular (ar-ti-cu-**lar**) *v. tr.* **1.** Unir una cosa con otra para su funcionamiento. **GRA.** También v. prnl. *Se desarticularon las dos piezas.* **SIN.** Vincular(se), relacionar(se), juntar(se), trabar(se), enlazar(se). **ANT.** Desarticular(se), descoordinar(se). **2.** Pronunciar las palabras clara y correctamente. *Articula mejor, no se te entiende nada.* **3.** *fam.* Hablar, decir algo. *No articuló ni palabra de lo asombrado que estaba.* **ANT.** Callar, balbucir.

articulista (ar-ti-cu-**lis**-ta) *s. m. y s. f.* Persona que escribe artículos en los periódicos. *Me entrevistó un articulista de un prestigioso periódico.* **SIN.** Periodista, editorialista.

artículo (ar-**tí**-cu-lo) *s. m.* **1.** Parte de la oración que acompaña al sustantivo y al adjetivo e indica género y número. *'El' y 'la' son formas del artículo determinado singular.* **2.** Todo aquello que se puede comprar y vender. *Los artículos de la nueva temporada acaban de llegar.* **SIN.** Mercancía, género. **3.** Una de las partes en que de divide un escrito, documento, etc. *Leyó sólo los artículos principales.* **SIN.** Apartado, título, capítulo. **4.** Cada una de las divisiones de un diccionario encabezado con distinta palabra. *En este diccionario se definen más de 30 000 artículos.* **SIN.** Entrada, voz. **5.** Escrito breve sobre algún tema concreto que se publica en periódicos y revistas. *Ayer el periódico dedicó un artículo a mi colegio.* ‖ **6. artículo de primera necesidad** Denominación que se da a lo que es indispensable para vivir.

artífice (ar-**tí**-fi-ce) *s. m. y s. f.* **1.** Artista, persona que realiza una obra bella. *Era artífice de hermosas esculturas.* **SIN.** Creador. **2.** Persona que ha realizado una obra. *Hablamos con el artífice del proyecto.* **SIN.** Ejecutante, operario.

artificial (ar-ti-fi-**cial**) *adj.* **1.** Se dice de aquello que no es natural. *No me gusta su sonrisa, es muy artificial.* **SIN.** Fabricado, artificioso, ficticio, postizo, engañoso. **ANT.** Real, natural, auténtico, verdadero. **2.** Se dice de aquello que ha sido hecho por la mano del ser humano. *En el parque hay un lago artificial.* **SIN.** Fabricado, elaborado. **ANT.** Natural.

artificiero (ar-ti-fi-**cie**-ro) *s. m.* Artillero especialmente instruido en la clasificación, reconocimiento, conservación, etc. de proyectiles, cartuchos, etc. *Los artificieros desactivaron la bomba.*

artificio (ar-ti-**fi**-cio) *s. m.* **1.** Arte, primor o habilidad con que está hecha alguna cosa. *Los escultores barrocos realizaban esculturas con gran artificio.* **2.** Máquina o aparato. *En el museo vimos maquetas*

artificioso - ascendiente

de los artificios de Leonardo. **3.** Disimulo, cautela, doblez. *Ve al grano, déjate de artificios.*

artificioso, sa (ar-ti-fi-**cio**-so) *adj.* **1.** Hecho con arte y habilidad. *La decoración del edificio es muy artificiosa.* **SIN.** Habilidoso, ingenioso, complicado. **ANT.** Sencillo, natural. **2.** Que se comporta con disimulo y falsedad. *Aún le falta soltura, su comportamiento es un poco artificioso.* **SIN.** Disimulado, falso, engañoso, astuto. **ANT.** Espontáneo, natural, llano.

artillería (ar-ti-lle-**rí**-a) *s. f.* **1.** Arte de construir y emplear armas de guerra. **2.** Conjunto de máquinas de guerra. *Llevaban artillería pesada.* **3.** Cuerpo militar. *Estudió en la Academia de Artillería.*

artilugio (ar-ti-**lu**-gio) *s. m. y desp.* Ardid o maña, en especial cuando forma parte de algún plan para alcanzar un fin. *Empleó todos los artilugios a su alcance para lograrlo.*

artimaña (ar-ti-**ma**-ña) *s. f.* **1.** Trampa para cazar animales. **SIN.** Emboscada, cepo, red. **2.** *fam.* Astucia para engañar a alguien. *Le hizo caer en la trampa con sus artimañas.* **SIN.** Disimulo, engaño, truco, ardid, treta, maniobra.

artiodáctilo, la (ar-tio-**dác**-ti-lo) *adj.* Se dice del mamífero ungulado que tiene un número par de dedos en cada pata. *El toro es un animal artiodáctilo.*

artista (ar-**tis**-ta) *s. m. y s. f.* Persona dedicada al arte. *Acudieron muchos artistas a la exposición de sus cuadros.* **SIN.** Escultor, pintor, actor.

artritis (ar-**tri**-tis) *s. f.* Inflamación de las articulaciones. *Tenía artritis en una pierna.* ✎ Invariable en número.

artrópodo (ar-**tró**-po-do) *adj.* Se dice de los animales invertebrados con un caparazón exterior duro y patas articuladas, como los insectos y las arañas. **GRA.** También s. m. *Muchos mariscos, como las gambas y los cangrejos, son artrópodos.*

artrosis (ar-**tro**-sis) *s. f.* Inflamación crónica de las articulaciones, particularmente de la cadera y rodilla. *Tenía artrosis.* ✎ Invariable en número.

arveja (ar-**ve**-ja) *s. f.* **1.** Planta de flores violáceas o blanquecinas. *Las arvejas ya tiene fruto.* **2.** Semilla de esta planta. *Planté arvejas en el huerto.*

arzobispo (ar-zo-**bis**-po) *s. m.* Obispo que tiene autoridad sobre otros. *El arzobispo convocó a los obispos de su archidiócesis.*

as *s. m.* **1.** Primera carta de cada palo de la baraja, que representa el número uno. *Tiró el as de copas.* **2.** Persona que sobresale en algo. *Es un as del deporte.* **SIN.** Campeón, triunfador.

asa (**a**-sa) *s. f.* Parte saliente de una vasija, bandeja, sartén, etc., que sirve para cogerla. *Se rompió el asa de la taza.* **SIN.** Agarradero, mango, asidero. ✎ Es s. f., pero en sing. lleva art. m. para evitar la cacofonía.

asado (a-**sa**-do) *s. m.* Carne asada. *Comimos un exquisito asado de cordero.* **SIN.** Churrasco.

asadura (a-sa-**du**-ra) *s. f.* Conjunto de las entrañas del animal. **GRA.** Se usa también en pl. *Compró asadura de cordero.* **SIN.** Vísceras.

asalariar (a-sa-la-**riar**) *v. tr.* Contratar mediante salario o jornal. *Asalarió a tres trabajadores más.* ✎ En cuanto al acento, se conjuga como cambiar.

asaltar (a-sal-**tar**) *v. tr.* **1.** Acometer violentamente contra una plaza o fortaleza para entrar en ella. *El enemigo asaltó la ciudad.* **SIN.** Abordar, arremeter, atacar, invadir. **2.** Acometer por sorpresa a una persona. *Le asaltaron y le robaron todo el dinero.* **SIN.** Atracar, hurtar, despojar. **3.** Ocurrir de pronto alguna cosa, como una enfermedad, un pensamiento, etc. *El temor le asaltó al ver que no llegaba.* **SIN.** Irrumpir, sobrevenir, acudir.

asalto (a-**sal**-to) *s. m.* **1.** Acción y efecto de asaltar. *Sufrió un asalto.* **SIN.** Atraco, emboscada, abordaje, arremetida. **2.** En el boxeo, cada uno de los tiempos de que consta un combate. *El combate sólo duró dos asaltos.*

asamblea (a-sam-**ble**-a) *s. f.* Reunión numerosa de personas para tratar algún asunto. *Mañana habrá una asamblea para decidir la fecha de los exámenes de junio.* **SIN.** Junta, conferencia, congreso, concilio.

asar (a-**sar**) *v. tr.* **1.** Preparar alimentos al fuego o en el horno. *Hemos asado manzanas.* **SIN.** Dorar, guisar, hornear, cocinar. || *v. prnl.* **2.** Sentir demasiado calor. *Abre un poco la ventana, me aso.* **SIN.** Ahogarse, acalorarse, sudar, asfixiarse. || **LOC. asarse vivo** *fam.* Sentir mucho calor.

ascender (as-cen-**der**) *v. intr.* **1.** Subir de un sitio bajo a otro más alto. *Ascendimos al pico más alto* **SIN.** Alzar, elevar, levantar. **ANT.** Descender, bajar. **2.** Adelantar en empleo o dignidad. *Ascendió de categoría en el trabajo.* **SIN.** Mejorar, prosperar, progresar. **ANT.** Estancarse, retroceder, degradar. || *v. tr.* **3.** Dar o conceder un ascenso. *Decidieron ascenderla por su buen trabajo.* **ANT.** Relegar. ✎ v. irreg., se conjuga como entender.

ascendiente (as-cen-**dien**-te) *s. m. y s. f.* Padre, madre o cualquiera de los abuelos, de quien desciende una persona. *Hizo el árbol genealógico de sus ascendientes.* **SIN.** Predecesores, antepasados, progenitores. **ANT.** Descendientes. ☞ Los términos "ascendente" y "ascendiente" no deben confundirse en su uso actual: mientras "ascendiente" significa antepasado, "ascendente" es p. a. de "ascender".

ascenso (as-**cen**-so) *s. m.* **1.** Aumento de dignidad o categoría en un empleo. *Ganó el ascenso por méritos propios.* **SIN.** Adelanto, subida, progreso. **ANT.** Degradación, descenso. **2.** Aumento de sueldo. *Le dieron el ascenso que pidió.* **3.** Escalada. *El ascenso a la montaña se complicó porque empezó a nevar.*

ascensor (as-cen-**sor**) *s. m.* Aparato que sirve para subir y bajar personas de unos a otros pisos. *El ascensor se quedó entre dos pisos.* **SIN.** Montacargas.

asceta (as-**ce**-ta) *s. m. y s. f.* Persona que practica una vida austera. *Lleva una vida de asceta.* **SIN.** Anacoreta, ermitaño.

asco (**as**-co) *s. m.* Repugnancia producida por la presencia de algo que nos desagrada. *Le daba asco aquella comida.* **SIN.** Repulsión, grima, aversión, náusea. **ANT.** Atracción, encanto. ‖ **LOC. hacer alguien ascos** *fam.* Despreciar una cosa. **ser algo o alguien un asco** *fam.* Ser rechazable.

ascua (**as**-cua) *s. f.* Pedazo de cualquier materia, encendida y enrojecida por el fuego. *De aquella enorme hoguera sólo quedaron unas ascuas.* **SIN.** Brasa. ‖ **LOC. estar en ascuas** Estar inquieto. **arrimar el ascua a su sardina** Arpovechar la ocasión para lograr un fin.

asear (a-se-**ar**) *v. tr.* Poner las cosas en su sitio, limpias y ordenadas. **GRA.** También v. prnl. *Se asea todas las mañanas.* **SIN.** Acicalar(se), engalanar(se), lavar(se), arreglar(se). **ANT.** Desordenar, desasear, descomponer.

asechanza (a-se-**chan**-za) *s. f.* Engaño para hacer daño a otra persona. **GRA.** Se usa más en pl. *No cayó en sus asechanzas.* **SIN.** Intriga, emboscada, estratagema, maquinación, trampa.

asediar (a-se-**diar**) *v. tr.* **1.** Rodear un lugar fortificado, para impedir que salgan los que están dentro o que reciban ayuda del exterior. *El enemigo asedió la ciudad.* **SIN.** Sitiar, incomunicar, acorralar, cercar. **2.** Molestar a alguien sin descanso con pretensiones. *Le estaba asediando todo el día.* **SIN.** Fastidiar, acorralar, insistir. **ANT.** Dejar tranquilo, dejar en paz. En cuanto al acento, se conjuga como cambiar.

asegurar (a-se-gu-**rar**) *v. tr.* **1.** Hacer que una cosa quede bien sujeta y no se mueva. *Aseguró bien la ventana para que no la abriera.* **SIN.** Consolidar, fortalecer, afianzar, fijar. **ANT.** Aflojar descuidar. **2.** Garantizar a una persona o cosa, mediante el cobro de una cantidad, contra determinado accidente o pérdida. *Decidió asegurar su casa contra robo e incendio.* **SIN.** Prevenir, cubrir, amparar. **3.** Afirmar la certeza de lo que se dice. *Aseguró que nos visitaría durante el próximo fin de semana.* **SIN.** Aseverar, ratificar, garantizar. **ANT.** Dudar, vacilar, negar. ‖ *v. prnl.* **4.** Tener la seguridad de que todo es o está como debe. *Se aseguró de tener gasolina antes de comenzar el viaje.* **SIN.** Cerciorarse. **ANT.** Despreocuparse.

asemántico, ca (a-se-**mán**-ti-co) *adj.* Se dice del elemento lingüístico que no tiene significado. *Las preposiciones son asemánticas.*

asemejar (a-se-me-**jar**) *v. tr.* **1.** Representar una cosa semejante a otra. *Este dibujo asemeja un árbol.* ‖ *v. prnl.* **2.** Parecerse una cosa o persona a otra. *El niño se asemeja en todo a su padre.* **SIN.** Mostrarse, asimilarse, salir a, tirar a. **ANT.** Diferenciarse.

asentado, da (a-sen-**ta**-do) *adj.* Sentado, juicioso. *Con los años está cada vez más asentada.* **SIN.** Formal, serio. **ANT.** Irreflexivo. ‖ **LOC. de una asentada** De una vez.

asentar (a-sen-**tar**) *v. tr.* **1.** Poner o colocar alguna cosa de modo que permanezca firme. **GRA.** También v. prnl. *Esta banqueta no asienta bien.* **SIN.** Establecer(se), colocar(se). **ANT.** Soltar(se), aflojar(se), desafianzar. **2.** Dar por cierto un hecho. *Asentó su declaración con datos serios.* **SIN.** Afirmar, asegurar, sostener. **ANT.** Negar. ‖ *v. intr.* **3.** Sentar bien una prenda de vestir. *Ese traje te asienta de maravilla.* ‖ *v. prnl.* **4.** Establecerse en algún lugar. *En la Península Ibérica se asentaron diversos pueblos.* **SIN.** Avecindarse, instalarse, domiciliarse. v. irreg., se conjuga como cambiar.

asentir (a-sen-**tir**) *v. intr.* Admitir como cierto o conveniente lo que otra persona ha dicho o propuesto. *Asintió con la cabeza a todo lo que le decían.* **SIN.** Admitir, convenir, afirmar, aprobar, aceptar. **ANT.** Disentir, negar, rechazar, reprobar. v. irreg., se conjuga como sentir.

aseo (a-**se**-o) *s. m.* **1.** Limpieza personal. *Lavarse y peinarse forman parte del aseo diario.* **2.** Lugar para lavarse y arreglarse. *Me lavé las manos en el aseo del restaurante antes de empezar a comer.* **SIN.** Servicio, tocador, cuarto de baño.

asépalo, la (a-**sé**-pa-lo) *adj.* Se dice de la flor que no tiene sépalos. *Al florecer la amapola se vuelve asépala.*

asepsia (a-**sep**-sia) *s. f.* Conjunto de medidas sanitarias para evitar la acción de los gérmenes infeccio-

asequible - asir

sos. *Los quirófanos necesitan mucha asepsia.* **SIN.** Desinfección, higiene. **ANT.** Suciedad.

asequible (a-se-**qui**-ble) *adj.* Que se puede conseguir. *Tenía una meta muy asequible.* **SIN.** Alcanzable, realizable, practicable. **ANT.** Imposible, inasequible.

aserrar (a-se-**rrar**) *v. tr.* *Serrar. 🔖 v. irreg., se conjuga como acertar.

asesinar (a-se-si-**nar**) *v. tr.* Quitar la vida a una persona con premeditación, es decir, pensándolo bien antes de hacerlo. *Le acusaban de haberle asesinado.*

asesinato (a-se-si-**na**-to) *s. m.* Acción y efecto de asesinar o quitar la vida a alguien. *Cometieron un asesinato.* **SIN.** Crimen, homicidio, matanza.

asesino, na (a-se-**si**-no) *adj.* Se dice de la persona que mata a otra. **GRA.** También s. m. y s. f. *La policía detuvo al asesino.* **SIN.** Criminal, homicida.

asesor, ra (a-se-**sor**) *adj.* Se dice de la persona que asesora o aconseja. **GRA.** También s. m. y s. f. *Acudió a un asesor jurídico.*

asesorar (a-se-so-**rar**) *v. tr.* **1.** Dar consejo. *Le asesoró su abogado.* **SIN.** Aconsejar, guiar, recomendar. ‖ *v. prnl.* **2.** Tomar consejo una persona de otra. *Se asesoró bien antes de firmar nada.*

asestar (a-ses-**tar**) *v. tr.* Causar daño. *Le asestó un puñetazo.*

aseverar (a-se-ve-**rar**) *v. tr.* Afirmar o asegurar lo que se dice. *Aseveró que tenía razón.* **SIN.** Confirmar, ratificar, asegurar, declarar. **ANT.** Negar.

asexual (a-se-**xual**) *adj.* **1.** Se dice de los animales y plantas sin sexo, ambiguo. *La lombriz es un animal asexual.* **2.** Se dice de la reproducción que tiene lugar sin que intervengan los dos sexos. *La gemación es un método de reproducción asexual.*

asfaltar (as-fal-**tar**) *v. tr.* Revestir de asfalto. *Están asfaltando la calle.* **SIN.** Alquitranar, pavimentar.

asfalto (as-**fal**-to) *s. m.* **1.** Especie de betún negro que se derrite con el calor y que procede de la destilación del petróleo. Se emplea para pavimentar las carreteras. *Echaron una capa de asfalto en la carretera.* **2.** Carretera. *Había un árbol caído sobre el asfalto.*

asfixia (as-**fi**-xia) *s. f.* **1.** Dificultad o paro en la función respiratoria, por gases, inmersión en el agua o por estrangulamiento. *Casi se asfixia con tanto humo.* **SIN.** Ahogo, inmersión, estrangulamiento. **2.** Sensación de agobio producida por el excesivo calor o por el enrarecimiento del aire. *Abre las ventanas, siento un asfixia insoportable.* **SIN.** Sofoco, bochorno, agobio.

así (a-**sí**) *adv. m.* **1.** De esta, o de esa manera. *Debes hacerlo así.* **2.** Se usa en oraciones desiderativas para expresar un deseo. *¡Así me toque la lotería!* ‖ *conj. cop.* **3.** Tanto, de tal suerte o manera. *El concierto era un rollo, así que me fui.* ‖ *conj. conces.* **4.** Aunque, por más que. *No estudiará, así le castiguen.* ‖ **LOC. así, así** Medianamente. **así que** Al punto que.

asiduo, dua (a-**si**-duo) *adj.* Que es puntual o constante a la hora de hacer una cosa. *Es un asiduo lector de sus obras.* **SIN.** Frecuente, perseverante, persistente. **ANT.** Desaplicado, inconstante.

asiento (a-**sien**-to) *s. m.* **1.** Cosa o lugar para sentarse. **SIN.** Butaca, silla, taburete, banqueta. *Un bloque de cemento les sirvió de asiento.* **2.** Localidad en los espectáculos públicos. *No quedaba ni un asiento libre.* **3.** Anotación de dinero que se hace en un libro de contabilidad. *Mi padre estuvo toda la tarde comprobando los asientos de su negocio.* ‖ **LOC. tomar asiento** Sentarse.

asignar (a-sig-**nar**) *v. tr.* Señalar lo que corresponde a una persona o cosa. *Les asignó a cada uno una tarea distinta.* **SIN.** Estipular, retribuir, destinar.

asignatura (a-sig-na-**tu**-ra) *s. f.* Cada una de las materias que se enseñan en un instituto, colegio o universidad. *Este curso tengo ocho asignaturas.* **SIN.** Disciplina, rama.

asilo (a-**si**-lo) *s. m.* **1.** Lugar privilegiado donde se esconde una persona que es perseguida. *Pidió asilo político.* **SIN.** Amparo, protección, abrigo, cobijo, refugio. **2.** Establecimiento benéfico donde se recoge a los pobres o ancianos. *Tuvo que acudir a un asilo.* **SIN.** Orfanato, hospicio, hospital.

asimetría (a-si-me-**trí**-a) *s. f.* Falta de simetría. *La pintura cubista propone total asimetría.* **SIN.** Anomalía, disimetría. **ANT.** Simetría.

asimilar (a-si-mi-**lar**) *v. tr.* **1.** Establecer semejanza entre dos o más cosas. *Se asimilan bastante las dos materias.* **GRA.** También v. prnl. **SIN.** Equiparar(se), igualar(se), comparar(se). **ANT.** Diferenciar(se), distinguir(se). **2.** Aprender bien aquello que se estudia. *Asimiló bien la lección.*

asimismo (a-si-**mis**-mo) *adv. m.* De la misma manera, también. *... y asimismo mostró su desacuerdo con el siguiente punto.* 🔖 También "así mismo".

asíndeton (a-**sín**-de-ton) *s. m.* Figura de dicción que consiste en omitir las conjunciones en la construcción de una frase para dar mayor energía o viveza. *"Llegué, ví, vencí"* (Julio César).

asir (a-**sir**) *v. tr.* **1.** Tomar o coger con la mano. *Le asió para que no se cayera.* **SIN.** Agarrar, atrapar, apresar, prender, pillar. **ANT.** Desasir, soltar. ‖ *v. intr.* **2.**

asistir - aspecto

Prender las plantas en la tierra. *La cosecha se perdió porque las semillas no asieron en la tierra.* **SIN.** Agarrar, enraizar. **ANT.** Desprenderse, soltarse. || *v. prnl.* **3.** Agarrarse de alguna cosa. *Se asió a la silla porque se mareaba.* **4.** Enzarzarse en una pelea o riña. *Se asieron en plena calle.* **SIN.** Agarrarse, disputar. **ANT.** Reconciliarse. v. irreg.

INDICATIVO	SUBJUNTIVO	IMPERATIVO
Pres.	Pres.	
asgo	asga	
ases	asgas	ase
ase	asga	asga
asimos	asgamos	asgamos
asís	asgáis	asid
asen	asgan	asgan

asistir (a-sis-**tir**) *v. intr.* **1.** Estar presente en un lugar o acto. *Asistió mucho público al estreno de su última película.* **SIN.** Presenciar, ir, acudir. **ANT.** Faltar, ausentarse, desasistir. || *v. tr.* **2.** Prestar ayuda física o moral a alguien. *La madre Teresa de Calcuta asiste a los pobres.* **SIN.** Socorrer, favorecer, ayudar, auxiliar, amparar. **ANT.** Desamparar, desasistir, desatender. **3.** Tratar y cuidar enfermos. *En los hospitales se asiste a los enfermos.* **SIN.** Atender, curar, vigilar. **ANT.** Desasistir, desamparar.

asma (**as**-ma) *s. m.* Dificultad para respirar. *Padece de asma.* **SIN.** Asfixia. Es s. f., pero en sing. lleva art. m. para evitar la cacofonía.

asno (**as**-no) *s. m.* **1.** Mamífero de cuatro patas, más pequeño que el caballo, y con las orejas largas; suele utilizarse para llevar cargas. *Cargó el saco de harina en el asno.* **SIN.** Burro, jumento, pollino. **2.** *fam.* Persona de poca inteligencia. **GRA.** También adj. *Eres un asno, nunca entiendes nada.* **SIN.** Bobo, necio, bruto, ignorante. **ANT.** Lince.

asociación (a-so-cia-**ción**) *s. f.* Conjunto de personas unidas para un fin común. *Entre un grupo de amigos hemos formado una asociación deportiva.* **SIN.** Sociedad, corporación, comunidad, grupo, pandilla.

asociar (a-so-**ciar**) *v. tr.* **1.** Juntar una cosa con otra, de modo que persigan un mismo fin. *Asociaron sus capitales.* **SIN.** Afiliar, solidarizar, hermanar. **ANT.** Disociar, separar. || *v. prnl.* **2.** Reunirse varias personas para algún fin. *Se asociaron para un negocio.* **SIN.** Unirse, agruparse, filiarse. **ANT.** Separarse, desligarse. En cuanto al acento, se conjuga como cambiar.

asolar[1] (a-so-**lar**) *v. tr.* Poner por los suelos, destruir. *Asolaron el poblado.* **SIN.** Arrasar, tirar, desolar.

ANT. Reconstruir, construir, levantar. v. irreg., se conjuga como contar.

asolar[2] (a-so-**lar**) *v. tr.* Secar los campos, o echar a perder sus frutos, una sequía, el calor, etc. *El granizo asoló los trigos.*

asomar (a-so-**mar**) *v. intr.* **1.** Comenzar a verse una cosa. *A lo lejos asomaba el tren.* **SIN.** Salir, surgir, brotar. **ANT.** Desaparecer. || *v. tr.* **2.** Sacar o mostrar alguna cosa por una abertura o por detrás de algún sitio. *Se asomó al balcón para ver pasar la cabalgata.* **GRA.** También v. prnl. **SIN.** Exhibir(se), manifestar(se), aparecer, enseñar.

asombrar (a-som-**brar**) *v. tr.* Causar gran admiración. **GRA.** También v. prnl. *El hermoso espectáculo les asombró.* **SIN.** Fascinar, admirar(se), maravillar(se), encantar. **ANT.** Dejar frío, dejar indiferente.

asombro (a-**som**-bro) *s. m.* Admiración grande. *Miraban el arco iris con asombro.* **SIN.** Estupor, fascinación, pasmo. **ANT.** Indiferencia, frialdad.

asomo (a-so-mo) *s. m.* Indicio o señal de algo. **SIN.** Pista, síntoma, señal, muestra. *No encontraron ningún asomo de su presencia allí.* || **LOC. ni por asomo** De ningún modo.

asonancia (a-so-**nan**-cia) *s. f.* Igualdad de vocales en las terminaciones de dos palabras a contar desde la última acentuada, sin tener en cuenta para nada las consonantes. *Los versos pares de los romances tienen asonancia.*

asonante (a-so-**nan**-te) *adj.* Se dice de la rima de los versos cuyos sonidos vocálicos son iguales a partir de la última vocal acentuada. *"Sonidos" y "olivos" podrían formar una rima asonante.*

aspa (**as**-pa) *s. f.* **1.** Lo que tiene forma de una X. *Apuntalaron las puertas con unos maderos colocados en aspa.* **SIN.** Cruz, equis. **2.** Aparato exterior del molino de viento parecido a una cruz de madera, en cuyos brazos se colocan unos lienzos a manera de velas, que sirve para mover la máquina. *Don Quijote fue derribado por las aspas de un molino.* Es s. f., pero en sing. lleva art. m. para evitar la cacofonía.

aspaviento (as-pa-**vien**-to) *s. m.* Demostración excesiva de espanto, admiración o sentimiento. *No hace falta que hagas tantos aspavientos.* **SIN.** Ademán, gesticulación.

aspecto (as-**pec**-to) *s. m.* **1.** Apariencia que tienen las personas o las cosas. *Ese señor tenía un aspecto muy extraño y misterioso.* **SIN.** Semblante, presencia, físico, facha. **2.** Color de la cara y apariencia de una persona. *Después de dormir, tenía un aspecto agradable.* || **3. aspecto verbal** Matices no temporales

aspereza - astrolabio

que indican la manera como se desarrolla la acción del verbo, o como el hablante se la representa.

aspereza (as-pe-**re**-za) *s. f.* **1.** Falta de blandura o afabilidad. *Trata a los demás con mucha aspereza.* **SIN.** Brusquedad, dureza, tosquedad. **ANT.** Dulzura, suavidad. **2.** Desigualdad del terreno que lo hace difícil para caminar por él. *Aquel camino de la sierra ofrecía muchas asperezas y decidimos darnos la vuelta.* **SIN.** Abruptez, rugosidad. **ANT.** Llanura. ‖ **LOC. limar asperezas** Conciliar y vencer dificultades, opiniones, etc., enfrentados en cualquier asunto.

áspero, ra (**ás**-pe-ro) *adj.* **1.** Que no es suave al tacto. *Esa toalla es muy áspera.* **2.** Que ofrece una superficie desigual con altibajos. *El terreno era muy áspero.* **SIN.** Abrupto, escabroso. **ANT.** Llano, liso. **3.** Falto de afabilidad o suavidad. *Tiene un carácter muy áspero.* **SIN.** Hosco, arisco, insociable, seco, rudo. **ANT.** Afable, sociable, amable.

aspersor (as-per-**sor**) *s. m.* Mecanismo destinado a esparcir un líquido a presión, como el agua para el riego o los herbicidas químicos. *Pon el aspersor para regar los rosales.* **SIN.** Rociador.

áspid (**ás**-pid) *s. m.* Víbora muy venenosa. *Murió por la mordedura de un áspid.* ✎ Su pl. es "áspides".

aspiradora (as-pi-ra-**do**-ra) *s. f.* Máquina que aspira el polvo. **GRA.** También s. m. *Limpia la moqueta con la aspiradora.*

aspirante (as-pi-**ran**-te) *s. m. y s. f.* Persona que ha obtenido el derecho a ocupar un cargo, honor o título. *Entrevistó al aspirante al título.* **SIN.** Candidato, pretendiente.

aspirar (as-pi-**rar**) *v. tr.* **1.** Atraer el aire exterior a los pulmones, o gases o líquidos a una máquina aspiradora. *Tienes que aspirar el polvo de la alfombra.* **SIN.** Inspirar, inhalar, absorber. **ANT.** Exhalar, expirar, soplar. **2.** Pretender o desear alguna cosa. *Aspiraban a ganar el partido.* **SIN.** Ambicionar, anhelar, ansiar, apetecer. **ANT.** Renunciar, desistir.

aspirina (as-pi-**ri**-na) *s. f.* Tableta de ácido acetilsalicílico que se utiliza para combatir los dolores y bajar la fiebre. *Tomó una aspirina y se echó un rato para ver si se le pasaba el dolor de cabeza.*

asquear (as-que-**ar**) *v. tr.* Sentir o producir asco. *Me asqueaba aquella situación.* **GRA.** También v. intr. **SIN.** Desagradar, repeler, repugnar. **ANT.** Atraer.

asqueroso, sa (as-que-**ro**-so) *adj.* **1.** Que causa asco. *Salía un olor asqueroso de la alcantarilla.* **SIN.** Inmundo, nauseabundo, repulsivo. **ANT.** Atractivo, atrayente. **2.** Que tiene asco. *Es tan asqueroso que cualquier comida le produce repugnancia.*

asta (**as**-ta) *s. f.* **1.** Cuerno de un animal. *El toro le golpeó con el asta.* **2.** Palo que sostiene la bandera. *La bandera ondeaba a media asta.* **3.** Arma arrojadiza. *El soldado arrojó el asta.* ‖ **LOC. a media asta** Expresión que indica que una bandera está medio izada en señal de luto. ✎ Es s. f., pero en sing. lleva art. m. para evitar la cacofonía. ☞ No debe confundirse con "hasta" preposición.

asterisco (as-te-**ris**-co) *s. m.* Signo ortográfico que tiene la forma de estrella (*) y que se emplea para usos ya establecidos. *El asterisco en las etimologías significa que el origen es hipotético.*

asteroide (as-te-**roi**-de) *s. m.* Cuerpo diminuto que gira en torno al Sol entre las órbitas de Marte y Júpiter. *El asteroide más grande se llama Ceres.*

astigmatismo (as-tig-ma-**tis**-mo) *s. m.* Defecto del ojo que hace confusa la visión. *Tiene astigmatismo.*

astilla (as-**ti**-lla) *s. f.* Trozo pequeño de madera que se parte o rompe. *Hizo astillas el tronco.*

astillero (as-ti-**lle**-ro) *s. m.* Lugar en el que se construyen y reparan buques. *En el astillero están construyendo un barco muy moderno.*

astracán (as-tra-**cán**) *s. m.* Piel de cordero muy fina y con el pelo rizado, que se prepara en la ciudad rusa del mismo nombre. *Lleva un chaquetón de astracán.*

astral (as-**tral**) *adj.* Que pertenece o se refiere a los astros. **SIN.** Sideral, sidéreo. *Carta astral.*

astringente (as-trin-**gen**-te) *adj.* Se dice principalmente de los alimentos o remedios que estriñen. **GRA.** También s. m. y s. f. *El membrillo es una fruta astringente.*

astringir (as-trin-**gir**) *v. tr.* Contraer, estrechar una sustancia los tejidos orgánicos. *El arroz se usa para astringir.* ✎ Tiene doble part.; uno reg., astringido, y otro irreg., astricto. Se conjuga como proteger.

astro (**as**-tro) *s. m.* **1.** Cualquier cuerpo del espacio celeste. *Le encantaba contemplar los astros.* **SIN.** Asteroide, estrella. **2.** Persona que sobresale en alguna actividad. *Es un astro de la canción.*

astrobiología (as-tro-bio-lo-**gí**-a) *s. f.* Estudio de la vida en otros mundos. *Tras los últimos descubrimientos, el departamento de astrobiología aumentó su presupuesto.*

astrofísica (as-tro-**fí**-si-ca) *s. f.* Parte de la astronomía que estudia la naturaleza física de los cuerpos celestes. *Para ser astronauta es imprescindible saber astrofísica.*

astrolabio (as-tro-**la**-bio) *s. m.* Instrumento matemático antiguo que se usaba para observar la situa-

astrolito - atardecer

ción y movimiento de los astros. *Se cree que los árabes inventaron el astrolabio.*

astrolito (as-tro-**li**-to) *s. m.* *Aerolito.

astrología (as-tro-lo-**gí**-a) *s. f.* Estudio que intenta predecir el destino de los hombres por la posicíon de los astros. *Le encantaba el horóscopo y todo lo relacionado con la astrología.*

astronauta (as-tro-**nau**-ta) *s. m. y s. f.* Persona que pilota una nave espacial. *Los astronautas regresaron a la Tierra.* **SIN.** Cosmonauta.

astronáutica (as-tro-**náu**-ti-ca) *s. f.* Ciencia que estudia la navegación de las naves en el espacio. *Es un especialista en astronáutica.* **SIN.** Cosmonáutica.

astronave (as-tro-**na**-ve) *s. f.* Nave espacial adecuada para surcar el espacio sideral o cósmico. *El lanzamiento de la astronave se aplazó por un error técnico.* **SIN.** Cohete, cosmonave.

astronomía (as-tro-no-**mí**-a) *s. f.* Ciencia que estudia los astros y principalmente las leyes de sus movimientos. *Publicó varios libros sobre astronomía.*

astronómico, ca (as-tro-**nó**-mi-co) *adj.* **1.** Que pertenece o se refiere a la astronomía. *La NASA utilizó esos informes astronómicos.* **2.** *fam.* Se dice de las cantidades extraordinariamente grandes. *No compré el vestido porque tenía un precio astronómico.*

astucia (as-**tu**-cia) *s. f.* **1.** Habilidad para engañar o para evitar el engaño. *Tiene mucha astucia.* **SIN.** Sagacidad, perspicacia, picardía. **ANT.** Simpleza, ingenuidad, torpeza. **2.** Maña para lograr un intento. *Utilizó alguna de sus astucias.* **SIN.** Ardid, treta.

astuto, ta (as-**tu**-to) *adj.* Se dice de la persona hábil para engañar a otros y no dejarse engañar. *Es muy astuto.* **SIN.** Sagaz, pícaro, cuco. **ANT.** Simple, tonto.

asueto (a-**sue**-to) *s. m.* Descanso en el trabajo o actividad que se está realizando. *Tenía su día de asueto y decidió irse al campo.* **SIN.** Fiesta, vacaciones, reposo, recreo. **ANT.** Trabajo, labor.

asumir (a-su-**mir**) *v. tr.* Tomar para sí. *Asumió toda la responsabilidad de lo que había hecho.* **SIN.** Posesionarse, adjudicarse, arrojarse, aceptar. **ANT.** Rehusar, delegar, dejar. ✎ Tiene doble part.; uno reg., asumido, y otro irreg., asunto.

asuntillo (a-sun-**ti**-llo) *s. m.* Diminutivo de asunto. negocio. Suele emplearse con diversos matices, irónico, despectivo, minorativo, etc. *Tengo un asuntillo que resolver.*

asunto (a-**sun**-to) *s. m.* **1.** Materia de que se trata. *No te metas en este asunto.* **SIN.** Tema, materia, razón, propósito. **2.** Tema o argumento de una obra. Resume el asunto de la novela en dos o tres líneas. **3.** *Negocio. **SIN.** Empresa, trato, operación.

asustar (a-sus-**tar**) *v. tr.* Dar o causar susto. *Se asustaron mucho al ver que la niña no volvía.* **GRA.** También v. prnl. **SIN.** Atemorizar, aterrar, sobresaltar, espantar. **ANT.** Tranquilizar, animar, estimular.

atacar (a-ta-**car**) *v. tr.* **1.** Venir con ímpetu contra una persona o cosa para apoderarse de ella o causar daño. *El enemigo nos atacó por la noche.* **SIN.** Arremeter, acometer, agredir. **ANT.** Defender, proteger **2.** Rechazar con pruebas o razones lo que otros dicen. *Le atacaron fuertemente.* **SIN.** Contradecir, refutar, combatir. **ANT.** Defender, sostener. ✎ Se conjuga como abarcar.

atajar (a-ta-**jar**) *v. intr.* **1.** Ir o tomar el camino más corto. *Cogieron ese sendero para atajar.* **SIN.** Abreviar, acortar, adelantar. **ANT.** Dar rodeos. ‖ *v. tr.* **2.** Detener o cortar el paso. *Aquella estratagema atajó el avance del enemigo.* **SIN.** Contener, parar, impedir, interrumpir. **ANT.** Permitir, dejar, seguir.

atajo (a-**ta**-jo) *s. m.* **1.** Senda por donde se llega antes al punto adonde queremos ir. *Fueron por un atajo.* **SIN.** Vericueto, vereda. **2.** Procedimiento o medio rápido. *Empleó un atajo para resolver el problema.*

atalaya (a-ta-**la**-ya) *s. f.* **1.** Altura desde la que se descubre mucho espacio. *Aquel otero era una impresionante atalaya.* **SIN.** Alcor, montículo, otero, prominencia. **2.** Torre alta para divisar mucho espacio. *Había un vigilante en una atalaya.* **SIN.** Almena, faro, torreta.

atañer (a-ta-**ñer**) *v. intr.* Ser de la obligación o interés de una persona. *Puedes irte, este asunto no te atañe.* **SIN.** Concernir, incumbir, afectar, corresponder, tocar. ✎ v. irreg., se conjuga como tañer; v. defect.

ataque (a-**ta**-que) *s. m.* **1.** Acción y efecto de atacar, acometer, embestir. *Aguantaron el ataque del enemigo.* **SIN.** Ofensa, agresión, combate, lucha, acometida. **ANT.** Defensa, resistencia. **2.** Indisposición repentina. *Le dio un ataque de nervios.* **SIN.** Trastorno, colapso, patatús.

atar (a-**tar**) *v. tr.* Unir o sujetar con nudos. *Le ató los cordones de los zapatos para que no los pisara.* **SIN.** Anudar, amarrar, encadenar. **ANT.** Desatar. ‖ **LOC. atar corto a alguien** *fam.* Reprimirle, sujetarle.

atardecer[1] (a-tar-de-**cer**) *v. intr.* Llegar la tarde. *En invierno siempre atardece antes.* **SIN.** Anochecer, oscurecer. **ANT.** Amanecer. ✎ v. irreg., se conjuga como parecer.

atardecer[2] (a-tar-de-**cer**) *s. m.* Último período de la tarde, próximo ya a la noche. *Al atardecer dimos un*

atascar - aterir

paseo. **SIN.** Crepúsculo, ocaso, anochecida. **ANT.** Amanecer, amanecida, alba.

atascar (a-tas-**car**) *v. tr.* **1.** Obstruir un conducto. *La arena atascó el desagüe del fregadero.* **GRA.** También v. prnl. **SIN.** Cerrar, obturar, impedir. ‖ *v. prnl.* **2.** Quedarse detenido en un terreno cenagoso. *Había tanto barro que el coche se atascó.* **3.** Detenerse ante alguna dificultad. *Se atascó al primer problema.* **4.** Detenerse en un razonamiento o discurso sin saber proseguir. *Me atasqué en esa palabra y no puedo seguir.* **SIN.** Pararse, equivocarse. ✎ Se conjuga como abarcar.

ataúd (a-ta-**úd**) *s. m.* Caja donde se pone el cadáver para enterrarlo. *Los familiares condujeron el ataúd hasta el cementerio.* **SIN.** Urna, féretro.

ataviar (a-ta-vi-**ar**) *v. tr.* Componer, adornar para que tenga buena presencia. **GRA.** También v. prnl. *Se ataviaron con vestidos regionales para la fiesta de la región.* **SIN.** Acicalar, lucir, engalanar, aderezar. **ANT.** Desarreglar, desaliñar. ✎ En cuanto al acento, se conjuga como desviar.

atemorizar (a-te-mo-ri-**zar**) *v. tr.* Causar temor. **GRA.** También v. prnl. *Se atemorizaron al saber que había un ladrón por los alrededores.* **SIN.** Acobardar, acoquinar, amilanar, apocar, asustar. **ANT.** Envalentonar. ✎ Se conjuga como abrazar.

atemperar (a-tem-pe-**rar**) *v. tr.* Moderar, suavizar, templar. **GRA.** También v. prnl. *Con el tiempo atemperó su forma de ser.* **GRA.** También v. prnl. **SIN.** Amoldar, ajustar. **ANT.** Excitar(se), exasperar(se).

atenazar (a-te-na-**zar**) *v. tr.* **1.** Causar una pena muy grande. *Ese defecto físico lo tiene atenazado.* **2.** *Oprimir.* ✎ Se conjuga como abrazar.

atención (a-ten-**ción**) *s. f.* **1.** Acción y efecto de atender. *Los alumnos escuchaban con mucha atención.* **SIN.** Interés, curiosidad, vigilancia, aplicación, esmero. **ANT.** Desatención, distracción, descuido. **2.** Demostración de respeto y agradecimiento. *Tuvo muchas atenciones conmigo.* **SIN.** Cortesía, deferencia, consideración, cumplido. **ANT.** Desatención, descortesía, desconsideración. ‖ **LOC. llamar la atención** Despertar interés o curiosidad una persona o cosa. **llamar la atención a alguien** Reprenderlo.

atender (a-ten-**der**) *v. tr.* **1.** Cuidar de una persona o cosa. *Atendió a su hijo mientras estuvo enfermo.* **SIN.** Velar, vigilar, asistir. **ANT.** Desatender, abandonar, descuidar. **2.** Estar a la espera o acecho de algo. *El cliente atendía su turno.* **SIN.** Vigilar, acechar, aguardar, esperar. **ANT.** Desatender. **3.** Satisfacer un deseo, ruego o mandato. **GRA.** También v. intr. *Atendió mi propuesta con interés.* **SIN.** Considerar, contemplar. ‖ *v. intr.* **4.** Disponer los sentidos y la mente para enterarse de algo. *Atiende, lo que voy a decirte es importante.* **SIN.** Escuchar, prestar atención, fijarse. **ANT.** Desatender, distraerse. ✎ v. irreg., se conjuga como entender.

ateneo (a-te-**ne**-o) *s. m.* **1.** Nombre de algunas asociaciones científicas o literarias. *Suelo ir a alguna reunión del ateneo literario.* **SIN.** Casino, club, sociedad. **2.** Local donde se reúnen. *El edificio del Ateneo es neoclásico.*

atenerse (a-te-**ner**-se) *v. prnl.* Ajustarse a alguna cosa. *Yo me atengo a lo que tú me habías comentado.* **SIN.** Adherirse, limitarse a algo, amoldarse, ceñirse. **ANT.** Separarse, distanciarse. ✎ v. irreg., se conjuga como tener.

atentado (a-ten-**ta**-do) *s. m.* Delito, en especial el cometido contra el Estado o una persona constituida en autoridad. *Detuvieron a los autores del atentado.* **SIN.** Asesinato, crimen, golpe.

atentar (a-ten-**tar**) *v. tr.* Realizar alguna cosa ilegal. *El grupo separatista atentó contra las libertades civiles.* **SIN.** Infringir, violar, contravenir, delinquir. **ANT.** Acatar, obedecer, respetar.

atento, ta (a-**ten**-to) *adj.* **1.** Que se comporta con educación y cortesía. *Juan es una persona muy atenta.* **SIN.** Amable, cortés, galante, complaciente. **ANT.** Desatento, descortés, maleducado. **2.** Que tiene fija la atención en algo. *Escuchaba muy atento.* **SIN.** Interesado, observador, vigilante. **ANT.** Desatento, distraído.

atenuar (a-te-nu-**ar**) *v. tr.* Aminorar o disminuir alguna cosa. *Le atenuaron el castigo al ver que estaba verdaderamente arrepentido.* **SIN.** Amortiguar, debilitar, mitigar, suavizar. **ANT.** Recrudecer, aumentar, avizar. ✎ En cuanto al acento, se conjuga como actuar.

ateo, a (a-**te**-o) *adj.* Se dice de la persona que no cree en Dios. **GRA.** También s. m. y s. f. *Era atea.* **SIN.** Agnóstico, antirreligioso, incrédulo. **ANT.** Creyente.

aterciopelado, da (a-ter-cio-pe-**la**-do) *adj.* Que tiene la suavidad del terciopelo. *Compró una tela aterciopelada.* **SIN.** Afelpado, algodonoso, lanoso, suave.

aterir (a-te-**rir**) *v. tr.* Enfriar mucho y bruscamente. **GRA.** Se usa más como v. prnl. *Tuvimos que encender la estufa porque nos ateríamos de frío.* **SIN.** Enfriarse, helarse, pasmarse. **ANT.** Calentarse. ✎ v. defect. y v. irreg.

aterrar - atmósfera

INDICATIVO				
Pres.	Pret. imperf.	Pret. perf. s.	Fut. imperf.	Cond. simple
atería	atería	aterí	ateriré	atería
atería	atería	ateriste	aterirás	aterirías
aterías	aterías	aterió	aterirá	ateriría
aterimos	ateríamos	aterimos	ateriremos	ateriríamos
aterís	ateríais	ateristeis	ateriréis	ateriríais
	aterían	aterieron	aterirán	aterirían

SUBJUNTIVO		
Pres.	Pret. imperf.	Fut. imperf.
no se usa	atiriera/se	atiriere
	atirieras/ses	atirieres
	atiriera/se	atiriere
	atiriéramos/semos	atiriéremos
	atirlierais/seis	atiriereis
	atirieran/sen	atirieren

IMPERATIVO	aterid (las demás personas no se usan)	
FORMAS NO PERSONALES	Infinitivo	aterir
	Gerundio	ateriendo
	Participio	aterido

aterrar (a-te-**rrar**) *v. tr.* *Atemorizar. **GRA.** También v. prnl. **SIN.** Espantar, horrorizar. **ANT.** Tranquilizar.

aterrizaje (a-te-rri-**za**-je) *s. m.* **1.** Acción de aterrizar. *El aterrizaje tuvo lugar antes de lo previsto.*‖ **2. aterrizaje forzoso** El de emergencia.

aterrizar (a-te-rri-**zar**) *v. intr.* Descender a tierra un avión. *El avión no tuvo ningún problema para aterrizar.* **SIN.** Descender, bajar, tomar tierra. **ANT.** Despegar. ✎ Se conjuga como abrazar.

aterrorizar (a-te-rro-ri-**zar**) *v. tr.* Causar terror. *La fuerte tormenta aterrorizó a la población.* **GRA.** También v. prnl. **SIN.** Atemorizar, aterrar, espantar, amedrentar. ✎ Se conjuga como abrazar.

atesorar (a-te-so-**rar**) *v. tr.* **1.** Guardar dinero o cosas de valor. *Atesoró una gran cantidad de propiedades.* **SIN.** Acumular, ahorrar. **ANT.** Dilapidar. **2.** Tener muchas buenas cualidades, virtudes, etc. *Juan atesora grandes conocimientos de música.*

atestado (a-tes-**ta**-do) *s. m.* Documento oficial en que se hace constar alguna cosa. *La policía levantó atestado del accidente.* **SIN.** Informe.

atestar (a-tes-**tar**) *v. tr.* **1.** Llenar una cosa hueca apretando lo que se mete en ella. *Atestó la maleta de ropa.* **SIN.** Abarrotar, colmar, embutir. **ANT.** Desocupar, sacar. **2.** *fam.* Hartar, atracar de comida. **GRA.** Se usa más como v. prnl. *Se atestó de pasteles.* **SIN.** Colmar, llenar, saciar. **ANT.** Ayunar.

atestiguar (a-tes-ti-**guar**) *v. tr.* Afirmar como testigo alguna cosa. *Atestiguaron ante el juez.* **SIN.** Testificar, testimoniar, legitimar, probar, declarar. **ANT.** Callar, ocultar, silenciar. ✎ En cuanto al acento, se conjuga como averiguar.

atiborrar (a-ti-bo-**rrar**) *v. tr.* **1.** Llenar algo hasta que quede bien repleto. *Atiborró la habitación de juguetes.* **SIN.** Abarrotar, colmar, henchir. **ANT.** Vaciar. **2.** *fam.* Atracar de comida. **GRA.** Se usa más como v. prnl. *Se atiborró de dulces.* **SIN.** Saciarse.

ático (**á**-ti-co) *s. m.* Último piso de un edificio, más bajo de techo que los inferiores. *Viven en un ático.* **SIN.** Buhardilla, desván.

atildar (a-til-**dar**) *v. tr.* Componer, asear. **GRA.** También v. prnl. *Se atilda mucho.* **SIN.** Adornar, ataviar.

atinar (a-ti-**nar**) *v. intr.* **1.** Dar con lo que se busca o necesita. **GRA.** También v. tr. *Atinó a abrir la puerta en plena oscuridad.* **SIN.** Acertar, hallar, encontar. **ANT.** Errar, fallar. **2.** Acertar o dar en el blanco. *Atinó de chiripa.* **ANT.** Errar. **3.** Acertar una cosa por conjeturas. *Atinó a ver lo que se estaba cociendo.*

atisbar (a-tis-**bar**) *v. tr.* Observar con cuidado y disimuladamente. *Atisbaba por la mirilla de la puerta.* **SIN.** Espiar, ojear, otear, vigilar, acechar.

atizar (a-ti-**zar**) *v. tr.* **1.** Remover el fuego o echarle más leña. *Atiza la lumbre, se está apagando.* **SIN.** Fomentar, estimular, avivar. **ANT.** Sofocar, apagar. **2.** Hacer más viva una pasión o discordia. *Les atizaba continuamente para que discutieran.* **SIN.** Fomentar, estimular, excitar, reanimar. **ANT.** Sofocar, aplacar, serenar. **3.** *fam.* Dar un bofetón, un puntapié, etc. *Le atizó una patada por debajo de la mesa para que se callara.* **SIN.** Pegar, propinar. ‖ *interj.* **4. ¡atiza!** *fam.* Denota sorpresa o admiración. *¡Atiza!, se me ha olvidado.* ✎ Se conjuga como abrazar.

Atlántida (At-**lán**-ti-da) *n. p.* Continente legendario del Atlántico que quedó sumergido en el océano. *Jacinto Verdaguer escribió una novela sobre la Atlántida.*

atlas (**at**-las) *s. m.* Libro en el que vienen mapas geográficos de los distintos países. *Buscó el mapa físico de Europa en el atlas.*

atleta (at-**le**-ta) *s. m. y s. f.* Persona que participa en las competiciones deportivas. *Se presentaron a la prueba muchos atletas.* **SIN.** Deportista.

atletismo (at-le-**tis**-mo) *s. m.* Afición y práctica de ejercicios físicos o deportes. *Practica el atletismo.*

atmósfera (at-**mós**-fe-ra) *s. f.* **1.** Masa de aire que rodea la Tierra. *La atmósfera está formada por nitrógeno, oxígeno, vapor de agua y otros gases.* **2.** Espacio a que se extienden las influencias de una persona o cosa. *En su atmósfera tiene muchos amigos.* **3.** Inclinación de los ánimos en pro o en contra de una persona o cosa. *Le anima mucho la buena atmósfera de trabajo que hay.* **4.** Unidad de presión

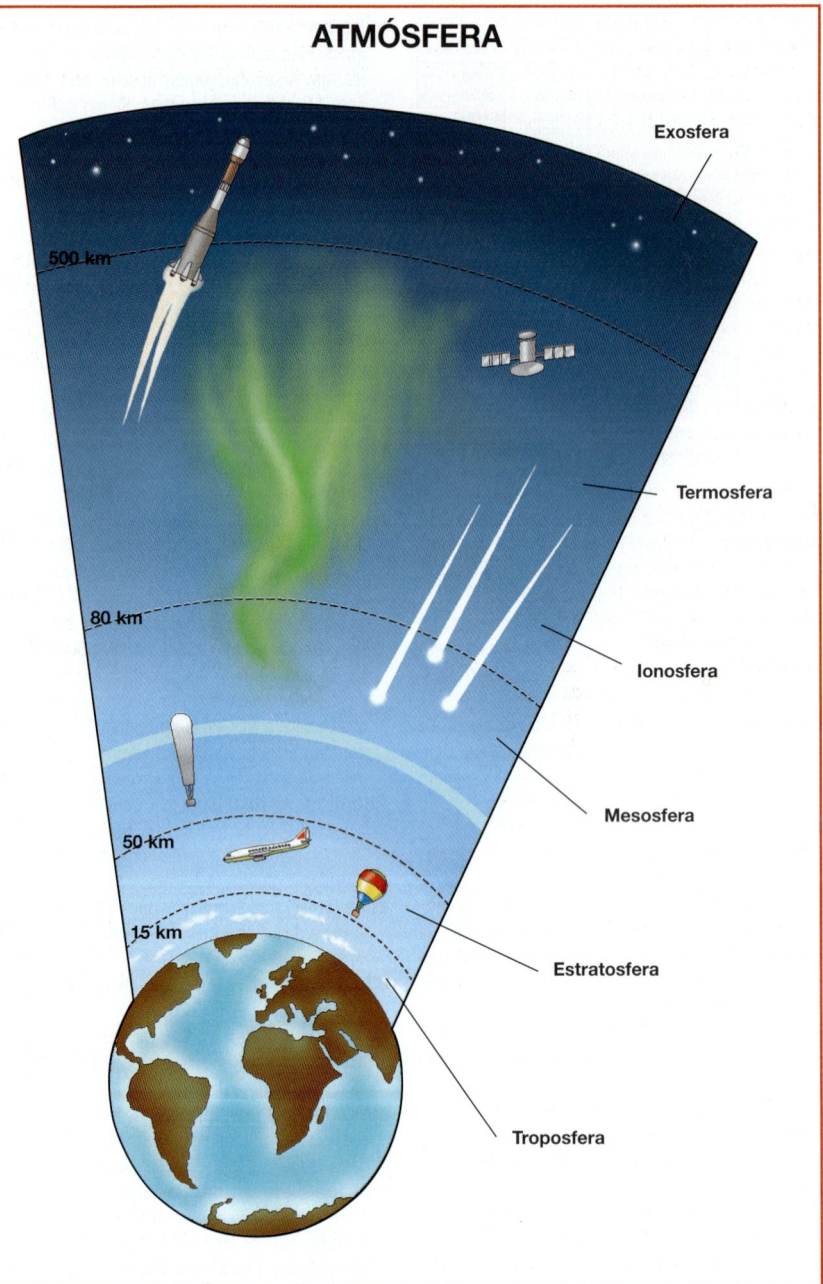

atolladero - atractivo

que ejerce una columna de mercurio de 760 mm sobre una unidad de superficie. *¡Una atmósfera equivale a 1,033 kg-fuerza por cm^2* 🖎 También "atmósfera". ☞ Ver ilustración pág. 108.

atolladero (a-to-lla-**de**-ro) *s. m.* Lugar lleno de barro. *Metió la moto en un atolladero.* **SIN.** Lodazal. ‖ **LOC. estar en un atolladero** Estar en una situación difícil. **salir del atolladero** Salvar una situación comprometida.

atollarse (a-to-**llar**-se) *v. prnl., fam.* Atascarse, meterse en algo de difícil salida. *Se atolló en la segunda pregunta y no supo seguir.* **SIN.** Empantanarse.

atolón (a-to-**lón**) *s. m.* Arrecife de coral en forma de aro con una laguna interior. *Ese atolón se formó sobre un volcán sumergido.*

atolondrado, da (a-to-lon-**dra**-do) *adj.* Que actúa sin reflexión. *No seas atolondrado y piensa mejor lo que vas a hacer.* **SIN.** Aturdido, irreflexivo, atontado, alocado. **ANT.** Sensato, juicioso, reflexivo.

atolondrar (a-to-lon-**drar**) *v. tr.* *Aturdir. **GRA.** También v. prnl. **SIN.** Distraer(se), precipitar(se), confundir(se), aturullar(se). **ANT.** Despabilar(se).

atómico, ca (a-**tó**-mi-co) *adj.* **1.** Que pertenece o se refiere al átomo. *Tiraron varias bombas atómicas.* ‖ *s. m.* **2.** *amer.* *Bolígrafo.

atomizador (a-to-mi-za-**dor**) *s. m.* Aparato para pulverizar un líquido. *Sulfataba las plantas con un atomizador.* **SIN.** Espray, pulverizador.

atomizar (a-to-mi-**zar**) *v. tr.* **1.** Dividir en partes muy pequeñas. *El profesor atomizó la clase en grupos de cuatro para discutir el tema.* **SIN.** Desintegrar. **2.** *Pulverizar. 🖎 Se conjuga como abrazar.

átomo (**á**-to-mo) *s. m.* **1.** Parte más pequeña o unidad de un elemento, que contiene protones, neutrones y electrones. *El hidrógeno es el átomo más sencillo, con sólo un protón y un electrón.* **2.** Porción pequeñísima de una cosa. *No tiene ni un átomo de pundonor, se retiró a la primera de cambio.* **SIN.** Miaja, pizca.

atónito, ta (a-**tó**-ni-to) *adj.* Que está asombrado por algo. *Se quedó atónito ante la noticia.* **SIN.** Pasmado, estupefacto, alucinado, sorprendido. **ANT.** Desinteresado, impávido, frío, sereno.

átono, na (**á**-to-no) *adj.* Se aplica a la vocal, sílaba o palabra que se pronuncia sin acento prosódico. *La sílaba "le" de la palabra "león" es átona.* **SIN.** Inacentuado, débil. **ANT.** Tónico, acentuado.

atontado, da (a-ton-**ta**-do) *adj.* Se dice de la persona tonta o que no sabe cómo actuar. *Se quedó atontada.* **SIN.** Embobado, necio, pasmado. **ANT.** Avispado, listo.

atontar (a-ton-**tar**) *v. tr.* Aturdir o atolondrar a alguien. **GRA.** También v. prnl. *El golpe le atontó durante un rato.* **SIN.** Desorientar(se), confundir.

atorar (a-to-**rar**) *v. tr.* **1.** Atascar, obstruir. **GRA.** También v. intr. y v. prnl. *La tubería se atoró.* **SIN.** Obturar, cegar(se), atascar(se). **ANT.** Desatascar(se). **2.** Turbarse en la conversación. **GRA.** También v. prnl. *Se atoró al ver que todos le miraban.*

atormentar (a-tor-men-**tar**) *v. tr.* **1.** Causar dolor o molestia corporal. **GRA.** También v. prnl. *El dolor de espalda le estaba atormentando la existencia.* **SIN.** Martirizar, torturar, agarrotar. **ANT.** Acariciar, consolar, confortar. **2.** Causar aflicción, disgusto o enfado. **GRA.** También v. prnl. *Le atormentaba la idea de no volver a verle.* **SIN.** Disgustar(se), afligir(se), acongojar(se). **ANT.** Acariciar, confortar(se).

atornillar (a-tor-ni-**llar**) *v. tr.* **1.** Introducir un tornillo haciéndolo girar alrededor de su eje. *No consigo atornillarlo.* **SIN.** Enroscar. **2.** Sujetar con tornillos. *Atornilla las bladas.* **3.** Presionar, obligar a una conducta. *Le atornilló hasta que le sacó la verdad.* **SIN.** Apurar, atosigar.

atosigar (a-to-si-**gar**) *v. tr.* Fatigar alguien metiéndole mucha prisa. **GRA.** También v. prnl. *Si me atosigas no acabaré nunca.* **SIN.** Abrumar, cansar, importunar, molestar. **ANT.** Aliviar, tranquilizar. 🖎 Se conjuga como ahogar.

atracar[1] (a-tra-**car**) *v. tr.* **1.** *fam.* Hacer comer y beber con exceso, hartar. **GRA.** También v. prnl. *Se atracó de chorizo y luego le dolía el estómago.* **SIN.** Hartar(se), empachar(se), atiborrar(se), colmar. **2.** *fam.* Asaltar a alguien para robarle. *Atracaron un banco.* **SIN.** Desvalijar, saquear. **3.** *Chil.* Zurrar, golpear. 🖎 Se conjuga como abarcar.

atracar[2] (a-tra-**car**) *v. tr.* **1.** Arrimar una embarcación a tierra o junto a otra nave. *El barco acababa de atracar en el puerto.* **SIN.** Anclar, acercar, fondear. ‖ *v. intr.* **2.** *Chil. y Per.* Adherirse a la opinión de otro. 🖎 Se conjuga como abarcar.

atracción (a-trac-**ción**) *s. f.* **1.** Acción y efecto de atraer. *Sentían mutua atracción.* **SIN.** Afinidad, simpatía, cordialidad. **ANT.** Antipatía, rechazo, repulsión. ‖ *s. f. pl.* **2.** Espectáculos o diversiones variadas que se celebran en un mismo lugar o forman parte de un mismo programa. *Le encantan las atracciones de la feria.*

atraco (a-**tra**-co) *s. m.* Robo a mano armada. *Cometieron un atraco en unos almacenes.* **SIN.** Rapiña.

atractivo, va (a-trac-**ti**-vo) *adj.* **1.** Que atrae o tiene fuerza para atraer. *Aquel viaje le parecía atractivo.*

atraer - atrocidad

SIN. Atrayente, fascinante, seductor. **2.** Que gana o inclina la voluntad. *Tiene una personalidad muy atractiva.* **SIN.** Encantador, fascinante, hechicero. ‖ *s. m.* **3.** Gracia física o moral que atrae la voluntad ajena. *Su atractivo es innegable.* **SIN.** Encanto, gancho.

atraer (a-tra-**er**) *v. tr.* **1.** Hacer que una persona o cosa se acerque. *Las playas atraen a los turistas.* **SIN.** Polarizar, captar, absorber. **ANT.** Repeler, rechazar. **2.** Despertar el gusto o el afecto de alguien por una persona o cosa. *Le atraen las novelas policiacas.* **SIN.** Seducir, encantar, cautivar, agradar, interesar. **ANT.** Desinteresar, desagradar. ◈ v. irreg., se conjuga como traer.

atragantarse (a-tra-gan-**tar**-se) *v. prnl.* No poder tragar algo que se atraviesa en la garganta. *Se atragantó con una espina.* **SIN.** Atascar, obturar.

atrancar (a-tran-**car**) *v. tr.* **1.** Asegurar la puerta por dentro con una tranca. *Atrancó la puerta de la entrada.* **SIN.** Cerrar, reforzar. **ANT.** Desatrancar. **2.** Atascar un conducto. **GRA.** Se usa más como v. prnl. *La tubería se atrancó.* ◈ Se conjuga como abarcar.

atrapar (a-tra-**par**) *v. tr.* **1.** Coger a la persona que huye o va de prisa. *La policía atrapó a los ladrones.* **SIN.** Alcanzar, agarrar, prender, pillar. **ANT.** Soltar, liberar. **2.** Coger alguna cosa. *El portero atrapó el balón.* **SIN.** Asir, apoderarse. **ANT.** Soltar, dejar. **3.** Atraer a alguien con maña. *Le atrapó con falsas promesas.* **SIN.** Timar, engatusar, engañar.

atrás (a-**trás**) *adv. l.* **1.** Hacia la parte posterior. *Dio un paso atrás.* ‖ *adv. t.* **2.** En un tiempo ya pasado. *Su enemistad quedó atrás, ahora se lleva bien.* ‖ *interj.* **3.** ¡atrás! Se usa para mandar retroceder a alguien.

atrasar (a-tra-**sar**) *v. tr.* **1.** Dejar algo para más tarde. **GRA.** También v. prnl. *Decidieron atrasar la hora del partido.* **SIN.** Retrasar(se), demorar(se), dilatar(se), posponer(se), retardar(se). **ANT.** Adelantar(se), anticipar(se). **2.** Mover las agujas del reloj en sentido contrario. **GRA.** También v. prnl. *Cuando viajas de Europa a América tienes que atrasar el reloj.* **SIN.** Retrasar(se). **ANT.** Adelantar(se). ‖ *v. prnl.* **3.** Quedarse atrás. *Como estuvo tantos días enferma, se atrasó mucho en clase.* **SIN.** Retardarse, rezagarse. **ANT.** Adelantarse, anticiparse. **4.** Estropearse los alimentos por el paso del tiempo. *Este yogur ya no se puede comer porque se ha atrasado.* **SIN.** Descomponerse, pudrirse.

atraso (a-**tra**-so) *s. m.* **1.** Efecto de atrasar o atrasarse. *El atraso de la reunión me viene fatal.* **SIN.** Demora, dilación, aplazamiento, retraso. **ANT.** Anticipo, adelanto. ‖ *s. m. pl.* **2.** Pagas o rentas vencidas y no cobradas. *Les pagaron los atrasos.* **SIN.** Deuda, empeño, morosidad. **ANT.** Anticipo, adelanto.

atravesar (a-tra-ve-**sar**) *v. tr.* **1.** Penetrar un cuerpo de parte a parte. *El taco atravesó la pared.* **SIN.** Perforar, traspasar. **2.** Pasar de una parte a otra. *Atravesaron el río.* **3.** Poner algo delante que impida el paso o que haga caer. **GRA.** También v prnl. *Atravesaron un tronco en la carretera.* **SIN.** Cruzar(se), interponer(se), obstaculizar. ◈ v. irreg., se conjuga como acertar.

atreverse (a-tre-**ver**-se) *v. prnl.* Decidirse a hacer o decir algo difícil o arriesgado. *Se atrevió a entrar sola en la cueva. No creo que se atreva a decirle la verdad.* **SIN.** Aventurarse, lanzarse, determinarse, osar, arriesgarse. **ANT.** Acobardarse.

atribuir (a-tri-bu-**ir**) *v. tr.* **1.** Aplicar hechos o cualidades a alguna persona o cosa. **GRA.** También v. prnl. *Se le atribuían varios atracos.* **SIN.** Achacar(se), asignar(se), apoderarse. **ANT.** Renunciar, quitar. **2.** Señalar alguna cosa a alguien como de su competencia. *Le atribuían la responsabilidad de todo.* ◈ v. irreg., se conjuga como huir.

atribular (a-tri-bu-**lar**) *v. tr.* Causar pena o inquietud, o padecerla. **GRA.** También v. prnl. *Se atribuló mucho.* **SIN.** Consternar(se), acongojar(se), entristecer(se), atormentar(se). **ANT.** Aliviar(se), consolar(se), confortar(se).

atributivo, va (a-tri-bu-**ti**-vo) *adj.* **1.** Se dice de la función desempeñada por el atributo. *El adjetivo tiene función atributiva.* **2.** En algunas gramáticas, se dice de los verbos copulativos y de otros verbos con que se construye el atributo. *Los verbos "ser" y "estar" son atributivos.* **SIN.** Copulativo.

atributo (a-tri-**bu**-to) *s. m.* **1.** Cada una de las cualidades o propiedades de un ser. *La sinceridad es uno de sus mejores atributos.* **SIN.** Calidad, propiedad. **2.** Lo que se enuncia del sujeto. *Juan es alto.*

atril (a-**tril**) *s. m.* Mueble para sostener libros abiertos. *Junto al altar mayor había un atril.*

atrincherar (a-trin-che-**rar**) *v. tr.* **1.** Fortificar una posición militar. *El ejército atrincheró la ciudad.* **SIN.** Amurallar, cubrir, defender, proteger. ‖ *v. prnl.* **2.** Ponerse en trincheras a cubierto del enemigo. *Los soldados se atrincheraron cerca de la catedral.* **SIN.** Parapetarse, protegerse.

atrio (**a**-trio) *s. m.* Patio interior rodeado de pórticos. *Visitamos el atrio del convento.* **SIN.** Galería, porche.

atrocidad (a-tro-ci-**dad**) *s. f.* **1.** Acción cruel e inhumana. *Aquello fue una atrocidad.* **SIN.** Barbaridad, salvajada, crueldad. **2.** Cantidad excesiva de algo. *Es una salvajada de comida.* **SIN.** Demasía, enormidad. **ANT.** Escasez. **3.** Dicho o hecho necio. *No digas atrocidades.* **SIN.** Burrada, necedad. **ANT.** Sensatez.

atrofia (a-**tro**-fia) *s. f.* Falta de desarrollo de alguna parte del cuerpo. *Tenía atrofia en una mano.* **SIN.** Raquitismo. **ANT.** Crecimiento, desarrollo.

atronar (a-tro-**nar**) *v. tr.* Hacer un ruido grande como el trueno. *Las motos atronaban en el silencio de la noche.* **SIN.** Aturdir, ensordecer, retumbar. ✎ v. irreg., se conjuga como contar.

atropar (a-tro-**par**) *v. tr.* Juntar, reunir la mies o el heno. *Les ayudó a atropar hierba para los conejos.* **SIN.** Agavillar.

atropellar (a-tro-pe-**llar**) *v. tr.* **1.** Pasar precipitadamente por encima de alguna persona, o derribarla para abrirse paso. *Un coche atropelló a un peatón.* **SIN.** Derribar, tirar, arrollar, empujar. **2.** Agraviar a alguien empleando la violencia o abusando de la fuerza o poder que se tiene. *Atropellaron sus derechos.* **SIN.** Afrentar, ultrajar, vejar, ofender, abusar. **ANT.** Respetar, honrar. ‖ *v. prnl.* **3.** Apresurarse demasiado en obras o palabras. *Se atropella al hablar.*

atroz (a-**troz**) *adj.* **1.** Que es cruel. *Recibió un trato atroz.* **SIN.** Bárbaro, fiero, inhumano, salvaje. **ANT.** Humano, caritativo, bondadoso. **2.** De gran tamaño o gravedad. *Tenía un hambre atroz.* **SIN.** Enorme, tremendo, desmesurado. **ANT.** Insignificante.

atuendo (a-**tuen**-do) *s. m.* **1.** Conjunto de prendas que componen el vestido. *Me gustaba el atuendo que llevaba.* **SIN.** Atavío, indumentaria, vestimenta. **2.** Magnificencia exterior. *La ceremonia se vistió de un atuendo digno de la nobleza.* **SIN.** Boato, ostentación, pompa. **ANT.** Comedimiento, modestia.

atufar (a-tu-**far**) *v. tr.* **1.** Trastornar con el tufo. **GRA.** Se usa más como v. prnl. *Se atufaba con tanto humo.* **SIN.** Heder, apestar, oler, asfixiar. **2.** *Enfadar. **GRA.** Se usa más como v. prnl. **SIN.** Incomodar, irritar. ‖ *v. intr.* **3.** Oler mal. *Tiene que haber algo podrido, atufa.*

atún (a-**tún**) *s. m.* Pez muy apreciado en la alimentación. *Pidió atún a la plancha.*

aturdir (a-tur-**dir**) *v. tr.* Causar perturbación en los sentidos o en el ánimo. **GRA.** También v. prnl. *Le aturdía tanto ruido.* **SIN.** Atolondrar(se), turbar(se), pasmar(se), azarar(se). **ANT.** Serenar(se), calmar(se).

atusar (a-tu-**sar**) *v. tr.* **1.** Alisar o igualar el pelo. *Atusó su cabello.* ‖ *v. prnl.* **2.** Adornarse o arreglarse mucho. *No te atuses tanto, no vas a ninguna fiesta.* **SIN.** Acicalarse, emperifollarse.

audacia (au-**da**-cia) *s. f.* **1.** Cualidad para afrontar los peligros sin miedo. *Tenía mucha audacia.* **SIN.** Arresto, arrojo, coraje, valentía, atrevimiento. **ANT.** Cobardía, miedo, prudencia. **2.** Falta de respeto. *Me molesta tu audacia.* **SIN.** Descaro, desvergüenza. **ANT.** Cortesía, vergüenza, respeto.

audaz (au-**daz**) *adj.* Se dice de la persona que tiene audacia o atrevimiento. *Es muy audaz, no le da miedo nada.* **SIN.** Osado, atrevido, arriesgado, valiente. **ANT.** Tímido, cobarde, prudente. ✎ Su pl. es "audaces".

audición (au-di-**ción**) *s. f.* **1.** Acción y efecto de oír. *La audición no era muy buena en aquel local.* **2.** Concierto, recital o lectura en público. *Fue a una audición de música clásica que había en la catedral.*

audiencia (au-**dien**-cia) *s. f.* **1.** Acto en que una autoridad recibe y escucha a quienes acuden a ella para reclamar o solicitar alguna cosa. *Solicitó audiencia del gobernador.* **SIN.** Recepción, entrevista. **2.** Local o lugar destinado para dar audiencia. *Acudió a la audiencia.* **SIN.** Sala, salón. ‖ **LOC. conceder audiencia** Admitir los reyes, jefes de estado, etc., a las personas que quieren hablarles.

audífono (au-**dí**-fo-no) *s. m.* Aparato para mejorar la audición de las personas que no oyen bien. *Se puso un audífono.*

audiovisual (au-dio-vi-**sual**) *adj.* Que se refiere conjuntamente al oído y la vista. **GRA.** También s. m. *En enseñanza se usan los métodos audiovisuales.*

auditivo, va (au-di-**ti**-vo) *adj.* Que pertenece o se refiere al órgano del oído. *Las orejas también reciben el nombre de pabellón auditivo.* **SIN.** Acústico.

auditor (au-di-**tor**) *s. m.* Persona que realiza los trabajos de auditoría. *Mi padre trabaja como auditor.*

auditoría (au-di-to-**rí**-a) *s. f.* **1.** Revisión de la contabilidad de una empresa, realizada por personas ajenas a la misma. *La auditoría de la empresa descubrió sus deudas.* **2.** Tribunal o despacho de auditor. *Las partes implicadas se citaron en la Auditoría.*

auditorio (au-di-**to**-rio) *s. m.* **1.** Concurso de personas presentes en una conferencia, recital, discurso, etc. *Había un numeroso auditorio.* **SIN.** Concurrencia, público. **2.** Local convenientemente preparado para conferencias, discursos, etc. *Cerraron el auditorio.*

auge (au-ge) *s. m.* Elevación grande en dignidad o fortuna. *Estaba en su mayor auge.* **SIN.** Progreso, cima, florecimiento, esplendor, apogeo, culminación. **ANT.** Ocaso, decadencia, ruina.

augur (au-**gur**) *s. m.* Sacerdote o adivino romano que predecía el porvenir mediante la observación

augurar - auspicio

de las aves y de los signos de la naturaleza. *Los augures anunciaron una derrota en la batalla.*

augurar (au-gu-**rar**) *v. tr.* Pronosticar el futuro por el vuelo o canto de las aves u otras observaciones. *Le auguró un buen futuro.* **SIN.** Presagiar, presentir, predecir, adivinar.

augurio (au-**gu**-rio) *s. m.* Presagio, anuncio, indicio de algo futuro. *Tenía malos augurios.* **SIN.** Profecía, pronóstico, vaticinio.

augusto, ta (au-**gus**-to) *adj.* **1.** Se dice de aquello que infunde o merece respeto y veneración por su majestuosidad. **SIN.** Honorable, majestuoso, respetable, venerable. **ANT.** Bajo, despreciable, indigno. || *s. m.* **2.** Título que se daba a los emperadores romanos. *César Augusto.*

aula (**au**-la) *s. f.* Sala donde se enseña. *Cerraron las aulas por vacaciones.* **SIN.** Clase. ✎ Es s. f., pero en sing. lleva art. m. para evitar la cacofonía.

aullar (a-u-**llar**) *v. intr.* Dar aullidos o voces lastimeras. *Los lobos aullaban en aquella noche de invierno.* **SIN.** Bramar, gemir, gruñir, rugir. ✎ v. con irregularidad acentual. ✎

INDICATIVO	SUBJUNTIVO	IMPERATIVO
Pres.	Pres.	
aúllo	aúlle	
aúllas	aúlles	aúlla
aúlla	aúlle	aúlle
aullamos	aullemos	aullemos
aulláis	aulléis	aullad
aúllan	aúllen	aúllen

aullido (au-**lli**-do) *s. m.* Voz triste y prolongada del lobo, el perro y otros animales. *Los aullidos del lobo se oían a gran distancia.* **SIN.** Bramido, gruñido, ladrido, rugido, gemido.

aumentar (au-men-**tar**) *v. tr.* Hacer que algo tenga mayor extensión o cantidad de la que tenía. **GRA.** También v. intr. y v. prnl. *Las lluvias aumentaron el cauce del río. El número de turistas aumentó durante el verano.* **SIN.** Crecer, agrandar(se), incrementar(se), ampliar(se), acrecentar(se). **ANT.** Decrecer, disminuir, empequeñecer(se), reducir(se).

aun *conj.* Incluso. *Aun estando enfermo, continúa trabajando como si tal cosa.* || **LOC. aun cuando** *Aunque.

aún (a-**ún**) *adv. t.* **1.** Todavía. *Aún no ha venido.* || *adv. m.* **2.** Todavía, en sentido ponderativo. *Lo pasaremos aún mejor que ayer.*

aunar (a-u-**nar**) *v. tr.* Unifica, unir. **GRA.** Se usa más como v. prnl. *Es muy importante aunar esfuerzos para lograr un fin.* **SIN.** Asociar(se), confederar, concertar. **ANT.** Dividir(se). ✎ En cuanto al acento, se conjuga como aullar.

aunque (**aun**-que) *conj. conces.* Denota o expresa oposición. *Lo haré, aunque no me apetece.* **SIN.** Mas, pero, sin embargo, no obstante.

aupar (a-u-**par**) *v. tr., fam.* Levantar o subir a una persona. **GRA.** También v. prnl. *El niño quería que su padre le aupara.* **SIN.** Alzar(se), encaramar(se), upar(se). ✎ En cuanto al acento, se conjuga como aullar.

áureo, a (**áu**-re-o) *adj.* De oro o parecido al oro. *Tiene un color áureo.* **SIN.** Brillante, amarillo, fulgurante, dorado. ☞ Se usa más en poesía.

aureola (au-re-**o**-la) *s. f.* **1.** Resplandor, disco o círculo luminoso que suele ponerse detrás de la cabeza de imágenes religiosas. *El santo de la parroquia tenía rota la aureola.* **SIN.** Nimbo, diadema, corona, resplandor, cerco. **2.** Gloria que alcanza una persona por sus méritos y virtudes. *Su aureola le precedía.* **SIN.** Renombre, honra, reputación. ✎ También "auréola".

aurícula (au-**rí**-cu-la) *s. f.* Cavidad superior del corazón que recibe la sangre de las venas. *El corazón tiene dos aurículas y dos ventrículos.*

auricular (au-ri-cu-**lar**) *s. m.* Receptor de sonido que se aplica al oído. *Se puso los auriculares para escuchar la radio.*

aurífero, ra (au-**rí**-fe-ro) *adj.* Que lleva oro, rico en oro. *Aquel río tenía arenas auríferas.*

auriga (au-**ri**-ga) *s. m., poét.* Persona que dirige las caballerías de un carruaje. *Vimos en el museo el "Auriga de Delfos".* **SIN.** Cochero.

aurora (au-**ro**-ra) *s. f.* **1.** Luz de tono sonrosado que precede a la salida del sol. *Los gallos cantan a la aurora.* **SIN.** Alba, amanecer, madrugada, mañana. **ANT.** Ocaso, atardecer. **2.** *Méx.* Ave trepadora. || **LOC. despuntar o romper la aurora** Empezar a amanecer.

auscultar (aus-cul-**tar**) *v. tr.* Escuchar los sonidos del interior del cuerpo con un aparato llamado estetoscopio. *El médico me auscultó.*

ausentarse (au-sen-**tar**-se) *v. prnl.* Alejarse o partir de un lugar. *Se ausentó de casa.* **SIN.** Exiliarse, expatriarse, emigrar, marcharse, abandonar. **ANT.** Presentarse, aparecer, llegar, asistir.

auspicio (aus-**pi**-cio) *s. m.* **1.** *Agüero. **SIN.** Señal, pronóstico, presagio. **2.** Protección, favor. **SIN.** Ayuda, auxilio, amparo. *Las naves griegas partieron bajo el auspicio de Atenea.* || *s. m. pl.* **3.** Señales prósperas o adversas que en el comienzo de un ne-

austero - automóvil

gocio parecen presagiar su buena o mala terminación. *Eran malos auspicios.*

austero, ra (aus-**te**-ro) *adj.* Se dice de la persona severa. *Lleva una vida muy austera.* **SIN.** Rígido, serio, riguroso. **ANT.** Blando, indulgente.

austral (aus-**tral**) *adj.* Que pertenece o se refiere al polo Sur y al hemisferio del mismo nombre. *El capitán Cook navegó por los mares australes.* **SIN.** Antártico, meridional. **ANT.** Boreal.

australopiteco (aus-tra-lo-pi-**te**-co) *s. m.* Antropomorfo fósil de África del Sur, que vivió hace más de un millón de años. *El australopiteco es el antepasado más antiguo del ser humano.*

autarquía (au-tar-**quí**-a) *s. f.* Política de independencia económica de una nación que trata de evitar las relaciones comerciales con el exterior. *La autarquía es típica de regímenes dictatoriales.* **SIN.** Autonomía, autosuficiencia.

auténtico, ca (au-**tén**-ti-co) *adj.* Que es verdadero. *Es un cuadro auténtico.* **SIN.** Legítimo, genuino, cierto, real. **ANT.** Falso, ilegítimo, falsificado.

autismo (au-**tis**-mo) *s. m.* Concentración habitual de la atención de una persona en su propia intimidad, con el consiguiente desinterés respecto del mundo exterior. *El autismo se cura con un tratamiento específico.*

auto[1] (**au**-to) *s. m.* **1.** Forma de resolución judicial. *El juez dictó auto de procesamiento contra el reo.* **SIN.** Acta, documento, escrito **2.** Composición breve de teatro. *Los autos sacramentales son el origen del teatro.* **SIN.** Drama, representación.

auto[2] (**au**-to) *s. m.* Apócope de automóvil. *Mi abuelo tenía un auto rojo muy veloz.* **SIN.** Coche, vehículo.

autobiografía (au-to-bio-gra-**fí**-a) *s. f.* Vida de una persona escrita por ella misma. *El Diario de Ana Frank es una autobiografía.*

autobombo (au-to-**bom**-bo) *s. m., fam.* Elogio exagerado que alguien hace de sí mismo en público. *Se da mucho autobombo.*

autobús (au-to-**bús**) *s. m.* Automóvil grande dedicado al transporte de viajeros. *Fuimos de excursión en el autobús del colegio.*

autocar (au-to-**car**) *s. m.* Autobús para servicio de carretera. *Iremos en autocar.*

autocine (au-to-**ci**-ne) *s. m.* Espacio o lugar al aire libre en el que se puede ver una película sin salir del automóvil. *Fuimos a un autocine.*

autócrata (au-**tó**-cra-ta) *s. m. y s. f.* Persona que ejerce por sí sola la autoridad suprema de un estado. *Napoleón fue un autócrata.* **SIN.** Dictador.

autocrítica (au-to-**crí**-ti-ca) *s. f.* Crítica que una persona hace de sí misma. *Es aconsejable la autocrítica con uno mismo.*

autóctono, na (au-**tóc**-to-no) *adj.* Se dice de la persona originaria del mismo país en que vive. **GRA.** También s. m. y s. f. *Los indígenas americanos eran la población autóctona de Estados Unidos.* **SIN.** Originario, aborigen, oriundo, nativo. **ANT.** Forastero, extranjero.

autodeterminación (au-to-de-ter-mi-na-**ción**) *s. f.* Libre decisión de los pobladores de una unidad territorial acerca de su futuro estatuto político. *El colonialismo es contrario a la autodeterminación.* **ANT.** Colonialismo.

autodidacto, ta (au-to-di-**dac**-to) *adj.* Que se instruye por sí mismo, sin ayuda de maestro. **GRA.** También s. m. y s. f. *Es una pintora autodidacta.*

autodominio (au-to-do-**mi**-nio) *s. m.* Dominio de sí mismo. **SIN.** Autocontrol. *Su autodominio le impidió cometer una locura.*

autoedición (au-to-e-di-**ción**) *s. f.* Producción en un ordenador personal de material de calidad suficiente para ir a la imprenta. *Se dedica a la autoedición.*

autoescuela (au-to-es-**cue**-la) *s. f.* Centro donde se enseña a conducir automóviles. *Es profesora de autoescuela.*

autoestop (au-to-es-**top**) *s. m.* *Autostop.

autogestión (au-to-ges-**tión**) *s. f.* Hecho y resultado de organizar, dirigir y administrar una empresa los trabajadores de la misma. *La autogestión es la base de toda cooperativa.*

autogiro (au-to-**gi**-ro) *s. m.* Aparato volador con una hélice horizontal, capaz de despegar y aterrizar verticalmente. *Ricardo de la Cierva inventó el autogiro.* **SIN.** Helicóptero.

autógrafo, fa (au-**tó**-gra-fo) *adj.* Se aplica al escrito de mano de su mismo autor. **GRA.** También s. m. *Le pidió un autógrafo.* **SIN.** Firma, rúbrica.

autómata (au-**tó**-ma-ta) *s. m.* Persona que se deja dirigir por otra. *Se comporta como un autómata.* **SIN.** Muñeco, marioneta, monigote, pelele.

automático, ca (au-to-**má**-ti-co) *adj.* **1.** Se dice del acto realizado sin previa voluntad. *Respuesta automática.* **SIN.** Involuntario, inconsciente, mecanizado, irreflexivo, impensado. **ANT.** Consciente, voluntario, deliberado. ‖ *s. m.* **2.** Especie de corchete que se cierra por presión. *Abrocha el automático.*

automóvil (au-to-**mó**-vil) *s. m.* Cualquier vehículo movido por un motor. *Se ha comprado un automóvil nuevo.* **SIN.** Auto, coche.

automovilismo - avanzar

automovilismo (au-to-mo-vi-**lis**-mo) *s. m.* Utilización deportiva del automóvil. *Es muy aficionada al automovilismo.*

autonomía (au-to-no-**mí**-a) *s. f.* Estado y condición de un pueblo que goza de independencia política. *La región consiguió su autonomía.* **SIN.** Autogobierno, independencia. **ANT.** Dependencia, sometimiento.

autónomo, ma (au-**tó**-no-mo) *adj.* Que goza de autonomía. *Organismo autónomo.* **SIN.** Independiente, soberano. **ANT.** Gobernado, sometido.

autopista (au-to-**pis**-ta) *s. f.* **1.** Carretera que tiene calzadas independientes para cada dirección. *Hicimos el viaje por la autopista.* **SIN.** Autovía, calzada, pista. ‖ **2. autopistas de la información** Sistemas de distribución de la información basados en cables de fibra óptica. *Las autopistas de la información han revolucionado las comunicaciones.*

autopsia (au-**top**-sia) *s. f.* Examen médico de un cadáver. *Esperaban el resultado de la autopsia.* **SIN.** Disección, necropsia.

autoridad (au-to-ri-**dad**) *s. f.* **1.** Persona que, por su cargo, mérito o nacimiento, tiene facultad para mandar. *El presidente es la mayor autoridad de una nación.* **SIN.** Jefe, gobernante. **ANT.** Subordinado, dependiente. **2.** Poder o facultad que tiene una persona para dar órdenes a otras y obligar a que se cumplan. *Los padres tienen autoridad sobre los hijos cuando son pequeños.* **SIN.** Dominio, mando.

autoritario, ria (au-to-ri-**ta**-rio) *adj.* Déspota, tirano. **GRA.** También s. m. y s. f. *Tenían una madre muy autoritaria.*

autoritarismo (au-to-ri-ta-**ris**-mo) *s. m.* **1.** Abuso de autoridad. *El autoritarismo gobernó el Imperio Romano.* **SIN.** Cesarismo, fascismo.

autorización (au-to-ri-za-**ción**) *s. f.* **1.** Consentimiento, permiso. *Pidió autorización para salir de paseo.* **2.** Documento en el que consta el permiso de algo. *Tenía autorización para conducir automóviles.*

autorizar (au-to-ri-**zar**) *v. tr.* **1.** Dar a alguien poder o autoridad para hacer algo. *Le autorizaron a construir en aquel solar.* **SIN.** Consentir, permitir, acceder, tolerar, facultar. **ANT.** Desautorizar, denegar, prohibir. **2.** Aprobar una cosa. *Autorizaron el festejo.* ✎ Se conjuga como abrazar.

autorretrato (au-to-rre-**tra**-to) *s. m.* Retrato de una persona hecho por ella misma. *Tenía un famoso autorretrato.*

autoservicio (au-to-ser-**vi**-cio) *s. m.* Establecimiento en el que se sirve el cliente. *Compramos en un autoservicio.*

autostop (au-tos-**top**) *s. m.* Modo de viajar que consiste en hacerse llevar gratis por coches a los que se para en la carretera. *Hizo el viaje en autostop.* ✎ También "auto-stop".

autosuficiencia (au-to-su-fi-**cien**-cia) *s. f.* Estado o condición de la persona que se basta a sí misma. *La autosuficiencia conduce a la soledad.* **SIN.** Autarquía.

autótrofo, fa (au-**tó**-tro-fo) *adj.* Que se nutre por sí mismo. *Muchas plantas son autótrofas.*

autovía (au-to-**ví**-a) *s. f.* *Carretera.

auxiliar[1] (au-xi-**liar**) *adj.* **1.** Que auxilia. **GRA.** También s. m. y s. f. *Material auxiliar.* ‖ *s. m. y s. f.* **2.** Funcionario de categoría subalterna. *Es auxiliar de laboratorio.* **SIN.** Ayudante, adjunto, subalterno. **3.** Profesor que sustituye al catedrático o le ayuda en su labor. *Es auxiliar de física.* **SIN.** Adjunto, ayudante, suplente, agregado. ‖ *s. m.* **4.** Voz empleada en la voz pasiva y en los tiempos compuestos de la activa. *El verbo haber es un auxiliar.*

auxiliar[2] (au-xi-**liar**) *v. tr.* Prestar ayuda, física o moral a alguien. **SIN.** Socorrer, amparar, ayudar. **ANT.** Dañar, perjudicar. *Auxilió a los heridos.* ✎ En cuanto al acento, se conjuga como cambiar.

aval (a-**val**) *s. m.* Firma puesta en un escrito o documento por la que una persona responde de otra. *Necesitaba un aval para que le dieran el préstamo.*

avalancha (a-va-**lan**-cha) *s. f.* Invasión de algo que se precipita de manera repentina. *De repente se produjo una tremenda avalancha de nieve.* **SIN.** Alud.

avalar (a-va-**lar**) *v. tr.* Garantizar por medio de aval. *Sus padres le avalaron para que pudiera comprar el piso.* **SIN.** Acreditar, apoyar, ratificar. **ANT.** Desconfiar, recelar.

avance (a-**van**-ce) *s. m.* **1.** Acción de mover o ir hacia delante. *No ha logrado ningún avance.* **SIN.** Ascenso, progreso, desarrollo, aumento, marcha. **ANT.** Retroceso. **2.** Anticipo de dinero. *Pidió un avance.* **SIN.** Adelanto, anticipación. **ANT.** Atraso, deuda. **3.** *Cub.* *Vómito. **4.** *Méx.* Botín de guerra.

avanzado, da (a-van-**za**-do) *adj.* **1.** Hablando de edad, que tiene muchos años. *Avanzada edad.* **2.** De ideas políticas o doctrinas atrevidas o muy nuevas. **GRA.** También s. m. y s. f. *Ideología avanzada.* **3.** Se dice de todo lo que aparece en primera línea, bien en cosas que están en primer término o bien refiriéndose a seres animados y personas que se mueven hacia adelante. *Posición avanzada.*

avanzar (a-van-**zar**) *v. intr.* **1.** Ir hacia delante. *Los corredores avanzan hacia la meta.* **SIN.** Adelantar, marchar. **ANT.** Retroceder, retirarse. **2.** Conseguir una mejor condición o estado. *Avanza mucho en sus estudios.* **SIN.** Mejorar, prosperar, progresar. **3.** *Méx.* *Robar. **4.** *Cub.* *Vomitar. || *v. tr.* **5.** Poner o mover una cosa hacia delante. *Avanzó la ficha roja dos casillas.* **SIN.** Adelantar. **ANT.** Retroceder. 🖎 Se conjuga como abrazar.

avaricia (a-va-**ri**-cia) *s. f.* Afán desordenado de poseer y adquirir riquezas para atesorarlas. *Tenía mucha avaricia.* **SIN.** Codicia, ambición, tacañería, miseria. **ANT.** Generosidad, largueza.

avaro, ra (a-**va**-ro) *adj.* Que reserva, oculta o escatima alguna cosa. *Es una persona muy avara.* **SIN.** Agarrado, codicioso, mezquino. **ANT.** Generoso.

avasallar (a-va-sa-**llar**) *v. tr.* Dominar. *Trataba de avasallarlos.* **SIN.** Someter, oprimir, tiranizar. **ANT.** Emancipar, liberar.

ave (**a**-ve) *s. f.* **1.** Animal vertebrado, ovíparo, de sangre caliente y cuerpo cubierto de plumas, con huesos ligeros y huecos, y los dos miembros anteriores transformados en alas. *Algunas aves, como las avestruces y los pingüinos, no vuelan.* || **2. ave de mal agüero** En sentido figurado, toda persona de quien se teme algún mal, o de quien presentimos se origine una desgracia para nosotros. **3. ave de pa-**

CLASIFICACIÓN DE LAS AVES	
Orden	Nombre común
- Anseriformes	Patos y afines
- Apodiformes	Vencejos y afines
- Apterigiformes	Kiwi
- Caprimulgiformes	Chotacabras y afines
- Casuariformes	Emú y casuario
- Charadriformes	Gaviotas y afines
- Ciconiformes	Cigüeñas y afines
- Coliformes	Ave ratón
- Columbiformes	Palomas y afines
- Coraciformes	Martín pescador
- Cuculiformes	Cucos y afines
- Esfenisciformes	Pingüinos
- Estrigiformes	Búhos
- Estrutioniformes	Avestruz
- Falconiformes	Rapaces
- Galliformes	Aves de caza
- Gaviformes	Colimbos y afines
- Gruiformes	Grullas y afines
- Paseriformes	Gorriones
- Pelecaniformes	Pelícanos y afines
- Piciformes	Picos y afines
- Procellariformes	Albatros y afines
- Prodicpediformes	Somormujos
- Reiformes	Dandú, ñandú
- Sitaciformes	Piquituertos y afines
- Tinamiformes	Tinamús
- Trogoniforme	Trogon

so *fam.* Persona que se detiene poco en pueblo o sitio determinado. **4. ave de rapiña** *fam.* Persona que se apodera con violencia o astucia de lo ajeno. 🖎 Es s. f., pero en sing. lleva art. m. para evitar la cacofonía. 🌸

avecinar (a-ve-ci-**nar**) *v. tr.* *Acercar. **GRA.** Se usa más como v. prnl.

avecindar (a-ve-cin-**dar**) *v. tr.* Dar vecindad o admitir a alguien como vecino. **GRA.** También v. prnl. *Se avecindaron en el barrio.* **SIN.** Establecer(se), instalar(se), domiciliar(se), residir. **ANT.** Emigrar, ausentar(se).

avellana (a-ve-**lla**-na) *s. f.* Fruto del avellano. *Las avellanas son pequeñas y tienen forma redondeada.*

avellano (a-ve-**lla**-no) *s. m.* Arbusto que crece en los bosques de las regiones templadas y se cultiva por su fruto. *Eché una siesta a la sombra del avellano.*

avemaría (a-ve-ma-**rí**-a) *s. f.* **1.** Oración dirigida a la Virgen María. *Rezaron tres avemarías.* || *interj.* **2. ¡ave María!** Exclamación con que se denota asombro o extrañeza. || **LOC. saber algo como el avemaría** Sabérselo de memoria. 🖎 Es s. f., pero en sing. lleva art. m. para evitar la cacofonía.

avena (a-**ve**-na) *s. f.* Planta cuyo grano se da como pienso a las caballerías. *Cultivan avena.*

avenido, da (a-ve-**ni**-do) *adj.* **1.** Con los adverbios "bien" o "mal", conforme con personas o cosas, o al contrario. *Son dos familias mal avenidas.* || *s. f.* **2.** Creciente impetuosa de un río o arroyo. *A consecuencia de las lluvias se produjo una gran avenida.* **SIN.** Riada, arroyada, inundación. **3.** Calle ancha con árboles a los lados. **SIN.** Bulevar, paseo, rambla.

avenir (a-ve-**nir**) *v. tr.* **1.** Estar de armonía y conformidad en materia de opiniones o pretensiones. **GRA.** Se usa más como v. prnl. *Consiguió que se avinieran.* **SIN.** Congeniar, simpatizar, entenderse. **ANT.** Enemistarse, estar en desacuerdo, pelearse. || *v. prnl.* **2.** Hallarse a gusto o conformarse con algo. *Se avino a quedarse con eso.* **SIN.** Acomodarse, apañarse, arreglarse. **ANT.** Rebelarse, rechazar, protestar. 🖎 v. irreg., se conjuga como venir.

aventajar (a-ven-ta-**jar**) *v. tr.* Poner en mejor estado o condición. **GRA.** También v. prnl. *Les aventaja a todos en simpatía.* **SIN.** Superar(se), adelantar(se), sobresalir, progresar. **ANT.** Retrasar(se), atrasar(se).

aventar (a-ven-**tar**) *v. tr.* **1.** Dar aire a una cosa. *Abrió la ventana para que se aventara la habitación.* **SIN.** Airear, refrigerar, ventilar. **2.** Echar los cereales al aire para separar el grano de la paja. *Aventaban el trigo.* 🖎 v. irreg., se conjuga como acertar.

aventura - avinagrar

aventura (a-ven-**tu**-ra) *s. f.* **1.** Suceso poco habitual. *El viaje fue una auténtica aventura.* **SIN.** Accidente, hazaña, azar, peripecia, incidente. **2.** Combinación de circunstancias inevitables e imprevisibles. *Prestar dinero a Pablo es una aventura.* **SIN.** Casualidad, contingencia, azar, coyuntura.

aventurar (a-ven-tu-**rar**) *v. tr.* Arriesgar, poner en peligro. *Nos aventuramos a cruzar el río a nado.* **SIN.** Exponer(se), atreverse. **ANT.** Acobardar(se).

aventurero, ra (a-ven-tu-**re**-ro) *adj.* Que busca aventuras. **GRA.** También s. m. y s. f. *Es una persona muy aventurera.* **SIN.** Explorador, trotamundos.

avergonzar (a-ver-gon-**zar**) *v. tr.* Causar vergüenza. **GRA.** También v. prnl. *Deberías avergonzarte de lo que has hecho.* **SIN.** Humillar(se), agraviar(se), ruborizar(se), sonrojarse, abochornarse. **ANT.** Enorgullecer, presumir, jactarse. ✎ v. irreg., se conjuga como contar. Se escribe "c" en vez de "z" seguido de "-e".

avería (a-ve-**rí**-a) *s. f.* Daño que sufre una máquina, mercancía, etc. *Tuvimos una avería en el coche.* **SIN.** Accidente, deterioro, percance, desperfecto. **ANT.** Arreglo, mejora.

averiar (a-ve-ri-**ar**) *v. tr.* Producir avería. **GRA.** También v. prnl. *La televisión se ha averiado.* **SIN.** Dañar(se), deteriorar(se), inutilizar(se). **ANT.** Arreglar(se), componer(se). ✎ En cuanto al acento, se conjuga como desviar.

averiguar (a-ve-ri-**guar**) *v. tr.* **1.** Hacer lo necesario para conocer algo que no se sabe, o solucionar un problema. *Después de mucho preguntar conseguí averiguar dónde vivía.* **SIN.** Explorar, husmear, indagar, pesquisar, rebuscar, investigar. **ANT.** Ignorar, desconocer. **2.** *Méx.* Discutir. ✎ v. con irregularidad acentual. La -u final de la base "averigu-" es átona en todas las formas de este verbo. La -u- siempre se combina formando diptongo con la vocal que le sigue. ✎

INDICATIVO	SUBJUNTIVO	IMPERATIVO
Pres.	Pres.	
averiguo	averigüe	
averiguas	averigües	averigua
averigua	averigüe	averigüe
averiguamos	averigüemos	averigüemos
averiguáis	averigüéis	averiguad
averiguan	averigüen	averigüen

aversión (a-ver-**sión**) *s. f.* Oposición y repugnancia que se tiene a alguna persona o cosa. *Le tenía una gran aversión.* **SIN.** Antipatía, repulsión, manía. **ANT.** Inclinación, simpatía.

avestruz (a-ves-**truz**) *s. m.* Ave corredora de gran tamaño y peso, de cuello largo y cabeza pequeña. *Recientemente la carne de avestruz está siendo muy apreciada.* ✎ Su pl. es "avestruces".

avezar (a-ve-**zar**) *v. tr.* Acostumbrar a algo. **GRA.** También v. prnl. *Se avezaron en seguida en el manejo de la máquina.* **SIN.** Ejercitar, curtir, habituar. **ANT.** Desacostumbrar. ✎ Se conjuga como abrazar.

aviación (a-via-**ción**) *s. f.* **1.** Navegación aérea por medio de aparatos más pesados que el aire. *Estaba leyendo un libro sobre la historia de la aviación.* **2.** Cuerpo militar que utiliza los aviones para la guerra. *Hizo la mili en la aviación.*

aviador, ra (a-via-**dor**) *adj.* **1.** Se dice de la persona que pilota un avión. **GRA.** También s. m. y s. f. *Quería ser aviadora.* **SIN.** Aeronauta, piloto. ‖ *s. m. y s. f.* **2.** Soldado de aviación. *Su hermano es aviador.*

aviar (a-vi-**ar**) *v. tr.* **1.** Arreglar, preparar alguna cosa. **GRA.** También v. prnl. *Aviáte, que nos vamos a la calle.* **SIN.** Aprestar(se), preparar(se), alistar, arreglar(se). **2.** *amer.* Prestar dinero para ciertas actividades, como la agricultura, ganadería, minería, etc. ‖ **LOC. estar alguien aviado** *fam.* Estar rodeado de dificultades o contratiempos. ✎ En cuanto al acento, se conjuga como desviar.

avícola (a-**ví**-co-la) *adj.* Que pertenece o se refiere a la avicultura. *Granja avícola.*

avicultura (a-vi-cul-**tu**-ra) *s. f.* Arte de criar las aves y aprovechar sus productos. *Se dedica a la avicultura.*

avidez (a-vi-**dez**) *s. f.* Ansia, codicia. *Lo comía con avidez.* **SIN.** Ambición, hambre, sed, vehemencia. **ANT.** Desinterés, saciedad.

ávido, da (**á**-vi-do) *adj.* Ansioso, codicioso. *Estaba ávido de venganza.*

avieso, sa (a-**vie**-so) *adj.* **1.** Torcido, fuera de regla. *Aviesa actuación.* **2.** Perverso o mal inclinado. *Persona aviesa.* **SIN.** Retorcido, siniestro, torcido. **ANT.** Bueno, honrado.

avifauna (a-vi-**fau**-na) *s. f.* Conjunto de las aves de un país o región. *Publicó un estudio sobre la avifauna de la región.*

avillanar (a-vi-lla-**nar**) *v. tr.* Hacer que alguien degenere de su nobleza y proceda como villano. **GRA.** Se usa más como v. prnl. *No entiendo cómo te has avillanado así.* **SIN.** Abellacarse, aplebeyarse.

avinagrado, da (a-vi-na-**gra**-do) *adj., fam.* De carácter acre y áspero. *Tenía un carácter muy avinagrado.* **SIN.** Brusco, hosco. **ANT.** Afable, amable.

avinagrar (a-vi-na-**grar**) *v. tr.* **1.** Poner agria una cosa. **GRA.** Se usa más como v. prnl. *El vino se ha avi-*

avío - ayuntamiento

nagrado. **SIN.** Acedar(se). **ANT.** Dulcificar(se). ‖ *v. prnl.* **2.** Volverse áspero el carácter de una persona. *Con los años se está avinagrando.* **SIN.** Acedarse. **ANT.** Dulcificarse.

avío (a-**ví**-o) *s. m.* **1.** Prepación, preparativo. *Estaba haciendo los avíos.* **2.** *amer.* Préstamo en dinero que se hace al labrador, ganadero o minero.

avión (a-vi-**ón**) *s. m.* Aparato grande más pesado que el aire, que se mueve por medio de un motor y sirve para transportar personas y cosas. *No le gusta viajar en avión porque se marea.*

avioneta (a-vio-**ne**-ta) *s. f.* Avión pequeño y de poca potencia. *Le hacía ilusión montarse en una avioneta.*

avisado, da (a-vi-**sa**-do) *adj.* **1.** Que actúa con prudencia y discreción. *Es una persona muy avisada.* **SIN.** Prudente, discreto, sagaz, astuto, previsor, despierto, listo. **ANT.** Simple, imprudente, torpe. **2.** Que ha recibido noticia de algún hecho. *Quedas avisado.* **SIN.** Notificado, enterado, informado.

avisar (a-vi-**sar**) *v. tr.* **1.** Dar noticia de algún hecho. *Me avisó de la reunión.* **SIN.** Anunciar, comunicar, informar, notificar. **ANT.** Engañar, ocultar, callar. **2.** Advertir o aconsejar. *Me avisó que no fuera.* **SIN.** Prevenir.

aviso (a-**vi**-so) *s. m.* **1.** Noticia que se da a alguien. *Me llegó el aviso.* **SIN.** Informe, comunicación, circular. **2.** Advertencia que se hace. *Era mi último aviso.* **SIN.** Observación, informe, revelación. ‖ **LOC. andar, estar sobre aviso** Estar prevenido.

avispa (a-**vis**-pa) *s. f.* Insecto parecido a la abeja, provisto de un aguijón cuya picadura produce inflamación y escozor. *La avispa es de color amarillo con franjas negras.*

avispado, da (a-vis-**pa**-do) *adj.* Se dice de la persona astuta. *Ese niño es muy avispado.* **SIN.** Despierto, agudo, listo. **ANT.** Bobo, tonto, torpe.

avispero (a-vis-**pe**-ro) *s. m.* **1.** Conjunto o multitud de avispas, y lugar en que se hallan. *No te acerques ahí, hay un avispero.* **2.** *fam.* Negocio enredado y que proporciona disgustos. *En menudo avispero te has metido.* **SIN.** Enredo, trampa.

avispón (a-vis-**pón**) *s. m.* Especie de avispa mucho mayor que la común, y que se distingue por una mancha encarnada en la parte anterior de su cuerpo. *Le picó un avispón.*

avistar (a-vis-**tar**) *v. tr.* **1.** Alcanzar con la vista alguna cosa. *Avistamos el coche a lo lejos.* **SIN.** Divisar, ver, descubrir. ‖ *v. prnl.* **2.** Reunirse una persona con otra para tratar un asunto. *Se avistarán la próxima semana.*

avituallar (a-vi-**tua**-llar) *v. tr.* Proveer, abastecer. *En ese control avituallan a los corredores.* **SIN.** Aprovisionar.

avivar (a-vi-**var**) *v. tr.* **1.** Dar viveza, excitar, animar. *Avivó a sus seguidores.* **SIN.** Vigorizar, excitar, reavivar, reanimar, acalorar, enardecer. **ANT.** Frenar. **2.** Encender, acalorar. *Avivó los ánimos.* **3.** Tratándose del fuego o de la luz artificial, hacer que arda más o dé más luz. *El viento avivó el fuego.* **SIN.** Atizar, despabilar, espabilar, reavivar, encender. **ANT.** Apagar.

avutarda (a-vu-**tar**-da) *s. f.* Ave zancuda, muy común en España, de vuelo lento y bajo. *Las avutardas tienen el cuerpo grueso.*

axila (a-**xi**-la) *s. f.* *Sobaco.

axioma (a-**xio**-ma) *s. m.* Principio, sentencia, proposición tan clara y evidente, que no necesita demostración. *"Dos y dos son cuatro" es un axioma.* **SIN.** Evidencia, sentencia.

ayer (a-**yer**) *adv. t.* **1.** El día anterior a hoy. *Ayer se acostó temprano, pero todavía está durmiendo.* ‖ *s. m.* **2.** Tiempo pasado. *El ayer ya pasó, pensemos en el mañana.*

ayo, ya (**a**-yo) *s. m. y s. f.* Persona encargada del cuidado de los niños. *Quería muchísimo a su aya.* **SIN.** Instructor, preceptor, ama.

ayudante (a-yu-**dan**-te) *s. m. y s. f.* Oficial o profesor subalterno. *Ayudante de laboratorio.*

ayudar (a-yu-**dar**) *v. tr.* **1.** Hacer algo con alguien para que éste logre una cosa. *Le ayudó a pintar la ventana.* **SIN.** Colaborar, cooperar. **2.** Asistir a una persona necesitada o en apuros. *Los perros-guía ayudan a los ciegos.* **SIN.** Amparar, auxiliar, socorrer. **ANT.** Estorbar, abandonar, dejar.

ayunar (a-yu-**nar**) *v. intr.* Abstenerse total o parcialmente de comer y de beber. *Ayunó durante todo el día.* **SIN.** Renunciar, sacrificarse, contenerse. **ANT.** Henchirse, hartarse, saciarse.

ayunas, en (a-**yu**-nas) *loc. adv.* Sin haber desayunado. *Para hacerte los análisis debes estar en ayunas.*

ayuno (a-**yu**-no) *s. m.* Acción y efecto de ayunar. *El próximo viernes celebramos el día del ayuno voluntario.* **SIN.** Dieta, abstinencia, privación, renuncia, continencia. **ANT.** Hartazgo, atiborramiento.

ayuntamiento (a-yun-ta-**mien**-to) *s. m.* **1.** Grupo de personas dirigidas por el alcalde, que se encargan de un municipio. *El Ayuntamiento ha decidido plantar más árboles.* **2.** Edificio donde ese grupo trabaja. *La fachada del Ayuntamiento tiene un reloj.* **SIN.** Alcaldía, municipio, consejo, consistorio.

azabache - azuzar

azabache (a-za-**ba**-che) *s. m.* Mineral bastante duro y de color negro. *Sus ojos eran negros como el azabache.*

azada (a-**za**-da) *s. f.* Herramienta agrícola que sirve para cavar la tierra. *Hacía pequeños surcos con la azada.*

azafata (a-za-**fa**-ta) *s. f.* **1.** Persona encargada de atender a los pasajeros a bordo de un avión, tren, autocar, etc. *Las azafatas estaban siempre pendientes de los pasajeros.* **2.** Persona que proporciona informaciones y ayuda a quienes participan en reuniones, congresos, etc. *La azafata del congreso le facilitó la información.*

azafrán (a-za-**frán**) *s. m.* Planta que se usa como condimento y para teñir de amarillo. *Le gusta echar azafrán a la paella.*

azahar (a-za-**har**) *s. m.* Flor del naranjo, del limonero y del cidro, que es blanca y muy olorosa. *La novia llevaba un ramo de azahar.* ☞ No debe confundirse con "azar", que significa 'casualidad'.

azar (a-**zar**) *s. m.* Hecho fortuito. *Era fruto del azar.* **SIN.** Ventura, destino, hado. **ANT.** Certeza, seguridad. ‖ **LOC. al azar** A la suerte, a la ventura.

azarar (a-za-**rar**) *v. tr.* Asustar, sobresaltar. **GRA.** También v. prnl. *Se azaró mucho.* **SIN.** Alarmar(se), alterar(se). **ANT.** Serenar(se), tranquilizar(se).

ázimo (**á**-zi-mo) *adj.* Se dice del pan sin levadura. *Las hostias de la misa son de pan ázimo.* ☞ También "ácimo".

azogarse (a-zo-**gar**-se) *v. prnl., fam.* Turbarse y agitarse mucho. *Al vernos se azogó todo.* ☞ Se conjuga como ahogar.

azor (a-**zor**) *s. m.* Ave rapaz diurna que habita en los bosques. *El azor se alimenta principalmente de lagartijas, culebras e insectos.* **SIN.** Milano.

azotaina (a-zo-**tai**-na) *s. f., fam.* Paliza. *Le dio una buena azotaina.* **SIN.** Soba, tunda.

azotar (a-zo-**tar**) *v. tr.* Dar azotes a alguien. **GRA.** También v. prnl. *Le habían azotado.* **SIN.** Vapulear, tundir, sacudir, zurrar.

azote (a-**zo**-te) *s. m.* **1.** Golpe. **2.** Aflicción, calamidad, castigo grande. *Sufrieron el azote del temporal.* **SIN.** Plaga, epidemia, castigo, cataclismo, adversidad.

azotea (a-zo-**te**-a) *s. f.* Cubierta llana de un edificio. *Tenían la azotea llena de plantas.* **SIN.** Terraza.

azúcar (a-**zú**-car) *s. amb.* Sustancia blanca y sólida que se extrae de la remolacha y la caña de azúcar y sirve para endulzar. *Los dulces están hechos con mucho azúcar. Azúcar blanquilla.* ☞ En pl. se usa siempre "los azúcares", en masculino.

azucarado, da (a-zu-ca-**ra**-do) *adj.* Semejante al azúcar en el gusto. *Tiene un sabor azucarado.*

azucarar (a-zu-ca-**rar**) *v. tr.* Bañar o endulzar con azúcar. *Lo había azucarado demasiado, estaba muy empalagoso.* **SIN.** Almibarar, edulcorar.

azucarillo (a-zu-ca-**ri**-llo) *s. m.* Terrón pequeño de azúcar. *Toma el café con dos azucarillos.*

azucena (a-zu-**ce**-na) *s. f.* Planta de tallo alto y flores grandes, blancas y muy olorosas. *Le encantan las azucenas.*

azufre (a-**zu**-fre) *s. m.* Metal de color amarillento. *El símbolo del azufre es S.*

azul (a-**zul**) *adj.* **1.** Del color del cielo sin nubes. **GRA.** También s. m. *Esa chaqueta azul es muy bonita.* ‖ **2. azul celeste** El más claro. **3. azul de mar, o marino** El oscuro, parecido al que suelen tener las aguas del mar.

azulejar (a-zu-le-**jar**) *v. tr.* Cubrir con azulejos. *Están azulejando la pared de la cocina.* **SIN.** Alicatar.

azulejo (a-zu-**le**-jo) *s. m.* Ladrillo pequeño vidriado, de varios colores. *Hay que limpiar esos azulejos.*

azulete (a-zu-**le**-te) *s. m.* Pasta de añil que se utiliza para dar un tono azulado a la ropa blanca. *Metió las sábanas en azulete para blanquearlas.*

azuzar (a-zu-**zar**) *v. tr.* **1.** Estimular a los perros para que muerdan a alguien. *No lo azuces.* **2.** Estimular, irritar. *Me azuzó para que montara bronca.* **SIN.** Avivar, excitar, hostigar, animar. **ANT.** Frenar. ☞ Se conjuga como abrazar.

b *s. f.* Segunda letra del abecedario español y primera de sus consonantes. Su nombre es "be". *"Bota" se escribe con "b".*

baba (ba-ba) *s. f.* Saliva espesa y abundante que a veces cae de la boca de las personas y de algunos animales. *Límpiale la baba al bebé.* **SIN.** Babaza, espumajo, espumarajo. ‖ **LOC. caérsele a alguien la baba** *fam.* Estar alguien entusiasmado viendo o escuchando algo que le agrada.

babear (ba-be-ar) *v. intr.* **1.** Caérsele a alguien la baba. *Ponle el babero, está babeando.* **2.** *fam.* Galantear a alguien. *Al verla babeaba como un tonto.*

babel (ba-bel) *s. amb., fam.* Lugar en el que hay gran desorden y confusión. *Aquella reunión era un babel, nadie se aclaraba de nada.* **SIN.** Leonera.

babero (ba-be-ro) *s. m.* Pieza de tela que se coloca a los niños pequeños en el cuello para evitar que se manchen la ropa con la baba o la comida. *Ponle el babero antes de darle el biberón.*

babi (ba-bi) *s. m.* Bata que usan los niños y las niñas en el colegio para no mancharse la ropa. *Llevan un babi de cuadros azules.* ☞ *"Baby" es incorrecto.*

Babia (Ba-bia) *n. p.* que se usa en la fra. **estar en Babia**, que significa 'estar distraído'. *Cuando le preguntó la profesora estaba en Babia.*

babilla (ba-bi-lla) *s. f.* Trozo de carne de vacuno, cortado de las extremidades posteriores de la res, en torno a la rodilla. *Compró filetes de babilla.*

babor (ba-bor) *s. m.* Parte o lado izquierdo de una embarcación, mirando a proa. *En aquel momento íbamos a babor.* **ANT.** Estribor.

babosa (ba-bo-sa) *s. f.* **1.** Molusco sin concha parecido al caracol, que al andar segrega una baba clara y pegajosa. *Las babosas son muy perjudiciales para las huertas.* **2.** *Cub.* Enfermedad, casi siempre mortal, del ganado vacuno. **3.** *Ven.* Especie de culebra.

baboso, sa (ba-bo-so) *adj.* **1.** Que echa muchas babas. **GRA.** También s. m. y s. f. *Los caracoles son muy babosos.* **2.** *fam.* Que no tiene edad o condiciones para lo que hace, dice o quiere. **GRA.** También s. m. y s. f. *Era un baboso y le decía a su padre que quería salir solo por la noche.* **3.** *fam.* Empalagoso, cargante. **GRA.** También s. m. y s. f. *No soporto a la gente babosa que está todo el día halagándote.* **4.** *amer.* Bobo, tonto.

babucha (ba-bu-cha) *s. f.* **1.** Zapato cómodo, de paño, piel, etc., descalzo por la parte de atrás, que se utiliza para estar en casa. *Le gustan más las babuchas que las zapatillas.* **2.** Zapato ligero y sin tacón, usado principalmente por los moros. *Compró unas babuchas en un mercadillo de Marruecos.* **SIN.** Chancleta, chinela, chapín.

baby sitter *s. f.* *Niñera. **SIN.** Nurse, aya, canguro.

baca (ba-ca) *s. f.* Parte superior del coche en la que se coloca el equipaje. *Coloca las bicis en la baca.* ☞ *No debe confundirse con "vaca".*

bacaladilla (ba-ca-la-di-lla) *s. f.* Pez más pequeño que el bacalao y de forma alargada. *Me gustan mucho las bacaladillas rebozadas.*

bacalao (ba-ca-la-o) *s. m.* **1.** Pez comestible de cuerpo cilíndrico y de tamaño variable, que se suele conservar salado. *El bacalao con patatas es un plato típico de esa zona.* **2.** *fam.* Música electrónica de ritmo repetitivo. *Le encanta ir a bailar a las discotecas de bacalao.* ‖ **3. bacalao al pil-pil** Plato típico del País Vasco, que se prepara a base de este pescado y un sofrito de aceite, guindilla y ajo. ‖ **cortar el bacalao** *fam.* Mandar en un grupo o en un asunto.

bacanal (ba-ca-nal) *s. f.* Juerga tumultuosa y desordenada. *Se montó una buena bacanal.* **SIN.** Festín, francachela.

bacará (ba-ca-rá) *s. m.* Juego de naipes de origen italiano, en el que juega el banquero contra los puntos. *Estoy aprendiendo a jugar al bacará.* ✎ *También "bacarrá".*

bache - bailar

bache (**ba**-che) *s. m.* **1.** Hoyo que se forma en un camino, calle o carretera. *Por esta carretera pasan tantos camiones que está llena de baches.* **SIN.** Socavón, zanja, agujero, hundimiento. **2.** Situación de abatimiento, generalmente pasajera, que afecta a la salud, al ánimo o a la buena marcha de un negocio. *Pasó un mal bache con la muerte de su amigo, pero ya lo ha superado.* **SIN.** Depresión, desánimo.

bachear (ba-che-**ar**) *v. tr.* **1.** Reparar los baches de los caminos y carreteras. *El camino al pueblo está cortado porque lo están bacheando.* **SIN.** Rellenar, parchear. ‖ *v. prnl.* **2.** Llenarse una carretera de baches. *Este invierno la carretera se bacheó con tanta lluvia y nieve.*

bachiller (ba-chi-**ller**) *s. m.* *Bachillerato.

bachillerato (ba-chi-lle-**ra**-to) *s. m.* En España etapa educativa constituida por dos cursos posteriores a la ESO. *Estudia bachillerato humanístico.*

bacía (ba-**cí**-a) *s. f.* Vasija cóncava, usada por los barberos para mojar la barba. *Esta bacía de porcelana es antiquísima.* ☞ No debe confundirse con el adj. "vacía".

bacilo (ba-**ci**-lo) *s. m.* Microbio cilíndrico en forma de bastón. *Los bacilos provocan algunas enfermedades.* **SIN.** Microorganismo. ☞ No debe confundirse con "vacilo", 1ª pers. sing. del pres. de ind. del v. "vacilar".

bacín (ba-**cín**) *s. m.* Orinal alto y cilíndrico. *Guarda el bacín tras la puerta de la mesilla.* **SIN.** Perico, bacinilla.

bacon *s. m.* *Panceta.

bacteria (bac-**te**-ria) *s. f.* Organismo unicelular, microscópico y sin clorofila, del que hay varias especies y algunas de ellas causan enfermedades. Viven en el aire, en el agua, en la tierra, en los cuerpos de los seres vivos o en los productos derivados de éstos. *Algunas bacterias, como las intestinales, son imprescindibles.* **SIN.** Bacilo, microorganismo.

bactericida (bac-te-ri-**ci**-da) *adj.* Que elimina o destruye las bacterias. *Este bactericida es muy eficaz.*

bacteriología (bac-te-rio-lo-**gí**-a) *s. f.* Parte de la microbiología que estudia las bacterias. *Da clases de bacteriología.*

báculo (**bá**-cu-lo) *s. m.* **1.** Palo o bastón que sirve para apoyarse en él. *Algunas personas ancianas utilizan un báculo para caminar con más seguridad.* **SIN.** Cayado. **2.** Alivio, consuelo, apoyo. *Cuando tiene algún problema su madre siempre le sirve de báculo.* ‖ **3. báculo pastoral** Bastón que llevan los obispos.

badajo (ba-**da**-jo) *s. m.* Pieza colgante del interior de las campanas, cencerros, esquilas, etc., que sirve para golpear el interior y producir sonido. *Golpeó la campana con el badajo.*

badana (ba-**da**-na) *s. f.* **1.** Piel curtida de carnero u oveja. *Tiene un zurrón hecho de badana.* **SIN.** Cuero, pellejo. ‖ *s. m. pl.* **2.** *fam.* Persona perezosa. *Es un badanas, lo único que le gusta es estar tumbado.* ‖ **LOC. zurrar a alguien la badana** *fam.* Golpearle.

badén (ba-**dén**) *s. m.* Zanja que forman en un terreno las aguas de la lluvia. *La tormenta había sido tan fuerte que había varios badenes en la carretera.* **SIN.** Bache, depresión, cauce.

badil (ba-**dil**) *s. m.* Paleta de hierro o de cualquier otro metal, que sirve para remover y recoger la lumbre en las chimeneas y braseros. *Saca la escoria de la lumbre con el badil, hay que atizar otra vez.* **SIN.** Pala, recogedor, paleta.

bádminton (**bád**-min-ton) *s. m.* Juego de raqueta entre dos personas o por parejas, sobre un campo más pequeño que el de tenis y con una pelota de corcho con plumas a modo de cometa. *Le gusta mucho jugar al bádminton.* ✎ También "badminton".

bafle (**ba**-fle) *s. m.* Altavoz de un equipo de alta fidelidad. *Tiene un buen equipo de música y unos buenos bafles, por eso se oye tan bien.* ✎ Su pl. es "bafles".

bagaje (ba-**ga**-je) *s. m.* **1.** Equipaje militar. *La tropa llevaba mucho bagaje porque iban a una larga marcha.* **SIN.** Macuto, saco. **2.** Conjunto de conocimientos que tiene una persona. *Tiene un gran bagaje cultural, puedes hablar con ella de cualquier cosa.*

bagatela (ba-ga-**te**-la) *s. f.* Cosa de muy poco valor o importancia. *No me vengas con bagatelas, quiero la verdad.* **SIN.** Nimiedad, menudencia, fruslería, insignificancia.

bahía (ba-**hí**-a) *s. f.* Entrada de mar en la costa, de extensión menor que el golfo. *Ante el temporal que se avecinaba, los barcos se refugiaron en la bahía.* **SIN.** Cala, ensenada, abrigo.

bailador, ra (bai-la-**dor**) *adj.* **1.** Que baila. **GRA.** Se usa más como s. m. y s. f. *Juan es muy bailador, sobre todo de pasodobles.* ‖ *s. m. y s. f.* **2.** Bailarín o bailarina profesional que ejecuta bailes populares de España, especialmente andaluces. *Es un bailador muy famoso internacionalmente.*

bailaor, ora (bai-la-**or**) *s. m. y s. f.* Bailarín o bailarina profesional que ejecuta bailes flamencos. *Cuando estuvimos en Granada fuimos a un tablao a ver actuar a los bailaores.*

bailar (bai-**lar**) *v. intr.* Mover el cuerpo, los brazos y los pies siguiendo el compás de la música. **GRA.** También v. tr. *Para bailar hay que tener sentido del*

bailarín - bala

ritmo. **SIN.** Danzar, zapatear. ‖ **LOC. bailar alguien al son que le tocan** Adaptarse, dejarse llevar. **bailarle a alguien el agua** Adularle para conseguir algo. **otra u otro que tal baila** *fam.* Expresión con que se indica que una persona es semejante a otra en un determinado vicio o defecto.

bailarín, na (bai-la-**rín**) *adj.* **1.** Que baila. **GRA.** También s. m. y s. f. *Es muy bailarín, no paró en toda la noche.* ‖ *s. m. y s. f.* **2.** Persona que tiene por oficio bailar. *Su hermano es un famoso bailarín.* **SIN.** Danzarín, danzante. ‖ *s. m.* **3.** *Chil.* Ave de rapiña parecida al halcón.

baile (**bai**-le) *s. m.* **1.** Acción de bailar. *Todos los invitados de la boda participaron en el baile.* **SIN.** Danza, baileoteo. **2.** Cada una de las maneras de bailar que reciben un nombre particular, como vals, rigodón, etc. *El tango es uno de los bailes que más me gustan.* **3.** Fiesta en la que se baila. *¿Vendrás conmigo al baile?* **4.** Local o lugar en el que se baila. *El baile estaba a rebosar.* **5.** Espectáculo en el que participan bailarines. *Es la directora de esa compañía de baile.* **SIN.** Ballet. **6.** Cambio por error del orden de alguna cosa. *Baile de cifras, baile de letras.* **7.** Cambios sucesivos de personas en cuanto al puesto que ocupan o de las cosas en cuanto a su configuración. *Baile de jefes, de presidentes del gobierno, baile de fronteras.* ‖ **8. baile de San Vito** Nombre vulgar que se aplica a una enfermedad que se caracteriza por un temblequeo del cuerpo. ‖ **LOC. empezar el baile** *fam.* Acabarse la tranquilidad.

baja (**ba**-ja) *s. f.* **1.** Disminución del precio, valor y estimación de alguna cosa en el mercado. *La baja de las acciones de esa empresa ha causado gran alarma.* **SIN.** Decadencia, descenso, caída. **2.** En un grupo, pérdida o falta de uno de sus componentes. *La baja del actor principal de la obra causaba grandes problemas.* **3.** Cese temporal de una persona en su trabajo por motivos de enfermedad, accidente, etc. *Lleva dos semanas de baja con una pierna rota.* ‖ **LOC. darse de baja** Cesar en el ejercicio de una profesión; dejar de pertenecer voluntariamente a una sociedad o corporación.

bajada (ba-**ja**-da) *s. f.* **1.** Acción y efecto de bajar. *Prometían una bajada de los precios de la gasolina.* **2.** Camino o lugar por donde se baja. *Vete despacio, esa bajada es muy peligrosa.* **SIN.** Descenso, cuesta, declive, pendiente. ‖ **3. bajada de bandera** Puesta en funcionamiento del contador en los taxis. ‖ Cantidad inicial fija que hay que pagar en los taxis independientemente del importe del recorrido.

bajamar (ba-ja-**mar**) *s. f.* Fin o término del reflujo del mar, y tiempo que dura. **ANT.** Pleamar.

bajar (ba-**jar**) *v. intr.* **1.** Ir desde una posición o lugar a otro que esté más bajo. **GRA.** También v. tr. *Bajó las escaleras corriendo.* **SIN.** Descender. **ANT.** Subir, ascender. **2.** Disminuir algo. *Bajó el nivel de las aguas.* **SIN.** Descender. **ANT.** Subir. **3.** Disminuir los sonidos, los precios, el peso, etc. *Ha bajado el precio del pan.* **SIN.** Menguar, decrecer, decaer. **ANT.** Alzar, aumentar, crecer. **4.** En informática, pasar el contenido de internet al ordenador del usuario. *La otra tarde bajé un juego.*

bajeza (ba-**je**-za) *s. f.* Acción despreciable. *Cometió la bajeza de traicionar a su mejor amigo.* **SIN.** Indignidad, ruindaz, vileza. **ANT.** Grandeza, sublimidad.

bajinis, por lo (ba-**ji**-nis) *loc. adv.* En voz muy baja o solapadamente. *Se lo dijo por lo bajinis para que los demás no nos enterásemos.*

bajo, ja (**ba**-jo) *adj.* **1.** De poca altura o estatura. *Juan es bajo.* **SIN.** Pequeño, chico. **ANT.** Alto, elevado, grande. **2.** Se dice de lo que está por debajo de otras cosas en lugar, cantidad o calidad. *Ahora está a bajo precio.* **SIN.** Inferior, peor, menor. **ANT.** Alto, elevado, superior, mejor, mayor. **3.** Se dice del lenguaje poco refinado. *Empleó un lenguaje muy bajo.* **SIN.** Grosero, burdo, ordinario, basto. **ANT.** Elegante, refinado, distinguido. ‖ *s. m.* **4.** Piso bajo de las casas que tienen dos o más. *Vive en el bajo.* **5.** Instrumento que produce los sonidos más graves de la escala general. *Está aprendiendo a tocar el bajo.* **6.** Voz masculina de timbre grave. *Cantaba como bajo en un coro.* ‖ *s. m. pl.* **7.** Parte inferior de la carrocería de un vehículo sobre la que se incorporan los elementos móviles de la dirección y de la suspensión. *Tienes los bajos llenos de barro.* ‖ *adv. m.* **8.** En voz baja, sin que apenas se oiga. *Habla más bajo, el niño está durmiendo.* ‖ **LOC. bajo cuerda** Ocultamente. **por lo bajo** Recatada o disimuladamente.

bajón (ba-**jón**) *s. m., fam.* Disminución notable en las ganancias, las facultades mentales, la salud, etc. **GRA.** Se usa más con el v. "dar". *Ha dado un gran bajón en las notas en esta última evaluación.* **SIN.** Merma, disminución.

bajura (ba-**ju**-ra) *s. f.* Falta de elevación. *La bajura de la empalizada permitía saltarla fácilmente.*

bala[1] (**ba**-la) *s. f.* **1.** Proyectil arrojado por las armas de fuego. *Disparó tres balas seguidas.* **SIN.** Balín, munición, plomo, proyectil. ‖ **2. bala perdida** *fam.* Persona alocada y sin juicio. ‖ **LOC. como una bala** *fam.* A toda velocidad. **tirar con bala, o con**

bala - baldar

bala rasa *fam.* Hablar con mala intención. **no entrarle a alguien ni las balas** *fam.* Ir demasiado abrigado.

bala² (**ba**-la) *s. f.* Entre comerciantes, fardo apretado de mercancías, y en especial los que se transportan embarcados. *Estaban descargando las balas.* **SIN.** Paca, bulto.

balada (ba-**la**-da) *s. f.* Composición musical sentimental. *Cantó una balada.* **SIN.** Poema, canción.

baladí (ba-la-**dí**) *adj.* De clase inferior, de poca importancia. *Una discusión baladí.* **SIN.** Insignificante, insustancial, superficial. ✎ Su pl. es "baladíes" o "baladís".

baladrón, na (ba-la-**drón**) *adj.* Se dice de la persona que, siendo cobarde, presume de valiente. **GRA.** También s. m. y s. f. *Es un poco baladrón.* **SIN.** Bravucón, perdonavidas, charlatán, fanfarrón.

balance (ba-**lan**-ce) *s. m.* **1.** Informe detallado y ordenado del patrimonio de una empresa en una fecha determinada. *Están haciendo el balance del año.* **SIN.** Cómputo, recuento. **2.** Valoración de algo. *El balance del curso fue bastante positivo.*

balancear (ba-lan-ce-**ar**) *v. tr.* Mover, mecer de un lado a otro. **GRA.** También v. intr. y prnl. *Se balanceaba en la mecedora.* **SIN.** Oscilar, columpiar(se).

balancín (ba-lan-**cín**) *s. m.* **1.** En los jardines, playas, terrazas, etc., asiento colgante cubierto con toldo. *Se sentaron tranquilamente en el balancín a charlar un rato.* **2.** Palo largo que los acróbatas utilizan para mantenerse en equilibrio. *Estaba practicando con el balancín.* **SIN.** Contrapeso.

balandra (ba-**lan**-dra) *s. f.* Embarcación pequeña y con un solo palo. *Les llevó en su balandra.*

balanza (ba-**lan**-za) *s. f.* **1.** Instrumento que sirve para pesar equilibrando con pesos conocidos el de aquel cuerpo que se pesa. Normalmente es una palanca de brazos iguales, con un platillo en cada extremo. *Pon la masa en la balanza.* **SIN.** Báscula romana. || **2. balanza comercial** Estado comparativo de la importación y exportación de los artículos mercantiles de un país durante un período determinado. **3. balanza de pagos** Estado comparativo de los débitos y créditos de una nación respecto al extranjero. || **LOC. inclinar la balanza** Hacer que un asunto sea favorable a alguien o algo.

balar (ba-**lar**) *v. intr.* Dar balidos o voces las ovejas y ciervos. *Ya llega el rebaño, se oye balar a las ovejas.* **SIN.** Balitar, gemir, gamitar, berrear.

balarrasa (ba-la-**rra**-sa) *s. m. y s. f., fam.* Persona poco juiciosa e informal. *Tenía fama de balarrasa.*

balaustrada (ba-laus-**tra**-da) *s. f.* Serie de balaustres, colocados entre los barandales. *La galería tenía una bonita balaustrada.* **SIN.** Barandaje, pasamanos, baranda, barandilla.

balaustre (ba-**laus**-tre) *s. m.* Cada una de las columnitas de las barandillas de balcones, azoteas, escaleras y corredores. *No te arrimes al balaustre de la escalera, está recién pintado.* ✎ También "balaústre".

balazo (ba-**la**-zo) *s. m.* **1.** Golpe de bala disparada con arma de fuego. *Se oyeron varios balazos.* **SIN.** Disparo, tiro. **2.** Herida causada por una bala. *Tenía una balazo en el hombro.*

balbucear (bal-bu-ce-**ar**) *v. intr.* Hablar o leer con dificultad. **GRA.** También v. tr. *Balbuceó algo, pero no le entendimos.* **SIN.** Balbucir, farfullar, mascullar.

balbucir (bal-bu-**cir**) *v. intr.* *Balbucear. ✎ v. defect. ✎*

INDICATIVO				
Pres.	Pret. imperf.	Pret. perf. s.	Fut. imperf.	Cond. simple
	balbucía	balbucí	balbuciré	balbuciría
balbuces	balbucías	balbuciste	balbucirás	balbucirías
balbuce	balbucía	balbució	balbucirá	balbuciría
balbucimos	balbucíamos	balbucimos	balbuciremos	balbuciríamos
balbucís	balbucíais	balbucisteis	balbuciréis	balbuciríais
balbucen	balbucían	balbucieron	balbucirán	balbucirían
SUBJUNTIVO				
Pres.	Pret. imperf.		Fut. imperf.	
no se usa	balbuciera/se		balbuciere	
	balbucieras/ses		balbucieres	
	balbuciera/se		balbuciere	
	balbuciéramos/semos		balbuciéremos	
	balbucierais/seis		balbuciereis	
	balbucieran/sen		balbucieren	
IMPERATIVO	balbucid (las demás personas no se usan)			
FORMAS NO PERSONALES	Infinitivo	balbucir		
	Gerundio	balbuciendo		
	Participio	balbucido		

balcón (bal-**cón**) *s. m.* **1.** Saliente con una barandilla, al que se accede a través de una ventana que llega al suelo y desde donde se puede mirar al exterior. *Me asomé al balcón para ver la cabalgata.* **SIN.** Galería, miranda, corredor, terraza. **2.** Lugar situado a la altura suficiente como para poder contemplar una gran extensión de tierra. *Desde el balcón de la montaña pudimos divisar todo el valle.* **SIN.** Mirador.

balda (**bal**-da) *s. f.* Repisa de un armario o alacena. *Está colocando unas baldas en la despensa.*

baldar (bal-**dar**) *v. tr.* Impedir una enfermedad o accidente el uso de los miembros o de alguno de ellos. **GRA.** También v. prnl. *Tantas escaleras me baldaron las piernas.* **SIN.** Paralizar(se), tullir(se).

balde - bamba

balde[1] (**bal**-de) *s. m.* Recipiente grande de plástico, madera o de otro material, destinado a diferentes usos. *Llena el balde de agua.* **SIN.** Cubo, barreño.

balde[2] (**bal**-de) *s. m.* que se usa en la loc. **de balde** Gratuitamente, sin precio alguno. *Entró al cine de balde.* **SIN.** Gratis, por su cara bonita. ‖ **LOC. en balde** En vano. **estar de balde** Estar de más.

baldío, a (bal-**dí**-o) *adj.* **1.** Se dice de la tierra que no se cultiva. *Estos terrenos llevan baldíos años.* **SIN.** Inculto, yermo. **2.** Vano, inútil. *Todos tus esfuerzos han sido baldíos.* **SIN.** Ineficaz.

baldón (bal-**dón**) *s. m.* *Ofensa.

baldosa (bal-**do**-sa) *s. f.* Ladrillo fino que sirve para recubrir el suelo. *Las baldosas del suelo son pequeñas y rectangulares.* **SIN.** Cerámica, azulejo, mosaico.

baldosín (bal-do-**sín**) *s. m.* Baldosa pequeña y fina. *Dale una pasada a los baldosines de la pared.* **SIN.** Loseta, mosaico.

baleo (ba-**le**-o) *s. m.* **1.** Felpudo. *Coloca el baleo a la puerta de la entrada.* **SIN.** Esterilla. **2.** Escobilla, planta. *Barre el patio con ese baleo.*

balido (ba-**li**-do) *s. m.* Voz del carnero, la oveja, la cabra, el gamo y el ciervo. *El cervatillo daba fuertes balidos porque no encontraba a su madre.* ☞ No debe confundirse con "valido".

balín (ba-**lín**) *s. m.* Munición para escopetas de aire comprimido. *Se quedó sin balines.*

balística (ba-**lís**-ti-ca) *s. f.* **1.** Ciencia que tiene por objeto el cálculo del alcance y dirección que llevan los proyectiles. *Es un gran especialista en balística.* ‖ **2. balística forense** Técnica para identificar el instrumento con que se disparó una bala determinada.

baliza (ba-**li**-za) *s. f.* Señal que delimita una zona en carretera, pista de aterrizaje, playas, etc. *Señalizaron la zona de la carretera en obras con balizas.*

ballena (ba-**lle**-na) *s. f.* Mamífero acuático que tiene forma de pez, y es el mayor de los animales conocidos. *La ballena azul puede pesar más de 146 toneladas.*

ballenato (ba-lle-**na**-to) *s. m.* Hijo de la ballena. *El protagonista de la película era un pequeño ballenato.*

ballenero (ba-lle-**ne**-ro) *s. m.* Barco especialmente preparado para la captura de ballenas. *Trabajaba en un ballenero.*

ballesta (ba-**lles**-ta) *s. f.* **1.** Arma parecida al arco, que sirve para disparar piedras y flechas. *Tiene una excelente puntería con la ballesta.* **2.** Cada una de las barras metálicas y flexibles sobre las que descansa la carrocería de un coche. *Pilló un bache grande y se rompió una ballesta.* **SIN.** Amortiguador.

ballet (ba-**llet**) *s. f.* **1.** Espectáculo de danza escénica, constituido esencialmente por los movimientos de la danza clásica. *Desde pequeño va a clase de ballet.* **SIN.** Coreografía, danza, baile. **2.** Conjunto de personas que ejecutan este baile. *Es la bailarina principal de esa compañía de ballet.* ✎ Su pl. es "ballets".

balneario (bal-ne-**a**-rio) *s. m.* Establecimiento para tomar baños medicinales. *Sus padres fueron a pasar quince días a un balneario.* **SIN.** Termas, caldas.

balompié (ba-lom-**pié**) *s. m.* * Fútbol.

balón (ba-**lón**) *s. m.* Pelota grande que se utiliza en varios deportes, entre ellos el fútbol y el baloncesto. *Tiene un balón con las firmas de todos los jugadores del equipo.* **SIN.** Bola, pelota, esférico, cuero. ‖ **LOC. echar balones fuera** Eludir una responsabilidad. **ser algo un balón de oxígeno** Ser de mucha ayuda, en un momento de apuro.

balonazo (ba-lo-**na**-zo) *s. m.* Golpe dado con el balón. *Recibió un fuerte balonazo en la cara.*

baloncesto (ba-lon-**ces**-to) *s. m.* Juego de pelota entre dos equipos de cinco jugadores cada uno. Se practica con las manos y consiste en introducir el balón el mayor número de veces posible en la canasta del contrario, situada a una altura determinada. *Jugamos un partido de baloncesto.*

balonmano (ba-lon-**ma**-no) *s. m.* Juego de pelota entre dos equipos de siete jugadores cada uno. Se juega con las manos y consiste en introducir el balón en la portería del contrario siguiendo unas reglas determinadas. *Es árbitro de balonmano.*

balonvolea (ba-lon-vo-**le**-a) *s. m.* *Voleibol.

balsa[1] (**bal**-sa) *s. f.* **1.** Hueco del terreno que se llena de agua, natural o artificialmente. *Con tanta lluvia, se ha formado una balsa en medio de la finca.* **SIN.** Alberca, estanque, laguna, poza. ‖ **2. balsa de aceite** *fam.* Lugar o grupo de personas muy tranquilo.

balsa[2] (**bal**-sa) *s. f.* **1.** Conjunto de maderos que, unidos entre sí, forman una plataforma flotante. *Navegaron por el lago en una balsa.* ‖ **2. balsa salvavidas** La de goma, que se usa para rescatar a los náufragos.

bálsamo (**bál**-sa-mo) *s. m.* Medicamento de uso externo que alivia el dolor. *Es un buen bálsamo para las quemaduras.* **SIN.** Remedio, calmante, consuelo, emplasto.

baluarte (ba-lu-**ar**-te) *s. m.* **1.** *Fortaleza. **2.** Amparo, defensa. *Sus amigos le servían de baluarte.* **SIN.** Parapeto, protección.

bamba (**bam**-ba) *s. f.* Baile típico de las zonas costeras hispanoamericanas. *Le gustaba bailar la bamba.*

bambalina - bandear

bambalina (bam-ba-**li**-na) *s. f.* Cada una de las piezas de lienzo pintado que cuelgan del telar del teatro de uno a otro lado del escenario, y completan en la parte superior lo que la decoración representa. *Estaban colocando las bambalinas.* **SIN.** Colgadura, cortina, telón.

bambolearse (bam-bo-le-**ar**-se) *v. prnl.* Moverse una persona o cosa de un lado a otro sin cambiar el sitio donde está. *Se bamboleaba en su mecedora.* **SIN.** Tambalear(se), balancear(se), columpiar(se), mecer(se). **ANT.** Aquietar, equilibrar(se), parar(se).

bambú (bam-**bú**) *s. m.* Planta originaria de la India, cuyos tallos, muy resistentes, se emplean en la construcción de casas y en la fabricación de muebles, armas, etc. La corteza se utiliza en las fábricas de papel. *En esa tienda venden muebles de bambú.* ✎ Su pl. es "bambúes" o "bambús".

banal (ba-**nal**) *adj.* Que es de poca importancia o significación. *Discutieron por motivos banales.* **SIN.** Insustancial, trivial, intrascendente, insignificante, anodino. **ANT.** Importante, profundo, básico, fundamental, trascendente.

banana (ba-**na**-na) *s. f.* **1.** *Banano. ‖ *s. m.* **2.** *Arg. y Ur.* Plátano, planta.

banano (ba-**na**-no) *s. m.* *Plátano, planta.

banasta (ba-**nas**-ta) *s. f.* Cesto grande de mimbre. *Llevaba una banasta de uvas.* **SIN.** Capacho, canasta, canastilla, cesto.

banca[1] (**ban**-ca) *s. f.* Asiento de madera, sin respaldo. *Coloca la banca debajo de la mesa.* **SIN.** Taburete.

banca[2] (**ban**-ca) *s. f.* **1.** Conjunto de organismos cuyo objetivo fundamental es facilitar la financiación de las diferentes actividades económicas. *Estaban presentes varios representantes de la banca.* **SIN.** Banco. **2.** Conjunto de bancos o banqueros. *La banca se manifestó en contra de aquellas medidas.*

bancal (ban-**cal**) *s. m.* **1.** En las sierras y terrenos pendientes, rellano de tierra que se forma natural o artificialmente, y que se aprovecha para algún cultivo. *En Italia vimos zonas de bancales.* **2.** Parcela de tierra dispuesta para la siembra. *Tenían varios cultivos en ese bancal.*

bancario, ria (ban-**ca**-rio) *adj.* Que pertenece o se refiere a la banca mercantil. *Tenía que realizar varias operaciones bancarias.* **SIN.** Bursátil, financiero.

bancarrota (ban-ca-**rro**-ta) *s. f.* Quiebra de una empresa. *Se declaró en bancarrota.* **SIN.** Ruina, hundimiento.

banco (**ban**-co) *s. m.* **1.** Establecimiento público en el que se guarda y se presta dinero. *La gente deposita su dinero en los bancos.* **2.** Asiento largo y estrecho, generalmente de madera, hierro o piedra. *El abuelo se sienta en el banco del jardín.* **SIN.** Poyo, escaño, diván. ‖ **3. banco de datos** Colección de archivos o registros informáticos sobre un tema particular. **4. banco de hielo** Iceberg. **5. banco de peces** Conjunto grande de peces de una misma especie marina que van juntos.

banda[1] (**ban**-da) *s. f.* **1.** Cinta ancha que se lleva atravesada desde un hombro al costado opuesto. *El alcalde llevaba una banda de color rojo.* **SIN.** Estola, faja, fajín, lista. **2.** Zona limitada por cada uno de los dos lados más largos de un campo deportivo, y por otra línea exterior, que suele ser la del comienzo de las localidades donde se sitúa el público. *Hizo la jugada por la banda.*

banda[2] (**ban**-da) *s. f.* **1.** Grupo de gente armada. *La policía detuvo a una banda de atracadores.* **SIN.** Facción, partida, panda, cuadrilla. **2.** Lo que está a la derecha o a la izquierda de un todo. *El profesor puso las calificaciones de cada pregunta a la banda de la página.* **SIN.** Lado, costado, zona. **3.** Conjunto de músicos que tocan a la vez. *Aquella banda tocaba muy bien.* **SIN.** Grupo, conjunto, charanga, comparsa. ‖ **4. banda armada** Grupo de personas que utiliza medios violentos en sus acciones subversivas. **5. banda de frecuencia** En radio y televisión, grupo de frecuencias que se hallan comprendidas entre dos límites concretos. **6. banda sonora** Música de una película cinematográfica. ‖ **LOC. cerrarse alguien a la banda, o en banda** *fam.* Mantenerse firme en un propósito, negarse rotundamente a hacer algo contrario a su voluntad. **coger a alguien por banda** *fam.* Conversar con él. **de banda a banda** De un lado a otro. **jugar a dos bandas** Actuar con hipocresía.

bandada (ban-**da**-da) *s. f.* **1.** Grupo numeroso de aves que vuelan juntas. *Vimos pasar una bandada de cigüeñas.* **2.** Por ext., conjunto de peces. *Bandada de truchas.* **SIN.** Banco, cardume, cardumen. **3.** Grupo ruidoso de personas. *Una bandada de niños se acercaba por el parque.* **SIN.** Muchedumbre, masa.

bandazo (ban-**da**-zo) *s. m.* **1.** Balance repentino de una embarcación hacia un lado. *El bote pegó un bandazo.* **SIN.** Balanceo, cabezada, oscilación. **2.** Cambio brusco e inesperado en la dirección de algo. *La negociación dio un bandazo y todo se fue al traste.*

bandear (ban-de-**ar**) *v. tr.* **1.** Hacer que las campanas oscilen para que toquen al ser golpeadas por el badajo. *Estaba bandeando las campanas.* ‖ *v. intr.* **2.**

bandeja - bañar

Vacilar en la propia opinión u actuación. *Bandeaba de partido como si nada.* || *v. prnl.* **3.** Desenvolverse, saber cómo actuar en un asunto. *Se bandea muy bien en esos ambientes.*

bandeja (ban-**de**-ja) *s. f.* **1.** Pieza plana o algo cóncava, con bordes de poca altura, que sirve para llevar, servir o presentar algo. *Trae las tazas en la bandeja.* **2.** Superficie plana situada detrás de los asientos traseros de un vehículo y que separa éstos del maletero. *Quita esa caja de la bandeja, no me deja ver.* || **LOC. servir en bandeja o en bandeja de plata** *fam.* Dar a una persona todo tipo de facilidades para que consiga sus propósitos. **pasar la bandeja** *fam.* Pedir algo a cambio del favor realizado.

bandera (ban-**de**-ra) *s. f.* **1.** Tela de varios colores que, sujeta a un palo largo, se emplea como símbolo de una nación, de una ciudad, de algún equipo, de alguna sociedad, etc. *Un soldado llevaba la bandera.* **SIN.** Insignia, enseña, estandarte, banderín. **2.** Pedazo de tela o papel para adorno, y también para hacer señales. *Adornaron el recinto de la feria con banderas.* **3.** Personas o tropa que militan bajo una misma bandera. *El líder estaba apoyado por una numerosa bandera.* || **4. bandera amarilla, o de cuarentena** La que enarbolan los barcos que están incomunicados por tener a bordo enfermos infecciosos. **5. bandera blanca, o de paz** La que se enarbola para dar a entender que se desea tratar de convenio o paz, y en los buques como señal de que son amigos. **6. bandera nacional** La que sirve de distintivo a una nación. || **LOC. arriar bandera** Rendirse uno o más buques al enemigo. **de bandera** Muy bueno, estupendo. **estar un sitio hasta la bandera** *fam.* Estar muy lleno. **izar bandera** Subir la bandera en el mástil. **jurar bandera** Jurar un soldado fidelidad a la patria.

banderilla (ban-de-**ri**-lla) *s. f.* Palo adornado y con una lengüeta de hierro en un extremo, que se clava en la cerviz de los toros. *Le puso las dos banderillas.* || **LOC. poner a alguien una banderilla, o un par de banderillas** *fam.* Decirle algo que le duela.

banderín (ban-de-**rín**) *s. m.* Bandera pequeña de forma triangular. *Le regalaron un banderín del equipo.*

bandido, da (ban-**di**-do) *adj.* **1.** Se dice de la persona fugitiva de la justicia. **GRA.** También s. m. y s. f. *La policía arrestó al jefe de los bandidos.* **SIN.** Malhechor, prófugo, bandolero, ladrón. **2.** Se dice de la persona mala y perversa. *El muy bandido quería aprovecharse de nosotros.* **SIN.** Rufián, bribón, canalla. **ANT.** Honesto, noble, honrado.

bando[1] (**ban**-do) *s. m.* Mandato publicado solemnemente por orden de la autoridad. *El alcalde publicó un bando.* **SIN.** Proclama, orden, edicto, decreto.

bando[2] (**ban**-do) *s. m.* Conjunto de personas que tienen unas mismas ideas. *Estaban en distinto bando.* **SIN.** Partido, rama, secta.

bandolero, ra (ban-do-**le**-ro) *s. m. y s. f.* **1.** Persona armada que solía huir a la montaña y que robaba por los caminos. *Les atacaron unos bandoleros en el camino del bosque.* **SIN.** Bandido, salteador, malhechor. || *s. f.* **2.** Correa que cruza por el pecho y la espalda, y que al final lleva un gancho para colgar un arma de fuego. *El uniforme de ese cuerpo lleva bandolera.* **SIN.** Tahalí, correaje.

bandolina (ban-do-**li**-na) *s. f.* Instrumento musical pequeño, de cuatro cuerdas y de cuerpo curvado como el laúd. *Toca la bandolina.* También "mandolina".

bandurria (ban-**du**-rria) *s. f.* Instrumento musical de cuerda semejante a la guitarra, pero de menor tamaño. *Aprendió a tocar la bandurria de pequeña.*

banjo (**ban**-jo) *s. m.* Instrumento musical de cuerda de origen africano, cuya caja de resonancia se encuentra cubierta por una piel. *Tocaba el banjo de maravilla.* También "banyo".

banqueta (ban-**que**-ta) *s. f.* **1.** Asiento pequeño de tres o cuatro pies y sin respaldo. *Coge la banqueta que hay debajo de la mesa de la cocina.* **SIN.** Taburete. **2.** *amer.* Acera de una calle.

banquete (ban-**que**-te) *s. m.* Comida a la que asisten muchas personas para celebrar algún acontecimiento destacado. *En el banquete de bodas sirvieron una tarta enorme.* **SIN.** Comilona, festín, convite.

banquillo (ban-**qui**-llo) *s. m.* **1.** Asiento en que se coloca al procesado ante el tribunal. *El acusado se sentó en el banquillo.* **2.** Lugar donde permanecen los jugadores reservas y entrenadores durante un partido. *Todo el banquillo celebró con alegría el gol del empate.*

banyo (**ban**-yo) *s. m.* *Banjo.

bañador (ba-ña-**dor**) *s. m.* Traje para bañarse. *Mi prima es la del bañador negro.*

bañar (ba-**ñar**) *v. tr.* **1.** Meter el cuerpo o parte de él en un líquido, generalmente agua. **GRA.** También v. prnl. *La madre baña a su bebé todos los días por la noche, antes de darle su último biberón.* **SIN.** Mojar(se), remojar(se), duchar(se), lavar(se). **2.** Introducir por completo una cosa en un líquido. *A mi hermana le encanta bañar sus tostadas en la leche.* **SIN.** Remojar, empapar. **3.** Cubrir algo con una capa de una determinada sustancia. *Bañó el bizcocho con*

bañera - barbarie

chocolate y nata. **SIN.** Impregnar, cubrir. **4.** Pasar o tocar el agua del mar o de un río por algún sitio. *El océano Atlántico baña la costa este de América*.

bañera (ba-**ñe**-ra) *s. f.* Pila que sirve para bañar todo o parte del cuerpo. *Llenó la bañera de agua caliente y le echó sus sales de baño favoritas*. **SIN.** Baño.

bañista (ba-**ñis**-ta) *s. m. y s. f.* Persona que acude a bañarse al mar, a la piscina, etc. *La playa estaba abarrotada de bañistas*.

baño (**ba**-ño) *s. m.* **1.** Acción y efecto de bañar o bañarse. *Nos dimos un baño en el río*. **SIN.** Inmersión, chapuzón, remojón. **2.** Pila que sirve para bañar o lavar todo el cuerpo o parte de él. *Quiero cambiar las cortinas del baño*. **SIN.** Bañera. **3.** Lavabo, váter. *Voy al baño*. ‖ **4. baño de María o baño María** Aquel en que sirve el agua de intermedio entre el fuego y lo que en él se calienta. **5. baño de sangre** Matanza en la que un gran número de personas. **6. baño de sol** Exposición del cuerpo humano al sol, desnudo y por tiempo más o menos limitado. **7. baño turco** Baño en el que se pasa sucesivamente por cámaras de temperatura cada vez más elevada, se reciben fricciones luego y después una ducha caliente seguida de otra fría. **8. baño de vapor** Remedio consistente en someter el cuerpo a la acción del vapor de un líquido caliente. ‖ **LOC. darle a alguien un buen baño** Demostrarle la superioridad propia en cultura, aptitudes, etc.

baqueta (ba-**que**-ta) *s. f.* **1.** Vara delgada de hierro o de metal que sirve para atacar las armas de fuego. *Estaba limpiando el arma con la baqueta*. **SIN.** Taco. **2.** Varilla seca de membrillo o de otro árbol, usada por los picadores para el manejo de los caballos. *El jinete perdió la baqueta*. **3.** Moldura estrecha, junquillo. *La baqueta está medio despegada*. ☞ No debe confundirse con "vaqueta".

baquetazo (ba-que-**ta**-zo) *s. m.* Golpe dado con la baqueta. *Le dio un buen baquetazo*. ‖ **LOC. tratar a baquetazos** *fam.* Tratar a alguien con desprecio o con excesiva dureza.

bar *s. m.* **1.** Establecimiento donde se sirven bebidas y cosas ligeras para comer, que se suelen consumir de pie ante el mostrador. *Tomamos un pincho de tortilla en el bar*. **SIN.** Café, taberna, mesón, tasca, cantina. **2.** Mueble donde se guardan las bebidas. *Saca la botella de vermú del bar*.

barahúnda (ba-ra-**hún**-da) *s. f.* Ruido y confusión grandes. *Había mucha barahúnda cuando entramos*. **SIN.** Alboroto, desbarajuste, desorden, lío, jolgorio. **ANT.** Calma, paz, quietud, silencio.

baraja (ba-**ra**-ja) *s. f.* Conjunto de cartas que sirven para varios juegos de mesa. *Saca la baraja, vamos a jugar al tute*. **SIN.** Naipes. ‖ **LOC. jugar alguien con dos barajas** *fam.* Proceder con doblez. **romper la baraja** *fam.* Anular un pacto o acuerdo.

barajar (ba-ra-**jar**) *v. tr.* **1.** Mezclar las cartas antes de repartirlas. *Te toca barajar a ti*. **SIN.** Entremezclar, revolver. **2.** Tener en cuenta varias posibilidades. *Barajaba varias opciones*. **SIN.** Calibrar. **3.** Manejar gran cantidad de datos. *En su exposición barajó varias estadísticas*.

baranda[1] (ba-**ran**-da) *s. f.* *Barandilla.

baranda[2] (ba-**ran**-da) *s. m., fam.* Jefe. *Es el baranda del grupo*.

barandilla (ba-ran-**di**-lla) *s. f.* Valla de madera o hierro que sirve para proteger balcones, terrazas, huecos de la escalera, etc. *Se asomaron a la barandilla para ver la cabalgata*. **SIN.** Baranda.

baratija (ba-ra-**ti**-ja) *s. f.* Cosa menuda y de poco valor. **GRA.** Se usa más en pl. *Se compró unas baratijas en un puesto del rastro*. **SIN.** Chuchería, bagatela.

barato, ta (ba-**ra**-to) *adj.* **1.** Vendido o comprado a bajo precio. *Los coches de segunda mano son más baratos que los nuevos*. **SIN.** Asequible, rebajado, económico. **ANT.** Caro, costoso. ‖ *adv. m.* **2.** Por poco precio. *En este restaurante se come barato*.

barba (**bar**-ba) *s. f.* **1.** Parte de la cara debajo de la boca. *Se hizo una herida en la barba*. **SIN.** Barbilla, mentón. **2.** Pelo que nace en esta parte de la cara y en los carrillos. *Se afeitó la barba*. ‖ *s. f. pl.* **3.** Órganos sensoriales que crecen en las mandíbulas de algunos peces. *Las ballenas utilizan sus barbas para filtrar el plancton*. ‖ **LOC. en las barbas de alguien** En su presencia. **por barba** Por persona. **subirse uno a las barbas de otro** Ofenderle. Tratar de dominarle.

barbacoa (bar-ba-**co**-a) *s. f.* Parrilla usada para asar al aire libre carne o pescado, y carne o pescado asados de esta forma. *Está preparando la barbacoa*.

barbaridad (bar-ba-ri-**dad**) *s. f.* **1.** Dicho o hecho necio o temerario. *Dijo una barbaridad*. **SIN.** Disparate, desbarro, desatino, tontería, estupidez. **ANT.** Acierto. **2.** Dicho o hecho atroz y duro. *Aquello que hicieron fue una barbaridad*. **SIN.** Atrocidad, bestialidad, brutalidad, salvajada. **ANT.** Humanidad, dulzura, cariño, delicadeza. **3.** Exceso de cantidad. *Comió una barbaridad*. **SIN.** Exageración, demasía. **ANT.** Pequeñez, nimiedad, escasez.

barbarie (bar-**ba**-rie) *s. f.* **1.** Falta de cultura y educación. *Había mucha barbarie en aquel pueblo*. **SIN.** Rusticidad, incultura, ignorancia, rudeza. **ANT.** Cultura, educación, refinamiento. **2.** Falta de sentimientos humanos. **SIN.** Ferocidad, inhumanidad, crueldad, brutalidad, salvajismo. **ANT.** Suavidad, ternura, humanidad, amor.

barbarismo (bar-ba-**ris**-mo) *s. m.* Vicio del lenguaje que consiste en utilizar palabras o expresiones de una lengua moderna extranjera al hablar o escribir español. *Aquel escrito contenía barbarismos.*

barbarizar (bar-ba-ri-**zar**) *v. intr.* Decir o hacer barbaridades. *No barbarices, tampoco es para tanto.* **SIN.** Desbarrar, desatinar, disparatar. **ANT.** Atinar, acertar. Se conjuga como abrazar.

bárbaro, ra (**bár**-ba-ro) *adj.* **1.** Se dice de la persona que se comporta con crueldad y fiereza. *Eres un bárbaro.* **SIN.** Fiero, cruel, feroz, inhumano, atroz, sanguinario. **ANT.** Cariñoso, dulce, humano, delicado. **2.** Se dice de la persona que se comporta con valentía y temeridad. *Su bárbaro comportamiento nos dejó asustados.* **SIN.** Valiente, atrevido, esforzado, arriesgado. **ANT.** Prudente, cobarde, cortado. **3.** Se dice de la persona que carece de cultura y educación. *Eres un bárbaro.* **SIN.** Ignorante, tosco, cerril, inculto. **ANT.** Refinado, culto, educado.

barbecho (bar-**be**-cho) *s. m.* Tierra que se deja sin cultivar ni sembrar durante uno o más años, para que se airee y descanse. *Dejó la tierra en barbecho.*

barbero (bar-**be**-ro) *s. m.* **1.** Persona que tiene por oficio afeitar la barba, cortar el pelo, etc. *Su padre es barbero.* **SIN.** Peluquero, rapabarbas. **2.** *Méx.* Adulador, halagador. **SIN.** Pelotillero.

barbilla (bar-**bi**-lla) *s. f.* Prominencia de la parte inferior de la cara. *El hoyuelo de su barbilla le hacía muy interesante.* **SIN.** Mentón.

barbitúrico (bar-bi-**tú**-ri-co) *s. m.* Medicamento que tiene propiedades hipnóticas y sedantes. *Tomaba barbitúricos.* **SIN.** Narcótico, hipnótico, somnífero.

barbo (**bar**-bo) *s. m.* Pez de río comestible. *Pescó un enorme barbo.*

barca (**bar**-ca) *s. f.* Embarcación pequeña que se usa para pescar o atravesar ríos. *Fueron a dar un paseo en barca por el lago.* **SIN.** Lancha, bote, batel. || **LOC. estar todos en la misma barca** *fam.* Estar involucrados en el mismo asunto.

barcaza (bar-**ca**-za) *s. f.* Lancha muy grande para transportar carga de los buques a tierra, o viceversa. *Estaban descargando la barcaza.*

barco (**bar**-co) *s. m.* **1.** Vehículo que flota y que puede transportar por el agua personas o cosas. *Hicimos el viaje en barco.* **SIN.** Buque, navío, nave, bajel, vapor. || **2. barco cisterna** El dedicado a transportar líquidos. **3. barco de pasaje** El que se dedica al transporte de viajeros como fin primordial. **4. barco de pesca** El destinado a las faenas propias de esta actividad. **5. barco de recreo** El dedicado corrientemente al deporte náutico. **6. barco petrolero** El construido exclusivamente para el transporte de petróleo, gasolina y gasoil.

baremo (ba-**re**-mo) *s. m.* **1.** Lista o repertorio de tarifas. *Baremo de precios.* **2.** Conjunto de normas establecidas convencionalmente para evaluar los méritos personales, la solvencia de una empresa, etc. *Cada fin de mes tenemos que revisar el baremo de la oficina.* **SIN.** Escala.

baricentro (ba-ri-**cen**-tro) *s. m.* En geometría, punto de intersección de las tres medianas de un triángulo. *Señala el baricentro.*

bario (**ba**-rio) *s. m.* Metal blanco amarillento, dúctil y difícil de fundir. *El símbolo del bario es Ba.* No debe confundirse con "vario".

barítono (ba-**rí**-to-no) *s. m.* Voz masculina de timbre medio. *Entrevistó al famoso barítono.*

barlovento (bar-lo-**ven**-to) *s. m.* Dirección de donde viene el viento. *Nos abordaron por barlovento.*

barman *s. m.* *Camarero. Su pl. es "bármanes".

barniz (bar-**niz**) *s. m.* Sustancia que se da a las pinturas, maderas, etc., para protegerlas y darles brillo. *Le dio una capa de barniz a la mesa y quedó como nueva.* **SIN.** Lustre, esmalte. Su pl. es "barnices".

barnizar (bar-ni-**zar**) *v. tr.* Dar un baño de barniz. *Deberías darle otra mano de pintura antes de barnizarlo.* **SIN.** Encerar, esmaltar, lacar, vidriar. Se conjuga como abrazar.

barómetro (ba-**ró**-me-tro) *s. m.* Instrumento que sirve para medir la presión atmosférica. *El barómetro fue inventado por el italiano E. Torricelli.*

barón, baronesa (ba-**rón**) *s. m. y s. f.* Título nobiliario inferior al de vizconde. *Esa finca es propiedad de la baronesa.* No debe confundirse con "varón".

barquillo, lla (bar-**qui**-llo) *s. m.* **1.** Hoja delgada de pasta de harina y azúcar en forma de canuto. **GRA.** Se usa más en pl. *Adornó la copa de helado con un barquillo.* **SIN.** Canutillo, oblea, galleta. || *s. f.* **2.** Molde para hacer pasteles. *Rellenó las barquillas de hojaldre con nata.* **3.** Cesto en el que van los tripulantes de un globo. *No cabían más de tres personas en la barquilla.*

barquita (bar-**qui**-ta) *s. f.* Pequeño molde de forma ovalada, realizado con pasta de hojaldre, dentro del cual se coloca un relleno. *Rellenó unas barquitas con ensaladilla para ponerlas como entremeses.*

barra - barrido

barra (ba-rra) *s. f.* **1.** Pieza de metal, madera u otra materia, generalmente de forma cilíndrica y mucho más larga que gruesa. *Necesitamos una barra de hierro para hacer palanca.* **SIN.** Barrote, estaca, palo. **2.** La que suelen tener los bares y otros establecimientos semejantes a lo largo del mostrador. *Se tomó el café en la barra.* **3.** Pieza de pan de forma alargada. *Compra una barra pequeña.* **4.** *Arg., Ur. y Per.* Grupo de amigos que se juntan para charlar y divertirse. ‖ **5. barras paralelas** Aparato especial utilizado por los deportistas para efectuar ciertos ejercicios gimnásticos.

barrabás (ba-rra-**bás**) *s. m., fam.* Persona mala, muy traviesa. *Está hecho un barrabás, no para un minuto.*

barrabasada (ba-rra-ba-**sa**-da) *s. f., fam.* Travesura grave. *Hizo una buena barrabasada.* **SIN.** Trastada, bribonada.

barraca (ba-**rra**-ca) *s. f.* **1.** Caseta de materiales ligeros. *Guarda las herramientas en la barraca.* **SIN.** Barracón, chabola, choza, refugio, cabaña. **2.** Vivienda típica de la huerta valenciana. *La acción de la novela se desarrollaba en una barraca valenciana.* ‖ **3. barraca de feria** Construcción provisional desmontable, que se destina a espectáculos, diversiones, etc., en las fiestas populares.

barracón (ba-rra-**cón**) *s. m.* Caseta construida para diversos fines. *Se refugiaron en un barracón.*

barranco (ba-**rran**-co) *s. m.* **1.** Hoyo profundo hecho en la tierra por las aguas de lluvia o por otros fenómenos. *Por el barranco corría un arroyo.* **SIN.** Quebrada, desfiladero, garganta. **2.** Lugar o sitio alto, peñascoso y escarpado. *Se cayó por un barranco.* **SIN.** Despeñadero, precipicio.

barrena (ba-**rre**-na) *s. f.* Herramienta para taladrar o hacer agujeros. *Este material es muy duro, necesitarás una barrena para hacer los agujeros.* **SIN.** Taladro, broca, berbiquí.

barrenar (ba-rre-**nar**) *v. tr.* Abrir agujeros en algún cuerpo con una barrena o barreno. *Barrenaron los peñascos que impedían la entrada.* **SIN.** Taladrar, horadar, agujerear.

barrendero, ra (ba-rren-**de**-ro) *s. m. y s. f.* Persona que tiene por oficio barrer. *Es barrendero del ayuntamiento.*

barreno (ba-**rre**-no) *s. m.* **1.** Barrena grande. *Utilizó un barreno para abrir el agujero en la roca.* **2.** Agujero que se hace con la barrena. *Abrieron un gran barreno.* **3.** Agujero que se llena de una sustancia explosiva para volar alguna cosa. *Colocaron la dinamita en el barreno.*

barreño (ba-**rre**-ño) *s. m.* Vasija de barro o de metal, de boca más ancha que la base. *Echa agua caliente en el barreño.* **SIN.** Artesa, jofaina, tinaja.

barrer (ba-**rrer**) *v. tr.* **1.** Quitar la basura y el polvo del suelo con una escoba. *Tenemos que barrer las hojas de los árboles que han caído en el jardín.* **SIN.** Limpiar, pasar la escoba, cepillar, arrastrar. **ANT.** Ensuciar, manchar. **2.** Arrastrar algo. *El viento barrió los papeles que tenía sobre la mesa.* **SIN.** Hacer desaparecer, dispersar, apartar. **3.** No dejar nada de lo que había. *Los soldados barrieron cuanto encontraron a su paso.* **SIN.** Arrollar, arrastrar. **ANT.** Dejar, conservar. **4.** En deporte, derrotar al equipo contrario por una gran diferencia. *El equipo de Madrid barrió al de Milán por cinco goles a cero.* **SIN.** Batir, arrollar, arrasar. **ANT.** Perder. ‖ **LOC. barrer hacia o para dentro, o para casa** Comportarse interesadamente.

barrera[1] (ba-**rre**-ra) *s. f.* **1.** Valla de palos u otro material, o cualquier tipo de obstáculo, para cortar el paso en un camino. *La barrera del paso a nivel estaba estropeada.* **SIN.** Estacada, muro, seto, tapia. **2.** En ciertos juegos deportivos, fila de jugadores que, uno al costado de otro, se coloca delante de su meta para protegerla de un lanzamiento contrario. *Formaron la barrera.* **3.** Tipo de arrecifes coralinos separados de la costa, que alcanzan un gran desarrollo de longitud y espesor. *Había una inmensa barrera de coral.* **4.** Valla de madera con la que se cierra el redondel de las plazas de toros. *El toro se arrimaba mucho a la barrera.* **5.** Primera fila de asientos de la plaza de toros. *Tenía entradas de barrera.* **6.** Obstáculo entre una cosa y otra. *El no hablar el mismo idioma era una barrera importante entre ellos.* **SIN.** Impedimento. ‖ **7. barrera del sonido** Se dice de la velocidad del sonido en el aire, tomada como término de comparación para estimar la de los aviones.

barriada (ba-**rria**-da) *s. f.* **1.** *Barrio. **2.** Parte de un barrio. *Era una de las barriadas más afectadas por las inundaciones.*

barrica (ba-**rri**-ca) *s. f.* Especie de tonel que tiene diversos usos. *En la bodega guardaba varias barricas de vino.* **SIN.** Garrafón, odre.

barricada (ba-rri-**ca**-da) *s. f.* Parapeto improvisado que se hace con piedras, tablas, palos, etc., para impedir el paso del enemigo. *Los manifestantes colocaron barricadas para impedir el paso de la policía.* **SIN.** Barrera, defensa, parapeto.

barrido (ba-**rri**-do) *s. m.* **1.** Acción de barrer. *Pégale un barrido al suelo de la cocina, está lleno de migas.*

barriga - base

2. En cine, televisión, etc., movimiento rápido de la filmadora. *Hizo un barrido con la cámara.* **3.** Búsqueda o revisión intensa. *Dieron un buen barrido a la zona en busca de alguna pista.*

barriga (ba-**rri**-ga) *s. f.* **1.** Cavidad abdominal de los vertebrados, que contiene diversos órganos. *El estómago y el intestino están en la barriga.* **SIN.** Panza, tripa, vientre. **2.** En una persona, abultamiento de esta parte del cuerpo por exceso de grasas. *Estás echando mucha barriga.* **3.** Parte abultada de una vasija. *Necesito una vasija baja y con mucha barriga.* ‖ **LOC. rascarse, o tocarse la barriga** Estar ocioso.

barril (ba-**rril**) *s. m.* **1.** Vasija grande de madera que sirve para contener líquidos. *En la bodega tenía varios barriles de vino.* **SIN.** Bocoy, cuba, cubeta, pipa, tonel. **2.** Unidad de volumen para medir petróleo. *Un barril = 158, 98 l.* ‖ **LOC. ser algo un barril de pólvora** Ser muy peligroso.

barrio (**ba**-rrio) *s. m.* **1.** Cada una de las partes en las que se divide un pueblo grande o ciudad. *En mi barrio hay un parque muy grande.* **SIN.** Distrito, barriada. **2.** *Arrabal. **SIN.** Alrededores, afueras, extrarradio. ‖ **3. barrio bajo** Arrabal. **4. barrio chino** Zona de algunas ciudades en la que se agrupa la población inmigrante de origen oriental. **5. barrio comercial** El constituido básicamente por locales comerciales. **6. barrio residencial** El constituido por urbanizaciones. ‖ **LOC. irse al otro barrio** *fam.* Irse al otro mundo, morirse.

barriobajero, ra (ba-rrio-ba-**je**-ro) *adj.* **1.** Propio de los barrios bajos. *Tiene una forma de hablar un poco barriobajera.* **2.** Maleducado. *Sus modales eran barriobajeros.* **OBS.** Tiene un matiz despectivo.

barrizal (ba-rri-**zal**) *s. m.* Terreno lleno de barro o lodo. *Se cayó en un barrizal.* **SIN.** Lodazal, fangal.

barro (**ba**-rro) *s. m.* **1.** Mezcla de tierra y agua que se forma en los caminos cuando llueve. *Como mis zapatos tenían barro, me los quité al entrar en casa para no ensuciar.* **SIN.** Cieno, fango, limo, lodo, lama. **2.** Masa compuesta por tierra y agua que se utiliza para hacer jarras, vasijas y otros utensilios. *El alfarero es la persona que trabaja el barro con sus manos.* **SIN.** Arcilla.

barroco, ca (ba-**rro**-co) *adj.* **1.** Se dice del estilo de ornamentación arquitectónica, escultórica, pictórica, literaria y musical, que se desarrolló principalmente durante los s. XVII y XVIII, caracterizado por la profusión de adornos, pompa y ornato. *Murillo y Valdés Leal son dos grandes representantes de la pintura barroca.* **2.** Por ext., se aplica a lo que está excesivamente cargado de adornos. *La decoración de su casa es muy barroca.* ‖ *s. m.* **3.** Estilo artístico y período de la cultura europea y americana, que se desarrolló a lo largo de los siglos XVII y XVIII. **ORT.** Se suele escribir con mayúscula. *Al Barroco pertenecen escritores como Góngora y Quevedo.*

barrote (ba-**rro**-te) *s. m.* Barra gruesa. *La ventana estaba protegida con gruesos barrotes.* **SIN.** Reja. ‖ **LOC. entre barrotes** *fam.* En la cárcel.

barruntar (ba-rrun-**tar**) *v. tr.* Presentir por alguna señal o indicio. *No te creo, barrunto que me quieres tomar el pelo.* **SIN.** Conjeturar, presuponer, sospechar, intuir. **ANT.** Ignorar, desconocer.

bartola, a la *loc. adv., fam.* Sin ningún cuidado, con total despreocupación. **GRA.** Se usa con los v. "echarse", "tenderse" y "tumbarse". *Se pasó toda la tarde tumbada a la bartola.*

bártulos (**bár**-tu-los) *s. m. pl.* Utensilios que se manejan. *Siempre deja tirados todos sus bártulos de pintura.* **SIN.** Enseres, cachivaches, trastos. ‖ **LOC. liar los bártulos** *fam.* Preparar todas las cosas para trasladarse de sitio o para emprender un viaje. **preparar los bártulos** *fam.* Disponer los medios necesarios para realizar una cosa.

barullo (ba-**ru**-llo) *s. m., fam.* Mezcla de personas o de cosas de varias clases. *Se montó un gran barullo en el lugar del accidente.* **SIN.** Confusión, desorden, lío, enredo, desbarajuste. **ANT.** Calma, orden, concierto. ‖ **LOC. a barullo** *fam.* En gran cantidad.

basa (**ba**-sa) *s. f.* Parte inferior de la columna en que descansa el fuste. *Las columnas de los templos dóricos no tenían basa.* **SIN.** Pedestal.

basalto (ba-**sal**-to) *s. m.* Roca volcánica, de color negro o verdoso, de grano fino y muy dura. *El basalto a veces tiene estructura prismática.*

basamento (ba-sa-**men**-to) *s. m.* Cuerpo formado por la basa y el pedestal de la columna. *El basamento era de mármol.* **SIN.** Base.

basar (ba-**sar**) *v. tr.* Fundar, apoyar, fundamentar. **GRA.** También v. prnl. *Me gustaría saber en qué te basas para decir eso.* **SIN.** Cimentar(se). ☞ No debe confundirse con "vasar".

báscula (**bás**-cu-la) *s. f.* Aparato que sirve para pesar. *Me pesé en la báscula.* **SIN.** Balanza, romana.

base (**ba**-se) *s. f.* **1.** Parte en la que se apoya o descansa alguna cosa. *La base de la lámpara era de bronce.* **SIN.** Asiento, apoyo, cimiento, pie. **2.** Las razones más importantes de una religión o teoría. *La base de la ley es la igualdad.* **3.** En química, sustancia que reacciona con un ácido para formar una sal. *La base* tiene capacidad para neutralizar a los ácidos. **4.** En matemáticas, número que se repite como factor tantas veces como indica el exponente. *En 3 elevado a 2, 3 es la base.* **5.** En geometría, línea o superficie en la que se supone descansa una figura. *La base de la figura es un cuadrado.* **SIN.** Pie. ‖ **6. base aérea** Aeropuerto militar. **7. base de datos** Sistema informático destinado a almacenamiento masivo de información y al que varios usuarios pueden acceder por diversos medios, por cercanía o a distancia. **8. base imponible** Cantidad obtenida de una declaración patrimonial sobre la que se aplica un impuesto. **9. base naval** Puerto o parte de la costa en la que las fuerzas navales se preparan para combatir o navegar. ‖ **LOC. a base de** Tomando como base o fundamento. **a base de bien** Mucho, muy bien.

baseball *s. m.* *Béisbol.

básico, ca (**bá**-si-co) *adj.* Fundamental, esencial. *Nos dio cuatro ideas básicas.* **SIN.** Elemental, primordial. **ANT.** Secundario, accesorio.

basílica (ba-**sí**-li-ca) *s. f.* Iglesia notable por su antigüedad, extensión o magnificencia. *Fueron a la basílica del Pilar en Zaragoza.* **SIN.** Templo, catedral.

basilisco (ba-si-**lis**-co) *s. m., fam.* Persona muy enfadada. *Estaba hecho un basilisco.*

bastante (bas-**tan**-te) *adv. c.* Ni mucho ni poco. *Podéis quedaros a comer, hay bastante comida para todos.* **SIN.** Suficiente. **ANT.** Insuficiente.

bastar (bas-**tar**) *v. intr.* **1.** Ser suficiente para alguna cosa. **GRA.** También v. prnl. *Con un poco de dinero, me basta para ir al cine.* **SIN.** Llegar, alcanzar. **ANT.** Faltar, escasear. ‖ *interj.* **2. ¡basta!** Denota desagrado, u orden de que cese algo.

bastardo, da (bas-**tar**-do) *adj.* **1.** Se dice del hijo nacido fuera del matrimonio. *Era hijo bastardo.* **2.** Miserable, vil. *Se comportó como un bastardo.*

bastidor (bas-ti-**dor**) *s. m.* **1.** Armazón de palos o listones en la que se fijan los lienzos o telas para pintar o bordar, y para otros usos. *Conservaba con cariño el viejo bastidor de la abuela.* **2.** Armazón de listones o maderos sobre la cual se fija un lienzo pintado, y especialmente los que se ponen a un lado y otro del escenario y forman parte de la decoración teatral. *Se rompió el bastidor y el lienzo se echó a perder.* **3.** Armazón metálica que soporta la caja de un vagón, de un automóvil, etc. *A causa del accidente se dobló el bastidor del coche.* **SIN.** Chasis. ‖ **LOC. entre bastidores** *fam.* Se dice de todo lo referente a la organización interior de las representaciones teatrales, y a los dichos y hechos de la vida privada de las personas relacionadas con el arte escénico. ‖ Se dice de lo que se trama o prepara reservadamente entre algunas personas.

basto, ta (**bas**-to) *adj.* **1.** Se dice de aquello que no tiene pulimento. *Esta tela es muy basta.* **SIN.** Áspero, grueso, desigual, rugoso. **ANT.** Liso, suave, pulido. **2.** Se dice de la persona sin educación ni refinamiento. *Deberías mejorar tus bastos modales.* **SIN.** Grosero, burdo, rústico, ordinario. **ANT.** Fino, cortés, educado. ☞ No debe confundirse con "vasto".

bastón (bas-**tón**) *s. m.* **1.** Palo o vara que sirve para apoyarse al andar. *Se ayudaba de un bastón para caminar.* **SIN.** Báculo, cayado, cachaba. **2.** Insignia de mando de autoridad. *La alcaldesa se retrató con su bastón.* **3.** Barra metálica que el esquiador usa para apoyarse. *Necesitaba unos bastones nuevos.*

bastoncillo (bas-ton-**ci**-llo) *s. m.* Palo pequeño de plástico con algodón en sus extremos que se usa para la higiene de los oídos. *Coge un bastoncillo para limpiarle los oídos al bebé.*

bastos (**bas**-tos) *s. m. pl.* Uno de los cuatro palos de la baraja española, que representa una o varias figuras con leños a modo de bastones. *El triunfo es bastos.*

basura (ba-**su**-ra) *s. f.* **1.** Suciedad, polvo y cosas que se tiran porque no sirven para nada. *Las mondas de las frutas y hortalizas son basura.* **SIN.** Porquería, desperdicios, inmundicia, despojos. **2.** Lugar donde se arroja, que generalmente es un cubo. *Tiramos los periódicos viejos a la basura.*

basurero, ra (ba-su-**re**-ro) *s. m. y s. f.* **1.** Persona que recoge la basura. *Los basureros pasan a primera hora de la mañana.* ‖ *s. m.* **2.** Lugar donde se arroja la basura. *A las afueras de ese pueblo está ubicado el basurero municipal.* **SIN.** Vertedero.

bata (**ba**-ta) *s. f.* **1.** Prenda de vestir larga, con mangas y abierta por delante, que se pone al levantarse de la cama o para estar en casa con comodidad. *Se puso el pijama y la bata.* **SIN.** Albornoz, batín. **2.** Prenda larga de uso exterior, de tela lavable, que se ponen sobre el vestido las personas que trabajan en laboratorios, clínicas, oficinas, etc. *Antes de entrar en el laboratorio ponte esta bata blanca.* ‖ **3. bata de cola** Traje de volantes y cola que llevan las bailadoras y cantadoras en Andalucía.

batacazo (ba-ta-**ca**-zo) *s. m.* Golpe fuerte y ruidoso que da una persona al caer. *Se cayó de la silla y se dio un buen batacazo.* **SIN.** Porrazo, costalada, morrazo, tortazo.

batalla (ba-**ta**-lla) *s. f.* **1.** Lucha de un ejército con otro, o de una armada naval con otra. *En la batalla*

batallar - batería

GRANDES BATALLAS

490 a. De J.C. Maratón 10 000 atenienses vencieron a 50 000 soldados persas y evitaron la invasión de su territorio.
722 Covadonga Pelayo vence a los musulmanes y frena su avance.
1066 Hastings Unos 8 000 soldados del duque Guillermo de Normandía vencen a una fuerza igual del rey sajón Haroldo II. Inglaterra cae en poder de los normandos.
1415 Agincourt Enrique V de Inglaterra al frente de 10 000 soldados vence a 30 000 franceses y reconquista Normandía.
1453 Sitio de Constantinopla El ejército otomano saquea la ciudad y acaba con el imperio bizantino. Los turcos entran en Europa.
1571 Lepanto Una flota cristiana de 208 galeras al mando de don Juan de Austria derrota a una flota turca de 230 naves al mando de Alí Bajá; última gran batalla de galeras.
1588 Armada invencible 197 barcos ingleses derrotan a la expedición española de 130 naves.
1757 Plassey Robert Clive, con un ejército angloindio de 3 000 soldados, venció a los 60 000 del nawab de Bengala, abriendo a Gran Bretaña las puertas a la India.
1777 Saratoga Las tropas británicas, al mando de John Burgoyne, se rindieron ante las fuerzas coloniales de Horatio Gates. La derrota impulsó a Francia a aliarse contra Inglaterra.
1781 Yorktown Charles Cornwallis, con 8 000 hombres se rindió ante George Washington. Fin de la guerra de independencia de EE UU.
1798 Nilo Horatio Nelson, al mando de una flota británica de 15 barcos, destruyó otra francesa de 17 en Aboukir, y cerró el paso en Egipto al ejército de Napoleón.
1805 Trafalgar Horatio Nelson, al mando de una escuadra de 27 barcos, venció a otra hispano-francesa de 33 y puso fin a la esperanza napoleónica de invadir Inglaterra.
1805 Austerlitz Napoleón I, al frente de 65 000 soldados, derrotó a un ejército austro-ruso de 83 000 hombres.
1808 Bailén Las tropas francesas de Dupont son derrotadas por las españolas del general Castaños. José I huye de Madrid.
1815 Waterloo Fuerzas británicas, holandesas y belgas frenan a las tropas napoleónicas hasta la llegada del ejército prusiano.
1863 Gettysburg El ejército federal de George Meade derrota al confederado de Robert E. Lee y cambia el rumbo de la guerra de secesión norteamericana.
1914 Marne Los ejércitos francés y británico frenan el avance del alemán en territorio francés.
1916 Verdún En una batalla de seis meses, las fuerzas francesas repelen un ataque alemán a gran escala. Murieron 348 000 franceses y 328 000 alemanes.
1917 Passchendaele Bajo una lluvia constante, las fuerzas británicas lanzaron ocho ataques en 102 días, en un terreno cubierto de barro. Avanzaron ocho kilómetros y perdieron 400 000 hombres.
1936 Batalla de Madrid Las tropas republicanas repelen el cerco nacional y obligan a Franco a modificar su estrategia.
1938 Batalla del Ebro El ejército nacional corta las comunicaciones republicanas entre Madrid y Valencia y Cataluña, y sienta las bases de su victoria.
1940 Batalla de Inglaterra Durante 114 días, la Royal Air Force aniquila a la mucho más poderosa aviación alemana.
1942-1943 Estalingrado 21 divisiones alemanas tratan de capturar Estalingrado, pero el sitio se rompe y los más de 100 000 soldados alemanes se rinden.
1944 Normandía Fuerzas aliadas al mando de Dwight Eisenhower invaden el norte de Francia en la mayor operación de desembarco jamás intentada.
1944-1945 Batalla de las Ardenas Fracasa el último contraataque alemán; 100 000 bajas y 110 000 prisioneros.

---

de Waterloo, Napoleón fue derrotado. **SIN.** Combate, pelea, contienda. **ANT.** Paz, tregua, armisticio. **2.** Conflicto interior de una persona. *Tenía una dura batalla entre la razón y el corazón.* ‖ **3. batalla campal** Enfrentamiento violento entre mucha gente. ‖ **LOC. de batalla** *fam.* Se dice de las prendas, utensilios u objetos de uso cotidiano. **presentar batalla** *fam.* Hacer frente.

batallar (ba-ta-**llar**) *v. intr.* **1.** Pelear con armas. *Estaban dispuestos a batallar para defender sus derechos.* **SIN.** Lidiar, luchar, combatir. **ANT.** Pacificar, apaciguar. **2.** Disputar, debatir. *Tuvieron que batallar para conseguir un contrato en condiciones más ventajosas.* **SIN.** Discutir, porfiar. **ANT.** Ceder.

batallón (ba-ta-**llón**) *s. m.* **1.** Unidad militar compuesta de varias compañías. *Vinieron varios batallones.* **2.** Grupo numeroso de gente. *Vino con todo el batallón de amigos.*

batata (ba-**ta**-ta) *s. f.* Tubérculo dulce y comestible, semejante a la patata. *La batata es originaria de América.* **SIN.** Boniato.

bate (**ba**-te) *s. m.* Palo usado en el béisbol para golpear en el aire la pelota. *Golpeó fuerte con el bate.* ☞ No debe confundirse con "vate".

batear (ba-te-**ar**) *v. tr.* En el béisbol, dar a la pelota con el bate. **GRA.** También v. intr. *Batea bien.*

batería (ba-te-**rí**-a) *s. f.* **1.** Unidad táctica de artillería. *Tomaron parte en la batalla tres baterías.* **2.** Conjunto de instrumentos de percusión en una banda u orquesta. *Un amigo mío toca la batería en un grupo de rock.* **3.** Conjunto de pilas, máquinas, etc. conectadas en serie para un mismo fin. *El coche se ha quedado sin batería.* ‖ **4. batería de cocina** Conjunto de utensilios necesarios para la cocina. ‖ **LOC. en batería** Modo de aparcar vehículos colocándolos paralelamente unos a otros.

batiburrillo (ba-ti-bu-**rri**-llo) *s. m.* Mezcla de cosas dispares que no encajan bien. *Había un gran batiburrillo en la habitación.* **SIN.** Amasijo, confusión.

batida (ba-**ti**-da) *s. f.* **1.** Acción de batir o rastrear el monte para que salgan los animales. *Todos los vecinos del pueblo participaron en la batida.* **SIN.** Reconocimiento, exploración. **2.** Reconocimiento de algún lugar, en busca de alguien o algo. *La policía dio una batida por la zona del robo.*

batido (ba-**ti**-do) *s. m.* Bebida refrescante. *Quiero un batido de chocolate.*

batidor, ra (ba-ti-**dor**) *adj.* **1.** Que bate. || *s. m. y s. f.* **2.** Utensilio empleado para batir huevos, claras, salsas, etc. *Trae la batidora para hacer la mahonesa.*

batín (ba-**tín**) *s. m.* Bata corta que usan los hombres para estar en casa. *Le regalaron un batín de cuadros.*

batir (ba-**tir**) *v. tr.* **1.** Dar golpes. *Las olas batían el muro con fuerza.* **SIN.** Percutir, azotar. **2.** Mover con fuerza e ímpetu una cosa. *Batía con fuerza sus alas.* **SIN.** Agitar, remover, revolver. **3.** Derribar o causar una derrota al enemigo. *Batieron al equipo contrario por tres goles.* **SIN.** Vencer, arrollar, someter. **ANT.** Ser sometido, perder. **4.** Explorar un campo o terreno. *Batieron el monte en busca del lobo.* **SIN.** Registrar, recorrer, reconocer, inspeccionar. **5.** Remover algo. *Bate los huevos para hacer un revuelto.* **6.** En una competición deportiva, superar un récord. *Batió su propia marca.* || **LOC. batirse el cobre** *fam.* Esforzarse mucho.

batiscafo (ba-tis-**ca**-fo) *s. m.* Especie de cabina que, sumergida en el mar, sirve para explorar sus profundidades. *Los batiscafos se sumergen a mayor profundidad que los submarinos.*

batista (ba-**tis**-ta) *s. f.* Lienzo fino muy delgado. *Esta blusa de batista es muy fresca para los días de calor.*

batracio (ba-**tra**-cio) *adj.* Se dice de los animales de sangre fría, circulación incompleta y respiración branquial en la primera edad, pulmonar después y, a veces, con una y otra. **GRA.** También s. m. *La rana es un batracio.* **SIN.** Anuro, urodelo.

batuta (ba-**tu**-ta) *s. f.* **1.** Varilla corta que usa el director de la orquesta para dirigir a los músicos. *El director de la orquesta sacó su batuta.* **2.** Director de orquesta. *Es una excelente batuta.* || **LOC. llevar alguien la batuta** *fam.* Dirigir, mandar.

baúl (ba-**úl**) *s. m.* Caja grande de madera con tapa convexa, que sirve para guardar ropa. *Saca las sábanas del baúl.* **SIN.** Arca, arcón, cofre.

bautismo (bau-**tis**-mo) *s. m.* **1.** Sacramento cristiano por el que se borra el pecado original, y que consiste en derramar agua sobre la persona que se bautiza. *Mis padres fueron los padrinos del niño en el bautismo.* **SIN.** Bautizo. || **2. bautismo de fuego** Primera vez que un soldado entra en combate.

bautizar (bau-ti-**zar**) *v. tr.* **1.** Administrar el sacramento del bautismo. *Este domingo el sacerdote bautizó a tres niños.* **SIN.** Cristianar. **2.** Poner un nombre a una persona o cosa distinto al que tiene. *Le bautizaron con el mote de "turbito".* **SIN.** Apodar, apellidar, nombrar. ✎ Se conjuga como abrazar.

bautizo (bau-**ti**-zo) *s. m.* Acción de bautizar y fiesta con que ésta se celebra. *Estamos invitados al bautizo de mi sobrino.*

bauxita (bau-**xi**-ta) *s. f.* Roca blanda que constituye la principal mena del aluminio. *La bauxita tiene aspecto terroso.*

baya (ba-ya) *s. f.* Fruto carnoso sin interior duro y normalmente con varias semillas. *La frambuesa es una baya.* ☞ No debe confundirse con "vaya", ni con "valla".

bayeta (ba-**ye**-ta) *s. f.* **1.** Paño para fregar. *Trae la bayeta para limpiar estas manchas.* **2.** Tela de lana para limpiar el polvo. *Limpia el polvo del aparador con la bayeta.*

bayo, ya (**ba**-yo) *adj.* De color blanco amarillento. Se aplica generalmente a los caballos y a su pelo. **GRA.** También s. m. y s. f. *Tenían una yegua baya.*

bayoneta (ba-yo-**ne**-ta) *s. f.* Puñal que se ajusta en la boca del fusil. *Los soldados colocaron las bayonetas en sus fusiles.*

baza (**ba**-za) *s. f.* **1.** En algunos juegos de cartas, número de cartas que recoge el jugador que gana la mano. *Ha sido una buena baza.* **SIN.** Tanto, partida. || **LOC. jugar alguien bien sus bazas** Sacar utilidad de los medios que tiene. **no dejar meter baza** *fam.* Hablar una persona de modo que no deje hablar a otra u otras.

bazar (ba-**zar**) *s. m.* **1.** Tienda en la que se venden al por menor productos diversos. *Entramos en un bazar y compramos unos platos con el nombre de la ciudad como recuerdo.* **SIN.** Feria, mercado, lonja. **2.** En Oriente, mercado público. *Por la mañana estuvimos en el bazar.* **SIN.** Zoco.

bazo (**ba**-zo) *s. m.* Órgano blando situado en la parte izquierda del cuerpo, entre el estómago y el diafragma. *En los adultos el bazo forma parte del sistema linfático.*

bazofia (ba-**zo**-fia) *s. f.* **1.** Comida poco apetitosa por su aspecto o sabor. *Se negaba a comer aquella bazofia.* **SIN.** Bodrio, comistrajo. **2.** Cosa o persona indigna y despreciable. *Me ha parecido una bazofia de novela.*

bazuca (ba-**zu**-ca) *s. f.* Arma portátil, que consiste en un tubo metálico que dispara proyectiles de propulsión a chorro. *La bazuca se usa contra los carros de asalto.* ☞ Se usa más como s. m.

be[1] *s. f.* Nombre de la letra "b". *Se escribe eme antes de be.* ‖ **LOC. be por be** Con todo detalle. ✎ Su pl. es "bes".

be[2] *s. f.* Onomatopeya de la voz del carnero, de la oveja y de la cabra.

beatificar (be-a-ti-fi-**car**) *v. tr.* Hacer santo a un cristiano y dedicarle culto. *Beatificaron en el Vaticano a tres nuevos santos.* **SIN.** Canonizar, santificar. ✎ Se conjuga como abarcar.

beato, ta (be-**a**-to) *adj.* Que finge virtud o devoción. **GRA.** También s. m. y s. f. *Menudo beato está hecho, tenías que verle cuando no está aquí.* **SIN.** Santurrón, mojigato, hipócrita.

bebé (be-**bé**) *s. m.* Recién nacido, niño o niña de pocos meses que aún no sabe andar o empieza a hacerlo. *El bebé duerme en la cuna después de tomar su biberón.* **SIN.** Niño, rorro. **ANT.** Viejo, anciano.

bebedero (be-be-**de**-ro) *s. m.* Vasija con agua que se pone a ciertos animales para que beban. *Están instalando los nuevos bebederos para las cabras.* **SIN.** Abrevadero, pilón.

beber (be-**ber**) *v. tr.* **1.** Hacer que un líquido pase de la boca al estómago. **GRA.** También v. intr. *Antes de acostarme, suelo beber un vaso de leche.* **SIN.** Sorber, absorber. **2.** Abusar de las bebidas alcohólicas. *Bebe demasiado, por eso se pone tan agresivo.* ‖ **LOC. beber los vientos por una persona** *fam.* Sentirse muy atraído por ella.

bebible (be-**bi**-ble) *adj., fam.* Se dice de los líquidos que no son del todo desagradables al paladar. *No está demasiado bueno, pero es bebible.*

bebido, da (be-**bi**-do) *adj.* **1.** Que ha tomado mucha bebida alcohólica. *Estaba bebido y tuvo que irse para casa.* **SIN.** Chispa, borracho. **ANT.** Sereno, sobrio. ‖ *s. f.* **2.** Cualquier líquido que se bebe. *Tomamos la bebida muy fría porque teníamos mucha sed.*

bebistrajo (be-bis-**tra**-jo) *s. m.* **1.** *fam.* Mezcla rara de bebidas. *Nos preparó uno de sus bebistrajos.* **SIN.** Cóctel, combinado, mejunje. **2.** *fam.* Bebida muy desagradable. *Este jarabe es un horrible bebistrajo.*

beca (be-ca) *s. f.* Ayuda económica que se concede a un estudiante para que continúe o complete sus estudios. *Le dieron una beca para estudiar en el extranjero.* **SIN.** Subvención, préstamo.

becar (be-**car**) *v. tr.* Conceder a alguien una beca para que pueda realizar sus estudios. *Le becaron para realizar aquel curso.* **SIN.** Ayudar, sufragar. ✎ Se conjuga como abarcar.

becerrada (be-ce-**rra**-da) *s. f.* Lidia de becerros hecha por aficionados. *El día de la fiesta hay una becerrada.* **SIN.** Novillada, tienta.

becerro, rra (be-**ce**-rro) *s. m. y s. f.* Toro o vaca de menos de un año. *Lidiaron un becerro.*

bechamel (be-cha-**mel**) *s. f.* *Besamel.

bedel, la (be-**del**) *s. m. y s. f.* Especie de celador en las universidades y otros centros docentes, que cuida del orden, anuncia la hora de entrada y salida de las clases, etc. *Trabaja de bedel en el instituto.*

befa (**be**-fa) *s. f.* Expresión de desprecio, grosera e insultante. *Le hizo befa.* **SIN.** Escarnio, mofa, chufla.

befo, fa (**be**-fo) *adj.* *Belfo.

begonia (be-**go**-nia) *s. f.* Planta de hojas grandes y acorazonadas, de color oscuro con bordes plateados, y grandes flores rosadas. *La begonia se ha puesto preciosa.*

beicon (**bei**-con) *s. m.* Panceta ahumada de cerdo. *Me preparé unos huevos fritos con beicon.*

beige *adj.* Se dice del color natural de la lana, pajizo amarillento. **GRA.** También s. m. *Te iría bien un jersey de color beige.* **SIN.** Ocre, crema, crudo.

beis *adj.* *Beige. **GRA.** También s. m. ✎ Invariable en número.

béisbol (**béis**-bol) *s. m.* Juego entre dos equipos, en que los jugadores han de recorrer ciertos puestos de un circuito, en combinación con el lanzamiento de una pelota desde el centro del mismo. *Vi un partido de béisbol.* ☞ La forma "beisbol" no debe usarse.

belén (be-**lén**) *s. m.* **1.** *Nacimiento, representación del de Jesús. **2.** *fam.* Confusión, desorden. *Se ha montado un buen belén.* **SIN.** Lío. **3.** *fam.* Negocio expuesto a riesgos. **GRA.** Se usa más en pl. *No te metas en esos belenes.*

belfo, fa (**bel**-fo) *adj.* **1.** Que tiene más grueso el labio inferior. **GRA.** También s. m. y s. f. *Es un poco belfa.* ‖ *s. m.* **2.** Cualquiera de los dos labios del caballo y otros animales. **SIN.** Hocico, morro.

bélico, ca (**bé**-li-co) *adj.* Que pertenece o se refiere a la guerra. *Estaba en contra de los juguetes bélicos.* **SIN.** Belicoso, marcial, guerrero, militar.

belicoso, sa (be-li-**co**-so) *adj.* Agresivo. *Adoptó una actitud belicosa.* **SIN.** Batallador. **ANT.** Pacífico.

beligerante (be-li-ge-**ran**-te) *adj.* Se dice del país que está en guerra con otro, o que apoya la guerra.

bellaco - beneficio

GRA. Se usa más en pl. *Los países beligerantes se sentaron a negociar la paz.* SIN. Contendiente.

bellaco, ca (be-**lla**-co) *adj.* Se dice de la persona que se comporta con maldad, bajeza y ruidad. *Es un bellaco.* SIN. Rufián, despreciable, villano. ANT. Bueno, bondadoso, noble.

belleza (be-**lle**-za) *s. f.* Propiedad de las cosas o de las personas que agradan por su hermosura. *La belleza de esa catedral es realmente fascinante.* SIN. Encanto, gracia, atractivo. ANT. Fealdad, desproporción, insulsez.

bello, lla (**be**-llo) *adj.* Que agrada cuando se mira o se oye. *Desde la ventana se ve un bello paisaje.* SIN. Hermoso, lindo, bonito, precioso. ANT. Feo, horrible, repugnante, repulsivo. ☞ No debe confundirse con "vello".

bellota (be-**llo**-ta) *s. f.* Fruto de la encina, del roble y otros árboles del mismo género. *Estos cerdos están criados con bellotas.*

bemol (be-**mol**) *adj.* **1.** Se dice de la nota cuya entonación es un semitono más bajo que la de su sonido natural. *Tocó una sonata en si bemol.* ‖ *s. m.* **2.** Signo que representa esa alteración. *El signo ♭ es un bemol.*

bencina (ben-**ci**-na) *s. f.* Líquido de olor penetrante que se obtiene de la hulla y que se utiliza mucho en la industria. *Antiguamente los coches funcionaban con bencina.*

bendecir (ben-de-**cir**) *v. tr.* **1.** Alabar, ensalzar. *Dicen los labradores que hay que bendecir la lluvia.* SIN. Engrandecer, consagrar, magnificar, gloriar. ANT. Ofender, injuriar, insultar. **2.** Pedir la protección divina para alguien o algo. *Cuando bautizaron a mi hermano, el cura le bendijo.* SIN. Consagrar, ofrecer, santificar. **3.** Conceder la Providencia su protección sobre una persona o cosa, o colmar a alguien de bienes. *¡Que el Señor te bendiga!* SIN. Amparar, proteger, favorecer. ANT. Abandonar, desamparar, castigar. ✎ v. irreg. ✐

bendición (ben-di-**ción**) *s. f.* **1.** Acción y efecto de bendecir a alguien. *Recibió toda clase de bendiciones.* SIN. Alabanza, glorificación. ANT. Ofensa, injuria. **2.** Cosa muy buena y agradable. *Esta lluvia es una bendición para el campo.* SIN. Ayuda, fortuna, favor, protección. ANT. Maldición, infortunio. **3.** Acción y efecto de consagrar al culto divino alguna cosa. *Se procedió a la bendición de la nueva iglesia.* SIN. Consagración, ofrecimiento.

bendito, ta (ben-**di**-to) *adj.* **1.** Persona de especial virtud y ejemplo. *Se comporta como un bendito.*

INDICATIVO		IMPERATIVO
Pres.	Pret. perf. s.	
bendigo	bendije	
bendices	bendijiste	bendice
bendice	bendijo	bendiga
bendecimos	bendijimos	bendigamos
bendecís	bendijisteis	bendecid
bendicen	bendijeron	bendigan
SUBJUNTIVO		
Pres.	Pret. imperf.	Fut. imperf.
bendiga	bendijera/se	bendijere
bendigas	bendijeras/ses	bendijeres
bendiga	bendijera/se	bendijere
bendigamos	bendijéramos/semos	bendijéremos
bendigáis	bendijerais/seis	bendijereis
bendigan	bendijeran/sen	bendijeren

SIN. Justo, santo, ejemplar, virtuoso. **2.** Que trae dicha y felicidad. *Fue una bendita casualidad.* SIN. Feliz, afortunado, dichoso. ANT. Infeliz, desdichado, infortunado. **3.** Se dice de la persona sencilla y de pocos alcances. *Juan es un bendito.* SIN. Simple, pánfilo, cándido. ANT. Avisado, malicioso.

benefactor, ra (be-ne-fac-**tor**) *adj.* *Bienhechor. GRA. También s. m. y s. f.

beneficencia (be-ne-fi-**cen**-cia) *s. f.* **1.** Virtud de hacer el bien a los demás. *Hacía muchas obras de beneficencia.* SIN. Benevolencia, caridad, filantropía, humanidad. ANT. Maldad, inhumanidad, malignidad. **2.** Conjunto de instituciones que se ocupan de redimir las necesidades de las personas con pocos medios económicos. *Trabajaba en uno de los centros de la beneficencia municipal.* ☞ "Benificiencia" es un vulgarismo.

beneficiar (be-ne-fi-**ciar**) *v. tr.* **1.** Hacer bien a alguna persona o cosa. GRA. También v. prnl. *Benefició a su familia.* SIN. Favorecer(se), dispensar, bonificar, ayudar(se), servir(se). ANT. Perjudicar(se), dañar(se). ‖ *v. prnl.* **2.** Sacar provecho o beneficio de algo. *Se benefició de las mejoras hechas.* SIN. Aprovecharse, utilizar, explotar, servirse. ANT. Desaprovechar. ✎ En cuanto al acento, se conjuga como cambiar.

beneficio (be-ne-**fi**-cio) *s. m.* **1.** Bien que se hace o recibe de alguien. *Me hiciste un gran beneficio viniendo conmigo al médico.* SIN. Favor, merced, servicio. ANT. Perjuicio. **2.** Utilidad o provecho que recibe una persona o cosa debido a lo que otra hace o da. *Me produjo un gran beneficio estudiar contigo la lección. El Sol brilla en el cielo en beneficio de todos.* SIN. Ayuda, ventaja, ganancia. ANT. Perjuicio, pérdida, gasto. **3.** Ganancia que se obtiene con una operación o actividad económica. *La fábrica de ca-*

ramelos aumentó este año sus beneficios porque vendió mucho. **SIN.** Rendimiento. **ANT.** Pérdida.

beneficioso, sa (be-ne-fi-**cio**-so) *adj.* Provechoso, útil. *La medida es beneficiosa para todos.* **SIN.** Productivo, rentable, lucrativo. **ANT.** Pernicioso, dañino.

benéfico, ca (be-**né**-fi-co) *adj.* Que pertenece o se refiere a la ayuda gratuita que se presta a las personas necesitadas. *Obras benéficas.*

benemérito, ta (be-ne-**mé**-ri-to) *adj.* **1.** Digno de premio y galardón. *Otorgaron el premio al benemérito actor.* **SIN.** Honorable, meritorio, merecedor. **ANT.** Indigno. ‖ **2. la Benemérita** La guardia civil.

beneplácito (be-ne-**plá**-ci-to) *s. m.* Consentimiento para hacer o decir algo. *Tenía el beneplácito de sus padres.* **SIN.** Asentimiento, aprobación, autorización. **ANT.** Desaprobación, negativa, prohibición.

benévolo, la (be-**né**-vo-lo) *adj.* Que tiene buena voluntad o afecto. *Fue benévolo con el castigo.* **SIN.** Benigno, bondadoso, magnánimo. **ANT.** Dañino.

bengala (ben-**ga**-la) *s. f.* Clase especial de luces pirotécnicas. *Apagaron las luces y todos encendieron sus bengalas.*

benigno, na (be-**nig**-no) *adj.* **1.** Aplicado a las cosas, moderado y suave. *Clima benigno.* **2.** Que no es grave. *Tiene un tumor benigno.*

benjamín, na (ben-ja-**mín**) *s. m. y s. f.* **1.** Hijo menor. *Este es el benjamín de la casa.* **SIN.** Peque, pequeño. **ANT.** Mayor, primogénito. **2.** El más joven de un grupo. *Soy la benjamina de la pandilla.*

beodo, da (be-**o**-do) *adj.* Embriagado, borracho. **GRA.** También s. m. y s. f. *Estaba un poco beodo.* **SIN.** Ebrio, bebido, achispado. **ANT.** Sobrio, sereno.

berberecho (ber-be-**re**-cho) *s. m.* Molusco bivalvo que se cría en el norte de España, y se come crudo o guisado. *Pidieron una ración de berberechos.*

berbiquí (ber-bi-**quí**) *s. m.* Herramienta que sirve para taladrar. *Necesito el berbiquí para colgar estos cuadros.* ✎ Su pl. es "berbiquíes" o "berbiquís".

berenjena (be-ren-**je**-na) *s. f.* Planta de huerta de fruto comestible del mismo nombre. *Nunca había probado las berenjenas rellenas.*

berenjenal (be-ren-je-**nal**) *s. m.* Asunto complicado de difícil solución. *Siempre anda metido en berenjenales.* **SIN.** Follón, jaleo, lío.

berilio (be-**ri**-lio) *s. m.* Elemento químico de color blanco y sabor dulce. *El símbolo del berilio es Be.*

berkelio (ber-**ke**-lio) *s. m.* Elemento radiactivo sintético. *El símbolo del berkelio es Bk.*

berlina (ber-**li**-na) *s. f.* **1.** Coche de caballos cerrado, generalmente con dos asientos. *Felipe II utilizaba una berlina en sus desplazamientos.* **2.** Coche de cuatro puertas. *Mi padre se ha comprado una berlina.*

bermejo, ja (ber-**me**-jo) *adj.* Rojo muy encendido, rojizo. *Era de color bermejo.* **SIN.** Bermellón.

bermellón (ber-me-**llón**) *adj.* Se dice del color rojo vivo. **GRA.** También s. m. *Échale más bermellón a la mezcla.*

bermudas (ber-**mu**-das) *s. m. pl.* **1.** Pantalones cortos que casi llegan a la rodilla. *Se pasa el verano en bermudas.* **2.** Bañador masculino similar a este pantalón. *Mi primo es aquel que está a la orilla de la piscina, el de las bermudas verdes.* ✎ También s. f. pl.

berrear (be-rre-**ar**) *v. intr.* **1.** Dar berridos. *Un becerro estaba berreando.* **SIN.** Bramar, mugir, rugir. **2.** Llorar o gritar desconsoladamente una persona. *No eran capaces de que el bebé dejara de berrear.* **SIN.** Chillar, gritar, vociferar.

berrido (be-**rri**-do) *s. m.* **1.** Voz del becerro y de otros animales. *A lo lejos se oían los berridos que daba.* **SIN.** Mugido, bramido. **2.** Grito desaforado de una persona, o nota alta y desafinada al cantar. *Deja de dar berridos, no es para tanto.* **SIN.** Chillido, gallo.

berrinche (be-**rrin**-che) *s. m., fam.* Enfado grande, sobre todo el de los niños. *Se llevó un buen berrinche cuando no le dejé comer más pasteles.*

berro (**be**-rro) *s. m.* Planta que vive en sitios húmedos cuyas hojas, de sabor picante, se comen en ensalada. *He comido ensalada de berros.*

berza (**ber**-za) *s. f.* **1.** Variedad de col, repollo. *Preparó unas berzas con patatas.* **2.** *fam.* Borrachera. *Cogió una berza de escándalo.*

berzotas (ber-**zo**-tas) *s. m. y s. f., fam.* Persona ignorante o necia. *Eres un poco berzotas.* ✎ Invariable en número.

besamel (be-sa-**mel**) *s. f.* Salsa que se hace con manteca fresca, harina y leche tibia, y se condimenta, generalmente, con sal, pimienta y nuez moscada. *La besamel me ha quedado muy espesa.*

besar (be-**sar**) *v. tr.* Tocar cariñosamente personas o cosas con los labios. *La madre besó a su hijo al acostarlo.* **SIN.** Besuquear, rozar. ‖ **LOC. besar alguien el suelo** *fam.* Caerse de bruces.

beso (**be**-so) *s. m.* **1.** Acción de besar o besarse. *Le dio un beso de despedida.* **SIN.** Ósculo. ‖ **2. beso de Judas** El que se da con falsedad. ‖ **LOC. comerse a besos a alguien** *fam.* Besarle repetidamente y con pasión.

best-séller *s. m.* Libro de gran éxito editorial y de mucha venta. *Su novela fue uno de los best-séllers del año.* ✎ Su pl. es "best-séllers".

bestia (bes-tia) *s. f.* **1.** Animal cuadrúpedo, generalmente hace referencia a los animales domésticos de carga. *Las bestias tiraban del carro.* ‖ *s. m. y s. f.* **2.** Persona ruda e ignorante. **GRA.** También adj. *No seas bestia.* **SIN.** Zafio, bruto. **3.** Persona que se comporta con brusquedad y violencia. *Se portó como un bestia.* **SIN.** Bárbaro, salvaje. **4.** Persona con mucho aguante y resistencia. *Es un bestia, puede correr durante horas.* ‖ **5. bestia parda o negra** Persona hacia la que alguien siente especial rechazo.

bestial (bes-**tial**) *adj.* **1.** Que implica brutalidad o irracionalidad. *Su comportamiento fue bestial.* **SIN.** Bárbaro, brutal, cruel, feroz, irracional, salvaje. **ANT.** Delicado, racional. **2.** *fam.* De grandeza desmesurada. *Pescó un pez bestial.* **SIN.** Descomunal, enorme, desmedido. **ANT.** Pequeño, ridículo.

besugo (be-**su**-go) *s. m.* **1.** Pescado de mar, de cuerpo aplanado, de carne blanca muy sabrosa. *Cenamos besugo al horno.* **SIN.** Pagel. **2.** Persona torpe en comprender algo. *No me seas besugo.*

besuquear (be-su-que-**ar**) *v. tr., fam.* Besar repetidamente. *No le gusta nada que le besuqueen.*

betún (be-**tún**) *s. m.* Crema para limpiar el calzado. *Da betún a los zapatos, están muy sucios.*

bianual (bia-nu-**al**) *adj.* Que sucede dos veces al año. *Era una publicación bianual.* ☞ No debe confundirse con "bienal".

biberón (bi-be-**rón**) *s. m.* **1.** Botella pequeña de cristal, con una tetina en uno de los extremos, que sirve para dar la leche a los niños. *Hierve el biberón.* **SIN.** Tetero, chupete. **2.** Leche que contiene este envase y que toma el bebé cada vez. *A las dos le toca el próximo biberón.*

biblia (**bi**-blia) *n. p.* La Sagrada Escritura, que comprende los libros del Antiguo y Nuevo Testamento. *Leyó en alto un pasaje de la Biblia.* ✎ Se escribe con mayúsculas. ‖ **LOC. ser algo la biblia en verso** *fam.* Ser intolerable o extraordinario.

bibliobús (bi-blio-**bús**) *s. f.* Biblioteca ambulante de préstamo instalada en un autobús que recorre varias poblaciones. *Los niños estaban encantados con la idea del bibliobús.*

bibliografía (bi-blio-gra-**fí**-a) *s. f.* Especie de catálogo o relación de libros de una determinada materia. *Hay mucha bibliografía sobre Cervantes y su obra literaria.* **SIN.** Lista, índice, relación.

biblioteca (bi-blio-**te**-ca) *s. f.* **1.** Lugar en el que hay muchos libros ordenados, que se pueden leer, consultar y pedir prestados. *Me gusta leer en la biblioteca municipal.* **SIN.** Archivo. **2.** Conjunto de estos libros. *Tiene una gran biblioteca.* **3.** Armario especial para guardar libros. *Coloca el libro en la biblioteca.*

bicarbonato (bi-car-bo-**na**-to) *s. m.* Sal ácida que facilita la digestión de las comidas. *Como tenía ardor tomó una cucharadita de bicarbonato.*

bíceps (**bí**-ceps) *s. m.* Músculo doble de cada uno de los brazos y muslos. **GRA.** También adj. *Tenía los bíceps del brazo muy desarrollados.* ✎ Invariable en número. "Biceps" es incorrecto.

bicho (**bi**-cho) *s. m.* **1.** Cualquier animal, especialmente los pequeños. *No quiere dormir en el campo porque tiene miedo a los bichos.* **SIN.** Bicharraco, sabandija, alimaña. **2.** *fam.* Persona muy inquieta y traviesa. *Esta niña es un bicho.* ‖ **3. mal bicho** Persona con mala intención. ‖ **LOC. ser alguien un bicho raro** Tener un comportamiento extraño. **cualquier, o todo, bicho viviente** Cualquier persona.

bicicleta (bi-ci-**cle**-ta) *s. f.* Vehículo de dos ruedas que se mueve a pedales. *Le regalaron una bicicleta de montaña.* **SIN.** Bici.

bicoca (bi-**co**-ca) *s. f., fam.* Cosa fácil de conseguir, con poco esfuerzo o a bajo precio. *Aquéllo fue una bicoca.* **SIN.** Chollo, ganga, ocasión, breva.

bicolor (bi-co-**lor**) *adj.* De dos colores. *La bandera es bicolor, roja y amarilla.*

bidé (bi-**dé**) *s. m.* Lavabo bajo y ovalado destinado a la higiene íntima. *Aunque el cuarto de baño no era muy grande, tenía bidé.* ✎ Su pl. es "bidés".

bidón (bi-**dón**) *s. m.* Recipiente de hojalata, generalmente de forma cilíndrica y con cierre hermético, que sirve para transportar líquidos. *El camión iba cargado de bidones de leche.* **SIN.** Barril, lata.

biela (**bie**-la) *s. f.* Barra que en las máquinas sirve para transformar el movimiento de vaivén en otro de rotación, o viceversa. *Engrasa las bielas.*

bien *s. m.* **1.** Ausencia de mal. *Hablaron sobre el bien y el mal.* **SIN.** Bondad, dicha, felicidad, gozo, fortuna, bienestar. **ANT.** Mal, desgracia, infortunio, malestar. **2.** Cosa buena, provechosa o favorable que se hace o se recibe. *Le hice un bien.* **SIN.** Favor, don, regalo. **ANT.** Detrimento, mal, perjuicio, daño. **3.** En la calificación de exámenes, nota inmediatamente inferior a la de notable. *Saqué un bien en el examen de matemáticas.* ‖ *s. m. pl.* **4.** Hacienda, riquezas. *Es muy rico, tiene muchos bienes.* **SIN.** Capital, fortuna. ‖ *adv. m.* **5.** De manera adecuada o conveniente. *Pórtate bien.* **SIN.** Correctamente. **ANT.** Mal. **6.** Con buena salud. *Se ha quedado en la cama, porque no se encuentra bien.* **7.** Con gusto, de buena gana. *Bien iría al cine contigo, pero tengo mucho trabajo.*

bienal - bienvenido

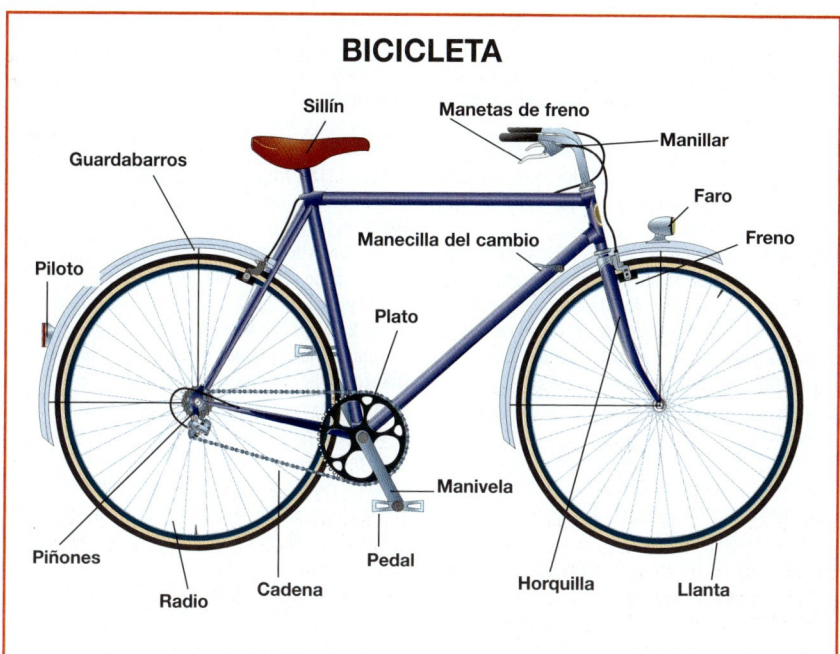

SIN. Gustosamente. **8.** Sin inconveniente u objeción. *Bien puedes fiarte de él, es muy honrado.* **9.** Equivale a mucho o abundantemente, cuando califica lo expresado por un verbo. *Comimos bien.* **10.** Equivale a muy, cuando califica lo expresado por adverbios o adjetivos. *Bien contento.* **OBS.** Debe ir siempre antepuesto a éstos. **11.** Equivale a ciertamente o seguramente, cuando denota cantidades aproximadas. *Bien podría medir 100 m.* **OBS.** Debe ir siempre antepuesto al v. **12.** Expresa a veces asentimiento o conformidad. *¿Nos acompañarás? Bien.* ‖ *conj.* **13.** Se usa repetido como conjunción distributiva. *Iré de vacaciones, bien en agosto, bien en septiembre.* ‖ *adj.* **14.** De clase social alta. *Conoce a mucha gente bien.* **SIN.** Acomodado. **ANT.** Modesto. ‖ **LOC. a base de bien** *fam.* En abundancia. **estar a bien con alguien** *fam.* Tener un trato cordial con él. **y bien** Expresión que sirve para introducir una pregunta. **más bien** Locución que equivale a sino y tiene valor adversativo. **pues bien** Indica admisión o concesión. **ser una persona de bien** Ser honrado. **si bien** Aunque.
bienal (bie-**nal**) *adj.* **1.** Que sucede o se repite cada dos años. *Asistió a la bienal de cine.* **2.** Que dura dos años. *Es un curso bienal.* ☞ No debe confundirse con "bianual".
bienaventurado, da (bie-na-ven-tu-**ra**-do) *adj.* **1.** Feliz, dichoso. *Celebraron el bienaventurado acontecimiento.* **2.** Que goza de Dios en el cielo. **GRA.** También s. m. y s. f. *El evangelio de hoy trataba sobre los bienaventurados.* **SIN.** Beato, santo.
bienestar (bie-nes-**tar**) *s. m.* Vida holgada con comodidad y tranquilidad. *Le han ascendido y ahora goza de gran bienestar.* **SIN.** Riqueza, comodidad. **ANT.** Pobreza, carencia, malestar, infortunio.
bienhechor, ra (bien-he-**chor**) *adj.* Se dice de la persona que hace el bien a otra. **GRA.** También s. m. y s. f. *Es uno de sus bienhechores.* **SIN.** Favorecedor, protector, benefactor, filántropo. **ANT.** Malhechor.
bienio (bi-**e**-nio) *s. m.* Período de dos años. *Fue elegido presidente durante un bienio.*
bienvenida (bien-ve-**ni**-da) *s. f.* Recibimiento que se da a alguien por haber llegado bien a un sitio. *Le dio la bienvenida numerosísimo público.* **SIN.** Saludo, agasajo, acogimiento.
bienvenido, da (bien-ve-**ni**-do) *adj.* Se dice de la persona que es recibida con agrado y alegría. *Siempre serás bienvenido en nuestra casa.*

bies, al - binario

bies, al *loc. adv.* En diagonal, en sesgo. *Está cortado al bies.* **SIN.** Oblicuamente.

bífido, da (**bí**-fi-do) *adj.* Se dice de aquello que termina divido en dos partes. *Algunos reptiles tienen la lengua bífida.*

bifocal (bi-fo-**cal**) *adj.* Que tiene dos focos. Se dice principalmente de las lentes de dos focos, uno para ver de cerca y otro para ver de lejos. *Se ha comprado unas gafas bifocales.*

bifurcarse (bi-fur-**car**-se) *v. prnl.* **1.** Dividirse en dos una cosa. *El grupo se bifurcó en dos tendencias.* **SIN.** Ramificarse, escindirse. **ANT.** Unirse, juntarse. **2.** Tomar dos direcciones diferentes. *El camino al final se bifurcaba.* **SIN.** Separarse. **ANT.** Confluir, unirse.

big-bang *s. m.* Gran explosión que constituye la fase inicial del universo. *Nos explicó su teoría sobre el big-bang.*

bígamo, ma (**bí**-ga-mo) *adj.* **1.** Que se casa con dos personas a la vez. **GRA.** También s. m. y s. f. *No aceptaban que fuera bígamo.* **2.** Casado por segunda vez. *Era bígama.*

bigardo, da (bi-**gar**-do) *adj.* Vago, holgazán. *Le tachaba de bigardo.*

bígaro (**bí**-ga-ro) *s. m.* Caracol marino de pequeño tamaño y carne comestible. *Los bígaros abundan en las costas del Cantábrico.*

bigote (bi-**go**-te) *s. m.* Pelo que nace sobre el labio superior. **GRA.** Se usa también en pl. *Se dejó bigote y barba para no tener que afeitarse.* **SIN.** Mostacho.

bigotera (bi-go-**te**-ra) *s. f.* Compás pequeño cuya abertura se gradua mediante una rosca. *Utiliza la bigotera para hacer esas circunferencias tan diminutas.*

bigudí (bi-gu-**dí**) *s. f.* Tubo pequeño, largo y estrecho, en el que se enrolla el pelo para rizarlo. *Se puso bigudíes.* **SIN.** Rizador, rulo. Su pl. es "bigudíes" o "bigudís".

bikini (bi-**ki**-ni) *s. m.* *Biquini.

bilabial (bi-la-**bial**) *adj.* Se dice del sonido en cuya pronunciación intervienen los dos labios, y de la letra que representa ese sonido. **GRA.** También s. f. *La "p" y la "b" son bilabiales.*

bilateral (bi-la-te-**ral**) *adj.* Se dice de aquello en lo que intervienen dos partes. *Los ministros de asuntos exteriores de ambos países firmaron un acuerdo bilateral.* **SIN.** Simultáneo. **ANT.** Unilateral.

bilingüe (bi-**lin**-güe) *adj.* **1.** Se dice de la persona que habla dos lenguas. *En el anuncio pedían una secretaria bilingüe que hablara español y francés correctamente.* **2.** Que está escrito en dos idiomas. *Se compró un diccionario bilingüe español-inglés.*

bilirrubina (bi-li-rru-**bi**-na) *s. f.* Pigmento de la bilis de color rojo. *La bilirrubina se forma sobre todo en la médula ósea y en el bazo.*

bilis (**bi**-lis) *s. f.* Líquido de color amarillento o verdoso de sabor amargo producido en el hígado. *La bilis ayuda a digerir las grasas en el intestino delgado.* **SIN.** Hiel. || **LOC. tragar alguien bilis** *fam.* Aguantarse la irritación y el enfado. Invariable en número.

billar (bi-**llar**) *s. m.* **1.** Juego que consiste en impulsar unas bolas de marfil en una mesa rectangular forrada de paño verde. El impulso de las bolas se realiza con un taco de madera. *Jugamos una partida de billar.* **2.** Lugar donde se encuentran la mesa o mesas para este juego. *Quedó con sus amigos en el billar.*

billete (bi-**lle**-te) *s. m.* **1.** Papel impreso o grabado, emitido generalmente por el banco nacional de un país, que representa cantidades de dinero. *Me dio un billete de mil pesetas.* **SIN.** Papel moneda. **2.** Tarjeta o papel que da derecho para entrar u ocupar asiento en alguna parte o para viajar en un tren, autobús, etc. *El revisor de tren nos pidió los billetes.* **SIN.** Bono, entrada. **3.** Papel que acredita la participación en una rifa o lotería. *Nos regaló un billete de lotería.* || **4. billete kilométrico** El que autoriza a su poseedor a recorrer un determinado número de kilómetros por ferrocarril en el plazo estipulado.

billetero (bi-lle-**te**-ro) *s. m.* Cartera de bolsillo que sirve para llevar billetes de banco, tarjetas, etc. *Perdió el billetero con la documentación.* **SIN.** Monedero.

billón (bi-**llón**) *s. m.* **1.** Un millón de millones. *Un billón se expresa por la unidad seguida de doce ceros.* **2.** En Estados Unidos, un millar de millones. *En Estados Unidos un billón es igual a un millardo.*

bimembre (bi-**mem**-bre) *adj.* De dos miembros o partes. *Esa oración es bimembre porque tiene sujeto y predicado.*

bimensual (bi-men-**sual**) *adj.* Que sucede dos veces al mes. *Esta revista es bimensual.* No debe confundirse con "bimestral".

bimestral (bi-mes-**tral**) *adj.* **1.** Que se hace o sucede cada bimestre. *El recibo del teléfono es bimestral.* **2.** Que dura un bimestre. *Es un cursillo bimestral.* No debe confundirse con "bimensual".

bimestre (bi-**mes**-tre) *s. m.* Período de dos meses. *Pagamos los recibos de la luz cada bimestre.*

bimotor (bi-mo-**tor**) *adj.* Se dice del avión que tiene dos motores. **GRA.** También s. m. *Volamos en un bimotor.*

binario, ria (bi-**na**-rio) *adj.* **1.** Que se compone de dos elementos. *Conjunto binario.* **2.** En informática, se dice del sistema digital de numeración en el cual sólo se utilizan los números cero y uno. *Dígito binario.*

bingo (**bin**-go) *s. m.* **1.** Juego de azar que consiste en ir tachando cada jugador los números impresos en su cartón que coincidan con los del sorteo. *Jugamos al bingo.* **2.** Local público en que se juega. *Nunca había estado en un bingo.* || *interj.* **3.** ¡bingo! Indica que se ha acertado algo.

binocular (bi-no-cu-**lar**) *adj.* Se dice de los aparatos ópticos con una lente para cada ojo. *Microscopio binocular.*

binóculo (bi-**nó**-cu-lo) *s. m.* *Prismáticos.

binomio (bi-**no**-mio) *s. m.* **1.** Expresión algebraica formada por la suma o la diferencia de dos términos. ax^2+bx. **2.** Conjunto formado por dos personalidades importantes en el terreno de la vida política, artística, etc. *Los dos cantantes eran uno de los binomios más famosos del mundo de la ópera.*

biodegradable (bio-de-gra-**da**-ble) *adj.* Se dice de los residuos inorgánicos que pueden descomponerse fácilmente en contacto con la tierra o con otros residuos orgánicos. *Ese material plástico no es biodegradable.*

biogeografía (bio-ge-o-gra-**fí**-a) *s. f.* Parte de la geografía que estudia la distribución geográfica de animales y plantas. *La biogeografía se divide en geografía botánica y geografía zoológica.*

biografía (bio-gra-**fí**-a) *s. f.* Historia de la vida de una persona. *Estoy leyendo una biografía de Julio César.* **SIN.** Semblanza, vida, retrato.

biología (bio-lo-**gí**-a) *s. f.* Ciencia que estudia los seres vivos. *Le encanta la biología.*

biomasa (bio-**ma**-sa) *s. f.* Masa total de los seres vivos que habitan en un lugar determinado. *Hizo un estudio sobre la biomasa de los bosques.*

biombo (bi-**om**-bo) *s. m.* Mampara plegable, compuesta de varios bastidores unidos por medio de goznes. *Se escondió detrás del biombo.*

biopsia (biop-sia) *s. f.* Observación al microscopio de un tejido de un ser vivo. *Estaban esperando el resultado de la biopsia.* **SIN.** Disección, corte.

bioquímica (bio-**quí**-mi-ca) *s. f.* Ciencia que estudia la composición y las transformaciones químicas en un ser vivo. *Es profesora de bioquímica.*

biorritmo (bio-**rrit**-mo) *s. m.* Variación cíclica en la actividad de los procesos biológicos o fisiológicos. *Biorritmo es lo mismo que ritmo biológico.*

biosfera (bios-**fe**-ra) *s. f.* Parte de la esfera terrestre en la que hay vida. *La parte inferior de la atmósfera, la hidrosfera y parte de la litosfera forman la biosfera.*

biosíntesis (bio-**sín**-te-sis) *s. f.* Proceso por el que los organismos vivos elaboran sustancias complejas a expensas de otras más sencillas y de menor contenido energético. *La fotosíntesis forma parte de la biosíntesis.* Invariable en número.

biótopo (**bió**-to-po) *s. m.* Área vital que presenta unas condiciones ambientales para que se desarrollen en ella seres vivos. *Un lago constituye un biótopo.*

bipartidismo (bi-par-ti-**dis**-mo) *s. m.* Sistema político basado en el predominio de dos partidos que luchan por el poder o se turnan en él. *El país lleva ya años de bipartidismo.*

bípedo, da (**bí**-pe-do) *adj.* Que tiene dos pies. **GRA.** También *s. m.* y *s. f. El ser humano es bípedo.* También "bipede".

biplano (bi-**pla**-no) *adj.* Se dice del avión con cuatro alas que forman dos planos paralelos. **GRA.** También *s. m. Era un avión biplano.*

biquini (bi-**qui**-ni) *s. m.* Conjunto de dos prendas femeninas de baño, formado por un sujetador y una braga. *Para tomar el sol le gusta más el biquini que el bañador.*

birlar (bir-**lar**) *v. tr.* Quitar una cosa a alguien, valiéndose de un engaño. *Le birlaron la cartera.* **SIN.** Robar, hurtar.

birra (**bi**-rra) *s. f., vulg.* *Cerveza.

birrete (bi-**rre**-te) *s. m.* Gorro de forma prismática rematado por una borla de diversos colores, que los profesores, jueces y abogados usan en los actos solemnes. *Llevaba toga y birrete.*

birria (**bi**-rria) *s. f., fam.* Cosa grotesca, deforme o ridícula. *No presentes ese trabajo, es una birria.*

biruji (bi-**ru**-ji) *s. m., fam.* Tiempo muy frío. *¡Vaya biruji!, vengo tiesa.*

bis *adv. c.* **1.** Se usa para indicar repetición. *Al final de la actuación la gente gritaba bis, bis.* || *s. m.* **2.** Ejecución repetida de una pieza musical a petición del público. *Hizo varios bises.* Su pl. es "bises". || **LOC.** bis a bis Entre dos, de tú a tú.

bisabuelo, la (bi-sa-**bue**-lo) *s. m. y s. f.* **1.** Respecto de una persona, el padre o la madre de su abuelo o de su abuela. *Era una bisabuela con cuatro bisnietos.* || *s. m. pl.* **2.** El bisabuelo y la bisabuela. *No conocí a mis bisabuelos.*

bisagra (bi-**sa**-gra) *s. f.* **1.** Conjunto de dos planchitas unidas por medio de cilindros huecos atravesados con un pasador que permiten el giro de las cosas que se abren y cierran, como una puerta o una ventana. *Se rompió una bisagra de la ventana.* **SIN.** Gozne, charnela, articulación. **2.** Se dice de los par-

bisbisear - blando

tidos políticos o personas cuando tienen un papel de intermediarios. *Como ellos dos están enfadados, a mí me toca hacer de bisagra.*

bisbisear (bis-bi-se-**ar**) *v. tr., fam.* *Susurrar.

biscote (bis-**co**-te) *s. m.* Rebanada de pan de molde, tostado, que se puede conservar durante mucho tiempo. *Le gusta desayunar un par de biscotes untados con mantequilla y mermelada.* **SIN.** Tostada.

bisectriz (bi-sec-**triz**) *adj.* Se dice de la línea que parte del vértice de un ángulo y que lo divide en dos partes iguales. **GRA.** También s. f. *Traza la bisectriz.* Su pl. es "bisectrices".

bisel (bi-**sel**) *s. m.* Corte oblicuo en el borde de una lámina, plancha o cristal. *Corta el cristal en bisel.*

bisemanal (bi-se-ma-**nal**) *adj.* **1.** Que se repite dos veces por semana. *Reunión bisemanal.* **2.** Que se hace u ocurre cada dos semanas. *Publicación bisemanal.* **SIN.** Quincenal.

bisiesto (bi-**sies**-to) *adj.* Se dice del año de 366 días, en el que el mes de febrero tiene 29. **GRA.** También s. m. *Este año es bisiesto.*

bisílabo, ba (bi-**sí**-la-bo) *adj.* Que tiene dos sílabas. **GRA.** También s. m. y s. f. *"Mesa" es bisílaba.*

bismuto (bis-**mu**-to) *s. m.* Metal muy brillante y frágil, de color blanco agrisado. *Las sales de bismuto se usan en medicina.*

bisnieto, ta (bis-**nie**-to) *s. m. y s. f.* Respecto de una persona, hijo o hija de su nieto o nieta. *Ya tenía dos bisnietos.*

bisojo, ja (bi-**so**-jo) *adj.* Se dice de la persona que padece estrabismo. *Es un poco bisojo.* **GRA.** También s. m. y s. f. **SIN.** Bizco.

bisonte (bi-**son**-te) *s. m.* Animal rumiante salvaje parecido al toro. *Los bisontes tienen los cuernos poco desarrollados.*

bisoñé (bi-so-**ñé**) *s. m.* Peluca que cubre la parte anterior de la cabeza. *Sólo le faltaba el bisoñé para completar el disfraz para carnaval.*

bisoño, ña (bi-**so**-ño) *adj.* Se dice de la persona con poca experiencia en cualquier arte u oficio. *Llegaron al cuartel los soldados bisoños.* **SIN.** Aprendiz, inexperto, novato. **ANT.** Avezado, ducho, veterano.

bisté (bis-**té**) *s. m.* *Bistec. Su pl. es "bistés".

bistec (bis-**tec**) *s. m.* Trozo de carne de vacuno, generalmente lomo, asado a la parrilla o frito. *Pidió un bistec muy pasado.* **SIN.** Filete. Su pl. es "bistecs".

bisturí (bis-tu-**rí**) *s. m.* Especie de cuchillo pequeño que emplean los cirujanos para cortar en las operaciones. *El cirujano pidió el bisturí a su ayudante.* Su pl. es "bisturíes" o "bisturís".

bisutería (bi-su-te-**rí**-a) *s. f.* Joyería de imitación, hecha de materiales no preciosos. *Los pendientes de perla que lleva no son auténticos, son de bisutería.*

bit (bit) *s. m.* Unidad de información, la más pequeña de representación en el sistema binario, equivalente a un par disyuntivo de cero o uno. **GRA.** Se usa más en pl. *En un ordenador, cualquier dato queda almacenado en forma de un número de bits.*

bitácora (bi-**tá**-co-ra) *s. f.* Especie de armario, fijo a la cubierta e inmediato al timón, en que se pone la brújula. *Miró por la ventana de cristal de la bitácora.*

bivalvo, va (bi-**val**-vo) *adj.* Que tiene dos valvas. *El mejillón es un molusco bivalvo.*

bizantino, na (bi-zan-**ti**-no) *adj.* Se dice de las discusiones superficiales y sin ningún sentido. *Se enredaron en una discusión bizantina.*

bizarría (bi-za-**rrí**-a) *s. f.* **1.** Buena presencia y aire en el aspecto externo. *Tiene mucha bizarría.* **SIN.** Garbo, gallardía, arrogancia, gracia, donaire. **ANT.** Desgarbo. **2.** Valentía en las acciones. *Demostró mucha bizarría.* **SIN.** Valor, arresto, bravura. **ANT.** Desánimo, cobardía. **3.** Ornamentación o colorido exagerado en un cuadro. *La bizarría es una de las características de sus óleos.*

bizco, ca (**biz**-co) *adj.* Que tiene la mirada o el ojo torcidos. **GRA.** También s. m. y s. f. *Era un poco bizca.* **SIN.** Bisojo. ‖ **LOC. dejar a alguien bizco** *fam.* Asombrarle. **quedarse bizco** *fam.* Quedarse pasmado, sin saber qué hacer o qué decir.

bizcocho (biz-**co**-cho) *s. m.* **1.** Masa de harina, huevos y azúcar, cocida al horno, muy esponjosa, que puede ser consumida como un pastel. *Mi abuela prepara unos bizcochos muy sabrosos.* **SIN.** Bollo, torta. ‖ **2. bizcocho borracho** El empapado en almíbar y vino.

blandengue (blan-**den**-gue) *adj.* **1.** Se dice de las personas débiles física o moralmente. **GRA.** También s. m. y s. f. *No tiene carácter, es un blandengue.* **SIN.** Calzonazos, timorato. **ANT.** Atrevido, decidido. **2.** Se dice de las cosas que tienen una blandura poco agradable. *El flan está un poco blandengue.*

blandir (blan-**dir**) *v. tr.* Mover un arma u otra cosa haciéndola vibrar en el aire. *Blandía su espada.* **SIN.** Agitar, enarbolar.

blando, da (**blan**-do) *adj.* **1.** Que cede fácilmente o que resulta suave al tacto. *Este colchón es muy blando.* **SIN.** Esponjoso, tierno, maleable, fofo. **ANT.** Duro, recio, firme. **2.** Se dice de la persona de poca valentía. *Eres demasiado blando.* **SIN.** Cobarde, apocado, flojo, débil. **ANT.** Valiente, bizarro.

blanquear - boca

blanquear (blan-que-**ar**) *v. tr.* **1.** Poner blanca una cosa o quitarle la suciedad. *Blanquearon las paredes.* **SIN.** Emblanquecer, albear, enjalbegar, encalar, lavar. **ANT.** Ennegrecer, ensuciar. **2.** *fam.* Convertir en dinero legal el procedente de negocios delictivos. *Se sospechaba que aquella tienda era para blanquear dinero.* || *v. intr.* **3.** Tirar a blanco o ir tomando una cosa ese color. *Si lo metes en lejía blanqueará un poco.* **SIN.** Albear.

blasfemia (blas-**fe**-mia) *s. f.* **1.** Palabra o expresión injuriosa contra Dios o sus santos. *No digas blasfemias.* **SIN.** Execración, maldición. **2.** Palabra gravemente injuriosa contra una persona. *Lanzó duras blasfemias contra ella.* **SIN.** Grosería, imprecación, injuria, vituperio. **ANT.** Alabanza, encomio.

blasón (bla-**són**) *s. m.* Escudo de armas. *Conocía todos los blasones de la ciudad.* **SIN.** Emblema.

bledo (**ble**-do) *s. m., fam.* Cosa insignificante que no tiene valor. **GRA.** Se usa principalmente con los v. "valer", "importar" y equivalentes. *Lo que tú opines me importa un bledo.* **SIN.** Comino, pimiento.

blindar (blin-**dar**) *v. tr.* Proteger exteriormente las cosas o lugares contra el fuego, las balas, etc. *La puerta estaba blindada.* **SIN.** Acorazar, fortificar, chapar, defender.

blíster (**blís**-ter) *s. m.* Envase para productos manufacturados de pequeño tamaño, que consiste en una lámina de plástico transparente, con cavidades en las que se colocan diferentes artículos, pegada sobre un soporte de cartón. *El juego venía en un blíster.*

bloc *s. m.* Conjunto de hojas de papel, para escribir o dibujar, cosidas y grapadas en forma de cuaderno y que pueden desprenderse fácilmente. *Llevó un bloc a la conferencia para tomar notas.* **SIN.** Cuaderno, libreta. También "bloque".

bloque (**blo**-que) *s. m.* **1.** Trozo grande de piedra sin labrar. *La cabaña estaba hecha con bloques.* **2.** Manzana de casas de una población. *Vive en un bloque nuevo.* **3.** Edificio que comprende varias viviendas de características semejantes. *Antes vivíamos en ese bloque.* || **LOC. en bloque** En conjunto, sin distinción.

bloquear (blo-que-**ar**) *v. tr.* **1.** Realizar una operación militar o naval con el fin de cortar las comunicaciones de un puerto, un territorio, un ejército, etc. *Las tropas bloquearon la ciudad.* **SIN.** Incomunicar, aislar, sitiar, cercar, asediar. **2.** Inmovilizar la autoridad un capital, privando a su dueño de disponer de él. *Bloquearon sus cuentas bancarias.* **SIN.** Inmovilizar, congelar. **3.** Paralizar el funcionamiento de un mecanismo o frenar el desarrollo de un proceso. **GRA.** También v. prnl. *Bloquearon las negociaciones.* **SIN.** Congelar(se), detener(se), suspender(se), inmovilizar(se). **ANT.** Activar(se), mover(se). **4.** Interrumpir el paso a través de un lugar. *Bloquearon la carretera con troncos de árboles.* **SIN.** Incomunicar, aislar. **5.** Paralizar la capacidad de pensar o de actuar. **GRA.** También v. prnl. *Cuando le preguntaron se bloqueó y no supo qué contestar.*

blue jeans *s. m. pl.* *Vaquero.

blues *s. m.* Canto y melodía del folclore negro estadounidense, surgido a principios del s. XIX, que tuvo gran influencia en el origen y desarrollo del jazz. *Le gusta mucho el blues.* Invariable en número. Se pronuncia [blus].

blusa (**blu**-sa) *s. f.* Prenda de vestir femenina, de tela fina, que cubre la parte superior del cuerpo. *Llevaba una blusa blanca.* **SIN.** Camisa.

blusón (blu-**són**) *s. m.* Blusa larga y suelta. *Se puso un blusón azul.* **SIN.** Túnica, blusa, camisola.

boa (**bo**-a) *s. f.* Serpiente americana no venenosa de gran tamaño, que ahoga a su presa. *La piel de las boas es de vistosos colores.*

boato (bo-**a**-to) *s. m.* Ostentación exterior. *En aquel palacio se podía observar un gran boato.* **SIN.** Pompa, lujo, fausto, riqueza. **ANT.** Sencillez, humildad.

bobada (bo-**ba**-da) *s. f.* Simpleza, tontería. *No digas más bobadas.* **SIN.** Necedad, majadería.

bobina (bo-**bi**-na) *s. f.* Cilindro, generalmente de madera, que sirve para enrollar hilo, alambre, etc. *Trae la bobina de hilo negro para coser este botón.* No debe confundirse con "bovina".

bobo, ba (**bo**-bo) *adj.* **1.** Se dice de la persona muy corta de entendimiento y capacidad. **GRA.** También s. m. y s. f. *No seas tan bobo y piensa un poco las cosas.* **SIN.** Tonto, simple, mentecato, idiota, burro, necio. **ANT.** Listo, sagaz, inteligente, vivo. **2.** Extremadamente inocente. *Pareces boba, te crees cualquier cosa.* **SIN.** Pazguato, papirote, simple, tarugo, cándido. || **LOC. entre bobos anda el juego** Se usa irónicamente para indicar que todos los que están metidos en determinado asunto son igual de astutos, y tratan de engañarse unos a otros.

boca (**bo**-ca) *s. f.* **1.** En los seres vivos, cavidad con abertura en la parte anterior de la cabeza por la cual se toma el alimento. *Es de mala educación hablar con la boca llena.* **2.** Abertura que sirve para entrar o salir. *La boca del túnel está oscura.* **SIN.** Agujero, orificio, entrada, salida, puerta, embocadura. || **3. boca de lobo** *fam.* Muy oscuro. || **LOC. a pedir**

de boca Tal y como se deseaba. **abrir o hacer boca** Comer algo ligero para abrir el apetito. **abrir la boca** Hablar. **andar, ir de boca en boca, o andar en boca de todos** Saberse públicamente un asunto o ser tema de conversación entre la gente. **boca a boca** De palabra. | Forma de respiración artificial que consiste en aplicar la boca a la de la persona accidentada para insuflarle aire y poder reanimarla. **boca abajo** Tendido con la cara hacia el suelo. **buscar la boca a alguien** *fam.* Provocarle. **calentársele la boca a alguien** *fam.* Acalorarse, perder los nervios. **con la boca abierta** Sorprendido, asombrado. **con la boca pequeña** Por compromiso. **de boca** De palabra, por alardear, pero sin ser verdad. **decir lo primero que a alguien le viene a la boca** *fam.* Decir algo sin pensarlo. **hacérsele a alguien la boca agua** *fam.* Soñar con alguna cosa agradable que se espera conseguir. | *fam.* Deleitarse en el buen sabor de algún alimento. **meterse en la boca del lobo** *fam.* Exponerse a un peligro innecesariamente. **no caérsele a alguien de la boca algo** *fam.* Hablar de ello constantemente. **no decir ni esta boca es mía** *fam.* No hablar ni una palabra. **quitar a alguien de la boca alguna cosa** *fam.* Anticiparse a lo que el otro iba a decir. **tapar la boca a alguien** *fam.* Hacerle callar con razones contundentes. | *fam.* Darle dinero o regalos para que calle lo que sabe.

bocacalle (bo-ca-**ca**-lle) *s. f.* Calle secundaria que da a otra. *La tienda está en la segunda bocacalle.*

bocadillo (bo-ca-**di**-llo) *s. m.* **1.** Panecillo o trozo de pan relleno con algún alimento. *Se preparó un bocadillo de chorizo.* **SIN.** Bocata. **2.** En los tebeos, cómics, etc., línea curva que sale de la boca de algún personaje y que enmarca el texto correspondiente a su pensamiento. *Dibújale un bocadillo al perro.*

bocado (bo-**ca**-do) *s. m.* **1.** Porción de comida que cabe de una vez en la boca. *Mete bocados más pequeños, te vas a atragantar.* **SIN.** Trozo, mordisco. **2.** Herida que se hace con los dientes. *El perro le metió un buen bocado.* **SIN.** Mordisco, dentellada, mordedura. **3.** Un poco de comida. *Tomé un bocado a media mañana.* **SIN.** Refrigerio, tentempié. ‖ **LOC. con el bocado en la boca** Inmediatamente después de comer. **me lo comería a bocados** *fam.* Expresión que indica el gran cariño que se siente por alguien. **ser algo un buen bocado** Ser muy bueno, extraordinario.

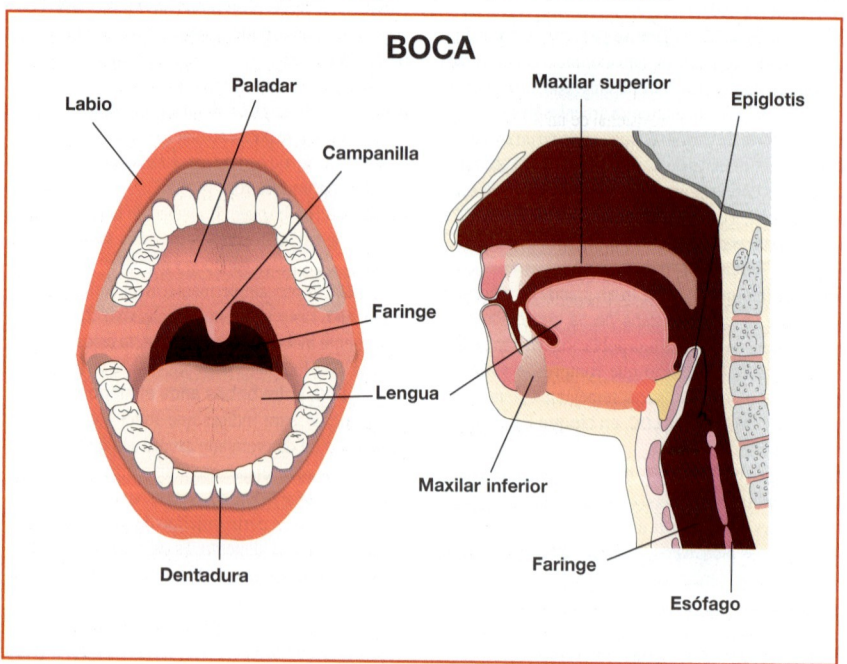

BOCA

bocajarro, a - bogar

bocajarro, a *loc. adv.* **1.** Tratándose de un disparo, desde muy cerca. *El asesino disparó a bocajarro.* **2.** De improviso. *No tuvo tacto, se lo soltó a bocajarro.*

bocamanga (bo-ca-**man**-ga) *s. f.* Parte de la manga que está más cerca de la muñeca. *La camisa tenía una bocamanga muy ancha.* **SIN.** Puño.

bocanada (bo-ca-**na**-da) *s. f.* **1.** Cantidad de líquido, aire o humo que de una vez se toma en la boca o se expulsa de ella. *Echó una bocanada de humo.* **SIN.** Boqueada. **2.** Ráfaga repentina de viento. *Sentí una bocanada de aire fresco.* **3.** *fam.* Grupo numeroso de gente que sale al mismo tiempo de un lugar cerrado. *Una gran bocanada de gente salía del cine.*

bocata (bo-**ca**-ta) *s. m., fam.* *Bocadillo, panecillo.

bocaza (bo-**ca**-za) *s. m. y s. f.* Persona que habla más de lo conveniente o que dice tonterías. **GRA.** Se usa generalmente en pl. con valor sing. *Eres un bocazas, no se te puede contar nada.* **SIN.** Fanfarrón.

bocera (bo-**ce**-ra) *s. f.* **1.** Mancha de comida o de bebida que queda en la parte exterior de la boca. *Límpiate esas boceras de chocolate.* || *s. m. y s. f.* **2.** *fam.* *Bocaza. **GRA.** Se usa generalmente en pl. con valor sing.

boceto (bo-**ce**-to) *s. m.* **1.** Borroncillo en colores que hacen los pintores antes de pintar un cuadro. *Hizo un boceto del cuadro.* **SIN.** Esbozo, bosquejo. **2.** Modelado hecho sólo con los trazos generales y a un tamaño reducido de una escultura. *Nos enseñó un boceto.* **3.** Esquema general y provisional de un proyecto. *Nos presentó boceto.* **SIN.** Apunte, proyecto.

bochinche (bo-**chin**-che) *s. m.* Tumulto, alboroto. *Había tal bochinche a la salida del concierto que nos perdimos unos de otros.* **SIN.** Barullo, confusión.

bochorno (bo-**chor**-no) *s. m.* **1.** Calor sofocante. *Hoy hace un día de bochorno que no se aguanta al sol.* **SIN.** Calina, canícula. **2.** Encendimiento pasajero de la cara o mal rato que se pasa por algo que ofende, molesta o avergüenza. *Pasó bochorno cuando todo el mundo se quedó mirándole.*

bocina (bo-**ci**-na) *s. f.* Aparato sonoro que llevan los automóviles para las señales acústicas. *Tocó la bocina para que la gente se apartara.*

bocinazo (bo-ci-**na**-zo) *s. m.* Grito para reprender a alguien o llamar su atención. *Le metió unos buenos bocinazos.*

bocio (bo-cio) *s. m.* Aumento del volumen de la glándula tiroides. *Tenía algunos problemas de bocio.*

bocoy *s. m.* Tonel grande, utilizado generalmente para conservar y transportar vino. *Están llenando el bocoy.* **SIN.** Tonel, pipa. 🖉 Su pl. es "bocoyes".

boda (**bo**-da) *s. f.* **1.** Ceremonia en la que dos personas contraen matrimonio. *El pasado domingo asistí a la boda de mi hermano.* **SIN.** Nupcias, enlace, desposorio. **ANT.** Divorcio, separación. || **2. bodas de oro** Quincuagésimo aniversario de los mismos hechos. **3. bodas de plata** Vigésimo quinto aniversario. **4. bodas de platino** Sexagésimo quinto aniversario.

bodega (bo-**de**-ga) *s. f.* **1.** Lugar donde se guarda y cría el vino y, por ext., los comestibles. *Bajó a la bodega a cortar un poco de jamón.* **2.** Almacén de vinos. *En esta región hay importantes bodegas.* **3.** Tienda en la que se vende vino y otras bebidas alcohólicas. *En ese local van a abrir una bodega.*

bodegón (bo-de-**gón**) *s. m.* **1.** Establecimiento donde se sirven comidas. **SIN.** Figón, casa de comidas. *Fuimos a cenar a un bodegón.* **2.** Cuadro que representa cosas comestibles, frutos y objetos cotidianos. *Es una excelente pintora de bodegones.* **SIN.** Naturaleza muerta.

bodoque (bo-**do**-que) *s. m. y s. f.* **1.** *fam.* Persona de poca inteligencia. **GRA.** También adj. *Eres un bodoque.* **SIN.** Simple, tonto, tarugo. || *s. m.* **2.** Bordado en relieve de forma redondeada. *Sabe hacer bodoques.*

bodrio (**bo**-drio) *s. m.* Cosa mal hecha, de mal gusto o de escasa calidad. *Vaya bodrio de película.* **SIN.** Birria.

body *s. m.* Prenda de ropa interior femenina de una sola pieza. *El body le resultaba cómodo.*

bofe (**bo**-fe) *s. m.* Parte de la asadura formada por el pulmón. **GRA.** Se usa más en pl. *Nunca había comido bofes.* **SIN.** Asadura. || **LOC.** **echar el bofe, o los bofes** *fam.* Esforzarse, trabajar demasiado.

bofetada (bo-fe-**ta**-da) *s. f.* **1.** Golpe que se da en la cara con la mano abierta. *Le dio una bofetada.* **SIN.** Galleta, cachete, guantada, sopapo, mamporro. **2.** Desprecio u ofensa. *Fue una buena bofetada para su orgullo.*

bofetón (bo-fe-**tón**) *s. m.* Bofetada dada con fuerza. *Le dio un bofetón con todas ganas.* **SIN.** Guantazo, sopapo.

bofia (**bo**-fia) *s. f., fam.* *Policía.

boga (**bo**-ga) *s. f.* **1.** Pez de río comestible, de cuerpo plateado y aletas casi blancas. *Pescaron un par de bogas.* **2.** Pez marino comestible, de color blanco azulado con seis u ocho rayas a lo largo. *La boga es de carne muy sabrosa, pero tiene muchas espinas.*

boga, estar en *loc. adv.* Estar de moda o en apogeo, llevarse. *Los vaqueros estaban en boga.*

bogar (bo-**gar**) *v. intr.* *Remar. 🖉 Se conjuga como ahogar.

bogavante (bo-ga-**van**-te) *s. m.* Crustáceo marino comestible parecido a la langosta, aunque con pinzas muy grandes y fuertes en el primer par de patas. *El bogavante es de color pardo, pero se vuelve rojo al cocerse.*

bohemio, mia (bo-**he**-mio) *adj.* Se dice de la persona de vida irregular y poco organizada. **GRA.** También s. m. y s. f. *Llevaba una vida muy bohemia y solitaria.* **SIN.** Vagabundo.

boicot (boi-**cot**) *s. m.* Exclusión o ruptura de las relaciones comerciales y sociales que se impone a alguien para dañar sus intereses. *La crisis del país se debía al boicot de sus países vecinos.* **SIN.** Aislamiento. 🖉 Invariable en número. También "boicoteo".

boina (**boi**-na) *s. f.* Gorra sin visera, redonda, de lana y generalmente de una sola pieza. *A mi abuelo le gustaba mucho llevar boina.*

bol *s. m.* Recipiente en forma de cuenco, semiesférico, sin asa, que se emplea para lavar frutas, preparar ensaladas, batir cremas, etc. *Este bol nos vendrá genial para cuando vayamos de camping.*

bola (**bo**-la) *s. f.* **1.** Cuerpo esférico hecho de cualquier material. *Los adivinos ven el futuro en su bola de cristal.* **SIN.** Pelota, esfera, globo. **2.** Dicho que carece de verdad. *No le creas nada, lo que está diciendo es una bola.* **SIN.** Mentira, embuste, trola, patraña. **ANT.** Verdad, exactitud. ‖ *s. f. pl.* **3.** *vulg.* Testículos. *No me toques las bolas, anda.* ‖ **4. bola del mundo** Esfera terrestre.

bolera (bo-**le**-ra) *s. f.* Lugar en que se juega a los bolos. *Fuimos a jugar a los bolos a una bolera.*

bolero (bo-**le**-ro) *s. m.* **1.** Composición musical popular española. *Todas las canciones de su nuevo disco son boleros.* **2.** Baile que se ejecuta al ritmo de esta música. *Es muy bueno bailando boleros.*

boletín (bo-le-**tín**) *s. m.* **1.** Publicación limitada a un partido, rama o materia. *Aparece en el boletín comercial.* **SIN.** Gaceta, revista, circular. **2.** Publicación periódica de carácter oficial. *Aún no he leído el boletín.* **SIN.** Gaceta, revista.

boleto (bo-**le**-to) *s. m.* **1.** Papeleta que acredita la participación en un sorteo, lotería, etc. *No encontraba el boleto.* **SIN.** Cupón, ticket. **2.** Impreso para realizar apuestas sobre un juego de azar determinado, y resguardo del mismo. *Tráeme un boleto para hacer la quiniela.* **3.** Billete de teatro, tren, etc. *Vete a sacar los boletos.* **SIN.** Entrada, localidad.

bólido (**bó**-li-do) *s. m.* Vehículo preparado para las carreras y que alcanza grandes velocidades. *El bólido atravesó la meta.*

bolígrafo (bo-**lí**-gra-fo) *s. m.* Utensilio para escribir que lleva en su interior un tubo de tinta y que termina en una pequeña bolita metálica que gira según se escribe. *Siempre escribe con bolígrafo azul.*

bolillo (bo-**li**-llo) *s. m.* Palito torneado usado para hacer encajes. *Sabe hacer encaje de bolillos.*

bollo[1] (**bo**-llo) *s. m.* Panecillo cocido al horno que está hecho con harina, azúcar, leche, huevos, etc. *Me encantan los bollos rellenos de crema.* **SIN.** Pastelillo.

bollo[2] (**bo**-llo) *s. m., fam.* *Abolladura.

bolo (**bo**-lo) *s. m.* **1.** Trozo de palo labrado que se sostiene de pie. *Quedaba un bolo en pie.* ‖ *s. m. pl.* **2.** Juego que consiste en poner en el suelo cierto número de bolos e intentar derribarlos arrojando sobre ellos una bola. *El día de la fiesta se celebró un concurso de bolos.*

bolsa[1] (**bol**-sa) *s. f.* **1.** Especie de saco que sirve para llevar o guardar alguna cosa. *Me han regalado por mi cumpleaños una bolsa de deporte.* **SIN.** Fardo, mochila, saca, macuto, zurrón. **2.** Abultamiento de la piel debajo de los ojos. *No había dormido bien y tenía muchas bolsas.* ‖ **3. bolsa de trabajo** Organismo que recibe las ofertas y peticiones de empleo.

bolsa[2] (**bol**-sa) *s. f.* **1.** Reunión oficial de los que operan con efectos públicos y establecimiento donde tienen lugar estas reuniones. *Visitamos el edificio de la bolsa.* **2.** Conjunto de operaciones con efectos públicos. *Invirtió en bolsa.* ‖ **LOC. bajar o subir la bolsa** Bajar o subir el precio de los valores sometidos a cotización en la misma bolsa.

bolsillo (bol-**si**-llo) *s. m.* **1.** Bolsa pequeña cosida a los pantalones y vestidos, en la que se puede guardar el dinero y otras pequeñas cosas. *Tengo un agujero en el bolsillo del pantalón.* ‖ **LOC. de bolsillo** Que tiene la forma y el tamaño adecuados para poder llevarse en el bolsillo. **meterse a alguien en el bolsillo** *fam.* Conseguir su apoyo. **rascarse el bolsillo** *fam.* Dar dinero de mala gana.

bolso (**bol**-so) *s. m.* **1.** *Bolsillo. *Siempre va con las manos en el bolso.* **2.** Bolsa para guardar la ropa u otras cosas cuando se va de viaje. *Necesito un bolso de viaje más grande.* **SIN.** Maleta, mochila. **3.** Bolsa de mano, pequeña y con una o dos asas, utilizada para llevar objetos de uso personal. *Llevaba el bolso con los zapatos a juego.*

bomba[1] (**bom**-ba) *s. f.* Máquina para extraer, elevar o impulsar agua u otro líquido. *Estaban sacando agua con la bomba.*

bomba[2] (**bom**-ba) *s. f.* **1.** Cualquier pieza hueca llena de material explosivo. *Desactivaron la bomba.* **SIN.**

bombacho - bonoloto

Granada, cóctel molotov, proyectil. || *adv. m.* **2.** *fam.* Muy bien, estupendamente. *Lo pasaremos bomba, ya verás.* || **3. bomba atómica** Artefacto explosivo y de enorme potencia destructora, en el que se utiliza la energía nuclear. || **LOC. caer como una bomba** *fam.* Causar sorpresa o desagrado.

bombacho (bom-**ba**-cho) *adj.* Se dice del pantalón ancho y ceñido por abajo. **GRA.** También s. m. *Se compró unos pantalones bombachos.*

bombardear (bom-bar-de-**ar**) *v. tr.* **1.** Disparar bombas desde un avión. *Bombardearon las posiciones enemigas.* **SIN.** Cañonear. **2.** *fam.* Acosar reiteradamente con preguntas a alguien en un breve espacio de tiempo. *Los periodistas le bombardearon con sus preguntas.* **SIN.** Hostigar, agobiar.

bombardeo (bom-bar-**de**-o) *s. m.* Acción de bombardear. *El bombardeo sobre la ciudad causó numerosas víctimas.* || **LOC. apuntarse a un bombardeo** Estar dispuesto siempre a participar en cualquier cosa, por arriesgada o disparatada que sea.

bombazo (bom-**ba**-zo) *s. m.* **1.** Explosión y estallido de una bomba. *Se oyó un bombazo.* **SIN.** Voladura, estruendo. **2.** Noticia inesperada y explosiva. *Esa boda va a ser un auténtico bombazo.*

bombear (bom-be-**ar**) *v. tr.* Elevar agua u otro líquido. *Estaban bombeando agua del pozo.*

bombero, ra (bom-**be**-ro) *s. m. y s. f.* **1.** Operario encargado de extinguir los incendios y prestar ayuda en caso de siniestro. *Los bomberos consiguieron controlar el incendio.* **2.** *Arg.* Explorador, espía.

bombilla (bom-**bi**-lla) *s. f.* Globo de cristal con un hilo adecuado en su interior que permite el paso de la corriente eléctrica, produciendo luz. *Se ha fundido la bombilla.* **SIN.** Lámpara.

bombín (bom-**bín**) *s. m., fam.* Sombrero en forma de hongo. *Siempre llevaba bombín.*

bombo (**bom**-bo) *s. m.* **1.** Tambor muy grande que se toca sólo con una maza. *Toca el bombo.* **2.** Músico que toca este instrumento. *Es un excelente bombo.* **3.** Alabanza exagerada con que se ensalza a alguien o se anuncia una cosa. *Le dio mucho bombo.* **SIN.** Elogio, encomio. || **LOC. a bombo y platillo** Con excesiva publicidad o propaganda.

bombón (bom-**bón**) *s. m.* **1.** Dulce de chocolate que puede estar relleno de licor o crema. *Como recompensa, mi madre me compró una caja de bombones.* **SIN.** Chocolatina. **2.** *fam.* Persona muy guapa y atractiva. *Ese chico es un auténtico bombón.*

bombona (bom-**bo**-na) *s. f.* Recipiente metálico, generalmente de forma cilíndrica, utilizado para contener gases. *Los submarinistas utilizan bombonas de oxígeno para poder respirar bajo el agua.*

bonachón, na (bo-na-**chón**) *adj., fam.* De carácter noble y amable. **GRA.** También s. m. y s. f. *Es una mujer muy bonachona.*

bonanza (bo-**nan**-za) *s. f.* **1.** Tiempo tranquilo o sereno en el mar. *Anunciaban bonanza.* **ANT.** Tempestad. **2.** *Prosperidad.

bondad (bon-**dad**) *s. f.* Natural inclinación de algunas personas para hacer el bien. *Juan es una persona de enorme bondad, siempre ayuda a todo el mundo.* **SIN.** Benignidad. **ANT.** Maldad, perversidad.

bonete (bo-**ne**-te) *s. m.* Gorro, generalmente de cuatro picos, usado por los eclesiásticos. *Ese sacerdote siempre llevaba bonete.*

bongo (**bon**-go) *s. m.* Especie de canoa usada por los indígenas de América Central.

bongó (bon-**gó**) *s. m., amer.* Instrumento musical caribeño de percusión, que consiste en un tubo de madera cubierto en su parte superior por un cuero de chivo y descubierto en su parte inferior. *Tocaba el bongó de maravilla.* ✎ Su pl. es "bongós".

boniato (bo-**nia**-to) *s. m.* *Batata.

bonificar (bo-ni-fi-**car**) *v. tr.* Conceder un aumento en una cantidad que alguien tiene que cobrar, o un descuento en la que tiene que pagar. *Les habían prometido que les bonificarían.* **SIN.** Descontar, rebajar, beneficiar. **ANT.** Aumentar, subir. ✎ Se conjuga como abarcar.

bonito[1] (bo-**ni**-to) *s. m.* Pez comestible de aguas templadas, semejante al atún, pero de menor tamaño. *Con el bonito se pueden hacer conservas.*

bonito[2] (bo-**ni**-to) *adj.* De aspecto agradable. *Ese cuadro es muy bonito.* **SIN.** Lindo, agraciado, hermoso. **ANT.** Feo, desagradable, deslucido.

bono (**bo**-no) *s. m.* **1.** Vale canjeable por artículos de consumo o por dinero. *Con el bono le hacían descuento en la tienda.* **SIN.** Tícket, cupón. **2.** Tarjeta de abono que da derecho a utilizar un servicio durante un número determinado de veces o durante cierto tiempo. *Sacó un bono para la piscina.* **3.** Título de deuda emitido generalmente por una tesorería pública, empresa industrial, etc. *Invirtió en bonos del Estado.*

bonobús (bo-no-**bús**) *s. m.* Tarjeta de abono que da derecho a realizar cierto número de viajes en un autobús. *Tiene un bonobús de estudiante.*

bonoloto (bo-no-**lo**-to) *s. f.* Variedad de la lotería primitiva que se sortea cinco días a la semana. *Tenía la sensación de que le iba a tocar la bonoloto.*

bonsái - borrasca

bonsái (bon-**sái**) *s. m.* Árbol de adorno, enano, sometido a una técnica de cultivo que impide su crecimiento normal. *Los bonsáis requieren muchos cuidados.* ✎ Su pl. es "bonsáis".

bonzo (bon-zo) *s. m.* Sacerdote o monje budista. Visitaron una escuela de bonzos. || **LOC. quemarse a lo bonzo** Rociarse el cuerpo con gasolina y prenderse fuego.

boñiga (bo-**ñi**-ga) *s. f.* Excremento del ganado vacuno y el semejante de otros animales. *El corral estaba lleno de boñigas.*

boom *s. m.* Crecimiento o éxito repentino e inesperado de cualquier actividad cultural, comercial, etc. *Se había producido un boom de la economía.* **SIN.** Auge, expansión, despegue. **ANT.** Fracaso, ruina. ☞ Se pronuncia [bum].

boomerang *s. m.* *Bumerán.

boquera (bo-**que**-ra) *s. f.* Herida en las comisuras de los labios de una persona. *Me ha salido una boquera.*

boquerón (bo-que-**rón**) *s. m.* Pez marino comestible parecido a la sardina, pero mucho más pequeño. *Comimos boquerones fritos.*

boquete (bo-**que**-te) *s. m.* Entrada estrecha de un lugar o paraje. *Había un gran boquete en la pared.* **SIN.** Orificio, angostura, embocadura, brecha.

boquiabierto, ta (bo-quia-**bier**-to) *adj.* Que está embobado mirando algo. *Se quedó boquiabierto al abrir el regalo.* **SIN.** Absorto, enajenado, patitieso.

boquilla (bo-**qui**-lla) *s. f.* **1.** Pieza por donde se sopla en ciertos instrumentos musicales. *Limpia la boquilla de la trompeta.* **2.** Parte de la pipa que se introduce en la boca. *La boquilla de la pipa está un poco atascada.* **3.** Tubo pequeño de materias diversas en uno de cuyos extremos se introduce el cigarrillo. *Fuma siempre con boquilla.* || **LOC. de boquilla** Sin verdadera intención de hacer lo que se dice.

borbotón (bor-bo-**tón**) *s. m.* Erupción que hace el agua de abajo a arriba. *Me salpicó un borbotón del agua que estaba calentando.* || **LOC. a borbotones** *fam.* Atropelladamente.

borda (bor-da) *s. f.* Parte superior del costado de un buque. *Se asomó por la borda.* || **LOC. echar o tirar por la borda** *fam.* Deshacerse irreflexivamente de algo o alguien.

bordado, da (bor-**da**-do) *adj.* **1.** Perfecto, acabado. *El trabajo le quedó bordado, no le faltaba detalle.* || *s. m.* **2.** Dibujo en relieve hecho con aguja e hilo. *El bordado de la colcha representa una flor.*

bordar (bor-**dar**) *v. tr.* **1.** Adornar una tela o piel con un bordado. *Bordó unos pañuelos con sus iniciales.* **2.** Hacer alguna cosa con arte y primor. *Bordó su trabajo sobre el medio ambiente.*

borde[1] (**bor**-de) *s. m.* Extremo u orilla de alguna cosa. *El borde de una acera se llama bordillo.* **SIN.** Canto, margen, límite. || **LOC. al borde de** Muy cerca.

borde[2] (**bor**-de) *adj., fam.* Arisco, de mal carácter. *Has sido un poco borde con él.*

bordear (bor-de-**ar**) *v. tr.* Andar por la orilla o borde. *Bordeamos el río.* **SIN.** Orillar, rodear.

bordillo (bor-**di**-llo) *s. m.* Borde de una acera. *Se cayó y se rompió las narices contra el bordillo.*

bordo, a *loc.* En la embarcación. *Los pasajeros subieron a bordo tarde, y el barco salió con retraso.*

boreal (bo-re-**al**) *adj.* Que pertenece o se refiere al Septentrión o Norte. *Aurora boreal.*

borla (**bor**-la) *s. f.* Conjunto de hebras sujetas por su mitad, que cuelgan en forma de cilindro o en figura de media bola. *Tejí una bufanda con borlas rojas.*

borra (**bo**-rra) *s. f.* **1.** Cordera de un año. *En el pueblo vimos una borra.* **2.** Parte más tosca y corta de la lana. *La borra no se puede utlizar para tejer, es demasiado áspera.* **3.** Pelos y pelusas que se usan para rellenar los cojines. *Trae más borra para rellenar estos cojines.*

borrachera (bo-rra-**che**-ra) *s. f.* Acción y efecto de emborracharse o de ingerir bebidas alcohólicas sin control. *Ha cogido una borrachera.* **SIN.** Embriaguez, curda, tajada, moña. **ANT.** Sobriedad.

borracho, cha (bo-**rra**-cho) *adj.* **1.** Embriagado por la bebida. **GRA.** También s. m. y s. f. *No deberías beber tanto, borracho te pones insoportable.* **SIN.** Beodo, bebido, ebrio. **ANT.** Sereno. **2.** Se dice del pastel, bizcocho, etc., empapado en vino, almíbar, etc. *Nos hizo unos pasteles borrachos deliciosos.*

borrador (bo-rra-**dor**) *s. m.* **1.** Escrito o redacción provisional en el que se hacen después adiciones, supresiones, correcciones, etc. *Tengo que corregir el borrador del trabajo, antes de pasarlo a limpio.* **2.** Utensilio que se usa para borrar lo escrito con tiza en una pizarra. *Me manché de tiza con el borrador.*

borrar (bo-**rrar**) *v. tr.* **1.** Hacer desaparecer lo escrito o dibujado con tinta, lápiz, etc. *Borró las últimas palabras.* **2.** Quitar a alguien de un lugar. **GRA.** También v. prnl. *Borró a María del equipo de baloncesto.*

borrasca (bo-**rras**-ca) *s. f.* **1.** Tempestad en el mar, causada por el ímpetu y violencia de los vientos. *La borrasca destrozó el muelle.* **2.** Tormenta o temporal fuerte en tierra. *Se está preparando una buena borrasca.* **3.** Riesgo o contratiempo en un negocio. *A pesar de la borrasca el negocio saldrá adelante.*

borrego - botín

borrego, ga (bo-**rre**-go) *s. m. y s. f.* **1.** Cordero o cordera de uno a dos años. *En la granja escuela dimos de comer a los borregos.* **2.** *fam.* Persona de poca personalidad e ignorante. **GRA.** También adj. *Pareces un borrego, todo el día viendo la televisión.*

borrico (bo-**rri**-co) *s. m.* **1.** Animal de carga. *Colocó el saco encima del borrico.* **SIN.** Burro, jumento, asno, pollino. **2.** *fam.* Persona muy necia. **GRA.** También adj. *No seas borrico y piensa un poco.* **SIN.** Corto, ignorante, zoquete. **ANT.** Lumbrera, genio, listo.

borrón (bo-**rrón**) *s. m.* **1.** Mancha de tinta que se hace en el papel. *El escrito tenía un borrón.* **2.** Imperfección que desluce o afea. *El suspenso fue un borrón en sus notas.* || **LOC. borrón y cuenta nueva** *fam.* Expresión que indica la intención de olvidar los hechos pasados y continuar como si nada hubiera ocurrido.

borroso, sa (bo-**rro**-so) *adj.* Se dice de lo que no se distingue con claridad. *Lo veía todo muy borroso.*

bosnio, nia (**bos**-nio) *adj.* Natural u originario de Bosnia-Herzegovina. *Conocí a un niño bosnio en el colegio.* **GRA.** También s. m. y s. f.

bosque (**bos**-que) *s. m.* Sitio poblado de árboles y matas espesas. *Un pinar es un bosque de pinos.* ☞ Ver ilustración pág. 148

bosquejar (bos-que-**jar**) *v. tr.* **1.** Pintar o modelar sin precisar los contornos. *Bosquejó unos bocetos de su próximo cuadro.* **2.** Explicar brevemente y de manera imprecisa un concepto o plan. *Bosquejó en pocas palabras el nuevo plan.*

bosquejo (bos-**que**-jo) *s. m.* **1.** Primer boceto de una obra plástica. *No es el cuadro final, sólo un bosquejo previo.* **2.** Idea vaga o general de una cosa. *Hizo un bosquejo del contenido del libro.*

bostezar (bos-te-**zar**) *v. intr.* Abrir la boca de forma involuntaria, con una inspiración y una expiración lentas y prolongadas, por efectos de sueño, el hambre o el cansancio. *Estaba tan cansado que no paraba de bostezar.* ✎ Se conjuga como abrazar.

bostezo (bos-**te**-zo) *s. m.* Acción de bostezar. *Dio un sonoro bostezo y se fue a acostar.*

bota[1] (**bo**-ta) *s. f.* Calzado, generalmente de piel, que cubre el pie y parte de la pierna. *Se puso las botas de agua porque llovía.* || **LOC. ponerse las botas** Beneficiarse o disfrutar mucho de algo.

bota[2] (**bo**-ta) *s. f.* Odre pequeño, que se llena de vino, agua u otro líquido, rematado en un cuello por donde se puede beber. *Pásame la bota, que tengo sed.*

botadura (bo-ta-**du**-ra) *s. f.* Acto de echar una embarcación al agua. *Fue madrina de una botadura.*

botafumeiro (bo-ta-fu-**mei**-ro) *s. m.* *Incensario.

botánica (bo-**tá**-ni-ca) *s. f.* Rama de la biología que estudia las plantas. *Sabe mucha botánica y jardinería.*

botánico, ca (bo-**tá**-ni-co) *adj.* **1.** Perteneciente o relativo a la botánica. *Jardín botánico.* || *s. m y s. f.* **2.** Persona especializada en la botánica. *Es botánico.*

botar (bo-**tar**) *v. tr.* **1.** Echar al agua un buque, después de construido, dejándolo resbalar por una rampa inclinada. *Han botado un yate.* **2.** Hacer saltar una pelota tirándola contra el suelo. *El niño botaba la pelota.* **3.** Arrojar o echar fuera a una persona o cosa. *Me botaron a la calle.* **SIN.** Tirar, expulsar. || *v. intr.* **4.** Saltar una pelota al chocar contra una superficie. *La pelota botó en la pared.* **5.** Manifestar alguien su alegría o enfado. *Botó de alegría.*

botarate (bo-ta-**ra**-te) *s. m., fam.* Persona insensata y de poco juicio. **GRA.** También adj. *No seas botarate.* **SIN.** Irreflexivo, atolondrado. **ANT.** Juicioso.

bote[1] (**bo**-te) *s. m.* **1.** Salto que da la pelota al chocar con el suelo. *El balón dio varios botes.* **SIN.** Rebote. **2.** Salto desde el suelo que da una persona, animal o cosa cualquiera. *Se asustó y pegó un bote.* || **LOC. a bote pronto** De improviso, a primera vista.

bote[2] (**bo**-te) *s. m.* **1.** Recipiente cilíndrico, generalmente de pequeño tamaño. *Acércame el bote de pimientos, por favor.* **SIN.** Frasco. **2.** Envase de alimentos en conserva. *Trae un bote de tomate.* **SIN.** Lata. || **LOC. chupar del bote** *fam.* Aprovecharse de un cargo, situación, etc. **ser alguien tonto del bote** *fam.* Ser muy tonto. **tener a alguien en el bote** *fam.* Haber ganado su voluntad y apoyo.

bote[3] (**bo**-te) *s. m.* **1.** Embarcación pequeña con remos y sin cubierta. *Salió a pescar en su bote.* **SIN.** Barca. || **2. bote salvavidas** El que llevan las embarcaciones para abandonarlas en caso de que haya dificultades o para rescatar a los náufragos.

bote, de bote en *loc. adv., fam.* Se dice de un sitio o local completamente lleno de gente. *El estadio estaba de bote en bote.*

botella (bo-**te**-lla) *s. f.* Vasija con el cuello estrecho que sirve para contener líquidos. *Saca la botella de agua del frigorífico.* **SIN.** Frasco, garrafa.

botellín (bo-te-**llín**) *s. m.* Botella pequeña. *Pidió un botellín de agua.*

botica (bo-**ti**-ca) *s. f.* *Farmacia.

botijo (bo-**ti**-jo) *s. m.* Vasija de barro poroso, con un asa en la parte superior, que se usa para mantener fresca el agua. Tiene una boca para llenarlo y un pitón para beber. *Llena el botijo de agua.*

botín[1] (bo-**tín**) *s. m.* Calzado de cuero, paño o lienzo, que cubre la parte superior del pie y parte de la

BOSQUE

- Pico carpintero
- Lobo
- Lechuza
- Ciervo
- Oso pardo
- Ardilla

NIVELES DE UN BOSQUE

- Bóveda
- Bóveda
- Arbustos
- Hierbas
- Subsuelo

pierna, a la que se ajusta con botones, hebillas o correas. *Se compró unos botines negros de ante.*

botín² (bo-**tín**) *s. m.* **1.** Bienes del enemigo que se repartían los soldados vencedores. *Los vencedores se repartieron el botín.* **SIN.** Saqueo, pillaje. **2.** Dinero u otros bienes que se obtiene de un robo, estafa, etc. *Los atracadores consiguieron un buen botín.*

botiquín (bo-ti-**quín**) *s. m.* **1.** Mueble, caja o maletín para guardar medicinas e instrumental de primeros auxilios. *El frasco de alcohol está en el botiquín.* **2.** Conjunto de estas medicinas. *Siempre lleva en el coche un botiquín muy completo.* **3.** Habitación donde se aplican los primeros auxilios. *Le curaron en el botiquín del colegio.*

botón (bo-**tón**) *s. m.* **1.** Pieza pequeña y de distintas formas que sirve para abrochar o adornar una prenda de vestir. *Se me cayó un botón de la chaqueta y lo perdí.* **2.** En los timbres pieza que, al oprimirla, cierra el circuito de la corriente eléctrica para que aquél suene. *Aprieta el botón.* **SIN.** Llamador. **3.** Yema de un vegetal. *Ya estaban saliendo botones en el árbol.* **SIN.** Brote, gema, renuevo. **4.** *amer.* Policía. || **5. botón de muestra** Ejemplo de algo.

botones (bo-**to**-nes) *s. m. y f.* Persona que en los hoteles y otros establecimientos hace los recados o encargos. *El botones fue a recoger el correo.* ✎ Invariable en número.

boulevard *s. m.* *Bulevar.

boutique *s. f.* **1.** Tienda de ropa de moda y de buena calidad. *Pasamos la tarde de boutique en boutique.* **2.** Por ext., tienda de productos selectos. *Han abierto una boutique de productos gastronómicos.* ✎ Su pl. es "boutiques". ☞ Se pronuncia [butík].

bóveda (**bó**-ve-da) *s. f.* **1.** Obra que sirve para cubrir el espacio comprendido entre dos muros o pilares. *Por culpa de un rayo se cayó la bóveda de la ermita.* **SIN.** Cúpula. || **2. bóveda celeste** El firmamento.

bóvido, da (**bó**-vi-do) *adj.* Se dice de los mamíferos rumiantes, con cuernos óseos y desprovistos de incisivos en la mandíbula superior. **GRA.** También s. m. *La cabra, el toro y los búfalos son bóvidos.*

bovino, na (bo-**vi**-no) *adj.* Se dice de todo mamífero rumiante, de cuerpo grande y robusto, cuernos lisos, hocico ancho y cola larga con un mechón en el extremo. **GRA.** También s. m. *Los bovinos son animales domesticables.*

boxeador (bo-xe-a-**dor**) *s. m.* Persona que se dedica al boxeo. *Fue un famoso boxeador.*

boxear (bo-xe-**ar**) *v. tr.* Practicar el boxeo. *Le gustaba boxear.*

boxeo (bo-**xe**-o) *s. m.* Deporte que consiste en la lucha de dos púgiles o boxeadores con las manos enfundadas en guantes especiales, de acuerdo con unas reglas determinadas. *Vimos un combate de boxeo.* **SIN.** Pugilato, combate, lucha.

boya (**bo**-ya) *s. f.* Cuerpo flotante, sujeto al fondo del mar, de un lago, etc., que se coloca como señal indicadora de sitio peligroso. *Estaban delimitando la zona con boyas.* **SIN.** Baliza, señal.

boyante (bo-**yan**-te) *adj.* Que tiene fortuna o felicidad creciente. *Se le presenta un futuro muy boyante.* **SIN.** Acomodado, afortunado, próspero.

boy scout *s. m.* *Scout.

bozal (bo-**zal**) *s. m.* Aparato que se pone en la boca a algunos animales para que no muerdan. *Cuando saca el perro a pasear siempre le pone el bozal.*

bracero, ra (bra-**ce**-ro) *adj.* Se dice de la persona que ofrece su trabajo a cambio de un jornal. *Los braceros trabajaban de sol a sol en las plantaciones de café.* **SIN.** Faenero, peón, trabajador.

bráctea (**brác**-te-a) *s. f.* Hoja pequeña que nace del pedúnculo de las flores de ciertas plantas. *Las brácteas suelen ser más pequeñas que las hojas normales.*

braga (**bra**-ga) *s. f.* **1.** Prenda interior que usan las mujeres y los niños pequeños, y que cubre desde la cintura hasta el comienzo de las piernas, con aberturas para el paso de éstas. **GRA.** Se usa más en pl. *Ponle la braguita a la niña.* **2.** *fam.* Lo que se considera de poco valor o calidad. *Esta novela es una braga.* || **LOC. en bragas** *fam.* Sin estar preparado para poder hacer frente a una determinada situación. **estar algo hecho una braga** *fam.* Estar muy viejo o estropeado.

bragueta (bra-**gue**-ta) *s. f.* Abertura delantera del pantalón. *Se me ha descosido la bragueta.*

bramar (bra-**mar**) *v. intr.* **1.** Dar ciertos gritos los animales. *Las vacas bramaban en el establo.* **SIN.** Mugir, bufar, gruñir. **2.** Hacer ruido el mar, el viento, etc. *El viento bramaba en aquella lluviosa tarde de invierno.* **3.** Manifestar con voces una protesta. *Cuando se lo dijeron se puso a bramar como un loco.* **SIN.** Vociferar, chillar, aullar.

brandy (**bran**-dy) *s. m.* Nombre comercial que, por razones legales, reciben los distintos tipos de coñac elaborados fuera de Francia y otros aguardientes. *Nos ofreció un brandy.* ✎ Su pl. es "brandys".

branquia (**bran**-quia) *s. f.* Órgano respiratorio de muchos animales acuáticos. **GRA.** Se usa más en pl. *Los peces respiran por medio de las branquias.* **SIN.** Agalla.

branquial - bregar

branquial (bran-**quial**) *adj.* Que pertenece o se refiere a las branquias. *Respiración branquial.* ☞ No debe confundirse con "braquial".

braquial (bra-**quial**) *adj.* Que pertenece o se refiere al brazo. *Músculo braquial.* ☞ No debe confundirse con "branquial".

braquiópodo, da (bra-**quió**-po-do) *adj.* Se dice del animal invertebrado marino cuyo cuerpo se encuentra entre dos conchas unidas. **GRA.** También s. m. *De los braquiópodos se conocen más de 7 000 especies fósiles.*

brasa (**bra**-sa) *s. f.* Leña o carbón encendido e incandescente. *Quedaban aún más brasas en la lumbre.* **SIN.** Ascua, rescoldo. || **LOC. a la brasa** Cocinado directamente al fuego o con una parrilla.

brasero (bra-**se**-ro) *s. m.* Pieza metálica, honda y circular, para poner lumbre. *Hay braseros que funcionan con energía eléctrica.* **SIN.** Estufa, estufilla.

bravata (bra-**va**-ta) *s. f.* Amenaza hecha con arrogancia para intimidar a alguien. *No me importan tus bravatas, no conseguirás que cambie de opinión.* **SIN.** Bravuconada, desafío, provocación.

bravío, vía (bra-**ví**-o) *adj.* **1.** Se dice del animal con fiereza y bravura. *Salió un toro muy bravío.* **SIN.** Montaraz, indómito, fiero, salvaje. **ANT.** Domado, domesticado, manso, dócil. **2.** Se dice de los árboles y plantas silvestres. *La finca estaba llena de cerezos bravíos.* **ANT.** Fértil, de cultivo. **3.** Se dice de la persona valiente y decidida. *Era una persona muy bravía.* **SIN.** Audaz, intrépido, corajudo. **ANT.** Cobarde, tímido, apocado. **4.** Se dice del mar embravecido. *El mar estaba bravío.*

bravo, va (**bra**-vo) *adj.* **1.** Se dice de la persona que actúa con audacia y arrojo. *Es muy brava, no le teme a nada.* **SIN.** Valeroso, animoso, valiente, atrevido, intrépido. **ANT.** Cobarde, gallina, tímido, indeciso, irresoluto. **2.** Se dice del mar y, en general, de las aguas que están revueltas. *Con el deshielo, el río bajaba muy bravo y había peligro de que se desbordara.* **SIN.** Embravecido, alborotado, agitado. **ANT.** Calmado. **3.** Hablando de animales, fiero o feroz. *Se dedicaba a la cría de toros bravos.* **ANT.** Manso, domado. **4.** Enojado, enfadado. *Vino muy bravo.* **SIN.** Furioso, airado, violento. **5.** *Cub.* Ambicioso. || *interj.* **6.** ¡bravo! Se emplea para animar. || **LOC. a, o por, las bravas** *fam.* Por la fuerza.

bravucón, na (bra-vu-**cón**) *adj., fam.* Que presume de valiente. **GRA.** También s. m. y s. f. *Eres un poco bravucón.* **SIN.** Valentón, fanfarrón, fantasma, perdonavidas. **ANT.** Moderado, prudente, tímido.

braza (**bra**-za) *s. f.* Estilo de natación que consiste en nadar boca abajo moviendo simultáneamente los brazos de adelante a atrás, a la vez que se estiran y encogen las piernas. *Consiguió el segundo puesto en braza.*

brazada (bra-**za**-da) *s. f.* **1.** Porción de algo que se abarca con los brazos. *Traía una brazada de hierba.* **2.** Movimiento del brazo para avanzar dentro del agua. *Con pocas brazadas atravesó el río.*

brazalete (bra-za-**le**-te) *s. m.* Aro de adorno que se lleva en el brazo, un poco más arriba de la muñeca. *Llevaba un brazalete de plata.* **SIN.** Pulsera, esclava.

brazo (**bra**-zo) *s. m.* **1.** Cada uno de los dos miembros anteriores del cuerpo que comprende desde el hombro a la extremidad de la mano. *Levantó el brazo para saludar.* **SIN.** Extremidad, remo. **2.** Cada una de las partes largas y estrechas de los sillones donde se pueden apoyar los brazos. *Los brazos del sillón que acabamos de comprar son muy cómodos.* || **3. brazo armado** Facción violenta de un grupo político. **4. brazo de gitano** Dulce que se hace con una capa delgada de bizcocho, sobre la que se echa crema, que se enrolla en forma de cilindro. **5. brazo de mar** Canal marino que penetra en la tierra. || **LOC. a brazo partido** Con toda la fuerza posible. **con los brazos abiertos** Con agrado y cariño. **cruzarse de brazos, o estar de brazos cruzados** Estar o quedarse sin hacer nada o sin intervenir en el asunto que debiera. **de brazos caídos** sin hacer nada **no dar alguien su brazo a torcer** No ceder en su decisión u opinión.

brea (**bre**-a) *s. f.* Líquido aceitoso y oscuro que se obtiene de la destilación de la hulla o de la madera. *Estaban echando brea en la carretera.*

brebaje (bre-**ba**-je) *s. m.* Bebida cuyos ingredientes tienen un sabor desagradable. *Preparó un brebaje intragable.* **SIN.** Bebistrajo, pócima, potingue.

brecha (**bre**-cha) *s. f.* **1.** Cualquier abertura hecha en una pared. *Aquel edificio estaba lleno de brechas.* **SIN.** Boquete, quebradura, grieta, raja. **2.** Herida, especialmente en la cabeza. *Se cayó al suelo y se hizo una brecha.* || **LOC. estar alguien siempre en la brecha** Estar siempre dispuesto a defender un negocio o interés.

brécol (**bré**-col) *s. m.* Col similar a la coliflor, pero de color verde con flores amarillas. **GRA.** Se usa más en pl. *Comimos brécol con besamel.* **SIN.** Brócoli.

bregar (bre-**gar**) *v. intr.* **1.** Trabajar afanosamente. *Bregó mucho para sacar adelante a su familia.* **SIN.** Afanarse, esforzarse. **ANT.** Ceder, vaguear. **2.** Forcejear unos con otros. *Los dos jugadores bregaron por la pelota y uno acabó lesionado.* **SIN.** Batallar, contender, luchar. 🖎 Se conjuga como ahogar.

breva (**bre**-va) *s. f.* **1.** Fruto de la higuera. *Vimos una higuera cargada de brevas.* **2.** *amer.* Tabaco en rama masticable. ‖ **LOC. no caerá esa breva** Expresión que denota la falta de esperanza de lograr algo que se desea especialmente.

breve (**bre**-ve) *adj.* De corta extensión o duración. *El examen de matemáticas fue muy breve.* **SIN.** Corto, sucinto, sumario, compendioso, reducido. **ANT.** Largo, extenso, duradero, prolongado. ‖ **LOC. en breve** Dentro de muy poco tiempo.

breviario (bre-**via**-rio) *s. m.* **1.** Libro que contiene el rezo eclesiástico de todo el año. *Guardó el recordatorio en su breviario.* **2.** Compendio. *Al final había un breviario de palabras técnicas.*

brezo (**bre**-zo) *s. m.* Arbusto de madera dura y raíces gruesas que sirven para hacer carbón de fragua y pipas para fumar. *Le regalaron una pipa de madera de brezo.*

bribón, na (bri-**bón**) *adj.* **1.** Se dice de la persona holgazana. **GRA.** También s. m. y s. f. *Está hecho un bribón.* **SIN.** Vago. **ANT.** Aplicado, trabajador. **2.** Pícaro, pillo. **GRA.** También s. m. y s. f. *¡Cómo nos engañó la muy bribona!* **SIN.** Canalla, ruin, bellaco. **ANT.** Honorable, respetable, honrado, digno.

bricolaje (bri-co-**la**-je) *s. m.* Conjunto de actividades de carpintería, electricidad, fontanería, etc. que una persona realiza en su propia vivienda, sin necesidad de acudir a un profesional. *En su tiempo libre se dedicaba al bricolaje.* 🖎 "Bricolage" es un vulgarismo.

brida (**bri**-da) *s. f.* Conjunto del correaje que lleva el caballo en la cabeza. *Ponle la brida al caballo.* **SIN.** Rienda, correa, ramal.

bridge *s. m.* Juego de naipes con la baraja francesa, que se juega entre dos parejas. *Jugaba al bridge.*

brigada (bri-**ga**-da) *s. f.* **1.** Categoría militar superior dentro de la clase de suboficial. *Era brigada.* **2.** Grupo de trabajadores. *Una brigada de diez obreros trabaja en la carretera.* **3.** Grupo de personas que va a socorrer a alguien. *Acudió la brigada contra incendios.*

brillante (bri-**llan**-te) *adj.* **1.** Que despide rayos de luz. *Llevaba los zapatos brillantes.* **SIN.** Resplandeciente, refulgente, reluciente, luminoso, fulgurante. **ANT.** Apagado, opaco, deslucido. **2.** Se dice de la persona que sobresale sobre los demás. *Es un alumno muy brillante.* **SIN.** Admirable, sobresaliente, excelente, superior.

brillantina (bri-llan-**ti**-na) *s. f.* Cosmético para dar brillo al cabello. *Se echó brillantina.*

brillar (bri-**llar**) *v. intr.* **1.** Resplandecer, despedir luz como las estrellas. *La luz de la Luna hacía brillar el agua.* **SIN.** Centellear, refulgir, espejear, relucir, relumbrar. **ANT.** Apagarse. **2.** Sobresalir en belleza, talento, etc. *Cuando estuvo en la universidad brilló por sus notas.* **SIN.** Destacar, figurar, descollar, señalarse. **ANT.** Empañar, deslucir.

brillo (**bri**-llo) *s. m.* **1.** Reflejo luminoso que despiden algunas cosas. *El diamante tiene mucho brillo.* **SIN.** Brillantez, centelleo, chispeo, fulgor, resplandor. **ANT.** Opacidad, oscuridad. **2.** Lucimiento, gloria. *Era una novelista de mucho brillo.* **SIN.** Realce, fama, notoriedad. **ANT.** Anonimato.

brincar (brin-**car**) *v. intr.* Dar brincos o saltos. *Las cabras brincaban por el monte.* **SIN.** Saltar, botar. 🖎 Se conjuga como abarcar.

brinco (**brin**-co) *s. m.* Movimiento que se hace impulsando el cuerpo hacia arriba y levantando los pies del suelo con ligereza. *Pegó un brinco.* **SIN.** Salto, bote, pirueta. ‖ **LOC. dar, o pegar, brincos de alegría** *fam.* Estar muy contento.

brindar (brin-**dar**) *v. intr.* **1.** Desear algo bueno al mismo tiempo que se levanta una copa. *Brindo porque volvamos a vernos.* ‖ *v. tr.* **2.** Dedicar u ofrecer un logro personal a alguien. *Brindó la victoria del partido a su madre.* ‖ *v. prnl.* **3.** Ofrecerse alguien para hacer un trabajo o favor. *Mi amigo se brindó a pintar la casa conmigo.* **SIN.** Prestarse. **ANT.** Negarse.

brindis (**brin**-dis) *s. m.* **1.** Acción de brindar. *Hicimos un brindis por su éxito.* **2.** Lo que se dice al brindar. *Se puso un poco pesado con el brindis.* 🖎 Invariable en número.

brío (**brí**-o) *s. m.* **1.** Fuerza grande para hacer algo. *Aquel caballo tenía mucho brío y saltaba muy bien.* **SIN.** Poder, fortaleza, arranque, potencia. **ANT.** Debilidad, endeblez. **2.** Cualidad que mueve a llevar adelante cualquier empresa. *Luchaba por conseguirlo con mucho brío.* **SIN.** Valor, ánimo, decisión, resolución. **ANT.** Decaimiento, desaliento, cansancio.

brioche *s. m.* Panecillo dulce, elaborado con harina, levadura, huevo y azúcar. *Desayunó café con leche y brioche.* ☞ Es una palabra francesa de uso extendido en repostería.

briofitas (brio-**fi**-tas) *s. f. pl.* Plantas con esporas que, a diferencia de las pteridofitas, carecen de tallo. *Los musgos son una clase de las briofitas.*

brisa (**bri**-sa) *s. f.* **1.** Airecillo que en las costas viene del mar durante el día y de la tierra durante la noche. *Soplaba una fuerte brisa.* **2.** Viento suave. *La brisa era muy agradable.* **3.** *fam., Cub.* Apetito.

brisca (**bris**-ca) *s. f.* Juego de naipes en el que se reparten tres cartas a cada jugador y se descubre otra que indica el palo de triunfo, ganando el que consiga más puntos. *Echaron una partida a la brisca.*

brizna (**briz**-na) *s. f.* Hebra de plantas y frutos, etc. *Una brizna de paja se enredó en mi pelo.* **SIN.** Hilo.

broca (**bro**-ca) *s. f.* Instrumento que sirve para hacer agujeros. *Pon una broca más gruesa en el taladro.*

brocado (bro-**ca**-do) *s. m.* Tela de seda entretejida con oro o plata. *El vestido llevaba bonitos brocados como adorno.*

brocha (**bro**-cha) *s. f.* Escobilla de cerda atada al extremo de un mango, que sirve para pintar. *Compra una brocha estrecha para pintar la ventana.* **SIN.** Pincel. ‖ **LOC. de brocha gorda** Se dice del pintor y de la pintura de puertas, ventanas, etc.

broche (**bro**-che) *s. m.* **1.** Conjunto de dos piezas de metal u otra materia, una de las cuales encaja o engancha en la otra. *Se me estropeó el broche del bolso.* **SIN.** Cierre, corchete. **2.** Joya en forma de alfiler para adornar prendas de vestir. *Llevaba un broche en la solapa de la chaqueta.* **SIN.** Hebilla, pasador. ‖ **LOC. broche de oro** Final feliz y brillante de un acto público, discusión, reunión, etc.

brochette *s. f.* Varilla o aguja de metal, en la que se ensartan trozos de carne, pescado, etc., para asar a la parrilla, y asado que resulta. *Brochette de carne.*

brócoli (**bró**-co-li) *s. m.* *Brécol.

broma (**bro**-ma) *s. f.* **1.** Lo que hace o dice alguien para engañar sin mala intención. *Su hermano le despertó una hora antes para gastarle una broma.* **SIN.** Cachondeo, chanza, guasa. **ANT.** Seriedad, gravedad. **2.** Diversión. *En la fiesta, todos estaban contentos y de broma.* **SIN.** Cachondeo, mofa, guasa.

bromear (bro-me-**ar**) *v. intr.* Usar bromas o chanzas. *Le gusta bromear con los demás.* **SIN.** Divertirse, jaranear, burlarse, guasearse, pitorrearse.

bromista (bro-**mis**-ta) *adj.* Aficionado a gastar bromas. **GRA.** También s. m. y s. f. *Su amigo es muy bromista.* **SIN.** Burlón, guasón. **ANT.** Serio, circunspecto.

bromo (**bro**-mo) *s. m.* Metal líquido venenoso, de color rojo pardusco y olor fuerte y repugnante. *El símbolo del bromo es Br.*

bronca (**bron**-ca) *s. f.* **1.** *fam.* Riña o disputa entre varias personas. *Cuando pasamos, había bronca en la calle.* **SIN.** Trifulca, pelotera, gresca. **ANT.** Armonía. **2.** *fam.* Reprensión dura. *Le echaron una buena bronca en su casa por llegar tarde.* **SIN.** Regañi-na, reprimenda. **3.** *fam.* Manifestación pública y ruidosa de desagrado en un espectáculo, especialmente en los toros. *El árbitro recibió una buena bronca de los espectadores.* **SIN.** Protesta.

bronce (**bron**-ce) *s. m.* **1.** Metal de color amarillo rojizo que resulta de la aleación o mezcla del cobre con el estaño. *Le dedicaron un busto de bronce.* **2.** Medalla de esta materia que se concede al que se clasifica en tercer lugar en una competición, generalmente deportiva. *Ganó el bronce.*

bronceador (bron-ce-a-**dor**) *s. m.* Producto cosmético que favorece el bronceado de la piel. *Utiliza un bronceador de alta protección.* **SIN.** Protector, filtro.

broncear (bron-ce-**ar**) *v. tr.* **1.** Dar a algo color de bronce. *Broncearon el jarrón.* **2.** Tomar color moreno la piel debido a la acción del sol. **GRA.** También v. prnl. *Les encantaba broncearse en la playa.* **SIN.** Curtir(se), dorar(se).

bronconeumonía (bron-co-neu-mo-**ní**-a) *s. f.* Inflamación de los bronquios y los pulmones. *Cogió frío y tuvo una fuerte bronconeumonía.*

bronquio (**bron**-quio) *s. m.* Cada uno de los dos conductos en que se divide la tráquea al llegar a los pulmones. **GRA.** Se usa más en pl. *El tabaco es perjudicial para los bronquios.*

bronquiolo (bron-**quio**-lo) *s. m.* Cada una de las pequeñas ramificaciones en que se dividen los bronquios dentro de los pulmones. **GRA.** Se usa más en pl. *Los bronquiolos terminan en los alveolos.* También "bronquíolo".

bronquitis (bron-**qui**-tis) *s. f.* Inflamación de la membrana mucosa de los bronquios. *Tenía bronquitis a causa del tabaco.* Invariable en número.

broquel (bro-**quel**) *s. m.* **1.** Escudo, arma defensiva. *El soldado llevaba un broquel.* **2.** Defensa o amparo. *Le sirvió de broquel.* **SIN.** Protección.

brotar (bro-**tar**) *v. intr.* **1.** Empezar a manifestarse alguna cosa. *Ya brotaban las primeras protestas.* **SIN.** Manar, salir, aparecer, emerger. **2.** Comenzar a salir agua de un manantial o pozo. *El agua brota detrás de esa roca.* **SIN.** Manar, surtir. **3.** Echar nuevas hojas o brotes las plantas. *En primavera brotan las hojas de los árboles.* **SIN.** Germinar. **4.** Salir en la piel granos, viruelas, etc. **GRA.** También v. prnl. *Algo le hizo daño y se brotó toda la cara.*

broza (**bro**-za) *s. f.* **1.** Conjunto de hojas, ramas y otros despojos de las plantas. *La orilla del prado estaba llena de broza.* **SIN.** Hojarasca, maleza, matojos. **2.** Desperdicios o cosas inútiles. *Barre esas brozas del suelo.* **SIN.** Deshecho, restos, residuos.

bruces, a o de *loc. adv.* Boca abajo. *Se cayó de bruces.* ‖ **LOC. darse de bruces con algo o alguien** *fam.* Encontrarse de frente e inesperadamente con alguien o algo.

brujo, ja (**bru**-jo) *s. m. y s. f.* Persona que, según la superstición popular, tiene un pacto con el diablo y por medio de éste hace cosas extraordinarias. *Los habitantes del lugar decían que era brujo.* **SIN.** Hechicero, mago, adivino, encantador.

brújula (**brú**-ju-la) *s. f.* Instrumento formado por una aguja imantada que marca la dirección norte-sur. *Cuando va al monte lleva la brújula para orientarse.*

brujulear (bru-ju-le-**ar**) *v. intr.* Buscar con rapidez y por varios caminos el logro de algo. *Le gusta mucho brujulear.* **SIN.** Intrigar, acechar, bullir, zascandilear.

bruma (**bru**-ma) *s. f.* **1.** Niebla, y especialmente la que se forma sobre el mar. *El barco apenas podía navegar entre la densa bruma.* **SIN.** Neblina. **ANT.** Claridad. **2.** Confusión que no deja ver las cosas o los negocios. *Entre tanta bruma no era capaz de tomar una decisión.* **SIN.** Sombra, oscuridad, perplejidad. **ANT.** Claridad.

bruñir (bru-**ñir**) *v. tr.* **1.** Sacar lustre o brillo a una cosa, como metal, piedra, etc. *Estaba bruñendo el jarrón de bronce.* **SIN.** Abrillantar, pulir, acicalar, charolar. **2.** *Guat.* Fastidiar.

bruño (**bru**-ño) *s. m.* Ciruela negra y su árbol. *En la huerta tenían bruños.*

brusco, ca (**brus**-co) *adj.* **1.** Falto de afabilidad o suavidad. *Tu comportamiento ha sido brusco.* **SIN.** Desapacible, descortés, áspero, rudo, grosero, violento. **ANT.** Suave, apacible, discreto, cortés. **2.** Que ocurre impensada y rápidamente. *Cambio brusco.* **SIN.** Súbito, pronto, imprevisto, repentino, rápido. **ANT.** Paulatino, pausado.

brutal (bru-**tal**) *adj.* Grande, enorme o exagerado en su tamaño, calidad o cualidad. *Fue una impresión brutal.* **SIN.** Bestial, colosal, formidable, estupendo.

bruto, ta (**bru**-to) *adj.* **1.** Que una obra sin pensar o que es corto de inteligencia. **GRA.** También s. m. y s. f. *Es un poco bruto.* **SIN.** Incapaz, tonto, rudo, irracional. **ANT.** Diligente, avispado, listo, inteligente. **2.** Que tiene los modales poco finos. *No deberías ser tan bruta.* **SIN.** Grosero, brusco, rudo. **ANT.** Educado, suave, pulido. ‖ *s. m.* **3.** Animal cuadrúpedo. *Cargaron los sacos en los brutos.* **SIN.** Bestia. ‖ **LOC. en bruto** Sin pulir, sin labrar. | Se dice del peso de la mercancía sin descontar la tara, en oposición a peso neto. | Se dice de una cantidad sin descuentos.

bucal (bu-**cal**) *adj.* Que pertenece o se refiere a la boca. *Tenía una infección bucal.* **SIN.** Oral.

búcaro (**bú**-ca-ro) *s. m.* Vasija hecha de tierra roja arcillosa. *Les regalamos un búcaro.*

bucear (bu-ce-**ar**) *v. intr.* **1.** Nadar bajo el agua. *Le gusta bucear en el mar.* **SIN.** Sumergirse. **2.** Investigar sobre algo. *El comisario buceó en el tema.*

buche (**bu**-che) *s. m.* **1.** Bolsa membranosa que comunica con el esófago de las aves, en la cual se almacena el alimento. *Las palomas tienen el buche muy desarrollado.* **SIN.** Papo. **2.** *fam.* Estómago de la personas. *Estás echando mucho buche.* **3.** *Cub.* Sombrero de copa. ‖ **LOC. guardar, o tener, algo en el buche** Ocultarlo, callarlo.

buchinche (bu-**chin**-che) *s. m.* **1.** Cuarto pequeño y sucio. *No le gustaba estar en aquel buchinche.* **SIN.** Pocilga, cuchitril. **2.** *Cub.* Cafetucho, taberna.

bucle (**bu**-cle) *s. m.* Rizo del cabello en forma helicoidal. *Sobre la frente le caía un gracioso bucle.* **SIN.** Caracolillo, tirabuzón, sortijilla.

bucólico, ca (bu-**có**-li-co) *adj.* **1.** Que pertenece o se refiere a la poesía que trata el tema de la vida pastoril. *Género bucólico.* **SIN.** Eglógico, pastoril, campestre, agreste. **2.** Se dice del poeta que cultiva este género de poesía. **GRA.** También s. m. y s. f. *Virgilio es un poeta bucólico.* **SIN.** Pastoral, pastoril.

budín (bu-**dín**) *s. m.* *Pudín.

budismo (bu-**dis**-mo) *s. m.* Doctrina religiosa y filosófica fundada en la India por Buda en el s. VI a. C.

buen *adj.* Apócope de bueno. **GRA.** Se usa precediendo a un s. m. sing. o a un v. en inf. *Tenemos buen tiempo.*

buenaventura (bue-na-ven-**tu**-ra) *s. f.* **1.** Buena suerte, dicha de alguien. *La buenaventura hizo que nos encontrásemos.* **2.** Adivinación supersticiosa que hacen las gitanas de la suerte de las personas, especialmente leyendo las líneas de la palma de la mano. *Cuando fuimos a Sevilla una gitana nos echó la buenaventura.* **SIN.** Auspicio, augurio, predicción.

bueno, na (**bue**-no) *adj.* **1.** Se dice de la persona que hace el bien. *Mi hermana es muy buena, siempre cuida de mi abuelita.* **SIN.** Bondadoso, indulgente, benévolo, caritativo, afable. **ANT.** Malo. **2.** Se aplica a lo que conviene. *El perro es bueno para guiar a los ciegos.* **SIN.** Útil, provechoso. **ANT.** Inútil. **3.** Que causa gusto o placer. *Vimos una buena película.* **SIN.** Gustoso, divertido, agradable. **ANT.** Desagradable, aburrido. **4.** Que no padece enfermedad. *Ya está bueno.* **SIN.** Fuerte, robusto, sano. **ANT.** Enfermo, malucho. **5.** Irónicamente, se dice de la persona

buey - bulla

simple y de las cosas extrañas o chocantes. **SIN.** Simple, inocente, bonachón. **ANT.** Astuto, retorcido, malo. **6.** No deteriorado y que puede servir. *Aún está bueno.* **SIN.** Utilizable, aprovechable. **ANT.** Inservible, deteriorado. ‖ **LOC. a la buena de Dios** De cualquier forma, sin ningún esmero. **¡buenas!** Expresión que se usa como saludo. **de buenas** *fam.* De buen humor, alegre y complaciente. **GRA.** Se usa más con los v. "hallarse" y "estar". **de buenas a primeras** A primera vista, al comienzo, de repente. **estar bueno o buena alguna persona** *fam.* Ser guapo, tener un cuerpo atractivo. **por las buenas** Con agrado. | De repente. **¡estaría bueno!** Expresa la decisión de una persona de no tolerar algo.

buey *s. m.* Toro castrado o capado. *Dos bueyes tiraban de un carro.* ‖ **LOC. el buey solo bien se lame** *fam.* Expresión que exalta la libertad del soltero. ✎ Su pl. es "bueyes".

búfalo (**bú**-fa-lo) *s. m.* Rumiante salvaje parecido al toro, que tiene los cuernos vueltos hacia atrás. Se distinguen dos especies principales: el africano y el asiático. *Unos búfalos corrían por la llanura.*

bufanda (bu-**fan**-da) *s. f.* Prenda con que se abriga el cuello y la parte inferior de la boca. *Ponte la bufanda que hace mucho frío.* **SIN.** Tapabocas, cubrecuello, pasamontañas.

bufar (bu-**far**) *v. intr.* **1.** Dar soplidos con ira y furor los animales. *El toro salió bufando.* **SIN.** Bramar, gruñir, jadear, resoplar. **2.** *fam.* Manifestar una persona su enojo. *Se puso a bufar.* **SIN.** Refunfuñar, rezongar, gruñir.

bufé (bu-**fé**) *s. m.* Comida, en reuniones o celebraciones, en la que todos los alimentos y bebidas se disponen a la vez en la mesa, para que los asistentes puedan escoger lo que prefieran. *Estaban invitados a un bufé.* ✎ Su pl. es "bufés".

bufete (bu-**fe**-te) *s. m.* **1.** Despacho de un abogado. *Abrió un bufete.* **SIN.** Oficina, estudio. **2.** Mesa de escribir con cajones. *Está trabajando en su bufete.* **SIN.** Buró, escritorio. **3.** *Nic.* Armario para guardar los utensilios de cocina.

bufido (bu-**fi**-do) *s. m.* **1.** Voz del animal que bufa. *El toro dio un bufido.* **SIN.** Bramido, resoplido. **2.** *fam.* Expresión de enojo o enfado. *Llegó dando bufidos.*

bufón, na (bu-**fón**) *s. m. y s. f.* Payaso que se dedica a hacer reír. *En la Edad Media las cortes tenían bufones.* **SIN.** Chistoso, juglar, chancero, bromista.

bufonearse (bu-fo-ne-**ar**-se) *v. prnl.* Burlarse de alguien. **GRA.** También v. intr. *Se bufoneó cuanto quiso.* **SIN.** Chotearse, chancearse, mofarse.

buhardilla (buhar-**di**-lla) *s. f.* **1.** *Desván. **SIN.** Ático. **ANT.** Sótano. **2.** Ventana encima de los tejados de las casas para dar luz a los desvanes, o salir por ella a los tejados. *Una débil luz entraba por la buhardilla.*

búho (**bú**-ho) *s. m.* **1.** Ave rapaz nocturna, de vuelo silencioso, color rojo y negro, ojos grandes y pico corvo. *Los búhos tienen una vista muy aguda y un excelente oído.* **2.** *fam.* Persona huraña y retraída que parece que se esconde de la gente. *Sus amigos le tachaban de búho.* **SIN.** Huraño, misántropo, solitario. **3.** *fam.* Autobús urbano especial que circula durante la noche. *Cogió el búho.*

buitre (**bui**-tre) *s. m.* **1.** Ave rapaz de gran tamaño que se alimenta de carne muerta y vive en bandadas. *Unos buitres estaban comiendo una oveja muerta.* **SIN.** Quebrantahuesos. **2.** *fam.* Persona que se aprovecha de la desgracia de otra. *¡Menudo buitre!*

buitrón (bui-**trón**) *s. m.* **1.** Red que se utiliza para cazar perdices. *Colocó el buitrón.* **2.** Arte de pesca en forma de cono prolongado donde entran los peces y no pueden salir. *Se dedica a la pesca con buitrón.*

bujía (bu-**jí**-a) *s. f.* Dispositivo o pieza de los motores de explosión para producir la chispa. *Limpia las bujías del coche.*

bula (**bu**-la) *s. f.* Documento pontificio por el que el Papa concedía algún privilegio. *Tenían una bula para los viernes de Cuaresma.* **SIN.** Pastoral, encíclica, concesión. ‖ **LOC. tener bula para algo** *fam.* Contar con facilidades para hacer o conseguir algo que se ha negado a los demás.

bulbo (**bul**-bo) *s. m.* Tallo subterráneo de algunas plantas. *En el bulbo se almacena el alimento.*

buldog *s. m.* Raza de perro de presa. *Un buldog guardaba la entrada de la finca.*

bulerías (bu-le-**rí**-as) *s. f. pl.* Cante y baile popular andaluz acompañado con palmas. *Cantaron y bailaron unas bulerías.*

bulevar (bu-le-**var**) *s. m.* Paseo público o calle ancha y con árboles, dispuestos generalmente a lo largo de un andén central. *Dimos un paseo por los bulevares de París.* **SIN.** Ronda, avenida, paseo, rambla. ✎ Su pl. es "bulevares".

bulimia (bu-**li**-mia) *s. f.* Hambre exagerada que impulsa a una persona a comer con exceso y constantemente. *Tenía bulimia.*

bulla (**bu**-lla) *s. f.* **1.** Griterío o ruido que hace una o más personas. *Los niños armaron mucha bulla.* **SIN.** Alboroto, bullicio, desorden, jaleo. **ANT.** Calma, quietud. **2.** Reunión de mucha gente. *Había una gran bulla.* ‖ **LOC. meter bulla** *fam.* Alborotar.

bullanguero - burladero

bullanguero, ra (bu-llan-**gue**-ro) *adj.* Alborotador, amigo de bullangas. **GRA.** También s. m. y s. f. *Toda la familia es muy bullanguera.* **SIN.** Juerguista.

bullicio (bu-**lli**-cio) *s. m.* Ruido y rumor que causa mucha gente reunida. *Había gran bullicio.* **SIN.** Bulla, alboroto, jaleo, jarana. **ANT.** Calma, tranquilidad, silencio, quietud.

bullir (bu-**llir**) *v. intr.* **1.** Hervir el agua u otro líquido. *El agua del puchero empezaba a bullir.* **SIN.** Borbotar, borbotear. **2.** Agitarse una cosa con movimiento parecido al del agua que hierve. *El río bullía con fuerza.* **SIN.** Burbujear, hormiguear, menearse. **ANT.** Pararse, aquietarse. **3.** *fam.* Moverse o agitarse una persona con viveza excesiva u ocuparse en muchas cosas. *Los niños bullían ante la llegada de las vacaciones.* **SIN.** Agitarse, hormiguear, pulular. ‖ **LOC. bullirle a alguien una cosa** *fam.* Tener gran deseo de conseguirla. ✎ v. irreg., se conjuga como mullir.

bulo (**bu**-lo) *s. m.* Noticia falsa que se divulga con algún fin. *No creo esos bulos.* **SIN.** Mentira, bola, embuste, engaño, chisme. **ANT.** Verdad.

bulto (**bul**-to) *s. m.* **1.** Elevación causada por cualquier tumor. *Le salió un bulto en la cara.* **SIN.** Flemón, hinchazón. **2.** Paquete grande donde se embalan las cosas para su transporte. *Llevaba tantos bultos que casi no cabían en el maletero del taxi.* **SIN.** Caja, fardo. ‖ **LOC. a bulto** De forma aproximada, sin fijarse bien, sin detallar. **escurrir alguien el bulto** *fam.* Evitar un trabajo, peligro o situación comprometida. **ser algo un error de bulto** Ser un error grave.

bumerán (bu-me-**rán**) *s. m.* Arma arrojadiza formada de una lámina de madera dura y encorvada de tal manera que, lanzada con movimiento giratorio, puede volver al punto de partida. *El bumerán es una arma propia de los indígenas de Australia.* ✎ Su pl. es "bumeranes". "Bumerang" es incorrecto.

bungaló (bun-ga-**ló**) *s. m.* Edificación sencilla, generalmente de madera, de una sola planta y abierta a amplias terrazas. *Alquilaron un bungaló junto a la playa.* ✎ Su pl. es "bungalós".

búnker (**bún**-ker) *s. m.* **1.** Refugio subterráneo para protegerse de bombardeos. *Se refugiaron en un búnker.* **2.** Fortificación pequeña. *Construyeron un búnker.* **3.** Grupo que se opone a cualquier cambio político o económico. *El poder del búnker impedía cualquier reforma.* **4.** En el golf, trampa de arena ligeramente excavada en la tierra en forma de talud. **GRA.** Su pl. es "búnkeres" o "búnkers". *Los golpes que se dan en el búnker suelen ser espectaculares.*

buñuelo (bu-**ñue**-lo) *s. m.* **1.** Masa de harina batida y frita en aceite. *Estaba haciendo buñuelos.* ‖ **2. buñuelo de viento** El que se rellena de crema o cabello de ángel.

buque (**bu**-que) *s. m.* Barco con cubierta. *Los buques nodriza abastecen a otros de combustible.*

buqué (bu-**qué**) *s. m.* *Aroma. ✎ Su pl. es "buqués".

burbuja (bur-**bu**-ja) *s. f.* Esfera de aire u otro gas que sale a la superficie de los líquidos. *Si soplo sobre el jabón, se forman burbujas.* **SIN.** Pompa.

burdel (bur-**del**) *s. m.* Casa de prostitución. *Decían que frecuentaba los burdeles.*

burdeos (bur-**de**-os) *s. m.* **1.** Vino tinto que se elabora en la ciudad francesa de Burdeos. *Pidió un burdeos.* ‖ *adj.* **2.** De color semejante al de este vino. **GRA.** También s. m. *Llevaba una falda color burdeos.* ✎ Invariable en número.

burdo, da (**bur**-do) *adj.* **1.** Sin pulimento ni labor. *Era una tela muy burda.* **SIN.** Tosco, basto, áspero. **ANT.** Pulido, suave. **2.** Se dice de la persona que carece de cultura y refinamiento. *No seas burdo.* **SIN.** basto, grosero, ordinario, tosco. **ANT.** Culto, educado, refinado.

burga (**bur**-ga) *s. f.* Manantial de agua caliente. *Visitamos las Burgas de Orense.*

burgo (**bur**-go) *s. m.* Población pequeña. *Un burgo no tiene jurisdicción propia.* **SIN.** Aldea, pueblo.

burgomaestre (bur-go-ma-**es**-tre) *s. m.* Primer magistrado municipal de algunas ciudades de Alemania, los Países Bajos, Suiza, etc. *Las funciones de un burgomaestre son parecidas a las del alcalde.*

burgués, sa (bur-**gués**) *s. m. y s. f.* Persona de la clase media acomodada. *Vive como un burgués.* **SIN.** Acomodado, pudiente, rico. **ANT.** Proletario, obrero. ☞ Actualmente se suele usar en contraposición a proletario.

burguesía (bur-gue-**sí**-a) *s. f.* Conjunto de personas pertenecientes a una clase acomodada y adinerada. *La burguesía apareció en la Edad Media.*

buril (bu-**ril**) *s. m.* Instrumento de acero que se utiliza para abrir y hacer líneas en los metales. *El grabador era muy hábil con el buril.* **SIN.** Cincel, punzón.

burla (**bur**-la) *s. f.* Acción o palabras con las que se procura poner en ridículo a personas o cosas. *Le hizo burla delante de todos.* **SIN.** Mofa, pitorreo, rechifla, escarnio, sarcasmo.

burladero (bur-la-**de**-ro) *s. m.* Valla que se pone delante de las barreras de las plazas de toros que sirve de refugio para los toreros. *El torero corrió hacia el burladero.*

burlar - byte

burlar (bur-**lar**) *v. tr.* **1.** Salir airoso o escapar de una situación complicada. *Los atracadores consiguieron burlar la alarma del banco.* **SIN.** Eludir, esquivar, evitar. **ANT.** Frustrar, malograr. ‖ *v. prnl.* **2.** Reírse de alguien o algo. *Mis amigos se burlaron de mi nuevo peinado.* **SIN.** Mofarse, pitorrearse, quedarse con alguien, tomar el pelo. **ANT.** Respetar, tolerar.

burlesco, ca (bur-**les**-co) *adj., fam.* Festivo, jocoso, que implica burla o chanza. *Era un relato de tono burlesco.* **SIN.** Chancero, chistoso. **ANT.** Serio, grave.

burlete (bur-**le**-te) *s. m.* Tira de tela, con relleno, que se pone en el canto de las hojas de puertas y ventanas para que no pueda entrar el aire en las habitaciones. *Colocaron un burlete de nailon.* **SIN.** Ribete.

burlón, na (bur-**lón**) *adj.* **1.** Inclinado a decir burlas o a hacerlas. **GRA.** También s. m. y s. f. *Es una persona muy burlona.* **SIN.** Guasón, bromista. **2.** Que implica o denota burla. *Lo dijo en un tono burlón.*

buró (bu-**ró**) *s. m.* **1.** Escritorio que tiene una parte con cajoncillos más alta que el tablero y que se cierra con una especie de persiana de madera. *Deja la carta en el buró.* **2.** Órgano dirigente de un partido político. *La reunión urgente del buró tomó decisiones drásticas.* ✎ Su pl. es "burós".

burocracia (bu-ro-**cra**-cia) *s. f.* Clase social integrada por los empleados públicos. *Hablaban de congelar el sueldo a la burocracia.*

burrada (bu-**rra**-da) *s. f.* **1.** *fam.* *Necedad. **2.** *fam.* Barbaridad. *Me has servido una burrada de patatas.*

burro, rra (**bu**-rro) *s. m. y s. f.* **1.** Animal de cuatro patas que se utiliza como bestia de carga. *Cargó el saco en el lomo del burro.* **SIN.** Asno, pollino, borrico, jumento. **2.** *fam.* Persona de poco entendimiento. *No me seas burro.* **SIN.** Coro, torpe, necio, ignorante, zoquete. **ANT.** Listo, águila. **3.** *fam.* Persona muy trabajadora y de mucho aguante. *¡Qué burro eres!* ‖ **LOC. caer alguien del burro** *fam.* Darse cuenta de un error. **como un burro** Muchísimo. **no ver tres en un burro** *fam.* Ser corto de vista.

bursátil (bur-**sá**-til) *adj.* Que pertenece o se refiere al negocio de la bolsa o de la banca. *Realizó algunas operaciones bursátiles.* **SIN.** Bancario.

bus *s. m., fam.* Autobús.

busca (**bus**-ca) *s. f.* Abreviatura de buscapersonas.

buscapersonas (bus-ca-per-**so**-nas) *s. m.* *Mensáfono. ✎ Invariable en número.

buscar (bus-**car**) *v. tr.* **1.** Intentar encontrar personas o cosas. *Estoy buscando una palabra en el diccionario.* **SIN.** Instigar, indagar, inquirir, investigar, perseguir. **ANT.** Abandonar, desistir. ‖ **LOC. buscarse alguien la vida** *fam.* Apañárselas. ✎ Se conjuga como abarcar.

buscavidas (bus-ca-**vi**-das) *s. m. y s. f., fam.* Persona que busca, por medios lícitos y de manera diligente, el modo de vivir. *Es un buscavidas.* ✎ Invariable en numero.

búsqueda (**bús**-que-da) *s. f.* Acción y efecto de buscar. *Participó en la búsqueda.* **SIN.** busca.

busto (**bus**-to) *s. m.* **1.** Parte superior del cuerpo humano. *En el jardín hay un busto de Antonio Machado.* **SIN.** Tórax, torso. **2.** Pecho femenino. *La forma del vestido realza el busto.*

butaca (bu-**ta**-ca) *s. f.* **1.** Asiento más cómodo que la silla, con brazos y respaldo echado hacia atrás. *Se sentó en una butaca.* **SIN.** Sillón, butacón. **2.** Asiento de cine o de teatro. *Tenemos dos butacas para la función de esta noche.* **SIN.** Localidad, tícket.

butacón (bu-ta-**cón**) *s. m.* Butaca acolchada y muy cómoda. *Después de comer le gustaba sentarse en su butacón a leer el periódico.*

butano (bu-**ta**-no) *s. m.* Gas derivado del petróleo que se usa como combustible industrial y doméstico. *Tiene cocina de butano.*

buten, de *loc. adv., vulg.* De primera, de lo mejor. *La película fue de buten.* **SIN.** Excelente, estupendo.

butifarra (bu-ti-**fa**-rra) *s. f.* Embutido de carne de cerdo, a la que se añaden distintos condimentos, típico de Cataluña. *Nunca he probado la butifarra.* **SIN.** Embuchado.

butrón (bu-**trón**) *s. m.* *Buitrón.

buzo (**bu**-zo) *s. m.* Persona que trabaja sumergido en el agua. *El buzo se puso la escafandra.*

buzón (bu-**zón**) *s. m.* Abertura por donde se echan las cartas para el correo y caja donde caen. *No te olvides de echar la carta al buzón.*

buzonear (bu-zo-ne-**ar**) *v. intr.* Repartir por los buzones publicidad o propaganda. *Necesitan gente para buzonear.*

byte *s. m.* Conjunto de dígitos binarios, formado de ocho bits, que se manejan como una unidad en su procesamiento y corresponden a un solo carácter de información. *Un megabyte tiene un millón de bytes.*

C

c *s. f.* **1.** Tercera letra del abecedario español y segunda de sus consonantes. Su nombre es "ce". Seguida inmediatamente de la "e" o la "i" tiene sonido interdental fricativo sordo, y velar oclusivo sordo en los demás casos. **2.** Letra numeral que tiene el valor de ciento en la numeración romana.

cabal (ca-**bal**) *adj.* **1.** Ajustado a peso y medida. *Nos ha dado el peso cabal.* **SIN.** Exacto, intachable, perfecto. **ANT.** Inexacto, parcial. **2.** Se dice de la persona que posee todas las cualidades de rectitud y bien. *Luis es una persona cabal.* **SIN.** Justo, honrado. ‖ **LOC. no estar alguien en sus cabales** Estar loco, perturbado, trastornado.

cábala (**cá**-ba-la) *s. f.* **1.** *fam.* Cálculo supersticioso para adivinar una cosa. *Deja de hacer cábalas, no lo vas a averiguar.* **SIN.** Sortilegio. **2.** *fam.* Intriga, maquinación. *Puso al descubierto sus cábalas.* **3.** *fam.* Conjetura, suposición. **GRA.** Se usa más en pl. *Se pasaba el día haciendo cábalas.* **SIN.** Hipótesis, pronóstico.

cabalgadura (ca-bal-ga-**du**-ra) *s. f.* Bestia para cabalgar o de carga. *Una vieja mula era su cabalgadura.* **SIN.** Caballería, montura.

cabalgar (ca-bal-**gar**) *v. intr.* **1.** Andar o montar a caballo. **GRA.** También v. prnl. *Estuvimos toda la tarde cabalgando por el bosque.* **2.** Andar el caballo. *Unos caballos salvajes cabalgaban por las montañas.* **SIN.** Trotar. ✎ Se conjuga como ahogar.

cabalgata (ca-bal-**ga**-ta) *s. f.* Desfile de carrozas, bailarines, jinetes, etc. *Salimos a ver la cabalgata de los Reyes Magos.* **SIN.** Comitiva, séquito, desfile.

caballa (ca-**ba**-lla) *s. f.* Pez comestible de carne roja. *No le gusta nada comer caballa.*

caballar (ca-ba-**llar**) *adj.* Que pertenece o se refiere al caballo. *Este fin de semana hay una feria de ganado caballar.* **SIN.** Equino, ecuestre, hípico.

caballeresco, ca (ca-ba-lle-**res**-co) *adj.* **1.** Propio del caballero. *Costumbres caballerescas.* **2.** Que pertenece o se refiere a la caballería de la Edad Media. *Torneo caballeresco.* **3.** Se dice de los libros y composiciones que narran las aventuras de los caballeros andantes. *Literatura caballeresca.*

caballería (ca-ba-lle-**rí**-a) *s. f.* **1.** Animal que sirve para montar en él y cabalgar. *Las caballerías iban cargadas con sacos.* **SIN.** Bestia, cabalgadura, montura. **2.** Cuerpo de soldados de caballería. *En aquel momento entró en combate la caballería.*

caballeriza (ca-ba-lle-**ri**-za) *s. f.* Estancia de los caballos y bestias de carga. *Durmió en la caballeriza por si la yegua paría.* **SIN.** Cuadra, establo, yuntería.

caballero, ra (ca-ba-**lle**-ro) *adj.* **1.** Se dice de la persona que monta a caballo. *Llegaron los caballeros al concurso hípico.* **SIN.** Jóckey, jinete. ‖ *s. m.* **2.** Hidalgo, noble. *Le nombraron caballero.* **SIN.** Aristócrata. **ANT.** Plebeyo. **3.** Señor, término de cortesía. *Me permite, caballero.* ‖ **4. caballero andante** Personaje de los libros de caballerías que va por el mundo en busca de aventuras.

caballerosidad (ca-ba-lle-ro-si-**dad**) *s. f.* Manera de comportarse con educación. *Se comportó con mucha caballerosidad.* **SIN.** Civismo, generosidad, magnanimidad. **ANT.** Bellaquería, grosería.

caballeroso, sa (ca-ba-lle-**ro**-so) *adj.* Se dice de la persona educada. *Tu amigo es muy caballeroso.* **SIN.** Altruista, generososo, leal. **ANT.** Grosero, plebeyo.

caballete (ca-ba-**lle**-te) *s. m.* **1.** Elevación que suele tener la nariz en medio. *Estas gafas no te sientan bien, tienes demasiado caballete.* **2.** Especie de bastidor con tres pies, sobre el que se coloca el cuadro. *Le regalaron un caballete.*

caballito (ca-ba-**lli**-to) *s. m.* **1.** *Tiovivo. ‖ **2. caballito de mar** Pez con la cabeza y hocico parecidos a los del caballo.

caballo (ca-**ba**-llo) *s. m.* **1.** Mamífero doméstico de cuatro patas que sirve para el transporte y para las tareas de campo. *Le gusta montar a caballo.* **SIN.**

Alazán, potro. **2.** Pieza de ajedrez, única que salta sobre las demás. *Movió el caballo.* **3.** Carta de la baraja que representa un caballo con su jinete. *Tira el caballo de copas.* **4.** Armazón de madera para hacer ejercicios gimnásticos. *Es un especialista en el salto del caballo.* || **5. caballo de batalla** *fam.* Punto principal de una controversia. **6. caballo de vapor** Unidad de potencia. Equivale a la potencia necesaria para hacer un trabajo de 75 kilográmetros en un segundo. || **LOC. a caballo** Montado en una caballería. **a mata caballo** Atropelladamente.

cabaña (ca-**ba**-ña) *s. f.* **1.** Casa pequeña y rústica. *Nos refugiamos en la cabaña de unos pastores.* **SIN.** Choza, chamizo, barraca, refugio. **2.** Conjunto de cabezas de ganado de un determinado lugar. *Es una provincia que cuenta con una buena cabaña lanar.*

cabaret (ca-ba-**ret**) *s. m.* Café donde se representa un espectáculo de variedades. *La orquesta del cabaret llevaba días ensayando.* También "cabaré".

cabás (ca-**bás**) *s. m.* Cartera en forma de caja o pequeño baúl, con asa, que se usa para llevar al colegio libros y material escolar. *Se le olvidó el cabás con la merienda.*

cabecear (ca-be-ce-**ar**) *v. intr.* **1.** Volver la cabeza de un lado a otro en demostración de negación. *Se limitó a cabecear.* **2.** Dar cabezadas hacia el pecho una persona que se está durmiendo. *Tuvo que dejar de leer porque cabeceaba.* **3.** En el fútbol, golpear la pelota con la cabeza. *El defensa consiguió cabecear y evitar el gol.*

cabecera (ca-be-**ce**-ra) *s. f.* **1.** Parte superior de la cama donde se pone la almohada. *Dio tantas vueltas que amaneció con los pies en la cabecera.* **2.** Principio o parte principal de una cosa. *El río Ebro tiene su cabecera en Fontibre.* **3.** Parte superior o principal de un lugar o acto. *Las autoridades ocuparon la cabecera del salón.* **SIN.** Preferencia, presidencia. **4.** Adorno que se coloca en la parte superior de una página de un libro, periódico, etc. *El título del capítulo va en la cabecera.* || **LOC. asistir, o estar, alguien a la cabecera del enfermo** Asistirle continuamente para todo lo que necesite.

cabecilla (ca-be-**ci**-lla) *s. m. y s. f.* **1.** Jefe de una banda. *La policía detuvo al cabecilla.* **SIN.** Caudillo, líder. **2.** Persona más importante de un grupo. *Le gustaba ser el cabecilla de la pandilla.*

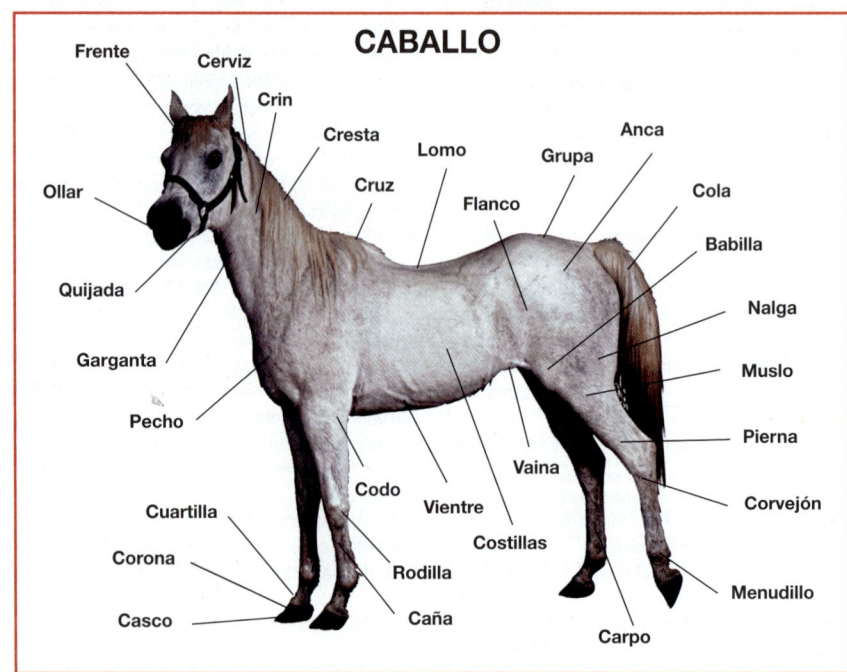

cabellera (ca-be-**lle**-ra) *s. f.* El pelo de la cabeza, especialmente el largo y tendido sobre la espalda. *Tenía una hermosa cabellera negra.* **SIN.** Melena.
cabello (ca-be-llo) *s. m.* **1.** Cada pelo de la cabeza de una persona. *Me ha dado cuenta de que tengo una cana, un cabello blanco.* **SIN.** Pelo. **2.** Conjunto formado por todos los pelos de la cabeza. *Me gusta más llevar el cabello suelto, que recogido.* **SIN.** Cabellera. || **3. cabello de ángel** Dulce hecho de calabaza en almíbar.
caber (ca-**ber**) *v. intr.* Poder entrar en algún sitio. *El armario está tan lleno que no cabe más ropa en él.* **SIN.** Encajar, entrar, pasar. **ANT.** Sobrepasar, exceder. || **LOC. no caber alguien en sí** *fam.* Estar muy alegre, o tener mucho orgullo. 🐾 v. irreg. 🖉

INDICATIVO			
Pres.	Pret. perf. s.	Fut. imperf.	Cond. simple
quepo	cupe	cabré	cabría
cabes	cupiste	cabrás	cabrías
cabe	cupo	cabrá	cabría
cabemos	cupimos	cabremos	cabríamos
cabéis	cupisteis	cabréis	cabríais
caben	cupieron	cabrán	cabrían

SUBJUNTIVO		
Pres.	Pret. imperf.	Fut. imperf.
quepa	cupiera/se	cupiere
quepas	cupieras/ses	cupieres
quepa	cupiera/se	cupiere
quepamos	cupiéramos/semos	cupiéremos
quepáis	cupierais/seis	cupiereis
quepan	cupieran/sen	cupieren

IMPERATIVO	cabe, quepa, quepamos, cabed, quepan

cabestrillo (ca-bes-**tri**-llo) *s. m.* Banda o aparato colgado del hombro para sostener la mano o el brazo heridos. *Llevaba un pañuelo como cabestrillo.*
cabestro (ca-**bes**-tro) *s. m.* **1.** Ronzal que se ata a la cabeza de la caballería para guiarla. *Llevaba el caballo del cabestro.* **SIN.** Brida, dogal. **2.** Buey manso que sirve de guía en las toradas. *El toro siguió a los cabestros.*
cabeza (ca-**be**-za) *s. f.* **1.** Parte superior del cuerpo del ser humano y superior o anterior del de muchos animales, en donde se encuentra el cerebro y algunos órganos de los sentidos. *No podía pensar con claridad porque le dolía mucho la cabeza.* **SIN.** Cráneo, coco, mollera, testa. **2.** Principio o parte extrema de una cosa. *El alcalde y los concejales iban a la cabeza de la manifestación.* **SIN.** Arranque, umbral, comienzo. **3.** Extremo ensanchado de un clavo, donde se dan los golpes para clavarlo. **4.** Talento, capacidad. *Podrías estudiar esa carrera, tienes cabeza para ello.* **SIN.** Cerebro, inteligencia, claridad. **5.** Res. *Tiene un rebaño de cien cabezas.* || *s. m.* **6.** Superior, jefe que gobierna o preside una comunidad, corporación o grupo de personas. *El jefe del grupo se presentó ante todos sus seguidores.* **SIN.** Superior, director, cabecilla, amo. || **7. cabeza a pájaros** *fam.* Persona atolondrada. **8. cabeza cuadrada** Persona muy obstinada. **9. cabeza de ajo, o de ajos** Conjunto de los bulbos que constituyen la raíz de la planta denominada ajo. **10. cabeza de chorlito** *fam.* Persona poco juiciosa y sensata. **11. cabeza de la Iglesia** El Papa. **12. cabeza de familia** Persona responsable de una familia. **13. cabeza de jabalí** Embutido elaborado con trocitos de carne de jabalí. **14. cabeza de partido** Localidad principal de un territorio, que abarca un grupo de pueblos, dependiendo de ella judicial o gubernativamente. **15. cabeza de turco** *fam.* Persona que carga con las culpas de otras. **16. cabeza dura** Persona muy terca. | Torpe, necio. **17. cabeza hueca o loca** Persona alocada e irresponsable. **18. cabeza rapada** *fam.* Joven perteneciente a un grupo urbano de carácter violento e ideología racista. **19. mala cabeza** *fam.* Persona poco juiciosa. || **LOC. a la cabeza** En los primeros puestos. **calentarle a alguien la cabeza** Darle falsas esperanzas. **darse alguien con la cabeza en la pared o en las paredes** *fam.* Desesperarse por haber actuado torpemente. **de cabeza** De memoria. | De mala forma. | Sin dudar. **en cabeza** Por delante, en primer lugar. **írsele a alguien la cabeza** *fam.* Marearse, perder el sentido. **levantar cabeza** *fam.* Salir de la pobreza o desgracia en que se hallaba. | *fam.* Restablecerse de una enfermedad. **meter a alguien en la cabeza alguna cosa** *fam.* Persuadirle de ella eficazmente. **metérsele, o encajársele, a alguien en la cabeza alguna cosa** *fam.* Obstinarse en ella. **meterse alguien de cabeza** *fam.* Entrar de lleno en un negocio. **pasársele a alguien una cosa por la cabeza** *fam.* Antojársele, imaginarla. **perder alguien la cabeza** *fam.* Ofuscarse. **quitar a alguien de la cabeza alguna cosa** *fam.* Hacer que abandone una idea o propósito. **romperse alguien la cabeza** *fam.* Devanarse alguien los sesos, realizar un gran esfuerzo intelectual. **sentar alguien la cabeza** *fam.* Hacerse prudente y sensato. **subirse una cosa a la cabeza** *fam.* Ocasionar aturdimiento alguna cosa material o inmaterial, como el vino, la vanagloria, etc. **tener alguien la cabeza a pájaros** *fam.* No tener

cabezada - cabrales

juicio. | *fam.* Estar distraído. **tocado de la cabeza** *fam.* Se dice de la persona que empieza a perder el juicio.

cabezada (ca-be-**za**-da) *s. f.* **1.** Cada movimiento que hace con la cabeza la persona que, sin estar acostada, se va durmiendo. *Estaba dando cabezadas sobre el libro.* **2.** Correaje que ciñe y sujeta la cabeza de una caballería. *Ponle la cabezada al caballo.*

cabezal (ca-be-**zal**) *s. m.* Dispositivo electromagnético a través del cual se puede grabar, borrar o leer información. *Uno de los cabezales del magnetófono no funciona.*

cabezón, na (ca-be-**zón**) *adj.* **1.** *fam.* Que tiene la cabeza grande. *Este sombrero no me vale, soy muy cabezón.* **2.** *fam.* Terco, obstinado. *No seas cabezón, eso no es así.* **3.** *fam.* Se dice de la bebida de alta graduación, que se sube a la cabeza. *Este vino es muy cabezón.*

cabezonada (ca-be-zo-**na**-da) *s. f.* *Cabezonería.

cabezonería (ca-be-zo-ne-**rí**-a) *s. f., fam.* Acción propia de una persona terca u obstinada. *Fue una cabezonería suya.* **SIN.** Empecinamiento.

cabezota (ca-be-**zo**-ta) *s. m. y s. f.* **1.** *fam.* Persona que tiene la cabeza muy grande. *Es tan cabezota que no encuentra ninguna gorra que le valga.* **SIN.** Cabezón, cabezudo. **2.** *fam.* Persona de ideas fijas y difícil de convencer. *No seas tan cabezota y vete con él.* **SIN.** Testarudo, tozudo, cabezón, terco, obstinado. **ANT.** Dócil, flexible.

cabezudo, da (ca-be-**zu**-do) *adj.* **1.** Terco, obstinado. *Eres muy cabezudo.* **SIN.** Porfiado, terco, testarudo. **ANT.** Dócil. || *s. m.* **2.** Figura de enano de gran cabeza que en algunas fiestas suele desfilar con los gigantones. *Desfiló disfrazado de cabezudo.*

cabida (ca-**bi**-da) *s. f.* Espacio que tiene una cosa para contener a otra. *El estadio de fútbol tiene una cabida de noventa mil espectadores.* **SIN.** Aforo, capacidad, volumen. || **LOC. dar cabida** Admitir, albergar.

cabildo (ca-**bil**-do) *s. m.* **1.** Comunidad de eclesiásticos capitulares de una iglesia, o de miembros de ciertas cofradías. *Se reunió el cabildo.* **2.** Ayuntamiento, corporación compuesta de un alcalde y varios concejales. *Cabildo insular.* **SIN.** Concejo. **3.** Junta celebrada por un cabildo y sala donde se celebra. *Se convocó a cabildo.* **SIN.** Sesión.

cabina (ca-**bi**-na) *s. f.* **1.** Pequeño departamento de un avión o un camión, aislado del resto del aparato. *Montamos en la cabina del camión.* **SIN.** Cámara. **2.** Lugar para llamar por teléfono. *Voy a llamar desde una cabina.* **3.** En un teleférico, pequeño recinto, aislado del cable de tracción, donde viajan personas. *Desde la cabina se veía un excelente paisaje.*

cabizbajo, ja (ca-biz-**ba**-jo) *adj.* Se dice de la persona que tiene la cabeza inclinada hacia abajo, por abatimiento, tristeza, etc. *Entró cabizbajo a causa de las malas notas.* **SIN.** Abatido, afligido, triste, apenado. **ANT.** Eufórico, alegre, animado, altivo.

cable (**ca**-ble) *s. m.* Hilo metálico para la conducción eléctrica. *Nos quedamos sin luz porque se rompió un cable del tendido eléctrico.* || **LOC. echar un cable a alguien** *fam.* Prestarle ayuda.

cabo (**ca**-bo) *s. m.* **1.** Extremo de cualquier cosa. *El cabo de vela se consumió y todo quedó oscuro.* **SIN.** Punta, terminación, fin, límite. **2.** Cuerda para atar o amarrar. *El pescador amarró el bote con el cabo.* **SIN.** Soga, cordel, cordón. **3.** Punta de tierra que penetra en el mar. *Al sur de la costa africana se encuentra el cabo de Buena Esperanza.* **SIN.** Promontorio, saliente, espolón. **ANT.** Golfo. **4.** En el ejército, grado intermedio entre soldado y sargento. *El cabo da órdenes a los soldados.* || **5. cabo de año** Denominación de la ceremonia religiosa celebrada al conmemorarse el primer aniversario del fallecimiento de una persona. **6. cabo primero** Categoría militar entre la de cabo y sargento. **7. cabo suelto** Hecho inesperado o que ha quedado sin solución. || **LOC. al cabo** Por último, al fin. **al cabo de. al fin y al cabo** Después de todo. **atar cabos** Reunir datos para hacer una deducción. **de cabo a cabo, o de cabo a rabo** Del comienzo al término. **llevar a cabo, o al cabo una cosa** Realizarla, darle término.

cabotaje (ca-bo-**ta**-je) *s. m.* Navegación de los barcos de puerto en puerto sin perder de vista la costa. *Se enroló en un barco de cabotaje.*

cabra (**ca**-bra) *s. f.* Mamífero rumiante doméstico, de cuatro patas y con cuernos, que nos proporciona carne y leche. *Le gusta mucho el queso hecho con leche de cabra.* || **LOC. estar alguien como una cabra** Estar un poco chiflado. **la cabra tira al monte** Frase para expresar que alguien actúa según sus inclinaciones naturales.

cabrear (ca-bre-**ar**) *v. tr., fam.* Enfadar, molestarse. **GRA.** Se usa más como v. prnl. *Me cabrea que sea tan irresponsable.* **SIN.** Airarse, amoscarse, embravecerse, irritarse.

cabrales (ca-**bra**-les) *s. m.* Queso asturiano de aroma intenso y sabor picante, que se deja fermentar en cuevas naturales. *Untó un poco de queso de cabrales en un biscote.*

cabreo - cachear

cabreo (ca-**bre**-o) *s. m., fam.* Acción y efecto de cabrear o cabrearse. *Tiene un cabreo que no hay quien le hable.* **SIN.** Exasperación, indignación, irritación, malhumor. **ANT.** Calma, contento.

cabrío, a (ca-**brí**-o) *adj.* Que pertenece o se refiere a las cabras. *Ganado cabrío.* **SIN.** Cabruno, caprino.

cabriola (ca-**brio**-la) *s. f.* Brinco o voltereta con movimiento de los pies en el aire. *Hizo una cabriola y se fue.* **SIN.** Pirueta, salto, rebote, volatín.

cabrito (ca-**bri**-to) *s. m.* Cría de la cabra, desde que nace hasta que deja de mamar. *Las cabras acaban de parir y hay muchos cabritos.* **SIN.** Ternasco, choto, chivato. ‖ **LOC. ser alguien un cabrito** *fam.* Ser mala persona.

cabrón, na (ca-**brón**) *s. m.* **1.** Macho de la cabra. *Al cabrón adulto se le suele llamar macho cabrío.* **SIN.** Chivo. ‖ *s. m. y s. f.* **2.** *vulg.* Persona con malas intenciones. *Eres un cabrón, lo has hecho a propósito.*

cabronada (ca-bro-**na**-da) *s. f., vulg.* Mala pasada, acción malintencionada contra alguien. *No avisarme del examen ha sido una cabronada.*

cabruno, na (ca-**bru**-no) *adj.* Que pertenece o se refiere a la cabra. *Ganado cabruno.* **SIN.** Caprino.

cabruñar (ca-bru-**ñar**) *v. tr.* Renovar el corte a la guadaña, picándolo en toda su longitud con un martillo. *Estaba cabruñando la guadaña porque no cortaba nada.*

cabuya (ca-**bu**-ya) *s. f.* Fibra de la pita, usada para fabricar fibras y tejidos. *Esta cuerda está hecha de cabuya.*

cacahué (ca-ca-**hué**) *s. m.* *Cacahuete.

cacahuete (ca-ca-**hue**-te) *s. m.* Planta leguminosa cuyo fruto, que también se llama así, viene encerrado en una cáscara seca. *El cacahuete viene de América.*

cacao[1] (ca-**ca**-o) *s. m.* **1.** Árbol pequeño propio de los países tropicales y cuyas semillas son ingrediente para el chocolate. *El nombre científico del cacao significa 'alimento de los dioses'.* **SIN.** Chocolate. **2.** Semilla de este árbol. *Con la semilla del cacao se elabora el chocolate y la manteca de cacao.* **3.** Polvo que se extrae de esta semilla, soluble en leche o agua y que se utiliza como alimento. *Se tomó una taza de leche con cacao.* **4.** Bebida que se hace con este polvo soluble. *Pidió un cacao frío.* **5.** Sustancia grasa que se usa para hidratar los labios. *Compró una barra de cacao.*

cacao[2] (ca-**ca**-o) *s. m.* Trifulca, jaleo. *Se armó un buen cacao.*

cacarear (ca-ca-re-**ar**) *v. intr.* **1.** Dar voces repetidas el gallo o la gallina. *Las gallinas cacareaban en el corral.* **SIN.** Cloquear. ‖ *v. tr.* **2.** *fam.* Contar con presunción las cosas propias. *GRA. También v. intr. No hace falta que cacarees tanto tu éxito.* **SIN.** Exagerar, vanagloriarse, chulearse. **ANT.** Disimular.

cacatúa (ca-ca-**tú**-a) *s. f.* Ave trepadora de Oceanía de plumaje blanco, con un ancho moño eréctil. *Una cacatúa domesticada aprende a hablar con facilidad.*

cacería (ca-ce-**rí**-a) *s. f.* **1.** Partida de caza. *Se fueron al monte de cacería.* **2.** Conjunto de animales cazados. *Lograron una buena cacería.*

cacerola (ca-ce-**ro**-la) *s. f.* Vasija de metal con asas o mango que se emplea para cocinar los alimentos. *Echa agua en la cacerola y ponla a hervir.* **SIN.** Pote, cazo, olla, puchero.

cacha[1] (**ca**-cha) *s. f.* **1.** Cada una de las dos piezas que forman el mango de una navaja o cuchillo. **GRA.** Se usa más en pl. *Se compró una navaja con las cachas de nácar.* **2.** Nalga. *No le gustaba ponerse pantalones porque la hacían más ancha de cachas.* ‖ **LOC. estar alguien cachas** *fam.* Estar musculoso. | *fam.* Ser atractivo.

cacha[2] (**ca**-cha) *s. f., Col.* Asta, cuerno.

cachalote (ca-cha-**lo**-te) *s. m.* Mamífero marino parecido a la ballena, cuya cabeza alcanza casi la tercera parte de la longitud total del cuerpo. *El cachalote macho puede medir hasta 18 metros.*

cacharrazo (ca-cha-**rra**-zo) *s. m.* Golpe fuerte. *Se dio un cacharrazo con el coche.* **SIN.** Golpazo, porrazo.

cacharro (ca-**cha**-rro) *s. m.* **1.** Recipiente tosco. *Dame un cacharro para echar estas sobras.* **SIN.** Caldero, pote, perol. **2.** Aparato viejo o que funciona mal. *Este reloj es un cacharrro, siempre se atrasa.* **SIN.** Cachivache, bártulo, trasto. **3.** *Col.* Baratija.

cachava (ca-**cha**-va) *s. f.* Bastón corvo por la parte superior. *El anciano paseaba apoyándose en su cachava y en compañía de su perro.* **SIN.** Cayado.

cachaza (ca-**cha**-za) *s. f., fam.* Lentitud o sosiego en el modo de hablar y de obrar. *Venía con toda la cachaza del mundo, como si no llegara una hora tarde.* **SIN.** Calma, flema, apatía, pachorra, tranquilidad. **ANT.** Diligencia, ligereza, prisa, rapidez.

caché (ca-**ché**) *s. m.* **1.** Distinción, carácter refinado de una persona o cosa. *Tiene mucho caché.* **SIN.** Elegancia, gusto. **2.** Cantidad que cobra un artista por ofrecer un concierto, participar en una película, etc. *Esa actriz tiene un caché muy alto.* ✎ Su pl. es "cachés". También "cachet".

cachear (ca-che-**ar**) *v. tr.* Registrar a una persona sospechosa de llevar algo prohibido. *En la frontera les cachearon por si llevaban armas.*

cachelos - cadencia

cachelos (ca-**che**-los) *s. m. pl.* Guiso gallego, compuesto de trozos de carne o pescado, patatas y pimientos. *Los cachelos son uno de sus platos favoritos.*

cachemir (ca-che-**mir**) *s. m.* Tejido de lana muy fino, generalmente negro. *Llevaba un traje de chaqueta y pantalón de cachemir.*

cachete (ca-**che**-te) *s. m.* Golpe dado con la mano en la cabeza o en la cara. *Le dio un cachete para que estuviera quieto.* **SIN.** Bofetada, tortazo, guantazo.

cachimba (ca-**chim**-ba) *s. f.* Pipa para fumar tabaco picado. *Siempre se sentaba después de comer en la mecedora a fumar su cachimba.*

cachiporra (ca-chi-**po**-rra) *s. f.* Palo que termina en una bola o cabeza abultada. *Tenía una cachiporra de madera de roble.* **SIN.** Porra, estaca, maza, garrote.

cachiporrazo (ca-chi-po-**rra**-zo) *s. m.* *Cacharrazo.

cachivache (ca-chi-**va**-che) *s. m.* Utensilio arrinconado por inútil. **GRA.** Se usa más en pl. *Tira esos cachivaches, lo único que hacen es ocupar sitio.*

cacho (**ca**-cho) *s. m.* Pedazo pequeño de alguna cosa. *Dame un cacho de pan.* **SIN.** Trozo, fragmento, partícula, porción. ‖ **LOC. ser alguien un cacho de pan.** *fam.* Ser muy buena persona.

cachondearse (ca-chon-de-**ar**-se) *v. prnl., fam.* Burlarse de alguien o algo. *Estuvo cachondeándose de él porque había perdido el partido.* **SIN.** Guasearse, mofarse, chancearse, pitorrearse, reírse.

cachondeo (ca-chon-**de**-o) *s. m., fam.* Acción y efecto de cachondearse. *Se pasaron un gran cachondeo con sus tonterías.* **SIN.** Choteo, chunga.

cachondo, da (ca-**chon**-do) *adj., fam.* Burlón, divertido. *Es una persona muy cachonda, se pasa el día de broma.* **ANT.** Tristón, aburrido.

cachorro, rra (ca-**cho**-rro) *s. m. y s. f.* **1.** Cría de poco tiempo del perro o de otros mamíferos. *En el zoo vimos un cachorro de león.* ‖ *adj.* **2.** *Cub.* Se dice de la persona rencorosa y mal intencionada.

cacique (ca-**ci**-que) *s. m.* **1.** Persona que tiene mucha influencia en un pueblo o comarca. *El alcalde hacía lo que el cacique del pueblo quería.* **SIN.** Dominador, tirano, déspota. **2.** Jefe en algunas tribus indígenas de América Central y del Sur. *El cargo de cacique se transmitía de padres a hijos.* **3.** *Chil.* Persona que se da la gran vida.

caciquismo (ca-ci-**quis**-mo) *s. m.* Dominación o influencia de los caciques. *En ese pueblo había mucho caciquismo.* **SIN.** Despotismo, tiranía.

caco (**ca**-co) *s. m.* Ladrón. *La policía logró detener a los cacos que merodeaban por la zona.* **SIN.** Ratero, desvalijador, hurtador.

cacofonía (ca-co-fo-**ní**-a) *s. f.* Encuentro de dos sonidos iguales que producen un mal efecto al oído. *Alma lleva delante el artículo "el" en vez de "la" para evitar la cacofonía, aunque es femenino.* **SIN.** Disonancia. **ANT.** Eufonía.

cacto (**cac**-to) *s. m.* Planta propia de climas secos, que tiene sus tallos cubiertos de espinas. *Riega poco el cacto para que no se ahogue.*

cactus (**cac**-tus) *s. m.* *Cacto.

cada (**ca**-da) *adj. distrib.* **1.** Sirve para designar separadamente una o más cosas o personas con relación a otras de su especie. Se combina con las voces "uno" y "cual", que hacen las veces de sustantivos. *Viene cada tres días.* **2.** Establece una correspondencia distributiva entre los miembros de dos series. *A cada deportista le dieron una medalla.* **3.** Se usa como adjetivo ponderativo en ciertas frases generalmente elípticas. *Tiene cada ocurrencia.* ‖ **LOC. cada cual, o cada quisque** *fam.* Cada uno. **cada, o a cada, dos por tres** Frecuentemente.

cadalso (ca-**dal**-so) *s. m.* **1.** Tablado que se levanta para un acto solemne. *Montaron un cadalso.* **SIN.** Estrado, entarimado, plataforma. **2.** El que se levanta para la ejecución de una pena de muerte. *El reo fue conducido al cadalso.* **SIN.** Patíbulo.

cadáver (ca-**dá**-ver) *s. m.* Cuerpo muerto. *El cadáver fue trasladado al cementerio.* **SIN.** Difunto.

cadena (ca-**de**-na) *s. f.* **1.** Conjunto de muchos eslabones enlazados entre sí por los extremos. *Tuvo que poner las cadenas al coche porque había mucha nieve en la carretera.* **SIN.** Sarta, esposas, grilletes. **2.** Sucesión de cosas o sucesos. *Todas esas cosas se fueron sucediendo en cadena.* **SIN.** Serie, sucesión, continuación, ciclo, hilera, sarta. **3.** Conjunto de instalaciones dedicadas a la fabricación o montaje de un producto industrial. *Trabaja en una cadena de coches.* **4.** Grupo de transmisores y receptores de televisión que radiodifunden el mismo programa. *No sé en qué cadena es la película.* ‖ **5. cadena hablada** En el proceso del habla, sucesión de elementos lingüísticos. **6. cadena de montañas** Cordillera. **7. cadena musical** Equipo formado por diversos aparatos para reproducir sonido, independientes unos de otros. **8. cadena perpetua** Pena máxima de prisión. ‖ **LOC. en cadena** se dice de las acciones o sucesos que se efectúan o producen por transmisión o sucesión continuadas y, a veces, provocando cada uno el siguiente.

cadencia (ca-**den**-cia) *s. f.* **1.** Serie de sonidos o movimientos que se suceden de un modo regular o

cadeneta - cafetín

medido. *Me gusta la cadencia de esa melodía.* **2.** Inflexión descendente de la voz al final de una frase. *La cadencia de la frase le delató.*
cadeneta (ca-de-**ne**-ta) *s. f.* **1.** Labor que se hace con hilo o seda en figura de cadena delgada. *Rematé las servilletas con una cadeneta.* **2.** Cadena de papel de colores, usada como adorno en fiestas, verbenas, etc. *Adornaron el local para la fiesta con globos y cadenetas.*
cadera (ca-**de**-ra) *s. f.* **1.** Parte del cuerpo humano donde se unen el muslo y el tronco. *Se le caen los pantalones porque ha adelgazado mucho de cintura y de cadera.* **2.** En las caballerías y otros cuadrúpedos, parte lateral del anca. *Pidió filetes de la parte de la cadera.*
cadete (ca-**de**-te) *s. m.* **1.** Alumno de una academia o escuela militar. *Los cadetes fueron a hacer prácticas de tiro.* **2.** *amer.* Aprendiz de comercio.
caducar (ca-du-**car**) *v. intr.* Terminar, acabar. *El plazo de matrícula caducó hace tres días.* **SIN.** Anularse, extinguirse. **ANT.** Renovarse, crearse, empezar. ✎ Se conjuga como abarcar.
caduco, ca (ca-**du**-co) *adj.* **1.** Se dice de aquello que es de poca duración. *El chopo es un árbol de hoja caduca.* **SIN.** Pasajero, fugaz, efímero, breve, corto. **ANT.** Duradero, permanente, perenne. **2.** Falto de facultades físicas o mentales por la edad. *Su belleza está ya caduca.* **SIN.** Decrépito, viejo, anciano, agotado, decadente. **ANT.** Lozano, joven.
caer (ca-**er**) *v. intr.* **1.** Venir un cuerpo hacia el suelo por su propio peso. **GRA.** También v. prnl. *En otoño caen las hojas de los árboles.* **SIN.** Desplomar(se), derrumbar(se), descender. **ANT.** Levantar(se). **2.** Perder algo su fuerza o vigor. **GRA.** También v. prnl. *Sus esperanzas caían poco a poco.* **SIN.** Apagarse, debilitarse, decaer. **ANT.** Avivarse, recrudecerse. **3.** Captar, comprender algo. *En seguida cayó en la cuenta de lo que quería decir.* **SIN.** Entender, percatarse. **4.** Incurrir en algún error o peligro. *A veces caemos en la mismas faltas.* **SIN.** Equivocarse, fallar, tropezar. **ANT.** Levantarse, rehacerse. ‖ **LOC. caer bien algo** *fam.* Hacer buen efecto. **caer alguien de plano** *fam.* Caer tendido a la larga. **caer bien, o mal, alguien** *fam.* Resultar o no simpático o agradable. **caer enfermo, o malo** *fam.* Contraer enfermedad. **caer muy bajo** *fam.* Perder la dignidad. **caerle a alguien gordo** *fam.* Serle antipático, desagradable. **caerse alguien redondo** *fam.* Venir al suelo por algún desmayo u otro accidente. **caerse muerto** *fam.* Morir. **dejar caer algo en una conversación** *fam.* Decirlo como sin querer. **dejarse caer por algún sitio** *fam.* Pasarse por él. **estar algo al caer** *fam.* Estar a punto de suceder. **no tener alguien donde caerse muerto** *fam.* No tener nada, estar arruinado. ✎ v. irreg. ✍

INDICATIVO		SUBJUNTIVO		
Pres.	Pret. perf. s.	Pres.	Pret. imperf.	Fut. imperf.
caigo	caí	caiga	cayera/se	cayere
caes	caíste	caigas	cayeras/se	cayeres
cae	cayó*	caiga	cayera/se	cayere
caemos	caímos	caigamos	cayéramos/semos	cayéremos
caéis	caísteis	caigáis	cayerais/seis	cayereis
caen	cayeron*	caigan	cayeran/sen	cayeren
IMPERATIVO		cae, caiga, caigamos, caed, caigan		
FORMAS NO PERSONALES			**Ger.** cayendo*	

* aparentemente irregulares

café (ca-**fé**) *s. m.* **1.** Semilla de un árbol en forma de grano con la que, una vez tostada y molida, se hace una infusión que sirve para beber. *Vamos a tomar un café.* **2.** Establecimiento público donde se sirve café y otras bebidas. *Te espero en el café de la esquina de mi casa.* **SIN.** Bar, cafetería, pub. **3.** *Chil.* Amonestación severa, reprimenda. **4.** *Méx.* Disgusto. ‖ **5. café bombón** El que lleva coñac y leche condensada. **6. café capuchino** El que está hecho con crema de leche y sobre el que se espolvorea cacao. **7. café con leche** El que se sirve con cierta cantidad de leche. **8. café cortado** El que se sirve con muy poca leche. **9. café descafeinado** Aquel al que se ha extraído la cafeína. **10. café exprés** El que está hecho a presión. **11. café irlandés** El que se quema con güisqui y lleva helado. **12. café soluble** El desecado y molido que se toma disuelto directamente en agua. **13. café torrefacto** El que está tostado con azúcar. **14. café vienés** El que se sirve con nata. ‖ **LOC. de buen o de mal café** De buen o de mal humor. ✎ Su pl. es "cafés".
cafeína (ca-fe-**í**-na) *s. f.* Sustancia estimulante que se obtiene de las semillas y hojas del café, té y otros vegetales. *Bebía refresco de cola sin cafeína.*
cafetera (ca-fe-**te**-ra) *s. f.* **1.** Recipiente para hacer o servir café. *Les han regalado una cafetera eléctrica.* **2.** Trasto inútil, aparato viejo o medio desarmado. *No quiere ningún otro coche, prefiere su cafetera.*
cafetería (ca-fe-te-**rí**-a) *s. f.* Local público donde se sirve café y otras bebidas. *Como llovía, entraron en una cafetería para tomar un café y charlar un rato.*
cafetín (ca-fe-**tín**) *s. m.* Diminutivo de café, local donde se toma esta bebida. *En ese local van a poner un cafetín.*

cafeto - cala

cafeto (ca-**fe**-to) *s. m.* Árbol de los países tropicales, de flores blancas y olorosas. *En esa región hay enormes plantaciones de cafeto.*

cafre (**ca**-fre) *adj.* **1.** Bárbaro y cruel. **GRA.** También s. m. y s. f. *Se portó como un cafre.* **2.** Zafio y rústico. **GRA.** También s. m. y s. f. *Baja de ahí, deja de hacer el cafre.*

cagajón (ca-ga-**jón**) *s. m.* Cada una de las porciones de excremento de las caballerías. *Las yeguas dejaron el camino lleno de cagajones.*

cagalera (ca-ga-**le**-ra) *s. f.* *Diarrea.

cagar (ca-**gar**) *v. intr.* Evacuar el vientre. **GRA.** También v. tr. y v. prnl. *Tenía tanto miedo que se cagó los pantalones.* **SIN.** Defecar, deponer, ensuciar(se). ‖ **LOC. cagarla** *vulg.* Echar a perder alguna cosa. **cagarse en algo** *vulg.* Expresar maldiciones contra ello. ✎ Se conjuga como ahogar.

cagarruta (ca-ga-**rru**-ta) *s. f.* Cada una de las porciones del excremento del ganado menor y de ciervos, gamos, corzos, liebres y conejos. *Está en la cuadra limpiando las cagarrutas de los conejos.*

cagueta (ca-**gue**-ta) *s. m. y s. f., fam.* Persona muy cobarde y miedosa. *Es un cagueta, no se atreverá a decir lo que piensa.* **SIN.** Apocado, pusilánime.

caído, da (ca-**í**-do) *adj.* **1.** Desfallecido, abatido. *Se encontraba un poco caído de ánimo.* **SIN.** Débil, postrado, acobardado. **2.** Se dice de la persona muerta en defensa de una causa. **GRA.** También s. m. y s. f. *Celebraron el homenaje a los caídos.* **SIN.** Víctima, mártir. ‖ *s. f.* **3.** Acción y efecto de venir de arriba hacia abajo por la acción del propio peso. *Sufrió una caída mientras patinaba en la pista de hielo.* **SIN.** Desplome, desprendimiento, derrumbe. **ANT.** Subida, ascensión. **4.** Acción y efecto de perder la prosperidad y el empleo. *Esta tienda ha sufrido una gran caída desde que le han colocado los grandes almacenes al lado.* **SIN.** Ruina, fracaso, hundimiento, desgracia. **ANT.** Prosperidad, progreso. **5.** Acción o efecto de caer en una falta o error. *Tus repetidas caídas en la mentira son muy peligrosas.* **SIN.** Desliz, equivocación, fallo. **ANT.** Levantamiento, superación. **6.** Manera de plegarse o de caer los paños y las prendas de vestir. *Esa falda me encanta porque tiene mucha caída.* ‖ **LOC. a la caída de la noche** Al anochecer.

caimán (cai-**mán**) *s. m.* Reptil de los ríos americanos parecido al cocodrilo. *Un caimán reptaba a la orilla del río.*

caja (**ca**-ja) *s. f.* **1.** Pieza hueca con tapa que sirve para contener algo. *Saca el juguete de la caja.* **SIN.** Bote, cofre, cajón, arca. **2.** Mueble metálico para guardar dinero, joyas u otras cosas de valor. *Los ladrones no pudieron llevarse el dinero porque estaba guardado en la caja.* **3.** Dependencia de un banco o de un comercio donde se hacen los cobros y los pagos. *Ponte en la cola de la caja para pagar.* **4.** Ataúd. *Los familiares llevaron la caja a hombros hasta el cementerio.* **SIN.** Féretro. **5.** *Chil.* Lecho de los ríos. ‖ **6. caja boba o tonta** *fam.* La televisión. **7. caja de ahorros** Establecimiento bancario. **8. caja de cambios** Mecanismo compuesto por una serie de piñones y engranajes que, acoplados al motor de un vehículo, sirven para cambiar de marcha y adecuarla a la velocidad a la que se circula. **9. caja de música** Aparato que produce música por medios mecánicos. **10. caja de reclutamiento** Organismo militar en que se hace la inscripción, clasificación y destino de los reclutas. **11. caja fuerte** La que tiene cerradura de seguridad o está blindada y sirve para guardar el dinero u objetos de valor. **12. caja negra** La que contiene la cinta del registrador de vuelo en un avión. **13. caja registradora** Máquina de sumar automática usada en los comercios. ‖ **LOC. despedir o echar a alguien con cajas destempladas** *fam.* Despedirle, o echarle, violentamente.

cajero, ra (ca-**je**-ro) *s. m. y s. f.* **1.** Persona que en un banco, supermercado u otro establecimiento comercial está encargada de la caja. *El cajero me pidió el carné de identidad cuando fui a cobrar el cheque.* ‖ **2. cajero automático** Máquina instalada en un banco, establecimiento comercial, etc., que permite sacar dinero o realizar otras operaciones bancarias mediante el uso de una tarjeta.

cajetilla (ca-je-**ti**-lla) *s. f.* Paquete de tabaco. *Fuma al día media cajetilla de tabaco rubio.*

cajón (ca-**jón**) *s. m.* **1.** Caja que se puede sacar y meter, ajustada a mesas, armarios, etc. *Busca mis guantes en el cajón de arriba.* **2.** *Chil. y Guat.* Féretro, ataúd. ‖ **3. cajón de sastre** *fam.* Conjunto de diversos objetos en desorden. ‖ **LOC. ser de cajón una cosa** *fam.* Ser evidente.

cal *s. f.* Sustancia blanca que se obtiene del óxido cálcico. *Dimos de cal las paredes del patio.* ‖ **LOC. cerrar algo a cal y canto** Cerrarlo totalmente. **de cal y canto** *fam.* De gran consistencia. **una de cal y otra de arena** *fam.* Alternar cosas diversas o contrarias para compensar.

cala[1] (**ca**-la) *s. f.* Ensenada pequeña. *La costa de esta región está llena de pequeñas calas.* **SIN.** Bahía.

cala[2] (**ca**-la) *s. f., fam.* Peseta. *No puedo ir, sólo tengo quinientas calas.*

calabacín (ca-la-ba-**cín**) *s. m.* Pequeña calabaza de forma cilíndrica, corteza verde y carne blanca. *Me gusta mucho la crema de calabacín.*

calabaza (ca-la-**ba**-za) *s. f.* **1.** Planta de huerta que tiene un fruto de corteza verdosa y arrugada. *A la calabaza también se la llama calabacera.* **2.** Fruto de esta planta, que tiene muchas pepitas o semillas y, por lo general, es grande, redondeado y de color amarillo o anaranjado. *Con una calabaza hicimos una máscara para la fiesta.* **3.** *fam.* Suspenso en un examen. *Tuve una calabaza en matemáticas.* ‖ **LOC. dar calabazas** *fam.* Rechazar a alguien.

calabobos (ca-la-**bo**-bos) *s. m., fam.* Lluvia fina y persistente. *Parecía que aquel calabobos no mojaba, pero al final llegamos empapados.* **SIN.** Sirimiri, orvallo, llovizna. ✎ Invariable en número.

calabozo (ca-la-**bo**-zo) *s. m.* **1.** Cárcel, prisión. *Pasará unos cuantos años en el calabozo.* **SIN.** Chirona. **2.** Celda incomunicada de una cárcel. *El preso fue incomunicado en un calabozo.* **SIN.** Mazmorra.

calada (ca-**la**-da) *s. f.* Chupada que se da a un cigarro. *Como está dejando de fumar, sólo da caladas de vez en cuando.*

calado (ca-**la**-do) *s. m.* **1.** Labor que se hace con aguja en alguna tela, sacando o juntando hilos. *Este mantel tiene una fina labor de calado.* **2.** Labor hecha en los papeles, maderas, etc., taladrándolos y formando dibujos. *Era un artista haciendo calados en madera.* **3.** Profundidad que alcanza en el agua la parte sumergida de un barco. *De gran calado.*

calamar (ca-la-**mar**) *s. m.* Molusco comestible cuyo cuerpo se parece a una bolsa y de cuya cabeza salen unos tentáculos o brazos. Segrega un líquido negro llamado tinta, que utiliza como defensa. *Pedimos una ración de calamares fritos.*

calambre (ca-**lam**-bre) *s. m.* Contracción repentina, involuntaria y dolorosa de ciertos músculos, en especial los de la pantorrilla. *Estando en el río me dio un calambre y tuvieron que ayudarme a salir.*

calambur (ca-lam-**bur**) *s. m.* Juego de palabras que consiste en agrupar de modo diferente las sílabas de una o más palabras. *"A este Lopico, lo pico".* (Góngora).

calamidad (ca-la-mi-**dad**) *s. f.* **1.** Acontecimiento desgraciado y funesto que alcanza a muchas personas. *Aquella prolongada sequía fue una calamidad.* **SIN.** Catástrofe, tragedia. **ANT.** Ventura, fortuna, dicha. **2.** Desgracia extrema. *Desde que se quedó sin trabajo, todo fueron calamidades.* **SIN.** Azote, desastre, catástrofe, plaga, tragedia. **ANT.** Ventura, fortu-

na. **3.** Persona incapaz, inútil o molesta. *Es una calamidad, nada de lo que hace le sale bien.*

calamina (ca-la-**mi**-na) *s. f.* Carbonato de cinc, blanco o amarillento. *Esas cucharillas son de calamina.*

calamitoso, sa (ca-la-mi-**to**-so) *adj.* **1.** Que causa calamidades o es propio de ellas. *Tuvimos una tarde calamitosa.* **SIN.** Desastroso, funesto, perjudicial, aciago, funesto. **ANT.** Beneficioso, favorable. **2.** Que no tiene dicha ni felicidad. *Llevaba una vida muy calamitosa.* **SIN.** Desgraciado, desdichado, desventurado, infeliz. **ANT.** Afortunado, dichoso, feliz.

calandraca (ca-lan-**dra**-ca) *s. f., fam.* Cosa de poca importancia o valor. *Esas sillas que has comprado son una calandraca, no te durarán dos días.*

calandria (ca-**lan**-dria) *s. f.* Ave parecida a la alondra, de alas anchas y pico grande y grueso, y cuyo canto es fuerte y melodioso. *La calandria hace su nido en el suelo.*

calaña (ca-**la**-ña) *s. f.* Naturaleza de una persona o cosa, es decir, la manera de ser de alguien. *Son gente de mala calaña.* **SIN.** Calidad, raza, ralea.

calar (ca-**lar**) *v. tr.* **1.** Penetrar un líquido en un cuerpo permeable. *La lluvia caló a través del techo.* **SIN.** Humedecer, empapar, mojar. **2.** Atravesar un instrumento otro cuerpo de una parte a otra. *La grapa caló el taco de hojas.* **SIN.** Horadar, perforar, penetrar, agujerear, traspasar. **3.** Imitar la labor de encaje en las telas, sacando o juntando algunos hilos, o sobre papel, tela, metal, etc., haciendo agujeros que formen dibujo. *La costurera caló en el mantel unos bonitos dibujos.* **4.** Conocer la manera de ser o intenciones de una persona. *Le calé desde el primer día.* **SIN.** Adivinar, descubrir, comprender. **5.** Cortar del melón u otras frutas un pedazo para probarlas. *Caló el melón para ver si estaba en su punto.* **6.** Poner la gorra, el sombrero, etc., muy metidos en la cabeza. **GRA.** También v. prnl. *Se caló la gorra hasta los ojos.* **7.** *Col.* Confundir a alguien. ‖ *v. prnl.* **8.** Mojarse una persona hasta que el agua penetre la ropa y llegue al cuerpo. *Llovía tanto que nos calamos en unos segundos.* **9.** Pararse bruscamente el motor de un vehículo. *Se le caló el coche.*

calavera (ca-la-**ve**-ra) *s. f.* **1.** Conjunto de los huesos de la cabeza mientras permanecen unidos, pero sin carne ni piel. *Encontraron varias calaveras enterradas.* **SIN.** Cráneo. ‖ *s. m.* **2.** *fam.* Persona alocada, muy poco responsable. *No estudiaba nada porque era un calavera que se pasaba todas las noches de juerga.* **SIN.** Parrandero. **ANT.** Formal. ‖ *s. f.* **3.** *Per.* Depósito para la recepción y el reparto del agua.

calcañar - caleidoscopio

calcañar (cal-ca-**ñar**) *s. m.* Parte posterior de la planta del pie. *Tenía una dureza en el calcañar.* **SIN.** Talón.

calcar (cal-**car**) *v. tr.* **1.** Sacar copia de un dibujo con determinados procedimientos. *Coge papel vegetal y calca este mapa.* **SIN.** Copiar, reproducir, repetir. **2.** Imitar o reproducir con exactitud. *Calcó su redacción sin ningún tipo de reparo, porque a él no se le ocurría nada.* **SIN.** Remedar, plagiar, copiar, fusilar.

calcáreo, a (cal-**cá**-re-o) *adj.* Que tiene cal. *El agua de esta zona es calcárea.*

calcetín (cal-ce-**tín**) *s. m.* Media corta. *Se puso unos calcetines de lana hasta la rodilla.*

calcinar (cal-ci-**nar**) *v. tr.* **1.** Reducir a cal viva los minerales calcáreos. *Al calcinar piedra caliza se obtiene cal viva.* **2.** Reducir a cenizas. **GRA.** También v. prnl. *El incendio calcinó el local.* **SIN.** Quemar(se), carbonizar(se), incinerar.

calcio (**cal**-cio) *s. m.* Metal blanco y blando, que se encuentra en la caliza, en el yeso y en los huesos de los animales. *El símbolo del calcio es Ca.*

calcita (cal-**ci**-ta) *s. f.* Carbonato de calcio. *La calcita es el primer componente de la roca caliza.*

calco (**cal**-co) *s. m.* **1.** Copia que se obtiene calcando. *Utilizó papel vegetal para el calco del mapa.* **SIN.** Reproducción, imitación, plagio, copia, facsímil. **2.** Plagio, imitación o reproducción idéntica o muy próxima al original. *Es un calco perfecto.* **SIN.** Facsímil. **3.** Adaptación de una palabra extranjera, traduciendo su significado completo o el de cada uno de los elementos que la forman. *"Vuelos domésticos" es un calco del inglés, por "vuelos nacionales".*

calcomanía (cal-co-ma-**ní**-a) *s. f.* Papel con una imagen que se puede pasar a otro objeto. *Siempre llevaba alguna calcomanía en el brazo.*

calculador, ra (cal-cu-la-**dor**) *adj.* **1.** Se dice de la máquina con que se realizan operaciones aritméticas. **GRA.** También s. f. *Coge la calculadora para hallar el tanto por ciento de estas cantidades.* **2.** Se dice de la persona interesada y egoísta. *Es muy calculadora, no hace nada si no va a sacar de ello algún provecho.* **SIN.** Interesado, ambicioso.

calcular (cal-cu-**lar**) *v. tr.* **1.** Realizar operaciones matemáticas. *Calculé los ladrillos que necesitamos para hacer la pared.* **SIN.** Contar, operar. **2.** Deducir algo mediante análisis y observaciones. *Como hay nubes, calculo que lloverá hoy.* **SIN.** Conjeturar, suponer. **3.** Evaluar por aproximación el precio, la edad, etc. *Calculo que tendrá unos treinta años.* **SIN.** Estimar.

cálculo (**cál**-cu-lo) *s. m.* **1.** Cuenta que se hace de alguna cosa por medio de operaciones matemáticas. *Hizo un cálculo mental de la suma.* **2.** Conjetura. *Al final sus cálculos fueron ciertos, cayó una buena tormenta.* **3.** Concreción anormal que se forma en alguna parte del organismo, especialmente en las vías urinarias y biliares. *Le tuvieron que operar porque tenía cálculos en la vejiga.*

caldas (**cal**-das) *s. f. pl.* Manantial de aguas minerales calientes. *Fue a unas caldas para curar su artritis.* **SIN.** Termas.

caldear (cal-de-**ar**) *v. tr.* **1.** Calentar mucho algo. **GRA.** También v. prnl. *El ambiente se caldeó mucho y tuvimos que abrir un poco la ventana.* **2.** Fomentar una riña o discusión. **GRA.** También v. prnl. *Los ánimos se caldearon.*

caldera (cal-**de**-ra) *s. f.* **1.** Recipiente de metal que sirve para poner a calentar algo dentro de él. *Coció unas morcillas en la caldera.* **SIN.** Perola, tina, caldero. **2.** *Arg.* Cafetera o vasija para hacer el mate.

caldereta (cal-de-**re**-ta) *s. f.* **1.** Guiso que se hace cociendo el pescado fresco con sal, cebolla y pimiento, y echándole aceite y vinagre antes de apartarlo del fuego. *Estaba preparando una caldereta de pescado.* **2.** Guiso que se hace con carne de cordero o cabrito. *La caldereta es un plato típico de esa región.*

calderilla (cal-de-**ri**-lla) *s. f.* Conjunto de monedas de poco valor. *Tenía el bolsillo lleno de calderilla.* **SIN.** Perras, suelto, monedas, cambio.

caldo (**cal**-do) *s. m.* Líquido que resulta de cocer en agua los alimentos. *De primero tomó un caldo de pollo con verduras.* **SIN.** Sopa, sopicaldo, salsa, moje. || **2. caldo de cultivo** Líquido que se prepara con sustancias animales, se esteriliza y se destina a la proliferación de bacterias. | Medio favorable para el desarrollo de algo. || **LOC. poner a alguien a caldo** *fam.* Reprenderle severamente, insultarle.

caldoso, sa (cal-**do**-so) *adj.* Que tiene mucho caldo. *Me gusta la sopa muy caldosa.* **SIN.** Jugoso, acuoso. **ANT.** Seco.

calé (ca-**lé**) *s. m.* Persona de raza gitana. **GRA.** También adj. *Sus vecinos eran calés.*

calefacción (ca-le-fac-**ción**) *s. f.* **1.** Conjunto de aparatos destinados a calentar un edificio o parte de él. *En su casa tienen calefacción de carbón.* **SIN.** Chimenea, radiador, estufa, brasero, fogón. || **2. calefacción central** La que procede de un solo foco y, mediante tuberías y radiadores, distribuye la temperatura a todo el edificio.

caleidoscopio (ca-lei-dos-**co**-pio) *s. m.* Tubo por el que se ven figuras que varían según se va girando. *La niña estaba entusiasmada con su caleidoscopio.*

calendario (ca-len-**da**-rio) *s. m.* **1.** Catálogo que comprende todos los días del año con datos astronómicos, religiosos o de otro tipo. *Mira en el calendario a ver si es día festivo.* **SIN.** Almanaque, agenda, anuario. **2.** Conjunto de hojas impresas en las que se distribuye el año en días y meses. *Apuntaba todas sus citas en el calendario.*

calendas (ca-**len**-das) *s. f. pl.* **1.** En el antiguo cómputo romano, el primer día de cada mes. *Las calendas correspondían a la luna nueva.* ‖ **2. las calendas griegas** Indica un tiempo que no vendrá, pues los griegos no tenían calendas.

calentador (ca-len-ta-**dor**) *s. m.* Aparato para producir agua caliente y que puede funcionar mediante gas, electricidad, etc. *Me voy a duchar, enciende el calentador.*

calentar (ca-len-**tar**) *v. tr.* **1.** Dar calor a un cuerpo para hacer que aumente su temperatura. **GRA.** También v. prnl. *Calenté la salsa de los espaguetis.* **SIN.** Caldear(se), templar(se). **ANT.** Enfriar(se), refrescar(se). **2.** *fam.* Dar golpes. **GRA.** También v. prnl. *Los dos estaban muy enfadados y se calentaron bien.* **SIN.** Pegar(se), golpear(se), abofetear(se). ‖ *v. intr.* **4.** Antes de practicar un deporte, hacer una serie de ejercicios para desentumecer los músculos. *Los jugadores estuvieron calentando antes de empezar el partido.* ‖ *v. prnl.* **4.** *fam.* Apasionarse en una discusión. *Los del debate se calentaron y aquello parecía un gallinero.* **SIN.** Exaltarse, excitarse, irritarse, enardecerse. **ANT.** Calmarse, sosegarse, apaciguarse. v. irreg., se conjuga como acertar.

calentón (ca-len-**tón**) *s. m., fam.* Acto de calentarse rápida y brevemente. *El coche sufrió un calentón.*

calentura (ca-len-**tu**-ra) *s. f.* Elevación de la temperatura normal del cuerpo, producida por alguna enfermedad. *Tenía calentura.* **SIN.** Fiebre, calor, décimas. **ANT.** Hipotermia.

calesa (ca-**le**-sa) *s. f.* Carruaje de cuatro o dos ruedas, con la caja abierta por delante, dos o cuatro asientos y capota de vaqueta. *Dieron un paseo por la ciudad en una calesa.*

calibrar (ca-li-**brar**) *v. tr.* **1.** Estudiar bien todos los aspectos y posibilidades de un asunto. *Deberías calibrar bien las consecuencias.* **2.** Medir el calibre o diámetro de un tubo, o el espesor de un material. *Calibró el arma.*

calibre (ca-**li**-bre) *s. m.* **1.** Diámetro interior de las armas de fuego o de muchos objetos huecos. *Era un arma de 9 mm de calibre.* **SIN.** Diámetro, anchura, dimensión, talla. **2.** Consecuencia de una cosa. *Era un asunto de gran calibre.* **SIN.** Importancia, trascendencia, capacidad, dimensión, tamaño.

calidad (ca-li-**dad**) *s. f.* **1.** Conjunto de propiedades que permiten comparar una persona o cosa con otra de su misma especie y saber si es mejor, igual o peor. *El jersey ha encogido al lavar porque su lana era de muy mala calidad.* **SIN.** Clase, categoría. **2.** Superioridad o importancia de algo. *La calidad de sus productos hace que tenga muchos clientes.* **SIN.** Excelencia. **ANT.** Inferioridad, insignificancia. ‖ **3. calidad de vida** Buen trabajo y condiciones de vida de una persona.

cálido, da (**cá**-li-do) *adj.* **1.** De temperatura elevada. *Florida tiene clima cálido.* **SIN.** Caluroso, caliente, tórrido. **ANT.** Frío, helado, gélido. **2.** Afectuoso. *El Rey tuvo un cálido recibimiento.* **SIN.** Distendido, caluroso, acogedor. **ANT.** Frío, hostil.

caliente (ca-**lien**-te) *adj.* **1.** Que posee una temperatura superior a la normal. *Esta leche está muy caliente, espera un poco.* **SIN.** Cálido, caldeado, ardiente, sofocante, tórrido. **ANT.** Frío, helado, fresco. **2.** *fam.* Irritado, exaltado. *El ambiente estaba muy caliente y podía pasar de todo.* **3.** *fam.* Que está excitado sexualmente. *Es un buen momento para aparear los perros ahora que están calientes.* ‖ **LOC. en caliente** Al momento de haber sucedido.

califa (ca-**li**-fa) *s. m.* Autoridad suprema civil y religiosa de los mahometanos. *El palacio del califa era una auténtica maravilla.*

calificar (ca-li-fi-**car**) *v. tr.* **1.** Decir de una persona o cosa que tiene cierta cualidad o circunstancia. *Calificaron muy mal su última película.* **SIN.** Adjetivar, clasificar, considerar, acreditar. **ANT.** Descalificar, desacreditar. **2.** Dar a alguien o algo un grado en una escala convenida. *Calificaron mi examen con un cinco.* **SIN.** Puntuar, evaluar, valorar, corregir. Se conjuga como abarcar.

calificativo, va (ca-li-fi-ca-**ti**-vo) *adj.* Se dice del adjetivo que denota alguna cualidad del sustantivo. **GRA.** También s. m. *Persona buena, "buena" es un calificativo.*

caligrafía (ca-li-gra-**fí**-a) *s. f.* Arte o habilidad de escribir con letra muy clara y muy bien formada. *Tiene muy buena caligrafía.*

calima (ca-**li**-ma) *s. f.* *Calina.

calina (ca-**li**-na) *s. f.* Niebla ligera o poco densa. *Había un poco de calina.* **SIN.** Bochorno, bruma, fosca.

cáliz (**cá**-liz) *s. m.* **1.** Vaso sagrado en que el sacerdote consagra el vino en la misa. *El sacerdote elevó el cáliz.* **SIN.** Copa, recipiente. **2.** Cubierta externa de

calizo - calor

las flores completas casi siempre verde y de la misma naturaleza de las hojas. *El cáliz de esa flor es persistente.* 🖎 Su pl. es "cálices".

calizo, za (ca-**li**-zo) *adj.* **1.** Se dice del terreno o de la piedra que tiene cal. *Es un terreno muy calizo.* ‖ *s. f.* **2.** Roca formada de carbonato de cal. *Esa es una roca caliza.*

callar (ca-**llar**) *v. intr.* **1.** Guardar silencio, no hablar. **GRA.** También v. prnl. *Mi hermano calla cuando mis padres lo regañan.* **SIN.** Enmudecer, silenciar. **ANT.** Hablar. **2.** Dejar de hablar. *Todos callaron cuando yo entré.* **SIN.** Enmudecer, silenciar. **ANT.** Hablar. **3.** Cesar un ruido o sonido, por ejemplo un llanto, un grito, una canción, etc. **GRA.** También v. prnl. *Calló la música y al fin pude entender lo que decías.* **SIN.** Extinguirse, apagarse. **ANT.** Sonar, oír. **4.** No decir lo que se siente o se sabe. **GRA.** También v. prnl. *Calló lo que sentía por él, porque le daba vergüenza confesarlo.* **SIN.** Ocultar, tapar, omitir, reservarse. **ANT.** Decir, declarar, descubrir(se), contar.

calle (ca-**lle**) *s. f.* **1.** Camino, en el interior de una población, que suele estar limitado por dos hileras de edificios. *Mi amiga vive en la calle principal de la ciudad.* **SIN.** Vía pública, rúa, paseo, travesía. **2.** *fam.* La gente en general. *El gobierno estaba muy preocupado por el descontento que había en la calle.* ‖ **LOC. echar, plantar o poner a alguien en o a la calle** *fam.* Despedirle del empleo que constituía su medio de vida. **echarse a la calle** Salir alguien de casa. | Amotinarse. **llevar o llevarse a alguien de calle** *fam.* Conquistarlo, atraerlo, cautivarlo. **quedar o quedarse alguien en la calle** *fam.* Perder todo lo que tenía. **tirar por la calle de en medio** No reparar en consideraciones a la hora de hacer algo. **traer a alguien por la calle de la amargura** Darle continuos disgustos.

calleja (ca-**lle**-ja) *s. f.* Calle estrecha. *Nos metimos por unas callejas del barrio viejo y nos perdimos.* **SIN.** Callejuela, pasaje.

callejear (ca-lle-je-**ar**) *v. intr.* Andar frecuentemente, y sin necesidad, de calle en calle. *Estuvo callejeando toda la noche para ver si aclaraba las ideas.* **SIN.** Caminar, deambular, pasear, vagar.

callejero (ca-lle-**je**-ro) *s. m.* Lista descriptiva de las calles de una gran ciudad. *Nada más llegar a Londres compramos un callejero.*

callejón (ca-lle-**jón**) *s. m.* **1.** Calle estrecha y larga. *Decidimos dar un rodeo y no pasar por aquel callejón tan oscuro.* **SIN.** Pasadizo, calleja. **2.** *Cub.* Calle corta aunque no necesariamente estrecha. ‖ **3. callejón sin salida** *fam.* Negocio o conflicto muy difícil de solucionar.

callejuela (ca-lle-**jue**-la) *s. f.* *Calleja.

callicida (ca-lli-**ci**-da) *s. amb.* Sustancia que destruye los callos o deformaciones de la piel. *Este callicida es bueno para quitar las durezas de los pies.*

callista (ca-**llis**-ta) *s. m. y s. f.* Persona que se dedica a cortar o extirpar y curar callos y otras dolencias de los pies. *Tengo que ir al callista, casi no puedo andar.*

callo (**ca**-llo) *s. m.* **1.** Dureza que, por roce o presión, se llega a formar en los pies, manos, rodillas, etc. *Me salió un callo porque me rozaron mucho los zapatos.* **SIN.** Callosidad. ‖ *s. m. pl.* **2.** Pedazos de estómago de la vaca, ternera o carnero, que se comen guisados. *Su plato favorito son los callos con chorizo.* ‖ **LOC. criar, hacer, o tener callos** *fam.* Habituarse a los trabajos, al maltrato o a los vicios. **dar el callo** *fam.* Trabajar mucho.

calma (**cal**-ma) *s. f.* **1.** Estado del mar cuando no hay olas y de la atmósfera cuando no hay viento. *Los barcos zarparon pues el mar estaba en calma.* **SIN.** Bonanza, tranquilidad, quietud. **ANT.** Marejada, inclemencia, destemplanza. **2.** Paz, tranquilidad. *Tómate las cosas con calma.* **SIN.** Silencio, sosiego, placidez, reposo. **ANT.** Inquietud, impaciencia, intranquilidad. **3.** *fam.* Lentitud al hablar o actuar. *Su calma me produjo sueño.* **SIN.** Cachaza, pachorra, parsimonia, apatía. **ANT.** Energía, ímpetu, prisa, rapidez. ‖ **4. calma chicha** Se dice, especialmente en el mar, cuando el aire está en completa quietud. **SIN.** Bonanza. **ANT.** Tempestad, marejada.

calmante (cal-**man**-te) *s. m.* Medicamento que calma el dolor. *Le dolían mucho las muelas y se tomó un calmante.* **SIN.** Analgésico, tranquilizante, sedante.

calmar (cal-**mar**) *v. tr.* Disminuir la fuerza o el ímpetu de algo. **GRA.** También v. prnl. *Estaba tan nerviosa que nada de lo que le decía conseguía calmarla.* **SIN.** Sosegar(se), templar(se), serenar(se), tranquilizar(se). **ANT.** Intranquilizar(se), inquietar(se).

calmoso, sa (cal-**mo**-so) *adj.* **1.** Que está en calma. *Aquella tarde el mar estaba muy calmoso.* **2.** Se dice de la persona que actúa con mucha calma. *Es tan calmoso que nunca se apura por nada.* **SIN.** Lento, parsimonioso, flemático. **ANT.** Activo, nervioso.

caló (ca-**ló**) *s. m.* Lenguaje o jerga del pueblo gitano. *Habló en caló.* **SIN.** Argot, germanía.

calor (ca-**lor**) *s. m.* **1.** Forma de energía que se origina por el movimiento vibratorio de los átomos y moléculas de los cuerpos y cuyos efectos más importantes en éstos son la dilatación, el cambio de estado y la elevación de temperatura. *Esta estufa da mucho calor.* **SIN.** Fuego, irradiación, llama, combustión. **2.** Sensación que experimenta un cuerpo al lado de otro de temperatura más alta. *Todos teníamos mucho calor, así que apagamos la estufa.* **SIN.** Bochorno, sofocación. **ANT.** Frialdad. **3.** *fam.* Buena acogida. *El pueblo recibió la visita del Presidente con mucho calor.* **SIN.** Pasión, fervor, entusiasmo, halago, agasajo. **ANT.** Frialdad, rechazo. ‖ **4. calor específico** Cantidad de calor que por kilogramo es necesaria a un cuerpo para elevar su temperatura a un grado centígrado. ‖ **LOC. al calor de algo** *fam.* Bajo su protección. **entrar en calor** Dejar de tener frío.

caloría (ca-lo-**rí**-a) *s. f.* Unidad de medida térmica equivalente al calor que basta para elevar un grado centígrado la temperatura de un litro de agua. *Los dulces tienen muchas calorías.*

calorímetro (ca-lo-**rí**-me-tro) *s. m.* Instrumento para medir el calor específico de los cuerpos. *En el laboratorio hay un calorímetro.*

calostro (ca-**los**-tro) *s. m.* Primera leche que la hembra da después del parto. *El calostro es denso y viscoso.*

calumnia (ca-**lum**-nia) *s. f.* Acusación falsa, hecha maliciosamente para causar daño. *Todos sabíamos que lo que estaba diciendo de él eran calumnias, porque se llevaban a matar.* **SIN.** Difamación, falsedad, murmuración. **ANT.** Verdad.

calumniar (ca-lum-**niar**) *v. tr.* Atribuir falsa y maliciosamente a alguien palabras, actos o intenciones deshonrosas. *Tenía la mala costumbre de calumniar a sus amigos.* **SIN.** Difamar, desacreditar, murmurar. **ANT.** Encomiar, afamar, honrar. ‖ **LOC. calumnia, que algo queda** Indica que siempre permanece algo de lo divulgado con mala intención. 🖎 En cuanto al acento, se conjuga como cambiar.

caluroso, sa (ca-lu-**ro**-so) *adj.* **1.** Que siente o causa calor. *Hace un día muy caluroso.* **SIN.** Cálido, ardiente, caliente. **2.** Que manifiesta gran afecto y alegría. *Tuvo un recibimiento muy caluroso.* **SIN.** Vivo, efusivo, animado. **ANT.** Frío, flemático.

calvario (cal-**va**-rio) *s. m., fam.* Sufrimientos y desgracias que padece una persona. *La recuperación de la operación fue un auténtico calvario.* **SIN.** Suplicios, adversidad, martirio, dolor. **ANT.** Dicha, fortuna.

calvicie (cal-**vi**-cie) *s. f.* Falta de pelo en la cabeza. *Estaba obsesionado con su calvicie.* **SIN.** Alopecia.

calvo, va (**cal**-vo) *adj.* **1.** Que ha perdido el pelo de la cabeza. **GRA.** También s. m. y s. f. *Es muy joven,* pero ya se está quedando calvo. ‖ *s. f.* **2.** Zona sin pelo en el cuero cabelludo. *Tenía algunas calvas.* ‖ **LOC. quedarse alguien calvo** *fam.* Decir cosas obvias o sabidas por todos.

calza (**cal**-za) *s. f.* Media que cubre hasta por encima de la rodilla. **GRA.** Se usa más en pl. *Llevaba unas calzas negras de lana.*

calzada (cal-**za**-da) *s. f.* **1.** Parte de la calle comprendida entre dos aceras, por donde circula el tráfico. *Fue atropellado por un coche en la calzada.* **SIN.** Carretera, pista. ‖ **2. calzada romana** Cualquiera de las grandes vías o caminos construidos por los romanos.

calzado (cal-**za**-do) *s. f.* Cualquier tipo de zapato, bota, alpargata, etc., que sirve para cubrir y adornar el pie. *Le gusta usar calzado cómodo.* 🖎 Ver ilustración, pág. 170.

calzador (cal-za-**dor**) *s. m.* Trozo de metal o asta, de forma acanalada, que sirve para hacer que entre el pie en el zapato. *Usa el calzador para no estropear el zapato.* ‖ **LOC. entrar algo con calzador** *fam.* Ser muy difícil o estar muy forzada su entrada.

calzar (cal-**zar**) *v. tr.* **1.** Cubrir el pie con el calzado. **GRA.** También v. prnl. *Cálzate las botas, está nevando.* **SIN.** Poner. **ANT.** Descalzar. **2.** Poner una cuña o calzo junto a la rueda de un vehículo para impedir que se mueva, o bajo un mueble para equilibrarlo y que no cojee. *Calza la pata de la mesa.* **SIN.** Trabar, asegurar, afirmar, afianzar. **3.** *Col. y Ec.* Empastar un diente o muela. 🖎 Se conjuga como abrazar.

calzo (**cal**-zo) *s. m.* Cuña para calzar algo. *Puso un calzo en las ruedas del camión.*

calzón (cal-**zón**) *s. m.* Especie de pantalón corto. *Un boxeador llevaba el calzón blanco y el otro rojo.*

calzonazos (cal-zo-**na**-zos) *s. m., fam.* Se dice de la persona demasiado condescendiente. *Sus compañeros hacen con él lo que quieren porque es un calzonazos.* **SIN.** Blando, débil, cobardica, bragazas. **ANT.** Duro, inflexible. 🖎 Invariable en número.

calzoncillo (cal-zon-**ci**-llo) *s. m.* Prenda interior masculina que cubre desde la cintura hasta el comienzo de las piernas, con aberturas para el paso de éstas. **GRA.** Se usa más en pl. *Le regalaron unos calzoncillos con dibujos de la pantera rosa.*

cama (**ca**-ma) *s. f.* **1.** Mueble donde descansan y duermen las personas. *En esta habitación pondremos dos camas para que duerman juntos los dos mayores.* **SIN.** Lecho, catre, litera, hamaca. **2.** Plaza para un enfermo en un hospital. *No podía ingresar porque no había camas.* ‖ **3. cama nido** Mueble

camada - cámara

formado por dos camas, en el que una se recoge debajo de otra que también se suele usar como sofá. **4. cama turca** La que es plegable. ‖ **LOC. guardar alguien cama** Tener que estar de reposo por enfermedad. **caer alguien en cama** Enfermar. **hacerle a alguien la cama** *fam.* Especular en secreto con el fin de hacerle daño.

camada (ca-**ma**-da) *s. f.* Todos los hijos que paren de una vez la coneja, la loba u otros animales, y se hallan juntos en un mismo lugar. *La gata ha tenido una camada de cuatro gatitos.*

camafeo (ca-ma-**fe**-o) *s. f.* Figura labrada en una piedra que se lleva como adorno. *Aquel camafeo era un recuerdo muy querido para ella.* **SIN.** Medalla, medallón.

camaleón (ca-ma-le-**ón**) *s. m.* **1.** Reptil saurio de cuerpo comprimido lateralmente, patas delgadas y redondeadas y cola prensil, que puede cambiar fácilmente el color de su piel. *Los camaleones se alimentan de insectos.* **2.** *fam.* Persona que cambia de opinión según le conviene a sus intereses. *Es un poco camaleón, no te fíes.*

cámara (**cá**-ma-ra) *s. f.* **1.** Habitación principal de una casa. *La recepción será en la cámara del palacio.* **SIN.** Aposento, cuarto, alcoba. **2.** Asamblea legislativa de un país. *Llevaron el tema a la Cámara de los Diputados.* **SIN.** Parlamento, congreso, senado. **3.** En los neumáticos, anillo tubular de goma en el que se inyecta aire a presión a través de una válvula. *Se pinchó la cámara.* **4.** Asociación de un grupo de personas en defensa de sus intereses. *Cámara de comercio.* **5.** En cine y televisión, aparato para filmar. *Les enfocaron con la cámara.* ‖ *s. m. y s. f.* **6.** Persona que maneja la cámara de cine o televisión. *Era ayudante del cámara.* **SIN.** Cameraman, operador. ‖ **7. Cámara alta** Senado. **8. Cámara baja** Congreso. **9. cámara de aire** En arquitectura, espacio hueco que se deja entre dos muros para que sirva de aislamiento. **10. cámara de gas** Recinto herméticamente cerrado, en el que se inyectan gases tóxicos para dar muerte a las personas condenadas a esta pena. **11. cámara fotográfica** Aparato que sirve para fotografiar y que está formado por una lente, una cámara oscura y una película. **12. cámara frigorífica** Habitación o mueble destinado a conservar los alimentos a muy baja temperatura. **13. cámara lenta** Procedimiento que consiste en el rodaje acelerado de una película, pa-

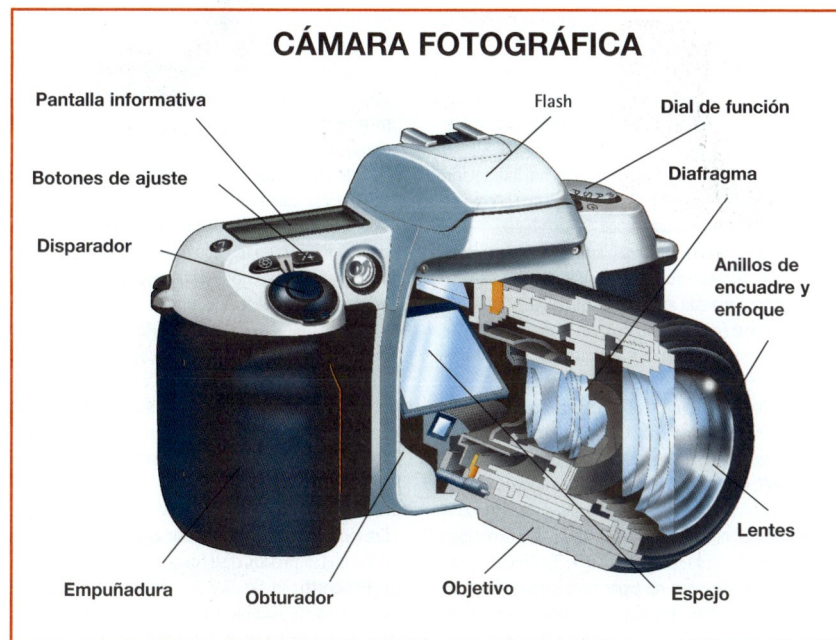

CÁMARA FOTOGRÁFICA

- Pantalla informativa
- Flash
- Dial de función
- Botones de ajuste
- Diafragma
- Disparador
- Anillos de encuadre y enfoque
- Lentes
- Empuñadura
- Obturador
- Objetivo
- Espejo

camarada - camembert

ra producir un efecto pausado mediante la proyección de las imágenes a la velocidad normal. **14. cámara mortuoria** *Capilla ardiente. **15. cámara oscura** Aparato óptico que consiste en una caja cerrada con un orificio con una lente, por donde entran los rayos de luz y proyectan la imagen invertida de los objetos exteriores. || **LOC. chupar cámara** *fam.* Al hacer una fotografía o aparecer en televisión, monopolizar la atención.

camarada (ca-ma-**ra**-da) *s. m. y s. f.* **1.** Persona que acompaña a otra por haber entre ellas amistad y confianza. *Fuimos de excursión a la montaña unos cuantos camaradas.* **SIN.** Compañero, amigo, colega. **2.** Apelativo con que se suelen denominar entre sí las personas que tienen una misma ideología. *Se encontró con varias camaradas del partido.* **SIN.** Correligionario.

camarero, ra (ca-ma-**re**-ro) *s. m. y s. f.* Persona que atiende al público en un establecimiento de hostelería. *Cuatro camareros sirvieron el banquete.*

camareta (ca-ma-**re**-ta) *s. f.* Habitación que en los buques de guerra sirve de alojamiento a los guardiamarinas. *Se pasó el día encerrado en su camareta.*

camarilla (ca-ma-**ri**-lla) *s. f.* Conjunto de personas que influyen en un personaje importante. *El presidente del partido se presentó a la rueda de prensa con toda su camarilla.*

camarón (ca-ma-**rón**) *s. m.* Crustáceo marino comestible, con el cuerpo estrecho y algo encorvado, y antenas muy largas. *Los camarones son típicos de estas aguas.*

camarote (ca-ma-**ro**-te) *s. m.* Pequeña habitación con cama que hay en los barcos. *No vimos al capitán porque estaba en su camarote.* **SIN.** Cabina.

camastro (ca-**mas**-tro) *s. m.* Cama pobre e incómoda. *En el barracón sólo había unos cuantos camastros y varias mantas apolilladas.* **SIN.** Catre, jergón.

cambalache (cam-ba-**la**-che) *s. m., fam.* Trueque de objetos de poco valor. *Se dedicaba al cambalache.* **SIN.** Cambio, canje.

cambiar (cam-**biar**) *v. tr.* **1.** Dar o recibir una cosa por otra. **GRA.** También v. intr. *Cambió su coche viejo por una moto.* **SIN.** Canjear, trocar, permutar, intercambiar. **ANT.** Conservar, retener. **2.** Reemplazar alguna cosa por otra igual. *Cambió las hojas de su agenda al comenzar un nuevo año.* **SIN.** Sustituir. **3.** Mover algo o alguien de un lugar a otro. **GRA.** También v. prnl. *Cambiamos las sillas de lugar para poder sentarnos todos juntos.* **SIN.** Trasladar(se), desplazar(se). **4.** Sustituir una moneda por su equivalente en otra. *Fuimos al banco a cambiar las pesetas en libras.* || *v. intr.* **5.** Modificar la apariencia física o moral de una persona o el aspecto de una cosa. *Manuel cambió mucho desde que encontró trabajo.* **SIN.** Transformar, alterar, metamorfosear, evolucionar. **ANT.** Mantener, permanecer. **6.** En un vehículo, pasar de una marcha a otra. *Cambia a segunda.* || *v. prnl.* **7.** Ponerse ropa diferente a la que se llevaba puesta, irse a vivir a otra casa, etc. *Se cambió porque tenía una fiesta.* **SIN.** Mudarse. v. con irregularidad acentual. La "-i" final de la base "cambi-" es átona en todas las formas del verbo. Esa "-i" siempre se combina formando diptongo con la vocal que le sigue.

INDICATIVO	SUBJUNTIVO	IMPERATIVO
Pres.	Pres.	
cambio	cambie	
cambias	cambies	cambia
cambia	cambie	cambie
cambiamos	cambiemos	cambiemos
cambiáis	cambiéis	cambiad
cambian	cambien	cambien

cambio (cam-**bio**) *s. m.* **1.** Acción y efecto de cambiar. *Hubo un cambio de planes porque se puso enfermo.* **SIN.** Alteración, mudanza, transformación, permuta, trueque. **ANT.** Permanencia. **2.** Mecanismo para cambiar el tren de vía o el automóvil de velocidad. *No le gustaba el cambio de marchas de su coche.* **3.** Dinero suelto. *No tengo cambio.* || **LOC. a cambio, o a cambio de** En lugar de. **a las primeras de cambio** De buenas a primeras. **en cambio** En lugar de, en vez de.

camelar (ca-me-**lar**) *v. tr.* **1.** *fam.* Engañar adulando. *No intentes camelarme, no pienso cambiar de opinión.* **SIN.** Lisonjear, halagar, engatusar. **2.** *fam.* Intentar enamorar a alguien mediante engaños. *Trató de camelarle pero no lo consiguió.* **SIN.** Galantear, seducir. **3.** *Méx.* Acechar, mirar.

camelia (ca-**me**-lia) *s. f.* Arbusto de hojas perennes y flores, del mismo nombre, blancas, rojas o rosadas. *La camelia es originaria de Oriente.*

camello (ca-**me**-llo) *s. m.* Mamífero rumiante con dos jorobas que puede permanecer durante muchos días sin beber agua. *El camello es el animal más representativo del desierto.*

camelo (ca-**me**-lo) *s. m., fam.* Mentira, noticia falsa. *Era todo un camelo.* || **LOC. dar algo el camelo** Producir una impresión distinta de lo que en realidad es.

camembert *s. m.* Se dice de cierto tipo de queso de vaca francés recubierto con moho blanco. **GRA.** También s. m. *Le encanta el camembert.*

camerino (ca-me-**ri**-no) *s. m.* En los teatros, cuarto para cambiarse de ropa los actores y actrices. *Visitó a la actriz principal en su camerino.*

camicace (ca-mi-**ca**-ce) *s. m.* **1.** En la Segunda Guerra Mundial, avión japonés que, cargado de explosivos, se estrellaba contra un objetivo enemigo. *Vieron un reportaje sobre los camicaces.* ‖ *adj.* **2.** Se dice de la persona que se arriesga en una misión suicida. **GRA.** También s. m. y s. f. *Los terroristas eran camicaces.*

camilla (ca-**mi**-lla) *s. f.* **1.** Cama estrecha y portátil que se utiliza para trasladar enfermos o heridos. *Fue trasladado en camilla hasta la ambulancia.* **2.** Mesa redonda cubierta por un tapete largo, debajo de la cual se puede poner un brasero. *Nos sentamos junto a la camilla.*

caminar (ca-mi-**nar**) *v. intr.* Recorrer un camino, andar. *Aquella tarde caminamos cinco kilómetros.* **SIN.** Deambular, pasear. **ANT.** Pararse, detenerse.

caminata (ca-mi-**na**-ta) *s. f., fam.* Paseo largo y fatigoso. *Nos dimos una gran caminata hasta encontrar la cabaña del bosque.*

camino (ca-**mi**-no) *s. m.* **1.** Franja de tierra pisada para andar de un lugar a otro. *Aquel camino conducía a la carretera general.* **SIN.** Vereda, atajo, senda, sendero. **2.** Jornada de un lugar a otro. *Empleamos tres días de camino.* **SIN.** Trayecto, recorrido, trecho, itinerario. **3.** Medio para conseguir una cosa. *Ese camino que has elegido no me parece el más correcto.* **SIN.** Manera, procedimiento, sistema. ‖ **4. camino de cabras** Camino estrecho y muy escarpado. **5. Camino de Santiago** Constelación de estrellas llamada también Vía Láctea. ‖ **LOC. abrir camino** Hallar o sugerir el medio de vencer una dificultad. **de camino** De paso. **ir cada cual por su camino** *fam.* Estar en desacuerdo dos o más personas. **llevar camino de** Tender hacia ello. **ponerse alguien en camino** Emprender viaje. **quedarse alguien a medio camino** *fam.* No acabar lo que había comenzado.

camión (ca-**mión**) *s. m.* Vehículo grande y pesado que sirve para transportar grandes cargas. *Nos trajeron un camión de carbón.*

camionero, ra (ca-mio-**ne**-ro) *s. m. y s. f.* Persona que conduce un camión. *Un camionero paró y nos ayudó a arreglar la avería del coche.*

camioneta (ca-mio-**ne**-ta) *s. f.* Vehículo menor que el camión, que sirve para transporte de toda clase de mercancías. *Cargó los sacos de cemento en la camioneta.*

camisa (ca-**mi**-sa) *s. f.* **1.** Prenda de vestir, con mangas y cuello, que cubre del cuello a la cintura. *Ponte la camisa azul con esa corbata.* ‖ **2. camisa de fuerza** La de tela fuerte, abierta por detrás y con las mangas cerradas en los extremos, que se usa para inmovilizar a algunas personas especialmente agresivas. ‖ **LOC. cambiar de camisa** *fam.* Cambiar de ideas. **dejar a alguien sin camisa** *fam.* Arruinarle enteramente. **meterse alguien en camisa de once varas** *fam.* Inmiscuirse en lo que no le incumbe **perder hasta la camisa** Quedarse sin nada.

camiseta (ca-mi-**se**-ta) *s. f.* **1.** Prenda interior que se pone debajo de la camisa. *En invierno lleva camisetas de franela porque son muy calientes.* **2.** Especie de camisa que se ponen algunos deportistas para distinguir un equipo de otro. *La camiseta de su equipo es roja.*

camisola (ca-mi-**so**-la) *s. f.* Camisa fina y más corta que el camisón, de encaje, raso, franela, etc., que se usa para dormir. *Le regalaron una camisola blanca de raso.*

camisón (ca-mi-**són**) *s. m.* Camisa larga usada para dormir. *Le gusta más dormir con camisón que con pijama.*

camorrista (ca-mo-**rris**-ta) *adj., fam.* Que con facilidad y por poca cosa arma bronca. **GRA.** También s. m. y s. f. *No se te ocurra discutir con él, es un camorrista.* **SIN.** Camorrero, peleón, pendenciero.

campal (cam-**pal**) *adj.* Se dice de las batallas mantenidas en campo abierto. *Fue una batalla campal.*

campamento (cam-pa-**men**-to) *s. m.* Lugar donde acampa o se establece temporalmente un ejército o grupo de personas. *Los montañeros tenían su campamento junto al arroyo.*

campana (cam-**pa**-na) *s. f.* **1.** Instrumento cóncavo de metal que toca al golpearlo con el badajo. *Siempre tocan las campanas de la iglesia cinco minutos antes de empezar la misa.* ‖ **2. campana extractora** Electrodoméstico que se coloca encima de la cocina para extraer el humo. ‖ **LOC. doblar las campanas.** Tocar a muerto. **echar las campanas al vuelo** *fam.* Dar mucha publicidad a una noticia. **oír alguien campanas y no saber dónde** *fam.* Entender mal una cosa o tergiversar una noticia.

campanario (cam-pa-**na**-rio) *s. m.* Torre donde se colocan las campanas. *Subimos al campanario a tocar las campanas el día de la fiesta.*

campanilla (cam-pa-**ni**-lla) *s. f.* **1.** Campana pequeña que se toca agitándola con la mano. *Deja de tocar la campanilla.* **2.** Trocito de carne que cuelga en

campaña - canaleta

la parte posterior del velo del paladar. *Se hizo daño en la campanilla con un trozo de pan.* **SIN.** Úvula.

campaña (cam-**pa**-ña) *s. f.* **1.** Campo llano, sin montes. *Las ovejas pastaban en la campaña.* **SIN.** Campiña, llanura. **2.** Conjunto de actividades para lograr un fin. *Los políticos realizan campañas electorales.* **SIN.** Misión, tarea, plan. **3.** Período que abarca la cosecha o las ganancias. *La campaña de la uva ha terminado.* **4.** Operaciones o salidas al exterior de un ejército. *Fue herido en la campaña de África.*

campechano, na (cam-pe-**cha**-no) *adj., fam.* Cordial, de trato amable y sincero. *No tendrás ningún problema para relacionarte con él, es muy campechano.* **SIN.** Afable, jovial, llano. **ANT.** Engreído.

campeón, na (cam-pe-**ón**) *s. m. y s. f.* **1.** Persona que gana en una competición deportiva, lucha, juego, etc. *El chico que conocimos ayer es campeón de tenis.* **SIN.** Vencedor, líder. **2.** Persona que destaca en algo. *Es una campeona del baile.* **SIN.** As.

campeonato (cam-pe-o-**na**-to) *s. m.* **1.** Competición deportiva en que se disputa un premio. *Juega el campeonato de fútbol de primera división.* **SIN.** Certamen, concurso, competencia, liga. **2.** Triunfo logrado en la competición deportiva. *Mi equipo ganó el campeonato de la liga de baloncesto.* ‖ **LOC. ser algo o alguien de campeonato** *fam.* Ser muy grande o de mucha importancia.

campesino, na (cam-pe-**si**-no) *s. m. y s. f.* **1.** Persona que vive y trabaja en el campo. *Los campesinos están satisfechos por la buena cosecha de este año.* **SIN.** Agricultor, labriego, labrador, aldeano. ‖ *adj.* **2.** Que pertenece o se refiere al campo. *Algunas casas campesinas tenían molino.* **SIN.** Campestre, rural, rústico. **ANT.** Urbano, ciudadano.

campestre (cam-**pes**-tre) *adj.* **1.** Que pertenece o se refiere al campo. *Casa campestre.* **SIN.** Silvestre, rústico, bucólico, campesino. **2.** Que se produce o se hace en el campo. *Comida campestre.*

camping *s. m.* **1.** Lugar preparado para hacer vida al aire libre, en tiendas de campaña. *Ese camping está muy bien, tiene supermercado y servicio de cafetería.* ‖ **2. camping gas** Pequeño recipiente con gas para cocinar en el campo. Su pl. es "campings". También "cámping".

campo (**cam**-po) *s. m.* **1.** Terreno amplio fuera de los pueblos y ciudades. *Los domingos salimos a comer al campo.* **SIN.** Campiña, afueras, pradera. **ANT.** Ciudad. **2.** Terreno cultivable. *La sequía estropeó el campo.* **SIN.** Sembrado, cultivo, plantación, huerto. **3.** Espacio real o imaginario que abarca o en el que se desarrolla una cosa. *Trabaja en el campo de la electrónica.* **SIN.** Área, extensión, dominio, territorio. **4.** Terreno preparado para practicar un deporte. *El campo de fútbol estaba encharcado y no se pudo jugar el partido.* **SIN.** Estadio, cancha, circuito. ‖ **5. campo de aviación** Lugar donde aterrizan y despegan los aviones. **6. campo de batalla** Lugar donde se desarrolla un combate. **7. campo de concentración** Lugar donde se encarcela a prisioneros de guerra. **8. campo magnético** Espacio en el que un imán ejerce su atracción. **9. campo santo** Cementerio. **10. campo semántico** Grupo de palabras formado por términos relacionados entre sí por referirse a un mismo sector de la realidad. **11. medio campo** En los terrenos de juego, zona central comprendida entre sus dos bandas. ‖ **LOC. dejar alguien campo libre** *fam.* Abandonar algún proyecto.

camposanto (cam-po-**san**-to) *s. m.* *Campo santo.

campus (**cam**-pus) *s. m.* Espacio abierto que rodea a los edificios universitarios. *Hubo una concentración de estudiantes en el campus.* Invariable en número.

camuflaje (ca-mu-**fla**-je) *s. m.* Disfraz, producido por el color, forma o tamaño, que hace que un animal no sea visto con facilidad. *El insecto palo tiene un camuflaje perfecto.*

camuflar (ca-mu-**flar**) *v. tr.* Dar a una cosa la apariencia de otra. **GRA.** También v. prnl. *Camuflaron el coche entre la maleza cubriéndolo con ramas y hojas.* **SIN.** Encubrir(se), ocultar(se), disfrazar(se).

can *s. m.* *Perro. **SIN.** Chucho.

cana (**ca**-na) *s. f.* Cabello que se ha vuelto blanco. **GRA.** Se usa más en pl. *Tenía muchas canas aunque era todavía muy joven.* ‖ **LOC. echar alguien una cana al aire** *fam.* Esparcirse, divertirse. **peinar alguien canas** *fam.* Tener muchos años.

canal (ca-**nal**) *s. m.* **1.** Paso natural o construido artificialmente para comunicar dos mares. *El canal de la Mancha está situado al norte de Europa.* **SIN.** Estrecho. **2.** Paso construido para que el agua tome la dirección deseada y sirva a un determinado propósito. *Mi tío ha decidido construir un canal para regar la huerta donde cultiva patatas.* **SIN.** Acequia, reguera, cauce. **3.** Estación de radio o televisión. *Cambia de canal, que van a poner nuestro programa favorito.* **SIN.** Emisora. ‖ **LOC. abrir en canal** Abrir de arriba abajo.

canalé (ca-na-**lé**) *s. m.* Tejido que forma estrías longitudinales. *Llevaba un jersey de canalé.*

canaleta (ca-na-**le**-ta) *s. f.* *Canalón.

canalizar - candidato

canalizar (ca-na-li-**zar**) *v. tr.* **1.** Abrir o hacer canales. *Estaban canalizando el terreno.* **2.** Dirigir por un lugar determinado las aguas de un río o arroyo. *Canalizaron el río por ese valle.* **SIN.** Encauzar. **3.** Orientar hacia un fin varias actividades, opiniones, iniciativas, etc. *Deberíamos canalizar nuestros esfuerzos.*

canalla (ca-**na**-lla) *s. m. y s. f., fam.* Persona despreciable y de malas intenciones. *Se portó como un canalla.* **SIN.** Sinvergüenza, bribón, infame, ruin.

canalón (ca-na-**lón**) *s. m.* Conducto que recibe y vierte el agua de los tejados. *El granizo atascó los canalones.*

canana (ca-**na**-na) *s. f.* Cinto preparado para llevar cartuchos. *Cuando va al bosque siempre lleva su canana.* **SIN.** Cartuchera.

canapé (ca-na-**pé**) *s. m.* **1.** Sofá con el asiento y respaldo acolchados, para sentarse o acostarse. *Ese canapé es muy cómodo.* **SIN.** Diván. **2.** Aperitivo consistente en una rebanadita de pan sobre la que se extienden o colocan otros alimentos. *Le encantan los canapés de salmón.*

canario, ria (ca-**na**-rio) *s. m. y s. f.* Pájaro pequeño de plumaje amarillo, verdoso o blanquecino, que canta muy bien. *En casa tenemos un canario.*

canasta (ca-**nas**-ta) *s. f.* **1.** Cesto de mimbre con dos asas. *Traía la canasta llena de fruta.* **SIN.** Cesto, canasto, banasto. **2.** En baloncesto, aro metálico del que cuelga una red, montada a bastante altura a cada extremo de la cancha. *El balón no entró en la canasta.* **3.** Tanto conseguido en baloncesto. *El equipo local logró una canasta más y ganó el partido.* **4.** Juego de baraja con cartas francesas. *Como eran cuatro, decidieron jugar a la canasta.*

canastilla (ca-nas-**ti**-lla) *s. f.* **1.** Cestilla de mimbre en que se tienen objetos pequeños. *Acércame la canastilla de la costura.* **SIN.** Cestilla, canasta, cesto. **2.** Ropa que se prepara para el niño que va a nacer. *Ya tenía la canastilla preparada y todavía faltan más de tres meses para que nazca el niño.* **SIN.** Equipo.

canasto (ca-**nas**-to) *s. m.* Cesta cilíndrica. *Llenó el canasto de ropa.*

cancelar (can-ce-**lar**) *v. tr.* **1.** Anular algo que estaba previsto. *Canceló la visita de esta semana por motivos de salud.* **SIN.** Derogar, suprimir, eliminar. **ANT.** Confirmar. **2.** Liquidar una deuda pendiente. *El mes que viene pienso cancelar todas mis deudas.*

cáncer (**cán**-cer) *s. m.* **1.** Tumor maligno que destruye los tejidos orgánicos. *Hay grandes avances en la curación del cáncer.* **2.** Problema o mal social que avanza rápidamente. *El terrorismo es un cáncer social.*

cancerbero (can-cer-**be**-ro) *s. m.* Portero de un equipo de fútbol. *El cancerbero detuvo el penalti.*

cancha (**can**-cha) *s. f.* Lugar donde se practican diversos deportes, sobre todo los de pelota. *Hemos alquilado la cancha de tenis para esta tarde.*

canchal (can-**chal**) *s. m.* Peñascal o sitio de grandes piedras descubiertas. *A la salida del pueblo hay un canchal.* **SIN.** Pedregal.

cancilla (can-**ci**-lla) *s. f.* Verja que se usa como puerta de huertos, corrales o jardines. *Cierra la cancilla.*

canciller (can-ci-**ller**) *s. m.* **1.** Empleado auxiliar en las embajadas, legaciones, consulados, etc. *Había sido canciller del consulado de Francia.* **2.** Título de jefe o presidente de gobierno de algunos estados europeos. *Canciller alemán.*

canción (can-**ción**) *s. f.* **1.** Composición en verso que se canta. *Es un gran compositor de canciones de amor.* **SIN.** Copla, romanza, tonada. ‖ **2. canción de cuna** Canción para dormir a los niños. ‖ **LOC. esa es otra canción** *fam.* Eso es otra cosa.

cancionero (can-cio-**ne**-ro) *s. m.* Colección de canciones y poesías, generalmente de diversos autores. *Cancionero de Baena.*

candado (can-**da**-do) *s. m.* Cerradura suelta contenida en una caja de metal. *Pon un candado en la puerta del corral.* **SIN.** Cerrojo.

candela (can-**de**-la) *s. f.* Cilindro de cera o de otra materia que puede encenderse y dar luz. **SIN.** Cirio, vela. *Durante el apagón encendimos una candela.*

candelabro (can-de-**la**-bro) *s. m.* Soporte para colocar velas. *Tenía unos candelabros de plata.*

candelero (can-de-**le**-ro) *s. m.* Utensilio que sirve para mantener derecha la vela o candela. **SIN.** Cirial, palmatoria. *Tenía un precioso candelero de bronce.* ‖ **LOC. estar, o poner, en el candelero** Denota la extremada publicidad de algo o alguien.

candente (can-**den**-te) *adj.* **1.** Se dice del cuerpo enrojecido o blanqueado por la acción del calor. *Hierro candente.* **SIN.** Incandescente, ardiente, quemante. **ANT.** Frío. **2.** Se dice de una cuestión difícil y apasionante, y de una situación tensa que está a punto de estallar. *Sus candentes palabras fueron la gota que colmó el vaso.* **SIN.** Apasionante, actualísimo.

candidato, ta (can-di-**da**-to) *s. m. y s. f.* **1.** Persona que desea ocupar alguna dignidad o cargo. *Se presentó como candidato a la presidencia del equipo de fútbol.* **SIN.** Pretendiente, aspirante, solicitante. **2.** Persona propuesta para algún cargo o dignidad, aunque ella no lo solicite. *Le propusieron como candidato para director del colegio.*

candidatura (can-di-da-**tu**-ra) *s. f.* Propuesta de una persona para ocupar un cargo. *Apoyaron su candidatura.*

cándido, da (**cán**-di-do) *adj.* **1.** Sencillo, que no tiene malicia. *No temas que te engañe, es muy cándido.* **SIN.** Sincero, bueno. **ANT.** Malicioso, pícaro. **2.** Simple, necio. *No me extraña que todo el mundo te engañe, eres una cándida.* **SIN.** Primo, pardillo, incauto. **ANT.** Avispado, despierto.

candil (can-**dil**) *s. m.* Lámpara de aceite. *Encendieron el candil.* **SIN.** Farolillo, quinqué.

candor (can-**dor**) *s. m.* Gran sinceridad y sencillez. *Le agrada el candor de los niños.* **SIN.** Franqueza, naturalidad. **ANT.** Doblez, malicia.

canela (ca-**ne**-la) *s. f.* **1.** Sustancia aromática, de color marrón y sabor agradable. *Siempre le echa un poquito de canela por encima, al arroz con leche.* **2.** *fam.* Cosa muy fina y exquisita. *Este helado es canela, me encanta.* **SIN.** Exquisitez, delicadeza, finura, primor. **ANT.** Ordinariez. ‖ **LOC. canela fina o en rama** *fam.* Encarece el valor de algo o alguien.

canelones (ca-ne-**lo**-nes) *s. m. pl.* Plato de origen italiano hecho a base de una masa rectangular de pasta que se enrolla con carne, pescado, verduras, etc., dentro. *Preparó canelones rellenos de langostinos.*

canesú (ca-ne-**sú**) *s. m.* Pieza superior de una camisa o blusa. *La camisa era azul, con el canesú de rayas azules y blancas.* 🖎 Su pl. es "canesús".

cangrejo (can-**gre**-jo) *s. m.* Animal comestible, provisto de pinzas y cubierto de un caparazón duro. Hay cangrejos de mar y cangrejos de río. *Por las noches íbamos al río a pescar cangrejos.*

canguelo (can-**gue**-lo) *s. m.* Miedo que se pasa ante una situación difícil. *Al darse cuenta de que se había perdido le entró el canguelo.* **SIN.** Pavor, temor.

canguro (can-**gu**-ro) *s. m.* **1.** Mamífero marsupial, herbívoro, que anda a saltos por tener las extremidades delanteras mucho más cortas que las posteriores. Lleva a sus crías en una pequeña bolsa que tiene en el vientre. *Cuando estuvimos en Australia vimos muchos canguros.* ‖ *s. m. y s. f.* **2.** Persona contratada por horas para cuidar niños. *Esta noche la niña se quedará con un canguro porque vamos al cine.*

caníbal (ca-**ní**-bal) *adj.* **1.** Se dice de la persona que se alimenta comiendo carne humana. **GRA.** También s. m. y s. f. *Tengo un libro que habla sobre antiguos pueblos caníbales.* **2.** Se dice de la persona cruel y feroz. **GRA.** También s. m. y s. f. *Es un caníbal al que sólo le gusta hacer daño a los demás.* **SIN.** Salvaje, inhumano. **ANT.** Clemente, humano.

canica (ca-**ni**-ca) *s. f.* **1.** Juego infantil con bolas de vidrio, barro, acero, etc. **GRA.** Se usa más en pl. *En el recreo siempre jugábamos a las canicas.* **2.** Bola que se emplea para este juego. *Coleccionaba canicas de cristal de colores.*

caniche (ca-**ni**-che) *adj.* Se dice del perro perteneciente a una raza que se caracteriza por el pequeño tamaño y el pelo lanoso y rizado. **GRA.** También s. m. *Quiere muchísimo a su caniche.*

canícula (ca-**ní**-cu-la) *s. f.* Período del año en que el calor es más fuerte. *La canícula en el hemisferio norte se corresponde con los meses de julio y agosto.*

cánido (**cá**-ni-do) *adj.* Se dice de mamíferos carnívoros cuyo tipo es el perro. **GRA.** También s. m. *El lobo es un cánido.*

canijo, ja (ca-**ni**-jo) *adj., fam.* Se dice de la persona débil y enfermiza. **GRA.** También s. m. y s. f. *El médico le recetó unas vitaminas porque estaba un poco canijo.* **SIN.** Enclenque, encanijado, raquítico, escuchimizado. **SIN.** Fuerte, robusto, sano.

canilla (ca-**ni**-lla) *s. f.* **1.** Cualquiera de los huesos largos de la pierna o del brazo. *Se dio un golpe en la canilla.* **SIN.** Espinilla, pantorrilla. **2.** Caño que se pone en la parte inferior de la cuba, para sacar el líquido. *Pon la canilla para sacar un poco de vino.* **SIN.** Espita, llave, válvula. **3.** Carrete metálico de las máquinas de tejer y coser en que se devana el hilo. *Se le está acabando el hilo a la canilla.* **SIN.** Bobina.

canino, na (ca-**ni**-no) *adj.* **1.** Que se refiere al perro o es propio de él. *Alimentación canina.* **SIN.** Perruno. **2.** *fam.* Desmesurado, muy grande. *Como no había desayunado, tenía un hambre canina.* ‖ *s. m.* **3.** Colmillo, diente. *Ya le están saliendo los caninos.*

canje (can-je) *s. m.* Sustitución de una persona o cosa por otra. *Hicieron un canje de prisioneros y los ejércitos de los dos países quedaron satisfechos.* **SIN.** Trueque, permuta, intercambio, cambio.

canjear (can-je-**ar**) *v. tr.* Hacer un cambio. *Canjearon los productos deteriorados por otros en buenas condiciones.* **SIN.** Permutar, sustituir, trocar.

cano, na (**ca**-no) *adj.* Que tiene blanco todo o la mayor parte del pelo o de la barba. *Tenía la barba cana.*

canoa (ca-**no**-a) *s. f.* Embarcación de remo muy estrecha. *Navegamos por el río en una canoa.* **SIN.** Piragua, bote, embarcación.

canódromo (ca-**nó**-dro-mo) *s. m.* Recinto donde se celebran las carreras de galgos. *Nunca había estado en un canódromo.*

canon (**ca**-non) *s. m.* **1.** Conjunto de instrucciones sobre un tema o asunto. *Este poeta no es modernis-*

canónigo - canto

ta, pero sigue algunos de sus cánones. **SIN.** Medida, pauta, principio, regla, precepto, criterio. **2.** En escultura, regla de las proporciones humanas conforme al tipo ideal griego. *Esta estatua sigue los cánones clásicos.* **3.** Regla establecida en algún concilio de la Iglesia católica. *El derecho canónico estudia los cánones o leyes de la Iglesia.* **4.** Parte de la misa posterior al ofertorio. *Cuando llegamos ya estaban en el canon de la misa.* **5.** Impuesto. *Hay que pagar un canon.* **SIN.** Tasa, tributo. ✎ Su pl. es "cánones".
canónigo (ca-**nó**-ni-go) *s. m.* Miembro del cabildo de una catedral o colegiata. *Era canónigo honorario.*
canonizar (ca-no-ni-**zar**) *v. tr.* **1.** Declarar la Iglesia católica, solemnemente, santa a una persona. *La canonizaron en el Vaticano.* **SIN.** Santificar, beatificar, glorificar. **ANT.** Excomulgar. **2.** *fam.* Calificar de buena a una persona o cosa, aun cuando no lo sea. *Como lo tenían canonizado, no se podía decir nada de él.* ✎ Se conjuga como abrazar.
cansancio (can-**san**-cio) *s. m.* Falta de fuerzas. *Siento cansancio porque he dormido mal.* **SIN.** Fatiga, agotamiento. **ANT.** Energía, fuerza, viveza.
cansar (can-**sar**) *v. tr.* **1.** Causar cansancio. **GRA.** También v. prnl. *Se cansaba mucho y no pudo acabar de jugar el partido de fútbol.* **SIN.** Aburrir(se), fatigar(se), derrengar(se). **ANT.** Descansar. **2.** Causar molestia, enfado o aburrimiento. **GRA.** También v. prnl. *Me cansan mucho tus bromas, no te aguanto más.* **SIN.** Enfadar(se), molestar, incordiar.
cantante (can-**tan**-te) *s. m. y s. f.* Persona que se dedica a cantar. *Le gustaría ser cantante de rock.*
cantaor, ra (can-ta-**or**) *s. m. y s. f.* Cantante de flamenco. *Era un famoso cantaor.*
cantar¹ (can-**tar**) *s. m.* **1.** Composición poética breve que tiene música. *Mi abuela me enseñó los cantares tradicionales de su pueblo.* **SIN.** Copla, canción, balada. ‖ **2. cantar de gesta** Poema medieval, popular y anónimo, en el que se narraban las hazañas de algún héroe nacional. ‖ **LOC. ese es otro cantar** *fam.* Esa es otra cuestión.
cantar² (can-**tar**) *v. intr.* **1.** Producir con la boca, por medio de la voz, sonidos musicales. **GRA.** También v. tr. *Le gusta mucho cantar. Cantamos una canción en su fiesta de cumpleaños.* **SIN.** Interpretar, entonar, vocalizar. **2.** *fam.* Rechinar y sonar los ejes y otras piezas de los carruajes cuando se mueven. *Cantan las ruedas de la carreta, deberíamos ir mucho más despacio.* **3.** *fam.* Confesar un secreto. *El ladrón cantó, nos dijo dónde había escondido el dinero.* **SIN.** Revelar, descubrir, desembuchar. **ANT.** Callar.

cántara (**cán**-ta-ra) *s. f.* *Cántaro.
cántaro (**cán**-ta-ro) *s. m.* Vasija grande de barro o metal. *Fue a buscar agua a la fuente con un cántaro.* **SIN.** Ánfora, botijo, jarro. ‖ **LOC. a cántaros** En abundancia, con mucha fuerza.
cantautor, ra (can-tau-**tor**) *s. m. y s. f.* Cantante que compone sus propias canciones. *Pablo Milanés es un famoso cantautor.*
cante (**can**-te) *s. m.* Cualquier género de canto popular. *Le gusta el cante flamenco.*
cantera (can-**te**-ra) *s. f.* **1.** Lugar de donde se saca piedra, greda, etc. *En aquella cantera había muchos picapedreros.* **2.** Talento, ingenio. *No deberías desaprovechar la cantera que tienes para el teatro.* **3.** Lugar, institución, etc., que proporciona gran número de personas capacitadas para una actividad específica. *Esa región del norte del país tiene una fabulosa cantera de futbolistas.*
cántico (**cán**-ti-co) *s. m.* **1.** Cada una de las composiciones poéticas de los libros sagrados y litúrgicos en las que se da gracias a Dios. *Entonaron cánticos a Dios.* **SIN.** Himno, salmo. **2.** Nombre de ciertas poesías profanas. *Escribió un cántico a la naturaleza.*
cantidad (can-ti-**dad**) *s. f.* **1.** Propiedad de las cosas que se pueden medir o contar. *Resuelve el problema hallando la cantidad exacta de ganancias que tiene la empresa al año.* **SIN.** Medida, número. **2.** Porción o número grande de algo. *Si te gustan las manzanas puedes llevar unas pocas, tengo cantidad.* **3.** Suma indeterminada de dinero. *Cada uno deberá pagar la cantidad que le corresponda.* **SIN.** Cuota, parte.
cantiga (can-**ti**-ga) *s. f.* Composición medieval poética destinada al canto. *Hay tres géneros de cantigas: de amor, de amigo y de burla.* ✎ También "cántiga".
cantilena (can-ti-**le**-na) *s. f.* **1.** Cantar, copla o composición poética breve. *Las cantilenas eran de carácter epico lírico.* **2.** Repetición molesta de alguna cosa. *Siempre está con la misma cantilena.*
cantimplora (can-tim-**plo**-ra) *s. f.* **1.** Vasija plana y forrada que sirve para llevar agua y otros líquidos. *Si vas de excursión a la montaña no olvides llevar tu cantimplora.* **2.** *Col.* Frasco para llevar la pólvora.
cantina (can-**ti**-na) *s. f.* *Taberna.
canto¹ (**can**-to) *s. m.* **1.** Acción y efecto de cantar. *Le gustaba escuchar el canto de los pájaros.* **SIN.** Canción, melodía, tonada, cantar. **2.** Arte de emitir con la voz sonidos melodiosos. *Daba lecciones de canto.* **3.** Composición poética breve. *Entonaron un canto tradicional del lugar.* **SIN.** Canción, cantar, tonada. ‖ **LOC. al canto del gallo** *fam.* Al amanecer.

canto - capacho

canto[2] (**can**-to) *s. m.* **1.** Extremidad o lado de una cosa. *Se dio con el canto de la mesa.* **SIN.** Arista, esquina, borde, punta, reborde. **2.** Corte del libro opuesto al lomo. *Este libro tiene las hojas doradas por el canto.* ‖ **LOC. de canto** De lado, no de plano. **el canto de un duro** *fam.* Un pelo, muy poco.

canto[3] (**can**-to) *s. m.* Piedra. *El niño se entretuvo tirando cantos al río.* ‖ **LOC. darse con un canto en los dientes** *fam.* Quedar satisfecho, cuando lo ocurrido es más favorable de lo que se esperaba.

cantón (can-**tón**) *s. m.* País, región. *Cantones suizos.*

cantor, ra (can-tor) *adj.* **1.** Que canta, principalmente si se dedica a ello como oficio. **GRA.** También s. m. y s. f. *Es cantor de un coro.* **2.** Se dice de cierto grupo de aves que poseen un canto armonioso. *El ruiseñor es un ave cantora.* **3.** *Arg.* Se dice de la persona pobre y poco afortunada.

canturrear (can-tu-rre-**ar**) *v. intr., fam.* Cantar a media voz y con monotonía mientras se hace otra cosa. *Canturreaba mientras limpiaba el polvo.*

cánula (**cá**-nu-la) *s. f.* **1.** Caña pequeña. *Usaron una cánula para bucear.* **2.** Tubo corto que se emplea en diferentes operaciones de cirugía o que forma parte de aparatos físicos o quirúrgicos. *Le inyectaron suero a través de la cánula.* **3.** Tubo extremo de las jeringas. *La aguja de la jeringuilla ajusta en la cánula.*

caña (**ca**-ña) *s. f.* **1.** Planta leñosa de hojas anchas que puede tener hasta 3 o 4 metros de altura. *Las cañas crecen en los terrenos húmedos.* **SIN.** Bambú, mimbre, junco. **2.** Hueso largo de los brazos y las piernas. *Utilizó un hueso de caña para hacer el cocido.* **3.** En algunos lugares, vaso de cerveza. *Tomamos una caña y una ración de calamares fritos.* **4.** Parte de la bota que cubre desde la pantorrilla hasta el talón. *Me he comprado unas botas de media caña.* ‖ **5. caña de azúcar** Planta gramínea de cuyo tallo se extrae azúcar. **6. caña de pescar.** La que sirve para practicar este deporte. ‖ **LOC. dar, o meter, caña a algo** *fam.* Aumentar su velocidad o intensidad. **dar, o meter, caña a alguien** *fam.* Reprenderle severamente. ǀ Meterle prisa.

cañada (ca-**ña**-da) *s. f.* **1.** Camino para el ganado. *El rebaño de ovejas atravesó la cañada.* **SIN.** Senda, vereda. **2.** Paso estrecho entre dos montañas. *Atravesamos la cañada andando.* **SIN.** Vaguada, hondonada.

cañamazo (ca-ña-**ma**-zo) *s. m.* **1.** Tela de tejido ralo en la que se puede bordar con seda o lana de diversos colores. *Compró cañamazo para bordar.* **2.** Esta misma tela ya bordada. *Le regalaron un bonito cañamazo para usarlo como tapete.*

cáñamo (**cá**-ña-mo) *s. m.* **1.** Planta de tallo recto y áspero. *El área de cultivo del cáñamo es muy extensa.* **2.** Fibra textil que se obtiene de esta planta. *El cáñamo sirve especialmente para hacer cuerdas.*

cañamón (ca-ña-**món**) *s. m.* Simiente del cáñamo. *El cañamón se usa en la pesca de peces blancos.*

cañería (ca-ñe-**rí**-a) *s. f.* Conducto formado por varios caños por donde se distribuye el agua o el gas. *Hay una fuga en la cañería del agua.* **SIN.** Tubería.

cañí (ca-**ñí**) *adj.* *Gitano. **GRA.** También s. m. y s. f. ✎ Su pl. es "cañís".

cañizo (ca-**ñi**-zo) *s. m.* Tejido de cañas formando un rectángulo. *El armazón del toldo era de cañizo.*

caño (**ca**-ño) *s. m.* **1.** Tubo corto de metal, vidrio o barro. *Había una fuente con tres caños.* **2.** Chorro líquido que sale de un orificio. *El caño tenía tanta presión que no se podía beber directamente.*

cañón (ca-**ñón**) *s. m.* **1.** Arma de fuego de artillería. *El obús es un tipo de cañón.* **2.** Tubo de una arma de fuego por donde sale el proyectil. *Cañón del fusil.* **3.** Paso estrecho entre dos montañas. *Gran Cañón.* **SIN.** Garganta, desfiladero.

cañonazo (ca-ño-**na**-zo) *s. m.* **1.** Tiro del cañón de artillería. *Se oyeron varios cañonazos.* **SIN.** Bombazo, descarga, disparo. **2.** Ruido estrepitoso. *Al oír el cañonazo, todos se asomaron a la ventana.*

caoba (ca-o-ba) *s. f.* Árbol de tronco alto, grueso y recto, cuya madera, de color rojizo, es muy apreciada en ebanistería. *La mesa es de caoba.*

caos (**ca**-os) *s. m.* Estado de confusión de las cosas. *Su habitación era un caos, con toda la ropa por el suelo.* **SIN.** Desorden, embrollo. **ANT.** Orden.

caótico, ca (ca-ó-ti-co) *adj.* Que pertenece o se refiere al caos. *Su situación era tan caótica que tuvo que pedir ayuda.* **SIN.** Anárquico, lioso. **ANT.** Claro.

capa (**ca**-pa) *s. f.* **1.** Ropa larga y suelta, sin mangas y abierta por delante, que se usa sobre los vestidos. *Se colocó su capa y su sombrero.* **SIN.** Manto, capote. **2.** Sustancia o material que cubre algo. *He dado dos capas de pintura a la puerta.* **SIN.** Baño, revestimiento, mano. ‖ **3. capa de ozono** Formación de oxígeno, a gran altura en la atmósfera, que bloquea la radiación peligrosa del Sol. ‖ **LOC. andar alguien de capa caída** *fam.* Pasar por un mal momento. **defender a capa y espada a alguien o algo** *fam.* Estar a su favor por encima de todo. **hacer de su capa un sayo** *fam.* Obrar libremente.

capacho (ca-**pa**-cho) *s. m.* Cesto de material flexible que tiene diversos usos. *Coge el capacho para ir a la panadería a por la hogaza.* **SIN.** Sera, serón, cesta.

capacidad - capítulo

capacidad (ca-pa-ci-**dad**) *s. f.* **1.** Espacio que tiene una cosa para contener otras. *La plaza de toros tiene capacidad para 10 000 personas.* **SIN.** Cabida, aforo, espacio, volumen. **2.** Cualidades o condiciones que tiene una persona para hacer algo. *Juan tiene mucha capacidad para jugar al baloncesto.* **SIN.** Facultad, habilidad. **ANT.** Ineptitud, incapacidad.

capacitar (ca-pa-ci-**tar**) *v. tr.* Hacer a alguien apto para alguna cosa. **GRA.** También v. prnl. *El curso realizado le capacita para desarrollar ese trabajo.* **SIN.** Instruir(se), preparar(se). **ANT.** Descalificar(se).

capar (ca-**par**) *v. tr.* Extirpar o inutilizar los órganos genitales. *El veterinario capó el cerdo.* **SIN.** Castrar.

caparazón (ca-pa-ra-**zón**) *s. m.* Cubierta rígida que envuelve a algunos animales. *El cangrejo y la tortuga tienen caparazón.* **SIN.** Armazón, concha, esqueleto.

capataz (ca-pa-**taz**) *s. m.* **1.** Persona que vigila y manda a una cuadrilla o grupo de trabajadores. *Eran órdenes del capataz.* **SIN.** Encargado, jefe, vigilante. **2.** Persona a cuyo cargo está la labranza y administración de las fincas. *Hablamos con el capataz de la finca.* **SIN.** Administrador. Su pl. es "capataces".

capaz (ca-**paz**) *adj.* Suficiente para determinada cosa. *No se consideraba capaz de hacerlo.* **SIN.** Hábil, apto. **ANT.** Incapaz, inepto. Su pl. es "capaces".

capazo (ca-**pa**-zo) *s. m.* Espuerta grande de esparto. *Metió unas cuantas manzanas en el capazo.*

capcioso, sa (cap-**cio**-so) *adj.* Que engaña o da ocasión a engaño. *Le hizo varias preguntas capciosas a ver si le pillaba en algo.* **SIN.** Artificioso, engañoso, falaz. **ANT.** Claro, franco, sincero, verdadero.

capea (ca-**pe**-a) *s. f.* Festejo taurino de aficionados. *Toreamos unas vaquillas en una capea.* **SIN.** Lidia.

capear (ca-pe-**ar**) *v. tr.* **1.** Torear con la capa al toro o al novillo. *Capeaba al toro sin miedo.* **SIN.** Capotear, lidiar. **2.** Eludir con maña un compromiso, trabajo, etc. *Logró capear la situación con mucha mano izquierda.* **SIN.** Evitar, soslayar. **3.** Sortear un barco un temporal con toda clase de maniobras. *La tripulación tuvo dificultades para capear el temporal.*

capellán (ca-pe-**llán**) *s. m.* **1.** Cualquier eclesiástico. *Tenía un tío capellán.* **2.** Sacerdote que dice misa en un oratorio privado y frecuentemente vive en esa comunidad. *Era el capellán del convento.*

caperuza (ca-pe-**ru**-za) *s. f.* Gorro terminado en punta e inclinado hacia atrás. *La túnica tenía una caperuza.* **SIN.** Capucha, capirote, gorra.

capicúa (ca-pi-**cú**-a) *adj.* Se dice de los números que se leen igual de izquierda a derecha que de derecha a izquierda. *El 6776 es un número capicúa.*

capilar (ca-pi-**lar**) *adj.* **1.** Que pertenece o se refiere al cabello. *Date este tratamiento capilar para evitar la caída del cabello.* **2.** Se dice de los tubos y vasos sanguíneos muy finos. *Los vasos capilares conectan pequeñas ramas de arterias con pequeñas ramas de venas.*

capilla (ca-**pi**-lla) *s. f.* **1.** Lugar dedicado a la oración. *Fue a rezar a la capilla.* **SIN.** Oratorio. ‖ **2. capilla ardiente** Oratorio fúnebre provisional para celebrar las primeras exequias por la persona fallecida.

capirote (ca-pi-**ro**-te) *s. m.* Cucurucho que llevan las personas que salen en las procesiones de Semana Santa. *Los cofrades llevaban un capirote morado.*

capital (ca-pi-**tal**) *adj.* **1.** Importante o destacado. *Es de capital importancia para mí pasar al curso siguiente.* **SIN.** Esencial, básico, primordial, principal. **ANT.** Insignificante, mínimo, secundario, menor, accidental. **2.** Se dice de la ciudad en que viven los gobernantes de una provincia, nación, etc. **GRA.** También s. f. *La capital de Estados Unidos es Washington.* **SIN.** Metrópoli, ciudad, urbe. ‖ *s. m.* **3.** Dinero, fincas, joyas, etc., que posee alguien. *El abuelo ha dejado un gran capital.* **SIN.** Hacienda, caudal, fortuna, riqueza, patrimonio.

capitalismo (ca-pi-ta-**lis**-mo) *s. m.* Régimen económico que defiende el capital como elemento productor y creador de riqueza. *En los países occidentales predomina el capitalismo.*

capitán, na (ca-pi-**tán**) *s. m. y s. f.* **1.** Oficial del ejército, superior a un teniente e inferior a un comandante. *Pidió permiso al capitán para salir del cuartel.* **2.** Persona que manda un barco. *En un naufragio el capitán es el último en abandonar el barco.* **3.** Jefe de un equipo deportivo. *Han nombrado a mi hermano capitán del equipo de fútbol.*

capitel (ca-pi-**tel**) *s. m.* Parte superior de una columna. *Esa columna tiene el capitel estriado.*

capitulación (ca-pi-tu-la-**ción**) *s. f.* **1.** Convenio o pacto entre dos o más personas sobre algún asunto o negocio importante. *Mañana firmarán la capitulación.* **SIN.** Acuerdo, convenio, tratado, compromiso. **2.** Convenio en que se estipula la rendición de un ejército, plaza, etc. *El ejército enemigo firmó la capitulación.* **SIN.** Entrega, rendición, sometimiento.

capítulo (ca-**pí**-tu-lo) *s. m.* División que se hace en los libros o escritos, generalmente dotada de cierta unidad de contenido. *En el último capítulo se resuelve el gran misterio de la novela.* **SIN.** Apartado, sección. ‖ **LOC. ser algo capítulo aparte** Ser de otra clase o merecer una consideración diferente.

capó (ca-**pó**) *s. m.* Cubierta del motor del automóvil. *Abre el capó.* ✎ Su pl. es "capós".

capón (ca-**pón**) *s. m.* **1.** Pollo que se castra cuando es pequeño, y se ceba para comerlo. *Criaba capones.* **2.** *fam.* Golpe dado en la cabeza. *Le dio un capón.*

capota (ca-**po**-ta) *s. f.* **1.** Cubierta plegable de algunos coches. *Sube la capota que llueve.* **2.** Sombrero femenino sujeto con cintas por debajo de la barbilla. *Ese vestido de comunión lleva capota.*

capote (ca-**po**-te) *s. m.* **1.** Prenda de abrigo con mangas parecida a la capa. *Mi abuelo siempre se ponía el capote para ir al monte.* **2.** Capa corta para torear. *El torero dio unos bonitos pases con su capote.* **3.** *Chil. y Méx.* Paliza, azotaina. ‖ **LOC. dar capote a alguien** *fam.* Dejarlo sus compañeros sin comer por haber llegado tarde.

capricho (ca-**pri**-cho) *s. m.* Deseo repentino e innecesario de algo. *Este niño tiene muchos caprichos.* **SIN.** Antojo, obstinación.

caprino, na (ca-**pri**-no) *adj.* Que se refiere a la cabra. *Ganado caprino.*

cápsula (**cáp**-su-la) *s. f.* **1.** Cabina provista de mandos, destinada a realizar vuelos espaciales. *Cápsula espacial.* **2.** Envoltorio digestible de algunos medicamentos, que se disuelve en el agua. *El médico le recetó unas cápsulas para la gripe.*

captar (cap-**tar**) *v. tr.* **1.** Percibir por medio de los sentidos. *Captamos algunos ruidos extraños.* **2.** Darse cuenta, percatarse de algo. *Captó en seguida la indirecta.* **SIN.** Percibir, entender. **3.** Atraer la voluntad, el afecto de una persona, etc. **GRA.** También v. prnl. *Se captó las simpatías de todos.* **SIN.** Conseguir, seducir, conquistar. **ANT.** Rechazar.

capturar (cap-tu-**rar**) *v. tr.* Apresar a alguien. *La policía capturó al delincuente.* **SIN.** Arrestar, detener, aprisionar, sujetar. **ANT.** Soltar, liberar, perder.

capucha (ca-**pu**-cha) *s. f.* Gorro puntiagudo que sirve para cubrir la cabeza y que puede tener caída sobre la espalda. *Ponte la capucha que está nevando.*

capuchón (ca-pu-**chón**) *s. m.* Tapa de un bolígrafo o pluma. *Ponle el capuchón al boli si no quieres que se te seque.*

capullo (ca-**pu**-llo) *s. m.* Botón o yema de las flores. *Cortamos unos capullos de rosas.* **SIN.** Brote.

caqui (**ca**-qui) *s. m.* **1.** Tela de algodón o de lana, cuyo color varía desde el amarillo ocre al verde gris. Se empezó a usar para uniformes militares en la India, y de allí se extendió a otros ejércitos. *Llevan uniforme caqui.* **2.** Color de esta tela. **GRA.** También adj. *Es la de la falda color caqui.*

cara (**ca**-ra) *s. f.* **1.** Parte anterior de la cabeza de las personas y animales que abarca desde la frente hasta la barbilla. *En la cara tenemos los ojos, la boca y la nariz.* **SIN.** Rostro, faz. **2.** Expresión de ésta. *Después de descansar un rato tenía muy buena cara.* **SIN.** Imagen, aspecto. **3.** Superficie de algunos objetos, sobre todo de los planos. *Una moneda tiene dos caras.* ‖ **4. cara dura** Persona desvergonzada y audaz. **5. cara de pocos amigos o de vinagre** Persona de semblante serio y áspero. **6. cara de perro** Persona cuyo rostro expresa reprobación. ‖ **LOC. caérsele a alguien la cara de vergüenza** *fam.* Sonrojarse. **cara a cara** En presencia de otro y al descubierto. **cruzar la cara a alguien** Darle una bofetada. **dar la cara** Hacer frente a una situación. **dar uno la cara por otro** Salir en su defensa. **echar en cara** Recordar un favor prestado. **echar a cara o cruz** Dejar una decisión a la suerte. **echarse a alguien a la cara** Encontrarlo. **poner buena o mala cara** Acoger bien, o mal, a una persona, o una idea o propuesta. **tener mucha cara** Tener poca vergüenza. **verse las caras** Enfrentarse.

caraba (ca-**ra**-ba) *s. f.* Cosa extremada, acabóse. *Es la caraba, no hay quien le haga entrar en razón.*

carabela (ca-ra-**be**-la) *s. f.* Antigua embarcación a vela, larga y estrecha. *Cristóbal Colón descubrió América con tres carabelas.*

carabina (ca-ra-**bi**-na) *s. f.* Fusil corto. *Disparó su carabina.*

caracol (ca-ra-**col**) *s. m.* **1.** Animal invertebrado comestible, cuyo cuerpo está protegido con una concha. Hay especies terrestres, de agua dulce y marinas. *Mi padre preparó caracoles para comer.* **2.** Rizo del pelo sobre la frente. *La cantante se cortó el caracol que la había hecho tan famosa.* ‖ *interj.* **3.** **¡caracoles!** Exclamación que manifiesta asombro, sorpresa, etc. *¡Caracoles no sabía nada!*

caracola (ca-ra-**co**-la) *s. f.* Caracol marino grande de forma cónica. *Al soplar la concha de las caracolas se obtiene un bello sonido.*

carácter (ca-**rác**-ter) *s. m.* **1.** Modo de ser de cada persona. *Tiene muchos amigos por su buen carácter.* **SIN.** Temperamento, personalidad, temple, naturaleza. **2.** Letras o palabras de sistemas de escritura. **GRA.** Se usa más en pl. *Este libro está escrito en caracteres chinos.* **SIN.** Signo. **3.** Firmeza de ánimo, fuerza moral. *Tiene mucho carácter para soportar las adversidades.* **SIN.** Entereza, energía. **ANT.** Debilidad. ✎ Su pl. es "caracteres", cambiando de posición el acento prosódico a la sílaba "-te-".

caracterizar - carbónico

CARBÓN		
Los carbones son cuerpos sólidos cuyo principal componente es el carbono.		
NATURALES	Se encuentran en la naturaleza y proceden de la transformación, por la acción del tiempo, de vegetales que fueron sepultados en épocas pasadas, por fenómenos geológicos. **Antracita, hulla, lignito, turba**	
ARTIFICIALES Se obtienen por combustión incompleta de algunas sustancias vegetales o destilando los mismos carbones minerales.	**animal**	El de los huesos.
	de azúcar	El obtenido de la destilación del azúcar.
	de cok	El que se obtiene por destilación de las hullas. Según el tipo de hulla empleado, se obtienen diferentes clases de carbón de cok. El obtenido en las fábricas del gas del alumbrado se emplea como combustible y el producido en los altos hornos, en metalurgia. Es de color gris, esponjoso y no mancha. Arde mal y sin llama, necesitando bastante aire para su combustión. Su riqueza en carbono es alrededor del 90% y su potencia calorífica de 8 000 calorías.
	de piedra o mineral	Sustancia fosilizada de origen vegetal, vituminosa y negra, que al arder produce mucho calor.
	vegetal	Para su obtención se apilan montones de leña, cubriéndolos luego de tierra, de tal forma que quede una chimenea central y unos orificios laterales o respiraderos. Se inicia la combustión por la chimenea central y luego se van tapando los orificios, cuando la combustión puede seguir sin entrada de aire. El carbón vegetal se habrá formado al cabo de dos o tres días. Industrialmente, se obtiene por destilación de la madera separando los productos condensables, como el alcohol metílico, acetona, ácido acético, etc., y quedando como residuo el carbón vegetal. Es de color negro y muy esponjoso. Tiene una riqueza en carbono del 80 al 85%, con una potencia calorífica de 6 000 a 7 000 calorías.

caracterizar (ca-rac-te-ri-**zar**) *v. tr.* **1.** Determinar los rasgos o cualidades distintivas de una persona o cosa. **GRA.** También v. prnl. *Se caracteriza por su bondad.* ‖ *v. prnl.* **2.** Vestirse un actor conforme a la figura que ha de representar. *Se caracterizó como Groucho Marx.* Se conjuga como abrazar.

caradura (ca-ra-**du**-ra) *adj., fam.* Se dice de la persona descarada y cínica. **GRA.** También s. m. y s. f. *Aquel individuo era un caradura.* **SIN.** Atrevido.

carámbano (ca-**rám**-ba-no) *s. m.* Pedazo de hielo largo y puntiagudo. *Del tejado colgaban unos carámbanos enormes.*

carambola (ca-ram-**bo**-la) *s. f.* **1.** Jugada de billar que consiste en que la bola con que se juega toque a las otras dos. *Hizo una carambola a tres bandas.* **2.** Resultado que se alcanza más por suerte que por habilidad. *Lo arreglamos de carambola, porque no teníamos ni idea.* **SIN.** Casualidad, chiripa, suerte.

caramelo (ca-ra-**me**-lo) *s. m.* Pasta de azúcar endurecida. *Le encantan los caramelos de limón.*

carantoñas (ca-ran-**to**-ñas) *s. f. pl., fam.* Halagos y caricias que se hacen a una persona para conseguir algo de ella. *No me vengas con carantoñas, no te dejaré ir a esa excursión.* **SIN.** Coba, halago, mimo.

carátula (ca-**rá**-tu-la) *s. f.* Portada de un disco, casete o vídeo. *Me gusta la carátula de su último CD.*

caravana (ca-ra-**va**-na) *s. f.* **1.** Grupo de personas y animales que se reúnen para atravesar juntos el desierto. *Cuando estuvimos en el desierto nos encontramos con varias caravanas.* **2.** Aglomeración de vehículos en la carretera que van en la misma dirección y que impiden un tráfico fluido. *Pillamos caravana para salir de Madrid.* **3.** Remolque habitable. *Les gusta ir de viaje con su caravana.*

carbohidratos (car-bo-hi-**dra**-tos) *s. m. pl.* Junto a proteínas y grasas, uno de los tres grupos principales de alimentos. *El pan es rico en carbohidratos.*

carbón (car-**bón**) *s. m.* Materia sólida, negra y que arde fácilmente, usada como combustible para producir calor y energía. *Trabajaba en una mina de carbón.*

carbonato (car-bo-**na**-to) *s. m.* Cualquier sal resultante de la combinación del ácido carbónico con un radical. *El bicarbonato es carbonato de hidrógeno.*

carboncillo (car-bon-**ci**-llo) *s. m.* Lápiz de carbón que sirve para dibujar. *Esta semana aprenderemos a dibujar con carboncillo.* **SIN.** Grafito.

carbonera (car-bo-**ne**-ra) *s. f.* Lugar donde se guarda el carbón. *Las carboneras están en el sótano.*

carbónico, ca (car-**bó**-ni-co) *adj.* Se aplica a muchas combinaciones o mezclas en que entra el carbono. *Anhídrido carbónico.*

carbonífero - carestía

carbonífero, ra (car-bo-**ní**-fe-ro) *adj.* Se dice del terreno que contiene carbón mineral. *Visitamos una cuenca carbonífera.*

carbonilla (car-bo-**ni**-lla) *s. f.* Carbón en polvo. *Le entró carbonilla en el ojo.*

carbonizar (car-bo-ni-**zar**) *v. tr.* Reducir a carbón un cuerpo. **GRA.** También v. prnl. *El incendio lo carbonizó todo.* **SIN.** Calcinar(se), chamuscar(se), quemar(se). ✎ Se conjuga como abrazar.

carbono (car-**bo**-no) *s. m.* Elemento químico que se encuentra en todos los compuestos orgánicos y en algunos inorgánicos. *El diamante es carbono casi puro.*

carburación (car-bu-ra-**ción**) *s. f.* Acto en el que se mezclan los gases o el aire atmosférico con carburantes gaseosos o líquidos. *Llevé el coche al taller para ajustar la carburación.*

carburador (car-bu-ra-**dor**) *s. m.* Pieza de los automóviles donde se efectúa la carburación. *Se estropeó el carburador.*

carburante (car-bu-**ran**-te) *s. m.* Cuerpo combustible de los motores. **GRA.** También adj. *Echó carburante.*

carburo (car-**bu**-ro) *s. m.* Combinación del carbono con otro elemento. *Las brocas del taladro son de carburo.*

carca (**car**-ca) *adj.* Reaccionario, anticuado. *Sus ideas son un poco carcas.* **SIN.** Conservador. **ANT.** Liberal.

carcaj (car-**caj**) *s. m.* *Aljaba. ✎ Su pl. es "carcajes".

carcajada (car-ca-**ja**-da) *s. f.* Risa impetuosa y ruidosa. *Soltó una carcajada.* **SIN.** Risotada.

carcamal (car-ca-**mal**) *adj., fam.* Se dice de la persona vieja y achacosa. **GRA.** También s. m. y s. f. *Está hecho un carcamal.*

cárcel (**cár**-cel) *s. f.* Edificio destinado para la custodia y seguridad de las personas que han cometido algún delito. *Le condenaron a tres años de cárcel.* **SIN.** Prisión, penal, penitenciaría, presidio.

carcinoma (car-ci-**no**-ma) *s. m.* Tumor canceroso. *Le descubrieron un carcinoma.* **SIN.** Cáncer.

carcoma (car-**co**-ma) *s. f.* Insecto cuya larva roe y taladra la madera, y polvo que deja este insecto al roer la madera. *Ese viejo baúl tiene carcoma.*

cardar (car-**dar**) *v. tr.* **1.** Preparar un material textil para el hilarlo. *Cardaba la lana.* **SIN.** Desembrollar, peinar. **2.** Sacar el pelo con la carda a las felpas u otros tejidos. *Cardar paños.*

cardenal[1] (car-de-**nal**) *s. m.* **1.** Cada uno de los prelados del Sacro Colegio o Consejo del Papa. *Los cardenales acudieron al concilio.* **2.** Pájaro americano de gran belleza. *El cardenal tiene un armonioso canto.*

cardenal[2] (car-de-**nal**) *s. m.* Mancha amoratada que aparece en la piel como consecuencia de un golpe. *Se dio un golpe en la rodilla y le salió un cardenal.* **SIN.** Contusión, moretón.

cardíaco, ca (car-**dí**-a-co) *adj.* Que pertenece o se refiere al corazón. *Tuvo un paro cardíaco.* ✎ También "cardiaco".

cardinal (car-di-**nal**) *adj.* **1.** Se dice de cada uno de los cuatro puntos que sirven para orientarnos: Norte, Sur, Este y Oeste. *Estudió en el colegio los puntos cardinales.* **2.** Se dice de lo más importante de una cosa. *Virtudes cardinales.* **SIN.** Principal, fundamental, esencial, capital, básico. **ANT.** Accesorio, secundario. **3.** Se dice del adjetivo numeral que expresa exclusivamente cuántas son las personas o cosas de que se trata. **GRA.** También s. m. *"Cuatro" es un adjetivo numeral cardinal.* ‖ **número cardinal** El número que se utiliza para contar los elementos de un conjunto. ✎

cardiograma (car-dio-**gra**-ma) *s. m.* Dibujo en que se reproducen gráficamente los sonidos del corazón. *Le hicieron varios cardiogramas.*

cardiología (car-dio-lo-**gí**-a) *s. f.* Especialidad de la medicina que estudia las enfermedades del corazón. *Está ingresado en la planta de cardiología.*

cardiopatía (car-dio-pa-**tí**-a) *s. f.* Cualquier enfermedad del corazón. *Le diagnosticaron una cardiopatía.*

cardiovascular (car-dio-vas-cu-**lar**) *adj.* Que se refiere al corazón y los vasos sanguíneos. *Tiene problemas cardiovasculares.*

carditis (car-**di**-tis) *s. f.* Inflamación del tejido muscular del corazón. *Sufrió una pequeña carditis.* ✎ Invariable en número.

cardo (**car**-do) *s. m.* Planta anual de hojas grandes y espinosas. *La braña estaba llena de cardos.*

carear (ca-re-**ar**) *v. tr.* **1.** Poner frente a frente a varias personas para averiguar la verdad comparando sus versiones y reacciones. *Carearon a los dos implicados.* **SIN.** Enfrentar, encarar. **2.** Cotejar una cosa con otra. *Carearon los datos de un año y otro.* **SIN.** Confrontar, comparar.

carecer (ca-re-**cer**) *v. intr.* No tener alguna cosa. *El vagabundo carece de casa.* **SIN.** Faltar, necesitar, estar desprovisto. **ANT.** Poseer, tener, sobrar. ✎ v. irreg., se conjuga como *agradecer*.

carencia (ca-**ren**-cia) *s. f.* Falta de alguna cosa. *El médico le dijo que tenía carencia de vitaminas.* **SIN.** Escasez, penuria, privación. **ANT.** Abundancia, sobra.

carestía (ca-res-**tí**-a) *s. f.* **1.** Escasez de algo. *Aquel año hubo carestía de trigo.* **SIN.** Falta, insuficiencia, penuria, déficit. **ANT.** Abundancia, sobra. **2.** Subida

CARDINALES

0	cero	800	ochocientos
1	uno	900	novecientos
2	dos	1 000	mil
3	tres	1 001	mil uno
4	cuatro	1 002	mil dos
5	cinco	1 100	mil ciento (apóc. mil cien)
6	seis	1 101	mil ciento uno
7	siete	1 102	mil ciento dos
8	ocho	1 200	mil doscientos
9	nueve	1 201	mil doscientos uno
10	diez	1 202	mil doscientos dos
11	once	1 300	mil trescientos
12	doce	1 400	mil cuatrocientos
13	trece	1 500	mil quinientos
14	catorce	1 600	mil seiscientos
15	quince	1 700	mil setecientos
16	dieciséis	1 800	mil ochocientos
17	diecisiete	1 900	mil novecientos
18	dieciocho	2 000	dos mil
19	diecinueve	2 001	dos mil uno
20	veinte	2 002	dos mil dos
21	veintiuno	2 100	dos mil ciento (apóc. cien)
22	veintidós	3 000	tres mil
23	veintitrés	4 000	cuatro mil
24	veinticuatro	5 000	cinco mil
25	veinticinco	6 000	seis mil
26	veintiséis	7 000	siete mil
27	veintisiete	8 000	ocho mil
28	veintiocho	9 000	nueve mil
29	veintinueve	10 000	diez mil
30	treinta	11 000	once mil
31	treinta y uno	12 000	doce mil
32	treinta y dos	20 000	veinte mil
40	cuarenta	21 001	veintiún mil uno
41	cuarenta y uno	30 000	treinta mil
42	cuarenta y dos	40 000	cuarenta mil
50	cincuenta	100 000	cien mil
51	cincuenta y uno	200 000	doscientos mil
52	cincuenta y dos	300 000	trescientos mil
60	sesenta	1 000 000	un millón
70	setenta	1 000 001	un millón uno
80	ochenta	1 000 010	un millón diez
90	noventa	1 010 000	un millón diez mil
100	ciento (apóc. cien)	1 100 000	un millón cien mil
101	ciento uno	2 000 000	dos millones
102	ciento dos	2 000 100	dos millones ciento
200	doscientos		(apóc. cien)
201	doscientos uno	2 001 000	dos millones mil
202	doscientos dos	3 000 000	tres millones
300	trescientos	10 000 000	diez millones
400	cuatrocientos	100 000 000	cien millones
500	quinientos	1 000 000 000	mil millones
600	seiscientos	1 000 000 000 000	un billón (Europa)
700	setecientos	1 000 000 000	un billón (EE UU)

careta - caritativo

del precio de las cosas de uso común. *Cada vez les preocupaba más la carestía de la vida.* **SIN.** Encarecimiento, inflación, alza. **ANT.** Baja, depreciación.

careta (ca-**re**-ta) *s. f.* Máscara o mascarilla de cartón u otra materia utilizada para cubrir la cara. *Las personas que practican esgrima llevan una careta de red metálica.* **SIN.** Antifaz, disfraz.

carga (**car**-ga) *s. f.* **1.** Acción y efecto de cargar. *Ayudó en la carga de los sacos.* **ANT.** Descarga. **2.** Lo que se transporta a hombros o en un vehículo. *El coche no podía correr mucho porque llevaba una carga muy pesada.* **SIN.** Fardo, bulto, embalaje, paquete. **3.** Cuota que se paga para algún fin. *Carga fiscal.* **SIN.** Contribución, impuesto, tributo. **ANT.** Desgravación, exención. **4.** Obligación propia de un estado, empleo u oficio. *Tenía muchas cargas.* **SIN.** Atadura, deber, compromiso. **5.** Molestia, aflicción. *Llevaba con resignación sus cargas.* **SIN.** Peso, trabajo. **ANT.** Alivio, liberación. **6.** Ataque resuelto contra el enemigo. *Fueron a la carga.* **SIN.** Acometida, arremetida, agresión. ‖ **7. carga eléctrica** Cantidad de electricidad que tiene un cuerpo. ‖ **LOC. volver a la carga** *fam.* Insistir en un empeño o tema.

cargador (car-ga-**dor**) *s. m.* Pieza que sirve para cargar ciertas armas de fuego. *Se atascó el cargador.*

cargante (car-**gan**-te) *adj.* Que molesta o cansa por su insistencia o modo de ser. *Cuando tiene sueño se pone muy cargante.* **SIN.** Insoportable, fastidioso.

cargar (car-**gar**) *v. tr.* **1.** Poner cosas sobre algo o alguien para ser transportadas. *Cargaron los sacos en el remolque del tractor.* **ANT.** Descargar. **2.** Llenar un utensilio o aparato con lo que necesita para funcionar. *Tienes que cargar la batería del coche.* **3.** Acopiar en abundancia algunas cosas. *Cargamos comida para toda la semana.* **SIN.** Abarrotar, colmar, llenar. **ANT.** Desocupar, vaciar. **4.** Imponer a las personas o cosas una carga u obligación. *Cargó el IVA.* **SIN.** Aumentar, gravar. **ANT.** Desgravar, exonerar. **5.** Imputar una culpa. *Cargó con la responsabilidad.* **SIN.** Aguantar, apechugar, apechar. **6.** Causar molestias o cansancio. **GRA.** También v. prnl. *Me carga con sus continuas protestas.* **SIN.** Enojar, fastidiar, incomodar, molestar. **ANT.** Agradar, satisfacer. **7.** Acometer con fuerza y vigor al enemigo. *El enemigo cargó contra los nuestros.* **SIN.** Agredir, asaltar. ‖ **LOC. cargarse a alguien** *fam.* Matarle. | *fam.* Suspenderle en un examen. ✎ Se conjuga como ahogar.

cargo (**car**-go) *s. m.* **1.** Empleo de una persona. *Ocupa el cargo de director comercial.* **SIN.** Destino, función, oficio, plaza. **2.** Custodia que se tiene sobre alguien o algo. *Tiene dos niños a su cargo.* **SIN.** Cuidado, dirección, gobierno. **3.** Falta que se atribuye a alguien en su comportamiento. *El juez le leyó varios cargos.* **SIN.** Acusación, imputación, recriminación.

carguero (car-**gue**-ro) *s. m.* Buque, tren, etc., de carga. *Trabaja en un carguero.*

cariacontecido, da (ca-ria-con-te-**ci**-do) *adj., fam.* Que muestra en el rostro su pena o sus preocupaciones. *Salió de allí cariacontecido por la desagradable discusión que habían tenido.* **SIN.** Afligido, turbado, triste, aturdido. **ANT.** Alegre, tranquilo.

cariátide (ca-riá-ti-de) *s. f.* Estatua de mujer que sirve de columna o pilastra. *En los templos griegos eran muy usuales las cariátides.*

caricatura (ca-ri-ca-**tu**-ra) *s. f.* Representación gráfica o literaria de una persona o cosa en la que se deforman sus facciones o aspecto. *Me hizo una caricatura en la que sólo se veían orejas.* **SIN.** Exageración, parodia, ridiculización, deformación.

caricia (ca-**ri**-cia) *s. f.* Demostración de cariño que alguien realiza con la mano. *A este gato le encanta que le hagan caricias.* **SIN.** Ternura, cariño, mimo, zalamería, halago.

caridad (ca-ri-**dad**) *s. f.* **1.** Sentimiento que nos impulsa a ayudar a los demás. *Le ayudé por caridad, al verle tan necesitado.* **SIN.** Amor, misericordia, piedad, compasión, generosidad. **ANT.** Envidia, egoísmo, inhumanidad. **2.** Limosna. *Un pobre pedía caridad en la puerta de la iglesia.*

caries (**ca**-ries) *s. f.* Picadura de la dentadura. *Tenía caries en una muela y se la tuvieron que empastar.* ✎ Invariable en número.

carillón (ca-ri-**llón**) *s. m.* Conjunto de campanas que funcionan a la vez gracias a un mecanismo especial. *Tocó el carillón de la catedral.*

cariño (ca-**ri**-ño) *s. m.* **1.** Sentimiento de amor hacia los demás. *La madre tiene cariño a su bebé.* **SIN.** Ternura, afecto. **ANT.** Aversión, odio, desamor, enemistad. **2.** Afecto a las cosas. *La casa es vieja, pero le tengo cariño.* **SIN.** Apego, estima, afición. **3.** Cuidado, esmero en hacer una cosa. *Lo hizo con todo cariño porque era para ti.*

carisma (ca-**ris**-ma) *s. m.* Don que tienen algunas personas para agradar y atraer a los demás con su presencia. *Es un político con mucho carisma.*

caritativo, va (ca-ri-ta-**ti**-vo) *adj.* Se dice de la persona que practica la caridad. *Es una persona muy caritativa, que siempre trata de ayudar a las personas necesitadas.* **SIN.** Compasivo, desinteresado, desprendido. **ANT.** Inhumano, tacaño.

cariz - carpeta

cariz (ca-**riz**) *s. m., fam.* Aspecto que presenta un asunto. *No me gusta el cariz que está tomando la negociación.* **SIN.** Apariencia, perspectiva, traza, pinta, viso, aire. 🖎 Su pl. es "carices".

carlinga (car-**lin**-ga) *s. f.* Espacio destinado en el interior de los aviones para los pasajeros y la tripulación. *La carlinga de este avión no es muy amplia.*

carmelita (car-me-**li**-ta) *adj.* Se dice del religioso y religiosa de la orden del Carmen. **GRA.** También s. m. y s. f. *Ingresó en el convento de las carmelitas.*

carmesí (car-me-**sí**) *adj.* De color de grana. **GRA.** También s. m. *La blusa era de color carmesí.* **SIN.** Colorado, encarnado, rojo. 🖎 Su pl. es "carmesíes".

carmín (car-**mín**) *s. m.* **1.** Color rojo encendido. *Le regalaron un pañuelo color carmín.* **2.** Barrita que sirve para pintarse los labios. *Me olvidé la barra de carmín en el baño.*

carnada (car-**na**-da) *s. f.* Comida que se pone como cebo para pescar o cazar. *Puso la carnada para pescar cangrejos.* **SIN.** Carnaza.

carnaval (car-na-**val**) *s. m.* Días que preceden al miércoles de ceniza y fiesta popular que se celebra en estos días. *Estaban preparando el disfraz para carnaval.* || **LOC. ser una cosa un carnaval** *fam.* Ser muy alegre y ruidosa. | *desp.* Ser muy poco formal y presentar muchas irregularidades.

carne (**car**-ne) *s. f.* **1.** Parte blanda y muscular del cuerpo de los animales. *Le pesaban las carnes.* **2.** Parte más sabrosa de una fruta. *Estos melocotones tienen mucha carne.* **3.** Alimento constituido por animales terrestres y aves. *Debería comer algo de pescado y no tanta carne.* **4.** El cuerpo humano, en oposición a espíritu. *Eran debilidades de la carne.* || **LOC. echar carnes** *fam.* Engordar. **poner alguien toda la carne en el asador** *fam.* Arriesgarlo todo de una sola vez. **ser alguien de carne y hueso** *fam.* Sentir los sufrimientos de la vida.

carné (car-**né**) *s. m.* Documento o tarjeta de una persona con su fotografía, nombre, apellidos, etc., que demuestra quién es esa persona o si pertenece a una sociedad, a un colegio, etc. *El policía no creyó que era él hasta que vio su carné de identidad.* 🖎 Su pl. es "carnés".

carnero (car-**ne**-ro) *s. m.* **1.** Rumiante bóvido, de la subfamilia de los ovinos, con cuernos en espiral, muy apreciado por su carne y por su lana. *En aquel rebaño había ocho carneros.* **2.** *Arg. y Chil.* Persona sin iniciativa ni decisión.

carnicería (car-ni-ce-**rí**-a) *s. f.* **1.** Establecimiento donde se vende carne. *Compra en la carnicería unas chuletas de cerdo.* **2.** Elevado número de personas muertas causado por la guerra u otra catástrofe. *El bombardeo del centro de la ciudad fue una auténtica carnicería.* **SIN.** Degollina, aniquilación, hecatombe, matanza. 🖙 "Carnecería" es un vulgarismo.

carnicero, ra (car-ni-**ce**-ro) *adj.* **1.** Se dice del animal que da muerte a otros para comérselos. **GRA.** También s. m. *El león es un animal carnicero.* **SIN.** Carnívoro. **2.** *fam.* Se dice de la persona cruel e inhumana. *No es que no le gusten los animales, es que es un carnicero con ellos.* **SIN.** Sanguinario. || *s. m. y s. f.* **3.** Persona que vende carne. *Su padre trabaja como carnicero en un supermercado.*

carnívoro, ra (car-**ní**-vo-ro) *adj.* **1.** Se dice del animal que come carne. *El gato es un animal carnívoro.* **2.** Se dice de las plantas que se alimentan de insectos. *No te acerques a esa planta, es carnívora.* || *s. m. pl.* **3.** Orden de los mamíferos terrestres que comen carne. *Algunos carnívoros también comen vegetales.*

caro, ra (**ca**-ro) *adj.* **1.** Se dice de aquellos artículos que pasan o exceden de su precio normal. *No puedo permitirme comprar ropa muy cara.* **SIN.** Costoso, alto, exorbitante. **ANT.** Barato, bajo, económico. **2.** Se dice de la persona o cosa por la que se siente mucho afecto o cariño. *Es un caro amigo para todos nosotros.* **SIN.** Amado, querido, estimado, apreciado. **ANT.** Aborrecido, odiado. || *adv. m.* **3.** A un precio excesivo. *Me costó muy caro.*

carótida (ca-**ró**-ti-da) *s. f.* Cada una de las dos arterias que por uno y otro lado del cuello llevan la sangre a la cabeza. *Estuvo ingresado en el hospital por un problema de carótidas.*

carpa[1] (**car**-pa) *s. f.* Pez comestible, de agua dulce, verdoso por encima y amarillo por abajo, boca pequeña, escamas grandes y una sola aleta dorsal. *Me gusta comer carpas escabechadas.*

carpa[2] (**car**-pa) *s. f.* Construcción de lona, montable y desmontable, en la que se venden o exponen cosas o se dan funciones de circo. *En la carpa de exposiciones de la feria había muchas cosas interesantes.* **SIN.** Pabellón, toldo, tenderete.

carpanta (car-**pan**-ta) *s. f., fam.* Hambre violenta. *Siempre viene de clase con una carpanta que parece que lleva sin comer una semana.* **SIN.** Voracidad.

carpelo (car-**pe**-lo) *s. m.* Órgano reproductor femenino de una flor, que se transforma en fruto. *El carpelo está compuesto por un estigma, un estilo y un ovario.*

carpeta (car-**pe**-ta) *s. f.* Cartera plana para guardar papeles o libros. *Como no tenía mesa, se apoyó en la carpeta para escribir.* **SIN.** Cartapacio, archivador.

carpetazo, dar - carreta

carpetazo, dar *loc. adv.* **1.** En las oficinas, suspender la tramitación de una solicitud o expediente. *Les ordenaron dar carpetazo al expediente.* **2.** Dar por terminado un asunto o no continuar con él. *Dieron carpetazo al asunto sin más.*

carpintería (car-pin-te-**rí**-a) *s. f.* **1.** Taller donde trabaja el carpintero. *Fue a la carpintería a serrar unas maderas.* **SIN.** Ebanistería, taller. **2.** Oficio y arte del carpintero. *Está aprendiendo carpintería.*

carpintero, ra (car-pin-**te**-ro) *s. m. y s. f.* Persona cuya profesión consiste en trabajar la madera. *Un carpintero me hizo las sillas y la mesa del comedor.*

carpo (**car**-po) *s. m.* Conjunto de ocho huesos que forman la región de la muñeca. *Se fracturó el carpo.*

carraca[1] (ca-**rra**-ca) *s. f.* **1.** Instrumento viejo o que no funciona. *Tira ese molinillo de café, es una carraca.* **SIN.** Armatoste, trasto. **2.** Persona achacosa. *Con tantas enfermeddes, Juan está hecho una carraca.*

carraca[2] (ca-**rra**-ca) *s. f.* Instrumento de madera que produce un ruido seco y desapacible. *No paraba de tocar la carraca y nos tenía a todos locos.*

carraspera (ca-rras-**pe**-ra) *s. f., fam.* Aspereza en la garganta, que enronquece la voz. *Toma este caramelo de menta, a ver si se te quita la carraspera.* **SIN.** Ronquera, picor de garganta, tos.

carrera (ca-**rre**-ra) *s. f.* **1.** Paso rápido de una persona o de un animal para ir de un sitio a otro. *Echó una carrera porque llegaba tarde.* **SIN.** Recorrido, trayecto. **2.** Competición de velocidad entre personas, animales o vehículos. *Fuimos a ver una carrera de motos.* **SIN.** Prueba, certamen. **3.** Profesión y estudios que requiere. *Hizo la carrera de medicina.* **SIN.** Licenciatura. **4.** Línea de conducta. *Su carrera en todos estos años de trabajo es intachable.* **5.** Serie de calles que ha de recorrer un desfile, procesión, etc. *La cabalgata tiene una carrera de más de diez kilómetros.* || **LOC. a carrera tendida** A todo correr. **tomar carrera** Retroceder unos pasos para avanzar con más fuerza.

carrerilla (ca-rre-**ri**-lla) *s. f.* Carrera breve para tomar impulso y saltar. *Tomó carrerilla y saltó al arroyo.* || **LOC. aprender algo de carrerilla** *fam.* Aprenderlo de memoria. **hacer algo de carrerilla** *fam.* Hacerlo muy deprisa.

carreta (ca-**rre**-ta) *s. f.* **1.** Carro largo, estrecho y bajo. *Llevaba la carreta cargada de sacos de harina.* **SIN.** Carromato, carrucho. **2.** *Ec.* Carrete de hilo.

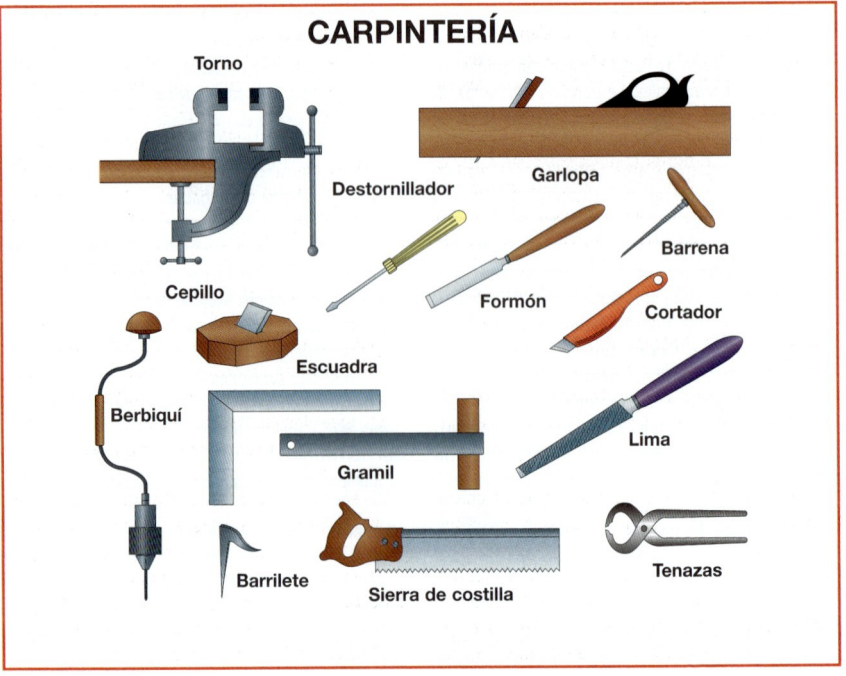

CARPINTERÍA: Torno, Destornillador, Garlopa, Barrena, Cepillo, Formón, Cortador, Escuadra, Berbiquí, Gramil, Lima, Barrilete, Sierra de costilla, Tenazas

carretada - cartabón

carretada (ca-rre-**ta**-da) *s. f.* **1.** Carga de una carreta o un carro. *Llevaba una carretada de leña para la chimenea.* **SIN.** Montón, carga. **2.** *fam.* Gran abundancia de algo. *Llevaba dos semanas sin limpiar la habitación y había una carretada de polvo impresionante.* ‖ **LOC. a carretadas** *fam.* En abundancia.

carrete (ca-**rre**-te) *s. m.* **1.** Cilindro taladrado por el eje que sirve para enrollar en él hilos, cordones, alambres, etc. *Compré un carrete de hilo para coser.* **SIN.** Bobina, canilla. **2.** Rueda en que llevan los pescadores rodeado el sedal. *Se le atascó el carrete de la caña de pescar.* **3.** Rollo de película para hacer fotografías. *Lleva el carrete a revelar, quiero ver las fotos de las vacaciones.* ‖ **LOC. dar carrete a alguien** *fam.* Dejarle hablar intencionadamente.

carretera (ca-rre-**te**-ra) *s. f.* Camino público por el que circulan los vehículos. *Había un gran atasco en la carretera porque los semáforos estaban estropeados.* **SIN.** Autopista, autovía, calzada.

carretilla (ca-rre-**ti**-lla) *s. f.* **1.** Carro pequeño de mano, con una rueda delantera y dos varas detrás para conducirlo. *Lleva los ladrillos en la carretilla.* **SIN.** Carretillo, volquete, carretón. **2.** *Arg. y Chil.* Quijada, mandíbula. ‖ **LOC. de carretilla** *fam.* Por costumbre. | *fam.* De memoria.

carricoche (ca-rri-**co**-che) *s. m.* **1.** Carro pequeño con toldo. *En ese museo se conservan varios carricoches antiguos.* **2.** Coche viejo o feo. *Este carricoche se cae a pedazos, ya puedes ahorrar para uno nuevo.*

carril (ca-**rril**) *s. m.* **1.** En una vía pública, cada banda longitudinal destinada al tránsito de una sola fila de vehículos. *En esa autopista había tres carriles para cada dirección.* **2.** Cada una de las dos barras que sustentan las locomotoras en las líneas de ferrocarril. *El tren se salió del carril.* **SIN.** Vía, raíl. **3.** Huella que dejan en el suelo las ruedas del carruaje. *Los carriles torcían a la derecha así que por allí había tirado el carro.* **SIN.** Rodada, surco.

carrillo (ca-**rri**-llo) *s. m.* Parte carnosa de la cara, que va desde los pómulos hasta la mandíbula. *Tenía inflamado el carrillo por la infección de la muela.* **SIN.** Moflete, mejilla.

carrizo (ca-**rri**-zo) *s. m.* Planta de raíz larga, rastrera y dulce, tallo alto y hojas anchas y copudas, que se cría cerca del agua. *Las hojas del carrizo se utilizan como forraje.*

carro (**ca**-rro) *s. m.* **1.** Carruaje de dos ruedas, con una lanza o vara para enganchar el tiro animal. *Una pareja de vacas tiraba del carro.* **SIN.** Carruaje, carreta, carromato. ‖ **2. carro de combate** Tanque de guerra. ‖ **LOC. mandar a alguien parar el carro** *fam.* Decirle que se modere. **tirar una persona del carro** *fam.* Pesar sobre ella todo el trabajo en que otras debieran tomar parte.

carrocería (ca-rro-ce-**rí**-a) *s. f.* Cubierta exterior metálica de un vehículo y que determina su forma. *Lo que más me gusta de ese coche es su carrocería.*

carromato (ca-rro-**ma**-to) *s. m.* Carro grande con toldo. *Los de la compañía ambulante de teatro pasaron por aquí con sus carromatos.* **SIN.** Carricoche.

carroña (ca-**rro**-ña) *s. f.* Restos de carne de un animal que ha muerto. *Vimos a unas aves comiendo carroña.* **SIN.** Cadáver, podredumbre, despojos.

carroñero, ra (ca-rro-**ñe**-ro) *adj.* Se dice del animal que se alimenta de carroña. **GRA.** También s. m. *Los buitres y los chacales son animales carroñeros.*

carroza (ca-**rro**-za) *s. f.* **1.** Carruaje grande ricamente adornado. *En la cabalgata de Reyes salieron muchas carrozas.* ‖ *s. m. y s. f.* **2.** *fam.* Persona que se comporta y piensa de forma anticuada. *Es un carroza, se escandaliza de todo.* **SIN.** Carca.

carruaje (ca-rru-**a**-je) *s. m.* Vehículo formado por una armazón de madera o hierro montada sobre ruedas. *Dieron una vuelta turística por la ciudad montados en un carruaje tirado por dos caballos.* **SIN.** Calesa, coche.

carrusel (ca-rru-**sel**) *s. m.* Atracción de feria consistente en unos aparatos fijados alrededor de un eje, que dan vueltas uno detrás de otro. *Montó en un carrusel de la feria.* **SIN.** Tiovivo, caballitos.

carta (**car**-ta) *s. f.* **1.** Escrito que se manda por correo dentro de un sobre. *Me escribió una carta muy larga.* **SIN.** Misiva, epístola, mensaje, correspondencia. **2.** Cada una de las cartulinas que forman la baraja. *Cuando llueve solemos jugar a las cartas.* **SIN.** Naipe. **3.** Cartones en los que se dibujan ríos, mares, montañas, etc. *Las cartas de navegación indican el rumbo.* **SIN.** Mapa, plano. ‖ **4. carta blanca** *fam.* Posibilidad que se da a alguien de obrar libremente en un asunto. ‖ **LOC. a carta cabal** Por completo. **echar las cartas** Adivinar el futuro a través de ellas. **jugarse alguien todo a una carta** En una situación difícil, decantarse por una de las opciones. **no saber alguien a qué carta quedarse** Estar indeciso. **poner las cartas boca arriba** Manifestar alguien sus propósitos, argumentos, opiniones, etc. **tomar alguien cartas en algo** Intervenir.

cartabón (car-ta-**bón**) *s. m.* Instrumento de dibujo lineal que tiene la forma de un triángulo rectángulo. *Utiliza el cartabón y la escuadra para trazar estas líneas.*

cartapacio - casa

cartapacio (car-ta-**pa**-cio) *s. m.* **1.** Cuaderno para escribir o tomar apuntes. *Déjame un folio, olvidé el cartapacio en casa.* **2.** Conjunto de papeles contenidos en una carpeta. *Le pasó el cartapacio con todos los documentos para que lo examinara detenidamente.*

cartel[1] (car-**tel**) *s. m.* **1.** Papel que contiene avisos, noticias, anuncios, etc., y que se fija en algún lugar público. *Colocaron los carteles de las fiestas por toda la ciudad.* **SIN.** Anuncio, publicación, proclama, rótulo. **2.** Reputación en el asunto de que se trata. *Crearon un mal cartel de él.* **SIN.** Fama, prestigio, notoriedad, popularidad. **ANT.** Impopularidad, desprestigio.

cartel[2] (car-**tel**) *s. m.* Convenio entre empresas para resguardar sus intereses y regular la competencia. *Su padre es el dueño de un cartel de empresas de alimentación.* ✎ También "cártel".

cartelera (car-te-**le**-ra) *s. f.* Armazón adecuada para fijar carteles. *Esa película lleva en cartelera un montón de semanas.* **SIN.** Tablón de anuncios.

cárter (**cár**-ter) *s. m.* En los automóviles y otras máquinas, pieza o conjunto de piezas que protege determinados mecanismos y a veces sirve como depósito de lubricante. *Tenía sucio el cárter.*

carterista (car-te-**ris**-ta) *s. m. y s. f.* Ladrón de carteras de bolsillo. *En el metro un carterista le robó el bolso.*

cartero, ra (car-**te**-ro) *s. m. y s. f.* **1.** Repartidor de las cartas del correo. *El cartero nos trajo una carta urgente.* ‖ *s. f.* **2.** Utensilio plegable de bolsillo que sirve para llevar dinero, papeles y documentos. *Siempre lleva el carné de identidad en la cartera.* **SIN.** Monedero, billetero, portamonedas. **3.** Bolsa para guardar libros, documentos, etc. *Tiene que llevar tantos libros a clase que casi no le caben en la cartera.* **SIN.** Mochila, portafolios, portapapeles.

cartílago (car-**tí**-la-go) *s. m.* Tejido animal blanquecino, duro y elástico. *El cartílago auricular forma el pabellón del oído.* **SIN.** Ternilla.

cartilla (car-**ti**-lla) *s. f.* **1.** Libro para aprender a leer. *Cada alumno lleva su cartilla a clase.* **SIN.** Silabario, abecedario, abecé. **2.** Cuaderno donde se anotan ciertos datos o circunstancias referentes a alguien o algo. *En la cartilla de la leche, el ganadero anota los litros que entrega al día.* **SIN.** Cuaderno, libreta. ‖ **3. cartilla militar** La que se da al soldado cuando se licencia y en la que se hacen constar, además de los datos personales, las sanciones y los premios durante su servicio. ‖ **LOC. cantarle, o leerle, a alguien la cartilla** *fam.* Reprenderle. **saberse, o tener bien aprendida, alguien la cartilla** *fam.* Haber recibido instrucciones sobre el modo de actuar en determinado asunto.

cartografía (car-to-gra-**fí**-a) *s. f.* Ciencia que estudia el modo de hacer cartas o mapas geográficos. *Era una especialista en cartografía.*

cartomancia (car-to-**man**-cia) *s. f.* Adivinación del futuro por medio de las cartas. *En la cartomancia se emplean diferentes tipos de cartas, como las del tarot.* ✎ También "cartomancía".

cartón (car-**tón**) *s. m.* **1.** Hoja gruesa y resistente de pasta de papel formada por un conjunto de hojas, superpuestas y adheridas a presión. *Tengo mi colección de conchas guardada en una caja de cartón.* ‖ **2. cartón piedra** Pasta de cartón o papel, yeso y aceite secante, que, después de seca, adquiere la dureza de la piedra.

cartoné (car-to-**né**) *s. m.* Encuadernación hecha con tapas de cartón, forradas de papel. *Compré el libro en cartoné para que se estropeara menos.*

cartucho (car-**tu**-cho) *s. m.* Cilindro metálico, de cartón o plástico, que contiene la pólvora necesaria para hacer disparar un arma de fuego. *Compró cartuchos en una armería.* **SIN.** Cargador, peine.

cartuja (car-**tu**-ja) *s. f.* Monasterio o convento de una orden religiosa muy austera, que fundó San Bruno en 1086. *Fuimos a visitar una cartuja de estilo barroco que había a las afueras de la ciudad.*

cartulina (car-tu-**li**-na) *s. f.* Cartón delgado, fino y limpio. *Haced el dibujo en una cartulina blanca.*

casa (**ca**-sa) *s. f.* **1.** Edificio para habitar. *Enfrente del parque han construido una casa de diez pisos.* **2.** Piso o parte de una casa en que vive una familia o una persona. *Le encantaba pasar los domingos en su casa.* **SIN.** Vivienda, piso, domicilio, hogar, morada. **3.** Descendencia que tiene un mismo apellido y un mismo origen. *El rey don Juan Carlos pertenece a la casa de los Borbones.* **SIN.** Linaje, estirpe, sangre, casta, familia. **4.** Establecimiento industrial o mercantil. *En esta casa trabajan más de 50 mecánicos.* **SIN.** Firma, empresa, comercio. ‖ **5. casa celeste** Espacio de cada signo en el Zodiaco. **6. casa consistorial** Edificio donde se reúne el ayuntamiento. **7. casa de campo** La que se construye alejada de la ciudad como zona de recreo o de labor. **8. casa de Dios, o del Señor** Templo. **9. casa de huéspedes** Aquella en la que mediante un precio fijado se da alojamiento y comida. **10. casa de locos** *fam.* Lugar donde hay mucho alboroto y confusión. **11. casa real** Palacio real. ‖ Familia real. ‖ **LOC. echar la casa por la ventana** *fam.* Gastar con exceso en un banquete o por cualquier otro motivo. **caérsele a alguien la casa encima** *fam.* Sobrevenirle un contratiempo grave. **para andar por casa** Se dice de procedimientos, soluciones, explicaciones, etc., de poco valor y hechas sin rigor. **ser alguien de casa** *fam.* Tener mucha familiaridad y confianza.

casaca (ca-**sa**-ca) *s. f.* Prenda de vestir ceñida a la cintura y con faldón hasta las rodillas. *Este año se han puesto de moda las casacas.*

casar (ca-**sar**) *v. tr.* **1.** Unir a dos personas para formar un matrimonio. **GRA.** Se usa más como v. prnl. *Nos hemos casado.* **SIN.** Contraer nupcias, desposar(se). **ANT.** Separar(se), divorciar(se). **2.** Unir o juntar una cosa con otra. *Uní las baldosas casando los dibujos.* **SIN.** Ajustar, acoplar, encajar. **ANT.** Separar. ‖ **LOC. no casarse alguien con nadie** *fam.* Mantener la independencia de su actitud u opinión.

cascabel (cas-ca-**bel**) *s. m.* Bola de metal, hueca y agujereada, con un pedacito de hierro dentro, que al moverla suena. *Le pusieron un cascabel al gato.* **SIN.** Sonajas, sonajero, cencerro. ‖ **LOC. poner el cascabel al gato** *fam.* Arriesgarse a hacer algo muy peligroso o difícil. **ser alguien un cascabel** *fam.* Ser muy alegre.

cascada (cas-**ca**-da) *s. f.* Caída desde cierta altura del agua de un río u otra corriente por un desnivel brusco del terreno. *Vimos la cascada desde abajo.* **SIN.** Catarata, chorro, salto, rápido.

cascado, da (cas-**ca**-do) *adj.* **1.** Roto, quebrado. *El jarrón se cayó al suelo y está todo cascado.* **2.** *fam.* Se aplica a la persona o cosa que se halla muy trabajada o gastada. *Tendremos que cambiar de coche, éste está muy cascado.* **SIN.** Caduco, achacoso, desgastado. **ANT.** Lozano. **3.** *fam.* Se dice de la voz ronca. *No podré cantar con el coro mañana, tengo la voz muy cascada.* **SIN.** Quebrada. **ANT.** Clara.

cascanueces (cas-ca-**nue**-ces) *s. m.* Utensilio parecido a una tenaza, que se utiliza para partir nueces, avellanas, etc. *No partas las nueces con los dientes, utiliza el cascanueces.* ✎ Invariable en número.

cascar (cas-**car**) *v. tr.* **1.** Romper una cosa. **GRA.** También v. prnl. *Se me cayó la fuente al suelo y se cascó.* **SIN.** Agrietar(se), abrir(se), rajar(se), quebrar(se). **2.** *fam.* Dar a alguien golpes con la mano u otra cosa. **GRA.** También v. prnl. *Empezaron discutiendo y al final se cascaron.* **SIN.** Pegar(se), zurrar(se). **3.** *fam.* Disminuir las fuerzas o la salud de alguien. **GRA.** También v. prnl. *Después de tantos fracasos, su fuerza de voluntad se cascó y todo se vi-* *no abajo.* **SIN.** Debilitar(se), desmejorar(se). **ANT.** Mejorar(se). **4.** *fam.* Hablar mucho y fuera de tiempo. **GRA.** Se usa más como v. intr. *Estaban cascando en clase y el profesor les castigó.* **SIN.** Charlar, hablar, parlotear. **ANT.** Callar, ocultar. ‖ *v. intr.* **5.** *fam.* Acabar la vida. *El pobre cascó.* **SIN.** Fenecer, morir. ✎ Se conjuga como abarcar.

cáscara (**cás**-ca-ra) *s. f.* **1.** Corteza exterior de los huevos, frutos, etc. *Cuece unos huevos y quítales la cáscara cuando estén fríos.* **SIN.** Cubierta, costra, caparazón, piel, monda. **2.** Corteza de los árboles. *La cáscara del cerezo estaba toda mohosa.* ‖ *interj.* **3. ¡cáscaras!** *fam.* Denota admiración o sorpresa. *¡Cáscaras!, no tenía ni idea de que estaba enfermo.*

cascarón (cas-ca-**rón**) *s. m.* Cáscara de huevo de cualquier ave, especialmente la rota al salir el pollo. *Las aves tras varios días de incubación abandonan el cascarón.*

cascarrabias (cas-ca-**rra**-bias) *s. m. y s. f., fam.* Persona que se enfada fácilmente. *Es un poco cascarrabias, pero es buena persona.* **SIN.** Enfadadizo, quisquilloso. ✎ Invariable en número.

casco (**cas**-co) *s. m.* **1.** Cada uno de los trozos de algo que se rompe. *El camarero recogió los cascos de botella.* **SIN.** Cascote. **2.** Pieza, generalmente de metal, para proteger la cabeza. *Para entrar a ver esa obra tienes que ponerte el casco.* **3.** Cada una de las capas gruesas de la cebolla. *Echa a cocer la pescadilla en agua fría y con tres o cuatro cascos de cebolla.* **4.** Recipiente que sirve para contener líquidos. *No hay que devolver los cascos de las botellas de gaseosa, así que puedes tirarlos al contenedor de vidrio.* **SIN.** Botella, frasco, garrafa. **5.** Pezuña de las caballerías. *Este caballo tiene un casco roto, por eso anda cojo.* **SIN.** Uña. ‖ **6. casco de población o urbano** Recinto principal, centro. ‖ **LOC. alegre o ligero de cascos** *fam.* Poco reflexivo.

cascote (cas-**co**-te) *s. m.* **1.** Fragmento de alguna obra en derribo. *De su antigua casa sólo quedaban ya algunos cascotes.* **SIN.** Escombro. **2.** Conjunto de escombros, usado para otras obras nuevas. *Reconstruirán el castillo a partir de los cascotes del viejo.*

caserío (ca-se-**rí**-o) *s. m.* **1.** Casa aislada en el campo. *El caserío más cercano estaba a nueve kilómetros del suyo.* **2.** Grupo de casas de campo. *Era un pequeño caserío de quince familias de labradores.*

casero, ra (ca-**se**-ro) *adj.* **1.** Que se hace o cría en casa. *Prueba este chorizo casero, está buenísimo.* **2.** Que le gusta estar en casa. *Luis es una persona muy casera.* **SIN.** Doméstico, familiar. **3.** Se dice del ár-

caserón - castañuela

bitro que favorece al equipo que juega en su campo. *Los seguidores del equipo visitante abuchearon al árbitro porque fue muy casero.* **ANT.** Imparcial, justo. || *s. m. y s. f.* **4.** Dueño de una casa, que la alquila a otro. *Vino el casero a cobrar el alquiler.* **SIN.** Arrendador, propietario, rentista. **5.** Persona que cuida de una casa. *Los caseros del plantío son gente de confianza.* **SIN.** Administrador, patrón.

caserón (ca-se-**rón**) *s. m.* Casa muy grande y destartalada. *Ese viejo caserón pertenece a una familia que ya no viene por el pueblo.*

caseta (ca-**se**-ta) *s. f.* Casa pequeña hecha con materiales ligeros. *Había una caseta de madera en el monte para refugio de los pastores.*

casi (**ca**-si) *adv. c.* Cerca de, poco menos de, aproximadamente, por poco. *Se está poniendo el sol, casi no hay luz. Son casi las diez.*

casilla (ca-**si**-lla) *s. f.* **1.** Cada uno de los compartimientos de algunas cajas, estanterías, etc. *En el despacho cada profesor tiene su casilla para las cartas.* **2.** Cada una de las divisiones del papel rayado verticalmente o en cuadrículas. *Cada dato va en una casilla, procura no confundirte al rellenar el formulario.* **3.** Cada uno de los cuadros en que está dividido el tablero del ajedrez o las damas. *No puedes poner la ficha en esa casilla.* **SIN.** Escaque.

casino (ca-**si**-no) *s. m.* **1.** Sociedad cuyos miembros se juntan para conversar, leer, jugar, etc., y en la que se paga una cuota periódica. *Solía ir todas las tardes al casino a charlar con los amigos.* **SIN.** Asociación, club, círculo, sociedad, ateneo. **2.** Casa de juegos de azar. *Perdió mucho dinero en el casino.*

caso (**ca**-so) *s. m.* **1.** Cosa que sucede. *Están hablando del caso del robo del siglo.* **SIN.** Incidente, peripecia, circunstancia, acontecimiento. **2.** Asunto de que se trata. *Es un caso difícil de explicar.* **SIN.** Cuestión, materia, tema. **3.** Cada uno de los enfermos de una enfermedad infecciosa. *Es gripe, pero el tuyo es un caso grave.* **4.** Situación en que alguien se encuentra. *Estando en mi caso, no puedo hacer nada.* **5.** Causa criminal o civil que se sigue contra alguien. *El juez examinó su caso.* **SIN.** Juicio, pleito, proceso. **6.** Hecho real o supuesto que se cuenta para que se siga o se evite. *Yo te cuento el caso y tú mismo sacas las conclusiones.* **SIN.** Anécdota, ejemplo, historieta. **7.** En las ciencias, cada una de las experiencias por las que se busca inducir una ley general. *Después de examinar varios casos, pudieron descubrir cuál era el proceso de la enfermedad.* **8.** Función que desempeñan los sustantivos, adjetivos y pronombres en la oración en que figuran. *En latín hay seis casos: nominativo, genitivo, dativo, acusativo, vocativo y ablativo.* || **9. caso perdido** *fam.* Se dice de la persona que continuamente hace las cosas mal. || **LOC. caso de, o en caso de que** Si sucede tal o cual cosa. **en todo caso** De todas maneras. **hacer caso a alguien o a algo** Atender. | Obedecer. **hacer caso omiso** No atender. **ser alguien un caso** *fam.* Distinguirse de los demás para bien o para mal. **venir al caso** *fam.* Ser oportuno.

caspa (**cas**-pa) *s. f.* Motitas blancas que se forman en el pelo. *Compra un champú contra la caspa.*

casquería (cas-que-**rí**-a) *s. f.* Tienda en la que se venden despojos de las reses. *Trae de la casquería unas patas de cerdo.*

casquete (cas-**que**-te) *s. m.* **1.** Cubierta de tela o cuero que se ajusta a la cabeza. *Llevaba puesto un casquete.* **SIN.** Solideo. **2.** Media peluca que cubre sólo una parte de la cabeza. *Se compró un casquete para el disfraz.* **SIN.** Bisoñé, peluquín. || **3. casquete glaciar** Glaciar que cubre la cima de una montaña de formas redondeadas.

casquillo (cas-**qui**-llo) *s. m.* **1.** Cartucho de la bala. *Encontraron en el suelo varios casquillos.* **2.** Parte metálica que permite conectar la bombilla con el circuito eléctrico. *Puse la bombilla en el casquillo, pero no lucía.*

casquivano, na (cas-qui-**va**-no) *adj., fam.* Se dice de la persona poco sensata. *No se puede confiar en él, es un poco casquivano.* **SIN.** Alocado, irreflexivo, ligero. **ANT.** Formal, consciente, reflexivo.

casta (**cas**-ta) *s. f.* **1.** Ascendencia o descendencia de personas o animales. *Este caballo es de una buena casta.* **SIN.** Generación, raza, clase. **2.** Grupo social cerrado. *En la India hay diferentes castas.*

castaña (cas-**ta**-ña) *s. f.* Fruto del castaño, del tamaño de la nuez, cubierto de cáscara correosa. *Las castañas son muy nutritivas.* || **LOC. parecerse una cosa a otra como un huevo a una castaña** *fam.* Ser muy diferentes. **sacar las castañas del fuego a alguien** *fam.* Solucionarle un problema.

castaño, ña (cas-**ta**-ño) *adj.* **1.** De color pardo oscuro. **GRA.** También s. m. *Le dieron un barniz castaño al armario.* **SIN.** Marrón, pardo. || *s. m.* **2.** Árbol de considerable altura y de copa ancha y redonda que produce las castañas. *Galicia es tierra de castaños.* || **LOC. pasar de castaño oscuro una cosa** *fam.* Ser grave o muy enojosa.

castañuela (cas-ta-**ñue**-la) *s. f.* **1.** Instrumento de percusión que se compone de dos piezas, generalmente de madera, en forma de conchas. *Las castañuelas son típicas del flamenco.* || **LOC. estar alguien como unas castañuelas** *fam.* Estar muy alegre.

castidad (cas-ti-**dad**) *s. f.* Conducta que rechaza las relaciones sexuales. *Al entrar en el convento hizo voto de castidad.* **SIN.** Continencia, virginidad. **ANT.** Lujuria, incontinencia.

castigar (cas-ti-**gar**) *v. tr.* Imponer a alguien una pena porque ha cometido una falta, un error, etc. *Para castigar al mal conductor le han quitado el carné.* **SIN.** Sancionar, condenar. **ANT.** Perdonar, premiar, absolver. ✎ Se conjuga como ahogar.

castigo (cas-**ti**-go) *s. m.* Pena impuesta al que ha cometido una falta o delito. *Le pusieron como castigo no ver la tele esta semana.* **SIN.** Sanción, correctivo, escarmiento. **ANT.** Perdón, premio.

castillo (cas-**ti**-llo) *s. m.* Lugar fortificado con murallas, fosos, etc., para defenderse. *Los castillos florecieron en la Edad Media.* **SIN.** Alcázar, ciudadela. || **LOC. castillos en el aire** *fam.* Ilusiones infundadas. ☞ Ver ilustración, pág. 192.

casting *s. m.* Proceso de selección de actores, modelos, etc., para un trabajo determinado. *Le dieron el papel porque lo hizo muy bien en el casting.*

castizo, za (cas-**ti**-zo) *adj.* **1.** Verdaderamente propio o genuino de un lugar. *Iban ataviados con trajes castizos.* **SIN.** Puro, auténtico, típico, natural. **2.** Se dice del lenguaje puro y sin mezcla de voces ni giros extraños. *La novela se caracterizaba por un estilo muy llano y castizo.* **SIN.** Correcto, original, típico. **ANT.** Derivado, impuro. **3.** Se dice de la persona que representa las características típicas de una ciudad, país, raza, etc. *Es un madrileño muy castizo.* **SIN.** Puro, auténtico, típico, natural.

casto, ta (**cas**-to) *adj.* Opuesto a la sensualidad. *Su comportamiento fue siempre muy casto.* **SIN.** Puro, virtuoso, honesto. **ANT.** Impúdico, lujurioso.

castor (cas-**tor**) *s. m.* Mamífero roedor, de cuerpo grueso, cubierto de pelo muy espeso y fino, cuya piel es muy apreciada. *El castor se parece al conejo.*

castrar (cas-**trar**) *v. tr.* Cortar o inutilizar los órganos genitales. *Avisaron al veterinario para castrar los cerdos.* **SIN.** Esterilizar, capar.

castrense (cas-**tren**-se) *adj.* Que pertenece o se refiere al ejército. *El general recordó a los soldados la disciplina castrense.* **SIN.** Militar, guerrero.

castro (**cas**-tro) *s. m.* Castillo o fortificación antigua y lugar en que se hallaba emplazada. *En ese pueblo se conservan los restos de un antiguo castro celta.* **SIN.** Fortín, fuerte, real.

casual (ca-**sual**) *adj.* Que sucede de forma inesperada. *Ambos se alegraron de aquel encuentro casual.* **SIN.** Accidental, eventual, fortuito, impensado. **ANT.** Pensado, previsto.

casualidad (ca-sua-li-**dad**) *s. f.* **1.** Combinación de circunstancias que no se pueden prever ni evitar. *La lotería toca por casualidad.* **SIN.** Azar, eventualidad, contingencia. **ANT.** Lógica, certidumbre, previsión. **2.** Suceso fortuito. *Nos vimos por casualidad.* **SIN.** Azar, eventualidad, suerte, chiripa.

casulla (ca-**su**-lla) *s. f.* Vestidura sagrada que se pone el sacerdote sobre las demás que sirven para celebrar la misa. *El sacerdote llevaba una casulla morada.* **SIN.** Manto, túnica.

cataclismo (ca-ta-**clis**-mo) *s. m.* **1.** Trastorno grave del globo terráqueo. *Sucedió un cataclismo y muchas especies de animales desaparecieron.* **SIN.** Hecatombe, catástrofe, desastre. **2.** Gran trastorno en el orden social o político. *Las armas nucleares amenazan con un cataclismo.* **SIN.** Agitación, revolución.

catacumbas (ca-ta-**cum**-bas) *s. f. pl.* Galerías subterráneas en las que los primeros cristianos se reunían para practicar su religión y enterrar a sus muertos. *Las catacumbas servían de refugio a los cristianos que eran perseguidos por los romanos.*

catafalco (ca-ta-**fal**-co) *s. m.* Armazón revestido de negro para los funerales solemnes. *Colocaron el féretro sobre un catafalco.*

catalejo (ca-ta-**le**-jo) *s. m.* Instrumento óptico para ver a larga distancia. *Observaba el paisaje con un catalejo desde la torre de la catedral.* **SIN.** Anteojo, prismáticos.

catalepsia (ca-ta-**lep**-sia) *s. f.* Suspensión repentina de la sensibilidad y de los movimientos voluntarios, acompañada de una rigidez muscular. *No podía moverse porque le dio una catalepsia.* **SIN.** Inmovilidad, insensibilidad.

catalogar (ca-ta-lo-**gar**) *v. tr.* Registrar ordenadamente libros, manuscritos, etc. *Me pasé el día catalogando los libros de mi biblioteca.* **SIN.** Seriar, clasificar. ✎ Se conjuga como ahogar.

catálogo (ca-**tá**-lo-go) *s. m.* Lista de personas, cosas o sucesos puestos en orden. *En la biblioteca hay catálogos de libros.* **SIN.** Inventario, repertorio, registro, relación.

cataplasma (ca-ta-**plas**-ma) *s. f.* Medicamento externo que se aplica a modo de pomada, y que sirve para calmar alguna dolencia. *Le pusieron una cataplasma para curar la infección de la herida.* **SIN.** Apósito, emplasto, fomento.

CASTILLO

- Armería
- Sala de los caballeros
- Dormitorio real
- Sala del trono
- Cocina
- Gran salón
- Herrería
- Adarve
- Barbacana
- Almena
- Rastrillo
- Foso
- Bodega
- Puente levadizo
- Capilla
- Cuerpo de guardia
- Torre
- Calabozo
- Patio de armas

cataplines - categoría

cataplines (ca-ta-**pli**-nes) *s. m. pl., fam.* Testículos. *Le dio una patada en los cataplines.*

catapulta (ca-ta-**pul**-ta) *s. f.* Máquina militar antigua para arrojar piedras. *El enemigo llegó a las puertas de la ciudad lanzando piedras con sus catapultas.* **SIN.** Lanzador.

catar (ca-**tar**) *v. tr.* **1.** Probar una cosa para conocer su sabor. *Mi padre cató el melón.* **SIN.** Degustar, gustar, probar, saborear. **2.** Examinar una cosa con mucho cuidado y rapidez. *Caté todo lo que había en la habitación de un vistazo.* **SIN.** Escudriñar, fisgar.

catarata (ca-ta-**ra**-ta) *s. f.* **1.** Gran salto de agua que cae por un descenso brusco del terreno. *Visitó las cataratas del Niágara.* **SIN.** Cascada, chorro, torrente. **2.** Dolencia del ojo que impide total o parcialmente la visión. *Fue operado de cataratas.*

CATARATAS FAMOSAS		
Nombre	Localización	caída(m)
Salto del Ángel	Venezuela	979
Tugela	África	614
Yosemite	EE UU, Calif.	739
Mardalsfossen Sur	Noruega	655
Sutherland	Nueva Zelanda	580
Della	Canadá	440
Gavarnie	Francia	422
Glass	Brasil	404
Wallaman	Australia	347
Victoria	Zimbabwe/Zambia	122
Iguazú	Brasil/Argentina	64
Niágara	EE UU/Canadá	49

catarro (ca-**ta**-rro) *s. m.* Inflamación de las mucosas de las vías respiratorias. *Tenía un fuerte catarro de nariz.* **SIN.** Constipado, resfriado.

catastro (ca-**tas**-tro) *s. m.* Censo o registro de la propiedad de las fincas rústicas y urbanas. *Fue al catastro a registrar la finca que acaba de comprar.*

catástrofe (ca-**tás**-tro-fe) *s. f.* Suceso desgraciado que altera el orden regular de las cosas. *Una guerra es una catástrofe para todos.* **SIN.** Cataclismo, desastre, hecatombe.

catastrófico, ca (ca-tas-**tró**-fi-co) *adj.* **1.** Que se refiere a una catástrofe o tiene caracteres de tal. *El incendio adquirió dimensiones catastróficas.* **2.** Desastroso, muy malo. *Hizo un examen catastrófico y suspendió.* **SIN.** Adverso, aciago, calamitoso. **ANT.** Afortunado, dichoso.

cataviento (ca-ta-**vien**-to) *s. m.* Especie de embudo de tela que sirve para determinar la dirección del viento. *En la autopista había catavientos.*

catavino (ca-ta-**vi**-no) *s. m.* Vaso pequeño para examinar y probar el vino, mosto, etc. *En la bodega, nos sirvieron un jerez con un catavino.*

catavinos (ca-ta-**vi**-nos) *s. m. y s. f.* Persona que tiene por oficio probar el vino para determinar su calidad. *Trabaja como catavinos en unas bodegas muy importantes.* Invariable en número.

catcher *s. m.* En el béisbol, jugador que, colocado detrás del bateador del equipo contrario, intenta coger la pelota que le envía el lanzador de su equipo. *El catcher hizo señas al pitcher.*

catchup *s. m.* *Catsup.

cate (**ca**-te) *s. m., fam.* Nota de suspenso en exámenes. *Saqué un cate en matemáticas.* **ANT.** Aprobado.

catear (ca-te-**ar**) *v. tr., fam.* Suspender en los exámenes a un alumno. *Le catearon en el segundo examen de las oposiciones.* **SIN.** Eliminar, cargar.

catecismo (ca-te-**cis**-mo) *s. m.* Libro que contiene las doctrinas cristianas en forma de diálogo. *Estudia el catecismo para prepararse para la primera comunión.*

catecúmeno, na (ca-te-**cú**-me-no) *s. m. y s. f.* Persona que se está preparando en la doctrina católica para recibir el bautismo. *Está dando cursillos a los catecúmenos.*

cátedra (**cá**-te-dra) *s. f.* **1.** Empleo de catedrático y asignatura que enseña. *Tiene la cátedra de Literatura.* **SIN.** Materia, asignatura. **2.** Aula donde se enseña una asignatura. *A las cuatro tenemos clase en la cátedra de filosofía.* **SIN.** Sala, clase. **3.** Asiento elevado donde el profesor explica la lección a sus alumnos. *Desde su cátedra el profesor podía controlar toda el aula.* **SIN.** Púlpito, escaño, estrado.

catedral (ca-te-**dral**) *adj.* Se dice de la iglesia principal en la que tiene su sede el obispo. *Visitamos la catedral de León.* **GRA.** También s. f.

catedrático, ca (ca-te-**drá**-ti-co) *s. m. y s. f.* Profesor que tiene cátedra para dar enseñanza en ella. *Es catedrático de matemáticas en el instituto.* **ANT.** Alumno, discípulo.

categoría (ca-te-go-**rí**-a) *s. f.* **1.** Cada uno de los grupos de personas o cosas ordenadas por su importancia. *Era tela de primera categoría.* **SIN.** Clase, especie. **2.** Cada uno de los grados de una profesión. *Tiene la categoría de jefe.* **SIN.** Cargo, jerarquía, escala, nivel, rango. **3.** Condición social de unas personas respecto a las demás. *Sólo quiere relacionarse con los de su categoría.* **SIN.** Posición, rango, esfera. **4.** Cada una de las partes de la oración. *El sustantivo es una categoría gramatical.*

categórico - cauto

categórico, ca (ca-te-**gó**-ri-co) *adj.* Se dice de aquello que no admite lugar a dudas. *En su discurso fue categórico y todos quedaron convencidos.*

catequizar (ca-te-qui-**zar**) *v. tr.* **1.** Enseñar una doctrina y en especial la católica. *Catequiza a los niños de primera comunión.* **SIN.** Adoctrinar, evangelizar. **2.** Hacer que uno piense o haga lo que le conviene a otro. *Sus amigos le han catequizado de tal modo que siempre hace lo que ellos quieren.* ✎ Se conjuga como abrazar.

catering *s. m.* Abastecimiento de comidas preparadas. *Habló con ese restaurante para que sirvieran el catering en la recepción.* **SIN.** Provisión.

caterva (ca-**ter**-va) *s. f., desp.* Multitud de personas o cosas consideradas en grupo, pero sin orden, o de poco valor e importancia. *Se acercó una caterva de gente.* **SIN.** Tropel, muchedumbre, multitud.

catéter (ca-**té**-ter) *s. m.* Instrumento de cirugía. *Le tuvieron que introducir un catéter.*

cateto (ca-**te**-to) *s. m.* Cada uno de los dos lados que forman el ángulo recto en el triángulo rectángulo. *Señala los dos catetos.*

catión (ca-**tión**) *s. m.* Elemento electropositivo de una molécula. *En la electrolisis el catión se dirige al cátodo.*

cátodo (**cá**-to-do) *s. m.* Polo negativo de un generador de electricidad o de una batería eléctrica. *En una pila, el cátodo es el polo negativo.* **ANT.** Ánodo.

catolicismo (ca-to-li-**cis**-mo) *s. m.* Doctrina de la Iglesia romana, fundada por Jesucristo, cuya cabeza visible es el Papa. *El catolicismo es una religión monoteísta.*

católico, ca (ca-**tó**-li-co) *adj.* **1.** Que profesa la religión católica. **GRA.** También s. m. y s. f. *Era una familia católica.* **2.** *fam.* Sano, perfecto. *Me voy a acostar un rato porque no me encuentro muy católica.*

catón (ca-**tón**) *s. m.* Libro con lecturas elementales y graduales para aprender a leer. *Mi abuela todavía conserva el catón con el que aprendió a leer.*

catorce (ca-**tor**-ce) *adj. num. card.* **1.** Diez más cuatro. **GRA.** También pron. num. y s. m. ‖ *adj. num. ord.* **2.** Que ocupa el último lugar en una serie ordenada de 14. ‖ *s. m.* **3.** Conjunto de signos con que se representa el número 14.

catre (**ca**-tre) *s. m.* Cama poco consistente para una sola persona. *Lo único que había en aquel cuartucho era un catre todo desvencijado.* **SIN.** Camastro.

catsup *s. m.* Salsa de tomate con vinagre, azúcar y otros ingredientes. *Me gusta comer la hamburguesa con mucho catsup y mostaza.*

cauce (**cau**-ce) *s. m.* Terreno por donde corren las aguas de los ríos y arroyos. *Como no llovía, el cauce del río estaba seco.* **SIN.** Lecho, conducto, madre.

caucho (**cau**-cho) *s. m.* Sustancia elástica que se extrae de ciertas plantas tropicales, y que es muy útil para la industria y las artes. *Los neumáticos de los coches se hacen de caucho.*

caudal (cau-**dal**) *s. m.* **1.** Cantidad de agua que lleva un río o arroyo. *El río con mayor caudal del mundo es el Amazonas.* **2.** Dinero o cualquier clase de bienes que pertenecen a alguien. *Sus abuelos son muy ricos, poseen un gran caudal.* **SIN.** Hacienda, fortuna, riqueza, bienes, dinero.

caudillo (cau-**di**-llo) *s. m.* Persona que manda o dirige un país, ejército, partido, etc. *Bolívar fue el caudillo de la independencia americana.* **SIN.** Cabecilla, jefe, dirigente.

causa (**cau**-sa) *s. f.* **1.** Lo que se considera como origen de algo. *La rotura de la presa fue la causa de la inundación.* **SIN.** Fundamento, base, principio, germen. **2.** Motivo o razón para actuar. *La causa de su dimisión todavía no se conoce.* **SIN.** Móvil. **3.** Pleito judicial. *La defensa pidió que se retrasase la vista de la causa.* **SIN.** Sumario, litigio, querella.

causalidad (cau-sa-li-**dad**) *s. f.* Principio, causa, motivo. *Estos dos hechos no mantienen una relación de causalidad.*

causar (cau-**sar**) *v. tr.* Ser causa o motivo de una cosa. *Un descuido del conductor causó el accidente.* **SIN.** Originar, producir, ocasionar, promover, acarrear. ✎ v. con irregularidad acentual. La segunda vocal del grupo "-au-" siempre se combina formando diptongo con la vocal precedente, es decir, articulándose ambas dentro de una sola sílaba.

cautela (cau-**te**-la) *s. f.* Precaución con que se hace algo. *Se acercaron con cautela para escuchar tras la puerta.* **SIN.** Maña, habilidad, recato, astucia, reserva. **ANT.** Imprudencia, ingenuidad.

cautivar (cau-ti-**var**) *v. tr.* **1.** Apresar al enemigo en la guerra. *Miguel de Cervantes fue cautivado durante la guerra de Lepanto.* **SIN.** Aprisionar, capturar, prender, detener. **ANT.** Libertar, liberar, soltar. **2.** Atraer, captar la atención. *El conferenciante cautivó a toda la sala con sus palabras.* **SIN.** Seducir, fascinar, conquistar. **ANT.** Aburrir, repeler, asquear.

cautivo, va (cau-**ti**-vo) *adj.* Aprisionado en la guerra. **GRA.** También s. m. y s. f. *Cervantes fue llevado como cautivo a Argel.* **SIN.** Prisionero. **ANT.** Libre.

cauto, ta (**cau**-to) *adj.* Que obra con cuidado o precaución. *Es una persona muy cauta, que siempre*

cava - cecina

examina los pros y los contras de un asunto. **SIN.** Prudente, precavido. **ANT.** Incauto, imprudente.

cava (ca-va) *s. m.* Vino espumoso. *Brindamos con cava.*

cavar (ca-var) *v. tr.* **1.** Levantar y remover la tierra con la azada u otro instrumento semejante. *Estuvo cavando en el huerto.* **SIN.** Excavar, perforar, horadar, abrir. ‖ *v. intr.* **2.** Hacer más profunda una cavidad o agujero. *Cavaron mucho pero no encontraron agua.* **SIN.** Profundizar, ahondar, excavar.

caverna (ca-ver-na) *s. f.* Cueva profunda, subterránea o entre rocas. *Los hombres primitivos vivían en cavernas.* **SIN.** Cueva, gruta, agujero, grieta.

cavernícola (ca-ver-ní-co-la) *adj.* Que vive en las cavernas. **GRA.** También s. m. y s. f. *Los habitantes de la Prehistoria eran cavernícolas.* **SIN.** Troglodita.

caviar (ca-viar) *s. m.* Huevas de esturión, muy apreciadas como manjar. *Hicimos canapés de caviar.*

cavidad (ca-vi-dad) *s. f.* Hueco de un cuerpo cualquiera. *Tenía una infección en la cavidad nasal.*

cavilar (ca-vi-lar) *v. tr.* Reflexionar sobre una cosa, dándole una importancia que no tiene. **GRA.** También v. intr. *Aunque era una tontería, se pasó toda la noche cavilando.* **SIN.** Rumiar, preocuparse, meditar.

cayado (ca-ya-do) *s. m.* Palo o bastón curvado por la parte superior. *Cuando iba al monte llevaba siempre su cayado.* **SIN.** Cachava, báculo, cacha.

caza (ca-za) *s. f.* **1.** Acción de cazar. *La caza del zorro se hace a caballo.* **SIN.** Montería, ojeo, batida. **2.** Animales salvajes, antes y después de cazados. *Un conejo fue la única caza que consiguieron en todo el día.* ‖ *s. m.* **3.** Avión de guerra muy veloz. *En la pista había tres cazas.* ‖ **4. caza mayor** La de jabalíes, lobos, ciervos y otras reses mayores. **5. caza menor** La de liebres, conejos, perdices, palomas, etc. ‖ **LOC. andar a la caza de algo** *fam.* Buscarlo.

cazar (ca-zar) *v. tr.* **1.** Perseguir animales para cogerlos o matarlos. *Fueron a cazar perdices.* **SIN.** Acorralar, montear. **2.** Cautivar la voluntad de alguien con halagos o engaños. *Logró cazarlo a base de regalos.* **SIN.** Conquistar, seducir. **3.** Sorprender a alguien en un descuido, error o acción que desearía ocultar. *Lo cacé comiendo galletas de chocolate y decía que estaba a régimen.* **SIN.** Pillar, coger, pescar, descubrir. **4.** Averiguar, acertar. *¡A qué no cazas este acertijo!* Se conjuga como abrazar.

cazo (ca-zo) *s. m.* Utensilio de cocina, semiesférico y con mango largo. *Pon la leche a hervir en el cazo.*

cazuela (ca-zue-la) *s. f.* Recipiente de cocina, más ancho que hondo, que sirve para guisar y otros usos. *Guisó en la cazuela patatas con carne.* **SIN.** Cacerola, tartera.

cd *s. m.* *Disco compacto.

cd-rom *s. m.* Disco compacto de memoria que sólo permite lectura, con capacidad para almacenar textos, imágenes y libros. *La enciclopedia en cd-rom tiene vídeos muy interesantes.*

ce *s. f.* Nombre de la letra "c". *"Acción" se escribe con dos ces.*

cebada (ce-ba-da) *s. f.* Planta parecida al trigo, que sirve como alimento del ganado y para fabricar la cerveza. *Esas tierras están sembradas de cebada.*

cebar (ce-bar) *v. tr.* **1.** Dar o echar comida a los animales para alimentarlos, engordarlos o atraerlos. *Cebaba a las vacas con hierba y un poco de pienso.* **SIN.** Engordar, alimentar. **2.** Fomentar un afecto o pasión. **GRA.** También v. prnl. *Con el tiempo la tristeza se cebó en él.* **SIN.** Avivar, excitar, atizar. ‖ *v. prnl.* **3.** Ensañarse. *El huracán se cebó en la zona de chabolas de la ciudad.* **SIN.** Encarnizarse, irritarse.

cebo (ce-bo) *s. m.* **1.** Comida que se da a los animales para su engorde y alimentación. *Echaba trigo de cebo para las gallinas.* **2.** Comida u otra cosa que se da a los animales para atraerlos y cogerlos. *Utilizaba lombrices como cebo para pescar.* **SIN.** Señuelo. **3.** Engaño para atraer a alguien. *El cebo era un regalo que en realidad no servía para nada.* **SIN.** Tentación.

cebolla (ce-bo-lla) *s. f.* Planta de huerta, cuyo bulbo comestible tiene un olor fuerte y un sabor picante. *Le gusta echar mucha cebolla a la tortilla de patata.*

cebolleta (ce-bo-lle-ta) *s. f.* Planta muy parecida a la cebolla, con el bulbo pequeño y parte de las hojas comestibles. *Hicimos una ensalada con cebolleta.*

cebollino (ce-bo-lli-no) *s. m.* Simiente de cebolla. *Plantaron cebollinos.* ‖ **LOC. mandar a alguien a escardar cebollinos** *fam.* Echarlo de un sitio o no querer saber nada de él.

cebón, na (ce-bón) *adj.* **1.** Se dice del animal que está muy cebado, especialmente del cerdo. **GRA.** También s. m. y s. f. *Criaban dos cebones para la matanza.* **SIN.** Atocinado. **2.** Grueso. *Este gato está un poco cebón, no deberías darle tanto de comer.*

cebra (ce-bra) *s. f.* **1.** Mamífero parecido al asno, de pelaje blanco amarillento, con listas o rayas pardas o negras. ‖ **2. paso de cebra** Zona señalizada en una calzada para el paso de peatones.

cecear (ce-ce-ar) *v. intr.* Pronunciar la "s" como "c". *Decir "caza" en vez de "casa" es cecear.*

cecina (ce-ci-na) *s. f.* Carne salada y seca al aire, al sol o al humo. *Le gusta más la cecina que el jamón.*

cedazo - celebrar

cedazo (ce-**da**-zo) *s. m.* **1.** Instrumento compuesto de un aro y de una tela por la parte inferior, que sirve para separar las partes finas de las gruesas en algunas cosas. *Pasa esa arena por el cedazo.* **SIN.** Tamiz, colador. **2.** Cierta red grande para pescar. *Usaban cedazo.*

ceder (ce-**der**) *v. tr.* **1.** Dar una persona a otra un objeto, acción o derecho. *Le cedí el asiento porque estaba muy cansado.* **SIN.** Transferir, traspasar, trasladar. **ANT.** Apropiarse, retener. ‖ *v. intr.* **2.** Ceder la resistencia de una persona hacia el deseo de otra. *Al final su padre cedió y le dejó ir a la fiesta.* **SIN.** Someterse, doblegarse, transigir, replegarse, avenirse. **ANT.** Resistirse. **3.** Doblarse, romperse. *Las patas de la silla cedieron al sentarse, porque pesaba mucho.* **4.** Calmarse el viento, la fiebre, etc. *La fiebre cedió con los antibióticos.* **SIN.** Mitigarse, amainar, aflojar. **ANT.** Arreciar, aumentar, resistir.

cedilla (ce-**di**-lla) *s. f.* **1.** Letra de la antigua escritura española, que se utiliza en francés y catalán, y que se representa como una "c" con una virgulilla debajo: ç. *La cedilla también se usa en portugués* **2.** Virgulilla de esta letra. *La palabra portuguesa "criança" tiene ce con cedilla.*

cedro (**ce**-dro) *s. m.* Árbol de la misma familia que los pinos, cuya madera, del mismo nombre, es aromática y de gran duración. *El armario es de cedro.*

cédula (**cé**-du-la) *s. f.* Documento en el que se hace constar alguna cosa. *Perdió la cédula de propiedad del automóvil.* **SIN.** Póliza, ficha, papeleta.

cefalea (ce-fa-**le**-a) *s. f.* Fuerte dolor de cabeza que afecta generalmente a uno de los lados de la cabeza, como la jaqueca. *Estaba en la cama con una cefalea horrible.*

cefalópodo, da (ce-fa-**ló**-po-do) *adj.* Se dice de los moluscos marinos que tienen la cabeza rodeada de tentáculos o pies que les sirven para nadar. **GRA.** También s. m. *Los calamares son cefalópodos.*

cegar (ce-**gar**) *v. tr.* **1.** Privar de la vista a alguien, especialmente de manera momentánea. *Miró hacia arriba y el sol le cegó.* **SIN.** Deslumbrar. **2.** Obcecar la razón, no siendo capaz de razonar. **GRA.** También v. prnl. *Tenía que ser blanco si él lo decía, le cegaba su orgullo.* **SIN.** Ofuscar(se), perturbar(se). **3.** Cerrar o tapar una cosa que estaba hueca o abierta. **GRA.** También v. prnl. *En nuestra casa se cegó la cañería.* **SIN.** Taponer(se), obstruir(se), obturar(se), cerrar(se). **ANT.** Desatascar(se), abrir(se). ✎ v. irreg., se conjuga como acertar. Se escribe "gu" en vez de "g" seguido de "-e".

cegato, ta (ce-**ga**-to) *adj., fam.* Se dice de la persona que ve poco. **GRA.** También s. m. y s. f. *Estoy un poco cegata, tengo que ponerme gafas.*

ceguera (ce-**gue**-ra) *s. f.* **1.** Pérdida del sentido de la vista. *El accidente le produjo ceguera.* **ANT.** Vista. **2.** Dificultad para pensar o razonar con claridad. *Su ceguera no le afectaba a la vista sino a la cabeza.* **SIN.** Ofuscación, desacierto. **ANT.** Lucidez, claridad.

ceja (**ce**-ja) *s. f.* Parte prominente que hay sobre el ojo, cubierta de pelo. *Tenía las cejas muy pobladas y unos bonitos ojos verdes.* ‖ **LOC. quemarse alguien las cejas** *fam.* Estudiar mucho. **tener a alguien entre ceja y ceja** *fam.* Tenerle manía.

cejar (ce-**jar**) *v. intr.* **1.** Retroceder, especialmente las caballerías. *Los caballos del carruaje cejaban y no conseguía hacerlos seguir.* **SIN.** Recular. **ANT.** Adelantar, avanzar. **2.** Ceder en un negocio, empeño o discusión. *No cejó en su opinión y eso que todos le llevaban la contraria.* **SIN.** Aflojar, rendirse, transigir, flaquear. **ANT.** Resistir, insistir, machacar.

cejilla (ce-**ji**-lla) *s. f.* Pieza que se coloca sobre las cuerdas de la guitarra para elevar el tono del sonido. *No pongas la cejilla.*

celada (ce-**la**-da) *s. f.* **1.** Emboscada de gente armada en un lugar oculto para coger desprevenido al enemigo. *Cayó en la celada que le habían preparado.* **SIN.** Engaño, trampa, asechanza. **2.** Pieza de la armadura que servía para protegerse la cabeza. *Se cubrió la cabeza con una celada.* **SIN.** Casco, yelmo.

celador, ra (ce-la-**dor**) *s. m. y s. f.* Persona que trabaja en un hospital, organismo oficial, etc., y que se encarga de diferentes actividades, como vigilancia, servicio de portería, etc. *El celador de la puerta del hospital nos dejó pasar a hacer una visita a un enfermo.* **SIN.** Centinela, guardián, vigilante.

celda (**cel**-da) *s. f.* **1.** Habitación en la que vive un religioso o una religiosa dentro de un convento. *Tras el rezo los frailes se retiraron a sus celdas.* **2.** Habitación en la que vive un preso dentro de la cárcel. *El preso fue conducido a la celda.* **SIN.** Mazmorra, calabozo. **3.** Casilla de los panales de abejas, avispas y otros insectos. *Las celdas tienen forma de hexágono.*

celdilla (cel-**di**-lla) *s. f.* Cada una de las casillas de los panales de miel. *Las abejas hacen las celdillas de cera.*

celebrar (ce-le-**brar**) *v. tr.* **1.** Hacer una fiesta por algo que se considera importante, como un cumpleaños, aniversario, etc. *Celebramos nuestro aniversario de boda.* **SIN.** Festejar, rememorar. **2.** Ponerse contento por algo. *Celebro que hayas llegado a tiempo.*

célebre - cenador

SIN. Congratularse. **ANT.** Lamentar. **3.** Alabar a una persona o cosa. *Celebro tu esfuerzo por estudiar más.* **SIN.** Ensalzar, aplaudir, encomiar, elogiar. **ANT.** Reprobar, censurar, criticar. || *v. intr.* **4.** Decir misa. **GRA.** También v. prnl. *Celebró su primera misa en su pueblo natal.*

célebre (cé-le-bre) *adj.* Que tiene mucha fama. *Einstein fue un científico muy célebre.* **SIN.** Ilustre, renombrado, distinguido, insigne. **ANT.** Desconocido.

celebridad (ce-le-bri-**dad**) *s. f.* **1.** Fama que tiene una persona o cosa. *Gracias a su celebridad ha viajado por todo el mundo.* **SIN.** Notoriedad, nombradía, renombre, popularidad. **ANT.** Oscuridad, anonimato. **2.** Persona ilustre y famosa. *A la conferencia asistieron multitud de celebridades.* **SIN.** Personaje.

celeridad (ce-le-ri-**dad**) *s. f.* Velocidad en la ejecución de una cosa. *Trabaja con celeridad porque se le termina el plazo.* **SIN.** Prontitud, rapidez, presteza, diligencia. **ANT.** Lentitud, tardanza, demora.

celeste (ce-**les**-te) *adj.* **1.** Que pertenece o se refiere al cielo. *Las estrellas son cuerpos celestes.* **SIN.** Celestial. **2.** Se dice del color azul claro. **GRA.** También s. m. *Sus ojos son azul celeste.* ✎ Invariable en género.

celestial (ce-les-**tial**) *adj.* **1.** Que pertenece al cielo. *Habló en su sermón sobre la dicha celestial.* **SIN.** Celeste, divino. **2.** Perfecto, delicioso. *Su nuevo chalé tiene un jardín celestial.* **SIN.** Paradisíaco, maravilloso. **ANT.** Pésimo.

celestina (ce-les-**ti**-na) *s. f.* Alcahueta. *Anda siempre con enredos, es una celestina.*

célibe (cé-li-be) *adj.* Se dice de la persona que no se ha casado. **GRA.** También s. m. y s. f. *Se mantuvo célibe debido a su voto de castidad.*

celo[1] (**ce**-lo) *s. m.* **1.** Entusiasmo con que se realiza un trabajo, deber, etc. *Trabaja con mucho celo.* **SIN.** Cuidado, esmero, eficacia, preocupación. **ANT.** Negligencia, descuido, indiferencia. **2.** Época de actividad sexual que los animales tienen periódicamente. *El perro no nos dejaba dormir porque estaba en celo.* **3.** Recelo de que otro participe de lo que uno tiene. *Tenía celo de que su compañero se incorporara al grupo.* || *s. m. pl.* **4.** Temor que uno siente de que el bien o afecto que posee pase a otro o sea compartido por otro. *Tenía celos porque la quería muchísimo.* **SIN.** Rivalidad, recelo, sospecha. || **LOC.** **dar celos** Dar una persona motivo para que otra los sienta.

celo[2] (**ce**-lo) *s. m.* Cinta adhesiva transparente. *Pega este póster en la pared con celo.*

celofán (ce-lo-**fán**) *s. m.* Papel fino y transparente que se utiliza para envolver. *La caja venía envuelta en papel de celofán.*

celosía (ce-lo-**sí**-a) *s. f.* Enrejado de madera o hierro que sirve para ver desde dentro, sin ser visto. *La monja hablaba desde detrás de la celosía.*

celsius *adj.* Se dice de la escala de temperatura en la que 0 °C es donde el hielo se derrite y 100 °C es su punto de ebullición. *Un grado celsius equivale a un grado centígrado.*

célula (cé-lu-la) *s. f.* Parte más pequeña de un ser vivo que tiene vida por sí misma. *Las células constan de tres partes: membrana, protoplasma y núcleo.*

celular (ce-lu-**lar**) *adj.* **1.** Que pertenece o se refiere a las células. *Las células vegetales están rodeadas de una pared celular.* **2.** Se dice de la dependencia penitenciaria donde se encuentran los reclusos incomunicados. *Pasó tres días en la prisión celular sin ver a nadie.* **3.** Se dice del coche que se encarga de trasladar a las personas arrestadas. *Fue llevado desde el juzgado en un coche celular a la prisión.*

celulitis (ce-lu-**li**-tis) *s. f.* Inflamación del tejido celular. *Le recetaron una crema para la celulitis de los muslos.* ✎ Invariable en número.

celuloide (ce-lu-**loi**-de) *s. m.* **1.** Sustancia plástica y elástica, fabricada con polvo de algodón y alcanfor, que se emplea en la industria fotográfica y cinematográfica. *El celuloide es el plástico más antiguo.* **2.** Arte o mundo del cine. *Hollywood es el centro del mundo del celuloide.*

celulosa (ce-lu-**lo**-sa) *s. f.* Sustancia que se encuentra en la cubierta de las células vegetales y que se emplea en la fabricación de papel, tejidos, barnices, explosivos, etc. *Se están destruyendo muchos bosques para obtener celulosa.*

cementerio (ce-men-**te**-rio) *s. m.* **1.** Sitio donde se da sepultura a los cadáveres. *Acompañaron el féretro hasta el cementerio.* **SIN.** Camposanto, necrópolis. **2.** Lugar al que van a morir algunos animales. *Encontraron un cementerio de elefantes en la selva.*

cemento (ce-**men**-to) *s. m.* **1.** Polvo gris que se obtiene con cal y arcilla y se emplea en la construcción. *Tardaron mucho en traer el cemento para la obra.* **SIN.** Argamasa. **2.** Masa de este polvo con agua y arena. *Haz un poco de cemento para tapar ese agujero de la pared.*

cena (**ce**-na) *s. f.* Comida que se toma por la noche. *Después de la cena nos quedamos charlando un rato.*

cenador (ce-na-**dor**) *s. m.* Espacio generalmente redondo, que suele haber en los jardines, cubierto de

cenagal - centella

plantas trepadoras sostenidas por un armazón. *Les gustaba salir en verano a tomar el café al cenador.* **SIN.** Glorieta, emparrado, pérgola.

cenagal (ce-na-**gal**) *s. m.* **1.** Sitio o lugar lleno de cieno. *Resbalé y me caí a un cenagal.* **SIN.** Lodazal, barrizal, fangal. **2.** *fam.* Negocio de difícil salida. *Se ha metido en ese cenagal por no hacerme caso.*

cenar (ce-**nar**) *v. intr.* **1.** Tomar la cena. *Salimos a cenar a un restaurante para celebrar nuestro aniversario.* || *v. tr.* **2.** Comer en la cena un determinado alimento. *Hoy cenaré pescado.*

cencerrada (cen-ce-**rra**-da) *s. f.* Broma que se gasta a los viudos con el ruido de cencerros en la primera noche de su nueva boda. *A mi abuelo le dieron la cencerrada en sus segundas nupcias.* **SIN.** Esquilada, bulla, ruido.

cencerro (cen-**ce**-rro) *s. m.* Campana hecha con chapa de hierro o de cobre que se ata al cuello de ciertos animales. *Supo que bajaban las vacas del monte porque oyó los cencerros.* **SIN.** Esquila. || **LOC. estar como un cencerro** *fam.* Decir o hacer locuras.

cenefa (ce-**ne**-fa) *s. f.* **1.** Lista en los bordes de cortinas, pañuelos, toallas, prendas de vestir, etc. *Le puso una cenefa bordada al mantel.* **SIN.** Franja, festón, remate. **2.** Franja que repite sucesivamente un motivo decorativo y que se pone como adorno en una pared, techo o pavimento. *La cerámica de la pared del cuarto de baño es verde claro y lleva una franja haciendo dibujos en verde más oscuro.*

cenicero (ce-ni-**ce**-ro) *s. m.* Platillo donde se echa la ceniza y la colilla del cigarro. *Aunque no fuma, tiene un cenicero en la mesa de su despacho.*

ceniciento, ta (ce-ni-**cien**-to) *adj.* **1.** Del color de la ceniza. *Llevaba un jersey ceniciento a juego con los pantalones negros.* || *s. f.* **2.** Persona injustamente olvidada o despreciada. *El pobre Juan fue la cenicienta de la fiesta, todos fueron invitados menos él.*

cenit (**ce**-nit) *s. m.* **1.** Momento de apogeo de una persona o cosa. *El actor se encontraba en el cenit de su carrera.* **2.** Punto del cielo que corresponde verticalmente a un observador. *La estrella polar estaba en el cenit del cielo.* **SIN.** Mediodía.

ceniza (ce-**ni**-za) *s. f.* **1.** Polvo de color gris claro que queda después de haberse quemado algo. *El monte quedó hecho cenizas tras el incendio.* **SIN.** Escoria. || *s. f. pl.* **2.** Restos de un cadáver. *Enterraron las cenizas en el panteón familiar de su tierra natal.*

cenizo, za (ce-**ni**-zo) *adj.* Se dice de la persona que trae o que tiene mala suerte. **GRA.** También s. m. y s. f. *El pobre es un poco cenizo, nada le sale bien.*

cenobio (ce-**no**-bio) *s. m.* *Monasterio.

censar (cen-**sar**) *v. intr.* Hacer el censo o empadronamiento de los habitantes de algún lugar o incluirse en él. **GRA.** También v. tr. y prnl. *Se censaron en esa ciudad.* **SIN.** Empadronar.

censo (**cen**-so) *s. m.* **1.** Lista oficial de los habitantes, riquezas, etc., de una nación o pueblo. *Trabajó en la elaboración del censo de su ciudad.* **SIN.** Padrón, registro, empadronamiento, catastro. **2.** Lista de los ciudadanos con derecho a voto. *Votó el noventa por ciento del censo.*

censor, ra (cen-**sor**) *s. m.* **1.** Persona que, designada por una autoridad, controla los medios de comunicación o juzga la conveniencia o no de una publicación, película, etc. *Hace muchos años trabajó como censor de cine.* **SIN.** Interventor, registrador, corrector. **2.** Persona propensa a criticar el comportamiento de los demás. *Es una censora y no se da cuenta de lo que ella hace mal.* **SIN.** Criticón.

censura (cen-**su**-ra) *s. f.* **1.** Juicio que se hace o da acerca de una cosa. *La censura que hizo de la primera etapa del pintor aportó datos muy interesantes para comprender su obra posterior.* **SIN.** Parecer, opinión. **2.** Crítica. *Su censura siempre tiene mala intención.* **SIN.** Murmuración, detracción, condena. **ANT.** Alabanza, elogio. **3.** Organismo y normas que se encargan de controlar o prohibir la difusión de ciertas obras, imágenes, etc. *La censura es propia de los gobiernos autoritarios.*

censurar (cen-su-**rar**) *v. tr.* **1.** Hacer un juicio sobre algo. *Censuró su mal comportamiento con los compañeros.* **SIN.** Juzgar, criticar. **2.** Examinar una obra literaria, película, etc., para ver si cumple las normas necesarias para su publicación o difusión. *Censuraron varias escenas de la película porque eran demasiado sangrientas.* **3.** Criticar. *Se pasa el día censurando a los demás.* **SIN.** Murmurar, vituperar. **ANT.** Alabar, ensalzar.

centauro (cen-**tau**-ro) *s. m.* Ser mitológico griego, mitad hombre y mitad caballo. *Muchos héroes de la mitología griega tuvieron que luchar con centauros.*

centavo, va (cen-**ta**-vo) *adj. num. part.* **1.** Se dice de cada una de las 100 partes iguales en que se divide un todo. **GRA.** También s. m. **SIN.** Centésimo, céntimo. || *s. m.* **2.** En algunos países moneda equivalente a la centésima parte de cada unidad monetaria. *El dólar norteamericano se divide en cien centavos.*

centella (cen-**te**-lla) *s. f.* **1.** Rayo, chispa eléctrica en las nubes. *La tormenta no fue muy fuerte, pero hubo varias centellas.* **SIN.** Relámpago. **2.** Persona o cosa muy rápida. *Casi no pudimos ni saludarla, porque es como una centella y no paró ni un minuto.* **4.** Resplandor vivo e intermitente. *En la oscura noche sólo se veía la centella del faro del puerto.*

centellear (cen-te-lle-**ar**) *v. intr.* Despedir destellos. *Sus ojos centelleaban de emoción.* **SIN.** Brillar, chispear, fulgurar, relumbrar. ✎ También "centellar".

centena (cen-**te**-na) *s. f.* Conjunto de cien unidades. *Acudieron varias centenas de personas.*

centenar (cen-te-**nar**) *s. m.* *Ciento.

centenario, ria (cen-te-**na**-rio) *adj.* **1.** Se dice de la persona que ha cumplido cien años. **GRA.** También s. m. y s. f. *En aquella aldea vivía un abuelo centenario.* ‖ *s. m.* **2.** Tiempo de cien años. *El centenario anterior había sido una época de grandes cambios.* **SIN.** Centuria. **3.** Fiesta que se celebra cada cien años. *Celebraron el quinto centenario de su independencia.*

centeno (cen-**te**-no) *s. m.* Planta cereal parecida al trigo, pero más alta, propia de terrenos fríos. *Los granos de centeno son muy nutritivos.*

centésimo, ma (cen-**té**-si-mo) *adj. num. ord.* **1.** Que ocupa el último lugar en una serie ordenada de 100. **GRA.** También pron. num. ‖ *adj. num. part.* **2.** Se dice de cada una de las 100 partes iguales en que se divide un todo. **GRA.** También s. m. y s. f.

centiárea (cen-**tiá**-re-a) *s. f.* Medida de superficie que tiene la centésima parte de un área, es decir, un metro cuadrado.

centígrado, da (cen-**tí**-gra-do) *adj.* Que tiene la escala dividida en cien grados.

centigramo (cen-ti-**gra**-mo) *s. m.* Peso que es la centésima parte de un gramo.

centilitro (cen-ti-**li**-tro) *s. m.* Medida de capacidad que tiene la centésima parte de un litro.

centímetro (cen-**tí**-me-tro) *s. m.* Medida de longitud que tiene la centésima parte de un metro.

céntimo, ma (**cén**-ti-mo) *adj. num. part.* **1.** Se dice de cada una de las 100 partes iguales en que se divide un todo. ‖ *s. m.* **2.** Moneda que vale la centésima parte de una peseta. *Ese cuadro le costó 3 pesetas y 10 céntimos a mi abuelo.*

centinela (cen-ti-**ne**-la) *s. m. y s. f.* **1.** Soldado que vigila un sitio. *Dos centinelas se pasaban toda la noche en la puerta.* **2.** Persona que vigila o protege algo. *Se quedó de centinela por si llamaba alguien.*

centollo (cen-**to**-llo) *s. m.* Crustáceo marino, de caparazón muy irregular y cinco pares de largas patas, cuya carne es muy apreciada. *El centollo habita en las costas atlánticas.*

central (cen-**tral**) *adj.* **1.** Que pertenece o se refiere al centro. *Trabaja en el departamento de servicios centrales del hospital.* **2.** Que está en el centro. *La parte central de la célula es el núcleo.* **SIN.** Céntrico, centrado, medio. **3.** Primordial, fundamental. *Se pasó una hora hablando y no dijo nada del asunto central.* ‖ *s. m.* **4.** En fútbol, el que juega como defensa en la parte central del área. *El entrenador sustituyó al central porque se había lesionado.* ‖ *s. f* **5.** Establecimiento u oficina principal de un organismo, empresa, complejo comercial, etc. *La central de la empresa está en Nueva York.* **6.** Instalación para transformar energía potencial en energía eléctrica. *A las afueras de la ciudad hay una central térmica.* ‖ **7. central sindical** Confederación de sindicatos.

centralita (cen-tra-**li**-ta) *s. f.* **1.** Aparato que conecta una o varias llamadas del exterior con los teléfonos interiores, o viceversa. *Todavía está aprendiendo el manejo de la centralita.* **2.** Lugar donde se encuentra. *Trabaja en la centralita de una gran empresa.*

centralizar (cen-tra-li-**zar**) *v. tr.* Reunir varias cosas en un centro común o hacerlas depender de un poder central. **GRA.** También v. prnl. *Centralizaron sus esfuerzos en conseguir mayor participación en la asamblea.* **SIN.** Agrupar(se), concentrar(se), reunir(se). **ANT.** Separar(se), disgregar(se). ✎ Se conjuga como abrazar.

centrar (cen-**trar**) *v. tr.* **1.** Fijar el punto medio de algo. *Ha centrado el título en mitad de la línea.* **SIN.** Encuadrar. **ANT.** Descentrar. **2.** En fútbol, pasar el balón desde un lado al centro. *El extremo centró el balón al delantero, que marcó el gol de la victoria.*

centrifugar (cen-tri-fu-**gar**) *v. tr.* **1.** Secar ciertas sustancias o separar los componentes de una masa según sus distintas densidades mediante el uso de la fuerza centrífuga. *Algunos metales se centrifugan para ser colados.* **2.** Escurrir la ropa. *Paró la lavadora antes de que centrifugara.* ✎ Se conjuga como ahogar.

centrífugo, ga (cen-**trí**-fu-go) *adj.* Que aleja del centro. *Los columpios del tiovivo se abren debido a la fuerza centrífuga.*

centrípeto, ta (cen-**trí**-pe-to) *adj.* Que atrae o se dirige hacia un punto central. *La gravedad es una fuerza centrípeta.*

centro (**cen**-tro) *s. m.* **1.** Punto situado a igual distancia de todos los de una circunferencia o de la superficie de una esfera. *El eje es el centro de la rueda del coche.* **2.** En general, punto medio de una cosa. *Obtuvo la máxima puntuación porque dio en el cen-*

tro de la diana. **3.** Lugar o calles más concurridas de una ciudad. *A mediodía no hay quien ande por el centro.* **4.** Lo que, por alguna circunstancia, tiene mayor importancia. *Levante es el principal centro productor de agrios de España. Su simpatía le hizo el centro de todas las atenciones.* **5.** Círculo, sociedad, club, etc. *Trabaja en el centro de salud de la zona.* ‖ **6. centro de mesa** Adorno que se coloca en medio de una mesa.

centrocampista (cen-tro-cam-**pis**-ta) *s. m. y s. f.* Miembro de un equipo que, en el fútbol y otros juegos deportivos, tiene como misión principal contener los avances del equipo contrario en el centro del campo y ayudar tanto a la defensa como a la delantera del equipo propio. *Ficharon a un nuevo centrocampista.*

céntuplo, pla (**cén**-tu-plo) *adj.* Que es cien veces mayor. **GRA.** También s. m. *El metro es una unidad céntupla del centímetro.*

centuria (cen-**tu**-ria) *s. f.* **1.** Cien años, siglo. *Una centuria después.* **SIN.** Centenario. **2.** En la milicia romana, compañía de cien hombres. *Mandaba una centuria.*

centurión (cen-tu-**rión**) *s. m.* Jefe romano que mandaba una centuria. *Era un famoso centurión.*

ceñir (ce-**ñir**) *v. tr.* **1.** Apretar la cintura, el cuerpo u otra cosa. *No le gustaba ese jersey porque le ceñía mucho.* **SIN.** Ajustar, estrechar, rodear, oprimir. **ANT.** Ablusar, aflojar. **2.** Cerrar, rodear una cosa a otra. *Una tapia de piedra ceñía la finca.* **SIN.** Flanquear, limitar, comprimir. **3.** Abreviar una cosa. **GRA.** También v. prnl. *Se ciñó a lo esencial porque quedaba poco tiempo.* **SIN.** Moderar, compendiar, sintetizar, resumir. **ANT.** Ampliar, extender. ‖ *v. prnl.* **4.** Moderarse en los gastos u otra cosa. *Como andaba mal de dinero tuvo que ceñirse en sus caprichos.* **5.** Amoldarse a una ocupación o trabajo. *Se ciñe únicamente a sus funciones.* **SIN.** Ajustarse, limitarse. **ANT.** Extralimitarse, salirse. v. irreg.

INDICATIVO		SUBJUNTIVO		
Pres.	Pret. perf. s.	Pres.	Pret. imperf.	Fut. imperf.
ciño	ceñí	ciña	ciñera/se	ciñere
ciñes	ceñiste	ciñas	ciñeras/se	ciñeres
ciñe	ciñó	ciña	ciñera/se	ciñere
ceñimos	ceñimos	ciñamos	ciñéramos/semos	ciñéremos
ceñís	ceñisteis	ciñáis	ciñerais/seis	ciñereis
ciñen	ciñeron	ciñan	ciñeran/sen	ciñeren
IMPERATIVO		ciñe, ciña, ciñamos, ceñid, ciñan		
FORMAS NO PERSONALES	Infinitivo	ceñir		
	Gerundio	ciñendo		
	Participio	ceñido		

ceño (**ce**-ño) *s. m.* **1.** Señal de enfado que se hace con el rostro, arrugando la frente. *Al ver que fruncía el ceño supe que no estaba de acuerdo con lo que había hecho.* **2.** Aspecto amenazador que toman algunas cosas. *Las circunstancias tomaron un ceño terrible.*

cepa (**ce**-pa) *s. f.* **1.** Parte del tronco de un árbol o planta que está bajo tierra. *Había llovido tanto que varias cepas estaban al descubierto.* **SIN.** Nacimiento, origen, raíz. **2.** Tronco de la vid y, por ext., toda la planta. *Arrancaron las cepas porque no daban vino de buena calidad.* **SIN.** Parra.

cepillar (ce-pi-**llar**) *v. tr.* **1.** Quitar el polvo con un cepillo. *Cepilla el abrigo, está muy sucio.* **2.** Limpiar los dientes con un cepillo. **GRA.** También v. prnl. *Nada más comer se cepilla los dientes.* **3.** Alisar con un cepillo la madera o los metales. *Está cepillando las tablas antes de barnizarlas.*

cepillo (ce-**pi**-llo) *s. m.* **1.** Instrumento para limpiar el polvo, que consiste en una madera a la que van sujetas unas púas o cerdas. *Trae el cepillo de la ropa, esta chaqueta está sucia.* **2.** Instrumento para limpiarse los dientes. *No olvides meter el cepillo de dientes en tu bolsa de aseo.* **3.** Instrumento de carpintería que sirve para pulir o alisar la madera. *En su taller tiene muchos tipos de cepillos.* **4.** Caja que hay en las iglesias para echar las limosnas. *Dejó un donativo en el cepillo para los pobres de la parroquia.*

cepo (**ce**-po) *s. m.* Trampa para cazar animales. *Le multaron porque le pillaron poniendo cepos.*

ceporro, rra (ce-**po**-rro) *s. m.* **1.** Cepa vieja. *Arrancaron los ceporros para hacer leña.* ‖ *s. m. y s. f.* **2.** Persona necia y torpe. *Es un ceporro que nunca atiende a razones.* ‖ **LOC. dormir alguien como un ceporro** *fam.* Dormir profundamente.

cera (**ce**-ra) *s. f.* Sustancia que producen las abejas para hacer panales y que se usa para fabricar velas, muñecos, etc. *El domingo iré con la clase a ver el museo de cera.*

cerámica (ce-**rá**-mi-ca) *s. f.* Arte de fabricar vasijas y otros objetos de barro, loza y porcelana. *Este fin de semana hay una feria regional de cerámica.* **SIN.** Alfarería, tejería, cocimiento.

cerbatana (cer-ba-**ta**-na) *s. f.* Trozo de caña que sirve para disparar, soplando por dentro, bolitas o flechas. *Hicieron unas cerbatanas con las fundas de los bolígrafos.*

cerca[1] (**cer**-ca) *s. f.* Especie de pared o valla que cierra un terreno. *Los caballos no pueden salirse de la cerca.* **SIN.** Tapia, empalizada, verja, cercado, muro.

cerca² (**cer**-ca) *adv. l. y t.* Que está a poca distancia. *Mi casa está muy cerca de la iglesia.* **SIN.** Vecino, inmediato, próximo, contiguo. **ANT.** Lejos. ‖ **LOC. cerca de** Aproximadamente.

cercanías (cer-ca-**ní**-as) *s. f. pl.* Entorno, inmediaciones de cierto lugar, particularmente de una población. *Tomamos un tren de cercanías.*

cercano, na (cer-**ca**-no) *adj.* Se dice de aquello que está próximo a una persona o cosa, en el espacio o en el tiempo. *Su boda estaba muy cercana, sólo faltaba una semana.* **SIN.** Adyacente, inmediato, contiguo. **ANT.** Lejano, remoto, distante.

cercar (cer-**car**) *v. tr.* **1.** Rodear un sitio con una valla, muro, etc. *Cercaron la finca con alambre.* **SIN.** Circundar, vallar, tapiar, cerrar. **ANT.** Abrir. **2.** Rodear una plaza o fortaleza. *Intentaron cercar el castillo para tomarlo.* **SIN.** Bloquear, asediar, sitiar. **3.** Rodear mucha gente a una persona o cosa. *El protagonista de la película fue cercado por una avalancha de admiradores.*

cercenar (cer-ce-**nar**) *v. tr.* **1.** Cortar las extremidades. *La viga no le cercenó las piernas de milagro.* **SIN.** Mutilar. **2.** Hacer menor la extensión, la intensidad o el número de algo. *Tuvo que cercenar los bordes del cartón porque era demasiado grande.* **SIN.** Acortar, abreviar, reducir. **ANT.** Ampliar.

cerciorar (cer-cio-**rar**) *v. tr.* Asegurar a alguien la verdad de una cosa. **GRA.** También v. prnl. *Fue a la estación a cerciorarse de que el tren salía a las cinco.* **SIN.** Asegurar(se), confirmar, ratificar(se).

cerco (**cer**-co) *s. m.* **1.** Aquello que ciñe o rodea una cosa. *Un cerco de soldados protegía la casa.* **2.** Marco de una puerta o ventana. *Está pintando el cerco de la puerta.* **3.** Espacio circular. *En el suelo había un cerco de aceite.* **SIN.** Círculo. **4.** Asedio o sitio de una plaza, ciudad, etc. *El cerco de la ciudad duró varias semanas.* **5.** *Chil.* Huerto rodeado por una valla.

cerda (**cer**-da) *s. f.* Pelo grueso que tienen algunos animales. *Con las cerdas de jabalí se hacen cepillos.* **SIN.** Vello, hebra.

cerdada (cer-**da**-da) *s. f.* **1.** Mala acción. *Nos hizo una cerdada no guardando el secreto.* **2.** Guarrada, acción sucia e indecorosa. *No metas el dedo en la nariz, es una cerdada.*

cerdo, da (**cer**-do) *s. m. y s. f.* **1.** Mamífero doméstico de patas cortas y cuerpo grueso, que se cría para aprovechar su carne. *En la granja hay tres cerdas para criar.* **SIN.** Cochino, marrano, lechón, puerco, gocho. **2.** Persona sucia y de malos modales. **GRA.** También adj. *Le dijo que no fuera tan cerdo y que se cambiara de ropa.* **SIN.** Repugnante, grosero, mugriento, desaseado. **ANT.** Limpio, educado.

cereal (ce-re-**al**) *s. m.* Planta de cuyas semillas se puede obtener harina, como la cebada, el trigo, el centeno, etc. *Una tormenta arrasó gran parte de los cereales.*

cerebelo (ce-re-**be**-lo) *s. m.* Parte de los sesos, de forma redondeada, que se encuentra detrás del cerebro. *El cerebelo regula el desarrollo de la actividad muscular.*

cerebro (ce-**re**-bro) *s. m.* **1.** Tejido, formado por una masa blanda, que está alojado en el cráneo y es el centro del sistema nervioso. *Nuestra inteligencia está en el cerebro.* **2.** Cabeza, talento. *Ese científico es un gran cerebro.* **SIN.** Inteligencia, ingenio, talento. **3.** Persona que concibe o dirige un plan de acción. *Capturaron al cerebro de la banda.*

ceremonia (ce-re-**mo**-nia) *s. f.* **1.** Acción o acto exterior ajustado a unas normas o costumbres, que se celebra en determinadas ocasiones para dar reverencia, honor o culto. *La ceremonia del bautizo fue muy emotiva.* **SIN.** Ceremonial, rito, solemnidad. **2.** Seriedad afectada. *Luis tiene mucha ceremonia, pero en el fondo es agradable.* **3.** Cumplido que se hace con algunas personas. *No me vengas con ceremonias a estas alturas.* **SIN.** Saludo, cortesía, reverencia.

cereza (ce-**re**-za) *s. f.* Fruto del cerezo. Es casi redonda, de piel encarnada y carne dulce y jugosa. *Me gusta comer las cerezas directamente del árbol.*

cerezo (ce-**re**-zo) *s. m.* Árbol cuyo fruto es la cereza y madera de este árbol. *Plantamos dos cerezos.*

cerilla (ce-**ri**-lla) *s. f.* Trocito alargado de madera, papel u otra cosa, provisto de una cabeza de fósforo. *Déjame la caja de cerillas, no tengo mechero.*

cerner (cer-**ner**) *v. tr.* **1.** Cribar algo para separar lo grueso de lo fino. *En la era estaban cerniendo las lentejas.* ‖ *v. prnl.* **2.** Amenazar de cerca algún suceso, en especial un mal. *La ruina se cernía sobre él.* ✎ v. irreg., se conjuga como entender.

cernícalo (cer-**ní**-ca-lo) *s. m.* **1.** Ave de rapiña, común en España, de plumaje rojizo manchado de negro. *En las ruinas de aquel castillo anida un cernícalo.* **2.** Persona ruda e ignorante. **GRA.** También adj. *No soporto sus modales, es un cernícalo.* **SIN.** Bruto, zafio.

cernir (cer-**nir**) *v. tr.* *Cerner.

cero (**ce**-ro) *s. m.* Signo matemático sin valor propio. **GRA.** También adj. num. y pron. num. *Ha tenido cero faltas, es decir, ninguna.* ‖ **LOC. al cero** Hablando

cerrado - certificar

del corte de pelo, al rape. **ser alguien un cero a la izquierda** *fam.* No ser tenido en cuenta para nada.
cerrado, da (ce-**rra**-do) *adj.* **1.** Asegurado con una tapa o cerradura. *La caja está cerrada y no tenemos la llave.* **SIN.** Clausurado, cegado, tapiado, tapado. **ANT.** Abierto, destapado. **2.** Se dice de aquello que no se comprende, o que no se deja ver ni sentir. *Es un asunto muy cerrado, apenas se sabe nada de lo que sucedió.* **SIN.** Oculto, oscuro, impenetrable. **ANT.** Claro, patente, visible. **3.** Se dice del cielo o de la atmósfera cuando se presentan cargados de nubes. *Está el día muy cerrado, creo que va a llover.* **SIN.** Nublado, encapotado, cubierto, oscuro. **ANT.** Descubierto, despejado, limpio. **4.** *fam.* Se dice de la persona muy callada y poco sociable. *Es un poco cerrada, por eso le cuesta hacer amigos.* **SIN.** Silencioso, reservado, taciturno, solitario. **ANT.** Abierto, comunicativo, sociable. **5.** *fam.* Se dice de la persona torpe de entendimiento. *No seas tan cerrado y trata de entender lo que te digo.* **SIN.** Necio, negado, zopenco, incapaz, lerdo. **SIN.** Despierto, listo, hábil, astuto. **6.** *fam.* Se dice de la persona cuya pronunciación tiene muy marcados los acentos de su país y de esta pronunciación. *Nos costaba entenderle porque hablaba un inglés muy cerrado.*
cerradura (ce-rra-**du**-ra) *s. f.* Mecanismo metálico que, por medio de llaves o pestillos, sirve para cerrar puertas, cajones, etc. *No podíamos entrar en casa porque la cerradura estaba estropeada.* **SIN.** Cerrojo, candado.
cerraja[1] (ce-**rra**-ja) *s. f.* *Cerradura.
cerraja[2] (ce-**rra**-ja) *s. f.* Planta herbácea medicinal. *La cerraja es amarga.*
cerrar (ce-**rrar**) *v. tr.* **1.** Cercar un lugar. *Cerraron la finca con una valla de madera.* **SIN.** Tapiar, rodear. **ANT.** Abrir. **2.** Encajar una puerta en su marco. **GRA.** También v. intr. *Cierra la puerta de la cocina, hace frío.* **SIN.** Trancar, candar. **3.** Asegurar algo con cerradura, tapa, etc. *Cierra la cajita con llave.* **ANT.** Destapar. **4.** Hacer entrar en su hueco los cajones de un mueble, después de haber tirado de ellos hacia fuera. *Cierra el cajón de la cómoda si no quieres darte con él.* **5.** Plegar lo que estaba extendido. *Cierra el plano para que no se estropee.* **SIN.** Doblar, recoger. **ANT.** Extender, desplegar. **6.** Colocar algo que impide el paso. *Una piedra cierra la cueva.* **SIN.** Taponar, atrancar. **7.** Juntar los párpados o los ojos. **GRA.** También v. prnl. *Cerró los ojos para dormirse.* **SIN.** Unir(se). **ANT.** Abrir(se). **8.** Volver a unirse la piel de una llaga o de una herida. **GRA.** También v. prnl. *La herida se cerró y no quedó cicatriz.* **SIN.** Cicatrizar, curar, secar. **ANT.** Reabrirse. **9.** Poner término a lo que estaba inacabado. *Cerramos el trato.* **SIN.** Acabar, concluir, pactar. **ANT.** Demorar, interrumpir. **10.** Declarar finalizado un plazo. *El lunes cierran el plazo de matrícula del curso.* **SIN.** Vencer, ultimar. **11.** Estar en último lugar. *La letra "z" cierra el abecedario.* || **LOC. cerrarse alguien en banda** *fam.* Obstinarse. **cerrarse en falso** *fam.* Curarse mal una herida. ✎ v. irreg., se conjuga como acertar.
cerril (ce-**rril**) *adj.* **1.** *fam.* Se dice de la persona grosera y tosca. *Con lo cerril que es, no me extraña que nadie le aguante.* **SIN.** Arisco, bruto. **ANT.** Fino, civilizado. **2.** *fam.* Se dice de la persona muy obstinada. *No da nunca su brazo a torcer porque es muy cerril.*
cerro (**ce**-rro) *s. m.* Elevación de tierra de menor altura que el monte. *Desde aquel cerro se divisaba todo el pueblo.* **SIN.** Altozano, collado. **ANT.** Valle. || **LOC. por los cerros de Úbeda** *fam.* Expresa que alguien divaga o disparata.
cerrojo (ce-**rro**-jo) *s. m.* Pasador de metal con manilla para cerrar una puerta o ventana. *Cuando entres echa el cerrojo de la puerta.* **SIN.** Candado, pestillo, tranca, barra, pasador.
certamen (cer-**ta**-men) *s. m.* **1.** Reunión literaria para tratar algún tema. *El certamen de literatura rusa fue un éxito.* **2.** Concurso con premios para estimular el cultivo de las letras o las artes. *Se presentó a un certamen de poesía.*
certero, ra (cer-**te**-ro) *adj.* **1.** Acertado, seguro. *Estuvo muy certero en lo que dijo.* **SIN.** Cierto. **ANT.** Dudoso, inseguro. **2.** Diestro y seguro en el tiro. *Es un tirador muy certero.* **SIN.** Cierto. **3.** Bien informado. *Era un periodista muy certero.* **SIN.** Sabedor.
certeza (cer-**te**-za) *s. f.* Conocimiento seguro y claro de alguna cosa. *Lo dijo con toda certeza porque ella misma lo había visto.* **SIN.** Seguridad, convicción, certidumbre. **ANT.** Incertidumbre, duda, inseguridad.
certificado, da (cer-ti-fi-**ca**-do) *adj.* **1.** Se dice de la carta o paquete que se certifica. *Le envió una carta certificada porque el asunto era muy importante.* || *s. m.* **2.** Certificación, documento. *Me entregaron un certificado de que había asistido al cursillo.* **SIN.** Acta.
certificar (cer-ti-fi-**car**) *v. tr.* **1.** Dar por cierta una cosa. *El médico certificó que yo había estado en su consulta.* **SIN.** Aseverar, confirmar, probar, asegurar, refrendar. **ANT.** Negar, rechazar. **2.** Asegurar el envío de una carta o un paquete, mediante un resguardo. *Vete a la oficina de correos a certificar el pa-*

quete, así no habrá problemas. **SIN.** Franquear, garantizar. 🖎 Se conjuga como abarcar.

cerumen (ce-**ru**-men) *s. m.* Cera que segregan los oídos. *Tuvo que ir al médico porque tenía un tapón de cerumen.*

cervato (cer-**va**-to) *s. m.* Ciervo menor de seis meses. *Los cervatos correteaban por el parque natural.*

cerveza (cer-**ve**-za) *s. f.* Bebida hecha con granos de cebada fermentada y aromatizada con lúpulo. *Se bebió una cerveza porque tenía mucha sed.*

cervical (cer-vi-**cal**) *adj.* Que pertenece o se refiere a la cerviz. **GRA.** También s. f. *Con el golpe se lastimó las vértebras cervicales.*

cérvido, da (**cér**-vi-do) *adj.* Se dice de mamíferos rumiantes cuyos machos tiene cuernos ramificados que caen y se renuevan periódicamente, como el ciervo. **GRA.** También s. m. *El reno es un cérvido.*

cerviz (cer-**viz**) *s. f.* Parte posterior del cuello. *Sentía un fuerte dolor en la cerviz.* **SIN.** Cogote, nuca. ‖ **LOC. bajar, o doblar, alguien la cerviz** Humillarse. **ser alguien duro de cerviz** Ser rebelde.

cesar (ce-**sar**) *v. intr.* **1.** Acabarse una cosa, dejar de producirse. *La tormenta ha cesado, está saliendo el sol.* **SIN.** Parar, finalizar, concluir. **2.** Dejar de hacer algo que se estaba haciendo. *El niño ha cesado de llorar.* **SIN.** Acabar, parar, suspender, interrumpir. **ANT.** Seguir, continuar. **3.** Dejar un cargo o empleo. *No ha vuelto a trabajar desde que cesó en su puesto.* **SIN.** Retirarse, dimitir. **ANT.** Seguir, continuar.

césar (**cé**-sar) *s. m.* Título que ostentaron los emperadores romanos. *El césar presidía la ceremonia.*

cesárea (ce-**sá**-re-a) *adj.* Se dice de la operación que consiste en extraer un feto, practicando una incisión en las paredes abdominales y uterinas de la madre. **GRA.** También s. f. *Le tuvieron que hacer la cesárea porque tenía problemas con el parto.*

cese (**ce**-se) *s. m.* **1.** Acción y efecto de cesar en un empleo o cargo. *Le comunicaron su cese como entrenador.* **2.** Nota o documento en el que se acredita. *Le enviaron el cese por correo.*

cesión (ce-**sión**) *s. f.* Renuncia de posesión o derecho en favor de otra persona. *Se efectuó la cesión de unos terrenos para hacer un jardín.* **SIN.** Donación, entrega, traspaso.

césped (**cés**-ped) *s. m.* **1.** Hierba menuda y fina que cubre el suelo. *El jardín tenía el césped muy cuidado.* **2.** Terreno de juego en algunos deportes. *El equipo de fútbol local salió al césped con mucha moral.*

cesta (**ces**-ta) *s. f.* **1.** Recipiente generalmente redondeado y hecho de mimbre entretejido, que se utiliza para contener ropa, frutas y otros objetos. *Llevaba una cesta con manzanas.* **SIN.** Canasta, cesto, banasta. **2.** Especie de pala cóncava que sirve para jugar a la pelota. *Golpeó tan fuerte la pelota que se le rompió la cesta.* **3.** En baloncesto, red pendiente de un aro sujeto a un tablero, a través del cual hay que meter el balón para marcar puntos. *Hizo un bonito mate colgándose de la cesta.* **4.** Cada una de las veces que entra el balón a través de este aro. *Llevaba el récord de cestas de su equipo cuando se lesionó.*

cesto (**ces**-to) *s. m.* Cesta grande y más ancha que alta. *Traía un poco de hierba en el cesto para los conejos.* **SIN.** Capacho, espuerta. ‖ **LOC. ser alguien un cesto** *fam.* Ser ignorante y torpe.

cesura (ce-**su**-ra) *s. f.* Pausa que se establece por necesidad de ritmo y armonía en el interior de una estrofa. *La cesura divide el verso en dos hemistiquios.*

cetáceo, a (ce-**tá**-ce-o) *adj.* Se dice de los mamíferos pisciformes, algunos de ellos de gran tamaño. **GRA.** También s. m. *La ballena es un cetáceo.*

cetrería (ce-tre-**rí**-a) *s. f.* Arte de criar y enseñar a los halcones y a otras aves para la caza. *Dedicaba la mayor parte de su tiempo libre a la cetrería.*

cetro (**ce**-tro) *s. m.* Vara que se usa en señal de mando o dignidad. *El rey solía presenciar los desfiles con su cetro de oro.*

ch *s. f.* Grafía que representa el sonido palatal africado sordo.

chabacano, na (cha-ba-**ca**-no) *adj.* **1.** Ordinario, vulgar. *Tiene muy mal gusto para vestir, es un poco chabacano.* **SIN.** Tosco, ramplón, basto, descuidado. **ANT.** Fino, delicado, culto, elegante. ‖ *s. m.* **2.** *Méx.* Árbol de la misma familia que el albaricoque.

chabola (cha-**bo**-la) *s. f.* **1.** Vivienda muy pequeña y pobre, hecha con materiales de desecho, situada generalmente en las afueras de las grandes ciudades. *Las chabolas se denominan favelas en Brasil.* **SIN.** Barracón, choza, refugio, chamizo. **2.** Choza hecha en el campo. *Guardaba las herramientas de trabajo en una chabola.* **SIN.** Barracón, chamizo.

chacal (cha-**cal**) *s. m.* Nombre común de diversas especies de mamíferos carnívoros de la familia de los cánidos. *El chacal común tiene las orejas largas.*

chacha (**cha**-cha) *s. f.* **1.** Niñera. *Le encantaba que la chacha le llevara al colegio.* **2.** Empleada del hogar. *Tuvieron que contratar una chacha para que les echara una mano en las tareas de casa.*

cháchara (**chá**-cha-ra) *s. f.* **1.** Abundancia de palabras inútiles. *Mucha cháchara y al final no dijo nada*

chachi - chanclo

importante. **SIN.** Palabrería. **ANT.** Brevedad, concisión. **2.** Conversación de poca importancia. *Estuvimos de cháchara toda la tarde, mientras tomábamos el sol.* **SIN.** Palique.

chachi (**cha**-chi) *adj.* **1.** Fantástico, estupendo. *Lo de ir al cine fue una idea chachi.* ‖ *adv. m.* **2.** Estupendamente. *En la excursión lo pasamos chachi.*

chacina (cha-**ci**-na) *s. f.* Carne de cerdo para hacer embutidos. *Ya tenían preparada la chacina para los chorizos.*

chacinería (cha-ci-ne-**rí**-a) *s. f.* Tienda donde se venden embutidos. *Compramos unas morcillas y unos chorizos en la chacinería.*

chacolí (cha-co-**lí**) *s. m.* Vino ligero y áspero propio del País Vasco, Cantabria y Chile. *Cuando estuvimos en San Sebastián probamos el chacolí.*

chacota (cha-**co**-ta) *s. f.* Bullicio y alegría demasiado ruidoso. *Había tal chacota en casa que se molestaba a los vecinos.* **SIN.** Jarana, jolgorio, chanza, guasa. ‖ **LOC. echar, o tomar, a chacota algo o a alguien** No darle la importancia debida.

chafar (cha-**far**) *v. tr.* **1.** Desanimar, desilusionar. **GRA.** También v. prnl. *Le chafó la fiesta con sus malas noticias.* **2.** Cortar a alguien en una conversación, dejándole sin respuesta. *Le chafaron la respuesta y no supo salir por otro sitio.* **SIN.** Cortar, apabullar.

chaflán (cha-**flán**) *s. m.* Cara de un edificio que da a dos calles, y que resulta de sustituir la esquina que forman las dos fachadas en ángulo por una nueva cara. *Va a montar una tienda de ropa en un local que hace chaflán.*

chal *s. m.* Prenda de vestir femenina que se coloca sobre los hombros y la espalda. *Llevaba un elegante chal negro como adorno.*

chalado, da (cha-la-do) *adj.* **1.** *fam.* Falto de juicio, chiflado. *No le hagas caso, está un poco chalado.* **SIN.** Abobado, alelado, pasmarote, ido. **2.** *fam.* Muy enamorado. *Estaba chalado por ella.*

chalala (cha-**la**-la) *s. f., Chil.* Sandalia muy tosca de cuero crudo a manera de abarca.

chalé (cha-**lé**) *s. m.* Casa unifamiliar con jardín. *Se han comprado un chalé de dos plantas y buhardilla.* **SIN.** Villa, quinta, casa de campo. Su pl. es chalés.

chaleco (cha-**le**-co) *s. m.* **1.** Prenda de vestir sin mangas que se pone encima de la camisa. *Se quitó la chaqueta y se quedó en chaleco.* ‖ **2. chaleco salvavidas** Chaleco neumático para mantenerse a flote en el agua en casos de naufragio.

chamaco, ca (cha-**ma**-co) *s. m. y s. f., Amér. C.* Niño, muchacho.

chamba (**cham**-ba) *s. f.* **1.** Chiripa. *Fue una chamba que nos viésemos entre tanta gente.* **SIN.** Suerte, fortuna, azar, acaso, casualidad. **ANT.** Seguridad, certeza. **2.** Ganga. *Esta chaqueta me ha costado baratísima, ha sido una chamba.* **3.** *amer.* Césped.

chambelán (cham-be-**lán**) *s. m.* Persona noble que acompañaba al rey y prestaba sus servicios en palacio. *Aquel chambelán tenía mucha influencia sobre el rey.* **SIN.** Gentilhombre, camarlengo.

chamizo (cha-**mi**-zo) *s. m.* **1.** Choza cubierta con cañas o ramaje. *Se refugiaron en un chamizo que había en el bosque.* **2.** Leño medio quemado o chamuscado. *Había varios chamizos alrededor de la hoguera.* **3.** *fam.* Lugar de mala fama. *Hubo una redada en aquel chamizo.* **SIN.** Garito, tugurio.

champán (cham-**pán**) *s. m.* Vino blanco espumoso, originario de Francia. *Brindamos por ella con una copa de champán.* También "champaña".

champiñón (cham-pi-**ñón**) *s. m.* Seta comestible que se cultiva con estiércol y otros abonos artificiales en lugares húmedos. *En esa bodega ya no hay vino, ahora cultivan champiñones.*

champú (cham-**pú**) *s. m.* Loción para lavar el cabello. *Existen champús para los diferentes tipos de cabello.*

chamuscar (cha-mus-**car**) *v. tr.* **1.** Quemar algo por fuera. **GRA.** También v. prnl. *El asado se chamuscó un poco, pero estaba buenísimo.* **SIN.** Quemar(se), requemar(se). ‖ *v. prnl.* **2.** *Col.* Amoscarse, enfadarse. *Pensó que nos estábamos riendo de él y se chamuscó un poco.*

chamusquina (cha-mus-**qui**-na) *s. f.* **1.** Acción y efecto de chamuscar o chamuscarse. *Algo se está quemando, porque huele a chamusquina.* **2.** *fam.* Camorra, riña. *Empezaron en broma y al final hubo chamusquina.* **SIN.** Alboroto, camorra, pelotera. ‖ **LOC. oler algo a chamusquina** Dar mala impresión.

chancho, cha (**chan**-cho) *s. m. y s. f., amer.* *Cerdo.

chanchullo (chan-**chu**-llo) *s. m.* Negocio poco limpio o hecho que no está claro. *No sé en qué chanchullo estará metido, pero no me gusta nada.* **SIN.** Embrollo, trampa, pastel, manejo, componenda.

chancla (**chan**-cla) *s. f.* Zapato que tiene el talón caído y aplastado. *No podía correr porque iba en chanclas.*

chancleta (chan-**cle**-ta) *s. f.* Chinela sin talón. *Compró unas chancletas de goma para la piscina.* ‖ **LOC. en chancletas** Con los zapatos o zapatillas con el contrafuerte doblado, pisándolo con el talón.

chanclo (**chan**-clo) *s. m.* Zapato grande de goma u otra materia elástica, en que entra el pie calzado. *Si vas a salir ponte los chanclos, hay mucho barro.*

chándal (**chán**-dal) *s. m.* Prenda deportiva compuesta de pantalón y sudadera. *Necesito un chándal para salir a hacer footing.* 🖉 Pese a ser en su origen una palabra aguda, el uso la ha convertido en grave. Su pl. es "chándales".

chanfaina (chan-**fai**-na) *s. f.* Guiso hecho a base de pequeños trozos de asadura. *La chanfaina es un plato típico del pueblo de mis abuelos.*

chantaje (chan-**ta**-je) *s. m.* **1.** Acción de sacar dinero a alguien, amenazándolo con difamarlo públicamente. *Se vio sometido a un chantaje por su doble vida.* **SIN.** Extorsión. **2.** Presión que se ejerce sobre alguien mediante amenazas, para obligarle a actuar de determinada manera. *Le hicieron chantaje con hacer daño a su familia, si no cedía a sus peticiones.* **SIN.** Extorsión, coacción.

chantillí (chan-ti-**llí**) *s. m.* **1.** Crema usada en pastelería hecha de nata batida, azúcar y vainilla. *Comimos un flan con chantillí.* **2.** Tejido de encaje con labores bordadas. *Llevaba una toquilla de chantillí.*

chanza (**chan**-za) *s. f.* Broma, burla. *Siempre está con ganas de chanza.* **SIN.** Guasa, diversión.

chapa (**cha**-pa) *s. f.* **1.** Hoja o lámina de metal, madera, etc. *Tapó el pozo con una chapa metálica.* **SIN.** Placa, plancha. **2.** *Chil.* Cerradura.

chaparro (cha-**pa**-rro) *s. m.* **1.** Mata de encina o roble, de muchas ramas y poca altura. *Aquel terreno estaba lleno de chaparros.* **SIN.** Carrasca, coscoja. ǁ *s. m. y s. f.* **2.** Persona rechoncha y baja. **GRA.** También adj. *Como era un poco chaparra, se ponía tacones para parecer más alta.* **SIN.** Retaco, rechoncho.

chaparrón (cha-pa-**rrón**) *s. m.* **1.** Lluvia fuerte y que dura poco. *El chaparrón nos pilló desprevenidos.* **SIN.** Chubasco, aguacero. **2.** Afluencia grande de algo. *Un chaparrón de preguntas cayó sobre el conferenciante.*

chapitel (cha-pi-**tel**) *s. m.* Remate en punta de una torre. *Las dos torres de la iglesia terminaban en afilados chapiteles.*

chapotear (cha-po-te-**ar**) *v. intr.* Hacer ruido en el agua agitando los pies o las manos. *A mi hermano pequeño le encanta chapotear en la bañera.* **SIN.** Salpicar, batir, juguetear.

chapucear (cha-pu-ce-**ar**) *v. tr.* Hacer un trabajo deprisa y mal. *No tiene paciencia, todo lo chapucea.*

chapucería (cha-pu-ce-**rí**-a) *s. f.* **1.** Trabajo hecho sin esmero ni cuidado. *El profesor le dijo que repitiera el trabajo, porque aquello era una chapucería.* **SIN.** Churro. **2.** Mentira. *No se le puede creer nada, todo son chapucerías suyas.* **SIN.** Embuste, engaño.

chapucero, ra (cha-pu-**ce**-ro) *adj.* **1.** Se dice de la persona que trabaja con poco esmero o poca limpieza. **GRA.** También s. m. y s. f. *Este pintor es un chapucero, me ha manchado toda la casa para pintar una habitación.* **2.** Se dice de la persona que dice mentiras. **GRA.** También s. m. y s. f. *Como tiene fama de chapucero, nadie le cree aunque diga la verdad.*

chapurrear (cha-pu-rre-**ar**) *v. tr.* Hablar con dificultad un idioma extranjero. *Chapurrea un poco el inglés pero no sabe escribirlo.* **SIN.** Farfullar, barbotear.

chapuz (cha-**puz**) *s. m.* Obra o trabajo de poca importancia. *Hacía chapuces de fontanería.*

chapuza (cha-**pu**-za) *s. f.* **1.** Chapucería, trabajo mal hecho o sucio. *Este trabajo es una chapuza, tendrás que volver a hacerlo.* **2.** Trabajo de poca importancia que una persona hace fuera de las horas de su jornada laboral. *Se saca algún dinerillo extra haciendo chapuzas de albañilería.*

chapuzar (cha-pu-**zar**) *v. tr.* Meter a alguien de cabeza en el agua. **GRA.** También v. intr. y v. prnl. *Se chapuzó en el río y eso que el agua estaba helada.* **SIN.** Zambullir(se), chapotear, sumergir(se), remojarse, bucear. 🖉 Se conjuga como abrazar.

chaqué (cha-**qué**) *s. m.* Prenda de vestir masculina parecida a la levita, con faldones hacia atrás. *Todos los asistentes a la ceremonia llevaban chaqué.*

chaqueta (cha-**que**-ta) *s. f.* Prenda de vestir exterior con mangas, que se ajusta al cuerpo y llega hasta la cintura o un poco más abajo. *Llevaba una chaqueta de lana negra.* **SIN.** Cazadora, americana.

chaquetear (cha-que-te-**ar**) *v. intr.* **1.** Cambiar de ideas o de partido. *Es un político aficionado a chaquetear, el pueblo ya no confía en él.* **2.** Huir ante el enemigo o ante un peligro. *Al ver que el edificio podía derrumbarse, todos chaquetearon a toda prisa.*

chaquetero, ra (cha-que-**te**-ro) *adj., fam.* Que cambia de opinión o de partido por conveniencia personal. *Es un chaquetero, no me fío de él.*

chaquetilla (cha-que-**ti**-lla) *s. f.* **1.** Chaqueta hasta la cintura. *Se ha comprado una chaquetilla para combinar con la falda.* ǁ **2. chaquetilla torera** La que usan los toreros en el traje de lidia y, por ext., prenda de corte semejante en otros trajes masculinos o femeninos. **SIN.** Torera.

chaquetón (cha-que-**tón**) *s. m.* Prenda exterior más larga y de más abrigo que la chaqueta. *Ponte el chaquetón, que hace mucho frío.* **SIN.** Pelliza.

charada (cha-**ra**-da) *s. f.* Acertijo de palabras. *Le gustaba mucho jugar a las charadas con su hermano pequeño.* **SIN.** Enigma, acertijo, adivinanza.

charanga (cha-**ran**-ga) *s. f.* Orquesta popular formada especialmente por instrumentos de metal. *Durante las fiestas había muchas charangas por las calles.* ‖ **LOC. estar de charanga** Estar de fiesta.

charca (**char**-ca) *s. f.* Depósito de agua estancada. *En esa charca había muchas ranas.* **SIN.** Poza, lagunajo.

charco (**char**-co) *s. m.* Agua contenida en un hoyo de la tierra. *Como había llovido mucho, la calle estaba llena de charcos.* **SIN.** Poza. ‖ **LOC. cruzar, o pasar, alguien el charco** Atravesar el mar.

charcutería (char-cu-te-**rí**-a) *s. f.* Tienda en la que se venden toda clase de embutidos. *Compró unas morcillas en la charcutería.* ☞ Aunque este galicismo está muy difundido en el uso popular, salchichería es la palabra castellana más adecuada para referirse a la tienda donde se venden embutidos, y no sólo salchichas.

charla (**char**-la) *s. f.* **1.** Conversación sin importancia. *Nos encontramos en la calle y estuvimos de charla más de media hora.* **SIN.** Conversación. **2.** Disertación oral ante un público. *Un pedagogo vino a darles unas charlas a los padres de alumnos.*

charlar (char-**lar**) *v. intr.* **1.** Conversar. *Estuvieron charlando para aclarar las cosas.* **SIN.** Hablar, parlotear. **ANT.** Callar. **2.** Hablar mucho sin decir nada interesante. *Charló con el vecino acerca del tiempo.*

charlatán, na (char-la-**tán**) *adj.* **1.** Se dice de la persona que habla mucho y sin sentido. **GRA.** También s. m. y s. f. *Como es tan charlatán, siempre mete la pata.* **SIN.** Cotorra, parlanchín, locuaz, hablador. **ANT.** Callado. **2.** Que habla más de la cuenta. *Si no quieres que se sepa no se lo cuentes a Ana, es una charlatana.* **GRA.** También s. m. y s. f. **SIN.** Cotilla, entrometido, indiscreto. **3.** Se dice del vendedor callejero que hace la propaganda de su mercancía hablando mucho y a voces. *De pequeño le encantaba ir al mercado y ver a los charlatanes.* **SIN.** Sacamuelas.

charlotada (char-lo-**ta**-da) *s. f.* **1.** Festejo cómico-taurino para niños. *Llevó a los niños a la charlotada y se lo pasaron pipa.* **2.** Actuación grotesca o ridícula. *Creí que iba a ser un buen espectáculo y al final resultó ser una charlotada.*

charol (cha-**rol**) *s. m.* **1.** Barniz muy brillante y flexible. *Le dieron una capa de charol al cuero.* **2.** Cuero trabajado con dicho barniz. *Estrenó unos zapatos de charol.* **3.** *amer.* Bandeja.

charrada (cha-**rra**-da) *s. f., fam.* Obra o adorno de mal gusto. *La representación fue una charrada y la mayoría de la gente se fue.* **SIN.** Abigarramiento, ordinariez.

charro, rra (**cha**-rro) *adj., fam.* Se dice de las cosas de mal gusto o recargadas de adornos. *No me gusta nada la decoración del salón, es muy charra.* **SIN.** Chabacano, recargado, estridente, estrambótico.

chascar (chas-**car**) *v. intr.* **1.** Separar repentinamente la lengua del paladar, produciendo una especie de chasquido o ruido. **GRA.** También v. tr. en la expr. "chascar la lengua". *No soportaba estar a su lado y oírle chascar todo el rato.* **2.** Producir un ruido parecido al de un látigo. *Como la madera estaba podrida, chascó el escalón cuando subía.* ✎ Se conjuga como abarcar.

chascarrillo (chas-ca-**rri**-llo) *s. m., fam.* Frase de sentido equívoco y gracioso. *Nos contó unos chascarrillos muy simpáticos.* **SIN.** Historieta, cuento.

chasco (**chas**-co) *s. m.* **1.** Decepción que produce algo contrario a lo esperado. *Se llevó un buen chasco al ver que había suspendido.* **SIN.** Desengaño, plancha, desilusión, decepción. **ANT.** Éxito, logro. **2.** Burla o engaño que se hace a alguien para reírse de él. *Le dieron un chasco.* **SIN.** Broma.

chasis (**cha**-sis) *s. m.* Armazón de algunos objetos, y en especial de los automóviles. *Tuvo que cambiar el chasis del coche.* ✎ Invariable en número.

chasquear[1] (chas-que-**ar**) *v. tr.* **1.** Dar un chasco o broma a alguien. *Siempre andan chasqueando a Luis porque se pica mucho.* **SIN.** Burlar, chancear. **2.** No cumplir lo prometido. *Chasquearon a su amigo al no acudir a su fiesta.* **SIN.** Decepcionar, desilusionar, desencantar. **ANT.** Corresponder, satisfacer.

chasquear[2] (chas-que-**ar**) *v. intr.* Dar chasquidos la madera u otra cosa, cuando se abre por sequedad o cambio del tiempo. *Daba miedo subir al desván porque las escaleras chasqueaban mucho.* **SIN.** Crujir, estallar, restallar.

chasquido (chas-**qui**-do) *s. m.* **1.** Ruido seco y súbito que produce una materia cuando se raja o rompe. *Se oyó un chasquido de hojas secas, alguien se acercaba.* **SIN.** Crujido. **2.** Ruido que se produce con la lengua al separarla súbitamente del paladar. *Tenía la fea costumbre de hacer chasquidos con la lengua.*

chat *s. m.* En informática, conversación interactiva en internet, en tiempo real. *Ayer participé en un chat.*

chatarra (cha-**ta**-rra) *s. f.* **1.** Hierro viejo, principalmente de aparatos que ya no funcionan. *Se dedicaba a recoger chatarra para luego venderla.* **2.** Cosa de poco valor. *No podía empeñar nada, porque todo lo que tenía era chatarra.*

chato, ta (**cha**-to) *adj.* **1.** Que tiene la nariz pequeña y aplastada. **GRA.** También s. m. y s. f. *No le gusta ser*

chauvinismo - chiflado

tan chata. **SIN.** Romo. **ANT.** Narigón. **2.** Se dice de la nariz que tiene esta figura. *El perro tiene una nariz muy chata.* **SIN.** Lisa, roma, plana. || *s. m.* **3.** *fam.* Vaso de vino pequeño. *Estuvimos tomando unos chatos en los bares del barrio viejo.*

chauvinismo (chau-vi-**nis**-mo) *s. m.* Excesiva admiración del propio país. *Su chauvinismo no le ayudaba nada a relacionarse con personas de otras culturas.* **SIN.** Patrioterismo, fanatismo.

chaval, la (cha-**val**) *s. m. y s. f., fam.* Joven. **GRA.** También adj. *Los chavales y chavalas del pueblo organizaron la fiesta.* **SIN.** Muchacho, mozo, chico.

chaveta (cha-**ve**-ta) *s. f.* **1.** Clavija o pasador que se pone en el agujero de una barra e impide que se salgan las piezas que la barra sujeta. *Estaba la puerta abierta porque se rompió la chaveta.* **SIN.** Remache. **2.** Clavo que se remacha separando las dos mitades de su punta. *Puso unas chavetas para sujetar el tapizado de la silla.* || **LOC. perder alguien la chaveta, o estar chaveta** *fam.* Estar loco.

che *interj.* que se usa para llamar la atención. *¡Che!, espera que voy contigo.*

chef *s. m.* Jefe de cocina. *Hablamos con el chef para elegir el menú para el banquete de la boda.*

chelín (che-**lín**) *s. m.* Moneda inglesa equivalente a la vigésima parte de la libra esterlina. *Le trajo un chelín para su colección de monedas.*

chepa (che-pa) *s. f., fam.* *Joroba.

cheque (**che**-que) *s. m.* **1.** Documento que permite sacar dinero de un banco. *Cuando viaja al extranjero siempre lleva cheques de viaje.* || **2. cheque nominal, o nominativo** El que se extiende a nombre de determinada persona y sólo lo puede cobrar ella misma.

chequeo (che-**que**-o) *s. m.* **1.** Revisión médica general que se hace a una persona para ver si padece alguna enfermedad. *Se hizo un chequeo porque no se encontraba bien de salud.* **2.** Examen de una máquina o mecanismo para comprobar si está en perfectas condiciones. *Le dije que me hiciera un chequeo del ordenador antes de empezar el trabajo.* **SIN.** Comprobación, control, verificación.

chéster (**chés**-ter) *s. m.* Queso inglés, muy estimado y semejante al manchego. *Compramos un trozo de chéster para probarlo.*

cheviot (che-**viot**) *s. m.* Paño que se hace con lana de cordero de Escocia. *Se compró unos pantalones de cheviot.* ✎ También "cheviò".

chic *s. m.* Gracia, elegancia, especialmente en la forma de vestir. *Todo el mundo admira su chic.* **SIN.** Elegancia, gracia, originalidad, distinción. ☞ Es un galicismo innecesario.

chicano, na (chi-**ca**-no) *adj.* **1.** Persona de origen mexicano, nacida y criada en Estados Unidos. **GRA.** También s. m. y s. f. *Muchos chicanos utilizan el spanglish para hablar entre ellos.* **2.** Persona nacida en México, que es residente o ciudadano de Estados Unidos. **GRA.** También s. m. y s. f. *Conocimos una familia chicana que deseaba volver a México.*

chicha (**chi**-cha) *s. f., amer.* Bebida alcohólica que resulta de la fermentación del maíz, uvas u otros frutos en agua azucarada. *En su casa siempre preparaban chicha.* || **LOC. no ser alguien, o una cosa, ni chicha ni limonada** No valer para nada.

chicharra (chi-**cha**-rra) *s. f.* **1.** *Cigarra. **2.** Persona muy habladora. *Es una chicharra, no calla un momento.* **3.** Timbre eléctrico. *Tuve que golpear la puerta porque la chicharra no sonaba.*

chicharro (chi-**cha**-rro) *s. m.* Pez de mar. *Frié el chicharro para la cena.*

chicharrón (chi-cha-**rrón**) *s. m.* **1.** Residuo de la manteca del cerdo una vez derretida. *Comimos unos chicharrones.* **2.** Persona quemada por el sol. *Venía hecho un chicharrón.*

chichón (chi-**chón**) *s. m.* Bulto que sale en la cabeza producido por un golpe. *Se dio con la puerta y le salió un chichón enorme.* **SIN.** Bollo, inflamación.

chicle (**chi**-cle) *s. m.* **1.** Goma de mascar aromatizada. *No deberíamos comer nunca chicle en clase.* **2.** *Méx.* Mugre.

chico, ca (**chi**-co) *adj.* **1.** Pequeño o de poco tamaño. *Esta caja es muy chica, no caben todos los libros.* **SIN.** Minúsculo, menguado, reducido. **ANT.** Grande. || *s. m. y s. f.* **2.** Niño o niña. **GRA.** También adj. *Tu hermano es un buen chico.* **SIN.** Muchacho, crío. **ANT.** Adulto. **3.** Persona que hace recados y ayuda en las oficinas, comercios, etc. *Tiene un chico para ayudarle en las horas de más jaleo.* **4.** Persona contratada para hacer las tareas de la casa. *Han contratado un chico para los recados.* **5.** Se emplea intercalado en la conversación dirigiéndose a una persona en tono jovial, aunque ésta sea dulta. *Le dijo a su abuela: desde luego, chica, me parezco muchísimo a ti.*

chiflado, da (chi-**fla**-do) *adj.* **1.** *fam.* Se dice de la persona que ha perdido sus facultades mentales. *El pobre hombre está un poco chiflado.* **GRA.** También s. m. y s. f. **ANT.** Cuerdo. **2.** *fam.* Se dice de la persona que siente gran atracción por otra. *Está chiflada por él.*

chiflar - chiripa

chiflar (chi-**flar**) *v. intr.* **1.** Silbar. *Se puso a chiflar como un loco para que le hicieran caso.* **SIN.** Pitar. ‖ *v. tr.* **2.** Hacer burla de algo o alguien en público. **GRA.** También v. prnl. *Se chifló de él delante de sus amigos.* **SIN.** Mofarse, desaprobar, ridiculizar. ‖ *v. prnl.* **3.** *fam.* Encapricharse con algo. *Se chifló por ese cuadro y al final consiguió que se lo regalasen.* **4.** *fam.* Perder las facultades mentales. *Tenía tantos años que se chifló.* **SIN.** Grillarse, chalarse, trastornarse. **5.** *fam.* Sentir gran atracción por una persona. *Se chifló por su compañera de clase y acabó siendo su novio.* **SIN.** Enamorarse, embobarse.

chiflato (chi-**fla**-to) *s. m.* Silbato. *No le dejes el chiflato o nos aturdirá a todos.* **SIN.** Pito, chiflo.

chilaba (chi-**la**-ba) *s. f.* Túnica larga y con capucha típica del norte de África. *Compramos una preciosa chilaba en un zoco cuando fuimos a Marruecos.*

chillar (chi-**llar**) *v. intr.* **1.** Lanzar gritos agudos. *Chilla como un conejo.* **SIN.** Gritar, vociferar, bramar. **ANT.** Susurrar. **2.** Hablar en tono alto y malhumorado. *Se puso a chillar y no atendía a razones.*

chillido (chi-**lli**-do) *s. m.* Grito agudo y desagradable. *¡A qué vienen esos chillidos!* **SIN.** Alarido, rugido, queja, clamor.

chillón, na (chi-**llón**) *adj.* **1.** *fam.* Que chilla mucho. **GRA.** También s. m. y s. f. *Es un niño muy chillón, se le oye en toda la casa.* **SIN.** Vocinglero, alborotador, gritón, berreón. **2.** *fam.* Se dice del sonido agudo y desagradable. *El altavoz estaba estropeado y sólo se oía un sonido chillón muy molesto.* **SIN.** Agudo, estentóreo, fuerte, penetrante. **ANT.** Bajo. **3.** *fam.* Se dice del color demasiado vivo. *Llevaba un vestido con colores muy chillones.* **SIN.** Estridente, charro, vulgar, recargado. **ANT.** Discreto.

chimenea (chi-me-**ne**-a) *s. f.* **1.** Conducto para dar salida al humo. *No salía el humo porque estaba atascada la chimenea.* **2.** Hueco hecho en la pared de una habitación, comunicando con el exterior, en el que se hace fuego para calentarse. *Al llegar el frío les gustaba encender la chimenea del salón.*

chimpancé (chim-pan-**cé**) *s. m.* Mono africano, de cabeza grande, brazos largos, nariz aplastada y todo el cuerpo cubierto de pelo de color pardo negruzco. *Fuimos a ver los chimpancés del zoológico.*

china[1] (**chi**-na) *s. f.* Piedra pequeña. *Cogieron tres chinas cada uno para jugar al tres en raya.* ‖ **LOC. tocarle a alguien la china** *fam.* Tener mala suerte.

china[2] (**chi**-na) *s. f.* Porcelana con la que se hacen platos, tazas y objetos decorativos. *Le regalaron un juego de café de china.*

chinarro (chi-**na**-rro) *s. m.* Piedra algo mayor que la china. *El río estaba lleno de chinarros y se hacía daño al andar descalzo.*

chinchar (chin-**char**) *v. tr., fam.* Molestar, fastidiar. **GRA.** También v. prnl. *Estuvo todo el día chinchando hasta que lo llevaron a jugar al parque.*

chinche (**chin**-che) *s. f.* **1.** Insecto maloliente y de color rojo oscuro que chupa la sangre de las personas con picaduras irritantes. **GRA.** Su uso como s. m. es vulgar. *Aquella cama estaba llena de chinches.* ‖ *s. m.* **2.** *fam.* Persona fastidiosa. *No seas chinche, deja de molestar.*

chincheta (chin-**che**-ta) *s. f.* Clavo pequeño de cabeza grande y plana y punta corta y fina. *Clavó el calendario en la pared con una chincheta.*

chinchilla (chin-**chi**-lla) *s. m.* **1.** Mamífero roedor, parecido a la ardilla, cuya piel es muy estimada en peletería. *La chinchilla tiene el pelaje de color gris.* **2.** Piel de este animal. *Mi padre regaló a mi madre un abrigo de chinchilla.*

chinela (chi-**ne**-la) *s. f.* Calzado sin talón y de suela ligera, que se utiliza para estar en casa. *Le resultan más cómodas las chinelas que las zapatillas.* **SIN.** Chancla, chancleta.

chip *s. m.* *Microprocesador.

chipirón (chi-pi-**rón**) *s. m.* Calamar pequeño. *Comimos una ración de chipirones fritos.*

chiquero (chi-**que**-ro) *s. m.* Toril, lugar donde están recogidos los toros. *Le gusta ir a los chiqueros antes de las corridas.* **SIN.** Recinto, corral.

chiquillo, lla (chi-**qui**-llo) *adj.* Chico, niño, muchacho. *Los chiquillos jugaban en el parque alegremente.* ‖ **LOC. no seas chiquillo** Se usa para tratar de apartar a alguien de una idea poco razonable o demasiado ingenua.

chiribita (chi-ri-**bi**-ta) *s. f.* Chispa, partícula pequeña y encendida. *No te acerques a la hoguera que saltan muchas chiribitas.* ‖ **LOC. hacer chiribitas los ojos** *fam.* Ver durante un corto tiempo multitud de chispas movibles delante de los ojos.

chirigota (chi-ri-**go**-ta) *s. f., fam.* Burla, broma. *No te tomes las cosas a chirigota.* **SIN.** Guasa.

chirimbolo (chi-rim-**bo**-lo) *s. m., fam.* Trasto, cosa que no se sabe cómo nombrar. *Tiene la mesa llena de chirimbolos.* **SIN.** Cachivache, utensilio, cacharro.

chirimoya (chi-ri-**mo**-ya) *s. f.* Fruto del chirimoyo, con pepitas negras y pulpa blanca de sabor muy agradable. *Le encantan las chirimoyas.*

chiripa (chi-**ri**-pa) *s. f., fam.* Casualidad favorable. *Nos encontramos por las calles de París de chiripa.*

SIN. Suerte, casualidad, azar, fortuna, acierto. **ANT.** Seguridad, previsión.

chirla (chir-la) *s. f.* *Almeja.

chirle (chir-le) *adj.* **1.** *fam.* Insípido, de sabor indefinido. *Este caldo tan chirle no me gusta nada.* **SIN.** Insulso, soso, insustancial. **ANT.** Sabroso ‖ *s. m.* **2.** Excremento del ganado lanar o del cabrío. *No entres a la cuadra, está llena de chirle de las ovejas.*

chirona (chi-ro-na) *s. f., fam.* Cárcel. *Llevaba en chirona dos años.* **SIN.** Prisión, presidio, calabozo.

chirriar (chi-rri-ar) *v. intr.* **1.** Producir un sonido estridente y desagradable cualquier cosa que roce con otra. *Esta cerradura chirría, hay que engrasarla un poco.* **SIN.** Rechinar, crujir, chasquear. **2.** *fam.* Cantar desentonadamente. *No tiene nada de oído y lo único que hace es chirriar.* 🔖 En cuanto al acento, se conjuga como desviar.

chisme (chis-me) *s. m.* **1.** Noticia que se cuenta a alguien para meter cizaña o para enemistarle con otra persona. *Le fue contando chismes de su socio.* **SIN.** Murmuración, cotilleo, intriga, habladuría. **2.** *fam.* Baratija o trasto pequeño. *Compré este chisme porque me gustaba, pero en realidad no sé muy bien para qué sirve.* **SIN.** Bártulo, chirimbolo, trasto, cacharro, cachivache.

chismorrear (chis-mo-rre-ar) *v. intr., fam.* Traer y llevar chismes y cuentos. *Le gusta chismorrear y enemistar a la gente.* **SIN.** Cotillear, murmurar.

chispa (chis-pa) *s. f.* **1.** Partícula de fuego que salta. *Una chispa que saltó de la hoguera quemó la manta.* **SIN.** Chiribita, centella, chispazo, pavesa. **2.** Pequeña descarga eléctrica. *Cayó una chispa.* **3.** Gota muy pequeña de lluvia. *Sólo caen unas chispas.* **4.** Porción muy pequeña de algo, material o inmaterial. *Una chispa de pan. Una chispa de inteligencia.* **SIN.** Miaja, átomo, partícula, pizca. **5.** Ingenio, gracia. *Sus chistes tienen mucha chispa.* **SIN.** Agudeza, viveza. **6.** En frases negativas, nada. *No corre una chispa de aire.* **7.** *fam.* Borrachera, embriaguez. *Tiene una buena chispa.* ‖ **LOC. echar alguien chispas** *fam.* Estar muy enfadado. **tener alguien chispa** *fam.* Tener gracia.

chispazo (chis-pa-zo) *s. m.* **1.** Acción y efecto de saltar la chispa. *Se produjo un chispazo y se fue la imagen.* **SIN.** Chisporroteo. **2.** Primeros inicios de un suceso que se desarrollará más tarde. **GRA.** Se usa más en pl. *Los primeros chispazos de la revuelta fueron aquellas manifestaciones de descontento popular.*

chispear (chis-pe-ar) *v. intr.* **1.** Echar chispas. *Estaba soldando y chispeaba mucho.* **SIN.** Chisporrotear. **2.** Relucir. *Limpió el candelabro de cobre y chispeaba como si fuera nuevo.* **SIN.** Relumbrar, destellar. **3.** Llover muy poco. *Sólo está chispeando, no hace falta que abras el paraguas.* **SIN.** Lloviznar, gotear.

chisporrotear (chis-po-rro-te-ar) *v. intr., fam.* Despedir chispas continuamente. *El carbón empezaba a prender y la lumbre chisporroteaba continuamente.* **SIN.** Crepitar, chispear.

chisquero (chis-que-ro) *s. m., fam.* Encendedor de bolsillo. *Le presté el chisquero para encender la hoguera.* **SIN.** Mechero.

chistar (chis-tar) *v. intr.* **1.** Hacer ademán de hablar. *Ni chistó cuando le riñeron.* **2.** Llamar la atención a alguien. *Le chistaron para que se sentara.* ‖ **LOC. sin chistar** Sin protestar.

chiste (chis-te) *s. m.* **1.** Dicho ingenioso y gracioso. *Sabe muchos chistes que siempre nos hacen reír.* **SIN.** Ocurrencia, gracia, broma, sutileza. **2.** Suceso más o menos gracioso. *Lo que me pasó fue de chiste.* **3.** Burla. *Hace chiste de cualquier cosa, no se toma nada en serio.* **SIN.** Chanza, broma. ‖ **LOC. caer en el chiste** *fam.* Entender la gracia de lo que se dice.

chistera (chis-te-ra) *s. f.* Sombrero de copa alta. *El ilusionista sacó un conejo de la chistera.*

chistu (chis-tu) *s. m.* Flauta típica del País Vasco. *Todos bailaban en la fiesta al son del chistu y el tamboril.*

chistulari (chis-tu-la-ri) *s. m.* Persona que acompaña las danzas populares con el chistu. *Su abuelo es un buen chistulari.*

chivarse (chi-var-se) *v. prnl.* Irse de la lengua, decir algo que perjudica a otra persona. *Se chivó al profesor de que habían copiado en el examen.* **SIN.** Acusar, delatar, denunciar. **ANT.** Proteger.

chivatazo (chi-va-ta-zo) *s. m.* Denuncia, soplo. *Un confidente de la policía dio el chivatazo.*

chivo, va (chi-vo) *s. m. y s. f.* Cría de la cabra. *En el rebaño tenía unos cuantos chivos.* **SIN.** Cabrito. ‖ **LOC. hacer de chivo expiatorio** Hacer de víctima.

chocar (cho-car) *v. intr.* **1.** Encontrarse violentamente una cosa con otra. **GRA.** También v. prnl. *Los dos coches chocaron porque se saltó la señal de stop.* **SIN.** Toparse, tropezar(se), colisionar. **2.** Tener una discusión o pelea con otra persona. *Chocaron en materia de trabajo.* **SIN.** Reñir, disputar, enojarse, enfadarse. **3.** Causar extrañeza o enfado. *Me choca mucho lo que me cuentas de él.* **SIN.** Sorprender, extrañar. **ANT.** Concordar. ‖ *v. tr.* **4.** Darse las manos en señal de saludo, conformidad, enhorabuena, etc. **GRA.** También v. intr. *¡Chócala, hemos ganado!* **5.** Juntar las copas los que brindan. *Choca-*

chochear - chubasquero

ron sus copas para brindar por el éxito de la sociedad. 🖎 Se conjuga como abarcar.

chochear (cho-che-**ar**) *v. intr.* Tener debilitadas las facultades mentales por efecto de la edad. *A su edad era lógico que chocheara.*

chocho, cha (**cho**-cho) *adj.* **1.** Que chochea. *La abuelita está ya un poco chocha.* **SIN.** Senil, viejo. **ANT.** Lozano. **2.** Que está atontado de tantos mimos o cariño. *Le miman tanto que está chocho del todo.* **SIN.** Alelado, despistado, atolondrado. ‖ *s. m.* **3.** *Cub.* Especie de fríjol.

chocolate (cho-co-**la**-te) *s. m.* **1.** Pasta hecha con cacao y azúcar molidos. *Me dieron una pastilla de chocolate para merendar.* **2.** Bebida que se hace cociendo esa pasta en agua o leche. *Para desayunar, suelo tomarme una taza de chocolate con churros.* **3.** *fam.* *Hachís.

chocolatina (cho-co-la-ti-na) *s. f.* Tableta o trozo pequeño de chocolate fino y selecto. *Le gustan mucho las chocolatinas de chocolate blanco.*

chófer (**chó**-fer) *s. m.* Persona que conduce un automóvil. *Mi vecino es chófer de un camión.* **SIN.** Conductor. ☞ En América se pronuncia chofer (palabra aguda).

chollo (**cho**-llo) *s. m.* Situación favorable en la que se saca mucho provecho sin esfuerzo. *Encontró un buen chollo al comprar ese piso tan barato.* **SIN.** Ganga, ventaja.

chopo¹ (**cho**-po) *s. m.* Álamo negro. *Dos grandes hileras de chopos se extendían a lo largo del río.*

chopo² (**cho**-po) *s. m. fam.* Fusil. *Los soldados hacían sus guardias con el chopo.*

choque (**cho**-que) *s. m.* **1.** Encuentro violento de una cosa con otra. *Hubo un choque de trenes.* **SIN.** Encontronazo, colisión, topetazo, golpe. **2.** Enfrentamiento violento de unas personas con otras. *Se produjo un choque entre las dos familias.* **SIN.** Roce, riña, disputa. **3.** Combate de corta duración en una guerra, que nunca llega a batalla. *Hubo un choque entre los guerrilleros y el ejército.* **SIN.** Lucha, disputa, contienda, riña, reyerta.

chorizo, za (cho-**ri**-zo) *s. m.* **1.** Embutido de carne de cerdo, picada y adobada. *Me gusta mucho el chorizo curado al humo.* ‖ *s. m. y s. f.* **2.** *fam.* Caco, ladronzuelo. *Unos chorizos intentaron robar en el supermercado.* **3.** *Col.* Persona boba y mentecata.

chorlito (chor-**li**-to) *s. m.* Ave zancuda de pico largo y recto. *La carne del chorlito es muy apreciada.* ‖ **LOC. cabeza de chorlito** *fam.* Se dice de la persona poco juiciosa.

chorrear (cho-rre-**ar**) *v. intr.* **1.** Caer un líquido formando un chorro o gota a gota. *Cierra bien el grifo de la bañera, está chorreando.* **SIN.** Gotear, pringar, fluir. **2.** *fam.* Estar empapada una cosa. *Como no llevaba paraguas, cuando llegué a casa el abrigo estaba chorreando.* **3.** *fam.* Ir viniendo las cosas poco a poco y sin interrupción. *Sus quejas llevaban chorreando mucho tiempo, el resultado se veía venir.*

chorrera (cho-**rre**-ra) *s. f.* **1.** Sitio por donde cae un chorro pequeño de agua u otro líquido. *Aquella chorrera no se secaba nunca.* **2.** Señal que deja el agua en un sitio por donde pasa continuamente. *Justo debajo del canalón, hay una chorrera en la pared.* **3.** Adorno que consiste en una especie de cascada de encaje que baja desde el cuello cubriendo el cierre del vestido por delante. *Llevaba una blusa con chorreras.* **SIN.** Pechera, puntilla. **4.** *Arg. y Ur.* Serie de cosas.

chorro (**cho**-rro) *s. m.* **1.** Golpe de agua u otro líquido que sale con fuerza por una abertura o parte estrecha. *Salía un fuerte chorro del caño de la fuente.* **2.** Caída continua de cosas iguales y pequeñas. *Un chorro de minúsculas lucecitas iluminó el cielo.* **3.** *Arg.* Cada uno de los ramales de un látigo. ‖ **LOC. a chorros** *fam.* Abundante. **como los chorros del oro** *fam.* Muy limpio y reluciente.

chotis (**cho**-tis) *s. m.* Baile por parejas de movimiento lento y música de este baile. *Les encanta bailar el chotis.* 🖎 Invariable en número.

choto, ta (**cho**-to) *s. m. y s. f.* **1.** Cría de la cabra mientras mama. *En el rebaño tenía varios chotos.* **SIN.** Chivo, cabrito. **2.** Cría de la vaca. *El choto está en la cuadra con su madre.* **SIN.** Ternero. ‖ **LOC. estar como una chota** Estar chiflado.

chovinismo (cho-vi-**nis**-mo) *s. m.* *Chauvinismo.

choza (**cho**-za) *s. f.* **1.** Cabaña hecha con estacas y cubierta de ramas o paja. *Los pastores se refugiaron en la choza.* **SIN.** Barraca, chabola. **2.** Casa tosca y pobre. *Vivían al final del pueblo en una choza.* **SIN.** Cabaña.

chubasco (chu-**bas**-co) *s. m.* **1.** Lluvia que cae de repente y que dura poco tiempo. *La previsión del tiempo dio chubascos para mañana.* **SIN.** Aguacero, chaparrón, tromba, nubarrada. **2.** *fam.* Contratiempo pasajero. *Hubo un pequeño chubasco, pero ahora todo está arreglado.*

chubasquero (chu-bas-**que**-ro) *s. m.* Prenda plastificada que sirve para protegerse de la lluvia. *No nos mojamos mucho porque llevábamos el chubasquero.* **SIN.** Impermeable.

chuchería (chu-che-**rí**-a) *s. f.* **1.** Cosa de poco valor, pero que se estima. *Esperaba con ilusión que volviera del viaje para ver qué chucherías le traía.* **2.** Alimento ligero, pero sabroso. *Estás comiendo chucherías y cuando llegue la hora de comer no vas a tener hambre.*

chucho, cha (**chu**-cho) *s. m. y s. f., fam.* Perro. *Un chucho vagaba por la calle y me lo traje a casa.*

chucrú (chu-**crú**) *s. m.* Plato típico alsaciano elaborado a base de col fermentada. *Nos llevó a un restaurante cuya especialidad era el chucrú.* ✎ También "chucrut".

chufa (**chu**-fa) *s. f.* Cada uno de los tubérculos de la raíz de una especie de juncia, que se utiliza para la fabricación de refrescos y aceite. *Me encanta la horchata de chufa.*

chufla (**chu**-fla) *s. f.* *Broma.

chuflar (chu-**flar**) *v. intr.* Silbar, chiflar. *Se le oía chuflar desde muy lejos.*

chulería (chu-le-**rí**-a) *s. f.* Presunción. *Tiene mucha chulería y se cree más importante que los demás.*

chuleta (chu-**le**-ta) *s. f.* **1.** Costilla con carne de ternera, carnero, cerdo, etc. *Cenamos unas chuletas de ternera con patatas fritas y pimientos.* **2.** *fam.* Golpe dado en la cara. *Le arreó una chuleta.* **SIN.** Bofetada, tortazo. **3.** *fam.* Papel con notas para copiar en los exámenes escritos. *El profesor le pilló la chuleta y le echó del examen.* ‖ *adj.* **4.** *fam.* Presumido. **GRA.** También s. m. *Es un poco chuleta.* **SIN.** Chulo.

chulo, la (**chu**-lo) *adj.* **1.** Que actúa o habla con chulería. **GRA.** También s. m. y s. f. *Se cree muy guapo, por eso es tan chulo.* **SIN.** Chulapo, farolero, valentón, jactancioso, fanfarrón, perdonavidas. **2.** *amer.* Lindo, bonito, gracioso.

chumbera (chum-**be**-ra) *s. f.* Planta de la familia de los cactos, propia de los países tropicales, cuyo fruto es el higo chumbo. *En ese parque hay unas bonitas chumberas.*

chunga (**chun**-ga) *s. f., fam.* Broma o burla. *Todo el mundo se lo tomó a chunga.* **SIN.** Guasa, pitorreo.

chupa (**chu**-pa) *s. f., fam.* Cazadora. *Iba vestida con una chupa y un pantalón vaquero.*

chupado, da (chu-**pa**-do) *adj.* **1.** Que no tiene jugo. *No me gusta esta naranja, está muy chupada.* **2.** Muy flaco y débil. *Con el régimen se ha quedado muy chupado.* **SIN.** Consumido, enjuto, esquelético. **ANT.** Lozano, rollizo. **3.** Fácil. *Estos ejercicios están chupados.* **SIN.** Sencillo.

chupar (chu-**par**) *v. tr.* **1.** Sacar con los labios el jugo de una cosa. **GRA.** También v. intr. *Chupaba el biberón con todas las ganas.* **SIN.** Succionar, sorber. **2.** Absorber una cosa un líquido. *Este bizcocho chupa mucho almíbar.* **SIN.** Empapar, embeber. **3.** Ir gastando los bienes de alguien con pretextos o engaños. *Le chuparon los pocos ahorros que tenía.* **SIN.** Consumir, explotar. **4.** *Hond. y Méx.* Fumar. **5.** Beber en abundancia. *Acabará teniendo problemas con el alcohol si sigue chupando tanto.* ‖ *v. prnl.* **6.** Ir adelgazando. *En dos meses de enfermedad se chupó muchísimo.* **SIN.** Consumirse, enflaquecer, apergaminarse.

chupatintas (chu-pa-**tin**-tas) *s. m. y s. f., desp.* Oficinista de poca categoría. *Era un chupatintas y se creía ministro.* **SIN.** Cagatintas, escribiente, dependiente. ✎ Invariable en número.

chupete (chu-**pe**-te) *s. m.* **1.** Pieza de goma elástica en forma de pezón, que se pone en el biberón. *Hierve el chupete para desinfectarlo.* **2.** Objeto semejante que se da a chupar a bebés para que se distraigan. *Siempre se dormía con el chupete en la boca.*

chupinazo (chu-pi-**na**-zo) *s. m.* Patada que se da al balón. *De un fuerte chupinazo mandó el balón a la portería contraria.*

chupito (chu-**pi**-to) *s. m.* Sorbito de vino u otro licor. *Después de comer se tomó un chupito de avellana.*

churrasco (chu-**rras**-co) *s. m.* Carne asada a la brasa. *Fuimos a comer churrasco a un asador que hay al aire libre.*

churro, rra (**chu**-rro) *adj.* Se dice de cierta lana más basta que la merina y del ganado que la produce. *Tiene un rebaño de ovejas churras.*

churro (**chu**-rro) *s. m.* **1.** Frito de sartén, hecho con una masa de harina y agua y cortado en trozos alargados. *A mi hermano le encanta desayunar chocolate con churros.* **2.** *fam.* Algo que está mal hecho. *Este dibujo es un auténtico churro, es mejor que lo repitas.* **SIN.** Chapuza.

churruscar (chu-rrus-**car**) *v. tr.* Dejar que se queme una cosa. **GRA.** También v. prnl. *Se churruscó el pollo.* ✎ Se conjuga como abarcar.

churrusco (chu-**rrus**-co) *s. m.* **1.** Trozo de pan demasiado tostado, o que se empieza a quemar. *Le gusta comer el churrusco de la hogaza.* **2.** *Col.* Larva de la mariposa.

churumbel (chu-rum-**bel**) *s. m.* Niño, muchacho. *Iba de paseo con los dos churumbeles.*

chusco (**chus**-co) *s. m.* Pedazo de pan, mendrugo o panecillo. *Le encantaba comerse a media mañana un chusco con un poco de chorizo.*

chusma (**chus**-ma) *s. f.* **1.** Conjunto de personas de baja clase social. *La chusma de la ciudad está cada*

chutar - ciempiés

vez más descontenta. **SIN.** Gentuza, populacho. **2.** *Muchedumbre.

chutar (chu-**tar**) *v. intr.* En el fútbol, lanzar el balón con el pie. *Chutó desde el punto de penalti.*

chuzo (**chu**-zo) *s. m.* **1.** Lanza o palo armado con un pincho de hierro. **2.** *amer.* Látigo. **3.** *Per.* Zapato. ‖ *s. m. y s. f.* **4.** *Ec.* Niño, muchacho. ‖ **LOC. caer chuzos** *fam.* Llover o granizar con mucha intensidad.

cianuro (cia-**nu**-ro) *s. m.* Veneno amargo y muy efectivo. *Murió envenenado con cianuro.*

ciática (**ciá**-ti-ca) *s. f.* Neuralgia del nervio de la cadera. *La ciática le produce muchos dolores.*

ciberespacio (ci-be-res-**pa**-cio) *s. m.* En informática, lugar virtual de encuentro de las personas que usan las redes electrónicas. *Esta tarde voy a navegar por el ciberespacio.*

cibernauta (ci-ber-**nau**-ta) *s. m. y s. f.* *Internauta.

cibernética (ci-ber-**né**-ti-ca) *s. f.* Ciencia que estudia el funcionamiento de las máquinas automáticas y de los cerebros electrónicos. *Es un apasionado de la cibernética.*

cicatería (ci-ca-te-**rí**-a) *s. f.* Tacañería, avaricia. *Su cicatería es increíble, pasa hambre por no gastar.* **SIN.** Roñería, mezquindad. **ANT.** Generosidad.

cicatriz (ci-ca-**triz**) *s. f.* **1.** Señal que queda después de curada una herida. *Tiene una cicatriz en la rodilla de una brecha que se hizo cuando se cayó.* **SIN.** Herida, marca. **2.** Impresión que queda en el ánimo por algún sentimiento pasado. *Su estancia en las misiones le dejó una profunda cicatriz.* **SIN.** Huella, marca, señal. ✎ Su pl. es "cicatrices".

cicatrizar (ci-ca-tri-**zar**) *v. tr.* Quedar bien cerrada una llaga o herida. **GRA.** También v. prnl. *La herida se cicatrizó muy pronto y pudo salir del hospital.* ✎ Se conjuga como abrazar.

cícero (**cí**-ce-ro) *s. m.* Unidad tipográfica de composición en las imprentas. *Un cícero equivale a 4,512 mm.*

cicerone (ci-ce-**ro**-ne) *s. m.* Persona que guía a otras y les va enseñando una ciudad, palacio, museo, etc. *Un cicerone nos enseñó el castillo.* **SIN.** Guía.

ciclismo (ci-**clis**-mo) *s. m.* Deporte de los aficionados a la bicicleta. *Practica el ciclismo casi desde la infancia.*

ciclista (ci-**clis**-ta) *s. m. y s. f.* **1.** Persona que practica el ciclismo. *Los ciclistas subieron un puerto de montaña.* **2.** Persona que va montada en una bicicleta. *Nos encontramos con varios ciclistas por el camino.*

ciclo (**ci**-clo) *s. m.* **1.** Período de tiempo completo. *La llegada del hombre a la Luna cerró un ciclo de la historia.* **SIN.** Etapa, época. **2.** Serie de acciones o fenómenos que se repiten en el mismo orden. *El ciclo de la cosecha se divide en siembra, crecimiento y recogida.* **SIN.** Proceso. **3.** Serie de conferencias y actos de carácter cultural relacionados entre sí. *Asiste a un ciclo de conferencias sobre literatura rusa.* **4.** Conjunto de poemas épicos u otras obras sobre el mismo tema. *Está leyendo obras del ciclo carolingio.*

ciclocross (ci-clo-**cross**) *s. m.* Modalidad ciclista en la que los participantes corren por un terreno accidentado. *Fuimos a ver una competición de ciclocross.*

ciclón (ci-**clón**) *s. m.* **1.** Región de baja presión atmosférica. *Al ciclón también se le llama depresión.* **2.** *Huracán.

cíclope (**cí**-clo-pe) *s. m.* Gigante mitológico que tenía un solo ojo en medio de la frente. *El protagonista del cuento era un cíclope que vivía en una caverna.* ✎ También "ciclope".

cicuta (ci-**cu**-ta) *s. f.* Planta de aplicaciones medicinales, que los griegos utilizaban como veneno mortal. *El filósofo griego Sócrates bebió la cicuta.*

ciego, ga (**cie**-go) *adj.* **1.** Que no ve porque carece del sentido de la vista. **GRA.** También s. m. y s. f. *Un perro entrenado guiaba al ciego.* **SIN.** Invidente. **ANT.** Vidente. **2.** Dominado por alguna pasión, de tal modo que no ve lo que hace. *Está ciego de rabia.* **SIN.** Obsesionado, alucinado, obcecado, ofuscado. **ANT.** Clarividente. **3.** Se dice de un conducto lleno de tierra o broza, de modo que no se puede usar. *El caño de esa fuente está ciego, no sale nada de agua.* ‖ **LOC. a ciegas** Sin reflexionar.

cielo (**cie**-lo) *s. m.* **1.** Espacio que rodea la Tierra, claro y azul de día y oscuro y con estrellas de noche. *Hoy el cielo está muy nublado.* **SIN.** Firmamento, éter, bóveda celeste, infinito. **2.** En la religión judeo-cristiana, el lugar donde están los seres celestiales, ángeles, santos, etc. *Las personas buenas van al cielo.* **SIN.** Edén, paraíso, gloria. **ANT.** Infierno. **3.** Parte superior que cubre o resguarda algunas cosas. *El cielo de la habitación estaba lleno de goteras.* ‖ **4. cielo de la boca** Paladar. ‖ **LOC. a cielo abierto** A la intemperie. **clamar al cielo un hecho** Ser de una gran injusticia. **llovido del cielo** *fam.* Muy oportuno. **mover alguien cielo y tierra** *fam.* Hacer todo lo posible por conseguir algo. **ver alguien los cielos abiertos** *fam.* Encontrar la ocasión propicia para algo.

ciempiés (ciem-**piés**) *s. m.* Insecto alargado con veintiún pares de patas. *La mordedura del ciempiés es venenosa.* ✎ Invariable en número.

cien - cimborrio

cien *adj.* Forma apocopada de ciento. *Hubo cien participantes en la carrera.* ☞ Se usa siempre antes de s. en pl.

ciénaga (cié-na-ga) *s. f.* Lugar pantanoso y lleno de cieno. *Había llovido tanto que la huerta parecía una ciénaga.* **SIN.** Pantano, lodazal, barrizal.

ciencia (cien-cia) *s. f.* **1.** Conjunto de conocimientos que la humanidad tiene sobre las cosas. *La ciencia ha evolucionado mucho desde el principio de los tiempos.* **SIN.** Saber, cultura, erudición. **ANT.** Desconocimiento, ignorancia. **2.** Conjunto de conocimientos sobre actividades y materias concretas. *Las Matemáticas son una ciencia exacta.* **SIN.** Disciplina, asignatura. || **3. ciencia-ficción** Género narrativo que recrea situaciones de un futuro imaginario, con una tecnología muy superior a la actual. **4. ciencias ocultas** Conocimientos y prácticas misteriosos, como la magia, la alquimia, la astrología, etc., que pretenden dominar los secretos de la naturaleza. || **LOC. a ciencia cierta** Con toda seguridad.

cieno (cie-no) *s. m.* Barro blando y sucio que se forma en el fondo de las aguas estancadas. *Se cayó al estanque y salió cubierto de cieno.* **SIN.** Fango, lodo.

científico, ca (cien-tí-fi-co) *adj.* **1.** Perteneciente o relativo a la ciencia. *Trabaja en un interesante proyecto científico.* **2.** Se dice de la persona que se dedica a una o más ciencias. **GRA.** También s. m. y s. f. *Einstein era un gran científico.* **SIN.** Investigador.

ciento (cien-to) *adj. num. card.* **1.** Diez veces diez. *La colección consta de ciento veinte fotos.* || *adj. num. ord.* **2.** *Centésimo. || *s. m.* **3.** Conjunto de signos con que se representa el número 100. **4.** *Centena.

cierre (cie-rre) *s. m.* **1.** Acción y efecto de cerrar o cerrarse. *Se bastaba él solo para el cierre de la tienda.* **2.** Clausura temporal de tiendas y otros establecimientos. *El cierre de la fábrica durante varios meses ha perjudicado a todos.* **3.** Lo que sirve para cerrar. *Echa el cierre de la ventana.* **SIN.** Cerradura.

cierto, ta (cier-to) *adj.* **1.** Que es verdad. *Es cierto que hoy es mi cumpleaños.* **SIN.** Indiscutible, evidente. **ANT.** Dudoso, falso, erróneo. **2.** Se usa delante del sustantivo en sentido indeterminado. *En cierta ocasión viajé a Europa.* **SIN.** Alguno, un. || *adv. afirm.* **3.** Sí, ciertamente. *Cierto, él tiene razón.*

ciervo, va (cier-vo) *s. m. y s. f.* **1.** Mamífero rumiante de cuerpo esbelto, carrera veloz y con astas en forma de ramas. *La cierva es más pequeña que el ciervo y no tiene astas.* || **2. ciervo volante** Insecto de gran tamaño, de color negro, con cuatro alas y unas pinzas muy desarrolladas.

cierzo (cier-zo) *s. m.* Viento que sopla del Norte. *El cierzo soplaba fuertemente.*

cifra (ci-fra) *s. f.* Cada uno de los signos con que se representa un número. *423 es un número de tres cifras.* **SIN.** Guarismo, dígito.

cifrar (ci-frar) *v. tr.* **1.** Escribir en cifra o clave. *Cifró el mensaje.* **2.** Reducir una cosa a otra. *Algunos cifran su vida al afán de hacer dinero.*

cigala (ci-ga-la) *s. f.* Crustáceo marino parecido al cangrejo de río. *Le encantan las cigalas a la plancha.*

cigarra (ci-ga-rra) *s. f.* Insecto de color verdoso que cuando hace mucho calor, produce un sonido estridente y monótono. *En aquella calurosa tarde sólo se oía el ruido de las cigarras.* **SIN.** Chicharra.

cigarrillo (ci-ga-rri-llo) *s. m.* Cigarro pequeño envuelto en papel. *Fumaba un cigarrillo al día.* **SIN.** Pitillo.

cigarro (ci-ga-rro) *s. m.* **1.** Rollo prensado de hojas de tabaco para fumar. *Se fumó un cigarro habano.* **SIN.** Puro. **2.** *Cigarrillo.

cigoto (ci-go-to) *s. m.* Huevo de animales y plantas. *Un cigoto surge de la fusión de un gameto masculino con otro femenino.*

cigüeña (ci-güe-ña) *s. f.* Ave zancuda, de cuello largo, cuerpo blanco, alas negras y patas largas y rojas, que anida en las torres y árboles elevados. *La cigüeña es un ave de paso.*

cigüeñal (ci-güe-ñal) *s. m.* Manivela accionada por las bielas conectadas a los pistones, que transforma el movimiento de vaivén en circular. *Al romperse la biela hubo que cambiar el cigüeñal.*

cilicio (ci-li-cio) *s. m.* Faja de cerdas o cadenillas de hierro con puntas, que se ponía ceñida al cuerpo para mortificación. *Algunos santos se ponían cilicios.*

cilindro (ci-lin-dro) *s. m.* **1.** Cuerpo geométrico limitado por una superficie curva cerrada y dos planos que forman sus bases. *Esta bobina de hilo tiene forma de cilindro.* **2.** Tubo del motor dentro del cual se mueve el pistón. *Este motor es de cuatro cilindros.*

cilio (ci-lio) *s. m.* En biología, filamento delgado y corto que, junto con otros muchos, suele tener una función locomotora en un medio líquido. *Los cilios aparecen en protozoos y células.*

cima (ci-ma) *s. f.* **1.** Lo más alto de una montaña o árbol. *La expedición logró alcanzar la cima del Everest.* **SIN.** Cumbre, pico, remate, punta. **2.** Fin de alguna obra o cosa. *Llegó a la cima de su trabajo antes de lo previsto.* **SIN.** Coronamiento, pináculo, apogeo, término, culminación. **ANT.** Principio, inicio.

cimborrio (cim-bo-rrio) *s. m.* **1.** Cuerpo cilíndrico que sirve de base a la cúpula. *La arquitectura bizan-*

cimbrar - cinturón

tina utilizaba cimborrios. **2.** Cúpula, en especial en el arte románico y gótico. *La Catedral de Zamora tiene unos bonitos cimborrios.*

cimbrar (cim-**brar**) *v. tr.* Mover una vara larga u otra cosa flexible cogiéndola por un extremo y haciéndola vibrar. **GRA.** También v. prnl. *El fuerte viento hacía que los mimbres se cimbraran.* **SIN.** Vibrar.

cimentar (ci-men-**tar**) *v. tr.* **1.** Poner los cimientos de un edificio o fábrica. *Dentro de un mes comenzarán a cimentar nuestra nueva casa.* **2.** Edificar, fundar alguna cosa. *San José de Calasanz cimentó la enseñanza de los niños pobres.* **SIN.** Fundamentar. ✎ v. irreg., se conjuga como acertar.

cimero, ra (ci-**me**-ro) *adj.* Que se encuentra arriba o en la parte más alta. *Sábana cimera.*

cimiento (ci-**mien**-to) *s. m.* **1.** Parte del edificio que está bajo tierra y que sirve para que se sostenga la construcción. **GRA.** Se usa más en pl. *No sé cuándo acabarán la casa, sólo están hechos los cimientos.* **SIN.** Base, firme. **2.** Principio de alguna cosa. *Los cimientos de nuestra amistad son la sinceridad y la confianza.* **SIN.** Causa, origen, raíz, fundamento.

cimitarra (ci-mi-**ta**-rra) *s. f.* Sable curvo usado por los turcos y por otros pueblos orientales. *Le trajo una cimitarra como recuerdo de su viaje a Turquía.*

cinc *s. m.* Metal de color blanco azulado y de brillo intenso. *El cinc tiene muchas aplicaciones.* ✎ Su pl. es "cines".

cincel (cin-**cel**) *s. m.* Herramienta que sirve para labrar las piedras y metales. *Miguel Ángel fue un maestro del cincel.* **SIN.** Buril, punzón, cortafrío.

cincha (**cin**-cha) *s. f.* Correa o faja para sujetar la silla o albarda sobre la caballería. *La silla del caballo se torció porque la cincha no estaba bien apretada.*

cinco (**cin**-co) *adj. num. card.* **1.** Cuatro y uno. **GRA.** También pron. y s. m. *Los cinco amigos siempre iban juntos.* ∥ *s. m.* **2.** Signo o cifra con que se representa el número cinco.

cincuenta (cin-**cuen**-ta) *adj. num. card.* **1.** Cinco veces diez. **GRA.** También pron. y s. m. *Había una cola de más de cincuenta personas.* ∥ *adj. num. ord.* **2.** Que ocupa el último lugar en una serie ordenada de 50. **GRA.** También pron. ∥ *s. m.* **3.** Conjunto de signos con que se representa el número 50.

cincuentón, na (cin-cuen-**tón**) *adj.* Se dice de la persona que tiene cincuenta años cumplidos. **GRA.** También s. m. y s. f. *Para tomarle el pelo le dicen que es un cincuentón muy bien conservado.*

cine (**ci**-ne) *s. m.* **1.** Local público con asientos y pantalla para ver películas. *Ayer vimos una película en el ci-* *ne.* **2.** Arte de hacer películas cinematográficas o filmes. *El Cine está considerado como el séptimo arte.*

cineasta (ci-ne-**as**-ta) *s. m.* Persona que tiene una intervención importante en una película cinematográfica, como actor, director, productor, etc. *El joven actor se ha convertido ya en un famoso cineasta.*

cinemascope (ci-ne-mas-**co**-pe) *s. m.* Sistema cinematográfico que, tomando las imágenes con cierta deformación y proyectándolas sobre una pantalla panorámica, produce mayor sensación de perspectiva. *Las películas en cinemascope parecen más reales.*

cinematógrafo (ci-ne-ma-**tó**-gra-fo) *s. m.* **1.** Aparato que sirve para tomar fotografías animadas y proyectarlas con tal rapidez que produce el movimiento de las imágenes. *Tiene dos cinematógrafos antiguos de gran valor.* **2.** *Cine.

cinerario, ria (ci-ne-**ra**-rio) *adj.* **1.** *Ceniciento. **2.** Que está destinado a contener cenizas de cadáveres. *Sus restos llegaron en una urna cineraria.*

cíngulo (**cín**-gu-lo) *s. m.* Cordón que el sacerdote utiliza para ceñirse el alba. *El monaguillo ayudó al sacerdote a colocarse el cíngulo.* **SIN.** Cinturón, faja.

cínico, ca (**cí**-ni-co) *adj.* Se dice de una persona, actitud, etc., descarada y desvergonzada. *Su postura era tan cínica que nadie le apoyó.* **SIN.** Sarcástico, satírico, falso, impúdico. **ANT.** Respetuoso, digno.

cínife (**cí**-ni-fe) *s. m.* Mosquito común. *Había muchos cínifes a la orilla del río.*

cinta (**cin**-ta) *s. f.* **1.** Tira de tela, larga y estrecha, que se emplea para atar algo. *Te hice un bonito lazo con la cinta azul.* **SIN.** Faja, orla, banda, cordón. ∥ **2. cinta cinematográfica** Película o filme usado en el cine. **3. cinta magnetofónica** Tira especialmente preparada para grabar sonidos. **4. cinta métrica** La que tiene marcada la longitud del metro y sus divisores, y se emplea para medir. **5. cinta transportadora** Aparato que sirve para transportar personas o cosas.

cinto (**cin**-to) *s. m.* *Cinturón.

cintura (cin-**tu**-ra) *s. f.* **1.** Parte más estrecha del cuerpo humano, comprendida entre las caderas y el tronco. *No le valen los pantalones porque ha engordado de cintura.* **SIN.** Talle. **2.** Parte de un vestido que corresponde a la cintura. *Arregló la cintura del vestido.* ∥ **LOC. meter a alguien en cintura** *fam.* Dominarle, hacerle entrar en razón.

cinturón (cin-tu-**rón**) *s. m.* **1.** Cinta que se utiliza para ceñir las prendas de vestir a la cintura. *Le gustaba ponerse su cinturón de cuero con los pantalones* vaqueros. **SIN.** Cinto, banda, correa. **2.** Serie de cosas que rodean a otra. *Madrid está rodeado por un cinturón de urbanizaciones.* ‖ **LOC. apretarse el cinturón** Verse obligado a reducir los gastos.

ciprés (ci-**prés**) *s. m.* Árbol de copa alta y alargada, cuya madera es rojiza y olorosa. *El cementerio estaba rodeado de cipreses.*

circo (**cir**-co) *s. m.* **1.** Recinto circular, casi siempre de lona, donde hay espectáculos de payasos, animales amaestrados, ejercicios gimnásticos, acróbatas, etc. *Los niños querían ir al circo a ver los elefantes.* **2.** Entre los antiguos romanos, edificio generalmente redondo destinado a los espectáculos de fieras y gladiadores. *El circo Máximo tenía capacidad para más de 350 000 personas.* **3.** Depresión en forma de semicírculo en una región montañosa, causada por la acción de un glaciar. *Fuimos de excursión al circo de la Sierra de Gredos.*

circuito (cir-**cui**-to) *s. m.* **1.** Terreno comprendido dentro de un perímetro. *Le encantó el circuito automovilístico de Le Mans.* **SIN.** Recinto. **2.** Trayectoria que recorre la corriente eléctrica. *Una avería en el circuito dejó sin luz a todo el edificio.*

circulación (cir-cu-la-**ción**) *s. f.* **1.** Tránsito de personas o vehículos por las calles. *La circulación es un problema de las grandes ciudades.* **SIN.** Tráfico. **2.** Movimiento continuo de la sangre por el cuerpo. *La circulación del cuerpo humano es doble y completa.*

circular[1] (cir-cu-**lar**) *adj.* **1.** Que pertenece o se refiere al círculo. *Los extremos estaban unidos por un segmento circular.* **2.** De figura de círculo. *Haz un agujero circular para meter el palo.* **SIN.** Redondo. ‖ *s. f.* **3.** Orden que una autoridad superior dirige a todos o gran parte de sus subordinados. *El alcalde envió una circular.* **SIN.** Notificación, comunicación.

circular[2] (cir-cu-**lar**) *v. intr.* **1.** Ir y venir. *La gente circulaba con prisa.* **SIN.** Deambular, recorrer, marchar, caminar, moverse. **2.** Pasar alguna cosa o noticia de unas personas a otras. *Circularon varios rumores, pero todos falsos.* **SIN.** Divulgarse, propagarse, extenderse, expandirse.

círculo (**cír**-cu-lo) *s. m.* **1.** Superficie plana limitada por una circunferencia. *Las monedas son círculos de metal.* **SIN.** Redondel. **2.** Circunferencia. *Hizo un sol dibujando un círculo al que añadió rayos.* **SIN.** Redondel. **3.** Lugar para reuniones de personas

CÍRCULO Y CIRCUNFERENCIA

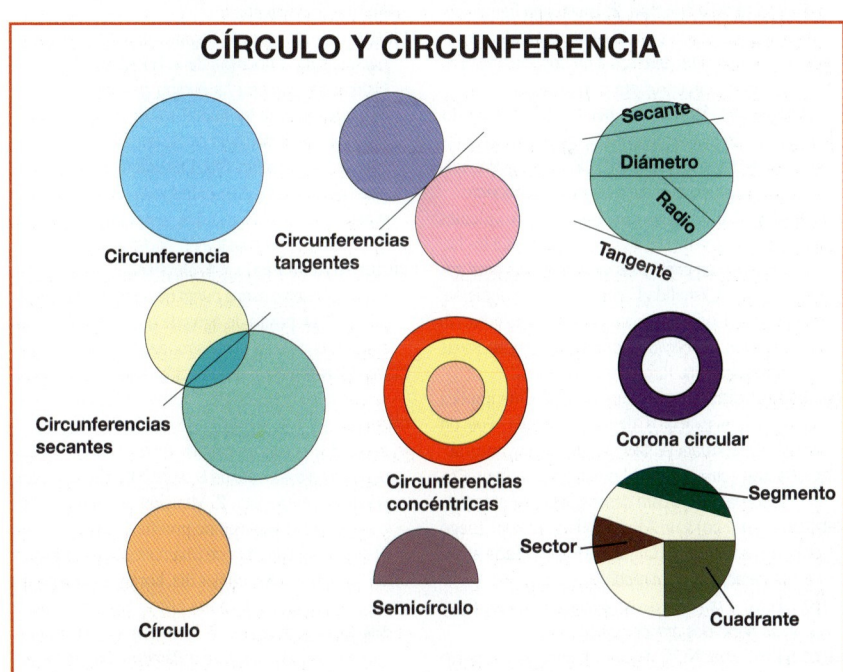

circuncidar - citar

que pertenecen a un grupo determinado. *Mi amigo el pintor suele ir al Círculo de Bellas Artes.* **SIN.** Club, agrupación, sociedad. **4.** Ambiente social. *No conozco a su círculo de amistades.*

circuncidar (cir-cun-ci-**dar**) *v. tr.* Cortar circularmente una porción del prepucio. *Para corregir la fimosis se circuncida a los que la padecen.*

circuncisión (cir-cun-ci-**sión**) *s. f.* Acción y efecto de circuncidar. *La ciruncisión es un ritual en algunas religiones, como la hebrea.*

circunferencia (cir-cun-fe-**ren**-cia) *s. f.* Línea curva, cerrada y plana, cuyos puntos están a la misma distancia de otro interior que se llama centro. *La rueda de una bicicleta tiene forma de circunferencia.*

circunflejo (cir-cun-**fle**-jo) *adj.* Se dice del acento en forma de angulito (^) que suelen llevar algunas palabras extranjeras. *Algunas palabras francesas llevan acento circunflejo.*

circunloquio (cir-cun-**lo**-quio) *s. m.* Rodeo de palabras para decir una cosa. *Déjate de circunloquios y vete al grano de una vez.* **SIN.** Digresión, perífrasis.

circunscribir (cir-cuns-cri-**bir**) *v. tr.* **1.** Concretar algo. **GRA.** También v. prnl. *La elección se circunscribe sólo a parte de la provincia.* **2.** Trazar una figura geométrica que rodee a otra. *El ejercicio trataba de circunscribir una circunferencia a un polígono.* ✎ Tiene part. irreg., circunscripto o circunscrito.

circunspecto, ta (cir-cuns-**pec**-to) *adj.* **1.** Cuerdo, prudente. *Es muy circunspecto, siempre analiza las ventajas y desventajas de todo.* **2.** Serio, grave, respetable. *Su atuendo le daba un aire circunspecto.*

circunstancia (cir-cuns-**tan**-cia) *s. f.* **1.** Accidentes de tiempo, lugar, modo, etc., que influyen en los hechos. *Estaban en crisis y las circunstancias eran adversas.* **SIN.** Casualidad, coincidencia, condición, requisito. **2.** Condición necesaria para una cosa. *No le admitieron la solicitud porque no cumplía varias circunstancias.* **SIN.** Requisito, formalidad.

circunstancial (cir-cuns-tan-**cial**) *adj.* Que implica alguna circunstancia o depende de ella. *Fue un acuerdo circunstancial.* **SIN.** Accesorio, coyuntural.

circunvalar (cir-cun-va-**lar**) *v. tr.* Cercar, rodear. *Circunvalaron la ciudad para descongestionar el tráfico.*

cirílico (ci-**rí**-li-co) *s. m.* Alfabeto derivado del griego utilizado en Rusia y Bulgaria. *Mi padre sabe escribir con caracteres del cirílico.*

cirio (**ci**-rio) *s. m.* Vela de cera larga y gruesa. *En el velatorio había dos grandes cirios.*

cirro (**ci**-rro) *s. m.* Nube de color blanco y de aspecto algodonoso. *El cielo comenzaba a cubrirse de cirros.*

ciruela (ci-**rue**-la) *s. f.* Fruto del ciruelo, que es redonda y pequeña, y cuya carne es jugosa y dulce. *Me gustan mucho las ciruelas claudias.*

ciruelo (ci-**rue**-lo) *s. m.* **1.** Árbol frutal de flores blancas, cuyo fruto es la ciruela. *En la huerta tenían varios ciruelos.* **2.** *fam.* Persona muy necia. **GRA.** También adj. *No hay quien le haga razonar, es un ciruelo.*

cirugía (ci-ru-**gí**-a) *s. f.* **1.** Parte de la medicina que tiene por objeto curar las enfermedades por medio de operaciones. *Estudió la especialidad de cirugía.* || **2. cirugía estética** Rama de la cirugía plástica cuyo objetivo es el embellecimiento de una parte del cuerpo. **3. cirugía plástica** Especialidad quirúrgica cuyo objetivo es reparar o reconstruir partes del cuerpo dañadas o marcadas con cicatrices.

cirujano, na (ci-ru-**ja**-no) *s. m. y s. f.* Persona que practica la cirugía. *El cirujano entró al quirófano con todo dispuesto para la operación.*

cisco (**cis**-co) *s. m.* **1.** Carbón menudo. *Echa más cisco en el brasero.* **2.** *fam.* Bullicio, alboroto. *De pronto se armó un cisco en la calle.* **SIN.** Confusión, pelotera, zipizape, altercado. || **LOC. hacer cisco algo** *fam.* Destruirlo. **hacer cisco a alguien** *fam.* Herirlo gravemente.

cisma (**cis**-ma) *s. m.* **1.** Separación de un grupo de personas de la doctrina de la Iglesia católica. *En la historia de la Iglesia ha habido grandes cismas.* **2.** Separación entre los miembros de un cuerpo o comunidad. *Se produjo un cisma entre las dos tendencias de la asociación.* **SIN.** Desunión, escisión.

cisne (**cis**-ne) *s. m.* Ave palmípeda, de cuello largo, patas cortas y alas grandes, generalmente de plumaje blanco. *Me gustaba ver nadar a los cisnes.*

cisterna (cis-**ter**-na) *s. f.* **1.** Depósito de agua. *La cisterna del pueblo está a punto de agotarse.* **SIN.** Pozo, aljibe. **2.** Depósito de agua de un retrete. *No vayas al baño, la cisterna está estropeada.*

cistitis (cis-**ti**-tis) *s. f.* Inflamación de la vejiga. *Por pasar tanto frío cogió cistitis.* ✎ Invariable en número.

cita (**ci**-ta) *s. f.* **1.** Acuerdo de día, hora y lugar para verse dos o más personas. *Tengo una cita con el dentista para las siete de la tarde.* **SIN.** Citación, convocatoria, entrevista. **2.** Mención de un texto, dato o autor que se alega como prueba de lo que se dice. *El orador leyó una cita de Unamuno.* **SIN.** Alegación.

citar (ci-**tar**) *v. tr.* **1.** Señalar día, hora y lugar para ir a algún sitio. *Mi dentista me citó el lunes a las ocho.* **SIN.** Convocar, llamar. **2.** Nombrar a una persona o repetir sus palabras. *Citó a Ramón y Cajal en el párrafo primero de sus memorias.* **SIN.** Mencionar.

cítara - clarificar

cítara (cí-ta-ra) *s. f.* Instrumento musical de cuerda parecido a la lira. *La cítara se toca con una púa.*

citerior (ci-te-rior) *adj.* Situado de la parte de acá. *La casa está en la orilla citerior del río.* **ANT.** Ulterior.

cítrico, ca (cí-tri-co) *adj.* **1.** Que pertenece o se refiere al limón. *España exporta productos cítricos.* || *s. m. pl.* **2.** Frutas agrias. *El limón y la naranja son cítricos.*

ciudad (ciu-dad) *s. f.* **1.** Población grande. *En las ciudades circulan muchos más vehículos que en el campo.* **SIN.** Urbe, capital, metrópoli. || **2. ciudad dormitorio** Urbanización situada a las afueras de una gran ciudad en la que vive gente que trabaja en el centro de esa ciudad. **3. ciudad universitaria** Espacio donde se encuentran el conjunto de edificios pertenecientes a la universidad.

ciudadela (ciu-da-de-la) *s. f.* Fortaleza o refugio en el interior de una plaza de armas. *La ciudadela resistió durante mucho tiempo.*

cívico, ca (cí-vi-co) *adj.* **1.** Que pertenece o se refiere al civismo. *Su conferencia trataba sobre los deberes cívicos.* **2.** Patriótico. *Sus sentimientos cívicos le hicieron desistir de marchar a vivir al extranjero.*

civil (ci-vil) *adj.* **1.** Perteneciente a la ciudad o a los ciudadanos. *El alcalde habló sobre los beneficios civiles que habría.* **SIN.** Ciudadano, político, cívico, social. **2.** Sociable, educado, atento. *Da gusto tratar con una persona tan civil y considerada.* **SIN.** Cortés, afable. **ANT.** Incivil. **3.** Se dice de la persona que no es militar ni eclesiástico. *La población civil sufría las consecuencias de la guerra en su propia ciudad.* **SIN.** Laico, paisano.

civilización (ci-vi-li-za-ción) *s. f.* Conjunto de conocimientos, cultura, artes y medios de vida de un pueblo o de una raza. *Están realizando un interesante estudio sobre la civilización inca.*

civilizar (ci-vi-li-zar) *v. tr.* **1.** Sacar del estado primitivo a pueblos o personas. **GRA.** También v. prnl. *Aquellos conquistadores civilizaron muchos pueblos indígenas.* **2.** Educar, ilustrar. **GRA.** También v. prnl. *Era tan bruto que todos dudaban de que se civilizara algún día.* **SIN.** Instruir(se), desarrollar(se), cultivar(se). ✎ Se conjuga como abrazar.

civismo (ci-vis-mo) *s. m.* **1.** Interés y respeto con el que alguien siente por su país. *Tratar de llegar a un acuerdo es sólo cuestión de civismo.* **2.** Actitud cortés y generosa para con los demás ciudadanos. *Su gran civismo le hizo un personaje muy respetado en la ciudad.*

cizaña (ci-za-ña) *s. f.* **1.** Planta perjudicial que crece en los sembrados. *Limpiaron los campos de trigo de cizaña.* **SIN.** Broza. **2.** Cosa que daña a otra echándola a perder. *La helada fue una gran cizaña para la cosecha.* **SIN.** Daño. **3.** Discordia, enemistad. *Los dos se llevaban bien hasta que Pedro sembró la cizaña.* **SIN.** Querella, prejuicio.

clamar (cla-mar) *v. intr.* Dar voces lastimosas pidiendo ayuda. *Clamó al cielo pidiendo justicia.* **SIN.** Dolerse, exclamar, gritar, gemir, implorar.

clamor (cla-mor) *s. m.* **1.** Grito fuerte y lastimero que indica dolor o tristeza, especialmente colectivo. *El clamor de la multitud fue unánime.* **SIN.** Estruendo, fragor. **2.** Lamento, queja. *A lo lejos se oía el clamor de los manifestantes.*

clan *s. m.* **1.** Familia o tribu. *Estuvimos hablando con el jefe del clan.* **2.** Grupo de personas unidas por un interés común. *Detuvieron a varios contrabandistas que formaban parte del clan.*

clandestino, na (clan-des-ti-no) *adj.* Se dice de lo que se hace o se dice secretamente por temor a la ley o para eludirla. *No podían reunirse porque su organización era clandestina.* **SIN.** Ilegal, encubierto, prohibido, secreto, oculto. **ANT.** Público.

claraboya (cla-ra-bo-ya) *s. f.* Ventana abierta en el techo o en la parte alta de las paredes. *La buhardilla estaba iluminada por la luz que entraba por la claraboya.*

clarear (cla-re-ar) *v. intr.* **1.** Empezar a amanecer. *Cuando me levanté ya clareaba.* **SIN.** Amanecer, alborecer, alborear, nacer. **ANT.** Anochecer. **2.** Irse despejando las nubes. *Después de la lluvia clareó el día.* **SIN.** Despejarse, abrirse, aclarar. **ANT.** Encapotarse. || *v. prnl.* **3.** Transparentarse algo. *La tela era demasiado fina y se clareaba mucho.* **SIN.** Traslucir, ralear. **ANT.** Oscurecerse.

clarete (cla-re-te) *adj.* Se dice del vino tinto claro. **GRA.** También s. m. *Pidieron clarete para comer.*

claridad (cla-ri-dad) *s. f.* **1.** Calidad de claro, es decir, que tiene luz. *Me gusta mucho su casa porque tiene mucha claridad.* **SIN.** Diafanidad, transparencia, brillo, luminosidad, resplandor. **ANT.** Oscuridad, tenebrosidad. **2.** Distinción con la que se dice, percibe o comprende una idea o sensación. *Habló con claridad para que todos pudieran entenderle.* **SIN.** Perspicacia, lucidez, sagacidad. **3.** Palabras utilizadas para expresar algo a alguien de manera sencilla y franca. *Le habló con claridad, a pesar de que el asunto era muy desagradable.* **SIN.** Franqueza, sinceridad.

clarificar (cla-ri-fi-car) *v. tr.* Aclarar alguna cosa. *Clarifica tus ideas antes de tomar una decisión.* ✎ Se conjuga como abarcar.

clarín - clavel

clarín (cla-**rín**) *s. m.* **1.** Instrumento musical de viento parecido a la trompeta, pero más pequeño y de sonido más agudo. *Está aprendiendo a tocar el clarín.* **2.** Persona que toca este instrumento. *Su hermano es clarín en la orquesta del colegio.*

clarinete (cla-ri-**ne**-te) *s. m.* **1.** Instrumento musical de viento, formado por un tubo de madera con agujeros que se tapan con los dedos mientras se sopla. *Toca el clarinete desde que era pequeño.* **2.** Persona que toca este instrumento. *Le dijeron que si quería entrar como clarinete en la banda.*

clarividencia (cla-ri-vi-**den**-cia) *s. f.* Facultad de comprender claramente las cosas. *Su clarividencia le ayudó a resolver el asunto con éxito.* **SIN.** Intuición, sagacidad. **ANT.** Necedad, torpeza.

clase (**cla**-se) *s. f.* **1.** Conjunto de personas o cosas del mismo grado, calidad u oficio. *Si la clase de madera es nogal, te costará mucho dinero.* **SIN.** Categoría, tipo. **2.** Grupo de alumnos que reciben la misma enseñanza. *La clase de mi hermano va al museo esta tarde.* **SIN.** Curso, grado. **3.** Lugar donde se enseña. *Las clases de mi escuela tienen grandes ventanas.* **SIN.** Aula. **4.** Materia que explica el profesor a sus alumnos. *Da clase de matemáticas.* **SIN.** Asignatura, tema. **5.** Grupo de órdenes de plantas o animales con caracteres comunes. *La avispa pertenece a la clase de los insectos.*

clasificador, ra (cla-si-fi-ca-**dor**) *adj.* **1.** Que clasifica. *Carpeta clasificadora.* ‖ *s. m.* **2.** Mueble de despacho con varios cajoncitos para guardar separadamente y con orden los papeles. *Tenía la dirección de todos los colaboradores en su clasificador.* **SIN.** Archivador.

clasificar (cla-si-fi-**car**) *v. tr.* **1.** Ordenar por clases. *Estuvimos clasificando los minerales que habíamos recogido.* **SIN.** Separar, catalogar, ordenar, archivar. ‖ *v. prnl.* **2.** Conseguir determinado puesto en una competición o torneo deportivo. *El equipo local se clasificó en segundo lugar de la liga.* Se conjuga como abarcar.

clasista (cla-**sis**-ta) *adj.* **1.** Se dice de lo que es peculiar de una clase social. *Ese deporte es muy clasista, es muy caro practicarlo.* **2.** Que es partidario de las diferencias de clase. **GRA.** También s. m. y s. f. *Es muy clasista y desprecia a los demás.*

claudicar (clau-di-**car**) *v. intr.* **1.** Ceder, retractarse. *Claudicó en su postura y aceptó la de la mayoría.* **SIN.** Renunciar. **ANT.** Insistir. **2.** Dejar de comportarse correctamente. *Sus malas influencias le hicieron claudicar.* Se conjuga como abarcar.

claustro (**claus**-tro) *s. m.* **1.** Galería que rodea el patio principal de una iglesia, convento, etc. *Visitamos el claustro del monasterio.* **SIN.** Corredor, soportal. **2.** Reunión del rector, decanos y profesorado de una universidad o de cualquier otro centro de enseñanza. *Esta tarde tienen claustro los profesores.*

claustrofobia (claus-tro-**fo**-bia) *s. f.* Miedo a los espacios cerrados. *Le daban pánico los ascensores porque tenía claustrofobia.* **ANT.** Agorafobia.

cláusula (**cláu**-su-la) *s. f.* **1.** Cada una de las disposiciones de un contrato, tratado, etc. *Leyó las cláusulas del testamento.* **SIN.** Condición. **2.** Conjunto de palabras que expresan un sentido completo. *Para algunos lingüistas cláusula es sinónimo de oración.*

clausura (clau-**su**-ra) *s. f.* **1.** Acto solemne con el que finaliza una actividad. *Mañana será la clausura del curso.* **SIN.** Cierre. **2.** Parte de un convento en la que no pueden entrar los seglares. *Sólo a su padre le dejaron pasar a la clausura del convento.* **3.** Vida religiosa sin salir del convento. *Tiene una hermana que es monja de clausura.* **SIN.** Aislamiento.

clausurar (clau-su-**rar**) *v. tr.* **1.** Poner fin oficial y solemnemente a una asamblea, exposición, certamen, etc. *Muchas personalidades acudieron a clausurar la exposición.* **ANT.** Inaugurar. **2.** Cerrar un local público por orden gubernativa. *El ayuntamiento clausuró varios comercios por no tener las debidas licencias.* **SIN.** Anular, disolver. **ANT.** Abrir.

clavar (cla-**var**) *v. tr.* **1.** Asegurar con clavos una cosa. *Clavó el cuadro en la pared.* **SIN.** Enclavar, pinchar, hundir, incrustar. **ANT.** Desclavar. **2.** Introducir una cosa puntiaguda en un cuerpo. **GRA.** También v. prnl. *Se cayó en unas zarzas y se le clavaron varias espinas.* **SIN.** Pinchar. **3.** Mirar fijamente en algo. *Clavó los ojos en él desde que llegó.*

clave (**cla**-ve) *s. f.* **1.** Explicación de los signos secretos con que se escribe en cifra. *Necesito conocer la clave para saber lo que dice aquí.* **2.** Lo que explica o resuelve algo. *Saben muchos datos del robo pero todavía les falta la clave.* **3.** Razón o fundamento de algo. *Aquel lema de solidaridad era la clave del grupo.* **SIN.** Quid, esencia. **4.** Piedra central que cierra un arco o bóveda. *Aquel arco tenía la clave esculpida.* **5.** Signo que se pone al comienzo del pentagrama para determinar el nombre de las notas. *Pon una clave de sol en el pentagrama.* ‖ *s. m.* **6.** Instrumento musical de cuerdas y teclado, antecesor del piano. *En su casa tenían un clave muy antiguo.*

clavel (cla-**vel**) *s. m.* Planta de tallos nudosos, hojas largas y estrechas y flores, del mismo nombre, olo-

clavícula - cloaca

rosas y de colorido diverso. *Le regaló un ramo de claveles rojos.*

clavícula (cla-**ví**-cu-la) *s. f.* Hueso alargado que va desde el esternón al omóplato. *Se rompió la clavícula en un accidente.*

clavija (cla-**vi**-ja) *s. f.* **1.** Cada una de las llaves de madera que llevan los instrumentos musicales para sujetar y tensar las cuerdas. *Perdió una clavija de la guitarra.* **2.** Pieza que se encaja en un agujero para sujetar algo. *La chapa estaba sujeta por una clavija.* **3.** Pieza con una varilla metálica que sirve para conectar un teléfono a la red. *No daba línea porque estaba floja la clavija.* ‖ **LOC. apretarle a alguien las clavijas** *fam.* Ponerle en aprietos.

clavo (**cla**-vo) *s. m.* **1.** Pieza de metal larga y delgada, con cabeza y punta, que sirve para fijarla en alguna parte, o para asegurar una cosa a otra. *Utiliza clavos de todos los tamaños en sus labores de tapicería.* **2.** Callo duro que sale generalmente en los dedos de los pies o de las manos. *Se echaba una pomada para ver si se le curaba el clavo que tenía en el dedo.* **3.** Condimento que se obtiene del capullo seco de la flor del clavero. *El guiso sabía demasiado a clavo.* **4.** *Arg. y Chil.* Artículo de comercio que no se vende. ‖ **LOC. agarrarse a un clavo ardiendo** *fam.* Valerse de cualquier recurso para obtener algo. **dar alguien en el clavo** *fam.* Acertar.

claxon (**cla**-xon) *s. m.* Bocina de los automóviles. *Casi le atropella porque no oyó el claxon.* ✎ Su pl. es "cláxones".

clemencia (cle-**men**-cia) *s. f.* Virtud que modera el rigor de la justicia. *El acusado pidió clemencia al juez.* **SIN.** Magnanimidad, misericordia, bondad, indulgencia. **ANT.** Crueldad, rigor, inclemencia.

clemente (cle-**men**-te) *adj.* Que tiene clemencia. *La justicia fue clemente con el acusado.* **SIN.** Benigno, indulgente, piadoso. **ANT.** Cruel, riguroso.

cleptomanía (clep-to-ma-**ní**-a) *s. f.* Inclinación patológica a robar. *No robaba por necesidad, sufría cleptomanía.*

clerecía (cle-re-**cí**-a) *s. f.* *Clero.

clérigo (**clé**-ri-go) *s. m.* Persona que ha recibido las órdenes sagradas. *Había una reunión de los clérigos de esta diócesis.* **SIN.** Cura, sacerdote.

clero (**cle**-ro) *s. m.* **1.** Conjunto de los clérigos. *Estaban presentes las máximas autoridades del clero mundial.* **2.** Clase sacerdotal de la Iglesia católica. *El clero apoyó la reforma.* ‖ **3. clero regular** El que pertenece a una orden religiosa y hace los votos de pobreza, castidad y obediencia. **4. clero secular** El que no pertenece a una orden religiosa y no se obliga con estos votos.

clic *s. m.* Voz onomatopéyica utilizada para representar determinados sonidos semejantes al que se produce al pulsar un interruptor. *Sonó un clic y se fue la imagen de la pantalla.*

cliché (cli-**ché**) *s. m.* **1.** Imagen fotográfica negativa obtenida mediante cámara oscura. *Le pidió el cliché para sacar una copia.* **2.** Lugar común, idea o expresión demasiado repetida o formularia. *No es nada original, sólo sabe expresarse mediante clichés.*

cliente, ta (cli-**en**-te) *s. m. y s. f.* **1.** Persona que compra habitualmente en una misma tienda o que utiliza los servicios de otra persona. *El supermercado tiene muchos clientes. Soy cliente de ese abogado.* **SIN.** Consumidor, usuario, parroquiano, comprador. **OBS.** La forma "cliente" se emplea como s. m. y s. f. ‖ *s. m.* **2.** Ordenador o programa informático que solicita información a otro denominado servidor. *Para cargar el programa del servidor el cliente debe tener el programa de acceso adecuado.*

clientela (clien-**te**-la) *s. f.* Conjunto de los clientes habituales de una persona o establecimiento. *Siempre tiene algún detalle con su clientela.* **SIN.** Concurrencia, parroquia, público.

clima (**cli**-ma) *s. m.* Tiempo atmosférico. *Las ciudades de la costa tienen clima húmedo.*

climatizar (cli-ma-ti-**zar**) *v. tr.* Crear o mantener en un espacio cerrado las condiciones óptimas de temperatura, humedad, presión del aire, etc. *Están estudiando el presupuesto para climatizar las oficinas.* **SIN.** Acondicionar.

climatología (cli-ma-to-lo-**gí**-a) *s. f.* Ciencia que se ocupa del estudio del clima. *Estudiaban los grandes cambios producidos en la climatología del país.*

clip *s. m.* Barrita de metal o de plástico doblada sobre sí misma, que sirve para sujetar papeles. *Ponle un clip a estos folios para que queden todos agrupados.* **SIN.** Sujetapapeles. ☞ La Academia lo recoge con la forma "clipe". Para el pl. se usa generalmente "clips", aunque debería ser "clipes".

clisé (cli-**sé**) *s. m.* *Cliché.

clítoris (**clí**-to-ris) *s. m.* Órgano carnoso eréctil situado en la parte más elevada de la vulva. *El clítoris es la parte más sensible de los genitales femeninos.* ✎ Invariable en número.

cloaca (**cloa**-ca) *s. f.* **1.** Conducto subterráneo por donde van las aguas sucias de las poblaciones. *Se fugaron de la cárcel por una cloaca.* **SIN.** Sumidero, alcantarilla, pozo negro, vertedero. **2.** Porción final

clon - cocer

del intestino recto de las aves. *La cloaca de las aves se puede dilatar.*

clon *s. m.* Conjunto de células obtenido, mediante manipulación genética, de una célula determinada de otro individuo, con el cual guardan una total homogeneidad desde el punto de vista de su estructura genética. *Han obtenido un clon de esa planta medicinal.* ✎ Su pl. es clones.

cloro (**clo**-ro) *s. m.* Cuerpo gaseoso de color verde amarillento y de fuerte olor. *Echaron mucho cloro al agua de la piscina.*

clorofila (clo-ro-**fi**-la) *s. f.* Pigmento verde que permite que las plantas verdes utilicen la energía de la luz solar para elaborar su alimento. *La clorofila es fundamental en el proceso de la fotosíntesis.*

cloroformo (clo-ro-**for**-mo) *s. m.* Líquido incoloro que se usa como anestésico. *El cloroformo tiene sabor azucarado.*

cloruro (clo-**ru**-ro) *s. m.* **1.** Compuesto de cloro y otro elemento. *Los cloruros metálicos son sólidos.* ‖ **2. cloruro sódico** Sal común.

club *s. m.* Nombre que se da a una asociación con fines sociales, deportivos o de recreo, y al lugar donde se reúnen. *Son socios de un club de natación.* **SIN.** Agrupación, asociación, sociedad. ✎ Su pl. es "clubes".

coacción (co-ac-**ción**) *s. f.* Fuerza o violencia para obligar a hacer o decir algo. *Le vinieron con coacciones para que revelase el secreto.* **SIN.** Coerción, imposición. **ANT.** Libertad.

coagular (co-a-gu-**lar**) *v. tr.* Solidificar algún líquido. **GRA.** También v. prnl. *La sangre se coagula.* **SIN.** Cuajar(se), espesar(se). **ANT.** Licuar(se.).

coalición (co-a-li-**ción**) *s. f.* Confederación de unas personas o países con otros. *Una coalición de varios países aprobó el bloqueo.* **SIN.** Alianza, federación.

coartada (co-ar-**ta**-da) *s. f.* Argumento o prueba que da el acusado para demostrar que estaba en otro sitio, ajeno al lugar del delito. *Tenía una coartada perfecta.* **SIN.** Disculpa, excusa, defensa.

coartar (co-ar-**tar**) *v. tr.* No conceder enteramente una cosa. *Coartaba su libertad con tantas amenazas.* **SIN.** Limitar, cohibir, coaccionar, restringir. **ANT.** Estimular, dar libertad, permitir, dejar.

coba (**co**-ba) *s. f.* **1.** *fam.* Adulación fingida. *Le daba mucha coba para tenerle contento.* **SIN.** Lisonja, jabón. **2.** *fam.* Broma. *Se pasa el día de coba.*

cobalto (co-**bal**-to) *s. m.* Metal de color blanco rojizo, duro y dúctil, que se emplea para las aleaciones, pinturas, etc. *El símbolo del cobalto es Co.*

cobarde (co-**bar**-de) *adj.* Que no tiene valor. **GRA.** También s. m. y s. f. *En cuanto vio el peligro huyó, es un cobarde.* **SIN.** Apocado, acoquinado, medroso. **ANT.** Decidido, valiente.

cobardía (co-bar-**dí**-a) *s. f.* Falta de ánimo y valor. *Demostró no tener cobardía al salvar al niño de las llamas.* **SIN.** Temor, miedo, apocamiento. **ANT.** Valentía, arrojo, valor, atrevimiento, resolución.

cobaya (co-**ba**-ya) *s. m. y s. f.* Conejillo de Indias, mamífero roedor originario de América. *En el laboratorio tienen cobayas para realizar experimentos.* ☞ Se usa también "cobayo".

cobertizo (co-ber-**ti**-zo) *s. m.* **1.** Tejado que sale fuera de la pared. *Se refugiaron en el cobertizo hasta que dejó de llover.* **SIN.** Marquesina, porche, soportal. **2.** Lugar techado rústicamente para cobijarse de la intemperie. *Metió el remolque en el cobertizo porque parecía que se avecinaba una tormenta.*

cobertor (co-ber-**tor**) *s. m.* **1.** *Colcha.* **2.** Manta de abrigo para la cama. *Duerme con dos cobertores.*

cobijar (co-bi-**jar**) *v. tr.* **1.** Cubrir o tapar algo. *Cobijó al perro con una manta.* **GRA.** También v. prnl. **SIN.** Arropar, abrigar. ‖ *v. prnl.* **2.** Albergarse, refugiarse. *Se cobijaron en la cabaña.* **SIN.** Guarecerse.

cobra (**co**-bra) *s. f.* Serpiente venenosa de los países tropicales, con más de 2 m de largo. *En algunas culturas la cobra fue un animal sagrado.*

cobrar (co-**brar**) *v. tr.* **1.** Recibir dinero como pago de algo. *El fontanero cobró mucho dinero por arreglar el grifo.* **SIN.** Recaudar, percibir, recibir. **ANT.** Pagar, abonar, desembolsar. **2.** Volver a tomar o adquirir lo que antes se tenía. *Cobró tranquilidad cuando supo que no le había pasado nada.* **SIN.** Recuperar, rescatar, recobrar. **ANT.** Perder. **3.** Recoger una pieza de caza. *Cobró veinte perdices.* **4.** Recibir golpes. *Cobró unos buenos azotes por haberse portado mal.*

cobre (**co**-bre) *s. m.* Metal de color rojizo pardo, dúctil y maleable, que se emplea en la industria. *Le regalaron un candelabro de cobre.*

cóccix (**cóc**-cix) *s. m.* Hueso que se articula con el sacro y constituye la terminación de la columna vertebral. *Se cayó por la escalera y se fracturó el cóccix.* **SIN.** Coxis. ✎ Invariable en número.

cocear (co-ce-**ar**) *v. intr.* Dar coces. *El burro comenzó a cocear.*

cocer (co-**cer**) *v. tr.* **1.** Someter algo en un líquido a la acción del calor para hacerlo comestible. *Cuece un par de huevos para la ensalada.* **SIN.** Hervir, calentar, escalfar. **2.** Someter una cosa a la acción del fuego para darle determinadas propiedades. *En* ese taller de cerámica tienen un horno para cocer el barro. ‖ *v. intr.* **3.** Hervir un líquido. *El punto en que cuece el agua son 100º C.* 🔎 v. irreg., se conjuga como mover. Tiene doble part.; uno reg., cocido, y otro irreg., cocho.

cochambre (co-**cham**-bre) *s. amb., fam.* Cosa sucia, grasienta y de mal olor. *En aquella habitación no había más que cochambre.* **SIN.** Suciedad, porquería.

coche (**co**-che) *s. m.* **1.** Carruaje de cuatro ruedas, de tracción animal o con motor, para transportar personas. *Dieron un paseo por el parque en un coche de caballos. Han comprado un coche nuevo un poco más grande y más potente.* **SIN.** Vehículo, auto, automóvil. ‖ **2. coche cama** Vagón de ferrocarril con departamentos provistos de literas para descansar. **3. coche de línea** El que hace el servicio regular de viajeros entre dos poblaciones. **4. coche fúnebre** El que transporta los cadáveres al cementerio. ‖ **LOC. ir alguien en el coche de San Fernando** *fam.* Ir a pie.

cochera (co-**che**-ra) *s. f.* Lugar donde se encierran los coches. *He alquilado una cochera muy cerca de mi casa.* **SIN.** Garaje.

cochinilla[1] (co-chi-**ni**-lla) *s. f.* Nombre de varios crustáceos terrestres que habitan en lugares húmedos. *Cerca del río había muchas cochinillas.*

cochinilla[2] (co-chi-**ni**-lla) *s. f.* Insecto del que se extrae una materia colorante roja. *La cochinilla se usa para teñir la seda y la lana.*

cochino, na (co-**chi**-no) *s. m. y s. f.* **1.** Cerdo pequeño. *En la granja estamos criando dos cochinos.* **SIN.** Puerco, gorrino, marrano, gocho. **2.** Persona muy sucia y desaseada. **GRA.** También adj. *Es un cochino, nunca se lava.* **SIN.** Desastrado, descuidado, sucio, desaseado, desaliñado, . **ANT.** Aseado, pulcro, limpio.

cochiquera (co-chi-**que**-ra) *s. f., fam.* *Cochitril.

cochitril (co-chi-**tril**) *s. m.* **1.** *fam.* Lugar en el que vive el cerdo. *Metió al cerdo en el cochitril.* **SIN.** Pocilga, cuadra. **2.** *fam.* Habitación estrecha y desaseada. *Su habitación era tan pequeña y oscura que parecía un cochitril.* **SIN.** Tugurio.

cocido (co-**ci**-do) *s. m.* Plato formado por garbanzos, carne, chorizo, tocino, etc., puestos a cocer en una olla y listos para comer. *Los viernes, de menú suelen tener cocido.*

cociente (co-**cien**-te) *s. m.* Resultado que se obtiene dividiendo una cantidad por otra. *El cociente de doce dividido entre cuatro es tres.*

cocina (co-**ci**-na) *s. f.* **1.** Sitio de una casa, restaurante, etc., donde se preparan las comidas. *En la cocina se encuentra el frigorífico o refrigerador.* **2.** Aparato en el que se guisan los alimentos. *Hemos decidido cambiar nuestra vieja cocina de gas por una eléctrica.* **SIN.** Fogón, placa. **3.** Arte de preparar y guisar distintos platos. *Está haciendo un curso de cocina porque no sabe hacer ni un huevo frito.* **4.** Guiso típico de cada región o país. *Me gusta la cocina castellana.*

cocinar (co-ci-**nar**) *v. tr.* **1.** Preparar los alimentos de modo que se puedan comer. *Voy a cocinar pato a la naranja.* **SIN.** Aliñar, condimentar, guisar. ‖ *v. intr.* **2.** *fam.* Meterse alguien en asuntos que no le incumben. *No sabemos que estará cocinando en esa reunión, nadie le había llamado.*

coco[1] (**co**-co) *s. m.* Larva de diferentes especies, que se cría en los frutos y en las semillas. *Ten cuidado, esa manzana tiene cocos.*

coco[2] (**co**-co) *s. m.* **1.** Fruto del cocotero, de cáscara dura, pulpa blanca, comestible y un líquido dulce. *El agua de coco quita la sed.* **2.** *fam.* Cabeza humana. *Le dolía un poco el coco después de tanto trabajo.* ‖ **LOC. comer el coco a alguien** *fam.* Hacer que piense y actúe de determinada manera. **comerse alguien el coco** *fam.* Pensar insistentemente en un problema. **estar hasta el coco de algo** *fam.* Estar muy harto.

coco[3] (**co**-co) *s. m.* Fantasma imaginario para meter miedo a los niños. *De pequeño siempre le decían que si no se portaba bien vendría el coco.* ‖ **LOC. parecer, o ser, un coco** *fam.* Ser muy feo.

cocodrilo (co-co-**dri**-lo) *s. m.* Reptil escamoso de gran tamaño y muy peligroso, que vive en los grandes ríos de las regiones intertropicales. *Los cocodrilos son de color verdoso oscuro con manchas amarillento-rojizas.* **SIN.** Aligator, caimán.

cocotero (co-co-**te**-ro) *s. m.* Palmera de los países tropicales, de tallo alto y esbelto, cuyo fruto es el coco. *Aquella isla estaba llena de cocoteros.*

cóctel (**cóc**-tel) *s. m.* **1.** Bebida compuesta con la mezcla de varios licores. *Nos preparó un cóctel estupendo.* **2.** Reunión de sociedad. *Asistieron a un cóctel.* ‖ **3. cóctel molotov** Bomba incendiaria de fácil construcción. 🔎 Su pl. es "cócteles". También "coctel".

codazo (co-**da**-zo) *s. m.* Golpe dado con el codo. *Le dio un codazo para que se callara.*

codear (co-de-**ar**) *v. intr.* **1.** Mover los codos o golpear con ellos. *A la entrada del concierto había tal barullo que todos codeaban para poder entrar.* **SIN.** Rechazar, empujar. ‖ *v. prnl.* **2.** Tratarse de igual a igual una persona con otra. *Se codeaban con el ministro.* **SIN.** Alternar, frecuentar, relacionarse. ‖ *v. tr.*

codera - coherencia

3. *Amér. del S.* Pedir con insistencia hasta conseguir lo que se desea. **4.** *Amér. del S.* Sonsacar.

codera (co-**de**-ra) *s. f.* Pieza de adorno o refuerzo que se pone en los codos de las mangas de una prenda de vestir. *La chaqueta que se ha comprado tiene las coderas de pana.* **SIN.** Parche.

códice (**có**-di-ce) *s. m.* Libro manuscrito antiguo. *En su casa tenían un códice de gran valor artístico.*

codicia (co-**di**-cia) *s. f.* Ambición exagerada de riquezas. *Tenía tanta codicia que todo le parecía poco.* **SIN.** Avidez, egoísmo, ambición. **ANT.** Generosidad.

codificar (co-di-fi-**car**) *v. tr.* **1.** Hacer un cuerpo metódico y sistemático de las leyes que regulan una materia. *Codificaron todo lo referente a la ley de propiedad intelectual.* **SIN.** Recopilar, compilar, recoger. **2.** Transformar mediante las reglas de un código la formulación de un mensaje. *Codificaron el mensaje según su código secreto.* ✎ Se conjuga como abarcar.

código (**có**-di-go) *s. m.* **1.** Recopilación de leyes. *Le aplicaron el código de justicia militar.* **2.** Conjunto de reglas de una determinada materia. *Está estudiando el código de la circulación.*

codo (**co**-do) *s. m.* Parte posterior de la articulación del brazo con el antebrazo. *Le dio un empujón con el codo.* ‖ **LOC. codo con codo** Unas personas junto a otras, en compañía o cooperación. **empinar alguien el codo** *fam.* Beber mucho. **hablar alguien por los codos** *fam.* Hablar demasiado. **hincar alguien los codos** *fam.* Estudiar mucho.

codorniz (co-dor-**niz**) *s. f.* Ave galliforme de color pardo, muy estimada por su carne sabrosa. *Preparó un estofado de codorniz.* ✎ Su pl. es "codornices".

coeducación (co-e-du-ca-**ción**) *s. f.* Educación conjunta de jóvenes de uno y otro sexo. *Numerosos estudios están a favor de la coeducación en los centros de enseñanza.*

coeficiente (co-e-fi-**cien**-te) *s. m.* **1.** Número o letra que colocado a la izquierda de otro le multiplica. *En 2x el coeficiente es 2.* **SIN.** Multiplicador, factor. **2.** Intensidad con que se manifiesta un fenómeno o propiedad. *Hicieron un estudio sobre el coeficiente de natalidad.*

coercer (co-er-**cer**) *v. tr.* Contener a alguien en sus impulsos. *Sus amigos consiguieron coercer sus deseos de venganza.* **SIN.** Refrenar, contener, coartar, constreñir, reprimir. **ANT.** Dar libertad.

coetáneo, a (co-e-**tá**-ne-o) *adj.* Que es de la misma época o edad. **GRA.** También s. m. y s. f. *Dante y Petrarca fueron coetáneos.* **SIN.** Contemporáneo.

coexistir (co-e-xis-**tir**) *v. intr.* Tener vida varias o cosas o personas simultáneamente. *No pueden coexistir el desorden y la paz.* **SIN.** Convivir.

cofia (**co**-fia) *s. f.* Especie de gorro que forma parte del uniforme femenino de algunas profesiones. *La enfermera llevaba una cofia.*

cofradía (co-fra-**dí**-a) *s. f.* Hermandad o gremio de algunas personas que se reúnen para un fin determinado. *Se reunieron las cofradías de la Semana Santa.* **SIN.** Agrupación, congregación.

cofre (**co**-fre) *s. m.* Arca, caja para guardar cosas. *El tesoro estaba guardado en un cofre.*

coger (co-**ger**) *v. tr.* **1.** Agarrar algo. **GRA.** También v. prnl. *Cojo los cubiertos con la mano izquierda porque soy zurdo.* **SIN.** Tomar, asir(se), sujetar(se). **ANT.** Soltar(se), dejar. **2.** Alcanzar a una persona o cosa que va delante. *Como corría más que yo, no pude cogerle.* **SIN.** Atrapar, capturar, pillar. **ANT.** Libertar. **3.** Juntar algunas cosas, como los productos del campo. *Cogieron muchos tomates.* **SIN.** Recolectar, recoger, cosechar. **4.** Subir a un vehículo. *Cogí un autobús para volver a casa.* **SIN.** Tomar, montar. **ANT.** Bajar, apearse. **5.** Contraer o padecer una enfermedad. *Mi hermano ha cogido la gripe y no puede ir hoy al colegio.* **SIN.** Adquirir, pillar, agarrar. **6.** Descubrir un secreto o engaño. *Le cogieron en la mentira que había dicho.* **SIN.** Calar, pescar, sorprender. ✎ Se conjuga como proteger.

cogida (co-**gi**-da) *s. f.* Acto de coger el toro al torero. *Tuvo una aparatosa cogida, pero al final no fue grave.*

cogitabundo, da (co-gi-ta-**bun**-do) *adj.* Se dice de la persona que está muy pensativa. *Iba por la calle cabizbajo y cogitabundo.* **SIN.** Meditabundo.

cogollo (co-**go**-llo) *s. m.* **1.** Parte de dentro y más tierna de un repollo o de otras hortalizas. *Me gusta el cogollo de la lechuga.* **2.** Lo mejor de una cosa. *Ha cogido el cogollo de la empanada y nos deja los bordes.* **3.** Parte central de un asunto. *Entremos en el cogollo de la cuestión.*

cogorza (co-**gor**-za) *s. f., fam.* *Borrachera. **SIN.** Embriaguez, melopea, trompa. **ANT.** Sobriedad.

cogote (co-**go**-te) *s. m.* Parte superior y posterior del cuello. *Le dieron un golpe en el cogote.* **SIN.** Testuz, nuca, cerviz.

cohechar (co-he-**char**) *v. tr.* Sobornar a alguien. *Intentaron cohechar al juez.* **SIN.** Corromper, comprar.

coheredar (co-he-re-**dar**) *v. tr.* Heredar junto con otro u otros. *Coherederán la casa y las tierras.*

coherencia (co-he-**ren**-cia) *s. f.* Relación lógica de unas cosas con otras. *Los argumentos que daba a su* madre no tenían ninguna coherencia. **SIN.** Congruencia, lógica, ilación, sentido. **ANT.** Incoherencia, incongruencia.

coherente (co-he-**ren**-te) *adj.* Se dice de lo que tiene coherencia. *Intenta que sus actos siempre sean coherentes con su forma de pensar.* **SIN.** Acorde, congruente, razonable. **ANT.** Incongruente.

cohesión (co-he-**sión**) *s. f.* Acción y efecto de reunirse o adherirse las cosas entre sí. *Fue posible gracias a la cohesión de todos los esfuerzos.* **SIN.** Atracción, adhesión, unión. **ANT.** Inconsistencia.

cohete (co-**he**-te) *s. m.* **1.** Fuego de artificio que consiste en un canutillo de pólvora unido a una varilla ligera. *El día de la fiesta tiraron muchos cohetes.* **2.** Artefacto que sirve para impulsar vehículos espaciales. *La nave espacial fue impulsada por un cohete.* **SIN.** Aeronave, astronave.

cohibir (co-hi-**bir**) *v. tr.* Reprimir el movimiento o los impulsos. **GRA.** También v. prnl. *Se cohibió al ver que todos estaban pendientes de él.* **SIN.** Contener, sujetar, inhibir, coartar. **ANT.** Estimular, expansionar, desahogar. ✍ v. irreg., se conjuga como prohibir.

cohorte (co-**hor**-te) *s. f.* División de la legión romana formada por varias centurias. *Estaba al mando de dos cohortes.*

coincidir (coin-ci-**dir**) *v. intr.* **1.** Encontrarse dos o más personas en un mismo sitio. *Coincidía con su vecino todos los días en el ascensor.* **SIN.** Concurrir. **2.** Ocurrir dos o más cosas al mismo tiempo. *Al dar las doce, las manecillas del reloj coinciden.* **SIN.** Encontrarse, coexistir. **3.** Estar de acuerdo en algo. *Coincidieron en los puntos de vista.* **SIN.** Concordar, convenir, ajustarse.

coito (**coi**-to) *s. m.* Unión sexual entre dos personas. *El coito no llegó a consumarse.* **SIN.** Cópula.

cojear (co-je-**ar**) *v. intr.* **1.** Andar mal por tener algún defecto en la pierna o en el pie. *Cojeaba un poco porque tenía una herida en el pie.* **SIN.** Renquear. **2.** Moverse una mesa o cualquier otro mueble por no asentar bien en el suelo. *El armario cojea de la derecha porque el piso no está igual.* **3.** *fam.* Tener algún vicio o defecto. *Cojea un poco de envidia, aunque no es mala persona.* **4.** *fam.* Fallar en algo. *No es de extrañar que llegue tarde, siempre ha cojeado en puntualidad.*

cojín (co-**jín**) *s. m.* Almohadón que sirve para apoyarse o sentarse sobre él. *Colocó un cojín en el asiento para estar más cómodo.*

cojinete (co-ji-**ne**-te) *s. m.* **1.** Pieza de hierro que sujeta a las traviesas los raíles del ferrocarril. *El tren descarriló al romperse los cojinetes de la vía.* **2.** Pieza en la que descansa y gira un eje. *Cambiamos los cojinetes de la rueda de la bici.*

cojo, ja (**co**-jo) *adj.* **1.** Se dice de la persona o animal que cojea. **GRA.** También s. m. y s. f. *Andaba un poco cojo de la pierna izquierda.* **2.** Se dice de cosas inanimadas cuando se balancean a un lado y a otro. *Esa silla está coja, ten cuidado no te caigas.*

col *s. f.* Planta de huerta comestible, de hojas anchas y verdes, de la que se cultivan muchas variedades. *Le gustan mucho las coles de Bruselas.*

cola[1] (**co**-la) *s. f.* **1.** Extremidad posterior de la columna vertebral de algunos animales. *Ese caballo tenía una cola muy larga.* **SIN.** Rabo. **2.** Conjunto de plumas fuertes que tienen las aves en la rabadilla. *El pavo real tiene una cola preciosa.* **3.** Extremidad posterior de alguna cosa. *Su vestido de novia llevaba una cola muy larga.* **SIN.** Extremo, punta. **4.** Hilera de personas que esperan turno. *Había mucha cola en la taquilla del cine.* **SIN.** Fila, columna. ‖ **LOC. hacer alguien cola** Esperar turno o vez. **tener, o traer, cola una cosa** Tener consecuencias graves.

cola[2] (**co**-la) *s. f.* Pasta sólida que sirve para pegar. *Compra cola para pegar estos azulejos.* ‖ **LOC. no pegar ni con cola** *fam.* Desentonar.

colaborador, ra (co-la-bo-ra-**dor**) *s. m. y s. f.* **1.** Persona que trabaja con otra. *Tienen un grupo de diez colaboradoras para realizar ese trabajo.* **SIN.** Auxiliar, socio. **2.** Persona que escribe habitualmente en un periódico o revista, sin pertenecer a la plantilla de redactores. *Trabaja como colaborador de ese periódico.*

colaborar (co-la-bo-**rar**) *v. intr.* Trabajar con otra u otras personas. *Toda la familia ha colaborado en el arreglo del tejado. Se ha ofrecido a colaborar en el nuevo proyecto.* **SIN.** Ayudar, participar, cooperar.

colación (co-la-**ción**) *s. f.* Comida ligera en días de ayuno. *Tomó sólo un zumo como colación.* ‖ **LOC. sacar, o traer, a colación alguien o algo** *fam.* Hacer mención.

colada (co-**la**-da) *s. f.* **1.** Acción y efecto de lavar la ropa. *Tardó mucho en hacer la colada.* **2.** Ropa para lavar o ropa lavada. *Tendió la colada.*

colador (co-la-**dor**) *s. m.* Utensilio formado por una laminilla agujereada que se utiliza para colar los líquidos. *Usa el colador para colar la leche.*

colapso (co-**lap**-so) *s. m.* **1.** Fallo repentino de la circulación de la sangre, con la pérdida de las energías vitales. *Le tuvieron que llevar al hospital porque sufrió un colapso.* **2.** Paralización de cualquier actividad.

colar - colgar

Se produjo un colapso en el tráfico porque los semáforos no funcionaban. **3.** Destruccion de una institución, sistema, estructura, etc. *Aquello significaba el colapso de todo el sistema informático de la empresa.*

colar (co-lar) *v. tr.* **1.** Pasar un líquido por un colador para que queden en él las impurezas. *Voy a colar el café.* **SIN.** Filtrar, cribar, escurrir, tamizar. **2.** Pasar una cosa mediante engaño. *Le colaron una entrada falsa.* **SIN.** Infiltrar. ‖ *v. prnl.* **3.** *fam.* Introducirse a escondidas o sin permiso en alguna parte. *Se coló en el fútbol sin entrada.* **4.** *fam.* Meterse por un lugar estrecho. *El viento se colaba por las rendijas de la madera.* **5.** *fam.* Equivocarse, confundirse. *Quiso contestar tan rápido que se coló.* **SIN.** Errar, fallar. **6.** *fam.* Anticiparse alguien en la cola al turno que le corresponde. *Aquel señor quería colarse en la cola del supermercado.* **7.** *fam.* Estar muy enamorado. **GRA.** Se usa más en p. p. *Estaba muy colado por ella.* ‖ **LOC. no colar una cosa** *fam.* No ser creída. ✎ v. irreg., se conjuga como contar.

colcha (col-cha) *s. f.* Prenda para cubrir las camas. *Tiene varios cojines de adorno haciendo juego con la colcha.* **SIN.** Edredón, cubrecama.

colchón (col-**chón**) *s. m.* Saco relleno de lana, gomaespuma u otra cosa que ocupa el largo y ancho de la cama y que sirve para dormir sobre él. *Cambiaron el viejo colchón de lana por uno de muelles.*

colchoneta (col-cho-**ne**-ta) *s. f.* **1.** Colchón largo y delgado. *En el gimnasio usamos colchonetas para algunos ejercicios.* **2.** Colchón hinchable que se utiliza para tumbarse en la playa, el campo, etc. *Cuando vamos de campo, siempre duerme la siesta en la colchoneta.*

colección (co-lec-**ción**) *s. f.* Conjunto de cosas generalmente de la misma clase. *Tengo una colección de sellos. Ha decidido empezar una colección de mariposas.* **SIN.** Serie, recopilación, selección.

coleccionar (co-lec-**cio**-nar) *v. tr.* Reunir cosas de la misma especie para formar una colección con ellas. *Colecciona sellos.* **SIN.** Recopilar.

colecta (co-**lec**-ta) *s. f.* Recaudación de donativos, hecha generalmente con fines benéficos. *Al final de la misa realizaron una colecta para los pobres de la parroquia.* **SIN.** Postulación.

colectividad (co-lec-ti-vi-**dad**) *s. f.* **1.** Conjunto de personas asociadas para un fin. *La colectividad de estudiantes pedía mayor participación.* **SIN.** Sociedad, grupo, clase, esfera. **2.** La totalidad del pueblo. *Se trataba de mejoras que afectarían a toda la colectividad.* **SIN.** Población, habitantes.

colectivo, va (co-lec-**ti**-vo) *adj.* **1.** Que está formado por varias personas o cosas. *Es una explotación colectiva que marcha muy bien.* **2.** Se dice del sustantivo que en singular significa pluralidad. **GRA.** También s. m. *"Rebaño" es un sustantivo colectivo.* ‖ *s. m.* **3.** Agrupación de personas con diversos fines. *El colectivo de ecologistas lucha por defender el medio ambiente.* **SIN.** Gremio, sociedad, cuerpo. **4.** *Arg.* Autobús pequeño.

colega (co-**le**-ga) *s. m. y s. f.* **1.** Compañero que tiene una misma profesión. *El doctor me presentó a un colega suyo.* **SIN.** Camarada. **2.** *fam.* Amigo. *Celebró la fiesta de cumpleaños con sus colegas.*

colegial, la (co-le-**gial**) *adj.* **1.** Que pertenece o se refiere al colegio. *Sus actividades colegiales le llevaban mucho tiempo.* ‖ *s. m. y s. f.* **2.** Escolar, alumno. *Todos los colegiales estaban muy contentos porque llegaban las vacaciones.* ✎ Como adj. es invariable en género.

colegio (co-**le**-gio) *s. m.* **1.** Establecimiento de enseñanza primaria o secundaria. *Todos los días su abuelo le llevaba al colegio.* **SIN.** Escuela, academia, liceo, instituto. **2.** Sociedad de personas que pertenecen a la misma profesión. *Tenía una reunión en el colegio de veterinarios.*

cólera (**có**-le-ra) *s. f.* **1.** Rabia, enfado violento. *Montó en cólera al darse cuenta de que le habían engañado.* **SIN.** Irritación, arrebato, furor, enojo, rabieta. **ANT.** Ecuanimidad, calma. ‖ *s. m.* **2.** Enfermedad que se caracteriza principalmente por vómitos y diarrea. *El cólera se extendió por toda la ciudad.*

colesterol (co-les-te-**rol**) *s. m.* Sustancia grasa que se encuentra en las células y en la sangre. *Fue a hacerse análisis y le dijeron que tenía muy alto el colesterol.*

coleta (co-**le**-ta) *s. f.* Cabello recogido por detrás de la cabeza en forma de cola. *Tenía el pelo muy largo y solía ir peinada con coleta.* ‖ **LOC. cortarse la coleta** Retirarse el torero de su profesión.

coletilla (co-le-**ti**-lla) *s. f.* Dicho breve que se añade a lo expuesto. *Detrás de cada frase siempre tiene que decir una coletilla.* **SIN.** Adición, añadidura.

colgadura (col-ga-**du**-ra) *s. f.* Tapices o telas con que se cubren y adornan las paredes y balcones de un edificio. *En los balcones de la calle principal pusieron las mejores colgaduras para recibir al monarca.*

colgar (col-**gar**) *v. tr.* **1.** Poner una cosa pendiente de otra, sin que llegue al suelo. *Colgó el jamón de un gancho de la despensa.* **SIN.** Suspender, pender, enganchar. **2.** Atribuir algo a alguien. *Le colgaron el muerto y él no había tenido nada que ver.* **SIN.** Impu-

cólico - colocar

tar, achacar, cargar. **3.** Quitar a alguien la vida suspendiéndole del cuello con una cuerda. **GRA.** También v. prnl. *Siempre le contaban la historia de un señor que se había colgado.* v. irreg., se conjuga como contar. Se escribe "gu" en vez de "g" seguido de "-e".

cólico (**có**-li-co) *s. m.* Dolor fuerte en el intestino, riñón, hígado, etc. *Le dio un cólico de riñón y le tuvieron que llevar al hospital.*

coliflor (co-li-**flor**) *s. f.* Variedad de col, compuesta de diversas cabezas blancas y compactas, que se come cocida y condimentada de diversos modos. *Me gusta mucho la coliflor con tomate.*

coligarse (co-li-**gar**-se) *v. prnl.* Unirse unos con otros para algún fin. *Se coligaron para luchar por sus intereses.* **SIN.** Asociarse, confederarse, vincularse. Se conjuga como ahogar.

colilla (co-**li**-lla) *s. f.* Resto que queda del cigarro después de fumarlo. *Tenía el cenicero lleno de colillas.*

colina (co-**li**-na) *s. f.* Elevación del terreno menor que una montaña. *Tardaron mucho en subir la colina.* **SIN.** Altozano, cerro, collado, otero.

colindante (co-lin-**dan**-te) *adj.* Se dice de dos edificios o campos próximos entre sí. *Las dos amigas vivían en casas colindantes.* **SIN.** Aledaño, contiguo, limítrofe, rayano, vecino. **ANT.** Distante, lejano.

colindar (co-lin-**dar**) *v. intr.* Tener un límite común dos casas o dos fincas. *Se conocían porque sus fincas colindaban.* **SIN.** Limitar, rayar, rozar. **ANT.** Distar.

colirio (co-**li**-ri-o) *s. m.* Medicamento para los ojos de uso externo. *Se echó un colirio porque tenía alergia al polen.*

coliseo (co-li-**se**-o) *s. m.* **1.** Anfiteatro romano. *Visitamos el coliseo de Roma.* **2.** Sala de espectáculos de cierta importancia. *El concierto será en el coliseo.*

colisión (co-li-**sión**) *s. f.* **1.** Choque de dos cuerpos. *Hubo una colisión de dos automóviles.* **SIN.** Encuentro, topetazo, golpe. **2.** Lucha de ideas, intereses, o de las personas que los representan. *Había colisión entre los intereses de cada país.* **SIN.** Conflicto, enfrentamiento, discusión, oposición.

colitis (co-**li**-tis) *s. f.* Inflamación del intestino colon. *Tuvo que quedarse en casa porque tenía una fuerte colitis.* **SIN.** Enteritis. Invariable en número.

collado (co-**lla**-do) *s. m.* Tierra que se levanta como un cerro y menos alta que un monte. *Dimos un paseo hasta un collado cercano al pueblo.* **SIN.** Altozano, colina, loma, otero, montículo.

collage *s. m.* **1.** Técnica artística que consiste en pegar trozos de diferentes materiales sobre una superficie. *El profesor les está enseñando cómo realizar un collage.* **2.** Composición plástica creada según esta técnica. *Hicieron un collage con lanas, legumbres y trozos de telas y de papel de periódico.* Su pl. es "collages".

collar (co-**llar**) *s. m.* **1.** Adorno para llevar en el cuello. *Le regaló un collar de perlas.* **SIN.** Gargantilla. **2.** Aro que se pone en el cuello de los animales domésticos para adorno, sujeción o defensa. *Pon el collar al perro antes de sacarle de paseo.*

collarino (co-lla-**ri**-no) *s. m.* Parte inferior de un capitel. *El collarino estaba ricamente decorado.*

colleja (co-**lle**-ja) *s. f., fam.* Golpe que se da en la nuca de una persona. *Su amigo siempre le estaba dando collejas y no le gustaba nada.*

collie *adj.* Se dice de un perro de raza, que se caracteriza por tener el pelo largo y el hocico alargado. **GRA.** También s. m. *Le regalaron un collie.*

colmar (col-**mar**) *v. tr.* **1.** Llenar algo hasta los bordes. *Colmaron el saco de trigo y luego no podían atarlo.* **SIN.** Atestar, abarrotar. **ANT.** Vaciar. **2.** Satisfacer. *Le colmaron de atenciones.* **ANT.** Defraudar.

colmena (col-**me**-na) *s. f.* Lugar en el que habitan las abejas y donde forman los panales de miel. *A la salida del pueblo había varias colmenas.*

colmillo (col-**mi**-llo) *s. m.* **1.** Diente agudo y fuerte colocado delante de cada una de las filas de muelas. *Tenía caries en un colmillo.* **2.** Cada uno de los dos incisivos largos del elefante. *Los colmillos del elefante son de marfil.*

colmo (**col**-mo) *s. m.* Límite o perfección a que llega algo. *Su insensatez ha llegado al colmo.* **SIN.** Remate, cima, exceso, abuso. **ANT.** Deficiencia, falta. || **LOC. ser algo el colmo** *fam.* Ser intolerable.

colocación (co-lo-ca-**ción**) *s. f.* **1.** Acción y efecto de colocar o colocarse. *Me encargaré de la colocación de las sillas para la conferencia.* **SIN.** Posición, emplazamiento, situación. **2.** Situación de una cosa. *No me gusta la colocación del cuadro.* **3.** Trabajo que alguien desempeña. *Encontró una buena colocación.* **SIN.** Cargo, puesto, plaza, empleo, oficio.

colocar (co-lo-**car**) *v. tr.* **1.** Poner a una persona o cosa en el lugar donde debe estar. **GRA.** También v. prnl. *Hace un año que colocaron nuevas farolas en mi calle.* **SIN.** Situar(se), acomodar(se), instalar(se), disponer. **ANT.** Descolocar(se), desarreglar(se). **2.** Dar un empleo a alguien. **GRA.** También v. prnl. *Va a colocar a su hija en la oficina donde él trabaja.* **SIN.** Destinar, emplear(se). **ANT.** Despedir(se), cesar. Se conjuga como abarcar.

colofón - coma

colofón (co-lo-**fón**) *s. m.* **1.** Fin o término de algo. *Recitó un hermoso poema como colofón de su actuación.* **2.** Anotación que traen algunos libros en la última página, para indicar el nombre del impresor y el lugar y fecha donde se imprimió. *El colofón indicaba que se trataba de un libro incunable.*

colombofilia (co-lom-bo-**fi**-lia) *s. f.* Arte de criar y amaestrar palomas. *Le gusta la colombofilia.*

colon (**co**-lon) *s. m.* Parte central del intestino grueso que se extiende desde el ciego al recto. *No puede comer porque tiene una infección en el colon.*

colonia[1] (co-**lo**-nia) *s. f.* **1.** Grupo de personas de un país, región o provincia que vive en otro territorio. *La colonia china en Canadá es muy numerosa.* **SIN.** Comunidad. **2.** Territorio que está fuera de una nación y sometido a ella. *La India fue una colonia inglesa.* **SIN.** Dominio, posesión. **3.** Grupo de personas que se establece en un lugar sólo por una temporada. *En agosto fuimos a una colonia veraniega.* **4.** Agrupación de animales o plantas que viven juntos. *Los atolones son colonias de coral. Las hormigas viven en colonias.*

colonia[2] (co-**lo**-nia) *s. f.* Líquido aromático. *Mi colonia huele a lilas.* **SIN.** Esencia, perfume.

colonialismo (co-lo-nia-**lis**-mo) *s. m.* Actitud política consistente en la expansión territorial. *Su partido estaba a favor del colonialismo.* **SIN.** Imperialismo.

colonizar (co-lo-ni-**zar**) *v. tr.* Establecerse en un territorio para poblarlo y explotar sus riquezas. *Colonizaron ese territorio en el siglo XV.* ✎ Se conjuga como abrazar.

colono (co-**lo**-no) *s. m.* **1.** Habitante de una colonia. *Los colonos se adaptaron a las condiciones del lugar.* **2.** Labrador arrendatario. *Como no podían trabajar la tierra se la arrendaron a unos colonos.*

coloquio (co-**lo**-quio) *s. m.* Conversación entre dos o más personas. *Asistimos a un coloquio sobre el medio ambiente.* **SIN.** Plática, charla, parlamento, diálogo. **ANT.** Monólogo, soliloquio, discurso.

color (co-**lor**) *s. m.* **1.** Impresión que capta el ojo de los rayos de luz reflejados por un cuerpo. *Bajo la luz de la luna, el mar era de color plateado.* **2.** Sustancia preparada para dar a las cosas un tono determinado. *Los colores primarios son el rojo, el amarillo, el azul y el negro.* ‖ **LOC. ponerse de mil colores** *fam.* Pasar vergüenza. **salirle a alguien los colores** *fam.* Sonrojarse. **ver las cosas de color de rosa** *fam.* Ser muy optimista.

colorear (co-lo-re-**ar**) *v. tr.* Dar color a una cosa. *Pidió como regalo unas pinturas y cuentos para colorear.*

colorete (co-lo-re-te) *s. m.* Polvos de color rojo para colorear el rostro, especialmente las mejillas. *Se puso un poco de colorete porque estaba muy pálida.*

colorido (co-lo-**ri**-do) *s. m.* **1.** Conjunto de colores que refleja una cosa. *Me gusta mucho el colorido de esa pintura.* **SIN.** Matiz, tono. **2.** Animación en una reunión de personas. *La fiesta de aniversario tuvo mucho colorido.* **SIN.** Movimiento, barullo, bullicio.

colosal (co-lo-**sal**) *adj.* **1.** Se dice de aquello de estatura mayor que la normal. *Las pirámides de Egipto son colosales.* **SIN.** Ciclópeo, gigantesco, titánico, inmenso, enorme, monumental. **ANT.** Normal, pequeño. **2.** Extraordinario, de mayor calidad que la normal. *Vimos una película colosal.* **SIN.** Estupendo, formidable.

coloso (co-**lo**-so) *s. m.* **1.** Estatua de tamaño gigantesco. *Al final del gran paseo había un coloso de bronce.* **2.** Persona de cualidades extraordinarias. *Es un coloso, nadie se atreve a competir con él.*

columna (co-**lum**-na) *s. f.* **1.** Apoyo de forma generalmente cilíndrica que se usa en construcción. *Era un templo griego con muchas columnas.* **SIN.** Pilar, soporte, pilastra, sostén. **2.** Cada una de las partes en que se divide el texto de una página por medio de un blanco o línea que las separa de arriba abajo. *Haz la lista en dos columnas, en una los nombres y en otra los teléfonos.* **3.** Destacamento de soldados. *La columna avanzó hasta el frente de batalla.* **4.** En un periódico, artículo breve de opinión. *Escribe una columna diaria en ese periódico.*

columnata (co-lum-**na**-ta) *s. f.* Serie de columnas que sostienen o adornan un edificio. *El monasterio tenía una columnata románica.* **SIN.** Pórtico.

columnista (co-lum-**nis**-ta) *s. m. y s. f.* Periodista que tiene a su cargo la redacción de la columna de un periódico. *Es columnista de un conocido periódico.*

columpiarse (co-lum-**piar**-se) *v. prnl.* Mecerse en un columpio. *Le gustaba ir al parque para columpiarse y bajar por el tobogán.* ✎ En cuanto al acento, se conjuga como cambiar.

columpio (co-**lum**-pio) *s. m.* Asiento móvil suspendido de una barra fija. *Hicieron un columpio con una tabla y dos cuerdas que ataron a las ramas de un árbol.*

coma[1] (**co**-ma) *s. f.* Signo ortográfico de puntuación que indica pausa breve o división en la oración. *Las comas facilitan la lectura.*

coma[2] (**co**-ma) *s. m.* Sueño profundo que se produce por enfermedad. *Se recuperó después de estar varios días en coma.* **SIN.** Inconsciencia, letargo.

COLUMNAS

Dórica

Corintia

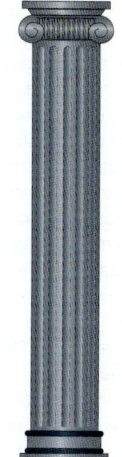
Jónica

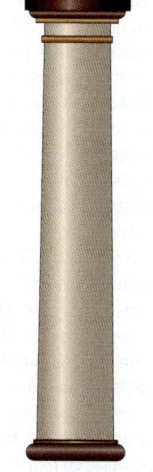
Toscana

Egipcia

Torneada

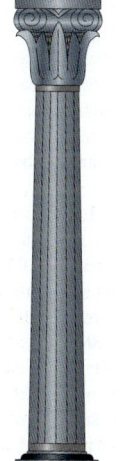
Compuesta

Bizantina

comadrear - comentar

comadrear (co-ma-dre-**ar**) *v. intr., fam.* Murmurar, contar chismes. *Siempre criticó su manía de comadrear.* **SIN.** Cotillear, chismorrear.

comadreja (co-ma-**dre**-ja) *s. f.* Mamífero carnívoro nocturno, de color pardo rojizo por el lomo y blanco por debajo, que se alimenta de ratones, topos y otros animales pequeños. *Una comadreja entró en la granja y se comió todos los huevos de las gallinas.*

comadrona (co-ma-**dro**-na) *s. f.* Persona que ayuda en un parto. *Avisaron al médico y a la comadrona.*

comandar (co-man-**dar**) *v. tr.* Mandar una tropa. *El general comandó el destacamento.* **SIN.** Capitanear.

comando (co-**man**-do) *s. m.* Pequeño grupo de tropas de choque, escogidas para misiones especiales. *Un comando hizo una incursión en terreno enemigo.*

comarca (co-**mar**-ca) *s. f.* División de territorio que comprende varias poblaciones. *La ganadería de aquella comarca tenía mucho renombre.* **SIN.** Circunscripción, distrito, partido, región.

comba (**com**-ba) *s. f.* **1.** Curvatura que toman algunos cuerpos como la madera. *Esa viga tiene una comba.* **SIN.** Alabeo, arqueamiento. **2.** Juego que consiste en saltar por encima de una cuerda que se hace pasar por debajo de los pies y sobre la cabeza del que salta. *Le gustaba mucho saltar a la comba.* **3.** Cuerda que se utiliza en este juego. *No olvides traer la comba para jugar en el recreo.* ‖ **LOC. no perder comba** *fam.* No desaprovechar ninguna oportunidad.

combate (com-**ba**-te) *s. m.* **1.** Pelea entre personas o animales. *Televisaron un combate de boxeo.* **2.** Acción de guerra en la que se produce una lucha entre dos bandos. *En aquel frente tuvieron lugar duros combates.* **SIN.** Ataque, enfrentamiento, batalla, refriega.

combatir (com-ba-**tir**) *v. intr.* **1.** Luchar personas o grupos entre sí. **GRA.** También v. prnl. *David usó su ingenio para combatir contra Goliat.* **SIN.** Guerrear, batallar, pelear. ‖ *v. tr.* **2.** Ir contra cierta cosa o idea. *Combatió siempre la ignorancia.* **SIN.** Atacar, enfrentarse, perseguir, refutar. **ANT.** Defender.

combinación (com-bi-na-**ción**) *s. f.* **1.** Acción y efecto de combinar o combinarse. *No me gusta la combinación de esos colores.* **SIN.** Acoplamiento, concordancia. **2.** Unión coordinada de dos o más cosas. *Sólo sabe él la combinación de la caja fuerte.* **3.** Prenda interior de vestir femenina. *Le regalaron una combinación de seda.*

combinar (com-bi-**nar**) *v. tr.* Unir varias cosas de manera que formen un conjunto. *Las palabras se forman combinando varias letras.* **SIN.** Mezclar, unir, agregar, integrar. **ANT.** Desintegrar, descomponer.

combustible (com-bus-**ti**-ble) *adj.* **1.** Se dice del material o sustancia que puede arder. *Ten mucho cuidado con esta botella, contiene un líquido combustible.* **SIN.** Inflamable. **ANT.** Incombustible. ‖ *s. m.* **2.** Sustancia que al arder proporciona calor o energía. *El carbón es un combustible.*

combustión (com-bus-**tión**) *s. f.* Reacción química en la cual una sustancia se combina con el oxígeno y desprende calor y luz. *Se estropeó la caldera por una mala combustión.*

comedero (co-me-**de**-ro) *s. m.* Recipiente para echar la comida a los animales. *Pon la comida de las gallinas en el comedero.*

comedia (co-**me**-dia) *s. f.* **1.** Obra dramática con desenlace feliz. *Fuimos al teatro a ver una comedia de los Quintero.* **SIN.** Drama. **2.** Acción con que se trata de esconder la verdad. *Todo era una comedia para que no le riñeran.* **SIN.** Mentira, falsedad, ficción, farsa. **ANT.** Realidad. **3.** Situación cómica. *Luis vestido de pavo real era de comedia.*

comediante, ta (co-me-**dian**-te) *s. m. y s. f.* **1.** Persona que representa una comedia. *En esa compañía hay muy buenos comediantes.* **SIN.** Actor, actriz. **2.** Persona que aparenta lo que no siente para conseguir algo. *No le hagas mucho caso, es un poco comediante.* **SIN.** Farsante, mentiroso.

comedimiento (co-me-di-**mien**-to) *s. m.* Cortesía, moderación. *Actúa con comedimiento si no quieres equivocarte.* **ANT.** Atrevimiento, cinismo, descaro.

comediógrafo, fa (co-me-**dió**-gra-fo) *s. m. y s. f.* Persona que escribe comedias. *Alfonso Paso fue un destacado comediógrafo.* **SIN.** Dramaturgo.

comedirse (co-me-**dir**-se) *v. prnl.* Contenerse alguien en sus impulsos. *Se comedió y decidió actuar con más calma.* **SIN.** Reprimirse, inhibirse. v. irreg., se conjuga como pedir.

comedor (co-me-**dor**) *s. m.* Habitación destinada para comer. *Al lado de la cocina está el comedor.*

comensal (co-men-**sal**) *s. m. y s. f.* Cada una de las personas que comen en una misma mesa. *Prepararon un banquete para cincuenta comensales.*

comentar (co-men-**tar**) *v. tr.* **1.** Explicar alguna obra para que se entienda mejor. *En clase de literatura estuvimos comentando "La Celestina".* **SIN.** Aclarar, interpretar. **2.** *fam.* Hablar sobre otras personas o sobre las cosas que suceden. *Todo el mundo comentaba la noticia de su dimisión.* **SIN.** Charlar, hablar, criticar.

comentario - comienzo

comentario (co-men-**ta**-rio) *s. m.* **1.** Escrito que sirve de explicación de una obra para su mejor comprensión. *Leímos un interesante comentario sobre la obra de Fray Luis de León.* **SIN.** Explicación, paráfrasis, interpretación, aclaración, glosa, crítica. ‖ *s. m. pl.* **2.** *fam.* Conversación sobre alguien o sobre sucesos de la vida cotidiana. *No me gustaron nada los comentarios que hicieron sus amigos sobre él.*

comenzar (co-men-**zar**) *v. tr.* Empezar algo. *Por fin ha decidido comenzar la construcción de la nueva casa.* **SIN.** Iniciar, empezar, encabezar, principiar, inaugurar. **ANT.** Concluir, finalizar, terminar, acabar. ✎ *v. irreg.*, se conjuga como acertar. Se escribe "c" en vez de "z" seguido de "-e".

comer (co-**mer**) *v. intr.* **1.** Tomar alimentos por la boca. **GRA.** También v. tr. *Sin comer no se puede vivir.* **SIN.** Engullir, tragar, zampar, alimentarse. **2.** Hacer la comida principal del día. *Tomó un par de bocadillos para comer.* ‖ *v. prnl.* **3.** Omitir una frase, palabra, etc., al hablar o al escribir. *Te has comido el verbo de la oración.* ‖ **LOC. comerse unos a otros** *fam.* Llevarse muy mal. **comerse vivo a alguien** *fam.* Estar muy enfadado con esa persona. **sin comerlo ni beberlo** *fam.* Sin tener nada que ver.

comerciante (co-mer-**cian**-te) *s. m. y s. f.* Persona que se dedica al comercio. *Era comerciante de una nueva línea de productos de limpieza.* **SIN.** Negociante, proveedor, tendero, mercader.

comerciar (co-mer-**ciar**) *v. intr.* Comprar, vender o cambiar géneros para ganar dinero. *Comerciaba con bisutería.* ✎ En cuanto al acento, se conjuga como cambiar.

comercio (co-**mer**-cio) *s. m.* **1.** Actividad de comprar y vender cosas para ganar dinero. *El librero se dedica al comercio: compra libros al editor y los vende en su librería.* **SIN.** Negocio. **2.** Tienda. *Tengo un comercio de fruta junto a la estación.* **SIN.** Establecimiento, almacén, puesto.

comestible (co-mes-**ti**-ble) *adj.* **1.** Que se puede comer. *El asado no está muy bueno pero es comestible.* **SIN.** Comible, tomable, tragable. ‖ *s. m.* **2.** Cualquier alimento. *Tenemos que hacer una lista de los comestibles que llevaremos para la acampada.* **SIN.** Manjar, comida, víveres.

cometa (co-**me**-ta) *s. m.* **1.** Cuerpo celeste formado por una cabeza y una cola de polvo y gas de varios millones de kilómetros. *Todo el mundo quería ver el paso del cometa.* ‖ *s. f.* **2.** Armazón plana, de materiales muy ligeros, sobre la que se pega papel o tela, y se arroja al aire sujeta con una cuerda. *Fue con su padre al parque para volar su nueva cometa.* ✱

COMETAS FAMOSOS	
Nombre	Primera observación
Halley	240 a.C.
Encke	1786
Gran Cometa de 1811	1811
Pons- Winnecke	1819
Biela	1826
Gran Cometa de 1843	1843
Donati	1858
Schawassnann-Wachmann	1925
Arend-Roland	1957
Ikeya-Seki	1965
Kohoutek	1975
West	1976

cometer (co-me-**ter**) *v. tr.* Hacer una cosa que está prohibida o que es errónea. *Está en la cárcel por haber cometido un robo.* **SIN.** Hacer, incurrir.

cometido (co-me-**ti**-do) *s. m.* **1.** Misión, obligación. *Su cometido era lograr un acuerdo entre ambas partes.* **2.** Encargo que se hace a alguien. *Le dejó el cometido de sacar los billetes para el viaje.*

comezón (co-me-**zón**) *s. f.* **1.** Picor que se siente en alguna parte del cuerpo o en todo él. *La comezón que sentía por todo el cuerpo era debida a una alergia.* **SIN.** Hormiguillo. **2.** Inquietud por algo. *Tenía una gran comezón ante la incertidumbre de su llegada.* **SIN.** Desasosiego. **ANT.** Tranquilidad.

cómic (**có**-mic) *s. m.* **1.** Serie de viñetas que presentan una historia. *Es un gran dibujante de cómics.* **2.** Revista o libro que contiene estas viñetas. *Tiene una estupenda colección de cómics de ciencia ficción.* ✎ Su pl. es "cómics".

comicios (co-**mi**-cios) *s. m. pl.* **1.** Asamblea que celebraban los romanos para tratar los asuntos públicos. *El César convocó comicios.* **2.** Elecciones. *Su partido salió vencedor en los últimos comicios.* **SIN.** Sufragio.

comida (co-**mi**-da) *s. f.* **1.** Lo que se toma como alimento. *Tenemos que ir a comprar comida.* **SIN.** Sustento, manutención, vianda. **2.** Alimento principal que cada día toman las personas, particularmente al mediodía. *Toda la familia se junta a la hora de la comida.* **SIN.** Almuerzo.

comidilla (co-mi-**di**-lla) *s. f.* Tema de murmuración. *Era la comidilla de todo el pueblo.* **SIN.** Cotilleo.

comienzo (co-**mien**-zo) *s. m.* Principio o iniciación de una cosa. *Conseguimos llegar al comienzo del concierto.* **SIN.** Inicio, origen. **ANT.** Final, conclusión.

comillas (co-**mi**-llas) *s. f. pl.* Signo ortográfico, "", que se pone al principio y al final de las frases incluidas como citas o ejemplos en un escrito. *Pon entre comillas el título del artículo de la revista.*

comilón, na (co-mi-**lón**) *adj.* **1.** *fam.* Que come mucho. **GRA.** También s. m. y s. f. *Es una persona muy comilona.* **SIN.** Zampón. ‖ *s. f.* **2.** *fam.* Comida variada y muy abundante. *Nos fuimos de comilona para celebrar su ascenso.* **SIN.** Banquete, festín.

comino (co-**mi**-no) *s. m.* Planta aromática cuyas semillas se usan como condimento. *Échale un poco de comino al guiso.* ‖ **LOC. importar algo un comino** *fam.* Ser insignificante.

comisaría (co-mi-sa-**rí**-a) *s. f.* **1.** Empleo o cargo del comisario. *Está muy contento porque le han ofrecido una comisaría.* **2.** Oficina del comisario. *Fue a la comisaría para denunciar el robo.*

comisario, ria (co-mi-**sa**-rio) *s. m. y s. f.* **1.** Persona que tiene autoridad para llevar a cabo una misión determinada. *Llegaron a la reunión los comisarios internacionales.* **2.** Jefe superior de policía. *En la detención intervino el propio comisario.*

comisión (co-mi-**sión**) *s. f.* **1.** Conjunto de personas elegidas para hacer algo en representación de un grupo mayor. *Este año estoy en la comisión de festejos y voy a organizar un concierto.* **SIN.** Representación, delegación. **2.** Encargo de una persona a otra. *Vino con una comisión del delegado provincial.* **SIN.** Cometido, misión, mandato. **3.** Cantidad de dinero cobrada por hacer algo. *El agente vendió mi casa y cobró mucho dinero como comisión.* **SIN.** Honorarios, beneficio, porcentaje.

comistrajo (co-mis-**tra**-jo) *s. m.* **1.** *fam.* Mezcla rara de alimentos. *Nos preparó un comistrajo con las sobras que estaba buenísimo.* **2.** *fam.* Mala comida. *Aquel comistrajo era intragable.*

comité (co-mi-**té**) *s. m.* Grupo de personas encargadas de algo. *Reclamaron ante el comité central.* **SIN.** Junta, delegación, comisión.

comitiva (co-mi-**ti**-va) *s. f.* Grupo de personas que va acompañando a alguien. *Los reyes llegaron a la recepción acompañados de una gran comitiva.* **SIN.** Comparsa, cortejo, séquito, acompañamiento.

como (**co**-mo) *adv. m.* **1.** Del modo o manera. *Lo hizo como quiso.* **2.** De igual manera. *Está como tú lo dejaste.* **3.** En sentido comparativo denota idea de equivalencia, semejanza o igualdad. *Era bueno como el pan.* **4.** En calidad de. *Viene como invitado.* **5.** Según, conforme. *Como tu bien has dicho, no hay nada que hacer.* **6.** Cuando lleva acento prosódico y ortográfico, equivale a de qué modo o manera. *¿Cómo puedes estar seguro?* **7.** Por qué motivo, causa o razón. *¿Cómo no le habéis informado de esto?* ‖ *conj. cond.* **8.** Equivale a "si". *Como no vengas no volveré a hablarte.* ‖ *conj. caus.* **9.** Puede aparecer sola o acompañada de que. *Como no tenía amigos vivía muy solo.* ‖ *s. m.* **10.** Algunas veces tiene valor de sustantivo. *Quiero conocer el cómo y el porqué.* ‖ *interj.* **11. ¡cómo!** Significa extrañeza, sorpresa o enfado. *¡Cómo, no puedo creer que haya hecho eso!*

cómoda (**có**-mo-da) *s. f.* Mueble con cajones en los que suele guardar ropa. *Las sábanas están en el último cajón de la cómoda.*

comodidad (co-mo-di-**dad**) *s. f.* **1.** Abundancia de las cosas necesarias para vivir a gusto y con descanso. *Tenía toda clase de comodidades.* **SIN.** Bienestar, confort, desahogo. **ANT.** Incomodidad, malestar. **2.** Facilidad que se da para poder hacer una cosa. *Le dieron grandes comodidades para pagar lo que debía.* **SIN.** Ventaja, oportunidad, ayuda. **ANT.** Dificultad, desventaja.

comodín (co-mo-**dín**) *s. m.* **1.** Carta que tiene el valor que le otorga aquel que la posee. *Tenía un póker de ases gracias al comodín.* **2.** Aquello que puede servir para diversos fines. *En su equipo lo utilizan de comodín, puede jugar de delantero o de defensa.*

cómodo, da (**có**-mo-do) *adj.* **1.** Que da bienestar. *Me siento cómodo con los zapatos nuevos.* **SIN.** Confortable, agradable. **ANT.** Incómodo, molesto. **2.** Que es fácil de hacer. *Es muy cómodo calentar la comida en el microondas.* **SIN.** Sencillo. **ANT.** Fastidioso, complicado.

comoquiera (co-mo-**quie**-ra) *adv. m.* De cualquier modo. *Coloca los libros comoquiera, luego ya los ordenaremos por colecciones.*

compacto, ta (com-**pac**-to) *adj.* **1.** Se dice de los cuerpos apretados y poco porosos. *El mineral de hierro es compacto.* **SIN.** Espeso, denso, macizo. **ANT.** Esponjoso, poroso. **2.** Apretado, apiñado. *Una muchedumbre compacta esperaba a que los grandes almacenes abrieran sus puertas.*

compadecerse (com-pa-de-**cer**-se) *v. prnl.* Sentir la desgracia de los demás. *Se compadeció de su penosa situación.* **SIN.** Apiadarse, condolerse, lamentar. ✎ v. irreg., se conjuga como parecer.

compadre (com-**pa**-dre) *s. m.* **1.** Compañero, camarada. *Nos presentó a su compadre.* **2.** *Arg. y Ur.* Fanfarrón, matón.

compaginar (com-pa-gi-**nar**) *v. tr.* Poner determinadas cosas en orden. **GRA.** También v. prnl. *Tenía*

compañero - competencia

que compaginar bien su trabajo para que le diera tiempo a todo. **SIN.** Acoplar(se), combinar(se).

compañero, ra (com-pa-**ñe**-ro) *s. m. y s. f.* **1.** Persona que estudia, trabaja, juega, etc., con otra. *Pepe es mi compañero de clase.* **SIN.** Camarada, socio, colega. **2.** Cosa que hace juego con otra u otras. *Dame el zapato compañero de éste.*

compañía (com-pa-**ñí**-a) *s. f.* **1.** Persona o personas que acompañan a otra. *Iba en compañía de sus amigos.* **SIN.** Acompañamiento, séquito, cortejo. **2.** Sociedad de personas de negocios. *Visitamos una compañía petrolífera.* **3.** Grupo de actores teatrales. *En las fiestas vinieron cinco compañías teatrales.* **4.** Formación de soldados mandada por un capitán. *Había dos compañías en el cuartel.*

comparar (com-pa-**rar**) *v. tr.* Analizar dos o más cosas, o personas, para ver en qué son diferentes o parecidas. *Hemos comparado las chaquetas y la azul es más pequeña.* **SIN.** Confrontar, cotejar.

comparativo, va (com-pa-ra-**ti**-vo) *adj.* Se dice de los adjetivos y adverbios que expresan comparación. **GRA.** También s. m. *"Mejor" es el comparativo de "bueno".*

COMPARATIVOS y SUPERLATIVOS IRREGULARES		
Positivo	Comparativo	Superlativo
bueno	mejor	óptimo
malo	peor	pésimo
grande	mayor	máximo
pequeño	menor	mínimo
alto	superior	supremo
bajo	inferior	ínfimo

comparecer (com-pa-re-**cer**) *v. intr.* Presentarse ante alguien. *Compareció ante el juez para prestar declaración.* **SIN.** Acudir, personarse. **ANT.** Ausentarse. v. irreg., se conjuga como parecer.

comparsa (com-**par**-sa) *s. f.* **1.** Acompañamiento en representaciones teatrales. *La comparsa saldrá a escena en el segundo acto.* **2.** Conjunto de personas que en las fiestas populares van vestidas con un mismo tipo de traje. *Las comparsas llenaban las calles de la ciudad de música y colorido.* ‖ *s. m. y s. f.* **3.** Persona que forma parte del acompañamiento en el teatro. *Es su primer trabajo como comparsa y está muy ilusionada.* **SIN.** Figurante, extra.

compartir (com-par-**tir**) *v. tr.* **1.** Dividir las cosas en partes. *Comparten la misma vivienda.* **SIN.** Distribuir, repartir. **2.** Participar alguien en alguna cosa. *Los dos compartían el mismo punto de vista.* **SIN.** Colaborar, cooperar, participar, auxiliar.

compás (com-**pás**) *s. m.* **1.** Instrumento compuesto por dos varillas articuladas que sirve para trazar curvas y medir segmentos. *Traza un círculo con el compás.* **2.** Cada uno de los tiempos que marca el ritmo de la música. *El compás se mide matemáticamente.* Su pl. es "compases".

compasión (com-pa-**sión**) *s. f.* Sentimiento de ternura y pena por la desgracia ajena. *Sentía compasión por las personas que vivían en la miseria.* **SIN.** Lástima, piedad, misericordia. **ANT.** Impiedad, dureza.

compatible (com-pa-**ti**-ble) *adj.* Que puede estar o unirse con otro. *Su trabajo es compatible con sus aficiones.* **SIN.** Coincidente, conforme. **ANT.** Incompatible, opuesto.

compatriota (com-pa-**trio**-ta) *s. m. y s. f.* Persona de la misma patria que otra. *Se alegró mucho de encontrarse con un compatriota en aquella ciudad extranjera.* **SIN.** Conciudadano.

compeler (com-pe-**ler**) *v. tr.* Obligar a alguien a hacer algo. *Le compelió a que por lo menos lo intentara.* **SIN.** Apremiar, forzar. Tiene doble part.; uno reg., compelido, y otro irreg., compulso.

compendiar (com-pen-**diar**) *v. tr.* Reducir algo a su esencia. *Le costó mucho trabajo compendiar aquel argumento tan complicado.* **SIN.** Abreviar, extractar, resumir, esquematizar. **ANT.** Ampliar, alargar. En cuanto al acento, se conjuga como cambiar.

compendio (com-**pen**-dio) *s. m.* Resumen o explicación de lo más importante de una materia. *Publicó un compendio de gramática.* **SIN.** Recopilación, resumen, extracto.

compenetrarse (com-pe-ne-**trar**-se) *v. prnl.* Identificarse las personas en ideas y sentimientos. *Los dos hermanos se compenetran muy bien.* **SIN.** Coincidir, entenderse. **ANT.** Discrepar.

compensar (com-pen-**sar**) *v. tr.* **1.** Igualar en sentido opuesto el efecto de una cosa con el de otra. **GRA.** También v. prnl. *Ha compensado las pérdidas de este mes con las ganancias del mes pasado.* **SIN.** Nivelar(se), equilibrar(se), igualar(se). **ANT.** Desnivelar(se), desequilibrar(se), descompensar(se). **2.** Dar algo a una persona por haber sufrido pérdidas, daños, etc. **GRA.** También v. prnl. *Le compensaron con el importe de los cristales rotos.* **SIN.** Indemnizar, resarcir(se), reparar.

competencia (com-pe-**ten**-cia) *s. f.* **1.** Oposición entre dos o más personas que aspiran a la misma cosa. *Había mucha competencia en aquellas oposiciones.* **SIN.** Rivalidad, competición, porfía, antagonismo, disputa. **2.** Obligación y cargo de hacer una

competente - componer

cosa. *No puedo resolver este asunto porque no es de mi competencia.* **SIN.** Incumbencia, atribución, jurisdicción, autoridad, dominio. **3.** Capacidad, aptitud para una cosa. *Su excelente currículum ponía de manifiesto su competencia para aquel puesto.* **SIN.** Habilidad, talento. **ANT.** Ineptitud, insuficiencia, incompetencia.

competente (com-pe-**ten**-te) *adj.* **1.** Se dice de la persona capaz de hacer o resolver algo. *En este asunto, sólo el juez es competente.* **SIN.** Adecuado, apto, cualificado. **ANT.** Incompetente, inepto. **2.** Que le atañe una cosa. *Este trámite no es competente de este ministerio.*

competer (com-pe-**ter**) *v. intr.* Atañer. *A él le compete la decisión final en ese asunto.* **SIN.** Corresponder, pertenecer, tocar, incumbir.

competir (com-pe-**tir**) *v. intr.* **1.** Rivalizar dos o más personas para lograr una misma cosa. *Los dos equipos de fútbol competían por el primer puesto de la liga.* **SIN.** Pugnar, emular, contender. **2.** Igualar en calidad una cosa a otra. *Este producto es muy bueno, puede competir en el mercado con la competencia.* ✎ v. irreg., se conjuga como pedir.

compilar (com-pi-**lar**) *v. tr.* Reunir, agrupar datos, fragmentos de libros, etc. *Compiló todos los datos que pudo sobre el suceso.*

compinche (com-**pin**-che) *s. m. y s. f.* **1.** *fam.* Cómplice. *Detuvieron al atracador y a sus compinches.* **2.** *fam.* Amigo, camarada. *Fueron compinches desde pequeños.* **ANT.** Enemigo.

complacer (com-pla-**cer**) *v. tr.* **1.** Acceder alguien a lo que otro desea. *Cantó una canción más para complacer al público.* **SIN.** Satisfacer, consentir, condescender, transigir. **ANT.** Contrariar, desagradar. || *v. prnl.* **2.** Alegrarse y tener satisfacción por alguna cosa. *Me complace tu visita.* **SIN.** Regocijarse, deleitarse, gustar. **ANT.** Desagradar, repugnar. ✎ v. irreg., se conjuga como parecer.

complejo, ja (com-**ple**-jo) *adj.* **1.** Se dice de aquello que está compuesto por elementos diversos, y que por tanto no es simple ni sencillo. *Este aparato tiene un mecanismo muy complejo.* **SIN.** Variado, múltiple, intrincado, complicado. **ANT.** Sencillo, simple. || *s. m.* **2.** Conjunto de varias cosas. *Edificaron un complejo deportivo.* **SIN.** Combinación, reunión, suma. **3.** Ideas y emociones que influyen en la personalidad y conducta de una persona. *Es muy tímido porque tiene complejo de inferioridad.*

complemento (com-ple-**men**-to) *s. m.* **1.** Cosa que se añade a otra para completarla. *El aceite y el vinagre son un complemento esencial de las ensaladas.* **SIN.** Adición, añadido, aditamento. **2.** Palabra o conjunto de palabras que completan la significación de una frase. *En la frase "le regalaron flores" "flores" es complemento directo.*

completar (com-ple-**tar**) *v. tr.* Hacer que una cosa esté perfecta o entera. *Sólo falta un asiento para completar la mesa.* **SIN.** Acabar, perfeccionar.

completo, ta (com-**ple**-to) *adj.* **1.** Entero, lleno. *No pudimos sacar billete porque el autobús iba completo.* **SIN.** Saturado, atiborrado, cuajado, repleto. **ANT.** Incompleto. **2.** Acabado, perfecto. *Nos faltaba un último dato para que el trabajo estuviera completo.* **SIN.** Íntegro, cabal. **ANT.** Parcial, incompleto.

complexión (com-ple-**xión**) *s. f.* Constitución física de una persona o animal. *Su hermano es de complexión fuerte.* **SIN.** Constitución, naturaleza, estructura, figura.

complicar (com-pli-**car**) *v. tr.* Añadir dificultades a las cosas. **GRA.** También v. prnl. *El catarro se complicó con pulmonía.* **SIN.** Embrollar(se), entorpecer(se), obstaculizar(se), enredar(se). **ANT.** Simplificar(se). ✎ Se conjuga como abarcar.

cómplice (**cóm**-pli-ce) *s. m. y s. f.* Persona que ayuda a otra a cometer un acto delictivo. *Le acusaron de ser cómplice del secuestrador.* **SIN.** Compinche, coautor, partícipe.

complot (com-**plot**) *s. m., fam.* Conspiración entre dos o más personas contra otra u otras. *Se habló de un complot internacional contra el acuerdo.* **SIN.** Intriga, conjura, maquinación, confabulación, trama. ✎ Su pl. es "complots".

compluvio (com-**plu**-vio) *s. m.* Abertura que tenían en el techo las casas romanas para recoger el agua de la lluvia. *El compluvio recogía y distribuía el agua de lluvia al estanque del atrio de la casa.*

componenda (com-po-**nen**-da) *s. f.* Arreglo o pacto poco legal. *No deberías negociar con él, siempre anda con componendas.* **SIN.** Chanchullo.

componer (com-po-**ner**) *v. tr.* **1.** Formar una cosa juntando varias. *Con piedras de varios colores compuse un mosaico.* **SIN.** Hacer, integrar, armar, combinar. **ANT.** Descomponer, desarmar, deshacer. **2.** Crear una obra musical o literaria. *El poema que compuso era muy bello.* **SIN.** Concebir, escribir, producir, crear. **3.** Volver a hacer que algo funcione. *Llevé a componer el reloj y ya marca la hora.* **SIN.** Arreglar, enmendar, ordenar. **ANT.** Desarreglar, desordenar. **4.** Acicalar a una persona. **GRA.** También v. prnl. *Tardó dos horas en componerse para ir al bai-*

comportamiento - compulsar

le. SIN. Ataviar(se), embellecer(se), adornar(se). **ANT.** Afear(se). **5.** Poner paz entre los enemistados. **GRA.** También v. prnl. *Al final, los dos hermanos, que llevaban años sin hablarse, se compusieron.* **SIN.** Apaciguar(se), reconciliar(se), pacificar. **ANT.** Enemistar(se). ‖ **LOC. componérselas** *fam.* Conseguir algo. ✎ v. irreg., se conjuga como poner. Tiene part. irreg., compuesto.

comportamiento (com-por-ta-**mien**-to) *s. m.* Conducta, manera de portarse una persona. *Tenía buen comportamiento en clase.* **SIN.** Pauta, proceder.

comportarse (com-por-**tar**-se) *v. prnl.* Actuar las personas de determinada manera. *Se comportó muy bien con su amigo cuando estuvo enfermo.* **SIN.** Portarse, conducirse.

composición (com-po-si-**ción**) *s. f.* **1.** Forma en que está hecho algo. *No conozco la composición de este producto.* **SIN.** Fórmula. **2.** Obra literaria o musical. *No me gusta su última composición, tiene muy poco ritmo.* **SIN.** Creación.

compositor, ra (com-po-si-**tor**) *s. m. y s. f.* Persona que compone obras musicales. *Acudió al estreno el compositor de la zarzuela.* **SIN.** Músico.

compostura (com-pos-**tu**-ra) *s. f.* **1.** Arreglo de una cosa estropeada. *Se dedicaba a la compostura de relojes antiguos.* **2.** Construcción de una cosa. *La compostura del puzzle le llevó muchísimo tiempo.* **3.** Arreglo de una persona o cosa. *Siempre va con gran compostura.* **SIN.** Aliño, adorno. **4.** Prudencia. *Se comporta con mucha compostura.* **SIN.** Moderación.

compota (com-**po**-ta) *s. f.* Dulce de fruta cocida con agua y azúcar. *Le encanta la compota de pera.* **SIN.** Mermelada.

compra (**com**-pra) *s. f.* Adquisición de algo mediante dinero. *La compra de este piso ha sido una buena inversión.* **ANT.** Venta.

comprar (com-**prar**) *v. tr.* **1.** Adquirir algo con dinero. *He comprado una cartera de piel.* **SIN.** Adquirir, mercar, comerciar. **ANT.** Vender. **2.** Dar a alguien dinero o regalos para conseguir que haga o deje de hacer algo. *Compraron a los jueces para que le dejaran en libertad aunque era culpable.* **SIN.** Corromper, sobornar, untar.

compraventa (com-pra-**ven**-ta) *s. f.* Negocio que consiste en comprar objetos usados para revenderlos. *Se dedica a la compraventa de coches.*

comprender (com-pren-**der**) *v. tr.* **1.** Entender el significado de algo. *Comprendí lo que quería decir.* **SIN.** Entender, percibir, intuir. **ANT.** Ignorar. **2.** Tener una cosa dentro de sí a otra. *Esta nueva colección comprende doce cuentos.* **SIN.** Abarcar, incluir, contener, encerrar, englobar. **ANT.** Excluir. **3.** Rodear por todas partes una cosa. *Un alto muro de piedra comprende toda la finca.* **SIN.** Abrazar, ceñir, envolver. ✎ Tiene doble part.; uno reg., comprendido, y otro irreg., comprenso.

comprensivo, va (com-pren-**si**-vo) *adj.* Se dice de la persona que sabe reconocer y tolerar los defectos de alguien o algo. *Se lleva bien con los demás porque es muy comprensivo.* **SIN.** Benévolo, indulgente. **ANT.** Intolerante.

compresa (com-**pre**-sa) *s. f.* Lienzo o gasa para poner sobre una herida, absorver hemorragias, etc. *Compraron compresas para el botiquín de casa.*

comprimido (com-pri-**mi**-do) *s. m.* Medicamento de pequeño tamaño. *Le recetaron unas inyecciones y unos comprimidos.* **SIN.** Gragea, pastilla.

comprimir (com-pri-**mir**) *v. tr.* Hacer presión sobre una cosa para reducir su volumen. **GRA.** También v. prnl. *Comprimía el flotador para desinflarlo.* **SIN.** Prensar, apretar, oprimir, estrujar. **ANT.** Aflojar(se), descomprimir(se), soltar(se). ✎ Tiene doble part.; uno reg., comprimido, y otro irreg., compreso.

comprobación (com-pro-ba-**ción**) *s. f.* Acción y efecto de comprobar, es decir, de ver si una cosa es cierta. *Efectuaron la comprobación para ver si la máquina ya funcionaba.* **SIN.** Constatación, prueba.

comprobar (com-pro-**bar**) *v. tr.* Confirmar que una cosa es cierta o exacta. *He comprobado el resultado del problema.* **SIN.** Verificar, examinar, revisar, cerciorarse. ✎ v. irreg., se conjuga como contar.

comprometerse (com-pro-me-**ter**-se) *v. prnl.* Obligarse uno mismo a hacer algo. *Los vecinos nos comprometimos a reconstruir la iglesia.*

compromiso (com-pro-**mi**-so) *s. m.* **1.** Convenio ajustado entre dos partes. *Había un compromiso verbal entre ambas empresas.* **SIN.** Pacto, trato, contrato, acuerdo. **2.** Palabra que se da a alguien de hacer algo. *Su compromiso de llevar a cabo la misión era ineludible.* **SIN.** Obligación, empeño, deber. **3.** Situación de apuro en que se encuentra alguien. *Al invitarle le puso en un compromiso.* **SIN.** Aprieto, apuro, dificultad.

compuerta (com-**puer**-ta) *s. f.* Puerta de un canal o presa que sirve para cortar o graduar el paso del agua. *Abrieron la compuerta porque el pantano estaba demasiado lleno.*

compulsar (com-pul-**sar**) *v. tr.* Examinar dos o más documentos, comparándolos entre sí. *Llevó el original y las fotocopias para compulsarlas.*

compungirse - concejal

compungirse (com-pun-**gir**-se) *v. prnl.* Sentir tristeza. *Se compungió al ver que había suspendido.* **SIN.** Apenarse. ✎ Se conjuga como urgir.

computador, ra (com-pu-ta-**dor**) *s. m. y s. f.* *Ordenador.

computar (com-pu-**tar**) *v. tr.* Calcular o contar. *Le computaron el tiempo invertido.* **SIN.** Calcular, medir, operar, valorar.

comulgar (co-mul-**gar**) *v. intr.* **1.** En la Iglesia católica, recibir la Sagrada Comunión. *No fue a comulgar porque no se había confesado.* **2.** Compartir las mismas ideas que otra persona. *No comulgo con sus ideas.* ✎ Se conjuga como ahogar.

común (co-**mún**) *adj.* **1.** Que pertenece a varias personas con bienes compartidos. *En este pueblo hay muchos pastos comunes.* **SIN.** Comunal, colectivo, público. **ANT.** Propio, personal, particular, individual. **2.** Corriente, que se da con frecuencia. *Juan tiene una estatura muy común.* **SIN.** General, frecuente, habitual, usual. **ANT.** Extraordinario, infrecuente. **3.** De inferior clase. *Esta falda es de un paño muy común, por eso se ha puesto tan fea.* **SIN.** Bajo, despreciable, menor. **ANT.** Superior. ‖ **LOC. en común** Juntamente. **por lo común** Generalmente.

comuna (co-**mu**-na) *s. f.* Conjunto de personas que viven en total comunidad económica, sin propiedad privada. *Vivió durante un tiempo en una comuna instalada en un pueblo abandonado.*

comunicación (co-mu-ni-ca-**ción**) *s. f.* **1.** Acción y efecto de comunicar o comunicarse. *Se rompió la comunicación entre los dos pueblos a causa del temporal de nieve.* **2.** Trato entre las personas. *Desde que se marchó no tenemos mucha comunicación.* **3.** Escrito en el que se notifica algo. *Le enviaron una comunicación por escrito.* ‖ *s. f. pl.* **4.** Correos, telégrafos, teléfonos, etc. *La región tenía muchas deficiencias en cuanto a comunicaciones.*

comunicar (co-mu-ni-**car**) *v. tr.* **1.** Descubrir o contar alguna cosa a alguien. *Le comunicó que habían operado a su padre.* **SIN.** Manifestar, transmitir, notificar, avisar. **ANT.** Callar, ocultar, omitir. **2.** Hablar con alguien o escribirle. **GRA.** También v. prnl. *Mi amigo se ha ido a vivir a otra ciudad y nos comunicamos por carta.* **SIN.** Intercambiar(se), tratarse, relacionarse, frecuentar. **ANT.** Incomunicarse. ‖ *v. prnl.* **3.** Estar una cosa en contacto o unión con otra. *Esos dos viejos caserones se comunican por un pasadizo subterráneo.* ✎ Se conjuga como abarcar.

comunidad (co-mu-ni-**dad**) *s. f.* **1.** Grupo de personas que tienen los mismos intereses. *La comunidad de vecinos ha decidido arreglar el tejado.* **SIN.** Asociación, sociedad. **2.** Conjunto de habitantes de un lugar. *Esa casa es propiedad de toda la comunidad de la región.*

comunión (co-mu-**nión**) *s. f.* **1.** Participación en lo que es común. *Su comunión en las ideas políticas hacía que encajaran estupendamente.* **2.** En la Iglesia católica, acto de recibir el sacramento de la Eucaristía. *Todos los domingos el sacerdote llevaba la comunión a los enfermos a casa.*

comunismo (co-mu-**nis**-mo) *s. m.* Doctrina política y económica que defiende la supresión de la propiedad privada, y sistema político basado en esta doctrina. *Acaba de publicar un libro sobre la historia del comunismo.*

con *prep.* **1.** Expresa el medio, instrumento o modo con que se hace una cosa. *Conducía con precaución.* **2.** Indica compañía. *Vino con Luis.* **3.** Indica también el material con que está hecho algo. *Le regalaron una estatua hecha con barro cocido.*

conato (co-**na**-to) *s. m.* Comienzo de una acción que no llegó a realizarse. *Fue sólo un conato de incendio, pero estaban muy asustados.* **SIN.** Proyecto, intento, amago, intentona. **ANT.** Consumación.

concatenar (con-ca-te-**nar**) *v. tr.* Enlazar, unir. *Últimamente se le han concatenado una serie de desgracias.* **SIN.** Encadenar, vincular. **ANT.** Desenlazar.

cóncavo, va (**cón**-ca-vo) *adj.* Que tiene la superficie más deprimida, o en curva, en el centro que por las orillas. *Los niños se divertían mirándose en el espejo cóncavo al verse tan deformados.*

concebir (con-ce-**bir**) *v. intr.* **1.** Quedar fecundada una hembra. **GRA.** También v. tr. *Concibió un hijo varón.* **SIN.** Engendrar, procrear. **2.** Formarse idea de una cosa. **GRA.** También v. tr. *No se puede concebir un círculo cuadrado.* **SIN.** Comprender, entender. ‖ *v. tr.* **3.** Comenzar a sentir algún sentimiento o afecto. *La situación le hacía concebir grandes esperanzas.* **SIN.** Abrigar. ✎ v. irreg., se conjuga como pedir.

conceder (con-ce-**der**) *v. tr.* **1.** Permitir a alguien obtener cosas o hacerlas. *Le han concedido una beca.* **SIN.** Otorgar, asignar, entregar, adjudicar. **ANT.** Denegar, impedir, negar. **2.** Estar de acuerdo con lo que alguien afirma. *Después de mucho discutir, concedió que ella tenía razón.* **SIN.** Reconocer, convenir, admitir, asentir. **ANT.** Refutar, denegar.

concejal, la (con-ce-**jal**) *s. m. y s. f.* Miembro representativo de un Ayuntamiento. *El alcalde se reunió con los concejales.*

concejo - conciso

concejo (con-**ce**-jo) *s. m.* **1.** Reunión de los vecinos de una localidad para tratar asuntos de interés para todos. *En el concejo se trató el tema de la restauración de la iglesia del pueblo.* **2.** *Ayuntamiento. **3.** Sesión celebrada por los componentes de un concejo. *Aprobaron el nuevo impuesto en el concejo celebrado ayer.* **4.** *Municipio.

concentración (con-cen-tra-**ción**) *s. f.* Reunión en un punto de cosas o seres separados. *El domingo hay una concentración de cantantes de todo el país.* **SIN.** Reunión, centralización. **ANT.** Dispersión, descentralización.

concentrar (con-cen-**trar**) *v. tr.* **1.** Reunir en el centro o en un punto determinado lo que estaba separado. **GRA.** También v. prnl. *Concentró a sus simpatizantes para celebrarlo.* **SIN.** Agrupar(se), reunir(se). **ANT.** Descentralizar(se), dispersar(se). **2.** Aumentar la proporción de materia disuelta en un líquido. **GRA.** También v. prnl. *La solución se concentró al evaporarse el agua.* **SIN.** Espesar(se), condensar(se), aglomerar(se). **ANT.** Diluir(se). ‖ *v. prnl.* **3.** Centrar la atención en algo. *No lograba concentrarse en la lectura porque todos estaban hablando.* **SIN.** Reconcentrarse, abstraerse, ensimismarse, mediar.

concéntrico, ca (con-**cén**-tri-co) *adj.* Se dice de las circunferencias, arcos, etc., de diferentes radios, pero con un centro común. *Dibuja dos círculos concéntricos.*

conceptismo (con-cep-**tis**-mo) *s. m.* Tendencia literaria desarrollada en el barroco, que buscaba la complejidad y oscuridad expresiva mediante agudezas ideológicas, contrastes violentos, juegos de palabras basados en el sentido y una densa concisión verbal. *Gracián y Quevedo son los máximos representantes del conceptismo español.*

concepto (con-**cep**-to) *s. m.* **1.** Idea que alguien tiene de una cosa determinada. *Mi concepto de la lealtad no se parece en nada al tuyo.* **SIN.** Noción, juicio, conocimiento, opinión, creencia. **2.** Opinión, juicio. *Tenía mal concepto de ella hasta que la conoció.* **SIN.** Reputación, crédito, consideración.

concerniente (con-cer-**nien**-te) *adj.* Que concierne. *Hablamos de lo concerniente al sueldo.* **SIN.** Relativo, tocante.

concernir (con-cer-**nir**) *v. intr.* Atañer, tocar o pertenecer. *Le concierne a él resolver la situación.* **SIN.** Afectar, competer, depender. ✎ v. irreg. y defect., se conjuga como discernir.

concertar (con-cer-**tar**) *v. tr.* **1.** Ponerse de acuerdo varias personas sobre algo. **GRA.** También v. prnl. *Concertaron reunirse a las cinco.* **SIN.** Acordar(se), convenir(se). **2.** Ajustar el precio de algo. *Concertaron un millón como precio final.* **SIN.** Convenir, pactar. **3.** Componer varias cosas entre sí. *Concertaron un programa de trabajo.* **SIN.** Ordenar. ✎ v. irreg., se conjuga como acertar.

concertista (con-cer-**tis**-ta) *s. m. y s. f.* Músico que da un concierto. *Fue maravilloso escuchar a aquel concertista de piano.*

concesión (con-ce-**sión**) *s. f.* **1.** Acción y efecto de conceder. *Estaba preocupado por la concesión de su beca.* **2.** Otorgamiento gubernativo o municipal en favor de empresas o particulares. *Obtuvieron la concesión municipal de obras.* **SIN.** Adjudicación, permiso, licencia. **ANT.** Prohibición, negativa.

concha (**con**-cha) *s. f.* **1.** Cubierta exterior dura de ciertos animales. *La concha de las tortugas es muy dura.* **SIN.** Caparazón, cáscara. **2.** Mueble que se coloca en el escenario de un teatro, en la parte más cercana al público, para ocultar al apuntador. *De repente sólo se oyó la voz que salía de la concha del escenario.*

conciencia (con-**cien**-cia) *s. f.* **1.** Conocimiento interior del bien y del mal. *Obra de acuerdo con tu conciencia.* **SIN.** Moralidad, ética, escrúpulo, reparo. **2.** Conocimiento exacto y reflexivo de las cosas. *No tenía conciencia de lo que hacía.* **SIN.** Idea, noción, juicio, percepción.

concierto (con-**cier**-to) *s. m.* **1.** Buen orden y disposición de las cosas. *Al final hubo paz y concierto.* **SIN.** Orden, armonía, concordancia. **ANT.** Desconcierto. **2.** Ajuste o convenio entre dos o más personas. *Fueron duras negociaciones pero el concierto mereció la pena.* **SIN.** Convenio, pacto, ajuste. **3.** Ejecución de una obra musical. *Fuimos a un concierto de música clásica.* **SIN.** Audición, recital, función, gala.

conciliábulo (con-ci-**liá**-bu-lo) *s. m.* Reunión no convocada legalmente. *La policía disolvió el conciliábulo convocado por los terroristas.* **SIN.** Corrillo, conspiración.

conciliar (con-ci-**liar**) *v. tr.* Concordar dos o más pareceres o ideas opuestas. *Al final lograron conciliar sus posturas y se firmó el acuerdo.* **SIN.** Pacificar, avenir, arreglar, mediar. **ANT.** Enemistar, desavenir. ✎ En cuanto al acento, se conjuga como cambiar.

concilio (con-**ci**-lio) *s. m.* Junta o reunión, en especial de obispos. *Asistió en Roma al concilio.*

conciso, sa (con-**ci**-so) *adj.* Que tiene concisión o brevedad. *Su respuesta fue clara y concisa.* **SIN.** Preciso, sucinto, escueto. **ANT.** Prolijo, impreciso.

concitar - condecorar

concitar (con-ci-**tar**) *v. tr.* Incitar a unos contra otros. *Concitó los ánimos de todos los presentes y se armó el gran lío.*

conciudadano, na (con-ciu-da-**da**-no) *s. m. y s. f.* Cada uno de los ciudadanos de una misma ciudad o nación respecto de los demás. *Se alegró mucho de volver a su ciudad natal y encontrarse con sus conciudadanos.* **SIN.** Paisano.

cónclave (**cón**-cla-ve) *s. m.* **1.** Reunión de los cardenales para elegir un nuevo Papa. *Todos estaban pendientes de la finalización del cónclave.* **2.** Lugar en el que se reúnen. *Ningún periodista podía entrar al cónclave.* **3.** Junta para tratar de algún asunto. *Celebraron un cónclave para hablar de los pastos comunales.* ✎ También "conclave".

concluir (con-clu-**ir**) *v. tr.* **1.** Acabar algo. **GRA.** También v. prnl. *La reunión concluyó a las seis.* **SIN.** Finalizar(se), acabar(se), completar(se). **ANT.** Empezar(se), comenzar(se), iniciar(se). **2.** Llegar a una conclusión. *Al final concluyeron que lo mejor era no hacer nada.* **SIN.** Resolver, determinar, deducir, inferir. ✎ v. irreg., se conjuga como huir. Tiene doble part.; uno reg., concluido, y otro irreg., concluso.

conclusión (con-clu-**sión**) *s. f.* **1.** Resultado. *Se llegó a la conclusión de que decía la verdad.* **SIN.** Consecuencia, resolución. **2.** Término de una cosa. *El partido llegó a su conclusión con empate a cero.*

concluyente (con-clu-**yen**-te) *adj.* Que convence por tener un argumento irrebatible. *Sus datos sobre la rentabilidad de la operación fueron concluyentes.* **SIN.** Aplastante, indiscutible, irrebatible, decisivo. **ANT.** Ambiguo, vacilante, discutible, dudoso.

concomitante (con-co-mi-**tan**-te) *adj.* Que acompaña a una cosa o está relacionado con ella. *Los dos proyectos eran concomitantes.*

concordancia (con-cor-**dan**-cia) *s. f.* Relación de semejanza entre determinadas cosas. *Sus actos no estaban en concordancia con sus ideas.* **SIN.** Conformidad, correspondencia, coincidencia, acuerdo.

concordar (con-cor-**dar**) *v. tr.* **1.** Poner de acuerdo. *Tienes que tratar de concordar las aspiraciones de todos.* **SIN.** Convenir, avenirse. **ANT.** Discordar. ‖ *v. intr.* **2.** Estar de acuerdo una cosa con otra. *El número de cuenta no concuerda con el que aparece aquí.* ✎ v. irreg., se conjuga como contar.

concordia (con-**cor**-dia) *s. f.* Acuerdo o convenio entre dos o más personas. *No hubo concordia entre ellos y cada uno siguió con su postura.* **SIN.** Conciliación, convenio, paz, arreglo, consenso. **ANT.** Guerra, contienda, desavenencia.

concretar (con-cre-**tar**) *v. tr.* **1.** Reducir a lo más esencial una exposición. *Voy a concretar en dos puntos mi opinión.* **SIN.** Abreviar, extractar, resumir, limitar, ceñir. **ANT.** Desarrollar, extender. **2.** Determinar. *Ahora concretamos la hora y luego ya se verá.* **SIN.** Precisar, definir, aclarar.

concreto, ta (con-**cre**-to) *adj.* **1.** Reducido a lo más esencial o importante. *Su discurso fue muy concreto, no se salió para nada del tema.* **SIN.** Limitado, ceñido, sucinto. **2.** Se dice de cualquier objeto determinado. *Un vaso es una cosa concreta.* **SIN.** Real, particular. ‖ **LOC. en concreto** En resumen.

concubina (con-cu-**bi**-na) *s. f.* Mujer que vive con un hombre pero sin estar casada con él. *Los romanos solían tener muchas concubinas.* **SIN.** Querida, amante.

concupiscencia (con-cu-pis-**cen**-cia) *s. f.* **1.** Deseo de bienes terrenos. *Su concupiscencia no tenía límites, era muy avaro.* **SIN.** Ambición, codicia. **2.** Sensualidad. *A todo el mundo le llamó la atención la concupiscencia de aquel relato.* **SIN.** Erotismo.

concurrencia (con-cu-**rren**-cia) *s. f.* Reunión de varias personas en un lugar. *La concurrencia de público a la manifestación fue impresionante.* **SIN.** Afluencia, convergencia, multitud. **ANT.** Inasistencia.

concurrir (con-cu-**rrir**) *v. intr.* Juntarse en un mismo lugar o tiempo diferentes personas, sucesos o cosas. *La gente concurrió masivamente para ver la llegada de la vuelta ciclista.* **SIN.** Coincidir, afluir, converger, agolparse.

concursar (con-cur-**sar**) *v. intr.* Tomar parte en un concurso, oposición, etc. *Su grupo concursará en un festival de teatro.* **SIN.** Opositar, competir.

concurso (con-**cur**-so) *s. m.* **1.** Prueba en la que se compite por un premio, un puesto, etc. *El cuadro de mi amigo ganó el primer premio del concurso.* **SIN.** Certamen, competición, torneo. **2.** Ayuda para una cosa. *El concurso de un abogado fue decisivo para que todo se solucionara.* **SIN.** Auxilio, asistencia, apoyo, intervención.

conde, sa (**con**-de) *s. m. y s. f.* Título nobiliario, inferior al de marqués y superior al de vizconde. *Los condes de la ciudad estuvieron presentes en la ceremonia.*

condecoración (con-de-co-ra-**ción**) *s. f.* Insignia o distintivo que se da en reconocimiento a los méritos de una persona. *En la chaqueta se podían ver todas sus condecoraciones.* **SIN.** Medalla.

condecorar (con-de-co-**rar**) *v. tr.* Dar o imponer a alguien una condecoración. *Le condecoraron por*

condena - conductor

su gran valor. **SIN.** Distinguir, homenajear, honrar. **ANT.** Denigrar, degradar.

condena (con-**de**-na) *s. f.* **1.** Castigo que se impone a quien ha cometido un delito. *Está cumpliendo una condena por robo.* **SIN.** Pena. **2.** Sentencia judicial. *El juez pronunció la condena.* **SIN.** Veredicto.

condenar (con-de-**nar**) *v. tr.* **1.** Declarar culpable el juez al reo, imponiendo la pena o sanción correspondiente. *Condenaron al ladrón a siete años de cárcel.* **SIN.** Sancionar, sentenciar, penar. **ANT.** Absolver. **2.** Reprobar una doctrina, opinión o hecho, declarándolo pernicioso o malo. *Los manifestantes condenaban el racismo.* **SIN.** Censurar, culpar. **3.** Cerrar o tapiar puertas, ventanas, pasadizos, etc. *Condenaron la ventana del torreón para evitar caídas.* ‖ *v. prnl.* **4.** Culparse a sí mismo. *Aunque nadie le culpaba, él se condenaba por la muerte de su perro.* **5.** Incurrir en la pena eterna. *Adán y Eva se condenaron al comer la manzana prohibida.*

condensar (con-den-**sar**) *v. tr.* **1.** Reducir una cosa a menor volumen, y darle más consistencia si es líquida. **GRA.** También v. prnl. *Condensaron el producto para su mayor eficacia.* **SIN.** Espesar, aglomerar, concentrar. **ANT.** Aclarar, licuar, aflojar. **2.** Pasar un gas al estado líquido. **GRA.** También v. prnl. *El vapor de agua al condensarse formaba gotas en el cristal.* **SIN.** Licuar. **3.** Resumir algo sin quitarle nada de lo esencial. *Decidió condensar su discurso porque no contaba con mucho tiempo.* **SIN.** Compendiar, acortar, reducir. Tiene doble part.; uno reg., condensado, y otro irreg., condenso.

condescender (con-des-cen-**der**) *v. intr.* Acceder al gusto y voluntad de otra persona. *Sabía que su hermana siempre condescendía a sus deseos.* **SIN.** Acceder, consentir, complacer. **ANT.** Negarse, rebelarse. v. irreg., se conjuga como entender.

condición (con-di-**ción**) *s. f.* **1.** Naturaleza o propiedad de las cosas. *Esta madera es de muy mala condición.* **SIN.** Índole. **2.** Carácter de una persona. *María es de condición muy callada.* **SIN.** Personalidad. **3.** Estado en que se halla una persona. *Vive en muy malas condiciones.* **SIN.** Situación, posición, categoría, calidad. **4.** Cosa necesaria para que algo se realice. *Te dejo mi coche con la condición de que lo cuides.* **SIN.** Limitación, cláusula, excepción.

condicional (con-di-cio-**nal**) *adj.* **1.** Que incluye una condición. *Oración condicional.* ‖ *s. m.* **2.** En lingüística, tiempo que expresa acción futura en relación con el pasado del que se parte. *Debes usar correctamente el condicional al hablar y al escribir.*

condimento (con-di-**men**-to) *s. m.* Sustancias que se echan a los alimentos para darles un buen sabor. *Al conejo le echó como condimento tomillo y romero.* **SIN.** Aliño, adobo.

condolerse (con-do-**ler**-se) *v. prnl.* Compadecerse de una persona que sufre. *Se condolió de aquel vagabundo y decidió ayudarle.* **SIN.** Apiadarse, dolerse.

condón (con-**dón**) *s. m.* *Preservativo.

cóndor (**cón**-dor) *s. m.* Ave rapaz diurna de gran tamaño, parecida al buitre, cuyo plumaje es negro con un collar blanco. *El cóndor habita en América.*

conducir (con-du-**cir**) *v. tr.* **1.** Manejar un coche, camión, etc. *Para conducir un coche hay que sujetar el volante.* **SIN.** Pilotar. **2.** Llevar a alguien o algo de un sitio a otro. *El agua es conducida a través de canales.* **SIN.** Transportar, trasladar, acarrear. ‖ *v. prnl.* **3.** Proceder de una manera o de otra, bien o mal. *Se conduce muy bien en público.* **SIN.** Comportarse, desenvolverse, actuar. v. irreg.

INDICATIVO		IMPERATIVO
Pres.	Pret. perf. s.	
conduzco	conduje	
conduces	condujiste	conduce
conduce	condujo	conduzca
conducimos	condujimos	conduzcamos
conducís	condujisteis	conducid
conducen	condujeron	conduzcan
SUBJUNTIVO		
Pres.	Pret. imperf.	Fut. imperf.
conduzca	condujera/se	condujere
conduzcas	condujeras/ses	condujeres
conduzca	condujera/se	condujere
conduzcamos	condujéramos/semos	condujéremos
conduzcáis	condujerais/seis	condujereis
conduzcan	condujeran/sen	condujeren

conducta (con-**duc**-ta) *s. f.* Manera de comportarse y actuar las personas. *El profesor le felicitó por su buena conducta en clase.* **SIN.** Comportamiento.

conducto (con-**duc**-to) *s. m.* **1.** Tubo que conduce líquidos. *Hubo una avería en el conducto del agua.* **2.** Cada uno de los tubos o canales encargados de las funciones fisiológicas de los vegetales y animales. *Tenía una deficiencia en el conducto auditivo.* **3.** Medio por el que se dirige un asunto. *Lo solicitó por conducto de una gestoría.* **SIN.** Órgano.

conductor, ra (con-duc-**tor**) *adj.* **1.** Se dice de la persona que conduce. **GRA.** También s. m. y s. f. *Mi madre es muy buena conductora.* **SIN.** Piloto, timonel, chófer. **2.** Se dice de los cuerpos que transmiten el calor y la electricidad. **GRA.** También s. m. *El cobre es un buen conductor de la electricidad.*

conectar - confianza

conectar (co-nec-**tar**) *v. tr.* Poner en contacto dos mecanismos. **GRA.** También v. intr. y prnl. *Conectaron los cables de la luz.* **SIN.** Enchufar, acoplar(se), ensamblar(se). **ANT.** Desconectar(se).

conejera (co-ne-**je**-ra) *s. f.* **1.** Madriguera donde se crían conejos. *Vendió los conejos y las conejeras.* **2.** Cueva estrecha y larga. *Su búsqueda era difícil porque la montaña estaba llena de conejeras.* **3.** Sótano o cueva donde se recogen muchas personas. *La policía atrapó a los ladrones en su conejera.*

conejo, ja (co-**ne**-jo) *s. m. y s. f.* Mamífero roedor, que vive en madrigueras y se domestica fácilmente; su carne es muy apreciada. *Puso una granja de conejos y gallinas.*

conexión (co-ne-**xión**) *s. f.* **1.** Unión de una cosa con otra. *Fueron a hacer la conexión del teléfono.* **SIN.** Enlace, sintonización, ensamble, empalme, engarce. ‖ *s. f. pl.* **2.** Amistades, relaciones. *Gracias a sus conexiones logró el puesto de trabajo.*

confabulación (con-fa-bu-la-**ción**) *s. f.* Acción de ponerse de acuerdo dos o más personas para ir en contra de alguien. *Se descubrió una confabulación contra el Estado.* **SIN.** Complot, componenda, conjura, conspiración, maquinación.

confabularse (con-fa-bu-**lar**-se) *v. prnl.* Ponerse de acuerdo dos o más personas sobre un asunto o negocio, generalmente contra algo o contra alguien. *Se confabularon para que no saliera adelante su propuesta.* **SIN.** Maquinar, tramar, conspirar, conjurar.

confección (con-fec-**ción**) *s. f.* **1.** Acción y efecto de confeccionar. *Cada grupo de alumnos está trabajando en la confección de un mural.* **SIN.** Elaboración, hechura. **2.** Hechura de prendas de vestir. *Me gusta el género de la falda pero la confección es muy mala.*

confeccionar (con-fec-cio-**nar**) *v. tr.* Hacer o preparar algo. *Entre todos confeccionaron su esquema de trabajo.* **SIN.** Fabricar, componer.

confederación (con-fe-de-ra-**ción**) *s. f.* Pacto entre personas, y más comúnmente entre naciones. *Los países de la zona formaron una confederación para defender sus intereses.* **SIN.** Federación, coalición, convenio, liga. **ANT.** Ruptura.

conferencia (con-fe-**ren**-cia) *s. f.* **1.** Acción de hablar en público sobre un tema. *Mañana iremos a una conferencia sobre literatura.* **SIN.** Coloquio, charla, discurso, disertación. **2.** Conversación entre varias personas para tratar un tema de interés general. *La conferencia para la paz ha reunido a varios presidentes de gobierno.* **SIN.** Coloquio. **3.** Comunicación por teléfono entre ciudades distintas. *Una conferencia Madrid-Nueva York cuesta mucho.* ‖ **4. conferencia de prensa** Reunión en que un grupo de periodistas entrevista a una personalidad.

conferir (con-fe-**rir**) *v. tr.* Conceder a alguien una dignidad, empleo o derecho. *Le confirieron poder para decidir.* **SIN.** Otorgar, dispensar, dar, proporcionar, asignar. **ANT.** Desposeer, privar. ✎ *v. irreg., se conjuga como sentir.*

confesar (con-fe-**sar**) *v. tr.* **1.** Decir algo que hasta el momento no se había dicho. *Él me confesó que me quería.* **SIN.** Manifestar, expresar, declarar. **ANT.** Ocultar, callar, omitir. **2.** Decir a alguien, obligado por algo, lo que de otra forma no diría. *El ladrón acabó confesando dónde había escondido el dinero.* **SIN.** Admitir, reconocer, acusarse. **ANT.** Negar, callar. **3.** En la religión cristiana, decir los pecados al confesor. *Fue a la iglesia a confesar sus faltas.* ✎ *v. irreg., se conjuga como contar.*

confesión (con-fe-**sión**) *s. f.* **1.** Acción y efecto de confesar o confesarse. *Su confesión de lo que había visto fue la pista fundamental para la policía.* **2.** Declaración al confesor de los pecados que alguien ha cometido. *Pidió la confesión.*

confesonario (con-fe-so-**na**-rio) *s. m.* Lugar de la iglesia donde el confesor oye a los penitentes. *En esa iglesia los confesonarios están en el lateral derecho.*

confesor (con-fe-**sor**) *s. m.* Sacerdote que confiesa a los penitentes y que perdona los pecados. *El confesor le absolvió de sus faltas.*

confeti (con-**fe**-ti) *s. m.* Trocitos de papel de diversos colores y formas. *Durante el desfile de carrozas se arrojaron muchos confetis y serpentinas.*

confianza (con-**fian**-za) *s. f.* **1.** Esperanza firme que se tiene de una persona o cosa. *Perdió la confianza en su amigo porque le había traicionado.* **SIN.** Seguridad, fe, tranquilidad, esperanza. **ANT.** Desconfianza. **2.** Seguridad que alguien tiene en sí mismo para hacer algo. *Tengo confianza en que tendré éxito.* **SIN.** Convicción, presunción. **ANT.** Timidez. **3.** Familiaridad en el trato. *Le recibieron con toda confianza.* **SIN.** Intimidad, cordialidad, llaneza, naturalidad. **ANT.** Embarazo, afectación, etiqueta, cumplido. **4.** Familiaridad excesiva. **GRA.** Se usa más en pl. *Últimamente se está tomando muchas confianzas.* ‖ **LOC. de confianza** Se dice de la persona con quien se tiene un trato familiar y en quien se puede confiar. | Se dice de las cosas que poseen las cualidades recomendables para el fin a que se destinan. **en confianza** Con seguridad. | Con reserva e intimidad.

confiar - conformidad

confiar (con-fi-**ar**) *v. intr.* **1.** Esperar con seguridad que algo bueno pase. **GRA.** También v. prnl. *Confío en que lleguemos a tiempo.* **SIN.** Fiarse, ilusionarse, creer. **ANT.** Desconfiar. ‖ *v. tr.* **2.** Dar o encargar una cosa a alguien de quien se tiene buena opinión. *Mientras estuvo ausente, confió la casa a un amigo suyo.* **SIN.** Dejar, encomendar, encargar. ✎ En cuanto al acento, se conjuga como desviar.

confidencia (con-fi-**den**-cia) *s. f.* Secreto que se dice a alguien en confianza. *Me hizo confidencias acerca de su viaje.* **SIN.** Revelación.

confidente, ta (con-fi-**den**-te) *s. m. y s. f.* **1.** Persona de quien alguien se fía. *Su madre era su mejor confidenta.* **2.** Espía, soplón. *Le acusaron de ser un confidente de la policía.*

configurar (con-fi-gu-**rar**) *v. tr.* Dar forma o figura a una cosa. **GRA.** También v. prnl. *Configuraron un nuevo programa que se adecuara a sus necesidades.* **SIN.** Conformar, formar.

confín (con-**fín**) *s. m.* **1.** Límite que separa dos territorios. *Limitaron el confín de la finca con estacas y alambre.* **SIN.** Frontera, linde. **2.** Último término a que alcanza la vista. *El barco se perdió en los confines del océno.* **SIN.** Final, extremidad, horizonte.

confinar (con-fi-**nar**) *v. intr.* **1.** Estar un territorio, mar, río, etc. al lado de otro. *Sus tierras confinan.* **SIN.** Lindar, limitar, rayar, colindar. ‖ *v. tr.* **2.** Desterrar a alguien, señalándole un lugar de donde no puede salir. *Napoleón estuvo confinado en Santa Elena.* **SIN.** Aislar, desterrar. ‖ *v. prnl.* **3.** Encerrarse, recluirse. *Se confinó en casa durante meses para preparar las oposiciones.*

confirmar (con-fir-**mar**) *v. tr.* **1.** Dar por cierta una cosa añadiendo datos que lo prueban. **GRA.** También v. prnl. *Me confirmaron la noticia.* **SIN.** Ratificar(se), asegurar, aseverar, corroborar. **ANT.** Desmentir, negar. **2.** Dar a una persona o cosa más firmeza. **GRA.** También v. prnl. *El ministro le había confirmado en su cargo.* **SIN.** Ratificar, revalidar. **3.** Administrar el sacramento de la confirmación. *El obispo confirmó después de decir la misa.*

confiscar (con-fis-**car**) *v. tr.* Privar a alguien de sus bienes por una orden legal. *Le confiscaron sus propiedades para pagar las deudas que había contraido.* **SIN.** Decomisar, incautarse, embargar. **ANT.** Restituir, devolver. ✎ Se conjuga como abarcar.

confite (con-**fi**-te) *s. m.* Pasta hecha de azúcar y algún otro ingrediente, en forma de bolitas de varios tamaños. **GRA.** Se usa más en pl. *Trajo muchos confites del bautizo.* **SIN.** Caramelo, golosina, dulce.

confitería (con-fi-te-**rí**-a) *s. f.* Tienda en que se venden dulces. *Entramos en una confitería a comprar pasteles.*

conflagración (con-fla-gra-**ción**) *s. f.* Guerra o perturbación de la paz. *Los demás países consiguieron que finalizara la conflagración entre los dos pueblos vecinos.* **SIN.** Contienda, hostilidad.

conflictivo, va (con-flic-**ti**-vo) *adj.* Se dice del tiempo, situación, circunstancias, etc. en que hay conflicto. *Eran tiempos muy conflictivos por la crisis económica que sufría el país.*

conflicto (con-**flic**-to) *s. m.* **1.** Situación de lucha o desacuerdo entre personas. *Hubo un conflicto de intereses y se disolvió la sociedad.* **SIN.** Atolladero, trance, embrollo, disparidad. **2.** Combate, lucha en un determinado momento. *La situación era muy delicada y se temía que estallase un conflicto bélico.* **SIN.** Pugna. **3.** Lucha interior. *Tenía un gran conflicto porque sus sentimientos ern contradictorios.* **SIN.** Desasosiego. **ANT.** Calma, tranquilidad. **4.** Apuro, dificultad. *Su ausencia suponía un conflicto para sus socios.*

confluir (con-flu-**ir**) *v. intr.* **1.** Juntarse dos o más corrientes de agua. *En ese tramo confluyen los dos ríos.* **SIN.** Desembocar. **2.** Juntarse en un determinado lugar dos o más caminos. *En ese punto confluyen la carretera y la autopista.* **3.** Acudir a un lugar mucha gente. *Confluyó mucho público para ver las danzas populares.* **SIN.** Desembocar, coincidir, concentrarse, converger. **ANT.** Dispersarse. ✎ v. irreg., se conjuga como huir.

conformar (con-for-**mar**) *v. tr.* **1.** Armonizar una cosa con otra. **GRA.** También v. prnl. *Le costaba trabajo conformar su poco tiempo libre con todo lo que quería hacer.* **SIN.** Acomodar, ajustar, adaptar. ‖ *v. prnl.* **2.** Recibir sin queja algo, aunque sea malo. *Tuvo que conformarse con un aprobado, aunque él creía que merecía más.* **SIN.** Transigir, adaptarse, resignarse, amoldarse. **ANT.** Rebelarse, resistirse.

conforme (con-**for**-me) *adj.* **1.** Que se adapta o es como conviene. *Obtuvo un resultado conforme a su esfuerzo.* **2.** Que está de acuerdo con algo. *Estamos conformes con la fecha fijada para la reunión.* **SIN.** Satisfecho. **ANT.** Descontento, insatisfecho. ‖ *adv. m.* **3.** Según, con arreglo a. *Lo he rellenado conforme a las instrucciones.*

conformidad (con-for-mi-**dad**) *s. f.* **1.** Semejanza entre dos personas o cosas. *Entre aquellos dos trabajos había gran conformidad.* **SIN.** Afinidad, analogía, parecido. **2.** Buena correspondencia entre dos o más personas. *Entre ellos hubo conformidad respecto al*

confort - congreso

precio. **SIN.** Acuerdo, avenencia. **ANT.** Discordia, desavenencia. **3.** Tolerancia y resignación en las situaciones adversas. *Llevaba su larga enfermedad con conformidad.* **SIN.** Paciencia, sumisión. **4.** Correspondencia de una cosa con otra. *No hay conformidad entre lo que dice y lo que pone aquí.* **SIN.** Acomodación, concordancia. **ANT.** Discordancia.

confort (con-**fort**) *s. m.* *Comodidad. ✎ Su pl. es "conforts".

confortar (con-for-**tar**) *v. tr.* Dar ánimos o fuerzas. **GRA.** También v. prnl. *Saber que tenía el apoyo de su familia le confortaba.* **SIN.** Animar(se), alentar, fortalecer(se). **ANT.** Desalentar(se), enervar(se).

confucianismo (con-fu-cia-**nis**-mo) *s. m.* Doctrina del filósofo chino Confucio. *En aquella ciudad había muchos partidarios del confucianismo.*

confundir (con-fun-**dir**) *v. tr.* **1.** Equivocar, desordenar una cosa. **GRA.** También v. prnl. *Creo que se ha confundido de piso.* **SIN.** Desordenar(se), embrollar(se), errar, mezclar(se). **ANT.** Distinguir, acertar. **2.** Tomar a una persona o cosa por otra. *Me confundió con mi hermano.* **SIN.** Equivocar, errar. **3.** Turbar a alguien de modo que no acierte a explicarse. **GRA.** También v. prnl. *Se puso muy nervioso en la exposición del tema y se confundió muchísimo.* **SIN.** Aturdir, azarar, abochornar. ✎ Tiene doble part.; uno reg., confundido, y otro irreg., confuso.

confusión (con-fu-**sión**) *s. f.* **1.** Acción y efecto de confundir o mezclar. *En la feria había una gran confusión de gente.* **SIN.** Revoltijo, caos, embrollo, lío, enredo. **ANT.** Orden. **2.** Acción y efecto de equivocar una cosa con otra. *Por confusión compré otro libro.* **3.** Perplejidad, desasosiego. *Sus palabras crearon gran confusión en la sala.* **SIN.** Aturdimiento, ofuscamiento.

conga (**con**-ga) *s. f.* Danza cubana de origen africano. *Al final de la fiesta todo el mundo bailó la conga.*

congelador (con-ge-la-**dor**) *s. m.* En las neveras, compartimiento especial donde se produce hielo y se guardan los alimentos cuya conservación necesita una temperatura más baja. *Saca los cubitos de hielo del congelador.*

congelar (con-ge-**lar**) *v. tr.* **1.** Convertir un líquido en hielo por efecto del frío. **GRA.** También v. prnl. *Se congeló el agua del estanque.* **SIN.** Helar(se), solidificar(se), escarchar(se). **ANT.** Calentar(se), fundir(se). **2.** Someter alimentos a muy baja temperatura para que se conserven. *Congeló la carne para que no se le estropeara.* **3.** Dañar el frío los tejidos orgánicos. **GRA.** Se usa más como v. prnl. *Había quedado atrapado en la nieve y se le congelaron los dedos de las manos.*

congénere (con-**gé**-ne-re) *adj.* Del mismo género o del mismo origen. **GRA.** También s. m. y s. f. *Era solidario con todos sus congéneres.*

congeniar (con-ge-**niar**) *v. intr.* Tener afinidades dos o más personas en cuanto a carácter, aficiones, etc. *Habían congeniado muy bien desde el primer día de clase.* **SIN.** Simpatizar, entenderse, comprenderse, coincidir. **ANT.** Discrepar. ✎ En cuanto al acento, se conjuga como cambiar.

congénito, ta (con-**gé**-ni-to) *adj.* Connatural y como nacido con alguien. *Su defecto en la vista era congénito.* **SIN.** Innato. **ANT.** Adquirido.

congestión (con-ges-**tión**) *s. f.* **1.** Acumulación excesiva de sangre en alguna parte del cuerpo. *Una congestión cerebral acabó con su vida.* **2.** Aglomeración de personas, vehículos, etc. *Como era víspera de fiesta había una congestión de tráfico increíble.* **SIN.** Acumulación, saturación.

conglomerar (con-glo-me-**rar**) *v. tr.* Unir fragmentos de una misma o de diversas sustancias de manera que resulte una masa compacta. **GRA.** También v. prnl. *El carpintero conglomeró el serrín.* **SIN.** Apiñar(se), aglutinar(se). **ANT.** Disgregar(se).

congoja (con-**go**-ja) *s. f.* Tristeza intensa. *Le entró una gran congoja al conocer la noticia de su fallecimiento.* **SIN.** Aflicción, ansiedad, pesar, zozobra. **ANT.** Satisfacción, alegría.

congraciar (con-gra-**ciar**) *v. tr.* Conseguir la voluntad o el afecto de alguien. **GRA.** Se usa más como v. prnl. *Quería congraciarse con su oponente para acabar con su enfrentamiento.* ✎ En cuanto al acento, se conjuga como cambiar.

congratular (con-gra-tu-**lar**) *v. tr.* Manifestar alegría y satisfacción a la persona a quien ha acaecido un suceso feliz. **GRA.** También v. prnl. *Me congratulo de tu éxito.* **SIN.** Felicitar, elogiar, cumplimentar, alegrarse. **ANT.** Arrepentirse.

congregación (con-gre-ga-**ción**) *s. f.* **1.** Reunión de personas para tratar alguna cosa. *El párroco se dirigió a la congregación de fieles.* **2.** Conjunto de religiosos de la misma orden. *Ingresó en una congregación de franciscanos.*

congregar (con-gre-**gar**) *v. tr.* Juntar, reunir. **GRA.** También v. prnl. *En el lugar de los hechos se congregó un gran número de curiosos.* ✎ Se conjuga como ahogar.

congreso (con-**gre**-so) *s. m.* **1.** Reunión de personas para tratar asuntos políticos o cuestiones de carácter

congrio - conmigo

CONJUNCIONES	
COORDINADAS	**Copulativas**: y, e, ni, que **Disyuntivas**: o, u **Adversativas**: mas, pero, sino, sin embargo **Distributivas**: ya…ya, bien…bien, ora…ora
SUBORDINADAS	**Causales**: porque, puesto que, pues **Consecutivas**: luego, por consiguiente, así que **Condicionales**: si, siempre que **Concesivas**: aunque, aun cuando **Comparativas**: así, tal como **Temporales**: cuando, después que, antes que **Finales**: para que, a fin de que

científico o cultural. *Hubo un congreso del partido.* **SIN.** Asamblea. **2.** Edificio donde celebran las sesiones los diputados a Cortes. *Muchos periodistas acudieron al congreso ante la importancia de la sesión.*

congrio (**con**-grio) *s. m.* Pez marino de carne blanca y comestible, pero con muchas espinas. *El congrio vive en los mares árticos.*

congruente (con-**gruen**-te) *adj.* Coherente, que tiene sentido. *Su argumento nos convenció porque parecía muy congruente.*

cónico, ca (**có**-ni-co) *adj.* Que tiene forma de cono. *Un cucurucho tiene forma cónica.*

conífero, ra (co-**ní**-fe-ro) *adj.* **1.** Se dice de árboles o arbustos con frutos en forma de piña que, por lo general, son de hoja perenne. **GRA.** También s. f. *El ciprés es una conífera.* ∥ *s. f. pl.* **2.** Familia de estos árboles. *El pino y el abeto pertenecen a la familia de las coníferas.*

conjetura (con-je-**tu**-ra) *s. f.* Juicio que se forma de una cosa por señales e indicios. *No hagas conjeturas, espera a saber los hechos.* **SIN.** Suposición, presunción, hipótesis, sospecha.

conjugación (con-ju-ga-**ción**) *s. f.* **1.** Acción y efecto de conjugar. *No me gusta esa conjugación de colores.* **2.** Conjunto de formas que adopta un verbo en cada uno de sus tiempos y personas. *"Cantar" es un verbo de la primera conjugación.*

1ª conjugación	Verbos cuyo infinitivo termina en **-ar**
2ª conjugación	Verbos cuyo infinitivo termina en **-er**
3ª conjugación	Verbos cuyo infinitivo termina en **-ir**

conjugar (con-ju-**gar**) *v. tr.* **1.** Combinar varias cosas entre sí. *Conjugaron sus esfuerzos para conseguirlo.* **SIN.** Enlazar, conciliar, armonizar. **2.** Poner un verbo en sus diferentes modos, tiempos, números, personas y voces. *Conjuga el modo indicativo del verbo cantar.* ✎ Se conjuga como ahogar.

conjunción (con-jun-**ción**) *s. f.* **1.** Acción y efecto de unirse dos o más cosas. *Estaba contentísimo ante aquella conjunción de acontecimientos favorables.* **SIN.** Enlace, unificación, reunión. **2.** Parte invariable de la oración que sirve para unir palabras y oraciones, y que señala la relación existente entre ellas. *"Pero" es una conjunción adversativa.*

conjunto, ta (con-**jun**-to) *adj.* **1.** Unido a otra persona o cosa. *La casa conjunta a la mía está en ruinas.* ∥ *s. m.* **2.** Unión de personas, animales o cosas que tienen algo en común. *El conjunto de profesores ha hecho el programa del curso.* **SIN.** Grupo, serie. **3.** Totalidad de una cosa. *Es una ciudad que me gusta en su conjunto.* **4.** Dos o más prendas de vestir que hacen juego. *Se compró un conjunto de chaqueta y jersey de angora.* **5.** Grupo de personas que cantan, bailan, tocan instrumentos, etc. *Toca la guitarra en un conjunto de rock.* **SIN.** Banda.

conjurar (con-ju-**rar**) *v. intr.* Conspirar las personas o cosas contra alguien. **GRA.** También v. prnl. *Se conjuraron contra él para acabar con su carrera política.* **SIN.** Confabularse, maquinar, tramar, conspirar.

conjuro (con-**ju**-ro) *s. m.* Palabras supersticiosas con las que se dice que hacen sus prodigios los hechiceros. *Temía que el conjuro de la bruja le pusiera en peligro.* **SIN.** Encantamiento, hechizo.

conllevar (con-lle-**var**) *v. tr.* Tener paciencia en las situaciones adversas. *Conlleva su enfermedad de forma admirable.* **SIN.** Sufrir, tolerar.

conmemoración (con-me-mo-ra-**ción**) *s. f.* Memoria o recuerdo que se hace de una persona o cosa. *Importantes personalidades participaron en la conmemoración del descubrimiento de América.* **SIN.** Celebración, aniversario, festividad, solemnidad.

conmigo (con-**mi**-go) *pron. pers.* Forma especial que presenta el pronombre personal de primera persona, género masculino o femenino y número singular, cuando funciona como complemento pre-

conminar - consanguinidad

cedido de la preposición "con". *Ven conmigo de paseo, hace un día maravilloso.*

conminar (con-mi-**nar**) *v. tr.* Amenazar a una persona para que haga algo. *Le conminaron a pagar sus deudas si no quería ver todas sus propiedades embargadas.* **SIN.** Intimidar.

conmiseración (con-mi-se-ra-**ción**) *s. f.* Compasión que una persona tiene por las desgracias de otra. *No podía evitar sentir cierta conmiseración por él, aunque era su mayor enemigo.* **SIN.** Misericordia, piedad, lástima. **ANT.** Rigor.

conmoción (con-mo-**ción**) *s. f.* **1.** Agitación violenta. *El terremoto empezó por una conmoción rápida.* **SIN.** Choque, sacudida. **2.** Emoción fuerte y repentina. *La muerte de su amigo supuso una fuerte conmoción para él.* **3.** Tumulto, alteración de un Estado, pueblo, etc. *Aquella subida de impuestos provocó una grave conmoción social.* **SIN.** Levantamiento.

conmover (con-mo-**ver**) *v. tr.* **1.** Perturbar, inquietar, mover fuertemente. **GRA.** También v. prnl. *La familia se conmovió ante la falta de noticias.* **SIN.** Agitar(se), alterar(se). **ANT.** Tranquilizar(se). **2.** Producir compasión. *La catástrofe conmovió a todo el mundo.* **SIN.** Impresionar, enternecer, apenar, emocionar, afectar. **ANT.** Tranquilizar. ✎ v. irreg., se conjuga como mover.

conmutación (con-mu-ta-**ción**) *s. f.* Acción y efecto de conmutar. *Hubo una conmutación de la pena de privación del carné de conducir por una multa.*

conmutar (con-mu-**tar**) *v. tr.* **1.** Cambiar una cosa por otra. *Conmutaron la energía eléctrica por energía solar.* **2.** Sustituir una pena o castigo por otro menos grave. *Le conmutaron la pena de privación de libertad por un arresto domiciliario.*

connotar (con-no-**tar**) *v. tr.* **1.** Hacer relación. *El tono de su voz connotaba su estado de ánimo.* **2.** Tener una palabra alguna significación más, además de la principal. *Aquel término que utilizó tenía connotaciones religiosas.* **SIN.** Matiz.

cono (**co**-no) *s. m.* Cuerpo geométrico que se forma con la rotación de un triángulo rectángulo sobre uno de sus catetos. *Le regalaron una lámpara con forma de cono.* **2.** Montaña volcánica o en forma de volcán. *El terreno estaba lleno de conos volcánicos.*

conocer (co-no-**cer**) *v. tr.* **1.** Saber lo que es y cómo es cierta cosa o cierta persona. *No tardó nada en llegar porque conocía el camino.* **SIN.** Comprender, advertir, entender. **ANT.** Desconocer, ignorar. **2.** Tener relación con alguien. *Conocemos a un emplea-* *do de esa empresa.* **3.** Ver por primera vez a una persona. *Ha oído hablar de él y tiene ganas de conocerle.* ✎ v. irreg., se conjuga como parecer.

conocido, da (co-no-**ci**-do) *adj.* **1.** Se dice de la persona que es ilustre y famosa. *Vino al estreno un conocido actor.* **SIN.** Distinguido, renombrado, famoso. ‖ *s. m. y s. f.* **2.** Persona a quien se conoce o con quien se tiene algún trato, pero con la que no se tiene amistad. *Es un conocido de hace años.*

conocimiento (co-no-ci-**mien**-to) *s. m.* **1.** Entendimiento, inteligencia. *Es una persona de gran conocimiento.* ‖ *s. m. pl.* **2.** Ciencia, sabiduría. *Tiene grandes conocimientos en medicina natural.* ‖ **LOC. perder alguien el conocimiento** Perder el sentido.

conque (**con**-que) *conj.* Indica consecuencia. *Todavía estás convaleciente, conque no te fatigues.*

conquista (con-**quis**-ta) *s. f.* **1.** Acción y efecto de conquistar. *La conquista de aquel territorio les llevó meses.* **SIN.** Expugnación, ocupación. **2.** Cosa conquistada. *Estudiamos la conquista de Granada.* **3.** Persona cuyo amor se logra. *Siempre está presumiendo de sus conquistas.*

conquistar (con-quis-**tar**) *v. tr.* **1.** Tomar por las armas un territorio, plaza, ciudad, etc. *Los Reyes Católicos conquistaron Granada en 1492.* **SIN.** Tomar, capturar, invadir. **ANT.** Perder. **2.** Conseguir algo con esfuerzo. *El alpinista conquistó la cima.* **3.** Captar la voluntad o el afecto de una persona. *Consiguió conquistarla con su amabilidad y cariño.* **SIN.** Persuadir, camelar, seducir, enamorar.

consabido, da (con-sa-**bi**-do) *adj.* **1.** Que es sabido por cuantos intervienen en un acto de comunicación. *En el debate salió a relucir el consabido asunto de las discrepancias internas del partido.* **ANT.** Desconocido. **2.** Habitual, característico. *Recibió la consabida regañina por su mal comportamiento.*

consagrar (con-sa-**grar**) *v. tr.* **1.** Dedicar con eficacia una cosa a determinado fin. *Consagró su vida a la ciencia.* **SIN.** Destinar. **2.** Hacer sagrada a una persona o cosa. *Fue consagrado por su vida ejemplar.* **SIN.** Deificar, divinizar. **3.** En la misa, convertir el sacerdote el pan y el vino en el cuerpo y en la sangre de Jesucristo. *El sacerdote consagró la hostia.* **4.** Hacer la ofrenda de una persona o cosa a Dios. *Consagraron un templo en honor de la Virgen del Pilar.* **SIN.** Santificar. **5.** Dar a alguien fama en una actividad. **GRA.** También v. prnl. *Aquella canción le consagró como cantante.*

consanguinidad (con-san-gui-ni-**dad**) *s. f.* Parentesco de las personas que descienden de una mis-

consciencia - consigna

ma raíz o tronco. *A ambas familias les unen lazos de consaguinidad.* **SIN.** Afinidad.

consciencia (cons-**cien**-cia) *s. f.* *Conciencia.

consciente (cons-**cien**-te) *adj.* Que obra sabiendo lo que hace. *Al nadar era consciente de la profundidad.* **SIN.** Cuidadoso, responsable. **ANT.** Irresponsable.

consecuencia (con-se-**cuen**-cia) *s. f.* Hecho que es el resultado de otro. *Lleva escayolada la pierna como consecuencia de la fractura.* **SIN.** Efecto, resultado, repercusión. **ANT.** Causa, principio.

consecuente (con-se-**cuen**-te) *adj.* Se dice de la persona que actúa conforme a sus ideas. *Es una de las personas más consecuentes que conozco.*

conseguir (con-se-**guir**) *v. tr.* Lograr lo que se pretende o desea. *He conseguido aprobar latín.* **SIN.** Alcanzar, obtener, adquirir, lograr. **ANT.** Perder, fracasar. ✎ v. irreg., se conjuga como pedir.

consejo (con-**se**-jo) *s. m.* **1.** Cosa que una persona dice a otra sobre lo que debe hacer. *Mi consejo es que no conduzcas si hay mucha niebla.* **SIN.** Aviso, advertencia, opinión, sugerencia. **2.** Reunión de personas oficiales cuya misión es la de aconsejar. *Se reunió el consejo de administración para tomar una decisión.* **SIN.** Asamblea, junta, reunión.

consenso (con-**sen**-so) *s. m.* Consentimiento. *La propuesta salió adelante con el consenso de todos los partidos políticos.* **SIN.** Acuerdo, conformidad. **ANT.** Denegación.

consentimiento (con-sen-ti-**mien**-to) *s. m.* Acción y efecto de consentir o de permitir que se haga una cosa. *Necesitaba el consentimiento de todos los propietarios para poder vender la finca.* **SIN.** Aprobación, beneplácito, conformidad, permiso. **ANT.** Desautorización, prohibición, negativa.

consentir (con-sen-**tir**) *v. tr.* **1.** Permitir que se haga una cosa. *Le consintió ir al campamento de verano porque había aprobado todo.* **SIN.** Permitir, admitir, acceder, aprobar, autorizar. **ANT.** Denegar, resistirse, desautorizar, negar. **2.** Ser excesivamente tolerante con los niños o con los inferiores. *Le consienten todo y se está haciendo un niño muy caprichoso.* **SIN.** Mimar, malcriar, maleducar. **SIN.** Educar, corregir. ✎ v. irreg., se conjuga como sentir.

conserje (con-**ser**-je) *s. m.* Persona que se encarga de la custodia, limpieza y llaves de un edificio o establecimiento público. *El conserje del instituto nos informó sobre los plazos de matrícula.* **SIN.** Bedel, portero, ordenanza.

conserva (con-**ser**-va) *s. f.* Alimento que ha sido preparado y envasado especialmente para que dure mucho tiempo inalterable. *Compró varias latas de sardinas en conserva.*

conservación (con-ser-va-**ción**) *s. f.* Acción y efecto de conservar o conservarse. *Se encarga de la conservación del palacio.* **SIN.** Preservación, protección, guarda, defensa, mantenimiento.

conservar (con-ser-**var**) *v. tr.* **1.** Hacer que alguien o algo se mantenga en buen estado durante cierto tiempo. **GRA.** También v. prnl. *Conservo el piano bien afinado. El frío conserva los alimentos.* **SIN.** Custodiar, mantener(se), vigilar, preservar(se), proteger(se). **ANT.** Deteriorar(se), estropear(se). **2.** Continuar la práctica de costumbres, tradiciones, etc. **GRA.** También v. prnl. *En ese pueblo todavía se conserva la costumbre de la cencerrada.* **3.** Guardar con cuidado una cosa. *Aún conservo la primera carta que me escribió.* **SIN.** Custodiar. **ANT.** Perder.

conservatorio (con-ser-va-**to**-rio) *s. m.* **1.** Establecimiento oficial dedicado a la enseñanza de la música, declamación y otras artes. *Estudia piano en el conservatorio.* **2.** *Chil.* Estufa. **3.** *Arg.* Academia.

considerable (con-si-de-**ra**-ble) *adj.* Grande, cuantioso. *Tiene una altura considerable.* **SIN.** Importante, formidable, enorme. **ANT.** Insignificante, escaso.

consideración (con-si-de-ra-**ción**) *s. f.* **1.** Acción y efecto de examinar o reflexionar una cosa con atención y cuidado. *Aquella propuesta era muy interesante y digna de consideración.* **SIN.** Meditación, examen, reflexión, cavilación. **2.** Buen trato hacia las personas. *Debes tener consideración con las personas ancianas.* **SIN.** Aprecio, respeto, cortesía, estima, atención. **ANT.** Desconsideración, descortesía, desprecio. **3.** Buena opinión que la gente tiene de alguien. *Ese alcalde goza de gran consideración en su ciudad.* **SIN.** Celebridad, renombre, popularidad, reputación. **ANT.** Impopularidad.

considerar (con-si-de-**rar**) *v. tr.* **1.** Tener una opinión sobre una persona o cosa. *Considero que la profesora es buena. Considero difícil cruzar el río.* **SIN.** Meditar, reflexionar, analizar. **ANT.** Desatender. **2.** Pensar algo con detenimiento. *Antes de tomar una decisión, debes considerarlo con calma.* **3.** Tratar a una persona con educación y respeto. *Te considera mucho.* **SIN.** Estimar, respetar, apreciar.

consigna (con-**sig**-na) *s. f.* **1.** Orden que se da a alguien para que la cumpla. *El vigilante tenía la consigna de no dejar pasar a nadie.* **2.** Señal de identificación. *La consigna era silbar dos veces.* **3.** En las estaciones de ferrocarril, aeropuertos, etc., lugar donde se puede dejar temporalmente el equipaje.

consignar - constelación

Dejamos las maletas en consigna y nos fuimos a dar un paseo hasta que salió el tren.

consignar (con-sig-**nar**) *v. tr.* **1.** Señalar el dinero que debe pagarse por hacer una cosa. *Antes de firmar el contrato consignaron la cantidad a pagar.* **2.** Indicar el sitio adonde se dirige una cosa. *Consigna bien las señas en el paquete.*

consigo (con-**si**-go) *pron. pers.* Forma reflexiva especial que presenta el pronombre personal de tercera persona, género masculino o femenino y número singular, cuando funciona como complemento precedido de la preposición "con". *Lo llevaba consigo a todas partes.*

consiguiente (con-si-**guien**-te) *adj.* Que depende o se deduce de otra cosa. *Y se llevó el consiguiente disgusto.* ‖ **LOC. por consiguiente** Por lo tanto, así pues.

consistencia (con-sis-**ten**-cia) *s. f.* **1.** Duración, estabilidad, solidez, firmeza, fortaleza. *Su planteamiento tenía mucha consistencia.* **ANT.** Fragilidad, inestabilidad. **2.** Coherencia entre las partículas de una masa. *Aquella estantería soportaba mucho peso, era de gran consistencia.* **SIN.** Resistencia, densidad, dureza. **ANT.** Inconsistencia, fragilidad, flojedad.

consistir (con-sis-**tir**) *v. intr.* **1.** Estar compuesto de. *El examen consistía en tres ejercicios prácticos.* **2.** Estar una cosa fundada en otra. *Su éxito consistía en ser tan afable.*

consolar (con-so-**lar**) *v. tr.* Aliviar la pena o aflicción de alguien. **GRA.** También v. prnl. *Le consolaba saber que contaba con el apoyo de sus amigos.* **SIN.** Calmar(se), confortar(se), tranquilizar(se), aliviar(se). **ANT.** Amargar(se), acongojar(se), atormentar(se). ✎ v. irreg., se conjuga como contar.

consolidar (con-so-li-**dar**) *v. tr.* **1.** Dar firmeza o solidez a una cosa. *Aquellas elecciones democráticas consolidaron la democracia en el país.* **SIN.** Afianzar, robustecer, reafirmar, asegurar, fortalecer. **ANT.** Debilitar. **2.** Asegurar una amistad, alianza, etc. *Su gesto consolidó el afecto entre los dos amigos.*

consomé (con-so-**mé**) *s. m.* Caldo que tiene la sustancia de la carne. *Tomé un consomé de pollo.* **SIN.** Extracto, jugo.

consonancia (con-so-**nan**-cia) *s. f.* **1.** Cualidad de los sonidos para producir un efecto agradable. *Los dos instrumentos sonaban en perfecta consonancia.* **SIN.** Armonía. **ANT.** Disonancia. **2.** Identidad en la terminación de dos palabras desde la última vocal acentuada. *El ritmo de la estrofa estaba marcado por la consonancia de sus versos.* **ANT.** Asonancia.

consonante (con-so-**nan**-te) *adj.* **1.** Se dice de cada una de las letras cuyo sonido se debe al estrechamiento o cierre de los órganos de la articulación. *La "p" es una consonante bilabial.* **ANT.** Vocal. **2.** Se dice de la rima de los versos cuyos sonidos son iguales a partir de la última vocal acentuada. *Los versos de un pareado tienen rima consonante.*

consorcio (con-**sor**-cio) *s. m.* Participación en la misma suerte que otros. *Crearon un consorcio comercial.*

consorte (con-**sor**-te) *s. m. y s. f.* **1.** Marido respecto de la mujer y mujer respecto del marido. *Vino con su consorte.* **SIN.** Cónyuge, esposo. **2.** Persona que participa con otra de una misma suerte. *El voto de todos los consortes de la sociedad fue unánime.*

conspiración (cons-pi-ra-**ción**) *s. f.* Acción y efecto de ir contra alguien. *Hubo una conspiración contra el gobierno.* **SIN.** Trama, conciliábulo, conjura, complot, confabulación.

conspirar (cons-pi-**rar**) *v. intr.* Unirse varias personas para ir contra un superior, una autoridad o un particular. *Conspiraban desde la clandestinidad.* **SIN.** Intrigar, tramar, confabularse, conjurarse.

constancia[1] (cons-**tan**-cia) *s. f.* Firmeza y perseverancia en continuar algo que se ha comenzado. *Tiene mucha constancia en el estudio.* **SIN.** Persistencia, tenacidad, empeño, paciencia.

constancia[2] (cons-**tan**-cia) *s. f.* Certeza, exactitud en un dicho o hecho. *Los testigos dieron constancia de los hechos.* **SIN.** Prueba, evidencia, testimonio.

constante (cons-**tan**-te) *adj.* **1.** Se dice de lo que no se detiene, debilita o varía. *Las agujas del reloj tienen un movimiento constante.* **SIN.** Invariable, permanente. **ANT.** Variable. **2.** Continuo. *En clase hemos tenido constantes interrupciones.* **SIN.** Incesante, frecuente, persistente. **ANT.** Esporádico. ‖ *s. f.* **3.** Variable que tiene un valor fijo en un determinado proceso, cálculo, etc. *En este problema la constante es la velocidad.*

constar (cons-**tar**) *v. intr.* **1.** Ser cierta y evidente una cosa. *Me consta que dice la verdad.* **2.** Componerse algo de determinadas partes. *Este traje consta de chaqueta, chaleco y pantalón.*

constatar (cons-ta-**tar**) *v. tr.* Comprobar un hecho o dicho. *Lo constató personalmente.* **SIN.** Comprobar, evidenciar, manifestar.

constelación (cons-te-la-**ción**) *s. f.* Conjunto de estrellas fijas que recuerdan la figura de alguna cosa, cuyo nombre reciben. *La Osa Mayor es una constelación.* ✺

consternar - constreñir

CONSTELACIONES

Nombre latino	Nombre español	Nombre latino	Nombre español
Andromeda	Andrómeda	*Lacerta*	Lagarto
Antli	Máquina neumática	*Leo*	Leo o León
Apus	Ave del Paraíso	*Leo Minor*	León Menor
Aquariuas	Acuario	*Lepus*	Liebre
Aquila	Águila	*Libra*	Libra o Balanza
Ara	Altar	*Lupus*	Lobo
Aries	Aries o Carnero	*Lynx*	Lince
Auriga	Cochero	*Lyra*	Lira
Bootes	Boyero	*Mensa*	Mesa
Caelum	Buril	*Microscopium*	Microscopio
Camelopardus	Jirafa	*Monoceros*	Unicornio
Cancer	Cáncer o Cangrejo	*Musca*	Mosca
Canes Venatici	Perros de Caza o Lebreles	*Norma*	Escuadra o Regla
Canis Maior	Can Mayor	*Octans*	Octante
Canis Minor	Can Menor	*Ophiuchus*	Ofiuco
Capricornus	Capricornio	*Orion*	Orión
Carina	Quilla	*Pavo*	Pavo real
Cassiopeia	Casiopea	*Pegasus*	Pegaso
Centaurus	Centauro	*Perseus*	Perseo
Cepheus	Cefeo	*Phoenix*	Fénix
Cetus	Ballena	*Pictor*	Caballete del Pintor
Chamaleon	Camaleón	*Pisces*	Piscis o Peces
Ciecinus	Compás	*Piscis Australis*	Pez Austral
Columba	Paloma	*Puppis*	Popa
Coma Berenices	Cabellera de Berenice	*Pyxis Nauticus*	Brújula
Corona Australis	Corona austral	*Reticulum*	Retículo
Corona Borealis	Corona boreal	*Sagitta*	Flecha
Corvus	Cuervo	*Sagittarius*	Sagitario
Crater	Copa	*Scorpius*	Escorpión
Crux	Cruz del Sur	*Sculptor*	Taller del Escultor
Cygnus	Cisne	*Scutum Sobiesscianum*	Escudo de Sobieski
Delphinus	Delfín	*Serpens*	Serpiente
Dorado	Dorado	*Sextans*	Sextante
Draco	Dragón	*Taurus*	Tauro o Toro
Equuleus	Caballo Menor	*Telescopium*	Telescopio
Eridanus	Erídano	*Triangulum*	Triángulo
Fornax	Horno	*Triangulum austral*	Triángulo austral
Gemini	Géminis o Gemelos	*Tucana*	Tucán
Grus	Grulla	*Ursa maior*	Osa Mayor
Hercules	Hércules	*Ursa Minor*	Osa Menor
Horologium	Reloj	*Vela*	Vela
Hydra	Hidra hembra	*Virgo*	Virgo o Virgen
Hydrus	Hidra macho	*Volans*	Pez volador
Indus	Indio	*Vulpecula*	Zorra

consternar (cons-ter-**nar**) *v. tr.* Preocupar mucho, turbar el ánimo. **GRA.** Se usa más como v. prnl. *Les consternó mucho la noticia de aquel accidente.* **SIN.** Desolar(se), afligir(se), abatir(se), desazonar(se). **ANT.** Animar(se), alentar(se).

constiparse (cons-ti-**par**-se) *v. prnl.* Acatarrarse, resfriarse. *Se constipó por tener abierta la ventana.*

constitución (cons-ti-tu-**ción**) *s. f.* **1.** Conjunto de las cualidades físicas de una persona. *Tiene una constitución muy fuerte.* **2.** Ley fundamental de la organización de un Estado. *Se promulgó una nueva constitución.*

constituir (cons-ti-tu-**ir**) *v. tr.* Formar algo con distintos elementos. **GRA.** También v. prnl. *Padres e hijos constituyen una familia. Se constituyeron en grupo.* **SIN.** Integrar(se), componer, organizar(se). **ANT.** Disolver(se), descomponer(se). ✎ v. irreg., se conjuga como huir.

constreñir (cons-tre-**ñir**) *v. tr.* **1.** Obligar a alguien a que haga una cosa. *Le constriñeron con amenazas a que escribiera aquella carta.* **SIN.** Apremiar, imponer, forzar. **2.** Apretar, cerrar. *Constriñeron la herida para que saliera todo el pus.* **SIN.** Contraer. **ANT.** Dilatar. ✎ v. irreg., se conjuga como ceñir.

construcción (cons-truc-**ción**) *s. f.* **1.** Acción y efecto de construir. *Está trabajando en la construcción de unos grandes almacenes.* **SIN.** Montaje. **ANT.** Destrucción. **2.** Obra construida. *Las nuevas construcciones han dado a esa calle un aspecto totalmente distinto.* **SIN.** Edificación, edificio, fábrica.

constructivo, va (cons-truc-**ti**-vo) *adj.* Que construye por oposición a lo que destruye. *No le molestó su crítica porque era constructiva.* **SIN.** Creador, edificante, positivo, provechoso.

construir (cons-tru-**ir**) *v. tr.* **1.** Hacer una cosa nueva uniendo varios elementos. *Estoy construyendo una casa con madera y piedra.* **SIN.** Edificar, fabricar, levantar. **ANT.** Destruir. **2.** Ordenar las palabras y oraciones de acuerdo con las reglas gramaticales. *Construye una oración subordinada.* ✎ v. irreg., se conjuga como huir.

consuelo (con-**sue**-lo) *s. m.* **1.** Descanso y alivio de penas y fatigas. *Las sombras de los árboles sirven de consuelo al caminante.* **ANT.** Desconsuelo, desolación. **2.** Gozo, alegría. *Por lo menos tenía el consuelo de sus hijos.* **SIN.** Contento, júbilo.

consuetudinario, ria (con-sue-tu-di-**na**-rio) *adj.* Que es de costumbre. *Es un rito consuetudinario de este pueblo.* **SIN.** Acostumbrado, frecuente, habitual. **ANT.** Inusual.

cónsul (**cón**-sul) *s. m.* **1.** Cada uno de los dos magistrados que tenían en Roma la suprema autoridad durante un año. *Cuando se instauró la República en Roma, los cónsules sustituyeron al rey.* **2.** Representante de un país en una ciudad extranjera. *Fue cónsul español en Alemania durante varios años.*

consulta (con-**sul**-ta) *s. f.* **1.** Opinión o datos que se piden o se dan acerca de alguna cosa. *Fueron a la biblioteca a hacer unas consultas sobre la historia de España.* **2.** Oficina o despacho de un médico o abogado. *Fuimos a la consulta del dentista.*

consultar (con-sul-**tar**) *v. tr.* **1.** Pedir parecer o consejo. *Fui a consultar mi problema con un médico.* **SIN.** Asesorarse, pedir consejo. **2.** Mirar un libro o buscar documentación, para aprender algo o aclarar una duda. *Voy todos los días a la biblioteca para consultar la bibliografía.* **SIN.** Aclarar, instruirse.

consumar (con-su-**mar**) *v. tr.* Realizar o llevar a cabo una cosa. *Desgraciadamente, cuando la policía llegó ya habían consumado el crimen.* **SIN.** Acabar, concluir, completar, finalizar. **ANT.** Iniciar, comenzar, empezar.

consumición (con-su-mi-**ción**) *s. f.* **1.** Acción y efecto de consumir o hacer que se acaben las cosas. *La consumición excesiva de petróleo empezaba a convertirse en un auténtico problema.* **2.** Gasto que se hace en un café, bar o establecimiento público. *Me pagó la consumición.*

consumir (con-su-**mir**) *v. tr.* **1.** Hacer que se acaben del todo ciertas cosas. **GRA.** También v. prnl. *Deja que se consuma la hoguera.* **SIN.** Agotar, extinguir, gastar, destruir. **SIN.** Conservar, guardar. **2.** Gastar comestibles u otros géneros. *Las personas consumimos alimentos para vivir.* **SIN.** Gastar, usar, emplear. **3.** Causar o sentir aflicción, desazón y pena. **GRA.** También v. prnl. *Se consumía de pena por la muerte de su hijo.* **SIN.** Afligir(se), desazonar(se), abatir(se). **ANT.** Animar(se), tranquilizar(se). ✎ Tiene doble part.; uno reg., consumido, y otro irreg., consunto.

consumismo (con-su-**mis**-mo) *s. m.* Tendencia exagerada al consumo de bienes. *El consumismo es típico de nuestra sociedad de consumo.*

consumo (con-**su**-mo) *s. m.* Gasto de cosas que con el tiempo o el uso se destruyen. *Este invierno fue muy elevado el consumo de carbón.*

contabilidad (con-ta-bi-li-**dad**) *s. f.* Sistema de llevar las cuentas de una empresa, sociedad o negocio. *Lleva la contabilidad de la empresa.*

contable (con-**ta**-ble) *s. m. y s. f.* Persona que tiene por oficio llevar la contabilidad de un negocio. *Es contable de unos grandes almacenes.*

contacto (con-**tac**-to) *s. m.* **1.** Relación entre cosas que se tocan. *El hielo se convirtió en agua al contacto con el calor.* **SIN.** Toque, roce. **ANT.** Distanciamiento, alejamiento. **2.** Relación o trato entre personas o grupos. *Me he puesto en contacto con el colegio para solucionar el problema.* **SIN.** Combinación. **ANT.** Desconexión. ‖ *s. m. pl.* **3.** *fam.* Conjunto de amistades bien relacionadas a través de las que se puede conseguir un beneficio. *Tiene ese puesto de trabajo gracias a sus contactos.*

contado, da (con-**ta**-do) *adj.* **1.** Que es poco frecuente. *Dijo que lo había hecho sólo en contadas ocasiones.* **SIN.** Raro, escaso, poco. **ANT.** Frecuente. **2.** Determinado, señalado. *El inspector hace la visita días contados.* **SIN.** Calculado, numerado, comprobado. **ANT.** Indeterminado. ‖ **LOC. al contado** Con dinero efectivo, pagado en el acto de la compra.

contador (con-ta-**dor**) *s. m.* **1.** Aparato que cuenta automáticamente el consumo de electricidad, de gas o de agua. *Se estropeó el contador de la luz. Ec.* Prestamista.

contagiar (con-ta-**giar**) *v. tr.* **1.** Pegar a otros una enfermedad. **GRA.** También v. prnl. *Un niño que tuvo*

contagio - contexto

varicela ha contagiado a la mitad de la clase. **SIN.** Transmitir, pegar, infectar. **2.** Pervertir con el mal ejemplo. **GRA.** También v. prnl. *Tenía tanta influencia sobre su amigo que acabó por contagiarle su afición por el juego.* **SIN.** Corromper. **ANT.** Reformar.
✎ En cuanto al acento, se conjuga como cambiar.

contagio (con-**ta**-gio) *s. m.* Transmisión de una enfermedad específica. *Se tomaron medidas para evitar el contagio del sarampión entre los demás niños.* **SIN.** Contaminación, infección.

contagioso, sa (con-ta-**gio**-so) *adj.* **1.** Se dice de las enfermedades que se comunican por contagio. *La gripe es muy contagiosa.* **2.** Que tiene un vicio o costumbre que se contagia. *Su risa es contagiosa.*

contaminar (con-ta-mi-**nar**) *v. tr.* Alterar el medio ambiente con sustancias nocivas. *Los humos contaminan la atmósfera.*

contar (con-**tar**) *v. tr.* **1.** Numerar por orden las cosas de un conjunto, para saber cuántas hay. *He contado los libros y son 20.* **SIN.** Numerar. **2.** Explicar un suceso, una historia, etc. *La abuela sabe contar cuentos como nadie.* **SIN.** Narrar, relatar. ‖ **LOC. contar con alguien o algo** Tenerlo como ayuda. **contar con alguien** Dar por segura su presencia. ✎

INDICATIVO	SUBJUNTIVO	IMPERATIVO
Pres.	Pres.	
cuento	cuente	
cuentas	cuentes	cuenta
cuenta	cuente	cuente
contamos	contemos	contemos
contáis	contéis	contad
cuentan	cuenten	cuenten

contemplar (con-tem-**plar**) *v. tr.* **1.** Mirar algo con atención. *Me gusta contemplar las montañas nevadas.* **SIN.** Examinar, observar, atender, admirar. **2.** Complacer los deseos de alguien. *No la contemples tanto, no se lo merece.* **SIN.** Condescender, malcriar.

contemporáneo, a (con-tem-po-**rá**-ne-o) *adj.* **1.** Que existe al mismo tiempo que otra persona o cosa. **GRA.** También s. m. y s. f. *Molière fue contemporáneo de Luis XIV.* **SIN.** Coetáneo. **2.** Relativo al tiempo o época actual. *Prepara el examen de historia contemporánea.* **SIN.** Actual, presente. **ANT.** Pasado, anterior, posterior.

contender (con-ten-**der**) *v. intr.* **1.** Pelear con armas. *Ambos países contendieron durante varios años.* **SIN.** Batallar, luchar, guerrear. **2.** Debatir, rivalizar. *Los líderes de ambos partidos contendieron con agresividad.* **SIN.** Competir, discutir. ✎ v. irreg., se conjuga como entender.

contenedor (con-te-ne-**dor**) *s. m.* Embalaje metálico grande y recuperable, que sirve para transportar mercancías a grandes distancias. *Baja las bolsas de basura al contenedor.*

contener (con-te-**ner**) *v. tr.* **1.** Llevar dentro de sí una cosa a otra. **GRA.** También v. prnl. *La caja contiene un par de zapatos.* **SIN.** Abarcar, incluir, englobar. **2.** Sujetar el movimiento de un cuerpo. **GRA.** También v. prnl. *Menos mal que contuvo la viga a tiempo, si no le cae todo encima.* **SIN.** Aguantar, inmovilizar. **ANT.** Dejar, movilizar. **3.** No hacer algo que se desea. **GRA.** También v. prnl. *Cuando le contaron el chiste, contuvo la risa.* **SIN.** Aguantar, reprimir, dominar. ✎ v. irreg., se conjuga como tener.

contenido, da (con-te-**ni**-do) *adj.* **1.** Se dice de la persona que se comporta con moderación. *Es una persona muy contenida, nunca se altera.* ‖ *s. m.* **2.** Lo que se contiene dentro de una cosa. *Caliente el contenido de la lata de conserva.* **3.** Significado de un signo lingüístico o de un enunciado. *El signo lingüístico consta de expresión y contenido.*

contentar (con-ten-**tar**) *v. tr.* **1.** Satisfacer los deseos de alguien, alegrarle. *Le preparó una bonita fiesta para contentarle.* **SIN.** Complacer, halagar, transigir, consentir. **ANT.** Disgustar, enfadar. ‖ *v. prnl.* **2.** Darse por contento. *Tuvo que contentarse con el penúltimo lugar de la clasificación.* **3.** Reconciliarse las personas que estaban enfadadas. *Después de varios meses sin hablarse, los dos amigos se contentaron.*

contento, ta (con-**ten**-to) *adj.* **1.** Alegre, satisfecho. *Está contenta porque le han dado sobresaliente en el examen.* **SIN.** Ufano, regocijado, jubiloso. **ANT.** Triste, afligido, apenado, compungido. ‖ *s. m.* **2.** Alegría, satisfacción. *No pudo reprimir su contento al conocer la buena noticia.* **SIN.** Gozo, júbilo. **ANT.** Pena, descontento, disgusto, tristeza. ‖ **LOC. no caber alguien de contento** *fam.* Sentirse muy satisfecho.

contertulio, a (con-ter-**tu**-lio) *s. m. y s. f.* Persona que asiste a la misma tertulia que otras. *Se encontró con un contertulio del casino.* **SIN.** Contertuliano, amigo, parroquiano. **ANT.** Extraño.

contestar (con-tes-**tar**) *v. tr.* **1.** Dar una respuesta a lo que se pregunta, se habla o se escribe. *Nunca contesta a mis cartas.* **SIN.** Responder. **ANT.** Callar. **2.** Replicar, contradecir con cierta rebeldía. *El profesor la castigó porque le contestó de malas maneras.*

contestón, na (con-tes-**tón**) *adj., fam.* Se dice de la persona que replica con rebeldía. *Es una contestona.*

contexto (con-**tex**-to) *s. m.* **1.** Entorno lingüístico del cual dependen el sentido y el valor de una pala-

contextura - contracción

bra, frase o fragmento de un texto o mensaje. *No conocía la palabra, pero la he comprendido por el contexto.* **2.** Por ext., entorno físico o conjunto de circunstancias (políticas, históricas, etc.) que condicionan un hecho o situación. *Primero hay que conocer el contexto para comprender los hechos.*

contextura (con-tex-**tu**-ra) *s. f.* **1.** Unión de las partes de un todo. *Su contextura era muy rígida.* **2.** Aspecto físico o cualidades corporales de una persona. *Tiene una contextura muy atlética.*

contienda (con-**tien**-da) *s. f.* **1.** Pelea con armas. *Tuvo lugar una encarnizada contienda en el campo de batalla.* **SIN.** Combate, guerra, lid, lucha, batalla. **ANT.** Paz, concordia. **2.** Riña de palabra. *Mantuvieron una larga y acalorada contienda.* **SIN.** Discusión, disputa, debate. **ANT.** Acuerdo.

contigo (con-**ti**-go) *pron. pers.* Forma especial que presenta el pronombre personal de segunda persona, género masculino o femenino y número singular, cuando funciona como complemento precedido de la preposición "con". *Espera, voy contigo.*

contiguo, gua (con-**ti**-guo) *adj.* Se dice de aquello que está próximo a otra cosa. *Su casa está contigua a la mía.* **SIN.** Aledaño, anejo, limítrofe, cercano, vecino, adyacente. **ANT.** Separado, apartado, alejado, retirado, lejano.

continencia (con-ti-**nen**-cia) *s. f.* **1.** Moderación de los impulsos y afectos. *Siempre pensaba fríamente las cosas y actuaba con continencia.* **2.** Castidad. *Su doctrina defendía la continencia sexual.*

continente (con-ti-**nen**-te) *s. m.* Cada una de las grandes extensiones de tierra separadas por los océanos. *Europa es un continente.*

contingencia (con-tin-**gen**-cia) *s. f.* **1.** Posibilidad de que algo suceda o no. *La contigencia del acuerdo se presentaba como poco probable.* **SIN.** Eventualidad, casualidad. **ANT.** Necesidad. **2.** *Riesgo.

contingente (con-tin-**gen**-te) *adj.* **1.** Que puede suceder o no. *No es un hecho contigente, sino bien determinado.* **SIN.** Eventual, probable. ‖ *s. m.* **2.** Número de soldados, y en general de otras cosas. *Un contingente de soldados llegó a la ciudad.*

continuación (con-ti-nua-**ción**) *s. f.* Acción y efecto de continuar. *La continuación del debate tendrá lugar la próxima semana.* **SIN.** Continuidad, perennidad, permanencia. **ANT.** Interrupción.

continuar (con-ti-nu-**ar**) *v. tr.* **1.** Proseguir alguien haciendo lo que había comenzado. *Después de comer continuó estudiando.* **SIN.** Seguir. ‖ *v. intr.* **2.** Durar, permanecer sin interrupción. *La lluvia conti-*

nuaba cayendo. ✎ En cuanto al acento, se conjuga como actuar.

continuo, nua (con-**ti**-nuo) *adj.* Que dura o se hace sin interrupción. *Los vecinos molestaron toda la noche con un ruido continuo.* **SIN.** Seguido, unido. **ANT.** Interrumpido, discontinuo, intermitente.

contonearse (con-to-ne-**ar**-se) *v. prnl.* Hacer al andar movimientos afectados con los hombros y caderas. *Le gustaba contonearse para llamar la atención.* **SIN.** Menearse, campanear.

contorno (con-**tor**-no) *s. m.* **1.** Conjunto de líneas que limitan una figura o composición. *Marca el contorno de la figura con el bolígrafo.* **SIN.** Perfil, silueta, rasgo, esbozo, borde. **2.** Territorio o conjunto de parajes de que está rodeado un lugar. **GRA.** Se usa más en pl. *Dimos una vuelta por los contornos de la ciudad.* **SIN.** Alrededores, inmediaciones.

contorsión (con-tor-**sión**) *s. f.* **1.** Movimiento irregular y convulsivo de un miembro, músculo, etc. *Sufrió una contorsión en una pierna.* **SIN.** Contracción, convulsión. **2.** Gesto de burla. *Sus contorsiones le estaban poniendo nervioso.*

contra (**con**-tra) *prep.* **1.** Indica oposición o contrariedad. *Los diputados se manifestaron contra el proyecto.* **2.** Indica determinada posición de personas, animales o cosas. *Estaba apoyado contra la pared.* ‖ *s. m.* **3.** Concepto opuesto o contrario a otro. *Le pusieron algunos contras a su idea.* ‖ **LOC. en contra de algo** En oposición a ello.

contraataque (con-tra-a-**ta**-que) *s. m.* **1.** Acción de atacar a un ejército respondiendo a un ataque anterior. *Nuestro ejército respondió con un fuerte contraataque.* **2.** En el fútbol y otros deportes, atacar respondiendo a un ataque del equipo contrario. *Consiguieron un empate jugando al contraataque.*

contrabajo (con-tra-**ba**-jo) *s. m.* **1.** Instrumento de cuerda, de figura de un violoncelo, pero de un tamaño mucho mayor. *Toca muy bien el contrabajo.* **2.** Persona que toca este instrumento. *Mi hermano es el contrabajo de la orquesta.*

contrabando (con-tra-**ban**-do) *s. m.* **1.** Acción de introducir en un país mercancías prohibidas o por las que no se ha pagado el derecho de aduana. *Los guardacostas persiguen el contrabando.* **SIN.** Fraude. **2.** Mercancía que se pasa ilegalmente. *Les detuvieron por contrabando de tabaco.* **SIN.** Alijo.

contracción (con-trac-**ción**) *s. f.* Acción y efecto de contraer o contraerse. *Sentía fuertes contracciones en las piernas por el frío.* **SIN.** Convulsión, crispación, espasmo. **ANT.** relajación, dilatación.

contradecir - contrarrestar

contradecir (con-tra-de-**cir**) *v. tr.* Decir alguien lo contrario de lo que otra persona afirma, o negar lo que da por cierto. **GRA.** También v. prnl. *Contradijeron al director alegando que tenían pruebas y datos de todo lo contrario.* **SIN.** Argüir, argumentar, denegar, desmentir, refutar, replicar. **ANT.** Asentir, confirmar, ratificar. ✎ v. irreg., se conjuga como decir. Tiene part. irreg., contradicho.

contradictorio, ria (con-tra-dic-**to**-rio) *adj.* Se dice de aquello que encierra contradicción. *Llegaban noticias contradictorias acerca de lo sucedido.* **SIN.** Contrario, opuesto. **ANT.** Idéntico, similar.

contraer (con-tra-**er**) *v. tr.* **1.** Juntar una cosa con otra. *Contrajo los labios en una mueca.* **SIN.** Encoger, achicar, menguar, apretar, estrechar. **ANT.** Dilatar, extender, alargar, estirar. **2.** Adquirir costumbres, enfermedades, obligaciones, vicios, etc. *Contrajo la gripe y tuvo que quedarse en cama.* **SIN.** Contagiarse, obtener. ‖ *v. prnl.* **3.** Encogerse un nervio, un músculo u otra cosa. *Se le contrajeron las manos por el intenso frío.* **SIN.** Convulsionarse, acalambrarse. **ANT.** Soltarse. ✎ v. irreg., se conjuga como traer. Tiene doble part.; uno reg., contraído, y otro irreg., contracto.

contrafuerte (con-tra-**fuer**-te) *s. m.* Saliente de un muro que sirve para reforzarlo. *Las iglesias románicas suelen tener grandes contrafuertes.*

contrahecho, cha (con-tra-**he**-cho) *adj.* Que tiene alguna deformidad en el cuerpo. **GRA.** También s. m. y s. f. *Tenía serios complejos por considerarse una persona contrahecha.* **SIN.** Deforme.

contraindicación (con-train-di-ca-**ción**) *s. f.* Indicación de las circunstancias que se oponen a un determinado medicamento. *Era un jarabe que apenas tenía contraindicaciones.*

contraluz (con-tra-**luz**) *s. m. y s. f.* **1.** Vista desde el lado opuesto a la luz. *La habitación ofrecía un bonito contraluz.* **2.** Fotografía tomada en estas condiciones. *Sacó un contraluz de aquella imagen.*

contraorden (con-tra-**or**-den) *s. f.* Orden que anula otra dada anteriormente. *Llegó una contraorden y ya no tenía que hacer el envío.* **SIN.** Abolición, anulación, revocación. **ANT.** Ratificación.

contrapartida (con-tra-par-**ti**-da) *s. f.* **1.** Anotación hecha para corregir algún error en la contabilidad. *Tuvo que revisar la contabilidad del mes y hacer alguna contrapartida porque había varios errores.* **2.** En los tratados de comercio, compensación. *Como contrapartida pedían una pequeña participación en los beneficios.* **SIN.** Equilibrio, rectificación.

contrapeso (con-tra-**pe**-so) *s. m.* **1.** Peso que equilibra a otro. *Puso un montón de revistas al otro extremo del banco como contrapeso.* **2.** Aquello que compensa o equilibra una cosa. *La satisfacción personal me servirá de contrapeso por tanto trabajo.*

contraponer (con-tra-po-**ner**) *v. tr.* **1.** Comparar una cosa con otra contraria o diversa. *Contrapón las ventajas y los inconvenientes y decide.* **SIN.** Confrontar, contrastar. **2.** Oponer una cosa a otra para impedir su acción. **GRA.** También v. prnl. *Contrapuso sus propios intereses al bien de todos y el proyecto no salió adelante.* ✎ v. irreg., se conjuga como poner. Tiene part., irreg., contrapuesto.

contraproducente (con-tra-pro-du-**cen**-te) *adj.* Se dice de aquello que produce efectos contrarios a lo que se pretende o espera. *Aquella medida fue contraproducente, y la situación empeoró todavía más.* **SIN.** Desfavorable, perjudicial. **ANT.** Positivo, ventajoso.

contrariar (con-tra-ri-**ar**) *v. tr.* Oponerse a la intención, deseo, etc., de una persona. *Me sentí muy disgustada porque me contrarió en todo.* **SIN.** Contradecir, obstaculizar, estorbar, molestar, incomodar. **ANT.** Ayudar, facilitar, favorecer. ✎ En cuanto al acento, se conjuga como desviar.

contrariedad (con-tra-**rie**-dad) *s. f.* **1.** Oposición que tiene una cosa con otra. *La contrariedad entre sus deseos y sus obligaciones era evidente.* **2.** Accidente que impide o retrasa el logro de un deseo. *Surgieron algunas contrariedades y tuvimos que retrasar el viaje.* **SIN.** Estorbo, oposición, contratiempo.

contrario, ria (con-**tra**-rio) *adj.* **1.** Opuesto a una cosa. *Su padre es contrario a que salga de noche.* **SIN.** Adverso, contradictorio. **ANT.** Semejante, parecido. **2.** Que daña o perjudica. *Tomaba un medicamento contrario a la salud.* **SIN.** Dañino, perjudicial, lesivo. **ANT.** Beneficioso, positivo. ‖ *s. m. y s. f.* **3.** Persona o grupo que lucha o está en oposición con otra. *Los contrarios a su propuesta organizaron un manifestación.* **SIN.** Adversario, rival, contendiente, competitor. **ANT.** Amigo. ‖ **LOC. al contrario, o por el contrario** Al revés.

contrarreloj (con-tra-rre-**loj**) *adj.* Se dice de la carrera, generalmente ciclista, en la que se cronometra el tiempo que cada participante emplea en recorrer un determinado trayecto. **GRA.** También s. f. *En la contrarreloj de hoy se decidirá el ganador de la carrera.* ✎ También "contra reloj".

contrarrestar (con-tra-rres-**tar**) *v. tr.* Hacer frente a algo. *Contrarrestó los efectos de la fiebre con un antibiótico.* **SIN.** Afrontar, oponerse. **ANT.** Ceder.

contrasentido - contundente

contrasentido (con-tra-sen-**ti**-do) *s. m.* **1.** Interpretación contraria al sentido natural de las palabras o expresiones. *Eso es un contrasentido, no has entendido nada de lo que quería decir.* **SIN.** Contradicción, error. **2.** Absurdo, despropósito. *No sabe lo que dice, todo es un contrasentido.* **SIN.** Equivocación.

contraseña (con-tra-**se**-ña) *s. f.* **1.** Señal convenida entre varias personas para reconocerse o entenderse. *El centinela le pidió la contraseña.* **SIN.** Consigna, santo y seña. **2.** Marca o señal que se pone a una cosa. *Hizo una contraseña en su bastón.*

contrastar (con-tras-**tar**) *v. tr.* **1.** Mostrarse una cosa como distinta de otra con la que se compara. *Contrasta los votos emitidos y el número de votantes y verás cómo no concuerdan.* ‖ *v. intr.* **2.** Ser dos cosas opuestas. *El carácter de los dos hermanos contrasta tanto que llama la atención.*

contraste (con-**tras**-te) *s. m.* Diferencia entre seres o cosas. *La torre blanca y el cielo azul forman un bello contraste.* **SIN.** Oposición. **ANT.** Semejanza.

contrata (con-**tra**-ta) *s. f.* **1.** Contrato, convenio y documento que lo asegura. *Firmaron una contrata durante dos años.* **2.** Contrato para realizar una obra material o prestar un servicio. *Les concedieron la contrata de la construcción del instituto.*

contratar (con-tra-**tar**) *v. tr.* **1.** Llegar a un acuerdo el comprador y el vendedor sobre el precio de una cosa. *Contrató la venta del terreno.* **2.** Ajustar entre dos o más personas las condiciones y precio de un trabajo. *Contrató obreros para la vendimia.*

contratiempo (con-tra-**tiem**-po) *s. m.* Accidente perjudicial e inesperado. *Su larga estancia en el hospital supuso un duro contratiempo para sus planes.* **SIN.** Contrariedad, adversidad, percance.

contratista (con-tra-**tis**-ta) *s. m. y s. f.* Persona que por contrata se encarga de realizar una obra o trabajo. *Se entrevistó con el contratista de las obras.*

contrato (con-**tra**-to) *s. m.* Convenio o pacto entre dos o más personas, por el que se obligan a cumplir determinadas cosa. *Firmaron un contrato de arrendamiento.* **SIN.** Acuerdo, tratado, ajuste, estipulación.

contravenir (con-tra-ve-**nir**) *v. intr.* Obrar en contra de lo mandado. *Contravino las normas de tráfico.* **SIN.** Desobedecer, incumplir, infringir, quebrantar.

contraventana (con-tra-ven-**ta**-na) *s. f.* Especie de puerta que se pone en las ventanas para que no entre la luz por los cristales. *Cierra las contraventanas de la ventana de la cocina para que esté más fresco.*

contrayente (con-tra-**yen**-te) *adj.* Persona que se compromete a algo. Se aplica especialmente a la persona que contrae matrimonio. *Ya llegaron los contrayentes.* **SIN.** Consorte, desposado.

contribución (con-tri-bu-**ción**) *s. f.* **1.** Acción y efecto de contribuir. *Su investigación fue una importante contribución para la medicina.* **SIN.** Aportación, colaboración, cooperación, ayuda, auxilio. **2.** Cantidad que se paga para algún fin y principalmente la que se impone como aportación para el Estado. *Este año ha subido mucho la contribución que pagamos por el piso.* **SIN.** Tributo, tasa, cuota.

contribuir (con-tri-bu-**ir**) *v. tr.* **1.** Dar ayuda o dinero para algún fin. **GRA.** También v. intr. *Contribuyó al regalo con algo de dinero.* **SIN.** Cooperar, colaborar, ayudar. **2.** Pagar cada uno la cuota que le corresponde de un impuesto. **GRA.** También v. intr. *Todos los ciudadanos debemos contribuir para que Hacienda funcione.* **SIN.** Tributar, cotizar. ✎ *v. irreg., se conjuga como huir.*

contrición (con-tri-**ción**) *s. f.* Dolor y pesar de haber ofendido a Dios por ser quien es y no por temor al castigo. *Manifestó su contrición ante el confesor.* **SIN.** Arrepentimiento.

contrincante (con-trin-**can**-te) *s. m. y s. f.* Competidor, rival. *No le resultó fácil ganar porque sus contrincantes estaban muy preparados.*

control (con-**trol**) *s. m.* **1.** Cuidado con que se examina y comprueba una cosa. *Este producto pasó varios controles de calidad.* **SIN.** Vigilancia, inspección, examen, verificación. **2.** Poder que alguien tiene sobre una cosa o una persona. *Tengo que tratar de controlar mis gastos.* **SIN.** Dominio, mando, posesión. ‖ **3. control antidopaje** Control médico practicado a los deportistas para detectar la presencia de sustancias estimulantes en el organismo.

controlar (con-tro-**lar**) *v. tr.* **1.** Comprobar que una cosa es o funciona como debe. *El director controlaba la buena marcha de la escuela.* **SIN.** Examinar, inspeccionar. **2.** Dirigir el funcionamiento de algo. *Un ordenador electrónico controlaba toda la central.*

controversia (con-tro-**ver**-sia) *s. f.* Discusión larga y reiterada entre dos o más personas. *Hubo mucha controversia entre los partidos ante los presupuestos económicos.* **SIN.** Debate, polémica, disputa, porfía. **ANT.** Acuerdo.

contumaz (con-tu-**maz**) *adj.* Porfiado en mantener un error. *Es tan contumaz que no admite la evidencia de su equivocación.* **SIN.** Pertinaz, tenaz, terco.

contundente (con-tun-**den**-te) *adj.* **1.** Que produce contusión. *La herida fue hecha con un objeto contundente.* **2.** Que convence. *El testigo aportó prue-*

bas contundentes. **SIN.** Concluyente, convincente, decisivo.

contusión (con-tu-**sión**) *s. f.* Daño producido por un golpe que no deja herida en el exterior. *En el accidente sufrió varias contusiones, pero no le pasó nada grave.* **SIN.** Magulladura, hematoma.

convalecencia (con-va-le-**cen**-cia) *s. f.* Período de recuperación de la persona que ha pasado una enfermedad y todavía no ha recuperado las fuerzas. *Continúa con su convalecencia, pero ya está en casa.* **SIN.** Restablecimiento.

convalecer (con-va-le-**cer**) *v. intr.* Recuperar las fuerzas después de una enfermedad. *Convalece de su operación en su casa de campo.* v. irreg., se conjuga como parecer.

convalidar (con-va-li-**dar**) *v. tr.* Dar validez académica en un país, facultad, etc. a los estudios realizados en otro país, facultad, etc. *Como eran comunes en la otra carrera, le convalidaron todas las asignaturas del primer curso menos dos.*

convecino, na (con-ve-**ci**-no) *adj.* **1.** Próximo, cercano. *Tiene un pequeño huerto convecino a la casa.* **2.** Que tienen vecindad con otro. **GRA.** También s. m. y s. f. *Todos los convecinos participaron en la reconstrucción de la vieja capilla.*

convencer (con-ven-**cer**) *v. tr.* Conseguir con razones que alguien haga cierta cosa. **GRA.** También v. prnl. *Le he convencido para que aprenda inglés.* **SIN.** Persuadir, captar, inclinar. **ANT.** Disuadir. Tiene doble part.: uno reg., convencido, y otro irreg., convicto. v. con irregularidad ortográfica: se escribe "qu" en vez de "c" seguido de "-e" en el presente de subjuntivo, imperativo y la 1ª persona del sing. del presente de indicativo.

INDICATIVO	SUBJUNTIVO	IMPERATIVO
Pres.	Pres.	
convenzo	convenza	
convences	convenzas	convence
convence	convenza	convenza
convencemos	convenzamos	convenzamos
convencéis	convenzáis	convenced
convencen	convenzan	convenzan

convencimiento (con-ven-ci-**mien**-to) *s. m.* Acción y efecto de convencer o convencerse. *Actúa así por convencimiento.* **SIN.** Certeza, convicción.

convención (con-ven-**ción**) *s. f.* **1.** Pacto, convenio. *La convención entre los dos países favorecerá la economía mundial.* **2.** Asamblea, reunión. *Se celebró una convención de organizaciones en favor de los derechos humanos.*

convencional (con-ven-cio-**nal**) *adj.* Que resulta o se establece por costumbres. *Tomó una actitud convencional ante los hechos.*

conveniencia (con-ve-**nien**-cia) *s. f.* **1.** Conformidad entre cosas distintas. *No hay una conveniencia entre ambas partes.* **SIN.** Acomodo, acuerdo, convenio, correlación. **2.** Utilidad, provecho. *Sólo lo hace por su conveniencia.* **SIN.** Interés.

conveniente (con-ve-**nien**-te) *adj.* Que es útil o bueno. *Es conveniente beber leche porque tiene vitaminas.* **SIN.** Provechoso, oportuno, beneficioso. **ANT.** Inconveniente, perjudicial.

convenio (con-**ve**-nio) *s. m.* Ajuste o pacto entre dos o más personas. *Los trabajadores y los empresarios firmaron un nuevo convenio.* **SIN.** Alianza, trato, estipulación. **ANT.** Desajuste, desacuerdo.

convenir (con-ve-**nir**) *v. intr.* **1.** Ser de un mismo parecer. *Todos convinieron en que el trabajo era bueno.* **SIN.** Admitir, reconocer, coincidir. **ANT.** Disentir, oponerse. **2.** Ser útil o apropiada una cosa para algo. *No me conviene vender la finca por ese precio.* v. irreg., se conjuga como venir.

convento (con-**ven**-to) *s. m.* **1.** Casa donde viven religiosos o religiosas. *Muchos conventos son monumentos históricos.* **SIN.** Abadía, monasterio. **2.** *Ec.* Casa del cura.

converger (con-ver-**ger**) *v. intr.* **1.** Dirigirse dos o más líneas a un mismo punto de unión. *Las dos carreteras convergían más allá del puente.* **SIN.** Confluir, encontrarse. **2.** Concurrir a un mismo fin. *Nuestras ideas convergen, pero seguimos distinto método.* **SIN.** Confluir, desembocar, congregarse. **ANT.** Divergir. Se conjuga como proteger.

conversación (con-ver-sa-**ción**) *s. f.* Acción y efecto de hablar unas personas con otras. *Mantuvimos una conversación hasta bien entrada la tarde.* **SIN.** Plática, diálogo, charla, coloquio, entrevista.

conversar (con-ver-**sar**) *v. intr.* Hablar unas personas con otras. *Conversamos durante un buen rato.* **SIN.** Charlar, hablar, dialogar, platicar. **ANT.** Callar.

conversión (con-ver-**sión**) *s. f.* **1.** Acción y efecto de convertir o convertirse a otra religión. *Santa Mónica contribuyó a la conversión de su hijo San Agustín.* **2.** Cambio de una cosa en otra. *Hizo una conversión de números decimales en números enteros.*

convertir (con-ver-**tir**) *v. tr.* **1.** Transformar o cambiar una cosa en otra. **GRA.** También v. prnl. *El molinero convierte el trigo en harina.* **SIN.** Trocar(sc), mudar(se), alterar(se), modificar(se). **2.** Conducir hacia una religión. *Convirtió a muchos no creyentes*

convexo - copar

al cristianismo. ✎ v. irreg., se conjuga como sentir. Tiene doble part.; uno reg., convertido, y otro irreg., converso.

convexo, xa (con-**ve**-xo) *adj.* Que tiene la superficie más prominente en el medio que en los extremos. *Dibuja una lente convexa.*

convicción (con-vic-**ción**) *s. f.* **1.** *Convencimiento. **2.** Idea religiosa, ética o política a la que alguien está fuertemente adherido. *Tiene profundas convicciones políticas.* **SIN.** Creencia, ideología.

convicto, ta (con-**vic**-to) *adj.* Se dice del acusado cuyo delito ha sido probado. *El convicto fue condenado a dos años de prisión.*

convidar (con-vi-**dar**) *v. tr.* Invitar una persona a otra para que la acompañe a comer, a una función o a cualquier otra cosa. *Nos convidó a una cena para celebrar su ascenso.* **SIN.** Ofrecer, brindar.

convincente (con-vin-**cen**-te) *adj.* Que convence o que puede convencer. *Sus argumentos eran convincentes.* **SIN.** Persuasivo.

convite (con-**vi**-te) *s. m.* **1.** Acción y efecto de convidar. *Todos aceptamos con agrado su convite.* **2.** Banquete a que alguien es convidado. *Asistirán unas cien personas al convite.* **SIN.** Invitación.

convivir (con-vi-**vir**) *v. intr.* Vivir en compañía de otro u otros. *Convive en un piso con otros tres estudiantes.* **SIN.** Coexistir.

convocar (con-vo-**car**) *v. tr.* Citar a varias personas para que concurran a un lugar determinado. *El juez convocó a los testigos para el lunes.* **SIN.** Emplazar, reclamar. ✎ Se conjuga como abarcar.

convocatoria (con-vo-ca-**to**-ria) *s. f.* Anuncio o escrito en el que se convoca algo. *Ya ha salido la convocatoria de las oposiciones.* **SIN.** Cita.

convoy (con-**voy**) *s. m.* **1.** Escolta o guardia que se encarga de que algo llegue con seguridad a su destino. *El convoy de víveres tuvo serias dificultades para llegar a la ciudad sitiada.* **2.** Conjunto de vehículos con escolta. *Pasó un largo convoy del ejército.* ✎ Su pl. es "convoyes".

convulsión (con-vul-**sión**) *s. f.* **1.** Contracción muscular violenta y repetida. *Le dieron varias convulsiones.* **SIN.** Espasmo. **ANT.** Relajamiento. **2.** Agitación política o social. *Las fuertes medidas económicas provocaron una violenta convulsión en el país.*

conyugal (con-yu-**gal**) *adj.* Que pertenece o se refiere al matrimonio. *Ya han vuelto de viaje y están en el domicilio conyugal.*

cónyuge (**cón**-yu-ge) *s. m. y s. f.* El marido respecto de la mujer, y la mujer respecto del marido. **GRA.** Se usa más en pl. *Los cónyuges llegaron acompañados de su abogado.*

coña (**co**-ña) *s. f.* **1.** *vulg.* *Burla. **2.** *vulg.* Cosa molesta. *Me dio la coña con sus problemas.*

coñac (co-**ñac**) *s. m.* Licor que se obtiene por la destilación de ciertos vinos. *Tomó una copa de coñac con el café.* ✎ Su pl. es "coñacs".

coño (**co**-ño) *s. m.* **1.** *vulg.* Parte externa del aparato genital femenino. *El coño es la parte externa de la vagina.* **2.** *vulg.* Se usa frecuentemente como interjección. *Deja de molestarme, ¡coño!*

cooperar (co-o-pe-**rar**) *v. tr.* Obrar juntamente con otro u otros para el mismo fin. *Cooperaron todos en la recogida de firmas.* **SIN.** Colaborar, ayudar.

cooperativo, va (co-o-pe-ra-**ti**-vo) *adj.* **1.** Que coopera o que se hace por cooperación. *Sus amigos son muy cooperativos y le ayudan en todo.* ‖ *s. f.* **2.** Sociedad de varias personas (productores, vendedores o consumidores) con un fin común, dirigida a lograr beneficios para todos. *Los trabajadores de la cooperativa se reparten los beneficios por igual.*

coordenado, da (co-or-de-**na**-do) *adj.* Se aplica a las líneas que sirven para determinar la posición de un punto, y a los ejes o planos que se refieren aquellas líneas. **GRA.** Se usa más como s. f. *Dibuja un eje de coordenadas.*

coordinación (co-or-di-na-**ción**) *s. f.* **1.** Acción y efecto de coordinar. *Tenían una buena coordinación en el trabajo.* **2.** Relación existente entre oraciones, sintagmas, etc., sintácticamente equivalentes e independientes entre sí, unidas a través de conjunciones. *En "¿vas o vienes?" existe una relación de coordinación disyuntiva.*

coordinar (co-or-di-**nar**) *v. tr.* Colocar o dirigir las cosas con un cierto orden. *Se encargó de coordinar los trabajos.* **SIN.** Concertar, combinar, organizar, relacionar. **ANT.** Desordenar.

copa (**co**-pa) *s. f.* **1.** Vaso con pie que sirve para beber. *Rompió una copa de la cristalería.* **2.** Todo el líquido que cabe en una copa. *Se tomó una copa de champán.* **3.** Parte superior de un árbol formada por hojas y ramas. *Se subió a la copa del árbol para esconderse.* **4.** Premio que se concede en algunas competiciones. *El rey entregó la copa que lleva su nombre al capitán del equipo.* **5.** Esa misma competición. *Estados Unidos ganó este año la Copa Davis.*

copar (co-**par**) *v. tr.* Ganar todos los premios en una competición u ocupar los primeros lugares de una clasificación. *Los atletas africanos coparon los primeros puestos en la maratón.*

copete - corazón

copete (co-**pe**-te) *s. m.* **1.** Pelo levantado sobre la frente. *El cantante tenía un llamativo copete.* **2.** Penacho de las aves. *Algunas aves tienen copetes muy llamativos.* **3.** Mechón de crin que cae sobre la frente del caballo. *Le hicieron una trenza al caballo en el copete.* ‖ **LOC. de alto copete** De importancia.

copia (**co**-pia) *s. f.* **1.** Reproducción exacta de una cosa. *Sólo un experto podría distinguir aquella copia del cuadro original.* **SIN.** Imitación, calco, plagio, réplica. **ANT.** Original. **2.** Abundancia de una cosa. *Conocía gran copia de detalles.* **SIN.** Multitud.

copiar (co-**piar**) *v. tr.* **1.** Dibujar o escribir una cosa igual que otra que ya estaba hecha. *Hemos copiado una poesía de José Martí para analizarla.* **SIN.** Reproducir, imitar, duplicar. **ANT.** Crear, inventar. **2.** Escribir lo que otro dicta. *No pudimos copiar todo lo que decía porque iba muy deprisa.* ✎ En cuanto al acento, se conjuga como cambiar.

copioso, sa (co-**pio**-so) *adj.* Abundante, numeroso, cuantioso. *El número de instancias presentadas fue muy copioso.* **SIN.** Caudaloso. **ANT.** Escaso.

copla (**co**-pla) *s. f.* Estrofa, especialmente la que sirve de letra en las canciones populares. *La de ocho versos dodecasílabos se llama copla de arte mayor.*

copo (**co**-po) *s. m.* **1.** Cada una de las porciones de nieve que cae cuando nieva. *Los copos de nieve parecían trozos de algodón.* **2.** Porción de lino, lana, algodón, etc., preparada para hilarse. *Vimos a las hilanderas preparando los copos.*

copón (co-**pón**) *s. m.* En la religión católica, copa grande de metal en la que se guardan las hostias consagradas. *El sacerdote tomó el copón en sus manos para dar la comunión.* **SIN.** Cáliz.

coproducción (co-pro-duc-**ción**) *s. f.* Producción hecha conjuntamente por varias personas o empresas. *La película era una coproducción hispano-francesa.*

cópula (**có**-pu-la) *s. f.* **1.** Unión sexual entre un macho y una hembra. *La cópula en los animales tiene lugar durante la época de celo.* **2.** En lingüística, término que une dos oraciones o dos sintagmas. *Las conjunciones y los verbos copulativos son cópulas.*

copular (co-pu-**lar**) *s. f.* Unirse o juntarse sexualmente dos individuos. *Los leones copulan durante horas para asegurar su descendencia.*

coque (**co**-que) *s. m.* Combustible sólido que se obtiene del carbón mineral. *El coque empleado en metalurgia debe ser duro y poroso.*

coquetear (co-que-te-**ar**) *v. intr.* **1.** Tratar de agradar a una persona por mera vanidad, con medios estudiados. *Le gustaba mucho coquetear y que todos le admirasen.* **SIN.** Flirtear, presumir, camelar. **2.** Tener una relación superficial con algo. *Coqueteó con el periodismo durante un año, pero al final lo abandonó totalmente.*

coqueto, ta (co-**que**-to) *adj.* **1.** Se dice de la persona que por vanidad procura agradar a los demás. **GRA.** También s. m. y s. f. *No me gusta su comportamiento tan coqueto, es poco sincero.* **2.** Se dice de la persona presumida que se ocupa mucho de su aspecto exterior. *Es tan coqueto que se pasa horas delante del espejo.* **3.** Se dice de las cosas delicadas y agradables. *Te ha quedado una habitación muy coqueta.*

coraje (co-**ra**-je) *s. m.* **1.** Valor para hacer frente a algo. *Tenía mucho coraje y luchó por sacar adelante a su familia.* **SIN.** Esfuerzo, audacia, ímpetu, agallas. **ANT.** Miedo, cobardía, desánimo. **2.** Irritación, ira. *Le dio coraje no ser invitado.* **SIN.** Arrebato, furia, enojo. **ANT.** Serenidad.

corajina (co-ra-**ji**-na) *s. f., fam.* Explosión o arrebato de ira. *Le entró tal corajina que nadie conseguía calmarle.*

coral[1] (co-**ral**) *s. m.* **1.** Pequeños animales marinos llamados pólipos que crecen con un esqueleto duro y calizo en mares cálidos y soleados. *En aquel mar había enormes arrecifes de coral.* **2.** Esqueleto de estos organismos que se emplea en joyería. *Le regalaron una pulsera de coral rojo.* ‖ **LOC. ser alguien fino como un coral** *fam.* Ser muy astuto.

coral[2] (co-**ral**) *adj.* **1.** Que pertenece o se refiere al coro. *Le gusta mucho la música coral.* ‖ *s. f.* **2.** Coro de cantantes. *Actúa en una coral.*

coraza (co-**ra**-za) *s. f.* **1.** Armadura de hierro o acero, que servía para proteger el pecho y la espalda. *Su escudero le ayudaba a ponerse la coraza.* **2.** Concha de algunos animales. *Las tortugas tienen una fuerte coraza.*

corazón (co-ra-**zón**) *s. m.* **1.** Órgano vital del ser humano y de los animales, que hace circular la sangre por todo el cuerpo. *El corazón tiene dos aurículas y dos ventrículos.* **2.** Voluntad, amor. *Le quería con todo su corazón.* **SIN.** Sensibilidad, benignidad, benevolencia, bondad. **3.** Ánimo, valor. *Echó mucho corazón al asunto.* **4.** Centro o interior de una cosa. *Me gusta mucho el corazón de las alcachofas.* **SIN.** Centro, cogollo, núcleo. **ANT.** Exterior. ‖ **LOC. con el corazón en la mano** Con toda franqueza y sinceridad. **de corazón** Con verdad y afecto. **encogérsele a alguien el corazón** *fam.* Sentir pena.

no tener alguien corazón *fam.* Ser insensible. **tener alguien buen corazón** *fam.* Ser bondadoso.

corazonada (co-ra-zo-**na**-da) *s. f.* Presentimiento de que algo va a suceder. *Tuve la corazonada de que venía.* **SIN.** Presagio, instinto, intuición.

corbata (cor-**ba**-ta) *s. f.* **1.** Tira de tela que se anuda alrededor del cuello como adorno. *Con ese traje te queda mejor la corbata gris.* **2.** *Arg.* Pañuelo que se colocan al cuello los campesinos de las pampas argentinas.

corbeta (cor-**be**-ta) *s. f.* Embarcación de guerra semejante a la fragata, aunque más pequeña. *Dos corbetas proporcionaban escolta a los barcos de pesca.*

corchea (cor-**che**-a) *s. f.* Figura musical que equivale a la mitad de una negra. *El signo musical que representa a la corchea es* ♪.

corchete (cor-**che**-te) *s. m.* **1.** Broche metálico que sirve para unir los bordes opuestos de una prenda de vestir. *La camisa llevaba corchetes en vez de botones.* **2.** Signo ortográfico [], equivalente al paréntesis. *Pon esa frase entre corchetes.*

corcho (**cor**-cho) *s. m.* **1.** Corteza del alcornoque. *Esa región es muy rica en corcho.* **2.** Tapón que se hace con un trozo de corcho. *Quítale el corcho a la botella, yo no puedo.*

corcova (cor-**co**-va) *s. f.* Deformidad de la columna vertebral. *Tenía problemas para hacer determinados movimientos debido a su corcova.* **SIN.** Giba, chepa, joroba.

cordel (cor-**del**) *s. m.* **1.** Cuerda delgada. *Ata el paquete con este cordel.* **2.** *Chil.* Comba.

cordero, ra (cor-**de**-ro) *s. m. y s. f.* **1.** Cría de la oveja que aún no ha cumplido un año. *Fuimos a ver los corderos del rebaño.* **SIN.** Borrego. **2.** Persona dócil y humilde. *Es un cordero, no se le ocurriría hacer daño a nadie.* ‖ **3. cordero de Dios, o divino cordero** Nombre que recibe Jesucristo en el lenguaje religioso y místico.

cordial (cor-**dial**) *adj.* Afectuoso, de corazón. *Con su familia siempre hemos tenido un trato muy cordial.* **SIN.** Abierto, amable, franco, hospitalario. **ANT.** Desagradable, reservado, hosco, arisco, huraño.

cordillera (cor-di-**lle**-ra) *s. f.* Serie de montañas enlazadas entre sí. *Había mucha nieve en toda la cordillera Cantábrica.* **SIN.** Sierra, cadena.

cordón (cor-**dón**) *s. m.* **1.** Cuerda delgada. *Se me rompió un cordón de los zapatos.* **2.** Cuerda con que se ciñen el hábito los religiosos de algunas órdenes. *El hábito de esos frailes lleva un cordón marrón.* **3.** Conjunto de personas formadas haciendo un cerco. *Un cordón policial impedía el paso al lugar de los hechos.* **4.** *Arg., Cub. y Chil.* Bordillo de la acera. **5.** *Col.* Corriente de agua de un río. ‖ **6. cordón umbilical** Cordón que conecta un bebé en desarrollo a la placenta en el interior del útero de la madre.

cordura (cor-**du**-ra) *s. f.* Prudencia para hacer las cosas. *Es una decisión muy importante, mantén la cordura.* **SIN.** Juicio, moderación, precaución.

corear (co-re-**ar**) *v. tr.* Aclamar a alguien. *La multitud coreaba entusiasmada el nombre del vencedor.*

coreografía (co-re-o-gra-**fí**-a) *s. f.* **1.** Arte de componer bailes. *Se encarga de la coreografía de la obra.* **2.** Arte de la danza. *Se ha dedicado a la coreografía desde que era una niña.*

corista (co-**ris**-ta) *s. m. y s. f.* **1.** Persona que canta en un coro. *Llegaron todos los coristas de la ópera.* ‖ *s. f.* **2.** En las revistas musicales, artista que pertenece al coro. *Lleva años trabajando como corista.*

cornada (cor-**na**-da) *s. f.* Golpe que da con el cuerno el toro u otro animal y herida que produce. *El torero recibió una cornada en el muslo.*

cornamenta (cor-na-**men**-ta) *s. f.* Cuernos de algunos cuadrúpedos, como el toro, vaca, venado, etc. *Aquellos ciervos tenían una enorme cornamenta.*

córnea (**cór**-ne-a) *s. f.* Membrana transparente situada en la parte anterior del ojo. *Tenía dañada la córnea y le tuvieron que operar.*

corneja (cor-**ne**-ja) *s. f.* Ave parecida al cuervo pero de menor tamaño, con plumaje completamente negro. *En invierno puedes ver muchas cornejas en España.*

córner (**cór**-ner) *s. m.* En el fútbol, falta cometida cuando la pelota cae fuera por los laterales de la línea de la portería, habiéndola tocado, queriendo o sin querer, antes algún jugador del equipo al que corresponde la meta. *El defensa central fue el encargado de sacar el córner.* ✎ El pl. más usado es "córners".

corneta (cor-**ne**-ta) *s. f.* **1.** Instrumento musical de viento parecido al clarín. *Toca la corneta en la banda municipal.* **2.** Persona que toca este instrumento. *Fue corneta durante el servicio militar.*

cornetín (cor-ne-**tín**) *s. m.* Instrumento musical de viento que tiene casi la misma extensión que el clarín, y persona que lo toca. *El soldado tocó el cornetín.*

cornisa (cor-**ni**-sa) *s. f.* Parte saliente y horizontal que remata una construcción. *Nos protegimos de la lluvia debajo de una cornisa.*

coro (**co**-ro) *s. m.* **1.** Conjunto de personas reunidas para cantar. *Actuó el coro provincial.* **2.** Parte de la iglesia destinada a las personas que cantan. *Subimos al coro de la iglesia.* ‖ **LOC. a coro** A la vez.

coroides (co-**roi**-des) *s. f.* Membrana intermedia de las tres que envuelven el globo ocular. *El glaucoma produce el endurecimiento de la coroides.* ✎ Invariable en número.

corola (co-**ro**-la) *s. f.* Envoltura interior de la flor, que protege los órganos de la reproducción. *Las corolas suelen tener siempre bellos colores.*

corona (co-**ro**-na) *s. f.* **1.** Cerco de metal precioso, ramas, flores, etc., usado para adornar la cabeza. *Le pusieron una corona de laurel al ganador del torneo.* **2.** Aureola de las imágenes santas. *Siempre pintaba sus imágenes de Jesucristo con corona.* **3.** Conjunto de flores en forma de círculo. *Enviaron una corona de rosas a su compañero fallecido.* **4.** Monarquía, reino. *Era un gran defensor de la corona.* **5.** Atmósfera exterior del Sol. *La corona se extiende a lo largo de varios millones de kilómetros en el espacio.*

coronar (co-ro-**nar**) *v. tr.* **1.** Poner la corona en la cabeza, especialmente como signo de autoridad soberana. *Coronaron al rey.* **SIN.** Ungir, ceñir. **2.** Completar una obra. *Con aquella pincelada coronó el cuadro.* **SIN.** Finalizar, acabar, terminar. **ANT.** Iniciar. **3.** Subir hasta la parte superior de un sitio. *Su plan era coronar la cima de la montaña por la parte sur.*

coronel (co-ro-**nel**) *s. m.* **1.** Jefe militar que manda un regimiento. *El coronel pasó revista a las tropas de su regimiento.* **2.** *Cub.* Cometa grande.

coronilla (co-ro-**ni**-lla) *s. f.* Parte superior de la cabeza. *Antiguamente los clérigos se afeitaban la coronilla.* ‖ **LOC. estar alguien hasta la coronilla** *fam.* Estar harto.

corpiño (cor-**pi**-ño) *s. m.* Prenda de vestir femenina sin mangas, para ceñir el busto. *Lo más bonito de ese traje regional es el corpiño bordado.*

corporación (cor-po-ra-**ción**) *s. f.* Comunidad, generalmente de interés público. *Se reunió la corporación municipal.* **SIN.** Asamblea, organismo.

corporal (cor-po-**ral**) *adj.* Que pertenece o se refiere al cuerpo. *El cachorro sobrevivió gracias al calor corporal de su madre.* **SIN.** Corpóreo, anatómico. **ANT.** Incorpóreo.

corpóreo, a (cor-**pó**-re-o) *adj.* Que tiene cuerpo. *Representa cualquier figura corpórea que se te ocurra.* **SIN.** Material, tangible. **ANT.** Inmaterial, espiritual.

corpulencia (cor-pu-**len**-cia) *s. f.* Grandeza y magnitud de un cuerpo. *Era un toro de gran corpulencia.* **SIN.** Gordura, fortaleza. **ANT.** Delgadez.

corpulento, ta (cor-pu-**len**-to) *adj.* Que tiene un cuerpo muy robusto. *Era tan corpulento que el caballo no podía con él.* **SIN.** Grueso, recio, robusto, fornido. **ANT.** Enjuto, delgado, pequeño.

corral (co-**rral**) *s. m.* **1.** Sitio cerrado y descubierto en las casas o en el campo, especialmente el destinado a los animales. *Las gallinas correteaban por el corral.* **2.** Casa, patio o teatro donde se representaban las comedias. *Ese patio antiguamente hacía las veces de corral de comedias.*

correa (co-**rre**-a) *s. f.* **1.** Tira larga y estrecha de cuero. *Cuando saca a pasear al perro siempre le lleva sujeto con la correa.* ‖ **2. correa del ventilador** Tira de caucho que conecta el ventilador a una polea montada en el extremo del cigüeñal.

corrección (co-rrec-**ción**) *s. f.* **1.** Acción y efecto de corregir o enmendar lo errado o defectuoso. *Ya hice las correcciones de los exámenes.* **SIN.** Enmienda, rectificación, reparación, retoque. **ANT.** Ratificación, confirmación. **2.** Calidad de correcto. *Se comportó con total corrección.* **SIN.** Perfección, exactitud, cortesía, discreción. **ANT.** Incorrección, inexactitud. **3.** Alteración hecha en una obra para perfeccionarla. *He hecho unas cuantas correcciones en la redacción, ahora creo que el discurso estará perfecto.* **SIN.** Retoque, enmienda.

correccional (co-rrec-cio-**nal**) *s. m.* Establecimiento penitenciario para menores de edad. *Estuvo dos años en un correccional.* **SIN.** Reformatorio.

correctivo, va (co-rrec-**ti**-vo) *adj.* **1.** Que corrige o que puede corregir. *Tomaron una serie de medidas correctivas.* ‖ *s. m.* **2.** Castigo para corregir a una persona. *El profesor nos puso un correctivo.*

correcto, ta (co-**rrec**-to) *adj.* **1.** Se dice de aquello que, conforme a las reglas, no tiene errores ni defectos. *La solución que has dado al problema es correcta.* **SIN.** Impecable, fiel, exacto, justo, perfecto. **ANT.** Defectuoso, incorrecto. **2.** Se dice de la persona que tiene una conducta educada e irreprochable. *Es siempre muy correcta en su comportamiento.* **SIN.** Cortés, delicado, comedido. **ANT.** Incorrecto, descortés, maleducado.

corredor, ra (co-rre-**dor**) *adj.* **1.** Que corre mucho. **GRA.** También s. m. y s. f. *Llegará antes que tú, es un gran corredor.* ‖ *s. m.* **2.** Persona que tiene por oficio intervenir en compras y ventas. *Es un corredor de bolsa.* **SIN.** Agente. **3.** Pasillo, pasadizo. *La casa te-*

corregidor - corriente

nía un largo corredor. **SIN.** Pasaje, galería, túnel. **4.** Galería que corre alrededor del patio de una casa. *Se pasaba horas asomada al balcón del corredor.* ‖ *s. m. y s. f.* **5.** Persona que practica la carrera en competiciones deportivas. *Es corredor de fondo.* **SIN.** Atleta.

corregidor (co-rre-gi-**dor**) *s. m.* Antiguamente, funcionario que desempeñaba funciones judiciales. *En Fuenteovejuna, el pueblo mató al corregidor.*

corregir (co-rre-**gir**) *v. tr.* **1.** Enmendar lo que está equivocado. *Corrige esa falta de ortografía.* **SIN.** Reparar, retocar, modificar. **2.** Calificar un profesor los exámenes. **GRA.** También v. intr. *El profesor era muy duro corrigiendo.* **3.** Reprender por una falta. *Le corrigieron severamente por su mal comportamiento.* **SIN.** Amonestar, sermonear, increpar, reñir, censurar. **ANT.** Aplaudir, premiar. ✎ v. irreg., se conjuga como pedir. Tiene doble part.; uno reg., corregido, y otro irreg., correcto. Se escribe "j" en vez de "g" seguido de "-a" u "-o".

correlación (co-rre-la-**ción**) *s. f.* Relación mutua entre dos o más cosas. *No veo la correlación entre los dos asuntos.* **SIN.** Correspondencia, reciprocidad.

correo (co-**rre**-o) *s. m.* **1.** Cartas y paquetes que una persona envía a otra. *Está leyendo el correo de hoy.* **SIN.** Correspondencia. **2.** Persona que antiguamente llevaba la correspondencia. *Miguel Strogoff era el correo del zar.* **SIN.** Mensajero, emisario. ‖ *s. m. pl.* **3.** Servicio público que lleva cartas y paquetes. *Pon el sello a la carta y échala en correos.* ‖ **4. correo electrónico** En informática, sistema de intercambio de información entre ordenadores, que permite escribir cartas de uno a otro.

correoso, sa (co-rre-**o**-so) *adj.* **1.** Que se dobla y extiende fácilmente, sin romperse. *Era un tejido muy correoso, por eso se adaptaba tan bien.* **2.** Se dice del pan y otros alimentos cuando están demasiado blandos y se mastican con dificultad. *Ese tipo de pan no me gusta, se pone correoso enseguida.*

correr (co-**rrer**) *v. intr.* **1.** Ir deprisa en cualquier actividad. *No corras al escribir, que te vas a equivocar.* **SIN.** Apresurarse. **2.** Andar tan deprisa que quedan por un momento ambos pies en el aire. *Si corres, llegarás antes.* **SIN.** Trotar. **3.** Moverse un líquido de un lugar a otro. *El río corre por la llanura.* **SIN.** Fluir, deslizarse. **4.** Transcurrir el tiempo. *Corrían los minutos y el teléfono no sonaba.* **SIN.** Pasar. ‖ *v. tr.* **5.** Exponerse a un peligro. *En su profesión corre muchos riesgos.* ‖ **LOC. correr alguien con alguna cosa** Encargarse de ella.

correría (co-rre-**rí**-a) *s. f.* **1.** Incursión o asalto rápido a territorio enemigo. *Los bárbaros en sus correrías quemaban los campos.* **2.** Viaje rápido y de corta duración. *El fin de semana se fue de correría.* ‖ *s. f. pl.* **3.** Aventuras. *Le encantaba contarnos sus correrías por el extranjero.*

correspondencia (co-rres-pon-**den**-cia) *s. f.* **1.** Acción y efecto de corresponder o corresponderse. *No hay correspondencia entre lo que hace y lo que dice.* **SIN.** Vinculación, conexión. **2.** Cartas que se envían o que se reciben. *Reparte la correspondencia.* **SIN.** Correo. **3.** Comunicación o trato por escrito entre dos personas. *Hace tiempo que no mantenemos correspondencia.*

corresponder (co-rres-pon-**der**) *v. intr.* **1.** Tener relación una cosa con otra. **GRA.** También v. prnl. *A esta taza le corresponde ese plato.* **SIN.** Casar con, concordar, ajustarse, adaptarse. **ANT.** Contrastar, diferir. **2.** Dar regalos, afectos, atenciones, etc., en respuesta a otros ya recibidos. **GRA.** También v. tr. *Me corresponde invitaros a mi boda, ya que yo fui a la vuestra.* **SIN.** Devolver, agradecer, cumplir con. **ANT.** Incumplir. **3.** Ser de la incumbencia de alguien una cosa. *Te corresponde a ti recoger hoy la mesa.* **SIN.** Atañer, tocar, incumbir, concernir, pertenecer.

correspondiente (co-rres-pon-**dien**-te) *adj.* Proporcionado, conveniente, oportuno. *Obtuvo el correspondiente beneficio por su trabajo.*

corresponsal (co-rres-pon-**sal**) *s. m. y s. f.* Persona que trabaja para un periódico o cadena de televisión y envía noticias desde un país extranjero. *El artículo iba firmado por el corresponsal en París.* **SIN.** Enviado, periodista.

corretear (co-rre-te-**ar**) *v. intr., fam.* Ir corriendo de un lado para otro. *Los niños se pasaron toda la tarde correteando en el jardín.*

correveidile (co-rre-vei-**di**-le) *s. m. y s. f., fam.* Persona que lleva y trae cuentos y chismes. *No creas nada de lo que te cuente, es un correveidile.* **SIN.** Cuentista, chismoso, entrometido, cotilla, murmurador. **ANT.** Discreto.

corrida (co-**rri**-da) *s. f.* **1.** Carrera, paso rápido. *Tuvo que dar una corrida para alcanzarle.* **2.** Lidia de cierto número de toros en una plaza cerrada. *Ya se han acabado las entradas para la corrida de esta tarde.* ‖ **LOC. de corrida** Rápidamente.

corriente (co-**rrien**-te) *adj.* **1.** Que se desliza o fluye. *El agua corriente sale por los grifos.* **ANT.** Estancado. **2.** Común, regular. *Yo compro pan de clase corriente.*

SIN. Ordinario, normal. **ANT.** Original, extraordinario. **3.** Que sucede con relativa frecuencia. *A Juan es corriente verlo en el cine.* **SIN.** Habitual, frecuente. **ANT.** Infrecuente, extraordinario. || *s. f.* **4.** Masa de agua, de aire, de electricidad, etc., que se mueve continuamente. *Nos quedamos sin luz porque hubo un corte de corriente.* **SIN.** Flujo. **5.** Tendencia, opinión. *Sigue la corriente de la moda, le guste o no.* **SIN.** Dirección, orientación, sesgo. || **LOC. estar al corriente de algo** *fam.* Estar enterado. 🖎 En las acepciones 1, 2 y 3 es adj. invariable en género.

corrillo (co-**rri**-llo) *s. m.* Grupo de personas que hablan en voz baja apartadas de los demás. *Al salir de la asamblea se formaron varios corrillos.*

corro (**co**-rro) *s. m.* **1.** Reunión de varias personas formando un círculo. *En aquel corro de gente no se hablaba de otra cosa.* **2.** Juego infantil. *Unos niños estaban jugando al corro.*

corroborar (co-rro-bo-**rar**) *v. tr.* Confirmar un argumento, teoría, opinión, etc. con datos. **GRA.** También v. prnl. *Corroboró todo lo que yo había dicho.* **SIN.** Confirmar, aprobar, ratificar. **ANT.** Negar.

corroer (co-rro-**er**) *v. tr.* Desgastar poco a poco una cosa la acción de un fenómeno físico o químico. **GRA.** También v. prnl. *El muro se corroía lentamente con la humedad.* **SIN.** Carcomer, roer, consumir. 🖎 v. irreg., se conjuga como roer.

corromper (co-rrom-**per**) *v. tr.* **1.** Echar a perder. **GRA.** También v. prnl. *Tuvimos que tirar el pescado porque se había corrompido.* **SIN.** Alterar, pudrir, estropearse, dañarse. **ANT.** Conservar. **2.** Dar dinero u otra cosa a alguien para conseguir algo no lícito de él. *El juez no se dejó corromper.* **SIN.** Sobornar, untar, comprar. **3.** Pervertir a alguien o algo. **GRA.** También v. prnl. *Lo corrompieron las malas amistades.* **SIN.** Viciar, seducir, dañar, extraviar. 🖎 Tiene doble part.; uno reg., corrompido, y otro irreg., corrupto.

corrosión (co-rro-**sión**) *s. f.* Acción y efecto de corroer o corroerse. *La casa estaba en ruinas debido a la corrosión de las vigas.*

corrosivo, va (co-rro-**si**-vo) *adj.* Se dice de lo que corroe o tiene la virtud de corroer. *Es un producto muy corrosivo.* Sus palabras son corrosivas.

corrupción (co-rrup-**ción**) *s. f.* **1.** Acción y efecto de corromper o corromperse. *Congeló varios alimentos para evitar su corrupción. Denunció varios hechos de corrupción política.* **SIN.** Descomposición, putrefacción. **2.** Degeneración de la moral. *La corrupción de las buenas costumbres en aquella época era un hecho evidente.* **SIN.** Depravación.

corruptela (co-rrup-**te**-la) *s. f.* **1.** *Corrupción. **2.** Mal uso y abuso de la ley. *Denunciaron ante el juez varios casos de corruptela.*

corrusco (co-**rrus**-co) *s. m., fam.* Pedazo de pan duro. *El pobre pedía sólo un corrusco de pan.* **SIN.** Mendrugo. 🖎 También "currusco".

corsario, ria (cor-**sa**-rio) *adj.* **1.** Se dice de la embarcación que tiene permiso del gobierno de su nación para perseguir a los barcos enemigos y de sus tripulantes. **GRA.** También s. m. y s. f. *Formaba parte de la tripulación de un barco corsario.* || *s. m.* **2.** *Pirata.

corsé (cor-**sé**) *s. m.* Prenda interior femenina muy ceñida al cuerpo. *Llevaba tan apretado el corsé que casi no podía respirar.*

cortacésped (cor-ta-**cés**-ped) *s. m.* Máquina que se utiliza para recortar el césped de un jardín. *Este nuevo cortacésped deja el jardín de maravilla.*

cortacircuitos (cor-ta-cir-**cui**-tos). *s. m.* Aparato que interrumpe la corriente eléctrica automáticamente. *El incendio se produjo por un fallo en el cortacircuitos.* 🖎 Invariable en número.

cortadillo (cor-ta-**di**-llo) *s. m.* Terrón de azúcar. *Toma el café solo con dos cortadillos.*

cortado, da (cor-**ta**-do) *adj.* **1.** Se dice de la persona tímida y apocada. **GRA.** También s. m. y s. f. *Al principio era un poco cortado, pero enseguida cogió confianza.* **2.** Se dice del café que se toma con un poco de leche. **GRA.** También s. m. *Siempre toma el café cortado.*

cortadura (cor-ta-**du**-ra) *s. f.* Corte hecho con un instrumento o cosa cortante. *Se hizo una pequeña cortadura en el dedo con el cuchillo.* **SIN.** Incisión.

cortafrío (cor-ta-**frí**-o) *s. m.* Cincel que se golpea con un martillo para cortar metales en frío. *Intentó fragmentar el bloque de hierro con un cortafrío.* 🖎 También en pl.

cortafuego (cor-ta-**fue**-go) *s. m.* Camino ancho que se deja en un monte o sembrado para evitar que los incendios se propaguen. *Había varios cortafuegos en aquel monte.*

cortante (cor-**tan**-te) *adj.* **1.** Que corta. *Una cuchilla es un objeto cortante.* **2.** Que deja a una persona sin saber qué hacer o decir. *La situación era tan cortante que se puso colorado.*

cortapisa (cor-ta-**pi**-sa) *s. f.* Condición con la que se concede una cosa. **GRA.** Se usa más en pl. *Le pusieron muchas cortapisas, pero al final logró el permiso.*

cortar (cor-**tar**) *v. tr.* **1.** Dividir una cosa en partes, con un cuchillo, unas tijeras, una sierra, etc. **GRA.** También v. prnl. *Corté la naranja en cuatro trozos.* **SIN.**

Partir(se), separar(se). **ANT.** Unir(se), pe-gar(se). **2.** Interrumpir algo que se está haciendo. *El profesor cortó mi intervención porque era la hora de salir.* **ANT.** Continuar, seguir. **3.** Impedir el curso o paso de algo. *Corta el agua cuando vayas de vacaciones.* **SIN.** Detener, atajar, parar. ‖ *v. prnl.* **4.** Faltar a alguien palabras por causa de la turbación. *Estaba hablando tan tranquilo y se cortó cuando la vio entrar.* **SIN.** Aturdirse, desconcertarse, avergonzarse.

corte[1] (**cor**-te) *s. m.* **1.** Filo de un instrumento cortante. *No cojas el cuchillo por el corte.* **2.** Incisión hecha con un instrumento afilado. *Se hizo un corte en el brazo.* **SIN.** Tajo, cortadura. **3.** Cantidad de tela necesaria para hacer un vestido, un pantalón, etc. *El retal que quedaba era justo el corte de una falda.* **4.** Trozo de helado entre dos oleas de forma cuadrada. *Me tomé un corte de fresa y nata.* **5.** Vergüenza, turbación. *Me llevé un gran corte cuando me di cuenta de que me había equivocado.*

corte[2] (**cor**-te) *s. f.* **1.** Lugar donde reside el rey con su familia. *Los bufones vivían en la corte del rey.* **2.** Familia y comitiva del rey. *Toda la corte se trasladó a su residencia de verano.* ‖ *s. f. pl.* **3.** Institución política suprema del estado español. **ORT.** Se escribe con mayúscula. *Las Cortes están formadas por dos cámaras, el congreso de los diputados y el senado.* ‖ **LOC. hacer la corte** Galantear.

cortejar (cor-te-**jar**) *v. tr.* Galantear, procurar conseguir el amor de alguien. *Cortejaba a una dama de la alta sociedad.*

cortejo (cor-**te**-jo) *s. m.* **1.** Acción de cortejar. *El cortejo va seguido del apareamiento entre dos animales.* **2.** Personas que forman el acompañamiento en una ceremonia. *Salieron el rey y su cortejo.* **SIN.** Séquito, acompañamiento, comitiva. **3.** Halago. *Sus cortejos eran muy finos y delicados.*

cortés (cor-**tés**) *adj.* Se dice de la persona que tiene buenos modales y buena educación. *Luis es muy cortés, siempre se comporta con mucha educación.* **SIN.** Amable, atento, educado, galante, comedido. **ANT.** Descortés, grosero, incorrecto, maleducado.

cortesía (cor-te-**sí**-a) *s. f.* **1.** Demostración con que se manifiesta el respeto, cariño o afecto hacia una persona. *Nos trató con mucha cortesía.* **SIN.** Atención, cordialidad, corrección. **ANT.** Descortesía, desatención, grosería. **2.** Detalle, obsequio. *El regalo de aquel libro era una cortesía de la empresa con sus clientes.* **3.** Hoja, página o parte de ella que se deja en blanco en los libros y otros impresos. *Hemos dejado dos páginas de cortesía al final del libro.*

corteza (cor-**te**-za) *s. f.* **1.** Parte externa del tallo, ramas y raíz de las plantas. *Este árbol tiene una corteza muy dura.* **2.** Parte exterior y dura de algunas cosas, como el limón, el queso, el pan, etc. *Quita la corteza de la naranja.* **SIN.** Cáscara, envoltura. ‖ **3. corteza terrestre** Parte exterior sólida de la tierra.

cortijo (cor-**ti**-jo) *s. m.* Casa de campo con tierras alrededor, típica de Andalucía. *Viven en un cortijo.*

cortina (cor-**ti**-na) *s. f.* **1.** Paño de diversos tejidos con que se cubren puertas, ventanas, etc. *Quiero cambiar las cortinas de la ventana de la cocina.* **SIN.** Colgadura, cortinaje, estor, visillo. **2.** Lo que encubre y oculta algo. *Aquel negocio era sólo una cortina que encubría operaciones ilícitas.* **SIN.** Velo, pantalla, tapadera, excusa, pretexto. ‖ **3. cortina de humo** Masa densa de humo que se produce artificialmente para ocultarse del enemigo.

corto, ta (**cor**-to) *adj.* **1.** Se dice de las cosas que no tienen la extensión que debieran tener. *Este año están de moda las faldas cortas.* **SIN.** Escaso, pequeño, insuficiente, exiguo. **ANT.** Abundante, largo, extenso. **2.** Se dice de aquello de poca duración. *La película fue muy corta.* **SIN.** Breve, fugaz, momentáneo, perecedero, efímero. **ANT.** Largo, duradero, prolongado. **3.** De poca inteligencia. *Explícaselo otra vez, es un poco corto.* **ANT.** Listo, agudo. **4.** Tímido, poco ánimo. *Es demasiado corto para enfrentarse a él.* **SIN.** Pusilánime, apocado, timorato, encogido. **ANT.** Valiente, audaz, atrevido, osado. ‖ **LOC. a la corta o a la larga** Más pronto o más tarde.

cortocircuito (cor-to-cir-**cui**-to) *s. m.* Contacto accidental entre dos conductores eléctricos que suele producir una descarga. *El incendio de la casa se produjo por un cortocircuito.*

cortometraje (cor-to-me-**tra**-je) *s. m.* Película que no dura más de media hora. *El cortometraje nos gustó mucho.* **SIN.** Corto.

coruja (co-**ru**-ja) *s. f., Cub.* Lechuza.

corveta (cor-**ve**-ta) *s. m.* Movimiento que se enseña al caballo, obligándole a caminar sobre las patas traseras teniendo las delanteras en el aire. *En el concurso hípico los caballos hicieron elegantes corvetas.* ☞ No debe confundirse con "corbeta".

corvo, va (**cor**-vo) *adj.* Arqueado, combado. *Ese animal tiene las uñas muy corvas.*

corzo, za (**cor**-zo) *s. m. y s. f.* Mamífero rumiante parecido al ciervo. *El corzo es un poco mayor que la cabra.*

cosa (**co**-sa) *s. f.* **1.** Objeto inanimado, por oposición a ser viviente. *Una mesa es una cosa.* **2.** En oraciones negativas, nada. *Ese reloj no vale gran cosa.* ‖ **LOC. como quien no quiere la cosa** *fam.* Con disimulo. **como si tal cosa** *fam.* Como si no hubiera pasado nada. **cosa de** Aproximadamente. **cosa no vista, o nunca vista** *fam.* Cosa muy extraña y sorprendente. **cosa perdida** *fam.* Persona incorregible en sus vicios y costumbres. **las cosas de palacio van despacio** *fam.* Denota la lentitud con que se lleva determinado asunto. **no ser una cosa del otro jueves** *fam.* No tener demasiada importancia, ser corriente y vulgar. **poquita cosa** *fam.* Se dice de la persona débil de carácter.

cosaco (co-**sa**-co) *s. m.* Soldado ruso de infantería o de caballería en tiempo de los zares rusos. *Los cosacos pelearon duramente en la guerra ruso-japonesa.*

coscorrón (cos-co-**rrón**) *s. m.* Golpe dado en la cabeza. *Se dio un coscorrón con la esquina de la mesa.*

cosecha (co-**se**-cha) *s. f.* **1.** Conjunto de frutos que se recogen de una tierra cultivada. *La cosecha de trigo ha sido abundante.* **SIN.** Producción. **2.** Operación o tiempo de recogida de frutos. *Prometí pagarle para la cosecha.* **SIN.** Recolección, vendimia, recogida. ‖ **LOC. ser una cosa de la cosecha de alguien** *fam.* Haber sido creada por él.

cosechadora (co-se-cha-**do**-ra) *s. f.* Máquina que siega y recoge la cosecha, principalmente los cereales. *Fueron al campo con la nueva cosechadora.* **SIN.** Recolectora, segadora.

cosechar (co-se-**char**) *v. tr.* **1.** Recoger la cosecha. **GRA.** También v. intr. *Están cosechando la uva.* **SIN.** Amontonar, coger, recolectar, vendimiar. **2.** Obtener algo, como triunfos, odios, amistades, etc. *Gracias a su esfuerzo, cosechó un gran triunfo.*

coser (co-**ser**) *v. tr.* Unir con hilo dos o más trozos de tela, cuero, etc. *Me hice un desgarrón en la falda y tuve que coserlo.* **SIN.** Zurcir, remendar. **ANT.** Descoser. ‖ **LOC. ser algo coser y cantar** *fam.* Ser muy fácil.

cosmético, ca (cos-**mé**-ti-co) *adj.* **1.** Se dice de los productos que sirven para cuidar y embellecer la piel y el cabello. **GRA.** También s. m. *Los nuevos cosméticos de esa casa son muy eficaces.* ‖ *s. f.* **2.** Arte de preparar y aplicar estos productos. *La cosmética masculina está adquiriendo gran importancia.*

cósmico, ca (**cós**-mi-co) *adj.* Que pertenece al cosmos. *Había varias teorías acerca de aquel fenómeno cósmico.* **SIN.** Galáctico.

cosmogonía (cos-mo-go-**ní**-a) *s. f.* Ciencia que estudia la formación del universo. *Se dedicaba a la cosmogonía.*

cosmografía (cos-mo-gra-**fí**-a) *s. f.* Descripción astronómica del mundo. *Formaba parte de un equipo que se dedicaba a la cosmografía.*

cosmología (cos-mo-lo-**gí**-a) *s. f.* Parte de la metafísica especial que estudia el origen del universo, cómo se originó y cómo ha evolucionado. *Es muy aficionado a la cosmología.*

cosmonauta (cos-mo-**nau**-ta) *s. m. y s. f.* Tripulante de una nave espacial. *Los cosmonautas concedieron una rueda de prensa.* **SIN.** Astronauta.

cosmopolita (cos-mo-po-**li**-ta) *adj.* **1.** Se dice de la persona que ha viajado mucho y conoce muchas culturas. **GRA.** También s. m. y s. f. *Es muy cosmopolita, ha vivido en medio mundo.* **2.** Se dice la ciudad, región, etc., en la que vive gente de diferentes países. *Es una ciudad muy cosmopolita, abierta a un gran número de culturas y costumbres.* **SIN.** Internacional, mundial, universal. **3.** Se dice de los seres o especies animales y vegetales aclimatados a todos los países o que pueden vivir en todos los climas. *El ser humano es cosmopolita.*

cosmos (**cos**-mos) *s. m.* El universo entero, todo lo creado. *Hay diversas teorías sobre la formación del cosmos.* Invariable en número.

coso (**co**-so) *s. m.* **1.** Plaza de toros. *Hacía tiempo que ese torero no toreaba en este coso.* **2.** *amer.* Toril.

cosquillas (cos-**qui**-llas) *s. f. pl.* Sensación nerviosa que una persona experimenta y que generalmente produce risa, cuando la tocan en ciertas partes del cuerpo. *Tiene muchas cosquillas en la planta de los pies.* ‖ **LOC. buscarle a alguien las cosquillas** *fam.* Tratar por todos los medios de irritarle.

costa[1] (**cos**-ta) *s. f.* Cantidad que se paga por una cosa. *Pagó las costas judiciales.* **SIN.** Costo, precio, gasto, importe, cuantía. ‖ **LOC. a costa de algo** Indica el trabajo o esfuerzo que lleva conseguir algo. **a costa de alguien** Indica que se consigue algo valiéndose de los demás. **a toda costa** Sin limitación en el gasto o en el trabajo.

costa[2] (**cos**-ta) *s. f.* Orilla del mar y tierra que está cerca de ella. *Dimos un paseo por la costa.* **SIN.** Litoral, ribera, orilla, playa.

costado (cos-**ta**-do) *s. m.* **1.** Cada una de las dos partes laterales del cuerpo humano. *Tenía un fuerte dolor en el costado.* **SIN.** Flanco, lado. **2.** Cada uno de los dos lados del casco de un buque. *Estaba situado en el costado izquierdo de la nave.* **SIN.** Babor, estribor. **3.** *amer.* Andén del ferrocarril.

costal (cos-**tal**) *s. m.* Saco grande de tela ordinaria. *En la bodega tenían almacenados varios costales de trigo.*

costalada - cotorrear

costalada (cos-ta-**la**-da) *s. f.* Golpe que alguien se da al caer de lado o de espaldas. *Se dio una buena costalada al caerse de la silla.* **SIN.** Batacazo, trastazo. ✎ También "costalazo".

costar (cos-**tar**) *v. intr.* **1.** Tener una cosa un precio fijado. *Esta casa cuesta más de lo que puedes pagar.* **SIN.** Importar, valer, ascender. **2.** Ser comprada una cosa por un precio. *El abrigo me costó mucho dinero.* **SIN.** Salir por. **3.** Causar una cosa dificultad, trabajo, etc. *Aprobar el examen me ha costado mucho esfuerzo.* **SIN.** Suponer. ‖ **LOC. costarle a alguien caro, o cara, una cosa** *fam.* Tener malas consecuencias. ✎ v. irreg., se conjuga como contar.

costear[1] (cos-te-**ar**) *v. tr.* Pagar. **GRA.** También v. prnl. *Le costearon los estudios.* **SIN.** Abonar, subvencionar, sufragar(se).

costear[2] (cos-te-**ar**) *v. tr.* **1.** Ir navegando sin perder de vista la costa. *Fuimos costeando la costa de la región.* **SIN.** Bordear, rodear, orillar. **2.** Esquivar una dificultad o peligro. *Para sacar adelante el negocio tuvimos que costear muchos impedimentos.* **SIN.** Sortear. **3.** *Per.* Burlarse o mofarse de alguien.

costero, ra (cos-**te**-ro) *adj.* Que pertenece o se refiere a la costa. *Las poblaciones costeras se están viendo afectadas por el temporal.*

costilla (cos-**ti**-lla) *s. f.* Cada uno de los huesos largos y curvos que llegan al pecho procedentes de la columna vertebral. *Se fracturó una costilla.*

costoso, sa (cos-**to**-so) *adj.* **1.** Que cuesta mucho dinero. *Fue un viaje muy costoso.* **SIN.** Caro, alto. **ANT.** Barato, económico. **2.** Que cuesta mucho trabajo o esfuerzo. *La subida a la cima fue muy costosa.* **SIN.** Difícil. **ANT.** Sencillo.

costra (**cos**-tra) *s. f.* **1.** Especie de corteza dura que se forma sobre las cosas blandas y húmedas. *Quitamos la costra al queso para aprovechar el resto.* **2.** Postilla de una herida. *Se arrancó la costra de la herida y ahora le quedará cicatriz.*

costumbre (cos-**tum**-bre) *s. f.* **1.** Hábito adquirido por repetir muchas veces una cosa. *Tiene la costumbre de levantarse muy temprano.* **SIN.** Uso. **2.** Práctica muy usada que ha creado tradición. *La romería de abril era una costumbre de siglos.*

costumbrismo (cos-tum-**bris**-mo) *s. m.* En las obras literarias, atención especial que se presta al reflejo de las costumbres típicas de un país o región. *Larra fue un importante autor del costumbrismo.*

costura (cos-**tu**-ra) *s. f.* **1.** Acción y efecto de coser. *Va a un taller de costura.* **2.** Serie de puntadas que une dos piezas cosidas. *Se me ha descosido la costura de la falda.* **3.** Labor que se está cosiendo. *Cogió la costura para entretenerse un rato.*

costurero (cos-tu-**re**-ro) *s. m.* Caja para guardar los hilos, las agujas y otros útiles de costura. *Guarda el dedal en el costurero.*

cota[1] (**co**-ta) *s. f.* Coraza para defender el cuerpo que se usaba antiguamente. *En el museo del castillo se conservaban varias cotas antiguas.*

cota[2] (**co**-ta) *s. f.* **1.** Número que en los planos topográficos indica la altura de un punto. *La altura del pico estaba equivocada en el mapa.* **2.** Esta misma altura. *Las dos vertientes estaban en distinta cota.*

cotarro (co-**ta**-rro) *s. m., fam.* Grupo de personas. *Los más jóvenes formaban un cotarro muy animado en la fiesta.* ‖ **LOC. dirigir el cotarro** *fam.* Mandar en un asunto.

cotejar (co-te-**jar**) *v. tr.* Comparar entre sí dos o más cosas. *Cotejaron los documentos para verificar su autenticidad.* **SIN.** Compulsar, verificar, comprobar.

cotidiano, na (co-ti-**dia**-no) *adj.* Diario, de todos los días. *Leer por las noches era algo cotidiano.* **SIN.** Común, habitual, acostumbrado, corriente. **ANT.** Extraordinario, infrecuente, desacostumbrado.

cotiledón (co-ti-le-**dón**) *s. m.* Parte de la semilla que rodea el embrión. *El cotiledón es el encargado de suministrar el alimento al embrión.*

cotilla (co-**ti**-lla) *s. m. y s. f., fam.* Persona chismosa y murmuradora. *Si no quieres que esto se sepa no se lo cuentes a Pedro, es muy cotilla.* **SIN.** Criticón, juzgamundos. **ANT.** Discreto.

cotilleo (co-ti-**lle**-o) *s. m.* Chismorreo, murmuración. *No hagas caso, es sólo un cotilleo.*

cotillón (co-ti-**llón**) *s. m.* Baile y fiesta con que se celebra un día destacado. *La noche de Reyes hay cotillón en la mayoría de los pubs y discotecas.*

cotizar (co-ti-**zar**) *v. tr.* **1.** Pagar una cuota. *Cotizamos mensualmente para hacer una excursión de fin de curso.* **2.** Gozar de mayor o menor presigio una persona o cosa. **GRA.** También v. prnl. *Su profesión se cotiza mucho actualmente.* ✎ Se conjuga como abrazar.

coto[1] (**co**-to) *s. m.* Terreno reservado para un uso determinado. *Fuimos a un coto de pesca.*

coto[2] (**co**-to) *s. m., Amér. del S.* Paperas.

cotorra (co-**to**-rra) *s. f.* **1.** Ave trepadora americana que puede pronunciar palabras. *Tiene en casa una pareja de cotorras.* **2.** Persona habladora. *Es una cotorra, sólo habla ella.*

cotorrear (co-to-rre-**ar**) *v. intr.* Hablar mucho. *Se pasa el día cotorreando.* **SIN.** Parlotear. **ANT.** Callar.

country *s. m.* Género musical popular, propio de Estados Unidos. **GRA.** También adj. *Le gusta mucho la música country.*

covacha (co-**va**-cha) *s. f.* **1.** Cueva pequeña. *Nos refugiamos de la lluvia en una covacha.* **2.** Vivienda pobre y pequeña. *Son cinco hermanos y los padres, y los pobres viven en una covacha.* **SIN.** Antro, chamizo, cuchitril. **3.** *Ec.* Tienda donde se venden comestibles, legumbres, etc.

cowboy *s. m.* Vaquero de los ranchos norteamericanos. *Estuvimos viendo una película de cowboys.* Su pl. es "cowboys".

coxis (**co**-xis) *s. m.* *Cóccix.

coyote (co-**yo**-te) *s. m.* Especie de lobo gris que se cría en México y otros países americanos, del tamaño de un perro mastín. *El coyote vive en las llanuras.*

coyuntura (co-yun-**tu**-ra) *s. f.* **1.** Ocasión favorable para algo. *Aprovechó la coyuntura para pedir una semana de descanso.* **SIN.** Circunstancia. **2.** Conjunto de factores y circunstancias que se dan en un momento determinado. *La coyuntura del país en aquella época era especialmente delicada.*

coz *s. f.* **1.** Patada que dan las caballerías. *No pases muy cerca de la mula, te puede dar una coz.* **2.** Injuria, ofensa. *"Haces un bien y recibes una coz".*

crac[1] *s. m.* Ruido que hace una cosa al romperse. *Apretó tanto que el lápiz hizo crac y se partió por la mitad.*

crac[2] *s. m.* Bancarrota, quiebra económica. *Estamos estudiando las consecuencias del crac de la bolsa de Nueva York.* **SIN.** Desastre.

craker *s. m. y s. f.* En informática, persona que se introduce en los ordenadores ajenos, para causar daño o sacar beneficio. *Los crakers se dedican a descifrar las contraseñas de los ordenadores.*

cráneo (**crá**-ne-o) *s. m.* Cavidad ósea que contiene el encéfalo. *Se dio un golpe en el cráneo.*

craso, sa (**cra**-so) *adj.* **1.** Grueso, gordo o grasiento. *Me parece que esa salsa está demasiado crasa.* **ANT.** Fino, delgado. **2.** Unido con los sustantivos "error", "ignorancia", etc., indiscutible. *Desde luego se trata de un craso error.*

cráter (**crá**-ter) *s. m.* Boca por donde los volcanes arrojan humo, ceniza, lava, etc. *El cráter arrojaba lava sin cesar.*

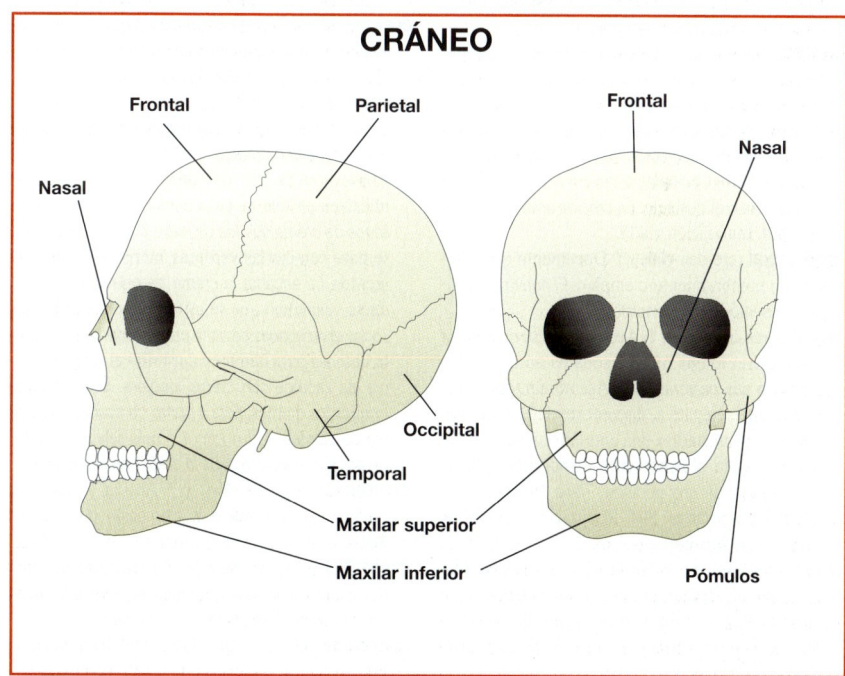

CRÁNEO

creación - crepe

creación (cre-a-**ción**) *s. f.* **1.** Acción y efecto de crear o producir algo. *Se está dedicando a la creación de una nueva película.* **SIN.** Generación, producción. **ANT.** Destrucción. **2.** Mundo, todo lo creado. *El poema era una alabanza a la creación.* **SIN.** Universo. **3.** Acción de fundar algo. *Dedicó parte de su fortuna a la creación de un hospital.* **SIN.** Fundación, realización. **4.** Obra literaria o artística. *La nueva creación de ese novelista ha sido todo un éxito.*

crear (cre-**ar**) *v. tr.* **1.** Hacer que empiecen a existir seres o cosas. *Los escultores crean estatuas.* **SIN.** Inventar, fundar, hacer, producir. **ANT.** Aniquilar, destruir. **2.** Fundar o instituir algo nuevo. *Crearon una nueva clínica.* **3.** Instituir un nuevo empleo o cargo. *Crearon una plaza para ella.*

creativo, va (cre-a-**ti**-vo) *adj.* Que tiene o estimula la capacidad de inventar, crear, etc. *Sus pinturas son muy creativas.*

crecer (cre-**cer**) *v. intr.* **1.** Aumentar de tamaño o de número. *El pueblo ha crecido mucho, tiene más habitantes y más casas.* **SIN.** Desarrollarse, progresar, proliferar. **ANT.** Bajar, disminuir, decrecer. ‖ *v. prnl.* **2.** Atreverse, tomar más confianza ante algo. *Olvidó sus temores y se creció ante el peligro.* **SIN.** Envalentonarse. ✎ v. irreg., se conjuga como parecer.

creces, con *loc. adv.* Abundantemente, con amplitud. *Ha superado con creces el récord.*

crecido, da (cre-**ci**-do) *adj.* **1.** Que está alto y grande. *Este chico está muy crecido para su edad.* **2.** Numeroso. *Acudió un crecido número de personas.* ‖ *s. f.* **3.** Aumento del caudal de un río o arroyo a causa de la lluvia o el deshielo. *La crecida arrasó los campos.* **SIN.** Inundación, riada.

credencial (cre-den-**cial**) *s. f.* Documento que acredita un nombramiento o empleo. *El nuevo embajador presentó sus credenciales.*

crédito (**cré**-di-to) *s. m.* **1.** Acción y efecto de admitir como cierto lo que otra persona ha afirmado. *Dio crédito a sus palabras.* **SIN.** Asentimiento, conformidad. **ANT.** Negativa, disconformidad. **2.** Dinero que se pide prestado a una entidad bancaria. *Pidieron un crédito al banco para comprar la casa.* **3.** Buena fama de una persona. *Tiene mucho crédito entre sus amistades.* **SIN.** Reputación, renombre. **ANT.** Descrédito, impopularidad.

credo (**cre**-do) *s. m.* **1.** En la religión católica, oración, símbolo de la fe, que comienza diciendo "creo en Dios Padre...". *Rezaron un credo.* **2.** Conjunto de creencias o doctrinas de una colectividad. *Cada partido político tenía su propio credo.*

crédulo, la (**cré**-du-lo) *adj.* Se dice de la persona que lo cree todo fácilmente. *Le engaña cualquiera porque es un crédulo.* **SIN.** Ingenuo, incauto, cándido. **ANT.** Descreído.

creencia (cre-**en**-cia) *s. f.* **1.** Convicción que se tiene de alguna cosa. *Sigue con la creencia de que eso no es verdad.* **SIN.** Confianza, certeza, seguridad. **2.** Serie de principios o ideas que alguien tiene. **GRA.** Se usa más en pl. *Respetaba su creencia religiosa, aunque no la compartía.*

creer (cre-**er**) *v. tr.* **1.** Aceptar como verdad lo que otra persona dice. *No creo lo que me has contado.* **SIN.** Dar crédito. **ANT.** Dudar. **2.** Tener opinión formada sobre algo. *Creo que sus padres no son de aquí porque tienen un acento diferente.* **SIN.** Pensar, opinar. **3.** Tener fe. *Cree en Dios.* ✎ v. irreg. ⚠

INDICATIVO	SUBJUNTIVO	
Pret. perf. s.	Pret. imperf.	Fut. imperf.
creí	creyera/se	creyere
creíste	creyeras/ses	creyeres
creyó	creyera/se	creyere
creímos	creyéramos/semos	creyéremos
creísteis	creyerais/seis	creyereis
creyeron	creyeran/sen	creyeren

creído, da (cre-**í**-do) *adj., fam.* Se dice de la persona vanidosa. **GRA.** También s. m. y s. f. *Es una creída, no hay quien la soporte.* **SIN.** Presumido, orgulloso.

crema (**cre**-ma) *s. f.* **1.** Sustancia grasa de la leche con la que se hace la mantequilla. *Compra esa leche porque tiene mucha crema.* **2.** Pasta elaborada a base de leche, huevos y otros ingredientes que se utiliza en pastelería. *Le gustan más los pasteles rellenos de crema que los de nata.* **3.** Sopa espesa que se hace con ciertas verduras, mariscos y otros alimentos. *Le encanta la crema de calabacín.* **4.** Producto cosmético que se utiliza para cuidar la piel. *Todas las mañanas se echa crema hidratante.* **5.** Pasta untuosa para limpiar y dar brillo al calzado. *Limpia los zapatos con crema incolora.* **6.** Pasta para limpiar los dientes. *Está a punto de acabarse la crema de dientes.* **7.** Lo mejor o más selecto de algo. *En aquella reunión estaba la crema de la sociedad.*

cremación (cre-ma-**ción**) *s. f.* Acción y efecto de quemar. *Procedieron a la cremación del cadáver.* **SIN.** Calcinación, incineración.

cremallera (cre-ma-**lle**-ra) *s. f.* Cierre con dos filas de dientes metálicos que encajan unos con otros. *Se me rompió la cremallera del pantalón.*

crepe (**cre**-pe) *s. f.* Tortita elaborada a base de leche, huevos, azúcar y harina, que puede rellenarse con

crepitar - criptografía

algo dulce o salado. *Le gustan mucho las crepes rellenas de jamón york y queso.*

crepitar (cre-pi-**tar**) *v. intr.* Producir un ruido semejante al chisporroteo de la leña cuando arde. *La hoguera crepitaba con intensidad.* **SIN.** Chisporrotear.

crepúsculo (cre-**pús**-cu-lo) *s. m.* Claridad desde poco antes de salir el Sol, hasta que sale, y también desde que se pone al Sol hasta que entra la noche. *Al crepúsculo salía siempre a dar un paseo por la playa.* **SIN.** Anochecer, amanecer, atardecer.

crespón (cres-**pón**) *s. m.* **1.** Cierta clase de gasa fina. *Le regalaron una blusa de crespón.* **2.** Gasa negra que se usa en señal de luto. *Los familiares del difunto llevaban crespón.*

cresta (**cres**-ta) *s. f.* **1.** Carnosidad roja que tienen sobre la cabeza los gallos y otras aves. *El gallo lucía con orgullo su cresta.* **2.** Moño de plumas de algunas aves. *Las cacatúas se distinguen por su cresta.* **3.** Cumbre de una montaña. *A lo lejos se veía la rocosa cresta de la montaña.* **SIN.** Cúspide, pico, cima, cumbre. **4.** Parte más alta de una ola. *Le gustaba saltar por encima de la cresta de las olas.*

cretino, na (cre-**ti**-no)*adj.* Hipócrita, cínico. *No me hablo con él porque es un cretino.* **SIN.** Idiota, estúpido. **ANT.** Listo, inteligente.

creyente (cre-**yen**-te) *adj.* Que cree. **GRA.** También s. m. y s. f. *Todos los creyentes celebraron aquella fiesta religiosa.*

cri-cri *onomat.* del canto del grillo.

cría (**crí**-a) *s. f.* **1.** Acción y efecto de criar a las personas o a los animales. *Tenía una granja dedicada a la cría de conejos.* **2.** Animal que está criándose. *Vendieron dos crías.* **3.** Conjunto de hijos que tiene una vez un animal. *La gata ha tenido cinco crías.*

criadilla (cria-**di**-lla) *s. f.* Testículo de ciertos animales que se consume como alimento. *Le gustan las criadillas de toro.*

criado, da (**cria**-do) *adj.* Con los adverbios bien o mal, se aplica a la persona de buena o mala educación. *Da gusto con él, es un niño muy bien criado.* **2.** Se dice de los niños cuando ya han dejado de ser bebés. *Tiene ya los hijos criados.* ‖ *s. m. y s. f.* **3.** Persona empleada en el servicio doméstico por un salario. *En esa mansión tiene cinco criados.*

crianza (**crian**-za) *s. f.* **1.** Acción y efecto de criar. *Ella misma se ocupa de la crianza de su hijo.* **SIN.** Amamantamiento, lactancia. **2.** Cortesía, educación. *Se nota que es una persona de buena crianza.*

criar (cri-**ar**) *v. tr.* **1.** Alimentar a un niño o a los animales. *Crió un ternerín.* **SIN.** Nutrir, amamantar. **2.** Cuidar y dar educación a alguien. *Crió a cuatro hijos.* **SIN.** Educar. **3.** Cultivar plantas. *Tiene un invernadero donde cría hermosas plantas.* **4.** Someter al vino, después de la fermentación, a ciertas operaciones y cuidados. *Criaba un excelente vino en sus bodegas.* **5.** Producir. *Las arañas crían telarañas.* En cuanto al acento, se conjuga como desviar.

criatura (cri-a-**tu**-ra) *s. f.* **1.** Cualquiera de las cosas creadas. *En aquellos parajes vivían criaturas muy extrañas y hermosas.* **2.** Niño recién nacido o que tiene poca edad. *La madre dedicaba todo su tiempo al cuidado de la criatura.* **SIN.** Bebé.

criba (**cri**-ba) *s. f.* **1.** Cuero o metal agujereado y fijo en un aro, que sirve para limpiar los cereales y otras semillas. *Estaba limpiando el trigo con una criba.* **2.** Se dice de los objetos que tienen muchos agujeros. *Este sombrero está tan apolillado que es una verdadera criba.* **3.** Selección de alguna cosa. *Hicieron una criba para seleccionar los mejores currículos.*

cribar (cri-**bar**) *v. tr.* **1.** Limpiar el grano por medio de la criba. *Fue a cribar la cebada.* **SIN.** Cerner, separar. **2.** Hacer una selección. *Hicieron una criba entre todos los aspirantes.*

crimen (**cri**-men) *s. m.* **1.** Delito grave. *Asesinar a una persona es un crimen.* **SIN.** Culpa, asesinato, homicidio. **2.** Lo que está muy mal hecho o causa un perjuicio grande. *No cuidar la naturaleza es un crimen.*

criminal (cri-mi-**nal**) *adj.* **1.** Que pertenece o se refiere al crimen. *Fue una acción criminal.* **2.** Que ha cometido un crimen. **GRA.** También s. m. y s. f. *La policía detuvo al criminal.* **SIN.** Asesino, delincuente.

crin *s. f.* Conjunto de cerdas que tienen algunos animales en la parte superior del cuello y en la cola. **GRA.** Se usa más en pl. *Aquel caballo tenía unas crines preciosas.*

crío, a (**crí**-o) *s. m. y s. f., fam.* Niño o niña pequeños. **GRA.** También adj. *Sacó a los críos al parque para que jugaran.*

criollo, lla (**crio**-llo) *adj.* Se dice del descendiente de padres europeos nacido en América. **GRA.** También s. m. y s. f. *Su familia era criolla porque sus bisabuelos habían sido españoles.*

cripta (**crip**-ta) *s. f.* **1.** Lugar subterráneo en que se solían enterrar a los difuntos. *En aquella cripta estaban enterradas importantes personalidades eclesiásticas.* **2.** Piso subterráneo de una iglesia. *La misa se celebró en la cripta de la iglesia.*

criptografía (crip-to-gra-**fí**-a) *s. f.* Arte de escribir con clave secreta o de un modo enigmático. *Es un gran estudioso de la criptografía.*

críquet - criticón

críquet (**crí**-quet) *s. m.* Juego de pelota de origen inglés que se juega con paletas de madera. *El críquet es un antecedente del béisbol.*

crisálida (cri-sá-li-da) *s. f.* Fase intermedia de desarrollo entre la larva y el insecto adulto. *Muchas especies de mariposas y polillas pasan el invierno en la fase de crisálida.*

crisantemo (cri-san-**te**-mo) *s. m.* Planta ornamental que se cultiva en los jardines y cuyas flores pueden tener diferentes colores, aunque las que más abundan son las amarillas y moradas. *El crisantemo procede de China.*

crisis (**cri**-sis) *s. f.* **1.** Cambio importante en el curso de una enfermedad. *Tuvieron que volver a ingresarlo en el hospital porque sufrió una crisis.* **SIN.** Recaída, cambio, inestabilidad. **2.** En general, momento de peligro o riesgo grave para determinado asunto. *La crisis económica estaba afectando a todos los sectores de la sociedad.* ✎ Invariable en número.

crisma[1] (**cris**-ma) *s. m.* **1.** Aceite consagrado que se usa para las unciones en algunos sacramentos. *Los obispos consagran el crisma el día de Jueves Santo.* ‖ *s. f.* **2.** *fam.* Cabeza. *Se dio un golpe en la crisma.*

crisma[2] (**cris**-ma) *s. m.* Tarjeta con la que se felicitan las Navidades. *Todos los años manda un crisma a sus familiares y amigos.*

crisol (cri-**sol**) *s. m.* Recipiente para fundir metales. *Fundieron el hierro en el crisol.*

crispar (cris-**par**) *v. tr.* **1.** Contraer de manera repentina y pasajera los músculos. **GRA.** También v. prnl. *Se le crispó el abductor porque estaba realizando un gran esfuerzo.* **SIN.** Retorcerse, estremecerse, convulsionarse. **ANT.** Relajar(se). **2.** Irritar, enfadar o alguien. **GRA.** También v. prnl. *Me crispa que se pase el día dando órdenes.* **SIN.** Exasperar(se), enfurecer(se). **ANT.** Calmar(se), tranquilizar(se).

cristal (cris-**tal**) *s. m.* **1.** Vidrio incoloro y muy transparente. *Se nos rompió un cristal de la ventana.* **2.** Cuerpo que naturalmente tiene forma más o menos de un poliedro regular. *En aquel terreno había varios cristales de sal.*

cristalino, na (cris-ta-**li**-no) *adj.* **1.** De cristal o parecido a él. *Aquel estanque tenía el agua muy cristalina.* ‖ *s. m.* **2.** Órgano del ojo de forma esférica situado detrás de la pupila. *El cristalino permite al ojo enfocar con precisión.*

cristalizar (cris-ta-li-**zar**) *v. intr.* **1.** Tomar ciertas sustancias la forma cristalina. **GRA.** También v. prnl. *La sustancia se cristalizó al cambiar las condiciones atmosféricas.* **SIN.** Solidificar(se), precipitar(se), condensar(se). **ANT.** Licuar(se), diluir(se). **2.** Tomar forma clara y precisa las ideas, sentimientos o deseos de una persona o colectividad. **GRA.** También v. prnl. *Al final cristalizó el proyecto de viaje de fin de curso.* **SIN.** Concretarse, especificar, precisarse, determinar. **ANT.** Confundirse, dudar. ✎ Se conjuga como abrazar.

cristalografía (cris-ta-lo-gra-**fí**-a) *s. f.* Ciencia que estudia las formas que adoptan los cuerpos al cristalizar. *La cristalografía es una rama de la mineralogía.*

cristianismo (cris-tia-**nis**-mo) *s. m.* Religión cristiana. *Algunos emperadores romanos atacaron con crueldad el cristianismo.*

cristiano, na (cris-**tia**-no) *adj.* **1.** Que pertenece o se refiere a la religión de Cristo. *Se dedica a predicar la doctrina cristiana.* **2.** Que profesa esta religión. **GRA.** También s. m. y s. f. *Los cristianos tienen que ser caritativos.* ‖ **LOC. hablar alguien en cristiano** *fam.* Expresarse con claridad y sencillez.

criterio (cri-**te**-rio) *s. m.* **1.** Norma para conocer la verdad. *No se sabe el criterio que sigue en su tratado.* **SIN.** Pauta, regla, principio. **2.** Facultad de juzgar. *Es una persona seria, tiene buen criterio.* **SIN.** Sensatez, cordura. **3.** Opinión que se tiene de algo. *Tenía un criterio muy malo de ti.*

criticar (cri-ti-**car**) *v. tr.* **1.** Juzgar las cosas conforme a ciertas reglas. *Sólo admitía que le criticase otro pintor.* **SIN.** Examinar, analizar, considerar. **2.** Censurar la conducta o acciones de alguien. *Criticó su modo de comportarse.* **SIN.** Reprochar, reprender. **ANT.** Elogiar, alabar. ✎ Se conjuga como abarcar.

crítico, ca (**crí**-ti-co) *adj.* **1.** Que pertenece o se refiere a la crisis. *El estado de su enfermedad entró en una situación crítica.* **2.** Que pertenece o se refiere a la crítica. *Sus comentarios hacia el trabajo de los demás son siempre muy críticos.* **3.** Oportuno, decisivo. *Llegó en el momento crítico de la votación.* ‖ *s. m. y s. f.* **4.** Persona que juzga según las reglas de la crítica. *Al debate asistió un crítico taurino.* **SIN.** Censor, juez, calificador. ‖ *s. f.* **5.** Arte de juzgar las cosas mediante unas reglas, sobre todo obras de literatura o arte. *Se especializó en crítica literaria.* **6.** Conjunto de opiniones vertidas sobre cualquier asunto. *Su última obra ha tenido muy buena crítica.* **7.** Murmuración. *Las críticas sobre sus negocios ilícitos son constantes.*

criticón, na (cri-ti-**cón**) *adj., fam.* Se dice de la persona que lo critica todo. **GRA.** También s. m. y s. f. *Es muy criticona, se mete con todo el mundo.* **SIN.** Censurador, reparón.

croar (cro-**ar**) *v. intr.* Cantar la rana. *Las ranas croaban en su charca.*

croissant *s. m.* *Cruasán.

crol *s. m.* Estilo de natación en el que se avanza pasando alternativamente los brazos por encima del hombro y bajo el cuerpo, al mismo tiempo que las piernas aletean. *El crol es uno de los estilos más practicados.*

cromar (cro-**mar**) *v. tr.* Dar un baño de cromo a los objetos metálicos para hacerlos inoxidables. *Cromaron los apliques para que fueran más vistosos.* **SIN.** Bañar, niquelar.

cromático, ca (cro-**má**-ti-co) *adj.* Que pertenece o se refiere a los colores. *Ese cuadro destaca por su gran variedad cromática.*

cromo (**cro**-mo) *s. m.* **1.** Metal duro de color grisáceo que se emplea para rayar el vidrio. *El símbolo del cromo es Cr.* **2.** *Estampa.

cromosfera (cro-mos-**fe**-ra) *s. f.* Parte inferior de la atmósfera solar. *La cromosfera tiene unos 2 000 km de espesor.*

cromosoma (cro-mo-**so**-ma) *s. m.* Cada una de las 46 estructuras que se hallan en el núcleo de todas las células del cuerpo humano. Llevan los genes que determinan las características hereditarias, como el sexo, el color del pelo o la altura. *Los cromosomas están compuestos de ADN.*

crónico, ca (**cró**-ni-co) *adj.* **1.** Se dice de aquello que es duradero. *Tiene un catarro crónico.* **SIN.** Permanente, habitual, repetido, acostumbrado. **SIN.** Fugaz, momentáneo, desacostumbrado. ‖ *s. f.* **2.** Historia en que los hechos se ordenan según han ido ocurriendo. *Julio César escribió la crónica de la guerra de las Galias.* **3.** Relato breve de un hecho actual que se publica en periódicos y revistas. *Escribe todas las crónicas de los partidos desde que es cronista deportivo.* **SIN.** Comentario, reportaje.

cronista (cro-**nis**-ta) *s. m. y s. f.* Autor de crónicas. *En la historia de la literatura ha habido grandes cronistas.*

crónlech *s. m.* Monumento megalítico formado por varios menhires colocados en círculo. *Es famoso el crónlech de Stonehenge, en el Reino Unido.* También "crómlech".

cronología (cro-no-lo-**gí**-a) *s. f.* **1.** Ciencia que tiene por objeto determinar el orden y fechas de los sucesos históricos. *Es especialista en cronología.* **2.** Serie de personas o sucesos históricos ordenados por sus fechas. *Estudiamos la cronología de las principales luchas históricas.*

cronómetro (cro-**nó**-me-tro) *s. m.* Reloj de mucha precisión que sirve para medir tiempos muy pequeños. *El juez de la carrera preparará su cronómetro.*

croqueta (cro-**que**-ta) *s. f.* Fritura de carne o de pescado rebozada en huevo y harina. *Me gustan mucho las croquetas de pollo.*

croquis (**cro**-quis) *s. m.* Dibujo rápido y esquemático que sirve para hacerse alguien una idea de algo. *Me hizo un croquis de las calles que tenía que recorrer.* **SIN.** Esbozo, plan. Invariable en número.

cross *s. m.* Prueba deportiva de resistencia que consiste en correr unos cuantos kilómetros a campo a través. *Las pruebas de cross son durísimas debido a las desigualdades del terreno.* Invariable en número.

cruasán (crua-**sán**) *s. m.* Especialidad de bollería hecha de hojaldre en forma de media luna. *Le gusta desayunar un vaso de café con leche y un cruasán.*

cruce (**cru**-ce) *s. m.* **1.** Punto donde se cortan dos o más caminos, carreteras, etc. *Es un cruce regulado por semáforos.* **SIN.** Bifurcación, confluencia, encrucijada. **2.** Paso destinado a los peatones. *Vete reduciendo la velocidad, al final de la calle hay un cruce de peatones.* **3.** Mezcla entre plantas o animales de distinta especie para obtener otra variedad. *Estas cerezas son un cruce de picotas y silvestres.* **4.** Interferencia telefónica o de emisiones radiadas. *Tuvo que colgar porque había un cruce y no se enteraba de nada.*

crucero (cru-**ce**-ro) *s. m.* **1.** En una iglesia, nave perpendicular a la principal y de igual anchura. *El crucero estaba cubierto con una cúpula.* **2.** Viaje que se hace en un barco de recreo. *Hicieron un crucero por el Caribe.* **3.** Buque de guerra, generalmente con misiones de reconocimiento. *La armada enemiga hundió uno de nuestros cruceros.*

crucial (cru-**cial**) *adj.* Se dice del momento importante en el que se decide algo. *La firma del pacto era crucial para que la situación tomara un nuevo rumbo.* **SIN.** Decisivo, esencial. **ANT.** Intrascendente.

crucificar (cru-ci-fi-**car**) *v. tr.* **1.** Clavar a una persona en la cruz. *"Crucifícalo, gritaban a Pilatos".* **2.** *fam.* Hacer daño a alguien. *Las malas lenguas lo están crucificando.* **SIN.** Sacrificar, perjudicar. Se conjuga como abarcar.

crucifijo (cru-ci-**fi**-jo) *s. m.* Imagen de Jesucristo en la cruz. *Tiene un crucifijo en la cabecera de su cama.* **SIN.** Cruz, Cristo.

crucigrama (cru-ci-**gra**-ma) *s. m.* Pasatiempo que consiste en rellenar con palabras una serie de casi-

crudeza - cuadrar

llas, vertical y horizontalmente. *Se entretiene mucho haciendo crucigramas.*

crudeza (cru-**de**-za) *s. f.* Rigor o aspereza. *El clima en aquella región era de una gran crudeza. La crudeza de las imágenes del reportaje le impresionó mucho. Se luchó con gran crudeza.*

crudo, da (**cru**-do) *adj.* **1.** Se aplica a los alimentos que no están ni cocidos ni guisados, o que están insuficientemente cocinados. *En Japón se come el pescado crudo. La tortilla estaba cruda por dentro.* **2.** Cruel, despiadado. *Hizo una descripción muy cruda de las circunstancias.* **SIN.** Severo, realista, inhumano, feroz. **ANT.** Dulce, cálido. **3.** Se aplica al tiempo muy frío. *Llevamos unos meses muy crudos.*

cruel (cru-**el**) *adj.* **1.** Se dice de la persona que disfruta con el sufrimiento ajeno. *Es muy cruel, le gusta ver cómo los demás lo pasan mal por su culpa.* **SIN.** Violento, bárbaro, inhumano, desalmado, despiadado. **ANT.** Compasivo. **2.** Que es difícil de soportar. *Su cruel enfermedad estaba acabando con sus fuerzas.* **SIN.** Violento, angustioso, duro, crudo.

cruento, ta (**cruen**-to) *adj.* Con derramamiento de sangre. *Tuvo lugar una cruenta lucha en el campo de batalla.* **SIN.** Bárbaro, cruel, sangriento. **ANT.** Incruento.

crujir (cru-**jir**) *v. intr.* Hacer cierto ruido las cosas al rozarse o romperse. *Los muelles del sillón crujen cuando alguien se sienta.* **SIN.** Rechinar, chirriar, crepitar, restallar, chascar.

crustáceo, a (crus-**tá**-ce-o) *adj.* Se aplica a los animales que tienen respiración branquial, cubiertos de un caparazón duro o flexible y que tienen cierto número de patas dispuestas simétricamente. **GRA.** También s. m. *El cangrejo, la langosta y la gamba son crustáceos.*

cruz *s. f.* **1.** Figura formada por dos líneas que se cortan perpendicularmente. *La letra "X" es una cruz.* **2.** Patíbulo formado por un madero hincado perpendicularmente en el suelo y atravesado por otro en su parte superior. *Jesucristo fue clavado en la cruz.* **3.** Insignia y señal de los cristianos. *Los fieles hicieron la señal de la cruz.* **4.** Sufrimiento. *Es una cruz tener que padecer tanta miseria.* **5.** Reverso de la moneda. *¿Qué pides, cara o cruz?* **6.** Condecoración o insignia. *Le pusieron la cruz del mérito civil.* **SIN.** Galardón, medalla. ‖ **LOC. cruz y raya** *fam.* Manifiesta el firme propósito de no volver a hacer algo o a tratar con alguien. **en cruz** Con los brazos extendidos horizontalmente. **hacerse alguien cruces** *fam.* Demostrar admiración o extrañeza.

cruzado, da (cru-**za**-do) *adj.* **1.** Se dice de las personas que participaron en las cruzadas. **GRA.** También s. m. *Los protagonistas de la película eran unos cruzados que participaban en la conquista de Jerusalén.* ‖ *s. f.* **2.** Expedición religioso-militar de los cristianos de la Edad Media contra el Islam para liberar los Santos Lugares. *Hubo ocho cruzadas.*

cruzar (cru-**zar**) *v. tr.* **1.** Atravesar una cosa sobre otra en forma de cruz. *El puente cruza el río.* **SIN.** Pasar. **2.** Atravesar caminos o calles pasando de una parte a otra. *No debes cruzar la calle sin mirar.* **SIN.** Pasar. ‖ *v. prnl.* **3.** Pasar por un lugar dos personas o cosas en dirección opuesta. *El autobús del colegio se cruzó con un camión.* **SIN.** Coincidir. ✎ Se conjuga como abrazar.

cu *s. f.* Nombre de la letra "q".

cuaderno (cua-**der**-no) *s. m.* **1.** Conjunto de pliegos de papel que forman un libro, que sirve para escribir en él. *Haz los problemas en el cuaderno de matemáticas.* ‖ **2. cuaderno de bitácora** Libro en el que se apunta el rumbo, velocidad, accidentes, etc. de una navegación.

cuadra (**cua**-dra) *s. f.* **1.** Lugar destinado para guardar a los animales. *Mete las vacas en la cuadra.* **SIN.** Establo. **2.** Conjunto de caballos, generalmente de carreras. *Los dos caballos pertenecían a la misma cuadra.* **3.** *amer.* Manzana de casas.

cuadrado, da (cua-**dra**-do) *adj.* **1.** Se aplica a la figura plana cerrada por cuatro líneas rectas iguales que forman otros tantos ángulos rectos. **GRA.** También s. m. *Dibuja varios cuadrados y coloréalos.* **2.** Por ext., que tiene esa forma. *El local tiene forma cuadrada.* **3.** Perfecto, cabal. *El trabajo le ha quedado cuadrado.* ‖ *s. m.* **4.** Producto que resulta de multiplicar una cantidad por sí misma. *El cuadrado de 3 es 9.*

cuadrangular (cua-dran-gu-**lar**) *adj.* Que tiene cuatro ángulos. *La habitación tenía una forma cuadrangular.*

cuadrante (cua-**dran**-te) *s. m.* **1.** Parte del círculo formado por dos radios perpendiculares entre sí. *El círculo se divide en cuatro cuadrantes.* **2.** Instrumento compuesto por un cuarto de círculo graduado que se utiliza en astronomía para medir ángulos. *Los navegantes antiguos utilizaban el cuadrante para orientarse en el mar.*

cuadrar (cua-**drar**) *v. intr.* **1.** Ajustarse una cosa con otra. *Nada de lo que nos ha dicho cuadra con los hechos.* **SIN.** Corresponderse, convenir, concordar, encajar. **ANT.** Discordar. **2.** Convenir una cosa. *No*

cuadrícula - cuando

me cuadra ir al cine esta tarde, tengo mucho trabajo. **SIN.** Agradar. ‖ *v. prnl.* **3.** Ponerse una persona erguida y con los talones juntos. *El soldado se cuadró para saludar al capitán.* **SIN.** Erguirse, enderezarse. ‖ *v. tr.* **4.** *Ven.* Lucir, agradar.

cuadrícula (cua-**drí**-cu-la) *s. f.* Conjunto de los cuadrados que resultan de cortarse perpendicularmente dos series de rectas paralelas y equidistantes. *Dibuja una cuadrícula con escuadra y cartabón.*

cuadrilátero (cua-dri-**lá**-te-ro) *s. m.* **1.** Polígono de cuatro lados. *Un rectángulo es un cuadrilátero.* **2.** En boxeo, plataforma cuadrada donde se combate. *Los dos boxeadores estaban ya en el cuadrilátero.*

cuadrilla (cua-**dri**-lla) *s. f.* Grupo de personas que desempeñan el mismo trabajo o persiguen el mismo fin. *La cuadrilla de subalternos salió a la plaza.* **SIN.** Brigada, partida.

cuadro (**cua**-dro) *s. m.* **1.** Lienzo, lámina, etc., de pintura. *Visitó una exposición de cuadros de Dalí.* **2.** Figura con forma de cuadrado. *Llevaba un pantalón vaquero y una camisa de cuadros.* **3.** Marco de algunas cosas. *El carpintero está arreglando el cuadro de la puerta.* **4.** Cada una de las partes en que se dividen algunos poemas dramáticos. *El poema está dividido en tres cuadros.* **SIN.** Acto, escena, episodio. **5.** Conjunto de nombres, cifras u otros datos presentados gráficamente. *El profesor explicó el cuadro de la obtención del nitrógeno.* **6.** Conjunto del personal de una institución. *Aquel hospital tiene un excelente cuadro de médicos.* **7.** Descripción de un suceso. *Nos pintó el cuadro de los hechos con todo lujo de detalles.* **8.** Situación capaz de conmover. *Cuando llegaron a la zona de chabolas se encontraron con un cuadro aterrador.* **9.** *Chil.* Matadero público. **10.** *Col.* Encerado, pizarra. ‖ **11. cuadro clínico** Conjunto de síntomas que caracterizan una enfermedad.

cuadrúpedo (cua-**drú**-pe-do) *adj.* Se dice del animal que tiene cuatro patas. **GRA.** También s. m. *El caballo es un cuadrúpedo.*

cuádruple (**cuá**-dru-ple) *adj. num. mult.* Que contiene un número exactamente cuatro veces. **GRA.** También s. m. *Le pagaron el cuádruple de lo que le costó.* ✎ También "cuádruplo".

cuajada (cua-**ja**-do) *s. f.* Parte crasa de la leche que se espesa, natural o artificialmente. *De postre tomamos una cuajada.*

cuajar[1] (cua-**jar**) *s. m.* Última de las cuatro cavidades en que se divide el estómago de un rumiante. *El cuajar se encarga de segregar el jugo gástrico.*

cuajar[2] (cua-**jar**) *v. tr.* **1.** Unir las partes de un líquido para convertirse en sólido. **GRA.** También v. prnl. *Cuajó la leche para hacer queso.* **SIN.** Solidificar(se), condensar(se). **ANT.** Licuar(se). **2.** Llenar algo. *La nieve cuajó los tejados de las casas en un momento.* **SIN.** Recargar, poblarse, cubrirse. ‖ *v. intr.* **3.** *fam.* Lograrse, tener efecto una cosa. *El mensaje ha cuajado muy bien entre la juventud.* **4.** *fam.* Gustar, agradar una persona o cosa. *El nuevo compañero cuajó bastante bien desde el primer momento.* **SIN.** Encajar. **ANT.** Desagradar. **5.** *Méx.* Pasar el tiempo charlando.

cuajarón (cua-ja-**rón**) *s. m.* Porción de sangre o de otro líquido que se ha cuajado. *Cuando estaba haciendo el queso se le formaron cuajarones en la leche.* **SIN.** Grumo, coágulo.

cual *pron. rel.* **1.** Es palabra átona y equivale al pronombre "que". **GRA.** Sólo tiene variación de número. *El señor con el cual me viste era mi padre.* ‖ *pron. int.* **2.** Lleva acento y se emplea en frases interrogativas o dubitativas. *No sé cuál escoger, me gustan los dos.* ‖ **LOC. a cual más** Se utiliza para ponderar una cualidad entre varias personas o cosas.

cualidad (cua-li-**dad**) *s. f.* Modo de ser de una persona o cosa. *La cualidad del diamante es la dureza.* **SIN.** Propiedad, atributo, peculiaridad, esencia.

cualificado, da (cua-li-fi-**ca**-do) *adj.* Se dice de la persona que está especialmente preparada para una tarea determinada. *Es una persona muy cualificada para ese puesto de trabajo.*

cualitativo, va (cua-li-ta-**ti**-vo) *adj.* Que denota cualidad. *Buscamos una diferencia cualitativa en el producto, no cuantitativa.*

cualquier (cual-**quier**) *adj. y pron. indef.* Cualquiera. **GRA.** Sólo se emplea antepuesto al s. *Dame cualquier cosa.*

cualquiera (cual-**quie**-ra) *adj. y pron. indef.* Una persona indeterminada, alguien, no importa quien. **GRA.** Se antepone y pospone al nombre y al verbo. *Cualquiera puede hacerlo.* ‖ **LOC. ser alguien un cualquiera** Ser una persona vulgar y corriente.

cuan *adv. c.* **1.** Se usa para encarecer la significación del adjetivo, el participio y otras partes de la oración, excepto el verbo, precediéndolas siempre. *Cuan mejor era aquella situación y no ésta.* ‖ *adv. excl.* **2.** Lleva acento y aparece en oraciones exclamativas. *¡Cuán grande era su alegría!*

cuando (**cuan**-do) *adv. t.* **1.** En el tiempo, en el punto, en la ocasión en que. *Cuando quieras vienes.* **2.** Con acento y en frases interrogativas, equivale a en qué

cuantía - cúbico

momento. *¿Cuándo vendrás a verme?* ‖ *conj. advers.* **3.** Aunque. *Mañana iremos al médico aun cuando tú no quieras.* ‖ *conj. cond.* **4.** Equivale a "si". *Cuando comes es que tiene hambre.* ‖ **LOC. de cuando en cuando** Algunas veces, de tiempo en tiempo.

cuantía (cuan-**tí**-a) *s. f.* **1.** Cantidad o porción de algo. *La cuantía de sus gastos superaba las 50 000 pts.* **SIN.** Importe, cantidad. **2.** Importancia. *Se desconocía todavía la cuantía de las pérdidas.*

cuantitativo, va (cuan-ti-ta-**ti**-vo) *adj.* Que denota cantidad. *Haz un análisis cuantitativo de los componentes de este producto.*

cuanto, ta (**cuan**-to) *pron. rel.* **1.** Equivale a "todos los que" y "todas las que". **GRA.** También *adj. Cuantos allí estaban lo escuchaban atentamente. Cuantas objeciones puso le fueron rechazadas.* **2.** Equivale a "todo lo que". **GRA.** Presenta sólo género neutro. *Esto es cuanto se sabe de él.* ‖ *pron. int. y excl.* **3.** Lleva acento y se usa en frases interrogativas y exclamativas. **GRA.** También *adj. ¿Cuánto tardarás en llegar?, ¡Cuánta gente!* ‖ **LOC. en cuanto** Tan pronto como. **en cuanto a** Con relación a.

cuarenta (cua-**ren**-ta) *adj. num. card.* **1.** Cuatro veces diez. **GRA.** También *pron.* y *s. m.* ‖ *adj. num. ord.* **2.** Que ocupa el último lugar en una serie ordenada de cuarenta. **GRA.** También *pron. num.* ‖ *s. m.* **3.** Signo o cifra con que se representa el número 40. ‖ **LOC. cantarle a alguien las cuarenta** *fam.* Hablarle con total sinceridad.

cuarentena (cua-ren-**te**-na) *s. f.* **1.** Conjunto de cuarenta unidades. *Tiene más de una cuarentena de discos.* **2.** Tiempo de cuarenta días, meses o años. *Pasó una cuarentena de años en el extranjero.* **3.** Tiempo que pasan incomunicados los sospechosos de tener una enfermedad contagiosa. *La tripulación de todo el barco estaba en cuarentena.*

cuarentón, na (cua-ren-**tón**) *adj.* Se dice de la persona que ha cumplido los cuarenta años. **GRA.** También *s. m.* y *s. f. Es ya un cuarentón y quiere vestirse como un crío.* **SIN.** Maduro.

cuaresma (cua-**res**-ma) *s. f.* Tiempo litúrgico que va desde el miércoles de Ceniza hasta la Pascua de Resurrección. *Ayunaba todos los viernes de cuaresma.*

cuarta (**cuar**-ta) *s. f.* Longitud de la mano extendida. *Su hermano medía una cuarta más que él.* **SIN.** Palmo.

cuartear (cuar-te-**ar**) *v. tr.* **1.** Partir una cosa en cuatro partes. *En la matanza, él se encargaba de cuartear la ternera.* **SIN.** Despedazar, descuartizar. ‖ *v. prnl.* **2.** Agrietarse algo. *Se está cuarteando el techo debido a la humedad.* **SIN.** Abrirse.

cuartel (cuar-**tel**) *s. m.* Edificio donde se alojan los soldados. *El cuartel está a las afueras de la ciudad.*

cuarteta (cuar-**te**-ta) *s. f.* Estrofa de cuatro versos octosílabos. *El poema estaba compuesto en cuartetas.*

cuarteto (cuar-**te**-to) *s. m.* **1.** Estrofa de cuatro versos endecasílabos. *No me salía la rima del cuarteto.* **2.** Composición musical para cantarse a cuatro voces diferentes. *Interpretaron un cuarteto del gran maestro.*

cuartilla (cuar-**ti**-lla) *s. f.* Hoja de papel en blanco cuyo tamaño es la cuarta parte de un pliego. *Coge una cuartilla y anota estas direcciones.*

cuarto, ta (**cuar**-to) *adj. num. part.* **1.** Se dice de cada una de las cuatro partes iguales en que se divide un todo. **GRA.** También *s. m.* ‖ *adj. num. ord.* **2.** Que ocupa el último lugar en una serie ordenada de cuatro. **GRA.** También *pron. num.* ‖ *s. m.* **3.** Habitación. *Se fue a su cuarto a estudiar.* **SIN.** Estancia. ‖ *s. m. pl.* **4.** *fam.* Dinero. *No le quedaban cuartos para comprar más cosas.*

cuarzo (**cuar**-zo) *s. m.* Mineral formado por sílice, tan duro que raya el acero. *Era un yacimiento rico en cuarzo.*

cuatrero, ra (cua-**tre**-ro) *adj.* Se dice del ladrón de ganado. **GRA.** También *s. m.* y *s. f. Una banda de cuatreros asaltó el rancho.*

cuatrienio (cua-tri-**e**-nio) *s. m.* Período de cuatro años. *Lleva un cuatrienio trabajando en esa empresa.*

cuatro (**cua**-tro) *adj. num. card.* **1.** Tres y uno. **GRA.** También *pron.* y *s. m.* ‖ *adj. num. ord.* **2.** *Cuarto. **GRA.** También *pron.* ‖ *s. m.* **3.** Signo o cifra con que se representa el número cuatro.

cuba (**cu**-ba) *s. f.* Recipiente grande de madera que sirve para contener líquidos. *En la bodega hay varias cubas llenas de vino.* **SIN.** Bocoy, pipa, tina, tonel. ‖ **LOC. estar alguien como una cuba** *fam.* Estar borracho.

cubalibre (cu-ba-**li**-bre) *s. m.* Bebida alcohólica que combina un refresco con algún tipo de alcohol. *Un buen barman sabe cómo hacer un cubalibre.*

cubertería (cu-ber-te-**rí**-a) *s. f.* Conjunto de cucharas, tenedores, cuchillos y utensilios semejantes para el servicio de mesa. *La cubertería de plata era un recuerdo de familia.*

cubeta (cu-**be**-ta) *s. f.* **1.** Recipiente de poco fondo. *En el laboratorio había varios tipos de cubetas.* **2.** Depósito de mercurio de ciertos barómetros. *La cubeta detecta el cambio de presión.*

cúbico, ca (**cú**-bi-co) *adj.* **1.** De figura de cubo geométrico, o parecido a él. *El paisaje estaba hecho a*

cubierta - cuenco

base de formas cúbicas. **2.** Se dice del exponente que expresa unidades de volumen. m³. **3.** Se dice del exponente que indica la potencia tres. x³.

cubierta (cu-**bier**-ta) s. f. **1.** Lo que se pone encima de una cosa para taparla. *Cubierta de la cama.* **2.** Cada una de las partes anterior y posterior, que cubre las páginas del libro. *Esas cubiertas tienen un diseño original.* **3.** Parte exterior de la techumbre de un edificio. *La cubierta de la iglesia se cayó por el terremoto.* **4.** Cada uno de los suelos en que se dividen las estancias de un barco, y en especial el primero. *Me gusta pasear por cubierta.*

cubierto (cu-**bier**-to) s. m. Juego compuesto de cuchara, tenedor y cuchillo. *Seca los cubiertos.*

cubil (cu-**bil**) s. m. Lugar donde los animales se recogen para dormir. *Al anochecer el oso se refugió en su cubil.* **SIN.** Cueva, madriguera, guarida.

cubilete (cu-bi-**le**-te) s. m. Vaso con boca ancha que se emplea para mover los dados. *Echó los dados en el cubilete.*

cubismo (cu-**bis**-mo) s. m. Movimiento artístico que trata de reducir los objetos a formas geométricas básicas. *Picasso fue uno de los iniciadores del cubismo.*

cúbito (**cú**-bi-to) s. m. Hueso más largo del antebrazo. *Le tuvieron que operar porque se rompió el cúbito.*

cubo (**cu**-bo) s. m. **1.** Vasija grande con asa. *Llevaba agua en un cubo.* **SIN.** Caldero. **2.** En geometría, cuerpo limitado por seis cuadrados iguales. *Un cubo es un hexaedro.* **3.** Resultado de multiplicar un número tres veces por sí mismo. *El cubo de 3 es 27.*

cubrir (cu-**brir**) v. tr. Estar o poner una cosa encima de otra, tapándola o guardándola. **GRA.** También v. prnl. *El tejado cubre la casa.* **SIN.** Tapar(se), recubrir(se), superponer(se). **ANT.** Destapar(se), descubrir(se). ✎ Tiene part. irreg., cubierto.

cucaña (cu-**ca**-ña) s. f. Palo largo untado con algo deslizante, por el que hay que trepar para coger el premio que se encuentra arriba del todo. *El día de la fiesta participaron en la cucaña.*

cucaracha (cu-ca-**ra**-cha) s. f. **1.** Insecto de color negro rojizo, que suele habitar en lugares húmedos y oscuros. *Las cucarachas siempre salen por las noches.* **2.** *Cub.* Especie de helecho.

cuchara (cu-**cha**-ra) s. f. Instrumento en forma de palita con que se llevan a la boca los alimentos líquidos. *Come la sopa con la cuchara.*

cucharada (cu-cha-**ra**-da) s. f. Porción que cabe en una cuchara. *La crema lleva una cucharada de harina.*

cucharilla (cu-cha-**ri**-lla) s. f. Cuchara pequeña. *Saca unas cucharillas para el postre.*

cucharón (cu-cha-**rón**) s. m. Cuchara grande para servir la comida. *Trae el cucharón para servir la sopa.*

cuchichear (cu-chi-che-**ar**) v. intr. Hablar en voz baja o al oído a alguien, de manera que los demás no se enteren. *Estaban cuchicheando algo, pero no pude oírles.* **SIN.** Murmurar, susurrar, farfullar.

cuchilla (cu-**chi**-lla) s. f. Hoja de acero que corta. *Acuérdate de comprar cuchillas de afeitar.*

cuchillada (cu-chi-**lla**-da) s. f. Herida hecha con un cuchillo, espada, etc. *Le dieron una cuchillada.*

cuchillo (cu-**chi**-llo) s. m. Instrumento que sirve para cortar, formado por una hoja de acero y un mango. *Corta el queso con este cuchillo.*

cuchipanda (cu-chi-**pan**-da) s. f., fam. Comida que toman varias personas. *Se fueron de cuchipanda.*

cuchitril (cu-chi-**tril**) s. m. Cuarto muy pequeño y sucio. *No sé cómo podían vivir en aquel cuchitril.*

cuchufleta (cu-chu-**fle**-ta) s. f., fam. *Broma.

cuclillas, en loc. adv. Postura de la persona que está agachada y apoyada sobre las puntas de los pies. *Se pusieron en cuclillas para hacer el ejercicio de gimnasia.*

cuclillo (cu-**cli**-llo) s. m. Ave trepadora, de plumaje color ceniza y de tamaño algo menor que la tórtola. *La hembra del cuclillo pone sus huevos en los nidos de otras aves.*

cuco, ca (**cu**-co) adj. **1.** fam. Mono, lindo. *Te ha quedado una habitación muy cuca.* **SIN.** Bonito, agradable. **2.** fam. Sutil y astuto. **GRA.** También s. m. y s. f. *Es muy cuco, se ha cogido el trozo más grande de la tarta.* **SIN.** Calculador, avispado.

cucú (cu-**cú**) s. m. Canto del cuclillo. *En el bosque se oía el cucú del cuclillo.*

cucurucho (cu-cu-**ru**-cho) s. m. **1.** Envase cónico, generalmente de papel o cartón. *Compramos un cucurucho de castañas.* **2.** Barquillo enrollado en forma cónica sobre el que se pone una bola de helado. *Quiero un cucurucho de nata y chocolate.*

cuello (**cue**-llo) s. m. **1.** Parte del cuerpo que une la cabeza con el tronco. *Tenía un tirón en el cuello.* **SIN.** Garganta, pescuezo. **2.** La parte de una prenda de vestir que está alrededor del cuello o que lo cubre. *El abrigo es de paño con el cuello de terciopelo.*

cuenca (**cuen**-ca) s. f. **1.** Cada una de las dos cavidades en que están los ojos. *Las calaveras tienen las cuencas vacías.* **2.** Territorio cuyas aguas afluyen todas al mismo río, lago o mar. *Hicieron un viaje por los pueblos de la cuenca del Duero.*

cuenco (**cuen**-co) s. m. Vasija de barro sin asas. *Desayuno un cuenco de leche.* **SIN.** Escudilla, vasija.

cuenta (cuen-ta) *s. f.* **1.** Operación aritmética. *Haz la cuenta de las sillas que hay.* **SIN.** Cómputo, cálculo. **2.** Papel que indica la cantidad que hay que pagar por algo. *Acabó de comer y pidió la cuenta.* **SIN.** Factura, recibo, minuta. **3.** Cada una de las bolitas que componen un rosario, collar, etc. *Se rompió el hilo del collar y todas las cuentas rodaron por el suelo.* **SIN.** Abalorio. **4.** Cuidado, cargo, obligación, deber. *Esos gastos van a cuenta de la empresa.* **SIN.** Incumbencia. ‖ **5. cuenta corriente** Depósito de dinero en un banco o caja de ahorros, con el que se efectúan pagos. ‖ **LOC. caer alguien en la cuenta** *fam.* Advertir algo. **en resumidas cuentas** *fam.* En conclusión. **tener en cuenta** Considerar.

cuentagotas (cuen-ta-**go**-tas) *s. m.* Utensilio que sirve para contar un líquido gota a gota. *Le echó el colirio con un cuentagotas.* ✎ Invariable en número.

cuentakilómetros (cuen-ta-ki-**ló**-me-tros) *s. m.* Aparato que indica la velocidad y kilómetros recorridos por un automóvil. *El cuentakilómetros indicaba quince mil kilómetros.* **SIN.** Taxímetro, velocímetro. ✎ Invariable en número.

cuentarrevoluciones (cuen-ta-rre-vo-lu-**cio**-nes) *s. m.* Dispositivo que cuenta las revoluciones de un motor. *Su automóvil tiene cuentarrevoluciones.* ✎ Invariable en número.

cuentista (cuen-**tis**-ta) *adj.* **1.** *fam.* Se dice de la persona que es muy chismosa. **GRA.** También s. m. y s. f. *No quiero que ella lo sepa, es una cuentista.* **SIN.** Chismoso. **2.** *fam.* Se dice de la persona que es muy quejica. **GRA.** También s. m. y s. f. *En realidad no le duele nada, es un cuentista.* **SIN.** Protestón. **3.** *fam.* Se dice de la persona que por vanidad exagera o falsea la realidad. *No se le puede hacer mucho caso, es un poco cuentista.* **SIN.** Embaucador, embustero.

cuentitis (cuen-**ti**-tis) *s. f., fam.* Enfermedad fingida para eludir un trabajo u obligación. *Sólo tiene cuentitis para no ir al colegio.* ✎ Invariable en número.

cuento (cuen-to) *s. m.* **1.** Relato de breve extensión, generalmente basado en la fantasía. *Me encantan los cuentos de hadas.* **SIN.** Fábula, historia, narración. **2.** Suceso falso o inventado para ocultar la verdad. *No me cuentes cuentos, que ya sé que llegaste tarde.* **SIN.** Mentira, embuste. ‖ **LOC. dejarse de cuentos** Ir a lo esencial. **ser algo el cuento de nunca acabar** *fam.* Complicarse y no llegar a su fin. **venir a cuento algo** Estar relacionado.

cuerda (cuer-da) *s. f.* **1.** Conjunto de hilos que, trenzados, forman un solo cuerpo que sirve para atar algo. *Ata la caja con esa cuerda.* **SIN.** Soga, cordel. **2.** Hilo que se emplea en algunos instrumentos musicales. *La guitarra es un instrumento de cuerda.* **3.** Dispositivo que hace funcionar un mecanismo. *Dale cuerda al reloj.* **4.** Recta que une dos puntos de una circunferencia. *Dibuja una circunferencia y dentro de ella una cuerda.* ‖ **5. cuerda floja** Alambre sobre la que hacen sus ejercicios los equilibristas. **6. cuerdas vocales** Los dos ligamentos que se extienden a lo largo de la laringe, controlados por los músculos que producen el habla. ‖ **LOC. dar cuerda a alguien** *fam.* Darle conversación. **por debajo de cuerda** Reservadamente, por medios ocultos. **tener alguien cuerda para rato** *fam.* No parar de hablar.

cuerdo, da (cuer-do) *adj.* **1.** Se dice de la persona que está en su juicio. **GRA.** También s. m. y s. f. *Decía que no se encontraba cuerdo cuando hizo aquello.* **SIN.** Cabal. **ANT.** Loco. **2.** Se dice de la persona prudente, que reflexiona antes de decidir. **GRA.** También s. m. y s. f. *Me fío de sus determinaciones, porque es muy cuerdo.* **SIN.** Juicioso, sensato.

cuerno (cuer-no) *s. m.* **1.** Prolongación ósea del cráneo que tienen algunos animales. *El toro tiene cuernos.* **SIN.** Asta, cornamenta. **2.** Antena de los animales articulados. *El caracol sacó sus cuernos.* **3.** Instrumento musical de viento, que tiene un sonido parecido al de la trompa. *Sabe tocar el cuerno.* ‖ *interj.* **4. ¡cuerno!** Expresa disgusto o sorpresa. *¡Cuerno, no puedo creerlo!* ‖ **LOC. coger al toro por los cuernos** *fam.* Hacer frente a alguien o algo. **mandar a alguien al cuerno** *fam.* Mandarle a paseo. **no valer un cuerno** *fam.* Valer poco o nada. **saber a cuerno quemado** *fam.* Sentar mal.

cuero (cue-ro) *s. m.* **1.** Piel de los animales, principalmente cuando está curtida. *Llevaba una cazadora de cuero.* **SIN.** Piel. **2.** *Odre. ‖ **LOC. en cueros** Desnudo.

cuerpo (cuer-po) *s. m.* **1.** Parte material de un ser vivo. *Tenía tanta fiebre que le dolía todo el cuerpo.* **2.** Tronco del cuerpo, sin contar las extremidades. *La cintura es una parte del cuerpo.* **3.** Cosa u objeto material que se puede ver y tocar. *Los cuerpos pueden encontrarse en estado sólido, líquido o gaseoso.* **4.** Conjunto de personas que constituyen una asociación o corporación. *En seguida acudió el cuerpo de bomberos.* **5.** Parte de una prenda de vestir que cubre desde el cuello o los hombros hasta la cintura. *Ya tiene tejido el cuerpo del jersey, sólo le quedan las mangas.* ‖ **LOC. a cuerpo** Sin abrigo exterior. **a cuerpo de rey** Con toda comodidad.

cuervo - culteranismo

cuervo (**cuer**-vo) *s. m.* Pájaro carnívoro de plumaje negro, con un pico muy grueso. *El cuervo es considerado un pájaro de mal agüero.*

cuesta (**cues**-ta) *s. f.* Terreno en pendiente. *Esa cuesta fatiga mucho.* ‖ **LOC. a cuestas** Sobre los hombros o la espalda. **hacérsele a alguien cuesta arriba una cosa** Resultarle difícil o desagradable.

cuestación (cues-ta-**ción**) *s. f.* Petición de limosnas con algún fin benéfico. *Participó en la cuestación contra el cáncer.* **SIN.** Colecta, recaudación.

cuestión (cues-**tión**) *s. f.* **1.** Pregunta que se hace para averiguar la verdad de una cosa. *Quería una respuesta clara a diversas cuestiones.* **SIN.** Problema. **2.** Asunto, materia. *Se plantearon tres cuestiones fundamentales.*

cuestionable (cues-tio-**na**-ble) *adj.* Dudoso, problemático y que se puede discutir. *Todas sus afirmaciones eran cuestionables, ninguna estaba probada.* **SIN.** Controvertible, discutible.

cuestionario (cues-tio-**na**-rio) *s. m.* Lista de preguntas. *El primer examen consistía en un cuestionario tipo test.*

cueva (**cue**-va) *s. f.* Cavidad natural o artificial más o menos extensa y subterránea. *Aquellas cuevas tenían mucha fama por sus estalactitas y estalagmitas.* **SIN.** Caverna, gruta.

cuidado (cui-**da**-do) *s. m.* **1.** Atención para hacer bien alguna cosa. *Pon mucho cuidado con el guiso si no quieres que se te queme.* **SIN.** Esmero, solicitud, afán, interés, diligencia. **ANT.** Descuido, negligencia, desgana. **2.** Recelo que se siente ante algo o alguien. *Iba con cuidado porque no se fiaba de él.* **SIN.** Miedo, intranquilidad, temor, inquietud. **SIN.** Confianza, seguridad. **3.** Atención que se ha de poner al hacer una cosa que entraña riesgo. *Sube con cuidado, puedes caerte.* **SIN.** Precaución, prudencia. **ANT.** Temeridad, descuido. ‖ *interj.* **4. ¡cuidado!** Se usa para avisar de un peligro. *¡Cuidado, viene un coche!* ‖ **LOC. ser alguien o algo de cuidado** Ser peligroso.

cuidar (cui-**dar**) *v. tr.* **1.** Poner atención en hacer una cosa. *Cuida mucho la presentación de sus trabajos.* **SIN.** Aplicarse, esmerarse, mimar. **2.** Ayudar a alguien. *Cuidó de su hermano cuando estuvo enfermo.* **SIN.** Atender, velar. **3.** Guardar o conservar algo. *Cuida la ropa para que no se estropee.* ‖ *v. prnl.* **4.** Preocuparse uno de su salud. *Se conserva joven porque se cuida mucho.* **SIN.** Vigilarse.

culata (cu-**la**-ta) *s. f.* Parte posterior de un arma de fuego. *Coge la pistola por la culata.*

culebra (cu-**le**-bra) *s. f.* Reptil sin pies, de cuerpo cilíndrico y largo respecto al de su grueso, cabeza aplastada y redonda y piel escamosa. *La culebra cambia su piel cada cierto tiempo.*

culebrear (cu-le-bre-**ar**) *v. intr.* Andar haciendo eses como las culebras. *Iba culebreando porque estaba un poco mareada.* **SIN.** Zigzaguear.

culebrón (cu-le-**brón**) *s. m., fam.* Serie de televisión compuesta por muchos capítulos. *No le gustan nada los culebrones, le parecen muy aburridos.*

culera (cu-**le**-ra) *s. f.* Remiendo sobre la parte posterior de una falda o pantalón o mancha que sale por el desgaste. *Estos pantalones están tan usados que ya no hay quien les quite la culera.*

culinario, ria (cu-li-**na**-rio) *adj.* Que pertenece a la cocina o al arte de cocinar. *Va a escribir un libro con sus especialidades culinarias.*

culminar (cul-mi-**nar**) *v. intr.* **1.** Llegar una cosa a su estado más alto. *Con ese trabajo culminó en su vida de investigador.* **SIN.** Elevarse, dominar, descollar, predominar. ‖ *v. tr.* **2.** Dar fin a una tarea. *Culminó su conferencia con una conclusión muy brillante.*

culo (**cu**-lo) *s. m.* **1.** Parte trasera de una persona o animal situada al final de la espalda. *Le dio un azote en el culo.* **SIN.** Posaderas, trasero, nalgas, asentaderas. **2.** *Ano.* **3.** Extremo inferior o posterior de una cosa. *Se rompió el culo del vaso.* **4.** Escasa porción de líquido que queda en el fondo de un vaso o taza. *Tómate ese culo de café.* ‖ **5. culo de mal asiento** *fam.* Persona inquieta.

culpa (**cul**-pa) *s. f.* **1.** Falta hecha voluntariamente. *Yo tengo la culpa de haber roto el cristal.* **SIN.** Delito, desliz, infracción, pecado. **2.** Responsabilidad o causa de que suceda algo bueno o malo, aunque haya sido sin querer. *La culpa del accidente la tuvo el mal tiempo. Aunque estuve allí, no tuve la culpa del robo.*

culpable (cul-**pa**-ble) *adj.* Que tiene la culpa de algo. **GRA.** También s. m. y s. f. *Se sintió culpable de lo que pasó.* **ANT.** Inocente.

culpar (cul-**par**) *v. tr.* Echar la culpa. **GRA.** También v. prnl. *Le culparon del accidente por imprudencia.* **SIN.** Acusar(se), achacar(se), imputar(se), inculpar(se). **ANT.** Excusar(se).

culteranismo (cul-te-ra-**nis**-mo) *s. m.* Tendencia literaria que consiste en un predominio de la forma o significante sobre el fondo o significado, y que se caracteriza por un recargamiento ornamental y sensorial. *El mejor representante del culteranismo en España fue Góngora.*

cultismo (cul-**tis**-mo) *s. m.* Palabra procedente del latín que se incorpora al idioma. *Suele utilizar muchos cultismos.*

cultivar (cul-ti-**var**) *v. tr.* **1.** Dar a la tierra y a las plantas las labores necesarias para que den su fruto. *Cultivaba muchas hortalizas en su huerta.* **SIN.** Arar, labrar, laborar. **2.** Poner todos los medios para mantener una amistad, trato, etc. *Cultivamos unas buenas relaciones comerciales que no hay que perder.* **SIN.** Cuidar, conservar, mantener, estrechar. **ANT.** Perder. **3.** Dedicarse a alguna ciencia o arte. *Einstein cultivó la física.* **4.** Ejercitar el talento o ingenio. *Cultiva su afición por la lectura de autores clásicos.* **SIN.** Trabajar, practicar. **ANT.** Abandonar.

cultivo (cul-**ti**-vo) *s. m.* **1.** Acción y efecto de cultivar. *Se dedica al cultivo de coles.* **SIN.** Laboreo, labranza. **2.** Cosa cultivada. *Los pimientos son el principal cultivo de esa región.*

culto, ta (**cul**-to) *adj.* **1.** Se dice de la persona que posee cultura. *Es una persona muy culta, puedes hablar con ella de cualquier tema.* **SIN.** Educado, instruido, estudioso. **ANT.** Bárbaro, zafio. **2.** Se dice del lenguaje directamente relacionado con la cultura. *Me costó mucho entender ese capítulo porque tenía un estilo muy culto y difícil.* ‖ *s. m.* **3.** Homenaje que las personas hacen a Dios, la Virgen y los santos. *Los fieles rendían culto a Dios.* **SIN.** Adoración, veneración. **4.** Por ext., admiración que se siente por ciertos sentimientos, cosas, etc. *Hoy en día está muy de moda el culto al cuerpo.*

cultura (cul-**tu**-ra) *s. f.* **1.** Conjunto de conocimientos de una persona. *Ha estudiado y leído muchísimo, por eso es una persona de tanta cultura.* **SIN.** Instrucción, ilustración. **2.** Conjunto de conocimientos, costumbres, producción literaria, científica, etc. de una época. *En España hay muchos restos de la cultura romana.* ‖ **3. cultura popular** Conjunto de las manifestaciones en que se expresa la vida tradicional de un pueblo.

culturismo (cul-tu-**ris**-mo) *s. m.* Desarrollo de los músculos del cuerpo mediante gimnasia, pesas, etc. *Mi hermana es muy aficionada al culturismo.*

cumbre (**cum**-bre) *s. f.* **1.** Parte superior de un monte. *Subimos a la cumbre del Teide.* **SIN.** Cima, cúspide, cresta, punta. **2.** Último grado a que puede llegar una persona o cosa. *Estaba en la cumbre de su carrera.* **SIN.** Culminación, apogeo, pináculo, máximo. **ANT.** Fondo. **3.** Reunión de autoridades para tratar asuntos de gran importancia. *Mañana se celebrará la cumbre por la paz en Oriente Medio.*

cumpleaños (cum-ple-**a**-ños) *s. m.* Aniversario del nacimiento de una persona. *Invitó a todos sus amigos para celebrar el cumpleaños.* ✎ Invariable en número.

cumplido (cum-**pli**-do) *s. m.* Muestra de cortesía. *Recibió a sus invitados con muchos cumplidos.*

cumplimentar (cum-pli-men-**tar**) *v. tr.* Rellenar los datos que se solicitan en un documento. *Cumplimentó la instancia para las oposiciones.*

cumplir (cum-**plir**) *v. tr.* **1.** Llevar a efecto algo: un deber, una orden, un encargo, un deseo, una promesa. *Cumplí la fecha de entrega del trabajo que me encargaron.* **SIN.** Realizar, ejecutar. **ANT.** Incumplir. **2.** Llegar a tener una edad que se indica. *Mañana cumpliré 30 años.* ‖ *v. intr.* **3.** Ser el tiempo o el día en que termina una obligación, plazo o labor. **GRA.** También v. prnl. *El plazo de inscripción se cumple mañana.* **SIN.** Concluir, finalizar, caducar, expirar. **ANT.** Prorrogarse. ‖ **LOC. por cumplir** Simplemente por cortesía.

cúmulo (**cú**-mu-lo) *s. m.* **1.** Suma de muchas cosas. *Había tal cúmulo de pedidos que no daba abasto.* **SIN.** Aglomeración, infinidad, cantidad, montón, multitud. **ANT.** Insignificancia, poco, algo. **2.** Nubes blancas y voluminosas propias del buen tiempo. *Mirabas al cielo con sus cúmulos y parecían montañas nevadas.* ‖ **3. cúmulo estelar** Grupo de estrellas que se formaron en la misma nebulosa.

cuna (**cu**-na) *s. f.* **1.** Cama para niños, con bordes altos. *Su madre le mecía la cuna para que se durmiera.* **2.** Patria o lugar de nacimiento de alguien. *Su cuna argentina está siempre presente en sus obras.* **SIN.** Nación, origen. **3.** Origen de una cosa. *Aquella pequeña región fue la cuna de la revolución.* **SIN.** Inicio, principio.

cundir (cun-**dir**) *v. intr.* **1.** Dar mucho de sí una cosa. *Le cunde mucho el tiempo.* **SIN.** Aumentar, reproducirse, rendir, lucir. **2.** Propagarse una cosa con rapidez. *La noticia cundió por toda la ciudad.* **SIN.** Divulgarse, difundirse. **ANT.** Reducirse, limitarse.

cuneta (cu-**ne**-ta) *s. f.* Zanja que hay a cada uno de los lados de un camino o carretera, por donde corre el agua de lluvia. *Se cayó a la cuneta.*

cuña (**cu**-ña) *s. f.* Pieza de madera o metal que sirve para separar dos cuerpos, para calzarlos o para llenar algún hueco. *Puso una cuña en las ruedas traseras del coche para que no se moviera.*

cuñado, da (cu-**ña**-do) *s. m. y s. f.* Se dice del hermano o hermana del marido o de la mujer de alguien. *Se lleva muy bien con sus cuñados.*

cuño (**cu**-ño) *s. m.* Molde para grabar piezas de metal. *Trabaja con el cuño sellando monedas.*

cuota (**cuo**-ta) *s. f.* Cantidad fija que se paga por ser socio de un club, sociedad, etc. *Cada tres meses pagan la cuota de la piscina.*

cuplé (cu-**plé**) *s. m.* Canción corta y ligera. *Se dedica a cantar cuplés en los teatros.*

cupletista (cu-ple-**tis**-ta) *s. f.* Persona que canta cuplés. *Es una cupletista muy famosa.*

cupo (**cu**-po) *s. m.* **1.** Partición de un todo que se reparte entre muchas personas. *Había grandes restricciones y el cupo de combustible era muy pequeño.* **2.** *amer.* Cárcel. **3.** *amer.* Plaza en un vehículo.

cupón (cu-**pón**) *s. m.* Cada parte recortable de un vale, talonario, etc, que da derecho a la persona que lo compra a participar en un sorteo, beneficio, etc. *Me regaló un cupón de lotería.*

cúpula (**cú**-pu-la) *s. f.* Cubierta de un edificio o parte de él en forma de media esfera. *Nos gustó mucho la cúpula del Vaticano.*

cuquería (cu-que-**rí**-a) *s. f.* Astucia, picardía. *Ten cuidado con ella, tiene mucha cuquería.*

cura (**cu**-ra) *s. m.* **1.** Sacerdote católico, principalmente el encargado de una parroquia. *Fueron a hablar con el cura para arreglar los papeles para la boda.* || *s. f.* **2.** Acción de curar una herida. *Le tuvieron que hacer varias curas porque los puntos de la herida se le infectaron.* || **LOC. no tener cura** *fam.* Ser incorregible.

curandero, ra (cu-ran-**de**-ro) *s. m. y s. f.* Persona que, sin ser médico, se dedica a curar mediante procedimientos naturales. *Ese curandero sólo utiliza medicinas elaboradas a base de plantas.*

curar (cu-**rar**) *v. intr.* **1.** Recobrar la salud. **GRA.** También v. prnl. *Se curó con unas semanas de reposo.* **SIN.** Restablecer(se), rehabilitar(se), reanimar(se). **ANT.** Enfermar, desmejorar(se). || *v. tr.* **2.** Dar al enfermo los remedios necesarios. **GRA.** También v. prnl. *Me curaron en el hospital.* **SIN.** Atender, cuidar. **3.** Preparar un alimento de forma adecuada para que se conserve durante mucho tiempo. *Curan la cecina y el jamón al humo.* **SIN.** Conservar, salar, secar.

curia (**cu**-ria) *s. f.* **1.** Conjunto de abogados, procuradores y empleados en la administración de justicia. *La curia ha amenazado con ir a la huelga.* **2.** Conjunto de instituciones y tribunales del Vaticano para el gobierno de la Iglesia. *La curia romana se opuso en bloque al proyecto de reforma.* **OBS.** También "curia romana".

curiosear (cu-rio-se-**ar**) *v. intr.* Tratar de enterarse de lo que otras personas hacen o dicen. *Andaba todo el día curioseando por ahí.* **SIN.** Husmear, indagar, fisgonear.

curiosidad (cu-rio-si-**dad**) *s. f.* Deseo de saber o averiguar alguna cosa. *Tenía curiosidad por saber cómo funcionaba aquel aparato.* **ANT.** Indiferencia.

curioso, sa[1] (cu-**rio**-so) *adj.* **1.** Se dice de la persona que tiene curiosidad por saber o enterarse de algo. *No seas tan curioso, esto no es asunto tuyo.* **SIN.** Indiscreto, indagador, entrometido, preguntón. **ANT.** Indiferente. **2.** Limpio y aseado. *Es un chico muy curioso, siempre tiene todas sus cosas muy ordenadas.* **SIN.** Esmerado, cuidadoso. **ANT.** Descuidado. **3.** Interesante, que llama la atención. *El comportamiento de estas plantas es realmente curioso.* **SIN.** Raro, notable, extraño. **ANT.** Anodino.

curioso, sa[2] (cu-**rio**-so) *s. m., amer.* Curandero.

currículo (cu-**rrí**-cu-lo) *s. m.* **1.** Plan de estudios. *La reforma educativa cambiará el currículo de cada etapa.* **2.** Conjunto de estudios y prácticas destinadas a que el alumno desarrolle plenamente sus posibilidades. *El profesor ha diseñado un currículo muy completo.* **3.** *Currículum vitae.

currículum vitae *expr. lat.* Relación de los títulos, honores, cargos, trabajos realizados, datos biográficos, etc., que califican a una persona. *Presentó su currículum vitae para varios puestos de trabajo.* **SIN.** Antecedentes, historial.

cursar (cur-**sar**) *v. tr.* **1.** Estudiar una materia, asistiendo a las explicaciones del profesor, en una universidad o establecimiento de enseñanza. *Cursa segundo de medicina.* **2.** Tramitar una solicitud, instancia, etc. *Cursó la solicitud.* **SIN.** Expedir.

cursi (**cur**-si) *adj., fam.* Se dice de la persona que sin serlo, presume de fina y elegante. *Es tan cursi que sus amigos se ríen de él.* **SIN.** Chabacano, ridículo, afectado, recargado. **ANT.** Elegante.

cursilada (cur-si-**la**-da) *s. f.* Acción propia del cursi. *No presentes con tantos colorines el trabajo, es una cursilada.*

cursillo (cur-**si**-llo) *s. m.* Curso breve sobre una materia. *Después de acabar la carrera, se ha dedicado a hacer varios cursillos para perfeccionarse.*

curso (**cur**-so) *s. m.* **1.** Tiempo que dura un año escolar. *Estamos haciendo los exámenes finales del curso.* **2.** Recorrido de algo que se mueve. *El curso de este río tiene muchas curvas, es sinuoso.* **SIN.** Cauce, trayectoria. **3.** Resolución, trámite. *El proceso sigue su curso.*

cursor (cur-sor) *s. m.* Señal móvil que se desplaza por la pantalla del ordenador. *Coloca el cursor donde quieras añadir texto.*

curtir (cur-**tir**) *v. tr.* **1.** Trabajar las pieles para hacerlas cuero. *Vendió varias pieles de oveja para curtir.* **2.** Tostar el sol y el aire el cutis de las personas. **GRA.** También v. prnl. *Le curte el aire de la montaña.* **SIN.** Broncear(se).

curva (**cur**-va) *s. f.* **1.** Línea o trayecto que no sigue la misma dirección. *El coche se salió de la carretera en una curva.* **SIN.** Arco. **ANT.** Recta. **2.** Representación esquemática de las fases sucesivas de un fenómeno por medio de una línea, cuyos puntos van indicando valores variables. *El profesor nos explicó la curva demográfica de los últimos diez años.*

curvilíneo, a (cur-vi-**lí**-ne-o) *adj.* Compuesto de líneas curvas. *Es una carretera muy curvilínea.*

curvo, va (**cur**-vo) *adj.* Se dice de lo que se aparta de la dirección recta sin formar ángulos. **GRA.** También s. f. *Una hoz tiene forma curva.* **SIN.** Arqueado, combado. **ANT.** Recto.

cúspide (**cús**-pi-de) *s. f.* **1.** Cumbre de un monte. *La cúspide de la montaña estaba nevada.* **SIN.** Cima, pico. **2.** Remate de alguna cosa que termina en punta. *Hay una cruz en la cúspide de la cúpula.*

custodia (cus-**to**-dia) *s. f.* **1.** Acción y efecto de custodiar. *Está encargado de la custodia del museo.* **SIN.** Vigilancia, escolta. **ANT.** Desamparo. **2.** Pieza de oro, plata u otro metal, en que se expone la hostia consagrada. *La pasada noche robaron la custodia de la parroquia.* **3.** *Chil.* Consigna de una estación o aeropuerto, lugar donde los viajeros depositan temporalmente equipajes y paquetes.

custodiar (cus-to-**diar**) *v. tr.* Guardar con cuidado y vigilancia. *Los soldados custodiaban al preso.* **SIN.** Escoltar, proteger. **ANT.** Descuidar, abandonar, desamparar. ✎ En cuanto al acento, se conjuga como cambiar.

cutáneo, a (cu-**tá**-ne-o) *adj.* Que pertenece o se refiere a la piel. *Tuvo que ir al médico porque le salió una erupción cutánea.* **SIN.** Dérmico.

cutícula (cu-**tí**-cu-la) *s. f.* Piel delgada y delicada. *Se está arreglando la cutícula de las uñas.*

cutis (**cu**-tis) *s. m.* Piel que cubre el cuerpo humano, principalmente la de la cara. *Mi hermana tiene un cutis muy fino.* **SIN.** Dermis, piel. ✎ Invariable en número.

cuyo, ya (**cu**-yo) *pron. rel.* Indica posesión y equivale a "de quien". *Aquella casa cuyos jardines contemplas pertenece a mi familia.*

d *s. f.* **1.** Cuarta letra del abecedario español y tercera de sus consonantes. Su nombre es "de". *David empieza por "d".* **2.** Sexta letra de la numeración romana, que tiene el valor de quinientos.

dabuten (da-**bu**-ten) *adj., fam.* Excelente, fenomenal. **GRA.** También adv. *La fiesta fue dabuten.* **SIN.** Estupendo, magnífico, chachi. **ANT.** Fatal. ✎ También "dabuti".

dacha (**da**-cha) *s. f.* Casa de campo rusa. *Las dachas suelen ser de madera.*

dactilar (dac-ti-**lar**) *adj.* Que pertenece o se refiere a los dedos. *Les tomaron las huellas dactilares.* **SIN.** Digital.

dactilografía (dac-ti-lo-gra-**fí**-a) *s. f.* *Mecanografía.

dadá (da-**dá**) *s. m.* *Dadaísmo.

dadaísmo (da-da-**ís**-mo) *s. m.* Movimiento artístico y literario surgido en Europa hacia 1915, que se caracterizó por rechazar los valores establecidos y defender lo absurdo y lo irracional. *Uno de los iniciadores del dadaísmo fue el escritor francés Tristan Tzara.* **SIN.** Dadá.

dádiva (**dá**-di-va) *s. f.* Cosa que se da gratuitamente. *Era muy generoso y daba muchas dádivas a los pobres.* **SIN.** Don, donación, regalo, obsequio.

dadivoso, sa (da-di-**vo**-so) *adj.* Se dice de la persona generosa. **GRA.** También s. m. y s. f. *Es muy dadivoso y siempre comparte sus cosas con los demás.* **SIN.** Desprendido. **ANT.** Roñoso, tacaño.

dado (**da**-do) *s. m.* Cubo en cuyas caras hay señalados puntos desde uno hasta seis, y que sirve para varios juegos. *Mete el dado en el cubilete y tira.*

dado, da (**da**-do) *p. p.* de dar. *Ha dado en el blanco.* || **LOC. dado que** Siempre que, con tal que, suponiendo que. **ser muy dado a algo** Ser muy aficionado.

daga (**da**-ga) *s. f.* Arma blanca de hoja parecida a la espada, pero mucho más corta. *Se mató clavándose una daga.*

daiquiri (dai-**qui**-ri) *s. m.* Cóctel que se prepara a base de ron, limón y azúcar. *El daiquiri era una de sus bebidas favoritas.*

dalai-lama *s. m.* Nombre que recibe en el Tíbet el sumo sacerdote budista, que es a la vez dirigente espiritual y jefe del estado. *Esperaban con impaciencia la visita del dalai-lama.*

dalia (**da**-lia) *s. f.* Planta de jardín, de flores de botón central amarillo y corola grande, con muchos pétalos de coloración variada. *Aquellas hermosas dalias adornaban el jardín.*

dálmata (**dál**-ma-ta) *adj.* Se dice de una raza de perros de pelo corto y color blanco con pequeñas manchas negras o pardas. **GRA.** También s. m. *Le regalaron una pareja de perros dálmatas.*

dalmática (dal-**má**-ti-ca) *s. f.* Vestidura eclesiástica que se pone encima del alba. *El diácono se puso la dalmática.*

daltonismo (dal-to-**nis**-mo) *s. m.* Defecto de la vista que consiste en no percibir determinados colores o confundir alguno de los que se perciben. *Mi hermano no distingue el rojo y el verde porque padece daltonismo.*

dama (**da**-ma) *s. f.* **1.** Mujer noble o distinguida. *Cortejaba a una dama muy importante.* **2.** Cada una de las señoras que acompañaban y servían a la reina o a las princesas. *La reina salió a pasear con sus damas.* **3.** Actriz principal de una obra. *Estaba contentísima porque le habían dado el papel de dama.* **4.** En el juego de ajedrez, reina. *Me comió la dama.*

damajuana (da-ma-**jua**-na) *s. f.* Vasija grande de vidrio o barro cocido, protegida generalmente por una funda de mimbre. *Tenían la damajuana en la bodega para que el agua se conservara fresca.* **SIN.** Garrafa, garrafón.

damasco (da-**mas**-co) *s. m.* Tela fuerte de seda o lana y con dibujos formados con el tejido. *El tapizado era de damasco.*

damisela (da-**mi**-se-la) *s. f.* Señorita, unas veces con sentido cariñoso y otras irónico. *Era muy orgullosa y se comportaba como una damisela.*

damnificar (dam-ni-fi-**car**) *v. tr.* Causar daño a una persona o cosa. *Las inundaciones damnificaron a los agricultores.* **SIN.** Dañar, perjudicar. **ANT.** Mejorar, beneficiar. ✎ Se conjuga como abarcar.

dan *s. m.* En las artes marciales tradicionales, cada uno de los diez grados superiores concedidos a partir del cinturón negro. *Era cinturón negro, segundo dan.*

dandi (**dan**-di) *s. m.* Hombre muy elegante y refinado. *Le gustaba ser un dandi y se preocupaba mucho por su aspecto.* **SIN.** Figurín. ✎ Su pl. es "dandis".

dandy *s. m.* *Dandi.

dantesco, ca (dan-**tes**-co) *adj.* Se aplica a las cosas o situaciones que causan terror. *El paisaje después del terremoto era realmente dantesco.* **SIN.** Espantoso, infernal, terrible.

danza (**dan**-za) *s. f.* **1.** Baile. *En todos los países hay danzas típicas.* **2.** *fam.* Riña de palabra o de obra. *Como no se pueden ni ver, en cuanto están juntos hay danza.* **SIN.** Lío, embrollo, enredo, encuentro, altercado, pendencia. || **LOC. estar en danza** *fam.* Tener mucha actividad.

danzar (dan-**zar**) *v. tr.* **1.** *Bailar. || *v. intr.* **2.** Ir de un lado para otro. *Anduvo toda la tarde danzando y al final no estudió nada.* **SIN.** Bullir, zascandilear, enredar. ✎ Se conjuga como abrazar.

dañar (dan-**ñar**) *v. tr.* Causar dolor, perjuicio, un mal, etc. **GRA.** También v. prnl. *La tormenta dañó los árboles de la huerta.* **SIN.** Damnificar, perjudicar(se), estropear(se). **ANT.** Beneficiar(se).

dañino, na (da-**ñi**-no) *adj.* **1.** Que daña. *Los pájaros son dañinos para las frutas.* **SIN.** Nocivo, perjudicial, pernicioso. **ANT.** Inofensivo. **2.** Que causa perjuicio. *Hubo una tormenta muy dañina.*

daño (**da**-ño) *s. m.* **1.** Perjuicio, mal. *Su actitud no me ocasionó ningún daño.* **SIN.** Detrimento, mal. **ANT.** Bien, mejora, beneficio. **2.** Dolor. *En el golpe se hizo mucho daño.*

dar *v. tr.* **1.** Poner en manos de alguien algo sin recibir nada a cambio. *Dio su fortuna a los pobres.* **SIN.** Ceder, regalar, traspasar, donar. **ANT.** Quitar, arrebatar, despojar, conservar. **2.** Entregar algo. *El cartero nos dio la carta.* **SIN.** Pasar. **ANT.** Conservar, quitar, recoger, retirar. **3.** Conceder, otorgar. *Le dieron el cargo de director.* **SIN.** Facilitar, proporcionar, proveer, procurar, aportar. **ANT.** Suspender, cesar, negar. **4.** Producir. *La encina da bellotas.* **5.** Producir beneficios. *Ese negocio da buena renta.* **6.** Exhibir un espectáculo. *¿Qué dan esta noche por la televisión?* **SIN.** Echar, poner. **7.** Impartir una lección, charla, conferencia, etc. *Da clase de física.* **8.** Recibir una clase. *Los lunes damos clase de inglés.* **9.** Seguido de la preposición "por", suponer, considerar. *Dio por seguro que iríamos a la fiesta.* **SIN.** Estimar, juzgar. **10.** Untar alguna cosa. *Dale una mano de pintura.* **11.** Accionar algo. *Da la luz, no veo nada.* **SIN.** Activar, encender. **ANT.** Cortar, cerrar, apagar. **12.** Indicar el reloj mediante campanadas o sonidos la hora que es. **GRA.** También v. intr. *El reloj dio las diez.* **13.** Con algunos sustantivos que expresan tiempo, echar a perder, fastidiar. *Me dio el fin de semana con sus tonterías.* **14.** Intuir, predecir. *Me da que va a llover.* || *v. intr.* **15.** Con "tanto", "mismo", "igual" o voces similares, carecer de importancia una cosa. *Ganar o perder, lo mismo da.* **16.** Seguido de la preposición "de" y ciertos sustantivos, acertar. *Diste en el clavo.* **ANT.** Errar, fallar. **17.** Estar situado algo en una determinada dirección. *Esta habitación da al norte.* **SIN.** Mirar. **18.** Ser bastante. *Estas provisiones dan para todo el mes.* **SIN.** Bastar. **ANT.** Faltar. || *v. prnl.* **19.** Suceder. *Se dieron circunstancias propicias.* **SIN.** Acaecer, acontecer. **20.** Dedicarse. *Se dio a la buena vida.* **21.** Tener facilidad para aprender o hacer algo. *Se le da bien la natación.* **ANT.** Resistirse. || **LOC. dar a conocer algo** Hacerlo saber. **dar a entender algo** Insinuarlo. **dar de sí** Extenderse, cundir. **dar que decir, o dar que hablar** Hacer algo que sea objeto de murmuración. **dar que hacer** Ocasionar molestias. **darse alguien a conocer** Hacerse famoso. **darse por vencido** Desistir. **dárselas de algo** *fam.* Alardear, presumir. **no dar una, o no dar ni una** *fam.* Fallar continuamente. **para dar y tomar** En gran cantidad. ✎ v. irreg.

INDICATIVO		SUBJUNTIVO		
Pres.	Pret. perf. s.	Pres.	Pret. imperf.	Fut. imperf.
doy	di	dé	diera/se	diere
das	diste	des	dieras/ses	dieres
da	dio	dé	diera/se	diere
damos	dimos	demos	diéramos/semos	diéremos
dais	disteis	deis	dierais/seis	diereis
dan	dieron	den	dieran/sen	dieren

dardo (**dar**-do) *s. m.* **1.** Arma parecida a una lanza pequeña y delgada, que se tira con la mano. *Apunta al centro de la diana y lanza el dardo.* **2.** Dicho satírico o agresivo y molesto. *Trataba de picarle con sus continuos dardos.* **SIN.** Zaherimiento, puya.

dársena (dár-se-na) *s. f.* Parte más resguardada de un puerto que sirve para la carga y descarga. *Lo encontré en una dársena del puerto.* **SIN.** Ancladero, fondeadero, atracadero, muelle.

data (da-ta) *s. f.* **1.** Fecha de un escrito o inscripción. *No se podía leer la data de la inscripción porque la piedra estaba muy desgastada.* **2.** En informática, término general para los elementos básicos de información que van a ser procesados en un ordenador. *Está cargando la data.*

datar (da-tar) *v. tr.* Poner la data. *Hay que datar estos documentos.* **SIN.** Fechar.

dátil (dá-til) *s. m.* **1.** Fruto comestible de la palmera. *Me gustan mucho los dátiles envueltos con panceta y fritos.* **2.** *fam.* Dedo. *No se te ocurra poner tus dátiles en el pastel, ése es para mí.*

dato (da-to) *s. m.* **1.** Detalle necesario para el conocimiento exacto de una cosa. *Nos proporcionó los datos que necesitábamos para comenzar la investigación.* **SIN.** Hecho. **2.** Documento, testimonio. *Buscó en el archivo y no encontró los datos que necesitaba.* **SIN.** Fundamento.

de *prep.* **1.** Indica posesión o pertenencia. *El libro de mi hermana.* **2.** Se usa para crear diversas locuciones adverbiales de modo. *Lo miré de pasada.* **3.** Manifiesta el origen o la procedencia de las cosas o de las personas. *Vino de Rioja. Es de León.* **4.** Indica la materia de que está hecha una cosa. *Un vestido de gasa.* **5.** Indica lo contenido en una cosa, y también el asunto o materia de que se trata. *Una botella de agua, un libro de historia.* **6.** A veces indica la causa de algo. *Estaba tiritando de frío.* **7.** Expresa la naturaleza, condición o cualidad de personas o cosas. *Mujer de carácter.* **8.** Expresa la finalidad. *Traje de esquiar.* **9.** En ocasiones equivale a "desde". *De dos a cuatro.* **10.** Precedida de sustantivo, adjetivo o adverbio, se usa a veces para regir infinitivo. *Es hora de marchar, cansado de leer, cerca de acertar.* **11.** Seguida de infinitivo, indica una condición. *De haberlo sabido, habría ido.* **12.** Precedida de un verbo, se utiliza para formar perífrasis verbales. *Acaba de llamar.* **13.** Determina el tiempo en que sucede una cosa. *Tiene turno de mañana.* **14.** Sirve para enfatizar un calificativo. *El inocente de Juan.* **15.** A veces denota valor partitivo. *Comeré un poco de carne.* **16.** Seguida del numeral "uno, una", indica la rapidez con que se ejecutan algunas cosas. *Se lo comió de un bocado.* **17.** Se emplea como expresión de lástima, queja o amenaza. *¡Pobre de mí!*

deambular (de-am-bu-lar) *v. intr.* Andar de un sitio para otro sin saber qué hacer. *Estuve deambulando por las calles de la ciudad toda la noche.* **SIN.** Pasear.

deambulatorio (de-am-bu-la-to-rio) *s. m.* Nave o conjunto de naves que rodean la capilla o altar mayor de una iglesia. *El deambulatorio permite rodear la capilla mayor sin molestar la celebración de la misa.* **SIN.** Corona, girola.

deán (de-án) *s. m.* Después del obispo, máxima autoridad del cabilde de una catedral. *Se entrevistó con el deán de la catedral.*

debajo (de-ba-jo) *adv. l.* En lugar más inferior al que estamos o de otro que se indica. *Está debajo de la mesa.* **SIN.** Abajo, bajo. **ANT.** Arriba.

debate (de-ba-te) *s. m.* Disputa verbal. *Televisaron un debate entre el presidente y el aspirante a la presidencia.* **SIN.** Discusión, disputa, controversia, polémica. **ANT.** Acuerdo.

debatir (de-ba-tir) *v. tr.* **1.** Discutir con razones alguna cosa. *Debatieron el tema de la reforma de la enseñanza.* || *v. prnl.* **2.** Combatir, forcejear. *Se debatió con mucha fuerza.*

debe (de-be) *s. m.* Una de las dos partes en que se dividen las cuentas corrientes, en la que aparecen las cantidades que se cargan al titular de la cuenta. *En el debe de la cuenta apareció el cargo de la última compra que hice.* **SIN.** Adeudo, cargo. **ANT.** Haber.

deber[1] (de-ber) *s. m.* **1.** Cosa que hay que hacer. *Tenemos el deber de mantener limpia la ciudad.* **SIN.** Obligación, compromiso, responsabilidad. **ANT.** Derecho. || *s. m. pl.* **2.** Tareas escolares para realizar en casa. *Después de merendar se puso a hacer los deberes.*

deber[2] (de-ber) *v. tr.* **1.** Tener obligación de hacer algo. *Debes estudiar para aprender.* **SIN.** Estar obligado, haber de. **ANT.** Cumplir. **2.** Tener obligación de pagar, devolver o dar dinero, una carta, una respuesta, etc. *Creo que le debo una explicación. Me debía mucho dinero, pero ya me lo ha devuelto.* **SIN.** Adeudar. **3.** Con la preposición "de", expresa que quizá ha sucedido, sucede o sucederá una cosa. *Debe de hacer frío, todo el mundo va muy abrigado.*

débil (dé-bil) *adj.* Que tiene poca fuerza o intensidad. *El sonido era tan débil que casi no se oía. Se había quedado muy débil después de permanecer tres meses en la cama.* **GRA.** También s. m. y s. f. **SIN.** Endeble, flojo, frágil. **ANT.** Fuerte, resistente.

debilidad (de-bi-li-dad) *s. f.* **1.** Falta de fuerza física o de personalidad. *Su debilidad de carácter hacía que todos tratasen de aprovecharse de ella.* **SIN.** Ende-

debilitar - décima

blez, astenia, decaimiento, desfallecimiento, flojera. **ANT.** Fortaleza, energía. **2.** Cariño especial por una persona. *Sentía gran debilidad por su hermano.*

debilitar (de-bi-li-**tar**) *v. tr.* Disminuir la fuerza, el vigor o el poder de una persona o cosa. **GRA.** También v. prnl. *La enfermedad le debilitó mucho.* **SIN.** Cansar(se), agotar(se). **ANT.** Fortalecer(se).

débito (**dé**-bi-to) *s. m.* *Deuda.

debut (de-**but**) *s. m.* **1.** Estreno, primera actuación en público de un artista, compañía, etc. *Era su debut en aquella compañía de teatro.* **SIN.** Primicia, presentación. **2.** Por ext., primera actuación de alguien en cualquier actividad. *Su debut en aquel trabajo fue todo un éxito.*

debutante (de-bu-**tan**-te) *adj.* Que aparece por primera vez ante un público. **GRA.** También s. m. y s. f. *Los debutantes en el festival estaban muy nerviosos.*

década (**dé**-ca-da) *s. f.* Período de diez días o de diez años. *Los Beatles estuvieron de moda en la década de los sesenta.*

decadencia (de-ca-**den**-cia) *s. f.* Principio de debilidad o de ruina. *Los pueblos bárbaros aprovecharon la decadencia de Roma.* **SIN.** Declive, descenso, decrepitud, ocaso, decaimiento. **ANT.** Apogeo.

decaer (de-ca-**er**) *v. intr.* Ir a menos. *Su importancia en el grupo había decaído mucho en los últimos meses.* **SIN.** Declinar, flaquear. **ANT.** Aumentar, fortalecer, crecer. ✎ v. irreg., se conjuga como caer.

decágono, na (de-**cá**-go-no) *adj.* Se aplica al polígono de diez lados. **GRA.** Se usa más como s. m. *Dibuja un decágono y coloréalo.*

decaído, da (de-ca-**í**-do) *adj.* **1.** Desalentado, deprimido. *Se encuentra muy decaído porque todas las cosas le salen mal.* **2.** Que está en decadencia. *Es una costumbre decaída.* **SIN.** Decadente.

decálogo (de-**cá**-lo-go) *s. m.* **1.** Listado de diez leyes o preceptos. *Al entrar en el campamento todo el mundo recibía una copia del decálogo.* **2.** Los diez mandamientos de la ley de Dios. *El sacerdote les explica el decálogo en la catequesis.*

decanato (de-ca-**na**-to) *s. m.* Cargo de decano, período durante el cual lo desempeña y despacho que ocupa. *Ejerció el decanato durante dos años.*

decano (de-**ca**-no) *s. m.* **1.** Miembro más antiguo de una comunidad, cuerpo, junta, etc. *Mi padre es el decano de la corporación municipal.* **2.** Persona que dirige una facultad universitaria. *Le hicieron una entrevista al decano de la facultad de Filosofía y Letras.*

decantarse (de-can-**tar**-se) *v. prnl.* Inclinarse sin reservas hacia una actitud que no se tenía, o inclinarse con más intensidad en la que ya se tenía. *Por fin se decantó por un partido moderado.* **SIN.** Decidirse.

decapitar (de-ca-pi-**tar**) *v. tr.* Cortar la cabeza. *Decapitaron a muchas personas durante la revolución.*

decena (de-**ce**-na) *s. f.* Conjunto de diez unidades. *Tiene más de una decena de pares de zapatos.*

decencia (de-**cen**-cia) *s. f.* **1.** Aseo de una persona o cosa. *No tiene la casa con grandes lujos, pero sí con mucha decencia.* **2.** Recato, honestidad. *No tiene decencia, salir diciendo esas cosas en público.*

decenio (de-**ce**-nio) *s. m.* Período de diez años. *Fue elegido presidente para un decenio.*

decente (de-**cen**-te) *adj.* **1.** Honesto, que obra de acuerdo con las buenas costumbres. *Es una persona muy decente, nunca arma ningún escándalo.* **SIN.** Honrado, recatado, decoroso. **ANT.** Deshonesto, indigno. **2.** Moderadamente confortable o satisfactorio. *Nos ha hecho un precio decente.* **3.** Ordenado, limpio. *Cuida su aspecto físico y siempre va muy decente.* **SIN.** Aseado. **ANT.** Sucio, desordenado.

decepción (de-cep-**ción**) *s. f.* Suceso contrario a lo que se esperaba. *Se llevó una decepción al ver que no le invitaban a la fiesta.* **SIN.** Desilusión, desengaño, desencanto, chasco.

decepcionar (de-cep-cio-**nar**) *v. tr.* **1.** Desilusionar, defraudar. *Me decepcionó tu conducta.* **SIN.** Desengañar, frustrar. **ANT.** Ilusionar. ‖ *v. prnl.* **2.** Desilusionarse alguien por no haber logrado lo que esperaba. *Se decepcionó porque no pasó al segundo examen.*

deceso (de-**ce**-so) *s. m.* Muerte, defunción. *Todavía no se conocen las circunstancias del deceso.*

dechado (de-**cha**-do) *s. m.* Ejemplo, modelo que se debe imitar. *Juan es un dechado de virtudes, debería aprender de él.* **SIN.** Arquetipo, ideal, prototipo.

decibelio (de-ci-**be**-lio) *s. m.* Unidad para comparar los niveles de potencia o la intensidad de los sonidos. *El Ayuntamiento midió los decibelios del pub y lo cerró por sobrepasar con mucho el límite.*

decidido, da (de-ci-**di**-do) *adj.* Se dice de la persona que obra con decisión. *Se aventuró en ese proyecto porque es una persona muy decidida.* **SIN.** Resuelto, audaz, emprendedor. **ANT.** Indeciso.

decidir (de-ci-**dir**) *v. tr.* Resolver una cosa que se dudaba. **GRA.** También v. prnl. *Después de pensarlo mucho, decidí comprar un coche.* **SIN.** Determinar(se), optar por.

décima (**dé**-ci-ma) *s. f.* **1.** Cada una de las diez partes iguales en que se divide un todo. *Dividimos la tarta en partes y a mí me tocó la décima.* **2.** Combinación métrica de diez versos octosílabos, que riman el

decimal - declinar

primero con el cuarto y el quinto; el segundo con el tercero; el sexto con el séptimo y el último, y el octavo con el noveno. *La décima también se llama espinela.* || *s. f. pl.* **3.** Fiebre ligera. *Ya se encuentra mejor, sólo tiene unas décimas.*

decimal (de-ci-**mal**) *adj.* **1.** Se dice del sistema métrico de pesas y medidas cuyas unidades son múltiplos o divisores de diez con respecto a la principal de cada clase. *El metro y el gramo son unidades básicas del sistema decimal.* **2.** Se dice del número compuesto de una parte entera y de otra inferior, separadas por una coma, y de las cifras que aparecen detrás de la coma. **GRA.** También s. m. *0,23 es un número decimal.*

décimo, ma (**dé**-ci-mo) *adj. num. ord.* **1.** Que ocupa el último lugar en una serie ordenada de 10. **GRA.** También pron. num. *Juan es el décimo de los diez participantes.* || *adj. num. part.* **2.** Se dice de cada una de las 10 partes iguales en que se divide un todo. **GRA.** También s. m. *Yo tengo la décima parte del trabajo.* || *s. m.* **3.** Décima parte del billete de lotería. *Compramos un décimo de lotería a medias.*

decir[1] (de-**cir**) *s. m.* **1.** Dicho, palabra. *Eso es sólo un decir.* **SIN.** Frase, sentencia. **2.** Dicho notable de carácter sentencioso. **GRA.** Se usa más en pl. *No me vengas con decires.* **SIN.** Ocurrencia, proverbio, sentencia, refrán. || *s. m. pl.* **3.** Habladurías. *No hagas caso de los decires de la gente.*

decir[2] (de-**cir**) *v. tr.* **1.** Expresar las ideas con palabras. *Tengo que decirte lo que pienso.* **SIN.** Hablar, opinar, comunicar, manifestar, explicar, indicar. **ANT.** Callar, ocultar, silenciar. **2.** Sostener una opinión. *Digo que es verdad.* **SIN.** Afirmar, subrayar, recalcar, asegurar. **3.** Dar muestras de una cosa.

INDICATIVO			
Pres.	Pret. perf. s.	Fut. imperf.	Cond. simple
digo	dije	diré	diría
dices	dijiste	dirás	dirías
dice	dijo	dirá	diría
decimos	dijimos	diremos	diríamos
decís	dijisteis	diréis	diríais
dicen	dijeron	dirán	dirían
SUBJUNTIVO			
Pres.	Pret. imperf.	Fut. imperf.	
diga	dijera/se	dijere	
digas	dijeras/ses	dijeres	
diga	dijera/se	dijere	
digamos	dijéramos/semos	dijéremos	
digáis	dijerais/seis	dijereis	
digan	dijeran/sen	dijeren	
IMPERATIVO di, diga, digamos, decid, digan			
FORMAS NO PERSONALES Ger. diciendo – Part. dicho			

Eso dice muy poco a su favor. **SIN.** Denotar, representar. || **LOC. el qué dirán** La opinión de la gente. v. irreg. Tiene part. irreg., dicho.

decisión (de-ci-**sión**) *s. f.* **1.** Resolución sobre algo dudoso o que se discute. *Se tomó la decisión de suspender la reunión.* **SIN.** Resolución, determinación. **ANT.** Indecisión, vacilación. **2.** Firmeza de carácter. *Tiene mucha iniciativa y decisión para luchar por lo que cree justo.* **SIN.** Valentía, audacia. **ANT.** Debilidad, inseguridad.

decisivo, va (de-ci-**si**-vo) *adj.* **1.** Se dice de lo que decide o resuelve. *Su último argumento fue decisivo, todos se convencieron de que tenía razón.* **SIN.** Concluyente, terminante, definitivo, decisorio, resolutorio. **ANT.** Indiferente. **2.** Determinante, que tiene importantes consecuencias. *Aquella experiencia fue decisiva en su vida, nunca olvidó lo que había visto.*

declamar (de-cla-**mar**) *v. intr.* **1.** Hablar o recitar con la entonación y los ademanes convenientes. **GRA.** También v. intr. *Tiene mucho arte para declamar.* **2.** Hablar en público. *Tenía que declamar ante todos los padres de alumnos y estaba nervioso.*

declaración (de-cla-ra-**ción**) *s. f.* Acción y efecto de declarar o declararse. *Hizo una declaración ante el juez.* **SIN.** Explicación, revelación, testimonio.

declarar (de-cla-**rar**) *v. tr.* **1.** Decir algo que se sabe acerca de un asunto y que estaba oculto. *Declaró que él también había tomado parte en el robo.* **SIN.** Exponer, explicar, manifestar, revelar, descubrir. **ANT.** Ocultar, callar. **2.** Declarar los testigos ante el juez lo que saben acerca de la causa de que se trata. *Declaró lo que había visto.* **SIN.** Atestiguar, testificar, confesar, testimoniar. **ANT.** Callar, mentir, perjurar. **3.** Dar a conocer lo relativo al pago de impuestos. *Tienes que declarar no sólo tus ingresos, sino también tus posesiones.* || *v. prnl.* **4.** Aparecer una cosa o empezar a notarse su acción. *Se declaró un incendio en el edificio porque dejaron el gas encendido.* **SIN.** Producirse, manifestarse, brotar, surgir. **5.** Manifestar una persona su amor por otra. *Estaba tan enamorado que le costaba mucho declararse.*

declinación (de-cli-na-**ción**) *s. f.* **1.** Caída, descenso o declive. *La declinación de sus fuerzas era evidente.* **ANT.** Ascenso, subida. **2.** Serie ordenada de los casos gramaticales de una lengua flexiva. *Estamos estudiando las declinaciones latinas.* **SIN.** Flexión.

declinar (de-cli-**nar**) *v. intr.* **1.** Aproximarse una cosa a su fin y término. *El esplendor del imperio declinaba progresivamente.* **SIN.** Acabarse. **2.** Decaer, disminuir. *Su fuerte oposición al proyecto ya había de-*

declive - dedo

clinado mucho. **SIN.** Decrecer, remitir. ‖ *v. tr.* **3.** Renunciar, rechazar. *Declinó la invitación porque no le apetecía ir.* **SIN.** Rehusar. **4.** Poner una palabra en sus casos gramaticales. **GRA.** También v. prnl. *Declina la palabra "rosa".*

declive (de-**cli**-ve) *s. m.* **1.** Pendiente o inclinación del terreno o de la superficie de otra cosa. *Había un pequeño declive y resbaló.* **SIN.** Desnivel, depresión, ladera, vertiente. **ANT.** Ascensión. **2.** Decadencia. *El equipo está en declive, hace semanas que no gana ni un partido.* **SIN.** Caída, ocaso. **ANT.** Auge.

decolorar (de-co-lo-**rar**) *v. tr.* Quitar o disminuir el color. **GRA.** También v. prnl. *La chaqueta del escaparate se ha decolorado porque le ha dado mucho el sol.* **SIN.** Desteñir(se), despintar(se).

decomisar (de-co-mi-**sar**) *v. tr.* Apropiarse el Estado de una mercancía de contrabando. *La policía decomisó un importante alijo de drogas.* **SIN.** Confiscar, incautar.

decoración (de-co-ra-**ción**) *s. f.* **1.** Acción y efecto de decorar. *No me gusta nada la decoración del salón.* **SIN.** Interiorismo, adorno. **2.** En el teatro, conjunto de telones, bambalinas y objetos con que se figura el ambiente de la escena. *La decoración del escenario era muy sencilla pero original.*

decorar (de-co-**rar**) *v. tr.* Adornar una cosa o lugar. *Decoró el árbol de Navidad con muchos adornos y luces de colores.* **SIN.** Aderezar, engalanar, ornar, ataviar.

decorativo, va (de-co-ra-**ti**-vo) *adj.* Se dice de lo que sirve para decorar o adornar. *Ese jarrón antiguo es muy decorativo.* **SIN.** Ornamental, vistoso.

decoro (de-**co**-ro) *s. m.* **1.** Seriedad en acciones y palabras. *Guardó el decoro debido.* **SIN.** Gravedad, consideración, discreción. **ANT.** Indiscreción, inconsideración, informalidad. **2.** Honestidad en acciones y palabras. *No fue a ese lugar por no faltar al decoro.* **SIN.** Pureza, decencia, modestia. **ANT.** Indecencia, impudor. **3.** Estima de la dignidad propia y ajena. *No quería que su decoro sufriera mancha alguna.* **SIN.** Pundonor, honra, honorabilidad. **ANT.** Deshonor, indignidad.

decrecer (de-cre-**cer**) *v. intr.* Disminuir el tamaño, la cantidad o la extensión. *Decreció el nivel de las aguas del río.* **SIN.** Aminorar, bajar, descender, empequeñecer. **ANT.** Aumentar, crecer. ✎ v. irreg., se conjuga como parecer.

decrepitar (de-cre-pi-**tar**) *v. intr.* Crepitar o producir ruido por la acción del fuego. *La leña de la chimenea decrepitaba con fuerza.* **SIN.** Chisporrotear.

decrépito, ta (de-**cré**-pi-to) *adj.* **1.** Se aplica a la edad muy avanzada y a la persona que tiene muy menguadas sus facultades. **GRA.** También s. m. y s. f. *El pobre anciano está un poco decrépito debido a su enfermedad.* **SIN.** Vetusto, senil. **ANT.** Joven, lozano. **2.** Se dice de las cosas que han llegado a su máxima decadencia. *Van a tirar esa vieja casa porque está totalmente decrépita.* **SIN.** Acabado, caduco, ruinoso.

decretar (de-cre-**tar**) *v. tr.* Dar órdenes por decreto quien tiene autoridad para ello. *El Ayuntamiento decretó el cierre del establecimiento.* **SIN.** Dictar. **ANT.** Abolir, derogar.

decreto (de-**cre**-to) *s. m.* Decisión legal de los gobernantes o de los jueces. *El decreto sobre la nueva ley de seguridad social está a punto de salir, a pesar de la oposición.* **SIN.** Orden, ordenanza, dictamen. ‖ **LOC. por real decreto** *fam.* Porque sí, sin ningún tipo de explicación.

decurso (de-**cur**-so) *s. m.* Sucesión o continuación del tiempo. *Con el decurso del tiempo su odio quedó en el olvido.* **SIN.** Transcurso, sucesión, paso.

dedal (de-**dal**) *s. m.* Objeto de costura que se pone en el dedo y sirve para empujar la aguja sin pincharse. *No me acostumbro a coser con dedal.*

dedicación (de-di-ca-**ción**) *s. f.* Acción y efecto de dedicar o dedicarse. *Su dedicación a los pobres es admirable.*

dedicar (de-di-**car**) *v. tr.* **1.** Destinar una cosa a un fin. *Ha dedicado sus esfuerzos a ejercitarse en la natación.* **2.** Destinar a una persona una cosa, como un libro, una canción, etc. *Dedicó el poema a su profesor.* **SIN.** Ofrecer, consagrar, brindar, dar. ‖ *v. prnl.* **3.** Trabajar en algo. *Se dedica a la restauración de edificios antiguos.* **SIN.** Ocuparse. ✎ Se conjuga como abarcar.

dedicatoria (de-di-ca-**to**-ria) *s. f.* Carta o nota dirigida a la persona a quien se dedica algo. *Le envió un ramo de flores con una dedicatoria.* **SIN.** Ofrecimiento, ofrenda.

dedo (**de**-do) *s. m.* **1.** Cada una de las cinco partes en que terminan la mano y el pie del ser humano y de muchos animales. *Tenía la fea costumbre de morderse las uñas de los dedos de la mano.* **2.** Porción de una cosa del ancho de un dedo. *Echa dos dedos de aceite aproximadamente.* ‖ **LOC. a dedo** Arbitrariamente o por influencia. **a dedo** En autostop. **cogerse, o pillarse, alguien los dedos** *fam.* Salir perjudicado en un asunto o negocio. **chuparse alguien el dedo** *fam.* Hacerse el tonto. **chuparse**

deducción - defender

alguien los dedos *fam.* Gustarle mucho una cosa. **no chuparse alguien el dedo** *fam.* No dejarse engañar. **no tener alguien dos dedos de frente** *fam.* Ser muy poco inteligente. **no mover un dedo** *fam.* No hacer nada. **señalar a alguien con el dedo** *fam.* Censurarle.

deducción (de-duc-**ción**) *s. f.* Acción y efecto de deducir. *Por deducción, supo que ya debía de estar cerca.* **SIN.** Consecuencia, conclusión.

deducir (de-du-**cir**) *v. tr.* **1.** Sacar consecuencias de datos o hechos anteriores. *Deduzco que es Navidad, porque los árboles están iluminados con luces de colores.* **SIN.** Concluir, derivar, inferir. **2.** Descontar una parte de una cantidad. *Si del total deducimos la mitad, nos queda la otra mitad.* **SIN.** Rebajar, restar. **ANT.** Sumar, añadir. ✎ v. irreg., se conjuga como conducir.

defecar (de-fe-**car**) *v. intr.* Expulsar los excrementos del cuerpo. *Al defecar se eliminan los restos de los alimentos.* **SIN.** Cagar, descomer, ensuciar, evacuar. ✎ v. irreg., se conjuga como abarcar.

defección (de-fec-**ción**) *s. f.* Deslealtad a una causa o partido. *Su defección pilló de sorpresa a todos sus compañeros de partido.* **SIN.** Deserción, traición, huida, abandono. **ANT.** Lealtad.

defectivo (de-fec-**ti**-vo) *adj.* Se dice del verbo cuya conjugación no es completa. **GRA.** También s. m. *"Abolir" es un verbo defectivo.*

defecto (de-**fec**-to) *s. m.* **1.** Carencia de las cualidades propias y naturales de algo. *Esa chaqueta tiene un pequeño defecto, por eso me costó más barata.* **SIN.** Deficiencia, tara, deformidad. **2.** Imperfección natural o moral. *Tiene el defecto de ser un poco mentiroso.* **SIN.** Tacha, vicio, deficiencia. **ANT.** Perfección, virtud.

defectuoso, sa (de-fec-**tuo**-so) *adj.* Que está mal hecho o incompleto. *El plano de la casa es defectuoso porque las medidas no son exactas.* **SIN.** Incompleto, deficiente. **ANT.** Perfecto, completo.

defender (de-fen-**der**) *v. tr.* **1.** Dar amparo y protección. *Debemos defender la naturaleza y los animales.* **GRA.** También v. prnl. **SIN.** Proteger, sostener, resguardar(se), preservar(se), amparar(se). **ANT.** Atacar, abandonar. **2.** Sostener una cosa contra la opinión ajena. *Defendía su inocencia a pesar de que casi nadie le creía.* **SIN.** Conservar, mantener, afir-

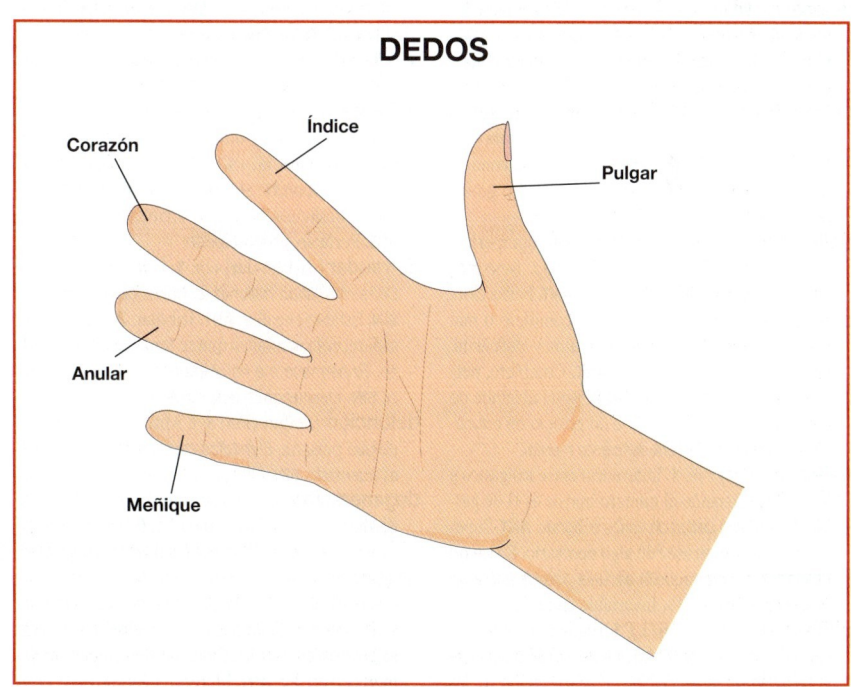

DEDOS

Corazón · Índice · Pulgar · Anular · Meñique

defensa - degenerar

mar. **ANT.** Ceder, renunciar. v. irreg., se conjuga como entender.

defensa (de-**fen**-sa) *s. f.* **1.** Acción y efecto de defender o defenderse. *La base de su trabajo es la defensa de la naturaleza.* **SIN.** Amparo, resguardo, custodia, ayuda. **ANT.** Ataque, abandono, agresión. **2.** Amparo, protección. *Aquella cabaña abandonada les sirvió de defensa contra la tormenta.* **SIN.** Refugio, resguardo. **3.** Obra de fortificación que sirve para defender una plaza, un campamento, etc. **GRA.** Se usa más en pl. *El capitán supervisó la construcción de las defensas.* **SIN.** Parapeto. **4.** Conjunto de razones alegadas en un juicio para defender al acusado. *Su defensa causó gran impresión en el jurado.* **SIN.** Alegato. **5.** Abogado defensor. *La defensa tiene la palabra.* **6.** Mecanismo natural que tienen los seres vivos para protegerse de las agresiones externas. *El erizo utiliza los pinchos de su cuerpo como defensa ante sus depredadores.* **7.** En el fútbol y otros deportes, línea de jugadores que se encarga de proteger la propia meta. *Un fallo en la defensa provocó el gol.* **SIN.** Zaga. || *s. m. y s. f.* **8.** Cada uno de esos jugadores. *Juega como defensa.* **SIN.** Zaguero.

defensivo, va (de-fen-**si**-vo) *adj.* Que sirve para defenderse. *Un escudo es un arma defensiva.* || **LOC. estar, o ponerse, alguien a la defensiva** Ponerse en actitud de defenderse.

deferencia (de-fe-**ren**-cia) *s. f.* Muestra de respeto o de cortesía. *Tuvo la deferencia de acompañarle hasta la puerta.* **SIN.** Consideración, atención, condescendencia, miramiento. **ANT.** Desatención, grosería, inconsideración.

deficiencia (de-fi-**cien**-cia) *s. f.* Defecto o imperfección. *Este producto es de mala calidad, tiene muchas deficiencias.* **SIN.** Tacha, falta. **ANT.** Perfección.

deficiente (de-fi-**cien**-te) *adj.* **1.** Incompleto o mal hecho. *El nivel de los trabajos era muy deficiente.* **SIN.** Defectuoso, imperfecto. **ANT.** Completo, perfecto. || **2. deficiente mental** Persona afectada de una deficiencia mental. *Iba a un colegio de educación especial porque era deficiente mental.*

déficit (**dé**-fi-cit) *s. m.* **1.** Diferencia entre los gastos y los ingresos, cuando el numero mayor es el de gastos. *Tuvieron un déficit de varios millones.* **ANT.** Superávit. **2.** Falta o escasez de algo necesario. *Se vieron obligados a cerrar aquella escuela porque había un déficit de escolares.* Invariable en número.

definición (de-fi-ni-**ción**) *s. f.* **1.** Explicación exacta y clara de una cosa. *Nos hizo una definición precisa de la finalidad de la asociación.* **2.** Explicación de las palabras que aparecen en un diccionario. *En este diccionario encontrarás las definiciones de muchas palabras.*

definir (de-fi-**nir**) *v. tr.* **1.** Fijar con exactitud el significado o naturaleza de algo. *Definió los detalles del caso con toda precisión.* **SIN.** Concretar, especificar, explicar. **2.** Precisar, aclarar. **GRA.** También v. prnl. *Se definió como defensor del medio ambiente.* **SIN.** Pronunciarse.

definitivo, va (de-fi-ni-**ti**-vo) *adj.* **1.** Que está hecho y terminado, y ya no admite cambios. *Se ha fijado la fecha definitiva para la boda.* **SIN.** Concluyente, decisivo, terminante. **ANT.** Relativo, provisional. **2.** Se dice de aquello que es decisivo para algo. *Las declaraciones del testigo fueron definitivas para coger al ladrón.* **SIN.** Concluyente. || **LOC. en definitiva** En resumen.

deforestación (de-fo-res-ta-**ción**) *s. f.* Acción de destruir los árboles y plantas de un bosque. *Se inició una deforestación para lograr tierras de cultivo.*

deformar (de-for-**mar**) *v. tr.* **1.** Desfigurar una cosa. **GRA.** También v. prnl. *Se le deformó el jersey por lavarlo en agua muy caliente.* **SIN.** Desvirtuar(se), afear(se), deteriorar(se). **ANT.** Preservar, perfeccionar(se). **2.** Falsear un hecho, una noticia, etc. *Deformó los hechos para causar más sensación.* **SIN.** Tergiversar.

deforme (de-**for**-me) *adj.* Se dice de aquello que carece de proporción o de regularidad en la forma. **GRA.** También s. m. y s. f. *Esa escultura es deforme, no tiene proporción entre el alto y el ancho.* **SIN.** Disforme, desfigurado, desproporcionado, imperfecto. **ANT.** Perfecto, proporciondo.

defraudar (de-frau-**dar**) *v. tr.* **1.** Cometer un fraude. *Defraudó varios millones a Hacienda y le pillaron.* **SIN.** Estafar, engañar. **ANT.** Tributar. **2.** Frustrar, desaparecer la confianza que se tenía en alguien o algo. *Tu hermano me ha defraudado, ya no confío en él.* **SIN.** Desilusionar, desencantar.

defunción (de-fun-**ción**) *s. f.* Muerte, fallecimiento de una persona. *El médico certificó la defunción del accidentado.* **SIN.** Óbito.

degeneración (de-ge-ne-ra-**ción**) *s. f.* Hecho de ir perdiendo las buenas cualidades. *En su conferencia habló de la degeneración de las buenas costumbres.*

degenerar (de-ge-ne-**rar**) *v. intr.* No corresponder una persona o cosa a su primera calidad. *Esta fiesta ha degenerado tanto que ahora se están planteando su prohibición.* **SIN.** Declinar, perder, empeorar, desmerecer, decaer. **ANT.** Merecer, mejorar.

deglutir (de-glu-**tir**) *v. intr.* Hacer pasar de la boca al estómago una sustancia sólida o líquida. **GRA.** También v. tr. *Deglute los alimentos despacio.* **SIN.** Engullir, ingerir, tragar, comer. **ANT.** Vomitar.

degolladero (de-go-lla-**de**-ro) *s. m.* **1.** Parte del cuello por donde se degüella a un animal. *La vaca tenía una herida en el degolladero.* **2.** Matadero de reses. *Llevaron los terneros al degolladero.* **3.** Cadalso para colgar a un sentenciado a muerte. *Lo llevaron al degolladero.*

degollar (de-go-**llar**) *v. tr.* Cortar la garganta o el cuello a una persona o animal. *Fue condenado a morir degollado en la guillotina.* **SIN.** Decapitar. ✎ v. irreg., se conjuga como contar.

degollina (de-go-**lli**-na) *s. f.* Matanza, mortandad. *El ejército enemigo realizó una despiadada degollina entre la población de la ciudad.*

degradante (de-gra-**dan**-te) *adj.* Se dice de lo que degrada o rebaja. *Sus palabras hacia ella fueron muy degradantes.*

degradar (de-gra-**dar**) *v. tr.* **1.** Privar a una persona de sus dignidades o grado. *Degradaron a un general.* **SIN.** Destituir, postergar. **ANT.** Ascender. **2.** Causar humillación y vergüenza. **GRA.** También v. prnl. *Se degradó él mismo actuando de una manera tan cruel.* **SIN.** Deshonrar, corromper, envilecer. **ANT.** Honrar, ensalzar. **3.** Disminuir el tamaño y viveza del color de las figuras de un cuadro. *Degradaron el fondo azul de la lámina para que se viera mejor el dibujo.*

degüello (de-**güe**-llo) *s. m.* Acción y efecto de degollar. ‖ **LOC. tirar a degüello** *fam.* Procurar por todos los medios perjudicar a alguien.

degustar (de-gus-**tar**) *v. tr.* **1.** Probar un alimento o bebida. *Es muy golosa y le encanta degustar todos los postres.* **SIN.** Catar, paladear, saborear. **2.** Disfrutar de una sensación agradable. *Degustó el fin de semana como si fueran unas vacaciones.*

dehesa (de-**he**-sa) *s. f.* Tierra acotada destinada a pastos. *Criaban potros en una dehesa.* **SIN.** Coto.

deíctico, ca (de-**íc**-ti-co) *adj.* **1.** Que pertenece o se refiere a la deixis. *La anáfora tiene una función deíctica.* **2.** Se aplica al elemento lingüístico que realiza una deixis. **GRA.** También s. m. *"Aquí", "allí", "tú", "yo", "esto", etc. son elementos deícticos.*

deidad (dei-**dad**) *s. f.* Cada uno de los dioses paganos. *Los romanos tenían muchas deidades.*

deificar (dei-fi-**car**) *v. tr.* **1.** *Divinizar. **2.** Ensalzar excesivamente. *Deifica tanto a su hermano que trata de imitarle en todo.* **SIN.** Exaltar, endiosar. **ANT.** Humillar, rebajar. ✎ Se conjuga como abarcar.

deixis (**dei**-xis) *s. f.* Función desempeñada por los elementos de la lengua llamados deícticos, que consiste en señalar algo que está presente ante las personas que hablan o en el propio enunciado. *La deixis hace referencia a lo que vemos o recordamos.* ✎ Invariable en número.

dejadez (de-ja-**dez**) *s. f.* Abandono de sí mismo o de sus cosas. *Su dejadez es preocupante, nada consigue animarla.* **SIN.** Descuido, desidia, desgana, pereza. **ANT.** Laboriosidad, ánimo, esfuerzo, gana.

dejar (de-**jar**) *v. tr.* **1.** Soltar una cosa. *Dejé la sartén porque quemaba.* **SIN.** Desprenderse, depositar. **ANT.** Agarrar, retener. **2.** Permitir, no impedir. *¿No te dejan ir a la fiesta?* **SIN.** Consentir, autorizar. **ANT.** Impedir. **3.** No ocuparse de alguien o algo. *Nunca deja a los niños solos.* **SIN.** Desentenderse. **ANT.** Atender. **4.** No terminar algo que se está haciendo. *He dejado el libro a la mitad.* **SIN.** Cesar, abandonar. **ANT.** Acabar. **5.** Ausentarse de un lugar. *Dejó Madrid durante unos meses.* **SIN.** Marchar, salir, faltar, partir. **ANT.** Llegar, venir, aparecer. **6.** Encargar. *Dejó las plantas a su cuidado.* **SIN.** Encomendar. **7.** Dar una cosa a alguien el que hace testamento. *Dejó a sus hijos todos sus bienes.* ‖ **LOC. dejar atrás a una persona o cosa** Adelantarla. **dejar a alguien bizco** *fam.* Sorprenderle. **dejar caer algo** *fam.* Insinuarlo. **dejar a alguien en feo** *fam.* Ponerle en ridículo. **dejar a alguien plantado** *fam.* No asistir a la cita que se tenía con él **dejar a alguien seco, o en el sitio** *fam.* Dejarle muerto en el acto **dejarse caer por algún sitio** *fam.* Presentarse, acudir. **dejarse alguien llevar** No tener iniciativa propia. **dejarse ver** Hacer vida social.

deje (**de**-je) *s. m.* Acento, modo particular de hablar de una persona o de una determinada región. *Tiene un deje andaluz muy marcado.* **SIN.** Tono.

del *contracc.* de la preposición "de" y el artículo "el". *Vengo del campo.*

delación (de-la-**ción**) *s. f.* Acusación, denuncia. *Su delación fue fundamental para la resolución del caso.* **SIN.** Chivatazo, soplo.

delantal (de-lan-**tal**) *s. m.* Prenda de vestir que se ata a la cintura y se usa para proteger la ropa. *Ponte el delantal para cocinar.* **SIN.** Mandil.

delante (de-**lan**-te) *adv. l.* **1.** En un lugar anterior. *Él iba delante y yo detrás.* **2.** *Enfrente. ‖ **LOC. delante de** A la vista, en presencia de.

delantera (de-lan-**te**-ra) *s. f.* **1.** Parte anterior de una cosa. *La delantera del coche quedó un poco abollada.* **SIN.** Fachada, frente. **2.** Distancia con que uno

delantero - delicia

se adelanta a otro en el camino. *Tomó la delantera de la carrera desde el principio.* **SIN.** Anticipación. **3.** En algunos deportes, primera línea o línea de ataque. *La delantera no metió ningún gol.* **4.** Primera fila de las localidades de un cine, teatro u otro espectáculo. *No fuimos a ver la película porque sólo quedaban entradas de la delantera.* || **LOC. coger, ganar o tomar la delantera a alguien** *fam.* Anticipársele.

delantero, ra (de-lan-**te**-ro) *adj.* **1.** Que está o va delante. *Iba en la parte delantera del vehículo.* **SIN.** Anterior, primero, principal. **ANT.** Posterior, trasero. || *s. m.* **2.** Pieza que forma la parte anterior de una prenda de vestir. *El delantero del vestido lleva puntillas y jaretas.* || *s. m. y s. f.* **3.** En algunos deportes, el que juega en la primera línea. *El delantero metió el gol del desempate.* **4.** En los partidos de pelota por parejas, el que hace los saques y juega en la parte más próxima a la pared frontal de la cancha. *Siempre juega de delantero.*

delatar (de-la-**tar**) *v. tr.* **1.** Denunciar al autor de un delito ante la autoridad competente. *Delató a los ladrones.* **SIN.** Acusar, revelar, descubrir. **ANT.** Encubrir. || *v. prnl.* **2.** Descubrirse uno mismo. *Se delató al intentar demostrar aquella falsa coartada.*

delco (**del**-co) *s. m.* Distribuidor eléctrico que produce el encendido en los motores de explosión. *Levanta la tapa del delco.*

delegación (de-le-ga-**ción**) *s. f.* **1.** Conjunto de personas que actúa en nombre de otras. *Como no podían ir todos los agricultores, enviaron una delegación.* **SIN.** Comité, comisión. **2.** Oficina dependiente de otra. *Mi empresa tiene varias delegaciones en otras ciudades.* **SIN.** Sucursal, filial.

delegado, da (de-le-**ga**-do) *adj.* Se dice de la persona en quien se delega una facultad, derecho, etc. **GRA.** También s. m. y s. f. *Fue elegido delegado de curso por sus compañeros.* **SIN.** Representante.

delegar (de-le-**gar**) *v. tr.* Dar una persona a otra el poder que tiene para que haga sus veces o le represente. *El director de la empresa delegó sus funciones en el vicepresidente.* **SIN.** Comisionar, encargar, encomendar, facultar. **ANT.** Asumir, apropiarse. ✎ Se conjuga como ahogar.

deleitar (de-lei-**tar**) *v. tr.* Producir o sentir agrado. **GRA.** También v. prnl. *Deleitó a todos los asistentes con uno de sus poemas.* **SIN.** Embelesar(se), gustar, agradar, encantar. **ANT.** Desagradar, repugnar.

deleite (de-**lei**-te) *s. m.* Gusto, placer que se siente. *Le producía un gran deleite poder contemplar aquellas puestas de sol tan maravillosas.* **SIN.** Encanto, agrado. **ANT.** Aburrimiento, repugnancia.

deletrear (de-le-tre-**ar**) *v. intr.* Pronunciar por separado cada una de las letras de una palabra. *Deletrea la palabra, por favor, no sé cómo se escribe.*

deleznable (de-lez-**na**-ble) *adj.* **1.** Que se rompe, disgrega o deshace fácilmente. *Era un material muy deleznable.* **SIN.** Inconsistente, desmenuzable. **ANT.** Firme, sólido. **2.** De poca duración, inconsistente. *El fulgor de la chispa es deleznable.* **SIN.** Inestable, pasajero, fugaz. **ANT.** Constante, estable. **3.** Aborrecible, despreciable. *Tenía un carácter deleznable.*

delfín (del-**fín**) *s. m.* Mamífero cetáceo carnívoro, abundante en los mares templados y tropicales, que suele medir de 2 a 3 m de largo y que tiene la cabeza voluminosa y el hocico puntiagudo. *Fuimos al zoo a ver el espectáculo de los delfines.*

delgado, da (del-**ga**-do) *adj.* **1.** Que tiene pocas carnes. *Desde que no come dulces está más delgado.* **SIN.** Flaco, enjuto. **ANT.** Gordo, grueso, obeso. **2.** De poco grosor. *La tarta lleva una delgada capa de chocolate por encima.* **SIN.** Fino, estrecho. **ANT.** Grueso, espeso, macizo.

deliberar (de-li-be-**rar**) *v. intr.* **1.** Reflexionar sobre las ventajas y desventajas de algo antes de tomar una decisión. *Estuvo deliberando y al final decidió aceptar el cargo.* **SIN.** Meditar, examinar. || *v. tr.* **2.** Discutir un asunto en una reunión. **GRA.** También v. intr. *Deliberaron durante varias horas.*

delicadeza (de-li-ca-**de**-za) *s. f.* Sensibilidad y dulzura en el trato. *El médico le dijo lo de su enfermedad con mucha delicadeza.* **SIN.** Ternura, suavidad, miramiento, atención. **ANT.** Brusquedad.

delicado, da (de-li-**ca**-do) *adj.* **1.** Se dice de la persona que tiene gran sensibilidad y dulzura en el trato. *Siempre es muy delicado con los demás.* **SIN.** Atento, tierno, amable. **ANT.** Ordinario, tosco, áspero. **2.** De poca salud. *Desde su última operación se encuentra muy delicada.* **SIN.** Débil, enfermizo, enclenque. **ANT.** Robusto, sano, fuerte. **3.** Se dice de las cosas suaves o frágiles. *Ten cuidado al limpiar la lámpara, ese cristal es muy delicado.* **SIN.** Quebradizo. **ANT.** Fuerte, resistente. **4.** Sabroso, gustoso. *Los días de fiesta siempre preparaba platos muy delicados.* **5.** Difícil, expuesto a contingencias. *Ten cuidado en las negociaciones, es un asunto muy delicado.* **6.** Difícil de contentar o agradar. *Es muy delicado, se enfada por cualquier cosa.* **SIN.** Suspicaz, irritable.

delicia (de-**li**-cia) *s. f.* **1.** Alegría o satisfacción muy grande. *Contemplar aquel paisaje era una delicia.*

delicioso - demasía

SIN. Goce, placer, deleite, complacencia. **ANT.** Sufrimiento, molestia. || **LOC. hacer las delicias** Producir gran satisfacción.

delicioso, sa (de-li-**cio**-so) *adj.* Se dice de aquello que es muy agradable o que causa satisfacción. *Este pastel está delicioso.* **SIN.** Deleitable, deleitoso, placentero. **ANT.** Desaborido, desagradable.

delictivo, va (de-lic-**ti**-vo) *adj.* Que pertenece o se refiere al delito. *El acusado ya tenía antecedentes delictivos.*

delimitar (de-li-mi-**tar**) *v. tr.* Fijar los límites de una cosa. *Delimitaron las fincas de su propiedad.* **SIN.** Limitar, deslindar, demarcar, definir.

delincuencia (de-lin-**cuen**-cia) *s. f.* Calidad de delincuente. *La conferencia trataba sobre las causas de la delincuencia juvenil.*

delincuente (de-lin-**cuen**-te) *adj.* Se dice de la persona que no cumple las leyes y que comete un delito. **GRA.** También s. m. y s. f. *Detuvieron a los delincuentes autores del robo.* **SIN.** Malhechor.

delineante (de-li-ne-**an**-te) *s. m. y s. f.* Persona que tiene por oficio trazar planos. *Trabaja de delineante en el estudio de ese arquitecto.*

delinear (de-li-ne-**ar**) *v. tr.* **1.** Trazar las líneas de una figura. *Delineó el boceto del diseño a grandes rasgos, luego nosotros lo perfeccionamos.* **SIN.** Dibujar, diseñar, apuntar, perfilar. **2.** Trazar planos. *Delineó el plano con una notable exactitud.*

delinquir (de-lin-**quir**) *v. intr.* Cometer un delito. *No es la primera vez que delinque, ya lo había hecho en otras ocasiones.* **SIN.** Atentar, contravenir, infringir. ✎ v. con irregularidad ortográfica: se escribe "c" en vez de "qu" seguido de "-a" y "-o" en el presente de subjuntivo, el imperativo y la 1ª persona del sing. del presente de indicativo.

INDICATIVO	SUBJUNTIVO	IMPERATIVO
Pres.	Pres.	
delinco	delinca	
delinques	delincas	delinque
delinque	delinca	delinca
delinquimos	delincamos	delincamos
delinquís	delincáis	delinquid
delinquen	delincan	delincan

delirar (de-li-**rar**) *v. intr.* **1.** Tener perturbada la razón por una enfermedad. *Tenía tanta fiebre que deliraba.* **ANT.** Razonar. **2.** Decir o hacer disparates. *¡Tú deliras, ir de excursión hoy con el temporal de nieve que hay!* **SIN.** Desvariar, fantasear, desbarrar.

delirio (de-**li**-rio) *s. m.* **1.** Perturbación mental originada por una enfermedad. *Su delirio duró varios días, hasta que consiguieron que la fiebre bajara.* **SIN.** Desvarío, enajenación, perturbación, alucinación. **2.** Disparate. *No te preocupes, sólo intenta llamar la atención con sus delirios.* **SIN.** Despropósito.

delírium trémens *expr. lat.* Delirio con gran agitación y temblor de miembros, ocasionado por el alcoholismo crónico. *Le ingresaron en el hospital con delírium trémens.*

delito (de-**li**-to) *s. m.* Quebrantamiento de la ley. *No le encontraron culpable del delito y fue absuelto.* **SIN.** Infracción, transgresión, falta, pecado, culpa.

delta (**del**-ta) *s. m.* **1.** Cuarta letra del alfabeto griego. *La delta griega corresponde a nuestra "d".* **2.** Terreno de forma triangular que se forma en la desembocadura de algunos ríos. *El delta del Nilo es muy fértil.*

demacrarse (de-ma-**crar**-se) *v. prnl.* Quedarse alguien muy delgado por causa física o moral. **GRA.** También v. tr. *Se demacró mucho debido a su larga enfermedad.* **SIN.** Enflaquecer(se), desmejorar(se).

demagogia (de-ma-**go**-gia) *s. f.* Uso del habla de forma retórica con fines propagandísticos, agitadores o engañosos. *En las campañas electorales, los políticos recurren muchas veces a la demagogia.*

demanda (de-**man**-da) *s. f.* **1.** Solicitud, petición. *Presentó en el juzgado su demanda de divorcio.* **SIN.** Súplica, ruego, requerimiento, solicitud. **2.** Pregunta que se hace a alguien para que responda lo que sabe. *Le hicieron una demanda.* **SIN.** Cuestión, interrogación, consulta. **ANT.** Contestación, respuesta, réplica.

demandar (de-man-**dar**) *v. tr.* **1.** Pedir algo. *Demandó una nueva oportunidad pero no se la dieron.* **SIN.** Rogar, suplicar, implorar. **ANT.** Desistir. **2.** Preguntar alguna cosa. *El juez le demandó para que dijera la verdad.* **SIN.** Interrogar.

demarcar (de-mar-**car**) *v. tr.* Señalar los límites de un país o terreno. *Demarcaron el terreno de juego.* **SIN.** Limitar, delimitar, deslindar. ✎ Se conjuga como abarcar.

demás (de-**más**) *adj. indef.* Precedido de los artículos "lo", "la", "los", "las", equivale a lo otro, la otra, los otros o los restantes, las otras. **GRA.** También pron. *Yo sólo quiero ganar mucho dinero y lo demás no me importa.* **OBS.** En pl. se usa muchas veces sin art. || **LOC. por demás** En vano, inútilmente. **por lo demás** Por lo que hace relación a otras consideraciones.

demasía (de-ma-**sí**-a) *s. f.* *Exceso. **SIN.** Desmán, desafuero, abuso. || **LOC. en demasía** Excesivamente.

demasiado - denominación

demasiado, da (de-ma-**sia**-do) *adj.* **1.** Que es o tiene más de lo debido o de lo que se espera. *Hoy hace demasiado calor.* **SIN.** Mucho, excesivo, sobrado. **ANT.** Escaso, parco. || *adv. c.* **2.** En exceso, exageradamente. *Pregunta demasiado.* **SIN.** Excesivamente, mucho. **ANT.** Escasamente.

demencia (de-**men**-cia) *s. f.* Estado de una persona que se caracteriza por la debilidad progresiva de las facultades mentales. *Padece una acusada demencia debido a su avanzada edad.* **SIN.** Locura.

demente (de-**men**-te) *adj.* Se dice de la persona que ha perdido el juicio. **GRA.** También s. m. y s. f. **SIN.** *Ha tenido que ser ingresado en un hospital especial para dementes.* Loco, perturbado. **ANT.** Cuerdo.

democracia (de-mo-**cra**-cia) *s. f.* Sistema político basado en la intervención del pueblo en el gobierno mediante elecciones universales. *Los exiliados pudieron volver a su país al instaurarse en él la democracia.* **ANT.** Dictadura, tiranía.

democratizar (de-mo-cra-ti-**zar**) *v. tr.* Hacer demócratas a las personas o las cosas. **GRA.** También v. prnl. *Se democratizó el país.* ✎ Se conjuga como abrazar.

demografía (de-mo-gra-**fí**-a) *s. f.* Parte de la estadística que trata de los habitantes de un país, según sus profesiones, edades, etc. *En su libro hace un estudio de la demografía de España.* **SIN.** Población.

demoler (de-mo-**ler**) *v. tr.* Derribar casas, muros, etc. *Demolieron un edificio en ruinas.* **SIN.** Tirar, derruir, deshacer, destruir. **ANT.** Construir, edificar, levantar. ✎ v. irreg., se conjuga como mover.

demonio (de-**mo**-nio) *s. m.* Espíritu del mal. *Hay que superar las tentaciones del demonio.* **SIN.** Diablo, Satán, Luzbel. || **LOC. ¡cómo demonios!** Denota sorpresa o asombro. **del demonio.** Excepcional, fuera de lo normal. **llevarse a alguien el demonio, o los demonios, o todos los demonios** *fam.* Enfadarse mucho. **oler, saber, sonar, etc., algo a demonios** *fam.* Oler, saber, sonar, etc., muy mal. **ser alguien el demonio, o el mismísimo demonio, o un demonio** *fam.* Ser demasiado malvado, malicioso o hábil. **tener alguien el demonio en el cuerpo** *fam.* Ser muy inquieto.

demora (de-**mo**-ra) *s. f.* Retraso que por algún tiempo sufre una acción. *El avión saldrá con una hora de demora.* **SIN.** Dilación, tardanza. **ANT.** Adelanto.

demorar (de-mo-**rar**) *v. tr.* **1.** Dejar para más tarde. *Demoraron el viaje a causa del mal tiempo.* **SIN.** Retardar, diferir, retardar, aplazar. **ANT.** Adelantar. || *v. prnl.* **2.** No llegar oportunamente, detenerse en algún lugar. *Se demoró más de lo previsto y perdió el avión.* **SIN.** Entretenerse, tardar.

demostración (de-mos-tra-**ción**) *s. f.* **1.** Acción y efecto de demostrar o mostrar algo. *El vendedor le hizo una demostración de cómo funcionaba el aparato.* **SIN.** Presentación, manifestación, declaración, exposición. **2.** Comprobación, por hechos ciertos o experimentos repetidos, de un principio o de una teoría. *Hemos estudiado la demostración del teorema de Pitágoras.* **SIN.** Prueba, confirmación, evidencia. **3.** Manifestación externa de sentimientos e intenciones. *Su demostración de cariño nos dejó a todos muy sorprendidos.* **SIN.** Muestra, ostentación.

demostrar (de-mos-**trar**) *v. tr.* **1.** Probar que algo es cierto. *La caída de los objetos demuestra la fuerza de la gravedad de la Tierra.* **SIN.** Justificar, evidenciar, argumentar, razonar. **2.** Manifestar una cosa claramente. *Demostró cuáles eran sus intenciones.* **SIN.** Declarar, expresar, indicar. **3.** Enseñar. *Demostró cómo funcionaba el aire acondicionado.* **SIN.** Mostrar. ✎ v. irreg., se conjuga como contar.

demostrativo, va (de-mos-tra-**ti**-vo) *adj.* Se dice de los adjetivos y pronombres que sirven para indicar la situación relativa de las personas o cosas. *Éste, ése y aquél son pronombres demostrativos.*

demudarse (de-mu-**dar**-se) *v. prnl.* Cambiarse repentinamente el color, el gesto o la expresión del rostro. *Se le demudó la expresión.* **SIN.** Desencajarse, palidecer.

denario (de-**na**-rio) *s. m.* Antigua moneda de plata. *El denario de plata valía cuatro sextercios.*

denegar (de-ne-**gar**) *v. tr.* No conceder lo que se pide. *Le denegaron un permiso de obras.* **SIN.** Desestimar, negar. **ANT.** Conceder. ✎ v. irreg., se conjuga como acertar.

denigrante (de-ni-**gran**-te) *adj.* Se dice de lo que es humillante. *La pelea resultó un espectáculo denigrante para todos.* **SIN.** Envilecedor, vilipendioso. **ANT.** Laudatorio.

denigrar (de-ni-**grar**) *v. tr.* Ofender a una persona. *Su intención era denigrarle en público, pero no lo consiguió.* **SIN.** Infamar, desacreditar, desprestigiar, vilipendiar. **ANT.** Alabar.

denodado, da (de-no-**da**-do) *adj.* Que es valiente en los peligros y situaciones difíciles. *Luchó contra la corriente de agua con denodado esfuerzo.* **SIN.** Intrépido, esforzado, resuelto. **ANT.** Apocado, pusilánime, cobarde.

denominación (de-no-mi-na-**ción**) *s. f.* **1.** Nombre, título o sobrenombre con que se distinguen las per-

denominador - dentadura

sonas y las cosas. *No sabían qué denominación dar al nuevo cargo.* **SIN.** Distintivo, etiqueta, apodo, mote. ‖ **2. denominación de origen** Nombre con el que se distingue en su etiqueta a ciertos productos alimenticios para garantizar su procedencia.

denominador (de-no-mi-na-**dor**) *s. m.* **1.** En un quebrado, número escrito debajo del numerador y separado de éste por una raya horizontal, que expresa las partes iguales en que está dividida la unidad. *En la fracción tres cuartos, 4 es el denominador.* ‖ **2. denominador común** Múltiplo común a los denominadores de dos o más fracciones.

denominar (de-no-mi-**nar**) *v. tr.* Dar el nombre a una persona o cosa. **GRA.** También v. prnl. *No me acuerdo de cómo lo denominaron.* **SIN.** Nombrar, apellidar(se), bautizar, designar, llamar(se).

denostar (de-nos-**tar**) *v. tr.* Injuriar, insultar. *La multitud denostó gravemente al árbitro del partido por su mala actuación.* **ANT.** Alabar, loar, encomiar. v. irreg., se conjuga como contar.

denotar (de-no-**tar**) *v. tr.* **1.** Indicar, anunciar, significar. *Su cara denota el enfado que tiene, no hace falta que diga nada.* **2.** En lingüística, expresar una palabra su significación primera. *Estamos estudiando las diferencias entre denotar y connotar.* **ANT.** Connotar.

densidad (den-si-**dad**) *s. f.* **1.** Cualidad de denso. *Era un vino de gran densidad.* **SIN.** Consistencia, dureza, viscosidad. **ANT.** Levedad, blandura, fluidez. **2.** En física, relación entre la masa y el volumen de un cuerpo. *Como tenía poca densidad, no se hundió en el agua.* ‖ **3. densidad de población** Número de habitantes por unidad de superficie.

densímetro (den-**sí**-me-tro) *s. m.* Instrumento que sirve para medir la densidad de los líquidos. *En el laboratorio hay varios densímetros.* **SIN.** Areómetro.

denso, sa (**den**-so) *adj.* **1.** Se dice de los cuerpos muy apretados y poco porosos. *El platino es un metal muy denso.* **SIN.** Consistente, concentrado, compacto. **ANT.** Hueco. **2.** Oscuro, confuso. *La situación era tan densa que la policía no sabía por dónde empezar.* **SIN.** Tupido. **ANT.** Claro. **3.** Se dice de un líquido espeso, engrosado. *El vino típico de la región era denso y dulce.* **SIN.** Condensado, pastoso. **ANT.** Diluido.

dentadura (den-ta-**du**-ra) *s. f.* Conjunto de dientes, muelas y colmillos de una persona o un animal. *Se puso una dentadura postiza.*

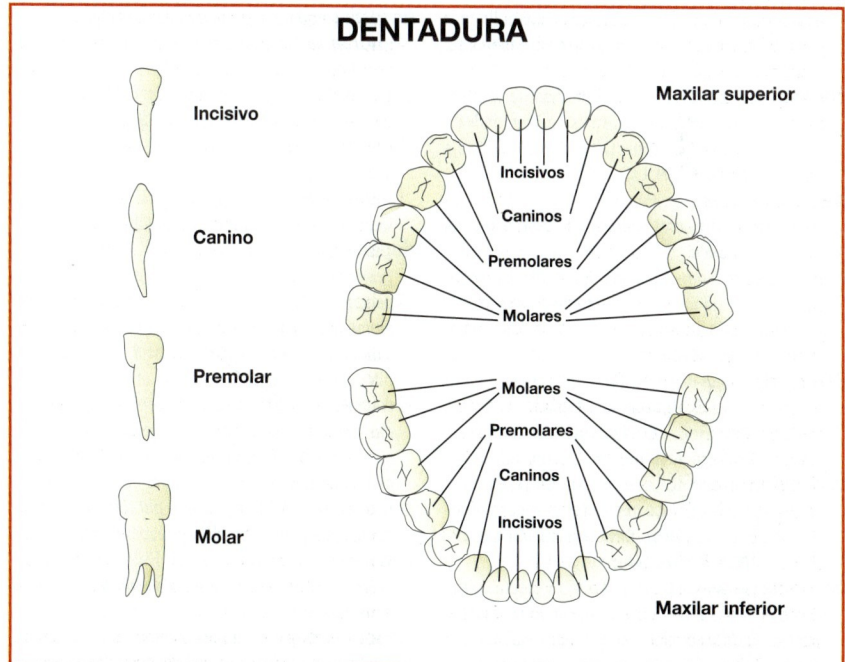

DENTADURA

Incisivo

Canino

Premolar

Molar

Maxilar superior
Incisivos
Caninos
Premolares
Molares

Molares
Premolares
Caninos
Incisivos
Maxilar inferior

dental - depender

dental (den-**tal**) *adj.* **1.** Que pertenece o se refiere a los dientes. *Abrió una clínica dental.* **2.** Se dice del sonido que se articula con la lengua en los incisivos superiores, y de la letra que representa este sonido. **GRA.** También s. f. *La "t" y la "d" son dentales.*

dentellada (den-te-**lla**-da) *s. f.* Herida que dejan los dientes en la parte donde muerden. *Todavía tenía la marca de la dentellada del perro.* **SIN.** Mordedura, mordisco, dentada.

dentellar (den-te-**llar**) *v. intr.* Golpear los dientes unos contra otros. *Estaba dentellando de frío.* **SIN.** Retemblar, temblequear.

dentera (den-**te**-ra) *s. f.* **1.** Sensación desagradable que se experimenta en los dientes y encías al comer ciertas cosas, oír ciertos ruidos o tocar determinados cuerpos. *Me da dentera verte comer ese limón tan verde.* **SIN.** Repulsión. **2.** Envidia. *Le daba mucha dentera ver cómo triunfaba su mayor enemigo.*

dentición (den-ti-**ción**) *s. f.* **1.** Fenómeno de la formación, aparición y desarrollo de los dientes. *Come peor a causa de la dentición.* **2.** Tiempo durante el cual ocurre este fenómeno. *La niña lo pasó muy mal durante la dentición.*

dentífrico, ca (den-**tí**-fri-co) *adj.* Se dice de las sustancias, polvos, aguas, etc., que se usan para limpiar y mantener sana la dentadura. **GRA.** También s. m. *Usa siempre un buen dentífrico.*

dentista (den-**tis**-ta) *s. m. y s. f.* Médico dedicado a conservar la dentadura, curar sus enfermedades y reponer artificialmente sus faltas. *Fue al dentista a sacarse una muela.* **SIN.** Odontólogo.

dentón (den-**tón**) *s. m.* Pez marino, comestible, con dos de sus dientes muy salientes. *El dentón abunda en el Mediterráneo.*

dentro (**den**-tro) *adv. l. y adv. t.* En la parte interior de un lugar o en un espacio de tiempo. *El gato suele dormir dentro de la casa. El traje se lo haré dentro de una semana.* **ANT.** Fuera.

denuedo (de-**nue**-do) *s. m.* Valor en los peligros y situaciones difíciles. *Aguantó la situación con mucho denuedo.* **SIN.** Brío, esfuerzo, intrepidez, audacia, valentía, gallardía. **ANT.** Indecisión, cobardía.

denuesto (de-**nues**-to) *s. m.* Injuria grave, de palabra o por escrito. *Estaba muy dolido por los denuestos de sus compañeros.* **SIN.** Ofensa, improperio, insulto. **ANT.** Alabanza, piropo.

denuncia (de-**nun**-cia) *s. f.* **1.** Acción y efecto de denunciar. *Hizo una denuncia en el periódico sobre el mal estado de la carretera.* **2.** Aviso de palabra o por escrito a la autoridad de que se ha cometido alguna falta o delito. *Presentaron una denuncia por malos tratos.* **SIN.** Delación, soplo, acusación.

denunciar (de-nun-**ciar**) *v. tr.* **1.** Hacer saber una cosa. *Denunció el estado de las cuentas del negocio.* **SIN.** Notificar, avisar, anunciar, indicar. **ANT.** Encubrir, callar, esconder. **2.** Dar aviso a la autoridad de que se ha cometido un delito, con designación del culpable o sin ella. *Denunció al ladrón.* **SIN.** Acusar, delatar. **ANT.** Encubrir, tapar, defender. ✎ En cuanto al acento, se conjuga como cambiar.

deparar (de-pa-**rar**) *v. tr.* **1.** Proveer a alguien de aquello de lo que necesita. *El ayuntamiento deparó viviendas provisionales a las familias afectadas por las inundaciones.* **SIN.** Suministrar, proporcionar, conceder, dar, facilitar. **2.** Poner delante, presentar. *No sabemos lo que el destino nos deparará.* **SIN.** Ofrecer.

departamento (de-par-ta-**men**-to) *s. m.* **1.** Cada una de las partes en que se divide un local, un territorio, una caja, etc. *Francia está dividida en departamentos. Cada vagón de este tren tiene diez departamentos.* **SIN.** Sección, dependencia. **2.** En las universidades, cada una de las unidades de enseñanza e investigación. *Fuimos a la Facultad, al departamento de geografía.*

departir (de-par-**tir**) *v. intr.* Hablar con alguien. *Estuvimos en la cafetería departiendo durante un buen rato.* **SIN.** Conversar, charlar.

depauperar (de-pau-pe-**rar**) *v. tr.* **1.** *Empobrecer. **SIN.** Arruinar. **ANT.** Enriquecer. **2.** Debilitar el organismo o alguna de sus partes. **GRA.** Se usa más como v. prnl. *Se está depauperando día a día a consecuencia de la enfermedad.* **SIN.** Consumir(se), extenuar(se). **ANT.** Fortalecer(se), robustecer(se).

dependencia (de-pen-**den**-cia) *s. f.* **1.** Hecho de depender de una persona o cosa. *Se cansó de la dependencia del coche de su hermano y decidió comprarse uno.* **SIN.** Subordinación, sujeción, sumisión, supeditación. **ANT.** Independencia. **2.** Oficina pública o privada que depende de otra superior. *Esta central bancaria tiene varias dependencias distribuidas por toda la provincia.* **SIN.** Delegación, sección, sucursal. **ANT.** Central. **3.** Cada una de las habitaciones en que se divide un gran edificio. **GRA.** Se usa más en pl. *El guía nos llevó por todas las dependencias del palacio.* **4.** *Drogodependencia.

depender (de-pen-**der**) *v. intr.* **1.** Estar subordinado a alguien o algo. *Dependo de mi sueldo.* **2.** Ser causado o estar condicionado por alguien o algo. *Mi viaje depende de que haga buen tiempo.* **3.** Necesitar de una persona o cosa. *Un bebé depende de sus padres.*

dependiente - depresión

dependiente, ta (de-pen-**dien**-te) *s. m. y s. f.* Persona que se encarga de atender a los clientes en un establecimiento. *Nos atendió un dependiente muy amable.* **SIN.** Comerciante.

depilar (de-pi-**lar**) *v. tr.* Arrancar el pelo o producir su caída por medio de sustancias o medicamentos depilatorios. **GRA.** También v. prnl. *Se depiló las piernas.*

deplorar (de-plo-**rar**) *v. tr.* Lamentar algo. *Deploró lo sucedido, aunque ya era demasiado tarde.* **SIN.** Afligirse, sentir, dolerse. **ANT.** Alegrarse.

deponer (de-po-**ner**) *v. tr.* **1.** Dejar, separar, apartar de sí. *Ambos ejércitos depusieron las armas y se firmó un acuerdo de paz.* **2.** Privar a una persona de su empleo, retirarle sus honores. *Le depusieron de su cargo en el ministerio.* **SIN.** Destituir. ✎ v. irreg., se conjuga como poner.

deportar (de-por-**tar**) *v. tr.* Desterrar a alguien a un lugar determinado. *Napoleón fue deportado a una isla.* **SIN.** Exiliar, proscribir, expulsar, expatriar.

deporte (de-**por**-te) *s. m.* Ejercicio físico o juego con ciertas reglas, que se practica solo o en grupo. *El deporte es saludable.* ‖ **LOC. por deporte** Sin ningún interés, por gusto. Ver cuadro página 290.

deportista (de-por-**tis**-ta) *s. m. y s. f.* Persona aficionada a los deportes o que practica alguno de ellos. **GRA.** También adj. *Su forma física es excelente porque es un gran deportista.* **SIN.** Atleta, jugador.

deportividad (de-por-ti-vi-**dad**) *s. f.* Cumplimiento correcto de las reglas de juego en los deportes. *Jugaron con una gran deportividad.*

deposición (de-po-si-**ción**) *s. f.* **1.** Declaración o exposición que se hace de una cosa. *Hizo una detallada deposición de los hechos en el juicio.* **2.** Privación de empleo o dignidad. *Aunque ya le habían anunciado la deposición de su cargo, no se lo acababa de creer.* **ANT.** Nombramiento. **3.** Evacuación del vientre. *El médico le recetó unas pastillas para controlar sus deposiciones diarréicas.* **SIN.** Defecación.

depositar (de-po-si-**tar**) *v. tr.* **1.** Colocar algo en un sitio. *Depositó un ramo de flores sobre su tumba.* **SIN.** Poner, guardar. **ANT.** Sacar, quitar. **2.** Poner bienes o cosas de valor bajo la custodia de una persona o entidad. *Todos los meses deposita sus ahorros en el banco.* **SIN.** Consignar. **3.** Confiar algo a una persona. *Depositó en él su confianza. Depositó en nuestras manos la resolución del caso.* **SIN.** Encomendar. ‖ *v. prnl.* **4.** Separarse de un líquido una materia que esté en suspensión, posarse. *Los posos del café se depositaron en el fondo del vaso.*

depositario, ria (de-po-si-**ta**-rio) *s. m. y s. f.* Persona en quien se deposita algo. *Su hermano mayor era el depositario del testamento.*

depósito (de-**pó**-si-to) *s. m.* **1.** Acción y efecto de depositar. *Después de varios meses de ahorro, su depósito de dinero ha aumentado mucho.* **SIN.** Almacenamiento, acumulación. **2.** Cosa depositada. *Cada uno de los socios realizó un depósito de mil pesetas.* **3.** Lugar donde se deposita. *Le llevaron al depósito de objetos perdidos.* **SIN.** Almacén. **4.** Sedimento de un líquido. *Al enfriarse la solución se formó un depósito en el fondo del recipiente.* **SIN.** Precipitado. ‖ **5. depósito de cadáveres** Lugar donde se depositan temporalmente los cadáveres, antes de ser enterrados, pendientes de su reconocimiento o de cualquier otro tipo de investigación judicial. **6. depósito legal** Entrega de tres ejemplares de una obra literaria, musical, etc., que el autor o el editor debe realizar al organismo correspondiente.

depravación (de-pra-va-**ción**) *s. f.* Acción y efecto de depravar o depravarse. *En aquel lugar había mucha depravación, nadie respetaba la ley.* **SIN.** Envilecimiento, perversión, corrupción. **ANT.** Virtud, honestidad, honradez.

depravar (de-pra-**var**) *v. tr.* Corromper o corromperse alguien o algo. **GRA.** También v. prnl. *Se depravaron las buenas costumbres.* **SIN.** Malear(se), pervertir(se), envilecer(se), dañar(se). **ANT.** Educar(se), edificar(se), rehabilita(se).

depreciación (de-pre-cia-**ción**) *s. f.* Disminución del valor o precio de una cosa. *Hubo varias depreciaciones de la moneda.* **SIN.** Abaratamiento, baratura, desmerecimiento, baja, desvalorización. **ANT.** Alza, encarecimiento, revalorización.

depreciar (de-pre-**ciar**) *v. tr.* Disminuir el valor o precio de una cosa. **GRA.** También v. prnl. *Estos locales se han depreciado mucho con la crisis.* **SIN.** Abaratar(se), rebajar(se), desvalorizar(se). **ANT.** Encarecer(se), revalorizar(se), subir. ✎ En cuanto al acento, se conjuga como cambiar.

depredación (de-pre-da-**ción**) *s. f.* Saqueo con violencia. *La depredación de la ciudad por las tropas vencedoras fue condenada por todas las organizaciones.* **SIN.** Robo, pillaje.

depredador, ra (de-pre-da-**dor**) *adj.* Se dice de los animales que capturan a otros para alimentarse de ellos. *Los tiburones son depredadores de diversos peces.*

depresión (de-pre-**sión**) *s. f.* **1.** Decaimiento del ánimo o la voluntad, con inclinación a la tristeza. *Des-*

DEPORTES

Voleibol

Ciclismo

Parapente

Balonmano

Pelota

Equitación

Gimnasia rítmica

Béisbol

Baloncesto

de la muerte de su madre, tenía una fuerte depresión. **SIN.** Abatimiento, melancolía. **ANT.** Alegría, euforia. **2.** Parte de una superficie que se encuentra hundida respecto del resto de ella. *La cabaña estaba situada en una pequeña depresión del valle.* **SIN.** Hoyo, fosa. **ANT.** Elevación. **3.** Fase de baja situación económica general. *Ciertos factores indicaban que el país estaba saliendo de la depresión económica.* **SIN.** Recesión. || **4. depresión atmosférica** Zona de bajas presiones atmosféricas.

deprimir (de-pri-**mir**) *v. tr.* Producir decaimiento del ánimo. **GRA.** También v. prnl. *La noticia de su enfermedad le deprimió mucho.* **SIN.** Abatir(se), desalentar(se), desanimar(se). **ANT.** Alegrar(se), animar(se), superar(se).

deprisa (de-**pri**-sa) *adv. m.* Con rapidez. *Vístete deprisa que llegamos tarde.* **SIN.** Rápidamente, pronto. **ANT.** Despacio. ✎ También "de prisa".

depuesto, ta (de-**pues**-to) *adj.* Privado de su cargo o rebajado de las dignidades y honores que tenía. *El presidente del gobierno fue depuesto por un golpe de estado.* **SIN.** Cesado, desautorizado, derrocado, degradado, destituido. **ANT.** Repuesto.

depurar (de-pu-**rar**) *v. tr.* Limpiar algo. **GRA.** También v. prnl. *Depuraron el agua de la piscina.* **SIN.** Purificar(se), sanear(se). **ANT.** Ensuciar(se).

derby *s. m.* **1.** Nombre de una carrera de caballos que se celebra en Epsom, y en la que compiten animales de tres años. *El hipódromo estaba lleno en la celebración del gran derby.* **2.** Por ext., cualquier competición hípica importante. *Le encantan los caballos, por eso va a todos los derbys que se celebran en su ciudad.* **3.** Encuentro deportivo entre dos rivales de la misma ciudad o ciudades próximas. *El sábado se disputará el derby entre el Gijón y el Oviedo.* ✎ También "derbi".

derechazo (de-re-**cha**-zo) *s. m.* Golpe dado con la mano o el puño derechos. *Le dio un fuerte derechazo y le tumbó.*

derecho, cha (de-**re**-cho) *adj.* **1.** Que no se tuerce a un lado ni a otro. *El mástil del barco está derecho.* **SIN.** Recto, directo, igual, continuo, vertical. **ANT.** Torcido, doblado, desviado, inclinado. **2.** Que cae o mira al lado opuesto del corazón. *El acompañante se sienta en el lado derecho del coche.* **SIN.** Diestro. **ANT.** Izquierdo, siniestro. **3.** Que se fundamenta en la justicia, la ley o la razón. *Su comportamiento fue derecho en todo momento.* **SIN.** Justo, fundado, razonable, sensato. **ANT.** Injusto, ilegítimo, infundado. || *s. m.* **4.** Conjunto de estudios que forman la carrera de abogado. *Estudió derecho porque quería ser juez.* **SIN.** Leyes. **5.** Facultad de hacer o exigir todo lo que es para nuestro bien según la ley. *Tengo derecho a estar en el parque porque es público.* || *s. f.* **6.** *Mano, derecha. **SIN.** Diestra. **ANT.** Izquierda, siniestra. **7.** Las fuerzas políticas de ideología conservadora. *La derecha no se opuso a las reformas.* **SIN.** Conservadurismo. **ANT.** Izquierda. || *adv. m.* **8.** Derechamente. *Anda derecho.* || **LOC. a derechas** Bien. **perder alguien de su derecho** Ceder ante algo o alguien.

deriva (de-**ri**-va) *s. f.* Desvío de una nave de su rumbo, a merced de la corriente o del viento. *Debido al fuerte temporal, varios barcos se encontraban a la deriva.* || **LOC. ir a la deriva** *fam.* Andar mal en un negocio por carecer de orientación.

derivada (de-ri-**va**-da) *s. f.* Hablando de funciones matemáticas, límite a que tiende la razón entre el incremento de la función y el correspondiente a la variable cuando este último tiende a cero. *En el examen cayó una derivada muy difícil.*

derivado, da (de-ri-**va**-do) *adj.* **1.** Que procede o tiene su origen en otra cosa. *Todo viene derivado de su conducta.* **SIN.** Deducido. **2.** Se dice de la palabra que se forma por derivación. **GRA.** También s. m. *"Panadería" es una palabra derivada de "pan".* **3.** Se dice del producto que se obtiene de otro. **GRA.** También s. m. *El queso es un producto derivado de la leche.*

derivar (de-ri-**var**) *v. intr.* **1.** Traer su origen de alguna cosa. **GRA.** También v. prnl. *El descontento social derivaba de la fuerte crisis económica que atravesaba el país.* **SIN.** Originarse, proceder, emanar, resultar. **2.** Desviarse el buque de su rumbo. *Derivó un barco junto al acantilado.* **SIN.** Abatir, derrotarse, desviarse. **3.** Construirse una palabra a partir de otra. **GRA.** También v. tr. *"Lechero" deriva de "leche".* || *v. tr.* **4.** Hacer que algo vaya por otro cauce. *Tuvieron que derivar el río hacia el pantano.* **5.** En matemáticas, obtener una derivada. *Derivó la función para obtener el máximo.*

dermatitis (der-ma-**ti**-tis) *s. f.* Inflamación de la piel. *Le recetaron una crema para la dermatitis.* ✎ Invariable en número.

dermatología (der-ma-to-lo-**gí**-a) *s. f.* Parte de la medicina que trata de las enfermedades de la piel. *Es especialista en dermatología.*

dermis (**der**-mis) *s. f.* Capa más gruesa de la piel, que cubre los músculos y la carne. *La dermis está situada debajo de la epidermis.* ✎ Invariable en número.

derogar - desabrigado

derogar (de-ro-**gar**) *v. tr.* Anular o modificar una ley o costumbre. *Derogaron varios artículos del código de Justicia militar.* **SIN.** Suprimir, abolir. **ANT.** Autorizar, ratificar. ✎ Se conjuga como ahogar.

derramar (de-rra-**mar**) *v. tr.* Tirar cosas líquidas o menudas. **GRA.** También v. prnl. *Derramé la leche sobre el mantel.* **SIN.** Desparramar(se), verter(se), esparcir(se), volcar(se).

derrame (de-**rra**-me) *s. m.* **1.** Lo que se sale o pierde de un líquido al romperse el envase que lo contiene. *El derrame de agua estaba producido por una grieta en el depósito.* **2.** Rotura de vasos sanguíneos. *Se dio un golpe y se le produjo un derrame en el ojo.*

derrapar (de-rra-**par**) *v. intr.* Patinar un vehículo desviándose lateralmente de la dirección que llevaba. *El coche derrapó y nos salimos de la carretera.* **SIN.** Resbalar.

derrengar (de-rren-**gar**) *v. tr.* **1.** Lesionar los riñones o la parte del lomo. **GRA.** También v. prnl. *El pobre animal con tanta carga acabó derrengándose. Me derrengué enseguida, no estoy acostumbrado a coger tanto peso.* **2.** Torcer, inclinar a un lado más que a otro. **GRA.** También v. prnl. *La carga se derrengó hacia la derecha.* **SIN.** Ladear(se), escorar(se). **ANT.** Enderezar(se). ✎ Se conjuga como ahogar.

derretir (de-rre-**tir**) *v. tr.* Deshacer o disolver algo sólido. *El calor derritió el hielo.* **GRA.** También v. prnl. **SIN.** Deshelar(se), fundir(se), licuar(se). **ANT.** Solidificar(se). ✎ v. irreg., se conjuga como pedir.

derribar (de-rri-**bar**) *v. tr.* **1.** Echar a tierra edificios, muros, etc. *Han derribado la torre vieja.* **SIN.** Tirar, tumbar, derrumbar, demoler. **ANT.** Construir, edificar. **2.** Hacer caer al suelo seres o cosas. *Tropezó con otro jugador y le derribó.* **SIN.** Derrumbar, tirar, tumbar. **ANT.** Alzar, levantar.

derribo (de-**rri**-bo) *s. m.* **1.** Acción y efecto de derribar o demoler. *Cerraron el comercio por derribo.* **SIN.** Demolición, derribamiento, destrucción. **2.** Conjunto de escombros de una demolición. *La calle está cortada a causa del derribo.*

derrocar (de-rro-**car**) *v. tr.* Destituir de un cargo, empleo o poder, por medios violentos. *Derrocaron al presidente del gobierno.* **SIN.** Deponer, expulsar, cesar. ✎ Se conjuga como abarcar.

derrochar (de-rro-**char**) *v. tr.* **1.** Malgastar los bienes. *Derrochó todos los ahorros que tenía.* **SIN.** Dilapidar, despilfarrar. **ANT.** Guardar, ahorrar, economizar. **2.** Emplear alguien generosamente lo que posee, como el valor, el humor, etc. *Da gusto verle, siempre derrocha alegría.* **SIN.** Rebosar. **ANT.** Carecer.

derrota (de-**rro**-ta) *s. f.* **1.** Vencimiento del enemigo. *El ejército enemigo huyó como pudo después de la derrota.* **SIN.** Rendición, fracaso, pérdida. **ANT.** Victoria, triunfo. **2.** En deporte, vencimiento del rival. *El equipo visitante recibió una fuerte derrota.*

derrotar (de-rro-**tar**) *v. tr.* Vencer al contrario. *Derrotaron a su contrincante en el concurso.* **SIN.** Desbaratar, batir, destrozar, ganar.

derrotero (de-rro-**te**-ro) *s. m.* Camino para llegar a un fin. *Creo que no va por buen derrotero.* **SIN.** Rumbo.

derrotista (de-rro-**tis**-ta) *adj.* Se aplica a la persona que se da enseguida por vencida. *Era tan derrotista que nunca luchaba por nada.* **SIN.** Agorero, desmoralizador.

derruir (de-rru-**ir**) *v. tr.* Demoler un edificio. *Derruyeron una casa antigua porque estaba a punto de caerse.* **SIN.** Abatir, derribar. ✎ v. irreg., se conjuga como huir.

derrumbar (de-rrum-**bar**) *v. tr.* Demoler algo. **GRA.** También v. prnl. *Se les derrumbó el tejado del chalé.* **SIN.** Derribar, derruir(se). **ANT.** Levantar(se).

desabastecido, da (de-sa-bas-te-**ci**-do) *adj.* Falto de abastecimiento. *Este pueblo está desabastecido de agua a causa de la sequía.* **SIN.** Desprovisto. **ANT.** Abastecido, provisto.

desabollar (de-sa-bo-**llar**) *v. tr.* Quitar a las piezas y vasijas de metal las abolladuras o bollos. *Intenta desabollar la puerta del coche, no cierra.*

desaborido, da (de-sa-**bo**-ri-do) *adj.* **1.** Sin sabor ni sustancia. *No me gusta esta sopa, está muy desaborida.* **SIN.** Desabrido, insípido, insulso. **ANT.** Sabroso, delicioso. **2.** *fam.* Se aplica a la persona sosa de carácter. **GRA.** También s. m. y s. f. *No se divierte con nada, es una desaborida.* **SIN.** Insulso, aburrido.

desabotonar (de-sa-bo-to-**nar**) *v. tr.* Abrir una prenda de vestir sacando los botones de los ojales. **GRA.** También v. prnl. *Ayuda al niño a desabotonar el abrigo.* **SIN.** Soltar(se), desabrochar(se). **ANT.** Abrochar(se), abotonar(se).

desabrido, da (de-sa-**bri**-do) *adj.* **1.** Se dice de los alimentos que carecen de sabor o que apenas lo tienen. *Encuentro desabridos estos tomates.* **SIN.** Insustancial, insulso, soso. **ANT.** Sabroso, sustancioso. **2.** Se dice del tiempo destemplado. *Hacía un día tan desabrido que decidimos suspender la excursión.* **3.** Se dice de la persona de trato desapacible. *No me cae bien porque es muy desabrido y arisco.* **SIN.** Desagradable, antipático. **ANT.** Cortés, afectuoso.

desabrigado, da (de-sa-bri-**ga**-do) *adj.* Desamparado, sin favor ni apoyo. *El pobre perro se encontra-*

desabrigar - desafiar

ba desabrigado y muerto de hambre. **SIN.** Abandonado. **ANT.** Amparado, protegido, apoyado.

desabrigar (de-sa-bri-**gar**) *v. tr.* Descubrir, desarropar, quitar la ropa que sirve de abrigo. **GRA.** También v. prnl. *Su madre tenía cuidado de que no se desabrigara para que no cogiese frío.* **SIN.** Destapar(se), desvestir(se), desnudar(se). **ANT.** Abrigar(se). ✎ Se conjuga como ahogar.

desabrochar (de-sa-bro-**char**) *v. tr.* *Desabotonar. **GRA.** También v. prnl. **ANT.** Abrochar(se).

desacatar (de-sa-ca-**tar**) *v. tr.* **1.** Faltar al debido respeto a los superiores. *Fue detenido por desacatar a la autoridad.* **SIN.** Ofender, ultrajar. **2.** Desobedecer una ley, norma, etc. *Desacató las órdenes del jefe.* **SIN.** Insubordinarse, rebelarse. **ANT.** Obedecer, acatar.

desacato (de-sa-**ca**-to) *s. m.* Falta del debido respeto a los superiores. *Fue castigado por desacato al juez.* **SIN.** Desobediencia, insumisión, rebeldía. **ANT.** Obediencia.

desacelerar (de-sa-ce-le-**rar**) *v. tr.* Disminuir la velocidad. *Desacelera un poco, viene una curva peligrosa.*

desacertado, da (de-sa-cer-**ta**-do) *adj.* *Equivocado. **SIN.** Errado. **ANT.** Acertado.

desacertar (de-sa-cer-**tar**) *v. intr.* No acertar en algo. *Desacertó el tiro por no haber apuntado bien.* **ANT.** Acertar. **SIN.** Errar, equivocarse. ✎ v. irreg., se conjuga como acertar.

desacomodado, da (de-sa-co-mo-**da**-do) *adj.* Se aplica a la persona que no tiene los medios necesarios para mantener su estado. *Desde que se ha quedado sin trabajo, su situación es bastante desacomodada.*

desacomodar (de-sa-co-mo-**dar**) *v. tr.* **1.** Privar de la comodidad. *No te desacomodes.* **2.** Quitar el empleo u ocupación. **GRA.** También v. prnl. *Le desacomodaron del trabajo sin más explicaciones.*

desaconsejar (de-sa-con-se-**jar**) *v. tr.* Persuadir a alguien para que no haga lo que pensaba hacer. *Le desaconsejó que presentara la denuncia si no quería más problemas.* **SIN.** Disuadir, desanimar. **ANT.** Aconsejar.

desacordar (de-sa-cor-**dar**) *v. tr.* **1.** Destemplar un instrumento musical. **GRA.** También v. prnl. *Deja de tocar la guitarra, desacorda mucho.* **2.** Poner desacuerdo. *Desacordaron lo que habían decidido.* **SIN.** Desunir. ‖ *v. prnl.* **3.** Perder la memoria de algo. *Suele desacordarse con frecuencia de lo que tiene que hacer.* **SIN.** Olvidarse. ✎ v. irreg., se conjuga como contar.

desacorde (de-sa-**cor**-de) *adj.* **1.** Se dice de lo que no concuerda con otra cosa. *Revisa esa factura, está desacorde con el pedido.* **SIN.** Disconforme, desavenido. **ANT.** Conforme. **2.** Se dice de los instrumentos desafinados. *No podrás tocar el piano, está desacorde.* **SIN.** Destemplado, desafinado. **ANT.** Afinado.

desacostumbrado, da (de-sa-cos-tum-**bra**-do) *adj.* Fuera del uso y orden común. *Aquella tradición se conserva en la memoria, pero su uso es ya algo desacostumbrado.* **SIN.** Insólito, desusado, inaudito. **ANT.** Corriente.

desacostumbrar (de-sa-cos-tum-**brar**) *v. tr.* Hacer perder o dejar el uso y costumbre que alguien tiene. **GRA.** También v. prnl. *Me desacostumbré a levantarme temprano y ahora me cuesta muchísimo.* **SIN.** Desusar, desavezar(se). **ANT.** Acostumbrar(se).

desacreditado, da (de-sa-cre-di-**ta**-do) *adj.* Que no goza de buena opinión. *Después de sucesivos fracasos, ha quedado totalmente desacreditado en su profesión.* **SIN.** Infame, malmirado. **ANT.** Acreditado, apreciado.

desacreditar (de-sa-cre-di-**tar**) *v. tr.* Disminuir o quitar la reputación de una persona, o el valor y la estimación de una cosa. *El proyecto se desacreditó al examinar los elevados costes que suponía. Trataba de desacreditar a su contrincante para conseguir él el puesto.* **SIN.** Criticar, difamar. **ANT.** Elogiar, afamar.

desactivar (de-sac-ti-**var**) *v. tr.* **1.** Neutralizar cualquier potencia activa. *Desactivaron la organización gracias a las confesiones de algunos de sus miembros.* **SIN.** Detener. **2.** Inutilizar los dispositivos que harían estallar un artefacto explosivo. *La policía desactivó la bomba.* **SIN.** Desmontar.

desacuerdo (de-sa-**cuer**-do) *s. m.* Falta de acuerdo en algo. *Al final de las negociaciones hubo desacuerdo.* **SIN.** Desavenencia, desunión. **ANT.** Acuerdo, pacto, concordancia.

desadormecer (de-sa-dor-me-**cer**) *v. tr.* **1.** Despertar a alguien. **GRA.** También v. prnl. *Se está desadormeciendo.* **2.** Desentorpecer el sentido, desentumecer un miembro dormido o entorpecido. **GRA.** También v. prnl. *El pie le dolía al desadormecerse.* ✎ v. irreg., se conjuga como parecer.

desafección (de-sa-fec-**ción**) *s. f.* Mala voluntad. *No me gusta tratar con él, su desafección es notable.* **SIN.** Antipatía, desafecto, animosidad. **ANT.** Afecto, simpatía.

desafiar (de-sa-**fiar**) *v. tr.* **1.** Retar a un combate o pelea. *Le desafió a un duelo.* **SIN.** Provocar. **2.** Afrontar las dificultades y peligros con decisión.

desafinado - desahogar

Desafió el negro futuro que se le avecinaba y salió victorioso. **3.** Enfrentarse al enfado de una persona oponiéndose a sus deseos u opiniones. *Aunque temía las consecuencias, desafió a su compañero porque no estaba de acuerdo.* **SIN.** Contradecir. En cuanto al acento, se conjuga como desviar.

desafinado, da (de-sa-fi-**na**-do) *adj.* Que no guarda la entonación debida y resulta desagradable al oído. *Ese piano suena fatal, creo que está desafinado.* **SIN.** Desentonado, disonante. **ANT.** Afinado.

desafinar (de-sa-fi-**nar**) *v. intr.* **1.** Apartarse un instrumento de la debida entonación. **GRA.** También v. prnl. *La bandurria desafina.* **SIN.** Desentonar. **ANT.** Entonar. **2.** Desentonar una voz en el canto. **GRA.** También v. prnl. *Ten cuidado, estás desafinando mucho.* **3.** *fam.* Decir en una conversación algo indiscreto o fuera de tono. *No querían que estuviera presente en la conversación porque seguro que decía algo que desafinaba.*

desafío (de-sa-**fí**-o) *s. m.* **1.** Acción y efecto de desafiar. *Aceptó su desafío porque se sentía ofendido.* **2.** Rivalidad, competencia. *El desafío entre los dos participantes hizo que la competición fuera de lo más interesante.* **SIN.** Reto, provocación. **ANT.** Sometimiento.

desaforado, da (de-sa-fo-**ra**-do) *adj.* Grande con exceso, fuera de lo común. *Su desaforado enfado por una cosa tan tonta nos dejó a todos muy sorprendidos.* **SIN.** Desmesurado, descomunal. **ANT.** Pequeño.

desafortunado, da (de-sa-for-tu-**na**-do) *adj.* Sin fortuna. *Nadie tuvo la culpa del desafortunado incidente.* **SIN.** Desventurado, desdichado, infeliz. **ANT.** Feliz.

desagraciar (de-sa-gra-**ciar**) *v. tr.* Quitar la gracia, afear. *Desagració el vestido por completo al quitarle los lazos que llevaba.* En cuanto al acento, se conjuga como cambiar.

desagradable (de-sa-gra-**da**-ble) *adj.* Que desagrada o disgusta. *Me resulta desagradable tener que decirle que no está invitado.* **SIN.** Fastidioso, penoso, enojoso, irritante. **ANT.** Agradable, placentero.

desagradar (de-sa-gra-**dar**) *v. intr.* Causar mala impresión. **GRA.** También v. prnl. *Me desagradó aquella película de terror.* **SIN.** Fastidiar, molestar(se), disgustar(se). **ANT.** Agradar.

desagradecer (de-sa-gra-de-**cer**) *v. tr.* No corresponder debidamente al beneficio recibido. *Desagradeció mis consejos y, además, se enfadó.* v. irreg., se conjuga como parecer.

desagradecido, da (de-sa-gra-de-**ci**-do) *adj.* Se dice de quien no es agradecido. **GRA.** También s. m. y s. f. *Es un desagradecido, ya no se acuerda de quién le sacó de los apuros.* **SIN.** Ingrato, desleal, infiel. **ANT.** Agradecido, fiel.

desagrado (de-sa-**gra**-do) *s. m.* Sentimiento e inquietud causados por algo enojoso o molesto. *Le produjo mucho desagrado que la reunión se suspendiera por un motivo tan tonto.* **SIN.** Disgusto, descontento, fastidio, enojo. **ANT.** Gusto, contento.

desagraviar (de-sa-gra-**viar**) *v. tr.* Compensar el perjuicio causado. **GRA.** También v. prnl. *Desagravió la pérdida del libro prestado comprando otro nuevo.* **SIN.** Reparar, enmendar. **ANT.** Agraviar, dañar. En cuanto al acento, se conjuga como cambiar.

desagravio (de-sa-**gra**-vio) *s. m.* Acción y efecto de desagraviar o desagraviarse. *Como no habían ido a su boda, decidió no asistir a la de su amigo como desagravio.* **SIN.** Reparación, satisfacción. **ANT.** Ofensa.

desaguar (de-sa-**guar**) *v. tr.* **1.** Extraer o hacer salir el agua de un lugar. *Desaguaron la tubería para arreglar la fuga.* **SIN.** Vaciar, secar, derramar. **ANT.** Llenar, anegar. || *v. intr.* **2.** Entrar, desembocar los ríos en el mar. *Este río desagua en el mar Cantábrico.* **SIN.** Verter, afluir. En cuanto al acento, se conjuga como averiguar.

desagüe (de-**sa**-güe) *s. m.* Conducto que da salida a las aguas. *Se atrancó el desagüe de la pila.*

desaguisado, da (de-sa-gui-**sa**-do) *adj.* **1.** Que ha sido hecho contra la ley o la razón. *Vaya desaguisado de proyecto, no tiene ni pies ni cabeza.* **SIN.** Desacierto, disparate, barbaridad. **ANT.** Acierto. || *s. m.* **2.** Agravio, acción descomedida. *Aquella fiesta fue un auténtico desaguisado.*

desahogado, da (de-sa-ho-**ga**-do) *adj.* **1.** Se dice del sitio espacioso. *Con las literas la habitación ha quedado mucho más desahogada.* **SIN.** Holgado, desembarazado. **2.** Se dice de la persona que vive con desahogo. *Como trabajan los dos, su posición económica es bastante desahogada.* **SIN.** Rico, adinerado. **ANT.** Pobre, necesitado.

desahogar (de-sa-ho-**gar**) *v. tr.* **1.** Aliviar el ánimo o el trabajo. **GRA.** También v. prnl. *Contrató a un empleado para desahogarse un poco de trabajo y tener algo de tiempo libre.* || *v. prnl.* **2.** Decir una persona a otra el sentimiento o queja que tiene de ella, hacer confidencias. *Se desahogó conmigo contándome todos sus problemas.* **SIN.** Confesarse, confiar(se), consolarse. **ANT.** Callarse. Se conjuga como ahogar.

desahogo - desamparar

desahogo (de-sa-**ho**-go) *s. m.* Alivio de la pena, trabajo o aflicción. *Aquel viaje fue un gran desahogo para él.* **SIN.** Consuelo, reposo. || **LOC. vivir con desahogo** Vivir sin dificultades económicas.

desahuciar (de-sa-hu-**ciar**) *v. tr.* **1.** Despedir o expulsar al inquilino o arrendatario el dueño de la finca o vivienda. *Al no tener otra vivienda no le pudieron desahuciar.* **SIN.** Expulsar, desalojar. **ANT.** Admitir. **2.** Quitar a alguien la esperanza de conseguir lo que desea. *Aquel suspenso desahuciaba todas sus ilusiones de conseguir entrar en aquella facultad.* **SIN.** Desesperanzar, desengañar. **3.** Considerar el médico que el paciente no tiene ninguna posibilidad de salvación. *El pobre enfermo seguía en el hospital, pero ya estaba desahuciado.* **SIN.** Sentenciar. ✎ En cuanto al acento, se conjuga como cambiar.

desairado, da (de-sai-**ra**-do) *adj.* **1.** Que no tiene garbo. *Nada le sienta bien porque es un desairado y no tiene estilo ninguno.* **SIN.** Desgarbado. **2.** Se dice de la persona que no queda airosa en lo que pretende o en lo que tiene a su cargo. *Pretendía aprovecharse de su socio, pero salió desairado.*

desairar (de-sai-**rar**) *v. tr.* Menospreciar a una persona o desestimar una cosa. *Desairó nuestra propuesta sin ni siquiera analizarla.* **SIN.** Desdeñar, ofender. **ANT.** Desagraviar, respetar.

desajustar (de-sa-jus-**tar**) *v. tr.* **1.** Desigualar. *Le dio un golpe a la puerta y la desajustó.* || *v. prnl.* **2.** Desconvenirse, apartarse del ajuste. *Se desajustaron los precios debido a la crisis económica.* **SIN.** Desencajarse, desmontarse.

desajuste (de-sa-**jus**-te) *s. m.* Acción y efecto de desajustar o desajustarse. *Descubrieron un desajuste en los presupuestos de la organización.*

desalar (de-sa-**lar**) *v. tr.* Quitar la sal a una cosa. *Pon el bacalao a desalar.*

desalentado, da (de-sa-len-**ta**-do) *adj.* Se aplica a la persona abatida por falta de ánimo o fuerzas. *Se encontraba tan desalentado que quería abandonar la investigación.* **SIN.** Pesimista, desanimado. **ANT.** Optimista, animado.

desalentar (de-sa-len-**tar**) *v. tr.* Quitar a alguien el ánimo o el valor para acometer una empresa. **GRA.** También v. prnl. *Se desalentó mucho ante aquel suspenso.* **SIN.** Desanimar(se), descorazonar(se), amedrentar(se). **ANT.** Animar(se), envalentonar(se). ✎ v. irreg., se conjuga como acertar.

desalfombrar (de-sal-fom-**brar**) *v. tr.* Quitar o levantar las alfombras. *Están desalfombrando el piso para ponerlo de madera.*

desaliento (de-sa-**lien**-to) *s. m.* Decaimiento del ánimo, falta de vigor o de esfuerzo. *Tenía tal desaliento que nada ni nadie conseguía animarle.* **SIN.** Abatimiento, postración.

desalinear (de-sa-li-ne-**ar**) *v. tr.* Hacer perder la línea recta. **GRA.** También v. prnl. *Al hacer la fotocopia, esas palabras se han desalineado.*

desalinización (de-sa-li-ni-za-**ción**) *s. f.* Desalación del agua de mar. *Están estudiando un método de desalinización para paliar la falta de agua.*

desaliñar (de-sa-li-**ñar**) *v. tr.* **1.** Desarreglar. **GRA.** También v. prnl. *Desaliñaron todo el archivo para buscar aquel papel.* **2.** Faltar al aseo y limpieza. *Su desánimo hizo que se desaliñara por completo.* **SIN.** Descuidar(se), desastrar(se), abandonarse. **ANT.** Embellecer(se), emperifollar(se).

desalmado, da (de-sal-**ma**-do) *adj.* Cruel, inhumano. *Le habían denunciado por ser un desalmado con sus propios hijos.* **SIN.** Brutal, bárbaro, salvaje. **ANT.** Humanitario, bondadoso.

desalojar (de-sa-lo-**jar**) *v. tr.* **1.** Sacar o hacer salir de un lugar a una persona o cosa. *Desalojaron la vieja casa porque había peligro de derrumbamiento.* **SIN.** Expulsar, echar. **ANT.** Alojar, admitir. **2.** Dejar el sitio o morada voluntariamente. *Desalojamos nuestro piso para ir a vivir a un chalé de las afueras.*

desalquilar (de-sal-qui-**lar**) *v. tr.* Dejar o hacer dejar una habitación o cosa que se tenía alquilada. *Desalquilamos el local para poner nosotros un negocio.* **SIN.** Desalojar, desocupar. **ANT.** Alquilar.

desamarrar (de-sa-ma-**rrar**) *v. tr.* Soltar las amarras. *Desamarraron el barco y se hicieron a la mar.* **GRA.** También v. prnl. **SIN.** Desatar(se), soltar(se). **ANT.** Atar(se), anudar(se).

desamor (de-sa-**mor**) *s. m.* **1.** Mala correspondencia de una persona al afecto de otra. *Él le quería mucho, pero el desamor de su amigo era evidente.* **SIN.** Desafecto, indiferencia. **ANT.** Amor, cariño. **2.** Enemistad, aborrecimiento. *Su desamor era tan fuerte que nada podría volver a unirles de nuevo.*

desamparado, da (de-sam-pa-**ra**-do) *adj.* Que no tiene protección ni ayuda. **GRA.** También s. m. y s. f. *Existen asociaciones que ayudan a los desamparados.* **SIN.** Abandonado, indefenso, solo, impotente. **ANT.** Protegido, amparado, acompañado.

desamparar (de-sam-pa-**rar**) *v. tr.* Abandonar, dejar sin amparo ni favor a la persona o cosa que lo pide o necesita. *Desamparó a su pobre perro en el bosque cuando se marchó a vivir a la ciudad.* **SIN.** Desatender, desasistir. **ANT.** Amparar, asistir, atender.

desamueblar - desarbolado

desamueblar (de-sa-**mue**-blar) *v. tr.* Dejar sin muebles un edificio o parte de él. *Tienes que desamueblar la habitación para poder pintar la pared.*

desandar (de-san-**dar**) *v. tr.* Volver atrás, retroceder en el camino ya andado. *Desanduvo un buen trecho del camino para ver si encontraba el anillo perdido.* ✎ v. irreg., se conjuga como andar.

desangelado, da (de-san-ge-**la**-do) *adj.* **1.** Que carece de entusiasmo o simpatía. *Me da mucha pena ese chico, porque siempre le ves triste y desangelado.* **SIN.** Insulso. **2.** Soso, que no tiene adornos. *Deberías decorar un poco la habitación y no tenerla tan desangelada.*

desangrar (de-san-**grar**) *v. tr.* **1.** Sacar sangre a una persona o animal. *Desangraron el cerdo.* || *v. prnl.* **2.** Perder mucha sangre o perderla toda. *Estuvo a punto de desangrarse a consecuencia del accidente.* **SIN.** Debilitarse, extenuarse.

desanimar (de-sa-ni-**mar**) *v. tr.* Quitar a alguien el ánimo o el valor para acometer una empresa. **GRA.** También v. prnl. *Mis padres me desanimaron bastante y decidí no hacer aquel viaje.* **SIN.** Desalentar(se), descorazonar(se). **ANT.** Animar(se), alentar(se).

desánimo (de-**sá**-ni-mo) *s. m.* Desaliento, falta de ánimo. *Al principio tenía mucha ilusión, pero su desánimo fue en aumento al ver que todo le salía mal.* **SIN.** Decaimiento, abatimiento, postración. **ANT.** Denuedo, esfuerzo.

desapacible (de-sa-pa-**ci**-ble) *adj.* Que causa disgusto o enfado, o es desagradable a los sentidos. *No saldré a pasear porque la tarde está muy desapacible, llueve y hace mucho frío.* **SIN.** Destemplado, áspero, duro. **ANT.** Sereno, agradable.

desaparecer (de-sa-pa-re-**cer**) *v. intr.* Dejar de verse una persona o cosa. *No encuentro mi muñeca, ha desaparecido.* **SIN.** Fugarse, desvanecerse, huir, perderse, disiparse. **ANT.** Aparecer. ✎ v. irreg., se conjuga como parecer.

desaparejar (de-sa-pa-re-**jar**) *v. tr.* Quitar el aparejo a una caballería. **GRA.** También v. prnl. *Desapareja el caballo y llévalo a la cuadra.* **SIN.** Desensillar(se), desalforjar(se).

desaparición (de-sa-pa-ri-**ción**) *s. f.* Acción y efecto de desaparecer o desaparecerse. *La desaparición de aquellos documentos resultaba muy sospechosa.* **SIN.** Ausencia. **ANT.** Emersión, aparición.

desapasionado, da (de-sa-pa-sio-**na**-do) *adj.* **1.** Falto de pasión, imparcial. *Le preguntaron a él porque sabían que iba a dar una opinión desapasionada.* **SIN.** Objetivo, equitativo, justo. **SIN.** Parcial, injusto. **2.** Indiferente, apático. *Su actitud desapasionada ante lo que había pasado nos sorprendió mucho a todos.* **SIN.** Frío, insensible. **ANT.** Arrebatado.

desapasionar (de-sa-pa-sio-**nar**) *v. tr.* Quitar la pasión que se tiene a una persona o cosa. **GRA.** Se usa más como v. prnl. *Se desapasionó de su trabajo al ver que nadie lo valoraba.* **SIN.** Desarraigar(se).

desapegar (de-sa-pe-**gar**) *v. tr.* **1.** Despegar una cosa de otra. **GRA.** También v. prnl. *Desapegó el sello de la carta.* || *v. prnl.* **2.** Apartarse, desprenderse del afecto a una persona o cosa. *Se desapegó de la familia y tardaron años en volver a saber de él.* **SIN.** Enemistarse. ✎ Se conjuga como ahogar.

desaplicado, da (de-sa-pli-**ca**-do) *adj.* Que no se aplica. **GRA.** También s. m. y s. f. *Tendrá que estudiar más si quiere aprobar, es muy desaplicado.* **SIN.** Descuidado, distraído. **ANT.** Aplicado, atento.

desaplicar (de-sa-pli-**car**) *v. tr.* Quitar o hacer perder la aplicación. **GRA.** También v. prnl. *Iba bastante bien, pero se desaplicó en el último trimestre.* ✎ Se conjuga como abarcar.

desaprensivo, va (de-sa-pren-**si**-vo) *adj.* Que no tiene escrúpulos para hacer o decir las cosas. *Nos pareció que era un poco desaprensivo en el trato con sus compañeros.* **SIN.** Desvergonzado, descarado, sinvergüenza. **ANT.** Honrado.

desapretar (de-sa-pre-**tar**) *v. tr.* Aflojar lo que está apretado. **GRA.** También v. prnl. *Intenta desapretar este tornillo, yo no puedo.*

desaprobar (de-sa-pro-**bar**) *v. tr.* No aprobar una cosa. *El profesor dijo que desaprobaba el mal comportamiento de sus alumnos.* **SIN.** Vituperar, censurar, criticar. **ANT.** Aprobar, elogiar, aplaudir, autorizar. ✎ v. irreg., se conjuga como contar.

desaprovechado, da (de-sa-pro-ve-**cha**-do) *adj.* Que no produce lo que puede. *Tenía la tierra muy desaprovechada porque no la regaba ni la abonaba debidamente.*

desaprovechar (de-sa-pro-ve-**char**) *v. tr.* Desperdiciar o emplear mal una cosa. *No desaproveches esta oportunidad, es inmejorable.* **SIN.** Malgastar, despilfarrar. **ANT.** Aprovechar.

desarbolado, da (de-sar-bo-**la**-do) *adj.* **1.** Libre de árboles. *La finca estaba totalmente desarbolada y el intenso sol nos achicharraba.* **2.** Que no tiene adornos. *Deberías poner algo en las paredes de la habitación para que no esté tan desarbolada.* **3.** Se dice de la persona que está nerviosa, fuera de sí. *Estaba desarbolado y no paraba de gritar y decir que él había tenido la culpa.*

desarmado - desastre

desarmado, da (de-sar-**ma**-do) *adj.* Se dice del animal o la persona indefenso. *No pudo defenderse porque estaba totalmente desarmado.* **ANT.** Inerme, desvalido. **ANT.** Armado, protegido.

desarmar (de-sar-**mar**) *v. tr.* **1.** Descomponer una cosa separando las piezas de que se compone. *Desarmó el reloj para limpiar la maquinaria.* **SIN.** Desarticular, desbaratar, deshacer. **ANT.** Montar, armar, componer. **2.** Quitar, hacer entregar las armas. *Desarmaron al enemigo.* **ANT.** Armar, proveer. **3.** Hacer menor el enfado de alguien. *Su arrepentimiento le desarmó y no fue capaz de castigarle.*

desarme (de-**sar**-me) *s. m.* Acción y efecto de desarmar o desarmarse. *Hubo una cumbre de las grandes potencias para hablar del desarme.*

desarrebujar (de-sa-rre-bu-**jar**) *v. tr.* Desenvolver, desenmarañar lo que está revuelto. *Desarrebuja este envoltorio para ver lo que hay dentro.* **SIN.** Destapar.

desarreglar (de-sa-rre-**glar**) *v. tr.* Descomponer, desordenar. **GRA.** También v. prnl. *Lo desarregló todo buscando aquel viejo cofre.* **SIN.** Desajustar(se), desorganizar(se). **ANT.** Arreglar(se), ordenar(se).

desarrendar (de-sa-rren-**dar**) *v. tr.* Dejar una propiedad que se tenía arrendada. *Desarrendaron la finca para construirse una casa.*

desarrimar (de-sa-rri-**mar**) *v. tr.* Separar, quitar lo que está arrimado. *Desarrima la silla de la pared.* **SIN.** Apartar. **ANT.** Acercar, arrimar.

desarrollar (de-sa-rro-**llar**) *v. tr.* **1.** Hacer más grande y completa una cosa. **GRA.** También v. prnl. *La industria de esta ciudad se ha desarrollado mucho en los últimos años.* **SIN.** Fomentar(se), aumentar, perfeccionar(se), acrecentar(se). **ANT.** Decrecer. **2.** Explicar algo. *El pintor desarrolló su teoría del color.* **SIN.** Exponer, esclarecer. **ANT.** Omitir.

desarrollo (de-sa-**rro**-llo) *s. m.* **1.** Crecimiento o expansión de un país, un pueblo, una industria, etc. *El desarrollo de la región en los últimos años había sido realmente espectacular.* **SIN.** Incremento, progreso, adelanto. **ANT.** Retraso, retroceso. **2.** Crecimiento de los organismos vivos. *Seguía con atención el desarrollo de las plantas.* **3.** Exposición o explicación de fórmulas o teoremas de la ciencia. *No me pareció complicado el desarrollo del binomio de Newton.*

desarropar (de-sa-rro-**par**) *v. tr.* Quitar la ropa. **GRA.** También v. prnl. *Cogió catarro porque se desarropó por la noche.*

desarrugar (de-sa-rru-**gar**) *v. tr.* Estirar, quitar las arrugas. **GRA.** También v. prnl. *Colgué las cortinas y se desarrugaron solas.* **SIN.** Alisar(se), planchar(se).

ANT. Aplastar(se), arrugar(se). 🖉 Se conjuga como ahogar.

desarticular (de-sar-ti-cu-**lar**) *v. tr.* **1.** Separar dos o más huesos articulados entre sí. **GRA.** También v. prnl. *Se cayó y se desarticuló el brazo.* **SIN.** Descoyuntar(se), dislocar(se), luxar(se). **ANT.** Encajar(se). **2.** Separar las piezas de una máquina o artefacto. *Desarticuló la pieza para engrasarla.* **SIN.** Desunir, desmontar, desacoplar, desencajar. **ANT.** Reunir, montar, acoplar, articular. **3.** Desorganizar una banda, grupo, etc. *La policía desarticuló una organización de apuestas ilegales.* **SIN.** Deshacer.

desaseado, da (de-sa-se-**a**-do) *adj.* Descuidado, falto de aseo. *Siempre va muy sucio y desaseado, da asco verle.* **SIN.** Desastrado, desaliñado, sucio, adán. **ANT.** Pulcro, limpio.

desasir (de-sa-**sir**) *v. tr.* **1.** Soltar lo agarrado. **GRA.** También v. prnl. *Se desasió de la mano de su madre y echó a correr.* **SIN.** Desatar(se), desprender(se). **ANT.** Asir(se), coger(se), aferrar(se). || *v. prnl.* **2.** Desprenderse de una cosa. *Se desasió de toda la ropa que ya no le servía.* **SIN.** Desapropiarse. **ANT.** Aferrarse, agarrarse. 🖉 v. irreg., se conjuga como asir.

desasistir (de-sa-sis-**tir**) *v. tr.* *Desamparar. **SIN.** Abandonar, desatender. **ANT.** Ayudar, amparar.

desasosegar (de-sa-so-se-**gar**) *v. tr.* Privar de sosiego a alguien. **GRA.** También v. prnl. *Se desasosegó al ver que pasaban las horas y no llegaban.* **SIN.** Inquietar(se), intranquilizar(se), desazonar(se), turbar(se). **ANT.** Tranquilizar(se), sosegar(se). 🖉 v. irreg., se conjuga como acertar. Se escribe "gu" en vez de "g" seguido de "-e".

desasosiego (de-sa-so-**sie**-go) *s. m.* Falta de sosiego. *Tenía tal desasosiego que no podía parar.* **SIN.** Intranquilidad, desazón, inquietud, malestar. **ANT.** Calma, sosiego, tranquilidad.

desastrado, da (de-sas-**tra**-do) *adj.* **1.** Se dice de la persona desaseada. **GRA.** También s. m. y s. f. *Iba siempre hecho un desastrado.* **SIN.** Desarrapado, harapiento, sucio. **ANT.** Aseado, limpio. **2.** Se dice de la persona que es desgraciada. *El pobre llevaba una vida muy desastrada.* **SIN.** Desgraciado, infeliz.

desastre (de-**sas**-tre) *s. m.* **1.** Suceso que produce daño y destrucción. *El incendio ha causado un terrible desastre.* **SIN.** Catástrofe, desgracia, calamidad, devastación. **ANT.** Victoria, acierto, triunfo, ganancia, éxito, fortuna. **2.** Persona desaseada o cosa que está desordenada. *Tiene la casa hecha un desastre.* **3.** Persona con poca suerte o habilidades. *Es un auténtico desastre con los trabajos manuales. El pobre*

desastroso - desbandada

es un desastre, todo le sale mal. **SIN.** Calamidad. **4.** Mal resultado que se obtiene en algo. *Esta campaña de ventas ha sido un desastre, no se ha vendido nada.* **SIN.** Caos.

desastroso, sa (de-sas-**tro**-so) *adj.* **1.** Desaseado, sucio. *No cuida nada su aspecto, va siempre muy desastrosa.* **SIN.** Desastrado. **ANT.** Pulcro. **2.** Muy malo. *Los resultados de las elecciones han sido desastrosos.* **SIN.** Catastrófico, incompetente.

desatar (de-sa-**tar**) *v. tr.* **1.** Soltar lo que está atado. **GRA.** También v. prnl. *Desata los cordones de los zapatos antes de quitártelos.* **SIN.** Desligar(se), deshacer(se), soltar(se). **ANT.** Atar(se), ligar(se), unir(se), anudar(se). || *v. prnl.* **2.** Soltarse con furia alguna fuerza física o moral. *Se desató una terrible tormenta.* **SIN.** Desencadenarse, estallar, explotar. **ANT.** Contenerse, sujetarse. **3.** Perder un persona su timidez. *En cuanto cogió confianza con sus compañeras, se desató y se hizo amiga de todas.*

desatascar (de-sa-tas-**car**) *v. tr.* Sacar lo que dificulta el paso de algo. *Hay que desatascar el desagüe del fregadero, el agua no pasa.* **SIN.** Desobstruir, desatrancar. **ANT.** Atascar, obstruir. ✎ Se conjuga como abarcar.

desatender (de-sa-ten-**der**) *v. tr.* **1.** No atender. *Los niños estaban inquietos y desatendían en clase porque estaban a punto de darles las vacaciones.* **SIN.** Distraerse. **ANT.** Atender. **2.** No prestar atención a lo que se dice o hace. *Desatendió sus obligaciones.* **SIN.** Descuidar, abandonar. **ANT.** Atender, cuidar. **3.** No hacer caso o aprecio de una persona o cosa. *Desatendió los consejos que le dieron y así le fue.* **SIN.** Despreciar, abandonar, desasistir. **ANT.** Oír, escuchar, prestar atención. **4.** No asistir a alguien como es debido. *Le acusaron de desatender a los enfermos que tenía a su cargo.* **SIN.** Desamparar. **ANT.** Atender. ✎ v. irreg., se conjuga como entender.

desatinar (de-sa-ti-**nar**) *v. intr.* **1.** Decir o hacer cosas sin sentido. *Desatinaba porque estaba tan enfadado que no era capaz de razonar.* **SIN.** Disparatar. **ANT.** Razonar. **2.** Perder el tino. *Es muy malo con la diana y los dardos, siempre desatina.* **SIN.** Desacertar, equivocarse, errar, fallar. **ANT.** Atinar, acertar.

desatino (de-sa-**ti**-no) *s. m.* **1.** Locura, despropósito. *Eso que dices es un desatino, no tiene sentido.* **SIN.** Disparate, error, desacierto. **ANT.** Razonamiento, acierto, tino. **2.** Falta de tino, tiento o acierto. *Tuvo tantos desatinos en el primer tiempo, que no le sacaron en el segundo.* **SIN.** Equivocación, error, fallo. **ANT.** Acierto, tino.

desatornillar (de-sa-tor-ni-**llar**) *v. tr.* Quitar o aflojar un tornillo, tuerca, etc. dándole vueltas. *El tornillo está muy apretado, no puedo desatornillarlo.* **ANT.** Atornillar. ✎ También "destornillar".

desatrancar (de-sa-tran-**car**) *v. tr.* **1.** Limpiar una cañería, tubería, pozo, etc. *Los empleados del ayuntamiento vinieron a desatrancar la alcantarilla.* **SIN.** Desatascar. **ANT.** Obstruir, atascar, atrancar. **2.** Quitar a la puerta la tranca u otra cosa que impide abrir una puerta. *Tuvimos que desatrancar la puerta para poder entrar al desván.* **ANT.** Trancar, cerrar, candar. ✎ Se conjuga como abarcar.

desautorizar (de-sau-to-ri-**zar**) *v. tr.* **1.** Quitar a una persona o cosa autoridad o poder. **GRA.** También v. prnl. *Desautorizó su firma y el documento dejó de tener valor.* **SIN.** Desacreditar(se), desprestigiar(se). **ANT.** Autorizar(se). **2.** No conceder permiso. *Desautorizaron la apertura del local porque no cumplía las condiciones.* ✎ Se conjuga como abrazar.

desavenencia (de-sa-ve-**nen**-cia) *s. f.* Falta de acuerdo y conformidad. *No se pudo firmar un acuerdo a causa de sus fuertes desavenencias.* **SIN.** Oposición, discordia, contrariedad, desunión, desacuerdo, disentimiento, disconformidad. **ANT.** Acuerdo, amistad, entendimiento.

desavenir (de-sa-ve-**nir**) *v. tr.* Enemistar, desconcertar. **GRA.** También v. prnl. *Se desavinieron por una tontería y no se han vuelto a hablar.* **SIN.** Discordar(se), desconvenir(se). **ANT.** Acordar, amistar(se).

desayunar (de-sa-yu-**nar**) *v. intr.* Tomar el desayuno. *Desayunamos chocolate con churros.*

desayuno (de-sa-**yu**-no) *s. m.* La primera comida del día. *Me gusta tomar como desayuno cereales con leche.*

desazón (de-sa-**zón**) *s. f.* **1.** Insipidez, falta de sabor. *Todos se quejaron de la desazón de aquellas judías.* **SIN.** Aspereza, sinsabor. **2.** Disgusto, pesadumbre. *Sintió una gran desazón al ver que era la hora y los invitados no llegaban.* **SIN.** Desasosiego, malestar, inquietud. **ANT.** Sosiego, calma, bienestar. **3.** Molestia producida por picor. *No le gustaba ponerse aquel jersey de lana porque le producía desazón.* **SIN.** Picazón.

desbancar (des-ban-**car**) *v. tr.* Quitar el puesto a otra persona. *El recién llegado le desbancó de su cargo.* **SIN.** Eliminar, reemplazar, sustituir, relevar. **ANT.** Instaurar. ✎ Se conjuga como abarcar.

desbandada (des-ban-**da**-da) *s. f.* Acción y efecto de desbandarse. *Al ver llegar a la policía se produjo una desbandada de los manifestantes.* **SIN.** Fuga, es-

desbandarse - descamar

tampida, escapada. **ANT.** Ataque. || **LOC. a la desbandada** En desorden, confusamente.
desbandarse (des-ban-**dar**-se) *v. prnl.* **1.** Huir en desorden. *El enemigo se desbandó ante nuestro ataque por sorpresa.* **SIN.** Dispersarse, disperdigarse, huir. **2.** Apartarse de la compañía de otras personas. *Se desbandó de nuestra pandilla y no volvimos a saber de él.* **SIN.** Distanciarse, separarse.
desbarajuste (des-ba-ra-**jus**-te) *s. m.* Desorganización. *Había un gran desbarajuste en casa con todos los preparativos de la fiesta.* **SIN.** Confusión, desconcierto, desorden, alboroto, caos. **ANT.** Orden.
desbaratar (des-ba-ra-**tar**) *v. tr.* **1.** Estropear o arruinar una cosa. *Se desbarataron nuestros planes a causa del mal tiempo.* **SIN.** Descomponer(se), desorganizar(se), desconcertar(se). **ANT.** Arreglar(se), componer(se), hacer(se). **2.** Malgastar los bienes. *En pocos meses desbarató la herencia de sus padres.* **SIN.** Disipar, derrochar, despilfarrar. **ANT.** Ahorrar, economizar. || *v. intr.* **3.** Decir o hacer una cosa fuera de regla o razón. *Empezó a desbaratar y no conseguíamos hacerle entrar en razón.* **SIN.** Disparatar, desatinar, desbarrar. **ANT.** Razonar.
desbarrar (des-ba-**rrar**) *v. intr.* Pensar o hacer cosas poco razonables. *Su mal genio le hace desbarrar y decir muchas tonterías.* **SIN.** Disparatar, desatinar.
desbloquear (des-blo-que-**ar**) *v. tr.* **1.** Levantar el bloqueo de una cantidad o crédito. *Al final consiguió que desbloquearan su cuenta.* **2.** Terminar el bloqueo de unas naciones hacia otras. *Tras el tratado de cooperación se desbloquearon las relaciones entre los dos países.*
desbocado, da (des-bo-**ca**-do) *adj., fam.* Mal hablado, deslenguado. **GRA.** También s. m. y s. f. *Se puso desbocado y no había forma de calmarle.* **SIN.** Maldiciente, lenguaraz.
desbocarse (des-bo-**car**-se) *v. prnl.* **1.** No responder un caballo a la acción del freno y dispararse. *El caballo se desbocó y salió corriendo.* **2.** Prorrumpir en insultos. *Cada vez que se discute, se desboca y empieza a ofender a todo el mundo.* ✎ Se conjuga como abarcar.
desbordar (des-bor-**dar**) *v. intr.* **1.** Salir de los bordes, derramarse. *Se desbordó el río por las inundaciones.* **GRA.** Se usa más como v. prnl. **SIN.** Inundar(se), rebosar, anegar(se). || *v. tr.* **2.** Resultar algo excesivo. *El número de asistentes a la manifestación desbordó todas las previsiones.* || *v. prnl.* **3.** Desencadenarse un sentimiento. *Su alegría se desbordó al oír la noticia.* **ANT.** Contenerse.

desbrozar (des-bro-**zar**) *v. tr.* Quitar la broza. *Desbrozaron las orillas de la presa.* **SIN.** Limpiar, despejar. ✎ Se conjuga como abrazar.
descabalgar (des-ca-bal-**gar**) *v. intr.* Desmontar, bajar de un caballo. *Los jinetes descabalgaron para que los caballos pudiesen descansar.* ✎ Se conjuga como ahogar.
descabellado, da (des-ca-be-**lla**-do) *adj.* Se dice de aquello que está fuera del orden o de la razón. *Su idea de emprender el viaje en aquellas condiciones era muy descabellada y nadie la aceptó.* **SIN.** Desatinado, disparatado, irracional, absurdo. **ANT.** Sensato, lógico, razonable.
descabellar (des-ca-be-**llar**) *v. tr.* Matar instantáneamente al toro, hiriéndole en la cerviz con la punta del estoque. *El torero descabelló el toro al primer intento.*
descafeinado, da (des-ca-fei-**na**-do) *adj.* **1.** Privado de su fuerza, valor, etc. *Era una versión muy descafeinada de los hechos.* **SIN.** Desvirtuado, falso, insulso. **2.** Se dice del café que ha sido sometido a un proceso para extraer cafeína. **GRA.** También s. m. *Tomaré un descafeinado.*
descalabrar (des-ca-la-**brar**) *v. tr.* **1.** Herir a alguien en la cabeza. **GRA.** También v. prnl. *Se descalabró en la pelea.* **2.** Causar daño o perjuicio. *El granizo descalabró las cosechas.* **SIN.** Desgraciar, perjudicar.
descalcificar (des-cal-ci-fi-**car**) *v. tr.* Eliminar o disminuir el calcio contenido en los huesos u otros tejidos orgánicos. **GRA.** También v. prnl. *Se le estaban descalcificando los huesos por la edad.* ✎ Se conjuga como abarcar.
descalificar (des-ca-li-fi-**car**) *v. tr.* **1.** Excluir a un deportista de una clasificación o de una competición deportiva. *Le descalificaron por mal comportamiento.* **SIN.** Eliminar, incapacitar. **2.** Desacreditar a una persona. *Trataron de descalificar al candidato con falsas acusaciones.* **SIN.** Incapacitar, desautorizar, desacreditar, desprestigiar. **ANT.** Autorizar. ✎ Se conjuga como abarcar.
descalzar (des-cal-**zar**) *v. tr.* Quitar el calzado. **GRA.** También v. prnl. *Descálzate antes de entrar en casa, tienes los zapatos llenos de barro.* **SIN.** Despojar(se). **ANT.** Calzar (se). ✎ Tiene doble part.; uno reg., descalzado, y otro irreg., descalzo. **GRA.** Se conjuga como abrazar.
descalzo, za (des-**cal**-zo) *adj.* Que lleva desnudos los pies. *Me gusta mucho andar descalzo por la playa.*
descamar (des-ca-**mar**) *v. tr.* **1.** Quitar las escamas. *Descama el pescado y límpialo antes de cocerlo.* || *v.*

descambiar - descasar

prnl. **2.** Caerse la piel en forma de escamillas. *Tenía la piel tan reseca que se le descamaba.*

descambiar (des-cam-**biar**) *v. tr.* Devolver una compra a cambio de su importe o de otro producto. *Tuve que ir descambiar la blusa porque me quedaba pequeña.* ✎ En cuanto al acento, se conjuga como cambiar.

descaminado, da (des-ca-mi-**na**-do) *adj.* Desacertado, equivocado. *Si piensas resolver el problema por ese método, vas muy descaminado.* **SIN.** Errado, descarriado, desencaminado. **ANT.** Encaminado, encarrilado.

descamisado, da (des-ca-mi-**sa**-do) *adj., fam.* Sin camisa. *Hacía tanto calor que iban descamisados.*

descansar (des-can-**sar**) *v. intr.* **1.** Dejar de trabajar para reponer las fuerzas. *Descansó durante media hora y volvió al trabajo.* **SIN.** Reposar, sosegarse, calmarse. **ANT.** Cansarse. **2.** Dormir. *Me voy a descansar, mañana tengo que madrugar.* **SIN.** Echarse, tenderse, reposar. **ANT.** Levantarse. **3.** Tener puesta la confianza en algo o alguien. *Mi esperanza descansa en su buena voluntad para solucionar el tema.* **4.** Estar apoyada una cosa sobre otra. *El jarrón descansa sobre la mesa.* **5.** Dejar en barbecho un campo de cultivo. *Esta tierra descansa cada dos años.* **6.** Estar enterrado alguien en algún lugar. *Sus restos descansan en el cementerio de su pueblo natal.*

descansillo (des-can-**si**-llo) *s. m.* Plataforma en que terminan los tramos de una escalera. *Nos encontramos en el descansillo de la escalera.* **SIN.** Rellano.

descanso (des-**can**-so) *s. m.* **1.** Quietud, pausa en el trabajo. *Se tomó una semana de descanso porque no se encontraba bien de salud.* **SIN.** Respiro, reposo, holganza. **ANT.** Actividad, trabajo. **2.** *Intermedio.

descapotable (des-ca-po-**ta**-ble) *adj.* Se dice del coche que tiene capota plegable. **GRA.** También s. m. *Se han comprado un descapotable.*

descarado, da (des-ca-**ra**-do) *adj.* Que habla o actúa con desvergüenza. **GRA.** También s. m. y s. f. *No se cortaba por nada, era muy descarado.* **SIN.** Atrevido, insolente, deslenguado. **ANT.** Respetuoso.

descarga (des-**car**-ga) *s. f.* **1.** Acción y efecto de descargar o quitar la carga de un lugar. *Hicieron la descarga del camión en muy poco tiempo porque eran muchos.* **2.** Conjunto de disparos hechos de una sola vez. *Se oyó una fuerte descarga, pero nadie sabía de dónde provenía.* **3.** Caída de la lluvia y el granizo. *La descarga de granizo destrozó los sembrados.* **4.** Chispa eléctrica. *Durante la tormenta una descarga partió el árbol en dos.* **SIN.** Chispazo, sacudida.

descargadero (des-car-ga-**de**-ro) *s. m.* Lugar destinado para descargar mercancías. *El barco estaba en el descargadero.* **SIN.** Muelle, dique, plataforma.

descargar (des-car-**gar**) *v. tr.* **1.** Quitar la carga de un vehículo o de un animal. *Descargaron el remolque.* **SIN.** Sacar, desembarcar, aligerar. **ANT.** Cargar. **2.** Disparar las armas de fuego. *Dio la orden de descargar armas.* **SIN.** Ametrallar, disparar, tirar. **3.** Liberar de un trabajo u obligación. *Le descargaron de su responsabilidad.* **SIN.** Eximir, liberar. **4.** Dejar algo sin electricidad. **GRA.** También v. prnl. *No pudo arrancar el coche porque la batería se había descargado.* **5.** Dar golpes con violencia. *Descargó una patada a la puerta porque estaba muy enfadado.* || *v. intr.* **6.** Caer la lluvia y el granizo. *Una fuerte tromba de agua descargó sobre la ciudad y se produjeron varias inundaciones.* **7.** Hacer recaer alguien su enojo sobre quien no tiene la culpa. *Cuando aparecía de mal humor descargaba con el primero que pillaba.* **SIN.** Desahogarse, liberarse. ✎ Se conjuga como ahogar.

descarnado, da (des-car-**na**-do) *adj.* Se dice de los asuntos desagradables que se exponen con gran realismo. *Le impresionaron mucho aquellas imágenes tan descarnadas del accidente.*

descaro (des-**ca**-ro) *s. m.* Desvergüenza, atrevimiento. *Le dijo lo que pensaba de ella con todo descaro.* **SIN.** Descompostura, descoco, insolencia, osadía. **ANT.** Mesura, respeto.

descarriar (des-ca-rri-**ar**) *v. tr.* **1.** Apartar del rebaño cierto número de reses. **GRA.** También v. prnl. *Se descarriaron varias ovejas y el pastor tuvo que salir a buscarlas.* || *v. prnl.* **2.** Apartarse una persona de lo justo y razonable. *Se descarrió debido a las malas influencias.* **SIN.** Desencaminarse, desviarse, malograrse. **ANT.** Encarrilarse. ✎ En cuanto al acento, se conjuga como desviar.

descarrilar (des-ca-rri-**lar**) *v. intr.* Salir un vehículo de su carril. *El tren descarriló, pero no hubo ningún herido.*

descartar (des-car-**tar**) *v. tr.* **1.** Desechar una persona o cosa. *Le descartamos como líder del grupo porque era demasido tímido.* **SIN.** Quitar, suprimir, eliminar. **2.** Rechazar una posibilidad. *La policía descartó desde el principio que fuera un accidente.* **SIN.** Desechar, excluir, prescindir. **ANT.** Aceptar, incluir. || *v. prnl.* **3.** En el juego, desprenderse de las malas cartas. *Me descarté de las copas en cuanto pude.*

descasar (des-ca-**sar**) *v. tr.* **1.** Anular un matrimonio. **GRA.** También v. prnl. *Se descasaron por el juz-*

descascarillar - descolgar

gado. **2.** Alterar o descomponer el orden de las cosas que ajustaban bien. **GRA.** También v. prnl. *Descasó el rompecabezas*. **SIN.** Desparejar(se), desarticular(se), desajustar(se).

descascarillar (des-cas-ca-ri-**llar**) *v. tr.* Quitar la cascarilla, pintura, etc. que recubre una superficie. **GRA.** También v. prnl. *La pared se descascarilló a causa de la humedad.* **SIN.** Desconcharse.

descastado, da (des-cas-**ta**-do) *adj.* **1.** Que tiene poco afecto a sus familiares y amigos. **GRA.** También s. m. y s. f. *Se ha hecho muy descastado, casi no visita a sus padres.* **SIN.** Insensible, indiferente. **2.** Que no corresponde al cariño que le han demostrado. *Sus amigos le aprecian mucho, pero él es un descastado.* **SIN.** Ingrato, desagradecido. **ANT.** Agradecido.

descendencia (des-cen-**den**-cia) *s. f.* Conjunto de hijos, nietos y demás generaciones procedentes de una misma persona. *Con su enorme fortuna dejó asegurado el porvenir de su descendencia.* **SIN.** Prole, sucesión, hijos. **ANT.** Antecesor, ascendencia.

descender (des-cen-**der**) *v. intr.* **1.** Ir de un sitio a otro más bajo. *Descendió de la montaña al valle.* **SIN.** Caer, resbalar, bajar. **ANT.** Subir, ascender. **2.** Proceder de un ser vivo, una familia, pueblo, etc. *Su familia desciende de Italia.* **SIN.** Provenir. **3.** Correr una cosa líquida. *La nieve se derritió y el agua descendía con fuerza.* **SIN.** Fluir, manar. **ANT.** Detenerse, remansarse. ✎ v. irreg., se conjuga como entender.

descendiente (des-cen-**dien**-te) *s. m. y s. f.* Cualquier persona descendiente de otra. *Hizo testamento en favor de sus descendientes.* **SIN.** Sucesor, heredero. **ANT.** Ascendiente, antepasado.

descenso (des-**cen**-so) *s. m.* **1.** Acción y efecto de descender. *El descenso de la montaña resultó un poco complicado debido al mal estado del terreno.* **SIN.** Declive, decadencia, ocaso. **ANT.** Apogeo, aumento. **2.** *Bajada. **SIN.** Caída. **ANT.** Ascenso.

descentralizar (des-cen-tra-li-**zar**) *v. tr.* Hacer más independientes del poder o de la administración central ciertas funciones, servicios, etc. **GRA.** También v. prnl. *Se descentralizó el gobierno, pasando poderes a las autonomías.* **SIN.** Desconcentrar(se), dispersar(se). **ANT.** Centralizar(se), concentrar(se). ✎ Se conjuga como abrazar.

descentrar (des-cen-**trar**) *v. tr.* Sacar a una persona o cosa de su centro. **GRA.** También v. prnl. *Se descentró la imagen del televisor. A menudo se descentraba en clase y se quedaba pensando en no se sabe qué.* **SIN.** Desplazar(se), desviar(se), distanciar(se). **ANT.** Centrar(se), concentrar(se).

desceñir (des-ce-**ñir**) *v. tr.* Desatar o soltar lo que ciñe. **GRA.** También v. prnl. *Se desciñó el cinturón porque le apretaba demasiado.* **SIN.** Aflojar(se), desabrochar(se). **ANT.** Abrochar(se), ceñir(se), atar(se). ✎ v. irreg., se conjuga como ceñir. Tiene doble participio, uno reg., desceñido, y otro irreg., descinto.

descerrajar (des-ce-rra-**jar**) *v. tr.* Arrancar la cerradura de una puerta. *Tuvieron que descerrajar la cerradura porque habían dejado dentro las llaves.* **SIN.** Forzar, violentar, destrozar.

descifrar (des-ci-**frar**) *v. tr.* **1.** Interpretar lo que está escrito en caracteres desconocidos. *El manuscrito estaba muy deteriorado y algunos párrafos no podían descifrarse.* **SIN.** Traducir. **2.** Interpretar lo oscuro y de difícil comprensión. *Consiguió descifrar aquel misterio.* **SIN.** Comprender, desentrañar.

desclavar (des-cla-**var**) *v. tr.* **1.** Quitar los clavos. *Vete desclavando esa caja.* **2.** Quitar o desprender una cosa de los clavos con que está asegurada. **GRA.** También v. prnl. *Se desclavó el cuadro de la pared debido al golpe.* **SIN.** Arrancar(se), separar(se). **ANT.** Clavar(se), fijar(se).

descocado, da (des-co-**ca**-do) *adj., fam.* Que muestra demasiado atrevimiento en la forma de vestir. **GRA.** También s. m. y s. f. *Llama la atención porque va siempre muy descocado.* **SIN.** Impúdico, desvergonzado. **ANT.** Pudoroso, vergonzoso.

descodificar (des-co-di-fi-**car**) *v. tr.* Obtener la forma original de un mensaje aplicando a la inversa las reglas con que ha sido codificado. *Pudieron descodificar el mensaje porque sabían las reglas del código.* ✎ v. irreg., se conjuga como abarcar.

descolgar (des-col-**gar**) *v. tr.* **1.** Bajar o quitar lo que está colgado. *Descuelga la lámpara para limpiarla.* **SIN.** Arriar. **ANT.** Alzar. **2.** Bajar algo ayudándose de una cuerda. *Los de las mudanzas descolgaron el aparador por la terraza.* **3.** Atender al teléfono para ver quién llama. *Estaba al lado del teléfono y lo descolgué en cuanto sonó.* || *v. prnl.* **4.** Descender, escurriéndose por una cuerda u otra cosa. *Los bomberos se descolgaron por la fachada del edificio.* **SIN.** Deslizarse. **5.** En ciertos deportes, quedarse un corredor rezagado. *Al pincharse la rueda de su bicicleta, se descolgó del pelotón.* **6.** *fam.* Salir, decir o hacer una cosa inesperada o intempestiva. *De repente se descolgó con que no quería acompañarnos.* **7.** *fam.* Aparecer inesperadamente una persona. *Juan se descolgó en la fiesta ante la sorpresa de todos.* ✎ v. irreg., se conjuga como contar. Se escribe "gu" en vez de "g" seguido de "-e"

descollar (des-co-**llar**) *v. intr.* Exceder una persona o cosa a otras en alguna cualidad o en todo. *Descolló como buen estudiante.* **SIN.** Despuntar, distinguirse, sobresalir. 🖎 v. irreg., se conjuga como contar.

descolocar (des-co-lo-**car**) *v. tr.* Poner una persona o cosa en un lugar distinto al que ocupaba. **GRA.** También v. prnl. *Ten cuidado de no descolocarme los apuntes.* **SIN.** Desordenar(se), embarullar(se). **ANT.** Colocar(se), ordenar(se). 🖎 Se conjuga como abarcar.

descolonizar (des-co-lo-ni-**zar**) *v. tr.* Hacer que una colonia deje de serlo, concediéndole o alcanzando la independencia. *Cuando descolonizaron el país hace unos años, éste alcanzó por fin su independencia.* 🖎 Se conjuga como abrazar.

descolorar (des-co-lo-**rar**) *v. tr.* Quitar o disminuir el color. **GRA.** También v. prnl. *El pantalón negro tiene tantas lavaduras que se ha descolorado un poco.* **SIN.** Decolorar(se), desteñir(se), despintar(se), descolorir(se). **ANT.** Colorar(se), colorear(se).

descolorido, da (des-co-lo-**ri**-do) *adj.* Que tiene el color más pálido y debilitado que el que le corresponde o debiera tener. *Llevaba tanto tiempo enfermo en cama que estaba muy descolorido.* **SIN.** Pálido, desvaído, tenue. **ANT.** Coloreado.

descombrar (des-com-**brar**) *v. tr.* Quitar los escombros. *Están descombrando la casa derruida, pronto estará despejada la calle.* **SIN.** Desescombrar.

descomedirse (des-co-me-**dir**-se) *v. prnl.* Faltar al respeto, de obra o de palabra. *Creo que se ha descomedido al decirle lo mal que lo había hecho.* **SIN.** Propasarse, excederse, exagerar. **ANT.** Comedirse.

descompasar (des-com-pa-**sar**) *v. tr.* Hacer perder el compás. **GRA.** También v. prnl. *Se descompasó del grupo a mitad de la canción.*

descompensar (des-com-pen-**sar**) *v. tr.* Hacer perder el equilibrio de una cosa que está compensada. **GRA.** También v. prnl. *Las expulsiones de varios de sus jugadores descompensaron a los equipos.* **SIN.** Desequilibrar(se). **ANT.** Equilibrar(se), compensar(se).

descomponer (des-com-po-**ner**) *v. tr.* **1.** Separar las diversas partes que forman un todo. *Nos llevaron al laboratorio para ver cómo se descomponía aquel cuerpo químico.* **SIN.** Desencajar, desajustar, desarreglar, descoyuntar, desarticular. **ANT.** Encajar, ajustar. **2.** Desordenar, desbaratar. **GRA.** También v. prnl. *El incidente descompuso sus buenas relaciones. Se descompuso el disfraz porque se enganchó.* **SIN.** Estropear(se), averiar(se), dañar(se), malograr(se), desarreglar(se), desorganizar(se). **ANT.** Arreglar(se), componer(se). || *v. prnl.* **3.** Corromperse, pudrirse. *El frigorífico huele muy mal, seguro que algún alimento se ha descompuesto.* **SIN.** Alterarse, estropearse. **ANT.** Conservarse. **4.** Perder alguien la serenidad. *Se descompuso de los nervios que le entraron y empezó a gritar a todo el mundo.* **SIN.** Alterarse, desquiciarse, violentarse. **ANT.** Sosegarse, serenarse. **5.** Reflejar en el rostro el mal estado en que alguien se encuentra. *Se descompuso al ver las trágicas imágenes.* **SIN.** Indisponerse, desmejorar. **ANT.** Mejorar. 🖎 v. irreg., se conjuga como poner. Tiene participio irreg., descompuesto.

descomposición (des-com-po-si-**ción**) *s. f.* **1.** Acción y efecto de descomponer o descomponerse. *Hicimos una descomposición del argumento del libro en tres capítulos esenciales.* **2.** *fam.* Diarrea. *Tuvo que estar tomando suero dos días porque tenía descomposición.* **SIN.** Cagalera. **ANT.** Estreñimiento.

descompuesto, ta (des-com-**pues**-to) *adj.* **1.** Estropeado, deteriorado. *Este reloj ya no sirve para nada, está todo descompuesto.* **SIN.** Defectuoso, dañado, averiado. **ANT.** Arreglado. **2.** Se dice del alimento en mal estado. *Tira esos filetes a la basura, están descompuestos.* **SIN.** Podrido, picado, maloliente. **ANT.** Sano. **3.** Se dice de la persona que no se encuentra bien o que está muy nerviosa. *Se quedó totalmente descompuesto al oír la trágica noticia.* **4.** *fam.* Con dolor de vientre o diarrea. *Tuvo que ponerse a dieta porque estaba descompuesto.* **ANT.** Sano.

descomunal (des-co-mu-**nal**) *adj.* Se dice de aquello que tiene gran tamaño. *Era un edificio descomunal, el más alto de toda la ciudad.* **SIN.** Extraordinario, enorme, colosal. **ANT.** Minúsculo, diminuto.

desconcertar (des-con-cer-**tar**) *v. tr.* **1.** Descomponer el orden y composición de una cosa. **GRA.** También v. prnl. *Desconcertó todos sus papeles buscando aquella dichosa factura.* **SIN.** Desordenar(se), alterar(se), confundir(se), desbaratar(se). **ANT.** Orientar(se). **2.** Sorprender a alguien con algo que no esperaba. *Me desconcertó su actitud y no supe qué hacer.* **SIN.** Pasmar, turbar, aturdir, desorientar.

desconchar (des-con-**char**) *v. tr.* Quitar a una pared o muro parte de su revestimiento. **GRA.** También v. prnl. *Esa pared se está desconchando, deberías darle una mano de yeso y pintarla de nuevo.*

desconcierto (des-con-**cier**-to) *s. m.* Desorganización, desorden. *Había tal desconcierto en aquella oficina que nadie encontraba nada.* **SIN.** Turbación, confusión, ofuscación. **ANT.** Seguridad, calma.

desconectar - descortés

desconectar (des-co-nec-**tar**) *v. tr.* **1.** Interrumpir la conexión eléctrica de una o más piezas o o entre un aparato y la línea general. *Desconecta el televisor.* **SIN.** Cortar. **ANT.** Conectar. **2.** Interrumpir una relación, comunicación, etc. **GRA.** También v. prnl. *Al irse a vivir a otra ciudad se desconectó de sus antiguos compañeros.* **SIN.** Suspender(se), detener(se).

desconexión (des-co-ne-**xión**) *s. f.* Acción y efecto de desconectar. *Había tal desconexión entre los miembros del grupo que éste acabó por deshacerse.* **SIN.** Desunión, escisión.

desconfianza (des-con-**fian**-za) *s. f.* Falta de confianza. *Tenía tanta desconfianza que no se atrevía a decir una palabra.* **SIN.** Recelo, suspicacia, duda, sospecha, incredulidad. **ANT.** Confianza, fe.

desconfiar (des-con-fi-**ar**) *v. intr.* Dudar de alguien o algo. *No se lo podía decir a nadie, porque desconfiaba de todo el mundo.* **SIN.** Recelar, sospechar. **ANT.** Confiar, creer. 🖎 En cuanto al acento, se conjuga como desviar.

descongelar (des-con-ge-**lar**) *v. tr.* Hacer que se acabe la congelación de una cosa. *Saca el pescado para que se descongele para la hora de comer.* **SIN.** Deshelar.

descongestionar (des-con-ges-tio-**nar**) *v. tr.* Disminuir o quitar la congestión. **GRA.** También v. prnl. *El tráfico se descongestionó mucho con la nueva carretera. Este jarabe es para descongestionar la nariz.* **SIN.** Desahogar(se), aliviar(se). **ANT.** Congestionar(se).

desconocer (des-co-no-**cer**) *v. tr.* No conocer. *Tardó mucho en llegar porque desconocía el camino.* **SIN.** Olvidar, ignorar, negar. **ANT.** Admitir. 🖎 v. irreg., se conjuga como parecer.

desconocido, da (des-co-no-**ci**-do) *adj.* **1.** Se dice de la persona o cosa que no se conocía de antes. **GRA.** También s. m. y s. f. *Su pasado era totalmente desconocido para mí.* **SIN.** Extraño. **2.** Muy cambiado. *Le encontré muy desconocido después de tantos años.*

desconsiderado, da (des-con-si-de-**ra**-do) *adj.* Falto de consideración o de educación. **GRA.** También s. m. y s. f. *Ni siquiera saludó a sus invitados, es un desconsiderado.* **SIN.** Desatento, despreciativo, ingrato. **ANT.** Cortés, atento.

desconsolado, da (des-con-so-**la**-do) *adj.* Melancólico, triste y afligido. *Estaba desconsolada por la pérdida de su gato.* **SIN.** Dolorido, angustiado, compungido. **ANT.** Contento, animado.

desconsolar (des-con-so-**lar**) *v. tr.* Privar de consuelo, afligir. **GRA.** También v. prnl. *Se desconsolaba al pensar que todo era culpa suya.* **SIN.** Acongojar(se), afligir(se). **ANT.** Consolar(se), confortar(se). 🖎 v. irreg., se conjuga como contar.

desconsuelo (des-con-**sue**-lo) *s. m.* Angustia y tristeza por falta de consuelo. *Era tal su desconsuelo que ni siquiera su familia lograba animarle.* **SIN.** Pena, pesar, amargura. **ANT.** Alegría.

descontaminar (des-con-ta-mi-**nar**) *v. tr.* Hacer que algo pierda sus propiedades nocivas. *Los expertos se ocuparon de descontaminar el río.*

descontar (des-con-**tar**) *v. tr.* Rebajar una cantidad a la hora de pagar una cuenta, una factura, etc. *Le descontaron el 30%.* **SIN.** Deducir, disminuir, quitar, estar. **ANT.** Cargar, añadir, sumar. || **LOC. dar algo por descontado** Tenerlo como cierto o seguro. 🖎 v. irreg., se conjuga como contar.

descontento, ta (des-con-**ten**-to) *adj.* **1.** Se dice de la persona que no está contenta. *Está descontento porque no ha podido ir a la excursión.* **SIN.** Insatisfecho, enfadado, contrariado, disgustado. **ANT.** Contento, satisfecho. || *s. m.* **2.** Disgusto. *Tiene un gran descontento por haber suspendido.* **SIN.** Queja, enfado, irritación. **ANT.** Contento, conformidad, alegría.

descontrol (des-con-**trol**) *s. m.* Falta de control o de disciplina. *El profesor no había llegado todavía y la clase era un total descontrol.* **SIN.** Caos, desorden.

desconveniencia (des-con-ve-**nien**-cia) *s. f.* Incomodidad, perjuicio, desacomodo. *Creo que es una desconveniencia viajar con este temporal de nieve.*

desconvocar (des-con-vo-**car**) *v. tr.* Suprimir una reunión, oposición, examen, etc. *Desconvocaron la huelga porque ambas partes llegaron a un acuerdo.* **SIN.** Anular. **ANT.** Convocar.

descorazonar (des-co-ra-zo-**nar**) *v. tr.* Desanimar, acobardar, amilanar. **GRA.** También v. prnl. *Se descorazonó al ver que el trabajo le llevaba mucho más tiempo del que pensaba.* **SIN.** Abatir(se), desesperar(se). **ANT.** Alentar(se), animar(se).

descorchar (des-cor-**char**) *v. tr.* Quitar el tapón de una botella. *Descorchamos unas botellas de champán para celebrarlo.* **SIN.** Destaponar.

descorrer (des-co-**rrer**) *v. tr.* **1.** Plegar lo que antes estaba estirado, como las cortinas, el lienzo, etc. *Descorre las cortinas a ver si entra algo más de luz.* **SIN.** Descubrir. **ANT.** Tapar. **2.** Correr un cerrojo o pestillo. *Descorre el pestillo y abre la ventana.*

descortés (des-cor-**tés**) *adj.* Falto de cortesía y atención hacia los demás. **GRA.** También s. m. y s. f. *Fue muy descortés con sus familiares.* **SIN.** Desatento, desconsiderado. **ANT.** Cortés, educado.

descortesía - descubrir

descortesía (des-cor-te-**sí**-a) *s. f.* Falta de cortesía. *Es una descortesía que no les invites a tu boda.* **SIN.** Desatención, desconsideración. **ANT.** Cortesía.

descortezar (des-cor-te-**zar**) *v. tr.* Quitar la corteza al árbol, al pan o a otra cosa. **GRA.** También v. prnl. *El árbol se descortezaba a causa de la sequía.* **SIN.** Descascarar(se), pelar(se), mondar(se). ✎ Se conjuga como abrazar.

descoser (des-co-**ser**) *v. tr.* Soltar las puntadas de lo cosido. **GRA.** También v. prnl. *Se me descosió el bajo del pantalón.* **SIN.** Separar(se), deshilva-nar(se), desunir(se). **ANT.** Coser(se), unir(se).

descosido, da (des-co-**si**-do) *adj.* **1.** Desordenado, falto de unión. *Las ideas básicas del trabajo son buenas, pero el desarrollo del tema está un poco descosido.* || *s. m.* **2.** Parte de una prenda de vestir que tiene sueltas las puntadas de hilo. *Tenía un descosido en el pantalón.* || **LOC. como un descosido** *fam.* Con gran entusiasmo, en exceso.

descoyuntar (des-co-yun-**tar**) *v. tr.* Desencajar un hueso de su lugar. **GRA.** También v. prnl. *En la caída se descoyuntó la rodilla.* **SIN.** Desarticular(se), dislocar(se), luxar(se). **ANT.** Encajar(se), unir(se).

descrédito (des-**cré**-di-to) *s. m.* Pérdida de la reputación de las personas, o del valor de las cosas. *La noticia de su pequeña estafa fue un gran descrédito para él.* **SIN.** Deshonor, desprestigio. **ANT.** Crédito, fama.

descreído, da (des-cre-**í**-do) *adj.* Que no tiene fe. *Es un pesimista y un descreído, no confía en nadie.* **SIN.** Escéptico, incrédulo. **ANT.** Crédulo, creyente.

descremado, da (des-cre-**ma**-do) *adj.* Se dice de la leche a la que se le ha eliminado la grasa. Se aplica también a los derivados de ésta. *Para merendar suele tomar un yogur descremado.* **SIN.** Desnatado.

describir (des-cri-**bir**) *v. tr.* **1.** Dibujar o explicar una cosa dando idea de cómo es. *Describí el tigre haciendo un dibujo del animal.* **SIN.** Definir, especificar, detallar. **2.** Trazar una línea o figura. *Describí una circunferencia con el compás.* **SIN.** Dibujar, recorrer. ✎ Tiene part. irreg., descrito.

descripción (des-crip-**ción**) *s. f.* **1.** Narración de algo. *Esta novela tiene excelentes descripciones.* **2.** Explicación muy general. *Me dio la descripción de la calle.* **SIN.** Reseña.

descruzar (des-cru-**zar**) *v. tr.* Deshacer la forma de cruz que presentan dos cosas cruzadas. *Descruza las piernas.* ✎ Se conjuga como abrazar.

descuajaringar (des-cua-ja-rin-**gar**) *v. tr.* Desvencijar, estropear. *Ana descuajaringó el juguete en cuanto se lo dieron.* ✎ Se conjuga como ahogar.

descuajeringar (des-cua-je-rin-**gar**) *v. tr.* *Descuajaringar. ✎ Se conjuga como ahogar.

descuartizar (des-cuar-ti-**zar**) *v. tr.* Dividir un cuerpo en varias partes. *Descuartizaron el cerdo.* **SIN.** Desmembrar, partir, despedazar. ✎ Se conjuga como abrazar.

descubrimiento (des-cu-bri-**mien**-to) *s. m.* **1.** Hallazgo o encuentro de algo que está oculto o ignorado. *El descubrimiento de América fue un hecho histórico muy importante.* **SIN.** Conquista, exploración. **2.** Adelanto científico, literario, etc. *Esa vacuna ha sido un gran descubrimiento.* **SIN.** Invención, creación, obra.

DESCUBRIMIENTOS GEOGRÁFICOS

Lugar	Descubridor	Año
Océano Pacífico	V. Núñez de Balboa	1513
ÁFRICA		
Congo (río)	Diego Cao	1483
Zambezi (río)	David Livingstone	1851
Cataratas Victoria	David Livingstone	1855
Lago Tanganika	Richard Burton y John Speke	1858
AMÉRICA DEL NORTE		
América del Norte	Leif Ericsson	1000
Antillas	Cristóbal Colón	1492
Terranova	John Cabot	1497
Mississippi (río)	Hernando de Soto	1541
Bahía de Hudson	Henry Hudson	1610
Alaska	Vitus Bering	1728
Mackenzie (río)	Sir Alexander Mackenzie	1789
AMÉRICA DEL SUR		
Brasil	P. Alvares Cabral	1500
Río de la Plata	Juan de Solís	1516
Tierra de Fuego	Magallanes	1520
Cabo de Hornos	Willen Schouten	1616
OCEANÍA, REG. POLARES		
Australia	Desconocidos	XVI
Spitsbergen	Willen Barents	1596

descubrir (des-cu-**brir**) *v. tr.* **1.** Hallar lo que estaba oculto o lo que era ignorado. *Los chinos descubrieron la pólvora. Haciendo limpieza descubrí una vieja pipa.* **SIN.** Encontrar, indagar, averiguar, inventar. **2.** Destapar lo que está cubierto. *El presidente descubrió una placa conmemorativa del aniversario.* **SIN.** Mostrar. **ANT.** Esconder, ocultar, cubrir, tapar. **3.** Manifestar, hacer patente algo. *Conseguí que me*

descuento - desecho

descubriera el atajo. **SIN.** Mostrar, revelar, exhibir, enseñar. **4.** Alcanzar a ver algo. Descubrió una cabaña a lo lejos. **SIN.** Mirar, encontrar. || v. prnl. **5.** Quitarse el sombrero, la gorra, etc. Cuando entres te descubres y haces una reverencia. 🔖 Tiene part. irreg., descubierto.

descuento (des-**cuen**-to) s. m. Rebaja de una parte de la deuda o precio. El abrigo le salió muy barato porque le hicieron un gran descuento. **SIN.** Deducción, reducción.

descuidado, da (des-cui-**da**-do) adj. **1.** Que falta al cuidado que debe poner en las cosas. **GRA.** También s. m. y s. f. Como es tan descuidado, llegó la fecha de entrega del trabajo y no lo tenía terminado. **SIN.** Dejado, abandonado, perezoso, holgazán. **ANT.** Cuidadoso, previsor, diligente. **2.** Que cuida poco su forma de vestir y su aseo personal. **GRA.** También s. m. y s. f. Con lo bien que vestía antes y ahora va siempre todo descuidado. **SIN.** Desaliñado, desaseado, dejado. **ANT.** Aseado, curioso, compuesto. **3.** *Desprevenido. **4.** Se dice de lo que está desatendido. Su madre le reñía porque tenía la habitación muy descuidada. **SIN.** Abandonado.

descuidar (des-cui-**dar**) v. tr. No prestar atención o cuidado a alguien o algo. Descuida bastante la presentación de sus trabajos. **SIN.** Desatender, abandonar. || **LOC. si me (te, se, nos, etc.) descuido** Por poco.

descuido (des-**cui**-do) s. m. **1.** Negligencia, falta de cuidado. El accidente se produjo por un descuido del personal. **SIN.** Dejadez, abandono. **ANT.** Cuidado, esmero. **2.** Olvido, inadvertencia. Se le pasó la hora por descuido. **SIN.** Desidia, indiferencia. **ANT.** Preocupación. **3.** Falta de cuidado en el aspecto y en la ropa. No sé cómo puede vestir con tanto descuido.

desde (**des**-de) prep. Indica el punto del que procede, se origina o ha de empezar a contarse algo, en el tiempo o en el espacio. Te espero desde hace una hora. || **LOC. desde luego** Sin duda.

desdecir (des-de-**cir**) v. intr. **1.** No corresponder una persona o cosa a lo que debe ser. Sus modales desdicen con su forma tan grosera de hablar. Esa falda tan vieja desdice con la chaqueta nueva. **SIN.** Chocar, desentonar. **2.** Desmentir. El presidente concedió una rueda de prensa para desdecir los falsos rumores. || v. prnl. **3.** Negar lo que antes se había afirmado. Se desdijo públicamente de las acusaciones que había hecho. **SIN.** Retractarse, rectificar, corregir. **ANT.** Confirmar. 🔖 v. irreg., se conjuga como decir. Tiene part. irreg., desdicho.

desdén (des-**dén**) s. m. Falta de interés y aprecio. Suele mirar con desdén. **SIN.** Desaire, menosprecio, desinterés. **ANT.** Aprecio, interés.

desdeñar (des-de-**ñar**) v. tr. Tratar con desdén a una persona o cosa. Desdeñó la ayuda que le ofrecí porque era muy orgulloso. **SIN.** Despreciar, menospreciar, rechazar. **ANT.** Apreciar.

desdibujarse (des-di-bu-**jar**-se) v. prnl. Hacerse confusa o borrosa una imagen, idea, etc. Con los años, el recuerdo de su infancia se desdibujaba cada vez más. **SIN.** Desvanecerse, difuminarse.

desdicha (des-**di**-cha) s. f. **1.** Desgracia, adversidad. Tuvo la desdicha de perderlo cuando lo acababa de encontrar. **SIN.** Infortunio, infelicidad, desventura, adversidad. **ANT.** Dicha, fortuna. **2.** Pobreza suma. Aquellos vagabundos vivían en la más absoluta desdicha. **SIN.** Miseria, necesidad.

desdichado, da (des-di-**cha**-do) adj. Desgraciado, que padece desgracias o tiene mala suerte. **GRA.** También s. m. y s. f. Se siente muy desdichada por la pérdida de su abuelo. **SIN.** Desafortunado, infausto, mísero. **ANT.** Afortunado, dichoso. **2.** fam. Sin malicia, infeliz. Todo el mundo se aprovecha de él porque es un desdichado.

desdoro (des-**do**-ro) s. m. Mancha en la buena fama. Aquella acción no supuso ningún desdoro para su carrera política. **SIN.** Descrédito, desprestigio, deshonra. **ANT.** Honra, prestigio, crédito.

desear (de-se-**ar**) v. tr. **1.** Querer tener o hacer una cosa. Los pueblos desean la paz. **SIN.** Ambicionar, querer, ansiar, anhelar. **ANT.** Desdeñar, rechazar. **2.** Querer que pase o que no pase algo. Deseo que llueva para que crezcan mis flores.

desecar (de-se-**car**) v. tr. Secar, extraer la humedad. **GRA.** También v. prnl. En el verano se deseca la charca y las ranas tienen que ir a otra. 🔖 Se conjuga como abarcar.

desechable (de-se-**cha**-ble) adj. Se dice de los objetos que sólo se usan una vez. Vete a la farmacia y compra un jeringuilla desechable.

desechar (de-se-**char**) v. tr. **1.** Rechazar a una persona o cosa. Desecharon a varios candidatos. **SIN.** Apartar, excluir, repudiar. **ANT.** Aceptar, acoger. **2.** Hacer poco caso y aprecio. Desechó mis recomendaciones y así le fue. **SIN.** Menospreciar, desestimar, despreciar. **ANT.** Apreciar, estimar. **3.** Dejar una cosa por inservible. Deseché la gabardina porque estaba muy vieja.

desecho (de-**se**-cho) s. m. **1.** Residuo que queda después de haber escogido lo mejor. Cribaban las

desembalar - desencadenar

lentejas en la era y luego barrían los desechos. **SIN.** Escoria, sobras, residuos. **2.** Desperdicio, restos, basura. *Echa los desechos de la comida al cubo de la basura.* **3.** *amer.* Atajo, vereda. ☞ No debe confundirse con "deshecho", del v. "deshacer".

desembalar (de-sem-ba-**lar**) *v. tr.* Deshacer un paquete. *Ten cuidado al desembalar la caja, es una vajilla y se puede romper.* **SIN.** Desempaquetar.

desembarazar (de-sem-ba-ra-**zar**) *v. tr.* **1.** Quitar los impedimentos que se oponen a algo. **GRA.** También v. prnl. *Se desembarazó de los obstáculos y consiguió llegar a tiempo.* **SIN.** Despejar(se). **ANT.** Atascar(se). **2.** Desocupar un espacio, habitación, etc. *Los marineros estaban ocupados en desembarazar la cubierta del barco.* **SIN.** Quitar. **ANT.** Llenar. || *v. prnl.* **3.** Apartar de sí lo que estorba. *Me desembaracé de él al doblar la esquina.* **SIN.** Librarse. **ANT.** Implicarse. ✎ Se conjuga como abrazar.

desembarcar (de-sem-bar-**car**) *v. tr.* **1.** Sacar de un barco el cargamento. *Estaban desembarcando varias toneladas de harina de pescado.* || *v. intr.* **2.** Salir de una embarcación los pasajeros de la misma. **GRA.** También v. prnl. *Desembarcamos en Ceuta.* **SIN.** Descender, bajar, abandonar. **ANT.** Embarcar, subir. ✎ Se conjuga como abarcar.

desembarco (de-sem-**bar**-co) *s. m.* **1.** Acción de desembarcar o salir de la embarcación. *El desembarco se produjo dos horas después de lo previsto.* **2.** Operación militar realizada en tierra por la dotación de un navío. *Vimos una película sobre el desembarco de Normandía.* **SIN.** Invasión, incursión, ataque. **ANT.** Retirada.

desembocadura (de-sem-bo-ca-**du**-ra) *s. f.* **1.** Lugar por donde un río, un canal, etc., desemboca en otro, en el mar o en un lago. *Estuvimos pescando en la desembocadura del río Segura.* **SIN.** Estuario, delta. **2.** Se dice de la salida de las calles. *Vive en una casa de la plaza que hay en la desembocadura de esas dos calles.* **SIN.** Confluencia, cruce.

desembocar (de-sem-bo-**car**) *v. intr.* **1.** Salir por un sitio estrecho. *Este pasadizo desemboca en una pequeña cueva.* **2.** Desaguar un río, canal, etc., en otro, en el mar o en un lago. *El Duero desemboca en el Atlántico.* **SIN.** Verter, afluir. **3.** Tener una calle salida a otra, a una plaza o a otro lugar. *Esa calle desemboca en la plaza mayor.* **SIN.** Dar a, terminar en. ✎ Se conjuga como abarcar.

desembolsar (de-sem-bol-**sar**) *v. tr.* Entregar una cantidad de dinero. *Desembolsamos una parte del total.* **SIN.** Entregar, pagar, abonar, gastar.

desembolso (de-sem-**bol**-so) *s. m.* Entrega de dinero efectivo y al contado. *Hizo un fuerte desembolso.* **SIN.** Pago.

desembragar (de-sem-bra-**gar**) *v. tr.* Desconectar el embrague. *Desembraga ya.* ✎ Se conjuga como ahogar.

desembrollar (de-sem-bro-**llar**) *v. tr., fam.* Desenredar, aclarar. *Estaba intentando desembrollar aquel lío de lanas.* **SIN.** Esclarecer, desenmarañar, descubrir. **ANT.** Embrollar, enmarañar.

desembuchar (de-sem-bu-**char**) *v. tr.* **1.** Echar las aves lo que tienen en el buche. *Desembuchó el alimento.* **2.** *fam.* Decir todo cuanto se sabe sobre una cosa. *Ante la amenaza de la tortura, desembuchó el lugar donde estaba escondido el dinero.* **SIN.** Declarar, cantar. **ANT.** Ocultar, callar.

desempaquetar (de-sem-pa-que-**tar**) *v. tr.* Desenvolver lo que estaba en uno o más paquetes. *Desempaqueta el regalo, tengo mucha curiosidad.* **SIN.** Desembalar, desenfardar. **ANT.** Empaquetar.

desemparejar (de-sem-pa-re-**jar**) *v. tr.* Desigualar lo que estaba o iba igual y parejo. **GRA.** También v. prnl. *Al guardar los calcetines los desemparejó, y luego cada uno tenía un negro distinto.* **SIN.** Separar(se), descabalar(se), desparejar(se). **ANT.** Hermanar(se), igualar(se).

desempatar (de-sem-pa-**tar**) *v. tr.* Deshacer un empate. *El equipo visitante desempató en los últimos minutos del partido.*

desempeñar (de-sem-pe-**ñar**) *v. tr.* **1.** Recuperar lo que estaba empeñado. *Por fin tenía dinero y podía desempeñar las joyas.* **SIN.** Rescatar, librar. **2.** Hacer el trabajo propio de un empleo, oficio o cargo. *Desempeña bien su tarea como portero.* **SIN.** Hacer, cumplir, ejercer.

desempleo (de-sem-**ple**-o) *s. m.* Paro forzoso. *Acudió a pedir trabajo a la oficina de desempleo.* **SIN.** Desocupación.

desempolvar (de-sem-pol-**var**) *v. tr.* **1.** Quitar el polvo. **GRA.** También v. prnl. *Desempolvó un viejo abrigo para hacerle un par de arreglos y quedó como nuevo.* **2.** Recordar o reemprender algo que se tenía olvidado. *Desempolvé mis pinturas y me puse a pintar de nuevo.*

desenamorar (de-se-na-mo-**rar**) *v. tr.* Hacer perder el amor que se tiene a una persona o cosa, o deponer el afecto que se le tenía. **GRA.** Se usa más como v. prnl. *Se desenamoró al poco tiempo de casarse.*

desencadenar (de-sen-ca-de-**nar**) *v. tr.* **1.** Soltar lo que está atado con cadenas. *Desencadena el gana-*

desencajar - desenmarañar

do, vamos a llevarlo al campo. **SIN.** Liberar, redimir, soltar. **ANT.** Aprisionar, encadenar. **2.** Provocar. *Su falta de tacto desencadenó una fuerte discusión entre ellos.* **SIN.** Causar, originar, desatar. || *v. prnl.* **3.** Estallar con violencia las fuerzas naturales. *Se desencadenó una fuerte tormenta.* **SIN.** Desatarse, desenfrenarse. **ANT.** Escampar, terminar.

desencajar (de-sen-ca-**jar**) *v. tr.* **1.** Sacar de su sitio algo. **GRA.** También v. prnl. *Las ventanas de la galería se desencajaron con el fuerte viento. Se desencajó la mandíbula.* **SIN.** Descoyuntar(se), dislocar(se), luxar(se). **ANT.** Colocar(se), encajar(se). || *v. prnl.* **2.** Descomponerse el rostro. *Al verme entrar se desencajó, pensó que no me atrevería a ir.* **SIN.** Demudarse, palidecer. **ANT.** Aliviarse.

desencallar (de-sen-ca-**llar**) *v. tr.* Poner a flote una embarcación encallada. **GRA.** También v. intr. *El fuerte temporal cesó y consiguieron desencallar la embarcación.*

desencantar (de-sen-can-**tar**) *v. tr.* Desilusionar. **GRA.** También v. prnl. *Al ver lo que le había tocado se desencantó, no era lo que se esperaba.* **SIN.** Decepcionar(se), desengañar(se).

desencanto (de-sen-**can**-to) *s. m.* Desilusión, desengaño. *Sufrió un gran desencanto al enterarse de que la excursión se había suspendido.* **SIN.** Chasco, decepción, frustración. **ANT.** Ilusión, satisfacción.

desencapotarse (de-sen-ca-po-**tar**-se) *v. prnl.* Despejar el cielo, el horizonte, etc. *Después el cielo se desencapotó y quedó una tarde preciosa.*

desencerrar (de-sen-ce-**rrar**) *v. tr.* **1.** Sacar del encierro. *Desencerraron los toros.* **SIN.** Liberar. **2.** Descubrir lo que estaba oculto, ignorado. *Por fin desencerraron el misterio.*

desenchufar (de-sen-chu-**far**) *v. tr.* Separar o desconectar lo que está enchufado. *Desenchufa el radiador, hace demasiado calor aquí.* **SIN.** Desacoplar, interrumpir. **ANT.** Conectar, enchufar.

desencuadernar (de-sen-cua-der-**nar**) *v. tr.* Deshacer lo encuadernado. **GRA.** También v. prnl. *Se le cayó el libro al suelo y se desencuadernó.*

desenfadado, da (des-sen-fa-**da**-do) *adj.* Informal, no muy serio. *Su forma de vestir desenfadada le hace parecer más joven.*

desenfadar (de-sen-fa-**dar**) *v. tr.* Desenojar, quitar el enfado. **GRA.** También v. prnl. *Desenfádate cuando quieras, no tienes razón.*

desenfado (de-sen-**fa**-do) *s. m.* Comportamiento con desenvoltura y naturalidad. *Es muy abierta y siempre se comporta con desenfado.*

desenfocar (de-sen-fo-**car**) *v. tr.* Enfocar mal. *Desenfocó el objetivo de la cámara fotográfica y la foto salió borrosa.*

desenfrenado, da (de-sen-fre-**na**-do) *adj.* Se dice de la persona de comportamiento poco moderado y violento. **GRA.** También s. m. y s. f. *Es un desenfrenado, nunca sabe moderarse en sus diversiones.* **SIN.** Desaforado, desmedido, inmoral. **ANT.** Casto, moderado.

desenfundar (de-sen-fun-**dar**) *v. tr.* Quitar la funda a alguna cosa o sacarla de ella. *Desenfundó la escopeta para limpiarla.* **SIN.** Soltar, extraer, desenvainar. **ANT.** Enfundar, meter.

desenganchar (de-sen-gan-**char**) *v. tr.* **1.** Soltar una cosa que está enganchada. **GRA.** También v. prnl. *El maquinista desenganchó el vagón.* **SIN.** Desunir(se), desconectar(se), soltar(se). **ANT.** Unir(se). || *v. prnl.* **2.** Conseguir dejar una droga. *Está en tratamiento para desengancharse de la heroína.*

desengañar (de-sen-ga-**ñar**) *v. tr.* **1.** Hacer reconocer el engaño o el error. **GRA.** También v. prnl. *Me desengañé y vi que había metido la pata.* **2.** Quitar esperanzas o ilusiones. *Se desengañó al ver que nadie le echaba una mano.* **SIN.** Decepcionar(se), desilusionar(se), desencantar(se). **ANT.** Animar(se), ilusionar(se).

desengaño (de-sen-**ga**-ño) *s. m.* **1.** Conocimiento de la verdad con que se sale del error en que estaba. *Su desengaño le hizo ver que aquélla no era la manera de llevar el negocio.* **2.** Impresión que recibe alguien cuando la realidad le desmiente las esperanzas que tenía puestas en una persona o en una cosa. *Sufrió un desengaño muy grande cuando su novia se fue de la ciudad sin despedirse.* **SIN.** Decepción. || *s. m. pl.* **3.** Lección a base de fracasos que va creando una amarga experiencia. *Los desengaños le enseñarán.*

desengrasar (de-sen-gra-**sar**) *v. tr.* Quitar la grasa. *Tienes que desengrasar bien la pieza antes de echarle ese producto.* **ANT.** Engrasar.

desenlace (de-sen-**la**-ce) *s. m.* **1.** Solución que toma un asunto. *El desenlace de la discusión fue bastante conciliador.* **2.** Final de una obra dramática o de una novela. *Este libro tiene un desenlace muy trágico.* **SIN.** Desenredo, solución, resolución. **ANT.** Intriga, incógnita.

desenmarañar (de-sen-ma-ra-**ñar**) *v. tr.* Quitar el enredo y dejar claro un asunto. *La policía desenmarañó lo sucedido y por fin se supo la verdad.* **SIN.** Desembrollar, desenredar.

desenmascarar - desequilibrado

desenmascarar (de-sen-mas-ca-**rar**) *v. tr.* **1.** Quitar la máscara. **GRA.** También v. prnl. *Al final del baile de disfraces todos se desenmascararon.* **SIN.** Descubrir(se), revelar(se). **ANT.** Ocultar(se). **2.** Descubrir los propósitos o sentimientos de una persona. *Desenmascaró sus intenciones.* **3.** Descubrir el fingimiento de una persona. *Desenmascararon su doble vida, en realidad se dedicaba a negocios ilegales.* **SIN.** Mostrar.

desenredar (de-sen-re-**dar**) *v. tr.* **1.** Poner orden en las cosas que están confusas o complicadas. *Desenredó la situación y se supo quién era el culpable.* **SIN.** Desenmarañar, desembrollar. **ANT.** Enmarañar, enredar. **2.** Deshacer un enredo. *Desenreda los hilos que están en el costurero.* **SIN.** Desembrollar. **ANT.** Liar, enredar, enmarañar. ‖ *v. prnl.* **3.** Salir de alguna dificultad, agobio o apuro. *Consiguió desenredarse de sus deudas y respirar a salvo.* **SIN.** Desenvolverse, arreglarse, apañarse.

desenrollar (de-sen-ro-**llar**) *v. tr.* Deshacer lo que está enrollado. *Desenrolla el póster para ponerlo en la pared.*

desenroscar (de-sen-ros-**car**) *v. tr.* **1.** Extender aquello que está enroscado. **GRA.** También v. prnl. *Desenrosca esa espiral de alambre.* **SIN.** Desenrollar(se). **ANT.** Enroscar(se). **2.** Sacar aquello que se ha introducido a vuelta de rosca. *Los tornillos se han desenroscado y la tapa está suelta.* **GRA.** También v. prnl. **SIN.** Desatornillar(se). **ANT.** Atornillar(se). ✎ Se conjuga como abarcar.

desentenderse (de-sen-ten-**der**-se) *v. prnl.* **1.** Fingir que no se entiende una cosa. *Se hace el tonto y se desentiende de lo que no le interesa, como si no fuera con él.* **SIN.** Disimular, rehuir, pasar por alto. **ANT.** Interesarse, atender. **2.** No tomar parte en un asunto o negocio. *Se desentendió del problema y nos tocó todo a nosotros.* **SIN.** Excusarse, inhibirse, zafarse. **ANT.** Atender, interesarse. ✎ v. irreg., se conjuga como entender.

desenterrar (de-sen-te-**rrar**) *v. tr.* **1.** Sacar lo que está debajo de tierra. *El perro desenterró un hueso.* **ANT.** Enterrar, ocultar. **2.** Sacar a relucir cosas ya olvidadas. *No le gusta que desenterremos hechos de su pasado.* **ANT.** Olvidar, ignorar. ✎ v. irreg., se conjuga como acertar.

desentonar (de-sen-to-**nar**) *v. intr.* **1.** Llamar la atención una persona o cosa por no estar acorde con su entorno. **GRA.** También v. prnl. *Desentonó del resto de los invitados por su impertinente conducta.* **SIN.** Desdecir(se), deslucir(se). **2.** Sonar fuera de tono la voz o un instrumento musical. *Había una voz en el coro que desentonaba.* **SIN.** Desafinar, destemplar. **ANT.** Afinar.

desentrañar (de-sen-tra-**ñar**) *v. tr.* Penetrar en lo más difícil de una materia o problema. *Logró desentrañar el misterio de aquel viejo pasadizo.* **SIN.** Resolver, aclarar, solucionar. **ANT.** Embrollar.

desentrenado, da (de-sen-tre-**na**-do) *adj.* Que ha perdido el entrenamiento adquirido. *El jugador se encontraba un poco desentrenado después de tantos meses de baja.*

desentumecer (de-sen-tu-me-**cer**) *v. tr.* Hacer que un miembro entumecido pueda recobrar la agilidad. **GRA.** También v. prnl. *Trataba de desentumecer su pierna dormida.* **ANT.** Adormecer(se), anquilosar(se). **SIN.** Desadormecer(se), desentumir(se). ✎ v. irreg., se conjuga como parecer.

desenvainar (de-sen-vai-**nar**) *v. tr.* Sacar de la vaina un arma. *El caballero desenvainó su espada y el misterioso atacante huyó.* **SIN.** Desenfundar, empuñar. **ANT.** Envainar.

desenvoltura (de-sen-vol-**tu**-ra) *s. f.* **1.** Agilidad. *Hace los ejercicios de gimnasia con mucha desenvoltura.* **SIN.** Aplomo, seguridad, gracia, soltura, facilidad. **ANT.** Inseguridad. **2.** Soltura en la forma de expresarse. *Tiene mucha desenvoltura y es agradable charlar con ella de cualquier tema.* **SIN.** Desembarazo, naturalidad. **ANT.** Torpeza.

desenvolver (de-sen-vol-**ver**) *v. tr.* **1.** Desenrollar lo que está enrollado o envuelto. **GRA.** También v. prnl. *Desenvuelve el regalo para ver qué es.* **SIN.** Extender(se), desempaquetar, desplegar(se). **ANT.** Envolver, encoger(se), enrollar(se). **2.** Aclarar una cosa que estaba oscura o enredada. *Consiguió desenvolver el asunto y coger al culpable.* **SIN.** Descifrar(se), descubrir(se), averiguar, desentrañar(se). **ANT.** Complicar(se), embrollar(se). ‖ *v. prnl.* **3.** Actuar con habilidad. *Se desenvuelve muy bien en ese trabajo.* ✎ v. irreg., se conjuga como mover.

deseo (de-**se**-o) *s. m.* Apetencia de conocer una cosa, de poseerla o de disfrutarla. *Su deseo era ganar el primer premio.*

deseoso, sa (de-se-**o**-so) *adj.* Que tiene deseos. *Estaba deseosa de conocer Praga.* **SIN.** Ansioso, anhelante, esperanzado. **ANT.** Apático.

desequilibrado, da (de-se-qui-li-**bra**-do) *adj.* **1.** Falto de equilibrio. *La balanza estaba desequilibrada.* **2.** Falto de equilibrio mental. *Es una persona desequilibrada y está en tratamiento psiquiátrico.* **SIN.** Maniático, chiflado, tocado, ido. **ANT.** Cuerdo.

desequilibrar - desfase

desequilibrar (de-se-qui-li-**brar**) *v. tr.* **1.** Perder o hacer perder el equilibrio. **GRA.** También v. prnl. *Se desequilibró en el trapecio y cayó a la red.* **SIN.** Descompensar(se), desnivelar(se), enloquecer(se). ‖ *v. prnl.* **2.** Perder el equilibrio mental. *Aquel trágico suceso le desequilibró bastante.*

deserción (de-ser-**ción**) *s. f.* Acción de desertar. *Su deserción sorprendió mucho a todas las personas que le conocían.* **SIN.** Evasión, huída.

desertar (de-ser-**tar**) *v. intr.* **1.** Abandonar un soldado sus obligaciones en el ejército. *Varios soldados del ejército enemigo fueron fusilados al amanecer, acusados de haber desertado.* **SIN.** Escapar, huir. **ANT.** Unirse. **2.** *fam.* Abandonar las obligaciones, los ideales, la amistades, etc. *Desertó de su investigación porque estaba muy desilusionado.* **SIN.** Traicionar, renegar.

desértico, ca (de-**sér**-ti-co) *adj.* **1.** Que pertenece o se refiere al desierto. *La región tenía un clima desértico.* **2.** Desierto, despoblado, inhabitado. *Era un pequeño pueblo desértico, en el que no vivía ni una sola persona.* **SIN.** Árido, desolado, yermo, estéril. **ANT.** Fértil, poblado.

desertización (de-ser-ti-za-**ción**) *s. f.* Avance de las condiciones desérticas. *Al talar extensas zonas forestales, la desertización de la zona ha avanzado mucho*

desertor, ra (de-ser-**tor**) *s. m. y s. f.* **1.** Persona que abandona sus obligaciones en el ejército. *No pudo volver a su ciudad natal porque era un desertor.* **SIN.** Prófugo. **2.** *fam.* Persona que se retira de una opinión o causa o de un círculo de amistades que solía frecuentar. *Los miembros de la asociación miraban a sus desertores con incomprensión.* **SIN.** Tránsfuga. **ANT.** Fiel.

desesperación (de-ses-pe-ra-**ción**) *s. f.* **1.** Pérdida de las esperanzas que se tenían. *Sentía una gran desesperación al ver que el negocio se iba a la ruina.* **SIN.** Desaliento, descorazonamiento. **ANT.** Esperanza. **2.** Alteración extrema causada por un mal irreparable. *Cayó en una profunda desesperación ante la muerte de su hijo.*

desesperado, da (de-ses-pe-**ra**-do) *adj.* Que siente desesperación. **GRA.** También s. m. y s. f. *Andaba desesperado buscando un banco que le concediera el préstamo.* **SIN.** Agobiado, atormentado, desmoralizado. ‖ **LOC. a la desesperada** Como último recurso.

desesperanzar (de-ses-pe-ran-**zar**) *v. tr.* **1.** Quitar las esperanzas. *Le desesperanzó ver que tenía a todos en su contra.* **SIN.** Desalentar, desengañar. **ANT.**

Alentar, animar. ‖ *v. prnl.* **2.** Quedarse sin esperanza. *Se desesperanzó y no siguió con el proyecto.* **SIN.** Desesperarse, desmoralizarse. ✎ Se conjuga como abrazar.

desesperar (de-ses-pe-**rar**) *v. intr.* **1.** *Desesperanzar. **GRA.** También v. prnl. **SIN.** Desconfiar, recelar. **ANT.** Confiar. ‖ *v. tr.* **2.** *fam.* Impacientar, exasperar. **GRA.** También v. prnl. *Se desesperó al ver que el tren llegaba a la estación con dos horas y media de retraso.* **SIN.** Enfadarse.

desestimar (de-ses-ti-**mar**) *v. tr.* **1.** No estimar una cosa en su verdadero valor. *Desestimó las atenciones recibidas.* **SIN.** Desdeñar, despreciar, menospreciar. **ANT.** Estimar, aceptar, aprobar. **2.** Rechazar una cosa. *Desestimó la oferta que le hicieron por la casa.* **SIN.** Desaprobar, rehusar, renegar. **3.** No juzgar oportuno o justo. *El juez desestimó el recurso por falta de pruebas.*

desfachatez (des-fa-cha-**tez**) *s. f., fam.* Descaro, desvergüenza. *Tuvo la desfachatez de hacer esa pregunta tan indiscreta.* **SIN.** Descoco, frescura, insolencia. **ANT.** Respeto, comedimiento. ✎ Su pl. es "desfachateces".

desfalcar (des-fal-**car**) *v. tr.* Apropiarse de un dinero que se tenía bajo custodia. *Aquel empleado del banco desfalcó varios millones de pesetas.* **SIN.** Defraudar, estafar, malversar. **ANT.** Devolver, reintegrar. ✎ Se conjuga como abarcar.

desfallecer (des-fa-lle-**cer**) *v. intr.* **1.** Perder o disminuir las fuerzas. *La resistencia de los jugadores desfallecía a medida que se acercaba el final de aquel partido.* **SIN.** Debilitarse, flojear. **ANT.** Recuperarse, recobrarse, mejorar. **2.** Desmayarse. *Llevaba tantos días a dieta que casi desfallece.* **3.** Perder el ánimo. *Su familia siempre le apoyó para que no desfalleciera y siguiera adelante con sus estudios.* **SIN.** Desanimarse. **ANT.** Animarse. ✎ v. irreg., se conjuga como parecer.

desfallecimiento (des-fa-lle-ci-**mien**-to) *s. m.* Disminución de ánimo o de ls fuerzas. *Sufrió un desfallecimiento por una bajada de tensión.* **SIN.** Mareo, abatimiento, desaliento, desmayo, desánimo. **ANT.** Energía, recuperación.

desfasado, da (des-fa-**sa**-do) *adj.* Pasado de moda. *Todos los muebles de aquella casa ya están muy desfasados.*

desfase (des-**fa**-se) *s. m.* Falta de correspondencia respecto a las corrientes, condiciones o circunstancias del momento. *Se produjo un desfase entre los sueldos y los precios.*

desfavorable - desgranar

desfavorable (des-fa-vo-**ra**-ble) *adj.* Que daña o perjudica. *Fueron muy numerosas las críticas desfavorables hacia su nuevo libro.* **SIN.** Perjudicial, adverso. **ANT.** Útil, beneficioso.

desfigurar (des-fi-gu-**rar**) *v. tr.* **1.** Afear el semblante. *Era muy guapo, pero con los años se desfiguró.* **GRA.** También v. prnl. **SIN.** Deformar(se), herir(se), estropear(se). **ANT.** Arreglar(se), curar(se). **2.** Hacer perder a una cosa su figura propia. *Desfiguró el jersey de tanto estirarlo.* **SIN.** Deformar. **3.** Disfrazar y encubrir con apariencia diferente el propio semblante, la intención u otra cosa. *Desfiguró sus intenciones, haciéndonos creer que estaba de nuestro lado.* **SIN.** Enmascarar, disfrazar, encubrir, falsear. **ANT.** Revelar. **4.** Referir una cosa alterando sus verdaderas circunstancias. *Desfiguró los hechos porque no le interesaba que se supiera la verdad.*

desfiladero (des-fi-la-**de**-ro) *s. m.* Paso estrecho entre montañas. *Las tropas atravesaron el desfiladero.* **SIN.** Garganta, barranco, angostura. **ANT.** Llanura.

desfilar (des-fi-**lar**) *v. intr.* **1.** Ir en fila uno tras otro. *Las modelos desfilaron ante un gran número de público.* **2.** Pasar las tropas ante el Rey, un personaje importante, etc. *Los soldados desfilaron por las calles principales.* **3.** Salir varios, uno tras otro, de alguna parte. *Al ver que su madre se había enfadado, los niños desfilaron de la cocina a toda velocidad.*

desfile (des-**fi**-le) *s. m.* Acción de desfilar. *Fuimos a ver un desfile de carrozas.* **SIN.** Parada, marcha.

desfogar (des-fo-**gar**) *v. tr.* Exteriorizar con pasión un sentimiento. **GRA.** También v. prnl. *Desfogó conmigo su enfado aunque yo no tenía la culpa.* **SIN.** Desahogar(se). ⌦ Se conjuga como ahogar.

desgajar (des-ga-**jar**) *v. tr.* **1.** Arrancar con fuerza la rama del tronco de donde nace. **GRA.** También v. prnl. *El fuerte viento hizo que se desgajaran varias ramas del viejo ciruelo.* **SIN.** Quebrar(se), desprender(se). **ANT.** Injertar(se). **2.** Separar en gajos. *Desgaja la naranja.* || *v. prnl.* **3.** Apartarse, desprenderse una cosa de otra. *De este tema principal se desgajan varios secundarios.*

desgana (des-**ga**-na) *s. f.* **1.** Falta de ganas de comer. *Tiene mucha desgana, no quiere comer nada.* **SIN.** Inapetencia, hartura. **ANT.** Apetito. **2.** Falta de interés. *Hablaba con desgana.* **SIN.** Apatía, indolencia, indiferencia. **ANT.** Energía.

desgañitarse (des-ga-ñi-**tar**-se) *v. prnl., fam.* Esforzarse alguien violentamente dando gritos. *Se desgañitó llamándole y no le hizo caso.* **SIN.** Bramar, chillar, vociferar. **ANT.** Callar, enmudecer.

desgarbado, da (des-gar-**ba**-do) *adj.* Que no tiene garbo. *No le lucía nada el vestido porque andaba muy desgarbada.* **SIN.** Grotesco, desmedrado, desmañado, deslucido, torpe. **ANT.** Apuesto, garboso.

desgarrar (des-ga-**rrar**) *v. tr.* **1.** Rasgar, romper con fuerza. **GRA.** También v. prnl. *Se desgarró el pantalón al engancharse en una alambre.* **SIN.** Destrozar(se), rajar(se), despedazar(se). **ANT.** Coser(se), unir(se). **2.** Causar algo pena o sufrimiento. *Le desgarró el corazón ver la situación de miseria en la que vivían aquellos niños.*

desgarro (des-**ga**-rro) *s. m.* Descosido. *Se le hizo un desgarro en la falda.* **SIN.** Desgarrón, rasgadura.

desgarrón (des-ga-**rrón**) *s. m.* Rotura grande de una cosa, por haber tirado de ella o por haberse enganchado en algún sitio. *Me caí de la bicicleta y me hice un desgarrón en el pantalón.* **SIN.** Descosido, siete, enganchón, jirón.

desgastar (des-gas-**tar**) *v. tr.* **1.** Consumir, por el uso o el roce, parte de una cosa. **GRA.** También v. prnl. *Se desgastaron las ruedas de la bicicleta.* **SIN.** Ajar(se), deteriorar(se), consumir(se). **ANT.** Arreglar(se). || *v. prnl.* **2.** Perder fuerza o vigor. *Se está desgastando mucho debido a su larga enfermedad.* **SIN.** Debilitarse, extenuarse.

desglosar (des-glo-**sar**) *v. tr.* Separar, apartar una cuestión de otras. *Desglosó el tema en varios puntos esenciales.* **SIN.** Desgajar. **ANT.** Incluir, englobar.

desgobernar (des-go-ber-**nar**) *v. tr.* Alterar el buen gobierno. *Llegó el nuevo dueño de las fincas y lo único que hizo fue desgobernarlo todo.* ⌦ v. irreg., se conjuga como acertar.

desgobierno (des-go-**bier**-no) *s. m.* Desorden, desbarate, falta de gobierno. *Aquella casa era un gran desgobierno.* **SIN.** Desconcierto, desarreglo, desbarajuste. **ANT.** Gobierno, orden.

desgracia (des-**gra**-cia) *s. f.* **1.** Suceso que causa dolor. *Su muerte fue una desgracia para todos.* **SIN.** Percance, contratiempo, desastre, desdicha, mal, daño. **ANT.** Suerte, dicha. || **2. desgracias personales** Personas fallecidas en un accidente. **SIN.** Víctimas mortales. || **LOC. por desgracia** Desgraciadamente.

desgraciar (des-gra-**ciar**) *v. tr.* Malograr o impedir el desarrollo de algo. **GRA.** También v. prnl. *El granizo desgració las cosechas, que prometían ser buenas.* **SIN.** Frustar(se), estropear(se). **ANT.** Cuidar(se). ⌦ En cuanto al acento, se conjuga como cambiar.

desgranar (des-gra-**nar**) *v. tr.* **1.** Sacar el grano de una cosa. **GRA.** También v. prnl. *Desgranaba el trigo* *en la era.* ‖ *v. prnl.* **2.** Soltarse las piezas ensartadas o unidas. *El collar se desgranó y todas las bolitas cayeron al suelo.*

desgreñar (des-gre-**ñar**) *v. tr.* **1.** Desordenar el cabello. **GRA.** También v. prnl. *El viento le desgreñó todo el peinado.* **SIN.** Despeinar(se), desmelenar(se), despeluznar(se). ‖ *v. prnl.* **2.** Pelearse. *Acabaron desgreñándose por una tontería.*

desguace (des-**gua**-ce) *s. m.* **1.** Acción y efecto de desguazar. *Se dedica al desguace de coches viejos.* **SIN.** Desarme, desmonte, despiece. **2.** Lugar donde se amontonan vehículos viejos o destrozados por un accidente. *A la salida de la ciudad hay un desguace, lleva el coche allí a ver cuánto te dan por él.*

desguarnecer (des-guar-ne-**cer**) *v. tr.* Quitar la fuerza o la fortaleza a una cosa. *Su misión era desguarnecer al ejército enemigo.* **SIN.** Desarmar, debilitar. **ANT.** Guarnecer, amparar. ✎ v. irreg., se conjuga como parecer.

desguazar (des-gua-**zar**) *v. tr.* **1.** Deshacer un buque, avión, automóvil, etc. para chatarra. *Desguazaron el coche.* **SIN.** Inutilizar. **ANT.** Montar. ✎ Se conjuga como abrazar.

deshabitado, da (des-ha-bi-**ta**-do) *adj.* Se dice del edificio, lugar o paraje que estuvo habitado y ya no lo está. *Los niños jugaban en ese viejo caserón deshabitado.* **SIN.** Inhabitado, desierto. **ANT.** Habitado.

deshabituar (des-ha-bi-**tuar**) *v. tr.* Hacer que una persona o animal pierda el hábito o la costumbre que tenía. **GRA.** También v. prnl. *Desde que tiene el coche se ha deshabituado a caminar.* **SIN.** Desacostumbrar(se). **ANT.** Aclimatar(se), acostumbrar(se). ✎ En cuanto al acento, se conjuga como actuar.

deshacer (des-ha-**cer**) *v. tr.* **1.** Destruir lo que está hecho. *Como no le gustaban los colores, deshizo el jersey.* **SIN.** Desarmar, desmontar, desarticular. **ANT.** Armar, hacer, montar, componer. **2.** Convertir una sustancia sólida en líquida. **GRA.** También v. prnl. *Se deshizo el hielo.* **SIN.** Derretir(se), licuar(se), disolver(se). **ANT.** Solidificar(se), coagular(se). **3.** Romper, poner en fuga un ejército, banda, etc. *La policía deshizo un comando terrorista.* **SIN.** Vencer, derrotar, aniquilar, quebrantar. ‖ *v. prnl.* **4.** Estar sumamente impaciente o inquieto. *Se deshacía de nervios ante la falta de noticias.* ‖ **LOC. deshacerse de algo** Desprenderse de ello. ✎ v. irreg., se conjuga como hacer.

desharrapado, da (des-ha-rra-**pa**-do) *adj.* **1.** Andrajoso, roto y lleno de harapos. **GRA.** También s. m. y s. f. *Iba por la calle todo desharrapado.* **SIN.** Harapiento, desarrapado. **ANT.** Pulcro, elegante. **2.** *Hond.* Descarado. ✎ También "desarrapado".

deshebrar (des-he-**brar**) *v. tr.* Sacar las hebras o los hilos de una tela. *Deshebró los bordes de las servilletas para hacer vainica.*

deshechizar (des-he-chi-**zar**) *v. tr.* Deshacer el hechizo o maleficio. *Sólo aquella joven princesa podría deshechizarle.* **SIN.** Desembrujar, desencantar, exorcizar. **ANT.** Hechizar, embrujar, aojar. ✎ Se conjuga como abrazar.

deshecho, cha (des-**he**-cho) *adj.* Apenado, abatido, cansado. *Quedó deshecho cuando le dijeron que había suspendido. Llegó deshecho a la cima de la montaña.* **SIN.** Destrozado, molido. **ANT.** Feliz, descansado.

deshelar (des-he-**lar**) *v. tr.* Hacerse líquido lo que está helado. **GRA.** También v. prnl. *La tarta helada se deshieló al dejarla fuera de la nevera.* **SIN.** Fundir(se), derretir(se), disolver(se). **ANT.** Helar(se), congelar(se). ✎ v. irreg., se conjuga como acertar.

desheredar (des-he-re-**dar**) *v. tr.* Excluir a una persona de una herencia. *Desheredó a todos sus familiares y dejó su fortuna a una sociedad benéfica.* **SIN.** Privar, repudiar. **ANT.** Legar, otorgar.

deshidratar (des-hi-dra-**tar**) *v. tr.* Privar a un cuerpo u organismo del agua que contiene. **GRA.** También v. prnl. *El calor era tan excesivo que casi se deshidrata.* **SIN.** Resecar(se), evaporar(se). **ANT.** Hidratar(se), humedecer(se).

deshielo (des-**hie**-lo) *s. m.* Acción y efecto de deshelar o deshelarse. *Comenzó el deshielo en las montañas.* **SIN.** Descongelación, licuación.

deshilachar (des-hi-la-**char**) *v. tr.* Deshilar un tejido. **GRA.** También v. prnl. *Se está deshilachando el forro.* **SIN.** Desflecar(se).

deshilar (des-hi-**lar**) *v. tr.* Sacar hilos de un tejido. **GRA.** También v. prnl. *Deshiló el bajo de sus pantalones vaqueros.* **SIN.** Deshilachar(se), desflecar(se).

deshilvanar (des-hil-va-**nar**) *v. tr.* Quitar los hilvanes o costuras provisionales de una tela. **GRA.** También v. prnl. *Deshilvana la falda, le he cogido el bajo.* **SIN.** Descoser(se), desunir(se).

deshinchar (des-hin-**char**) *v. tr.* **1.** Quitar la hinchazón. **GRA.** También v. prnl. *Todavía me duele la muela, pero la cara ya se me ha deshinchado.* **SIN.** Desinflamar(se). **ANT.** Inflamar(se). **2.** Sacar el aire de una cosa que está inflada. **GRA.** También v. prnl. *De no haberla usado durante mucho tiempo, se deshincharon las ruedas de la bici.* **SIN.** Desinflar(se). **ANT.** Inflar(se), hinchar(se), soplar(se). **3.** Desaho-

deshojar - desigualdad

gar la cólera o enfado. *Deshinchó su rabia con el primero que pilló.* || *v. prnl.* **4.** *fam.* Abandonar una actitud de orgullo y vanidad. *En cuanto vio que los demás eran mejores que él se deshinchó y se sintió avergonzado.* **5.** *fam.* Desanimarse. *Empezó el trabajo con ganas pero se deshinchó enseguida.*

deshojar (des-ho-**jar**) *v. tr.* **1.** Quitar las hojas a una planta o los pétalos a una flor. **GRA.** También v. prnl. *Estuvo deshojando una margarita.* **SIN.** Arrancar(se). **2.** Quitar las hojas de un libro, cuaderno, etc. *Deshojó la libreta.*

deshollinador, ra (des-ho-lli-na-**dor**) *adj.* **1.** Que quita el hollín. **GRA.** También s. m. y s. f. *Llamaron al deshollinador para limpiar la chimenea.* **SIN.** Limpiachimeneas. || *s. m.* **2.** Utensilio para deshollinar chimeneas. *No podían limpiar la chimenea porque no tenían un deshollinador.*

deshollinar (des-ho-lli-**nar**) *v. tr.* Limpiar las chimeneas, quitándoles el hollín. *Tuvieron que deshollinar la chimenea porque no tiraba bien.*

deshonesto, ta (des-ho-**nes**-to) *adj.* Falto de honestidad. *Ese comportamiento me parece deshonesto.* **SIN.** Desvergonzado, impúdico. **ANT.** Casto, honrado, decente.

deshonor (des-ho-**nor**) *s. m.* **1.** Pérdida del honor. *Aquel mal comportamiento supuso un deshonor para él.* **2.** Afrenta, deshonra. *Tuvo que aguantar el deshonor de la derrota.* **SIN.** Agravio, oprobio, ultraje.

deshonra (des-**hon**-ra) *s. f.* Pérdida de la honra. *Fue una deshonra para él haber quedado el último en la carrera.* **SIN.** Afrenta, ignominia, oprobio, ultraje, humillación. **ANT.** Honra, prestigio, reputación.

deshonrar (des-hon-**rar**) *v. tr.* Quitar o hacer perder la honra. **GRA.** También v. prnl. *Le deshonraron públicamente.* **SIN.** Afrentar, mancillar(se), menospreciar(se).

deshora (des-**ho**-ra) *s. f.* Tiempo inoportuno para algo. *Tiene la costumbre de llamar por teléfono a deshora, cuando ya estamos todos acostados.*

deshuesado, da (des-hue-**sa**-do) *adj.* Se aplica a las frutas, carnes, etc., a las que se les ha quitado el hueso. *Pidió un trozo de carne deshuesada para guisar.*

deshumanizar (des-hu-ma-ni-**zar**) *v. tr.* Privar a algo de las características humanas. *Con tanta máquina están deshumanizando el trabajo.* Se conjuga como abrazar.

desidia (de-**si**-dia) *s. f.* Falta de aplicación. *Tiene una gran desidia para el estudio.* **SIN.** Descuido, dejadez, pereza, holgazanería, abandono, negligencia. **ANT.** Afán, dedicación, aplicación, cuidado, diligencia.

desierto, ta (de-**sier**-to) *adj.* **1.** Despoblado, deshabitado. *La calle estaba desierta.* **SIN.** Desértico, solitario, desolado, yermo, vacío. **ANT.** Poblado, fértil, habitado, concurrido, frecuentado. || *s. m.* **2.** Lugar despoblado y con poca o ninguna vegetación. *Una caravana de camellos atravesó el desierto.* **SIN.** Erial, estepa, baldío. **ANT.** Campo, vergel. || **LOC. predicar en el desierto** *fam.* Hablar a una persona o a un grupo de ellas sin conseguir persuadirlas ni inmutarlas.

DESIERTOS	
Nombre	Km²
Sahara (África)	9 096 000
Desierto australiano	1 550 000
Desierto de Arabia	1 300 000
Gobi (Asia)	1 300 000
Kalahari (África)	518 000
Chihuahua (EE UU y México)	363 900
Mojave (EE UU)	39 000

designar (de-sig-**nar**) *v. tr.* **1.** Nombrar una cosa o representarla con otra. *Designamos lo desconocido con la letra X.* **SIN.** Indicar, denominar. **2.** Destinar para un determinado fin o nombrar para un cargo. *Le designaron embajador en Londres.* **SIN.** Dedicar, elegir. **ANT.** Expulsar.

designio (de-**sig**-nio) *s. m.* Plan, proyecto. *Su designio era ganar aquel concurso.* **SIN.** Intención, propósito, fin.

desigual (de-si-**gual**) *adj.* **1.** Se dice de aquello que no es igual. *Tuvieron desigual suerte en el partido.* **SIN.** Diferente, distinto, diverso, dispar. **ANT.** Igual, semejante. **2.** Se dice del terreno que tiene quiebras y cuestas. *Tardaron más de lo que pensaban en llegar a la cumbre de la montaña por lo desigual del terreno.* **SIN.** Accidentado, quebrado, áspero. **ANT.** Llano, liso. **3.** Inconstante, variable. Se dice del tiempo, del carácter, etc. *Estos días el tiempo está muy desigual, tan pronto sale el sol como llueve.* **SIN.** Mudable, voluble. **ANT.** Constante, invariable.

desigualdad (de-si-gual-**dad**) *s. f.* **1.** Aquello que hace que una cosa no sea igual a otra. *Hay mucha desigualdad en la calidad de estos productos.* **SIN.** Diferencia, desemejanza. **ANT.** Igualdad, similitud. **2.** Montículo o hundimiento en el terreno. *Aquel prado era malo de segar porque tenía muchas desigualdades.* **SIN.** Desproporción, desnivel. **3.** Formulación matemática que expresa la no igualdad de dos cantidades. *El resultado del primer problema era una desigualdad.*

desilusión - desliar

desilusión (de-si-lu-**sión**) *s. f.* **1.** Pérdida de la ilusión por alguna cosa. *Trataba de no perder el ánimo pero su desilusión iba en aumento.* **SIN.** Desesperanza, frustración. **ANT.** Ánimo. **2.** Desengaño, conocimiento de la verdad. *Se llevó una gran desilusión al ver que no la habían admitido en aquel colegio.* **SIN.** Decepción, desencanto. **ANT.** Ilusión.

desilusionar (de-si-lu-sio-**nar**) *v. tr.* **1.** Hacer perder a alguien las ilusiones. *La película desilusionó mucho al público.* **SIN.** Decepcionar, defraudar, desengañar, desencantar. **ANT.** Alentar, ilusionar, esperanzar. ‖ *v. prnl.* **2.** Desengañarse. *Se desilusionó al ver lo mal que se había comportado.*

desincentivar (de-sin-cen-ti-**var**) *v. tr.* *Disuadir.

desincrustar (de-sin-crus-**tar**) *v. tr.* **1.** Quitar incrustaciones. *Desincrustó la metralla que había quedado en la pared después de la explosión.* **2.** Quitar los depósitos de cal que se forman en tuberías, cañerías, etc. *Tuvimos que desincrustar la tubería del fregadero porque no pasaba el agua.*

desinencia (de-si-**nen**-cia) *s. f.* Morfema que se añade a la raíz de una palabra para indicar caso, género, número, persona, tiempo, modo, etc. *"Com-" es la raíz de "comer" y "-er" la desinencia.*

desinfectante (de-sin-fec-**tan**-te) *adj.* Que desinfecta o sirve para desinfectar. **GRA.** También s. m. *Utiliza yodo como desinfectante para las heridas.* **SIN.** Antiséptico, esterilizador. **ANT.** Contaminante.

desinfectar (de-sin-fec-**tar**) *v. tr.* Quitar la infección o evitar los gérmenes nocivos. **GRA.** También v. prnl. *Tienes que desinfectarte la herida.* **SIN.** Esterilizar(se), purificar(se), higienizar(se). **ANT.** Contaminar(se), infectar(se).

desinflar (de-sin-**flar**) *v. tr.* **1.** Sacar el aire del cuerpo flexible que lo contenía. **GRA.** También v. prnl. *Cuando fuimos a coger el balón, se había desinflado.* **SIN.** Vaciar(se), deshinchar(se). **ANT.** Hinchar(se), inflar(se). **2.** Desanimar. **GRA.** También v. prnl. *Al ver que tenía tan pocas posibilidades de ganar se desinfló.* **SIN.** Desmoralizar(se). **ANT.** Animar(se).

desinformado, da (de-sin-for-**ma**-do) *adj.* Que no está informado o lo está mal. *Se le pasó el plazo de pedir la subvención por estar desinformado.*

desinhibir (de-sin-hi-**bir**) *v. tr.* Actuar con espontaneidad. **GRA.** También v. prnl. *Al principio estaba muy cortado pero enseguida se desinhibió.*

desintegrar (de-sin-te-**grar**) *v. tr.* Separar los elementos que componen un todo. **GRA.** También v. prnl. *La nave espacial se desintegró al llegar a la atmósfera.* **SIN.** Disgregar(se), disociar(se), desaparecer(se). **ANT.** Reunir(se), condensar(se), materializar(se).

desinterés (de-sin-te-**rés**) *s. m.* **1.** Falta de interés de todo provecho personal. *Lo hizo con todo el desinterés del mundo.* **SIN.** Desasimiento, despego, desprendimiento, generosidad. **ANT.** Interés, egoísmo. **2.** Falta de aplicación y cuidado a la hora de hacer algo. *Trabaja con mucho desinterés, por eso lo deja todo a medias.* **SIN.** Apatía, indiferencia. **ANT.** Interés, cuidado.

desinteresado, da (de-sin-te-re-**sa**-do) *adj.* **1.** Se dice de la persona falta de interés personal. *Es muy desinteresado en su ayuda a los demás.* **SIN.** Desapegado, altruista, generoso. **ANT.** Interesado, egoísta. **2.** Se dice de quien no pone interés en lo que está haciendo. *Está desinteresado en el tema, por eso no se molesta en recoger más datos.*

desintoxicar (de-sin-to-xi-**car**) *v. tr.* Combatir la intoxicación o sus efectos. **GRA.** También v. prnl. *Comió mayonesa en mal estado y tardó varios días en desintoxicarse.* Se conjuga como abarcar.

desistir (de-sis-**tir**) *v. intr.* Cesar en la intención de hacer algo. *Desistió de su empeño al primer contratiempo.* **SIN.** Renunciar, cesar, cejar, abandonar, ceder. **ANT.** Perseverar, proseguir, insistir, porfiar.

deslavar (des-la-**var**) *v. tr.* Quitar sustancia, fuerza, color o vigor. *Si sigues lavando ese jersey en agua tan caliente se te va a deslavar.*

deslavazado, da (des-la-va-**za**-do) *adj.* **1.** Que no tiene firmeza. *Sus deslavazados argumentos eran fácilmente rebatibles.* **2.** Se dice de la charla o discurso que no tiene unidad en sus partes. *La conferencia fue muy deslavazada, era imposible sacar dos o tres ideas claves.*

desleal (des-le-**al**) *adj.* Que actúa sin lealtad. **GRA.** También s. m. y s. f. *Se mostró muy desleal con su amigo al negarle su ayuda.* **SIN.** Infiel, pérfido, alevoso, indigno, traidor. **ANT.** Leal, fiel, insobornable.

desleír (des-le-**ír**) *v. tr.* Desunir las partes de algunos cuerpos por medio de un líquido. **GRA.** También v. prnl. *Deslíe la harina en la leche.* **SIN.** Disolver(se). v. irreg., se conjuga como reír.

deslenguado, da (des-len-**gua**-do) *adj.* Desvergonzado, mal hablado. *Calla y no seas deslenguado.* **SIN.** Lenguaraz, insolente, atrevido, descarado. **ANT.** Educado, prudente, comedido, discreto.

desliar (des-li-**ar**) *v. tr.* Deshacer el lío, desatar lo liado. **GRA.** También v. prnl. *Le llevó casi toda la tarde desliar los ovillos de lana.* **SIN.** Desenmarañar(se). En cuanto al acento, se conjuga como desviar.

desligar - desmejorar

desligar (des-li-**gar**) *v. tr.* **1.** Desatar las ligaduras. *Me desligué de su compañía porque no me gustaban.* **GRA.** También v. prnl. **SIN.** Desanudar(se), separar(se). **ANT.** Atar(se), unir(se). **2.** Eximir de una obligación. **GRA.** También v. prnl. *Le desligó de tener que hacer la guardia.* **SIN.** Liberar(se). **ANT.** Vincular(se). ✎ Se conjuga como ahogar.

deslindar (des-lin-**dar**) *v. tr.* **1.** Señalar los límites o lindes de algo. *Deslindaron las fincas.* **2.** Aclarar bien una cosa para que no haya lugar a confusiones. *Deslindó bien el tema.* **SIN.** Puntualizar, determinar, aclarar. **ANT.** Embrollar.

desliz (des-**liz**) *s. m.* **1.** Acción o efecto de deslizar o deslizarse. *Sufrió un desliz en el hielo.* **SIN.** Resbalón, traspié, tropiezo, costalada, caída. **2.** Falta que se comete por descuido. *Por un pequeño desliz se fue al traste todo su trabajo.* **SIN.** Ligereza, error. **ANT.** Acierto. ✎ Su pl. es "deslices".

deslizar (des-li-**zar**) *v. tr.* **1.** Pasar una cosa sobre otra tocándola suavemente. **GRA.** También v. prnl. *Para quitar el polvo deslizó un paño por los muebles.* **SIN.** Resbalar(se), escurrirse, patinar(se). **ANT.** Detenerse. **2.** Decir o hacer una cosa con descuido y sin intención. **GRA.** Se usa más como v. prnl. *Entre esos papeles se deslizó una factura que no tenía nada que ver.* || *v. prnl.* **3.** Irse de un lugar procurando que nadie se entere. *Se deslizó hábilmente de la fiesta.* **SIN.** Evadirse, huir, escaparse, marcharse. ✎ Se conjuga como abrazar.

deslomarse (des-lo-**mar**-se) *v. prnl.* Trabajar con ahínco. *Se deslomó para conseguir acabar el trabajo a tiempo.* **SIN.** Agotarse, cansarse. **ANT.** Descansar.

deslucir (des-lu-**cir**) *v. tr.* **1.** Quitar la gracia o atractivo a una cosa. **GRA.** También v. prnl. *Las nubes deslucieron el día.* **SIN.** Gastar(se), deslustrar(se). **ANT.** Adornar(se). **2.** *Desacreditar. **GRA.** También v. prnl. ✎ v. irreg., se conjuga como lucir.

deslumbrar (des-lum-**brar**) *v. tr.* **1.** Confundir la vista con demasiada luz. **GRA.** También v. prnl. *Las luces de un coche nos deslumbraron.* **SIN.** Cegar(se), refulgir(se). **2.** Dejar a alguien admirado, confuso o perplejo. *Deslumbró a todo el mundo con su belleza.* **SIN.** Maravillar, fascinar, asombrar, impresionar. **ANT.** Aburrir.

desmadrarse (des-ma-**drar**-se) *v. prnl., fam.* Comportarse alguien alocadamente y con excesiva libertad. *Estaban de fiesta y se desmadraron un poco.*

desmadre (des-**ma**-dre) *s. m., fam.* Caos, desbarajuste. *Aquel hotel era un auténtico desmadre.* **SIN.** Follón, desorden. **ANT.** Orden.

desmán[1] (des-**mán**) *s. m.* Exceso, atropello. *En aquella guerra se cometieron muchos desmanes.* **SIN.** Abuso, desorden, atropello. **ANT.** Compensación.

desmán[2] (des-**mán**) *s. m.* Mamífero insectívoro pequeño que vive en las orillas de los ríos y arroyos. *El desmán es el miembro más grande de la familia de los topos.*

desmandarse (des-man-**dar**-se) *v. prnl.* Propasarse, rebelarse. *En cuanto les dijeron que por la tarde no habría clase los alumnos se desmandaron.* **SIN.** Desobedecer, excederse.

desmantelar (des-man-te-**lar**) *v. tr.* **1.** Desamueblar una casa, habitación, etc. *Desmantelamos todo para pintar las habitaciones y poner nuevos los suelos.* **2.** Destruir una fortificación. *Los soldados desmantelaron el campamento enemigo.* **SIN.** Desarmar, derribar. **ANT.** Reparar, construir.

desmañado, da (des-ma-**ña**-do) *adj.* Falto de maña o habilidad. *Se le dan fatal las manualidades, es una desmañada.*

desmaquillador, ra (des-ma-qui-lla-**dor**) *adj.* Se dice del producto cosmético utilizado para desmaquillar. **GRA.** También s. m. *Esta leche desmaquilladora es muy buena.*

desmaquillar (des-ma-qui-**llar**) *v. tr.* Quitar de la cara el maquillaje u otros cosméticos. **GRA.** También v. prnl. *No olvides nunca desmaquillarte antes de acostarte.*

desmarcarse (des-mar-**car**-se) *v. prnl.* En el fútbol y otros deportes, situarse un jugador en un lugar en el que no tenga ningún contrincante que le cubra. *El delantero se desmarcó por la banda.*

desmayar (des-ma-**yar**) *v. intr.* **1.** Perder el ánimo y el valor. *No desmayes en estos momentos tan difíciles.* **SIN.** Acobardarse, desanimarse. **ANT.** Animarse, envalentonarse. || *v. prnl.* **2.** Perder el conocimiento. *Se desmayó porque tenía la tensión muy baja.* **SIN.** Desvanecerse, desfallecer, marearse. **ANT.** Recuperarse, reanimarse, recobrarse, volver en sí.

desmayo (des-**ma**-yo) *s. m.* Pérdida del sentido y las fuerzas. *El ambiente estaba tan cargado que sufrió un desmayo.* **SIN.** Síncope, desvanecimiento, soponcio. **ANT.** Recuperación, reanimación.

desmejorar (des-me-jo-**rar**) *v. tr.* **1.** Estropear una cosa. **GRA.** También v. prnl. *Tanto sol ha desmejorado mucho las plantas del jardín.* **SIN.** Deteriorar(se), deslucir(se), ajar(se). || *v. prnl.* **2.** Ir perdiendo la salud. **GRA.** También v. prnl. *Desmejoró mucho a causa de su larga enfermedad.* **SIN.** Empeorar, debilitarse, agravarse. **ANT.** Mejorar, recuperarse.

desmelenar - desnudar

desmelenar (des-me-le-**nar**) *v. tr.* **1.** Desordenar el cabello. **GRA.** También v. prnl. *Con tanto viento se desmelenó toda nada más salir de la peluquería.* **SIN.** Desgreñar(se), despeinar(se), despeluzar(se). || *v. prnl.* **2.** Desinhibirse. *Era muy serio hasta que llegaba el fin de semana que se desmelenaba.*

desmembrar (des-mem-**brar**) *v. tr.* Separar una cosa de otra. **GRA.** También v. prnl. *La sociedad se desmembró por falta de acuerdo.* **SIN.** Dividir(se), desintegrar(se), escindir(se). ✎ v. irreg., se conjuga como acertar.

desmemoriado, da (des-me-mo-**ria**-do) *adj.* Se dice de la persona que olvida o pierde la memoria fácilmente. **GRA.** También s. m. y s. f. *Eres muy desmemoriada, te dejas todo en cualquier sitio.* **SIN.** Olvidadizo, distraído, despistado.

desmentir (des-men-**tir**) *v. tr.* Demostrar la falsedad de un hecho o dicho. *Dijo que había paz pero la realidad desmentía sus palabras.* **SIN.** Debatir, impugnar, negar. **ANT.** Ratificar, confirmar. ✎ v. irreg., se conjuga como sentir.

desmenuzar (des-me-nu-**zar**) *v. tr.* **1.** Deshacer una cosa, dividiéndola en trozos muy pequeños. **GRA.** También v. prnl. *Desmenuza el pescado para echarlo en la sopa.* **SIN.** Triturar(se), picar(se), disgregar(se). **ANT.** Aglomerar(se), unir(se). **2.** Examinar una cosa con mucho cuidado y atención. *Desmenuzó las ventajas con todo detalle.* **SIN.** Analizar. ✎ Se conjuga como abrazar.

desmerecer (des-me-re-**cer**) *v. intr.* **1.** Perder una cosa parte de su mérito o valor. *La comida desmerece mucho con esta presentación tan mala.* **SIN.** Desvalorizar, degenerar. **2.** Ser una persona o cosa inferior a otra. *Desde luego el hijo desmerece mucho de su padre.* || *v. tr.* **3.** Hacerse indigno de algo. *Desmerece ese premio por su pésimo comportamiento con los demás participantes.* ✎ v. irreg., se conjuga como parecer.

desmesurado, da (des-me-su-**ra**-do) *adj.* Enorme, desproporcionado. *Recibió un castigo desmesurado para lo que había hecho.* **SIN.** Grande, exagerado. **ANT.** Justo, comedido.

desmilitarizar (des-mi-li-ta-ri-**zar**) *v. tr.* Retirar de un territorio las tropas e instalaciones militares en virtud de un acuerdo internacional. *Se desmilitarizó la región al cesar el conflicto.* **GRA.** También v. prnl.

desmontar (des-mon-**tar**) *v. tr.* **1.** Deshacer un edificio o parte de él. *Desmontaron el tejado para tapar las goteras.* **SIN.** Desarmar. **2.** Separar las piezas de una cosa. *Desmontó el motor del coche.* **SIN.** Desbaratar, desmantelar. **ANT.** Armar, montar. **3.** Bajar alguien de un caballo, de un medio de transporte, etc. **GRA.** También v. intr. y v. prnl. *Desmonta del caballo, está muy cansado.* **SIN.** Descabalgar, apearse, descender. **ANT.** Montar, subir.

desmoralizarse (des-mo-ra-li-**zar**-se) *v. prnl.* Desanimarse, perder el ánimo o la ilusión. *Se desmoralizó y dejó el equipo de baloncesto.* **SIN.** Desalentarse, descorazonarse, amedrentarse. **ANT.** Animarse. ✎ Se conjuga como abrazar.

desmoronar (des-mo-ro-**nar**) *v. tr.* **1.** Deshacer y arruinar poco a poco los edificios. **GRA.** También v. prnl. *Se desmoronó la vieja muralla.* **SIN.** Demoler, destruir(se), derribar(se), desplomar(se). **ANT.** Construir, levantar. **2.** Deshacer y arruinar las aglomeraciones de sustancias de más o menos cohesión. **GRA.** También v. prnl. *Este queso está tan seco que se desmorona todo.* || *v. prnl.* **3.** Venir a menos algo. *Con tantas luchas internas el imperio se estaba desmoronando.* **SIN.** Hundirse. **4.** Sufrir una persona una depresión. *No te desmorones ahora, tu familia te necesita.* **SIN.** Desplomarse, decaerse.

desmovilizar (des-mo-vi-li-**zar**) *v. tr.* Licenciar a las tropas movilizadas. *Desmovilizaron las tropas debido al cese de las hostilidades.*

desnatar (des-na-**tar**) *v. tr.* Quitar la nata a la leche o a otros líquidos. *Después de cocer la leche, la desnató.*

desnivel (des-ni-**vel**) *s. m.* **1.** Falta de proporción. *Hay un gran desnivel entre los sueldos y el coste de la vida.* **SIN.** Desproporción, desigualdad. **ANT.** Nivel, igualdad. **2.** Diferencia de alturas entre dos a más puntos. *Ese puerto de montaña tiene un gran desnivel.* **SIN.** Cuesta, declive, pendiente. **ANT.** Llano.

desnucar (des-nu-**car**) *v. tr.* **1.** Dislocar o fracturar los huesos de la nuca. **GRA.** También v. prnl. *Ten cuidado al subirte a la escalera, no sea que te caigas y te desnuques.* **SIN.** Descalabrar(se). **2.** Matar a una persona o animal dándole un golpe en la nuca. **GRA.** También v. prnl. *El pobre se cayó de un sexto piso y se desnucó.* **SIN.** Malograr(se). ✎ Se conjuga como abarcar.

desnuclearización (des-nu-cle-a-ri-za-**ción**) *s. f.* Eliminación de armamento o instalaciones nucleares de un territorio. *El gobierno acordó la desnuclearización de la región por razones de seguridad.*

desnudar (des-nu-**dar**) *v. tr.* Quitar toda o parte de la ropa. **GRA.** También v. prnl. *Desnudó al niño para bañarlo.* **SIN.** Desvestir(se), descubrirse, desabrigar. **ANT.** Arropar(se), cubrir(se), vestir(se).

desnudo, da (des-**nu**-do) *adj.* **1.** Que no lleva puesto ningún vestido. *Cuando hace mucho calor le gusta dormir desnudo.* **SIN.** Desvestido, descubierto. **ANT.** Vestido. **2.** Muy mal vestido o con poca ropa. *El pobre iba casi desnudo.* **3.** Sin adornos. *Pon algún cuadro en la pared, así tan desnuda está fea.* **4.** Sin rodeos ni dobleces. *Nos dijo la verdad desnuda, tal y como había sido.* **5.** Falto de recursos, necesitado. *La colecta era para ayudar a aquellas desnudas familias de las chabolas.* **SIN.** Pobre, indigente, mísero. **ANT.** Provisto, dotado. || *s. m.* **6.** En pintura y escultura, figura humana desnuda. *Goya tiene un desnudo muy famoso.*

desnutrición (des-nu-tri-**ción**) *s. f.* Debilitación del organismo a causa de una alimentación insuficiente. *En los países pobres hay mucha desnutrición.*

desobedecer (de-so-be-de-**cer**) *v. tr.* No hacer alguien lo que ordenan las leyes o los superiores. *Desobedeció sus órdenes.* **SIN.** Rebelarse, contradecir, incumplir. **ANT.** Obedecer, acatar, cumplir. ❧ v. irreg., se conjuga como parecer.

desocupado, da (de-so-cu-**pa**-do) *adj.* **1.** *Vacío. **SIN.** Libre, disponible. **ANT.** Ocupado. **2.** Que no tiene ocupación, que está sin hacer nada. *Terminó el trabajo y ahora está desocupado.* **SIN.** Ocioso, inactivo. **ANT.** Activo.

desocupar (de-so-cu-**par**) *v. tr.* **1.** Dejar libre un lugar. *Tenían que desocupar el piso para finales de mes.* **SIN.** Abandonar, dejar. **ANT.** Ocupar. **2.** Sacar lo que hay dentro de alguna cosa. *Desocupa esa caja, quiero meter estos libros en ella.* **SIN.** Vaciar, desaguar. **ANT.** Llenar. || *v. prnl.* **3.** Librarse de alguna ocupación o trabajo. *Me desocupé de la reunión porque dijo que ella se encargaría de todo.*

desodorante (de-so-do-**ran**-te) *adj.* **1.** Que destruye los olores molestos y nocivos. *Ese producto desodorante huele a manzana.* || *s. m.* **2.** Producto que sirve para combatir el olor del sudor. *Compró un frasco de colonia y un desodorante con el mismo aroma.*

desoír (de-so-**ír**) *v. tr.* **1.** No atender. *Desoyó mi petición y no me echó una mano.* **SIN.** Desatender. **ANT.** Atender, escuchar. **2.** No prestar atención a los consejos o advertencias. *Eso te pasó por desoír sus consejos.* ❧ v. irreg., se conjuga como oír.

desojarse (de-so-**jar**-se) *v. prnl.* **1.** Estropearse la vista por forzarla mucho. *Si sigues leyendo con tan poca luz te vas a desojar.* **2.** Mirar con mucho ahínco para ver o hallar una cosa. *Se desojaba intentando ver qué pasaba, pero estaba demasiado lejos.*

desolado, da (de-so-**la**-do) *adj.* **1.** Se dice de la persona que se encuentra desconsolada. *Se sentía tan desolado que no había forma de consolarle.* **SIN.** Apenado, afligido. **ANT.** Alegre, contento, animado. **2.** Se dice de lo que está en ruinas o completamente destrozado. *El bombardeo desoló el pueblo.*

desolar (de-so-**lar**) *v. tr.* **1.** Asolar, destruir. *Las tropas desolaron las aldeas fronterizas.* **SIN.** Devastar, arrasar, derruir. **ANT.** Construir, edificar, levantar. || *v. prnl.* **2.** Afligirse, sentir gran angustia. *Se desoló al conocer la mala noticia.* **SIN.** Apenarse, desconsolarse, entristecerse. **ANT.** Alegrarse, animarse, consolarse. ❧ v. irreg., se conjuga como contar.

desollar (de-so-**llar**) *v. tr.* **1.** Quitar la piel del cuerpo de un animal. *Estaba en el corral desollando el conejo.* **SIN.** Despellejar. **2.** *Difamar. || **LOC.** desollar a alguien vivo *fam.* Murmurar de él con malicia. ❧ v. irreg., se conjuga como contar.

desorbitado, da (de-sor-bi-**ta**-do) *adj.* **1.** Se dice de los ojos cuando tienen una expresión de extremo dolor o admiración. *Miraba desorbitado aquella puesta de sol tan hermosa.* **2.** Se dice de lo que es excesivo. *Me gustaba mucho ese pantalón pero su precio es desorbitado.*

desorden (de-**sor**-den) *s. m.* **1.** Falta de colocación u organización de algo. *Su mesa era un completo desorden con todos los papeles desparramados.* **SIN.** Desconcierto, desorganización, desbarajuste, caos. **ANT.** Orden, sistema, organización, disciplina. **2.** Situación social de violencia y alteración del orden público. *Los hinchas del equipo visitante produjeron grandes desórdenes.* **SIN.** Bullicio, follón, lío.

desordenado, da (de-sor-de-**na**-do) *adj.* Que no tiene orden, que procede sin él. *Tienes la habitación muy desordenada, arréglala.* **SIN.** Caótico, confuso.

desordenar (de-sor-de-**nar**) *v. tr.* Romper el orden. **GRA.** También v. prnl. *No me gusta que me desordenen las cosas.* **SIN.** Descomponer(se), desbarajustar(se), trastornar(se). **ANT.** Ordenar(se).

desorganización (de-sor-ga-ni-za-**ción**) *s. f.* Falta de orden. *Tenía tal desorganización en el despacho que nunca encontraba nada.* **SIN.** Desorden.

desorganizar (de-sor-ga-ni-**zar**) *v. tr.* Deshacer una organización o un orden existente. **GRA.** También v. prnl. *Su misión era desorganizar el espionaje enemigo.* **SIN.** Descomponer, desordenar. **ANT.** Estructurar, ordenar. ❧ Se conjuga como abrazar.

desorientar (de-so-rien-**tar**) *v. tr.* **1.** Hacer perder la orientación o el rumbo. **GRA.** También v. prnl. *Nos desorientamos en el monte porque nos salimos del*

desovar - despedazar

sendero. **SIN.** Extraviar(se), desencaminar(se), despistar(se). **ANT.** Orientar(se), guiar(se). **2.** Confundir a alguien. **GRA.** También v. prnl. *Tu actitud me desorienta, no sé lo que piensas en realidad.* **SIN.** Trastornar(se), turbar(se), desconcertar(se).

desovar (de-so-**var**) *v. intr.* Soltar las hembras de los peces y las de los anfibios los huevos o huevas. *Los peces desovaron en el río.*

desoxidar (de-so-xi-**dar**) *v. tr.* Limpiar un metal de óxido. *Se pasó la tarde desoxidando las herramientas.*

despabilar (des-pa-bi-**lar**) *v. tr.* **1.** Avivar la astucia y la inteligencia. **GRA.** También v. prnl. *Le vino bien relacionarse con otros niños porque se despabiló mucho.* **SIN.** Espabilar(se), despertar(se), instruir(se). **ANT.** Atontar(se). || *v. prnl.* **2.** Sacudirse el sueño. *Me despabilé cuando sonó el teléfono y después no conseguí conciliar el sueño.*

despachar (des-pa-**char**) *v. tr.* **1.** Resolver una cosa o tomar alguna decisión. *Despachamos unos asuntos pendientes.* **SIN.** Solucionar, tramitar, ventilar. **ANT.** Demorar. **2.** Vender géneros o mercancías. *No despachamos bebidas alcohólicas.* **SIN.** Expender, comerciar. **3.** Apartar de sí a una persona. *Lo despachó con cajas destempladas.* **SIN.** Echar, destituir, despedir, alejar. **ANT.** Nombrar. **4.** *fam.* Atender el dependiente a los clientes. **GRA.** También v. intr. *Nos despachó un dependiente muy atento.* || *v. prnl.* **5.** *fam.* Decir alguien todo lo que quiere. *Se despachó a gusto y dijo todo lo que pensaba.*

despacho (des-**pa**-cho) *s. m.* **1.** Acción y efecto de despachar. *Envía este despacho a esta dirección de Granada.* **SIN.** Venta, consumo, entrega. **2.** Habitación de una casa destinada a la resolución de negocios o al estudio. *Fui al despacho del abogado.* **SIN.** Estudio, bufete, oficina. **3.** Lugar donde se vende algo. *Trabaja en el despacho de pan de la esquina.* **SIN.** Tienda, establecimiento, puesto. **4.** Comunicación escrita. *Recibió un despacho urgente.* **SIN.** Cable, comunicado, carta, misiva, circular.

despachurrar (des-pa-chu-**rrar**) *v. tr.* **1.** *fam.* Aplastar. **GRA.** También v. prnl. *Cuidado, no despachurres los huevos.* **SIN.** Despanzurrar(se), espachurrar(se), destripar(se), aplastar(se). **2.** Apabullar a alguien dejándole sin saber qué hacer ni decir. *Con la primera acusación, lo despachurré y se quedó sin argumentos.*

despacio (des-**pa**-cio) *adv. m.* **1.** Poco a poco, con lentitud. *Conduce despacio por precaución.* **SIN.** Paulatinamente, pausadamente, lentamente. **ANT.** Rápidamente. **2.** *amer.* En voz baja.

despampanante (des-pam-pa-**nan**-te) *adj.* Se dice de la persona o cosa que llama mucho la atención. *Se presentó con un coche despampanante.* **SIN.** Asombroso, sorprendente, increíble, impresionante. **ANT.** Insignificante, corriente.

despanzurrar (des-pan-zu-**rrar**) *v. tr., fam.* Reventar. **GRA.** También v. prnl. *Se cayó un huevo y se despanzurró.* **SIN.** Despachurrar(se), destripar(se), aplastar(se).

desparejado, da (des-pa-re-**ja**-do) *adj.* Sin pareja. *Este calcetín está desparejado, no encuentro el otro.*

desparpajo (des-par-**pa**-jo) *s. m.* **1.** *fam.* Desenvoltura para hacer o decir una cosa. *Contaba chistes con mucho desparpajo.* **SIN.** Descaro, insolencia, atrevimiento, frescura, gracia. **ANT.** Respeto, timidez. **2.** *amer.* Confusión, desorden.

desparramar (des-pa-rra-**mar**) *v. tr.* **1.** Extender una cosa. **GRA.** También v. prnl. *Se le cayó el plato y las lentejas se desparramaron por el suelo.* **SIN.** Diseminar(se), esparcir(se). **ANT.** Juntar(se), unir(se). **2.** *amer.* Divulgar una noticia.

despatarrar (des-pa-ta-**rrar**) *v. tr.* **1.** *fam.* Abrir excesivamente las piernas. **GRA.** También v. prnl. *No es de mucha educación que te despatarres así cuando te sientas.* **SIN.** Espatarrar(se). || *v. prnl.* **2.** Caerse al suelo abierto de piernas. *Le quitó la silla cuando se iba a sentar y se despatarró.*

despavorir (des-pa-vo-**rir**) *v. intr.* Llenar de pavor o miedo. **GRA.** También v. prnl. *El vigilante logró despavorir a los ladrones.* **SIN.** Temer, asustarse. ✎ v. defect., se conjuga como abolir.

despecho (des-**pe**-cho) *s. m.* Disgusto o enfado originado por el fracaso en algún propósito. *No asistió a su fiesta por despecho.* **SIN.** Resentimiento, rencor. **ANT.** Agradecimiento.

despechugar (des-pe-chu-**gar**) *v. tr.* **1.** Quitar la pechuga a un ave. *Despechuga el pollo para hacerlo filetes.* || *v. prnl.* **2.** *fam.* Dejar el pecho al descubierto. *Se despechugó porque tenía mucho calor.* **SIN.** Desabotonarse, descubrir, escotarse. ✎ Se conjuga como ahogar.

despectivo, va (des-pec-**ti**-vo) *adj.* **1.** Despreciativo, desdeñoso. *Habló de nuestro trabajo con un tono muy despectivo.* **SIN.** Altivo, soberbio, engreído. **ANT.** Apreciativo, atento, solícito. **2.** Se dice del sufijo que se añade a una palabra para indicar idea de desprecio. **GRA.** También s. m. *El sufijo "-ucha" de "casucha" es un despectivo.*

despedazar (des-pe-da-**zar**) *v. tr.* **1.** Hacer pedazos un cuerpo. **GRA.** También v. prnl. *Despedazaron la*

despedida - desperdicio

vieja mesa de madera para astillas. **SIN.** Descuartizar(se), desgarrar(se), deshacer(se). **ANT.** Unir(se), juntar(se). **2.** Maltratar algunas cosas no materiales. **GRA.** También v. prnl. *Sus sueños se despedazaron al ver que no se había clasificado.* **SIN.** Destrozar(se). ✎ Se conjuga como abrazar.

despedida (des-pe-**di**-da) *s. f.* **1.** Acción y efecto de despedir o despedirse. *No me gustan las despedidas, son muy tristes.* **SIN.** Despido, adiós. **ANT.** Bienvenida, recibimiento. **2.** *Homenaje.

despedir (des-pe-**dir**) *v. tr.* **1.** Echar a una persona de un trabajo. **GRA.** También v. prnl. *Despidió al chófer.* **SIN.** Echar, expulsar, destituir. **ANT.** Readmitir. **2.** Acompañar a alguien que se marcha para decirle adiós. *Mis amigos me despidieron en la estación.* **ANT.** Recibir. **3.** Arrojar lejos de sí una cosa. *Despidió el balón con fuerza.* **SIN.** Echar, lanzar. ‖ *v. prnl.* **4.** Emplear una expresión de cortesía para decir adiós a alguien. *Se despidió y marchó porque tenía mucha prisa.* ✎ v. irreg., se conjuga como pedir.

despegado, da (des-pe-**ga**-do) *adj.* **1.** Separado de la cosa a la que estaba pegado. *En el álbum hay varias fotos despegadas.* **SIN.** Desunido, apartado, arrancado. **2.** Poco cariñoso, que no tiene mucho trato con los demás. *Es muy despegado, apenas se habla con su familia.*

despegar (des-pe-**gar**) *v. tr.* **1.** Separar dos cosas que están pegadas. **GRA.** También v. prnl. *Despegó el sello del sobre para su colección.* **SIN.** Separar(se), desunir(se). **ANT.** Encolar(se), pegar(se). ‖ *v. intr.* **2.** Separarse del suelo un avión cuando va a iniciar el vuelo. *El avión tuvo problemas para despegar a causa del mal tiempo.* **SIN.** Levantar vuelo, remontarse. **ANT.** Aterrizar. ✎ Se conjuga como ahogar.

despegue (des-**pe**-gue) *s. m.* Acción y efecto de despegar un avión, helicóptero, etc. *Vimos el despegue del avión.* **SIN.** Ascenso, salida. **ANT.** Aterrizaje.

despeinar (des-pei-**nar**) *v. tr.* Deshacer el peinado. **GRA.** También v. prnl. *Con tanto viento se despeinó todo.* **SIN.** Desmelenar(se), despeluzar(se), espeluzar(se), respeluzar(se). **ANT.** Peinar(se).

despejado, da (des-pe-**ja**-do) *adj.* **1.** Despierto, inteligente. *Parece una niña muy despejada.* **2.** Se dice del cielo limpio de nubes. *Hace un buen día para ir de excursión, está muy despejado.* **SIN.** Sereno, claro, bonancible. **ANT.** Tormentoso, cubierto, nublado. **3.** Se dice de lo que es ancho y espacioso. *La casa tenía un salón muy despejado.*

despejar (des-pe-**jar**) *v. tr.* **1.** Desocupar un sitio o espacio. *Despeja la mesa de papeles, me voy a poner con el mural.* **2.** Aclarar algo. **GRA.** También v. prnl. *Con sus declaraciones se despejaron todas las dudas sobre el caso.* **SIN.** Desembrollar(se), desenliar(se), limpiar(se). **ANT.** Embrollar(se), confundir(se). **3.** En matemáticas, separar por medio del cálculo la incógnita de una ecuación. *Para resolver el problema tienes que despejar la x.* **4.** En el fútbol y otros deportes, desviar la pelota de la propia meta. *El portero despejó bien la pelota y evitó el gol.* ‖ *v. prnl.* **5.** Divertirse, esparcirse. *Dijo que iba a dar un paseo para despejarse.* **6.** Calmarse el tiempo y desaparecer las nubes. *Parece que se está despejando la tarde.*

despellejar (des-pe-lle-**jar**) *v. tr.* **1.** Quitar el pellejo. *Se negaba a despellejar la liebre porque le daba mucha pena.* **SIN.** Desollar. **2.** Murmurar de alguien con mala intención. *Era muy cotilla y se pasaba el día despellejando a los demás.* **SIN.** Maldecir.

despelotarse (des-pe-lo-**tar**-se) *v. prnl., fam.* Desnudarse. *Se despelotaron todos y se fueron corriendo al agua.*

despeluzar (des-pe-lu-**zar**) *v. tr.* Desordenar el cabello de la cabeza, felpa,. etc. **GRA.** También v. prnl. *Se me despeluzó el cabello con el viento.*

despenalizar (des-pe-na-li-**zar**) *v. tr.* Legalizar algo que antes era delito. *Han decidido despenalizar el comercio de ese producto.*

despensa (des-**pen**-sa) *s. f.* Lugar de la casa donde se guardan las cosas comestibles. *La cocina es bastante grande y con despensa.* **SIN.** Alacena, armario, aparador.

despeñadero (des-pe-ña-**de**-ro) *s. m.* Precipicio, lugar o sitio alto, con peñascos y escarpado. *Para llegar a aquella montaña teníamos que atravesar un peligroso despeñadero.* **SIN.** Derrocadero, precipicio, derrumbadero.

despeñar (des-pe-**ñar**) *v. tr.* Arrojar desde lo alto. **GRA.** También v. prnl. *El pobre animal se había despeñado por el precipicio.* **SIN.** Lanzar(se). **ANT.** Subir(se), alzar(se).

desperdiciar (des-per-di-**ciar**) *v. tr.* **1.** Emplear mal una cosa. *No desperdicies todos tus ahorros en chucherías.* **SIN.** Despilfarrar, derrochar. **2.** No aprovechar algo debidamente. *No sabe comer el pescado, desperdicia más de la mitad.* **SIN.** Desaprovechar, malgastar, malbaratar. **ANT.** Aprovechar. ✎ En cuanto al acento, se conjuga como cambiar.

desperdicio (des-per-**di**-cio) *s. m.* **1.** Residuo que no se puede aprovechar o se deja perder. *Tira los desperdicios de la comida a la basura.* **SIN.** Sobra,

desperdigar - desplazar

desecho, resto. **2.** Derroche de alguna cosa. *¡Emplear el dinero en eso, vaya desperdicio!* **SIN.** Despilfarro, gasto. **ANT.** Economía, provecho. || **LOC. no tener desperdicio alguien o algo** Ser muy útil o muy bueno.

desperdigar (des-per-di-**gar**) *v. tr.* Separar, desunir, esparcir. **GRA.** También v. prnl. *Con la corriente todos los papeles se desperdigaron por el suelo.* **SIN.** Dispersar(se), diseminar(se). **ANT.** Reunir(se), condensar(se). Se conjuga como ahogar.

desperezarse (des-pe-re-**zar**-se) *v. prnl.* Estirar los brazos y las piernas para sacudir la pereza o librarse del entumecimiento. *Por las mañanas siempre tarda un rato en desperezarse.* **SIN.** Estirarse. **ANT.** Aletargarse.

desperfecto (des-per-**fec**-to) *s. m.* **1.** Deterioro de alguna cosa. *La explosión ocasionó importantes desperfectos en el edificio.* **SIN.** Daño, avería. **2.** Pequeña falta que tiene una cosa. *Aquellas camisetas estaban más rebajadas porque tenían algún desperfecto.* **SIN.** Defecto, tacha. **ANT.** Arreglo, reparación.

despersonalizar (des-per-so-na-li-**zar**) *v. tr.* Quitar el carácter personal a una cuestión. *Puedes despersonalizar el tema al hablar de él, hay muchos implicados.* Se conjuga como abrazar.

despertador (des-per-ta-**dor**) *s. m.* **1.** Reloj que, a la hora en que se le ha señalado previamente, hace sonar una alarma. *Pon el despertador a las ocho de la mañana.* || **2. radio-despertador** Reloj despertador que, en lugar de hacer sonar una alarma, se conecta a una emisión radiofónica.

despertar[1] (des-per-**tar**) *v. tr.* **1.** Interrumpir el sueño de la persona que duerme. **GRA.** También v. prnl. *Todos los días me despierta el timbre.* **SIN.** Despabilar(se), avivar(se), reanimar(se), sacudir(se). **ANT.** Dormir(se), acunar. **2.** Traer a la memoria una cosa ya olvidada. **GRA.** También v. prnl. *Aquellas fotos despertaron mis recuerdos de la infancia.* **SIN.** Evocar, recordar, rememorar. **ANT.** Olvidar(se). **3.** Provocar, causar. **SIN.** Producir, avivar. || *v. intr.* **4.** Hacerse alguien más listo y astuto. **GRA.** También v. prnl. *Al principio era muy tímido, pero despertó y no dejaba que nadie se aprovechase de él.* v. irreg., se conjuga como acertar. Tiene doble part.; uno reg., despertado, y otro irreg., despierto.

despertar[2] (des-per-**tar**) *s. m.* Momento en que una persona se despierta o modo de hacerlo. *Tiene muy mal despertar.*

despiadado, da (des-pia-**da**-do) *adj.* Se dice de la persona sin compasión ni piedad. *Deberíamos cui-*
dar más la naturaleza y no ser tan despiadados. **SIN.** Impío, inhumano, cruel. **ANT.** Piadoso, caritativo.

despido (des-**pi**-do) *s. m.* **1.** Cese laboral impuesto. *El despido fue improcedente, él no tenía ninguna culpa.* **SIN.** Expulsión, destitución, suspensión. **ANT.** Admisión, rehabilitación. **2.** Indemnización que recibe la persona que ha sido expulsada de su trabajo. *Le dieron dos millones de despido.*

despierto, ta (des-**pier**-to) *adj.* **1.** Que no está dormido. *Estuve despierto hasta más de media noche.* **SIN.** Despejado, desvelado, insomne. **ANT.** Dormido. **2.** Se dice de la persona viva e inteligente. *Es una niña muy despierta para su edad.* **SIN.** Espabilado, sagaz, perspicaz, avispado. **ANT.** Torpe, necio.

despiezar (des-pie-**zar**) *v. tr.* Descomponer algo en piezas. *En esta carnicería despiezan muy bien la carne.* Se conjuga como abrazar.

despilfarrar (des-pil-fa-**rrar**) *v. tr.* Malgastar el dinero o las posesiones. *Despilfarró la herencia de sus padres.* **SIN.** Dilapidar, malbaratar, desperdiciar, derrochar. **ANT.** Ahorrar, guardar.

despilfarro (des-pil-**fa**-rro) *s. m.* Gasto excesivo y superfluo. *Comprar ese coche tan caro me parece un despilfarro.* **SIN.** Derroche. **ANT.** Ahorro.

despintar (des-pin-**tar**) *v. tr.* **1.** Borrar lo pintado. **GRA.** También v. prnl. *La pared se despintó a causa de la humedad.* **2.** Desfigurar un asunto. *Despintó los hechos para que no le echaran la culpa.* **SIN.** Degenerar, desdecir. || *v. prnl.* **3.** Borrarse fácilmente los colores de que está teñida una cosa. *El mantel se ha despintado por lavarlo en agua muy caliente.* **SIN.** Decolorarse, desteñirse. **ANT.** Teñirse, colorarse. || **LOC. no despintársele a alguien una persona o cosa** *fam.* Recordar con detalle su aspecto.

despistar (des-pis-**tar**) *v. tr.* **1.** Hacer perder la pista. **GRA.** También v. intr. *Los ladrones despistaron a la policía.* **SIN.** Desorientar, confundir. || *v. prnl.* **2.** Distraerse, confundirse. *Me despisté y me coloqué en el carril equivocado.* **SIN.** Extraviarse.

despiste (des-**pis**-te) *s. m.* Distracción o error. *Me dejé la carpeta en tu casa por despiste.* **SIN.** Lapsus, olvido.

desplante (des-**plan**-te) *s. m.* Dicho o acto descarado y arrogante. *¡Vaya desplante!, se marchó y le dejo con la palabra en la boca.* **SIN.** Desfachatez.

desplazamiento (des-pla-za-**mien**-to) *s. m.* Acción y efecto de desplazar. *Vivía a las afueras de una gran ciudad y se le iba mucho dinero en desplazamientos.*

desplazar (des-pla-**zar**) *v. tr.* **1.** Sacar de su sitio, destituir de un puesto o trasladar. **GRA.** También v.

319

prnl. *Le desplazaron al último puesto de la lista.* **SIN.** Quitar(se), apartar(se), relegar(se). **ANT.** Inmovilizar(se). **2.** Desalojar un cuerpo sumergido en un líquido un volumen de éste igual a la superficie sumergida. *Ese buque desplaza cien mil toneladas de agua.* || *v. prnl.* **3.** Trasladarse de un lugar a otro. *Siempre que va de vacaciones se desplaza en su propio coche.* **SIN.** Viajar, trasladarse. **ANT.** Quedarse. ✎ Se conjuga como abrazar.

desplegar (des-ple-**gar**) *v. tr.* **1.** Extender, desdoblar. **GRA.** También v. prnl. *Desplegaron las velas de la embarcación porque el viento era favorable.* **SIN.** Desenrollar(se). **ANT.** Plegar(se), enrollar(se), recoger(se). **2.** Realizar una actividad o manifestar una cualidad. *Desplegó toda su diplomacia para conciliar ambas posturas.* **SIN.** Activar, efectuar, llevar a cabo. **3.** Hacer que se dispersen las tropas, la policía, etc. para cubrir un lugar. **GRA.** También v. prnl. *La policía se desplegó por todos los alrededores de la casa.* ✎ v. irreg., se conjuga como acertar. Se escribe "gu" en vez de "g" seguido de "-e".

desplomarse (des-plo-**mar**-se) *v. prnl.* **1.** Caerse una pared. *El muro se desplomó a causa de las intensas lluvias.* **SIN.** Derrumbarse, vencerse, hundirse. **ANT.** Levantarse, armarse, alzarse. **2.** Caerse sin vida o sin conocimiento. *Estaba tan tranquilo y de repente se sintió mareado y se desplomó.*

desplumar (des-plu-**mar**) *v. tr.* **1.** Quitar las plumas al ave. **GRA.** También v. prnl. *Desplumó el pollo.* **SIN.** Pelar(se). **2.** Dejar a alguien sin dinero. *Le desplumaron en el casino.* **SIN.** Despojar, estafar.

despoblado, da (des-po-**bla**-do) *adj.* Se dice del sitio no poblado y que tuvo antes población. **GRA.** También s. m. *Esos pueblos se quedaron despoblados a causa de la guerra.* **SIN.** Abandonado, deshabitado, desolado. **ANT.** Habitado, poblado.

despoblar (des-po-**blar**) *v. tr.* Reducir a desierto lo que antes estaba poblado, o hacer que disminuya la población. **GRA.** También v. prnl. *Hay ciudades que se despueblan, otras aumentan su población.* **SIN.** Abandonar(se). ✎ v. irreg., se conjuga como contar.

despojar (des-po-**jar**) *v. tr.* **1.** Privar a alguien por la fuerza de lo que tiene. *Los ladrones le despojaron de todo lo que llevaba.* **SIN.** Desposeer, quitar, robar. **ANT.** Dar, entregar, devolver. || *v. prnl.* **2.** Quitarse alguna prenda de vestir. *Se despojó del abrigo porque tenía calor.* **SIN.** Desvestirse. **3.** Deshacerse voluntariamente de una cosa. *Me despojé de los viejos muebles porque ocupaban demasiado sitio.* **SIN.** Privarse, sacrificarse, desprenderse. **ANT.** Apropiarse.

despojos (des-**po**-jos) *s. m. pl.* **1.** Sobras. *Echamos los despojos al perro.* **SIN.** Deshecho, desperdicio, restos. **2.** Algunas partes de los animales como alones, mollejas, patas, etc. *De los despojos, lo que más le gustan son las patas guisadas.*

desposado, da (des-po-**sa**-do) *adj.* Recién casado. **GRA.** También s. m. y s. f. *Los desposados salieron de luna de miel.* **SIN.** Consorte, conyuge, marido, esposo. **ANT.** Divorciado, soltero.

desposarse (des-po-**sar**-se) *v. prnl.* Contraer matrimonio. *Se desposaron en la pequeña capilla de su pueblo natal.* **SIN.** Casarse, unirse. **ANT.** Divorciarse, separarse.

desposeer (des-po-se-**er**) *v. tr.* Quitar a alguien lo que posee. *Le desposeyeron de sus propiedades.* **SIN.** Desapropiar, expropiar, despojar, quitar. ✎ v. irreg., se conjuga como creer.

déspota (**dés**-po-ta) *s. m. y s. f.* Persona que trata a los demás con dureza abusando de su poder. **GRA.** También adj. *Es un déspota con sus subordinados.* **SIN.** Opresor, abusador, tirano, dictador.

despotismo (des-po-**tis**-mo) *s. m.* **1.** Autoridad absoluta que no está limitada por las leyes. *El país llevaba más de cinco años de despotismo cuando ocurrió el cambio de régimen.* **SIN.** Dictadura, tiranía. **ANT.** Democracia. **2.** Abuso de superioridad, poder o fuerza en el trato con las demás personas. *Aquel profesor fue sancionado por su despotismo.* **SIN.** Opresión, abuso. **ANT.** Justicia.

despotricar (des-po-tri-**car**) *v. intr., fam.* Decir todo aquello que a uno se le ocurre. *Despotricó cuanto quiso contra los gobernantes.* **SIN.** Desvariar, desbarrar, criticar. **ANT.** Razonar. ✎ Se conjuga como abarcar.

despreciar (des-pre-ci-**ar**) *v. tr.* **1.** Tener en poca estima, no apreciar. *No se debe despreciar a los demás.* **SIN.** Menospreciar, subestimar. **ANT.** Apreciar, valorar. **2.** Hacer desaires o desdenes a alguien. *Cuando me despreció el regalo me sentí fatal.* **SIN.** Denigrar, vilipendiar. **ANT.** Honrar. || *v. prnl.* **3.** Desdeñarse. *Tiene un gran complejo de inferioridad y se desprecia a sí mismo.* **SIN.** Minusvalorarse, subestimarse. **ANT.** Sobrestimarse, sobrevalorarse. ✎ En cuanto al acento, se conjuga como cambiar.

desprecio (des-**pre**-cio) *s. m.* **1.** Falta de aprecio. *Le trataron con desprecio.* **ANT.** Aprecio, estima. **2.** Descortesía, ofensa. *Decidió perdonar a su amigo por el desprecio que le había hecho.* **SIN.** Desaire.

desprender - destacar

desprender (des-pren-**der**) *v. tr.* **1.** Desunir lo que estaba fijo o unido. **GRA.** También v. prnl. *Varias rocas se desprendieron de la montaña y cortaron la carretera.* **SIN.** Separar(se), soltar(se). **ANT.** Juntar(se), pegar(se). **2.** Echar de sí alguna cosa. *Esa colonia desprende un aroma demasiado fuerte para mi gusto.* ‖ *v. prnl.* **3.** Renunciar a una cosa. *Se desprendió de todos sus cargos.* **SIN.** Librarse, eludir, despojarse. **ANT.** Conservar. **4.** Venir una cosa de otra. *De su actitud se desprende que no piensa ayudarnos en esto.* **SIN.** Seguirse, concluirse, deducirse, inferirse.

desprendido, da (des-pren-**di**-do) *adj.* **1.** Suelto, separado de aquello a lo que estaba unido. *Tienes desprendido el bajo de los pantalones.* **ANT.** Unido, prendido. **2.** Desinteresado, generoso. *Es muy desprendido, comparte todo lo que tiene.*

despreocupación (des-pre-o-cu-pa-**ción**) *s. f.* Estado de ánimo de la persona que no tiene preocupaciones. *Su despreocupación por lo que había pasado nos dejó a todos muy sorprendidos.* **SIN.** Tranquilidad, calma, serenidad. **ANT.** Preocupación.

despreocupado, da (des-pre-o-cu-**pa**-do) *adj.* Que no se preocupa o no tiene preocupaciones. *Es tan despreocupado que se le pasó la fecha del examen.* **SIN.** Confiado, descuidado, tranquilo. **ANT.** Preocupado, intranquilo.

despreocuparse (des-pre-o-cu-**par**-se) *v. prnl.* **1.** Librarse de una preocupación. *Me despreocupé del asunto porque mi hermano dijo que lo haría él.* **2.** No prestar la atención o el cuidado debido a una persona o cosa. *Se despreocupó tanto de sus estudios que suspendió varias asignaturas.* **SIN.** Descuidarse, serenarse. **ANT.** Preocuparse.

desprestigiar (des-pres-ti-**giar**) *v. tr.* Quitar o perder el prestigio. **GRA.** También v. prnl. *Aquella película tan mala desprestigió mucho su carrera.* **SIN.** Desacreditar(se), difamar(se). **ANT.** Alabar(se). En cuanto al acento, se conjuga como cambiar.

desprevenido, da (des-pre-ve-**ni**-do) *adj.* Que no está preparado para un imprevisto. *La tormenta le pilló desprevenido y se puso pingando.* **SIN.** Inadvertido, despreocupado. **ANT.** Preparado, prevenido.

desproporción (des-pro-por-**ción**) *s. f.* Falta de la proporción debida. *Hay mucha desproporción entre estas dos tallas, debería haber una intermedia.* **SIN.** Diferencia, desigualdad. **ANT.** Similitud, proporción.

desproporcionado, da (des-pro-por-cio-**na**-do) *adj.* Que no tiene la proporción debida. *Me parece un precio desproporcionado para el tipo de casa que es.* **SIN.** Asimétrico, dispar. **ANT.** Proporcionado.

despropósito (des-pro-**pó**-si-to) *s. m.* Dicho o hecho fuera de todo sentido o razón. *Todo lo que decía eran barbaridades y despropósitos.* **SIN.** Disparate, desatino.

desprovisto, ta (des-pro-**vis**-to) *adj.* Falto de lo necesario. *El temporal de nieve les pilló desprovistos de suficientes alimentos.* **SIN.** Carente. **ANT.** Dotado.

después (des-**pués**) *adv. t. y l.* Indica que algo está a continuación en el tiempo o en el espacio. *Después del domingo viene el lunes.* **SIN.** Luego, posteriormente, seguidamente. **ANT.** Antes, delante. ‖ **LOC. después de todo** Al fin y al cabo.

despuntar (des-pun-**tar**) *v. tr.* **1.** Quitar o gastar la punta. **GRA.** También v. prnl. *El lapicero se cayó al suelo y se despuntó.* **SIN.** Mellar(se), redondear(se). **ANT.** Aguzar(se). ‖ *v. intr.* **2.** Empezar a brotar las plantas. *Ya despuntan los primeros brotes de los rosales.* **SIN.** Salir, aparecer, nacer. **3.** Destacar, sobresalir una persona. *En su infancia comenzó ya a despuntar en sus habilidades para la gimnasia.* **SIN.** Descollar. **ANT.** Estancarse. **4.** Hablando de la aurora, del alba o del día, empezar a amanecer. *Llegaron a casa al despuntar el día.* **SIN.** Apuntar, asomar.

desquiciar (des-qui-**ciar**) *v. tr.* Sacar a alguien de quicio. **GRA.** También v. prnl. *Me desquicia esa actitud tan pasiva que tienes.* **SIN.** Desajustar(se), enloquecer, alterar(se), perturbar(se). **ANT.** Serenar(se). En cuanto al acento, se conjuga como cambiar.

desquitar (des-qui-**tar**) *v. tr.* Tomar satisfacción o venganza. **GRA.** También v. prnl. *Después de tantos días de dieta se desquitó con una suculenta comida.* **SIN.** Resarcirse, vengarse.

desratizar (des-ra-ti-**zar**) *v. tr.* Limpiar de ratas un lugar. *El ayuntamiento está haciendo en estos momentos una campaña para desratizar la ciudad.* Se conjuga como abrazar.

destacamento (des-ta-ca-**men**-to) *s. m.* Envío de un grupo de soldados a un lugar determinado. *El ejército envió varios destacamentos para proteger la frontera.* **SIN.** Pelotón, patrulla, vanguardia.

destacar (des-ta-**car**) *v. tr.* **1.** Mostrar los méritos o cualidades de una persona o cosa de modo que llame la atención. **GRA.** También v. prnl. *El presidente, en su discurso, destacó los logros obtenidos.* **SIN.** Resaltar, acentuar(se), recalcar(se), subrayar(se). **ANT.** Atenuar(se). **2.** Separar del cuerpo principal de un ejército una parte de la tropa. **GRA.** También v. prnl. *Destacaron a su compañía al frente.* **SIN.** Apartar(se). **ANT.** Reunir(se), agrupar(se). Se conjuga como abarcar.

destajo - destino

destajo (des-**ta**-jo) *s. m.* Trabajo que se hace y que se paga no según el tiempo empleado, sino por la cantidad de la labor realizada. *Esta última semana todos trabajan a destajo para terminar la construcción a tiempo.* || **LOC. a destajo** Con total dedicación. **hablar a destajo** Hablar demasiado.

destapar (des-ta-**par**) *v. tr.* **1.** Quitar la tapa o tapón. *Destapa la cazuela.* **SIN.** Destaponar, abrir, descorchar. **ANT.** Taponar, tapar. **2.** Descubrir lo tapado o abrigado. **GRA.** También v. prnl. *Se quedó frío porque se destapó.* **SIN.** Desabrigar(se), desarropar(se). **ANT.** Cubrir(se). **3.** Salir a la luz algo que estaba oculto. *Con aquella estafa se destaparon también otros escándalos económicos.* || *v. intr.* **4.** *Méx.* Huir a caballo.

destaponar (des-ta-po-**nar**) *v. tr.* **1.** Quitar un tapón. *Destapona la botella.* **2.** *Desatascar.

destartalado, da (des-tar-ta-**la**-do) *adj.* Descompuesto, desproporcionado y sin orden. *No te sientes en esa silla tan destartalada, te vas a caer. No me gusta esa casa tan grande y destartalada, es muy poco acogedora.* **SIN.** Desvencijado, desordenado, escacharrado. **ANT.** Ordenado.

destartalar (des-tar-ta-**lar**) *v. tr.* Estropear algo. *Le destartalaron el coche.* **SIN.** Descomponer, desarmar.

destellar (des-te-**llar**) *v. tr.* Brillar con fuerza, despedir destellos. *Llamaban la atención aquellos candelabros de bronce que tanto destellaban.* **SIN.** Centellear, titilar.

destello (des-**te**-llo) *s. m.* Resplandor, chispazo o ráfaga de luz intensa y de corta duración. *Se vio el destello de las luces de un coche a lo lejos y luego todo quedó en la más profunda oscuridad.* **SIN.** Centelleo, fogonazo, fulgor. **ANT.** Oscuridad.

destemplado, da (des-tem-**pla**-do) *adj.* **1.** Se dice de la persona que siente cierto malestar. *Me voy a acostar un rato, estoy un poco destemplada y me duele la cabeza.* **2.** Se dice del día, la tarde, etc. de tiempo desagradable. *La mañana estaba muy destemplada.* **3.** Se dice de lo que está desafinado. *No toques la guitarra, está destemplada.*

desteñir (des-te-**ñir**) *v. tr.* **1.** Quitar el tinte, apagar los colores. **GRA.** También v. prnl. y v. intr. *El pantalón negro se destiñó al lavarlo y ahora está pardo.* **SIN.** Decolorar(se). **ANT.** Teñir(se), colorear(se). **2.** Manchar una prenda mal teñida a otras. *La toalla roja destiñó y toda la ropa blanca me ha quedado rosa.* 🖎 v. irreg., se conjuga como ceñir.

desternillarse (des-ter-ni-**llar**-se) *v. prnl., fam.* Reírse mucho. *Era tan bueno contando chistes que todo el mundo se desternillaba.* **SIN.** Descuajaringarse, desarmarse, escacharrarse.

desterrar (des-te-**rrar**) *v. tr.* **1.** Expulsar a alguien de un territorio o país. *El rey desterró al Cid.* **SIN.** Deportar, expatriar. **ANT.** Perdonar, repatriar. **2.** Abandonar o apartar de sí. *Desterró sus esperanzas de conseguirlo al ver que nada le salía bien.* **SIN.** Deponer. 🖎 v. irreg., se conjuga como acertar.

destetar (des-te-**tar**) *v. tr.* Hacer que deje de mamar un bebé o las crías de los animales. **GRA.** También v. prnl. *Destetó al ternero y le empezó a dar pienso.*

destierro (des-**tie**-rro) *s. m.* **1.** Pena que consiste en expulsar a una persona de un territorio, y situación en que se encuentra esa persona. *La nostalgia que sentía en su destierro inspiró muchos de sus libros.* **SIN.** Exilio, deportación, confinamiento. **2.** Pueblo o lugar en que vive una persona desterrada. *La organización actuaba contra el régimen desde el destierro.* **SIN.** Exilio.

destilar (des-ti-**lar**) *v. tr.* **1.** Separar por medio de calor una sustancia volátil de otras más fijas, enfriando luego su vapor para reducirla nuevamente a líquido. *El alambique se utiliza para destilar licores.* **SIN.** Evaporar, volatilizar. **2.** *Filtrar. **GRA.** También v. prnl. **3.** Correr un líquido gota a gota. *La cisterna destilaba agua.*

destilería (des-ti-le-**rí**-a) *s. f.* **1.** Fábrica en la que se destilan diversos productos. *Trabaja en una destilería.* **2.** Fábrica en la que se destilan bebidas alcohólicas. *Visitamos una destilería de güisqui.*

destinar (des-ti-**nar**) *v. tr.* **1.** Poner a alguien en un puesto o lugar. *Le han destinado a un cómodo trabajo.* **SIN.** Dedicar, emplear, enviar, mandar. **2.** Ordenar o señalar una cosa para un fin determinado. *Han destinado la zona para jardín.* **SIN.** Dedicar.

destinatario, ria (des-ti-na-**ta**-rio) *s. m. y s. f.* Persona a quien va dirigida alguna cosa. *El cartero no encontró en casa al destinatario.* **SIN.** Receptor. **ANT.** Remitente, emisor.

destino (des-**ti**-no) *s. m.* **1.** Encadenamiento de sucesos favorables o adversos. *El destino hizo que acabara viviendo en aquella ciudad.* **SIN.** Fortuna, estrella, azar, suerte. **2.** Designación de una cosa para un fin determinado. *El destino de los juguetes recogidos en la campaña eran los niños pobres del barrio.* **SIN.** Finalidad, aplicación. **3.** Sitio donde tiene que trabajar una persona. *Le dieron un destino en Madrid.* **SIN.** Puesto, plaza, colocación. **ANT.** Cesantía, suspensión, despido. **4.** Lugar adonde se dirige una persona o cosa. *Aquel tren iba con destino a Sevilla.*

destituir (des-ti-tu-**ir**) *v. tr.* Privar a alguien de un cargo o posesión. *Destituyeron al director de la escuela por no haber sabido mantener la disciplina.* **SIN.** Deponer, cesar, despedir. **ANT.** Poner, nombrar, colocar. ✎ v. irreg., se conjuga como huir.

destornillador (des-tor-ni-lla-**dor**) *s. m.* Instrumento de hierro u otra materia, que sirve para enroscar y desenroscar los tornillos. *Trae un destornillador para apretar los tornillos de la cuna.*

destornillar (des-tor-ni-**llar**) *v. tr.* **1.** Sacar un tornillo dándole vueltas. *Ayúdame a destornillar este tornillo de la puerta, está muy apretado.* **SIN.** Desatornillar, desenroscar. || *v. prnl.* **2.** *Desternillarse.

destrabar (des-tra-**bar**) *v. tr.* **1.** Quitar las trabas. **GRA.** También v. prnl. *El asunto se destrabó y por fin pudimos llegar a un acuerdo.* **2.** Desprender o apartar una cosa de otra. **GRA.** También v. prnl. *Se destrabó una pata de la silla.*

destreza (des-**tre**-za) *s. f.* Habilidad con que se hace una cosa. *Tiene mucha destreza para los negocios.* **SIN.** Agilidad, maña, pericia. **ANT.** Torpeza.

destripar (des-tri-**par**) *v. tr.* **1.** Quitar o sacar las tripas. *Le dije al carnicero que me destripara el conejo.* **2.** Sacar el interior de una cosa. *Destripó el reloj para ver su maquinaria.* **3.** Despachurrar, reventar. **GRA.** También v. prnl. *Se le cayeron los pasteles al suelo y se destriparon todos.* **SIN.** Aplastar(se). **4.** *fam.* Interrumpir el relato de alguien anticipando el desenlace. *Le destripó el chiste a su amigo y éste se enfadó mucho.*

destronar (des-tro-**nar**) *v. tr.* **1.** Echar al rey del trono. *Un golpe militar destronó al rey.* **SIN.** Desentronizar, derrocar, deponer. **ANT.** Entronizar, coronar. **2.** Quitar a alguien su preponderancia o autoridad. *El hermano mayor sentía que su hermanito le destronaba y sentía celos.* **SIN.** Relegar.

destrozar (des-tro-**zar**) *v. tr.* **1.** Hacer trozos o pedazos una cosa. **GRA.** También v. prnl. *La excavadora chocó contra la tapia de la casa y la destrozó.* **SIN.** Despedazar(se), romper(se). **ANT.** Arreglar(se), componer(se). **2.** Causar mucha pena o sufrimiento. **GRA.** También v. prnl. *Aquel fatal accidente destrozó su vida.* ✎ Se conjuga como abrazar.

destrozo (des-**tro**-zo) *s. m.* Acción y efecto de destrozar. *Las lluvias causaron grandes destrozos.* **SIN.** Despedazación, destrucción, masacre, escabechina, estropicio.

destrozón, na (des-tro-**zón**) *adj.* Que destroza o rompe todo. **GRA.** También s. m. y s. f. *Este niño es un destrozón, los juguetes no le duran nada.*

destrucción (des-truc-**ción**) *s. f.* **1.** Acción y efecto de destruir. *Las bombas ocasionaron la destrucción del puente que comunicaba las dos partes de la ciudad.* **2.** Pérdida grande y casi irreparable. *La destrucción de tantos bosques es un grave peligro para la humanidad.* **SIN.** Estrago, devastación, asolamiento. **ANT.** Reparación, construcción.

destructor (des-truc-**tor**) *s. m.* Buque de guerra de pequeño tamaño y muy veloz, cuyo principal armamento es el torpedo. *La marina enemiga nos hundió varios destructores.*

destruir (des-tru-**ir**) *v. tr.* Deshacer una cosa. *La violenta riada destruyó el puente.* **SIN.** Devastar, destrozar, asolar, desbaratar, demoler, derribar. **ANT.** Construir, hacer, reparar. ✎ v. irreg., se conjuga como huir.

desuncir (de-sun-**cir**) *v. tr.* Quitar el yugo a los animales de carga o de tiro. *Vete a desuncir la pareja y lleva las vacas a la cuadra.* **SIN.** Desyugar. **ANT.** Uncir, atar. ✎ Se conjuga como esparcir.

desunión (de-su-**nión**) *s. f.* **1.** Separación de las partes que componen un todo, o de las cosas que estaban juntas y unidas. *Tenía que vender parte de sus tierras y aquella desunión le tenía muy disgustado.* **SIN.** Desconexión, desvinculación, división. **2.** Desavenencia. *Sus enfrentamientos provocaron la desunión de la familia.* **SIN.** Desacuerdo, discordia, división. **ANT.** Unión, avenencia.

desunir (de-su-**nir**) *v. tr.* **1.** Apartar, separar lo que estaba junto o unido. **GRA.** También v. prnl. *Levantaron un muro para desunir las dos fincas.* **SIN.** Alejar(se), disgregar(se). **ANT.** Unir(se), juntar(se). **2.** Introducir discordia entre las personas que se llevaban bien. **GRA.** También v. prnl. *Los dos amigos se desunieron por culpa de un malentendido y tardaron años en volver a hablarse.* **SIN.** Enemistar(se), enfrentar(se). **ANT.** Amistar(se).

desusado, da (de-su-sa-do) *adj.* **1.** Inusitado, poco frecuente. *Llegar tan tarde a casa es algo desusado en él, estoy un poco preocupada.* **SIN.** Insólito, infrecuente. **ANT.** Normal, corriente. **2.** Que ya no se usa. *En esa pequeña aldea todavía se conservan costumbres desusadas ya en todo el resto de la región.* **SIN.** Obsoleto, trasnochado. **ANT.** Actual.

desuso (de-**su**-so) *s. m.* Falta de uso. *El desuso de esa máquina hizo que se oxidara.* **ANT.** Uso, utilidad.

desvaído, da (des-va-**í**-do) *adj.* **1.** Se dice del color pálido. *Ese traje de color tan desvaído no te favorece nada.* **SIN.** Descolorido, desteñido, mortecino, desvanecido. **ANT.** Chillón, vivo. **2.** Se dice de lo

desvalido - desviación

que ha perdido fuerza o vigor. *Con tantos incendios y desastres naturales, el paisaje de la región estaba muy desvaído.* **SIN.** Borroso, desdibujado. **3.** De caracteres poco precisos. *Las primeras noticias del suceso llegaban muy desvaídas, nada se sabía todavía con certeza.* **SIN.** Impreciso. **ANT.** Definido. **4.** Se dice de la persona alta y desgarbada. *La persona que vino era muy desvaída y vestía muy raro.*

desvalido, da (des-va-**li**-do) *adj.* Se dice de la persona que necesita ayuda y protección. *Es una asociación que se dedica a ayudar a los niños desvalidos de todo el mundo.* **SIN.** Abandonado, indefenso, desamparado. **ANT.** Amparado, fuerte.

desvalijar (des-va-li-**jar**) *v. tr.* **1.** Quitar o robar el contenido de una maleta, caja fuerte, casa, habitación, etc. *Desvalijaron su casa y se llevaron todos los objetos de valor.* **SIN.** Hurtar, sustraer. **ANT.** Restituir. **2.** Quitar a alguien lo que tiene mediante robo, engaño, etc. *Le desvalijaron todo lo que llevaba encima.* **SIN.** Atracar, saquear.

desván (des-**ván**) *s. m.* Parte más alta de la casa, inmediata al tejado. *Le gustaba mucho subir al desván y curiosear entre todos aquellos viejos trastos.* **SIN.** Buhardilla, altillo.

desvanecer (des-va-ne-**cer**) *v. tr.* **1.** Disminuir una cosa gradualmente. **GRA.** También v. prnl. *Se desvaneció la imagen del televisor.* **SIN.** Atenuar(se), desaparecer, difuminar(se). **2.** Quitar de la mente una idea, recuerdo, etc. **GRA.** También v. prnl. *Con el fracaso de aquel proyecto se desvanecieron sus sueños.* || *v. prnl.* **3.** Desmayarse. *Se sintió mareada y se desvaneció.* **SIN.** Marearse, desplomarse, perder el conocimiento. **ANT.** Recuperarse. **4.** Evaporarse la parte volátil de una cosa. *El humo se desvanecía en el aire.* ✎ v. irreg., se conjuga como parecer.

desvariar (des-va-ri-**ar**) *v. intr.* Decir o hacer disparates. *Desvariaba a causa de la fiebre.* **SIN.** Alucinar, delirar, desquiciarse. **ANT.** Razonar. ✎ En cuanto al acento, se conjuga como desviar.

desvarío (des-va-**rí**-o) *s. m.* Dicho o hecho fuera de razón. *Estoy harto de tus desvaríos, deberías ser más sensato.* **SIN.** Disparate, despropósito, desatino, insensatez, sinrazón. **ANT.** Cordura, sensatez.

desvelar[1] (des-ve-**lar**) *v. tr.* **1.** Quitar el sueño. **GRA.** También v. prnl. *Sonó el teléfono a media noche y me desvelé.* **SIN.** Despabilarse. **ANT.** Dormirse. || *v. prnl.* **2.** Poner gran entusiasmo para hacer o conseguir algo. *Fueron muy atentos y todos se desvelaron por atendernos correctamente.* **SIN.** Inquietarse, esmerarse, desvivirse. **ANT.** Descuidarse.

desvelar[2] (des-ve-**lar**) *v. tr.* Descubrir, poner de manifiesto. *El ladrón desveló el lugar donde estaba escondido el dinero del atraco.*

desvelo (des-**ve**-lo) *s. m.* **1.** Privación del sueño durante las horas que se debería tener. *En sus desvelos se dedica a leer en la cama novelas de aventuras.* **SIN.** Insomnio, vigilia. **ANT.** Sueño, sopor. **2.** Atención y esmero que se pone en algo. *Sus desvelos por sacar aquel trabajo adelante habían merecido la pena.* **SIN.** Cuidado, celo, atención. **ANT.** Despreocupación.

desvencijar (des-ven-ci-**jar**) *v. tr.* Desencajar las partes de una cosa. **GRA.** También v. prnl. *Se desvencijaron las ventanas de la vieja casa a causa del fuerte viento.* **SIN.** Destartalar(se), deteriorar(se), estropear(se). **ANT.** Arreglar.

desvendar (des-ven-**dar**) *v. tr.* Quitar la venda o el vendaje. **GRA.** También v. prnl. *Le desvendaron la herida porque ya se le había curado la infección.*

desventaja (des-ven-**ta**-ja) *s. f.* Inferioridad que se nota al comparar dos cosas. *La idea de marcharse a trabajar a otra ciudad le atraía mucho, pero tenía sus desventajas.* **SIN.** Menoscabo. **ANT.** Ventaja.

desventura (des-ven-**tu**-ra) *s. f.* Mala suerte. *Les gustaba recordar aquel viaje aunque había estado lleno de desventuras.* **SIN.** Desdicha, infortunio, adversidad, desgracia.

desvergonzado, da (des-ver-gon-**za**-do) *adj.* Que habla o actúa con desvergüenza. **GRA.** También s. m. y s. f. *Contesta con insolencia a todo el mundo, es un desvergonzado.* **SIN.** Sinvergüenza, descarado, insolente.

desvergüenza (des-ver-**güen**-za) *s. f.* **1.** Insolencia, descaro. *Se metió donde nadie le llamaba con toda desvergüenza.* **SIN.** Sinvergonzonería, procacidad, atrevimiento. **ANT.** Vergüenza, respeto. **2.** Dicho o hecho inmoral o insolente. *Eso que has dicho es una desvergüenza.* **SIN.** Grosería, vulgaridad.

desvestir (des-ves-**tir**) *v. tr.* *Desnudar. **GRA.** También v. prnl. ✎ v. irreg., se conjuga como pedir.

desviación (des-via-**ción**) *s. f.* **1.** Acción y efecto de desviar o desviarse. *Hicieron la desviación del tráfico por esta calle hasta que terminasen las obras.* **SIN.** Alejamiento, desplazamiento, separación. **ANT.** Acercamiento. **2.** Tramo de carretera que se aparta de la general. *Cuando llegues al cruce tomas la desviación de la derecha.* **SIN.** Bifurcación. **3.** Camino provisional que sustituye a un tramo de carretera inutilizado. *Tuvimos que ir por una desviación, por eso llegamos un poco más tarde.* **SIN.** Desvío. **4.** Al-

desviar - deterioro

teración de la posición natural de un órgano, hueso, etc. *Tenía una desviación en la columna vertebral.* **SIN.** Luxación, torcedura. **5.** Cosa anormal, irregularidad. *No saben a qué responde la desviación de su comportamiento.*

desviar (des-vi-**ar**) *v. tr.* Alejar, separar de su lugar o camino una cosa. **GRA.** También v. prnl. *Nos desviamos de la carretera general cuando llegamos al cruce.* **SIN.** Ladearse, apartar(se), separar(se). **ANT.** Encarrilar(se). ✎ v. con irregularidad acentual.

INDICATIVO	SUBJUNTIVO	IMPERATIVO
Pres.	Pres.	
desvío	desvíe	
desvías	desvíes	desvía
desvía	desvíe	desvíe
desviamos	desviemos	desviemos
desviáis	desviéis	desviad
desvían	desvíen	desvíen

desvío (des-**ví**-o) *s. m.* *Desviación.

desvivirse (des-vi-**vir**-se) *v. prnl.* Mostrar gran interés o afecto por una persona o cosa. *Se desvive por ayudar a los demás.* **SIN.** Pirrarse, chalarse, ansiar. **ANT.** Despreocuparse.

detallado, da (de-ta-**lla**-do) *adj.* Minucioso, pormenorizado. *Le enviaron una lista detallada de todos los participantes.* **SIN.** Preciso, amplio. **ANT.** Abreviado.

detallar (de-ta-**llar**) *v. tr.* Contar o referir una cosa con todo detalle. *Nos detallaron sus vacaciones en Praga.* **SIN.** Analizar, especificar, pormenorizar.

detalle (de-ta-lle) *s. m.* **1.** Parte pequeña de un todo, que no es imprescindible. *El lazo de mi vestido es un detalle que lo hace más bonito.* **SIN.** Adorno, complemento. **2.** Cada uno de los pequeños datos de una narración. *Cuéntame todos los detalles, quiero saberlo paso a paso.* **3.** Delicadeza que se tiene con una persona. *Siempre tiene un detalle con sus amigos el día de su cumpleaños.* **4.** Fragmento, parte. *Eso sólo es un detalle de su manera de ser.* **5.** *amer.* Impuesto municipal destinado a la reparación de los caminos vecinales. || **LOC. al detalle** Con muchos datos.

detallista (de-ta-**llis**-ta) *adj.* **1.** Se dice de la persona que se preocupa de los detalles. *Como es tan detallista, se le ocurrió ponerle gafas al muñeco de nieve.* **SIN.** Esmerado, delicado. **ANT.** Chapucero, descuidado. **2.** Se dice de la persona que es atenta con los demás. *Es muy detallista, siempre me regala algo el día de mi cumpleaños.*

detectar (de-tec-**tar**) *v. tr.* **1.** Registrar por un procedimiento físico algo que no puede observarse di-

rectamente. *Detectaron una bolsa de petróleo.* **2.** Darse cuenta de algo. *Detectaron graves irregularidades en la contabilidad del negocio.* **SIN.** Señalar.

detective (de-tec-**ti**-ve) *s. m. y s. f.* Persona que, por encargo de otra, se ocupa de hacer investigaciones sobre hechos misteriosos, crímenes, etc. *Contrataron una detective para que siguiera los movimientos del sospechoso.* **SIN.** Agente, investigador.

detención (de-ten-**ción**) *s. f.* **1.** Acción y efecto de detener o detenerse. *Los viajeros se pusieron nerviosos por aquella extraña detención del tren.* **SIN.** Parada, alto, estacionamiento. **2.** Arresto provisional. *La policía procedió a la detención del sospechoso.* **SIN.** Apresamiento, prendimiento. **ANT.** Liberación. **3.** Paralización de un asunto. *Hubo una detención de las obras.* **SIN.** Demora, tardanza, retraso, dilación. **4.** Minuciosidad. *Miraba el cuadro con detención, examinando todos sus elementos.*

detener (de-te-**ner**) *v. tr.* **1.** Hacer parar a alguien o algo en su avance. **GRA.** También v. prnl. *La barrera del paso a nivel detuvo a los coches.* **SIN.** Parar(se), paralizar(se). **ANT.** Continuar, impulsar(se). **2.** Arrestar, poner en prisión. *Detuvieron al ladrón cuando intentaba huir.* **SIN.** Aprisionar, prender. **SIN.** Liberar, soltar. || *v. prnl.* **3.** Pararse para hablar con alguien. *He tardado en venir, porque me detuve para saludar a un viejo amigo.* **4.** Pararse a meditar sobre algo. *Prometió detenerse a considerar mi propuesta.* ✎ v. irreg., se conjuga como tener.

detenido, da (de-te-**ni**-do) *adj.* **1.** Minucioso. *Se hizo un detenido examen.* **2.** Parado, sin movimiento. *En aquel momento su coche estaba detenido en el semáforo.* **3.** Privado de libertad. **GRA.** También s. m. y s. f. *En comisaría tomaron declaración a la detenida.* **SIN.** Preso, encarcelado, arrestado. **ANT.** Libre.

detentar (de-ten-**tar**) *v. tr.* Retener alguien sin derecho lo que no le pertenece. *Detentaba el poder injustamente.* **SIN.** Usurpar. **ANT.** Restituir, devolver.

detergente (de-ter-**gen**-te) *s. m.* Jabón líquido o en polvo usado para lavar la ropa. *Se nos ha acabado el detergente para la lavadora.* **SIN.** Limpiador, jabón.

deteriorar (de-te-rio-**rar**) *v. tr.* Poner vieja o en mal estado una cosa. **GRA.** También v. prnl. *Son tantos años que el coche se ha deteriorado mucho.* **SIN.** Averiar(se), romper(se), estropear(se), dañar(se). **ANT.** Arreglar(se), reparar(se), embellecer(se).

deterioro (de-te-**rio**-ro) *s. m.* Pequeño desperfecto o avería de una cosa. *Tuvieron mucho cuidado con la mudanza para que nada sufriera ningún deterioro.* **SIN.** Daño, detrimento.

325

determinación - devolución

determinación (de-ter-mi-na-**ción**) *s. f.* **1.** Lo que una persona ha decidido hacer. *Tomó la determinación de ir a París.* **SIN.** Resolución, decisión. **2.** Valor, audacia que tiene una persona. *Era una persona de gran determinación y decidió seguir adelante a pesar de los inconvenientes.* **SIN.** Arrojo, atrevimiento.

determinado, da (de-ter-mi-**na**-do) *adj.* **1.** Osado, valeroso. **GRA.** También s. m. y s. f. *Era tan atrevida y determinada que decidió emprender el viaje ella sola.* **SIN.** Decidido, intrépido, resuelto. **ANT.** Indeciso, tímido. **2.** Se aplica al artículo que especifica al sustantivo que precede. *"El" es un artículo determinado.*

determinante (de-ter-mi-**nan**-te) *adj.* **1.** Que determina. *La solución de aquel punto era determinante para la firma del acuerdo.* **2.** En gramática, se dice de las palabras que determinan al sustantivo. **GRA.** También s. m. *El artículo y los adjetivos posesivos, demostrativos, indefinidos, numerales, relativos, interrogativos y exclamativos son determinantes.*

determinar (de-ter-mi-**nar**) *v. tr.* **1.** Fijar los términos de una cosa. *Faltaba por determinar la forma de pago.* **SIN.** Delimitar, señalar, precisar. **ANT.** Indeterminar. **2.** Tomar una resolución. **GRA.** También v. prnl. *Al final determinó no presentar su candidatura a las elecciones.* **SIN.** Resolver(se), decidir(se). **3.** Causar, producir. *La paz determinó el restablecimiento del comercio entre los países.* **SIN.** Motivar, ocasionar. **ANT.** Detener. **4.** En gramática, precisar la significación de un sustantivo sin exponer cualidades. *Los adjetivos posesivos determinan al sustantivo indicando idea de posesión o pertenencia.*

detestable (de-tes-**ta**-ble) *adj.* Que es excesivamente malo. *La música de ese local es realmente detestable.* **SIN.** Odioso, aborrecible, execrable.

detestar (de-tes-**tar**) *v. tr.* Aborrecer, odiar algo o a alguien. *Detesta que le molesten por tonterías cuando está trabajando.* **SIN.** Despreciar. **ANT.** Amar, querer.

detonación (de-to-na-**ción**) *s. f.* Explosión rápida. *Todos los vecinos salieron a las ventanas al oír la fuerte detonación.* **SIN.** Estallido.

detonador (de-to-na-**dor**) *s. m.* Artificio que sirve para hacer estallar una carga explosiva. *Pulsaron el detonador y la casa estalló por los aires.*

detonante (de-to-**nan**-te) *adj.* Que desencadena algo. *Su acusación fue el detonante de la discusión.*

detractar (de-trac-**tar**) *v. tr.* Desacreditar a alguien. **GRA.** También v. prnl. *Lo detractó públicamente.* **SIN.** Calumniar, difamar. **ANT.** Elogiar(se).

detrás (de-**trás**) *adv. l.* **1.** En la parte posterior. *La escoba está detrás de la puerta.* **SIN.** Atrás. **ANT.** Delante. **2.** Después de. *Viene detrás.* **3.** Precedido de la preposición "por", significa 'en ausencia'. *Cuando está con nosotros no dice nada, pero por detrás nos pone pingando.*

detrimento, en *expr.* que significa 'en perjuicio de'. *Le ayudé aunque iba en detrimento de mis intereses.*

detrito (de-**tri**-to) *s. m.* Resto de la descomposición de una masa en partículas. *A la salida del puerto había una zona de detritos muy contaminante.* **SIN.** Residuos, restos, desperdicios. ✎ También "detritus".

deuda (**deu**-da) *s. f.* **1.** Cosa o dinero que alguien debe. *He acabado de pagar todas mis deudas.* **2.** Obligación moral que se tiene con una persona. *Se sentía en deuda con ella por el favor que le había hecho.*

deudor, ra (deu-**dor**) *adj.* Que debe alguna cosa. **GRA.** También s. m. y s. f. *Era deudor de un préstamo que no conseguía pagar.* **ANT.** Acreedor.

devaluación (de-va-lua-**ción**) *s. f.* Disminución del valor de la moneda. *En muy poco tiempo el país sufrió varias devaluaciones de su moneda.*

devaluar (de-va-lu-**ar**) *v. tr.* Rebajar el valor de una moneda o de otra cosa. *Devaluaron la peseta.* **SIN.** Desvalorizar, depreciar. **ANT.** Encarecer, valorizar. ✎ En cuanto al acento, se conjuga como actuar.

devanar (de-va-**nar**) *v. tr.* **1.** Enrollar hilo, alambre, etc., en un ovillo o carrete. *Está devanando la lana.* || *v. prnl.* **2.** *Cub. y Méx.* Retorcerse de risa, de dolor o de llanto. || **LOC. devanarse alguien los sesos** Dar vueltas continuamente a una idea o recuerdo.

devaneo (de-va-**ne**-o) *s. m.* **1.** Relación amorosa pasajera. *El cantante declaró que aquella relación había sido sólo un devaneo.* **SIN.** Amorío, aventura, flirteo. **2.** Distracción o pasatiempo vano. *Se le pasan las tardes en devaneos y no aprovecha el tiempo en nada.*

devastar (de-vas-**tar**) *v. tr.* **1.** Destruir un territorio, arrasarlo. *Los últimos bombardeos habían devastado la ciudad.* **SIN.** Asolar, desolar. **2.** Por ext., destruir cualquier cosa material. *El granizo devastó todas las cosechas.* **SIN.** Destrozar. **ANT.** Reparar.

devoción (de-vo-**ción**) *s. f.* **1.** Fervor religioso. *Rezaba con mucha devoción.* **SIN.** Piedad, veneración, religiosidad. **ANT.** Irreligiosidad. **2.** Inclinación que se tiene por alguien o algo. *Tiene gran devoción por sus nietos.* **SIN.** Entusiasmo, afecto, predilección.

devocionario (de-vo-cio-**na**-rio) *s. m.* Libro de oraciones. *Guardaba con cariño aquel devocionario.*

devolución (de-vo-lu-**ción**) *s. f.* Acción y efecto de devolver. *En rebajas, la tienda no admitía ninguna devolución.* **SIN.** Restitución, reintegro, reembolso.

devolver (de-vol-**ver**) *v. tr.* **1.** Volver una cosa a la persona que la tenía o al lugar donde estaba. *Devolví el libro que me habían prestado.* **SIN.** Reintegrar, retornar, tornar, restituir. **ANT.** Quitar, retener. **2.** Corresponder a un favor, a un agravio, etc. *Le devolvimos el favor echándole una mano en aquel asunto.* **3.** Dar a alguien el dinero que sobra de lo que paga. *Se confundió en la vuelta y me devolvió cincuenta pesetas de más.* **4.** *fam.* *Vomitar. **ANT.** Tragar. || *v. prnl.* **5.** *amer.* Regresar, volver. ✎ v. irreg., se conjuga como mover. Tiene part. irreg., devuelto.

devorar (de-vo-**rar**) *v. tr.* **1.** Comerse un animal a otro. *El león devoró una gacela.* **SIN.** Despedazar. **2.** Comer con muchas ganas. *Devoró toda la comida en unos minutos.* **SIN.** Engullir. **3.** Hacer algo con mucho entusiasmo o concentración. *Devora los libros.*

devoto, ta (de-**vo**-to) *adj.* **1.** Que tiene devoción. **GRA.** También s. m. y s. f. *Es una persona muy devota de la Virgen del Camino.* **SIN.** Piadoso, religioso, creyente. **ANT.** Incrédulo, ateo. **2.** Que siente gran afecto y admiración por una persona o cosa. *Se declaró un devoto de la música de Albéniz.* **SIN.** Seguidor, admirador, partidario. **ANT.** Contrario, opuesto.

día (**dí**-a) *s. m.* **1.** Tiempo que tarda la Tierra en dar una vuelta sobre sí misma. *El día tiene veinticuatro horas.* **SIN.** Jornada. **2.** Tiempo que dura la claridad del Sol entre una noche y otra. *A partir de este mes ya se nota que los días son más largos.* **ANT.** Noche. **3.** Tiempo que hace durante el día o gran parte de él. *Tuvimos un día muy soleado para ir de excursión.* **4.** Momento, ocasión. *El día en que su hermano se entere, se va a enfadar.* **5.** Fecha en que se celebra algo. *Mañana es el día del trabajo.* **SIN.** Santo, aniversario, conmemoración. || *s. m. pl.* **6.** *Vida. **SIN.** Existencia. || **LOC. abrir el día** Despejarse. **a días** Unos días sí, y otros no. **al día** Al corriente. **como del día a la noche** Expresa la gran diferencia que existe entre dos personas o cosas. **dar los buenos días** Saludar a alguien por la mañana. **dar a alguien el día** Molestarlo. **el día de mañana** En el futuro. **en cuatro días** En poco tiempo. **hoy en día u hoy día** En la actualidad.

diabetes (dia-**be**-tes) *s. f.* Enfermedad que se caracteriza por el excesivo contenido de azúcar en la sangre. *Tiene que llevar un régimen de comidas porque tiene diabetes.* ✎ Invariable en número.

diablo (di-**a**-blo) *s. m.* **1.** Nombre de los ángeles rebeldes arrojados por Dios al abismo. *Le tentó el diablo.* **SIN.** Belcebú, Demonio, Lucifer, Luzbel, Satanás. **ANT.** Ángel, Dios. **2.** Persona que tiene mal genio o es muy traviesa. *Este niño no para quieto un segundo, es un auténtico diablo.* **3.** *Chil.* Carro tirado por bueyes que sirve para transportar troncos. || *interj.* **4.** **¡diablos!** *fam.* Denota admiración, sorpresa o disgusto.

diablura (dia-**blu**-ra) *s. f.* Travesura de niños de poca importancia. *Ese niño es muy travieso, siempre está haciendo alguna diablura.* **SIN.** Trastada, chiquillada.

diácono (**diá**-co-no) *s. m.* Clérigo que ha recibido la segunda de las órdenes mayores. *Había una reunión de diáconos en la rectoral.* **SIN.** Eclesiástico, religioso, cura. **ANT.** Lego, seglar.

diacronía (dia-cro-**ní**-a) *s. f.* Rama de la lingüística que registra las transformaciones de una lengua a lo largo del tiempo y sus causas. *Diacronía es un término inventado por Saussure.*

diadema (dia-**de**-ma) *s. f.* Adorno para la cabeza en forma de media corona. *Se puso la diadema para que el pelo no le molestase en la cara.*

diáfano, na (**diá**-fa-no) *adj.* **1.** Se dice del cuerpo que deja pasar la luz a través de él. *El diamante es muy diáfano.* **SIN.** Transparente, cristalino. **2.** Claro, limpio. *El cielo tenía aquel día un diáfano color azul.* **SIN.** Traslúcido, límpido, puro. **ANT.** Opaco, oscuro.

diafragma (dia-**frag**-ma) *s. m.* **1.** Músculo plano que separa el tórax del abdomen. *Durante la respiración el diafragma se mueve hacia arriba y hacia abajo.* **2.** En la máquina fotográfica, disco perforado para regular el paso de la luz. *Hay mucha luz, cierra el diafragma para que salga bien la fotografía.*

diagnóstico (diag-**nós**-ti-co) *s. m.* **1.** Determinación de una enfermedad por sus síntomas. *El diagnóstico del médico era que se trataba de sarampión.* **SIN.** Prescripción. **2.** Por ext., conclusión que se obtiene del análisis de algo. *Después de examinar las cuentas, su diagnóstico fue que estaban casi en la ruina.*

diagonal (dia-go-**nal**) *adj.* **1.** Se dice de la línea que en un polígono une dos vértices opuestos. **GRA.** También s. f. *Señala la diagonal.* **2.** Se dice de la calle que atraviesa oblicuamente a otras paralelas entre sí. *Todas las calles del barrio confluyen en la diagonal.* **GRA.** También s. f. **SIN.** Transversal. **ANT.** Vertical, horizontal.

diagrama (dia-**gra**-ma) *s. m.* Representación gráfica de una serie de datos o de una función. *No aparecen representados todos los datos en el diagrama.* **SIN.** Esquema, croquis, gráfico.

dialecto (dia-**lec**-to) *s. m.* **1.** Cada una de las variedades de un idioma, propia de una determinada región. *El andaluz es un dialecto del castellano.* **2.**

dialogar - dictado

dialogar (dia-lo-**gar**) *v. intr.* Conversar. *Dialogamos durante un buen rato.* **SIN.** Hablar, platicar. **ANT.** Callar. ✎ *Se conjuga como ahogar.*

diálogo (di-**á**-lo-go) *s. m.* Conversación entre dos o más personas. *Muchas veces los problemas se solucionan con el diálogo.* **SIN.** Coloquio, plática, charla. **ANT.** Monólogo.

diamante (dia-**man**-te) *s. m.* Piedra preciosa, muy dura y brillante, formada de carbono puro cristalino. *Le regalaron una sortija de diamantes.*

diámetro (**diá**-me-tro) *s. m.* Recta que va desde un punto a otro de la circunferencia pasando por el centro. *Dibuja el diámetro de esta circunferencia.*

diana (**dia**-na) *s. f.* **1.** Toque militar para despertar a la tropa. *Se despertó al toque de diana.* **SIN.** Llamada, aviso, señal. **2.** Centro de un blanco de tiro. *Tiene muy mala puntería, tira todos los dardos fuera de la diana.* **SIN.** Blanco, centro.

diapasón (dia-pa-**són**) *s. m.* Instrumento que se utiliza como base para afinar instrumentos. *El diapasón tiene forma de horquilla.*

diapositiva (dia-po-si-**ti**-va) *s. f.* Imagen de colores reales obtenida en una película transparente, que se proyecta sobre una pantalla con un aparato adecuado. *Apaga la luz, vamos a ver unas diapositivas.* **SIN.** Transparencia, filmina.

diario, ria (di-**a**-rio) *adj.* **1.** Correspondiente a todos los días. *Ha salido a dar su paseo diario.* **SIN.** Cotidiano, corriente, habitual. **ANT.** Irregular. ‖ *s. m.* **2.** Libro en que se anota lo que se hace cada día. *Ana solía anotar todo en su diario.* **SIN.** Memoria. **3.** Periódico que se publica todos los días. *Leí la noticia en el diario de ayer.* **SIN.** Rotativo. ‖ **LOC. a diario** Todos los días.

diarrea (dia-**rre**-a) *s. f.* Frecuentes evacuaciones intestinales líquidas o semilíquidas. *Algún alimento le sentó mal, tenía mucha diarrea.* **SIN.** Descomposición, cagalera. **ANT.** Estreñimiento.

diástole (**diás**-to-le) *s. f.* Movimiento de dilatación del corazón. *La diástole es la fase de relajación del ciclo cardiaco.*

diatriba (dia-**tri**-ba) *s. f.* Discurso o escrito en el que se ataca a personas o cosas. *Su libro era una fuerte diatriba contra la violación de los derechos humanos.* **SIN.** Crítica, invectiva. **ANT.** Alabanza.

dibujar (di-bu-**jar**) *v. tr.* **1.** Reproducir mediante líneas y sombras la forma de los objetos. **GRA.** También *v. prnl. Dibuja un paisaje.* **SIN.** Pintar, bosquejar, delinear, perfilar. **2.** *Describir. ‖ v. prnl.* **3.** Indicarse o revelarse lo que estaba callado u oculto. *Un gesto de desacuerdo se dibujó en su rostro al escuchar su opinión.*

dibujo (di-**bu**-jo) *s. m.* **1.** Arte y acción de dibujar. *Dibujó una granja con muchos animalitos.* **2.** Imagen dibujada. *Colorea ahora el dibujo con ceras.* **SIN.** Ilustración, lámina. **3.** Arte que enseña a dibujar. *Es profesora de dibujo en ese colegio.* **4.** En encajes, bordados, tejidos, etc., la figura y disposición de las labores. *Me gusta el bordado de estas sábanas, porque tiene un dibujo muy original.* ‖ **5. dibujo a mano alzada** El que se realiza sin apoyar la mano. **6. dibujo lineal** El que se realiza con regla, escuadra, cartabón, compás, tiralíneas, etc. **7. dibujos animados** Los que cobran vida a través de la animación cinematográfica.

dicción (dic-**ción**) *s. f.* Modo de hablar o escribir de cada persona. *Tiene una dicción muy clara.*

diccionario (dic-cio-**na**-rio) *s. m.* Libro de palabras colocadas alfabéticamente y con sus significados o con su equivalencia en otro idioma. *Este libro que estás consultando es un diccionario.*

dicha (**di**-cha) *s. f.* Sentimiento de felicidad. *El premio le llenó de dicha.* **SIN.** Ventura, fortuna, bienestar. ‖ **LOC. por dicha** Por suerte.

dicharachero, ra (di-cha-ra-**che**-ro) *adj., fam.* Se dice de la persona que habla mucho. **GRA.** También *s. m. y s. f. Es un dicharachero, no calla.*

dicho (**di**-cho) *s. m.* Frase hecha que resume la sabiduría popular. *Está haciendo una recopilación de dichos sobre la envidia.* ‖ **LOC. dicho y hecho** Denota la rapidez con que se dice o hace algo.

dichoso, sa (di-**cho**-so) *adj.* **1.** Feliz. *Estaba dichosa con su nuevo trabajo.* **2.** Que produce o trae consigo dicha. *Su llegada fue un acontecimiento dichoso.* **SIN.** Venturoso, afortunado, fausto, bienhadado. **3.** Molesto. *La dichosa cafetera se ha estropeado otra vez, habrá que llevarla a arreglar.*

diciembre (di-**ciem**-bre) *s. m.* Duodécimo y último mes del año, que tiene 31 días. *Estamos en diciembre y se acerca la Navidad.*

dicotiledóneo, a (di-co-ti-le-**dó**-ne-o) *adj.* Se dice de las plantas angiospermas cuyo embrión tiene dos cotiledones. **GRA.** También *s. f. El guisante es una planta dicotiledónea.*

dicotomía (di-co-to-**mí**-a) *s. f.* División en dos partes. *El tema era la dicotomía entre el bien y el mal.*

dictado (dic-**ta**-do) *s. m.* **1.** Lo que inspira la razón o la conciencia. *Siguió el dictado de su conciencia.* ‖

dictador - diferenciar

LOC. escribir alguien al dictado Escribir lo que otra persona va leyendo.

dictador, ra (dic-ta-**dor**) *s. m. y s. f.* **1.** Gobernante que toma por la fuerza el derecho de asumir todos los poderes. *El dictador empleó una brutal represión para mantenerse en el poder.* **SIN.** Déspota, tirano. **ANT.** Demócrata. **2.** Persona muy autoritaria. *No queremos que esté en nuestro grupo porque es una dictadora, tenemos que hacer lo que ella diga.* **SIN.** Absolutista.

dictadura (dic-ta-**du**-ra) *s. f.* Gobierno ejercido por un dictador. *Muchas personas sufrieron persecución por sus ideas políticas durante la dictadura.*

dictáfono (dic-**tá**-fo-no) *s. m.* Aparato que graba lo que se le va dictando, para luego reproducirlo. *Llevó un dictáfono para grabar la conferencia.*

dictamen (dic-**ta**-men) *s. m.* Opinión o juicio que se emite sobre algo. *El dictamen del equipo médico sobre la evolución del enfermo fue favorable.* **SIN.** Informe, parecer, juicio.

dictar (dic-**tar**) *v. tr.* **1.** Decir algo para que alguien lo escriba. *Dictó una carta a su ayudante.* **SIN.** Leer, pronunciar. **2.** Promulgar leyes, fallos, decretos, etc. *El juez dictó la sentencia.* **SIN.** Ordenar, disponer. **3.** Sugerir, inspirar. *Hizo lo que le dictó el corazón y se reconcilió con su hermana.*

didáctico, ca (di-**dác**-ti-co) *adj.* Propio, adecuado para enseñar. *Me gusta este juguete porque es muy didáctico.* **SIN.** Educacional, educativo, formativo.

diedro (**die**-dro) *adj.* Se dice del ángulo formado por dos planos que se cortan. **GRA.** También s. m. *Los planos que limitan el diedro se llaman caras.*

diente (**dien**-te) *s. m.* **1.** Cada uno de los órganos blanquecinos y duros que salen en las mandíbulas y sirven para masticar y morder. *Fue al dentista para que le empastara un diente.* **SIN.** Colmillo, canino, incisivo. ‖ **2. diente de ajo** Cada una de las partes de la cabeza de un ajo. **3. diente de leche** Cada uno de los de la primera dentición. ‖ **LOC. decir, o hablar, entre dientes** *fam.* Hacerlo en un tono muy bajo. | *fam.* Murmurar, refunfuñar. **estar alguien que echa los dientes** *fam.* Estar muy enfadado. **pasar los dientes** *fam.* Sensibilizarse los dientes al tomar algo frío. **ponerle algo los dientes largos a alguien** *fam.* Desearlo con fuerza. **tener alguien buen diente** *fam.* Comer mucho.

diéresis (**dié**-re-sis) *s. f.* **1.** Signo ortográfico (¨) que se pone sobre la "u" para indicar que esta letra debe pronunciarse en las sílabas "güe", "güi". *Cigüeña lleva diéresis.* **2.** Destrucción de un diptongo para obtener dos sílabas métricas. *En este verso hay dos diéresis.* ✎ Invariable en número.

diestro, tra (**dies**-tro) *adj.* **1.** Se aplica a lo que cae o mira a mano derecha. *Estaba sentado a su diestra.* **2.** Se dice de la persona que tiene habilidad para hacer las cosas. *Es muy diestro en hacer manualidades.* **SIN.** Mañoso, experto, perito. **ANT.** Inepto, torpe, desmañado. ‖ *s. m.* **3.** Torero. *El diestro se llevó una gran ovación.* ‖ **LOC. a diestro y siniestro** A todas partes, sin tino ni orden.

dieta[1] (**die**-ta) *s. f.* **1.** Régimen alimenticio que se guarda por enfermedad o para adelgazar. *Tiene que llevar una dieta sin sal.* **2.** Privación de alimentos. *Hizo una dieta de pomelo.* **SIN.** Ayuno.

dieta[2] (**die**-ta) *s. f.* Retribución que se asigna a un trabajador por sus trabajos extraordinarios, o por desarrollarlos fuera del lugar habitual. **GRA.** Se usa más en pl. *Le pagaron dietas para el viaje y el hotel.* **SIN.** Honorarios, paga.

diez *adj. num. card.* **1.** Nueve y uno. **GRA.** También pron. y s. m. ‖ *adj. num. ord.* **2.** *Décimo. **GRA.** También pron. ‖ *s. m.* **3.** Conjunto de signos con que se representa el número 10.

diezmar (diez-**mar**) *v. tr.* Causar muchas muertes en un país las enfermedades, la guerra o cualquier otra calamidad. *La peste diezmó el país.* **SIN.** Aniquilar, exterminar, arrasar, asolar. **ANT.** Proteger.

diezmo (**diez**-mo) *s. m.* Décima parte de la cosecha que pagaban los fieles a la Iglesia. **SIN.** Tributo, impuesto, carga. *La reforma protestante abolió los diezmos.*

difamar (di-fa-**mar**) *v. tr.* Desacreditar a alguien publicando cosas contra su buena fama. *Presentó una denuncia contra la revista por un artículo que había publicado difamándole.* **SIN.** Denigrar, infamar, calumniar, deshonrar. **ANT.** Honrar, acreditar, alabar.

diferencia (di-fe-**ren**-cia) *s. f.* **1.** Lo que hace que una cosa sea distinta de otra. *La única diferencia entre mis hermanos gemelos es el color del pelo.* **SIN.** Desigualdad, desemejanza, disimilitud, disparidad. **ANT.** Igualdad. **2.** Discordia o discrepancia entre dos o más personas. *Había grandes diferencias entre ellos, por eso siempre discutían.* **SIN.** Divergencia, desavenencia. **ANT.** Avenencia, acuerdo. **3.** Resultado de la operación de restar. *Después de hacer una resta, lo que queda es la diferencia.* **SIN.** Resto. ‖ **LOC. a diferencia de** Al contrario de.

diferenciar (di-fe-ren-**ciar**) *v. tr.* **1.** Señalar la diferencia que existe entre dos o más cosas. *Diferenció entre lo que realmente podía hacer y lo que le gusta-*

diferente - dignatario

ría hacer. **SIN.** Distinguir, separar, determinar, calificar. **ANT.** Asemejar. || *v. prnl.* **2.** Distinguirse una cosa de otra. *Estas dos chaquetas se diferencian bien por su hechura.* **3.** Hacerse alguien notable o famoso. *Se diferenció enseguida del resto de sus compañeros de equipo por la calidad de su juego.* ✎ En cuanto al acento, se conjuga como cambiar.

diferente (di-fe-**ren**-te) *adj.* **1.** Se dice de aquello que es distinto o desigual a otra cosa. *Mi ordenador es muy diferente al tuyo.* **SIN.** Diverso, desemejante. **ANT.** Igual, semejante. || *adv. m.* **2.** Diferentemente. *Estos días se comporta diferente, no sabemos qué le ocurre.* **SIN.** Distinto.

diferido, en *expr.* Se dice de los programas de radio o televisión que se emiten después de su grabación. *Esta noche echan el partido en diferido.* **ANT.** En directo.

diferir (di-fe-**rir**) *v. tr.* **1.** Dejar una cosa para más tarde. *Acordaron diferir la reunión para la próxima semana.* **SIN.** Demorar, aplazar, retrasar, posponer. **ANT.** Adelantar, cumplir. || *v. intr.* **2.** Ser diferente una cosa de otra. *Aunque son hermanos, su carácter difiere mucho.* **SIN.** Diferenciarse, desemejar, discrepar. ✎ v. irreg., se conjuga como sentir.

difícil (di-**fí**-cil) *adj.* **1.** Que no se consigue, realiza o entiende sin un gran esfuerzo. *Los problemas del examen me parecieron muy difíciles.* **SIN.** Dificultoso, arduo, trabajoso, penoso, complicado. **ANT.** Fácil, comprensible. **2.** Se dice de la persona que es poco tratable. *El profesor ha tenido que prestarle una atención especial porque es un alumno muy difícil.* **SIN.** Descontentadizo, áspero, desabrido.

dificultad (di-fi-cul-**tad**) *s. f.* Inconveniente que impide hacer o entender bien una cosa. *Tuve dificultad para aprobar el curso, pero al fin lo logré.* **SIN.** Inconveniente, traba, obstáculo, problema. **ANT.** Solución, facilidad, comodidad, sencillez.

dificultar (di-fi-cul-**tar**) *v. tr.* **1.** Poner dificultades a las pretensiones de alguien. *Su gran orgullo dificultaba nuestra reconciliación.* **SIN.** Estorbar, oponerse. **ANT.** Facilitar, ayudar. **2.** Hacer difícil una cosa. *La fuerte nevada que estaba cayendo dificultaba el acceso a la montaña.* **SIN.** Complicar, entorpecer.

difracción (di-frac-**ción**) *s. f.* Dispersión que experimentan los rayos de luz al atravesar una ranura estrecha o pasar por el borde de un objeto. *Con la difracción la energía deja de propagarse en línea recta.*

difuminar (di-fu-mi-**nar**) *v. tr.* Desvanecer las líneas o colores con el difumino. *Nos mandó hacer un dibujo con carboncillo y luego difuminarlo.*

difumino (di-fu-**mi**-no) *s. m.* Instrumento de dibujo utilizado para difuminar que consiste en un rollito de papel terminado en punta. *Tengo que comprar otro difumino, éste está muy estropeado.*

difundir (di-fun-**dir**) *v. tr.* **1.** Divulgar una noticia, moda, etc. **GRA.** También v. prnl. *La noticia de su dimisión se difundió rápidamente por todo el mundo.* **SIN.** Emitir(se), publicar(se). **ANT.** Callar(se). **2.** Extender, derramar. **GRA.** También v. prnl. *El pánico se fundió entre los habitantes.* **SIN.** Esparcir(se), diseminar(se). **ANT.** Juntar(se). ✎ Tiene doble part.; uno reg., difundido, y otro irreg., difuso.

difunto, ta (di-**fun**-to) *adj.* Se dice de la persona muerta. **GRA.** También s. m. y s. f. *La familia del difunto estaba muy apenada.* **SIN.** Fallecido, víctima.

difuso, sa (di-**fu**-so) *adj.* Vago, impreciso. *Eran las primeras noticias que llegaban y estaban todavía un poco difusas.* **SIN.** Borroso, confuso. **ANT.** Claro.

digerir (di-ge-**rir**) *v. tr.* **1.** Transformar el aparato digestivo los alimentos en sustancia nutritiva. *Mastica despacio para digerir bien los alimentos.* **SIN.** Absorber, asimilar. **ANT.** Eliminar. **2.** Asimilar alguna cosa mala. *Digirió bien el suspenso aunque se puso un poco triste.* ✎ v. irreg., se conjuga como sentir.

digestión (di-ges-**tión**) *s. f.* Acción y efecto de digerir. *Se le cortó la digestión y lo pasó fatal.*

digestivo, va (di-ges-**ti**-vo) *adj.* **1.** Se dice de las operaciones y de las partes del organismo encargadas de digerir los alimentos. *El estómago es una parte del aparato digestivo.* **2.** Que ayuda a hacer bien la digestión. **GRA.** También s. m. *La sidra es una bebida digestiva.* **SIN.** Estomacal.

digital (di-gi-**tal**) *adj.* **1.** Que pertenece o se refiere a los dedos. *Le tomaron las huellas digitales.* **SIN.** Dactilar. **2.** Se dice de los mecanismos de medida que presentan los datos en dígitos concretos y no en forma analógica. *Le regalaron un reloj digital.* **ANT.** Analógico.

digitígrado, da (di-gi-**tí**-gra-do) *adj.* Se dice de los mamíferos que al andar apoyan sólo los dedos. **GRA.** También s. m. *El gato es un animal digitígrado.*

dígito (**dí**-gi-to) *adj.* Se dice del número que se puede expresar con una sola cifra. **GRA.** También s. m. *El 3 es un número dígito.*

dignarse (dig-**nar**-se) *v. prnl.* Tener a bien hacer una cosa. *Se dignó a recibirnos.* **SIN.** Servirse, acceder, condescender, consentir. **ANT.** Negar, rechazar.

dignatario (dig-na-**ta**-rio) *s. m.* Persona que desempeña un cargo importante. *Fue recibido por un alto dignatario de aquella nación.* **SIN.** Personalidad.

dignidad - dimitir

dignidad (dig-ni-**dad**) *s. f.* **1.** Respeto que merece alguien, especialmente uno mismo. *Pidió que se respetase su dignidad como persona.* **2.** Cargo honorífico y de autoridad. *El gobernador civil es una dignidad.* **SIN.** Título, honor. **3.** Seriedad y nobleza de las personas en la manera de comportarse. *Aceptó su derrota con mucha dignidad.* **SIN.** Decencia.

dignificar (dig-ni-fi-**car**) *v. tr.* Hacer digna a una persona o cosa. **GRA.** También v. prnl. *Sus buenas obras le dignificaban.* **SIN.** Enaltecer(se), honrar(se). **ANT.** Rebajar(se), humillar(se). ✎ Se conjuga como abarcar.

digno, na (**dig**-no) *adj.* **1.** Que merece la cosa que se expresa, un premio, una alabanza, un castigo, etc. *Por su valentía, es digno de admiración.* **SIN.** Merecedor, acreedor. **ANT.** Indigno. **2.** Bueno, honrado. *Es una persona muy digna, puedes confiar en ella.* **3.** Proporcionado al mérito de una persona o cosa. *Consiguió un trabajo digno teniendo en cuenta su cualificación profesional.*

digresión (di-gre-**sión**) *s. f.* Interrupción del tema del que se está hablando, para hablar de algo accidental. *Cuando explicaba hacía siempre alguna digresión.* **SIN.** Divagación, rodeo, vaguedad.

dilación (di-la-**ción**) *s. f.* Tardanza o retraso en el tiempo. *Una mayor dilación en las negociaciones sería perjudicial para ambos países.* **ANT.** Prisa.

dilapidar (di-la-pi-**dar**) *v. tr.* Malgastar el dinero o los bienes. *Dilapidó toda su fortuna y ahora está en la miseria.* **SIN.** Malbaratar, despilfarrar, derrochar. **ANT.** Ahorrar, economizar.

dilatación (di-la-ta-**ción**) *s. f.* Acción y efecto de dilatar. *El calor produce una dilatación en los cuerpos.* **SIN.** Ensanche.

dilatar (di-la-**tar**) *v. tr.* Extender, hacer mayor una cosa o hacer que ocupe más lugar o tiempo. **GRA.** También v. prnl. *Fue dilatando el asunto hasta que no le quedó más remedio que tomar una decisión. Se dilató con el calor.* **SIN.** Alargar(se), agrandar(se), expandir(se). **ANT.** Acortar(se), contraer(se).

dilema (di-**le**-ma) *s. m.* Situación que ofrece dos posibilidades, de las que ninguna de ellas es buena. *Tenía que hacer frente al dilema de escoger uno de esos dos pisos, pero ninguno le convencía realmente.* **SIN.** Problema, dificultad, conflicto. **ANT.** Solución.

diligencia (di-li-**gen**-cia) *s. f.* **1.** Cuidado para hacer una cosa. *Pone mucha diligencia en todos sus trabajos.* **SIN.** Esmero, atención, aplicación. **ANT.** Desinterés. **2.** Prontitud a la hora de obrar. **GRA.** Se usa más con v. de movimiento. *Los bomberos actuaron con diligencia y sofocaron el incendio.* **SIN.** Rapidez, presteza, dinamismo, prisa. **ANT.** Lentitud, pereza. **3.** Trámite para hacer una cosa. *Tuvo que efectuar varias diligencias para pedir la subvención.* **4.** Coche grande de caballos usado antiguamente. *Las diligencias se utilizaban para el transporte de viajeros.* **SIN.** Carruaje, carroza, carromato.

diligente (di-li-**gen**-te) *adj.* **1.** Que hace las cosas con cuidado y precisión. *Es un alumno muy diligente, sus trabajos son muy buenos.* **2.** Que actúa con rapidez. *La actuación de los bomberos fue muy diligente.*

dilucidar (di-lu-ci-**dar**) *v. tr.* Aclarar y explicar un asunto o situación. *Con su declaración a la prensa dilucidó los rumores que había sobre su dimisión.* **SIN.** Desenredar, esclarecer. **ANT.** Embrollar, confundir.

diluir (di-lu-**ir**) *v. tr.* Disolver una cosa. **GRA.** También v. prnl. *Hay que diluir el medicamento en agua.* **SIN.** Desleírse(se). ✎ v. irreg., se conjuga como huir.

diluviar (di-lu-**viar**) *v. intr.* Llover abundantemente y con mucha fuerza. *Aunque lleves paraguas te pondrás pingando, está diluviando.* ✎ v. unipers. En cuanto al acento, se conjuga como cambiar.

diluvio (di-**lu**-vio) *s. m.* **1.** Lluvias con que, según la Biblia, Dios castigó a las personas en tiempo de Noé. *Hemos leído en clase el pasaje del diluvio universal.* **2.** Lluvia muy abundante. *Algunos ríos se han desbordado a causa del diluvio de ayer.* **SIN.** Aguacero, temporal, chaparrón, chubasco. **ANT.** Sequía. **3.** Abundancia excesiva de alguna cosa. *Se vieron desbordados ante el diluvio de candidatos.*

dimanar (di-ma-**nar**) *v. intr.* **1.** Brotar un líquido de un manantial. *Allá arriba dimana una fuente de agua pura y cristalina.* **2.** Proceder una cosa de otra. *Todos sus problemas dimanaban de su situación de parada.* **SIN.** Originarse, nacer, emanar.

dimensión (di-men-**sión**) *s. f.* Longitud de una línea, área de una superficie o volumen de un cuerpo. *El salón era de grandes dimensiones.*

diminutivo, va (di-mi-nu-**ti**-vo) *adj.* Se dice del sufijo que disminuye la significación de las palabras a las que se une, y de la palabra formada con estos sufijos. **GRA.** También s. m. *"Casita" es un diminutivo de "casa".*

diminuto, ta (di-mi-**nu**-to) *adj.* Se dice de aquello que es muy pequeño. *Haces una letra tan diminuta que casi no se lee.* **SIN.** Minúsculo, mínimo, microscópico, ínfimo. **ANT.** Enorme.

dimitir (di-mi-**tir**) *v. tr.* Renunciar a un cargo. **GRA.** También v. intr. *Dimitió de su cargo alegando motivos de salud.* **SIN.** Declinar, rehusar. **ANT.** Aceptar.

dina - diplodoco

dina (di-na) *s. f.* Unidad de fuerza en el sistema cegesimal. *Aplicaron una fuerza de diez dinas.*

dinámica (di-**ná**-mi-ca) *s. f.* Parte de la mecánica que estudia las leyes del movimiento en relación con las fuerzas que lo producen. *En la clase de física nos explicaron las leyes de la dinámica.*

dinámico, ca (di-**ná**-mi-co) *adj.* **1.** Que produce movimiento. *El viento es una fuerza dinámica.* **2.** *fam.* Se dice de la persona enérgica y activa. *Juan es muy dinámico, siempre está haciendo cosas.* **SIN.** Solícito, laborioso. **ANT.** Lento.

dinamismo (di-na-**mis**-mo) *s. m.* Energía activa. *A todos nos sorprendía su gran dinamismo.* **SIN.** Eficacia, movilidad, rapidez. **ANT.** Abulia, inactividad.

dinamita (di-na-**mi**-ta) *s. f.* Explosivo de nitroglicerina. *Colocaron una carga de dinamita para volar el puente.* || **LOC. ser alguien pura dinamita** *fam.* Ser muy activo. | *fam.* Tener mucho genio. **ser algo pura dinamita** *fam.* Tener lo necesario para provocar un escándalo.

dinamo (di-**na**-mo) *s. f.* Máquina destinada a convertir la energía mecánica en eléctrica o viceversa. *Se estropeó la dinamo del coche.* **SIN.** Generador, transformador. ✎ También "dínamo".

dinamómetro (di-na-**mó**-me-tro) *s. m.* Instrumento que sirve para medir las fuerzas. *Comprobamos una fuerza empleando un dinamómetro de tracción.*

dinastía (di-nas-**tí**-a) *s. f.* Serie de príncipes y reyes pertenecientes a una familia. *Pertenecía a la dinastía de los Borbones.* **SIN.** Sucesión, familia.

dineral (di-ne-**ral**) *s. m.* Cantidad grande de dinero. *Ese coche es una maravilla, seguro que le ha costado un dineral.* **SIN.** Fortuna, capital, millonada.

dinero (di-**ne**-ro) *s. m.* **1.** Conjunto de monedas y billetes. *Ese traje me costó mucho dinero.* **SIN.** Plata. **2.** Conjunto de bienes que se poseen. *Es muy rico, tiene mucho dinero.* **SIN.** Capital, hacienda, fortuna. || **3. dinero negro** El que se obtiene ilegalmente.

dinosaurio (di-no-**sau**-rio) *s. m.* Género de reptiles fósiles, de gran tamaño, que vivieron principalmente en la era jurásica. *Los dinosaurios tenían una cola muy larga y fuerte.* ✿

dintel (din-**tel**) *s. m.* Parte superior del marco de las puertas y ventanas. *Pintó el dintel de la puerta.*

diócesis (**dió**-ce-sis) *s. f.* Territorio que depende de un arzobispo, obispo, etc. *El obispo visitó su nueva diócesis.* **SIN.** Obispado. ✎ Invariable en número.

diodo (**dio**-do) *s. m.* Componente electrónico por el que la corriente eléctrica puede fluir sólo en una dirección. *Intercaló un diodo en el circuito eléctrico.*

dioptría (diop-**trí**-a) *s. f.* Unidad utilizada para medir la potencia de una lente. *Tiene dos dioptrías.*

dios, sa *n. p.* **1.** Nombre con que en las religiones monoteístas se designa al Ser supremo, creador del Universo. *Confiaba en la ayuda de Dios.* || *s. m. y s. f.* **2.** Ser superior al que se adora. *Los romanos creían en muchos dioses.* **SIN.** Divinidad, deidad. || **LOC. a la buena de Dios** *fam.* Sin malicia. **a Dios gracias** *fam.* Afortunadamente. **como Dios manda** Como debe ser, perfectamente. **costar algo Dios y ayuda** *fam.* Suponer un gran esfuerzo. **dejado de la mano de Dios** Desamparado. **¡Dios!** Exclamación de asombro, extrañeza o dolor. **irse alguien bendito de Dios** *fam.* Marcharse. **la de Dios es Cristo** *fam.* Gran discusión, alboroto o pelea. **¡vaya por Dios!** *fam.* Expresa decepción o desagrado.

diplococo (di-plo-**co**-co) *s. m.* Cada una de ciertas bacterias de forma redondeada, que se agrupan de dos en dos. *La meningitis la produce un diplococo.*

diplodoco (di-plo-**do**-co) *s. m.* Reptil fósil de gran tamaño, con la cabeza pequeña y la cola muy larga. *Los diplodocos vivieron en la Tierra hace muchos millones de años.* ☞ También "diplodocus".

ACERCA DE LOS DINOSAURIOS

Allosaurus Enorme dinosaurio carnívoro de más de 9 m de longitud con poderosas patas traseras.

Ankylosaurus Uno de los más poderosamente acorazados.

Brachiosaurus Parecido al *Brontosaurus*, es el mayor animal terrestre de todos los tiempos.

Brontosaurus Enorme herbívoro.

Camptosaurus Ornitópodo de unos 6 m de longitud, se alimentaba de hojas de árbol.

Diplodocus El dinosaurio más largo: 30 m desde la cabeza hasta la punta de la cola.

Hadrosaurios Grupo de dinosaurios de picos anchos y sin dientes.

Iguanodon Ornitópodo de unos 9 m de largo, corría sobre las patas traseras.

Ornitisquios Uno de los dos grandes grupos de dinosaurios. Todos eran herbívoros.

Ornithomimus Tenía la traza y el tamaño del avestruz. Ágil y activo, probablemente robaba huevos a otros reptiles.

Ornitópodos Grupo de dinosaurios herbívoros que caminaban sobre las patas traseras.

Saurisquios Uno de los dos grandes grupos de dinosaurios: pertenecen a él los grandes saurópodos y los temibles carnívoros.

Saurópodos Grupo de enormes dinosaurios herbívoros, como Brontosaurus y Diplodocus.

Stegosaurus Dinosaurio acorazado de unos 7 m de longitud, con placas óseas en el dorso y púas en la cola.

Tyrannosaurus El mayor de los temibles dinosaurios carnívoros.

diploma - directo

DIPTONGO	Unión de dos vocales, una abierta (a-e-o) y otra cerrada (i-u), o las dos cerradas, que se pronuncia en una misma sílaba.		
	DECRECIENTES	CRECIENTES	HOMOGÉNEOS
	ai ei oi au eu ou	ia ie io ua ue uo	iu ui
HIATO	Unión de dos vocales que no forman diptongo porque son las dos abiertas o, porque siendo una cerrada y otra abierta, hay una tilde en la cerrada que deshace el diptongo. a-é-re- o Ma-rí-a		
TRIPTONGO	Unión de tres vocales, dos cerradas y una abierta en medio, que se pronuncian en una sola emisión de voz. miau buey a-ve-ri-guáis		

diploma (di-**plo**-ma) *s. m.* Documento oficial que acredita un grado académico, un premio, etc. *Al acabar el curso de informática, cada alumno recibió su diploma.* **SIN.** Certificado.

diplomacia (di-plo-**ma**-cia) *s. f.* **1.** Ciencia de los intereses y relaciones internacionales. *Estudia diplomacia.* **2.** *fam.* Habilidad en la manera de tratar a una persona. *Siempre que quería conseguir algo de su hermano usaba su diplomacia.* **SIN.** Tacto, sagacidad, circunspección. **ANT.** Rudeza.

diplomado, da (di-plo-**ma**-do) *s. m. y s. f.* Persona que ha obtenido un título o diploma académico. *Está diplomado en ciencias empresariales.* **SIN.** Graduado, titulado, licenciado.

diplomático, ca (di-plo-**má**-ti-co) *adj.* **1.** Que pertenece o se refiere a la diplomacia. *Ejerce de diplomático en París.* **2.** *fam.* Hábil, sagaz en el trato con las personas. *Es tan diplomático que en realidad no sabes lo que de verdad piensa.* **ANT.** Brusco, rudo.

díptero, ra (**díp**-te-ro) *adj.* Se dice del insecto que tiene dos alas. **GRA.** También s. m. *La mosca y el mosquito son dípteros.*

diptongo (dip-**ton**-go) *s. m.* Unión dentro de una misma sílaba de una de las vocales abiertas "a", "e", "o", con una de las cerradas "i", "u". *En la palabra "agua" hay el diptongo "ua".*

diputación (di-pu-ta-**ción**) *s. f.* **1.** Conjunto de los diputados y edificio donde se reúnen. *Se reunió la diputación de Barcelona.* || **2. diputación provincial** Corporación que administra los intereses de una provincia. | Edificio donde tiene la sede esta corporación.

diputado, da (di-pu-**ta**-do) *s. m. y s. f.* Persona elegida por los electores como representante de una cámara legislativa. *Salió elegida diputada.* **SIN.** Parlamentario, congresista.

dique (**di**-que) *s. m.* **1.** Muro artificial que sirve para contener el agua. *Las olas eran tan fuertes que el di-* que casi se rompe. **SIN.** Malecón, espigón, rompeolas. **2.** Lugar en la orilla de una dársena, río, etc., con compuertas para llenarlo o vaciarlo, donde se limpian y reparan los buques. *Estaban limpiando el barco en el dique.*

dirección (di-rec-**ción**) *s. f.* **1.** Acción y efecto de dirigir o dirigirse. *Me han encargado la dirección del proyecto.* **SIN.** Gobierno, gestión, administración, mando. **2.** Cargo de director. *Le han ofrecido la dirección del departamento.* **3.** Camino que un cuerpo sigue en su movimiento. *El autobús iba en dirección norte.* **SIN.** Sentido, ruta, trayectoria. **4.** Conjunto de personas encargadas de dirigir una empresa. *Formuló una queja ante la dirección.* **SIN.** Jefatura, administración. **5.** Oficina del director o de la dirección. *El jefe les ha llamado a dirección.* **6.** Domicilio de una persona. *No pudo ir a visitarme porque había perdido mi dirección.* **SIN.** Señas, remite. **7.** Mecanismo que permite al conductor dirigir el automóvil por donde desea. *Se le rompió la dirección.*

directivo, va (di-rec-**ti**-vo) *adj.* **1.** Se dice de la persona que pertenece a la dirección de una empresa, sociedad. **GRA.** También s. m. y s. f. *A la presentación asistieron los altos directivos.* || *s. f.* **2.** Conjunto de personas que dirigen una empresa, sociedad, etc. *La directiva estaba reunida.* **SIN.** Dirección.

directo, ta (di-**rec**-to) *adj.* **1.** Que va derecho o en línea recta. *Este camino va directo a la cabaña.* **SIN.** Recto, continuo. **ANT.** Desviado, torcido. **2.** Que va de una parte a otra sin detenerse en los puntos intermedios. *Este autobús va directo por eso tarda menos tiempo.* **SIN.** Ininterrumpido. **3.** Que no tiene intermediarios. *Esa fábrica de muebles tiene venta directa, por eso sale más barato.* **4.** Que dice las cosas tal y como las piensa. *No le gustaban las mentiras, era una persona muy directa.* **SIN.** Claro, franco, sincero. **ANT.** Disimulado. || **LOC. en directo** Se dice del programa de radio o televisión que se emite al

director - díscolo

mismo tiempo que su realización. | Se dice de la actuación de un artista delante del público.

director, ra (di-rec-**tor**) *s. m. y s. f.* Persona que dirige una empresa, trabajo, etc. *La directora de la película nos firmó un autógrafo.* **SIN.** Directivo, jefe. **ANT.** Subordinado.

directorio (di-rec-**to**-rio) *s. m.* En informática, diccionario o conjunto de archivos que comparten una misma posición dependiente en la estructura general de almacenamiento. *Crea un directorio.*

directriz (di-rec-**triz**) *s. f.* Conjunto de instrucciones o normas generales para realizar algo. **GRA.** Se usa más en pl. "directrices". *Los nuevos miembros de la asociación seguían las directrices de su fundador.*

dirigible (di-ri-**gi**-ble) *adj.* Se dice de un globo de forma alargada, provisto de motores, hélices y un timón para conducirlo, que puede volar porque está lleno de gases menos densos que el aire. **GRA.** También s. m. *Me encantaría subir en un globo dirigible.*

dirigir (di-ri-**gir**) *v. tr.* **1.** Llevar o enviar a una persona o a una cosa hacia un lugar señalado. **GRA.** También v. prnl. *Dirigió la barca hacia la orilla del río.* **SIN.** Encaminar(se), ir(se), conducir, orientar. **ANT.** Volver, regresar. **2.** Ser responsable de personas o cosas. *Dirige la empresa y toma las decisiones.* **SIN.** Gobernar, regir, mandar. **3.** Poner las señas a una carta o paquete. *Dirige la carta a la atención del director del departamento.* **4.** Decirle algo a alguien. **GRA.** También v. prnl. *Se dirigió a todos los asistentes para pedirles su voto.* **SIN.** Hablar, conversar. **5.** Encaminar la intención o acciones hacia determinado fin. *Dirigió todos sus esfuerzos a conseguir aquel puesto.* ✎ Se conjuga como urgir.

discapacitado, da (dis-ca-pa-ci-**ta**-do) *adj.* *Minusválido.* **GRA.** También s. m. y s. f.

discernir (dis-cer-**nir**) *v. tr.* Distinguir una cosa de otra señalando la diferencia. *Tienes que discernir entre lo que está bien y lo que está mal.* **SIN.** Diferenciar, apreciar. **ANT.** Confundir. ✎ v. irreg. ✏

INDICATIVO	SUBJUNTIVO	IMPERATIVO
Pres.	Pres.	
discierno	discierna	
disciernes	disciernas	discierne
discierne	discierna	discierna
discernimos	discernamos	discernamos
discernís	discernáis	discernid
disciernen	disciernan	disciernan

disciplina (dis-ci-**pli**-na) *s. f.* **1.** Conjunto de reglas o normas que sirven para mantener el orden entre los integrantes de un cuerpo u organización. *Al principio le costó mucho someterse a la disciplina militar.* **2.** Acatamiento de esas reglas. *Se comporta con disciplina.* **SIN.** Obediencia, orden, rigor, severidad. **ANT.** Desorden, indisciplina, desobediencia. **3.** *Asignatura.* **4.** Modalidad deportiva. *Ganó una medalla en la disciplina atlética de salto de altura.* **5.** Enseñanza o educación de una persona. *Aristóteles se encargó de la disciplina de Alejandro.*

discípulo, la (dis-**cí**-pu-lo) *s. m. y s. f.* **1.** Persona que aprende bajo la dirección de un maestro. *Los discípulos atienden al profesor.* **SIN.** Alumno, estudiante, colegial. **2.** Persona que sigue la opinión de una escuela. *Aristóteles tuvo muchos discípulos.* **SIN.** Seguidor, partidario, adepto. **ANT.** Oponente.

disc jockey *s. m. y s. f.* *Pinchadiscos.*

discman *s. m.* Aparato eléctrico musical portátil, con auriculares para poder escuchar discos compactos de forma individual. *Se ha comprado un discman.*

disco (**dis**-co) *s. m.* **1.** Objeto de forma circular, de cualquier material. *Lanzó un disco.* **2.** Lámina circular de plástico, en la que se registran sonidos que posteriormente pueden ser reproducidos mediante un tocadiscos. *Le regalaron un disco de música medieval.* **3.** Cada una de las tres partes luminosas de un semáforo que regula, por medio de un código de colores, la circulación. *Le pusieron una multa por pasarse el disco en rojo.* || **4. disco compacto** Disco de metal en el que se almacena sonido o imagen, o ambas cosas, y que se reproduce mediante la tecnología del rayo láser. **5. disco duro** En informática, soporte rígido de almacenamiento de datos informáticos y de gran capacidad, interno o externo al propio ordenador. **6. disco flexible** Disquete. || **LOC. parecer, o ser, alguien un disco rayado** *fam.* Resultar pesado por estar diciendo siempre lo mismo.

discóbolo (dis-**có**-bo-lo) *s. m.* Atleta que arroja el disco. *El discóbolo de Mirón es una escultura muy famosa.*

discografía (dis-co-gra-**fí**-a) *s. f.* Conjunto de discos de un cantante, conjunto musical, de una época, país, etc. *Tenía toda la discografía de su grupo favorito.* **SIN.** Repertorio.

discoidal (dis-coi-**dal**) *adj.* Que tiene forma de disco. *Dibuja una figura discoidal.* **SIN.** Circular, esférico.

díscolo, la (**dís**-co-lo) *adj.* Se dice de la persona traviesa y desobediente. **GRA.** También s. m. y s. f. *Tiene una forma de ser tan díscola que discute con todo el mundo.* **SIN.** Indisciplinado, rebelde, revoltoso, insubordinado. **ANT.** Obediente, dócil, disciplinado.

disconformidad - disecar

disconformidad (dis-con-for-mi-**dad**) *s. f.* Falta de acuerdo. *Manifestó su disconformidad con la multa.* **SIN.** Desacuerdo, incompatibilidad, diferencia, discrepancia. **ANT.** Conformidad, acuerdo.

discontinuo, nua (dis-con-**ti**-nuo) *adj.* **1.** Se dice de aquello que se ve interrumpido. *Era un sonido fuerte y discontinuo.* **SIN.** Intermitente, interrumpido, cortado. **ANT.** Continuo. **2.** En matemáticas, no continuo. *Función discontinua.* **SIN.** Desigual.

discordancia (dis-cor-**dan**-cia) *s. f.* Falta de acuerdo entre dos o más personas o cosas. *Había gran discordancia entre las dos versiones de los hechos.* **SIN.** Discrepancia, oposición, desavenencia, contrariedad. **ANT.** Armonía.

discordar (dis-cor-**dar**) *v. intr.* **1.** Ser opuestas dos o más cosas. *Esa manera de actuar discuerda con su manera de ser.* **2.** No compartir una persona la misma opinión que otra. *Discordaban en todo, por eso se llevaban tan mal.* **SIN.** Disentir. **ANT.** Estar de acuerdo. **3.** No estar acordes las voces o los instrumentos musicales. *Su guitarra discordaba mucho.* **SIN.** Desafinar. ✎ v. irreg., se conjuga como contar.

discordia (dis-**cor**-dia) *s. f.* Diversidad y contrariedad de opiniones. *Había una pequeña discordia entre las dos hermanas.* **SIN.** Desavenencia, disensión, desunión. **ANT.** Concordia, avenencia, concierto.

discoteca (dis-co-**te**-ca) *s. f.* **1.** Colección de discos musicales y mueble donde se guardan. *Tiene una discoteca de música pop muy completa.* **SIN.** Fonoteca. **2.** Local público donde se va a bailar y divertirse. *Había quedado con sus amigos para ir a la discoteca.*

discreción (dis-cre-**ción**) *s. f.* Sensatez, tacto para hablar o actuar. *Se lo dijo con mucha discreción para que los demás no se enteraran.* **SIN.** Prudencia, moderación. **ANT.** Insensatez. || **LOC. a discreción** Demasiado, sin límite.

discrepar (dis-cre-**par**) *v. intr.* **1.** No estar de acuerdo una persona con otra en su forma de pensar o actuar. *Discrepaban en muchas cosas pero eran muy amigas.* **SIN.** Divergir, discordar. **ANT.** Coincidir. **2.** Ser diferente una cosa de otra. *Su concepto de la elegancia discrepa mucho del nuestro.*

discreto, ta (dis-**cre**-to) *adj.* **1.** Se dice de la persona prudente y sensata. **GRA.** También s. m. y s. f. *Confió en él porque sabía que era muy discreto.* **SIN.** Juicioso, mesurado, reservado, recatado. **ANT.** Imprudente, indiscreto, insensato. **2.** Que no llama la atención. *Tiene una forma de vestir muy elegante y discreta.* **SIN.** Corriente, normal. **ANT.** Llamativo.

discriminar (dis-cri-mi-**nar**) *v. tr.* Establecer diferencias de trato entre las personas por motivos raciales, políticos, religiosos, etc. *Se sentía feliz en esta escuela porque nadie la discriminaba por el color de su piel.* **SIN.** Excluir, marginar. **ANT.** Integrar.

disculpa (dis-**cul**-pa) *s. f.* **1.** Razón que se da para pedir perdón o justificar una falta. *Te pido disculpas por haberte mentido.* **SIN.** Perdón, justificación. **2.** Lo que se dice para librarse de algo o alguien. *Puse la disculpa de estar enfermo para no tener que ir.* **SIN.** Pretexto, excusa.

disculpar (dis-cul-**par**) *v. tr.* **1.** Aceptar las explicaciones que alguien da para excusarse de algo. *Disculpó su falta de puntualidad.* **SIN.** Perdonar, absolver, exculpar. **ANT.** Acusar. || *v. prnl.* **2.** Pedir perdón o dar explicaciones por lo que se ha hecho. *Se disculpó por no haber podido asistir.*

discurrir (dis-cu-**rrir**) *v. intr.* **1.** Andar, caminar. *La gente discurría tranquilamente por la calle.* **SIN.** Transitar. **2.** Transcurrir el tiempo. *Había discurrido mucho tiempo desde su último encuentro.* **SIN.** Pasar, avanzar. **3.** Correr un líquido. *El agua discurría por el arroyo con escasa fuerza.* **4.** Reflexionar, razonar. *Después de mucho discurrir, tuvo una idea fantástica.* **5.** Suceder, tener lugar. *La manifestación discurrió sin incidentes.* **SIN.** Transcurrir. || *v. tr.* **6.** Idear, inventar. *Discurrió un sistema para ahorrar gasolina.*

discurso (dis-**cur**-so) *s. m.* Conjunto de frases sobre un tema que una persona dice a un grupo que le está escuchando. *El presidente pronunció un discurso muy emotivo.* **SIN.** Arenga, disertación, charla.

discusión (dis-cu-**sión**) *s. f.* Acción y efecto de discutir. *Se enzarzaron en una tonta discusión.* **SIN.** Debate, disputa, controversia, polémica. **ANT.** Acuerdo. || **LOC. sin discusión** Sin ninguna duda.

discutir (dis-cu-**tir**) *v. tr.* **1.** Presentar razones contra la opinión de otra persona. **GRA.** Se usa más como v. intr. *Hemos discutido con el vendedor sobre el precio.* **SIN.** Debatir, disputar, argumentar, acalorarse. **2.** Examinar atentamente un asunto entre varias personas. *Nos llevó toda la tarde discutir el plan de trabajo para aquel mes.* **SIN.** Debatir, tratar.

disecar (di-se-**car**) *v. tr.* **1.** Preparar un animal muerto para que conserve su aspecto de cuando estaba vivo. *No le gustaba nada que disecaran a los animales.* **2.** Preparar una planta para que, después de seca, se conserve y pueda ser estudiada. *En clase de ciencias nos enseñarán a disecar plantas.* **3.** *Disec- cionar.* ✎ Se conjuga como abarcar.

disección - disimulo

disección (di-sec-**ción**) *s. f.* **1.** Acción y efecto de diseccionar. *Esta semana tenemos prácticas de disección.* **SIN.** Taxidermia. **2.** Estudio, análisis detallado de algo. *Realizó una minuciosa disección de todos los componentes del producto.*

diseccionar (di-sec-cio-**nar**) *v. tr.* **1.** Abrir un cadáver y dividirlo en partes para su estudio. *La primera vez que vio diseccionar un cadáver casi se desmaya.* **2.** Analizar algo detalladamente. *Vamos a diseccionar el problema con calma, seguro que encontramos una solución.*

diseminar (di-se-mi-**nar**) *v. tr.* **1.** Sembrar, esparcir. **GRA.** También v. prnl. *Estaban en la huerta diseminando las semillas.* **SIN.** Desparramar(se), desperdigar(se), dispersar(se). **ANT.** Juntar(se). **2.** Divulgar una noticia. **GRA.** También v. prnl. *El suceso se diseminó con asombrosa rapidez por toda la región.*

disentería (di-sen-te-**rí**-a) *s. f.* Enfermedad infecciosa cuyos síntomas son inflamación del intestino grueso, diarrea y fiebre. *Se habían producido varios casos de disentería en las últimas semanas.*

disentir (di-sen-**tir**) *v. intr.* No estar de acuerdo con la opinión de otra persona. *Aunque su objetivo era el mismo, disentían en la manera de lograrlo.* **SIN.** Discrepar, discordar. **SIN.** Concordar. 🔌 v. irreg., se conjuga como sentir.

diseñar (di-se-**ñar**) *v. tr.* Hacer un diseño. *Diseña sus propios trajes.* **SIN.** Delinear, plantear, trazar.

diseño (di-**se**-ño) *s. m.* **1.** Dibujo que muestra cómo va a ser un edificio, objeto, prenda de vestir, etc. *Nos enseñó el diseño de su casa ideal, era una maravilla.* **SIN.** Croquis, boceto, plano. **2.** Idea original para crear un objeto que luego será producido en serie. *El diseño de aquella cafetera era suyo.*

disertación (di-ser-ta-**ción**) *s. f.* Exposición ordenada y razonada de un tema. *Su disertación sobre los orígenes del ser humano fue realmente interesante.* **SIN.** Conferencia, discurso, razonamiento.

disfraz (dis-**fraz**) *s. m.* Vestido que cambia el aspecto de una persona. *Se está haciendo un disfraz de seta para la fiesta de carnaval.*

disfrazar (dis-fra-**zar**) *v. tr.* **1.** Desfigurar la apariencia de una persona o cosa para que no sea conocida. **GRA.** También v. prnl. *Se hubiera disfrazado de bruja para la fiesta.* **SIN.** Embozar(se), enmascarar(se), ocultar(se). **2.** Disimular con palabras y expresiones lo que se siente. *Disfrazó su enfado con simples palabras de cortesía.* **SIN.** Simular, encubrir. **ANT.** Descubrir, manifestar. 🔌 Se conjuga como abrazar.

disfrutar (dis-fru-**tar**) *v. tr.* **1.** Percibir, aprovechar las ventajas o utilidades de una cosa. **GRA.** Se usa más con la prep. "de". *Disfruta de buena salud.* **SIN.** Utilizar, beneficiarse. **ANT.** Desaprovechar. || *v. intr.* **2.** Sentir placer. *La película le hizo disfrutar mucho.* **SIN.** Regocijarse, divertirse, gozar, recrearse. **ANT.** Sufrir, padecer. **3.** Gozar del favor, protección o amistad de alguien. *Es muy afortunado al disfrutar de tan buenos amigos.* **4.** Poseer alguna condición buena o gozar de bienestar. **GRA.** También v. tr. *Disfruta de un buen sueldo.* **SIN.** Saborear, detentar. **ANT.** Carecer.

disgregar (dis-gre-**gar**) *v. tr.* Separar lo que está unido. **GRA.** También v. prnl. *Al salir del concierto se disgregaron todos.* **SIN.** Disociar(se), dispersar(se), desunir(se). **ANT.** Unir(se), congregar(se). 🔌 Se conjuga como ahogar.

disgustar (dis-gus-**tar**) *v. tr.* **1.** Causar mal sabor al paladar. *No me disgusta el sabor de esta salsa, pero me resulta demasiado fuerte.* **SIN.** Desagradar, repugnar. **ANT.** Agradar, gustar. **2.** Causar enfado o tristeza. **GRA.** También v. prnl. *Se disgustaron por una tontería.* **SIN.** Desagradar, desazonar(se), incomodar(se), molestar(se), afligir(se). **ANT.** Agradar, alegrar(se).

disgusto (dis-**gus**-to) *s. m.* **1.** Sentimiento de pena o enfado producido por algo desagradable o molesto. *Me llevé un disgusto cuando perdí la cartera.* **SIN.** Desazón, molestia, inquietud, pesadumbre. malestar, enfado. **ANT.** Gusto, alegría, agrado. **2.** Discusión, altercado. *Por llegar tarde a casa, tuvo un disgusto con sus padres.* **SIN.** Pelea. **3.** Desastre, desgracia. *Si continúas conduciendo tan deprisa, un día vas a tener un disgusto.* || **LOC. a disgusto** Contra la voluntad y gusto de alguien.

disidente (di-si-**den**-te) *adj.* Se dice de la persona que se aparta de una doctrina o de un grupo por estar en desacuerdo. *Varios disidentes pidieron asilo político en nuestro país.* **SIN.** Oponente, contrario, discrepante. **ANT.** Partidario, adepto.

disimular (di-si-mu-**lar**) *v. tr.* **1.** Ocultar alguien sus intenciones o sentimientos. *Trató de disimular su tristeza, pero todos se dieron cuenta.* **SIN.** Tapar, fingir, disfrazar. **ANT.** Revelar. **2.** Tolerar algo ignorándolo o no dándole importancia. *Vio al ladrón, pero disimuló y pasó de largo.* **SIN.** Perdonar, permitir. **ANT.** Oponerse. **3.** Desfigurar una cosa para que parezca distinta de lo que es. *Vestía así para disimular su baja estatura.* **SIN.** Disfrazar, camuflar.

disimulo (di-si-**mu**-lo) *s. m.* Maña con que se oculta lo que se siente, se sabe o se sospecha. *Actuó con*

disipado - disparador

disimulo y logró que nadie se enterase del asunto. **SIN.** Engaño, astucia. **ANT.** Franqueza, verdad.

disipado, da (di-si-**pa**-do) adj. Entregado a diversiones. Lleva una vida muy disipada, sólo se preocupa de estar de fiesta. **SIN.** Disoluto, desenfrenado.

disipar (di-si-**par**) v. tr. **1.** Hacer que se desvanezca una cosa. **GRA.** También v. prnl. Se ha disipado la niebla. **SIN.** Evaporar(se), esfumar(se), desvanecer(se). **2.** Derrochar el dinero. En pocos años disipó la herencia de sus padres. **SIN.** Despilfarrar, dilapidar, malgastar. **ANT.** Ahorrar.

diskette s. m. *Disquete.

dislalia (dis-**la**-lia) s. f. Dificultad para articular las palabras. El médico le dijo que la niña padecía dislalia.

dislexia (dis-**le**-xia) s. f. Dificultad para la comprensión del lenguaje escrito. Los padres estaban muy preocupados por la dislexia del pequeño.

dislocación (dis-lo-ca-**ción**) s. f. Acción y efecto de dislocar. No era rotura, sólo una dislocación. **SIN.** Desencajamiento, desviación, torcedura.

dislocar (dis-lo-**car**) v. tr. Sacar una cosa de su sitio, generalmente un hueso. **GRA.** Se usa más como v. prnl. Se cayó y se dislocó un brazo. **SIN.** Descoyuntar(se), desencajar(se), desarticular(se). **ANT.** Encajar(se). ✎ Se conjuga como abarcar.

disminución (dis-mi-nu-**ción**) s. f. Acción y efecto de disminuir. La gente del pueblo estaba preocupada por la progresiva disminución del caudal del río. **SIN.** Mengua, merma, descenso. **ANT.** Aumento.

disminuido, da (dis-mi-**nui**-do) adj. *Minusválido. **GRA.** También s. m. y s. f.

disminuir (dis-mi-nu-**ir**) v. tr. Hacer menor la intensidad, extensión o número de una cosa. **GRA.** También v. intr. y v. prnl. Disminuyeron la jornada de trabajo. **SIN.** Aminorar(se), menguar, reducir(se), abreviar(se). **ANT.** Aumentar, agrandar(se), dilatar(se). ✎ v. irreg., se conjuga como huir.

disnea (dis-**ne**-a) s. f. Dificultad para respirar. Se cansaba mucho al subir las escaleras porque padecía disnea. **SIN.** Fatiga, asma.

disociar (di-so-**ciar**) v. tr. **1.** Separar una cosa de otra a la que estaba unida. Al disociarse sus gobiernos, rompieron las relaciones diplomáticas. **SIN.** Desunir, dividir. **2.** Separar los distintos componentes de una sustancia. **GRA.** También v. prnl. Utilizaron un disolvente para disociar la mezcla de pintura. **SIN.** Disgregar(se), dividir(se). ✎ En cuanto al acento, se conjuga como cambiar.

disolución (di-so-lu-**ción**) s. f. **1.** Acción y efecto de disolver. La disolución de la manifestación se llevó a cabo sin ningún incidente. **2.** Compuesto resultante de disolver una sustancia en un líquido. Esto es una disolución de cloruro sódico. **SIN.** Mezcla. **3.** Rotura de los lazos existentes entre dos o más personas. Era evidente la inminente disolución del grupo.

disoluto, ta (di-so-**lu**-to) adj. Entregado a los vicios. **GRA.** También s. m. y s. f. Sus amigos le reprendían por aquella vida tan disoluta. **SIN.** Vicioso.

disolvente (di-sol-**ven**-te) s. m. Líquido que sirve para disolver una sustancia. Deberías echarle un poco de disolvente a esa pintura, está demasiado pastosa.

disolver (di-sol-**ver**) v. tr. **1.** Separar las partículas de un cuerpo sólido o espeso por medio de un líquido, con el cual se incorporan. **GRA.** También v. prnl. Disuelve la aspirina en medio vaso de agua. **SIN.** Diluir(se), licuar(se), desleír(se). **ANT.** Solidificar(se). **2.** Separar o desunir lo que estaba unido. **GRA.** También v. prnl. Disolvieron la asociación por falta de acuerdo entre sus miembros. **SIN.** Deshacer(se), destruir(se), descomponer(se). **ANT.** Unir(se), juntar(se). ✎ v. irreg., se conjuga como mover.

disonancia (di-so-**nan**-cia) s. f. Sonido desagradable. La guitarra estaba desafinada y la disonancia era terrible.

disonante (di-so-**nan**-te) adj. **1.** Que no suena bien. Algún instrumento de la orquesta resultaba disonante. **2.** Que discrepa de aquello con lo que debiera estar conforme. A todos nos sorprendió su disonante comportamiento en una ocasión tan señalada. **SIN.** Desentonado, desafinado. **ANT.** Armonioso.

disonar (di-so-**nar**) v. intr. **1.** Sonar mal. Ese violín disuena mucho. **SIN.** Malsonar, discordar, desafinar. **2.** No venir bien una cosa con otra. No es lo más apropiado, pero tampoco disuena demasiado. **SIN.** Chocar, extrañar, desentonar. ✎ v. irreg., se conjuga como contar.

dispar (dis-**par**) adj. Desigual, diferente. Su reacción ante la noticia fue muy dispar, uno se echó a llorar, el otro casi se muere de risa. **SIN.** Distinto, diverso. **ANT.** Coincidente, similar, igual.

disparadero (dis-pa-ra-**de**-ro) s. m. Disparador de un arma. Se atascó el disparadero. || **LOC. poner a alguien en el disparadero** fam. Hacer que pierda la paciencia.

disparador (dis-pa-ra-**dor**) s. m. **1.** Pieza de un arma de fuego que sirve para dispararla. Se pilló el dedo con el disparador de la pistola. **SIN.** Gatillo. **2.** Pieza utilizada para hacer funcionar el obturador automático de una cámara fotográfica. El disparador de la cámara se atascó.

disparar (dis-pa-**rar**) *v. tr.* **1.** Arrojar una cosa. *Disparó el balón con todas sus fuerzas.* **SIN.** Lanzar, tirar. **2.** Lanzar un proyectil con un arma. **GRA.** También v. prnl. *Disparó una flecha con su arco.* **SIN.** Tirar. || *v. prnl.* **3.** Aumentar mucho algo. *Con la crisis, los precios se han disparado.* **SIN.** Incrementarse, subir.

disparatado, da (dis-pa-ra-**ta**-do) *adj.* **1.** Contrario a la razón. *Lo que cuentas es totalmente disparatado, no tiene ningún sentido.* **SIN.** Absurdo, desatinado, descabellado, ilógico. **ANT.** Lógico. **2.** *fam.* Excesivo, desmesurado. *Me gustaba mucho el abrigo, pero el precio me pareció disparatado.*

disparate (dis-pa-**ra**-te) *s. m.* **1.** Dicho o hecho que no tiene sentido o resulta inoportuno. *Su teoría era un verdadero disparate.* **SIN.** Desatino, absurdo, despropósito. **ANT.** Cordura, sensatez. **2.** *fam.* Barbaridad, atrocidad. *Fue un disparate ir a la excursión con el día tan malo que hacía.*

disparo (dis-**pa**-ro) *s. m.* **1.** Acción y efecto de disparar o dispararse. *Se oyeron dos o tres disparos.* **SIN.** Tiro, descarga, balazo, salva. **2.** En algunos deportes, como el fútbol, tiro potente hacia la portería. *El rápido disparo del delantero sorprendió al portero.*

dispendio (dis-**pen**-dio) *s. m.* Gasto excesivo. *No estaba de acuerdo con aquella fiesta porque le parecía un dispendio innecesario.* **SIN.** Derroche, despilfarro, dilapidación. **ANT.** Economía.

dispensa (dis-**pen**-sa) *s. f.* Privilegio que se concede a alguien y escrito en el que figura. *Consiguió una dispensa del Papa.* **SIN.** Prerrogativa, exención.

dispensar (dis-pen-**sar**) *v. intr.* **1.** Eximir de una obligación. **GRA.** También v. prnl. *Dijo que le dispensaría de hacer el examen si entregaba un buen trabajo.* **SIN.** Descargar(se), librar(se). **2.** Absolver de una falta leve. *Le ruego me dispense por la tardanza de mi respuesta.* **SIN.** Excusar, perdonar, disculpar. **ANT.** Obligar, condenar. || *v. tr.* **3.** Dar, conceder. *El obispo dispensó a la comisión media hora de audiencia.* **SIN.** Ofrecer, otorgar, adjudicar.

dispensario (dis-pen-**sa**-rio) *s. m.* Consultorio médico donde los enfermos reciben asistencia médica y farmacéutica. *Voy al dispensario a ponerme una inyección.* **SIN.** Clínica, ambulatorio.

dispersar (dis-per-**sar**) *v. tr.* Separar en desorden lo que estaba junto. *El viento dispersó las nubes y lució de nuevo el sol.* **SIN.** Diseminar, desperdigar, esparcir, disgregar. **ANT.** Reunir, agrupar, unir. ✎ Tiene doble part.; uno reg., dispersado, y otro irreg., disperso.

disponer (dis-po-**ner**) *v. tr.* **1.** Colocar, poner una cosa en orden para algo. **GRA.** También v. prnl. *Dispuso la mesa para el almuerzo.* **SIN.** Arreglar(se), colocar(se), ordenar, aderezar(se). **ANT.** Desordenar, quitar(se). **2.** Mandar lo que se ha de hacer. *Dispuso que su fortuna pasara a aquella asociación benéfica.* **SIN.** Determinar, resolver, decidir. **3.** Preparar, prevenir. **GRA.** También v. prnl. *Dispuso a su amigo para recibir la mala noticia.* ✎ v. irreg., se conjuga como poner. Tiene part. irreg., dispuesto.

disponible (dis-po-**ni**-ble) *adj.* Que puede ser usado o que está libre para hacer algo. *En ese hotel sólo queda una habitación disponible. Después del trabajo, estaré disponible para ir de compras contigo.* **SIN.** Vacante, libre, apto. **ANT.** Ocupado, inútil.

disposición (dis-po-si-**ción**) *s. f.* **1.** Arreglo o distribución de algo. *En la introducción de ese libro de cocina habla sobre la correcta disposición de la mesa.* **SIN.** Colocación, ordenación, arreglo, distribución. **ANT.** Desorden. **2.** Aptitud para realizar algo. *Tiene muy buena disposición para los trabajos manuales.* **SIN.** Ingenio, talento, habilidad, capacidad. **3.** Orden de una autoridad. *Se encargaba de hacer cumplir las disposiciones de su superior.* **SIN.** Mandato, ordenanza, precepto, decisión. **4.** Estado del ánimo para hacer o no hacer algo. *Creo que no tiene muy buena disposición para echarme una mano.* **SIN.** Humor, salud. || **LOC. estar, o hallarse, en disposición de algo** Estar preparado, ser apto.

dispositivo (dis-po-si-**ti**-vo) *s. m.* Mecanismo que acciona algo. *El dispositivo del aire acondicionado está estropeado.* **SIN.** Ingenio, artefacto.

dispuesto, ta (dis-**pues**-to) *adj.* Que tiene habilidad para hacer algo. *Era tan dispuesta que conseguía todo lo que se proponía.* **SIN.** Preparado, despierto. **ANT.** Incompetente.

disputa (dis-**pu**-ta) *s. f.* Riña acalorada entre dos o más personas. *Tuvieron una tonta disputa.* **SIN.** Discusión, altercado, contienda. **ANT.** Reconciliación.

disputar (dis-pu-**tar**) *v. tr.* **1.** Discutir acaloradamente. **GRA.** También v. intr. *Disputaban sobre quién había llegado primero.* **SIN.** Porfiar, altercar. **ANT.** Avenirse, congraciarse. **2.** Competir, contender. **GRA.** También v. intr. *Más de cien personas disputaban por ese puesto de trabajo.* **SIN.** Rivalizar, pelear.

disquete (dis-**que**-te) *s. m.* En informática, soporte magnético extraíble de almacenamiento de información, de varias capacidades y tamaños. *Introduce el disquete y copia el archivo en el disco duro.* **SIN.** Floppy.

disquetera - distinto

disquetera (dis-que-**te**-ra) *s. f.* Dispositivo del ordenador donde se inserta el disquete para su grabación o lectura. *Mete el disquete en la disquetera.*

disquisición (dis-qui-si-**ción**) *s. f.* **1.** Examen riguroso que se hace de alguna cosa, considerando cada una de sus partes. *Les llevó mucho tiempo la disquisición de los proyectos presentados.* **2.** Digresión innecesaria en un discurso. *Se pasó dos horas en disquisiciones para no decir nada en concreto.*

distancia (dis-**tan**-cia) *s. f.* Espacio que hay entre dos puntos. *Desde mi casa a la estación, hay poca distancia.* **SIN.** Intervalo, trecho. || **LOC. a distancia** Lejos, separadamente. **guardar las distancias** *fam.* Mantener una relación sin dar excesiva confianza.

distanciar (dis-tan-**ciar**) *v. tr.* Poner distancia entre dos cosas o personas. **GRA.** También v. prnl. *Nos hemos distanciado bastante y apenas tenemos noticias una de la otra.* **SIN.** Alejar(se), desunir(se), separar(se). **ANT.** Acercar(se), unir(se). ✎ En cuanto al acento, se conjuga como cambiar.

distante (dis-**tan**-te) *adj.* **1.** Apartado, remoto. *Vivía en una pequeña casa muy distante del pueblo.* **SIN.** Lejano, separado. **ANT.** Cercano. **2.** Se dice de la persona que evita el trato familiar y de excesiva confianza. *Se comportaba con educación, pero siempre se mantenía distante.*

distar (dis-**tar**) *v. intr.* **1.** Estar apartada una cosa de otra, en el tiempo o en el espacio. *Dista muchos kilómetros.* **2.** Diferenciarse mucho una cosa de otra. *Distan mucho sus ideas.* **SIN.** Discrepar.

distender (dis-ten-**der**) *v. tr.* **1.** Aflojar, relajar, disminuir la tensión. **GRA.** También v. prnl. *Al principio la relación era muy tirante, pero la cosa se distendió y llegaron a ser buenos amigos.* **SIN.** Aflojar(se), relajar(se). **2.** Causar una tensión violenta en los tejidos, membranas, etc. **GRA.** También v. prnl. *Pisó mal y se distendió el tobillo.* **SIN.** Luxar(se), torcer(se). ✎ v. irreg., se conjuga como entender.

dístico (**dís**-ti-co) *s. m.* Composición poética que sólo consta de dos versos. *Terminó su exposición con un dístico.* **SIN.** Pareado.

distinción (dis-tin-**ción**) *s. f.* **1.** Diferencia entre dos o más personas o cosas. *La distinción entre una bicicleta y un triciclo está en que éste tiene una rueda más.* **SIN.** Desemejanza, desigualdad. **ANT.** Igualdad, semejanza. **2.** Honor, privilegio concedido a una persona. *Carlos I concedió a Tiziano la distinción de tutearle.* **SIN.** Honra, deferencia. **ANT.** Desaire. **3.** Buen orden, claridad y precisión en las cosas. *El trabajo está presentado con mucha distinción.* **SIN.** Claridad, exactitud, precisión. **ANT.** desorden, imprecisión. **4.** Elegancia y buenas maneras. *Siempre se comporta con mucha distinción.* **SIN.** Finura, estilo, refinamiento, educación. **ANT.** Chabacanería, vulgaridad, rudeza. **5.** Consideración hacia una persona. *Es un médico de gran humanidad, siempre tiene alguna distinción con sus pacientes.* **SIN.** Miramiento, atención, cuidado, deferencia. **ANT.** Desconsideración, desatención. **6.** Trato de favor que recibe una persona. *Es una profesora muy justa, nunca hace distinciones entre sus alumnos.*

distinguido, da (dis-tin-**gui**-do) *adj.* **1.** Se dice de la persona que viene de familia ilustre. *Era muy conocido por su distinguido apellido.* **SIN.** Noble, señalado, esclarecido. **2.** Que es elegante. *Es una persona muy distinguida.* **SIN.** Fino, educado. **ANT.** Vulgar, maleducado, chabacano. **3.** Que sobresale entre los demás. *Asistieron distinguidas personalidades del mundo literario.* **SIN.** Selecto, conocido, famoso.

distinguir (dis-tin-**guir**) *v. tr.* **1.** Reconocer las diferencias entre unas cosas y otras. *No distingue el color azul del verde, le parecen iguales.* **SIN.** Separar, diferenciar, especificar, discriminar. **ANT.** Confundir. **2.** Hacer que una cosa se diferencie de otra por alguna particularidad. **GRA.** También v. prnl. *Su última novela se distingue por su estilo llano y sencillo.* **SIN.** Descollar, sobresalir, resaltar, despuntar. **ANT.** Igualar. **3.** Ver una cosa a pesar de la lejanía y oscuridad. *Distinguió una vieja cabaña al final del bosque y se dirigió hacia ella.* **SIN.** Divisar, vislumbrar. **4.** Hacer particular estimación de unas personas sobre los demás. *Distingue a unos más que a otros.* **SIN.** Preferir, discriminar, honrar, seleccionar. **ANT.** Indiscriminar. **5.** Otorgar a alguien alguna dignidad. *Le distinguieron con una medalla por su valentía en el campo de combate.* **SIN.** Honrar, premiar, reconocer. **ANT.** Humillar. ✎ Se escribe "g" en vez de "gu" seguido de "-a" o de "-o".

distintivo, va (dis-tin-**ti**-vo) *adj.* **1.** Se dice de lo que distingue o caracteriza esencialmente algo o a alguien. *La tolerancia era uno de sus rasgos distintivos.* **SIN.** Característico. || *s. m.* **2.** Señal que hace que alguien o algo se distinga de los demás. *Llevaban un distintivo del partido.* **SIN.** Emblema, divisa, marca.

distinto, ta (dis-**tin**-to) *adj.* **1.** Que no es lo mismo. *Estáis hablando de cosas muy distintas y que no tienen nada que ver.* **ANT.** Igual. **2.** Que no es parecido, que tiene diferentes cualidades. *Tu pantalón y el mío son distintos.* **SIN.** Diferente, dispar. **ANT.** Igual.

distorsión - diversidad

distorsión (dis-tor-**sión**) *s. f.* **1.** Torcedura en alguna parte del cuerpo. *Tiene una distorsión y no puede jugar al fútbol.* **SIN.** Luxación, esguince. **2.** Deformación de una imagen o de un suceso. *El periodista estaba acusado de la distorsión de varias noticias relacionadas con el caso.*

distracción (dis-trac-**ción**) *s. f.* **1.** Falta de atención al hacer una cosa. *En una distracción del vigilante se colaron en el edificio.* **SIN.** Descuido, olvido, omisión, lapsus. **ANT.** Atención, cuidado. **2.** Cosa que sirve de diversión y para el descanso. *La lectura es una de sus mejores distracciones.* **SIN.** Entretenimiento, diversión, pasatiempo, recreo.

distraer (dis-tra-**er**) *v. tr.* **1.** Apartar la atención de una persona de lo que está haciendo. **GRA.** También v. prnl. *Se distrajo y se salió de la carretera.* **SIN.** Engañar(se), desviar(se). **2.** Divertir, entretener. **GRA.** También v. prnl. *Se distrae haciendo solitarios.* **SIN.** Recrear(se), animar(se), alegrar(se). **ANT.** Aburrir(se). ✎ v. irreg., se conjuga como traer.

distraído, da (dis-tra-**í**-do) *adj.* **1.** Que se distrae con facilidad. **GRA.** También s. m. y s. f. *Es muy distraído, siempre se le olvida algo.* **SIN.** Descuidado, olvidadizo, abstraído. **ANT.** Atento. **2.** *Divertido.* **SIN.** Entretenido, agradable. **ANT.** Aburrido.

distribución (dis-tri-bu-**ción**) *s. f.* **1.** Manera de estar las cosas colocadas en un sitio. *No me gusta mucho la distribución de esta casa, las habitaciones son demasiado rectangulares.* **SIN.** Reparto, división. **2.** Aquello que se reparte entre los asistentes a algún acto. *Procedió a la distribución de las notas.*

distribuir (dis-tri-bu-**ir**) *v. tr.* **1.** Dividir una cosa entre varios. *No hubo ningún problema al distribuir los beneficios del negocio.* **SIN.** Repartir. **ANT.** Retener. **2.** Dar a cada cosa su colocación oportuna. **GRA.** También v. prnl. *Quiere encargarse de distribuir los muebles de la casa.* **SIN.** Ordenar(se), colocar(se), disponer(se). **ANT.** Desordenar(se). **3.** Hacer llegar una mercancía a los vendedores o consumidores. *Es el encargado de distribuir esa marca de electrodomésticos en toda la región.* ✎ v. irreg., se conjuga como huir.

distrito (dis-**tri**-to) *s. m.* Cada una de las divisiones administrativas o jurídicas de un territorio o de una población. *Vivían en el mismo distrito.* **SIN.** Jurisdicción, división, demarcación.

disturbio (dis-**tur**-bio) *s. m.* Alteración de la paz y del orden público. *Después de la manifestación hubo muchos disturbios en el centro de la ciudad.* **SIN.** Alboroto, tumulto, sublevación. **ANT.** Orden, paz.

disuadir (di-sua-**dir**) *v. tr.* Dar a alguien razones para que abandone una idea o cambie de propósito. *Aunque estaba muy empeñado en hacer el viaje solo, su hermano logró disuadirlo.* **SIN.** Desaconsejar, desanimar, desalentar. **ANT.** Animar, convencer, secundar.

disyunción (dis-yun-**ción**) *s. f.* Relación entre dos o más elementos, uno de los cuales excluye a los demás. *En la frase "o entras o sales" hay una disyunción.*

disyuntiva (dis-yun-**ti**-va) *s. f.* Alternativa entre dos posibilidades, de las cuales hay que escoger una. *Me encontraba ante la disyuntiva de aceptar o no las condiciones.*

diurno, na (**diur**-no) *adj.* **1.** Que pertenece o se refiere al día. *Trabaja en turno diurno.* **ANT.** Nocturno. **2.** Se dice de los animales que buscan los alimentos durante el día y de las plantas que sólo tienen abiertas sus flores de día. *El león es un animal diurno.*

divagar (di-va-**gar**) *v. intr.* **1.** Desviarse del tema o asunto de que se trata. *Como no sabía la lección, divagaba.* **SIN.** Alejarse, enredarse, desorientarse, andarse por las ramas. **ANT.** Concretar, precisar. **2.** Andar de un lado para otro sin quedarse fijo en ninguno. *Estuvo toda la tarde divagando por el bosque.* **SIN.** Errar, vagar, corretear, zascandilear, vagabundear. **ANT.** Fijarse, pararse. ✎ Se conjuga como ahogar.

diván (di-**ván**) *s. m.* Sofá con brazos o sin ellos, generalmente sin respaldo y con almohadones sueltos. *Este diván es comodísimo.* **SIN.** Canapé.

divergencia (di-ver-**gen**-cia) *s. f.* **1.** Situación de dos líneas que se van separando una de la otra. *Estas líneas son paralelas, entre ellas no hay ninguna divergencia.* **ANT.** Convergencia. **2.** Diferencia de opiniones. *Teníamos nuestras divergencias, pero éramos grandes amigos.* **SIN.** Disparidad, discrepancia, desacuerdo. **ANT.** Convergencia.

divergir (di-ver-**gir**) *v. intr.* **1.** Separarse progresivamente de un mismo punto dos o más líneas o superficies. *El camino diverge dentro de unos tres kilómetros, coge entonces la desviación de la derecha.* **SIN.** Bifurcarse, separarse, alejarse. **ANT.** Converger. **2.** Estar en desacuerdo. *Siempre divergían en las cuestiones de política internacional, sus posturas eran irreconciliables.* **SIN.** Oponerse, discordar, discrepar. **ANT.** Coincidir. ✎ Se conjuga como urgir.

diversidad (di-ver-si-**dad**) *s. f.* **1.** Variedad, diferencia. *En ocasiones, la diversidad de opiniones puede resultar muy enriquecedora.* **ANT.** Unicidad. **2.** Abundancia de cosas distintas. *La región se caracterizaba por*

diversificar - divisor

una enorme diversidad de especies vegetales y animales. **ANT.** Escasez, pobreza, parquedad.

diversificar (di-ver-si-fi-**car**) *v. tr.* Establecer distinción entre una cosa y otra. **GRA.** También v. prnl. *Decidimos diversificar nuestras tareas para evitar discusiones.* **SIN.** Diferenciar(se). **ANT.** Unificar(se). ✎ Se conjuga como abarcar.

diversión (di-ver-**sión**) *s. f.* Actividad que distrae la atención y sirve de descanso. *Bailar y jugar al baloncesto eran dos de sus diversiones favoritas.* **SIN.** Recreo, pasatiempo, distracción, entretenimiento, placer. **ANT.** Aburrimiento, hastío, tedio.

diverso, sa (di-**ver**-so) *adj.* **1.** No igual. *Un perro y un gato son de diversa especie.* **SIN.** Distinto, diferente, dispar. **ANT.** Uniforme, igual. || *adj. pl.* **2.** Varios, muchos. *Traigo diversos libros para leer.*

divertido, da (di-ver-**ti**-do) *adj.* **1.** Que produce o causa diversión. *El parchís es un juego muy divertido.* **SIN.** Entretenido, agradable. **ANT.** Aburrido. **2.** Que tiene o está de buen humor. *Tu amigo es muy divertido.* **SIN.** Alegre, festivo. **ANT.** Triste.

divertir (di-ver-**tir**) *v. tr.* Hacer reír y pasarlo bien. **GRA.** También v. prnl. *Aquel juego divirtió a los niños porque era muy interesante.* **SIN.** Entretener(se), recrear(se). **ANT.** Aburrir(se), cansar(se). ✎ v. irreg., se conjuga como sentir.

dividendo (di-vi-**den**-do) *s. m.* Cantidad que se tiene que dividir entre otra. *En la operación "23 dividido entre 2", 23 es el dividendo.*

dividir (di-vi-**dir**) *v. tr.* **1.** Hacer de una cosa varias partes. **GRA.** También v. prnl. *Dividió el pastel en seis porciones.* **SIN.** Fraccionar(se), partir, fragmentar(se), separar(se). **ANT.** Unir(se), pegar(se), juntar(se). **2.** Repartir entre varios. *Dividió la herencia entre los hijos.* **SIN.** Asignar, distribuir, compartir. **3.** Introducir discordias entre dos o más personas. *Pretendía dividir a los componentes del grupo.* **SIN.** Enemistar, separar, indisponer. **ANT.** Amigar, reconciliar, avenir. ✎ Tiene doble part., uno reg., dividido y otro irreg., diviso.

divieso (di-**vie**-so) *s. m.* Especie de grano grueso y puntiagudo que se forma en la piel. *Los diviesos suelen ser bastante dolorosos.* **SIN.** Forúnculo, bulto.

divinidad (di-vi-ni-**dad**) *s. f.* **1.** Naturaleza divina y esencia del ser de Dios. *El poema era una alabanza a la Divinidad.* **2.** Cada uno de los seres divinos de las diversas religiones. *Afrodita era la divinidad griega del amor y de la belleza.* **SIN.** Deidad, semidiós, héroe. **3.** Persona o cosa de gran hermosura. *Es una divinidad de niño.* **SIN.** Primor, preciosidad. **ANT.** Fealdad.

divinizar (di-vi-ni-**zar**) *v. tr.* **1.** Creer divinas a algunas personas o cosas. *Divinizó sus apariciones y dijo que se trataba de un milagro.* **SIN.** Deificar, endiosar. **2.** Elogiar mucho a una persona o cosa. *Divinizaba tanto a su amigo que era incapaz de ver cómo era realmente.* ✎ Se conjuga como abrazar.

divino, na (di-**vi**-no) *adj.* **1.** Que pertenece o se refiere a Dios. *Recitó una serie de alabanzas divinas.* **SIN.** Celestial. **2.** Se dice de aquello que sobresale por su calidad de entre todas las cosas de su especie. *Tomamos un postre divino.* **SIN.** Maravilloso, soberbio, excelente. **ANT.** Horrible, corriente, vulgar.

divisa (di-**vi**-sa) *s. f.* **1.** Señal o insignia distintiva. *Una pequeña hoja era la divisa de aquel grupo ecologista.* **SIN.** Distintivo, marca. **2.** Lazo de cintas de colores con que se distinguen los toros de cada ganadero. *El toro perdió la divisa.* **3.** Palabra o frase que llevan algunos escudos. *El conde llevaba en el escudo la divisa de su casa.* || *s. f. pl.* **4.** Moneda mercantil de cualquier país extranjero. *Le condenaron por evasión de divisas.*

divisar (di-vi-**sar**) *v. tr.* Ver confusamente a gran distancia un objeto. *A lo lejos divisaba una pequeña barca.* **SIN.** Distinguir, vislumbrar, atisbar.

divisible (di-vi-**si**-ble) *adj.* **1.** Que puede dividirse. *Este guión general es divisible en varios apartados más concretos.* **2.** Se aplica a la cantidad entera que puede dividirse exactamente por otra entera. *El nueve es divisible entre tres.*

división (di-vi-**sión**) *s. f.* **1.** Acción de dividir una cosa en partes. *No estaba de acuerdo con la división de la finca.* **SIN.** Reparto, distribución. **ANT.** Reunión. **2.** Desunión de opiniones. *Se trataba de un grupo muy unido, entre ellos no había ninguna división.* **SIN.** Discordia, desavenencia. **ANT.** Unión. **3.** Operación matemática que consiste en dividir en partes iguales. *Como deberes tenemos dos multiplicaciones y dos divisiones.* **ANT.** Multiplicación. **4.** Cuerpo militar. *Enviaron a una división de prácticas.* **SIN.** Sección, grupo. **ANT.** Conjunto. **5.** Cada uno de los grupos en que participan los equipos o deportistas de acuerdo con su categoría. *El equipo de fútbol de nuestra ciudad juega en primera división.*

divisor (di-vi-**sor**) *adj.* **1.** *Submúltiplo. || *s. m.* **2.** Cantidad por la que se ha de dividirse otra. *En la operación "23 dividido entre 2", 2 es el divisor.* || **3. común divisor** Número por el que dos o más cantidades son exactamente divisibles. **4. máximo común divisor** El mayor de los comunes divisores de dos o más cantidades.

divisorio - doctor

divisorio, ria (di-vi-**so**-rio) *adj.* Se dice de lo que sirve para dividir o separar. *Llegamos hasta la línea divisoria de los dos países.*

divo, va (**di**-vo) *adj.* Se dice del artista famoso y, especialmente, del cantante de ópera. **GRA.** También s. m. y s. f. *Era una diva, su público la adoraba.*

divorcio (di-**vor**-cio) *s. m.* **1.** Separación legal de dos personas casadas. *Les concedieron el divorcio.* **SIN.** Ruptura, disolución, desunión. **ANT.** Unión, casamiento. **2.** Separación en general. *El divorcio entre la rama moderada del grupo y la progresista era inminente.* **SIN.** Disociación. **ANT.** Unión.

divulgación (di-vul-ga-**ción**) *s. f.* Acción y efecto de hacer pública una cosa. *Su reportaje contribuyó a la divulgación de la noticia.* **SIN.** Anuncio, difusión, propagación, publicidad.

divulgar (di-vul-**gar**) *v. tr.* Hacer pública una cosa. **GRA.** También v. prnl. *El descubrimiento de aquella nueva vacuna se divulgó con rapidez.* **SIN.** Revelar, propagar(se), difundir(se), publicar(se). **ANT.** Encubrir, ocultar. ✎ Se conjuga como ahogar.

do *s. m.* **1.** Primera nota de la escala musical. *"Re" va después de "do".* || **2. do de pecho** *fam.* La mayor energía y constancia que puede emplearse para hacer algo.

dobladillo (do-bla-**di**-llo) *s. m.* Pliegue que se hace en el borde de una tela para rematarla. *Está un poco descosido el dobladillo del mantel.* **SIN.** Doblez.

doblaje (do-**bla**-je) *s. m.* Acción y efecto de doblar una película a otro idioma. *El doblaje de esa película es fantástico.* **SIN.** Traducción, versión.

doblar (do-**blar**) *v. tr.* **1.** Aumentar una cosa, echándole otro tanto más de lo que era o tener el doble que otro. *Dobló su capital en pocos años.* **SIN.** Duplicar. **2.** Aplicar una sobre otra dos partes de una cosa flexible. *Dobló las patas de la mesa plegable.* **SIN.** Flexionar, plegar. **3.** Volver una cosa sobre otra. **GRA.** También v. intr. y v. prnl. *Ayúdame a doblar las sábanas.* **SIN.** Plegar. **ANT.** Desplegar. **4.** Torcer una cosa encorvándola. **GRA.** También v. prnl. *El alambre se dobló.* **SIN.** Arquear, encorvar, flexionar. **ANT.** Enderezar. **5.** Hacer desistir a alguien de su opinión o de su intención de hacer algo. *Al final consiguió doblar su enfado.* **6.** Pasar a otro lado de una esquina, cambiando de dirección. **GRA.** También v. intr. *Le vi hasta que dobló la esquina.* **SIN.** Girar, virar. **7.** En cine y televisión, traducir los diálogos de una película, serie, etc. al idioma del país donde se va a exhibir. *Se dedica a doblar películas de habla inglesa.* **8.** Causar a alguien gran quebranto. *Aquel contratiempo dobló todos sus planes.* **9.** Hacer un actor de doble en una película. *Está muy contenta porque va a doblar a una de sus actrices favoritas.* || *v. prnl.* **10.** Ceder a la fuerza, persuasión o interés. **GRA.** También v. intr. *Al final se dobló y aceptó el chantaje.* **SIN.** Doblegarse, someterse, ceder. **ANT.** Resistir, rebelarse.

doble (**do**-ble) *adj. num. mult.* **1.** Que tiene dos veces una cantidad. **GRA.** También s. m. *Veinte caramelos son el doble de diez.* **SIN.** Duplo. **ANT.** Medio. || *s. m.* **2.** Toque de campanas por los difuntos. *Cuando hay un entierro, siempre tocan el doble de campanas.* || *s. m. y s. f.* **3.** En el cine, actor que sustituye a otro principal en las escenas de peligro. *Ha trabajado de doble en varias películas.* || *s. m. pl.* **4.** En el tenis y otros deportes, competición por parejas. *Echaron un partido de dobles.*

doblegarse (do-ble-**gar**-se) *v. prnl.* Someterse a la voluntad de otra persona. *No logró doblegarme a pesar de sus amenazas.* **ANT.** Rebelarse. ✎ Se conjuga como ahogar.

doblez (do-**blez**) *s. m.* **1.** Parte que se dobla o pliega en una cosa. *No hagas muchos dobleces en el mantel.* **SIN.** Pliegue, repliegue. **2.** Señal que queda en la parte donde se ha doblado algo. *Vuelve a doblar el pañuelo por el doblez.* || *s. amb.* **3.** Falsedad, mala fe de una persona. **GRA.** Se usa más como s. f. *Siempre actúa con doblez, no te fíes de él.* **SIN.** Fingimiento, simulación. **ANT.** Franqueza, sinceridad.

doblón (do-**blón**) *s. m.* Moneda antigua de oro, con diferente valor según las épocas. *Como pago, recibiría diez doblones.*

docena (do-**ce**-na) *s. f.* Conjunto de doce cosas. *Compró una docena de huevos.*

docente (do-**cen**-te) *adj.* **1.** Que enseña. **GRA.** También s. m. y s. f. *Hubo una reunión de todo el personal docente del instituto.* **2.** Que pertenece o se refiere a la enseñanza. *Los profesores tienen una labor docente.*

dócil (**dó**-cil) *adj.* **1.** Obediente, sumiso. *Su caballo era muy dócil.* **SIN.** Manso, disciplinado, manejable. **ANT.** Indisciplinado, desobediente. **2.** Suave, apacible, dulce. *Tiene una manera de ser dócil y agradable.*

docto, ta (**doc**-to) *adj.* Se dice de la persona que posee gran cultura. **GRA.** También s. m. y s. f. *Luis es muy docto.* **SIN.** Instruido, ilustrado, sabio, erudito, culto. **ANT.** Ignorante, iletrado, analfabeto.

doctor, ra (doc-**tor**) *s. m. y s. f.* **1.** Persona que posee el título de medicina. *Llamaron a la doctora porque no se encontraba bien.* **SIN.** Médico. **2.** Persona que

doctorado - dolor

ha obtenido el más alto grado académico que confiere una universidad. *Es doctor en Filosofía y Letras.* ‖ **3. doctor honoris causa** Título honorífico que concede una universidad a personas ilustres.

doctorado (doc-to-**ra**-do) *s. m.* Grado de doctor y estudios necesarios para obtenerlo. *Está haciendo los cursos de doctorado.*

doctorarse (doc-to-**rar**-se) *v. prnl.* Lograr el grado de doctor en la universidad. *Ha acabado la licenciatura, pero ahora quiere seguir estudiando y doctorarse.*

doctrina (doc-**tri**-na) *s. f.* **1.** Enseñanza sobre una materia. *Dio a conocer su doctrina.* **SIN.** Teoría, programa, sistema. **2.** Opinión común de varios autores sobre determinada materia. *En clase de filosofía, estamos estudiando la doctrina de los presocráticos.* **SIN.** Teoría, ideario, escuela. **3.** Ciencia o sabiduría. *Comunicaba su doctrina a todos sus discípulos.* **4.** Plática que se hace al pueblo explicándole la doctrina cristiana. *Jesucristo explicó su doctrina.*

doctrinal (doc-tri-**nal**) *adj.* **1.** Que pertenece o se refiere a la doctrina. *Era una exposición demasiado doctrinal y poco práctica.* **SIN.** Científico, teórico. ‖ *s. m.* **2.** Libro que contiene diversas reglas sobre una materia. *Escribió un doctrinal sobre química.*

documentación (do-cu-men-ta-**ción**) *s. f.* Conjunto de documentos que sirven para identificar a alguien o para acreditar algo. *La policía le pidió la documentación del coche.* **SIN.** Expediente, informe.

documentado, da (do-cu-men-**ta**-do) *adj.* **1.** Que va acompañado de los documentos necesarios. *Iba bien documentado.* **2.** Se dice de la persona que está muy informada acerca de una materia o asunto. *Es una persona muy documentada en historia.*

documental (do-cu-men-**tal**) *adj.* **1.** Que se apoya en documentos o que se refiere a ellos. *Afirmaba que tenía información documental sobre el asunto.* **2.** Se dice de la película cinematográfica o programa televisivo de carácter informativo. *Vimos un documental sobre la flora y fauna de África.*

documentar (do-cu-men-**tar**) *v. tr.* **1.** Justificar la verdad de una cosa mediante pruebas. *Documentó todo lo dicho.* **SIN.** Certificar, legitimar, probar, evidenciar. **2.** Informar a alguien con noticias y pruebas sobre algún asunto. **GRA.** También v. prnl. *La gente del pueblo me documentó en todo lo relativo a la historia de aquel viejo palacio.* **SIN.** Enterar(se), ilustrar(se), instruir(se), enseñar.

documento (do-cu-**men**-to) *s. m.* Escrito que sirve para probar algo. *Este documento demuestra que tengo la propiedad de la finca.* **SIN.** Certificado.

dodecaedro (do-de-ca-**e**-dro) *s. m.* Figura geométrica de doce caras planas. *Un dodecaedro regular es aquél cuyas caras son pentágonos regulares.*

dogma (**dog**-ma) *s. m.* **1.** Proposición que se considera principio innegable de la ciencia. *El libro recogía los principales dogmas de la gramática.* **SIN.** Verdad, fundamento. **2.** Verdad revelada por Dios y declarada por la Iglesia para nuestra creencia. *La Iglesia lo declaró dogma de fe.* **SIN.** Credo, doctrina. **3.** Puntos capitales de un sistema, ciencia, doctrina o religión. *La defensa de los derechos humanos era uno de sus dogmas.* **SIN.** Base, fundamento.

dogmático, ca (dog-**má**-ti-co) *adj.* Que pertenece o se refiere al dogma. *Es una verdad dogmática.* **SIN.** Doctrinal.

dogmatizar (dog-ma-ti-**zar**) *v. tr.* **1.** Afirmar como innegables principios muy discutibles. *Suele dogmatizar sus opiniones sin atenderse a razones.* **SIN.** Asegurar. **2.** Enseñar dogmas falsos. *Le acusaban de dogmatizar.* ✎ Se conjuga como abrazar.

dogo, ga (**do**-go) *adj.* Se dice de una raza de perros de cabeza corta y gruesa. *Tenían un dogo en el jardín.*

dolencia (do-**len**-cia) *s. f.* Indisposición, achaque, enfermedad. *Tiene una pequeña dolencia.* **SIN.** Padecimiento, malestar, molestia. **ANT.** Salud, mejoría.

doler (do-**ler**) *v. intr.* **1.** Sentir dolor o molestia en alguna parte del cuerpo. *Le dolían mucho las muelas.* **SIN.** Sufrir, padecer. **ANT.** Sanar. ‖ *v. prnl.* **2.** Arrepentirse de haber hecho alguna cosa. *Se dolía por haberse portado tan mal con su amigo.* **SIN.** Quejarse, lamentarse. **3.** Pesarle a alguien lo que no pueda hacer lo que quisiera. *Se dolía de no poder estar a su lado en aquellos momentos tan difíciles.* **4.** Compadecerse del mal que otro padece. *Se dolían profundamente de la miseria de aquellas personas.* **SIN.** Apiadarse, condolerse, apenarse, compadecerse. **ANT.** Endurecerse. **5.** Quejarse de un dolor. *Se dolía mucho de las piernas.* ‖ **LOC. ahí le duele** *fam.* Expresión que se emplea para indicar que se ha acertado con el punto clave de una cuestión. ✎ v. irreg., se conjuga como mover.

dolmen (**dol**-men) *s. m.* Monumento megalítico de la antigüedad formado por grandes piedras, generalmente en forma de mesa. *El dolmen tenía carácter funerario.*

dolo (**do**-lo) *s. m.* Engaño, fraude. *No admitía el dolo.* **SIN.** Simulación, fingimiento, trampa.

dolor (do-**lor**) *s. m.* Sensación de pena o sufrimiento. *Tiene muchos dolores de cabeza. Sentí dolor cuando mi gato se escapó.* **SIN.** Daño, sufrimiento, tor-

dolorido - dominio

mento, malestar, angustia. **ANT.** Gozo, bienestar, alegría.

dolorido, da (do-lo-**ri**-do) *adj.* **1.** Que padece o siente dolor. *Tiene el brazo dolorido de la caída.* **SIN.** Maltratado, descoyuntado. **2.** Apenado, afligido. *Se encuentra muy dolorido.* **SIN.** Triste, desconsolado. **ANT.** Insensible. || *s. f.* **3.** *Per.* Plañidera, mujer que se contrata para que llore en los entierros.

doloroso, sa (do-lo-**ro**-so) *adj.* **1.** Que causa dolor. *Tiene una enfermedad muy dolorosa.* **SIN.** Punzante, penetrante, torturante. **ANT.** Placentero. **2.** Que mueve a compasión. *Es una situación muy dolorosa.* **SIN.** Lamentable, lastimoso, penoso. **ANT.** Alegre. || *s. f.* **3.** *fam.* Pospuesto al artículo "la", cuenta que hay que pagar por haber comprado o consumido algo. *Después de comer le pidió al camarero que le trajera la dolorosa.*

domar (do-**mar**) *v. tr.* **1.** Enseñar a ser manso a un animal por medio de ejercicios. *Tardamos muchísimo tiempo en domar a este caballo salvaje.* **SIN.** Domesticar, amaestrar, desembravecer. **2.** Reprimir los impulsos de una persona. *Le costó mucho domar su mal genio.* **SIN.** Sujetar, dominar, vencer.

domeñar (do-me-**ñar**) *v. tr.* Someter a alguien. *Logró domeñarlo con falsas promesas.* **SIN.** Dominar.

domesticar (do-mes-ti-**car**) *v. tr.* **1.** Conseguir que un animal obedezca. *Debes domesticar a tu gato cuando sea pequeño.* **SIN.** Amansar, domar, desembravecer. **2.** Hacer tratable a una persona que no lo es. **GRA.** También v. prnl. *Logró domesticarse un poco y por fin tuvo amigos.* Se conjuga como abarcar.

doméstico, ca (do-**més**-ti-co) *adj.* **1.** Que pertenece o se refiere a la casa. *Entre todas las tareas domésticas, prefiero la de cocinar.* **SIN.** Hogareño, casero. **2.** Se dice del animal que se cría en la compañía de las personas. *El perro, el gato y la gallina son animales domésticos.* **ANT.** Salvaje.

domiciliar (do-mi-ci-**liar**) *v. tr.* **1.** Autorizar pagos e ingresos a través de una cuenta bancaria. *El recibo del teléfono está domiciliado en mi cuenta.* || *v. prnl.* **2.** Establecerse, fijar su domicilio en un lugar. *Después de mucho pensarlo, se han domiciliado en Madrid.* **SIN.** Avecindarse. En cuanto al acento, se conjuga como cambiar.

domicilio (do-mi-**ci**-lio) *s. m.* Casa donde una persona vive. *Mi domicilio está junto a la plaza.* **SIN.** Morada, residencia, hogar.

dominación (do-mi-na-**ción**) *s. f.* **1.** Acción y efecto de dominar. *Todos los profesores sabían la domina-* *ción que ese alumno ejercía sobre los demás.* **2.** Tiempo en que un territorio está ocupado por otra nación. *La arquitectura floreció en España durante la dominación árabe.* **SIN.** Dominio, opresión, prepotencia.

dominador, ra (do-mi-na-**dor**) *adj.* Que domina o tiende a dominar. **GRA.** También s. m. y s. f. *Tiene un carácter demasiado dominador.* **SIN.** Avasallador, dominante, imperialista.

dominante (do-mi-**nan**-te) *adj.* **1.** Se dice de la persona que tiende a avasallar a otras. *Es tan dominante que tiene que ser siempre lo que él diga.* **SIN.** Avasallador, imperioso, intransigente. **ANT.** Benévolo, dócil. **2.** Que sobresale o es superior entre otras cosas de su misma clase. *Aunque el vestido tiene varios tonos, el rojo es el color dominante del vestido.* **SIN.** Preponderante, predominante.

dominar (do-mi-**nar**) *v. tr.* **1.** Tener poder sobre personas o cosas. *No se debe dominar a los demás.* **SIN.** Sojuzgar, someter, supeditar, subyugar. **ANT.** Respetar, obedecer, acatar. **2.** Tener muchos conocimientos sobre algo. *Domina el italiano porque vivió en Venecia.* **SIN.** Conocer, saber. **ANT.** Ignorar, desconocer. || *v. intr.* **3.** Sobresalir un monte, edificio, etc., de los demás. **GRA.** También v. tr. *La catedral domina sobre toda la ciudad.* **SIN.** Destacar, descollar. || *v. prnl.* **4.** Contener los impulsos. *Tuvo que dominarse para no darle una mala contestación.* **SIN.** Reprimirse, refrenarse. **ANT.** Desahogarse.

domingo (do-**min**-go) *s. m.* Día de la semana que está entre el sábado y el lunes. *Los domingos toda la familia vamos a comer a casa de los abuelos.* **SIN.** Festividad, descanso.

dominguero, ra (do-min-**gue**-ro) *adj.* **1.** *fam.* Se aplica a la persona que acostumbra a arreglarse y divertirse solamente los domingos y días de fiesta. *Iba muy dominguero con su traje nuevo.* **SIN.** Endomingado. **2.** *fam.* Se dice del conductor inexperto que sólo utiliza el coche los domingos y festivos. *Decía que los domingueros eran un auténtico peligro en la carretera.*

dominical (do-mi-ni-**cal**) *adj.* Que pertenece o se refiere al domingo. *Viene un reportaje muy interesante en el suplemento dominical.*

dominio (do-**mi**-nio) *s. m.* **1.** Facultad de disponer alguien libremente de lo que es suyo. *Quería vender todas las fincas que eran de su dominio.* **SIN.** Propiedad, pertenencia. **2.** Superioridad sobre las personas. *Su discurso trató del dominio de los vencedores sobre los vencidos.* **SIN.** Autoridad, predominio, po-

dominó - dorada

der. **3.** Tierra o conjunto de tierras que alguien posee. **GRA.** Se usa más en pl. *Al príncipe le gustaba pasear a caballo por sus dominios.* **SIN.** Soberanía, imperio. **4.** Territorio donde se habla una determinada lengua o dialecto. *El pueblo de su abuelo era uno de los pocos dominios que quedaban del leonés.* **5.** Campo que abarca una actividad. *Era muy conocido en el dominio de la alfarería.* **6.** Profundo conocimiento de una lengua, ciencia, etc. *Todos admiraban su dominio del chino.* ‖ **LOC. ser una cosa de dominio público** Ser sabido por todos.

dominó (do-mi-**nó**) *s. m.* **1.** Juego que se hace con 28 fichas rectangulares, generalmente negras por el envés y con la cara blanca y dividida en dos cuadrados, cada uno de los cuales lleva marcados de uno a seis puntos, o no lleva ninguno. *Era muy bueno jugando al dominó.* **2.** Conjunto de fichas para este juego. *Le regalaron un dominó de miniatura.*

don[1] *s. m.* **1.** Cosa que se ofrece como regalo a una persona. *Los Reyes Magos ofrecieron sus dones al Niño Jesús.* **SIN.** Dádiva, presente, regalo, ofrenda, merced. **2.** Gracia especial o habilidad para hacer una cosa. *Tiene un don muy especial para la danza.* **SIN.** Talento, aptitud, cualidad. **ANT.** Defecto. ‖ **3. don de gentes** Cualidades que una persona tiene para captar la voluntad de los demás.

don[2] *s. m.* **1.** Tratamiento de respeto que se antepone a los nombres de pila masculinos. *Don Miguel de Unamuno pertenece a la Generación del 98.* ‖ **2. don nadie** *fam.* Persona de poca valía e importancia.

donaire (do-**nai**-re) *s. m.* **1.** Discreción y gracia en lo que se dice. *Hablaba con mucho donaire.* **2.** Soltura y agilidad para andar, danzar, etc. *Era una persona muy elegante y con mucho donaire.* **SIN.** Garbo. **ANT.** Desgarbo, torpeza.

donante (do-**nan**-te) *s. m. y s. f.* Persona que voluntariamente da sangre para una transfusión o un órgano para un trasplante. *Pensaba que ser donante era un acto de solidaridad.*

donar (do-**nar**) *v. tr.* Ceder gratuitamente la posesión de una cosa. *Donaron un terreno para la edificación de un colegio.* **SIN.** Legar, ofrendar, entregar, dar. **ANT.** Arrebatar, quitar, tomar, recibir.

donativo (do-na-**ti**-vo) *s. m.* Lo que se entrega voluntariamente para un fin benéfico. *Entregó un donativo para los pobres de la ciudad.* **SIN.** Donación, dádiva. **ANT.** Petición.

doncel (don-**cel**) *s. m.* Joven noble que no había sido armado caballero y que servía de paje a los reyes. *El protagonista de la obra era un bello doncel.*

doncella (don-**ce**-lla) *s. f.* Criada que se ocupa de las tareas domésticas ajenas a la cocina. *La doncella abrió la puerta.*

donde (**don**-de) *adv. rel.* **1.** Cuando se construye con antecedente y sin preposición, equivale a en qué lugar, o en el lugar en que; cuando va precedido de antecedente y preposición, equivale al simple pronombre que, el que, lo que, etc. *Ésa es la casa donde nací. Éste es el artículo en donde lo leí.* **2.** Sin antecedente y sin preposición, equivale a en el sitio, lugar, etc. donde; sin antecedente y precedido de preposición, equivale a el sitio, lugar, etc. donde. *Lo encontrarás donde lo dejaste.* ‖ *adv. int.* **3.** Cuando se construye sin preposición, equivale a en qué lugar, el lugar en que; cuando la lleva, equivale a qué lugar. **GRA.** Se escribe siempre con tilde. *Se preguntaba dónde estaría. ¿A dónde se dirigía?* ‖ *adv. excl.* **4.** Expresa sorpresa, protesta, etc. **GRA.** También se escribe siempre con tilde. *¡A dónde vamos a llegar!*

dondequiera (don-de-**quie**-ra) *adv. l.* En cualquier parte. *Dondequiera que voy te encuentro.* **SIN.** Doquier, doquiera.

dondiego (don-**die**-go) *s. m.* Planta de adorno cuyas flores se abren solamente durante la noche y se cierran al salir el sol. *El dondiego tenía abiertas sus hermosas flores blancas.*

donjuán (don-**juán**) *s. m., fam.* Hombre seductor, mujeriego. *Presume de donjuán.* **SIN.** Tenorio, conquistador, galán. **ANT.** Misógino.

donoso, sa (do-**no**-so) *adj.* Que tiene donaire y gracia. *Llevaba un donoso andar cuando paseaba por la calle.* **SIN.** Gracioso. ☞ Se usa en sentido irónico antepuesto al sustantivo.

doña (**do**-ña) *s. f.* Tratamiento de respeto que se antepone a los nombres de pila femeninos. *La carta iba dirigida a doña María.*

dopaje (do-**pa**-je) *s. m.* Acción y efecto de usar drogas o estimulantes en las competiciones deportivas. *La noticia del dopaje del famoso atleta sorprendió mucho a los aficionados.*

dopar (do-**par**) *v. tr.* Suministrar a un deportista sustancias estimulantes que potencien su rendimiento físico. **GRA.** También v. prnl. *Descubrieron que el ciclista se había dopado y fue descalificado.*

doping *s. m.* *Dopaje.

doquier (do-**quier**) *adv. l.* *Dondequiera.

dorada (do-**ra**-da) *s. f.* Pez marino comestible, de color negro azulado y con una mancha dorada entre los ojos. *Su plato favorito era la dorada a la sal.*

dorado - dotación

dorado, da (do-**ra**-do) *adj.* **1.** De color de oro o que parece oro. *Las espigas de trigo son doradas.* **SIN.** Chapado, refulgente. **ANT.** Opaco. **2.** Esplendoroso, feliz. *Se acabó aquel tiempo dorado, ahora todo son problemas.* **SIN.** Radiante. **ANT.** Infausto.

dorar (do-**rar**) *v. tr.* **1.** Dar un baño de oro. *Llevó el anillo a la joyería para que se lo doraran porque estaba muy desgastado.* **2.** Tostar ligeramente una cosa de comer. **GRA.** También v. prnl. *Dora un poco más el pollo.* ‖ *v. prnl.* **3.** Tomar color dorado. *Las espigas empezaban a dorarse y el campo estaba precioso.* ‖ **LOC. dorar la píldora a alguien** *fam.* Adularle.

dórico, ca (**dó**-ri-co) *adj.* Se dice del estilo arquitectónico que se caracteriza por la sencillez y pureza de sus líneas. **GRA.** También s. m. *Ese templo es de estilo dórico.*

dormilón, na (dor-mi-**lón**) *adj., fam.* Que duerme demasiado. **GRA.** También s. m. y s. f. *Le gusta mucho levantarse tarde, es una dormilona.*

dormir (dor-**mir**) *v. intr.* **1.** Descansar con los ojos cerrados sin hacer ni sentir nada. **GRA.** También v. prnl. y alguna vez v. tr. *Dormía tan profundamente que no le despertó la tormenta.* **SIN.** Adormecerse, adormilarse, descansar. **ANT.** Velar, despertar. **2.** Pasar la noche. *Dormimos en Plasencia y a la mañana siguiente seguimos el viaje.* **SIN.** Pernoctar. **3.** Hacer que alguien pierda el conocimiento por medios artificiales. *El médico le durmió para operarle.* **SIN.** Anestesiar. ‖ *v. prnl.* **4.** Descuidarse en una ocupación. *Se durmió con el trabajo y se le pasó el plazo.* **5.** Adormecerse un miembro del cuerpo. *Se me durmió la pierna por estar sentado sobre ella.* ‖ **LOC. dormir a pierna suelta** *fam.* Dormir mucho y plácidamente. **dormirse en los laureles** *fam.* Despistarse, retrasarse. v. irreg.

INDICATIVO		IMPERATIVO
Pres.	**Pret. perf. s.**	
duermo	dormí	
duermes	dormiste	duerme
duerme	durmió	duerma
dormimos	dormimos	durmamos
dormís	dormisteis	dormid
duermen	durmieron	duerman
SUBJUNTIVO		
Pres.	**Pret. imperf.**	**Fut. imperf.**
duerma	durmiera/se	durmiere
duermas	durmieras/ses	durmieres
duerma	durmiera/se	durmiere
durmamos	durmiéramos/semos	durmiéremos
durmáis	durmierais/seis	durmiereis
duerman	durmieran/sen	durmieren
FORMAS NO PERSONALES	**Ger.** durmiendo	

dormitar (dor-mi-**tar**) *v. intr.* Estar medio dormido. *Unas veces seguía la conversación, otras dormitaba.* **SIN.** Adormecerse, amodorrarse, cabecear.

dormitorio (dor-mi-**to**-rio) *s. m.* Habitación de la casa destinada para dormir. *La casa tenía tres dormitorios.* **SIN.** Alcoba, cuarto.

dorsal (dor-**sal**) *adj.* **1.** Que pertenece o se refiere al dorso, espalda o lomo. *Espina dorsal.* **2.** Se aplica al fonema que se articula principalmente con el dorso de la lengua y de la letra que representa este sonido. *La k es un fonema dorsal.* ‖ *s. m.* **3.** Número que llevan grabado en la camiseta ciertos deportistas. *Mi hermano lleva el dorsal número 6.*

dorso (**dor**-so) *s. m.* Parte de atrás de algunas cosas. *Rellene este apartado siguiendo las indicaciones del dorso de la hoja.* **SIN.** Revés, reverso. **ANT.** Anverso.

dos *adj. num. card.* **1.** Uno y uno. **GRA.** También pron. y s. m. ‖ *adj. num. ord.* **2.** *Segundo. **GRA.** También pron. ‖ *s. m.* **3.** Signo con que se representa el número dos. ‖ **LOC. a cada, o cada, dos por tres** Frecuentemente. **como dos y dos son cuatro** *fam.* Expresión que indica que algo es evidente e indudable. **de dos en dos** Por parejas. **en un dos por tres** *fam.* Inmediatamente.

doscientos, tas (dos-**cien**-tos) *adj. num. card.* **1.** Dos veces ciento. **GRA.** También pron., s. m. y s. f. ‖ *adj. num. ord.* **2.** Que ocupa el último lugar en una serie ordenada de 200. **GRA.** También pron. num. ‖ *s. m.* **3.** Conjunto de signos con que se representa el número 200.

dosel (do-**sel**) *s. m.* Mueble de adorno que cubre o resguarda un altar, cama, trono, etc. *La cama tenía un elegante dosel.* **SIN.** Palio, toldo, baldaquino.

dosificar (do-si-fi-**car**) *v. tr.* Fijar la dosis de alguna cosa. *Deberías dosificar el esfuerzo, si no acabarás agotado.* **SIN.** Administrar, repartir. Se conjuga como abarcar.

dosis (**do**-sis) *s. f.* **1.** Cantidad de medicina que se da de una vez a un enfermo. *El médico nos advirtió que era peligroso pasarse de la dosis.* **SIN.** Medida, cantidad, porción. **2.** Cantidad o porción de una cosa cualquiera, material o inmaterial. *Aunque sus amigos le dieron una buena dosis de esperanza, ella no acababa de animarse.* Invariable en número.

dossier *s. m* *Informe. **SIN.** Expediente.

dotación (do-ta-**ción**) *s. f.* **1.** Acción y efecto de dotar. *Su dotación para las matemáticas es admirable.* **2.** Aquello con que se dota. *Dejó una buena dotación para ese centro benéfico.* **SIN.** Asignación. **3.** Conjunto de personas que tripulan un buque de

dotar - drapear

guerra o que están asignados al servicio de una oficina, establecimiento, etc. *La dotación del barco salió de paseo por el puerto.* **SIN.** Tripulación, marinería, equipo.

dotar (do-**tar**) *v. tr.* **1.** Conceder la naturaleza a una persona ciertos dones. *La naturaleza le dotó de una gran inteligencia.* **SIN.** Dar. **2.** Dar bienes para un centro benéfico. *A su muerte dotó todas sus posesiones a ese hospital.* **SIN.** Asignar. **3.** Asignar a una oficina, establecimiento, buque, etc. los medios y el personal necesario para su correcto funcionamiento. *Le dotaron de personal muy cualificado.* **SIN.** Conceder, proporcionar.

dote (**do**-te) *s. amb.* **1.** Bienes que llevaba la mujer cuando contraía matrimonio. **GRA.** Se usa como s. f. *Llevaba una buena dote.* || *s. f.* **2.** Cualidad sobresaliente de una cosa o persona. **GRA.** Se usa más en pl. *Tiene grandes dotes para la pintura.* **SIN.** Prenda, cualidad, don. **ANT.** Defecto.

dovela (do-**ve**-la) *s. f.* Piedra labrada en forma de cuña para formar arcos, bóvedas, etc. *Los arcos del pórtico tenían sus dovelas de color rojo.*

draconiano, na (dra-co-**nia**-no) *adj.* Se aplica a las leyes o medidas excesivamente severas. *Tomaron unas medidas draconianas que provocaron un gran descontento social.*

draga (**dra**-ga) *s. f.* **1.** Máquina que se emplea para limpiar los puertos de mar, los ríos, etc., extrayendo de ellos fango, piedras, arena, etc. *Una draga limpiaba el cauce del río.* **2.** Barco que lleva esta máquina. *Trabajaba en una draga.*

dragaminas (dra-ga-**mi**-nas) *s. m.* Buque destinado a limpiar de minas los mares. *Varios dragaminas recogían del mar las minas arrojadas por los enemigos.* ✎ Invariable en número.

dragar (dra-**gar**) *v. tr.* Extraer el fango y las piedras del fondo de un río o de un puerto de mar, para limpiarlos y dejarlos más profundos. *Estaban dragando el fondo del puerto.* ✎ Se conjuga como ahogar.

dragón (dra-**gón**) *s. m.* **1.** Animal fabuloso, que se suele representar en forma de una enorme serpiente con pies y alas, que arroja fuego por la boca. *Le regalaron un cuento de gigantes y dragones.* **2.** Planta de jardín con tallos erguidos y flores de vistosos colores. *Los dragones del jardín adornaban mucho la entrada a la casa.*

drama (**dra**-ma) *s. m.* **1.** Obra literaria con diálogos en prosa o verso, a veces mezclados ambos, entre personajes creados por el autor, cuyo asunto es serio y que tiene un desenlace triste. *Vimos la representación de un drama de Lope de Vega.* **2.** Suceso triste de la vida real que conmueve profundamente. *Su muerte repentina fue un auténtico drama.* **SIN.** Desgracia, infortunio. || **LOC. hacer un drama de algo** *fam.* Darle más importancia de la que realmente tiene.

dramatismo (dra-ma-**tis**-mo) *s. m.* Cualidad de dramático, aquello que hace que una cosa sea dramática. *Habló sin dramatismos.* **SIN.** Emoción, impresión. **ANT.** Apatía, calma.

dramatizar (dra-ma-ti-**zar**) *v. tr.* **1.** Escenificar una obra dramática. *Dramatizaron una obra de García Lorca.* **2.** Exagerar el interés o la importancia de un asunto. **GRA.** También v. prnl. *El problema era grave, pero se dramatizó más de lo necesario.* **SIN.** Hinchar(se). ✎ Se conjuga como abrazar.

dramaturgo, ga (dra-ma-**tur**-go) *s. m.* Autor de obras dramáticas. *Jacinto Benavente fue un dramaturgo español.* **SIN.** Comediógrafo, escritor.

GRANDES DRAMATURGOS

Beckett, Samuel (nacido en 1906) Dramaturgo y novelista irlandés, conocido por sus reflexiones sobre el absurdo de la existencia humana. Autor de *Esperando a Godot* y *Final de juego*.

Goethe, Johann Wolfgang von (1749-1832) Poeta, dramaturgo y novelista alemán. Su obra más conocida es *Fausto*, largo drama poético en dos actos sobre un hombre que vendió su alma al diablo.

Ibsen, Henrik (1828-1906) Dramaturgo noruego, autor de obras realistas, poéticas y cada vez más simbólicas sobre la vida actual. La más conocida es *Casa de muñecas*.

Lope de Vega (1562-1635) Dramaturgo español del Siglo de Oro. Renovó la escena española y escribió una preceptiva sobre el arte del teatro. Fue extraordinariamente prolífico y muy influyente incluso en su tiempo, ya que gozó del favor del público y tuvo muchos discípulos y continuadores.

Molière (Jean Baptiste Poquelin, 1622-1673) Autor y actor francés de comedias, muchas de ellas escritas para su propia compañía. Las más conocidas son *El burgués gentilhombre*, *Tartufo* y *El misántropo*.

Shakespeare, William (1564-1616) Actor, autor de muchos sonetos y, en opinión de muchos, el más grande autor de teatro de todos los tiempos. Escribió dramas históricos (*Enrique V*, *Julio César*), comedias (*Sueño de una noche de verano*), tragedias (*Hamlet*, *El rey Lear*, *Romeo y Julieta*) y obras fantásticas (*La tempestad*).

---

dramón (dra-**món**) *s. m.* Drama exagerado y de poco valor literario. *La crítica calificó su obra de dramón.*

drapear (dra-pe-**ar**) *v. tr.* Formar pliegues en una prenda. **GRA.** También v. prnl. *Al mojarse la tela se drapeó y el vestido no valió para más.*

drástico - dudoso

drástico, ca (drás-ti-co) *adj.* Tajante, enérgico, contundente. *Ante la escasez de agua, los ayuntamientos tomaron medidas drásticas.* **SIN.** Radical.

drenaje (dre-na-je) *s. m.* **1.** Operación que consiste en desecar los terrenos pantanosos. *Varias máquinas trabajaban en el drenaje de los terrenos inundados.* **2.** Extracción de líquidos u otras sustancias del interior del cuerpo o de una herida. *Después de la operación le dejaron un drenaje en la herida.*

drenar (dre-nar) *v. tr.* **1.** Eliminar el exceso de agua de una zona. *Drenaron aquellos terrenos pantanosos para convertirlos en tierras de cultivo.* **SIN.** Avenar, desaguar. **2.** Extraer los líquidos de una herida. *La herida estaba infectada y había que drenarla.*

driblar (dri-blar) *v. tr.* En ciertos deportes como el fútbol, regatear. *Tras driblar a tres contrarios metió gol.*

droga (dro-ga) *s. f.* **1.** Producto natural o sustancia química que se emplea en medicina, en la industria, etc. *Trabajaba en un laboratorio preparando drogas.* **2.** Sustancia de efecto estimulante, narcótico o alucinógeno. *Se están haciendo importantes campañas contra la droga.*

drogadicción (dro-ga-dic-ción) *s. f.* *Adicción.

drogadicto, ta (dro-ga-dic-to) *adj.* Se dice de la persona que consume drogas habitualmente y que depende de ellas. **GRA.** También s. m. y s. f. *Dirige un centro de rehabilitación de drogadictos.* **SIN.** Toxicómano, morfinómano.

drogar (dro-gar) *v. tr.* **1.** Administrar a personas o animales una droga. **GRA.** También v. prnl. *Le drogaron para que no sintiera dolor.* || *v. prnl.* **2.** Consumir drogas. *Llevaba ya más de dos años sin drogarse y se sentía una persona nueva.* ✎ Se conjuga como ahogar.

drogodependencia (dro-go-de-pen-den-cia) *s. f.* *Adicción.

drogodependiente (dro-go-de-pen-dien-te) *adj.* *Drogadicto. **GRA.** También s. m. y s. f.

droguería (dro-gue-rí-a) *s. f.* **1.** Tienda donde se venden drogas, especialmente donde se venden pinturas y productos de limpieza. *Compra jabón en la droguería.* **2.** *amer.* Farmacia.

dromedario (dro-me-da-rio) *s. m.* Rumiante que se diferencia del camello porque sólo tiene una giba. *El dromedario es propio de Arabia y del norte de África.*

drupa (dru-pa) *s. f.* Fruta con una cubierta exterior carnosa y una interior más dura. *El melocotón, la ciruela y la cereza son drupas.*

dual *adj.* Se dice del número gramatical de algunas lenguas que expresa el conjunto de dos personas animales o cosas. *El griego tenía número dual.* **GRA.** También s. m.

dualidad (dua-li-dad) *s. f.* Reunión de dos aspectos diferentes en una persona o cosa. *La dualidad de su carácter entre la repentina alegría y la tristeza desconcertaba a su familia.*

dubitación (du-bi-ta-ción) *s. f.* *Duda.

ducado (du-ca-do) *s. m.* **1.** Título o dignidad de duque y estado que gobierna. *El ducado de su padre era heredado de su familia.* **2.** Territorio o lugar sobre el que recaía este título. *Aquellas tierras pasaron a ser de su ducado.* **3.** Moneda antigua de oro, que equivalía a unas siete pesetas. *El ducado se usó en España hasta finales del siglo XVI.*

ducha (du-cha) *s. f.* **1.** Acción y efecto de duchar o ducharse. *Después del partido tomamos una ducha.* **2.** Chorro de agua que se hace caer sobre el cuerpo para limpieza o para refresco. *Se dio una ducha de agua fría.* **3.** Aparato por donde cae ese chorro. *Pusieron una ducha de teléfono.* || **LOC. ser algo una ducha de agua fría** Ser una mala noticia.

duchar (du-char) *v. tr.* Dar una ducha. **GRA.** También v. prnl. *Siempre me ducho antes de desayunar.*

ducho, cha (du-cho) *adj.* Que tiene experiencia y destreza. *Es una persona muy ducha en trabajos manuales.* **SIN.** Experto, capaz, competente, diestro, experimentado. **ANT.** Inexperto.

dúctil (dúc-til) *adj.* **1.** Se dice de los metales que se pueden extender en alambres o hilos. *El cobre es un metal muy dúctil.* **SIN.** Flexible. **ANT.** Rígido. **2.** Condescendiente, de blanda condición. *Es muy dúctil y tolerante con los demás.* **SIN.** Adaptable, transigente, acomodadizo. **ANT.** Intransigente.

duda (du-da) *s. f.* **1.** Indecisión de una persona ante varias posibilidades. *Tenía grandes dudas sobre qué universidad elegir.* **SIN.** Incertidumbre, irresolución, indecisión. **ANT.** Seguridad. **2.** Sospecha, recelo. *Manifestó sus dudas de que aquello fuera cierto.* **SIN.** Escrúpulo, aprensión. **ANT.** Confianza. **3.** Problema que se plantea para solucionarlo. *Le preguntó varias dudas al profesor.* **SIN.** Cuestión. || **LOC. sin lugar a duda** Ciertamente.

dudar (du-dar) *v. intr.* **1.** No estar seguro de una cosa. *Dudo que apruebe el examen, aunque he estudiado. Dudo si ir a Madrid o no.* **SIN.** Vacilar, fluctuar, titubear. **2.** Desconfiar de algo o alguien. *Dudo de su palabra.* **SIN.** Recelar, sospechar. **ANT.** Confiar.

dudoso, sa (du-do-so) *adj.* **1.** Se dice de aquello que no se sabe si es falso o verdadero. *La autenticidad de aquel cuadro del Greco era muy dudosa.* **SIN.**

duelo - durar

Equívoco, ambiguo. **2.** Que tiene duda. *Estoy dudoso sobre qué hacer.* **SIN.** Indeciso, vacilante. **3.** Que es poco probable. *Veo dudoso que mejore el tiempo para el fin de semana.* **SIN.** Incierto, hipotético. **ANT.** Cierto, seguro.

duelo[1] (**due**-lo) *s. m.* Desafío entre dos personas por algún motivo. *Se retaron a un duelo.* **SIN.** Lance, enfrentamiento. **ANT.** Reconciliación.

duelo[2] (**due**-lo) *s. m.* **1.** Dolor, lástima, sentimiento. **2.** Demostración de sentimiento o pena por la muerte de alguien. *Había un gran duelo por el difunto.* **SIN.** Luto, dolor. **ANT.** Alegría, gozo. **3.** Reunión de familiares y amigos que asisten en la casa mortuoria a la conducción del cadáver. *Asistieron al duelo.*

duende (**duen**-de) *s. m.* **1.** Espíritu que, según algunas creencias populares, habita en las casas causando en ellas trastornos y estruendos. *Era muy supersticiosa y creía en los duendes.* **2.** Ser fantástico, típico de los cuentos de hadas. *Le gustan mucho los cuentos de duendes.* **SIN.** Genio, gnomo. ‖ **LOC. tener duende** Tener alguna inquietud o preocupación.

dueño, ña (**due**-ño) *s. m. y s. f.* Persona que tiene una cosa. *Fue la dueña de esta casa hasta que yo se la compré.* **SIN.** Propietario, amo, poseedor. ‖ **LOC. ser alguien dueño de sí mismo** Saber dominarse.

dulce (**dul**-ce) *adj.* **1.** De sabor como el del azúcar, la miel, etc. *Prefiero las comidas dulces a las saladas.* **SIN.** Azucarado. **2.** Se dice de la persona que es amable y cariñosa. *Tiene un carácter muy dulce, da gusto tratar con ella.* **SIN.** Agradable, complaciente. **ANT.** Arisco, duro. ‖ *s. m.* **3.** Cosa para comer hecha con azúcar. *Me regaló una caja de dulces.* **SIN.** Pastel. ‖ **LOC. a nadie le amarga un dulce** *fam.* Expresa que nadie rechaza algo agradable o ventajoso.

dulcificar (dul-ci-fi-**car**) *v. tr.* **1.** Hacer dulce una cosa. **GRA.** También v. prnl. *Dulcificó el café porque estaba demasiado amargo.* **SIN.** Endulzar, edulcorar. **2.** Hacer suave y grata una cosa, material o inmaterial. *Trataba de dulcificar su carácter porque conprendía que era demasiado agresivo.* **SIN.** Suavizar, atenuar, calmar. **ANT.** Exacerbar. ✎ Se conjuga como abarcar.

dulzaina (dul-**zai**-na) *s. f.* Instrumento musical de viento parecido a la chirimía, más corto y de tonos más altos. *En las fiestas tocaron la dulzaina y el tamboril.*

dulzura (dul-**zu**-ra) *s. f.* **1.** Cualidad de dulce. *La excesiva dulzura de aquel pastel le resultaba empalagosa.* **SIN.** Dulzor. **2.** Afabilidad, bondad. *El rostro reflejaba la dulzura de su corazón.* **SIN.** Benevolencia, sencillez, docilidad. **ANT.** Aspereza.

duna (**du**-na) *s. f.* Montón de arena que se forma por la acción del viento en los desiertos y en las playas. **GRA.** Se usa más en pl. *Visitamos las dunas de Maspalomas.*

dúo (**dú**-o) *s. m.* Composición musical para dos voces o instrumentos. *Cantaron un dúo.* ‖ **LOC. a dúo** Con la intervención de dos personas al mismo tiempo.

duodeno (duo-**de**-no) *s. m.* Primera parte del intestino delgado de los mamíferos que está unida al estómago y termina en el yeyuno. *Le diagnosticaron una úlcera de duodeno.*

dúplex (**dú**-plex) *adj.* Se dice de la vivienda construida en dos plantas, comunicadas por una escalera interior. *Viven en un dúplex.* ✎ Invariable en número.

duplicado, da (du-pli-**ca**-do) *adj.* **1.** Que está repetido. *Me han enviado varios ejemplares duplicados.* **ANT.** Original. ‖ *s. m.* **2.** Copia de un documento. *Yo me quedé con el duplicado de la solicitud.*

duplicar (du-pli-**car**) *v. tr.* **1.** Hacer doble una cosa. **GRA.** También v. prnl. *Su importancia se duplicó.* **2.** Multiplicar por dos una cantidad. **GRA.** También v. prnl. *Duplicó su valor en pocos meses.* **SIN.** Doblar(se). **ANT.** Dividir(se). **3.** Sacar una copia de algo. *Quiero duplicar estos documentos antes de entregarlos.* **SIN.** Copiar, reproducir. ✎ Se conjuga como abarcar.

duque, duquesa (**du**-que) *s. m. y s. f.* Título nobiliario inferior al de príncipe y superior al de conde y marqués. *Le concedieron el título de duque.*

duración (du-ra-**ción**) *s. f.* **1.** Tiempo que transcurre desde que comienza hasta que finaliza una acción. *No sabían cuál iba a ser la duración del trabajo.* **2.** Tiempo durante el que se conserva una cosa. *Es increíble la duración de estos zapatos, después de dos años están como nuevos.*

duradero, ra (du-ra-**de**-ro) *adj.* Se dice de aquello que dura o que puede durar mucho tiempo. *Este ambientador tiene un olor muy duradero.* **SIN.** Durable, estable, perdurable, permanente, persistente. **ANT.** Breve, pasajero, efímero.

duramen (du-**ra**-men) *s. m.* Parte más seca y compacta del tronco de un árbol y de sus ramas más gruesas. *Por el duramen no circulaba la savia.*

durante (du-**ran**-te) *prep.* Denota el período de tiempo en el que algo sucede. *Nos vimos durante la cena.*

durar (du-**rar**) *v. intr.* **1.** Tener una cosa una duración determinada. *Su enfermedad duró tres días.* **2.**

dureza - dux

Continuar existiendo. *Esta casa ha durado cien años.* **SIN.** Permanecer, subsistir. **ANT.** Cesar, terminar, acabar.

dureza (du-**re**-za) *s. f.* **1.** Cualidad de duro. *Este mineral es de gran dureza.* **SIN.** Solidez, consistencia, resistencia. **2.** Severidad, rigor, aspereza. *La tormenta azotó con dureza a la embarcación.* **SIN.** Rudeza. **3.** Tumor o callosidad que se forma en el cuerpo. *Tenía una dureza en un dedo del pie.*

duro, ra (**du**-ro) *adj.* **1.** Que es difícil de cortar, aplastar, rayar, etc. porque es muy resistente. *El diamante es tan duro que corta el vidrio.* **SIN.** Firme, recio, sólido, consistente, fuerte. **ANT.** Blando, endeble, quebradizo, maleable. **2.** Se dice de lo que está poco blando, tierno o mullido. *Este pan de ayer no se puede comer, está demasiado duro.* **3.** Muy severo, falto de suavidad. *Fue duro con él y no le levantó el castigo.* **SIN.** Inflexible, rígido, cruel, severo. **ANT.** Benévolo, suave, dulce. **4.** Que resulta difícil de hacer o de tolerar. *El trabajo de picador en la mina era demasiado duro para él.* **SIN.** Trabajoso, intolerable, insoportable. **ANT.** Fácil, cómodo, aceptable. **5.** Se dice de las cosas que no se desgastan fácilmente con el uso. *Estas botas son muy duras, tienen ya cuatro años y están nuevas.* || *s. m.* **6.** Moneda española que vale cinco pesetas. *Cinco duros son veinticinco pesetas.* || *adv. m.* **7.** Con fuerza, con violencia. *Golpea duro con el martillo.* || **LOC. duro de pelar** Muy obstinado. **estar a las duras y a las maduras** *fam.* Soportar las ventajas y los inconvenientes de algo. **lo que faltaba para el duro** *fam.* Indica que una situación adversa ha llegado a su límite.

duty free *adj.* Se dice de los establecimientos en los que se venden productos libres de impuestos, situados generalmente en las zonas internacionales de los aeropuertos. *Compró el perfume en el duty free porque le salía más barato.*

dux *s. m.* Antiguamente, magistrado supremo en las repúblicas de Génova y Venecia. *Era amigo personal del dux.* **SIN.** Dogo. ✎ Su f. es "dogaresa". Invariable en número.

e[1] *s. f.* Sexta letra del abecedario español y segunda de las vocales.

e[2] *conj. cop.* Se usa en vez de "y" ante las palabras que empiezan por "i" o "hi", para evitar el hiato. *Estaban invitados padres e hijos.*

ebanista (e-ba-**nis**-ta) *s. m. y s. f.* Carpintero que trabaja el ébano y otras maderas finas. *El mueble para el comedor se lo hemos encargado a un ebanista.*

ebanistería (e-ba-nis-te-**rí**-a) *s. f.* **1.** Taller de ebanista. *Me están haciendo una mesa en la ebanistería.* **2.** Arte del ebanista. *Me gustaría aprender ebanistería.*

ébano (**é**-ba-no) *s. m.* Árbol de tronco grueso, cuya madera, negra y maciza, es muy estimada en la fabricación de muebles. *Ese violín es de madera de ébano.*

ebrio, bria (e-brio) *adj.* **1.** Que ha bebido vino u otro licor en exceso. **GRA.** También s. m. y s. f. *Estaba un poco ebrio y se iba para los lados.* **SIN.** Beodo, embriagado, borracho. **ANT.** Sereno, sobrio. **2.** Que siente una fuerte pasión, emoción, etc. *Estaba ebria de felicidad.* **SIN.** Exaltado, loco, ofuscado.

ebullición (e-bu-lli-ci-**ón**) *s. f.* **1.** Acción de hervir un líquido al alcanzar determinada temperatura. *Sube un poco el fuego si quieres que el agua entre en ebullición.* **SIN.** Borboteo, burbujeo, efervescencia. **2.** Revuelo de gente. *Había gran ebullición en la Plaza Mayor con motivo de la fiesta.* **SIN.** Bullicio, agitación, alboroto. **ANT.** Calma, sosiego, tranquilidad.

ebúrneo, a (e-**búr**-ne-o) *adj.* De marfil, o parecido a él. *La figurilla era de un material ebúrneo.*

eccema (ec-**ce**-ma) *s. m.* Enfermedad de la piel que se caracteriza por un intenso picor y la aparición de costras o descamación. *Tenía un eccema en la cara producido por una alergia.* También "eczema".

echar (e-**char**) *v. tr.* **1.** Hacer que, mediante un impulso, una cosa vaya a parar a alguna parte. *Echó la pelota a la canasta y marcó un tanto.* **SIN.** Arrojar, tirar, tender, lanzar. **ANT.** Recibir, retener. **2.** Hacer que una cosa caiga en un sitio. *No olvides echar la carta al buzón.* **SIN.** Meter. **ANT.** Sacar, extraer. **3.** Hacer salir a alguien de un lugar. *Le echaron del cine porque no tenía entrada.* **SIN.** Expulsar. **ANT.** Acoger. **4.** Despedir a alguien de su trabajo. *Le echaron sin motivo alguno.* **SIN.** Cesar, destituir. **ANT.** Admitir. **5.** Despedir algo una cosa. *La chimenea echaba mucho humo porque estaba atascada.* **6.** Esparcir un líquido o algo menudo. *Échale un poco más de vinagre a la ensalada.* **7.** Condenar. *Le echaron varios años de cárcel.* **8.** Representar o proyectar un espectáculo, una obra de teatro, una película, etc. *Hoy echan en la tele una película de mi actriz favorita.* **SIN.** Dar. || *v. prnl.* **9.** Acostarse. *Se echaron a dormir la siesta.* **SIN.** Tumbarse, reposar. **ANT.** Levantarse. **10.** Moverse, inclinarse. *Échate hacia atrás.* || **LOC. echar, o echarse, a perder** *fam.* Estropear, o estropearse. **echar de menos a una persona o cosa** *fam.* Notar su falta.

echarpe (e-**char**-pe) *s. m.* Manto estrecho y largo que se lleva sobre la espalda y los hombros. *Tenía frío y se puso un echarpe.* **SIN.** Chal, mantón.

eclesiástico, ca (e-cle-**siás**-ti-co) *adj.* **1.** Que pertenece o se refiere a la Iglesia. *Nunca opinaba sobre temas eclesiásticos.* **SIN.** Religioso, clerical. || *s. m.* **2.** Persona que se dedica al servicio de la Iglesia. *Fue a ver al eclesiástico para hablar del bautizo.*

eclipsar (e-clip-**sar**) *v. tr.* **1.** Causar un astro el eclipse de otro. *La Luna eclipsó a la Tierra.* **2.** Restar méritos a algo o alguien. **GRA.** También v. prnl. *El mal tiempo eclipsó su actuación.* **SIN.** Anular(se), deslucir(se), estropear(se), oscurecer(se). || *v. prnl.* **3.** Perder progresivamente una persona o cosa su importancia, cualidades, etc. *Su importancia se había eclipsado.* **SIN.** Decaer, declinar. **ANT.** Sobresalir, despuntar. **4.** Desaparecer una persona o cosa. *Se había eclipsado en medio de tanto barullo sin que nadie se diera cuenta.* **SIN.** Escabullirse, largarse.

eclipse - ecuanimidad

eclipse (e-**clip**-se) *s. m.* **1.** Ocultación transitoria y total o parcial de un astro, o pérdida de la luz prestada, por interposición de otro cuerpo celeste. *El eclipse de Luna ocurre cuando la Luna pasa a través de la sombra de la Tierra.* **SIN.** Oscurecimiento, apagamiento, ensombrecimiento. **2.** Pérdida progresiva de importancia, cualidades, etc. *Se hallaba en el eclipse de su fama.* **SIN.** Decadencia. **ANT.** Encumbramiento. **3.** Desaparición transitoria de una persona o cosa. *Su eclipse había dejado perplejos a todos sus amigos.* **SIN.** Huida, ocultación, ausencia, fuga. **ANT.** Aparición. ‖ **4. eclipse de Luna** El que acontece por interponerse la Tierra entre la Luna y el Sol. **5. eclipse de Sol** El que se origina cuando la Luna se interpone entre el Sol y la Tierra.

eclosión (e-clo-**sión**) *s. f.* **1.** Apertura de un capullo o una flor. *Era la época de la eclosión de las flores.* **SIN.** Brote. **ANT.** Cerramiento. **2.** Manifestación repentina de un movimiento histórico, psicológico, social, cultural, etc. *Se produjo la eclosión de una nueva tendencia.* **SIN.** Aparición, nacimiento.

eco (**e**-co) *s. m.* **1.** Repetición de un sonido reflejado por un cuerpo duro, una montaña, un túnel, etc. *Gritó en la cueva y el eco devolvió su grito.* **SIN.** Resonancia, retumbo. **2.** Sonido de voces que se percibe confusamente. *Se oía un eco lejano pero no sabíamos de donde venía.* **SIN.** Rumor. ‖ **LOC. hacerse alguien eco de algo** Contribuir a la difusión de una noticia, rumor, etc. **tener eco una cosa** Difundirse con admiración o sorpresa.

ecografía (e-co-gra-**fí**-a) *s. f.* Técnica de exploración de los órganos internos mediante ondas electromagnéticas o acústicas. *El médico le mandó hacerse una ecografía.*

ecología (e-co-lo-**gí**-a) *s. f.* **1.** Parte de la biología que estudia las relaciones existentes entre los seres vivos y el medio en que viven. *Se ha especializado en ecología.* **2.** Relación entre los grupos humanos y el medio ambiente natural. *La ecología preocupa mucho a la sociedad.*

ecologismo (e-co-lo-**gis**-mo) *s. m.* Conjunto de organizaciones y teorías que defienden la conservación del medio ambiente. *Era una gran defensora del ecologismo.*

ecologista (e-co-lo-**gis**-ta) *adj.* **1.** Que pertenece o se refiere al ecologismo. *Lo leí en esa revista ecologista.* **2.** Partidario del ecologismo. **GRA.** También s. m. y s. f. *Los ecologistas organizaron una campaña de recogida de firmas en contra de la construcción del pantano.*

economato (e-co-no-**ma**-to) *s. m.* Almacén o tienda, destinado únicamente a determinadas personas asociadas, donde se venden los productos a precios más baratos que en las tiendas. *Compraba las medicinas en el economato militar.*

economía (e-co-no-**mí**-a) *s. f.* **1.** Buena administración de los bienes. *Su madre lleva muy bien la economía de la casa.* **SIN.** Administración, gobierno. **2.** Riqueza de un país como resultado de su agricultura, ganadería, industria, etc. *La economía de ese país ha mejorado en los últimos años, gracias a la venta de sus productos en el extranjero.*

económico, ca (e-co-**nó**-mi-co) *adj.* **1.** Que pertenece o se refiere a la economía. *Era un auténtico especialista en cuestiones económicas.* **2.** Poco costoso, que cuesta poco. *Los muebles nos han salido muy económicos.* **SIN.** Barato, asequible. **ANT.** Costoso.

economizar (e-co-no-mi-**zar**) *v. tr.* **1.** Ahorrar. *El sueldo era tan bajo que no podía economizar.* **ANT.** Gastar, dilapidar. **2.** Evitar un trabajo, esfuerzo, riesgo, etc. *Deberías economizar fuerzas para más adelante.* Se conjuga como abrazar.

ecosistema (e-co-sis-**te**-ma) *s. m.* Comunidad de seres vivos y el hábitat donde viven. *La selva es un ecosistema.*

ecuación (e-cua-**ción**) *s. f.* Igualdad que contiene una o mas incógnitas. *x-2 = 8 es una ecuación.*

ecuador (e-cua-**dor**) *s. m.* **1.** Línea curva imaginaria que rodea la Tierra y que equidista de los polos. *El ecuador divide a la Tierra en dos hemisferios.* ‖ **2. paso del ecuador** Mitad de una carrera universitaria.

ecualizador (e-cua-li-za-**dor**) *s. m.* Dispositivo que se ocupa de ecualizar el sonido. *Sonaba un poco distorsionado porque tenía estropeado el ecualizador.*

ecualizar (e-cua-li-**zar**) *v. tr.* Ajustar mediante un circuito electrónico las frecuencias de reproducción de un sonido de manera que sea idéntico a su emisión originaria. *No tenía mucha idea de cómo ecualizar su nuevo equipo de música.*

ecuánime (e-**cuá**-ni-me) *adj.* Que es imparcial en sus juicios. *Todos los alumnos opinaban que aquel profesor era muy ecuánime.* **SIN.** Imparcial, juicioso, objetivo. **ANT.** Subjetivo, parcial.

ecuanimidad (e-cua-ni-mi-**dad**) *s. f.* **1.** Paciencia, constancia de ánimo. *Estaba bastante sereno ante la desgracia porque era una persona de gran ecuanimidad.* **SIN.** Serenidad, inalterabilidad, estoicismo. **ANT.** Versatilidad, impaciencia. **2.** Objetividad, neutralidad. *Actuó con ecuanimidad e hizo lo que consideró justo para todos.* **ANT.** Parcialidad.

ecuestre - editorial

ecuestre (e-**cues**-tre) *adj.* **1.** Que pertenece o se refiere al caballo o al ejercicio de la caballería. *El domingo se celebrará una importante carrera ecuestre.* **SIN.** Hípico, equino. **2.** Se dice de la escultura o pintura que representa a una persona montada a caballo. *Aquel retrato ecuestre tenía un gran valor artístico.*

ecuménico, ca (e-cu-**mé**-ni-co) *adj.* Universal, que se extiende a todo el mundo. *Asistió a un concilio ecuménico.* **SIN.** Mundial.

eczema (ec-**ze**-ma) *s. m.* *Eccema.

edad (e-**dad**) *s. f.* **1.** Tiempo que un ser ha vivido. *Su edad es avanzada, tiene ochenta años.* **SIN.** Años, vida, existencia. **2.** Cada uno de los períodos en los que se divide la historia. *En la Edad Media se construyeron muchos castillos.* **SIN.** Época, período. **3.** Cada uno de los períodos de la vida de una persona. *Todavía conserva sus amistades de la edad escolar.* **4.** Ancianidad, vejez. *Es ya un hombre de edad.* || **5. edad adulta** La que sigue a la juventud. **6. edad avanzada o tercera edad** Ancianidad, vejez. **7. edad del pavo** La pubertad. || **LOC. mayor de edad** Se dice de la persona que, con arreglo a la ley, ha llegado a la mayoría de edad.

edafología (e-da-fo-lo-**gí**-a) *s. f.* Ciencia que trata de la naturaleza y condiciones del suelo, en su relación con las plantas. *Se dedica a la edafología.*

edema (e-**de**-ma) *s. m.* Hinchazón blanda de una parte del cuerpo. *Le tuvieron que ingresar en el hospital porque tenía un edema pulmonar.* **SIN.** Abultamiento.

edén (e-**dén**) *s. m.* **1.** Paraíso terrenal. *La Biblia dice que Adán y Eva vivían en el edén.* **ANT.** Infierno, averno. **2.** Lugar muy ameno y delicioso. *Su casa parecía un edén.*

edición (e-di-**ción**) *s. f.* **1.** Impresión de una obra para su publicación. *Van a sacar una edición con sus obras completas.* **SIN.** Impresión, reimpresión, estampación. **2.** Conjunto de todas las obras de un mismo título, publicadas de una sola vez. *Sacaron una edición de diez mil ejemplares.*

edicto (e-**dic**-to) *s. m.* Aviso o decreto de la autoridad que se fija en los lugares públicos de las ciudades y pueblos para el conocimiento de todos. *El ayuntamiento publicó un edicto sobre los turnos de riego.*

edificación (e-di-fi-ca-**ción**) *s. f.* Edificio o conjunto de edificios. *Vive en una de las últimas edificaciones de la calle.* **SIN.** Bloque, inmueble.

edificar (e-di-fi-**car**) *v. tr.* **1.** Hacer un edificio o mandarlo construir. *Edificaron una casa de cuatro pisos.* **SIN.** Construir, levantar, urbanizar. **ANT.** Derribar, destruir. **2.** Infundir en otros sentimientos de piedad y virtud. *Edificó su conducta dándole buen ejemplo.* **SIN.** Ejemplarizar, educar, ejemplificar. **ANT.** Escandalizar, pervertir, malear, viciar. ✎ Se conjuga como abarcar.

edificio (e-di-**fi**-cio) *s. m.* **1.** Cualquier obra arquitectónica construida para habitación o para usos análogos, como casa, templo, teatro, etc. *Vive en un edificio muy moderno.* **SIN.** Bloque, construcción, inmueble. || **2. edificio público** Aquel en el que se encuentran las oficinas y sitios públicos.

LOS EDIFICIOS MÁS ALTOS			
Nombre	Situación	Altura (m)	Año
Torre Millennium	Tokio, Japón	840	En construcción
Taipei 101	China	509	2004
Torres Petronas 1	Kuala Lampur, Malaisia	452	1998
Torre Sears	Chicago, Estados Unidos	443	1974
Jin Mao	Shanghai, China	421	1998
Two Intl Finance Center	Hong Kong	415	2003
CITIC Plaza	China	391	1997

edil, la (e-**dil**) *s. m.* **1.** Magistrado romano encargado de las obras públicas. *Era un edil plebeyo.* || *s. m. y s. f.* **2.** Concejal de un ayuntamiento. *Hubo reunión de ediles.*

editar (e-di-**tar**) *v. tr.* **1.** Publicar una obra, periódico, folleto, mapa, etc. por medio de la imprenta. *Editó un libro de cuentos.* **2.** En informática, visualizar un archivo en pantalla para corregirlo, modificarlo, imprimirlo, etc. *Edita ese archivo, quiero revisarlo.*

editor, ra (e-di-**tor**) *s. m. y s. f.* Persona que dirige los procesos relacionados con la publicación de un libro o de un periódico. *Buscaba un editor que quisiera publicar su última obra.*

editorial (e-di-to-**rial**) *adj.* **1.** Que pertenece o se refiere a la edición o publicación de obras. *Me gusta la labor editorial.* || *s. m.* **2.** Artículo de fondo de un periódico, que señala la línea ideológica seguida por el mismo. *Leí un interesante editorial.* || *s. f.* **3.** Empresa que se dedica a editar o publicar libros. *Trabaja de corrector en una editorial.*

edredón - efervescencia

edredón (e-dre-**dón**) *s. m.* Cobertor de cama acolchado relleno de guata, algodón, etc. *Coloca el edredón sobre la cama.*

educación (e-du-ca-**ción**) *s. f.* **1.** Enseñanza con que se trata de desarrollar las facultades de una persona. *En el colegio recibe una buena educación.* **SIN.** Formación, instrucción, doctrina. **ANT.** Incultura, analfabetismo. **2.** Manifestación de respeto hacia los demás. *Es una persona con mucha educación.* **SIN.** Corrección, finura, modales, cortesía, urbanidad. **ANT.** Grosería, rusticidad. ‖ **3. educación especial** La que está dirigida a las personas disminuidas psíquica o físicamente. **4. educación física** Conjunto de ejercicios dirigidos al desarrollo corporal.

educacional (e-du-ca-cio-**nal**) *adj.* Que pertenece o se refiere a la educación. *Planteaba una reforma educacional.*

educar (e-du-**car**) *v. tr.* **1.** Desarrollar las facultades del niño o del joven por medio de ejemplos, ejercicios, etc. *Los profesores educan a los alumnos.* **SIN.** Enseñar, instruir. **2.** Enseñar buenos modales para vivir en sociedad. *No tiraba papeles al suelo, porque le habían educado bien.* **SIN.** Urbanizar. **ANT.** Maleducar, malcriar. **3.** Ejercitar las facultades de un órgano o miembro, o desarrollar la percepción de los sentidos. *Tienes que educar la voz si quieres cantar bien.* **SIN.** Adiestrar, perfeccionar. **4.** Amaestrar a un animal. *Ella misma se encargó de educar al perro.* ✎ Se conjuga como abarcar.

educativo, va (e-du-ca-**ti**-vo) *adj.* **1.** Que pertenece o se refiere a la educación. *Trabajaba en un centro educativo.* **SIN.** Educacional. **2.** Que educa o sirve para educar. *Siempre regala juguetes educativos.*

edulcorante (e-dul-co-**ran**-te) *s. m.* Sustancia que endulza los alimentos o medicamentos. *La sacarina es un edulcorante.*

edulcorar (e-dul-co-**rar**) *v. tr.* Endulzar una sustancia de sabor desagradable o insípido. *Edulcoró el medicamento con un poco de miel porque sabía fatal.* **SIN.** Suavizar, endulzar. **ANT.** Amargar.

efe(e-fe) *s. f.* Nombre de la letra "f".

efectista (e-fec-**tis**-ta) *adj.* Que busca producir ante todo un fuerte efecto o impresión en el ánimo. *Todos los cuadros de ese pintor son muy efectistas.* **SIN.** Artificioso, sensacionalista.

efectivo, va (e-fec-**ti**-vo) *adj.* **1.** Que es eficaz. *Las medidas adoptadas resultaron muy efectivas.* **OBS.** No se debe usar aplicado a personas. **SIN.** Eficiente, eficaz, operante. **ANT.** Inútil, ineficaz, inoperante. ‖ *s. m.* **3.** Dinero contante. *Pagó sus compras con dinero en efectivo.* **SIN.** Metálico, líquido. ‖ *s. m. pl.* **4.** Conjunto de personas que se hallan bajo un solo mando o tienen una misma misión. *Acudieron varios efectivos de la guardia civil de montaña.* ‖ **LOC. hacer efectivo** Llevar a cabo. | Pagar o cobrar una cantidad de dinero, un crédito, etc.

efecto (e-**fec**-to) *s. m.* **1.** Resultado o consecuencia de algo determinado. *Éste es el efecto de esa reacción química.* **SIN.** Producto, resultado. **ANT.** Causa, fuente, motivo. **2.** Finalidad con que se hace una cosa. *Su obra perseguía el efecto de impresionar al público.* **SIN.** Objeto, fin, intención, propósito. **3.** Impresión, emoción. *Sus palabras produjeron un gran efecto.* **SIN.** Sorpresa, impacto, sensación. **4.** Artículo de comercio. *Tiene pocos efectos porque quiere traspasar el negocio.* **OBS.** Se usa más en pl. ‖ *s. m. pl.* **5.** Conjunto de objetos que pertenecen a alguien. *Recogió todos sus efectos personales.* **SIN.** Bienes, enseres. **6.** En ciertos deportes, movimiento giratorio que se hace tomar a la bola golpeándola lateralmente, con el fin de desviarla de su trayectoria normal. *Picó la bola para darle efecto.* ‖ **7. efecto invernadero** Proceso en el que la atmósfera más baja se calienta. Las nubes y los gases como el dióxido de carbono absorben e irradian la luz solar reflejada desde la superficie terrestre. **8. efectos especiales** Técnicas que se utilizan en el cine, en el teatro, etc. para que parezcan reales escenas hechas mediante trucos. **9. efectos personales** Conjunto de objetos que pertenecen a alguien. ‖ **LOC. a efectos de** Con el fin de conseguir algo. **en efecto** Efectivamente. **llevar a efecto** Realizar. **surtir efecto** Producir una cosa el resultado que se esperaba.

efectuar (e-fec-tu-**ar**) *v. tr.* Hacer alguna cosa. **GRA.** También v. prnl. *Efectuó ayer el pago de la matrícula.* **SIN.** Realizar(se), ejecutar(se). **ANT.** Incumplir(se). ✎ En cuanto al acento, se conjuga como actuar.

efeméride (e-fe-**mé**-ri-de) *s. f.* **1.** Suceso notable que se recuerda en cualquier aniversario del mismo, y conmemoración de ese aniversario. *Acudió a la efeméride mucha gente famosa.* ‖ *s. f. pl.* **2.** Hechos sucedidos en el mismo día y mes, pero de distinto año o época. *Nos recordó las efemérides del día.* **SIN.** Evento, suceso, acontecimiento. **3.** Libro o comentario en que se refieren los hechos de cada día. *Publicó las efemérides literarias del año.* **SIN.** Crónica, calendario, almanaque.

efervescencia (e-fer-ves-**cen**-cia) *s. f.* **1.** Desprendimiento de burbujas gaseosas a través de un líqui-

efervescente - ejecutar

do. *La aspirina tenía mucha efervescencia.* **SIN.** Borboteo, ebullición. **2.** Agitación, entusiasmo. *Por aquellos días había gran efervescencia en la ciudad.* **SIN.** Pasión, acaloramiento.

efervescente (e-fer-ves-**cen**-te) *adj.* Que desprende burbujas. *Pastilla efervescente.*

eficacia (e-fi-**ca**-cia) *s. f.* **1.** Capacidad y fuerza para obrar. *La nueva máquina es de una gran eficacia.* **SIN.** Eficiencia, actividad, energía, aptitud. **ANT.** Ineficacia. **2.** Capacidad para producir un efecto. *Esas inyecciones tienen mucha eficacia contra la gripe.* **SIN.** Efectividad, garantía, validez.

eficaz (e-fi-**caz**) *adj.* Dotado de eficacia. *La medida fue muy eficaz.* **SIN.** Activo, enérgico, fuerte. **ANT.** Inactivo, ineficaz. ✎ Su pl. es "eficaces". ☞ No se debe usar aplicado a personas.

eficiencia (e-fi-**cien**-cia) *s. f.* **1.** Capacidad para lograr un efecto determinado. *Demostró su eficiencia.* **2.** *Eficacia. **ANT.** Ineficacia, incompetencia.

eficiente (e-fi-**cien**-te) *adj.* Que desempeña bien su función. *Es una persona muy eficiente.* **SIN.** Activo, enérgico. **ANT.** Inactivo, incompetente.

efigie (e-**fi**-gie) *s. f.* Representación de una persona real y verdadera. *Se encontraron efigies de César Augusto.* **SIN.** Imagen, estatua, retrato, estampa.

efímero, ra (e-**fí**-me-ro) *adj.* Se dice de aquello que es de corta duración. *Fueron unas vacaciones muy efímeras.* **SIN.** Breve, fugaz, momentáneo, pasajero, perecedero. **ANT.** Duradero, eterno, perdurable.

efluvio (e-**flu**-vio) *s. m.* **1.** Emisión de vapores o pequeñas partículas de un cuerpo. *Nada más abrir la boca supe, por los efluvios, que había bebido orujo.* **SIN.** Exhalación, emanación. **2.** Emanación en lo inmaterial. *Derrochaba efluvios de simpatía.*

efusión (e-fu-**sión**) *s. f.* **1.** Derramamiento de un líquido, generalmente sangre. *Se mareó al ver la efusión de la sangre.* **SIN.** Flujo, riego. **2.** Manifestación muy viva de los sentimientos de generosidad o alegría. *Manifestó su efusión hacia nosotros.* **SIN.** Afabilidad, afecto, cordialidad, entusiasmo. **ANT.** Dureza, contención, frialdad. **3.** Salida violenta de los gases procedentes de un motor a reacción. *Los gases de efusión son tóxicos.* **4.** Escape de un gas a través de una grieta. *Hubo una efusión de gas.*

efusivo, va (e-fu-**si**-vo) *adj.* Que manifiesta vivamente sus sentimientos. *No puede contener sus emociones, es una persona muy efusiva.* **SIN.** Entusiasta, expresivo, afectuoso.

egiptología (e-gip-to-lo-**gí**-a) *s. f.* Estudio de las antigüedades de Egipto. *Se dedica a la egiptología.*

égloga (**ég**-lo-ga) *s. f.* Composición poética que habla de la vida del campo, y en la que suelen dialogar dos pastores. *Garcilaso de la Vega es autor de varias églogas.* **SIN.** Bucólica, pastoral.

ego (**e**-go) *s. m.* **1.** En psicología, parte central de la personalidad. *Formaba parte de su ego.* **SIN.** Yo. **2.** Engreimiento, orgullo. *Tenía mucho ego.* **SIN.** Altivez, soberbia. **ANT.** Humildad, modestia.

egocentrismo (e-go-cen-**tris**-mo) *s. m.* Exagerada exaltación de la propia personalidad hasta considerarla como centro de la atención y actividad generales. *Tiene tanto egocentrismo que no es capaz de valorar a los demás.* **SIN.** Egoísmo. **ANT.** Humildad.

egoísmo (e-go-**ís**-mo) *s. m.* Excesivo amor hacia uno mismo, que provoca desinterés hacia los demás. *Todo el mundo le critica su falta de solidaridad y su egoísmo.* **SIN.** Egocentrismo, individualismo, ingratitud. **ANT.** Abnegación, altruismo.

egolatría (e-go-la-**trí**-a) *s. f.* Culto excesivo de la propia persona. *Los césares romanos tenían mucha egolatría.* **SIN.** Egoísmo, narcisismo. **ANT.** Altruismo.

egregio, gia (e-**gre**-gio) *adj.* Se dice de la persona que es ilustre. *Se recibió con grandes honores al egregio visitante.* **SIN.** Afamado, celebérrimo, famoso, insigne. **ANT.** Ignorado, desconocido.

eje (**e**-je) *s. m.* **1.** Línea imaginaria en torno a la cual gira un objeto. *El eje de la Tierra une los polos y atraviesa el centro del globo.* **2.** Barra horizontal de un vehículo, en cuyos extremos van unidas las ruedas. *Se partió el eje.* **3.** Línea que divide por la mitad cualquier cosa. *Dóblalo por el eje.* **4.** Idea fundamental de un escrito o discurso, objetivo principal de una empresa, etc. *La falta de solidaridad era el eje de su discurso.* **SIN.** Núcleo, fundamento. ‖ **5. eje de coordenadas** Cualquiera de las dos rectas que se cortan entre sí y que, trazadas así en un plano, sirven para situar un punto en éste.

ejecución (e-je-cu-**ción**) *s. f.* **1.** Realización. *Supervisé la ejecución del proyecto.* **2.** Pena de muerte. *La ejecución fue por medio de una inyección letal.* **3.** En informática, funcionamiento de un programa. *La ejecución del programa ha sido correcta.*

ejecutar (e-je-cu-**tar**) *v. tr.* **1.** Hacer una cosa. *Ejecutaron el plan de trabajo sin problemas.* **SIN.** Realizar, confeccionar, cumplir. **2.** Desempeñar con arte y facilidad alguna cosa. *Los acróbatas ejecutaron dos saltos mortales.* **SIN.** Interpretar. **3.** Cumplir una ley, mandato, sentencia, etc. *Ejecutó sus órdenes con toda precisión.* **SIN.** Obedecer, observar. **4.** Interpretar una obra musical. *Ejecutó una hermosa*

ejecutivo - elástico

pieza al piano. **5.** Castigar con la pena de muerte. *El asesino fue ejecutado.* **SIN.** Ajusticiar. **6.** En informática, llevar a cabo una instrucción o activar uno o varios programas. *Ejecuta el programa.*

ejecutivo, va (e-je-cu-**ti**-vo) *s. m. y s. f.* **1.** Persona que desempeña un cargo directivo en una empresa. *Hubo una reunión de ejecutivos.* ‖ *s. f.* **2.** Junta directiva de una asociación. *La ejecutiva presentó la dimisión.*

ejemplar (e-jem-**plar**) *adj.* **1.** Que da buen ejemplo. *Es una persona ejemplar.* **SIN.** Modélico. **2.** Que sirve de ejemplo y escarmiento para los demás. *Le puso un castigo ejemplar.* ‖ *s. m.* **3.** Cada uno de los libros, dibujos, periódicos, etc. de una misma edición. *El autor me dedicó un ejemplar de su novela.* **4.** Cada uno de los seres vivos de una especie o de un género. *Ganó el concurso un magnífico ejemplar de pura sangre.*

ejemplificar (e-jem-pli-fi-**car**) *v. tr.* Explicar algo mediante ejemplos. *Ejemplificó cada una de sus afirmaciones.* ✎ Se conjuga como abarcar.

ejemplo (e-**jem**-plo) *s. m.* **1.** Caso o hecho que sirve de modelo para que se imite o para que se evite. *Su hermano es tan bueno, que siempre le ponen como ejemplo.* **SIN.** Modelo, pauta. **2.** Hecho o texto que sirve para ilustrar o aclarar una opinión, una teoría, etc. *En este diccionario hay muchos ejemplos del uso de las palabras.* **SIN.** Explicación, aclaración. ‖ **LOC. dar ejemplo** Estimular con buenos actos a otra persona.

ejercer (e-jer-**cer**) *v. tr.* **1.** Hacer cosas propias de una profesión, oficio, empleo, etc. **GRA.** También v. intr. *Mi tío es arquitecto, pero no ejerce.* **SIN.** Ejercitar, desempeñar. **2.** Realizar un poder o influencia sobre alguien o algo. *Ejerce malas influencias sobre él.* **3.** Hacer valer un derecho. *Muchos ciudadanos ejercieron el derecho al voto en estas elecciones.* **SIN.** Ejercitar. ✎ Se conjuga como convencer.

ejercicio (e-jer-**ci**-cio) *s. m.* **1.** Acción de ejercitarse u ocuparse en una cosa. *Pone mucho empeño en el ejercicio de su trabajo.* **SIN.** Adiestramiento, entrenamiento. **2.** Esfuerzo o entrenamiento físico que se hace para mantener la salud. *Todos los días hace media hora de ejercicio con la bicicleta.* **SIN.** Deporte, adiestramiento. **3.** Examen, prueba. *Pusieron un ejercicio de redacción.* **4.** Formulación de un problema matemático que hay que solucionar. *Nos puso cinco ejercicios de ecuaciones.* **5.** Cada una de las partes de que consta una oposición. *Aprobó el primer ejercicio.* **SIN.** Prueba.

ejercitar (e-jer-ci-**tar**) *v. tr.* **1.** Hacer que alguien aprenda algo mediante su práctica. **GRA.** También v. prnl. *Se ejercitaba para hablar correctamente en público.* **SIN.** Adiestrar(se), entrenar(se), formar(se). **2.** Dedicarse a un oficio o profesión. *Lleva ya mucho tiempo ejercitando la abogacía.* **SIN.** Practicar. **3.** Hacer uso de un derecho. *Ejercitó su derecho a reclamar.* **4.** Usar un poder o influencia sobre alguien o algo. *Se decidió a ejercitar el poder que tenía sobre ellos.*

ejército (e-**jér**-ci-to) *s. m.* **1.** Conjunto de las fuerzas armadas de una nación. *Decidió ingresar en el ejército del aire.* **2.** Conjunto de soldados y sus armas bajo la dirección de un jefe militar. *El ejército estaba preparado para defenderse del enemigo.*

el *art. det.* Forma masculina singular del artículo determinado. *Toma el libro.*

él, ella, ello *pron. pers.* Formas del pronombre personal de tercera persona, género masculino, femenino y neutro, y número singular. Pueden funcionar como sujeto o como complemento con preposición. *Él tuvo la culpa. Vino con ella.*

elaboración (e-la-bo-ra-**ción**) *s. f.* Acción y efecto de elaborar. *La elaboración de estas recetas de cocina es muy sencilla.*

elaborado, da (e-la-bo-**ra**-do) *adj.* **1.** Hecho con cuidado y esmero. *Era un trabajo muy bueno, completo y elaborado.* **SIN.** Cuidado. **ANT.** Descuidado. **2.** Muy complicado. *Sus teorías eran tan elaboradas que la mayoría no entendíamos nada.*

elaborar (e-la-bo-**rar**) *v. tr.* **1.** Preparar un producto por medio de un trabajo adecuado. *Se dedican a elaborar sidra.* **SIN.** Confeccionar, fabricar, producir, transformar. **2.** Hacer, producir algo. *Las abejas elaboran su miel.* **3.** Idear una cosa determinada. *Einstein elaboró la teoría de la relatividad.* **SIN.** Discurrir, pensar, proyectar.

elasticidad (e-las-ti-ci-**dad**) *s. f.* Cualidad de elástico. *Aquella chica tenía tanta elasticidad que parecía de goma.* **SIN.** Flexibilidad.

elástico, ca (e-**lás**-ti-co) *adj.* **1.** Se dice del cuerpo que es capaz de alargarse cuando se estira y de recobrar su forma habitual cuando cesa la fuerza que lo estiraba. *El colchón tiene muelles elásticos.* **SIN.** Extensible, flexible, moldeable, blando. **ANT.** Rígido, firme. **2.** Que se adapta fácilmente a las circunstancias, o que puede variar según éstas. *Su carácter elástico le permitió adaptarse sin problemas al nuevo barrio.* **SIN.** Acomodaticio, flexible. **3.** Se dice del tejido que se ciñe al cuerpo y de las prendas de vestir con él confeccionadas. *Usa unas mallas elásti-*

cas para hacer deporte. **4.** Que se puede entender de distintas maneras. *Esa afirmación es muy elástica.* **SIN.** Relativo. ‖ *s. m.* **5.** Tira o cordón de goma. *Llevaba por dentro un elástico.* **6.** En los calcetines, jerseys y otras prendas de vestir, parte hecha de un punto más ajustable que el resto. *El elástico se ha dado de sí y se me caen los calcetines.*

ele (**e**-le) *s. f.* Nombre de la letra "l".

elección (e-lec-**ción**) *s. f.* **1.** Acción y efecto de elegir. *De la elección de los muebles te encargarás tú.* **SIN.** Opción, selección. **2.** Nombramiento de una persona por votación. *Mañana haremos en clase la elección de delegado.* **SIN.** Selección, votación. **3.** Libertad para obrar. *La elección de ir o no era suya.* **SIN.** Opción, iniciativa, alternativa, arbitrio. ‖ *s. f. pl.* **4.** Votación para elegir cargos públicos. *El próximo mes de marzo se celebrarán elecciones.* **SIN.** Comicio.

electivo, va (e-lec-**ti**-vo) *adj.* Que se hace o se da por elección. *El cargo es electivo.*

electo, ta (e-**lec**-to) *adj.* Que ha sido elegido o nombrado para un empleo o dignidad. **GRA.** También s. m. y s. f. *Vimos al presidente electo.* **SIN.** Escogido, seleccionado, votado. **ANT.** Rechazado, repudiado.

elector, ra (e-lec-**tor**) *adj.* Que elige o que puede elegir. **GRA.** También s. m. y s. f. *Un gran número de electores acudió a las urnas.* **SIN.** Votante. **ANT.** Aspirante, candidato.

electoral (e-lec-to-**ral**) *adj.* Que pertenece o se refiere a los electores o a las elecciones. *Los líderes políticos han comenzado su campaña electoral con gran entusiasmo.* **SIN.** Plebiscitario.

electricidad (e-lec-tri-ci-**dad**) *s. f.* Forma de energía que hace que las bombillas den luz, que los motores funcionen, etc. *Las lavadoras funcionan por electricidad.* **SIN.** Corriente eléctrica.

eléctrico, ca (e-**léc**-tri-co) *adj.* **1.** Que tiene o comunica electricidad. *Le regalaron una cafetera eléctrica.* **2.** Que pertenece o se refiere a la electricidad. *No había luz en las casas por un problema eléctrico en la central.*

electrificar (e-lec-tri-fi-**car**) *v. tr.* **1.** Poner los elementos necesarios para que un tren o una máquina se muevan por electricidad. *Electrificaron la vía del ferrocarril.* **2.** Dotar de electricidad. *Las autoridades consiguieron electrificar el pueblo.* ✎ Se conjuga como abarcar.

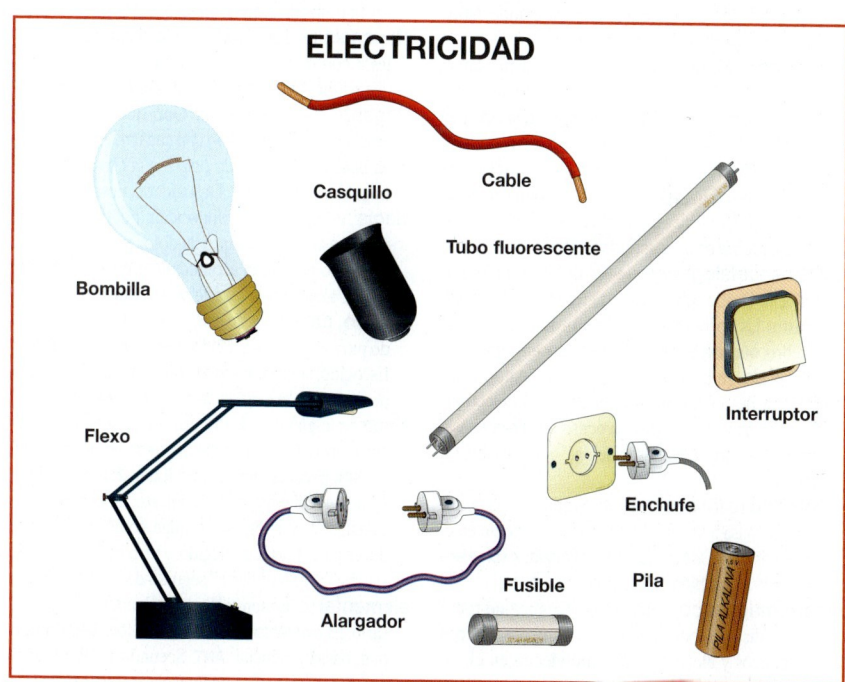

ELECTRICIDAD

electrizar - elemental

electrizar (e-lec-tri-**zar**) *v. tr.* **1.** Producir la electricidad en un cuerpo. **GRA.** También v. prnl. *Frota ese vaso de cristal con un guante de lana y verás cómo se electriza. Decidieron electrizar los saltos de agua.* **SIN.** Electrificar(se). **2.** Exaltar, avivar, etc. **GRA.** También v. prnl. *Al oír aquel emotivo discurso, el público se electrizó.* **SIN.** Animar(se), entusiasmar(se). **ANT.** Tranquilizar(se). ✎ Se conjuga como abrazar.

electro (e-**lec**-tro) *s. m.* Abreviación de electrocardiograma. *Todos los años se hace un electro.*

electrocardiograma (e-lec-tro-car-dio-**gra**-ma) *s. m.* Gráfico que, mediante un aparato especial, registra las corrientes eléctricas producidas por el corazón. *El electrocardiograma fue satisfactorio.*

electrochoc (e-lec-tro-**choc**) *s. m.* *Electrochoque. ✎ Su pl. es "electrochocs".

electrochoque (e-lec-tro-**cho**-que) *s. m.* Procedimiento empleado en el tratamiento de algunas enfermedades mentales, que consiste en aplicar una descarga eléctrica. *Aquel famoso psiquiatra expuso sus razones en contra del electrochoque.* ✎ También "electroshock".

electrocutar (e-lec-tro-cu-**tar**) *v. tr.* Matar o morir por medio de una descarga eléctrica grande. **GRA.** También v. prnl. *Le electrocutó un rayo.*

electrodo (e-lec-**tro**-do) *s. m.* En física, barra o lámina que forma cada uno de los polos de una pila eléctrica. *Uno de los electrodos se llama ánodo y el otro cátodo.* **SIN.** Polo. ✎ También "eléctrodo".

electrodoméstico, ca (e-lec-tro-do-**més**-ti-co) *adj.* Se dice de los aparatos de uso doméstico que funcionan por electricidad. **GRA.** También s. m. y en pl. *La lavadora es un electrodoméstico.*

electroencefalograma (e-lec-tro-en-ce-fa-lo-**gra**-ma) *s. m.* Gráfico que, mediante un aparato especial, registra las corrientes eléctricas producidas por el cerebro. *Mañana le harán un electroencefalograma.*

electrólisis (e-lec-**tró**-li-sis) *s. f.* Descomposición química de un cuerpo producida por la electricidad. *Estaban estudiando el proceso de la electrólisis en el laboratorio.* **SIN.** Disociación. ✎ Invariable en número.

electrólito (e-lec-**tró**-li-to) *s. m.* Sustancia que al disolverse pasa a ser conductora de la corriente eléctrica. *Las sales, los ácidos y los hidróxidos son electrólitos.* ✎ También "electrolito".

electromagnético, ca (e-lec-tro-mag-**né**-ti-co) *adj.* Se dice de todo fenómeno en que los campos magnéticos y eléctricos, que intervienen en él, están relacionados entre sí. *Ondas electromagnéticas.*

electromagnetismo (e-lec-tro-mag-ne-**tis**-mo) *s. m.* Parte de la física que estudia las acciones y reacciones de las corrientes eléctricas sobre los imanes. *Estamos estudiando las bases fundamentales del electromagnetismo.*

electrón (e-lec-**trón**) *s. m.* Componente del átomo, cargado de electricidad negativa. *El símbolo del electrón es "e".* **ANT.** Protón, neutrón.

electrónico, ca (e-lec-**tró**-ni-co) *adj.* **1.** Que pertenece o se refiere al electrón o a la electrónica. *Le han regalado un microscopio electrónico.* ‖ *s. f.* **2.** Rama de la física que estudia la estructura del átomo. *Estudia electrónica.*

electroscopio (e-lec-tros-**co**-pio) *s. m.* Aparato utilizado para detectar la presencia de electricidad en un cuerpo. *El electroscopio se utiliza en radiactividad.*

electroshock *s. m.* *Electrochoque.

elefante, ta (e-le-**fan**-te) *s. m. y s. f.* **1.** Mamífero de gran tamaño, piel rugosa, cabeza pequeña, orejas grandes y colgantes, patas altas y fuertes, nariz en forma de trompa y dos colmillos largos de marfil. *Los elefantes se crían en Asia y en África.* ‖ **2. elefante marino** Nombre común a diversos mamíferos marinos de gran tamaño. **SIN.** Morsa.

elegancia (e-le-**gan**-cia) *s. f.* Cualidad de elegante. *Viste con mucha elegancia.* **SIN.** Finura, gentileza, distinción. **ANT.** Ordinariez, desaliño, desgarbo.

elegante (e-le-**gan**-te) *adj.* Que tiene buen gusto, gracia y sencillez. *Vive en una casa muy elegante. Se ha puesto muy elegante para ir a la fiesta.* **SIN.** Distinguido, selecto. **ANT.** Descuidado, desaliñado.

elegía (e-le-**gí**-a) *s. f.* Composición poética en la que se expresa el sentimiento de dolor por la muerte de alguien o por algún acontecimiento triste. *Compuso una elegía por la muerte de su padre.*

elegido, da (e-le-**gi**-do) *adj.* **1.** Que ha sido destinado para alguna cosa. *Vino el presidente elegido.* **SIN.** Escogido, seleccionado, distinguido. **2.** Predilecto, preferido. *Es la elegida de toda la familia y se nota.*

elegir (e-le-**gir**) *v. tr.* **1.** Preferir a una persona o cosa entre otras. *Eligió el coche pequeño en vez del grande.* **SIN.** Escoger, optar, seleccionar. **2.** Nombrar por votación a alguien para un puesto. *La eligieron presidenta.* ✎ v. irreg., se conjuga como pedir. Tiene doble part.; uno reg., elegido, y otro irreg., electo. Se escribe "j" en vez de "g" seguido de "-a" y "-o".

elemental (e-le-men-**tal**) *adj.* **1.** Fundamental, necesario. *Es elemental saber leer y escribir.* **SIN.** Primordial, básico, esencial. **ANT.** Secundario. **2.** De fácil comprensión, muy sencillo y claro. *Esta explicación* es elemental. **SIN.** Simple, comprensible, evidente, claro. **ANT.** Complicado, difícil, oscuro.

elemento (e-le-**men**-to) s. m. **1.** Principio físico o químico que entra en la composición de los cuerpos. *El elemento más importante de la composición de ese cuerpo es el hierro.* **2.** Sustancia que contiene solamente un tipo de átomo. *El oxígeno y el nitrógeno son elementos.* **3.** Componente, parte de un todo. *Compró un mueble por elementos.* **4.** Persona que es miembro de un grupo. *Juan es uno de los elementos fundamentales de la revista.* **5.** Fundamento de algo. *Su gran dedicación es elemento clave del éxito de su trabajo.* **6.** Medio ambiente en que se desarrolla la vida de un ser vivo. *Este clima no es el elemento adecuado para el desarrollo de esos cultivos.* **SIN.** Hábitat. **7.** Cada una de las condiciones que influyen en algo. *Había que tener en cuenta muchos elementos.* **SIN.** Factor, aspecto. **8.** Persona que destaca por sus buenas o malas cualidades. *Es un elemento de cuidado, no te fíes de él.*

elenco (e-**len**-co) s. m. **1.** Catálogo, índice. *En ese elenco encontrarás la información que necesitas.* **SIN.** Lista, repertorio. **2.** Nómina de una compañía de teatro o de circo. *Intervino un fenomenal elenco de actores.* **SIN.** Intérpretes, actores.

elepé (e-le-**pé**) s. m. Disco de formato grande de larga duración grabado a 33 revoluciones por minuto. *Le han regalado el último elepé de su grupo favorito.* ✎ Su pl. es "elepés".

elevación (e-le-va-**ción**) s. f. **1.** Acción y efecto de elevar o elevarse. *La crisis ha supuesto una importante elevación de los precios.* **SIN.** Ascenso, aumento, mejora, progreso. **ANT.** Bajada, descenso. **2.** Altitud sobre el nivel del mar. *Aquella montaña tenía gran elevación.* **SIN.** Altura, prominencia. **3.** Exaltación de algo. *El conferenciante trató de la elevación de los valores morales.* **SIN.** Superioridad, grandeza, perfección. **4.** Saliente de una cosa. *Estaba situado en una elevación del terreno.* **SIN.** Prominencia.

elevado, da (e-le-**va**-do) adj. **1.** Se dice de aquello que es o que está alto. *Estaba tan elevado que no llegaba a alcanzarlo.* **ANT.** Bajo. **2.** *Excelente. **3.** Caro. *Pidió un precio muy elevado.* **SIN.** Crecido, subido. **4.** Difícil, complejo. *Esa novela es demasiado elevada para tu edad.* **ANT.** Sencillo.

elevador, ra (e-le-va-**dor**) adj. **1.** Que eleva. *Una grúa es un aparato elevador.* ‖ s. m. **2.** *amer.* Ascensor o montacargas.

elevalunas (e-le-va-**lu**-nas) s. m. Dispositivo que sirve para subir o bajar los cristales de las ventani-llas de un automóvil. *El coche tiene elevalunas eléctrico.* ✎ Invariable en número.

elevar (e-le-**var**) v. tr. **1.** Levantar una cosa. **GRA.** También v. prnl. *La polea eleva los materiales.* **SIN.** Izar, encumbrar, subir. **ANT.** Bajar, hundir. **2.** Aumentar la cantidad, el valor, la intensidad, etc. de algo. **GRA.** También v. prnl. *La crisis ha elevado los precios este año.* **SIN.** Subir, alzar, incrementar. **ANT.** Bajar, descender. **3.** Colocar a alguien en mejor puesto, empleo o condición. **GRA.** También v. prnl. *Lo elevaron a director.* **SIN.** Encumbrar, ennoblecer, promocionar. **ANT.** Rebajar. **4.** Efectuar la potencia de una cantidad. *Eleva esa cantidad al cubo.* **5.** Dirigir un escrito a la autoridad competente. *Elevó su protesta al excelentísimo rector.* **SIN.** Presentar. ‖ v. prnl. **6.** Quedarse alguien fuera de sí. *Se elevaba con aquellas lecturas tan místicas.* **SIN.** Extasiarse, enajenarse, transportarse.

elidir (e-li-**dir**) v. tr. Suprimir la vocal con que acaba una palabra cuando la que sigue empieza por otra vocal. *"Del" es la suma de "de" y "el", es decir, se elide la "e".*

eliminar (e-li-mi-**nar**) v. tr. **1.** Quitar, separar una cosa. *Este ambientador elimina los malos olores.* **SIN.** Anular. **ANT.** Conservar. **2.** Expulsar a una o más personas de un lugar o asunto. *Eliminaron a un jugador por cinco faltas personales.* **SIN.** Excluir. **ANT.** Incluir. **3.** Expeler una sustancia el organismo. *Mediante la orina el cuerpo elimina sustancias de desecho.* **4.** Matar. *En la peli acaban eliminando al protagonista porque sabía demasiadas cosas.*

eliminatorio, ria (e-li-mi-na-**to**-rio) adj. **1.** Que elimina, que sirve para eliminar. *El segundo ejercicio de la oposición es eliminatorio.* ‖ s. f. **2.** Prueba que sirve para hacer una selección de participantes en una competición deportiva, en un concurso, etc. *Nuestro equipo pasó la eliminatoria.*

elipse (e-**lip**-se) s. f. **1.** Curva cerrada y plana que se obtiene cuando un plano corta oblicuamente una superficie cilíndrica. *Al pasar la elipse a tinta me quedó fatal porque tengo mal pulso.* **2.** Forma oval de la trayectoria seguida por un planeta, satélite o cometa. *Las elipse de la órbita de la Tierra alrededor del Sol es un círculo casi perfecto.*

elipsis (e-**lip**-sis) s. f. Supresión en la frase de una o varias palabras, conservando ésta todo su sentido. *En la frase "irás mañana" hay una elipsis del sujeto.* ✎ Invariable en número.

elisión (e-li-**sión**) s. f. Pérdida de una vocal final en contacto con la vocal inicial de la siguiente palabra.

elite - embalsamar

Ese apóstrofo indica que se ha producido la elisión de una vocal. **SIN.** Aféresis, apócope.

elite (e-**li**-te) *s. f.* Lo más selecto de un grupo de personas. *A la ceremonia asistió la elite de la sociedad.* **SIN.** Crema. **ANT.** Chusma, plebe. ☞ Se usa más "élite".

élitro (é-li-tro) *s. m.* Cada una de las dos alas del primer par, duras y córneas, que cubren las alas del segundo par de muchos insectos. *La mariquita tiene élitros.*

elixir (e-li-**xir**) *s. m.* **1.** Licor compuesto de diferentes sustancias medicinales. *Enjuágate la boca con este elixir, es muy bueno para las úlceras.* **2.** Medicamento o remedio maravilloso. *El libro trataba del elixir de la eterna juventud.* ✎ También "elíxir".

elocución (e-lo-cu-**ción**) *s. f.* **1.** Uso correcto de las palabras para expresar una idea. *Su elocución es perfecta.* **2.** Explicación precisa y clara de algo. *En su elocución nos aclaró muchos conceptos.*

elocuencia (e-lo-**cuen**-cia) *s. f.* **1.** Facultad de hablar o escribir de modo eficaz para agradar, convencer y conmover a los demás. *Tiene mucha elocuencia.* **SIN.** Fluidez, retórica, oratoria. **2.** Eficacia para persuadir o conmover. *Utilizó toda su elocuencia para hacerles cambiar de idea.* **SIN.** Persuasión, sugestión, seducción.

elocuente (e-lo-**cuen**-te) *adj.* Que habla y se le entiende muy bien, utilizando el lenguaje con claridad y soltura. *Es tan elocuente que convence a todos.* **SIN.** Expresivo, vívido. ✎ Invariable en género.

elogiar (e-lo-**giar**) *v. tr.* Dar testimonio de las buenas cualidades y méritos de una persona o cosa. *Elogiaron su solidaridad y su apoyo a los desamparados.* **SIN.** Adular, alabar, piropear, ponderar, ensalzar. **ANT.** Insultar, denostar, humillar, censurar, injuriar. ✎ En cuanto al acento, se conjuga como cambiar.

elogio (e-**lo**-gio) *s. m.* Todo lo bueno que se dice de una persona o cosa por sus buenas cualidades o acciones. *Hizo grandes elogios de su profesor, hasta dijo que era un sabio.* **SIN.** Adulación, loa, alabanza. **ANT.** Vituperio, censura.

elucidar (e-lu-ci-**dar**) *v. tr.* Aclarar o explicar una cosa. *Le pidieron que elucidara cuál era el motivo de su actitud.*

elucubrar (e-lu-cu-**brar**) *v. tr.* **1.** Hablar o escribir sobre algo sin mucho fundamento. *Elucubraba sobre todo lo que se le ocurría.* **SIN.** Divagar. **2.** Meditar detenidamente sobre una cosa. *Se pasó el día elucubrando cómo poder echarle una mano.* **SIN.** Reflexionar, pensar.

eludir (e-lu-**dir**) *v. tr.* Evitar una dificultad o salir de ella. *Eludió su responsabilidad diciendo que estaba muy ocupado con otro asunto importante.* **SIN.** Escaquearse, evitar. **ANT.** Aceptar, afrontar, arrostrar.

e-mail *s. m.* *Correo electrónico.

emanar (e-ma-**nar**) *v. intr.* **1.** Proceder o derivarse una cosa de otra. *Su fracaso emanaba de su falta de responsabilidad.* **SIN.** Provenir, dimanar. **2.** Desprenderse de un cuerpo alguna sustancia. *De este queso emana un olor a rancio muy desagradable.* **SIN.** Emitir, difundir, irradiar, exhalar.

emancipar (e-man-ci-**par**) *v. tr.* Dar libertad e independencia a alguien. **GRA.** También v. prnl. *Se emancipó de sus padres en cuanto tuvo trabajo.* **SIN.** Desvincular(se), libertar(se), independizar(se). **ANT.** Esclavizar(se), someter(se), depender.

embadurnar (em-ba-dur-**nar**) *v. tr.* Untar, manchar. **GRA.** También v. prnl. *La niña se embadurnó toda la cara de chocolate.* **SIN.** Embarrar(se), engrasar(se), pintarrajear(se). **ANT.** Limpiar(se).

embajada (em-ba-**ja**-da) *s. f.* **1.** Mensaje para tratar un asunto importante. *Fue el encargado de hacerle llegar la embajada.* **SIN.** Misión, encargo. **2.** Representación del gobierno de un país que se traslada a otro para negociar o realizar determinadas funciones. *En esa calle está el edificio de la embajada de París.* **3.** Cargo de embajador. *Se ocupaba de la embajada desde hacía dos años.* **4.** *fam.* Proposición o exigencia impertinente o que molesta. *Siempre me mete en alguna embajada.*

embajador, ra (em-ba-ja-**dor**) *s. m. y s. f.* Representante diplomático de una nación en otra. *Nombraron nuevos embajadores.* **SIN.** Legado, nuncio.

embalar[1] (em-ba-**lar**) *v. tr.* Envolver cuidadosamente las cosas para transportarlas. *Lo embalaron en cajas para que no se estropeara.* **SIN.** Envasar, envolver, empaquetar. **ANT.** Desembalar.

embalar[2] (em-ba-**lar**) *v. intr.* Aumentar considerablemente la velocidad un corredor o un vehículo en marcha. **GRA.** También v. prnl. *Se embaló y estuvo a punto de salirse en la curva.* **ANT.** Acelerar(se).

embaldosar (em-bal-do-**sar**) *v. tr.* Cubrir el suelo con baldosas. *Embaldosaron el patio.* **SIN.** Alicatar, pavimentar.

embalsamar (em-bal-sa-**mar**) *v. tr.* **1.** Preparar un cadáver para preservarlo de la putrefacción. *Los egipcios tenían la costumbre de embalsamar a sus muertos.* **SIN.** Momificar. **2.** Perfumar, aromatizar. **GRA.** También v. prnl. *Se embalsamaba demasiado con un perfume muy pegajoso.*

embalsar - embelesar

embalsar (em-bal-**sar**) *v. tr.* Meter en un embalse. **GRA.** También v. prnl. *Se embalsó bastante agua durante el invierno.*

embalse (em-**bal**-se) *s. m.* Gran depósito donde se recogen las aguas de un río o arroyo, que se forma artificialmente cerrando la boca de un valle mediante un dique o presa. *Ha habido tanta sequía que los embalses tienen muy poca agua.* **SIN.** Pantano, presa, represa.

embarazo (em-ba-**ra**-zo) *s. m.* Estado de la mujer que espera un hijo y tiempo que dura. *No tuvo ningún problema durante los nueve meses de embarazo.*

embarazoso, sa (em-ba-ra-**zo**-so) *adj.* Se dice de una situación complicada en la que uno no sabe cómo comportarse. *Resultó muy embarazoso decirle que no queríamos que viniera con nosotros.* **SIN.** Difícil.

embarcación (em-bar-ca-**ción**) *s. f.* **1.** Vehículo que flota en el agua y que, impulsado por un motor o por remos, puede transportar personas, animales o cosas. *Salieron al mar en una pequeña embarcación de vela.* **SIN.** Barco, nave, lancha, bote, barca, buque. **2.** Tiempo que dura la navegación de un lugar a otro. *Tuvimos una buena embarcación.*

embarcadero (em-bar-ca-**de**-ro) *s. m.* Lugar destinado para embarcar y desembarcar personas, animales y mercancías. *Mucha gente había ido al embarcadero a recibir a sus familiares.* **SIN.** Atracadero.

embarcar (em-bar-**car**) *v. tr.* **1.** Hacer entrar personas, animales o mercancías en una embarcación. **GRA.** También v. prnl. *Embarcaban trigo para Italia.* **ANT.** Desembarcar. **2.** Incluir a alguien en un asunto o negocio. **GRA.** También v. prnl. *Los amigos lo embarcaron en la aventura.* **SIN.** Empeñar(se), inducir, lanzar(se), aventurar(se). ✎ Se conjuga como abarcar.

embargar (em-bar-**gar**) *v. tr.* **1.** Retener una cosa, mediante una orden del juez. *Les embargaron los muebles y el coche.* **SIN.** Confiscar, retener, requisar. **2.** Producir algo gran placer o satisfacción. *Su trabajo le embargaba por completo.* **SIN.** Embelesar, pasmar. **3.** Llenar un sentimiento o una sensación a alguien. *La emoción le embargaba y casi no podía hablar.* **4.** Absorber la atención de alguien. *La lectura le embargaba.* ✎ Se conjuga como ahogar.

embargo (em-**bar**-go) *s. m.* **1.** Retención de bienes y propiedades por un mandamiento judicial. *El juez decretó el embargo de todas sus propiedades.* **SIN.** Confiscación, incautación, requisa. **ANT.** Devolución, restitución. **2.** Prohibición de comercio decretada por uno o varios países a otro. *Había escasez de alimentos y medicinas en el país debido al embargo.* **SIN.** Bloqueo. || *conj.* **3. sin embargo** No obstante, a pesar de. *Estaba muy enfadada con él, sin embargo le ayudó.*

embarque (em-**bar**-que) *s. m.* Acción y efecto de embarcar. *Estaban realizando el embarque de provisiones para varios meses. ¡Menudo embarque!, este negocio nos llevará a a la ruina.*

embarrar (em-ba-**rrar**) *v. tr.* **1.** Untar o manchar con barro. **GRA.** También v. prnl. *El suelo se embarró mucho.* **2.** Complicar a alguien en un asunto feo. **GRA.** También v. prnl. *Se embarró tanto que después no sabía cómo salir del asunto.* **3.** *Arg. y Chil.* Causar daño a alguien.

embarullar (em-ba-ru-**llar**) *v. tr.* **1.** *fam.* Mezclar desordenadamente unas cosas con otras. *Me embarulló todos los papeles y ahora no encuentro la factura que buscaba.* **SIN.** Embrollar, enmarañar, confundir, desordenar, desbarajustar. **ANT.** Desenredar, ordenar, componer. **2.** *fam.* Hacer las cosas desordenadamente. **GRA.** También v. prnl. *No embarulles más las cosas.* **SIN.** Acelerar(se), atropellar(se), confundirse. **3.** *fam.* Aturullar, desconcertar a alguien. *Es mejor que no te embarulles si no quieres meter la pata.*

embate (em-**ba**-te) *s. m.* **1.** Golpe fuerte que dan las aguas del mar contra la costa rocosa. *El embate de las olas impresionaba.* **2.** Agresión, ataque. *Salió vencedor de todos los embates de su enemigo.* **SIN.** Embestida, sacudida.

embaucar (em-bau-**car**) *v. tr.* Engañar a alguien aprovechándose de su buena voluntad o su falta de experiencia. *Logró embaucarle con falsas promesas.* **SIN.** Engatusar, estafar, timar. **ANT.** Desengañar. ✎ En cuanto al acento, se conjuga como causar. Se escribe "qu" en vez de "c" seguido de "-e".

embeber (em-be-**ber**) *v. tr.* **1.** Absorber un cuerpo sólido a otro líquido. *Pasa la fregona para que embeba el agua.* **SIN.** Impregnar, empapar. || *v. intr.* **2.** Encoger una prenda. *Ese jersey de lana embebió tanto que ya no me sirve.* || *v. prnl.* **3.** Meterse alguien de lleno en lo que está haciendo. *Se embebió en su lectura y no prestó atención a la conversación.* **SIN.** Ensimismarse, abstraerse.

embelesar (em-be-le-**sar**) *v. tr.* Fascinar, cautivar los sentidos. **GRA.** También v. prnl. *Se embelesó escuchando sus aventuras.* **SIN.** Abstraer(se), arrebatar(se), enajenar(se), extasiar(se), embobar(se). **ANT.** Desencantar(se), desinteresar(se).

embellecer - embozar

embellecer (em-be-lle-**cer**) *v. tr.* Dar belleza a una persona o cosa. **GRA.** También v. prnl. *Embellecieron las calles con luces de colores y otros adornos con motivo de las fiestas.* **SIN.** Adornar(se), hermosear(se), acicalar(se). **ANT.** Afear(se). ❦ v. irreg., se conjuga como parecer.

emberrincharse (em-be-rrin-**char**-se) *v. prnl., fam.* Enfadarse mucho. *Se emberrinchó y estuvo toda la tarde sin hablarnos.* **SIN.** Enfurecerse.

embestida (em-bes-**ti**-da) *s. f.* Acción y efecto de embestir. *Afortunadamente pudo esquivar la embestida del toro.* **SIN.** Agresión, carga, ataque.

embestir (em-bes-**tir**) *v. tr.* **1.** Lanzarse con ímpetu contra alguna persona o cosa. *La vaca nos embistió y tuvimos que salir corriendo.* **SIN.** Arremeter, atacar, abalanzarse. **ANT.** Esquivar, huir. **2.** Molestar a alguien para pedirle algo. *Su amigo estaba harto de que le embistiera para pedirle dinero prestado.*

embetunar (em-be-tu-**nar**) *v. tr.* Cubrir una cosa con betún. *Embetuna los zapatos.* **SIN.** Untar.

emblandecer (em-blan-de-**cer**) *v. tr.* **1.** *Ablandar. **GRA.** También v. prnl. **SIN.** Reblandecer(se). **ANT.** Endurecer(se). **2.** Conmover a alguien. **GRA.** También v. prnl. *No logró emblandecerlo con sus ruegos.* **SIN.** Compadecer(se), enternecer(se). ❦ v. irreg., se conjuga como parecer.

emblema (em-**ble**-ma) *s. m.* **1.** Símbolo que representa o significa algo. *En la carpeta llevaba una pegatina con el emblema del equipo del colegio.* **SIN.** Lema, escudo, divisa, insignia. **2.** Cosa que es representación simbólica de otra. *La cruz es el emblema de los cristianos.* **SIN.** Figura, alegoría, atributo.

embobar (em-bo-**bar**) *v. tr.* **1.** Causar admiración algo extraordinario. *Aquellas maravillosas puestas de Sol lo embobaban.* **SIN.** Admirar, seducir, embaucar. || *v. prnl.* **2.** Quedarse admirado ante algo. *Se emboba con la tele y no atiende a nada más.*

embolado (em-bo-**la**-do) *s. m., fam.* Situación embarazosa o problemática. *Nos metió en un buen embolado.* **SIN.** Problema, dificultad, papeleta.

embolia (em-**bo**-lia) *s. f.* Obstrucción de un vaso sanguíneo, que da lugar a un ataque cardíaco, cerebral o pulmonar. *Está ingresada en el hospital porque le dio una embolia.*

émbolo (**ém**-bo-lo) *s. m.* Pieza cilíndrica que se mueve en el interior del tubo de algunas máquinas. *Las jeringuillas tienen émbolo.* **SIN.** Pistón.

embolsar (em-bol-**sar**) *v. tr.* Cobrar, ganar dinero. **GRA.** También v. prnl. *Se embolsó una buena cantidad de dinero con la venta de las fincas.*

emboquillar (em-bo-qui-**llar**) *v. tr.* Poner boquillas o filtros a los cigarrillos de papel. *Esa máquina emboquilla los cigarros.*

emborrachar (em-bo-rra-**char**) *v. tr.* **1.** Causar embriaguez, atontar, adormecer. **GRA.** También v. prnl. *El olor a amoníaco en la habitación era tan fuerte que emborrachaba.* **2.** Empapar un alimento en almíbar, licor, etc., sobre todo los bizcochos. *Emborrachó el bizcocho en vino dulce.* || *v. prnl.* **3.** Beber vino u otro licor hasta perder el uso de razón. *Se emborrachó un poco en la fiesta.* **SIN.** Alumbrarse, embriagarse, ajumarse, mamarse.

emborronar (em-bo-rro-**nar**) *v. tr.* **1.** Llenar o manchar con borrones un papel. *No se dio cuenta de que la pluma perdía tinta y emborronó todo el cuaderno.* **SIN.** Garrapatear. **2.** Escribir deprisa y mal. *Emborronó unas cuantas cuartillas con sus pensamientos.*

emboscada (em-bos-**ca**-da) *s. f.* **1.** Ocultación de una o varias personas para atacar por sorpresa. *El enemigo cayó en una emboscada.* **SIN.** Encerrona, celada, estratagema, trampa. **2.** Conspiración contra alguien. *Sus propios compañeros le prepararon una emboscada para que se viera obligado a dimitir.* **SIN.** Asechanza, insidia, maquinación, intriga.

embotar (em-bo-**tar**) *v. tr.* **1.** Quitar el filo a un instrumento cortante. **GRA.** Se usa más como v. prnl. *Esta navaja no corta, se ha embotado.* **SIN.** Despuntar(se), enromar(se), mellar(se). **ANT.** Afilar. **2.** Enervar, debilitar una cosa. **GRA.** También v. prnl. *Llevaba tanto tiempo de reposo que se le embotaron las piernas.* **SIN.** Entumecer(se), adormecer(se). || *v. prnl.* **3.** Sentirse aturdido. *Se embotó con tanto número.* **SIN.** Congestionarse, aplanarse. **ANT.** Aguzar(se).

embotellamiento (em-bo-te-lla-**mien**-to) *s. m.* **1.** Acción y efecto de embotellar o llenar las botellas. *El encargado les explicó el proceso de embotellamiento de la leche.* **2.** Aglomeración de vehículos que obstruyen el tráfico. *Los días de lluvia se produce un gran embotellamiento en el centro de la ciudad.* **SIN.** Atasco.

embotellar (em-bo-te-**llar**) *v. tr.* **1.** Echar el vino u otro líquido en botellas. *Preparó licor casero de guindas para embotellarlo.* **SIN.** Envasar. **2.** Acorralar a una persona, inmovilizar un negocio. *Embotellaron la salida de sus mercancías.*

embozar (em-bo-**zar**) *v. tr.* **1.** Cubrir la parte inferior de la cara. **GRA.** También v. prnl. *Se embozó en su bufanda porque hacía mucho frío.* **SIN.** Tapar(se), ocultar(se), enmascarar(se). **ANT.** Destapar(se), mostrar(se). **2.** Poner el bozal a los animales. *Emboza al perro antes de soltarlo.* **3.** Ocultar, disimular lo que alguien piensa o siente. *Embozaba su tristeza para no preocupar a su familia.* 🗫 Se conjuga como abrazar.

embozo (em-**bo**-zo) *s. m.* **1.** Parte de una prenda con que alguien se cubre el rostro. *Ocultaba su rostro en el embozo de la capa.* **2.** Doblez de la sábana por la parte que toca el rostro. *Las sábanas eran estampadas, con el embozo en un color solo.*

embrague (em-**bra**-gue) *s. m.* **1.** Mecanismo de un automóvil que permite cambiar de marcha sin parar el motor. *Tenía una avería en el embrague.* **2.** Pedal con que se acciona este mecanismo. *Pisa el embrague si no quieres que se te cale el coche.* ‖ **LOC. patinarle a alguien el embrague** *fam.* Hacer o decir disparates.

embravecer (em-bra-ve-**cer**) *v. tr.* **1.** Irritar, enfurecer. **GRA.** También v. prnl. *Al verse herido el pobre jabalí se embraveció.* **SIN.** Encolerizar(se). **ANT.** Aplacar(se). **2.** Robustecerse las plantas. *El fertilizante embraveció las plantas.* ‖ *v. prnl.* **3.** Alterarse los elementos de la naturaleza. *Se embraveció el mar.* 🗫 v. irreg., se conjuga como parecer.

embrear (em-bre-**ar**) *v. tr.* Untar con brea. *Embrearon el camino.* **SIN.** Calafatear, embadurnar.

embriagar (em-bria-**gar**) *v. tr.* **1.** *Emborrachar. **GRA.** También v. prnl. **SIN.** Marear(se), aturdir(se), achispar(se). **2.** Aturdir los sentidos de alguien. **GRA.** También v. prnl. *Un profundo deseo de venganza le embriagaba sin poder evitarlo.* **SIN.** Arrebatar(se), extasiar(se), perturbar(se), enajenar(se). 🗫 Se conjuga como ahogar.

embriaguez (em-bria-**guez**) *s. f.* Pérdida de la razón por tomar bebidas alcohólicas. *Tardó en pasársele la embriaguez.* **SIN.** Cogorza, pedal, moña.

embridar (em-bri-**dar**) *v. tr.* **1.** Poner la brida a las caballerías. *Embrida al caballo.* **2.** Hacer que los caballos muevan la cabeza con elegancia. *Es muy bueno embridando caballos.*

embrión (em-bri-**ón**) *s. m.* **1.** Primeras fases de desarrollo de un organismo. *En el ser humano se habla de embrión hasta el tercer mes de embarazo.* **SIN.** Germen. **2.** Planta contenida en la semilla. *El semillero está lleno de embriones de plantas.* **3.** Principio, todavía sin forma, de una cosa. *Ya tenía el embrión de su nuevo libro.* **SIN.** Inicio, rudimento.

embrollar (em-bro-**llar**) *v. tr.* Enredar, confundir las cosas. **GRA.** También v. prnl. *Embrolló tanto la expli*cación *que no entendimos nada.* **SIN.** Embarullar, revolver, confundir, enmañar. **ANT.** Aclarar.

embrollo (em-**bro**-llo) *s. m.* **1.** Enredo, confusión. *Se preparó un buen embrollo.* **SIN.** Maraña, barullo, lío. **ANT.** Orden. **2.** Embuste, mentira. *Siempre estaba con embrollos.* **SIN.** Trápala. **ANT.** Verdad. **3.** Situación difícil de la que no se sabe cómo salir. *En menudo embrollo te has metido.* **SIN.** Conflicto.

embrujar (em-bru-**jar**) *v. tr.* *Hechizar. **SIN.** Encantar, embelesar, cautivar, fascinar. **ANT.** Repeler.

embrutecer (em-bru-te-**cer**) *v. tr.* Entorpecer, hacer más bruta a una persona. **GRA.** También v. prnl. *Era tan poco sociable que se embrutecía cada día más.* 🗫 v. irreg., se conjuga como parecer.

embuchar (em-bu-**char**) *v. tr.* **1.** Embutir carne picada en la tripa de un animal. *Estaba embuchando lomo de cerdo.* **2.** Engullir, comer mucho y muy deprisa. *Embuchaba la comida como si llevara una semana sin probar bocado.*

embudo (em-**bu**-do) *s. m.* Utensilio en forma de cono, rematado con un canutillo, que sirve para pasar líquidos de un recipiente a otro. *Pon el embudo para echar el aceite.*

embuste (em-**bus**-te) *s. m.* **1.** Mentira. *Nadie le cree porque siempre anda con embustes.* **SIN.** Engaño. **ANT.** Verdad. **2.** *Chil.* Falta o errata al escribir.

embutido (em-bu-**ti**-do) *s. m.* Tripa rellena de carne picada y especias. *El salchichón es el embutido que más me gusta.*

embutir (em-bu-**tir**) *v. tr.* **1.** Hacer embutidos. *Estaban embutiendo morcillas.* **2.** Llenar, meter una cosa dentro de otra y apretarla. *Embutió toda la ropa en la maleta como pudo.* **SIN.** Comprimir, apretar, incrustar. **3.** *fam.* Comer muy deprisa y casi sin masticar. **GRA.** También v. prnl. *Se embutió de pasteles.* **SIN.** Atracarse, atiborrarse.

emergencia (e-mer-**gen**-cia) *s. f.* Suceso repentino, accidente que sobreviene. *Todos los servicios de protección civil estaban alerta por si había alguna emergencia.* **SIN.** Acontecimiento, evento, suceso.

eme (**e**-me) *s. f.* Nombre de la letra "m".

emerger (e-mer-**ger**) *v. intr.* Brotar, salir del agua u otro líquido. *A los pocos días los restos de la barca emergieron en el río.* **SIN.** Germinar, manar, ascender. **ANT.** Hundir, soterrar. 🗫 Se conjuga como proteger.

emérito, ta (e-**mé**-ri-to) *adj.* Se dice de la persona jubilada de un empleo o cargo que goza de algún honor por sus buenos servicios. *Es profesor emérito de la Facultad de Veterinaria.*

emigración - empalagoso

emigración (e-mi-gra-**ción**) *s. f.* Acción y efecto de emigrar. *Durante los años 50 y 60 hubo mucha emigración desde España a Europa y América.*

emigrante (e-mi-**gran**-te) *s. m. y s. f.* Persona que va a vivir a un país que no es el suyo. *Son emigrantes españoles que viven en Suiza.*

emigrar (e-mi-**grar**) *v. intr.* **1.** Dejar una persona su propio país para ir a vivir a otro. *Tuvo que emigrar para buscar trabajo.* **ANT.** Inmigrar. **2.** Cambiar periódicamente de clima o lugar algunas especies animales. *Al llegar el frío las cigüeñas emigraron.*

eminencia (e-mi-**nen**-cia) *s. f.* **1.** Título de honor que se da a los cardenales. *Envió una carta a su eminencia.* **2.** Persona que sobresale en algo. *Es una eminencia en medicina.* **3.** Altura o elevación del terreno. *Había una eminencia en el camino.* **SIN.** Montículo, cerro, loma. **ANT.** Depresión.

eminente (e-mi-**nen**-te) *adj.* **1.** Que destaca por sus méritos o cualidades entre los demás. *Es un eminente profesor de derecho internacional.* **SIN.** Célebre, distinguido, insigne. **ANT.** Ínfimo. **2.** Alto, elevado. *No había duda de los eminentes resultados alcanzados por su partido en las elecciones locales.* **SIN.** Prominente, sobresaliente. **ANT.** Bajo.

emir (e-**mir**) *s. m.* Príncipe o caudillo árabe. *Varios emires árabes asistirán a la ceremonia.*

emisario, ria (e-mi-**sa**-rio) *s. m. y s. f.* Persona que lleva un mensaje o está encargada de una importante misión. *Llegó a un acuerdo con el emisario para celebrar un encuentro.* **SIN.** Embajador, legado.

emisor, ra (e-mi-**sor**) *adj.* **1.** Que emite. **GRA.** También s. m. y s. f. *Visitaron el centro emisor de la televisión local.* ‖ *s. f.* **2.** Estación de radio o televisión que envía señales sonoras o visuales. *Estuvimos en una emisora de radio.*

emitir (e-mi-**tir**) *v. tr.* **1.** Arrojar, echar hacia fuera una cosa. *El faro emitía fuertes destellos.* **SIN.** Lanzar, exhalar, despedir. **ANT.** Absorber. **2.** Hacer pública una opinión o un juicio. *El jurado emitió el fallo del concurso.* **SIN.** Manifestar, expresar, dar. **ANT.** Reservarse. **3.** Poner en circulación papel, moneda, títulos, etc. *Emitieron billetes de cinco mil pesetas.* **4.** Transmitir imágenes o sonidos. *Esa emisora de radio sólo emite música clásica.*

emmenthal *adj.* Se dice del queso elaborado con leche de vaca, de pasta dura y grandes agujeros. **GRA.** También s. m. *Me gusta el emmenthal suizo.*

emoción (e-mo-**ción**) *s. f.* Estado agitado del ánimo como consecuencia de una experiencia que cambia el comportamiento normal. *Lloró de emoción cuando le entregaron el premio.* **SIN.** Turbación, agitación, angustia, exaltación. **ANT.** Impasibilidad.

emocionar (e-mo-cio-**nar**) *v. tr.* Causar emoción. **GRA.** También v. prnl. *Se emocionó mucho al verme.* **SIN.** Conmocionar, conmover, estremecer.

emoliente (e-mo-**lien**-te) *adj.* Se dice del medicamento que sirve para ablandar una dureza o tumor. **GRA.** También s. m. *El almidón es un emoliente.*

emolumento (e-mo-lu-**men**-to) *s. m.* Sueldo de un empleo o de un trabajo. **GRA.** Se usa más en pl. *Recibió sus emolumentos.* **SIN.** Paga, remuneración.

emotivo, va (e-mo-**ti**-vo) *adj.* **1.** Se dice de aquello que produce emoción. *Su discurso fue muy emotivo.* **2.** Sensible a las emociones. *Es una persona muy emotiva.* **SIN.** Sensiblero, tierno, impresionable.

empacar (em-pa-**car**) *v. tr.* Hacer pacas o paquetes. *No pudieron acabar de empacar la hierba porque se estropeó el tractor.* **SIN.** Embalar, liar, envolver. Se conjuga como abarcar.

empachar (em-pa-**char**) *v. tr.* Causar indigestión. **GRA.** También v. prnl. *Comió tanto que se empachó.* **SIN.** Hartarse, empalagar, atiborrarse.

empacho (em-**pa**-cho) *s. m.* Indigestión. *Cogió un buen empacho de pasteles.*

empadrarse (em-pa-**drar**-se) *v. prnl.* Encariñarse excesivamente un niño con su padre o sus padres. *Se había empadrado mucho y lo pasó muy mal cuando tuvo que irse a estudiar fuera.*

empadronar (em-pa-dro-**nar**) *v. tr.* Inscribir a una persona en el padrón o lista que se hace en los pueblos y ciudades, para saber el número de habitantes que hay. **GRA.** También v. prnl. *Se empadronaron en la ciudad en la que vivían.* **SIN.** Radicar(se), domiciliar(se), avecinar(se).

empalagar (em-pa-la-**gar**) *v. intr.* **1.** Estar una cosa demasiado dulce. *Esta tarta no me gusta, empalaga demasiado.* **SIN.** Estomagar, empachar, asquear, repugnar. **ANT.** Deleitar. **2.** Cansar, fastidiar. **GRA.** También v. prnl. *Empalagaba a todo el mundo con sus continuas quejas.* **SIN.** Aburrir, hastiar. **ANT.** Complacer. **3.** Resultar demasiado sentimental una persona. *¡Déjate de remilgos, empalagas!* Se conjuga como ahogar.

empalagoso, sa (em-pa-la-**go**-so) *adj.* **1.** Se dice del alimento que empalaga. *Este postre me resulta muy empalagoso.* **SIN.** Dulzón, indigesto. **2.** Se dice de la persona que cansa con sus zalamerías o mimos. **GRA.** También s. m. y s. f. *Cuando quería conseguir algo se ponía muy empalagoso.* **SIN.** Meloso, sobón, cargante. **ANT.** Despegado, arisco.

empalizada (em-pa-li-**za**-da) *s. f.* **1.** Cercado hecho con estacas. *Saltó la empalizada de la finca.* **SIN.** Seto, tapia, valla. **2.** Valla de defensa hecha con estacas. *El enemigo se acercó hasta la empalizada.*

empalmar (em-pal-**mar**) *v. tr.* **1.** Unir dos maderos, tubos, cables, etc. por sus extremos para que se continúen. *Empalma estos cables.* **SIN.** Ligar, entrelazar, articular, conectar. **ANT.** Desconectar, cortar. ‖ *v. intr.* **2.** Enlazar un tren o un coche con otro. *El tren empalma con otro en Medina del Campo.* **3.** Suceder una cosa a continuación de otra sin interrupción. *Al acabar las vacaciones empalmará con su nuevo trabajo.* **SIN.** Seguir, proseguir. **ANT.** Interrumpir.

empanada (em-pa-**na**-da) *s. f.* Masa de pan u hojaldre rellena de picadillo de carne, bonito, etc. y cocida al horno o frita. *Me gusta mucho la empanada de bonito.*

empanadilla (em-pa-na-**di**-lla) *s. f.* Pastel pequeño, aplastado, que se hace doblando la masa sobre sí misma para cubrir con ella el relleno de carne picada, pollo, bonito, etc. *Voy a freír unas empanadillas.*

empanar (em-pa-**nar**) *v. tr.* Rebozar carne o pescado con huevo batido y pan rallado o harina para freírlo. *Está empanando unos filetes.*

empantanado, da (em-pan-ta-**na**-do) *adj.* Atascado, paralizado. *Se ha ido y me ha dejado empantanado a mitad del trabajo.*

empañar (em-pa-**ñar**) *v. tr.* **1.** Quitar el brillo o la transparencia de una cosa. **GRA.** También v. prnl. *El vaho empañaba los cristales del balcón.* **SIN.** Deslucir(se), manchar(se), oscurecer(se). **ANT.** Pulir(se), limpiar(se), clarificar(se). **2.** Quitar la fama, el mérito, etc. a algo o a alguien. **GRA.** También v. prnl. *Trataban de empañar su reputación con falsas acusaciones.* **SIN.** Desacreditar(se), arruinar(se).

empapar (em-pa-**par**) *v. tr.* **1.** Humedecer algo hasta que se quede penetrado de un líquido. **GRA.** También v. prnl. *Llovía tanto que nos empapamos.* **SIN.** Impregnar(se), humedecer(se), rociar(se), remojar(se), calar(se). **ANT.** Exprimir, secar(se). **2.** Penetrar un líquido los poros o huecos de un cuerpo. *Empapó el mazapán en vino dulce.* ‖ *v. prnl.* **3.** Aprender o enterarse bien de una cosa. *Se empapó de las últimas noticias.* **SIN.** Imponerse, embeberse.

empapelar (em-pa-pe-**lar**) *v. tr.* **1.** Recubrir con papel las paredes de una habitación. *Empapelamos el salón.* **2.** *fam.* Formar a alguien un expediente administrativo o una causa criminal. *Le empapelaron por falsificación de documentos.* **SIN.** Procesar, encausar, expedientar.

empapujar (em-pa-pu-**jar**) *v. tr., fam.* *Empapuzar.

empapuzar (em-pa-pu-**zar**) *v. tr., fam.* Hacer comer demasiado a alguien. **GRA.** También v. prnl. *Me empapuzaron de comida.* **SIN.** Atiborrar(se), hinchar(se). ✎ Se conjuga como abrazar.

empaque¹ (em-**pa**-que) *s. m.* Envoltura de los paquetes. *Trae unas tijeras para cortar las cuerdas del empaque.*

empaque² (em-**pa**-que) *s. m.* **1.** *fam.* Distinción de una persona o cosa. *Todas sus amistades eran de mucho empaque.* **SIN.** Categoría. **2.** *fam.* Seriedad con algo de afectación. *Con ese empaque no hay quien lo aguante.* **SIN.** Amaneramiento, tiesura, orgullo. **ANT.** Llaneza. **3.** *amer.* Descaro, desfachatez.

empaquetar (em-pa-que-**tar**) *v. tr.* **1.** Hacer paquetes. *Empaquetó el regalo para enviárselo por correo.* **SIN.** Embalar, atar, envolver. **ANT.** Desenvolver, desempaquetar. **2.** Acomodar o acomodarse en un lugar un número excesivo de personas. *Nos empaquetaron a los seis en una habitación para tres personas.* **3.** Castigar. *Empaquetaron al vigilante de la puerta por haberlos dejado pasar.*

emparchar (em-par-**char**) *v. tr.* Poner parches, llenar de ellos una cosa. **GRA.** También v. prnl. *Emparchamos el balón.*

emparedado (em-pa-re-**da**-do) *s. m.* Bocadillo preparado con dos rebanadas de pan. *Le gustan mucho los emparedados de jamón y queso.* **SIN.** Sandwich.

emparejar (em-pa-re-**jar**) *v. tr.* **1.** Formar una pareja. **GRA.** También v. prnl. *Se emparejaron para bailar.* ‖ *v. intr.* **2.** Alcanzar a alguien que va delante. *Tuve que echar una carrera para emparejar con ella.*

emparentar (em-pa-ren-**tar**) *v. intr.* Hacerse pariente de alguien por matrimonio. *Emparentó con mi familia al casarse con mi primo.* **SIN.** Entroncar.

empastar (em-pas-**tar**) *v. tr.* **1.** Cubrir de pasta una cosa. *Empastó con yeso el agujero de la pared.* **2.** Poner las pastas a un libro. *Sólo les queda ya empastar el libro.* **3.** Rellenar con pasta el hueco producido por la caries en los dientes. *Fue al dentista a empastarse una muela.*

empaste (em-**pas**-te) *s. m.* **1.** Acción y efecto de empastar o cubrir con pasta. *Le dijo que lo más conveniente era hacer un empaste.* **2.** Pasta con que se llena el hueco de un diente cariado. *Se le ha caído el empaste.*

empatar (em-pa-**tar**) *v. tr.* Quedar iguales dos o más contrincantes en una competición o prueba. *Empataron el partido a dos goles en el segundo tiempo.* **SIN.** Igualar.

empate (em-**pa**-te) *s. m.* Resultado de empatar. *Un empate en las elecciones les perjudicaría.*

empecatado, da (em-pe-ca-**ta**-do) *adj.* **1.** Muy travieso. *Es una niña muy empecatada, siempre está haciendo alguna trastada.* **2.** Malo, perverso. *No se fiaba de sus empecatadas intenciones.* **3.** Incorregible. *No cambiarás nunca, eres muy empecatado.*

empecinarse (em-pe-ci-**nar**-se) *v. prnl.* Obstinarse en algo. *Se empecinó en sacar esa carrera y al final lo ha conseguido.* **SIN.** Aferrarse, porfiar. **ANT.** Condescender, razonar.

empedernido, da (em-pe-der-**ni**-do) *adj.* Que no es capaz de superar la costumbre o el vicio que tiene arraigado. *Es un jugador empedernido.* **SIN.** Tenaz, incorregible.

empedrado, da (em-pe-**dra**-do) *adj.* **1.** Se dice del cielo cuando está cubierto de nubes pequeñas. *Mañana seguro que llueve, porque el cielo está muy empedrado.* || *s. m.* **2.** Pavimento de caminos, calles, etc. formado por adoquines o piedras pequeñas. *Tienen muy cuidado el empedrado del barrio viejo.* **SIN.** Calzada, embaldosado.

empeine (em-**pei**-ne) *s. m.* **1.** Parte superior del pie, desde el comienzo de la pierna hasta los dedos. *Tenía mucho empeine.* **2.** Parte de la bota que coincide con el empeine del pie. *El empeine de los zapatos nuevos le hacía daño.*

empellón (em-pe-**lIón**) *s. m.* Empujón brusco que se da con el cuerpo. *Le dio un empellón y cayó al suelo.* **SIN.** Envite, impulso. || **LOC. a empellones** Con violencia, bruscamente.

empeñado, da (em-pe-**ña**-do) *adj.* **1.** Se dice de la persona que tiene deudas. *Está totalmente empeñado con el crédito que ha pedido para pagar el piso.* **2.** Obstinado, que no atiende a razones. *Está empeñada en seguir adelante con la denuncia y no hay quien se lo quite de la cabeza.*

empeñar (em-pe-**ñar**) *v. tr.* **1.** Dar o dejar una cosa en depósito para conseguir un préstamo. *Tuvo que empeñar sus joyas.* || *v. prnl.* **2.** Contraer deudas. *Se empeñó con demasiadas letras y luego no podía pagarlas.* **3.** Insistir con firmeza en una cosa. *Se ha empeñado en venir con nosotros.* **SIN.** Afanarse, cegarse, empecinarse, obstinarse, emperrarse. **4.** Iniciar una discusión, pelea, etc. **GRA.** También v. tr. *Se empeñaron en una tonta disputa.*

empeño (em-**pe**-ño) *s. m.* **1.** Acción y efecto de empeñar o empeñarse. *La quiebra del negocio supuso el empeño de todas sus propiedades.* **2.** Deseo grande de hacer o conseguir una cosa. *Tenía empeño en ir al cine.* **SIN.** Afán, anhelo. **ANT.** Indiferencia. **3.** Esfuerzo y constancia por conseguir algo. *Puso todo su empeño en acabar el dibujo.* **SIN.** Perseverancia, tesón. **ANT.** Desinterés. || **LOC. con empeño** Con interés y constancia.

empeorar (em-pe-o-**rar**) *v. tr.* Poner peor una persona o cosa. **GRA.** También v. intr. *El tiempo empeorará a partir de la próxima semana.* **SIN.** Deteriorar, afear, disminuir, agravar(se). **ANT.** Mejorar(se).

empequeñecer (em-pe-que-ñe-**cer**) *v. tr.* **1.** Hacer una cosa más pequeña. **GRA.** También v. prnl. *La chaqueta ha empequeñecido al lavarla.* **SIN.** Menguar, mermar, reducir. **ANT.** Agrandar(se). **2.** Quitar importancia una cosa a otra. **GRA.** También v. prnl. *Los graves problemas de su amiga empequeñecieron los suyos.* **SIN.** Atenuar. **ANT.** Agrandar. || *v. prnl.* **3.** Acobardarse ante algo o alguien. *Se empequeñeció ante la actitud tan violenta de su adversario.* **SIN.** Depreciarse, rebajarse, humillarse, desvalorizarse. **ANT.** Crecerse. ✎ v. irreg., se conjuga como parecer.

emperador (em-pe-ra-**dor**) *s. m.* **1.** Título dado al jefe del antiguo imperio romano. *Augusto fue el primer emperador romano.* **2.** Título dado a los que mandaban sobre los reyes o grandes príncipes de los países bajo su dominio. *El emperador Carlos I de España y V de Alemania fue muy poderoso.* **3.** Pez espada. *Pescó un emperador enorme.* ✎ El f. de las definiciones 1 y 2 es "emperatriz".

emperatriz (em-pe-ra-**triz**) *s. f.* **1.** Soberana de un imperio. *El pueblo quería mucho a su emperatriz.* **2.** Mujer del emperador. *Ostentaba el título de emperatriz por haberse casado con el emperador.*

emperejilar (em-pe-re-ji-**lar**) *v. tr.* *Emperifollar.

emperezarse (em-pe-re-**zar**-se) *v. prnl.* Volverse alguien muy perezoso. *En cuanto llegaba el calor se emperezaba y se pasaba las tardes sin hacer nada.*

emperifollar (em-pe-ri-fo-**llar**) *v. tr.* Adornar en exceso a alguien o algo. **GRA.** También v. prnl. *Le gustaba mucho emperifollarse.* **SIN.** Acicalar(se), engalanar(se), endomingar(se), emperejilar(se).

emperrarse (em-pe-**rrar**-se) *v. prnl., fam.* Obstinarse en algo. *Se emperró en ir al cine y tuvieron que llevarle.* **SIN.** Porfiar, empeñarse, encapricharse, cerrarse. **ANT.** Condescender, allanarse.

empezar (em-pe-**zar**) *v. tr.* **1.** Dar principio a una cosa. *El profesor empezó la clase con un dictado.* **SIN.** Iniciar, comenzar. **ANT.** Terminar, acabar. **2.** Iniciar el uso o consumo de una cosa. *Empecé el jamón ayer.* || *v. intr.* **3.** Tener principio una cosa. *El alfabeto*

empiece - empotrar

empieza en la "a". **SIN.** Comenzar. **ANT.** Acabar. ✎ v. irreg., se conjuga como acertar. Se escribe "c" en vez de "z" seguido de "-e".

empiece (em-**pie**-ce) *s. m., fam.* Comienzo, principio. *El empiece de este jamón está un poco salado.* **ANT.** Fin, final.

empinado, da (em-pi-**na**-do) *adj.* **1.** Muy alto. *Hay que subir una cuesta muy empinada.* **SIN.** Elevado, levantado, prominente. **ANT.** Bajo. **2.** Estirado, orgulloso. *Es una persona muy empinada que se cree más que los demás.* **SIN.** Soberbio. **ANT.** Modesto.

empinar (em-pi-**nar**) *v. tr.* **1.** Levantar en alto. *Entre todos logramos empinar la verja caída.* **SIN.** Elevar, alzar, enderezar, erguir. **ANT.** Bajar. **2.** Levantar e inclinar una vasija para beber. *Empina el botijo para beber.* || *v. prnl.* **3.** Ponerse una persona sobre las puntas de los pies o un animal sobre los dos pies levantando las manos. *Se empinó para ver mejor el desfile.* **SIN.** Auparse, encaramarse, encabritarse.

empírico, ca (em-**pí**-ri-co) *adj.* Basado en la práctica o en la experiencia. *Se trataba de hechos empíricos.*

empitonar (em-pi-to-**nar**) *v. tr.* Alcanzar el toro al torero con los pitones o cuernos. *En los encierros el toro empitonó a un corredor.* **SIN.** Cornear, encornar.

empizarrar (em-pi-za-**rrar**) *v. tr.* Cubrir el tejado de un edificio con pizarra. *Empizarraron el tejado de la caseta.*

emplastar (em-plas-**tar**) *v. tr.* **1.** Poner un emplasto. *Le emplastaron la quemadura.* **2.** *fam.* Entorpecer la marcha de un asunto o de un negocio. *Emplastó la reunión con sus continuas interrupciones.*

emplasto (em-**plas**-to) *s. m.* **1.** Pasta farmacéutica que se extiende sobre alguna parte del cuerpo. *Le pusieron un emplasto sobre la herida.* **SIN.** Cataplasma, parche. **2.** *fam.* Persona delicada de salud. *Está hecha un emplasto.* **3.** *amer.* Parche, pegote.

emplazar[1] (em-pla-**zar**) *v. tr.* Citar a alguien en un determinado tiempo y lugar. *Le emplazó para aquella misma tarde en su despacho.* **SIN.** Convocar, requerir. ✎ Se conjuga como abrazar.

emplazar[2] (em-pla-**zar**) *v. tr.* Colocar en determinado sitio. *Emplazaron la estatua en la plaza mayor.* **SIN.** Situar. ✎ Se conjuga como abrazar.

empleado, da (em-ple-**a**-do) *s. m. y s. f.* **1.** Persona que desempeña un cargo o empleo. *Tiene tres empleados en la tienda.* **SIN.** Encargado, funcionario. || **2. empleado de hogar** Persona que por un salario o sueldo desempeña los trabajos domésticos.

emplear (em-ple-**ar**) *v. tr.* **1.** Dar un puesto de trabajo a alguien. *Le van a emplear como vendedor.* **SIN.** Contratar, colocar. **ANT.** Echar, despedir. **2.** Hacer servir las cosas para algo. *Han empleado la plaza como teatro.* **SIN.** Usar, utilizar, aplicar. **ANT.** Desaprovechar. **3.** Invertir o gastar el dinero en algo. *Emplearon el dinero de la herencia en comprar un piso.*

empleo (em-**ple**-o) *s. m.* **1.** Puesto de trabajo. *Tiene el empleo de cobrador.* **SIN.** Colocación, cargo. **2.** Uso o aplicación de una cosa. *El técnico le explicó el modo de empleo de la lavadora.* **SIN.** Utilización.

emplomar (em-plo-**mar**) *v. tr.* **1.** Asegurar o cubrir algo con plomo. *Emplomó la tubería.* **2.** *amer.* Empastar un diente o una muela.

empobrecer (em-po-bre-**cer**) *v. tr.* **1.** Hacer que alguien o algo quede en la pobreza. *La emigración de la juventud empobreció mucho la comarca.* **SIN.** Arruinar, depauperar, endeudar. **ANT.** Enriquecer. || *v. intr.* **2.** Llegar a pobre. **GRA.** También v. prnl. *Se empobreció en pocos años.* **SIN.** Arruinarse, depauperarse, endeudarse. **ANT.** Enriquecerse. ✎ v. irreg., se conjuga como parecer.

empollar (em-po-**llar**) *v. tr.* **1.** Calentar el ave los huevos, poniéndose sobre ellos para sacar pollos. **GRA.** También v. prnl. *Las gallinas estaban empollando los huevos.* **SIN.** Incubar, criar. **2.** *fam.* Estudiar mucho. **GRA.** También v. intr. *Se pasó toda la noche empollando para el examen.* **SIN.** Aplicarse.

empollón, na (em-po-**llón**) *adj.* Se dice del estudiante que prepara mucho sus lecciones. **GRA.** También s. m. y s. f. *Tenía fama de empollón.*

empolvar (em-pol-**var**) *v. tr.* Echar polvos de tocador en el rostro. **GRA.** También v. prnl. *Se empolvó un poco la cara para no estar tan pálida.*

emponzoñar (em-pon-zo-**ñar**) *v. tr.* **1.** Envenenar con ponzoña. **GRA.** También v. prnl. *El protagonista se emponzoñó para no caer en manos de sus enemigos.* **2.** Echar a perder una cosa. **GRA.** También v. prnl. *Se emponzoñaron las manzanas.*

emporcar (em-por-**car**) *v. tr.* Ensuciar, llenar de porquería. **GRA.** También v. prnl. *Si entras así en la cuadra, te emporcarás todo.* **SIN.** Manchar(se). **ANT.** Limpiar(se). ✎ v. irreg., se conjuga como contar. Se escribe "qu" en vez de "c" seguido de "-e".

emporio (em-**po**-rio) *s. m.* **1.** Lugar de comercio internacional. *Venecia fue un gran emporio comercial.* **2.** Lugar de florecimiento cultural y económico. *Grecia y Roma constituyeron el gran emporio de la cultura clásica.*

empotrar (em-po-**trar**) *v. tr.* Meter una cosa en la pared o en el suelo, asegurándola bien. *Empotraron el armario en un hueco de la pared.* **SIN.** Encajar.

emprendedor - enamoriscarse

emprendedor, ra (em-pren-de-**dor**) *adj.* Que tiene resolución para emprender cosas difíciles. *Es muy emprendedora para los negocios.* **SIN.** Activo, atrevido, audaz, resuelto. **ANT.** Apocado.

emprender (em-pren-**der**) *v. tr.* Empezar algo que es difícil o arriesgado. *El alpinista emprendió la subida de la montaña.* **SIN.** Acometer, atacar, iniciar. **ANT.** Finalizar, acabar.

empresa (em-**pre**-sa) *s. f.* **1.** Acción difícil que se empieza con valor y decisión. *El descubrimiento de América fue una empresa difícil.* **SIN.** Tarea, trabajo, proyecto, iniciativa. **2.** Sociedad o firma que hace negocios. *Tiene una empresa de automóviles usados.* **SIN.** Casa, compañía, firma comercial.

empresario, ria (em-pre-**sa**-rio) *s. m. y s. f.* **1.** Persona que dirige o que es dueño de una empresa. *Hubo una reunión de empresarios.* **SIN.** Financiero, patrono. **2.** Persona que explota un espectáculo o diversión. *El fracaso del espectáculo arruinó al empresario.*

empréstito (em-**prés**-ti-to) *s. m.* Préstamo. *Eran socios en una empresa de empréstitos.*

empujar (em-pu-**jar**) *v. tr.* **1.** Hacer fuerza contra una cosa para moverla o sostenerla. *Empujaron el coche estropeado hasta la gasolinera.* **SIN.** Impulsar, forzar, incitar. **ANT.** Contener. **2.** Hacer que alguien realice alguna cosa. *No contar con el apoyo de su familia le empujó a dejar aquel negocio.* **SIN.** Forzar, incitar, instigar, coaccionar. **ANT.** Contener, disuadir.

empuje (em-**pu**-je) *s. m.* **1.** Acción y efecto de empujar. *La presa se agrietó por el empuje del agua.* **SIN.** Impulso, propulsión, fuerza. **2.** Resolución para hacer las cosas. *Era una persona de gran empuje.* **SIN.** Brío, decisión, arranque, coraje.

empujón (em-pu-**jón**) *s. m.* **1.** Impulso dado con fuerza para apartar o mover una persona o cosa. *Le tiró al suelo de un empujón.* **SIN.** Empellón. **2.** Avance rápido que se da a una obra trabajando con ahínco en ella. *En este mes le han dado un buen empujón a la casa, pronto estará terminada.*

empuñadura (em-pu-ña-**du**-ra) *s. f.* Puño de la espada, de un bastón o de un paraguas. *Se rompió la empuñadura del paraguas.*

empuñar (em-pu-**ñar**) *v. tr.* Coger por el puño una cosa. *Empuñó la espada con fuerza.* **SIN.** Blandir, asir.

emú (e-**mú**) *s. m.* Ave parecida al avestruz, de plumaje oscuro, que vive en las llanuras de Australia. *Un emú puede alcanzar hasta dos metros de altura.* Su pl. es "emúes" o "emús".

emulación (e-mu-la-**ción**) *s. f.* Deseo de imitar o superar a una persona. *Admiraba mucho a su hermano y pretendía su emulación.* **SIN.** Rivalidad, competición, pugna.

emular (e-mu-**lar**) *v. tr.* Imitar a alguien procurando igualarle o superarle. *Trataba de emular a su padre en todo.* **SIN.** Competir, rivalizar.

emulsión (e-mul-**sión**) *s. f.* Líquido formado por dos sustancias no mezclables, una de las cuales está dispersa en la otra en forma de gotitas en suspensión. *Se formó una emulsión de aceite y agua.* **SIN.** Disolución, solución.

en *prep.* Indica en qué lugar, tiempo o modo se realiza la acción que señala el verbo. *Te veré en Madrid. La fiesta cae en jueves. Le habló en inglés.*

enagua (e-**na**-gua) *s. f.* Prenda de vestir femenina que se pone debajo de la falda. *Te asoma la puntilla de la enagua.* **SIN.** Combinación.

enajenación (e-na-je-na-**ción**) *s. f.* **1.** Acción y efecto de enajenar. *Un abogado se encargó de la enajenación de sus propiedades.* **2.** Distracción, falta de atención. *El profesor estaba preocupado por la enajenación de aquel alumno.* **SIN.** Arrobo, atontamiento, pasmo. || **3. enajenación mental** Alteración de las facultades mentales de una persona.

enajenar (e-na-je-**nar**) *v. tr.* **1.** Pasar a otra persona el dominio o propiedad de una cosa. *Enajenó todas sus fincas.* **SIN.** Vender, transferir. **ANT.** Comprar, adquirir. || *v. prnl.* **2.** Perder el uso de razón. **GRA.** También v. tr. *No logró superar aquella desgracia y se enajenó.* **SIN.** Enloquecer(se), arrebatar(se).

enaltecer (e-nal-te-**cer**) *v. tr.* Ensalzar o elevar a una persona o cosa a mayor estimación o dignidad. **GRA.** También v. prnl. *Se enalteció con su presencia.* **SIN.** Alabar(se), encomiar(se). **ANT.** Vituperar(se). ✎ v. irreg., se conjuga como parecer.

enamoradizo, za (e-na-mo-ra-**di**-zo) *adj.* Se dice de la persona que se enamora con facilidad. *Es muy enamoradizo.*

enamorar (e-na-mo-**rar**) *v. tr.* **1.** Despertar en alguien la pasión del amor. *Le enamoró con su ternura.* **SIN.** Conquistar, seducir, querer. **ANT.** Desengañar, desencantar. || *v. prnl.* **2.** Prendarse de amor una persona. *Se enamoró de ella nada más verla.* **SIN.** Pirrarse, prendarse, chiflarse. **3.** Aficionarse a una cosa. *Se enamoró de la pintura.* **SIN.** Interesarse, simpatizar, encariñarse. **ANT.** Cansarse, aburrirse, desinteresarse.

enamoriscarse (e-na-mo-ris-**car**-se) *v. prnl., fam.* Enamorarse superficialmente y a la ligera. *Estaba un poco enamoriscada, pero nada serio.* ✎ Se conjuga como abarcar.

enano - encaminar

enano, na (e-**na**-no) *adj.* **1.** Muy pequeño en su especie. *En Oriente hacen jardines enanos.* **SIN.** Ínfimo, microscópico, diminuto. **ANT.** Enorme. ‖ *s. m. y s. f.* **2.** Persona muy pequeña. *Cuando volvían de la mina, los siete enanitos encontraron a Blancanieves.* **ANT.** Gigante.

enarbolar (e-nar-bo-**lar**) *v. tr.* **1.** Levantar en alto un estandarte, bandera u otra cosa semejante. *Los hinchas enarbolaban las banderas de su equipo.* **SIN.** Blandir, izar, alzar, levantar. **ANT.** Arriar, bajar. ‖ *v. prnl.* **2.** *Encabritarse. **3.** *Enfadarse.

enardecer (e-nar-de-**cer**) *v. tr.* Excitar o avivar. **GRA.** También v. prnl. *La discusión se enardeció y acabaron todos enfadados.* **SIN.** Electrizar(se), arrebatar(se), entusiasmar(se). **ANT.** Calmar(se), enfriar(se). ✎ v. irreg., se conjuga como parecer.

encabezamiento (en-ca-be-za-**mien**-to) *s. m.* Conjunto de palabras con las que generalmente se comienza un escrito o documento. *Cambió el encabezamiento de la carta.* **SIN.** Exordio, preámbulo.

encabezar (en-ca-be-**zar**) *v. tr.* **1.** Dar principio a algo. *Una gran pancarta encabezaba la manifestación.* **SIN.** Preceder, iniciar, empezar. **2.** Poner el encabezamiento de un libro o escrito. *Encabezó la introducción con unos versos.* **SIN.** Introducir, titular, prologar. **3.** *amer.* Acaudillar, dirigir. **SIN.** Capitanear. ✎ Se conjuga como abrazar.

encabritarse (en-ca-bri-**tar**-se) *v. prnl.* **1.** Alzarse un caballo de las patas delanteras, apoyándose en las traseras. *Al cruzarse una culebra en el camino, el caballo se encabritó.* **2.** Envalentonarse. *Al ver que se metían con su amigo se encabritó.*

encadenar (en-ca-de-**nar**) *v. tr.* **1.** Atar con cadenas. *Encadenó el perro a la verja del jardín.* **SIN.** Esposar. **2.** Enlazar unas cosas con otras. **GRA.** También v. prnl. *Los éxitos se fueron encadenando de forma increíble.* **SIN.** Relacionar(se), conectar(se). ‖ *v. prnl.* **3.** Vincularse a alguien o a alguna cosa. *Al firmar ese documento, se ha encadenado al negocio para toda la vida.* **SIN.** Esclavizarse, atarse. **ANT.** Liberarse.

encajar (en-ca-**jar**) *v. tr.* **1.** Meter una cosa dentro de otra ajustadamente. *Encaja bien las baldas en la estantería.* **SIN.** Incrustar, empalmar, empotrar. **ANT.** Desencajar. **2.** Juntar dos cosas de manera que ajusten. **GRA.** También v. intr. *Encajó las piezas del puzzle.* **SIN.** Conectar, acoplar, enlazar. **ANT.** Desencajar. **3.** *fam.* Decir algo inoportunamente en una conversación. *La reunión familiar transcurrió sin problemas hasta que encajó lo de la herencia.* **SIN.** Endilgar, endosar, soltar. **4.** *fam.* Aguantar sin enfado una cosa que molesta. *Encajó bien la broma.* **5.** *fam.* Venir una cosa oportunamente. *Ese viaje encaja de maravilla en nuestros planes.* ‖ *v. prnl.* **6.** *fam.* Ponerse una prenda de vestir. *Se encajó la gorra hasta los ojos.*

encaje (en-**ca**-je) *s. m.* **1.** Acoplamiento de las cosas que ajustan entre sí. *Esta pieza tiene unas marcas para facilitar su encaje.* **SIN.** Conexión, ajuste, empalme. **2.** Labor de costura o tejidos con calados. *Puso unas cortinas de encaje.* **SIN.** Puntilla, bordado.

encajonar (en-ca-jo-**nar**) *v. tr.* Meter algo en un sitio estrecho. **GRA.** También v. prnl. *Lo encajonó como pudo en el hueco de la pared.* **SIN.** Apretar, embutir, prensar.

encalar (en-ca-**lar**) *v. tr.* **1.** Blanquear las paredes dándoles cal. *Encalaron la fachada de la casa.* **SIN.** Blanquear, enlucir, enjalbegar, revocar. **2.** Meter en cal o espolvorear con ella alguna cosa. *Encalaron el terreno para que fuera más fértil.*

encallar (en-ca-**llar**) *v. intr.* **1.** Quedar atascada una embarcación a causa de la arena o piedras. *El barco encalló en una playa rocosa.* **SIN.** Embarrancar, atollarse, zozobrar, varar. **ANT.** Ponerse a flote. **2.** No poder salir adelante en un negocio o empresa. *El trato encalló al no estar él dispuesto a ceder en nada.* **SIN.** Atascarse, atollarse.

encallarse (en-ca-**llar**-se) *v. prnl.* Endurecerse algunos alimentos por quedar interrumpida su cocción. *Se encallaron los garbanzos.*

encallecer (en-ca-lle-**cer**) *v. intr.* **1.** Criar callos o endurecerse la carne a manera de callo. **GRA.** También v. prnl. *Se le encallecieron las manos.* ‖ *v. prnl.* **2.** Endurecerse con la costumbre en los trabajos. *Se había encallecido después de tantos años trabajando en aquella dura faena.* ✎ v. irreg., se conjuga como parecer.

encallejonar (en-ca-lle-jo-**nar**) *v. tr.* Meter en un callejón o en un lugar estrecho. **GRA.** También v. prnl. *Encallejonaron a los toros.*

encalmar (en-cal-**mar**) *v. tr.* **1.** Tranquilizar, serenar. **GRA.** También v. prnl. *Se encalmaron los ánimos y no pasó nada.* ‖ *v. prnl.* **2.** Quedar en calma el mar o el viento. *El mar se encalmó.*

encalvecer (en-cal-ve-**cer**) *v. intr.* Perder el pelo, quedar calvo. *Encalveció en pocos años.* ✎ v. irreg., se conjuga como parecer.

encamarse (en-ca-**mar**-se) *v. prnl.* Echarse o meterse en la cama por enfermedad. *Se sentía tan mal que tuvo que encamarse.* **SIN.** Tenderse, tumbarse.

encaminar (en-ca-mi-**nar**) *v. tr.* **1.** Poner en camino, enseñar el camino. *Nos encaminó por un atajo.* **SIN.**

encandilar - encarecer

Orientar, dirigir, trasladar. **ANT.** Desorientar. **2.** Dirigir hacia un punto determinado. **GRA.** También v. prnl. *Se encamina hacia casa.* **SIN.** Conducir(se), encauzar(se). **ANT.** Desencaminar(se). **3.** Dirigir la intención a un fin determinado. *Encaminaron su campaña a captar el interés de la juventud.* **SIN.** Encauzar, conducir, encarrilar, enfocar. **ANT.** Desencaminar.

encandilar (en-can-di-**lar**) *v. tr.* **1.** Deslumbrar, alucinar con apariencias. *Encandiló a los electores con falsas promesas.* **SIN.** Fascinar, impresionar, embaucar. **ANT.** Desilusionar. **2.** Despertar o excitar el sentimiento o deseo amoroso. **GRA.** También v. prnl. *Le encandiló nada más conocerse.*

encanecer (en-ca-ne-**cer**) *v. intr.* **1.** Ponerse el pelo blanco por las canas. *Encaneció muy joven.* **SIN.** Blanquear, platear. **2.** Ponerse mohoso. **GRA.** También v. prnl. *El queso se encaneció con tanto calor.* **3.** Envejecer una persona. *El pobre encaneció mucho en pocos años.* **SIN.** Avejentarse. ✎ v. irreg., se conjuga como parecer.

encanijar (en-ca-ni-**jar**) *v. tr.* Poner flaco y enfermizo. **GRA.** También v. prnl. *Aquella larga enfermedad le encanijó de un modo increíble.* **SIN.** Desmedrar(se), adelgazar, desmejorar(se). **ANT.** Engordar.

encantado, da (en-can-ta-do) *adj.* **1.** Que está muy contento. *Dijo que estaba encantado de conocerte.* **SIN.** Complacido, satisfecho. **2.** Distraído, embobado. *Estaba encantado contemplando el paisaje.* **SIN.** Absorto, arrobado. **3.** Mágico, misterioso. *Se encontró con una flauta encantada.*

encantador, ra (en-can-ta-**dor**) *adj.* **1.** Que encanta, que agrada. *Es una persona encantadora.* **SIN.** Agradable, simpático, fascinador. **2.** Que hace encantamientos o cosas mágicas. *El mago encantador le convirtió en burro.* **SIN.** Hipnotizador.

encantar (en-can-**tar**) *v. tr.* **1.** Hacer maravillas mediante fórmulas mágicas. *Encantó la casa con su varita mágica y la convirtió en un pequeño palacio.* **SIN.** Hechizar, embrujar, hipnotizar. **2.** Cautivar la atención de alguien por medio de la hermosura, la simpatía, el talento, etc. *Me encanta su compañía.* **SIN.** Extasiar, sugestionar, seducir, impresionar. **ANT.** Desencantar, asquear, desagradar.

encanto (en-**can**-to) *s. m.* **1.** Cosa o persona que gusta. *Este bebé es un verdadero encanto.* **SIN.** Belleza, deleite, hermosura, preciosidad. **2.** Palabra mágica que deja hechizada a una persona. *El encanto convirtió al joven príncipe en rana.* **SIN.** Encantamiento. **3.** Atractivo. *La playa y la montaña me gustan mucho, las dos tienen su encanto.* ‖ *s. m. pl.* **4.** Atractivos físicos de una persona. *A pesar de la edad no perdió sus encantos.*

encañizar (en-ca-ñi-**zar**) *v. tr.* Cubrir un techo con cañizos. *Encañizaron la cuadra de las vacas.* ✎ Se conjuga como abrazar.

encañonar (en-ca-ño-**nar**) *v. tr.* Apuntar con un arma de fuego. *Encañonaron a los clientes que había en el banco.*

encapotar (en-ca-po-**tar**) *v. tr.* **1.** Cubrir con el capote. **GRA.** También v. prnl. *Se encapotó y se puso los guantes.* ‖ *v. prnl.* **2.** Cubrirse el cielo de nubes oscuras. *Se está encapotando el cielo, va a caer una buena tormenta.* **SIN.** Aborrascarse, nublarse, oscurecerse, cerrarse. **ANT.** Aclararse, abrirse. **3.** *Cub.* Enfermar o entristecerse las aves.

encapricharse (en-ca-pri-**char**-se) *v. prnl.* **1.** Empeñarse alguien en conseguir su capricho. *Se encaprichó de una muñeca.* **SIN.** Emperrarse, porfiar, empeñarse, empecinarse. **ANT.** Aborrecer, cejar, desistir. **2.** Enamorarse de forma poco seria. *Dicen que se ha encaprichado de esa chica.*

encapuchar (en-ca-pu-**char**) *v. tr.* Cubrir con una capucha. **GRA.** También v. prnl. *Se encapucharon para atracar el banco.*

encaramar (en-ca-ra-**mar**) *v. tr.* Levantar o subir a una persona o cosa. **GRA.** También v. prnl. *Se encaramó al árbol para coger las cerezas de las ramas más altas.* **SIN.** Aupar, trepar, empinar. **ANT.** Bajar(se), descolgar(se).

encarar (en-ca-**rar**) *v. intr.* **1.** Ponerse una persona cara a cara, y enfrente de otra. **GRA.** También v. prnl. *Se encaró con él y le dijo lo que pensaba.* ‖ *v. tr.* **2.** Afrontar una cuestión, asunto, etc. **GRA.** También v. prnl. *Encaró el problema con valentía.* **SIN.** Enfrentar.

encarcelar (en-car-ce-**lar**) *v. tr.* Poner a alguien preso en la cárcel. *Le encarcelaron durante tres meses.* **SIN.** Apresar, arrestar, encerrar, recluir. **ANT.** Excarcelar, libertar, liberar, soltar.

encarecer (en-ca-re-**cer**) *v. tr.* **1.** Aumentar o subir el precio de una cosa. **GRA.** También v. prnl. y v. intr. *Con la crisis se encarecieron los productos básicos.* **SIN.** Alzar(se), incrementar(se), gravar. **ANT.** Rebajar(se). **2.** Alabar excesivamente una cosa. *Encareció su dedicación al trabajo con rimbombantes palabras.* **SIN.** Enaltecer, ponderar, encomiar. **ANT.** Vituperar, desprestigiar. **3.** Recomendar con empeño. *Me encareció que lo hiciera el favor.* **SIN.** Rogar, suplicar. ✎ v. irreg., se conjuga como parecer.

encarecimiento (en-ca-re-ci-**mien**-to) *s. m.* Subida, carestía, alza. *El artículo hablaba sobre el encarecimiento de la vivienda.* || **LOC. con encarecimiento** Con insistencia y empeño. | Con exageración.

encargado, da (en-car-**ga**-do) *s. m. y s. f.* Persona que tiene a su cargo un establecimiento, un negocio, etc., en representación del dueño o interesado. *Habló con el encargado del establecimiento.* **SIN.** Apoderado, gestor, representante.

encargar (en-car-**gar**) *v. tr.* **1.** Poner una cosa al cuidado de alguien. *Me han encargado cuidar del gato.* **SIN.** Confiar, encomendar. **2.** Pedir que se traiga o envíe de otro lugar alguna cosa. *He encargado a la librería unos libros.* **SIN.** Solicitar. || *v. prnl.* **3.** Hacerse cargo de alguien o algo. *Yo me encargo de hacer la compra.* **SIN.** Ocuparse. 🖎 Se conjuga como ahogar.

encargo (en-**car**-go) *s. m.* **1.** Lo que se hace al encargar. *Hizo el encargo por teléfono.* **SIN.** Mandato, pedido, recado. **2.** Cosa encargada. *Me trajeron un encargo.* **SIN.** Cometido, misión.

encariñar (en-ca-ri-**ñar**) *v. tr.* Sentir cariño o afecto hacia una persona o cosa. **GRA.** Se usa más como v. prnl. *Se encariñó mucho con aquel juguete.* **SIN.** Enamorarse, encapricharse, prendarse.

encarnado, da (en-car-**na**-do) *adj.* Colorado, rojo. *Compró un globo encarnado.* **SIN.** Carmesí, bermellón, bermejo, escarlata.

encarnar (en-car-**nar**) *v. tr.* Personificar, representar alguna idea o doctrina. **GRA.** También v. intr. *Aquel personaje encarnaba el deseo de libertad de todo un pueblo.* **SIN.** Reproducir, significar.

encarnizarse (en-car-ni-**zar**-se) *v. prnl.* **1.** Mostrarse cruel con una persona. *Se encarnizó con él hasta que le hizo llorar.* **SIN.** Ensañarse. **2.** Luchar cruelmente dos rivales. *La lucha entre los dos bandos se encarnizó.* 🖎 Se conjuga como abrazar.

encarrilar (en-ca-rri-**lar**) *v. tr.* **1.** Encaminar, enderezar. *Trata de encarrilarlo por el buen camino.* **SIN.** Dirigir, encauzar, enderezar, guiar. **ANT.** Descarriar. **2.** Colocar sobre los carriles un vehículo. *Encarrilaron la máquina del tren.*

encarroñar (en-ca-rro-**ñar**) *v. tr.* Pudrir, corromper una cosa. **GRA.** También v. prnl. *La carne se encarroñó con el calor, al dejarla tanto tiempo fuera del frigorífico.*

encartar (en-car-**tar**) *v. tr.* En los juegos de naipes, jugar al contrario o al compañero carta a la cual pueda servir del palo. *Salió por bastos porque sabía que me encartaba a su compañera.*

encarte (en-**car**-te) *s. m.* **1.** Acción y efecto de encartar en los juegos de naipes. *Con este encarte hemos ganado la partida.* **2.** Pliego que se introduce en un libro y que puede ir encuadernado o no. *Ese diccionario lleva un encarte de 16 láminas a todo color.*

encartonar (en-car-to-**nar**) *v. tr.* **1.** Poner cartones o resguardar con cartones una cosa. *Encartonaron la ventana rota para que entrara menos frío.* **2.** Encuadernar sólo con cartones cubiertos de papel. *Encartonaron su trabajo en la imprenta.*

encasillar (en-ca-si-**llar**) *v. tr.* **1.** Poner en casillas. *El conserje del hotel debe encasillar cada llave en su lugar correspondiente.* **2.** Clasificar personas o cosas. *Al principio le encasillaron como un actor de segunda fila.* **SIN.** Clasificar, catalogar, encuadrar, archivar.

encasquetar (en-cas-que-**tar**) *v. tr.* **1.** Poner y encajar bien en la cabeza el sombrero. **GRA.** También v. prnl. *Encasquétate bien el sombrero, hace mucho viento.* **2.** Meter a alguien algo en la cabeza. **GRA.** Se usa más como v. prnl. *Se le encasquetó ir y nadie pudo hacerle cambiar de opinión.* **3.** Encajar, hacer que alguien se encargue de alguna cosa. *Le encasquetaban siempre los peores trabajos.* **SIN.** Endilgar.

encasquillar (en-cas-qui-**llar**) *v. tr.* **1.** *amer.* Poner herraduras a las caballerías. || *v. prnl.* **2.** Dejar de funcionar un arma por haberse atascado. *Se le encasquilló la escopeta.* **SIN.** Atascarse. **3.** *fam., Cub.* Acobardarse, acoquinarse.

encastillar (en-cas-ti-**llar**) *v. tr.* Fortificar un lugar con castillos. *El noble encastilló sus dominios.*

encausar (en-cau-**sar**) *v. tr.* Abrir una causa judicial contra alguien. *Le encausaron por un fraude alimentario.* **SIN.** Acusar, procesar. **ANT.** Absolver. 🖎 En cuanto al acento, se conjuga como causar.

encauzar (en-cau-**zar**) *v. tr.* **1.** Abrir cauce a una cosa. *Encauzaron una parte del río.* **2.** Encaminar, dirigir por buen camino. *Lograron encauzar bien el asunto.* **SIN.** Encarrilar, regenerar, orientar. **ANT.** Desencaminar. 🖎 Se conjuga como abrazar.

encebollado, da (en-ce-bo-**lla**-do) *adj.* Se dice del guiso de carne, con cebolla abundante y sazonada con especias, rehogado todo ello con aceite. **GRA.** También s. m. *Le encanta el hígado encebollado.*

encefalitis (en-ce-fa-**li**-tis) *s. f.* Inflamación del encéfalo. *El médico dijo que tenía una encefalitis.* 🖎 Invariable en número.

encéfalo (en-**cé**-fa-lo) *s. m.* Gran centro nervioso contenido en el cráneo, que comprende el cerebro, el cerebelo y el bulbo raquídeo. *El profesor nos explicó el funcionamiento del encéfalo.*

encefalograma - encíclica

encefalograma (en-ce-fa-lo-**gra**-ma) *s. m.* *Electroencefalograma.

encelar (en-ce-**lar**) *v. tr.* **1.** Dar celos. *Encelaba a su hermanita pequeña.* ‖ *v. prnl.* **2.** Tener celos de alguien. *Se encela enseguida.* **3.** Estar en celo un animal. *La gata se enceló.*

encenagado, da (en-ce-na-**ga**-do) *adj.* Revuelto o mezclado con cieno o barro. *Con tanta lluvia el camino estaba todo encenegado.*

encenagarse (en-ce-na-**gar**-se) *v. prnl.* **1.** Meterse en el cieno. *Se encenagó en una charca.* **2.** Entregarse a los vicios o meterse en un asunto poco honrado. *Sin saberlo, se había encenagado en una estafa.* ↘ Se conjuga como ahogar.

encendedor (en-cen-de-**dor**) *s. m.* Aparato que sirve para encender. *Le regalaron un encendedor de gasolina.* **SIN.** Chisquero, mechero.

encender (en-cen-**der**) *v. tr.* **1.** Hacer que una cosa arda, produciendo luz y calor. *Encendimos una hoguera para calentarnos.* **2.** Pegar fuego a una cosa, incendiar. *El calor encendió la gasolina.* **SIN.** Quemar, abrasar, chamuscar, prender. **ANT.** Apagar. **3.** Excitar los ánimos de alguien. **GRA.** También v. prnl. *Le encendía que le llevara la contraria.* **SIN.** Provocar, enardecer(se), exaltar(se). **ANT.** Aplacar(se), contener(se). **4.** *Cub.* Castigar, pegar. ‖ *v. prnl.* **5.** Ponerse colorado, ruborizarse. *Al darse cuenta de que había metido la pata se encendió como un tomate.* **SIN.** Ruborizarse. **ANT.** Palidecer. ↘ v. irreg., se conjuga como entender.

encerado (en-ce-**ra**-do) *s. m.* Cuadro grande que se utiliza en las escuelas y colegios para escribir en él. *Borra el encerado.* **SIN.** Pizarra.

encerar (en-ce-**rar**) *v. tr.* Dar cera a una superficie. *Ten cuidado de no resbalar, acaban de encerar el suelo.*

encerrar (en-ce-**rrar**) *v. tr.* **1.** Meter personas o animales en un lugar del que no puedan salir. **GRA.** También v. prnl. *Nunca encierro pájaros en jaulas.* **SIN.** Enclaustrar(se), enjaular(se), encarcelar(se). **ANT.** Liberar(se), sacar. **2.** Guardar algo en un sitio cerrado. *Encerré mi coche en el garaje durante la noche.* **SIN.** Meter. **ANT.** Sacar. **3.** Incluir, contener. *Ese refrán encierra una gran verdad.* **SIN.** Entrañar. **ANT.** Excluir. ‖ *v. prnl.* **4.** Retirarse de la vida del mundo para entrar en un convento. *Hizo una promesa y se encerró en un convento de clausura.* **SIN.** Recluirse, enclaustrarse. **ANT.** Salirse. ‖ **LOC. encerrarse en sí mismo** No comunicarse con los demás. ↘ v. irreg., se conjuga como acertar.

encerrona (en-ce-**rro**-na) *s. f.* **1.** *fam.* Situación preparada a manera de trampa, para que alguien haga lo que no pensaba hacer. *Cayó en la encerrona.* **2.** *fam.* Emboscada. *El enemigo les había preparado una encerrona.*

encestar (en-ces-**tar**) *v. tr.* **1.** En el juego del baloncesto, introducir el balón en el cesto o canasta del equipo contrario. *Encestó un triple en los últimos segundos.* **2.** Poner, recoger, guardar algo en una cesta. *Encestó las manzanas caídas.*

encharcar (en-char-**car**) *v. tr.* **1.** Cubrir de agua un terreno. **GRA.** También v. prnl. *Encharcaron los arrozales.* **SIN.** Anegar(se), empantanar(se), inundar(se). **2.** Formar charcos la lluvia. **GRA.** También v. prnl. *La tormenta encharcó las calles.* ↘ Se conjuga como abarcar.

enchilado, da (en-chi-**la**-do) *s. m.* **1.** *Cub.* Guiso de mariscos con salsa de chile. ‖ *s. f.* **2.** *Guat. y Méx.* Torta de maíz aderezada con chile y rellena de diversos manjares. ↘ Se usa más en pl.

enchiquerar (en-chi-que-**rar**) *v. tr.* **1.** Encerrar al toro en un chiquero o toril. *Enchiqueraron los toros.* **2.** *fam.* Meter a alguien en la cárcel. *Enchiqueraron a los atracadores.* **SIN.** Encarcelar, enchironar, enjaular. **SIN.** Libertar.

enchironar (en-chi-ro-**nar**) *v. tr., fam.* Meter a alguien en chirona, encarcelar. *La policía hizo una redada y enchironó a unos cuantos traficantes.* **SIN.** Arrestar, encerrar.

enchufado, da (en-chu-**fa**-do) *s. m. y s. f.* Persona que consigue un beneficio por enchufe y no por sus méritos. *Había conseguido el puesto porque era un enchufado del encargado.* **SIN.** Recomendado.

enchufar (en-chu-**far**) *v. tr.* **1.** Conectar un aparato con la corriente eléctrica. *Enchufa la tele.* **SIN.** Conectar. **ANT.** Desenchufar. **2.** Recomendar a alguien para un empleo. **GRA.** También v. prnl. *Desde que es director del banco, ha enchufado a varios miembros de su familia.* **SIN.** Apadrinar.

enchufe (en-**chu**-fe) *s. m.* **1.** Dispositivo para la toma de corriente eléctrica. *Se quemó el enchufe.* **2.** Recomendación o influencia para conseguir un empleo. *Se buscó un buen enchufe para entrar en esa empresa.*

encía (en-**cí**-a) *s. f.* Mucosa bucal que sirve de sujeción a las piezas dentales. *Tenía inflamación en las encías.*

encíclica (en-**cí**-cli-ca) *s. f.* Carta que el Sumo Pontífice dirige a todos los obispos y fieles de la Iglesia. *La "Rerum novarum" es una encíclica.* **SIN.** Pastoral.

enciclopedia (en-ci-clo-**pe**-dia) *s. f.* Obra en que se expone el conjunto de los conocimientos humanos o de los referentes a una ciencia, por artículos separados, dispuestos alfabética o temáticamente. *Tenía en su casa una gran enciclopedia de consulta.*

encierro (en-**cie**-rro) *s. m.* **1.** Acción y efecto de encerrar. *Hubo un encierro de grupos pacifistas en el Ayuntamiento en contra de la violencia.* **SIN.** Reclusión, retiro. **2.** Lugar donde se encierra. *No podía aguantar más tiempo en aquel encierro.* **SIN.** Prisión, calabozo, celda. **3.** Acto de traer los toros a encerrar en el toril. *Pamplona es famosa por sus encierros en la fiesta de San Fermín.* **4.** *Toril.

encima (en-**ci**-ma) *adv. l.* **1.** En un lugar superior respecto a otro. *Lo tienes encima de la mesa.* **2.** Apoyándose en la parte superior de algo. *Está encima del armario.* ‖ *adv. c.* **3.** Además. *¡Encima, tengo que aguantar esto!* ‖ **LOC. echarse encima una cosa** Ocurrir antes de lo que se esperaba. **estar encima de una persona o cosa** Vigilarla con atención. **por encima** Superficialmente.

encina (en-**ci**-na) *s. f.* Árbol de hojas persistentes y madera muy dura y compacta, cuyo fruto es la bellota. *Recogieron las bellotas de las encinas.*

encinta (en-**cin**-ta) *adj.* Embarazada. *Está encinta.* **SIN.** Preñada, gestante. ☞ Forma una sola palabra, no debe confundirse con " en cinta".

encintar (en-cin-**tar**) *v. tr.* Adornar con cintas. *Encintó la habitación con cintas de papel de vivos colores.*

enclaustrar (en-claus-**trar**) *v. tr.* **1.** Encerrar en un claustro o convento. **GRA.** También v. prnl. *Decidió enclaustrarse en un convento durante un tiempo para reflexionar.* **SIN.** Enceldar(se), recluir(se). **2.** Meter, esconder en un paraje oculto. **GRA.** También v. prnl. *Se había enclaustrado en una cabaña del monte y nadie sabía nada de él.*

enclave (en-**cla**-ve) *s. m.* **1.** Territorio incluido en otro de mayor extensión con características diferentes políticas, administrativas, geográficas, etc. *El condado de Treviño es un enclave.* **2.** Grupo étnico o ideológico que convive o se encuentra inserto dentro de uno más amplio y de características diferentes. *En aquella ciudad había un importante enclave musulmán.* **SIN.** Colonia.

enclenque (en-**clen**-que) *adj.* Se dice de la persona que suele estar enferma o que goza de poca salud. **GRA.** También s. m. y s. f. *Estás muy enclenque.* **SIN.** Enfermizo, canijo, raquítico. **ANT.** Fuerte, robusto.

enclítico, ca (en-**clí**-ti-co) *adj.* Se dice de la partícula que se une a la palabra anterior y forma con ella una sola palabra. **GRA.** También s. m. *En "escúchame", "me" es un pronombre enclítico.*

encobar (en-co-**bar**) *v. intr.* Empollar los huevos las aves y animales ovíparos. **GRA.** También v. prnl. *Una gallina encobaba sus huevos.*

encofrar (en-co-**frar**) *v. tr.* Hacer moldes para el hormigón para que éste fragüe. *Tardaron varios días en encofrar los pilares.*

encoger (en-co-**ger**) *v. tr.* **1.** Contraer alguna parte del cuerpo y de sus miembros. **GRA.** También v. prnl. *Encogió los hombros y se fue.* **SIN.** Arrugar(se). **ANT.** Estirar(se). ‖ *v. intr.* **2.** Hacerse más pequeñas las cosas. *Al lavar la chaqueta, ha encogido y ya no me sirve.* **SIN.** Estrechar, acortar, mermar, achicar. **ANT.** Aumentar, ensanchar. ‖ *v. prnl.* **3.** Carecer de valor o coraje. *Se encogió ante el peligro y todos le tacharon de cobarde.* **SIN.** Acobardarse, asustarse, amilanarse. **ANT.** Envalentonarse, crecerse. ✎ Se conjuga como proteger.

encolar (en-co-**lar**) *v. tr.* Pegar con cola una cosa. *Tengo que encolar las patas de esta silla.* **SIN.** Adherir, aglutinar, engomar.

encolerizar (en-co-le-ri-**zar**) *v. tr.* Hacer que alguien se enfade mucho. **GRA.** También v. prnl. *Al conocer la noticia se encolerizó.* **SIN.** Enfurecer(se), enojar(se), exacerbar(se), provocar. **ANT.** Aplacar(se). ✎ Se conjuga como abrazar.

encomendar (en-co-men-**dar**) *v. tr.* **1.** Encargar a alguien que haga algo o que cuide de un ser o de una cosa. *Le han encomendado la dirección de la empresa.* **SIN.** Comisionar, confiar. ‖ *v. prnl.* **2.** Confiarse al amparo de alguien. *Se encomendó a todos los santos.* ✎ v. irreg., se conjuga como acertar.

encomiar (en-co-**miar**) *v. tr.* Alabar con mucho empeño a una persona o cosa. *Todos encomiaron el gran esfuerzo realizado por el grupo.* **SIN.** Elogiar, encarecer, ponderar. **ANT.** Denostar, desdeñar. ✎ En cuanto al acento, se conjuga como cambiar.

encomienda (en-co-**mien**-da) *s. f.* **1.** Encargo. *Tenía la encomienda de entregar el paquete.* **2.** Recomendación, elogio. *Hablaron de su trabajo con encomiendas.* **3.** Amparo, protección. *Dejó los documentos bajo su encomienda.* ‖ *s. f.* **4.** Recuerdos, memorias. *El famoso actor decidió escribir sus encomiendas.* ‖ *s. f.* **5.** *Arg., Col., Chil. y Per.* Paquete postal.

encomio (en-**co**-mio) *s. m.* Alabanza encarecida. *Su comportamiento merece toda clase de encomios.* **SIN.** Elogio, enaltecimiento. **ANT.** Vituperio, insulto.

enconar (en-co-**nar**) *v. tr.* **1.** Irritar, exasperar el ánimo. **GRA.** También v. prnl. *Le enconaba mucho su* *falta de puntualidad.* **2.** Inflamar una herida o llaga. **GRA.** También v. prnl. *La herida estaba infectada y se enconó.*

encono (en-**co**-no) *s. m.* Animadversión, rencor. *Desde que le había hecho aquella faena, le tenía un gran encono.* **SIN.** Ensañamiento, furia. **ANT.** Amistad.

encontradizo, za (en-con-tra-**di**-zo) *adj.* Que se encuentra con otra persona o cosa. *Es muy encontradizo, vaya a donde vaya siempre se encuentra con alguien conocido.* ‖ **LOC. hacerse alguien el encontradizo** Buscar con disimulo el encuentro con otra persona.

encontrar (en-con-**trar**) *v. tr.* **1.** Dar con un ser o cosa que se busca. **GRA.** También v. prnl. *Encontró el viejo cofre en el desván.* **SIN.** Hallar, descubrir. **ANT.** Perder. **2.** Hallar a alguien o algo sin buscarlo. *Encontró a Pedro en el cine.* **SIN.** Topar(se), tropezar(se) con. **3.** Tener determinada opinión sobre alguien o algo. *Te encuentro un poco desmejorado.* ‖ *v. prnl.* **4.** Estar en desacuerdo. *Sus puntos de vista se encontraron al hablar de política y ninguno estaba dispuesto a ceder.* **SIN.** Discrepar, disentir. ✎ v. irreg., se conjuga como contar.

encontronazo (en-con-tro-**na**-zo) *s. m.* Golpe que se da una cosa con otra. *Se produjo un fuerte encontronazo entre dos coches, porque uno de ellos se saltó el stop.* **SIN.** Choque, topetazo, trompazo.

encopetado, da (en-co-pe-**ta**-do) *adj.* Presumido, orgulloso. *Es una persona muy encopetada.* **SIN.** Engreído.

encorajinarse (en-co-ra-ji-**nar**-se) *v. prnl., fam.* Irritarse alguien mucho. *Se encorajinó al enterarse de que no había sido admitido.* **SIN.** Sulfurarse, encolerizarse. **ANT.** Calmarse, sosegarse.

encorchar (en-cor-**char**) *v. tr.* **1.** Coger los enjambres de las abejas y cebarlas para que entren en las colmenas. *El apicultor estaba encorchando sus colmenas.* **2.** Poner tapones de corcho a las botellas. *Han comprado una nueva máquina de encorchar para la fábrica.*

encordar (en-cor-**dar**) *v. tr.* **1.** Poner cuerdas a los instrumentos de música. *Encordó la guitarrra.* **2.** Ceñir o rodear con una cuerda. *Encordó la túnica con una faja roja.* ‖ *v. prnl.* **3.** Atarse el montañista a la cuerda formando cordada. *Los alpinistas se encordaron bien antes de iniciar el ascenso.* ✎ v. irreg., se conjuga como contar.

encorvar (en-cor-**var**) *v. tr.* **1.** Doblar una cosa poniéndola corva. **GRA.** También v. prnl. *Al apretar, el tenedor se encorvó.* **SIN.** Curvar(se), arquear(se),

doblar(se), combar(se). **ANT.** Enderezar(se). ‖ *v. prnl.* **2.** Inclinarse a favor de alguien. *Se encorvó claramente por su propuesta.*

encostrar (en-cos-**trar**) *v. tr.* Cubrir con costra una cosa. **GRA.** También v. prnl. *Se le encostró la herida.*

encovar (en-co-**var**) *v. tr.* **1.** Meter o encerrar una cosa en una cueva o hueco. **GRA.** También v. prnl. *Al ver a los cazadores, el osezno se encovó en una pequeña gruta.* **2.** Obligar a alguien a ocultarse en una cueva. **GRA.** También v. prnl. *Nos tuvimos que encovar hasta que pasó el peligro.* ✎ v. irreg., se conjuga como contar.

encrespar (en-cres-**par**) *v. tr.* **1.** Rizar el cabello. **GRA.** También v. prnl. *Con la lluvia se le encrespó el pelo.* **SIN.** Enmarañar(se), ensortijar(se). **2.** Levantarse las olas del mar. **GRA.** Se usa más como v. prnl. *El mar se encrespaba con furia.* **SIN.** Embravecerse, picarse, agitarse. **3.** Enfurecer, irritar. *Le encrespó con sus malas contestaciones.* **SIN.** Sulfurar.

encrestarse (en-cres-**tar**-se) *v. prnl.* Poner las aves tiesa la cresta. *Los gallos se encrestaron.*

encriptar (en-crip-**tar**) *v. tr.* En informática, hacer que la información sea ilegible para terceras personas, mediante una clave. *No pudimos acceder a la información porque el programa estaba encriptado.*

encrucijada (en-cru-ci-**ja**-da) *s. f.* **1.** Cruce de caminos o calles. *Aquel camino daba a una encrucijada.* **SIN.** Intersección, bifurcación. **2.** Situación en la que es difícil decidirse. *No sabía cómo resolver aquella encrucijada.* **SIN.** Disyuntiva, dilema.

encuadernación (en-cua-der-na-**ción**) *s. f.* **1.** Acción y efecto de encuadernar. *El libro estaba impreso, sólo faltaba su encuadernación.* **2.** Manera de estar encuadernado un libro. *El libro tenía una buena encuadernación en piel.* **3.** Taller donde se encuaderna. *Trabaja en encuadernación.*

encuadernar (en-cua-der-**nar**) *v. tr.* Juntar y coser varios pliegos o cuadernos y ponerles cubiertas. *Se dedica a encuadernar libros.* **SIN.** Encartonar.

encuadrar (en-cua-**drar**) *v. tr.* **1.** Encerrar o incluir dentro de sí una cosa; determinar sus límites. *Encuadra el dibujo.* **SIN.** Delimitar, cerrar. **2.** Encerrar en un marco. *Encuadró el póster que le regalamos.* **3.** Encajar, ajustar una cosa dentro de otra. *Tu propuesta encuadra perfectamente en mis planes.* **SIN.** Incluir, insertar. **4.** Enmarcar el objeto que se va a fotografiar en el visor fotográfico. *Encuadró mal la imagen y salimos con la cabeza cortada.*

encubar (en-cu-**bar**) *v. tr.* Echar un líquido en las cubas. *Encubaron mil litros de vino.*

encubrir (en-cu-**brir**) *v. tr.* Ocultar una cosa o no manifestarla. **GRA.** También v. prnl. *La policía sabía que encubrían al autor del delito.* **SIN.** Tapar, esconder, disimular, omitir. **ANT.** Revelar, delatar, descubrir, manifestar. ✎ Tiene part. irreg., encubierto.

encuentro (en-**cuen**-tro) *s. m.* **1.** Acto de coincidir en un punto dos o más cosas. *Señala con un asterisco el encuentro de las dos líneas en el plano.* **SIN.** Coincidencia, choque. **2.** Acto de encontrarse dos o más personas. *Tuvo un encuentro con un viejo amigo.* **SIN.** Reunión, concurrencia, casualidad. **3.** Oposición, contradicción. *El encuentro de opiniones entre los dos rivales provocó una fuerte discusión.* **4.** Acto de hallar algo o a alguien. *El encuentro de su viejo diario en el desván le trajo hermosos recuerdos.*

encuesta (en-**cues**-ta) *s. f.* Técnica que consiste en averiguar, a través del análisis de las respuestas dadas por un número determinado de personas a un conjunto de preguntas, algún aspecto de la realidad social o determinadas opiniones individuales. *Realizaron varias encuestas para ver la intención de voto de la población.* **SIN.** Escrutinio, exploración.

encumbrar (en-cum-**brar**) *v. tr.* **1.** Levantar en alto. **GRA.** También v. prnl. *Encumbró al niño para que pudiera ver el desfile.* **SIN.** Encaramar(se), alzar(se), elevar(se). **ANT.** Bajar(se). **2.** Ensalzar, engrandecer a alguien. **GRA.** También v. prnl. *La crítica ha encumbrado a la joven escritora por su última novela.* **SIN.** Enaltecer(se), elogiar(se). **ANT.** Humillar(se), despreciar(se). ‖ *v. prnl.* **3.** Envanecerse, engreírse. *Desde que es famoso, se ha encumbrado tanto que no se habla con nadie.* **ANT.** Humillarse.

endeble (en-**de**-ble) *adj.* **1.** Que es débil o poco fuerte. *Juan es un niño muy endeble.* **SIN.** Flojo, enclenque, escuchimizado. **ANT.** Fuerte, resistente. **2.** De escaso mérito. *Su endeble fama iba a durar poco tiempo.* **SIN.** Inconsistente.

endecasílabo, ba (en-de-ca-**sí**-la-bo) *adj.* Se dice del verso de once sílabas. **GRA.** También s. m. *Todos los versos de esta estrofa son endecasílabos.*

endecha (en-**de**-cha) *s. f.* Composición poética triste o lastimera, que consta de cuatro versos de seis o siete sílabas, generalmente asonantadas. *Muchas endechas pertenecen a la tradición popular.*

endemia (en-**de**-mia) *s. f.* Enfermedad de carácter permanente localizada en una región. *La enfermedad del sueño es una endemia de África.*

endémico, ca (en-**dé**-mi-co) *adj.* Que pertenece o se refiere a la endemia. *El paludismo es una enfermedad endémica de las regiones pantanosas.*

endemoniado, da (en-de-mo-**nia**-do) *adj.* **1.** Persona o cosa poseída por el demonio. **GRA.** También s. m. y s. f. *El protagonista de la película era un endemoniado.* **SIN.** Endiablado, poseso. **2.** *fam.* Muy perverso, perjudicial. *Aquel endemoniado granizo destruyó toda la cosecha.* **SIN.** Nocivo.

endemoniar (en-de-mo-**niar**) *v. tr.* **1.** Introducir los demonios en el cuerpo de una persona. *Endemoniaba a sus víctimas con brujerías.* **2.** *fam.* Irritar, encolerizar. **GRA.** También v. prnl. *Le endemoniaba que le llevaran la contraria.* ✎ En cuanto al acento, se conjuga como cambiar.

endentecer (en-den-te-**cer**) *v. intr.* Empezar los niños a echar los dientes. *Comenzó a endentecer a los ocho meses.* **SIN.** Dentar, romper. ✎ v. irreg., se conjuga como parecer.

enderezar (en-de-re-**zar**) *v. tr.* **1.** Poner derecho lo que está torcido y vertical lo que está inclinado o tendido. **GRA.** También v. prnl. *Endereza esa barra.* **SIN.** Rectificar(se), erguir(se), levantar(se). **ANT.** Curvar(se), torcer(se), bajar(se). **2.** Corregir una conducta, vicio o costumbre. *Consiguió enderezar su falta de tolerancia.* **SIN.** Enmendar. **3.** Dirigir, dedicar. *Enderezó su vida hacia la investigación.* **4.** Gobernar bien; poner en buen estado una cosa. **GRA.** También v. prnl. *El nuevo encargado consiguió enderezar el negocio.* ‖ *v. intr.* **5.** Tomar el camino hacia un sitio. **GRA.** También v. prnl. *Se puso en marcha y enderezó calle abajo hacia su casa.*

endeudarse (en-deu-**dar**-se) *v. prnl.* Llenarse de deudas. *Le fueron tan mal los negocios que se endeudó.* **SIN.** Empeñarse, adeudar, entramparse.

endiablado, da (en-dia-**bla**-do) *adj.* *Endemoniado.

endibia (en-**di**-bia) *s. f.* Planta herbácea cuyas hojas, largas y lanceoladas, se comen en ensalada. *Pidió ensalada de endibias con salmón.* ✎ También "endivia".

endiosar (en-dio-**sar**) *v. tr.* **1.** Elevar a alguien a la divinidad. *El libro trataba de la vida de un explorador al que un pueblo primitivo había endiosado.* **2.** Ensalzar exageradamente a alguien. *Todos sus seguidores le endiosaban.* ‖ *v. prnl.* **3.** Engreírse. *Al verse con tanto poder se endiosó.* **SIN.** Ensoberbecerse.

endocardio (en-do-**car**-dio) *s. m.* Membrana que recubre las paredes del corazón. *Tenía una pequeña lesión en el endocardio.*

endocarpio (en-do-**car**-pio) *s. m.* Membrana que rodea el hueco en el que se encuentran las semillas de los frutos. *En el laboratorio partimos la semilla para observar el endocarpio.*

endocrino - enervar

endocrino, na (en-do-**cri**-no) *adj.* Que pertenece o se refiere a las hormonas o las secreciones internas. *El tiroides es una glándula del sistema endocrino.* **SIN.** Hormonal, secretorio.

endodoncia (en-do-**don**-cia) *s. f.* **1.** Parte de la odontología que se ocupa de las enfermedades de la pulpa de los dientes. *Es especialista en endodoncia.* **2.** Tratamiento de estas enfermedades. *Tuvieron que hacerle una endodoncia en la muela.*

endogamia (en-do-**ga**-mia) *s. f.* Matrimonio entre personas que tienen lazos de sangre. *Aquel pueblo primitivo practicaba la endogamia.*

endógeno, na (en-**dó**-ge-no) *adj.* Que se origina o nace en el interior o en virtud de causas internas. *Le diagnosticaron una depresión endógena.*

endomingarse (en-do-min-**gar**-se) *v. prnl.* Vestirse con la ropa de fiesta. *No te endomingues tanto, sólo vamos a dar un paseo al parque.* **SIN.** Emperifollarse, emperejilarse, acicalarse, engalanarse. Se conjuga como ahogar.

endosar (en-do-**sar**) *v. tr.* **1.** Dar a otro el trabajo que no le agrada a uno. *Le endosó a su hermano la tarea de poner la mesa.* **SIN.** Endilgar, encajar, cargar. **2.** Ceder a favor de otro un documento de crédito. *Le endosó el cheque.* **SIN.** Transferir, traspasar.

endosfera (en-dos-**fe**-ra) *s. f.* Capa más profunda de la Tierra, bajo la mesosfera. *La endosfera está compuesta de hierro y níquel.*

endrino, na (en-**dri**-no) *adj.* **1.** De color negro azulado. *El fondo del vestido era endrino con estampados blancos.* || *s. m.* **2.** Ciruelo silvestre. *Había muchos endrinos junto al camino.* || *s. f.* **3.** Fruto del endrino. *Estuvimos cogiendo endrinas.*

endulzar (en-dul-**zar**) *v. tr.* **1.** Poner dulce una cosa. **GRA.** También v. prnl. *Endulzó el café con dos cucharaditas de azúcar.* **SIN.** Azucarar(se), acaramelar(se). **ANT.** Amargar(se). **2.** Hacer llevadera una cosa difícil. **GRA.** También v. prnl. *Conocer a mucha gente endulzaba su duro trabajo.* **SIN.** Mitigar(se), dulcificar(se). Se conjuga como abrazar.

endurecer (en-du-re-**cer**) *v. tr.* **1.** Poner dura una cosa. **GRA.** También v. prnl. *Al secarse, la argamasa se endurece.* **SIN.** Solidificar(se). **ANT.** Ablandar(se). **2.** Dar fuerza y vigor al cuerpo. *La gimnasia endurece los músculos.* **SIN.** Fortalecer, vigorizar, fortificar. **ANT.** Debilitar. **3.** Hacer a alguien áspero, severo. **GRA.** También v. prnl. *Se endureció mucho, antes era más amable.* v. irreg., se conjuga como parecer.

ene (**e**-ne) *s. f.* Nombre de la letra "n".

eneágono, na (e-ne-**á**-go-no) *adj.* Se dice del polígono que tiene nueve ángulos y nueve lados. **GRA.** Se usa más como s. m. *Dibuja un eneágono.*

eneasílabo, ba (e-ne-a-**sí**-la-bo) *adj.* Que tiene nueve sílabas. **GRA.** También s. m. *El poema está escrito en versos eneasílabos.*

enebro (e-**ne**-bro) *s. m.* Árbol de madera muy apreciada, cuyo fruto son unas bayas negras y carnosas, del tamaño de un guisante. *El enebro pertenece a la familia de las coníferas.*

enemigo, ga (e-ne-**mi**-go) *adj.* **1.** Contrario, opuesto a una cosa. *Es enemigo del frío, por eso se ha ido a vivir al sur.* **SIN.** Hostil. **ANT.** Amigo. || *s. m. y s. f.* **2.** Persona que odia a otra. *Son enemigos políticos.* **SIN.** Adversario, contrincante, antagonista. **ANT.** Amigo. **3.** Persona contraria en la guerra o en el juego. *Los enemigos nos atacaron durante la noche.* **SIN.** Adversario, rival. **ANT.** Amigo, compañero.

enemistad (e-ne-mis-**tad**) *s. f.* Odio entre dos o más personas. *La enemistad entre las dos familias venía de muchos años atrás.* **SIN.** Antagonismo, hostilidad, rivalidad, aversión. **ANT.** Afecto, amistad.

enemistar (e-ne-mis-**tar**) *v. tr.* Hacer que dos o más personas se odien o pierdan su amistad. **GRA.** También v. prnl. *Se enemistaron por una tontería y no se han vuelto a hablar.* **SIN.** Indisponer(se), desavenir(se), dividir(se). **ANT.** Reconciliar(se).

energético, ca (e-ner-**gé**-ti-co) *adj.* **1.** Que pertenece o se refiere a la energía física. *En esa página viene una lista de los alimentos con alto valor energético.* **SIN.** Fortalecedor, nutritivo, vigorizante. || *s. f.* **2.** Ciencia que trata de la energía. *Es especialista en energética.*

energía (e-ner-**gí**-a) *s. f.* **1.** Fuerza y vigor del cuerpo. *Mi abuelo tiene todavía mucha energía.* **SIN.** Fortaleza, vitalidad. **ANT.** Flaqueza, debilidad. **2.** Fuerza de voluntad o entereza de ánimo. *Expuso sus razones con toda energía.* **SIN.** Vigor, empuje, nervio. **ANT.** Negligencia. **3.** En física, capacidad de un cuerpo para producir un trabajo. *La energía eléctrica mueve los motores.* **SIN.** Potencia, fuerza.

energúmeno, na (e-ner-**gú**-me-no) *s. m. y s. f.* Persona alborotada o furiosa. *Se portó como un energúmeno.* **SIN.** Exaltado, frenético, enloquecido.

enero (e-**ne**-ro) *s. m.* Primer mes del año. *Vendrá a vernos en enero.* El pl. es raro.

enervar (e-ner-**var**) *v. tr.* **1.** Debilitar, quitar las fuerzas. **GRA.** También v. prnl. *Le enervó la enfermedad.* **SIN.** Postrar(se), agotar(se). **2.** Irritar, sacar de quicio. *Me enerva oírle decir tantas bobadas.*

enésimo - enfoque

enésimo, ma (e-**né**-si-mo) *adj.* **1.** Se dice del número indeterminado de veces que se repite una cosa. *La profesora nos advirtió por enésima vez.* **2.** En matemáticas, se dice del lugar indeterminado en una serie. *Un número elevado a la enésima potencia es infinito.*

enfadadizo, za (en-fa-da-**di**-zo) *adj.* Que se enfada con facilidad. *Todo le parece mal, es muy enfadadizo.* **SIN.** Enojadizo, susceptible, chinche, gruñón.

enfadar (en-fa-**dar**) *v. tr.* Causar enfado. **GRA.** También v. prnl. *Le enfadó que no vinieras.* **SIN.** Amoscar(se), disgustar(se), irritar(se), enojar(se). **ANT.** Contentar(se), avenir(se), agradar, deleitar.

enfado (en-**fa**-do) *s. m.* **1.** Desagrado por algo que molesta. *Salió dando un portazo, para demostrar su enfado.* **SIN.** Fastidio, disgusto, irritación, cenojo. **ANT.** Satisfacción, agrado. **2.** Afán, trabajo. *Conseguí el objetivo, pero con muchos enfados.*

enfangar (en-fan-**gar**) *v. tr.* **1.** Cubrir de fango una cosa o hundirla en él. **GRA.** También v. prnl. *Se cayó al charco y se enfangó.* **SIN.** Embarrar(se), enlodar(se). ‖ *v. prnl.* **2.** Mezclarse en negocios sucios. *No quería enfangarse en aquella estafa.* **SIN.** Embarrarse, enredarse, mancharse. **3.** Entregarse a algún vicio. *Se enfangó en el juego y casi se arruina.* ✎ Se conjuga como ahogar.

énfasis (**én**-fa-sis) *s. amb.* **1.** Fuerza de expresión con que se quiere realzar lo que se dice. **GRA.** Se usa más como s. m. *Expresó su opinión con gran énfasis.* **SIN.** Vigor, intensidad, vehemencia. ‖ *s. m.* **2.** Afectación en el tono de la voz o en los gestos. *Su énfasis en el modo de hablar me pone enferma.* **SIN.** Pedantería, pomposidad. **3.** Figura que consiste en dar a las palabras un sentido más profundo del que tienen en la realidad. *Había que tener en cuenta el énfasis para entender el verdadero sentido de la frase.* **SIN.** Intención. ✎ Invariable en número.

enfático, ca (en-**fá**-ti-co) *adj.* **1.** Se aplica a lo dicho con énfasis. *Su discurso en contra de la violencia fue muy enfático.* **2.** Que habla o escribe con afectación. *Criticó el tono excesivamente enfático de su novela.*

enfatizar (en-fa-ti-**zar**) *v. intr.* **1.** Expresarse con énfasis. *Cuando habla en público, siempre enfatiza.* ‖ *v. tr.* **2.** Poner énfasis en la expresión de alguna cosa. *Enfatizó el gran esfuerzo de todo su equipo.* **SIN.** Acentuar, destacar, resaltar. ✎ Se conjuga como abrazar.

enfermar (en-fer-**mar**) *v. intr.* Contraer una enfermedad. *Enfermó de gripe.* **SIN.** Indisponerse. **ANT.** Sanar, reponerse.

enfermedad (en-fer-me-**dad**) *s. f.* Pérdida de la salud del cuerpo. *La enfermedad del sarampión se extendió por toda la escuela.* **SIN.** Mal, dolencia. **ANT.** Salud.

enfermería (en-fer-me-**rí**-a) *s. f.* **1.** Lugar destinado para cuidar a los enfermos. *El torero ingresó en la enfermería con una cornada en el muslo.* **SIN.** Botiquín, clínica, dispensario. **2.** Estudios relacionados con la asistencia a enfermos y heridos. *Está en el primer curso de enfermería.*

enfermero, ra (en-fer-**me**-ro) *s. m. y s. f.* Persona cuyo oficio es asistir a los enfermos. *La enfermera le hizo una cura.*

enfermizo, za (en-fer-**mi**-zo) *adj.* Se dice de la persona que enferma con facilidad. *Es una niña muy enfermiza.* **SIN.** Achacoso, delicado, frágil. **ANT.** Robusto, sano.

enfermo, ma (en-**fer**-mo) *adj.* Que padece alguna enfermedad. **GRA.** También s.m. y s. f. *Este año hay muchos enfermos de gripe.* **SIN.** Contagiado, malo, afectado. **ANT.** Sano.

enfervorizar (en-fer-vo-ri-**zar**) *v. tr.* Infundir ánimo o valor. **GRA.** También v. prnl. *El apoyo de su familia le enfervorizó para seguir adelante.* **SIN.** Entusiasmar(se), animar(se). **ANT.** Desanimar(se), desinteresar(se). ✎ Se conjuga como abrazar.

enfilar (en-fi-**lar**) *v. tr.* **1.** Poner en fila varias cosas. *Enfiló las cajas que había que cargar.* **2.** Tomar una persona o cosa la dirección de otra. *Enfiló el mismo camino.* **3.** *fam.* Tomar gran antipatía a alguien. *Enfiló a su compañera desde el primer momento, no la soportaba.*

enflaquecer (en-fla-que-**cer**) *v. tr.* **1.** Adelgazar. **GRA.** También v. prnl. *Desde que está con esa dieta tan estricta ha enflaquecido mucho.* **SIN.** Chuparse, apergaminarse, afilarse. **ANT.** Engordar. **2.** Debilitar. **GRA.** También v. prnl. *Su ánimo enflaqueció al verse solo.* **SIN.** Decaer, desmejorar, demacrar. ✎ v. irreg., se conjuga como parecer.

enfocar (en-fo-**car**) *v. tr.* **1.** Accionar el mando de distancias hasta obtener una imagen nítida. *Enfoca bien antes de hacer la foto.* **2.** Dirigir la luz de un foco. *La luz enfocó al grupo que estaba bailando.* **3.** Descubrir y examinar los puntos esenciales de un problema, con el fin de tratarlo acertadamente. *Enfocó bien el negocio.* **SIN.** Encauzar, encaminar, enfilar, orientar. ✎ Se conjuga como abarcar.

enfoque (en-**fo**-que) *s. m.* **1.** Acción de dirigir la luz de un foco hacia algo o alguien. *No me gustó el enfoque de las luces en el escenario.* **SIN.** Orientación.

enfrascarse - engendro

2. Diversos puntos de vista que se dan de un asunto. *No estaba en absoluto de acuerdo con su enfoque.* **3.** Acción de situar bien una imagen en una pantalla. *Está bien este enfoque.*

enfrascarse (en-fras-**car**-se) *v. prnl.* Dedicarse con intensidad a algo. *Se enfrascó en sus estudios.* **SIN.** Ocuparse, abstraerse, sumergirse, aplicarse, concentrarse. **ANT.** Desinteresarse, distraerse. Se conjuga como abarcar.

enfrentar (en-fren-**tar**) *v. tr.* **1.** Hacer frente a una situación o peligro. **GRA.** También v. prnl. *Tengo que enfrentarme con el problema para poder solucionarlo.* **2.** Poner frente a frente. **GRA.** También v. intr. *Les enfrentaron a propósito para averiguar la verdad.* **SIN.** Carear, encarar.

enfrente (en-**fren**-te) *adv. l.* **1.** En la parte opuesta, delante de otro. *Le tuve enfrente de mí.* || *adv. m.* **2.** En contra, en pugna. *Sabía que muchos estaban enfrente de él.* **SIN.** Opuesto. **ANT.** A favor.

enfriar (en-fri-**ar**) *v. tr.* **1.** Poner fría una cosa. **GRA.** También v. prnl. y v. intr. *Pon la bebida a enfriar en el congelador.* **SIN.** Refrigerar(se), refrescar(se). **ANT.** Calentar(se). **2.** Moderar un afecto, pasión, etc. **GRA.** También v. prnl. *Aquel incidente enfrió nuestra amistad.* **SIN.** Amortiguar(se), entibiar(se). || *v. prnl.* **3.** Coger frío una persona o indisponerse por un catarro a causa del frío. *Se enfrió y ahora está en la cama.* **SIN.** Resfriarse, acatarrarse, constiparse. En cuanto al acento, se conjuga como desviar.

enfundar (en-fun-**dar**) *v. tr.* **1.** Poner una cosa dentro de su funda. *Ayúdame a enfundar el colchón.* || *v. prnl.* **2.** Ponerse una prenda de vestir. *Se enfundó en su abrigo y salió a la calle.*

enfurecer (en-fu-re-**cer**) *v. tr.* Irritar a alguien. **GRA.** También v. prnl. *Cuando se enteró de que él le había desobedecido, se enfureció mucho.* **SIN.** Enojar(se), enfadar(se), encolerizar(se). **ANT.** Aplacar(se). v. irreg., se conjuga como parecer.

enfurruñarse (en-fu-rru-**ñar**-se) *v. prnl., fam.* Enfadarse. *Se enfurruña por cualquier cosa, es una caprichosa.* **SIN.** Enfoscarse, amostazarse, disgustarse. **ANT.** Calmarse, alegrarse.

enfurruscarse (en-fu-rrus-**car**-se) *v. prnl., fam.* *Enfurruñarse. Se conjuga como abarcar.

engalanar (en-ga-la-**nar**) *v. tr.* Adornar. **GRA.** También v. prnl. *Engalanaron las calles con motivo de las fiestas.* **SIN.** Emperifollar(se), arreglar(se).

enganchar (en-gan-**char**) *v. tr.* **1.** Agarrar una cosa con un gancho o colgarla de él. **GRA.** También v. prnl. y v. intr. *El maquinista enganchó el vagón.* **SIN.** Colgar, suspender. **ANT.** Desengancharse. **2.** Poner los caballos en los carruajes para que tiren de ellos. **GRA.** También v. intr. *Engancha los caballos.* **ANT.** Desenganchar. **3.** *fam.* Atraer a alguien con astucia, captar su afecto o voluntad. *Le enganchó para que le pasara el trabajo a máquina.* || *v. prnl.* **4.** *fam.* Hacerse adicto a algo. *Se enganchó a la música rock desde muy joven.*

enganche (en-**gan**-che) *s. m.* Mecanismo de unión de coches y locomotoras. *Hubo un problema con el enganche de los vagones del ferrocarril.*

engañar (en-ga-**ñar**) *v. tr.* **1.** Hacer creer a alguien una cosa que no es cierta. *Trató de engañarnos, pero descubrimos la verdad.* **SIN.** Mentir, burlar, falsear. **2.** Timar, aprovecharse de alguien. *Le engañó cuando le vendió una pluma que estaba rota.* **3.** Entretener, distraer. *Engañaba al bebé con cuentos mientras le daba de comer.* **4.** *Engatusar. || *v. prnl.* **5.** No querer ver uno mismo la verdad. *Se engañaba para no tener que enfrentarse a los hechos.*

engañifa (en-ga-**ñi**-fa) *s. f., fam.* Engaño artificioso. *Se le dan muy bien las engañifas.*

engaño (en-ga-ño) *s. m.* **1.** Falta de verdad, falsedad. *Me di cuenta del engaño.* **SIN.** Truco, picardía, trampa. **2.** Equivocación, error. *Estás en un engaño.* **3.** Muleta o capa con la que se engaña al toro. *El toro fue hacia el engaño.*

engarrotar (en-ga-rro-**tar**) *v. tr.* Entumecer el frío los miembros. **GRA.** También v. prnl. *Sus piernas se engarrotaron y no podía caminar por la nieve.*

engarzar (en-gar-**zar**) *v. tr.* **1.** Unir una cosa con otra formando cadena, mediante un hilo de metal. *El joyero estaba engarzando un collar de perlas.* **SIN.** Eslabonar, trabar, encadenar. **ANT.** Desengarzar. || *v. prnl.* **2.** *amer.* Enzarzarse en discusiones o peleas. Se conjuga como abarcar.

engastar (en-gas-**tar**) *v. tr.* Encajar una cosa en otra, especialmente una piedra preciosa en un metal. *Engastó un diamante en la sortija de oro.* **SIN.** Montar.

engatusar (en-ga-tu-**sar**) *v. tr., fam.* Ganar la voluntad de alguien con halagos. *No consiguieron engatusarlo.* **SIN.** Burlar, camelar, embelecar.

engendrar (en-gen-**drar**) *v. tr.* **1.** Procrear, propagar la propia especie. *Gracias a las nuevas técnicas, pudo engendrar un niño.* **SIN.** Reproducir, criar, crear. **2.** Ser causa, razón o motivo de algo. **GRA.** También v. prnl. *La crisis engendró más paro.* **SIN.** Originar(se), formar(se), ocasionar, motivar.

engendro (en-**gen**-dro) *s. m.* **1.** Criatura deforme. *Un hechizo de una bruja mala le había convertido en*

englobar - engrandecer

un engendro. **SIN.** Monstruo, horror. **2.** Obra intelectual mal concebida o absurda. *¡Vaya un engendro de libro!* **SIN.** Barbaridad.

englobar (en-glo-**bar**) *v. tr.* **1.** Incluir varias cosas en una. *Esta asignatura engloba varias materias.* **SIN.** Comprender, encerrar. **2.** *Abarcar. **SIN.** Abrazar, rodear, envolver.

engolfar (en-gol-**far**) *v. intr.* **1.** Entrar una embarcación muy dentro del mar. **GRA.** Se usa más como v. prnl. *La barca se engolfó en el mar.* **2.** Dejarse llevar por pensamiento, afecto, etc. **GRA.** También v. tr. *Se engolfó tanto con aquel asunto que olvidó todo lo demás.* **SIN.** Sumergirse, abstraerse, abismarse, enfrascarse, aplicarse.

engolosinar (en-go-lo-si-**nar**) *v. tr.* **1.** Excitar el deseo de alguien con algún atractivo. *Le engolosinó ofreciéndole una gran cantidad de dinero.* **SIN.** Atraer, deslumbrar. ‖ *v. prnl.* **2.** Aficionarse, tomar gusto a una cosa. *Los niños se engolosinaron con los caballitos y no querían marchar.* **SIN.** Apasionarse, enviciarse. **ANT.** Repeler.

engomar (en-go-**mar**) *v. tr.* Untar con goma o pegamento. *Engomó el sobre.*

engordar (en-gor-**dar**) *v. tr.* **1.** Cebar, dar mucho de comer para poner gordo. *Engordaron al cerdo para la matanza.* **SIN.** Cebar. **ANT.** Desnutrir. **2.** Aumentar algo para que parezca más importante. *Engordó su currículo con todos los cursos que tenía, aunque no fueran de importancia.* ‖ *v. intr.* **3.** Ponerse gordo. *He engordado un poco, la ropa no me sirve.* **SIN.** Ensanchar, inflarse, echar carnes. **ANT.** Adelgazar. **4.** *fam.* Hacerse rico. *¡Cómo ha engordado con ese negocio, parece increíble!* **SIN.** Enriquecerse, prosperar.

engorro (en-**go**-rro) *s. m.* Molestia, impedimento. *Lo que estaba haciendo era un engorro.* **SIN.** Dificultad, embarazo, estorbo.

engranaje (en-gra-**na**-je) *s. m.* Conjunto de las piezas que se engranan. *Se rompió el engranaje.* **SIN.** Acoplamiento, juego, encadenamiento.

engranar (en-gra-**nar**) *v. tr.* Enlazar, trabar. *Engranó las dos piezas.*

engrandecer (en-gran-de-**cer**) *v. tr.* **1.** Hacer una cosa más grande. *Engrandeció la empresa.* **SIN.** Agrandar, incrementar, ampliar. **ANT.** Disminuir, empequeñecer. **2.** Alabar, exagerar. *Engrandeció su buen comportamiento.* **ANT.** Humillar, rebajar. **3.**

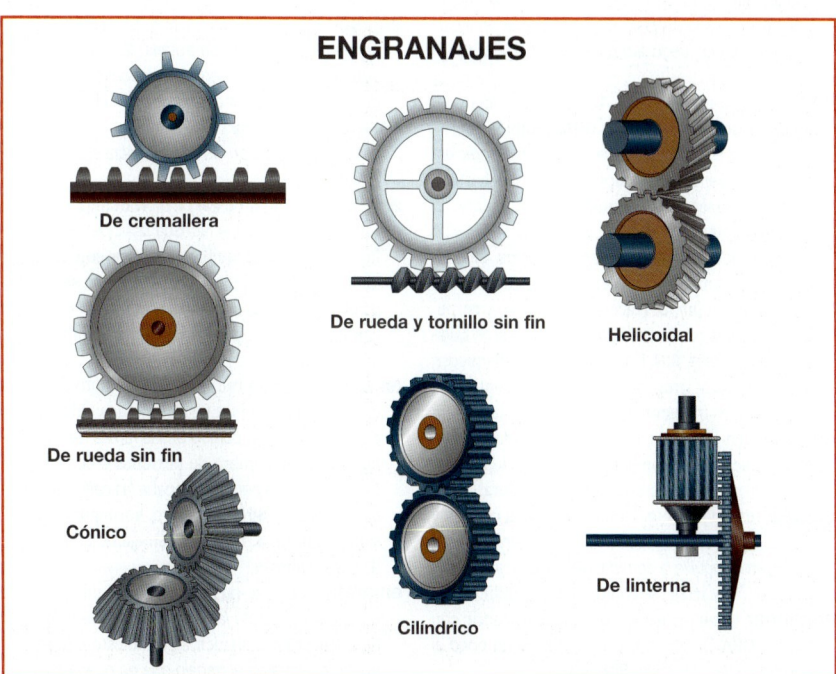

ENGRANAJES

De cremallera

De rueda y tornillo sin fin

Helicoidal

De rueda sin fin

Cónico

Cilíndrico

De linterna

engranujarse - enjaretar

Exaltar, elevar a una dignidad superior. **GRA.** También v. prnl. *El éxito de su última película le había engrandecido.* **SIN.** Enaltecer(se), encumbrar(se). **ANT.** Humillar(se). 🖎 v. irreg., se conjuga como parecer.

engranujarse (en-gra-nu-**jar**-se) *v. prnl.* **1.** Hacerse granuja. *Antes era muy apocado, pero se ha engranujado mucho.* **2.** Llenarse de granos. *Se le engranujó la cara por alguna comida que le hizo daño.*

engrasar (en-gra-**sar**) *v. tr.* **1.** Untar con grasa. **GRA.** También v. prnl. *Engrasa un poco el molde con mantequilla antes de echar la masa del bizcocho.* **SIN.** Pringar(se), untar(se), embadurnar(se). **ANT.** Desengrasar. **2.** Suavizar con grasa o aceite las piezas que rozan. *Engrasa las bisagras de la puerta, hace mucho ruido.* **SIN.** Lubrificar.

engreír (en-gre-**ír**) *v. tr.* **1.** Envanecer. **GRA.** También v. prnl. *Se engreía mucho porque tenía dinero.* **SIN.** Endiosar(se), ensoberbecer(se). **ANT.** Humillar(se). **2.** *amer.* Encariñar, aficionar. **GRA.** Se usa más como v. prnl. 🖎 v. irreg., se conjuga como reír.

engrescar (en-gres-**car**) *v. tr.* **1.** Incitar a riña. **GRA.** También v. prnl. *Se engrescaron en una fuerte discusión.* **SIN.** Encizañar(se), enzarzar(se). **2.** Incitar a la broma o a la diversión. *Nos engrescaron a participar en aquel juego tan divertido.* 🖎 Se conjuga como abarcar.

engrosar (en-gro-**sar**) *v. tr.* **1.** Hacer que una cosa aumente de peso y tamaño. **GRA.** También v. prnl. *Engrosaron el saco con papeles para que pareciera que estaba lleno.* **SIN.** Ampliar(se), aumentar(se), incrementar(se). **ANT.** Disminuir. **2.** Aumentar el número de una colectividad. *Este último año el club ha engrosado mucho el número de socios.* **SIN.** Incrementar, ampliar, acrecentar, ensanchar. **ANT.** Disminuir. ‖ *v. intr.* **3.** Hacerse más grueso y corpulento. *Tendrás que hacer algo de ejercicio si no quieres engrosar más.* **SIN.** Engordar. **ANT.** Enflaquecer, adelgazar. 🖎 v. irreg., se conjuga como contar, pero se usa más frecuentemente como regular.

engrudo (en-**gru**-do) *s. m.* Especie de cola o pegamento que se hace con harina y agua cocida. *Pégalo con un poco de engrudo.* **SIN.** Encoladura.

engullir (en-gu-**llir**) *v. tr.* Comer deprisa la comida y sin masticar. **GRA.** También v. intr. *Observaban cómo el pavo engullía la comida.* **SIN.** Tragar, atracarse, devorar. 🖎 v. irreg., se conjuga como mullir.

enharinar (en-ha-ri-**nar**) *v. tr.* Manchar, cubrir con harina. **GRA.** También v. prnl. *Enharinó un poco el pescado antes de freírlo.* **SIN.** Rebozar.

enhebrar (en-he-**brar**) *v. tr.* **1.** Pasar un hilo por el ojo de una aguja. *Enhebra la aguja con hilo negro.* **SIN.** Enfilar, enhilar. **ANT.** Desenhebrar. **2.** Pasar una hebra por el agujero de las perlas, cuentas, etc. *Está enhebrando una pulsera con cuentas de colores.*

enhiesto, ta (en-**hies**-to) *adj.* Se dice de aquello que está levantado o derecho. *Era una planta de tallo muy delgado y enhiesto.* **SIN.** Erecto, erguido, tieso. **ANT.** Tumbado, acostado.

enhilar (en-hi-**lar**) *v. tr.* **1.** Enhebrar una aguja. *Enhila la aguja para coser este botón.* **2.** Ordenar las ideas de un discurso o escrito. *Trataba de enhilar los contenidos de su discurso antes de comenzar a redactarlo.* **3.** Dirigir, guiar. *Enhiló todos sus esfuerzos a conseguir su propósito.*

enhorabuena (en-ho-ra-**bue**-na) *s. f.* Felicitación por algo bueno. *Le dimos la enhorabuena por el premio.* **SIN.** Alabanza, congratulación.

enigma (e-**nig**-ma) *s. m.* **1.** Cosa difícil de comprender. *Aquella repentina curación fue un enigma para los médicos.* **SIN.** Secreto, incógnita, misterio. **2.** Dicho o conjunto de palabras de sentido encubierto. *Siempre les contaba algún enigma.* **SIN.** Jeroglífico, adivinanza, acertijo.

enjabonar (en-ja-bo-**nar**) *v. tr.* **1.** Dar jabón. *Enjabona bien la ropa antes de frotarla.* **2.** *fam.* Dar coba, adular. *Sabía que cuando lo enjabonaba así era porque quería conseguir algo de él.* **SIN.** Halagar.

enjaezar (en-ja-e-**zar**) *v. tr.* Poner los jaeces a las caballerías. *Enjaezaron los caballos para el desfile.* **SIN.** Engualdrapar.

enjalbegar (en-jal-be-**gar**) *v. tr.* **1.** Blanquear las paredes. *Enjalbegaron la fachada principal.* **SIN.** Encalar, enlucir. **2.** Maquillarse la cara con cremas y afeites. **GRA.** También v. prnl. *Cada uno se enjalbegó el rostro de acuerdo con su disfraz.* 🖎 v. irreg., se conjuga como ahogar. ☞ La forma "enjabelgar" es incorrecta.

enjambre (en-**jam**-bre) *s. m.* **1.** Conjunto de abejas con su reina, que juntas salen de una colmena. *Un enjambre se había parado en las ramas de aquel árbol.* **2.** Muchedumbre de personas o cosas juntas. *Un enjambre de personas llenaba las calles de la ciudad en fiestas.* **SIN.** Hervidero, hormiguero, profusión, multitud. **3.** *Cub.* Pez semejante a la cabrilla, de carne sabrosa.

enjaretar (en-ja-re-**tar**) *v. tr.* **1.** Pasar una cinta por una jareta. *Enjaretó la parte de abajo de la falda.* **2.** *fam.* Encargar a alguien algo molesto e inoportuno. *Le enjaretaron el trabajo que no quería nadie.* **3.**

enjaular - enmarañar

fam. Hacer o decir alguna cosa con precipitación. *Enjaretó sus quejas en medio de la conversación sin venir a cuento.* **4.** *fam., Méx. y Ven.* Encajar, incluir.

enjaular (en-jau-**lar**) *v. tr.* **1.** Poner en una jaula. *Tuvieron que enjaular al tigre porque era peligroso.* **SIN.** Encerrar. **2.** *fam.* Meter en la cárcel. *Enjaularon a los atracadores por tres años.* **SIN.** Encarcelar, aprisionar, enchironar. ‖ **LOC. estar alguien para que lo enjaulen** *fam.* Estar loco de atar. ✎ En cuanto al acento, se conjuga como causar.

enjoyar (en-jo-**yar**) *v. tr.* Adornar con joyas. **GRA.** También v. prnl. *Se enjoyó tanto que parecía un puesto ambulante de bisutería.* **SIN.** Alhajar.

enjuagar (en-jua-**gar**) *v. tr.* **1.** Limpiar la boca y dentadura con agua u otro líquido apropiado. **GRA.** Se usa más como v. prnl. *Después de limpiarse los dientes siempre se enjuaga con un poco de agua.* **2.** Aclarar con agua limpia algo que estaba enjabonado. *Enjuaga la ropa que está a remojo en el balde.* ✎ Se conjuga como ahogar.

enjugar (en-ju-**gar**) *v. tr.* **1.** Secar o quitar la humedad. *Enjuga con la bayeta el agua que se ha caído.* **SIN.** Secar. **2.** *Liquidar, cancelar una deuda. ‖ *v. prnl.* **3.** *Adelgazar. ✎ Tiene doble part.; uno reg., enjugado, y otro irreg., enjuto, que sólo se usa como adj. Se conjuga como ahogar.

enjuiciar (en-jui-**ciar**) *v. tr.* **1.** Someter una cuestión a examen o juicio. *Enjuició mi trabajo con imparcialidad.* **SIN.** Juzgar, calificar, valorar. **2.** Instruir y sentenciar una causa. *El tribunal se encargó de enjuiciar el caso.* **SIN.** Encausar, procesar. ✎ En cuanto al acento, se conjuga como cambiar.

enjundia (en-**jun**-dia) *s. f.* **1.** Lo más sustancioso e importante de algo inmaterial. *El asunto tenía mucha enjundia.* **SIN.** Sustancia, contenido. **2.** Fuerza, vigor. *Ese jugador de baloncesto es un hombre de enjundia.*

enjuto, ta (en-**ju**-to) *adj.* **1.** Que está delgado. *Era de figura enjuta.* **SIN.** Seco, flaco, chupado, consumido. **ANT.** Rollizo. **2.** Escaso de obras y de palabras. *Es una persona muy enjuta de palabras.* **SIN.** Parco.

enlace (en-**la**-ce) *s. m.* **1.** Acción y efecto de enlazar. *El enlace de las dos cuerdas ha quedado demasiado flojo.* **2.** Unión de una cosa con otra. *Hay un enlace de trenes en Medina del Campo.* **SIN.** Ligazón, conexión. **3.** Matrimonio, casamiento. *El sábado se celebró el enlace.* **SIN.** Boda, nupcias. **4.** Persona que sirve por su mediación para la comunicación de otras personas entre sí. *Ella es el enlace de la organización en España.* **SIN.** Mediador, intermediario.

enladrillar (en-la-dri-**llar**) *v. tr.* Pavimentar una superficie con ladrillos. *Enladrillaron el almacén.*

enlatar (en-la-**tar**) *v. tr.* Envasar en latas. *En esa pequeña fábrica enlatan tomates.*

enlazar (en-la-**zar**) *v. tr.* **1.** Atar una cosa a otra. *Enlaza las dos cajas con una cuerda.* **SIN.** Ligar, trabar, empalmar, acoplar. **ANT.** Desenlazar, separar. **2.** Dar enlace a una cosa con otra. **GRA.** También v. prnl. *Este tren enlaza con otro en Madrid.* **SIN.** Conectar(se), conexionar(se), unir(se). ✎ Se conjuga como abrazar.

enlobreguecer (en-lo-bre-gue-**cer**) *v. tr.* Oscurecer, poner lóbrego. **GRA.** También v. prnl. *La tormenta enlobregueció la tarde.* ✎ v. irreg., se conjuga como parecer.

enlodar (en-lo-**dar**) *v. tr.* **1.** Manchar con lodo. **GRA.** También v. prnl. *Se cayó de la piragua y se enlodó.* **2.** Manchar, infamar. **GRA.** También v. prnl. *Aquellas difamaciones trataban de enlodar su buena reputación.* ✎ También "enlodazar".

enloquecer (en-lo-que-**cer**) *v. tr.* **1.** Hacer perder el juicio. *Me enloquece con sus continuos cambios de opinión.* **SIN.** Trastornar. ‖ *v. intr.* **2.** Volverse loco. *Enloqueció al ver que lo había perdido todo.* **SIN.** Trastornarse, perder la razón, chiflarse, chalarse. ✎ v. irreg., se conjuga como parecer.

enlosar (en-lo-**sar**) *v. tr.* Cubrir el suelo con losas. *Enlosaron el patio de la casa.* **SIN.** Pavimentar, losar.

enlucir (en-lu-**cir**) *v. tr.* **1.** Blanquear las paredes. *Están enluciendo la fachada de la casa.* **SIN.** Encalar. **2.** Poner una capa de yeso a las paredes. *Antes de pintar las paredes tienen que enlucirlas.* **SIN.** Estucar, enyesar. **3.** Limpiar, poner brillante la plata, las armas, etc. *Estaba enluciendo la cubertería de plata para el almuerzo de mañana.* **SIN.** Bruñir, limpiar, pulir. ✎ v. irreg., se conjuga como lucir.

enlutar (en-lu-**tar**) *v. tr.* **1.** Poner de luto. **GRA.** También v. prnl. *Todos los familiares se enlutaron el día del entierro.* **2.** Entristecer, afligir. *La triste noticia enlutó a todos sus compañeros.*

enmadrarse (en-ma-**drar**-se) *v. prnl.* Encariñarse excesivamente el hijo con la madre. *Se enmadró demasiado y ahora le cuesta mucho relacionarse con los demás.*

enmarañar (en-ma-ra-**ñar**) *v. tr.* **1.** Enredar algo. **GRA.** También v. prnl. *Al deshacer la chaqueta, la lana se ha enmarañado toda.* **SIN.** Revolver. **2.** Confundir, enredar un asunto. **GRA.** También v. prnl. *La verdad era muy simple, pero él lo ha enmarañado todo con sus mentiras.* **SIN.** Embrollar, liar. ‖ *v. prnl.*

enmascarar - enraizar

3. Encapotarse el cielo de nubes. *Por la tarde el cielo se enmarañó y tuvimos que irnos de la playa.*

enmascarar (en-mas-ca-**rar**) *v. tr.* **1.** Cubrir el rostro con una máscara o disfraz. **GRA.** También v. prnl. *Se enmascaró con un antifaz.* **SIN.** Encubrir, tapar. **ANT.** Desenmascarar. **2.** Encubrir, disimular. *Trató de enmascarar lo que había sucedido, pero su padre le descubrió.* **SIN.** Disfrazar, ocultar.

enmendar (en-men-**dar**) *v. tr.* **1.** Quitar los defectos o subsanar los errores y daños. **GRA.** También v. prnl. *Trataba de enmendar su mala conducta. Quizá no fuera demasiado tarde para enmendar lo que había hecho.* **SIN.** Reformar(se), rectificar, corregir, mejorar, retocar, indemnizar. **ANT.** Reincidir, estropear, empeorar. **2.** Variar el rumbo. *Enmendó el rumbo del barco.* **SIN.** Rectificar. ✎ v. irreg., se conjuga como acertar.

enmienda (en-**mien**-da) *s. f.* **1.** Corrección de un defecto o error. *Tenía un firme propósito de enmienda.* **SIN.** Corrección, rectificación. **2.** Reparación del daño hecho. *Trabajó para él como enmienda del perjuicio que le había causado.* **SIN.** Resarcimiento, compensación, reposición, satisfacción. **3.** Propuesta de una variante en una ley o en un proyecto, informe, etc. *Los diputados de la oposición presentaron varias enmiendas.*

enmohecer (en-mo-he-**cer**) *v. tr.* **1.** Cubrir de moho una cosa. **GRA.** Se usa más como v. prnl. *Se enmohecieron las patatas.* **2.** Dejar algo fuera de uso. **GRA.** También v. prnl. *En cuanto compraron el tractor, el viejo carro se enmoheció.* ✎ v. irreg., se conjuga como parecer.

enmudecer (en-mu-de-**cer**) *v. intr.* **1.** Quedar mudo, perder el habla. *Al verle entrar en la habitación, enmudeció.* **2.** Guardar alguien silencio, callarse. *La multitud enmudeció al contemplar el maravilloso espectáculo.* **SIN.** Callar, silenciarse. **ANT.** Hablar. ✎ v. irreg., se conjuga como parecer.

enmugrecer (en-mu-gre-**cer**) *v. tr.* Cubrir de mugre. **GRA.** También v. prnl. *Las paredes del sótano se enmugrecieron.* ✎ v. irreg., se conjuga como parecer.

ennegrecer (en-ne-gre-**cer**) *v. tr.* **1.** Poner negro o muy oscuro. **GRA.** También v. prnl. *Con el uso, esta camiseta blanca ha ennegrecido mucho.* **SIN.** Sombrear, atezar, renegrear. **ANT.** Blanquear. || *v. prnl.* **2.** Ponerse muy oscuro, nublarse. *De repente el cielo se ennegreció y comenzó a llover.* ✎ v. irreg., se conjuga como parecer.

ennoblecer (en-no-ble-**cer**) *v. tr.* **1.** Hacer noble a alguien. **GRA.** También v. prnl. *Se ennobleció con* motivo de su matrimonio con la condesa. **2.** Dignificar y dar esplendor. *Esa buena acción te ennoblece.* **SIN.** Honrar, exaltar, elevar, glorificar. **ANT.** Humillar, envilecer. **3.** Adornar, enriquecer una ciudad, templo, etc. *La nueva fuente de la plaza ennoblece mucho la ciudad.* **SIN.** Enriquecer. ✎ v. irreg., se conjuga como parecer.

enojar (e-no-**jar**) *v. tr.* Causar enojo. **GRA.** Se usa más como v. prnl. *Se enojó bastante con ella por haber faltado a la cita.* **SIN.** Cabrear(se), enfadar(se), irritar(se), exasperar(se). **ANT.** Contentar(se).

enojo (e-**no**-jo) *s. m.* Ira o resentimiento que se siente contra alguien. *Recibió con enojo la noticia.* **SIN.** Enfado, irritación, coraje, furia. **ANT.** Contento.

enorgullecer (e-nor-gu-lle-**cer**) *v. tr.* Llenar de orgullo. **GRA.** Se usa más como v. prnl. *Tu fuerza de voluntad me enorgullece mucho.* **SIN.** Envanecerse, pavonearse, presumir, hincharse. **ANT.** Avergonzarse. ✎ v. irreg., se conjuga como parecer.

enorme (e-**nor**-me) *adj.* **1.** Muy grande. *En esta sala tan enorme cabemos todos.* **SIN.** Inmenso, excesivo, desmedido, gigantesco, colosal. **ANT.** Pequeño, comedido, diminuto, equilibrado. **2.** Importante. *La noticia tuvo un eco enorme.*

enormidad (e-nor-mi-**dad**) *s. f.* Grandeza excesiva. *Me has echado una enormidad de patatas.*

enquiciar (en-qui-**ciar**) *v. tr.* Poner una cosa en su quicio o en orden. **GRA.** También v. prnl. *Está enquiciando la puerta de la entrada.* **SIN.** Arreglar, componer. **ANT.** Estropear, desencajar. ✎ En cuanto al acento, se conjuga como cambiar.

enquistarse (en-quis-**tar**-se) *v. prnl.* Formarse un quiste. *Se le enquistó un grano.*

enraizar (en-rai-**zar**) *v. intr.* Arraigar, echar raíces. **GRA.** También v. prnl. *Se enraizó en esas tierras y no quiso volver a su país.* **SIN.** Establecer(se), aclimatar(se). ✎ v. con irregularidad acentual. La segunda vocal del grupo -ai- es tónica en la pers. yo, tú, él o usted y ellos o ustedes del imperativo y de los pres. de indicativo y subjuntivo. En todas las demás formas, esa segunda vocal -i- es átona y constituye diptongo con la vocal precedente. ✎

INDICATIVO	SUBJUNTIVO	IMPERATIVO
Pres.	Pres.	
enraízo	enraíce	
enraízas	enraíces	enraíza
enraíza	enraíce	enraíce
enraizamos	enraicemos	enraicemos
enraizáis	enraicéis	enraizad
enraízan	enraícen	enraícen

enralecer - ensalada

enralecer (en-ra-le-**cer**) *v. intr.* Ponerse ralo o poco espeso. *Procura que el puré no se enralezca demasiado.* **SIN.** Aclararse, espaciarse. **ANT.** Tupirse, poblarse. ✎ v. irreg., se conjuga como parecer.

enramada (en-ra-**ma**-da) *s. f.* **1.** Conjunto de ramas espesas y entrelazadas. *Este árbol tiene una bonita enramada.* **2.** Adorno formado de ramas de árboles. *Para la fiesta cubrieron el patio con una enramada.* **3.** Cobertizo hecho con ramas de árboles. *Se metieron en una enramada.*

enrarecer (en-ra-re-**cer**) *v. tr.* **1.** Dilatar un cuerpo gaseoso haciéndolo menos denso. **GRA.** También v. prnl. *El aire se enrareció.* **2.** Turbar una situación, hacer que disminuya la cordialidad. **GRA.** También v. prnl. *Los nuevos integrantes del grupo enrarecieron el ambiente.* **3.** Hacer que escasee o sea rara una cosa. **GRA.** Se usa más como v. intr. y v. prnl. *Debido a las malas cosechas, las patatas enrarecieron.* ✎ v. irreg., se conjuga como parecer.

enredadera (en-re-da-**de**-ra) *s. f.* Planta de tallos trepadores. *La tapia de la huerta estaba cubierta de enredaderas.*

enredar (en-re-**dar**) *v. tr.* **1.** Meter en una red. *Enredaron los peces en la malla.* **2.** Complicar un asunto haciendo difícil su buen éxito. **GRA.** También v. prnl. *La situación se enredó y no llegaron a un acuerdo.* **SIN.** Complicar(se), mezclar, intrigar, enmarañar(se), liar(se). **ANT.** Desenredar(se), aclarar(se), facilitar. **3.** Meter a alguien en un asunto peligroso. *Se enredó en una estafa y acabó en la cárcel.* **SIN.** Liar(se), embrollar(se), complicar(se). **ANT.** Desenredar(se). **4.** Crear discordia. *Enreda para enemistar a los demás.* **SIN.** Intrigar. ‖ *v. intr.* **5.** Hacer travesuras. *Es una niña muy inquieta, está todo el día enredando.* **SIN.** Revolver.

enredo (en-**re**-do) *s. m.* **1.** Lío que resulta de mezclarse desordenadamente los hilos o cosas parecidas. *Había un enredo de hilos tremendo en la caja de costura.* **2.** Travesura. *Ya habrá preparado algún enredo.* **3.** Engaño, mentira. *Siempre anda con enredos.* **SIN.** Trama, trampa, embuste. **4.** Complicación difícil de resolver. *No sabía cómo solucionar aquel enredo.*

enrejado (en-re-**ja**-do) *s. m.* **1.** Conjunto de rejas o barras que tienen algunas ventanas o cercas. *Las ventanas del piso de abajo de la casa tenían un enrejado.* **2.** Celosía. *Habló con las monjas de clausura a través del enrejado.*

enrevesado, da (en-re-ve-**sa**-do) *adj.* Se dice de aquello que es difícil. *En el examen pusieron un problema muy enrevesado.* **SIN.** Intrincado, complicado, incomprensible.

enriquecer (en-ri-que-**cer**) *v. tr.* **1.** Hacer rica a una persona. **GRA.** También v. prnl. *Se enriqueció con la venta de aquellas fincas.* **SIN.** Lucrar, mejorar, progresar. **ANT.** Empobrecer(se). **2.** Hacer prosperar notablemente un país, una empresa, etc. **GRA.** También v. prnl. *La explotación de sus yacimientos de oro enriqueció notablemente a la comarca.* **3.** Engrandecer, enaltecer. *Viajar mucho y conocer diferentes culturas enriquece mucho a la persona.* **SIN.** Adornar. ✎ v. irreg., se conjuga como parecer.

enrocarse (en-ro-**car**-se) *v. prnl.* En el juego de ajedrez, mover el rey al mismo tiempo que una de las torres. *Se enrocó demasiado pronto.* ✎ Se conjuga como abarcar.

enrojecer (en-ro-je-**cer**) *v. tr.* **1.** Poner roja una cosa con el calor o el fuego. **GRA.** También v. prnl. *Se enrojecieron las varillas de la parrilla.* **2.** Dar color rojo. *Enrojeció el tinte para que destacara más.* ‖ *v. intr.* **3.** Ruborizarse. **GRA.** También prnl. *Se enrojeció al ver que había metido la pata.* ✎ v. irreg., se conjuga como parecer.

enrolarse (en-ro-**lar**-se) *v. prnl.* Alistarse, inscribirse en el ejército, en un partido político u otra organización. *Se enroló en la marina.* **SIN.** Engancharse.

enrollar (en-ro-**llar**) *v. tr.* **1.** Envolver una cosa en forma de rollo. *Enrolla el mapa.* **SIN.** Arrollar, liar. **ANT.** Desenrollar. **2.** *fam.* Convencer, liar a alguien. *Me enrolló para que fuera con ella a aquel concierto.* ‖ *v. prnl.* **3.** *fam.* Distraerse con algo. *Me enrollé con el libro que estaba leyendo y se me pasó la hora.* **4.** *fam.* Establecer relaciones amorosas. *Quería enrollarse con aquel chico que tanto le gustaba.* **SIN.** Ligar.

enronquecerse (en-ron-que-**cer**-se) *v. prnl.* Ponerse ronco alguien. *De tanto gritar en el partido se enronqueció.* ✎ v. irreg., se conjuga como parecer.

enroscar (en-ros-**car**) *v. tr.* **1.** Doblar en forma de rosca. **GRA.** También v. prnl. *Enrosca la cuerda.* **2.** Introducir una cosa a vuelta de rosca. *Enroscó el tornillo que faltaba.* **SIN.** Atornillar. ✎ Se conjuga como abarcar.

ensaimada (en-sai-**ma**-da) *s. f.* Bollo hecho con pasta hojaldrada enrollada en forma de espiral. *Le encantan las ensaimadas rellenas de nata.*

ensalada (en-sa-**la**-da) *s. f.* **1.** Hortaliza aderezada con sal, aceite, vinagre, etc. *Comimos una ensalada de tomate y lechuga.* **2.** Mezcla confusa de cosas sin conexión. *No me gusta nada su forma de vestir, lleva una horrible ensalada de colores encima.* **SIN.** Mez-

ensaladera - enseñorear

colanza, enredo. **3.** *Cub.* Refresco preparado con agua de limón, hierbabuena y piña. || **4. ensalada rusa** La compuesta de patata, zanahoria, guisantes, jamón, etc., con salsa mahonesa.

ensaladera (en-sa-la-**de**-ra) *s. f.* Fuente honda en que se sirve la ensalada. *Saca la ensaladera de porcelana.*

ensaladilla (en-sa-la-**di**-lla) *s. f.* *Ensalada rusa.

ensalzar (en-sal-**zar**) *v. tr.* **1.** Engrandecer, exaltar. *Ensalzaron la figura del capitán del equipo.* **SIN.** Glorificar, enaltecer. **ANT.** Rebajar. **2.** Elogiar, alabar. **GRA.** También v. prnl. *Todos ensalzaron su labor como misionera.* **SIN.** Encomiar, ponderar. **ANT.** Vituperar. ✎ Se conjuga como abrazar.

ensamblar (en-sam-**blar**) *v. tr.* Unir y ajustar entre sí varias piezas. *Ensamblaron la pieza que faltaba.* **SIN.** Acoplar, empalmar. **ANT.** Separar, desacoplar.

ensanchar (en-san-**char**) *v. tr.* **1.** Hacer más ancha una cosa. *Ensancharon la calle.* **SIN.** Dilatar, estirar, ampliar, agrandar. **ANT.** Estrechar. || *v. prnl.* **2.** Envanecerse, engreírse. *Desde que es tan famoso se ha ensanchado mucho.* **SIN.** Hincharse, pavonearse.

ensanche (en-**san**-che) *s. m.* Dilatación de la anchura de una cosa. *Ya han empezado a trabajar en el ensanche del puente.* **SIN.** Extensión, ampliación, engrandecimiento.

ensangrentar (en-san-gren-**tar**) *v. tr.* Manchar o teñir con sangre. **GRA.** También v. prnl. *La herida no paraba de sangrar y se ensangrentó todo.* ✎ v. irreg., se conjuga como acertar.

ensañar (en-sa-**ñar**) *v. tr.* **1.** Irritar, enfurecer. *Consiguió ensañarlo con sus impertinencias.* **SIN.** Irritar. || *v. prnl.* **2.** Deleitarse en causar el daño mayor posible a quien no puede defenderse. *Siempre se ensaña con los más débiles.* **SIN.** Cebarse, encarnizarse, enconarse.

ensartar (en-sar-**tar**) *v. tr.* **1.** Pasar por un hilo, alambre, etc., bolas u otras cosas. *Ensartaron las bolas de colores en el hilo para hacer un collar.* **2.** Enhebrar. *Ensarta la aguja.* **3.** Decir muchas cosas sin orden ni conexión. *De repente nos ensartó una serie de tonterías que nadie sabía a qué venían.* **4.** *Chil., Méx. y Nic.* Hacer caer en un engaño o trampa. **GRA.** También v. prnl.

ensayar (en-sa-**yar**) *v. tr.* **1.** Hacer la prueba de algo antes de usarlo o realizarlo. *Varios especialistas ensayaron el motor antes de poner el coche a la venta.* **SIN.** Experimentar, reconocer, catar, examinar. **2.** Amaestrar, adiestrar. *Los gimnastas ensayaban todos los días sus ejercicios.* **SIN.** Ejercitar, amaestrar.

3. Hacer la prueba de un espectáculo antes de ejecutarlo ante el público. *Durante una semana ensayaron todos los días su obra de teatro.* **4.** Intentar, tratar. *Ensayaron a hacerlo ellos solos, pero no fueron capaces, necesitaban más ayuda.*

ensayo (en-**sa**-yo) *s. m.* **1.** Operación de examinar una cosa. *El ensayo del motor resultó un éxito.* **SIN.** Experimento, intento, tentativa. **2.** Adiestramiento, ejercicio. *Todos los días asistía a ver el ensayo de la tabla de gimnasia.* **3.** Intento, tentativa. *Hubo un ensayo por ponerse de acuerdo.* **4.** Obra o escrito que trata con brevedad y claridad de temas filosóficos, artísticos, etc. *Publicó un ensayo sobre la obra de Beckett.* || **5. ensayo general** Representación completa de una obra dramática, que se hace antes de presentarla al público.

enseguida (en-se-**gui**-da) *adv. m.* Inmediatamente. *Haz el favor de venir enseguida, es urgente.* **SIN.** Pronto, seguidamente, rápido, en el acto. ✎ También "en seguida".

ensenada (en-se-**na**-da) *s. f.* Recodo que forma el mar en la tierra. *Dimos un paseo por la ensenada.* **SIN.** Bahía, cala, caleta, abrigo.

enseña (en-**se**-ña) *s. f.* Insignia o estandarte. *Hicieron pegatinas con la enseña de su organización.* **SIN.** Bandera, pendón.

enseñanza (en-se-**ñan**-za) *s. f.* **1.** Sistema y método de enseñar. *Dedica todo su tiempo a la enseñanza.* **SIN.** Docencia, instrucción. **2.** Conjunto de personas y medios destinados a la educación. *Se están produciendo cambios notables en la enseñanza.* **SIN.** Docencia. **3.** Ejemplo o suceso que nos sirve de experiencia o ejemplo. *Las enseñanzas de Jesús se hallan en los Evangelios.*

enseñar (en-se-**ñar**) *v. tr.* **1.** Hacer que alguien aprenda algo. *Le enseñó el oficio de fontanero.* **SIN.** Explicar, instruir, formar. **2.** Amaestrar a un animal. *Está enseñando al perro.* **SIN.** Adiestrar. **3.** Dar ejemplo que sirve de experiencia. *En la escuela nos enseñaron a ser amables con los ancianos.* **4.** Mostrar algo para que sea visto. *Voy a enseñarte mi colección de sellos.* **SIN.** Exponer, exhibir, lucir. **ANT.** Ocultar, esconder. **5.** Dejar ver involuntariamente una cosa. *Al reírse enseñaba su boca desdentada.* || *v. prnl.* **6.** Acostumbrarse, habituarse a una cosa. *Se enseñó al frío después de vivir varios años en esa ciudad del norte de Canadá.*

enseñorear (en-se-ño-re-**ar**) *v. tr.* Hacer dueño y señor de algo. **GRA.** También v. prnl. *Se enseñoreó de todo cuanto había.*

enseres (en-**se**-res) *s. m. pl.* Conjunto de muebles, utensilios, instrumentos, etc., necesarios para algún fin. *Tenía una colección completa de enseres de cocina.* **SIN.** Efectos.

ensilar (en-si-**lar**) *v. tr.* Guardar el grano en los silos. *Ensilaron las cosechas de cereal.*

ensillar (en-si-**llar**) *v. tr.* **1.** Poner la silla a la caballería. *Ensilla el caballo.* **2.** *Chil. y Méx.* Molestar a una persona, abusando de su paciencia.

ensimismarse (en-si-mis-**mar**-se) *v. prnl.* **1.** Quedarse pensativo. *Se ensimismó con su lectura.* **SIN.** Absorberse, embelesarse, abstraerse. **2.** *Col. y Chil.* Envanecerse, engreírse.

ensoberbecer (en-so-ber-be-**cer**) *v. tr.* **1.** Causar o excitar soberbia en alguien. **GRA.** También v. prnl. *Se ensoberbeció por su dinero.* **SIN.** Endiosar, engreírse, enorgullecerse, hincharse. ‖ *v. prnl.* **2.** Agitarse el mar. *El mar se ensoberbeció mucho con el fuerte temporal.* **SIN.** Encresparse. ✎ v. irreg., se conjuga como parecer.

ensombrecer (en-som-bre-**cer**) *v. tr.* **1.** Oscurecer, cubrir de sombras. **GRA.** También v. prnl. *Unos oscuros nubarrones ensombrecieron el cielo.* **SIN.** Nublar(se), encapotarse, cerrar(se). **ANT.** Iluminar(se). ‖ *v. prnl.* **2.** Entristecerse, ponerse melancólico. *Se ensombreció mucho al enterarse de que no podías venir a vernos.* **SIN.** Afligirse, consternarse, atormentarse. ✎ v. irreg., se conjuga como parecer.

ensoñar (en-so-**ñar**) *v. tr.* Tener ensueños. *A menudo ensoñaba que era una gran escritora.* **SIN.** Imaginar, fantasear. ✎ v. irreg., se conjuga como contar.

ensordecer (en-sor-de-**cer**) *v. tr.* **1.** Causar sordera. *El fuerte golpe que recibió en el oído le ensordeció.* ‖ *v. intr.* **2.** Quedarse sordo. *Ensordeció debido al accidente.* ✎ v. irreg., se conjuga como parecer.

ensortijar (en-sor-ti-**jar**) *v. tr.* Formar rizos. **GRA.** También v. prnl. *En cuanto se moja el pelo, se le ensortija todo.*

ensuciar (en-su-**ciar**) *v. tr.* **1.** Manchar, poner sucia una cosa. **GRA.** También v. prnl. *Se cayó en el charco y ensució los pantalones.* **SIN.** Untar(se), tiznar(se), salpicar(se), emborronar(se). **ANT.** Limpiar(se), acicalar(se), asear(se). **2.** Deslustrar, deshonrar. *Con los chismorreos ensuciaron su buena fama.* **SIN.** Deslucir, deslustrar. ‖ *v. prnl.* **3.** *fam.* Evacuar el vientre. *Se ha ido a ensuciar.* **SIN.** Defecar, cagar. ‖ *v. prnl.* **4.** Hacer las necesidades corporales manchándose. *El pobre hombre tenía descomposición y se ensució.* ✎ En cuanto al acento, se conjuga como cambiar.

ensueño (en-**sue**-ño) *s. m.* Sueño, cosa que se sueña. *Que le había tocado la lotería era sólo un ensueño.* **SIN.** Ilusión, fantasía. ‖ **LOC. de ensueño** Fantástico.

entablado (en-ta-**bla**-do) *s. m.* Suelo formado de tablas. *El entablado del pasillo es de roble.* **SIN.** Entarimado, tarima.

entablamento (en-ta-bla-**men**-to) *s. m.* En la arquitectura clásica, parte de un edificio comprendida entre los capiteles y la cubierta, formada por arquitrabe, friso y cornisa. *El entablamento soporta el peso de la cubierta.*

entablar (en-ta-**blar**) *v. tr.* **1.** Cubrir o cercar con tablas. *Entablaron el suelo.* **2.** Asegurar con tablillas y vendas un hueso roto. *Le entablaron la rodilla rota para poder moverlo.* **SIN.** Entablillar. **3.** Disponer, preparar algo. *Entablaron el proyecto con entusiasmo.* **SIN.** Comenzar. **ANT.** Concluir. **4.** Dar comienzo a una conversación, batalla, etc. *Entablamos una agradable conversación.*

entablillar (en-ta-bli-**llar**) *v. tr.* Asegurar con tablillas y vendaje un hueso roto. *Le entablillaron el brazo.* **SIN.** Escayolar, vendar.

entallar[1] (en-ta-**llar**) *v. tr.* **1.** Tallar, esculpir o grabar figuras en madera, bronce, etc. *Estaba entallando una bonita escultura de bronce.* **2.** Hacer una incisión en la corteza de algunos árboles para extraer la resina. *Está en la plantación entallando los árboles.*

entallar[2] (en-ta-**llar**) *v. tr.* **1.** Formar el talle. **GRA.** También v. intr y v. prnl. *Tengo que entallarte un poco más la falda, te sobra demasiado.* ‖ *v. intr.* **2.** Venir bien o mal el vestido al talle. *Este vestido te entalla perfectamente.*

entarimar (en-ta-ri-**mar**) *v. tr.* Cubrir el suelo con tablas. *Entarimaron el suelo de la galería.* **SIN.** Entablar.

ente (**en**-te) *s. m.* Lo que es, existe o puede existir. **SIN.** Ser. *Filosóficamente, todas las cosas son entes.*

enteco, ca (en-**te**-co) *adj.* Que está débil o enfermizo. *Tenía un caballo muy enteco.* **SIN.** Flaco, enclenque. **ANT.** Fuerte, vigoroso, robusto.

entelequia (en-te-**le**-quia) *s. f.* Producto de la imaginación que no existe en la realidad. *No le hagas caso, todo lo que cuenta son entelequias.*

entender (en-ten-**der**) *v. tr.* **1.** Tener idea clara de una cosa. *Aunque es muy pequeño, ya entiende lo que le decimos.* **SIN.** Discernir, comprender, percibir. **2.** Saber una cosa con perfección. *Entendía muy bien el carácter de su madre.* **SIN.** Conocer. **3.** Deducir, discurrir, inferir. *Entendió que su presencia no era grata.* ‖ *v. intr.* **4.** Con las preposición "de" o

entendido - entonación

"en", tener dominio de un arte, ciencia, etc. *Entiende mucho de mecánica.* **SIN.** Saber, dominar. **ANT.** Desconocer, ignorar. ‖ **LOC. a mi entender** En mi opinión. ✎ v. irreg.

INDICATIVO	SUBJUNTIVO	IMPERATIVO
Pres.	Pres.	
entiendo	entienda	
entiendes	entiendas	entiende
entiende	entienda	entienda
entendemos	entendamos	entendamos
entendéis	entendáis	entended
entienden	entiendan	entiendan

entendido, da (en-ten-**di**-do) *adj.* Se dice de la persona especialista o experta en algo. **GRA.** También s. m. y s. f. *Es muy entendido en toros.* **SIN.** Sabio, docto, perito, diestro, versado, erudito, conocedor. **ANT.** Inexperto, novel.

entendimiento (en-ten-di-**mien**-to) *s. m.* **1.** Facultad de comprender y de juzgar las cosas. *Es una persona de gran entendimiento.* **SIN.** Intelecto, inteligencia, talento. **2.** Sentido común. *Actúa como si no tuviera entendimiento.*

entenebrecer (en-te-ne-bre-**cer**) *v. tr.* Llenar de tinieblas. **GRA.** También v. prnl. *La tarde se entenebreció de pronto y estalló una fuerte tormenta.* **SIN.** Oscurecer(se), ensombrecer(se). ✎ v. irreg., se conjuga como parecer.

enterado, da (en-te-**ra**-do) *adj.* **1.** Que conoce o está informado de algo. *Como tiene familia en ese país, está muy enterado de todo lo que allí sucede.* **SIN.** Informado, instruido. **2.** *fam.* Que presume de saberlo todo. *Es el enterado de la clase.* **SIN.** Listillo.

enterar (en-te-**rar**) *v. tr.* Informar a alguien de lo que no sabe. **GRA.** Se usa más como v. prnl. *Ya me he enterado de la fecha del examen.* **SIN.** Informar(se).

entereza (en-te-**re**-za) *s. f.* **1.** Fuerza moral de la persona que no se deja dominar, abatir ni corromper. *Demostró mucha entereza ante la trágica situación.* **SIN.** Integridad, firmeza, rectitud, aguante. **ANT.** Debilidad, desaliento, quebranto, flaqueza. **2.** Integridad, perfección. *Todos alabaron su entereza.* **SIN.** Equilibrio, imparcialidad. **ANT.** Debilidad.

enteritis (en-te-**ri**-tis) *s. f.* Inflamación del intestino. *Padeció una enteritis.* ✎ Invariable en número.

enternecer (en-ter-ne-**cer**) *v. tr.* Mover a ternura, por compasión u otro motivo. **GRA.** También v. prnl. *Se enterneció al ver al bebé.* **SIN.** Conmover(se), emocionar(se). ✎ v. irreg., se conjuga como parecer.

entero, ra (en-**te**-ro) *adj.* **1.** Que está completo, sin falta alguna. *Tenía la colección entera, hasta que perdió una parte.* **SIN.** Íntegro, intacto. **ANT.** Incompleto. **2.** Se dice de la persona que tiene entereza o firmeza de ánimo. *Aunque está pasando un mal trago, es una persona muy entera y no pierde la esperanza.* **SIN.** Constante, firme. **3.** De conducta recta. *Es una persona muy entera, no consiguieron sobornarla.* **SIN.** Justo, honrado. ‖ *s. m.* **4.** *Col., C. Ric., Chil. y Méx.* Entrega de dinero. ‖ **LOC. por entero** Por completo, enteramente.

enterramiento (en-te-rra-**mien**-to) *s. m.* **1.** *Entierro. **2.** *Sepulcro, sepultura.

enterrar (en-te-**rrar**) *v. tr.* **1.** Poner una cosa bajo tierra. *Mi perro entierra los huesos en el jardín.* **SIN.** Meter, sepultar, esconder. **ANT.** Desenterrar. **2.** Dar sepultura a un cadáver. *Todos acudieron al cementerio para enterrar a su amigo fallecido.* **SIN.** Inhumar. **ANT.** Exhumar, desenterrar. **3.** Relegar algo al olvido. *Al final enterraron el asunto de su deuda.* **SIN.** Olvidar. **4.** *Chil., Per. y P. Ric.* Clavar. ✎ v. irreg., se conjuga como acertar.

entibar (en-ti-**bar**) *v. tr.* Apuntalar con maderas las tierras de las excavaciones de las minas. *Entibaron los túneles de la mina.*

entibiar (en-ti-**biar**) *v. tr.* **1.** Poner tibio o templado un líquido. **GRA.** También v. prnl. *Espera hasta que el agua se entibie.* **SIN.** Templar(se), caldear(se). **2.** Moderar una pasión. **GRA.** También v. prnl. *Su odio se entibió con los años.* ✎ En cuanto al acento, se conjuga como cambiar.

entidad (en-ti-**dad**) *s. f.* **1.** Esencia de una cosa. **SIN.** Naturaleza, rasgo, forma. **2.** Ser o ente. **3.** Valor o importancia de una cosa. *Hizo afirmaciones de gran entidad.* **SIN.** Trascendencia, valor. **4.** Cualquier sociedad o corporación considerada como unidad. *Trabaja en una entidad bancaria muy importante.* **SIN.** Firma, compañía, empresa.

entierro (en-**tie**-rro) *s. m.* Acción y efecto de enterrar un cadáver. *El entierro se llevó a cabo en la más estricta intimidad.* **SIN.** Inhumación, sepelio.

entintar (en-tin-**tar**) *v. tr.* **1.** Manchar o teñir con tinta. *Entintaron las paredes.* **2.** *Teñir.

entoldar (en-tol-**dar**) *v. tr.* **1.** Cubrir con toldo. *Entoldaron la terraza de la cafetería.* ‖ *v. prnl.* **2.** Cubrirse el cielo de nubes. *A primeras horas de la tarde el cielo se entoldó y no volvió a salir el Sol.*

entonación (en-to-na-**ción**) *s. f.* **1.** Acción y efecto de entonar. *Su entonación era perfecta.* **2.** Tono de voz según el sentido de lo que se dice, la emoción que se expresa, etc. *Según su entonación, las oraciones pueden ser afirmativas, interrogativas o excla-

entonar - entrar

mativas. **3.** Arrogancia, presunción. *Se dirigió a nosotros con una insoportable entonación.*

entonar (en-to-**nar**) *v. tr.* **1.** Cantar ajustado al tono. **GRA.** También v. intr. *Entona bien.* **SIN.** Modular, afinar. **ANT.** Desentonar. **2.** Empezar alguien a cantar unas notas para dar el tono a los demás. *Entonó una canción.* **3.** Dar tensión y vigor al organismo. *Un café caliente te entonará un poco.* **SIN.** Vigorizar, fortalecer. **ANT.** Enervar, decaer. **4.** Armonizar los colores. *Los zapatos no entonaban con el traje.*

entonces (en-**ton**-ces) *adv. t.* **1.** En aquel tiempo. *Le llamé, y entonces me contestó.* ‖ *adv. m.* **2.** En tal caso, siendo así. *Si sabes conducir, entonces no necesitas chófer.* ‖ **LOC. en aquel entonces** En aquel tiempo.

entontecer (en-ton-te-**cer**) *v. tr.* **1.** Poner a alguien tonto. *La entonteció con sus absorbentes ideas.* ‖ *v. intr.* **2.** Volverse tonto. **GRA.** También v. prnl. *Con tanta fama, se entonteció.* **SIN.** Abotargarse. ✎ v. irreg., se conjuga como parecer.

entornar (en-tor-**nar**) *v. tr.* **1.** Dejar una puerta o ventana arrimada, sin cerrarla del todo. *Entorna la puerta, por favor.* **SIN.** Entreabrir, entrecerrar. **2.** Dejar los ojos a medio cerrar. *Entornó los ojos.* **3.** Inclinar algo. **GRA.** También v. prnl. *El tarro se entornó y se derramó un poco de jugo.* **SIN.** Ladear(se), volcar(se).

entorno (en-**tor**-no) *s. m.* Conjunto de personas, objetos y circunstancias que rodean algo o a alguien. *Se movía en un entorno muy agradable.* **SIN.** Ambiente, dominio, ámbito.

entorpecer (en-tor-pe-**cer**) *v. tr.* **1.** Poner torpe. **GRA.** También v. prnl. *El frío entorpecía el movimiento de sus manos.* **2.** Ofuscar el entendimiento. **GRA.** También v. prnl. *La ira entorpeció su visión del asunto.* **SIN.** Turbar(se), atontar(se). **ANT.** Aguzar(se). **3.** Retardar, dificultar algo. **GRA.** También v. prnl. *Trataba de entorpecer su trabajo.* **SIN.** Impedir, dificultar, paralizar(se), obstruir(se). **ANT.** Facilitar. ✎ v. irreg., se conjuga como parecer.

entrada (en-**tra**-da) *s. f.* **1.** Acción de entrar en un sitio. *Hizo una entrada triunfante.* **SIN.** Ingreso, paso, llegada, irrupción. **ANT.** Salida, marcha. **2.** Espacio por donde se entra. *La entrada del colegio estaba cerrada.* **SIN.** Paso, puerta, acceso, pórtico, embocadura, boca. **ANT.** Salida. **3.** Billete que da derecho a entrar en una función de cine, de teatro o de cualquier otro espectáculo. *Se encargó de sacar las entradas para el cine.* **SIN.** Localidad, boleto, papeleta, vale. **4.** Conjunto de personas que acuden a un espectáculo. *En el partido de los eternos rivales hubo una gran entrada.* **SIN.** Asistencia, público. **5.** Comienzo de una cosa. *La entrada de una pieza musical.* **SIN.** Principio. **6.** Primeros días del año, del mes, etc. *Estaba entusiasmado con la entrada de la primavera.* **7.** *Méx.* Arremetida, embestida. ‖ **LOC. de entrada** En primer lugar.

entramado (en-tra-**ma**-do) *s. m.* Armazón de madera que sirve para hacer una obra. *Estaban construyendo el entramado.* **SIN.** Estructura.

entrampar (en-tram-**par**) *v. tr.* **1.** Hacer a un animal caer en la trampa. **GRA.** También v. prnl. *El pobre zorro se entrampó.* **2.** Engañar. *Le entrampó para que le prestara dinero.* **3.** Enredar un negocio. *Le entramparon en un sucio asunto.* ‖ *v. prnl.* **4.** *fam.* Empeñarse, endeudarse. *Se entrampó hasta arriba para poder montar el negocio.*

entraña (en-tra-ña) *s. f.* **1.** Cada uno de los órganos contenidos en las cavidades del pecho y del vientre. *Desecharon las entrañas de la vaca.* **SIN.** Víscera. ‖ *s. f. pl.* **2.** Lo más oculto e íntimo. *Le dolió en las entrañas tener que tomar aquella decisión.* **3.** Carácter de una persona. *Tenía unas entrañas muy crueles.* **SIN.** Condición, genio. ‖ **LOC. no tener entrañas** *fam.* Ser cruel, carecer de buenos sentimientos.

entrañable (en-tra-**ña**-ble) *adj.* Muy afectuoso. *Guardaba de su amistad recuerdos muy entrañables.* **SIN.** Íntimo, profundo, cordial.

entrañar (en-tra-**ñar**) *v. tr.* **1.** Contener, llevar dentro de sí. *La operación entrañaba un gran riesgo.* **SIN.** Implicar. **2.** Introducir en lo más hondo. **GRA.** También v. prnl. *Se entrañaron en el interior de la cueva.* ‖ *v. prnl.* **3.** Unirse de todo corazón con alguien. *Se entrañó con ella nada más conocerla.*

entrar (en-**trar**) *v. intr.* **1.** Ir o pasar de fuera adentro. *Entré en el cine para ver la película.* **SIN.** Introducirse, meterse, penetrar, colarse, acceder. **ANT.** Salir. **2.** Empezar a formar parte de un grupo, asociación, etc. *Carlos entró en el equipo de fútbol.* **SIN.** Ingresar. **ANT.** Salir, abandonar. **3.** Encajar una cosa en otra. *La llave entró en la cerradura.* **4.** Tener una prenda de vestir o calzar amplitud suficiente para que quepa en ella la parte del cuerpo correspondiente. *Este zapato es pequeño, el pie no me entra bien.* **5.** Ser admitido en alguna parte. *Entró a trabajar en un banco.* **6.** Empezar, cuando se trata de estaciones o épocas del año. *El invierno entrará dentro de dos días.* **7.** Empezar a sentir los síntomas de una enfermedad. *Creo que me está entrando la gripe.* **8.** Participar. *No entró en el reparto de premios.*

9. Comprender, abarcar. *No entra ese tema para el examen.* ‖ **LOC. no entrarle a alguien una cosa** *fam.* Serle desagradable, increíble o incomprensible. **no entrar ni salir alguien en una cosa** *fam.* No tener parte en ella.

entre (**en**-tre) *prep.* **1.** Indica situación o estado en medio de dos o más cosas, acciones, momentos, etc. *El cuadro está entre el espejo y la puerta. Sucedió entre el 15 y el 22 de abril.* **2.** Dentro de, en el interior de. *Lo encontramos entre los desperdicios.* **3.** En el número de. *Siempre ha estado entre mis amigos.* **4.** Denota situación, cooperación, estado, participación en un grupo o conjunto. *Entre todos solucionaron el problema.* **5.** Relaciona o compara dos o más personas o cosas. *Entre estos dos vestidos, yo me quedaría con el negro.* ‖ **LOC. entre que** Mientras.

entreabrir (en-tre-a-**brir**) *v. tr.* Abrir un poco o a medias una puerta o ventana. **GRA.** También v. prnl. *Entreabrió la ventana para que entrara algo de luz.* **SIN.** Entornar(se). ✎ Tiene part. irreg., entreabierto.

entreacto (en-tre-**ac**-to) *s. m.* Tiempo de descanso que hay entre un acto y otro en una representación teatral o de cualquier otro espectáculo público. *Salimos a tomar un café en el entreacto.* **SIN.** Intermedio, interludio, pausa.

entrecejo (en-tre-**ce**-jo) *s. m.* **1.** Espacio que hay entre ceja y ceja. *Tenía las cejas muy pobladas y muy poco entrecejo.* **2.** Ceño, sobrecejo. *Frunció el entrecejo.*

entrecomillar (en-tre-co-mi-**llar**) *v. tr.* Poner entre comillas una o varias palabras. *Entrecomilla todos los verbos que encuentres en el dictado.*

entrecortar (en-tre-cor-**tar**) *v. tr.* **1.** Cortar una cosa sin acabar de dividirla. *Entrecortó la pieza de carne.* ‖ *v. prnl.* **2.** Hablar con cortes o intermitencias. *Se entrecortó al comunicar la noticia.*

entrecot (en-tre-**cot**) *s. m.* Filete grueso de carne de vacuno. *Pidió un entrecot a la pimienta.* ✎ Su pl. es "entrecots". También "entrecó", pl. "entrecós".

entredicho (en-tre-**di**-cho) *s. m.* **1.** Prohibición de hacer o decir alguna cosa. **SIN.** Reprobación, veto. **2.** Censura eclesiástica. ‖ **LOC. poner algo en entredicho** Considerarlo dudoso o de poco crédito.

entredós (en-tre-**dós**) *s. m.* Tira bordada o de encaje que se cose entre dos telas. *La pechera del vestido llevaba entredoses y puntillas.*

entrega (en-**tre**-ga) *s. f.* **1.** Acción de entregar. *Mañana tendrá lugar la entrega de premios.* **SIN.** Donación, pago, transmisión. **2.** Interés, devoción con que alguien se dedica a una cosa. *Llama la atención su entrega en el trabajo.* **SIN.** Dedicación.

entregar (en-tre-**gar**) *v. tr.* **1.** Poner a seres o cosas en poder de otro. *Tuve que entregar el dinero de la multa.* **SIN.** Distribuir, proporcionar, conceder, transferir. **ANT.** Arrebatar, quitar. ‖ *v. prnl.* **2.** Dedicarse por entero a una cosa. *Durante un año se entregó a su investigación.* **SIN.** Enfrascarse, aplicarse. **ANT.** Abandonar, desentenderse, distraerse. **3.** Ponerse en manos de alguien sometiéndose a su voluntad. *El enemigo se entregó sin condiciones.* **SIN.** Rendirse, capitular, humillarse. **ANT.** Resistir. **4.** Abandonarse a una pasión, costumbre, vicio, etc. *Durante un tiempo se entregó al alcohol.* ✎ Se conjuga como ahogar.

entrelazar (en-tre-la-**zar**) *v. tr.* Entretejer una cosa con otra. *Entrelaza esos dos cables.* **SIN.** Enlazar. ✎ Se conjuga como abrazar.

entremés (en-tre-**més**) *s. m.* **1.** Manjar ligero que se pone en la mesa como aperitivo, para ir picando antes de comer los platos fuertes. *Pusieron unos entremeses de calamares fritos, croquetas, jamón, etc.* **SIN.** Aperitivo, tapa. **2.** Obra de teatro corta y graciosa, que se representa entre acto y acto de una obra más larga. *Lope de Rueda es autor de divertidos entremeses.* **SIN.** Sainete, paso.

entremeter (en-tre-me-**ter**) *v. tr.* **1.** Meter una cosa entre otras. *Entremete los papeles en ese montón.* ‖ *v. prnl.* **2.** Ponerse en medio o entre otros. *Se entremetió entre los que se estaban peleando.* **SIN.** Atravesarse. **3.** Meterse alguien donde no le llaman. *No me gusta que se entremetan en mis asuntos.*

entrenador, ra (en-tre-na-**dor**) *s. m. y s. f.* Persona que entrena a alguien. *Todo el equipo está muy contento con su nueva entrenadora.* **SIN.** Preparador.

entrenamiento (en-tre-na-**mien**-to) *s. m.* Acción y efecto de entrenar o entrenarse para la práctica de algún deporte y, en general, para hacer cualquier cosa. *Hoy tenemos entrenamiento y mañana partido.* **SIN.** Ejercicio, adiestramiento.

entrenar (en-tre-**nar**) *v. tr.* Preparar personas o animales para hacer algo bien, especialmente un deporte. **GRA.** También v. prnl. *Ha entrenado a su perro para que le lleve el periódico.* **SIN.** Ejercitar(se).

entresacar (en-tre-sa-**car**) *v. tr.* **1.** Sacar o escoger unas cosas de otras. *Entresacaron varios números.* **SIN.** Elegir, escoger, seleccionar. **2.** Cortar algunos árboles para aclarar un monte o espaciar las plantas que han nacido muy juntas. *Estaban entresacando remolacha.* ✎ Se conjuga como abarcar.

entresijo - enturbiar

entresijo (en-tre-**si**-jo) *s. m.* Cosa interior, escondida u oculta. *Quería conocer los entresijos de aquel negocio.* **SIN.** Misterio, secreto.

entresuelo (en-tre-**sue**-lo) *s. m.* **1.** Piso entre el bajo y el principal de una casa. *Viven en un entresuelo.* **2.** En los cines y teatros, planta situada encima del patio de butacas. *Sacó las entradas de entresuelo.*

entretanto (en-tre-**tan**-to) *adv. t.* Mientras tanto, mientras. *Tú vete, y entretanto yo hago esto.* ✎ También "entre tanto".

entretejer (en-tre-te-**jer**) *v. tr.* **1.** Mezclar hilos diferentes en la tela que se teje. *Entretejía hilos de diferentes colores.* **2.** Entrelazar una cosa con otra. *Entreteje esas dos cuerdas.* **3.** Incluir palabras, versos o períodos ajenos en un libro o escrito. *En su discurso entretejió varias citas de sus autores favoritos.*

entretela (en-tre-**te**-la) *s. f.* **1.** Refuerzo que se pone entre la tela y el forro de algunas prendas de vestir. *Al lavar la chaqueta, encogieron las entretelas.* ‖ *s. f. pl.* **2.** *fam.* Lo más íntimo del corazón. *Sentía un profundo dolor en sus entretelas.*

entretener (en-tre-te-**ner**) *v. tr.* **1.** Tener a alguien detenido esperando algo. **GRA.** También v. prnl. *Se entretuvo con un trabajo urgente y perdió el autobús.* **SIN.** Entorpecer. **2.** Divertir, recrear el ánimo de alguien. **GRA.** También v. prnl. *Aquella película nos entretuvo mucho.* **SIN.** Amenizar, distraer(se), solazar. **ANT.** Aburrir(se). **3.** Retardar un asunto dando pretextos. *Fue entreteniendo el asunto de una nueva reunión con falsas disculpas.* **SIN.** Dar largas, demorar, postergar, dilatar. **ANT.** Despachar. ✎ v. irreg., se conjuga como tener.

entretenido, da (en-tre-te-**ni**-do) *adj.* **1.** Que es amigo de bromas. *Es una persona muy entretenida, nos hace reír a todos.* **SIN.** Chistoso, divertido, alegre. **2.** Que entretiene o divierte. *Este juego es muy entretenido.*

entretiempo (en-tre-**tiem**-po) *s. m.* Tiempo de primavera y otoño. *Se compró un traje de entretiempo.*

entrever (en-tre-**ver**) *v. tr.* **1.** Ver confusamente una cosa. *A lo lejos podía entrever una cabaña entre los árboles.* **2.** Sospechar una cosa, adivinarla. *Creía entrever alguna mala intención en aquellas palabras.* **SIN.** Imaginar, presentir. ✎ v. irreg., se conjuga como ver.

entreverar (en-tre-ve-**rar**) *v. tr.* *Insertar. **SIN.** Intercalar, mezclar.

entrevista (en-tre-**vis**-ta) *s. f.* **1.** Encuentro de dos o más personas con un fin determinado. *Se celebró una entrevista para decidir quién sería el próximo director.* **SIN.** Reunión. **2.** Artículo periodístico en forma de diálogo en el que se transcribe la conversación mantenida con alguna persona importante que manifiesta su opinión acerca de un asunto de interés público. *Este periódico publica mañana una entrevista con el alcalde.*

entrevistar (en-tre-vis-**tar**) *v. tr.* **1.** Tener una conversación con una o varias personas, acerca de ciertos temas, para informar al público de sus respuestas. *Entrevistó a varios personajes destacados del mundo de la cultura.* ‖ *v. prnl.* **2.** Tener una entrevista con una persona. *He quedado en entrevistarme con ella esta tarde.*

entristecer (en-tris-te-**cer**) *v. tr.* **1.** Causar tristeza o poner de aspecto triste. *Aquella desgracia nos entristeció mucho.* **SIN.** Consternar, afligir, desconsolar, apenar, apesadumbrar. **ANT.** Alegrar. ‖ *v. prnl.* **2.** Ponerse alguien triste y melancólico. *Se entristeció al tener que dejar a sus amigos.* **SIN.** Afligirse, abatirse, atribularse, acongojarse. **ANT.** Alegrarse. ✎ v. irreg., se conjuga como parecer.

entrometer (en-tro-me-**ter**) *v. tr.* *Entremeter.

entroncar (en-tron-**car**) *v. intr.* **1.** Contraer parentesco. *Con aquel matrimonio, entroncaron ambas familias.* **SIN.** Relacionarse, vincularse. **2.** Empalmar dos líneas de transporte. **GRA.** También v. prnl. *Este autobús entronca con el que va a la sierra.* ✎ Se conjuga como abarcar.

entronizar (en-tro-ni-**zar**) *v. tr.* **1.** Ensalzar a alguien. *Entronizaron a su líder.* **SIN.** Elogiar. **2.** Colocar en el trono. *Entronizaron al príncipe heredero.* **SIN.** Coronar, ungir. **ANT.** Destronar. ‖ *v. prnl.* **3.** Engreírse, envanecerse. *Se entronizó y se volvió insoportable.* ✎ Se conjuga como abrazar.

entuerto (en-**tuer**-to) *s. m.* Injusticia u ofensa. *Don Quijote se dedicaba a deshacer entuertos.* **SIN.** Agravio, ultraje.

entumecerse (en-tu-me-**cer**-se) *v. prnl.* Quedarse un miembro del cuerpo sin movimiento ni sensibilidad. *Se le entumecieron todos los músculos.* **SIN.** Agarrotarse, engarrotarse, paralizarse. **ANT.** Desentumecerse. ✎ v. irreg., se conjuga como parecer.

enturbiar (en-tur-**biar**) *v. tr.* **1.** Poner turbia una cosa. **GRA.** También v. prnl. *Al remover las piedras del arroyo se enturbió el agua.* **SIN.** Revolver(se), ensuciar(se), oscurecer(se). **ANT.** Clarificar(se). **2.** Alterar el orden. **GRA.** También v. prnl. *Aquellos violentos incidentes enturbiaron la marcha de la fiesta.* **SIN.** Trastornar(se), alterar(se). ✎ En cuanto al acento, se conjuga como cambiar.

entusiasmar - enviado

entusiasmar (en-tu-sias-**mar**) *v. tr.* Infundir entusiasmo o causar admiración. **GRA.** También v. prnl. *Los niños se entusiasmaron con el circo.* **SIN.** Apasionar(se), enfervorizar(se), emocionar(se). **ANT.** Enfriar(se), desencantar(se), apagar(se).

entusiasmo (en-tu-**sias**-mo) *s. m.* **1.** Exaltación del ánimo producida por la admiración. *Todos aplaudieron con entusiasmo en el concierto.* **SIN.** Satisfacción, alegría, contento, emoción. **ANT.** Indiferencia, desinterés, frialdad. **2.** Adhesión fervorosa a algo. *De todos era conocido su entusiasmo por aquel proyecto.* **SIN.** Pasión, fervor, arrebato, frenesí. **3.** Sentimiento de capacidad suficiente para superar una adversidad. *Puso todo su entusiasmo en solucionar el problema.* **SIN.** Esfuerzo. **ANT.** Indiferencia.

entusiasta (en-tu-**sias**-ta) *adj.* **1.** Que siente entusiasmo. **GRA.** También s. m. y s. f. *Se confesó entusiasta de la música de Albéniz.* **SIN.** Apasionado, devoto, incondicional, admirador. **ANT.** Desinteresado, apático. **2.** Propenso a entusiasmarse. **GRA.** También s. m. y s. f. *Es una persona muy entusiasta.*

enumeración (e-nu-me-ra-**ción**) *s. f.* Expresión sucesiva y ordenada de las partes de un todo. *Estaba haciendo la enumeración de todos los participantes.* **SIN.** Cómputo, inventario, recuento.

enumerar (e-nu-me-**rar**) *v. tr.* Decir por orden una serie de cosas. *Enumeró los desperfectos sufridos por las inundaciones.* **SIN.** Numerar, listar, detallar.

enunciación (e-nun-cia-**ción**) *s. f.* Acción y efecto de enunciar o de expresar una idea. *Se trataba de una breve enunciación del proyecto.* **SIN.** Explicación, exposición, afirmación, declaración.

enunciado (e-nun-**cia**-do) *s. m.* **1.** En matemáticas, frase corta o sencilla con la que se expone o plantea un problema. *No entiendo el enunciado de la segunda pregunta.* **2.** En ciertas escuelas lingüísticas, secuencia finita de palabras delimitada por silencios muy marcados. *Hasta ese punto y aparte es un enunciado.*

enunciar (e-nun-**ciar**) *v. tr.* **1.** Expresar alguien breve y sencillamente una idea. *Enunció los puntos más destacados de la reunión.* **SIN.** Exponer, manifestar, citar. **2.** En matemáticas, exponer el conjunto de datos que componen un problema. *Enunció el problema.* ✎ En cuanto al acento, se conjuga como cambiar.

envainar (en-vai-**nar**) *v. tr.* Meter un arma blanca en la vaina. *El espadachín envainó su espada.*

envalentonar (en-va-len-to-**nar**) *v. tr.* **1.** Infundir valentía o arrogancia. *Envalentonó a los soldados con su discurso.* ‖ *v. prnl.* **2.** Dárselas alguien de valiente. *En seguida se envalentonó e inició aquella tonta disputa.* **SIN.** Fanfarronear, fardar. **ANT.** Acobardarse.

envanecer (en-va-ne-**cer**) *v. tr.* Infundir soberbia o vanidad a alguien. **GRA.** También v. prnl. *Como le iban tan bien las cosas, se envaneció y ahora no se trata con ninguno de sus amigos.* **SIN.** Engreír(se), ensoberbecer(se), vanagloriar(se). **ANT.** Humillar(se), rebajar(se). ✎ v. irreg., se conjuga como parecer.

envasar (en-va-**sar**) *v. tr.* Echar un líquido en un recipiente adecuado para su transporte o conservación, y cerrarlo después. *Estaba envasando tomate.* **SIN.** Embotellar, enlatar.

envase (en-**va**-se) *s. m.* **1.** Acción y efecto de envasar. *Se dedica al envase de leche.* **2.** Recipiente en el que se mete algo para que se conserve o se pueda transportar mejor. *Una vez consumido el producto, el envase se tira.* **3.** Todo lo que envuelve o contiene artículos de comercio para conservarlos o transportarlos. *Siempre compro el envase grande de café para que me dure más.* **SIN.** Bote, botella.

envejecer (en-ve-je-**cer**) *v. intr.* Hacerse vieja o antigua una persona o cosa. **GRA.** También v. prnl. *Envejeció bastante en los últimos años.* **SIN.** Avejentarse, encanecer, chochear, ajarse, marchitarse. **ANT.** Rejuvenecer. ✎ v. irreg., se conjuga como parecer.

envenenar (en-ve-ne-**nar**) *v. tr.* **1.** Corromper o dañar algo con veneno. **GRA.** También v. prnl. *Un desalmado había envenenado el agua del arroyo.* **SIN.** Contaminar, infectar, intoxicar. **2.** Interpretar en mal sentido las palabras o acciones. *Envenenó nuestra actitud y nos dejó de hablar.* **SIN.** Tergiversar. **3.** Meter cizaña entre dos personas. *Le gustaba envenenar a los demás.*

envergadura (en-ver-ga-**du**-ra) *s. f.* **1.** Ancho de la vela de un barco. *En el puerto entró un barco de mucha envergadura.* **2.** Distancia entre las puntas de las alas de un ave cuando las tiene extendidas. *Era un pajarillo de poca envergadura.* **3.** Por ext., distancia entre los extremos de las alas de un avión y los brazos humanos. *Tenía tanta envergadura que podía abrazar con sus brazos el tronco del árbol.* **4.** Importancia de una cosa. *Estaba muy ocupado en resolver un asunto de mucha envergadura.*

envés (en-**vés**) *s. m.* **1.** *Revés. **2.** Cara inferior de la hoja, opuesta a la haz. *Las hojas de esta planta tienen unos puntitos blancos en el envés.*

enviado, da (en-vi-**a**-do) *s. m. y s. f.* Persona que se envía con algún mensaje o comisión. *Llegaron dos*

enviar - epidemia

enviados con la noticia. **SIN.** Embajador, emisario, recadero.

enviar (en-vi-**ar**) *v. tr.* **1.** Hacer que una persona o cosa vaya a alguna parte. *Envió a su hijo a un campamento de verano. Envió caramelos para los niños.* **SIN.** Mandar. **ANT.** Retener. **2.** Hacer que una cosa llegue a alguna parte. *Voy a enviar una carta a mi tío.* **SIN.** Expedir, mandar, remitir, despachar. **ANT.** Recibir. ✎ En cuanto al acento, se conjuga como desviar.

enviciar (en-vi-**ciar**) *v. tr.* **1.** Acostumbrar a vicios o a malas costumbres. *Las malas compañías lo enviciaron.* **SIN.** Malear, pervertir, degradar. ‖ *v. prnl.* **2.** Aficionarse demasiado a una cosa. *Se envició en el juego y estuvo a punto de perder todo lo que tenía.* ✎ En cuanto al acento, se conjuga como cambiar.

envidia (en-**vi**-dia) *s. f.* **1.** Tristeza o pesar que se siente por el bien ajeno. *Tiene envidia de lo bien que nos va.* **SIN.** Celos, envidia, resentimiento, rivalidad, tirria. **2.** Deseo de imitar las acciones de otra persona. *La envidia le movió a comprarse el coche.* **SIN.** Rivalidad, emulación.

envidiable (en-vi-**dia**-ble) *adj.* Que es digno de ser deseado. *Tiene un trabajo envidiable.* **SIN.** Deseable, apetecible, codiciable.

envidiar (en-vi-**diar**) *v. tr.* **1.** Tener envidia. *Envidiaba a todo el mundo, por eso no era feliz.* **2.** Desear alguna cosa. *Envidiaba una bonita casa en el campo.* **SIN.** Apetecer, anhelar, codiciar. ✎ En cuanto al acento, se conjuga como cambiar.

envidioso, sa (en-vi-**dio**-so) *adj.* Que siente envidia. *No era mala persona, pero era muy envidioso.* **SIN.** Celoso, ambicioso, ávido, deseoso.

envilecer (en-vi-le-**cer**) *v. tr.* **1.** Hacer vil y despreciable a una persona o cosa. *El poder le envileció.* **SIN.** Degradar, humillar, dañar, pervertir, corromper. **ANT.** Ennoblecer. ‖ *v. prnl.* **2.** Hacerse alguien cada vez más despreciable. *Con esa actitud se envilece día a día.* **SIN.** Degradarse, humillarse. **ANT.** Ennoblecerse. ✎ v. irreg., se conjuga como parecer.

envío (en-**ví**-o) *s. m.* **1.** Acción y efecto de enviar o de mandar algo a alguna parte. *Se encarga de los envíos.* **SIN.** Encargo, pedido. **2.** Cosa que se envía. *Recibí su envío.* **SIN.** Expedición, remesa, pedido.

envite (en-**vi**-te) *s. m.* **1.** Apuesta que se hace en algunos juegos de cartas. *Hizo un envite en el mus.* **2.** Empujón. *El toro le dio un envite y cayó al suelo.* **3.** Avance notable en un trabajo o asunto. *Le hemos dado un buen envite al asunto.*

enviudar (en-viu-**dar**) *v. intr.* Quedar viudo o viuda. *Enviudó muy joven.*

envoltorio (en-vol-**to**-ri-o) *s. m.* **1.** Conjunto o lío de ropas. *El mendigo sólo tiene un andrajoso envoltorio.* **2.** Paquete hecho desaliñadamente. *¡Vaya envoltorio que has puesto al regalo, parece cualquier cosa!*

envoltura (en-vol-**tu**-ra) *s. f.* Conjunto de papeles que cubren o envuelven una cosa. *Quita la envoltura de la mantequilla y métela en el frigorífico.* **SIN.** Cubierta, embalaje, estuche.

envolver (en-vol-**ver**) *v. tr.* **1.** Cubrir una cosa con papel, tela, etc. *Envuelve el regalo con este papel tan bonito.* **SIN.** Liar, empaquetar, atar, vendar. **ANT.** Desenvolver, desempaquetar, desliar. **2.** Mezclar, complicar a alguien en un asunto. **GRA.** También v. prnl. *Al final se dejó envolver en aquel sucio negocio.* **SIN.** Involucrar(se), liar(se). ✎ v. irreg., se conjuga como mover. Tiene part. irreg., envuelto.

enyesar (en-ye-**sar**) *v. tr.* **1.** Tapar o allanar con yeso. *Enyesaron las paredes antes de pintarlas.* **2.** Endurecer con yeso o escayola los vendajes. *Le enyesaron el brazo roto.* **SIN.** Escayolar.

enzarzar (en-zar-**zar**) *v. tr.* **1.** Poner zarzas en una cosa o cubrirla con ellas. *Enzarzaron toda la tapia del huerto.* **2.** Enredar a dos o más personas para que discutan o peleen. **GRA.** También v. prnl. *Por una bobada, se enzarzaron en una fuerte discusión.* **SIN.** Encizañar(se), engrescarse. ‖ *v. prnl.* **3.** Enredarse en las zarzas, matorrales, etc. *Estaba cogiendo moras y se enzarzó.* ✎ Se conjuga como abrazar.

enzima (en-**zi**-ma) *s. amb.* Sustancias químicas que aceleran las reacciones orgánicas y controlan la digestión y otros fenómenos. *Aislaron una nueva enzima.* ✎ Se usa más como s. f. ☞ No debe confundirse con "encima".

eñe (**e**-ñe) *s. f.* Nombre de la letra "ñ".

eólico, ca (e-**ó**-li-co) *adj.* Que pertenece o se refiere al viento o a la acción del viento. *Tiene que hacer un trabajo sobre la energía eólica.*

epicentro (e-pi-**cen**-tro) *s. m.* Punto en el que comienza un terremoto. *Localizaron el epicentro a varios kilómetros.*

épico, ca (**é**-pi-co) *s. f.* **1.** Poesía en la que cuentan las hazañas de los héroes y sus conquistas. *Esta hazaña merece ser cantada por la épica.* ‖ *adj.* **2.** Que pertenece o se refiere a este tipo de poesía. *El "Cantar de Mio Cid" es un poema épico.*

epidemia (e-pi-**de**-mia) *s. f.* **1.** Enfermedad que en determinada área geográfica afecta simultáneamente a gran número de personas. *Ya se acabó la epidemia de gripe.* **SIN.** Infección. **2.** Cualquier cosa perjudicial que se extiende de manera rápida. *Una*

epidermis - equidistante

epidemia de falsos rumores estaba afectando a su carrera. **SIN.** Calamidad, azote.

epidermis (e-pi-**der**-mis) *s. f.* **1.** Piel delgada y casi transparente que cubre el cuerpo de las personas y de los animales. *La profunda quemadura le destruyó la epidermis.* **2.** Cubierta exterior de una hoja, tallo o raíz. *La epidermis de las plantas las protege de la pérdida de agua.* 🖉 Invariable en número.

epifanía (e-pi-fa-**ní**-a) *s. f.* Festividad que celebra la Iglesia el seis de enero, y que también se llama de la "adoración de los Reyes". *Siempre celebran la fiesta de Epifanía.* 🖉 Suele escribirse con mayúscula.

epifitas (e-pi-**fi**-tas) *s. f. pl.* Plantas que crecen en otras plantas, pero que no se alimentan de ellas. *Las lianas son plantas epifitas.*

epiglotis (e-pi-**glo**-tis) *s. f.* Cartílago ovalado sujeto a la parte posterior de la lengua, que tapa la glotis al tragar la comida. *Al atragantarse con el hueso se dañó la epiglotis.* 🖉 Invariable en número.

epígrafe (e-**pí**-gra-fe) *s. m.* **1.** Resumen, cita o sentencia que suele ponerse en el encabezamiento de una obra científica o literaria, o de cada uno de sus capítulos. *El epígrafe que encabezaba el libro era una cita de Dostoievski.* **SIN.** Encabezamiento, rótulo. **2.** Inscripción en piedra, metal, etc. *Aquel monumento tenía un epígrafe.*

epigrama (e-pi-**gra**-ma) *s. m.* **1.** Inscripción en piedra o metal. *El epigrama era prácticamente ilegible.* **2.** Composición poética breve y aguda, con frecuencia de carácter satírico. **GRA.** También s. f. *Publicó una colección de epigramas.* **3.** Pensamiento de cualquier género, expresado con brevedad y agudeza. *Sus epigramas eran muy mordaces.*

epilepsia (e-pi-**lep**-sia) *s. f.* Enfermedad nerviosa que se caracteriza por ataques repentinos con pérdida del conocimiento y convulsiones. *Sufrió un ataque de epilepsia.*

epílogo (e-**pí**-lo-go) *s. m.* Recapitulación de todo lo dicho en un discurso u obra literaria. *El libro traía un epílogo.* **SIN.** Compendio, conclusión, recapitulación, resumen, colofón. **ANT.** Prólogo.

episcopado (e-pis-co-**pa**-do) *s. m.* **1.** Conjunto de obispos. *Se reunió el episcopado para elaborar una circular.* **2.** Dignidad de obispo. *Hace dos años que llegó al episcopado.* **3.** Época y duración del gobierno de un obispo. *Tuvo un fructífero episcopado.*

episodio (e-pi-**so**-dio) *s. m.* **1.** Acción secundaria en una novela, que se cuenta para dar más variedad a la principal. *Perdía un poco el hilo de la narración con tantos episodios.* **2.** Cada una de las acciones parciales o partes integrantes de la acción principal. *A partir del tercer episodio el libro está interesantísimo.* **SIN.** Capítulo. **3.** Suceso enlazado con otros que forman un conjunto. *Fue haciendo un repaso por todos los episodios de su vida.* **SIN.** Hecho.

epistaxis (e-pis-**ta**-xis) *s. f.* Hemorragia nasal. *El fuerte golpe le produjo una epistaxis.* 🖉 Invariable en número.

epístola (e-**pís**-to-la) *s. f.* **1.** Parte de la Misa que va antes del Evangelio. *Llegó tarde, ya estaban en la epístola.* **2.** Composición poética en forma de carta, cuyo fin es moralizar, instruir o satirizar. *Larra escribió varias epístolas.* ‖ **3. epístola católica** Cualquiera de las cartas escritas por los apóstoles.

epitafio (e-pi-**ta**-fio) *s. m.* Escrito, frase o poema propio para ponerlo sobre una tumba o sepulcro. *Había un hermoso epitafio sobre su tumba.* **SIN.** Dedicatoria, leyenda.

epíteto (e-**pí**-te-to) *s. m.* Adjetivo que expresa una cualidad inherente y característica del sustantivo al que se refiere. *En "el cielo azul", "azul" es un epíteto.*

epítome (e-**pí**-to-me) *s. m.* Compendio o resumen de una obra extensa. *La propia autora publicó un epítome de su obra.*

época (**é**-po-ca) *s. f.* **1.** Era, fecha histórica que se utiliza para cómputos cronológicos. *Ocurría en los primeros años de la época moderna.* **2.** Período de tiempo durante el que acaecen determinados sucesos. *En la época de los romanos se construyeron calzadas y puentes.* **3.** Espacio de tiempo, generalmente de larga duración. *Recuerda con nostalgia su época de estudiante.*

epónimo, ma (e-**pó**-ni-mo) *adj.* Se dice del personaje real o literario que da nombre a un pueblo, lugar o época. *Americo Vespucci es el personaje epónimo de América.*

epopeya (e-po-**pe**-ya) *s. f.* **1.** Poema narrativo extenso que describe hechos heroicos, históricos o legendarios. *La "Odisea", de Homero es una epopeya.* **SIN.** Leyenda, saga. **2.** Conjunto de poemas que forman la tradición épica de un pueblo. *El "Cantar de los Nibelungos" es una epopeya nórdica.* **3.** Conjunto de hechos gloriosos o dignos de ser recordados. *La conquista de México fue una epopeya.*

equidad (e-qui-**dad**) *s. f.* Inclinación del ánimo que nos mueve a juzgar según el sentimiento del deber o de la conciencia. *Juzgaba siempre con equidad.* **SIN.** Ecuanimidad, imparcialidad, rectitud, justicia.

equidistante (e-qui-dis-**tan**-te) *adj.* Que se halla a igual distancia. *Dos puntos equidistantes.*

équido - equívoco

équido, da (é-qui-do) *adj.* Se dice de los mamíferos cuya característica principal es la terminación de las extremidades en un solo dedo. **GRA.** También s. m. *El caballo y el asno son équidos.*

equilátero, ra (e-qui-**lá**-te-ro) *adj.* Que tiene iguales todos sus lados. *Dibujó un triángulo equilátero.*

equilibrar (e-qui-li-**brar**) *v. tr.* **1.** Hacer que una cosa no exceda ni supere a otra, manteniéndolas proporcionalmente iguales. *Tienes que equilibrar tus esfuerzos.* **SIN.** Compensar, igualar. **2.** Hacer que una cosa se ponga o quede en equilibrio. **GRA.** También v. prnl. *Le costó equilibrar los dos platillos de la balanza.* **SIN.** Nivelar.

equilibrio (e-qui-**li**-brio) *s. m.* **1.** Estabilidad de un cuerpo basada en la compensación de fuerzas que actúan sobre él. *El equilibrio de un avión en el aire.* **SIN.** Nivelación, estabilidad. **ANT.** Desequilibrio. **2.** Peso igual a otro y que lo contrarresta. *El equilibrio de una balanza.* **SIN.** Contrapeso. **3.** Compensación, armonía entre cosas diversas. *El equilibrio artístico y estético del Partenón.* **SIN.** Proporción, igualdad. **4.** Moderación, sensatez en los actos y juicios. *El equilibrio de una persona.* **SIN.** Prudencia, ecuanimidad, mesura. **ANT.** Desequilibrio, imprudencia.

equinoccio (e-qui-**noc**-cio) *s. m.* **1.** Época del año en que, por hallarse el Sol sobre el ecuador, el día y la noche son iguales en toda la Tierra. *El comienzo de la primavera coincide con el equinoccio.* ‖ **2. equinoccio de primavera** El 20 al 21 de marzo. **3. equinoccio de otoño** El 22 al 23 de septiembre.

equinococo (e-qui-no-**co**-co) *s. m.* Larva de una tenia que vive en el intestino del perro y de otros mamíferos carnívoros. *El equinococo puede pasar al cuerpo de algunos rumiantes y al del ser humano alojándose en el hígado.*

equinodermo (e-qui-no-**der**-mo) *adj.* Se dice de los invertebrados marinos, simétricos en forma, y a menudo con pieles espinosas. Tienen pies tubulados para moverse o conseguir alimento. **GRA.** También s. m. *Las estrellas de mar y los erizos de mar son equinodermos.*

equipaje (e-qui-**pa**-je) *s. m.* Conjunto de cosas que se llevan en los viajes. *Subieron el equipaje a la habitación del hotel.* **SIN.** Maletas, bultos.

equipar (e-qui-**par**) *v. tr.* **1.** Proveer de lo necesario para algo. **GRA.** También v. prnl. *Se equiparon bien para pasar varias semanas en la montaña.* **SIN.** Abastecer(se), avituallar(se), aprovisionar(se). **ANT.** Desproveer(se), desabastecer(se), quitar(se). **2.** Proveer de un equipo de ropa. **GRA.** También v. prnl. *Se equipó con todo lo necesario para la temporada de invierno.* **SIN.** Abastecer(se), surtir(se).

equiparar (e-qui-pa-**rar**) *v. tr.* Comparar dos cosas considerándolas iguales. *Equipararon sus méritos.* **SIN.** Asimilar, confrontar, cotejar.

equipo (e-**qui**-po) *s. m.* **1.** Conjunto de personas que se unen para hacer algo. *Se han formado equipos para recoger muestras de minerales.* **SIN.** Grupo. **2.** Grupo de personas que buscan juntas el triunfo en un deporte. *Nuestro equipo ganó por gran diferencia al contrario.* **SIN.** Club. **3.** Conjunto de prendas o cosas que sirven para un fin. *Por mi cumpleaños, me regalaron un equipo de buceo.* **SIN.** Accesorios, instrumental. ‖ **LOC. caerse con todo el equipo** *fam.* Fracasar totalmente en algo, meter la pata.

equis (**e**-quis) *s. f.* **1.** Nombre de la letra "x". *"Exterior" se escribe con equis.* ‖ *adj.* **2.** Denota un número desconocido o indiferente. *Supongamos que cuesta "x" pesetas.*

equitación (e-qui-ta-**ción**) *s. f.* Arte de montar y manejar bien el caballo. *Es muy aficionado a la equitación.* **SIN.** Hípica.

equitativo, va (e-qui-ta-**ti**-vo) *adj.* Que tiene equidad. *Juan es una persona muy equitativa.* **SIN.** Imparcial, ecuánime, justo. **ANT.** Injusto, arbitrario.

equivalente (e-qui-va-**len**-te) *adj.* Que equivale a otra cosa. *1 metro y 100 centímetros son medidas equivalentes.* **SIN.** Igual, parecido, semejante, similar.

equivaler (e-qui-va-**ler**) *v. intr.* Ser una cosa igual a otra en valor, estimación, eficacia, etc. *Un kilo equivale a 1 000 gramos.* **SIN.** Corresponder, equiparar, igualar. ✎ v. irreg., se conjuga como valer.

equivocación (e-qui-vo-ca-**ción**) *s. f.* **1.** Cosa hecha erróneamente. *Fue una equivocación decir no.* **2.** Hecho de tomar una cosa por otra. *Se llevó otro paraguas por equivocación.* **SIN.** Desacierto.

equivocado, da (e-qui-vo-**ca**-do) *adj.* Que yerra u obra sin acierto. *Has marcado el número equivocado.*

equivocarse (e-qui-vo-**car**-se) *v. prnl.* **1.** Cometer error en lo que se dice o se hace. *Te equivocaste mucho en el dictado.* **SIN.** Confundirse, fallar. **2.** Hacer o tomar una cosa por otra. *Se equivocó de piso, fue al primero en vez de ir al segundo.* **SIN.** Distraerse. **ANT.** Acertar. ✎ Se conjuga como abarcar.

equívoco, ca (e-**quí**-vo-co) *adj.* **1.** Que puede entenderse o interpretarse en varios sentidos. *Siempre utiliza expresiones equívocas para confundirnos.* **SIN.** Indeterminado. **ANT.** Inequívoco. ‖ *s. m.* **2.** Palabra que puede entenderse de varias maneras. *La palabra "hoja" es un equívoco.* **3.** *Equivocación.*

era - erario

era¹ (**e**-ra) *s. f.* Período histórico que comienza con un hecho importante a partir del cual se cuentan los años. *El ser humano apareció en la era cenozoica.* **SIN.** Época, edad.

era² (**e**-ra) *s. f.* Espacio de tierra limpia y llana que sirve para trillar. *Llevaron el trigo a la era.*

erario (e-**ra**-rio) *s. m.* Tesoro público y lugar donde se guarda. *El dinero sobrante pasó al erario público.*

ERAS GEOLÓGICAS				
Era	Período	Edad	Inicio (millones de años)	Hitos de la vida animal y vegetal
CENOZOICA	Cuaternario	Holoceno	0,01	Aparición del ser humano y de la civilización.
		Pleistoceno	2	Glaciaciones en el hemisferio norte; los mamíferos peludos sobrevivieron al frío.
	Terciario	Plioceno	2	Aparición de los homínidos. El enfriamiento del clima provocó la muerte de muchos grandes mamíferos.
		Mioceno	25	Numerosos simios en África. En las grandes praderas pastan rebaños de mamíferos.
		Oligoceno	35	Primeros simios. Empiezan a evolucionar muchos mamíferos actuales. Se multiplican las plantas con flor.
		Eoceno	60	Mamíferos extraños, entre ellos caballos y elefantes primitivos. Casi todas las plantas son como las modernas.
		Paleoceno	65	Rápida evolución de los mamíferos tras la extinción de casi todos los reptiles.
MESOZOICA		Cretácico	145	Al final del período se extinguen los dinosaurios y muchos otros reptiles. Primeras plantas con flor.
		Jurásico	210	Los dinosaurios dominan la Tierra. Reptiles voladores. Primeras aves. Algunos pequeños mamíferos.
		Triásico	245	Primeros dinosaurios y grandes reptiles marinos. Primeros mamíferos. Se extienden las coníferas.
PALEOZOICA		Pérmico	285	Se extienden los reptiles. Los anfibios pierden importancia. Surgen las coníferas ginkáceas primitivas.
		Carbonífero	360	Se extienden los anfibios. Primeros reptiles. Musgos y helechos en los pantanos que formarán las cuencas carboníferas.
		Devónico	410	Edad de los peces (óseos y cartilaginosos). Evolucionan los anfibios. Aumentan las plantas terrestres.
		Silúrico	440	Peces acorazados gigantes. Primeras plantas terrestres y de pantanos. Grandes escorpiones marinos.
		Ordovícico	505	Primeros vertebrados (peces sin mandíbula). Se extienden los equinodermos y braquiópodos.
		Cámbrico	570	Abundancia de fósiles. Graptolites, trilobites, moluscos primitivos, corales, crustáceos, etc.
El tiempo precámbrico se remonta hasta la formación de la Tierra, hace unos 4 600 millones de años.				La vida empezó hace unos 3 500 millones de años. Los fósiles más antiguos conocidos son los organismos de los cuarzos de Fig Tree y los estromatolitos (hace 2 800 millones de años). Pero los fósiles son raros, probablemente porque los seres primitivos eran de cuerpo blando (medusas, gusanos, etc).

eréctil - erre

eréctil (e-**réc**-til) *adj.* Que puede levantarse o estar en posición rígida. *La cresta de la cacatúa es eréctil.*

eremita (e-re-**mi**-ta) *s. m.* *Ermitaño.

erguir (er-**guir**) *v. tr.* Levantar y poner derecha una persona o cosa. **GRA.** También v. prnl. *Apenas podía erguirse.* **SIN.** Alzar(se). ✎ v. irreg. Se escribe "g" en vez de "gu" seguido de "-a" o de "-o". 🖉

INDICATIVO		IMPERATIVO
Pres.	Pret. perf. s.	
yergo	erguí	
yergues	erguiste	yergue
yergue	irguió	yerga
erguimos	erguimos	yergamos
erguís	erguisteis	yergad
yerguen	irguieron	yergan
SUBJUNTIVO		
Pres.	Pret. imperf.	Fut. imperf.
yerga	irguiera/se	irguiere
yergas	irguieras/se	irguieres
yerga	irguiera/se	irguiere
yergamos	irguiéramos/semos	irguiéremos
yergáis	irguierais/seis	irguiereis
yergan	irguieran/sen	irguieren
FORMAS NO PERSONALES	Ger.	irguiendo

erial (e-**rial**) *adj.* Se dice de la tierra que está sin cultivar o labrar. **GRA.** También s. m. *Todas esas hectáreas son un erial.* **SIN.** Páramo, yermo.

erigir (e-ri-**gir**) *v. tr.* **1.** Fundar algo. *San Francisco erigió la orden franciscana.* **SIN.** Establecer, instituir. **2.** Construir, edificar. *Erigieron un templo.* **ANT.** Demoler. **3.** Constituir a una persona o cosa con un carácter que antes no tenía. **GRA.** También v. prnl. *Se erigió en jefe de la organización.* ✎ Se conjuga como urgir.

erizar (e-ri-**zar**) *v. tr.* Levantar, poner rígida y tiesa una cosa. **GRA.** Se usa más como v. prnl. *Al perro se le erizaron las orejas al oír aquel ruido.* **SIN.** Encrespar(se). ✎ Se conjuga como abrazar.

erizo (e-**ri**-zo) *s. m.* **1.** Mamífero pequeño cuyo cuerpo está cubierto de espinas o púas y cuyo hocico es parecido al del cerdo. Se alimenta de insectos, ratones y culebras. *Encontramos un erizo al lado de la carretera.* **2.** *fam.* Persona de carácter áspero. *No hay quien trate con ella, es un erizo.* ‖ **3. erizo de mar, o marino** Equinodermo, de figura de esfera aplanada, cubierto con una concha caliza llena de púas.

ermita (er-**mi**-ta) *s. f.* Iglesia pequeña o capilla situada generalmente en un despoblado. *Fueron de romería hasta la ermita de San Roque.*

ermitaño, ña (er-mi-**ta**-ño) *s. m. y s. f.* **1.** Persona que vive en una ermita y cuida de ella. *El ermitaño nos contó la historia de aquella antigua capilla.* **2.** Persona que vive en soledad. *Desde hacía varios años vivía como ermitaño en una cabaña del bosque.* **SIN.** Anacoreta, eremita. **3.** Crustáceo marino decápodo que para protegerse se instala en la concha de un molusco. *Se interesó por las costumbres del ermitaño.*

erosión (e-ro-si-**ón**) *s. f.* **1.** Desgaste de las rocas y de la superficie terrestre debido a la acción del viento, el hielo, la lluvia, etc. *La forma de esa roca era fruto de la erosión.* **SIN.** Corrosión. **2.** Desgaste de prestigio o influencia que puede sufrir una persona, una institución, etc. *Tras varios años de presidente, su imagen iba sufriendo una progresiva erosión.*

erótico, ca (e-**ró**-ti-co) *adj.* Que pertenece o se refiere al amor sensual. *Su última obra es una novela erótica.* **SIN.** Amoroso, sensual.

erotismo (e-ro-**tis**-mo) *s. m.* Amor sensual exacerbado. *Su relato estaba cargado de erotismo.*

erradicar (e-rra-di-**car**) *v. tr.* Arrancar de raíz una cosa. *Los inspectores erradicaron el fraude.* **SIN.** Extirpar, eliminar. **ANT.** Arraigar, permanecer. ✎ Se conjuga como abarcar.

errante (e-**rran**-te) *adj.* Que anda de una parte a otra. *Iba errante por las callejas de la ciudad.* **SIN.** Vagabundo, nómada.

errar (e-**rrar**) *v. tr.* **1.** No acertar. **GRA.** También v. intr. *Errar es humano.* **SIN.** Equivocarse, fallar, desacertar, desatinar, engañar. **ANT.** Acertar, atinar. **2.** Andar de vagabundo de una parte a otra. *Anduvo errando por las calles.* **SIN.** Deambular, callejear, vagar. **3.** Divagar el pensamiento, la imaginación, etc. *Se distraía mucho y su imaginación erraba por los lugares más insospechados.* ✎ v. irreg. ☞ No debe confundirse con "herrar". 🖉

INDICATIVO	SUBJUNTIVO	IMPERATIVO
Pres.	Pres.	
yerro	yerre	
yerras	yerres	yerra
yerra	yerre	yerre
erramos	erremos	erremos
erráis	erréis	errad
yerran	yerren	yerren

errata (e-**rra**-ta) *s. f.* Equivocación de letras en un texto impreso o manuscrito. *Tuvieron que corregir el artículo antes de publicarlo porque tenía numerosas erratas.* **SIN.** Gazapo. ☞ No debe confundirse con "error".

erre (e-rre) *s. f.* Nombre de la letra "r" en su sonido fuerte. *En "carrro" te sobra una "erre".* ‖ **LOC. erre que erre** *fam.* Porfiadamente, tercamente.

erróneo - escalador

erróneo, a (e-**rró**-ne-o) *adj.* Que contiene error o que está equivocado. *Se dio cuenta de que su postura era errónea.* **SIN.** Equivocado, errado, inexacto, desacertado. **ANT.** Verdadero, cierto, acertado.

error (e-**rror**) *s. m.* Equivocación. *Tuve muchos errores en el dictado.* **SIN.** Falta, fallo. **ANT.** Acierto.

eructar (e-ruc-**tar**) *v. intr.* Echar con ruido por la boca los gases del estómago. *Tiene la fea costumbre de eructar.*

erudición (e-ru-di-ci-**ón**) *s. f.* Conocimiento de varias ciencias o artes. *Era una persona de gran erudición.* **SIN.** Ilustración, sabiduría, cultura, saber. **ANT.** Ignorancia, desconocimiento.

erudito, ta (e-ru-**di**-to) *adj.* Instruido en varias ciencias, artes y otras materias. **GRA.** También s. m. y s. f. *Estaba considerado como un gran erudito.* **SIN.** Docto, ilustrado, sabio. **ANT.** Ignorante, inculto.

erupción (e-rup-ci-**ón**) *s. f.* **1.** Aparición en la piel de granos o manchas. *Algo que había comido le hizo daño y le salió una erupción en la cara.* **2.** Estos mismos granos o manchas. *Las erupciones le picaban mucho.* **3.** Expulsión de gas, lava, ceniza y otros materiales desde el interior de la Tierra a través de un volcán u otra abertura de la corteza terrestre. *El volcán entró en erupción.*

esbelto, ta (es-**bel**-to) *adj.* Bien formado y de destacada estatura. *Posee una figura muy esbelta.* **SIN.** Gallardo, apuesto, espigado, grácil. **ANT.** Achaparrado.

esbirro (es-**bi**-rro) *s. m.* *Sicario.

esbozar (es-bo-**zar**) *v. tr.* Hacer un esbozo. *Esbozó algunas ideas de la obra.* 🖎 Se conjuga como abrazar.

esbozo (es-**bo**-zo) *s. m.* Boceto. *Hizo varios esbozos para ver qué diseño nos gustaba más.*

escabechar (es-ca-be-**char**) *v. tr.* Echar en escabeche. *Escabechó el chicharro.*

escabeche (es-ca-**be**-che) *s. m.* **1.** Salsa con vinagre, hojas de laurel y otros ingredientes para conservar los pescados y otros alimentos. *Compra dos latas de sardinas en escabeche.* **2.** Pescado escabechado. *Le encanta la ensalada de escabeche.*

escabechina (es-ca-be-**chi**-na) *s. f.* **1.** Desastre, estrago. *El accidente provocó una escabechina.* **2.** *fam.* Abundancia de suspensos en un examen. *El examen de matemáticas ha sido una escabechina.*

escabroso, sa (es-ca-**bro**-so) *adj.* **1.** Que es desigual y accidentado. *Era un terreno muy escabroso.* **SIN.** Escarpado, quebrado, difícil, abrupto. **ANT.** Llano, fácil. **2.** Lleno de dificultades o asperezas. *Este autor tiene un estilo escabroso.* **SIN.** Áspero, dificultoso, duro. **ANT.** Sencillo, llano, fácil. **3.** Peligroso, que está al borde de lo inconveniente o de lo inmoral. *La cuestión era un poco escabrosa.*

escabullir (es-ca-bu-**llir**) *v. tr.* **1.** *Escapar. **GRA.** También v. prnl. **ANT.** Comparecer. ‖ *v. prnl.* **2.** Irse alguien disimuladamente. *En cuanto pudo se escabulló de la reunión.* **SIN.** Esfumarse, desaparecer. **3.** Escapársele a alguien una cosa de las manos. *La trucha se le escabulló.* **SIN.** Escurrirse, deslizarse. 🖎 v. irreg., se conjuga como mullir.

escachar (es-ca-**char**) *v. tr.* **1.** Aplastar, despachurrar. **GRA.** También v. prnl. *El huevo se cayó al suelo y se escachó.* **2.** Hacer cachos, romper. **GRA.** También v. prnl. *El vaso era de un cristal muy fino y se escachó.*

escacharrar (es-ca-cha-**rrar**) *v. tr.* Romper una cosa o estropearla. **GRA.** También v. prnl. *Escacharró el juguete en dos días.* **SIN.** Aplastar, despachurrar.

escafandra (es-ca-**fan**-dra) *s. f.* Vestidura impermeable y casco de bronce perfectamente cerrado, con un cristal frente a la cara y orificios y tubos para renovar el aire, que usan los buzos para sumergirse en el mar. *El buzo comprobó que la escafandra se hallaba en perfecto estado.*

escafoides (es-ca-**foi**-des) *adj.* **1.** Se dice del hueso más externo y grueso de la primera fila del carpo. **GRA.** También s. m. *Al caerse se fracturó el escafoides.* **2.** Se dice del hueso del pie, situado delante del astrágalo y en la parte interna media y un poco anterior del tarso. **GRA.** También s. m. *La patada del defensa rompió el escafoides del delantero.*

escala (es-**ca**-la) *s. f.* **1.** Serie ordenada de cosas de la misma especie. *Ocupa el tercer lugar en la escala.* **SIN.** Gradación, sucesión. **2.** Línea graduada, dividida en partes iguales, para medir. *Utiliza una escala para medirlo.* **3.** Proporción entre las dimensiones de un mapa y la realidad. *Tienes que saber a qué escala está.* **4.** Serie de notas musicales sucesivas ascendentes o descendentes. *"Do" es la primera nota de la escala.* **5.** Puerto que tocan las embarcaciones en el intermedio de su trayecto. *El barco hizo escala en el puerto de Barcelona.* **SIN.** Parada. **6.** Parada en el aeropuerto que hacen los aviones en un viaje largo. *Este vuelo hace escala en Nueva York.* ‖ **7. escala Richter** Escala de 1 a 10 que mide la intensidad de los terremotos, basándose en la magnitud de las ondas de choque. ‖ **LOC. en gran escala** Por mayor, en grueso, en montón.

escalador, ra (es-ca-la-**dor**) *adj.* Que escala. **GRA.** También s. m. y s. f. *Tengo varios amigos escaladores.*

escalafón (es-ca-la-**fón**) *s. m.* Relación de los miembros de una corporación ordenados según su grado, antigüedad, etc. *Ocupaba el segundo puesto en el escalafón militar.* **SIN.** Gradación.

escalar (es-ca-**lar**) *v. tr.* **1.** Subir a un sitio por una escala o escalera. *Escalaron hasta la ventana del último piso.* **2.** Subir, trepar a una gran altura. *Formaba parte de la expedición para escalar el Everest.* **SIN.** Ascender. **3.** Entrar subrepticia o violentamente en un lugar cercado. *Escalaron la tapia del patio de atrás.* **4.** Alcanzar una dignidad o cargo elevado. *Pensaba utilizar cualquier medio a su alcance para escalar a los primeros puestos.* **SIN.** Progresar, trepar.

escaldar (es-cal-**dar**) *v. tr.* **1.** Bañar con agua hirviendo una cosa. *Es conveniente escaldar los tomates para pelarlos fácilmente.* **2.** Abrasar con fuego o con una materia muy caliente una cosa, quemándola, encendiéndola o poniéndola al rojo. **GRA.** También v. prnl. *Metió la mano en agua muy caliente y se escaldó.* **SIN.** Abrasar, quemar. **3.** *Escarmentar.

escaleno (es-ca-**le**-no) *adj.* Se dice del triángulo que tiene sus tres lados desiguales. *Dibujó un triángulo escaleno.*

escalera (es-ca-**le**-ra) *s. f.* **1.** Serie de escalones o peldaños que sirven para subir y bajar. *Sube tú en el ascensor, yo subiré por la escalera.* **SIN.** Escala, escalinata, escalerillas, grada. **2.** En los juegos de naipes, reunión de cartas con valor correlativo. *Como tenía escalera de copas ganó ella.* **3.** Corte desigual del pelo. *Es muy malo cortando el pelo, siempre te deja escaleras.*

escalerilla (es-ca-le-**ri**-lla) *s. f.* Escalera de corto número de escalones. *Estaba bajando por la escalerilla del avión y se tropezó.*

escalfar (es-cal-**far**) *v. tr.* Echar un huevo sin cáscara en agua hirviendo para que se cueza. *Escalfó unos huevos.*

escalofrío (es-ca-lo-**frí**-o) *s. m.* Indisposición del cuerpo, que consiste en notar una sensación de calor y frío al mismo tiempo. **GRA.** Se usa más en pl. *Tenía fiebre y muchos escalofríos.*

escalón (es-ca-**lón**) *s. m.* **1.** Madero o piedra que colocado junto a otros forma una escalera. *No utilices esa escalera, los escalones son poco seguros.* **SIN.** Peldaño. **2.** Grado al que se asciende en un cargo o empleo. *Entraba a formar parte de un escalón supe-*

ESCALA DE UN MAPA

Escala 1 : 25 000 000
0 Km 200 400 600 800 Km

Escala 1 : 55 000 000
0 Km 2000 4000 6000 8000 Km

Escala 1 : 19 000 000
0 Km 100 200 300 400 Km

escalonar - escape

rior. **3.** Paso o medio para ir logrando un propósito. *Era un escalón más hacia su meta.*

escalonar (es-ca-lo-**nar**) *v. tr.* **1.** Situar ordenadamente personas o cosas de trecho en trecho. **GRA.** También v. prnl. *La policía escalonó controles a lo largo de la autopista.* **SIN.** Graduar. **2.** Distribuir en tiempos sucesivos las diversas partes de una serie. *El entrenador ha escalonado los entrenamientos y sólo entrenamos dos veces por semana.*

escalope (es-ca-**lo**-pe) *s. m.* Filete delgado de vaca o de ternera, empanado o rebozado y frito. *Pidió un escalope con patatas fritas.*

escama (es-**ca**-ma) *s. f.* Membrana córnea, delgada, que superpuesta con otras, cubren la piel de algunos animales, como las de los peces y reptiles. *Limpia el pescado y quítale las escamas.*

escamar (es-ca-**mar**) *v. tr.* **1.** Quitar las escamas a los peces. *Escamó el pescado.* || *v. prnl.* **2.** Recelar, sospechar. *Esa actitud me escama mucho.* **SIN.** Amoscar, desconfiar. **ANT.** Confiar.

escamotear (es-ca-mo-te-**ar**) *v. tr.* **1.** Hacer desaparecer un objeto con una hábil maniobra. *El mago escamoteó la paloma en su pañuelo.* **2.** Robar con habilidad y astucia. **SIN.** Hurtar, esconder. *Los ladrones escamotearon el botín justo delante de los vigilantes.* **3.** Eludir un trabajo difícil para que lo haga otra persona. *Se escamoteó de levantar las cajas.* **SIN.** Evitar.

escampar (es-cam-**par**) *v. intr.* Cesar de llover. *Escampó y salimos a dar un paseo.* **SIN.** Clarear, despejarse. **ANT.** Arreciar.

escanciar (es-can-**ciar**) *v. tr.* Echar el vino o sidra. *Escanciamos una botella de sidra.* 🖎 En cuanto al acento, se conjuga como cambiar.

escandalizar (es-can-da-li-**zar**) *v. tr.* **1.** Causar escándalo. **GRA.** También v. prnl. *Se escandalizaban de su forma provocativa de vestir.* **SIN.** Alborotar(se). || *v. prnl.* **2.** Mostrar indignación por algo. *Sus padres se escandalizaron al ver que había suspendido todas.* **SIN.** Enojarse. 🖎 Se conjuga como abrazar.

escandallo (es-can-**da**-llo) *s. m.* Instrumento para comprobar la composición del fondo del mar. *Comprobaron con el escandallo que el fondo era arenoso.*

escándalo (es-**cán**-da-lo) *s. m.* **1.** Ruido, tumulto. *Los niños arman un gran escándalo en el patio.* **SIN.** Desorden, vocerío, algarabía. **ANT.** Silencio, orden, tranquilidad. **2.** Asombro, admiración, pasmo. *La noticia de su divorcio causó un gran escándalo.* **3.** Mal ejemplo que da alguien. *Su comportamiento es un escándalo para los niños.* **SIN.** Desvergüenza.

escandaloso, sa (es-can-da-**lo**-so) *adj.* **1.** Que causa escándalo. *Opinaba que la nueva moda era un poco escandalosa.* **SIN.** Explosivo, inaudito, bochornoso, sensacionalista, inmoral. **2.** Ruidoso, revoltoso. **GRA.** También s. m. y s. f. *Esta niña es muy escandalosa.* **SIN.** Bullicioso, gritón, inquieto.

escáner (es-**cá**-ner) *s. m.* **1.** Aparato tubular para la exploración radiográfica. *El escáner de ese hospital es muy moderno.* **2.** Aparato que, conectado a un ordenador, sirve para explorar el interior de un objeto o analizar una imagen. *Pasaron las imágenes por el escáner.* **3.** Estudio, exploración hecha con estos aparatos. *En el escáner los médicos no vieron nada extraño.*

escaño (es-**ca**-ño) *s. m.* **1.** Banco con respaldo, en el que pueden sentarse tres o más personas. *Han comprado un escaño de estilo rústico.* **2.** Lugar que ocupa cada uno de los parlamentarios en el hemiciclo. *Los diputados abandonaron sus escaños.* **3.** *amer.* Banco que se encuentra en paseos y jardines.

escapada (es-ca-**pa**-da) *s. f.* Acción de escapar. *Los prisioneros protagonizaron una arriesgada escapada.* **SIN.** Huida, fuga, evasión.

escapar (es-ca-**par**) *v. intr.* **1.** Salir de un encierro o de un peligro. **GRA.** También v. prnl. *Escapó de la enfermedad gracias a una rápida intervención de los médicos.* **SIN.** Huir, fugarse, evadirse. **ANT.** Acudir, presentarse. **2.** Salir alguien deprisa y a escondidas. **GRA.** También v. prnl. *El ladrón escapó de la cárcel.* **SIN.** Esfumarse, escabullirse, pirarse. || *v. prnl.* **3.** Salir un líquido o un gas por algún resquicio. *La leche estaba hirviendo y se escapó por no retirarla del fuego a tiempo.* || **LOC. escapársele a alguien una cosa** Decirla sin darse cuenta.

escaparate (es-ca-pa-**ra**-te) *s. m.* **1.** Hueco cerrado con cristales que hay en la fachada de algunas tiendas, donde se exhiben los artículos en venta. *Los escaparates tienen ya los carteles de rebajas.* **SIN.** Vitrina. **2.** *Ostentación. **3.** *amer.* Armario.

escapatoria (es-ca-pa-**to**-ria) *s. f.* **1.** Acción y efecto de evadirse o escaparse. *Entrevistaron a los protagonistas de aquella escapatoria.* **SIN.** Huida, fuga, evasión. **2.** Sitio por donde se escapa. *Aquel túnel había sido una buena escapatoria.* **3.** Excusa, pretexto, evasiva. *Dijo lo de la enfermedad como escapatoria para no ir.* **SIN.** Subterfugio. || **LOC. no tener escapatoria** No tener salida u opción.

escape (es-**ca**-pe) *s. m.* **1.** Fuga apresurada. *Hubo un escape de presos.* **SIN.** Huida, evasión. **2.** Fuga de un gas o un líquido. *Había un escape de gas.* **3.** Vál-

escapulario - escasez

vula que abre o cierra la salida de los gases en el motor de los automóviles. *Tenía obstruido el escape.* ‖ **LOC. a escape** A todo correr, a toda prisa.

escapulario (es-ca-pu-**la**-rio) *s. m.* Distintivo formado por dos pedazos de tela pequeños que llevan una imagen piadosa y que se colocan sobre el pecho y la espalda, unidos por dos cintas. *Llevaba un escapulario de la Virgen del Carmen.*

escaquearse (es-ca-que-**ar**-se) *v. prnl., fam.* Eludir un trabajo u obligación. *Se escaqueaba con gran facilidad.*

escarabajo (es-ca-ra-**ba**-jo) *s. m.* **1.** Insecto de color negruzco por encima y rojo por debajo, que vive en lugares sucios. *El escarabajo era un animal sagrado en el Antiguo Egipto.* **2.** *fam.* Por alusión a su forma, nombre popular de un coche utilitario fabricado por la firma Wolkswagen. *Tenía mucha ilusión por comprarse un escarabajo.* **3.** *fam.* Letras y rasgos mal formados. *Deberías mejorar tu caligrafía, esto son escarabajos.*

escaramuza (es-ca-ra-**mu**-za) *s. f.* **1.** Pelea de poca importancia entre soldados de caballería. *Hubo unas escaramuzas.* **SIN.** Choque, enfrentamiento. **2.** Riña de poca importancia. *Habían tenido algunas escaramuzas.* **SIN.** Pelea, reyerta, encuentro.

escarapela (es-ca-ra-**pe**-la) *s. f.* Adorno en forma de disco, compuesta de cintas de varios colores. *Llevaba prendida en la túnica una escarapela.*

escarbar (es-car-**bar**) *v. tr.* **1.** Excavar en el suelo arañando la tierra. *Las gallinas escarbaban en el corral.* **2.** Limpiar los dientes o los oídos. *No te escarbes los dientes con el palillo, puedes hacerte daño.* **3.** Atizar el fuego con la badila. *Escarba un poco el fuego de la chimenea.* **4.** Indagar un asunto. *Estaba escarbando a ver si averiguaba algo.*

escarceos (es-car-**ce**-o) *s. m. pl.* **1.** Rodeo, divagación. *Déjate de escarceos.* **2.** Tanteo, incursión en algún quehacer que no es el acostumbrado. *Había hecho algunos escarceos en el teatro.* **3.** Tentativa, intento de hacer algo sin mucha profundidad o dedicación. *No le habían salido bien sus escarceos en el mundo de la literatura.* ‖ **4. escarceo amoroso** Aventura amorosa superficial.

escarcha (es-**car**-cha) *s. f.* Vapor de agua congelado por el frío de la noche. *Por la mañana había una capa de escarcha.* **SIN.** Helada, rocío.

escarchar (es-car-**char**) *v. intr.* **1.** Formarse escarcha. *Escarchó durante la noche.* ‖ *v. tr.* **2.** Preparar dulces de modo que el azúcar cristalice en su exterior. *Le gustaban las frutas escarchadas.*

escardar (es-car-**dar**) *v. tr.* Arrancar de los sembrados las hierbas malas o los cardos. *Fueron a escardar la tierra.* **SIN.** Desherbar, desyerbar, escardillar.

escarlata (es-car-**la**-ta) *s. f.* Color carmesí fino, algo más pálido que el grana. *Tenía un bonito color escarlata.*

escarlatina (es-car-la-**ti**-na) *s. f.* Enfermedad contagiosa que se caracteriza por inflamación de la garganta, fiebre y manchas rojas en la piel, especialmente en las manos y los pies. *De pequeña tuvo la escarlatina.*

escarmentar (es-car-men-**tar**) *v. tr.* **1.** Dar un castigo a alguien para que no vuelva a hacer una cosa mala. *Decidió escarmentar a sus alumnos.* **SIN.** Castigar, corregir. ‖ *v. intr.* **2.** Aprovechar la experiencia propia o ajena para evitar nuevos errores. *Lo que le había pasado nos sirvió para escarmentar.* **SIN.** Desengañar, advertir. ✎ v. irreg., se conjuga como acertar.

escarmiento (es-car-**mien**-to) *s. m.* **1.** Castigo que se impone a alguien que ha hecho mal algo. *Le dio un buen escarmiento.* **SIN.** Corrección, pena. **ANT.** Premio, reconocimiento. **2.** Desengaño adquirido con la experiencia propia o ajena. *Me sirvió de escarmiento.* **SIN.** Advertencia, aviso, cautela.

escarnecer (es-car-ne-**cer**) *v. tr.* Burlarse de alguien. *Le escarneció públicamente.* **SIN.** Zaherir, mofarse, ridiculizar, humillar. **ANT.** Halagar, alabar, enaltecer. ✎ v. irreg., se conjuga como parecer.

escarnio (es-**car**-nio) *s. m.* Burla injuriosa. *No le podía perdonar el escarnio que le había hecho.* **SIN.** Befa, mofa.

escarola (es-ca-**ro**-la) *s. f.* Hortaliza de hojas rizadas que se come en ensalada. *Le encanta la escarola.*

escarpado, da (es-car-**pa**-do) *adj.* **1.** Que tiene pendiente. *Era una montaña muy escarpada.* **2.** Que es muy escabroso. *Caminábamos con dificultad por lo escarpado del terreno.* **SIN.** Abrupto.

escarpia (es-**car**-pia) *s. f.* Clavo doblado en ángulo recto. *Cuelga el cuadro en esa escarpia.*

escasear (es-ca-se-**ar**) *v. intr.* Ir a menos una cosa. *Durante el asedio los alimentos y el agua escasearon.* **SIN.** Faltar, disminuir.

escasez (es-ca-**sez**) *s. f.* **1.** Cortedad, mezquindad con que se hace una cosa. *Lo poco que da lo hace siempre con escasez.* **SIN.** Roñosería, tacañería. **ANT.** Largueza, abundancia. **2.** Falta de una cosa. *Había escasez de agua.* **SIN.** Parvedad, poquedad, insuficiencia. **ANT.** Abundancia. **3.** Pobreza o falta de lo necesario para subsistir. *Había una gran esca-*

escaso - esclerosis

sez en aquel barrio marginal. **SIN.** Penuria, carencia. **ANT.** Riqueza.

escaso, sa (es-**ca**-so) *adj.* **1.** Poco o insuficiente. *En verano hay escasas lluvias en el desierto.* **SIN.** Poco, exiguo, falto. **ANT.** Abundante, rico, suficiente. **2.** Mezquino, tacaño. *En realidad, la comida que nos dieron fue muy escasa.* **3.** Falto, incompleto. *Era un aprobado un poco escaso.*

escatimar (es-ca-ti-**mar**) *v. tr.* Acortar todo lo posible lo que se tiene que dar. *Escatimaba lo más elemental.* **SIN.** Rebajar, tacañear. **ANT.** Aumentar.

escayola (es-ca-**yo**-la) *s. f.* **1.** Yeso muy fino. *Pintó una figura de escayola.* **2.** Venda con yeso para corregir fracturas. *Se rompió el tobillo y le tuvieron que poner una escayola.*

escena (es-**ce**-na) *s. f.* **1.** Lugar del teatro donde se hacen las representaciones. *Los actores salieron a escena.* **SIN.** Escenario, proscenio. **2.** Lo que se representa en el escenario. *Aquella escena nos pareció muy fuerte.* **SIN.** Acto, cuadro. **3.** Cada una de las partes en que se divide un acto teatral. *Cada escena está determinada por la entrada o salida de uno o más personajes.* **4.** Suceso de la vida real que llama la atención y conmueve. *Fue una escena muy dolorosa.* **5.** Acto o manifestación fingida. *Como no quería quedarse solo, nos hizo una buena escena.* ‖ **LOC. poner en escena una obra** Representarla.

escenario (es-ce-**na**-rio) *s. m.* **1.** Lugar del teatro donde se representan las obras. *Al acabar la obra, los actores saludaron desde el escenario.* **SIN.** Escena, tablas. **2.** Conjunto de circunstancias que se consideran en torno a una persona o suceso. *Todos los medios de comunicación acudieron enseguida al escenario de los hechos.* **3.** Estudio, interior natural o exterior donde se rueda la película. *El barrio viejo de la ciudad era el principal escenario de la película.*

escenificar (es-ce-ni-fi-**car**) *v. tr.* Dar forma dramática a una obra literaria para ponerla en escena. *Escenificaron don Juan Tenorio.* **SIN.** Representar, teatralizar. ✎ Se conjuga como abarcar.

escenografía (es-ce-no-gra-**fí**-a) *s. f.* **1.** Arte de pintar decoraciones escénicas. *Es una gran experta en escenografía.* **2.** Conjunto de decorados que se montan en el escenario para ser utilizados en una representación teatral. *Es el encargado de la escenografía de la obra.* **SIN.** Decoración.

escéptico, ca (es-**cép**-ti-co) *adj.* Que no cree en determinadas cosas. **GRA.** También s. m. y s. f. *Es un poco escéptico en el tema de los extraterrestres.* **SIN.** Incrédulo.

escindir (es-cin-**dir**) *v. tr.* **1.** Cortar, dividir, separar. **GRA.** También v. prnl. *Su relación hace años que se escindió.* **2.** Romper un núcleo atómico en dos porciones próximamente iguales, con la consiguiente liberación de energía. *La fisión del átomo consiste en escindir su núcleo.*

escisión (es-ci-**sión**) *s. f.* **1.** Cortadura, partición. *Haz una pequeña escisión en la madera con la navaja.* **2.** Rompimiento, separación. *Hubo una escisión entre los miembros del partido.* **SIN.** Ruptura, corte, disección, desavenencia. **ANT.** Unión. ‖ **3. escisión nuclear** Rotura de un núcleo atómico en dos porciones iguales.

esclarecer (es-cla-re-**cer**) *v. tr.* **1.** Poner en claro una cosa. *Su colaboración fue decisiva para esclarecer los hechos.* **SIN.** Iluminar, evidenciar, aclarar, explicar, dilucidar. **ANT.** Confundir, oscurecer. **2.** Ennoblecer, hacer famoso a alguien. *Esclarecieron el linaje de su familia.* **SIN.** Ensalzar, alabar, ilustrar. **ANT.** Envilecer. ✎ v. irreg., se conjuga como parecer.

esclarecido, da (es-cla-re-**ci**-do) *adj.* Ilustre, insigne, famoso. *En la celebración se dieron cita esclarecidos personajes de la cultura.*

esclavina (es-cla-**vi**-na) *s. f.* Capa corta que cubre los hombros. *Llevaba una esclavina.*

esclavitud (es-cla-vi-**tud**) *s. f.* **1.** Situación o estado de esclavo. *Abolieron la esclavitud.* **SIN.** Servidumbre, yugo. **2.** Cualquier situación en la que una persona se vea privada de libertad. *Aquella secta tenía a sus adeptos en una situación de total esclavitud.* **SIN.** Sometimiento, dominio, yugo.

esclavizar (es-cla-vi-**zar**) *v. tr.* **1.** Hacer esclavo a alguien. *La población africana de raza negra fue esclavizada durante años.* **SIN.** Subyugar, oprimir. **2.** Tener constantemente ocupado y muy sujeto a alguien. *Tener un negocio propio esclaviza mucho.* **SIN.** Sujetar, dominar, oprimir.

esclavo, va (es-**cla**-vo) *adj.* **1.** Se dice de la persona que por estar bajo el dominio de otra carece de libertad. **GRA.** También s. m. y s. f. *Los romanos tenían esclavos.* **SIN.** Prisionero, cautivo, siervo. **ANT.** Libre. **2.** Sometido rigurosa o fuertemente. **GRA.** También s. m. y s. f. *Le trataban como a un esclavo.* **SIN.** Subyugado, oprimido, tiranizado. **ANT.** Libre. **3.** Obediente, enamorado. **GRA.** También s. m. y s. f. *Es un esclavo de sus obligaciones.* **SIN.** Rendido, apasionado. ‖ *s. f.* **4.** Pulsera sin adornos y que no se abre. *Le regalaron una esclava de plata.*

esclerosis (es-cle-**ro**-sis) *s. f.* Endurecimiento de un tejido o de un órgano debido al aumento anormal

esclerótica - escopeta

de su tejido conjuntivo intersticial. *Comprobaron que no tenía esclerosis.* ✎ Invariable en número.

esclerótica (es-cle-**ró**-ti-ca) *s. f.* Membrana gruesa, resistente y fibrosa, de color blanquecino, que cubre el globo del ojo. *La esclerótica es una membrana no elástica.*

esclusa (es-**clu**-sa) *s. f.* Compuertas que se ponen en un río o canal para mantener el nivel de las aguas, y así facilitar la navegación de los barcos. *Algunos canales tienen esclusas.*

escoba (es-**co**-ba) *s. f.* **1.** Conjunto de ramas flexibles que atadas al extremo de un palo sirven para barrer. *Barre la cocina con la escoba.* **2.** Mata leguminosa con muchas ramas angulosas asurcadas y flores amarillas en racimo. *A ambos lados del camino que sube al monte hay muchas escobas.*

escobilla (es-co-**bi**-lla) *s. f.* Cepillo para limpiar. *Limpia los radiadores con esta escobilla.*

escobón (es-co-**bón**) *s. m.* Escoba de mango muy largo. *Coge el escobón y barre el porche.*

escocedura (es-co-ce-**du**-ra) *s. f.* Trozo de la piel levantada a causa del roce o del sudor, y que pica como las quemaduras. *Se cayó de la bicicleta y se hizo una escocedura.*

escocer (es-co-**cer**) *v. intr.* **1.** Producirse una sensación muy desagradable de picor intenso, parecida a la quemadura. **GRA.** También v. tr. *Aunque te escueza, voy a echarte alcohol en la herida.* **SIN.** Picar, quemar, resquemar, irritarse. **2.** Causar desagrado una cosa. **GRA.** También v. tr. y v. prnl. *Le escoció lo que le dije, pero era la verdad.* **SIN.** Resentir(se), doler(se). ✎ v. irreg., se conjuga como mover.

escofina (es-co-**fi**-na) *s. f.* Lima dentada. *Utiliza la escofina para trabajar esa pieza de madera.*

escoger (es-co-**ger**) *v. tr.* Tomar o elegir una o más cosas o seres entre otros. *Juan fue escogido para representar a la clase.* **SIN.** Elegir, optar, seleccionar. ✎ Se conjuga como proteger.

escogido, da (es-co-**gi**-do) *adj.* **1.** Seleccionado, elegido. *Era uno de los atletas escogidos.* **2.** Selecto, superior, exquisito. *Los productos de esa tienda son todos muy escogidos.* **3.** Que es muy remilgado en los gustos. *Tiene una forma de vestir un poco escogida.*

escolar (es-co-**lar**) *adj.* **1.** Que pertenece al estudiante o a la escuela. *Los textos escolares tienen que ser claros.* || *s. m. y s. f.* **2.** Estudiante de alguna escuela. *Los escolares juegan en el patio.* **SIN.** Colegial, discípulo, estudiante. **ANT.** Maestro, profesor.

escolarizar (es-co-la-ri-**zar**) *v. tr.* Hacer que una persona reciba la enseñanza obligatoria o complete estudios comprendidos en el sistema académico oficial. *Existía una gran preocupación por escolarizar a todos los niños.*

escollera (es-co-**lle**-ra) *s. f.* Obra para resguardar los puertos, hecha con bloques de piedra arrojados sin orden en el agua. *Se acercó a la escollera.*

escollo (es-**co**-llo) *s. m.* **1.** Peñasco oculto bajo las aguas del mar que resulta muy peligroso para las embarcaciones. *El barco chocó con un escollo.* **SIN.** Roca, rompiente, arrecife. **2.** Obstáculo que dificulta la realización de algo. *Tuvo que vencer algunos escollos.* **SIN.** Tropiezo, problema, barrera, riesgo, peligro, dificultad.

escolopendra (es-co-lo-**pen**-dra) *s. f.* Miriópodo de unos 10 cm de largo, con las patas del primer par en forma de uñas venenosas. *Vimos una escolopendra en una piedra.*

escolta (es-**col**-ta) *s. f.* Acompañamiento que tiene alguien, generalmente para protegerse. *El presidente del gobierno iba acompañado de su escolta.*

escoltar (es-col-**tar**) *v. tr.* Acompañar a una persona o cosa para protegerla, evitar que huya o en señal de honra y reverencia. *Escoltaron a los ministros.* **SIN.** Custodiar, guardar, vigilar, proteger.

escombro (es-**com**-bro) *s. m.* Desecho, cascote de un edificio arruinado o derribado. *Los escombros de la casa incendiada habían cortado la calle.* **SIN.** Ruinas.

esconder (es-con-**der**) *v. tr.* **1.** Poner a una persona o cosa en un lugar secreto para que nadie la encuentre. **GRA.** También v. prnl. *A veces los piratas escondían sus tesoros en cuevas.* **SIN.** Encerrar(se), encubrir(se), disimular. **ANT.** Exhibir(se), enseñar(se), mostrar(se). **2.** Encerrar en sí algo oculto. **GRA.** También v. prnl. *Sus palabras esconden una profunda tristeza.* **SIN.** Incluir, contener.

escondido, da (es-con-**di**-do) *adj.* Oculto. *Nadie sabía dónde estaba el tesoro escondido.* **SIN.** Abismado, apartado, enterrado. **ANT.** Patente, visible. || **LOC. a escondidas** Ocultamente.

escondite (es-con-**di**-te) *s. m.* **1.** *Escondrijo. **2.** Juego infantil en el que unos se esconden y otros buscan a los escondidos. *Jugaron al escondite.*

escondrijo (es-con-**dri**-jo) *s. m.* Rincón o lugar oculto, propio para esconder o guardar alguna cosa. *No conseguimos dar con su escondrijo.* **SIN.** Cubil, escondite, madriguera, secreto.

escopeta (es-co-**pe**-ta) *s. f.* Arma de fuego portátil con uno o dos cañones largos. *Tenía una escopeta de perdigones.* **SIN.** Carabina.

escoplo - escrutar

escoplo (es-**co**-plo) *s. m.* **1.** Herramienta de hierro acerado, con mango de madera y de punta cortante. *Los escultores usan el escoplo para esculpir.* **SIN.** Barrena, cincel. **2.** Instrumento quirúrgico para extraer y cortar huesos. *El cirujano cortó el hueso con el escoplo.*

escorbuto (es-cor-**bu**-to) *s. m.* Enfermedad producida por la falta en la alimentación de ciertas vitaminas. *El escorbuto era una enfermedad típica de los marineros.* **SIN.** Beriberi.

escoria (es-**co**-ria) *s. f.* **1.** Residuo que queda al fundir metales o quemar carbón. *Ya está apagada la chimenea, puedes sacar la escoria.* **2.** Lava esponjosa de los volcanes. *La última erupción del volcán dejó mucha escoria a su paso.* **3.** Cosa o persona inútil y despreciable. *Estaba harto de que le consideraran la escoria de la familia.* **SIN.** Hez, desecho, ruina.

escorpión (es-cor-**pión**) *s. m.* Animal invertebrado de la familia de las arañas, pero en forma de cangrejo, con un aguijón venenoso en su parte posterior. *Estuvo a punto de picarle un escorpión.*

escotar[1] (es-co-**tar**) *v. tr.* Hacer un escote en una prenda de vestir. *La modista escotó la blusa.*

escotar[2] (es-co-**tar**) *v. tr.* Pagar la parte que toca a cada uno de una cantidad total. *Escotamos mil pesetas cada uno para comprar el regalo.*

escote (es-**co**-te) *s. m.* **1.** Corte entrante que se hace en una prenda de vestir a la altura del cuello. *El vestido tenía escote a pico.* **2.** Parte del busto que queda al descubierto por ese corte. *Lucía en el escote una bonita cadena.*

escote, a *loc. adv.* Pagando cada uno la parte que le corresponde en un gasto común. *Decidieron pagarlo a escote.*

escotilla (es-co-**ti**-lla) *s. f.* Abertura en la cubierta de una embarcación. *Se asomó por la escotilla.*

escozor (es-co-**zor**) *s. m.* **1.** Sensación dolorosa parecida a la de una quemadura. *Sentía un fuerte escozor en el brazo.* **SIN.** Quemazón, escocimiento. **2.** Sentimiento de dolor o de desagrado. *No podía evitar sentir un ligero escozor por lo que le había hecho.* **SIN.** Resquemor, resentimiento.

escriba (es-**cri**-ba) *s. m.* **1.** Entre los hebreos, intérprete de la ley. *Era una famosa escuela de escribas.* **2.** En la antigüedad, copista, escribiente. *Es famosa la escultura del escriba sentado.* **SIN.** Amanuense.

escribano, na (es-cri-**ba**-no) *s. m. y s. f.* **1.** Persona que por oficio público estaba autorizado para dar fe de las escrituras y demás actos que pasaban ante él. *Faltaba la firma del escribano para validar el documento.* **SIN.** Escriba, notario. **2.** *Secretario. **3.** *Amanuense. **SIN.** Copista.

escribiente (es-cri-**bien**-te) *s. m. y s. f.* Persona que tiene por oficio copiar o escribir lo que se le dicta. *Le pasó la carta al escribiente.* **SIN.** Copista, mecanógrafo, pasante, secretario.

escribir (es-cri-**bir**) *v. tr.* **1.** Representar las palabras y las ideas con letras o con otros signos. *Mi hermano escribe muy bien, nunca pone faltas.* **SIN.** Caligrafiar, redactar. **2.** Componer libros, discursos, etc. **GRA.** También *v. intr. Se dedica a escribir, ha publicado ya cuatro novelas.* **3.** Comunicar por escrito alguna cosa. *Le escribió los datos que sabía.* Tiene doble part.; uno reg., escribido, y otro irreg., escrito.

escrito (es-**cri**-to) *s. m.* **1.** Carta o cualquier nota escrita a mano. *Envió un escrito al juez.* **SIN.** Documento, acta. **2.** Obra literaria o científica. *Publicaron los escritos de Goethe.* **SIN.** Libro, texto. || **LOC. por escrito** Mediante la escritura. *estaba escrito* De esta forma tenía que pasar.

escritor, ra (es-cri-**tor**) *s. m. y s. f.* **1.** Persona que escribe. *Se reunieron un grupo de escritores y escritoras.* **2.** Autor de obras escritas o impresas. *Pérez Galdós fue un destacado escritor de novelas.*

escritorio (es-cri-**to**-rio) *s. m.* **1.** Mueble cerrado, con divisiones en su parte interior para guardar papeles. *Dejé la carta en el escritorio.* **SIN.** Buró. **2.** *Oficina. **SIN.** Bufete, despacho, estudio.

escritura (es-cri-**tu**-ra) *s. f.* **1.** Acción y efecto de escribir. *Estaba encargado de la escritura del documento.* **2.** Arte de escribir. *Tiene buena escritura.* **3.** Documento escrito. *Le entregaron la escritura con sus peticiones.* **SIN.** Escrito, texto. **4.** Documento firmado por notario y testigos. *Nos entregaron la escritura de propiedad de la casa.* **5.** Por antonom., la Biblia. *Leyó un texto de la Sagrada Escritura.*

escroto (es-**cro**-to) *s. m.* Bolsa externa de piel que contiene los testículos. *El escroto mantiene los testículos a temperatura inferior que el resto del cuerpo.*

escrúpulo (es-**crú**-pu-lo) *s. m.* **1.** Temor o intranquilidad de la conciencia. *No creo que esté de acuerdo con eso, tiene muchos escrúpulos.* **SIN.** Miramiento, reparo, duda, recelo. **2.** Minuciosidad con que se hace una cosa. *Trabaja con mucho escrúpulo.* **SIN.** Exactitud, cuidado, esmero, precisión.

escrutar (es-cru-**tar**) *v. tr.* **1.** Examinar una cosa detenidamente. *Estaban escrutando el lugar.* **SIN.** Escudriñar, indagar, explorar, comprobar, investigar. **2.** Contar los votos de unas elecciones. *Escrutaron el número de votos.*

GRANDES ESCRITORES

Andersen, Hans Christian (1805-1874) Escritor danés, conocido por sus cuentos de hadas (*La cajita de yesca*, *El patito feo*, *La reina de las nieves*).

Austen, Jane (1775-1817) Novelista inglesa; retrató la vida acomodada en el medio rural, gobernada por reglas estrictas. Escribió *Sentido y sensibilidad*, *Emma*, *Orgullo y prejuicio*.

Balzac, Honorato de (1799-1850) Novelista francés; escribió una serie de 90 retratos realistas de la vida cotidiana en Francia titulada *La comedia humana*.

Byron, Lord George (1788-1824) Romántico inglés autor de largos poemas narrativos, el mejor de los cuales es probablemente *Don Juan*.

Cervantes, Miguel de (1547-1616) Autor de *El ingenioso hidalgo don Quijote de la Mancha*, obra cumbre de la literatura española y una de las primeras novelas escritas en el mundo.

Dante Alighieri (1265-1321) Escritor italiano, autor de la *Divina Comedia*, poema en tres partes sobre el destino del ser humano.

Darío, Rubén (1867-1916) Poeta nicaragüense; cosmopolita y buen conocedor del simbolismo y otras corrientes europeas renovadoras. Su influencia sobre la literatura en lengua española fue enorme a ambos lados del Atlántico.

Dickens, Charles (1812-1870) Autor inglés de novelas sobre la vida de los humildes en la Inglaterra industrial. Sus obras más conocidas son *Oliver Twist* y *David Copperfield*.

Dostoyevski, Fedor (1821-1881) Novelista ruso, autor de historias de seres atormentados, como *Crimen y Castigo*, *El idiota* y *Los hermanos Karamazov*.

Eliot, T. S. (1888-1965) Poeta, dramaturgo y crítico de origen norteamericano. Su obra está teñida por la desesperación.

Góngora, Luis de (1561-1627) Poeta del Siglo de Oro español, de humor amargo y estilo culto y oscuro; tuvo una enorme influencia sobre la poesía barroca.

Hemingway, Ernest (1898-1961) Novelista americano interesado por los personajes violentos y aventureros. Sus obras más conocidas son *Adiós a las armas* y *Por quién doblan las campanas*.

Homero (s. VII a. de C.) influyente poeta griego, autor de la *Ilíada*, crónica del sitio de Troya, y de la *Odisea*, relato de los viajes del héroe Ulises tras la guerra.

Jiménez, Juan Ramón (1881-1958) Poeta español, premio Nobel de Literatura en 1956. Repudió la retórica romántica y abrió paso en España al Modernismo: su influencia sobre las generaciones poéticas del 98 y el 27 fue enorme.

Joyce, James (1882-1941) Novelista irlandés, autor de *Ulises*, que rompe con la tradición del XIX para convertirse en una de las obras más influyentes de la literatura moderna.

Kipling, Rudyard (1865-1936) Novelista inglés nacido en la India; autor de narraciones de aventuras ambientadas en el imperio británico, como *Kim*, *El libro de la selva* o *Precisamente así*.

Lawrence, D. H. (1885-1930) Novelista inglés; gran parte de su obra está dedicada a la vida de la clase trabajadora y al amor natural; destacan *Hijos y amantes* y *El amante de lady Chatterley*.

Milton, John (1608-1674) Poeta y autor de textos religiosos y políticos. Sus obras más importantes son los largos poemas *El paraíso perdido* y *El paraíso reconquistado*.

Poe, Edgar Allan (1809-1849) Narrador, poeta y crítico norteamericano, conocido por sus cuentos de misterio.

Quevedo, Francisco de (1580-1645) Poeta y narrador español del Siglo de oro y "enemigo oficial" de Góngora, con quien tiene evidentes afinidades estilísticas. Autor de *Los sueños* y *El Buscón*.

Rabelais, François (1494?-1553) Clérigo y médico francés, autor de *Gargantúa y Pantagruel*, una visión satírica de la vida de su tiempo.

Scott, Sir Walter (1771-1832) Novelista y poeta escocés, escritor de narraciones románticas, muchas de ellas ambientadas en la Edad Media; son conocidas *Ivanhoe* y *Quintin Durward*.

Stevenson, Robert Louis (1850-1894) Novelista escocés, conocido por obras de aventuras y misterio, como *La isla del tesoro*, *Secuestrado* o *Dr. Jekill y Mr. Hyde*.

Swift, Jonathan (1667-1745) Pastor irlandés, autor de panfletos satíricos de carácter religioso y político; su obra más conocida es *Los viajes de Gulliver*.

Tolstoy, León (1828-1910) Novelista y dramaturgo ruso, autor de *Guerra y paz*, relato de las vidas de varias familias durante la invasión de Rusia por Napoleón.

Twain, Mark (1835-1910) Autor de novelas sobre la vida rural americana; *Las aventuras de Huckleberry Finn*, una de las más conocidas, describe la vida a lo largo del río Mississippi.

Virgilio (10-19 a. d C.) Poeta romano, autor de la *Eneida*, largo poema épico sobre la fundación de Roma.

---

escrutinio (es-cru-**ti**-nio) *s. m.* **1.** Recuento y suma del número de votos, para averiguar el resultado de una votación. *Se procedió al escrutinio de las papeletas*. **SIN.** Cómputo, recuento. **2.** Investigación para averiguar una cosa y formar un juicio de ella. *Se realizó un esmerado escrutinio.*

escuadra (es-**cua**-dra) *s. f.* **1.** Instrumento de dibujo, que tiene la forma de un triángulo rectángulo. *Para hacer esta figura se necesita escuadra y cartabón.* **2.** Cierto número de soldados a las órdenes de un cabo. *La escuadra avanzó con decisión*. **SIN.** Patrulla, destacamento. **3.** Conjunto de buques de guerra a las órdenes de un almirante. *Enviaron una escuadra hacia las islas*. **4.** *amer.* Revólver automático. ‖ **LOC. a escuadra** Formando ángulo recto.

escuadrilla (es-cua-**dri**-lla) *s. f.* Grupo de aviones que vuelan juntos al mando de un jefe. *Varias escuadrillas sobrevolaban el cielo de la ciudad.*

escuadrón - escurreplatos

escuadrón (es-cua-**drón**) *s. m.* División de un regimiento de caballería. *En el desfile hicieron su presencia varios escuadrones de caballería.*

escuálido, da (es-**cuá**-li-do) *adj.* **1.** Flaco. *Tenía un caballo muy escuálido.* **SIN.** Enclenque, esmirriado. **ANT.** Rollizo, robusto. **2.** Se dice de peces selacios que tienen el cuerpo fusiforme, hendiduras branquiales a los lados de éste, detrás de la cabeza, y cola robusta. **GRA.** También *s. m. El cazón y la lija son peces escuálidos.*

escucha (es-**cu**-cha) *s. f.* **1.** Acción y efecto de escuchar. *Cambiaron el equipo de música para mejorar la escucha.* **SIN.** Audición. ‖ **2. escucha telefónica** Percepción y registro de las llamadas telefónicas de una persona. ‖ **LOC. a la escucha** Dispuesto para escuchar.

escuchar (es-cu-**char**) *v. tr.* **1.** Atender o aplicar el oído para oír algo. *Intentaba escuchar lo que decían.* **2.** Prestar atención a lo que se oye. *Escucha esta canción, es preciosa.* **SIN.** Atender. **3.** Tomar en consideración un rumor, consejo, etc. *Escuchaba lo que aquel desconocido le decía y lo creía todo.* **SIN.** Hacer caso, dar oídos.

escuchimizado, da (es-cu-chi-mi-**za**-do) *adj.* Que está muy delgado. *Se está quedando escuchimizado.* **SIN.** Canijo, debilucho. **ANT.** Robusto, fuerte.

escudarse (es-cu-**dar**-se) *v. prnl.* Valerse alguien de algún medio o amparo para evitar un peligro. *Siempre se escudaba en su hermana mayor.*

escudería (es-cu-de-**rí**-a) *s. f.* Conjunto de automóviles de un mismo equipo de carreras. *Participaron varias escuderías en aquel premio automovilístico.*

escudero (es-cu-**de**-ro) *s. m.* **1.** Paje que acompañaba a un caballero para llevarle el escudo. *Iba a todos los sitios con su escudero.* **2.** *Hidalgo.

escudilla (es-cu-**di**-lla) *s. f.* Vasija pequeña en la que se suele servir la sopa y el caldo. *Le sirvió las sopas de ajo en una escudilla.* **SIN.** Cazuela, fuente.

escudo (es-**cu**-do) *s. m.* **1.** Arma defensiva para cubrirse, que se llevaba en el brazo izquierdo. *Se cubrió con el escudo.* **SIN.** Adarga, broquel, rueda. **2.** Emblema de una familia. *En la fachada había un escudo heráldico.* **3.** Lo que sirve para defender o defenderse. *La posesión de aquellos papeles era su único escudo.* **SIN.** Amparo, defensa, salvaguardia, protección. **4.** Moneda antigua de varios países, generalmente de oro. *Le quedan sólo dos escudos.*

escudriñar (es-cu-dri-**ñar**) *v. tr.* Examinar una cosa con mucha atención. *Escudriñó bien los documentos.* **SIN.** Buscar, inquirir, investigar.

escuela (es-**cue**-la) *s. f.* **1.** Establecimiento público donde se da cualquier género de enseñanza, y especialmente la Primaria. *Acompañaba todos los días al niño a la escuela.* **SIN.** Liceo, colegio. **2.** Conjunto de las personas que siguen una misma doctrina artística, literaria, filosófica, etc., las cuales son en general discípulos de un mismo maestro. *Era uno de los miembros más destacados de la escuela aristotélica.* **3.** Doctrina propia de un autor o de un conjunto de autores. *Platón creó una escuela.* **4.** Conjunto de caracteres comunes que, en literatura y en arte, distingue de las demás las obras de una época, región, etc. *La escuela veneciana es una de las más importantes del Renacimiento italiano.*

escueto, ta (es-**cue**-to) *adj.* Se dice de aquello sencillo, sin adornos. *Recibió una noticia muy escueta.*

esculpir (es-cul-**pir**) *v. tr.* Labrar a mano una piedra o mármol para hacer de ella una estatua o una escultura. *Miguel Ángel esculpió la Piedad.* **SIN.** Tallar.

escultismo (es-cul-**tis**-mo) *s. m.* Movimiento juvenil internacional fundado por Baden-Powel. Dedicado a la formación física y moral de jóvenes, a través de la vida al aire libre. Sus miembros se denominan "scouts". *Es miembro de un grupo de escultismo.*

escultor, ra (es-cul-**tor**) *s. m. y s. f.* Persona dedicada al arte de la escultura. *Es una escultora muy famosa.* **SIN.** Grabador, imaginero, tallista.

escultura (es-cul-**tu**-ra) *s. f.* **1.** Arte de representar figuras modelando y tallando una materia adecuada. *Se dedica a la escultura.* **2.** Obra que realiza el escultor. *La Victoria de Samotracia es una escultura que está en El Louvre.* **SIN.** Estatua, imagen, talla.

escultural (es-cul-tu-**ral**) *adj.* **1.** Que pertenece o se refiere a la escultura. *Nuevas técnicas esculturales.* **2.** Que participa de alguno de los caracteres bellos de la estatua. *Tiene una figura escultural.*

escupidera (es-cu-pi-**de**-ra) *s. f.* **1.** Pequeño recipiente donde se escupe. *El dentista le dijo que escupiera en la escupidera.* **2.** *Arg., Chil. y Ec.* Orinal.

escupir (es-cu-**pir**) *v. intr.* **1.** Arrojar saliva por la boca. *No está bien escupir en la calle.* **SIN.** Esputar, expectorar. **2.** Arrojar algo con la boca como escupiendo. *Apenas podía tragar y escupía mucho.* **3.** Arrojar con violencia o desprecio una cosa. *Escupió todas las acusaciones.* **SIN.** Lanzar, echar.

escupitajo (es-cu-pi-**ta**-jo) *s. m., fam.* Saliva arrojada por la boca. *No pises, hay un escupitajo.* **SIN.** Salivazo, pollo, esputo.

escurreplatos (es-cu-rre-**pla**-tos) *s. m.* Mueble de cocina donde se ponen a escurrir los cacharros fre-

escurridizo - eslabón

gados. *No cabían tantos platos en el escurreplatos.* **SIN.** Escurridor. ✎ Invariable en número.

escurridizo, za (es-cu-rri-**di**-zo) *adj.* Que se desliza fácilmente. *La víbora es un animal muy escurridizo.* **SIN.** Resbaladizo, resbaloso. || **LOC. hacerse alguien escurridizo, o el escurridizo** *fam.* Escaparse, escabullirse.

escurrir (es-cu-**rrir**) *v. tr.* **1.** Aprovechar las últimas gotas de un líquido que han quedado en un vaso, botella, etc. *Escurrió el aceite de la botella.* **SIN.** Apurar. **2.** Hacer que una cosa mojada despida el líquido que contiene. **GRA.** También v. prnl. *Tienes que escurrir la toalla antes de tenderla.* || *v. intr.* **3.** Resbalar, deslizar. **GRA.** También v. prnl. *Se me escurrió un plato.* **SIN.** Patinar. || *v. prnl.* **4.** Escapar, salir huyendo. *El autor del robo se escurrió entre la multitud y despistó a la policía.* **SIN.** Deslizarse, escabullirse. || **LOC. escurrir el bulto** Eludir un compromiso.

escusado (es-cu-**sa**-do) *s. m.* *Retrete.

escúter (es-**cú**-ter) *s. m.* Motocicleta de ruedas pequeñas y cuadro abierto. *Mi hermana se ha comprado un escúter antiguo.*

esdrújulo, la (es-**drú**-ju-lo) *adj.* Se dice de la palabra que lleva acento en la antepenúltima sílaba. **GRA.** También s. f. *La palabra "escrúpulo" es esdrújula.*

ese (e-se) *s. f.* Nombre de la letra "s". || **LOC. andar o ir alguien haciendo eses** *fam.* Andar hacia uno y otro lado por estar bebido.

ese, sa, so (e-se) *pron. dem.* **1.** Designa una persona o cosa que está cerca del oyente, o señala lo que éste acaba de mencionar. **GRA.** También adj. en m. y f. *Quiero ese cuaderno de ahí. No olvides traerme esa botella.* || **LOC. ni por esas** De ninguna manera. ☞ Cuando existe riesgo de confusión, las formas m. y f. del pron. se escriben con tilde.

esencia (e-**sen**-cia) *s. f.* **1.** Ser y naturaleza de las cosas. *La esencia del ser humano.* **2.** Aquello por lo que un ser es lo que es, y no es otra cosa diferente. *La esencia del barroco.* **SIN.** Carácter, naturaleza. **3.** Perfume. *Le gusta mucho la esencia de rosas.*

esencial (e-sen-**cial**) *adj.* **1.** Se dice de aquello que es tan importante que no se puede prescindir de ello. *El agua es esencial para la vida.* **SIN.** Indispensable, preciso. **2.** Sustancial, principal. *Faltaba por firmar la parte esencial del acuerdo.* **SIN.** Primordial. **ANT.** Accidental, secundario.

esfera (es-**fe**-ra) *s. f.* **1.** Cuerpo limitado por una superficie curva cuyos puntos están a una distancia igual, llamada radio, de un punto interior llamado centro. *La bola del mundo es una esfera.* **SIN.** Globo, bola. **2.** Condición social de una persona. *Sentía que no encajaba en aquella esfera.* **SIN.** Clase. **3.** Espacio al que se extiende la acción o influencia de una persona o cosa. *Me introdujo en su esfera de amistades.* **SIN.** Ámbito, círculo. **4.** Círculo en que giran las manecillas del reloj. *La esfera de ese reloj es verde.* || **5. esfera terráquea, o terrestre** Globo terráqueo, o terrestre, Tierra.

esférico, ca (es-**fé**-ri-co) *adj.* **1.** De la forma de una esfera. *La naranja es esférica.* **SIN.** Redondo, globoso, globular. || *s. m.* **2.** Balón de fútbol. *El defensa que hizo con el esférico.*

esfinge (es-**fin**-ge) *s. amb.* Animal fabuloso, con cabeza, cuello y pecho de mujer, y cuerpo y pies de león. **GRA.** Se usa más como s. f. *En el templo egipcio podían contemplarse varias esfinges.*

esfínter (es-**fín**-ter) *s. m.* Músculo en forma de anillo que abre y cierra un orificio natural. *El ano es un esfínter.*

esforzado, da (es-for-**za**-do) *adj.* Que tiene valor o ánimo para hacer algo. *Es una persona muy esforzada, nunca se da por vencida.* **SIN.** Valeroso:

esforzarse (es-for-**zar**-se) *v. prnl.* Hacer esfuerzos para lograr algún fin. *Se esforzaba por llegar a la orilla.* **SIN.** Afanarse, desvelarse, batallar. **ANT.** Desistir, abandonarse, acobardarse. ✎ Se conjuga como contar. Se escribe "c" en vez de z seguido de "-e".

esfuerzo (es-**fuer**-zo) *s. m.* **1.** Empleo del valor o la fuerza para conseguir algo. *Levantó las pesas con gran esfuerzo.* **2.** Fuerza de voluntad o entendimiento que se pone en lograr algo. *Llevar aquel régimen de adelgazamiento le supuso un gran esfuerzo. Tuvo que hacer un gran esfuerzo mental para comprender aquel texto.* **SIN.** Vigor, ánimo, afán.

esfumarse (es-fu-**mar**-se) *v. prnl.* Desaparecer rápidamente alguien o algo. *Se esfumó de la reunión sin que nadie se diera cuenta.* **SIN.** Disiparse, marcharse, desvanecerse.

esgrima (es-**gri**-ma) *s. f.* Arte de manejar la espada, el florete, etc. *Practica la esgrima.*

esgrimir (es-gri-**mir**) *v. tr.* **1.** Usar la espada, el florete, el sable, etc., defendiéndose o atacando. *Esgrimió su espada.* **SIN.** Blandir. **2.** Utilizar algún argumento para lograr un fin. *Esgrimió sus razones para no ir.* **SIN.** Manejar, servirse, usar.

esguince (es-**guin**-ce) *s. m.* Daño o torcedura en un tendón o articulación. *Sufrió un esguince de tobillo.*

eslabón (es-la-**bón**) *s. m.* **1.** Cada una de las piezas de hierro u otro metal, en figura de anillo o de ese, que forman una cadena. *Se rompió un eslabón de la*

eslalon - espada

gargantilla. **2.** Elemento imprescindible para el enlace de un suceso. *Averiguar dónde había estado aquella tarde era el eslabón que faltaba.*

eslalon (es-**la**-lon) *s. m.* Competición deportiva, que consiste en descender con esquís por una pendiente, sorteando en su recorrido una señales clavadas en el suelo. *Fue la ganadora del primer eslalon.* ✎ Su pl. es "eslálones".

eslip (es-**lip**) *s. m.* Prenda interior masculina, corta y ceñida. *Llevaba un eslip negro.* ✎ Su pl. es "eslips".

eslogan (es-**lo**-gan) *s. m.* **1.** Frase concisa y muy significativa alusiva a algo o a alguien, y de carácter publicitario. *Me gusta el eslogan de su última campaña.* **SIN.** Lema, consigna. **2.** Principio por el que una persona o un grupo de personas rigen su conducta. *El derecho a la libertad era su eslogan.* ✎ Su pl. es "eslóganes".

eslora (es-**lo**-ra) *s. f.* Longitud de una embarcación de proa a popa. *Tenía varios metros de eslora.*

esmaltar (es-mal-**tar**) *v. tr.* Cubrir una cosa con esmalte. *Esmaltó la vasija.* **SIN.** Vidriar.

esmalte (es-**mal**-te) *s. m.* **1.** Barniz coloreado con que se decoran las piezas de cerámica ya vitrificadas. *Al golpear el jarrón se saltó un poco el esmalte.* **2.** Objeto cubierto o adornado con esmalte. *Tenían una preciosa colección de esmaltes.* **3.** Materia dura y blanca que recubre la superficie de los dientes. *La dentista le dijo que el esmalte de sus dientes estaba en perfecto estado.*

esmeralda (es-me-**ral**-da) *s. f.* Piedra preciosa de color verde. *Tenía una sortija de esmeraldas.*

esmerarse (es-me-**rar**-se) *v. prnl.* Poner mucho cuidado en hacer algo. *Se esmeró en hacer bien su trabajo.* **SIN.** Afanarse, extremarse.

esmero (es-**me**-ro) *s. m.* Máximo cuidado en hacer bien las cosas. *Dibujaba con esmero.* **SIN.** Atención, celo, escrupulosidad. **ANT.** Descuido.

esmirriado, da (es-mi-**rria**-do) *adj.* Extenuado, flaco. *Llegó don Quijote con su esmirriado caballo Rocinante.* **SIN.** Canijo, enclenque. **ANT.** Robusto.

esmoquin (es-**mo**-quin) *s. m.* Chaqueta masculina que se usa con traje de etiqueta y muchas veces en sustitución del frac. *A la fiesta exigían ir con esmoquin.* ✎ Su pl. es "esmóquines".

esnifar (es-ni-**far**) *v. tr.* Aspirar por la nariz una cosa, especialmente una droga. *Esnifar cocaína había arruinado su vida.*

esnob (es-**nob**) *adj.* Se dice de la persona que acoge toda clase de novedades por tonta admiración o por darse importancia. *Su forma de actuar es muy esnob.* **SIN.** Cursi, petimetre, afectado. **ANT.** Sencillo. ✎ Su pl. es "esnobs".

esnobismo (es-no-**bis**-mo) *s. m.* Exagerada admiración por todo lo que está de moda. *Sólo lo hace por esnobismo.*

esófago (e-**só**-fa-go) *s. m.* Conducto del cuerpo humano que transporta los alimentos de la boca al estómago. *El esófago está recubierto de una membrana mucosa.*

esotérico, ca (e-so-**té**-ri-co) *adj.* **1.** Oculto, secreto. *El libro hablaba de cuestiones esotéricas.* **SIN.** Reservado. **ANT.** Exotérico. **2.** Por ext., se dice de lo que es impenetrable o de difícil acceso por la mente. *Su esotérico comportamiento nos tenía intrigados.* **SIN.** Incomprensible, misterioso. **ANT.** Exotérico.

espabilar (es-pa-bi-**lar**) *v. tr.* **1.** Dar prisa para hacer algo. **GRA.** También v. prnl. *Tuve que espabilarme para acabar el trabajo a tiempo.* **2.** Avivar el ingenio. **GRA.** También v. prnl. *Al principio era muy tímido, pero se espabiló rápido.* **3.** Despertar. **GRA.** También v. prnl. *Le espabilaron con un cubo de agua.* ✎ También "despabilar".

espacial (es-pa-**cial**) *adj.* Que pertenece o se refiere al espacio. *Era uno de los astronautas que iba en aquel vuelo espacial.* **SIN.** Celeste, cósmico. **ANT.** Terrenal.

espaciar (es-pa-**ciar**) *v. tr.* **1.** Separar las cosas dejando un espacio entre ellas. *Espacia las palabras de esta frase para que se lea mejor.* **SIN.** Separar, alejar, dilatar. **ANT.** Juntar. || *v. prnl.* **2.** Extenderse en el discurso o en lo que se escribe. *Se espació de masiado en la conferencia y la gente se aburrió.* **3.** *Recrearse. ✎ En cuanto al acento, se conjuga como cambiar.

espacio (es-**pa**-cio) *s. m.* **1.** La extensión concebida en abstracto. *El espacio es infinito.* **2.** Parte determinada de una extensión. *Este sillón ocupa demasiado espacio.* **3.** En radio y televisión, programa. *Es la presentadora de un espacio matinal en la radio.* **4.** Transcurso del tiempo. *Le esperé por espacio de dos horas.* **5.** Lugar en el que se encuentran los astros. *La nave espacial se perdió en el espacio.*

espacioso, sa (es-pa-**cio**-so) *adj.* **1.** Extenso, amplio, ancho. *Era una habitación muy espaciosa.* **2.** Lento, pausado. *El ritmo era demasiado espacioso.*

espada (es-**pa**-da) *s. f.* **1.** Arma blanca, larga, recta, aguda y cortante. *Aquella espada era un recuerdo de sus antepasados.* **SIN.** Estoque, tizona, colada, hoja. **2.** Persona que la maneja con destreza. *Es una buena espada.* || *s. m.* **3.** Torero que hace profe-

espadachín - espárrago

sión de matar los toros con espada. *En la corrida participaron tres espadas.* || *s. f. pl.* **4.** Uno de los cuatro palos de la baraja española. *El triunfo era espadas.* || **LOC. entre la espada y la pared** *fam.* En situación comprometida.

espadachín (es-pa-da-**chín**) *s. m.* **1.** Persona que maneja bien la espada. *Es un buen espadachín.* **2.** Persona que hace alarde de valiente y busca siempre peleas y discusiones. *No me cae nada bien, es un poco espadachín.* **SIN.** Bravucón, pendenciero.

espadaña (es-pa-**da**-ña) *s. f.* **1.** Hierba de tallo largo que, después de seca, suelta una especie de pelusa. *Habían crecido muchas espadañas.* **2.** Campanario de una sola pared, en la que están abiertos los huecos para colocar las campanas. *Subió a la espadaña de la iglesia.*

espagueti (es-pa-**gue**-ti) *s. m.* Pasta alimenticia de harina de trigo en forma cilíndrica y alargada, y no hueca. *Comimos espaguetis con tomate.* ✎ Su pl. es "espaguetis".

espalda (es-**pal**-da) *s. f.* **1.** Parte posterior del cuerpo humano, desde los hombros hasta la cintura. *Le dolía la espalda.* **SIN.** Dorso, espinazo, costillas. **ANT.** Pecho. **2.** Parte del vestido que corresponde a la espalda. *El vestido lleva escote a pico por la espalda.* **3.** Parte posterior o envés de una cosa. *Estaba situado a espaldas del edificio.* **SIN.** Dorso, reverso. **ANT.** Cara, anverso. || **LOC. a espaldas de alguien** En su ausencia, a escondidas de él. **echarse alguien sobre las espaldas una cosa** Hacerse responsable de ella. **guardarse alguien las espaldas** *fam.* Protegerse. **volver la espalda** Negar el saludo.

espaldarazo (es-pal-da-**ra**-zo) *s. m.* Reconocimiento de la competencia o habilidad de alguien en una profesión o actividad. *Contaba con el espaldarazo de sus superiores y compañeros.*

espaldilla (es-pal-**di**-lla) *s. f.* **1.** *Omóplato. **2.** Cuarto delantero de algunas reses. *En la carnicería tenían carne de espaldilla.*

espantada (es-pan-**ta**-da) *s. f.* Huida repentina. *Al ver a los lobos, el rebaño dio la espantada.* **SIN.** Fuga, huida, estampida.

espantajo (es-pan-**ta**-jo) *s. m.* **1.** Lo que se pone en un paraje para espantar. *Pusieron un espantajo en la huerta para alejar a los pájaros de los frutales.* **SIN.** Fantoche, pelele. **2.** Cualquier cosa fea de aspecto. *No me gusta nada ese cuadro, es un espantajo.* **SIN.** Adefesio, esperpento. **3.** *fam.* Persona molesta y despreciable. *Tu nuevo amigo me parece un poco espantajo.*

espantapájaros (es-pan-ta-**pá**-ja-ros) *s. m.* Espantajo que se pone en los sembrados y en los árboles para ahuyentar los pájaros. *El espantapájaros parecía un señor de verdad.* ✎ Invariable en número.

espantar (es-pan-**tar**) *v. tr.* **1.** Causar asombro o miedo grande. **GRA.** También v. intr. *La crecida del río espantó a los vecinos.* **SIN.** Acobardar, asustar, aterrar, temorizar, horrorizar. **ANT.** Tranquilizar, calmar. **2.** Echar de un lugar a una persona o un animal. *Los pastores espantaron a los lobos.* **SIN.** Ahuyentar, despedir, alejar. **SIN.** Acoger, recibir. || *v. prnl.* **3.** Admirarse, maravillarse. *Se espantó al ver aquel fantástico paisaje.* **SIN.** Pasmarse, asombrarse. **4.** Sentir espanto, asustarse. *Nos espantamos al oír aquel misterioso ruido en la oscuridad de la noche.*

espanto (es-**pan**-to) *s. m.* Miedo muy intenso. *Al darse cuenta de que se había perdido en el monte, sintió un gran espanto.* **SIN.** Horror, pánico, terror, sobresalto. || **LOC. estar curado de espantos** *fam.* Mostrarse impasible ante un mal o un daño debido a la experiencia que ya se tiene.

espantoso, sa (es-pan-**to**-so) *adj.* **1.** Que causa temor o pánico. *Hubo una tormenta espantosa.* **SIN.** Terrible. **ANT.** Agradable. **2.** Que causa un asombro grande. *Hacía un frío espantoso.* **SIN.** Increíble.

esparadrapo (es-pa-ra-**dra**-po) *s. m.* Cinta con una capa adhesiva que se usa para cubrir heridas. *Sujetó la gasa con un esparadrapo.* **SIN.** Adhesivo.

esparcir (es-par-**cir**) *v. tr.* **1.** Separar y extender lo que estaba junto. **GRA.** También v. prnl. *El viento esparció el montón de hojas.* **SIN.** Desparramar(se), dispersar(se), desperdigar(se), diseminar(se). **ANT.** Concentrarse, juntar(se). **2.** Divulgar una noticia. **GRA.** También v. prnl. *La noticia se esparció por toda la ciudad.* **SIN.** Difundir(se), propagar(se). **ANT.** Ocultar(se), silenciar(se). **3.** Pasar el tiempo recreándose en algo. **GRA.** También v. prnl. *Se esparce con la pintura.* **SIN.** Recrear(se), divertir(se), distraer(se). **ANT.** Aburrir(se). ✎ v. irreg. ✍

INDICATIVO	SUBJUNTIVO	IMPERATIVO
Pret. perf. simple	Pres.	
esparzo	esparza	
esparces	esparzas	esparce
esparció	esparza	esparza
esparcimos	esparzamos	esparzamos
esparcís	esparzáis	esparcid
esparcen	esparzan	esparzan

espárrago (es-**pá**-rra-go) *s. m.* **1.** Planta de tallos rectos y blancos comestibles. *Le gustan los espárragos con mayonesa.* **2.** Madera o barrita de hierro

esparto - espejismo

para ciertos usos. *La estantería se cayó porque se rompió un espárrago.* ‖ **3. espárrago triguero** Espárrago silvestre, sobre todo el que brota en los trigales. ‖ **LOC. a freír espárragos** *fam.* Se emplea para despedir a alguien con enfado.

esparto (es-**par**-to) *s. m.* Planta cuyas hojas se utilizan para hacer cuerdas, esteras, pasta de papel, etc. *La suela de estas zapatillas es de esparto.*

espasmo (es-**pas**-mo) *s. m.* **1.** Contracción involuntaria de los músculos. *Aquella enfermedad le producía espasmos.* **SIN.** Convulsión, sacudida. **2.** Admiración y asombro grande. *Al verle allí, casi le da un espasmo.* **SIN.** Pasmo.

espátula (es-**pá**-tu-la) *s. f.* Paleta pequeña con bordes afilados y mango largo. *El pintor utiliza la espátula para hacer mezclas de pinturas.*

especia (es-**pe**-cia) *s. f.* Sustancia que se usa como condimento. *La albahaca es una especia.*

especial (es-pe-**cial**) *adj.* **1.** Diferente de lo común o general. *Le hacen una comida especial, porque está enfermo.* **SIN.** Singular, peculiar, específico, característico. **ANT.** Vulgar, general. **2.** Propio para algún efecto. *Hay un tren especial para ir a esquiar.* **SIN.** Específico, apropiado, adecuado. **ANT.** Inadecuado. ‖ **LOC. en especial** De modo particular.

especialidad (es-pe-cia-li-**dad**) *s. f.* **1.** Rama de una ciencia o arte a que se dedica una persona. *Dentro de la medicina, hizo la especialidad de cardiología.* **2.** Confección o producto en cuya preparación sobresalen una persona, un establecimiento, una región, etc. *Este sabroso queso es la especialidad de mi región.*

especialista (es-pe-cia-**lis**-ta) *adj.* **1.** Se dice de la persona que cultiva una rama determinada arte o ciencia y sobresale en ella. **GRA.** También s. m. y s. f. *Es una especialista en pintura abstracta.* **2.** Que hace algo con habilidad. *Es un especialista en trabajos manuales.* **SIN.** Perito. ‖ *s. m. y s. f.* **3.** *fam.* Médico que se ha especializado en las enfermedades de una parte del cuerpo. *Fue a un especialista de corazón.* **4.** En cine y televisión, persona que sustituye a un actor en el rodaje de una escena arriesgada. *Ha trabajado como especialista en alguna de las películas más famosas.*

especializar (es-pe-cia-li-**zar**) *v. intr.* **1.** Cultivar con especialidad una rama determinada de una ciencia o de un arte. **GRA.** También v. prnl. *Se especializó en pediatría.* **2.** Limitar una cosa a un uso o fin determinado. *El buen olfato de los perros policía los ha especializado en la búsqueda de drogas.* ✎ Se conjuga como abrazar.

especie (es-**pe**-cie) *s. f.* **1.** Cada uno de los grupos de animales o plantas que forman una categoría de clasificación entre la familia o subfamilia y la variedad. *Pertenecen a una misma especie de aves.* **2.** Conjunto de personas o cosas con caracteres comunes. *Todos los de tu especie sois unos caraduras.* **3.** Género, tipo. *La chaqueta era de una especie de lanilla.* ‖ **LOC. en especies** En productos y no en dinero.

especificar (es-pe-ci-fi-**car**) *v. tr.* Explicar o determinar con detalle una cosa. *Le especifiqué cómo tenía que hacerlo.* **SIN.** Detallar, pormenorizar. ✎ Se conjuga como abarcar.

específico, ca (es-pe-**cí**-fi-co) *adj.* **1.** Que caracteriza y distingue una especie de otra. *Las aletas son específicas de los peces.* **SIN.** Típico, característico. ‖ *s. m.* **2.** Medicamento apropiado especialmente para tratar una enfermedad determinada. *Le recetó un específico para la tos.* **SIN.** Fármaco, remedio.

espécimen (es-**pé**-ci-men) *s. m.* Ejemplar, muestra. *Era un raro espécimen.* ✎ Su pl. es "especímenes".

espectáculo (es-pec-**tá**-cu-lo) *s. m.* **1.** Diversión ante un grupo de gente en un teatro, en un circo, etc. *El espectáculo teatral resultó un éxito.* **SIN.** Representación, exhibición, distracción, demostración. **2.** Aquello que atrae la atención de la gente. *La fuerte discusión de aquellos dos hombres en medio de la calle era un espectáculo.*

espectador, ra (es-pec-ta-**dor**) *adj.* **1.** Que asiste a un espectáculo público. **GRA.** Se usa más como s. m. y s. f. *Al terminar la función, los espectadores aplaudieron con entusiasmo.* **SIN.** Asistente, público, presente, oyente. **2.** Que mira con atención alguna cosa. **GRA.** También s. m. y s. f. *En el lugar del suceso se reunió un gran número de espectadores.*

espectro (es-**pec**-tro) *s. m.* **1.** Visión que se representa en la fantasía. *Tenía la sensación de ver espectros.* **SIN.** Aparición, fantasma. **2.** Consecuencia de la dispersión de un haz de luz. *Espectro de luz.*

especular (es-pe-cu-**lar**) *v. intr.* **1.** Comerciar para ganar dinero rápidamente, a veces incluso al margen de la ética. *Toda su riqueza la había obtenido especulando.* **SIN.** Traficar. ‖ *v. tr.* **2.** Meditar, reflexionar. **GRA.** Se usa más como intr. *Especulaba con todo tipo de soluciones.* **SIN.** Teorizar, pensar.

espejismo (es-pe-**jis**-mo) *s. m.* **1.** Ilusión óptica que nos hace ver las cosas en distinto sitio o de diferente modo a como son. *Los espejismos son frecuentes en el desierto.* **2.** Ilusión de la imaginación, percepción falsa. *Lo del aumento de sueldo fue un espejismo.*

espejo (es-**pe**-jo) *s. m.* **1.** Lámina de vidrio, lisa y pulimentada, en la que se reflejan la luz y los objetos. *Mírate en el espejo para ver tu peinado.* **SIN.** Luna. **2.** Aquello que refleja una cosa. *El agua estaba tan cristalina que todo el río era un espejo.* **3.** Modelo digno de ser imitado. *Aquel hombre tan bondadoso era un espejo para todos.* **SIN.** Ejemplo, paradigma.

espeleología (es-pe-le-o-lo-**gí**-a) *s. f.* Ciencia que estudia la naturaleza, el origen y formación de las cuevas y cavidades subterráneas. *Es una experta en espeleología.*

espeluznar (es-pe-luz-**nar**) *v. tr.* **1.** Espantar, causar horror. **GRA.** También v. prnl. *Aquel accidente nos espeluznó a todos.* **SIN.** Horripilar(se), horrorizar(se), estremecer(se). **ANT.** Fascinar(se). **2.** Descomponer, desordenar el pelo de la cabeza, de la felpa, etc. **GRA.** También v. prnl. *De tanto uso, esta toalla se ha espeluznado toda.* **3.** Erizar el pelo o las plumas. **GRA.** También v. prnl. *Las gallinas se asustaron y se les espeluznaron las plumas.*

espera (es-**pe**-ra) *s. f.* **1.** Acción y efecto de esperar. *Nos dijo que estaba de espera.* **2.** Tiempo que se está esperando. *La espera duró una hora.* **SIN.** Demora, plantón, dilación. **3.** Expectativa, acecho. *El cazador estaba a la espera.* **4.** Calma, facultad de saberse contener. *No tiene espera, tiene que ser dicho y hecho.* **SIN.** Paciencia. **ANT.** Impaciencia.

esperanto (es-pe-**ran**-to) *s. m.* Idioma artificial creado para que sirviese como lengua universal. *El esperanto fue creado en 1887 por el médico polaco Zamenhof.*

esperanza (es-pe-**ran**-za) *s. f.* Confianza en el logro de nuestros deseos. *Tenía esperanza de aprobarlas todas.* **SIN.** Ánimo, expectación. ‖ **LOC. dar esperanza, o esperanzas, a alguien** Darle a entender que puede lograr lo que pide o desea.

esperanzado, da (es-pe-ran-**za**-do) *adj.* Que tiene esperanza. *Estaba muy esperanzado con su nuevo trabajo.* **SIN.** Confiado, ilusionado, optimista.

esperar (es-pe-**rar**) *v. tr.* **1.** Creer que algo que se desea, ocurrirá. *Espero que la operación salga bien.* **SIN.** Confiar, ilusionarse, presumir, alentarse. **ANT.** Desesperar. **2.** Permanecer en un sitio hasta que ocurra algo o llegue alguien. *Esperó su turno en el dentista.* **SIN.** Aguardar, atender, aguantar. **ANT.** Abandonar. ‖ **LOC. esperar sentado** Se usa para indicar que una cosa tardará mucho o no sucederá nunca.

esperma (es-**per**-ma) *s. amb.* Células sexuales masculinas producidas en los testículos. *Acudieron a un banco de esperma.* ✎ Se usa más como s. m.

espermatozoide (es-per-ma-to-**zoi**-de) *s. m.* Célula reproductora masculina. *Los espermatozoides se producen en los testículos.*

esperpento (es-per-**pen**-to) *s. m.* **1.** *fam.* Persona o cosa fea o ridícula. *Viste fatal, es un esperpento.* **SIN.** Adefesio, espantajo, birria. **2.** *fam.* Desatino, absurdo. *Esa idea es un auténtico esperpento.* **3.** Género literario en el que se deforma sistemáticamente la realidad, recargando sus rasgos grotescos. *El esperpento fue creado por Ramón del Valle-Inclán.*

espesar (es-pe-**sar**) *v. tr.* **1.** Hacer espeso o más espeso un líquido. **GRA.** También v. prnl. *Espesó la salsa con un poco de harina.* **SIN.** Condensar, coagular. **2.** Hacer más compacta una cosa. **GRA.** También v. prnl. *Hay que esperar a que se espese la masa.* **SIN.** Apelmazar(se), apretar(se).

espeso, sa (es-**pe**-so) *adj.* **1.** Se dice de aquello que está muy condensado. *La leche tenía una nata espesa.* **SIN.** Denso, concentrado, apretado. **ANT.** Fluido, líquido, vaporoso, esponjoso. **2.** Se dice de las cosas que están muy juntas y apretadas. *Entramos en un bosque muy espeso.* **SIN.** Compacto, apelmazado, amazacotado, abundante, frondoso. **ANT.** Ralo, espaciado, disperso.

espesor (es-pe-**sor**) *s. m.* **1.** Grueso de un cuerpo sólido. *Tiene un cm de espesor.* **SIN.** Anchura, grosor. **2.** Densidad o condensación de un fluido. *La salsa tenía tal espesor que no se caía del plato.*

espesura (es-pe-**su**-ra) *s. f.* Terreno muy poblado de árboles y matorrales. *Se internó en la espesura del bosque.* **SIN.** Boscosidad, fronda, vergel.

espetar (es-pe-**tar**) *v. tr.* **1.** Atravesar, clavar un instrumento puntiagudo. *Espetó varias puntas para sujetar la tabla.* **2.** *fam.* Decir de pronto a una persona algo que le moleste o sospenda. *Le espetó que no lo soportaba.* **SIN.** Encajar, largar, soltar. ‖ *v. prnl.* **3.** Encajarse, asegurarse. *El coche se espetó en el barro.*

espía (es-**pí**-a) *s. m. y s. f.* Persona que, con disimulo y secreto, acecha y observa lo que ocurre en un lugar. *Expulsaron del país a varios espías.*

espiar (es-pi-**ar**) *v. tr.* Observar con disimulo lo que se dice o hace. *Espiaba a su mujer.* **SIN.** Vigilar, acechar. ✎ En cuanto al acento, se conjuga como desviar.

espiga (es-**pi**-ga) *s. f.* Conjunto de flores o frutos reunidos a lo largo de un tallo común. *Segaron las espigas de trigo.*

espigar (es-pi-**gar**) *v. intr.* **1.** Comenzar a echar espiga los cereales. *Ya están espigando los trigales.* ‖ *v.*

espina - espolón

prnl. **2.** Crecer algunas hortalizas más de lo debido. *Con las lluvias el perejil se ha espigado demasiado.* **3.** Crecer mucho una persona. *En unos pocos meses el niño se ha espigado mucho.* ✎ Se conjuga como ahogar.

espina (es-**pi**-na) *s. f.* **1.** Cada una de las púas que nacen en algunas plantas. *Se pinchó con una espina del rosal.* **SIN.** Pincho, espinilla, aguijón. **2.** Astilla pequeña y puntiaguda. *Al recoger la leña, se clavó una espina en un dedo.* **3.** Hueso de pez. *Abre la trucha a la mitad y quítale la espina.* **4.** Pesar íntimo y duradero. *Desde su muerte tiene una espina en el corazón.* **SIN.** Dolor, resquemor, pena. **ANT.** Consuelo. ‖ **LOC. darle a alguien mala espina una cosa** *fam.* Hacerle sospechar. **sacarse a alguien la espina** *fam.* Desquitarse de algo.

espinaca (es-pi-**na**-ca) *s. f.* Planta de huerta comestible, con hojas estrechas y largas. *Comimos espinacas con besamel.*

espinazo (es-pi-**na**-zo) *s. m.* Columna vertebral. *Recibió un golpe en el espinazo.*

espinilla (es-pi-**ni**-lla) *s. f.* **1.** Parte anterior del hueso de la pierna. *Le dio una patada en la espinilla.* **2.** Especie de granito que aparece en la piel. *Le recetaron una crema para las espinillas.* **SIN.** Comedón.

espinillera (es-pi-ni-**lle**-ra) *s. f.* Pieza que preserva la espinilla contra los golpes. *Los futbolistas llevan espinilleras.*

espino (es-**pi**-no) *s. m.* **1.** Arbusto con ramas espinosas y flores blancas y olorosas. *El camino estaba rodeado de zarzas y espinos.* **2.** Alambre con pinchos para hacer cercas. *Cerraron la entrada de la finca con espino.*

espionaje (es-pio-**na**-je) *s. m.* Acción de espiar. *Le acusaron de espionaje.* **SIN.** Fisgoneo, vigilancia.

espira (es-**pi**-ra) *s. f.* **1.** Cada una de las vueltas de una hélice o de una espiral. *La hélice del barco dibujaba espiras en el mar.* **2.** Cada una de las circunferencias de las que está formado un muelle. *Endurecimos el muelle cortándole dos espiras.*

espiral (es-pi-**ral**) *s. f.* **1.** Línea curva que va dando vueltas alrededor de un punto, alejándole de él cada vez más. *Dibuja una espiral.* **2.** Proceso que aumenta rápidamente y sin control. *La epidemia había entrado en una espiral imparable.* **SIN.** Progresión.

espirar (es-pi-**rar**) *v. intr.* **1.** Respirar, tomar aliento; especialmente expeler el aire aspirado. **GRA.** También v. tr. *Espira y vuelve a inspirar.* **ANT.** Inspirar. ‖ *v. tr.* **2.** Exhalar buen o mal olor. *Espiraba un nauseabundo olor.* ☞ No debe confundirse con "expirar".

espiritismo (es-pi-ri-**tis**-mo) *s. m.* Doctrina de las personas que suponen que los espíritus de los muertos pueden entrar en comunicación con los vivos. *Leía muchos libros sobre espiritismo.*

espíritu (es-**pí**-ri-tu) *s. m.* **1.** Ser inmaterial y dotado de razón. *Los ángeles son espíritus.* **2.** Alma. *Las cosas del espíritu no tienen nada que ver con las materiales.* **3.** Vigor natural que tiene una persona. *Trabajó con todo su espíritu.* **SIN.** Energía. **4.** Valor, ánimo. *Es difícil atemorizar a una persona de tanto espíritu.* **5.** Vivacidad, ingenio. *Tenía un espíritu muy alegre.* **6.** Idea central, esencia de una cosa. *Creo que has captado bien el espíritu de la obra.* ‖ **7. espíritu maligno** El demonio. **8. Espíritu Santo** Tercera persona de la Santísima Trinidad, que procede igualmente del Padre y del Hijo. ‖ **LOC. pobre de espíritu** Apocado, tímido.

espiritual (es-pi-ri-**tual**) *adj.* **1.** Que pertenece o se refiere al espíritu. *Trataba de cuestiones espirituales.* **SIN.** Anímico, inmaterial, invisible, mental. **ANT.** Material, corpóreo. **2.** Místico, muy devoto. *Era una persona muy espiritual.*

espita (es-**pi**-ta) *s. f.* **1.** Canuto que se mete en el agujero de la cuba para que salga por él el licor. *Quita la espita.* **2.** *fam.* Persona que bebe mucho vino. *Menuda espita está hecho.*

espléndido, da (es-**plén**-di-do) *adj.* **1.** Magnífico, ostentoso. *Era un edificio realmente espléndido.* **SIN.** Rumboso, suntuoso. **2.** Que da con abundancia. *Juan es muy espléndido.* **SIN.** Generoso, desinteresado. **ANT.** Tacaño. **3.** Que brilla o que luce mucho. *Lucía un Sol espléndido.* **SIN.** Resplandeciente.

esplendor (es-plen-**dor**) *s. m.* **1.** Brillo, resplandor. *Admiraba el esplendor del agua reflejando el sol.* **2.** Nobleza, fama, gloria. *España gozó de gran esplendor durante el reinado de Felipe II.* **SIN.** Importancia, dignidad, apogeo.

espliego (es-**plie**-go) *s. m.* Mata muy aromática de flores azules, y semilla de esta planta. *El prado olía a espliego.* **SIN.** Lavanda.

espolear (es-po-le-**ar**) *v. tr.* **1.** Pinchar con la espuela. *Espoleó al caballo.* **ANT.** Frenar. **2.** Estimular a alguien. *Les espoleaba con grandes promesas.* **SIN.** Pinchar, incitar, animar, avivar. **ANT.** Frenar.

espoleta (es-po-**le**-ta) *s. f.* Dispositivo mecánico que hace estallar bombas, granadas, etc. *La bomba no estalló porque no funcionó la espoleta.*

espolón (es-po-**lón**) *s. m.* **1.** Pequeña formación que tienen algunas aves en las patas. *El gallo tiene espolones.* **2.** Remate de la proa de una nave. *Las gale-*

espolvorear - esquelético

ras embistieron utilizando su espolón. **3.** Malecón que suele hacerse a orillas de los ríos o del mar para contener las aguas. *Trabajaban en la reconstrucción del espolón.*
espolvorear (es-pol-vo-re-**ar**) *v. tr.* Esparcir sobre una cosa otra hecha polvo. *Espolvorea un poco de talco sobre la herida.*
espondeo (es-pon-**de**-o) *s. m.* Pie de la poesía griega y latina, formado por dos sílabas largas. *Virgilio utilizaba espondeos en sus versos.*
esponja (es-**pon**-ja) *s. f.* **1.** Animal acuático invertebrado. *Aquí habla sobre la vida de las esponjas.* **2.** Masa porosa y elástica formada por el esqueleto de este animal, que se emplea en diversos usos domésticos. *Las esponjas vegetales son muy buenas para el cuidado de la piel.*
esponjar (es-pon-**jar**) *v. tr.* Hacer más poroso un cuerpo. *Échale un poco de levadura a la masa para que esponje.* **SIN.** Ahuecar.
esponsales (es-pon-**sa**-les) *s. m. pl.* Mutua promesa de casarse que se hacen y aceptan dos personas. *Se celebraron los esponsales.* **SIN.** Boda, compromiso, desposorio. **ANT.** Divorcio, separación.
espónsor (es-**pón**-sor) *s. m.* *Sponsor.
espontáneo, a (es-pon-**tá**-ne-o) *adj.* **1.** Que se hace por propio impulso. *Su comportamiento es siempre muy espóntaneo.* **SIN.** Automático, inconsciente, indeliberado. **ANT.** Forzado. **2.** Que se produce sin cultivo y sin cuidados de las personas. *Los arándanos son frutos espontáneos.* **SIN.** Natural. || *s. m.* **3.** Persona que, en una corrida de toros, salta al ruedo de la plaza. *La policía detuvo al espontáneo.*
espora (es-**po**-ra) *s. f.* **1.** Órgano reproductor unicelular que se transforma en una nueva planta. *Las algas y hongos tienen esporas.* **2.** Cualquiera de las células que en un momento dado de la vida de los protozoos se forman por división de éstos. *La primera división de un protozoo produce dos esporas.*
esporádico, ca (es-po-**rá**-di-co) *adj.* Que es ocasional o casual. *Se estaban dando casos esporádicos.* **SIN.** Eventual, inesperado, raro. **ANT.** Constante.
esporangio (es-po-**ran**-gio) *s. m.* Cavidad donde se originan y están contenidas las esporas en muchas plantas. *Las hojas del helecho estaban llenas de esporangios.*
esposar (es-po-**sar**) *v. tr.* Sujetar a alguien con esposas. *Los policías esposaron al delincuente.* **SIN.** Encadenar. **ANT.** Liberar, desatar.
esposo, sa (es-**po**-so) *s. m. y s. f.* **1.** Persona que se ha casado. *Los esposos han ido de viaje de bodas.* **SIN.** Marido, mujer, cónyuge. || *s. f.* **2.** *amer.* Anillo episcopal.
esprint *s. m.* Esfuerzo final que hacen los corredores en los últimos metros de carrera para lograr la mayor velocidad posible y adelantar a los demás competidores. *Fue emocionante el esprint de la carrera.*
espuela (es-**pue**-la) *s. f.* **1.** Instrumento metálico que se ajusta al talón de la bota para picar a las caballgaduras. *Picó al caballo con las espuelas.* **2.** Aviso, estímulo. *La oposición de los demás fue una espuela para él.* **3.** *amer.* Espolón de las aves.
espuerta (es-**puer**-ta) *s. f.* Especie de cesta de esparto, palma u otra materia, con dos asas pequeñas. *Mete esas manzanas en una espuerta.* **SIN.** Capazo, cesto. || **LOC. a espuertas** En abundancia.
espuma (es-**pu**-ma) *s. f.* **1.** Conjunto de burbujas que se forman en la superficie de los líquidos. *El río estaba cubierto de espuma debido a la contaminación.* **2.** Parte del jugo y de las impurezas que algunas sustancias arrojan de sí al cocer en el agua. *Los bígaros no estaban muy limpios, soltaban mucha espuma al cocer.* **3.** Tejido muy ligero. *El cojín estaba relleno de espuma.* **4.** Producto cosmético. *Necesitaba espuma de afeitar.* || **LOC. crecer como la espuma** *fam.* Hacerlo rápidamente.
espumadera (es-pu-ma-**de**-ra) *s. f.* Paleta circular con agujeros, que se utiliza para retirar la espuma de un caldo o licor o para sacar los fritos de la sartén. *Escurre bien los huevos con la espumadera antes de sacarlos de la sartén.*
espumarajo (es-pu-ma-**ra**-jo) *s. m.* Saliva arrojada por la boca. *Tenía vómitos y echaba espumarajos.* || **LOC. echar alguien espumarajos por la boca** *fam.* Estar muy enfadado.
espumoso, sa (es-pu-**mo**-so) *adj.* **1.** Que tiene o hace espuma. *Agua espumosa.* **2.** Vino espumoso.
esputo (es-**pu**-to) *s. m.* Lo que se arroja de una vez en cada expectoración. *Estaba muy preocupado porque echaba esputos de sangre.* **SIN.** Gargajo, flema, salivazo.
esqueje (es-**que**-je) *s. m.* Tallo de una planta que se introduce en tierra para que se produzca otra planta. *Me dio un esqueje del rosal.* **SIN.** Acodo, injerto.
esquela (es-**que**-la) *s. f.* Aviso de la defunción de una persona que se imprime con recuadro de luto. *Leyó la esquela en el periódico.* ☞ También "esquela mortuoria".
esquelético, ca (es-que-**lé**-ti-co) *adj.* Muy delgado. *Con ese régimen se ha quedado esquelético.* **SIN.** Huesudo, flaco. **ANT.** Gordo, lozano.

esqueleto (es-que-**le**-to) *s. m.* **1.** Estructura de hueso que soporta el cuerpo de un ave, mamífero, pez, anfibio o reptil. *Estaban estudiando los huesos del esqueleto.* **2.** *fam.* Persona muy flaca. *Parece un esqueleto.* **3.** *fam.* Armadura sobre la cual se arma algo. *Ya tenían montado el esqueleto del escenario.*

esquema (es-**que**-ma) *s. m.* Representación o explicación de una cosa atendiendo sólo a sus líneas más generales. *Nos mandó hacer un esquema de la lección.* **SIN.** Sinopsis, resumen, compendio.

esquemático, ca (es-que-**má**-ti-co) *adj.* Abreviado, sintético. *Dio una explicación muy esquemática del asunto.* **SIN.** Simplificado. **ANT.** Detallado.

esquí (es-**quí**) *s. m.* **1.** Especie de patín muy largo que se usa para deslizarse sobre la nieve. *Se le rompió un esquí.* **2.** Deporte que se practica con este tipo de patines. *Era una gran aficionada al esquí.* ‖ **3. esquí acuático** Deporte que consiste en deslizarse sobre la superficie del mar con una especie de patines largos y estrechos. ✎ Su pl. es "esquís" o "esquíes".

esquiar (es-qui-**ar**) *v. intr.* Deslizarse sobre la nieve con unos esquís. *Este fin de semana se van a esquiar.* ✎ En cuanto al acento, se conjuga como desviar.

esquijama (es-qui-**ja**-ma) *s. m.* Pijama cerrado de tejido de punto. *Compraré un esquijama blanco.*

esquila (es-**qui**-la) *s. f.* **1.** Cencerro en forma de campana. *Le puso una esquila a la vaca.* **2.** Campana pequeña que sirve en los conventos para convocar a los actos de comunidad. *Al sonar la esquila, todas las hermanas acudieron al coro.*

esquilar (es-qui-**lar**) *v. tr.* Cortar con tijera el pelo o la lana de un animal. *Esquilaron las ovejas.*

esquina (es-**qui**-na) *s. f.* Ángulo saliente, especialmente el que forman dos paredes de un edificio. *Estoy en la esquina de la calle.* **SIN.** Ángulo, recodo. ‖ **LOC. hacer esquina** Dicho de un edificio, local, etc., estar situado en la esquina de la manzana o del grupo del que forma parte.

esquinazo (es-qui-**na**-zo) *s. m., fam.* Esquina. *Se dio con el esquinazo de la mesa.* ‖ **LOC. dar esquinazo** *fam.* Dejar a alguien plantado. | *fam.* Rehuir en la calle el encuentro de alguien, doblando una esquina o variando la dirección que se llevaba.

esquirol (es-qui-**rol**) *s. m. y s. f.* Obrero que va a trabajar un día de huelga. *Les acusaban de esquiroles.* **SIN.** Rompehuelgas. **ANT.** Huelguista.

esquisto (es-**quis**-to) *s. m.* Roca de color negro azulado, que se divide fácilmente en hojas. *El yacimiento de esquisto estaba desmoronado.*

esquivar (es-qui-**var**) *v. tr.* Evitar algo o a alguien. *Consiguió esquivar el golpe.* **SIN.** Rehusar, eludir, soslayar, sortear. **ANT.** Afrontar.

esquivo, va (es-**qui**-vo) *adj.* Se dice de la persona que es antipática y huraña. *Esta niña es un poco esquiva.* **ANT.** Sociable, afable.

esquizofrenia (es-qui-zo-**fre**-nia) *s. f.* Enfermedad mental que produce un debilitamiento de la afectividad y una concentración sobre sí mismo. *Padece esquizofrenia.*

estabilidad (es-ta-bi-li-**dad**) *s. f.* **1.** Permanencia, duración, firmeza. *Ese artista mantiene su estabilidad en el primer plano de actualidad.* **2.** Equilibrio. *Tenía mucha estabilidad para hacer los ejercicios en las paralelas.* **SIN.** Seguridad, fijación. **ANT.** Inestabilidad, fragilidad.

estabilizar (es-ta-bi-li-**zar**) *v. tr.* Dar estabilidad a una cosa. **GRA.** También v. prnl. *Parecía que la enfermedad se había estabilizado.* **SIN.** Equilibrar(se), fijar(se), afianzar(se).

estable (es-**ta**-ble) *adj.* Que permanece en el tiempo o que tiene seguridad en el espacio. *Tiene un empleo estable. Parece un gobierno estable.* **SIN.** Permanente, constante, arraigado, firme, duradero. **ANT.** Inestable, perecedero.

establecer (es-ta-**ble-cer**) *v. tr.* **1.** Fundar alguna cosa. *Establecieron una cadena hostelera en distintas naciones del extranjero.* **SIN.** Instituir, instaurar, levantar, implantar. **2.** Ordenar, mandar. *Estableció unas normas para todos.* **SIN.** Decretar. ‖ *v. prnl.* **3.** Ponerse a vivir o a trabajar en un determinado lugar. *Hacía tres años que se habían establecido en Madrid.* **SIN.** Instalarse, afincarse, domiciliarse. ✎ v. irreg., se conjuga como parecer.

establecimiento (es-ta-ble-ci-**mien**-to) *s. m.* **1.** Cosa fundada o establecida. *El hospital era un establecimiento estatal.* **SIN.** Fundación, institución. **2.** Lugar donde se ejerce una industria o profesión. *Trabaja en un establecimiento de ultramarinos.* **SIN.** Comercio, tienda, oficina. **3.** Colocación o empleo estable de una persona. *Eso había sido antes de su establecimiento en esta empresa.*

establo (es-**ta**-blo) *s. m.* **1.** Lugar cubierto donde se encierra al ganado. *Encerró las vacas en el establo.* **SIN.** Caballeriza, cuadra, cubil, pocilga. **2.** *Cub.* Cochera, establecimiento de coches de alquiler.

estaca (es-**ta**-ca) *s. f.* **1.** Palo acabado en punta que puede clavarse en la tierra. *Estaba clavando estacas para hacer una cerca.* **2.** Rama o palo verde sin raíces que se planta para que se haga árbol. *Plantó*

estacada - estalagmita

varias estacas. **3.** Garrote, palo grueso. *Tropezó con una estaca que había en medio del camino y se cayó.*
estacada (es-ta-**ca**-da) *s. f.* **1.** Cerca hecha de estacas clavadas en la tierra. *Las vacas tumbaron la estacada.* **2.** Campo de batalla. *Los soldados se lanzaron con valor a la estacada.* || **LOC. dejar a alguien en la estacada** *fam.* Abandonarlo, dejarlo comprometido en un peligro. **quedar, o quedarse, en la estacada** *fam.* Ser vencido.
estación (es-ta-**ción**) *s. f.* **1.** Cada una de las cuatro partes de año: invierno, primavera, verano y otoño. *La estación de la primavera es muy bonita.* **SIN.** Época, temporada. **2.** Sitio donde paran los trenes, los autobuses. *Llegamos tarde a la estación porque había mucho tráfico.* **SIN.** Parada, apeadero. **3.** Cualquier lugar en que se hace alto durante un viaje, paseo, etc. *Hicimos una estación para desayunar.* **4.** Emisora de radio. *La música que pone esa estación me gusta.* **5.** Centro de control desde donde se siguen los vuelos espaciales. *El cohete espacial conectó con la estación de seguimiento.* **6.** Visita que se hace a las iglesias o altares para orar. *En el Vía Crucis hay catorce estaciones que representan la pasión de Cristo.* || **7. estación de servicio** Instalación en la que se vende gasolina o gasóleo y en la que a veces se pueden engrasar o reparar vehículos automóviles.
estacionamiento (es-ta-cio-na-**mien**-to) *s. m.* Lugar donde los vehículos pueden permanecer detenidos. *Estacionamiento en batería.* **SIN.** Aparcamiento.
estacionar (es-ta-cio-**nar**) *v. tr.* **1.** Poner una cosa en un lugar. **GRA.** También v. prnl. *Estacioné el vehículo al lado del garaje.* **SIN.** Asentar(se), colocar(se), situar(se), aparcar, parar(se). || *v. prnl.* **2.** Pararse en algún sitio. *Se estacionó en aquel punto y no avanzó más.* **SIN.** Estancarse, inmovilizarse, detenerse. **ANT.** Moverse, cambiar. **3.** Quedarse en el mismo estado. *Se estacionó en su enfermedad.*
estacionario, ria (es-ta-cio-**na**-rio) *adj.* Que permanece inmóvil. *El estado de gravedad del enfermo estaba estacionario.* **SIN.** Quieto, fijo, parado.
estadio (es-**ta**-dio) *s. m.* **1.** Recinto donde se celebran competiciones deportivas. *El partido de fútbol se celebró en el nuevo estadio.* **SIN.** Campo, terreno. **2.** Fase o etapa de un proceso más bien corta. *Había pasado el estadio de aprendizaje.* **SIN.** Etapa.
estadista (es-ta-**dis**-ta) *s. m. y s. f.* **1.** Persona entendida en materia política o jurídica. *Era un ilustre estadista.* **SIN.** Político. **2.** Gobernante de un estado. *Fue un gran estadista.* **SIN.** Mandatario. **3.** Persona que ejerce el poder político. *Había una asamblea internacional de estadistas.* **SIN.** Político, gobernante.
estadística (es-ta-**dís**-ti-ca) *s. f.* **1.** Ciencia que estudia los fenómenos sociales, científicos, económicos, etc., para obtener a partir de ellos teorías destinadas a predecirlos o controlarlos. *Estudia estadística.* **2.** Conjunto de datos obtenidos por este procedimiento. *Según las estadísticas, ese partido ganará.*
estado (es-**ta**-do) *s. m.* **1.** Situación en que está una persona, animal o cosa. *La negociación se halla ahora en un estado crítico.* **SIN.** Fase, punto, disposición. **2.** Territorio sometido a un mismo gobierno. **ORT.** Se suele escribir con mayúscula. *La ley afectaba a todo el Estado español. El estado debe proteger al ciudadano.* **3.** Condición social de las personas: soltero, casado, viudo, etc. *Tiene el estado civil de casado.* **4.** Condición social de las personas. *Pertenece al estado llano.* **SIN.** Clase, orden, jerarquía. **5.** Naturaleza, temperamento, carácter. *No sé cómo puedes aguantar en ese estado.* **6.** Exposición en conjunto de ciertos datos, cuentas, etc. *Presentó un estado de cuentas.* **SIN.** Inventario, resumen. || **7. estado civil** Condición de soltería, matrimonio, viudez, etc., de una persona. **8. estado de alarma, o de excepción** Situación oficialmente declarada de grave inquietud para el orden público, que implica la suspensión de garantías constitucionales. **9. estado de bienestar** Promoción por parte del estado del poder adquisitivo y las mejoras sociales de sus ciudadanos. **10. estado federal** El compuesto por estados particulares, cuyos poderes regionales gozan de autonomía. **11. estado totalitario** El que se apodera de las personas y cosas.
estafa (es-**ta**-fa) *s. f.* Acción y efecto de estafar. *Menuda estafa ha sido la compra de este reloj, no funciona.* **SIN.** Engañifa, engaño, fraude, petardo.
estafar (es-ta-**far**) *v. tr.* Sacar a alguien dinero o cosas de valor sirviéndose de artificios o engaños y con ánimo de no devolverlo. *Le estafó más de dos millones de pesetas.* **SIN.** Timar, birlar, defraudar.
estafeta (es-ta-**fe**-ta) *s. f.* Oficina de correos. *Retiramos un paquete de la estafeta de correos.*
estalactita (es-ta-lac-**ti**-ta) *s. f.* Columna de piedra caliza que cuelga del techo de una gruta donde hay un goteo constante de agua con alto contenido en cal. *En aquella cueva había muchas estalactitas.*
estalagmita (es-ta-lag-**mi**-ta) *s. f.* Columna de piedra caliza que se eleva desde el suelo de una gruta donde gotea agua con alto contenido en cal. *Aquellas estalagmitas eran una auténtica maravilla.*

estallar (es-ta-**llar**) *v. intr.* **1.** Abrirse y romperse una cosa haciendo mucho ruido. *La tubería estalló por la fuerza del agua.* **SIN.** Reventar, explotar. **2.** Ocurrir violentamente alguna cosa. *Estalló una guerra civil en el país.* **SIN.** Sobrevenir, originar. **3.** Manifestar repentina y violentamente un estado de ánimo. *Estalló ante tanta injusticia.* **SIN.** Protestar, cansarse.

estallido (es-ta-**lli**-do) *s. m.* Acción y efecto de estallar. *Los vecinos salieron a la calle alarmados por el estallido.* **SIN.** Explosión, estampido, detonación.

estambre (es-**tam**-bre) *s. m.* Parte reproductora masculina de una flor. *El estambre está compuesto por una antera productora de polen y un tallo o filamento que le sirve de apoyo.*

estamento (es-ta-**men**-to) *s. m.* Estrato de un grupo social, definido por su común estilo de vida o similar función dentro de la sociedad. *En la Edad Media había tres estamentos: la nobleza, el clero y el pueblo.* **SIN.** Clase.

estampa (es-**tam**-pa) *s. f.* **1.** Dibujo o imagen reproducida en un papel. *Tengo una colección de estampas de la naturaleza.* **2.** Figura de una persona o animal. *Ese caballo tiene una estampa preciosa.* **SIN.** Aspecto. **3.** Huella. *Su personalidad ha dejado estampa.* **SIN.** Impresión.

estampado, da (es-tam-**pa**-do) *adj.* Se dice de los tejidos en que se estampan diferentes labores o dibujos. **GRA.** También s. m. *La tela del vestido es estampada.*

estampar (es-tam-**par**) *v. tr.* **1.** Sacar en estampa una cosa, como las letras o dibujos contenidos en un molde. **GRA.** También v. intr. *Estampó su firma.* **SIN.** Imprimir, grabar. **2.** Dejar una huella. *Estampó su huella en el carné de identidad.* **3.** *fam.* Arrojar a una persona o cosa o hacerla chocar contra algo. *Estampó la botella contra el suelo.*

estampía, salir de *fra.* Huir de una manera precipitada. *En cuanto le avisaron salió de estampía.*

estampida (es-tam-**pi**-da) *s. f.* **1.** *Estampido. **2.** Divulgación rápida y estruendosa de algún hecho. *Estaba alucinada ante la estampida de la noticia.*

estampido (es-tam-**pi**-do) *s. m.* Ruido fuerte y seco como el producido por una explosión. *Se oyó un gran estampido.* **SIN.** Detonación, estallido.

estampilla (es-tam-**pi**-lla) *s. f., amer.* Sello de correos.

estancamiento (es-tan-ca-**mien**-to) *s. m.* Acción y efecto de estancar o estancarse. *El estancamiento de las negociaciones perjudicaba a todos.*

estancar (es-tan-**car**) *v. tr.* Detener el curso de una cosa. **GRA.** También v. prnl. *Se estancó en los estudios.* **SIN.** Paralizar(se), atascar(se), suspender(se), empantanar(se). **ANT.** Mover(se), estimular(se).
Se conjuga como abarcar.

estancia (es-**tan**-cia) *s. f.* **1.** Lugar o habitación donde se vive. *Tenía una estancia muy espaciosa y soleada.* **SIN.** Cuarto, alcoba. **2.** Tiempo que se vive en un lugar. *Guarda buenos recuerdos de su estancia en esta ciudad.* **3.** Cada uno de los días que está el enfermo en el hospital, y cantidad diaria que devenga. *Hizo muchos amigos durante su estancia en el hospital.* **4.** Estrofa, especialmente la que está formada por versos heptasílabos y endecasílabos. *Las estrofas del poema son estancias.* **5.** *Arg. y Chil.* Hacienda de campo. **6.** *Cub. y Ven.* Casa de campo con huerta y próxima a la ciudad.

estanco (es-**tan**-co) *s. m.* **1.** Establecimiento donde se venden tabaco y sellos. *Vete a comprar tabaco al estanco.* **2.** *Ec.* Tienda que vende aguardiente.

estándar (es-**tán**-dar) *s. m.* Tipo, modelo, patrón, nivel. *El estándar de vida ha ido cambiando mucho.* Su pl. es "estándares".

estandarte (es-tan-**dar**-te) *s. m.* **1.** Insignia o bandera distintivo de un cuerpo o asociación. *Una joven llevaba el estandarte en el desfile.* **SIN.** Divisa, pendón. **2.** Lo que se convierte en representación o símbolo de una causa. *Su figura se convirtió en el estandarte de la organización.*

estanque (es-**tan**-que) *s. m.* Depósito artificial de agua. *En el jardín había un estanque con peces.* **SIN.** Alberca, embalse, piscina.

estante (es-**tan**-te) *s. m.* **1.** Cada una de las tablas que se colocan en sentido horizontal en paredes, armarios, etc., para poner sobre ellas libros, papeles y otras cosas. *Coloca estos libros en el segundo estante.* **SIN.** Repisa, anaquel. **2.** *amer.* Madero que se utiliza como sostén del armazón de las casas tropicales.

estantería (es-tan-te-**rí**-a) *s. f.* Armario sin puertas que sirve para colocar libros, papeles y otras cosas, y que consta de varios estantes. *Tenía todas las estanterías llenas de libros.* **SIN.** Armario, librería.

estañar (es-ta-**ñar**) *v. tr.* **1.** Cubrir o bañar con estaño una pieza o vasija de otro metal. *Estaba estañando una vasija.* **2.** Soldar una cosa con estaño. *Estañó la tubería.*

estaño (es-**ta**-ño) *s. m.* Metal de color plateado que sirve para soldar. *El símbolo del estaño es Sn.*

estar (es-**tar**) *v. intr.* **1.** Existir, hallarse un ser o cosa en un lugar, situación o modo. **GRA.** También v. prnl. *Están todos bien.* **SIN.** Vivir, permanecer, encontrar-

estatal - estepa

se. **2.** Seguido de algunos adjetivos, sentir o tener lo que ellos significan. *Está muy triste, siente una gran tristeza.* **3.** Sentar o caer bien o mal una prenda de vestir. *Este abrigo te está bien.* **4.** Con la preposición "a", indica precio, fecha, obligación. *Están a 250 el kilo.* **5.** Con la preposición "con", convivir. *En casa estoy con mis padres.* **6.** Con la preposición "con", tener una conversación con alguien para tratar de un asunto. *Estuvo con su socio.* **SIN.** Conversar, tratar. **7.** Con la preposición "de", indica ocupación, oficio, etc. *Estuvimos de mudanza.* **8.** Con la preposición "en", conocer una cosa, ser causa o motivo de ella. *Le conté el caso y me dijo que ya estaba en ello.* **9.** Con la preposición "para", hallarse dispuesto a hacer algo. *Aseguró que él estaba para ayudarme.* **10.** Con la preposición "por", sentir preferencia por alguna persona o cosa. *Estoy por el coche rojo.* **11.** Con la preposición "por" y algunos infinitivos, hallarse alguien decidido a hacer algo. *Estoy por abandonarlo todo.* **12.** Junto con la conjunción "que" y un verbo en forma personal, hallarse en la situación o actitud que expresa el verbo. *Está que se sube por las paredes.* ‖ **LOC. estar alguien que arde, o que bota, o que echa chispas** *fam.* Estar muy enfadado. **estar a la que salta** *fam.* Estar siempre a la expectativa. **estar a matar** *fam.* Llevarse mal dos personas. **estar algo al caer** *fam.* Estar a punto de suceder. **estar alguien al caer** *fam.* Estar a punto de llegar. **estar de más** *fam.* Sobrar en alguna parte. **estar alguien en todo** *fam.* Estar pendiente de todos los detalles. **estarle a alguien bien empleada alguna cosa** *fam.* Merecer la desgracia que le sucede. ✎ v. irreg. ✍

INDICATIVO		IMPERATIVO
Pres.	Pret. perf. s.	
estoy	estuve	
estás	estuviste	está
está	estuvo	esté
estamos	estuvimos	estemos
estáis	estuvisteis	estad
están	estuvieron	estén
SUBJUNTIVO		
Pres.	Pret. imperf.	Fut. imperf.
esté	estuviera/se	estuviere
estés	estuvieras/ses	estuvieres
esté	estuviera/se	estuviere
estemos	estuviéramos/semos	estuviéremos
estéis	estuvierais/seis	estuviereis
estén	estuvieran/sen	estuvieren

estatal (es-ta-**tal**) *adj.* Que pertenece o se refiere al Estado. *Era una empresa estatal.* **SIN.** Gubernamental.

estático, ca (es-**tá**-ti-co) *adj.* **1.** Que permanece en un mismo estado. *Estaba estático.* **SIN.** Inmóvil, fijo, quieto. **ANT.** Dinámico. **2.** Que se queda parado de asombro o de emoción. *Se quedó estático al oírlo.* **SIN.** Asombrado, suspenso, pasmado. ‖ *s. f.* **3.** Parte de la mecánica que estudia las leyes del equilibrio. *Les dio algunas nociones básicas de estática.*

estatua (es-**ta**-tua) *s. f.* **1.** Figura en relieve que representa a una persona, animal o cosa. *El David es una estatua de Miguel Ángel.* **SIN.** Efigie, escultura, imagen, talla. ‖ **2. estatua ecuestre** La que representa una persona a caballo. **3. estatua sedente** La que representa a una persona sentada. **4. estatua yacente** La que representa a una persona muerta.

estatuir (es-ta-tu-**ir**) *v. tr.* **1.** Establecer, ordenar, determinar. *Estatuyeron mayores medidas de seguridad.* **2.** Demostrar, asentar como verdad una doctrina o un hecho. *Estatuyó sus suposiciones.* **SIN.** Probar. ✎ v. irreg., se conjuga como huir.

estatura (es-ta-**tu**-ra) *s. f.* Altura de una persona. *Tiene una estatura de dos metros.* **SIN.** Alzada, talla.

estatus (es-**ta**-tus) *s. m.* *Status.

estatuto (es-ta-**tu**-to) *s. m.* Reglamento por el que se gobierna una sociedad o corporación. *Estaba estudiando el estatuto de los trabajadores.*

este, ta, to (**es**-te) *pron. dem.* Designa una persona o cosa que está cerca del hablante, o algo que se acaba de mencionar. **GRA.** También adj. en m. y f. *Éste te lo dará. Este árbol.* ☞ Cuando existe riesgo de confusión, las formas m. y f. del pron. se escriben con tilde.

este (**es**-te) *n. p.* **1.** Uno de los cuatro puntos cardinales. **GRA.** Se escribe con mayúscula. *El Sol sale por el Este.* **SIN.** Oriente. **ANT.** Oeste. ‖ *s. m.* **2.** Lugar de la Tierra situado hacia donde sale el Sol. *Hungría está situada al este de Europa.*

estela (es-**te**-la) *s. f.* Rastro que deja tras sí en la superficie del agua una embarcación u otro cuerpo en movimiento, o el que deja en el aire un cuerpo luminoso en movimiento. *El avión iba dejando una estela.*

estelar (es-te-**lar**) *adj.* **1.** Que se refiera a las estrellas. *Los científicos avanzan en sus investigaciones estelares.* **2.** Importante, principal. *Era la actuación estelar.*

estenografía (es-te-no-gra-**fí**-a) *s. f.* *Taquigrafía.

estenotipia (es-te-no-**ti**-pia) *s. f.* Taquigrafía a máquina. *Transcribieron las actas en estenotipia.*

estentóreo, a (es-ten-**tó**-reo) *adj.* Muy fuerte, ruidoso. *Sus estentóreos gritos llamaron la atención.*

estepa (es-**te**-pa) *s. f.* Vasta llanura, normalmente desprovista de árboles, donde las temperaturas va-

estera - estilo

rían enormemente entre el día y la noche, y el invierno y el verano. *Los ejércitos de Napoleón fueron derrotados en la estepa rusa.*

estera (es-**te**-ra) *s. f.* Tejido grueso de esparto, juncos, palma, etc., que se usa como alfombra o persiana. *Colocaron una estera como persiana.*

estercolero (es-ter-co-**le**-ro) *s. m.* Lugar donde se almacena el estiércol. *En ese corral está el estercolero.* **SIN.** Muladar, basurero.

estéreo (es-**té**-re-o) *adj.* **1.** Abreviación de estereofónico. *Aparato estéreo.* ‖ *s. m.* **2.** *Estereofonía.

estereofonía (es-te-re-o-fo-**ní**-a) *s. f.* Técnica relativa a la obtención del sonido estereofónico. *Grabaron el disco en estereofonía.*

estereofónico, ca (es-te-re-o-**fó**-ni-co) *adj.* Se dice del sonido registrado simultáneamente desde dos o más puntos convenientemente distanciados, para que al reproducirlo dé una sensación de relieve especial. *Este cine tiene sonido estereofónico.*

estereotipado, da (es-te-re-o-ti-**pa**-do) *adj.* Se dice de los gestos, fórmulas, expresiones, etc., que se repiten sin variación. *Tiene unos modales muy estereotipados.* **SIN.** Calcado, fijo, invariable.

estéril (es-**té**-ril) *adj.* **1.** Que no da fruto o no produce nada. *Estos terrenos son muy estériles.* **SIN.** Infructuoso, improductivo, yermo, árido. **ANT.** Fecundo, productivo, fértil. **2.** Se dice de la persona que no puede tener hijos. *Como era estéril, decidieron adoptar un bebé.* **SIN.** Infecundo, impotente.

esterilizar (es-te-ri-li-**zar**) *v. tr.* Matar los microbios. *Tienes que esterilizar el biberón.* **SIN.** Desinfectar, pasteurizar. ✍ *Se conjuga como abrazar.*

esternón (es-ter-**nón**) *s. m.* Hueso plano en la parte media y anterior del pecho, al que se unen las siete primeras costillas de cada lado. *Se hizo daño en el esternón.*

esteticista (es-te-ti-**cis**-ta) *s. m. y s. f.* Persona que profesionalmente presta cuidados de embellecimiento a sus clientes. *Está estudiando en una academia para ser esteticista.*

estético, ca (es-**té**-ti-co) *adj.* **1.** Que pertenece o se refiere a la estética o a la belleza. *Buscaba los valores estéticos.* **SIN.** Decorativo, artístico, bello, hermoso. **ANT.** Antiestético, feo, repelente. ‖ *s. f.* **2.** Ciencia que trata de la belleza y de la teoría del arte. *Era uno de los principios básicos de la estética.*

estetoscopio (es-te-tos-**co**-pio) *s. m.* Instrumento médico que sirve para auscultar. *El médico le examinó con el estetoscopio.* **SIN.** Fonendoscopio.

esthéticienne *s. f.* *Esteticista.

estiaje (es-**tia**-je) *s. m.* Nivel más bajo o caudal mínimo de un río o embalse en épocas de sequía, y período que dura este nivel. *El estiaje del río era muy preocupante.* **SIN.** Sequía. **ANT.** Crecida, aumento.

estibador (es-ti-ba-**dor**) *s. m.* Persona encargada de distribuir y colocar convenientemente la carga de un barco. *Había una huelga de los estibadores del puerto.* **SIN.** Cargador.

estiércol (es-**tiér**-col) *s. m.* **1.** Excremento de cualquier animal. *Sacó el estiércol de la cuadra.* **SIN.** Abono. **2.** Materias orgánicas de animales en descomposición que sirven para abonar los campos. *Echaron estiércol en la huerta.*

estigma (es-**tig**-ma) *s. m.* **1.** Marca o señal que aparece en el cuerpo y que es imborrable. *Una cicatriz en la frente era su estigma.* **SIN.** Huella, vestigio. **2.** Marca impuesta con hierro candente. *Reconoció al ganado por su estigma.* **3.** Señal de infamia o deshonra. *Su derrota fue un estigma para el requerimiento.* **SIN.** Afrenta, marca. **4.** Extremo del carpelo encargado de recibir el polen. *Los insectos dejan el polen en los estigmas.* **5.** Cada una de las pequeñas aberturas que tienen en el abdomen los insectos para respirar. *Los estigmas se distribuyen a lo largo del cuerpo de los insectos.*

estilar[1] (es-ti-**lar**) *v. intr.* Usar, estar de moda. **GRA.** También v. prnl. *Ese tipo de ropa ya no se estila.*

estilar[2] (es-ti-**lar**) *v. tr., amer.* Destilar, gotear. **GRA.** También v. intr.

estilete (es-ti-**le**-te) *s. m.* **1.** Púa o punzón. *Haz el agujero con un estilete.* **2.** Puñal de hoja muy estrecha y aguda. *Llevaba un estilete.*

estilista (es-ti-**lis**-ta) *s. m. y s. f.* **1.** Escritor u orador que se caracteriza por su estilo cuidado y elegante. *Esa novelista es una gran estilista.* **SIN.** Clásico, purista. **2.** Escritor que concede excesiva importancia a la forma. *Es un poeta excesivamente estilista.* **3.** Persona entendida en estilo e imagen. *El actor consultó con su estilista.*

estilizar (es-ti-li-**zar**) *v. tr.* Representar una cosa resaltando tan sólo sus rasgos más característicos. *Ese vestido negro estiliza mucho la figura.* **SIN.** Afinar, sutilizar. ✍ *Se conjuga como abrazar.*

estilo (es-**ti**-lo) *s. m.* **1.** Manera de hablar, escribir o comportarse una persona. *Esa actriz tiene un estilo muy peculiar.* **SIN.** Personalidad, peculiaridad, modo. **2.** Uso, costumbre, moda. *El estilo de este corte de pelo ya no se lleva.* **SIN.** Costumbre, práctica. **3.** Manera de escribir o hablar peculiar de un escritor u orador. *Me apasiona el estilo de esos escritores.* **4.**

estilográfica - estornino

Carácter propio de las obras de un artista. *El estilo de El Greco es inconfundible.* **5.** Cuello alargado del carpelo terminado en el estigma. *Los estilos de azafrán son rojos.* ‖ **LOC. por el estilo** De igual manera, en forma parecida.

estilográfica (es-ti-lo-**grá**-fi-ca) *s. f.* Pluma con un depósito de tinta. *Le gustaba escribir con estilográfica.*

estima (es-**ti**-ma) *s. f.* Aprecio o simpatía hacia una persona o cosa. *Nos teníamos mucha estima.*

estimado, da (es-ti-**ma**-do) *adj.* **1.** Valuado, valorado. *Lo vendió en el precio estimado.* **2.** Considerado, respetado, querido. *Era una persona muy estimada.*

estimar (es-ti-**mar**) *v. tr.* **1.** Hacer aprecio de una persona o cosa. *Estimaba mucho a su amigo.* **SIN.** Considerar, apreciar. **ANT.** Despreciar. **2.** Poner precio o dar valor a una cosa. **GRA.** También v. prnl. *El anticuario estimó que el jarrón tenía un valor incalculable.* **SIN.** Evaluar, tasar, valorar. **3.** Formar una opinión o parecer sobre alguna cosa. *El médico estimó que no era necesario operar.* **SIN.** Juzgar, pensar.

estimular (es-ti-mu-**lar**) *v. tr.* Animar a hacer algo. *Me estimulaba saber que podía conseguirlo.* **SIN.** Excitar, espolear, pinchar, provocar. **ANT.** Contener.

estímulo (es-**tí**-mu-lo) *s. m.* Aliciente que se ofrece a una persona para que haga algo. *La fama era su mejor estímulo.* **SIN.** Apremio, espoleamiento, incentivo, acicate, provocación.

estío (es-**tí**-o) *s. m.* Estación del verano. *El estío pasado se recordará por la gran sequía.* **ANT.** Invierno.

estipendio (es-ti-**pen**-dio) *s. m.* Sueldo que se da a una persona por su trabajo. *Recibió su estipendio.* **SIN.** Dieta, honorarios, asignación, paga, salario.

estipular (es-ti-pu-**lar**) *v. tr.* Convenir algo. *Estipularon la manera de llevar el negocio.* **SIN.** Concertar, acordar, pactar, tratar.

estirado, da (es-ti-**ra**-do) *adj.* Orgulloso y altivo. *Desde que tiene dinero es muy estirado.*

estirar (es-ti-**rar**) *v. tr.* **1.** Alargar una cosa, extendiéndola con fuerza para que dé de sí. **GRA.** También v. prnl. *Estiró la goma elástica hasta romperla.* **SIN.** Extender(se), dilatar(se), tensar(se). **ANT.** Encoger(se). **2.** Prolongar un escrito, conversación, etc., metiéndose en detalle más de lo que se puede o debe. *Estiró el tema todo lo que pudo.* **SIN.** Extender, dilatar, desarrollar. ‖ *v. prnl.* **3.** Desperezarse. *Comenzó a estirarse sin ningún reparo.*

estirón (es-ti-**rón**) *s. m.* **1.** Acción de estirar una cosa. *No les des esos estirones a las mangas de la chaqueta.* **SIN.** Tirón. **2.** Crecimiento rápido en altura. *La niña había dado un gran estirón en esos años.*

estirpe (es-**tir**-pe) *s. f.* Origen y tronco de una familia o linaje. *Venía de una estirpe real.*

estival (es-ti-**val**) *adj.* Que pertenece o se refiere al estío. *Llegó la estación estival.* **SIN.** Veraniego.

estofado (es-to-**fa**-do) *s. m.* Guiso condimentado con aceite, ajo, cebolla y otras especias. *Comimos estofado de cordero.*

estola (es-**to**-la) *s. f.* **1.** Vestidura amplia y larga de los griegos y romanos. *Iban vestidos con estola.* **2.** Ornamento litúrgico que consiste en una tira larga de paño adornada con tres cruces, una en medio y dos en los extremos. *El sacerdote se puso la estola.* **3.** Banda larga de piel que se usa para abrigarse el cuello. *Llevaba una estola de visón.* **SIN.** Chal.

estomacal (es-to-ma-**cal**) *adj.* **1.** Que pertenece al estómago. *Tenía problemas estomacales.* **2.** Que sienta bien al estómago. *Esta infusión es estomacal.*

estomagar (es-to-ma-**gar**) *v. tr., fam.* Causar fastidio o enfado. *Sólo su presencia ya me estomaga.* **SIN.** Aburrir, molestar, fastidiar. **ANT.** Divertir, agradar. ✎ Se conjuga como ahogar.

estómago (es-**tó**-ma-go) *s. m.* **1.** Víscera hueca, situada a continuación del esófago, en la que se transforman los alimentos. *Si comes demasiado, luego te dolerá el estómago.* **2.** *fam.* Parte exterior del cuerpo humano que se corresponde con este órgano. *Ha echado mucho estómago.* ‖ **LOC. revolver algo el estómago** *fam.* Causar aversión, repugnancia o antipatía. **tener alguien buen, o mucho, estómago** *fam.* Sufrir los desaires e injurias que se le hacen sin darse por sentido. ☞ Ver ilustración pág. 418.

estopa (es-**to**-pa) *s. f.* Trozo de cáñamo o lino. *El fontanero puso un poco de estopa en el grifo.*

estoque (es-**to**-que) *s. m.* Espada estrecha con la que sólo se puede herir de punta, ya que no tiene filo. *El torero utilizó el estoque.*

estor (es-**tor**) *s. m.* Tipo de cortina que cubre el hueco de una puerta, balcón o ventana. *Me gustan más los estores que las cortinas.*

estorbar (es-tor-**bar**) *v. tr.* **1.** Poner obstáculo a la realización de una cosa. *El coche le estorbaba para salir del garaje.* **SIN.** Impedir, entorpecer. **ANT.** Facilitar, ayudar. **2.** Molestar, incomodar. *Parece que estorbo.*

estorbo (es-**tor**-bo) *s. m.* Persona o cosa que estorba. *La niebla era un estorbo para la escalada.* **SIN.** Impedimento, embarazo, dificultad. **ANT.** Ayuda.

estornino (es-tor-**ni**-no) *s. m.* Pájaro de cabeza pequeña con plumaje negro de reflejos verdes y morados y pintas blancas. *El estornino es muy parecido al tordo.*

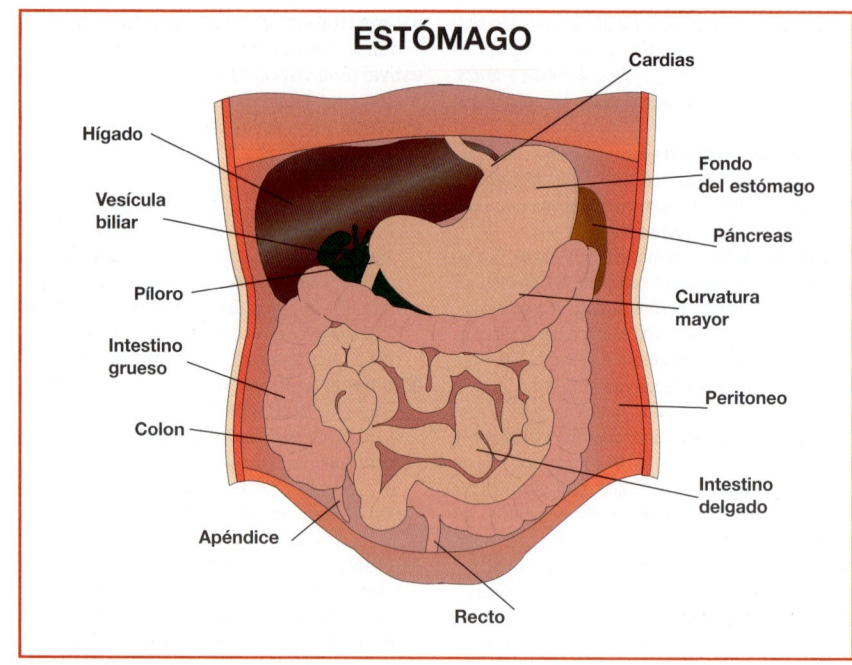

estornudar (es-tor-nu-**dar**) *v. intr.* Despedir con estrépito y violencia por la nariz y la boca el aire inspirado. *Estornudó repetidas veces.*

estornudo (es-tor-**nu**-do) *s. m.* Acción refleja que fuerza el aire de los pulmones por la nariz para eliminar una irritación de los conductos nasales. *Los estornudos eran debidos a la alergia.*

estrabismo (es-tra-**bis**-mo) *s. m.* Defecto de la vista que consiste en la desviación de la dirección normal de la mirada en uno o en ambos ojos. *Tenía un ligero estrabismo.*

estrado (es-**tra**-do) *s. m.* **1.** Tarima adornada y engalanada para actos solemnes. *El conferenciante subió al estrado.* **SIN.** Entarimado. ‖ *s. m. pl.* **2.** Salas de tribunales donde los jueces oyen y sentencian los pleitos. *Acudió a los estrados.*

estrafalario, ria (es-tra-fa-**la**-rio) *adj.* **1.** *fam.* Se dice de la persona que no se preocupa de su forma de vestir ni de su aspecto. **GRA.** También s. m. y s. f. *Tiene un modo de vestir un poco estrafalario.* **SIN.** Adefesio, desaliñado, grotesco. **2.** *fam.* Extravagante en el modo de pensar o en las acciones. **GRA.** También s. m. y s. f. *¡Qué persona tan estrafalaria!* **SIN.** Estrambótico, excéntrico, raro, extraño.

estrago (es-**tra**-go) *s. m.* **1.** Ruina, destrucción, asolamiento. *Las inundaciones produjeron considerables estragos.* **SIN.** Devastación, catástrofe. **2.** Matanza de personas. *La guerra causó un tremendo estrago entre la población civil.*

estrambote (es-tram-**bo**-te) *s. m.* Conjunto de versos que se añaden al final de un soneto. *Hizo un soneto con estrambote.*

estrangular (es-tran-gu-**lar**) *v. tr.* **1.** Ahogar a una persona o animal oprimiéndole el cuello hasta impedir la respiración. **GRA.** También v. prnl. *Le estrangularon con una cuerda.* **SIN.** Asfixiar(se), ahorcar(se). **2.** Impedir por fuerza la realización de un proyecto, la consumación de un intento, etc. *Estrangularon el intento de protesta.* **SIN.** Sofocar.

estraperlo (es-tra-**per**-lo) *s. m.* Venta ilegal de artículos de primera necesidad en épocas de escasez. *Se enriqueció con el estraperlo.*

estratagema (es-tra-ta-**ge**-ma) *s. f.* Engaño, trampa. *Utilizó una estratagema para conseguirlo.* **SIN.** Asechanza, celada, artimaña.

estrategia (es-tra-**te**-gia) *s. f.* **1.** Arte de dirigir las operaciones militares. *El general explicó la estrategia a seguir.* **SIN.** Táctica, maniobra. **2.** Habilidad

estrato - estrella

para dirigir un asunto. *Su estrategia tuvo éxito.* **SIN.** Pericia. **3.** *Col.* Estratagema, astucia.
estrato (es-**tra**-to) *s. m.* **1.** Nube baja, gris y continua que cubre todo el cielo. *El día amaneció gris y cubierto de estratos.* **2.** Capa mineral formada por sedimentación. *Analizaron los estratos de la roca.* **SIN.** Sedimento, veta. **3.** Capa o nivel de una sociedad. *Allí estaban representados todos los estratos sociales.* **4.** Cada conjunto de elementos que, con determinados caracteres comunes, se ha integrado con otros conjuntos previos o posteriores para la formación de una entidad histórica, de una lengua, etc. *Esa construcción sintáctica corresponde a un estrato anterior de la lengua.*
estratocúmulos (es-tra-to-**cú**-mu-los) *s. m. pl.* Nubes que se agrupan en capas planas de color blanco y gris. *El avión atravesó una capa de estratocúmulos.*
estratosfera (es-tra-tos-**fe**-ra) *s. f.* Región de la atmósfera superior a la troposfera. *La estratosfera está situada entre 10 km y 50 km por encima de la superficie terrestre.*
estraza (es-**tra**-za) *s. f.* Papel muy áspero. *Utiliza papel de estraza para envolver el paquete.*
estrechar (es-tre-**char**) *v. tr.* **1.** Reducir la anchura. **GRA.** También v. prnl. *Estrecharon el río.* **SIN.** Apretar(se), angostar(se). **ANT.** Ensanchar(se). **2.** Reducir las dimensiones de una cosa. *Tendrás que estrechar un poco el vestido.* **SIN.** Comprimir, encoger, ceñir. **3.** Apretar. **GRA.** También v. prnl. *Le estrechó la mano.* **4.** Presionar a alguien, contra su voluntad, a que haga o diga alguna cosa. *Le estrecharon hasta que aceptó.* **SIN.** Obligar, apremiar, acosar, forzar. ‖ *v. prnl.* **5.** Ceñirse, recogerse, apretarse. *Se estrecharon para que cupiera más gente en el autobús.* **6.** Unirse una persona a otra con mayor intimidad. *Su amistad se había estrechado mucho.*
estrechez (es-tre-**chez**) *s. f.* **1.** Escasez de anchura, de tiempo o de espacio. *La estrechez de aquel puente era excesiva.* **SIN.** Delgadez. **2.** Falta de lo necesario para subsistir. *Aquellas familias vivían con gran estrechez.* **SIN.** Pobreza, indigencia, privación, miseria. **3.** Dificultad, apuro, aprieto. *Había pasado muchas estrecheces para llegar tan alto.*
estrecho, cha (es-**tre**-cho) *adj.* **1.** Que tiene poca anchura. *Esta carretera es muy estrecha, sólo cabe un coche.* **SIN.** Angosto. **ANT.** Ancho, amplio. **2.** Ajustado, apretado. *Los zapatos le hacían daño, porque eran demasiado estrechos.* **ANT.** Holgado. **3.** Miserable, tacaño. *No seas estrecho.* **4.** Rígido en el cumplimiento del deber. *Está sometido a una estre-*

cha vigilancia. **5.** Se dice del parentesco cercano y de la amistad íntima. *Mantienen una estrecha relación.* ‖ *s. m.* **6.** Paso entre dos tierras por el que se unen dos mares. *En el estrecho de Gibraltar se juntan el océano Atlántico y el mar Mediterráneo.* **SIN.** Canal. ≜
estrella (es-**tre**-lla) *s. f.* **1.** Cuerpo celeste que despide luz y calor. *Anoche se veían bien las estrellas.* **SIN.** Astro. **2.** Artista que sobresale en su profesión de un modo excepcional. *Es una estrella de la canción.* **3.** Suerte. *Tiene buena estrella.* **SIN.** Destino, fortuna. **4.** Figura con que se representa convencionalmente una estrella. *Dibujó varias estrellas.* **5.** *Asterisco. **6.** Signo de figura de estrella que indica la graduación de los jefes y oficiales de las fuerzas armadas. *Reconocí al capitán por sus estrellas.* **7.** Signo de figura de estrella que sirve para indicar la categoría de los establecimientos hoteleros. *Se alojaron en un hotel de tres estrellas.* **8.** *Cub., Chil.* y *Méx.* Cometa en forma de estrella con la que juegan los niños. ‖ **9. estrella de mar** Equinodermo con figura de estrella de cinco puntas, totalmente cubierto por una concha caliza. **10. estrella enana** La que tiene mucha densidad y poco tamaño, y cuya luminosidad es muy inferior a la del Sol. **11. estrella fugaz** Meteoro causado por la caída de objetos muy pequeños. **12. estrella gigante** La de gran volumen y luminosidad muy superior a la del Sol. **13. estrella polar, o del Norte** La que está en el extremo de la constelación de la Osa Menor, junto al Polo Norte, e indica la orientación de este polo. ‖ **LOC. nacer alguien con estrella, o tener estrella** Tener suerte. **poner por las estrellas a una persona o cosa** Alabarla con exceso. **unos nacen con estrella y otros estrellados** Frase proverbial con que se da a entender la distinta

ESTRECHOS PRINCIPALES		
Nombre	Mares que enlaza	Anchura mínima (en km)
Torres	Arafura-Coral	150
Bering	Bering-Chukótsk	92
Otranto	Adriático-Jónico	57
Malaca	China meridional-Andamán	35
Mancha	Norte-Atlántico	31
Beb-el-Mandeb	Rojo-Golfo de Adén	17,5
Gran Belt	Kattegat-Báltico	15
Gibraltar	Mediterráneo-Atlántico	14
Magallanes	Pacífico-Atlántico	2
Dardanelos	Mediterráneo-Negro	1,2
Bósforo	Mediterráneo-Negro	0,5

estrellar - estricnina

suerte de las personas. **ver las estrellas** *fam.* Sentir mucho dolor.

ESTRELLAS MÁS PRÓXIMAS	
Nombre	Distancia (años luz)
Próxima Centauro	4,38
Alfa Centauro A	4,37
Alfa Centauro B	4,37
Barnard	5,90
Wolf 359	7,60
Lalande 21185	8,13
Sirio A	8,80
Sirio B*	8,80
Luyten 726- 8 A	8,88
UV Ceti	8,88
Ross 154	9,44
Ross 248	10,28
Epsilon Eridani	10,76
Luyten 789-6	10,76
Ross 128	10,83
61 Cygni A	11,09
61 Cygni B	1,09
Epsilon-Indi	11,20
Procyon A	11,40
Pricyon B*	11,40
Struve 2398 A	11,52
Struve 2398 B	11,52
*Enana blanca	

estrellar (es-tre-**llar**) *v. tr.* **1.** Cubrir de estrellas. **GRA.** También v. prnl. *El cielo se había estrellado.* **2.** *fam.* Romper una cosa arrojándola con violencia contra el suelo, una pared, etc. **GRA.** También v. prnl. *El jarrón se estrelló contra el suelo.* **SIN.** Quebrar(se), romper(se). **3.** *fam.* Freír huevos. *Estréllame unos huevos.* ∥ *v. prnl.* **4.** No conseguir algo al tropezar con un obstáculo insalvable. *Se estrelló en su propósito.* **SIN.** Frustrarse, malograrse.

estremecer (es-tre-me-**cer**) *v. tr.* **1.** Hacer temblar. *El viento estremeció las hojas de los árboles.* **SIN.** Sacudir, agitar, menear, zarandear, conmover. **2.** Ocasionar sobresalto o miedo una causa extraordinaria o imprevista. *Los ruidos en la casa deshabitada estremecieron al vagabundo.* **SIN.** Turbar, conmover, alterar. ∥ *v. prnl.* **3.** Temblar con movimiento agitado y repentino. *Se estremeció de frío.* **4.** Temblar de miedo. *Se estremeció ante el peligro.* **SIN.** Perturbarse, alterarse, impresionarse. **ANT.** Tranquilizarse. ✎ v. irreg., se conjuga como parecer.

estrenar (es-tre-**nar**) *v. tr.* **1.** Usar por primera vez una cosa. *Acaba de estrenar la nueva bicicleta.* **2.** Presentar al público por primera vez una película, una canción, una obra de teatro, etc. *Estrenará su última película el día de Navidad.* **SIN.** Debutar, inaugurar. **ANT.** Clausurar, finalizar. ∥ *v. prnl.* **3.** Empezar alguien a desempeñar un empleo u ocupación. *Ayer se estrenó en su nuevo trabajo.* **4.** Hacer un vendedor la primera venta del día. *Se estrenó con una camiseta.*

estreno (es-**tre**-no) *s. m.* Acción y efecto de estrenar. *El director y los artistas principales asistieron al estreno de la película.* **SIN.** Debut, inauguración.

estreñimiento (es-tre-ñi-**mien**-to) *s. m.* Dificultad para defecar. *Le pusieron una dieta para combatir el estreñimiento.* **ANT.** Diarrea.

estrépito (es-**tré**-pi-to) *s. m.* **1.** Ruido fuerte. *El derrumbamiento produjo gran estrépito.* **SIN.** Fragor, estruendo. **ANT.** Silencio. **2.** Ostentación. *No sabe hacer las cosas sin estrépito.*

estreptomicina (es-trep-to-mi-**ci**-na) *s. f.* Antibiótico muy eficaz contra las infecciones. *Me pusieron varias inyecciones de estreptomicina.*

estrés (es-**trés**) *s. m.* Situación de excesiva tensión que vive una persona. *Aquel ritmo de vida tan agitado le producía estrés.* ✎ Su pl. es "estreses".

estría (es-**trí**-a) *s. f.* **1.** Surco acanalado que recorre el fuste de una columna. *Las columnas de ese pórtico tienen estrías.* **2.** Cualquier raya en hueco de una superficie. *Le salieron estrías en la piel.* **SIN.** Surco.

estribación (es-tri-ba-**ción**) *s. f.* Ramal de montañas que se desprende de una cordillera. *Llegamos a las estribaciones de la sierra.* **SIN.** Derivación.

estribar (es-tri-**bar**) *v. intr.* **1.** Descansar el peso de una cosa en otra sólida y firme. *Sobre estos dos pilares estriba todo el techo.* **SIN.** Apoyar, basar. **2.** Fundarse, apoyarse. *Su acusación estribaba en que él era el único responsable.*

estribillo (es-tri-**bi**-llo) *s. m.* **1.** Verso o conjunto de versos que sirve de introducción en una composición poética o que se repite después de cada estrofa. *El estribillo lo cantaban todos a la vez.* **SIN.** Cantinela, bordón. **2.** Voz o frase que por hábito vicioso se dice con frecuencia. *Los alumnos ya sabían todos los estribillos de su profesor.* **SIN.** Muletilla.

estribo (es-**tri**-bo) *s. m.* Pieza de metal, madera o cuero en que el jinete apoya el pie cuando va montado. *Perdió un estribo.* ∥ **LOC. perder alguien los estribos** Desbarrar. ∣ Impacientarse mucho.

estribor (es-tri-**bor**) *s. m.* Costado derecho de un barco mirando de popa a proa. *Había unos delfines a estribor.*

estricnina (es-tric-**ni**-na) *s. f.* Veneno muy activo. *Aunque estaba prohibido, usaron estricnina para envenenar a los lobos.*

estricto - estupefacción

estricto, ta (es-**tric**-to) *adj.* **1.** Ajustado a la ley. *Es un juez muy estricto.* **SIN.** Exacto, severo, preciso. **ANT.** Comprensivo, aproximado. **2.** Riguroso. *Llevaron a cabo una estricta vigilancia.*

estridencia (es-tri-**den**-cia) *s. f.* **1.** Ruido chirriante y molesto. *No soportaba la estridencia de la música de aquel local.* **SIN.** Disonancia, destemplanza, discordancia. **ANT.** Armonía. **2.** Violencia de la expresión o de la acción. *Se comportaba con estridencia para llamar la atención.*

estridente (es-tri-**den**-te) *adj.* Se dice del sonido agudo, desapacible y chirriante. *Tiene un pitido muy estridente.* **ANT.** Armonioso, melodioso.

estrofa (es-**tro**-fa) *s. f.* Estructura formada por un número determinado de versos debidamente enlazados y rimados, que se repite a lo largo de un poema. *"Cuando será que pueda / libre de esta prisión volar al cielo / Felipe; y en la rueda / que huye más del suelo / contemplar la verdad pura sin duelo",* (Fray Luis de León).

estroncio (es-**tron**-cio) *s. m.* Metal amarillo poco brillante, capaz de descomponer el agua. *El símbolo del estroncio es Sr.*

estropajo (es-tro-**pa**-jo) *s. m.* **1.** Esparto para fregar. *Frota la cazuela con el estropajo.* **2.** *fam.* Persona o cosa inútil o despreciable. *Este vestido parece un estropajo.*

estropear (es-tro-pe-**ar**) *v. tr.* **1.** Tratar mal una cosa o echarla a perder. **GRA.** También v. prnl. *El frío ha estropeado las plantas. El negocio se estropeó porque la maquinaria no llegó a tiempo.* **SIN.** Inutilizar, dañar(se), deteriorar(se). **ANT.** Arreglar(se), reparar. **2.** Hacer que no llegue a su fin un proyecto. *La lluvia estropeó nuestro plan de ir a la playa.* **SIN.** Malbaratar, malograr. **ANT.** Prosperar.

estropicio (es-tro-**pi**-cio) *s. m., fam.* Destrozo. *Causó un gran estropicio.*

estructura (es-truc-**tu**-ra) *s. f.* **1.** Orden y distribución de las partes de un todo. *Le explicó la estructura de la empresa.* **2.** Distribución y orden de las partes de un edificio. *Ya estaba elevada la estructura del edificio.* **SIN.** Organización, armazón.

estruendo (es-**truen**-do) *s. m.* **1.** Ruido grande. *Se oyó un gran estruendo.* **SIN.** Estrépito, fragor, explosión. **ANT.** Silencio. **2.** Alboroto. *La gente armaba un gran estruendo en la calle.* **SIN.** Bulla, confusión, algarabía. **3.** Ostentación, pompa. *Todos se admiraban ante el estruendo de la comitiva.*

estrujar (es-tru-**jar**) *v. tr.* **1.** Apretar una cosa para sacarle el zumo. *Estruja bien el limón.* **SIN.** Prensar, exprimir. **ANT.** Impregnar, hinchar. **2.** Apretar fuertemente a una persona. *Lo estrujó entre sus brazos.* **SIN.** Estrechar, abrazar, ahogar, asfixiar. **3.** *fam.* Sacar a una persona o a una cosa el mayor partido posible. *Estrujó la huerta hasta que ya no pudo dar ni un triste tomate.* **SIN.** Agotar, exprimir, esquilmar.

estuario (es-**tua**-rio) *s. m.* Desembocadura de un río en el mar, que está expuesta a la influencia de las mareas. *Estuvo en el estuario del Tajo.*

estuche (es-**tu**-che) *s. m.* **1.** Caja para guardar objetos. *La sortija venía en un bonito estuche.* **2.** Conjunto de utensilios que se guardan en el estuche. *Tenía un estuche de pintura muy completo.*

estudiado, da (es-tu-**dia**-do) *adj.* Hecho con fingimiento. *Sus gestos estaban bien estudiados.* **SIN.** Fingido, afectado.

estudiante (es-tu-**dian**-te) *s. m. y s. f.* Persona que está haciendo un curso en un colegio o universidad. *Los estudiantes de Química están ahora en el laboratorio.* **SIN.** Alumno, colegial, discípulo, escolar.

estudiar (es-tu-**diar**) *v. tr.* **1.** Comprender una cosa mediante el entendimiento. *Estudió las posibilidades que tenía.* **SIN.** Observar, investigar, examinar, meditar. **2.** Seguir un curso en un centro de enseñanza. *Estudia Medicina.* **SIN.** Instruirse, ejercitarse, formarse. **3.** Aprender una cosa. *Tengo que estudiar dos lecciones de historia.* **SIN.** Memorizar. ✎ En cuanto al acento, se conjuga como cambiar.

estudio (es-**tu**-dio) *s. m.* **1.** Acción de estudiar. *Está dedicado al estudio de la Filosofía.* **SIN.** Aprendizaje, cultivo, asimilación, instrucción, análisis, investigación. **2.** Obra con que un autor estudia y dilucida una cuestión. *Publicó un estudio sobre esa vacuna.* **SIN.** Tesis, ensayo, artículo, tratado. **3.** Lugar donde se trabaja o estudia. *El arquitecto nos recibió en su estudio.* **SIN.** Bufete, oficina, taller, despacho. || *s. m. pl.* **4.** Conjunto de materias estudiadas en cierta formación. *Hizo los estudios de bachillerato en ese instituto.* **5.** Conjunto de edificios destinado a la impresión de películas cinematográficas o emisiones de radio y televisión. *Acudió a los estudios de televisión para hacer una entrevista.*

estudioso, sa (es-tu-**dio**-so) *adj.* Que estudia mucho. *Ana es una persona muy estudiosa.* **SIN.** Aplicado, trabajador, laborioso.

estufa (es-**tu**-fa) *s. f.* Aparato que sirve para dar calor a las habitaciones. *Encendieron la estufa de gas porque hacía frío.*

estupefacción (es-tu-pe-fac-**ción**) *s. f.* Pasmo, sorpresa. *La noticia les produjo gran estupefacción.*

estupefaciente - etnografía

estupefaciente (es-tu-pe-fa-**cien**-te) *s. m.* Cualquier droga que actúa sobre el cerebro y el sistema nervioso. *La policía les detuvo por la venta de estupefacientes.* **SIN.** Alucinógeno, anestésico, narcótico.

estupefacto, ta (es-tu-pe-**fac**-to) *adj.* Atónito, pasmado. *Al verle entrar, se quedaron estupefactos.*

estupendo, da (es-tu-**pen**-do) *adj.* **1.** Se dice de aquello que es muy bueno. *Esta tarta está estupenda.* **SIN.** Magnífico, excelente. **ANT.** Horrible. **2.** Admirable, asombroso, pasmoso. *Hizo una estupenda representación.* **SIN.** Increíble, pasmoso.

estupidez (es-tu-pi-**dez**) *s. f.* **1.** Torpeza notable en comprender las cosas. *Su estupidez le sacaba de quicio.* **SIN.** Necedad, bobería. **2.** Dicho o hecho propio de un estúpido. *¡No digas estupideces!* **SIN.** Bobería, sandez, simpleza. **ANT.** Listeza, agudeza.

estúpido, da (es-**tú**-pi-do) *adj.* **1.** Que es muy torpe para comprender las cosas. **GRA.** También s. m. y s. f. *El pobre parecía un poco estúpido.* **SIN.** Necio, bobo. **2.** Se dice de los dichos o hechos propios de un estúpido. *No hagas caso de sus estúpidos comentarios.*

estupor (es-tu-**por**) *s. m.* Asombro, pasmo. *Su violenta reacción me produjo estupor.*

estupro (es-**tu**-pro) *s. m.* Violación de un menor por un adulto, aprovechándose del abuso de confianza. *Sufrió un estupro.*

etapa (e-**ta**-pa) *s. f.* **1.** Fase en el desarrollo de una acción u obra. *La juventud es una etapa de la vida.* **SIN.** Período, época. **2.** Parada, alto. *Llegamos a la primera etapa de nuestro viaje.*

etcétera (et-**cé**-te-ra) *s. m.* Expresión latina que sustituye, en una lista de cosas, algo que se sobreentiende. Significa 'y lo demás'. *Por la mañana me despierto, me lavo, desayuno, etcétera.* ✎ Se utiliza generalmente en abreviatura ("etc.").

éter (**é**-ter) *s. m.* **1.** Cielo, bóveda celeste. *Las estrellas brillaban en el éter.* **OBS.** Se usa en poesía. **2.** Especie de gas que se supone llena todo el espacio. *El cohete dejaba una estela que atravesaba el éter.* **3.** Cualquiera de los compuestos químicos, gaseosos, líquidos o sólidos, que resultan de la sustitución del átomo de hidrógeno del hidroxilo por un radical alcohólico, o de la unión de dos moléculas de un alcohol con pérdida de una molécula de agua. *En el laboratorio están fabricando éter.*

etéreo, a (e-**té**-re-o) *adj.* **1.** Que pertenece o se refiere al éter. *El cometa se deslizaba suavemente por el espacio etéreo.* **2.** Que no se puede palpar. *Tenía una sensación muy etérea.* **SIN.** Abstracto, elevado, sutil, vago, impreciso.

eternidad (e-ter-ni-**dad**) *s. f.* **1.** Tiempo que no tiene principio ni fin. *Dios es eternidad.* **SIN.** Perpetuidad. **2.** Tiempo muy largo. *Te estuve esperando una eternidad.* **3.** Vida del alma humana después de la muerte. *La lectura trataba sobre la felicidad del alma humana en la eternidad.*

eternizar (e-ter-ni-**zar**) *v. tr.* **1.** Hacer durar una cosa demasiado. **GRA.** También v. prnl. *Se eternizó con su discurso.* **SIN.** Alargar(se), prolongar(se). **ANT.** Acortar(se). ‖ *v. prnl.* **2.** Tardar mucho, demorarse. *Se eterniza con cualquier cosa.* ✎ Se conjuga como abrazar.

eterno, na (e-**ter**-no) *adj.* **1.** Que no tiene fin. *Muchas religiones creen en un dios eterno, que nunca muere.* **SIN.** Infinito, perpetuo. **ANT.** Finito, efímero. **2.** Se dice de aquello que dura demasiado. *Las negociaciones se están haciendo eternas.* **SIN.** Interminable. **3.** Válido o existente en todos los tiempos. *Un valor eterno.* **SIN.** Imperecedero, inmortal.

ética (**é**-ti-ca) *s. f.* Parte de la filosofía que trata de la moral y de las obligaciones humanas. *Hemos hecho un trabajo sobre ética para la clase de filosofía.*

ético, ca (**é**-ti-co) *adj.* Que pertenece a la ética. *Aquello no le parecía muy ético.* .

étimo (**é**-ti-mo) *s. m.* Raíz o vocablo del que nacen una o varias palabras. *Buscó el étimo de la palabra y averiguó que venía del latín.*

etimología (e-ti-mo-lo-**gí**-a) *s. f.* Origen y evolución de las palabras. *En ese diccionario aparece la etimología de cada palabra.* **SIN.** Principio, raíz.

etiqueta (e-ti-**que**-ta) *s. f.* **1.** Trocito de papel o metal en los que se escribe alguna cosa. *Todas las prendas de vestir tenían su etiqueta para indicar el precio y la composición.* **2.** Ceremonial en actos públicos solemnes o de sociedad. *Era una boda de etiqueta.* **SIN.** Fasto, pompa, protocolo. **3.** Ceremonia o extremada cortesía en el trato entre las personas. *Nos trataron con mucha etiqueta.*

etnia (**et**-nia) *s. f.* Pueblo o grupo de personas con unas características físicas y culturales comunes. *En el mismo país convivían dos etnias distintas.*

étnico, ca (**ét**-ni-co) *adj.* Que pertenece o se refiere a una nación o raza. *No se debe discriminar a nadie por cuestiones étnicas.* **SIN.** Racial.

etnografía (et-no-gra-**fí**-a) *s. f.* Ciencia que tiene por objeto el estudio y descripción de las razas o pueblos. *El departamento de etnografía le concedió una beca de estudios en África.*

etnología - evidenciar

etnología (et-no-lo-**gí**-a) *s. f.* Parte de la antropología que estudia las razas y los pueblos. *La etnología y la etnografía son dos ciencias complementarias.*

etopeya (e-to-**pe**-ya) *s. f.* Figura literaria consistente en la descripción del carácter, acciones y costumbres de una persona. *"El muchacho es un sujeto amable, resuelto y de gran intuición".*

eucalipto (eu-ca-**lip**-to) *s. m.* Árbol de gran tamaño, cuyas hojas poseen propiedades medicinales. *La madera del eucalipto sirve para la construcción.*

eucaristía (eu-ca-ris-**tí**-a) *s. f.* Sacramento instituido por Jesucristo en la última cena, mediante el cual, por las palabras que el sacerdote pronuncia, se convierten el pan y el vino en el cuerpo y la sangre de Jesucristo. *En la misa se celebra la eucaristía.*

eufemismo (eu-fe-**mis**-mo) *s. m.* Modo de expresar con suavidad o disimulo palabras de mal gusto o malsonantes. *"Beodo" es un eufemismo de "borracho".* **SIN.** Disimulo, sugerencia.

euforia (eu-**fo**-ria) *s. f.* **1.** Sensación de alegría y bienestar. *Tenía mucha euforia.* **SIN.** Exaltación, optimismo, entusiasmo. **ANT.** Desánimo, postración. **2.** Efecto producido por ciertas drogas, como la morfina. *Lo había hecho en un estado de euforia.*

eunuco (eu-**nu**-co) *s. m.* Hombre castrado que se destinaba en los harenes a la custodia de las mujeres. *Los eunucos eran frecuentes en las antiguas sociedades orientales.*

eutanasia (eu-ta-**na**-sia) *s. f.* Decisión voluntaria que toma un enfermo incurable de acortar su vida para evitar sufrimientos. *Había mucha polémica sobre la legalización de la eutanasia.*

evacuar (e-va-**cuar**) *v. tr.* **1.** Desocupar alguna cosa. *El incendio del bosque obligó a evacuar el pueblo.* **SIN.** Desalojar, retirarse. **ANT.** Ocupar. **2.** Expeler un ser orgánico excrementos. *Tenía problemas para evacuar.* **SIN.** Defecar, excretar, orinar. ✎ En cuanto al acento, se conjuga como averiguar.

evadir (e-va-**dir**) *v. tr.* **1.** Evitar un peligro o una dificultad con habilidad. **GRA.** También v. prnl. *Se evadió de toda responsabilidad.* **SIN.** Eludir, esquivar. **ANT.** Afrontar. **2.** Sacar dinero o bienes de un país ilegalmente. *Les denunciaron por evadir impuestos.* ‖ *v. prnl.* **3.** Fugarse, escaparse. *Se evadieron de la cárcel.* **SIN.** Escabullirse, librarse. **ANT.** Quedarse.

evaluación (e-va-lua-**ción**) *s. f.* **1.** Cálculo, valoración. *La evaluación final fue positiva.* **2.** Examen. *Suspendió la primera evaluación de matemáticas.*

evaluar (e-va-lu-**ar**) *v. tr.* Calcular el valor de alguna cosa. *Evaluaron los daños del incendio.* **SIN.** Tasar, apreciar, estimar, tantear. ✎ En cuanto al acento, se conjuga como actuar.

evangelio (e-van-**ge**-lio) *s. m.* **1.** Historia de la vida, doctrina y milagros de Jesucristo, contada por San Mateo, San Marcos, San Lucas y San Juan. *Los evangelios son cuatro.* **2.** Capítulo tomado de uno de estos cuatro libros que se lee en la misa. *Leyó el evangelio.* **3.** Parte de la misa. *Llegó tarde a misa, ya estaban en el evangelio.* **4.** Religión cristiana. *Aquello era pecado según el Evangelio.*

evangelista (e-van-ge-**lis**-ta) *s. m.* Cada uno de los cuatro autores sagrados que escribieron el Evangelio. *Los cuatro evangelistas son San Mateo, San Marcos, San Lucas y San Juan.*

evangelizar (e-van-ge-li-**zar**) *v. tr.* Predicar la fe de Jesucristo. *Los misioneros habían ido a aquellas tierras a evangelizar.* **SIN.** Apostolizar, catequizar. ✎ Se conjuga como abrazar.

evaporar (e-va-po-**rar**) *v. tr.* **1.** Convertir en vapor. **GRA.** También v. prnl. *El agua se evaporó.* **SIN.** Volatilizar(se). **2.** Disipar, desvanecer. **GRA.** También v. prnl. *Sus esperanzas se evaporaron en seguida.* ‖ *v. prnl.* **3.** Fugarse. *El autor del robo se evaporó entre la multitud.* **SIN.** Desparecer, escabullirse, huir.

evasión (e-va-**sión**) *s. f.* **1.** *Evasiva. **2.** Fuga, huida. *Hubo una evasión de varios presos de la cárcel.* ‖ **3. evasión de capital** Transferencia ilegal de bienes o dinero de un país a otro.

evasivo, va (e-va-**si**-vo) *adj.* **1.** Que incluye una evasiva o la favorece. *Su evasiva actitud me hacía sospechar.* **SIN.** Confuso. ‖ *s. f.* **2.** Recurso para eludir una dificultad. *No me vengas con evasivas.* **SIN.** Disculpa, excusa, pretexto, salida, rodeo.

evento (e-**ven**-to) *s. m.* Acontecimiento. *El mundial de fútbol fue todo un evento.* **SIN.** Lance, suceso, hecho.

eventual (e-ven-**tual**) *adj.* **1.** Que no es seguro o que depende de circunstancias. *Su marcha era todavía algo eventual.* **SIN.** Fortuito, accidental, provisional, imprevisto. **ANT.** Cierto, seguro. **2.** Se dice del trabajador que no es fijo en la plantilla de una empresa. *Eran trabajadores eventuales.* **SIN.** Provisional.

evidencia (e-vi-**den**-cia) *s. f.* Seguridad clara y absoluta de una cosa, de la que nadie puede dudar racionalmente. *Me rendí ante al evidencia de los hechos.* **SIN.** Certeza, convencimiento. ‖ **LOC. en evidencia** Con los verbos "poner", "estar", "quedar", etc., en ridículo, en situación desairada.

evidenciar (e-vi-den-**ciar**) *v. tr.* Hacer patente la certeza de una cosa. *Aquel suceso evidenciaba que yo tenía razón.* **SIN.** Constar, patentizar, probar.

evidente - exasperar

evidente (e-vi-**den**-te) *adj.* **1.** Se dice de aquello que está claro y se manifiesta sin la menor duda. *Que él no tenía culpa era evidente.* **SIN.** Manifiesto, patente, indiscutible, claro. **ANT.** Dudoso, confuso, oscuro, incierto. **2.** Se usa como expresión de asentimiento. *Evidente, si no te presentas no tienes opción.*

evitar (e-vi-**tar**) *v. tr.* **1.** Alejar algún daño o peligro, hacer que no suceda. *Los bomberos evitaron que el fuego se extendiera a los otros edificios.* **SIN.** Prevenir, precaver. **2.** Huir de hacer algo. *Dijo que estaba enferma para evitar ir a la escuela.* **SIN.** Eludir, esquivar, sortear, soslayar. **ANT.** Afrontar. **3.** Apartarse de la relación con una persona. *Quería evitarla, ya no se llevaban bien.*

evocar (e-vo-**car**) *v. tr.* **1.** Recordar algo. *Evocaba los tiempos de la infancia.* **SIN.** Rememorar, repasar, desenterrar, revivir. **2.** Llamar a los espíritus y a los muertos. *La hechicera evocaba a los espíritus.* ✎ Se conjuga como abarcar.

evolución (e-vo-lu-**ción**) *s. f.* **1.** Desarrollo gradual de las cosas y de los seres vivos. *La cirugía ha experimentado una gran evolución en los últimos tiempos.* **SIN.** Progresión, cambio, mutación, transformación. **2.** Cambio de conducta. *Hubo una evolución hacia posturas más dialogantes.* **3.** Desarrollo o transformación de las ideas o de las teorías. *En el tema de la ecología ha habido una gran evolución.*

evolucionar (e-vo-lu-cio-**nar**) *v. intr.* **1.** Pasar gradualmente de un estado a otro los organismos o las cosas. *La medicina ha evolucionado mucho en los últimos años.* **SIN.** Progresar, desarrollarse, modificarse, metamorfosearse. **ANT.** Estancarse. **2.** Cambiar de conducta, actitud, etc. *Parece que ha evolucionado un poco en sus ideas.* **ANT.** Estancarse.

exabrupto (ex-a-**brup**-to) *s. m.* Salida de tono. *Le mandaron callar porque no paraba de decir exabruptos.* **SIN.** Grosería.

exacerbar (e-xa-cer-**bar**) *v. tr.* **1.** Irritar, enfadar. **GRA.** También v. prnl. *Al enterarse se exacerbó mucho.* **SIN.** Encolerizar(se), exasperar(se). **ANT.** Calmar(se). **2.** Agravar o avivar una enfermedad, un sentimiento, etc. **GRA.** También v. prnl. *La crisis se había exacerbado.* **SIN.** Recrudecer(se).

exacto, ta (e-**xac**-to) *adj.* **1.** Puntual. *Llegó a la hora exacta.* **ANT.** Descuidado. **2.** Verdadero, cierto. *Lo que está diciendo es exacto, sucedió así.* **SIN.** Correcto, preciso. **ANT.** Inexacto, impreciso, ambiguo.

exageración (e-xa-ge-ra-**ción**) *s. f.* **1.** Cosa que traspasa los límites de lo justo, verdadero o razonable. *No digas exageraciones.* **2.** Cosa excesiva. *Ese precio me parece una exageración.* **SIN.** Encarecimiento, ponderación, extremosidad.

exagerar (e-xa-ge-**rar**) *v. tr.* Dar proporción excesiva a una situación o cosa que se dice. *Exagera diciendo que su perro es tan grande como un elefante.* **SIN.** Abultar, ponderar, hinchar, engrandecer, encarecer. **ANT.** Atenuar, minorar, minimizar.

exaltación (e-xal-ta-**ción**) *s. f.* **1.** Acción y efecto de exaltar o exaltarse. *La exaltación de los sentidos.* **SIN.** Alteración, enardecimiento, ímpetu. **2.** Fama resultante de una acción notable. *La exaltación de los héroes.* **SIN.** Encumbramiento, mitificación.

exaltado, da (e-xal-**ta**-do) *adj.* **1.** Que se exalta. *Hablando de política es un exaltado.* **SIN.** Entusiasta, apasionado, fanático. **2.** Encumbrado, afamado. *Es un exaltado escritor de su generación.*

exaltar (e-xal-**tar**) *v. tr.* **1.** Alabar en exceso. *Exaltó mucho sus virtudes.* **SIN.** Enaltecer, ensalzar, glorificar, encomiar. **ANT.** Humillar. **2.** Elevar a una persona o cosa a mayor dignidad. *El pueblo exaltó a su héroe.* **SIN.** Encumbrar, honrar. **ANT.** Rebajar. || *v. prnl.* **3.** Dejarse emocionar mucho por un sentimiento. *Viéndose atacado, se exaltó y empezó a decir disparates.* **SIN.** Excitarse, acalorarse, apasionarse. **ANT.** Serenarse, calmarse, tranquilizarse.

examen (e-**xa**-men) *s. m.* **1.** Reconocimiento que se hace de una cosa o de un hecho. *Hizo un detenido examen del panorama político.* **SIN.** Observación, indagación, análisis, estudio. **2.** Prueba que se hace a alguien para comprobar su preparación y conocimientos. *Aprobó el primer examen de literatura.* **SIN.** Ejercicio, oposición, prueba, evaluación.

examinar (e-xa-mi-**nar**) *v. tr.* **1.** Estudiar, observar con cuidado una cosa o un ser. *Decidimos examinar el interior de la cueva.* **SIN.** Analizar, comprobar. **2.** Hacer una prueba a alguien para que demuestre su preparación y conocimientos. **GRA.** También v. prnl. *Me examiné del carné de conducir y aprobé a la primera.*

exánime (e-**xá**-ni-me) *adj.* **1.** Sin señales de vida. *El cuerpo estaba exánime.* **2.** Muy debilitado, desmayado. *Al final de la carrera, los corredores estaban exánimes.*

exantema (e-xan-**te**-ma) *s. m.* Erupción de la piel de color rojo, que aparece en enfermedades como el sarampión, la escarlatina, la rubéola, etc. *Le salió un exantema.*

exasperar (e-xas-pe-**rar**) *v. tr.* Enojar, irritar. **GRA.** También v. prnl. *Me exaspera tu falta de colaboración.* **SIN.** Enfadar, enfurecer. **ANT.** Aplacar.

excarcelar - exclaustrar

excarcelar (ex-car-ce-**lar**) *v. tr.* Poner en libertad al preso por mandamiento judicial. **GRA.** También v. prnl. *Excarcelaron a los presos políticos.*

ex cáthedra *loc., fam.* En tono magistral y decisivo. *Usa siempre ese tono ex cáthedra que me saca de quicio.*

excavadora (ex-ca-va-**do**-ra) *s. f.* Máquina para excavar. *Maneja una excavadora.*

excavar (ex-ca-**var**) *v. tr.* **1.** Hacer un hoyo o una cavidad. *Excavaron una zanja.* **SIN.** Cavar. **2.** Quitar la tierra de alrededor de las plantas. *Estaban excavando los rosales.* **SIN.** Cavar, escarbar.

excedente (ex-ce-**den**-te) *s. m.* Cantidad incluida de más o que sobra de lo previsto. *Este año hubo un excedente de cien toneladas en la producción de trigo.* **SIN.** Sobrante, exceso, resto, residuo.

exceder (ex-ce-**der**) *v. tr.* **1.** Ser una persona o cosa más grande o aventajada que otra con la que se compara. *Su imaginación excedía a la suya.* **SIN.** Aventajar, rebasar, desbordar, superar, descollar. **ANT.** Faltar, rebajar. ‖ *v. intr.* **2.** Ir más allá de lo lícito o razonable. **GRA.** Se usa más como v. prnl. *Se excedió en sus atribuciones.* **SIN.** Propasarse, extralimitarse, desmandarse. **ANT.** Contenerse, limitarse, moderarse.

excelencia (ex-ce-**len**-cia) *s. f.* **1.** Grado superior de calidad o bondad. *Fue felicitado por la excelencia de sus calificaciones.* **SIN.** Notabilidad, grandeza, excelsitud, magnificencia. **ANT.** Inferioridad. **2.** Tratamiento de respeto y cortesía. *El escrito iba dirigido a su excelencia.* **SIN.** Ilustrísimo, excelentísimo, eminencia. ‖ **LOC. por excelencia** Por antonomasia.

excelente (ex-ce-**len**-te) *adj.* Que es muy bueno. *La casa está muy bien conservada, porque es de excelente material.* **SIN.** Brillante, selecto, sublime, estupendo, soberbio. **ANT.** Malísimo, pésimo.

excelso, sa (ex-**cel**-so) *adj.* **1.** *Excelente. **SIN.** Eminente. **ANT.** Ínfimo. **2.** Muy elevado. *La ciudad rinde homenaje al excelso poeta.* **SIN.** Eminente.

excéntrico, ca (ex-**cén**-tri-co) *adj.* Se dice de la persona rara y extravagante. *Es una persona un poco excéntrica.* **SIN.** Original, estrafalario, maniático. **ANT.** Normal.

excepción (ex-cep-**ción**) *s. f.* **1.** Acción y efecto de exceptuar. *Deberías hacer una excepción.* **2.** Cosa que se aparta de la norma o condición general. *Eso es una excepción.* **SIN.** Irregularidad, rareza, anomalía, singularidad.

excepcional (ex-cep-cio-**nal**) *adj.* **1.** Que forma excepción de la regla común. *Es un hecho excepcio-* *nal.* **SIN.** Original, anormal, extraño. **2.** Que se aparta de lo ordinario, o que ocurre rara vez. *Es una artista excepcional.* **SIN.** Inaudito, insólito, inusual. **ANT.** Normal, corriente, vulgar.

excepto (ex-**cep**-to) *prep.* **1.** A excepción de, fuera de, menos. *Aprobaron todos excepto tú.* ‖ *conj. advers.* **2.** Y no, pero no, a no ser. *Iremos al cine excepto que se te ocurra algo mejor.*

exceptuar (ex-cep-tu-**ar**) *v. tr.* Excluir de la generalidad de lo que se trata o de la regla común. **GRA.** También v. prnl. *La ley exceptuaba a los menores de edad.* **SIN.** Prescindir, omitir(se), descartar(se), quitar(se). **ANT.** Incluir(se). ✎ En cuanto al acento, se conjuga como actuar.

excesivo, va (ex-ce-**si**-vo) *adj.* **1.** Que es enorme de medida, precio, tamaño, etc. *Me pareció un precio excesivo.* **SIN.** Descomunal, exorbitante, desmedido. **ANT.** Escaso, pequeño. **2.** Que actúa o habla sin moderación. *La crítica fue excesiva.* **SIN.** Inmoderado, extremo. **3.** Que sobra. *Llevaba una cantidad excesiva de provisiones.* **SIN.** Excedente, demasiado, superfluo.

exceso (ex-**ce**-so) *s. m.* **1.** Aquello que se pasa de la medida o norma común. *Comí en exceso.* **SIN.** Abundancia, demasía. **ANT.** Carencia. **2.** Lo que traspasa los límites de lo lícito o conveniente. *Le pusieron una multa por exceso de velocidad.* **SIN.** Abuso, delito.

excipiente (ex-ci-**pien**-te) *s. m.* Sustancia que se mezcla con los medicamentos para darles la forma o calidad que deben tener para su uso. *Este producto no contiene excipientes.*

excitar (ex-ci-**tar**) *v. tr.* **1.** Provocar algún sentimiento, pasión o movimiento. *La publicidad excita a comprar.* **SIN.** Entusiasmar, enardecer, estimular. **2.** Provocar deseo sexual. *Le excitaba leer novelas eróticas.* **SIN.** Apasionar. **ANT.** Enfriar. ‖ *v. prnl.* **3.** Animarse por el enojo, el entusiasmo, la alegría, el deseo, etc. *Se excitó mucho al saber que había conseguido el premio.* **SIN.** Acalorarse, apasionarse. **ANT.** Calmarse, tranquilizarse.

exclamación (ex-cla-ma-**ción**) *s. f.* **1.** Voz o grito con que se refleja una emoción. *Las exclamaciones se oían desde fuera del estadio.* **2.** *Interjección.

exclamar (ex-cla-**mar**) *v. intr.* Proferir gritos o expresiones con fuerza. *Exclamó pidiendo justicia.* **SIN.** Clamar, gritar, lamentar(se), quejarse.

exclaustrar (ex-claus-**trar**) *v. tr.* Permitir u ordenar a un religioso que abandone el claustro. *Exclaustraron a varios monjes.*

excluir - exigente

excluir (ex-clu-**ir**) *v. tr.* **1.** Poner a una persona o cosa fuera del lugar que ocupaba. *Le excluyeron del equipo.* **SIN.** Echar, apartar, relegar, arrinconar, expulsar. **ANT.** Incluir, acoger, recibir. **2.** Rechazar la posibilidad de alguna cosa. *Excluyo que fuera todo una mentira.* **SIN.** Eliminar, desechar, descartar. **ANT.** Admitir. **3.** Separar. *Le excluyeron del servicio militar.* **SIN.** Eliminar. **ANT.** Incluir, admitir. ❧ v. irreg., se conjuga como huir. Tiene doble part.; uno reg., excluido, y otro irreg., excluso.

exclusive (ex-clu-**si**-ve) *adv. m.* **1.** Excepto. *Llamó a todos, exclusive los que faltaron.* **2.** Sin tomar en cuenta el último número o elemento mencionado. **ANT.** Inclusive. *Pinta todas las puertas, las de madera exclusive.*

exclusivo, va (ex-clu-**si**-vo) *adj.* **1.** Único, solo, excluyendo a cualquier otro. *Es un diseño exclusivo.* **SIN.** Especial, peculiar. ‖ *s. f.* **2.** Privilegio que una persona tiene para realizar una función, con exclusión de los demás. *Tiene la exclusiva de la venta de esa marca.* **SIN.** Prerrogativa, distinción, ventaja.

excomulgar (ex-co-mul-**gar**) *v. tr.* **1.** Apartar de la Iglesia a una persona. *El Papa excomulgó al obispo que se apartó de la Iglesia de Roma.* **SIN.** Anatematizar, repudiar. **2.** *fam.* Excluir a una persona del trato con otra u otras. *Le excomulgaron de la pandilla.* ❧ Se conjuga como ahogar.

excremento (ex-cre-**men**-to) *s. m.* Residuos del alimento que, después de hecha la digestión, despide el cuerpo. *El camino estaba lleno de excrementos de ganado.* **SIN.** Deposición, deyección, heces.

excretor, ra (ex-cre-**tor**) *adj.* Se dice del órgano que sirve para eliminar algún excremento. *Estamos estudiando el aparato excretor.*

exculpar (ex-cul-**par**) *v. tr.* Descargar de culpa a alguien. **GRA.** También v. prnl. *La juez lo exculpó.* **SIN.** Absolver, defender(se). **ANT.** Imputar.

excursión (ex-cur-**sión**) *s. f.* Ida a alguna ciudad, museo o lugar para estudio o diversión. *Fui con mi clase a Italia de excursión.* **SIN.** Paseo, visita, viaje.

excusa (ex-**cu**-sa) *s. f.* Pretexto que se da para no hacer cierta cosa. *Dio la excusa de que tenía que acompañar a su madre.* **SIN.** Pretexto, evasiva.

excusar (ex-cu-**sar**) *v. tr.* **1.** Perdonar o disculpar a alguien. *Excusó su mal comportamiento.* **SIN.** Disculpar, justificar, defender. **ANT.** Acusar. ‖ *v. prnl.* **2.** Negarse a hacer algo. *Se excusó de ir a la fiesta.* **3.** Dar razones para librarse de hacer algo. *Se excusó diciendo que tenía mucho trabajo.* **4.** Pedir disculpas por algo. *Me excusé por lo que había hecho.*

execrar (e-xe-**crar**) *v. tr.* **1.** Aborrecer, detestar. *Execra la mentira.* **SIN.** Odiar. **2.** Reprobar severamente. *Todos execraron aquel atentado.* **SIN.** Imprecar, vituperar. **3.** Condenar algo la autoridad religiosa. *La iglesia execró el cisma.*

exégesis (e-**xé**-ge-sis) *s. f.* Explicación, interpretación, especialmente de los libros de la Sagrada Escritura. *La homilía acabó siendo una exégesis.* **SIN.** Comentario, glosa. ❧ Invariable en número. También "exegesis".

exención (e-xen-**ción**) *s. f.* **1.** Acción y efecto de eximir o eximirse. *Tiene exención de impuestos.* **2.** Privilegio que alguien tiene para no hacer o pagar algo. *No entiendo cómo goza de esas exenciones.* **SIN.** Descargo, dispensa, ventaja.

exento, ta (e-**xen**-to) *adj.* Que está libre de algo. *Le declararon exento del servicio militar.* **SIN.** Descargado, desembarazado, libre, dispensado. **ANT.** Ceñido.

exequias (e-**xe**-quias) *s. f. pl.* Honras funerales. *No pudo asistir a las exequias.*

exhalar (ex-ha-**lar**) *v. tr.* **1.** Despedir gases, vapores u olores. *Exhalaba mal olor.* **SIN.** Desprender, emanar. **ANT.** Absorber. **2.** Lanzar suspiros o quejas. *De vez en cuando exhalaba algún suspiro.* **SIN.** Emitir.

exhaustivo, va (ex-haus-**ti**-vo) *adj.* Muy completo. *Hizo una exposición exhaustiva de los hechos.* **SIN.** Total. **ANT.** Parcial.

exhausto, ta (ex-**haus**-to) *adj.* Agotado, extenuado. *Cuando llegó a la cima de la montaña estaba exhausto.* **SIN.** Cansado, consumido, derrengado.

exhibir (ex-hi-**bir**) *v. tr.* **1.** Presentar, mostrar en público. **GRA.** También v. prnl. *El domador exhibía a sus leones acróbatas.* **SIN.** Exponer(se), enseñar(se), ostentar. **ANT.** Esconder(se), ocultar(se). **2.** *Méx.* Entregar, pagar una cantidad.

exhortar (ex-hor-**tar**) *v. tr.* Animar a alguien con ruegos o palabras a que haga alguna cosa. *Le exhortó a que participara en la carrera.* **SIN.** Alentar, incitar.

exhumar (ex-hu-**mar**) *v. tr.* Desenterrar un cadáver o restos humanos. *El juez ordenó exhumar el cadáver para una investigación.*

exigencia (e-xi-**gen**-cia) *s. f.* **1.** Acción y efecto de exigir. *Vino con muchas exigencias.* **SIN.** Abuso, imposición, arbitrariedad. **2.** Cosa que se exige. *Su exigencia era imposible de cumplir.* **SIN.** Pretensión, reclamación, petición, requerimiento.

exigente (e-xi-**gen**-te) *adj.* Que exige demasiado. *Tenía fama de ser una profesora muy exigente.* **SIN.** Rígido, escrupuloso, severo.

exigir - expatriarse

exigir (e-xi-**gir**) *v. tr.* **1.** Mandar que se haga algo. *Le exigí que viniera, aunque no quería.* **SIN.** Ordenar, obligar, imponer, reclamar. **2.** Pedir una persona o cosa algo que le es necesario o a lo que tiene derecho. *Exigió una revisión del caso. El coche exigía reparación.* **SIN.** Reclamar, reivindicar, requerir. **ANT.** Renunciar. ✎ Se conjuga como urgir.

exiguo, gua (e-**xi**-guo) *adj.* Insuficiente, escaso. *Percibía una cantidad muy exigua por su trabajo.* **SIN.** Poco, reducido. **ANT.** Abundante, suficiente.

exiliado, da (e-xi-**lia**-do) *adj.* Desterrado, expatriado. **GRA.** También s. m. y s. f. *Varios poetas exiliados firmaron una protesta contra el gobierno de su país.*

exiliar (e-xi-**liar**) *v. tr.* Desterrar de un país. **GRA.** También v. prnl. *Se exilió en Francia.* **SIN.** Deportar, expatriar(se), proscribir. ✎ En cuanto al acento, se conjuga como cambiar. También "exilar".

eximio, mia (e-**xi**-mio) *adj.* Muy bueno, excelente. *Intervinieron en el acto eximios escritores.* **SIN.** Destacado, egregio, insigne. **ANT.** Insignificante, nulo.

eximir (e-xi-**mir**) *v. tr.* Liberar de obligaciones, cargas, cuidados o culpas. **GRA.** También v. prnl. *Le eximieron de impuestos.* **SIN.** Dispensar, excusar, perdonar. **ANT.** Obligar(se), acusar(se). ✎ Tiene doble part.; uno reg., eximido, y otro irreg., exento.

existencia (e-xis-**ten**-cia) *s. f.* **1.** Acto de existir. *Tenía una idea muy peculiar sobre la existencia de las cosas.* **2.** Vida del ser humano y manera de vivir. *Llevaba una mísera existencia.* **SIN.** Realidad, verdad. || *s. f. pl.* **3.** Artículos almacenados. *Bajaron los precios por liquidación de existencias.*

existir (e-xis-**tir**) *v. intr.* **1.** Ser real y verdadera una cosa. *La Luna existe, los astronautas han estado en ella.* **2.** Tener vida. *En el bosque existen muchas plantas.* **SIN.** Vivir. **ANT.** Morir. **3.** Haber, estar. *Hace años existía un lago aquí.* **SIN.** Encontrarse. **ANT.** Faltar.

éxito (é-xi-to) *s. m.* **1.** Resultado feliz de una labor. *Finalizó su investigación con éxito.* **SIN.** Triunfo. **ANT.** Fracaso. **2.** Buena aceptación que recibe una persona o cosa. *Su último libro sobre el medio ambiente ha tenido mucho éxito.* **SIN.** Acogida.

exitoso, sa (e-xi-**to**-so) *adj.* Que tiene éxito. *Tuvo una exitosa intervención.* **SIN.** Aplaudido, celebrado.

ex libris *loc. lat.* Cédula o marca que el poseedor pega en el reverso de la tapa de los libros para indicar que son suyos. *Le regalaron un precioso "ex libris" por su cumpleaños.*

éxodo (é-xo-do) *s. m.* Emigración de un pueblo. *Se produjo un éxodo del campo a la ciudad.* **SIN.** Huida, expatriación, peregrinación. **ANT.** Repatriación.

exoesqueleto (e-xo-es-que-**le**-to) *s. m.* Esqueleto exterior que cubre el cuerpo de animales como los artrópodos. *El exoesqueleto está formado por queratina.*

exonerar (e-xo-ne-**rar**) *v. tr.* Librar a alguien de una carga u obligación. **GRA.** También v. prnl. *Le exoneraron de pagar la cuota.* **SIN.** Eximir(se), librar(se).

exorbitante (e-xor-bi-**tan**-te) *adj.* Se dice de aquello que se sale de lo normal. *La cantidad me pareció exorbitante.* **SIN.** Exagerado, excesivo, abusivo.

exorcismo (e-xor-**cis**-mo) *s. m.* Conjuro contra el espíritu del mal. *Hacían prácticas de exorcismo.*

exordio (e-**xor**-dio) *s. m.* Introducción de una obra o discurso. *En el exordio explicaba un poco la intención de su libro.* **SIN.** Prefacio, proemio, preámbulo, prólogo. **ANT.** Conclusión, epílogo.

exotérico, ca (e-xo-**té**-ri-co) *adj.* Comprensible, accesible para todo el mundo. *Dio una explicación exotérica de la narración.* **ANT.** Esotérico.

exótico, ca (e-**xó**-ti-co) *adj.* Extraño, chocante, extravagante. *Visitó lugares muy exóticos.* **SIN.** Raro, desusado, extraño, insólito.

expandir (ex-pan-**dir**) *v. tr.* **1.** Extender, ensanchar. **GRA.** También v. prnl. *Se expandió el fuego a las casas de al lado.* **2.** *Difundir.* **GRA.** También v. prnl.

expansión (ex-pan-**sión**) *s. f.* **1.** Acción y efecto de dilatarse un cuerpo. *Expansión de gas.* **SIN.** Dilatación. **2.** Prolongación o extensión de un órgano. *El apéndice es una expansión del intestino.* **3.** Crecimiento, agrandamiento, desarrollo. **ANT.** Reducción, progresión. **3.** Difusión de una opinión, doctrina, suceso, etc. *El comunismo tuvo su expansión en los años 50.* **SIN.** Propagación. **4.** Aumento, desarrollo de algo. *Los árabes lograron una gran expansión en España.* **5.** Manifestación efusiva de un afecto o pensamiento. *Llorar le sirvió de expansión.* **SIN.** Desahogo. **6.** Recreo, diversión. *Necesitaba unos días de expansión.* **SIN.** Entretenimiento, distracción, esparcimiento. **ANT.** Contención.

expansionar (ex-pan-sio-**nar**) *v. tr.* **1.** Extender una cosa. **GRA.** También v. prnl. *Expansionarse un gas.* **SIN.** Dilatar(se). || *v. prnl.* **2.** Desahogarse expresando lo que se siente. *El pobre se expansionaba contándole sus problemas.* **SIN.** Explayarse. **3.** Divertirse, recrearse. *Para expansionarse es bueno un paseo por el campo.* **4.** Engrandecerse una cosa. *Expansionarse la economía de un país.* **SIN.** Desarrollarse, crecer.

expatriarse (ex-pa-tri-**ar**-se) *v. prnl.* Abandonar alguien su patria. **GRA.** También v. tr. *Se expatrió y*

expectación - explicación

marchó a Argentina. **SIN.** Exiliarse. **ANT.** Repatriar. 🔍 En cuanto al acento, se conjuga como desviar.

expectación (ex-pec-ta-**ción**) s. f. **1.** Atención o ansia con que se espera algo. *Había mucha expectación ante el partido de baloncesto.* **SIN.** Ilusión, interés. **2.** Suspense ante el desenlace de los acontecimientos. *Se esperaba el veredicto del jurado con expectación.*

expectativa (exc-pec-ta-**ti**-va) s. f. Esperanza o posibilidad de conseguir algo. *Estaba a la expectativa de un puesto de trabajo.*

expectorar (ex-pec-to-**rar**) v. tr. Arrojar por la boca las flemas y secreciones que se depositan en los órganos respiratorios. **GRA.** También v. intr. *Fue al médico porque tenía catarro y expectoraba mucho.* **SIN.** Escupir.

expedición (ex-pe-di-**ción**) s. f. **1.** Conjunto de cosas que se expiden, remesa. *Ayer salió una expedición de alimentos de primera necesidad.* **SIN.** Envío. **2.** Viaje con fines científicos o de exploración de un lugar. *Hicieron una expedición al Polo Norte.* **3.** Grupo de personas que hacen este viaje. *En el viaje por el Amazonas, la expedición estaba mandada por Orellana.* **4.** Habilidad, prontitud. *Todos alababan su expedición en el arte de cocinar.* **SIN.** Facilidad.

expediente (ex-pe-**dien**-te) s. m. Conjunto de todos los documentos relacionados con un asunto determinado. *Analizó su expediente.* ‖ **LOC. cubrir alguien el expediente** *fam.* Aparentar que se cumple una obligación o hacer lo menos posible para cumplirla. **instruir alguien un expediente** Practicar las diligencias y reunir todos los documentos necesarios para preparar la decisión de un asunto.

expedir (ex-pe-**dir**) v. tr. **1.** Enviar algo por correo o por alguna agencia. *Hay que expedir este paquete a Madrid.* **SIN.** Mandar, remitir. **2.** Extender por escrito un documento. *Le expidió un volante para el especialista.* **SIN.** Diligenciar, instruir, tramitar, cursar. 🔍 v. irreg., se conjuga como pedir.

expeditivo, va (ex-pe-di-**ti**-vo) adj. Que actúa eficazmente y con rapidez. *Juan es muy expeditivo en su trabajo.* **SIN.** Tajante, enérgico. **ANT.** Moroso, lento.

expedito, ta (ex-pe-**di**-to) adj. Que está libre de estorbos. *El camino está expedito.* **SIN.** Desocupado.

expeler (ex-pe-**ler**) v. tr. Echar, expulsar. *Tuvo dificultades para expeler la anestesia.* **SIN.** Despedir, emitir, exhalar, arrojar. 🔍 Tiene doble part.; uno reg., expelido, y otro irreg., expulso.

expendeduría (ex-pen-de-du-**rí**-a) s. f. Tienda donde se venden al público productos monopolizados. *Los estancos son expendedurías de tabaco.*

experiencia (ex-pe-ri-**en**-cia) s. f. **1.** Conjunto de conocimientos adquiridos por el uso o la práctica. *Tiene mucha experiencia en ese tipo de trabajos.* **SIN.** Costumbre, habilidad. **ANT.** Inexperiencia. **2.** *Experimento.* **SIN.** Ensayo, prueba, comprobación.

experimentado, da (ex-pe-ri-men-**ta**-do) adj. Que tiene experiencia. *Era una persona experimentada.*

experimental (ex-pe-ri-men-**tal**) adj. Que está fundado en la experiencia o se sabe por ella. *Eran datos experimentales.*

experimentar (ex-pe-ri-men-**tar**) v. tr. **1.** Probar y examinar prácticamente una cosa. *Experimentaron un nuevo tipo de motor.* **SIN.** Ensayar. **2.** Sentir una cosa, notarla. *Experimentó un alivio en su enfermedad.* **3.** Sufrir, padecer. *Experimentó un fuerte dolor.* **SIN.** Sufrir, aguantar.

experimento (ex-pe-ri-**men**-to) s. m. Acción de experimentar. *Hicieron un experimento en el laboratorio.*

experto, ta (ex-**per**-to) adj. **1.** *Experimentado.* **SIN.** Avezado, diestro, hábil. **ANT.** Inexperto, novato. ‖ s. m. y s. f. **2.** *Perito.*

expiar (ex-pi-**ar**) v. tr. Pagar las culpas mediante un sacrificio. *Expió su delito en la cárcel.* **SIN.** Reparar, purgar, lavar, borrar, pagar. 🔍 En cuanto al acento, se conjuga como desviar.

expirar (ex-pi-**rar**) v. intr. **1.** Morir, acabar la vida. *Antes de expirar pidió perdón por sus pecados.* **SIN.** Fenecer, fallecer, perecer. **ANT.** Nacer. **2.** Acabarse, fenecer una cosa. *Mañana expira el plazo.* **SIN.** Finalizar, terminar. **ANT.** Comenzar, iniciar.

explanada (ex-pla-**na**-da) s. f. Parte de un terreno que está llana. *Los niños jugaban en la explanada que había delante de la casa.* **SIN.** Llanura.

explayarse (ex-pla-**yar**-se) v. prnl. **1.** Expresarse con demasiada extensión. *Se explayó mucho en el tema.* **SIN.** Extender. **2.** Divertirse. *Se explayaban jugando en el campo.* **SIN.** Distraerse, expansionarse. **ANT.** Aburrirse. **3.** Confiar en una persona, comunicándole algún secreto o intimidad. *Se sintió tan a gusto que se explayó conmigo.* **SIN.** Desahogarse, franquearse. **ANT.** Reprimirse.

explicación (ex-pli-ca-**ción**) s. f. **1.** Aclaración de aquello que es difícil de entender. *Escuchamos atentamente la explicación.* **SIN.** Descripción, definición, demostración. **2.** Lo que hace el profesor cuando explica las lecciones en clase. *La profesora nos dio una explicación de matemáticas.* **3.** Justificación que se da sobre actos o palabras. *Pidió una explicación por aquella actitud.* **SIN.** Excusa. **4.** Manifestación de la causa o motivo de alguna cosa.

explicar - expresar

Aquello tenía que tener alguna explicación. **SIN.** Aclaración, esclarecimiento, interpretación.

explicar (ex-pli-**car**) *v. tr.* **1.** Contar a alguien lo que se piensa. **GRA.** También v. prnl. *Explicó a su amigo lo que había hecho el día anterior.* **SIN.** Aclarar, anunciar, declarar, comentar, describir. **2.** Exponer con palabras claras alguna cosa difícil. *Me explicó cómo llegar a la estación, indicándomelo en un mapa.* **SIN.** Aclarar, razonar. **3.** Enseñar una materia. *El profesor explicó muy bien la lección de matemáticas.* **SIN.** Impartir. **4.** Justificar palabras o acciones. *Le pidió que explicara aquel extraño comportamiento.* **SIN.** Excusar. **5.** Dar a conocer la causa o motivo de alguna cosa. *Explicó al público que se trataba sólo de una prueba.* **SIN.** Aclarar. ‖ *v. prnl.* **6.** Darse cuenta, comprender una cosa. *Ya me explico por qué no vino.* ✎ Se conjuga como abarcar.

explícito, ta (ex-**plí**-ci-to) *adj.* Que expresa con claridad una cosa. *Fue muy explícito al decirnos que nos fuéramos.* **SIN.** Claro, manifiesto. **ANT.** Implícito.

explorador, ra (ex-plo-ra-**dor**) *adj.* Que se dedica a explorar. **GRA.** También s. m. y s. f. *Livingstone fue un famoso explorador.*

explorar (ex-plo-**rar**) *v. tr.* Reconocer o examinar con atención un lugar o una cosa. *Exploraron cuidadosamente el interior de la cueva.* **SIN.** Reconocer, inspeccionar, sondear, investigar.

explosión (ex-plo-**sión**) *s. f.* **1.** Acción de estallar un cuerpo con gran estruendo. *Se produjo una explosión en la mina.* **SIN.** Bombazo, detonación, estallido. **2.** Manifestación repentina de ciertos sentimientos. *Hubo una explosión de alegría entre los asistentes.*

explosivo, va (ex-plo-**si**-vo) *adj.* **1.** Que hace o puede hacer explosión. *Era una noticia explosiva.* **2.** Que se incendia con explosión. **GRA.** También s. m. *Colocaron explosivos para volar la roca.*

explotación (ex-plo-ta-**ción**) *s. f.* **1.** Acción de explotar. *Los esclavos estaban sometidos a la explotación de sus amos.* **2.** Cosa que se explota. *Es el encargado de una explotación agrícola.*

explotar (ex-plo-**tar**) *v. tr.* **1.** Extraer de las minas la riqueza que contienen. *En esta mina explotan carbón.* **SIN.** Aprovechar, utilizar. **2.** Sacar utilidad de un negocio o industria en provecho propio. *Explota a sus empleados.* **3.** Aprovecharse de las circunstancias ajenas o de un suceso cualquiera. *Siempre supieron explotar muy bien la bondad ajena.* ‖ *v. intr.* **4.** Estallar, hacer explosión. *Explotó una bombona de gas.* **SIN.** Reventar, explosionar. **5.** Manifestar alguien su opinión violentamente. *Al oír aquello explotó de rabia.*

expoliar (ex-po-**liar**) *v. tr.* Despojar con violencia. *Decidieron expoliar a la organización de todos sus bienes.* **SIN.** Robar, explotar, chantajear. **ANT.** Proveer. ✎ En cuanto al acento, se conjuga como cambiar.

exponente (ex-po-**nen**-te) *s. m.* En matemáticas, número que indica cuántas veces ha de multiplicarse una magnitud por sí misma. 4^2. ‖ **LOC. ser una cosa exponente de algo** Ser ejemplo o manifestación.

exponer (ex-po-**ner**) *v. tr.* **1.** Presentar una cosa para que los demás la vean. *Los cuadros que han sido premiados se van a exponer en una sala del colegio.* **SIN.** Exhibir, mostrar, ostentar, enseñar. **ANT.** Ocultar, esconder. **2.** Hablar sobre algo para que se conozca. *El médico expuso sus últimos descubrimientos sobre la gripe.* **SIN.** Manifestar, expresar, relatar, describir. **ANT.** Callar. **3.** Poner una cosa en situación de daño o peligro. *GRA.* También v. prnl. *Si subes a ese árbol tan alto, te expondrás a una caída.* **SIN.** Arriesgar(se), aventurarse, atreverse. ✎ v. irreg., se conjuga como poner. Tiene part. irreg., expuesto.

exportar (ex-por-**tar**) *v. tr.* Enviar mercancías del propio país a otro. *Exportan a Francia naranjas de Valencia.* **ANT.** Importar.

exposición (ex-po-si-**ción**) *s. f.* **1.** Acción y efecto de exponer. *Presentó su teoría con una brillante exposición.* **2.** Exhibición pública de productos de la tierra o de la industria, o de artes y ciencias. *Asistimos a una exposición de pintura.* **SIN.** Feria de muestras. **3.** Riesgo, peligro. *La exposición era excesiva para que la cubriera el seguro.*

expósito, ta (ex-**pó**-si-to) *adj.* Se dice de la persona que recién nacida fue abandonada. **GRA.** También s. m. y s. f. *El hospicio era el lugar de recogida de los niños expósitos.*

exprés (ex-**prés**)*adj.* **1.** *Rápido. ✎ Se aplica especialmente a ciertos electrodomésticos que funcionan con rapidez. **2.** *Café exprés.

expresar (ex-pre-**sar**) *v. tr.* **1.** Decir o mostrar con palabras una cosa. **GRA.** También v. prnl. *En la conferencia de ayer, expresó su última teoría sobre la posible vida en otros planetas.* **SIN.** Explicar(se), exponer. **ANT.** Callar, silenciar. **2.** Manifestar el artista con viveza y exactitud sus sentimientos, ideas, etc. *La pintura expresaba bien la fuerza del paisaje.* ‖ *v. prnl.* **3.** Darse a entender con palabras, gestos, etc. *Se expresó como pudo.* **SIN.** Hablar. **ANT.** Callar.

expresión - extenuar

expresión (ex-pre-**sión**) *s. f.* **1.** Manera de manifestar, con palabras u otros medios, lo que se piensa, desea, etc. *Tiene una buena expresión.* **SIN.** Enunciado, explicación. **2.** Palabra o frase. *No me gusta que utilices esa expresión.* **SIN.** Enunciado, vocablo. **3.** Manifestación de un sentimiento. *Su cara se crispó con una expresión de dolor.* **4.** En matemáticas, conjunto de términos que representan una cantidad. *Las derivadas y los límites son expresiones algebraicas.* || **LOC. reducir una cosa a la mínima expresión** Disminuirla todo lo posible.

expresivo, va (ex-pre-**si**-vo) *adj.* **1.** Que manifiesta algo con gran viveza. *Sus cuadros son muy expresivos.* **2.** Afectuoso, cariñoso. *Le impresionaron sus expresivas palabras.*

expreso, sa (ex-**pre**-so) *adj.* Claro, manifiesto, explícito. *El sujeto de la oración no estaba expreso.*

exprimir (ex-pri-**mir**) *v. tr.* **1.** Apretar una cosa para extraer su zumo o líquido. *Exprime estas naranjas.* **SIN.** Prensar, retorcer, comprimir, presionar. **2.** Aprovecharse de alguien. *Exprime a los amigos todo lo que puede.* **SIN.** Presionar.

expropiar (ex-pro-**piar**) *v. tr.* Quitar a alguien algo de su propiedad, pagándole a cambio una cantidad de dinero. *Le expropiaron una finca para ensanchar la carretera.* **SIN.** Desposeer, privar. En cuanto al acento, se conjuga como cambiar.

expuesto, ta (ex-**pues**-to) *adj.* Arriesgado, peligroso. *Era una escalada demasiado expuesta.* **SIN.** Aventurado, comprometido. **ANT.** Fácil.

expugnar (ex-pug-**nar**) *v. tr.* Tomar un castillo, fortaleza, etc., por las armas. *Expugnaron el castillo.* **SIN.** Conquistar, asaltar.

expulsar (ex-pul-**sar**) *v. tr.* Echar fuera de un lugar o puesto. *El árbitro expulsó al jugador.* **SIN.** Arrojar, lanzar, desterrar, desalojar, expeler, despedir. **ANT.** Admitir, acoger, dejar. Tiene doble part.; uno reg., expulsado, y otro irreg., expulso.

expulsión (ex-pul-**sión**) *s. f.* **1.** Acción y efecto de expeler. *Al reventar el depósito se produjo una gran expulsión de gases.* **2.** Acción y efecto de expulsar. *Su expulsión del partido fue injusta.* **SIN.** Apartamiento, cese, despido. **ANT.** Admisión, inclusión.

expurgar (ex-pur-**gar**) *v. tr.* **1.** Limpiar, purificar. *Hay que expurgar la herida antes de cubrirla.* **2.** Tachar o censurar algún pasaje de un libro por orden de la autoridad competente. *Un equipo de censores expurgó el libro.* Se conjuga como ahogar.

exquisito, ta (ex-qui-**si**-to) *adj.* **1.** Se dice de aquello que es muy agradable. *Comimos unos pasteles exquisitos.* **SIN.** Delicioso, grato, sabroso. **2.** Se dice de aquello que es delicado y elegante. *Viste con una elegancia exquisita.* **SIN.** Primoroso, cortés, atento, fino. **ANT.** Tosco.

éxtasis (**éx**-ta-sis) *s. m.* **1.** Estado de unión del alma con Dios. *Santa Teresa alcanzó el éxtasis divino.* **SIN.** Arrobo, rapto. **2.** Estado del alma embargada por un sentimiento intenso. *La música le produjo un gran éxtasis.* **SIN.** Admiración, embeleso, delirio. Invariable en número.

extemporáneo, a (ex-tem-po-**rá**-ne-o) *adj.* **1.** Se dice de aquello que no corresponpe al tiempo en que se hace. *En aquella familia conservaban extemporáneas costumbres.* **2.** Inoportuno, inconveniente. *Su respuesta fue extemporánea.*

extender (ex-ten-**der**) *v. tr.* **1.** Hacer que una cosa ocupe más lugar o espacio que el que ocupaba. **GRA.** También v. prnl. *Japón ha extendido su industria por todo el mundo.* **SIN.** Ampliar(se), dilatar(se), expandir(se). **ANT.** Reducir(se). **2.** Separar lo que está amontonado. *El viento extendió las hojas.* **SIN.** Esparcir. **ANT.** Concentrar. **3.** Desenvolver o poner a la larga una cosa doblada. **GRA.** También v. prnl. *He extendido el mantel sobre la mesa.* **SIN.** Desplegar(se). **ANT.** Plegar(se). **4.** Aumentar conocimientos, derechos, etc. *La nueva ley extiende notablemente su autoridad.* **SIN.** Ampliar. **5.** Difundir algo. *La prensa extendió la noticia por todo el país.* **GRA.** También v. prnl. **SIN.** Divulgar(se), propagar(se). **ANT.** Ocultar(se). || *v. prnl.* **6.** Ocupar cierta porción de terreno o de tiempo. *La plaga se extendió por toda la región.* **7.** Detenerse mucho en una explicación o narración. *Se extendió mucho en la charla y la gente se aburrió un poco.* **SIN.** Explayarse. **ANT.** Contenerse. v. irreg., se conjuga como entender.

extensión (ex-ten-**sión**) *s. f.* **1.** Acción y efecto de extender. *La moda vaquera ha alcanzado gran extensión.* **SIN.** Difusión, divulgación. **2.** Medida del espacio ocupado por un cuerpo. *El parque ocupa una gran extensión de terreno.* **SIN.** Superficie, envergadura, longitud. **3.** Línea de un teléfono. *Me han pasado la llamada a otra extensión.*

extenso, sa (ex-**ten**-so) *adj.* Que tiene mucha extensión. *Es un valle muy extenso.* **SIN.** Dilatado, vasto. **ANT.** Reducido. || **LOC. por extenso** Con todo detalle.

extenuado, da (ex-te-nu-**a**-do) *adj.* Agotado por la fatiga. *Después de la caminata estaba extenuada.*

extenuar (ex-te-nu-**ar**) *v. tr.* Debilitar por el trabajo o la enfermedad. **GRA.** También v. prnl. *Aquel duro*

exterior - extranjero

trabajo le extenuaba. **SIN.** Abatir(se), aplanar(se), agobiar(se), cansar(se). **ANT.** Fortalecer(se). ✎ En cuanto al acento, se conjuga como actuar.

exterior (ex-te-**rior**) *adj.* **1.** Que está por la parte de afuera. *La casa tiene una escalera exterior y otra interior.* **SIN.** Superficial, externo, extrínseco. **ANT.** Interior. ‖ *s. m.* **2.** Parte externa de una cosa. *Las ventanas están situadas en el exterior de la casa.* **SIN.** Superficie, periferia. **3.** Lo extranjero, por contraposición a lo nacional. *El ministro habló de las relaciones con el exterior.* **4.** Traza, porte de una persona. *No me agrada cómo alardea de su exterior.* **SIN.** Aspecto, fachada, porte, apariencia. **ANT.** Interior.

exteriorizar (ex-te-rio-ri-**zar**) *v. tr.* Dejar ver una persona su estado de ánimo. *Le costaba exteriorizar sus sentimientos cuando había personas extrañas.* ✎ Se conjuga como abrazar.

exterminar (ex-ter-mi-**nar**) *v. tr.* **1.** Acabar con algo sin dejar rastro. *El objetivo de la campaña municipal era exterminar las ratas.* **SIN.** Aniquilar, suprimir, extinguir. **ANT.** Crear. **2.** Desolar, asolar por fuerza de armas. *Durante aquella guerra civil exterminaron regiones enteras.* **SIN.** Devastar, destruir.

externo, na (ex-**ter**-no) *adj.* **1.** Que obra o se manifiesta al exterior. *Presentaba leves lesiones externas.* **SIN.** Exterior, superficial. **ANT.** Interno, interior. **2.** Se dice del alumno que sólo permanece en la escuela durante las horas de clase. **GRA.** También s. m. y s. f. *Cuando se iban todos los alumnos externos el colegio parecía vacío.*

extinción (ex-tin-**ción**) *s. f.* Muerte completa y, por lo tanto, desaparición de una especie entera de animales o plantas. *El oso blanco es uno de los animales en peligro de extinción.*

extinguir (ex-tin-**guir**) *v. tr.* **1.** Apagar el fuego o la luz. **GRA.** También v. prnl. *Los bomberos extinguieron el incendio.* **ANT.** Encender(se). **2.** Hacer que termine del todo una cosa. **GRA.** También v. prnl. *Los agricultores consiguieron extinguir la plaga.* **SIN.** Liquidar(se), concluir(se). ✎ Tiene doble part.; uno reg., extinguido, y otro irreg., extinto. Se escribe "g" en vez de "gu" seguido de "-a" y "-o".

extintor (ex-tin-**tor**) *s. m.* Aparato portátil para apagar incendios, que arroja sobre el fuego un chorro de agua o de una mezcla que dificulta la combustión. *Utilizaron varios extintores para apagar el fuego.* **SIN.** Matafuego.

extirpar (ex-tir-**par**) *v. tr.* **1.** Arrancar de cuajo o de raíz una cosa. *Le extirparon un quiste.* **SIN.** Descuajar, desarraigar, extraer, erradicar. **2.** Destruir del todo una cosa. *Hay que extirpar el mal de raíz.* **SIN.** Extinguir, suprimir, eliminar. **ANT.** Iniciar.

extorsión (ex-tor-**sión**) *s. f.* **1.** Acción y efecto de quitar algo por la fuerza. **2.** Daño o perjuicio. *El cambio de planes me causó bastante extorsión.* **SIN.** Menoscabo. **ANT.** Beneficio, bien.

extra (**ex**-tra) *adj.* **1.** *fam.* Extraordinario, óptimo. *Recibieron un trato extra.* **SIN.** Muy bueno, óptimo, superior. **ANT.** Inferior. ‖ *s. m.* **2.** *fam.* Complemento, suplemento. *Cobró un buen extra.* **3.** *fam.* Plato extraordinario que no figura en el menú. *Había arroz con leche de extra.* **4.** *fam.* Persona que presta un servicio accidental. *Es camarero, trabaja como extra en ese restaurante.* **5.** *fam.* En el cine, persona que interviene como comparsa. *Actuó en una película como extra.* **SIN.** Figurante, comparsa.

extracción (ex-trac-**ción**) *s. f.* **1.** Acción de extraer. *Fue al dentista para la extracción de una muela.* **2.** Origen, nacimiento, clase de una persona. *No daba importancia a la extracción social de sus amigos.*

extractar (ex-trac-**tar**) *v. tr.* **1.** Resumir algo. *Extractó el argumento del libro.* **SIN.** Compendiar, acortar, simplificar, abreviar. **ANT.** Ampliar. **2.** Seleccionar los puntos fundamentales de un escrito. *Extractó unos párrafos para su conferencia.*

extracto (ex-**trac**-to) *s. m.* Resumen de un escrito o discurso dejando sólo el contenido más importante. *Publicaron un extracto del discurso.* **SIN.** Compendio, sumario, síntesis.

extraer (ex-tra-**er**) *v. tr.* **1.** Sacar, poner una cosa fuera de donde estaba. *En esa mina extraen carbón.* **SIN.** Quitar, arrancar. **ANT.** Introducir, meter. **2.** En matemáticas, averiguar cuáles son las raíces de una cantidad dada. *Debo extraer la raíz cúbica de esta cifra.* **3.** En química, separar de un cuerpo o sustancia alguno de sus componentes. *Del petróleo se extrae la gasolina por destilación.* **SIN.** Exprimir, vaciar. **ANT.** Introducir. ✎ v. irreg., se conjuga como traer.

extralimitarse (ex-tra-li-mi-**tar**-se) *v. prnl.* Pasarse alguien en el uso de sus atribuciones o derechos. **GRA.** También v. tr. *Creo que te has extralimitado en tu autoridad.* **SIN.** Excederse. **ANT.** Limitarse.

extramuros (ex-tra-**mu**-ros) *adv. l.* Fuera de las murallas, en las afueras de una ciudad. *Había una iglesia extramuros, llamada de la Veracruz.*

extranjerismo (ex-tran-je-**ris**-mo) *s. m.* Voz, frase o giro de un idioma extranjero empleado en español. *"Fair play" es un extranjerismo.*

extranjero, ra (ex-tran-**je**-ro) *adj.* **1.** Que es o viene de otro país. *Tengo un libro con fotografías de países* *extranjeros.* **SIN.** Foráneo, forastero. **ANT.** Indígena. **2.** Nacido en otra nación. *Nuestras playas estaban llenas de extranjeros que venían de todos los países.* **SIN.** Foráneo. **ANT.** Nativo. || *s. m.* **3.** Toda nación que no es la propia. *Nunca he salido de este país, no conozco nada del extranjero.*

extrañar (ex-tra-**ñar**) *v. tr.* **1.** Encontrar alguien que algo le resulta raro. **GRA.** También v. prnl. *Me extrañó que no estuviera en casa a aquellas horas.* **SIN.** Sorprenderse, pasmarse, admirarse. **2.** Echar de menos a alguna persona o cosa. *El niño extrañaba a su madre.* **SIN.** Añorar, rememorar.

extrañeza (ex-tra-**ñe**-za) *s. f.* Aquello que no se conoce y que resulta raro. *Me causó extrañeza encontrarte allí.* **SIN.** Rareza, asombro, sorpresa.

extraño, ña (ex-**tra**-ño) *adj.* **1.** De nación, familia o profesión distinta de la propia. *Me enteré de su enfermedad por un extraño.* **SIN.** Ajeno, forastero. **ANT.** Propio. **2.** Raro, singular, extravagante. *Es extraño que no haya llegado todavía, a esta hora suele estar ya aquí.* **SIN.** Chocante. **ANT.** Normal, común.

extraordinario, ria (ex-tra-or-di-**na**-rio) *adj.* **1.** Se dice de aquello que se sale fuera de lo normal. *Su actuación fue realmente extraordinaria.* **SIN.** Excepcional, fabuloso, insólito, maravilloso. **ANT.** Normal. || *s. f.* **2.** Paga que se añade al sueldo. *Este mes cobraremos la extraordinaria de verano.* || *s. m.* **3.** Plato que se añade a la comida diaria. **4.** Número especial de un periódico que se publica por algún motivo especial.

extrapolar (ex-tra-po-**lar**) *v. intr.* Aplicar a casos inciertos conclusiones constatadas en casos determinados. *No extrapoles los resultados.*

extrarradio (ex-tra-**rra**-dio) *s. m.* Circunscripción administrativa que se extiende fuera del radio de una población. *Vivía en un barrio del extrarradio.* **SIN.** Alrededores.

extraterrestre (ex-tra-te-**rres**-tre) *adj.* **1.** Del espacio exterior. *Fenómenos extraterrestres.* **SIN.** Celeste, cósmico, planetario. **2.** Que procede de otro planeta. **GRA.** También s. m. y s. f. *El protagonista de la película era un extraterrestre.* **SIN.** Alienígena.

extravagante (ex-tra-va-**gan**-te) *adj.* Que habla, viste u obra fuera del orden o modo común. *Llamaba la atención su modo de vestir tan extravagante.* **SIN.** Estrafalario, extraordinario, raro.

extraviarse (ex-tra-**viar**-se) *v. prnl.* **1.** Perder el camino. *Me extravié en el bosque y tuvieron que ir a buscarme.* **SIN.** Perderse. **2.** No estar una cosa en su sitio y no saber dónde está. *Se ha extraviado el anillo.*

extremado, da (ex-tre-**ma**-do) *adj.* **1.** Se dice de aquello que es muy bueno o muy malo en su género. *Eran productos de extremada calidad.* **SIN.** Exagerado, excesivo. **ANT.** Mesurado, comedido. **2.** Grande. *Hace un frío extremado.*

extremar (ex-tre-**mar**) *v. tr.* Llevar una cosa al extremo. *Hay que extremar las precauciones.* **SIN.** Apurar.

extremaunción (ex-tre-maun-**ción**) *s. f.* Sacramento que se administra a los enfermos de gravedad o a los que se hallan en peligro inminente de morir. *Recibió la extremaunción días antes de su muerte.*

extremidad (ex-tre-mi-**dad**) *s. f.* **1.** Parte extrema o última de una cosa. *Han hecho un nudo en la extremidad de la cuerda.* **SIN.** Final, término, punta, fin. *Ese animal tiene las extremidades anteriores muy cortas.* || *s. f. pl.* **2.** Cabeza, pies, manos y cola de los animales. **3.** Brazos y piernas de las personas. *Los brazos son las extremidades superiores del ser humano.*

extremista (ex-tre-**mis**-ta) *adj.* Partidario de ideas extremas o exageradas, especialmente en política. **GRA.** También s. m. y s. f. *Varios extremistas provocaron incidentes durante la manifestación.* **SIN.** Fanático, radical. **ANT.** Objetivo, tolerante.

extremo, ma (ex-**tre**-mo) *adj.* **1.** Se dice de aquello que está al final. *Fue hacia el lado extremo.* **2.** Se dice de lo más intenso, elevado o activo de una cosa. *En los Polos hace un frío extremo.* **SIN.** Excesivo, exagerado. **ANT.** Moderado. || *s. m.* **3.** Parte primera o última de una cosa. *Un cabo es un extremo de tierra.* **SIN.** Punta. **ANT.** Medio. **4.** Punto último al que puede llegar una cosa. *Luchó hasta el extremo de sus fuerzas.* **SIN.** Límite. || **LOC. ir, o pasar, de un extremo a otro** Cambiar bruscamente.

extrínseco, ca (ex-**trín**-se-co) *adj.* Externo, no especial. *Dejaron a un lado los aspectos extrínsecos al tema.* **SIN.** Accesorio, accidental. **ANT.** Intrínseco.

exuberancia (e-xu-be-**ran**-cia) *s. f.* Gran abundancia de algo. *Exuberancia de flores.* **SIN.** Plenitud, profusión. **ANT.** Escasez, carencia.

exuberante (e-xu-be-**ran**-te) *adj.* Abundante en exceso. *La decoración le pareció demasiado exuberante.* **SIN.** Frondoso, profuso, rico. **ANT.** Escaso, pobre.

exultante (e-xul-**tan**-te) *adj.* Muy alegre y satisfecho. *Se les veía exultantes.*

eyacular (e-ya-cu-**lar**) *v. tr.* Expulsar el semen. *Congelaron el semen del toro justo después de eyacular.*

f *s. f.* Sexta letra del abecedario español y cuarta de sus consonantes. Su nombre es "efe".

fa *s. m.* Cuarta nota de la escala musical. *Sol es al nota que va después de fa.*

fabada (fa-**ba**-da) *s. f.* Potaje de alubias con tocino, chorizo y morcilla, típico de Asturias. *La fabada me gusta, pero me resulta muy fuerte.*

fábrica (**fá**-bri-ca) *s. f.* Lugar con maquinaria y cosas necesarias para producir otras nuevas, como coches, medicamentos, electricidad, etc. *Mi hermano trabaja de mecánico en una fábrica de motores.* **SIN.** Factoría, industria, taller.

fabricar (fa-bri-**car**) *v. tr.* **1.** Producir una cosa por medios mecánicos y, generalmente, en serie. *En esa nave fabrican tractores.* **SIN.** Manufacturar, elaborar. **2.** Construir un edificio, muro, etc. *Se necesitaba mucha mano de obra para fabricar el nuevo edificio.* **SIN.** Edificar, obrar. **ANT.** Destruir. **3.** Imaginar, inventar. *Había fabricado tantas ilusiones que luego se llevó un chasco.* **SIN.** Imaginar, inventar. ✎ Se conjuga como abarcar.

fabril (fa-**bril**) *adj.* Que pertenece o se refiere a las fábricas o a sus trabajadores. *En aquella ciudad había gran actividad fabril.* **SIN.** Industrial.

fábula (**fá**-bu-la) *s. f.* **1.** Cuento breve en el que los personajes son animales, y del que se saca alguna enseñanza o moraleja. *Nos leyó un fábula de Esopo.* **2.** Narración falsa. *Sus disculpas sonaban a pura fábula.* **SIN.** Falsedad, invención, ficción. **3.** Rumor, habladuría. *Todo lo que se cuenta por ahí son fábulas.* **SIN.** Bulo, chisme, mentira. **ANT.** Verdad.

fabulista (fa-bu-**lis**-ta) *s. m. y s. f.* Persona que compone o escribe fábulas literarias. *Iriarte y Samaniego fueron dos grandes fabulistas.*

fabuloso, sa (fa-bu-**lo**-so) *adj.* **1.** Se dice de aquello que es muy bueno o fuera de lo común. *Tu idea es fabulosa.* **SIN.** Excelente, extraordinario, fantástico, increíble. **ANT.** Mediocre. **2.** Se dice de aquello que es pura invención. *Se trataba de una narración fabulosa.* **SIN.** Mítico, legendario, imaginario, inventado, maravilloso, fantástico, ficticio, irreal. **ANT.** Histórico, real, verdadero.

facción (fac-**ción**) *s. f.* **1.** Grupo o partido que actúa con violencia. *Cogieron al cabecilla de la facción.* **2.** Grupo de un partido político que sigue una línea propia dentro del mismo. *La facción más radical del partido no estaba de acuerdo.* **SIN.** Ala. ‖ *s. f. pl.* **3.** Rasgos del rostro de una persona. *Sus facciones reflejaban un gran cansancio.* **SIN.** Líneas, perfil.

faccioso, sa (fac-**cio**-so) *adj.* **1.** Que pertenece a una facción, generalmente armada. **GRA.** También *s. m. y s. f. Un grupo de facciosos había sembrado el miedo entre los habitantes.* **SIN.** Rebelde, insurrecto, sedicioso, sublevado. **2.** Perturbador del orden público. **GRA.** También s. m. y s. f. *La policía acorraló a los facciosos.* **SIN.** Agitador.

faceta (fa-**ce**-ta) *s. f.* Cada uno de los aspectos que se pueden considerar en alguien o algo. *Nos contó algunas facetas de su vida.* **SIN.** Dimensión, vertiente, apariencia, circunstancia.

facha[1] (**fa**-cha) *s. f.* **1.** *fam.* Aspecto exterior de una persona o cosa. *Tiene muy buena facha.* **SIN.** Pinta, presencia, apariencia, estampa, figura, porte, traza. **2.** *fam.* Persona de mal aspecto. *Así vestido vas hecho una facha.* **SIN.** Mamarracho, adefesio, birria, esperpento, espantajo. **ANT.** Belleza, hermosura.

facha[2] (**fa**-cha) *adj., fam.* Se dice de la persona de ideología de extrema derecha. **GRA.** También s. m. y s. f. *Decían que era un poco facha.*

fachada (fa-**cha**-da) *s. f.* **1.** Exterior de un edificio, y en particular, su cara más importante. *Han colocado un andamio delante de la casa porque van a pintar la fachada.* **SIN.** Frente, portada, delantera. **2.** *fam.* *Presencia.

facial (fa-**cial**) *adj.* Que pertenece o se refiere al rostro. *Necesitaba un buen tratamiento facial.*

fácil - facultad

fácil (fá-cil) *adj.* **1.** Que se puede hacer sin mucho trabajo. *Es fácil andar en bicicleta.* **SIN.** Sencillo, cómodo, elemental, factible. **ANT.** Difícil, duro, complicado. **2.** Que puede suceder con toda probabilidad. *Es fácil que llueva porque el cielo está muy nublado.* **SIN.** Probable, posible, previsible. **ANT.** Difícil, improbable. **3.** Dócil, que se deja llevar de otras personas. *No tendrás ningún problema en convencerle, es una persona fácil.* **SIN.** Tratable, manejable, sociable, sumiso. **ANT.** Difícil, intratable, rebelde. ‖ *adv. m.* **4.** Fácilmente. *Fácil que ocurra lo que dices.*

facilidad (fa-ci-li-**dad**) *s. f.* **1.** Cualidad de fácil. *La facilidad del trabajo hizo que no tuviera ninguna dificultad en hacerlo.* **SIN.** Comodidad, sencillez. **ANT.** Complicación, dificultad. **2.** Disposición para hacer una cosa sin gran trabajo. *Tiene mucha facilidad para los idiomas.* **SIN.** Aptitud, capacidad, habilidad. **ANT.** Incapacidad. **3.** Posibilidad, ocasión. *La facilidad de que las cosas cambiaran le animaba.* **SIN.** Oportunidad. ‖ *s. f. pl.* **4.** Condiciones que hacen más fácil una cosa. *Le dio facilidades para pagar el préstamo.*

facilitar (fa-ci-li-**tar**) *v. tr.* **1.** Hacer fácil o posible una cosa. *El cónsul facilitó la operación al darle carácter oficial.* **SIN.** Favorecer, posibilitar, permitir, simplificar. **ANT.** Dificultar, enredar, imposibilitar. **2.** Poner a disposición de una persona aquello que necesita. *Le facilitó todos los medios disponibles.* **3.** Proporcionar una cosa a alguien. *La policía le facilitó la documentación necesaria.* **SIN.** Proveer, suministrar. **ANT.** Negar, quitar.

facineroso, sa (fa-ci-ne-**ro**-so) *adj.* **1.** Delincuente. **GRA.** También s. m. y s. f. *Detuvieron a una banda de facinerosos.* **SIN.** Malhechor, bandido, forajido. **ANT.** Honrado. **2.** Se dice de la persona malvada, perversa. *No te fíes de él, es un facineroso.* **SIN.** Canalla, criminal.

facistol (fa-cis-**tol**) *s. m.* **1.** Atril grande de las iglesias, donde se ponen los libros para cantar. *Volvió a dejar el libro sobre el facistol.* **2.** *Ant. y Ven.* Vanidoso, petulante. **GRA.** También adj. **SIN.** Engreído, pedante. **ANT.** Humilde, discreto.

facsímil (fac-**sí**-mil) *s. m.* Imitación o reproducción perfecta de un manuscrito, firma, escrito, dibujo, etc. *En aquel museo se conservaban facsímiles muy importantes.* **SIN.** Duplicado. ✎ Su pl. es "facsímiles".

factible (fac-**ti**-ble) *adj.* Que se puede hacer. *Era un encargo difícil pero factible.* **SIN.** Realizable, posible, viable. **ANT.** Imposible, irrealizable.

fáctico, ca (**fác**-ti-co) *adj.* **1.** Que pertenece o se refiere a los hechos. *De manera fáctica, él es el culpable.* **2.** Basado en hechos o limitado a ellos, en oposición a teórico o imaginario. *Le pidió que hiciera una demostración fáctica del asunto.* **SIN.** Real. **ANT.** Teórico.

factor (fac-**tor**) *s. m.* **1.** Cualquier elemento que contribuye a un resultado. *El precio era uno de los factores más importantes a tener en cuenta.* **SIN.** Aspecto, elemento, principio. **2.** En matemáticas, cada una de las cantidades que se multiplican entre sí para formar un producto. *El orden de los factores no altera el producto.* **SIN.** Multiplicador, número, cifra. **3.** Empleado del ferrocarril que está encargado de recibir y enviar paquetes. *Le preguntó al factor si había llegado algo a su nombre.*

factoría (fac-to-**rí**-a) *s. f.* Fábrica o complejo industrial. *Trabaja en una gran factoría.* **SIN.** Industria.

factorial (fac-to-**rial**) *s. f.* En matemáticas, producto de todos los términos de una progresión aritmética. *El factorial de tres es seis.*

factura (fac-**tu**-ra) *s. f.* Nota en la que viene detallado el precio de las cosas que se han comprado. *El dueño de la tienda le hizo una factura.* ‖ **LOC. pasar factura** Hacer pagar a alguien el favor que se le había prestado. | Hacer pagar a alguien las consecuencias de sus actos.

facturación (fac-tu-ra-**ción**) *s. f.* **1.** Acción y efecto de facturar. *Se ocupó de la facturación del equipaje.* **SIN.** Entrega, envío, expedición. **ANT.** Recepción. **2.** Conjunto de artículos facturados. *Se había perdido parte de la facturación.*

facturar (fac-tu-**rar**) *v. tr.* **1.** Extender facturas de las operaciones de comercio, anotando en ellas cada mercancía, artículo u objeto. *Facturó libros por valor de 100 000 pesetas.* **SIN.** Cargar, apuntar. **2.** Registrar en las estaciones de ferrocarril, aeropuerto, etc., los equipajes o mercancías para que sean enviados a su destino. *Facturó las maletas.*

facultad (fa-cul-**tad**) *s. f.* **1.** Capacidad para hacer o ser algo. *Tiene facultades para ser un campeón.* **SIN.** Aptitud. **ANT.** Incapacidad, imposibilidad. **2.** Poder, derecho para hacer alguna cosa. *Tiene facultad para tomar decisiones que afecten a todos.* **SIN.** Potestad, atribuciones. **3.** Licencia o permiso. *No tiene facultad para vender esa finca.* **SIN.** Autorización, consentimiento. **ANT.** Prohibición. **4.** Cada una de las divisiones en las que se divide una universidad, en función de las enseñanzas que se imparten. *Mi hermano estudia en la facultad de Filosofía y Letras.* **5.**

facultar - falda

Edificio e instalaciones de dicha división. *Están construyendo la nueva facultad de Derecho.* **SIN.** Universidad, escuela.

facultar (fa-cul-**tar**) *v. tr.* Conceder a alguien poder para que pueda hacer una cosa. *Facultó al vicepresidente para que le representase en todos los actos.* **SIN.** Autorizar, permitir. **ANT.** Desautorizar.

facultativo, va (fa-cul-ta-**ti**-vo) *adj.* **1.** Que se puede hacer o no. *El impartir justicia es facultativo de los jueces.* ‖ *s. m. y s. f.* **2.** Médico o cirujano. *Un facultativo del hospital dio el parte médico.*

fado (**fa**-do) *s. m.* Cierta canción popular portuguesa. *Estuvieron en uno de los locales de fado más famosos de Lisboa.*

faena (fa-**e**-na) *s. f.* **1.** Trabajo que hay que hacer en un tiempo determinado. *Por la mañana realizó las faenas de la casa.* **SIN.** Quehacer, tarea, labor. **ANT.** Ocio, descanso. **2.** Mala pasada. *El niño ha roto media vajilla, ¡vaya faena!* **SIN.** Jugarreta, trastada. **ANT.** Ayuda. **3.** En las corridas de toros, actuación del torero. *En esta corrida se vieron grandes faenas.*

faenar (fa-e-**nar**) *v. intr.* **1.** Hacer los trabajos de la pesca marina. *El fuerte temporal les impidió salir a faenar.* **2.** Realizar las labores agrícolas. *Están faenando en la era.*

fagocito (fa-go-**ci**-to) *s. m.* Célula que existe en todos los organismos y que tiene la propiedad de digerir los cuerpos extraños. *Los glóbulos blancos son fagocitos.*

fagocitosis (fa-go-ci-**to**-sis) *s. f.* Proceso de ingestión y digestión por parte de algunas células de partículas sólidas, bacterias, cuerpos extraños, etc. *La fagocitosis forma parte de nuestro sistema de defensa inmunológico.* ⌦ Invariable en número.

fagot (fa-**got**) *s. m.* **1.** Instrumento musical de viento, de la familia del oboe, formado por un tubo de madera, con agujeros y llaves, y una boquilla de caña. *Quería aprender a tocar el fagot.* ‖ *s. m. y s. f.* **2.** Persona que toca este instrumento. *Es una excelente fagot.* ⌦ Su pl. es "fagotes".

fair play *expr.* *Juego limpio.

faisán (fai-**sán**) *s. m.* Ave de plumaje grisáceo en las hembras y de vivos colores y larga cola en los machos, cuya carne es muy apreciada. *El faisán vive en Europa y en América del Norte.*

faja (**fa**-ja) *s. f.* **1.** Tira de tela con que se rodea el cuerpo por la cintura dándole varias vueltas. *El traje típico llevaba una faja de seda blanca.* **SIN.** Banda, cinta. **2.** Prenda interior elástica que comprime el abdomen. *Se puso una faja para estilizar la figura.* **SIN.** Ceñidor, corsé. **3.** Tira de papel que ciñe los impresos, periódicos, revistas, etc., que se envían por correo. *Sujeta estos impresos con una faja.* **4.** Lista más larga que ancha. *El remate de la tela es una faja de un tono un poco más oscuro.* **5.** Tira de papel que rodea un libro y en la que se halla impreso un texto que informa sobre su contenido. *En la faja del atlas decía: última edición totalmente actualizada.* **6.** Banda propia de algunos cargos militares, civiles o eclesiásticos. *El obispo llevaba una faja roja.*

fajar (fa-**jar**) *v. tr.* **1.** Ceñir a alguien o algo con una faja. **GRA.** También v. prnl. *Se fajó la cintura con una faja de seda roja.* **2.** *Amér. del S.* Acometer a alguien, golpearle. **GRA.** También v. prnl.

fajín (fa-**jín**) *s. m.* Ceñidor de seda de determinados colores usado como distintivo por algunos cargos públicos, civiles y militares. *El militar llevaba puesto su fajín.*

fajina (fa-**ji**-na) *s. f.* **1.** Conjunto de haces de mies que se pone en las eras. *Varias fajinas estaban extendidas en la era.* **2.** Toque militar de corneta utilizado para indicar a la tropa que tiene que ir a sus alojamientos, comedor, etc. *Todos salieron disparados al oír la fajina.*

fajo (**fa**-jo) *s. m.* Haz o paquete atado de cosas. *Llevaba un buen fajo de billetes.* **SIN.** Manojo, puñado, montón.

falacia (fa-**la**-cia) *s. f.* Engaño o mentira para perjudicar a alguien. *Eran sólo falacias para desprestigiarle.* **SIN.** Ficción, falsedad, fraude. **ANT.** Verdad.

falange (fa-**lan**-ge) *s. f.* **1.** Cada uno de los huesos de los dedos. *Tenía rotura de la segunda falange.* **2.** Grupo de personas que colaboran en un mismo fin. *Formaba parte de una de las falanges.* **3.** Cuerpo numeroso de tropas. *Varias falanges tomaron la ciudad.* **SIN.** Tropa, cohorte, batallón.

falaz (fa-**laz**) *adj.* Que miente o engaña y atrae con falsas apariencias. *Siempre fue una persona malvada y falaz.* **SIN.** Embustero, embaucador, mentiroso. **ANT.** Sincero, natural, verdadero. ⌦ Su pl. es "falaces".

falcónido, da (fal-**có**-ni-do) *adj.* Se dice de las aves de rapiña de pico corto y encorvado, y de patas con fuertes uñas. **GRA.** También s. m. *Los halcones son falcónidos.*

falda (**fal**-da) *s. f.* **1.** Prenda de vestir o parte del vestido femenino que, con más o menos vuelo, cae desde la cintura hacia abajo. *Llevaba una falda hasta los tobillos.* **SIN.** Saya. **2.** Cobertura de una mesa camilla que generalmente llega hasta el suelo. *Las*

435

faldón - fallido

faldas de la mesa camilla eran rojas. **3.** Parte del despiece de una res que cuelga de las agujas, sin estar unida a hueso ni costilla. *Pidió un kilo de falda para guisar.* **4.** Parte inferior de los montes o sierras. *Llegamos hasta la falda de la montaña.* **SIN.** Ladera. || *s. f. pl.* **5.** *fam.* Mujer o mujeres, en oposición al hombre. *Siempre anda entre faldas.* || **LOC. pegado a las faldas.** Se dice de la persona que muestra excesiva dependencia de las mujeres.

faldón (fal-**dón**) *s. m.* **1.** En una prenda de vestir, parte suelta que cae desde la cintura. *El faldón de la blusa le asomaba por debajo de la chaqueta.* **2.** Falda que se pone a los bebés encima de las demás prendas. *Le compraron un bonito faldón para el bautizo.*

falible (fa-**li**-ble) *adj.* Que puede fallar o equivocarse. *Eran pruebas falibles.* **SIN.** Erróneo. **ANT.** Infalible.

falla[1] (**fa**-lla) *s. f.* **1.** Defecto material de una cosa. *Esta tela tiene una falla.* **SIN.** Imperfección, falta, tacha. **2.** Quiebra del terreno debido a movimientos internos del suelo. *El terreno tenía enormes fallas.*

falla[2] (**fa**-lla) *s. f.* **1.** Figuras de cartón y otras materias combustibles, representaciones grotescas de personajes o hechos de actualidad, que se queman públicamente en Valencia la noche de San José. *Era una de las fallas premiadas.* || *s. f. pl.* **2.** Fiestas que se celebran con este motivo. **ORT.** Suele escribirse con mayúscula. *Fueron a las Fallas.*

fallar[1] (fa-**llar**) *v. tr.* Decidir la autoridad competente un litigio, proceso o concurso. **GRA.** También v. intr. *Esperaba que fallara a su favor.* **SIN.** Sentenciar, resolver, decretar.

fallar[2] (fa-**llar**) *v. tr.* **1.** Equivocarse, no acertar. **GRA.** También v. intr. *Falló todas las respuestas.* **2.** Poner en algunos juegos de cartas un triunfo por no tener el palo que se juega. *Falló y se llevó una buena baza.* || *v. intr.* **3.** Estropearse o no salir como se esperaba una cosa. *Falló el coche.* **4.** Perder una cosa su resistencia. *Falló la cuerda y se cayó al suelo.*

fallecer (fa-lle-**cer**) *v. intr.* Dejar de existir, acabar la vida. *Mi abuelo falleció a una edad muy avanzada.* **SIN.** Morir, perecer, expirar. **ANT.** Nacer. ✎ v. irreg., se conjuga como parecer.

fallecimiento (fa-lle-ci-**mien**-to) *s. m.* Muerte. *El fallecimiento se produjo por un paro cardíaco.* **SIN.** Defunción, óbito. **ANT.** Nacimiento.

fallido, da (fa-**lli**-do) *adj.* Se dice de aquello que no ha resultado como se esperaba. *Fue un intento fallido.* **SIN.** Frustado, quebrado, malogrado.

FALLA

SISTEMA DE FALLAS

Macizo tectónico — Fosa tectónica — Macizo tectónico — Plano de falla

Plano de falla — Falla vertical

Plano de falla — Falla inversa

Falla normal

TIPOS DE FALLAS

fallo[1] (**fa**-llo) *s. m.* Sentencia definitiva del juez. *El juez pronunció el fallo.* **SIN.** Veredicto, dictamen.
fallo[2] (**fa**-llo) *s. m.* **1.** Error, equivocación. *Tuvo muy pocos fallos en el examen de matemáticas.* **SIN.** Falta. **ANT.** Acierto. **2.** Mal funcionamiento de algo. *Todo se debió a un fallo en el sistema eléctrico.*
falsear (fal-se-**ar**) *v. tr.* Hacer que una cosa falsa aparezca como verdadera. *Falseó los hechos.* **SIN.** Falsificar, fingir, simular.
falsedad (fal-se-**dad**) *s. f.* **1.** Falta de verdad o autenticidad. *En todas sus promesas sólo hay falsedad.* **2.** Dicho o hecho falso. *Todo lo que había declarado eran falsedades.* **SIN.** Mentira, engaño, fingimiento. **ANT.** Verdad, legitimidad, autenticidad.
falsete (fal-**se**-te) *s. m.* Voz más aguda que la natural. *El niño puso la voz en falsete para imitar la de una mujer.*
falsificación (fal-si-fi-ca-**ción**) *s. f.* **1.** Acción y efecto de falsificar o de hacer aparecer una cosa falsa como verdadera. *Se dedicaba a la falsificación de billetes de banco.* **SIN.** Adulteración, fraude. **2.** Cosa que se ha falsificado. *Este cuadro es una falsificación.*
falsificar (fal-si-fi-**car**) *v. tr.* Hacer que aparezca como verdadera una copia de algo. *Falsificó la firma de su padre.* **SIN.** Adulterar, falsear. Se conjuga como abarcar.
falsilla (fal-**si**-lla) *s. f.* Hoja de papel con líneas paralelas muy señaladas, que se coloca debajo de otra para escribir sin torcerse. *Coloca una falsilla debajo del folio.*
falso, sa (**fal**-so) *adj.* **1.** Engañoso, que parece auténtico pero no lo es. *Es un puente romano falso; lo acaban de hacer.* **SIN.** Aparente, simulado, fingido, ficticio, artificial, imitado. **ANT.** Genuino, auténtico. **2.** Contrario a la verdad. *Decidme si estas preguntas son verdaderas o falsas.* **SIN.** Incierto. **ANT.** Cierto, verdadero. **3.** Que dice mentiras. **GRA.** También s. m. y s. f. *Tu nuevo amigo es muy falso, no me fío de él.* **SIN.** Hipócrita, impostor, mentiroso, traidor, desleal. **ANT.** Sincero, veraz. **4.** Se dice de las cosas que no tienen mucha resistencia o no son muy seguras. *Ese río es muy falso, está lleno de pozos.* **SIN.** Frágil. **ANT.** Resistente.
falta (**fal**-ta) *s. f.* **1.** Escasez de una cosa necesaria o útil. *El campo está seco por la falta de lluvias.* **SIN.** Tacha, deficiencia, carencia. **2.** Error, acto contrario al deber de cada uno. *Copiar en un examen es una grave falta.* **SIN.** Infracción. **3.** Ausencia de una persona del sitio donde debe estar. *Me pusieron falta ayer porque no fui a clase.* **SIN.** Inasistencia. **ANT.** Presencia. **4.** Acto contrario a las normas de un juego o deporte. *El árbitro no ha pitado la falta.* **5.** Imperfección que tiene alguna cosa. *El vestido tenía una falta en las hombreras.* **SIN.** Defecto. ‖ **LOC. echar en falta a alguien o algo** Echarlo de menos. **hacer falta** Ser necesario. **sin falta** Con puntualidad y seguridad.
faltar (fal-**tar**) *v. intr.* **1.** Estar ausente una persona o cosa de un determinado lugar. *Falta de casa desde ayer.* **2.** No acudir a una cita o a una obligación. *El consejero faltó a la reunión.* **3.** Consumirse, acabarse. *Al final faltó comida.* **4.** Haber carencia o escasez de alguna cosa. *Le faltaba voluntad para estudiar.* **SIN.** Carecer, necesitar. **ANT.** Sobrar, cumplir. **5.** No cumplir una promesa. *Faltó a su palabra y no vino a la reunión.* **SIN.** Incumplir. **ANT.** Cumplir, respetar. **6.** Quedar. *Todavía faltan dos horas para que despegue el avión.* **7.** No tratar a alguien con la consideración debida. *No estar de acuerdo no es motivo para que usted me falte.* **SIN.** Agraviar, ofender. **8.** Estar ausente por haber muerto. *En su familia les faltaba el padre desde hacía dos años.* **SIN.** Fallecer, morir.
falto, ta (**fal**-to) *adj.* Defectuoso o necesitado de alguna cosa. *Estaba falto de dinero.* **SIN.** Carente, escaso, desprovisto. **ANT.** Sobrado, lleno.
faltón, na (fal-**tón**) *adj., fam.* Mal educado, que falta al respeto. *Es un faltón, siempre se está metiendo con los demás.*
faltriquera (fal-tri-**que**-ra) *s. f.* Bolso suelto y atado a la cintura, que se llevaba antiguamente para guardar el dinero y otras cosas. *Guardó la moneda en su faltriquera.*
fama (**fa**-ma) *s. f.* **1.** Opinión general que se tiene acerca de una persona. *Picasso tiene fama de pintor genial.* **SIN.** Reputación, nombradía, nombre, honra. **2.** Celebridad, gloria. *El cantante alcanzó la fama en pocos meses.* **SIN.** Triunfo, éxito. **ANT.** Anonimato, modestia. ‖ **LOC. dar fama** Acreditar.
famélico, ca (fa-**mé**-li-co) *adj.* **1.** Que está hambriento. *Llegó famélico.* **SIN.** Ansioso. **ANT.** Harto. **2.** Muy delgado. *Iba acompañado de su famélico caballo.*
familia (fa-**mi**-lia) *s. f.* **1.** Grupo de personas que son parientes, es decir, que tienen lazos de unión entre ellos. *Somos una gran familia, con tantos hermanos, tíos, primos, etc.* **SIN.** Parentela, parientes, familiares. **2.** Hijos. *Mi hermana va a tener familia.* **SIN.** Descendencia. **3.** Agrupación de personas, animales o cosas que poseen gran número de caracteres comunes. *Las familias similares de animales y plantas se agrupan en un orden.*

familiar - fantasma

familiar (fa-mi-**liar**) *adj.* **1.** Que pertenece a la familia. *Tenían que repartir los bienes familiares.* **2.** Que es muy conocido o sabido. *El paisaje le resultaba familiar.* **SIN.** Ordinario, habitual. **ANT.** Raro. **3.** Se dice del trato sencillo y sin ceremonia. *El trato fue muy familiar y se sintió muy a gusto.* **SIN.** Corriente, natural, informal. **ANT.** Protocolario, ceremonioso. **4.** Se aplica al lenguaje, tono, expresión, etc., corriente y natural. *La invitación estaba escrita en un tono muy familiar.* **SIN.** Sencillo, natural, coloquial. **ANT.** Literario. **5.** Se dice del producto u objeto de mayor tamaño que el normal, indicado especialmente para el uso de una familia. *Siempre compra los cereales de tamaño familiar porque a todos les gustan mucho.* **ANT.** Individual. ‖ *s. m.* **6.** Cada uno de los miembros de una familia. *La carta era de un familiar suyo de Madrid.* **SIN.** Pariente, allegado.

familiaridad (fa-mi-lia-ri-**dad**) *s. f.* Sencillez y confianza en el trato. *La reunión se celebró en un ambiente de familiaridad.* **SIN.** Confianza, intimidad. **ANT.** Desconfianza, protocolo.

familiarizar (fa-mi-lia-ri-**zar**) *v. tr.* **1.** Hacer familiar o común una cosa. *Sus viajes le familiarizaron con aquella región.* **SIN.** Acostumbrar, habituar, adaptar. ‖ *v. prnl.* **2.** Adaptarse, acostumbrarse a algo. *Pronto se familiarizó con el clima.* **SIN.** Habituarse, hacerse. ✎ Se conjuga como abrazar.

famoso, sa (fa-**mo**-so) *adj.* Que es conocido por mucha gente. *Es un cantante famoso en el mundo entero.* **SIN.** Renombrado, célebre, popular, conocido, insigne. **ANT.** Desconocido, ignorado.

fan *s. m. y s. f.* *Admirador. ✎ Su pl. es "fans".

fanático, ca (fa-**ná**-ti-co) *adj.* **1.** Que defiende con apasionamiento creencias u opiniones religiosas o políticas. **GRA.** También s. m. y s. f. *No se puede razonar con ella, es muy fanática.* **SIN.** Exaltado, intolerante. **ANT.** Razonable. **2.** Muy entusiasmado por una cosa. *Es un fanático de las películas de terror.* **SIN.** Obcecado, ferviente. **ANT.** Razonable.

fanatismo (fa-na-**tis**-mo) *s. m.* Excesiva preocupación por defender una cosa sin admitir ninguna crítica. *Su fanatismo le llevaba a defender verdaderas barbaridades.* **SIN.** Intransigencia. **ANT.** Tolerancia.

fandango (fan-**dan**-go) *s. m.* **1.** Baile popular español con acompañamiento de guitarra y castañuelas, y de movimiento vivo. *El fandango es típico de Andalucía, Valencia y Baleares.* **2.** Música y coplas de este baile. *Era autora de varios fandangos.*

faneca (fa-**ne**-ca) *s. f.* Pez marino de cabeza apuntada, dientes de sierra y color pardusco en el lomo y blanco por el vientre. *La faneca es muy abundante en el Cantábrico.*

fanega (fa-**ne**-ga) *s. f.* **1.** Medida para los cereales. *Recogieron cien fanegas de trigo.* **2.** Medida agraria de superficie. *Esa tierra tiene 20 fanegas.*

fanerógamo, ma (fa-ne-**ró**-ga-mo) *adj.* Se dice de las plantas con flores que se reproducen mediante semillas. **GRA.** También s. f. *Hay miles de especies de plantas fanerógamas.*

fanfarria (fan-**fa**-rria) *s. f.* **1.** *fam.* *Chulería. **2.** Conjunto de instrumentos musicales de metal. *Tocaba en una fanfarria.*

fanfarrón, na (fan-fa-**rrón**) *adj., fam.* Se dice de la persona que presume de valiente o de lo que no es. **GRA.** También s. m. y s. f. *Me parece un poco fanfarrón.* **SIN.** Bravucón, vanidoso. **ANT.** Tímido.

fanfarronear (fan-fa-rro-ne-**ar**) *v. intr.* Hablar con arrogancia y presunción. *Siempre fanfarronea del dinero de su familia.* **SIN.** Jactarse, chulearse.

fanfarronería (fan-fa-rro-ne-**rí**-a) *s. f.* Modo de hablar y de portarse el fanfarrón. *Siempre está contando fanfarronerías, no te fíes de él.*

fangal (fan-**gal**) *s. m.* Terreno lleno de fango. *Se metió en un fangal.* **SIN.** Barrizal, lodazal, cenegal. ✎ También "fangar".

fango (**fan**-go) *s. m.* Barro que se forma en los terrenos donde hay agua estancada. *Esa parte del prado está llena de fango.* **SIN.** Barro, lodo, limo, cieno.

fantasear (fan-ta-se-**ar**) *v. intr.* **1.** Imaginar algo fantástico. **GRA.** También v. tr. *Fantaseaba con un mundo de seres extraordinarios.* **SIN.** Inventar, soñar. **2.** Presumir de lo que no se es o de lo que no se tiene. *Le gusta mucho fantasear.*

fantasía (fan-ta-**sí**-a) *s. f.* **1.** Imaginación o facultad para inventar cosas. *Tiene mucha fantasía.* **SIN.** Ficción. **ANT.** Realismo. **2.** Cosa que no es así en la realidad. **GRA.** Se usa más en pl. *Son fantasías suyas.* **SIN.** Invención. **ANT.** Realidad. ‖ **LOC. de fantasía** Se dice de los adornos, prendas de vestir, etc., de diseños imaginativos y originales. | Se dice de los adornos hechos a imitación de las joyas auténticas.

fantasioso, sa (fan-ta-**sio**-so) *adj.* **1.** *fam.* Presumido, presuntuoso. *No soporto a las personas tan fantasiosas.* **SIN.** Ostentoso, vanidoso, fanfarrón. **2.** *fam.* Que se deja llevar fácilmente por la imaginación. *Se lleva muchos chascos por ser tan fantasiosa.* **SIN.** Soñador. **ANT.** Realista.

fantasma (fan-**tas**-ma) *s. m.* **1.** Visión de un ser creado por la imaginación. *Tenía muchos fantasmas en su imaginación.* **SIN.** Espectro. **2.** Imagen de una per-

fantasmón - farol

sona muerta. *Veía su fantasma a todas horas.* **3.** Persona disfrazada que sale por la noche para asustar a la gente. *Se disfrazó de fantasma.* || *adj.* **4.** Presumido, presuntuoso. **GRA.** También s. m. y s. f. *¡Qué fantasma eres!* **SIN.** Vanidoso, orgulloso. **ANT.** Modesto. **5.** Deshabitado, sin vida. *Era un pueblo fantasma.*

fantasmón, na (fan-tas-**món**) *adj., fam.* Se dice de la persona que es muy presumida y vanidosa. **GRA.** También s. m. y s. f. *Calla y no seas tan fantasmón.*

fantástico, ca (fan-**tás**-ti-co) *adj.* **1.** Que ha sido inventado por la imaginación y no existe en la realidad. *Soñó un viaje fantástico por el Amazonas.* **SIN.** Imaginario, fantasmal. **ANT.** Real, realista. **2.** Que pertenece o se refiere a la fantasía. *Era un relato fantástico.* **SIN.** Sobrenatural, fabuloso. **ANT.** Real. **3.** *fam.* Maravilloso, excelente. *Su última novela es fantástica.* **SIN.** Soberbio, magnífico, extraordinario. **4.** *fam.* Muy grande. *Consiguieron una fantástica ventaja.* **SIN.** Gigantesco.

fantoche (fan-**to**-che) *s. m.* **1.** Persona de aspecto ridículo. *Siempre ya hecho un fantoche.* **SIN.** Mamarracho. **2.** Persona presumida. *Es un poco fantoche.* **SIN.** Fanfarrón, presuntuoso, fantasma.

faquir (fa-**quir**) *s. m.* **1.** Asceta hindú o musulmán que vive de la caridad pública y practica severos actos de mortificación. *Cuando estuve en la India me impresionó ver faquires.* **2.** Artista de circo que realiza como espectáculo actos similares a los practicados por los faquires. *El faquir se introdujo una espada por la boca.*

faradio (fa-**ra**-dio) *s. m.* Unidad de capacidad eléctrica en el sistema MKS. *Internacionalmente se denomina al faradio "farad".*

farándula (fa-**rán**-du-la) *s. f.* **1.** Profesión de los comediantes y ambiente relacionado con ellos. *Se dedica a la farándula.* **SIN.** Teatro. **2.** Compañía de cómicos ambulantes que antiguamente recorrían los pueblos representando su espectáculo. *Habló con el director de la farándula.* **SIN.** Cómicos, actores.

faraón (fa-ra-**ón**) *s. m.* Soberano del antiguo Egipto. *Visitó las tumbas de los faraones egipcios.*

fardar (far-**dar**) *v. intr., fam.* Presumir, alardear. *Farda mucho de su nuevo coche.* **SIN.** Jactarse, gloriarse.

fardel (far-**del**) *s. m.* Saco o talega de los pastores y caminantes. *Llevaba la merienda en su fardel.*

fardo (**far**-do) *s. m.* Bulto grande de ropa u otra cosa, muy apretado. *Cargó los fardos de paja.* **SIN.** Bulto.

farfullar (far-fu-**llar**) *v. tr.* **1.** *fam.* Hablar muy deprisa y atropelladamente. *Farfulló algo que no entendí.* **SIN.** Mascullar, chapurrear. **2.** *fam.* Hacer una cosa con atropellamiento y sin reflexión. *Farfulló todo como pudo con tal de entregar el trabajo.*

farfullero, ra (far-fu-**lle**-ro) *adj.* Se dice de la persona que no pone cuidado ni atención para hacer las cosas. **GRA.** También s. m. y s. f. *No le dejes que te ayude a pintar las paredes, es un farfullero.*

farináceo, a (fa-ri-**ná**-ce-o) *adj.* Que pertenece o se refiere a la harina o que se parece a ella. *Hizo una masa de aspecto farináceo.* **SIN.** Harinoso.

faringe (fa-**rin**-ge) *s. f.* Conducto muscular membranoso que forma parte del tubo digestivo y se extiende desde el velo del paladar hasta el esófago. *La faringe interviene en el proceso de la respiración y de la fonación.*

faringitis (fa-rin-**gi**-tis) *s. f.* Inflamación de la faringe. *Fui al médico porque tenía faringitis.* Invariable en número.

fariseo (fa-ri-**se**-o) *s. m.* Persona hipócrita. *El muy fariseo nos engañó con sus fingidas buenas intenciones.* **SIN.** Astuto, simulador.

farmacéutico, ca (far-ma-**céu**-ti-co) *adj.* **1.** Que pertenece o se refiere a la farmacia. *Productos farmacéuticos.* || *s. m. y s. f.* **2.** Persona licenciada en farmacia. *Le queda sólo un año para ser farmacéutica.* **3.** Persona que está al cargo de una farmacia. *El farmacéutico le dio unas pastillas para la tos.*

farmacia (far-**ma**-cia) *s. f.* **1.** Tienda donde se venden y se preparan medicinas. *Compró aspirinas en la farmacia.* **SIN.** Botica. **2.** Ciencia que enseña los conocimientos necesarios para la preparación de los medicamentos y las sustancias que los integran. *Está estudiando la carrera de farmacia.*

fármaco (**fár**-ma-co) *s. m.* *Medicamento.

farmacopea (far-ma-co-**pe**-a) *s. f.* Libro en el que figuran las sustancias medicinales más corrientes y el modo de prepararlas y combinarlas. *Consultó las propiedades del medicamento en la farmacopea.* **SIN.** Recetario.

faro (**fa**-ro) *s. m.* **1.** Torre alta, situada en las costas y puertos, con una luz en la parte superior para orientar a los navegantes. *La Torre de Hércules de La Coruña es un faro.* **2.** Cada uno de los focos delanteros de un automóvil. *Llevaba puestos los faros antiniebla.*

farol (fa-**rol**) *s. m.* **1.** Caja fabricada de una materia transparente, dentro de la cual hay un luz que sirve para alumbrar. *Caminaban por el túnel alumbrándose con un pequeño y viejo farol.* **SIN.** Linterna, lámpara, foco, reflector. **2.** En los juegos de cartas, jugada de engaño para desorientar al contrario. Se

farola - fatalidad

echó un buen farol. **3.** *fam.* Persona familiar. *No seas farol.* **4.** *Arg.* Mirador. ‖ **LOC. adelante con los faroles** *fam.* Denota la intención que una persona tiene, o el ánimo que da a otra, de continuar con lo empezado. **tirarse un farol** *fam.* Presumir.

farola (fa-**ro**-la) *s. f.* Farol grande para el alumbrado público. *Han puesto nuevas farolas en la plaza.*

farolillo (fa-ro-**li**-llo) *s. m.* **1.** Farol de papel de vistosos colores que se pone como adorno en verbenas y fiestas. *Adornaron el local con cadenetas y farolillos de vivos colores.* **2.** Planta trepadora, con flores de color blanco amarillento o azul, que se cultiva en los jardines. *Estos farolillos ya están empezando a trepar.* ‖ **3. farolillo rojo** *fam.* El último clasificado en una competición.

farra (**fa**-rra) *s. f.* **1.** Diversión en la que se arma mucho jaleo. *Estuvieron toda la noche de farra.* **SIN.** Juerga, jarana, parranda. **2.** *Arg., Chil. y Ur.* *Burla.

farragoso, sa (fa-rra-**go**-so) *adj.* Se dice de lo que es o está desordenado y confuso. *No sabía cómo salir de aquel asunto tan farragoso.* **SIN.** Enmarañado, incomprensible. **ANT.** Claro.

farruco, ca (fa-**rru**-co) *adj., fam.* Impertinente, desafiante. *Se puso un poco farruco y tuvimos que pararle los pies.*

farsa (**far**-sa) *s. f.* **1.** Nombre que se daba antiguamente a las comedias. *Estudiamos las farsas griegas.* **2.** *desp.* Obra dramática grotesca y de mal gusto. *Nadie entendía cómo un dramaturgo tan prestigioso había escrito aquella farsa.* **3.** Engaño o simulación de algo. *Era todo una farsa para que le levantaran el castigo.* **SIN.** Fingimiento.

farsante, ta (far-**san**-te) *adj., fam.* Se dice de la persona hipócrita que finge lo que siente o intenta hacerse pasar por lo que no es. **GRA.** Se usa más como s. m. y s. f. *Descubrieron al farsante.* **SIN.** Engañoso, simulador, embaucador, impostor. **ANT.** Sincero.

fascículo (fas-**cí**-cu-lo) *s. m.* Cada uno de los cuadernos de una obra que se vende por entregas. *Van a publicar la obra por fascículos.*

fascinación (fas-ci-na-**ción**) *s. f.* Atracción irrefrenable. *Ejercía sobre ella una gran fascinación.* **SIN.** Embrujo, encanto, seducción. **ANT.** Repulsión.

fascinante (fas-ci-**nan**-te) *adj.* Muy atractivo. *Su último proyecto es fascinante.* **SIN.** Atrayente.

fascinar (fas-ci-**nar**) *v. tr.* Causar deslumbramiento o maravillar a alguien. *El conferenciante fascinó a los asistentes.* **SIN.** Seducir, deslumbrar. **ANT.** Repeler.

fascismo (fas-**cis**-mo) *s. m.* Movimiento político de carácter nacionalista y autoriatario, creado por Benito Mussolini después de la Primera Guerra Mundial. *El fascismo se originó en Italia, pero pasó a otros muchos países.* **SIN.** Autoritarismo.

fase (**fa**-se) *s. f.* **1.** Cada uno de los aspectos sucesivos con que se dejan ver la Luna y algunos planetas, según los ilumina el Sol. *Les explicó las fases de la Luna.* **2.** Cada uno de los estados por los que pasa un fenómeno natural, una doctrina, un asunto, etc. *Se encontraba en la fase inicial del proceso de desarrollo.* **SIN.** Período, estado, parte, ciclo. **3.** Cada una de las corrientes monofásicas que contribuyen a formar una corriente polifásica. *Había avería en una de las fases.*

fastidiar (fas-ti-**diar**) *v. tr.* **1.** Causar asco o aburrimiento una cosa. *Le fastidiaba mucho perder el tiempo.* **SIN.** Hastiar, cansar, aburrir. **2.** Enfadar, ser molesto. *Le fastidiaba su mal genio.* **SIN.** Molestar, enojar, irritar. **ANT.** Divertir, gustar. **3.** Perjudicar. *El cambio de fecha del examen me fastidió terriblemente.* ‖ *v. prnl.* **4.** Soportar con paciencia algo adverso. *Tuvo que fastidiarse y quedarse con él a hacerle compañía.* ‖ **LOC. estar alguien fastidiado** *fam.* No sentirse bien, estar enfermo. **¡hay que fastidiarse!** *fam.* Expresión de carácter enfático con la que se inicia un comentario que indica enfado o enojo. **¡no te fastidia!** *fam.* Expresión de carácter enfático con la que se concluye un comentario que indica enfado o enojo. ✎ En cuanto al acento, se conjuga como cambiar.

fastidio (fas-**ti**-dio) *s. m.* Disgusto, molestia. *Tener que salir de casa con aquel frío era un fastidio.*

fastidioso, sa (fas-ti-**dio**-so) *adj.* **1.** Que causa disgusto o molestia. *Su falsa actitud le resultaba fastidiosa.* **SIN.** Desagradable, enfadoso. **2.** Que es inoportuno o aburrido. *Su pesada conversación era un poco fastidiosa.* **SIN.** Tedioso, cargante, latoso.

fastuoso, sa (fas-**tuo**-so) *adj.* Que es muy lujoso u ostentoso. *Su familia poseía una fastuosa mansión.* **SIN.** Suntuoso, espléndido, lujoso. **ANT.** Humilde.

fatal (fa-**tal**) *adj.* **1.** Que inevitablemente ha de ser o suceder. *Ocurrió el fatal desenlace.* **SIN.** Inexorable, predestinado, inevitable, ineludible. **ANT.** Evitable, eludible. **2.** Desgraciado, infeliz. *Un fatal incidente acabó con sus ilusiones.* **SIN.** Adverso, aciago, funesto, nefasto. **ANT.** Afortunado. **3.** *Malo. **ANT.** Bueno. ‖ *adv. m.* **4.** Muy mal, pésimamente. *El examen me salió fatal.*

fatalidad (fa-ta-li-**dad**) *s. f.* **1.** Destino, predestinación. *La fatalidad hizo que todo se fuera a pique.* **2.** Desgracia, mala suerte. *La pérdida de toda la cose-*

fatalista - fe

cha era una fatalidad para los agricultores de la región. **SIN.** Desdicha, infortunio. **ANT.** Fortuna.

fatalista (fa-ta-**lis**-ta) *adj.* **1.** Se dice de la persona que cree que todo está fijado por el destino. **GRA.** También s. m. y s. f. *Es un fatalista, no cree en la libertad de las personas.* **2.** Se dice de la persona que es excesivamente pesimista. **GRA.** También s. m. y s. f. *No seas fatalista, las cosas no nos van tan mal.*

fatídico, ca (fa-**tí**-di-co) *adj.* **1.** Que anuncia lo que pasará, sobre todo las desgracias. *Se cumplen sus fatídicos presagios.* **2.** Desgraciado, desafortunado. *Tuve un día fatídico.* **SIN.** Nefasto. **ANT.** Propicio.

fatiga (fa-**ti**-ga) *s. f.* **1.** Cansancio que se siente después de haber trabajado mucho. *Sentía una gran fatiga después del partido.* **SIN.** Desfallecimiento, agotamiento, cansancio. **ANT.** Recuperación, descanso. **2.** Dificultad en la respiración. *Le entra fatiga al subir las escaleras.* **SIN.** Sofocación, ahogo, asma. **3.** Molestia, penalidad. **GRA.** Se usa más en pl. *Su familia pasó muchas fatigas durante la guerra.* **SIN.** Penuria, pesadumbre, penalidades. **ANT.** Alegría.

fatigar (fa-ti-**gar**) *v. tr.* **1.** Causar cansancio una actividad o trabajo. **GRA.** También v. prnl. *Caminar me fatiga mucho.* **SIN.** Agotar(se), reventar(se), extenuar(se). **ANT.** Descansar. **2.** Molestar, importunar. *¡Cómo le fatigaban sus continuas preguntas!* **SIN.** Incomodar, acosar, fastidiar, incordiar. **ANT.** Agradar. ✎ Se conjuga como ahogar.

fatuo, tua (**fa**-tuo) *adj.* **1.** Falto de entendimiento. **GRA.** También s. m. y s. f. *Es algo fatuo, se lo cree todo.* **SIN.** Necio, tonto. **2.** Lleno de presunción ridícula. **GRA.** También s. m. y s. f. *Es una persona muy fatua.* **SIN.** Vano, presuntuoso, presumido. **ANT.** Humilde, modesto, sencillo.

fauces (**fau**-ces) *s. f. pl.* Parte posterior de la boca de los mamíferos. *El domador metió la cabeza en las fauces del león.*

fauna (**fau**-na) *s. f.* Conjunto de los animales propios de un país o región. *Adoptaron nuevas medidas para proteger la fauna de la región.*

fauno (**fau**-no) *s. m.* Semidiós de los campos y selvas en las mitologías griega y romana. *El fauno tenía la cabeza y el tronco de hombre, y el resto de cabra.* **SIN.** Sátiro.

fausto (**faus**-to) *s. m.* Lujo excesivo. *Fue una ceremonia de mucho fausto.* **SIN.** Ostentación, suntuosidad, magnificencia. **ANT.** Modestia.

fausto, ta (**faus**-to) *adj.* Que proporciona alegría. *La fausta noticia le llenó de esperanzas.* **SIN.** Venturoso, feliz, afortunado. **ANT.** Triste, desgraciado.

favor (fa-**vor**) *s. m.* **1.** Ayuda, beneficio que se hace o se recibe. *Me hizo el favor de acompañarme a la estación.* **SIN.** Socorro, asistencia, servicio, atención. **ANT.** Perjuicio. **2.** Protección, amparo. *Contaba con el favor de su familia.* **3.** Confianza de la que goza alguien ante sus superiores. *Goza del favor de su jefe.* ‖ **LOC. a favor de, o en favor de** En beneficio de. **por favor** Expresión de cortesía que se emplea para solicitar algo. **tener uno a su favor a alguien o algo** Estar de su lado, contar con su apoyo.

favorable (fa-vo-**ra**-ble) *adj.* Que es conveniente o bueno para algo. *La firma de aquel acuerdo comercial era favorable para sus negocios.* **SIN.** Propicio, oportuno, conveniente. **ANT.** Desfavorable.

favorecer (fa-vo-re-**cer**) *v. tr.* **1.** Ayudar o proteger a alguien. *Su política trataba de favorecer a los más necesitados.* **SIN.** Auxiliar, defender, amparar, socorrer. **2.** Apoyar un intento, empresa u opinión. *El equipo directivo favoreció su nuevo plan.* **SIN.** Secundar, auspiciar, patrocinar, proteger. **ANT.** Perjudicar. **3.** Dar o hacer un favor. *Tuvo que reconocer que le había favorecido por ser familiar suyo.* **SIN.** Dispensar. ✎ v. irreg., se conjuga como parecer.

favoritismo (fa-vo-ri-**tis**-mo) *s. m.* Hecho de favorecer a una persona más por capricho que por sus méritos, privando a otra de lo que se merece. *Le acusaron de favoritismo al elegir a aquella persona para el puesto.* **SIN.** Predilección, parcialidad, favor. **ANT.** Igualdad, equidad.

favorito, ta (fa-vo-**ri**-to) *adj.* **1.** Que se prefiere a otro. *La natación era uno de sus deportes favoritos.* **SIN.** Preferido, predilecto. **2.** Considerado probable ganador de una competición. **GRA.** También s. m. y s. f. *Ganó el caballo favorito.*

fax *s. m.* *Telefax.

faz *s. f.* **1.** Rostro, cara. *La faz de esa imagen tiene una talla muy fina.* **SIN.** Fisonomía, semblante, efigie, facciones. **2.** Anverso de las monedas. *La moneda tenía las marcas del fundidor por su faz.* **SIN.** Cara. ✎ Su pl. es "faces".

fe *s. f.* **1.** Creencia en una verdad o dogma religioso. *Su fe le daba fuerzas para soportar todas las adversidades.* **SIN.** Dogma, creencia, religión. **2.** Conjunto de creencias que tiene una persona o un grupo de personas. *Todos los asistentes pertenecían a la fe católica.* **SIN.** Religión, ideología. **ANT.** Incredulidad. **3.** Buena opinión que se tiene de algo o alguien. *Tengo fe en lo que dices.* **SIN.** Confianza, crédito, seguridad, certeza. **ANT.** Desconfianza. **4.** Seguridad, testimonio de que una cosa es cierta. *Las pruebas*

febrero - félido

daban fe de los hechos. **SIN.** Prueba, evidencia. **ANT.** Duda. ‖ **5. fe de erratas** Relación de las faltas observadas en un libro y de sus correspondientes correcciones. ‖ **LOC. a fe mía** Expresión con que se asegura una cosa. **dar fe** Asegurar algo que se ha visto. **de buena fe** Con verdad y sinceridad. **de mala fe** Con engaño y malicia.

febrero (fe-**bre**-ro) *s. m.* Segundo mes del año; consta de 28 días, excepto en los bisiestos, que tiene 29. *Sólo conozco a una persona que haya nacido el 29 de febrero.* ⌇ Su pl. es raro.

febrífugo, ga (fe-**brí**-fu-go) *adj.* Que quita o baja la fiebre. **GRA.** También s. m. *La aspirina es un febrífugo.* **SIN.** Antitérmico, antipirético.

febril (fe-**bril**) *adj.* **1.** Que pertenece o se refiere a la fiebre. *Desconocían las causas de aquel proceso febril.* **SIN.** Calenturiento, ardiente. **ANT.** Sano. **2.** Ardoroso, intensivo. *Desarrollaba una febril actividad.* **SIN.** Nervioso, inquieto. **ANT.** Tranquilo.

fecal (fe-**cal**) *adj.* Que pertenece o se refiere al excremento intestinal. *Tenía que hacerse un análisis de heces fecales.*

fecha (**fe**-cha) *s. f.* **1.** Indicación del tiempo en que se hace o sucede una cosa, especificando día, mes y año. *La carta que encontraron tenía fecha del 25 de mayo de 1990.* **SIN.** Data. **2.** Tiempo o momento actual. *Hasta la fecha es lo único que sabemos con certeza.* **SIN.** Hoy, ahora.

fechar (fe-**char**) *v. tr.* **1.** Poner fecha a un escrito. *Fechó la carta.* **2.** Decir cuándo ocurrió un suceso, de cuándo es un documento, etc. *Los especialistas fecharon el documento a finales del siglo XVII.*

fechoría (fe-cho-**rí**-a) *s. f.* Acción mala. *De joven había cometido muchas fechorías.* **SIN.** Trastada, maldad, faena, delito. **ANT.** Favor, ayuda.

fécula (**fé**-cu-la) *s. f.* Hidrato de carbono compuesto de azúcares, principal compuesto alimenticio almacenado por las plantas. *Los tubérculos almacenan fécula.* **SIN.** Almidón, harina, albumen.

fecundar (fe-cun-**dar**) *v. tr.* **1.** Hacer productiva una cosa. *El Nilo fecunda los campos de Egipto.* **SIN.** Fecundizar, fertilizar. **ANT.** Esterilizar. **2.** Unirse el elemento reproductor masculino al femenino para dar origen a un nuevo ser. *El espermatozoide ha de fecundar el óvulo para crear una nueva vida.* **SIN.** Procrear, engendrar, copular.

fecundo, da (fe-**cun**-do) *adj.* **1.** Que es capaz de fecundar o de ser fecundado. *Período fecundo.* **2.** Que produce mucho. *Estas tierras son muy fecundas.* **SIN.** Fértil, productivo. **ANT.** Infecundo, estéril.

federación (fe-de-ra-**ción**) *s. f.* **1.** Asociación entre varias personas, entidades, países, etc. *Se ha formado una federación de sindicatos del metal.* **SIN.** Alianza, pacto, tratado. **2.** Entidad, organismo o estado que resulta de esta asociación. *Los estados de Brasil están unidos en una federación.* **SIN.** Confederación, coalición, liga. **3.** Estado federal. *Suiza es una federación de cantones.* **4.** Organismo que tiene a su cargo el control y desarrollo de una determinada disciplina deportiva. *Se ha reunido en Madrid la federación nacional de fútbol.*

federal (fe-de-**ral**) *adj.* **1.** Que pertenece o se refiere a la federación. *La policía federal descubrió el crimen..* **2.** Se dice del sistema de gobierno de una confederación de Estados que, rigiéndose cada uno de ellos por leyes propias, están sujetos en ciertos casos y circunstancias a las decisiones de un gobierno central. *El país era un estado federal.*

federar (fe-de-**rar**) *v. tr.* Hacer alianza, liga, unión o pacto entre varios. **GRA.** Se usa más como v. prnl. *Decidieron federarse.* **SIN.** Asociar(se), coligar(se).

feed-back *s. m.* *Retroalimentación.

feeling *s. m.* *Sentimiento.

fehaciente (fe-ha-**cien**-te) *adj.* Que es evidente. *Tenía pruebas fehacientes de que había copiado en el examen.* **SIN.** Indiscutible, fidedigno. **ANT.** Dudoso.

feldespato (fel-des-**pa**-to) *s. m.* Silicato de aluminio y de calcio, sodio o potasio, o mezcla de estas bases, que forma parte de muchas rocas. *Los principales componentes de la corteza terrestre son los feldespatos.*

felicidad (fe-li-ci-**dad**) *s. f.* Sentimiento de alegría, satisfacción, contento, etc., por haber conseguido algo o por encontrarse en una situación agradable. *El nacimiento de un niño da felicidad a los padres.* **SIN.** Gusto, dicha, placer. **ANT.** Infelicidad, dolor.

felicitación (fe-li-ci-ta-**ción**) *s. f.* **1.** Acción y efecto de felicitar. *Recibió la felicitación de todos.* **SIN.** Enhorabuena, parabién. **ANT.** Crítica, pésame. **2.** Tarjeta o nota con que se felicita a alguien. *Envió felicitaciones de Navidad a muchos amigos suyos.*

felicitar (fe-li-ci-**tar**) *v. tr.* **1.** Manifestar a una persona nuestra alegría por algo bueno que le ha sucedido. **GRA.** También v. prnl. *Los amigos la felicitaron por el éxito de su trabajo.* **SIN.** Congratular(se). **ANT.** Criticar. **2.** Expresar el deseo de que una persona sea feliz. *Le felicité en el día de su cumpleaños.*

félido, da (**fé**-li-do) *adj.* Se dice de los mamíferos carnívoros cuyo tipo es el león. **GRA.** También s. m. *El puma, el leopardo y el lince son félidos.*

feligrés - feroz

feligrés, sa (fe-li-**grés**) s. m. y s. f. Persona que pertenece a una parroquia. *El párroco contaba con el apoyo de todos sus feligreses.* **SIN.** Devoto, piadoso, congregante.

feligresía (fe-li-gre-**sí**-a) s. f. **1.** Conjunto de feligreses de una parroquia. *Organizó una fiesta de Navidad para su feligresía.* **2.** Territorio bajo la jurisdicción de un párroco. *Aquel pueblo no pertenecía a su feligresía.* **SIN.** Parroquia.

felino, na (fe-**li**-no) adj. **1.** Que pertenece o se refiere al gato. *Costumbres felinas.* **2.** Que parece de gato. *Ojos felinos.* **3.** Se dice de los animales que pertenecen a la familia cuyo tipo es el gato. **GRA.** También s. m. *Los leones representan la idea de los grandes felinos.*

feliz (fe-**liz**) adj. **1.** Que tiene o goza de felicidad. *Se sentía feliz con su nuevo trabajo.* **SIN.** Dichoso, afortunado. **ANT.** Desdichado, desafortunado. **2.** Que ocasiona felicidad. *El feliz final nos emocionó a todos.* **SIN.** Afortunado, venturoso. **3.** Que es oportuno y eficaz. *Su feliz intervención acabó con la discusión.* **SIN.** Acertado. ✎ Su pl. es "felices".

felonía (fe-lo-**ní**-a) s. f. Deslealtad, traición. *Aquello fue una felonía.* **SIN.** Infamia, alevosía, perfidia.

felpa (**fel**-pa) s. f. Tejido aterciopelado por una cara. *La felpa de estas toallas es muy suave.*

felpudo (fel-**pu**-do) s. m. Alfombra que se pone a la entrada de las casas para limpiarse el barro de los zapatos. *Límpiate bien en el felpudo antes de entrar.*

femenino, na (fe-me-**ni**-no) adj. **1.** Que pertenece a la mujer o que tradicionalmente se ha considerado como propio de ella. **ANT.** Masculino, viril. *Es una mujer muy femenina.* **2.** En gramática, que pertenece o se refiere al género femenino. **GRA.** También s. m. y s. f. *Casa es una palabra de género femenino.*

feminismo (fe-mi-**nis**-mo) s. m. Doctrina social y movimiento que defiende la igualdad de derechos entre mujeres y hombres. *El feminismo ha alcanzado muchas metas en los últimos años.*

fémur (**fé**-mur) s. m. Hueso del muslo. *El fémur es el hueso más largo y fuerte del cuerpo.*

fenecer (fe-ne-**cer**) v. intr. **1.** *Morir. **SIN.** Fallecer. **2.** Acabarse, terminarse, tener fin una cosa. *Sus ilusiones fenecieron al ver que todo le salía al revés.* ✎ v. irreg., se conjuga como parecer.

fenomenal (fe-no-me-**nal**) adj. **1.** Estupendo, muy bueno. *Tuvo una actuación fenomenal.* **SIN.** Extraordinario. **ANT.** Desagradable. **2.** fam. Tremendo, muy grande. *Han colocado una fenomenal fuente en el centro de la plaza.* **SIN.** Desmesurado, descomunal, extraordinario. **ANT.** Minúsculo. ‖ adv. m. **3.** Estupendamente. *Lo pasamos fenomenal.*

fenómeno (fe-**nó**-me-no) s. m. **1.** Suceso de cualquier clase, ya sea material o espiritual. *La lluvia es un fenómeno natural.* **2.** Cosa extraordinaria y sorprendente. *Era todo un fenómeno que hubiera conseguido el apoyo de sus compañeros.* **SIN.** Prodigio, portento, rareza, maravilla. **3.** fam. Persona o animal monstruoso. *El protagonista era un auténtico fenómeno que tenía asustados a todos los niños.* **SIN.** Engendro, espantajo, feo. **ANT.** Perfección. **4.** fam. Persona sobresaliente en su línea. *Juan ha resultado ser un fenómeno para la física.*

feo, a (**fe**-o) adj. **1.** Se dice de aquello que no tiene belleza. *No lleves esa chaqueta, estás muy feo con ella.* **SIN.** Antiestético, espantoso. **ANT.** Hermoso, bello, bonito. **2.** De aspecto desfavorable. *El asunto se ponía cada vez más feo.* ‖ s. m. **3.** fam. Desaire grosero. *Le hizo un gran feo al marcharse sin despedirse.* **SIN.** Grosería, afrenta, desprecio.

feraz (fe-**raz**) adj. Fértil, abundante en frutos. *El regadío hizo de aquellas tierras unas de las más feraces de la comarca.* **SIN.** Fecundo, productivo, fructuoso. **ANT.** Estéril, yermo. ✎ Su pl. es "feraces".

féretro (**fé**-re-tro) s. m. Caja donde se pone el cadáver para llevarlo a enterrar. *Los familiares sacaron el féretro a hombros de la iglesia.* **SIN.** Ataúd.

feria (**fe**-ria) s. f. **1.** Mercado en lugar público y en días señalados. *El primer miércoles de cada mes había feria.* **2.** Lugar donde se celebra este mercado. *Quedaron en encontrarse a la entrada de la feria.* **3.** Conjunto de barracas o casetas de carácter recreativo que se instalan en una población con motivo de sus fiestas. *Lo que más le gustaba de la feria eran los caballitos.* **SIN.** Atracciones. **4.** Exposición que se centra en un determinado producto o tema para su promoción y venta. *La próxima semana es la feria del queso.* **SIN.** Certamen. **5.** *Méx.* Dinero suelto, cambio. **6.** *Amér. C.* Propina. ‖ **7. feria de muestras** Exposición periódica, de carácter profesional, sobre determinados productos o sectores.

fermentar (fer-men-**tar**) v. intr. Transformarse un cuerpo orgánico por efecto de alguna sustancia. **GRA.** También v. tr. *Fermentó la leche.*

fermento (fer-**men**-to) s. m. Cuerpo orgánico que puesto en contacto con otro lo hace fermentar. *Para obtener queso hay que añadir fermento a la leche.* **SIN.** Levadura.

feroz (fe-**roz**) adj. **1.** Se dice del animal sanguinario. *Una manada de lobos hambrientos y feroces mero-*

férreo - fetiche

deaban por los alrededores del pueblo. **SIN.** Salvaje. **ANT.** Inofensivo. **2.** Que tiene o actúa con crueldad. Era una persona muy feroz. **SIN.** Cruel, despiadado, inhumano. **ANT.** Humanitario, bondadoso, pacífico.

férreo, a (fé-rre-o) adj. **1.** Que es de hierro o que tiene sus propiedades. Construyeron un puente férreo. **SIN.** Resistente, inflexible, consistente, fuerte. **ANT.** Blando, flexible. **2.** Duro, tenaz. Se mantuvo en su férrea actitud. **SIN.** Implacable. **ANT.** Benévolo.

ferretería (fe-rre-te-**rí**-a) s. f. Establecimiento comercial donde se venden objetos de hierro e instrumentos para bricolaje. Fue a la ferretería a hacer una copia de la llave.

ferrocarril (fe-rro-ca-**rril**) s. m. **1.** Camino formado por dos barras de hierro paralelas llamadas carriles, por donde circulan los trenes. El ferrocarril dividía el pueblo en dos. **2.** *Tren. ‖ **3. ferrocarril funicular** El que salva grandes desniveles y funciona por medio de cables. **4. ferrocarril suburbano** El que sirve de enlace entre el centro de una gran ciudad y sus núcleos de las afueras. ☞ Ver ilustración pág. 445.

ferroviario, ria (fe-rro-**via**-rio) s. m. y s. f. Empleado de ferrocarriles. Su padre era ferroviario.

ferry s. m. Embarcación que se emplea para transportar personas, vehículos y trenes de una orilla a otra de un río o canal. Cogieron el ferry para cruzar el canal. **SIN.** Transbordador. ✎ Su plural es "ferries".

fértil (fér-til) adj. **1.** Se dice de la tierra que produce mucho. Aquella huerta era muy fértil. **SIN.** Fecundo, rico. **ANT.** Estéril, yermo. **2.** Se aplica también a cosas no materiales, como el ingenio, la imaginación, etc. Tenía una fértil imaginación. **3.** Aplicado a un ser vivo, que puede reproducirse. La rata es un animal muy fértil. **ANT.** Estéril. **4.** Que produce abundantes frutos. El quiosco era un fértil negocio.

fertilización (fer-ti-li-za-**ción**) s. f. Combinación de la célula masculina con el embrión femenino para formar una semilla. En la ganadería se utiliza mucho la fertilización artificial.

fertilizante (fer-ti-li-**zan**-te) s. m. Compuesto nitrogenado fabricado artificialmente para fertilizar la tierra. No necesitó usar mucho fertilizante en esta cosecha. **SIN.** Abono.

fertilizar (fer-ti-li-**zar**) v. tr. Abonar la tierra para que produzca abundantes frutos. Fertilizaron los campos. **SIN.** Fecundizar, abonar, enriquecer. **ANT.** Esterilizar. ✎ Se conjuga como abrazar.

ferviente (fer-**vien**-te) adj. *Fervoroso.

fervor (fer-**vor**) s. m. **1.** Devoción y piedad muy intensos. Rezaba con mucho fervor. **2.** Eficacia e interés que se pone en hacer una cosa. El pintor trabajaba con sumo fervor en su cuadro. **SIN.** Celo, ardor.

fervoroso, sa (fer-vo-**ro**-so) adj. **1.** Que tiene una devoción grande. Era un fervoroso seguidor de sus ideas. **SIN.** Devoto, piadoso, ardiente, entusiasta. **2.** Que hace las cosas con fervor. Era una trabajadora muy fervorosa. **ANT.** Indiferente, apático.

festejar (fes-te-**jar**) v. tr. **1.** Celebrar algo con una fiesta. Festejaron el gran éxito de la película. **2.** Hacer festejos en honor de alguien. Los seguidores festejaron a su equipo con un gran recibimiento. **SIN.** Celebrar, obsequiar, agasajar. **ANT.** Ofender. **3.** Méx. Azotar, golpear.

festejo (fes-**te**-jo) s. m. **1.** Acción y efecto de festejar. Organizaron un gran festejo para celebrarlo. ‖ s. m. pl. **2.** Fiestas públicas o tradicionales. Los festejos de esa ciudad son de gran interés turístico. **SIN.** Celebración, conmemoración.

festín (fes-**tín**) s. m. **1.** Fiesta particular con banquete, baile y otras diversiones. Organizó un festín para el día de su cumpleaños. **2.** Banquete muy abundante. Estaban hambrientos y se dieron un buen festín. **SIN.** Convite, comilona.

festival (fes-ti-**val**) s. m. **1.** Fiesta, especialmente musical. Su grupo favorito actuaba en el festival. **SIN.** Festejo, función, verbena, espectáculo. **2.** Muestra de cine, música, teatro, etc. que se celebra periódicamente y, generalmente, con premios. Fuimos al Festival de Cine de San Sebastián. **SIN.** Certamen.

festividad (fes-ti-vi-**dad**) s. f. **1.** Fiesta o solemnidad con la que se celebra algo. Se celebró la festividad del segundo centenario de su nacimiento. **SIN.** Conmemoración. **2.** Fiesta de la Iglesia para conmemorar algo. Era la festividad de Jueves Santo.

festivo, va (fes-**ti**-vo) adj. **1.** Chistoso, agudo. Habló en un tono muy festivo. **2.** Alegre, jovial. Era una persona muy festiva. **SIN.** Jocoso. **ANT.** Triste. **3.** Se dice del día de fiesta. Los domingos son días festivos.

festón (fes-**tón**) s. m. Bordado en forma de ondas que adorna el borde de una tela. El mantel estaba rematado con un festón. **SIN.** Ribete, orla.

fetal (fe-**tal**) adj. Que pertenece o se refiere al feto. La circulación sanguínea fetal es abierta. **SIN.** Embrionario.

fetiche (fe-**ti**-che) s. m. **1.** Ídolo u objeto adorado por algunos pueblos primitivos. Aquella primitiva cultura adoraba fetiches. **SIN.** Amuleto, estatuilla, talismán, tótem. **2.** Objeto ritualizado para una persona. Consideraba el anillo como su fetiche. **SIN.** Talismán.

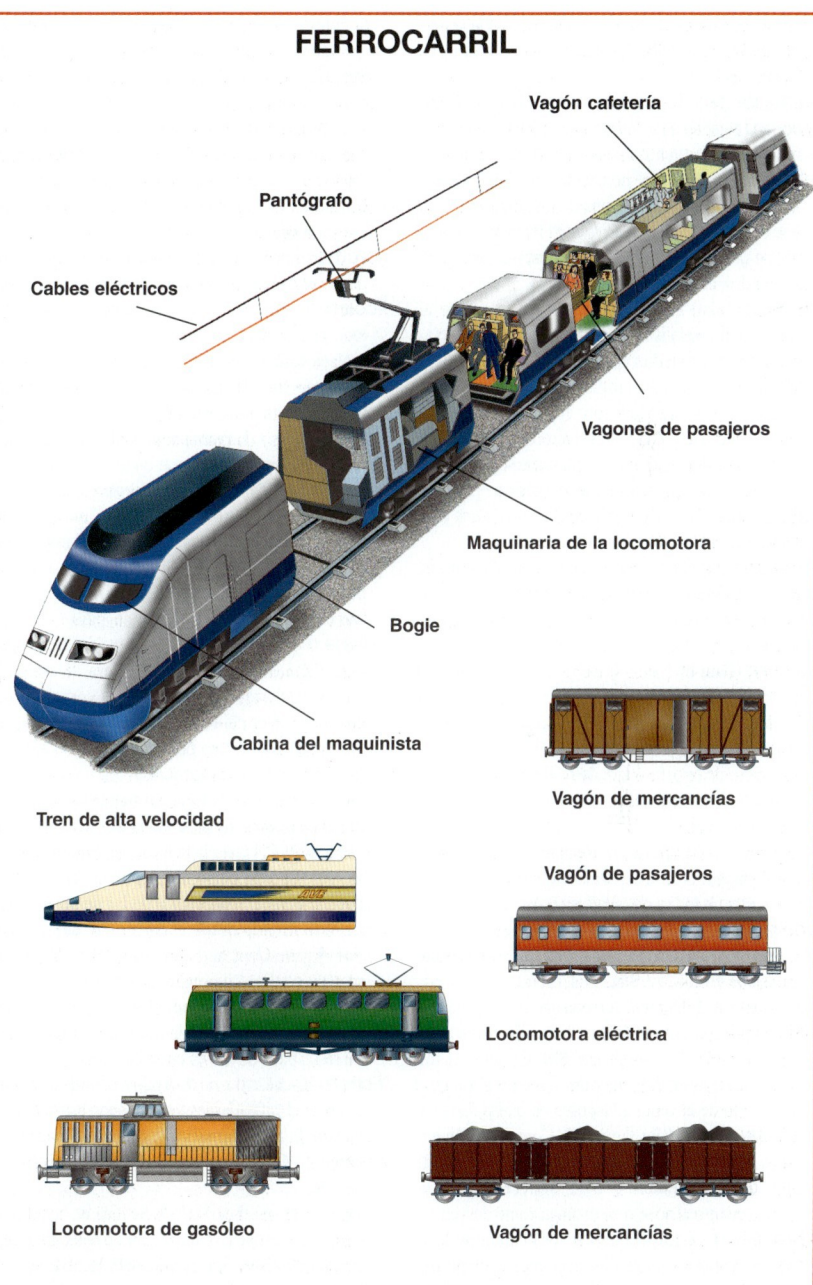

fetidez - ficticio

fetidez (fe-ti-**dez**) *s. f.* Mal olor. *No soportaba la fetidez de la cloaca.* **SIN.** Pestilencia, tufo. 🖎 Su pl. es "fetideces".

fétido, da (**fé**-ti-do) *adj.* Que huele muy mal. *No soportaba estar en aquel fétido sótano.* **SIN.** Hediondo, maloliente, pestilente, apestoso. **ANT.** Aromático.

feto (**fe**-to) *s. m.* **1.** Bebé no nacido aún, desde los dos meses hasta que nace. *Antes de los dos meses, un feto es llamado embrión.* **2.** *fam.* Persona muy fea. *A mí me gusta ese actor y a él le parece un feto.* **SIN.** Engendro, horror, monstruo.

feudal (feu-**dal**) *adj.* Que pertenece o se refiere al feudo o al feudalismo. *Régimen feudal.* **SIN.** Solariego, señorial, medieval.

feudalismo (feu-da-**lis**-mo) *s. m.* Sistema económico y social de la Edad Media por el que un soberano o señor concedía tierras a un súbdito, que estaba obligado a guardarle fidelidad y prestarle servicio militar. *La profesora nos explicó el feudalismo.*

fiable (**fia**-ble) *adj.* Digno de confianza. *Es una persona muy fiable.* **SIN.** Honrado, íntegro.

fiado, da (**fia**-do) *adj.* Se dice de aquello que no ha sido pagado en el momento de comprarlo. *Trajo comida fiada porque se le había olvidado el dinero en casa.*

fiambre (**fiam**-bre) *adj.* **1.** Se dice de la carne y el pescado que se come frío, una vez cocinado, y también de la carne curada. **GRA.** También s. m. *Puso unos entremeses de fiambre.* **2.** *fam.* Pasado de tiempo o de oportunidad. **GRA.** También s. m. *Creo que esa idea está ya un poco fiambre.*‖ *s. m.* **3.** *fam.*Cadáver.

fiambrera (fiam-**bre**-ra) *s. f.* Recipiente con tapa bien ajustada, que se utiliza para llevar comidas fuera de casa. *Puso la tortilla de patata en la fiambrera.*

fianza (**fian**-za) *s. f.* Objeto o dinero que se deposita como garantía de algo. *El juez solicitó una fianza para dejarle en libertad.* **SIN.** Aval, prenda.

fiar (fi-**ar**) *v. tr.* **1.** Dar una persona garantía de que otra cumplirá una obligación que tiene. *Su padre fió al principio todos sus negocios.* **SIN.** Garantizar, responder, asegurar. **2.** Vender una cosa sin cobrar en el momento de la venta. *El tendero no quería fiar a nadie.* **SIN.** Ceder, dejar. ‖ *v. intr.* **3.** Confiar en alguien. **GRA.** También v. prnl. *Se fía de lo que él dice.*‖ **LOC. ser de fiar alguien o algo** Merecer confianza. 🖎 En cuanto al acento, se conjuga como desviar.

fibra (**fi**-bra) *s. f.* **1.** Cada uno de los filamentos de algunas sustancias animales, vegetales o minerales. *Desgarró la carne en fibras.* **2.** Filamento utilizado en la industria textil que se obtiene por procedimientos químicos. *El telar teje las fibras para hacer telas.* **SIN.** Hebra, hilo, hilacha. **3.** Vigor, energía. *Pedro es pura fibra.* **SIN.** Nervio, robustez. **ANT.** Debilidad. ‖ **4. fibra de vidrio** Filamento de este material fundido que se utiliza como aislante. **5. fibra óptica** Filamento de vidrio o plástico transparente que transmite señales luminosas y se utiliza, por ejemplo, en comunicaciones a distancia.

fibroma (fi-**bro**-ma) *s. m.* Tumor formado por tejido fibroso. *Le extirparon un fibroma de la cara.*

ficción (fic-**ción**) *s. f.* **1.** Acción y efecto de fingir. *Era todo pura ficción.* **SIN.** Fingimiento, apariencia, simulación. **2.** Invención propia de la imaginación. *Su novela era una gran obra de ficción.* **SIN.** Fábula, invención, cuento, creación.

ficha (**fi**-cha) *s. f.* **1.** Pieza pequeña de plástico, madera, etc. que sirve para contar en un juego. *Las fichas de este parchís son de cuatro colores.* **2.** Hoja de cartulina o papel fuerte en la que se anotan ciertos datos. *Guarda estas fichas por orden alfabético.* **SIN.** Tarjeta. **3.** Tarjeta para registrar las entradas y salidas del trabajo. *Esta mañana se me ha olvidado la ficha en casa.* **4.** *Arg. y Col.* Bribón, pillo.

fichaje (fi-**cha**-je) *s. m.* **1.** Contratación de un jugador, atleta o técnico deportivo para determinado equipo. *El fichaje del nuevo jugador complació mucho a los socios del equipo.* **2.** Obtención de los servicios o ayuda de una persona. *Consiguió el fichaje de dos grandes investigadores.*

fichar (fi-**char**) *v. tr.* **1.** Rellenar una ficha con ciertos datos de interés. *Tenía fichados todos los libros que había leído.* **2.** Hacer la ficha antropométrica, médica, etc., de una persona. *La policía fichó al delincuente.* **3.** *fam.* Sospechar o dudar de una persona. *Le tenía fichado desde el primer día.* **SIN.** Desconfiar. **4.** *fam.* Contratar a un jugador. ‖ *v. intr.* **5.** Firmar un contrato un jugador para actuar en determinado equipo. *Fichó por el Atlético de Madrid.* **6.** Registrar un empleado la hora de entrada y salida de su trabajo. *Se me ha olvidado fichar.*

fichero (fi-**che**-ro) *s. m.* **1.** Archivo donde se pueden guardar clasificadas las fichas. *Tengo que ordenar el fichero.* **2.** En informática, lugar para almacenar un conjunto de información. *Guárdalo en un fichero diferente.*

ficticio, cia (fic-**ti**-cio) *adj.* **1.** Se dice de aquello que carece de verdad o realidad. *Era un relato totalmente ficticio.* **SIN.** Falso, imaginado. **ANT.** Real. **2.** Aparente, convencional. *Se comporta de un modo ficticio.*

ficus - figurado

ficus (**fi**-cus) *s. m.* Nombre que se da popularmente a diversas plantas ornamentales de hojas verdes, grandes y ovaladas. *El ficus que tienes en la entrada está precioso.* ✎ Invariable en número.

fidedigno, na (fi-de-**dig**-no) *adj.* Digno de ser creído. *Lo supo de fuentes fidedignas.* **SIN.** Auténtico, cierto, verdadero, veraz. **ANT.** Incierto, inseguro.

fidelidad (fi-de-li-**dad**) *s. f.* **1.** Lealtad a otra persona. *La fidelidad entre los amigos era muy importante para él.* **SIN.** Apego, devoción. **ANT.** Deslealtad, infidelidad. **2.** Exactitud en el cumplimiento de alguna cosa. *El pintor mantuvo siempre fidelidad al modelo.* **SIN.** Constancia, escrupulosidad. ǁ **3. alta fidelidad** Tipo de grabación de discos y de audición radiofónica, que recoge una amplia gama de sonidos, generalmente en dos bandas, para las notas bajas y altas, que luego se oyen simultáneamente.

fideo (fi-**de**-o) *s. m.* **1.** Pasta de harina de trigo, en forma de hilo, que sirve para hacer sopa. **GRA.** Se usa más en pl. *La sopa del cocido la hace siempre de fideos.* **2.** *fam.* Persona muy delgada. *Con ese régimen se ha quedado como un fideo.*

fiebre (**fie**-bre) *s. f.* **1.** Elevación de la temperatura normal del cuerpo a causa de una enfermedad. *Voy a ponerte el termómetro para ver si tienes fiebre.* **SIN.** Temperatura. **2.** Agitación muy viva. *Le entró la fiebre del viaje.* **SIN.** Excitación, actividad. **3.** Gran afición por algo. *Le entró la fiebre de la música celta y no escuchaba otra cosa.* **SIN.** Moda.

fiel[1] *adj.* **1.** Que se comporta con fidelidad y lealtad. *Puedes confiar en ella, es una persona muy fiel. El perro es un fiel compañero de las personas.* **SIN.** Constante, leal, firme. **ANT.** Desleal. **2.** Exacto, conforme a la verdad. *Era una copia fiel del original.* **SIN.** Verdadero, verídico. **3.** Que cumple lo que promete o se mantiene firme en algo. *Se mantuvo fiel a sus ideas.* ǁ *s. m. y s. f.* **4.** Persona creyente, religiosa. *Un gran número de fieles acudió a la ceremonia religiosa.* **SIN.** Creyente, feligrés.

fiel[2] *s. m.* Aguja de las balanzas y romanas, que se pone vertical cuando los dos pesos comparados son totalmente iguales. *El fiel indicó cuál de las dos cosas pesaba más.*

fieltro (**fiel**-tro) *s. m.* Paño sin tejer hecho de borra, lana o pelo prensado. *El fieltro se usa para hacer sombreros, alfombras, muñecos, etc.*

fiera (**fie**-ra) *s. f.* **1.** Animal salvaje, que no está domado. *El león, el tigre y la pantera son fieras.* **SIN.** Bestia. **2.** *fam.* Persona cruel o de carácter violento y malo. *Cuando se enfada es una fiera.* **SIN.** Bruto, salvaje. **ANT.** Bondadoso. ǁ *s. m. y s. f.* **3.** Persona que es muy buena en una actividad o profesión. *Es un fiera en matemáticas.* ǁ **LOC. estar, o ponerse, alguien hecho una fiera** *fam.* Estar, o ponerse, muy enfadado.

fiero, ra (**fie**-ro) *adj.* **1.** Se dice del animal no domesticado y que ataca a otros animales o a las personas. *El león es un animal muy fiero.* **SIN.** Cruel, sanguinario, feroz, brutal. **ANT.** Manso, amaestrado, domesticable. **2.** Que tiene mal carácter. *Es una persona tan fiera que es difícil tratar con él.* **SIN.** Agreste, intratable, bravío. **ANT.** Afable, tierno.

fiesta (**fies**-ta) *s. f.* **1.** Alegría, diversión. *Cantamos porque estamos de fiesta.* **SIN.** Festejo. **2.** Día que la Iglesia celebra por ser domingo, Pascua, etc. *En la fiesta de San Juan la iglesia está llena de flores.* **SIN.** Festividad, celebración. **ANT.** Día laborable. **3.** Día en que una nación celebra algo y se cierran los lugares públicos, tiendas, oficinas, etc. *El día de la Constitución es fiesta nacional.* **SIN.** Conmemoración, festividad, vacación. **ANT.** Día laborable. ǁ *s. f. pl.* **4.** Vacaciones que se tienen por Navidad, Pascua, etc. *Estas fiestas de Navidad nos reuniremos toda la familia.* ǁ **LOC. aguar, o aguarse, la fiesta** *fam.* Acabarse la alegría. **estar de fiesta** *fam.* Estar alegre. **no estar alguien para fiestas** *fam.* Estar triste, preocupado o molesto. **tengamos la fiesta en paz** *fam.* Frase que se utiliza para pedir a alguien que no dé motivo de discusión o pelea.

figura (fi-**gu**-ra) *s. f.* **1.** Forma exterior de un cuerpo. *Aquella veleta tiene figura de gallo.* **SIN.** Configuración, aspecto, apariencia, silueta. **2.** Pintura, dibujo o escultura que representa el cuerpo de una persona o de un animal. *Ese artista pinta muy bien figuras, pero no paisajes.* **SIN.** Efigie, imagen, estampa. **3.** Persona que destaca por algo. *Beethoven es una gran figura en la música clásica.* **SIN.** Personalidad. **4.** Gesto, mueca. *No hagas esas figuras con la cara, te pones muy feo.* **5.** En matemáticas, cualquier espacio cerrado por líneas o superficies. *Un rectángulo es una figura.* **6.** Forma de hablar que busca una mayor expresividad del lenguaje. *La metáfora es una figura.* **SIN.** Tropo.

figuración (fi-gu-**ra**-ble) *s. f.* Cosa que se figura o se imagina. *No tienes ninguna prueba, sólo son figuraciones.* **SIN.** Creencia, imaginación. **ANT.** Realidad.

figurado, da (fi-gu-**ra**-do) *adj.* Se dice del sentido en que se toman las palabras o frases diferente a su significado literal. *El profesor tiende a hablar en sentido figurado.* **SIN.** Metafórico.

447

figurar - filiforme

figurar (fi-gu-**rar**) *v. tr.* **1.** Fingir. *Le vi, pero él figuró que estaba mirando el escaparate.* ‖ *v. intr.* **2.** Formar parte de un número determinado de personas o cosas. *No figuraba en la lista de admitidos.* **SIN.** Concurrir, asistir, participar. **ANT.** Ausentarse. **3.** Destacar, aparentar. *Es muy vanidoso, le gusta mucho figurar.* **SIN.** Presumir. ‖ *v. prnl.* **4.** Imaginarse, suponer alguien algo que no conoce. *Me figuro que no tardarán mucho.* **SIN.** Sospechar, creer, fantasear. **ANT.** Tener certeza.

figurativo, va (fi-gu-ra-**ti**-vo) *adj.* Se dice del arte y de los artistas que representan figuras de realidades concretas, en oposición al arte y artistas abstractos. *Miguel Ángel es uno de los pintores figurativos más importantes.*

figurín (fi-gu-**rín**) *s. m.* **1.** Dibujo o modelo para hacer trajes, vestidos o adornos. *Cortó la falda por un figurín.* **SIN.** Patrón. **2.** Revista de modas que trae estos dibujos o modelos. *La modista tenía ya todos los figurines de la temporada primavera-verano.* **3.** Persona demasiado arreglada y presumida. *Así vestido vas hecho un figurín.* **SIN.** Lechuguino, petimetre.

fijador (fi-ja-**dor**) *s. m.* **1.** Producto cosmético que se emplea para fijar el cabello. *Siempre se echa un poco de fijador.* **SIN.** Gomina, pomada. **2.** Líquido para fijar una imagen fotográfica. *Necesitaba fijador.* **3.** Líquido que sirve para fijar un dibujo hecho con carbón o lápiz. *Hizo un dibujo a carboncillo y le echó luego fijador.*

fijar (fi-**jar**) *v. tr.* **1.** Sujetar una cosa en otra con clavos, pegamento, etc. *Está prohibido fijar carteles en esta pared.* **SIN.** Asegurar, adherir, incrustar. **ANT.** Soltar. **2.** Dirigir o aplicar intensamente. *Todos los alumnos fijaron la mirada en el maestro.* **SIN.** Localizar. **ANT.** Desviar. **3.** Determinar algo de una forma precisa: un lugar, una cantidad, etc. *Fijamos la hora de salida del viaje. Los precios que se han fijado son más altos que los del año anterior.* **SIN.** Precisar, marcar, señalar. **4.** Establecer una persona su domicilio en alguna parte. *Desde hacía varios años había fijado su residencia en Madrid.* ‖ *v. prnl.* **5.** Prestar atención. *Se fijó bien en cómo lo hacía el profesor.* **SIN.** Atender, reparar. ✎ Tiene doble p. p.; uno reg., fijado, y otro irreg., fijo.

fijo, ja (**fi**-jo) *adj.* **1.** Que no se mueve por estar asegurado. *Esa estantería está fija en la pared.* **SIN.** Sujeto, firme, seguro. **2.** Que está establecido permanentemente y no cambia. *Todavía no tiene un puesto de trabajo fijo.* **SIN.** Estable, inalterable, inmóvil, invariable. **ANT.** Inestable, vacilante. ‖ *adv. m.* **3.** Con seguridad. *Sé fijo que es mentira.*

fila (**fi**-la) *s. f.* **1.** Orden que guardan varias personas o cosas colocadas en línea. *Formaron varias filas.* **SIN.** Hilera, ringlera, línea, columna. **2.** *fam.* Antipatía, tirria. *Nos tiene mucha fila.* **SIN.** Animadversión, animosidad, odio. **ANT.** Atracción. ‖ *s. f. pl.* **3.** Bando, acción. *Militaba en sus filas.* ‖ **4. fila india** La formada por varias personas o cosas situadas detrás de la otra. ‖ **LOC. en fila** En línea recta. **en filas** En servicio militar activo en el ejército.

filamento (fi-la-**men**-to) *s. m.* **1.** Cuerpo de forma larga y delgada. *Las patas de ese animal son pequeños filamentos.* **2.** El que se pone incandescente en el interior de las bombillas al paso de la corriente eléctrica. *Se rompió un filamento de la bombilla.* **3.** Parte del estambre de las flores. *El filamento sirve de soporte a la antera.*

filantropía (fi-lan-tro-**pí**-a) *s. f.* Amor hacia los demás personas. *Ayudaba a los demás por pura filantropía.* **SIN.** Altruismo, desinterés. **ANT.** Egoísmo.

filarmonía (fi-lar-mo-**ní**-a) *s. f.* Afición a la música o al canto. *Mi madre es muy aficionada a la filarmonía.*

filarmónico, ca (fi-lar-**mó**-ni-co) *adj.* Se dice de algunos grupos, sociedades, orquestas, etc., de música clásica. *Pertenecía a la orquesta filarmónica.*

filatelia (fi-la-**te**-lia) *s. f.* Conocimiento y estudio de los sellos de correos y afición a coleccionarlos. *La filatelia es una de sus grandes pasiones.*

filete (fi-**le**-te) *s. m.* **1.** Pequeña loncha de carne sin hueso o de pescado limpio de espinas. *Comió un filete de ternera con patatas fritas.* **SIN.** Bisté. **2.** En un libro, línea recta que sirve de adorno o para separar textos, dibujos, etc. *Colocó un filete para separar las dos columnas de texto.*

filfa (**fil**-fa) *s. f., fam.* *Mentira, engaño.

filiación (fi-lia-**ción**) *s. f.* **1.** Señas personales. *Hizo la filiación de los miembros del grupo, apuntando la profesión, edad y fecha y lugar de nacimiento.* **2.** Lazo de parentesco entre padres e hijos. **3.** Dependencia, enlace. *Era evidente la filiación entre los dos hechos.* **4.** Adhesión, inscripción de una persona en un grupo, corporación, etc. *De todos era sabido su filiación a ese partido.* **SIN.** Afiliación.

filial (fi-**lial**) *adj.* **1.** Que pertenece o se refiere al hijo. *Amor filial.* ‖ *s. f.* **2.** Establecimiento que depende de otro. *Trabaja en una filial del banco central.* **SIN.** Sucursal, agencia, delegación. **ANT.** Central.

filiforme (fi-li-**for**-me) *adj.* Que tiene forma de hilo. **SIN.** Ahilado. *Los fideos son filiformes.*

filigrana - final

filigrana (fi-li-**gra**-na) *s. f.* **1.** Trabajo delicado hecho con hilos de oro y plata. *Se dedica a hacer trabajos de filigrana.* **SIN.** Adorno, ribete. **2.** Cosa delicada y difícil. *Tiene muy buenas manos para los trabajos manuales, hace auténticas filigranas.*

filípica (fi-**lí**-pi-ca) *s. f.* Regañina fuerte. *Nos echó una buena filípica.* **SIN.** Reprimenda, sermón.

film *s. m.* *Filme.

filmar (fil-**mar**) *v. tr.* Tomar imágenes y sonido para una película cinematográfica o una cinta de vídeo. *Filmó con la cámara de vídeo la fiesta de cumpleaños de su hijo.* **SIN.** Captar, impresionar, fotografiar.

filme (**fil**-me) *s. m.* Película cinematográfica. *Le gustan los filmes de aventuras.* **SIN.** Cinta, rollo.

filmina (fil-**mi**-na) *s. f.* *Diapositiva.

filmoteca (fil-mo-**te**-ca) *s. f.* **1.** Lugar donde se guardan ordenadas para su conservación, estudio y exhibición las películas que ya no se proyectan comercialmente. *Fue a la filmoteca a ver una película.* **2.** Conjunto o colección de películas. *En su casa tiene una excelente filmoteca.*

filo (**fi**-lo) *s. m.* Borde agudo de un instrumento cortante. *El filo de un cuchillo, de unas tijeras, etc.* **SIN.** Corte, tajo, borde. ‖ **LOC. de dos filos o de doble filo** Se dice de aquello que puede tener efectos positivos o negativos.

filología (fi-lo-lo-**gí**-a) *s. f.* **1.** Ciencia que estudia la lengua y la literatura de un pueblo. *Estudió filología.* ‖ **2. filología clásica** Ciencia que estudia las lenguas grecolatinas. **3. filología románica** Ciencia que estudia las lenguas que derivan del latín.

filólogo, ga (fi-**ló**-lo-go) *s. m. y s. f.* Persona que por profesión o estudio se dedica a la filología. *Asistió a un congreso de filólogos.*

filón (fi-**lón**) *s. m.* **1.** Masa de mineral que se encuentra una grieta de las rocas de un terreno. *Encontraron un filón de aquel metal.* **SIN.** Veta, vena, yacimiento. **2.** Materia, negocio, etc. que da grandes beneficios. *Ese negocio de compra-venta de coches es un auténtico filón.* **SIN.** Mina, chollo. **ANT.** Ruina.

filosofar (fi-lo-so-**far**) *v. intr.* **1.** Pensar acerca de una cosa con razones filosóficas. *Grandes pensadores han filosofado sobre la unión del cuerpo y el alma.* **SIN.** Analizar, razonar. **2.** *fam.* Meditar. *Filosofaba sobre la brevedad de la vida.*

filosofía (fi-lo-so-**fí**-a) *s. f.* **1.** Ciencia que trata de la esencia, propiedades, causas y efectos de las cosas naturales. *Estudió filosofía.* **2.** Fortaleza, serenidad para soportar las cosas malas de la vida. *El equipo se tomó la derrota con filosofía.*

filósofo, fa (fi-**ló**-so-fo) *s. m. y s. f.* Persona que por profesión o estudio se dedica a la filosofía. *Platón y Aristóteles fueron dos grandes filósofos.*

filoxera (fi-lo-**xe**-ra) *s. f.* Insecto parecido al pulgón, que destruye las hojas y las raíces de las vides, y enfermedad que produce. *La plaga de la filoxera fue eliminada con insecticida.*

filtrar (fil-**trar**) *v. tr.* **1.** Hacer pasar un líquido a través de un filtro para limpiar sus impurezas. *Tenían que filtrar el agua.* **SIN.** Refinar, colar, purificar. **2.** Hacer que se conozca algo que era confidencial o secreto. *Filtró la noticia.* ‖ *v. intr.* **3.** Pasar un líquido a través de un cuerpo sólido. **GRA.** También v. prnl. *El agua se filtraba por las rendijas del techo.*

filtro[1] (**fil**-tro) *s. m.* **1.** Materia porosa o aparato a través del cual se hace pasar un líquido para depurarlo. *Pon un filtro en la cafetera.* **SIN.** Colador, tamiz. **2.** Pantalla que se interpone al paso de la luz para excluir unos rayos, dejando pasar otros. *Puse un filtro al ordenador.* **3.** Programa especial para rastrear o separar datos informáticos de acuerdo con ciertos criterios. *El filtro ha encontrado un error en ese archivo.*

filtro[2] (**fil**-tro) *s. m.* Bebida a la que se atribuía virtud para obtener el amor de una persona. *Celestina preparaba filtros para los enamorados.* **SIN.** Bebedizo.

fimosis (fi-**mo**-sis) *s. f.* En medicina, estrechez del orificio del prepucio, que impide la salida del glande. *Le operaron de fimosis.*

fin *s. m.* **1.** Término de una cosa. *El fin de la novela estaba claro desde la primera página.* **SIN.** Conclusión, final, remate, terminación, desenlace. **ANT.** Comienzo, principio. **2.** Objeto o motivo con que se hace una cosa. *La reunión tiene como fin hacer un trabajo entre todos.* **SIN.** Intención, propósito, designio, meta, objetivo. **ANT.** Principio, origen. ‖ **3. fin de año** Nochevieja. **4. fin de semana** Período semanal que comprende sábado y domingo. ‖ **LOC. a fin de, o a fin de que** Para. **a fin de cuentas, al fin y al cabo, o en fin** En resumen. **al, o por, fin** Superados todos los obstáculos. **al fin del mundo** A cualquier lugar. **el fin del mundo** Un lugar muy apartado. **dar, o poner, fin a algo** Acabarlo.

final (fi-**nal**) *adj.* **1.** Que pone fin o término a algo. *La escena final de la obra fue fantástica. Estamos en el tramo final de la carretera.* ‖ *s. m.* **2.** Fin de una cosa. *Estaba un poco triste porque se acercaba el final de las vacaciones.* **SIN.** Conclusión, término, remate. **ANT.** Comienzo, principio. ‖ *s. f.* **3.** Prueba última y decisiva en un concurso o competición. *Consiguieron entradas para ver la final de fútbol.*

finalidad - firmar

finalidad (fi-na-li-**dad**) *s. f.* Aquello que se quiere conseguir al hacer una cosa. *Desconocía la finalidad de aquella reunión.* **SIN.** Motivo, objetivo, propósito.

finalista (fi-na-**lis**-ta) *s. m. y s. f.* Cada una de las personas que llegan a la final de una competición deportiva, certamen artístico, etc. **GRA.** También adj. *Su hermana era una de las finalistas.* **SIN.** Contendiente, rival, participante, oponente.

finalizar (fi-na-li-**zar**) *v. tr.* **1.** Acabar una cosa. *Finalizó el trabajo antes de lo que pensaba.* **SIN.** Terminar, rematar. **ANT.** Empezar, originar. ‖ *v. intr.* **2.** Extinguirse o acabarse una cosa. *El plazo de inscripción para la excursión finaliza la próxima semana.* **SIN.** Cumplir, prescribir, fallecer. **ANT.** Empezar, nacer. ✎ Se conjuga como abrazar.

financiar (fi-nan-**ciar**) *v. tr.* Dar dinero para la creación de una empresa o para el desarrollo de ciertas actividades. *Los comercios de la región financiaron parte de la fiesta.* **SIN.** Subvencionar, sufragar. ✎ En cuanto al acento, se conjuga como cambiar.

financiero, ra (fi-nan-**cie**-ro) *adj.* **1.** Que pertenece o se refiere a las finanzas. *Tenía algunos problemas financieros.* ‖ *s. m. y s. f.* **2.** Persona entendida en asuntos de negocios y de bancos. *Estuvo reunido con otros financieros.* **SIN.** Negociante, banquero.

finanzas (fi-**nan**-zas) *s. f. pl.* Operaciones relacionadas con la hacienda pública, los bancos o los grandes negocios mercantiles. *Se dedica al mundo de las finanzas.*

finar (fi-**nar**) *v. intr.* * Fallecer.

finca (**fin**-ca) *s. f.* Terreno o casa de una persona, en el campo o en la ciudad. *Tenían una pequeña finca a la orilla del río.* **SIN.** Heredad, hacienda, solar.

fineza (fi-**ne**-za) *s. f.* Delicadeza, cortesía. *Tiene mucha fineza en el trato.* **SIN.** Atención, miramiento. **ANT.** Grosería, tosquedad.

fingido, da (fin-**gi**-do) *adj.* Que finge. *Hablaba con voz fingida.* **SIN.** Simulado, supuesto, solapado, falseado. **ANT.** Sincero, honesto.

fingimiento (fin-gi-**mien**-to) *s. m.* Engaño para hacer que una cosa parezca lo que no es. *Sus lágrimas eran puro fingimiento para que no le castigaran.* **SIN.** Ficción, doblez, hipocresía. **ANT.** Verdad, realidad.

fingir (fin-**gir**) *v. tr.* Hacer que parezca verdad una cosa que no lo es. *Fingí que me lo creía.* **SIN.** Simular, aparentar.

finiquitar (fi-ni-qui-**tar**) *v. tr.* **1.** Saldar una cuenta. *Finiquitó la cuenta pendiente.* **SIN.** Cancelar. **2.** *fam.* Dar por terminado un asunto. *Fui yo quien finiquitó la discusión.* **SIN.** Concluir, rematar. **ANT.** Empezar.

finiquito (fi-ni-**qui**-to) *s. m.* Suma de dinero con que se liquida un período laboral o una cuenta y documento que certifica que esta liquidación se ha realizado. *Cobró el finiquito.* **SIN.** Liquidación.

finito, ta (fi-**ni**-to) *adj.* Que tiene fin o límite. *La vida humana es finita.* **SIN.** Limitado. **ANT.** Infinito.

fino, na (**fi**-no) *adj.* **1.** Delgado y delicado. *El papel es mucho más fino que el cartón.* **SIN.** Refinado, exquisito, sutil. **ANT.** Tosco, grueso. **2.** De buena educación, cortés. *Es muy fino, siempre cede su asiento a los ancianos en el autobús.* **SIN.** Correcto, atento, cumplido. **ANT.** Grosero, descortés. **3.** Se dice del sentido que está muy desarrollado. *Este perro tiene un olfato muy fino.* **4.** Se dice de la persona muy hábil en alguna cosa. *Es un carpintero muy fino, trabaja la madera de maravilla.* **SIN.** Diestro. **ANT.** Torpe. **5.** Se dice del vino de Jerez muy seco, de color pálido y con mayor graduación que el corriente. **GRA.** También s. m. *Me tomé un fino en la caseta de Córdoba de la feria.*

finolis (fi-**no**-lis) *adj.* Se dice de la persona presumida y pedante. **GRA.** Se usa más como s. m. y s. f. *Es un poco finolis.* **SIN.** Cursi, ridículo, repipi. ✎ Invariable en número.

finta (**fin**-ta) *s. f.* Amago o movimiento del cuerpo que se hace para engañar o evitar el encontronazo con otra persona. *El jugador hizo una finta a un defensa y se colocó delante del portero.*

finura (fi-**nu**-ra) *s. f.* **1.** Delicadeza, primor. *Viste con mucha finura.* **2.** Urbanidad, cortesía. *Da gusto tratar con una persona de tanta finura.* **SIN.** Amabilidad, exquisitez.

fiordo (**fior**-do) *s. m.* Entrante de mar profundo y de paredes muy pendientes propio de litorales montañosos, formado por los glaciares. *El litoral noruego tiene muchos fiordos.*

firma (**fir**-ma) *s. f.* **1.** Nombre y apellidos de una persona escritos de su puño y letra. *Pon la firma al final de la solicitud.* **SIN.** Autógrafo, signatura. **2.** Empresa comercial. *Trabaja en una firma importante de seguros.* **SIN.** Compañía, sociedad, corporación, industria, entidad.

firmamento (fir-ma-**men**-to) *s. m.* Cielo, lugar en el que se encuentran los astros. *Las estrellas brillaban intensamente en el firmamento.* **SIN.** Espacio, cosmos.

firmante (fir-**man**-te) *adj.* Que firma algo. **GRA.** También s. m. y s. f. *Se presentaron ante el director los firmantes del escrito.* **SIN.** Signatario, infrascrito.

firmar (fir-**mar**) *v. tr.* Poner nombre y apellidos con la letra propia. *Firma la carta al final.* **SIN.** Rubricar.

firme - fisonomista

firme (**fir**-me) *adj.* **1.** Que no se mueve. *Esa cerradura está firme, no cederá.* **SIN.** Seguro, fijo, resistente, estable. **ANT.** Inestable, inconsistente. **2.** Que no se deja dominar ni abatir. *Estaba firme en su decisión.* **SIN.** Invariable, entero, imperturbable, sereno, inflexible, constante. **ANT.** Inseguro, inconstante, débil. ‖ *s. m.* **3.** Pavimento de una carretera. *Estaban arreglando el firme de la calle.* **SIN.** Calzada. ‖ *adv. m.* **4.** Con firmeza, con valor. *Decidió estudiar firme para sacar buena nota en el examen.* ‖ **LOC. de firme** Con constancia. **en firme** Definitivamente. **¡firmes!** Voz de mando que se da a los soldados para que se cuadren.

firmeza (fir-**me**-za) *s. f.* **1.** Estado de lo que no se mueve ni vacila. *Era indiscutible la firmeza de aquel viejo caserón.* **SIN.** Seguridad, solidez, estabilidad. **ANT.** Inestabilidad. **2.** Fuerza moral. *Tuvo mucha firmeza para salir adelante a pesar de las adversidades.* **SIN.** Constancia, tesón, entereza.

fiscal (fis-**cal**) *adj.* **1.** Que pertenece o se refiere al fisco o al fiscal. *Trabajaba en el ministerio fiscal.* ‖ *s. m. y s. f.* **2.** Persona que acusa en los tribunales. *El fiscal pedía dos años de prisión para el acusado.* ‖ *s. m.* **3.** *Bol. y Chil.* Seglar que cuida de una capilla rural, dirige las funciones del culto y auxilia al párroco.

fiscalía (fis-ca-**lí**-a) *s. f.* **1.** Oficio y empleo de fiscal. *Hacía dos años que había ocupado la fiscalía.* **2.** Oficina o despacho del fiscal. *La fiscal no se encontraba en aquel momento en la fiscalía.*

fiscalizar (fis-ca-li-**zar**) *v. tr.* **1.** Someter a una inspección fiscal. *Fiscalizaron sus cuentas.* **2.** Averiguar y criticar lo que hacen los demás. *Siempre fiscaliza la vida de sus vecinos.* **SIN.** Inspeccionar. ✎ Se conjuga como abrazar.

fisco (**fis**-co) *s. m.* *Hacienda. **SIN.** Erario.

fisgar (fis-**gar**) *v. tr.* Curiosear para averiguar lo que hacen los demás. *Le pillaron fisgando detrás de la puerta.* **SIN.** Curiosear, atisbar, fisgonear, cotillear. ✎ Se conjuga como ahogar.

fisgón, na (fis-**gón**) *adj.* Que le gusta enterarse de los asuntos de los demás. **GRA.** También s. m. y s. f. *Cerraba todos los cajones con llave, porque su compañero de habitación era un fisgón.* **SIN.** Entrometido, curioso, husmeador.

fisgonear (fis-go-ne-**ar**) *v. tr.* *Fisgar.

física (**fí**-si-ca) *s. f.* Ciencia que estudia las propiedades de los cuerpos y las leyes por las que cambian de forma o estado. *Estudió la carrera de física.*

físico, ca (**fí**-si-co) *adj.* **1.** Que pertenece o se refiere a la física. *Leyes físicas.* **2.** Que pertenece o se refiere a la constitución y naturaleza material. *Mapa físico.* **SIN.** Real, material, corporal, orgánico. **ANT.** Psíquico. ‖ *s. m. y s. f.* **3.** Persona que por profesión o estudio se dedica a la física o a su enseñanza. *Su madre es física.* ‖ *s. m.* **4.** Aspecto exterior de una persona. *Es una persona agradable, aunque no me gusta su físico.* **SIN.** Cuerpo, apariencia.

fisiología (fi-sio-lo-**gí**-a) *s. f.* Ciencia que estudia las funciones de los distintos órganos de los seres vivos. *La fisiología puede ser animal o vegetal.*

fisión (fi-**sión**) *s. f.* División del núcleo de un átomo que libera gran cantidad de energía. *La bomba atómica se basa en la fisión nuclear.* **SIN.** Escisión.

fisioterapia (fi-sio-te-**ra**-pia) *s. f.* Método curativo por medio de agentes naturales o mecánicos. *La fisioterapia acabó con sus dolores de espalda.*

fisonomía (fi-so-no-**mí**-a) *s. f.* **1.** Aspecto del rostro de una persona, con sus rasgos peculiares. *Recordaba perfectamente su fisonomía.* **SIN.** Semblante, cara, faz, facciones. **2.** Aspecto exterior de las cosas. *No me gusta la fisonomía de ese edificio.* **SIN.** Apariencia, figura.

fisonomista (fi-so-no-**mis**-ta) *adj.* Se dice de la persona que se dedica al estudio de la fisonomía o que recuerda y distingue fácilmente a las personas por ésta. **GRA.** También s. m. y s. f. *Es muy buena fisonomista, no olvida una cara.*

RAMAS DE LA FÍSICA

acústica Estudio del sonido y su propagación.
biofísica Física de los fenómenos biológicos.
criogenia Obtención y estudio de muy bajas temperaturas.
cristalografía Formación, estructura y propiedades de los cristales.
electrodinámica Relaciones entre las energías eléctricas y mecánica.
física atómica Comportamiento, propiedades y estructura de los átomos.
física de estado sólido Efecto de la presión, la temperatura, etc, sobre las propiedades de la materia sólida.
física de fluidos Estudio de gases y líquidos.
física nuclear Estudio del núcleo atómico y de las reacciones nucleares.
geofísica Estudio de las propiedades físicas de la Tierra.
mecánica Estudio de los cuerpos en movimiento y en descanso.
óptica Estudio de la luz.
reología Estudio de la plasticidad de la materia.
termodinámica Relaciones entre trabajo y energía.
tribología Estudio de la fricción y la lubrificación.

fístula (**fís**-tu-la) *s. f.* Abertura que se forma en la piel o en las membranas mucosas, por donde se expulsa pus u otro tipo de secreciones. *Le operaron de una fístula.*

fisura (fi-**su**-ra) *s. f.* **1.** Grieta que se forma en un objeto. *La lluvia se filtraba por las fisuras del techo.* **SIN.** Raja, rendija. **2.** Fractura o hendidura longitudinal de un hueso. *Tenía una pequeña fisura en un hueso.*

fitófago, ga (fi-**tó**-fa-go) *adj.* Que se alimenta de plantas. **GRA.** También s. m. y s. f. *La vaca es un animal fitófago.*

flaccidez (flac-ci-**dez**) *s. f.* *Flacidez.

fláccido, da (**flác**-ci-do) *adj.* *Flácido.

flacidez (fla-ci-**dez**) *s. f.* Cualidad de flácido. *Un poco de ejercicio acabará con esa flacidez.* **SIN.** Decaimiento, flojera. **ANT.** Fortaleza.

flácido, da (**flá**-ci-do) *adj.* Flojo, blando. *Tenía los músculos muy flácidos.* **SIN.** Lacio. **ANT.** Tieso, rígido.

flaco, ca (**fla**-co) *adj.* Se dice de la persona o animal de pocas carnes. *Mi hermano se quedó muy flaco después de su larga enfermedad.* **SIN.** Delgado, escuálido, esquelético, seco. **ANT.** Gordo, abundante.

flagelar (fla-ge-**lar**) *v. tr.* **1.** *Azotar. **GRA.** También v. prnl. **2.** Fustigar, insultar. *Le flagelaba con continuas amenazas.* **SIN.** Vituperar.

flagelo (fla-**ge**-lo) *s. m.* **1.** Instrumento que sirve para azotar. *Le golpearon con un flagelo.* **SIN.** Látigo, vergajo, vara, fusta. **2.** Plaga, calamidad. *La peste fue un flagelo para la Humanidad.* **SIN.** Azote, epidemia. **3.** Cada una de las prolongaciones celulares filiformes móviles que algunos protozoos poseen como órgano de locomoción. *Las bacterias se mueven por medio de flagelos.*

flagrante (fla-**gran**-te) *adj.* **1.** Que se realiza en el momento en cuestión. *Le pillaron en flagrante delito.* **2.** Obvio, evidente. *Era una flagrante mentira.* **SIN.** Claro, manifiesto.

flamante (fla-**man**-te) *adj.* **1.** Resplandeciente, brillante. *Estuvo toda la mañana, pero dejó la cocina flamante.* **SIN.** Llameante. **ANT.** Apagado. **2.** Se dice de las cosas recién hechas o estrenadas. *Vino con su flamante coche.* **SIN.** Fresco, nuevo, reciente, inmaculado. **ANT.** Usado, viejo, antiguo.

flamear (fla-me-**ar**) *v. intr.* **1.** Echar llamas. *Las hogueras flameaban en la noche.* **SIN.** Llamear, arder. **2.** Quemar un líquido inflamable en superficies o vasijas para esterilizarlas. *Tenemos que flamear las probetas antes de marchar.* **3.** Pasar un alimento por una llama o rociarlo con licor y encenderlo. *Al flamear la carne tiene más sabor.* **4.** Ondear al viento las banderas y velas de un buque. *Las banderas flamean en sus mástiles.* **SIN.** Ondular, flotar.

flamenco, ca (fla-**men**-co) *adj.* **1.** Se dice del cante y baile andaluz propio de los gitanos, y de todo lo relacionado con ello. **GRA.** También s. m. y s. f. *Es una gran amante del flamenco.* **2.** Se dice de la persona presumida y chula. **GRA.** También s. m. y s. f. *Se puso un poco flamenco.* **SIN.** Insolente. **3.** Se aplica a las personas de aspecto saludable. **GRA.** También s. m. y s. f. *Le encontré tan flamenco.* **4.** *Ant. y P. Ric.* Delgado, flaco. ‖ *s. m.* **5.** Ave zancuda de elevada estatura, de patas y cuello muy largo y de color blanco-rosado. *Había muchos flamencos.* **6.** *Arg.* Puñal grande. ‖ **LOC. a la flamenca** Se dice de la guarnición elaborada a base de puré de patata y coles de Bruselas mezcladas. | Se aplica también a una variedad de huevos al plato a base de jamón, guisantes, pimiento morrón y espárragos.

flamígero, ra (fla-**mí**-ge-ro) *adj.* Que echa llamas o imita su figura. *El incendio tenía un manto flamígero.*

flan *s. m.* Dulce que se hace con yemas de huevo, leche y azúcar, y que se cuaja en un molde al baño María. *De postre comimos un flan de huevo.* ‖ **LOC. estar alguien hecho un flan, o como un flan** *fam.* Estar muy nervioso.

flanco (**flan**-co) *s. m.* Cada una de las dos partes laterales de un cuerpo. *Atacaron al ejército por un flanco.*

flanquear (flan-que-**ar**) *v. tr.* **1.** Estar colocado al lado de alguien o algo. *Dos vigilantes flanqueaban la puerta de entrada.* **2.** Defender por los lados. *El ejército flanqueó su retaguardia.*

flaquear (fla-que-**ar**) *v. intr.* **1.** Debilitarse, ir perdiendo fuerzas. *A la mitad del camino le flaqueaban las fuerzas.* **SIN.** Aflojar, decaer, ceder. **ANT.** Reanimar, resistir. **2.** Desanimarse, decaer de ánimo. *Su ánimo comenzaba a flaquear.* **SIN.** Desalentarse, desmayar. **ANT.** Insistir, perseverar. **3.** Estar poco preparado en algo. *Va bastante bien en todo, pero flaquea en matemáticas.* **SIN.** Cojear. **ANT.** Destacar.

flaqueza (fla-**que**-za) *s. f.* **1.** Debilidad o falta de fuerzas. *Notaba la flaqueza de sus piernas.* **ANT.** Energía. **2.** Delgadez, calidad de delgado. *Su flaqueza es extrema.* **3.** Fallo que se comete por debilidad moral. *Rendirse fue una flaqueza.*

flas *s. m.* **1.** Destello luminoso breve e intenso de una cámara fotográfica y dispositivo que lo produce. *Como era de noche, pusieron el flas para sacar la foto.* **2.** Avance de una noticia importante de última hora. *Lo escuché en un flas informativo.* **3.** Sorpresa, asombro. *Se llevó un buen flas.*

flash - flor

flash s. m. *Flas.

flash back s. m. Secuencia que salta del tiempo de la acción a otro anterior. *La película empieza con un flash back magistral.*

flato (**fla**-to) s. m. **1.** Acumulación molesta de gases en el estómago o en el intestino. *Padecía fuertes dolores por culpa de su flato.* **SIN.** Flatulencia, aires, gases. **2.** *Amér. C., Col., Méx. y Ven.* Melancolía, Tristeza. **SIN.** Murria. **3.** *Guat.* Aprensión, miedo.

flauta (**flau**-ta) s. f. Instrumento musical de viento que consiste en un tubo cilíndrico con varios agujeros que se tapan con los dedos. *Le gustaba mucho tocar la flauta.* ‖ **LOC. y sonó la flauta por casualidad** Indica que es un acierto casual.

flebitis (fle-**bi**-tis) s. f. Inflamación de las venas. *Tenía flebitis.* ✎ Invariable en número.

flecha (**fle**-cha) s. f. **1.** Arma arrojadiza que se dispara con un arco y que consiste en una varilla terminada en una punta triangular. *Disparó la flecha al centro de la señal marcada en el árbol.* **SIN.** Saeta, dardo, venablo. **2.** Indicador de dirección con esta misma forma. *La flecha señala que tienes que tirar a la derecha.* **3.** *amer.* Persona muy nerviosa e inquieta. **4.** *Chil.* En geografía, dirección de una corriente.

flechazo (fle-**cha**-zo) s. m. **1.** Golpe o herida de flecha. *Recibió un flechazo en el hombro.* **2.** *fam.* Amor que nace de repente. *Al momento de conocerse, surgió el flechazo entre ambos.* **SIN.** Enamoramiento, seducción.

fleco (**fle**-co) s. m. **1.** Adorno compuesto por una serie de hilos o cordoncillos colgantes. *La falda de la camilla es roja con los flecos en beis.* **SIN.** Adorno. **2.** Borde de una tela deshilachado por el uso. *Tengo el bajo de los vaqueros lleno de flecos.*

flema (**fle**-ma) s. f. **1.** Mucosidad de las vías respiratorias que se expulsa por la boca. *Al toser le salían muchas flemas.* **SIN.** Esputo, escupitajo, gargajo. **2.** Pachorra, lentitud para hacer algo. *Me saca de quicio la flema que tiene para todo.* **SIN.** Parsimonia, cuajo, tranquilidad. **ANT.** Excitación, nerviosismo.

flemático, ca (fle-**má**-ti-co) adj. Se dice de la persona que es muy calmosa y tranquila. **GRA.** También s. m. y s. f. *Me agotan las personas tan flemáticas.* **SIN.** Apático, imperturbable. **ANT.** Inquieto, nervioso.

flemón (fle-**món**) s. m. Inflamación en las encías. *Le dolía mucho una muela y le salió un gran flemón.*

flequillo (fle-**qui**-llo) s. m. Parte del cabello que cae sobre la frente. *Se cortó el flequillo.*

fletar (fle-**tar**) v. tr. Alquilar un barco, autobús, avión, etc., para transportar mercancías o personas. *La academia fletó un autobús para ir a hacer el examen a Madrid.*

flexible (fle-**xi**-ble) adj. **1.** Que se puede doblar con facilidad. *El plomo es un metal flexible.* **SIN.** Elástico, dúctil, maleable. **ANT.** Rígido, duro, inflexible. **2.** Se dice del ánimo o carácter que cede fácilmente ante otro. *Se adaptará a cualquier tipo de propuesta, es una persona muy flexible.* **SIN.** Transigente, dócil, tolerante. **ANT.** Severo, inflexible.

flexión (fle-**xión**) s. f. **1.** Acción y efecto de doblar o doblarse. *En gimnasia hicimos varias flexiones de piernas.* **2.** Alteración de forma que sufren las palabras para expresar sus accidentes gramaticales. *Flexión verbal.* **3.** Ejercicio realizado sobre el suelo al doblar los brazos con el cuerpo en horizontal. *Hicieron varias series de diez flexiones.*

flexionar (fle-xio-**nar**) v. tr. Hacer flexiones con el cuerpo. **GRA.** También v. prnl. *Flexiona un poco el tronco.* **SIN** Arquear(se), combar(se), doblar(se). **ANT.** Enderezar(se).

flexo (**fle**-xo) s. m. Lámpara de mesa con brazo flexible. *En su mesa de estudio tenía un flexo.*

flirtear (flir-te-**ar**) v. intr. Coquetear, galantear. *Le gustaba flirtear porque era muy presumido.* **SIN.** Cortejar, camelar, conquistar.

flojear (flo-je-**ar**) v. intr. **1.** Hacer algo con pocas ganas o sin interés. *A partir de la mitad, la calidad del trabajo flojeó mucho.* **2.** *Flaquear.

flojedad (flo-je-**dad**) s. f. **1.** Debilidad o poca fuerza. *La gripe le ha producido flojedad.* **SIN.** Desaliento, decaimiento. **2.** Pereza, negligencia. *Realiza su trabajo con flojedad.* **SIN.** Indolencia, descuido.

flojera (flo-**je**-ra) s. f., fam. *Flojedad.

flojo, ja (**flo**-jo) adj. **1.** Mal atado, poco ceñido o poco tirante. *Lleva flojo el nudo de la corbata. A mi hermana le encanta llevar vestidos muy flojos.* **SIN.** Suelto, laxo, desatado. **ANT.** Firme, apretado. **2.** Que no tiene actividad ni fuerza. *Sus piernas estaban tan flojas que no se sostenía de pie.* **SIN.** Débil, desanimado, desalentado, apagado. **ANT.** Animado, vigoroso, fuerte. **3.** De poca calidad o cantidad. *Los alumnos no se habían molestado mucho, las redacciones estaban muy flojas. Nos gustó mucho la decoración del restaurante, pero la comida era un poco floja.*

flor s. f. **1.** Parte de la planta donde se hallan los órganos de reproducción. *Las rosas son unas de las flores que más me gustan.* **2.** Lo más escogido de una cosa. *A la ceremonia asistieron varios personajes de la flor y nata de la alta sociedad.* **SIN.** Crema. **3.** Piropo. **GRA.** Se usa también en pl. *No me eches tan-*

flora - floricultor

tas flores, no me vas a a convencer con eso. **SIN.** Ternura, galantería. ‖ **4. flor y nata.** Lo más selecto de algo. ‖ **LOC. a flor de piel** Muy sensible. **a flor de tierra** Cerca de la superficie de la tierra o sobre la misma superficie. **echar flores** Galantear, adular. **en la flor de la vida** En la juventud.

flora (**flo**-ra) *s. f.* **1.** Conjunto de plantas que crecen en un país o región. *El libro trataba sobre la flora y fauna de la selva.* **SIN.** Vegetación. **2.** Conjunto de microorganismos que se desarrollan en algunos órganos. *El yogur es muy bueno para la flora intestinal.*

floración (flo-ra-**ción**) *s. f.* Tiempo en el que están abiertas las flores. *Las plantas estaban en plena floración cuando cayó una nevada.* **SIN.** Florescencia.

floral (flo-**ral**) *adj.* Que pertenece o se refiere a la flor. *Estaban preparando una ofrenda floral.*

florecer (flo-re-**cer**) *v. intr.* **1.** Echar flores las plantas. **GRA.** También v. tr. *El campo estaba precioso en primavera, todas las plantas habían florecido.* **SIN.** Brotar, romper. **2.** Prosperar en riqueza o reputación. *Su fama floreció mucho con sus dos últimas novelas.* **SIN.** Progresar, aumentar, avanzar. **ANT.** Decaer. **3.** Existir una persona o cosa importante en un lugar o tiempo determinado. *En los últimos años ha florecido en la región una rica cultura popular.* v. irreg., se conjuga como parecer.

floreciente (flo-re-**cien**-te) *adj.* Próspero, favorable. *Posee un negocio muy floreciente.* **SIN.** Boyante.

florecimiento (flo-re-ci-**mien**-to) *s. m.* Prosperidad de una cosa. *Se observaba un gran florecimiento en la ciudad.* **SIN.** Auge, progreso. **ANT.** Decadencia.

floreo (flo-**re**-o) *s. m.* **1.** Conversación sin importancia. *Le llamé por teléfono y estuvimos más de una hora de floreo.* **2.** Dicho vano y superfluo. *No dijo nada de importancia, sólo unos cuantos floreos.*

florero (flo-**re**-ro) *s. m.* Vaso para poner flores. *Le regalaron un bonito florero de cerámica.* **SIN.** Jarrón.

floresta (flo-**res**-ta) *s. f.* **1.** Terreno frondoso con muchos árboles. *Acampamos en una floresta.* **SIN.** Fronda. **2.** Conjunto de cosas agradables y de buen gusto. *Aquel viaje le trajo una floresta de recuerdos.* **3.** Antología poética. *Han editado una floresta de Jorge Guillén.*

florete (flo-**re**-te) *s. m.* Espadín que sirve para practicar la esgrima. *El maestro de esgrima era muy hábil con el florete.*

floricultor, ra (flo-ri-cul-**tor**) *s. m. y s. f.* Persona que se dedica a cultivar flores. *Es una experta floricultora.*

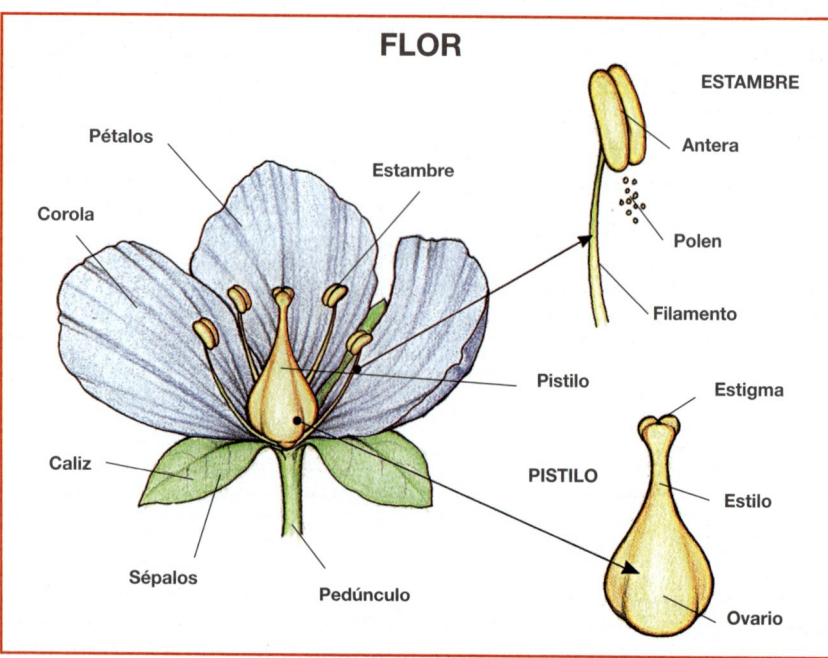

FLOR

Pétalos, Estambre, Corola, Pistilo, Cáliz, Sépalos, Pedúnculo

ESTAMBRE: Antera, Polen, Filamento

PISTILO: Estigma, Estilo, Ovario

florido - foca

florido, da (flo-**ri**-do) *adj.* **1.** Que tiene flores. *El rosal ya estaba florido. Se compró una tela florida y de vivos colores para hacerse un vestido.* **SIN.** Poblado, profuso, floreciente. **2.** Se dice de lo más selecto de alguna cosa. *Estaba presente lo más florido del mundo cinematográfico.* **3.** Se dice del lenguaje o estilo excesivamente recargado. *Utiliza un lenguaje muy florido.* **SIN.** Adornado. **ANT.** Sobrio, parco.

florilegio (flo-ri-**le**-gio) *s. m.* Colección de los mejores fragmentos de obras literarias. *Publicaron un florilegio de la poesía de la época.* **SIN.** Antología, selección.

floripondio (flo-ri-**pon**-dio) *s. m., desp.* Adorno exagerado y de mal gusto. *Siempre va lleno de floripondios.* **SIN.** Pomposidad, florón.

florista (flo-**ris**-ta) *s. m. y s. f.* Persona que vende flores. *La florista nos preparó un precioso ramo de rosas.*

floristería (flo-ris-te-**rí**-a) *s. f.* Tienda donde se venden flores y plantas de adorno. *Compré este ramo de claveles en la floristería.*

florituras (flo-ri-**tu**-ras) *s. f. pl., fam.* Adornos innecesarios que ocultan y complican lo principal de una cosa. *Déjate de florituras y vete al grano.*

florón (flo-**rón**) *s. m.* Adorno en forma de flor muy grande que se usa en pintura y arquitectura. *En el centro del techo de la habitación había un florón.*

flota (**flo**-ta) *s. f.* **1.** Conjunto de barcos de un país, flota naviera, etc. destinados al comercio, a la pesca o a la guerra. *Enviaron la flota de guerra hacia las islas.* **2.** Conjunto de barcos o aviones que tienen una misma misión. *La flota inició el ataque contra el enemigo.* **SIN.** Escuadra, armada. **3.** Conjunto de vehículos de una determinada empresa. *Es dueño de una importante flota de camiones.* **SIN.** Flotilla. **4.** *Chil.* Multitud, caterva. **5.** *Col.* Fanfarronada.

flotador (flo-ta-**dor**) *s. m.* Aparato que se sujeta al cuerpo de una persona para que ésta flote en el agua. *El niño se puso a hinchar el flotador.*

flotar (flo-**tar**) *v. intr.* **1.** Mantenerse un cuerpo en la superficie de un líquido. *Su patito de goma flotaba en la bañera.* **SIN.** Navegar, nadar, emerger. **ANT.** Hundirse. **2.** Haber algo extraño en el ambiente. *Un gran descontento flotaba en el ambiente.*

flote, a *loc. adv.* **1.** Manteniéndose sobre el agua. *Estaba aprendiendo a mantenerse a flote.* **2.** Sin problemas, libre de peligros, apuros económicos, etc. *A pesar de la crisis se mantenía a flote.*

flotilla (flo-**ti**-lla) *s. f.* Flota compuesta de barcos pequeños o de pocos aviones. *La flotilla de barcos estaba preparada para zarpar.*

fluctuar (fluc-tu-**ar**) *v. intr.* **1.** Oscilar un cuerpo sobre un líquido por el movimiento de éste. *El barquito de papel fluctuaba en el agua.* **SIN.** Ondular, oscilar. **2.** Dudar, vacilar. *Fluctuaba entre seguir en el grupo o abandonarlo.* **SIN.** Titubear. **3.** Experimentar cambios la moneda y los precios. *El dólar está fluctuando.* **SIN.** Cambiar, variar, oscilar. ✎ En cuanto al acento, se conjuga como actuar.

fluidez (flui-**dez**) *s. f.* Cualidad de fluido. *Tiene mucha fluidez para hablar en público.* **SIN.** Facilidad.

fluido, da (**flui**-do) *adj.* **1.** Se dice de la sustancia, líquida o gaseosa, que adopta la forma del recipiente que la contenga. **GRA.** También s. m. *Llenó los depósitos con los fluidos ya preparados.* **SIN.** Líquido, gaseoso. **ANT.** Sólido. **2.** Se dice del lenguaje o estilo natural y sencillo. *Utiliza un lenguaje muy fluido.* **ANT.** Difícil. ‖ *s. m.* **3.** Corriente eléctrica. *Se cortó el fluido eléctrico.*

fluir (flu-**ir**) *v. intr.* **1.** Correr un líquido o un gas. *El agua fluía con normalidad.* **SIN.** Manar, circular, rezumar, salir. **2.** Desarrollarse algo sin complicaciones. *Todo fluyó como estaba previsto.* **3.** Surgir las palabras, los pensamientos, etc., con facilidad. *Las palabras fluían de su boca con gran facilidad.* **SIN.** Brotar. ✎ v. irreg., se conjuga como huir.

flujo (**flu**-jo) *s. m.* **1.** Movimiento de los líquidos o de los fluidos. *Al caer la piedra se produjo un flujo en la superficie del agua.* **2.** Movimiento de ascenso de la marea. *Hubo flujo en la ría.* **SIN.** Corriente. **3.** Salida al exterior de un líquido normal o patológico del cuerpo humano. *Por la herida manaba un gran flujo de sangre.* **SIN.** Excreción, supuración. **4.** Abundancia excesiva. *Este verano se espera un numeroso flujo de turistas.*

flúor (**flú**-or) *s. m.* Gas tóxico, de color amarillo verdoso, que pertenecea la familia de los halógenos. *El símbolo del flúor es F.*

fluorescente (fluo-res-**cen**-te) *adj.* Se dice del tubo de vidrio con el interior recubierto de una sustancia que emite luz intensa. **GRA.** También s. m. *Se fundió el fluorescente.*

fluvial (flu-**vial**) *adj.* Que pertenece o se refiere a los ríos. *Había aumentado mucho el caudal fluvial.*

fobia (**fo**-bia) *s. f.* **1.** Fuerte aversión hacia algo. *Le tiene mucha fobia.* **SIN.** Antipatía, aborrecimiento, odio. **ANT.** Simpatía. **2.** Miedo que algunas personas sienten sin motivo justificado. *Tiene fobia a los lugares demasiado pequeños.* **SIN.** Aversión, manía.

foca (**fo**-ca) *s. f.* Mamífero carnívoro marino, de costumbres acuáticas, con cuerpo fusiforme cubierto

foco - fonda

de grasa y pelo. *Las focas nadan y bucean con gran habilidad.*

foco (**fo**-co) *s. m.* **1.** Punto en el que convergen los rayos luminosos. *Existen dos tipos de foco: real y virtual.* **2.** Lámpara eléctrica que produce una luz muy potente. *Colocaron varios focos para iluminar el local.* **SIN.** Farol. **3.** Centro donde está localizada y desde donde se propaga una enfermedad, una infección o una epidemia. *Aquél era un foco de infección.* **SIN.** Núcleo. **4.** Lugar donde está concentrada una cosa y desde donde se propaga. *Micenas fue el foco de la cultura Minoica.* **SIN.** Base. **ANT.** Periferia.

fofo, fa (**fo**-fo) *adj.* Se dice de lo que está blando o tiene poca consistencia. *Estaba un poco fofo de no hacer nada de ejercicio físico.* **SIN.** Esponjoso, flácido, inconsistente. **ANT.** Duro, consistente.

fogata (fo-**ga**-ta) *s. f.* Fuego que levanta llama. *Hicimos una fogata para calentarnos.* **SIN.** Hoguera.

fogón (fo-**gón**) *s. m.* Lugar de las cocinas para hacer fuego y guisar. *Pon la cazuela en el fogón.*

fogonazo (fo-go-**na**-zo) *s. m.* Llamarada momentánea que algunas materias, como la pólvora, producen al inflamarse. *Salió un fuerte fogonazo.* **SIN.** Chispazo, resplandor, fulgor. **ANT.** Oscuridad.

fogoso, sa (fo-**go**-so) *adj.* Ardiente, muy vivo y apasionado. *Tenía un fogoso deseo de conseguir el primer premio.* **SIN.** Exaltado. **ANT.** Apático.

fogueo, de *loc. adv.* Se dice de la munición que está hueca y de los disparos que con ella se realizan. *Eran balas de fogueo.*

foie-gras *s. m.* Pasta de gran valor gastronómico elaborada a base de hígado de pato, oca, cerdo, etc. *Se comió una tostada de pan untada de foie-gras.* ✎ Invariable en número.

folclor (fol-**clor**) *s. m.* Conjunto de las tradiciones, costumbres o creencias de un pueblo o país. *Es un estudioso del folclor de su tierra.* **SIN.** Pintoresquismo, costumbrismo, tradición.

folclore (fol-**clo**-re) *s. m.* *Folclor.

folclórico, ca (fol-**cló**-ri-co) *adj.* **1.** Que pertenece o se refiere al folclor. *Grupos folclóricos.* **SIN.** Tradicional, popular, pintoresco, costumbrista. **ANT.** Cosmopolita. ‖ *s. m. y s. f.* **2.** Persona que se dedica al cante y baile flamenco o aflamencado. *Todas las revistas hablaban de la famosa folclórica.*

folclorista (fol-clo-**ris**-ta) *s. m. y s. f.* Especialista en el folclor. *Es una conocida folclorista.*

foliáceo, a (fo-**liá**-ce-o) *adj.* Que pertenece o se refiere a las hojas de las plantas. *La hoja de parra tiene una estructura foliácea simple.*

folículo (fo-**lí**-cu-lo) *s. m.* Cavidad de la piel de donde crece el pelo. *La mayor cantidad de folículos está en la cabeza.*

folio (**fo**-lio) *s. m.* **1.** Hoja de papel. *No le gusta escribir en folios blancos porque se tuerce.* **SIN.** Página, pliego. **2.** En imprenta, paginación de la hoja de un libro. *Esta página lleva el folio en el margen derecho.*

folk *s. m.* **1.** Género musical de raíces populares. *El fin de semana estuve en un festival de folk.* **2.** Movimiento musical de claro compromiso social que surgió en Estados Unidos en los años cincuenta. *Bob Dylan es un cantante folk.*

folklore (fol-**klo**-re) *s. m.* *Folclor.

follaje (fo-**lla**-je) *s. m.* Conjunto de hojas de los árboles y otras plantas. *Se escondió entre el follaje.* **SIN.** Espesura, fronda, ramaje, hojarasca. **ANT.** Claro.

folletín (fo-lle-**tín**) *s. m., fam.* Relato o representación de tema amoroso y carácter melodramático y sensiblero. *La película de esta noche es un folletín malísimo.* **SIN.** Serial, drama.

folleto (fo-**lle**-to) *s. m.* **1.** Obra impresa de menos páginas que un libro. *Venía un folleto con las instrucciones.* **SIN.** Librillo, cuaderno. **2.** Conjunto de hojas impresas de propaganda. *Se dedicaba a repartir folletos por los buzones.* **SIN.** Panfleto, prospecto.

follón (fo-**llón**) *s. m.* Alboroto, enredo, lío. *Los semáforos no funcionaban y se armó un gran follón.* **SIN.** Gresca, trifulca.

fomentar (fo-men-**tar**) *v. tr.* **1.** Promover un negocio, empresa, situación, etc. *El gobierno aprobó una serie de medidas para fomentar el empleo.* **SIN.** Promover, apoyar, respaldar, proteger, impulsar, desarrollar. **ANT.** Descuidar. **2.** *Cub. y P. Ric.* Fundar, organizar un negocio.

fomento (fo-**men**-to) *s. m.* **1.** Medicamento líquido que se aplica con paños exteriormente. *Se aplicó fomentos en la herida.* **SIN.** Cataplasma, emplasto. **2.** Protección con que se trata de impulsar algo. *Colaboró en el fomento de nuevas actividades culturales.* **SIN.** Estímulo, favor, ayuda, auxilio.

fonación (fo-na-**ción**) *s. f.* Emisión de la voz o de la palabra. *Estábamos estudiando los órganos que intervenían en el proceso de la fonación.*

fonda (**fon**-da) *s. f.* **1.** Establecimiento público donde se da hospedaje y se sirven comidas. *Pasaron la noche en una fonda.* **SIN.** Posada, mesón, venta, hostal. **2.** *Guat.* Tienda donde se vende aguardiente y otros licores. **SIN.** Bodega, bodegón. **3.** *Chil.* Puesto en el que se venden bebidas y refrescos, y donde suele haber canto y baile.

fondeadero - fonendoscopio

fondeadero (fon-de-a-**de**-ro) *s. m.* Lugar suficientemente profundo para que la embarcación pueda echar le el ancla. *Amarró la barca en el fondeadero.* **SIN.** Ensenada, cala, dársena.

fondear (fon-de-**ar**) *v. tr.* **1.** Reconocer el fondo del mar. *Antes de atracar, la flota fondeó la bahía.* **2.** Registrar una embarcación para ver si trae contrabando. *La policía de aduanas fondeó la embarcación sospechosa.* **3.** Examinar con cuidado una cosa hasta llegar a sus principios. *Aunque fondearon minuciosamente el asunto no dieron con la solución.* ‖ *v. intr.* **4.** Asegurar una embarcación por medio de anclas o grandes pesos. *Fondearon en el puerto.* **SIN.** Anclar.

fondo (**fon**-do) *s. m.* **1.** La parte más baja de una cosa hueca. *Aún hay leche en el fondo de la botella.* **SIN.** Base, apoyo. **ANT.** Superficie. **2.** Superficie sólida sobre la cual está el agua en el mar, los ríos, etc. *El fondo del río tiene piedras.* **SIN.** Lecho. **3.** Profundidad. *El estanque sólo tiene medio metro de fondo.* **SIN.** Hondura. **4.** Color o dibujo que cubre una superficie sobre la que resaltan adornos, dibujos o manchas de otros colores. *La tela tenía un fondo azul claro con flores azul marino.* **5.** Lo principal y esencial de una cosa. *Llevaban tres horas de reunión y todavía no habían llegado al fondo del asunto.* **SIN.** Asiento, raíz, base. **6.** Dinero, bienes. **GRA.** Se usa más en pl. *Decidió hacer una rifa para recaudar fondos.* **SIN.** Riqueza, caudal. **7.** Carácter, forma de ser de alguien. *Parece despegado, pero en el fondo es muy cariñoso.* **8.** Conjunto de libros, manuscritos, revistas, etc., que tiene una biblioteca, archivo, etc. *La biblioteca local tiene un fondo de gran valor histórico.* **9.** Conjunto de libros publicados por una editorial. *El fondo de nuestra editorial abarca un gran número de temas.* **10.** Resistencia física para practicar deporte. *Tengo que entrenarme para la carrera, porque no tengo fondo y me agoto enseguida.* **11.** *vulg., Méx.* *Retrete. ‖ **LOC. a fondo** Con interés y detenimiento. **en el fondo** En realidad, si se mira bien. **tocar fondo** Alcanzar el límite una situación desfavorable.

fonema (fo-**ne**-ma) *s. m.* Cada una de las unidades fonológicas mínimas del sistema de una lengua. *Tiene problemas para pronunciar el fonema /f/.*

fonendoscopio (fo-nen-dos-**co**-pio) *s. m.* Instrumento usado para auscultar. *El médico le examinó con el fonendoscopio.* **SIN.** Estetoscopio.

FONEMAS VOCÁLICOS			
Grado de abertura	Punto de articulación		
	palatal	medial	velar
cerrado	/i/		/u/
semicerrado	/e/		/o/
abierto		/a/	

FONEMAS CONSONÁNTICOS							
Punto de articulación	Sonoridad	Modo de articulación					
		BUCALES					NASALES
		oclusivas	africadas	fricativas	laterales	vibrantes	
bilabial	sonora	/b/					/m/
	sorda	/p/					
labiodental	sonora						
	sorda			/f/			
interdental	sonora						
	sorda			/θ/			
dental	sonora	/d/					
	sorda	/t/					
alveolar	sonora				/l/	/r/ /r̄/	/n/
	sorda			/s/			
palatal	sonora			/y/	/ʎ/		/ṇ/
	sorda		/ĉ/				
velar	sonora	/g/ /w/					
	sorda	/k/		/x/			

fonética (fo-**né**-ti-ca) *s. f.* **1.** Conjunto de los sonidos de una lengua. *La fonética árabe es muy compleja.* **2.** Rama de la lingüística que estudia los sonidos en su realización. *Tengo un examen de transcripción fonética del inglés.*

fonoteca (fo-no-**te**-ca) *s. f.* Colección o archivo de grabaciones fonográficas. *El museo tiene una amplia fonoteca.*

fontana (fon-**ta**-na) *s. f., poét.* *Fuente.

fontanela (fon-ta-**ne**-la) *s. f.* Espacio membranoso que hay entre algunos huesos del cráneo, antes de que se complete su endurecimiento. *La fontanela aún no había cerrado bien.*

fontanería (fon-ta-ne-**rí**-a) *s. f.* **1.** Arte de instalar, hacer funcionar y conservar las cañerías del agua. *Estudia formación profesional por la rama de fontanería.* **2.** Conjunto de conductos por donde se dirige y distribuye el agua. *Se ocupaba de la fontanería de la construcción.* **3.** Taller del fontanero. *Tiene la fontanería en el bajo de su casa.*

fontanero, ra (fon-ta-**ne**-ro) *s. m. y s. f.* Persona cuyo oficio es instalar y reparar grifos, cañerías, etc. *Había una fuga de agua y tuvieron que llamar al fontanero.*

footing *s. m.* Ejercicio deportivo que consiste en correr a ritmo moderado. *Todas las mañanas hace footing durante media hora.*

forajido, da (fo-ra-**ji**-do) *adj.* Se dice de la persona que huye de la justicia. **GRA.** También s. m. y s. f. *La policía detuvo a los forajidos.* **SIN.** Malhechor, bandido, bandolero, delincuente.

foráneo, a (fo-**rá**-ne-o) *adj.* Forastero, extranjero. *En aquellas fiestas había muchos foráneos.*

forastero, ra (fo-ras-**te**-ro) *adj.* Que es o viene de fuera del lugar. **GRA.** También s. m. y s. f. *Aunque llevaba varios años viviendo en aquel pueblo, seguían considerándole forastero.* **SIN.** Extranjero, foráneo, inmigrante. **ANT.** Ciudadano, natural, nativo.

forcejear (for-ce-je-**ar**) *v. intr.* **1.** Hacer fuerza para vencer alguna resistencia. *Los ladrones forcejearon con el vigilante.* **SIN.** Pugnar, bregar, luchar. **ANT.** Someterse. **2.** Rebatir con tenacidad una cosa. *Forcejearon hasta conseguir una mejor oferta.* **SIN.** Contradecir.

fórceps (**fór**-ceps) *s. m.* Instrumento que se usa para la extracción del bebé en los partos difíciles. *En el parto tuvieron que utilizar los fórceps.* Invariable en número.

forense (fo-**ren**-se) *adj.* Se dice del médico que trabaja en un juzgado o para la policía, cuyo oficio es el de investigar las causas de la muerte de una persona, realizar autopsias, etc. **GRA.** También s. m. y s. f. *Había que esperar al dictamen del forense para saber las causas de la muerte.*

forestación (fo-res-ta-**ción**) *s. f.* Acción y efecto de plantar árboles en un terreno. *Se procedió a la forestación de tierras que estaban sin cultivar.* **SIN.** Repoblación, reforestación. **ANT.** Deforestación.

forestal (fo-res-**tal**) *adj.* Que pertenece o se refiere a los bosques. *El guarda forestal nos indicó el camino.*

forfait *s. m.* Abono que se compra a un precio establecido y con el que se tiene acceso, en un tiempo limitado, a determinadas instalaciones o actividades. *Cuando van a a esquiar sacan un forfait.*

forjar (for-**jar**) *v. tr.* **1.** Dar forma con el martillo a una pieza de metal. *Estaba forjando una verja.* **SIN.** Fraguar, moldear, percutir. **2.** Fabricar y formar. *Están forjando un nuevo tipo de motor.* **3.** Fingir, inventar. *Forjaron un plan.* **SIN.** Tramar, urdir.

forma (**for**-ma) *s. f.* **1.** Apariencia externa de una cosa. *Esta mesa tiene forma rectangular.* **SIN.** Configuración, figura, conformación, formato, imagen, silueta, perfil. **2.** Modo de proceder en una cosa. *¡Vaya forma de reaccionar!* **SIN.** Manera, medio, sistema, método. **3.** Modo de expresar las ideas. *Tiene una forma de hablar que no me gusta nada.* **4.** Estado físico de una persona. *A pesar de los años, estaba en muy buena forma.* **5.** Hostia pequeña para la Comunión. *El sacerdote consagra las formas.* ‖ *s. f. pl.* **6.** Modales, conveniencias sociales. *No sabe guardar las formas.* **7.** Figura del cuerpo humano. *Estaba delgado, pero tenía buenas formas.* ‖ **LOC. dar forma** Concretar lo que estaba impreciso. **de forma que** Indica consecuencia y resultado. **de todas formas** Denota que lo que se ha dicho con anterioridad no impide lo siguiente. **estar en forma** Estar en buenas condiciones física o anímicamente.

formación (for-ma-**ción**) *s. f.* **1.** Educación que recibe una persona. *Tenía una buena formación universitaria.* **2.** Proceso de aprendizaje de una materia o técnica. *Aquel gran maestro había influido mucho en su formación como escultor.* **3.** Reunión ordenada de tropas. *La compañía estaba en formación.* **SIN.** Alineación. **4.** Conjunto de masas minerales con caracteres comunes. *El terreno era una enorme formación de roca caliza.*

formal (for-**mal**) *adj.* **1.** Que pertenece o se refiere a la forma, en contraposición a esencial. *Sólo faltaba ponerse de acuerdo en el aspecto formal de la negociación.* **2.** Que tiene formalidad. *No faltará a su pa-*

labra, es una persona muy formal. **SIN.** Serio, juicioso, cumplidor. **ANT.** Informal, tarambana. **3.** Que figura de manera expresa en un documento, acto, etc. *Había que cumplir ciertos requisitos formales.* **SIN.** Explícito, preciso, determinado.
formalidad (for-ma-li-**dad**) *s. f.* **1.** Seriedad para cumplir con una obligación. *Se quejó de la poca formalidad del personal del establecimiento.* **SIN.** Rectitud, compostura. **ANT.** Inexactitud, informalidad. **2.** Cada uno de los requisitos imprescindibles para hacer alguna cosa. *Realizamos todas las formalidades necesarias.* **SIN.** Procedimiento, regla. **3.** Modo de realizar adecuadamente un acto público. *Se encargaba de todas las formalidades para la ceremonia.*
formalizar (for-ma-li-**zar**) *v. tr.* **1.** Concretar, precisar. *Hemos decidido formalizar nuestras relaciones antes de casarnos.* **SIN.** Determinar, establecer. **2.** Dar a una cosa los requisitos legales. *La reunión era para formalizar los términos del contrato.* **SIN.** Legitimar, legalizar. ⌦ *Se conjuga como abrazar.*
formar (for-**mar**) *v. tr.* **1.** Dar figura a una cosa. *Con la nieve he formado un muñeco.* **SIN.** Moldear, fabricar, hacer, modelar. **ANT.** Destruir. **2.** Juntar diferentes seres o cosas para que hagan un todo. *Formó un barco con todas las piezas.* **SIN.** Crear. **ANT.** Destruir. **3.** Hacer o componer varios seres o cosas el todo del que son parte. *El agua forma parte del cuerpo humano.* **SIN.** Constituir, componer, integrar. **ANT.** Disolver. **4.** Criar, educar. **GRA.** También v. prnl. *Quería mucho a aquel niño huérfano porque ella se había encargado de formarlo.*
formatear (for-ma-te-**ar**) *v. tr.* Marcar electrónicamente un disco para que pueda recibir datos. *Se ha producido un error al formatear el disquete.*
formativo, va (for-ma-**ti**-vo) *adj.* Se dice de lo que forma o da forma. *Aquel puzzle le parecía un juguete muy formativo.* **SIN.** Educativo, pedagógico.
formica (for-**mi**-ca) *s. f.* Material con que se recubren ciertas maderas para protegerlas. *La encimera de la cocina era de formica.*
formidable (for-mi-**da**-ble) *adj.* **1.** Muy grande, enorme. *Las montañas de esta zona son formidables.* **SIN.** Colosal, gigantesco. **ANT.** Minúsculo, pequeño, mínimo. **2.** *fam.* Extraordinario, magnífico. *El último libro que he leído es formidable, me encantó.* **SIN.** Estupendo, admirable. **ANT.** Desagradable, horrible.
formol (for-**mol**) *s. m.* Sustancia química empleada como desinfectante y como conservante de sustancias orgánicas. *Tenía una colección de reptiles conservados en formol.*

formón (for-**món**) *s. m.* Instrumento de carpintería, parecido al escoplo, pero más ancho de boca y menos grueso. *Talló la pieza de madera con un formón.*
fórmula (**fór**-mu-la) *s. f.* **1.** Forma establecida para expresar una cosa o para realizarla. *Rellené la instancia según la fórmula.* **SIN.** Norma, pauta, regla, modelo. **2.** *Receta.* **SIN.** Prescripción. **3.** Expresión del resultado de un cálculo matemático que sirve de regla para resolver todos los casos similares. *Para resolver el problema sólo tienes que aplicar la fórmula.* **SIN.** Enunciado. **4.** Modo de representar abreviadamente, por medio de símbolos y números, los elementos que forman parte de un compuesto químico y las proporciones en que se combinan. *H_2O es la fórmula del agua.* **SIN.** Representación.
formular (for-mu-**lar**) *v. tr.* **1.** Reducir a términos claros y precisos. *Formuló una orden de embargo.* **2.** Expresar un cálculo. *Nos mandó formular el desarrollo de una reacción química.* **3.** Manifestar algo. *Formuló su deseo de dejar el cargo.* **SIN.** Expresar.
formulario (for-mu-**la**-rio) *s. m.* **1.** Impreso con espacios para anotar lo que corresponda en cada caso. *Teníamos que rellenar un breve formulario.* **2.** Libro que contiene fórmulas. *Compró un formulario de química.*
fornicar (for-ni-**car**) *v. intr.* Mantener relaciones sexuales fuera del matrimonio. **GRA.** También v. tr. *Muchas religiones prohíben fornicar.* **SIN.** Copular, yacer. ⌦ *Se conjuga como abarcar.*
fornido, da (for-**ni**-do) *adj.* Que es muy fuerte. *Es un atleta muy fornido.* **SIN.** Robusto, corpulento, recio. **ANT.** Enclenque, débil.
foro (**fo**-ro) *s. m.* **1.** Plaza donde se trataban en Roma los asuntos públicos. *El cónsul asistió al foro romano.* **2.** Fondo del escenario de un teatro. *Hizo mutis por el foro.*
forofo, fa (fo-**ro**-fo) *s. m. y s. f.* Hincha incondicional. **GRA.** También adj. *Era una forofa del baloncesto.* **SIN.** Fan, partidario.
forraje (fo-**rra**-je) *s. m.* Hierba que se da como pasto al ganado. *Les daban alfalfa como forraje.* **SIN.** Pasto.
forrar (fo-**rrar**) *v. tr.* **1.** Cubrir una cosa con un forro. *Forra el libro para que no se estropee.* **SIN.** Cubrir, recubrir, chapar. || *v. prnl.* **2.** *fam.* Enriquecerse. *El negocio le va muy bien y se está forrando.* **3.** *Méx.* Atiborrarse, hartarse.
forro (**fo**-rro) *s. m.* **1.** Cubierta o revestimiento de una cosa por la parte interior o exterior. *Se descosió el forro del abrigo.* **SIN.** Funda, revestimiento, tapizado, protección. **2.** *Cub.* Trampa, engaño. **3.** *Chil.* Dispo-

fortachón - fotocopiadora

sición, aptitud. ‖ **LOC. ni por el forro** *fam.* Ni por asomo, ni lo más mínimo. **no conocer algo ni por el forro** *fam.* Desconocerlo completamente.

fortachón, na (for-ta-**chón**) *adj., fam.* Fuerte, robusto. *Desde que hace tanto deporte, está muy fortachón.* **SIN.** Forzudo, fornido. **ANT.** Debilucho.

fortalecer (for-ta-le-**cer**) *v. tr.* **1.** Hacer más fuerte, física o moralmente. **GRA.** También v. prnl. *Tenía que fortalecer el músculo a base de ejercicio.* **SIN.** Robustecer(se), vigorizar(se), tonificar(se), reforzar(se), consolidar(se), animar(se). **ANT.** Debilitarse, ablandarse. **2.** Hacer fuerte un sitio para resistir los ataques del enemigo. **GRA.** También v. prnl. *Todos los vecinos del pueblo ayudaron a fortalecer la plaza.* **SIN.** Reforzar(se), consolidar(se). **3.** Confirmar, corroborar. *Esas pruebas fortalecen mi opinión.* ✎ v. irreg., se conjuga como parecer.

fortaleza (for-ta-**le**-za) *s. f.* **1.** Fuerza y vigor. *Tiene mucha fortaleza.* **SIN.** Robustez, resistencia, firmeza, solidez. **ANT.** Debilidad. **2.** Recinto fortificado con murallas, torres, etc. *Varios soldados enemigos consiguieron entrar en la fortaleza.* **SIN.** Fuerte, fortificación, fortín, baluarte. **3.** *Chil.* Hedor, hediondez.

fortificación (for-ti-fi-ca-**ción**) *s. f.* **1.** Obra o conjunto de obras con las que se protege un pueblo o cualquier otro lugar. *Hicieron una fortificación con altas murallas.* **SIN.** Atrincheramiento, baluarte. **2.** Lugar fortificado. *El enemigo no pudo tomar la fortificación.*

fortificar (for-ti-fi-**car**) *v. tr.* **1.** Hacer fuerte un pueblo o lugar con obras de defensa. **GRA.** También v. prnl. *Fortificaron la ciudad.* **SIN.** Atrincherar(se). **ANT.** Desguarnecer(se). **2.** Dar vigor y fuerza. *Lo hizo para fortificar su espíritu.* **SIN.** Fortalecer. **ANT.** Debilitar. ✎ Se conjuga como abarcar.

fortuito, ta (for-**tui**-to) *adj.* Se dice de aquello que sucede por casualidad y sin que nadie se lo espere. *Fue un encuentro fortuito.* **SIN.** Impensado, imprevisto, ocasional, accidental. **ANT.** Pensado, previsto, esencial, premeditado.

forúnculo (fo-**rún**-cu-lo) *s. m.* Especie de grano que se forma en la piel, debido generalmente a una infección. *Le salió un forúnculo.* **SIN.** Divieso.

forzar (for-**zar**) *v. tr.* **1.** Emplear la fuerza o violencia para conseguir algo. *Tuvieron que forzar la cerradura.* **SIN.** Violentar. **2.** Obligar a que se realice una cosa. **GRA.** También v. prnl. *Con ruegos forcé a Luis a acompañarme.* **SIN.** Constreñir(se), compeler(se). **3.** Abusar sexualmente de alguien. *Le acusaron de haber forzado al joven.* **SIN.** Violar. **4.** Tomar u ocupar por la fuerza. *El ejército enemigo forzó la ciudad.* **SIN.** Dominar, imponer, invadir, asaltar. ✎ v. irreg., se conjuga como contar. Se escribe "c" en vez de "z" seguido de "-e".

forzoso, sa (for-**zo**-so) *adj.* Que no se puede evitar. *Tuvo que dar un frenazo forzoso.* **SIN.** Obligatorio, necesario, preciso, imprescindible. **ANT.** Voluntario.

forzudo, da (for-**zu**-do) *adj.* Que tiene mucha fuerza. *Juan es muy forzudo.* **SIN.** Robusto, hercúleo, vigoroso. **ANT.** Débil.

fosa (**fo**-sa) *s. f.* **1.** *Sepultura. **2.** Cada una de ciertas cavidades del cuerpo humano. *Fosa nasal.*

fosfato (fos-**fa**-to) *s. m.* Sal formada por la combinación del ácido fosfórico con una o más bases. *Los fosfatos se emplean como abono.*

fosforescer (fos-fo-res-**cer**) *v. intr.* Producir luz en la oscuridad, sin que se aprecie una elevación de la temperatura. *Esa figurilla que compré ayer fosforesce en la oscuridad.* ✎ También "fosforecer".

fósforo (**fós**-fo-ro) *s. m.* **1.** Metaloide sólido, venenoso e inflamable, con el que se hacen las cabezas de las cerillas. *El símbolo del fósforo es P.* **2.** Cerilla. *Compra una caja de fósforos.*

fósil (**fó**-sil) *adj.* **1.** Se dice de los restos de animales o plantas conservados en las rocas. **GRA.** También s. m. *Normalmente los fósiles tienen más de 10 000 años de antigüedad.* **2.** *fam.* Viejo, anticuado. *Esa expresión está ya un poco fósil.*

fosilizarse (fo-si-li-**zar**-se) *v. prnl.* **1.** Convertirse en fósil un cuerpo orgánico. *Varias plantas se habían fosilizado.* **SIN.** Petrificarse. **2.** *fam.* No evolucionar una persona en su trabajo, conocimientos, ideas, etc. *En su juventud había sido muy revolucionario, pero ahora se había fosilizado.* **SIN.** Anquilosarse.

foso (**fo**-so) *s. m.* **1.** Hoyo cavado en la tierra. *Hicieron un foso.* **SIN.** Zanja. **2.** Piso inferior del escenario. *Los actores ensayaban en el foso.* **3.** En los talleres mecánicos, excavación que sirve para poder arreglar cómodamente el motor desde abajo. *El coche tenía una gran avería y tuvieron que llevarlo al foso.* **4.** Excavación profunda que rodea las fortalezas y los castillos medievales. *El castillo estaba rodeado por un foso.*

foto (**fo**-to) *s. f., fam.* *Fotografía.

fotocopia (fo-to-**co**-pia) *s. f.* Reproducción de un documento en papel, por medio de un aparato fotográfico especial. *Tenía que entregar dos fotocopias del carné de identidad.*

fotocopiadora (fo-to-co-pia-**do**-ra) *s. f.* Máquina para fotocopiar. *La fotocopiadora se había estropeado.*

fotocopiar - fracasar

fotocopiar (fo-to-co-**piar**) *v. tr.* Hacer fotocopias. *Tengo que fotocopiar estos apuntes que me han prestado.* **SIN.** Reproducir. ✎ En cuanto al acento, se conjuga como cambiar.

fotofobia (fo-to-**fo**-bia) *s. f.* Repugnancia o miedo a la luz. *Tenía fotofobia.*

fotogénico, ca (fo-to-**gé**-ni-co) *adj.* Se dice de la persona que tiene rasgos o gestos adecuados para ser fotografiados. *Ana es una persona muy fotogénica.*

fotografía (fo-to-gra-**fí**-a) *s. f.* **1.** Estampa o cartulina donde se fijan las imágenes que recoge una cámara oscura. *Cuando fuimos a Italia, sacamos muchas fotografías de todos los monumentos.* **SIN.** Foto. **2.** Arte de fijar la imagen así obtenida. *Es un gran experto en fotografía.*

fotografiar (fo-to-gra-fi-**ar**) *v. tr.* Hacer la fotografía de algo o alguien. *Fotografió al gato jugando con el ovillo de lana.* **SIN.** Retratar. ✎ En cuanto al acento, se conjuga como desviar.

fotográfico, ca (fo-to-**grá**-fi-co) *adj.* Que pertenece o se refiere a la fotografía. *Trabaja en un estudio fotográfico.*

fotógrafo, fa (fo-**tó**-gra-fo) *s. m. y s. f.* **1.** Persona que hace fotografías. *Es un buen fotógrafo.* **SIN.** Retratista. **2.** Persona cuyo oficio es la fotografía. *Participaron en la exposición tres famosos fotógrafos.*

fotómetro (fo-**tó**-me-tro) *s. m.* Instrumento que sirve para medir la intensidad de la luz. *Al comprobar el fotómetro, vio que tenía que utilizar el flas para hacer la fotografía.*

fotosfera (fo-tos-**fe**-ra) *s. f.* Superficie brillante del Sol. *La temperatura de la fotosfera es de 58 000 °C.*

fotosíntesis (fo-to-**sín**-te-sis) *s. f.* Proceso por el que las plantas utilizan la luz solar para transformar en alimento el agua y el dióxido de carbono. *El vídeo explica la fotosíntesis.* ✎ Invariable en número.

frac *s. m.* Chaqueta masculina que, por delante, llega hasta la cintura y por detrás tiene dos faldones más largos. *En aquel local exigían ir de frac.* **SIN.** Chaqué. ✎ Su pl. es "fraques" o "fracs".

fracasado, da (fra-ca-**sa**-do) *adj.* Se dice de la persona que no logra sus intentos o aspiraciones. **GRA.** También s. m. y s. f. *Se sentía un fracasado y no tenía ánimo para nada.* **SIN.** Frustrado, desengañado.

fracasar (fra-ca-**sar**) *v. intr.* Resultar mal una pretensión o un proyecto. *Su padre fracasó al tratar de convencerle. Fracasó el plan.* **SIN.** Frustrarse, malograrse, fallar. **ANT.** Triunfar, vencer, lograr.

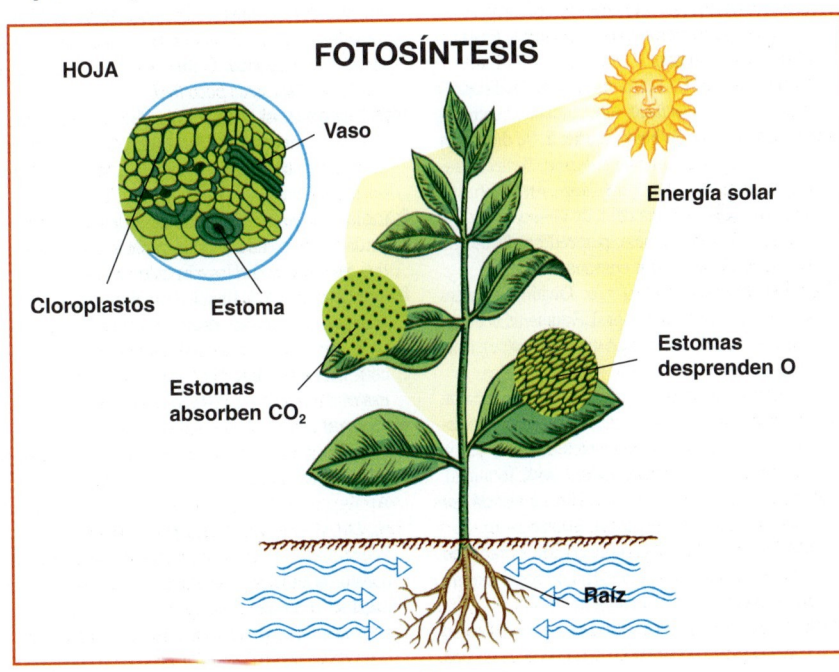

FOTOSÍNTESIS

HOJA · Vaso · Energía solar · Cloroplastos · Estoma · Estomas desprenden O · Estomas absorben CO_2 · Raíz

fracaso (fra-**ca**-so) *s. m.* Suceso contrario a lo que alguien esperaba. *Para ella fue un fracaso no aprobar.* **SIN.** Desastre, frustración, desengaño, decepción, desilusión.

fracción (frac-**ción**) *s. f.* **1.** División de una cosa en partes, y cada una de esas partes. *Un segundo es una fracción de tiempo.* **SIN.** Fraccionamiento, fragmento, trozo, porción, pedazo. **ANT.** Todo, conjunto, total. **2.** Número quebrado. *2/3 es una fracción.* **SIN.** Decimal. **ANT.** Número entero.

fraccionar (frac-cio-**nar**) *v. tr.* Dividir una cosa en partes. **GRA.** También v. prnl. *Pidió que le fraccionaran el pago.* **SIN.** Fragmentar(se), romper(se), partir(se). **ANT.** Unir(se), formar(se), componerse.

fractura (frac-**tu**-ra) *s. f.* Rotura de un hueso. *Sufrió una fractura del brazo.*

fracturar (frac-tu-**rar**) *v. tr.* Romper o quebrar algo con violencia. **GRA.** También v. prnl. *Tuvo una mala caída y se fracturó varias costillas.* **SIN.** Fragmentar(se), romper(se) partir(se). **ANT.** Soldar(se).

fragancia (fra-**gan**-cia) *s. f.* Olor suave y delicioso. *Me gusta mucho la fragancia de estas flores.* **SIN.** Aroma, perfume, olor.

fragata (fra-**ga**-ta) *s. f.* **1.** Barco antiguo de tres palos, con velas en cada uno de ellos. *La fragata se hizo a la mar.* **2.** Moderno buque de guerra. *Enviaron al lugar varias fragatas.*

frágil (**frá**-gil) *adj.* **1.** Que se rompe con facilidad. *El vidrio es un material frágil.* **SIN.** Endeble, quebradizo, delicado. **ANT.** Robusto, fuerte. **2.** Se dice de la persona que cae fácilmente enferma. *Tiene una salud muy frágil.* **SIN.** Débil, enfermizo. **ANT.** Robusto. **3.** Se dice de la persona débil de ánimo. *Tiene una voluntad frágil.* **4.** Caduco, perecedero. *El tiempo demostrará lo frágiles que eran sus ideas.*

fragmentar (frag-men-**tar**) *v. tr.* Dividir en partes una cosa. **GRA.** También v. prnl. *Fragmentó el trabajo en diez partes.* **SIN.** Partir(se), quebrar(se), fraccionar(se), cortar.

fragmento (frag-**men**-to) *s. m.* **1.** Parte pequeña de algunas cosas rotas o partidas. *Se había roto un vaso y todavía quedaban fragmentos de vidrio por el suelo.* **SIN.** Trozo, fracción, pedazo. **ANT.** Totalidad, suma. **2.** Parte de un libro o escrito. *Le mandó leer en alto un fragmento del poema.* **SIN.** Sección.

fragor (fra-**gor**) *s. m.* Ruido muy grande. *El fragor de la multitud lo intranquilizaba.* **SIN.** Estrépito, clamor. **ANT.** Silencio.

fragua (**fra**-gua) *s. f.* **1.** Fogón en el que se calientan los metales para forjarlos. *Lo que más le molestaba era el calor de la fragua.* **SIN.** Horno, hornillo, brasero. **2.** Taller donde está instalado este fogón. *El herrero trabajaba en la fragua.*

fraguar (fra-**guar**) *v. tr.* **1.** Dar forma a los metales. *El herrero fragua los metales.* **SIN.** Forjar, moldear. **2.** Idear o inventar alguna cosa. *Sabía que estaban fraguando un plan.* **SIN.** Planear, proyectar, tramar. || *v. intr.* **3.** Endurecerse una mezcla. *El albañil estaba esperando a que fraguara la masa.* ✎ En cuanto al acento, se conjuga como averiguar.

fraile (**frai**-le) *s. m.* Persona que pertenece a alguna orden religiosa. *Visitamos un convento de frailes.* **SIN.** Religioso, monje, hermano.

frambuesa (fram-**bue**-sa) *s. f.* Fruto del frambueso, parecido en la forma a la zarzamora, de color rojo y sabor agridulce. *Adornó la tarta con frambuesas.*

frambueso (fram-**bue**-so) *s. m.* Planta de tallos delgados y espinosos y flores blancas, cuyo fruto es la frambuesa. *Allí había muchos frambuesos silvestres.*

franco, ca (**fran**-co) *adj.* **1.** Se dice de la persona que es sencilla y cordial en el trato. *Parecía un joven muy franco y agradable.* **SIN.** Sincero, cordial, sencillo. **ANT.** Falso, cerrado. **2.** Que no tiene impuestos o contribuciones. *Es puerto franco.* **SIN.** Exento, libre, dispensado, gratuito. **3.** Que no tiene impedimento alguno. *Al llegar a la ciudad, la tropas hallaron el paso franco.* **SIN.** Despejado, libre, desembarazado.

francotirador, ra (fran-co-ti-ra-**dor**) *s. m. y s. f.* Persona que combate aisladamente. *Varios francotiradores tenían aterrorizada a la ciudad.* **SIN.** Emboscado, guerrillero.

franela (fra-**ne**-la) *s. f.* Tejido fino de lana o algodón, cardado por una de sus caras. *La camisa de franela que me he comprado es muy caliente.*

franja (**fran**-ja) *s. f.* **1.** Banda o tira de adorno. *El vestido tenía varias franjas de pedrería.* **SIN.** Cinta, ribete. **2.** Lista o tira en general. *Tenía una franja de un color más claro.* **SIN.** Faja, banda. **3.** Sector, zona. *Esa ciudad está fuera de la franja afectada.*

franquear (fran-que-**ar**) *v. tr.* **1.** Abrir camino quitando los impedimentos que estorban. *Quitaron algunos árboles para franquear la salida del parque.* **2.** Atravesar, pasar de un lado a otro. *Franquearon el río.* **SIN.** Cruzar, vadear, traspasar. **ANT.** Rodear. **3.** Poner el sello a una carta o paquete postal. *Le franquearon el paquete en la oficina de correos.*

franqueo (fran-**que**-o) *s. m.* Importe de un envío por correo que se paga en sellos. *Aumentó el franqueo de las cartas.*

franqueza (fran-**que**-za) *s. f.* Sinceridad y llaneza en el trato. *Me habló con toda franqueza.* **SIN.** Naturalidad, sencillez.

franquicia (fran-**qui**-cia) *s. f.* Exención en el pago de derechos, tasas o impuestos. *La nobleza gozaba de franquicia.* **SIN.** Gratuidad, privilegio.

frasco (**fras**-co) *s. m.* Vaso generalmente de vidrio y de cuello estrecho. *No sabía dónde había puesto el frasco de jarabe.* **SIN.** Casco, envase, recipiente.

frase (**fra**-se) *s. f.* **1.** Conjunto de palabras que tienen sentido. *"Que te mejores" es una frase que se dice a los enfermos.* **SIN.** Expresión, oración. ‖ **2. frase hecha, o proverbial** Aquella que es de uso común y no tiene un significado literal.

fraternal (fra-ter-**nal**) *adj.* Propio de hermanos. *Amor fraternal.* **SIN.** Fraterno.

fraternidad (fra-ter-ni-**dad**) *s. f.* Unión y cariño entre hermanos o entre personas que se tratan como hermanos. *Había en el grupo una gran fraternidad.* **SIN.** Hermandad, solidaridad. **ANT.** Enemistad.

fraternizar (fra-ter-ni-**zar**) *v. intr.* Tratarse como hermanos. *Fraternizaron al momento de conocerse.* **SIN.** Confraternizar, simpatizar, avenirse. ✎ Se conjuga como abrazar.

fraterno, na (fra-**ter**-no) *adj.* Que pertenece o se refiere a los hermanos. *Relación fraterna.* **SIN.** Amistoso, solidario. **ANT.** Enemigo.

fratricida (fra-tri-**ci**-da) *s. m. y s. f.* Persona que mata a su hermano. **GRA.** También adj. *La policía detuvo al fratricida.* **SIN.** Homicida.

fratricidio (fra-tri-**ci**-dio) *s. m.* Muerte dada por alguien a su propio hermano. *Se confesó autor del fratricidio.* **SIN.** Homicidio.

fraude (**frau**-de) *s. m.* Engaño, acción contraria a la verdad o a la rectitud. *En aquella venta había fraude.* **SIN.** Estafa, falsificación, timo.

fraudulento, ta (frau-du-**len**-to) *adj.* Engañoso, falaz, mentiroso, falsificado. *Se trataba de una operación fraudulenta.* **ANT.** Verdadero.

fray *s. m.* Apócope de fraile. **GRA.** Se usa precediendo al nombre de los religiosos de ciertas órdenes. *Fray Antonio María Claret.*

freático, ca (fre-**á**-ti-co) *adj.* **1.** Se dice de las aguas acumuladas en el subsuelo que pueden ser aprovechadas por medio de pozos. *Al romperse la cañería se contaminaron las capas freáticas.* **2.** Se aplica a la capa del subsuelo que contiene estas aguas. *Por la sequía ha bajado el nivel freático.*

frecuencia (fre-**cuen**-cia) *s. f.* **1.** Repetición cada poco tiempo de un acto o suceso. *Nos visita con frecuencia.* **SIN.** Asiduidad. **2.** En física, número de ondulaciones de un movimiento vibratorio en la unidad de tiempo. *La frecuencia se mide en hertzios.*

frecuentar (fre-cuen-**tar**) *v. tr.* Ir a menudo a algún sitio. *Frecuentaba mucho aquella librería.* **SIN.** Concurrir, menudear, alternar. **ANT.** Faltar.

frecuente (fre-**cuen**-te) *adj.* **1.** Que se repite a menudo. *En la jungla las lluvias son frecuentes.* **SIN.** Habitual, reiterado, repetido. **ANT.** Raro, esporádico. **2.** Se dice de las cosas que son usuales y comunes. *Hoy es frecuente ver a muchos turistas por esta región.* **SIN.** Corriente, ordinario. **ANT.** Desusado, extraordinario. ✎ Invariable en género.

fregadero (fre-ga-**de**-ro) *s. m.* En las cocinas, pila donde se friega. *Deja los platos sucios en el fregadero.*

fregado, da (fre-**ga**-do) *s. m.* **1.** Acción de limpiar algo. *Esta mañana le hemos dado un buen fregado a la casa.* **2.** *fam.* Asunto complicado. *No sabía cómo salir de aquel fregado.* **SIN.** Enredo, lío, embrollo. ‖ *adj.* **3.** *amer.* Majadero, enfadoso. **4.** *amer.* Tenaz, terco. **5.** *amer.* Exigente, severo.

fregar (fre-**gar**) *v. tr.* **1.** Limpiar algo restregándolo con un estropajo, cepillo, etc., empapado en jabón y agua u otra sustancia. *Cuando llegamos estaba fregando los cacharros.* **SIN.** Lavar, enjuagar. **ANT.** Ensuciar. **2.** *amer., fam.* Fastidiar, molestar a alguien. ✎ v. irreg., se conjuga como acertar. Se escribe "gu" en vez de "g" seguido de "-e".

fregona (fre-**go**-na) *s. f.* Utensilio doméstico para fregar los suelos sin necesidad de arrodillarse. *Escurre bien la fregona.*

fregotear (fre-go-te-**ar**) *v. tr., fam.* Fregar de prisa y mal. *Recogió la mesa, fregoteó los cacharros y salió corriendo.*

freidora (frei-**do**-ra) *s. f.* Electrodoméstico utilizado para freír los alimentos. *Siempre utilizaba la freidora para hacer las patatas fritas.*

freiduría (frei-du-**rí**-a) *s. f.* Tienda donde se fríe pescado para la venta. *En el puerto había varias freidurías.*

freír (fre-**ír**) *v. tr.* **1.** Preparar un alimento en aceite o grasa hirviendo para comerlo. **GRA.** También v. prnl. *Estoy friendo patatas.* **SIN.** Asar(se), dorar(se), pasar(se). **2.** Importunar a alguien insistentemente. *Estaba agobiado porque su compañero le freía con sus estúpidas preguntas.* **3.** *fam.* Matar a alguien a tiros. *El protagonista de la película frió a tiros a su enemigo.* ‖ **LOC. mandar o ir a freír espárragos, monas, etc.** *fam.* Despedir a alguien con enfado. ✎ v. irreg., se conjuga como reír. Tiene doble p. p.; uno reg., freído, y otro irreg., frito.

fréjol - fricción

fréjol (**fré**-jol) *s. m.* *Judía, planta.

frenar (fre-**nar**) *v. tr.* **1.** Disminuir o parar el movimiento de un vehículo o máquina. *El conductor frenó el coche en el cruce porque el semáforo estaba en rojo.* **SIN.** Detener, inmovilizar, moderar. **ANT.** Acelerar, continuar, seguir. **2.** Reprimir un sentimiento, un impulso, etc. *Tuvo que frenar sus deseos de echarle una buena bronca.* **SIN.** Moderar, sujetar.

frenazo (fre-**na**-zo) *s. m.* Acción de frenar con mucha brusquedad. *Tuvo que dar un frenazo porque el semáforo se puso en rojo.* **SIN.** Detención, parada.

frenesí (fre-ne-**sí**) *s. m.* **1.** Exaltación, excitación. *Con el frenesí de la fiesta, nadie le echó en falta.* **ANT.** Serenidad. **2.** Locura, enajenación. *Se hallaba en un estado de total frenesí.* **ANT.** Calma.

frenético, ca (fre-**né**-ti-co) *adj.* **1.** Loco, enajenado. *Está frenético.* **SIN.** Delirante. **2.** Furioso, rabioso. *Aquel ruido le ponía frenético.* **SIN.** Exaltado.

frenillo (fre-**ni**-llo) *s. m.* **1.** Membrana que sujeta la lengua por la línea media de la parte inferior. *Al comer me clavé una espina de pescado en el frenillo.* **2.** Ligamento que sujeta el prepucio al bálano. *La circuncisión acorta el frenillo.*

freno (**fre**-no) *s. m.* **1.** Aparato que sirve para moderar o detener el movimiento de una máquina o vehículo. *Cuando hay hielo nunca se debe pisar el freno.* **SIN.** Pedal, palanca, mecanismo. **2.** Sujeción que reprime la conducta de una persona. *Deberías poner freno a tu mal genio.* **SIN.** Contención, moderación, obstáculo. **ANT.** Libertad, acicate.

frente (**fren**-te) *s. f.* **1.** Parte superior de la cara, desde encima de los ojos hasta el pelo. *Lleva flequillo para que no se le vea la cicatriz de la frente.* ‖ *s. m.* **2.** Parte delantera de una cosa. *En el frente de la casa está la puerta principal.* **SIN.** Delantera, fachada, cara, frontal, anverso. **ANT.** Trasera, reverso. **3.** Línea de combate en la guerra. *Marchó al frente.* **SIN.** Avanzada, primera línea. **ANT.** Retaguardia. **4.** Unión de partidos políticos, organizaciones, etc. *Todo el frente de derechas estaba en contra.* ‖ **LOC. al frente** Al mando. Hacia delante. **arrugar alguien la frente** *fam.* Hacer gestos que denotan enfado o desacuerdo. **frente a frente** Cara a cara. **hacer frente** Encararse.

fresa (**fre**-sa) *s. f.* **1.** Planta con tallos rastreros y fruto comestible muy apreciado. *Se dedica al cultivo de fresas.* **2.** Fruto de esta planta, casi redondo y de color rojo. *De postre pedimos unas fresas con nata.* **3.** De color rojo semejante al de este fruto. *Lleva una camiseta fresa con unos pantalones blancos.*

fresca (**fres**-ca) *s. f.* El frescor de las primeras horas de la mañana o de las últimas de la tarde en tiempo caluroso. *Dimos un paseo con la fresca.*

frescales (fres-**ca**-les) *s. m. y s. f., fam.* Persona descarada. *Es una frescales, da malas contestaciones a su madre.* **SIN.** Cínico, fresco, desvergonzado, sinvergüenza. ⬥ Invariable en número.

fresco, ca (**fres**-co) *adj.* **1.** Frío, pero no mucho. *Los botijos conservan fresca el agua.* **SIN.** Agradable. **ANT.** Cálido. **2.** Reciente, acabado de hacer, de coger, etc. *He comprado un poco de queso fresco.* **ANT.** Marchito. **3.** Se aplica a un alimento no congelado. *Le gusta mucho más el pescado fresco que el congelado.* **4.** Sereno, que no se inmuta. *Le dijeron que había suspendido y se quedó tan fresco.* **5.** Desvergonzado, descarado. *El muy fresco nos engañó.* **SIN.** Frescales, atrevido. **ANT.** Tímido, honrado. **6.** Se dice de las telas delgadas y ligeras que no dan calor. *Esta camisa es muy fresca, no pasarás calor con ella.* ‖ *s. m.* **7.** Frío moderado. *Salió a tomar un poco el fresco.* **8.** Antigua técnica pictórica perfeccionada durante el Renacimiento. *En esa iglesia hay varios frescos.* **9.** *amer.* Refresco, bebida fría. ‖ **LOC. traer al fresco una cosa a alguien.** *fam.* No importarle en absoluto.

frescor (fres-**cor**) *s. m.* Fresco. *Nos agradaba el frescor de la mañana.*

frescura (fres-**cu**-ra) *s. f.* Desvergüenza, descaro. *Menuda frescura la suya, querer irse sin pagar.* **SIN.** Atrevimiento, insolencia. **ANT.** Timidez, respeto.

fresno (**fres**-no) *s. m.* Árbol de tronco grueso, cuya madera, blanca y elástica, se emplea para la construcción. *El mueble es de madera de fresno.*

fresón (fre-**són**) *s. m.* Fruto parecido a la fresa, pero de tamaño mucho mayor y más ácido. *Estos fresones están muy sabrosos.*

fresquera (fres-**que**-ra) *s. f.* Armario para conservar frescos y ventilados ciertos alimentos. *Tenía el jamón en la fresquera de la bodega.* **SIN.** Alacena.

frialdad (fri-al-**dad**) *s. f.* **1.** Sensación que produce la falta de calor. *Se quejaba de la frialdad de la casa.* **SIN.** Frío. **2.** Indiferencia, poco interés. *No podía soportar la frialdad de su mirada.* **SIN.** Desafecto.

fricción (fric-**ción**) *s. f.* **1.** Frotación aplicada a una parte del cuerpo con algún linimento o en seco. *Date unas fricciones con esta pomada.* **2.** Roce de dos cuerpos que están en contacto. *El aceite disminuye las fricciones en el motor.* **SIN.** Estregadura, frote. ‖ *s. f. pl.* **3.** Desavenencias, roces. *A raíz de esa discusión empezaron las fricciones entre ellos.*

fricciona (fric-cio-**nar**) *v. tr.* Dar friegas. *Friccionó la parte afectada con este tónico.* **SIN.** Frotar, masajear.

friega (**frie**-ga) *s. f.* **1.** Acción de frotar alguna parte del cuerpo con un paño o cepillo o con las manos, para remedio, higiene, etc. *Date friegas con alcohol.* **2.** *fam.* Tunda, paliza. *Recibió una buena friega.* **SIN.** Regaño, soba. **SIN.** Zurra. **3.** *Col., C. Ric. y Ec.* Molestia, fastidio.

frigidez (fri-gi-**dez**) *s. f.* Falta de deseo sexual. *El psicólogo analizó las causas de su frigidez.* **SIN.** Impotencia. ✎ Su pl. es "frigideces".

frigorífico, ca (fri-go-**rí**-fi-co) *adj.* **1.** Se dice de las cámaras o espacios enfriados artificialmente para la conservación de los alimentos. *Conservaban el pescado en cámaras frigoríficas.* ∥ *s. m.* **2.** Electrodoméstico con refrigeración eléctrica o química en cuyo interior se conservan y mantienen fríos los alimentos. *Saca la leche del frigorífico.* **SIN.** Nevera, congeladora.

fríjol (**frí**-jol) *s. m* *Fréjol. ✎ También "frijol", más usado en Amér.

frío, a (**frí**-o) *adj.* **1.** Que está por debajo de la temperatura normal. *El café se ha quedado frío.* **SIN.** Congelado, helado, gélido. **ANT.** Caliente, cálido. **2.** Que muestra indiferencia o desapego. *Estaba muy frío, como si nada de aquello le afectase.* **SIN.** Indiferente, desafectado, desapegado, flemático, imperturbable. **ANT.** Interesado, afectuoso, cariñoso. ∥ *s. m.* **3.** Temperatura muy baja. *Tengo frío.* **ANT.** Calor. ∥ *s. m. pl.* **4.** *amer.* Fiebres intermitentes que comienzan por frío. ∥ **LOC. en frío** Sin la emoción del momento. **dejar a alguien frío** No causarle ninguna impresión. **quedarse alguien frío** Sorprenderse ante algo.

friolera (frio-**le**-ra) *s. f., fam.* Gran cantidad de algo, especialmente de dinero. *Este cuaderno me ha costado la friolera de mil pesetas.*

friolero, ra (frio-**le**-ro) *adj.* Muy sensible al frío. *Pablo es muy friolero.* **SIN.** Friático.

friso (**fri**-so) *s. m.* En la arquitectura griega, espacio comprendido entre el arquitrabe y la cornisa de un edificio. *Uno de los frisos más célebres es el del Partenón.*

fritada (fri-**ta**-da) *s. f.* Conjunto de cosas fritas. *Preparó una fritada de pimientos.* **SIN.** Revoltillo.

fritanga (fri-**tan**-ga) *s. f.* Fritada, especialmente la abundante en grasa. *Salimos de aquel bar con un desagradable olor a fritanga.* **SIN.** Fritura.

frito, ta (**fri**-to) *p. p. irreg.* de freír. ∥ *s. m.* **2.** Cualquier manjar frito. *Pedimos un poco de embutido y unos fritos.* **SIN.** Fritanga, fritura. ∥ **LOC. dejar a alguien frito** *fam.* Matarlo. **estar alguien frito** *fam.* Estar harto. **quedarse alguien frito** *fam.* Dormirse. **tener, o traer, a alguien frito** *fam.* Molestarle con insistencia.

fritura (fri-**tu**-ra) *s. f.* *Fritada.

frívolo, la (**frí**-vo-lo) *adj.* **1.** Que sólo se preocupa de cosas sin importancia. *No podía entender su frívola actitud.* **SIN.** Inconstante, inconsecuente, insustancial. **ANT.** Grave, reflexivo, profundo. **2.** Insignificante, de poca sustancia. *Era un asunto de lo más frívolo.* **SIN.** Vano, liviano, insustancial.

frondoso, sa (fron-**do**-so) *adj.* Que tiene muchas hojas y ramas. *Aquel bosque era muy frondoso.* **SIN.** Denso, espeso, selvático. **ANT.** Desértico.

frontal (fron-**tal**) *adj.* **1.** Que pertenece o se refiere al frente de alguna cosa. *Dos automóviles tuvieron un choque frontal.* **2.** Que pertenece o se refiere a la frente. *Región frontal.* ∥ *s. m.* **3.** Hueso que constituye la frente. *Se dio un golpe con la puerta en el frontal.* **4.** Paramento con que se adorna la parte delantera de la mesa del altar. *Adornaron el frontal con ramos de flores.*

frontera (fron-**te**-ra) *s. f.* **1.** Límite de un país con otro. *Su pueblo estaba en la frontera con Portugal.* **SIN.** Límite, confín. **2.** *fam.* Límite. **GRA.** Se usa más en pl. *Estaba en las fronteras de lo legal.*

fronterizo, za (fron-te-**ri**-zo) *adj.* **1.** Que está en la frontera. *Hay un río fronterizo entre ambos países.* **SIN.** Rayano, limítrofe. **2.** Que está enfrente de otra cosa. *Vive en una casa fronteriza a la suya.*

frontispicio (fron-tis-**pi**-cio) *s. m.* Fachada o delantera de un edificio u otra cosa. *Una enorme estatua destacaba en el frontispicio del edificio.*

frontón (fron-**tón**) *s. m.* **1.** Pared contra la cual se lanza la pelota para jugar en el juego de pelota. *Aprovecharon la pared de la iglesia como frontón.* **2.** Edificio o lugar dispuesto para estos juegos. *Están acabando la construcción del nuevo frontón.* **3.** Remate arquitectónico de forma triangular. *El frontón procede del arte griego.*

frotar (fro-**tar**) *v. tr.* Pasar una cosa sobre otra con fuerza muchas veces. **GRA.** También v. prnl. *Frotó la mesa hasta hacerla brillar.* **SIN.** Restregar(se), fregar, rozar(se), rascar(se).

fructífero, ra (fruc-**tí**-fe-ro) *adj.* **1.** Que produce fruto. *Estas tierras son muy fructíferas.* **SIN.** Fructuoso, productivo. **2.** Que da buenas ganancias. *Su nuevo negocio ha resultado muy fructífero.* **SIN.** Provechoso, lucrativo, beneficioso. **ANT.** Infructuoso.

fructificar (fruc-ti-fi-**car**) *v. intr.* **1.** Producir fruto los árboles y otras plantas. *Los cerezos fructifican en verano.* **SIN.** Madurar. **2.** Producir efectos beneficiosos una cosa, ser útil. *Fructificó el negocio.* **SIN.** Rendir, rentar. ✎ Se conjuga como abarcar.

frugal (fru-**gal**) *adj.* **1.** Moderado en comer y beber. *Lleva una vida frugal.* **SIN.** Comedido, mensurado, sobrio. **ANT.** Glotón. **2.** Se dice también de las cosas en que se manifiesta esa moderación. *Fue una cena muy frugal.* **SIN.** Sobrio, parco.

frugívoro, ra (fru-**gí**-vo-ro) *adj.* Se dice del animal que se alimenta de frutos. *El oso es un animal frugívoro.*

fruición (frui-**ción**) *s. f.* Placer muy grande. *No encontraba palabras para expresar la intensa fruición que sentía.* **SIN.** Deleite, complacencia, goce. **ANT.** Sufrimiento, aburrimiento.

frunce (frui-**ción**) *s. m.* Pliegue o conjunto de pequeños pliegues que se hacen en una tela, papel, etc. *Hizo varios frunces en la tela.* **SIN.** Arruga, pliegue, plisado.

fruncir (frun-**cir**) *v. tr.* **1.** Arrugar la frente o las cejas, generalmente manifestando enfado o desacuerdo. *Frunció el ceño y se fue.* **2.** Recoger una tela haciendo en ella pequeñas arrugas. *Tengo que fruncir un poco más la cintura de la falda, me queda muy floja.* **SIN.** Doblar, plegar. ✎ Se conjuga como esparcir.

fruslería (frus-le-**rí**a) *s. f.* **1.** Cosa insignificante y de poco valor. *Se gastó todo el dinero en fruslerías.* **SIN.** Pequeñez, nimiedad, bagatela, nadería. **2.** Dicho o hecho de poca sustancia. *Sólo dice que fruslerías.*

frustración (frus-tra-**ción**) *s. f.* Acción y efecto de frustrar o frustrarse. *Sufrió una gran frustración.* **SIN.** Desengaño, fallo, malogro, chasco. **ANT.** Éxito.

frustrar (frus-**trar**) *v. tr.* **1.** Privar a alguien de lo que esperaba. *La enfermedad frustró todas sus aspiraciones.* **ANT.** Satisfacer, gratificar. **2.** Salir mal un intento. **GRA.** También v. prnl. *Se frustró su plan.* **SIN.** Fracasar, estropear, torcer(se). **ANT.** Lograr, vencer.

fruta (**fru**-ta) *s. f.* **1.** Fruto comestible de las plantas. *La pera, la manzana y el melón son frutas.* ‖ **2. fruta del tiempo** La que se come en las mismas estaciones en que se madura y recoge.

frutal (fru-**tal**) *adj.* Se dice del árbol que da fruta. **GRA.** También s. m. *El manzano es un árbol frutal.*

frutería (fru-te-**rí**-a) *s. f.* Tienda donde se vende fruta. *Compré estos fresones en la nueva frutería de la esquina.*

frutero, ra (fru-**te**-ro) *s. m. y s. f.* **1.** Persona que vende fruta. *Su padre es frutero.* ‖ *s. m.* **2.** Plato adecuado para servir fruta. *Puso el frutero en la mesa.*

fruticultura (fru-ti-cul-**tu**-ra) *s. f.* **1.** Cultivo de árboles y plantas frutales. *Se dedican a la fruticultura.* **2.** Arte que enseña este cultivo. *Estudia fruticultura.*

fruto (**fru**-to) *s. m.* **1.** Lo que producen las plantas, y donde se desarrolla la semilla. *El fruto de la viña es la uva.* **2.** Resultado de un trabajo o actividad. *Al cabo de un año, su zapatería empezó a dar frutos. Esa novela es el fruto de un año de trabajo.* **SIN.** Beneficio, ganancia, resultado.

fucsia (**fuc**-sia) *s. f.* **1.** Planta de adorno con flores colgantes, de color entre rosa y rojo intenso. *He plantado fucsias en el jardín.* ‖ *adj.* **2.** Se dice del color parecido al de las flores de esta planta. **GRA.** También s. m. *Llevaba un vestido fucsia.* **SIN.** Encarnado.

fuego (**fue**-go) *s. m.* **1.** Calor y luz que desprende una materia en combustión. *El fuego de la chimenea hacía más agradable la velada.* **SIN.** Llamarada. **2.** Materia encendida en brasa o llama. *Echa más leña al fuego.* **SIN.** Lumbre, hoguera, fogata. **3.** *Incendio. **4.** *Quemador. **5.** Efecto de disparar las armas de fuego. *Hicieron fuego.* **6.** Ardor que suscita un sentimiento, una pasión, etc. *El fuego de su amor le tenía arrebatado.* **SIN.** Pasión, vehemencia, vivacidad. **ANT.** Indiferencia, apatía. ‖ **7. fuegos artificiales** Cohetes, tracas, etc. que se lanzan como espectáculo para festejar alguna celebración. ‖ **LOC. atizar el fuego** Avivar la discordia. **echar alguien fuego por los ojos** Estar muy enfadado. **estar alguien entre dos fuegos** *fam.* Encontrarse en una situación comprometida. **¡fuego!** Voz de mando que se da a las tropas para que disparen. **hacer fuego** Disparar un arma. **jugar con fuego** Exponerse imprudentemente a algún peligro. **pegar fuego** Incendiar. **romper el fuego** Comenzar a disparar. | Iniciar una riña o discusión.

fuel *s. m.* Combustible líquido, de color pardo oscuro o negro, que se obtiene del petróleo bruto y se utiliza principalmente para calefacción. *La calefacción era de fuel.*

fuel-oil *s. m.* *Fuel.

fuelle (**fue**-lle) *s. m.* **1.** Instrumento que sirve para producir aire y avivar el fuego de las fraguas y de los hogares. *Aviva el fuego de la chimenea con el fuelle.* **2.** *fam.* Capacidad respiratoria. *Ya no tengo fuelle para echar estas carreras.*

fuente (**fuen**-te) *s. f.* **1.** Manantial de agua que brota de la tierra. *Este río nace en una fuente de montaña.*

SIN. Fontana. **2.** Aparato por el que sale el agua en los jardines, en las casas, etc. *Hay una fuente en la plaza.* **SIN.** Caño, surtidor. **3.** Plato grande para llevar y servir comida. *Sirve el asado en la fuente.* **SIN.** Bandeja. **4.** Principio, origen de algo. *Los periodistas buscan las fuentes de las noticias.* **SIN.** Causa.

fuera (**fue**-ra) *adv. l.* **1.** En la parte exterior. *El perro corre fuera de la casa.* **SIN.** Afuera, externamente. **ANT.** Dentro, interiormente. ‖ *adv. t.* **2.** Antes o después de cualquier período de tiempo. *Entregó la instancia fuera de plazo pero se la admitieron.* ‖ **LOC. fuera de** Excepto, salvo.

fuero (**fue**-ro) *s. m.* **1.** Nombre de algunas compilaciones de leyes. *Fuero Juzgo.* **2.** Privilegio o exención que se concedía a una provincia, ciudad o persona. *Estaba exento de impuestos por fuero real.* **SIN.** Concesión, prerrogativa. ‖ **3. fuero interno** Conciencia.

fuerte (**fuer**-te) *adj.* **1.** Que tiene fuerza y resistencia. *Es un puente fuerte.* **SIN.** Firme, sólido, resistente. **2.** Robusto, corpulento. *Luis es muy fuerte.* **SIN.** Fornido, vigoroso, recio, forzudo. **ANT.** Débil. **3.** Que tiene energías para hacer algo. *Se sentía fuerte para enfrentarse a aquella dura semana de exámenes.* **SIN.** Enérgico, tenaz, firme, animoso. **ANT.** Tímido. **4.** Se dice de la persona que sobresale en algo. *Está fuerte en latín.* **SIN.** Experto, sobresaliente. **5.** Muy intenso. *Sentía un fuerte deseo de llamarle por teléfono.* **6.** Grave, excesivo. *Tenía un fuerte dolor de cabeza.* **7.** Se dice del carácter difícil e irritable de una persona. *Discutía mucho porque tenía un carácter muy fuerte.* **SIN.** Vivo. ‖ *s. m.* **8.** Recinto fortificado. *Las tropas se dirigían hacia el fuerte.* **SIN.** Fortaleza. **9.** Aquello a lo que una persona es más aficionada o en lo que más destaca. *Su fuerte es la natación.* ‖ *adv. m.* **10.** Con fuerza. *Agarra fuerte.*

fuerza (**fuer**-za) *s. f.* **1.** Robustez, vigor, energía, fortaleza. *La fuerza de las olas rompió el muro. Para mover el coche hicieron falta las fuerzas de todos.* **ANT.** Debilidad, blandura, pasividad. **2.** Capacidad y eficacia que las cosas tienen en sí mismas. *La gaseosa tiene mucha fuerza.* **3.** Fortaleza con que se resiste algo. *Se necesita fuerza para vencer esa tentación.* **SIN.** Resistencia, solidez. **4.** Autoridad, eficacia, poder. *Al final se impuso la fuerza de la ley.* ‖ **5. Fuerzas armadas.** Ejército. ‖ **LOC. a fuerza de** Insistiendo en. **a la fuerza, o por fuerza** Obligatoriamente. **írsele a alguien la fuerza por la boca** *fam.* Presumir sólo de palabra. **sacar alguien fuerzas de flaqueza** Hacer un esfuerzo extraordinario.

fuera - fullería

fuga (**fu**-ga) *s. f.* **1.** Huida apresurada. *La fuga de aquellos dos presos se hizo famosa.* **SIN.** Evasión, escapada. **ANT.** Regreso, detención. **2.** Salida accidental de un fluido. *Hubo una fuga de gas.* **SIN.** Derrame, filtración, escape. **3.** Composición musical que gira sobre un tema y su contrapunto, repetidos con cierto artificio por diferentes tonos. *"Tocata y fuga" de Bach.* ‖ **4. fuga de cerebros** Consiste en la emigración de personas de gran inteligencia y preparación científica para establecerse en otro país, donde encuentran mayores facilidades en sus investigaciones y mejor retribución.

fugacidad (fu-ga-ci-**dad**) *s. f.* Brevedad de una cosa. *Meditaba sobre la fugacidad de la vida.* **SIN.** Caducidad, rapidez. **ANT.** Lentitud, duración, tardanza.

fugarse (fu-**gar**-se) *v. prnl.* Irse alguien de un lugar en que está retenido por la fuerza. *El preso se fugó de la cárcel.* **SIN.** Escaparse, huir, evadirse. ✎ Se conjuga como ahogar.

fugaz (fu-**gaz**) *adj.* **1.** Que dura muy poco. *Sus esperanzas de lograrlo eran cada vez más fugaces.* **SIN.** Efímero, transitorio, breve, perecedero. **ANT.** Duradero, prolongado. **2.** Que huye y desaparece con velocidad. *Es un animal muy fugaz.* **SIN.** Huidizo.

fugitivo, va (fu-gi-**ti**-vo) *adj.* Que huye de algo o de alguien. **GRA.** También s. m. y s. f. *Era un fugitivo de la justicia.* **SIN.** Prófugo, desertor, evadido.

ful *adj., vulg.* Falso, fallido. *Es una película ful, no vayas a verla.*

fulano, na (fu-**la**-no) *s. m. y s. f.* **1.** Palabra que se usa para referirse a una persona cuyo nombre no se conoce o no se quiere decir. *Me lo dijo fulano.* **SIN.** Tipo, individuo, sujeto. **2.** Persona indeterminada o imaginaria. *Supongamos que fulana es la autora de los hechos.* **SIN.** Mengano, zutano, perengano. **3.** Cuando se refiere a una persona concreta, tiene matiz despectivo. *Vaya faena nos ha hecho ese fulano.*

fular (fu-**lar**) *s. m.* Pañuelo o bufanda de tela fina que se coloca alrededor del cuello. *Lleva el fular azul.*

fulgor (ful-**gor**) *s. m.* Resplandor, brillo intenso. *El Sol resplandecía con todo su fulgor.* **SIN.** Centelleo, destello, luz, resplandor. **ANT.** Oscuridad.

fulgurante (ful-gu-**ran**-te) *adj.* **1.** Brillante, resplandeciente. *Tuvo un fulgurante éxito.* **2.** Se dice del dolor agudo y breve. *Sentía fulgurantes pinchazos en el estómago.* **SIN.** Intenso, punzante.

fulgurar (ful-gu-**rar**) *v. intr.* *Brillar.

fullería (fu-lle-**rí**-a) *s. f.* **1.** Trampa que se hace en el juego. *No hagas fullerías.* **2.** Astucia para engañar. *Siempre anda con fullerías.*

fullero, ra (fu-**lle**-ro) *adj.* **1.** Que hace trampas en el juego. **GRA.** También s. m. y s. f. *Nadie quería jugar con él porque era un fullero.* **SIN.** Tramposo, tahúr. **2.** *fam.* Precipitado, chapucero. *Pon más cuidado, no seas tan fullero.*

fulminante (ful-mi-**nan**-te) *adj.* **1.** Muy rápido, de efecto inmediato. *Su efecto fue fulminante.* **SIN.** Súbito, repentino. **ANT.** Lento. **2.** Se dice de la enfermedad repentina y grave. *Fue una enfermedad fulminante.* **SIN.** Radical, galopante.

fulminar (ful-mi-**nar**) *v. tr.* **1.** Causar la muerte los rayos eléctricos o producir daño en árboles, montes, edificios, etc. *Un rayo fulminó el roble.* **SIN.** Matar, eliminar. **2.** Matar o herir a alguien con un arma. *Fulminó a sus enemigos.* **SIN.** Exterminar. **ANT.** Proteger. **3.** Causar muerte repentina una enfermedad. *El cáncer le fulminó en pocos meses.*

fumador, ra (fu-ma-**dor**) *adj.* Que tiene la costumbre de fumar. **GRA.** También s. m. y s. f. *El billete de autobús lo pidió para fumadores.*

fumar (fu-**mar**) *v. intr.* **1.** Aspirar y expeler el humo del tabaco o de otra sustancia. **GRA.** También v. tr. *Fumar es muy peligroso para la salud.* || *v. prnl.* **2.** *fam.* Dejar de acudir a una obligación. *Muchos alumnos se fumaron la conferencia.* || *v. tr.* **3.** *fam.*, *Arg., Cub. y Méx.* Dominar a alguien.

fumarada (fu-ma-**ra**-da) *s. f.* Porción de humo que sale de una vez. *Salía una gran fumarada de la chimenea.* **SIN.** Bocanada, humareda.

fumarola (fu-ma-**ro**-la) *s. f.* Gases sulfurosos o vapores de agua que salen a través de la grieta de un volcán. *Vimos las fumarolas del volcán.*

fumigar (fu-mi-**gar**) *v. tr.* **1.** Desinfectar por medio de humo, gas o vapores adecuados. *Fumigaron el silo antes de traer el nuevo grano.* **2.** Desinfectar las plantas mediante insecticidas. *Fumigó las vides.* **SIN.** Desinsectar. ✎ Se conjuga como ahogar.

funámbulo, la (fu-**nám**-bu-lo) *s. m. y s. f.* Persona diestra en hacer ejercicios de equilibrio. *Se gana la vida como funámbulo..*

función (fun-**ción**) *s. f.* **1.** Acción propia de los seres vivos y de sus órganos, o de las máquinas e instrumentos. *La función de los ojos es la visión.* **SIN.** Misión. **2.** Espectáculo público. *La función teatral fue un éxito.* **SIN.** Representación. **3.** Ejercicio de un cargo. *Ejerció las funciones de director con responsabilidad.* || **LOC. en función de** Dependiendo de.

funcional (fun-cio-**nal**) *adj.* **1.** Que pertenece o se refiere a las funciones. *La diarrea es un trastorno funcional.* **2.** Aplicado a construcciones, mobiliario, etc., diseño que se corresponde con las necesidades o funciones que ha de desempeñar. *Este mueble no es bonito pero es muy funcional.* **SIN.** Práctico, útil.

funcionar (fun-cio-**nar**) *v. intr.* **1.** Realizar una persona las funciones que le son propias. *Funciona muy bien en su nuevo puesto.* **SIN.** Trabajar, realizar, desarrollar. **2.** Moverse una máquina y hacer su trabajo con normalidad. *No funciona el televisor, sólo se ven rayas.*

funcionario, ria (fun-cio-**na**-rio) *s. m. y s. f.* Empleado de algún organismo estatal. *Aprobó las oposiciones de auxiliar administrativo y ahora ya es funcionario.* **SIN.** Burócrata, empleado.

funda (**fun**-da) *s. f.* Cubierta o bolsa con que se envuelve una cosa para resguardarla. *Compró fundas para los colchones.* **SIN.** Envoltura, recubrimiento.

fundación (fun-da-**ción**) *s. f.* **1.** Acción y efecto de fundar. *Había sido uno de los promotores de la fundación del hospital.* **SIN.** Creación, constitución, erección, implantación. **2.** Institución dedicada a fines benéficos, culturales o religiosos, que continúa y cumple la voluntad de quien la erige. *La fundación March.* **SIN.** Patronato.

fundamental (fun-da-men-**tal**) *adj.* Que sirve de fundamento o es lo principal de una cosa. *Esa era la idea fundamental del texto.* **SIN.** Básico, primordial, esencial, elemental. **ANT.** Accesorio, secundario.

fundamentar (fun-da-men-**tar**) *v. tr.* Establecer y hacer firme una cosa. *Fundamentó sus acusaciones en sólidas pruebas.*

fundamento (fun-da-**men**-to) *s. m.* **1.** Cimiento de un edificio. *Este castillo tiene buenos fundamentos.* **SIN.** Base, sostén. **2.** Base de alguna cosa. *Aquello tenía su fundamento.* **SIN.** Raíz, origen. **3.** Razón principal que hace firme una cosa no material. *El fundamento de su discusión era el gran avance de la tecnología en los últimos veinte años.* **SIN.** Causa, motivo. || *s. m. pl.* **4.** Nociones elementales de una ciencia o arte. *Le enseñó los fundamentos del latín.*

fundar (fun-**dar**) *v. tr.* **1.** Crear una ciudad, un colegio, una asociación, etc. *Los romanos fundaron Roma. En la actualidad, se están fundando muchas sociedades en favor de la naturaleza.* **SIN.** Erigir, establecer, formar, iniciar. **2.** Apoyar con motivos y razones una cosa. *Fundó su opinión en lo que le contaron.* **SIN.** Basar, fundamentar, apoyar, sostener.

fundición (fun-di-**ción**) *s. f.* Fábrica donde se funden metales. *Trabaja en una fundición.*

fundido (fun-**di**-do) *s. m.* **1.** En cine, transición gradual de una escena a otra. *El fundido se utiliza mu-*

fundir - fusiforme

cho en anuncios publicitarios. ‖ **2. fundido en blanco** Desaparición gradual de la imagen hasta que la pantalla queda totalmente blanca. **3. fundido en negro** Desaparición gradual de la imagen hasta la oscuridad total.

fundir (fun-**dir**) *v. tr.* **1.** Hacer líquidos los metales y otros cuerpos sólidos. **GRA.** También v. intr. y v. prnl. *Funden el hierro.* **SIN.** Licuar(se). **2.** Dar forma en moldes al metal fundido. *Fundieron la estatua en bronce.* **3.** Mezclar las últimas imágenes de una escena con las primeras de la siguiente. *Fundió la imagen de la playa con la de la puesta de sol.* **4.** *fam.* Malgastar, derrochar. *Fundió toda la herencia.* ‖ *v. prnl.* **5.** Unirse intereses, ideas o partidos que antes eran contrarios. *Sus propuestas se fundieron en una.* **SIN.** Fusionarse.

fúnebre (**fú**-ne-bre) *adj.* **1.** Que se refiere o pertenece a los difuntos. *Pasó el cortejo fúnebre.* **SIN.** Funerario, mortuorio. **2.** Se dice de aquello que es muy triste. *La habitación tenía un fúnebre aspecto.* **SIN.** Lúgubre, sombrío, tétrico, macabro. **ANT.** Alegre.

funeral (fu-ne-**ral**) *s. m.* Ceremonia y solemnidad con que se hace un entierro o unas exequias. *El funeral se celebró en la iglesia de su pueblo natal.* **SIN.** Exequias, honras, réquiem.

funeraria (fu-ne-**ra**-ria) *s. f.* Empresa que se encarga de la conducción de un cadáver al cementerio y de su entierro. *La funeraria se encargó de las esquelas.*

funerario, ria (fu-ne-**ra**-rio) *adj.* Que pertenece o se refiere al entierro y a las exequias. *Llegó el furgón funerario.* **SIN.** Funeral, mortuorio.

funesto, ta (fu-**nes**-to) *adj.* **1.** Adverso, desastroso. *El partido fue funesto.* **SIN.** Desafortunado, fatal, nefasto. **ANT.** Afortunado. **2.** Triste y desgraciado. *El telegrama contenía la funesta noticia de su fallecimiento.* **SIN.** Doloroso, lamentable. **ANT.** Alegre.

fungible (fun-**gi**-ble) *adj.* Se dice de lo que se estropea o consume con el uso. *Renovaron el material fungible de la escuela.*

fungicida (fun-gi-**ci**-da) *adj.* Se dice de la sustancia que sirve para destruir los hongos. *Pulverizaron la planta con un fungicida.*

funicular (fu-ni-cu-**lar**) *s. m.* Ferrocarril que se mueve por la tracción de un cable o cadena. *Subimos a la montaña en el funicular.* **SIN.** Teleférico.

furgón (fur-**gón**) *s. m.* Vehículo largo y cubierto, apropiado para el transporte de equipajes, mercancías, etc. *Era el conductor de un furgón de mudanzas.*

furgoneta (fur-go-**ne**-ta) *s. f.* Vehículo automóvil cerrado, más pequeño que el camión, propio para el reparto de mercancías. *Tenía una furgoneta para el reparto de paquetes.* **SIN.** Furgón, camioneta.

furia (**fu**-ria) *s. f.* **1.** Ira exaltada. *Le respondí con furia.* **SIN.** Furor, cólera, rabia, saña. **ANT.** Tranquilidad, serenidad, paz. **2.** Persona muy irritada. *Estaba hecho una furia.* **3.** Agitación violenta de las cosas inanimadas. *La furia del viento.* **SIN.** Impetuosidad. **4.** Rapidez y vehemencia con que se hace algo. *Sacaba las cosas de los cajones con furia.* **5.** Momento de mayor intensidad de una moda o costumbre. *Este verano ha sido la furia del color amarillo.*

furibundo, da (fu-ri-**bun**-do) *adj.* **1.** Se dice de la persona enfurecida o que se enfurece fácilmente. *Cuando se pone así de furibunda no razona.* **SIN.** Furioso, airado, colérico, rabioso, violento, iracundo. **2.** Demasiado entusiasta o partidario. *Era un furibundo admirador de esa autora.*

furioso, sa (fu-**rio**-so) *adj.* **1.** Que está poseído de furia. *Estaba muy furioso.* **SIN.** Airado, colérico, iracundo, furibundo. **2.** Violento, terrible. *Se desencadenó un furioso viento.*

furor (fu-**ror**) *s. m.* **1.** Enfado grande o ira extremada. *A veces se descarga el furor contra los inocentes.* **SIN.** Cólera, furia. **2.** Afición extraordinaria a una cosa. *Tiene furor por la ópera.* **SIN.** Frenesí, locura, ímpetu. **3.** Momento cumbre de una moda o costumbre. *Era el furor de las minifaldas.* ‖ **LOC. hacer furor** Estar de moda.

furriel (fu-**rriel**) *s. m.* Cabo encargado de la administración de una compañía de soldados. *El furriel leyó los servicios de la compañía.*

furtivo, va (fur-**ti**-vo) *adj.* **1.** Que se hace a escondidas. *Lo hizo de manera furtiva.* **SIN.** Sigiloso, solapado. **ANT.** Abierto. **2.** Se dice de la persona que caza o pesca sin el permiso correspondiente. *El guarda forestal detuvo a varios cazadores furtivos.*

furúnculo (fu-**rún**-cu-lo) *s. m.* *Forúnculo.

fusa (**fu**-sa) *s. f.* Nota musical que equivale a la mitad de la semicorchea. *Una redonda equivale a 32 fusas.*

fusca (**fus**-ca) *s. f.* *Pato.

fuselaje (fu-se-**la**-je) *s. m.* Cuerpo o casco del avión, donde van los pasajeros y las mercancías. *Llevaba el nombre de la compañía en el fuselaje.*

fusible (fu-**si**-ble) *s. m.* Hilo o chapa metálica, fácil de fundirse, que se coloca en algunas partes de las instalaciones eléctricas para que, cuando la corriente sea excesiva, la interrumpa fundiéndose. *Al fundirse el fusible se quedaron sin luz.* **SIN.** Plomo.

fusiforme (fu-si-**for**-me) *adj.* Que tiene forma de huso. *Los submarinos son fusiformes.*

fusil - futurología

fusil (fu-**sil**) *s. m.* Arma de fuego portátil, compuesta de cañón, mecanismo de disparo y una caja a la que van unidos éstos. *Los soldados dispararon sus fusiles.*

fusilamiento (fu-si-la-**mien**-to) *s. m.* Acción y efecto de fusilar. *Se ejecutó la orden de fusilamiento del condenado.* **SIN.** Ajusticiamiento, ejecución.

fusilar (fu-si-**lar**) *v. tr.* **1.** Matar a una persona por medio de una descarga de fusiles. *Un pelotón se disponía a fusilar al reo.* **SIN.** Ajusticiar, ejecutar, disparar. **2.** *fam.* Copiar trozos o ideas de la obra original de un autor sin citar su nombre. *La mayoría del trabajo estaba fusilado de ese libro.* **SIN.** Plagiar, calcar.

fusión (fu-**sión**) *s. f.* **1.** Paso de un cuerpo del estado sólido al líquido por la acción del calor. *El punto de fusión del agua es 0 grados.* **SIN.** Licuación, liquidación. **ANT.** Solidificación. **2.** Unión de intereses, ideas o partidos que estaban en pugna. *Hubo una fusión de los dos equipos.* **SIN.** Agrupación, unificación, combinación. **ANT.** Disgregación. ‖ **3. fusión nuclear** Reacción en la que se produce, con gran liberación de energía, la unión de varios núcleos ligeros para dar lugar a un núcleo más pesado.

fusionar (fu-sio-**nar**) *v. tr.* Producir una fusión de intereses, partidos, etc. que antes eran contrarios. **GRA.** También v. prnl. *Las dos empresas se fusionaron.* **SIN.** Unir(se), juntar(se), compenetrar(se), unificar(se). **ANT.** Separar(se), escindir(se).

fusta (**fus**-ta) *s. f.* Vara flexible o látigo largo y delgado que se utiliza para estimular a los caballos. *Golpeó al caballo con la fusta.* **SIN.** Vergajo, correa.

fuste (**fus**-te) *s. m.* Parte de la columna comprendida entre el capitel y la basa. *La columna tenía el fuste estriado.*

fustigar (fus-ti-**gar**) *v. tr.* **1.** Azotar, dar azotes. *El jinete fustigó al caballo.* **SIN.** Flagelar, hostigar. **2.** Censurar con mucha dureza. *Le fustigaba con sus contínuas críticas.* **SIN.** Vituperar, criticar, flagelar. ✎ Se conjuga como ahogar.

fútbol (**fút**-bol) *s. m.* Deporte que se practica entre dos equipos de once jugadores cada uno y que consiste en tratar de marcar goles metiendo el balón en la portería contraria, defendida por un guardameta. El balón puede golpearse con cualquier parte del cuerpo, salvo los brazos y las manos. Está exento de esta regla el portero. *En el recreo solemos jugar al fútbol.* **SIN.** Balompié. ✎ También "futbol".

futbolín (fut-bo-**lín**) *s. m.* Juego en que figurillas accionadas mecánicamente imitan un partido de fútbol. *Era muy bueno jugando al futbolín.*

futbolista (fut-bo-**lis**-ta) *s. m. y s. f.* Jugador de fútbol. *El equipo ha fichado a dos futbolistas extranjeros.*

fútil (**fú**-til) *adj.* De poco aprecio o importancia. *Sus intentos de agradar fueron fútiles.* **SIN.** Frívolo, nimio, insustancial, insignificante, vano. **ANT.** Trascendental, importante, esencial.

futuro, ra (fu-**tu**-ro) *adj.* **1.** Que está por venir. *Está muy ilusionado con su futuro trabajo.* **SIN.** Venidero. ‖ *s. m.* **2.** Tiempo verbal que denota una acción que ha de suceder. *"Cantaré" es futuro.* **3.** Tiempo que está por llegar. *Nos veremos en el futuro.* **SIN.** Porvenir. ‖ *s. m. y s. f.* **4.** *fam.* Novio o novia que tienen un compromiso formal de matrimonio. *Es el futuro (esposo) de mi hija.* **SIN.** Prometido.

futurología (fu-tu-ro-lo-**gí**-a) *s. f.* Conjunto de los estudios que se proponen predecir científicamente el futuro del ser humano. *Asistí a un congreso de futurología.*

g *s. f.* Séptima letra del abecedario español y quinta de sus consonantes. Su nombre es "ge". ☞ Seguida inmediatamente de "e" o de "i", suena como la "j". En los demás casos tiene una articulación velar sonora; en las sílabas que forma con la "u" seguida de "e" o de "i", deja de pronunciarse la "u", salvo cuando esta vocal lleva diéresis.

gabán (ga-**bán**) *s. m.* **1.** Capote con mangas hecho de paño fuerte. *No salgas sin el gabán, está nevando.* **2.** Abrigo corto. *Se compró un gabán nuevo.* **SIN.** Trinchera, chambergo.

gabardina (ga-bar-**di**-na) *s. f.* **1.** Abrigo de tela impermeable. *Como llovía se puso la gabardina.* **SIN.** Chubasquero, impermeable. **2.** Tela de tejido diagonal con que se hacen estos abrigos y otras prendas de vestir. *El género de esta falda es de gabardina.*

gabarra (ga-**ba**-rra) *s. f.* Barco pequeño que se usa para la carga y descarga en los puertos. *Una gabarra atravesó la ría.*

gabinete (ga-bi-**ne**-te) *s. m.* **1.** Sala pequeña destinada al estudio, a la investigación o a recibir visitas. *Nos recibió en su gabinete.* **2.** Conjunto de muebles que se ponen en esta sala. *Han cambiado el gabinete.* **3.** Ministerio, parte del gobierno de un estado. *Acudió temprano al gabinete.* **4.** Conjunto de ministros de una nación. *Se reunió el gabinete ministerial.* **5.** *Col.* Mirador, balcón cubierto y cerrado por medio de cristales y persianas. ‖ **6. gabinete de lectura** Salón público en donde pueden leerse libros, revistas, etc., pagando una determinada cantidad.

gacela (ga-**ce**-la) *s. f.* Mamífero rumiante bóvido de África, más pequeño que el corzo, muy ágil y de hermosa figura. *Un león corría detrás de unas gacelas.*

gaceta (ga-**ce**-ta) *s. f.* Publicación periódica de alguna rama especial de literatura, de administración, etc. *Le publicaron un artículo en la gaceta de teatro.* **SIN.** Periódico, noticiario, diario.

gacetilla (ga-ce-**ti**-lla) *s. f.* **1.** Sección de un periódico destinada a noticias breves, y cada una de estas mismas noticias. *He escrito una gacetilla.* **2.** *fam.* Persona chismosa y cotilla. *Siempre está cotilleando, es la gacetilla del barrio.* **SIN.** Correveidile.

gachas (**ga**-chas) *s. f. pl.* Plato de la cocina popular que consiste en una papilla de harina cocida con agua y sal, a la que se añade a veces leche, miel, huevo, etc. *Las gachas es un plato típico de la Mancha.*

gachí (ga-**chí**) *s. f., fam.* Mujer, muchacha. *Es tan castizo que siempre llama gachís a las chicas.* ✎ Su pl. es "gachís".

gacho, cha (**ga**-cho) *adj.* Inclinado hacia abajo. *Salió con las orejas gachas.* **SIN.** Agachado, encorvado.

gachó (ga-**chó**) *s. m., fam.* Hombre, muchacho. ✎ Su pl. es "gachós". *¿Has visto esos dos gachós?*

gafar (ga-**far**) *v. tr., fam.* Transmitir o comunicar mala suerte a alguien o a algo. *No lo toques tú, seguro que lo gafas.* **SIN.** Desgraciar.

gafas (ga-fas) *s. f. pl.* Anteojos que sirven para ver de cerca o de lejos. La montura descansa sobre el tabique nasal y se sujeta detrás de las orejas. *El oculista le dijo que tenía que ponerse gafas porque tenía miopía.* **SIN.** Lentes.

gafe (**ga**-fe) *s. m.* Persona que trae mala suerte. *Tenía fama de gafe entre sus amigos.* **SIN.** Cenizo.

gag *s. m.* Representación de una situación cómica. *Era uno de sus gags más famosos.* **SIN.** Anécdota, chiste. ✎ Su pl. es "gags".

gaita (**gai**-ta) *s. f.* **1.** Instrumento musical de viento. *Uno tocaba la gaita y el otro el tamboril.* **2.** *fam.* Cosa difícil y engorrosa. *¡Menuda gaita me has encargado hacer!* **SIN.** Incordio, pejiguera. **3.** *fam.* Molestia, obstáculo. *No me vengas con gaitas.* **SIN.** Incordio, fastidio. ‖ *s. m. y s. f.* **4.** *Méx.* Gandul, holgazán, remolón. ‖ **LOC. templar gaitas** *fam.* Tratar a una persona con toda condescendencia para quitarle el enfado.

gaje - gallardete

gaje (ga-je) *s. m.* Salario que corresponde a un destino o empleo. **GRA.** Se usa más en pl. *Los pagos en especie son gajes inherentes a su cargo.* ‖ **LOC. gajes del oficio** Daños o molestias de un empleo o trabajo.

gajo (ga-jo) *s. m.* **1.** Cada uno de los grupos de uvas que tiene un racimo. *Separa las uvas por gajos.* **2.** Cada una de las partes en que está dividido el interior de algunas frutas, como la naranja. *Toma este gajo de naranja.* **3.** Cada una de las puntas de los bieldos, horcas, etc. *Esa horca tiene tres gajos.*

gala (ga-la) *s. f.* **1.** Vestido o adorno lujoso que se utiliza para determinadas fiestas o reuniones. *Todos los asistentes iban vestidos de gala.* **2.** Fiesta en la que se exige tal indumentaria. *Muchos famosos asistieron a la gala.* **SIN.** Celebración, solemnidad. **3.** Actuación artística importante. *Dio varias galas durante el verano.* **4.** *Cub. y Méx.* Propina, recompensa. ‖ *s. f. pl.* **5.** Trajes, joyas y otros artículos lujosos. *Lució sus mejores galas.* ‖ **LOC. hacer gala de algo, o tenerlo a gala** Enorgullecerse de ello.

galáctico, ca (ga-lác-ti-co) *adj.* Que pertenece o se refiere a la Vía Láctea o a cualquier otra galaxia. *El sol es un cuerpo galáctico.* **SIN.** Cósmico.

galán (ga-lán) *s. m.* **1.** Hombre de buena presencia, guapo y bien vestido. *Era un perfecto galán.* **SIN.** Adonis. **2.** Persona que en el teatro o en el cine hace alguno de los papeles serios. *Siempre hace papeles de galán.* **SIN.** Protagonista. ‖ **3. galán de noche** Perchero con pie en el que se coloca la ropa para que no se arrugue.

galante (ga-lan-te) *adj.* Atento, cortés, en especial con las damas. *Es una persona muy galante.* **SIN.** Amable, educado. **ANT.** Grosero, descortés.

galantear (ga-lan-te-ar) *v. tr.* *Cortejar.

galantería (ga-lan-te-rí-a) *s. f.* Educación, cortesía. *Lo hizo por galantería.* **SIN.** Amabilidad. **ANT.** Grosería, descortesía.

galápago (ga-lá-pa-go) *s. m.* Reptil acuático parecido a la tortuga. *Los galápagos son el mayor grupo de tortugas vivientes.*

galardón (ga-lar-dón) *s. m.* Recompensa o premio que se da a alguien por sus méritos o servicios. *Le concedieron varios galardones por su dedicación.* **SIN.** Retribución, honor.

galardonar (ga-lar-do-nar) *v. tr.* Premiar o recompensar los servicios o méritos de alguien. *Le galardonaron con un óscar.* **SIN.** Laurear. **ANT.** Censurar.

galaxia (ga-la-xia) *s. f.* Enorme sistema de miles de millones de estrellas, cúmulos y nebulosas. *Las galaxias gigantes pueden contener un millón de millones de estrellas.*

galbana (gal-ba-na) *s. f., fam.* Pereza, holgazanería. *Después de comer le entraba mucha galbana y se echaba una siesta.* **SIN.** Flojera. **ANT.** Diligencia.

galena (ga-le-na) *s. f.* Mineral compuesto de azufre y plomo, de color grisáceo muy brillante. *A la galena que contiene plata se la llama argentífera.*

galeno (ga-le-no) *s. m., fam.* *Médico.

galeón (ga-le-ón-) *s. m.* Nave grande de vela parecida a la galera, que se utilizaba principalmente en los siglos XVI y XVII. *Encontraron los restos de un galeón de guerra.*

galeote (ga-le-o-te) *s. m.* Preso condenado a remar en las galeras. *Los galeotes remaban al ritmo que les indicaban.* **SIN.** Forzado, penado.

galera (ga-le-ra) *s. f.* **1.** Nave antigua de vela y remo. *En la batalla hundieron dos galeras.* ‖ *s. f. pl.* **2.** Castigo impuesto a ciertos presos que consistía en ir a remar a las galeras reales. *Estuvo un año en galeras.*

galería (ga-le-rí-a) *s. f.* **1.** Pieza larga y espaciosa, adornada de muchas ventanas, o sostenida por columnas. *Paseaba silenciosamente por la galería.* **SIN.** Corredor. **2.** Corredor descubierto o con vidrieras que da luz a las habitaciones interiores de una casa. *Tenían la galería llena de plantas.* **SIN.** Terraza, balcón. **3.** Colección de pinturas. *Expone en esa galería.* **SIN.** Pinacoteca, museo. **4.** Camino subterráneo. *Por debajo de la casa atravesaba una vieja galería.* **SIN.** Túnel. ‖ *s. f. pl.* **5.** Pasaje interior con varios establecimientos comerciales. *Hoy inauguran las nuevas galerías.* ‖ **6. galería de arte** Establecimiento comercial donde se exponen y venden cuadros, esculturas y otros objetos de arte.

galerna (ga-ler-na) *s. f.* Temporal en el mar. *El barco no se hizo a la mar, pues aquella noche había galerna.* **SIN.** Borrasca, temporal, vendaval. **ANT.** Calma.

galgo, ga (gal-go) *s. m. y s. f.* Perro muy ligero, de cuello y cuerpo delgados y patas largas, que se emplea para cazar. **GRA.** También adj. *Salió de caza con su galgo.*

galicismo (ga-li-cis-mo) *s. m.* Palabra o giro de la lengua francesa empleada en otra. *Utiliza bastantes galicismos.*

galimatías (ga-li-ma-tí-as) *s. m.* **1.** *fam.* Lenguaje oscuro. *No entiendo nada, es todo un galimatías.* **2.** *fam.* Algarabía, desorden. *Se formó un buen galimatías.* Invariable en número.

gallardete (ga-llar-de-te) *s. m.* Banderín largo. *Estaban adornando la plaza con gallardetes.*

gallardía - gallo

gallardía (ga-llar-**dí**-a) *s. f.* **1.** Elegancia en el modo de moverse y andar. *Andaba con mucha gallardía.* **SIN.** Bizarría, garbo, donaire, distinción. **ANT.** Desgarbo, desaire. **2.** Valentía para hacer las cosas. *Demostró tener mucha gallardía al asumir él toda la responsabilidad.* **SIN.** Ánimo, valor. **ANT.** Cobardía.

gallardo, da (ga-llar-do) *adj.* **1.** Apuesto, elegante. *Iba acompañada de un joven muy gallardo.* **SIN.** Saleroso, airoso, donairoso. **ANT.** Desgarbado, tímido, soso. **2.** Valiente. *Tenía fama de persona muy gallarda.*

galleta (ga **lle** ta) *s. f.* **1.** Pasta de harina, azúcar y otras sustancias que se divide en pequeños trozos de distintas formas y se cuece al horno. *Para desayunar siempre toma café con leche y galletas untadas con mantequilla.* **2.** *fam.* Cachete, bofetada. *Estaban jugando y le dio una galleta.* **3.** *fam.* Trompazo, golpe. *Le quitó la silla cuando iba a sentarse y se dio una buena galleta.* **SIN.** Batacazo.

gallina (ga-**lli**-na) *s. f.* **1.** Hembra del gallo. *Tenía una granja de gallinas.* ‖ *s. m. y s. f.* **2.** *fam.* Persona cobarde. *Es un gallina, no se atreverá a venir.* **SIN.** Amedrentado, cagado. **ANT.** Valiente. ‖ **3. gallina, o gallinita, ciega** Juego infantil, en que alguien, con los ojos vendados, tiene que coger a otro y averiguar quién es. ‖ **LOC. acostarse alguien con las gallinas** *fam.* Acostarse muy temprano. **cantar la gallina** *fam.* Verse alguien obligado a confesar algo. **matar la gallina de los huevos de oro** *fam.* Se dice cuando por avaricia se pierde todo.

gallinaza (ga-lli-**na**-za) *s. f.* Excremento de las gallinas. *Ten cuidado, no pises esa gallinaza.*

gallinero (ga-lli-**ne**-ro) *s. m.* **1.** Lugar donde duermen las aves de corral. *Estaba limpiando el gallinero.* **SIN.** Corral. **2.** Sitio muy concurrido de gente y donde hay mucho griterío. *Todos discutían a la vez y aquello parecía un gallinero.* **3.** Parte más alta y barata de los cines y teatros. *Cuando fue a sacar las entradas ya sólo quedaban de gallinero.*

gallito (ga-**lli**-to) *s. m.* **1.** Persona presuntuosa y arrogante. *Le dije que no tenía razón y se me puso gallito.* **SIN.** Fanfarrón, matón. **2.** Jefe de un grupo. *Es el gallito de la clase.*

gallo (**ga**-llo) *s. m.* **1.** Ave doméstica de corral, de cresta roja, cuerpo cubierto de plumas, cola larga y dos patas con espolones. *En aquel gallinero había tres gallos y 50 gallinas.* **2.** Pez marino, cuya aleta dorsal forma la figura de la cresta de un gallo. *El*

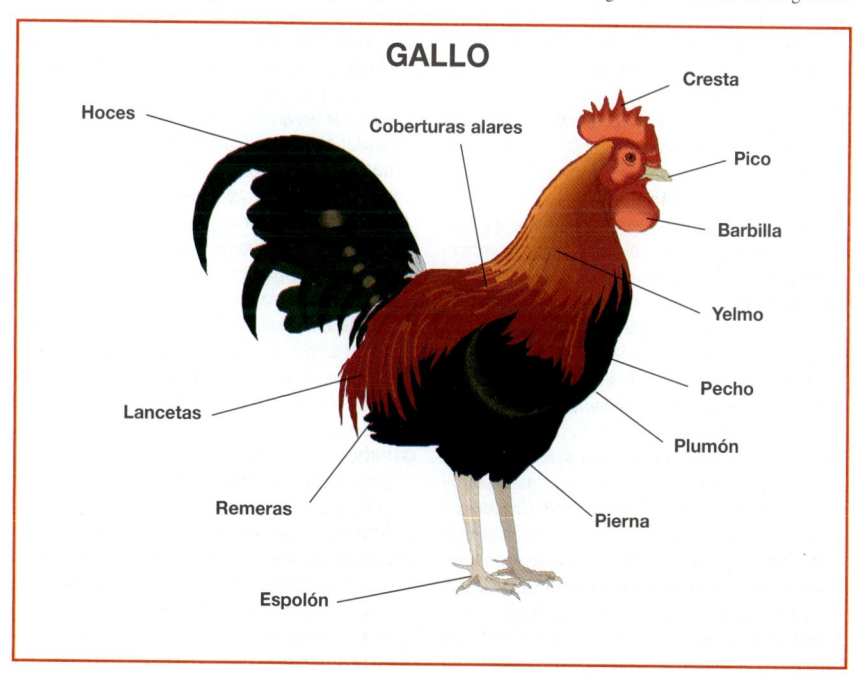

GALLO

Hoces
Coberturas alares
Cresta
Pico
Barbilla
Yelmo
Pecho
Lancetas
Plumón
Remeras
Pierna
Espolón

galocha - ganancia

gallo es muy parecido al lenguado. **3.** En canto, nota falsa que se escapa inadvertidamente. *En una pieza le salieron tres gallos.* ‖ **LOC. en menos que canta un gallo** *fam.* En un instante. **otro gallo me, te, nos, os, cantará** Expresión que se utiliza para indicar que la suerte mejorará.

galocha (ga-**lo**-cha) *s. f.* Calzado de madera con refuerzos de hierro que sirve para andar por la nieve y el lodo. *Hay mucho barro, ponte las galochas.*

galón[1] (ga-**lón**) *s. m.* **1.** Distintivo que diferentes clases del ejército llevan en la manga de su uniforme. *Llevaba el galón de sargento.* **2.** Cinta estrecha y fuerte. *Remató el paño con un galón.*

galón[2] (ga-**lón**) *s. m.* Medida inglesa de capacidad para los líquidos equivalente a 4,5 litros. *Eché cinco galones de gasolina.*

galopar (ga-lo-**par**) *v. intr.* **1.** Ir a galope el caballo. *Los caballos galopaban por la pradera.* **2.** Cabalgar una persona en un caballo que marcha al galope. *Galopó durante más de dos horas.*

galope (ga-**lo**-pe) *s. m.* Marcha rápida del caballo. *Nuestro caballo corría a todo galope.* **SIN.** Galopada, carrera. ‖ **LOC. a galope, o a galope tendido** Con prisa, a toda carrera.

galvanizar (gal-ba-ni-**zar**) *v. tr.* Dar un baño de cinc fundido a un alambre, plancha de hierro, etc. para que no se oxide. *He mandado galvanizar el cubo.* Se conjuga como abrazar.

gama (**ga**-ma) *s. f.* **1.** Escala de notas musicales. *La sinfonía utiliza toda la gama de notas.* **2.** Gradación de colores. *Le gustaba toda la gama de los verdes.* **SIN.** Matiz, tonalidad.

gamba[1] (**gam**-ba) *s. f.* Crustáceo comestible parecido al langostino, pero de menor tamaño. *Le encantan las gambas a la plancha.*

gamba[2] (**gam**-ba) *s. f., fam.* Pierna. *¡Quita la gamba de ahí!* ‖ **LOC. meter la gamba** *fam.* Meter la pata.

gamberrada (gam-be-**rra**-da) *s. f.* Dicho o hecho propio de un gamberro. *Tirar las papeleras es una gamberrada.* **SIN.** Abuso, broma, animalada.

gamberro, rra (gam-**be**-rro) *adj.* Se dice de la persona que realiza actos inciviles para molestar a los demás. *A unos gamberros les dio por quemar el contenedor.* **SIN.** Sinvergüenza, vándalo. **ANT.** Civilizado.

gameto (ga-**me**-to) *s. m.* Cada una de las dos células sexuales, masculina y femenina, que se unen para formar el huevo de las plantas y de los animales. *La fusión de dos gametos da origen a un cigoto.*

gamo, ma (**ga**-mo) *s. m. y f.* Mamífero rumiante parecido al ciervo, de pelaje rojizo salpicado de manchas de color blanco y con cuernos en forma de pala. *Varios gamos correteaban por el parque.*

gamuza (ga-**mu**-za) *s. f.* **1.** Antílope del tamaño de una cabra grande. *Las gamuzas son una especie protegida.* **2.** Piel de la gamuza de color amarillo, que después de adobada queda muy flexible. *Usó una gamuza para limpiar el polvo.* **SIN.** Bayeta, trapo.

gana (**ga**-na) *s. f.* **1.** Deseo o inclinación hacia alguna cosa. **GRA.** Se usa más en pl. seguido de la prep. "de". *No tenía muchas ganas de estudiar.* **SIN.** Afán, gusto, ansia, apetencia. **ANT.** Desgana inapetencia. **2.** Apetito, hambre. *No quiero comer nada, no tengo ganas.* ‖ **LOC. abrir las ganas de comer** Excitar el apetito. **con ganas** Con entusiasmo. | Con intensidad. **darle a alguien la gana, o la real gana** *fam.* Hacer una cosa por la simple razón de querer hacerla. **de buena gana** Con gusto o voluntad. **de mala gana** Con disgusto. **hacer alguien lo que le da la gana** *fam.* Hacer lo que quiere. **quedarse alguien con las ganas** Expresa la situación de la persona que estaba a punto de conseguir algo y se queda sin ello. **tener alguien ganas de fiesta** *fam.* Incitar a otro a una discusión o pelea. **tenerle ganas a alguien** *fam.* Tener deseos de venganza contra él.

ganadería (ga-na-de-**rí**-a) *s. f.* **1.** Cría o comercio de ganado. *Gran parte de la población de esa región se dedica a la ganadería.* **2.** Raza especial de ganado, que suele llevar el nombre del ganadero. *Le gustaba lidiar toros de esa ganadería.*

ganadero, ra (ga-na-**de**-ro) *adj.* **1.** Que pertenece o se refiere al ganado. *Es el veterinario de esa explotación ganadera.* **SIN.** Pecuario. ‖ *s. m. y s. f.* **2.** Dueño de ganado. *Pertenece a una familia de ganaderos.* **SIN.** Estanciero, hacendado.

ganado (ga-**na**-do) *s. m.* **1.** Grupo de animales mansos que andan juntos y que generalmente nos prestan un servicio: proporcionan alimentos, transportan cosas, etc. *Hay ganado vacuno, cabrío, bovino, ovino, etc.* **2.** *fam.* Grupo numeroso de personas que están juntas. *Se ha juntado un buen ganado.*

ganador, ra (ga-na-**dor**) *adj.* Que gana en un juego, competición, etc. **GRA.** También s. m. y s. f. *El equipo ganador dio la vuelta al campo con el trofeo.* **SIN.** Campeón, vencedor. **ANT.** Perdedor, fracasado.

ganancia (ga-**nan**-cia) *s. f.* Utilidad o beneficio que resulta del comercio o de otra actividad. *Obtuvieron una buena ganancia con la venta.* **SIN.** Provecho, beneficio, rendimiento. **ANT.** Pérdida, gasto. ‖ **LOC. no le arriendo la ganancia** Expresión que se usa

ganancial - garantía

para dar a entender que alguien está expuesto a un peligro o castigo que él mismo ha buscado.

ganancial (ga-nan-**cial**) *adj.* Propio de la ganancia o que pertenece a ella. *Bienes gananciales.*

ganapán (ga-na-**pán**) *s. m., fam.* Persona ruda y tosca. *Eres un poco ganapán.* **SIN.** Paleto.

ganar (ga-**nar**) *v. tr.* **1.** Conseguir dinero o aumentarlo. *Su padre gana mucho dinero vendiendo cuadros.* **SIN.** Obtener, embolsar, ingresar. **ANT.** Perder. **2.** Vencer en un juego, batalla, concurso, etc. **GRA.** También v. intr. *Ese escritor ya ha ganado varios premios. Nuestro equipo de baloncesto ha ganado el campeonato.* **SIN.** Triunfar, adelantar. **ANT.** Perder. **3.** Ser mejor que otro en algo. *Él me gana corriendo, pero yo le gano nadando.* **SIN.** Superar, aventajar. **4.** Llegar al lugar que se pretende. *El escalador ganó la cima de la montaña.* **SIN.** Alcanzar. **5.** Conseguir el afecto, la voluntad, etc. de una persona. **GRA.** También v. prnl. *Se ganó el cariño de todos por su simpatía y amabilidad.* **SIN.** Granjearse, atraerse. || *v. intr.* **6.** Prosperar, subir, mejorar. *Antonio ganó en salud desde que dejó de fumar.*

ganchillo (gan-**chi**-llo) *s. m.* **1.** Aguja que termina en forma de gancho y que sirve para hacer labores de punto. *Le gustan las labores de ganchillo.* **2.** Labor que se hace con esta aguja. *Está haciendo un tapete de ganchillo para la mesa camilla.*

gancho (**gan**-cho) *s. m.* **1.** Instrumento corvo y puntiagudo, que sirve para agarrar o colgar una cosa. *Tenía el jamón colgado de un gancho.* **SIN.** Anzuelo, garfio. **2.** *fam.* Compinche de un estafador que se mezcla con el público para animar con su ejemplo. *Detuvieron al estafador pero el gancho consiguió escapar.* **SIN.** Cebo. **3.** *fam.* Cualidades persuasivas o atractivo físico que tiene una persona. *No es que sea muy guapo, pero tiene mucho gancho.* **SIN.** Gracia, ángel, aquel. **4.** En baloncesto, canasta que se mete arqueando el brazo sobre la cabeza. *Consiguió un gancho espectacular.* || **LOC. echar el gancho a alguien** *fam.* Atraparle, prenderle. **tener gancho** *fam.* Poseer una persona cualidades persuasivas o atractivo físico.

gandul, la (gan-**dul**) *adj., fam.* Perezoso, holgazán. **GRA.** También s. m. y s. f. *Haz algo, no seas tan gandul.* **SIN.** Indolente, poltrón. **ANT.** Trabajador.

gandulear (gan-du-le-**ar**) *v. intr.* Holgazanear. *Se pasa la mayor parte del tiempo canduleando.* **SIN.** Haraganear, vaguear. **ANT.** Trabajar, rendir.

ganga (**gan**-ga) *s. f.* **1.** Cosa de cierto valor que se adquiere a bajo precio. *Conseguir este coche por tan poco dinero ha sido una verdadera ganga.* **SIN.** Breva, ocasión, mina. **2.** Se utiliza a veces en sentido irónico para expresar todo lo contrario. *¡Menuda ganga!, me ha costado más que si fuera nuevo.*

ganglio (**gan**-glio) *s. m.* Nudo o abultamiento de un nervio, tendón, etc. *Tenía ganglios en la garganta.* **SIN.** Bulto.

gangoso, sa (gan-**go**-so) *adj.* **1.** Se dice de la persona que habla con resonancia nasal. **GRA.** También s. m. y s. f. *Es un poco gangosa.* **2.** Se dice también de este modo de hablar. *Le conoció por su hablar gangoso.* **SIN.** Nasal.

gangrena (gan-**gre**-na) *s. f.* Muerte de cualquier tejido de un cuerpo animal por infección. *La herida tenía peligro de gangrena.*

gangrenarse (gan-gre-**nar**-se) *v. prnl.* Padecer gangrena. *Se le grangenó la pierna.* **SIN.** Corromperse, infectarse, pudrirse. **ANT.** Sanar.

gánster (**gáns**-ter) *s. m. y s. f.* Delincuente que actúa formando una banda con otros. *Una peligrosa banda de gánsteres atracó el banco.* **SIN.** Bandido, pistolero. ✎ Su pl. es "gánsteres". También "gángster".

ganguear (gan-gue-**ar**) *v. intr.* Hablar con resonancia nasal. *Se le entiende mal porque ganguea mucho.* **SIN.** Farfullar.

gansada (gan-**sa**-da) *s. f., fam.* Sandez, estupidez. *Aquello no era una obra cómica, era una auténtica gansada.* **SIN.** Tontería, memez.

ganso, sa (**gan**-so) *s. m. y s. f.* **1.** Ave palmípeda doméstica, de plumaje gris rayado de pardo, apreciado por su carne y su hígado. *Criaba gansos.* **2.** Persona graciosa y chistosa. **GRA.** También adj. *Se divierten mucho con ella porque es muy gansa.* **3.** Persona patosa y sin gracia. **GRA.** También adj. *Él mismo decía que era un poco ganso.* **SIN.** Pato, torpe. || **LOC. hacer el ganso** *fam.* Hacer o decir tonterías para provocar risa.

ganzúa (gan-**zú**-a) *s. f.* Alambre fuerte y doblado que se usa para abrir sin llaves las cerraduras. *Forzaron la cerradura de la puerta con una ganzúa.*

garabato (ga-ra-**ba**-to) *s. m.* Dibujo o letra mal hechos que no tratan de representar nada. *Mientras hablaba por teléfono hacía garabatos en un papel.*

garaje (ga-**ra**-je) *s. m.* **1.** Sitio o local para guardar automóviles. *Todas las noches deja el coche en el garaje.* **SIN.** Aparcamiento, cochera. **2.** Taller para reparar automóviles. *Lleva el coche al garaje, el motor hace un ruido raro.*

garantía (ga-ran-**tí**-a) *s. f.* **1.** Responsabilidad que asume un vendedor por la calidad de lo que vende,

garantizar - garrapiñado

durante un período de tiempo determinado. Ésta se refleja en un documento firmado y sellado por él. *Me han arreglado gratis el reloj, pues tenía un año de garantía.* **2.** Cosa que protege contra un posible riesgo. *Piden un millón como garantía de la compra.* **SIN.** Aval, fianza, prenda, señal. **3.** Seguridad. *No tiene ninguna garantía de que el asunto sea así.*

garantizar (ga-ran-ti-**zar**) *v. tr.* **1.** Dar garantía de la calidad de un producto. *El vendedor nos garantizó su calidad.* **2.** Proteger un riesgo o una operación. *Su firma garantizaba la operación.* **SIN.** Avalar. **ANT.** Desamparar. ✎ Se conjuga como abrazar.

garbanzo (gar-**ban**-zo) *s. m.* **1.** Planta leguminosa con fruto en vaina de una o dos semillas. *Esa tierra está sembrada de garbanzos.* **2.** Fruto comestible de esta planta. *Los garbanzos con callos es uno de sus platos favoritos.* ‖ **LOC. por un garbanzo no se estropea la olla, o el cocido** *fam.* Frase usada para expresar que no importa que una persona no esté de acuerdo cuando la mayoría sí. **ser alguien el garbanzo negro** *fam.* Tener mala fama, ser diferente.

garbeo (gar-**be**-o) *s. m.* Paseo, vuelta. **GRA.** Se usa principalmente con el v. "dar". *Llevaba muchas horas estudiando y decidió salir a dar un garbeo.*

garbo (**gar**-bo) *s. m.* Gallardía, elegancia. *Anda con mucho garbo.* **SIN.** Aire, donaire, buen porte.

garboso, sa (gar-**bo**-so) *adj.* Elegante, gallardo. *Tiene un andar muy garboso.* **SIN.** Airoso, tieso.

gardenia (gar-**de**-nia) *s. f.* Planta originaria de Asia, de hojas ovaladas y flores del mismo nombre, blancas y olorosas. *Le encantan las gardenias.*

garduña (gar-**du**-ña) *s. f.* Mamífero carnívoro, de color castaño y blanco. Es nocturno y muy perjudicial. *La garduña mató varias gallinas.*

garete, ir, o irse, al *loc., fam.* Frustrarse, no lograrse algo. *Sus planes se fueron al garete.*

garfio (**gar**-fio) *s. m.* Instrumento de hierro, curvo y puntiagudo. *Colgó la res de un garfio.* **SIN.** Gancho.

gargajo (gar-**ga**-jo) *s. m.* Mucosidad procedente de la garganta que se echa por la boca. *Le salió un gargajo de sangre.* **SIN.** Escupitajo, gallo, esputo.

garganta (gar-**gan**-ta) *s. f.* **1.** Parte anterior del cuello. *Como hacía mucho frío se puso la bufanda tapándose la garganta.* **2.** Conducto interno comprendido entre el velo del paladar y la entrada del esófago. *Tenía la garganta muy irritada y se hacía daño al pasar la comida.* **3.** Voz del cantante. *Tenía buena garganta.* **4.** Estrecho entre dos montañas, lugar en el que un río se estrecha, etc. *Visitamos la garganta del Ca-* *res.* **SIN.** Desfiladero, quebrada, cañón, hoz. **5.** Parte más delgada y estrecha de una cosa. *Garganta de una columna.* ‖ **LOC. tener a alguien atravesado en la garganta** *fam.* No soportarle.

gargantilla (gar-gan-**ti**-lla) *s. f.* Collar corto de adorno. *Llevaba una bonita gargantilla de perlas.*

gárgara (**gár**-ga-ra) *s. f.* Acción de mantener un líquido en la garganta, con la boca hacia arriba y sin tragarlo, expulsando al mismo tiempo aire de los pulmones. **GRA.** Se usa más en pl. *El médico me mandó hacer gárgaras con agua y limón.* ‖ **LOC. mandar a hacer gárgaras** *fam.* Desentenderse de una persona o cosa.

gárgola (**gár**-go-la) *s. f.* *Canalón.

garita (ga-**ri**-ta) *s. f.* **1.** Torrecilla, generalmente de madera, para refugio de centinelas y vigilantes. *Estaba de guardia en la garita.* **2.** Cuarto pequeño que suelen tener los porteros en el portal. *No había nadie en la garita.* **3.** *Méx.* Puerta de entrada a una ciudad.

garito (ga-**ri**-to) *s. m.* **1.** Casa clandestina de juego. *La policía descubrió varios garitos.* **SIN.** Antro, cueva, tima. **2.** *fam.* Local de ambiente sórdido y mala reputación. *No me gusta que vayas por esos garitos.* **SIN.** Tugurio, antro.

garra (**ga**-rra) *s. f.* **1.** Pata de ciertos animales provista de uñas fuertes y agudas. *El gato le arañó con sus garras.* **SIN.** Zarpa. **2.** *fam.* Mano de una persona. *No metas aquí las garras.* ‖ *s. f. pl.* **3.** *amer.* Harapos. ‖ **LOC. caer en las garras** Caer en manos de alguien que nos quiere hacer daño. **echar a alguien la garra** Apresarlo. **tener garra algo o alguien** Poseer ciertas cualidades atractivas o persuasivas.

garrafa (ga-**rra**-fa) *s. f.* Vasija ancha y redonda, que termina en un cuello largo y estrecho. *Llena la garrafa de agua.* ‖ **LOC. de garrafa** Se dice de los licores de mala calidad que se venden a granel.

garrafal (ga-rra-**fal**) *adj.* Se dice de ciertas mentiras, errores, etc., que son demasiado graves. *Cometió un fallo garrafal, por eso le suspendieron.* **SIN.** Desastroso, inconcebible, tremendo. **ANT.** Mínimo.

garrafón (ga-rra-**fón**) *s. m.* Garrafa grande. *Llenaron dos garrafones de agua.*

garrapata (ga-rra-**pa**-ta) *s. f.* Arácnido de forma ovalada, que vive parásito en el cuerpo de algunos animales, chupándoles la sangre. *El perro tenía garrapatas.*

garrapiñado, da (ga-rra-pi-**ña**-do) *adj.* Se dice de las almendras bañadas en almíbar. **GRA.** También *s. f.* *Compró una bolsa de almendras garrapiñadas en un puesto de la feria.*

garrido, da (ga-**rri**-do) *adj.* Hermoso, bien vestido. *Era un garrido caballero.* **SIN.** Apuesto, arrogante, bizarro. **ANT.** Deslucido, apocado, soso.

garrocha (ga-**rro**-cha) *s. f.* **1.** Vara larga con un hierro pequeño en la punta, que utilizan los vaqueros para acosar y derribar las reses bravas. *Derribó la res con la garrocha.* **SIN.** Garfio, puya. **2.** Vara larga para picar a los toros en las corridas. *Al picador se le rompió la garrocha.* **SIN.** Puya.

garrota (ga-**rro**-ta) *s. f.* *Garrote.

garrotazo (ga-rro-**ta**-zo) *s. m.* Golpe dado con un garrote. *Le arreó un buen garrotazo.* **SIN.** Bastonazo, cachiporrazo, estacazo.

garrote (ga-**rro**-te) *s. m.* **1.** Palo grueso y fuerte que puede usarse como bastón. *Se apoyaba en un garrote de avellano.* **SIN.** Cayado. **2.** Palo que se retorcía con ayuda de una cuerda para apretar fuertemente un miembro, para castigar a alguien u obligarlo a confesar un delito. *Fue condenado a garrote.* ‖ **3. garrote vil** Condena a muerte ejecutada por medio del garrote. ‖ **LOC. dar garrote** Ejecutar la pena de muerte por garrote.

garrulo, la (ga-**rru**-lo) *adj.* Palurdo, basto. *Es un poco garrulo.* **SIN.** Zafio, paleto.

garza (**gar**-za) *s. f.* **1.** Ave zancuda, de cabeza pequeña con moño largo y gris, pico largo y negro, amarillento por la base. *Las garzas viven a orillas de los ríos y pantanos.* ‖ **2. garza real** La que tiene el moño negro y brillante y el dorso azulado.

gas *s. m.* **1.** Cuerpo que no tiene forma ni volumen determinado. Se opone a líquido y sólido. *El vapor de agua es gas.* ‖ *s. m. pl.* **2.** Los que se producen en el aparato digestivo. *Tenían muchos gases.* ‖ **3. gas ciudad** El destinado a alumbrado, calefacción, etc. **4. gas lacrimógeno** El que produce una fuerte irritación en los ojos. **GRA.** Se usa más en pl. **5. gas mostaza** El tóxico que ataca los ojos y las vías respiratorias. **6. gas natural** Gas formado en bolsas por encima del petróleo. ‖ **LOC. a medio gas** Con la mitad de potencia o capacidad. **a todo gas** A toda velocidad.

gas-oil *s. m.* *Gasóleo.

gasa (**ga**-sa) *s. f.* **1.** Tela muy clara y fina de seda o hilo. *El sombrero llevaba un adorno de gasa.* **SIN.** Muselina, tul. **2.** Banda de tejido muy ralo que se usa para cubrir las heridas. *Necesito gasa y esparadrapo.* **OBS.** También "gasa hidrófila". **SIN.** Apósito, venda. **3.** Tejido absorbente que se usaba de pañal para los niños. *Le estaba poniendo una gasa seca al bebé.*

gaseoducto (ga-se-o-**duc**-to) *s. m.* *Gasoducto.

gaseosa (ga-se-**o**-sa) *s. f.* Bebida refrescante, efervescente, que no contiene alcohol. *Pidieron una jarra de cerveza con gaseosa.*

gaseoso, sa (ga-se-**o**-so) *adj.* **1.** Que se halla en estado de gas. *Cuerpo gaseoso.* **2.** Se aplica a los líquidos que contienen gases. *Una bebida gaseosa.*

gasoducto (ga-so-**duc**-to) *s. m.* Conducto que se destina a llevar el gas natural hasta el lugar de su utilización. *Estaban construyendo un gasoducto.* **SIN.** Tubería.

gasóleo (ga-**só**-le-o) *s. m.* Derivado del petróleo que se emplea como combustible en algunos motores de explosión. *Tienen calefacción de gasóleo.*

gasolina (ga-so-**li**-na) *s. f.* Líquido compuesto de hidrocarburos que se obtiene de la destilación del petróleo y que sirve para poner en movimiento algunos motores. *Acuérdate de echarle gasolina al coche antes de comenzar el viaje.* **SIN.** Carburante, combustible.

gasolinera (ga-so-li-**ne**-ra) *s. f.* Establecimiento en el que se vende gasolina. *Trabaja en una gasolinera.* **SIN.** Depósito, surtidor, estación de servicio.

gastado, da (gas-**ta**-do) *adj.* **1.** Que está disminuido o borrado por el uso. *Este pantalón está ya muy gastado.* **SIN.** Desgastado. **2.** Se dice de la persona debilitada y sin fuerza física. *Era un hombre gastado por los años.* **SIN.** Cascado, decrépito. **ANT.** Lozano.

gastador, ra (gas-ta-**dor**) *adj.* **1.** Que gasta mucho dinero. **GRA.** También s. m. y s. f. *Tenía fama de ser una persona muy gastadora y de tener muchas deudas.* **SIN.** Derrochador, despilfarrador. **ANT.** Ahorrador. ‖ *s. m.* **2.** Soldado que tiene como misión hacer trincheras, abrir paso, etc. *Pertenecía al grupo de gastadores.*

gastar (gas-**tar**) *v. tr.* **1.** Emplear el dinero en una cosa. *Mi amigo gasta la mayor parte de su dinero en viajes.* **SIN.** Invertir, desembolsar, comprar, costear. **ANT.** Ahorrar, guardar. **2.** Estropear o consumir algo con el uso. *He gastado tanto estos calcetines que se me ha hecho un agujero.* **SIN.** Desgastar, deslucir, ajar, deteriorar, agotar. **ANT.** Conservar. **3.** Usar, llevar. *Ella siempre gasta pantalones.* ‖ **LOC. gastarlas** Portarse, ser de una manera.

gasto (**gas**-to) *s. m.* **1.** Aquello que se hace al emplear el dinero en algo. *Hicimos mucho gasto en aquella tienda.* **2.** Lo que se gasta o se ha gastado. *Nos supuso el gasto de 100 pesetas.* **SIN.** Dispendio, desembolso, consumo. **ANT.** Ahorro. ‖ **LOC. correr con los gastos** Hacerse cargo de ellos. **cubrir**

gástrico - gelatina

gastos Producir una cosa lo bastante para recompensar de su coste.

gástrico, ca (gás-tri-co) *adj.* Que pertenece o se refiere al estómago. *Jugos gástricos.* **SIN.** Digestivo.

gastritis (gas-**tri**-tis) *s. f.* Inflamación del estómago. *Tuvo una gastritis muy fuerte.* ✎ Invariable en número.

gastroenteritis (gas-tro-en-te-**ri**-tis) *s. f.* Inflamación simultánea de la membrana mucosa del estómago y de la de los intestinos. *Tuvo gastroenteritis.* ✎ Invariable en número.

gastronomía (gas-tro-no-**mí**-a) *s. f.* **1.** Arte de cocinar bien. *Era un experto en la gastronomía de su tierra.* **2.** Afición a las buenas comidas. *Le gusta la gastronomía.*

gastronómico, ca (gas-tro-**nó**-mi-co) *adj.* Que pertenece o se refiere al arte de la gastronomía. *Ganó el segundo premio del concurso gastronómico.* **SIN.** Culinario.

gata (**ga**-ta) *s. f.* Hembra del gato. *Su mascota era una gata siamesa.* **SIN.** Minina.

gatas, a *loc. adv.* Modo de andar con las manos y los pies en el suelo. *Iba a gatas.* ‖ **LOC. y los que anduvo a gatas** *fam.* Se emplea para afirmar que una persona tiene más años de los que dice.

gatear (ga-te-**ar**) *v. intr.* **1.** Trepar por un árbol o tronco ayudándose de los brazos y las piernas, como los gatos. *Era muy hábil gateando.* **SIN.** Encaramarse. **2.** *fam.* Andar a gatas. *Estaba muy contento porque su hermanita ya gateaba.* **SIN.** Deslizarse, arrastrar.

gatera (ga-**te**-ra) *s. f.* Agujero en la pared, tejado o puerta para que puedan pasar los gatos. *En la pared de la bodega hay dos gateras.*

gatillo (ga-**ti**-llo) *s. m.* Palanca con que se disparan las armas de fuego. *Apretó el gatillo.*

gato (**ga**-to) *s. m. y s. f.* **1.** Mamífero carnívoro, doméstico, de cuerpo menudo y elástico, cabeza redonda, lengua muy áspera, y patas cortas con dedos provistos de fuertes uñas que el animal puede sacar y esconder a voluntad. *Llevé el gato al veterinario para vacunarle.* **SIN.** Michino, minino. ‖ *s. m.* **2.** Máquina que se utiliza para levantar grandes pesos a poca altura. *Saca el gato para levantar el coche, hay que cambiar la rueda.* **SIN.** Palanca. ‖ **3. cuatro gatos** *fam.* Muy poca gente. **4. gato de Angora** El de pelo muy largo, procedente de Asia. **5. gato montés** El que vive en los montes. **6. gato siamés** El procedente de Asia con pelo corto y de color ocre con manchas más oscuras en la cara, orejas y cola. ‖ **LOC. dar gato por liebre** *fam.* Engañar en la calidad de una cosa cambiándola por otra peor. **haber gato encerrado** *fam.* Haber algo oculto, secreto y misterioso. **lavarse a lo gato** *fam.* Asearse mínimamente, sin apenas mojarse. **llevar el gato al agua** *fam.* Superar una dificultad. | *fam.* Triunfar, ganar.

gaveta (ga-**ve**-ta) *s. f.* Cajón corredizo que hay en los escritorios, y mueble que tiene este tipo de cajones. *Guarda las cartas en la gaveta.*

gavilán (ga-vi-**lán**) *s. m.* Ave rapaz, parecida al halcón, con plumaje gris azulado y pardo. *El gavilán descendió sobre su presa.*

gavilla (ga-**vi**-lla) *s. f.* Haz de cañas, mieses, ramas, hierba, etc. de mayor tamaño que el manojo. *¿Han cargado ya las gavillas de trigo en el remolque?* **SIN.** Fajo.

gaviota (ga-**vio**-ta) *s. f.* Ave palmípeda, de plumaje blanco en general, que vive en las costas y se alimenta de peces o de desperdicios. *Unas gaviotas volaban sobre las aguas de la ría.* **SIN.** Gavina.

gay *s. m.* *Homosexual. ✎ Su pl. es "gays".

gayumbos (ga-**yum**-bos) *s. m. pl., fam.* *Calzoncillos.

gazapo (ga-**za**-po) *s. m.* **1.** Error involuntario que se comete al hablar o al escribir. *Escribir "haver" con "v" es un buen gazapo.* **SIN.** Error, yerro, lapsus. **2.** Mentira. *Intentó que creyésemos sus gazapos pero no lo consiguió.* **SIN.** Embuste, bola, trola. **ANT.** Verdad.

gazmoño, ña (gaz-**mo**-ño) *adj.* Se dice de la persona que finge escrúpulos o virtudes que no tiene. **GRA.** También s. m. y s. f. *Se escandaliza por cualquier cosa, es un poco gazmoña.* **SIN.** Hipócrita, fariseo, mojigato, ñoño, melindroso. **ANT.** Sincero.

gaznate (gaz-**na**-te) *s. m.* Parte superior de la garganta. *Le agarró por el gaznate.*

gazpacho (gaz-**pa**-cho) *s. m.* Sopa fría que se hace con agua, aceite, vinagre, sal, ajo, cebolla, pepino, tomate, miga de pan, etc. *Cuando estuvimos en Andalucía tomamos mucho gazpacho.*

gazuza (ga-**zu**-za) *s. f., fam.* *Hambre.

géiser (**géi**-ser) *s. m.* Fuente termal intermitente en forma de surtidor de agua y vapor, de origen volcánico. *Los géiseres más conocidos se encuentran en EE UU, Islandia y Nueva Zelanda.* ✎ Su pl. es "géiseres".

gel *s. m.* Jabón líquido para baño o ducha. *Este gel nuevo es muy cremoso.*

gelatina (ge-la-**ti**-na) *s. f.* **1.** Sustancia incolora y transparente que se obtiene al cocer algunas partes blandas de los animales y de sus huesos. *Me gusta*

gelatinoso - generalizar

mucho el sabor de la gelatina de las patas de ternera. **2.** Sustancia destinada a la alimentación. *Hizo la tarta con gelatina de limón.*
gelatinoso, sa (ge-la-ti-**no**-so) *adj.* Que tiene mucha gelatina o se parece a ella. *Esta salsa está demasiado gelatinosa.* **SIN.** Viscoso, blando, mucilaginoso. **ANT.** Duro, trabado.
gélido, da (**gé**-li-do) *adj.* Helado o muy frío. *No se recordaba un invierno tan gélido desde hacía muchos años.* **SIN.** Glacial, congelado. **ANT.** Ardiente.
gema (**ge**-ma) *s. f.* **1.** Nombre genérico que se da cualquier piedra preciosa. *La esmeralda es una gema.* **2.** Yema o botón en los vegetales. *Estaban saliendo las primeras gemas.*
gemelo, la (ge-**me**-lo) *adj.* **1.** Se dice de cada uno de dos o más hermanos que han nacido de un mismo parto. **GRA.** También s. m. y s. f. *Son tres hermanos, dos de ellos gemelos.* **SIN.** Mellizo. **2.** Se dice dos piezas, órganos, partes, etc. iguales o colocadas de forma similar en una máquina o aparato. *La radio tenía altavoces gemelos.* **3.** Se dice de cada uno de los dos músculos de la parte posterior de la pierna. *Se le agarrotó el gemelo.* ‖ *s. m. pl.* **4.** *Anteojos. **5.** Juego de dos botones iguales u otros objetos de esta clase que se pone en el puño de la camisa. *El alfiler de corbata hace juego con los gemelos.*
gemido, da (ge-**mi**-do) *s. m.* Voz lastimera y de dolor. *Aunque el golpe le dolía mucho, no dejó escapar ni un gemido.* **SIN.** Lamento, quejido, sollozo, suspiro, zollipo. **ANT.** Carcajada, risa.
gemir (ge-**mir**) *v. intr.* Expresar con sollozos y voz lastimera la pena o el dolor. *El pobre perro gemía de pena por la muerte de su amo.* **SIN.** Sollozar, suspirar, gimotear, quejarse, lamentarse. **ANT.** Reír, sonreír. ◊ v. irreg., se conjuga como pedir.
gen *s. m.* Parte de los cromosomas que contiene la información hereditaria de una característica determinada. *Casi todos los caracteres quedan determinados por varios genes.*
gendarme (gen-**dar**-me) *s. m.* Agente de policía de algunos países para mantener el orden y la seguridad pública. *Los gendarmes franceses detuvieron al presunto asesino.* **SIN.** Policía.
gene (**ge**-ne) *s. m.* *Gen.
genealogía (ge-ne-a-lo-**gí**-a) *s. f.* Serie de ascendientes o antepasados de cada persona. *Se interesó por la genealogía de aquella ilustre familia.*
genealógico, ca (ge-ne-a-**ló**-gi-co) *adj.* Que pertenece o se refiere a la genealogía. *Tenía ya muchos datos para hacer su ábol genealógico.*

generación (ge-ne-ra-**ción**) *s. f.* **1.** Acción y efecto de engendrar. *Nada se crea por generación espontánea.* **SIN.** Concepción. **2.** Sucesión de descendientes en línea recta. *Su familia vivía allí desde hacía varias generaciones.* **SIN.** Familia, descendencia. **3.** Conjunto de todos los que viven en una misma época. *La generación de la guerra.* **4.** Grupo de escritores o artistas que viven en la misma época y que tienen inquietudes comunes y un mismo estilo. *Unamuno pertenece a la Generación del 98.*
generador (ge-ne-ra-**dor**) *s. m.* Máquina o aparato que transforma la energía mecánica en energía eléctrica. *Necesitamos un generador.* **SIN.** Alternador, dinamo, turbina.
general (ge-ne-**ral**) *adj.* **1.** Común a muchos seres o cosas. *Según la opinión general, es una buena maestra.* **SIN.** Global, colectivo, universal. **ANT.** Particular. **2.** Común, frecuente, usual. *Los días de lluvia los atascos en esta calle son muy generales.* **ANT.** Inusual, extraño. ‖ *s. m.* **3.** Oficial de uno de los cuatro grados superiores del ejército. *El general visitó las tropas.* **4.** Superior de una orden religiosa. *El general de los dominicos presidió la ceremonia.* ‖ **LOC. en, o por lo, general** Sin determinar, sin especificar.
generala (ge-ne-**ra**-la) *s. f.* En el ejército, toque de alarma. *Tocaron generala y todos los soldados se pusieron sobre las armas.*
generalidad (ge-ne-ra-li-**dad**) *s. f.* **1.** Mayoría de las personas u objetos que componen una clase o un todo. *La generalidad de los diputados votó sí.* **SIN.** Colectividad, conjunto, concurrencia. **2.** Vaguedad, imprecisión. *El artículo no aportaba datos concretos, sólo generalidades.* **ANT.** Concreción, concisión. ‖ *n. p.* **3.** Cada uno de los organismos que gobiernan Cataluña y la Comunidad Valenciana según lo establecido por sus respectivos estatutos. **ORT.** Se escribe con mayúscula. *Jordi Pujol preside la Generalidad catalana.* ‖ *s. f. pl.* **4.** Conocimientos generales de una ciencia. *Sólo sabía unas cuantas generalidades de Astronomía, pero nada más.*
generalizar (ge-ne-ra-li-**zar**) *v. tr.* **1.** Formar un concepto global de lo que es común a muchas cosas. *Se podría generalizar y decir que es un gran novelista, aunque también ha escrito poesía.* **SIN.** Abstraer. **2.** Hacer de una característica individual una universal. *No se puede generalizar respecto al carácter de las personas.* **3.** Hacer común o pública una cosa. **GRA.** También v. prnl. *Su dimisión se generalizó rápidamente.* **SIN.** Divulgar(se), difundir(se). ◊ Se conjuga como abrazar.

generar - genético

	GÉNERO
	Es el accidente gramatical que indica el sexo de las personas y de los animales. En los nombres de cosas el género no tiene significado específico, considerándose como masculinos los nombres que pueden ir precedidos de ESTE, y como femeninos los que pueden ir precedidos de ESTA.
MASCULINO	Pertenecen al masculino los nombres de varones, animales machos y todas las cosas que pueden llevar delante el determinante "este": *Juan - caballo - reloj*
FEMENINO	Son de género femenino los nombres de mujeres, animales hembras y cosas a las que se les puede anteponer el determinante "esta": *María - gallina - memoria*
	FORMACIÓN DEL FEMENINO
	• Si el masculino termina en vocal, se cambia esta vocal por **a**: sobrino - sobrina • Si el masculino termina en consonante, se le agrega la vocal **a**: león - leona • Otros nombres añaden terminaciones especiales (**-triz, -ica, -esa, -isa, -ta**): actor- actriz • Hay nombres que forman el femenino con una palabra distinta a la del masculino: hombre - mujer
NEUTRO	Pertenecen a este género los adjetivos sustantivados que pueden llevar delante el artículo 'lo': *lo bueno - lo necesario*
EPICENO	Son de género epiceno los nombres de animales que, con la misma palabra y el mismo artículo, sirven para nombrar a los dos sexos: *la lombriz - la mosca*
COMÚN	Son de género común los nombres de personas que, con la misma palabra pero con distinto artículo, sirven para nombrar a los dos sexos: *el estudiante - la estudiante*
AMBIGUO	Pertenecen al género ambiguo los nombres de cosas que unas veces se consideran como masculinos y otras como femeninos: *el dote - la dote*

generar (ge-ne-**rar**) *v. tr.* **1.** Engendrar, producir. *Eso generará nuevos problemas.* **2.** Dar motivo u ocasión para que suceda algo. *Las nuevas medidas económicas generaron el descontento de la sociedad.*

generatriz (ge-ne-ra-**triz**) *adj.* En geometría, se dice de la línea generadora. **GRA.** También s. f. *La línea generatriz de una esfera es una circunferencia.*

genérico, ca (ge-**né**-ri-co) *adj.* Común a diferentes especies de animales o de cosas. *Era una característica genérica a todas las especies.* **ANT.** Particular.

género (**gé**-ne-ro) *s. m.* **1.** Conjunto de seres o cosas que tienen caracteres comunes. *El género humano.* **SIN.** Familia, clase, tipo. **2.** Categoría taxonómica más alta dentro de una familia. Está formado por varias especies estrechamente emparentadas. *Las distintas especies de robles pertenecen al género Quercus.* **3.** En el comercio, una mercancía cualquiera. *Traspasa el negocio con todo el género.* **4.** Tela, tejido. *Este género tiene mucha caída.* **5.** Accidente gramatical mediante el cual los sustantivos, adjetivos, pronombres y artículos se clasifican en masculinos, femeninos o neutros. El género gramatical sólo indica sexo cuando se refiere a personas y animales. *"Gato" es un sustantivo de género masculino.* || **6. género chico** *Zarzuela, obra dramática.

generosidad (ge-ne-ro-si-**dad**) *s. f.* Cualidad de la persona que se desprende fácilmente de lo que tiene, sin esperar nada a cambio. *Era una persona muy humana y de gran generosidad.* **SIN.** Desinterés, altruismo. **ANT.** Avaricia.

generoso, sa (ge-ne-**ro**-so) *adj.* **1.** Que da mucho sin esperar nada a cambio. *Es muy generoso y siempre regala juguetes a los niños necesitados.* **SIN.** Humano, noble, misericordioso, espléndido, desprendido, desinteresado. **ANT.** Avaro, tacaño, ruin. **2.** Excelente, muy bueno. *Nos dará una generosa propina. El público despidió al cantante con un generoso aplauso.* **SIN.** Abundante, espléndido.

génesis (**gé**-ne-sis) *s. f.* Origen o principio de una cosa. *Habló de la génesis de su obra.* **SIN.** Comienzo, cimientos, raíz. Invariable en número.

genético, ca (ge-**né**-ti-co) *adj.* **1.** Que pertenece o se refiere al origen o a la herencia. *Caracteres genéticos.* || *s. f.* **2.** Parte de la biología que trata de la herencia. *Es especialista en genética.*

genial - gerente

genial (ge-**nial**) *adj.* **1.** Se dice de algo que es divertido. *Tienes que ver esa película, es genial.* **ANT.** Desagradable. **2.** Que tiene mucho talento. *Picasso era un pintor genial.* **SIN.** Magnífico, soberbio. **ANT.** Común. **3.** Ingenioso. *Tuvo una idea genial.*

genialidad (ge-nia-li-**dad**) *s. f.* **1.** Carácter singular y propio de una persona. *Ensalzó la genialidad de la pintora.* **2.** Extravagancia. *Este ridículo disfraz ha sido otra de sus genialidades.*

genio (**ge**-nio) *s. m.* **1.** Carácter de una persona. *Tiene pocos amigos por su mal genio.* **SIN.** Naturaleza, índole, temperamento. **2.** Persona muy inteligente, capaz de crear cosas nuevas y admirables. *Miguel Ángel fue un genio de la escultura.* **3.** Capacidad de una persona para crear o inventar. *El genio de ese gran pintor era indiscutible.* **SIN.** Talento, condición, disposición, inspiración, ingenio. **4.** Disposición para hacer algo. *Tiene genio para trabajar.*

genital (ge-ni-**tal**) *adj.* Que se refiere al sexo y al aparato reproductor del ser humano y de los animales. *Órganos genitales.*

genitivo (ge-ni-**ti**-vo) *s. m.* Uno de los casos de la declinación gramatical, que indica relación de propiedad, posesión, pertenencia o materia de que está hecha una cosa. *En castellano el genitivo lleva siempre antepuesta la preposición "de".*

genocidio (ge-no-**ci**-dio) *s. m.* Matanza o exterminio de un grupo étnico por motivos políticos, religiosos o raciales. *La guerra civil dio lugar a un auténtico genocidio.*

genotipo (ge-no-**ti**-po) *s. m.* Conjunto de los genes que existen en cada uno de los núcleos celulares de los individuos pertenecientes a una especie vegetal o animal. *Los grupos sanguíneos están determinados por el genotipo.*

gente (**gen**-te) *s. f.* **1.** Conjunto de personas. *Los domingos hay gente en todas partes.* **SIN.** Masa, muchedumbre, público. ‖ **2. gente de bien, o buena gente** *fam.* Buena persona. **3. gente menuda** *fam.* Los niños.

gentil (gen-**til**) *adj.* **1.** Que tiene gracia y elegancia. *Su amigo es una persona muy gentil.* **SIN.** Apuesto, galán, garrido, educado, airoso. **ANT.** Grosero, soso, patoso. **2.** En un sentido general, idólatra o pagano. **GRA.** También s. m. y s. f. *Era uno de los dioses que adoraban los gentiles.* **SIN.** Infiel, ateo. **ANT.** Creyente.

gentileza (gen-ti-**le**-za) *s. f.* **1.** Cortesía en el comportamiento con los demás. *Me trató con mucha gentileza.* **SIN.** Urbanidad, educación. **ANT.** Grosería, descortesía. **2.** Desenvoltura y garbo para hacer algo. *Demostró tener mucha gentileza.* **SIN.** Soltura.

gentilicio, cia (gen-ti-**li**-cio) *adj.* Se dice del adjetivo o del sustantivo que expresa origen o nacionalidad. **GRA.** También s. m. *"Español" es un gentilicio.* ✍ Ver cuadro pág. 482.

gentío (gen-**tí**-o) *s. m.* Número considerable de personas. *Al acabar la manifestación, el gentío se dispersó.* **SIN.** Masa, multitud, muchedumbre.

gentleman *s. m.* *Caballero.

gentuza (gen-**tu**-za) *s. f.* Gente mala y despreciable. *No me gusta que te mezcles con esa gentuza.* **SIN.** Morralla, chusma. **ANT.** Aristocracia, nobleza.

genuflexión (ge-nu-fle-**xión**) *s. f.* Acción de doblar la rodilla en señal de adoración o respeto. *Hizo una genuflexión al pasar delante del sagrario.* **SIN.** Reverencia, saludo, acatamiento.

genuino, na (ge-**nui**-no) *adj.* Verdadero, auténtico. *Tocaron una genuina jota castellana.* **SIN.** Puro, legítimo, original, natural. **ANT.** Adulterado, falso.

geodesia (ge-o-**de**-sia) *s. f.* Ciencia que estudia la forma y dimensiones de la Tierra. *La geodesia proporciona importantes datos a los topógrafos e ingenieros.*

geografía (ge-o-gra-**fí**-a) *s. f.* Ciencia que estudia la descripción y la superficie de la Tierra. *En geografía estamos estudiando los ríos, mares y océanos.*

geología (ge-o-lo-**gí**-a) *s. f.* Ciencia que estudia el origen, la formación y la constitución de los materiales de que está compuesta la Tierra. *Le encanta la geología.*

geometría (ge-o-me-**trí**-a) *s. f.* Parte de las matemáticas que estudia las propiedades y medida de la extensión. *Hemos dado la primera lección de geometría.*

geométrico, ca (ge-o-**mé**-tri-co) *adj.* **1.** Que pertenece o está relacionado con la geometría. *Cuerpos geométricos.* **2.** Muy exacto. *El aparato tenía una precisión geométrica.*

geranio (ge-**ra**-nio) *s. m.* Planta de jardín, de tallo carnoso y flores blancas, rojas o rosas. *Tenía la terraza llena de macetas con geranios.*

gerencia (ge-**ren**-cia) *s. f.* **1.** Cargo o actividad del gerente. *Ocupaba la gerencia de la empresa.* **SIN.** Administración, gobierno. **2.** Oficina del gerente. *Pasó la llamada a gerencia.* **3.** Tiempo que una persona ocupa este cargo. *El asunto había tenido lugar durante su gerencia.*

gerente (ge-**ren**-te) *s. m. y s. f.* Persona que dirige una empresa. *Hablaron con el gerente para solicitar aumento de sueldo.* **SIN.** Administrador, gestor.

GENTILICIOS

Muchos de los gentilicios se forman añadiendo al nombre de lugar sufijos como "-ense", "-eño" o "-és"; pero el origen de otros no resulta tan evidente.
A continuación ofrecemos una lista de algunos de éstos:

Lugar	Gentilicio
A	
Albi (Lérida)	albiense
Albi (Francia)	albigense
Alcalá de Henares (Madrid)	alcalaíno
	complutense
Alemania	alemán
	germánico
	germano
	teutón, tudesco
Algarbe (Prortugal)	algarabío
Almería	almeriense
	urcitano
Amberes (Bélgica)	antueriense
Andalucía	andaluz, bético
Antillas	antillano
	caribe
Arezzo (Italia)	aretino
Astorga (León)	astorgano
	maragato
Atenas (Grecia)	ateniense
	ático
Ávila	avilés
	abulense
B	
Badajoz	pacense
Belén (Israel)	betlemita
Bierzo (León)	berciano
Bretaña	bretón
Buenos aires (Argentina)	bonaerense
	porteño
Burdeos (Francia)	bordelés
C	
Calatayud (Zaragoza)	bilbilitano
Campoo (Santander)	campurriano
Cerdeña (Italia)	sardo
Chipre	chipriota
Córcega (Francia)	corso
Cuenca	conquense
D	
Dalmacia	dálmata
Damasco (Siria)	damasceno
	damasquino
E	
Elche (Alicante)	ilicitano
F	
Flandes	flamenco
G	
Grecia	griego, heleno
H	
Huelva	onubense
Huesca	oscense
J	
Jaén	jienense
Jerusalén (Israel)	jerosolimitano
	hierosolomitano
L	
Lisboa (Portugal)	lisboeta
Londres	londinense
M	
Madagascar	malgache
Mérida (Badajoz)	emeritense
Mónaco	monegasco
Moscú (Rusia)	moscovita
N	
Nápoles	napolitana
Nicea (Bitinia)	niceno
Niza (Francia)	nizardo
O	
Oviedo	ovetense
Oxford (Inglaterra)	oxoniense
P	
Parma	parmesano
Plasencia	placentino
Portugal	portugués
	luso
S	
Salamanca	salmantino
	charro
Santa Cruz de Tenerife (Canarias)	tinerfeño
Santander	santanderino
	montañés
Sevilla	sevillano
	hispalense
Suiza	suizo, helvético
T	
Teruel	turolense
Tierra del Fuego	fueguino
V	
Valladolid	vallisoletano

geriatría - gigante

geriatría (ge-ria-**trí**-a) *s. f.* Rama de la medicina que estudia y trata las enfermedades de la vejez. *Estudió la especialidad de geriatría.*

geriátrico, ca (ge-**riá**-tri-co) *s. m.* Hospital o centro donde residen y reciben asistencia médica personas ancianas. *Mi amiga trabaja de enfermera en un geriátrico.*

gerifalte (ge-ri-**fal**-te) *s. m.* Persona que destaca en cualquier actividad. *Dentro del equipo es un gerifalte.* **SIN.** Cabecilla, mandamás.

germen (**ger**-men) *s. m.* **1.** Célula viva que al desarrollarse puede originar un ser vivo. *El germen de un tulipán procede de un tubérculo.* **SIN.** Embrión, semilla, huevo. **2.** Principio u origen de una cosa. *Fue el germen de la protesta.* **SIN.** Fuente, causa. **ANT.** Fin, destino.

germinar (ger-mi-**nar**) *v. intr.* **1.** Brotar y desarrollarse las plantas. *Hay que regar las semillas para que puedan germinar.* **SIN.** Florecer. **ANT.** Agostarse, marchitarse. **2.** Comenzar a formarse algo. *Una nueva tendencia estaba germinando.* **SIN.** Originarse, gestarse, nacer, surgir. **ANT.** Terminar, concluir.

gerontología (ge-ron-to-lo-**gí**-a) *s. f.* Parte de la medicina que estudia los fenómenos de la vejez. *La nueva médico del asilo era una especialista en gerontología.* **SIN.** Geriatría.

gerundio (ge-**run**-dio) *s. m.* Forma no personal del verbo, que expresa que se está haciendo algo en el presente. Su terminación regular es "-ando" para los verbos de la primera conjugación, "-iendo" para la segunda y la tercera. *No le molestes, está escribiendo una carta.*

gestar (ges-**tar**) *v. tr.* **1.** Tener la madre en el útero el embrión hasta el momento del parto. *No saques a la yegua hasta que acabe de gestar.* ‖ *v. prnl.* **2.** Prepararse o desarrollarse sentimientos, ideas, etc. *Algo importante se estaba gestando.* **SIN.** Generarse.

gesticular (ges-ti-cu-**lar**) *v. intr.* Hacer gestos. *Es una persona que gesticula mucho con las manos.*

gestión (ges-**tión**) *s. f.* **1.** Lo que se hace para lograr algo. *Tuvo que hacer unas cuantas gestiones para conseguir la subvención.* **SIN.** Diligencia, trámite. **2.** Administración de un negocio o asunto. *Llevaba la gestión de sus fincas.* **SIN.** Negocio, gerencia.

gestionar (ges-tio-**nar**) *v. tr.* **1.** Hacer los trámites o negociaciones necesarios para conseguir algo. *Gestionó los documentos del pasaporte.* **2.** Dirigir, administrar una empresa o asunto. *Gestionó el asunto.*

gesto (**ges**-to) *s. m.* **1.** Movimiento de la cara o de las manos que se hace por costumbre o que expresa un estado de ánimo. *Hizo un gesto de duda.* **SIN.** Mohín, tic, ademán, seña. **2.** Apariencia, aspecto, semblante. *Tenía gesto de no gustarle el regalo.* **3.** Acto bueno o malo. *Darle otra oportunidad a su amigo fue un bonito gesto.* **SIN.** Detalle. ‖ **LOC. torcer el gesto** Hacer una mueca de desaprobación.

gestor, ra (ges-**tor**) *adj.* **1.** Que gestiona. **GRA.** También s. m. y s. f. *Es el programa gestor de nuestra base de datos.* ‖ *s. m. y s. f.* **2.** Persona encargada de la administración de una empresa. *Trataron el tema con la gestora de la empresa.* **SIN.** Administrador.

gestoría (ges-to-**rí**-a) *s. f.* Oficina que se encarga de realizar los trámites necesarios para conseguir algo. *Trabaja en una gestoría.*

	GERUNDIO: es un adverbio verbal.		
Terminaciones	am**ando** (1ª conjugación)	tem**iendo** (2ª conjugación)	part**iendo** (3ª conjugación)
Forma	Simple	amando / temiendo / partiendo	
	Compuesto	habiendo amado / habiendo temido / habiendo partido	
Función	Verbo	Haciendo eso, no lo conseguirás (núcleo del predicado)	
	Adverbio	Se marchó llorando (complemento circunstancial)	

gesta (**ges**-ta) *s. f.* **1.** Conjunto de hazañas o hechos importantes de una persona o de un pueblo. *Leímos las gestas del Cid.* **SIN.** Proeza, aventura, heroicidad. **2.** *Cantar de gesta 1.

gestación (ges-ta-**ción**) *s. f.* **1.** Desarrollo del óvulo fecundado hasta el nacimiento del nuevo ser. *No había tenido ningún problema durante las primeras semanas de gestación.* **SIN.** Embarazo. **2.** Elaboración de una idea o de algo no material. *Participaron en la gestación del nuevo proyecto.* **SIN.** Preparación.

geyser *s. m.* *Géiser.

ghetto *s. m.* *Gueto.

giba (**gi**-ba) *s. f.* **1.** Joroba que tienen algunos animales. *El camello tiene dos gibas.* **2.** Deformidad de la columna vertebral. *Anda como si tuviera giba.*

gigante (gi-**gan**-te) *adj.* **1.** De gran tamaño. *Era una terraza gigante.* ‖ *s. m.* **2.** Persona que excede en estatura mucho a las demás personas. *El protagonista del cuento era un gigante.* **ANT.** Enano. **3.** Persona que sobresale en algo. *Es un gigante del baloncesto.*

gigantesco, ca (gi-gan-**tes**-co) *adj.* **1.** Que pertenece o se refiere a los gigantes. *Tenía una estatura gigantesca.* **2.** Muy grande y sobresaliente en su línea. *Trabajaba en un edificio gigantesco.* **SIN.** Colosal, imponente, enorme. **ANT.** Diminuto, pequeño.

gigantón, na (gi-gan-**tón**) *s. m. y s. f.* Figura gigantesca que desfila en algunos festejos populares. *Vieron el desfile de gigantones y cabezudos.*

gigoló (gi-go-**ló**) *s. m.* Amante joven mantenido por una mujer mayor y rica. *Es un gigoló que aparece mucho en las revistas del corazón.* ✎ Su pl. es "gigolós". ☞ Se pronuncia "yigoló".

gilí (gi-**lí**) *adj., fam.* Tonto, lelo. **GRA.** También s. m. y s. f. *Tu amigo es un poco gilí.* ✎ Su pl. es "gilís".

gilipollas (gi-li-po-**llas**) *adj., vulg.* Gilí, tonto. *Se portó como un gilipollas.* ✎ Invariable en número.

gilipollez (gi-li-po-**llez**) *s. f., vulg.* Tontería, estupidez. *No digas más gilipolleces, por favor.*

gilipuertas (gi-li-**puer**-tas) *adj., vulg.* *Gilipollas. Invariable en número.

gimnasia (gim-**na**-sia) *s. f.* **1.** Arte de desarrollar y dar flexibilidad al cuerpo por medio de ejercicios. *La gimnasia es un deporte de competición.* **2.** Conjunto de ejercicios realizados para mantenerse en forma. *Hago gimnasia todos los días al levantarme.* || **3. gimnasia rítmica** Conjunto de ejercicios acompañados de música y a veces de otros instrumentos que se realizan sobre una pista. **4. gimnasia sueca** La que se hace sin aparatos.

gimnasio (gim-**na**-sio) *s. m.* Lugar adecuado para hacer gimnasia o practicar algún deporte. *Va al gimnasio a hacer pesas.*

gimnasta (gim-**nas**-ta) *s. m. y s. f.* Persona que hace gimnasia. *Los gimnastas habían entrenado muy duro.* **SIN.** Atleta, deportista.

gimnospermas (gim-nos-**per**-mas) *s. f. pl.* Subdivisión de las fanerógamas cuyos carpelos no están diferenciados en ovario, estilo y estigma; sus óvulos y semillas no se forman en cavidades cerradas, quedando al descubierto. *Las coníferas pertenecen a las gimnospermas.*

gimotear (gi-mo-te-**ar**) *v. intr., fam.* Gemir con poca fuerza y sin motivo. *Se puso a gimotear porque no le daban más bombones.* **SIN.** Sollozar, hipar.

gincana (gin-**ca**-na) *s. f.* Prueba de obstáculos realizada generalmente sobre un vehículo. *He participado en una gincana.* ☞ Se pronuncia "yincana".

ginebra (gi-**ne**-bra) *s. f.* Bebida alcohólica elaborada a base de semillas y aromatizada con las bayas de un árbol llamado enebro. *Pidió una copa de ginebra.*

gineceo (gi-ne-**ce**-o) *s. m.* **1.** Aparato sexual femenino de una flor. *La abeja dejó el polen en el gineceo.* **SIN.** Pistilo. **2.** Departamento retirado destinado a las mujeres en las antiguas casas griegas. *Aquella parte de la casa era el gineceo.*

ginecología (gi-ne-co-lo-**gí**-a) *s. f.* Parte de la medicina que estudia y trata el aparato genital femenino. *Hizo la especialidad de ginecología.*

ginger-ale *s. m.* Refresco elaborado con jengibre. *Creo que tomaré un ginger-ale.*

gingivitis (gin-gi-**vi**-tis) *s. f.* Inflamación de las encías. *Tenía gingivitis.* ✎ Invariable en número.

gira (**gi**-ra) *s. f.* **1.** Excursión, viaje que se realiza por diferentes lugares con fin recreativo. *Durante las vacaciones nos fuimos de gira por Europa.* **SIN.** Ruta. **2.** Serie de actuaciones que una compañía teatral o un artista realiza en diferentes lugares. *El grupo comienza mañana su gira de verano.* **SIN.** Tournée. ☞ No debe confundirse con "jira".

giradiscos (gi-ra-**dis**-cos) *s. m.* *Tocadiscos. ✎ Invariable en número.

girar (gi-**rar**) *v. intr.* **1.** Moverse alrededor de un eje o en círculos. *La Tierra gira sobre sí misma y alrededor del Sol.* **SIN.** Rotar, rondar, rodear. **2.** Cambiar la dirección inicial. *Sigue recto y luego giras por la primera bocacalle a la derecha.* **SIN.** Torcer, virar. **3.** Desarrollarse una conversación, negocio, etc., en torno a determinado tema o aspecto. *La discusión giró en torno a las nuevas medidas adoptadas por el gobierno.* **SIN.** Versar. **4.** Enviar dinero por giro postal o telegráfico. *Te giraré el dinero mañana.* **5.** Expedir letras u otras órdenes de pago. **GRA.** También v. tr. *Le giró la letra.*

girasol (gi-ra-**sol**) *s. m.* Planta de flores amarillas que mira siempre hacia el sol y cuyas semillas, las pipas, son comestibles y sirven para hacer aceite. *Había extensos campos de girasoles.*

giratorio, ria (gi-ra-**to**-rio) *adj.* Que gira o se mueve alrededor de un eje. *En la entrada había una puerta giratoria.*

giro (**gi**-ro) *s. m.* **1.** Acción y efecto de girar. *Dio un giro a la derecha.* **SIN.** Rotación, rodeo, viraje, cambio. **2.** Dirección que toma o se da a una conversación o a un asunto. *Con su intervención, el coloquio tomó un giro inesperado.* **SIN.** Aspecto, cariz, matiz. **3.** Estructura especial de la frase. *En aquella descripción había muchos giros del lenguaje coloquial.* **SIN.** Modismo, expresión. **4.** Envío de dinero por medio de las oficinas de correos o de telégrafos. *Fue a correos a poner un giro.*

GLACIAR

Glaciar

Valle glaciar

PERFIL LONGITUDINAL DE UN VALLE GLACIAR

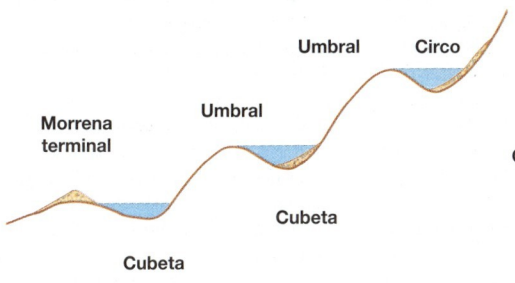

Morrena terminal — Umbral — Cubeta — Umbral — Circo — Cubeta

CORTE TRANSVERSAL DE UNA LENGUA GLACIAR

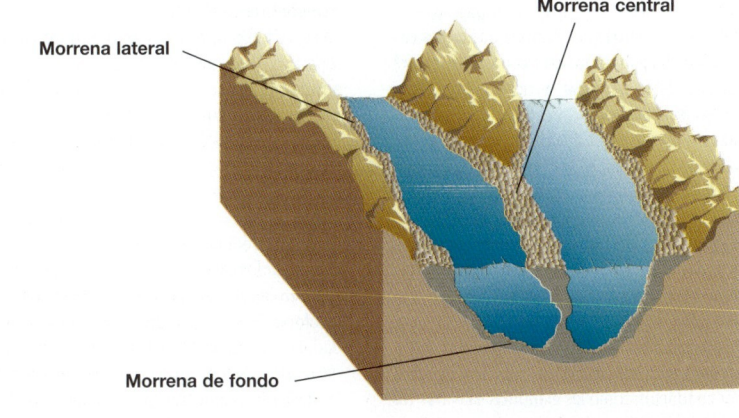

Morrena lateral — Morrena central — Morrena de fondo

girola - glóbulo

girola (gi-**ro**-la) *s. f.* En las iglesias románicas y góticas, espacio transitable formado por la prolongación de las naves laterales en torno a la cabecera de la nave central. *Recorrió la girola de la catedral.* **SIN.** Deambulatorio.

giroscopio (gi-ros-**co**-pio) *s. m.* Aparato para apreciar los movimientos circulares del viento. *El giroscopio fue inventado por Foucault.* ✎ También "giróscopo".

gitano, na (gi-**ta**-no) *adj.* **1.** Se dice de un pueblo nómada que, procedente del norte de la India, se extendió por Europa a finales del s. XIII. **GRA.** También s. m. y s. f. *Los gitanos son un pueblo muy alegre.* **SIN.** Romaní, cíngaro. **2.** Propio de este pueblo. *Costumbres gitanas.* **3.** *Caló.

glaciación (gla-cia-**ción**) *s. f.* Cada una de las grandes invasiones de hielo que hace miles de años sucedieron en zonas muy extensas de distintos continentes. *El cuaternario se caracteriza por sus glaciaciones.*

glacial (gla-**cial**) *adj.* **1.** Helado, muy frío. *Clima glacial.* **SIN.** Gélido. **ANT.** Cálido, caliente. **2.** Que hace helar o helarse. *La temperatura era glacial.* **SIN.** Frío, gélido. **ANT.** Cálido, caliente. **3.** Frío, despegado en el trato. *Tiene un carácter muy glacial.* **SIN.** Indiferente, antipático, desafecto, desabrido. **ANT.** Grato, afectuoso. **4.** Se dice de las tierras y mares que están en las zonas glaciales. *Zona glacial.* **SIN.** Polar. **ANT.** Tropical. ☞ No debe confundirse con "glaciar".

glaciar (gla-**ciar**) *s. m.* Masa grande de hielo que se desliza lentamente por las montañas, como si fuese un río, y excava un valle muy profundo. *Visitamos el glaciar de Gredos.* Nevero. ☞ No debe confundirse con "glacial". Ver ilustración, pág. 485.

gladiador (gla-dia-**dor**) *s. m.* Persona que en los circos romanos luchaba a muerte con otra o contra las fieras. *El texto describía la lucha del gladiador con los leones.* **SIN.** Luchador, atleta.

gladíolo (gla-**dí**-o-lo) *s. m.* Planta de jardín con flores en forma de espiga. *Le llevó un ramo de claveles con gladíolos.* ✎ También "gladiolo".

glamour *s. m.* *Fascinación. **SIN.** Encanto, atractivo.

glande (**glan**-de) *s. m.* Cabeza del pene, que queda cubierta por el prepucio. *En el extremo anterior del glande se abre el orificio de la uretra.*

glándula (**glán**-du-la) *s. f.* Cada uno de los órganos que producen sustancias químicas que el organismo necesita para sus funciones o que son expulsadas por conductos, como las glándulas salivares, los riñones o el hígado. *La glándula pituitaria está situada en la base del cerebro.*

glasé (gla-**sé**) *s. m.* Tela de seda muy fina y de mucho brillo. *La blusa era de glasé.* ✎ Su pl. es "glasés".

glasear (gla-se-**ar**) *v. tr.* **1.** Dar brillo a la superficie de algunas cosas, como el papel, la ropa, etc. *Glasearon la piel.* **2.** Recubrir un alimento con azúcar derretido y clara de huevo. *Glaseó el pastel.*

glauco, ca (**glau**-co) *adj.* Verde claro. *Esta pintura es de tonos glaucos.* **SIN.** Verdemar, verdoso.

glaucoma (glau-**co**-ma) *s. m.* Enfermedad de los ojos, que se llama así por el color verdoso que toma la pupila. *Tenía glaucoma.*

glicerina (gli-ce-**ri**-na) *s. f.* Líquido espeso, incoloro e inodoro, que se obtiene de los cuerpos grasos y se usa en la elaboración de productos de perfumería y farmacia y, sobre todo, para preparar nitroglicerina. *Ese jabón contiene glicerina.*

global (glo-**bal**) *adj.* Total, tomado en conjunto. *Hizo una exposición global del asunto.* **ANT.** Parcial.

globo (**glo**-bo) *s. m.* **1.** Pieza cerrada de goma o de otro material flexible que se llena de aire o de gas y se usa como adorno o como juguete. *Decoraron la sala para la fiesta con globos de colores y cadenetas.* **2.** Vehículo que se eleva en la atmósfera, formado por una barquilla para los viajeros sujeta a una gran bolsa de tejido impermeable y de poco peso, de forma esférica o cilíndrica y llena de un gas menos denso que el aire. *Hicieron un viaje en globo.* **OBS.** También "globo aerostático". **3.** Cuerpo esférico. *Tiene forma de globo.* **SIN.** Esfera, bola. **4.** Esfera de cristal o de otro material con que se cubre la luz para que no moleste a la vista, o por adorno. *La lámpara era un globo de cristal de color blanco.* ‖ **5. globo celeste** Esfera cuya superficie se representan las constelaciones principales. **6. globo ocular** El ojo separado de los músculos y otros tejidos. **7. globo sonda** Globo aerostático pequeño, no tripulado, que lleva aparatos registradores y se emplea para estudios meteorológicos. **8. globo terráqueo o terrestre** La Tierra. | Esfera que representa las regiones de la Tierra con su forma verdadera.

glóbulo (**gló**-bu-lo) *s. m.* **1.** Pequeño cuerpo esférico unicelular redondeado que se encuentra en muchos líquidos del cuerpo de los animales y, sobre todo, en la sangre. ‖ **2. glóbulos blancos** Células incoloras de la sangre que combaten la enfermedad. *Los glóbulos blancos se fabrican en la médula del hueso.* **SIN.** Leucocitos. **3. glóbulos rojos** Células de la sangre que transportan oxígeno a otras células. *Los glóbulos rojos son más pequeños que los glóbulos blancos.* **SIN.** Hematíe.

gloria (glo-ria) *s. f.* **1.** En algunas religiones, cielo, paraíso. *Dios le tenga en su gloria.* **ANT.** Infierno. **2.** Buena fama o reputación. *Cervantes alcanzó la gloria con el "Quijote".* **SIN.** Honor, celebridad, éxito. **ANT.** Oscuridad, anonimato, fracaso. **3.** Grandeza de las cosas. *Describía la gloria del imperio.* **SIN.** Majestad, esplendor, magnificencia. **4.** Gusto o placer de algo. *Da gloria verte tan contenta.* **SIN.** Delicia, agrado. **ANT.** Asco. ‖ *s. m.* **5.** Cántico de la misa en latín. *Entonaron el gloria.* ‖ **LOC. estar alguien en la gloria** *fam.* Sentirse contento y satisfecho. **saber a gloria una cosa a alguien** *fam.* Serle muy agradable.

gloriarse (glo-ri-**ar**-se) *v. prnl.* Presumir demasiado de una cosa. *Se gloriaba de haber sacado buenas notas.* **SIN.** Jactarse, vanagloriarse. **ANT.** Humillarse. ✎ En cuanto al acento, se conjuga como desviar.

glorieta (glo-**rie**-ta) *s. f.* **1.** Plaza a la que van a parar varias calles. *Está en una de las calles que van a dar a la glorieta.* **2.** Plazoleta, generalmente en un jardín o parque, donde por lo regular hay un cenador. *Da la vuelta a la glorieta.*

glorificar (glo-ri-fi-**car**) *v. tr.* Alabar, ensalzar. *Glorificaron su actuación.* **SIN.** Exaltar, loar. **ANT.** Vituperar, ofender. ✎ Se conjuga como abarcar.

glorioso, sa (glo-**rio**-so) *adj.* Digno de honra y alabanza. *Fue una época gloriosa de la historia.* **SIN.** Eminente, ilustre, insigne. **ANT.** Deshonroso.

glosar (glo-**sar**) *v. tr.* Explicar o comentar algo para que se entienda mejor. *Glosó sus versos.*

glosario (glo-**sa**-rio) *s. m.* **1.** Vocabulario que viene al final de un libro con las palabras dudosas o poco corrientes. *Consultó el glosario.* **2.** Catálogo de palabras de una misma materia, de un mismo campo de estudio, etc. definidas y comentadas. *El libro era un glosario de química.* **SIN.** Diccionario, lexicón.

glotis (**glo**-tis) *s. f.* Abertura superior de la laringe, entre las cuerdas vocales. *La glotis suele tener forma triangular.* ✎ Invariable en número.

glotón, na (glo-**tón**) *adj.* **1.** Que come mucho y con ansia. **GRA.** También s. m. y s. f. *Eres un poco glotona.* ‖ *s. m.* **2.** Mamífero carnívoro del tamaño de un zorro grande, que habita en el norte de Europa y de Siberia. *El glotón vive en los bosques de pinos.*

glucemia (glu-**ce**-mia) *s. f.* Presencia de azúcar en la sangre. *Tenía una acusada glucemia.*

glúcido (**glú**-ci-do) *s. m.* Sustancia orgánica compuesta de carbono, hidrógeno y oxígeno. *Los azúcares son glúcidos.* **SIN.** Hidrato de carbono.

glucógeno (glu-**có**-ge-no) *s. m.* Hidrato de carbono, de color blanco, almacenado en el hígado, y en menor cantidad en los músculos y otros tejidos. *La función del glucógeno es similar a la del almidón en los vegetales.*

glucosa (glu-**co**-sa) *s. f.* Azúcar que se encuentra en todos los seres vivos, ya que es la principal fuente de energía del metabolismo celular, y en muchos frutos maduros. *La glucosa se utiliza en confitería y en la industria química.* **SIN.** Azúcar, carbohidrato.

gluten (**glu**-ten) *s. m.* Sustancia pegajosa que, junto con el almidón, se encuentra en las semillas de los cereales. *Esa clase de pan es rico en gluten.*

glúteo (**glú**-te-o) *s. m.* Músculo de la nalga. *Hacía ejercicios para fortalecer el glúteo.*

gneis *s. m.* Roca metamórfica de estructura pizarrosa e igual composición que el granito. *El gneis presenta capas alternas de minerales claros y oscuros.* ✎ Invariable en número. También "neis".

gnomo (**gno**-mo) *s. m.* Geniecillo o enanito que aparece como personaje de algunos cuentos infantiles. *La niña charlaba con sus amigos los gnomos.*

gobernador, ra (go-ber-na-**dor**) *s. m. y s. f.* Jefe superior de una provincia, ciudad o territorio. *El gobernador recibió a los alcaldes de la provincia.*

gobernante (go-ber-**nan**-te) *adj.* Que gobierna. **GRA.** Se usa más como s. m. y s. f. *Se entrevistaron los gobernantes de los dos países.*

gobernar (go-ber-**nar**) *v. tr.* **1.** Dirigir o mandar con autoridad. **GRA.** También v. intr. *Es difícil gobernar una nación.* **SIN.** Regir. **2.** Guiar o conducir una cosa. **GRA.** También v. prnl. *Gobernar un buque con el timón.* ✎ v. irreg., se conjuga como acertar.

gobierno (go-**bier**-no) *s. m.* **1.** Acción de gobernar. *Todos le acusaban de llevar un mal gobierno.* **SIN.** Administración, dirección, gobernación. **2.** Conjunto de los ministros superiores de un Estado. *A la ceremonia asistió el gobierno en pleno.* ‖ **3. gobierno absoluto** Aquel en el que los distintos poderes están concentrados en una sola persona. **4. gobierno parlamentario** Aquel en el que los ministros necesitan la confianza de la Cámara o Cámaras, elegida por votación popular y directa.

gocho, cha (**go**-cho) *s. m. y s. f., fam.* Cochino, cerdo. *Fueron a la matanza del gocho.*

gofre (**go**-fre) *s. m.* Pastel hecho con masa de harina y miel, y elaborado entre dos planchas cuadriculadas que le dan aspecto de panal. *Se comió un gofre con nata y chocolate.*

gogó (go-**gó**) *s. f.* Chica que trabaja como animadora en una discoteca o sala de fiestas. *Quería ser gogó.* ‖ **LOC. a gogó** En gran cantidad.

gol - goma

gol *s. m.* En el fútbol y otros deportes de pelota, tanto que se produce cuando el balón entra en la portería. *Marcó el gol del empate en el último minuto del partido.* **SIN.** Acierto. || **LOC. meter un gol a alguien** *fam.* Ganarle, anticipársele. | *fam.* Engañarle.

gola (go-la) *s. f.* Adorno de tela plegada y rizada o de tul y encajes, que se ponía antiguamente alrededor del cuello. *Llevaba una gola alrededor del cuello.*

goleada (go-le-a-da) *s. f.* Acción de golear. *Ganaron por una buena goleada.*

golear (go-le-ar) *v. intr.* En algunos deportes, marcar muchos goles un equipo durante un partido. **GRA.** También v. tr. *El equipo local les goleó.*

goleta (go-le-ta) *s. f.* Barco de vela muy ligero, que tiene dos o tres palos. *El origen de la goleta es norteamericano.*

golf *s. m.* Juego de origen escocés que consiste en meter una pelota en determinados hoyos, con diferentes palos parecidos a un bastón. Gana el jugador que hace el recorrido con el menor número de golpes. *Le gusta el golf.* ✎ Invariable en número.

golfear (gol-fe-ar) *v. intr.* Vivir como un golfo. *Se pasa el día golfeando.* **SIN.** Callejear, vagabundear.

golfo (gol-fo) *s. m.* Porción grande de mar que entra en la tierra entre dos cabos. *La barca navegó por el golfo.*

golfo, fa (gol-fo) *s. m. y s. f.* **1.** Vagabundo, pillo. **GRA.** También adj. *Una pandilla de golfos volcó los contenedores.* **SIN.** Pícaro. **2.** Vago, sinvergüenza. *Estás hecho un golfo.* **SIN.** Holgazán.

golondrina (go-lon-dri-na) *s. f.* Pájaro de pico corto y negro, cuerpo negro azulado por encima y blanco por debajo, alas puntiagudas y cola larga en forma de horquilla. *Las golondrinas llegan a España en marzo y emigran en septiembre.*

golondrino (go-lon-dri-no) *s. m.* **1.** Cría de la golondrina. *En el nido había tres golondrinos.* **2.** Bulto doloroso que sale en la axila. *Le había salido un golondrino.*

golosina (go-lo-si-na) *s. f.* Comida dulce de sabor muy agradable, como los pasteles, los caramelos, etc. *No deberías comer tantas golosinas.*

goloso, sa (go-lo-so) *adj.* **1.** Se dice de la persona a la que gustan mucho las golosinas. **GRA.** También s. m. y s. f. *Le encantan los bombones, es muy goloso.* **SIN.** Glotón. **2.** Se dice de las cosas que son deseadas por muchas personas. *Había muchos candidatos, porque el puesto era muy goloso.* **SIN.** Apetitoso.

golpe (gol-pe) *s. m.* **1.** Encuentro violento y repentino de dos cuerpos. *Me di un golpe contra la farola.* **SIN.** Colisión, encontronazo, choque, porrazo, topetazo. **2.** Efecto del mismo encuentro. *Tenía un buen golpe en la rodilla.* **SIN.** Moretón, cardenal, contusión. **3.** Desgracia que sucede repentinamente. *La pérdida de su perro fue un duro golpe.* **SIN.** Infortunio, disgusto, contrariedad, revés. **4.** Ocurrencia graciosa y oportuna en el curso de la conversación. *Decir eso fue un golpe muy bueno.* **SIN.** Salida, gracia, ingenio, agudeza. **5.** Robo, atraco planeado. *El golpe había sido planeado minuciosamente.* **6.** Multitud, abundancia de una cosa. *Un enorme golpe de gente se precipitó por la puerta principal de los grandes almacenes.* **SIN.** Masa. || **7. golpe bajo** En boxeo, el que se da al oponente por debajo de la cintura. | Acción con mala intención. **SIN.** Faena. **9. golpe de efecto** Acción con la que se sorprende al público del teatro o del cine. **10. golpe de Estado** Usurpación por la fuerza del gobierno de un país. **11. golpe de fortuna, o de suerte** Suceso favorable que sucede de forma inesperada. **12. golpe de mar** Ola fuerte que rompe en los peñascos embarcaciones, etc. **13. golpe de tos** Acceso de tos. || **LOC. a golpe de algo** A fuerza de ello. **a golpes** Con intermitencia. **dar alguien el golpe** Producir asombro, causar admiración. **de golpe** De repente. **de golpe y porrazo** *fam.* Precipitadamente. **de un golpe, o de golpe** De una sola vez. **no dar, o no pegar, golpe, o ni golpe** No trabajar, no hacer nada.

golpeador (gol-pe-a-dor) *s. m., amer.* Aldaba.

golpear (gol-pe-ar) *v. tr.* Dar un golpe o repetidos golpes a alguien o algo. **GRA.** También v. intr. *Golpeó la puerta durante unos minutos pero nadie salió a abrir.* **SIN.** Apalear, pegar, sacudir, zurrar.

golpetear (gol-pe-te-ar) *v. tr.* Dar golpes poco fuertes pero seguidos. **GRA.** También v. intr. *Había corriente y la puerta no paraba de golpetear.*

golpista (gol-pis-ta) *adj.* **1.** Que pertenece o se refiere al golpe de Estado. *Tenía noticia de la trama golpista.* **2.** Que participa en un golpe de Estado o lo apoya de alguna manera. **GRA.** También s. m. y s. f. *Tras duras negociaciones, los golpistas se entregaron.*

goma (go-ma) *s. f.* **1.** Sustancia que se obtiene de algunas plantas y que, disuelta en agua, sirve para pegar. *La goma laca es una de las gomas más importantes.* **SIN.** Adhesivo, aglutinante, resina. **2.** Tira o banda elástica que se usa como una cinta. *Llevaba el pelo cogido con una goma.* || *s. m.* **3.** *vulg.* *Preservativo. || **4. goma de borrar** La elástica preparada especialmente para borrar en el papel el lápiz y la tinta. **5. goma dos** Explosivo plástico. || **LOC. ser, o parecer, alguien de goma** Ser muy ágil, tener mucha elasticidad.

gomaespuma (go-ma-es-**pu**-ma) *s. f.* Caucho natural o sintético de gran elasticidad, que se usa para hacer colchones, cojines, etc. *Compró gomaespuma para rellenar los cojines.*

gomina (go-**mi**-na) *s. f.* Fijador para el pelo. *Lleva el pelo muy corto y con gomina.*

gónada (**gó**-na-da) *s. f.* Glándula sexual masculina, el testículo, o femenina, el ovario. *Las gónadas producen gametos.*

góndola (**gón**-do-la) *s. f.* Embarcación pequeña y alargada, típica de los canales de Venecia. *Dieron un romántico paseo en góndola.*

gong *s. m.* Disco metálico que produce un fuerte sonido al ser golpeado con una maza. *El gong anunciaba la hora de comer.* 🖎 Su pl. es "gongs". También "gongo".

goniómetro (go-**nió**-me-tro) *s. m.* Instrumento que sirve para medir ángulos. *El goniómetro se usa mucho en topografía.*

gordo, da (**gor**-do) *adj.* **1.** Que tiene muchas carnes o grasas. **GRA.** También s. m. y s. f. *Comiendo tantos dulces te pondrás gordo.* **SIN.** Obeso, rollizo, grueso, corpulento. **ANT.** Delgado. **2.** Muy abultado, voluminoso. *Ese árbol tiene el tronco muy gordo.* **SIN.** Hinchado, grueso. **ANT.** Pequeño, fino. **3.** Importante, grande. *Se trataba de un asunto gordo.* **SIN.** Serio, grave. **ANT.** Insignificante. **4.** Se dice del dedo pulgar. **GRA.** También s. m. *Tenía una rozadura en el dedo gordo del pie.* || *s. m.* **5.** Sebo o grasa del animal. *No le gustan esos filetes porque tienen mucho gordo.* **SIN.** Manteca. **ANT.** Magro. || **6. el gordo** *fam.* Primer premio de la lotería. || **LOC. armarse la gorda** *fam.* Producirse un gran alboroto o altercado. **caer alguien gordo** *fam.* Resultar antipático y molesto. **no haberla visto alguien más gorda** *fam.* No haberse encontrado nunca en una situación tan difícil o extraña.

gordura (gor-**du**-ra) *s. f.* Exceso de carnes y grasas en una persona o animal. *Estaba muy preocupado por su gordura.* **SIN.** Obesidad. **ANT.** Delgadez.

gorgojo (gor-**go**-jo) *s. m.* Nombre de algunos insectos que atacan a las semillas de los cereales, causando grandes destrozos. *Una plaga de gorgojo acabó con la cosecha de trigo.*

gorgorito (gor-go-**ri**-to) *s. m., fam.* Quiebro que se hace con la voz en la garganta. *Hacía muchos gorgoritos al cantar.* **SIN.** Gorjeo, trino, modulación.

gorgoteo (gor-go-**te**-o) *s. m.* Ruido que produce el movimiento de un líquido o un gas en el interior de una cavidad. *Se podía oír el gorgoteo del agua en el fondo del pozo.* **SIN.** Burbujeo.

gorila (go-**ri**-la) *s. m.* **1.** Mono de estatura parecida a la del ser humano, que habita en África. *El protagonista de la película era un pequeño gorila.* **2.** *fam.* *Guardaespaldas.

gorjeo (gor-**je**-o) *s. m.* **1.** Quiebro que se hace con la voz en la garganta. *No canta mal, pero le sale algún gorjeo de vez en cuando.* **SIN.** Gorgorito, modulación. **2.** Canto de los pájaros. *Le despertó el dulce gorjeo de los pájaros.* **SIN.** Trino. **3.** Palabras mal pronunciadas por los niños pequeños. *Ya hacía sus primeros gorjeos.*

gorra (**go**-rra) *s. f.* Prenda, con o sin visera, que se pone en la cabeza para protegerse del sol o del frío. *Se puso la gorra para tomar el sol.* || **LOC. con la gorra** *fam.* Con poco esfuerzo. **de gorra** *fam.* A costa ajena. Se usa con los v. "vivir", "comer", etc.

gorrino, na (go-**rri**-no) *s. m. y s. f.* **1.** Cerdo pequeño menor de cuatro meses. *Está dando de comer a los gorrinos.* **SIN.** Lechón. **2.** Persona desaseada o grosera. **GRA.** También adj. *Vas hecho un gorrino.* **SIN.** Guarro, puerco, sucio. **ANT.** Limpio, aseado.

gorrión (go-**rrión**) *s. m.* Pájaro pequeño, con plumaje pardo, con manchas negras y rojizas, muy común en España. *Le alegraba oír el canto de los gorriones.* **SIN.** Pardal.

gorro (**go**-rro) *s. m.* **1.** Prenda de tela o punto para cubrir y abrigar la cabeza. *Llevaba un gorro de lana negro a juego con la bufanda.* **SIN.** Gorra, sombrero. **2.** Prenda con que se cubre la cabeza de los niños y que se ata con cintas bajo la barbilla. *Ponle el gorro a la niña, hace mucho frío.* || **LOC. estar alguien hasta el gorro** *fam.* Estar ya muy harto de algo.

gorrón, na (go-**rrón**) *adj.* Se dice de la persona que tiene por costumbre vivir, comer o divertirse a costa ajena. **GRA.** También s. m. y s. f. *Tenía fama de gorrón.* **SIN.** Parásito, vividor, chupón.

gospel (**gos**-pel) *s. m.* Música religiosa propia de la raza negra, que empezó a interpretarse durante los servicios religiosos en las iglesias de sur de EE UU. *Compró un disco de música gospel.*

gota (**go**-ta) *s. f.* **1.** Partícula esférica que se desprende de un líquido. *Échale unas gotas de aceite.* **2.** Pequeña cantidad de cualquier cosa. *No me eches mucho azúcar, sólo una gota.* **SIN.** Pizca, ápice. **3.** Enfermedad que se caracteriza por la inflamación de ciertas articulaciones. *La gota es una enferme-*

gotear - gracia

dad muy dolorosa. ‖ **4. cuatro gotas** Lluvia escasa. **5. gota fría** Masa de aire muy frío que desciende desde grandes altitudes, del fondo de una corriente en chorro, provocando el desplazamiento en altura y el enfriamiento del aire cálido con gran perturbación atmosférica. ‖ **LOC. gota a gota** Muy lentamente. **ni gota** Nada. **no ver ni gota** *fam.* No ver nada. **ser una cosa la última gota, o la gota que colma el vaso** *fam.* Se dice de lo que hace rebosar la paciencia. **sudar alguien la gota gorda** *fam.* Pasarlo mal. | *fam.* Esforzarse mucho.

gotear (go-te-**ar**) *v. intr.* **1.** Caer gota a gota un líquido. *Cierra el grifo, está goteando.* **SIN.** Destilar, chorrear, pingar. **2.** Llover a gotas espaciadas. *Como estaba comenzando a gotear, abrí el paraguas.* **SIN.** Lloviznar, chispear. **3.** Dar o recibir una cosa con pausas o con intermisión. *Goteaban las ayudas.*

gotelé (go-te-**lé**) *s. m.* Técnica para pintar las paredes interiores de un edificio o casa, consistente en aplicar sobre ellas gotas de pintura espesa para que queden granuladas. *El pasillo está pintado de gotelé.*

gotera (go-**te**-ra) *s. f.* **1.** Agujero o grieta en el techo o en la pared por donde se filtra el agua. *Con tanta lluvia, el techo está lleno de goteras.* ‖ *s. f. pl.* **2.** *amer.* Afueras de una población.

gótico, ca (**gó**-ti-co) *adj.* Se dice del estilo arquitectónico de origen francés que en Europa occidental se desarrolló, por evolución del románico, desde el s. XII hasta el Renacimiento. **GRA.** También s. m. *La catedral de León es de estilo gótico.*

gouache *s. m.* Pintura, parecida a la acuarela, que se diluye en agua. *Había una exposición de gouaches.* **SIN.** Aguada.

gourmet *s. m. y s. f.* Persona entendida en comidas y vinos. *Ese libro de cocina está escrito por un gran gourmet.* **SIN.** Gastrónomo.

gozada (go-**za**-da) *s. f.* Intenso placer o satisfacción que produce una cosa. *Esa atracción de feria es una auténtica gozada.*

gozar (go-**zar**) *v. intr.* **1.** Tener una cosa buena, útil o agradable. *Goza de buena salud.* **SIN.** Utilizar, aprovecharse, disfrutar. **ANT.** Carecer, sufrir. **2.** Sentir placer o alegría. *Los niños gozan jugando en la playa.* **SIN.** Disfrutar, regocijarse. **ANT.** Aburrirse. ‖ **LOC. gozarla** Pasarlo muy bien. ⌕ *Se conjuga como abrazar.*

gozne (**goz**-ne) *s. m.* *Bisagra.

gozo (**go**-zo) *s. m.* Emoción o placer que nos produce alguna cosa. *Sentí un gran gozo al leer tu carta.* **SIN.** Gusto, goce, satisfacción. **ANT.** Pena, tristeza, dolor. ‖ **LOC. el gozo en un pozo** *fam.* Fracaso de algo que se esperaba conseguir. **no caber alguien en sí de gozo** *fam.* Sentirse muy satisfecho. **saltar alguien de gozo** *fam.* Estar muy contento.

gozoso, sa (go-**zo**-so) *adj.* **1.** Que está contento, que siente alegría. *Se sentía gozosa.* **SIN.** Complacido, encantado, jovial, radiante. **ANT.** Disgustado, triste. **2.** Que produce gusto o se hace con gusto. *Era una tarea muy gozosa.*

grabación (gra-ba-**ción**) *s. f.* **1.** Acción de grabar. *Visitaron un estudio de grabación.* **2.** Operación de grabar el sonido en discos, cintas, etc. *Estaba trabajando en la grabación de su último disco.* **SIN.** Impresión, reproducción. **3.** Disco o cinta que contiene este sonido. *Guarda con cuidado esta grabación.*

grabado (gra-**ba**-do) *s. m.* **1.** Arte de grabar y modo de hacerlo. *Estudia la técnica del grabado.* **2.** Estampa o lámina que se produce mediante esta técnica. *Varios grabados adornaban la pared del salón.* **3.** Reproducción mediante la imprenta de un dibujo grabado anteriormente en una plancha. *Hacen grabados.*

grabadora (gra-ba-**do**-ra) *s. f.* *Magnetófono.

grabar (gra-**bar**) *v. tr.* **1.** Hacer un letrero, figura, etc, con un cincel u otro instrumento afilado, sobre una superficie de metal, piedra, etc. *Grabó su nombre en el árbol.* **SIN.** Labrar, tallar, cincelar, imprimir. **2.** Registrar los sonidos en discos. *Ha grabado un nuevo LP.* **3.** Hacer que una cosa quede fija en el ánimo y en la memoria. **GRA.** También v. prnl. *Aquel día se le quedó grabado para siempre.* **SIN.** Inculcar. **ANT.** Borrar. ⌕ *No debe confundirse con "gravar".*

gracia (**gra**-cia) *s. f.* **1.** Atractivo o don natural que hace agradable a la persona que lo tiene. *Tiene mucha gracia.* **SIN.** Simpatía, encanto, cordialidad. **2.** Ingenio, humor. *Sus comentarios siempre tienen mucha gracia.* **ANT.** Aspereza, antipatía. **3.** Dicho o hecho ingenioso o divertido. *Tenía a los niños entretenidos con sus gracias.* **SIN.** Chiste, agudeza, ocurrencia. **4.** Dicho o hecho que resulta molesto o irritante. *¡Déjate de gracias ahora!* **OBS.** Tiene un matiz irónico. **SIN.** Molestia, pesadez, incordio. **5.** Salero, desparpajo que tiene una persona. *Era una persona con mucha gracia.* **SIN.** Soltura. **6.** Garbo, elegancia. *Se mueve con gracia.* **SIN.** Donaire, soltura. **ANT.** Sosería, desgarbo. **7.** Habilidad para hacer alguna cosa. *Tiene mucha gracia para el baile.* **SIN.** Disposición, maña. **8.** En la religión cristiana, don gratuito de Dios que concede pureza al alma. *Murió en estado de gracia.* **9.** Concesión gratuita que se

grácil - graduar

hace a alguien. *El rey le concedió la gracia de eximirle de pagar los tributos.* **SIN.** Favor, dádiva, beneficio, merced. **10.** Indulto que concede la persona que tiene facultad para ello. *El presidente concedió la gracia a los condenados.* **SIN.** Amnistía, absolución, perdón. **11.** Amparo, protección. *Estaba bajo su gracia.* ‖ **LOC. caer en gracia, o hacer gracia** Agradar. **dar las gracias** Agradecer un beneficio. **¡gracias!** Voz que se utiliza para agradecer algo. **gracias a** Por medio de. **no estar para gracias** Estar disgustado. **no tener gracia una cosa** *fam.* Producir disgusto o mal humor. **¡qué gracia!** *fam.* Expresión de disgusto. | *fam.* Expresión con que se rechaza una propuesta ridícula o inconveniente. **reírle a alguien la gracia** *fam.* Aplaudir un hecho o dicho digno de censura. **y gracias** Expresión que se usa para dar a entender que una persona debe contentarse con lo que ha conseguido.

grácil (grá-cil) *adj.* Sutil, menudo. *Tenía una grácil figura.* **SIN.** Ligero, tenue. **ANT.** Pesado, tosco.

gracioso, sa (gra-cio-so) *adj.* **1.** Que tiene gracia o hace reír. *Ese chiste es muy gracioso.* **SIN.** Agudo, ocurrente, saleroso. **2.** De aspecto agradable y simpático. *Es un muñeco muy gracioso.* **SIN.** Salado. **3.** Que resulta desagradable y molesto. *No te hagas el gracioso, resultas insoportable.* **OBS.** Tiene un matiz irónico. ‖ *s. m.* **4.** Personaje típico del teatro español de los siglos XVI y XVII, generalmente perteneciente a la servidumbre y que se caracteriza por su ironía y su ingenio. *El gracioso es un personaje típico del teatro de Lope de Vega.* ‖ *s. m. y s. f.* **5.** Actor o actriz que representa papeles de carácter cómico. *Siempre hacía papeles de gracioso.*

grada (gra-da) *s. f.* **1.** Asiento de un estadio deportivo, plaza de toros, etc. en forma de escalón corrido. *Estaba sentados en las primeras gradas.* ‖ *s. f. pl.* **2.** Conjunto de estos asientos en los estadios y otros lugares públicos. *Las gradas estaban totalmente abarrotadas.* **SIN.** Graderío.

gradación (gra-da-ción) *s. f.* Serie de cosas ordenadas sucesivamente de más a menos, o al revés. *Escogió una gradación de rosas.* **SIN.** Escala, gama, serie. ☞ No debe confundirse con "graduación".

gradería (gra-de-rí-a) *s. f.* *Graderío.

graderío (gra-de-rí-o) *s. m.* **1.** Conjunto de gradas. **GRA.** Se usa más en pl. *Los graderíos estaban repletos de público.* **2.** Público que lo ocupa. *El graderío se puso en pie.*

grado[1] (gra-do) *s. m.* **1.** Cada uno de los estados o valores que puede tener una cosa. *Tiene una cultura de grado medio.* **SIN.** Nivel, valor. **2.** Punto, extremo, límite. *Ha alcanzado un alto grado de perfección.* **3.** Intensidad con la que se muestra algo. *Era sensible en sumo grado.* **SIN.** Medida. **4.** Unidad de medida en la escala de varios instrumentos destinados a apreciar la cantidad o intensidad de una energía o de un estado físico. *Los grados de un termómetro.* **5.** Título universitario que se obtiene al realizar determinados estudios. *Tenía el grado de doctor.* **6.** Cada una de las secciones en las que se dividen los alumnos de un centro según su edad. *Eran alumnos de segundo grado.* **SIN.** Curso, ciclo, nivel. **7.** Categoría que pueden tener las personas o las cosas. *Alcanzó un grado superior.* **SIN.** Rango, puesto, jerarquía. **8.** En matemáticas, cada una de las 360 partes iguales en que se considera dividida la circunferencia. *El grado es una unidad de medida de ángulos.* **9.** En una ecuación o polinomio, exponente más alto que tiene la incógnita. *Ecuaciones de segundo grado.* **10.** En gramática, modo de significar la intensidad de un adjetivo calificativo. *"Listísimo" es un adjetivo en grado superlativo.* ‖ **11. grado de temperatura** Unidad convencional para medir la temperatura, como el grado centígrado, el grado Fahrenheit o el grado Kelvin.

grado[2] (gra-do) *s. m.* Voluntad, gusto. ‖ **LOC. de buen grado, o de grado** Con gusto. **de mal grado** A disgusto, con repugnancia.

graduación (gra-dua-ción) *s. f.* **1.** Acción de graduar. *Hicieron una bonita fiesta de graduación.* **SIN.** Regulación, división, ordenación. **2.** Número de grados que tiene algo. *Ese vino tiene mucha graduación.* **SIN.** Proporción. **3.** Categoría de un militar en su carrera. *Tenía la graduación de teniente.* **SIN.** Grado, jerarquía. ☞ No confundir con "gradación".

graduado, da (gra-dua-do) *adj.* **1.** Que tiene graduación. *Tenía las gafas mal graduadas.* **2.** Se dice de la persona que ha conseguido un título universitario. **GRA.** También *s. m. y s. f. Para el puesto se exigía ser graduado.* **SIN.** Diplomado, licenciado, doctorado, titulado. ‖ **3. graduado escolar** Certificado que se expide a la persona que ha completado sus estudios primarios.

gradual (gra-du-al) *adj.* Que está por grados o que va de grado en grado. *Disminución gradual.* **SIN.** Escalonado, paulatino, progresivo. **ANT.** Repentino.

graduar (gra-du-ar) *v. tr.* **1.** Dar a apreciar el grado que corresponde o tiene una cosa, también aumentarlo y disminuirlo. *Gradúa el aparato de aire acondicionado.* **SIN.** Regular, ajustar, nivelar. **2.** Medir los

grafema - granate

grados de algo. *Le graduaron la vista.* **3.** Conceder grado o grados, en las carreras militares. *Graduaron a nuevos tenientes.* **4.** En las enseñanzas media y superior, dar el título de bachiller, licenciado o doctor. **GRA.** Se usa más como v. prnl. *Le quedaba sólo un año para graduarse.* **SIN.** Diplomar(se), licenciar(se), titular(se). 🖎 En cuanto al acento, se conjuga como actuar.

grafema (gra-**fe**-ma) *s. m.* Unidad mínima e indivisible de la escritura de una lengua. *"b" es un grafema, "ch" no.*

grafía (gra-**fí**-a) *s. f.* Signo o conjunto de signos con los que se representa un sonido en la escritura. *Las grafías "b" y "v" representan el mismo sonido.*

gráfico, ca (**grá**-fi-co) *adj.* **1.** Que se refiere a la escritura o a la imprenta. *Sistemas gráficos.* **2.** Se dice de las descripciones, ejemplos, etc. que resultan muy claros e ilustrativos. *Les puso un gráfico ejemplo para que lo entendieran mejor.* **SIN.** Expresivo, elocuente. ‖ *s. m. y s. f.* **3.** Modo de representar datos numéricos de cualquier clase por medio de signos o figuras. *El gráfico mostraba el descenso del índice de natalidad en los últimos años.* **SIN.** Esquema, plano, boceto, representación, croquis.

grafito[1] (gra-**fi**-to) *s. m.* Mineral de color negro o gris oscuro, compuesto por carbono casi puro. Es muy blando y se utiliza en la fabricación de lápices. *La lámina de ese lápiz es de grafito.*

grafito[2] (gra-**fi**-to) *s. m.* **1.** Escrito o dibujo antiguo hecho a mano en los monumentos. *Se conservaban valiosos grafitos.* **2.** Letrero mural de carácter callejero realizado sobre una pared. *La tapia estaba llena de grafitos.* **SIN.** Pintada.

grafitti *s. m.* *Grafito.

grafología (gra-fo-lo-**gí**-a) *s. f.* Arte de conocer algunas cualidades psicológicas de una persona por medio de las particularidades de su letra. *Es muy aficionada a la grafología.*

gragea (gra-**ge**-a) *s. f.* Medicamento en forma de pequeña pastilla. *Tenía que tomar una gragea después del desayuno.* **SIN.** Comprimido, píldora, tableta.

grajo, ja (**gra**-jo) *s. m. y s. f.* Ave de cuerpo negruzco, el pico y los pies rojos, y las uñas grandes y negras. *En ese tejado se posan muchos grajos.*

gramaje (gra-ma-**je**) *s. m.* Peso en gramos de un papel por metro cuadrado. *El papel de ese libro es de poco gramaje.*

gramática (gra-**má**-ti-ca) *s. f.* **1.** Arte de hablar y escribir correctamente una lengua. *Domina la gramática.* **2.** Ciencia que estudia las reglas del lenguaje, sus elementos y sus relaciones. *Estudia gramática.* ‖ **3. gramática parda** Astucia o habilidad maliciosa para desenvolverse en la vida.

gramatical (gra-ma-ti-**cal**) *adj.* **1.** Que pertenece o se refiere a la gramática. *Análisis gramatical.* **2.** De acuerdo con las leyes de la gramática. *Esta frase es correcta desde el punto de vista gramatical.* **ANT.** Agramatical, incorrecto.

gramíneo, a (gra-**mí**-ne-o) *adj.* Se dice de las plantas monocotiledóneas con tallos cilíndricos, flores reunidas en espigas o racimos, y cuya semilla es rica en albumen. **GRA.** También s. f. *El maíz y el trigo son plantas gramíneas.*

gramo (**gra**-mo) *s. m.* Unidad de masa del sistema métrico decimal, que equivale a la masa de un centímetro cúbico de agua destilada. *Pesa cien gramos.*

gramófono (gra-**mó**-fo-no) *s. m.* Instrumento que reproduce el sonido grabado en un disco. *Ese gramófono no se oye bien.* **SIN.** Fonógrafo, gramola, tocadiscos.

gramola (gra-**mo**-la) *s. f.* Nombre industrial de ciertos gramófonos eléctricos que funcionan por medio de monedas y botones para la selección de discos. *Puso una canción en la vieja gramola.*

gran *adj.* **1.** Apócope de grande. **GRA.** Se usa antepuesto al s. sing. *Compró una gran casa a las afueras de la ciudad.* **2.** Principal o primero en un grupo. *El gran jefe dictó las normas.*

grana[1] (**gra**-na) *s. f.* Semilla menuda de algunos vegetales. *Guarda la grana.*

grana[2] (**gra**-na) *s. f.* Color rojo. *Tenía una chaqueta de color grana.* **SIN.** Carmesí, granate, rojo.

granada (gra-**na**-da) *s. f.* **1.** Fruto del granado, de color rojo oscuro y con multitud de granos dulces y sabrosos. *De postre comimos granadas.* **2.** Proyectil hueco de metal, que contiene un explosivo. *Los soldados iban provistos de granadas de mano.* **SIN.** Obús, bomba.

granado (gra-**na**-do) *s. m.* Árbol con flores rojas, cuyo fruto es la granada. *El granado es propio de las regiones mediterráneas.*

granado, da (gra-**na**-do) *adj., fam.* Espigado, alto, crecido. *Este niño está muy granado para su edad.*

granar (gra-**nar**) *v. intr.* Formarse y crecer el grano de los frutos en algunas plantas. *Los sembrados de trigo estaban ya a punto de granar.*

granate (gra-**na**-te) *s. m.* **1.** Piedra fina muy usada en joyería, cuyo color varía desde el de los granos de granada hasta el rojo, negro, verde, amarillo, violáceo y anaranjado. *La piedra de esta sortija es*

grande - grapa

un granate. **2.** Color rojo oscuro. **GRA.** También adj. *Te iría bien un jersey granate.* **SIN.** Carmesí, grana, rojo.

grande (gran-de) *adj.* **1.** Que sobresale de lo común y regular. *Era un hombre tan grande como un gigante.* **SIN.** Considerable, sobresaliente, magno. **ANT.** Pequeño. **2.** Importante, destacado. **GRA.** También s. m. *Aquella era una de sus grandes obras. Era uno de los grandes.* **SIN.** Notable, destacado. **ANT.** Insignificante. ‖ *fam.* **3.** Adulto, mayor. *Creo que ya eres grande para tanta tontería.* ‖ **LOC. a lo grande** Con mucho lujo. **en grande** Muy bien.

grandeza (gran-de-za) *s. f.* **1.** Tamaño excesivo de una cosa respecto a otra del mismo género. *Su grandeza era tan excesiva que no cabía por la puerta.* **SIN.** Grandor, magnitud, inmensidad. **2.** Majestad y poder de alguien. *La grandeza del imperio.* **SIN.** Magnificencia, gloria, esplendor. **3.** Bondad, generosidad. *Grandeza de corazón.* **SIN.** Magnanimidad, nobleza.

grandilocuencia (gran-di-lo-cuen-cia) *s. f.* **1.** Elocuencia muy abundante y elevada. *No venía al caso tanta grandilocuencia.* **2.** Estilo sublime. *La prosa de esta autora se caracteriza por su grandilocuencia.* **SIN.** Pomposidad, ampulosidad, énfasis.

grandioso, sa (gran-dio-so) *adj.* Magnífico, sobresaliente. *Ha tenido una actuación grandiosa.* **SIN.** Colosal, majestuoso, enorme. **ANT.** Pequeño, nimio.

grandullón, na (gran-du-llón) *adj., fam.* Aumentativo de grande. Se dice especialmente de los niños muy crecidos para su edad. **GRA.** También s. m. y s. f. *Estás hecho un grandullón.*

granel, a *loc.* **1.** Que se vende sin empaquetar. *Compró pimentón a granel.* ‖ *adv. m.* **2.** En abundancia. *Este año hay fruta a granel.* **SIN.** Copiosamente.

granero (gra-ne-ro) *s. m.* **1.** Sitio donde se guarda el grano. *El granero estaba repleto de trigo.* **SIN.** Hórreo, silo, troj. **2.** Territorio muy abundante en cereales. *Tierra de Campos es el granero de España.*

granito[1] (gra-ni-to) *s. m.* Roca compacta y dura, granular, cristalina, compuesta de feldespato, cuarzo y mica. *Muchos monumentos están edificados con granito.*

granito[2] (gra-ni-to) *s. m.* Diminutivo de grano. *Se le ha llenado la cara de granitos.* ‖ **LOC. echar un granito de sal** *fam.* Añadir algo a lo que se dice o trata para darle más viveza.

granívoro, ra (gra-ní-vo-ro) *adj.* Se dice de los animales que se alimentan sólo de granos. *La gallina es granívora.*

granizada (gra-ni-za-da) *s. f.* **1.** Precipitación de granizo. *Cayó una buena granizada.* **SIN.** Granizo, pedrea, pedrisco. **2.** Abundancia grande de cosas. *Le llovió una granizada de propuestas.* **SIN.** Montón.

granizado (gra-ni-za-do) *s. m.* Refresco que consiste en una mezcla de hielo picado y distintas esencias o jugos de frutas. *Pedimos un granizado de limón.*

granizar (gra-ni-zar) *v. intr.* Caer granizo. *Está granizando.* ✎ v. unipers. Se conjuga como abrazar.

granizo (gra-ni-zo) *s. m.* Agua congelada que cae de las nubes en forma de granos. *El granizo causó destrozos en los sembrados.* **SIN.** Pedrea, pedrisco.

granja (gran-ja) *s. f.* **1.** Finca, casa de campo en la que se crían animales. *Vivían en una granja a las afueras del pueblo.* **SIN.** Cortijo. **2.** Instalaciones acondicionadas para la cría de animales domésticos. *Tenía una granja de gallinas.* **3.** Establecimiento que se dedica a la venta de leche y otros productos lácteos. *En esa granja se vende un queso muy rico.*

granjearse (gran-je-ar-se) *v. prnl.* Conseguir algo. *Se granjeó la amistad de todos.* **SIN.** Ganarse, lograr.

grano (gra-no) *s. m.* **1.** Semilla o fruto de las plantas. *Hay granos de arroz, maíz, trigo, etc.* **2.** Parte muy pequeña y de forma redondeada de cualquier cosa. *Las pulgas son tan pequeñas como granos de arena.* **3.** Bultito que nace en la piel. *Se le había llenado la frente de granos.* **4.** Cada una de las pequeñas partículas que se distinguen en la superficie o masa de algunos cuerpos. *La piel de este fruto está formada por numerosos granos.* ‖ **5. grano de arena** Pequeña ayuda con que alguien contribuye a algo. ‖ **LOC. ir alguien al grano** *fam.* Atender a lo esencial.

granuja (gra-nu-ja) *s. m., fam.* Bribón, pícaro. *El muy granuja nos engañó a todos.* **SIN.** Tunante, golfo.

granulado, da (gra-nu-la-do) *adj.* **1.** Granular, en forma de granos. *La naranja tiene la piel granulada.* ‖ *s. m.* **2.** Preparado farmacéutico que se presenta en forma de granos menudos. *Este medicamento lo hay en pastillas y granulado.*

granular (gra-nu-lar) *adj.* **1.** Que presenta granos o granulaciones. *Textura granular.* **2.** Se dice de las sustancias cuya masa forma granos o porciones menudas. *Ese medicamento es una sustancia granular que se toma disuelta en agua.*

granuloso, sa (gra-nu-lo-so) *adj.* Formado por pequeños granos. *Estas mandarinas tienen la piel muy granulosa.* **SIN.** Áspero, granoso. **ANT.** Liso, pulido.

grapa (gra-pa) *s. f.* Pieza metálica que, doblada por los extremos, se clava para unir o sujetar las cosas. *Le unieron los bordes de la herida con grapas.*

grapadora - grecolatino

grapadora (gra-pa-**do**-ra) *s. f.* Utensilio que sirve para grapar. *Necesito una grapadora más grande para este taco de folios.*

grapar (gra-**par**) *v. tr.* Sujetar con grapas. *Grapa la factura a la carta para que no se pierda.* **SIN.** Coser.

grasa (**gra**-sa) *s. f.* **1.** Manteca, unto o sebo de un animal. *Aquella carne tenía mucha grasa.* **SIN.** Gordo. **2.** Mugre o suciedad de la ropa. *Tienes los pantalones llenos de grasa.* **SIN.** Pringue, porquería. **3.** *Lubricante.* **ANT.** Desengrasante.

grasiento, ta (gra-**sien**-to) *adj.* Untado o lleno de grasa. *Había estado intentando arreglar el coche y tenía las manos todas grasientas.*

graso, sa (**gra**-so) *adj.* Que tiene grasa. *Compró un champú especial para cabello graso.* **SIN.** Untuoso.

gratificación (gra-ti-fi-ca-**ción**) *s. f.* **1.** Recompensa en dinero o remuneración fija por algún servicio. *Le dieron una gratificación por haber cumplido todos los objetivos de venta.* **SIN.** Propina. **2.** Entre funcionarios o empleados, paga extraordinaria distinta del sueldo. *La próxima semana cobraremos la gratificación de Navidad.* **SIN.** Prima, sobrepaga.

gratificar (gra-ti-fi-**car**) *v. tr.* **1.** Recompensar a una persona por algún servicio. *Le gratificaron por la devolución de la cartera perdida.* **SIN.** Retribuir. **2.** Dar gusto, complacer. *Me gratifica que hayas decidido venir conmigo.* ✎ Se conjuga como abarcar.

gratinar (gra-ti-**nar**) *v. tr.* Hacer que un alimento se tueste por encima en el horno. *Échale queso a los macarrones y métenlos en el horno a gratinar.*

gratis (**gra**-tis) *adj.* **1.** Que no cuesta dinero. *La entrada a este museo es gratis.* ‖ *adv. m.* **2.** Gratuito. *Entré gratis en el cine con una invitación.* **SIN.** Gratuitamente.

gratitud (gra-ti-**tud**) *s. f.* Sentimiento por el cual queremos devolver un favor. *Sintió una enorme gratitud hacia él por su ayuda.* **SIN.** Agradecimiento, reconocimiento. **ANT.** Ingratitud, soberbia.

grato, ta (**gra**-to) *adj.* Gustoso, agradable. *Tuvimos una grata conversación.* **ANT.** Desagradable.

gratuito, ta (gra-tu-**i**-to) *adj.* **1.** De balde o de gracia. *Daban invitaciones gratuitas para el concierto.* **SIN.** Gratis, regalado. **2.** Que se hace por capricho, sin fundamento. *Eso es hablar de manera gratuita, no tienes ninguna prueba.* **SIN.** Caprichoso.

grava (**gra**-va) *s. f.* **1.** Conjunto de piedras peladas. *La grava se deposita principalmente en los lechos de los ríos.* **SIN.** Cascajo, guijo. **2.** Piedra machacada con que se cubre y allana el piso de los caminos y carreteras. *Estaban echando brea para fijar la grava.*

gravamen (gra-**va**-men) *s. m.* *Impuesto, carga.

gravar (gra-**var**) *v. tr.* Imponer un gravamen. *Gravaron fuertemente las joyas.* ✎ No debe confundirse con "grabar".

grave (**gra**-ve) *adj.* **1.** Grande, importante. *Este problema es muy grave.* **SIN.** Considerable, serio, capital. **ANT.** Ligero, intrascendente, insignificante. **2.** Se dice de la persona que está muy enferma. *Después del accidente, estuvo muy grave.* **SIN.** Enfermo. **ANT.** Leve, sano. **3.** Serio, que causa respeto. *Tenía un aspecto grave.* **SIN.** Formal, severo. **ANT.** Alegre. **4.** Difícil, peligroso. *Se hallaba en una grave situación, amenazado por todos.* **SIN.** Complicado, engorroso, arduo. **ANT.** Fácil. **5.** Se dice del sonido hueco y bajo. *Los hombres suelen tener la voz más grave que los niños.* **6.** Se dice de la palabra que lleva el acento en la penúltima sílaba. *"Árbol" es una palabra grave.* **SIN.** Llana.

gravedad (gra-ve-**dad**) *s. f.* **1.** Fuerza que atrae los cuerpos del Universo unos a otros. *Se están haciendo experimentos sobre la fuerza de la gravedad.* **2.** Cualidad de grave. *La gravedad del enfermo no había remitido.* **3.** Importancia de una cosa. *El ministro regresó ante la gravedad de aquel asunto.* **SIN.** Trascendencia, seriedad. **ANT.** Frivolidad. **4.** Seriedad que adopta una persona. *En el entierro todos se comportaron con suma gravedad.* **SIN.** Formalidad.

gravitar (gra-vi-**tar**) *v. intr.* **1.** Moverse un cuerpo por la atracción gravitatoria de otro cuerpo. *La Tierra gravita alrededor del Sol.* **2.** Recaer una obligación sobre alguien. *Sobre él gravita la responsabilidad del grupo.* **3.** Amenazar a alguien una desgracia. *Un grave peligro gravitaba sobre nosotros.*

gravoso, sa (gra-**vo**-so) *adj.* **1.** Que ocasiona gastos. *Aquella operación resultaba demasiado gravosa.* **SIN.** Caro, costoso. **ANT.** Barato. **2.** Molesto, pesado. *Le encomendaron una tarea muy gravosa.* **SIN.** Inaguantable, insufrible, intolerable. **ANT.** Soportable.

graznar (graz-**nar**) *v. intr.* Dar graznidos. *Los grajos no paraban de graznar.*

graznido (graz-**ni**-do) *s. m.* **1.** Grito que dan algunas aves como el cuervo, el grajo, etc. *Aquellos insoportables graznidos no le dejaban dormir.* **2.** Canto desigual que suena mal al oído. *No canta, da graznidos.*

greca (**gre**-ca) *s. f.* Adorno que está formado por una lista en la que se repite la misma combinación de elementos decorativos. *Los azulejos de la cocina llevaban una greca de color azul.* **SIN.** Cenefa, ribete.

grecolatino, na (gre-co-la-**ti**-no) *adj.* Que pertenece o se refiere a griegos y latinos, y especialmente a

grecorromano - grisáceo

sus respectivos idiomas. *Era una gran estudiosa de la literatura grecolatina.*

grecorromano, na (gre-co-rro-**ma**-no) *adj.* Común a griegos y romanos, o compuesto de elementos propios de uno y otro pueblo. *Le gustaba el arte grecorromano.*

gregario, ria (gre-**ga**-rio) *adj.* **1.** Se dice del animal que vive en rebaños o manadas. *La langosta es un insecto gregario.* **2.** Falto de ideas e iniciativas propias. *Tiene un carácter gregario, nunca será jefe.* **SIN.** Adocenado, mediocre. || *s. m.* **3.** En ciclismo, corredor encargado de ayudar al cabeza de equipo. *El líder protagonizó una escapada con varios gregarios.*

gregoriano, na (gre-go-**ria**-no) *adj.* Se dice del canto religioso reformado por el papa Gregorio I. *Los monjes de clausura cantan gregoriano.*

greguería (gre-gue-**rí**-a) *s. f.* Poema corto en prosa con intención satírica. **GRA.** Se usa más en pl. *Las greguerías de Ramón Gómez de la Serna son muy famosas.*

grelo (gre-lo) *s. m.* Brote de la planta del nabo, muy tierno y de agradable sabor. *El lacón con grelos es uno de sus platos favoritos.*

gremio (gre-mio) *s. m.* Conjunto de personas que tienen un mismo ejercicio, profesión o estado social. *Pertenecían al gremio de pescadores.* **SIN.** Cofradía, hermandad.

greña (gre-ña) *s. f.* Pelo despeinado y enredado. **GRA.** Se usa más en pl. *Vaya greñas que tienes, se nota que te acabas de levantar.* || **LOC. andar a la greña** *fam.* Reñir dos o más personas.

gres *s. m.* Pasta con que se fabrican objetos de alfarería, que, después de ser cocidos a temperaturas muy elevadas, son resistentes, impermeables y refractarios. *El gres es de origen chino.* Invariable en número.

gresca (gres-ca) *s. f.* **1.** Bulla, alboroto. *Se armó una buena gresca.* **2.** Riña, pelea. *La gresca la empezaron ellos dos, pero al final todos nos vimos envueltos.*

grey *s. f.* **1.** Rebaño de ganado. *El pastor conducía una grey de ovejas.* **2.** Conjunto de personas que tienen algo en común. *Una grey de hinchas acudió al partido.* Su pl. es "greyes".

grieta (grie-ta) *s. f.* **1.** Abertura alargada que se hace naturalmente en la tierra o en cualquier cuerpo sólido. *Se abrió una enorme grieta en la pared debido a la humedad.* **SIN.** Ranura, resquebrajadura, resquicio. **2.** Pequeña hendidura de la piel o de las membranas mucosas. *Tenía las manos llenas de grietas.* **3.** Alejamiento que se produce entre dos o más personas. *Se estaban produciendo importantes grietas en la organización.* **SIN.** Fisura.

grifo (gri-fo) *s. m.* Llave para dar salida a un líquido. *No abras el grifo del agua caliente, está estropeado.* || **LOC. cerrar alguien el grifo** *fam.* Dejar de dar dinero.

grill *s. m.* **1.** *Parrilla. **2.** Fuego superior que tienen algunos hornos para gratinar los alimentos. *Compraron un horno con grill.*

grillado, da (gri-**lla**-do) *adj.* Enloquecido, tarado, ido. *No se lo tengas en cuenta, está un poco grillada.*

grillera (gri-**lle**-ra) *s. f., fam.* Lugar donde todo el mundo habla a la vez y es muy difícil hacerse entender. *Aquello no era un debate, era un grillera.*

grillete (gri-**lle**-te) *s. m.* Arco de hierro, semicircular, con dos agujeros por los cuales se pasa un perno, que sirve para asegurar una cadena al pie de un preso, a un punto de una embarcación o a cualquier otra parte. *Le ataron a los grilletes de la pared.* **SIN.** Esposas, grillos.

grillo (gri-llo) *s. m.* Insecto de color negro rojizo que canta por las noches. *El canto del grillo es fácilmente reconocible.*

grima (gri-ma) *s. f.* Sensación desagradable que causa una cosa. *No hagas ese ruido, me da mucha grima.* **SIN.** Disgusto, asco, repugnancia. **ANT.** Agrado.

gringo, ga (grin-go) *adj.* **1.** *desp.* Extranjero, especialmente inglés, y en general todo el que habla una lengua que no sea la española. **GRA.** También s. m. y s. f. *Hay que ser tolerante con las ideas de los gringos.* || *adj.* **2.** Norteamericano de Estados Unidos. *Su carácter tiene todos los rasgos de un gringo.* **SIN.** Yanqui, estadounidense.

gripar (gri-**par**) *v. tr.* Hacer que se bloquee un pistón dentro de un cilindro o se agarroten las piezas de un engranaje por falta de una correcta lubricación. **GRA.** También v. prnl. *Se gripó el motor del coche.* **SIN.** Agarrotarse.

gripe (gri-pe) *s. f.* Enfermedad infecciosa, generalmente epidémica, con manifestaciones variadas, como catarro, fiebre, etc. *Se encuentra en cama con gripe.* **SIN.** Trancazo.

gris *adj.* **1.** Se dice del color de la ceniza, mezcla de blanco y negro y azul. **GRA.** También s. m. *La anciana tenía el cabello gris.* **2.** Triste, apagado. *Tenía un día muy gris.* **ANT.** Vivo, alegre. **3.** *Mediocre. **SIN.** Irrelevante, vulgar. || **4. gris marengo** El muy oscuro. **5. gris perla** El que es muy claro.

grisáceo, a (gri-**sá**-ce-o) *adj.* De color que tira a gris. *Era de tono grisáceo.* **SIN.** Agrisado.

grisú (gri-**sú**) *s. m.* Gas compuesto de una mezcla de metano con anhídrido carbónico y nitrógeno, que se desprende en las minas de carbón y se vuelve inflamable en contacto con el aire. *No se podía entrar en la galería porque habían descubierto una bolsa de grisú.* ✎ Su pl. es "grisús" o "grisúes".

gritar (gri-**tar**) *v. intr.* **1.** Levantar la voz más de lo normal. *Gritó de miedo.* **SIN.** Vocear, bramar, chillar. **2.** Manifestar el público desagrado con demostraciones ruidosas. **GRA.** También v. tr. *Los espectadores gritaban enfadados por la mala actuación del árbitro.* **SIN.** Abuchear, patear. **3.** *fam.* Reprender a alguien a gritos. *No hace falta que me grites, ya te he entendido.* **SIN.** Abroncar. ‖ **LOC. gritar algo a los cuatro vientos** Hacer que todo el mundo se entere.

griterío (gri-te-**rí**-o) *s. m.* Confusión de voces altas y desentonadas. *El griterío de la gente no dejaba oír lo que sonaba por los altavoces.* **SIN.** Clamor, vocerío.

grito (**gri**-to) *s. m.* **1.** Voz esforzada y muy alta. *Me molestan tus gritos.* **SIN.** Alarido, aullido, chillido. **2.** Manifestación de un sentimiento general. *Aquella actuación era un grito unánime contra la violencia.* ‖ **LOC. a grito limpio, o pelado, o a gritos** Gritando mucho. **estar en un grito** *fam.* Quejarse por un dolor agudo y continuo. **poner el grito en el cielo** *fam.* Quejarse de algo. **ser algo el último grito** *fam.* Ser lo más moderno.

grogui (**gro**-gui) *adj.* **1.** En boxeo, aturdido, tambaleante. *Le dejó grogui en el segundo asalto.* **SIN.** KO. **2.** Atontado por agotamiento físico o emocional. *La noticia le dejó grogui.* **3.** Medio dormido. *Se acababa de levantar y estaba todavía medio grogui.*

grosella (gro-**se**-lla) *s. f.* Fruto del grosellero, que es una baya jugosa de color rojo y de sabor agridulce. *Bebimos un zumo de grosella.*

grosellero (gro-se-**lle**-ro) *s. m.* Arbusto cuyo fruto es la grosella. *Cuando el grosellero dé fruto, podremos hacer tartas.*

grosería (gro-se-**rí**-a) *s. f.* Falta grande de atención y respeto. *Deberías cuidar más tus modales y no comportarte con tanta grosería.* **SIN.** Descortesía, incorrección, ordinariez. **ANT.** Elegancia, cortesía.

grosero, ra (gro-**se**-ro) *adj.* **1.** Basto, ordinario. *Una palabra grosera.* **SIN.** Tosco, áspero, ordinario, soez, vulgar. **ANT.** Fino, elegante, distinguido. **2.** Que no tiene educación. **GRA.** También s. m. y s. f. *Es una persona muy grosera.* **SIN.** Maleducado, desatento, incorrecto, descarado, descortés. **ANT.** Educado, atento, cortés, correcto.

grosor (gro-**sor**) *s. m.* Grueso de un cuerpo. *El grosor de un árbol.* **SIN.** Corpulencia, espesor, volumen.

grotesco, ca (gro-**tes**-co) *adj.* **1.** Ridículo y extravagante. *Era una situación grotesca.* **SIN.** Caricaturesco, irrisorio, estrafalario, chocante, estrambótico. **ANT.** Serio. **2.** De mal gusto. *Su comportamiento resultó grotesco.* **SIN.** Basto, grosero.

grúa (**grú**-a) *s. f.* **1.** Máquina compuesta de un brazo montado sobre un eje giratorio y con una o varias poleas, que sirve para levantar pesos. *En el edificio en construcción subían los materiales con una grúa.* **2.** Vehículo provisto de grúa para remolcar otro. *El coche se le estropeó en medio del viaje y tuvo que avisar a la grúa.*

grueso, sa (**grue**-so) *adj.* **1.** Gordo. *Ese árbol tiene el tronco muy grueso.* **2.** Grande. *Es un fardo muy grueso.* **SIN.** Voluminoso. ‖ *s. m.* **3.** Corpulencia o cuerpo de una cosa. *El grueso de un madero.* **SIN.** Volumen, anchura, grosor. **4.** Parte principal de un todo. *El grueso de un ejército.*

grulla (**gru**-lla) *s. f.* Ave zancuda, de pico recto y cónico, cuello largo, alas grandes, cola corta y plumaje gris ceniciento. *La grulla se suele mantener sobre un pie cuando se posa.*

grumete (gru-**me**-te) *s. m.* Marino de clase inferior. *El grumete se encargó de la limpieza.*

grumo (**gru**-mo) *s. m.* Coágulo en un líquido. *La besamel quedó llena de grumos.* **SIN.** Cuajarón.

gruñir (gru-**ñir**) *v. intr.* **1.** Dar gruñidos un animal. *El cerdo gruñía en su pocilga.* **2.** Mostrar disgusto murmurando entre dientes. *Los alumnos gruñeron cuando les dijeron que se había suspendido la excursión.* **SIN.** Murmurar, refunfuñar. ✎ v. irreg., se conjuga como mullir.

gruñón, na (gru-**ñón**) *adj., fam.* Que gruñe con frecuencia. *No seas tan gruñón.* **SIN.** Malhumorado, protestón, rezongador.

grupa (**gru**-pa) *s. f.* Parte trasera de una caballería, entre el lomo y la cola. *Monta en la grupa del caballo.* **SIN.** Cuadril, nalga, anca.

grupo (**gru**-po) *s. m.* **1.** Varios seres o cosas que forman un conjunto. *El grupo al que pertenezco se dedica a actividades benéficas.* **SIN.** Equipo, asociación, conjunto, montón, agrupación, combinación. **2.** Conjunto de figuras pintadas o esculpidas. *Ese grupo escultórico era una de sus obras más famosas.* **3.** En matemáticas, conjunto de elementos que se relacionan entre sí. *El grupo de los números naturales.* **4.** En química, cada una de las columnas del sistema periódico que contiene elementos de

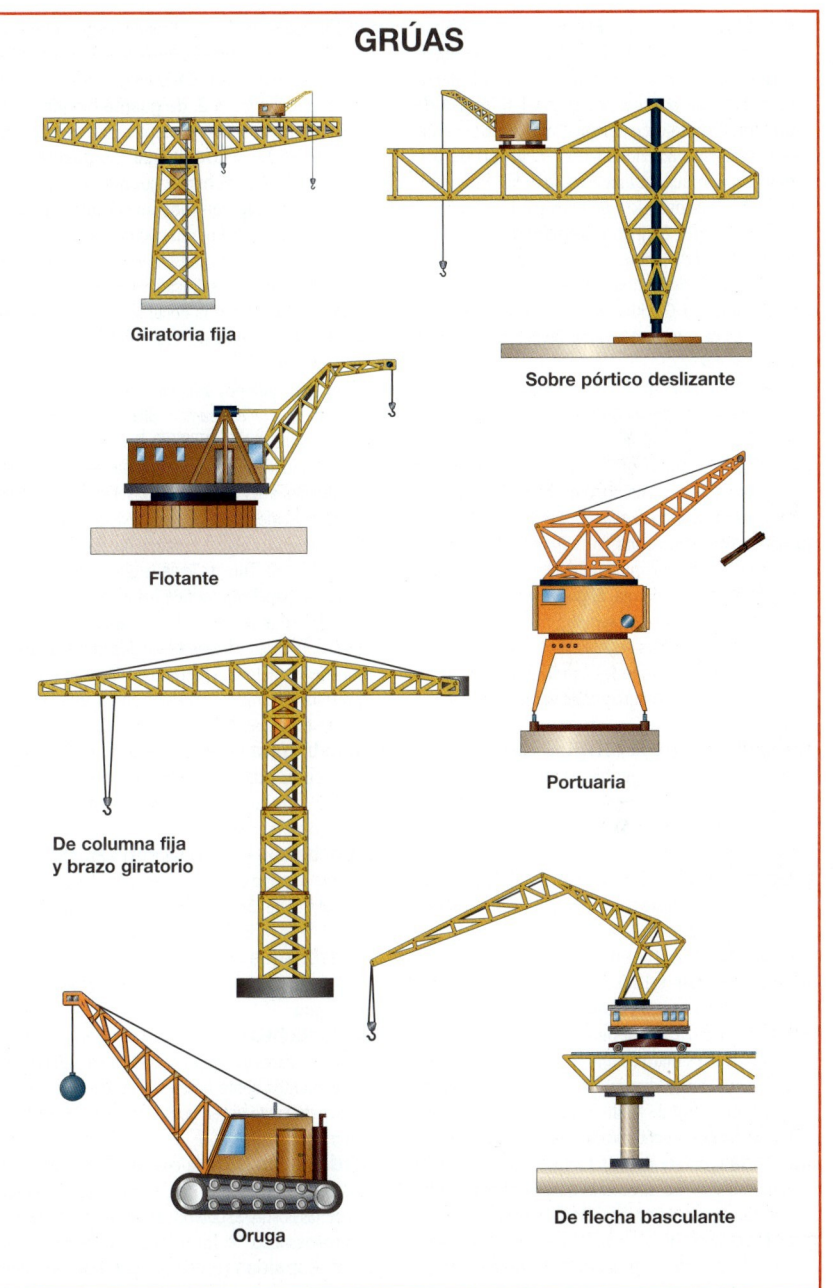

gruta - guardaespaldas

propiedades semejantes. *El hidrógeno y el litio pertenecen al grupo 1.* **5.** Unidad militar compuesta de varios escuadrones al mando de un comandante. *Formaba parte del segundo grupo.* || **6. grupo de presión** Conjunto de personas que influye en una organización o actividad social. **7. grupo de trabajo** Equipo que en una escuela organiza un profesor o constituyen los alumnos para realizar una tarea en común. **8. grupo sanguíneo** Cada uno de los conjuntos de factores que caracterizan los diferentes grupos de hemoaglutinación.

gruta (**gru**-ta) *s. f.* Cavidad abierta en la roca. *Se refugiaron de la tormenta en una pequeña gruta.* **SIN.** Caverna, cueva.

gruyer *s. m.* Queso suizo, con grandes agujeros. *A su hermana le gusta tomar queso gruyer después de las comidas.*

gua *s. m.* Juego infantil que consiste en lanzar canicas para que entren en un hoyo hecho en la tierra. *Era muy buena jugando al gua.*

guacamayo (gua-ca-**ma**-yo) *s. m.* Ave de América, especie de papagayo, con plumaje rojo, azul y amarillo y la cola muy larga. *El guacamayo se alimenta en los árboles a base de semillas, frutos, nueces, bayas y otros productos vegetales.*

guacamole (gua-ca-**mo**-le) *s. m.* Ensalada de aguacate con cebolla, tomate y chile verde. *Le encanta el guacamole.* ✎ También "guacamol".

guadaña (gua-**da**-ña) *s. f.* Herramienta formada por una cuchilla larga y puntiaguda y un mango largo de madera que sirve para cortar la hierba a ras de suelo. *Segó la hierba de las orillas con la guadaña.* **SIN.** Hoz.

guagua (**gua**-gua) *s. f.* En Canarias y algunos países de América, nombre dado a los autobuses urbanos. *Todos los días tiene que coger la guagua para ir al colegio.* **SIN.** Autobús, góndola.

gualdo, da (**gual**-do) *adj.* De color amarillo. *La bandera española es roja y gualda.* **SIN.** Dorado.

guano (**gua**-no) *s. m.* Abono formado por el excremento de aves marinas que se encuentra acumulado en gran cantidad en las costas y en varias islas de Perú y del norte de Chile. *A imitación del guano se fabrica también abono mineral.* **SIN.** Estiércol.

guantada (guan-**ta**-da) *s. f.* Golpe que se da con la mano abierta. *Le arreó una buena guantada.* **SIN.** Bofetón, bofetada, tortazo. **ANT.** Caricia.

guantazo (guan-**ta**-zo) *s. m.* Guantada. *No se supo controlar y le dio un guantazo.* **SIN.** Bofetón, torta, bollo. **ANT.** Caricia.

guante (**guan**-te) *s. m.* **1.** Prenda de piel, punto, etc. que sirve para abrigar o proteger la mano, y que tiene su misma forma. *Lleva los guantes de lana, hace muchísimo frío.* || **2. de guante blanco** Se dice del ladrón que actúa sin emplear la violencia y con gran habilidad. || **LOC. colgar los guantes** Retirarse del boxeo. **echar el guante** *fam.* Coger, cazar. **poner a alguien más suave que un guante** *fam.* Volverle dócil por medio del castigo.

guantera (guan-**te**-ra) *s. f.* Espacio generalmente cerrado situado en el salpicadero del vehículo, que se utiliza para guardar la documentación y pequeños objetos. *Los papeles del coche están en una carpeta en la guantera.*

guapo, pa (**gua**-po) *adj., fam.* Bien parecido. *Estás muy guapo con esa camisa.* **SIN.** Apuesto. **ANT.** Feo.

guarda (**guar**-da) *s. m. y s. f.* **1.** Persona que se encarga de cuidar una cosa. *El guarda del parque cierra las puertas a las diez.* **SIN.** Conserje, guardián, vigilante, cuidador. || *s. f.* **2.** Acción de guardar, conservar o defender algo. *La guarda del tesoro era una de sus tareas.* **3.** Tutela. *Tenía la guarda y custodia.* **4.** Hoja de papel que ponen los encuadernadores al principio o al fin de los libros. **GRA.** Se usa más en pl. *Los libros en cartoné llevan guardas.* || **5. guarda jurado** Aquel cuyo testimonio hace fe por haber prestado juramento antes de entrar en el ejercicio de sus funciones.

guardabarrera (guar-da-ba-**rre**-ra) *s. m. y s. f.* Persona encargada de la custodia en los pasos a nivel de los ferrocarriles. *El guardabarrera nos dijo que había ocurrido un accidente.*

guardabarros (guar-da-**ba**-rros) *s. m.* Aleta metálica que se pone encima de las ruedas para que éstas no salpiquen. *Se le cayó el guardabarros de la bicicleta.* ✎ Invariable en número.

guardabosque (guar-da-**bos**-que) *s. m. y s. f.* Persona que guarda un bosque. *El guardabosque avisó del fuego.*

guardacoches (guar-da-**co**-ches) *s. m. y s. f.* Persona que aparca y vigila los coches en algunos establecimientos, como hoteles, salas de fiestas, etc. *En ese restaurante tienen guardacoches.* ✎ Invariable en número.

guardacostas (guar-da-**cos**-tas) *s. m.* Barco destinado a la persecución de contrabando o a la defensa de las costas. *El guardacostas se acercó a un barco sospechoso.* ✎ Invariable en número.

guardaespaldas (guar-da-es-**pal**-das) *s. m.* Persona que acompaña asiduamente a otra con la misión

guardafrenos - guarnecer

de protegerla. *Siempre va acompañado de sus guardaespaldas.* **SIN.** Escolta, protector, matón. ✎ Invariable en número.

guardafrenos (guar-da-**fre**-nos) *s. m.* Empleado en los ferrocarriles, que tiene a su cargo el manejo de los frenos. *Lleva muchos años trabajando como guardafrenos.* ✎ Invariable en número.

guardagujas (guar-da-**gu**-jas) *s. m. y s. f.* Persona empleada en los ferrocarriles encargada del manejo de las agujas. *Su padre había sido guardagujas.* ✎ Invariable en número.

guardameta (guar-da-**me**-ta) *s. m. y s. f.* En el fútbol, jugador que se coloca en la portería para evitar la entrada del balón. *La buena actuación del guardameta salvó varios goles.* **SIN.** Portero.

guardamuebles (guar-da-**mue**-bles) *s. m.* Local destinado a guardar muebles. *Dejaron los muebles en un guardamuebles.* ✎ Invariable en número.

guardapolvo (guar-da-**pol**-vo) *s. m.* Resguardo que se pone encima de una cosa para preservarla del polvo. *Se puso un guardapolvo encima del traje para no ensuciarse. Tapó los sillones con un guardapolvo.*

guardar (guar-**dar**) *v. tr.* **1.** Cuidar y vigilar una cosa. *Hay dos pastores guardando ese rebaño de ovejas.* **SIN.** Proteger, custodiar. **2.** Poner una cosa en el lugar adecuado. *Guarda los vestidos en el armario y los calcetines en el cajón.* **SIN.** Colocar, meter. **ANT.** Descolocar. **3.** Observar y cumplir lo que es debido. *Teníamos que guardar sus órdenes al pie de la letra.* **SIN.** Obedecer, acatar. **ANT.** Infringir. **4.** Conservar o retener una cosa. **GRA.** También v. intr. *En su casa guardaba cuadros de gran valor.* **SIN.** Almacenar, atesorar. **5.** No gastar, ser miserable. *El muy tacaño todo lo guarda.* **SIN.** Escatimar. **ANT.** Despilfarrar, derrochar. || *v. prnl.* **6.** Seguido de la preposición "de", poner cuidado en no hacer algo que puede ser peligroso o arriesgado. *Guárdate de ir por allí.* || **LOC. guardársela a alguien** *fam.* Vengarse.

guardarropa (guar-da-**rro**-pa) *s. m.* **1.** En los establecimientos públicos, lugar destinado para dejar las prendas de abrigo. *Dejó el abrigo en el guardarropa del restaurante.* **2.** Armario donde se guarda la ropa. *Esa sábana está en el último cajón del guardarropa.* **SIN.** Ropero. || *s. m. y s. f.* **3.** Persona que cuida el local en que se custodia la ropa. *Trabaja en un cine de guardarropa los fines de semana.*

guardería (guar-de-**rí**-a) *s. f.* Institución destinada al cuidado de los niños pequeños. *Los dos hermanitos iban juntos a la guardería.* **SIN.** Parvulario, jardín de infancia.

guardia (**guar**-dia) *s. f.* **1.** Conjunto de personas que defienden a una persona o un lugar. *Ese soldado pertenece a la guardia del rey.* **2.** En algunas profesiones, servicio que se presta fuera del horario obligatorio. *Le tocaba guardia en el hospital.* || *s. m. y s. f.* **3.** Persona perteneciente a un cuerpo de guardia. *El guardia le pidió la documentación.* **SIN.** Agente, policía. || **4. guardia civil** Institución armada que se encarga del mantenimiento del orden en las zonas rurales y de la vigilancia de fronteras y carreteras. **5. guardia civil** Persona perteneciente a dicho cuerpo. **6. guardia de seguridad** Persona de la policía gubernativa destinada a mantener el orden en las ciudades. **7. guardia de tráfico** Persona que dirige la circulación en las ciudades en las ciudades. **8. guardia municipal** La que depende del Ayuntamiento y se destina al mantenimiento del orden y cumplimiento de las ordenanzas municipales. **9. guardia municipal o urbana** Individuo que pertenece a este cuerpo. || **LOC. bajar alguien la guardia** Descuidarse. **en guardia** Prevenido. **GRA.** Se usa con los v. "estar" y "ponerse". **montar la guardia** Entrar de guardia la tropa en un puesto. **poner en guardia** Llamar la atención a alguien sobre un posible riesgo o peligro.

guardián, na (guar-**dián**) *s. m. y s. f.* Persona que guarda una cosa y cuida de ella. *Es el guardián de la finca.* **SIN.** Celador, cuidador, guarda.

guardilla (guar-**di**-lla) *s. f.* *Buhardilla.

guarecerse (gua-re-**cer**-se) *v. prnl.* Refugiarse, resguardarse en algún sitio. *Se guarecieron de la lluvia en una cueva.* **SIN.** Parapetarse. ✎ v. irreg., se conjuga como parecer. ☞ No debe confundirse con "guarnecer".

guarida (gua-**ri**-da) *s. f.* **1.** Cueva o espesura donde se cobijan los animales. *El oso se refugió en su guarida.* **SIN.** Madriguera, nido. **2.** Amparo o refugio. *Aquella cabaña abandonada les sirvió de guarida.* **SIN.** Asilo.

guarismo (gua-**ris**-mo) *s. m.* **1.** Cada una de las diez cifras que expresan una cantidad. *Los guarismos son 0, 1, 2, 3, 4, 5, 6, 7, 8 y 9.* **2.** En matemáticas, cualquier expresión de cantidad compuesta de dos o más cifras. *231 896 es un guarismo.*

guarnecer (guar-ne-**cer**) *v. tr.* **1.** Poner tropas de defensa en un lugar. *Guarnecieron la ciudad.* **2.** Colgar, adornar, vestir. *Guarneció la habitación con cadenetas y globos de colores.* **3.** Dotar, proveer, equipar. *Guarnecieron a cada uno de todo lo necesario.* **SIN.** Abastecer. **4.** Revocar las paredes. *Revocó la pared*

guarnición - gueto

del patio. 🔄 v. irreg., se conjuga como parecer. ☞ No debe confundirse con "guarecer".

guarnición (guar-ni-**ción**) *s. f.* **1.** Acompañamiento de carnes y pescados, compuesto por diversas combinaciones de patatas, champiñones, verduras, etc. *Sirvió la carne con una guarnición de verduras y patatas fritas.* **2.** Tropa que defiende un lugar. *Llegó la guarnición que va a defender el cuartel.*

guarrada (gua-**rra**-da) *s. f.* **1.** Porquería, inmundicia. *No comas eso con las manos, es una guarrada.* **2.** Acción mala. *Menuda guarrada me has hecho dejándome plantado.* **SIN.** Trastada, faena.

guarro, rra (**gua**-rro) *s. m. y s. f.* **1.** Cochino, sucio. **GRA.** También adj. *Lávate las manos antes de comer, no seas guarro.* **2.** Persona que juega malas pasadas. *Yo le había ayudado y él se portó conmigo como un guarro.* **SIN.** Vil, traidor, despreciable.

guasa (**gua**-sa) *s. f., fam.* Burla, pitorreo. *Se lo dije muy en serio pero ella se lo tomó a guasa.* **SIN.** Choteo, chanza, broma. ‖ **LOC. estar de guasa** *fam.* Hablar en broma.

guasearse (gua-se-**ar**-se) *v. prnl.* Reírse de alguien. *Cuando me vieron con esta pinta, todos se guasearon de mí.* **SIN.** Burlarse.

guasón, na (gua-**són**) *adj.* **1.** *fam.* Que tiene guasa. **GRA.** También s. m. y s. f. *Me molestan sus guasones comentarios.* **2.** *fam.* Bromista. **GRA.** También s. m. y s. f. *Tu amiga es muy guasona.* **SIN.** Desenfadado, divertido.

guata (**gua**-ta) *s. f.* Lámina gruesa de algodón en rama que sirve para acolchados o como material de relleno. *Necesito guata para rellenar este cojín.*

guateado, da (gua-te-**a**-do) *adj.* Que está relleno de guata. *Esta cazadora es muy caliente porque va toda guateada.* 🔄 También "guatado".

guateque (gua-**te**-que) *s. m., fam.* Fiesta casera, generalmente de gente joven, en que se merienda y se baila. *Organizó un gran guateque para celebrar su cumpleaños.*

guay *adj., fam.* Estupendo, magnífico. *Es una peli guay, vete a verla.*

gubernamental (gu-ber-na-men-**tal**) *adj.* Que pertenece o se refiere al gobierno del Estado. *Era una de las últimas medidas gubernamentales.* **SIN.** Gubernativo, estatal.

gubernativo, va (gu-ber-na-**ti**-vo) *adj.* *Gubernamental, estatal.

guepardo (gue-**par**-do) *s. m.* Mamífero carnívoro propio de las llanuras africanas y asiáticas. *El guepardo puede alcanzar velocidades de 112 km/h.*

guerra (**gue**-rra) *s. f.* **1.** Lucha armada entre dos o más naciones o partidos. *Dio una conferencia sobre la II Guerra Mundial.* **SIN.** Contienda, conflicto, batalla. **ANT.** Paz. **2.** Oposición entre dos o más personas o cosas. *Las dos candidatas mantenían una dura guerra.* **SIN.** Conflicto, discordia, desavenencia, hostilidad. **ANT.** Acuerdo, avenencia, paz. ‖ **3. guerra abierta** Enemistad, hostilidad declarada. **4. guerra a muerte, o sin cuartel** Aquella en que no se da cuartel. **5. guerra civil** La que hacen entre sí los habitantes de un mismo país. **6. guerra fría** Situación de hostilidad entre dos naciones o grupos de naciones en que, sin llegar al uso de las armas, cada bando intenta minar el régimen político o la fuerza del adversario mediante propaganda, presión económica, espionaje, organizaciones secretas, etc. **7. guerra santa** La que se hace por motivos religiosos, y especialmente la que hacen los musulmanes a los que no lo son. ‖ **LOC. buscar, o querer guerra** *fam.* Provocar una pelea. **dar guerra** *fam.* Molestar. **de antes de la guerra** *fam.* Anticuado, que tiene muchos años. **declarar la guerra a alguien o algo** Iniciar una actitud de lucha y competencia. 🔄

guerrear (gue-rre-**ar**) *v. intr.* Hacer la guerra. **GRA.** También v. tr. *Ambos países estaban dispuestos a guerrear.* **SIN.** Batallar, luchar, contender.

guerrera (gue-**rre**-ra) *s. f.* Chaqueta de uniforme ajustada y abrochada desde el cuello. *Los soldados iban uniformados con sus guerreras azules.*

guerrero, ra (gue-**rre**-ro) *adj.* **1.** Que pertenece o se refiere a la guerra. *El capitán expresó sus sentimientos guerreros.* **SIN.** Bélico, militar. **2.** Belicoso, inclinado a la guerra. *Era un pueblo muy guerrero.* **SIN.** Luchador. **3.** *fam.* Travieso, molesto. *Son unos niños muy guerreros.* ‖ *s. m.* **4.** *Soldado.

guerrilla (gue-**rri**-lla) *s. f.* Grupo de personas, generalmente no muy numerosa, que al mando de un jefe particular y con poca o ninguna dependencia del ejército, acosa y molesta al enemigo. *Firmaron una tregua con la guerrilla..*

guerrillero, ra (gue-rri-**lle**-ro) *s. m. y s. f.* Persona que pertenece a una guerrilla. *Los guerrilleros pactaron la paz con el gobierno.*

gueto (**gue**-to) *s. m.* **1.** Situación marginal en la que sirve un pueblo, grupo étnico, clase social, etc. *Los inmigrantes consituyen auténticos guetos en muchas ciudades europeas.* **2.** Reducto o barrio en el que viven esas minorías. *Los nazis recluyeron en guetos a la población de origen judío.*

GUERRAS IMPORTANTES

Nombre	Fecha	Ganada por	Contra
Guerra del Peloponeso	431-404 a. C.	Alianza peloponesa dirigida por Esparta y Corinto	Liga délica encabezada por Atenas
Guerras púnicas	264-146 a. C.	Roma	Cartago
Guerra de los cien años	1337-1453	Francia	Inglaterra
Guerra de las rosas	1455-1485	Casa de Lancaster	Casa de York
Guerra de los treinta años	1618-1648	Francia, Suecia, estados alemanes protestantes	Sacro imperio romano, España
Guerra española de sucesión	1701-1713 Países Bajos	Inglaterra, Austria, Prusia Mantua, Saboya	Francia, Baviera, Colonia,
Guerra americana de independencia	1775-1783	13 colonias	Gran Bretaña
Guerras napoleónicas	1792-1815	Austria, Gran Bretaña Prusia, Rusia, España, Suecia	Francia
Guerra de 1812	1812-1814	Estados Unidos	Gran Bretaña
Guerra con Estados Unidos	1846-1848	Estados Unidos	México
Guerra de Crimea	1853-1856	Gran Bretaña, Francia, Cerdeña, Turquía	Rusia
Guerra de secesión americana	1861-1865	23 estados del norte (la Unión)	11 estados del sur (la Confederación)
Guerra franco-prusiana	1870-1871	Prusia y otros estados alemanes	Francia
Guerra chino-japonesa	1894-1895	Japón	China
Guerra de Cuba	1898	Estados Unidos	España
Guerra de los boer	1899-1902	Gran Bretaña	Repúblicas boer
Guerra ruso-japonesa	1904-1905	Japón	Rusia
I Guerra Mundial	1914-1915	Bélgica, Imperio británico, Francia, Italia, Japón, Rusia, Serbia EE UU	Austria, Hungría, Bulgaria, Alemania, Imperio otomano
Guerra chino-japonesa	1931-1933	Japón	China
Guerra civil española	1936-1939	Junta de defensa nacional	Gobierno republicano
Guerra chino-japonesa	1937-1945	China	Japón
II Guerra Mundial	1939-1945	Australia, Bélgica, Canadá, China, Dinamarca, Francia, Gran Bretaña, EE UU, Grecia, Noruega, Nueva Zelanda, Países Bajos, Polonia, Unión Soviética, Sudáfrica, Yugoslavia	Alemania, Bulgaria, Finlandia, Hungría, Italia, Japón, Rumania
Guerra de Corea	1950-1953	Corea del Sur y fuerzas de las NU	Corea del Norte y China
Guerra de Vietnam	1957-1975	Vietnam del Norte	Vietnam del Sur, EE UU
Guerra de los 6 días	1967	Israel	Egipto, Siria, Jordania, Irak
Guerra civil nigeriana	1967-1970	Gobierno federal	Biafra
Guerra civil pakistaní	1971	Oriental (Bangladesh) e India	Occidental
Guerra irano-iraquí	1980-1988	Alto el fuego impuesto con ayuda de las NU.	
Guerra del Golfo	1990-1991	Irak invade Kuwait, es expulsado por una coalición internacional	
Guerra de los Balcanes	1991-1995	Eslovenia, Croacia y Bosnia	Yugoslavia
Guerra de Chechenia	1991-1996	Rusia	Chechenos separatistas
Guerra civil en Ruanda	1993-2003-	Gobierno hutu	Etnia tutsi
Guerra de Irak	1996	EE UU y aliados	Irak
Guerra de Afganistán	2001	EE UU y aliados	Régimen talibán
Guerra de Irak	2004	EE UU y aliados	Irak

guía (guí-a) *s. m. y s. f.* **1.** Persona que conduce, dirige y enseña a otras. *Nuestros tíos hicieron de guía y nos llevaron a conocer toda la ciudad.* **SIN.** Guiador, conductor. ‖ *s. f.* **2.** Cualquier cosa que sirve de pauta. *Aquella luz nos servirá de guía.* **SIN.** Faro, norte. **3.** Tratado, manual. *Guía de bricolaje.* **4.** Lista impresa de datos o noticias referentes a determinada materia. *Guía de campings.*

guiar (gui-**ar**) *v. tr.* **1.** Ir delante mostrando el camino. *Mi hermano Juan nos guió hasta su casa.* **SIN.** Conducir, indicar, orientar. **ANT.** Desorientar, desviar. **2.** Conducir o hacer que una pieza de una máquina o un objeto siga en su movimiento determinada dirección. *El pistón se guía a través del cilindro.* **3.** Conducir un carruaje. *El cochero guiaba el coche de caballos.* **4.** Orientar, encauzar. *Guió nuestra investigación por aquella vía.* ‖ *v. prnl.* **5.** Dejarse dirigir por algo o alguien. *Los navegantes se guiaron por la Estrella polar.* **ANT.** Desorientarse. ✎ En cuanto al acento, se conjuga como desviar.

guijarro (gui-**ja**-rro) *s. m.* Piedra pequeña, redonda y lisa. *La carretera estaba llena de guijarros.*

guillarse (gui-**llar**-se) *v. prnl.* **1.** Irse o huir. *Se guillaron la clase.* **SIN.** Pirarse, marcharse. **2.** Chiflarse, perder la cabeza. *Creo que se ha guillado un poco.*

guillotina (gui-llo-**ti**-na) *s. f.* **1.** Máquina inventada y usada en Francia para decapitar a los sentenciados a pena de muerte. *Fue condenado a morir en la guillotina.* **2.** Máquina de cortar papel. *Es la encargada de la guillotina.* ‖ **LOC. de guillotina** Se dice de las ventanas y vidrieras que se abren y cierran resbalando a lo largo de las hendiduras del marco.

guillotinar (gui-llo-ti-**nar**) *v. tr.* **1.** Quitar la vida con la guillotina. *Guillotinaron a los condenados.* **SIN.** Ajusticiar, cortar, cercenar. **2.** Cortar papel con la guillotina. *Guillotinaron mal el libro.*

guinda (**guin**-da) *s. f.* **1.** Fruto del guindo. *Metieron guindas en aguardiente.* **2.** Lo que remata algo. *Su actuación fue la guinda de la fiesta.* **SIN.** Colofón, detalle.

guindar (guin-**dar**) *v. tr., fam.* *Robar.

guindilla (guin-**di**-lla) *s. f.* Pequeño pimiento, de forma alargada y puntiaguda, y muy picante, empleado para aderezar numerosos platos. *Échale más guindilla al guiso.*

guindo (**guin**-do) *s. m.* Árbol parecido al cerezo, del que se puede distinguir por ser las hojas más pequeñas y el fruto más redondo y ácido. *En la huerta había un hermoso guindo.* ‖ **LOC. caerse alguien del guindo** Percatarse de lo que sucede. **parecer** alguien que se acaba de caer del guindo Ser muy cándido o inocente.

guiñapo (gui-**ña**-po) *s. m.* **1.** Andrajo o trapo roto o viejo. *Iba vestida con guiñapos.* **SIN.** Harapo. **2.** Persona que anda vestida de manera andrajosa. *Iba hecho un guiñapo.* **3.** Persona degradada. *Se convirtió en un guiñapo.* **SIN.** Piltrafa, ruina.

guiñar (gui-**ñar**) *v. tr.* Cerrar un ojo momentáneamente quedando el otro abierto, para hacer una señal o aviso a alguien. *Me guiñó un ojo para que le siguiera la corriente.*

guiñol (gui-**ñol**) *s. m.* Representación teatral realizada con muñecos movidos por las manos de una persona oculta. *Se dedicaba al teatro de guiñol.*

guión (gui-**ón**) *s. m.* **1.** Esquema básico en el que figuran las ideas que se quieren desarrollar. *Preparó un breve guión para su conferencia.* **2.** Descripción escrita de una película cinematográfica escena por escena. *Le encargó el guión de la película.* **SIN.** Argumento, sinopsis. **3.** Signo ortográfico (-) que, puesto al final de un renglón, indica que la última palabra continúa en el siguiente; que separa los componentes de una palabra compuesta; algo más largo (—) indica, en los diálogos, cuándo habla cada interlocutor, y suple el comienzo de la línea el vocablo con que empieza otra anterior. *Los guiones también pueden hacer a veces la función de paréntesis.*

guionista (guio-**nis**-ta) *s. m. y s. f.* Autor o autora de argumentos de cine o televisión. *Entrevistaron a la guionista de la película.*

guipar (gui-**par**) *v. tr., vulg.* Ver, notar, percibir, descubrir. *Lo guipó enseguida, no se le va una.*

guiri (**gui**-ri) *s. m. y s. f., fam.* *Turista.

guirigay (gui-ri-**gay**) *s. m.* **1.** *fam.* Griterío, confusión. *Se preparó un guirigay de mucho cuidado.* **SIN.** Bulla, bataola. **2.** *fam.* Lenguaje oscuro y difícil de entender. *Ese texto es un auténtico guirigay.* **SIN.** Galimatías. ✎ Su pl. es "guirigáis".

guirnalda (guir-**nal**-da) *s. f.* Corona tejida de flores, hierbas o ramas, con que se ciñe la cabeza. *Les obsequiaron con guirnaldas de flores.*

guisa (**gui**-sa) *s. f.* Modo, manera. *Lo hizo a su guisa.* **SIN.** Procedimiento, estilo, modalidad. ‖ **LOC. de, o en, tal guisa** En o de tal modo.

guisado (gui-**sa**-do) *s. m.* Guiso preparado con salsa. *Comimos un guisado de ternera muy sabroso.*

guisante (gui-**san**-te) *s. m.* **1.** Planta leguminosa con fruto en vaina, que contiene diversas semillas esféricas. *Esa tierra está plantada de guisantes.* **2.** Semilla de esta planta. *Comimos guisantes con jamón.*

guisar (gui-**sar**) *v. tr.* Preparar los alimentos sometiéndolos al calor del fuego. *El domingo nunca guisa, porque come fuera.* **SIN.** Cocinar, estofar.

guiso (**gui**-so) *s. m.* Alimento guisado. *El guiso estaba muy bueno.* **SIN.** Estofado, cocido, guisado.

güisqui (**güis**-qui) *s. m.* Bebida alcohólica obtenida por la fermentación de la cebada y otros cereales. *Pidió un güisqui con hielo.* ✎ También "whisky".

guita¹ (**gui**-ta) *s. f.* Cuerda delgada de cáñamo. *Ató la caja con guita.*

guita² (**gui**-ta) *s. f., fam.* Dinero. *A finales de mes siempre ando mal de guita.*

guitarra (gui-**ta**-rra) *s. f.* **1.** Instrumento musical de seis cuerdas, compuesto de una caja de madera, con un agujero circular en el centro de la tapa y un mástil con trastes. *Le encanta la guitarra española.* || **2. guitarra eléctrica** Instrumento musical, en el que la vibración de las cuerdas se recoge y amplifica mediante un equipo electrónico.

gula (**gu**-la) *s. f.* Exceso en la comida o bebida, y apetito descomedido de comer y beber. *Ya no tienes hambre, sigues comiendo por gula.* **SIN.** Glotonería.

guripa (gu-**ri**-pa) *s. m.* **1.** *fam.* *Soldado. **2.** *fam.* Golfo, pillo. *Era un poco guripa.* **SIN.** Pícaro, granuja, bribón. **3.** *fam.* *Guardia.

gurrumino, na (gu-rru-**mi**-no) *adj., fam.* Ruin, esmirriado. *Después de la enfermedad, se quedó hecha una gurrumina.* **SIN.** Débil, enclenque, raquítico. **ANT.** Crecido, fuerte.

gurruñar (gu-rru-**ñar**) *v. tr.* Arrugar, doblar. *No gurruñes así la ropa, se arrugará toda.* ✎ Gurruño.

gusa (**gu**-sa) *s. f., fam.* *Hambre.

gusanillo (gu-sa-**ni**-llo) *s. m.* Hilo o alambre enrollado en espiral. *El libro estaba encuadernado con gusanillo.* || **LOC. matar el gusanillo** *fam.* Satisfacer el hambre momentáneamente en espera de una comida principal. **picarle el gusanillo a alguien** *fam.* Entrarle, ganas de algo.

gusano (gu-**sa**-no) *s. m.* **1.** Animal invertebrado, de cuerpo blando sin esqueleto ni patas articuladas. *La tenia es un gusano parásito del ser humano.* **2.** *Lombriz. **3.** Persona mala y despreciable. *No te fíes de ese gusano.* || **4. gusano de seda** Larva de un insecto que fabrica un capullo de seda, dentro del cual se transforma en crisálida y después en mariposa.

gusarapo, pa (gu-sa-**ra**-po) *s. m. y s. f.* Cualquiera de los animalejos de forma de gusanos, que se crían en los líquidos. *El agua estancada estaba llena de gusarapos.*

gustar (gus-**tar**) *v. tr.* **1.** Sentir en el paladar el sabor de una cosa. *Gustaba la tarta de manzana con gran satisfacción.* **SIN.** Paladear, degustar. || *v. intr.* **2.** Agradar una cosa, parecer bien. *Me gusta mucho nadar.* **SIN.** Complacer, satisfacer. **ANT.** Desagradar, disgustar. **3.** Desear, tener complacencia en una cosa. **GRA.** Se usa seguido de la prep. "de". *Gustaba de salir a pasear con su perro por el parque todas las mañanas.*

gustazo (gus-**ta**-zo) *s. m., fam.* Gusto grande que alguien se da a sí mismo haciendo algo no habitual, o incluso algo que no debería. *Aunque estaba a régimen se dio el gustazo de comerse un buen trozo de tarta.* **SIN.** Capricho.

gustillo (gus-**ti**-llo) *s. m.* Saborcillo que dejan algunas cosas. *Ese licor deja un gustillo muy agradable.*

gusto (**gus**-to) *s. m.* **1.** Uno de los cinco sentidos de nuestro cuerpo que nos permite percibir y distinguir el sabor de las cosas. *En los seres humanos el órgano del gusto es la lengua.* **2.** Sabor de las cosas. *Los limones tienen un gusto amargo.* **SIN.** Paladar. **3.** Satisfacción que se siente por algún motivo. *Para mí es un gusto que lleguen las vacaciones.* **SIN.** Deleite, placer, agrado. **ANT.** Desagrado. **4.** Forma que cada persona tiene de apreciar las cosas. *Para mi gusto, estás mejor con falda que con pantalón.* **SIN.** Opinión, apreciación. **5.** Afición que se tiene por algo. *Le cogió gusto a viajar.* **6.** Capricho, antojo, diversión. *Lo hacía sólo por gusto.* **7.** Facultad de sentir o apreciar la belleza. *Es una persona con muy buen gusto.* **SIN.** Distinción, sensibilidad, delicadeza. **8.** Manera de hacer bella o fea una cosa. *Tiene la casa decorada con mucho gusto.* || **LOC. a gusto** Con agrado, con comodidad. **al gusto** Referido a algunos alimentos, cocinados según la preferencia de quien los va a degustar. **con mucho gusto** Expresión con que alguien accede a lo que se le pide. **despacharse alguien a su gusto** *fam.* Hacer o decir cualquier cosa sin reparos. **encontrar, coger, o tomar, gusto a una cosa** *fam.* Aficionarse a ella.

gutural (gu-tu-**ral**) *adj.* **1.** Que pertenece o se refiere a la garganta. *Los bebés, antes de hablar, hacen sonidos guturales.* **2.** Se dice de las consonantes que se articulan contra el paladar. *La "g", la "j" y la "k" son consonantes guturales.* **3.** Se dice del sonido articulado que se produce por estrechamiento y contracción de la garganta, como la "j" aspirada en algunas partes de Andalucía. **GRA.** También s. f.

gymkhana *s. f.* *Gincana.

H h

h *s. f.* Octava letra del abecedario español y sexta de sus consonantes. Su nombre es "hache", y actualmente no representa ningún sonido. Se aspira en algunas zonas españolas de Andalucía y Extremadura, y en América. *"Hacer" se escribe con "h".*

haba (**ha**-ba) *s. f.* **1.** Planta leguminosa con fruto en vaina con cinco o seis semillas grandes y comestibles. *Plantaron habas.* **2.** Fruto y semilla de esta planta, de tamaño grande y de forma arriñonada. *Comimos un buen plato de habas.* ‖ **3. habas verdes** *Judías. ‖ **LOC. son habas contadas** Expresión que significa seguridad y claridad en una cosa. | Se dice de lo que constituye una cantidad fija y, generalmente, escasa. ☞ Es s. f. pero en sing. lleva art. m. para evitar cacofonía.

habanera (ha-ba-**ne**-ra) *s. f.* Danza de origen cubano, y música y canción de esta danza. *Cantó una habanera.*

habano (ha-**ba**-no) *s. m.* Cigarro puro elaborado en Cuba con hojas de tabaco de aquel país. *Después de comer, se fumó un habano.*

haber[1] (ha-**ber**) *s. m.* **1.** Hacienda, caudal, conjunto de bienes y derechos de una persona. **GRA.** Se usa más en pl. *Esas dos grandes fincas formaban parte de sus haberes.* **SIN.** Bienes, riqueza. **2.** Retribución periódica de algún servicio. **GRA.** Se usa más en pl. *Todavía no había recibido sus haberes.* **SIN.** Sueldo, paga, nómina, factura. **3.** Una de las dos partes en que se dividen las cuentas corrientes, en la cual se anotan las sumas a favor del titular. *Me anotaron en los haberes el ingreso de la nómina.* **ANT.** Deber. **4.** Cualidades positivas o méritos que se considera tienen en una persona o cosa. *Tiene muchos premios importantes en su haber.* **SIN.** Bienes, valores.

haber[2] (ha-**ber**) *v. aux.* **1.** Verbo auxiliar que sirve para conjugar otros verbos en los tiempos compuestos. *Yo he amado. Vosotros habíais ido.* **2.** Seguido de la preposición "de" y un verbo en infinitivo, ser necesario u obligatorio realizar lo expresado por el infinitivo. *He de ir esta tarde a la reunión.* **SIN.** Deber. ‖ *v. impers.* **3.** Ocurrir un suceso. *Hubo un importante congreso.* **SIN.** Acaecer. **4.** Verificarse, efectuarse. *Mañana habrá una asamblea.* **5.** Seguido de la conjunción "que" e infinitivo, ser necesario u obligatorio aquello que expresa el verbo o cláusula a que va unido. *Hay que hacer el ejercicio.* **SIN.** Deber. **6.** Estar realmente en alguna parte. *Había sólo dos personas en la sala.* **7.** Existir o hallarse una persona o cosa en un lugar, situación, condición, etc. *Hay muchas razones para quedarme hoy en casa. Había mucha gente en el teatro.* **8.** Denota el transcurso de cierto tiempo. *Ha dos meses.* ‖ **LOC. como hay pocos** Excelente, magnífico. **¡habráse visto!** Expresión que se usa para indicar reproche ante una mala acción inesperada. **lo habido y por haber** *fam.* Se dice de aquello que comprende toda clase de cosas imaginables. **no haber por donde coger a alguien o a algo** *fam.* No tener ninguna cualidad buena. | *fam.* Ser extremadamente difícil o complicado. **¡qué hay!** *fam.* Expresión que se usa como saludo. **ser alguien de lo que no hay** *fam.* Destacar notablemente en una cualidad, generalmente negativa. ✎ *v. irreg.* ✐

habichuela (ha-bi-**chue**-la) *s. f.* *Judía.

hábil (**há**-bil) *adj.* **1.** Que tiene capacidad y destreza para hacer algo. *Es muy hábil en fontanería.* **SIN.** Diestro, experto. **ANT.** Torpe. **2.** Se dice del tiempo real del que se dispone para hacer algo. *Quedan diez días hábiles para que se cierre el plazo.*

habilidad (ha-bi-li-**dad**) *s. f.* **1.** Capacidad y buena disposición para una cosa. *Su habilidad para el deporte era asombrosa.* **SIN.** Competencia. **2.** Gracia y destreza en hacer bien algo. *Tiene una gran habilidad para bailar.* **3.** Cada una de las cosas ejecutadas con gracia y destreza por una persona. *Montar a caballo es una de sus habilidades.*

MODO INDICATIVO		MODO SUBJUNTIVO	
Tiempos simples	**Tiempos compuestos**	**Tiempos simples**	**Tiempos compuestos**
Presente he has ha hemos habéis han	**Pret perf. compuesto** he habido has habido ha habido hemos habido habéis habido han habido	**Presente** haya hayas hayan hayamos hayáis hayan	**Pret. perfecto** haya habido hayas habido hayan habido hayamos habido hayáis habido hayan habido
Pret. imperfecto había habías había habíamos habíais habían	**Pret. pluscuamperfecto** había habido habías habido había habido habíamos habido habíais habido habían habido	**Pret. imperfecto** hubiera o hubiese hubieras o hubieses hubiera o hubiese hubiéramos o hubiésemos hubierais o hubieseis hubieran o hubiesen	**Pret. pluscuamperfecto** hubiera o hubiese habido hubieras o hubieses habido hubiera o hubiese habido hubiéramos o hubiésemos habido hubierais o hubieseis habido hubieran o hubiesen habido
Pret. perf. simple hube hubiste hubo hubimos hubisteis hubieron	**Pret. anterior** hube habido hubiste habido hubo habido hubimos habido hubisteis habido hubieron habido	**Futuro** hubiere hubieres hubiere hubiéremos hubiereis hubieren	**Futuro perfecto** hubiere habido hubieres habido hubiere habido hubiéremos habido hubiereis habido hubieren habido
Futuro habré habrás habrá habremos habréis habrán	**Futuro perfecto** habré habido habrás habido habrá habido habremos habido habréis habido habrán habido	**MODO IMPERATIVO** **Presente** he tú haya él hayamos nosotros habed vosotros hayan ellos	
Condicional habría habrías habría habríamos habríais habrían	**Condicional compuesto** habría habido habrías habido habría habido habríamos habido habríais habido habrían habido	**FORMAS NO PERSONALES**	
		Infinitivo haber	**Infinitivo compuesto** haber habido
		Gerundio habiendo	**Gerundio compuesto** habiendo habido
		Participio habido	

habilitado - hablar

habilitado, da (ha-bi-li-**ta**-do) *adj.* Que está capacitado para hacer algo. *No estaba habilitado para firmarlo.* **SIN.** Competente, apto.

habilitar (ha-bi-li-**tar**) *v. tr.* Hacer a una persona o cosa apta para aquello que antes no lo era. *Habilitaron el cuarto para dar clase.* **SIN.** Preparar, equipar.

habitable (ha-bi-**ta**-ble) *adj.* Que puede habitarse. *La casa no era una gran mansión, pero era habitable.*

habitación (ha-bi-ta-**ción**) *s. f.* Cualquiera de los aposentos de la casa, principalmente aquel en el que se duerme. *Recoge tu habitación.* **SIN.** Cuarto.

habitáculo (ha-bi-**tá**-cu-lo) *s. m.* **1.** Edificio para ser habitado. *Lo urgente era buscar habitáculo.* **2.** Lugar que presenta las condiciones adecuadas para que viva una especie animal o vegetal. *Esta región es el habitáculo ideal para esa planta.* **3.** Espacio del vehículo destinado para los pasajeros y el conductor. *El habitáculo del coche es demasiado pequeño.*

habitante (ha-bi-**tan**-te) *s. m.* Cada una de las personas que constituyen la población de una ciudad, provincia, barrio, casa, etc. *Esta ciudad tiene más de cien mil habitantes.* **SIN.** Ciudadano, residente.

habitar (ha-bi-**tar**) *v. tr.* Vivir en un lugar o casa. *Habita en el campo.* **SIN.** Residir, morar.

hábitat (**há**-bi-tat) *s. m.* **1.** Espacio natural donde vive una planta o animal. *El bosque es un hábitat muy complejo.* **SIN.** Habitáculo. **2.** Características del entorno donde se desarrolla la vida de una persona. *Habló de los cambios en el hábitat rural.* ✎ Invariable en número.

hábito (**há**-bi-to) *s. m.* **1.** Vestido o traje que cada uno usa según su estado, ministerio, etc., especialmente el que usan los religiosos y religiosas. *Esos religiosos siempre van vestidos de hábito.* **SIN.** Uniforme. **2.** Modo de comportarse adquirido por la repetición de actos de la misma clase. *Cogió el hábito de salir a correr todas las mañanas.* **SIN.** Costumbre, uso, rutina. **3.** Facilidad adquirida por la práctica constante de un ejercicio. *No le resulta difícil porque tiene el hábito de hacerlo.* **SIN.** Práctica, destreza, habilidad, pericia. **ANT.** Torpeza. **4.** Situación de dependencia respecto de ciertas drogas. *Ten cuidado con esas pastillas, pueden crear hábito.* ‖ **LOC. colgar los hábitos** *fam.* Dejar la carrera eclesiástica. ‖ *fam.* Cambiar de carrera, profesión u oficio. **el hábito no hace al monje** *fam.* Frase que se usa para indicar que lo externo y aparente no está siempre en consonancia con lo interior.

habitual (ha-bi-**tual**) *adj.* Que se hace o posee con continuación o por costumbre. *Es muy habitual verle acompañado de sus amigos.* **SIN.** Usual, corriente, frecuente. **ANT.** Inusual, infrecuente, raro.

habituar (ha-bi-tu-**ar**) *v. tr.* Acostumbrar o hacer que alguien se acostumbre a una cosa. **GRA.** También v. prnl. *Le costó mucho habituarse a este clima tan frío.* **SIN.** Aclimatar(se), familiarizar(se). ✎ En cuanto al acento, se conjuga como actuar.

habla (**ha**-bla) *s. f.* **1.** Facultad de hablar. *Debido a la infección de las cuerdas vocales estuvo a punto de perder el habla.* **SIN.** Lenguaje. **2.** Acción de hablar. *Tiene un habla muy monótona.* **SIN.** Expresión. **3.** Realización lingüística variable en cada hablante de la lengua. *El habla es individual.* **4.** Manera especial de hablar. *Tiene un habla tan cerrada que no le entiendo nada.* **SIN.** Idioma. ‖ **LOC. al habla** A la escucha. **quedarse alguien sin habla, o dejarle sin habla** Asustarse o asombrarse tanto que no puede hablar. **quitar el habla a alguien** Asustarlo o dejarlo tan asombrado que no pueda hablar.

hablado, da (ha-**bla**-do) *adj.* **1.** Expresado con palabras. *No tenían nada firmado, sólo un acuerdo hablado.* **2.** Convenido, tratado. *Ya tenían hablada la fecha de la próxima reunión.* ‖ **LOC. mal hablado** Que utiliza palabras o expresiones vulgares.

habladuría (ha-bla-du-**rí**-a) *s. f., fam.* Chisme, murmuración. **GRA.** Se usa más en pl. *No deberías hacer caso de las habladurías de la gente.* **SIN.** Rumor.

hablar (ha-**blar**) *v. intr.* **1.** Decir palabras para darse a entender y comunicarse con otras personas. *No le gusta hablar por teléfono.* **SIN.** Decir, dialogar, expresarse, conversar. **2.** Conversar. *Hablé con él sobre ese asunto.* **3.** Pronunciar un discurso. *Esta tarde hablará el director del colegio.* **SIN.** Perorar. **4.** Tratar, convenir, concertar. **GRA.** También v. prnl. *La fecha ya está hablada desde hace tiempo.* **5.** Con los adverbios "bien" o "mal", expresarse de un modo u otro; también emitir opiniones favorables o adversas acerca de alguien o algo. *Siempre habla bien de su hermana.* **6.** Con la preposición "de", tratar de una cosa dialogando. *Estuvimos toda la tarde hablando de cine.* **SIN.** Dialogar. **7.** Tratar de algo por escrito. *En su libro, el autor habla de la justicia.* **8.** Dirigir la palabra a una persona o grupo de personas. *Habló a todo el alumnado del centro.* **9.** Murmurar o criticar. *Siempre está hablando de los demás.* **10.** Rogar, interceder por alguien. *Habló por ella el profesor y le quitó el castigo.* **11.** Darse a entender por un medio distinto que el de la palabra. *Como está afónica, habla por señas.* **SIN.** Expresarse. **12.** Se dice para alabar el modo de sonar un instrumento

hacendado - hacer

con gran arte y habilidad. *Hace hablar al piano.* ‖ *v. tr.* **13.** Emplear un idioma para darse a entender. *Habla inglés.* **14.** Decir alguna cosa, buena o mala, sobre alguien o algo. *Habla mil maravillas de este autor.* ‖ *v. prnl.* **15.** Comunicarse, tratarse de palabra una persona con otra. *Ella y yo nos hemos hablado poco.* **16.** Con negación, no tratarse una persona con otra, por haberse enfadado con ella o por menospreciarla. *No se hablan desde hace un mes.* ‖ **LOC. hablar claro** Decir sinceramente lo que se siente o se piensa. **hablar por los codos** *fam.* Hablar mucho. **hablar por hablar** *fam.* Decir cosas infundadas e incoherentes. **ni hablar** *fam.* Expresión que indica que se está totalmente en contra de algo. **sólo le falta hablar** *fam.* Locución con que se alaba la perfección de una imagen humana.

hacendado, da (ha-cen-**da**-do) *adj.* Que posee muchos bienes. **GRA.** También s. m. y s. f. *Esas fincas son de un rico hacendado.* **SIN.** Potentado.

hacendoso, sa (ha-cen-**do**-so) *adj.* Muy cuidadoso en las faenas domésticas. *Son dos personas muy hacendosas, tienen la casa que da gusto.* **SIN.** Diligente, laborioso, trabajador. **ANT.** Vago, perezoso.

hacer (ha-**cer**) *v. tr.* **1.** Crear, producir una cosa. *El artista hizo un original dibujo.* **2.** Fabricar. *Hizo una casa nueva.* **SIN.** Construir, manufacturar. **3.** Ejecutar un trabajo o acción. *Hizo un bonito jersey.* **SIN.** Cometer, efectuar, realizar. **4.** Con el pronombre "lo", realizar la acción que se ha expresado anteriormente con otro verbo. *¿Se lo dirás? Sí, lo haré.* **5.** Formar algo con la imaginación. *Hizo múltiples planes para las vacaciones.* **6.** Contener. *Este contenedor hace 1 500 kg.* **7.** Causar, ocasionar. *Esta chimenea hace mucho humo.* **8.** Fomentar la agilidad de los miembros. *Hacer piernas.* **9.** Preparar, arreglar. *Está haciendo la cena.* **SIN.** Disponer, aderezar. **10.** Seguido de un sustantivo, equivale al verbo correspondiente. *"Hacer un viaje"* equivale a *viajar.* **11.** Recorrer una distancia. *Hizo todo el camino a pie.* **12.** Producir en alguien sensaciones, impresiones o efectos. **GRA.** También v. prnl. *Esa idea no me hace mucha gracia.* **13.** Ocupar un lugar en una serie. *Hace el número cinco.* **14.** Usar o emplear lo que los nombres significan. *Deja de hacer muecas.* **15.** Obligar. *Hizo que viniesen.* **16.** Agradar, apetecer. *¿Hace otra tacita de café?* **17.** Conseguir. *Hizo una gran fortuna.* **18.** Reducir o convertir en lo que expresa el sustantivo que acompaña a "hacer". *Hizo añicos el jarrón.* **19.** Formar un número o cantidad. *Dos y dos hacen cuatro.* **20.** Cumplir años. *En mayo hago 18 años.* ‖ *v. intr.* **21.** Ejercer, desempeñar. *Hice de delegada en su ausencia.* **22.** Obrar, actuar. *Has hecho bien en retirarte a tiempo.* **23.** Interpretar un papel en teatro o en el cine. *Hace de duende.* **24.** Dar aspecto. *Ese traje hace más delgado.* **25.** Importar, ser conveniente. *Hace falta que vengas.* **26.** Suponer, creer. *Le hacía casado.* **27.** Expulsar los excrementos. *Hacer de vientre.* **SIN.** Expeler, defecar. **28.** Referirse a alguien o algo. *Esto hace a lo que hablábamos antes.* **29.** Venir bien una cosa con otra. *Esto hace a mis propósitos.* **SIN.** Convenir, ajustar. **30.** Con algunos nombres de cargos u oficios, desempeñarlos de manera interina. *Hace de presidente.* **31.** Con la preposición "por" y algunos verbos, poner cuidado para la realización de las acciones que se expresan. *Haz por llegar a tiempo.* ‖ *v. prnl.* **32.** Crecer, llegar a un determinado grado. *Hacerse el trigo.* **33.** Transformarse. *Hacerse mayor.* **34.** Conseguir. *He de hacerme con una radio.* **35.** Habituarse, acostumbrarse. *Pronto se hizo al nuevo país.* **36.** Fingir, aparentar. *Se hizo el tonto.* ‖ *v. impers.* **37.** Haber transcurrido algún tiempo. *Hace un año de eso.* **38.** Haber ciertas condiciones atmosféricas. *Hace frío.* ‖ **LOC. haberla hecho buena** *fam.* Haber realizado una cosa perjudicial. **hacer a todo** Estar una persona dispuesta a cualquier cosa o ser una cosa útil para todo. **hacer alguna** *fam.* Ejecutar una mala acción, jugar una mala pasada. **hacer de menos** Menospreciar. **hacer sudar a alguien** *fam.* Costar mucho una cosa, ser difícil de realizar. **hacerse con una cosa** *fam.* Conseguirla. **hacerse tarde** *fam.* Pasarse el momento oportuno para alguna cosa. ◊ v. irreg.

INDICATIVO			
Pres.	Pret. perf. s.	Fut. imperf.	Cond. simple
hago	hice	haré	haría
haces	hiciste	harás	harías
hace	hizo	hará	haría
hacemos	hicimos	haremos	haríamos
hacéis	hicisteis	haréis	haríais
hacen	hicieron	harán	harían

SUBJUNTIVO		
Pres.	Pret. imperf.	Fut. imperf.
haga	hiciera/se	hiciere
hagas	hicieras/ses	hicieres
haga	hiciera/se	hiciere
hagamos	hiciéramos/semos	hiciéremos
hagáis	hicierais/seis	hiciereis
hagan	hicieran/sen	hicieren

IMPERATIVO	haz, haga, hagamos, hagan	
FORMAS NO PERSONALES	Infinitivo	hacer
	Gerundio	haciendo
	Participio	hecho

hacha - halógeno

hacha (**ha**-cha) *s. f.* Herramienta compuesta por una pala con filo y un mango, que sirve para cortar. *Cortaba leña con el hacha.* ‖ **LOC. desenterrar el hacha de guerra** Adoptar una postura hostil. **ser un hacha** *fam.* Sobresalir en una actividad, ser muy bueno en ella. ☞ Es s. f. pero en sing. lleva art. m. para evitar cacofonía.

hachís (ha-**chís**) *s. m.* Sustancia extraída de distintas partes de una variedad de cáñamo, que se mezcla con otros productos y se emplea como droga. *La policía pilló un gran alijo de hachís.* **SIN.** Chocolate, costo. ✎ Invariable en número. ☞ A veces se pronuncia con "h" aspirada.

hacia (**ha**-cia) *prep.* **1.** Señala la dirección del movimiento con respecto al punto de su término. *Iba hacia Madrid.* **2.** Alrededor de, cerca de. *Hacia las dos de la mañana.*

hacienda (ha-**cien**-da) *s. f.* **1.** Finca agrícola. *En esa hacienda se dedican a la cría de caballos.* **SIN.** Granja, cortijo. **2.** Conjunto de bienes y riquezas que tiene una persona. *Había heredado de su familia una buena hacienda.* **SIN.** Bienes, propiedad, capital, fortuna. ‖ *n. p.* **3.** Conjunto de haberes, bienes e impuestos de Estado. **ORT.** Se escribe con mayúscula. *Presentó la declaración de la renta en Hacienda.* **SIN.** Erario, fisco. **OBS.** También "Hacienda Pública".

hacinar (ha-ci-**nar**) *v. tr.* Amontonar, acumular sin orden. **GRA.** También v. prnl. *Miles de refugiados se hacinaban en aquel lugar.* **SIN.** Aglomerar(se), agolpar(se), apilar(se). **ANT.** Aislar(se), espaciar(se).

hacker *s. m. y s. f.* Persona que penetra en las redes informáticas e intenta tener acceso a zonas o contenidos reservados. *Ha sido detenido un hacker que entró en el ordenador de Hacienda.*

hada (**ha**-da) *s. f.* Ser fantástico con figura de mujer, a quien se atribuía poderes mágicos y el don de adivinar el futuro. *El hada le concedió el deseo.* ☞ Es s. f. pero en sing. lleva art. m. para evitar cacofonía.

hado (**ha**-do) *s. m.* **1.** Divinidad o fuerza desconocida que, según las creencias populares, disponía lo que había de suceder. *Consultaron a los hados.* **2.** Destino, encadenamiento fatal de los sucesos. *Su hado era morir joven.* **SIN.** Azar, sino, fatalidad.

hafnio (**haf**-nio) *s. m.* Elemento químico o cuerpo simple. *El símbolo del hafnio es Hf.*

hagiografía (ha-gio-gra-**fí**-a) *s. f.* Historia de las vidas de los santos. *La mayoría de sus obras se encuadran dentro de la hagiografía.*

halagar (ha-la-**gar**) *v. tr.* **1.** Dar a alguien muestras de afecto. *Siempre halaga a sus amigos.* **SIN.** Obsequiar, regalar. **ANT.** Castigar, desdeñar. **2.** Hacer que alguien se sienta satisfecho u orgulloso. *Nos halagó su propuesta.* **SIN.** Enorgullecer. **ANT.** Desdeñar. **3.** Adular a alguien interesadamente. *Trataba de halagarle para conseguir su permiso.* ✎ Se conjuga como ahogar.

halago (ha-**la**-go) *s. m.* **1.** Acción y efecto de halagar. *Recibió toda clase de halagos por su magnífica actuación.* **SIN.** Agasajo, alabanza. **2.** Cosa que halaga. *Su presencia fue un halago para mí.* **SIN.** Carantoña, caricia, lisonja.

halcón (hal-**cón**) *s. m.* Ave rapaz diurna de color ceniciento manchado de negro, que puede ser domesticada. *El halcón se empleaba antiguamente en la caza de cetrería.*

hálito (**há**-li-to) *s. m.* **1.** *Aliento. **2.** *poét.* *Brisa.

halitosis (ha-li-**to**-sis) *s. f.* Mal olor del aliento. *No encontraba remedio efectivo para su halitosis.* ✎ Invariable en número.

hall *s. m.* *Vestíbulo. ✎ Su pl. es "halls".

hallar (ha-**llar**) *v. tr.* **1.** Dar con una persona o cosa sin buscarla. *Lo hallamos en la Plaza Mayor.* **SIN.** Topar, encontrar. **2.** Encontrar lo que se busca. *Halló el viejo cofre en el desván.* **SIN.** Encontrar, localizar. **ANT.** Perder, olvidar. **3.** Inventar, descubrir. *Hallaron una vacuna. Halló una nueva ruta.* **4.** Notar, darse cuenta de algo. *Mirándole, hallé que estaba muy intranquilo.* **SIN.** Observar, advertir, reparar. **5.** Calcular, averiguar. *Halla la raíz cuadrada de 9.* ‖ *v. prnl.* **6.** Estar en un lugar, estado o situación. *Se hallaba enfermo. Nos hallábamos de vacaciones cuando ocurrió.* **SIN.** Encontrarse. ‖ **LOC. hallarse alguien en todo** Ser entrometido. **hallarse bien con algo** Estar contento y satisfecho con ello.

hallazgo (ha-**llaz**-go) *s. m.* Cosa muy conveniente que se adquiere o encuentra. *Esa vacuna es un gran hallazgo.* **SIN.** Descubrimiento, creación, encuentro, solución, respuesta.

halo (**ha**-lo) *s. m.* **1.** Círculo luminoso de colores que aparece a veces alrededor del Sol y de la Luna. *El halo se forma por refracción de la luz al atravesar las nubes altas.* **SIN.** Aureola, cerco, fulgor. **2.** Círculo luminoso que suele colocarse detrás de la cabeza de las imágenes religiosas. *Representaban al santo con un halo.* **3.** Prestigio, fama que tiene alguien o algo. *Estaba rodeada de un halo de misterio.*

halógeno, na (ha-**ló**-ge-no) *adj.* **1.** Se dice de cada uno de los elementos de la familia del cloro: flúor, cloro, bromo, yodo y astato, que forma sales al combinarse con un metal. **GRA.** También s. m. *Los* compuestos gaseosos de cloro son gases halógenos. **2.** Se dice de las lámparas o bombillas que están fabricadas con alguno de esos elementos y que dan una luz blanca y brillante. *Flexo halógeno.*

halterofilia (hal-te-ro-**fi**-lia) *s. f.* Deporte olímpico que consiste en el levantamiento de pesos. *Es medalla de bronce de halterofilia.*

hamaca (ha-**ma**-ca) *s. f.* **1.** Red alargada que, asegurada por los extremos en dos árboles o estacas, queda pendiente en el aire y sirve de cama, columpio, etc. *Ata la hamaca en esos dos árboles.* **SIN.** Balancín. **2.** Asiento plegable que consiste en un armazón graduable, generalmente de tijera, en el que se sujeta una lona que forma el asiento y el respaldo. *Se tumbó en la hamaca y se quedó dormido.* **SIN.** Tumbona. **3.** *Arg. y Ur* *Mecedora.

hambre (**ham**-bre) *s. f.* **1.** Ganas de comer. *Siempre tiene mucha hambre después de hacer deporte.* **SIN.** Apetito, apetencia, gusa, necesidad. **ANT.** Inapetencia, hartura, desgana. **2.** Escasez de alimentos básicos. *Echaron un buen reportaje sobre el hambre en el mundo.* **SIN.** Penuria, carestía, pobreza, miseria. **3.** Deseo grande de una cosa. *Su hambre de éxito empezaba a crearle problemas.* **SIN.** Deseo, afán, codicia, anhelo, sed. ‖ **4. hambre canina** Deseo desmesurado. ‖ **LOC. juntarse el hambre con las ganas de comer** Frase que indica la asociación de dos personas coincidentes en aficiones o necesidades. **más listo que el hambre** Despierto, agudo, ingenioso. **ser alguien un muerto de hambre** *desp.* No poseer lo necesario para vivir a pesar de aparentar lo contrario. ☞ Es s. f. pero en sing. lleva art. m. para evitar cacofonía.

hambriento, ta (ham-**brien**-to) *adj.* **1.** Que tiene mucha hambre o necesidad de comer. **GRA.** También s. m. y s. f. *El mendigo estaba hambriento.* **ANT.** Ahíto, desganado. **2.** Deseoso de alguna cosa. *Está hambriento de vacaciones.* **SIN.** Ansioso, anhelante.

hamburguesa (ham-bur-**gue**-sa) *s. f.* **1.** Filete de carne picada, preparado con ajo, perejil, etc., que tiene forma circular y se come frito o asado. *Está preparando unas hamburguesas.* **2.** Bocadillo que se hace con este tipo de filete y diferentes guarniciones. *Se pidió una hamburguesa especial de la casa.*

hampa (**ham**-pa) *s. f.* **1.** Conjunto de personas que viven holgazaneando y delinquiendo. *Todos sus amigos eran del hampa.* **SIN.** Chusma, gentuza, bajos fondos. **2.** Forma de vida de estas personas. *El ambiente del hampa había marcado su infancia.* ☞ Es s. f. pero en sing. lleva art. m. para evitar cacofonía.

hámster (**háms**-ter) *s. m.* Mamífero roedor que mide unos diez cm de longitud, de cabeza abultada, cuerpo redondeado y cola y patas cortas. *Su mascota era un hámster blanco.* ✎ Su pl. es "hámsters". ☞ Se pronuncia con "h" aspirada.

handicap *s. m.* **1.** Prueba en la que ciertos participantes reciben una determinada ventaja con el fin de que se igualen las posibilidades de victoria de todos los competidores. *Fue el jinete ganador del handicap.* **2.** *Obstáculo. ✎ Su pl. es "handicaps".

hangar (han-**gar**) *s. m.* Cobertizo grande, especialmente el destinado a guardar o reparar aviones. *El mecánico está en el hangar.*

haploide (ha-**ploi**-de) *adj.* Se dice del organismo, célula o núcleo que tiene un único juego de cromosomas. *Todos los gametos tienen un núcleo haploide.*

happening *s. m.* Espectáculo artístico o teatral que se caracteriza por promover la participación espontánea de los espectadores. *Asistimos en la calle a un happening.*

haragán, na (ha-ra-**gán**) *adj.* Holgazán, perezoso. **GRA.** Se usa más como s. m. y s. f. *No seas haragán y ponte a hacer algo.* **SIN.** Gandul, vago, desocupado. **ANT.** Trabajador, diligente.

harapiento, ta (ha-ra-**pien**-to) *adj.* *Andrajoso.

harapo (ha-**ra**-po) *s. m.* Vestido o trapo viejo y roto. *Iba vestida con harapos.* **SIN.** Pingajo, andrajo.

haraquiri (ha-ra-**qui**-ri) *s. m.* Suicidio ritual practicado en Japón, que consiste en abrirse el vientre. *Se hizo el haraquiri.* **SIN.** Sacrificio, suicidio.

hardware *s. m.* Equipo material y visible de un ordenador. *La pantalla forma parte del hardware.*

harén (ha-**rén**) *s. m.* **1.** Departamento de las casas musulmanas donde viven las mujeres. *Nunca había entrado en el harén.* **SIN.** Serrallo. **2.** Entre los musulmanes, conjunto de mujeres que viven bajo la dependencia de un jefe de familia. *Iba acompañada de todo su harén.*

harina (ha-**ri**-na) *s. f.* **1.** Polvo que resulta de moler el trigo u otras semillas. *El panadero usa la harina para hacer pan.* ‖ **2. harina integral** La que contiene todo el salvado. ‖ **LOC. estar metido en harina** Se dice del pan que no está esponjoso. | *fam.* Estar actuando o trabajando de lleno en algo. | **ser algo harina de otro costal** *fam.* Ser muy diferente. | *fam.* Ser ajeno a lo que se trata.

hartar (har-**tar**) *v. tr.* **1.** Satisfacer con exceso las ganas de comer o beber. **GRA.** También v. prnl. *Me harté de dulces.* **SIN.** Empachar(se), saciar(se). **ANT.** Malcomer, ayunar. **2.** Satisfacer las ganas o el deseo de una cosa. **GRA.** También v. prnl. *Se hartó de leer libros de aventuras.* **SIN.** Atiborrar(se). **ANT.** Necesitar. **3.** Cansar o molestar a alguien. **GRA.** También v. prnl. *Tantas llamadas le han hartado.* **SIN.** Importunar, fastidiar. **ANT.** Agradar. || *v. intr.* **4.** Con la preposición "de" y ciertos nombres, dar, causar a alguien en abundancia lo que dichos nombres significan. *Nos hartaron de alabanzas.* 🖎 Tiene doble p. p.; uno reg., hartado, y otro irreg., harto.

harto, ta (**har**-to) *adj.* **1.** Que no tiene necesidad de más o capacidad para más. *No puedo comer eso, estoy harto.* **SIN.** Lleno, repleto. **ANT.** Escaso. **2.** Cansado, aburrido. *Estaba ya un poco harto de tanta discusión.* **ANT.** Contento, deseoso. || *adv. c.* **3.** Bastante, demasiado. *Es un tema harto difícil.* **SIN.** Asaz. **ANT.** Poco, apenas.

hasta (**has**-ta) *prep.* **1.** Expresa el término o límite de tiempo, lugares, acciones o cantidades. *Nos acercamos hasta tu casa.* **2.** Se usa como conjunción copulativa, con valor incluyente, seguida de "cuando" o de un gerundio; con valor excluyente, seguida de "que". *Se aburre hasta jugando; quédate en casa hasta que te llame.* || *adv.* **3.** Indica sorpresa ante algo que no esperábamos. *Pueden verlo hasta los niños.* || **LOC. hasta ahora, hasta después, hasta la vista, hasta luego, hasta mañana, hasta más ver, hasta pronto, etc.** Expresiones que se utilizan como fórmula de despedida ante una breve ausencia. **hasta que** Expresión que indica el límite de la acción del verbo principal. ☞ No debe confundirse con "asta".

hastiar (has-ti-**ar**) *v. tr.* Causar hastío, repugnancia o disgusto. **GRA.** También v. prnl. *Le hastiaba aquel trabajo tan monótono.* **SIN.** Agobiar(se). **ANT.** Agradar. 🖎 En cuanto al acento, se conjuga como desviar.

hastío (has-**tí**-o) *s. m.* **1.** Repugnancia a la comida. *Sólo pensar en la comida le producía hastío.* **SIN.** Desgana, asco. **ANT.** Apetito, ganas. **2.** Disgusto, aburrimiento. *No tenía nada interesante que hacer y eso le producía hastío.* **SIN.** Fastidio, cansancio, tedio. **ANT.** Agrado, entretenimiento.

hatajo (ha-**ta**-jo) *s. m.* **1.** Conjunto, grupo de personas o cosas. *Menudo hatajo de vagos.* **OBS.** Tiene matiz despectivo. **2.** Pequeño grupo de ganado. *Cuidaba de un pequeño hatajo de ovejas.* ☞ No debe confundirse con "atajo".

hatillo (ha-**ti**-llo) *s. m.* Pequeño bulto de ropa. *Por equipaje sólo llevaba un pequeño hatillo.*

haya (**ha**-ya) *s. f.* Árbol con tronco grueso y liso, de corteza gris y ramas altas que forman una copa redonda y espesa. Su madera es de color blanco rojizo, ligera, resistente y muy apreciada; su fruto es el hayuco. *Esa mesa y esas sillas son de madera de haya.* 🖎 Es s. f. pero en sing. lleva art. m. para evitar cacofonía.

haz[1] *s. m.* **1.** Conjunto atado de mieses, leña o cosas semejantes, colocadas en paralelo. *Llevaba un haz de leña.* **SIN.** Gavilla, manojo, fajo, brazada, atado. **2.** En física, conjunto de rayos luminosos o partículas de un mismo origen, que se propagan sin dispersión. *Haz luminoso.* **3.** En geometría, conjunto de todas las rectas o planos que pasan por un punto del espacio. *Dibuja un haz de rectas.* **4.** Conjunto de fibras de un nervio o de un músculo, agrupadas en un mismo trayecto. *Haz vascular.* 🖎 Su pl. es "haces".

haz[2] *s. f.* **1.** Cara anterior del paño o de otras cosas, que suele tener mejor acabado. *Mira la tela por el haz, tiene más brillo.* **ANT.** Revés. **2.** Cara superior de la hoja, más brillante y lisa que el envés. *El haz de las hojas suele ser de color verde oscuro.* 🖎 Su pl. es "haces". ☞ Es s. f. pero en sing. lleva art. m. para evitar cacofonía.

hazaña (ha-**za**-ña) *s. f.* Hecho importante, señalado y heroico. *Leí las hazañas del Cid.* **SIN.** Gesta, proeza, heroicidad, faena.

hazmerreír (haz-me-rre-**ír**) *s. m., fam.* Persona que resulta ridícula y extravagante, y provoca la burla de los demás. *Era el hazmerreír de la reunión.* **SIN.** Mamarracho, tipejo.

he *adv.* Unido a los adverbios "aquí", "ahí" y "allí" o a los pronombres "me, te, la, le, lo, las, los", sirve para señalar o mostrar una persona o cosa. *He aquí una muestra.*

heavy *adj.* **1.** Se dice del partidario de un movimiento juvenil caracterizado por una actitud rebelde. **GRA.** También s. m. y s. f. *Perteneció hace tiempo a un grupo heavy.* **2.** Que pertenece o se refiere a este movimiento. *Este verano asistimos a un concierto de música heavy que hubo en Madrid.* || **3. heavy metal** Tipo de música rock, caracterizado por un sonido fuerte y duro, cuyas letras muestran cierta protesta social.

hebilla (he-**bi**-lla) *s. f.* Pieza, generalmente de metal, que se utiliza para ajustar y unir correas, cintas, etc. *Abrocha la hebilla de las sandalias.* **SIN.** Broche.

hebra (**he**-bra) *s. f.* **1.** Porción de hilo que se pone en la aguja de coser. *Pon en la aguja una hebra un poco más larga.* **2.** Fibra de la carne y otros alimentos. *No me gusta la carne con tanta hebra.*

hecatombe - hélice

hecatombe (he-ca-**tom**-be) *s. f.* **1.** Matanza, mortandad de personas. *El bombardeo sobre la ciudad produjo una gran hecatombe.* **SIN.** Carnicería, holocausto, degollina, masacre, tragedia. **2.** Desgracia, catástrofe. *La actuación fue una hecatombe.*

hechicero, ra (he-chi-**ce**-ro) *adj.* **1.** Que practica el arte de hechizar. **GRA.** También s. m. y s. f. *Era el hechicero de la tribu.* **SIN.** Brujo, mago. **2.** Que por su hermosura o cualidades atrae la voluntad y el cariño de los demás. **GRA.** También s. m. y s. f. *Su personalidad hechicera atraía a todo el mundo.* **SIN.** Fascinador, encantador, seductor, cautivador.

hechizar (he-chi-**zar**) *v. tr.* **1.** Ejercer un maleficio sobre algo o alguien. *El brujo les había hechizado.* **SIN.** Embrujar, encantar. **2.** Despertar una persona o cosa gran admiración, afecto o deseo. *Les hechizó con sus promesas.* **SIN.** Fascinar, seducir. **ANT.** Repeler, repugnar. ✎ Se conjuga como abrazar.

hecho, cha (**he**-cho) *adj.* **1.** Perfecto, maduro, acabado. *Es una persona hecha.* **SIN.** Formado, desarrollado. **2.** Acostumbrado, familiarizado. *Está hecho a este clima tan frío.* **SIN.** Avezado, habituado. **ANT.** Desacostumbrado. **3.** Con algunos nombres, semejante a las cosas significadas por tales nombres. *Estaba hecho trizas. Se puso hecho una furia.* **4.** Con los adv. "bien" o "mal" y aplicado a personas o a animales, significa 'bien o mal proporcionado'. *Es un cuadro bien hecho.* ‖ *s. m.* **5.** Acción, obra, acontecimiento. *El hecho tuvo lugar ayer.* **SIN.** Suceso. ‖ **6. hecho consumado** Acción que se ha llevado a cabo. ‖ **LOC. a lo hecho, pecho** Frase proverbial para expresar que deben aceptarse las consecuencias de una acción. **de hecho** En realidad. **el hecho es que** Pero. **eso está hecho** *fam.* Frase que expresa la seguridad de una cosa. **muy hecho** Se dice del alimento cocinado más de lo normal. ☞ No debe confundirse con "echo".

hechura (he-**chu**-ra) *s. f.* **1.** Forma externa que se da a las cosas. *Ese edificio tiene buena hechura.* **SIN.** Estructura, contextura. **2.** Trabajo de cortar y coser la tela de una prenda de vestir. *No me gusta la hechura de este vestido.* **SIN.** Confección.

hectárea (hec-**tá**-re-a) *s. f.* Medida de superficie, que equivale a un hectómetro cuadrado o a cien áreas. *La finca mide unas dos hectáreas.*

hectogramo (hec-to-**gra**-mo) *s. m.* Medida de peso, igual a 100 gramos. *La pieza pesaba un hectogramo.*

hectolitro (hec-to-**li**-tro) *s. m.* Medida de capacidad, igual a 100 litros. *El depósito tiene una capacidad de cinco hectolitros.*

hectómetro (hec-**tó**-me-tro) *s. m.* Medida de longitud, igual a 100 metros. *Corrió un hectómetro.*

hediondo, da (he-**dion**-do) *adj.* Que huele muy mal. *Vivía en un cuartucho hediondo.* **SIN.** Pestilente, maloliente, nauseabundo.

hedor (he-**dor**) *s. m.* Olor muy desagradable, que por lo general proviene de sustancias orgánicas en descomposición. *El hedor que despedía el animal muerto era insoportable.* **SIN.** Fetidez, pestilencia, tufo, hediondez, peste. **ANT.** Aroma, perfume.

hegemonía (he-ge-mo-**ní**-a) *s. f.* **1.** Supremacía que un Estado ejerce sobre otro. *Los persas tuvieron hegemonía sobre otros pueblos.* **ANT.** Sometimiento. **2.** Superioridad que alguien o algo ejerce en cualquier aspecto. *Su hegemonía en el grupo era indiscutible.* **SIN.** Predominio, supremacía. **ANT.** Dependencia.

hégira (**hé**-gi-ra) *s. f.* Era de los mahometanos, que comienza en el año 622, en el que Mahoma huyó de la Meca. *La tradición sitúa la hégira el 16 de julio.* ✎ También "éjira" y "héjira".

helada (he-**la**-da) *s. f.* Congelación de líquidos producida por la frialdad del tiempo atmosférico. *Esta noche ha caído una buena helada.*

helado, da (he-**la**-do) *adj.* **1.** Muy frío. *La habitación estaba helada.* **SIN.** Gélido, congelado. **ANT.** Caliente, cálido. **2.** Sorprendido, atónito. *Me dejó helado con la noticia.* **SIN.** Suspenso, estupefacto. ‖ *s. m.* **3.** Golosina o postre de distintos sabores que se toma muy frío. *Cuando hace calor, le gusta tomar helados.* **SIN.** Polo, granizado.

helar (he-**lar**) *v. tr.* **1.** Convertir un líquido en sólido por la acción del frío, expecialmente el agua. **GRA.** Se usa más como v. intr. y v. prnl. *Se heló el agua del estanque.* **SIN.** Congelar(se). **ANT.** Calentar(se). **2.** Dejar a alguien pasmado, sin poder reaccionar de asombro. **GRA.** También v. prnl. *Se heló al enterarse del accidente.* **SIN.** Paralizar(se), sobrecoger(se). ‖ *v. prnl.* **3.** Ponerse una persona o cosa muy fría. *A los montañeros se les estaban empezando a helar las manos.* **SIN.** Amoratarse, aterirse, inmovilizarse. **4.** Secarse las plantas o las frutas a causa del frío. *Se helaron los rosales.* **SIN.** Morirse. ✎ v. irreg., se conjuga como acertar.

helecho (he-**le**-cho) *s. m.* Planta pequeña de hojas grandes que se cría en lugares húmedos. *En aquel monte había muchos helechos.*

hélice (**hé**-li-ce) *s. f.* Conjunto de aletas helicoidales que giran alrededor de un eje, y al girar empujan el agua, viento, etc. y producen una fuerza propulsora. *Hélice de un avión, de un barco, etc.*

helicoidal - heptágono

helicoidal (he-li-coi-**dal**) *adj.* En figura de hélice. *Tenía forma helicoidal.*

helicóptero (he-li-**cóp**-te-ro) *s. m.* Aparato de aviación que se eleva gracias a la acción de dos hélices que giran horizontalmente. *Un helicóptero recogió a los dos montañeros atrapados.* **SIN.** Autogiro.

helio (**he**-lio) *s. m.* Cuerpo simple gaseoso, incoloro, que se encuentra en la atmósfera solar y en algunos minerales. *El símbolo del helio es He.*

helipuerto (he-li-**puer**-to) *s. m.* Aeropuerto propio para el aterrizaje y despegue de los helicópteros. *Me acompañó hasta el helipuerto.*

hematíe (he-ma-**tí**-e) *s. m.* Glóbulo rojo de la sangre, que en el ser humano tiene figura de un disco y que contiene la hemoglobina, encargado de transportar el oxígeno por el organismo y llevar el dióxido de carbono hasta los pulmones. **GRA.** Se usa más en pl. *El análisis de sangre le daba muchos hematíes.*

hematites (he-ma-**ti**-tes) *s. f.* Mineral de hierro oxidado, de color rojo o pardo y estructura fibrosa, que por su dureza sirve para bruñir metales. *Las hematites son minerales de hierro muy importantes.* ✎ Invariable en número.

hematología (he-ma-to-lo-**gí**-a) *s. f.* Estudio de la sangre. *Hoy tengo prácticas de hematología.*

hematoma (he-ma-**to**-ma) *s. m.* Acumulación de sangre en cualquier parte del cuerpo producida por una contusión. *Se cayó de la bici y se hizo varios hematomas.* **SIN.** Moradura, cardenal, moratón.

hembra (**hem**-bra) *s. f.* **1.** Persona o animal del sexo femenino. *La hembra del caballo es la yegua.* **2.** En las plantas que tienen sexos distintos en individuos diferentes, el que tiene los órganos reproductores femeninos. *Las hembras de las palmeras son las que dan los dátiles.* **3.** Pieza que tiene un hueco, como en los corchetes, enchufes, tornillos, llaves, etc., en que otra, llamada macho, se introduce y encaja. *Este macho no sirve para esta hembra.*

hemeroteca (he-me-ro-**te**-ca) *s. f.* Biblioteca en la que se guardan y ofrecen al público principalmente diarios y otras publicaciones periódicas. *Va a leer el periódico a la hemeroteca.*

hemiciclo (he-mi-**ci**-clo) *s. m.* **1.** *Semicírculo.* **2.** Sala semicircular que suele estar provista de gradas, especialmente el espacio central del salón de sesiones del Congreso de los Diputados. *El hemiciclo estaba casi vacío.*

hemiplejía (he-mi-ple-**jí**-a) *s. f.* Parálisis de todo un lado del cuerpo. *Sufrió una hemiplejía.* ✎ También "hemiplejia".

hemisferio (he-mis-**fe**-rio) *s. m.* **1.** Cada una de las dos mitades del globo terráqueo, cortadas por el ecuador. *Hemisferio norte y hemisferio sur.* **2.** Cada una de las dos mitades de una esfera dividida por un plano que pasa por su centro. *Dibuja una esfera y colorea cada hemisferio.* **SIN.** Semiesfera.

hemofilia (he-mo-**fi**-lia) *s. f.* Enfermedad, generalmente hereditaria, que se caracteriza por una tendencia a la hemorragia debido a la dificultad de la sangre para coagularse. *La niña tenía hemofilia.*

hemoglobina (he-mo-glo-**bi**-na) *s. f.* Sustancia roja que constituye la parte esencial de los glóbulos rojos de la sangre. *La función de la hemoglobina es transportar oxígeno desde los pulmones hasta las células.*

hemorragia (he-mo-**rra**-gia) *s. f.* Flujo de sangre de cualquier parte del cuerpo. *Tenía frecuentes hemorragias nasales.*

hemorroide (he-mo-**rroi**-de) *s. f.* Pequeño tumor sanguíneo que se forma en la parte exterior del ano o en el final del intestino, por causas congénitas, estreñimiento, etc. **GRA.** Se suele usar más en pl. *Le recetaron una pomada para las hemorroides.* **SIN.** Almorrana.

henchir (hen-**chir**) *v. tr.* Llenar, ocupar plenamente, colmar. *El viento henchía las velas.* **SIN.** Atestar. **ANT.** Vaciar. ✎ v. irreg., se conjuga como pedir.

hender (hen-**der**) *v. tr.* **1.** Hacer o causar una abertura en un cuerpo sólido sin dividirlo del todo. **GRA.** También v. prnl. *El fuerte golpe hendió la pared.* **SIN.** Agrietar(se), rajar(se), cortar. **2.** Atravesar un fluido o líquido. *El velero hiende los mares.* **SIN.** Cortar, surcar. ✎ v. irreg., se conjuga como entender.

hendidura (hen-di-**du**-ra) *s. f.* Raja o grieta grande en un cuerpo sólido que no llega a dividirlo por completo. *Estuvo observando por una hendidura de la pared.* **SIN.** Resquebrajadura.

hendir (hen-**dir**) *v. tr.* *Hender.* ✎ v. irreg., se conjuga como discernir.

heno (**he**-no) *s. m.* Hierba segada, seca, para alimento del ganado. *Les dio su ración de heno a los caballos.*

hepático, ca (he-**pá**-ti-co) *adj.* Que pertenece o se refiere al hígado. *Tenía una infección hepática.*

hepatitis (he-pa-**ti**-tis) *s. f.* Inflamación del hígado. *Estuvo mucho tiempo de reposo porque cogió hepatitis.* ✎ Invariable en número.

heptaedro (hep-ta-**e**-dro) *s. m.* Sólido terminado por siete caras. *Esa figura tiene forma de heptaedro.*

heptágono, na (hep-**tá**-go-no) *adj.* Se dice del polígono de siete lados. **GRA.** También s. m. *Dibuja un heptágono.*

heptasílabo - herir

heptasílabo, ba (hep-ta-sí-la-bo) *adj.* Que consta de siete sílabas. *Era una estrofa de versos heptasílabos.*

heráldica (he-rál-di-ca) *s. f.* Ciencia relacionada con los escudos nobiliarios. *Le gustaba mucho la heráldica.* **SIN.** Genealogía.

heraldo (he-ral-do) *s. m.* *Mensajero. **SIN.** Emisario.

herbáceo, a (her-bá-ce-o) *adj.* Se dice de las plantas que tienen la naturaleza o características de la hierba. *El berro es una planta herbácea comestible.*

herbicida (her-bi-ci-da) *adj.* Se dice del producto químico que impide el desarrollo de las malas hierbas. **GRA.** También s. m. *Le recomendó un buen herbicida.*

herbívoro, ra (her-bí-vo-ro) *adj.* Se dice del animal que se alimenta de vegetales. **GRA.** También s. m. *La vaca y la jirafa son herbívoros.*

herbolario (her-bo-la-rio) *s. m.* Tienda donde se venden hierbas y plantas medicinales. *En ese herbolario encontrarás cualquier hierba medicinal que necesites.* **SIN.** Herboristería.

herboristería (her-bo-ris-te-rí-a) *s. f.* *Herbolario.

herciano, na (her-cia-no) *adj.* Se dice de las ondas electromagnéticas. *Las frecuencias de las ondas hercianas son inferiores a las de las ondas ópticas.*

hercio (her-cio) *s. m.* Unidad de medida de la frecuencia, o número de oscilaciones por segundo en corrientes alternas. *El símbolo del Hercio es Hz.*

hercúleo, a (her-cú-le-o) *adj.* De gran tamaño o dotado de fuerza extraordinaria. *Tiene una fuerza hercúlea.* **SIN.** Ciclópeo, gigantesco. **ANT.** Endeble.

hércules (hér-cu-les) *s. m.* Persona que tiene mucha fuerza. *Está hecho un hércules.* Invariable en número.

heredad (he-re-dad) *s. f.* **1.** Terreno cultivado perteneciente a un mismo dueño. *Su heredad era inmensa.* **SIN.** Finca. **2.** Conjunto de bienes de una persona. *Poseía muchas heredades.* **SIN.** Hacienda.

heredar (he-re-dar) *v. tr.* **1.** Recibir por testamento o por ley los bienes de alguien. *Heredó la casa de sus padres.* **2.** Poseer ciertos caracteres por herencia biológica. *Los ojos verdes los ha heredado de su abuela.* **3.** Recibir algo usado por otra persona. *Heredaba toda la ropa de su hermano mayor.*

hereditario, ria (he-re-di-ta-rio) *adj.* **1.** Que pertenece o se refiere a la herencia o que se adquiere por ella. *Los bienes hereditarios.* **2.** Que pasa de padres a hijos por herencia biológica. *Una enfermedad hereditaria.* **SIN.** Transmitido, congénito.

hereje (he-re-je) *s. m. y s. f.* **1.** Persona que defiende y sostiene una herejía. *La Inquisición condenó a muchos herejes.* **SIN.** Heresiarca. **ANT.** Creyente. **2.** Persona que se aparta de algún grupo o doctrina. *Sus amigos le tachaban de hereje.* **SIN.** Rebelde.

herejía (he-re-jí-a) *s. f.* **1.** Afirmación en materia de fe que se sostiene en contra de las teorías religiosas ortodoxas. *La Iglesia persiguió la herejía.* **SIN.** Cisma, sacrilegio, apostasía. **2.** Sentencia errónea contra los principios de una ciencia o arte. *Consideraron su afirmación una herejía.* **SIN.** Heterodoxia. **3.** *Disparate. **4.** Palabra injuriosa contra alguien. *No digas herejías.*

herencia (he-ren-cia) *s. f.* **1.** Conjunto de dinero, bienes, etc. que, al morir una persona, pasan a otra. *Esta casa es herencia de mi tía.* **SIN.** Legado, cesión. **2.** Conjunto de caracteres biológicos que pasan de padres a hijos. *Los ojos claros le vienen de herencia.* **SIN.** Transmisión, familia. **3.** Inclinaciones, cualidades o temperamentos que se heredan. *El carácter fuerte es herencia de su madre.* **4.** Cosas usadas que se reciben de otra persona. *El coche era una herencia de su hermano mayor.* **5.** Circunstancias sociales, culturales o económicas que influyen en un momento histórico procedentes de un momento anterior. *La herencia clásica estaba presente en todas sus obras.*

herético, ca (he-ré-ti-co) *adj.* Que pertenece o se refiere a la herejía o al hereje. *Doctrinas heréticas.* **SIN.** Cismático, impío.

herida (he-ri-da) *s. f.* Lesión o daño en el cuerpo de un ser vivo, realizado con un objeto o por efecto de un golpe. *El perro que encontramos abandonado tenía una herida en la pata.* **SIN.** Contusión, lesión, rozadura, llaga. ‖ **LOC. hurgar, tocar a alguien en la herida** Mencionar algo que le produce pesar.

herido, da (he-ri-do) *adj.* **1.** Que tiene heridas. **GRA.** También s. m. y s. f. *Afortunadamente nadie estaba herido.* **SIN.** Magullado, tocado. **ANT.** Sano, ileso, indemne. ‖ **2. mal herido** Gravemente herido. ‖ **LOC. sentirse alguien herido** Sufrir por la ofensa o el insulto recibidos.

herir (he-rir) *v. tr.* **1.** Dañar en un organismo algún tejido con un golpe, un instrumento cortante, un arma, etc. **GRA.** También v. prnl. *La bala le hirió en la pierna.* **SIN.** Lesionar(se), lastimar(se). **2.** Producir en alguno de los sentidos una sensación molesta. *La luz del sol hería la vista.* **SIN.** Irritar. **3.** Hacer que alguien sufra insultándole u ofendiéndole. *Le hirió con sus insultos.* **SIN.** Ofender, agraviar, insultar. **4.** Atacar a alguien una enfermedad. *El cáncer le hirió de muerte.* v. irreg., se conjuga como sentir.

hermafrodita (her-ma-fro-**di**-ta) *adj.* **1.** Que tiene los dos sexos. *La lombriz de tierra es hermafrodita.* **SIN.** Andrógino, bisexual. **2.** Se dice de las flores que tienen a la vez estambres y pistilos. *Las dalias son flores hermafroditas.*

hermanar (her-ma-**nar**) *v. tr.* **1.** Unir, uniformar. **GRA.** También v. prnl. *Hermanaron sus esfuerzos.* **SIN.** Juntar(se). **2.** Hacer a uno hermano de otro, en sentido espiritual. **GRA.** También v. prnl. *Los dos pueblos se hermanaron.* **SIN.** Armonizar(se). **ANT.** Enemistar(se), separar(se).

hermanastro, tra (her-ma-**nas**-tro) *s. m. y s. f.* Hijo de uno de los dos cónyuges respecto al hijo del otro. *Se llevaba muy bien con su hermanastro.*

hermandad (her-man-**dad**) *s. f.* **1.** Amistad íntima. *Entre ellos había una gran hermandad.* **SIN.** Armonía, compenetración, avenencia. **ANT.** Antipatía, desavenencia. **2.** Cofradía, congregación de devotos. *Era miembro de la hermandad.* **3.** Unión de personas con intereses comunes. *La hermandad de pescadores se reunió para tomar medidas.* **SIN.** Comunidad, fraternidad, gremio, sociedad.

hermano, na (her-**ma**-no) *s. m. y s. f.* **1.** Persona que, con relación a otra, tiene los mismos padres. *Juan cuida a su hermano pequeño hasta que llega su mamá.* **2.** Miembro de una comunidad religiosa. *Era una comunidad de pocas hermanas.* **SIN.** Religioso. **3.** Una cosa respecto de otra a la que se semejante. *No encuentro el hermano de este calcetín.* **4.** Miembro de una hermandad o cofradía. *Se reunió con sus hermanos.* || **5. hermano carnal** El que lo es de padre y madre. **6. hermano mayor** Nombre que recibe en algunas cofradías el presidente o presidenta. **7. hermano político** Cuñado. **8. medio hermano** Hermanastro.

hermético, ca (her-**mé**-ti-co) *adj.* **1.** Que cierra una abertura de modo que no deja pasar el aire ni otra materia gaseosa. *Guárdalo en un recipiente hermético.* **SIN.** Estanco, sellado. **ANT.** Abierto. **2.** Incomprensible, difícil de entender. *Está escrito en un lenguaje muy hermético.* **SIN.** Impenetrable, oculto.

hermoso, sa (her-**mo**-so) *adj.* **1.** Dotado de hermosura. *Desde la ventana se ve un hermoso paisaje.* **SIN.** Bello, apuesto, bonito, lindo. **ANT.** Feo, horrible. **2.** Grande, abundante. *Esta habitación es hermosa.* **SIN.** Espléndido, estupendo. **ANT.** Pequeño, minúsculo. **3.** Saludable, robusto, utilizado para referirse a un niño. *A los dos meses, el bebé estaba hermoso.* **SIN.** Desarrollado, fuerte, lozano. **ANT.** Enclenque. **4.** Noble, generoso. *Ayudarle ha sido un hermoso gesto.* **ANT.** Indigno. **5.** Despejado, apacible y sereno. *Hacía una tarde hermosa para pasear.*

hermosura (her-mo-**su**-ra) *s. f.* **1.** Belleza de las cosas que pueden ser percibidas por el oído o por la vista. *Su hermosura fascinaba a todos.* **SIN.** Encanto, excelencia, atractivo. **ANT.** Fealdad. **2.** Proporción perfecta de las partes con el todo. *Era un edificio de gran hermosura.* **SIN.** Gracia. **3.** Persona hermosa. *Este niño es una hermosura.*

hernia (**her**-nia) *s. f.* Tumor producido por la salida o dislocación total o parcial a través de una abertura natural o accidental. *Le operaron de una hernia.* **SIN.** Quebradura, relajación, potra.

herniarse (her-**niar**-se) *v. prnl., fam.* Trabajar demasiado. *Se hernió a cargar sacos.* **SIN.** Deslomarse.

héroe, heroína (**hé**-ro-e) *s. m. y s. f.* **1.** Persona famosa por sus acciones o virtudes. *Simón Bolívar es un héroe americano. Agustina de Aragón fue una heroína.* **SIN.** Ídolo, figura. **2.** Persona que realiza una acción difícil y admirada. *Fue un auténtico héroe en el incendio, salvó muchas vidas.* **SIN.** Valiente. **ANT.** Cobarde. **3.** Personaje principal de una película, de un libro, etc. *Al llegar el héroe, los bandidos huyeron de la ciudad.* **SIN.** Protagonista, figura, estrella. **ANT.** Antagonista. **4.** En mitología, hijo de un dios o una diosa y un ser humano. *Aquiles era un héroe griego.* **SIN.** Semidiós.

heroicidad (he-roi-ci-**dad**) *s. f.* **1.** Cualidad de heroico. *Todos alabaron su heroicidad.* **SIN.** Valentía, arrojo. **2.** Acción heroica. *Aquella era sólo una más de sus muchas heroicidades.* **SIN.** Hazaña, gesta.

heroico, ca (he-**roi**-co) *adj.* **1.** Que se refiere a los héroes y heroínas. *Tema heroico.* **SIN.** Caballeresco. **2.** Se dice de la poesía en que se narran o cantan hazañas grandes y memorables. *Poema heroico.*

heroína (he-ro-**í**-na) *s. f.* Droga derivada de la morfina, estupefaciente peligroso que produce adicción e importantes daños al organismo. *Fueron detenidos por traficar con heroína.*

heroinómano, na (he-roi-**nó**-ma-no) *adj.* Se dice de la persona adicta a la heroína. **GRA.** También s. m. y s. f. *Estaba en un centro para la rehabilitación de heroinómanos.*

heroísmo (he-ro-**ís**-mo) *s. m.* **1.** Esfuerzo voluntario que lleva a una persona a realizar hechos extraordinarios. *La ciudad le levantó un monumento por su heroísmo.* **2.** Conjunto de cualidades propias del héroe. *Demostró mucho heroísmo.* **3.** Acción heroica. *Fue todo un heroísmo.*

herpe (**her**-pe) *s. m.* *Herpes.

herpes - híbrido

herpes (**her**-pes) *s. amb.* Erupción cutánea originada por pequeñas vesículas que al romperse dejan salir un líquido que se seca y forma costras. Suelen salir en los labios, órganos genitales y región anal. *Le salió un herpes en el labio.* 🕮 Invariable en número.

herradura (he-rra-**du**-ra) *s. f.* Hierro de forma más o menos circular, que se le pone a las caballerías en los cascos para que no se dañen al andar. *El caballo tenía las herraduras muy desgastadas.*

herramienta (he-rra-**mien**-ta) *s. f.* **1.** Instrumento de trabajo manual. *Compró varias herramientas de carpintería.* **SIN.** Aparato, utensilio, útil, artefacto. **2.** Conjunto de estos instrumentos. *No tenía la herramienta necesaria para arreglarlo.* **3.** *fam.* Dientes de una persona o animal. *Menuda herramienta que tiene ese perro.* 🕮 Ver ilustración pág. 516.

herrar (he-**rrar**) *v. tr.* Ajustar y clavar las herraduras. *Herraron al caballo.* 🕮 v. irreg., se conjuga como acertar. 🕮 No debe confundirse con "errar".

herrería (he-rre-**rí**-a) *s. f.* Fábrica o taller donde se funde y trabaja el hierro. *Trabaja en una herrería.* **SIN.** Fundición, fragua.

herrero, ra (he-**rre**-ro) *s. m. y s. f.* Persona cuyo oficio consiste en trabajar dando forma al hierro. *El herrero forjaba las varillas de hierro con esmero.*

herrumbre (he-**rrum**-bre) *s. m.* Capa de óxido que se forma en el hierro por corrosión. *Hay que quitar la herrumbre antes de pintar.* **SIN.** Orín, verdín.

hertziano, na *adj.* *Herciano.

hervidero (her-vi-**de**-ro) *s. m.* **1.** Movimiento y ruido que hacen los líquidos cuando hierven. *Le molestaba el hervidero del agua.* **SIN.** Burbujeo, borboteo. **2.** Gran cantidad de personas o animales. *El día de la fiesta, la plaza era un hervidero de gente.* **SIN.** Hormiguero, enjambre, multitud, masa.

hervidor (her-vi-**dor**) *s. m.* Utensilio de cocina para hervir líquidos. *Pon la leche a calentar en el hervidor.*

hervir (her-**vir**) *v. intr.* **1.** Hacer burbujas un líquido por estar a alta temperatura. *Puse a hervir el agua.* **SIN.** Bullir, cocer, escaldar. **2.** Excitarse intensamente a causa de un sentimiento. *Hervía en deseos de llegar.* **SIN.** Soliviantarse. ‖ *v. tr.* **3.** Hacer que un líquido alcance su temperatura de ebullición. *Hierve un poco de agua.* 🕮 v. irreg., se conjuga como sentir.

hervor (her-**vor**) *s. m.* **1.** Acción y efecto de hervir. *Deja que el agua dé un hervor.* **SIN.** Ebullición, efervescencia, cocción. **2.** Ardor, entusiasmo. *Aún no ha perdido el hervor de la juventud.* **SIN.** Excitación. **ANT.** Pasividad.

heterodoxo, xa (he-te-ro-**do**-xo) *adj.* **1.** En desacuerdo a las doctrinas ortodoxas en religión, filosofía, etc. **GRA.** También s. m. y s. f. *El grupo de heterodoxos estaba en contra.* **2.** No conforme con la doctrina fundamental de una secta o sistema. *Publicación heterodoxa.*

heterogéneo, a (he-te-ro-**gé**-ne-o) *adj.* **1.** Compuesto de partes de diversa naturaleza. *Mezcla heterogénea.* **2.** *Diferente.

heterosexual (he-te-ro-se-**xual**) *adj.* **1.** Que siente inclinación sexual hacia personas del otro sexo. **GRA.** También s. m. y s. f. *El matrimonio eclesiástico sólo puede ser heterosexual.* **2.** Se dice de la relación sexual entre individuos de distinto sexo. *La fecundación se origina de una relación heterosexual.*

hexaedro (he-xa-**e**-dro) *s. m.* **1.** Sólido de seis caras. *Dibuja varios hexaedros.* ‖ **2. hexaedro regular** Cubo regular.

hexágono, na (he-**xá**-go-no) *adj.* Se dice del polígono de seis ángulos y seis lados. **GRA.** También s. m. *Tiene figura de hexágono.*

hexámetro (he-**xá**-me-tro) *adj.* Se dice del verso de la poesía griega y latina que consta de seis pies. **GRA.** También s. m. *Eran versos hexámetros.*

hexápodo, da (he-**xá**-po-do) *adj.* Que tiene seis patas. **GRA.** También s. m. y s. f. *Las larvas de algunos insectos son hexápodas.*

hexasílabo, ba (he-xa-**sí**-la-bo) *adj.* De seis sílabas. **GRA.** También s. m. y s. f. *Este verso es hexasílabo.*

hez *s. f.* **1.** Poso o sedimento de algunos líquidos. *El fondo del vaso está lleno de heces.* **SIN.** Depósito, residuo, poso. ‖ *s. f. pl.* **2.** Material que el cuerpo expulsa una vez digeridos los alimentos. *Tenía que hacerse un análisis de heces.* 🕮 Su pl. es "heces".

hi-fi *adj.* *Alta fidelidad. *Me compré un equipo hi-fi.*

hiato (**hia**-to) *s. m.* **1.** Encuentro de dos vocales que se pronuncian en sílabas distintas. *En "a-vi-ón" hay hiato.* **ANT.** Diptongo. **2.** En métrica, rotura de una sinalefa para alargar un verso. *En ese verso hay un hiato.*

hibernación (hi-ber-na-**ción**) *s. f.* Estado de letargo a que están sujetos ciertos animales durante el invierno. *Durante la hibernación el animal se alimenta de las grasas acumuladas en su cuerpo.* **SIN.** Invernación. **ANT.** Estivación.

hibernar (hi-ber-**nar**) *v. intr.* Pasar el invierno, especialmente en letargo. *Las lagartijas hibernan durante el invierno.*

híbrido, da (**hí**-bri-do) *adj.* **1.** Se dice de la planta o animal producido por el emparejamiento de espe-

hidalgo - hierba

cies o variedades diferentes. *Una mula es un híbrido, resultado del emparejamiento entre un burro y un caballo.* **ANT.** Puro. **2.** Se dice de todo lo que es producto de elementos de distinta naturaleza. *Era un híbrido de arte moderno y arte clásico.*

hidalgo, ga (hi-**dal**-go) *s. m. y s. f.* **1.** Miembro del escalafón más bajo de la antigua nobleza. Persona de ilustre nacimiento, aunque sin título nobiliario, que vivía de sus propiedades, no de su trabajo. *Presumía de ser hidalgo.* || *adj.* **2.** Que pertenece o se refiere a un hidalgo. *Hidalgo comportamiento.* **SIN.** Ilustre, aristocrático. **3.** Se dice de la persona que posee un ánimo generoso y noble. *Es muy hidalga.* **SIN.** Caballeroso, noble. **ANT.** Mezquino, vil.

hidratante (hi-dra-**tan**-te) *adj.* **1.** Que hidrata. *Tiene propiedades hidratantes.* || *s. f.* **2.** Producto cosmético para hidratar la piel. *Es importante utilizar una buena hidratante para el rostro.* **SIN.** Pomada, crema.

hidratar (hi-dra-**tar**) *v. tr.* Restablecer el grado de humedad de la piel. **GRA.** También v. prnl. *La piel necesita hidratarse.*

hidrato (hi-**dra**-to) *s. m.* **1.** Combinación de un cuerpo con el agua. *Los azúcares son hidratos de carbono.* || **2. hidrato de carbono** Compuestos nutritivos formados por carbono, hidrógeno y oxígeno. **SIN.** Carbohidrato.

hidráulica (hi-**dráu**-li-ca) *s. f.* Parte de la física mecánica que estudia el equilibrio y movimiento de los líquidos. *Consulté un libro de hidráulica.*

hidráulico, ca (hi-**dráu**-li-co) *adj.* **1.** Que pertenece o se refiere a la hidráulica. *Prensa hidráulica.* **2.** En física, se dice de la energía producida por el movimiento del agua. *Energía hidráulica.*

hidroavión (hi-dro-a-vi-**ón**) *s. m.* Aeroplano provisto de flotadores o de fuselaje en forma de casco de barco para poder posarse sobre el agua. *El primer hidroavión data de 1910.*

hidrocarburo (hi-dro-car-**bu**-ro) *s. m.* Compuesto que consta solamente de carbono e hidrógeno. *El metano es el hidrocarburo más simple.*

hidroeléctrico, ca (hi-dro-e-**léc**-tri-co) *adj.* Que pertenece o se refiere a la energía eléctrica obtenida por energía hidráulica. *Central hidroeléctrica.*

hidrofobia (hi-dro-**fo**-bia) *s. f.* **1.** Horror al agua. *Tenía hidrofobia.* **2.** *Rabia, enfermedad.

hidrógeno (hi-**dró**-ge-no) *s. m.* Gas incoloro, inodoro, insípido, combustible y el más ligero de todos. Es elemento químico monovalente. Forma parte del agua, de todos los ácidos y de la mayor parte de los compuestos orgánicos. *El símbolo del hidrógeno es H,*

hidrografía (hi-dro-gra-**fí**-a) *s. f.* Parte de la geografía física que trata de las aguas del globo terrestre. *Las costas son objeto de estudio de la hidrografía.*

hidrólisis (hi-**dró**-li-sis) *s. f.* Descomposición de sustancias orgánicas, por exceso de agua o por la presencia de una pequeña cantidad de fermento de ácido. *El calor aceleró la hidrólisis de la disolución.* ✎ Invariable en número.

hidrología (hi-dro-lo-**gí**-a) *s. f.* Parte de las ciencias naturales que trata de las aguas. *Es una experta en hidrología fluvial.*

hidrosfera (hi-dros-**fe**-ra) *s. f.* Parte acuosa de la corteza terrestre. *La hidrosfera y la litosfera forman juntas la superficie de la Tierra.*

hidrostática (hi-dros-**tá**-ti-ca) *s. f.* Parte de la mecánica que estudia el equilibrio de los fluidos. *Los trabajos de Pascal hicieron progresar la hidrostática.*

hidróxido (hi-**dró**-xi-do) *s. m.* Compuesto químico formado por la unión de un elemento o un radical y el anión OH-. *La sosa cáustica es un hidróxido.*

hiedra (**hie**-dra) *s. f.* Planta trepadora, siempre verde, con pequeñas raíces en el tallo, de hojas lustrosas. *La hiedra cubría la fachada de la casa.*

hiel *s. f.* **1.** *Bilis. **2.** Amargura, aspereza, cólera, desabrimiento. *Advirtió la hiel de aquellas palabras.* **ANT.** Afecto, alegría. || *s. f. pl.* **3.** Adversidades, disgustos. *Soportó las hieles con resignación.* || **LOC. echar alguien la hiel** Trabajar mucho.

hielo (**hie**-lo) *s. m.* **1.** Agua convertida en cuerpo sólido por la baja temperatura. *Hay cubitos de hielo en el congelador. Me gusta patinar sobre hielo.* **2.** Frialdad en el trato o en los sentimientos. *Ser de hielo.* **SIN.** Desabrimiento. **ANT.** Amabilidad, afectuosidad. **3.** Suspensión del ánimo. *Me dejó de hielo.* **SIN.** Pasmo. || **4. hielo seco** *Nieve carbónica. || **LOC. romper el hielo** *fam.* Dar el primer paso.

hiena (**hie**-na) *s. f.* **1.** Nombre común a varias especies de una familia de animales carnívoros de África y de Asia, de pelaje gris amarillento, con listas o manchas en el lomo y en los flancos. *Las hienas son carroñeras.* **2.** Persona cruel y despiadada. *Es una hiena sin escrúpulos.*

hierba (**hier**-ba) *s. f.* **1.** Toda planta que conserva su tallo siempre verde y tierno. *Sabía de hierbas medicinales.* **2.** Conjunto de muchas hierbas que nacen en un terreno. *Riega la hierba del jardín.* **SIN.** Césped, prado, pastizal. **3.** Nombre que reciben algunas drogas, como la marihuana. *Nunca fumé hierba.* **4.** Pastos que hay en las dehesas para los ganados. *Ahora hay abundante hierba en los prados.* **SIN.** Forraje. || *s.*

hierbabuena - hilo

f. pl. **5.** Veneno hecho con hierbas venenosas. *Le envenenó con unas hierbas.* **SIN.** Bebedizo. ‖ **6. finas hierbas** Mezcla de hierbas, perejil, albahaca, cebolletas, etc., picadas finamente, y utilizadas para condimentar y aromatizar determinados platos.

hierbabuena (hier-ba-**bue**-na) *s. f.* Planta muy aromática, utilizada como condimento. *Le gusta mucho el sabor que da la hierbabuena.*

hierro (**hie**-rro) *s. m.* **1.** Metal de color gris azulado, muy usado en la industria y en las artes. *El rastrillo de hierro se ha oxidado.* **2.** Marca que con hierro candente se pone a los ganados. *Conoció al caballo por el hierro.* ‖ **LOC. quitar hierro** *fam.* Quitar importancia a algo.

higadillo (hi-ga-**di**-llo) *s. m.* Hígado de los animales pequeños, principalmente el de las aves, que se vende para el consumo. **GRA.** Se usa generalmente en pl. *Le gustaban los higadillos de pollo.*

hígado (**hí**-ga-do) *s. m.* **1.** Glándula del organismo, situada bajo el diafragma. Almacena hierro y algo de glucosa, procesa aminoácidos y produce bilis. *El hígado de los mamíferos tiene forma irregular y color rojo oscuro.* **2.** Glándula de diversos invertebrados que cumple funciones semejantes a la anterior. ‖ *s. m. pl.* **3.** Ánimo, valentía. *Hay que tener hígados para enfrentarse a eso.* **SIN.** Redaños, narices. **4.** Falta de escrúpulos. *No tengo hígados para verlo.* **SIN.** Estómago. ‖ **LOC. echar alguien los hígados por una cosa** Esforzarse mucho por conseguirla.

higiene (hi-**gie**-ne) *s. f.* **1.** Parte de la medicina, cuyos fines son conservar la salud individual y evitar las enfermedades. *Higiene dental.* **SIN.** Sanidad. **2.** Limpieza de las cosas y de las personas. *Por higiene es bueno lavarse las manos antes de comer.* **SIN.** Aseo.

higiénico, ca (hi-gié-ni-co) *adj.* **1.** Que pertenece o se refiere a la higiene. *Era urgente adoptar medidas higiénicas.* **2.** Limpio. *Es un sitio muy higiénico.*

higo (**hi**-go) *s. m.* Fruto que da la higuera, de sabor dulce y color encarnado. Su piel varía de color según la variedad: morada, verdosa, negruzca. *Nos trajo unos higos.* ‖ **LOC. de higos a brevas** *fam.* De cuando en cuando, de tarde en tarde. **estar hecho un higo** Estar muy arrugado.

higuera (hi-**gue**-ra) *s. f.* Árbol frutal de tronco retorcido y mediana altura, cuyos frutos son el higo y la breva. *Se sentaron a la sombra de la higuera.* ‖ **LOC. estar en la higuera** *fam.* Estar distraído.

hijastro, tra (hi-**jas**-tro) *s. m. y s. f.* Respecto de uno de los cónyuges, hijo o hija tenido por el otro en un matrimonio anterior. *Se lleva bien con su hijastro.*

hijo, ja (**hi**-jo) *s. m. y s. f.* **1.** Persona o animal con relación a sus padres. *Los hijos deben obedecer a sus padres.* **SIN.** Sucesor, descendiente. **2.** Persona respecto del país, ciudad, etc. donde nació. *Es hijo de Madrid.* **SIN.** Natural, originario, oriundo, nativo. **3.** Retoño de una planta. *Al rosal le han salido muchos hijos.* **4.** Resultado, fruto, producto. *Este aparato es hijo de un famoso inventor.* **5.** Expresión de cariño. *¡Hijo, estáte quieto!* ‖ **6. hijo adoptivo** El que lo es mediante adopción. **7. hijo bastardo, o ilegítimo** El engendrado fuera del matrimonio. **8. hijo de Dios** Jesucristo. **9. hijo de papá** Persona bien situada por la posición de su padre y no por propios méritos. **10. hijo de puta, o de su madre** *vulg.* Expresión injuriosa. **11. hijo legítimo** El nacido dentro del matrimonio. **12. hijo político** Yerno o nuera respecto de los suegros. ‖ **LOC. cualquier, o todo, hijo de vecino** *fam.* Cualquier persona.

hijuela (hi-**jue**-la) *s. f.* Documento donde figuran los bienes que tocan a cada uno de los beneficiarios de una herencia, y conjunto de estos bienes. *Tenían que repartir la hijuela.* **SIN.** Herencia.

hilacha (hi-**la**-cha) *s. f.* Pedazo de hilo que se desprende de una tela. *Corta esas hilachas.* **SIN.** Fleco.

hilar (hi-**lar**) *v. tr.* **1.** Reducir a hilo la lana, el lino, el algodón, etc. *Antes de tejer el lino estuvieron hilándolo.* **2.** Deducir unas cosas de otras. *Llegó a la solución a base de hilar las diferentes pistas.* ‖ **LOC. hilar delgado, o fino** Pensar o hacer las cosas con sumo cuidado y precisión.

hilaridad (hi-la-ri-**dad**) *s. f.* Risa y alegría en una reunión. *Aquella situación produjo la hilaridad de los presentes.* **SIN.** Alboroto, bulla. **ANT.** Enojo, enfado.

hilera (hi-**le**-ra) *s. f.* Formación en línea de varias personas o cosas. *Hay dos hileras de libros.* **SIN.** Fila.

hilo (**hi**-lo) *s. m.* **1.** Hebra larga y delgada formada por un conjunto de fibras sacadas de una materia textil. *Dame hilo negro para coser este botón.* **SIN.** Filamento, fibra, hilacha. **2.** Alambre muy delgado que se saca de los metales. *Necesitamos hilo de cobre.* **SIN.** Filamento. **3.** Tela elaborada con fibra de lino. *El género de la falda es de hilo.* **4.** Chorro muy delgado de un líquido. *Cuando abrí el grifo apenas salía un hilo de agua.* **5.** Continuidad de un discurso y de algunas otras cosas. *Le resultaba difícil seguir el hilo de la conversación.* **SIN.** Secuencia, encadenamiento, trama. ‖ **6. hilo de voz** Voz muy apagada o débil. **7. hilo musical** Sistema de transmisión de programas musicales por el cable telefónico. ‖ **LOC. al hilo** Efectuar el corte de las cosas que tienen he-

himen - hípico

bras o venas según la dirección de éstas, y no al través. **coger el hilo de algo** *fam.* Enterarse o entender un asunto. **colgar, o pender, de un hilo** *fam.* Expresión que enfatiza un gran riesgo o amenaza. **perder el hilo** Olvidar en una conversación o similar aquello de lo que se estaba tratando.

himen (**hi**-men) *s. m.* Repliegue membranoso que reduce el orificio externo de la vagina de las mujeres vírgenes. *El himen se suele romper en las primeras relaciones sexuales.* **SIN.** Membrana, telilla.

himno (**him**-no) *s. m.* Composición poética o musical cuya finalidad es honrar a una personalidad destacada o a una nación, celebrar un suceso memorable o expresar entusiasmo. *Tocaron el himno nacional de cada uno de los equipos participantes.*

hincapié, hacer *loc., fam.* Insistir en algo. *Hizo hincapié en que estudiáramos eso.*

hincar (hin-**car**) *v. tr.* Introducir o clavar una cosa en otra. *Hincó la azada en la tierra.* **SIN.** Hundir, clavar atravesar, meter. **ANT.** Sacar, arrancar, desclavar. || **LOC. hincarse de rodillas** Arrodillarse. 🖎 Se conjuga como abarcar.

hincha (**hin**-cha) *adj.* **1.** Partidario entusiasta de algo, y particularmente de un equipo deportivo. **GRA.** También s. m. y s. f. *Es un hincha del balonmano.* **SIN.** Forofo, seguidor. **ANT.** Detractor. || *s. f.* **2.** *fam.* Sentimiento profundo de antipatía hacia alguien o algo. *Le tenía hincha.* **SIN.** Manía, tirria.

hinchado, da (hin-**cha**-do) *adj.* **1.** Vanidoso, presumido. *Estaba muy hinchado con su premio.* **2.** Se dice del lenguaje, estilo, etc. afectado y muy recargado. *Ese autor se caracteriza por un estilo demasiado hinchado.* **SIN.** Grandilocuente, altisonante, ampuloso, retórico. **ANT.** Llano, natural. || *s. f.* **3.** Grupo de partidarios de un equipo deportivo, una persona, etc. *La hinchada abarrotaba el campo de fútbol.*

hinchar (hin-**char**) *v. tr.* **1.** Hacer que un cuerpo aumente de volumen, llenándolo de aire u otra cosa. **GRA.** También v. prnl. *Hinchó tanto el globo que estalló.* **SIN.** Inflar(se). **ANT.** Deshinchar(se). **2.** Exagerar una noticia o un suceso. *Hinchó un poco la noticia para llamar más la atención.* || *v. prnl.* **3.** Aumentar de volumen una parte del cuerpo por algún golpe, infección, etc. *El golpe fue tan fuerte que se le hinchó la rodilla.* **SIN.** Inflamarse. **4.** Envanecerse. *No te hinches, que hayas ganado la carrera no es para tanto.* **SIN.** Ensoberbecerse, engreírse. **ANT.** Humillarse.

hinchazón (hin-cha-**zón**) *s. m.* Inflamación cutánea. *Tenía un poco de hinchazón en la herida.* **SIN.** Bulto, tumor, chichón, absceso.

hinojo (hi-**no**-jo) *s. m.* Planta aromática, de sabor dulce semejante al del anís, que se utiliza como condimento. *Arregla esas aceitunas con un poco de hinojo.*

hinojos, de *loc. adv.* De rodillas. *Se puso de hinojos.*

hipar (hi-**par**) *v. intr.* **1.** Tener hipo. *Se llevó tal susto que dejó de hipar.* **2.** Llorar produciendo sonidos parecidos al hipo. *El bebé tenía gases y no dejaba de hipar.* **SIN.** Gimotear.

hipérbato (hi-**pér**-ba-to) *s. m.* Recurso expresivo de la lengua culta, que consiste en alterar el orden lógico de las palabras en la oración. *"Del salón, en el ángulo oscuro…".* **SIN.** Inversión. 🖎 Su pl. es "hipérbatos. También "hipérbaton".

hipérbola (hi-**pér**-bo-la) *s. f.* En matemáticas, curva plana y simétrica, que resulta de cortar una superficie cónica por un plano paralelo a su eje. *Traza una hipérbola.*

hipérbole (hi-**pér**-bo-le) *s. f.* Figura que consiste en aumentar o disminuir exageradamente la verdad de lo que se habla. *En aquella batalla corrieron ríos de sangre.* **SIN.** Exageración.

hiperespacio (hi-pe-res-**pa**-cio) *s. m., fam.* En ciencia-ficción, espacio de más de tres dimensiones. *La explosión de la nave le arrojó al hiperespacio.*

hipermercado (hi-per-mer-**ca**-do) *s. m.* Gran superficie comercial, situada generalmente en la periferia de las ciudades, que ofrece a los consumidores una gran variedad de productos. *Ese hipermercado es propiedad de un importante grupo financiero.*

hipermetropía (hi-per-me-tro-**pí**-a) *s. f.* Defecto del ojo que impide ver bien de cerca. *Le pusieron gafas para corregir su hipermetropía.*

hipersensible (hi-per-sen-**si**-ble) *adj.* Se dice de la persona muy sensible a estímulos emocionales. *Cualquier tontería le afecta mucho, es hipersensible.*

hipersónico, ca (hi-per-**só**-ni-co) *adj.* Se dice de la velocidad superior a los 6 000 km/h, y de las aeronaves capaces de superar dicha velocidad. *Planeador hipersónico.*

hipertensión (hi-per-ten-**sión**) *s. f.* Tensión arterial superior a la normal. *Tenía hipertensión.*

hipertexto (hi-per-**tex**-to) *s. m.* En informática, lenguaje que permite vincular textos, imágenes y películas de un documento con textos, imágenes y películas de otro documento. *El WWW es un sistema de interconexión basado en el hipertexto.*

hípico, ca (**hí**-pi-co) *adj.* **1.** Que pertenece o se refiere al caballo, especialmente a la equitación. *Carreras hípicas.* **SIN.** Ecuestre, caballar, equino. || *s. f.* **2** Deporte que se practica a caballo, en las modali-

hipnosis - hippy

dades de carrera o saltos. *Era muy aficionada a la hípica.* **SIN.** Equitación.

hipnosis (hip-**no**-sis) *s. f.* Estado del sistema nervioso, parecido al sueño o al sonambulismo, producido por el hipnotismo. *Había estado casi una hora en estado de hipnosis.* ✎ Invariable en número.

hipnotismo (hip-no-**tis**-mo) *s. m.* Procedimiento para producir por sugestión la hipnosis, sometiendo a una persona a la influencia del hipnotizador. *El hipnotismo se emplea para curar la neurosis.*

hipnotizar (hip-no-ti-**zar**) *v. tr.* **1.** Producir la hipnosis en alguna persona o animal. *Pidió voluntarios para ser hipnotizados.* **SIN.** Sugestionar, magnetizar, dormir. **2.** Atraer mucho a alguien o influir poderosamente en él. *Le tenía hipnotizado con sus encantos.* **SIN.** Sugestionar, dormir, seducir, fascinar, hechizar. ✎ Se conjuga como abrazar.

hipo (**hi**-po) *s. m.* Denominación onomatopéyica para designar el movimiento convulsivo del diafragma. Este movimiento es causado por una respiración violenta e interrumpida, a la que acompaña un ruido gutural característico. *Le entró el hipo.* ‖ **LOC. quitar el hipo** *fam.* Producir asombro una persona o cosa por sus cualidades o belleza.

hipoalergénico, ca (hi-po-a-ler-**gé**-ni-co) *adj.* Se dice de la sustancia que ha sido creada para reducir al mínimo el riesgo de alergias. *Esta crema hidratante es hipoalergénica.*

hipocentro (hi-po-**cen**-tro) *s. m.* Zona profunda de la corteza terrestre donde tienen origen los terremotos. *El hipocentro del seísmo se localizó a 10 km de profundidad.*

hipocondríaco, ca (hi-po-con-**drí**-a-co) *adj.* Se dice de la persona que padece una depresión constante caracterizada por una preocupación excesiva por la salud. *Cuando hay una epidemia la gente se vuelve muy hipocondríaca.*

hipocorístico, ca (hi-po-co-**rís**-ti-co) *adj.* Se dice de los diminutivos o alteraciones de nombres propios o comunes que se usan de forma cariñosa, afectuosa o familiar. *"Pili" es un hipocorístico.*

hipócrita (hi-**pó**-cri-ta) *adj.* Que finge o aparenta lo que no es o siente. *No seas hipócrita y di lo que sientes de verdad.* **SIN.** Farsante, santurrón, falso, fariseo, artificioso, engañoso. **ANT.** Sincero.

hipodérmico, ca (hi-po-**dér**-mi-co) *adj.* Que está o se pone debajo de la piel. *Inyección hipodérmica.*

hipodermis (hi-po-**der**-mis) *s. f.* Capa más profunda de la piel, situada bajo la dermis. *La quemadura le afectó a la hipodermis.* ✎ Invariable en número.

hipódromo (hi-**pó**-dro-mo) *s. m.* Lugar destinado a carreras de caballos y carros. *Fuimos al hipódromo a ver una carrera de caballos.*

hipófisis (hi-**pó**-fi-sis) *s. f.* Glándula situada en la parte anterior del encéfalo. *La hipófisis del ser humano tiene el tamaño de una pequeña aceituna.* ✎ Invariable en número.

hipogastrio (hi-po-**gas**-trio) *s. m.* Parte inferior del abdomen. *Recibió un fuerte golpe en el hipogastrio.*

hipoglucemia (hi-po-glu-**ce**-mia) *s. f.* Disminución de la cantidad normal de azúcar en la sangre. *Tenía hipoglucemia.*

hipopótamo (hi-po-**pó**-ta-mo) *s. m.* Mamífero africano de gran tamaño, de piel casi desnuda, patas cortas, cabeza y boca enormes. *El hipopótamo vive en los grandes ríos y suele salir a las orillas por la noche para pastar.*

hipoteca (hi-po-**te**-ca) *s. f.* Bienes ofrecidos en garantía de la seguridad del pago de un crédito. *Todos los meses tengo que pagar la hipoteca de la casa al banco.* **SIN.** Fianza, gravamen, carga.

hipotecar (hi-po-te-**car**) *v. tr.* **1.** Gravar bienes inmuebles con hipoteca. *Tuvo que hipotecar su casa para conseguir el crédito.* **SIN.** Cargar, asegurar, obligar. **2.** Poner una cosa en peligro de que sufra algún daño, se pierda o fracase. *Estuvo a punto de hipotecar su vida metiéndose en eso.* ✎ Se conjuga como abarcar.

hipotecario, ria (hi-po-te-**ca**-rio) *adj.* **1.** Que pertenece o se refiere a la hipoteca. *Condiciones hipotecarias.* **2.** Que se asegura con hipoteca. *Crédito hipotecario.*

hipotenusa (hi-po-te-**nu**-sa) *s. f.* Lado que se opone al ángulo recto de un triángulo rectángulo. *Dibuja la hipotenusa en un triángulo rectángulo.*

hipotermia (hi-po-**ter**-mia) *s. f.* Temperatura corporal excepcionalmente baja que ocurre cuando una persona está demasiado tiempo fría. *Tenía hipotermia.*

hipótesis (hi-**pó**-te-sis) *s. f.* **1.** Suposición de una cosa. *Esto que te digo es sólo un hipótesis, no hay nada seguro todavía.* **SIN.** Conjetura, presunción. ‖ **2. hipótesis de trabajo** La que se establece provisionalmente como base de una investigación o experimento. ✎ Invariable en número.

hipotético, ca (hi-po-**té**-ti-co) *adj.* Que pertenece a la hipótesis o está fundado en ella. *Puso como ejemplo un caso hipotético.* **SIN.** Presunto, supuesto, teórico. **ANT.** Demostrado, real.

hippy *adj.* **1.** Se dice del movimiento cultural que surgió en los años sesenta, caracterizado por el in-

hisopo - hocico

conformismo, la defensa del pacifismo y la vuelta a la vida natural. *El movimiento hippy influyó mucho en la música y la cultura de la época.* **2.** Que pertenece o se refiere a este movimiento. **GRA.** También s. m. y s. f. *Se vuelve a llevar la moda hippy.* 🖎 También "hippie".

hisopo (hi-**so**-po) *s. m.* Palo corto o mango metálico que en su extremidad lleva una escobilla de cerdas o una bola de metal hueca con agujeros, y sirve para rociar el agua bendita en las iglesias. *El sacerdote bendijo a los fieles con el hisopo.*

hispanohablante (his-pa-no-ha-**blan**-te) *adj.* Que tiene como lengua materna el español. **GRA.** También s. m. y s. f. *Somos muchos hispanohablantes en el mundo.*

histamina (his-ta-**mi**-na) *s. f.* Compuesto orgánico que interviene en algunos procesos biológicos, como las reacciones alérgicas. *Los medicamentos para mi alergia tienen histamina.*

histeria (his-**te**-ria) *s. f.* *Histerismo.

histérico, ca (his-**té**-ri-co) *adj.* **1.** Que pertenece o se refiere al histerismo. **GRA.** También s. m. y s. f. *Tuvo una reacción muy histérica.* **2.** Que padece histerismo. *Es una persona muy histérica.*

histerismo (his-te-**ris**-mo) *s. m.* **1.** Enfermedad de origen psíquico que se caracteriza por una excitabilidad emocional exagerada. *Tuvo una crisis de histerismo.* **2.** Estado transitorio de nerviosismo. *El fuego provocó el histerismo de la gente.* **SIN.** Nerviosismo, excitación.

histología (his-to-lo-**gí**-a) *s. f.* Parte de la anatomía que estudia la estructura de los tejidos animales y vegetales. *A las nueve tenemos clase de histología.*

historia (his-**to**-ria) *s. f.* **1.** Narración de los hechos o sucesos del pasado (políticos, económicos, sociales, culturales, etc.) de un pueblo o nación. *Este año estudiaremos la historia de América.* **SIN.** Crónicas, anales, memorias. **2.** Exposición cronológica de hechos, doctrinas, etc., relativos a una ciencia o arte. *Una de las asignaturas es historia de la filosofía.* **3.** Cuento o narración inventada. *Esta es la historia de una persona que conocí hace mucho tiempo.* **SIN.** Relato. **4.** Conjunto de los acontecimientos importantes de la vida de una persona o de un período de ella. *Nos contó toda su historia.* **5.** Relación de cualquier género de aventura o suceso, aunque sea de carácter privado. *Se podía tirar horas contando historias.* **SIN.** Anécdota, episodio, suceso. **6.** Chisme, enredo. **GRA.** Se usa más en pl. *Ya está con sus historias.* **SIN.** Cotilleo, hablilla, habladuría. || **7.** his-

toria clínica Relación de datos médicos referentes a un enfermo. || **LOC. dejarse alguien de historias** *fam.* Omitir rodeos e ir a lo esencial de algo. **pasar una cosa a la historia** Adquirir trascendencia. | Haber perdido actualidad.

historiador, ra (his-to-ria-**dor**) *s. m. y s. f.* **1.** Persona que se dedica a la investigación y estudio de la historia. *Fue un gran historiador.* **2.** Autor de una obra histórica. *La autora de la obra era una famosa historiadora.*

historial (his-to-**rial**) *s. m.* **1.** Reseña circunstanciada de los antecedentes de un negocio, o de los servicios o carrera de una persona o suceso. *Consultó su historial.* **SIN.** Informe, referencia. || **2. historial clínico** Conjunto de datos de las distintas enfermedades que ha padecido una persona.

histórico, ca (his-**tó**-ri-co) *adj.* **1.** Que pertenece o se refiere a la historia. *Un hecho histórico.* **SIN.** Auténtico, verdadero. **ANT.** Fabuloso, mítico. **2.** Que ha sucedido realmente. *Eran datos históricos.* **SIN.** Averiguado, comprobado, cierto. **ANT.** Falso. **3.** Digno de figurar en la historia. *Una decisión histórica.* **SIN.** Importante, memorable. **ANT.** Insignificante, intrascendente. **4.** Se dice de la obra literaria cuyo argumento trata sobre sucesos o personajes de la historia. *Es muy aficionado a la novela histórica.*

historieta (his-to-**rie**-ta) *s. f.* **1.** Narración breve y divertida de una aventura o suceso de poca importancia. *Sabía muchas historietas entretenidas.* **SIN.** Anécdota, chascarrillo. **2.** Relato ilustrado con viñetas o dibujos que narran una acción. *Le gustaba mucho leer historietas.* **SIN.** Cómic, tebeo.

histrionismo (his-trio-**nis**-mo) *s. m., desp.* Aparatosidad, teatralidad. *¡Lo hace todo con tanto histrionismo!*

hit *s. m.* **1.** *Éxito. || **2. hit parade** Lista de los productos con más éxito.

hito (**hi**-to) *s. m.* **1.** Hecho o suceso muy importante dentro de un ámbito o contexto. *Fue un hito histórico.* **2.** Mojón o poste de piedra que sirve para señalar límites, caminos, etc. *Estaban colocando hitos para señalar los kilómetros.* **SIN.** Pilar. || **LOC. mirar de hito en hito** Fijar la vista en alguien o algo, sin perder detalle.

hobby *s. m.* *Afición. 🖎 Su pl. es "hobbies", como en inglés, o "hobbys".

hocico (ho-**ci**-co) *s. m.* **1.** Parte más o menos prolongada de la cabeza de algunos animales, en la que están la boca y las narices. *El perro tenía todo el hocico manchado de nata.* **SIN.** Morro. **2.** Boca de una persona de labios abultados. *Estaba acomplejado porque decían que tenía mucho hocico.* **SIN.** Morro. **3.** *desp.* *Cara. ‖ s. m.* **4.** *fam.* Gesto que denota desagrado o enfado. *Ya sé que no te parece bien, pero no hace falta que arrugues así el hocico.* ‖ **LOC. meter el hocico en todo** *fam.* Meterse en asuntos ajenos.

hockey *s. m.* Juego que se practica entre dos equipos compuestos de once jugadores, en el cual cada equipo procura introducir una pequeña pelota en la meta contraria, impulsándola con palos curvos especiales para este juego. *Juega al hockey.*

hogar (ho-**gar**) *s. m.* **1.** Lugar donde una persona vive. *Le gusta estar en el hogar con su familia.* **SIN.** Casa, domicilio, vivienda. **2.** Sitio donde se pone la lumbre en las cocinas, chimeneas, etc. *El fuego del hogar estaba apagado.* **SIN.** Fogón. **3.** Vida de familia. *En sus continuos viajes echaba de menos el hogar.* ‖ **4. hogar del pensionista** Lugar de diversión y entretenimiento para personas jubiladas.

hogareño, ña (ho-ga-**re**-ño) *adj.* **1.** Amante del hogar y de la vida de familia. *Es una persona muy hogareña.* **SIN.** Casero. **2.** Que pertenece o se refiere al hogar. *Tareas hogareñas.* **SIN.** Familiar, íntimo.

hogaza (ho-**ga**-za) *s. f.* Pan grande, generalmente de forma circular. *Compra una hogaza pequeña.*

hoguera (ho-**gue**-ra) *s. f.* Porción de materias combustibles que al arder levantan mucha llama; se suele hacer en el suelo al aire libre. *Encendimos una hoguera para preparar la barbacoa.* **SIN.** Fogata.

hoja (**ho**-ja) *s. f.* **1.** Cada una de las partes planas y delgadas, casi siempre verdes, que tienen las ramas de los árboles o el tronco de algunas plantas. *Algunos árboles pierden sus hojas en otoño.* **2.** Lámina delgada de metal, madera, papel, etc. *Este libro tiene muchas hojas.* **SIN.** Página, pliego, plana, placa. **3.** En las puertas, ventanas, etc., cada una de las partes que se abren y cierran. *Esta ventana es de una sola hoja.* **4.** Parte plana y cortante de las armas blancas o de algunas herramientas; por ext., arma. *Ten cuidado con la navaja, la hoja está recién afilada.* **SIN.** Cuchilla, acero, filo, hierro. **5.** Cada una de las capas delgadas en que se divide una masa. *La masa del hojaldre está formada por hojas delgadas.* **6.** Publicación periódica o comunicado. *Hoja parroquial.* ‖ **7. hoja de afeitar** Lámina de acero muy delgada para rasurar la barba. **8. hoja de cálculo** Programa informático que permite realizar operaciones matemáticas complejas con mucha rapidez. **9. hoja de servicios** Documento en el que constan los antecedentes personales y profesionales de un trabajador.

hojalata (ho-ja-**la**-ta) *s. f.* Lámina de hierro o acero, recubierta de estaño por las dos caras. *Tenía una papelera de hojalata.* **SIN.** Chapa.

hojaldre (ho-**jal**-dre) *s. m.* Masa de harina con manteca que trabajada de cierta manera, y al ser cocida al horno, hace hojas delgadas y superpuestas. *Hizo la empanada con masa de hojaldre.*

hojarasca (ho-ja-**ras**-ca) *s. f.* Conjunto de las hojas caídas de los árboles. *Barrió la hojarasca del jardín.*

hojear (ho-je-**ar**) *v. tr.* **1.** Mover o pasar las hojas de un libro o cuaderno. *Sólo lo he hojeado.* **2.** Leer algo deprisa y superficialmente. *Hojeó la revista.* ☞ No debe confundirse con "ojear".

holding *s. m.* Organización de empresas en la que una sociedad financiera controla otras empresas mediante la adquisición de la mayor parte de sus acciones. *Había conseguido montar un gran holding.*

holgado, da (hol-**ga**-do) *adj.* **1.** Ancho y sobrado para lo que ha de contener. *Ese vestido te queda demasiado holgado.* **SIN.** Amplio. **2.** Se dice de la persona que sin ser rica vive con bienestar. *Tiene una situación económica muy holgada.* **SIN.** Acomodado.

holgar (hol-**gar**) *v. intr.* Sobrar, no ser necesario. *Está todo claro, huelgan las explicaciones.* ✎ v. irreg., se conjuga como contar. Se escribe "gu" en vez de "g" seguido de "-e".

holgazán, na (hol-ga-**zán**) *adj.* Se dice de la persona que por pereza no hace nada. **GRA.** También s. m. y s. f. *Es muy holgazán, no quiere estudiar.* **SIN.** Gandul, perezoso, vago. **ANT.** Trabajador, laborioso.

holgazanear (hol-ga-za-ne-**ar**) *v. intr.* Estar voluntariamente inactivo, cuando se debería estar haciendo algo. *Se pasa el día holgazaneando.* **SIN.** Gandulear, vaguear. **ANT.** Trabajar, laborar.

holgura (hol-**gu**-ra) *s. f.* **1.** *Anchura. **ANT.** Estrechez. **2.** Espacio vacío que queda entre dos piezas o superficies que deberían encajar. *Entre estos ladrillos hay demasiada holgura.* **SIN.** Amplitud. **3.** Desahogo, bienestar. *Viven con bastante holgura.*

hollejo (ho-**lle**-jo) *s. m.* Piel delgada que cubre algunas frutas y legumbres. *No me gustan estas alubias, se desprende todo el hollejo.* **SIN.** Pellejo.

hollín (ho-**llín**) *s. m.* Sustancia grasa y negra que el humo deposita. *La chimenea estaba llena de hollín.*

holocausto (ho-lo-**caus**-to) *s. m.* Gran matanza de seres humanos. *Aquella guerra se convirtió en un gran holocausto.*

holograma (ho-lo-**gra**-ma) *s. m.* Fotografía tridimensional. *En el museo de las ciencias vimos una exposición de hologramas.*

hombre (**hom**-bre) *s. m.* **1.** Animal racional. *Cuando digo "el hombre es vertebrado" me refiero al género humano.* **SIN.** Persona, ser humano. **2.** Animal racional del sexo masculino. *Había dos mujeres y un hombre.* **SIN.** Varón. **3.** El que ha llegado a la edad viril. *Nuestro hijo ya es todo un hombre.* **ANT.** Niño. **4.** Persona de este sexo que demuestra cualidades, comportamientos, etc., tradicionalmente considerados masculinos por excelencia. *Mi novio es muy hombre.* ‖ **5. hombre de mundo** El que está muy ducho en el trato social y en los negocios. **6. hombre de negocios** El que se dedica a ellos. **7. hombre de paja** El que actúa al dictado de otro. **8. hombre de palabra** El que cumple lo que promete. **9. hombre público** El que interviene en la vida pública con algún cargo. **10. hombre rana** Persona que se dedica a actividades subacuáticas, provista de un atuendo especial. **GRA.** Su pl. es "hombres rana". ‖ **LOC. de hombre a hombre** De igual a igual. **¡hombre!** Expresa admiración, sorpresa o enfado. **ser alguien otro hombre** Haber cambiado mucho.

hombrera (hom-**bre**-ra) *s. f.* **1.** Especie de almohadilla que se pone en las prendas de vestir para levantar los hombros. *Deberías ponerle hombreras a esa chaqueta, te haría más delgada.* **2.** Cinta de tela colocada sobre los hombros de algunos uniformes, donde se sujetan correas y otros adornos. *El uniforme de ese cuerpo lleva hombreras.*

hombría (hom-**brí**-a) *s. f.* Conjunto de cualidades morales, tales como el valor, voluntad o energía, que tradicionalmente han sido consideradas como propias del hombre. *Demostró tener mucha hombría.* **SIN.** Arrojo. **ANT.** Cobardía, pusilanimidad.

hombro (**hom**-bro) *s. m.* **1.** Parte superior y lateral del tronco humano y de los primates, de donde nace el brazo. *Este ejercicio de gimnasia es específico para los hombros.* **2.** Parte de las prendas de vestir que cubren esa zona. *La chaqueta no te sienta bien de hombros.* ‖ **LOC. a hombros** Manera de llevar a una persona sobre los hombros de quien la conduce. **arrimar el hombro** Ayudar a otro, contribuir a algo. **encogerse alguien de hombros** Mostrarse indiferente ante todo lo que sucede. **hombro a, o con, hombro** Conjuntamente. **mirar a alguien por encima del hombro** *fam.* Despreciarle.

homenaje (ho-me-**na**-je) *s. m.* Acto o serie de ellos que se celebran en honor de una persona, para demostrarle cariño y respeto. *Recibió varios homenajes con motivo de su jubilación.*

homenajear (ho-me-na-je-**ar**) *v. tr.* Rendir homenaje. *Homenajearon a su compañera.* **SIN.** Honrar.

homicida (ho-mi-**ci**-da) *adj.* Se dice de la persona que ocasiona la muerte de otra. **GRA.** También s. m. y s. f. *Detuvieron al presunto homicida.* **SIN.** Asesino.

homicidio (ho-mi-**ci**-dio) *s. m.* Muerte causada, en general ilegítimamente y con violencia, a una persona por otra. *Era autor de varios homicidios.*

homilía (ho-mi-**lí**-a) *s. f.* En la liturgia católica, sermón que el sacerdote dirige a los fieles para explicar los textos bíblicos y otras materias religiosas. *El sacerdote pronunció una breve homilía.*

homófono, na (ho-**mó**-fo-no) *adj.* Se dice de las palabras que con distinto significado se pronuncia de igual modo. *"Baca" y "vaca" son dos palabras homófonas.*

homogéneo, a (ho-mo-**gé**-ne-o) *adj.* Se dice del compuesto cuyos elementos son de igual naturaleza. *Mezcla homogénea.* **SIN.** Uniforme, parejo, similar, semejante, parecido. **ANT.** Heterogéneo.

homologar (ho-mo-lo-**gar**) *v. tr.* **1.** Hacer que un producto se ajuste a unas normas determinadas de fabricación. *Tengo que homologar este diseño.* **SIN.** Ajustar, conformar. **2.** Declarar válidos en un país unos estudios realizados en otro. *Le homologaron el curso.* **SIN.** Convalidar. Se conjuga como ahogar.

homólogo, ga (ho-**mó**-lo-go) *adj.* Se dice de los elementos, órganos, términos, etc., que en dos o más figuras, organismos, etc., se corresponden por su estructura, función, etc. *Presentaban estructuras homólogas.* **SIN.** Igual, análogo. **ANT.** Distinto.

homónimo, ma (ho-**mó**-ni-mo) *adj.* Se dice de las palabras que tienen distinto significado, a pesar de ser iguales por su forma. **GRA.** También s. m. y s. f. *"Banco" para sentarse y "banco", lugar para guardar dinero, son homónimos.*

homosexual (ho-mo-se-**xual**) *adj.* Se dice de la relación sexual entre individuos del mismo sexo. **GRA.** También s. m. y s. f. *Los colectivos homosexuales luchan por la igualdad de oportunidades.*

homosexualidad (ho-mo-se-xua-li-**dad**) *s. f.* Inclinación sexual hacia personas del mismo sexo. *Escribió una novela sobre la homosexualidad.*

honda (**hon**-da) *s. f.* Tira de cuero, o trenza de lana u otra materia parecida, para tirar piedras u otros proyectiles con violencia. *Es un experto en lanzar piedras con la honda.* **SIN.** Tirador. No debe confundirse con "onda".

hondo, da (**hon**-do) *adj.* **1.** Que tiene profundidad. *El pozo es muy hondo.* **SIN.** Profundo. **ANT.** Superficial. **2.** Se dice de un sentimiento de gran intensidad. *Sintió un hondo dolor.* **SIN.** Intenso. **ANT.** Superficial. || *s. m.* **3.** Parte inferior de una cosa hueca o cóncava, fondo. *Está en lo hondo del baúl.*

hondonada (hon-do-**na**-da) *s. f.* Espacio de terreno que está más bajo que el terreno que le rodea. *Se cayó por una hondonada.* **SIN.** Barranco, depresión, valle, angostura, quebrada. **ANT.** Llano, loma, otero.

hondura (hon-**du**-ra) *s. f.* Profundidad de una cosa. *En esta parte, el río tiene mucha hondura.*

honesto, ta (ho-**nes**-to) *adj.* **1.** Honrado. *Es una persona honesta.* **SIN.** Íntegro, justo. **2.** Decente o decoroso. *Una proposición honesta.* **SIN.** Recatado.

hongo (**hon**-go) *s. m.* **1.** Nombre dado a las plantas simples sin clorofila, que viven sobre materia orgánica en descomposición, o son parásitas de vegetales o animales; se reproduce por esporas y son comestibles en algunas especies y venenosos en otras. *Moho, setas y levadura son hongos.* **2.** Bombín, sombrero de copa baja, rígida y más o menos semiesférica. *Llevaba un hongo.*

honor (ho-**nor**) *s. m.* **1.** Cualidad moral que nos lleva a comportarnos con rectitud y cumplir nuestros deberes respecto al prójimo y nosotros mismos. *Lo prometió por su honor.* **SIN.** Virtud, probidad. **2.** Buena fama que sigue a la virtud, al mérito o a las acciones heroicas. *Era una persona de gran honor.* **SIN.** Estima, renombre, reputación. **ANT.** Anonimato, deshonor. **3.** Satisfacción, orgullo. *Es para mí un honor tenerle en mi casa.* **4.** Distinción, cargo, título, etc., que concede importancia o prestigio. **GRA.** Se usa más en pl. *Fue nombrado ciudadano de honor.* || *s. m. pl.* **5.** Ceremonial con el que se agasaja a alguien. *Le rindieron honores.* || **LOC. hacer los honores** Recibir un anfitrión a sus invitados.

honorable (ho-no-**ra**-ble) *adj.* Digno de ser honrado y respetado. *Hizo la presentación el honorable profesor.* **SIN.** Respetable, venerable. **ANT.** Indigno.

honorífico, ca (ho-no-**rí**-fi-co) *adj.* Que da honor. *Ostentaba aquel título honorífico desde hacía dos años.* **SIN.** Honorario, representativo.

honoris causa *loc. lat.* que se aplica a los grados universitarios concedidos de forma honorífica. *Era doctor honoris causa.*

honra (**hon**-ra) *s. f.* **1.** Estima y respeto de la dignidad propia. *Estaba dispuesto a defender alguien su honra.* **SIN.** Decencia, honestidad, recato. **2.** Buena opinión y fama que se ha adquirido por la virtud y

honrado - horma

el mérito. *Grande era la honra de aquel rey entre su pueblo.* **SIN.** Reputación, respeto. ‖ **3. honras fúnebres** Oficio o acto dedicado a los difuntos. **SIN.** Exequias, funerales. ‖ **LOC. tener alguien a mucha honra una cosa** Estar orgulloso de ella.

honrado, da (hon-**ra**-do) *adj.* **1.** Que se comporta con rectitud e integridad. *Es una persona muy honrada.* **SIN.** Decente, íntegro, leal. **ANT.** Corrompido, deshonesto. **2.** Apreciado, estimado, respetado. *Es un gran maestro muy honrado por todos sus discípulos.* **3.** Se dice también de lo hecho honrosamente. *Un gesto honrado.* **SIN.** Honesto, honroso.

honrar (hon-**rar**) *v. tr.* **1.** Respetar a una persona. *Honraban a su maestro.* **ANT.** Agraviar. **2.** Enaltecer o premiar el mérito de alguien. *Honraron su valor.* **SIN.** Condecorar, ensalzar, galardonar, homenajear. **3.** Enaltecer la adhesión o asistencia de una persona. *Nos honra con su presencia.* ‖ *v. prnl.* **4.** Tener alguien a honra el ser o hacer alguna cosa. *Se honra de no haberse dejado influenciar por nadie.* **SIN.** Enorgullecerse. **ANT.** Avergonzarse.

honrilla (hon-**ri**-lla) *s. f.* Cierta vergüenza que impulsa a hacer o dejar de hacer una cosa por el qué dirán. *Su honrilla le decía que tenía que hacerlo.* **SIN.** Amor propio, pundonor.

honroso, sa (hon-**ro**-so) *adj.* **1.** Que proporciona honra y estimación. *Una acción honrosa.* **SIN.** Honorífico, preciado. **ANT.** Ignominioso, vergonzoso. **2.** Honesto, decente. *Un pacto honroso.*

hora (**ho**-ra) *s. f.* **1.** Cada una de las 24 partes iguales en que se divide un día. *Tardaré una hora en llegar.* **2.** Tiempo apropiado para hacer algo. *Ya es hora de ir a dormir.* **SIN.** Ocasión, momento. **3.** Últimos instantes de la vida. **GRA.** Se usa con el v. "llegar". *Había llegado su hora.* ‖ **4. hora punta** Aquella en la que se producen aglomeraciones por uno u otro motivo, generalmente de trabajo, como las salidas, entradas, etc. **GRA.** Su pl. es "horas punta". **5. hora solar** La que se corresponde con el día solar. **6. hora suprema** La de la muerte. **7. horas bajas** Momentos de desánimo. **8. horas extraordinarias** Las añadidas a una jornada de trabajo normal. ‖ **LOC. ¡a buenas horas!** *fam.* Expresión que indica el retraso con que se hace algo. **a la hora de la verdad** En el momento decisivo. **a todas horas** En todo momento. **a última hora** En los últimos momentos. **dar hora** Citar. **entre horas** Entre una comida y otra. **las horas muertas** Mucho tiempo. **llegar la hora** Cumplirse el plazo de algo. **no ver la hora de una cosa** Deseo de ver algo cumplido.

pedir hora Solicitar una cita. **poner en hora** Mover las manecillas del reloj para ajustar la hora. **tener alguien muchas horas de vuelo** *fam.* Poseer gran experiencia en un asunto o negocio. **tener alguien sus horas contadas** Estar cercano a la muerte. ☞ No debe confundirse con "ora".

horadar (ho-ra-**dar**) *v. tr.* *Agujerear.

horario (ho-**ra**-rio) *s. m.* **1.** Conjunto de horas durante las cuales se desarrolla una determinada actividad. *Tiene un horario muy apretado.* **2.** Cuadro indicador de las horas en las que han de realizarse determinadas actividades. *Estaban copiando el horario de clases.* **SIN.** Guía, programa, itinerario.

horca (**hor**-ca) *s. f.* **1.** Conjunto de tres palos, uno de ellos horizontal y sostenido por los otros dos, del que cuelga una cuerda para ahorcar a los condenados. *Fue condenado a morir en la horca.* **SIN.** Cadalso, patíbulo. **2.** Utensilio con forma de tenedor de dos o más dientes, todo de madera, o con las púas de hierro, que se utiliza en las faenas del campo. *Trae la horca para amontonar esta hierba.* **SIN.** Bieldo. ☞ No debe confundirse con "orca".

horcajadas, a *loc. adv.* Denota la postura de la persona que monta a caballo, en moto, etc., echando sendas pierna para un lado. *Iba montado a horcajadas.*

horchata (hor-**cha**-ta) *s. f.* Bebida hecha de almendras, chufas, pepitas de melón o sandía, u otro fruto semejante, todo machacado y exprimido con agua, y sazonado con azúcar. *Pedí una horchata fría.*

horda (**hor**-da) *s. f.* **1.** Grupo de nómadas que forman una comunidad. *Las hordas se asentaron en el valle.* **SIN.** Tribu, clan. **2.** Grupo de gente armada que no pertenece a un ejército regular. *Las hordas rebeldes arrasaron la ciudad.*

horizontal (ho-ri-zon-**tal**) *adj.* Que está en el horizonte o paralelo a él. **GRA.** También s. f. *Ponte en posición horizontal.* ‖ **LOC. coger la horizontal** Meterse en la cama, dormir.

horizonte (ho-ri-**zon**-te) *s. m.* **1.** Línea que limita la parte de superficie terrestre visible desde un punto. *La tierra se juntaba con el mar en el horizonte.* **SIN.** Límite, confín, lejanía. **2.** Conjunto de posibilidades o perspectivas que ofrece una cosa. *Este año se presenta un horizonte prometedor.*

horma (**hor**-ma) *s. f.* **1.** Molde con que se fabrica o da forma a una cosa. *Se ha roto la horma del sombrero de copa.* **SIN.** Plantilla, módulo, diseño. **2.** Molde de madera en forma de pie que encaja en el interior del zapato y sirve para ensancharlo. *Si te aprietan, lleva los zapatos a la horma.* ‖ **LOC. hallar la horma de su**

hormiga - horripilar

zapato Encontrar alguien lo adecuado a él, especialmente el castigo o escarmiento que merece; también, encontrar a otra persona que le supere.

hormiga (hor-**mi**-ga) *s. f.* Insecto de cabeza gruesa, tórax y abdomen casi iguales, y de unos cinco mm de longitud. Vive en sociedad, y se distiguen tres castas: machos, hembras y obreras. *Las hormigas recogían el alimento.* ‖ **LOC. ser una hormiga** Se dice de la persona muy trabajadora y ahorradora.

hormigón (hor-mi-**gón**) *s. m.* Mezcla de piedras menudas y una masa de cal o cemento y arena, que se emplea para la construcción. *Estaban preparando el hormigón.* **SIN.** Mortero, cemento, argamasa.

hormigonera (hor-mi-go-**ne**-ra) *s. f.* Aparato para mezclar mecánicamente las piedras y el mortero con que se hace el hormigón. *La hormigonera se había estropeado.*

hormigueo (hor-mi-**gue**-o) *s. m.* Sensación de picor, parecida a las cosquillas. *Sintió un ligero hormigueo en las piernas.* **SIN.** Cosquilleo, picazón.

hormiguero (hor-mi-**gue**-ro) *s. m.* **1.** Lugar donde se crían y recogen las hormigas. *Los hormigueros tienen muchas galerías.* **2.** Sitio en que hay mucha gente en movimiento. *Durante las fiestas, la ciudad era un auténtico hormiguero.* **SIN.** Hervidero, gentío.

hormiguillo (hor-mi-**gui**-llo) *s. m.* Cosquilleo. *Sentí un hormiguillo por la espalda.* ‖ **LOC. parecer que alguien tiene hormiguillo** *fam.* Estar muy inquieto.

hormona (hor-**mo**-na) *s. f.* Producto de la secreción interna de ciertos órganos que, transportado por la circulación sanguínea, es capaz de estimular, disminuir o suspender la función de otros. *Las hormonas controlan el proceso del crecimiento.*

hornada (hor-**na**-da) *s. f.* **1.** Cantidad de pan, cerámica u otras cosas, que se cuecen de una vez en el horno. *Acababan de meter la sexta hornada de pan.* **2.** *fam.* Conjunto de personas que acaban juntas una carrera, un curso, etc. *No eran de la misma hornada, él era un año mayor.* **SIN.** Promoción, quinta.

hornear (hor-ne-**ar**) *v. intr.* Tener un alimento durante cierto tiempo en el horno para que se cueza o dore. *Debes hornear el pastel para que se dore.*

hornillo (hor-**ni**-llo) *s. m.* Horno manual que se emplea en laboratorios, cocinas y usos industriales, para calentar, fundir o tostar, utilizando cualquier tipo de combustible. *Calentó la leche en el hornillo eléctrico.* **SIN.** Infiernillo, brasero.

horno (**hor**-no) *s. m.* **1.** Obra de albañilería, en general abovedada, dentro de la cual se produce calor por la combustión de gas, carbón, etc., provista de chimenea y de una o varias bocas, donde se funden o cuecen cosas. *Horno para fundir metales.* **SIN.** Hogar. **2.** Aparato de cocina que sirve para calentar, asar o gratinar alimentos. *Asó el besugo en el horno.* **3.** Tahona donde se cuece y vende pan. *El pan de ese horno es riquísimo.* **4.** Lugar muy caliente. *Este cuarto es un horno.* ‖ **5. alto horno** Horno industrial que se utiliza para la obtención del hierro fundido. **6. horno crematorio** El que sirve para incinerar cadáveres. **7. horno microondas** El que cuenta con un sistema que genera ondas electromagnéticas de alta frecuencia y sirve para cocinar con gran rapidez. ‖ **LOC. no estar el horno para bollos** *fam.* No existir oportunidad o conveniencia para hacer o decir algo.

horóscopo (ho-**rós**-co-po) *s. m.* **1.** Supuesta adivinación de la suerte de las personas según el signo del Zodíaco bajo el que han nacido. *El horóscopo le vaticinaba una vida feliz.* **SIN.** Augurio. **2.** Escrito donde consta tal adivinación. *Todos los días mira el horóscopo en el periódico.* **3.** *Zodiaco.

Aries	21 de marzo al 20 de abril
Tauro	21 de abril al 21 de mayo
Géminis	22 de mayo al 21 de junio
Cáncer	22 de junio al 22 de julio
Leo	23 de julio al 23 de agosto
Virgo	24 de agosto al 24 de septiembre
Libra	24 de septiembre al 23 de octubre
Escorpio	24 de octubre al 22 de noviembre
Sagitario	23 de noviembre al 21 de diciembre
Capricornio	22 de diciembre al 20 de enero
Acuario	21 de enero al 20 de febrero
Piscis	21 de febrero al 20 de marzo

horquilla (hor-**qui**-lla) *s. f.* **1.** Alfiler doblado que se utiliza para sujetar el pelo. *Necesito más horquillas para hacerte el moño.* **2.** En las bicicletas y motos, pieza que va de la rueda delantera al manillar. *Rompí la horquilla de la moto al chocar con tu coche.*

horrendo, da (ho-**rren**-do) *adj.* **1.** *Horroroso.* **2.** Muy grande, muy intenso. *Hace un calor horrendo.*

hórreo (**hó**-rre-o) *s. m.* Construcción rectangular para guardar el grano que se hace sobre cuatro pilotes. *Los hórreos son típicos de Asturias y Galicia.*

horrible (ho-**rri**-ble) *adj.* **1.** Que produce horror. *Aquellas escenas eran horribles.* **SIN.** Espantoso, espeluznante, pavoroso. **2.** Muy desagradable a la vista. *Tengo un aspecto horrible.* **SIN.** Feo. **3.** Muy grande, muy intenso. *Hace un frío horrible.* Tiene sup. irreg.: horribilísimo.

horripilar (ho-rri-pi-**lar**) *v. tr.* Horrorizar, aterrorizar. **GRA.** También v. prnl. *Me horripila pensar en ello.* **SIN.** Espeluznar, aterrar(se). **ANT.** Tranquilizar(se).

horror (ho-**rror**) *s. m.* **1.** Sentimiento de repulsión o temor muy grande e intenso producido por alguna cosa. *Tenía verdadero horror a los ratones.* **SIN.** Espanto, susto, pánico. **2.** *fam.* Aborrecimiento, repugnancia. *Ese libro es un horror.* **3.** *fam.* Enormidad, equivalente a mucho. *Esta peli me gusta un horror.* **4.** *fam.* Cosa mal hecha o fea. *Sus cuadros son un horror.* **SIN.** Bodrio. ‖ *s. m. pl.* **5.** Cosas extraordinarias por lo grandes, malas o exageradas. *Echaron un reportaje sobre los horrores de la guerra.*

horrorizar (ho-rro-ri-**zar**) *v. tr.* Causar horror o llenarse de pavor. **GRA.** También v. prn. *Me horroriza pensar en que sólo quedan dos días para el examen.* **SIN.** Horripilar(se), aterrar(se), espantar(se). ✎ Se conjuga como abrazar.

horroroso, sa (ho-rro-**ro**-so) *adj.* **1.** Que causa horror. *Era un lío horroroso.* **SIN.** Aterrador, espantoso. **2.** *fam.* Muy feo. *Esos pantalones son horrorosos.*

hortaliza (hor-ta-**li**-za) *adj.* Verduras y plantas comestibles, en general, que se cultivan en las huertas. *La lechuga es una hortaliza.*

hortensia (hor-**ten**-sia) *s. f.* Arbusto de jardín, originario de Japón, de flores olorosas, y flor de esta planta. *Le regaló un ramo de hortensias azules.*

hortera (hor-**te**-ra) *adj.* Se dice de la persona de gusto vulgar y llamativo. **GRA.** También s. m. y s. f. *Vistiendo es un poco hortera.* **SIN.** Chabacano.

horticultura (hor-ti-cul-**tu**-ra) *s. f.* **1.** Cultivo de los huertos y huertas. *Es muy aficionado a la horticultura.* **2.** Parte de la agricultura que trata de este cultivo. *Es especialista en horticultura.*

hosco, ca (**hos**-co) *adj.* Difícil de tratar, de mal genio. *Es una persona muy hosca.* **SIN.** Intratable, arisco, huraño. **ANT.** Simpático, afable, agradable.

hospedar (hos-pe-**dar**) *v. tr.* **1.** Recibir una persona en su casa huéspedes. *Les hospedó en su casa.* **SIN.** Albergar, alojar. ‖ *v. prnl.* **2.** Estar como huésped en un lugar. *Se hospedó en un hotel.* **SIN.** Alojarse.

hospedería (hos-pe-de-**rí**-a) *s. f.* *Albergue.

hospicio (hos-**pi**-cio) *s. m.* Casa en la que se alberga a niños huérfanos, pobres o abandonados. *Había pasado su infancia en un hospicio.* **SIN.** Inclusa, orfanato, orfelinato, casa cuna.

hospital (hos-pi-**tal**) *s. m.* Edificio donde se atiende y cura a las personas enfermas. *Lleva ya un mes ingresado en el hospital.* **SIN.** Clínica, sanatorio.

hospitalario, ria (hos-pi-ta-**la**-rio) *adj.* **1.** Que pertenece o se refiere a un hospital para enfermos. *Servicios hospitalarios.* **2.** Se dice de la persona que acoge con agrado a quienes recibe en su casa. *Es una persona muy hospitalaria.* **SIN.** Acogedor, generoso. **3.** También se dice de una casa, país, pueblo, etc. *Los pueblos de esa zona tienen fama de hospitalarios.*

hospitalizar (hos-pi-ta-li-**zar**) *v. tr.* Internar a alguien en un hospital o clínica para prestarle asistencia médica. *Tuvieron que hospitalizar a dos de los heridos.* ✎ Se conjuga como abrazar.

host *s. m.* *Anfitrión, en internet.

hostal (hos-**tal**) *s. m.* Establecimiento de huéspedes equivalente a un hotel. *Pasó la noche en un hostal.*

hostelería (hos-te-le-**rí**-a) *s. f.* Conjunto de servicios que proporcionan alojamiento y comida a los clientes y huéspedes. *Se dedica a la hostelería.*

hostia (**hos**-tia) *s. f.* **1.** Oblea redonda y fina de pan ázimo con que el sacerdote consagra la comunión en la misa. *El sacerdote consagró las hostias.* **2.** *vulg.* Golpe, bofetón. *Se dio la hostia con el coche.* ‖ *interj.* **3.** ¡**hostias!** *vulg.* Expresa admiración o sorpresa.

hostigar (hos-ti-**gar**) *v. tr.* **1.** Perseguir, molestar a alguien. *Le hostigaba con continuas preguntas.* **SIN.** Acosar, incordiar. **2.** Incitar con insistencia a alguien para que haga algo. *Me hostigaba para que tomara una decisión.* ✎ Se conjuga como ahogar.

hostil (hos-**til**) *adj.* Adversario, contrario, enemigo. *Adoptó una postura hostil.* **SIN.** Adverso, desfavorable, opuesto. **ANT.** Afín, amigo.

hostilidad (hos-ti-li-**dad**) *s. f.* **1.** Cualidad de hostil, actitud o acción hostil. *La hostilidad de los dos adversarios se palpaba en el ambiente.* **SIN.** Enemistad, rivalidad, oposición. **ANT.** Amistad, concordia. **2.** Agresión armada de un pueblo, ejército o tropa. *El ejército enemigo inició las hostilidades.* **SIN.** Ataque, guerra. **ANT.** Paz.

hotel (ho-**tel**) *s. m.* Edificio donde las personas que viajan pueden comer y dormir. *En un hotel hay muchos empleados, que cuidan de las personas que se alojan en él.* **SIN.** Parador.

hoy *adv. t.* **1.** En este día. *Nuestros amigos van a venir hoy.* **2.** Actualmente, tiempo presente. *Hoy le van mejor las cosas que hace unos años.* ‖ **LOC. de hoy en adelante** Desde este día en adelante. **de hoy para mañana** Rápidamente, en breve. **hoy día** En los días que vivimos. **hoy por hoy** Actualmente.

hoya (**ho**-ya) *s. f.* Llanura extensa rodeada de montañas. *La región era una gran hoya.* ☞ No debe confundirse con "olla".

hoyo (**ho**-yo) *s. m.* Concavidad formada naturalmente en la tierra o hecha por alguien. *Había un hoyo en mitad de la carretera.* **SIN.** Bache, pozo, socavón.

hoyuelo - hueso

hoyuelo (ho-**yue**-lo) *s. m.* Hoyo en el centro de la barbilla y también el que se forma en la mejilla de algunas personas al reírse. *Al reírse le salían unos graciosos hoyuelos.*

hoz *s. f.* **1.** Instrumento cortante que sirve para segar manualmente mieses y hierbas. *Antiguamente se segaba con la hoz, hoy se utiliza maquinaria moderna.* **2.** Estrechura de un valle profundo. *Fueron de excursión a las hoces.* ✎ Su pl. es "hoces".

hozar (ho-**zar**) *v. tr.* Escarbar en la tierra con el hocico. *Algo había enterrado allí, el perro no dejaba de hozar.* ✎ Se conjuga como abrazar.

hucha (**hu**-cha) *s. f.* **1.** Recipiente, generalmente con una ranura, que sirve para guardar el dinero ahorrado. *Sacó el dinero de la hucha para comprarse el libro.* **SIN.** Alcancía. **2.** Dinero que se ahorra y guarda. *Ha conseguido ya una buena hucha.*

hueco, ca (**hue**-co) *adj.* **1.** Que está vacío por dentro. **GRA.** También s. m. *Las ardillas vivían en un árbol hueco. Hay un hueco en la pared.* **SIN.** Vacío, ahuecado. **ANT.** Lleno. **2.** Presumido, vano. *Una persona hueca.* **SIN.** Presuntuoso. **3.** Se dice de lo que tiene sonido retumbante y profundo. *Una voz hueca.* **4.** Mullido, esponjoso. *Hacer un peinado hueco.* **SIN.** Abultado. **5.** Afectado, pomposo. *Un estilo hueco.* **SIN.** Rimbombante. **ANT.** Sencillo. ‖ *s. m.* **6.** Abertura en un muro, para servir de puerta, ventana, etc. *Abrieron un hueco en la pared para hacer un balcón.* **7.** Intervalo de tiempo o lugar. *Procuraré hacer un hueco en mi horario para recibirte. Había un hueco en la segunda fila.* **8.** *fam.* Empleo o puesto vacante. *Había tres candidatos para ocupar el hueco del Sr. García.*

huelga (**huel**-ga) *s. f.* **1.** Cesación en el trabajo de los obreros hecha de común acuerdo, con el fin de exigir e imponer ciertas condiciones a los patronos. *Estuvieron tres días de huelga.* **SIN.** Paro. ‖ **2. huelga de brazos caídos** La que practican los trabajadores estando en su puesto habitual de trabajo pero sin trabajar. **3. huelga de celo** La que hacen los trabajadores que realizan su labor con meticulosidad empleando más tiempo, bajando con ello su rendimiento. **4. huelga de hambre** Abstinencia voluntaria y total de alimentos como acción de protesta. **5. huelga general** La que emprenden a la vez todos los sectores de la economía de un país.

huella (**hue**-lla) *s. f.* **1.** Señal que deja el pie de una persona o animal en la tierra por donde ha pisado. *Aquellas huellas eran recientes.* **2.** Señal, rastro. *Había desaparecido sin dejar ni huella.* **SIN.** Pista, signo. **3.** Impresión profunda y duradera. *La muerte de su amiga dejó en él una profunda huella.* ‖ **4. huella dactilar o digital** La que deja la yema del dedo en los objetos, o que se consigue humedeciéndolo con tinta para identificar a una persona. ‖ **LOC. seguir las huellas** *fam.* Imitar, seguir la conducta de alguien.

huérfano, na (**huér**-fa-no) *adj.* Se dice de la persona menor de edad que pierde a su padre, a su madre o a los dos. **GRA.** También s. m. y s. f. *Se quedó huérfano de padre cuando tenía dos añitos.*

huero, ra (**hue**-ro) *adj.* **1.** *Vacío. **2.** Vano e insustancial. *Un escrito huero.* **SIN.** Insulso, anodino. **ANT.** Interesante, profundo. **3.** Se dice del huevo podrido. *Los huevos hueros huelen fatal.*

huerta (**huer**-ta) *s. f.* **1.** Terreno destinado al cultivo de hortalizas y árboles frutales. *Plantó lechugas en la huerta.* **SIN.** Vergel. **2.** Región de regadío. *La huerta de Murcia.*

huerto (**huer**-to) *s. m.* Terreno pequeño donde se cultivan árboles frutales, lechugas, coles, etc. *Detrás de la casa tenía un pequeño huerto.* ‖ **LOC. llevar a alguien al huerto** *fam.* Engañarle o estafarle.

hueso (**hue**-so) *s. m.* **1.** Cada una de las piezas que forman el esqueleto de los vertebrados. *Se rompió un hueso de la pierna.* **2.** Parte dura que está en el interior de algunas frutas. *El melocotón, la ciruela, la guinda, etc. tienen hueso.* **SIN.** Pepita, semilla. **3.** Cosa difícil, trabajosa o desagradable de hacer. *Las matemáticas le resultaban un hueso.* **4.** *fam.* Persona de trato desagradable. *El recepcionista era un hueso.* **5.** *fam.* Profesor que suspende mucho. *La profe de matemáticas tenía fama de hueso.* ‖ *s. m. pl.* **6.** Despojos, restos mortales. *En aquella tumba reposaban sus huesos.* ‖ **7. la sin hueso** La lengua. ‖ **LOC. calado o empapado hasta los huesos** Muy mojado. **dar alguien con sus huesos en algún sitio** *fam.* Ir a parar a él. **estar, o quedarse, alguien en los huesos** Estar muy delgado. **tener alguien los huesos molidos** Estar muy cansado. ❧

Número de huesos El adulto tiene 206, pero los niños tienen más, que se funden al crecer.
El hueso más largo del cuerpo es el fémur; también es el más fuerte.
Los huesos largos son mucho más fuertes y ligeros que el hormigón armado.
El hueso más pequeño es el estribo, uno de los tres que forman el oído medio.
Los huesos del cuello del ser humano son 7, igual que los del cuello de la jirafa, que mide hasta 1,8 m.
El cráneo contiene 22 huesos, sin contar los 6 huesecillos de los oídos.

huésped - humano

huésped, da (**hués**-ped) *s. m. y s. f.* **1.** Persona alojada en un establecimiento hotelero o en casa ajena. *Estaba todo listo para recibir a los huéspedes.* **SIN.** Invitado. **2.** Vegetal o animal en cuyo cuerpo se aloja un parásito. *Ese gato es huésped de pulgas.*

hueste (**hues**-te) *s. f.* **1.** Ejército en campaña. **GRA.** También s. f. pl. *Se enfrentaron ambas huestes.* **SIN.** Tropa, fuerza. **2.** Conjunto de partidarios de una persona o causa. *Las huestes del Cid partieron al destierro.*

huevas (**hue**-vas) *s. f. pl.* Masa de forma oval, constituida por los huevecillos de los pescados, rodeada por una membrana. *Nunca he probado las huevas de merluza.*

huevo (**hue**-vo) *s. m.* **1.** Cuerpo esferoidal que producen las hembras de muchos animales para la multiplicación de la especie, formado por una sola célula y que encierra el embrión con las sustancias adecuadas a su primer desarrollo. *Los huevos de las aves tienen cáscara.* **2.** En lenguaje corriente, se aplica al de la gallina por ser un elemento importante en la alimentación. *Cenaron huevos fritos.* **3.** *vulg.* *Testículo. **GRA.** Se usa más en pl. ǁ **4. huevo batido** El que se toma batido con vino, leche, azúcar, etc. **5. huevo duro** El cocido en agua hirviendo hasta endurecerse la yema y clara. **6. huevo frito, o estrellado** El que se fríe sin batir. **7. huevo hilado** Composición de huevos y azúcar que forma hebras finas. **8. huevo pasado por agua, o en cáscara** El que se cuece muy poco en agua hirviendo, sin que llegue a endurecer la yema y la clara. **9. huevos al plato** Los que, después de estrellados, se guisan lentamente con aceite o salsa. **10. huevos revueltos** Los que se fríen en sartén revolviéndolos para que no se unan como en una tortilla. ǁ **LOC. a huevo** Fácilmente. **a puro huevo** *vulg.* Con mucho esfuerzo. **costar algo un huevo** *vulg.* Ser muy difícil de lograr. | *vulg.* Valer mucho. **echarle huevos** *vulg.* Atreverse. **estar alguien hasta los huevos** *vulg.* Estar harto. **parecerse como un huevo a otro** Ser una persona o cosa igual a otra. **parecerse como un huevo a una castaña** Frase que se usa para ponderar la desemejanza entre dos personas o cosas. **tener alguien huevos** *vulg.* Ser valiente. **pisando huevos** *fam.* Muy despacio, con cuidado. | *fam.* Torpemente.

huida (hu-i-da) *s. f.* Acción de huir. *Calcularon al detalle su huida de la cárcel.* **SIN.** Escape, evasión, fuga.

huidizo, za (hu-i-**di**-zo) *adj.* Que huye o tiene tendencia a huir. *Tenía una mirada huidiza.* **SIN.** Fugaz.

huir (hu-**ir**) *v. intr.* **1.** Apartarse rápidamente de un lugar, de alguien o de algo para evitar un daño. **GRA.** También v. prnl. *Huye de los perros porque teme que lo muerdan.* **SIN.** Escapar(se), zafar(se). **2.** *Fugarse. ◈ v. irreg.

INDICATIVO		SUBJUNTIVO		
Pres.	Pret. perf. s.	Pres.	Pret. imperf.	Fut. imperf.
huyo	huí	huya	huyera/se	huyere
huyes	huiste	huyas	huyeras/se	huyeres
huye	huyó	huya	huyera/se	huyere
huimos	huimos	huyamos	huyéramos/semos	huyéremos
huis	huisteis	huyáis	huyerais/seis	huyereis
huyen	huyeron	huyan	huyeran/sen	huyeren
IMPERATIVO		huye, huya, huid, huyan		
FORMAS NO PERSONALES			Ger. huyendo	

hule (**hu**-le) *s. m.* Tela pintada al óleo y barnizada por un lado, con el fin de hacerla impermeable. *Cubrieron la mesa con un hule.* **SIN.** Linóleo.

hulla (**hu**-lla) *s. f.* Carbón fósil, muy negro brillante o mate y duro, que tiene un alto poder calorífico. *Pidieron hulla para la calefacción de carbón.*

humanidad (hu-ma-ni-**dad**) *s. f.* **1.** El conjunto de todas las personas del mundo. *La humanidad está formada por multitud de razas.* **2.** Género humano. *La historia de la humanidad.* **3.** Benevolencia, compasión. *Es una persona de gran humanidad.* **SIN.** Bondad, caridad, piedad, misericordia. ǁ *s. f. pl.* **4.** Las letras clásicas consideradas como instrumento de formación. *Estudia humanidades.* **SIN.** Letras, historia, literatura.

humanismo (hu-ma-**nis**-mo) *s. m.* Movimiento intelectual del renacimiento europeo, que se centró en el valor de lo humano y en la recuperación de la antigüedad clásica como modelo. *La imprenta difundió el humanismo por toda Europa.*

humanitario, ria (hu-ma-ni-**ta**-rio) *adj.* **1.** Que mira o se refiere al bien del género humano. *Un proyecto humanitario.* **2.** Benigno, caritativo, compasivo. *Una persona humanitaria.*

humanizar (hu-ma-ni-**zar**) *v. tr.* Hacer humano. **GRA.** También v. prnl. *Hay que humanizar más la tecnología.* ◈ Se conjuga como abrazar.

humano, na (hu-**ma**-no) *adj.* **1.** Que pertenece o se refiere al ser humano o es propio de él. *La supervivencia humana.* **2.** Se dice de la persona que se preocupa por las desgracias ajenas. *Es muy humano.* **SIN.** Sensible, compasivo, considerado. **ANT.** Inhumano, cruel, insensible. ǁ *s. m.* **3.** Persona. *Era obra de un humano.* ǁ *s. m. pl.* **4.** Conjunto de todos los seres humanos. *Afectaba a todos los humanos.*

humareda - huracán

humareda (hu-ma-**re**-da) *s. f.* Abundancia de humo. *Se preparó una gran humareda.*

humear (hu-me-**ar**) *v. intr.* **1.** Exhalar o despedir humo. **GRA.** También v. prnl. *La chimenea humeaba sobre el tejado.* **2.** Arrojar vaho o vapor una cosa. *El agua hirviendo humeaba.*

humedad (hu-me-**dad**) *s. f.* **1.** Cualidad de húmedo. *Había mucha humedad en aquel terreno.* **2.** Agua que impregna un cuerpo. *No dejes la bayeta con humedad.* **3.** Cantidad de vapor de agua que hay en la atmósfera. *Grados de humedad.*

humedecer (hu-me-de-**cer**) *v. tr.* Mojar ligeramente. **GRA.** También v. prnl. *Humedeció la ropa en agua templada.* **SIN.** Rociar, empapar. ✎ v. irreg., se conjuga como parecer.

húmedo, da (**hú**-me-do) *adj.* **1.** Que participa de la naturaleza del agua. *Terreno húmedo.* **SIN.** Empapado. **2.** Ligeramente impregnado de agua o de otro líquido. *El pantalón aún no se ha secado, está húmedo.* **SIN.** Mojado. **ANT.** Seco. **3.** Se dice del clima, país, región, etc., cuya humedad del ambiente es normalmente alta o llueve mucho. *Era una vegetación típica de un clima húmedo.*

húmero (**hú**-me-ro) *s. m.* Hueso del brazo, entre el hombro y el codo. *Se rompió el húmero.*

humidificador (hu-mi-di-fi-ca-**dor**) *s. m.* Aparato que se coloca en un lugar cerrado para aumentar el grado de humedad del aire. *Pon el humidificador.*

humildad (hu-mil-**dad**) *s. f.* **1.** Manera de ser y actuar de las personas que no presumen de sus méritos y cualidades, y reconocen sus errores y defectos. *Es un hombre de gran humildad.* **SIN.** Modestia. **ANT.** Soberbia, orgullo. **2.** Sumisión a la voluntad de alguien. *Acató sus órdenes con humildad.* **SIN.** Obediencia, sometimiento. **3.** Condición social modesta. *No se avergonzaba de la humildad de su origen.* **SIN.** Plebeyez. **ANT.** Alcurnia.

humilde (hu-**mil**-de) *adj.* **1.** Que no se da importancia. *Es muy humilde, nunca presume de su sabiduría.* **SIN.** Modesto, sencillo, dulce. **ANT.** Orgulloso, soberbio, altivo. **2.** Pobre. *Antes de hacerse rico, vivía en esta humilde casa.* **SIN.** Plebeyo. **ANT.** Noble.

humillar (hu-mi-**llar**) *v. tr.* **1.** Vencer el orgullo y la soberbia de una persona. *Con lo que dijo humilló su amor propio.* **SIN.** Someter, abatir, doblegar. ‖ *v. prnl.* **2.** Hacer actos de humildad. *Se humilló ante ellos.*

humo (**hu**-mo) *s. m.* **1.** Producto que se desprende en forma gaseosa de una combustión incompleta, compuesto principalmente de vapor de agua y anhídrido carbónico. *Salía mucho humo de la chimenea.* **SIN.** Gas, vapor, humazo. ‖ *s. m. pl.* **2.** Vanidad, altivez. *No sé de dónde le vienen esos humos.* **SIN.** Soberbia, altanería, arrogancia. **ANT.** Sencillez, modestia. ‖ **LOC. bajarle a alguien los humos** *fam.* Humillarle. **echar humo** *fam.* Estar muy furioso.

humor (hu-**mor**) *s. m.* **1.** Cualquiera de los líquidos del cuerpo del animal. *El humor acuoso es el líquido que se halla en el globo del ojo entre el cristalino y la retina.* **SIN.** Serosidad, acuosidad. **2.** Estado de ánimo. *Está de buen humor.* **3.** Jovialidad, gracia, donaire. *A pesar de los años, tiene mucho humor.* **4.** Buena disposición en que uno se halla para hacer una cosa. *No tengo humor para salir.* **SIN.** Talante. **5.** Agudeza para demostrar lo que hay de divertido o ridículo en una cosa. *Me gusta su humor.* **SIN.** Ingenio, ocurrencia, salero. **ANT.** Sosería. ‖ **6. humor de perros** Mal humor muy acentuado. **7. humor negro** El que se basa en aspectos o temas que desde otro punto de vista provocarían horror, lástima, etc.

humorismo (hu-mo-**ris**-mo) *s. m.* Estilo artístico, y especilmente literario, que consiste en expresar elementos cómicos por medio de ideas, situaciones, sucesos, etc. *Realizó unas críticas con gran humorismo.*

humorista (hu-mo-**ris**-ta) *adj.* Que se dedica profesionalmente al humorismo. *Gila es un gran humorista.* **SIN.** Cómico.

humus (**hu**-mus) *s. m.* Material orgánico completamente descompuesto, de color oscuro, que se encuentra encima o dentro del suelo. *Es una tierra fértil, tiene mucho humus.* ✎ Invariable en número.

hundir (hun-**dir**) *v. tr.* **1.** Meter en lo hondo. **GRA.** También v. prnl. *Hundió la cabeza en el agua.* **SIN.** Naufragar, zozobrar. **ANT.** Emerger, flotar. **2.** Destruir, arruinar. *Hundió el negocio.* **3.** Vencer a alguien con argumentos y razones. *Hundió a su oponente con claros hechos.* ‖ *v. prnl.* **4.** Caerse un edificio, sumergirse una cosa. *El edificio se hundió porque estaba mal construido.* **SIN.** Derrumbarse, desplomarse, naufragar. **5.** Ponerse triste y perder el ánimo. *Se hundió cuando supo que le habían suspendido.* **SIN.** Deprimirse, abatirse. **ANT.** Animarse.

huracán (hu-ra-**cán**) *s. m.* **1.** Tempestad tropical, acompañada de lluvias intensas y grandes mareas. *El huracán afectó a toda la zona norte del Caribe.* **SIN.** Tifón, tornado. **2.** Viento muy fuerte. *Se levantó un gran huracán.* **SIN.** Vendaval, tromba, torbellino. **3.** Acontecimiento que causa grandes males. *La noticia de su dimisión fue todo un huracán.* **4.** Persona muy impetuosa. *Es como un huracán.*

huraño, ña (hu-**ra**-ño) *adj.* Que huye y se esconde de la gente. *Es muy huraño.* **SIN.** Hosco, arisco, esquivo, insociable. **ANT.** Sociable, afable, tratable.

hurgar (hur-**gar**) *v. tr.* **1.** Remover una cosa. *No hurgues en el bote, todas las pastas son iguales.* **SIN.** Excavar, revolver. **2.** Fisgar. *No me gusta que hurgues en mis cosas.* ✎ Se conjuga como ahogar.

hurón (hu-**rón**) *s. m.* Mamífero carnívoro, de cuerpo pequeño y prolongado, cabeza pequeña y glándulas anales que despiden un olor muy desagradable. *La caza con hurones está prohibida.*

hurtadillas, a *loc. adv.* Furtivamente, sin que nadie lo note. *Lo que más le fastidiaba es que lo hubiera hecho a hurtadillas.* **SIN.** Sigilosamente, secretamente, a escondidas. **ANT.** Abiertamente.

hurtar (hur-**tar**) *v. tr.* Robar a escondidas, sin intimidación en las personas ni fuerza en las cosas. *Le pillaron hurtando en el supermercado.* **SIN.** Quitar, sisar, sustraer, limpiar. **ANT.** Devolver, restituir.

husmear (hus-me-**ar**) *v. tr.* **1.** Rastrear con el olfato una cosa. *El perro husmeaba su rastro.* **SIN.** Olfatear, oler, percibir, rastrear. **2.** *fam.* Indagar algo con disimulo. *Ese desconocido lleva husmeando por aquí toda la tarde.* **SIN.** Fisgonear, curiosear, escudriñar, indagar, barruntar.

huso (**hu**-so) *s. m.* **1.** Instrumento manual para torcer y enrollar, en el hilado hecho a mano, el hilo que se va formando. *Se ha roto el huso de mi abuela.* || **2. huso esférico** Porción de superficie comprendida entre dos semicírculos máximos. **3. huso horario** Cada una de las 24 partes en que se considera dividida la esfera terrestre, comprendidas entre dos meridianos, dentro de las cuales rige la misma hora. ☞ No debe confundirse con "uso".

i *s. f.* **1.** Novena letra del abecedario español y tercera de sus vocales. Se llama también "i latina". **2.** Letra numeral que tiene el valor de uno en la numeración romana. ‖ **3. i griega** Nombre de la letra "y". 🖉 Su pl. es "íes".

íbice (**í**-bi-ce) *s. m.* Mamífero rumiante parecido a la cabra montés. *Los íbices habitan en Suiza e Italia.*

ibis (**i**-bis) *s. f.* Nombre de varias aves zancudas de pico largo y de plumaje blanco excepto la cabeza, cuello, cola y extremidad de las alas, donde es negro. *Los antiguos egipcios veneraban al ibis.* 🖉 Invariable en número.

iceberg (i-ce-**berg**) *s. m.* Masa de hielo que flota en el océano o en los mares polares. *El barco chocó contra un iceberg.*

icono (i-**co**-no) *s. m.* **1.** En las Iglesias de oriente, toda pintura religiosa realizada sobre madera o marfil, por oposición al fresco mural. *Son famosos los iconos rusos.* **SIN.** Efigie, imagen, cuadro, pintura. **2.** Signo que guarda una relación de semejanza con el objeto que representa. *El icono de la cafetería representa una taza.* **3.** En informática, imagen que en la pantalla de un ordenador representa a un fichero o un programa o un conjunto de los mismos. *Para abrir el programa pon el cursor sobre el icono.* 🖉 También "ícono".

iconoclasta (i-co-no-**clas**-ta) *adj.* Se dice de la persona que niega el culto debido a las imágenes sagradas. **GRA.** También s. m. y s. f. *Los musulmanes son iconoclastas.*

iconografía (i-co-no-gra-**fí**-a) *s. f.* Descripción y explicación de imágenes, retratos, cuadros, estatuas o monumentos, y en especial de los antiguos. *En el museo nos dieron una clase de iconografía.*

icosaedro (i-co-sa-**e**-dro) *s. m.* Sólido limitado por veinte caras. *Esta figura es un icosaedro regular.*

ictericia (ic-te-**ri**-cia) *s. f.* Enfermedad producida por la acumulación de pigmentos biliares en la sangre y cuya señal exterior más destacada es la amarillez de la piel. *Tuvieron que dejar al bebé ingresado durante unos días porque tenía ictericia.*

ictiófago, ga (ic-**tió**-fa-go) *adj.* Que se alimenta de peces. **GRA.** También s. m. y s. f. *El pelícano es ictiófago.* **SIN.** Piscívoro.

ictiología (ic-tio-lo-**gía**-a) *s. f.* Parte de la zoología que estudia los peces. *Es aficionada a la ictiología.*

ida (**i**-da) *s. f.* **1.** Acción de ir de un lugar a otro. *Sacó un billete de ida.* **SIN.** Acercamiento, aproximación. **ANT.** Vuelta. **2.** Acción inconsiderada e impensada. *Parecía una peonza con sus idas y venidas.* **SIN.** Impulso, ímpetu, arranque.

idea (i-**de**-a) *s. f.* **1.** Conocimiento de una cosa. *No tengo idea de cómo llegar a su casa.* **SIN.** Concepto, noción. **ANT.** Desconocimiento. **2.** Intención de hacer algo. *Tengo idea de ir a visitarte pronto.* **SIN.** Propósito. **3.** Juicio u opinión que alguien tiene de una persona o cosa. *He hablado sólo dos veces con él y ya tengo una idea de cómo es.* **SIN.** Criterio, impresión. **4.** Proyecto, plan, disposición. *La idea que manifestó sobre el negocio parecía interesante.* **5.** Ocurrencia, golpe, salida. *Siempre nos sorprende con sus ideas.* **6.** Ideal. *Vive sólo para esa idea.* ‖ *s. f. pl.* **7.** Ideario, credo, ideología. *Sus ideas son progresistas.* ‖ **8. ideas de bombero, o de guardia retirado** Ideas absurdas o ridículas. **9. ideas fijas** Manera de pensar que alguien tiene en lo religioso, político, etc. ‖ **LOC. a mala idea** *fam.* Con intención de hacer daño o molestar. **con idea de** *fam.* Con intención de. **dar ideas a alguien** Hacerle algunas orientaciones que le sirvan de ayuda. **hacerse a la idea de algo** Acostumbrarse a ello, superarlo. **no tener ni idea de algo** Ignorarlo totalmente.

ideal (i-de-**al**) *adj.* **1.** Que no es físico, real y verdadero, sino que está en la fantasía. *Soñaba con un mundo ideal.* **SIN.** Imaginario, irreal. **2.** Excelente, estupendo. *Es un marido ideal.* **SIN.** Sublime, ejemplar. ‖ *s. m.* **3.** Prototipo, modelo de perfección. *Hizo la descripción de su ideal de casa.* **SIN.** Paradigma, arquetipo. **4.** Aquello que se pretende o a lo que se aspira. **GRA.** Se usa también en pl. *Conseguir clasificarse era uno de sus ideales.* **SIN.** Sueño, objetivo, meta. ‖ *s. m. pl.* **5.** Doctrina, ideas, etc. que alguien tiene. *Era una persona de ideales progresistas.*

idealismo (i-de-a-**lis**-mo) *s. m.* Tendencia a idealizar, a dejarse influir más por ideales que por consideraciones prácticas. *Su idealismo le hizo llevarse grandes desilusiones.* **SIN.** Altruismo. **ANT.** Materialismo.

idealista (i-de-a-**lis**-ta) *adj.* **1.** Que pertenece o se refiere al idealismo. *Una actitud idealista.* **2.** Que idealiza, que se deja guiar más por ideales que por consideraciones prácticas. **GRA.** También s. m. y s. f. *Ana es muy idealista.* **ANT.** Materialista, práctico.

idealizar (i-de-a-li-**zar**) *v. tr.* Atribuir a una persona o cosa características y cualidades ideales. *Le había idealizado.* **SIN.** Embellecer, ensalzar. 🖎 Se conjuga como abrazar.

idear (i-de-**ar**) *v. tr.* **1.** Pensar, discurrir. *Ideó cómo salir de allí sin ser visto.* **SIN.** Maquinar. **2.** Trazar, inventar. *Ideó un nuevo motor.* **SIN.** Imaginar, proyectar.

ideario (i-de-**a**-rio) *s. m.* Conjunto de ideas que tiene una persona, organización, etc. *Aquello iba contra el ideario del grupo.* **SIN.** Ideología, credo.

ídem (**í**-dem) *pron.* **1.** Significa 'el mismo', 'lo mismo', y se suele usar para repetir las citas de un autor y, en las cuentas o listas, para denotar diferentes partidas de una misma especie y evitar así la repetición. *Si tú lo compras, yo ídem.* ‖ **LOC.** **ídem de ídem** *fam.* Lo mismo que ya se ha dicho. 🖎 Su abrev. es "íd.".

idéntico, ca (i-**dén**-ti-co) *adj.* **1.** Se dice de lo que es igual que otra cosa con la que se compara. *Los dos tenían idénticas razones.* **SIN.** Equivalente, exacto. **ANT.** Diferente, distinto. **2.** Muy parecido. *Sus carteras eran idénticas.* **SIN.** Semejante, similar.

identificar (i-den-ti-fi-**car**) *v. tr.* **1.** Reconocer, verificar. *Sus familiares identificaron el cadáver.* **2.** Relacionar, asociar. *Identifica mar con verano.* ‖ *v. prnl.* **3.** Tener dos o más personas la misma ideología, voluntad, deseo, etc. *Se identifican en casi todo.* **SIN.** Coincidir. **ANT.** Discrepar. **4.** Mostrar una persona sus datos personales. *La policía le pidió que se identificara.* 🖎 Se conjuga como abarcar.

ideograma (i-de-**o**-gra-ma) *s. m.* Imagen convencional o símbolo que en la escritura de ciertas lenguas significa una palabra, morfema o frase determinados, sin representar cada una de sus sílabas o fonemas. *La escritura egipcia empleaba ideogramas.*

ideología (i-de-o-lo-**gí**-a) *s. f.* Conjunto de ideas que caracterizan el pensamiento de una persona o de un grupo. *Su ideología es liberal.* **SIN.** Ideario.

idílico, ca (i-**dí**-li-co) *adj.* Ideal, bucólico. *Era un paisaje idílico.*

idilio (i-**di**-lio) *s. m., fam.* Relaciones entre enamorados. *Mantuvieron un corto idilio.* **SIN.** Romance.

idioma (i-**dio**-ma) *s. m.* Lengua de una nación o pueblo, o común a varios. *Tras haber vivido en varios países, el embajador hablaba más de ocho idiomas.*

idiomático, ca (i-dio-**má**-ti-co) *adj.* Propio y peculiar de una lengua determinada. *Es un giro idiomático.*

idiosincrasia (i-dio-sin-**cra**-sia) *s. f.* Carácter, temperamento, etc. característico de cada persona o colectividad, por el que se distingue de los demás. *Es típico de la idiosincrasia de este pueblo.* **SIN.** Individualidad, personalidad.

idiota (i-**dio**-ta) *adj.* **1.** *fam.* Tonto, de poca inteligencia. **GRA.** También s. m. y s. f. *A veces pareces idiota, hijo.* **SIN.** Ignorante, incompetente, necio. **ANT.** Culto, instruido. **2.** *fam.* Se dice de la persona engreída sin fundamento para ello. **GRA.** También s. m. y s. f. *Últimamente se ha puesto un poco idiota.* **SIN.** Creído, estúpido. **ANT.** Modesto, sencillo.

idiotez (i-dio-**tez**) *s. f., fam.* Tontería, estupidez. *Deja de decir idioteces.* **SIN.** Necedad, memez, imbecilidad. 🖎 Su pl. es "idioteces".

idiotizar (i-dio-ti-**zar**) *v. tr.* Atontar. **GRA.** También v. prnl. *Con tantos mimos se va a idiotizar.* 🖎 Se conjuga como abrazar.

ido, da (**i**-do) *adj.* **1.** Se dice de la persona que está un poco loca. *Está un poco ido.* **SIN.** Chalado. **ANT.** Cuerdo. **2.** *fam.* Distraído, despistado, lelo. *Cuando la profesora le preguntó estaba totalmente ido.*

idólatra (i-**dó**-la-tra) *adj.* Que adora ídolos o falsas deidades. **GRA.** También s. m. y s. f. *La mayoría de los pueblos antiguos eran idólatras.*

idolatrar (i-do-la-**trar**) *v. tr.* **1.** Adorar ídolos. *Ese pueblo idolatraba al dios del Sol.* **2.** Amar o admirar excesivamente a una persona o cosa. **GRA.** También v. intr. *Idolatraba a su hija.* **SIN.** Adorar. **ANT.** Odiar.

idolatría (i-do-la-**trí**-a) *s. f.* **1.** Adoración de los ídolos. *En los pueblos primitivos era muy frecuente la idolatría.* **SIN.** Paganismo. **2.** Amor o admiración excesiva a una persona o cosa. *Sienten verdadera idolatría por su amiga.* **SIN.** Adoración, veneración.

ídolo (**í**-do-lo) *s. m.* **1.** Figura de un dios o diosa a la que se da culto. *Su ídolo era el dios del Sol.* **SIN.** Efi-

idóneo - igualdad

gie, icono. **2.** Persona o cosa excesivamente amada o admirada. *Era un ídolo de la canción.*

idóneo, a (i-**dó**-ne-o) *adj.* **1.** Que tiene suficiencia y aptitud para una cosa. *Es la persona idónea para ese puesto.* **SIN.** Apto, capaz, dispuesto, competente. **ANT.** Incapaz, incompetente. **2.** Que es apropiado o adecuado para algo. *Un cuchillo es un instrumento idóneo para cortar.* **SIN.** Apropiado, conveniente. **ANT.** Inadecuado, inconveniente.

iglesia (i-**gle**-sia) *s. f.* **1.** Templo destinado para la celebración del culto religioso. *Edificaron una nueva iglesia en el barrio.* **SIN.** Basílica, capilla, catedral, ermita, mezquita, sinagoga. **2.** Congregación de fieles que siguen las enseñanzas de Cristo. **ORT.** Suele escribirse con mayúscula. *Era uno de los dogmas de la Iglesia.*

iglú (i-**glú**) *s. m.* Vivienda de bloques de hielo, de forma semiesférica, que construyen los esquimales para pasar el invierno. *Dibujaron un iglú.*

ígneo (íg-**ne**-o) *adj.* **1.** De fuego o que tiene alguna de sus cualidades. *Materia ígnea.* **SIN.** Candente, incandescente. **ANT.** Frío. **2.** Se dice de las rocas volcánicas procedentes de la masa de fusión existente en el interior de la Tierra. *El volcán expulsaba grandes bloques ígneos por el cráter.* **SIN.** Eruptivo.

ignición (ig-ni-**ción**) *s. f.* **1.** Acción y efecto de estar un cuerpo encendido o enrojecido por un fuerte calor. *El carbón en la caldera estaba en plena ignición.* **SIN.** Incandescencia. **2.** En un motor de explosión, inflamación de la mezcla de aire y carburante. *Al producirse la ignición, el motor arrancó.*

ignífugo, ga (ig-**ní**-fu-go) *adj.* Se dice de aquellas materias, sustancias o productos que protegen contra el fuego. *Los bomberos que apagaron el incendio llevaban un traje ignífugo.*

ignominia (ig no-**mi**-nia) *s. f.* **1.** Afrenta pública de la que es objeto una persona. *No estaba dispuesta a soportar más ignominias.* **SIN.** Oprobio, deshonra, deshonor, infamia. **ANT.** Gloria. **2.** Mala acción que se hace contra alguien. *Eso ha sido una ignominia.* **SIN.** Bajeza, infamia.

ignorancia (ig-no-**ran**-cia) *s. f.* **1.** Falta de conocimiento de una cosa. *En la ignorancia de lo que pasaba, cayó en la trampa.* **SIN.** Desconocimiento. **ANT.** Conocimiento. **2.** Falta de cultura. *En aquella zona había mucha ignorancia.* **SIN.** Incultura, analfabetismo. **ANT.** Sabiduría, saber.

ignorante (ig-no-**ran**-te) *adj.* Que no tiene cultura. *Era muy ignorante.* **SIN.** Inculto, iletrado. **ANT.** Culto, sabio.

ignorar (ig-no-**rar**) *v. tr.* **1.** No saber una cosa. *Le conozco de vista, pero ignoro su nombre.* **SIN.** Desconocer. **ANT.** Conocer. **2.** No tener experiencia de algo. *Ignoro cómo se hace.* **ANT.** Saber, conocer. **3.** No prestar atención a alguien o a algo, no hacer caso. *Le llevaron con ellos, pero ignoraron su presencia durante todo el día.* **SIN.** Desatender, desentenderse.

ignoto, ta (ig-**no**-to) *adj.* Desconocido o inexplorado. *Terreno ignoto.* **SIN.** Ignorado, incógnito. **ANT.** Conocido, sabido.

igual (i-**gual**) *adj.* **1.** De la misma forma, tamaño, cantidad, etc. de otra cosa. *Tiene una bolsa de deporte igual que la mía.* **SIN.** Uniforme, sinónimo, semejante, idéntico. **ANT.** Distinto, diferente. **2.** Muy parecido o semejante. *Mi chaqueta es igual a la tuya pero de distinto color.* **SIN.** Semejante. **ANT.** Distinto. **3.** Liso, que no tiene cuestas ni profundidades. *En esta parte de la finca el terreno está todo igual.* **SIN.** Llano, plano, regular. **ANT.** Irregular. **4.** Indiferente. *Es igual hoy que mañana, no corre prisa.* **SIN.** Indistinto. **5.** Constante y regular. *El ritmo de esta máquina es muy igual.* **SIN.** Invariable. ‖ *s. m.* **6.** En matemáticas, signo de la igualdad formado por dos rayas horizontales y paralelas (=). ‖ *s. m. pl.* **7.** En tenis, pelota vasca y tenis de mesa, igualdad de puntos. *A 40 iguales.* ‖ *adv. m.* **8.** Posiblemente, tal vez. *¿Vendrás mañana? Igual sí.* ‖ **LOC. dar igual algo** No importar. **de igual a igual** Al mismo nivel. **sin igual** Sin par.

igualar (i-gua-**lar**) *v. tr.* **1.** Poner al igual que otra a una persona o cosa. **GRA.** También v. prnl. *Igualó los pesos de la balanza.* **SIN.** Equiparar(se), equilibrar(se). **2.** Hablando de la tierra, ponerla lisa y sin altibajos. *Igualaron el terreno.* **SIN.** Aplanar, alisar, allanar, nivelar. **3.** En deportes, empatar. *Igualaron el partido en el último minuto.* ‖ *v. intr.* **4.** Ser una persona o cosa igual o muy parecida a otra. **GRA.** También v. prnl. *Estos dos azules casi se igualan.*

igualdad (i-gual-**dad**) *s. f.* **1.** Condición de ser una cosa igual que otra en naturaleza, forma, calidad o cantidad. *La igualdad de altura entre dos personas.* **SIN.** Identidad, equivalencia. **ANT.** Desigualdad, diferencia. **2.** Ausencia de distinción entre los miembros de un grupo. *Defiende la igualdad de todos ante la justicia.* **SIN.** Equidad, imparcialidad. **3.** Llanura, uniformidad de una superficie. *La igualdad del terreno.* **4.** En matemáticas, expresión de la equivalencia de dos cantidades. *Tienes que resolver el valor de la incógnita en esa igualdad.* **SIN.** Ecuación. **ANT.** Desigualdad.

igualitario - ilusionista

igualitario, ria (i-gua-li-**ta**-rio) *adj.* Que entraña igualdad o tiende a ella. *Medidas igualitarias.*

iguana (i-**gua**-na) *s. f.* Nombre genérico de unos reptiles americanos parecidos al lagarto, provistos de una gran papada y de una cresta espinosa a todo lo largo del dorso. *La carne de la iguana es comestible.*

ijada (i-**ja**-da) *s. f.* Cualquiera de las dos cavidades colocadas simétricamente entre las costillas falsas y los huesos de las caderas. *Se dañó las ijadas.*

ijar *s. m.* *Ijada.

ikurriña (i-ku-**rri**-ña) *s. f.* Bandera del País Vasco. *Izaron la ikurriña en el balcón del Ayuntamiento.*

ilación (i-la-**ción**) *s. f.* **1.** Conexión de una cosa con otra. *Esos dos hechos no tienen ilación.* **SIN.** Enlace. **2.** Relación o dependencia de las partes de un discurso. *Emitía palabras sin ilación alguna.*

ilativo, va (i-la-**ti**-vo) *adj.* **1.** Que se deduce o puede deducirse. *Hecho ilativo.* **SIN.** Derivado, lógico, correspondiente. **ANT.** Ilógico. **2.** Se dice de la conjunción que expresa una consecuencia de lo que se ha manifestado anteriormente. *Conque.*

ilegal (i-le-**gal**) *adj.* Que no es legal, que es contrario a lo que señala la ley o que está fuera de ella. *El robo es un acto ilegal.* **SIN.** Ilícito. **ANT.** Legal, lícito.

ilegalidad (i-le-ga-li-**dad**) *s. f.* **1.** Falta de legalidad. *Denunciaron la ilegalidad del proceso.* **SIN.** Ilegitimidad, injusticia, arbitrariedad. **ANT.** Legalidad, acatamiento. **2.** Hecho que está fuera de la ley. *Cometieron una ilegalidad.* **SIN.** Delito, infracción.

ilegalizar (i-le-ga-li-**zar**) *v. tr.* Pasar a considerar la autoridad competente ilegal algo que antes no lo era. *Ilegalizaron el alcohol.*

ilegible (i-le-**gi**-ble) *adj.* Que no puede leerse. *La firma era ilegible.* **SIN.** Indescifrable, ininteligible, incomprensible. **ANT.** Legible, comprensible, claro.

ilegitimidad (i-le-gi-ti-mi-**dad**) *s. f.* Falta de alguna circunstancia o requisito para ser legítima una cosa. *Se hizo con toda ilegitimidad.* **SIN.** Ilegalidad, injusticia. **ANT.** Legitimidad, legalidad.

ilegítimo, ma (i-le-**gí**-ti-mo) *adj.* **1.** Se dice de los hijos que se tienen fuera del matrimonio. *Tuvo un hijo ilegítimo.* **SIN.** Bastardo. **2.** Que está fuera de la ley. *Acto ilegítimo.* **SIN.** Ilícito, ilegal. **ANT.** Legítimo, legal. **3.** Que está adulterado o que no es verdadero. *Documento ilegítimo.* **SIN.** Falsificado, fraudulento, falso. **ANT.** Verdadero, genuino.

íleon (**í**-le-on) *s. m.* Tercera porción del intestino delgado de los mamíferos, que va desde el yeyuno hasta el ciego. *Le operaron de una obstrucción en el íleon.* ☞ No debe confundirse con "ilion".

ileso, sa (i-**le**-so) *adj.* Que no ha recibido ningún daño. *Salió ileso del accidente.* **SIN.** Indemne, incólume, intacto. **ANT.** Tocado, dañado, herido.

iletrado, da (i-le-**tra**-do) *adj.* *Analfabeto.

ilícito, ta (i-**lí**-ci-to) *adj.* No permitido legal ni moralmente. *Aquello fue ilícito.* **SIN.** Ilegal, ilegítimo, indebido. **ANT.** Legal, debido, lícito, permitido.

ilimitado, da (i-li-mi-**ta**-do) *adj.* Que no tiene límites. *El Universo es un espacio ilimitado.* **SIN.** Indefinido, infinito. **ANT.** Limitado, finito.

ilion (**i**-lion) *s. m.* Hueso saliente de la cadera. *Al caer de la bici se rompió el ileon.* ☞ No debe confundirse con "íleon".

ilógico, ca (i-**ló**-gi-co) *adj.* Que carece de lógica, o va contra sus reglas y doctrinas. *Lo que dices es totalmente ilógico.* **SIN.** Absurdo, desatinado, descabellado, inverosímil. **ANT.** Lógico, verosímil.

iluminación (i-lu-mi-na-**ción**) *s. f.* **1.** Acción y efecto de iluminar. *Esta habitación tiene poca iluminación.* **2.** Conjunto de luces que iluminan un lugar. *Había problemas de iluminación.* **SIN.** Alumbrado. **3.** Adorno de muchas luces ordenadas que se ponen como decoración, sobre todo en las fiestas. *La iluminación de la plaza era espectacular.* **4.** Manera de colocar las luces de un espectáculo para conseguir determinado ambiente. *Forma parte de nuestro grupo de teatro, se encarga de la iluminación.*

iluminar (i-lu-mi-**nar**) *v. tr.* **1.** Dar luz. *Había dos enormes lámparas iluminando la habitación. Esta linterna ilumina poco.* **SIN.** Alumbrar. **ANT.** Oscurecer. **2.** Adornar con luces una fachada, un templo, etc. *Iluminaron la catedral.* **3.** Hacer claro algo. *Aquello iluminó su mente.* **SIN.** Aclarar, esclarecer.

ilusión (i-lu-**sión**) *s. f.* **1.** Concepto o imagen irreal sugerido por la imaginación o por engaño de los sentidos. *Había sido sólo una ilusión.* **SIN.** Alucinación, desvarío, delirio. **2.** Esperanza de conseguir algo que se desea. *Tenía la ilusión de viajar a Praga.* **SIN.** Quimera, sueño. **3.** Alegría. *La ilusión de todos los premiados era evidente.* **4.** Empeño. *Puso en ello toda su ilusión.* || **5. ilusión óptica** Apreciación errónea de la forma, tamaño y color de un objeto.

ilusionar (i-lu-sio-**nar**) *v. tr.* Hacer que alguien conciba esperanzas. **GRA.** También v. prnl. *Se ilusionó con conseguir aquella beca.* **SIN.** Confiarse, soñar. **ANT.** Desilusionar(se), defraudar.

ilusionista (i-lu-sio-**nis**-ta) *adj.* Se dice del artista que produce efectos ilusorios mediante juegos de manos, trucos, etc. **GRA.** También s. m. y s. f. *Los niños estaban entusiasmados viendo a la ilusionista.*

iluso - imantar

iluso, sa (i-**lu**-so) *adj.* **1.** Ingenuo, cándido. **GRA.** También s. m. y s. f. *Es una ilusa, cree que se lo va a dar.* **2.** Propenso a ilusionarse, soñador. *Es muy ilusa, ve el mundo de color de rosa.* **ANT.** Realista.

ilusorio, ria (i-lu-**so**-rio) *adj.* Engañoso, irreal. *Eran sólo promesas ilusorias.* **ANT.** Real, verdadero.

ilustración (i-lus-tra-**ción**) *s. f.* **1.** Fotografía, dibujo, etc. impreso en una revista o libro. *El libro tenía muchas ilustraciones a toda página.* **SIN.** Figura, imagen. **2.** Acción y efecto de ilustrar o ilustrarse. *Puso varios ejemplos para la ilustración de sus teorías.* **SIN.** Esclarecimiento, aclaración, explicación. **3.** Cultura, educación. *Es una persona de gran ilustración.* **SIN.** Civilización. ‖ *n. p.* **4.** Movimiento cultural europeo del s. XVIII, caracterizado por una gran confianza en la razón, la crítica de las instituciones tradicionales y la difusión del saber. *La Ilustración trataba todos los campos del racionalismo.*

ilustrado, da (i-lus-**tra**-do) *adj.* **1.** Que tiene dibujos o ilustraciones. *Diccionario ilustrado.* **2.** Se dice de la persona culta. *Luis es una persona ilustrada.* **SIN.** Instruido, erudito. **ANT.** Indocto, inculto. **3.** Que pertenece o se refiere a la Ilustración, o partidario de este movimiento. **GRA.** También s. m. y s. f. *Jovellanos fue un ilustrado español.* **SIN.** Enciclopedista.

ilustrar (i-lus-**trar**) *v. tr.* **1.** Aclarar un punto o materia con palabras, imágenes, etc. *Ilustra las definiciones con un ejemplo.* **SIN.** Explicar, comentar, glosar. **2.** Adornar un impreso con láminas o dibujos alusivos al texto. *Algunas palabras del diccionario están ilustradas.* **3.** Educar, formar. **GRA.** También v. prnl. *Aquel libro le había ilustrado mucho.* **SIN.** Instruir(se).

ilustre (i-**lus**-tre) *adj.* **1.** De origen noble. *Acudieron personajes ilustres.* **2.** Insigne, célebre. *Sus ilustres invitados.* **SIN.** Egregio, prestigioso, renombrado, eminente. **ANT.** Desconocido. **3.** Título de dignidad. *La carta iba dirigida a su ilustre presidente.*

ilustrísimo, ma (i-lus-**trí**-si-mo) *adj. sup.* de ilustre. Se aplica como tratamiento a ciertas personas por razón de su cargo o dignidad. *Dirigió la petición a su ilustrísima.*

imagen (i-**ma**-gen) *s. m.* **1.** Forma exterior de una cosa. *La casa por fuera tenía muy buena imagen.* **SIN.** Apariencia, aspecto, aire. **2.** Representación de una persona o cosa por medio del dibujo, la escultura o la pintura. *El cuadro era una imagen de la catedral.* **SIN.** Reproducción. **3.** Reproducción de un personaje religioso. *Tenía una imagen de San Antonio.* **4.** Representación mental. *Me había hecho una imagen totalmente distinta.* **5.** Evocación de algo. *Le vino a la cabeza su imagen.* **6.** Representación de una cosa por medio del lenguaje. *"Tus labios son rubíes" es una imagen metafórica.* **SIN.** Tropo, símbolo. **7.** En física, reproducción de la figura de un objeto por la combinación de los rayos de luz. *Imagen real / imagen virtual.* **8.** En cinematografía, banda de la película destinada a la fotografía. *Para acabar el plano realizó un fundido de imágenes.* ‖ **LOC. ser la viva imagen de algo** Mostrarlo claramente. **ser la viva imagen de alguien** Parecerse mucho.

imaginación (i-ma-gi-na-**ción**) *s. f.* **1.** Capacidad de evocar imágenes de cosas reales o ideales. *Es un pintor con mucha imaginación.* **SIN.** Fantasía. **2.** Imagen formada por la fantasía. *Era sólo una imaginación.* **SIN.** Espejismo. ‖ *s. f. pl.* **3.** Sospecha, conjetura. *Son imaginaciones tuyas.* **SIN.** Suposición. ‖ **LOC. ni por imaginación** *fam.* Indica lo inverosímil e irrealizable de una cosa. **pasársele a alguien algo por la imaginación** Ocurrírsele.

imaginar (i-ma-gi-**nar**) *v. tr.* **1.** Representar idealmente una cosa, crearla en la imaginación. **GRA.** También v. prnl. *Imaginó un mundo de ensueño.* **SIN.** Crear(se), inventar(se), fantasear. **2.** Presumir, sospechar. **GRA.** También v. prnl. *Ya imaginaba lo que iba a pasar.* **SIN.** Suponer(se). ‖ *v. prnl.* **3.** Pensar que se es algo. *Se imaginaba un aristócrata o algo así.*

imaginario, ria (i-ma-gi-**na**-rio) *adj.* Que sólo tiene existencia en la imaginación. *Vivía en su mundo imaginario.* **SIN.** Irreal, ficticio. **ANT.** Real.

imaginativo, va (i-ma-gi-na-**ti**-vo) *adj.* **1.** Que pertenece o se refiere a la imaginación. *Diseño imaginativo.* **2.** Que continuamente imagina cosas. *No seas tan imaginativa, las cosas no son así.* **SIN.** Iluso, ensoñador. **3.** Que tiene mucha imaginación. *Es una persona muy imaginativa.*

imaginería (i-ma-gi-ne-**rí**-a) *s. f.* Talla o pintura de imágenes sagradas. *El museo de mi ciudad es famoso por su imaginería.*

imago (i-**ma**-go) *s. m.* Fase final o estado adulto de un insecto, en la que adquiere capacidad de reproducción. *Antes de la fase de imago se producen varias metamorfosis en los insectos.*

imán (i-**mán**) *s. m.* **1.** Mineral de hierro que atrae el hierro y el acero. *Todas las agujas se han quedado pegadas al imán.* **2.** *Atractivo.

imantar (i-man-**tar**) *v. tr.* Comunicar a un cuerpo la propiedad magnética. **GRA.** También v. prnl. *Para imantar el clavo, ponlo junto al imán.* **SIN.** Magnetizar(se).

imbatible - impasse

imbatible (im-ba-**ti**-ble) *adj.* Que no puede ser derrotado. *Era un equipo imbatible.*

imbatido, da (im-ba-**ti**-do) *adj.* **1.** Que no ha sido vencido. *Contaba con el apoyo de su imbatido ejército.* **2.** En el fútbol y otros deportes, que no le han encajado ningún tanto. *El equipo llevaba imbatido seis jornadas seguidas.*

imbécil (im-**bé**-cil) *adj.* **1.** Alelado, tonto. **GRA.** También s. m. y s. f. *A veces te comportas como un imbécil.* **ANT.** Inteligente, listo. **2.** Insoportable. *Lleva unos días bastante imbécil.* **SIN.** Molesto.

imbecilidad (im-be-ci-li-**dad**) *s. f.* **1.** Alelamiento, escasez de razón, perturbación del sentido. *La imbecilidad de ese chico es increíble.* **SIN.** Estupidez. **ANT.** Inteligencia, agudeza. **2.** Idiotez, tontería. *Eso me parece una imbecilidad.* **SIN.** Bobería.

imborrable (im-bo-**rra**-ble) *adj.* **1.** Que no se puede borrar. *Aquel tatuaje era imborrable.* **SIN.** Indeleble. **2.** Inolvidable. *Un recuerdo imborrable.*

imbuir (im-bu-**ir**) *v. tr.* Infundir, persuadir. **GRA.** También v. prnl. *Se había imbuido de sus ideas.* **SIN.** Inculcar. ✎ v. irreg., se conjuga como huir.

imitable (i-mi-**ta**-ble) *adj.* **1.** Que se puede imitar. *Su firma es perfectamente imitable.* **ANT.** Inimitable. **2.** Digno de imitación. *Era una actitud imitable.*

imitación (i-mi-ta-**ción**) *s. f.* **1.** Acción y efecto de imitar. *Su imitación de la voz del toro era perfecta.* **2.** Cosa hecha imitando a otra. *Este cuadro no es original, es una imitación.* **SIN.** Falsificación, plagio, copia.

imitador, ra (i-mi-ta-**dor**) *adj.* Se dice de la persona que imita o plagia a otra. *Es un imitador de Picasso.*

imitar (i-mi-**tar**) *v. tr.* **1.** Hacer una cosa muy parecida a otra. *Los loros imitan la voz humana.* **SIN.** Emular, reproducir, copiar. **2.** Tomar por modelo. *Imitar un estilo de pintura.* **SIN.** Inspirarse, seguir. **3.** Parecer, semejar. *Este mueble imita el estilo rústico.*

impaciencia (im-pa-**cien**-cia) *s. f.* **1.** Falta de paciencia. *No tengas tanta impaciencia.* **SIN.** Desasosiego, inquietud, ansiedad. **ANT.** Paciencia, sosiego. **2.** Gana, deseo. *Le comía la impaciencia.*

impacientar (im-pa-cien-**tar**) *v. tr.* **1.** Hacer que alguien pierda la paciencia. *Le impacientaba tan larga espera.* **SIN.** Desasosegar, inquietar. **ANT.** Sosegar. ‖ *v. prnl.* **2.** *fam.* Perder la paciencia. *Se impacientó al ver que todo le salía mal.* **SIN.** Desesperarse.

impaciente (im-pa-**cien**-te) *adj.* **1.** Se dice de la persona que no tiene paciencia. *Eres muy impaciente.* **2.** Se dice de la persona que tiene afán o prisa para hacer que ocurra algo. *Estaba impaciente por ver el resultado.* **3.** Intranquilo por falta de información o noticias sobre algo importante esperado. *No sabíamos nada de él y estábamos impacientes.* **SIN.** Inquieto, desasosegado.

impacto (im-**pac**-to) *s. m.* **1.** Choque de un objeto contra algo. *El impacto entre los dos vehículos fue tremendo.* **SIN.** Colisión. **2.** Huella o señal que deja. *En la pared se podía ver el impacto de la bala.* **3.** Fuerte impresión que algo o alguien nos causa. *La noticia le produjo un gran impacto.* **SIN.** Impresión, conmoción. **4.** Éxito. *Su novela tuvo gran impacto.*

impagable (im-pa-**ga**-ble) *adj.* **1.** Que no se puede pagar. *Era una deuda impagable.* **2.** Muy valioso. *Su ayuda era impagable.* **SIN.** Inestimable, inapreciable.

impala (im-**pa**-la) *s. m.* Antílope africano muy ágil, de cuernos finos y anillados. *El impala puede dar saltos de hasta 3 metros de altura.*

impalpable (im-pal-**pa**-ble) *adj.* **1.** Que no produce sensación al tacto o que apenas la produce. *El aire es una materia impalpable.* **SIN.** Intangible, incorpóreo, inmaterial. **ANT.** Corpóreo, tangible. **2.** Poco perceptible. *Su alegría era prácticamente impalpable.* **SIN.** Menudo, minúsculo, microscópico, invisible.

impar (im-**par**) *adj.* **1.** Se dice del órgano que es único en el organismo, y no guarda razón de simetría en sus mitades derecha e izquierda. *Corazón, hígado, etc.* **2.** Se dice del número que no es divisible por dos. *El 3 es un número impar.* **GRA.** También s. m.

imparcial (im-par-**cial**) *adj.* **1.** Que juzga o actúa con imparcialidad. **GRA.** También s. m. y s. f. *Un juez debe ser imparcial.* **SIN.** Recto, justo, equitativo. **ANT.** Arbitrario, parcial. **2.** Que denota imparcialidad. *Juicio imparcial.* **3.** Que no se adhiere a ningún partido. *Se mantuvo imparcial.* **SIN.** Neutral, independiente. **ANT.** Partidista.

imparcialidad (im-par-cia-li-**dad**) *s. f.* **1.** Falta de prejuicio para actuar o juzgar. *Demostró su imparcialidad.* **SIN.** Equidad, igualdad, justicia, rectitud. **ANT.** Arbitrariedad, injusticia. **2.** Neutralidad. *El país mantuvo su imparcialidad durante esa guerra.*

imparisílabo, ba (im-pa-ri-**sí**-la-bo) *adj.* Se dice de las palabras o versos que tienen un número impar de sílabas. *Estos versos son imparisílabos.*

impartir (im-par-**tir**) *v. tr.* Repartir, dar. *Imparte clases de inglés en ese centro.* **SIN.** Compartir.

impasible (im-pa-**si**-ble) *adj.* Incapaz de padecer. *Se quedó impasible.* **SIN.** Insensible, indiferente, imperturbable, impertérrito. **ANT.** Afectado.

impasse *s. m.* Estancamiento, situación que no tiene salida. *Las negociaciones sufrieron un impasse.* **SIN.** Punto muerto, parón, crisis.

impávido, da (im-**pá**-vi-do) *adj.* **1.** Sereno ante el peligro. *Su impávida actitud ante las amenazas era de admirar.* **SIN.** Valiente. **ANT.** Miedoso. **2.** Imperturbable. *Se mostró impávido.*

impecable (im-pe-**ca**-ble) *adj.* Libre de tacha o defecto. *Iba vestido impecable.* **SIN.** Correcto, intachable, irreprochable. **ANT.** Sucio, imperfecto.

impedido, da (im-pe-**di**-do) *adj.* Que no puede usar alguno de sus miembros. **GRA.** También s. m. y s. f. *Estaba impedido de una mano.* **SIN.** Imposibilitado.

impedimento (im-pe-di-**men**-to) *s. m.* Obstáculo, estorbo para la realización de algo. *No veía ningún impedimento para hacer aquel viaje.* **SIN.** Dificultad.

impedir (im-pe-**dir**) *v. tr.* Hacer imposible o difícil que ocurra o se haga una cosa. *Un fuerte catarro me impidió ir de viaje.* **SIN.** Dificultar, obstaculizar. **ANT.** Facilitar, permitir. ✎ v. irreg., se conjuga como pedir.

impeler (im-pe-**ler**) *v. tr.* Incitar, estimular, excitar. *Le impelió a hacerlo.* **SIN.** Espolear, aguijonear.

impenetrable (im-pe-ne-**tra**-ble) *adj.* **1.** Que no se puede penetrar. *Aquella muralla resultaba impenetrable.* **2.** Difícil de entender o de descifrar. *Era un jeroglífico impenetrable.* **SIN.** Indescifrable, ininteligible, incomprensible. **3.** Se dice de la persona que oculta sus sentimientos u opiniones. *Julio es impenetrable, nunca deja traslucir lo que siente.*

impenitente (im-pe-ni-**ten**-te) *adj.* Que se obstina en hacer algo. **GRA.** También s. m. y s. f. *Es un juerguista impenitente.* **SIN.** Contumaz, empedernido.

impepinable (im-pe-pi-**na**-ble) *adj., fam.* Inevitable, indiscutible, seguro. *Tienes que ir personalmente, es impepinable.* **SIN.** Cierto, indefectible.

imperar (im-pe-**rar**) *v. intr.* Dominar, mandar. *Allí imperaban la ley y el orden.* **SIN.** Prevalecer.

imperativo, va (im-pe-ra-**ti**-vo) *adj.* **1.** Que impera o manda. **GRA.** También s. m. *Lo dijo en un tono imperativo.* **SIN.** Imperioso, perentorio, dominante, autoritario. **2.** *Modo imperativo. **GRA.** También s. m.

imperceptible (im-per-cep-**ti**-ble) *adj.* Que no se puede percibir. *Esta chaqueta tiene una falta, pero es prácticamente imperceptible.* **SIN.** Insensible, indiscernible, inapreciable. **ANT.** Sensible, perceptible.

imperdible (im-per-**di**-ble) *adj.* **1.** Que no se puede perder. *Con esta cadena de seguridad, la pulsera es imperdible.* ‖ *s. m.* **2.** Alfiler que se abrocha metiendo su punta dentro de un gancho, para que no pueda abrirse fácilmente. *Se le rompió la cremallera y tuvo que poner un imperdible.* **SIN.** Broche, pasador.

imperdonable (im-per-do-**na**-ble) *adj.* Que no se debe o puede perdonar. *Me hizo una faena imperdonable.* **SIN.** Garrafal, indisculpable, inexcusable. **ANT.** Justificable.

imperecedero, ra (im-pe-re-ce-**de**-ro) *adj.* **1.** Que dura, que no perece. *Este material es imperecedero.* **SIN.** Perdurable. **2.** Se usa para calificar algo de inmortal. *Un recuerdo imperecedero.* **SIN.** Perpetuo, eterno. **ANT.** Fugaz, temporal.

imperfección (im-per-fec-**ción**) *s. f.* **1.** Falta de perfección. *La tela tenía una pequeña imperfección.* **SIN.** Tacha. **ANT.** Perfección. **2.** Defecto, vicio. *Las imperfecciones humanas.* **SIN.** Tacha, vicio, falta.

imperfectivo, va (im-per-fec-**ti**-vo) *adj.* Se dice del verbo que no necesita llegar a un término para que la acción se pueda considerar completada. *Querer es un verbo imperfectivo.*

imperfecto, ta (im-per-**fec**-to) *adj.* **1.** Que no está acabado o que tiene defectos. *Es una obra imperfecta.* **SIN.** Incompleto, inacabado. **ANT.** Perfecto, entero. **2.** *Pretérito imperfecto.

imperial (im-pe-**rial**) *adj.* Que pertenece o se refiere al emperador o al imperio. *Estudiaban en clase la Roma imperial.*

imperialismo (im-pe-ria-**lis**-mo) *s. m.* Sistema político que pretende la dominación de un Estado sobre otro u otros por medio de la fuerza o por influjos económicos y políticos abusivos. *En el siglo XVIII se produjo una expansión del imperialismo.* **SIN.** Colonialismo, dominio, opresión. **ANT.** Emancipación.

impericia (im-pe-**ri**-cia) *s. f.* Falta de pericia. *Dejó clara su total impericia.* **SIN.** Inexperiencia, ineptitud, incompetencia. **ANT.** Habilidad, experiencia.

imperio (im-**pe**-rio) *s. m.* **1.** Conjunto de países bajo el dominio de un emperador. *El imperio español fue poderoso con Felipe II.* **2.** Acción de mandar con autoridad. *Ejercía su imperio con crueldad.* **SIN.** Dominio, poderío. **3.** Espacio de tiempo que dura el gobierno de un emperador. *Su desarrollo tuvo lugar durante el imperio romano.* ‖ **LOC. valer un imperio una persona o cosa** *fam.* Ser excelente o de gran mérito.

imperioso, sa (im-pe-**rio**-so) *adj.* **1.** Que manda autoritariamente. *Les molestaba aquella actitud imperiosa.* **SIN.** Imperativo, autoritario. **2.** Que es necesario o imprescindible. *Necesitamos tu imperiosa colaboración.* **SIN.** Indispensable. **3.** Que es urgente. *Era una necesidad imperiosa.* **4.** Altanero, arrogante, soberbio, orgulloso. *Se mostró muy imperioso.* **ANT.** Humilde, llano, sencillo.

impermeable (im-per-me-**a**-ble) *adj.* **1.** Impenetrable al agua o a otro fluido. *Lo cubrieron con una te-*

impersonal - imponer

la impermeable. **ANT.** Permeable, penetrable. ‖ *s. m.* **2.** Prenda de vestir hecha con tela impermeable que se pone sobre las demás cuando llueve. *Ponte el impermeable, va a llover.* **SIN.** Chubasquero.

impersonal (im-per-so-**nal**) *adj.* **1.** Que no pertenece o se aplica a ninguna persona en particular. *Era una acusación impersonal.* **SIN.** Común. **2.** Que no tiene personalidad propia. *Su forma de vestir es muy impersonal.* **SIN.** Vulgar, adocenado. **3.** Se dice del verbo que sólo se conjuga en tercera persona del singular. *Llueve.*

impertérrito, ta (im-per-**té**-rri-to) *adj.* Que nada le asusta y permanece sereno ante el peligro. *Se quedó impertérrito.* **SIN.** Imperturbable, impávido, impasible, sereno, valeroso. **ANT.** Afectado, medroso.

impertinencia (im-per-ti-**nen**-cia) *s. f.* Dicho o hecho fuera de lugar, molesto o enfadoso. *No hizo más que decir impertinencias.* **SIN.** Despropósito, inconveniencia, pesadez.

impertinente (im-per-ti-**nen**-te) *adj.* Que no viene al caso, o que molesta de palabra o de obra. **GRA.** También s. m. y s. f., cuando se aplica a personas. *Fue una broma impertinente. Es una persona muy impertinente.* **SIN.** Inoportuno, inconveniente.

imperturbable (im-per-tur-**ba**-ble) *adj.* Que no se altera. *Permaneció imperturbable.* **SIN.** Impasible, impávido, impertérrito. **ANT.** Intranquilo.

ímpetu (**ím**-pe-tu) *s. m.* Movimiento acelerado y violento. *Lo hizo con gran ímpetu.*

impetuoso, sa (im-pe-**tuo**-so) *adj.* **1.** Violento, fuerte. *Un viento impetuoso.* **SIN.** Arrebatado, fuerte. **2.** Apasionado, irreflexivo. *Es una persona muy impetuosa.* **SIN.** Vehemente, enérgico. **ANT.** Pasivo.

impiedad (im-pie-**dad**) *s. f.* Falta de piedad o de religión. *Su actitud demuestra su impiedad hacia los demás.* **SIN.** Incredulidad, irreligiosidad. **ANT.** Religiosidad, piedad.

impío, a (im-**pí**-o) *adj.* Falto de piedad o de religión. **GRA.** También s. m. y s. f. *A lo largo de su vida ha demostrado un carácter impío.* **SIN.** Incrédulo. **ANT.** Religioso, creyente.

implacable (im-pla-**ca**-ble) *adj.* Que no se puede aplacar o templar. *Su enfado era implacable.* **SIN.** Despiadado, inflexible, despiadado. **ANT.** Tolerante.

implantar (im-plan-**tar**) *v. tr.* **1.** Establecer, instaurar una doctrina, reforma, costumbre, moda, etc. *Implantaron nuevas leyes.* **ANT.** Derogar. **2.** En medicina, fijar una estructura (dientes, cabellos, óvulo, etc.) en el lugar especialmente destinado para recibirla. *Para disimular su calvicie se implantó pelo.*

implementar (im-ple-men-**tar**) *v. tr.* En informática, aplicar los métodos e instrucciones necesarios para poder llevar a cabo algo. *Esta función todavía no está implementada.*

implemento (im-ple-**men**-to) *s. m.* En algunas escuelas lingüísticas, objeto directo o complemento directo. *Compró pan, "pan" es implemento.*

implicación (im-pli-ca-**ción**) *s. f.* **1.** Acción y efecto de implicar o implicarse. *No tenía ninguna implicación en aquel asunto.* **2.** Repercusión de una cosa. *Esperemos que no tenga mayores implicaciones.* **SIN.** Consecuencia, secuela.

implicar (im-pli-**car**) *v. tr.* **1.** Envolver, enredar. **GRA.** También v. prnl. *Le implicaron en el robo.* **2.** Contener, llevar en sí, significar. *La mayoría de edad implica plena responsabilidad penal.* **SIN.** Encerrar, suponer, seguirse. ✎ Se conjuga como abarcar.

implícito, ta (im-**plí**-ci-to) *adj.* Se dice de lo que se entiende incluido en otra cosa sin expresarlo. *La amenaza iba implícita en aquellas palabras.* **SIN.** Callado, tácito. **ANT.** Excluido, ignorado.

implorar (im-plo-**rar**) *v. tr.* Pedir con ruegos o lágrimas una cosa. *Le imploró perdón.* **SIN.** Suplicar.

implume (im-**plu**-me) *adj.* Que no tiene plumas. *El pobre pajarito estaba implume.*

impluvio (im-**plu**-vio) *s. m.* Espacio descubierto en medio del atrio de las casas romanas por donde entraban las aguas de lluvia, que eran recogidas en un pequeño depósito que había en el centro. *La última tormenta llenó el impluvio.*

impoluto, ta (im-po-**lu**-to) *adj.* Limpio, sin mancha. *Quería su traje impoluto.* **SIN.** Inmaculado, aseado, intachable. **ANT.** Sucio, impuro.

imponderable (im-pon-de-**ra**-ble) *adj.* Que no puede pesarse, medirse o precisarse. *Contaron con su imponderable ayuda.*

imponente (im-po-**nen**-te) *adj.* **1.** Que infunde respeto, miedo o admiración. *La oscura gruta era imponente.* **SIN.** Espantoso, terrorífico. **2.** Que sorprende por alguna cualidad extraordinaria. **GRA.** También s. m. y s. f. *Su nuevo coche es imponente.* **SIN.** Grandioso, magnífico. **ANT.** Insignificante, ridículo.

imponer (im-po-**ner**) *v. tr.* **1.** Poner carga, obligación u otra cosa. *Le impuso un duro castigo.* **SIN.** Gravar, cargar, infligir, aplicar. **2.** Atribuir falsamente a otro una cosa. *Era una persona que imponía respeto.* **SIN.** Amedrentar, acobardar, aterrar. **ANT.** Tranquilizar, sosegar. **3.** Poner dinero a rédito o en depósito. *Impuso un millón de pesetas.* **SIN.** Depositar, ingresar. **ANT.** Retirar, sacar. ‖ *v. prnl.* **4.** Hacer al-

impopular - imprecar

guien valer su autoridad. *Logró imponerse en el grupo.* **5.** Ser algo imprescindible. *Los medios de comunicación se han impuesto.* ✎ v. irreg., se conjuga como poner.

impopular (im-po-pu-**lar**) *adj.* Que no agrada a la multitud. *El cierre de la facultad era una medida muy impopular.* **SIN.** Desprestigiado, odioso. **ANT.** Popular, querido.

impopularidad (im-po-pu-la-ri-**dad**) *s. f.* Desprestigio, mal concepto entre el público. *Se ganó una gran impopularidad.* **SIN.** Descrédito. **ANT.** Fama.

importación (im-por-ta-**ción**) *s. f.* **1.** Acción de importar, o de introducir en el país mercancías extranjeras. *Se dedica a la importación de flores.* **SIN.** Compra, entrada, introducción. **ANT.** Exportación, salida, venta. **2.** Conjunto de cosas importadas. *Aumentó la importación de cítricos.*

importancia (im-por-**tan**-cia) *s. f.* **1.** Cualidad de lo que importa, de lo que es conveniente o interesante. *Aquel acto tenía mucha importancia.* **SIN.** Valor, alcance, significación **ANT.** Intrascendencia, superfluidad. **2.** Autoridad, influencia. *Tenía un cargo de importancia.* ‖ **LOC. darse alguien importancia** Presumir. **de importancia** Importante.

importante (im-por-**tan**-te) *adj.* Que es muy conveniente o interesante, o de mucha entidad o consecuencia. *Es importante fijar la fecha de la entrevista. Se trataba de un asunto importante.* **SIN.** Valioso, sustancial, señalado, significativo. **ANT.** Insignificante, accesorio, superfluo.

importar (im-por-**tar**) *v. intr.* **1.** Ser algo muy interesante o conveniente. *Ya no le importa lo que la gente diga de él.* **SIN.** Interesar, atañer. **ANT.** Despreciar. ‖ *v. tr.* **2.** Hablando del precio de las cosas, costar. *El abrigo importó mucho dinero.* **SIN.** Sumar, montar, subir, elevarse. **3.** Traer cosas del extranjero. *Mi país importa coches de Alemania.* **SIN.** Adquirir. **ANT.** Exportar.

importe (im-**por**-te) *s. m.* Cuantía de un precio, crédito, deuda, etc. *¿Cuánto es el importe de la compra?* **SIN.** Valor, coste, cuenta, suma.

importunar (im-por-tu-**nar**) *v. tr.* Incomodar o molestar con una pretensión o solicitud. *Me está importunando todo el día.* **SIN.** Molestar, fastidiar, cansar, cargar, enfadar. **ANT.** Agradar, complacer.

importuno, na (im-por-**tu**-no) *adj.* **1.** *Inoportuno. **SIN.** Intempestivo. **2.** Molesto, enfadoso. *Juan es muy importuno.* **SIN.** Cargante, fastidioso.

imposibilidad (im-po-si-bi-li-**dad**) *s. f.* Falta de posibilidad para existir una cosa o para hacerla. *Tenía que comunicarle su imposibilidad de ir a la cita.* **SIN.** Improbabilidad. **ANT.** Posibilidad, probabilidad.

imposibilitado, da (im-po-si-bi-li-**ta**-do) *adj.* *Impedido. **SIN.** Paralítico.

imposible (im-po-**si**-ble) *adj.* **1.** No posible o muy difícil. *Es imposible meter el mar en un puño. Es imposible que llueva esta tarde, porque no hay ninguna nube.* **SIN.** Irrealizable, improbable. **ANT.** Posible, factible. **2.** Inaguantable, intratable. **GRA.** Se usa con los v. "estar" y "ponerse". *Este niño está imposible.* **SIN.** Insufrible. ‖ **LOC. hacer lo imposible** *fam.* Apurar todos los medios al alcance para lograr algo.

imposición (im-po-si-**ción**) *s. f.* **1.** Acción de imponer o imponerse. *El alcalde aprobó la imposición de un nuevo tributo.* **SIN.** Coacción, coerción, mandato, exigencia. **2.** Exigencia desmedida con que se trata de obligar a alguien. *Me vino con imposiciones.* **3.** Carga, tributo u obligación que se impone. *El tributo del alcalde es una imposición municipal.* **SIN.** Impuesto, gravamen. **4.** Cantidad que se impone de una vez en una cuenta corriente, depósito bancario, etc. *La última imposición había sido de un millón de pesetas.*

impostor, ra (im-pos-**tor**) *adj.* **1.** Se dice de la persona que engaña con apariencia de verdad. **GRA.** También s. m. y s. f. *No seas impostor.* **SIN.** Embaucador, falsario. ‖ *s. m. y s. f.* **2.** Persona que se hace pasar por otra. *Un impostor se hacía pasar por el revisor del gas.* **SIN.** Suplantador, farsante.

impotencia (im-po-**ten**-cia) *s. f.* **1.** Falta de poder o capacidad para hacer una cosa. *Se veía en la impotencia de continuar.* **SIN.** Incapacitación. **2.** Imposibilidad en el hombre para realizar el acto sexual completo. *En esa clínica tratan los problemas de impotencia.*

impotente (im-po-**ten**-te) *adj.* **1.** Que no tiene fuerza o que no puede realizar algo. *Se veía impotente para acabar el trabajo a tiempo.* **2.** Se dice del hombre que no puede realizar el acto sexual completo. *El hecho de ser impotente le tenía muy preocupado.*

impracticable (im-prac-ti-**ca**-ble) *adj.* **1.** Que no se puede practicar. *Es una buena medida, pero impracticable.* **SIN.** Irrealizable, imposible. **ANT.** Posible, factible. **2.** Se dice de los caminos y parajes por los que no se puede transitar. *El camino hasta la vieja cabaña es impracticable en coche.* **SIN.** Intransitable, inaccesible. **ANT.** Transitable, practicable.

imprecar (im-pre-**car**) *v. tr.* Maldecir, echar maldiciones. *Le imprecó.* **ANT.** Elogiar, alabar. ✎ Se conjuga como abarcar.

imprecisión - improbabilidad

imprecisión (im-pre-ci-**sión**) *s. f.* Falta de precisión. *Con tanta imprecisión, no sacamos nada en claro.* **SIN.** Vaguedad, ambigüedad. **ANT.** Concreción.
impreciso, sa (im-pre-**ci**-so) *adj.* No preciso, vago, indefinido. *Sus palabras fueron muy imprecisas.* **SIN.** Ambiguo, confuso. **ANT.** Concreto, preciso.
impregnar (im-preg-**nar**) *v. tr.* **1.** Empapar una cosa con un líquido. **GRA.** También v. prnl. *Impregnó el pañuelo de perfume.* **SIN.** Embeber, mojar, humedecer. **2.** Influir en alguien decisivamente. *Aquella dura experiencia impregnó su vida para siempre.*
imprenta (im-**pren**-ta) *s. f.* **1.** Arte de imprimir. *Se dedica a la imprenta.* **SIN.** Tipografía. **2.** Taller o lugar donde se imprime. *Llevó su libro a la imprenta.* **SIN.** Rotativa.
imprescindible (im-pres-cin-**di**-ble) *adj.* **1.** Se dice de aquello de lo que no se puede prescindir. *Era imprescindible que lloviera para que no se arruinara la cosecha.* **SIN.** Esencial, sustancial. **ANT.** Prescindible. **2.** Se dice de aquello que es absolutamente necesario. *Presentar el carné de identidad era imprescindible.* **SIN.** Obligatorio, indispensable.
imprescriptible (im-pres-crip-**ti**-ble) *adj.* Que no puede prescribir. *Es un derecho imprescriptible.*
impresentable (im-pre-sen-**ta**-ble) *adj.* Que no es digno de presentarse o de ser presentado. *Así vestido, estás impresentable.* **SIN.** Desastrado, descuidado, roto. **ANT.** Arreglado, limpio.
impresión (im-pre-**sión**) *s. f.* **1.** Marca o señal que deja una cosa en otra al apretar. *El perro dejó la impresión de sus huellas en el barro.* **SIN.** Huella, rastro. **2.** Efecto que causa en alguien un determinado suceso. *Ver a su amiga después de tantos años le causó gran impresión.* **SIN.** Sensación, impacto, emoción. **ANT.** Indiferencia, impasibilidad. **3.** Opinión que una persona se forma de algo o alguien. *Me da la impresión de que es una persona agradable.* **SIN.** Corazonada, intuición. **4.** Acción y efecto de imprimir. *Iban ya por la cuarta impresión del libro.* **SIN.** Tirada. ‖ **5. buena o mala impresión** Sentimiento favorable o desfavorable. **6. impresión dactilar o digital** La que deja la yema de un dedo en un objeto al tocarlo. ‖ **LOC. cambiar impresiones** Charlar sobre algo dos o más personas. **de impresión** Impresionante. **tener la impresión de, o de que** Creer, imaginarse.
impresionable (im-pre-sio-**na**-ble) *adj.* Que se impresiona fácilmente o que es muy sensible a las emociones. *Es una persona muy impresionable.* **SIN.** Sensible, emotivo. **ANT.** Impávido, imperturbable.

impresionante (im-pre-sio-**nan**-te) *adj.* **1.** Que causa gran asombro o admiración. *Tuvo una actuación impresionante.* **SIN.** Deslumbrante, despampanante, llamativo. **ANT.** Vulgar, común. **2.** Grandioso, magnífico. *Su nueva casa es impresionante.*
impresionar (im-pre-sio-**nar**) *v. tr.* **1.** Causar emoción. **GRA.** También v. prnl. *Al oír la trágica noticia se impresionó mucho.* **SIN.** Afectar(se), alterar(se), excitar(se), persuadir, conmover(se). **2.** Fijar la imagen en la placa fotográfica por medio de la luz. *Impresionar una fotografía.* **3.** Grabar un sonido en un disco o cinta magnetofónica. *Impresionar un disco.*
impresionismo (im-pre-sio-**nis**-mo) *s. m.* Movimiento literario, pictórico, escultórico y musical de vanguardia del último cuarto del s. XIX que intenta sintetizar en una sola impresión sensible efectos simultáneos de luz, espacio y color. *El impresionismo se inició en Francia en el siglo XIX.*
impreso (im-**pre**-so) *s. m.* Formulario impreso con espacios en blanco para rellenar a mano o a máquina. *Tenía que rellenar varios impresos para la solicitud.*
impresor, ra (im-pre-**sor**) *s. m. y s. f.* **1.** Persona que imprime. *Es impresor.* **2.** Dueño de una imprenta. *Pertenece a una familia de impresores.* **SIN.** Tipógrafo. ‖ *s. f.* **3.** Máquina que imprime los datos que le proporciona el ordenador al que está conectada. *A esta impresora le falta tóner.* **SIN.** Linotipia.
imprevisible (im-pre-vi-**si**-ble) *adj.* Que no se puede de prever. *Fue algo imprevisible.* **SIN.** Accidental, fortuito, repentino. **ANT.** Previsto, reflexionado.
imprevisto, ta (im-pre-**vis**-to) *adj.* No previsto. *Realizó una visita imprevista.* **SIN.** Impensado, inesperado.
imprimir (im-pri-**mir**) *v. tr.* **1.** Dejar en el papel u otra materia, mediante la presión mecánica, la huella de un dibujo, texto, etc., grabando sobre una plancha metálica caracteres o letras movibles. *Imprimió su firma.* **SIN.** Estampar. **2.** Obtener o tirar por medio de una prensa o máquina adecuada un texto para obtener varios ejemplares. *Mañana van a empezar a imprimir el libro.* **3.** Estampar un sello o cosa semejante en papel, tela o masa valiéndose de la presión. *Imprimió su sello en los documentos.* **4.** Impulsar, comunicar, transmitir. *Le imprimió fuerzas para seguir luchando.* ✎ Tiene doble p. p.; uno reg., imprimido, y otro irreg., impreso.
improbabilidad (im-pro-ba-bi-li-**dad**) *s. f.* Falta de probabilidad. *La improbabilidad de que eso ocurra es muy grande.* **SIN.** Imposiblidad, rareza, impracticabilidad. **ANT.** Posibilidad, realidad.

improbable (im-pro-**ba**-ble) *adj.* No probable. *Es improbable que algo salga mal.* **SIN.** Dudoso, incierto, remoto. **ANT.** Probable, posible, verosímil.

ímprobo, ba (**ím**-pro-bo) *adj.* **1.** Malo, malvado. *Es un personaje ímprobo.* **2.** Se dice del trabajo excesivo y continuado. *Tiene un trabajo ímprobo.* **SIN.** Trabajoso, penoso. **ANT.** Fácil, llevadero.

improcedente (im-pro-ce-**den**-te) *adj.* **1.** Inadecuado, inoportuno. *Su reacción fue improcedente.* **ANT.** Adecuado, oportuno. **2.** Infundado. *Sus sospechas resultaron improcedentes.*

improductivo, va (im-pro-duc-**ti**-vo) *adj.* Se dice de lo que no produce. *Sus esfuerzos resultaron improductivos.* **SIN.** Infecundo, infructuoso, estéril, baldío. **ANT.** Fértil, productivo, fecundo.

impronta (im-**pron**-ta) *s. f.* Marca o huella que en el orden moral deja una cosa en otra. *Aquella amistad tan profunda había dejado su impronta.*

improperio (im-pro-**pe**-rio) *s. m.* Injuria grave de palabra. *Comenzó a decir improperios.* **SIN.** Insulto, denuesto. **ANT.** Alabanza, elogio, piropo. ‖ **LOC. llenar a alguien de improperios** Insultarle.

impropio, pia (im-**pro**-pio) *adj.* **1.** Falto de las cualidades convenientes según las circunstancias. *Aquel vestido resultaba impropio para la ocasión.* **SIN.** Inadecuado, inconveniente. **ANT.** Conveniente, adecuado. **2.** Ajeno, extraño a una persona, cosa o circunstancia. *Ese acto es impropio de una persona como tú.*

improvisación (im-pro-vi-sa-**ción**) *s. f.* **1.** Acción y efecto de improvisar. *Todo era culpa de la improvisación.* **2.** Obra o composición improvisada. *Hicieron una improvisación.*

improvisar (im-pro-vi-**sar**) *v. tr.* Hacer una cosa de pronto, sin preparación alguna. *Improvisó un discurso.* **SIN.** Repentizar. **ANT.** Preparar.

improviso, sa (im-pro-**vi**-so) *adj.* Que no se prevé o previene. *Su improvisa llamada me asustó.* ‖ **LOC. al improviso, o de improviso** Repentinamente.

imprudencia (im-pru-**den**-cia) *s. f.* **1.** Falta de prudencia. *Cometió una imprudencia.* **SIN.** Imprevisión, irreflexión, descuido, temeridad. ‖ **2. imprudencia temeraria** Inexcusable negligencia que, pudiendo ser causa de una desgracia, constituye un delito.

imprudente (im-pru-**den**-te) *adj.* Que no tiene prudencia. **GRA.** También s. m. y s. f. *No seas imprudente.* **SIN.** Irreflexivo, temerario. **ANT.** Prudente.

impúber (im-**pú**-ber) *adj.* Que no ha llegado aún a la pubertad. **GRA.** También s. m. y s. f. *Hablaban de la edad impúber.*

impudicia (im-pu-**di**-cia) *s. f.* Deshonestidad, descaro, desvergüenza. *¡Qué impudicia!* **ANT.** Pureza, pudor, vergüenza.

impúdico, ca (im-**pú**-di-co) *adj.* Falto de pudor y de honestidad. *Su comportamiento resultaba impúdico.* **SIN.** Desvergonzado, deshonesto, cínico, libidinoso, libertino. **ANT.** Pudoroso, recatado, puro.

impuesto, ta (im-**pues**-to) *s. m.* **1.** Cantidad, establecida por imperativo legal, que una persona tiene que pagar al Estado de acuerdo con su renta o patrimonio. *Prometieron que no habría subida de impuestos.* **SIN.** Tributo, carga. **ANT.** Exención, desgravación. ‖ **2. impuesto revolucionario** Pago de cierta cantidad de dinero que algunos grupos terroristas exijen mediante chantaje. **3. Impuesto sobre el Valor Añadido** El que grava el valor creado en cada una de las fases sucesivas del proceso de producción de un producto realizadas por empresas jurídicamente independientes. **OBS.** Sus siglas son IVA.

impugnar (im-pug-**nar**) *v. tr.* **1.** Combatir, refutar. *Impugnaron las oposiciones.* **SIN.** Contradecir, rebatir, censurar. **2.** Interponer un recurso contra una resolución judicial. *Impugnó el fallo del jurado.*

impulsar (im-pul-**sar**) *v. tr.* **1.** Empujar para producir movimiento. *Impulsó el objeto con sus manos.* **SIN.** Impeler. **2.** Promover una acción. *Le impulsó un noble deseo.* **SIN.** Estimular, excitar, instigar. **ANT.** Frenar, contener.

impulsivo, va (im-pul-**si**-vo) *adj.* Se dice de la persona que actúa sin reflexión ni cautela. *No seas tan impulsivo y piensa un poco las cosas.* **SIN.** Fogoso, temperamental, exaltado. **ANT.** Reflexivo.

impulso (im-**pul**-so) *s. m.* **1.** Acción y efecto de impulsar. *Dále más impulso.* **SIN.** Empujón, impulsión, empuje. **2.** Estímulo que lleva a hacer algo. *Aquello le sirvió de impulso.* **SIN.** Instigación, sugestión, incitación. **3.** Deseo fuerte que lleva a hacer algo sin reflexionar. *Lo hizo por impulso.* ‖ **LOC. tomar, o coger, impulso** Correr para realizar un salto o un lanzamiento con mayor energía.

impunidad (im-pu-ni-**dad**) *s. f.* Falta de castigo. *El delito no quedará en la impunidad.* **SIN.** Indemnidad, irresponsabilidad. **ANT.** Castigo.

impureza (im-pu-**re**-za) *s. f.* Materia que, en una sustancia, deteriora alguna o algunas de sus cualidades. **GRA.** Se usa también en pl. *El agua tenía impurezas.* **SIN.** Mancha, residuo, suciedad.

impuro, ra (im-**pu**-ro) *adj.* **1.** No puro. *El aire que se respira en esta ciudad es muy impuro.* **SIN.** Adulterado, turbio, sucio. **ANT.** Puro, limpio. **2.** Falto de decencia y pudor. *Actos impuros.* **SIN.** Deshonesto, obsceno. **ANT.** Casto, decente.

imputar (im-pu-**tar**) *v. tr.* Atribuir a alguien una culpa, delito o acción. *Le imputaban ser el cabecilla de la rebelión.* **SIN.** Achacar, acusar, incriminar.

in *adj.* De moda, actual. *Este local es de lo más in.* **ANT.** Out.

inabarcable (i-na-bar-**ca**-ble) *adj.* Que no se puede abarcar. *Tanto trabajo resulta inabarcable.*

inabordable (i-na-bor-**da**-ble) *adj.* Que no se puede abordar. *Ese tema es inabordable.* **SIN.** Inaccesible. **ANT.** Accesible.

inacabable (i-na-ca-**ba**-ble) *adj.* Que no se puede acabar, que no se le ve el fin. *Aquella reunión parecía inacabable.* **SIN.** Interminable, inagotable, eterno, latoso. **ANT.** Corto, efímero, ameno, agradable.

inaccesible (i-nac-ce-**si**-ble) *adj.* No accesible. *Aquella cima era inaccesible.* **SIN.** Inalcanzable, inasequible. **ANT.** Posible, accesible, practicable. ☞ No debe confundirse con "inasequible".

inaceptable (i-na-cep-**ta**-ble) *adj.* No aceptable. *Su oferta me pareció inaceptable.* **SIN.** Inadmisible, injustificable. **ANT.** Aceptable, admisible.

inactividad (i-nac-ti-vi-**dad**) *s. f.* Falta de actividad o de vigor. *Estaba cansado de tanta inactividad.* **SIN.** Apatía, inacción, ocio. **ANT.** Actividad, acción.

inactivo, va (i-nac-**ti**-vo) *adj.* Sin acción, quieto. *Lleva unos días muy inactivo.* **SIN.** Ocioso, parado, inerte. **ANT.** Trabajador, activo.

inadaptable (i-na-dap-**ta**-ble) *adj.* No adaptable. *Ese cultivo es inadaptable a este clima.* **SIN.** Descontento, incompatible. **ANT.** Conformista, transigente.

inadaptación (i-na-dap-ta-**ción**) *s. f.* Falta de adaptación a ciertas condiciones o circunstancias. *Su inadaptación a este tipo de vida resultaba evidente.* **SIN.** Indisciplina, rebeldía. **ANT.** Sumisión.

inadaptado, da (i-na-dap-**ta**-do) *adj.* Se dice de la persona o ser vivo que no se aviene a ciertas condiciones o circunstancias. **GRA.** También s. m. y s. f., aplicado a personas. *En aquel ambiente era un inadaptado.* **SIN.** Desambientado, desavenido, descentrado, incómodo. **ANT.** Compatible, sumiso, dócil.

inadecuado, da (i-na-de-**cua**-do) *adj.* No adecuado. *Era una medida inadecuada.* **SIN.** Impropio, inconveniente. **ANT.** Adecuado, conveniente.

inadmisible (i-nad-mi-**si**-ble) *adj.* Que no se puede admitir. *Su oferta era inadmisible.* **SIN.** Inaceptable, injusto. **ANT.** Admisible, aceptable, soportable.

inadvertido, da (i-nad-ver-**ti**-do) *adj.* No advertido. *Su ausencia pasó inadvertida.*

imputar - inaplicable

inagotable (i-na-go-**ta**-ble) *adj.* Que no se puede agotar. *Demostró su inagotable espíritu de lucha.* **SIN.** Interminable, inextinguible. **ANT.** Perecedero.

inaguantable (i-na-guan-**ta**-ble) *adj.* Que no se puede aguantar o sufrir. *Hace un calor inaguantable.* **SIN.** Insoportable, intolerable, insufrible. **ANT.** Tolerable, soportable.

inalámbrico, ca (i-na-**lám**-bri-co) *adj.* Se aplica a todo sistema de comunicación eléctrica sin alambres conductores. *Ese teléfono es inalámbrico.*

in albis *loc. adv.* Sin comprender lo que se oye o si lograr lo que se esperaba. **GRA.** Se usa con los v. "dejar", "estar" o "quedarse". *Después de tantas explicaciones me quedé in albis.* **SIN.** En blanco.

inalcanzable (i-nal-can-**za**-ble) *adj.* Que no se puede alcanzar. *La primera posición era ya inalcanzable.* **SIN.** Inasequible. **ANT.** Asequible.

inalienable (i-na-lie-**na**-ble) *adj.* Que no se puede enajenar. *La libertad de expresión es un derecho inalienable.*

inalterable (i-nal-te-**ra**-ble) *adj.* Que no se puede alterar. *Se mantuvo inalterable.* **SIN.** Permanente, invariable, indestructible, imperturbable, impasible, impertérrito. **ANT.** Perecedero, caduco.

inamovible (i-na-mo-**vi**-ble) *adj.* Que no es movible. *Este armario es inamovible.* **SIN.** Fijo.

inanición (i-na-ni-**ción**) *s. f.* Extremada debilidad por falta de alimento o por otras causas. *Murió de inanición.* **SIN.** Depauperación, desfallecimiento.

inanimado, da (i-na-ni-**ma**-do) *adj.* Que no tiene vida. *Seres inanimados.* **SIN.** Inánime. **ANT.** Vivo.

inapagable (i-na-pa-**ga**-ble) *adj.* Que no puede apagarse. *Aquel espeluznante fuego parecía inapagable.* **SIN.** Inextinguible.

inapelable (i-na-pe-**la**-ble) *adj.* **1.** Se aplica a la sentencia o fallo que no se puede apelar. *El fallo del jurado será inapelable.* **SIN.** Definitivo. **ANT.** Apelable, rebatible. **2.** Irremediable, inevitable. *Es una postura inapelable.*

inapetencia (i-na-pe-**ten**-cia) *s. f.* **1.** Falta de apetito o de ganas de comer. *Tenía inapetencia.* **SIN.** Desgana, anorexia. **ANT.** Hambre, ansia, glotonería. **2.** Falta de entusiasmo. *La inapetencia se había apoderado de ella.* **SIN.** Apatía, indiferencia.

inaplazable (i-na-pla-**za**-ble) *adj.* Que no se puede aplazar. *Tengo una cita inaplazable.* **SIN.** Improrrogable, inminente. **ANT.** Prorrogable, diferible.

inaplicable (i-na-pli-**ca**-ble) *adj.* Que no se puede aplicar o acomodar a una cosa o en una ocasión determinada. *Esa medida es inaplicable en este caso.*

inapreciable - incendiario

inapreciable (i-na-pre-**cia**-ble) *adj.* Que no se puede apreciar, por su mucho valor o mérito o por su extremada pequeñez u otro motivo. *Su bondad es inapreciable. Es una joya inapreciable.* **SIN.** Inestimable, imperceptible, indiscernible, insensible.

inaprensible (i-na-pren-**si**-ble) *adj.* **1.** Que no se puede coger. *Es tan veloz que a los demás les resulta inaprensible.* **2.** Que no se puede captar por demasiado sutil. *Sus indirectas son casi inaprensibles.* **SIN.** Impalpable. **ANT.** Asible, palpable.

inarticulado, da (i-nar-ti-cu-**la**-do) *adj.* **1.** No articulado. *Este autobús es inarticulado.* **2.** Se dice también de los sonidos de la voz que no forman palabras claras. *Emitía unos sonidos inarticulados.* **SIN.** Inconexo, incongruente.

inasequible (i-na-se-**qui**-ble) *adj.* No asequible. *El poema era inasequible si no conocías la simbología utilizada por la autora.* **SIN.** Inalcanzable, incomprensible. **ANT.** Barato, asequible. ☞ No debe confundirse con "inaccesible".

inasible (i-na-**si**-ble) *adj.* Que no se puede coger. *Los pensamientos son inasibles.* **SIN.** Inaprensible.

inasistencia (i-na-sis-**ten**-cia) *s. f.* Falta de asistencia. *La inasistencia a clase será tenida en cuenta.*

inatacable (i-na-ta-**ca**-ble) *adj.* Que no puede ser atacado. *Resultaba una fortaleza inatacable.* **SIN.** Inmune, seguro.

inatención (i-na-ten-**ción**) *s. f.* Falta de atención. *Le recriminaba su inatención en clase.*

inatendible (i-na-ten-**di**-ble) *adj.* Que no merece atención. *Hizo una petición inatendible.*

inaudible (i-nau-**di**-ble) *adj.* Que no se puede oír. *Lo dijo en un tono inaudible.*

inaudito, ta (i-nau-**di**-to) *adj.* **1.** Nunca oído. *Me contaron algo inaudito.* **SIN.** Extraño, raro, sorprendente. **ANT.** Manido, vulgar. **2.** Monstruoso, extremadamente vituperable. *Fue un crimen inaudito.* **SIN.** Atroz, escandaloso, increíble.

inauguración (i-nau-gu-ra-**ción**) *s. f.* Acto de inaugurar algo. *Asistimos a la inauguración de la exposición.* **SIN.** Apertura, estreno. **ANT.** Clausura, cierre.

inaugural (i-nau-gu-**ral**) *adj.* Que pertenece o se refiere a la inauguración. *Asistieron importantes personalidades al acto inaugural.* **SIN.** Inicial. **ANT.** Póstumo, último.

inaugurar (i-nau-gu-**rar**) *v. tr.* **1.** Dar principio a una cosa con cierta solemnidad. *Inauguraron la temporada de teatro.* **2.** Abrir solemnemente un establecimiento público. *Inauguraron la nueva biblioteca.* **SIN.** Estrenar. **ANT.** Cerrar, clausurar.

inaveriguable (i-na-ve-ri-**gua**-ble) *adj.* Que no se puede averiguar. *Era un misterio inaveriguable.*

incalculable (in-cal-cu-**la**-ble) *adj.* Que no se puede calcular. *Su riqueza es incalculable.* **SIN.** Ilimitado.

incalificable (in-ca-li-fi-**ca**-ble) *adj.* **1.** Que no se puede calificar. *Este examen es incalificable.* **2.** Ruin, vil. *Su comportamiento es incalificable.* **SIN.** Inconcebible, indigno, vergonzoso.

incalmable (in-cal-**ma**-ble) *adj.* Que no se puede calmar. *Tenía un dolor incalmable.*

incandescente (in-can-des-**cen**-te) *adj.* Se dice de un cuerpo cuando se enrojece o blanquea por la acción del calor. *Hierro incandescente.* **SIN.** Candente, encendido, ardiente. **ANT.** Apagado, frío.

incansable (in-can-**sa**-ble) *adj.* Que no se cansa. *Me admira tu incansable espíritu de superación.* **SIN.** Infatigable, invencible. **ANT.** Desganado, perezoso.

incapacitar (in-ca-pa-ci-**tar**) *v. tr.* **1.** Hacer imposible a alguien la ejecución de cualquier acto. *Le incapacitaron para ejercer su profesión.* **SIN.** Descalificar. **2.** Decretar la falta de capacidad civil de personas mayores de edad. *Después del reconocimiento médico le han inhabilitado para conducir.* **3.** Decretar la carencia, en una persona, de las condiciones legales para ostentar un cargo público. *El juez le ha incapacitado para seguir en el ayuntamiento.* **SIN.** Inhabilitar.

incapaz (in-ca-**paz**) *adj.* **1.** Que no tiene capacidad o aptitud para hacer alguna cosa. *Es incapaz de bailar.* **SIN.** Inepto, inhábil, torpe, incompetente. **ANT.** Capaz, hábil, competente. **2.** Que no tiene talento. *Es muy torpe e incapaz de aprender nada nuevo.* **3.** Que no es capaz de algo. *Es incapaz de hacer daño.*

incautarse (in-cau-**tar**-se) *v. prnl.* Tomar posesión un tribunal u otra autoridad competente de dinero o bienes de otra clase. *Se incautaron de todas sus propiedades.* **SIN.** Confiscar, decomisar, requisar, secuestrar. **ANT.** Restituir, devolver. ✎ En cuanto al acento, se conjuga como causar.

incauto, ta (in-**cau**-to) *adj.* Que no tiene malicia. *No sospechará nada, es muy incauta.* **SIN.** Crédulo, cándido, ingenuo. **ANT.** Precavido, malicioso.

incendiar (in-cen-**diar**) *v. tr.* Prender fuego a una cosa que no está destinada a arder, como mieses, edificios, etc. **GRA.** También v. prnl. *El granero se incendió.* **SIN.** Encender(se). **ANT.** Apagar(se). ✎ En cuanto al acento, se conjuga como cambiar.

incendiario, ria (in-cen-**dia**-rio) *adj.* **1.** Que provoca un incendio con premeditación. **GRA.** También s. m. y s. f. *Detuvieron al incendiario.* **SIN.** Piró-

incendio - incivil

mano. **2.** Destinado a incendiar o que puede causar incendio. *Ese material es incendiario.* **3.** Escandaloso, subversivo. *Escribió un artículo incendiario.* **SIN.** Sedicioso.

incendio (in-**cen**-dio) *s. m.* Fuego grande que abrasa cosas que no estaban destinadas a arder. *El incendio destruyó todo el bosque.* **SIN.** Quema.

incensar (in-cen-**sar**) *v. tr.* Dirigir con el incensario el humo del incienso hacia una persona o cosa. *El sacerdote incensó a sus fieles.* 🖉 v. irreg., se conjuga como acertar.

incensario (in-cen-**sa**-rio) *s. m.* Braserillo con cadenillas y tapa, que sirve para incensar. *Preparó el incensario para la ceremonia.* **SIN.** Botafumeiro.

incensurable (in-cen-su-**ra**-ble) *adj.* Que no se puede censurar. *Su actitud es dura pero incensurable.*

incentivar (in-cen-ti-**var**) *v. tr.* **1.** Estimular a alguien para que haga algo. *La nueva entrenadora logró incentivar al equipo.* **2.** Fomentar la rentabilidad, producción o calidad de alguna cosa. *Incentivaron la creación de una nueva gama de productos.* **SIN.** Promover.

incentivo (in-cen-**ti**-vo) *s. m.* Estímulo que se ofrece a una persona o grupo de personas para que hagan algo. *El reconocimiento de su trabajo era ya un buen incentivo.* **SIN.** Estímulo, acicate, aguijón.

incertidumbre (in-cer-ti-**dum**-bre) *s. f.* **1.** Falta de certidumbre, duda. *Se hallaba en la incertidumbre de ir o no.* **SIN.** Perplejidad, irresolución, indecisión. **ANT.** Seguridad, certeza. **2.** Desasosiego causado por la duda. *La incertidumbre le quitaba el sueño.*

incesante (in-ce-**san**-te) *adj.* **1.** Que no cesa. *El ruido era incesante.* **SIN.** Continuo, constante, persistente. **ANT.** Ocasional, intermitente. **2.** Repetido, frecuente. *Le agobió con incesantes preguntas.*

incesto (in-**ces**-to) *s. m.* Relación sexual entre parientes dentro de los grados en que está prohibido el matrimonio. *Aquel incesto sorprendió a todos.*

incidencia (in-ci-**den**-cia) *s. f.* **1.** Lo que sucede en el discurso de un asunto o negocio y tiene con él alguna conexión. *Transcurrió sin incidencias.* **SIN.** Suceso, percance. **2.** Importancia o repercusión que tiene una cosa en otra. *Decían que la huelga apenas había tenido incidencia en el sector.*

incidental (in-ci-den-**tal**) *adj.* **1.** Se dice de lo que sucede en algún asunto por tener alguna relación con él. *Sus relaciones comerciales son sólo incidentales.* **SIN.** Accidental. **2.** Se dice de lo que es accesorio o de menor importancia. *Eso es lo de menos, es un aspecto incidental.* **ANT.** Sustancial.

incidente (in-ci-**den**-te) *s. m.* **1.** Hecho que sucede en el transcurso de una acción o asunto y tiene con él alguna relación. *La reunión transcurrió sin ningún incidente.* **2.** Discusión, riña, pelea. *Tuvieron un pequeño incidente.*

incidir (in-ci-**dir**) *v. intr.* **1.** Incurrir o caer en una falta, error, etc. *Incidió en el mismo error.* **2.** Caer algo sobre alguien o algo. *La huelga no incidió en la marcha del curso.* **SIN.** Repercutir. **3.** Recalcar algo, hacer hincapié en ello. *Incidió en su recomendación.*

incienso (in-**cien**-so) *s. m.* **1.** Gomorresina aromática que se quema en las ceremonias religiosas. *La capilla olía a incienso.* **2.** Mezcla de sustancias resinosas que al arder despiden buen olor. *Le gustaba el olor a incienso.*

incierto, ta (in-**cier**-to) *adj.* **1.** No cierto, falso, no verdadero. *Es incierto que vaya a venir hoy.* **2.** Inconstante, no seguro, no fijo. *Es un trabajo incierto.* **SIN.** Dudoso, vacilante. **ANT.** Cierto, seguro. **3.** Desconocido, no sabido. *El tesoro estaba escondido en un lugar incierto.* **SIN.** Ignorado, ignoto. **ANT.** Conocido, sabido. 🖉 Tiene sup. irreg.: incertísimo.

incinerar (in-ci-ne-**rar**) *v. tr.* Reducir una cosa a cenizas. Se usa generalmente referido a los cadáveres. *Incineraron el cadáver.* **SIN.** Quemar, calcinar.

incipiente (in-ci-**pien**-te) *adj.* Que empieza. *Brote incipiente.* **SIN.** Auroral, primerizo. **ANT.** Veterano.

incisión (in-ci-**sión**) *s. f.* Hendidura hecha en un cuerpo con un instrumento cortante. *Le hicieron una pequeña incisión en el dedo para sacarle sangre.* **SIN.** Corte, cortadura, tajo.

incisivo, va (in-ci-**si**-vo) *adj.* **1.** Que sirve para abrir o cortar. *Instrumento incisivo.* **SIN.** Cortante. **2.** Punzante, mordaz. *No soporto sus incisivos comentarios.* **SIN.** Satírico, cáustico. ‖ *s. m. pl.* **3.** Dientes frontales planos que cortan los alimentos. *A consecuencia del golpe perdió tres incisivos.*

inciso (in-**ci**-so) *s. m.* **1.** Cada uno de los miembros que, en los períodos, encierra un sentido parcial. *Es una narración clara, tiene varios incisos.* **SIN.** Aparte, paréntesis. **2.** Lo que se intercala en una exposición que está relacionado con el tema sólo de manera indirecta. *Hizo un inciso para contarnos una anécdota.*

incitar (in-ci-**tar**) *v. tr.* Estimular a alguien para que haga una cosa. *Incitaban a la protesta.* **SIN.** Instigar, inducir, provocar. **ANT.** Disuadir.

incivil (in-ci-**vil**) *adj.* Falto de cultura o de educación. *Tuvo un comportamiento incivil.* **SIN.** Grosero. **ANT.** Cortés, galante.

inclemencia - incombustible

inclemencia (in-cle-**men**-cia) *s. f.* **1.** Falta de clemencia. *La inclemencia de un tirano.* **SIN.** Crueldad. **2.** Rigor del tiempo atmosférico. *No pudieron emprender el viaje debido a la inclemencia del tiempo.* **SIN.** Dureza. **ANT.** Bonanza. ‖ **LOC. a la inclemencia** A la intemperie, sin abrigo.

inclemente (in-cle-**men**-te) *adj.* **1.** Falto de clemencia. *Se mostró inclemente.* **2.** Se dice del tiempo muy desapacible. *Se pronosticaba un inclemente invierno.* **SIN.** Borrascoso. **ANT.** Bonancible.

inclinación (in-cli-na-**ción**) *s. f.* **1.** Acción y efecto de inclinar o inclinarse. *La inclinación de la torre de Pisa.* **2.** Reverencia que se hace con la cabeza o el cuerpo. *Se despidió con una inclinación de cabeza.* **SIN.** Saludo. **3.** Predisposición, afecto, hacia una persona o cosa. *Tiene una gran inclinación por la pintura.* **SIN.** Propensión, afición. **4.** En matemáticas, dirección que una línea o superficie tiene con relación a otra línea o superficie. *Mide el ángulo de inclinación de esos dos planos.* **SIN.** Pendiente.

inclinar (in-cli-**nar**) *v. tr.* **1.** Mover una cosa hacia un lado. **GRA.** También v. prnl. *Tuvo que inclinarse para pasar por esa puerta tan pequeña.* **SIN.** Ladear(se), torcer(se). **ANT.** Enderezar(se). **2.** Persuadir a alguien a que diga o haga lo que dudaba decir o hacer. *Le inclinó a que confesase la verdad.* **SIN.** Incitar, persuadir, mover. ‖ *v. prnl.* **3.** Tender a hacer, pensar o sentir una cosa. *Se inclinó por ir de vacaciones a la playa.* **SIN.** Decidirse, optar. **ANT.** Dudar, desistir.

ínclito, ta (**ín**-cli-to) *adj.* Ilustre, esclarecido, afamado. *Presentó la conferencia el ínclito catedrático.* **SIN.** Famoso, célebre. **ANT.** Desconocido, ignorado.

incluir (in-clu-**ir**) *v. tr.* **1.** Poner una cosa dentro de otra. *Incluyó una fotografía en el sobre, con su última carta.* **SIN.** Meter, insertar. **ANT.** Sacar. **2.** Introducir en un grupo a algo o alguien. *Juan fue incluido en el equipo de baloncesto.* **SIN.** Colocar, admitir. **ANT.** Excluir. **3.** Contener una cosa a otra, o llevarla implícita. *El precio del viaje incluye hotel y media pensión.* **SIN.** Comprender, encerrar, englobar, implicar. ⊗ v. irreg., se conjuga como huir. Tiene doble p. p., uno reg., incluido, y otro irreg., incluso.

inclusa (in-**clu**-sa) *s. f.* Institución social para criar y educar niños huérfanos o abandonados por sus padres. *Estuvo en la inclusa hasta que le adoptó aquella familia.* **SIN.** Asilo, hospicio, orfanato.

inclusión (in-clu-**sión**) *s. f.* Acción y efecto de incluir. *Su inclusión en la lista había sido posterior.*

inclusive (in-clu-**si**-ve) *adv. m.* Incluyendo el último objeto nombrado. *El plazo es del 1 al 20 inclusive.*

incoar (in-co-**ar**) *v. tr.* Dar comienzo a una cosa, especialmente un proceso, pleito o expediente. *Estaban incoando un proceso disciplinario.* **SIN.** Iniciar, empezar. ⊗ v. defect., se usa lo mismo que abolir, pero se conjuga como amar.

incoativo, va (in-co-**a**-ti-vo) *adj.* Se dice del verbo que expresa el comienzo de una acción. *Anochecer es un verbo incoativo.*

incobrable (in-co-**bra**-ble) *adj.* Que no se puede cobrar o es de muy dudosa cobranza. *Esa deuda es ya incobrable.*

incógnita (in-**cóg**-ni-ta) *s. f.* **1.** En matemáticas, cantidad desconocida que es preciso determinar en una ecuación o problema para resolverlos. *Despeja la incógnita de esa ecuación.* **ANT.** Solución. **2.** Causa o razón oculta de un hecho. *Aún es una incógnita quién será el nuevo alcalde.* **SIN.** Enigma, misterio, secreto, problema. **ANT.** Hallazgo.

incógnito, ta (in-**cóg**-ni-to) *adj.* No conocido. **GRA.** También s. m. *Se encontraba en un lugar incógnito.* **SIN.** Desconocido, ignorado, ignoto. **ANT.** Conocido, público, patente. ‖ **LOC. de incógnito** Se dice de la situación de la persona que quiere pasar desapercibida ocultando su identidad.

incognoscible (in-cog-nos-**ci**-ble) *adj.* Que no puede conocer. *Los motivos son incognoscibles.* **SIN.** Impenetrable, inescrutable, insondable.

incoherencia (in-co-he-**ren**-cia) *s. f.* Falta de coherencia. *Lo que contaba era una incoherencia.* **SIN.** Absurdo, desatino, despropósito.

incoherente (in-co-he-**ren**-te) *adj.* **1.** No coherente, carente de unidad o trabazón. *Sus testimonios eran incoherentes.* **SIN.** Discontinuo, disperso, disgregado. **2.** Se dice de las ideas, palabras o frases que no forman un conjunto unido lógicamente. *Decía palabras incoherentes.* **SIN.** Incongruente, inconexo, ininteligible. **ANT.** Comprensible, inteligible.

incoloro, ra (in-co-**lo**-ro) *adj.* Que carece de color. *El agua es incolora.* **SIN.** Transparente.

incólume (in-**có**-lu-me) *adj.* Sano, sin lesión ni menoscabo. *Salió incólume del accidente.* **SIN.** Indemne, ileso, intacto. **ANT.** Accidentado, herido.

incombinable (in-com-bi-**na**-ble) *adj.* Que no puede combinarse. *Esas dos sustancias son incombinables.*

incombustibilidad (in-com-bus-ti-bi-li-**dad**) *s. f.* Cualidad de incombustible. *La incombustibilidad de este material está garantizada.*

incombustible (in-com-bus-**ti**-ble) *adj.* Que no puede arder. *Emplearon en la construcción materiales incombustibles.*

incomerciable - inconciliable

incomerciable (in-co-mer-**cia**-ble) *adj.* Se dice de aquello con lo cual no se puede comerciar. *Esos artículos están tan estropeados que son incomerciables.*

incomible (in-co-**mi**-ble) *adj.* Que no se puede comer. Se dice principalmente de lo que está mal condimentado. *El guiso está incomible.* **SIN.** Incomestible, indigestible. **ANT.** Delicioso.

incomodar (in-co-mo-**dar**) *v. tr.* Causar incomodidad o molestia. **GRA.** También v. prnl. *Espero que no te incomode mi presencia.* **SIN.** Desagradar(se), disgustar(se), molestar(se), enfadar(se), irritar(se). **ANT.** Agradar(se), complacer(se).

incomodidad (in-co-mo-di-**dad**) *s. f.* **1.** Falta de comodidad. *Le gustaba la casa pero tenía muchas incomodidades.* **2.** Molestia, fatiga. *Quédate con nosotros, no nos causarás ninguna incomodidad.*

incomodo (in-co-**mo**-do) *s. m.* Fastidio, incomodidad. *Su falta de puntualidad me causa incomodo.*

incómodo, da (in-**có**-mo-do) *adj.* **1.** Que incomoda. *Su visita me resultaba incómoda.* **SIN.** Embarazoso, desagradable, molesto, fastidioso. **ANT.** Agradable, cómodo, placentero. **2.** Que carece de comodidad. *Me siento incómodo con los zapatos nuevos. Este sofá es muy incómodo.*

incomparable (in-com-pa-**ra**-ble) *adj.* Que no tiene o no admite comparación. *La casa está situada en un marco incomparable.* **SIN.** Espléndido, excelente, inmejorable. **ANT.** Comparable, equiparable.

incomparecencia (in-com-pa-re-**cen**-cia) *s. f.* Falta de asistencia a un acto o lugar al que hay obligación de comparecer. *No justificó su incomparecencia ante el juez.*

incompartible (in-com-par-**ti**-ble) *adj.* Que no se puede compartir. *Es un secreto incompartible.*

incompasivo, va (in-com-pa-**si**-vo) *adj.* Que carece de compasión. *Tomó una actitud incompasiva.*

incompatibilidad (in-com-pa-ti-bi-li-**dad**) *s. f.* **1.** Repugnancia que tiene una cosa para unirse con otra, o de dos o más personas entre sí. *Entre sus intereses había una clara incompatibilidad.* **SIN.** Antipatía, contradicción. **2.** Imposibilidad legal para ejercer alguna función determinada, o para ejercer dos o más cargos a la vez. *Salió una nueva ley de incompatibilidades.* **SIN.** Obstáculo, impedimento. **ANT.** Compatibilidad, posibilidad. ‖ **3. incompatibilidad de caracteres** Motivo legal de divorcio que pueden aducir los cónyuges cuya convivencia es imposible por la oposición de carácter.

incompatible (in-com-pa-**ti**-ble) *adj.* No compatible con otra cosa. *Sus caracteres son incompatibles. Estos dos sistemas informáticos son incompatibles.* **SIN.** Contrario, irreconciliable. **ANT.** Compatible.

incompetencia (in-com-pe-**ten**-cia) *s. f.* **1.** Falta de competencia o preparación. *Demostró su incompetencia para hacerse cargo del negocio.* **SIN.** Impericia, incapacidad, insuficiencia. **ANT.** Idoneidad, aptitud. **2.** Falta de jurisdicción. *Se vio frenado por su incompetencia en aquel caso.*

incompetente (in-com-pe-**ten**-te) *adj.* No competente. *Se declaró incompetente.* **SIN.** Incapaz, inexperto, inepto. **ANT.** Capaz, apto.

incompleto, ta (in-com-**ple**-to) *adj.* Que no está entero o perfecto. *Presentó un trabajo incompleto.* **SIN.** Inacabado, imperfecto, defectuoso, insuficiente. **ANT.** Perfecto, completo, entero, acabado.

incomprendido, da (in-com-pren-**di**-do) *adj.* **1.** Que no ha sido debidamente comprendido. *Se sentía incomprendida.* **2.** Se dice de la persona cuyo mérito no ha sido debidamente apreciado. **GRA.** También s. m. y s. f. *Era un artista incomprendido.*

incomprensible (in-com-pren-**si**-ble) *adj.* Que no se puede comprender. *Tu actitud es incomprensible.* **SIN.** Ininteligible, inexplicable, oscuro, misterioso, embrollado. **ANT.** Comprensible, inteligible, claro.

incomprensión (in-com-pren-**sión**) *s. f.* Falta de comprensión. *Se quejaba por la incomprensión de sus padres.* **SIN.** Alejamiento, desapego, desafecto, desinterés. **ANT.** Interés, afecto.

incomunicable (in-co-mu-ni-**ca**-ble) *adj.* No comunicable. *Era un secreto incomunicable.*

incomunicación (in-co-mu-ni-ca-**ción**) *s. f.* **1.** Acción de incomunicar o incomunicarse. *La incomunicación entre padres e hijos.* **SIN.** Aislamiento, soledad. **ANT.** Sociabilidad. **2.** Aislamiento temporal de procesados o testigos, que acuerdan los jueces instructores de un sumario. *Al conocerse la sentencia, decretó su incomunicación.*

incomunicar (in-co-mu-ni-**car**) *v. tr.* **1.** Privar de comunicación a personas o cosas. *Le incomunicaron en un calabozo.* **SIN.** Aislar, bloquear. **ANT.** Comunicar, conectar. ‖ *v. prnl.* **2.** Aislarse, negarse al trato con otras personas. *Decidió incomunicarse en un pequeño pueblo de montaña.* **SIN.** Retirarse, recogerse. ✍ Se conjuga como abarcar.

inconcebible (in-con-ce-**bi**-ble) *adj.* Que no puede concebirse o comprenderse. *Ese plan es inconcebible.* **SIN.** Inimaginable, increíble, incomprensible, extraordinario, sorprendente, extraño.

inconciliable (in-con-ci-**lia**-ble) *adj.* Que no puede conciliarse. *Sus posturas son inconciliables.*

inconcluso - inconstante

inconcluso, sa (in-con-**clu**-so) *adj.* No acabado, no terminado. *Dejó el trabajo inconcluso.*

inconcreto, ta (in-con-**cre**-to) *adj.* Que no es concreto. *Expuso algunas ideas muy inconcretas.* **SIN.** Vago, impreciso.

incondicional (in-con-di-cio-**nal**) *adj.* **1.** Absoluto, sin restricción ni requisito. *Le ofreció su amistad incondicional.* **ANT.** Relativo. || *s. m. y s. f.* **2.** El adepto a una persona o idea, sin limitación o condición ninguna. **GRA.** También adj. *Sus incondicionales le recibieron con gran entusiasmo.* **SIN.** Adicto, leal, prosélito, partidario. **ANT.** Desleal.

inconexo, xa (in-co-**ne**-xo) *adj.* Que no tiene conexión o relación con una cosa. *Decía cosas inconexas.* **SIN.** Incoherente, incongruente. **ANT.** Coherente.

inconfesable (in-con-fe-**sa**-ble) *adj.* Se dice de lo que por ser vergonzoso no puede confesarse o decirse. *Lo que había hecho era inconfesable.* **SIN.** Vergonzoso, indecible, nefando.

inconfeso, sa (in-con-**fe**-so) *adj.* Se aplica al presunto reo que no confiesa el delito que se le imputa. *Seguía inconfeso.*

inconformista (in-con-for-**mis**-ta) *adj.* **1.** Que mantiene una actitud hostil a lo establecido en el orden político, social, moral, etc. **GRA.** También s. m. y s. f. *Un grupo de inconformistas montó jaleo.* **2.** Se dice de la persona que no se conforma con nada. *Es un inconformista, nunca tiene bastante.*

inconfundible (in-con-fun-**di**-ble) *adj.* No confundible. *Es inconfundible por su forma de andar.* **SIN.** Característico, peculiar. **ANT.** General.

incongruencia (in-con-**gruen**-cia) *s. f.* **1.** Falta de congruencia. *Su actitud demuestra una gran incongruencia, siempre se contradice.* **SIN.** Extravagancia, incoherencia. **ANT.** Lógica. **2.** Hecho o afirmación incongruente. *No digas más incongruencias.*

incongruente (in-con-**gruen**-te) *adj.* No congruente. *Sus acciones eran incongruentes.* **SIN.** Incoherente, inconexo. **ANT.** Coherente, lógico.

inconmensurable (in-con-men-su-**ra**-ble) *adj.* **1.** Que no se puede medir, que no tiene medida. *La vista se perdía en el inconmensurable horizonte.* **SIN.** Inmenso, infinito, inmensurable. **ANT.** Finito, medible. **2.** Enorme. *Su amor por ella era inconmensurable.*

inconmovible (in-con-mo-**vi**-ble) *adj.* **1.** Que no se puede conmover o alterar. *Su postura era inconmovible.* **SIN.** Firme, estable. **ANT.** Variable, alterable. **2.** Se dice de la persona que no se conmueve fácilmente. *Te será difícil ablandarle, es inconmovible.* **SIN.** Inmutable, impasible, impertérrito.

inconmutable (in-con-mu-**ta**-ble) *adj.* **1.** *Inmutable. **2.** No conmutable. *Esta sentencia del juez es inconmutable.*

inconquistable (in-con-quis-**ta**-ble) *adj.* **1.** Que no se puede conquistar. *Aquel castillo era inconquistable.* **SIN.** Inexpugnable, invencible. **ANT.** Vulnerable. **2.** Que no se deja vencer con ruegos ni regalos. *Es una persona inconquistable.*

inconsciencia (in-cons-**cien**-cia) *s. f.* **1.** Estado en que la persona no se da cuenta exacta del alcance de sus palabras o acciones. *Actúa con tanta inconsciencia.* **2.** Falta de conciencia. *Después del golpe cayó en la inconsciencia.* **ANT.** Conciencia.

inconsciente (in-cons-**cien**-te) *adj.* **1.** Que no se da cuenta del alcance de sus palabras o acciones. *No seas inconsciente y piénsalo dos veces.* **SIN.** Insensato, irreflexivo, alocado, atolondrado. **ANT.** Sensato, reflexivo, responsable. **2.** Se dice de la persona que ha perdido el conocimiento y de este estado. *Quedó inconsciente.* **SIN.** Desmayado, desvanecido. **ANT.** Consciente, despierto. **3.** Se dice del acto realizado sin tener conciencia de él o sin intervención de la voluntad. *Fue algo inconsciente.* **SIN.** Automático, reflejo, instintivo, maquinal, subconsciente. **ANT.** Voluntario, deliberado, consciente. || *s. m.* **4.** Conjunto de fenómenos psíquicos de una persona de los cuales ella no tiene conciencia. *Esos recuerdos estaban en su inconsciente.*

inconsecuente (in-con-se-**cuen**-te) *adj.* Que procede con inconsecuencia en lo que dice o hace. **GRA.** También s. m. y s. f. *Eres una inconsecuente.* **SIN.** Inconstante, voluble, veleta. **ANT.** Lógico.

inconsideración (in-con-si-de-ra-**ción**) *s. f.* Falta de consideración y reflexión. *La inconsideración le llevó a hacer esa bobada.* **SIN.** Precipitación.

inconsistencia (in-con-sis-**ten**-cia) *s. f.* Falta de consistencia. *Tiene la inconsistencia del agua en una cesta.* **SIN.** Endeblez. **ANT.** Cohesión, dureza.

inconsistente (in-con-sis-**ten**-te) *adj.* Falto de consistencia. *Es un material inconsistente.* **SIN.** Débil, flojo, frágil, quebradizo, blando. **ANT.** Fuerte, duro.

inconsolable (in-con-so-**la**-ble) *adj.* Se dice de la persona que está muy triste y afligida. *El hecho le había afectado mucho, estaba inconsolable.* **SIN.** Angustiado, apenado. **ANT.** Calmado, sosegado.

inconstante (in-cons-**tan**-te) *adj.* **1.** No estable ni permanente. *Es muy inconstante en sus estudios.* **SIN.** Inestable, mudable, variable. **ANT.** Firme, permanente. **2.** Que cambia con mucha facilidad y ligereza de pensamientos, opiniones, aficiones o

inconstitucional - increado

conductas. *Es una persona muy inconstante.* **SIN.** Veleidoso, inconsecuente. **ANT.** Firme, leal.

inconstitucional (in-cons-ti-tu-cio-**nal**) *adj.* No conforme a la constitución del Estado. *Es una medida inconstitucional.*

incontable (in-con-**ta**-ble) *adj.* Muy difícil de contar, numerosísimo. *Había un incontable número de personas.* **SIN.** Inmumerable, incalculable. **ANT.** Limitado, finito.

incontaminado, da (in-con-ta-mi-**na**-do) *adj.* No contaminado. *Afortunadamente el río permanecía incontaminado.* **SIN.** Limpio, neto. **ANT.** Sucio, contaminado, polucionado.

incontenible (in-con-te-**ni**-ble) *adj.* Que no puede ser contenido o refrenado. *Su enfado parecía incontenible.* **SIN.** Irresistible.

incontestable (in-con-tes-**ta**-ble) *adj.* Que no se puede negar ni dudar con fundamento. *Sus argumentos fueron incontestables.* **SIN.** Indudable, innegable, irrefutable. **ANT.** Contestable, refutable.

incontinencia (in-con-ti-**nen**-cia) *s. f.* **1.** Falta de continencia, especialmente en lo que se refiere al deseo sexual. *Fue el psicólogo para que le tratara su problema de incontinencia.* **SIN.** Lascivia, lujuria, desenfreno. **ANT.** Continencia, moderación. || **2. incontinencia de orina** Enfermedad que consiste en no poder retener la orina.

incontrastable (in-con-tras-**ta**-ble) *adj.* Que no se puede contrastar. *Su versión fue incontrastable.*

incontrovertible (in-con-tro-ver-**ti**-ble) *adj.* Que no admite duda ni discusión. *Era una verdad incontrovertible.* **SIN.** Irrebatible, indiscutible, incuestionable, indisputable. **ANT.** Cuestionable, dudoso.

inconvencible (in-con-ven-**ci**-ble) *adj.* Que no se deja convencer con razones. *Luis es inconvencible.*

inconveniencia (in-con-ve-**nien**-cia) *s. f.* **1.** Incomodidad, molestia. *Comentaban la inconveniencia de no tener buenas comunicaciones.* **2.** *Despropósito. **3.** Dicho o hecho grosero y descortés. *Dijo unas cuantas inconveniencias.* **SIN.** Grosería, incorrección, descortesía. **ANT.** Cortesía, finura.

inconveniente (in-con-ve-**nien**-te) *adj.* **1.** No conveniente, poco oportuno. *Aquella acusación era inconveniente en ese momento.* **SIN.** Improcedente, inoportuno, inapropiado. **ANT.** Conveniente. **2.** No conforme a las conveniencias sociales. *Su comportamiento fue inconveniente.* **SIN.** Descortés, grosero. **ANT.** Cortés, galante. || *s. m.* **3.** Obstáculo para hacer una cosa. *Acabé muy pronto la tarea, pues no surgió ningún inconveniente.* **SIN.** Estorbo, traba, obstáculo, perjuicio, objeción. **4.** Daño que resulta de hacerla. *Me trajo graves inconvenientes.* **SIN.** Perjuicio, desventaja.

inconvertible (in-con-ver-**ti**-ble) *adj.* No convertible. *Es una medida inconvertible a ese sistema.*

incordiar (in-cor-**diar**) *v. tr.* Importunar, fastidiar, molestar. *Deja de incordiarme, estoy estudiando.* **ANT.** Agradar, complacer, amenizar. ✎ En cuanto al acento, se conjuga como cambiar.

incordio (in-**cor**-dio) *s. m., fam.* Persona o cosa incómoda, molesta o inoportuna. *Es un incordio de crío.* **SIN.** Pelma, fastidio, impertinencia.

incorporación (in-cor-po-ra-**ción**) *s. f.* Acción y efecto de incorporar o incorporarse. *En seguida se produjo su incorporación al trabajo.* **SIN.** Agregación, anexión. **ANT.** Separación, exclusión.

incorporar (in-cor-po-**rar**) *v. tr.* **1.** Agregar, unir dos o más cosas para que hagan un todo y un cuerpo entre sí. *Incorpora más cemento a la masa.* **SIN.** Juntar, reunir. **ANT.** Separar, excluir. **2.** Levantar la parte superior del cuerpo la persona que está echada. **GRA.** También *v. prnl.* *Llevaba tanto tiempo en cama que no tenía fuerzas para incorporarse.* **SIN.** Levantarse. || *v. prnl.* **3.** Agregarse una o más personas a otras para formar un cuerpo, especialmente ingresar los soldados en filas. *Se incorporará a filas el próximo mes.* **SIN.** Afiliarse, asociarse, ingresar.

incorpóreo, a (in-cor-**pó**-re-o) *adj.* No corpóreo. *Era un ser incorpóreo.* **SIN.** Inmaterial, espiritual, abstracto, intangible. **ANT.** Material, corpóreo, real.

incorrección (in-co-rrec-**ción**) *s. f.* Dicho o hecho incorrecto. *Cometió varias incorrecciones.*

incorrecto, ta (in-co-**rrec**-to) *adj.* No correcto. *Tu comportamiento ha sido incorrecto. Esa respuesta es incorrecta.* **SIN.** Defectuoso, imperfecto, erróneo, descortés, grosero. **ANT.** Correcto, perfecto.

incorregible (in-co-rre-**gi**-ble) *adj.* Se dice de la persona que por su dureza y terquedad no se quiere enmendar. *Esta niña es incorregible.* **SIN.** Empecinado, recalcitrante, testarudo. **ANT.** Enmendado.

incorruptible (in-co-rrup-**ti**-ble) *adj.* **1.** No corruptible. *La madera permanecía incorruptible.* **2.** Se dice de la persona honesta a la que no se puede pervertir. *Es un juez incorruptible.* **SIN.** Íntegro, recto.

incorrupto, ta (in-co-**rrup**-to) *adj.* **1.** Que está sin corromperse. *El cadáver estaba aún incorrupto.* **2.** No dañado ni pervertido. *Tenía fama de ser un sistema incorrupto.*

increado, da (in-cre-**a**-do) *adj.* No creado. *En su mente tiene mucha poesía todavía increada.*

incredulidad - inculto

incredulidad (in-cre-du-li-**dad**) *s. f.* **1.** Repugnancia o dificultad en creer una cosa. *No salía de su incredulidad.* **2.** Falta de fe y de creencia religiosa. *En su libro hablaba de las causa de su incredulidad.* **SIN.** Descreimiento, impiedad, escepticismo. **ANT.** Fe, religiosidad.

incrédulo, la (in-**cré**-du-lo) *adj.* **1.** Que no cree con facilidad. *Es un tanto incrédulo.* **SIN.** Desconfiado, receloso, escéptico. **ANT.** Crédulo. **2.** Que no tiene fe religiosa. **GRA.** También s. m. y s. f. *Mantenía su actitud incrédula.* **SIN.** Descreído, impío. **ANT.** Piadoso, religioso.

increíble (in-cre-**í**-ble) *adj.* **1.** Que no puede creerse o que resulta muy difícil de creer. *Contaba cosas increíbles de sus viajes.* **SIN.** Inconcebible, inverosímil, inimaginable. **ANT.** Verosímil, posible. **2.** Excelente, muy bueno. *Es una película increíble.*

incrementar (in-cre-men-**tar**) *v. tr.* Aumentar, multiplicar. **GRA.** También v. prnl. *Los precios se han incrementado a causa de la crisis.* **SIN.** Adicionar(se), adjuntar(se), agregar(se), engrosar(se). **ANT.** Disminuir, empequeñecer(se), mitigar(se).

incremento (in-cre-**men**-to) *s. m.* **1.** Aumento, crecimiento. *Hablaban sobre el incremento de la natalidad.* **2.** Aumento gradual o progresivo de una cosa. *Se ha producido un ligero incremento en las ventas.* **SIN.** Auge, desarrollo.

increpación (in-cre-pa-**ción**) *s. f.* Reprensión fuerte y severa. *Fue objeto de duras imprecaciones.* **SIN.** Filípica, reprimenda, riña.

increpar (in-cre-**par**) *v. tr.* Reprender a alguien con dureza y severidad. *Le increpó por su conducta.* **SIN.** Amonestar, regañar. **ANT.** Alabar, elogiar.

incriminar (in-cri-mi-**nar**) *v. tr.* Acusar de un crimen o delito. *Estaba incriminado en el asunto del fraude.* **SIN.** Imputar.

incruento, ta (in-**cruen**-to) *adj.* Que se realiza sin derramamiento de sangre. Se dice especialmente de la misa. *La comunión es un sacrificio incruento.*

incrustación (in-crus-ta-**ción**) *s. f.* Cosa incrustada. *Le regaló un medallón con incrustaciones de oro.*

incrustar (in-crus-**tar**) *v. tr.* **1.** Meter en una superficie lisa y dura piedras, metales, maderas, etc. formando dibujos. *El anillo tenía esmeraldas incrustadas.* **SIN.** Damasquinar, filetear, taracear. **2.** Hacer que un cuerpo se introduzca con violencia en otro o quede pegado a él. **GRA.** También v. prnl. *La moto se salió de la calzada y se incrustó contra un árbol.*

incubación (in-cu-ba-**ción**) *s. f.* **1.** Acción y efecto de incubar. *Preparó los huevos para la incubación.* **2.** Tiempo durante el que se desarrolla el embrión dentro del huevo. *La incubación de los huevos dura tres semanas.* **3.** Desarrollo de una enfermedad desde que empieza a obrar la causa de dicha enfermedad hasta que se manifiestan sus efectos. *La gripe está en período de incubación.* ‖ **4. incubación artificial** Procedimiento usado para dar calor a los huevos y acelerar su desarrollo.

incubadora (in-cu-ba-**do**-ra) *s. f.* **1.** Aparato o habitación que sirve para la incubación artificial. *Hablaron con la enfermera encargada de la incubadora.* **2.** Aparato especial, en forma de caja de cristal con abertura lateral, que se emplea para el cuidado de los bebés nacidos prematuramente o en circunstancias anormales. *Metieron al bebé en la incubadora.*

incubar (in-cu-**bar**) *v. tr.* **1.** Empollar el ave los huevos. *La gallina incubaba sus huevos.* **2.** Comunicar calor de forma artificial a los huevos para hacer más fácil y rápido su desarrollo. *Regula bien la temperatura, tenemos que incubar esos huevos.* ‖ *v. prnl.* **3.** Desarrollar el organismo una enfermedad desde que empieza a obrar la causa de dicha enfermedad hasta que se manifiestan sus efectos. *Han pasado tres días desde que empezó a incubarse la gripe.* **4.** Iniciarse el desarrollo de determinada tendencia o movimiento social, estético, político, etc. *La revolución se incubó durante largos años.*

incuestionable (in-cues-tio-**na**-ble) *adj.* No cuestionable. *Ese punto es incuestionable.* **SIN.** Indiscutible, irrebatible, innegable. **ANT.** Discutible, dudoso.

inculcar (in-cul-**car**) *v. tr.* Infundir con ahínco en el ánimo de alguien una idea, un concepto, etc. *No consiguió inculcarle sus ideas.* **SIN.** Imbuir. ✎ Se conjuga como abarcar.

inculpabilidad (in-cul-pa-bi-li-**dad**) *s. f.* Falta de culpa. *El juez declaró su inculpabilidad.* **SIN.** Inocencia.

inculpable (in-cul-**pa**-ble) *adj.* Que carece de culpa o no puede ser acusado. *Era inculpable.*

inculpar (in-cul-**par**) *v. tr.* Culpar, acusar a alguien de una cosa. *Fue inculpado de varios delitos.* **SIN.** Imputar, achacar, atribuir. **ANT.** Absolver, perdonar.

incultivable (in-cul-ti-**va**-ble) *adj.* Que no puede cultivarse. *Esas tierras son incultivables.* **SIN.** Árido, estéril, infecundo. **ANT.** Feraz, fértil.

inculto, ta (in-**cul**-to) *adj.* **1.** Se dice de la persona, pueblo, etc. que no tiene cultura o que no tiene educación. *Eran personas muy incultas.* **SIN.** Ignorante, ineducado. **ANT.** Culto, docto. **2.** Que no tiene cultivo ni labor. *Los terrenos llevaban incultos durante años.* **SIN.** Yermo, abandonado. **ANT.** Fértil.

incultura - indefenso

incultura (in-cul-**tu**-ra) *s. f.* Falta de cultura. *Se proponía acabar con la incultura de aquella región.* **SIN.** Analfabetismo, ignorancia. **ANT.** Cultura.

incumbencia (in-cum-**ben**-cia) *s. f.* Obligación y cargo de hacer una cosa. *Aquel asunto no era de mi incumbencia.* **SIN.** Competencia, jurisdicción.

incumbir (in-cum-**bir**) *v. intr.* Estar a cargo de alguien una cosa. *Incumbía al presidente tomar una decisión.* **SIN.** Competer, concernir, atañer. ✎ v. defect., se usan sólo las formas no personales y la 3ª pers. sing. y pl. de cada uno de los tiempos.

incumplimiento (in-cum-pli-**mien**-to) *s. m.* Falta de cumplimiento. *Le denunciaron por incumplimiento de contrato.* **SIN.** Culpa, infracción. **ANT.** Obediencia, acatamiento.

incumplir (in-cum-**plir**) *v. tr.* No llevar a efecto, dejar de cumplir un mandato, ley, precepto, etc. *Incumplió las órdenes.* **SIN.** Quebrantar, vulnerar, conculcar, pisar. **ANT.** Cumplir, acatar.

incunable (in-cu-**na**-ble) *adj.* Se dice de las ediciones hechas desde la invención de la imprenta hasta principios del s. XVI. **GRA.** También s. m. *En la biblioteca se conservaban varios incunables.*

incurable (in-cu-**ra**-ble) *adj.* **1.** Que no se puede curar o no puede sanar. **GRA.** También s. m. y s. f., aplicado a personas. *Padecía una enfermedad incurable.* **SIN.** Insanable. **2.** Que no tiene enmienda ni remedio. *Decía que la ambición de las personas era un mal incurable.*

incuria (in-**cu**-ria) *s. f.* Falta de cuidado, negligencia. *El accidente se debió a su incuria.* **SIN.** Apatía, indolencia, desidia. **ANT.** Laboriosidad, aplicación.

incurrir (in-cu-**rrir**) *v. intr.* **1.** Caer en una culpa, falta, error, etc. *Incurrió en un delito.* **OBS.** Se construye con la prep. "en". **SIN.** Cometer, contravenir. **2.** Hacerse objeto de un sentimiento de odio, desprecio, etc. *Incurrió en un ataque indiscriminado.* **OBS.** Se construye con la prep. "en". **SIN.** Caer. ✎ Tiene doble p. p.: uno reg., incurrido, y otro irreg., incurso.

incursión (in-cur-**sión**) *s. f.* **1.** Acción de incurrir. *Fue castigado por su incursión reiterada en el delito.* **2.** Operación militar que consiste en penetrar en territorio enemigo, generalmente de forma brusca. *El enemigo intentó varias incursiones.* **SIN.** Correría, invasión, irrupción. **3.** Penetración en un ámbito o lugar desconocido. *Su incursión en el terreno de la canción fue un fracaso.*

indagación (in-da-ga-**ción**) *s. f.* Acción y efecto de indagar. *Sus indagaciones dieron resultado.* **SIN.** Análisis, búsqueda.

indagar (in-da-**gar**) *v. tr.* Tratar de averiguar una cosa discurriendo o por medio de conjeturas y señales. *Indagó entre todas sus amistades.* **SIN.** Inquirir, averiguar, investigar, buscar. ✎ Se conjuga como ahogar.

indebido, da (in-de-**bi**-do) *adj.* Ilegal, injusto, ilícito. *Uso indebido de los medicamentos.* **ANT.** Justo.

indecencia (in-de-**cen**-cia) *s. f.* **1.** Falta de decencia o de modestia. *Su indecencia nos dejó pasmados.* **SIN.** Deshonestidad, obscenidad, indecentada. **ANT.** Decencia, modestia. **2.** Dicho o hecho vergonzoso. *Ese anuncio es una indecencia.* **SIN.** Indecoro, grosería, insolencia. **ANT.** Fineza, galantería.

indecente (in-de-**cen**-te) *adj.* No decente, indecoroso. *Es una persona indecente. Su conducta ha sido indecente.* **SIN.** Atrevido, deshonesto, obsceno. **ANT.** Educado, honesto.

indecible (in-de-**ci**-ble) *adj.* Que no se puede decir o explicar. *Lo que sucedió es indecible.* **SIN.** Inefable, inenarrable, indescriptible, inexplicable. || **LOC. lo indecible** Mucho.

indecisión (in-de-ci-**sión**) *s. f.* Irresolución, dificultad de alguien para decidirse. *Perdió la oportunidad debido a su indecisión.* **SIN.** Duda, perplejidad, vacilación. **ANT.** Seguridad, decisión, firmeza.

indeciso, sa (in-de-**ci**-so) *adj.* **1.** Que está pendiente de resolución. *El resultado está indeciso.* **2.** Se dice de la persona que tiene dificultad para decidirse. *Es una persona muy indecisa.* **SIN.** Irresoluto, dudoso, vacilante. **ANT.** Decidido, firme, seguro.

indeclinable (in-de-cli-**na**-ble) *adj.* **1.** Que necesariamente tiene que hacerse o cumplirse. *Su deseo es indeclinable.* **SIN.** Ineludible, irrenunciable. **2.** Se dice de las partes de la oración que no se declinan. *Las preposiciones son indeclinables.*

indecoroso, sa (in-de-co-**ro**-so) *adj.* Que no tiene decoro o lo ofende. *Adoptó una actitud indecorosa.* **SIN.** Indecente, grosero, obsceno, indigno, deshonesto. **ANT.** Pudoroso, recatado.

indefectible (in-de-fec-**ti**-ble) *adj.* Que no puede faltar o dejar de ser. *Su declaración era indefectible.* **SIN.** Forzoso, imprescindible. **ANT.** Incierto.

indefendible (in-de-fen-**di**-ble) *adj.* Que no puede ser defendido. *Su delito era indefendible.* **SIN.** Injustificable, insostenible. **ANT.** Disculpable, excusable.

indefenso, sa (in-de-**fen**-so) *adj.* **1.** Que carece de defensa. *Estaba indefenso cuando le dispararon.* **SIN.** Inerme, desarmado. **ANT.** Guarnecido, fortificado. **2.** Abandonado, desamparado. *Era un pobre animal indefenso.*

indefinible - indicación

indefinible (in-de-fi-**ni**-ble) *adj.* Que no se puede definir. *Esa expresión me parece indefinible.*

indefinido, da (in-de-fi-**ni**-do) *adj.* **1.** No definido. *La postura de algunos votantes aún era indefinida.* **SIN.** Indeterminado. **2.** Que no tiene término señalado o conocido. *Firmó un contrato de trabajo indefinido.* **SIN.** Ilimitado. **3.** Se dice del adjetivo o pronombre que indica la cantidad de una manera imprecisa. *"Algún" es un adjetivo indefinido.*

indeleble (in-de-**le**-ble) *adj.* Que no se puede borrar o quitar. *Le produjo una impresión indeleble.* **SIN.** Imborrable, inalterable, inextinguible.

indelegable (in-de-le-**ga**-ble) *adj.* Que no se puede delegar. *Le encomendaron una misión indelegable.*

indelicadeza (in-de-li-ca-**de**-za) *s. f.* **1.** Falta de delicadeza, de cortesía, etc. *Me molesta su indelicadeza.* **2.** Acción indelicada. *Eso fue una pequeña indelicadeza por tu parte.*

indemne (in-**dem**-ne) *adj.* Libre o exento de daño. *El interior del edificio quedó indemne.* **SIN.** Incólume, intacto, ileso. **ANT.** Tocado, afectado.

indemnizar (in-dem-ni-**zar**) *v. tr.* Resarcir de un daño o perjuicio. **GRA.** También v. prnl. *Les indemnizaron por las pérdidas sufridas en la agricultura a causa de las inundaciones.* **SIN.** Reparar, compensar. ✎ *Se conjuga como abrazar.*

indemorable (in-de-mo-**ra**-ble) *adj.* Que no puede retrasarse. *Tenía una cita indemorable.*

indemostrable (in-de-mos-**tra**-ble) *adj.* Que no puede demostrarse. *Su culpabilidad fue indemostrable.*

independencia (in-de-pen-**den**-cia) *s. f.* **1.** Cualidad o condición de independiente. *Se quejaba de que no tenía independencia.* **2.** Libertad, autonomía, especialmente la de un Estado que no depende de otro. *El país consiguió su independencia.* **SIN.** Autodeterminación, emancipación. **ANT.** Sometimiento, colonialismo. **3.** Entereza, firmeza de carácter. *Era bien conocida la independencia de su criterio.* **SIN.** Resolución, firmeza, imparcialidad. **ANT.** Parcialidad, debilidad.

independentismo (in-de-pen-den-**tis**-mo) *s. m.* En un país que no tiene independencia política, movimiento que la defiende o reclama. *Era una firme defensora del independentismo.*

independiente (in-de-pen-**dien**-te) *adj.* **1.** Libre, que no depende de otra persona. *Mi hermano ha vivido de forma independiente desde que encontró su primer trabajo.* **SIN.** Autónomo. **ANT.** Dependiente, sometido, sujeto. **2.** Que goza de independencia y autonomía. *Es una nación independiente.* **SIN.** Soberano, autónomo. **ANT.** Sometido. **3.** Se dice de la persona que sostiene sus derechos y opiniones, sin que la doblequen halagos ni amenazas. *Se le tenía por una persona independiente y justa.* **SIN.** Neutral, íntegro, firme. **ANT.** Débil, parcial. ‖ *adv. m.* **4.** Independientemente. *Exígele de forma independiente a su edad.* ✎ Adj. invariable en género.

independizar (in-de-pen-di-**zar**) *v. tr.* Hacer independiente a un país, persona o cosa. **GRA.** También v. prnl. *Se independizó de la familia.* **SIN.** Emancipar(se), liberar(se). **ANT.** Someter(se), colonizar. ✎ *Se conjuga como abrazar.*

indescifrable (in-des-ci-**fra**-ble) *adj.* Que no se puede descifrar. *Aquello era un enigma indescifrable.* **SIN.** Ilegible, incomprensible, ininteligible, impenetrable. **ANT.** Claro, inteligible.

indescriptible (in-des-crip-**ti**-ble) *adj.* Que no se puede describir. *Sintió una alegría indescriptible.* **SIN.** Inenarrable, indefinible. **ANT.** Explicable.

indeseable (in-de-se-**a**-ble) *adj.* Se dice de la persona de malas costumbres y a la que consideramos indigna de nuestro trato. **GRA.** También s. m. y s. f. *Es una indeseable, no me fío de ella.* **SIN.** Bribón, granuja, tunante, peligroso.

indesmallable (in-des-ma-**lla**-ble) *adj.* Se dice de los tejidos fabricados de modo que al romperse una de sus mallas no se deshagan las restantes de la línea. *Me han regalado unas medias de un tejido indesmallable.*

indestructible (in-des-truc-**ti**-ble) *adj.* Que no se puede destruir. *Es un material indestructible.* **SIN.** Inalterable, permanente, fijo. **ANT.** Vulnerable.

indeterminación (in-de-ter-mi-na-**ción**) *s. f.* Falta de determinación en las cosas, o de resolución en las personas. *Se impacientó ante su indeterminación.* **SIN.** Imprecisión, indecisión, irresolución. **ANT.** Determinación, firmeza.

indeterminado, da (in-de-ter-mi-**na**-do) *adj.* **1.** No determinado, o que no implica determinación alguna. *Había un número indeterminado de personas.* **SIN.** Abstracto, impreciso, ilimitado, vago. **ANT.** Concreto, preciso. **2.** *Artículo indeterminado.

indexación (in-de-xa-**ción**) *s. f.* *Indización.

indexar (in-de-**xar**) *v. tr.* *Indizar.

indicación (in-di-ca-**ción**) *s. f.* **1.** Acción y efecto de indicar. *Me hizo una indicación.* **2.** Lo que sirve para indicar, informar o avisar. *Al final de la calle hay una indicación.* **3.** Observación o corrección. *Me dio algunas indicaciones para hacerlo.* **SIN.** Aclaración, advertencia.

indicar - indirecta

indicar (in-di-**car**) *v. tr.* Dar a entender una cosa con gestos y señales. *Con un movimiento de la mano nos indicó la salida.* **SIN.** Mostrar, señalar, denotar, significar. ✎ Se conjuga como abarcar.

indicativo, va (in-di-ca-**ti**-vo) *adj.* **1.** Que indica o sirve para indicar. **GRA.** También s. m. *Aquel gesto era indicativo de que algo pasaba.* **SIN.** Muestra, prueba. **2.** *Modo indicativo. **GRA.** También s. m.

índice (**ín**-di-ce) *adj.* **1.** *Dedo índice. **GRA.** También s. m. ‖ *s. m.* **2.** Indicio o señal de una cosa. *El humo es índice del fuego.* **3.** Lista breve y ordenada del contenido de un libro, de los objetos de una colección, etc. *Mira en el índice.* **4.** Catálogo ordenado, alfabética o cronológicamente, de los autores o materias de las obras de una biblioteca. *Búscalo en el índice de materias.* **5.** Pieza donde está el catálogo, etc., en las bibliotecas públicas. *Quedamos en el índice.* **6.** En matemáticas, número o letra que se coloca en la abertura del signo radical y sirve para indicar el grado de la raíz. *Obtén la raíz de índice 3 de 27.* **7.** En estadística, número que se utiliza para comparar los diferentes valores de un fenómeno durante determinado tiempo. *Índice de mortalidad.* ‖ **8. índice de precios al consumo** Número que mide las variaciones del promedio de precios de bienes y servicios durante un período concreto. **OBS.** Su abrev. es IPC.

indicio (in-**di**-cio) *s. m.* **1.** Acto o señal que da a conocer lo que está oculto. *Buscaba indicios del delito.* **SIN.** Asomo, señal, manifestación. **2.** Primera manifestación de algo. *Lo descubrí al primer indicio.*

indiferencia (in-di-fe-**ren**-cia) *s. f.* Estado de ánimo en el que uno no se siente ni inclinación ni aversión hacia una persona, cosa o asunto. *Mostró una total indiferencia.* **SIN.** Frialdad, insensibilidad, indolencia.

indiferente (in-di-fe-**ren**-te) *adj.* **1.** Que siente y actúa con indiferencia. *Se mostró indiferente.* **GRA.** También s. m. y s. f. **SIN.** Insensible, frío, apático, desganado. **ANT.** Apasionado, temperamental. **2.** Que no importa que sea o se haga de una o de otra forma. *Es indiferente cómo envíes el paquete.* **SIN.** Igual, indistinto.

indígena (in-**dí**-ge-na) *adj.* Originario del país de que se trata. **GRA.** También s. m. y s. f., aplicado a personas. *Las comunidades indígenas del país se sentían perjudicadas por aquellas medidas.* **SIN.** Aborigen, natural, nativo. **ANT.** Foráneo, extraño, extranjero.

indigencia (in-di-**gen**-cia) *s. f.* Falta de medios para alimentarse, vestirse, etc. *Vivían en la mayor indigen-* *cia.* **SIN.** Pobreza, miseria, necesidad, estrechez. **ANT.** Riqueza, opulencia, abundancia.

indigente (in-di-**gen**-te) *adj.* Falto de medios para vivir. **GRA.** También s. m. y s. f. *Esta organización presta ayuda a los indigentes.* **SIN.** Pobre, necesitado, menesteroso, miserable. **ANT.** Rico, opulento.

indigestarse (in-di-ges-**tar**-se) *v. prnl.* **1.** No sentar bien un alimento o comida. *Se indigestó de comer tantos pasteles.* **2.** *fam.* Desagradar a alguien una persona o cosa. *Se me indigestó desde el primer día que le vi.* **SIN.** Caer mal. **ANT.** Caer bien, simpatizar.

indigestión (in-di-ges-**tión**) *s. f.* Trastorno que se padece por no haber digerido bien los alimentos. *Cogió una buena indigestión.* **SIN.** Empacho.

indigesto, ta (in-di-**ges**-to) *adj.* **1.** Que no se digiere o se digiere con dificultad. *Tomamos una comida muy indigesta.* **SIN.** Pesado. **ANT.** Ligero. **2.** Se dice de la persona difícil de tratar. *Julia me resulta un poco indigesta.* **SIN.** Hosco, rudo. **ANT.** Amable.

indignación (in-dig-na-**ción**) *s. f.* Enfado contra una persona o contra sus actos. *A todos nos produjo gran indignación.* **SIN.** Irritación, cólera, enojo, ira. **ANT.** Contento.

indignar (in-dig-**nar**) *v. tr.* Irritar, enfadar mucho a alguien. **GRA.** También v. prnl. *Se indignó mucho.* **SIN.** Enojar(se), enfurecer(se). **ANT.** Alegrar(se).

indignidad (in-dig-ni-**dad**) *s. f.* **1.** Falta de méritos y de disposición para una cosa. *Habló de su indignidad para ese cargo.* **SIN.** Desmerecimiento, impropiedad. **ANT.** Dignidad, mérito. **2.** Acción reprobable. *Eso que has hecho es una indignidad.* **SIN.** Bajeza, vileza, ignominia. **ANT.** Heroicidad, proeza.

indigno, na (in-**dig**-no) *adj.* **1.** Que no tiene méritos ni disposición para una cosa. *Es indigno de ese cargo.* **SIN.** Inmerecedor. **ANT.** Digno, propio. **2.** Que no corresponde a una persona o a sus circunstancias. *Lo que has hecho me parece indigno de ti.* **SIN.** Impropio, inadecuado, incorrecto. **3.** Vil, ruin. *Es una acción indigna.* **SIN.** Bajo, malo, bellaco, despreciable, indeseable. **ANT.** Noble, estimable.

indio, dia (**in**-dio) *adj.* **1.** Que pertenece a la India o nacido allí. **GRA.** También s. m. y s. f. *Tiene un tapiz indio en su casa.* **SIN.** Indo, indostánico, hindú. **2.** Se dice del antiguo poblador de América, de sus descendientes y de sus cosas. *La cultura india se remonta a hace muchos años.*

indirecta (in-di-**rec**-ta) *s. f.* Dicho del que una persona se vale para sugerir algo sin decirlo expresamente. *Me tiró una buena indirecta.* **SIN.** Insinuación, rodeo, sugerencia, alusión, puntada.

indirecto, ta (in-di-**rec**-to) *adj.* **1.** Que no va rectamente a un fin, aunque se dirige a él. *Le afectaba de manera indirecta.* **SIN.** Oblicuo, transversal. **ANT.** Directo, recto.

indisciplina (in-dis-ci-**pli**-na) *s. f.* Falta de disciplina. *No tolera la indisciplina.* **SIN.** Desobediencia, insumisión, insubordinación. **ANT.** Acatamiento.

indisciplinado, da (in-dis-ci-pli-**na**-do) *adj.* Falto de disciplina. *Estos niños son muy indisciplinados.* **SIN.** Rebelde, insumiso. **ANT.** Obediente, disciplinado.

indiscreción (in-dis-cre-**ción**) *s. f.* **1.** Falta de discreción y de prudencia. *Cometió una indiscreción.* **SIN.** Imprudencia. **ANT.** Discreción, prudencia, delicadeza. **2.** Dicho o hecho indiscreto. *Esa pregunta es una indiscreción.* **SIN.** Patinazo, planchazo.

indiscreto, ta (in-dis-**cre**-to) *adj.* **1.** Que actúa o se hace sin discreción. **GRA.** También s. m. y s. f. *No seas tan indiscreto.* **SIN.** Curioso, entrometido, intruso. **ANT.** Discreto. **2.** Que carece de discreción al hablar. *No se lo cuentes a él, es un indiscreto.* **SIN.** Hablador, charlatán. **ANT.** Prudente, oportuno.

indiscriminado, da (in-dis-cri-mi-**na**-do) *adj.* *Indistinto.

indiscutible (in-dis-cu-**ti**-ble) *adj.* Que no se puede discutir. *Su sabiduría es indiscutible.* **SIN.** Cierto, seguro, innegable, irrebatible. **ANT.** Dudoso, incierto, discutible. ✎ *adj.* invariable en género.

indisolubilidad (in-di-so-lu-bi-li-**dad**) *s. f.* Cualidad de indisoluble. *Defiende la indisolubilidad del matrimonio.* **SIN.** Fortaleza, permanencia. **ANT.** Debilidad, fugacidad.

indisoluble (in-di-so-**lu**-ble) *adj.* Que no se puede disolver o desatar. *Aquella unión era indisoluble.* **SIN.** Estable, sólido. **ANT.** Fugaz, débil.

indispensable (in-dis-pen-**sa**-ble) *adj.* Que es necesario. *La gasolina es indispensable para el automóvil.* **SIN.** Necesario, imprescindible, fundamental, esencial. **ANT.** Prescindible, secundario.

indisponer (in-dis-po-**ner**) *v. tr.* **1.** Enemistar entre sí a dos o más personas. **GRA.** Se usa más como v. prnl. *Las malas lenguas indispusieron a los dos amigos.* **SIN.** Encizañar, azuzar. ‖ *v. prnl.* **2.** Encontrarse mal de salud. *Llamó diciendo que no vendría, se ha debido indisponer.* **SIN.** Enfermar. ✎ v. irreg., se conjuga como poner.

indisposición (in-dis-po-si-**ción**) *s. f.* **1.** Falta de disposición y de preparación para una cosa. *Criticaban la indisposición del local para celebrar aquella reunión.* **2.** Enfermedad leve. *Tuvo una indisposición a última hora.* **SIN.** Dolencia, achaque. **ANT.** Salud.

indisputable (in-dis-pu-**ta**-ble) *adj.* Que no admite disputa. *Su derecho a presentarse a las elecciones era indisputable.* **SIN.** Indiscutible, innegable, irrebatible, incontestable. **ANT.** Rebatible, discutible.

indistinto, ta (in-dis-**tin**-to) *adj.* **1.** Que no se distingue de otra cosa. *Para mí los dos gemelos son indistintos.* **SIN.** Indiferenciado. **2.** Que no se percibe con claridad. *Un concepto indistinto.* **SIN.** Oscuro, confuso. **3.** Se aplica a la cuenta corriente, depósito, etc. hecha por dos o más personas de la que puede disponer cualquiera de ellas sin distinción. *He abierto una cuenta indistinta con mi hermano.*

individual (in-di-vi-**dual**) *adj.* **1.** Que pertenece o se refiere al individuo. *Era una tarea individual, no se hubiera podido realizar en equipo.* **2.** Particular, propio y característico de una persona o cosa. *Es una característica de su carácter individual.* **SIN.** Inalienable. **ANT.** General. **3.** Se dice del sustantivo que, en singular, se refiere a un solo objeto. **GRA.** También s. m. *"Carpeta" es un sustantivo individual.*

individualismo (in-di-vi-dua-**lis**-mo) *s. m.* Tendencia al aislamiento en las relaciones con los demás, en los intereses, etc. *Mantiene un gran individualismo respecto a sus compañeros.* **SIN.** Particularismo, egoísmo. **ANT.** Altruismo.

individualizar (in-di-vi-dua-li-**zar**) *v. tr.* Especificar una cosa, tratar de ella con particularidad y pormenor. *Trata de individualizar los datos cuando hagas las fichas.* **SIN.** Particularizar. ✎ Se conjuga como abrazar.

individuo, dua (in-di-**vi**-duo) *s. m.* **1.** Cada ser organizado, sea animal o vegetal, respecto de la especie a la que pertenece. *Se conservan pocos individuos de esa especie.* **SIN.** Ente, sujeto. **2.** Persona perteneciente a una clase, corporación, etc. *La sociedad estaba formada por pocos individuos.* **SIN.** Socio. ‖ *m. y s. f.* **3.** *desp.* Persona cuyo nombre y condición se ignoran o no se quieren decir. *Un individuo pregunta por ti.* **SIN.** Sujeto, tipo, socio.

indivisible (in-di-vi-**si**-ble) *adj.* Que no puede ser dividido. *Es un número indivisible.* **SIN.** Completo, unitario, único. **ANT.** Fraccionado, partido.

indización (in-di-za-**ción**) *s. f.* Elaboración de índices. *Tengo que hacer la indización de ese libro.*

indizar (in-di-**zar**) *v. tr.* Registrar ordenadamente una información o conjunto de datos para elaborar su índice. *He de indizar todos los nombres de esa lista.* ✎ Se conjuga como abrazar.

indócil (in-**dó**-cil) *adj.* Que no tiene docilidad. *Era un animal muy indócil.* **SIN.** Rebelde. **ANT.** Obediente.

indocto - ineficaz

indocto, ta (in-**doc**-to) *adj.* Falto de cultura, inculto. **GRA.** También s. m. y s. f. *Con esas palabras ha demostrado que es un indocto.* **SIN.** Ignorante, lego. **ANT.** Sabio, docto, instruido.

índole (**ín**-do-le) *s. f.* **1.** Condición e inclinación natural propia de cada persona. *Es de índole pacífica.* **SIN.** Temple, genio, carácter. **2.** Naturaleza, calidad y condición de las cosas. *Nunca se había enfrentado a un asunto de esa índole.*

indolencia (in-do-**len**-cia) *s. f.* Cualidad de indolente. *Le vencía la indolencia.* **SIN.** Apatía, negligencia, dejadez, pereza. **ANT.** Diligencia, laboriosidad.

indolente (in-do-**len**-te) *adj.* **1.** Que no se conmueve o afecta. *Tiene el corazón de piedra, es un indolente.* **2.** Vago, perezoso. *Su carácter indolente le traerá problemas.* **SIN.** Negligente, dejado.

indomable (in-do-**ma**-ble) *adj.* Que no se puede domar. *Aquel caballo era indomable.* **SIN.** Indómito, salvaje, arisco. **ANT.** Domable, dócil.

indomado, da (in-do-**ma**-do) *adj.* Que está sin domar. *Estas fieras del circo todavía están indomadas.*

indómito, ta (in-**dó**-mi-to) *adj.* **1.** No domado. *Animal indómito.* **2.** Que no se puede domar. *Carácter indómito.* **SIN.** Indomable, fiero, arisco. **3.** Difícil de sujetar o reprimir. *Genio indómito.* **SIN.** Bravío, salvaje, cerril. **ANT.** Dócil, flexible.

indubitable (in-du-bi-**ta**-ble) *adj.* *Indudable.

inducción (in-duc-**ción**) *s. f.* **1.** Acción y efecto de inducir. *Resolvió el teorema por inducción.* **SIN.** Instigación, incitación. **2.** Razonamiento que va de lo particular a lo general, de las partes al todo, de los hechos a las leyes, de los efectos a las causas, etc. *Fue condenado por inducción al delito.* ‖ **3. inducción eléctrica** En física, acción que ejercen unas sobre otras las cargas eléctricas o las corrientes. **4. inducción magnética** En física, acción que ejercen unos imanes sobre otros.

inducir (in-du-**cir**) *v. tr.* **1.** Mover a alguien a que haga alguna cosa. *Si él no quiere, no le voy a inducir a que venga.* **SIN.** Persuadir, incitar, instigar. **2.** *Deducir. **3.** En física, producir un cuerpo electrizado por inducción fenómenos eléctricos o magnéticos a otro situado a cierta distancia de él. *Calcula el coeficiente necesario para inducir este circuito.* 🖝 v. irreg., se conjuga como conducir.

inductancia (in-duc-**tan**-cia) *s. f.* Magnitud eléctrica que sirve para caracterizar los circuitos según su capacidad para engendrar corrientes inducidas. *Aumentando el grosor de un cable, reducimos su inductancia.*

indudable (in-du-**da**-ble) *adj.* **1.** Que no puede dudarse. *Era indudable su valor.* **SIN.** Indubitable, seguro, evidente. **ANT.** Dudoso, incierto. **2.** *Evidente.

indulgente (in-dul-**gen**-te) *adj.* Dispuesto a perdonar las culpas y conceder gracias. *Es muy indulgente.* **SIN.** Benévolo, compasivo. **ANT.** Intolerante.

indultar (in-dul-**tar**) *v. tr.* Perdonar a alguien total o parcialmente la pena que tiene impuesta, o conmutarla por otra. *El Rey les indultó.* **SIN.** Absolver, amnistiar, eximir. **ANT.** Condenar.

indulto (in-**dul**-to) *s. m.* Acto por el que se perdona a alguien una pena o se le exime de una obligación. *Le concedieron el indulto.* **SIN.** Perdón, amnistía.

indumentaria (in-du-men-**ta**-ria) *s. f.* Vestido, conjunto de prendas de vestir. *No me gustaba su indumentaria.* **SIN.** Ropaje, vestimenta.

industria (in-**dus**-tria) *s. f.* **1.** Lugar donde se realiza el conjunto de operaciones destinadas a transformar cosas naturales en productos elaborados. *Su industria se dedica a transformar los diferentes pescados en conservas.* **SIN.** Fábrica, factoría, empresa. **2.** Conjunto de fábricas de un mismo producto o de un mismo sitio. *La industria algodonera mexicana es importante para la economía del país.* **3.** Destreza o habilidad para hacer algo. *Tiene mucha industria para las manualidades.* **SIN.** Maña. **ANT.** Torpeza.

industrial (in-dus-**trial**) *adj.* **1.** Que pertenece o se refiere a la industria. *Obrero industrial.* ‖ *s. m. y s. f.* **2.** Persona que es propietaria de una industria. *Su madre es industrial.* **SIN.** Empresario.

industrializar (in-dus-tria-li-**zar**) *v. tr.* Dar predominio a las industrias en la economía de una región o país. *Van a industrializar la zona en detrimento de la ganadería.* 🖝 Se conjuga como abrazar.

inédito, ta (i-**né**-di-to) *adj.* **1.** Escrito y no publicado. *Se dieron a conocer varios poemas inéditos del famoso poeta.* **SIN.** Original. **2.** Desconocido, nuevo. *Es obra de un escritora inédita.* **ANT.** Conocido, viejo.

ineducado, da (i-ne-du-**ca**-do) *adj.* Falto de educación o de buenos modales. *Su actitud ha sido muy ineducada.* **SIN.** Grosero, zafio. **ANT.** Educado.

inefable (i-ne-**fa**-ble) *adj.* Que no se puede explicar con palabras. *Causó una impresión inefable.* **SIN.** Impronunciable, indecible, inenarrable, indescriptible.

ineficacia (i-ne-fi-**ca**-cia) *s. f.* Falta de eficacia y actividad. *Demostró su ineficacia para dirigir aquella operación.* **SIN.** Desmaña, incapacidad, ineptitud.

ineficaz (i-ne-fi-**caz**) *adj.* No eficaz. *El tratamiento fue ineficaz.* **SIN.** Improductivo, incapaz, nulo. **ANT.** Capaz, apto.

ineficiencia - inexpiable

ineficiencia (i-ne-fi-**ca**-cia) *s. f.* *Ineficacia.
ineficiente (i-ne-fi-**cien**-te) *adj.* *Ineficaz.
inelegancia (i-ne-le-**gan**-cia) *s. f.* Falta de elegancia. *En aquella acción mostró su inelegancia.*
inelegible (i-ne-le-**gi**-ble) *adj.* Que no se puede elegir. *Es inelegible para el cargo.*
ineluctable (i-ne-luc-**ta**-ble) *adj.* Se dice de aquello contra lo cual no puede lucharse. *La muerte es ineluctable.* **SIN.** Inevitable, ineludible. **ANT.** Evitable.
ineludible (i-ne-lu-**di**-ble) *adj.* Que no se puede eludir. *Tenía un compromiso ineludible.* **SIN.** Inexcusable, inevitable. **ANT.** Evitable.
inembargable (i-nem-bar-**ga**-ble) *adj.* Que no puede ser objeto de embargo. *La casa es inembargable, no está a su nombre.*
inenarrable (i-ne-na-**rra**-ble) *adj.* *Inefable.
ineptitud (i-nep-ti-**tud**) *s. f.* Inhabilidad, falta de aptitud o capacidad. *Era grande su ineptitud.* **SIN.** Incapacidad, incompetencia. **ANT.** Capacidad, competencia, habilidad.
inepto, ta (i-**nep**-to) *adj.* Necio, incapaz. **GRA.** También s. m. y s. f. *Es un inepto.* **SIN.** Inútil, torpe. **ANT.** Capaz, hábil, competente.
inequívoco, ca (i-ne-**quí**-vo-co) *adj.* Que no admite duda o equivocación. *Tenemos inequívocas pruebas.* **SIN.** Indudable. **ANT.** Incierto, dudoso.
inercia (i-**ner**-cia) *s. f.* **1.** Falta de energía física o moral. *No tiene carácter, se deja llevar por la inercia.* **SIN.** Apatía, desgana, flojedad. **2.** Incapacidad de los cuerpos para modificar su estado de reposo o de movimiento sin la intervención de alguna fuerza. *Para mover un objeto hay que vencer la inercia.* ‖ **LOC. por inercia** Por costumbre.
inerrable (i-ne-**rra**-ble) *adj.* Que no se puede errar. *Esa jugada era inerrable.*
inerte (i-**ner**-te) *adj.* Inactivo, inútil. *Estaba inerte.*
inescrutable (i-nes-cru-**ta**-ble) *adj.* Que no se puede saber ni averiguar. *El destino es inescrutable.* **SIN.** Incomprensible, arcano. **ANT.** Claro, sencillo.
inesperable (i-nes-pe-**ra**-ble) *adj.* Que no es de esperar. *Su respuesta ha sido inesperable.*
inesperado, da (i-nes-pe-**ra**-do) *adj.* Que sucede sin esperarse o sin haberlo previsto. *Tuvimos un encuentro inesperado. Nos sorprendió su inesperada visita.* **SIN.** Imprevisto, impensado, inopinado. **ANT.** Previsto, sabido, esperado.
inestabilidad (i-nes-ta-bi-li-**dad**) *s. f.* **1.** Falta de estabilidad. *Inestabilidad política.* **SIN.** Inseguridad. ‖ **2. inestabilidad atmosférica** Estado del tiempo en el que predominan nubes y lluvia.

inestable (i-nes-**ta**-ble) *adj.* **1.** Que no es estable, firme y seguro. *Buscaba un trabajo que no fuese tan inestable.* **SIN.** Inconstante, mudable, cambiante, versátil, movedizo. **ANT.** Fijo, inmutable. **2.** En química, que se descompone fácilmente. *La gasolina es un líquido inestable.* **3.** Hablando del tiempo atmosférico, que experimenta frecuentes variaciones. *El tiempo estaba muy inestable.*
inestimable (i-nes-ti-**ma**-ble) *adj.* Incapaz de ser estimado como corresponde. *Su ayuda fue inestimable.* **SIN.** Inapreciable, preciable, valioso. **ANT.** Imperfecto, desdeñable.
inevitable (i-ne-vi-**ta**-ble) *adj.* Que no se puede evitar. *El encuentro fue inevitable, porque las dos estábamos invitadas.* **SIN.** Ineludible, forzoso. **ANT.** Evitable, eludible. ✎ Adj. invariable en género.
inexactitud (i-ne-xac-ti-**tud**) *s. f.* Falta de exactitud. *Encontraron varias inexactitudes en sus declaraciones.* **SIN.** Falibilidad, error. **ANT.** Identidad.
inexacto, ta (i-ne-**xac**-to) *adj.* Que carece de exactitud. *Es un cálculo inexacto.* **SIN.** Erróneo, equivocado, falso. **ANT.** Correcto, exacto.
inexcusable (i-nex-cu-**sa**-ble) *adj.* **1.** Que no se puede dejar de hacer, que no admite pretextos. *Era una obligación inexcusable.* **SIN.** Obligatorio, apremiable. **2.** Que no tiene disculpa. *Fue un ausencia inexcusable.* **SIN.** Injustificable.
inexhausto, ta (i-nex-**haus**-to) *adj.* Que por su abundancia o plenitud no se agota ni se acaba. *Su vigor era inexhausto.* **SIN.** Inagotable. **ANT.** Finito.
inexistencia (i-ne-xis-**ten**-cia) *s. f.* Falta de existencia. *Se suspendió debido a la inexistencia de pruebas.* **SIN.** Ausencia, vacío. **ANT.** Existencia, realidad.
inexistente (i-ne-xis-**ten**-te) *adj.* Que carece de existencia. *Habló de rumores inexistentes.* **SIN.** Ilusorio, irreal, supuesto. **ANT.** Real.
inexorable (i-ne-xo-**ra**-ble) *adj.* **1.** Que no se deja vencer por los ruegos. *Se mantuvo inexorable.* **SIN.** Inflexible, implacable, duro, cruel. **ANT.** Blando, flexible, tolerante. **2.** Por ext., que no se puede evitar. *El peso inexorable de la justicia.*
inexperiencia (i-nex-pe-**rien**-cia) *s. f.* Falta de experiencia. *Era notoria su inexperiencia con niños pequeños.* **SIN.** Desconocimiento. **ANT.** Veteranía.
inexperto, ta (i-nex-**per**-to) *adj.* Falto de experiencia. **GRA.** También s. m. y s. f. *Es un poco inexperto.* **SIN.** Principiante, novato. **ANT.** Veterano, experto.
inexpiable (i-nex-**pia**-ble) *adj.* Que no se puede expiar. *Su delito es inexpiable, debe cumplir toda la condena.*

inexplicable - inferioridad

inexplicable (i-nex-pli-**ca**-ble) *adj.* Que no se puede explicar. *Lo sucedido fue inexplicable.* **SIN.** Incomprensible, extraño, misterioso, indescifrable.

inexplorado, da (i-nex-plo-**ra**-do) *adj.* No explorado. *Era una selva inexplorada.* **SIN.** Desconocido.

inexpresable (i-nex-pre-**sa**-ble) *adj.* Que no se puede expresar. *Sentía una alegría inexpresable.* **SIN.** Indecible.

inexpresivo, va (i-nex-pre-**si**-vo) *adj.* Que carece de expresión. *Su rostro era inexpresivo.*

inexpugnable (i-nex-pug-**na**-ble) *adj.* **1.** Que no se puede conquistar a fuerza de armas. *Era una fortaleza inexpugnable.* **SIN.** Inconquistable, invencible. **ANT.** Vulnerable. **2.** Que no se deja vencer ni persuadir. *Tenía un fuerza de voluntad inexpugnable.*

inextinguible (i-nex-tin-**gui**-ble) *adj.* **1.** No extinguible. *El fuego parecía inextinguible.* **SIN.** Inapagable. **2.** De perpetua o larga duración. *Su amor por ella era inextinguible.* **SIN.** Inacabable, duradero, indeleble. **ANT.** Finito, perecedero, limitado.

infalible (in-fa-**li**-ble) *adj.* **1.** Que no puede equivocarse. *Se creía infalible.* **2.** Seguro, cierto, indefectible. *Encontró un remedio infalible.*

infamar (in-fa-**mar**) *v. tr.* Quitar la fama, honra y estimación, cubrir de ignominia a una persona o cosa personificada. **GRA.** También v. prnl. *Le infamó públicamente.* **SIN.** Difamar, desacreditar(se), deshonrar(se). **ANT.** Alabar(se), honrar(se).

infame (in-**fa**-me) *adj.* **1.** Que carece de honra, crédito y estimación. **GRA.** También s. m. y s. f. *Es una persona infame.* **SIN.** Deshonrado, desacreditado. **2.** Muy malo en su especie. *Has hecho un negocio infame.* **SIN.** Indigno, ignominioso, despreciable.

infamia (in-**fa**-mia) *s. f.* Descrédito, deshonra, vergüenza pública. *No soportaba más infamias.*

infancia (in-**fan**-cia) *s. f.* **1.** Período de la vida de una persona desde que nace hasta los doce años aproximadamente. *Tiene agradables recuerdos de su infancia.* **SIN.** Niñez. **2.** Conjunto de los niños de esa edad. *Hay que prestar atención a la educación de la infancia.*

infantería (in-fan-te-**rí**-a) *s. f.* **1.** Cuerpo del ejército de tierra que combate a pie. *Entró en combate la infantería.* || **2. infantería de marina** La que se ocupa de los buques de guerra, arsenales marítimos, etc.

infanticidio (in-fan-ti-**ci**-dio) *s. m.* Muerte dada a un niño, sobre todo si es recién nacido o está próximo a nacer. *Estaba acusado de infanticidio.*

infantil (in-fan-**til**) *adj.* **1.** Que pertenece o se refiere a la infancia. *Los juegos infantiles.* **2.** Inocente, cándido, ingenuo, inofensivo. *Fue un comentario infantil.* **3.** Se dice del comportamiento aniñado o pueril en un adulto. *Parece mentira que tenga treinta años y sea tan infantil.* **SIN.** Aniñado.

infarto (in-**far**-to) *s. m.* Parte de un órgano privado de riego sanguíneo por obstrucción de la arteria correspondiente, generalmente a consecuencia de una embolia. *Le dio un infarto de miocardio.*

infatigable (in-fa-ti-**ga**-ble) *adj.* Incansable. *Era un viajero infatigable.* **SIN.** Constante.

infausto, ta (in-**faus**-to) *adj.* Desgraciado, infeliz. *Aún recuerda el infausto día.* **SIN.** Aciago, desdichado, funesto. **ANT.** Feliz, dichoso, afortunado.

infección (in-fec-**ción**) *s. f.* Alteración, local o generalizada, producida en el organismo por la presencia de ciertos gérmenes. *Tenía infección de orina.*

infectar (in-fec-**tar**) *v. tr.* Contaminar un organismo o una cosa con los gérmenes de una enfermedad. **GRA.** También v. prnl. *Se le infectó la herida.* **SIN.** Contagiar(se), corromper(se). ☞ No debe confundirse con "infestar".

infecto, ta (in-**fec**-to) *adj.* Inficionado, contagiado, corrompido. *Era un lugar infecto.* **SIN.** Repugnante, asqueroso, pestilente, nauseabundo.

infecundidad (in-fe-cun-di-**dad**) *s. f.* Falta de fecundidad. *La infecundidad de aquellas tierras.* **SIN.** Esterilidad, improductividad. **ANT.** Feracidad, fecundidad, fertilidad.

infecundo, da (in-fe-**cun**-do) *adj.* No fecundo. *Era un terreno muy infecundo.* **SIN.** Estéril, improductivo, infructuoso. **ANT.** Fecundo, fértil, feraz.

infeliz (in-fe-**liz**) *adj.* **1.** Desgraciado. **GRA.** También s. m. y s. f. *Se sentía muy infeliz.* **SIN.** Desdichado, desventurado, infortunado. **ANT.** Feliz, afortunado. **2.** *fam.* Bondadoso y apocado. **GRA.** También s. m. y s. f. *Anda, no seas infeliz, eso no se lo cree nadie.* **SIN.** Cuitado, pobre hombre. **ANT.** Espabilado, avispado. ✎ Su pl. es "infelices".

inferior (in-fe-**rior**) *adj.* **1.** Que está debajo de otra cosa. *Su despacho está en el piso inferior al nuestro.* **ANT.** Superior. **2.** Que es menos que otra persona o cosa en calidad, cantidad, importancia, etc. *El 2 es un número inferior al 3.* **SIN.** Peor, menor. **3.** Se dice de la persona subordinada a otra. **GRA.** También s. m. y s. f. *Se lo ordenó a uno de sus inferiores.* **SIN.** Subordinado, subalterno. **ANT.** Superior, jefe. **4.** Que en calidad o cantidad es menos que otra cosa. *Este trigo es inferior al del año pasado.* **SIN.** Bajo, malo.

inferioridad (in-fe-rio-ri-**dad**) *s. f.* **1.** Cualidad de inferior. *Jugaron en inferioridad numérica.* **SIN.** Dependencia, subordinación. **ANT.** Superioridad. **2.** Situación de una cosa que está más baja que otra o debajo de ella. *Sus habilidades están en inferioridad respecto a las de los demás.*

inferir (in-fe-**rir**) *v. tr.* **1.** Sacar una consecuencia de una cosa. *Debes inferir el resultado de la exposición del problema.* **SIN.** Deducir, colegir. **2.** Llevar consigo, conducir a un resultado. *No te dejes inferir por la solución del libro, saca tus resultados propios.* **3.** Cuando se trata de ofensas, agravios, heridas, etc., hacerlos o causarlos. *Le infirió graves ofensas con sus acusaciones malintencionadas.* ✎ v. irreg., se conjuga como sentir.

infernal (in-fer-**nal**) *adj.* **1.** Que pertenece o se refiere al infierno. *Pintó un cuadro de ambiente infernal.* **SIN.** Satánico, diabólico, endiablado. **ANT.** Celestial. **2.** Muy malo, perjudicial en su línea. *Era una plaga infernal.* **SIN.** Nocivo, perjudicial, dañino. **ANT.** Beneficioso. **3.** *fam.* Se dice hiperbólicamente de lo que causa sumo disgusto o enfado. *Ruido infernal.*

infestar (in-fes-**tar**) *v. tr.* **1.** Contaminar, contagiar. **GRA.** También v. prnl. *Varios niños de la escuela se habían infestado.* **2.** Invadir un lugar los animales o las plantas perjudiciales, causando daños y estragos. *Las plantas estaban infestadas de pulgones.* **3.** Abarrotar un sitio gran cantidad de personas. *La playa estaba infestada de gente.* ✎ No debe confundirse con "infectar".

infiel (in-**fiel**) *adj.* **1.** Falto de fidelidad, desleal. *Nunca le había sido infiel.* **SIN.** Traidor, pérfido, alevoso. **ANT.** Fiel, leal, adepto. **2.** Que no profesa la fe considerada como verdadera. **GRA.** También s. m. y s. f. *La Reconquista española fue una lucha contra los infieles.* **SIN.** Pagano, gentil. ✎ Tiene sup. irreg.: "infidelísimo".

infiernillo (in-fier-**ni**-llo) *s. m.* **1.** Cocinilla metálica, provista de una lamparilla de alcohol, que se usa para calentar agua o cocer algo. *Pon el cazo con el agua en el infiernillo.* **SIN.** Hornillo. **2.** Cualquier aparato portátil y eléctrico empleado para el mismo fin. *Puso la leche a calentar en el infiernillo.*

infierno (in-**fier**-no) *s. m.* **1.** En la religión cristiana, lugar al que van a parar los que mueren en pecado mortal. *Tus pecados te van a llevar al infierno.* **SIN.** Averno. **ANT.** Cielo, gloria. **2.** *fam.* Lugar en que hay mucho alboroto y discusiones. *Aquel hogar era un infierno.* || **LOC. al infierno con eso** Denota que se rechaza algo con enfado. **en el quinto infierno** Muy lejos. **irse algo al infierno** Malograrse. **mandar algo al infierno** Dejar de ocuparse de ello, no hacerle caso. **vete al infierno** *fam.* Expresión de ira con que se suele rechazar a la persona que molesta o importuna.

infijo, ja (in-**fi**-jo) *adj.* Afijo con función o significado propios, que se introduce en el interior de una palabra o de su raíz. *Señala el infijo de esta palabra.*

infiltrar (in-fil-**trar**) *v. tr.* **1.** Introducir gradualmente un líquido entre los poros de un sólido. **GRA.** También v. prnl. *Se infiltraba agua.* **SIN.** Filtrar(se), colar(se). **2.** Inculcar en el ánimo ideas o doctrinas. **GRA.** También v. prnl. *Se infiltró de sus enseñanzas.* **SIN.** Inspirar(se), imbuir(se). || *v. prnl.* **3.** Penetrar a escondidas en algún sitio. *Se infiltraron en la casa por la puerta de atrás.* **SIN.** Introducirse, entrometerse, colarse. **ANT.** Salir, expulsar. **4.** Introducirse en un partido, corporación, medio social, etc. con propósito de espionaje, propaganda o sabotaje. *Se infiltró en la organización.*

ínfimo, ma (**ín**-fi-mo) *adj.* **1.** En el orden y graduación de las cosas, se dice de la que es última y menos que las demás. *Esta tela es de ínfima calidad.* **SIN.** Inferior, mínimo. **ANT.** Superior. **2.** Se dice de lo más vil y despreciable en cualquier línea. *Cayó en lo más ínfimo.* **SIN.** Miserable, infame. **ANT.** Admirable, notable.

infinidad (in-fi-ni-**dad**) *s. f.* **1.** Cualidad de infinito. *La infinidad del Universo.* **2.** Gran número de personas o cosas. *Me presentó una infinidad de gente.* **SIN.** Sinnúmero, sinfín, multitud.

infinitivo (in-fi-ni-**ti**-vo) *s. m.* Forma no personal del verbo que no expresa por sí misma número ni persona ni tiempo determinados. *"Comer" es un infinitivo de la segunda conjugación.* ✎

INFINITIVO: es un sustantivo verbal masculino.			
Terminaciones	amar (1ª conjugación)	temer (2ª conjugación)	part**ir** (3ª conjugación)
Forma	Simple	amar / temer / partir	
	Compuesto	haber amado / haber temido / haber partido	
Función	Verbo	Al salir de casa [...] (núcleo del predicado)	
	Sustantivo	Quiero cantar (objeto directo)	

infinito, ta (in-fi-**ni**-to) *adj.* **1.** Que no tiene ni puede tener fin ni término. *Un espacio infinito.* **SIN.** Ilimitado, inmenso, eterno. **ANT.** Finito. **2.** Muy numeroso, grande y excesivo en cualquier línea. *Una cantidad infinita de cosas entre las que escoger.* || *s. m.* **3.** Lejanía, horizonte. *Su imagen se perdía en el infinito.* || *adv. m.* **5.** Excesivamente, muchísimo. *El tiempo se me hizo infinito mientras esperaba.*

inflación (in-fla-**ción**) *s. f.* Proceso de alza generalizada y prolongada de los precios. *No pudieron contener la inflación.* **SIN.** Alza.

inflamable (in-fla-**ma**-ble) *adj.* Que se enciende con facilidad y arde desprendiendo inmediatamente llamas. *Era de material inflamable.* **SIN.** Combustible.

inflamar (in-fla-**mar**) *v. tr.* **1.** Encender una cosa levantando llama. **GRA.** También v. prnl. *El tanque de gasolina se inflamó.* **SIN.** Prender(se). || *v. prnl.* **2.** Producirse inflamación en una parte del organismo. *Se le inflamó el pie.* **SIN.** Hincharse.

inflar (in-**flar**) *v. tr.* **1.** Hinchar una cosa. **GRA.** También v. prnl. *Infló tanto el globo que estalló.* **SIN.** Henchir(se). **ANT.** Vaciar(se). **2.** Exagerar hechos, noticias, etc. *Ha inflado mucho la historia.* **SIN.** Farolear. **ANT.** Minimizar. || *v. prnl.* **3.** Hacer algo con exageración. *El fin de semana se infló a ver la tele.*

inflexible (in-fle-**xi**-ble) *adj.* **1.** Incapaz de torcerse o de doblarse. *Esta barra de hierro es inflexible.* **2.** Que por su firmeza de ánimo no se conmueve ni se doblega, ni desiste de su propósito. *Se mostró inflexible en su postura.* **SIN.** Tenaz. **ANT.** Tolerante.

inflexión (in-fle-**xión**) *s. f.* **1.** Torcimiento de una cosa que estaba recta o plana. *Esta línea presenta una inflexión en su trazado.* **SIN.** Alabeo, comba. **2.** Elevación o atenuación hecha con la voz quebrándola o pasando de un tono a otro. *Acentuó la frase con una inflexión de voz.* **SIN.** Modulación, tono. **3.** En matemáticas, punto de una curva en que cambia de sentido su curvatura. *Calcula el punto de inflexión de esa curva.* **4.** Cada una de las terminaciones que toman el verbo en sus diferentes modos, tiempos, números y personas, los pronombres en sus casos, y las demás partes variables de la oración en sus géneros y números. *Estudia las inflexiones que encuentras en ese párrafo.*

infligir (in-fli-**gir**) *v. tr.* **1.** Imponer un castigo. *Les infligió un duro castigo.* **SIN.** Aplicar, imponer. **2.** Producir un daño. *El ataque logró infligir un gran daño en el enemigo.* **SIN.** Causar. ✎ Se conjuga como urgir ☞ No debe confundirse con "infringir".

inflingir (in-flin-**gir**) *v. tr.* *Infllgir.

inflorescencia (in-flo-res-**cen**-cia) *s. f.* Forma en que aparecen colocadas las flores al brotar en las plantas. *Esta planta presenta inflorescencia en forma ramificada.*

influencia (in-flu-**en**-cia) *s. f.* **1.** Acción y efecto de influir. *Ese hecho apenas tuvo influencia.* **SIN.** Influjo. **2.** Poder, valimiento, autoridad de una persona para con otra u otras o para intervenir en un negocio. *Pedro es el único que tiene influencia sobre él.* **SIN.** Valor, predominio. || *s. f. pl.* **3.** Contactos y amistades que una persona posee. *Tiene muchas influencias.* **SIN.** Enchufe.

influir (in-flu-**ir**) *v. intr.* **1.** Causar una cosa ciertos efectos en otra. **GRA.** También v. tr. *La luz influye en el crecimiento de las plantas.* **SIN.** Contribuir. **2.** Tomar parte en algo para ayudar a una persona. *Su amigo influyó para que le dieran el trabajo.* **SIN.** Interceder, recomendar. **3.** Ejercer una persona o cosa predominio o fuerza moral en el ánimo. **GRA.** También v. intr. *Su opinión influyó mucho en la firma del acuerdo.* **4.** Contribuir al éxito de un negocio. **GRA.** También v. intr. *La garantía de sus padres influyó en la concesión del crédito.* **SIN.** Ayudar, intervenir. ✎ v. irreg., se conjuga como huir.

influjo (in-**flu**-jo) *s. m.* **1.** *Influencia. **2.** Flujo de la marea. *Desembarcaremos cuando cambie el influjo de la marea en la bahía.*

información (in-for-ma-**ción**) *s. f.* **1.** Acción y efecto de informar o informarse. *No tenía ninguna información sobre lo sucedido.* **2.** Comunicación o adquisición de conocimientos que amplíen o precisen los ya existentes. *Estaba recopilando información.* **3.** En los periódicos, noticia detallada sobre un suceso o acontecimiento. *La información aparecía en primera plana.* **4.** Pruebas que se hacen de la calidad y circunstancias necesarias en una persona para un empleo u honor. **GRA.** Se usa más en pl. *Buenas informaciones avalaban su valía.* **5.** En calculadoras digitales y ordenadores, conjunto de datos formalizados que recibe la máquina, y con los cuales realiza sus operaciones. *El ordenador está procesando la información.* || **6. información genética** Conjunto de datos que se transmiten de padres a hijos. || **LOC. a título de información** Para que lo sepas.

informal (in-for-**mal**) *adj.* **1.** Que no guarda las reglas y circunstancias prevenidas. *Fue una reunión muy informal.* **2.** Se dice también de la persona que no observa la conveniente seriedad y puntualidad. **GRA.** También s. m. y s. f. *Siempre llega tarde, es un poco informal.*

informar - infumable

informar (in-for-**mar**) *v. tr.* Dar noticia de una cosa. **GRA.** También v. prnl. *Los periódicos informan a sus lectores.* **SIN.** Aclarar(se), documentar(se).

informática (in-for-**má**-ti-ca) *s. f.* Conjunto de conocimientos científicos y técnicas que hacen posible el tratamiento automático de la información por medio de calculadoras electrónicas, ordenadores, computadores, etc. *Está estudiando informática.*

informativo, va (in-for-ma-**ti**-vo) *adj.* **1.** Se dice de lo que informa o sirve para dar noticia de una cosa. *Un especial informativo.* **SIN.** Esclarecedor. **2.** Se dice de las corporaciones, juntas, comisiones, etc. de carácter consultivo. *Es un órgano informativo.* **SIN.** Dictaminador, consultivo. ‖ *s. m.* **3.** Programa de radio o televisión que se ocupa de la difusión de noticias. *Lo oí en el informativo del mediodía.*

informatizar (in-for-ma-ti-**zar**) *v. tr.* Aplicar los métodos de la informática en un asunto, proyecto, etc. *Han informatizado toda la oficina.* Se conjuga como abrazar.

informe¹ (in-**for**-me) *s. m.* **1.** Noticia o instrucción que se da de un negocio o suceso, o acerca de una persona. **GRA.** Se usa también en pl. *Pidió informes de aquella persona.* **SIN.** Referencias. **2.** Acción y efecto de informar o dictaminar. *Su informe fue favorable a la realización del proyecto.* **SIN.** Dictamen.

informe² (in-**for**-me) *adj.* **1.** *Deforme. **2.** De forma vaga e indeterminada. *En sueños veía la masa informe de un bosque.* **SIN.** Confuso, vago.

infortificable (in-for-ti-fi-**ca**-ble) *adj.* Que no se puede fortificar. *La ciudad era infortificable.*

infortuna (in-for-**tu**-na) *s. f.* Influjo adverso de los astros. *Cayó sobre él la infortuna.*

infortunado, da (in-for-tu-**na**-do) *adj.* Desafortunado. **GRA.** También s. m. y s. f. *Se sentía muy infortunada.* **SIN.** Desgraciado, desventurado, infeliz, desdichado. **ANT.** Feliz, venturoso, dichoso.

infortunio (in-for-**tu**-nio) *s. m.* **1.** Mala suerte o fortuna adversa. *Su vida estaba llena de infortunios.* **SIN.** Desventura, infelicidad. **ANT.** Fortuna. **2.** Hecho o acaecimiento desgraciado. *Ese accidente fue un lamentable infortunio.* **SIN.** Desastre, desgracia.

infracción (in-frac-**ción**) *s. f.* Quebrantamiento de una ley, pacto y tratado, o de una norma moral, lógica o doctrinal. *Cometió una infracción de tráfico.* **SIN.** Transgresión, quebrantamiento, vulneración.

infractor, ra (in-frac-**tor**) *adj.* Que no ha cumplido una ley o mandato. **GRA.** También s. m. y s. f. *El infractor fue sancionado.* **SIN.** Transgresor, contraventor, violador, vulnerador. **ANT.** Acatador.

infraestructura (in-fra-es-truc-**tu**-ra) *s. f.* **1.** Cimentación de un edificio, carretera, vía férrea, etc. *Habían hecho la infraestructura del edificio.* **2.** Conjunto de elementos que sirven de apoyo a una construcción, edificio, pista, vía, etc. *Diseñó la infraestructura de la presa.* **3.** Servicios y medios materiales tales como transporte, agua o energía eléctrica que se necesitan para el desarrollo económico agrícola e industrial, etc. *La zona presentaba graves carencias de infraestructura.*

in fraganti *loc. adv.* En el mismo instante de cometer un delito o estar haciendo algo que no se debía. *Nos pilló in fraganti.*

infrahumano, na (in-fra-hu-**ma**-no) *adj.* Inferior a lo que se considera propio de los seres humanos. *Los prisioneros recibieron un trato infrahumano.*

infranqueable (in-fran-que-**a**-ble) *adj.* Imposible o muy difícil de ser atravesado. *Aquel paso era infranqueable.* **SIN.** Impracticable, inabordable, inaccesible. **ANT.** Posible, practicable.

infrarrojo, ja (in-fra-**rro**-jo) *adj.* **1.** Se dice de la radiación electromagnética de longitud de onda algo mayor que la luz roja visible, que produce calor. *Compré una lámpara de rayos infrarrojos.* ‖ *s. m.* **2.** Aparato que emite estas radiaciones. *Colocaron un infrarrojo.*

infravalorar (in-fra-va-lo-**rar**) *v. tr.* Atribuir a alguien o a algo valor inferior al que tiene. *Infravaloraron su capacidad.* **SIN.** Minimizar, minusvalorar. **ANT.** Valorar, revalorar.

infrecuente (in-fre-**cuen**-te) *adj.* Que no es frecuente. *Las lluvias son muy infrecuentes en esta región.* **SIN.** Excepcional, insólito. **ANT.** Normal, común.

infringir (in-frin-**gir**) *v. tr.* Quebrantar leyes, órdenes, convenios, etc. *Infringieron el límite de velocidad.* **SIN.** Vulnerar, transgredir, violar. **ANT.** Acatar, obedecer. Se conjuga como urgir. No debe confundirse con "infligir".

infructífero, ra (in-fruc-**tí**-fe-ro) *adj.* **1.** Que no produce fruto. *Es un campo infructífero.* **SIN.** Estéril. **2.** Que no es de utilidad ni provecho. *Sus esfuerzos habían sido infructíferos.* **SIN.** Inútil, ineficaz.

infructuoso, sa (in-fruc-**tuo**-so) *adj.* Ineficaz, inútil para algún fin. *Aquel tratado fue infructuoso.* **SIN.** Improductivo, ineficaz. **ANT.** Fructífero, eficaz.

ínfulas (**ín**-fu-las) *s. f. pl.* Presunción o vanidad. *Menudas ínfulas se gasta.* **SIN.** Orgullo, soberbia, humos. **ANT.** Humildad, sencillez, modestia.

infumable (in-fu-**ma**-ble) *adj.* Inaceptable, de mala calidad. *Esta novela es infumable.*

infundado - ingrato

infundado, da (in-fun-**da**-do) *adj.* Que carece de fundamento real o racional. *Su temor era infundado.* **SIN.** Insubsistente, falso. **ANT.** Fundado, real.

infundio (in-**fun**-dio) *s. m.* Mentira, patraña, embuste, especialmente cuando se propaga como noticia o rumor público. *Eso es un infundio.* **SIN.** Bulo, rumor. **ANT.** Verdad.

infundir (in-fun-**dir**) *v. tr.* Causar un sentimiento o impulso moral. *Su presencia infundía respeto.* **SIN.** Imbuir, infiltrar, inspirar. ✎ Tiene doble p. p.; uno reg., infundido, y otro irreg., infuso.

infusión (in-fu-**sión**) *s. f.* Bebida de carácter digestivo o medicinal, que se obtiene vertiendo agua hirviendo sobre alguna sustancia vegetal, como manzanilla, menta, etc. *Tomó una infusión de manzanilla.*

infusorio (in-fu-**so**-rio) *s. m.* Célula o microorganismo que vive en los líquidos, en los que se desplaza por medio de cilios. Constituyen un género de protozoarios. *La disentería la producen los infusorios.*

ingeniar (in-ge-**niar**) *v. tr.* **1.** Trazar o inventar ingeniosamente. *Ingenió un brillante plan.* **SIN.** Planear, planificar, discurrir. || *v. prnl.* **2.** Discurrir modos y medios para conseguir o hacer una cosa. *Ingéniatelas como puedas.* **SIN.** Componérselas, arreglárselas. ✎ En cuanto al acento, se conjuga como cambiar.

ingeniería (in-ge-nie-**rí**-a) *s. f.* Arte de aplicar los conocimientos científicos a la invención, perfeccionamiento o utilización de la técnica industrial en todas sus dimensiones. *Estudió ingeniería de minas.*

ingeniero, ra (in-ge-**nie**-ro) *s. m. y s. f.* **1.** Persona que profesa o ejerce la ingeniería. *Su cuñado es ingeniero de minas.* || **2. ingeniero aeronáutico** El que proyecta y construye aeronaves, pistas, hangares, etc. **3. ingeniero agrónomo** El que entiende en la medición de las fincas rústicas y en cuanto se refiere a la práctica de la agricultura y dirección de las obras y construcciones rurales. **4. ingeniero de caminos, canales y puertos** El que entiende en la traza, ejecución y conservación de los caminos, canales y puertos. **5. ingeniero de minas** El que entiende en el laboreo de las minas y en la construcción y dirección de las fábricas donde se transforman o aprovechan los minerales. **6. ingeniero de montes** El que entiende en el fomento, producción y aprovechamiento de los montes. **7. ingeniero de telecomunicación** El que posee conocimientos especiales de telefonía, telegrafía, radio, etc. **8. ingeniero industrial** El que entiende de todo lo que se relaciona con la industria fabril. **9. ingeniero militar** El que pertenece al cuerpo de ingenieros del ejército, que proyecta y ejecuta las construcciones militares de toda especie y cuida de la conservación de las ya existentes. **10. ingeniero naval** El que entiende en construcciones navales. **11. ingeniero químico** Aquel que entiende en industrias y productos químicos.

ingenio (in-**ge**-nio) *s. m.* **1.** Facultad de las personas para discurrir o inventar. *Tiene mucho ingenio.* **SIN.** Inventiva, inteligencia, talento. **2.** Gracia, agudeza. *Respondió con ingenio.* **3.** Máquina o artificio mecánico. *Un ingenio de guerra.* **SIN.** Aparato, mecanismo, artilugio. || **4. ingenio de azúcar** Explotación de caña de azúcar. || **LOC. afilar, o aguzar alguien el ingenio** Concentrar la atención para solucionar una cuestión difícil.

ingenioso, sa (in-ge-**nio**-so) *adj.* **1.** Que tiene ingenio. *Es muy ingenioso.* **SIN.** Hábil, mañoso, diestro, industrioso, inventivo. **ANT.** Torpe, tonto. **2.** Hecho o dicho con ingenio. *Una anécdota ingeniosa.*

ingénito, ta (in-**gé**-ni-to) *adj.* **1.** No engendrado. *El concepto de gravedad era ingénito antes de Newton..* **2.** *Congénito. **ANT.** Aprendido, adquirido.

ingente (in-**gen**-te) *adj.* Muy grande. *Vinieron en cantidades ingentes.* **SIN.** Abrumador, inmenso, enorme. **ANT.** Diminuto, ínfimo.

ingenuidad (in-ge-nui-**dad**) *s. f.* Sinceridad, buena fe en lo que se dice o se hace. *Obrar con ingenuidad.* **SIN.** Candor, candidez. **ANT.** Perversidad.

ingenuo, nua (in-**ge**-nuo) *adj.* Sin doblez, sin malicia. *Es una persona muy ingenua.* **SIN.** Cándido, franco, sencillo, inocente. **ANT.** Malvado, retorcido.

ingerir (in-ge-**rir**) *v. tr.* Introducir por la boca comida, bebida o medicamentos. **GRA.** También v. prnl. *No podía ingerir ningún alimento.* **SIN.** Incluir, meter, tragar. **ANT.** Vomitar, devolver, expeler. ✎ v. irreg., se conjuga como sentir.

ingle (**in**-gle) *s. f.* Parte del cuerpo en que se juntan los muslos con el vientre. *Recibió un golpe en la ingle.*

ingobernable (in-go-ber-**na**-ble) *adj.* Que no se puede gobernar. *Aquel grupo era casi ingobernable.* **SIN.** Indómito. **ANT.** Dócil.

ingratitud (in-gra-ti-**tud**) *s. f.* Desagradecimiento, olvido de los beneficios recibidos. *Todo fueron ingratitudes.* **SIN.** Desafección, desagradecimiento, deslealtad. **ANT.** Gratitud, lealtad.

ingrato, ta (in-**gra**-to) *adj.* **1.** Desagradecido, que olvida o no reconoce los beneficios recibidos. *No seas ingrata.* **SIN.** Desafecto, desleal. **ANT.** Leal, agradecido. **2.** Molesto, desagradable. *Es una ingrata tarea.* **SIN.** Fastidioso. **ANT.** Grato.

ingrávido - inigualable

ingrávido, da (in-**grá**-vi-do) *adj.* **1.** Se dice de los cuerpos no sometidos a la gravedad. *El ser humano es ingrávido en el espacio exterior.* **2.** Ligero, leve, tenue y sin peso. *La niebla es ingrávida.* **ANT.** Pesado.

ingrediente (in-gre-**dien**-te) *s. m.* Cualquier cosa que entra con otras en un compuesto, bebida, guiso, etc. *Le dieron los ingredientes de la receta.* **SIN.** Material, componente.

ingresar (in-gre-**sar**) *v. intr.* **1.** Entrar a formar parte de un grupo, sociedad, etc. *Ingresó en nuestro grupo.* **SIN.** Afiliarse, incorporarse. **ANT.** Salir. **2.** Meter algunas cosas, como el dinero, en un lugar para su custodia. **GRA.** También v. tr. *El sueldo ya está ingresado en la cuenta.* **3.** Entrar en un establecimiento sanitario para recibir tratamiento. *Ingresó en el hospital por urgencias.* **4.** Percibir regularmente dinero por cualquier concepto. *Ingresa bastante dinero con la venta de sus cuadros.*

ingreso (in-**gre**-so) *s. m.* **1.** Acción de ingresar. *Rellenó la fecha de ingreso en el parte.* **SIN.** Entrada. **2.** Cantidad de dinero que se deposita en una cuenta. *Su último ingreso era del mes pasado.* **SIN.** Imposición. || *s. m. pl.* **3.** Cantidad de dinero que se percibe regularmente por cualquier concepto. *Sus ingresos mensuales habían bajado ligeramente.* **SIN.** Renta.

inhábil (in-**há**-bil) *adj.* **1.** Torpe, desmañado. *Es muy inhábil para las manualidades.* **SIN.** Chapucero. **2.** Inepto, incapaz, incompetente. *Es muy inhábil en su oficio.* **3.** Que por defecto de algún requisito, o por una tacha o delito, no puede obtener o desempeñar un cargo o dignidad. *Era inhábil para ocupar plazas de funcionario en la Administración.* **4.** Se dice del día en el que no se pueden realizar gestiones administrativas. *El domingo es un día inhábil.*

inhabilitación (in-ha-bi-li-ta-**ción**) *s. f.* Imposibilidad, por causas naturales, morales o legales, de realizar un acto o desempeñar un empleo u oficio. *La condena supone inhabilitación para cargos públicos.*

inhalar (in-ha-**lar**) *v. tr.* Aspirar algún gas, vapor o líquido pulverizado. *Inhaló un gas tóxico.* **SIN.** Inspirar. **ANT.** Espirar.

inherente (in-he-**ren**-te) *adj.* Se dice de aquello que por su naturaleza está de tal manera unido a otra cosa, que no se puede separar de ella. *La omnipotencia es inherente a Dios.* **SIN.** Consustancial, unitario, inmanente.

inhibir (in-hi-**bir**) *v. tr.* **1.** Refiriéndose a las actividades psíquicas, impedir una de ellas el desarrollo o manifestación de otras. *Un trauma infantil puede inhibir la afectividad.* || *v. prnl.* **2.** Salirse de un asunto o abstenerse de intervenir en él. *Se inhibió en ese tema.* **SIN.** Desentenderse.

inhospitalario, ria (in-hos-pi-ta-**la**-rio) *adj.* **1.** Falto de hospitalidad o poco humano para con los extraños. *Ese pueblo tenía fama de inhospitalario.* **SIN.** Bárbaro, inhumano, cruel. **2.** Se dice de lo que no ofrece seguridad ni abrigo. *Aquella casa era muy inhospitalaria.* **SIN.** Desabrigado, desapacible, inclemente, salvaje. **ANT.** Acogedor, agradable.

inhóspito, ta (in-**hós**-pi-to) *adj.* Se dice del lugar que resulta desagradable y poco acogedor. *Era un terreno muy inhóspito.*

inhumano, na (in-hu-**ma**-no) *adj.* Falto de humanidad, bárbaro, cruel. *No seas inhumano.* **SIN.** Despiadado, feroz, duro. **ANT.** Caritativo, humanitario.

inhumar (in-hu-**mar**) *v. tr.* Dar sepultura. *Inhumaron el cadáver.* **SIN.** Sepultar, soterrar. **ANT.** Exhumar.

iniciación (i-ni-cia-**ción**) *s. m.* **1.** Acción y efecto de iniciar o iniciarse. *Su iniciación en el ballet fue difícil.* **SIN.** Aprendizaje, comienzo, inicio. **ANT.** Final, conclusión. **2.** Principio, comienzo de algo. *La iniciación de la temporada de verano.*

inicial (i-ni-**cial**) *adj.* Que pertenece o se refiere al origen de las cosas. *En su etapa inicial hizo grandes progresos.* **SIN.** Inaugural, preliminar. **ANT.** Final, concluyente.

iniciar (i-ni-**ciar**) *v. tr.* **1.** Comenzar una cosa. *Los novios iniciaron el baile.* **SIN.** Empezar, inaugurar. **ANT.** Acabar, terminar, finalizar. **2.** Admitir a alguien en la participación de una ceremonia o cosa secreta, descubrírsela. *Me querían iniciar en el vudú.* **SIN.** Instruir, enterar. **3.** Instruir en cosas abstractas o de alta enseñanza. **GRA.** También v. prnl. *Le inició en la pintura.* || *v. prnl.* **4.** Recibir las órdenes menores. ✎ En cuanto al acento, se conjuga como cambiar.

iniciativa (i-ni-cia-**ti**-va) *s. f.* **1.** Acción de adelantarse a los demás en hablar u obrar. *Tomó la iniciativa.* **OBS.** Se usa con el v. "tomar". **SIN.** Delantera. **2.** Cualidad personal que inclina a esta acción. *Tiene mucha iniciativa.*

inicio (i-**ni**-cio) *s. m.* Principio, iniciación, comienzo. *Al inicio de las conversaciones no había ningún acuerdo.* **ANT.** Final, conclusión.

inicuo, cua (i-**ni**-cuo) *adj.* **1.** Contrario a la equidad o justicia. *Era un trato inicuo.* **2.** Malvado, injusto. *Acabaron con el inicuo dictador.* **SIN.** Perverso, ignominioso. **ANT.** Bueno, bondadoso. ✎ Tiene sup. irreg.: iniquísimo. ☞ No debe confundirse con "inocuo".

inigualable (i-ni-gua-**la**-ble) *adj.* Que no puede ser igualado. *La calidad de este producto es inigualable.*

inimaginable - inmerecido

inimaginable (i-ni-ma-gi-**na**-ble) *adj.* No imaginable o muy difícil de imaginar. *Es una situación inimaginable.* **SIN.** Infigurable, irrepresentable.

inimitable (i-ni-mi-**ta**-ble) *adj.* No imitable. *Posee un estilo inimitable.* **SIN.** Excepcional, inconfundible, peculiar.

ininteligible (i-nin-te-li-**gi**-ble) *adj.* Imposible de entender o de descifrar. *La inscripción era ininteligible.* **SIN.** Incomprensible, incognoscible, indescifrable, oscuro. **ANT.** Comprensible, descifrable.

ininterrumpido, da (i-nin-te-rrum-**pi**-do) *adj.* Continuado, sin interrupción. *Mantuvimos una conversación ininterrumpida.* **SIN.** Incesante, constante. **ANT.** Esporádico, alterno.

iniquidad (i-ni-qui-**dad**) *s. f.* Maldad, injusticia grande. *Sufrió el castigo por su iniquidad.* **SIN.** Infamia, vileza. **ANT.** Bondad.

injerencia (in-je-**ren**-cia) *s. f.* Acción y efecto de injerirse. *No quería injerencias de otros países.* **SIN.** Entrometimiento, introducción.

injerir (in-je-**rir**) *v. tr.* **1.** *Introducir, meter. ‖ v. prnl.* **2.** Entrometerse, introducirse en un asunto. *Se injirió en asuntos que no eran suyos.* **SIN.** Inmiscuirse, intervenir. ✎ v. irreg., se conjuga como sentir.

injertar (in-jer-**tar**) *v. tr.* **1.** Insertar en la rama o tronco de un árbol alguna parte de otro, en la cual debe haber yema para que pueda brotar. *Injertaron un cerezo.* **2.** Aplicar una porción de un tejido vivo en una lesión, de modo que se establezca una unión orgánica. *Como está calvo se va a injertar pelo.* ✎ Tiene doble p. p.; uno reg., injertado, y otro irreg., injerto.

injerto (in-**jer**-to) *s. m.* **1.** Parte de una planta con una o más yemas que se aplica al tronco principal de otra. *Hizo un injerto en el rosal.* **2.** Porción de un tejido vivo que se injerta. *Le hicieron un injerto de piel.* **3.** Operación de injertar. *Tienen que hacerle un injerto.*

injuria (in-**ju**-ria) *s. f.* Ofensa o insulto grave. *Decir injurias.* **SIN.** Agravio, afrenta. **ANT.** Loa, elogio.

injuriar (in-ju-**riar**) *v. tr.* Ofender de palabra o de obra. *Le injurió públicamente.* **SIN.** Denigrar, agraviar, insultar, denostar. **ANT.** Elogiar, alabar. ✎ En cuanto al acento, se conjuga como cambiar.

injurioso, sa (in-ju-**rio**-so) *adj.* Que injuria. *Recibía un trato injurioso.* **SIN.** Afrentoso, agravioso, humillante. **ANT.** Encomiástico, elogioso.

injusticia (in-jus-**ti**-cia) *s. f.* **1.** Acción contraria a la justicia. *Es una injusticia que le haya reñido, él no tenía la culpa.* **SIN.** Abuso, parcialidad. **ANT.** Equidad, imparcialidad. **2.** Falta de justicia. *Estaba en contra de la injusticia.* **SIN.** Desafuero, atropello.

injustificable (in-jus-ti-fi-**ca**-ble) *adj.* Que no se puede justificar. *Su acción fue injustificable.* **SIN.** Ilícito, improcedente, inaceptable.

injusto, ta (in-**jus**-to) *adj.* No justo, o contrario a la justicia. También s. m. y s. f., aplicado a personas. *Recibió un trato injusto.* **SIN.** Arbitrario, abusivo, improcedente. **ANT.** Justo, legal, legítimo.

inllevable (in-lle-**va**-ble) *adj.* Que no se puede soportar, aguantar o tolerar. *Aquella carga era inllevable.* **SIN.** Insufrible, intolerable. **ANT.** Soportable.

inmaculado, da (in-ma-cu-**la**-do) *adj.* Que no tiene mancha. *La nieve en el campo está inmaculada.* **SIN.** Impoluto, limpio, puro, impecable. **ANT.** Mancillado, manchado, sucio.

inmadurez (in-ma-du-**rez**) *s. f.* Falta de madurez. *Me preocupa su inmadurez.*

inmaduro, ra (in-ma-**du**-ro) *adj.* No maduro. *Es una persona muy inmadura.* **SIN.** Adelantado, precoz, verde. **ANT.** Maduro, pasado.

inmanente (in-ma-**nen**-te) *adj.* *Inherente.

inmaterial (in-ma-te-**rial**) *adj.* No material. *El alma es inmaterial.* **SIN.** Abstracto, espiritual, ideal. **ANT.** Real, tangible, material.

inmediaciones (in-me-dia-**cio**-nes) *s. f. pl.* Contorno o parajes de que está rodeado un lugar. *En las inmediaciones de la casa.* **SIN.** Alrededores, afueras.

inmediato, ta (in-me-**dia**-to) *adj.* **1.** Contiguo o muy cercano. *Una fecha inmediata.* **SIN.** Próximo, vecino. **ANT.** Lejano, alejado. **2.** Que sucede en seguida, sin tardanza. *Una acción inmediata.* **SIN.** Consecutivo, seguido. ‖ **LOC. de inmediato** Sin tardar.

inmejorable (in-me-jo-**ra**-ble) *adj.* Que no se puede mejorar. *Su situación económica es inmejorable.* **SIN.** Insuperable, superior. **ANT.** Ínfimo, pésimo.

inmemorial (in-me-mo-**rial**) *adj.* Tan antiguo que no se recuerda cuándo comenzó. *Estas fiestas se celebran desde tiempos inmemoriales.* **SIN.** Antiquísimo, rancio, remoto, arcaico. **ANT.** Actual, nuevo.

inmensidad (in-men-si-**dad**) *s. f.* **1.** Cualidad de inmenso. *La inmensidad del océano.* **2.** Muchedumbre, número o extensión grande. *Había una inmensidad de gente.*

inmenso, sa (in-**men**-so) *adj.* Muy grande o muy difícil de medirse o contarse. *La Pampa es una llanura inmensa. Le tenía un cariño inmenso.* **SIN.** Grandísimo, colosal, ilimitado, infinito, incontable, enorme. **ANT.** Finito, limitado, reducido.

inmerecido, da (in-me-re-**ci**-do) *adj.* No merecido. *El castigo era inmerecido.* **SIN.** Injusto, arbitario. **ANT.** Merecido.

inmersión - inmutable

inmersión (in-mer-**sión**) *s. f.* **1.** Acción de introducir o introducirse una cosa en un líquido. *El buzo comenzó la inmersión.* **SIN.** Sumersión. **2.** Profundización en un tema. *Era mi primera inmersión en el mundo de la música.*

inmerso, sa (in-**mer**-so) *adj.* **1.** Introducido en un líquido. *Estaba inmerso en el agua.* **2.** Dedicado completamente a un tema o asunto. *Estaba inmerso en la conversación.*

inmigrar (in-mi-**grar**) *v. intr.* Llegar a un país, para establecerse en él, los habitantes naturales de otro. *Inmigró a Francia.* **ANT.** Emigrar.

inminencia (in-mi-**nen**-cia) *s. f.* Cualidad de inminente, especialmente hablando de un riesgo. *Ante la inminencia de su llegada, salieron a recibirle.* **SIN.** Apremio. **ANT.** Lentitud, tardanza, lejanía.

inminente (in-mi-**nen**-te) *adj.* Que amenaza o está a punto de suceder. *Era inminente el comienzo de las negociaciones.* **SIN.** Apremiante, imperioso, inaplazable. **ANT.** Remoto, lejano.

inmiscible (in-mis-**ci**-ble) *adj.* Que no puede mezclarse, dicho de una sustancia. *El aceite es inmiscible con el agua.*

inmiscuirse (in-mis-**cuir**-se) *v. prnl.* Entrometerse en un asunto o negocio, especialmente cuando no hay razón para ello. *No te inmiscuyas en esto.* **SIN.** Mezclarse, ingerirse. ✎ *v. irreg., se conjuga como huir.*

inmodestia (in-mo-**des**-tia) *s. f.* Falta de modestia. *Era clara su inmodestia.* **SIN.** Soberbia, vanidad. **ANT.** Modestia, humildad.

inmodesto, ta (in-mo-**des**-to) *adj.* No modesto. *Es un poco inmodesto.* **SIN.** Altanero, arrogante, fatuo, vano. **ANT.** Humilde, modesto, apocado.

inmolar (in-mo-**lar**) *v. tr.* **1.** Ofrecer sacrificios a la divinidad. *Inmoló un cordero.* **SIN.** Ofrendar. ‖ *v. prnl.* **2.** Dar la vida, la hacienda, etc. en provecho u honor de una persona, cosa, ideal, etc. *El héroe se inmoló en aras de la libertad.* **SIN.** Sacrificar.

inmoral (in-mo-**ral**) *adj.* Que se opone a la moral o a las buenas costumbres. *Su acción fue inmoral.* **SIN.** Impúdico, indecoroso. **ANT.** Decente, pudoroso.

inmoralidad (in-mo-ra-li-**dad**) *s. f.* **1.** Falta de moralidad. *Se comportó con inmoralidad.* **SIN.** Depravación, deshonestidad. **ANT.** Honestidad, honradez. **2.** Acción inmoral. *Eso es una inmoralidad.*

inmortal (in-mor-**tal**) *adj.* **1.** No mortal, o que no puede morir. *Dios es un ser inmortal.* **SIN.** Imperecedero, eterno. **ANT.** Mortal. **2.** Que dura tiempo indefinido. *Su recuerdo era inmortal.* **SIN.** Imperecedero, perpetuo, eterno. **ANT.** Finito, limitado.

inmortalidad (in-mor-ta-li-**dad**) *s. f.* **1.** Cualidad de inmortal. *La inmortalidad es un propiedad del alma.* **2.** Duración indefinida de una cosa en la memoria de las personas. *La inmortalidad de sus hazañas.* **SIN.** Fama, gloria.

inmortalizar (in-mor-ta-li-**zar**) *v. tr.* Hacer perpetua una cosa en la memoria de las personas. **GRA.** También v. prnl. *Le inmortalizó en un cuadro.* **SIN.** Perpetuar(se), eternizar(se). **ANT.** Borrar(se), abismar. ✎ *Se conjuga como abrazar.*

inmotivado, da (in-mo-ti-**va**-do) *adj.* Sin motivo. *Tu preocupación es inmotivada.* **SIN.** Infundado.

inmóvil (in-**mó**-vil) *adj.* Que no se mueve. *Permaneció inmóvil.* **SIN.** Estático, fijo. **ANT.** Voluble, móvil.

inmovilizar (in-mo-vi-li-**zar**) *v. tr.* Hacer que una cosa o persona quede inmóvil. **GRA.** También v. prnl. *Le inmovilizaron los brazos.* **SIN.** Paralizar(se). ✎ *Se conjuga como abrazar.*

inmueble (in-**mue**-ble) *s. m.* **1.** Casa o edificio. *Se dedicaba a la venta de inmuebles.* **SIN.** Bloque, edificación, finca. ‖ **2. bienes inmuebles** Son aquellos bienes, patrimonio de una empresa o particular, que no pueden ser desplazados, como un edificio.

inmundo, da (in-**mun**-do) *adj.* **1.** Sucio, asqueroso. *Era un local inmundo.* **SIN.** Nauseabundo, repugnante. **ANT.** Agradable, grato. **2.** Impuro, deshonesto. *Es una persona inmunda.*

inmune (in-**mu**-ne) *adj.* **1.** Exento de ciertos oficios, cargos, gravámenes o penas. *Por su cargo, está inmune de pagar tasas.* **SIN.** Libre. **2.** No atacable por ciertas enfermedades. *Se vacunó y es inmune al virus.* **SIN.** Inmunizado, inatacable.

inmunidad (in-mu-ni-**dad**) *s. f.* **1.** Cualidad de inmune. *Gracias a su título nobiliario tiene inmunidad total.* **2.** Resistencia del organismo frente a ciertas enfermedades. *Las vacunas aumentan la inmunidad.* ‖ **3. inmunidad diplomática** Privilegio de los representantes diplomáticos de un país de no estar sometidos a la autoridad judicial del país en el que ejercen la representación. **4. inmunidad parlamentaria** Prerrogativa de los senadores y diputados a Cortes de no poder ser detenidos más que en circunstancias especiales, ni procesados o juzgados sin autorización del respectivo cuerpo colegislador.

inmunizar (in-mu-ni-**zar**) *v. tr.* Hacer inmune. **SIN.** Proteger. *Nos han vacunado para inmunizarnos.* ✎ *Se conjuga como abrazar.*

inmutable (in-mu-**ta**-ble) *adj.* Que no cambia. *Permanecía inmutable.* **SIN.** Invariable, inalterable, constante. **ANT.** Mudable, voluble, inconstante.

inmutarse - inquebrantable

inmutarse (in-mu-**tar**-se) *v. prnl.* Alterarse. *No se inmuta por nada.* **SIN.** Conmoverse, turbarse.

innato, ta (in-**na**-to) *adj.* Connatural y como nacido con la misma persona. *Tiene dotes innatas para la música.* **SIN.** Ingénito, congénito, nativo. **ANT.** Aprendido, adquirido.

innavegable (in-na-ve-**ga**-ble) *adj.* **1.** No navegable. *Las aguas eran innavegables.* **2.** Se dice también de la embarcación que se halla en tal estado que no se puede navegar con ella. *El bote está innavegable.*

innecesario, ria (in-ne-ce-**sa**-rio) *adj.* No necesario. *No corras riesgos innecesarios.* **SIN.** Superfluo, sobrado, inútil. **ANT.** Esencial, importante.

innegable (in-ne-**ga**-ble) *adj.* Que no se puede negar. *Tienen un parecido innegable.* **SIN.** Indiscutible, irrefutable, evidente. **ANT.** Refutable, discutible.

innoble (in-**no**-ble) *adj.* Falto de nobleza, honestidad y generosidad. *Tuvo una actitud innoble.* **SIN.** Despreciable, bajo. **ANT.** Noble, digno.

innovación (in-no-va-**ción**) *s. f.* Acción y efecto de innovar. *La innovación de la ciencia.*

innovador, ra (in-no-va-**dor**) *adj.* Que innova, que introduce novedades. **GRA.** También s. m. y s. f. *Se considera un innovador.* **SIN.** Novedoso, revolucionario. **ANT.** Tradicional.

innovar (in-no-**var**) *v. tr.* Mudar o alterar las cosas, introduciendo una novedad en ellas. *Cada año, los grandes diseñadores innovan la moda.* **SIN.** Improvisar, inventar, renovar. **ANT.** Imitar.

innumerable (in-nu-me-**ra**-ble) *adj.* **1.** Que no se puede contar. *Son innumerables las estrellas del firmamento.* **SIN.** Incalculable, incontable. **2.** Copioso, muy abundante. *Cortaron innumerables árboles.* **ANT.** Escaso.

inobediencia (i-no-be-**dien**-cia) *s. f.* Falta de obediencia. *Me molesta tu inobediencia.*

inobediente (i-no-be-**dien**-te) *adj.* No obediente. *No seas inobediente.* **SIN.** Desobediente, díscolo, indómito. **ANT.** Dócil, obediente.

inocencia (i-no-**cen**-cia) *s. f.* **1.** Condición de inocente. *La inocencia de un niño.* **2.** Estado del alma que está limpia de culpa. *La inocencia del acusado.* **SIN.** Pureza. **3.** Falta de culpabilidad. *Demostró su inocencia.* **SIN.** Absolución, exculpación. **ANT.** Acusación, inculpación. **4.** Buena fe, falta de malicia. *Lo dijo con toda inocencia.* **SIN.** Candor, simplicidad.

inocentada (i-no-cen-**ta**-da) *s. f., fam.* Broma que se hace a alguien el día de los Santos Inocentes. *Le gastaron una buena inocentada.*

inocente (i-no-**cen**-te) *adj.* **1.** Que no tiene culpa. **GRA.** También s. m. y s. f. *El juez declaró al acusado inocente.* **SIN.** Exculpado, absuelto. **ANT.** Culpable. **2.** Sin malicia, fácil de engañar. *Es un inocente, se creyó mi mentira.* **SIN.** Ingenuo, crédulo. **ANT.** Astuto, incrédulo. ✎ Invariable en género.

inocular (i-no-cu-**lar**) *v. tr.* Comunicar por medios artificiales los gérmenes de una enfermedad contagiosa. *Le inocularon un virus en la transfusión.*

inocultable (i-no-cul-**ta**-ble) *adj.* Que no se puede ocultar. *No podía ser inocultable a los ojos de todos.*

inocuo, cua (i-no-cuo) *adj.* Que no hace daño. *Sus efectos son inocuos.* ☞ No debe confundirse con "inicuo".

inodoro, ra (i-no-**do**-ro) *adj.* **1.** Que no tiene olor. *El agua es inodora.* ‖ *s. m.* **2.** Váter. *Se sentó en el inodoro.* **SIN.** Retrete, lavabo.

inofensivo, va (i-no-fen-**si**-vo) *adj.* **1.** Incapaz de ofender. *Es una persona muy inofensiva.* **SIN.** Inocente. **2.** Que no puede causar daño ni molestia. *Es un perro inofensivo.* **SIN.** Inocuo. **ANT.** Nocivo, dañino.

inolvidable (i-nol-vi-**da**-ble) *adj.* Que no puede o no debe olvidarse. *Fue un día inolvidable.* **SIN.** Imborrable, imperecedero, inmortal.

inoperante (i-no-pe-**ran**-te) *adj.* Ineficaz, inactivo. *La medida resultó inoperante.* **ANT.** Eficaz.

inopia, estar en la *fra., fam.* **1.** Estar distraído. *Cuando le preguntó estaba en la inopia.* **2.** No enterarse de lo que sucede. *Nunca se entera de nada, está en la inopia.*

inopinado, da (i-no-pi-**na**-do) *adj.* Que sucede sin pensar en ello, o sin esperarlo. *Su inopinada respuesta nos dejó atónitos.* **SIN.** Imprevisto.

inoportuno, na (i-no-por-**tu**-no) *adj.* Fuera de tiempo o de propósito. *Una acción inoportuna. Llegó en un momento inoportuno.* **SIN.** Intempestivo, inconveniente. **ANT.** Oportuno, conveniente.

inorgánico, ca (i-nor-**gá**-ni-co) *adj.* No orgánico. Se dice de cualquier cuerpo sin órganos para la vida. *Los minerales son inorgánicos.* **SIN.** Inanimado.

inoxidable (i-no-xi-**da**-ble) *adj.* Que no se puede oxidar. *La cubertería es de acero inoxidable.*

in promptu *loc.* que significa 'de improviso' o 'al momento'. *El enemigo atacó in promptu.*

input (**in**-put) *s. m.* En economía, factores que entran a formar parte de la producción de algo en concreto. *En una fábrica de muebles el input más importante es la madera.* ✎ También "imput".

inquebrantable (in-que-bran-**ta**-ble) *adj.* Que no puede quebrantarse o romperse. *Este pacto es in-*

inquietar - insensatez

quebrantable. **SIN.** Infrangible, inalterable, inexorable, irrompible. **ANT.** Quebradizo, frágil.

inquietar (in-quie-**tar**) *v. tr.* Causar inquietud o desasosiego. **GRA.** También v. prnl. *Su retraso inquietó a la familia.* **SIN.** Desasosegar(se), turbar(se), alarmar(se). **ANT.** Tranquilizar(se), calmar(se).

inquieto, ta (in-**quie**-to) *adj.* **1.** Que no está quieto o es muy travieso. *Era una niña muy inquieta.* **2.** Desasosegado por un temor, una aprensión, una duda, etc. *Estaba inquieto por el resultado.* **ANT.** Sosegado. **3.** Se dice de aquellas situaciones en que no se ha tenido tranquilidad. *Pasar una tarde inquieta.*

inquietud (in-quie-**tud**) *s. f.* Falta de quietud, desasosiego, desazón. *Se le notaba mucha inquietud.* **SIN.** Intranquilidad, congoja, zozobra. **ANT.** Tranquilidad, paz, sosiego.

inquilino, na (in-qui-**li**-no) *s. m. y s. f.* Persona que ha tomado una casa o parte de ella en alquiler. *Había nuevos inquilinos en el piso de al lado.*

inquina (in-**qui**-na) *s. f.* Aversión, antipatía. *Se tenían mutua inquina.* **SIN.** Ojeriza, tirria. **ANT.** Simpatía.

inquirir (in-qui-**rir**) *v. tr.* Indagar o examinar con detalle una cosa. *Inquirió más información.* **SIN.** Investigar. ✎ v. irreg., se conjuga como adquirir.

inquisición (in-qui-si-**ción**) *s. f.* **1.** Acción y efecto de inquirir. *Está haciendo inquisiciones sobre el sospechoso.* **SIN.** Pesquisa, indagación, investigación. **2.** Tribunal eclesiástico, establecido para descubrir y castigar los delitos contra la fe. **ORT.** Se escribe generalmente con mayúscula. *La Inquisición condenó a muchos herejes.* **SIN.** Santo Oficio.

inri (**in**-ri) *s. m.* **1.** Nombre que resulta de leer como una palabra las iniciales de "Iesus Nazarenus Rex Iudaeorum", rótulo latino de la Cruz de Jesucristo que significa 'Jesús Nazareno rey de los judíos'. ‖ **LOC. hacer el inri** *fam.* Hacer el ridículo, hacer el tonto. **para más inri** Para colmo.

insaciable (in-sa-**cia**-ble) *adj.* Que tiene un apetito o un deseo tan desmedido que no puede saciarlo. *Traía un hambre insaciable.* **SIN.** Ávido. **ANT.** Ahito.

insalivar (in-sa-li-**var**) *v. tr.* Mezclar los alimentos con la saliva en la cavidad bucal. *Insaliva bien los alimentos.*

insalubre (in-sa-**lu**-bre) *adj.* Que es perjudicial para la salud. *Las aguas eran insalubres.* **SIN.** Malsano, morboso, insano. **ANT.** Saludable, beneficioso.

insano, na (in-**sa**-no) *adj.* *Malsano.

insatisfecho, cha (in-sa-tis-**fe**-cho) *adj.* Que no está satisfecho. *Quedó insatisfecho.* **SIN.** Descontento, inquieto. **ANT.** Satisfecho, contento.

inscribir (ins-cri-**bir**) *v. tr.* **1.** Grabar letreros en metal, piedra u otra materia. *Inscribió su nombre.* **SIN.** Tallar, esculpir. **2.** Apuntar el nombre de una persona entre los de otras para algún fin. **GRA.** También v. prnl. *Se inscribió para participar en la carrera.* **SIN.** Alistar(se), matricular(se). **3.** En geometría, trazar una figura dentro de otra de manera que, sin cortarse ni confundirse, estén ambas en contacto en varios puntos de sus perímetros. *Inscribió un triángulo en una circunferencia.* ✎ Tiene p. p. irreg., inscripto o inscrito.

inscripción (ins-crip-**ción**) *s. f.* **1.** Acción y efecto de inscribir o inscribirse. *Mañana se cierra el plazo de inscripción.* **2.** Escrito breve grabado en piedra, metal, etc. para conservar la memoria de una persona, cosa o acontecimiento importante. **SIN.** Epitafio. *Leyeron la inscripción que había en la lápida.* **3.** Letrero rectilíneo en las monedas y medallas. *La inscripción de la moneda estaba muy borrosa.*

insecticida (in-sec-ti-**ci**-da) *adj.* Se dice del producto que sirve para matar insectos. **GRA.** También s. m. *Este insecticida es muy bueno contra las cucarachas.*

insectívoro, ra (in-sec-**tí**-vo-ro) *adj.* **1.** Se dice de mamíferos de pequeño tamaño, con la dentición especialmente apropiada para comer insectos y gusanos principalmente. **GRA.** También s. m. *El topo y el erizo son insectívoros.* **2.** Se dice de los animales que se alimentan principalmente de insectos. **GRA.** También s. m. *Los pájaros son insectívoros.*

insecto (in-**sec**-to) *s. m.* Animal pequeño que tiene un par de antenas, tres pares de patas y el cuerpo dividido en cabeza, tórax y abdomen. *Las moscas, las mariposas, las hormigas, las pulgas, etc. son insectos.*

inseguridad (in-se-gu-ri-**dad**) *s. f.* **1.** Debilidad de una cosa. *La inseguridad de los cimientos de una casa.* **SIN.** Debilidad, riesgo, peligro, duda, vacilación. **ANT.** Seguridad, firmeza, estabilidad. **2.** Falta de seguridad para hacer algo. *Le invadió la inseguridad de si sería correcto lo que hacía.* **SIN.** Incertidumbre, duda, vacilación. **3.** Riesgo, peligro. *Los primeros aviadores corrían grandes inseguridades.*

inseguro, ra (in-se-**gu**-ro) *adj.* Falto de seguridad. *Se sentía muy inseguro.* **SIN.** Inestable, incierto, dudoso, indeciso. **ANT.** Cierto, seguro, firme.

inseminación (in-se-mi-na-**ción**) *s. f.* Llegada del semen al óvulo. *El veterinario le practicó la inseminación artificial a la vaca.* **SIN.** Fecundación.

insensatez (in-sen-sa-**tez**) *s. f.* **1.** Falta de sentido o de razón. *Piensa insensateces.* **SIN.** Irracionalidad, necedad, locura. **ANT.** Sensatez, cordura. **2.** Dicho o hecho insensato. *Has cometido una insensatez.* **SIN.** Necedad, tontería, disparate, parida. 🖎 Su pl. es "insensateces".

insensato, ta (in-sen-**sa**-to) *adj.* Falto de sentido o de razón. **GRA.** También s. m. y s. f. *Eres un insensato.* **SIN.** Irreflexivo, necio. **ANT.** Juicioso, cauto.

insensibilidad (in-sen-si-bi-li-**dad**) *s. f.* **1.** Falta de sensibilidad. *Insensibilidad en una pierna.* **2.** Dureza de corazón o falta de sentimientos. *Se quedaron atónitos ante tanta insensibilidad.* **SIN.** Crueldad, indiferencia. **ANT.** Emoción, sentimiento.

insensibilizar (in-sen-si-bi-li-**zar**) *v. tr.* *Anestesiar. 🖎 Se conjuga como abrazar.

insensible (in-sen-**si**-ble) *adj.* **1.** Que carece de sensibilidad, o privado de sentido. *Tenía los dedos de la mano insensibles por el frío.* **2.** Que no siente las cosas que causan dolor o mueven a lástima por su dureza de corazón. *Es una persona muy insensible.* **SIN.** Duro, frío, impasible. **ANT.** Sensible, emotivo.

inseparable (in-se-pa-**ra**-ble) *adj.* **1.** Que no se puede separar. *Lenguaje y comunicación son conceptos inseparables.* **SIN.** Unido, vinculado. **2.** Se dice de las personas unidas entre sí estrechamente con vínculos de amistad o de amor. **GRA.** También s. m. y s. f. *Son amigos inseparables.*

insepulto, ta (in-se-**pul**-to) *adj.* No sepultado. Se dice del cadáver antes de ser sepultado. *El cuerpo insepulto.* **ANT.** Inhumado, enterrado.

insertar (in-ser-**tar**) *v. tr.* **1.** Incluir una cosa en otra. *Insertar un texto.* **SIN.** Intercalar, introducir. **ANT.** Sacar, excluir. **2.** Incluir un escrito en un periódico. *Insertó un anuncio en el periódico.* 🖎 Tiene doble p. p.; uno reg., insertado, y otro irreg., inserto.

inserto, ta (in-**ser**-to) *adj.* Incluido en algo. *En el libro va inserta una nota.* **SIN.** Adherido, incrustado.

inservible (in-ser-**vi**-ble) *adj.* No servible o que no está en condiciones de servir. *Estos cacharros ya están inservibles, habrá que tirarlos.* **SIN.** Inútil, deteriorado, estropeado.

insidia (in-**si**-dia) *s. f.* *Asechanza. **GRA.** Se usa más en pl.

insigne (in-**sig**-ne) *adj.* Célebre, famoso. *Cervantes fue un insigne escritor.* **SIN.** Ilustre, egregio.

insignia (in-**sig**-nia) *s. f.* **1.** Señal, distintivo honorífico. *Llevaba la insignia de su equipo.* **SIN.** Divisa, emblema. **2.** Pendón, bandera, estandarte, emblema, medalla, etc. de una hermandad o cofradía. *La insignia de la cofradía abría la procesión.* **SIN.** Enseña, pabellón, pendón.

insignificante (in-sig-ni-fi-**can**-te) *adj.* **1.** Que no significa nada o carece de importancia. *Un asunto insignificante. Tiene unos insignificantes rasguños.* **2.** Muy pequeño o escaso. *Percibía un sueldo insignificante.* **SIN.** Mínimo, exiguo. **ANT.** Importante, grande.

insincero, ra (in-sin-**ce**-ro) *adj.* Falto de sinceridad. *Me parece una persona insincera.* **SIN.** Simulado, doble. **ANT.** Sincero, veraz.

insinuar (in-si-nu-**ar**) *v. tr.* **1.** Dar a entender una cosa no haciendo más que indicarla ligeramente. *Con señas le insinué que se callara.* **SIN.** Sugerir, indicar, apuntar. || *v. prnl.* **2.** Introducirse un afecto, vicio, etc. en el ánimo. *El aburrimiento se insinuaba en su mirada.* **3.** *fam.* Sugerir el deseo de relaciones amorosas. *Se le insinuó aprovechando la intimidad del momento.* 🖎 En cuanto al acento, se conjuga como actuar.

insípido, da (in-**sí**-pi-do) *adj.* **1.** Falto de sabor. *El agua es insípida.* **2.** Que no tiene el grado de sabor conveniente. *Este melón está muy insípido.* **SIN.** Desaborido. **ANT.** Sabroso, suculento. **3.** Falto de espíritu, viveza o gracia. *¡Qué persona más insípida!* **SIN.** Insustancial, insulso. **ANT.** Interesante.

insistencia (in-sis-**ten**-cia) *s. f.* Reiteración y porfía acerca de una cosa. *Fue tanta la insistencia que acepté.* **SIN.** Empecinamiento, porfía, terquedad.

insistente (in-sis-**ten**-te) *adj.* Que insiste. *Es una persona muy insistente.* **SIN.** Pertinaz, recalcitrante, tenaz. **ANT.** Claudicante.

insistir (in-sis-**tir**) *v. intr.* **1.** Repetir varias veces una petición o acción para lograr lo que se pretende. *Insistió una y otra vez hasta que cogieron el teléfono.* **SIN.** Reiterar. **ANT.** Abandonar, dejar. **2.** Mantenerse firme en una idea. *A pesar de que nadie estaba de acuerdo, el director insistió en su afirmación.* **SIN.** Persistir, perseverar. **ANT.** Desistir, renunciar.

in situ *loc. lat.* que significa 'en el mismo lugar'.

insobornable (in-so-bor-**na**-ble) *adj.* Que no puede ser sobornado o corrompido. *Es una persona insobornable.* **SIN.** Incorruptible, íntegro. **ANT.** Corruptible, sobornable.

insociable (in-so-**cia**-ble) *adj.* Se dice de la persona que rehúye el trato con otras. *Es una persona muy insociable.* **SIN.** Arisco. **ANT.** Sociable, tratable.

insolación (in-so-la-**ción**) *s. f.* Enfermedad o malestar que aparece como consecuencia de una exposición excesiva al sol o al calor. *Le dio una insolación.*

insolencia (in-so-**len**-cia) *s. f.* **1.** Atrevimiento, descaro. *Tuvo la insolencia de venir.* **SIN.** Desvergüenza, desfachatez. **ANT.** Comedimiento, cortedad. **2.** Di-

insolente - instante

cho o hecho ofensivo e insultante. *¡No digas insolencias!* **SIN.** Frescura, desfachatez, salida.

insolente (in-so-**len**-te) *adj.* Se dice de la persona que se comporta de forma ofensiva e insultante. **GRA.** También s. m. y s. f. *Era un poco insolente.* **SIN.** Descarado, ofensivo. **ANT.** Comedido.

insólito, ta (in-**só**-li-to) *adj.* No común ni frecuente. *El viaje de Cristóbal Colón fue una hazaña insólita.* **SIN.** Inusitado, raro. **ANT.** Común, habitual.

insoluble (in-so-**lu**-ble) *adj.* **1.** Que no se puede disolver ni diluir. *El metal es insoluble en agua.* **2.** Que no se puede resolver. *Tengo una duda insoluble.*

insolvencia (in-sol-**ven**-cia) *s. f.* Incapacidad de pagar una deuda por falta de medios. *Manifestó su insolvencia.* **SIN.** Ruina. **ANT.** Crédito, garantía.

insolvente (in-sol-**ven**-te) *adj.* Que no tiene con qué pagar. **GRA.** También s. m. y s. f. *Se declaró insolvente.* **SIN.** Arruinado. **ANT.** Rico, crediticio.

insomne (in-**som**-ne) *adj.* Que no duerme, desvelado. *Llevaba muchas noches insomne.*

insomnio (in-**som**-nio) *s. m.* Dificultad para poder conciliar el sueño a la hora de hacerlo. *Padece insomnio.* **SIN.** Vigilia, desvelo. **ANT.** Sueño, sopor.

insondable (in-son-**da**-ble) *adj.* **1.** Que no se puede sondear. *En esa parte, el mar es insondable.* **2.** Que no se puede averiguar o saber a fondo. *Era un misterio insondable.* **SIN.** Profundo, impenetrable, inaveriguable. **ANT.** Superficial.

insonorizar (in-so-no-ri-**zar**) *v. tr.* Aislar un local de sonidos o ruidos exteriores, o atenuar los que se producen en su interior, utilizando dispositivos adecuados. *Tenían que insonorizar el pub antes de abrirlo.* ✎ Se conjuga como abrazar.

insoportable (in-so-por-**ta**-ble) *adj.* **1.** Insufrible, intolerable. *Tiene un carácter insoportable.* **2.** Muy incómodo, molesto. *Hacía un calor insoportable.*

insospechable (in-sos-pe-**cha**-ble) *adj.* Que no puede sospecharse. *Aquello que pasó era insospechable.* **SIN.** Sorprendente.

insostenible (in-sos-te-**ni**-ble) *adj.* **1.** Que no se puede sostener. *La situación había llegado ya a ser insostenible.* **SIN.** Inestable. **2.** Que no se puede defender con razones. *Se empeñaba en mantener una opinión insostenible.* **SIN.** Rebatible, refutable.

inspección (ins-pec-**ción**) *s. f.* Acción y efecto de inspeccionar. *Realizaron una inspección sanitaria en el comedor del colegio.* **SIN.** Supervisión.

inspeccionar (ins-pec-cio-**nar**) *v. tr.* Examinar atentamente una cosa. *Decidimos inspeccionar el interior de la cueva.* **SIN.** Comprobar, registrar, explorar.

inspector, ra (ins-pec-**tor**) *s. m. y s. f.* **1.** Empleado público o particular que tiene a su cargo la inspección y vigilancia en el ramo al que pertenece. *Es inspectora de aduanas.* ‖ **2. inspector general** Funcionario a quien por su alta categoría corresponde la vigilancia sobre la totalidad de un servicio del estado y del personal que lo realiza.

inspiración (ins-pi-ra-**ción**) *s. f.* **1.** Acción y efecto de inspirar. *Debes coordinar adecuadamente la inspiración y la expiración al hacer deporte.* **SIN.** Aspiración. **ANT.** Expiración. **2.** Estímulo que empuja al artista a producir una obra de arte. *La persona amada suele ser la inspiración del poeta.*

inspirar (ins-pi-**rar**) *v. tr.* **1.** Aspirar, atraer el aire a los pulmones. **GRA.** También v. intr. *Inspira bien.* **SIN.** Respirar. **2.** Infundir en el ánimo o en la mente afectos, ideas, designios, etc. *El amor a Laura inspiró bellos poemas a Petrarca.* **3.** Sugerir ideas para la composición de obras literarias o artísticas, o bien dar instrucciones a los que dirigen o redactan publicaciones periódicas. **SIN.** Dictar, infundir. *La dirección del periódico inspiró este artículo.*

instalación (ins-ta-la-**ción**) *s. f.* **1.** Acción y efecto de instalar o instalarse. *Trabaja en la instalación del gas.* **2.** Acondicionamiento de una casa o edificio de modo que resulte habitable. *Se encargaron de la instalación del piso.* **3.** Lugar, recinto. *Esas son las nuevas instalaciones de la empresa.* ‖ **4. instalación eléctrica** Conjunto de materiales y circuitos necesarios para el servicio de energía eléctrica.

instalar (ins-ta-**lar**) *v. tr.* **1.** Colocar en un edificio o en otro lugar los aparatos o enseres para algún servicio. *Hace un año que instalaron nuevas farolas en mi calle. Instalar una tienda.* **SIN.** Situar, montar. **ANT.** Desarmar, desmontar. ‖ *v. prnl.* **2.** Establecerse, fijar una persona su domicilio. *Se instaló en París.*

instancia (ins-**tan**-cia) *s. f.* Solicitud o petición por escrito. *Rellenó la instancia.* ‖ **LOC. a instancia, o a instancias de** A petición de. **en última instancia** Como último recurso, en definitiva.

instantáneo, a (ins-tan-**tá**-ne-o) *adj.* **1.** Que sólo dura un instante. *Fue un destello instantáneo.* **SIN.** Breve, rápido, fugaz, momentáneo. **ANT.** Duradero, largo. **2.** Que se produce en un instante. *Muerte instantánea.* **3.** Se aplica a ciertos alimentos y bebidas que pueden prepararse rápidamente para su ingestión. *Se preparó un café instantáneo.*

instante (ins-**tan**-te) *s. m.* Porción muy breve de tiempo. *No tardó ni un instante en subir las escaleras.* **SIN.** Momento, periquete, santiamén. ‖ **LOC. a**

instar - insuficiencia

cada instante, o **cada instante** Frecuentemente.
al instante En ese mismo momento, sin tardar.
instar (ins-**tar**) *v. intr.* Apretar o urgir la pronta realización de algo. *Le instó a que llamara.* **SIN.** Apurar.
instaurar (ins-tau-**rar**) *v. tr.* Establecer, fundar, instituir. *Instauraron una nueva forma de gobierno.* **SIN.** Implantar, erigir.
instigar (ins-ti-**gar**) *v. tr.* Incitar, inducir a alguien a que haga una cosa. *Le instigó a que hiciera una protesta.* **SIN.** Excitar, mover, aguijonear. ✎ Se conjuga como ahogar.
instintivo, va (ins-tin-**ti**-vo) *adj.* Que es obra o resultado de un instinto, y no del juicio o la reflexión. *Fue una reacción instintiva.* **SIN.** Indeliberado, involuntario, irreflexivo. **ANT.** Deliberado, reflexivo.
instinto (ins-**tin**-to) *s. m.* Estímulo interior que determina a los animales a una acción dirigida a su conservación o reproducción. *Por instinto, las crías de tortuga se dirigen directamente al agua nada más romper el cascarón.* ‖ **LOC. por instinto** Por un impulso.
institución (ins-ti-tu-**ción**) *s. f.* **1.** Establecimiento o fundación de una cosa. *Firmaron el acuerdo de institución de la sociedad.* **2.** Cada una de las organizaciones fundamentales de un estado, nación o sociedad. *En su discurso atacó las instituciones.* ‖ **LOC. ser alguien una institución** Tener en una ciudad, empresa o agrupación social el prestigio debido a la antigüedad o a poseer los caracteres representativos de aquella.
instituir (ins-ti-tu-**ir**) *v. tr.* **1.** Fundar. *La organización se había instituido hacía veinte años.* **2.** Establecer algo de nuevo, dar principio a una cosa. *Instituyeron un premio con su nombre.* **SIN.** Erigir, instaurar. ✎ v. irreg., se conjuga como huir.
instituto (ins-ti-**tu**-to) *s. m.* **1.** Corporación científica, literaria, artística, benéfica, etc., y edificio en el que está instalada. *El instituto Luis Pasteur.* **SIN.** Academia, centro, escuela, liceo. ‖ **2. instituto de enseñanza media, o de segunda enseñanza, de enseñanza profesional** Establecimiento oficial de enseñanza donde se cursan estos estudios. **3. instituto de belleza** Centro donde se ofrecen servicios de estética, manicura, etc.
institutriz (ins-ti-tu-**triz**) *s. f.* Maestra encargada de la educación o instrucción de uno o varios niños en su propio hogar. *Tenían una institutriz.* **SIN.** Nurse, instructora. ✎ Su pl. es "institutrices".
instrucción (ins-truc-**ción**) *s. f.* **1.** Acción de instruir o instruirse. *Se encargó de su instrucción durante los primeros años.* **SIN.** Enseñanza, educación. **2.** Conjunto de conocimientos adquiridos. *Es una persona de gran instrucción.* **SIN.** Erudición, saber, cultura. **ANT.** Incultura. **3.** Curso que sigue un proceso o expediente que se tramita o instruye. *El proceso seguía su instrucción.* **4.** Conjunto de reglas o advertencias para algún fin. **GRA.** Se usa más en pl. *Deberías leer las instrucciones para ver cómo funciona.* **5.** Prácticas para el adiestramiento de los soldados. *Estaban en período de instrucción.*
instructor, ra (ins-truc-**tor**) *adj.* Que instruye. **GRA.** También s. m. y s. f. *Los instructores se reunieron.* **SIN.** Maestro, profesor, monitor, tutor.
instruido, da (ins-**trui**-do) *adj.* Se dice de la persona culta. *Una persona instruida.* **SIN.** Ilustrado, erudito. **ANT.** Inculto, analfabeto.
instruir (ins-tru-**ir**) *v. tr.* **1.** Enseñar, preparar. *Los maestros instruyen a sus alumnos.* **SIN.** Aleccionar, adoctrinar. **2.** Formalizar un proceso o expediente conforme a las reglas de derecho y prácticas recibidas. *Instruir un proceso.* **SIN.** Enjuiciar. ✎ v. irreg., se conjuga como huir.
instrumental (ins-tru-men-**tal**) *adj.* **1.** Que sirve de instrumento o tiene función de tal. *Causa instrumental.* **2.** Que pertenece o se refiere a los instrumentos musicales. *Música instrumental.* ‖ *s. m.* **3.** Conjunto de instrumentos destinados a un fin determinado. *Instrumental médico.* **4.** Conjunto de instrumentos de una orquesta o banda militar. *Dejaron el instrumental en el foso de la orquesta.*
instrumentar (ins-tru-men-**tar**) *v. tr.* **1.** Escribir las partes de una pieza de música que han de tocar los diferentes instrumentos. *Se ocupaba de instrumentar piezas musicales.* **SIN.** Orquestar. **2.** Estructurar, organizar algo. *Instrumentó un nuevo plan.*
instrumento (ins-tru-**men**-to) *s. m.* **1.** Utensilio que usamos para hacer una cosa. *Compró instrumentos de dibujo.* **SIN.** Útil. **2.** Aquello que usamos para conseguir un fin. *Usó la popularidad de su familia para ascender en la empresa.* **SIN.** Medio. **3.** Objeto que sirve para producir sonidos musicales. *Hay instrumentos de viento, cuerda y percusión.* **4.** Mecanismo, aparato. *El cronómetro es un instrumento para medir el tiempo.* ‖ **LOC. hacer alguien hablar a un instrumento** Tocarlo con gran destreza. ☞ Ver ilustración pág. 570.
insubordinación (in-su-bor-di-na-**ción**) *s. f.* Falta de subordinación. *Fue castigado por insubordinación.* **SIN.** Desobediencia. **ANT.** Acatamiento.
insuficiencia (in-su-fi-**cien**-cia) *s. f.* **1.** Falta de suficiencia. *Quedó demostrada su insuficiencia para rea-*

insuficiente - integrar

lizar aquel trabajo. **SIN.** Incapacidad, ignorancia. **ANT.** Suficiencia, capacidad. **2.** Escasez de una cosa. *La insuficiencia de medios para investigar.* **SIN.** Falta, penuria. **3.** Incapacidad de un órgano para ejercer sus funciones normales. *Tenía insuficiencia cardíaca.*

insuficiente (in-su-fi-**cien**-te) *adj.* No suficiente. *La calificación que obtuve fue insuficiente para aprobar. El número de personas que había era insuficiente.* **SIN.** Escaso. Invariable en género.

insuflar (in-su-**flar**) *v. tr.* Introducir en una cavidad del cuerpo u órgano un gas, vapor, líquido o cualquier sustancia pulverizada. *El socorrista insufló aire a los pulmones del ahogado.*

insufrible (in-su-**fri**-ble) *adj.* Que no se puede sufrir. *Su conversación es insufrible.* **SIN.** Insoportable, inaguantable. **ANT.** Soportable, aguantable.

ínsula (**ín**-su-la) *s. f.* Cualquier lugar pequeño o gobierno de poca importancia. Se dice a semejanza de la que fingió Cervantes en su *Don Quijote. Aquel país es una ínsula bananera.* No debe confundirse con "ínfula".

insular (in-su-**lar**) *adj.* **1.** Natural de una isla. **GRA.** También s. m. y s. f., aplicado a personas. *Cuando estuve en Las Palmas, me agradó mucho la gente insular.* **2.** Que pertenece o se refiere a una isla. *Visitó la España insular.*

insulina (in-su-**li**-na) *s. f.* Hormona producida por el páncreas que controla el nivel de glucosa (azúcar) de la sangre. *Obtenida por procesos químicos, la insulina se emplea contra la diabetes.*

insulso, sa (in-**sul**-so) *adj.* **1.** Insípido, falto de sabor. *Este caldo está insulso.* **2.** Falto de gracia y viveza. *Sus chistes me parecieron muy insulsos.* **SIN.** Desabrido, soso, simple, necio, tonto, estúpido.

insultar (in-sul-**tar**) *v. tr.* Ofender a alguien provocándole con palabras o acciones. *No insultes.* **SIN.** Agraviar, injuriar, ultrajar. **ANT.** Elogiar, alabar.

insulto (in-**sul**-to) *s. m.* Acción y efecto de insultar. *Sus insultos fueron muy graves.* **SIN.** Agravio, ofensa, ultraje, injuria. **ANT.** Piropo, elogio.

insumiso, sa (in-su-**mi**-so) *adj.* **1.** No sometido, desobediente, rebelde. *Castigaron a los insumisos.* **2.** Que se niega a cumplir el servicio militar. *Se declaró insumiso.*

insuperable (in-su-pe-**ra**-ble) *adj.* No superable. *Se encontraba en un estado de forma insuperable.* **SIN.** Invencible, inmejorable. **ANT.** Pésimo.

insurgente (in-sur-**gen**-te) *adj.* Levantado, sublevado, insurrecto. **GRA.** También s. m. y s. f. *Los insurgentes fueron hechos prisioneros.*

insurrección (in-su-rrec-**ción**) *s. f.* Acción de insurreccionarse un pueblo, una nación, etc. *Hubo una insurrección contra el rey.* **SIN.** Rebelión, sublevación. **ANT.** Obediencia, sumisión, acatamiento.

insurrecto, ta (in-su-**rrec**-to) *adj.* Levantado contra la autoridad pública, rebelde. **GRA.** Se usa más como s. m. y s. f. *Los insurrectos fueron detenidos.* **SIN.** Amotinado, revolucionario.

insustancial (in-sus-tan-**cial**) *adj.* De poca o ninguna sustancia. *Es una cuestión insustancial.* **SIN.** Desabrido, soso, insípido, trivial, frívolo. **ANT.** Importante, sustancioso, sabroso.

insustituible (in-sus-ti-**tui**-ble) *adj.* Que no puede sustituirse. *Es insustituible en su puesto.* **SIN.** Irreemplazable, indispensable. **ANT.** Innecesario, accesorio.

intachable (in-ta-**cha**-ble) *adj.* Que no admite o merece tacha. *Su conducta es intachable.* **SIN.** Honesto, íntegro, irreprochable, recto. **ANT.** Desvergonzado, deshonesto, despreciable.

intacto, ta (in-**tac**-to) *adj.* Que no ha sufrido alteración, daño o deterioro. *Estaba intacto, igual que lo habíamos dejado. Salió intacto del accidente.* **SIN.** Íntegro, entero, ileso. **ANT.** Roto, estropeado.

intangible (in-tan-**gi**-ble) *adj.* Que no puede o no debe tocarse. *Las ideas son intangibles.* **SIN.** Intocable, inmaterial, incorpóreo. **ANT.** Tangible, material.

integración (in-te-gra-**ción**) *s. f.* **1.** Acción y efecto de integrar o integrarse. *No tuvo ningún problema para su integración en el nuevo colegio.* **2.** En matemáticas, operación que consiste en hallar la integral de una diferencial o de una ecuación diferencial. *Solucioné el problema mediante integración.* || **3. integración cultural** Adaptación de una persona a una cultura. **4. integración económica** Supresión de algunas formas de discriminación entre unidades económicas, ya sean individuos, empresas, naciones, etc. **5. integración social** Asimilación de grupos marginales, inmigrados, extranjeros, etc. en la sociedad total.

integral (in-te-**gral**) *adj.* **1.** Global, total. *Se trataba de un plan integral.* **SIN.** Completo, absoluto, pleno. **ANT.** Parcial, incompleto. || *s. f.* **2.** En matemáticas, resultado de integrar una expresión diferencial. *El resultado del problema era una integral.*

integrante (in-te-**gran**-te) *adj.* Se dice de las partes que entran en la composición de un todo. *Los miembros integrantes del grupo.* **SIN.** Componente, miembro.

integrar (in-te-**grar**) *v. tr.* **1.** Formar las partes un todo. *Logré integrar todas las piezas del motor.* **SIN.**

Constituir, componer. **2.** En matemáticas, determinar por el cálculo una cantidad de la que sólo se conoce la expresión diferencial. ‖ *v. prnl.* **3.** Entrar a formar parte de un grupo. *Se integró en nuestra pandilla.* **SIN.** Incorporarse.

integridad (in-te-gri-**dad**) *s. f.* Cualidad de íntegro. *Defendió su integridad.* **SIN.** Honradez, rectitud.

integrismo (in-te-**gris**-mo) *s. m.* Actitud de ciertos sectores religiosos, políticos o ideológicos, no dispuestos a admitir innovaciones en las doctrinas. *El integrismo islámico es muy radical.* **SIN.** Fundamentalismo.

íntegro, gra (**ín**-te-gro) *adj.* **1.** Se dice de aquello a lo que no le falta ninguna de sus partes. *Le regaló un equipo de esquiar íntegro.* **SIN.** Entero, completo. **ANT.** Incompleto, truncado. **2.** Se dice de la persona recta, intachable. *Es una persona muy íntegra.* **SIN.** Honrado, incorruptible, justo. **ANT.** Deshonesto, corrupto. ✎ Tiene sup. irreg.: "integérrimo".

intelecto (in-te-**lec**-to) *s. m.* Entendimiento o inteligencia. *Leer mucho es bueno para desarrollar el intelecto.* **SIN.** Pensamiento, espíritu.

intelectual (in-te-lec-**tual**) *adj.* **1.** Que pertenece o se refiere al entendimiento. *Desarrolla un trabajo intelectual.* **SIN.** Intelectivo, mental. **ANT.** Práctico, empírico. **2.** Se dice de la persona dedicada preferentemente al cultivo de las ciencias y letras. **GRA.** Se usa más como s. m. y s. f. *Importantes intelectuales acudían a la tertulia.* **SIN.** Erudito, pensador.

intelectualidad (in-te-lec-tua-li-**dad**) *s. f.* Conjunto de las personas cultas o intelectuales de un país, región, etc. *Pertenece a la intelectualidad del país.*

inteligencia (in-te-li-**gen**-cia) *s. f.* **1.** Facultad de conocer, entender y comprender. *Usó su inteligencia para resolver el problema.* **SIN.** Comprensión, entendimiento, intelecto. ‖ **2. inteligencia artificial** La que se atribuye a las máquinas que desarrollan operaciones propias de un ser inteligente.

inteligente (in-te-li-**gen**-te) *adj.* **1.** Dotado de inteligencia. *Es un animal inteligente.* **2.** Se dice de la persona que posee un elevado grado de inteligencia. **GRA.** También s. m. y s. f. *Es el más inteligente de la clase.* **SIN.** Ingenioso, sagaz, listo, despierto. **ANT.** Tonto, ignorante, lerdo. **3.** Que denota inteligencia. *Fue una decisión inteligente.*

inteligible (in-te-li-**gi**-ble) *adj.* **1.** Que puede ser entendido. *Haz una letra más inteligible.* **SIN.** Comprensible, claro, descifrable, legible. **ANT.** Ininteligible, oscuro. **2.** Que se oye clara y distintamente. *Oímos el concierto de forma inteligible.*

intemperancia (in-tem-pe-**ran**-cia) *s. f.* Falta de moderación. *Su intemperancia le causaba grandes problemas.* **SIN.** Exceso, desenfreno. **ANT.** Moderación.

intemperie, a la *loc adv.* A cielo descubierto, sin techo ni otro resguardo. *Durmió a la intemperie.*

intempestivo, va (in-tem-pes-**ti**-vo) *adj.* Que es o está fuera de tiempo y lugar. *Una intempestiva llamada a media noche le sobresaltó.* **SIN.** Inoportuno, inconveniente. **ANT.** Oportuno, adecuado, indicado.

intemporal (in-tem-po-**ral**) *adj.* No temporal, independiente del curso del tiempo. *Dios es un ser intemporal.*

intención (in-ten-**ción**) *s. f.* **1.** Determinación de la voluntad en orden a un fin. *Tenía la intención de escribir un libro.* **SIN.** Intento, propósito, designio, proyecto. ‖ **2. segunda intención** *fam.* Modo de actuar doble y solapado. *Lo hizo con segundas intenciones.*

intencionado, da (in-ten-cio-**na**-do) *adj.* Deliberado, premeditado. *El árbitro pitó falta intencionada.* **SIN.** Premeditado, preparado. **ANT.** Impensado.

intendente, ta (in-ten-**den**-te) *s. m. y s. f.* **1.** Jefe superior económico. *El intendente firmó la nómina.* **SIN.** Administrador, agente. **2.** En el ejército y en la marina, jefe supremo de los servicios de administración militar. *El intendente ordenó racionar los alimentos.*

intensidad (in-ten-si-**dad**) *s. f.* **1.** Grado de energía de un agente natural o mecánico, de una cualidad, de una expresión, etc. *Llovía con gran intensidad.* **SIN.** Fuerza, energía. **2.** Fuerza de un sentimiento, deseo, etc. **SIN.** Entusiasmo. *La amaba con gran intensidad.* **3.** Fuerza con que se produce un sonido. *La intensidad de un sonido se mide en decibelios.* ‖ **4. intensidad luminosa** En física, flujo luminoso emitido por un foco en una dirección dada.

intensificar (in-ten-si-fi-**car**) *v. tr.* Hacer que una cosa adquiera mayor intensidad de la que tenía. **GRA.** También v. prnl. *Se intensificó la búsqueda.* **SIN.** Aumentar(se), enconar(se), incrementar(se). **ANT.** Mitigar(se), rebajar(se), debilitar(se). ✎ Se conjuga como abarcar.

intenso, sa (in-**ten**-so) *adj.* **1.** Que tiene intensidad. *Tuvieron que realizar un intenso esfuerzo para sacarle de allí.* **SIN.** Fuerte, enérgico. **ANT.** Apagado, suave. **2.** Muy fuerte y vivo. *Le tenía un intenso cariño.* **SIN.** Violento, virulento.

intentar (in-ten-**tar**) *v. tr.* **1.** Proponerse lograr algo, hacer esfuerzos para conseguirlo. *Cuando vaya a Madrid, intentaré verte.* **SIN.** Pretender, procurar.

intento - interesante

ANT. Desistir. **2.** Iniciar la realización de algo. *Intentó escalar la montaña, pero fracasó.* **SIN.** Pretender, procurar, ensayar, probar.

intento (in-**ten**-to) *s. m.* **1.** Propósito, intención con que se realiza algo. *Fracasó en su intento.* **2.** Cosa intentada. *Tras varios intentos consiguió lo que quería.* **SIN.** Ensayo, intentona, tentativa.

intentona (in-ten-**to**-na) *s. f., fam.* Intento temerario, y especialmente si se ha frustrado. *Falló la intentona.* **SIN.** Chasco, fracaso.

interacción (in-te-rac-**ción**) *s. f.* Acción que se ejerce recíprocamente entre dos o más objetos, agentes, fuerzas, funciones, etc. *Su destrucción causó diversas interacciones en el ecosistema.*

interactivo, va (in-te-rac-**ti**-vo) *adj.* **1.** Que procede por interacción. *Fuerzas interactivas.* **2.** En informática, se dice de los programas que permiten un diálogo entre el ordenador y el usuario. **GRA.** También s. m. *Juega con un CD interactivo.*

intercalar (in-ter-ca-**lar**) *v. tr.* Colocar una cosa entre otras. *Intercaló una bola blanca entre las azules.* **SIN.** Interpolar, insertar, entreverar.

intercambiar (in-ter-cam-**biar**) *v. tr.* Cambiar entre sí dos o más personas cosas, ideas, proyectos, informes, etc. *Se intercambiaban los cromos.* **SIN.** Canjear, permutar, trocar. ✎ En cuanto al acento, se conjuga como cambiar.

intercambio (in-ter-**cam**-bio) *s. m.* **1.** Acción y efecto de intercambiar. *Hicieron un intercambio de prisioneros.* **SIN.** Trueque, cambio, suplencia. **2.** Cambio recíproco de servicios, personas o cosas entre corporaciones diversas. *Estaban potenciando el intercambio cultural de los dos países.*

interceder (in-ter-ce-**der**) *v. intr.* Rogar o mediar por otra persona. *Intercedió por él para que le levantaran el castigo.* **SIN.** Mediar, abogar. **ANT.** Atacar.

interceptar (in-ter-cep-**tar**) *v. tr.* **1.** Apoderarse de una cosa antes que llegue al lugar o a la persona a que se destina. *El bando enemigo interceptó el mensaje.* **2.** Detener una cosa en su camino. *La policía interceptó la huida de los atracadores.* **SIN.** Entorpecer, interrumpir. **3.** Interrumpir u obstruir una vía de comunicación. *Interceptaron el tráfico.* **SIN.** Estorbar, impedir, cortar.

intercesión (in-ter-ce-**sión**) *s. f.* Acción y efecto de interceder. *Su intercesión en el asunto fue decisiva.* **SIN.** Mediación, arbitraje, conciliación, tercería.

intercomunicación (in-ter-co-mu-ni-ca-**ción**) *s. f.* **1.** Comunicación recíproca. *La intercomunicación rompe las barreras.* **2.** Comunicación telefónica entre las distintas dependencias de un edificio o recinto. *Avísale por medio de la intercomunicación.*

intercostal (in-ter-cos-**tal**) *adj.* Que está entre las costillas. *Tenía una pequeña lesión intercostal.*

interdigital (in-ter-di-gi-**tal**) *adj.* Se dice de las membranas, músculos, etc. situados entre los dedos. *Los patos tienen membranas interdigitales.*

interés (in-te-**rés**) *s. m.* **1.** Provecho, utilidad, ganancia. *Era un negocio de interés.* **2.** Valor que en sí tiene una cosa. *El interés de las plantas es grande, pues oxigenan la atmósfera.* **SIN.** Importancia, trascendencia. **ANT.** Intrascendencia. **3.** Cantidad que se ha de pagar por un préstamo. *Tenía que pagar un interés muy alto.* **4.** Ganancia o renta producida por el capital. *El interés que le pagaba ese banco le parecía demasiado bajo.* **SIN.** Rédito, renta. **5.** Inclinación del ánimo hacia algo o alguien que lo atrae o conmueve. *Demostró mucho interés por aquel cuadro.* **SIN.** Afecto, atracción. **ANT.** Indiferencia. **6.** Empeño que se pone en conseguir algo. *Puso mucho interés y logró aprenderlo.* **SIN.** Afán, atención, esfuerzo. **7.** Egoísmo con que actúa alguien. *Sólo lo hizo por interés.* || *s. m. pl.* **8.** Bienes, capital. *Tomó medidas para defender sus intereses.* **SIN.** Patrimonio. || **9. interés compuesto** El de un capital al que se van acumulando sus réditos para que produzca otros. **10. interés simple** El de un capital sin acumularle ningún rédito vencido, aunque aún no se haya cobrado. **11. intereses creados** Ventajas, casi siempre ilegítimas, de las que disfrutan varias personas y de las que se benefician en conjunto.

interesado, da (in-te-re-**sa**-do) *adj.* **1.** Que tiene interés en una cosa. **GRA.** También s. m. y s. f. *Estaba interesado en el arte maya.* **2.** Que se deja llevar demasiado del egoísmo, o sólo se mueve por él. **GRA.** También s. m. y s. f. *Es muy interesada, sólo piensa en ella misma.* **SIN.** Ambicioso, codicioso, egoísta. **ANT.** Desinteresado, altruista. **3.** Que se ve afectado por algo. *El alcalde de la ciudad habló con los interesados.* **4.** Se dice de la persona que firma una solicitud, promueve un expediente, pleito, etc. por cuenta propia. **GRA.** También s. m. y s. f. *El interesado tiene que firmar en la parte de abajo.* **SIN.** Solicitante, parte.

interesante (in-te-re-**san**-te) *adj.* Que interesa o que es digno de interés. *Desarrolló una nueva teoría muy interesante.* **SIN.** Atrayente, cautivador, sugestivo. **ANT.** Vulgar, mediocre. || **LOC. hacerse alguien el interesante** Intentar llamar la atención.

interesar (in-te-re-**sar**) *v. intr.* **1.** Tener interés una cosa. *Ese negocio puede interesar.* ‖ *v. tr.* **2.** Hacer tomar parte a una persona en los negocios o intereses de otras. *Le interesaron en el negocio.* **3.** Inspirar interés o afecto, causar emoción a una persona. *Le interesó mucho Luisa.* **SIN.** Atraer. **ANT.** Hastiar. **4.** Afectar. *Dijo que ese asunto sólo le interesaba a él.* **SIN.** Atañer. ‖ *v. prnl.* **5.** Mostrar interés por una persona o cosa. *Se interesó por su salud.*

interestatal (in-te-res-ta-**tal**) *adj.* Que pertenece o se refiere a las relaciones entre dos o más estados. *Firmaron un acuerdo interestatal.*

interestelar (in-te-res-te-**lar**) *adj.* Se dice del espacio comprendido entre dos o más astros. *El espacio interestelar es infinito.*

interfaz (in-ter-**faz**) *s. f.* En informática, sistema gráfico de comunicación entre un programa y su usuario. *La interfaz de este programa te facilita el acceso a los archivos.*

interfecto, ta (in-ter-**fec**-to) *s. m. y s. f.* Individuo, tipo, sujeto. *Dijo que no conocía al interfecto.*

interferencia (in-ter-fe-**ren**-cia) *s. f.* **1.** Acción y efecto de interferir. *Tantas interferencias hicieron que el asunto se demorara.* **SIN.** Estorbo, interrupción, cruce. **2.** En física, acción recíproca de las ondas, ya sea en el agua, en la propagación de la luz, del sonido, etc., que produce aumento, disminución o neutralización del movimiento ondulatorio. *Anuló la emisora de radio mediante una interferencia.* **3.** Introducción de un ruido o emisión extraña en una determinada audición. *No veo bien la televisión, hay interferencias.* **4.** Perturbación que producen sobre la línea telegráfica o telefónica otras líneas próximas de igual clase o de transporte eléctrico. *Había interferencia de líneas en el teléfono.*

interferir (in-ter-fe-**rir**) *v. tr.* **1.** Interponer o mezclarse una acción o movimiento en otra. **GRA.** También v. prnl. *El mal tiempo se ha interferido en las labores de búsqueda.* **SIN.** Estorbar(se). **2.** En física, causar interferencia. *Esta emisora puede interferir sobre las emisiones de otra.* **GRA.** También v. intr. **SIN.** Interrumpir. ‖ *v. intr.* **3.** Interponerse una persona en la actuación de otra. *No interfieras en mis asuntos.* **SIN.** Inmiscuirse. **4.** Producir perturbaciones en la recepción de una señal. *La comunicación por radio se ha interferido.* ✎ v. irreg., se conjuga como sentir.

interfono (in-ter-**fo**-no) *s. m.* **1.** Sistema telefónico que permite establecer comunicación entre las distintas dependencias de un edificio. *Instalaron un interfono.* **2.** Sistema telefónico que comunica la puerta principal de un edificio y las viviendas del mismo, provisto de un dispositivo eléctrico para poder abrir esa puerta. *El interfono se estropeó y no le pude abrir la puerta desde arriba.*

ínterin (**ín**-te-rin) *adv. t.* *Entretanto.

interinidad (in-te-ri-ni-**dad**) *s. f.* **1.** Cualidad de interino. *Tiene el cargo con interinidad.* **SIN.** Transitoriedad. **2.** Tiempo que dura el desempeño interino de un cargo. *Tenía un mes de interinidad.*

interino, na (in-te-**ri**-no) *adj.* Que ejerce un cargo o empleo por ausencia o falta de otra persona. **GRA.** También s. m. y s. f. *Era profesor interino.*

interior (in-te-**rior**) *adj.* **1.** Que está en la parte de adentro. *La pared interior de la casa está pintada de azul.* **SIN.** Interno. **2.** Profundo, hondo, íntimo. *Sentimiento interior.* **SIN.** Privado. **3.** Se dice de la vivienda o habitación que no tiene vistas a la calle. *Vivían en un piso interior.* **4.** Que pertenece o se refiere al país. *La economía interior estaba en crisis.* ‖ *s. m.* **5.** La parte interna de una cosa. *El interior del cajón está forrado de tela.* **6.** Espíritu o conciencia. *Lo sentía en su interior.* **ANT.** Apariencia, exterior. **7.** Parte central de un país. *Vivía en un pequeño pueblo.* **8.** En fútbol y otros deportes, cada uno de los dos miembros de la delantera que, en la alineación, se sitúan entre el extremo de su lado y el delantero centro. *Metió el gol el interior izquierdo.* ‖ *s. m. pl.* **9.** *Entrañas. ✎ Como adj., es invariable en género.

interiorismo (in-te-rio-**ris**-mo) *s. m.* Arte de decorar y acondicionar los espacios interiores de un edificio. *Estudia interiorismo.*

interiorizar (in-te-rio-ri-**zar**) *v. tr.* Guardar una persona para sí misma sus sentimientos. *Interiorizó su pena.* **SIN.** Reservar.

interjección (in-ter-jec-**ción**) *s. f.* **1.** Voz que expresa asombro, sorpresa, dolor, etc. Va entre admiraciones (¡!) y forma una frase independiente. *¡Ay! Me haces daño.* ‖ **2. interjección impropia** Cualquier palabra –sustantivo, adverbio, etc.– usada con la misma intención que la interjección. ✎

INTERJECCIONES	
PROPIAS	¡ah!, ¡ajá!, ¡ay!, ¡hola!, ¡olé! **onomatopéyicas**: ¡plaf!, ¡zas!
IMPROPIAS	¡alto!, ¡arrea!, ¡Dios mío!, ¡sopla!, ¡vamos!, ¡fuera!, ¡demonios!

interlocutor, ra (in-ter-lo-cu-**tor**) *s. m. y s. f.* Cada una de las personas que toman parte en un diálogo. *Dio la palabra a uno de los interlocutores.*

interludio - interrogación

interludio (in-ter-**lu**-dio) *s. m.* Composición breve que se ejecuta a modo de intermedio en la música instrumental. *He compuesto un interludio.* **SIN.** Intermedio.

intermediario, ria (in-ter-me-**dia**-rio) *adj.* **1.** Que media entre dos o más personas para algún fin. *Buscaron intermediarios en el conflicto.* **SIN.** Árbitro, mediador, intercesor. **2.** Se dice de la persona que media entre el productor y el consumidor de géneros o mercaderías. **GRA.** También s. m. y s. f. *La falta de intermediarios abarataba el producto.* **SIN.** Agente, proveedor, mayorista.

intermedio, dia (in-ter-**me**-dio) *adj.* **1.** Que está entre dos extremos. *Deberíamos buscar un punto intermedio.* ‖ *s. m.* **2.** En los espectáculos, descanso entre una parte y otra de su representación. *Salimos al pasillo en el intermedio de la película.* **SIN.** Entreacto. **3.** Espacio que hay de un tiempo a otro o de una acción a otra. *Ha tenido tiempo para pensarlo en el intermedio de las dos negociaciones.*

intermezzo *s. m.* Pieza musical colocada entre las escenas o los actos de una ópera. *Durante el intermezzo cambiaron los decorados.* **SIN.** Interludio.

interminable (in-ter-mi-**na**-ble) *adj.* Que no tiene término o fin, o que parece no tenerlo. *La película me resultó interminable.* **SIN.** Inacabable, inagotable, infinito, eterno. **ANT.** Finito, perecedero.

intermitente (in-ter-mi-**ten**-te) *adj.* **1.** Que se interrumpe y vuelve a empezar alternativamente. *Una lluvia intermitente cayó durante todo el viaje.* **SIN.** Discontinuo, interrumpido, irregular. **ANT.** Continuo, regular. ‖ *s. m.* **2.** En un vehículo, dispositivo que enciende y apaga rápida y sucesivamente una luz lateral para indicar un cambio de dirección. *Da el intermitente para girar a la derecha.*

internacional (in-ter-na-cio-**nal**) *adj.* Que se refiere a dos o más naciones. *Del aeropuerto de mi ciudad salen vuelos nacionales e internacionales. La ONU es una organización internacional.* **SIN.** Mundial, universal. ✎ Invariable en género.

internado (in-ter-**na**-do) *s. m.* **1.** Conjunto de alumnos internos. *Era el encargado del internado.* **2.** Colegio donde viven alumnos u otras personas internas. *Estudió en un internado.*

internar (in-ter-**nar**) *v. tr.* **1.** Ingresar a un enfermo en un centro sanitario. *Le tuvieron que internar por urgencias.* **SIN.** Hospitalizar, ingresar. ‖ *v. prnl.* **2.** Avanzar hacia adentro, penetrar. *Se internaron en alta mar.* **SIN.** Meterse. **3.** Profundizar en algo. *Me interné en ese tema con gran interés.*

internauta (in-ter-**nau**-ta) *s. m. y s. f.* Persona que navega por internet. *Era un experto internauta.*

internet (in-ter-**net**) *s. m.* Red mundial de redes de ordenadores, que permite a éstos comunicarse de forma directa, compartiendo información y servicios a lo largo de todo el mundo. *Se pasaba el día conectado a internet.*

interno, na (in-**ter**-no) *adj.* **1.** *Interior. **2.** Se dice del alumno que vive dentro de un centro de enseñanza. **GRA.** También s. m. y s. f. *Estuve interno en ese colegio durante tres años.* **3.** Se dice de un alumno de una facultad de medicina que presta servicios auxiliares en alguna cátedra o clínica. **GRA.** También s. m. y s. f. *Es interno en el departamento de medicina general.* ‖ *s. m. y s. f.* **4.** Preso, recluso. *Hoy es día de visita para los internos.*

interpelar (in-ter-pe-**lar**) *v. tr.* **1.** .*Solicitar. **2.** *Requerir, preguntar.

interplanetario, ria (in-ter-pla-ne-**ta**-rio) *adj.* Se dice del espacio existente entre dos o más planetas. *Los viajes interplanetarios siguen siendo una aventura.* **SIN.** Intersideral.

interponer (in-ter-po-**ner**) *v. tr.* **1.** *Intercalar. **2.** Hacer una petición para formalizar un recurso legal. *Interpuso un recurso de amparo.* ‖ *v. prnl.* **3.** Intervenir, mediar. **SIN.** Entrometerse, obstaculizar. *María se interpuso entre nosotros.* ✎ v. irreg., se conjuga como poner.

interpretar (in-ter-pre-**tar**) *v. tr.* **1.** Explicar el sentido de una cosa. *El texto era difícil de interpretar.* **SIN.** Comentar, glosar, parafrasear. **2.** Concebir o expresar de un modo personal la realidad. *Interpretó sus palabras como una ofensa.* **SIN.** Captar, entender. **3.** Representar una obra de teatro o ejecutar una composición musical, baile, etc. *Un conocido actor interpretará ese papel.* **SIN.** Actuar. **4.** Recrear algo. *El Renacimiento interpretó la cultura clásica.* **SIN.** Reflejar, plasmar, encarnar.

intérprete (in-**tér**-pre-te) *s. m. y s. f.* **1.** Persona que interpreta. *Es un afamado intérprete de jazz.* **SIN.** Comentarista, exégeta, hermeneuta. **2.** Persona que se encarga de explicar a otros, en el idioma que entienden, lo dicho en una lengua que les es desconocida. *Era intérprete en la ONU.* **SIN.** Traductor.

interrogación (in-te-rro-ga-**ción**) *s. f.* **1.** Pregunta. *"¿Cómo estás?", es una interrogación.* **SIN.** Interrogante. **ANT.** Respuesta, contestación. **2.** Signo ortográfico (¿?) que se pone al principio y al final de cada palabra o frase interrogativa. *Te falta la interrogación de cierre.*

interrogante - intimar

interrogante (in-te-rro-**gan**-te) *s. amb.* **1.** Problema no aclarado, cuestión dudosa, incógnita. *Aquel asunto seguía siendo un interrogante.* **SIN.** Enigma, misterio. **ANT.** Aclaración, solución. **2.** Pregunta. *Se hacía muchos interrogantes.*

interrogar (in-te-rro-**gar**) *v. tr.* **1.** *Preguntar. **2.** Tomar declaración a alguien. *Le estaba interrogando el juez.* ✎ Se conjuga como ahogar.

interrogativo, va (in-te-rro-ga-**ti**-vo) *adj.* Se dice del adjetivo determinativo que acompaña al sustantivo en frases interrogativas. *"Qué" es un interrogativo.*

interrogatorio (in-te-rro-ga-**to**-rio) *s. m.* **1.** Serie de preguntas para aclarar un hecho. *El fiscal comenzó el interrogatorio.* **2.** Acto de dirigirlas a quien las ha de contestar. *Su abogado estuvo presente en el interrogatorio.*

interrumpir (in-te-rrum-**pir**) *v. tr.* **1.** Cortar en el espacio o en el tiempo la continuación de algo. *El árbol caído interrumpió el tráfico durante varias horas.* **SIN.** Truncar, detener, estorbar. **ANT.** Continuar. **2.** Meterse en una conversación cuando otra persona está hablando. *No me interrumpas ahora, no ves que estoy hablando.* **SIN.** Cortar.

interrupción (in-te-rrup-**ción**) *s. f.* Acción y efecto de interrumpir. *Hubo continuas interrupciones en el espectáculo por problemas de sonido.* **SIN.** Intermisión, suspensión. **ANT.** Continuación, reanudación.

interruptor (in-te-rrup-**tor**) *s. m.* Dispositivo que sirve para abrir o cerrar el paso de la corriente en un circuito eléctrico. *Corta la luz en el interruptor.*

intersección (in-ter-sec-**ción**) *s. f.* En matemáticas, encuentro de dos líneas, dos superficies o dos sólidos que recíprocamente se cortan. *La intersección de dos líneas es un punto; la de dos superficies, una línea; y la de dos sólidos, una superficie.*

interurbano, na (in-te-rur-**ba**-no) *adj.* **1.** Se dice de las relaciones y servicios de comunicación entre distintas poblaciones o entre distintos barrios de una misma ciudad. *Transporte interurbano.* **2.** Hablando de servicios telefónicos, los que ponen en comunicación una red urbana con otra. *Comunicación interurbana.*

intervalo (in-ter-**va**-lo) *s. m.* **1.** Espacio o distancia que hay de un tiempo a otro o de un lugar a otro. *Sucedió en un corto intervalo de tiempo.* **2.** En física, conjunto de los valores que toma una magnitud entre dos límites dados. *Mide el intervalo entre esas dos ondas.* **3.** Distancia que existe entre dos notas musicales. *El intervalo entre esas dos notas es menor.*

intervención (in-ter-ven-**ción**) *s. f.* **1.** Acción y efecto de intervenir. *Hubo una intervención de la policía.* **SIN.** Arbitraje, control. **2.** Operación quirúrgica. *El médico recomendó una intervención urgente.*

intervenir (in-ter-ve-**nir**) *v. intr.* **1.** Tomar parte en un asunto. *Intervino en un debate público.* **SIN.** Participar. **ANT.** Abstenerse, retraerse. **2.** Mediar o interceder por alguien. *Intervinieron en su favor.* **SIN.** Abogar. **ANT.** Atacar, acusar. **3.** Mediar, interceder o interponerse entre dos o más que riñen. *Si no llega a intervenir ella, acaban a tortas.* **SIN.** Conciliar, terciar. **ANT.** Enfrentar. **4.** Influir. *Aquel acontecimiento intervino en la mejora de la economía.* ‖ *v. tr.* **5.** Realizar una operación quirúrgica. *Habló con el doctor que la intervino.* **SIN.** Operar. **6.** Fiscalizar, investigar. *Intervinieron sus cuentas bancarias.* **7.** Vigilar una autoridad la comunicación privada. *La policía intervino su teléfono.* **SIN.** Interceptar.

interventor, ra (in-ter-ven-**tor**) *s. m. y s. f.* **1.** Funcionario que autoriza y fiscaliza ciertas operaciones a fin de que se hagan con legalidad. *La firma del interventor dio valor al contrato.* **SIN.** Fiscal, supervisor. **2.** En las elecciones para diputados, concejales, etc., persona designada oficialmente para vigilar la regularidad de la votación. *En la mesa estaba el interventor de su partido.* **3.** Cobrador o revisor de los ferrocarriles. *Dale los billetes al interventor.*

interviú (in-ter-**viú**) *s. amb.* Entrevista, acción y efecto de entrevistar. *Leí la interviú en la revista.* ✎ Su pl. es "interviús".

intervocálico, ca (in-ter-vo-**cá**-li-co) *adj.* Se dice de la consonante que se halla entre dos vocales. *En la palabra "café" la "f" es intervocálica.*

intestino, na (in-tes-**ti**-no) *adj.* **1.** Interno, interior. *Importantes luchas intestinas desestabilizan el país.* ‖ *s. m.* **2.** Conducto en forma de tubo muy largo en el cual se digieren los alimentos; empieza en el estómago y termina en el ano. **GRA.** Se usa también en pl. *Tenía una úlcera en el intestino.* **SIN.** Entrañas, tripas. ‖ **3. intestino delgado** Porción intestinal de los mamíferos que tiene menor diámetro. **4. intestino grueso** Porción intestinal de los mamíferos que tiene mayor diámetro. **5. intestino ciego** Parte del tracto intestinal del ser humano y de la mayoría de los mamíferos, situada entre el intestino delgado y el colon, que está muy desarrollada entre los herbívoros y sobre todo en los roedores.

intimar (in-ti-**mar**) *v. intr.* Entablar estrecha amistad con alguien. *Había intimado mucho y se llevaban maravillosamente bien.* **ANT.** Enemistarse.

intimidad - intrigar

intimidad (in-ti-mi-**dad**) *s. f.* Amistad íntima. *Tratarse con intimidad.* **SIN.** Confianza, familiaridad.

intimidar (in-ti-mi-**dar**) *v. tr.* **1.** Causar o infundir miedo. **GRA.** También v. prnl. *Nos intimidó con sus amenazas.* **SIN.** Acobardar(se), atemorizar, asustar(se). **ANT.** Tranquilizar(se), sosegar(se). **2.** Amenazar. *Trató de intimidarlo.* **SIN.** Coaccionar, obligar.

íntimo, ma (**ín**-ti-mo) *adj.* **1.** Se dice de la amistad muy estrecha y del amigo de confianza. *Eran amigos íntimos desde la infancia.* **SIN.** Profundo, entrañable. **2.** Que pertenece o se refiere a la intimidad. *Eran cosas íntimas.* **SIN.** Particular, personal, privado. **ANT.** Público, conocido, general.

intitular (in-ti-tu-**lar**) *v. tr.* Poner título a un libro o escrito. *Todavía no sabía cómo intitular su trabajo.* **SIN.** Titular.

intocable (in-to-**ca**-ble) *adj.* *Intangible. **GRA.** También s. m. y s. f.

intolerable (in-to-le-**ra**-ble) *adj.* Que no se puede tolerar. *Su mal comportamiento era intolerable.* **SIN.** Inaguantable, insufrible. **ANT.** Tolerable, soportable.

intolerancia (in-to-le-**ran**-cia) *s. f.* Falta de tolerancia, actitud cerrada y contraria a las opiniones de los demás. *El grupo se caracterizaba por su intolerancia religiosa.* **SIN.** Intransigencia, fanatismo. **ANT.** Tolerancia, transigencia.

intolerante (in-to-le-**ran**-te) *adj.* Que no tiene tolerancia. **GRA.** También s. m. y s. f. *No seas intolerante y escucha a los demás.* **SIN.** Intransigente, obstinado. **ANT.** Tolerante, transigente.

intoxicación (in-to-xi-ca-**ción**) *s. f.* Acción y efecto de intoxicar o intoxicarse. *Una mayonesa en mal estado produjo intoxicación a varias personas.*

intoxicar (in-to-xi-**car**) *v. tr.* **1.** Envenenar, impregnar de sustancias tóxicas. **GRA.** También v. prnl. *Dos personas se intoxicaron con el escape de gas.* **SIN.** Contaminar(se), corromper(se). **2.** Manipular la opinión pública. *Ese diario intoxicó todo el proceso con sus noticias.* ✎ Se conjuga como abarcar.

intradós (in-tra-**dós**) *s. m.* Superficie interior y cóncava de un arco o bóveda. *El intradós de ese arco estaba pintado.*

intraducible (in-tra-du-**ci**-ble) *adj.* Que no se puede traducir de un idioma a otro. *Ese giro español es intraducible al inglés.*

intramuros (in-tra-**mu**-ros) *adv. l.* Dentro de una ciudad, villa o lugar. *La iglesia estaba intramuros.*

intramuscular (in-tra-mus-cu-**lar**) *adj.* Que está o se pone dentro de los músculos. *Le pusieron el medicamento por vía intramuscular.*

intranquilidad (in-tran-qui-li-**dad**) *s. f.* Falta de tranquilidad, falta de quietud. *La falta de noticias le produjo una gran intranquilidad.* **SIN.** Azoramiento, desasosiego, turbación. **ANT.** Tranquilidad, sosiego.

intranquilizar (in-tran-qui-li-**zar**) *v. tr.* Quitar la tranquilidad, inquietar, desasosegar. **GRA.** También v. prnl. *La intranquilizaba no saber si había llegado.* **SIN.** Agitar(se), sobresaltar(se). **ANT.** Aplacar(se), calmar(se). ✎ Se conjuga como abrazar.

intranquilo, la (in-tran-**qui**-lo) *adj.* Falto de tranquilidad. *Estaba muy intranquilo.* **SIN.** Agitado, inquieto. **ANT.** Tranquilo, calmado, sosegado.

intransferible (in-trans-fe-**ri**-ble) *adj.* No transferible. *Sus competencias son intransferibles.*

intransigente (in-tran-si-**gen**-te) *adj.* Que no transige o que no está dispuesto a transigir. *Se mostró muy intransigente.* **SIN.** Intolerable, fanático.

intransitable (in-tran-si-**ta**-ble) *adj.* Se dice del lugar o sitio por donde no se puede pasar. *La calle estaba intransitable.* **SIN.** Impracticable, inaccesible. **ANT.** Vadeable, practicable.

intransitivo, va (in-tran-si-**ti**-vo) *adj.* Se dice del verbo que no admite OD. *Llegar.* **ANT.** Transitivo.

intrascendente (in-tras-cen-**den**-te) *adj.* Que no es trascendente. *Se trataba de un hecho intrascendente.*

intratable (in-tra-**ta**-ble) *adj.* Insociable o de carácter áspero. *Llevaba una temporada intratable.* **SIN.** Huraño, arisco. **ANT.** Sociable, afable.

intravenoso, sa (in-tra-ve-**no**-so) *adj.* Que está o se pone dentro de las venas. *Le pusieron una inyección por vía intravenosa.*

intrépido, da (in-**tré**-pi-do) *adj.* **1.** Que no teme en los peligros. *Un héroe intrépido.* **SIN.** Valiente, arrojado. **ANT.** Cobarde, pusilánime. **2.** Que obra o habla sin reflexión. *Sus intrépidas palabras nos sorprendieron.* **SIN.** Insensato, irreflexivo. **ANT.** Sensato.

intriga (in-**tri**-ga) *s. f.* **1.** Acción que se realiza con astucia y ocultamente, para conseguir un fin. *Las intrigas de la Corte.* **SIN.** Complot, confabulación, maquinación. **2.** Enredo, embrollo. *El argumento tiene mucha intriga.* **3.** Interés, curiosidad que despierta algo o alguien. *La película estaba en el momento de más intriga.* **SIN.** Expectación.

intrigante (in-tri-**gan**-te) *adj.* Que intriga o que suele intrigar. *Su relato era muy intrigante.*

intrigar (in-tri-**gar**) *v. intr.* **1.** Emplear intrigas para conseguir algo. *Le acusaban de intrigar en la corte.* **SIN.** Confabular, maquinar, tramar. ‖ *v. tr.* **2.** Inspirar viva curiosidad una cosa o persona. *Me estás intrigando.* ✎ Se conjuga como ahogar.

intrincado - invalidar

intrincado, da (in-trin-**ca**-do) *adj.* Poco claro, lleno de enredos y complicaciones. *Era un asunto muy intrincado.* **SIN.** Enrevesado, enredado, complicado, escabroso, liado. **ANT.** Claro, sencillo.

intríngulis (in-**trín**-gu-lis) *s. m., fam.* Dificultad, complicación de una cosa. *Tiene más intríngulis de lo que parece.* ✎ Invariable en número.

intrínseco, ca (in-**trín**-se-co) *adj.* Se dice de lo que es propio de algo por sí mismo. *Es intrínseco a su naturaleza.* **SIN.** Propio, interno. **ANT.** Accidental.

introducción (in-tro-duc-**ción**) *s. f.* **1.** Acción y efecto de introducir o introducirse. *La introducción de nuevas medidas restrictivas provocó un gran descontento.* **2.** Parte inicial, generalmente breve, de una obra literaria o científica. *Preparó la introducción del libro.* **SIN.** Prólogo, preámbulo, prefacio.

introducir (in-tro-du-**cir**) *v. tr.* **1.** Meter o hacer entrar una cosa en otra. *Introduce la llave en la cerradura.* **SIN.** Encajar, embutir, ensartar. **2.** Facilitar el acceso a alguien a determinados ambientes o círculos. **GRA.** También v. prnl. *Fue ella quien le introdujo en nuestra pandilla.* **SIN.** Presentar(se), incluir(se). **3.** Hacer adoptar, poner en uso. *Introdujeron esa nueva moda.* ‖ *v. prnl.* **4.** *Inmiscuirse, inferir. ✎ v. irreg., se conjuga como conducir.

introito (in-**troi**-to) *s. m.* **1.** Entrada o principio de un escrito o de una oración. *No sé qué poner como introito.* **SIN.** Introducción, prólogo, preliminar. **2.** En el teatro antiguo, prólogo para explicar el argumento del poema dramático. *Gracias al introito es más fácil entender el libro.* **3.** Lo primero que decía el sacerdote en el altar, al dar comienzo a la misa. *Llegaron tarde a misa y se perdieron el introito.*

intromisión (in-tro-mi-**sión**) *s. f.* Acción y efecto de entrometer o entrometerse. *Su intromisión no le sentó nada bien.* **SIN.** Injerencia, intrusión.

introspección (in-tros-pec-**ción**) *s. f.* Examen que una persona hace de sus propios actos y estados de ánimo. *Decidió hacer un examen de introspección para ver por qué se sentía tan mal.* **SIN.** Reflexión.

introvertido, da (in-tro-ver-**ti**-do) *adj.* Se dice de la persona poco comunicativa y que está encerrada en sí misma. **GRA.** También s. m. y s. f. *Es muy introvertido.* **ANT.** Extravertido.

intrusión (in-tru-**sión**) *s. f.* Acción de introducirse indebidamente en un sitio o asunto. *No toleraba aquella intrusión en su trabajo.*

intrusismo (in-tru-**sis**-mo) *s. m.* Ejercicio de actividades profesionales por una persona no autorizada para ello. *Fue denunciado por intrusismo.*

intruso, sa (in-**tru**-so) *adj.* Que se ha introducido sin derecho. *Había un intruso en el grupo.* **SIN.** Entrometido, indiscreto, extraño.

intuición (in-tui-**ción**) *s. f.* Percepción clara e instantánea de algo. *Tiene gran intuición para los negocios.* **SIN.** Clarividencia, presentimiento.

intuir (in-tu-**ir**) *v. tr.* Percibir clara e instantáneamente algo tal como si se tuviera a la vista. *Intuyó que algo malo pasaba.* **SIN.** Entrever, vislumbrar, presentir. ✎ v. irreg., se conjuga como huir.

intuitivo, va (in-tui-**ti**-vo) *adj.* **1.** Que pertenece o se refiere a la intuición. *Razonamiento intuitivo.* **SIN.** Instintivo. **ANT.** Reflexivo. **2.** Se dice de la persona en la que predomina la intuición sobre el razonamiento. *Es una persona muy intuitiva.*

inundación (i-nun-da-**ción**) *s. f.* Acción y efecto de inundar o inundarse. *La tormenta provocó una inundación.* **SIN.** Desbordamiento, crecida, riada.

inundar (i-nun-**dar**) *v. tr.* **1.** Cubrir el agua terrenos y poblaciones. **GRA.** También v. prnl. *El río inundó los campos al desbordarse.* **SIN.** Anegar(se), sumergir(se). **2.** Llenar de personas o de cosas. **GRA.** También v. prnl. *En primavera, los campos se inundan de flores.* **SIN.** Atestar(se).

inusitado, da (i-nu-si-**ta**-do) *adj.* Que no es habitual ni frecuente. *Su inusitado aspecto llamaba mucho la atención.* **SIN.** Inusual, desacostumbrado, insólito, raro. **ANT.** Normal, común, corriente.

inútil (i-**nú**-til) *adj.* Que no sirve o que no es apto. *Mis esfuerzos por convencerle fueron totalmente inútiles.* **SIN.** Improductivo, incapaz, incompetente, ineficaz. **ANT.** Útil, productivo, eficaz. ✎ Invariable en género.

inutilidad (i-nu-ti-li-**dad**) *s. f.* Calidad de inútil. *Quedó patente la inutilidad de aquella medida.* **SIN.** Ineptitud, nulidad. **ANT.** Utilidad, productividad.

inutilizar (i-nu-ti-li-**zar**) *v. tr.* Hacer inútil o nula a una persona o cosa. **GRA.** También v. prnl. *Inutilizó el grifo.* **SIN.** Anular(se), destruir(se), estropear(se, averiar(se), incapacitar. **ANT.** Habilitar(se), arreglar(se). ✎ Se conjuga como abrazar.

invadir (in-va-**dir**) *v. tr.* **1.** Entrar por la fuerza en alguna parte. *El enemigo invadió la ciudad.* **SIN.** Asaltar, atacar. **2.** Entrar injustificadamente en funciones ajenas. *Invadieron su campo de trabajo.* **3.** Apoderarse de alguien un sentimiento o estado de ánimo. *Un intenso miedo le invadía.*

invalidar (in-va-li-**dar**) *v. tr.* Anular el valor y efecto una cosa. *Invalidaron esa ley.* **SIN.** Anular, desautorizar. **ANT.** Permitir, ratificar.

inválido - invertir

inválido, da (in-vá-li-do) *adj.* Que padece una deficiencia física o psíquica. **GRA.** También s. m. y s. f. *Quedó inválido a causa del accidente.*

invariable (in-va-ria-ble) *adj.* Que no varía o no puede variar. *Las preposiciones son partes invariables de la oración.* **SIN.** Inalterable, inmutable, firme, inconmovible. **ANT.** Variable, mudable, inestable.

invasión (in-va-sión) *s. f.* Acción y efecto de entrar por la fuerza en alguna parte. *La invasión de los pueblos bárbaros tuvo lugar en los siglos IV y V.* **SIN.** Incursión, irrupción.

invectiva (in-vec-ti-va) *s. f.* Discurso o escrito satírico y violento contra alguien o algo. *Soportó bien sus invectivas.* **SIN.** Sarcasmo.

invencible (in-ven-ci-ble) *adj.* **1.** Que no puede ser vencido. *Su ejército era invencible.* **SIN.** Invicto, invulnerable. **ANT.** Vulnerable. **2.** Imposible de sobreponerse a ello. *Aquel miedo le resultaba invencible.*

invención (in-ven-ción) *s. f.* **1.** Acción y efecto de inventar. *La invención de la imprenta supuso un gran adelanto para la humanidad.* **SIN.** Invento, descubrimiento. **2.** Cosa inventada, producto de la imaginación. *Todo lo que contaba era pura invención.* **SIN.** Mentira, engaño, embuste. **ANT.** Realidad, verdad.

inventar (in-ven-tar) *v. tr.* **1.** Descubrir o crear algo nuevo. *Monturiol inventó el submarino en 1989. Las novelas las inventan los escritores.* **SIN.** Concebir, idear. **2.** Fingir hechos falsos; contar mentiras. *Siempre anda inventando historias.* **SIN.** Mentir.

inventario (in-ven-ta-rio) *s. m.* Relación ordenada de los bienes de una persona o entidad, y documento en el que figura esta relación. *Estaban realizando el inventario de los artículos almacenados.*

inventiva (in-ven-ti-va) *s. f.* Facultad para inventar. *Tiene mucha inventiva.* **SIN.** Ingenio, imaginación.

invento (in-ven-to) *s. m.* **1.** Acción y efecto de inventar. *El invento del microscopio revolucionó el mundo de la medicina.* **2.** Cosa inventada, invención. *Patentó su invento.* **SIN.** Novedad, patente. Ver cuadro pág. 580.

inventor, ra (in-ven-tor) *adj.* Que inventa. **GRA.** También s. m. y s. f. *Los chinos fueron los inventores de la pólvora.* **SIN.** Descubridor, autor, creador.

invernadero (in-ver-na-de-ro) *s. m.* Espacio protegido de las inclemencias del tiempo por una estructura formada por plásticos, cristales u otros materiales, destinado al cultivo de plantas que necesitan dicha protección. *En el invernadero cultivan lechugas.*

invernal (in-ver-nal) *adj.* Que pertenece o se refiere al invierno. *La estación invernal.* **ANT.** Veraniego.

invernar (in-ver-nar) *v. intr.* **1.** Pasar el invierno en determinado lugar. *Como son ancianos y no soportan el frío se van a invernar a una ciudad más cálida.* **2.** Pasar los animales el invierno en estado de letargo o sueño. *El oso buscó una cueva para invernar.* v. irreg., se conjuga como acertar.

inverosímil (in-ve-ro-sí-mil) *adj.* Que no tiene apariencia de verdad. *Su historia parece inverosímil.* **SIN.** Increíble, inconcebible. **ANT.** Verosímil, creíble.

inversión (in-ver-sión) *s. f.* **1.** Acción y efecto de invertir. *He realizado una inversión en las órdenes de trabajo.* **SIN.** Alteración. **2.** Utilización de una cantidad determinada de dinero con el propósito de obtener beneficios. *Ha sido una buena inversión.*

inverso, sa (in-ver-so) *adj.* Opuesto a la dirección actual o natural de las cosas. *Su reacción fue justo la inversa.* ‖ **LOC. a, o por, la inversa** Al contrario.

invertebrado, da (in-ver-te-bra-do) *adj.* Se dice de los animales que no tienen columna vertebral. **GRA.** También s. m. *Los mejillones, insectos, estrellas de mar y gusanos son invertebrados.*

invertido, da (in-ver-ti-do) *adj.* *Homosexual. **GRA.** También s. m. y s. f.

invertir (in-ver-tir) *v. tr.* **1.** Alterar las cosas o el orden de ellas. *Has invertido el orden de las letras.* **SIN.** Cambiar. **2.** Utilizar el dinero en aplicaciones pro-

CLASIFICACIÓN DE LOS INVERTEBRADOS

Phylum	Nombre común
Mesozoa	Mesozoos
Porifera	Esponjas
Coelenterata	Medusas y similares
Ctenophora	Cténoforos
Platyhelminthes	Gusanos planos
Nemertina	Nemertinos
Aschelminthes	Gusanos cilíndricos y otros
Gastrotricha	Gastrotricos
Kinorhyncha	Quinorrincos
Acanthocephala	Acantocéfalos
Entoprocta	Endoproctos
Ectoprocta	Ectoproctos
Brachiopoda	Braquiópodos
Annelida	Lombrices y afines
Arthropoda	Arañas, insectos, crustáceos
Sipunculoidea	Sipuncúlidos
Echiuroidea	Equiuroideos
Pentastomida	Pentastómidos o linguatúlidos
Tardigrada	Tardígrados
Mollusca	Moluscos
Chaetognatha	Quetognatos
Pogohophora	Pogóforos
Equinodermata	Estrella de mar y afines
Chordata	Cordados

investidura - investigación

GRANDES INVENTOS DE LA HUMANIDAD

Fecha	Nombre	Fecha	Nombre
7000 a. C.	**Alfarería**- en Irán	1852	**Ascensor**- E. Otis (EE UU)
6000 a. C.	**Ladrillo**- en Jericó, Palestina	1858	**Lavadora**- H. Smith (EE UU)
4000 a. C.	**Escritura**- en Mesopotamia	1862	**Ametralladora rápida**- R. Gatling (EE UU)
3750 a. C.	**Cosméticos**- en Egipto	1866	**Dinamita**- A. Nobel (Sue.)
3200 a. C.	**Rueda**- en Mesopotamia	1868	**Motocicleta**- hermanos Michaux (Fr.)
3000 a. C.	**Vidrio**- en Egipto	1872	**Máquina de escribir**- C. Scholes (EE UU)
2600 a. C.	**Geometría**- en Egipto	1873	**Alambre de espino**- J. Glidden (EE UU)
747 a. C.	**Calendario**- los babilonios	1876	**Teléfono**- A. Bell (G. B./ EE UU)
700 a. C.	**Dentadura postiza**- los etruscos en Italia	1876	**Limpiadora de alfombras**- M. Bissell (EE UU)
s. I a. C.	**Papel**- en China	1877	**Fonógrafo**- T. Edison (EE UU)
767	**Imprenta**- en Japón	1878	**Micrófono**- D. Hughes (G. B./ EE UU)
950	**Pólvora**- en China	1879	**Bombilla de incandescencia**- T. Edison (EE UU)
1280	**Cañón**- en China		
1280	**Gafas**- en Italia	1884	**Estilográfica**- L. Waterman (EE UU)
1440	**Imprenta tipos móviles**- J Gutenberg (Al.)	1885	**Automóvil**- K. Benz (Al.) y G. Daimler (Al.), de manera independiente
1589	**Máquina de tricotar**- W. Lee (G.B.)		
1590	**Microscopio**- H. y Z. Janssen (Hol.)	1885	**Transformador**- W. Stanley (EE UU)
1592	**Termómetro**- Galileo (It.)	1892	**Tubo de vacío**- J. Deward (G. B.)
1608	**Telescopio**- H. Lippershey (Hol.)	1892	**Motor diesel**- R. Diesel (Al.)
1620	**Submarino**- C. van Drebbel (Hol.)	1893	**Cremallera**- W. Judson (EE UU)
1644	**Barómetro**- E. Torricelli (It.)	1895	**Radio**- G. Marconi (It.)
1679	**Olla a presión**- D. Papin (Fr.)	1895	**Cuchilla de afeitar**- K. C. Guillete (EE UU)
1698	**Bomba de vapor**- T. Savery (G. B.)	1898	**Magnetófono**- V. Poulson (Din.)
1712	**Máquina de vapor**- T. Newcomen (G. B.)	1901	**Aspiradora**- H. Booth (Ing.)
1733	**Lanzadera de telar**- J. Kay (G. B.)	1903	**Aeroplano**- hermanos Wright (EE UU)
1752	**Pararrayos**- B. Franklin (EE UU)	1924	**Congelación de alimentos**- C. Birdseye (EE UU)
1767	**Hiladora "spinning jennny"**- J. Hargreaves (G. B.)	1925	**Televisión**- J. L. Baird (G. B.) y otros
1783	**Paracaídas**- L. Lenormand (Fr.)	1928	**Afeitadora eléctrica**- J. Schick (EE UU)
1785	**Telar mecánico**- E. Cartwright (G. B.)	1930	**Motor a reacción**- F. Whittle (Ing.)
1792	**Desmotadora de algodón**- E. Whitney (EE UU)	1935	**Nailon**- W. Carothers (EE UU)
		1938	**Bolígrafo**- L. Biro (Hung.)
1800	**Batería eléctrica**- A. Volta (It.)	1945	**Ordenador electrónico**- J. P. Eckert (EE UU) y J. W. Mauchly (EE UU)
1816	**Cámara fotográfica**- N. Niépce (Fr.)		
1823	**Electroimán**- W. Sturgeón (G. B.)	1947	**Cámara Polaroid**- E. Land (EE UU)
1827	**Cerillas**- J. Walker (G. B.)	1948	**Transistor**- J. Bardeen (EE UU), W. Brattain (EE UU) y W. Schockley (EE UU)
1831	**Dinamo**- M. Faraday (G. B.)		
1834	**Máquina cosechadora**- C. McCormick (EE UU)		
		1948	**Disco de larga duración**- Columbia (EE UU)
1838	**Telégrafo de un hilo**- Samuel F. B. Morse (EE UU)	1960	**Láser**- T. Maiman (EE UU)
1839	**Bicicleta**- K. Mackmillan (G. B.)	1961	**Chip de silicio**- Texas Instruments (EE UU)
1841	**Vulcanización**- C. Goodyear (EE UU)		
1845	**Máquina de coser**- E. Howe (EE UU)	1971	**Microprocesador**- Intel Corp. (EE UU)
1849	**Imperdible**- W. Hunt (EE UU)	1973	**Teletexto**- BBC e ITA (G. B.)
1852	**Giróscopo**- L. Foucault (Fr.)	1981	**Transbordador espacial**- NASA (EE UU)

ductivas. *Invirtió sus ahorros en acciones de esa empresa.* **3.** Ocupar el tiempo de una u otra manera. *Invertía dos horas diarias en hacer deporte.* **ANT.** Desaprovechar. ✎ v. irreg., se conjuga como sentir. Tiene doble p. p.; uno reg., invertido, y otro irreg., inverso.

investidura (in-ves-ti-**du**-ra) *s. f.* Toma de posesión de ciertos cargos y dignidades y carácter que se adquiere. *Numerosas personalidades asistieron a la investidura del nuevo presidente.*

investigación (in-ves-ti-ga-**ción**) *s. f.* **1.** Acción y efecto de investigar. *No se había avanzado demasiado en la investigación.* **SIN.** Averiguación, búsqueda, indagación. **2.** Actividad encaminada al descubrimiento de nuevos conocimientos en el campo de las ciencias, las artes o las letras. *Se dedi-*

investigar - ir

ca a la investigación. ‖ **3. investigación privada** Conjunto de diligencias realizadas por detectives privados, encaminadas a investigar determinados hechos o conductas.

investigar (in-ves-ti-**gar**) *v. tr.* **1.** Hacer gestiones para descubrir alguna cosa. *Los detectives se dedican a investigar.* **SIN.** Averiguar, indagar, inquirir, buscar. **2.** Pensar, examinar o experimentar a fondo una materia de estudio. *Menéndez Pidal investigó acerca del Poema de Mio Cid.* ✎ Se conjuga como ahogar.

investir (in-ves-**tir**) *v. tr.* Otorgar una dignidad o cargo importante. *Se celebró la sesión para investir al nuevo presidente.* **SIN.** Conceder, conferir. ✎ v. irreg., se conjuga como pedir.

inveterado, da (in-ve-te-**ra**-do) *adj.* Antiguo, arraigado, envejecido. *El fuego se conoce desde tiempos inveterados.*

inviable (in-**via**-ble) *adj.* Se dice de lo que no tiene posibilidades de llevarse a cabo. *Ese proyecto me parece inviable.*

invicto, ta (in-**vic**-to) *adj.* No vencido, siempre victorioso. **GRA.** También s. m. y s. f. *Llevaba varios combates invicto.* **SIN.** Invencible, vencedor. **ANT.** Derrotado, vencido.

invidente (in-vi-**den**-te) *adj.* Que no ve, ciego. **GRA.** También s. m. y s. f. *Ayudó a cruzar la calle a un invidente.*

invierno (in-**vier**-no) *s. m.* **1.** Una de las cuatro estaciones del año. *En esta región, en invierno suele nevar mucho.* **2.** Época más fría del año. En el hemisferio septentrional corresponde a los meses de diciembre, enero y febrero; en el hemisferio austral corresponde a los meses de junio, julio y agosto.

inviolabilidad (in-vio-la-bi-li-**dad**) *s. f.* **1.** Cualidad de inviolable. ‖ **2. inviolabilidad parlamentaria** Prerrogativa personal de los senadores y diputados que los exime de responsabilidad por las manifestaciones que hagan y los votos que emitan. **3. inviolabilidad del domicilio** Garantía constitucional contra el allanamiento o registro domiciliario sin mandamiento judicial.

inviolable (in-vio-**la**-ble) *adj.* **1.** Que no se debe o no se puede violar o profanar. *Aquel terreno era un lugar inviolable para su pueblo.* **2.** Que goza de ciertos privilegios frente a las leyes. *Por su cargo político, es inviolable mientras su mandato.* **SIN.** Inmune.

invisible (in-vi-**si**-ble) *adj.* Que no puede ser visto. *Con la niebla, el paisaje se hizo invisible.* **SIN.** Imperceptible. **ANT.** Patente. ✎ Invariable en género.

invitación (in-vi-ta-**ción**) *s. f.* **1.** Acción y efecto de invitar o ser invitado. *Recibí una invitación.* **SIN.** Convocatoria, ruego. **2.** Tarjeta con que se invita o se es invitado. *Ya he encargado las invitaciones.*

invitar (in-vi-**tar**) *v. tr.* **1.** Comunicar a una persona el deseo de que vaya a una fiesta, a un acto público, etc. *Todos los años le invita a su fiesta de cumpleaños.* **SIN.** Convidar, brindar. **2.** Dar u ofrecer gratuitamente una cosa agradable a alguien. *Me invitó a comer para celebrar su ascenso.* **3.** Estimular a alguien a algo. *Le invitó a seguir en esa línea de trabajo.* **SIN.** Mover, inducir, incitar. **ANT.** Desanimar.

in vitro *loc.* Se dice de los procesos biológicos que se realizan en laboratorio. *Fecundación in vitro.*

invocación (in-vo-ca-**ción**) *s. f.* Acción y efecto de invocar. *No hizo caso de las invocaciones que le hicieron.* **SIN.** Llamada, petición, ruego, súplica.

invocar (in-vo-**car**) *v. tr.* **1.** Llamar uno a otro en su favor o ayuda. *Invocó su perdón.* **SIN.** Implorar, rogar. **2.** Acogerse a una ley, costumbre o razón. *Invocó a la tradición de su país, donde siempre se había celebrado esa fiesta.* **SIN.** Alegar, exponer. ✎ Se conjuga como abarcar.

involucrar (in-vo-lu-**crar**) *v. tr.* Implicar a alguien en un asunto. **GRA.** También v. prnl. *Involucró a toda la familia.* **SIN.** Envolver(se), mezclar(se).

involuntario, ria (in-vo-lun-**ta**-rio) *adj.* No voluntario. *Fue una reacción involuntaria.* **SIN.** Impensado, irreflexivo, instintivo, maquinal. **ANT.** Consciente.

invulnerable (in-vul-ne-**ra**-ble) *adj.* Que no puede ser herido o afectado. *Parecía invulnerable.* **SIN.** Ileso, invencible. **ANT.** Vulnerable.

inyección (in-yec-**ción**) *s. f.* **1.** Medicina que se introduce en el cuerpo por medio de una aguja. *El médico le recetó inyecciones de penicilina para que la curación fuese más rápida.* **2.** Aportación que se hace de alguna cosa. *Necesitaba una buena inyección de moral.*

inyectar (in-yec-**tar**) *v. tr.* Introducir a presión un gas, un líquido o una masa fluida en el interior de un cuerpo o cavidad. *Le inyectaron insulina.*

ión (i-**ón**) *s. m.* Átomo o grupo de átomos químicamente combinados, que llevan una carga eléctrica positiva o negativa. *Un ión se forma cuando un átomo gana o pierde uno o más electrones.*

ionosfera (io-nos-**fe**-ra) *s. f.* Parte superior de la termosfera. *Lanzaron un cohete hacia la ionosfera.*

ir *v. intr.* **1.** Moverse de un lugar hacia otro. **GRA.** También v. prnl. *Voy ahora mismo a tu casa, espérame.* **SIN.** Desplazarse. **2.** Ser una cosa adecuada o con-

ira - irracional

veniente para algo o para alguien. *Esa hora me va bien.* **3.** Diferenciarse una persona o cosa de otra. *De uno a otro va un abismo.* **4.** Extenderse una cosa desde los dos puntos que se señalan. *El canal va de un lado a otro de la huerta.* **5.** Considerar algo como encaminado a un fin determinado. *Iba a por los primeros puestos.* **SIN.** Dirigir. **6.** Apostar. *En esta jugada no voy.* **7.** Funcionar, marchar. *El televisor va bien.* **8.** Seguido de los gerundios de ciertos verbos, denota que la acción expresada por éstos se está realizando en este momento. *Va llegando.* **9.** Seguido de la preposición "a" y un infinitivo, disponerse para la acción significada por ese verbo. *Iba a salir.* **10.** Con la preposición "a" y ciertos sustantivos, asistir asiduamente. *Vamos al cine.* **11.** Seguido de la preposición "con" y un sustantivo, tener o llevar lo que éste significa. *Iba con falda.* **12.** Con la preposición "contra", perseguir o pensar lo contrario del sustantivo al que se aplica. *Va contra ti.* **13.** Con la preposición "por", buscar o traer lo que se indica. *Vete por más pasteles.* **14.** Con la misma preposición, haber avanzado en la realización de algo hasta un punto determinado. *Va por la mitad.* ‖ *v. prnl.* **15.** Morirse. *El pobre se nos fue.* **16.** Salirse un líquido de su recipiente. *Este cazo se va.* **SIN.** Desbordarse. **17.** Desvanecerse o consumirse algo. *Sus ilusiones se iban poco a poco.* **SIN.** Desaparecer. ‖ **LOC. a eso voy o vamos** *fam.* Denota que la persona que habla deja de dar rodeos en la conversación para ir al asunto central. **cuánto va** Fórmula para apostar por la verdad de algo. **el no va más** Lo mejor, lo máximo. **ir a lo mío, tuyo, suyo** *fam.* Preocuparse sólo de los asuntos o intereses propios. **ir a más** *fam.* Prosperar. **ir a parar** Acabar alguien en un determinado lugar o situación. **ir alguien descaminado** Alejarse de la verdad. **ir alguien tras alguna cosa** Poner todos los medios a su alcance para conseguirla. **ir bien** *fam.* Desarrollarse algo favorablemente. | *fam.* Ser adecuado, útil o beneficioso para algo. | *fam.* Favorecer, realzar el aspecto de alguien o de algo. **ir demasiado lejos** *fam.* Propasarse, ir más allá de lo conveniente. **ir para largo una cosa** *fam.* Faltar todavía bastante tiempo para que se realice o termine. **ir tirando** *fam.* Sobrellevar una situación poco favorable. | **ir y venir** *fam.* Movimiento continuo en varias direcciones. | **ir zumbando** *fam.* Ir con gran rapidez. **irle algo a alguien** *fam.* Convenirle, sentarle bien. **no irle ni venirle a alguien una cosa, o no irle ni venirle a alguien nada en una cosa** *fam.* No importarle. | **sin ir más lejos** Indica que con lo que se expresa a continuación ya no son necesarios más datos o explicaciones. **¡vaya!** Denota aprobación, sorpresa, desengaño, etc. **vete tú a saber** Denota duda o sospecha ante algo. ✎ v. irreg.

INDICATIVO				
Pres.	Pret. imperf.	Pret. perf. s.	Fut. imperf.	Cond. simple
voy	iba	fui	iré	iría
vas	ibas	fuiste	irás	irías
va	iba	fue	irá	iría
vamos	íbamos	fuimos	iremos	iríamos
vais	ibais	fuisteis	iréis	iríais
van	iban	fueron	irán	irían

SUBJUNTIVO		
Pres.	Pret. imperf.	Fut. imperf.
vaya	fuera/se	fuere
vayas	fueras/ses	fueres
vaya	fuera/se	fuere
vayamos	fuéramos/semos	fuéremos
vayáis	fuerais/seis	fuereis
vayan	fueran/sen	fueren

IMPERATIVO ve, vaya, vayamos, id, vayan		
FORMAS NO PERSONALES	Infinitivo	ir
	Gerundio	yendo
	Participio	ido

ira (**i**-ra) *s. f.* Irritación y enfado violento. *Perdió los nervios y descargó en ella su ira.* **SIN.** Molestia, enfado, indignación, coraje, cólera, rabia, furia.

iracundo, da (i-ra-**cun**-do) *adj.* Muy propenso a la ira. **GRA.** También s. m. y s. f. *Es muy iracundo.* **SIN.** Irascible, irritable, colérico, atrabiliario.

irascible (i-ras-**ci**-ble) *adj.* Propenso a irritarse. *Es tan irascible que todo le parece mal.* **SIN.** Colérico, furioso, iracundo.

iris (**i**-ris) *s. m.* **1.** Parte del ojo que rodea la pupila. *Su iris es de color verde.* **2.** *Arco iris.* ✎ Invariable en número.

ironía (i-ro-**ní**-a) *s. f.* Burla fina y disimulada. *Hablar con ironía.* **SIN.** Causticidad, mordacidad, sarcasmo, socarronería, retintín.

irónico, ca (i-**ró**-ni-co) *adj.* Que denota o implica ironía. *Sus preguntas eran muy irónicas.* **SIN.** Burlón, punzante, cáustico, mordaz.

ironizar (i-ro-ni-**zar**) *v. intr.* Hablar con ironía. **GRA.** También v. tr. *Tenía la costumbre de ironizar sobre sí misma.* **SIN.** Burlar, satirizar. **ANT.** Alabar, elogiar. ✎ Se conjuga como abrazar.

irracional (i-rra-cio-**nal**) *adj.* **1.** Que carece de razón. **GRA.** También s. m. y s. f. *Un animal irracional.* **SIN.** Bruto, bestia, animal. **2.** Opuesto a la razón o fuera de ella. *Ese plan me parece irracional.* **SIN.** Absurdo, insensato, extraviado. **ANT.** Racional. **3.** En matemáticas, se dice de las cantidades o expresiones decimales con infinitas cifras no periódicas. *π (3,1416…) es un número irracional.*

irradiar (i-rra-**diar**) *v. tr.* Despedir un cuerpo rayos de luz, calor u otra energía en todas direcciones. *La lámpara irradiaba mucha luz.* **SIN.** Radiar, difundir, esparcir. ✎ En cuanto al acento, se conjuga como cambiar.

irreal (i-rre-**al**) *adj.* No real, falto de realidad. *Una fábula es una historia irreal.* **SIN.** Aparente, ideal, ilusorio, virtual. **ANT.** Material, real, verdadero.

irrealizable (i-rre-a-li-**za**-ble) *adj.* Que no se puede realizar. *Era un deseo irrealizable.* **SIN.** Impracticable, imposible, quimérico. **ANT.** Material, posible.

irrecusable (i-rre-cu-**sa**-ble) *adj.* Que no se puede recusar. *Las pruebas eran irrecusables.*

irreducible (i-rre-du-**ci**-ble) *adj.* Que no se puede reducir. *Tiene un entusiasmo irreducible.*

irreflexivo, va (i-rre-fle-**xi**-vo) *adj.* **1.** Que no reflexiona. *Este niño es un poco irreflexivo.* **2.** Que se dice o hace sin pensar. *Su comportamiento irreflexivo le causaba graves problemas.* **SIN.** Precipitado, imprudente, instintivo. **ANT.** Meditado, pensado.

irregular (i-rre-gu-**lar**) *adj.* **1.** Que va fuera de regla; contrario a ella. *Había algo irregular en sus cuentas.* **2.** Que no sucede ordinariamente. *En esta zona las lluvias son irregulares.* **SIN.** Anómalo, anormal, desigual. **ANT.** Normal, regular. **3.** En matemáticas, se dice del polígono y de poliedro que no son regulares. *Dibuja un hexágono irregular.* **SIN.** Anómalo, anormal, desigual. **4.** Se dice del verbo que no se conjuga como los modelos de la primera, segunda y tercer conjugación. *"Sentir", "parecer" y "acertar" son verbos irregulares.*

irrelevante (i-rre-le-**van**-te) *adj.* Que carece de importancia o significación. *Su cargo es irrelevante.*

irremediable (i-rre-me-**dia**-ble) *adj.* Que no se puede remediar. *El hecho era ya irremediable.* **SIN.** Irreparable.

irremisible (i-rre-mi-**si**-ble) *adj.* Que no se puede perdonar. **SIN.** Imperdonable. **ANT.** Excusable.

irreparable (i-rre-pa-**ra**-ble) *adj.* Que no se puede reparar. *Le hizo un daño irreparable.* **SIN.** Incomponible, irremediable. **ANT.** Compensable, renovable.

irreprochable (i-rre-pro-**cha**-ble) *adj.* Que no puede ser reprochado. *Su forma de comportarse siempre ha sido irreprochable.* **SIN.** Correcto, impecable, intachable, íntegro. **ANT.** Reprochable, sucio.

irrespetuoso, sa (i-rres-pe-**tuo**-so) *adj.* No respetuoso. *Es irrespetuoso con el medio ambiente.* **SIN.** Desatento, irreverente. **ANT.** Atento, respetuoso.

irrespirable (i-rres-pi-**ra**-ble) *adj.* **1.** Que no puede respirarse. *Después de una fuga de gas, el aire es irrespirable.* **SIN.** Asfixiante, opresivo. **2.** Que difícilmente puede respirarse. *La atmósfera estaba irrespirable.*

irresponsable (i-rres-pon-**sa**-ble) *adj.* Se dice de la persona que adopta decisiones importantes sin la debida meditación. *Es muy irresponsable.*

irreverencia (i-rre-ve-**ren**-cia) *s. f.* **1.** Falta de respeto. *No le saludó, mostrando una gran irreverencia.* **2.** Dicho o hecho irreverente. *A lo largo de su charla dijo varias irreverencias.* **SIN.** Blasfemia, grosería.

irreverente (i-rre-ve-**ren**-te) *adj.* Contrario al respeto debido. **GRA.** También s. m. y s. f. *Su actitud fue muy irreverente.* **ANT.** Mirado.

irreversible (i-rre-ver-**si**-ble) *adj.* Que no es reversible. *El proceso es ya irreversible.* **SIN.** Definitivo, invariable. **ANT.** Mudable, reversible.

irrevocable (i-rre-vo-**ca**-ble) *adj.* Que no se puede revocar. *Era una decisión irrevocable.*

irrigar (i-rri-**gar**) *v. tr.* **1.** Rociar con un líquido alguna parte del cuerpo. *Debe irrigar regularmente esa postilla con agua oxigenada.* **SIN.** Bañar. **2.** Aplicar el riego a algún terreno. *Irrigó la huerta.* **SIN.** Regar. ✎ Se conjuga como ahogar.

irrisión (i-rri-**sión**) *s. f., fam.* Persona o cosa que es o puede ser objeto de burla. *Fue la irrisión de todos.*

irrisorio, ria (i-rri-**so**-rio) *adj.* **1.** Que provoca risa y burla. *Su aspecto era irrisorio.* **SIN.** Ridículo, risible, insignificante, minúsculo. **ANT.** Grave, serio. **2.** Insignificante. *Una cantidad irrisoria.* **ANT.** Representativo.

irritable (i-rri-**ta**-ble) *adj.* Que provoca irritación o es propenso a ella. *Es una persona muy irritable.* **SIN.** Irascible, colérico.

irritación (i-rri-ta-**ción**) *s. f.* Acción y efecto de irritar o irritarse. *Provocó su irritación.* **SIN.** Ira, enfado, enojo, cólera, rabia. **ANT.** Calma, tranquilidad.

irritar (i-rri-**tar**) *v. tr.* **1.** Hacer sentir ira. **GRA.** También v. prnl. *Al enterarse de la noticia se irritó mucho.* **SIN.** Enojar(se), encolerizar(se), enfadar(se), enfurecer(se). **ANT.** Calmar(se), apaciguar(se). **2.** Excitar con fuerza un sentimiento. **GRA.** También v. prnl. *Irritó su furia.* **SIN.** Acalorar(se). **3.** Causar inflamación y dolor en un órgano o parte del cuerpo. **GRA.** También v. prnl. *Se me irritan los ojos con tanto humo.* **SIN.** Enrojecer(se), escocer(se).

irrumpir - izquierdo

irrumpir (i-rrum-**pir**) *v. intr.* **1.** Entrar violentamente en un lugar. *La policía irrumpió en el local.* **SIN.** Acometer, invadir. **2.** Aparecer algo de repente. *La suerte irrumpió en sus vidas.*

isla (**is**-la) *s. f.* Porción de tierra rodeada enteramente de agua. *Nos fuimos de vacaciones a una isla del Caribe.* **SIN.** Atolón, ínsula, islote.

Isla	Océano o mar	País
Baffin	Glacial Ártico	Canadá
Banks	Glacial Ártico	Canadá
Borneo	Pacífico	Indonesia, Malasia y R. Unido
Cuba	Atlántico	Cuba
Ellesmere	Glacial Ártico	Canadá
Luzón	Pacífico	Filipinas
Mindanao	Pacífico	Filipinas
Gran Bretaña	Atlántico	Reino Unido
Groenlandia	Atlántico	Dinamarca
Irlanda	Atlántico	Irlanda y R. Unido
Islandia	Atlántico	Islandia
Hokkaido	Pacífico	Japón
Honshu	Pacífico	Japón
Java	Índico	Indonesia
La Española	Atlántico	Haití y Rep. Dominicana
Madagascar	Índico	Madagascar
Molucas	Pacífico	Indonesia
Nueva Guinea	Pacífico	Indonesia y Australia
Nueva Zelanda	Pacífico	Nueva Zelanda
Nueva Zembla	Glacial Ártico	CEI
Sajalin	Pacífico	CEI
Sri Lanka	Índico	Sri Lanka
Sulawesi	Pacífico	Indonesia
Sumatra	Índico	Indonesia
Svalbard	Glacial Ártico	Noruega
Tasmania	Índico	Australia
Terranova	Atlántico	Canadá
Victoria	Glacial Ártico	Canadá

islamismo (is-la-**mis**-mo) *s. m.* Conjunto de dogmas y preceptos que constituyen la religión de Mahoma. *El islamismo es una de las religiones más practicadas en el mundo.*

isleño, ña (is-**le**-ño) *adj.* **1.** Natural de una isla. **GRA.** También s. m. y s. f. **SIN.** Insular, insulano. *Los isleños no opinaban lo mismo.* **2.** Que pertenece o se refiere a una isla. *Economía isleña.*

islote (is-**lo**-te) *s. m.* **1.** Isla pequeña y despoblada. *Lo abandonaron en un islote.* **2.** Peñasco muy grande rodeado de mar. *Nos acercamos a un islote.*

isobara (i-so-**ba**-ra) *s. m.* Línea sobre un mapa meteorológico que une puntos de igual presión atmosférica. *Dibuja un mapa de isobaras.*

isósceles (i-**sós**-ce-les) *adj.* Se dice del triángulo que tiene dos lados iguales y otro desigual. *Vamos a dibujar un triángulo isósceles.* Invariable en número.

isótopo (i-**só**-to-po) *s. m.* Cada una de las formas que puede adoptar un elemento sin cambiar el número atómico (el número de protones del núcleo); lo que cambia es el número de neutrones y, por tanto, la masa atómica. *Todos los isótopos del uranio son radiactivos.*

isquion (**is**-quion) *s. m.* Hueso posterior e inferior de los tres que forman la región coxal. *El isquion es un hueso de la cadera.*

istmo (**ist**-mo) *s. m.* Franja de tierra que une dos continentes o una península con un continente. *La marea alta cubrió el istmo.*

itinerario (i-ti-ne-**ra**-rio) *s. m.* **1.** Descripción de un camino o viaje, expresando los lugares, accidentes, paradas, etc. que existen a lo largo de él. *Antes de comenzar la excursión nos dieron un mapa con el itinerario.* **2.** Ruta que se sigue para llegar a un lugar. *Tenía muy estudiado el itinerario.* **SIN.** Camino, trayecto.

izar (i-**zar**) *v. tr.* Hacer subir una cosa tirando de la cuerda o cable del que está colgada. *Izaron la bandera.* **SIN.** Levantar, elevar. **ANT.** Arriar. Se conjuga como abrazar.

izquierda (iz-**quier**-da) *s. f.* Conjunto de personas o partidos políticos que postulan una modificación del sistema político y social, en un sentido no conservador. *Era una propuesta de la izquierda.* ‖ **LOC. de izquierda, o de izquierdas** Locución con la que se atribuyen ideas izquierdistas a personas, grupos, partidos, actos, etc.

izquierdo, da (iz-**quier**-do) *adj.* **1.** Que está situado en el lado del corazón. *Mano izquierda.* **ANT.** Derecho. **2.** Se dice de la parte de un ser que se hallaría en el Oeste, si dicho ser se orientara al Norte. *La exposición se encuentra en el ala izquierda del museo.* ‖ *s. f.* **3.** Lo que, referido a un objeto o a un observador, cae hacia su parte izquierda. *Esa tecla está a la izquierda del teclado del ordenador.*

j *s. f.* Décima letra del abecedario español y séptima de sus consonantes. Su nombre es "jota". *Javier empieza con "j".*

ja, ja, ja *interj.* Voz que expresa el sonido de la risa. *Lo encontró tan gracioso, que soltó un ja, ja, ja.*

jabalí (ja-ba-**lí**) *s. m.* Mamífero salvaje parecido al cerdo, con grandes colmillos y hocico puntiagudo. *Cazó un jabalí en el monte.* **SIN.** Puerco salvaje, puerco montés. 🔖 Su pl. es "jabalíes" o "jabalís".

jabalina (ja-ba-**li**-na) *s. f.* **1.** Arma arrojadiza que se usaba en la caza mayor. *Era muy aficionado a la caza y tenía en su casa escopetas, jabalinas, etc.* **SIN.** Lanza. **2.** Modalidad deportiva del atletismo que consiste en lanzar una vara parecida a esta arma arrojadiza. *Fue campeón en el lanzamiento de jabalina.*

jabato, ta (ja-**ba**-to) *s. m.* **1.** Cría del jabalí. *El jabato corría por el monte buscando a su madre.* || *adj.* **2.** Se dice de la persona muy valiente. **GRA.** También s. m. y s. f. *Se portó como un jabato.* **SIN.** Bravo, arrojado. **ANT.** Cobarde, pusilánime.

jábega¹ (**já**-be-ga) *s. f.* Red de pesca muy larga. *La jábega se enganchó en unas rocas.*

jábega² (**já**-be-ga) *s. f.* Embarcación de remos utilizada en la pesca cerca de la costa. *Salieron a pescar en la jábega.*

jabón (ja-**bón**) *s. m.* Producto químico que sirve para lavar. *Este jabón de tocador huele a manzana.* **SIN.** Detergente. || **LOC. dar jabón a alguien** Adularle. **dar a alguien un jabón** Imponerle un castigo o reprenderle con dureza.

jabonada (ja-bo-**na**-da) *s. f.* **1.** Aplicación de jabón que se da a una cosa para lavarla. *Di una jabonada a la camisa.* **2.** *Reprimenda.

jabonado (ja-bo-**na**-do) *s. m.* Acción y efecto de jabonar. *Dale un jabonado a esa ropa.*

jabonadura (ja-bo-na-**du**-ra) *s. f.* *Jabonado.

jabonar (ja-bo-**nar**) *v. tr.* **1.** Frotar la ropa u otras cosas con agua y jabón. *Jabona esta camiseta, está muy sucia.* **SIN.** Enjabonar. **2.** Humedecer la barba con agua jabonosa para afeitarla. *Tarareaba una canción mientras se jabonaba la barba.* **SIN.** Enjabonar.

jaboncillo (ja-bon-**ci**-llo) *s. m.* **1.** Pastilla de jabón aromático. *Le regalaron una cajita con jaboncillos de distintos olores.* **2.** Pastilla utilizada por los sastres y modistas para marcar en la tela el lugar por donde se debe coser o cortar. *Tienes que dar el pespunte por donde va la marca del jaboncillo.*

jabonera (ja-bo-**ne**-ra) *s. f.* Recipiente donde se pone el jabón en los lavabos y tocadores. *Compró una bonita jabonera de cerámica.*

jaca (**ja**-ca) *s. f.* **1.** Caballo de poca altura. *Venía montado en una jaca.* **2.** *amer.* Gallo de pelea al que se dejan crecer los espolones.

jacarandoso, sa (ja-ca-ran-**do**-so) *adj., fam.* Se dice de la persona alegre y desenvuelta. *Le gustan mucho las fiestas, es muy jacarandosa.* **SIN.** Airoso, gracioso, garboso. **ANT.** Mohíno, soso.

jachís *s. m.* *Hachís.

jacinto (ja-**cin**-to) *s. m.* Planta de flores olorosas, acampanadas y de diversos colores, agrupadas en racimos. *El jacinto es una planta originaria de Asia Menor.*

jaco (**ja**-co) *s. m.* **1.** Caballo pequeño y ruin. *El pobre jaco estaba escuálido.* **SIN.** Jamelgo, matalón, penco, rocín. **2.** *fam.* En el argot de la droga, heroína. *Le pillaron traficando con jaco.*

jacobeo, a (ja-co-**be**-o) *adj.* Que pertenece o se refiere al apóstol Santiago. *Hicieron la ruta jacobea.*

jactancia (jac-**tan**-cia) *s. f.* Alabanza presuntuosa que una persona hace de sí misma. *Hablaba de sí mismo con jactancia.* **SIN.** Vanidad, pedantería, chulería, altanería. **ANT.** Humildad, discreción.

jactarse (jac-**tar**-se) *v. prnl.* Presumir una persona de algo que tiene o se atribuye. *Se jacta de leer mucho, pero todos sabemos que es mentira.* **SIN.** Alardear, vanagloriarse, pavonearse. **ANT.** Humillarse.

jaculatoria - jáquima

jaculatoria (ja-cu-la-**to**-ria) *s. f.* Oración breve y fervorosa. *Rezó una jaculatoria como todas las noches.* **SIN.** Plegaria, rezo.

jade (**ja**-de) *s. m.* Piedra muy dura de color verdoso que se utiliza en joyería. *Le regaló unos pendientes de jade.*

jadeante (ja-de-**an**-te) *adj.* Agitado, sofocado. *Después de la carrera, llegó jadeante.*

jadear (ja-de-**ar**) *v. intr.* Respirar anhelosamente por efecto de algún trabajo o esfuerzo impetuoso. *Llegó jadeando a la cima de la montaña.* **SIN.** Ahogarse, sofocarse, fatigarse, resollar. **ANT.** Descansar.

jadeo (ja-**de**-o) *s. m.* Respiración entrecortada como consecuencia de ejercicios violentos. *Llegó al último piso entre jadeos.* **SIN.** Acezo, ahogo.

jaez (ja-**ez**) *s. m.* **1.** Cualidad mala de alguien o algo. *Su amigo es de un jaez que no me gusta nada.* **SIN.** Índole, clase, ralea, raza, calaña. **2.** Cualquier adorno que se pone a las caballerías. *Puso a su caballo jaeces de vivos colores para la fiesta taurina.* **SIN.** Aderezo, guarnición, arreos. ✎ Su pl. es "jaeces".

jaguar (ja-**guar**) *s. m.* Mamífero carnívoro, parecido a la pantera, que vive en América. *La mayoría de los jaguares tienen piel amarillenta con anillos negros.*

jaimitada (jai-mi-**ta**-da) *s. f.* Dicho o hecho propio de un jaimito. *Deja de hacer jaimitadas.*

jaimito, ta (jai-**mi**-to) *s. m. y s. f., fam.* Niño o niña pequeña que tiene mucha malicia. *Esta hecha una jaimita.*

jalar[1] (ja-**lar**) *v. intr.* **1.** *amer.* Andar muy deprisa. **GRA.** También v. tr. **2.** *amer.* Marchar, ir. **GRA.** También v. prnl. ‖ *v. prnl.* **3.** *amer.* Emborracharse.

jalar[2] (ja-**lar**) *v. tr., fam.* Comer con voracidad. *Jalaba el bocadillo como si no hubiera comido en una semana.* **SIN.** Engullir, zampar. **ANT.** Ayunar.

jalbegar (jal-be-**gar**) *v. tr.* Blanquear las paredes con cal. *Jalbegaron la fachada de la casa.* **SIN.** Enjalbegar. ✎ Se conjuga como ahogar.

jalea (ja-**le**-a) *s. f.* **1.** Conserva transparente y gelatinosa hecha del zumo de algunas frutas. *Hizo jalea de membrillo.* ‖ **2. jalea real** Sustancia, rica en vitaminas, segregada por las abejas para alimentar a las larvas y a las reinas.

jalear (ja-le-**ar**) *v. tr.* Animar con palmas y exclamaciones a los que bailan y cantan. *El público jaleaba con entusiasmo al grupo que bailaba.* **SIN.** Alabar, alentar, aplaudir. **ANT.** Abuchear.

jaleo (ja-**le**-o) *s. m.* **1.** Diversión bulliciosa. *Había mucho jaleo en la fiesta.* **SIN.** Alboroto, bullicio, jarana, juerga, parranda. **ANT.** Calma, quietud, silencio. **2.** Alboroto, desorden. *La manifestación provocó un gran jaleo de tráfico. Se armó un buen jaleo en la cola de espera.* **SIN.** Riña, altercado, bronca. **ANT.** Paz.

jalón[1] (ja-**lón**) *s. m.* **1.** Vara de hierro para clavar en tierra y determinar puntos fijos cuando se levanta el plano de un terreno. *Los topógrafos estaban colocando jalones.* **SIN.** Mojón, señal. **2.** Situación importante o punto de referencia en la vida de alguien o en el desarrollo de algo. *Aquel premio literario marcó el jalón de su nueva vida profesional.* **SIN.** Hito, etapa, época. **3.** *Bol. y Chil.* Trecho largo.

jalón[2] (ja-**lón**) *s. m.* **1.** *amer.* Tirón, estirón. **2.** *Méx.* Trago de licor.

jalonar (ja-lo-**nar**) *v. tr.* Señalar con jalones. *Estaban jalonando la nueva carretera.*

jamar (ja-**mar**) *v. tr., fam.* *Comer.

jamás (ja-**más**) *adv. m.* *Nunca. **ANT.** Siempre.

jamba (**jam**-ba) *s. f.* Cada uno de los elementos verticales que soportan un arco o un dintel de una puerta o ventana. *El carpintero está colocando las jambas de las puertas.*

jambo, ba (**jam**-bo) *s. m. y s. f., fam.* Individuo, tipo. *Pasaron corriendo dos jambos de mal aspecto.*

jamelgo (ja-**mel**-go) *s. m., fam.* Caballo flaco, desgarbado y mal proporcionado. *El pobre jamelgo pasaba un hambre terrible.* **SIN.** Jaco, penco.

jamón (ja-**món**) *s. m.* **1.** Carne curada de la pierna del cerdo. **GRA.** También "jamón serrano". *Le gustaba mucho el jamón curado al humo.* **SIN.** Pernil. ‖ **2. jamón york o de york** El que se cuece y se come fiambre. ‖ **LOC. estar jamón** *fam.* Ser muy atractivo. ‖ **ser jamón** *fam.* Ser extraordinario. **y un jamón con chorreras** *fam.* Denota que algo excede de lo que buenamente se puede pedir o dar.

japuta (ja-**pu**-ta) *s. f.* *Palometa.

jaque (**ja**-que) *s. m.* **1.** Aviso que se hace en el juego del ajedrez para indicar que el rey está amenazado. *Cuando parecía que iba a perder la partida, encontró un jaque salvador.* ‖ **2. jaque mate** Jugada del ajedrez en la que el rey no puede salvarse. ‖ **LOC. tener a alguien en jaque** Tenerle en vilo.

jaqueca (ja-**que**-ca) *s. f.* Dolor muy fuerte de cabeza. *Estaba en la cama con una fuerte jaqueca.* **SIN.** Migraña, neuralgia.

jaquecoso, sa (ja-que-**co**-so) *adj.* Fastidioso, cargante. *El niño se puso jaquecoso y tuvimos que sacarle a dar un paseo.*

jáquima (**já**-qui-ma) *s. f.* **1.** Cabezada de cordel. *Le estaba poniendo la jáquima a la yegua.* **SIN.** Brida, correa, ronzal. **2.** *amer.* *Borrachera.

jarabe (ja-**ra**-be) *s. m.* **1.** Bebida compuesta de azúcar, agua y zumos o sustancias medicinales. *El médico le ha recetado un jarabe contra la tos.* **SIN.** Jarope, medicina. **2.** Cualquier bebida excesivamente dulce. *Este licor parece jarabe.* ‖ **3. jarabe de palo** *fam.* Paliza.

jaramago (ja-ra-**ma**-go) *s. m.* Planta de pequeñas flores amarillas que crece entre los escombros. *Entre aquellas ruinas había crecido mucho jaramago.*

jarana (ja-**ra**-na) *s. f.* **1.** *fam.* Diversión bulliciosa de un grupo de gente. *Estuvieron de jarana hasta la madrugada.* **SIN.** Juerga, bullicio, alboroto, parranda, jolgorio. **ANT.** Quietud, silencio. **2.** *fam.* Griterío y desorden provocado por dos o más personas. *Se montó una terrible jarana a la entrada del concierto.* **SIN.** Trifulca, escándalo. **ANT.** Calma, armonía, paz.

jarcha (**jar**-cha) *s. f.* Breve estrofa, escrita en dialecto mozárabe, que constituye la parte final de una composición de la lírica culta, escrita en árabe o en hebreo, denominada moaxaja. *La jarcha es la primera manifestación lírica conocida de la lengua romance.*

jarcia (**jar**-cia) *s. f.* **1.** Conjunto de aparejos de un barco. **GRA.** Se usa más en pl. *Los marineros revisaban las jarcias antes de zarpar.* **SIN.** Cordaje. **2.** Conjunto de instrumentos y redes de pesca. *El pescador hacía balance de los desperfectos sufridos en las jarcias.* **3.** *Cub.* Cuerda gruesa. **4.** *Méx.* Cordel.

jardín (jar-**dín**) *s. m.* **1.** Terreno donde se cultivan árboles, plantas y flores de adorno. *Cerca del banco del jardín donde me siento hay una fuente.* **SIN.** Vergel, parque, edén. ‖ **2. jardín botánico** Terreno destinado al cultivo de plantas para su estudio. **3. jardín de infancia** Escuela para niños de edad preescolar. **SIN.** Guardería.

jardinera (jar-di-**ne**-ra) *s. f.* Mueble para colocar en él plantas de adorno o macetas con flores. *Riega las flores de la jardinera.* **SIN.** Macetero. ‖ **LOC. a la jardinera** Modo de guisar ciertos alimentos con gran variedad de verduras.

jardinería (jar-di-ne-**rí**-a) *s. f.* Arte de cultivar los jardines. *Le gusta mucho la jardinería.*

jareta (ja-**re**-ta) *s. f.* Dobladillo que se hace en la ropa para meter en él una cinta o cordón. *Tenía una bonita blusa blanca con jaretas.*

jarra (**ja**-rra) *s. f.* Vasija con cuello y boca anchos y una o dos asas. *Trae agua en la jarra de cristal.* ‖ **LOC. de jarras, o en jarras** Con las manos en la cintura y los brazos arqueados.

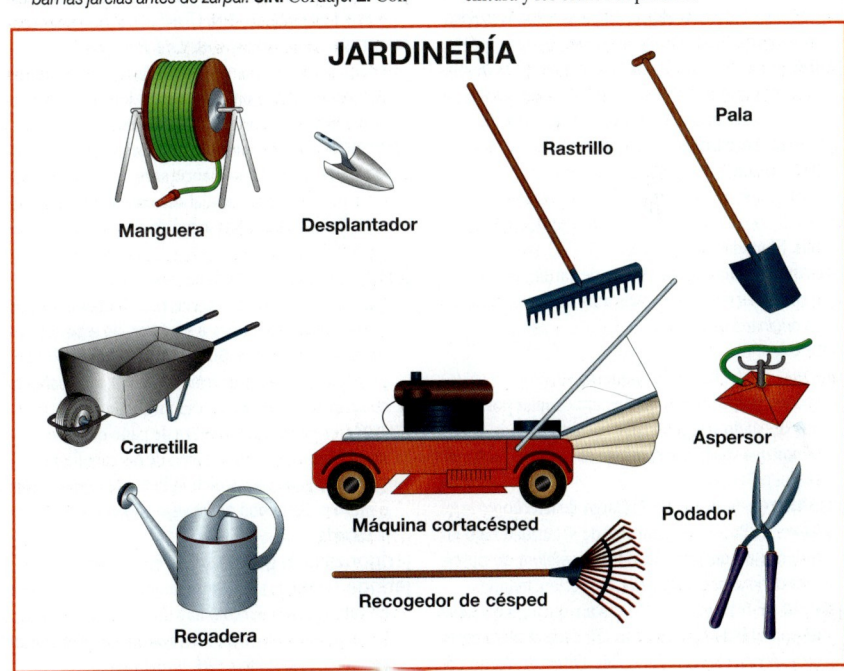

JARDINERÍA

jarrear (ja-rre-**ar**) *v. impers.* Llover copiosamente. *Llegamos a casa empapados porque jarreaba.* **SIN.** Chaparrear, diluviar.

jarro (**ja**-rro) *s. m.* **1.** Vasija parecida a la jarra y con una única asa. *Sacó un jarro de vino.* **2.** Cantidad de líquido que cabe en ella. *Se bebió el jarro de agua de un trago.* ‖ **LOC. echar un jarro de agua fría a alguien** *fam.* Quitarle de repente sus esperanzas e ilusiones.

jarrón (ja-**rrón**) *s. m.* Vaso, de porcelana, cristal, etc., decorado artísticamente y que se utiliza como adorno. *Puso unas rosas en el jarrón.* **SIN.** Florero.

jaspe (**jas**-pe) *s. m.* **1.** Piedra dura, de granos finos y con diversos colores. *Trabajaba en una cantera de jaspe.* **2.** Mármol de color pardo y con vetas. *La encimera era de jaspe.*

jaspeado, da (jas-pe-**a**-do) *adj.* Veteado como el jaspe. *La chaqueta era de color gris jaspeado.*

jaspear (jas-pe-**ar**) *v. tr.* Pintar imitando las vetas y salpicaduras del jaspe. *Si jaspeamos la mesa, nadie notará que es de plástico.* **SIN.** Salpicar, vetear.

jato, ta (**ja**-to) *s. m. y s. f.* Ternero. *La vaca ha tenido dos jatos.*

jauja (**jau**-ja) *s. f.* Situación de prosperidad y riqueza. *Como nunca había tenido ninguna responsabilidad, se pensaba que todo era jauja.* **SIN.** Ganga.

jaula (**jau**-la) *s. f.* **1.** Caja hecha con barrotes de madera, mimbre, alambre, etc., que sirve para encerrar animales. *El pájaro se escapó de la jaula.* **2.** *fam.* Cárcel. *Le cayeron unos cuantos años en la jaula.* **SIN.** Prisión.

jauría (jau-**rí**-a) *s. f.* Conjunto de perros en una cacería. *Salieron a la caza del zorro con toda la jauría.* **SIN.** Manada.

jazmín (jaz-**mín**) *s. m.* Planta de jardín, con ramas trepadoras y flores blancas muy olorosas. *El jazmín es originario de Persia.*

jazz *s. m.* *Yaz.

jeans *s. m. pl.* *Pantalón vaquero.

jeep *s. m.* Vehículo preparado para circular por terrenos de suelo irregular, por ser ligero y resistente. *Dimos una vuelta por el monte en un jeep.* ✎ Su pl. es "jeeps".

jefatura (je-fa-**tu**-ra) *s. f.* **1.** Cargo de jefe. *Logró la jefatura.* **2.** Puesto de guardias de seguridad bajo las órdenes de un jefe. *Acudió a la jefatura de policía para denunciar el robo.* **SIN.** Dirección, mando.

jefe, fa (**je**-fe) *s. m. y s. f.* **1.** Persona que dirige y tiene responsabilidad sobre otras. *En cada departamento de la fábrica manda un jefe.* **SIN.** Director, dueño, patrón, líder. **ANT.** Subordinado, inferior. ‖ **2. jefe del Estado** Máxima autoridad de un país.

jengibre (jen-**gi**-bre) *s. m.* Planta de la India, cuyo rizoma, algo aplastado y de olor aromático, es de sabor acre y picante. *El jenjibre se usa en medicina y como especia.*

jeque (**je**-que) *s. m.* Gobernador de un territorio árabe. *Se entrevistó con un jeque musulmán.*

jerarca (je-**rar**-ca) *s. m.* Persona que tiene elevada categoría dentro de una organización, empresa, etc. *Trátalo con más respeto, que es un jerarca de esta empresa.* **SIN.** Dignatario, jefe.

jerarquía (je-rar-**quí**-a) *s. f.* **1.** Orden y subordinación de categorías, poderes y dignidades. *Se encuentra en lo más alto de la jerarquía eclesiástica.* **SIN.** Categoría, escala, graduación, escalafón. **2.** Persona que tiene una elevada categoría dentro de una organización, empresa, etc. *Conoció a una importante jerarquía militar.*

jerárquico, ca (je-**rár**-qui-co) *adj.* Que pertenece o se refiere a la jerarquía. *Guardaban un orden jerárquico.* **SIN.** Orgánico.

jerarquizar (je-rar-qui-**zar**) *v. tr.* Organizar jerárquicamente alguna cosa. *Jerarquizaron los trabajos según el tema tratado.* **SIN.** Clasificar, subordinar.

jeremías (je-re-**mí**-as) *s. m. y s. f.* Persona que continuamente se está lamentando. *Nunca se conforma con nada, es un jeremías.* **SIN.** Llorón, quejicoso, quejumbroso. ✎ Invariable en número.

jeremiquear (je-re-mi-que-**ar**) *v. intr.* *Lloriquear.

jerez (je-**rez**) *s. m.* Vino blanco, seco y de alta graduación alcohólica, que se elabora en Jerez de la Frontera. *Tomamos un jerez antes de comer.* ✎ Su pl. es "jereces".

jerga[1] (**jer**-ga) *s. f.* **1.** Lengua especial que hablan entre sí los miembros de ciertas profesiones o grupos. *Como no soy aficionado a los toros, no entiendo nada de la jerga taurina.* **SIN.** Argot, germanía. **2.** Lengua difícil de entender. *Hablaban una jerga callejera que parecía chino.* **SIN.** Jerigonza, galimatías.

jerga[2] (**jer**-ga) *s. f., amer.* Pieza de paño que se coloca entre otras dos sobre el lomo de las caballerías.

jergón (jer-**gón**) *s. m.* Colchón lleno de esparto, paja o hierbas. *Se tumbó en un viejo jergón que había en la cabaña.*

jerigonza (je-ri-**gon**-za) *s. f.* *Jerga 1.

jeringa (je-**rin**-ga) *s. f.* Instrumento compuesto por un tubo, dentro del cual hay un émbolo que absorbe un líquido y lo inyecta a presión. *Le puso una inyección con la jeringa.* **SIN.** Jeringuilla.

jeringar (je-rin-**gar**) *v. tr., fam.* Molestar o enfadar a alguien. **GRA.** También v. prnl. *No me jeringues con tus bobadas, tengo mucho que hacer.* **SIN.** Importunar, jorobar, cargar, fastidiar. **ANT.** Agradar. ✎ Se conjuga como ahogar.

jeringuilla (je-rin-**gui**-lla) *s. f.* Jeringa pequeña. *Le puso una inyección con la jeringuilla.*

jeroglífico, ca (je-ro-**glí**-fi-co) *adj.* **1.** Que pertenece o se refiere a la escritura de algunos pueblos antiguos, que usaban figuras o signos en vez de letras. *Los egipcios tenían una escritura jeroglífica.* ‖ *s. m.* **2.** Cada una de las figuras usadas en este género de escritura. *Los estudiosos han descifrado muchos jeroglíficos.* **3.** Conjunto de signos y figuras con que se expresa una frase, y cuyo desciframiento constituye un pasatiempo o juego de ingenio. *En esa revista siempre vienen muchos jeroglíficos.* **SIN.** Acertijo.

jersey (jer-**sey**) *s. m.* Prenda de vestir, de punto, que cubre desde los hombros hasta la cintura. *Ese jersey abriga mucho porque es de lana.* **SIN.** Suéter. ✎ Su pl. es "jerséis".

jesuita (je-su-**i**-ta) *adj.* Se dice del religioso de la Compañía de Jesús, fundada por San Ignacio de Loyola. **GRA.** También s. m. *Estudia en un colegio de jesuitas.* **SIN.** Ignaciano.

jet *s. m.* Avión de reacción. *Viajó en un jet.* **SIN.** Reactor.

jeta (**je**-ta) *s. f.* **1.** Boca saliente. *La jeta es característica de esa raza de perros.* **SIN.** Morro, belfo. **2.** *fam.* Cara o parte anterior de la cabeza. *Tenía la jeta hecha polvo de no haber dormido nada.* **SIN.** Rostro. ‖ **LOC. tener alguien mucha jeta** *fam.* Tener mucho descaro.

jet set *s. f.* Grupo de personas, famosas y ricas, de la alta sociedad. *Las revistas del corazón siempre hablan de la jet set.* ☞ La forma "jet-set" es incorrecta.

jibia (**ji**-bia) *s. f.* Molusco comestible de cuerpo ovalado, con diez tentáculos y una concha caliza en el dorso, cubierta por la piel. *La jibia es muy parecida al calamar.* **SIN.** Sepia.

jícara (**jí**-ca-ra) *s. f.* **1.** Taza pequeña. *Tomaron el chocolate en una jícara.* **SIN.** Pocillo, tacita. **2.** *Amér. C. y Méx.* Vasija pequeña que se hace con la corteza del fruto de la güira.

jilguero (jil-**gue**-ro) *s. m.* Pájaro muy común en España, de vivos colores y melodioso canto, que se domestica con facilidad y puede cruzarse con el canario. *El jilguero es uno de los pájaros más bonitos de Europa.*

jineta (ji-**ne**-ta) *s. f.* Mamífero carnívoro, de cuerpo esbelto gris oscuro, cabeza pequeña y larga cola con rayas blancas y negras. *En las islas Baleares la jineta se domestica para reemplazar al gato común.*

jinete (ji-**ne**-te) *s. m.* **1.** Persona que monta a caballo o que es diestra en la equitación. *Era muy buen jinete.* **SIN.** Caballista, caballero, cabalgador. **2.** Soldado que peleaba con lanza y adarga montado a caballo. *Varios jinetes fueron derribados por el enemigo.* **SIN.** Caballero. **3.** *Cub.* Sablista, sacacuartos.

jira[1] (**ji**-ra) *s. f.* Pedazo grande y largo que se corta o rasga de una tela. *Sacó varias jiras de aquella sábana rota.*

jira[2] (**ji**-ra) *s. f.* Merienda campestre. *Hicimos una jira entre todos los amigos y nos lo pasamos de maravilla.* ☞ No se debe confundir con "gira".

jirafa (ji-**ra**-fa) *s. f.* **1.** Mamífero rumiante africano, de 5 m de altura, cuello largo, patas delgadas y de pelaje entre rubio y amarillento con manchas leonadas. *Vimos las jirafas en el zoo.* **2.** Brazo alargado y móvil que permite mover el micrófono para situarlo por encima de los actores sin que se vea en el rodaje de una película o programa de televisión. *La película era tan chapucera que hasta se veía la sombra de la jirafa.* **3.** *fam.* Persona muy alta. *Es una jirafa, vale para el baloncesto.*

jirón (ji-**rón**) *s. m.* **1.** Pedazo desgarrado de una prenda de vestir o de otra tela. *Se enganchó en un clavo y se hizo jirones la falda.* **SIN.** Harapo, desgarrón, andrajo. **2.** *Per.* Vía urbana formada con varias calles.

jiu-jitsu *s. m.* Sistema de lucha japonesa, fundado en el conocimiento de la anatomía humana, cuyas suertes se basan en hábiles maniobras para sacar partido de los movimientos falsos del cuerpo. *Hace años que practica el jiu-jitsu.* **SIN.** Lucha, yudo.

job *s. m.* Persona de mucha paciencia. *Es un job, lo aguanta todo sin enfadarse.*

jockey *s. m.* *Yóquei.

jocoso, sa (jo-**co**-so) *adj.* Gracioso, chistoso, festivo. *Es una persona muy jocosa, siempre está gastando alguna broma.* **SIN.** Salado, cómico, divertido, chistoso, alegre. **ANT.** Mohíno, triste, serio.

jocundo, da (jo-**cun**-do) *adj.* Jovial, plácido, alegre y agradable. *Era conocido por su carácter jocundo.*

joder (jo-**der**) *v. intr.* **1.** *vulg.* *Copular. **GRA.** También v. tr. ‖ *v. tr.* **2.** *fam.* Molestar, fastidiar. **GRA.** También v. prnl. y v. intr. *Me jodía aquella gran injusticia.* **3.** *fam.* Destrozar, arruinar, echar a perder. **GRA.** También v. prnl. *El mal tiempo nos jodió las vacaciones.* ‖ *interj.* **4.** Expresa enfado, irritación o asombro. *¡Joder! Estoy harta.* ‖ **LOC. joderla** *vulg.* Cometer un error.

jofaina - jubileo

jofaina (jo-**fai**-na) *s. f.* Vasija ancha y poco profunda. *En la habitación había una antigua jofaina para lavarse la cara y las manos.* **SIN.** Lavamanos, palangana.

jogging *s. m.* Tipo de marcha que consiste en mantener un ritmo constante y moderado. *Todas las mañanas se va a hacer un poco de jogging.*

joint venture *s. f.* Agrupación entre dos o más empresas para la elaboración de proyectos conjuntos compartiendo riesgos. *La joint venture pretendía llevar a cabo grandes proyectos.*

jolgorio (jol-**go**-rio) *s. m., fam.* Diversión ruidosa. *Había tanto jolgorio en la calle que los vecinos no podían dormir.* **SIN.** Bullicio, jarana. **ANT.** Tristeza.

jónico, ca (**jó**-ni-co) *adj.* **1.** Se dice de uno de los órdenes arquitectónicos de la Antigua Grecia. *La columna encontrada es de estilo jónico.* ‖ *s. m.* **2.** Pie de la poesía griega y latina compuesto de cuatro sílabas. *El pie jónico se divide en mayor o menor: en el mayor son largas las dos primeras sílabas y breves las otras, y al contrario en el menor.*

jornada (jor-**na**-da) *s. f.* **1.** Camino que se anda en un día de viaje. *Los peregrinos anduvieron varias jornadas de camino.* **SIN.** Caminata, etapa, marcha, excursión, trayecto. **2.** Todo el camino o viaje, aunque pase de un día. *Hicimos la jornada en coche.* **SIN.** Trayecto. **3.** Tiempo que dura el trabajo diario de los obreros. *Mi jornada es de ocho horas.* **SIN.** Horario. ‖ **4. jornada intensiva** Trabajo que se realiza de una manera continuada, ya sea por la mañana o por la tarde.

jornal (jor-**nal**) *s. m.* Sueldo que gana el trabajador por cada día de trabajo. *Pidieron un aumento de jornal.* **SIN.** Retribución, salario, paga, estipendio. ‖ **LOC. a jornal** Trabajo hecho por un salario, a diferencia del trabajo a destajo.

jornalero, ra (jor-na-**le**-ro) *s. m. y s. f.* Persona que trabaja a jornal o salario diario. *Contrataron a varios jornaleros más para la campaña de la aceituna.* **SIN.** Asalariado, bracero, empleado, obrero, peón.

joroba (jo-**ro**-ba) *s. f.* **1.** Deformidad producida por desviación de la columna. *Andaba muy agachada y tenía un poco de joroba.* **SIN.** Córcova, giba, chepa. **2.** *fam.* Impertinencia, fastidio. *Es una joroba tener que salir ahora de casa con el frío que hace.* **SIN.** Lata.

jorobar (jo-ro-**bar**) *v. tr.* Fastidiar, molestar. **GRA.** También v. prnl. *Me joroba mucho que la gente no sea puntual.* **SIN.** Incordiar, jeringar(se), importunar. **ANT.** Agradar, complacer(se).

jota[1] (**jo**-ta) *s. f.* Nombre de la letra "j". ‖ **LOC. no entender alguien, o no saber ni jota, o una jo-** ta *fam.* No entender o no saber nada. ✎ Su pl. es "jotas".

jota[2] (**jo**-ta) *s. f.* Baile popular de algunas regiones españolas, y música y copla de este baile. *Bailaron una jota aragonesa.*

joven (**jo**-ven) *adj.* **1.** De poca edad, pero mayor que un niño. **GRA.** También s. m. y s. f. *Mis padres se casaron cuando aún eran muy jóvenes.* **SIN.** Adolescente, muchacho. **ANT.** Viejo. **2.** De hace poco tiempo. *Es un proyecto muy joven.* **SIN.** Actual, reciente, nuevo. **ANT.** Antiguo, vetusto. ✎ Adj. invariable en género.

jovial (jo-**vial**) *adj.* De carácter alegre y festivo. *Su padre era una persona muy jovial.* **SIN.** Optimista, bullicioso. **ANT.** Triste, aburrido.

joya (**jo**-ya) *s. f.* **1.** Objeto de metal precioso, trabajado con arte fino, que sirve para adorno de las personas. *Tenía varias joyas de perlas.* **SIN.** Alhaja, adorno. **2.** Cosa o persona de mucha valía. *Encontraron varios libros antiguos que eran auténticas joyas.*

joyería (jo-ye-**rí**-a) *s. f.* Establecimiento donde se hacen o venden joyas. *En esa joyería tienen auténticas maravillas, pero es bastante cara.*

joyero (jo-**ye**-ro) *s. m.* Caja o cofrecillo para guardar las joyas. *Guarda los pendientes en el joyero si no quieres perderlos.* **SIN.** Cofre.

juanete (jua-**ne**-te) *s. m.* **1.** Hueso del nacimiento del dedo grueso del pie, cuando sobresale demasiado. *Ese zapato me hace mucho daño en el juanete.* ‖ *s. m. pl.* **2.** *Col. y Hond.* Caderas.

jubilación (ju-bi-la-**ción**) *s. f.* **1.** Acción y efecto de jubilar o jubilarse. *Le quedan sólo dos años para la jubilación.* **SIN.** Retiro. **2.** Pensión que cobra la persona jubilada. *Cobraba una jubilación muy pequeña.* **SIN.** Pensión, renta.

jubilado, da (ju-bi-**la**-do) *adj.* Se dice de la persona que ha sido jubilada. **GRA.** También s. m. y s. f. *Fue de vacaciones en un viaje especial para jubilados.*

jubilar (ju-bi-**lar**) *v. tr.* **1.** Retirar del servicio a un empleado, por razón de edad o imposibilidad física. *Le jubilaron a los cincuenta años por enfermedad.* **SIN.** Licenciar, retirar. **2.** *fam.* Desechar por inútil una cosa y no usarla más. *Creo que deberías jubilar ya esos pantalones, están viejísimos.* **SIN.** Apartar, rechazar, desestimar, arrinconar, inutilizar. **ANT.** Utilizar, servirse de. ‖ *v. prnl.* **3.** *Col.* Abandonarse, descuidarse. **4.** *Ven.* Hacer novillos, faltar.

jubileo (ju-bi-**le**-o) *s. m.* **1.** Entre los cristianos, indulgencia plenaria, solemne y universal concedida por el Papa. *Fueron a Santiago de Compostela para ga-*

júbilo - juego

JUEGOS DE MESA

Damas
Dominó
Tres en raya
Baraja francesa
Parchís

nar el jubileo. **2.** *fam.* Entrada y salida frecuente de muchas personas en una casa u otro sitio. *Con tantos invitados, aquello era un verdadero jubileo.*

júbilo (**jú**-bi-lo) *s. m.* Manifestación de alegría expresada con gestos. *Celebraron la noticia de su boda con enorme júbilo.* **SIN.** Alborozo, entusiasmo, gozo, alegría. **ANT.** Tristeza, pesar, decaimiento.

jubiloso, sa (ju-bi-**lo**-so) *adj.* Lleno de júbilo, alegre. *Se sentía muy jubiloso por haber conseguido ganar la carrera.* **SIN.** Gozoso, radiante. **ANT.** Triste.

jubón (ju-**bón**) *s. m.* Prenda de vestir, ceñida y ajustada al cuerpo, con o sin mangas, que cubre desde los hombros hasta la cintura. *El viejo jubón llevaba años guardado en el baúl y se había apolillado un poco.*

judaísmo (ju-da-**ís**-mo) *s. m.* Religión monoteísta basada especialmente en las doctrinas del Antiguo Testamento y también en el Talmud. *Moisés fue uno de los patriarcas del judaísmo.*

judas (**ju**-das) *s. m.* Persona que traiciona a otra. *Confiaba en él y ha resultado ser un judas.* **SIN.** Traidor, delator, desleal. ✎ Invariable en número.

judía (ju-**dí**-a) *s. f.* Planta leguminosa de fruto comestible, que se cultiva en las huertas. *Las judías se pueden comer verdes o secas.*

judicial (ju-di-**cial**) *adj.* Que pertenece o se refiere al juicio, a la administración de justicia o a los jueces. *Tenía pendiente un proceso judicial.* **SIN.** Legal.

judío, a (ju-**dí**-o) *adj.* **1.** Se dice del individuo de un antiguo pueblo semítico que en la antigüedad conquistó y habitó Palestina. **GRA.** También s. m. y s. f. *La mayoría de los personajes del Antiguo Testamento son judíos.* **SIN.** Israelita, semita, israelí, hebreo. **2.** Se aplica a las personas que profesan el judaísmo. **GRA.** También s. m. y s. f. *Las fiestas semanales de los judíos son los sábados.*

judo (**ju**-do) *s. m.* *Yudo.

judoca (ju-**do**-ca) *s. m. y s. f.* *Yudoca.

juego (**jue**-go) *s. m.* **1.** Acción y efecto de jugar. *Le gustaban mucho todo tipo de juegos.* **SIN.** Entretenimiento. **2.** Actividad recreativa sometida a ciertas reglas, y en la cual se gana o se pierde. *Era muy bueno en el juego del ajedrez.* **3.** Manera de estar unidas dos cosas de manera que una de ellas pueda moverse. *El juego de una rueda.* **SIN.** Mecanismo, engranaje. **4.** Movimiento de las piezas unidas de esta manera. *Tuvo que ir a rehabilitación para recuperar el juego de la rodilla.* **5.** Conjunto de cosas relacionadas entre sí y que se destinan al mismo fin.

juerga - jugar

Le regalaron un bonito juego de café. **6.** Casa o sitio donde se juega a algo. *Quedaron en la casa de juegos.* **7.** Habilidad para alcanzar o impedir una cosa. *Descubrieron su juego a tiempo y le echaron del grupo.* **SIN.** Maniobra. **8. juego de azar, o de suerte** Aquel cuyo resultado depende de la suerte. **9. juego de damas** Juego entre dos personas que se ejecuta en un tablero de 64 cuadros con 24 piezas, si es a la española, y en uno de 100 cuadros y con 40 piezas, si es a la polonesa. **10. juego de manos** Agilidad de manos con que los prestidigitadores e ilusionistas engañan a los espectadores, haciendo aparecer o desaparecer algo. **11. juego de naipes, o de cartas** Cada uno de los que se practican con ellos. **12. juego de niños** Modo de actuar informal e inconsecuente. **13. juego de palabras** Habilidad que consiste en emplear palabras equívocas como entretenimiento, o para demostrar ingenio. **14. juego de pelota** El que se practica entre varios jugadores, arrojando una pelota con la mano, con cesta o con pala, de unos a otros, directamente o mediante rebote en la pared. **15. juego de prendas** El que consiste en decir o hacer los participantes una cosa, pagando prenda el que lo diga o haga mal. **16. juegos malabares** Espectáculo que consiste en ejercicios de agilidad y destreza, manteniendo objetos en equilibrio, lanzándolos al aire y recogiéndolos, etc. **17. Juegos Olímpicos** Certamen deportivo de carácter internacional y apolítico, que se celebra cada cuatro años. **SIN.** Olimpiada. || **LOC. a juego** Que combinan adecuadamente. **dar juego** *fam.* Tener un asunto amplia repercusión social. **dar juego algo** *fam.* Venir bien. **estar, o andar, en juego algo** Peligrar. **fuera de juego** En fútbol y otros deportes, posición antirreglamentaria en que se encuentra un jugador, que se sanciona con falta contra su equipo. **hacerle el juego a alguien** *fam.* Favorecer sus intereses.

juerga (juer-ga) *s. f., fam.* Diversión bulliciosa de varias personas. *Cuando nos juntamos toda la familia siempre se monta una gran juerga.* **SIN.** Farra, parranda, jolgorio, alboroto. **ANT.** Calma, silencio.

jueves (jue-ves) *s. m.* Día de la semana que está entre el miércoles y el viernes. *Los jueves tengo gimnasia.* || **LOC. no ser algo del otro jueves** *fam.* No ser nada extraordinario. Invariable en número.

juez *s. m. y s. f.* **1.** Persona que tiene autoridad para juzgar y decidir si otra es culpable o inocente. *El juez declaró inocente al acusado.* **SIN.** Magistrado.

ANT. Acusado, reo. **2.** Persona que se encarga de hacer cumplir las reglas en competiciones y concursos. *Es una de las jueces del certamen de poesía.* || **3. juez de línea** En el fútbol y otros deportes, árbitro auxiliar que se encarga de vigilar el juego por las bandas. Su pl. es "jueces". Aunque es s. amb., a veces se usa la forma femenina "jueza".

jugada (ju-ga-da) *s. f.* **1.** Acción de jugar el jugador cuando le toca el turno. *Tuvo mucha suerte en la primera jugada. Es tu jugada.* **SIN.** Lance, mano, envite. **2.** Acción malintencionada contra alguien. *Al no avisarme de que se acababa el plazo me hizo una buena jugada.* **SIN.** Treta, jugarreta, ardid, trampa.

jugador, ra (ju-ga-dor) *adj.* **1.** Que toma parte en algún juego. **GRA.** También s. m. y s. f. *El jugador tuvo que retirarse porque se había lesionado.* **SIN.** Deportista, atleta, participante. **2.** Que tiene vicio de jugar. **GRA.** También s. m. y s. f. *Estuvo a punto de arruinarse cuando era jugador.*

jugar (ju-gar) *v. intr.* **1.** Hacer algo para entretenerse o divertirse. *El gatito juega con el ovillo de lana.* **SIN.** Recrearse, distraerse, esparcirse, solazarse. **ANT.** Aburrirse. **2.** Tomar parte en un juego organizado y sometido a ciertas reglas. *Le gusta mucho jugar al fútbol.* **SIN.** Competir, participar. **3.** Participar en un sorteo o juego de azar. *Todas las semanas juega a la lotería.* **4.** Tomar parte en algo con el fin de ganar dinero, existiendo riesgo de pérdida. *Juega mucho en bolsa.* **5.** Intervenir un jugador cuando le toca su turno. *Juegas tú.* || *v. tr.* **6.** Perder en el juego. *Carlos ha jugado todo su capital.* **7.** Utilizar algo para conseguir un fin determinado. *Jugó sus amistades para conseguir el trabajo.* || *v. prnl.* **8.** Arriesgar, poner en peligro. *Se jugó la vida para salvar al niño.* **9.** Apostar. *Me juego lo que tengo a que eso es verdad.* **10.** Celebrarse un sorteo, lotería, etc. *La lotería de Navidad se juega mañana.* || **LOC. jugar con alguien o con algo** No tratar a alguien o algo con la consideración e importancia que merece. **jugar limpio** Jugar o hacer algo sin engaño ni trampas. **jugar sucio** Hacer trampas en el juego o actuar con engaño. **jugársela a alguien** Engañarle. v. irreg.

INDICATIVO	SUBJUNTIVO	IMPERATIVO
Pres.	Pres.	
juego	juegue	
juegas	juegues	juega
juega	juegue	juegue
jugamos	juguemos	juguemos
jugáis	juguéis	jugad
juegan	jueguen	jueguen

jugarreta - júnior

jugarreta (ju-ga-**rre**-ta) *s. f., fam.* Acción malintencionada contra alguien. *Está muy enfadado contigo por la jugarreta que le hiciste.* **SIN.** Trastada, faena.

juglar, juglaresa (ju-**glar**) *s. m. y s. f.* Antiguamente, persona que por dinero iba por las cortes, castillos y fiestas recitando, cantando, bailando y haciendo juegos. *Los juglares contaban muchas leyendas.* **SIN.** Poeta, rapsoda, trovador.

juglaresco, ca (ju-gla-**res**-co) *adj.* Que pertenece o se refiere al juglar o a la juglaría. *Estamos estudiando las características de la poesía juglaresca.*

juglaría (ju-gla-**rí**-a) *s. f.* Arte de los juglares. *Este tema pertenece al mester de juglaría.*

jugo (**ju**-go) *s. m.* **1.** Zumo extraído de sustancias vegetales o animales. *El vino es jugo de la uva.* **SIN.** Néctar, extracto. **2.** Utilidad o provecho que se obtiene de una cosa. *Sacaron mucho jugo a ese negocio.* **SIN.** Beneficio, lucro, ventaja, sustancia. ‖ **3. jugo gástrico** Líquido segregado por determinadas glándulas del estómago en el acto de la digestión. **4. jugo pancreático** Líquido segregado por el páncreas y cuya sustancia obra activamente en la digestión intestinal.

jugoso, sa (ju-**go**-so) *adj.* **1.** Que tiene jugo. *Estas naranjas son muy jugosas.* **SIN.** Sustancioso. **2.** Que se le saca utilidad. *Creo que será un tema muy jugoso.* **SIN.** Provechoso.

juguete (ju-**gue**-te) *s. m.* **1.** Objeto hecho expresamente para que jueguen los niños. *El patito de goma era su juguete favorito.* **2.** Persona o cosa dominada por alguien o algo. *Era un juguete de su fuerte carácter.*

juguetear (ju-gue-te-**ar**) *v. intr.* Entretenerse jugando. *Estuvieron jugueteando en el jardín toda la tarde.*

juguetería (ju-gue-te-**rí**-a) *s. f.* Fábrica de juguetes y tienda donde se venden. *Los niños se pasaban horas delante del escaparate de aquella juguetería.*

juguetón, na (ju-gue-**tón**) *adj.* Se dice de la persona o animal al que le gusta mucho jugar. *Es una perrita muy juguetona.* **SIN.** Bullicioso, inquieto, trasto, travieso, saltarín. **ANT.** Tranquilo, quieto, sosegado.

juicio (**jui**-cio) *s. m.* **1.** Facultad para distinguir el bien del mal y lo verdadero de lo falso. *Por sus acciones, parecía no tener juicio.* **SIN.** Criterio, entendimiento, razón. **2.** Opinión que se tiene sobre algo. *Le preguntaron cuál era su juicio.* **SIN.** Parecer, veredicto, concepto. **3.** Prudencia en la manera de actuar. *Era una persona con mucho juicio.* **SIN.** Madurez, cordura. **4.** Conocimiento de una causa por el juez para dictar sentencia. *Mañana se celebrará el juicio.* **SIN.** Pleito, proceso, litigio. ‖ **5. juicio final o universal** Según los cristianos, el que hará Cristo a la humanidad entera al fin de los tiempos. ‖ **LOC. estar alguien en su juicio, o en su sano juicio** Estar cuerdo. **perder el juicio** Volverse loco. **poner algo en tela de juicio** Dudarlo, revisarlo.

juicioso, sa (jui-**cio**-so) *adj.* **1.** Que tiene juicio o procede con madurez y cordura. **GRA.** También s. m. y s. f. *Me fío de sus consejos porque es una persona muy juiciosa.* **SIN.** Prudente, reflexivo, sensato. **ANT.** Insensato, irreflexivo, imprudente, atolondrado. **2.** Hecho o dicho con juicio. *Ha tenido una actitud muy juiciosa.*

julepe (ju-**le**-pe) *s. m.* **1.** Cierto juego de naipes. *Jugamos al julepe.* **2.** *fam.* Reprimenda, castigo. *Su padre le echó un buen julepe por llegar a casa tarde.* **SIN.** Regañina. **3.** *amer.* Susto, miedo.

julio[1] (**ju**-lio) *s. m.* Séptimo mes del año, que tiene treinta y un días. *En julio me voy a la playa.* ✎ Su uso en pl. es raro.

julio[2] (**ju**-lio) *s. m.* Unidad de trabajo. *Un julio equivale a 10 millones de ergios.*

juma (**ju**-ma) *s. f., fam.* *Borrachera.

jumbo (**jum**-bo) *s. m.* Avión de pasajeros de grandes dimensiones. *Volamos en un jumbo a Estados Unidos.* ✎ También "yumbo".

jumento (ju-**men**-to) *s. m.* Asno, burro. *Llevaba la carga en un jumento.* **SIN.** Pollino.

jumilla (ju-**mi**-lla) *s. m.* Vino de alta graduación originario de la comarca de Jumilla, en la provincia de Murcia. *Pidieron un jumilla.*

junco[1] (**jun**-co) *s. m.* Planta de tallos lisos, delgados y flexibles, de color verdoso y que se cría en la orilla de los ríos, arroyos y lagunas. *El pequeño riachuelo estaba escondido entre los juncos.*

junco[2] (**jun**-co) *s. m.* Embarcación ligera y pequeña cuyas velas están entretejidas de juncos. *Se deslizaron por el río en un junco.*

jungla (**jun**-gla) *s. f.* **1.** Selva virgen, cubierta de espesa y abundante vegetación. *La jungla se encuentra principalmente en Asia y América.* **SIN.** Selva. ‖ **2. jungla de asfalto** Grandes ciudades.

junio (**ju**-nio) *s. m.* Sexto mes del año, que tiene treinta días. *Siempre termino el curso en junio.* ✎ Su uso en pl. es raro.

júnior (**jú**-nior) *adj.* **1.** En países anglosajones, se aplica al más joven de las personas que llevan el mismo nombre. *Quisiera hablar con Todd júnior, por favor.* **ANT.** Sénior. **2.** Se dice de la categoría que engloba a los deportistas más jóvenes. *Juega todavía*

junípero - jurisperito

en la categoría júnior. **SIN.** Juvenil. **ANT.** Sénior. ✎ Su pl. es "júniores". ☞ Su abreviatura es "jr".

junípero (ju-**ní**-pe-ro) s. m. *Enebro.

junquillo (jun-**qui**-llo) s. m. **1.** Planta parecida al junco, pero con flores olorosas y amarillas. *Confundió aquellos junquillos con narcisos.* **2.** Moldura redonda y delgada. *Está barnizando los junquillos de la puerta.*

junta (**jun**-ta) s. f. **1.** Reunión de varias personas para tratar un asunto. *Presidió la junta de socios.* **SIN.** Asamblea, comité, corporación, consejo. **2.** Unión de dos o más cosas. *Echa un poco más de cola en la junta de estas dos baldosas.* **SIN.** Juntura, articulación. **3.** Conjunto de personas nombradas para dirigir los asuntos de una colectividad. *Se estudiará en la junta directiva de la empresa.* **SIN.** Comité.

juntamente (**jun**-ta-men-te) adv. m. **1.** En unión, en compañía. *Iba juntamente con otros tres.* **SIN.** Conjuntamente, unidamente. ‖ adv. t. **2.** A un tiempo, a la vez. *Cantad todos juntamente.*

juntar (jun-**tar**) v. tr. **1.** Unir unas cosas con otras. *¿Has juntado ya todas las piezas del rompecabezas?* **SIN.** Ligar, acoplar, combinar, conectar, agregar. **ANT.** Deshacer, desunir, separar, desmontar. **2.** Reunir a personas o animales en un sitio. **GRA.** También v. prnl. *Juntaron a todos sus amigos para celebrar su nuevo trabajo. Los vecinos acordaron juntar el ganado en el valle.* **SIN.** Amontonar(se), apiñar(se), apilar(se), agrupar(se), congregar(se). **ANT.** Esparcir(se). **3.** Reunir cosas, poner en el mismo lugar. *Lograron juntar el dinero para ir de excursión.* **SIN.** Acopiar, acumular, amontonar, conglomerar. **ANT.** Disgregar, esparcir. **4.** Entornar una puerta o una ventana. *Junta un poco la puerta, parece que entra frío.* ✎ Tiene doble part.; uno, reg., juntado, y otro irreg., junto.

junto, ta (**jun**-to) adj. **1.** Unido, cercano. *Iban siempre juntas.* ‖ adv. l. **2.** Seguido de la prep. "a", cerca de. *Está junto al armario.* ‖ adv. m. **3.** Seguido de la prep. "por", juntamente, a la vez, en compañía de. *Viene junto con su padre.* ‖ **LOC. todo junto** Juntamente.

juntura (jun-**tu**-ra) s. f. Lugar en que se juntan dos o más cosas. *Se está escapando el agua por esa juntura de la tubería.* **SIN.** Articulación, gozne, empalme.

jura (**ju**-ra) s. f. **1.** Acción de jurar solemnemente la sumisión a ciertos preceptos y obligaciones. *Asistió al acto de la jura del cargo.* **SIN.** Juramento, promesa, voto. ‖ **2. jura de bandera** Acto en el que cada uno de los soldados que está cumpliendo el servicio militar jura fidelidad a su patria.

jurado (ju-**ra**-do) s. m. **1.** Conjunto de personas reunidas temporalmente para determinar la culpabilidad o inocencia de un acusado. *Después de varias horas, el jurado dio su fallo.* **2.** Cada una de las personas que forman dicho tribunal. *Esa señora de ahí es uno de los jurados.* **3.** Grupo de personas que dirigen en su aspecto técnico una prueba deportiva. *Fue descalificado por el jurado en su última prueba.* **4.** Grupo de personas competentes a quienes se constituye en tribunal examinador en concursos, exposiciones, etc. *El jurado está formado por profesores de universidad.* **5.** Cada una de las personas que forman parte de este tribunal. *Era jurado en uno de los tribunales de las oposiciones de enseñanza secundaria.*

juramento (ju-ra-**men**-to) s. m. **1.** Afirmación o negación de una cosa hecha en nombre de algo o de alguien. *Prestó juramento de su nuevo cargo.* **SIN.** Voto, promesa, compromiso. **2.** Blasfemia, taco. *En cuanto se enfadaba empezaba a echar juramentos.* **SIN.** Palabrota. **ANT.** Alabanza.

jurar (ju-**rar**) v. tr. **1.** Afirmar o negar. *Juró que era verdad.* **SIN.** Asegurar, prometer, certificar. **2.** Someterse u obligarse bajo juramento. *El nuevo ministro jurará su cargo mañana.* ‖ v. intr. **3.** Decir juramentos o blasfemias. *Estaba tan irritado que no paraba de jurar.* **SIN.** Blasfemar, renegar, maldecir. **ANT.** Alabar, bendecir. ‖ **LOC. jurársela, o jurárselas a alguien** fam. Prometer vengarse de él.

jurel (ju-**rel**) s. m. Pez marino, con dos aletas de grandes espinas en el lomo, y la cola extensa y muy ahorquillada. *El jurel es un pez comestible parecido al bonito.* **SIN.** Chicharro.

jurídico, ca (ju-**rí**-di-co) adj. Que pertenece o se refiere al derecho. *El tema se llevó por la vía jurídica.*

jurisconsulto, ta (ju-ris-con-**sul**-to) s. m. y s. f. Persona especializada en cuestiones jurídicas. *Un famoso jurisconsulto se encargaba de su caso.* **SIN.** Letrado, abogado, jurista.

jurisdicción (ju-ris-dic-**ción**) s. f. **1.** Poder, autoridad para gobernar y hacer ejecutar las leyes. *No tenía jurisdicción para obligarle.* **SIN.** Gobierno. **2.** Término de un lugar o provincia. *Ellos estaban dentro de su jurisdicción.* **SIN.** Circunscripción, demarcación. **3.** Autoridad o dominio sobre algo. *Tenía jurisdicción sobre aquel asunto familiar.* **SIN.** Competencia.

jurisperito, ta (ju-ris-pe-**ri**-to) s. m. y s. f. Persona que conoce perfectamente la ciencia del derecho. *Era un buen jurisperito.* **SIN.** Abogado, jurista.

jurisprudencia (ju-ris-pru-**den**-cia) *s. f.* **1.** Ciencia del derecho. *Llevaba años dedicado a la jurisprudencia.* **SIN.** Abogacía. **2.** Norma de juicio que suple omisiones de la ley, y que se funda en las prácticas seguidas en casos análogos. *Aquel fallo había sentado jurisprudencia.*

jurista (ju-**ris**-ta) *s. m. y s. f.* Persona que estudia o ejerce la ciencia del derecho. *Puso el caso en manos de los juristas.* **SIN.** Abogado, letrado.

justa (**jus**-ta) *s. f.* **1.** Combate a caballo y con lanza propio de la Edad Media. *Aquel caballero venció a su enemigo en la justa.* **2.** Certamen literario. *Participó en una justa.*

justicia (jus-**ti**-cia) *s. f.* **1.** Virtud que inclina a dar a cada uno lo que se merece o corresponde. **GRA.** Su uso en pl. es raro. *Las calificaciones del examen se han dado con justicia.* **SIN.** Equidad, igualdad, ecuanimidad. **ANT.** Arbitrariedad, injusticia. **2.** Aplicación de un castigo. *Cumple justicia en esa prisión.* **SIN.** Condena, pena, penitencia. **3.** Entidad pública o persona que ejerce la justicia. *Fue detenido y llevado ante la justicia.* || **LOC. tomarse alguien la justicia por su mano** *fam.* Aplicar uno mismo la pena o el castigo que considera justo, sin tener en cuenta la autoridad competente.

justificante (jus-ti-fi-**can**-te) *s. m.* Documento con el que se justifica algo. *Presentó un justificante médico de que había estado enfermo.* **SIN.** Comprobante, factura, recibo.

justificar (jus-ti-fi-**car**) *v. tr.* **1.** Probar una cosa con razones, testigos y documentos. *Tenía que justificar que aquella finca era de su propiedad.* **SIN.** Acreditar, alegar, demostrar, razonar. **2.** Probar la inocencia de alguien. **GRA.** También v. prnl. *Justificó la ausencia del presidente en aquella reunión tan importante por razones de salud.* **SIN.** Defender(se), disculpar(se), excusar(se). **ANT.** Acusar(se), achacar(se). **3.** Igualar la longitud de las líneas impresas. *Justificó el texto sólo por la izquierda.* 🐾 Se conjuga como abarcar.

justipreciar (jus-ti-pre-**ciar**) *v. tr.* Valorar o apreciar una cosa. *Justipreciaron el valor de las empresas expropiadas.* **SIN.** Tasar. 🐾 En cuanto al acento, se conjuga como cambiar.

justo, ta (**jus**-to) *adj.* **1.** Que obra según la justicia. **GRA.** También s. m. y s. f. *Es muy justo calificando los exámenes.* **SIN.** Ecuánime, imparcial, íntegro, equitativo, correcto. **ANT.** Injusto, parcial, arbitrario. **2.** Que es lógico o razonable. *Es justo que ahora vaya ella, tú ya has ido una vez.* **3.** Exacto, que tiene en número, peso y medida lo que debe tener. *Es un kilo justo.* **SIN.** Preciso, cabal, puntual, perfecto. **ANT.** Inexacto, erróneo. **4.** Apretado, que ajusta bien. *Estos zapatos me quedan demasiado justos, necesito un número más.* **SIN.** Estrecho, ajustado. **ANT.** Holgado. **5.** Que no es suficiente. *De sitio iba un poco justo.* **SIN.** Escaso. **6.** Indicado, apropiado. *Llegó en el momento justo.* || *adv. m.* **7.** Precisamente, justamente. *Justo lo que yo decía.* || **LOC. justo cuando** En el mismo momento en que.

juvenil (ju-ve-**nil**) *adj.* Que pertenece o se refiere a la juventud. *Viste siempre muy juvenil.*

juventud (ju-ven-**tud**) *s. f.* **1.** Edad que sigue a la niñez. *Mi abuela solía hablarnos de su juventud.* **SIN.** Mocedad, adolescencia. **ANT.** Vejez, madurez. **2.** Conjunto de jóvenes. *La juventud del barrio ha organizado una fiesta.*

juzgado (juz-**ga**-do) *s. m.* **1.** Junta de jueces reunidos para dar una sentencia. *El juzgado ya había tomado una decisión.* **2.** Lugar donde se celebran los juicios. *Muchos periodistas esperaban a la puerta de los juzgados la salida de los acusados.*

juzgar (juz-**gar**) *v. tr.* **1.** Pensar el juez si alguien es culpable o inocente y decidir si le corresponde o no castigo y cuál es. *Le van a juzgar por robo.* **SIN.** Dictaminar, fallar, decidir, enjuiciar. **2.** Formarse una opinión sobre una cosa. *Le juzgué un holgazán y no lo era.* **SIN.** Creer, opinar, conceptuar, considerar. || **LOC. a juzgar por** Por lo que se puede deducir de. 🐾 Se conjuga como ahogar.

k *s. f.* Undécima letra del abecedario español y octava de sus consonantes. Su nombre es "ka". *"Kamikaze" se escribe con dos "k".* ➣ Su pl. es "kas".

káiser (**kái**-ser) *s. m.* Título dado a los emperadores de Alemania. *El káiser Guillermo fue muy importante en su época.* **SIN.** Jefe de Estado. ☞ "kaiser" es incorrecto.

kamikaze (ka-mi-**ka**-ze) *s. m.* **1.** Nombre dado en la Segunda Guerra Mundial a los aviadores japoneses que estrellaban intencionadamente sus aparatos contra objetivos enemigos. *Los kamikazes no dudaban en dar su vida para realizar su misión.* ‖ *s. m. y s. f.* **2.** Persona de conducta temeraria. *No sé cómo se atreve a escalar esa montaña, es un kamikaze.* **SIN.** Suicida. ➣ También "camicace".

kan *s. m.* Príncipe o jefe, entre los tártaros. *El Kan arengaba a sus tropas.* **SIN.** Emperador. ➣ Su pl. es "kanes". También "can" o "khan".

kantismo (kan-**tis**-mo) *s. m.* Sistema filosófico fundado por Kant a fines del s. XVIII, basado principalmente en la crítica del conocimiento. *El kantismo nos resultó a todos muy complicado de entender.*

karaoke (ka-ra-**o**-ke) *s. m.* Local público dotado de un escenario, al que se puede acceder para cantar una canción con la música pregrabada. *Se divertían mucho cuando iban al karaoke.*

kárate (**ká**-ra-te) *s. m.* Modalidad de lucha japonesa, considerada como deporte. *Mi amiga aprende kárate para defenderse.* ➣ También "karate".

karateca (ka-ra-**te**-ca) *adj.* Que practica kárate. **GRA.** También s. m. y s. f. *Aunque es muy joven todavía, es un buen karateca.* ➣ También "karateka".

kart *s. m.* Vehículo de competición u ocio dotado de motor de explosión, con un chasis simple sin carrocería y desprovisto de suspensiones. *En la feria nos montamos en un kart.*

katiuska (ka-**tius**-ka) *s. f.* Bota de goma que no deja pasar el agua y que llega hasta media pierna o hasta la rodilla. *Ponte las katiuskas antes de salir, está lloviendo mucho.*

kayak *s. m.* **1.** Canoa de los esquimales, construida con armazón ligero recubierto de pieles de foca y un hueco ajustado a un solo tripulante. *En la foto aparece un esquimal remando en su kayak.* **2.** Canoa deportiva. *Entrena todas las mañanas con su kayak.*

kéfir (**ké**-fir) *s. m.* Leche fermentada artificialmente. *Nunca he probado el kéfir.*

kelvin (**kel**-vin) *s. m.* Unidad de temperatura absoluta en el Sistema Internacional. *El símbolo del kelvin es K.*

kermés (ker-**més**) *s. f.* Fiesta popular al aire libre, generalmente de carácter benéfico, y lugar donde se celebra. *Muchos famosos asistieron a la kermés que había organizado.* ➣ También "quermés".

ketchup *s. m.* *Catsup.

kilate (ki-**la**-te) *s. m.* *Quilate.

kilim (**ki**-lim) *s. m.* Alfombra oriental de pequeñas dimensiones, con motivos geométricos y de vivos colores. *Ese kilim luce mucho en la pared.* ➣ Su pl. es "kilims".

kilo (**ki**-lo) *s. m.* **1.** Abreviatura de kilogramo. *Compra un kilo de naranjas de zumo.* **2.** *fam.* Un millón de pesetas. *Le ha tocado un kilo en la lotería.* ➣ También "quilo".

kilobyte *s. m.* Unidad de medida en informática equivalente a 1 024 bytes. *He grabado en el disco duro un trabajo que ocupa 10 kilobytes.*

kilocaloría (ki-lo-ca-lo-**rí**-a) *s. f.* En física, unidad de energía equivalente a 1 000 calorías. Su símbolo es kcal. *Su dieta era de 1,2 kilocalorías diarias.*

kilográmetro (ki-lo-**grá**-me-tro) *s. m.* Unidad de trabajo mecánico capaz de levantar un kilogramo a un metro de altura. Su símbolo es kgm. *Una grúa realiza un trabajo de miles de kilográmetros.*

kilogramo (ki-lo-**gra**-mo) *s. m.* Unidad de masa en el Sistema Internacional, que equivale a 1 000 gra-

kilolitro - kung fu

mos. Su símbolo es kg. *1 kilogramo equivale a 2, 2046 libras.* ↘ También "quilogramo".

kilolitro (ki-lo-**li**-tro) *s. m.* Medida de capacidad que tiene 1 000 litros, es decir un metro cúbico. Su símbolo es kl. *El depósito tiene una capacidad de diez kilolitros.*

kilometraje (ki-lo-**me**-tra-je) *s. m.* **1.** Medida de una distancia en kilómetros. *Entre las dos ciudades hay un gran kilometraje.* **SIN.** Distancia. **2.** Cantidad de kilómetros recorridos. *Me gusta tu coche, pero ya tiene mucho kilometraje.*

kilómetro (ki-**ló**-me-tro) *s. m.* **1.** Medida de longitud en el Sistema Internacional que tiene 1 000 metros. Su símbolo es km. *Anduvo 5 kilómetros. 1 kilómetro equivale a 0,6214 millas.* ‖ **2. kilómetro cuadrado** Medida de superficie que equivale a un cuadrado de un kilómetro de lado. Su símbolo es km². *Es una gran finca, casi mide un kilómetro cuadrado.* ↘ También "quilómetro".

kilovatio (ki-lo-**va**-tio) *s. m.* Unidad de potencia eléctrica equivalente a 1 000 vatios. Su símbolo es kw. *Nuestro nuevo horno microondas consume pocos kilovatios.*

kilt *s. m.* Falda de tela de cuadros que forma parte del traje nacional masculino de los escoceses. *Se sacó una foto con el típico kilt.*

kimono (ki-**mo**-no) *s. m.* *Quimono.

kiosco (**kios**-co) *s. m.* *Quiosco.

kirie (**ki**-rie) *s. m.* En la misa católica en latín, invocación que se hace al Señor llamándole con esta palabra griega. *Llegaron tarde a misa, ya estaban en el kirie.*

kirsch *s. m.* Licor que se obtiene por destilación del zumo fermentado de las cerezas maduras. *Al kirsch se le llama también aguardiente de cerezas.*

kit *s. m.* **1.** Colección de cosas que se empaquetan conjuntamente para un uso concreto. *Le gustó mucho el kit de jardinería que le regalamos.* **SIN.** Conjunto, equipo. **2.** Conjunto de piezas y accesorios acompañados de instrucciones para que el usuario pueda montar él mismo un objeto. *Fue a una tienda de bricolaje y compró un kit para hacer él mismo las estanterías.*

kitsch *adj.* **1.** Se dice de un objeto decorativo de mal gusto. *Ese jarrón es un poco kitsch.* **SIN.** Hortera, feo, vulgar. **ANT.** Elegante, fino. **2.** Se dice de la tendencia estética basada en la mezcolanza de diferentes elementos artísticos pasados de moda y de mal gusto. *Le va mucho el estilo kitsch.*

kivi (**ki**-vi) *s. m.* Ave del tamaño de una gallina que tiene el pico largo y delgado y habita en Nueva Zelanda. *Los kivis tienen sus alas tan poco desarrolladas que no pueden volar.*

kiwi *s. m.* **1.** *Kivi. **2.** *Quivi.

knock-out *s. m.* En boxeo, fuera de combate. *Ganó el aspirante porque dejó knock-out al campeón.* ☞ Se usa más su abrev. "KO".

koala (ko-**a**-la) *s. m.* Mamífero marsupial, que pasa la mayor parte de su vida en los árboles de los bosques australianos. *Ayer echaron un interesante reportaje en la tele sobre los koalas.*

koljós (kol-**jós**) *s. m.* Tipo de cooperativa agrícola de producción en la antigua Unión Soviética, basado en la dirección estatal de los planes de cultivo y la supresión de propiedad privada. *En clase, el profesor de geografía nos explicó cómo funcionaba un koljós.*

kung fu *s. m.* Arte marcial de origen oriental que consiste en luchar cuerpo a cuerpo utilizando manos y pies. *Va al gimnasio a practicar kung fu.*

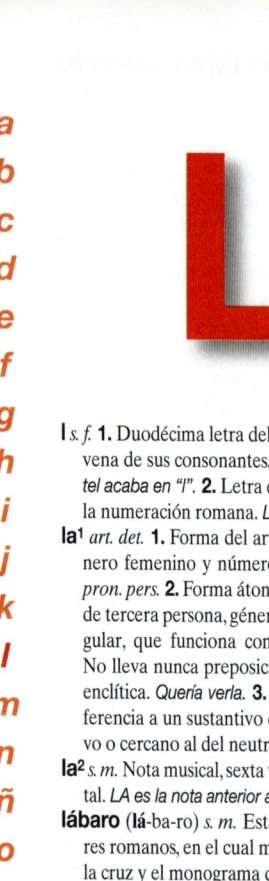

l *s. f.* **1.** Duodécima letra del abecedario español y novena de sus consonantes. Su nombre es "ele". *Pastel acaba en "l"*. **2.** Letra que tiene el valor de 50 en la numeración romana. *L.*

la¹ *art. det.* **1.** Forma del artículo determinado en género femenino y número singular. *La chaqueta.* ‖ *pron. pers.* **2.** Forma átona del pronombre personal de tercera persona, género femenino y número singular, que funciona como complemento directo. No lleva nunca preposición y se puede usar como enclítica. *Quería verla.* **3.** A veces se emplea sin referencia a un sustantivo expreso, con valor colectivo o cercano al del neutro. *La has hecho buena.*

la² *s. m.* Nota musical, sexta voz de la escala fundamental. *LA es la nota anterior a SI.* ✎ Su pl. es "las".

lábaro (lá-ba-ro) *s. m.* Estandarte de los emperadores romanos, en el cual mandó Constantino bordar la cruz y el monograma de Cristo. *Vimos una exposición de lábaros.* **SIN.** Crismón, monograma.

laberinto (la-be-**rin**-to) *s. m.* **1.** Lugar artificiosamente formado de calles, encrucijadas y plazuelas intrincadas, de modo que es difícil orientarse para salir de él. *Aquella ciudad era un auténtico laberinto.* **SIN.** Dédalo. **2.** Cosa confusa y enredada. *Esa historia que me cuentas es un laberinto.* **SIN.** Enredo, maraña, lío. **3.** Parte más interna del oído de los vertebrados y única en los peces y algunos anfibios y reptiles. *En el interior del laberinto se encuentran las terminaciones nerviosas de los órganos del equilibrio.*

labia (**la**-bia) *s. f., fam.* Facilidad y gracia para hablar. *Tenía mucha labia.* **SIN.** Verborrea, parlería, verbosidad.

labio (**la**-bio) *s. m.* **1.** Cada una de las dos partes exteriores, carnosas y movibles de la boca. *Tenía los labios agrietados por el frío.* **2.** Borde de ciertas cosas. *Los labios de una herida, de una flor, etc.* **3.** Órgano del habla. **GRA.** Se usa en sing. o en pl. *No despegó los labios.* ‖ **LOC. morderse alguien los labios** *fam.* Hacer esfuerzos para no hablar o reírse. **no despegar, o descoser alguien los labios** *fam.* Callar o no contestar.

labiodental (la-bio-den-**tal**) *adj.* Se dice de la consonante en cuya articulación intervienen el labio inferior y el borde de los incisivos superiores. **GRA.** También s. f. *La "f" es una consonante labiodental.*

labor (la-**bor**) *s. f.* **1.** Trabajo. *Las labores de la casa son muy variadas.* **SIN.** Faena, tarea, quehacer, ocupación. **ANT.** Holganza, pasividad. **2.** Adorno sobre tela, madera, etc. **GRA.** Se usa con frecuencia en pl. *Este manto lleva una fina labor de bordado.* **3.** Obra de coser, bordar, etc. *Hizo una preciosa labor de ganchillo.* **SIN.** Costura, bordado, encaje, punto. **4.** Labranza, en especial la de las tierras que se siembran. *Tiene varias tierras de labor.* **OBS.** Hablando de las demás operaciones agrícolas, se usa más en pl. **SIN.** Labranza, laboreo, cultivo. ‖ **LOC. estar por la labor** Estar con ánimo favorable para algo. **sus labores** Expresión que se usa para designar la ocupación, no remunerada, de la persona que se dedica a las tareas domésticas de su propio hogar.

laborable (la-bo-**ra**-ble) *adj.* **1.** Que se puede laborar o trabajar. *Tierra laborable.* **2.** Se dice del día en que se trabaja. *Mañana es día laborable, la fiesta se ha cambiado para la próxima semana.* **SIN.** Hábil. **ANT.** Festivo.

laboral (la-bo-**ral**) *adj.* Que pertenece o se refiere al trabajo, en su aspecto económico, jurídico y social. *Tiene examen de derecho laboral.* **SIN.** Gremial.

laboralista (la-bo-ra-**lis**-ta) *s. m. y s. f.* Abogado especialista en derecho laboral. **GRA.** También adj. *Su hermana es abogada laboralista.*

laboratorio (la-bo-ra-**to**-rio) *s. m.* **1.** Local dispuesto para llevar a cabo en él experimentos científicos y operaciones químicas, farmacéuticas, etc. *Tiene prácticas de química en el laboratorio.* **2.** Oficina o

laboriosidad - lacayo

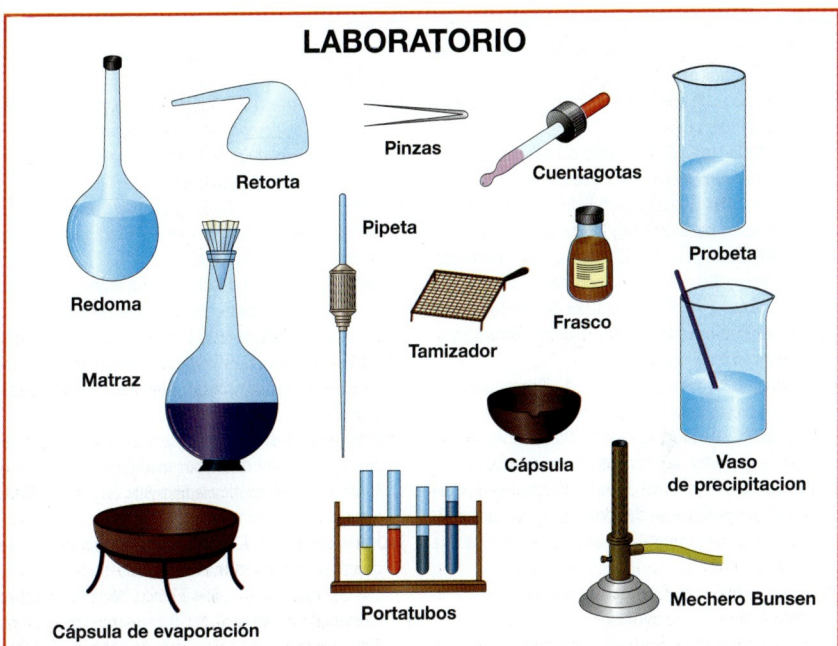

taller donde se hacen trabajos de carácter técnico, o investigaciones científicas. *Estaban experimentándolo en el laboratorio.* || **LOC. de laboratorio** No natural, sino creado por medios artificiales.

laboriosidad (la-bo-rio-si-**dad**) *s. f.* **1.** Aplicación al trabajo. *Es admirable su laboriosidad.* **SIN.** Afán, celo, diligencia. **2.** Dificultad de un trabajo. *Era un trabajo manual de mucha laboriosidad.* **SIN.** Complejidad.

laborioso, sa (la-bo-**rio**-so) *adj.* **1.** Trabajador, aficionado al trabajo. *Es una persona muy laboriosa.* **SIN.** Aplicado, diligente. **ANT.** Holgazán, perezoso, pasivo. **2.** Trabajoso, penoso, dificultoso. *Recomponer el jarrón roto fue una tarea muy laboriosa.* **SIN.** Complicado. **ANT.** Fácil, cómodo.

labrador, ra (la-bra-**dor**) *s. m. y s. f.* Persona que cultiva la tierra. **GRA.** También adj. *Procede de una familia de labradores.* **SIN.** Agricultor, labriego.

labranza (la-**bran**-za) *s. f.* **1.** Cultivo de los campos. *Se dedica a la labranza.* **SIN.** Cultivo, labor, laboreo. **2.** Hacienda de campo o tierras de labor. *Tiene mucha labranza.*

labrar (la-**brar**) *v. tr.* **1.** Trabajar una materia dándole la forma o estado que debe tener para poder hacer uso de ella. *Labraba la madera para hacer una vitrina.* **SIN.** Tallar, esculpir. **2.** Cultivar la tierra. *Se levantó temprano para ir a labrar la tierra.* **SIN.** Arar, cultivar. **3.** Coser o bordar, o hacer otras labores de costura. *Labró sus iniciales en el pañuelo.* **4.** Hacer, formar, causar. *Labró el bienestar de su familia.*

labriego, ga (la-**brie**-go) *s. m. y s. f.* Labrador. *Los labriegos se reunieron para tratar el tema del riego.* **SIN.** Labrador, agricultor, labrantín, campesino.

laca (**la**-ca) *s. f.* **1.** Cosmético que se usa para dar forma y mantener el peinado. *Échate un poco de laca.* **2.** Sustancia resinosa y translúcida que se obtiene de las ramas de varios árboles de Oriente. *Importa laca de China.* **3.** Barniz duro y brillante fabricado con esta sustancia. *Falta darle una mano de laca.* **SIN.** Goma laca, maque **4.** Objeto barnizado con laca. *Hay una exposición de lacas en la entrada.*

lacar (la-**car**) *v. tr.* Barnizar o cubrir con laca. *Estaba lacando la mesa.* **SIN.** Laquear. Se conjuga como abarcar.

lacayo (la-**ca**-yo) *s. m.* **1.** Persona aduladora y servil. *No soporto su actitud de lacayo.* **2.** Criado cuya principal ocupación era acompañar a su amo a pie, a caballo o en coche. *Siempre iba con su lacayo.* **SIN.** Criado, sirviente, palafrenero, palafrés.

lacerar - ladrar

lacerar (la-ce-**rar**) *v. tr.* **1.** Lastimar, magullar, herir. **GRA.** También v. prnl. *Se laceró con un espino.* **2.** Dañar, perjudicar. *Laceró su honor con calumnias.*

lacha (**la**-cha) *s. f., fam.* Vergüenza, bochorno. *Me da lacha ir yo solo.*

lacio, cia (**la**-cio) *adj.* **1.** Se dice del cabello que cae sin formar ondas ni rizos. *Tiene el pelo muy lacio.* **SIN.** Liso. **ANT.** Rizado, ondulado. **2.** Flojo, sin vigor. *Tenía los músculos muy lacios.* **SIN.** Flácido, débil. **ANT.** Duro, tieso. **3.** Marchito, ajado. *Las plantas están lacias.* **SIN.** Mustio, flácido. **ANT.** Fuerte.

lacón (la-**cón**) *s. m.* Pata delantera del cerdo, salado y curado como si fuera jamón. *Siempre echa un trozo de lacón en el cocido.*

lacónico, ca (la-**có**-ni-co) *adj.* **1.** Breve, conciso, compendioso. *Discurso lacónico.* **SIN.** Sucinto, sobrio. **ANT.** Detallado. **2.** Que habla o escribe de esta manera. *Autor lacónico.* **SIN.** Sobrio, seco.

lacra (**la**-cra) *s. f.* **1.** Señal de una enfermedad o achaque. *El accidente le ha dejado importantes lacras.* **2.** Defecto físico o moral. *La envidia es una de sus mayores lacras.*

lacrar (la-**crar**) *v. tr.* Cerrar algo con lacre. *Lacra el sobre.* **SIN.** Sellar, precintar.

lacre (**la**-cre) *s. m.* **1.** Pasta de color rojo, compuesta de goma laca y trementina, que se emplea derretida, para cerrar y sellar cartas, documentos, etc. *El sobre venía cerrado con lacre.* **2.** *fam.* Carga pesada. *Menudo lacre que nos ha caído.*

lacrimal (la-cri-**mal**) *adj.* Que pertenece o se refiere a las lágrimas. *Conducto lacrimal.* ☞ No debe confundirse con "lagrimal".

lacrimógeno, na (la-cri-**mó**-ge-no) *adj.* Que produce lágrimas. *Los antidisturbios emplearon gases lacrimógenos en la manifestación.* **SIN.** Irritante, picante. **ANT.** Calmante.

lacrimoso, sa (la-cri-**mo**-so) *adj.* **1.** Que tiene lágrimas. *Tenían los ojos lacrimosos.* **SIN.** Lloroso. **2.** Que mueve a llanto. *Era un relato muy lacrimoso.* **SIN.** Lastimoso, lastimero, lagrimoso, plañidero. **ANT.** Alegre, sonriente.

lactancia (lac-**tan**-cia) *s. f.* **1.** Acción de mamar. *Hay que prolongar la lactancia del bebé.* **2.** Período de la vida en que la criatura mama. *Durante la lactancia, la madre no puede beber alcohol.* **3.** Sistema de alimentación durante este período. *La lactancia natural es la mejor.*

lactante (lac-**tan**-te) *adj.* Que mama. **GRA.** También s. m. y s. f. *El lactante necesita ser alimentado cada pocas horas.*

lácteo, a (**lác**-teo) *adj.* Que pertenece o se refiere a la leche o parecido a ella. *El queso es un producto lácteo.*

lactosa (lac-**to**-sa) *s. f.* Azúcar de la leche. *La lactosa es uno de los componentes principales de la leche.*

lacustre (la-**cus**-tre) *adj.* Que pertenece o se refiere a los lagos. *Paisaje lacustre.*

ladear (la-de-**ar**) *v. tr.* Inclinar y torcer una cosa hacia un lado. **GRA.** También v. intr. y v. prnl. *Esa planta se está ladeando un poco.*

ladera (la-**de**-ra) *s. f.* Declive de un monte o de una altura. *Dimos un paseo por la ladera del monte.* **SIN.** Falda, pendiente, vereda.

ladilla (la-**di**-lla) *s. f.* Insecto que vive parásito en las partes vellosas del cuerpo humano. *Las picaduras de las ladillas son muy molestas.*

ladino, na (la-**di**-no) *adj.* Que tiene habilidad para conseguir lo que desea por medio del engaño. *Ten cuidado con él, es muy ladino.* **SIN.** Sagaz, taimado, astuto. **ANT.** Inocente, cándido.

lado (**la**-do) *s. m.* **1.** Lo que está a la derecha o a la izquierda de una persona o cosa. *Había árboles a ambos lados del camino.* **SIN.** Flanco, borde, costado **2.** Costado o mitad derecha o izquierda del cuerpo. *Sintió un fuerte dolor en el lado derecho.* **3.** Sitio, lugar. *No estaba a gusto en ningún lado.* **4.** Cada uno de los aspectos en que se puede considerar a una persona o cosa. *Deberías mirar las cosas por el lado bueno.* **5.** Cada una de las dos caras de una tela o de otra cosa que las tenga, como una medalla. *La tela era estampada por uno de los lados.* **6.** Modo, medio o camino que se toma para una cosa. *Me parece que deberías tirar por otro lado.* **7.** En geometría, cada una de las dos líneas que forman un ángulo. *Calcula el lado delimitado por las bisectrices.* **8.** En geometría, cada una de las líneas que limitan un polígono. *Un cuadrado tiene cuatro lados.* **9.** En geometría, generatriz de la superficie lateral del cono y del cilindro. *Dibuja el desarrollo del lado de ese cilindro.* || **LOC. al lado** Muy cerca, inmediato. **al lado de** En comparación con. **dar, o dejar, de lado, o a un lado a alguien** *fam.* Dejar su trato o compañía. **estar del lado de alguien** Estar a su favor. **de un lado para otro** Sin parar de hacer cosas. **ponerse del lado de alguien** Apoyarle.

ladrar (la-**drar**) *v. intr.* **1.** Dar ladridos el perro. *Alguien se acerca, el perro está ladrando.* **2.** *fam.* Amenazar sin atacar. *Tiene muy mal genio y ladra mucho, pero se contenta en seguida.* **SIN.** Dar voces, gritar.

ladrido - lamentar

ladrido (la-**dri**-do) *s. m.* Voz del perro. *A lo lejos se oían ladridos: ¡Guau, guau!*. **SIN.** Gañido

ladrillo (la-**dri**-llo) *s. m.* Masa de arcilla cocida, de forma rectangular, que se usa en la construcción. *La casa está hecha con piedra y ladrillo.* **SIN.** Adobe, baldosa, teja.

ladrón, na (la-**drón**) *adj.* **1.** Que roba. **GRA.** Se usa más como s. m. y s. f. *Los ladrones se llevaron todas las joyas.* **SIN.** Caco, atracador, ratero, carterista. || *s. m.* **2.** Acoplador de los enchufes eléctricos para obtener más salidas de corriente. *Necesitaba un ladrón para poder enchufar los dos aparatos a la vez.*

lady *s. f.* En Inglaterra, título de honor que ostentan las señoras de la nobleza. *Se entrevistó con lady Mary.* ✎ Su pl. es "ladys".

lagar (la-**gar**) *s. m.* **1.** Recipiente donde se pisa la uva para obtener el mosto. *Estaban en el lagar.* **2.** Sitio donde se prensa la aceituna para obtener el aceite o donde se machaca la manzana para obtener la sidra. *Visitaron un lagar.* **SIN.** Llagar.

lagartija (la-gar-**ti**-ja) *s. f.* Reptil muy ágil y asustadizo, cuya longitud no suele pasar de los 15 cm, que se alimenta de insectos y vive entre las piedras. *A las lagartijas les gusta tomar el sol.*

lagarto, ta (la-**gar**-to) *s. m.* **1.** Reptil de cuerpo largo, delgado y escamoso, con cola y, normalmente, cuatro extremidades provistas de cinco dedos, muy ágil e inofensivo. *El lagarto es muy útil para la agricultura por la gran cantidad de insectos que devora.* || *s. m. y s. f.* **2.** *fam.* Persona pícara y astuta. También adj. *¡Menudo lagarto está hecho!* **SIN.** Astuto, pícaro || *interj.* **3.** **¡lagarto! ¡lagarto!** Se usa para contrarrestar el mal efecto que para las personas supersticiosas tiene el mencionar la palabra "culebra".

lagartón, na (la-gar-**tón**) *s. m. y s. f., fam.* Persona pícara y astuta. *El muy lagartón me engañó y se quedó con todo.*

lago (**la**-go) *s. m.* Gran masa de agua depositada en hondonadas del terreno. *Dimos un paseo en barca por el lago.* **SIN.** Albufera, laguna, pantano. ◆

lágrima (**lá**-gri-ma) *s. f.* **1.** Cada una de las gotas que vierten los ojos por causas morales o físicas. **GRA.** Se usa más en pl. *Se le caían las lágrimas.* || **2. lágrimas de cocodrilo** Las que vierte una persona aparentando un dolor que no siente de verdad. || **LOC. deshacerse alguien en lágrimas** Llorar con mucha amargura. **lo que no va en lágrimas va en suspiros** *fam.* Frase con la que se da a entender que unas cosas se compensan con otras. **llorar alguien a lágrima viva** Llorar con mucha pena. **sal-**

tarle, o saltársele, a alguien las lágrimas Echarse a llorar de repente de emoción o tristeza.

lagrimal (la-gri-**mal**) *s. m.* Extremidad del ojo próxima a la nariz. *Tienes el ojo muy rojo por la parte del lagrimal.* ☞ No debe confundirse con "lacrimal".

laguna (la-**gu**-na) *s. f.* **1.** Depósito natural de agua, generalmente de agua dulce y de menores dimensiones que el lago. *Hicimos una excursión hasta la laguna.* **SIN.** Charca, estanque. **2.** Falta, vacío, omisión de algo. *Esta obra histórica tiene grandes lagunas.* **SIN.** Imperfección.

laico, ca (**lai**-co) *adj.* **1.** Que no tiene órdenes clericales. **GRA.** También s. m. y s. f. *Los encargados de la comunidad no eran sacerdotes, sino personas laicas.* **SIN.** Lego, secular, seglar. **ANT.** Religioso. **2.** Se dice de la escuela o enseñanza en la que no hay instrucción religiosa. *Es una escuela laica.* **ANT.** Religioso.

laísmo (la-**ís**-mo) *s. m.* Empleo indebido de los pronombres personales "la" o "las" como complemento indirecto, en vez de directo. *"Dila que venga" en vez de "Dile que venga".*

lama (**la**-ma) *s. m.* Sacerdote budista del Tíbet. *Seguían las enseñanzas del lama.*

lamé (la-**mé**) *s. f.* Tela muy brillante con hilos de oro o plata. *La tela era lamé.*

lameculos (la-me-**cu**-los) *s. m. y s. f., vulg.* Persona aduladora. *Es un lameculos que se dedica a hacer la pelota a todo el mundo.* ✎ Invariable en número.

lamentable (la-men-**ta**-ble) *adj.* **1.** Que es digno de ser sentido o de llorarse. *Su actuación fue lamentable. Su muerte fue un suceso lamentable.* **SIN.** Deplorable, horrible, triste. **ANT.** Alegre. **2.** Estropeado, deteriorado. *Después de varios días de viaje mi aspecto era lamentable.* **SIN.** Maltrecho.

lamentación (la-men-ta-**ción**) *s. f.* Queja con llanto y otras muestras de dolor. *Luego vendrán las lamentaciones.*

lamentar (la-men-**tar**) *v. tr.* **1.** Sentir arrepentimiento, pena, etc. por algo. *Lamento no haber podido venir a*

LOS MAYORES LAGOS		
Lago	Continente	Km
Mar Caspio	Asia/Europa	371 000
Superior	América del Norte	82 103
Victoria	África	69 484
Mar de Aral	Asia	40 000
Hurón	América del Norte	59 569
Michigan	América del Norte	57 757
Tanganica	África	32 893
Baikal	Asia	31 499
Gran lago del Oso	América del Norte	31 328
Malawi	África	28 875

lamento - lana

verte antes. || *v. prnl*. **2.** Sentir una cosa con llanto u otra demostración de dolor. *Después se lamentaba*. **SIN.** Llorar, quejarse. **ANT.** Alegrarse, regocijarse.

lamento (la-**men**-to) *s. m.* Lamentación, queja. *No soportaba sus lamentos*. **SIN.** Duelo, queja, lloro. **ANT.** Risa.

lamer (la-**mer**) *v. tr.* Pasar repetidas veces la lengua por una cosa. **GRA.** También v. prnl. *El perro se puso a lamer el hueso loco de contento*. **SIN.** Relamer(se).

lametón (la-me-**tón**) *s. m.* Acción de lamer con ansia. *Le metió un buen lametón al helado*. **SIN.** Lamida.

lámina (**lá**-mi-na) *s. f.* **1.** Plancha delgada de cualquier material. *Forramos la mesa con una fina lámina de madera*. **SIN.** Chapa, hoja. **2.** Dibujo, ilustración o grabado impreso en un papel, que ocupa gran parte del mismo. *El libro tenía bellas láminas de flores*. **SIN.** Estampa, grabado. **3.** Plancha metálica en la cual está grabado un dibujo para estamparlo. *Pasó la lámina*.

lámpara (**lám**-pa-ra) *s. f.* **1.** Utensilio para dar luz. *Los mineros llevan una lámpara de seguridad*. **2.** Bombilla eléctrica. *Se fundió la lámpara*. **3.** Objeto, frecuentemente de adorno, que sirve de soporte a una o varias bombillas eléctricas, de gas, etc. *La lámpara del pasillo es de cristal de roca*. **SIN.** Araña, candelabro. **4.** Elemento electrónico de los aparatos de radio y televisión. *Se ha fundido una lámpara*. **SIN.** Válvula. **5.** Mancha grande en la ropa. *Llevas una lámpara en esa manga*.

lamparón (lam-pa-**rón**) *s. m.* Mancha que cae en la ropa, especialmente la de grasa. *Siempre va lleno de lamparones*. **SIN.** Lámpara.

lamprea (lam-**pre**-a) *s. f.* **1.** Nombre de varios peces de cuerpo cilíndrico y cola aplastada, sin escamas y con mucosas que los hacen muy escurridizos. *Fuimos a pescar lampreas con la red*. || **2. lamprea de mar** Pez marino de cerca de 1 m de longitud, que vive asido a las peñas, a las que se agarra fuertemente con la boca. Su carne es muy estimada. **3. lamprea de río** Pez de río, semejante a la lamprea de mar pero más pequeño, que suele vivir en las aguas estancadas y en los ríos de poca corriente, y es comestible.

lana (**la**-na) *s. f.* **1.** Pelo de las ovejas y carneros y de otros animales, que se hila y sirve para hacer tejidos. *En invierno duermo con mantas de pura lana*. **2.** Hilo que se usa para tejer. *Utilizó una lana de mucho pelo*. **3.** Ropa confeccionada con este hilo. *Se

LÁMPARAS

De mesa

Linterna

Quinqué

Flexo

Fluorescente

Halógeno

Foco

De pie

puso una chaqueta de lana. || *s. f. pl.* **4.** *fam.* Cabello. *Pareces cualquier cosa con esas lanas.*

lanar (la-**nar**) *adj.* Se dice del ganado o la res que tiene lana. *Se dedica a la cría de ganado lanar.* **SIN.** Ovino.

lance (**lan**-ce) *s. m.* **1.** Trance u ocasión crítica. *Pasaron por lances apurados.* **SIN.** Percance, acontecimiento, suceso. **2.** Encuentro, riña. *Tuvieron un pequeño lance.* **SIN.** Incidente, querella. **3.** Cada uno de los accidentes notables que ocurren en el juego. *Ganó aquel lance.* **4.** En las corridas de toros, cualquier suerte de la lidia. *Empezó su faena con unos lances muy vistosos.*

lancero (lan-**ce**-ro) *s. m.* Soldado que pelea con lanza. *Tenía un ejército de lanceros.* **SIN.** Alabardero.

lancha (**lan**-cha) *s. f.* **1.** Bote grande, propio para ayudar en las faenas que se realizan en los buques y para transportar carga y pasajeros en el interior de los puertos o entre puntos cercanos de la costa. *Cruzó al otro lado de la bahía en una lancha.* **2.** Cualquier bote pequeño descubierto, con asientos para los remeros. *Atravesamos la ría en una lancha.* **SIN.** Barca.

landa (**lan**-da) *s. f.* Gran llanura de tierra en la que sólo se crían plantas silvestres. *El terreno era una extensa landa.* **SIN.** Páramo.

landó (lan-**dó**) *s. m.* Coche de cuatro ruedas, con capota delantera y trasera. *Le encantaba aquel landó.* **SIN.** Carruaje ✎ Su pl. es "landós".

land rover *s. m.* *Todoterreno.

langosta (lan-**gos**-ta) *s. f.* **1.** Nombre que se aplica a varios géneros y especies de insectos saltadores, de costumbres migratorias, que se multiplican extraordinariamente hasta formar verdaderas plagas que arrasan comarcas enteras. *Una plaga de langostas acabó con toda la cosecha.* **2.** Crustáceo marino con caparazón muy fuerte y cola larga y gruesa, de hasta 50 cm de longitud, de color oscuro que se vuelve rojo por la cocción. Vive en alta mar y su carne es muy exquisita. *Prepara muy bien la langosta.*

langostino (lan-gos-**ti**-no) *s. m.* Crustáceo marino, de mayor tamaño que la gamba, de color grisáceo que se vuelve rosa con la cocción y cuya carne es muy apreciada. *En la boda comimos langostinos cocidos como entrante.*

languidecer (lan-gui-de-**cer**) *v. intr.* Perder el ánimo o la fuerza. *A pesar de las dificultades no languidecía.* **SIN.** Debilitarse, decaer, fatigarse **ANT.** Animarse, incrementarse, fortalecerse ✎ v. irreg., se conjuga como parecer.

lánguido, da (**lán**-gui-do) *adj.* **1.** Flaco, débil, fatigado. *Su aspecto era lánguido.* **ANT.** Fuerte. **2.** De poco ánimo, valor y energía. *Estaba triste y muy lánguida.* **SIN.** Desanimado, desalentado. **ANT.** Animoso.

lanolina (la-no-**li**-na) *s. f.* Sustancia parecida a las grasas, que se extrae de la lana de la oveja, y se utiliza en farmacia y perfumería para preparar pomadas o cremas. *Esta crema tiene lanolina.*

lanza (**lan**-za) *s. f.* Arma ofensiva compuesta por un palo largo en cuyo extremo hay un hierro puntiagudo y cortante. *Le clavó la lanza.* || **LOC. romper lanzas por alguien o algo** Salir en su defensa.

lanzacohetes (lan-za-co-**he**-tes) *adj.* Se dice de la instalación, artefacto o dispositivo que sirve para lanzar cohetes. **GRA.** También s. m. *Instalaron un lanzacohetes.* ✎ Invariable en número.

lanzadera (lan-za-**de**-ra) *s. f.* **1.** Instrumento de figura de barquichuelo con una canilla dentro, que usan los tejedores para tramar. *Cambia el hilo de la lanzadera para tejer en otro color.* **2.** Pieza de figura semejante que tienen las máquinas de coser. *Estaba cosiendo y se rompió la lanzadera.* || **3. lanzadera espacial** Mecanismo compuesto de cohetes y torre de lanzamiento para la puesta en órbita de naves espaciales o satélites artificiales.

lanzado, da (lan-**za**-do) *adj.* **1.** Se dice de lo muy veloz o hecho con mucho ánimo. *Vino todo lanzado.* **2.** Impetuoso, decidido. *Es una persona muy lanzada.*

lanzagranadas (lan-za-gra-**na**-das) *s. m.* Aparato utilizado en la Primera Guerra Mundial para lanzar proyectiles parecidos a las granadas de mano. *Utilizaron un lanzagranadas.* ✎ Invariable en número.

lanzallamas (lan-za-**lla**-mas) *s. m.* Aparato usado en las guerras modernas para lanzar a cortas distancias un chorro de líquido inflamado. *Encontraron varios lanzallamas.* ✎ Invariable en número.

lanzamiento (lan-za-**mien**-to) *s. m.* **1.** Procedimiento por el cual se hace propaganda de algo. *Me gusta mucho la campaña de lanzamiento del nuevo producto.* **SIN.** Anuncio. **2.** Acción de poner el balón en movimiento después de haberse producido una falta. *El delantero efectuó el lanzamiento.* **3.** Prueba atlética olímpica que consiste en lanzar el peso, la jabalina, el martillo o el disco lo más lejos posible. *Participa en la prueba de lanzamiento de jabalina.*

lanzamisiles (lan-za-mi-**si**-les) *s. m.* Aparato usado para lanzar misiles. *Instalaron varios lanzamisiles.* **SIN.** Lanzacohetes. ✎ Invariable en número.

lanzar (lan-**zar**) *v. tr.* **1.** Tirar con violencia una cosa de modo que llegue lejos. **GRA.** También v. prnl. *Se*

lanzatorpedos - larguero

entretenía lanzando piedras al río. **SIN.** Echar(se), arrojar. **2.** Soltar, emitir, dar. *Lanzó duras amenazas.* **3.** Propulsar un cohete. *Lanzaron la nave.* **4.** Proferir, decir. *Fue él quien lanzó la noticia.* **SIN.** Divulgar. **5.** Introducir una moda, producto, etc. *Lanzaron una nueva línea de productos.* **SIN.** Promocionar. ‖ *v. prnl.* **6.** Meterse en algo con mucho ánimo o decisión o sin haberlo meditado. *Se lanzó a ese negocio sin tener ni idea.* **7.** Atreverse. *Enseguida se lanza a lo que sea.* ✎ Se conjuga como abrazar.

lanzatorpedos (lan-za-tor-**pe**-dos) *s. m.* Aparato que sirve para lanzar torpedos. *Tenían varios lanzatorpedos.* ✎ Invariable en número.

lapa (**la**-pa) *s. f.* **1.** Nombre de algunos moluscos comestibles, que viven asidos fuertemente a las piedras de las costas. *Las rocas de la playa estaban llenas de lapas.* **2.** Persona muy molesta y pesada. *Ese chico se nos pega como una lapa.*

laparoscopia (la-pa-ros-**co**-pia) *s. f.* Observación visual de la cavidad abdominal mediante la introducción en ella de un sistema óptico adecuado provisto de luz. *Tenían que hacerle una laparoscopia.*

lapicero (la-pi-**ce**-ro) *s. m.* Lápiz, barrita de grafito. *Utiliza un lapicero más fino, éste marca demasiado.*

lápida (**lá**-pi-da) *s. f.* Piedra llana en la que se suele poner una inscripción con carácter conmemorativo. *Colocaron la lápida sobre la tumba.* **SIN.** Losa.

lapidario, ria (la-pi-**da**-rio) *adj.* **1.** Que pertenece o se refiere a las piedras preciosas. *Estudio lapidario.* **2.** Que pertenece o se refiere a las inscripciones en lápidas. *Lenguaje lapidario.* ‖ **3. frase lapidaria** Frase que se dice o se cita con carácter categórico o de forma contundente. **OBS.** Esta expresión se usa a veces en sentido irónico.

lapilli (la-**pi**-lli) *s. m.* Eyección volcánica sólida compuesta por fragmentos de vidrio. *Encontraron un sedimento de lapilli.*

lápiz (**lá**-piz) *s. m.* **1.** Barrita de grafito encerrada en un cilindro o prisma de madera y que sirve para escribir o dibujar. *Le regalaron una caja de lápices de colores.* **2.** Barrita utilizada para maquillaje. *Lápiz de ojos, antiojeras, etc.* ‖ **3. lápiz óptico** Dispositivo fotoeléctrico en forma de lápiz utilizado para leer datos de las pantallas de ordenadores, códigos de barras u otras fuentes similares de información.

lapo (**la**-po) *s. m., vulg.* *Escupitajo.

lapso (**lap**-so) *s. m.* Curso de un espacio de tiempo transcurrido. *No ocurrió nada importante durante ese lapso de tiempo.* **SIN.** Tracto, trecho, tramo, período. ☞ No debe confundirse con "lapsus".

lapsus (**lap**-sus) *s. m.* Olvido, descuido, equivocación. *Tuvo un pequeño lapsus.* ☞ No debe confundirse con "lapso".

lar *s. m.* **1.** Cada uno de los dioses de la casa u hogar en la mitología romana. **GRA.** Se usa más en pl. *Invocaron a los lares.* **2.** Hogar, sitio de la lumbre en la cocina. *Se sentaron junto al lar.* **SIN.** Fuego, fogón, chimenea.

largar (lar-**gar**) *v. tr.* **1.** Soltar, dejar libre, especialmente lo que es molesto, nocivo o peligroso. *Nos largó el encargo como si nada.* **SIN.** Endosar. **2.** Desplegar, soltar una cosa, como la bandera, las velas, etc. *Largaron las velas.* **3.** Decir algo que no se debe o que resulta inoportuno. *Largó todo lo que sabía.* **SIN.** Contar. **4.** Dar, propinar. *Le largó una buena torta.* ‖ *v. intr.* **5.** Charlar. *No hace más que largar.* ‖ *v. prnl.* **6.** *fam.* Marcharse, irse. *Se largó dando un portazo.* ✎ Se conjuga como ahogar.

largo, ga (**lar**-go) *adj.* **1.** Que tiene mucha longitud. *Este año están de moda las faldas largas.* **SIN.** Extenso, longo. **ANT.** Corto, conciso, breve. **2.** Que dura mucho tiempo. *La película fue muy larga.* **SIN.** Dilatado, extenso, continuado. **ANT.** Corto. **3.** Que gasta el dinero con alegría. *Tira de largo como si fuera millonario.* **SIN.** Liberal, dadivoso. **ANT.** Tacaño, ruin. **4.** Copioso, abundante, excesivo. *Era largo en halagos.* **5.** Aplicado en plural a cualquier división del tiempo, como días, meses, etc., se suele tomar por muchos. *Lleva largos meses sin tener noticias de él.* **6.** Se dice de la cantidad que excede un poco a lo que realmente se dice. *Quedan dos semanas largas.* ‖ *s. m.* **7.** *Longitud. **ANT.** Ancho. **8.** Mayor longitud de una piscina. *Se hizo diez largos.* ‖ **LOC. a la larga** Después de mucho tiempo, al cabo. **a lo largo** En sentido de la longitud de una cosa. **a lo largo de** Durante. **de largo** Desde hace mucho tiempo. **dar largas** Demorar, aplazar. **largo y tendido** *fam.* Con extensión. **pasar de largo** *fam.* Pasar sin detenerse. **¡largo! o ¡largo de aquí!** que se usa para ordenar a una o más personas que se marchen pronto. **para largo** Para dentro de mucho tiempo.

largometraje (lar-go-me-**tra**-je) *s. m.* Filme de larga duración. *En esta cadena echan buenos largometrajes.* **ANT.** Cortometraje.

larguero (lar-**gue**-ro) *s. m.* **1.** Cada uno de los dos palos o barrotes que se ponen a lo largo de una obra de carpintería, como de las camas, ventanas, etc. *Se rompió uno de los largueros de la cama.* **2.** Palo superior que une los dos postes de una portería. *El balón dio en el larguero.*

larguirucho, cha (lar-gui-**ru**-cho) *adj., fam.* Se aplica a las personas y cosas desproporcionadamente largas. *Es un niño muy larguirucho.*

largura (lar-**gu**-ra) *s. f.* *Longitud.

laringe (la-**rin**-ge) *s. f.* Órgano de la voz que se encuentra en la parte superior de la tráquea y contiene las cuerdas vocales. *La laringe está compuesta de cartílago.* **SIN.** Epiglotis, glotis, nuez.

laringitis (la-rin-**gi**-tis) *s. f.* Inflamación de la laringe. *Tiene laringitis.* Invariable en número.

larva (**lar**-va) *s. f.* Etapa por la que pasan muchos animales, situada entre la eclosión del huevo y la madurez. *Las larvas son muy distintas de los adultos, como el renacuajo y la rana.*

las *art. det.* **1.** Forma del artículo determinado en género femenino y número plural. *Las casas.* ‖ *pron. pers.* **2.** Forma átona del pronombre personal de tercera persona en género femenino y número plural, que funciona como complemento directo. *Las vimos.*

lasaña (la-**sa**-ña) *s. f.* Plato típico italiano hecho a base de carne picada o verdura, recubierto de pasta, para cuya elaboración se requiere un horno. *Le encanta la lasaña.*

lasca (**las**-ca) *s. f.* Trozo pequeño y delgado desprendido de una piedra. *Esa orilla de la carretera está llena de lascas.* **SIN.** Guijarro.

lascivia (las-**ci**-via) *s. f.* Tendencia a los placeres sexuales. *La lascivia del personaje estaba presente en casi todos sus comentarios.* **SIN.** Lujuria, incontinencia, sensualidad. **ANT.** Pureza, continencia.

lascivo, va (las-**ci**-vo) *adj.* **1.** Que pertenece o se refiere a la lascivia o a la sensualidad. *Su mirada lasciva me hacía sentir incómoda.* **2.** Que tiene excesiva lascivia. **GRA.** También s. m. y s. f. *Es una persona muy lasciva.* **SIN.** Obsceno, sensual, lujurioso. **ANT.** Puro, casto, frígido.

láser (**lá**-ser) *s. m.* **1.** Dispositivo electrónico que amplifica un haz de luz monocromática y coherente de extraordinaria intensidad. *Han instalado un láser en el hospital.* **2.** Este mismo haz. *Los rayos láser iluminaban la discoteca.* Invariable en número.

lástima (**lás**-ti-ma) *s. f.* **1.** Pena que se siente al ver sufrir a otros seres. *Me da lástima ver pájaros enjaulados.* **SIN.** Compasión, piedad, dolor **2.** Cosa que causa disgusto, aunque sea ligero. *Es una lástima que no puedas venir.* ‖ *interj.* **3.** ¡**lástima**! Exclamación de pena por algo que no ocurre como se esperaba. *¡Lástima!, no podré ir.* ‖ **LOC. hecho una lástima** Muy estropeado.

larguirucho - latido

lastimar (las-ti-**mar**) *v. tr.* **1.** Herir o hacer daño. **GRA.** También v. prnl. *Te vas a lastimar si te caes de la bicicleta.* **SIN.** Dañar(se), perjudicar, lesionar(se). **2.** Agraviar, ofender a alguien. *Le lastimó con sus injurias.* **SIN.** Injuriar, insultar, vulnerar.

lastimero, ra (las-ti-**me**-ro) *adj.* Se aplica a las quejas, lágrimas y otras demostraciones de dolor que mueven a lástima y compasión. *Un llanto lastimero.*

lastimoso, sa (las-ti-**mo**-so) *adj.* **1.** Que mueve a lástima y compasión. *Tenía un aspecto lastimoso.* **2.** Destrozado, estropeado. *Lo encontraron en un estado lastimoso.* **SIN.** Dañado, inservible, desastroso.

lastre (**las**-tre) *s. m.* **1.** Piedra, arena, agua u otra cosa de peso que se pone en el fondo de una embarcación para que ésta se sumerja hasta donde convenga. *El lastre no era suficiente.* **2.** Obstáculo, impedimento para realizar algo. *El lastre de la deuda nos impide salir adelante.* **SIN.** Estorbo.

lata (**la**-ta) *s. f.* **1.** Envase o bote hecho de hojalata, con su contenido o sin él. *Abre una lata de bonito.* **2.** Charla o conversación fastidiosa, y, en general, todo lo que cansa o harta. *La conferencia fue una lata.* **SIN.** Tostón, monserga ‖ **LOC. dar la lata, o dar lata** *fam.* Molestar a los demás, fastidiarles. **ser algo una lata** *fam.* Ser molesto o aburrido.

latazo (la-**ta**-zo) *s. m.* Fastidio, tostón, rollo. *Esta asignatura es un latazo.*

latente (la-**ten**-te) *adj.* **1.** Oculto, escondido. *Un ligero malestar estaba latente en el ambiente.* **2.** Que late. *El sentimiento de impotencia estaba latente.*

lateral (la-te-**ral**) *adj.* **1.** Que pertenece o está situado al lado de una cosa. *El español nadaba por una calle lateral de la piscina.* **SIN.** Próximo, adyacente, ladero. **2.** Se dice del sonido articulado en cuya pronunciación la lengua impide al aire espirado su salida normal por el centro de la boca, dejándole paso por los lados. **GRA.** También s. f. *La "l" y la "ll" son laterales.* ‖ *s. m.* **3.** Cada uno de los lados de una avenida, separado de la parte central por un seto o por un camino para peatones. *Estaba en el lateral derecho de la calle.* **4.** En ciertos deportes de pelota, jugador que se encarga de defender una de las bandas del campo. *Jugaba de lateral izquierdo.*

látex (**lá**-tex) *s. m.* Jugo lechoso, de composición muy compleja, propio de los vegetales, que se coagula al contacto con el aire y forma las gomas, resinas, etc. *Del látex se puede obtener caucho.* Invariable en número.

latido (la-**ti**-do) *s. m.* Movimiento alternativo de contracción y dilatación del corazón y las arterias, y golpe que produce este movimiento. *Los latidos de su corazón son rápidos.* **SIN.** Palpitación, pulso.

latifundio (la-ti-**fun**-dio) *s. m.* Finca rústica de gran extensión, en especial cuando pertenece a un solo dueño. *Su familia era dueña de varios latifundios.* **SIN.** Feudo, heredad.

latigazo (la-ti-**ga**-zo) *s. m.* **1.** Golpe dado con el látigo. *Le dieron unos latigazos.* **SIN.** Trallazo, zurriagazo. **2.** Chasquido del látigo. *Se oyó un latigazo.* **3.** Daño impensado que se hace a alguien. *Le sentó como un latigazo.* **4.** Represión áspera e inesperada. *Le cayeron unos buenos latigazos verbales.*

látigo (**lá**-ti-go) *s. m.* Tira de cuero, o de otro material, larga y flexible, que se usa para avivar o castigar a las caballerías y otros animales. *Le golpeó con el látigo para que fuera más rápido.* **SIN.** Tralla, zurriaga. ‖ **LOC. usar alguien el látigo** Proceder con dureza.

latiguillo (la-ti-**gui**-llo) *s. m.* **1.** Expresión o palabra empleada repetitivamente al hablar o escribir. *Repetían sus latiguillos para hacerle burla.* **SIN.** Muletilla. **2.** En una bomba de mano, tubo flexible que une la bomba a la válvula de entrada de aire de la rueda. *Me hace falta el latiguillo para hinchar la rueda de la bici.*

latín (la-**tín**) *s. m.* **1.** Lengua indoeuropea hablada por los romanos antiguos, de la cual se derivan las lenguas romances. *El castellano proviene del latín.* ‖ **2. latín científico** El latín aplicado a la nomenclatura científica moderna, especialmente en la química y las ciencias naturales. **3. latín clásico** Aquel que corresponde a los escritores del siglo de oro de la literatura latina. **4. latín eclesiástico** El latín moderno, medieval o posclásico, empleado por la Iglesia en sus textos litúrgicos o por los escritores eclesiásticos en sus obras. **5. latín vulgar** El hablado por el vulgo de los pueblos latinos, el cual entre otras particularidades, se distinguía del clásico por tener una sintaxis menos complicada y usar voces que no se utilizaban en éste. ‖ **LOC. saber mucho latín** *fam.* Ser muy astuto y espabilado.

latinismo (la-ti-**nis**-mo) *s. m.* **1.** Empleo, en otro idioma, de voces o giros que pertenecen a la lengua latina. *Se cree muy culto, siempre está usando latinismos.* **SIN.** Cultismo. **2.** Giro o modo de hablar propio de la lengua latina. *En este escrito hay muchos latinismos.* **SIN.** Cultismo.

latir (la-**tir**) *v. intr.* **1.** Dar latidos el corazón, las arterias, el pulso, etc. *El pulso le late muy fuerte.* **SIN.** Palpitar. **2.** Estar algo presente, pero sin mostrarse de forma evidente. *El descontento latía en el grupo.*

latitud (la-ti-**tud**) *s. f.* **1.** Extensión de un territorio, tanto en ancho como en largo. *Calcula la latitud de esa finca.* **SIN.** Anchura **2.** La menor de las dos dimensiones principales de una figura plana cualquiera, en contraposición a la mayor o longitud. *Es rectangular, su latitud es mayor.* **3.** Distancia que hay desde la eclíptica a cualquier punto considerado en esfera hacia uno de los polos. *Londres está a una latitud norte mayor que Madrid.* **4.** Distancia de un lugar de la superficie terrestre al ecuador, determinada por el arco de meridiano que va de dicho lugar al ecuador. *Calcula la latitud de ese punto en el mapa.* **5.** *fam.* Lugar, ambiente. *Hace mucho que no voy por esas latitudes.* **SIN.** Sitio.

latón (la-**tón**) *s. m.* Aleación de cobre y cinc de color amarillo pálido. *Le regalaron unos pendientes de latón.*

latoso, sa (la-**to**-so) *adj.* Que cansa, molesta y fastidia. *La película me resultó un poco latosa.* **SIN.** Molesto, cargante, aburrido, fastidioso, pesado. **ANT.** Agradable, simpático, divertido.

latrocinio (la-tro-**ci**-nio) *s. m.* Hurto, robo. *Fue acusado de latrocinio.* **SIN.** Estafa, timo.

laúd (la-**úd**) *s. m.* Instrumento musical de cuerda, de caja cóncava en su parte inferior, que se toca pulsando las cuerdas. *Aprendió a tocar el laúd.*

laudable (lau-**da**-ble) *adj.* Digno de alabanza. *Su actuación fue laudable.* **SIN.** Plausible, encomiable, loable, meritorio. **ANT.** Execrable, despreciable.

laudatorio, ria (lau-da-**to**-rio) *adj.* Que alaba o contiene alabanza. *Le emocionaron sus laudatorias palabras.* **SIN.** Encomiástico. **ANT.** Reprobatorio.

laurel (lau-**rel**) *s. m.* **1.** Árbol siempre verde, de hojas aromáticas, que se usan mucho para condimento y entran en algunas preparaciones farmacéuticas. *No se te olvide echarle laurel a las lentejas.* **2.** Triunfo, premio. *Se hizo con los laureles.* **SIN.** Corona. ‖ **LOC. dormirse alguien en los laureles** *fam.* Abandonar o descuidar un asunto, confiando en los éxitos que ya se han conseguido.

lava (**la**-va) *s. f.* **1.** Materias derretidas que salen de los volcanes cuando se produce la erupción. *El volcán arrojaba gran cantidad de lava.* **SIN.** Magma. **2.** Roca que se forma al enfriarse estas materias. *El terreno estaba cubierto de lavas.*

lavable (la-**va**-ble) *adj.* Que puede lavarse. Se dice de los tejidos que no encogen o pierden sus colores al lavarlos. *Este género es lavable.*

lavabo (la-**va**-bo) *s. m.* **1.** Pila pequeña con grifos para la limpieza y aseo personal. *Se lavó las manos en el lavabo.* **2.** Cuarto dispuesto para este aseo. *Es* *una casa grande con tres lavabos.* **SIN.** Aseo, baño, tocador, servicio **3.** Váter. *Voy un momento al lavabo.* **OBS.** Es un eufemismo.

lavacoches (la-va-**co**-ches) *s. m. y s. f.* En los garajes y talleres de automóviles, empleado que tiene a su cargo limpiar y lavar los coches. *Trabaja como lavacoches.* ✎ Invariable en número.

lavadero (la-va-**de**-ro) *s. m.* **1.** Lugar en que se lava. *Nos encontramos en el lavadero del camping.* **2.** Pila de lavar la ropa. *La cocina tenía fregadero y lavadero.* **SIN.** Fregadero.

lavado (la-**va**-do) *s. m.* **1.** Acción y efecto de lavar o lavarse. *Estos pantalones tienen ya unos cuantos lavados.* ‖ **2. lavado a la piedra** Procedimiento para desteñir el color de las prendas vaqueras. **3. lavado de cerebro** Tratamiento psicofisiológico que produce en la persona un gran decaimiento mental y de la voluntad, y la hace fácil a la sugestión e incluso al reconocimiento de hechos opuestos a su manera anterior de pensar. **4. lavado de estómago** Operación que consiste en hacer pasar una cierta cantidad de agua o soluciones medicamentosas, recomendada en los casos de envenenamiento.

lavadora (la-va-**do**-ra) *s. f.* Máquina que lava la ropa automáticamente. *Había tanta ropa sucia que tuve que poner dos veces seguidas la lavadora.*

lavafrutas (la-va-**fru**-tas) *s. m.* Recipiente con agua que se pone en la mesa para lavar la fruta que se come sin mondar, y enjuagarse los dedos. *Le regalaron un bonito lavafrutas de cerámica.* ✎ Invariable en número.

lavandería (la-van-de-**rí**-a) *s. f.* **1.** Establecimiento comercial acondicionado para el lavado de la ropa. *Tengo que llevar la ropa a la lavandería.* **2.** En un establecimiento público, como hospital, residencia, etc., habitación donde se lava la ropa. *Trabaja en la lavandería del hospital.*

lavaplatos (la-va-**pla**-tos) *s. m.* Máquina que se emplea para lavar la vajilla. *Ayúdame a recoger la mesa y meter los platos en el lavaplatos.* **SIN.** Lavavajillas. ✎ Invariable en número.

lavar (la-**var**) *v. tr.* Limpiar una cosa con agua u otro líquido. **GRA.** También v. prnl. *Esta chaqueta es muy delicada, tendrás que lavarla a mano y en agua fría.* **SIN.** Limpiar, fregar **ANT.** Ensuciar, manchar.

lavativa (la-va-**ti**-va) *s. f.* Medicamento líquido que se introduce en el cuerpo por el ano, con un instrumento adecuado, y que sirve generalmente para limpiar y descargar el vientre. *Le tuvieron que hacer una lavativa antes de la operación..* **SIN.** Enema.

lavavajillas (la-va-va-**ji**-llas) *s. m.* **1.** Máquina para lavar los platos. *Recoge los platos y mételos en el lavavajillas.* **SIN.** Lavaplatos. **2.** Detergente utilizado para lavar platos, vasos, etc. *Este lavavajillas es muy eficaz contra la grasa.* ✎ Invariable en número.

laxante (la-**xan**-te) *s. m.* Medicamento que facilita la evacuación intestinal. *No deberías abusar de los laxantes.* **SIN.** Solutivo, purga, laxativo.

laxo, xa (**la**-xo) *adj.* Flojo, que no tiene la tensión que debería tener. *Tenían los músculos un poco laxos.* **SIN.** Distendido, relajado.

lazada (la-**za**-da) *s. f.* **1.** Atadura o nudo que se hace con una cinta, cuerda u otra cosa, que se desata fácilmente tirando de uno de sus cabos. *Se ató los cordones de los zapatos con una lazada.* **2.** Lazo de adorno. *El vestido llevaba una enorme lazada.*

lazarillo (la-za-**ri**-llo) *s. m.* Muchacho que guía y dirige a una persona ciega. *El lazarillo de Tormes es un personaje famoso.* **SIN.** Destrón.

lazo (**la**-zo) *s. m.* **1.** Atadura o nudo de cintas que sirve de adorno. *Para desatar el lazo, tira de un extremo.* **SIN.** Lazada. **2.** Nudo corredizo que se afloja o se aprieta tirando de un extremo. *Los vaqueros echan el lazo a las reses.* **3.** Unión, conexión de una cosa con otra. *Descubrí el lazo entre ambos hechos.* **SIN.** Dependencia, alianza, vínculo, obligación. **4.** Trampa, emboscada. *Cayó en el lazo.* **SIN.** Ardid. **5.** Disposición de un trozo de carretera o autopista que, describiendo una curva más o menos helicoidal, permite el cambio de dirección a la izquierda en los cruces a distinto nivel o salvar grandes desniveles en poco espacio. *Queda menos de un km para el lazo, allí podrás cambiar de dirección.*

le *pron. pers.* **1.** Forma átona del pronombre personal de tercera persona, género masculino, femenino o neutro y número singular, que funciona como complemento indirecto. *Le dio la carta.* **2.** Forma átona del pronombre personal de tercera persona, género masculino y número singular, que funciona como complemento directo, cuando se trata de personas. *Le llamó.* ✎ No lleva nunca prep. y se puede usar como enclítico.

leal (le-**al**) *adj.* **1.** Incapaz de traicionar, que guarda la debida fidelidad a personas o a cosas. **GRA.** También s. m. y s. f. *Era muy leal a sus amigos.* **SIN.** Fiel, franco, honrado. **ANT.** Desleal, infiel, traidor. **2.** Se dice de ciertos animales domésticos como el perro, el caballo, etc. *El perro es un animal muy leal.* **3.** Fidedigno, verídico, cierto, verdadero. *Su testimonio es leal.* **ANT.** Engañoso, falso.

lealtad - lechuga

lealtad (le-al-**tad**) *s. f.* **1.** Exactitud en el cumplimiento de los compromisos, en la correspondencia de los sentimientos, etc. *Se comporta con lealtad.* **SIN.** Fidelidad, rectitud, nobleza, observancia. **ANT.** Deslealtad, traición, infidelidad, desobediencia. **2.** Gratitud que muestran a las personas algunos animales como el perro y el caballo. *Era admirable la lealtad de su caballo.* **3.** Legalidad, verdad, realidad. *No dudaba de su lealtad.*

leandra (le-**an**-dra) *s. f., fam.* Peseta. *A finales de mes siempre anda sin una leandra.*

leasing *s. m.* Mecanismo de compra de bienes en alquiler con la particularidad de que se establece un período de vencimiento, a cuyo término el arrendatario puede quedarse con la mercancía pagando la cuota inicial. *Ha solicitado un leasing para comprarse un camión.*

lebrato (le-**bra**-to) *s. m.* Liebre que tiene menos de diez meses. *Tuvo que frenar para no atropellar al lebrato.* **SIN.** Lebroncillo.

lebrel, la (le-**brel**) *adj.* Se dice del perro que tiene el labio superior y las orejas caídas, el lomo recto, el cuerpo largo y las piernas hacia atrás. **GRA.** También s. m. *Los lebreles son buenos para la caza de liebres.*

lección (lec-**ción**) *s. f.* **1.** Conjunto de conocimientos que cada vez imparte un maestro a sus alumnos o les señala para que lo estudien. *Explicó una nueva lección en clase.* **SIN.** Clase, enseñanza, capítulo. **2.** Cada uno de las divisiones de un libro de enseñanza. *Este libro está dividido en diez lecciones.* **SIN.** Parte, capítulo. **3.** Enseñanza que se desprende de un texto. *Saca lección de esto.* **4.** Cualquier amonestación, ejemplo o acción que nos enseña el modo de comportarnos. *Recibió una buena lección.* **SIN.** Ejemplo, enseñanza. ‖ **5. lección magistral** La solemne, que se hace con motivo de algún acontecimiento importante. ‖ **LOC. dar la lección** Decírsela el alumno al profesor. **dar a alguien una lección** Escarmentarle duramente. **tomar la lección** Oírla el profesor al alumno.

lechada (le-**cha**-da) *s. f.* Masa fina de cal o yeso, o de cal mezclada con arena, que sirve para blanquear paredes, para unir piedras o filas de ladrillo. *Las piedras de la tapia estaban unidas con lechada.*

lechal (le-**chal**) *adj.* Se aplica al animal de cría que aún mama, y en especial al cordero. **GRA.** También s. m. *Cordero lechal.* **SIN.** Mamón.

lechazo (le-**cha**-zo) *s. m.* Cordero lechal. *Estaba asando un lechazo.*

leche (**le**-che) *s. f.* **1.** Líquido blanco que se forma en los pechos de las mujeres y de las hembras de los animales vivíparos para alimento de sus hijos o crías. *Estas vacas dan mucha leche.* **2.** Zumo blanco que tienen algunas plantas o frutos. *Esa crema está hecha con leche de almendras.* **3.** *vulg.* Temperamento, humor, carácter. *Tiene muy mala leche.* **4.** *vulg.* Golpe, puñetazo. *Le dio una leche.* **5.** *vulg.* Fastidio, incordio. *¡Tener que encargarnos de esto, vaya leche!* **6.** *vulg.* *Semen. ‖ **7. leche condensada** La que está concentrada con azúcar. **8. leche frita** Dulce hecho con una masa espesa de harina cocida con leche, que se reboza en huevo y harina y se fríe en pequeños cuadraditos. *De postre hay leche frita.* **9. leche homogeneizada** La obtenida por un procedimiento que, en síntesis, consiste en desintegrar las partículas grasas para reducirlas al mismo tamaño de las demás partículas lácteas, para que resulte más digerible. **10. leche limpiadora** Cosmético utilizado eliminar los restos de maquillaje. **11. leche pasterizada** Es la esterilizada calentando largo tiempo la leche a temperaturas comprendidas entre 65° y 100°. ‖ **LOC. de leche** Se dice de la cría de un animal que todavía mama. | Se dice de las vacas, cabras, etc., que se crían para la producción de leche. **como la leche** *fam.* Expresión con la que se denota que un manjar cocido o asado está muy tierno. **ser alguien o algo la leche** *vulg.* Ser sorprendente, para bien o para mal. **tener alguien mala leche** *vulg.* Tener mala intención. **a toda leche, ir echando leches** *vulg.* Muy deprisa.

lechera (le-**che**-ra) *s. f.* Vasija en que se tiene o sirve la leche. *Pon la lechera en un lugar fresco.*

lechero, ra (le-**che**-ro) *adj.* Se aplica a las hembras de animales que se tienen para que den leche. *Ovejas, vacas, cabras, etc., lecheras.*

lecho (**le**-cho) *s. m.* **1.** Cama con colchones, sábanas, etc., para descansar y dormir. *Se tumbó en el lecho.* **SIN.** Catre, piltra. **2.** Cauce de un río o canal, terreno por donde corren sus aguas. *Las aguas desbordaron el lecho del río.* **3.** Fondo de un mar, río, etc. *Estaban limpiando el lecho del río.*

lechón (le-**chón**) *s. m.* Cochinillo de leche. *Comieron lechón asado.*

lechuga (le-**chu**-ga) *s. f.* Planta que se cultiva en las huertas y cuyas hojas se comen en ensalada. *Prepara una ensalada de lechuga y tomate.* ‖ **LOC. como una lechuga** *fam.* Expresión que se aplica a la persona que está muy saludable. **ser alguien más fresco que una lechuga** *fam.* Ser muy descarado.

lechuguino (le-chu-**gui**-no) *s. m.* **1.** *fam.* Muchacho joven que pretende aparentar que ya es mayor. **GRA.** También adj. *Eres un poco lechuguino para venir con nosotros, ¿no crees?.* **SIN.** Pisaverde. **2.** *fam.* Persona joven que se compone mucho y sigue la moda. **GRA.** También adj. *Es una pandilla de lechuguinos.* **SIN.** Dandy, gomoso.

lechuza (le-**chu**-za) *s. f.* **1.** Ave rapaz nocturna, de cabeza redonda, pico corto y encorvado en la punta y ojos grandes, de plumaje suave, amarillento, pintado de blanco, gris y negro por encima, y blanco por debajo y en la cara. *Las lechuzas son muy frecuentes en España.* **SIN.** Bruja, coruja, estrige. **2.** *fam.* Persona que acostumbra a trasnochar. *Lleva una vida de lechuza.* **SIN.** Noctámbulo, trasnochador.

lectivo, va (lec-**ti**-vo) *adj.* Se dice del tiempo y días destinados para dar clase en las universidades y demás centros de enseñanza. *Ese día es ahora lectivo, ya no es fiesta.*

lectorado (lec-to-**ra**-do) *s. m.* Cargo de lector de idiomas. *Le concedieron un lectorado.*

lectura (lec-**tu**-ra) *s. f.* **1.** Acción de leer. *Estaba enfrascado en la lectura.* **2.** Obra o cosa leída. *Esa novela es mi última lectura.* **3.** En informática, acción consistente en transferir información, que puede ser de fuera a dentro del ordenador o viceversa, dentro del mismo ordenador, de un dispositivo a otro, etc. *Está realizando la lectura de los datos.*

leer (le-**er**) *v. tr.* **1.** Pasar la vista por lo escrito o impreso, para entender su significado, pronunciándolo o no en voz alta. *Le leyó un cuento.* **2.** Interpretar cualquier clase de signos, entre ellos los musicales. *Antes de tocar la pieza, leyó la partitura.* **3.** En informática, extraer datos de cualquier dispositivo de almacenamiento de los mismos. *Está leyendo los datos de ese archivo.* **4.** Adivinar lo que alguien piensa o siente. *Leyó sus pensamientos.*

legación (le-ga-**ción**) *s. f.* **1.** Cargo diplomático que da un Gobierno a una persona para que le represente en otra nación. *Acababa de ocupar la legación.* **2.** Conjunto de funcionarios a cargo de un legado. *Esa persona formaba parte de su legación.* **3.** Oficina del legado. *No había llegado todavía a la legación.*

legado (le-**ga**-do) *s. m.* **1.** Contenido de lo que deja alguien en su testamento. *La casa formaba parte del legado.* **SIN.** Herencia. **2.** Herencia que se deja a los sucesores. *Les dejó un importante legado.* **3.** Persona que el gobierno de un país envía a otro para que le represente. *Asistieron todos los legados de los países extranjeros.*

legajo (le-**ga**-jo) *s. m.* Atado de papeles o conjunto de todos los que tratan de una misma materia. *Trae un legajo bajo el brazo.* **SIN.** Dossier.

legal (le-**gal**) *adj.* **1.** Prescrito por la ley y conforme a ella. *El nombramiento era legal.* **SIN.** Legítimo, lícito, permitido, justo. **2.** Leal, de fiar. *Te puedes fiar de ella, es una persona muy legal.*

legalidad (le-ga-li-**dad**) *s. f.* Cualidad de legal. *Ponía en duda la legalidad de su actuación.* **SIN.** Licitud, legitimidad. **ANT.** Ilegalidad, arbitrariedad.

legalista (le-ga-**lis**-ta) *adj.* Que da mayor importancia al valor formal de las leyes que a cualquier otra consideración. *Su forma de ver las cosas es excesivamente legalista.*

legalizar (le-ga-li-**zar**) *v. tr.* **1.** Hacer legal una cosa. *Estaban preparando una ley para legalizar el aborto.* **SIN.** Autorizar, ratificar. **ANT.** Prohibir. **2.** Certificar o comprobar la autenticidad de un documento o una firma. *Legalizó el documento.* **SIN.** Autentificar, avalar. ✎ Se conjuga como abrazar.

légamo (**lé**-ga-mo) *s. m.* **1.** Lodo pegajoso. *La laguna tenía mucho légamo.* **SIN.** Limo, fango, barro. **2.** Parte arcillosa de las tierras de cultivo. *El tractor quedó atrapado en el légamo.*

legaña (le-**ga**-ña) *s. f.* Mucosidad producida por las glándulas sebáceas de los párpados, que se acumula en las comisuras de los ojos. *Tenía los ojos llenos de legañas.* **SIN.** Pitarra, pitaña.

legañoso, sa (le-ga-**ño**-so) *adj.* Que tiene muchas legañas. **GRA.** También s. m. y s. f. *Se levantó todo legañoso.* **SIN.** Pitarroso, pitañoso.

legar (le-**gar**) *v. tr.* **1.** Dejar una cosa a alguien por medio de testamento o documento escrito. *Le legaba todos sus bienes.* **SIN.** Mandar, dejar. **2.** Transmitir ideas, tradiciones, etc. a los que siguen en el tiempo. *Nuestros antepasados nos legaron esta tradición.* ✎ Se conjuga como ahogar.

legatario, ria (le-ga-**ta**-rio) *s. m. y s. f.* Persona a quien se deja alguna cosa en testamento. *Su hijo era el principal legatario.*

legenda (le-**gen**-da) *s. f.* Historia de la vida de un santo. *Escribió varios volúmenes de legendas.*

legendario, ria (le-gen-**da**-rio) *adj.* **1.** Que pertenece o se refiere a las leyendas. *Poema legendario.* **SIN.** Leyendario, tradicional. **2.** Popular, famoso. *Se había convertido en un personaje legendario.* **SIN.** Célebre, inmortal.

legible (le-**gi**-ble) *adj.* Que se puede leer. *Su firma es muy legible.* **SIN.** Leíble, descifrable. **ANT.** Ilegible, indescifrable, críptico.

legión - lejanía

legión (le-**gión**) *s. f.* **1.** Cuerpo de tropas del ejército romano. *El cónsul envió varias legiones.* **2.** Nombre que se da a ciertos tipos de tropas. *Hizo la mili en la legión.* **3.** Número indeterminado y abundante de personas o animales. *De aquella colmena salió una legión de abejas.* **SIN.** Muchedumbre, masa, tropel.

legionario, ria (le-gio-**na**-rio) *s. m. y s. f.* En los ejércitos modernos, soldado de algún cuerpo de los que tienen nombre de legión. *El segundo cuerpo en desfilar fue el de los legionarios.*

legionella (le-gio-**ne**-lla) *s. f.* **1.** Bacteria causante de una enfermedad contagiosa cuyos síntomas principales son congestión, fiebre alta y neumonía y que, en ocasiones, puede provocar la muerte del enfermo. *Se creía que la legionella era la causante de la enfermedad.* **2.** Esta misma enfermedad. *Había varios casos de legionella.*

legislación (le-gis-la-**ción**) *s. f.* **1.** Conjunto de leyes de un Estado o que hacen relación a una materia determinada. *Cometió un delito contra la legislación vigente.* **SIN.** Código, fuero, reglamento. **2.** Acción de legislar o de establecer leyes. *La legislación de la nueva ley se ha retrasado.*

legislar (le-gis-**lar**) *v. intr.* Dar o establecer leyes. **GRA.** También v. tr. *Se ocuparon de legislar unas normas básicas.* **SIN.** Estatuir(se), promulgar(se), sancionar(se).

legislativo, va (le-gis-la-**ti**-vo) *adj.* **1.** Se dice del poder y del derecho de hacer leyes. *En las Cortes reside el poder legislativo.* **2.** Autorizado por una ley. *Decían que no era una medida legislativa.* **SIN.** Legal, parlamentario, constitucional.

legislatura (le-gis-la-**tu**-ra) *s. f.* **1.** Período de tiempo durante el que funcionan los cuerpos legislativos del Estado. *Agotó los cuatro años de legislatura.* **2.** Período de sesiones de Cortes durante el cual subsisten la mesa y las comisiones permanentes elegidas en cada cuerpo colegislador. *El presidente dio por terminada la legislatura.*

legitimar (le-gi-ti-**mar**) *v. tr.* **1.** Justificar la verdad de una cosa o la calidad de una persona o cosa conforme a las leyes. *Legitimó sus afirmaciones.* **SIN.** Certificar. **2.** Hacer legítimo al hijo que no lo era. *Legitimó a su hija.* **3.** Habilitar a una persona inhábil para un oficio o empleo. *Le legitimaron para el cargo.*

legítimo, ma (le-**gí**-ti-mo) *adj.* **1.** Conforme a las leyes. *Su poder era legítimo.* **SIN.** Lícito, legal. **ANT.** Ilegítimo, ilegal. **2.** Ajustado a la justicia y a la razón. *Su actuación fue legítima.* **SIN.** Equitativo, justo, razonable. **3.** Cierto, genuino y verdadero en cualquier línea. *Es de cuero legítimo.* **SIN.** Puro, auténtico. **ANT.** Falso.

lego, ga (**le**-go) *adj.* **1.** Que no tiene órdenes religiosas. **GRA.** También s. m. y s. f. *Personas legas le ayudan en sus tareas de catequesis.* **SIN.** Seglar. **2.** Falto de conocimiento. *Es un lego en la materia.* **SIN.** Ignorante, profano.

legrado (le-**gra**-do) *s. m.* Operación quirúrgica en la que se rae la mucosidad uterina. *Le tuvieron que practicar un legrado.*

legua (**le**-gua) *s. f.* Medida de longitud que equivale a 5 572 m y 7 dm. *Faltaban más de 3 leguas para llegar a la posada.* ‖ **LOC. a la legua** A mucha distancia. **a la legua, o a leguas** Con claridad.

leguleyo, ya (le-gu-**le**-yo) *s. m. y s. f.* Persona que trata de leyes sin autoridad ni conocimiento. *No dejas que se encargue del caso ese leguleyo.* **SIN.** Picapleito, abogaducho.

legumbre (le-**gum**-bre) *s. f.* Todo fruto o semilla que se cría en vaina. *Los guisantes y las alubias son legumbres.*

leguminoso, sa (le-gu-mi-**no**-so) *adj.* Se dice de hierbas, matas, arbustos y árboles de fruto en forma de legumbre, con varias semillas sin albumen, como la acacia. **GRA.** También s. f. *El garbanzo es una leguminosa.*

lehendakari *s. m.* *Lendacari

leída (le-**í**-da) *s. f.* Lectura, acción de leer. *Dio una leída al periódico y se fue.* **SIN.** Vistazo, ojeada, repaso.

leído, da (le-**í**-do) *adj.* Se dice de la persona que ha leído mucho y es muy culta. *Es una persona muy leída.* **SIN.** Culto, instruido. **ANT.** Inculto, torpe.

leísmo (le-**ís**-mo) *s. m.* Empleo indebido de los pronombres personales "le" o "les" como complemento directo en vez de indirecto, cuando se trata de cosas o de personas de género femenino. Si se trata de personas de género masculino, el leísmo está permitido por la Real Academia Española. *"Pégale" (leísmo) frente a "pégalo" (uso correcto).*

leitmotiv *s. m.* **1.** Tema básico de una composición poética o musical que subraya mediante la repetición un personaje, un objeto o una idea. *La solidaridad era el leitmotiv del poema.* **2.** Idea, asunto de una obra o conversación. *No estaba muy de acuerdo con el leitmotiv de la campaña.*

lejanía (le-ja-**ní**-a) *s. f.* **1.** Parte distante o remota de un lugar; también alejamiento en el tiempo. *Lo vi en la lejanía.* **SIN.** Distancia. **2.** Paisaje que se observa a lo lejos. *Su vista se perdía en la lejanía.* **SIN.** Horizonte.

lejano, na (le-**ja**-no) *adj.* Distante, apartado en el tiempo o en el espacio. *Sucedió en un tiempo muy lejano.* **SIN.** Alejado, remoto. **ANT.** Próximo.

lejía (le-**jí**-a) *s. f.* Agua con sales alcalinas que se emplea para blanquear la ropa. *Mete este mantel en lejía, te quedará perfecto.*

lejos (**le**-jos) *adv. l. y adv. t.* A gran distancia, en el tiempo o en el espacio. *Las estrellas están muy lejos. Las últimas vacaciones ya se han quedado muy lejos.* **SIN.** Atrás. **ANT.** Cerca. ‖ **LOC. a lo lejos, de lejos, de muy lejos, desde lejos** A larga distancia o desde larga distancia. **lejos de** Seguida de un infinitivo, en vez de.

lelo, la (**le**-lo) *adj.* Falto o escaso de entendimiento. **GRA.** También s. m. y s. f. *Pareces lela, no entiendes nada.* **SIN.** Embobado, bobo. **ANT.** Avispado, listo.

lema (**le**-ma) *s. m.* **1.** Argumento que precede a ciertas composiciones literarias para indicar en pocas palabras el asunto de la obra. *Leyó el lema antes de empezar la novela.* **SIN.** Epígrafe. **2.** Letra que se pone en los emblemas y empresas. *Una "w" es el lema de la empresa.* **SIN.** Letrero, inscripción. **3.** Tema de un discurso, campaña, etc. *Justicia para todos era el lema de la campaña.* **4.** Contraseña que se escribe en los pliegos de algunos concursos para conocer, después del fallo, a quien pertenece cada obra, o averiguar el nombre de los autores premiados. *El lema iba en la parte superior.* **5.** Entrada, voz de un diccionario. *En este diccionario se definen más de 30 000 lemas.*

leming (**le**-ming) *s. m.* Nombre que se da a los pequeños roedores que viven en el norte de Europa, Asia y América. *Esa madriguera es de un leming.*

lémur (**lé**-mur) *s. m.* Género de mamíferos cuadrúmanos, con los dientes incisivos de la mandíbula inferior inclinados hacia delante y la cola muy larga. Son frugívoros y propios de Madagascar. *El lémur es del tamaño de un gato.*

lencería (len-ce-**rí**-a) *s. f.* **1.** Ropa interior femenina. *Tienen camisones preciosos en la sección de lencería.* **2.** Ropa blanca de cama, de mesa y de baño. *Han abierto una tienda de lencería.*

lendacari (len-da-**ca**-ri) *s. m.* Presidente del gobierno autónomo vasco. *A la ceremonia de apertura acudió el lendacari.*

lengua (**len**-gua) *s. f.* **1.** Órgano muscular situado en el interior de la boca que sirve para distinguir los sabores y para articular los sonidos de la voz. *La sopa estaba muy caliente y se quemó la lengua.* **2.** Conjunto de palabras y modos de hablar de un pueblo o nación. *Tras haber vivido en varios países, el embajador hablaba más de ocho lenguas.* **SIN.** Lenguaje, idioma **3.** En lingüística, sistema de comunicación verbal propio de un pueblo o nación. *"Lengua" se opone a "habla".* **4.** Badajo de la campana. *Se soltó la lengua de la campana.* ‖ **5. lengua de agua** Orilla o extremidad de la tierra que toca el mar, un río, etc. **6. lengua de estropajo** *fam.* Persona que balbucea, o que habla y pronuncia mal, de manera que apenas se le entiende lo que dice. **7. lengua de gato** Bombón de chocolate con forma de lengua. **8. lengua de víbora o viperina** Se aplica a la persona maldiciente. **9. lengua madre o materna** La que se habla en un país con relación a sus habitantes. **10. lengua muerta** La que ya no se habla. **11. lengua universal, o esperanto** Artificio general lingüístico que inventó el ruso Zamenhof para la intercomunicación de las personas de todos los países. **12. malas lenguas** *fam.* Conjunto de personas que calumnian y murmuran. **13. segunda lengua** Lengua que una persona habla además de la materna. ‖ **LOC. con la lengua fuera** *fam.* Agotado, muy cansado. **darle a la lengua** *fam.* Hablar mucho. **irse alguien de la lengua** *fam.* Decir involuntariamente más de lo debido. **morderse alguien la lengua** *fam.* Hacer esfuerzos para no hablar. **no tener pelos en la lengua** *fam.* Decir algo claramente, sin rodeos. **tener alguien una cosa en la punta de la lengua** *fam.* Estar a punto de recordarla y decirla. **tener la lengua muy larga** *fam.* Hablar más de la cuenta. **tirar de la lengua a alguien** *fam.* Incitarle a que hable. **trabársele la lengua a alguien** *fam.* Tener dificultades para pronunciar correctamente. ✎ Ver cuadro pág. 612.

lenguado (len-**gua**-do) *s. m.* Pez que vive en el fondo del mar, de cuerpo delgado y aplastado y con los ojos en un mismo lado. Su carne es comestible y muy estimada. *Me gusta el lenguado al horno.*

lenguaje (len-**gua**-je) *s. m.* **1.** Conjunto de signos lingüísticos, o de sonidos articulados con que las personas manifiestan lo que piensan y sienten. *La Lingüística es la ciencia que estudia el lenguaje.* **2.** Facultad de comunicarse por medio de estos sonidos. *Iba a un logopeda porque tenía problemas de lenguaje.* **3.** Modo de hablar o de expresarse. *No utilices ese lenguaje tan grosero.* **4.** Estilo y modo de hablar y escribir de cada uno en particular. *Posee un lenguaje rico y ampuloso.* **5.** Conjunto de signos convencionales que da a entender una cosa.

lenguaraz - lengüeta

BÁLTICO -ESLAVO	eslavo	oriental	bielorruso, ruso, ucraniano		
		meridional	esloveno, servo-croata, búlgaro		
		occidental	checo, eslovaco, polaco, lekita, soravo, polavo, kachuve		
	báltico	letón, lituano, prusiano			
GERMÁNICO	occidental	inglés, inglés americano			
		alemán, neerlandés, judeoalemán			
	nórdico	islandés, noruego, sueco, danés			
	oriental	gótico			
ITALO-CELTA	celta	celta insular	británico	bretón, galés, córnico	
			gaélico	irlandés, gaélico (escocés), dialecto de Mann	
		celta continental	galo		
	itálico	umbro			
		latín osco	románicas	español, portugués, provenzal, catalán, francés, rumano, italiano, sardo, dálmata, retorrománico	
ILIRIO ALBANÉS	véneto tosco mesapio griego				
HELÉNICO	dórico aqueo eólico jónico ático micénico	koiné			
		griego moderno			
TRACIO-FRIGIO	tracio frigio macedónico				
ARMENIO	occidental (zona turca) oriental (zona rusa)				
TOKARIO	agni kcheano				
HITITA INDO-IRANIO	iranio	persa antiguo	pahlaví	persa, kurdo, oseta, baluchi, afgano, caspios	
	indoario	sánscrito y pacritos	occidental	sindhi, gujrati, mahrata, lahnda, rajastani	
			central	panjabi, paharí, hindí	
			oriental	bengalí, bihari, oriyá, assamés	
			meridional	cingalés	
			cíngaro		

Lenguaje animal. **SIN.** Código. ‖ **6. lenguaje coloquial** El usual, a diferencia del técnico o literario. **7. lenguaje máquina** Códigos binarios con que los ordenadores ejecutan las instrucciones de los lenguajes de programación. **8. lenguaje de programación** Conjunto de instrucciones y signos con que se escriben los programas informáticos. **9. lenguaje vulgar** El que se emplea con expresiones malsonantes o imperfecciones sintácticas.

lenguaraz (len-gua-**raz**) *adj.* Se dice de la persona que habla con atrevimiento y descaro. *Es muy lenguaraz.* **SIN.** Malhablado, maldiciente, insolente, desvergonzado. **ANT.** Comedido, discreto.

lengüeta (len-**güe**-ta) *s. f.* **1.** Pieza de piel o de cuero, en forma de lengua, sobre la que se atan los cordones de los zapatos. *Estas botas tienen la lengüeta demasiado grande.* **2.** Laminilla móvil de metal que en el tubo de ciertos instrumentos musicales de

lengüetazo - lepidóptero

viento y algunas máquinas hidráulicas produce el sonido. *Las lengüetas del saxofón estaban rotas.*

lengüetazo (len-güe-**ta**-zo) *s. m.* Acción de lamer una cosa con la lengua. *El perro daba a su ama lengüetazos de alegría.*

lenificar (le-ni-fi-**car**) *v. tr.* Suavizar, ablandar. *Intentó lenificar el asunto.* ✎ Se conjuga como abarcar.

lenitivo, va (le-ni-**ti**-vo) *adj.* Que suaviza, que alivia. **GRA.** También s. m. y s. f. *Esa pomada es un buen lenitivo para el dolor.* **SIN.** Calmante, alivio, consuelo.

lente (**len**-te) *s. amb.* **1.** Cristal o medio refringente limitado por dos caras curvas o una curva y otra plana que se emplea en varios instrumentos ópticos. **GRA.** También s. m. *En una lente convexa.* ‖ *s. f. pl.* **2.** *Gafas.* **GRA.** También s. m. pl **SIN.** Anteojos, quevedos. ‖ **3. lente de contacto** *Lentilla.

lenteja (len-**te**-ja) *s. f.* **1.** Planta leguminosa de semillas en forma de disco muy pequeño, muy alimenticias y nutritivas. *Fueron a arrancar las lentejas.* **2.** Fruto de esta planta. *Comimos lentejas con chorizo.*

lentejuela (len-te-**jue**-la) *s. f.* Laminilla o disco de metal brillante, que se cose como adorno a los vestidos de fiesta. *Llevaba un vestido de lentejuelas.*

lenticular (len-ti-cu-**lar**) *adj.* **1.** De forma parecida a la semilla de la lenteja. *Las ruedas de esa bicicleta son lenticulares.* ‖ *s. m.* **2.** El más pequeño de los cuatro huesos que se hallan detrás del tímpano, en el oído medio. **GRA.** También adj. *El lenticular se encuentra en el oído medio.*

lentilla (len-**ti**-lla) *s. f.* Lente muy pequeña, de material plástico, que se adapta por contacto a la córnea del ojo para corregir defectos en la visión. *Lleva lentillas.* **SIN.** Lente de contacto, microlentilla.

lentisco (len-**tis**-co) *s. m.* Arbusto siempre verde, de hojas persistentes, de madera rojiza dura y aromática. *La madera del lentisco se utiliza en ebanistería.* **SIN.** Almáciga.

lentitud (len-ti-**tud**) *s. f.* Tardanza o calma con que se hace o sucede una cosa. *Hacía el trabajo con mucha lentitud.* **SIN.** Cachaza, pachorra. **ANT.** Rapidez.

lento, ta (**len**-to) *adj.* Que se mueve o actúa muy despacio. *Los caracoles son animales de movimientos muy lentos.* **SIN.** Calmo, flemático. **ANT.** Rápido.

leña (**le**-ña) *s. f.* **1.** Conjunto de ramas o trozos de madera que se usan para encender o mantener la lumbre. *Trae más leña para la chimenea.* **SIN.** Madera, ramojo. **2.** *fam.* Castigo, paliza. *Le dio leña.* ‖ **LOC. echar, o añadir, leña al fuego** Añadir más motivos para acrecentar un mal. **llevar leña al monte** Dar algo a quien lo tiene en abundancia.

leñazo (le-**ña**-zo) *s. m., fam.* Golpe. *Se dio un buen leñazo.*

leñera (le-**ñe**-ra) *s. f.* Lugar donde se guarda o amontona la leña. *Durante el buen tiempo iba llenando poco a poco la leñera.*

leño (**le**-ño) *s. m.* **1.** Trozo de árbol después de cortado y limpio de ramas. *Echa unos leños al fuego.* **SIN.** Tronco. **2.** *fam.* Persona de poco talento y habilidad. *Eres un poco leño, no te enteras de nada.* **SIN.** Torpe, tarugo. ‖ **LOC. dormir como un leño** *fam.* Dormir profundamente.

leñoso, sa (le-**ño**-so) *adj.* **1.** Se dice de la parte más consistente de los vegetales. *Tallo leñoso.* **2.** Hablando de arbustos, plantas, frutos, etc., que tiene consistencia y dureza como la de la madera. *El boj es una planta leñosa.*

león, na (le-**ón**) *s. m. y s. f.* **1.** Mamífero carnívoro, propio de los desiertos de África y de Asia meridional; muy corpulento, de un metro de altura próximamente, cabeza grande, dientes y uñas muy fuertes, y la cola larga. Su pelaje es entre amarillo y rojo. El macho tiene una larga melena que le cubre la nuca y el cuello, y que crece con los años. *Vimos los leones del circo.* **2.** Persona que actúa con audacia y valentía. *Se portó como un león.*

leonado, da (le-o-**na**-do) *adj.* De color rubio oscuro, parecido al pelo del león. *Tiene un color leonado.* **SIN.** Bermejo, rubio.

leonera (le-o-**ne**-ra) *s. f.* **1.** Lugar en que se tienen encerrados los leones. *El domador entró en la leonera.* **2.** *fam.* Habitación con mucho desorden, principalmente en las casas donde son muchos de familia. *Aquello parecía una leonera.*

leopardo (le-o-**par**-do) *s. m.* Mamífero carnívoro, cuyo aspecto general es el de un gato grande, de pelaje blanco en el pecho y el vientre, y rojizo con manchas negras y redondas distribuidas en todo el resto del cuerpo; vive en los bosques de Asia y África. *El leopardo trepa a los árboles en persecución de los monos y otros animales.*

leotardo (le-o-**tar**-do) *s. m.* Prenda que cubre el cuerpo desde la cintura hasta los pies, ciñéndose a él. **GRA.** Se usa también en pl. *Se puso los leotardos de lana porque hacía mucho frío.* **SIN.** Calzas, medias.

Lepe (**Le**-pe) *n. p.* Se utiliza en la expresión "saber alguien más que Lepe", que significa ser muy listo y espabilado. *Es más listo que Lepe.*

lepidóptero, ra (le-pi-**dóp**-te-ro) *adj.* Se aplica a los insectos de metamorfosis compleja, que después de experimentar los estados de oruga y crisálida, tienen cabeza pequeña con grandes antenas y una especie de trompa para chupar los jugos de las flores, con cuatro alas cubiertas de escamitas microscópicas de diversos colores. Sus larvas son las orugas. **GRA.** También s. m. *La mariposa es un lepidóptero.*

lepra (**le**-pra) *s. f.* Enfermedad crónica infecciosa, que se manifiesta por manchas y ulceraciones en la piel, y se transmite por herencia o contagio. Es de muy difícil curación. *Trataba a enfermos con lepra.*

leprosería (le-pro-se-**rí**-a) *s. f.* Hospital para personas leprosas. *Es enfermero en una leprosería.*

lerdo, da (**ler**-do) *adj.* Torpe y lento para comprender o hacer una cosa. *Es muy lerdo.* **SIN.** Tarugo, negado. **ANT.** Listo, inteligente.

les *pron. pers.* **1.** Forma átona del pronombre personal de tercera persona en género masculino o femenino y número plural, que funciona como complemento indirecto. *Les dimos la carta.* **2.** Forma átona del pronombre personal de tercera persona, en género masculino y número plural, que funciona como complemento directo cuando se trata de personas. *Les vio hablando con tu madre.* ✎ No admite preposición y se puede usar como sufijo.

lesbianismo (les-bia-**nis**-mo) *s. f.* Amor y sexualidad de mujeres entre sí. *Su estudio sobre el lesbianismo ha provocado gran expectación.*

lesbiano, na (les-**bia**-no) *adj.* Se dice de la mujer que mantiene relaciones sexuales con otra mujer. **GRA.** También s. f. *Su amiga era lesbiana.*

lesión (le-**sión**) *s. f.* **1.** Daño corporal causado por una herida, golpe o enfermedad. *Los accidentados sólo tenían lesiones leves.* **SIN.** Herida, contusión **2.** Perjuicio o daño moral. *No podía tolerar aquella lesión de sus derechos.* **SIN.** Deterioro. **ANT.** Bien, favor, beneficio.

lesionar (le-sio-**nar**) *v. tr.* Causar lesión. **GRA.** Tambien v. prnl. *Se lesionó el tobillo.* **SIN.** Herir(se), lastimar(se), lisiar(se), dañar(se), perjudicar(se).

lesivo, va (le-**si**-vo) *adj.* Que causa o puede causar lesión o daño, especialmente en el orden moral y jurídico. *Aquello resultaba lesivo para mis intereses.* **SIN.** Dañino, perjudicial. **ANT.** Favorable, positivo.

leso, sa (**le**-so) *adj.* **1.** Agraviado, lastimado. *Se sintió herido y leso en su honor.* **2.** Hablando de la inteligencia o imaginación, pervertida, trastornada. *Lesos pensamientos los míos.*

letal (le-**tal**) *adj.* Mortal, capaz de ocasionar la muerte. *Era una inyección letal.* **SIN.** Mortífero.

letanía (le-ta-**ní**-a) *s. f.* **1.** Oración formada por una serie de súplicas que se hacen a Dios, a la Virgen o a los santos. **GRA.** Se usa en pl. en el mismo sentido *Rezó las letanías.* **2.** Lista, serie. *Me dijo toda la letanía de cosas que quería para su cumpleaños.*

letargo (le-**tar**-go) *s. m.* **1.** Estado de sueño e inactividad en que viven muchos reptiles y otros animales durante el invierno. *Las lagartijas sufren letargo.* **2.** Sueño profundo. *Después de comer nos entró un profundo letargo.* **SIN.** Modorra, sopor, torpor, torpeza. **3.** Abandono, estancamiento, inactividad. *Aquel largo período de letargo le estaba deprimiendo.*

letificar (le-ti-fi-**car**) *v. tr.* Alegrar, regocijar. *Su llegada les letificó a todos.* ✎ Se conjuga como abarcar.

letra (**le**-tra) *s. f.* **1.** Cada uno de los signos escritos con que se representan los sonidos de una lengua. *El abecedario es la serie de las letras de un idioma.* **SIN.** Carácter, grafema. **2.** Forma particular de escribir. *Luis tiene buena letra.* **3.** Conjunto de las palabras que llevan música e integran una canción, himno, etc. *Era la autora de la letra de la canción ganadora.* **4.** *fam.* Astucia y sagacidad para desenvolverse. *Sabe mucha letra.* || *s. f. pl.* **5.** Los distintos aspectos del saber humano o conjunto de ciencias humanísticas. *Filología es una carrera de letras.* **SIN.** Humanidades. || **6. letra cursiva** Letra inclinada de imprenta. **7. letra de cambio** Documento por el que una persona manda a otra una orden de pago de determinada cantidad de dinero a favor de un tercero, a su vencimiento. **8. letra del tesoro** Documento. **9. letra mayúscula** La de mayor tamaño y diferente figura que la minúscula, y que se utiliza como inicial de nombre propio y en algunos otros casos. **10. letra minúscula** La que se usa constantemente en la escritura, excepto cuando debe emplearse la mayúscula. **11. letra negrilla** La que es más gruesa que la ordinaria. **12. letra numeral** La que representa un número. **13. letra pequeña** Parte de un contrato u otro documento impresa en un tipo de letra menor que el del texto principal, en la que generalmente figuran cláusulas importantes que suelen pasar inadvertidas. **14. letra redonda o redondilla.** La de mano o de imprenta caracterizada por ser derecha y circular. **15. letra versalita** Mayúscula pero de tamaño inferior a la de ésta en una misma palabra o frase. || **LOC. al pie de la letra** Literalmente. **letra por letra** Enteramente.

letrado, da (le-**tra**-do) *s. m. y s. f.* Abogado, licenciado en Derecho. *Contrató a un letrado.* **SIN.** Jurisconsulto.

letrero (le-**tre**-ro) *s. m.* **1.** Palabra o conjunto de palabras escritas para publicar o hacer saber una cosa. *Había un letrero en la puerta.* **SIN.** Anuncio, cartel. **2.** Rótulo que se coloca a la entrada de una sala o local con el nombre del mismo. *No sabíamos qué sala era porque el letrero se había caído.*

letrilla (le-**tri**-lla) *s. f.* **1.** Composición poética de versos cortos que suele ponerse en música. *Hizo letrillas sobre el otoño.* **2.** Composición poética dividida en estrofas, al fin de las cuales se repite en un estribillo el pensamiento general de la composición, expresado con brevedad. *"Dexadme llorar / orillas del mar" es el estribillo de una letrilla de Góngora.*

letrina (le-**tri**-na) *s. f.* **1.** Lugar destinado para expeler en él los excrementos. *Contruyeron las letrinas del campamento antes de montar las tiendas de campaña.* **SIN.** Retrete, excusado. **2.** Cosa sucia y asquerosa. *El sótano estaba como una letrina.*

letrista (le-**tris**-ta) *s. m. y s. f.* Persona que escribe las letras de las composiciones musicales. *Es una famosa letrista.*

leucemia (leu-**ce**-mia) *s. f.* Enfermedad que se manifiesta por un exceso anormal de leucocitos en la sangre. *Estaba enfermo de leucemia.*

leucocito (leu-co-**ci**-to) *s. m.* Cada uno de los glóbulos blancos de la sangre. *Tenía pocos leucocitos.*

levadizo, za (le-va-**di**-zo) *adj.* Que se puede levantar. *Construyeron un puente levadizo.*

levadura (le-va-**du**-ra) *s. f.* **1.** Hongos unicelulares, muchos de los cuales pueden causar la fermentación. *El panadero compró un saco de levadura.* **2.** Cualquier sustancia que hace fermentar el cuerpo con que se la mezcla. *La levadura se utiliza en la cocción de pan y en la fabricación del vino y cerveza.*

levantamiento (le-van-ta-**mien**-to) *s. m.* **1.** Acción y efecto de levantar o levantarse. *Levantamiento de pesos.* **2.** Alzamiento, alboroto popular. *Hubo un levantamiento de militares.* **SIN.** Sublevación, rebelión, motín. ‖ **3. levantamiento del cadáver** Diligencia judicial que da permiso para trasladar el cadáver del lugar donde ha sido hallado.

levantar (le-van-**tar**) *v. tr.* **1.** Mover una cosa de abajo hacia arriba. **GRA.** También v. prnl. *Levantó la enorme piedra sin apenas esfuerzo.* **SIN.** Aupar(se), izar(se), subir(se), elevar(se). **ANT.** Descender, bajar, desplomarse, caer(se), derrumbar(se), abatir(se). **2.** Poner una cosa en lugar más alto que el que antes estaba. **GRA.** También v. prnl. *Levantaron tres filas más de ladrillos.* **SIN.** Alzar(se). **ANT.** Bajar(se). **3.** Poner en posición vertical algo que estaba inclinado o caído. **GRA.** También v. prnl *Levanta la botella antes de que se salga el líquido.* **SIN.** Enderezar(se), erguir(se), incorporar(se). **ANT.** Tumbar(se), tirar(se), inclinar(se). **4.** Separar una cosa de otra a la que está más o menos adherida. **GRA.** También v. prnl. *Se levantó la piel.* **SIN.** Separar(se), retirar(se). **ANT.** Pegar(se), unir(se). **5.** Referido a la mirada, la puntería, etc., dirigirla hacia arriba. *Levantó los ojos.* **6.** Quitar una cosa del sitio en que está. *Levantaron el campamento.* **SIN.** Desmontar, recoger. **7.** Construir un edificio. *Levantaron un banco enfrente de mi casa.* **SIN.** Edificar, erigir. **ANT.** Destruir, derribar. **8.** Establecer, instituir, erigir. *Levantaron un monumento.* **SIN.** Fundar, crear. **9.** Acrecentar, subir. *Levantó la voz. Le levantó el ánimo.* **10.** Anular una pena o castigo. *Le levantaron el castigo y pudo ir a la excursión.* **SIN.** Perdonar, conmutar. **11.** Mejorar algo. *Consiguió levantar el negocio en pocos meses.* **ANT.** Hundir. **12.** Sublevar, amotinar. **GRA.** También v. prnl. *Se levantaron contra la autoridad.* **ANT.** Someter(se). **13.** Atribuir a alguien un hecho o un dicho falso. *Levantaron falsos testimonios contra ella.* **14.** Aclarar, despejarse. *A primeras horas de la tarde, el día levantó.* **15.** *fam.* Robar. *Le levantaron la cazadora.* ‖ *v. prnl.* **16.** Dejar la cama. *Se levantaron al amanecer.* **ANT.** Echarse, acostarse. **17.** Agitarse el viento o el mar. *Se levantó un fuerte viento.* **18.** Mostrarse ante la vista una cosa alta. *Se levantaba la inmensa torre de la iglesia.* ‖ **LOC. levantar la liebre** Prevenir a una persona acerca de un posible acontecimiento.

levante (le-**van**-te) *s. m.* **1.** Viento que sopla de la parte oriental. *El barco izó sus velas al levante.* **2.** Países que están en la parte oriental del mar Mediterráneo. *Los países del levante estaban en contra.* ‖ *n. p.* **3.** Oriente o punto por donde sale el sol. **ORT.** Se escribe con mayúscula. *Mi habitación da al Levante.* **SIN.** Este, Oriente. **4.** Nombre genérico de las comarcas mediterráneas de España, y especialmente las correspondientes a los antiguos reinos de Valencia y Murcia. **ORT.** Se escribe con mayúscula. *Estuvieron de veraneo por la zona de Levante.*

levantisco, ca (le-van-**tis**-co) *adj.* De carácter inquieto y rebelde. *Es un poco levantisco.* **SIN.** Indócil, alborotador, díscolo. **ANT.** Dócil, disciplinado.

levar (le-**var**) *v. tr.* **1.** Levantar. *Levaron anclas.* ‖ *v. intr.* **2.** *Zarpar.

leve (**le**-ve) *adj.* **1.** Que tiene o que es de poco peso. *Llevaba una leve carga.* **SIN.** Ligero, liviano, vaporoso. **ANT.** Pesado. **2.** De poca importancia, de poca consideración. *Le pusieron una falta leve.*

levita - libación

levita (le-**vi**-ta) *s. f.* Vestidura masculina, hoy poco usada, cuyos faldones, a diferencia de los frac, llegan a cruzarse por delante. *Iba vestido con levita.* **SIN.** Chaqué.

lexema (le-**xe**-ma) *s. f.* Unidad léxica mínima que carece de morfemas, y posee un significado léxico, no gramatical. *"Pan" es el lexema de "panadería".*

léxico (**lé**-xi-co) *s. m.* **1.** Conjunto de palabras de una lengua o región. *Ese idioma tiene un léxico de gran riqueza.* **SIN.** Lexicón, diccionario, vocabulario. **2.** Caudal de voces, modismos y giros propios de un autor o de una persona en su lenguaje escrito o hablado. *Publicó un estudio del léxico de García Lorca.*

lexicografía (le-xi-co-gra-**fí**-a) *s. f.* **1.** Estudio de las palabras de una lengua. *Consultó un tratado de lexicografía latina.* **2.** Técnica de elaborar léxicos o diccionarios. *Se dedica a la lexicografía.*

lexicología (le-xi-co-lo-**gí**-a) *s. f.* Rama de la Lingüística que analiza las unidades léxicas de una lengua y las relaciones entre éstas. *Tenía la especialidad de lexicología.*

ley *s. f.* **1.** Regla invariable a la que están sujetas las cosas por su naturaleza. *Newton formuló la ley de la gravedad.* **SIN.** Precepto, regla, reglamento. **2.** Lo que la autoridad manda o prohíbe a los ciudadanos de acuerdo con la justicia. *El robo está prohibido por la ley.* **SIN.** Precepto, prescripción, mandato, mandamiento, norma **3.** Reglamentación, estatuto. *Tenía que acatar las leyes del grupo.* ‖ *s. f. pl.* **4.** Ordenamiento jurídico. *Las leyes no contemplaban aquel supuesto.* ‖ **5. ley de la ventaja** En el fútbol, norma por la que el árbitro deja continuar el juego aunque se haya producido una falta sobre el equipo en posesión de la pelota, por encontrarse en situación favorable para jugarla. **6. ley divina** Conjunto de preceptos que Dios ha dado a los seres humanos. **7. ley orgánica** La que regula todo lo referente a instituciones básicas y fundamentales del Estado. **8. ley marcial** La que declara en estado de sitio a un territorio determinado. **9. ley sálica** La que excluía del trono real a las mujeres y sus descendientes femeninas. **10. ley del embudo** La que se emplea injustamente, aplicándola con dureza para unos y con suavidad para otros. **11. ley de Newton** Aquella según la cual los cuerpos se atraen en razón directa de las masas e inversa del cuadrado de la distancia. **12. ley seca** La que prohíbe el tráfico y consumo de bebidas alcohólicas. **13. leyes de Mendel** Las que rigen la herencia indirecta y se basan en hechos comprobados experimentalmente. ‖ **LOC. caer sobre alguien todo el peso de la ley** Ser juzgado y sentenciado con la mayor condena posible. **con todas las de la ley** Reuniendo todos los requisitos necesarios. **de ley** Se dice de las aleaciones de oro y plata que tienen la cantidad de este metal fijada por la ley.

leyenda (le-**yen**-da) *s. f.* **1.** Relación de sucesos que tienen más de tradicionales y maravillosos que de históricos y verdaderos. *Era un pueblo muy rico en leyendas.* **SIN.** Tradición, fábula, mito, cuento, ficción. **2.** Composición poética de alguna extensión en que se narra un suceso de este tipo. *La leyenda narraba su victoria en la batalla.* **3.** Inscripción de moneda, medalla, sello, etc., o del pie de un cuadro, grabado o mapa. *La leyenda de la moneda estaba demasiado borrosa.* **4.** Lema, divisa. **4.** Ídolo. *Era una leyenda de la canción.* ‖ **5. leyenda negra** Opinión negativa, generalmente infundada, que la mayoría tiene sobre una persona o cosa.

lezna (**lez**-na) *s. f.* Instrumento que usan los zapateros y otros artesanos para agujerear y coser el cuero. *Utilizó la lezna para coser la suela del zapato.* **SIN.** Lesna, alesna, subilla.

lía (**lí**-a) *s. f.* Soga de esparto tejida en forma de trenza, para atar y asegurar los fardos, cargas y otras cosas. *Cortaron la lía del paquete.*

liana (**lia**-na) *s. f.* **1.** Planta colgante y flexible en forma de cuerda, que crece encaramada a algunos árboles de las selvas tropicales. *Se agarró a una liana.* **2.** Enredadera o planta trepadora de otros países. *La pared estaba cubierta de lianas.*

liar (li-**ar**) *v. tr.* **1.** Atar una cosa. *Lía bien el paquete antes de enviarlo.* **ANT.** Desatar. **2.** Envolver una cosa. *Lía esta caja.* **SIN.** Empaquetar, encordelar, embalar, enrollar. **ANT.** Desenvolver. **3.** Engañar o meter a alguien en un compromiso. **GRA.** También *v. prnl Al final me liaron para ir al cine.* **SIN.** Enredar(se), embarcar(se), enrollar(se). **4.** Formar un cigarrillo envolviendo la picadura en el papel de fumar. *Estaba liando su cigarrillo.* **5.** Complicar, enredar. *Se vio liado en un sucio asunto.* **SIN.** Involucrar. **6.** Confundir, embarullar. *No me líes más.* **SIN.** Embrollar. ‖ *v. prnl.* **7.** Mezclarse entre otros, pegarse. *Se liaron a bofetadas.* **SIN.** Enzarzarse, complicarse. **8.** Tener un romance. *Decían que habían estado liados.* ‖ **LOC. liarse la manta a la cabeza** Atreverse con una empresa, arriesgarse. ✎ En cuanto al acento, se conjuga como desviar.

libación (li-ba-**ción**) *s. f.* **1.** Acción de libar. *Fotografiamos una mariposa en plena libación.* **2.** Ceremonia religiosa de los antiguos paganos, que consistía en llenar un vaso de vino o de determinado líquido y derramarlo, después de probarlo, sobre el suelo, fuego o altar de los dioses. *Terminaron su ofrenda con una libación.*

libar (li-**bar**) *v. tr.* **1.** Chupar los insectos el néctar de las flores. *Las abejas libaban el polen de las margaritas.* **2.** Hacer la libación para el sacrificio. *Libaron vino en el sacrificio.*

libelo (li-**be**-lo) *s. m.* Escrito satírico y difamatorio contra alguien o algo. *Publicó un libelo contra él.* **SIN.** Panfleto.

libélula (li-**bé**-lu-la) *s. f.* Insecto rojizo o azulado, con cuatro alas estrechas e iguales, que suele habitar en las corrientes de los ríos. *Sobre la charca volaban cientos de libélulas.* **SIN.** Caballito del diablo.

líber (**lí**-ber) *s. m.* Conjunto de capas delgadas de tejido fibroso que forman la parte interior de la corteza de algunos vegetales. *Al cortar el árbol pudimos ver su líber.*

liberación (li-be-ra-**ción**) *s. f.* Acción de poner en libertad. *Después de casi un año, se produjo la liberación del secuestrado.*

liberal (li-be-**ral**) *adj.* **1.** Que profesa doctrinas favorables a la libertad política de un país. **GRA.** También s. m. y s. f. *Era un grupo muy liberal.* **2.** Abierto, tolerante. *Sus ideas eran muy liberales.* **3.** Se dice de la profesión que se puede ejercer de forma privada. *Quería dedicarse a una profesión liberal, escritor, por ejemplo.* **4.** Que obra con liberalidad. *Seguro que te lo presta, es una persona muy liberal.* **SIN.** Generoso, desprendido, desinteresado. **ANT.** Tacaño.

liberalidad (li-be-ra-li-**dad**) *s. f.* Virtud que consiste en distribuir alguien generosamente sus bienes sin esperar recompensa. *Actúa con liberalidad.* **SIN.** Generosidad, desprendimiento. **ANT.** Tacañería.

liberalismo (li-be-ra-**lis**-mo) *s. m.* Conjunto de ideas que profesan los partidarios del sistema liberal político. *Defendían el liberalismo.* **SIN.** Progresismo, reformismo.

liberar (li-be-**rar**) *v. tr.* **1.** Poner en libertad. *Liberaron a los detenidos.* **2.** Eximir a alguien de una obligación. *Lo liberaron de su compromiso.* **SIN.** Librar, soltar, dispensar. **3.** Desprender, emitir. *Liberaba energía.* **SIN.** Despedir. **ANT.** Captar.

líbero (**lí**-be-ro) *s. m.* Jugador de fútbol que, ocupando su puesto en la defensa, no tiene jugador contrario a quien marcar, por lo que queda en libertad de movimiento para defender y atacar. Se dice también "hombre libre". *Jugaba como líbero.*

libertad (li-ber-**tad**) *s. f.* **1.** Facultad que tiene el ser humano de elegir sus actos. *Tiene libertad para opinar.* **SIN.** Autodeterminación, independencia, voluntad. **ANT.** Dependencia, limitación. **2.** Estado de la persona que no es esclava o no está presa. *El ladrón ya está en libertad.* **ANT.** Esclavitud, sometimiento, sumisión, servidumbre. **3.** Confianza, familiaridad. *Me muevo por su casa con toda libertad.* **SIN.** Soltura. ‖ **4. libertad condicional** Beneficio de abandonar la prisión que puede concederse a un preso por buena conducta, cuando ya ha cumplido parte de su condena. **5. libertad de conciencia o de pensamiento** La que respeta la manifestación de las propias ideas. **6. libertad de cultos** Derecho de practicar en público los actos de la religión que alguien profesa. **7. libertad provisional** La que se concede a alguien en espera de juicio.

libertador, ra (li-ber-ta-**dor**) *adj.* Que liberta o libera. **GRA.** También s. m. y s. f. *El general San Martín fue un libertador de América Latina.* **SIN.** Manumisor, redentor. **ANT.** Opresor, dictador.

libertar (li-ber-**tar**) *v. tr.* **1.** Poner a alguien en libertad, o soltar lo que está atado o preso. **GRA.** También v. prnl. *Libertaron a uno de los dos detenidos.* **SIN.** Emancipar(se), soltar(se), rescatar(se), redimir. **ANT.** Apresar, encarcelar, capturar, recluir. **2.** Eximir a alguien de una obligación. **GRA.** También v. prnl. *Le libertó de su compromiso.*

libertario, ria (li-ber-**ta**-rio) *adj.* Se dice del partidario de la libertad política absoluta. **GRA.** También s. m. y s. f. *Es una persona libertaria.* **SIN.** Ácrata, anarquista.

libertinaje (li-ber-ti-**na**-je) *s. m.* Abuso de la libertad. *Una cosa es libertad y otra libertinaje.*

libertino, na (li-ber-**ti**-no) *adj.* Se dice de la persona que lleva una vida muy desenfrenada y de esta vida. **GRA.** También s. m. y s. f. *Su vida es un poco libertina.* **SIN.** Licencioso, desenfrenado, disoluto, vicioso.

liberto, ta (li-**ber**-to) *s. m. y s. f.* Esclavo a quien se había dado la libertad. *Los romanos tenían para su servicio esclavos y libertos.*

libidinoso, sa (li-bi-di-**no**-so) *adj.* Lujurioso, lascivo. *Pensamientos libidinosos.*

libido (li-**bi**-do) *s. f.* El deseo sexual, considerado por algunos autores, a partir de Freud, como impulso y causa de las más variadas manifestaciones de la actividad psíquica. *Decía que la primavera aumentaba la libido.* ☞ No "líbido".

libra - licencia

libra (li-bra) s. f. **1.** Peso antiguo, variable según las provincias. *Pesaba 2 libras.* **2.** *fam.* Cien pesetas. *Me ha costado dos libras.*

librado, da (li-bra-do) s. m. y s. f. Persona sobre la cual se gira una letra de cambio o cheque. *Necesitaba los dos apellidos del librado.*

libranza (li-bran-za) s. f. Orden de pago. *Ordenó la libranza de esa cuenta.*

librar (li-brar) v. tr. **1.** Evitar a alguien un trabajo, obligación, mal o peligro. **GRA.** También v. prnl. *El salvavidas le libró de ahogarse.* **SIN.** Salvar(se), eximir, dispensar, liberar(se). **ANT.** Imponer, comprometer(se). **2.** Entablar, sostener. *Libraron una dura batalla verbal.* **ANT.** Rehuir ‖ v. intr. **3.** *fam.* Disfrutar un trabajador de día de descanso. *Este viernes libro.* **4.** Expulsar la placenta después del parto. *La vaca tuvo problemas para librar.* ‖ **LOC. librar bien, o mal** Salir con suerte o no de un asunto. **librar bien, o mal** Evitar o no un obstáculo.

libre (li-bre) adj. **1.** Que tiene facultad para obrar o no obrar a su gusto. *Eres libre de hacer lo que quieras.* **SIN.** Independiente. **2.** Que no es esclavo ni está encarcelado. *Eran personas libres.* **ANT.** Esclavo, preso. **3.** Suelto, no sujeto. *Quedaba una pieza libre.* **ANT.** Atado, sujeto. **4.** Exento, dispensado. *Estaba libre de asistir.* **5.** Que no ofrece obstáculos. *El paso está libre.* **6.** Inocente, sin culpa. *Salió libre.* **7.** Se dice de los estudios no oficiales. *Estaba haciendo el curso por libre.* **8.** Se dice de la traducción o interpretación no literal. *Es una traducción demasiado libre.* **9.** Independiente, rebelde, caprichoso. *Desde joven había sido una persona muy libre.* ‖ **LOC. por libre** De manera independiente. **GRA.** Se usa con los v. "ir", "actuar", "andar", etc. Tiene sup. irreg. "libérrimo".

librea (li-bre-a) s. f. Traje que ciertas personas, como príncipes, señores y algunas entidades, dan a sus criados, generalmente de gala. *Iba vestido con librea.*

librería (li-bre-rí-a) s. f. **1.** Establecimiento donde se venden libros. *En esa librería el libro estaba agotado.* **2.** Mueble con estantes para colocar libros. *Me venía bien un par de baldas más en la librería.*

librero, ra (li-bre-ro) s. m. y s. f. Persona que tiene por oficio vender libros. *El librero le informó de las novedades.*

libreta (li-bre-ta) s. f. **1.** Cuaderno para escribir en él anotaciones, cuentas, etc. *Sacó su pequeña libreta para anotar la dirección.* **SIN.** Bloc. ‖ **2. libreta de ahorros** Documento que expide una entidad bancaria para consignar los movimientos de una cuenta.

libreto (li-bre-to) s. m. Texto de una ópera. *Le encargaron la traducción del libreto.*

librillo (li-bri-llo) s. m. **1.** Cuadernito de papel de fumar. *Sacó el librillo y se dispuso a liar un cigarro.* **SIN.** Librito. **2.** *Libro, estómago de los rumiantes. **3.** Bisagra para las cajas muy pequeñas. *Hay que arreglar el librillo de la tabaquera.*

libro (li-bro) s. m. **1.** Conjunto de hojas de papel, manuscritas o impresas, encuadernadas juntas en un volumen. *El libro está encuadernado en piel.* **SIN.** Tomo, ejemplar. **2.** Obra científica o literaria bastante extensa que forma un volumen. *Todavía no he leído su último libro.* **3.** Tercera de las cuatro cavidades en que se divide el estómago de los rumiantes. *El proceso principal de la digestión de los rumiantes se desarrolla en el libro.* ‖ **4. libro de actas** El que llevan las sociedades y compañías para anotar los acuerdos que se tomen en sus juntas. **5. libro de bolsillo** El que por su formato, poco grueso y peso reducido, puede llevarse en el bolsillo, suele ser barato y se pone a la venta en grandes tiradas. **6. libro de caballerías** Novela que trata de los caballeros andantes. **7. libro de escolaridad** El que recoge los resultados obtenidos en los exámenes por el alumno a lo largo de los años de estudios. **8. libro de familia** Libro en el que se registran los nacimientos, cambios de estado y defunciones de las personas que constituyen una familia. **9. libro de texto** El que oficialmente sirve a los estudiantes para cursar una asignatura. ‖ **LOC. ahorcar, o colgar, alguien los libros** *fam.* Dejar de estudiar. **explicarse como un libro abierto** *fam.* Hablar bien y con claridad.

licencia (li-cen-cia) s. f. **1.** Permiso para hacer una cosa y documento que lo demuestra. *Tiene la licencia de pesca.* **SIN.** Autorización, consentimiento, venia. **ANT.** Prohibición, desautorización. **2.** Libertad abusiva en decir u obrar. *Creo que se ha tomado demasiadas licencias.* **SIN.** Atrevimiento, osadía, desenfreno, libertinaje. **ANT.** Honorabilidad, continencia. ‖ **3. licencia absoluta** La que se concede a los soldados, liberándoles por completo del servicio militar. **4. licencia fiscal** Documento por el que el Ministerio de Hacienda otorga autorización para poner en funcionamiento una empresa. **5. licencia poética** Infracción de las leyes del lenguaje o del estilo que pueden cometerse lícitamente en la poesía. ‖ **LOC. tomarse una licencia** Hacer una cosa por propia iniciativa, sin pedir permiso.

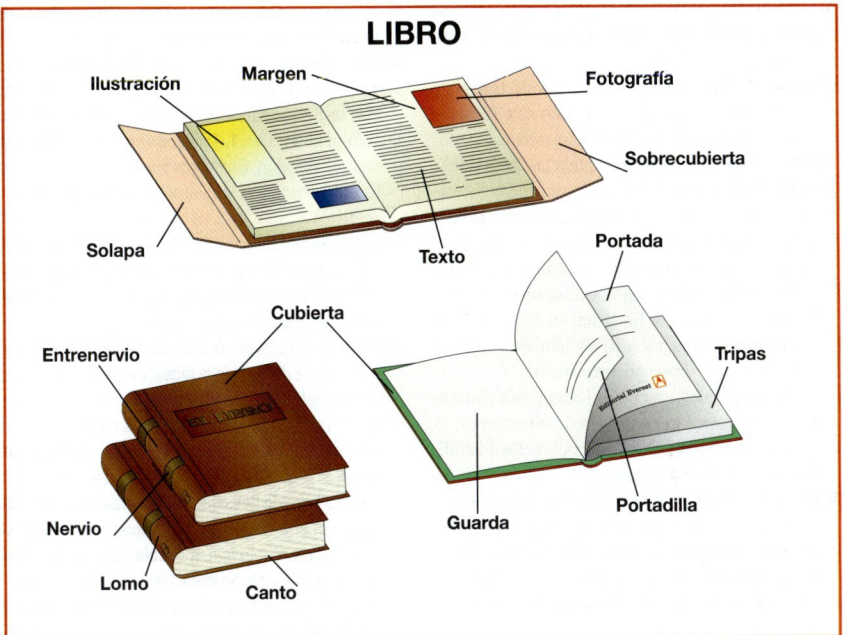

licenciado, da (li-cen-**cia**-do) *adj.* **1.** Dado por libre de algún servicio. *Estaba licenciado del servicio de guardias.* **2.** Se dice del soldado que ha recibido su licencia. *Hacía dos años que estaba licenciado.* || *s. m. y s. f.* **3.** Persona que ha obtenido en una facultad el título que le permite trabajar en su profesión. *Es licenciada en Farmacia.* **4.** *amer.* Tratamiento que se da a los abogados en varios países de América.

licenciar (li-cen-**ciar**) *v. tr.* **1.** *Permitir. **2.** Despedir a alguien. *Licenció a su empleado.* **3.** Conferir a alguien el grado de licenciado. **GRA.** También v. prnl. *Se licenció en Filología inglesa.* **4.** Dar a los soldados licencia absoluta o temporal. *Faltaban sólo dos semanas para que les licenciaran.* ✎ En cuanto al acento, se conjuga como cambiar.

licenciatura (li-cen-cia-**tu**-ra) *s. f.* **1.** Estudios necesarios para obtener el grado de licenciado. *Acabó la licenciatura con brillantes resultados.* **SIN.** Carrera. **2.** Grado de licenciado. *Obtuvo la licenciatura.*

licencioso, sa (li-cen-**cio**-so) *adj.* Libre, atrevido. *Llevaba una vida licenciosa.* **SIN.** Desvergonzado.

liceo (li-**ce**-o) *s. m.* **1.** Nombre de ciertas sociedades literarias o recreativas. *Fueron a ver la exposición al liceo.* **2.** Nombre dado en algunos países a centros de enseñanza. *Va a clase al Liceo francés.*

licitador, ra (li-ci-ta-**dor**) *s. m. y s. f.* Persona que licita. *Había muchos licitadores en aquella subasta.* **SIN.** Postor.

licitar (li-ci-**tar**) *v. tr.* Ofrecer precio por una cosa en un subasta. *Por aquel cuadro licitaron muchas personas.* **SIN.** Pujar.

lícito, ta (**lí**-ci-to) *adj.* Que se atiene a la ley, justicia o razón. *Aquella medida no era lícita.* **SIN.** Justo, permitido, legítimo, legal, autorizado. **ANT.** Injusto, prohibido, ilícito, ilegal, improcedente.

licor (li-**cor**) *s. m.* Bebida compuesta de alcohol, agua, azúcar y esencias aromáticas variadas. *Prepara un exquisito licor de fresas.*

licorera (li-co-**re**-ra) *s. f.* Utensilio de mesa donde se colocan las botellas de licor y a veces los vasos o copas en que se sirve. *Se rompió la licorera.*

licra (**li**-cra) *s. f.* *Lycra.

lictor (lic-**tor**) *s. m.* Ministro de justicia de la antigua Roma. *El lictor llevaba un haz de varas.*

licuable (li-**cua**-ble) *adj.* Se dice del cuerpo que puede pasar al estado líquido. *El hielo es un cuerpo licuable.* **SIN.** Licuefactible.

licuación - ligar

licuación (li-cua-**ción**) *s. f.* Acción y efecto de licuar o licuarse. *La licuación del hielo se hace por medio de calor.*

licuadora (li-cua-**do**-ra) *s. f.* Aparato eléctrico para licuar frutas u otros alimentos. *Con esta licuadora me puedo preparar unos zumos riquísimos.*

licuar (li-**cuar**) *v. tr.* **1.** Hacer líquida una cosa sólida. **GRA.** También v. prnl. *Puedes licuar el hielo si lo calientas.* **SIN.** Licuefacer(se). **2.** Fundir un metal sin que se derritan las demás materias con las que se encuentra combinado, a fin de separarlo de ellas. **GRA.** También v. prnl. *Hay que licuar el oro para quitarle las impurezas.* ✎ En cuanto al acento, se conjuga como averiguar. La RAE admite también la conjugación sin diptongo, como actuar.

licuefacer (li-cue-fa-**cer**) *v. tr.* Licuar, hacer líquida una cosa sólida o gaseosa. **GRA.** También v. prnl. *El médico tratará de licuefacer el coágulo.* **SIN.** Fluidificar. ✎ v. irreg., se conjuga como hacer.

lid *s. f.* **1.** Combate, pelea. *Ganó en buena lid.* **SIN.** Liz, lucha, batalla, contienda. **2.** Disputa, polémica. *No deberías meterte en esas lides.* **SIN.** Debate. || *s. f. pl.* **3.** Asuntos, actividades, ocupaciones. *Tantas lides absorbían su tiempo por completo.* ✎ Su pl. es "lides".

líder (**lí**-der) *s. m. y s. f.* **1.** Dirigente, jefe de un partido político, de un grupo social o de otra colectividad. *Su líder goza de mucho prestigio.* **2.** Persona que va a la cabeza de una competición deportiva. *Entrevistaron al líder.* ☞ Para la RAE sólo s. m.

liderar (li-de-**rar**) *v. tr.* Dirigir un grupo, partido político, etc. *Lidera el partido desde hace años.*

lidia (**li**-dia) *s. f.* **1.** Acción y efecto de lidiar. *La lidia con aquel cliente fue difícil.* **2.** Conjunto de suertes que se practican con el toro desde que sale a la plaza hasta su arrastre. *Demostró su gran maestría en la lidia.*

lidiar (li-**diar**) *v. intr.* **1.** Batallar, pelear. *Había mucho que lidiar en aquel asunto.* **ANT.** Pacificar. **2.** Hacer frente a alguien, oponérsele. *Lidió con él con valentía.* **3.** Tratar con una o más personas polémicas. *A veces le toca lidiar con cada uno, que..* **SIN.** Pugnar. || *v. tr.* **4.** Torear. *Lidió el primer toro de la tarde.* ✎ En cuanto al acento, se conjuga como cambiar.

liebre (**lie**-bre) *s. f.* Mamífero roedor muy tímido y solitario, de pelo suave, cabeza pequeña, orejas largas, cuerpo estrecho, cola y extremidades posteriores más largas que las anteriores. Es muy apreciado por su carne y como pieza de caza. *Las liebres son muy veloces.* || **LOC. levantar alguien la liebre** *fam.* Sacar a la luz algo que estaba oculto. **saltar la liebre** *fam.* Suceder algo de forma inesperada.

liendre (**lien**-dre) *s. f.* Huevecillo del piojo, que suele estar adherido a los pelos de los animales de los que este insecto es parásito. *Tenía liendres en la cabeza.*

lienzo (**lien**-zo) *s. m.* **1.** Tela que se fabrica de lino, cáñamo o algodón. *Bordó sus iniciales en un trozo de lienzo.* **2.** Pintura realizada sobre lienzo. *Compró un lienzo.*

liftado (lif-**ta**-do) *s. m.* En tenis, golpe mediante el cual la bola adquiere una rotación de atrás hacia delante, logrando un bote fuerte y rápido. *Respondió a su ataque con un liftado.*

lifting *s. m.* Operación quirúrgica de estiramiento de la piel para disminuir o quitar sus arrugas. *Se hizo un lifting para parecer más joven.*

liga (**li**-ga) *s. f.* **1.** Cinta elástica con la que se sujetan las medias y los calcetines. *Llevaba una liga azul para que le diera suerte.* **2.** Unión, mezcla. *No le convencía nada aquella liga de cosas tan dispares.* **3.** Alianza de países entre sí para combatir o defenderse de otros. *La Liga de Lepanto luchó contra los turcos.* **SIN.** Confederación, coalición. **4.** Agrupación de personas con un fin común. *Formaron una liga comercial.* **SIN.** Asociación, coalición. **5.** Competición deportiva en la que cada equipo ha de jugar contra todos los de su misma categoría. *Ha sido campeón de la liga de fútbol por primera vez.*

ligadura (li-ga-**du**-ra) *s. f.* **1.** Sujeción con que una cosa está unida a otra. *Ya no tenía ligadura alguna.* **SIN.** Traba, trabazón, atadura **2.** Vuelta que se da apretando una cosa con una liga, cuerda, etc. *Se saltaron las ligaduras.*

ligamento (li-ga-**men**-to) *s. m.* **1.** Acción y efecto de ligar. *Las piezas están unidas por un fuerte ligamento.* **2.** Cordón de tejido elástico que une los huesos de las articulaciones. *Tenía un esguince de ligamentos.*

ligar (li-**gar**) *v. tr.* **1.** Unir con nudos o ligaduras. *Ligaron los cabos de la cuerda.* **SIN.** Atar, amarrar, liar. **2.** Formar una masa homogénea con dos o más sustancias. *Liga harina y agua para hacer pan.* **3.** Mezclar dos o más metales fundiéndolos. *Ligaron cobre y estaño para obtener bronce.* **4.** Unir, conciliar, enlazar. *Ligaron esfuerzos, y así lo consiguieron.* **ANT.** Desunir, separar. || *v. intr.* **5.** *fam.* Establecer relaciones con un chico o una chica. *Estaba en la edad de ligar.* || *v. prnl.* **6.** Confederarse, unirse para algún fin. *Ambos organizadores se ligaron para realizar el proyecto.* **SIN.** Coligarse, aliarse. **ANT.** Separarse, desmembrarse. ✎ Se conjuga como ahogar.

ligazón - limar

ligazón (li-ga-**zón**) *s. f.* Unión, trabazón de una cosa. *Tenían mucha ligazón.* **SIN.** Enlace, conexión.

ligereza (li-ge-**re**-za) *s. f.* **1.** Cualidad de ligero. *Le encantaba la ligereza de aquella tela.* **2.** Rapidez, agilidad. *Lo hizo con toda ligereza.* **SIN.** Viveza, celeridad, prontitud. **3.** Dicho o hecho imprudente o irreflexivo. *Cometió una ligereza.* **SIN.** Irreflexión, imprudencia.

ligero, ra (li-**ge**-ro) *adj.* **1.** Que pesa poco. *Esta manta es ligera como una pluma.* **SIN.** Leve, liviano, ingrávido. **ANT.** Pesado. **2.** De movimientos rápidos. *En un tren ligero llegaremos antes.* **SIN.** Ágil, veloz, pronto. **ANT.** Lento, torpe. **3.** Se dice del sueño que se interrumpe con facilidad con cualquier ruido. *Tiene un sueño muy ligero.* **ANT.** Pesado, profundo. **4.** Leve, de poca importancia y consideración. *Hubo un ligero contratiempo.* **5.** Hablando de alimentos, que se digiere fácilmente. *Siempre cena algo ligero.* **6.** Inconstante, que cambia fácilmente de opinión. *Es de personalidad muy ligera.* **SIN.** Voluble, instable. **7.** Se dice de una de las categorías existentes en judo, boxeo y lucha. *Es campeón de los pesos ligeros.* ‖ **LOC. a la ligera** De prisa. | Sin reflexionar.

light *adj.* **1.** Suave, ligero. *La película tenía un argumento light.* **2.** Referido a productos de consumo, "bajo en". *Margarina light, cigarrillos light, refrescos light.*

lignito (lig-**ni**-to) *s. m.* Carbón fósil de color negro o pardo. *Trajeron un cargamento de lignito.*

ligón, na (li-**gón**) *adj.* Se aplica a la persona obsesionada por establecer relaciones con el sexo opuesto. *Tiene fama de ser muy ligón.*

ligue (**li**-gue) *s. m.* **1.** Acción y efecto de ligar, entablar relaciones amorosas pasajeras. *Le envidiaban porque tenía muchos ligues.* **SIN.** Aventura, flirteo, amorío, idilio. **2.** Persona con quien se entablan estas relaciones. *Vino a la fiesta con su último ligue.*

liguero, ra (li-**gue**-ro) *adj.* **1.** Que pertenece o se refiere a una liga deportiva. *Se presentaba una emocionante jornada liguera.* ‖ *s. m.* **2.** Especie de cinturón o faja estrecha a la que se sujeta el extremo superior de las ligas. *Las medias y el liguero triunfaban en las nuevas colecciones de lencería.*

liguilla (li-**gui**-lla) *s. f.* Liga deportiva en la que participan un número reducido de equipos. *Quedaron los terceros de la liguilla.*

lija (**li**-ja) *s. f.* **1.** Pez marino, de piel sin escamas, pero cubierta de una especie de granillos córneos muy duros, que la hacen áspera. Se utiliza, además de su carne, la piel y el aceite que se saca de su hígado. *La lija es un pez muy voraz.* **2.** Papel rugoso o cubierto de pequeñas partículas duras que se usa para pulir la madera u otros materiales. *Esta lija es apropiada para madera.* ‖ *adj.* **3.** *Méx.* Listo, astuto, agudo.

lijadora (li-ja-**do**-ra) *s. f.* Máquina para lijar madera o metal formada por discos, cilindros o correas recubiertos de lija. *Necesito una lijadora para el taller.*

lijar (li-**jar**) *v. tr.* Alisar y pulir una cosa con lija o papel de lija. *Lija bien la madera antes de barnizarla.* **SIN.** Pulimentar, suavizar.

lila (**li**-la) *s. f.* **1.** Arbusto de flores pequeñas olorosas y de color morado, originario de Persia. *El huerto estaba lleno de lilas.* **2.** Flor de este arbusto. *Cortó unas lilas para ponerlas en el florero de su habitación.* ‖ *adj.* **3.** Se dice del color morado claro, como la flor de la lila. **GRA.** También s. m. *Me pondré la blusa lila.*

liliputiense (li-li-pu-**tien**-se) *adj.* Se dice de la persona muy pequeña y débil. **GRA.** También s. m. y s. f. *No le gustaba nada que le llamaran liliputiense.* **ANT.** Gigante.

lima¹ (**li**-ma) *s. f.* **1.** Fruta parecida a la naranja, de piel más amarilla y lisa que ésta, cuya pulpa, de color verdoso, tiene un sabor agridulce. *Pidió un zumo de lima.* **2.** Limero, árbol. *El plantío de limas se ha secado.*

lima² (**li**-ma) *s. f.* **1.** Instrumento de acero que sirve para desgastar los metales y otras materias duras. *Utiliza esta lima para la madera.* **2.** Corrección de una obra artística o literaria. *Hay que hacer una buena lima en el libro.* ‖ **LOC. comer como una lima** Comer muchísimo.

limaco (li-**ma**-co) *s. m.* *Babosa.

limadura (li-ma-**du**-ra) *s. f.* **1.** Acción y efecto de limar. *Continúa con la limadura hasta que la tabla esté lisa.* **SIN.** Ralladura. ‖ *s. f. pl.* **2.** Partículas muy pequeñas que se desprenden al limar un metal u otra materia semejante. *Limpiamos el banco de trabajo de limaduras.*

limar (li-**mar**) *v. tr.* **1.** Cortar, pulir los metales, la madera, etc., con la lima. *Tienes que limar la tabla antes de pintarla.* **SIN.** Desbastar, pulir. **2.** Pulir una obra. *Le gustaba limar mucho sus libros.* **SIN.** Corregir, retocar. **3.** Debilitar una cosa material o inmaterial. *Aquella enfermedad estaba limando su salud.* **SIN.** Disminuir, consumir. ‖ **LOC. limar asperezas** Hacer más suaves las diferencias entre dos o más personas.

limatón - limpiar

limatón (li-ma-**tón**) *s. m.* Lima redonda, gruesa y áspera. *El cerrajero tuvo que utilizar su limatón para abrir la puerta.*

limbo (**lim**-bo) *s. m.* **1.** Según la doctrina católica, lugar donde van las almas de los niños que mueren sin haber recibido el bautismo. *Su alma estaba en el limbo.* **2.** Lámina de las hojas, sépalos o pétalos. *El limbo de la hoja estaba comido por las orugas.* ‖ **LOC. estar alguien en el limbo** *fam.* Estar despistado.

limen (**li**-men) *s. m., poét.* *Umbral.

limitación (li-mi-ta-**ción**) *s. f.* **1.** Acción y efecto de limitar o limitarse. *Se encontraron con grandes limitaciones.* **SIN.** Restricción, límite, prohibición, acotamiento. **2.** Término, distrito, demarcación. *Aquel pueblo estaba ya fuera de su limitación.* **3.** Impedimento para realizar algo. *Se encontró con muchas limitaciones.* **SIN.** Cortapisa, condicionamiento

limitado, da (li-mi-**ta**-do) *adj.* **1.** Se dice de la persona poco inteligente. *Se sentía un poco limitado para aquel trabajo.* **SIN.** Ignorante, corto, incapaz. **2.** Referido a cosas, escaso, pequeño, reducido. *Contaban con un espacio demasiado limitado.*

limitar (li-mi-**tar**) *v. tr.* **1.** Poner límites a un terreno. *Limitaron la finca.* **SIN.** Delimitar, demarcar. **2.** Cortar, ceñir, reducir, restringir. **GRA.** También v. prnl. *Se limitaron a lo más importante.* **3.** Fijar hasta donde llega la autoridad o los derechos y poderes de alguien. *Aquella medida limitaba aún más su autoridad.* **SIN.** Concretar, restringir. ‖ *v. intr.* **4.** Estar contiguos dos terrenos, lindar o confinar. *Sus casas limitan.* **SIN.** Colindar, lindar.

límite (**lí**-mi-te) *s. m.* **1.** Línea que separa dos territorios. *Los Pirineos señalan el límite entre Francia y España.* **SIN.** Linde, frontera, confín. **2.** Término de una cosa. *Cuando el corredor llegó a la meta estaba agotado, al límite de sus fuerzas.* **SIN.** Final, acabamiento, fin, extremo. **ANT.** Principio, origen. **3.** En matemáticas, término del cual no puede pasar el valor de una cantidad. *En clase estudiamos ayer los límites.*

limítrofe (li-**mí**-tro-fe) *adj.* Que limita con algún territorio o terreno. *Nunca había estado en el país limítrofe.* **SIN.** Contiguo, aledaño, colindante, lindante, fronterizo.

limo (**li**-mo) *s. m.* **1.** Lodo. *En el fondo del río había mucho limo.* **SIN.** Cieno, fango, barro. **2.** Composición bacteriana que se forma frecuentemente en las fábricas de papel, debido a la abundancia de sustancias nutritivas, a la humedad, el oxígeno y el calor, etc. *El suelo del almacén estaba cubierto de limo.*

limón (li-**món**) *s. m.* Fruto del limonero, de color amarillo pálido, cáscara delgada y pulpa muy jugosa y agria, digestiva, y rica en vitaminas A y C. *Me apetece un zumo de limón.*

limonada (li-mo-**na**-da) *s. f.* **1.** Bebida compuesta de agua, azúcar y zumo de limón. *Pedimos una limonada.* **SIN.** Refresco. ‖ **2. limonada de vino** Sangría, bebida de limón y vino tinto. *En esta ciudad es muy típico beber limonada en Semana Santa.*

limonero (li-mo-**ne**-ro) *s. m.* Árbol siempre verde, de tronco liso y ramoso, copa abierta y flores olorosas, cuyo fruto es el limón. *El limonero es originario de Asia y se cultiva mucho en España.* **SIN.** Cidro, toronjo.

limosna (li-**mos**-na) *s. f.* **1.** Donativo que se da para ayudar a una persona necesitada. *Dio una limosna para los pobres.* **SIN.** Socorro, caridad. **2.** Cantidad escasa de algo, miseria. *Le pagaron una limosna por el trabajo.*

limpiabarros (lim-pia-**ba**-rros) *s. m.* *Felpudo. Invariable en número.

limpiabotas (lim-pia-**bo**-tas) *s. m. y s. f.* Persona que tiene por oficio limpiar y lustrar botas y zapatos. *Hace años, en aquel café había un limpiabotas.* Invariable en número.

limpiachimeneas (lim-pia-chi-me-**ne**-as) *s. m. y s. f.* Persona que por oficio deshollina chimeneas. *La cocina no tira, deberíamos avisar a un limpiachimeneas.* **SIN.** Deshollinador. Invariable en número.

limpiadientes (lim-pia-**dien**-tes) *s. m.* *Mondadientes. Invariable en número.

limpiaparabrisas (lim-pia-pa-ra-**bri**-sas) *s. m.* Mecanismo que se adapta a la parte exterior del parabrisas y que, moviéndose de un lado a otro, aparta la lluvia o la nieve que cae sobre éste. *Se estropeó el limpiaparabrisas.* Invariable en número.

limpiapeines (lim-pia-**pei**-nes) *s. m.* Instrumento de metal con que se limpian las púas de los peines. *Lava estos cepillos y pásales el limpiapeines.* Invariable en número.

limpiar (lim-**piar**) *v. tr.* **1.** Quitar la suciedad de una cosa. **GRA.** También v. prnl. *Hay que limpiar la cocina.* **SIN.** Lavar(se), asear(se). **ANT.** Ensuciar(se), manchar(se). **2.** Quitar imperfecciones o defectos. *Limpió las manchas de pintura del suelo.* **SIN.** Depurar, purgar, sanear, purificar. **3.** Echar de algún sitio lo que es molesto o perjudicial. *Limpiaron el sótano de ratas.* **4.** Quitar a los árboles las ramas

límpido - línea

pequeñas que se dañan entre sí. *Limpió las ramas del árbol.* **SIN.** Podar. **5.** *fam.* Hurtar o robar algo. *Le limpiaron todo el dinero.* **SIN.** Sustraer. 🖎 En cuanto al acento, se conjuga como cambiar.

límpido, da (**lím**-pi-do) *adj., poét.* Limpio, puro, sin mancha. *Observaba el límpido cielo.* **SIN.** Claro, cristalino, impoluto. **ANT.** Impuro, turbio.

limpieza (lim-**pie**-za) *s. f.* **1.** Cualidad de limpio. *Era un maníaco de la limpieza.* **2.** Acción y efecto de limpiar o limpiarse. *Se ocupa de la limpieza de la casa.* **SIN.** Aseo, pulcritud. **3.** Integridad y desinterés con que se obra en los negocios. *Negociaron con toda limpieza.* **SIN.** Rectitud, honradez. **4.** Perfección, destreza con que se hacen ciertas cosas. *Destaca la limpieza con que hace todos sus trabajos.* **SIN.** Precisión, agilidad. **ANT.** Imperfección, imprecisión. **5.** En los juegos, observación estricta de las reglas de cada uno. *El árbitro vigila la limpieza de cada partido.* || **6. limpieza en seco** Procedimiento de limpieza, usado en tintorería, que no utiliza el agua ni líquidos acuosos.

limpio, pia (**lim**-pio) *adj.* **1.** Que no tiene mancha ni suciedad. *Barrió el suelo para dejarlo limpio.* **SIN.** Pulcro, puro, inmaculado. **ANT.** Sucio. **2.** Se dice de la persona que tiene el hábito del aseo y la pulcritud. *Ana es muy limpia.* **SIN.** Aseado, pulcro. **3.** Exento de cosa que dañe o infeccione. *Las aguas de este río están muy limpias.* **SIN.** Incontaminado, depurado, desinfectado. **4.** Se dice de la cantidad que queda libre una vez deducidos descuentos y gastos. *Son cincuenta mil pesetas en limpio.* **5.** *fam.* Se dice de la persona que ha perdido todo su dinero. **GRA.** Se usa más con los v. "dejar", "estar", "quedar". *Le dejaron limpio.* || *adv. m.* **6.** Limpiamente. *Jugó limpio.* || **LOC. limpio de polvo y paja** Sin ninguna culpa. **pasar un escrito a limpio** Redactarlo de una forma correcta y definitiva. **sacar algo en limpio** Deducir, sacar una conclusión. | Obtener un beneficio.

limusina (li-mu-**si**-na) *s. f.* **1.** Automóvil de lujo de gran tamaño, de carrocería cerrada, que a veces tiene un cristal de separación entre los asientos delanteros y los traseros. *Llegó en una limusina.* **2.** Antiguo tipo de carrocería cerrada, en la que sólo iban a cubierto los asientos de atrás, quedando los delanteros sin ningún tipo de resguardo. *Había una exposición de limusinas.*

linaje (li-**na**-je) *s. m.* Línea de antepasados o descendientes de una familia. *Era de noble linaje.* **SIN.** Casa, casta, estirpe, progenie, alcurnia.

linaza (li-**na**-za) *s. f.* Simiente del lino que, molida, proporciona una harina muy usada para cataplasmas emolientes. *El aceite de linaza se emplea para la fabricación de pinturas.*

lince (**lin**-ce) *s. m.* **1.** Mamífero carnívoro, que vive en el centro y norte de Europa, parecido al gato cerval, con las orejas terminadas en un pincel de pelos. *Les perseguía un lince.* **2.** Persona aguda y sagaz. **GRA.** También adj. *Es un lince para los negocios.* **SIN.** Perspicaz. **3.** Se aplica a la vista perspicaz. *Tiene vista de lince.*

linchamiento (lin-cha-**mien**-to) *s. m.* Acción de linchar. *Los ánimos estaban tan excitados que estuvo a punto de producirse un linchamiento.* **SIN.** Ejecución. **ANT.** Perdón, indulto.

linchar (lin-**char**) *v. tr.* Ejecutar, sin proceso y tumultuariamente, a un sospechoso o a un reo. *La gente quería linchar al asesino.* **SIN.** Ajusticiar. **ANT.** Indultar, perdonar.

lindar (lin-**dar**) *v. intr.* Estar contiguos dos territorios, terrenos, locales, fincas, etc. *Lindaban las dos fincas.* **SIN.** Limitar, colindar, confrontar.

linde (**lin**-de) *s. amb.* Línea o límite que separa unos terrenos de otros. *Se encontraban en la linde de las dos provincias.* **SIN.** Lindero, frontera.

lindero, ra (lin-**de**-ro) *adj.* **1.** Que linda con una cosa. *Sus fincas son linderas.* **SIN.** Lindante, colindante, limítrofe, rayano. || *s. m.* **2.** Linde o lindes de dos terrenos. *El río es el lindero de las dos fincas.* **SIN.** Límite, raya, confín.

lindeza (lin-**de**-za) *s. f.* **1.** Cualidad de lindo. *Se quedó asombrado ante la lindeza del paisaje.* **SIN.** Hermosura, belleza. **2.** Hecho o dicho gracioso. *Dijo unas cuantas lindezas.* || *s. f. pl.* **3.** Irónicamente, insultos o improperios. *¡Menudas lindezas!*

lindo, da (**lin**-do) *adj.* **1.** Hermoso, apacible y grato a la vista. *Llevaba un vestido muy lindo.* **SIN.** Bonito, agraciado, bello. **2.** Bueno, primoroso y exquisito. *Hizo un lindo bordado.* **SIN.** Perfecto, delicado || **LOC. de lo lindo** Mucho o con exceso.

línea (**lí**-ne-a) *s. f.* **1.** Raya en un cuerpo cualquiera. *Dibuja líneas paralelas.* **2.** En matemáticas, extensión considerada en dimensión de la longitud. *Traza una línea.* **3.** Renglón, conjunto de palabras o caracteres escritos o impresos. *Este párrafo tiene una línea más que el otro.* **4.** Vía terrestre, marítima o aérea. *Había línea entre Madrid y París.* **5.** Clase, especie, género. *Este producto es de la misma línea.* **6.** Serie de productos. *La casa hará la presentación de su nueva línea por todo lo alto.* **7.** Servicio regular de vehículos que recorren un itinerario determinado. *El autocar hacía la línea León-Madrid.* **8.** Denominación de los hilos y aparatos que sirven para la comunicación telegráfica o telefónica. *Había problemas con la línea telefónica.* **9.** Serie de personas o cosas situadas una detrás de otra o una al lado de la otra, fila. *Se colocaron en línea.* **SIN.** Ristra, hilera, fila. **10.** Conjunto continuo de fortificaciones. *Atacaron las líneas enemigas.* **11.** Canal o circuito de transmisión al trabajar en teleproceso con un ordenador. *Todavía no estás en línea.* || **12. línea abierta** En matemáticas, la que posee extremos. **13. línea de agua o de flotación** La que separa la parte sumergida de una embarcación de la que no lo está. **14. línea cerrada** En matemáticas, la que carece de extremos: aquella que sin retroceder se puede volver al punto de partida. **15. línea curva** En matemáticas, la que no tiene ningún segmento rectilíneo. **16. línea eléctrica** La destinada al transporte de energía eléctrica. **17. línea férrea** Vía del ferrocarril. **18. línea media** En el fútbol y otros deportes, la constituida por los jugadores que en la formación se sitúan entre la defensa y la línea delantera. **19. línea de meta** Cada una de las dos líneas que delimitan los campos donde se juegan los deportes y otros juegos, en las cuales se encuentran las porterías. **20. línea quebrada** En matemáticas, la que se forma de varios segmentos de recta tales que el extremo de cada uno de ellos coincide con el origen del siguiente, sin formar parte dos consecutivos de una misma recta. **21. línea recta** En matemáticas, la más corta que hay entre dos puntos. **22. línea telefónica o telegráfica** Conjunto de alambres conductores que llevan una misma dirección y comunican estaciones de esta clase. **23. líneas oblicuas** En matemáticas, las que se cortan en un plano sin formar ángulo recto. **24. líneas paralelas** En matemáticas, las que están en un mismo plano y no llegan a encontrarse por más que se prolonguen. **25. líneas perpendiculares** En matemáticas, las que al cortarse forman ángulo recto. || **LOC. en líneas generales** Superficialmente, sin un estudio minucioso. **en toda la línea** Por completo. **en su línea** Dentro de su orden o categoría. **estar en línea** Estar dos personas o mecanismos comunicados mediante algún canal de información. **guardar la línea** mantener el peso ideal. **leer entre líneas** Interpretar un escrito con todos sus matices.

lineal (li-ne-**al**) *adj.* **1.** Que pertenece o se refiere a la línea. *Dibujo lineal.* **2.** Se aplica al dibujo que se representa por medio de líneas solamente. *Es muy buena en dibujo lineal.* **3.** Se dice de la hoja de las plantas que es larga y muy estrecha con bordes paralelos. *Es una planta de hojas lineales.*

linfa (**lin**-fa) *s. f.* Líquido transparente que contiene glóbulos blancos. *La linfa recorre los vasos que forman el llamado sistema linfático.*

linfático, ca (lin-**fá**-ti-co) *adj.* Que pertenece o se refiere a la linfa. *Vasos linfáticos.*

linfocito (lin-fo-**ci**-to) *s. m.* Variedad de los leucocitos de pequeño tamaño, que se encuentra en la linfa y en la sangre. *El análisis detectó un bajo nivel de linfocitos.*

lingotazo (lin-go-**ta**-zo) *s. m.* Trago de vino u otra bebida alcohólica. *Cogió la botella y le dio un buen lingotazo.*

lingote (lin-**go**-te) *s. m.* Trozo o barra de metal sin pulir. *Sortearon varios lingotes de oro.*

lingual (lin-**gual**) *adj.* **1.** Que pertenece o se refiere a la lengua. *Se dañó el músculo lingual al morderse.* **2.** Se dice de las consonantes que se pronuncian con intervención de la lengua, y de la letra que representa este sonido. **GRA.** También *s. f.* La *"l"* es una consonante lingual.

lingüista (lin-**güis**-ta) *s. m. y s. f.* Persona especializada en lingüística. *Asistió a un congreso de lingüistas.* **SIN.** Filólogo, dialectólogo.

lingüística (lin-**güís**-ti-ca) *s. f.* Ciencia que estudia el lenguaje de forma autónoma y comparativa. *Estudió lingüística.*

lingüístico, ca (lin-**güís**-ti-co) *adj.* **1.** Que pertenece o se refiere a la lingüística. *Uno de los ejercicios del examen era un comentario lingüístico del texto.* **SIN.** Filológico. **2.** Que pertenece o se refiere al lenguaje. *Estudio lingüístico.*

linier (li-**nier**) *s. m.* *Juez de línea.

linimento (li-ni-**men**-to) *s. m.* Preparación farmacéutica a base de aceites o bálsamos, que se aplica exteriormente. *Date unas fricciones con este linimento.*

lino (**li**-no) *s. m.* **1.** Planta de tallo recto y hueco y flores azuladas. Sus fibras se emplean como materia textil, las semillas en medicina y el aceite en la preparación de pintura. *Visitaron una plantación de lino.* **2.** Materia textil obtenida de esta planta y tela que se hace con ella. *Se compró una blusa de lino.*

linóleo (li-**nó**-le-o) *s. m.* Tela fuerte e impermeable con la que se cubren los suelos. *Colocaron linóleo en el piso.* **SIN.** Hule.

linóleum (li-**nó**-leum) *s. m.* *Linóleo. ☞ Es un anglicismo.
linotipia (li-no-**ti**-pia) *s. f.* Máquina de composición mecánica utilizada preferentemente para la composición de textos. *Trabaja con una linotipia.*
lintel (lin-**tel**) *s. m.* Dintel de puertas y ventanas. *Se dio un golpe con el lintel de la ventana.*
linterna (lin-**ter**-na) *s. f.* **1.** Farol portátil. *Siempre lleva una linterna en el coche.* **2.** Elemento arquitectónico con ventanas, más alto que ancho, que se pone como remate en algunos edificios y sobre las cúpulas de las iglesias. *Una linterna remataba la cúpula de la iglesia.* **3.** *Faro.
linternón (lin-ter-**nón**) *s. m.* Farol que llevan los barcos en la popa o parte trasera. *Aquel barco llevaba un gran linternón.*
lío (**lí**-o) *s. m.* **1.** Envoltorio de ropa o de otras cosas. *Hizo un lío con toda la ropa sucia.* **SIN.** Fardo, atadijo. **2.** *fam.* Embrollo, situación complicada. *Se preparó un buen lío.* **SIN.** Enredo, confusión, desorden. **3.** *fam.* Relación sentimental. *Decían que tenía un lío.* ‖ **LOC. armar un lío** *fam.* Montar gresca. **hacerse alguien un lío** *fam.* Confundirse. **meterse en líos** *fam.* Crearse dificultades.
lioso, sa (**lio**-so) *adj.* **1.** *fam.* Que lía o embrolla. *Era un poco liosa.* **SIN.** Embrollador. **2.** *fam.* Se dice también de las cosas cuando están embrolladas. *No sabía cómo salir de aquel lioso asunto.* **SIN.** Difícil, complicado. **ANT.** Simple, sencillo. **3.** *fam.* Que trata de enemistar a unas personas con otras. *Si le hacéis caso acabaréis enfadados, es un lioso.*
lipoideo, a (li-poi-**de**-o) *adj.* Se dice de la sustancia que tiene aspecto de grasa. *La carne estaba cubierta de una sustancia lipoidea.* **SIN.** Grasoso, aceitoso, mantecoso. **ANT.** Seco, enjuto.
liposoluble (li-po-so-**lu**-ble) *adj.* Se dice de las sustancias solubles en las grasas y los aceites. *Algunas vitaminas son liposolubles.*
lipotimia (li-po-**ti**-mia) *s. f.* Pérdida súbita y pasajera del sentido. *De repente se puso muy pálida y le dio una lipotimia.* **SIN.** Desmayo, desvanecimiento.
liquen (**li**-quen) *s. m.* Planta constituida por la asociación simbiótica de un hongo y un alga, que crece en lugares húmedos, sobre las rocas, las paredes y en las cortezas de los árboles. *Había muchos líquenes por las paredes.*
liquidación (li-qui-da-**ción**) *s. f.* **1.** Acción y efecto de liquidar o liquidarse. *La liquidación de aquel asunto llevaría tiempo.* **2.** Venta al por menor, extraordinaria y con gran rebaja de precios, que hace un comercio por cese, quiebra, reforma o traslado del establecimiento, etc. *Estaba todo a mitad de precio por liquidación de existencias.* **SIN.** Saldo, ganga, rebaja. **3.** *Finiquito.
liquidar (li-qui-**dar**) *v. tr.* **1.** Hacer el ajuste formal de una cuenta. *Liquidó la cuenta.* **SIN.** Saldar. **2.** Poner término a algo, desistir de un negocio o de un empeño. *Decidió liquidar aquel asunto.* **SIN.** Terminar, acabar, romper. **3.** Poner a la venta un comercio sus artículos a bajo precio por cambio o cese de negocio o para agotar existencias. *Liquidan todo por reforma.* **4.** Deshacerse de una persona que estorba, matarla. *Había contratado a un tipo para que lo liquidara.* **SIN.** Asesinar.
liquidez (li-qui-**dez**) *s. f.* **1.** Cualidad de líquido. *Los alimentos infantiles se caracterizan por su liquidez.* **SIN.** Fluidez. **2.** Cualidad del activo de un banco u otra entidad que puede fácilmente transformarse en dinero efectivo. *Una empresa con gran liquidez.*
líquido, da (**lí**-qui-do) *s. m.* **1.** Cuerpo que se puede derramar y que se adapta a la forma del recipiente que lo contiene. *El agua, la leche, el alcohol, etc. son líquidos.* **SIN.** Fluido. **2.** Saldo de cuantía cierta que resulta de la comparación de los débitos con los haberes. *El líquido que percibía era ése.* ‖ *adj.* **3.** Se dice de la consonante que, precedida de otra muda y seguida de una vocal, forma sílaba con ellas. **GRA.** También *s. f. En castellano, la "l" y la "r" son los únicos fonemas líquidos.*
lira (**li**-ra) *s. f.* **1.** Instrumento de música antiguo de cuerda, que se tocaba con las dos manos o con una púa. *Tocaba la lira.* **2.** Combinación métrica de 5 versos, endecasílabos el segundo y quinto, y heptasílabos los otros tres. Riman el primero con el tercero y los restantes entre sí. *"(7a) En una noche obscura / (11B) con ansias en amores inflamada, / (7a) ¡oh dichosa ventura!, / (7b) salí sin ser notada, / (11B) estando ya mi casa sosegada". San Juan de la Cruz.*
lírica (**lí**-ri-ca) *s. f.* Conjunto de composiciones literarias poéticas que conforman el género lírico en una clasificación de la literatura. *Hizo un trabajo sobre la lírica contemporánea.* **ANT.** Prosa, teatro, épica.
lírico, ca (**lí**-ri-co) *adj.* **1.** Que pertenece o se refiere a la lírica. *Poema lírico.* **SIN.** Poético. **2.** Se aplica al género de poesía en que el poeta canta sus propios sentimientos e ideas y, por regla general, a todas las obras en verso que no son épicas o dramáticas. *Garcilaso cultivó el género lírico.* **3.** Se dice del autor de obras líricas. **GRA.** También *s. m.* y *s. f. Rubén Darío es un famoso lírico.*

lirio - literato

lirio (li-rio) *s. m.* Planta de flores azules o moradas y a veces blancas. *Plantaron lirios blancos en un ángulo del jardín.*

lirón (li-rón) *s. m.* **1.** Mamífero roedor, parecido al ratón, que vive en los árboles, de cuyos frutos se alimenta; pasa el invierno adormecido y oculto. *Para los romanos la carne del lirón era un manjar exquisito.* **2.** Persona dormilona. *Duerme como un lirón.* **SIN.** Dormilón, perezoso.

lirondo (li-ron-do) *adj.* Sólo se usa en la loc. "mondo y lirondo", que significa limpio, sin añadidura alguna. *Le dejaron el local mondo y lirondo.*

lis *s. f.* **1.** *Lirio. **2.** En heráldica, flor de lis. **GRA.** Actualmente es s. m. *El escudo lleva dos lises.* 🖉 Su pl. es "lises".

lisiado, da (li-sia-do) *adj.* Se dice de la persona que tiene alguna imperfección orgánica, especialmente en las extremidades. **GRA.** También s. m. y s. f. *Estaba lisiado de una pierna.* **SIN.** Impedido.

liso, sa (li-so) *adj.* **1.** Que no tiene arrugas ni asperezas en su superficie. *Lijó la madera hasta dejarla lisa.* **SIN.** Plano, pulido, llano **ANT.** Arrugado, desigual **2.** Se dice de las telas que no son labradas y de los vestidos que no tienen adornos. *Compró un género liso de color verde.* **3.** Se dice del pelo que no tiene ondulaciones o rizos. *Tiene el cabello muy liso.* **SIN.** Lacio. || **LOC. liso y llano** Se aplica a lo que no tiene dificultad.

lisonja (li-son-ja) *s. f.* Alabanza interesada. *No me vengas con lisonjas.* **SIN.** Adulación.

lisonjear (li-son-je-ar) *v. tr.* *Adular. **SIN.** Halagar, dar coba. **ANT.** Denostar.

lisonjero, ra (li-son-je-ro) *adj.* Que lisonjea. **GRA.** También s. m. y s. f. *No soportaba a las personas tan lisonjeras.* **SIN.** Adulador, halagador, cobista, pelotillero.

lista (lis-ta) *s. f.* **1.** Pedazo estrecho y largo de tela, papel u otra cosa delgada. *Corta la tela en listas.* **SIN.** Cinta, banda, tira. **2.** Nombres de personas, cosas, hechos, etc., puestos en orden en una columna. *Esta es la lista de la compra.* **SIN.** Catálogo, listado, relación, enumeración, inventario, registro, repertorio. **3.** Raya de color sobre un fondo de otro color. *Llevaba un traje a listas que llamó mucho la atención.* **SIN.** Banda, franja. || **4. lista de correos** En este edificio, oficina a la que se envían paquetes y cartas, cuyos destinatarios han de ir a recoger personalmente. **5. lista de bodas** Relación de objetos que los futuros esposos entregan a un establecimiento comercial para que los invitados elijan. **6.**

lista negra Relación secreta en la que se inscriben los nombres de las personas o entidades consideradas odiosas. || **LOC. pasar lista** Leer en voz alta los nombres de personas que figuran en una relación para comprobar si están presentes.

listado, da (lis-ta-do) *adj.* **1.** Que forma o tiene listas. *Una tela listada.* || *s. m.* **2.** Nombres de personas, cosas, hechos, etc., puestos en orden en una columna. *El profesor sacó un listado con los aprobados.* **3.** Papel impreso que el ordenador realiza, generalmente, en papel continuo. *Imprime el listado de clientes de la empresa.*

listar (lis-tar) *v. tr.* **1.** Enumerar en una lista. *Listó todos los matriculados.* **2.** En informática, sacar por la pantalla o la impresora los datos contenidos en un fichero informático. *Está listando los dos ficheros que querían consultar.*

listín (lis-tín) *s. m.* **1.** Lista pequeña o extractada de otra más extensa. *Mira el listín de precios.* **2.** Lista de los números telefónicos de una población. *Mira a ver si encuentras su número de teléfono en el listín.* **SIN.** Guía.

listo, ta (lis-to) *adj.* **1.** Ingenioso, vivo. *Es una niña muy lista.* **SIN.** Ligero, activo, espabilado, sagaz, astuto. **ANT.** Tonto, ingenuo, simple. **2.** Preparado y dispuesto para hacer una cosa. *Estoy listo para salir.* || **LOC. andar listo** *fam.* Tener cuidado. **estar, o ir, listo** *fam.* Tener poco clara la consecución de un fin. **pasarse de listo** Hacer alarde de saber más que los demás y estar equivocado.

listón (lis-tón) *s. m.* En carpintería, pedazo de tabla que sirve para hacer marcos y otros usos. *El listón era de madera más oscura.* **SIN.** Larguero.

lisura (li-su-ra) *s. f.* Igualdad y tersura de la superficie de una cosa. *La lisura de la madera era la adecuada.*

litera (li-te-ra) *s. f.* Cada una de las camas de los camarotes de los buques, trenes, cuarteles, dormitorios, etc., y que por economía se suelen colocar una encima de otra. *Dormían en literas.*

literal (li-te-ral) *adj.* De acuerdo con el sentido exacto y propio de las palabras. *Era una traducción demasiado literal.* **SIN.** Textual, exacto, calcado.

literario, ria (li-te-ra-rio) *adj.* Que pertenece o se refiere a la literatura. *Obras literarias.* **SIN.** Poético, retórico.

literato, ta (li-te-ra-to) *adj.* Se dice de la persona especializada en literatura, o que por profesión o estudio se dedica a ella. **GRA.** También s. m. y s. f. *El manifiesto estaba redactado por grandes literatos de la época.* **SIN.** Escritor, autor.

literatura (li-te-ra-**tu**-ra) *s. f.* **1.** Arte de la expresión por medio de la palabra. *Se gana la vida con la literatura.* **2.** Teoría de la composición literaria. *Publicó un excelente estudio sobre literatura.* **3.** Conjunto de las producciones literarias de una nación, de una época, de un género y, por ext., conjunto de obras que tratan sobre una ciencia o arte. *Estudió la literatura española.*

litigar (li-ti-**gar**) *v. tr.* **1.** Disputar en un juicio sobre alguna cosa. *Litigaron la herencia.* **SIN.** Pleitear ‖ *v. intr.* **2.** Discutir, disputar. *Litigaban por el primer puesto.* **SIN.** Altercar, contender, disputar. ✎ Se conjuga como ahogar.

litigio (li-**ti**-gio) *s. m.* **1.** Pleito, disputa en un juicio. *Consiguió ganar el litigio.* **2.** Disputa, contienda, altercado. *Aquel terreno era el motivo del litigio.*

litografía (li-to-gra-**fí**-a) *s. f.* **1.** Arte de reproducir figuras o escrituras grabadas previamente en piedra o por otros procedimientos. *Es un maestro en la litografía.* **2.** Cada reproducción obtenida por este procedimiento. *Le regaló una bonita litografía.* **3.** Taller u oficina donde se realiza este arte. *Trabaja en el taller de litografía.*

litoral (li-to-**ral**) *adj.* **1.** Que pertenece o se refiere a la orilla o costa del mar. *Veraneamos en la litoral.* **2.** Se dice de la fauna y de la flora que habitan en la zona marina costera, sometida a la acción periódica de las mareas. *La pesca litoral es de gran importancia económica.* ‖ *s. m.* **3.** Costa de un mar, país o territorio. *Hicieron un recorrido por el litoral Cantábrico.* **SIN.** Ribera.

litosfera (li-tos-**fe**-ra) *s. f.* Parte sólida, exterior de la Tierra, que cubre las partes interiores, más calientes. *Las rocas metamórficas son las más comunes en la litosfera.* **SIN.** Corteza terrestre.

lítotes (**lí**-to-tes) *s. f.* Figura literaria que consiste en negar lo contrario de lo que se quiere afirmar. *Si realmente quieres ir, no lo niegues, ve y deja de usar lítotes.*

litro (**li**-tro) *s. m.* Unidad de capacidad del sistema métrico decimal con la que se miden los líquidos. *Caben dos litros en esa botella.*

liturgia (li-**tur**-gia) *s. f.* **1.** Conjunto de ritos que la Iglesia católica ha aprobado para celebrar los cultos religiosos, y especialmente el sacrificio de la misa. *Los seminaristas tienen que estudiar liturgia.* **2.** Por ext., el de cualquier religión. *Cada religión tiene su propia liturgia.* **SIN.** Rito, ritual. ‖ **3. liturgia de la palabra** Parte de la misa, que tiene por objeto la lectura y comentario de los textos sagrados.

litúrgico, ca (li-**túr**-gi-co) *adj.* Que pertenece o se refiere a la liturgia. *Lo hizo según el rito litúrgico.*

liviano, na (li-**via**-no) *adj.* **1.** Ligero, de poco peso. *Llevaba una liviana carga.* **SIN.** Leve, vaporoso. **ANT.** Pesado. **2.** Que cambia con facilidad. *No se fiaba de una persona tan liviana.* **SIN.** Fácil, inconstante, voluble, inseguro, cambiante. **ANT.** Constante, firme. **3.** De poca importancia. *Tuvieron una liviana discusión.* **SIN.** Insustancial, superficial. **ANT.** Importante, grave.

lívido, da (**lí**-vi-do) *adj.* Amoratado, que tira a morado, se dice del color de la cara, de una herida, etc. *El golpe iba adquiriendo un lívido color.* ☞ Erróneamente se usa, a veces, como sinónimo de "pálido".

liza (**li**-za) *s. f.* **1.** Campo dispuesto para que lidien dos o más personas. *Los equipos se dispusieron a ambos lados de la liza.* **2.** Lid, combate. *Los aspirantes a delegado estuvieron en liza casi hasta el final.*

llaga (**lla**-ga) *s. f.* **1.** *Úlcera.* **2.** Daño o infortunio que causa pena, dolor y tristeza. *Su pérdida se había causado una llaga demasiado profunda.* **SIN.** Pesar, pesadumbre. **ANT.** Alegría, gozo.

llama¹ (**lla**-ma) *s. f.* **1.** Masa de gas tan caliente que produce luz. *El edificio estaba en llamas.* **SIN.** Llamarada. **2.** Fuerza de una pasión o de un deseo. *No se apagaba la llama de su amor.* **SIN.** Ardor, emoción. **ANT.** Frialdad, indiferencia.

llama² (**lla**-ma) *s. f.* Mamífero rumiante propio de América del Sur, del que se aprovecha la leche, carne, cuero y pelo. *Las llamas correteaban entre las rocas.*

llamada (lla-**ma**-da) *s. f.* **1.** Acción y efecto de llamar. *No hizo caso de la llamada.* **SIN.** Llamamiento, convocatoria, cita, emplazamiento. **2.** Señal que en impresos o manuscritos sirve para llamar la atención desde un lugar hacia otro en el que se pone una cita, nota, corrección o advertencia. *La llamada remitía a un párrafo del capítulo anterior.* **SIN.** Aviso, advertencia, indicación. **3.** Toque para que la tropa tome las armas y entre en formación. *Los soldados acudieron con rapidez a la llamada.* **4.** En telecomunicaciones, señal acústica o visual para indicar que la comunicación ha sido establecida. *No hemos recibido la llamada.*

llamador (lla-ma-**dor**) *s. m.* **1.** *Aldaba.* **2.** Botón del timbre eléctrico. *Tocaron el llamador varias veces seguidas.* **SIN.** Pulsador.

llamamiento (lla-ma-**mien**-to) *s. m.* Acción de llamar. *No acudió al llamamiento que le hicieron.* **SIN.** Convocatoria, cita, emplazamiento.

llamar - llave

llamar (lla-**mar**) *v. tr.* **1.** Dar voces o hacer gestos a una persona o animal para que venga o atienda. *Volvió la cabeza cuando le llamé.* **SIN.** Avisar **2.** Invocar o pedir auxilio. *Llama a los bomberos, que hay un incendio.* **SIN.** Clamar. **3.** Convocar, citar. *Les llamó a una reunión.* **SIN.** Congregar, emplazar, reunir. **ANT.** Desconvocar, aplazar. **4.** Nombrar, dar nombre a una persona o cosa. *Llamó al archivo "notas".* **SIN.** Apodar, bautizar, denominar. **5.** Atraer algo a alguien. *Aquello llamó su atención.* **SIN.** Cautivar, hechizar, fascinar, seducir. **ANT.** Repeler, repugnar. || *v. intr.* **6.** Gustar o apetecer. *Los deportes acuáticos le llaman mucho.* **7.** Hacer sonar un timbre, campanilla, etc. para que alguien abra la puerta. *Entre sin llamar.* || *v. prnl.* **8.** Tener alguien tal o cual nombre o apellido. *Se llama Manuel.*

llamarada (lla-ma-**ra**-da) *s. f.* **1.** Llama grande y de poca duración. *Salió una llamarada.* **SIN.** Fogonazo. **2.** Enrojecimiento del rostro. *Al oírlo, una llamarada cubrió su cara.* **SIN.** Rubor, sonrojo. **3.** Arrebato, ataque. *Le dan llamaradas.*

llamativo, va (lla-ma-**ti**-vo) *adj.* Que llama la atención exageradamente. *Llevaba unos pantalones muy llamativos.* **SIN.** Chillón, espectacular, vistoso.

llamear (lla-me-**ar**) *v. intr.* Despedir llamas. *La chimenea llameaba con fuerza.* **SIN.** Centellear, resplandecer, arder.

llana (**lla**-na) *s. f.* **1.** Herramienta usada por los albañiles para extender el yeso y la argamasa. *Estaba dando de llana a la pared.* **2.** Plana o haz de una hoja de papel. *La mitad de la llana está cuadriculada.*

llaneza (lla-**ne**-za) *s. f.* **1.** Sencillez o familiaridad en el trato. *Se comportó con toda llaneza.* **SIN.** Campechanía, cordialidad. **ANT.** Ceremoniosidad, solemnidad. **2.** Sencillez en el estilo. *Se expresa con mucha llaneza.* **ANT.** Ceremoniosidad, solemnidad.

llano, na (**lla**-no) *adj.* **1.** Sin altos ni bajos. *Estaba buscando un terreno llano para construir su casa.* **SIN.** Liso, plano, regular, uniforme, igual **ANT.** Accidentado, desigual, montañoso **2.** Se dice de la persona de trato sencillo. *Aunque es famoso y rico, sigue siendo muy llano.* **SIN.** Espontáneo, familiar, natural, afable, humilde, accesible, sencillo, campechano. **ANT.** Presuntuoso, inaccesible, orgulloso. **3.** *Franco.* **4.** Claro, que no admite duda. *Sus llanas palabras nos sirvieron de ayuda.* **SIN.** Sencillo. **5.** Se aplica a aquellas palabras que llevan el acento tónico en la penúltima sílaba. *"Árbol" es una palabra llana.* **6.** Se aplica al estilo sencillo y sin ostentación. *El estilo de la descripción era llano y fluido.*

llanta (**llan**-ta) *s. f.* **1.** Cerco metálico exterior de las ruedas de los coches, carros, bicicletas, etc. *Tenía que cambiar la llanta.* || **2. llanta de goma** Cubierta.

llantén (llan-**tén**) *s. m.* Planta herbácea, de hojas anchas y ovaladas, muy común en sitios húmedos. *El llantén tiene propiedades medicinales.*

llantina (llan-**ti**-na) *s. f., fam.* *Llorera.

llanto (**llan**-to) *s. m.* Derramamiento de lágrimas acompañado de lamentos y sollozos. *No podía contener el llanto.* **SIN.** Lloro, lloriqueo, sollozo. **ANT.** Risa.

llanura (lla-**nu**-ra) *s. f.* **1.** Igualdad de la superficie de una cosa. *Era importante la llanura del terreno.* **2.** Zona baja y plana o con colinas bajas. *Las llanuras del norte de Europa y las de América del Norte son muy extensas.* **SIN.** Planicie, pradera. **ANT.** Montaña, pico.

llave (**lla**-ve) *s. m.* **1.** Instrumento de metal que sirve para cerrar y abrir una cerradura. *Llamó al timbre, pues olvidó las llaves dentro de la casa.* **2.** Instrumento que sirve para apretar o aflojar las tuercas. *Los mecánicos y fontaneros utilizan llaves en su trabajo.* **3.** Instrumento que regula el paso de un líquido o gas. *Cierra la llave del gas.* **4.** Mecanismo que permite o impide el paso de corriente eléctrica. *Se fundieron los plomos y saltó la llave general.* **SIN.** Interruptor. **5.** Pieza metálica de algunos instrumentos musicales de viento que, accionada por los dedos, abre o cierra el paso de aire produciendo sonidos diferentes. *La llave de la corneta está estropeada* **SIN.** Clavija. **6.** *Clave, signo del pentagrama. **7.** Medio para descubrir lo que está oculto o secreto. *Creía haber dado por fin con la llave del asunto.* **SIN.** Pista. **8.** Signo ortográfico que indica que lo contenido en él pertenece al término antepuesto a dicho signo. Se escribe "{}". *Abre una llave.* **9.** En algunos deportes de lucha, movimiento o conjunto de movimientos que se hacen con la intención de inmovilizar al contrario. *Le inmovilizó con una de sus llaves.* **10.** Mecanismo en las armas de fuego para dispararlas. *Se atascó la llave del mosquetón.* **11.** Principio que facilita el conocimiento de otras cosas. *Ese dato sería la llave de toda su teoría posterior.* || **12. asignatura llave** La que no permite examinarse de otras hasta que no se apruebe. **13. llave de contacto** La utilizada para poner en marcha el motor de un vehículo. **14. llave de paso** Mecanismo que permite, regula o impide el paso de una materia líquida o gaseosa a través de una cañería. **SIN.** Grifo, válvula. **15. llave, o lla-

llavero - llevar

ves de oro La que se entrega a un personaje célebre por parte del más alto representante de una ciudad. **16. llave inglesa** Instrumento de hierro, provisto de dos piezas que se abren o cierran más o menos, para aplicarla a tuercas y tornillos que han de apretarse o aflojarse. **17. llave maestra** La que se emplea para abrir y cerrar todas las cerraduras de una casa. **LOC. echar la llave** Cerrar con ella. **estar bajo llave** Guardar algo en un recinto con llave. **estar bajo siete llaves** Guardar una cosa de modo muy seguro.

llavero (lla-**ve**-ro) *s. m.* Anillo en el que se llevan las llaves. *Le regaló un llavero.* **SIN.** Portallaves.

llavín (lla-**vín**) *s. m.* Llave pequeña, delgada y plana. *No encontraba el llavín del picaporte.*

lleco, ca (**lle**-co) *adj.* Se dice del campo que nunca se ha labrado para sembrar. **GRA.** También s. m. y s. f. *Eran hectáreas llecas desde hacía años.* **SIN.** Barbecho.

llegada (lle-**ga**-da) *s. f.* **1.** Acción y efecto de llegar a un sitio. *No habían tenido noticia de su llegada.* **SIN.** Arribada. **ANT.** Marcha, ida. **2.** Línea de meta. *Allí estaba marcada la llegada.*

llegar (lle-**gar**) *v. intr.* **1.** Ir a parar a un lugar una persona o cosa. *Llegamos al aeropuerto al amanecer.* **SIN.** Arribar, venir. **ANT.** Partir, salir. **2.** Conseguir lo que se desea. *Empezó de botones del hotel y ha llegado a director.* **SIN.** Alcanzar, lograr. **ANT.** Fracasar. **3.** Tener lugar una cosa. *Quedan dos semanas para que lleguen las vacaciones.* **SIN.** Suceder, ocurrir, sobrevenir. **4.** Durar alguien o algo hasta un tiempo determinado. *Su poder llegó hasta la Reconquista.* **SIN.** Conservarse, resistir. **5.** Ascender, importar cierta suma. *Según mis cálculos, no llegará al millón de pesetas.* **6.** Junto con algunos verbos, tiene el significado de ese verbo. *Llegó a triunfar en su trabajo.* **7.** En deportes, alcanzar la línea de meta. *Llegó de los primeros.* **8.** Ser suficiente una cantidad de dinero. *Con mil pesetas me llega para comprar el regalo de mi hermano.* **SIN.** Bastar. **ANT.** Faltar. **9.** Provocar alguna sensación en el ánimo de alguien. *Aquel detalle me llegó profundamente.* **SIN.** Calar, conmover, impresionar. ‖ *v. prnl.* **10.** Acercarse alguien o algo a un sitio. *Me llegué por su casa para ver cómo estaba.* ‖ **LOC. estar alguien o algo al llegar** Quedar poco tiempo para que alguien aparezca o suceda algo. **¡hasta ahí podríamos llegar!** Expresión que denota indignación ante algo que se considera injusto. **llegar alguien lejos** Expresión que augura un excelente futuro a alguien. **llegar y besar al santo** *fam.* Conseguir algo inmediatamente.

llenar (lle-**nar**) *v. tr.* **1.** Ocupar totalmente con alguna cosa un espacio vacío. **GRA.** También v. prnl. *He llenado la maleta de ropa.* **SIN.** Saturar(se), abarrotar(se), colmar(se). **ANT.** Vaciar(se). **2.** Abarrotar un lugar con muchas cosas. *Llenó la habitación de trastos inútiles.* **SIN.** Atestar. **ANT.** Vaciar. **3.** Completar un formulario o documento. *Tienes que llenar el cuestionario.* **SIN.** Cumplimentar, rellenar. **4.** Satisfacer algo a alguien. *Su música me llena.* **SIN.** Gustar. **5.** Colmar a alguien abundantemente. *Le llenó de halagos.* ‖ *v. prnl.* **6.** *fam.* Saciarse de comida o bebida. *No quiero postre, me he llenado.* **SIN.** Atiborrarse, hincharse.

lleno, na (**lle**-no) *adj.* **1.** Ocupado o cubierto por completo. *En esta caja no caben más libros, está llena.* **SIN.** Abarrotado, atestado, colmado. **ANT.** Desierto, despejado, vacío. **2.** Gordo, grueso. *Estaba un poco llenito.* **OBS.** Se usa más en dim. **SIN.** Regordete. **ANT.** Flaco, enjuto. **3.** Saciado, harto. *Había comido demasiado y se sentía lleno.* ‖ *s. m.* **4.** Gran concurrencia en un espectáculo público. *El lleno fue absoluto.* **SIN.** Aforo. **5.** *fam.* Abundancia de una cosa. *El lleno de nuevas propuestas nos sorprendió.* ‖ **LOC. de lleno, o de lleno en lleno** Completamente, enteramente.

llevadero, ra (lle-va-**de**-ro) *adj.* Fácil de soportar. *Era un trabajo llevadero.* **SIN.** Tolerable, soportable, sufrible, aguantable. **ANT.** Insoportable, insufrible, pesado.

llevar (lle-**var**) *v. tr.* **1.** Conducir a alguien o algo de una parte a otra. *Ya han llevado las maletas al coche. Le llevó a dar una vuelta en su moto nueva.* **SIN.** Trasladar, transportar, cargar, enviar. **ANT.** Abandonar, dejar. **2.** Traer puesta una prenda de vestir. *Como hace frío, llevaré el abrigo.* **SIN.** Lucir, vestir **3.** Guiar, dirigir. **GRA.** También v. intr. *Llevaba las riendas de la negociación.* **SIN.** Encaminar, dirigir. **4.** Ser causa de un estado o situación. *Esa decisión llevará cambios importantes en tu vida.* **SIN.** Causar. **5.** Contener una cosa. *Esta garrafa lleva dos litros.* **6.** Cuidar, estar al cargo de un asunto o negocio. *Es ella quien lleva la contabilidad.* **SIN.** Dirigir, gobernar, regir. **7.** Persuadir a alguien. *Un deseo de superarse a sí misma le llevó a hacerlo.* **SIN.** Convencer. **8.** Tolerar, sufrir. **GRA.** También v. prnl. *Lleva bien la enfermedad.* **SIN.** Soportar(se), padecer(se). **9.** Haber estado cierto tiempo en una actividad, circunstancia o lugar. *La reconstrucción llevó más de*

llorar - lluvia

tres años. **10.** Necesitar el espacio, tiempo o condición que se indica. *Este trabajo nos llevará más tiempo del que creíamos.* **11.** Cobrar lo que corresponde a un producto o servicio realizado. *Nos llevó diez mil pesetas por la consulta.* **SIN.** Costar. **12.** Cortar violentamente una cosa de otra. *La cuchilla le llevó los dedos.* **SIN.** Amputar, seccionar. **13.** Antepuesto a algunos participios, haber realizado lo que éstos significan. *Lleva recorrido mucho camino.* **14.** Estar provisto de algo. *Lleva altavoces.* **SIN.** Tener, poseer. **15.** Seguir adecuadamente un ritmo, compás, etc. *Lleva muy bien el ritmo.* **SIN.** Mantener. **16.** Tener una finca arrendada. *Le lleva las tierras.* **SIN.** Cuidar, trabajar. **17.** En ciertos juegos de cartas, ganar una baza o mano. *Con este triunfo me llevo la baza.* **SIN.** Conseguir. **18.** Aventajar en tiempo, distancia, méritos, etc., a otra persona o cosa con la que se compara. **GRA.** También v. prnl. *Le lleva más de tres años a mi prima.* **19.** Tener al día y en orden lo que se indica. *Lleva las cuentas al día.* **20.** En ciertas operaciones aritméticas, agregar las decenas precedentes al orden superior. **GRA.** También v. prnl. *Me llevo dos.* ‖ *v. prnl.* **21.** Estar de moda. *El amarillo se lleva mucho este año.* **22.** Robar o arrebatarle a alguien algo. *El ladrón se llevó joyas y dinero.* **SIN.** Afanar, apoderarse, apropiarse. **23.** Conseguir. *Se llevó el premio.* **SIN.** Lograr, obtener, ganar. ‖ **LOC. llevar adelante algo** Continuar lo que se ha comenzado. **llevar encima** Portar alguien dinero o cosas de valor. **llevar las de ganar, o perder** *fam.* Hallarse en situación favorable, o desfavorable. **llevarse bien, o mal, con alguien** *fam.* Tener, o no tener, dos o más personas afinidad de caracteres. **llevarse a matar** *fam.* Odiarse. **llevarse por delante a alguien o algo** *fam.* Arrollarlo. **llevarse por delante algo** *fam.* Disfrutar el momento. **llevar y traer** *fam.* Andar con murmuraciones y chismes.

llorar (llo-**rar**) *v. intr.* **1.** Derramar lágrimas porque se siente alegría, pena o alguna molestia en el ojo. *Su amigo se echó a llorar del susto.* **SIN.** Sollozar. **2.** Pedir algo de modo lastimero. *Lloró a sus padres para que le dejaran ir a la excursión.* **SIN.** Quejarse, demandar. ‖ *v. tr.* **3.** Sentir una cosa en profundidad. *Lloró mucho su pérdida.* **SIN.** Lamentar. ‖ **LOC. llorar a moco tendido** *fam.* Llorar con mucha intensidad.

llorera (llo-**re**-ra) *s. f.* Llanto prolongado y sin motivo. *Le entró una llorera tonta y no podía parar.* **SIN.** Llantina.

llorica (llo-**ri**-ca) *s. m. y s. f., fam.* Persona que llora por cualquier cosa. *Es un llorica.*

lloriquear (llo-ri-que-**ar**) *v. intr.* *Gimotear.

lloriqueo (llo-ri-**que**-o) *s. m.* Lloro tonto y casi sin lágrimas. *Le entró un lloriqueo.* **SIN.** Gimoteo.

lloro (**llo**-ro) *s. m.* *Llanto.

llorón, na (llo-**rón**) *adj.* **1.** Se dice de la persona que llora mucho o fácilmente. **GRA.** También s. m. y s. f. *Es un poco llorón.* **SIN.** Llorica. **ANT.** Alegre. **2.** Se dice de la persona que se queja mucho. *Su amigo le decía que era algo llorona.* **SIN.** Llorica, quejica. **ANT.** Alegre. **3.** *fam.* Se aplica a la borrachera de carácter triste. **GRA.** También s. f. *La cogió llorona.*

lloroso, sa (llo-**ro**-so) *adj.* **1.** Que tiene marcas de haber llorado. *Tenía los ojos llorosos.* **2.** Se dice de las cosas que causan tristeza. *La novela tiene un argumento demasiado lloroso.*

llovedizo, za (llo-ve-**di**-zo) *adj.* Se dice de los techos o cubiertas que dejan pasar el agua de lluvia. *El tejado de la cabaña es llovedizo.*

llover (llo-**ver**) *v. intr.* **1.** Caer agua de las nubes. **GRA.** Es v. impers. *Está empezando a llover.* **SIN.** Lloviznar, diluviar. **ANT.** Escampar, despejarse. **2.** Caer sobre alguien en abundancia una cosa. **GRA.** También v. tr. *De repente le llovieron las oportunidades.* **SIN.** Abundar, manar. **ANT.** Escasear, faltar. ‖ *v. prnl.* **3.** Calarse las bóvedas o las cubiertas. *El techo de la cabaña se llueve.* ‖ **LOC. como llovido del cielo** *fam.* De modo inesperado e imprevisto. **como quien oye llover** *fam.* No prestar atención. **llover sobre mojado** *fam.* Sucederse una desgracia después de otra. ✎ *v. irreg.*, se conjuga como mover.

llovizna (llo-**viz**-na) *s. f.* Lluvia muy fina. *La llovizna nos estropeó la excursión.* **SIN.** Calabobos, orvallo, sirimiri.

lloviznar (llo-viz-**nar**) *v. intr.* Caer lluvia muy fina. *Se pasó toda la tarde lloviznando.* **SIN.** Llover, gotear. ✎ Es v. impers.

lluvia (**llu**-via) *s. f.* **1.** Agua que cae de las nubes. *Los paraguas nos protegen de la lluvia.* **SIN.** Aguacero, chaparrón, chubasco, precipitación. **ANT.** Sequía. **2.** Abundancia de algo por sorpresa. *Cayó una lluvia de almohadillas.* **SIN.** Afluencia, abundancia. **ANT.** Escasez. **3.** *Muchedumbre. ‖ **4. lluvia ácida** Precipitación sobre la tierra de elementos ácidos contaminantes emitidos por las plantas industriales. **5. lluvia artificial** La que se provoca bombardeando las nubes con elementos químicos. **6. lluvia de estrellas** Aparición de muchas estrellas fugaces en determinado lugar del cielo. **7. lluvia meona** *Calabobos. **8. lluvia radiactiva** Precipitación sobre la tierra de restos radiactivos, provocados por una explosión nuclear.

lluvioso, sa (llu-*vio*-so) *adj.* Se aplica al tiempo o al lugar en que llueve mucho. *El clima de esa región es muy lluvioso.* **SIN.** Húmedo, pluvioso. **ANT.** Claro, seco, despejado.

lo *art. det.* **1.** Forma del artículo determinado en género neutro, que precede a los adjetivos, sustantivándolos. *Lo bello.* **2.** Seguido de un adverbio o de "que", tiene valor expresivo. *Lo que hay que aguantar.* ‖ *pron. pers.* **3.** Forma átona del pronombre personal de tercera persona, género masculino o neutro y número singular, que funciona como complemento directo. No lleva nunca preposición y se puede usar como enclítica. *No lo ves.*

loa (lo-a) *s. f.* **1.** Acción y efecto de loar. *Hizo una loa.* **SIN.** Alabanza, elogio, enaltecimiento, encomio, loor. **2.** Breve poema dramático, en que se celebra, alegóricamente por lo común, a una persona o acontecimiento. *En el s. XVII antes de las comedias se representaba una loa.*

loable (lo-**a**-ble) *adj.* *Laudable. **SIN.** Plausible, meritorio.

loar (lo-**ar**) *v. tr.* *Alabar. **SIN.** Elogiar, celebrar, ensalzar, enaltecer, encomiar. **ANT.** Denostar.

lobato (lo-**ba**-to) *s. m.* Cachorro de lobo. *El lobato cayó en la trampa.* **SIN.** Lobezno.

lobera (lo-**be**-ra) *s. f.* Guarida del lobo. *Se refugió en la lobera.*

lobezno (lo-**bez**-no) *s. m.* **1.** Lobo pequeño. *En la cueva se encontraron dos lobeznos.* **2.** *Lobato.

lobo, ba (**lo**-bo) *s. m. y s. f.* **1.** Mamífero carnívoro parecido a un perro mastín, muy voraz, de pelaje gris oscuro, orejas tiesas y cola larga peluda. *Los lobos viven en manadas.* ‖ **2. lobo de mar** Marinero con experiencia. **3. lobo de las praderas** *Coyote. **4. lobo marino** *Foca. ‖ **LOC. ¡menos lobos!** Expresión que se usa para indicar que alguien exagera en lo que dice.

lóbrego, ga (**ló**-bre-go) *adj.* **1.** Oscuro, tenebroso, sombrío. *Vivían en una casa muy lóbrega.* **ANT.** Luminoso, claro. **2.** Triste, melancólico. *Tenía un aspecto lóbrego.* **SIN.** Mustio. **ANT.** Alegre.

lóbulo (**ló**-bu-lo) *s. m.* **1.** Parte inferior carnosa de la oreja. *El pendiente le había hecho daño y tenía el lóbulo muy enrojecido.* **2.** Cada una de las partes, a manera de ondas, que sobresalen en el borde de una cosa. *El mantel estaba rematado con lóbulos.*

local (lo-**cal**) *adj.* **1.** Que pertenece o se refiere a un lugar. *El equipo local ganó al equipo visitante en el encuentro deportivo.* **2.** Municipal o provincial, por oposición a general o nacional. *Era un problema local.* **3.** Se dice de lo que sólo afecta a una parte del total. *Le pusieron anestesia local.* ‖ *s. m.* **4.** Sitio cerrado y cubierto. *Se traspasa ese local.* **SIN.** Nave, establecimiento, recinto. **5.** Inmueble destinado a un negocio o trabajo. *Ha decidido comprar un local para poner una peluquería.*

localidad (lo-ca-li-**dad**) *s. f.* **1.** Lugar o pueblo, población. *Visitamos aquella localidad.* **2.** Asiento en los locales de espectáculos públicos. *No quedaba una localidad libre.* **SIN.** Plaza, sitio. **3.** Billete que da derecho a entrar, o a ocupar asiento en dichos espectáculos. *Se agotaron las localidades.*

localización (lo-ca-li-za-**ción**) *s. f.* Acción y efecto de localizar o localizarse. *No sabía la localización exacta.*

localizar (lo-ca-li-**zar**) *v. tr.* **1.** Determinar el lugar donde se halla una persona o cosa. *No conseguían localizarle.* **SIN.** Emplazar, ubicar. **2.** Fijar, encerrar en límites determinados. **GRA.** También v. prnl. *Localizaron el brote en esa área.* Se conjuga como abrazar.

locativo (lo-ca-**ti**-vo) *s. m.* Caso de la declinación, en algunas lenguas indoeuropeas, que expresa fundamentalmente la relación de lugar en donde. **GRA.** También adj. *"Domi" es un locativo en latín.*

loción (lo-**ción**) *s. f.* Producto preparado para la limpieza del cabello o para la higiene corporal. *Compró una loción para después del afeitado.*

lock-out *s. m.* Cierre forzoso y temporal impuesto por la patronal para presionar a los trabajadores. *El lock-out les pilló por sorpresa.* ☞ Es preferible el uso de la expr. "cierre patronal".

loco, ca (**lo**-co) *adj.* **1.** Se dice de la persona que ha perdido la razón. **GRA.** También s. m. y s. f. *Está loco, no está en su sano juicio.* **SIN.** Demente, perturbado, enajenado, desequilibrado. **ANT.** Sano, cuerdo, juicioso. **2.** Imprudente, que hace las cosas sin pensar. **GRA.** También s. m. y s. f. *Conduce como un loco.* **SIN.** Atolondrado, insensato, alocado, temerario **ANT.** Sensato, prudente **3.** Ajetreado, movido. *Había tenido una semana muy loca.* **4.** Deseoso, impaciente. *Está loco por verte.* ‖ **LOC. a lo loco** *fam.* Irreflexivamente. **cada loco con su tema** *fam.* Expresión utilizada para aludir a la obsesión que alguien tiene con alguna cosa. **estar alguien loco de atar** *fam.* Comportarse irracionalmente. **estar, volverse loco de contento** *fam.* Estar excesivamente alegre. **hacer el loco** *fam.* Cometer imprudencias. **hacerse el loco** *fam.* Fingir no enterarse de algo. **volver loco a alguien** *fam.* Aturdirlo. | *fam.* Gustarle mucho una cosa. | *fam.* Despertar en él un sentimiento amoroso.

locomoción (lo-co-mo-**ción**) *s. f.* Traslado de un punto a otro. *No tenían medio de locomoción.*

locomotor, ra (lo-co-mo-**tor**) *adj.* **1.** Propio para la locomoción, o que la produce. *Aparato locomotor.* **SIN.** Motriz. || *s. f.* **2.** Máquina que, montada sobre ruedas y movida por medio de vapor ordinariamente, motor térmico o electricidad, arrastra los vagones de un tren. *La locomotora estaba estropeada.* 🔎 También "locomotriz".

locuaz (lo-**cuaz**) *adj.* Que habla mucho. *Es una persona muy locuaz.* **SIN.** Charlatán, parlanchín, hablador, comunicativo. **ANT.** Callado, reservado. 🔎 Su pl. es "locuaces".

locución (lo-cu-**ción**) *s. f.* **1.** Expresión, giro o modo de hablar. *Es una locución típica de ese dialecto.* **2.** Grupo de palabras que forman sentido, frase. *En este diccionario encontrarás numerosas locuciones.* **SIN.** Modismo. **3.** Conjunto de dos o más palabras que tienen el valor de una sola. *Los modos adverbiales son locuciones.*

locura (lo-**cu**-ra) *s. f.* **1.** Privación del juicio o del uso de la razón. *Su estado de locura le impedía razonar.* **SIN.** Demencia, enajenación. **ANT.** Cordura, razón, sensatez. **2.** Acción inconsiderada o gran desacierto. *Esa inversión es una auténtica locura.* **SIN.** Insensatez, imprudencia. **3.** Nombre común de todos los estados, pasajeros o permanentes, de perturbación de las facultades mentales. *Habló en su conferencia de los diferentes tipos de locura.* **4.** Exaltación del ánimo producida por algún afecto u otro incentivo. *Le dio la locura.* || **LOC. de locura** Excepcional, estupendo.

locutor, ra (lo-cu-**tor**) *s. m. y s. f.* Persona que habla ante el micrófono en las emisiones de radio o televisión para dar avisos, leer anuncios o presentar un programa. *Es locutor de radio.* **SIN.** Comentarista, presentador.

locutorio (lo-cu-**to**-rio) *s. m.* **1.** Departamento individual en el que hay un teléfono para uso del público. *Sólo había tres locutorios y estaban ocupados.* **SIN.** Cabina. **2.** Local que dispone de varios de estos departamentos. *Se acercó hasta el locutorio.* **3.** Habitación que tiene una ventana con rejas a través de la cual hablan las monjas o los reclusos con las personas que van de visita. *Le pasaron al locutorio.*

lodazal (lo-da-**zal**) *s. m.* Terreno o sitio lleno de lodo. *La moto se atascó en el lodazal.*

loden (**lo**-den) *s. m.* **1.** Tejido tupido de lana que protege de la lluvia. *Eligió un loden verde.* **2.** Abrigo confeccionado con este tipo de tejido. *Va a todos los sitios con su loden.*

lodo (**lo**-do) *s. m.* Mezcla de tierra y agua en el suelo. *Había mucho lodo en el fondo del río.* **SIN.** Fango.

loes (**lo**-es) *s. m.* Tierra limosa y muy fina, que se acumula por acción del viento, muy fácil de labrar y muy fértil. *Colinas de loes.*

logaritmo (lo-ga-**rit**-mo) *s. m.* En matemáticas, exponente al que es necesario elevar una cantidad positiva para que resulte un número determinado. *Lo resolverás con un logaritmo.*

lógica (**ló**-gi-ca) *s. f.* **1.** Ciencia que expone las leyes, modos y formas del conocimiento científico. *Estudió lógica.* **2.** *fam.* Coherencia en los discursos y pensamientos. *Lo que dices no tiene ninguna lógica.* **SIN.** Razonamiento, sentido común.

lógico, ca (**ló**-gi-co) *adj.* **1.** Que pertenece o se refiere a la lógica. *Era un argumento lógico.* **SIN.** Racional. **2.** Que la estudia, sabe y conoce. **GRA.** También *s. m. y s. f. Wittgenstein fue un gran lógico.* **3.** Razonable, normal. *Es lógica su reacción.* **SIN.** Natural.

logística (lo-**gís**-ti-ca) *s. f.* **1.** Parte del arte militar, que comprende lo relativo a la ejecución de las operaciones de guerra. *Es experto en logística.* **2.** Conjunto de conocimientos, técnicas y métodos cuyo objetivo es solucionar los problemas que se plantean a propósito del manejo de materias primas y productos acabados. *El tamaño y ubicación de los almacenes es una de las tareas de la logística.* **SIN.** Método, organización.

logotipo (lo-go-**ti**-po) *s. m.* Forma característica que distingue una marca o nombre de empresa o de un producto. *Diseñó un nuevo logotipo para la empresa.*

lograr (lo-**grar**) *v. tr.* Llegar a tener o ser lo que se quiere. *Por fin ha logrado terminar de pintar.* **SIN.** Alcanzar, obtener, conseguir. **ANT.** Fracasar, perder.

logro (**lo**-gro) *s. m.* Acción y efecto de lograr. *Fue todo un logro.*

loísmo (lo-**ís**-mo) *s. m.* Empleo indebido de los pronombres personales "lo" y "los" como complemento indirecto en vez de directo. *"Dilo que venga", en vez de "Dile que venga".*

loísta (lo-**ís**-ta) *adj.* Se dice de la persona que usa los pronombres personales "lo" o "los" como complemento indirecto en vez de directo. **GRA.** También *s. m. y s. f. En esa zona son loístas.*

loma (lo-ma) *s. f.* Elevación suave y prolongada del terreno. *La caseta estaba situada en una loma.* **SIN.** Altozano, cerro, montículo, meseta, otero.

lombarda (lom-**bar**-da) *s. f.* Col de forma parecida al repollo, y de color violáceo. *A todos les gusta mucho la lombarda.*

lombriz (lom-**briz**) *s. f.* **1.** Nombre con que se designan diversos órdenes de gusanos que tienen el cuerpo delgado, blando y cilíndrico. *Usaba lombrices como cebo para pescar.* ‖ **2. lombriz de tierra** Gusano hermafrodita y ovíparo, que vive en los terrenos húmedos, ayudando a la formación del mantillo y haciendo galerías. **3. lombriz intestinal** Gusano que se encuentra parásito en el intestino de las personas y de los animales.

lomo (**lo**-mo) *s. m.* **1.** Parte inferior y central de la espalda. **GRA.** Se usa más en pl. *Se dio un golpe en los lomos.* **SIN.** Dorso, espinazo. **2.** Todo el espinazo de los cuadrúpedos. *Le gusta el lomo de vaca curado.* **3.** Carne del cerdo que forma esa parte del animal. *Frió unos filetes de lomo.* **SIN.** Magro. **4.** Parte del libro opuesta al corte de las hojas, en la cual se pone el rótulo. *En el lomo aparecía sólo el título de la obra.* **5.** Parte de un instrumento cortante opuesta al filo. *Golpeó la mesa con el lomo del cuchillo.*

lona (**lo**-na) *s. f.* **1.** Tela fuerte de algodón o cáñamo que se usa en la fabricación de toldos, tiendas de campaña, velas de embarcaciones y en otros usos. *Tapó la carga del camión con una lona.* **2.** Piso o suelo del ring. *El equipier quedó tendido en la lona.*

loncha (**lon**-cha) *s. f.* *Rodaja.

longaniza (lon-ga-**ni**-za) *s. f.* Embutido largo y delgado de carne de cerdo picada y adobada. *Se comieron para merendar una buena longaniza.* **SIN.** Butifarra, salchicha, salchichón.

longevidad (lon-ge-vi-**dad**) *s. f.* **1.** Ancianidad, vejez. *En la longevidad de su vida recordaba con añoranza su niñez.* **2.** Cualidad de algunos seres, cuya vida dura mucho en relación con la de los demás especies. *La longevidad de la tortuga es de unos 200 años.*

longevo, va (lon-**ge**-vo) *adj.* Muy anciano, que vive mucho tiempo. *Era una persona muy longeva.* **SIN.** Vetusto, viejo, anciano. **ANT.** Joven.

longitud (lon-gi-**tud**) *s. f.* **1.** La mayor de las dos dimensiones que tienen las figuras planas. *Un estadio de fútbol tiene mayor longitud que anchura.* **SIN.** Largo, largor, largueza, largura. **2.** Distancia de un lugar al primer meridiano, generalmente al de Greenwich, que está determinada por el arco del ecuador comprendido entre dicho primer meridiano y el del lugar dado. *La ciudad de Roma está situada a 12 grados de longitud este.* ‖ **3. longitud de onda** Distancia en metros entre dos puntos correspondientes a una misma fase en dos ondas consecutivas.

longitudinal (lon-gi-tu-di-**nal**) *adj.* **1.** Que pertenece o se refiere a la longitud. *Calcula la amplitud longitudinal de esta onda.* **2.** Hecho o colocado en el sentido o dirección de ella. *Trazado longitudinal.*

long play *s. m.* *Elepé.

longui o longuis, hacerse el *loc., fam.* Hacerse el desentendido, el distraído, el tonto. *Se lo dije, pero se hizo el longuis.*

lonja[1] (**lon**-ja) *s. f.* Parte larga, ancha y de poco grosor que se corta o se separa de otra. *Cortó unas lonjas de jamón.* **SIN.** Loncha, raja.

lonja[2] (**lon**-ja) *s. f.* Edificio público donde se reúnen comerciantes para sus tratos y operaciones. *Madrugamos para ver la lonja del puerto en pleno funcionamiento.*

lontananza, en la *loc., adv.* A lo lejos. *Apareció en la lontananza.* ☞ Se usa sólo tratándose de cosas que por estar muy lejanas apenas se pueden distinguir.

look *s. m.* Aspecto externo o imagen de una persona. *Decidió cambiarse de look, cortándose el pelo.*

loor (lo-**or**) *s. m.* *Loa. **SIN.** Elogio, encomio, enaltecimiento. **ANT.** Denuesto, crítica.

lord *s. m.* En Inglaterra, título de honor que ostentan los miembros de la primera nobleza y algunos altos cargos. *Le concedieron el título de lord.* ✎ Su pl. es "lores".

loriga (lo-**ri**-ga) *s. f.* **1.** Especie de coraza de láminas pequeñas de acero. *Los guerreros medievales llevaban loriga.* **SIN.** Armadura. **2.** Armadura del caballo para la guerra. *Los caballos llevaban loriga.*

loro (**lo**-ro) *s. m.* **1.** Nombre vulgar de algunas aves que se distinguen por el predominio del color verde en el plumaje, la cola y alas rojas, habituadas a la domesticidad y a repetir palabras y frases. *Estaba enseñando a hablar al loro.* **2.** *fam.* Radiocasete. *Le regalaron un loro para su cumpleaños.* ‖ *adj.* **3.** *fam.* Se dice de las personas excesivamente habladoras e incapaces de guardar un secreto. *Ese amigo tuyo es un poco loro.*

lorza (**lor**-za) *s. f.* Pliegue que se hace en una tela. *Hizo una lorza para acortar la manga de la camisa.*

los *art.* **1.** Forma masculina plural del artículo determinado. *Los niños jugaban.* **2.** Forma átona del pronombre personal de tercera persona en género

losa - lucha

masculino y número plural, que funciona como complemento directo. *¿No los viste?.*

losa (**lo**-sa) *s. f.* **1.** Piedra llana y poco gruesa, casi siempre labrada. *Cubrieron el patio con losas.* **SIN.** Adoquín, baldosa. **2.** Sepulcro de cadáver. *Pusieron la losa.* **3.** Congoja, carga. *Aquella confesión era una losa para ella.*

loseta (lo-**se**-ta) *s. f.* *Baldosa.

lote (**lo**-te) *s. m.* **1.** Cada una de las partes en que se divide un todo que se ha de distribuir entre varias personas. *Le tocó el mejor lote de la herencia.* **SIN.** Porción, parte. **2.** Cada una de las parcelas en que se divide un terreno destinado a la edificación. *Van a edificar ya el tercer lote.* **3.** Conjunto de objetos similares que se agrupan con un fin determinado. *Compró un lote de cacharros para microondas.* **SIN.** Pack. **4.** Cualquier grupo de registros que se procesan informáticamente como una sola unidad. *Cargué un lote de ampliaciones en el programa.* ‖ **LOC. darse, o pegarse, el lote** Se dice de la pareja que se besa y acaricia insistentemente.

lotería (lo-te-**rí**-a) *s. f.* **1.** Especie de rifa en que se sortean diversos premios. *Organizaron una lotería para las fiestas* **SIN.** Tómbola. **2.** Juego público en que se premian con diversas cantidades los billetes cuyos números coinciden con los que se extraen de un bombo al azar. *Todas las semanas juega a la lotería.* **SIN.** Tómbola. **3.** Juego casero en que se imita la lotería primitiva con números puestos en cartones, y extrayendo algunos de una bolsa o caja. *Disfrutamos jugando a la lotería.* **4.** Negocio o lance en que interviene la suerte o la casualidad. *Aprobar ese examen ha sido una buena lotería.* ‖ **5. lotería primitiva** Variedad española de lotería estatal en la que se extraen seis números de los 49 que entran en sorteo. ‖ **LOC. caerle o tocarle a alguien la lotería** Tocarle uno de los mayores premios de la misma. Se emplea también en sentido irónico.

loto[1] (**lo**-to) *s. m.* **1.** Planta de de hojas muy grandes y fruto globoso parecido al de la adormidera, con semillas que se comen después de tostadas y molidas. *El loto abunda en las orillas del Nilo.* **SIN.** Rosa del Nilo. **2.** Flor de esta planta. *El estanque estaba cubierto de lotos.*

loto[2] (**lo**-to) *s. f.* *Lotería primitiva.

loza (**lo**-za) *s. f.* **1.** Barro fino, cocido y barnizado, con el que se hacen platos, tazas. etc. *El juego de café era de loza muy fina.* **SIN.** Cerámica, porcelana. **2.** Conjunto de estos objetos destinados al ajuar doméstico. *Le indicó cómo debía limpiar la loza.*

lozanía (lo-za-**ní**-a) *s. f.* **1.** Frondosidad y verdor en las plantas. *Las plantas tenían lozanía.* **SIN.** Verdura, frescura. **2.** Vigor, robustez en las personas y los animales. *Rebosaba lozanía.*

lozano, na (lo-**za**-no) *adj.* Que tiene lozanía. *Las plantas estaban muy lozanas.* **SIN.** Frondoso, ufano, vigoroso, altivo. **ANT.** Modesto, débil.

lp *s. m.* *Elepé.

lsd *s. m.* Ácido utilizado como droga alucinógena. *El lsd tiene efectos muy perjudiciales.*

lubina (lu-**bi**-na) *s. f.* Pescado propio de mares templados, de alto valor en gastronomía. *La lubina es propia del Mediterráneo y NE del Atlántico.*

lubricante (lu-bri-**can**-te) *adj.* Se dice del producto industrial que se usa para suavizar el rozamiento de las piezas de una máquina. **GRA.** También s. m. *Echó un lubricante.* **SIN.** Emulsionante, grasa.

lubricar (lu-bri-**car**) *v. tr.* Hacer resbaladiza una cosa. *Lubricó el eje.* **SIN.** Lubrificar, engrasar. Se conjuga como abarcar.

lubrificante (lu-bri-fi-**can**-te) *adj.* *Lubricante. **GRA.** También s. m.

lubrificar (lu-bri-fi-**car**) *v. tr.* Lubricar, hacer resbaladiza una cosa. *Lubrificó las piezas.* **SIN.** Engrasar. Se conjuga como abarcar.

lucero (lu-**ce**-ro) *s. m.* **1.** El planeta Venus. *Venus es el lucero matutino.* **2.** Cualquier astro de los que aparecen más grandes y brillantes. *La luz de un enorme lucero nos alumbraba.* **SIN.** Estrella, cometa. **3.** Postigo o cuarterón de las ventanas, por donde entra la luz. *Una débil luz entraba por el lucero del desván.* **4.** Lunar blanco y grande que tienen en la frente algunos cuadrúpedos. *Su preferida era la potra del enorme lucero.* ‖ **5. lucero del alba, de la mañana o de la tarde** Lucero, el planeta Venus.

lucha (**lu**-cha) *s. f.* **1.** Pelea física cuerpo a cuerpo. *Hubo una fuerte lucha.* **SIN.** Lid, combate, riña, pendencia, reyerta. **2.** Discusión verbal. *Mantuvieron una dura lucha.* **SIN.** Polémica, discusión, contienda, altercado. ‖ **3. lucha canaria** Modalidad autóctona de lucha, en que los contrincantes se agarran por los bajos de unos pantalones cortos y vence quien logra derribar al contrario. **4. lucha libre** Modalidad de lucha competitiva, en la que se emplea llaves y golpes, terminando cuando uno de los rivales se da por vencido. **5. lucha leonesa** Modalidad autóctona de lucha competitiva, practicada en corros, en que los contrincantes se agarran por un cinturón de cuero y el ganador es quien consigue derribar al adversario.

luchador, ra (lu-cha-**dor**) *s. m. y s. f.* Persona que lucha. *El luchador no logró levantarse del suelo.* **SIN.** Púgil, combatiente.

luchar (lu-**char**) *v. intr.* **1.** Pelear, combatir. *En las guerras, las personas luchan por su país.* **SIN.** Lidiar, batallar. **ANT.** Pacificar, conciliar. **2.** Discutir, polemizar. *Sabía que tenía razón y estaba dispuesto a luchar.*

lucidez (lu-ci-**dez**) *s. f.* Cualidad de lúcido. *Se expresó con toda lucidez.* **SIN.** Clarividencia, penetración, sagacidad. **ANT.** Simplicidad.

lúcido, da (**lú**-ci-do) *adj.* Claro en el razonamiento, en el estilo, etc. *Posee una mente muy lúcida.* **SIN.** Perspicaz, sutil, inteligente, agudo.

luciérnaga (lu-**ciér**-na-ga) *s. f.* Insecto de cuerpo blando, cuya hembra carece de alas y tiene un aparato fosforescente, que despide una luz de color blanco verdoso. *Cuando volvíamos al camping por la noche vimos una luciérnaga.*

Lucifer (Lu-ci-**fer**) *n. p.* El príncipe de los ángeles rebeldes. *El cuadro representaba a Lucifer en el infierno.* **SIN.** Leviatán, Luzbel, Satanás.

lucimiento (lu-ci-**mien**-to) *s. m.* Acción y efecto de lucir o lucirse. *Lo hizo para lucimiento suyo.*

lucio (**lu**-cio) *s. m.* Pez parecido a la perca, que habita en ríos y lagos, de gran ferocidad y cuya carne es muy apreciada. *Pescó un lucio.*

lucir (lu-**cir**) *v. intr.* **1.** Brillar, resplandecer. *Después de una semana entera lloviendo, por fin lució el sol.* **SIN.** Resplandecer. **2.** Destacar, sobresalir. **GRA.** También v. prnl. *Ella lucía la más hermosa de la fiesta con su nuevo peinado.* **SIN.** Distinguirse, resaltar, aventajar ‖ *v. tr.* **3.** Manifestar las cualidades y ventajas, riqueza, la autoridad, etc. *Lució sus mejores galas.* **SIN.** Ostentar. ‖ *v. prnl.* **4.** Realizar algo causando buena impresión. *Se lució ante todos.* **SIN.** Destacarse. ✎ v. irreg.

INDICATIVO	SUBJUNTIVO	IMPERATIVO
Pres.	Pres.	
luzco	luzca	
luces	luzca	luce
luce	luzcas	luzca
lucimos	luzcamos	luzcamos
lucís	luzcáis	lucid
lucen	luzcan	luzcan

lucrarse (lu-**crar**-se) *v. prnl.* Obtener alguna utilidad o ganancia. *Se lucró con el estraperlo.* **SIN.** Beneficiarse, aprovecharse, sacar tajada, hacer el agosto.

lucrativo, va (lu-cra-**ti**-vo) *adj.* Que produce utilidad y ganancia. *Era un negocio muy lucrativo.* **SIN.** Productivo, fructífero, beneficioso, provechoso.

lucro (**lu**-cro) *s. m.* Ganancia que se saca de una cosa. *Le produjo buen lucro.* **SIN.** Provecho, beneficio. **ANT.** Pérdida, desinterés.

luctuoso, sa (luc-**tuo**-so) *adj.* Triste, que mueve a llanto. *Fue un hecho luctuoso.* **SIN.** Deplorable, fúnebre, funesto.

lucubrar (lu-cu-**brar**) *v. tr.* *Elucubrar.

lúdico, ca (**lú**-di-co) *adj.* Que pertenece o se refiere al juego. *Aspecto lúdico.*

ludópata (lu-**dó**-pa-ta) *s. m. y s. f.* Persona que padece ludopatía. *Había sido ludópata.*

ludopatía (lu-do-pa-**tí**-a) *s. f.* Adicción patológica al juego. *Su ludopatía había estado a punto de acabar con su relación familiar.*

luego (**lue**-go) *adv. t.* **1.** Prontamente, enseguida. *Luego lo hago.* **SIN.** Inmediatamente, pronto. **2.** *Después.* ‖ *conj.* **3.** Por consiguiente. *Lo que dices no es cierto, luego no tienes razón.* ‖ **LOC. desde luego** Inmediatamente, de conformidad, sin duda. **luego como, o luego que** Así que.

lugar (lu-**gar**) *s. m.* **1.** Espacio que puede ser ocupado por un cuerpo. *En esta casa habrá lugar para toda la familia.* **SIN.** Puesto, sitio, ubicación **2.** Sitio. *Creo que ya he ido a ese lugar.* **SIN.** Paraje, punto. **3.** Ciudad, pueblo, especialmente si es pequeño. *Nunca había oído hablar de aquel lugar.* **SIN.** Aldea. **4.** Dignidad, puesto, empleo. *Creía estar en el lugar que le correspondía.* **5.** Ocasión, motivo, oportunidad para hacer o no hacer una cosa. *No dio lugar a una respuesta.* ‖ **LOC. dar lugar a algo** Provocarlo, ocasionarlo. **en buen, o mal, lugar** En buena, o mala, posición o consideración. **en lugar de** En vez de. **en primer lugar** Primeramente. **estar algo fuera de lugar** Ser inoportuno e inadecuado. **no dejar algo lugar a dudas** Ser indiscutible. **no ha lugar a** Forma habitual de la proposición que se hace para atajar el curso de un asunto. **sin lugar a dudas** Con toda seguridad. **tener lugar** Tener cabida. | Acontecer, suceder.

lugareño, ña (lu-ga-**re**-ño) *adj.* Se dice del habitante de una población pequeña. **GRA.** También s. m. y s. f. *Los lugareños conservaban todavía aquella tradición.* **SIN.** Pueblerino, aldeano.

lugarteniente (lu-gar-te-**nien**-te) *s. m.* Persona que tiene autoridad y poder para hacer las veces de otra en un ministerio o empleo. *Habló con el lugarteniente.* **SIN.** Comisionado, delegado.

lúgubre (**lú**-gu-bre) *adj.* Triste, funesto, melancólico. *Era un lugar muy lúgubre.* **SIN.** Fúnebre, tétrico. **ANT.** Alegre, claro.

lujo - lúpulo

lujo (**lu**-jo) *s. m.* **1.** Excesiva pompa o adorno. *Estaba decorado con mucho lujo.* **2.** Ostentación en el modo de vida. *Fue una fiesta de mucho lujo.* **SIN.** Opulencia, suntuosidad, fausto, magnificencia, riqueza. **ANT.** Pobreza, sencillez. ‖ **LOC. con todo lujo de detalles** Pormenorizadamente. **permitirse alguien el lujo** Atreverse a hacer algo.

lujoso, sa (lu-**jo**-so) *adj.* Que tiene o gasta lujo. *Viven en una lujosa mansión.* **SIN.** Opulento, suntuoso, ostentoso, espléndido, fastuoso.

lujuria (lu-**ju**-ria) *s. f.* Deseo sexual excesivo. *Aquellos actos eran fruto de su lujuria.* **SIN.** Lascivia, liviandad, lubricidad. **ANT.** Castidad, contención.

lujurioso, sa (lu-ju-**rio**-so) *adj.* Dado a la lujuria. **GRA.** También *s. m.* y *s. f. Era una persona muy lujuriosa.* **SIN.** Lascivo, libidinoso. **ANT.** Puro, casto.

lumbago (lum-**ba**-go) *s. m.* Dolor reumático en las costillas. *Tiene lumbago.* **SIN.** Reúma.

lumbar (lum-**bar**) *adj.* Que pertenece o se refiere a las costillas. *Tenía algunas molestias en la región lumbar.* **SIN.** Dorsal.

lumbre (**lum**-bre) *s. f.* **1.** Materia que arde. *Hizo una gran lumbre con carbón y leña.* **SIN.** Fuego, llama. **2.** Lugar donde se enciende fuego voluntariamente para guisar o calentar algo. *Acercó la cazuela a la lumbre.*

lumbrera (lum-**bre**-ra) *s. f.* **1.** Persona sabia e insigne. *Era una lumbrera del mundo de la física.* **SIN.** Genio, sabio. ‖ *s. f. pl.* **2.** Los ojos. *En la oscuridad destacaba el verde de sus lumbreras.*

luminosidad (lu-mi-no-si-**dad**) *s. f.* Cualidad de luminoso. *Esta claraboya permite que haya mucha luminosidad.*

luminoso, sa (lu-mi-**no**-so) *adj.* **1.** Que despide luz. *Vimos una estrella muy luminosa.* **SIN.** Brillante, radiante, refulgente, resplandeciente. **ANT.** Opaco, oscuro, sombrío, apagado. **2.** Inteligente, brillante. *Siempre tiene ideas luminosas.* **SIN.** Claro **3.** Que está iluminado. *Era una habitación muy luminosa.* **ANT.** Sombrío, oscuro. **4.** Alegre, vivo. *Luminosos ojos.* **ANT.** Apagado

luminotecnia (lu-mi-no-**tec**-nia) *s. f.* Arte de la iluminación por medio de la electricidad con fines artísticos o industriales. *Era especialista en luminotecnia.* **SIN.** Alumbrado.

luna (**lu**-na) *s. f.* **1.** Satélite natural de la Tierra que ofrece diferentes aspectos o fases según que el Sol ilumine una parte mayor o menor de ella. *La superficie de la Luna está cubierta de cráteres.* **2.** *Espejo. ‖ **3. luna creciente** La Luna entre el novilunio y el plenilunio. **4. luna menguante** La Luna entre el plenilunio y el novilunio. **5. luna de miel** Primeros tiempos de matrimonio, después de la boda. **6. luna llena** Plenilunio, la Luna en el tiempo de su oposición con el Sol, en que presenta su disco totalmente iluminado. **7. luna nueva** Novilunio, la Luna en el tiempo de su conjunción con el Sol, en que su disco resulta invisible. ‖ **LOC. a la luna de Valencia** Frustradas las esperanzas de lo que se deseaba o pretendía. **estar en la luna** *fam.* Estar distraído. | *fam.* Estar fuera de la realidad, no darse cuenta de lo que pasa. **pedir la luna** Pedir cosas imposibles.

MAGNITUDES LUNARES

Diámetro en el ecuador: 3 476 km
Volumen: 1/49 del volumen de la Tierra
Densidad: 3,34 (agua = 1)
Masa: 1/81 de la masa de la Tierra
Gravedad: 1/6 de la gravedad de la Tierra
Distancia mínima a la Tierra: 356 400 km
Distancia máxima a la Tierra: 406 700 km
Distancia media a la Tierra: 384 400 km
Rotación sobre su eje: 27,3 días
Órbita en torno a la Tierra (mes sideral): 27,3 días
Mes sinódico (luna nueva-luna nueva): 29,5 días

---

lunar[1] (lu-**nar**) *s. m.* **1.** Pequeña mancha de melanina en el rostro o en otra parte del cuerpo humano. *Tiene un pequeño lunar junto a la boca.* **2.** Adorno circular y de color en los vestidos, especialmente en los trajes flamencos. *Llevaba una blusa de lunares.*

lunar[2] (lu-**nar**) *adj.* Que pertenece o se refiere a la Luna. *Los astronautas relataban con emoción su paseo lunar.*

lunático, ca (lu-**ná**-ti-co) *adj.* Que padece locura por intervalos. **GRA.** También *s. m.* y *s. f. Es un poco lunático.* **SIN.** Alunado, maniático, chalado.

lunch *s. m.* Comida, almuerzo, aperitivo o refrigerio. *Después de la conferencia les ofrecieron un lunch.*

lunes (**lu**-nes) *s. m.* Día de la semana comprendido entre el domingo y el martes. *Los lunes me cuesta mucho levantarme.* Invariable en número.

lupa (**lu**-pa) *s. f.* Lente de aumento provista de un mango. *Si haces la letra tan pequeña tendremos que leerlo con lupa.* ‖ **LOC. mirar algo con lupa** *fam.* Mirarlo minuciosamente.

lúpulo (**lú**-pu-lo) *s. m.* Planta trepadora cuyos frutos, desecados, se utilizan para aromatizar y dar sabor amargo a la cerveza. *Se acercaba la época de la recogida del lúpulo.*

lustrar (lus-**trar**) *v. tr.* Dar lustre a metales, piedras, etc. *Lustró los objetos de bronce.* **SIN.** Alustrar, abrillantar.

lustre (**lus**-tre) *s. m.* **1.** Brillo de las cosas tersas o bruñidas. *El objeto conservaba su lustre como el primer día.* **2.** Esplendor, fama, gloria. *Aquella obra le había dado mucho lustre.*

lustro (**lus**-tro) *s. m.* Espacio de cinco años. *Ya pasó un lustro desde aquello.*

luto (**lu**-to) *s. m.* **1.** Signo exterior de duelo por la muerte de una persona en vestidos, adornos y otros objetos. *Vestían de negro porque estaban de luto.* **2.** Duelo, aflicción por la muerte de una persona. *Guardaban luto.* ‖ **3. medio luto** El que mezcla el negro con el blanco, o alterna prendas de luto con otras que no lo son.

luxación (lu-xa-**ción**) *s. f.* Dislocación de una articulación ósea. *Sufrió una luxación en el codo.*

luz *s. f.* **1.** Lo que hace que los objetos se vean. *A la luz del día todo está claro.* **SIN.** Claridad, luminosidad. **ANT.** Oscuridad. **2.** Punto de donde parte. *Enciende la luz, porque ya no veo nada.* **3.** Utensilio que sirve para alumbrar. *Busca alguna luz, nos hemos quedado a oscuras.* **SIN.** Vela, candela, bombilla. ‖ *s. f. pl.* **4.** Ilustración, cultura. *Es una persona de muchas luces.* **5.** Aspecto que presenta la iluminación de una ciudad por la noche. *Le gustaba observar las luces de la ciudad.* ‖ **6. luz cenital** La que en una habitación, patio, iglesia u otro edificio se recibe por el techo. **7. media luz** La que es escasa. ‖ **LOC. a la luz de algo** Considerándolo. **a toda luz, o a todas luces** Por todas partes, de todos modos. **dar a luz** Parir una mujer. | Publicar una obra. **entre dos luces** Al anochecer, o al amanecer. **sacar a la luz** Dar a luz una obra o un asunto encubierto. | Descubrir, manifestar lo que estaba oculto. **ver la luz** Nacer. ✎ Su pl. es "luces".

Luzbel (Luz-**bel**) *n. p.* *Lucifer.

lycra *s. f.* Tejido sintético, elástico y brillante, utilizado en la fabricación de ciertas prendas de vestir. *Mi hermana se compró una camiseta de lycra.* ✎ También "licra".

m *s. f.* **1.** Decimotercera letra del abecedario español y décima de sus consonantes. Su nombre es "eme". *La m es una consonante nasal.* **2.** Letra de la numeración romana cuyo valor es mil. *MM = 2000*

macabro, bra (ma-**ca**-bro) *adj.* Se dice de lo que participa de lo feo y repulsivo de la muerte. *Nos contó un suceso muy macabro.* **SIN.** Fúnebre, lúgubre, siniestro. **ANT.** Alegre, vital.

macaco, ca (ma-**ca**-co) *s. m. y s. f.* Mono pequeño, con cola corta, cuerpo robusto y cabeza grande con el hocico saliente y aplastado. *Los macacos son tímidos y cautelosos.*

macana (ma-**ca**-na) *s. f.* **1.** Artículo de comercio que no se vende por estar deteriorado y pasado de moda. *Esa tienda no vende nada, sólo tiene macanas.* **2.** *amer.* Tontería, disparate. ‖ **LOC. ¡qué macana!** Expresión que indica contrariedad.

macanudo, da (ma-ca-**nu**-do) *adj., amer. y fam.* Extraordinario, excelente, magnífico.

macarra (ma-**ca**-rra) *adj.* **1.** *fam.* Se dice de la persona agresiva y provocadora. **GRA.** También s. m. y s. f. *Unos macarras se metieron con él.* **SIN.** Navajero, chulo. **2.** Vulgar, de mal gusto. **GRA.** También s. m. y s. f. *Vistiendo es un poco macarra.* **SIN.** Cursi, kitsch, chabacano. **ANT.** Fino, elegante.

macarrón (ma-ca-**rrón**) *s. m.* **1.** Pasta alimenticia de harina de trigo en figura de tubos largos, de paredes gruesas, y de color blanco, amarillo o gris. **GRA.** Se usa más en pl. *Comimos macarrones con tomate y chorizo.* **2.** En un automóvil, tubería flexible y resistente que se utiliza para recubrir cables eléctricos o para conducir líquidos. *A consecuencia del accidente se rompió el macarrón y perdió toda la gasolina.*

macedonia (ma-ce-**do**-nia) *s. f.* Postre compuesto de una mezcla de diversas frutas, cortadas en dados o rodajitas, y servidas con su propio jugo. *Échale un poco de sidra a la macedonia.*

macerar (ma-ce-**rar**) *v. tr.* **1.** Ablandar una cosa estrujándola, golpeándola o manteniéndola durante algún tiempo sumergida en un líquido. *Puso las hierbas medicinales a macerar en agua fría para prepararlo mañana.* **SIN.** Ajar, estrujar, comprimir, prensar. **2.** Dejar en remojo, en un líquido con distintos condimentos, un alimento para ablandarlo y aromatizarlo. *Deja el pescado macerando en limón.* **SIN.** Adobar, marinar.

maceta (ma-**ce**-ta) *s. f.* Vaso de barro cocido o de otra materia, que lleno de tierra sirve para cultivar plantas. *Deberías pasar la planta a una maceta más grande.* **SIN.** Jardinera, macetero, tiesto.

macetero (ma-ce-**te**-ro) *s. m.* Soporte destinado a colocar en él macetas de flores. *Compró un macetero para colocar los tiestos.*

machaca (ma-**cha**-ca) *adj.* Se dice de la persona pesada con su conversación. *No me cae mal, pero es un poco machaca.*

machacar (ma-cha-**car**) *v. tr.* **1.** Golpear una cosa para romperla o deformarla. *Machaca el ajo y perejil y añádeselo al guiso.* **SIN.** Majar. **2.** Reducir algo sólido a fragmentos pequeños, pero sin triturarlo. *Machacó el ladrillo.* **SIN.** Quebrar, pulverizar. **3.** Destruir, vencer o derrotar de forma contundente. *Machacaron al enemigo.* **4.** Hacer daño, moler. *La piedra le machacó el pie.* ‖ *v. intr.* **5.** Porfiar pesada e insistentemente sobre una cosa. *Es un pesado, no deja de machacar con eso.* **SIN.** Reiterar, insistir, cansar. **ANT.** Desistir. **6.** Estudiar insistentemente una materia. **GRA.** También v. tr. *Tienes que machacarlo un poco más.* **SIN.** Chapar, empollar. **7.** Cansar, agotar. **GRA.** También v. tr. *Me machaca ir tan deprisa.* **SIN.** Reventar, fatigar. **8.** En baloncesto, introducir un jugador el balón en la canasta colgándose con fuerza de la misma. *Machacó y consiguió la canasta de la victoria.* ✎ Se conjuga como abarcar.

machacón - madera

machacón, na (ma-cha-**cón**) *adj.* Impertinente, pesado, que repite mucho las cosas. **GRA.** También s. m. y s. f. *No seas machacón, ya te he oído hace un rato.* **SIN.** Plomo, repetitivo, cargante, porfiado.

machada (ma-**cha**-da) *s. f., fam.* Acción valiente. *¡Qué machada! Yo me hubiera muerto de miedo.* **SIN.** Heroísmo, heroicidad, valentía. **ANT.** Cobardía, infamia.

machete (ma-**che**-te) *s. m.* Arma blanca más corta que la espada, ancha, de mucho peso y de un solo filo. *Cortaba las cañas con el machete.*

machismo (ma-**chis**-mo) *s. m.* Ideas o actitud de una persona o grupo de personas cuyo punto de vista es discriminatorio con respecto al sexo femenino. *Le acusaban de machismo en sus teorías.* **ANT.** Feminismo.

machista (ma-**chis**-ta) *adj.* **1.** Que pertenece o se refiere al machismo. *Sus ideas son muy machistas.* **2.** Partidario del machismo. **GRA.** También s. m. y s. f. *Tiene unos amigos muy machistas.*

macho[1] (**ma**-cho) *s. m.* **1.** Animal del sexo masculino. *El macho de la oveja es el carnero.* **2.** En un artefacto, pieza que entra dentro de otra, como el tornillo en la tuerca. *Este macho no sirve para esta hembra.* **3.** Parte del corchete que se engancha en la hembra. *Se ha descosido el macho.* ‖ *adj.* **4.** *Varonil. **5.** Valiente. *Fue muy macho.* **SIN.** Arrogante, atrevido. **ANT.** Cobarde, apocado.

macho[2] (**ma**-cho) *s. m.* *Mulo.

machote (ma-**cho**-te) *s. m., fam.* Que tiene las cualidades que tradicionalmente se han considerado como masculinas. *Presumía de ser muy machote.* **SIN.** Viril, varonil. **ANT.** Afeminado.

macilento, ta (ma-ci-**len**-to) *adj.* Flaco, descolorido, triste. *Tenía un aspecto macilento.* **SIN.** Demacrado, decaído, mustio. **ANT.** Lozano, vivo.

macillo (ma-**ci**-llo) *s. m.* Pieza del piano con la cual, a impulso de la tecla, se hiere la cuerda correspondiente. *Esa tecla no suena porque le falta el macillo.* **SIN.** Martillo.

macizar (ma-ci-**zar**) *v. tr.* Rellenar un hueco con material bien apretado. *Macizaron los agujeros de la pared.* ✎ Se conjuga como abrazar.

macizo, za (ma-**ci**-zo) *adj.* **1.** Compacto, sin huecos, sólido. **GRA.** También s. m. *Es de madera maciza.* **SIN.** Grueso, relleno, amazacotado. **ANT.** Hueco, débil, flaco, frágil. **2.** Se dice de la persona musculosa. *Está macizo porque hace mucho ejercicio.* **SIN.** Duro. **ANT.** Fofo, flaco. **3.** *fam.* Se dice de la persona muy atractiva físicamente. *De joven estaba muy macizo.*

SIN. Atractivo, cachas. ‖ *s. m.* **4.** Conjunto de montañas que culminan en uno o más picos. *El macizo Central.* **5.** Conjunto de plantas con que se decoran los cuadros de los jardines. *Un macizo de rosas rojas.* **SIN.** Parterre. **6.** En arquitectura, parte de una pared entre dos vanos. *Pintamos de otro color los macizos de la parte de atrás de la casa.*

macramé (ma-cra-**mé**) *s. m.* Tejido hecho a mano con cuerdas trenzadas, y cuerda para hacer este tejido. *Hizo un cesto de macramé.* ✎ Su pl. es "macramés".

macrobiótico, ca (ma-cro-**bió**-ti-co) *adj.* **1.** Que facilita una vida más duradera. *Es muy aficionado a los productos macrobióticos.* **2.** Que pertenece o se refiere al sistema de vida o alimentación macrobiótica. *Es una tienda especializada en productos macrobióticos.* ‖ *s. f.* **3.** Sistema de vida que pretende a través de un cuerpo sano y equilibrado, conseguido por una alimentación basada en el consumo de vegetales, vivir más y en mejores condiciones. *La macrobiótica está muy de moda.*

macrocéfalo, la (ma-cro-**cé**-fa-lo) *adj.* De cabeza muy grande y desproporcionada en relación con el cuerpo. **GRA.** También s. m. y s. f. *La estatua representaba un ser macrocéfalo.*

mácula (**má**-cu-la) *s. f.* **1.** Mancha. *Tiene un expediente brillante, sin mácula.* **SIN.** Defecto, tacha. **2.** *fam.* Engaño, trampa. *Les descubrimos la mácula que nos habían tendido.* **SIN.** Embuste, mentira, engañifa. **3.** Cada una de las manchas oscuras que se observan en el disco del Sol. *A través del telescopio observamos las máculas.* **4.** En la retina, punto central en el cual la visión es más clara. *Tenía dañada la mácula.* **5.** Lesión de la piel caracterizada por la presencia de manchas oscuras. *El exceso de sol le produjo máculas en la piel.*

macuto (ma-**cu**-to) *s. m.* **1.** Mochila de soldado. *Guardó su uniforme en el macuto.* **2.** Por ext., cualquier tipo de mochila. *Fue a la excursión cargado con un enorme macuto.* **SIN.** Zurrón, bolsa, petate, morral.

madalena (ma-da-**le**-na) *s. f.* *Magdalena.

madeja (ma-**de**-ja) *s. f.* Hilo recogido en vueltas iguales para que se pueda devanar fácilmente. *Me hará falta otra madeja de lana.* **SIN.** Ovillo, bobina, carrete. ‖ **LOC. enredar, liar, o enredarse, o liarse, la madeja** Complicar o complicarse un asunto.

madera (ma-**de**-ra) *s. f.* **1.** Parte dura de los árboles debajo de la corteza. *La madera se usa para hacer muebles, puertas, tablas, etc.* **2.** Pieza de esta mis

madero - madrugada

ma materia que se usa en carpintería. *El mueble es de madera de roble.* **3.** Facultades o talento natural de las personas para determinada actividad. *Este chico tiene madera de músico.* **SIN.** Pasta. **4.** Nombre de los instrumentos musicales de viento hechos de ese material y que se tocan soplando directamente o por medio de una o dos lengüetas. *Flautas, oboes, clarinetes, etc. son instrumentos de madera.* **5.** *fam.* Cuerpo de policía nacional española. *Le perseguía la madera.* **SIN.** Bofia, pasma. ‖ **LOC. ser alguien de mala madera, o tener mala madera** *fam.* Ser perezoso. **ser de la misma madera** *fam.* Ser de la misma clase. **tocar madera** *fam.* Expresión que se emplea para indicar el temor de que algo deseado no ocurra o no salga como se esperaba.

madero (ma-**de**-ro) *s. m.* **1.** Pieza larga de madera. *Hizo palanca con un madero.* **SIN.** Tablón. **2.** *fam.* Persona muy necia o insensible. *No entiendes nada, eres un madero.* **3.** *fam.* Miembro del cuerpo español de policía nacional. *Los manifestantes se metieron con los maderos.*

madona (ma-**do**-na) *s. f.* Representación artística de la Virgen María. *Rafael fue un famoso pintor de madonas.*

madrastra (ma-**dras**-ta) *s. f.* Mujer del padre respecto de los hijos que éste tiene de un matrimonio anterior. *Se llevaba muy bien con su madrastra.*

madraza (ma-**dra**-za) *s. f., fam.* Madre que mima mucho a sus hijos. *Está hecha toda una madraza.*

madre (ma-dre) *s. f.* **1.** Hembra que ha tenido hijos. *Mi hermano tiene el mismo carácter que mi madre.* **SIN.** Mamá. **2.** Título que se da a algunas religiosas. *Habló con la madre superiora.* **SIN.** Hermana, monja, sor. **3.** Causa, principio, origen. *Aquello era la madre del asunto.* **SIN.** Fundamento, raíz. **4.** Terreno por donde corren las aguas de un río o arroyo. *Debido a las últimas lluvias torrenciales, el río se salió de madre.* **SIN.** Cauce. **5.** Heces del mosto, vino o vinagre. *No bebas de esa botella, sólo queda la madre.* ‖ **6. madre política** Suegra. ‖ **LOC. de puta madre** *vulg.* Muy bien o muy bueno. **ésa es, o no es, la madre del cordero** Expresión proverbial con que se indica que es, o no es, una cosa la razón real de un hecho o suceso. **¡la madre que me, te, lo, os o los, parió!** *vulg.* Expresión que indica gran enfado con alguien. **¡madre mía!** *fam.* Expresión que denota sorpresa, admiración, disgusto, extrañeza, etc. **sacar de madre a alguien** *fam.* Inquietarle mucho, hacerle perder la paciencia. **salirse alguien de madre** *fam.* Excederse de lo

acostumbrado o regular. **ser ciento y la madre** *fam.* Expresión ponderativa que indica un excesivo número de personas.

madreña (ma-**dre**-ña) *s. f.* *Almadreña.

madreperla (ma-dre-**per**-la) *s. f.* Molusco de concha casi circular, que se cría en el fondo de los mares intertropicales, donde se pesca para recoger las perlas que suele contener en su interior y aprovechar el nácar de la concha. *Vimos una exposición de objetos realizados con conchas de madreperlas.*

madreselva (ma-dre-**sel**-va) *s. f.* Arbusto con tallos largos, flores olorosas y fruto en baya pequeña y carnosa. *En la huerta había plantado un seto de madreselvas.*

madrigal (ma-dri-**gal**) *s. m.* **1.** Forma musical polifónica de carácter descriptivo que pretende, a través de la unión de letra y música, expresar los sentimientos del ser humano como ser profano. *El madrigal es la forma musical más importante del Renacimiento.* **2.** Composición lírica en endecasílabos y heptasílabos, generalmente de tema amoroso o pensamiento delicado. *Ese poeta es autor de varios madrigales.*

madriguera (ma-dri-**gue**-ra) *s. f.* **1.** Cueva pequeña y estrecha en la que habitan ciertos animales. *El conejo se refugió en la madriguera.* **SIN.** Guarida. **2.** Lugar retirado donde se oculta la gente que vive al margen de la ley. *La policía había descubierto su madriguera.* **SIN.** Escondrijo, refugio.

madrina (ma-**dri**-na) *s. f.* **1.** Mujer que presenta o asiste a una persona en algún sacramento, especialmente el bautismo. *Fue la madrina de su sobrina.* **2.** La que presenta y acompaña a otra persona que recibe algún honor, grado, etc. *Fue su madrina en la entrega de premios.* **3.** La que favorece o protege a otra persona en sus aspiraciones. *La consideraba su hada madrina.* **SIN.** Protectora, amparadora. **4.** La que, previa elección, rompe una botella contra el casco de una embarcación en su botadura. *La nombraron madrina.*

madroño (ma-**dro**-ño) *s. m.* Arbusto de fruto esférico, encarnado, granuloso y comestible, y fruto de este arbusto. *El símbolo de Madrid es un oso y un madroño.*

madrugada (ma-dru-**ga**-da) *s. f.* **1.** Alba, principio del día. *Salió de viaje de madrugada para no encontrar demasiado tráfico.* **SIN.** Amanecer, aurora. **ANT.** Atardecer, crepúsculo. **2.** Acción de madrugar. *Nos dimos una buena madrugada.* ‖ **LOC. de madrugada** Al amanecer.

madrugar (ma-dru-**gar**) *v. intr.* **1.** Levantarse al amanecer o muy temprano. *Me voy a acostar pronto porque mañana tengo que madrugar.* **SIN.** Mañanear. **ANT.** Trasnochar. **2.** Ganar tiempo en alguna actividad. *Madrugó para conseguir las entradas.* **SIN.** Anticiparse, prever, adelantarse. **ANT.** Retrasarse, tardar. ✎ Se conjuga como ahogar.

madrugón (ma-dru-**gón**) *s. m., fam.* Acción de levantarse muy temprano. *Tendremos que darnos un buen madrugón para coger el primer tren.*

madurar (ma-du-**rar**) *v. tr.* **1.** Meditar una idea, un proyecto, etc. *Está madurando un plan.* **SIN.** Desarrollar, perfeccionar. ‖ *v. intr.* **2.** Ir sazonándose los frutos. *Maduraron las manzanas.* **3.** Crecer en edad y prudencia. *Desde que va a la universidad ha madurado mucho.* **4.** Supurar una herida, grano, etc. *No te toques el grano, déjalo que madure.*

madurez (ma-du-**rez**) *s. f.* **1.** Sazón de los frutos. *Peras maduras.* **2.** Buen juicio, prudencia o sensatez con que una persona actúa. *Era una persona de poca madurez.* **SIN.** Prudencia, juicio, conciencia. **ANT.** Imprudencia, irreflexión, insensatez. **3.** Edad adulta. *Estaba ya en plena madurez.*

maduro, ra (ma-**du**-ro) *adj.* **1.** Que está hecho el fruto y ya se puede recoger. *Le gustan las manzanas, tanto verdes como maduras.* **SIN.** Sazonado, formado. **ANT.** Verde, agrio. **2.** Se dice de la persona entrada en años o adulta. *Mi profesor es un señor maduro.* **SIN.** Experimentado. **ANT.** Niño, infantil. **3.** Juicioso, prudente. *Es una muchacha muy madura.* **SIN.** Sensato, sesudo, reflexivo. **ANT.** Imprudente, irreflexivo. **4.** Meditado, pensado. *Era una decisión madura.*

maese (ma-e-se) *s. m.* Tratamiento de respeto que se usaba antepuesto al nombre. *Habló con Maese Nicolás.* **SIN.** Maestro.

maestre (ma-**es**-tre) *s. m.* Superior de cualquiera de las órdenes militares. *Era maestre de la orden de Calatrava.*

maestresala (ma-es-tre-**sa**-la) *s. m.* Criado principal que asistía a la mesa de un señor, y se encargaba de probar lo que se serviría para garantizar que no contenía veneno. *Llamó al maestresala.*

maestría (ma-es-**trí**-a) *s. f.* Arte y destreza en enseñar o hacer una cosa. *Tiene mucha maestría.* **SIN.** Habilidad, pericia, superioridad. **ANT.** Inhabilidad, torpeza, incultura, inferioridad.

maestro, tra (ma-**es**-tro) *adj.* **1.** Se dice de la persona u obra de relevante mérito entre las de su clase. *Obra maestra.* **SIN.** Magistral, ejemplar. **ANT.** Corriente, ordinario, vulgar. **2.** Se dice de algunos objetos de mayor importancia dentro de los de su clase. *Viga maestra.* **SIN.** Principal, básico. **ANT.** Secundario. ‖ *s. m. y s. f.* **3.** Persona que enseña una ciencia, arte, oficio, etc. *El maestro explicó una nueva lección de matemáticas a sus alumnos.* **SIN.** Pedagogo, profesor, instructor. **ANT.** Alumno. **4.** Persona que sabe mucho de algo. *Ese cirujano es un maestro del bisturí.* **SIN.** Ducho, experto, hábil. **ANT.** Inexperto, ignorante. ‖ *s. m.* **5.** Compositor de música o director de orquesta. *El maestro Quiroga dirigirá la orquesta.* **6.** Matador de toros. *El maestro recibió la ovación del público.* **SIN.** Diestro. ‖ **7. maestro de obras** Maestro de albañil que se ocupa de la construcción material de un edificio bajo el plan del arquitecto.

mafia (**ma**-fia) *s. f.* **1.** Organización criminal clandestina de origen siciliano. *El asesinato era obra de la mafia.* **2.** Cualquier grupo que usa métodos ilícitos. *La mafia de la droga tenía asustada a la gente.*

magacín (ma-ga-**cín**) *s. m.* **1.** Publicación periódica de información general. *Ha publicado varios artículos en ese magacín.* **SIN.** Revista. **2.** Espacio de radio o televisión en el que se realizan reportajes, entrevistas, etc., de temas diversos. *Es la nueva presentadora del magacín.*

magazine *s. m.* *Magacín.

magdalena (mag-da-**le**-na) *s. f.* **1.** Bollo pequeño hecho con los mismos ingredientes que el bizcocho de confitería. *Desayuné un café con leche con dos magdalenas.* **2.** Mujer apenada o arrepentida. **ORT.** Se escribe con mayúscula. *Parecía una Magdalena.* ‖ **LOC. estar hecho una Magdalena** *fam.* Estar alguien desconsolado y lacrimoso. **llorar como una Magdalena** *fam.* Llorar mucho.

magenta (ma-**gen**-ta) *adj.* Se dice del color rosa oscuro utilizado como uno de los cuatro colores base en imprenta. **GRA.** También *s. m. El color rojo se compone de 100% magenta y amarillo.*

magia (**ma**-gia) *s. f.* **1.** Arte o ciencia oculta que pretende producir efectos extraordinarios, con ayuda de seres sobrenaturales o de fuerzas secretas de la naturaleza. *Es una librería especializada en libros de magia.* **SIN.** Ocultismo, hechicería, brujería. **2.** Prestidigitación, ilusionismo. *Hizo varios juegos de magia.* **3.** Encanto o atractivo con que una persona o cosa deleita. *Esa canción tiene una magia especial.* **SIN.** Hechizo, fascinación, seducción. ‖ **4. magia blanca** La que por medio de causas naturales obra efectos que parecen sobrenaturales. **5. magia ne-**

mágico - magnicidio

gra La que pretende obrar cosas extraordinarias con la ayuda de fuerzas maléficas. || **LOC. como por arte de magia, o por arte de magia** Que parece haber ocurrido por procedimientos no naturales.

mágico, ca (**má**-gi-co) *adj.* **1.** Que pertenece o se refiere a la magia. *El mago utilizó su varita mágica.* **2.** Fantástico, maravilloso, estupendo. *Logró crear un ambiente mágico.*

magín (ma-**gín**) *s. m., fam.* *Imaginación. **SIN.** Ingenio, inteligencia.

magisterio (ma-gis-**te**-rio) *s. m.* **1.** Enseñanza que ejerce el maestro con sus discípulos. *Ejerció su magisterio en la Escuela de Bellas Artes.* **SIN.** Instrucción. **2.** Conjunto de los maestros de una nación, provincia, etc. *El magisterio estaba a favor de las reformas.* **SIN.** Profesorado. **3.** Influencia que alguien ejerce sobre sus discípulos, lectores, etc. *En la poesía de toda la generación se aprecia su magisterio.* **4.** Gravedad afectada en el hablar o en hacer una cosa. *Se expresa con excesivo magisterio.* **SIN.** Afectación, gravedad, pomposidad. **ANT.** Sencillez, naturalidad.

magistrado, da (ma-gis-**tra**-do) *s. m. y s. f.* **1.** Dignidad o empleo de juez o ministro superior. *El magistrado dictó sentencia.* **SIN.** Togado. **2.** Miembro de una sala de la audiencia territorial o provincial, o del Tribunal Supremo de Justicia. *El tribunal estaba compuesto por tres magistrados.*

magistral (ma-gis-**tral**) *adj.* **1.** Se dice de lo que se hace con maestría. *Su última novela es magistral.* **SIN.** Perfecto, superior, estupendo. **2.** Se dice del lenguaje, modales, tono, etc., afectado. *Empleó un tono magistral.* **3.** Que pertenece o se refiere al ejercicio del maestro. *Lección magistral.*

magistratura (ma-gis-tra-**tu**-ra) *s. f.* **1.** Dignidad y cargo de magistrado. *Accedió a la magistratura por oposición.* **2.** Tiempo que dura su ejercicio. *Llevaba dos años de magistratura.* **3.** Conjunto de los magistrados. *La magistratura española planteó nuevas reformas.* **SIN.** Autoridad.

magma (**mag**-ma) *s. m.* Roca fundida y materiales incandescentes que se encuentran en el interior de los volcanes. *Si el magma se derrama sobre la superficie de la Tierra se forma lava.*

magnanimidad (mag-na-ni-mi-**dad**) *s. f.* Grandeza de ánimo. *Le trató con magnanimidad.* **SIN.** Generosidad, nobleza. **ANT.** Tacañería, bajeza, envidia.

magnate (mag-**na**-te) *s. m. y s. f.* Persona muy importante en el terreno empresarial o financiero por su cargo o poder. *Se reunieron los grandes magnates del petróleo.* **SIN.** Grande, poderoso, potentado.

magnesio (mag-**ne**-sio) *s. m.* Metal de color y brillo parecidos a los de la plata, que arde fácilmente y con una llama muy brillante. *El símbolo del magnesio es Mg.*

magnetismo (mag-ne-**tis**-mo) *s. m.* **1.** Fuerza atractiva de un imán. *Para lograr un magnetismo mayor, usa un imán más potente.* **2.** En física, conjunto de fenómenos producidos por los imanes y cierto género de corrientes eléctricas. *Hicimos una prueba de magnetismo en el laboratorio.* **3.** Atractivo que una persona ejerce sobre otra. **SIN.** Seducción, sugestión. *El líder ejerce sobre ellos un gran magnetismo.* || **4. magnetismo terrestre** Acción que ejerce nuestro planeta sobre las agujas imantadas, obligándolas a dirigirse hacia el Norte.

magnetita (mag-ne-**ti**-ta) *s. f.* Mineral de color negruzco y muy pesado, que tiene la propiedad de atraer el hierro y el acero. *La magnetita tiene orígenes muy diversos.*

magnetizar (mag-ne-ti-**zar**) *v. tr.* **1.** Comunicar a algún cuerpo la propiedad magnética. *Para magnetizar ese hierro, pónlo junto al imán.* **SIN.** Imanar, imantar. **2.** Someter intencionadamente a una persona a los efectos del hipnotismo. *Magnetizó a un espectador durante el espectáculo.* **SIN.** Hipnotizar. **3.** Atraer, fascinar a una persona. *Les magnetizó con su verborrea.* **SIN.** Fascinar, sugestionar. **ANT.** Repeler, repugnar. ✎ Se conjuga como abrazar.

magneto (mag-**ne**-to) *s. m.* Generador de electricidad de alto potencial, usado especialmente en los motores de explosión. *La batería ha sustituido al magneto.* **SIN.** Inductor.

magnetófono (mag-ne-**tó**-fo-no) *s. m.* Aparato que permite registrar los sonidos sobre una cinta magnética para su posterior reproducción. *Escuchó unas canciones en el magnetófono.* **SIN.** Magnetofón, casete, dictáfono.

magnetoscopio (mag-ne-tos-**co**-pio) *s. m.* Aparato que graba y reproduce videocasetes. *Se atascó la cinta en el magnetoscopio.* **SIN.** Videotape.

magnetosfera (mag-ne-tos-**fe**-ra) *s. f.* Parte exterior de la atmósfera, consistente en cantidades muy pequeñas de materia cargada eléctricamente, procedente del Sol. *Dibujó una perspectiva de la magnetosfera terrestre.*

magnicidio (mag-ni-**ci**-dio) *s. m.* Muerte que se da a una persona importante por su cargo o poder. *Cometió el magnicidio.* **SIN.** Atentado, regicidio.

magnificar - majareta

magnificar (mag-ni-fi-**car**) *v. tr.* **1.** Engrandecer, ensalzar. **GRA.** También v. prnl. *Magnificó sus cualidades.* **SIN.** Alabar(se). **ANT.** Humillar(se). **2.** Exagerar, agrandar. *Magnificó las hazañas de su héroe.* **SIN.** Hiperbolizar. **ANT.** Disminuir. 🔍 Se conjuga como abarcar.

magníficat (mag-**ní**-fi-cat) *s. m.* Cántico que dirigió a Dios la Virgen María en la visita a su prima Santa Isabel, y que se reza o canta al final de las vísperas. *Cantaron el magníficat.* **SIN.** Himno.

magnificencia (mag-ni-fi-**cen**-cia) *s. f.* **1.** Demostración de grandeza. *Se celebró con toda magnificencia.* **SIN.** Ostentación, pompa, esplendor, suntuosidad, opulencia, fastuosidad. **ANT.** Modestia, sencillez. **2.** Generosidad para grandes gastos, o disposición para grandes empresas. *Nos trató con magnificencia.* **SIN.** Esplendidez. **ANT.** Tacañería, roñosería.

magnífico, ca (mag-**ní**-fi-co) *adj.* **1.** Que causa admiración. *Los cuadros de Velázquez son magníficos.* **SIN.** Notable, soberbio, excelente, admirable. **2.** Espléndido, suntuoso. *Vivía en un magnífico palacio.* **SIN.** Ostentoso, esplendoroso. **ANT.** Mezquino, pobre. **3.** Título honorífico que se suele dar a algunas personas ilustres, en especial a los rectores de universidad. *La instancia iba dirigida al magnífico rector.*

magnitud (mag-ni-**tud**) *s. f.* **1.** Propiedad física que puede ser medida. *Tiene mucha magnitud.* **2.** En matemáticas, cantidad. *Halla la diferencia de esas dos magnitudes.* **3.** Grandeza o importancia de una cosa. *Nos habló de la magnitud de lo acontecido.* **SIN.** Excelencia.

magno, na (**mag**-no) *adj.* *Grande. ☞ A veces se aplica como apelativo a algunas personas ilustres.

magnolia (mag-**no**-lia) *s. f.* **1.** Árbol originario de América y Asia, de flores hermosas, muy blancas y olorosas. *Cultiva magnolias.* **2.** Flor o fruto de este árbol. *Cortó un ramo de magnolias.*

mago, ga (**ma**-go) *s. m. y s. f.* **1.** Persona experta en la magia o que la ejerce. *Actuó un mago.* **SIN.** Hechicero, brujo. || *adj.* **2.** Se dice de los tres reyes que fueron a adorar a Jesús recién nacido en Belén. **GRA.** También n. p. *Los Reyes Magos llevaron a Jesús oro, incienso y mirra.*

magrear (ma-gre-**ar**) *v. tr., fam.* Sobar, toquetear. *No magrees así la carne.* **SIN.** Manosear.

magro, gra (**ma**-gro) *adj.* **1.** Con poca o ninguna grasa. *No me gusta la carne tan magra.* **ANT.** Grasiento. || *s. m.* **2.** Carne del cerdo próxima al lomo. *Compró un trozo de magro.*

magüeto, ta (ma-**güe**-to) *s. m. y s. f.* *Novillo.

magulladura (ma-gu-lla-**du**-ra) *s. f.* Acción y efecto de magullar o magullarse. *En el accidente sólo se hizo unas magulladuras.* **SIN.** Lesión, contusión, hematoma.

magullar (ma-gu-**llar**) *v. tr.* Causar a un cuerpo contusiones, comprimiéndolo o golpeándolo violentamente. **GRA.** También v. prnl. *Se le magulló todo el cuerpo.* **SIN.** Contusionar(se), herir(se), lastimar(se).

mahón (ma-**hón**) *s. m.* Tela fuerte de algodón de diversos colores. *Compró unos pantalones azules de mahón.*

mahonesa (ma-ho-**ne**-sa) *s. f.* *Mayonesa.

maicena (mai-**ce**-na) *s. f.* Harina fina de maíz. *Le preparó una papilla de maicena.*

mailing *s. m.* Envío de publicidad por correo. *Estaban preparando un mailing de ese producto.*

maillot *s. m.* **1.** Camiseta deportiva, especialmente la usada por los ciclistas. *Consiguió el maillot amarillo.* **2.** Bañador femenino. *Las gimnastas iban con maillot blanco.* **3.** Prenda de vestir elástica parecida a un bañador, que se utiliza especialmente en danza y en gimnasia rítmica. *Llevaba un maillot negro.*

mainel (mai-**nel**) *s. m.* *Parteluz.

maitines (mai-**ti**-nes) *s. m. pl.* Primera de las horas canónicas que antiguamente se rezaba antes de amanecer. *Los frailes estaban rezando maitines.*

maître *s. m.* Jefe de comedor de un restaurante u hotel. *Hablaron con el maître.*

maíz (ma-**íz**) *s. m.* **1.** Planta de hojas largas y puntiagudas, que produce unas mazorcas de granos amarillos muy nutritivos. *Estaban recogiendo el maíz.* **2.** Grano de esta planta. *Le gusta el maíz en ensalada.* 🔍 Su pl. es "maíces".

majada (ma-**ja**-da) *s. m.* Lugar donde se recoge de noche el ganado y se cobijan los pastores. *Se refugiaron de la lluvia en la majada.*

majadero, ra (ma-ja-**de**-ro) *adj.* Necio, tonto. **GRA.** También s. m. y s. f. *No seas majadero, y piensa un poco lo que vas a hacer.* **SIN.** Pesado, imbécil. **ANT.** Ingenioso, discreto, prudente.

majar (ma-**jar**) *v. tr.* **1.** *Machacar. **SIN.** Triturar. **2.** Golpear el trigo, centeno, lentejas, etc. con el manal, para separar el grano de la paja. *Estaban majando las lentejas en la era.*

majara (ma-**ja**-ra) *adj., fam.* *Majareta. **GRA.** También s. m. y s. f.

majareta (ma-ja-**re**-ta) *adj., fam.* Se dice de la persona que está un poco chalada. **GRA.** También s. m. y s. f. *Está un poco majareta, no se le puede hacer*

majestad - malbaratar

demasiado caso. **SIN.** Chiflado. **ANT.** Cuerdo, juicioso.

majestad (ma-jes-**tad**) *s. f.* **1.** Título que se da a Dios y también a emperadores y reyes. *Su Majestad Isabel la Católica.* **2.** Grandeza, superioridad de algo o alguien. *La majestad de la ceremonia impresionó a todos.* **SIN.** Sublimidad, solemnidad. **3.** Seriedad y serenidad en el rostro y en las acciones. *Entró con toda majestad.* ‖ **4. Su Divina Majestad** Dios.

majestuoso, sa (ma-jes-**tuo**-so) *adj.* Que tiene majestad. *Caminó con paso majestuoso.* **SIN.** Augusto, solemne, imponente, sublime. **ANT.** Insignificante, vulgar, humilde, sencillo.

majo, ja (**ma**-jo) *adj.* **1.** *fam.* Agradable, simpático. *Tu amiga es muy maja, me cae bien.* **2.** *fam.* Bonito, vistoso. *Tiene una casa muy maja.* **SIN.** Coqueto, cuco. **3.** *fam.* Guapo, atractivo. *Su amigo es muy majo.* ‖ *s. m. y s. f.* **4.** Nombre con que se designaba, a finales del s. XVIII y comienzos del XIX, a los vecinos de ciertos barrios de Madrid que se caracterizaban por su vistosa forma de vestir, su altanería y su lenguaje desenfadado. *El cuadro representaba un grupo de majas en la verbena.* **SIN.** Castizo, chulo, matón.

majorette *s. f.* Joven que desfila en las manifestaciones festivas, vestida con un uniforme de vistosos colores y realizando movimientos rítmicos con un bastón. *Las majorettes encabezaban el desfile.*

mal[1] *adj.* **1.** Apócope de malo. **GRA.** Sólo se usa antepuesto al s. m. *Ha tenido que pasar un mal trago.* **ANT.** Buen, bueno. ‖ *s. m.* **2.** Lo contrario al bien; lo que se aparta de lo lícito y honesto. *Era consciente de que estaba haciendo el mal.* **ANT.** Bien, bondad, perfección. **3.** Daño u ofensa que alguien recibe en su persona o en sus cosas. *No le ocasionó ningún mal.* **4.** Desgracia, calamidad. *Estaba abatido por los males de su familia.* **5.** Enfermedad, dolencia. *Afortunadamente, su mal no era demasiado grave.* **SIN.** Padecimiento, achaque. **ANT.** Salud. **6.** *amer.* Ataque epiléptico. ‖ **7. mal de ojo** Supuesto influjo maléfico que por arte de brujería ejerce una persona sobre otra mirándola de cierto modo. **8. mal de piedra** El que afecta a la piedra de edificaciones, especialmente en monumentos antiguos. ‖ **LOC. hacer mal a alguien** Perseguirle, procurarle daño y molestia. **hacer mal una cosa** Ser perjudicial. **tomar alguien a mal una cosa** Llevarla a mal, no aceptarla.

mal[2] *adv. m.* **1.** Contrariamente a lo que es correcto. *Está mal hecho. Se encuentra mal.* **SIN.** Injustamente, incorrectamente. **2.** Difícilmente. *Lo veo mal.* **3.** Desagradable. *Huele mal.* ‖ *conj.* **4. mal que** Aunque. ‖ **LOC. de mal en peor** Cada vez más desacertada e infaustamente. **mal que bien** Con algunas dificultades.

malabar (ma-la-**bar**) *adj.* *Juegos malabares.

malabarismo (ma-la-ba-**ris**-mo) *s. m.* **1.** Arte de ejercicios de equilibrio y habilidad. *Le gusta el malabarismo.* **SIN.** Ilusionismo. ‖ *s. m. pl.* **2.** *Juegos malabares. **3.** Maniobras complicadas para hacer o conseguir algo. *Tuvo que hacer malabarismos para salir de allí.* **SIN.** Equilibrios. **4.** Gran manejo de conceptos o recursos para impresionar al oyente o al lector. *Convenció a toda la audiencia con sus malabarismos.*

malabarista (ma-la-ba-**ris**-ta) *s. m. y s. f.* Persona que hace juegos malabares. *Lleva años de malabarista en ese circo.* **SIN.** Equilibrista.

malacología (ma-la-co-lo-**gí**-a) *s. f.* Parte de la zoología que estudia los moluscos. *Es una especialista en malacología.*

malacostumbrado, da (ma-la-cos-tum-**bra**-do) *adj.* Que está muy mimado y consentido. *Sus abuelos le tienen muy malacostumbrado.* **SIN.** Malcriado, regalado. **ANT.** Educado.

málaga (**má**-la-ga) *s. m.* Vino dulce elaborado con la uva de la tierra de Málaga. *Se tomó un málaga con el postre.*

malagradecido, da (ma-la-gra-de-**ci**-do) *adj.* *Ingrato.

malandrín, na (ma-lan-**drín**) *adj.* Maligno, perverso. **GRA.** También s. m. y s. f. *Es un traidor y un malandrín.* **SIN.** Bellaco, granuja, malvado, sinvergüenza. **ANT.** Honrado, recto.

malaquita (ma-la-**qui**-ta) *s. f.* Mineral de hermoso color verde, que suele emplearse en joyería. *Ese colgante es de malaquita.*

malar (ma-**lar**) *adj.* **1.** Que pertenece a la mejilla. *Región malar.* ‖ *s. m.* **2.** *Pómulo.

malaria (ma-la-ria) *s. f.* *Paludismo.

malasombra (ma-la-**som**-bra) *adj., fam.* Se dice de la persona molesta, inoportuna y falta de gracia. *No seas malasombra.* **SIN.** Inoportuno, patoso.

malaventura (ma-la-ven-**tu**-ra) *s. f.* Desventura, infortunio. *Le echó la malaventura.* **SIN.** Desdicha, desgracia. **ANT.** Ventura, fortuna.

malbaratar (mal-ba-ra-**tar**) *v. tr.* **1.** Vender la hacienda a bajo precio. *Como le hacía falta el dinero tuvo que malbaratar las fincas.* **SIN.** Malvender. **2.** Disiparla, malgastarla. *Malbarató toda la herencia* en unos años. **SIN.** Derrochar, dilapidar, despilfarrar. **ANT.** Administrar, ahorrar.

malcarado, da (mal-ca-**ra**-do) *adj.* **1.** Que tiene mala cara o aspecto repulsivo. *Se asustó al ver a aquel tipo malcarado.* **SIN.** Sospechoso. **ANT.** Agradable. **2.** Que tiene expresión de enfado. *Su rostro malcarado reflejaba un gran enfado.* **SIN.** Cabreado.

malcriado, da (mal-**cria**-do) *adj.* Se dice de la persona que está muy consentida. *Son unos niños muy malcriados.*

malcriar (mal-cri-**ar**) *v. tr.* Educar mal a los hijos, dándoles demasiados caprichos. *Malcrió a sus hijos.* **SIN.** Consentir, malacostumbrar, maleducar. ✎ En cuanto al acento, se conjuga como desviar.

maldad (mal-**dad**) *s. f.* **1.** Cualidad de malo. *Tenía mucha maldad.* **SIN.** Malicia, perversidad, protervia. **ANT.** Bondad, perfección. **2.** Acción mala e injusta. *Aquella maldad sólo podía ser obra suya.*

maldecir (mal-de-**cir**) *v. tr.* **1.** Echar maldiciones contra una persona o cosa. *Maldijo el día que le había conocido.* **SIN.** Condenar, imprecar, execrar. **ANT.** Bendecir. || *v. intr.* **2.** Hablar con mordacidad en perjuicio de alguien, denigrándole. *Maldijo cuanto quiso.* **SIN.** Denigrar, murmurar, detractar. **ANT.** Alabar, elogiar. ✎ v. irreg., se conjuga como decir. Tiene doble p. p.; uno reg., maldecido, y otro irreg., maldito o maldicho.

maldición (mal-di-**ción**) *s. f.* **1.** Manifestación de enojo o aversión contra alguien o algo. *Sus maldiciones eran muestra evidente de su enfado.* **SIN.** Imprecación. **2.** Deseo de que a alguien le ocurra algo malo. *Le echó la maldición.* **SIN.** Hechizo. || **LOC. caer la maldición a alguien** *fam.* Cumplirse la desgracia que le habían deseado. **¡maldición!** Expresa enfado, aversión, contrariedad, etc.

maldito, ta (mal-**di**-to) *adj.* **1.** Perverso, de malas intenciones. *Era una persona maldita.* **SIN.** Malvado, depravado. **2.** Condenado, que ha recibido una maldición. **GRA.** También s. m. y s. f. *Vagaba maldito por los infiernos.* **3.** *fam.* Se aplica a la persona o cosa que resulta molesta o desagradable. *El maldito examen me trae loca.* **SIN.** Aborrecible, detestable. || **LOC. ¡maldita sea!** Exclamación de enfado.

maleable (ma-le-**a**-ble) *adj.* **1.** Se dice de los metales que pueden extenderse en planchas o láminas muy finas. *El oro es el metal más maleable.* **SIN.** Dúctil. **2.** Que es elástico y flexible. *Este material es muy maleable.* **ANT.** Rígido, duro. **3.** Se dice de la persona dócil y sumisa. *Es muy maleable, le llevan para donde ellos quieren.* **ANT.** Rebelde.

malear (ma-le-**ar**) *v. tr.* **1.** Dañar, echar a perder una cosa, estropear. **GRA.** También v. prnl. *Se malearon aquellas cosechas.* **SIN.** Deteriorar(se), ensuciar(se), estropear(se). **ANT.** Arreglar(se), componer(se). **2.** Pervertir a alguien. **GRA.** También v. prnl. *Las malas compañías le habían maleado.* **SIN.** Viciar(se).

malecón (ma-le-**cón**) *s. m.* Muro que se construye para defenderse de las aguas. *Las aguas chocaban con fuerza contra el malecón.* **SIN.** Dique.

maleducado, da (ma-le-du-**ca**-do) *adj.* Se dice de la persona descortés e irrespetuosa. **GRA.** También s. m. y s. f. *Es un maleducado.* **SIN.** Gamberro, incivil, grosero. **ANT.** Cortés, educado, cumplido.

maleficio (ma-le-**fi**-cio) *s. m.* **1.** Daño causado por arte de hechicería. *Todo lo que le sucedía era culpa del maleficio.* **2.** Hechizo con que se pretende causarlo. *Se rompió el maleficio.* **SIN.** Encantamiento, sortilegio, embrujamiento.

maléfico, ca (ma-**lé**-fi-co) *adj.* **1.** Que perjudica y hace daño a alguien con maleficios. *Era un maléfico personaje.* **2.** Que ocasiona o puede ocasionar daño. *Le temían por sus artes maléficas.* **SIN.** Dañino, nocivo, perjudicial.

malemplear (ma-lem-ple-**ar**) *v. tr.* Desperdiciar, desaprovechar. *No deberías malemplear así tus ahorros.*

malencarado, da (ma-len-ca-**ra**-do) *adj.* **1.** Se dice de la persona que resulta sospechosa por su aspecto. *Un tipo malencarado llamó a la puerta.* **2.** Que está enfadado. *Cuando tiene ese aspecto de malencarado, nadie se atreve a dirigirle la palabra.*

malentendido (ma-len-ten-**di**-do) *s. m.* Equivocación, error. *No pasa nada, ha sido un malentendido.*

malestar (ma-les-**tar**) *s. m.* Desazón, molestia física o espiritual. *Sintió un repentino malestar.* **SIN.** Desasosiego, inquietud, ansiedad, indisposición. **ANT.** Bienestar, contento, salud.

maleta (ma-**le**-ta) *s. f.* **1.** Caja pequeña que se puede llevar en la mano, hecha de lona, cuero, etc., y que sirve para llevar ropa y otros efectos personales en los viajes. *Estaba preparando la maleta.* || *s. m. y s. f.* **2.** *fam.* Persona que practica con torpeza o desacierto su profesión. *Eres un poco maleta.*

maletero (ma-le-**te**-ro) *s. m.* **1.** Lugar del vehículo destinado a la colocación de los equipajes u otra clase de bultos. *Me gusta mucho ese coche, pero el maletero es demasiado pequeño.* **SIN.** Portaequipajes. **2.** En una vivienda, armario, generalmente empotrado, donde se guardan las maletas y otros objetos de uso poco frecuente. *La bolsa de viaje está en la última balda del maletero.*

maletilla (ma-le-**ti**-lla) *s. m. y s. f.* Persona joven que, sin medios ni ayudas, aspira a abrirse camino en el toreo, empezando a practicarlo, a veces, en las ganaderías o procurando intervenir en tientas, capeas, becerradas, etc. *El maletilla estaba muy nervioso ante aquella gran oportunidad.*

malévolo, la (ma-**lé**-vo-lo) *adj.* Inclinado a hacer mal o con malas intenciones. **GRA.** También s. m. y s. f. *Dejó al descubierto sus malévolas intenciones.* **SIN.** Malvado, pérfido. **ANT.** Bondadoso.

maleza (ma-**le**-za) *s. f.* **1.** Abundancia de hierbas malas que perjudican los sembrados. *La huerta estaba muy descuidada y llena de maleza.* **SIN.** Yerbajos. **2.** Vegetación poco alta pero muy enredada. *Trataban de hacerse paso a través de la espesa maleza.*

malgastar (mal-gas-**tar**) *v. tr.* Gastar el dinero en cosas malas o inútiles; por ext., se dice también referido al tiempo, la paciencia, etc. *No malgastes tu tiempo en eso, no vas a conseguir nada.* **SIN.** Disipar, malbaratar, despilfarrar, desperdiciar. **ANT.** Ahorrar, administrar.

malhablado, da (mal-ha-**bla**-do) *adj.* Desvergonzado o atrevido en el hablar. **GRA.** También s. m. y s. f. *Este chico es un malhablado.* **SIN.** Deslenguado, murmurador. **ANT.** Bienhablado, comedido.

malhechor, ra (mal-he-**chor**) *adj.* Que comete delitos habitualmente. **GRA.** También s. m. y s. f. *Detuvieron a unos malhechores.* **SIN.** Criminal.

malherir (mal-he-**rir**) *v. tr.* Herir gravemente. *Los atracadores malhirieron al guarda de seguridad.* 🖎 v. irreg., se conjuga como sentir.

malhumor (mal-hu-**mor**) *s. m.* Estado de ánimo caracterizado por una actitud negativa ante todo y una conducta desagradable. *Siempre está de malhumor.* 🖎 También "mal humor".

malhumorado, da (mal-hu-mo-**ra**-do) *adj.* Que está de mal humor. *Llevaba una semana malhumorada por aquel asunto.* **SIN.** Arisco, desabrido, disgustado. **ANT.** Amable, cariñoso.

malicia (ma-**li**-cia) *s. f.* **1.** Maldad, cualidad de malo. *No tenía ninguna malicia.* **SIN.** Perversidad, malignidad. **ANT.** Bondad, ingenuidad. **2.** Picardía, astucia. *Es un niño muy travieso y tiene mucha malicia.* **SIN.** Sagacidad. **3.** Mala intención con que se dice o hace algo. *Lo hizo sin malicia.* **4.** Tendencia a pensar mal. *Su malicia le llevaba a desconfiar de ella.* **SIN.** Desconfianza, sospecha, recelo.

malicioso, sa (ma-li-**cio**-so) *adj.* **1.** Que por malicia ve mala intención en lo que dicen y hacen los demás. **GRA.** También s. m. y s. f. *Es una persona muy maliciosa.* **SIN.** Desconfiado, escamado, receloso. **ANT.** Ingenuo, confiado. **2.** Que contiene malicia. *Sus maliciosas intenciones habían quedado al descubierto.* **SIN.** Astuto, taimado, desconfiado.

maligno, na (ma-**lig**-no) *adj.* **1.** Propenso a pensar u obrar mal. **GRA.** También s. m. y s. f. *Era un ser maligno.* **SIN.** Malvado. **ANT.** Bondadoso, ingenuo. **2.** Nocivo, perjudicial. *Era un tumor maligno.* **SIN.** Pernicioso. ‖ *s. m.* **3.** El demonio. *Era obra de Maligno.* 🖎 Se escribe con mayúscula.

malinterpretar (ma-lin-ter-pre-**tar**) *v. tr.* Interpretar equivocadamente. *No malinterpretes mis palabras, no era eso lo que yo quería decir.* **SIN.** Tergiversar.

malla (**ma**-lla) *s. f.* **1.** Cada uno de los cuadraditos que forman el tejido de la red y tejido poco tupido así formado. *La red tenía algunas mallas rotas.* **2.** Vestido ajustado al cuerpo, de tejido muy fino y elástico, usado por gimnastas, bailarinas, etc. *Se compró una malla negra para hacer gimnasia.* **SIN.** Maillot.

malo, la (**ma**-lo) *adj.* **1.** Que no es o está lo bien que debería. *Hizo una mala traducción.* **SIN.** Defectuoso, deteriorado. **2.** Que carece de bondad. *Es una mala persona.* **SIN.** Indigno, vil, malvado, perverso. **ANT.** Bueno, bondadoso. **3.** Que daña la salud. *El tabaco es malo.* **SIN.** Perjudicial, dañino, pernicioso, nocivo, peligroso. **ANT.** Beneficioso, bueno. **4.** Que está defectuoso o en mal estado. *La comida era rica, pero nos sirvieron un postre muy malo.* **SIN.** Deteriorado. **5.** Que padece una enfermedad. *No pude ir a clase porque estaba mala.* **SIN.** Enfermo, indispuesto. **ANT.** Sano. **6.** *fam.* Que es inquieto y revoltoso. *De pequeño, el hermano de mi amiga era muy malo.* **SIN.** Travieso, enredador. **ANT.** Tranquilo, obediente. **7.** Dificultoso. *Es un trabajo muy malo.* **SIN.** Penoso, trabajoso. **ANT.** Fácil, sencillo. **8.** Desagradable, molesto. *Pasé un rato muy malo.* ‖ **LOC. de malas** Con mala intención. | De mal humor. **por las buenas, o por las malas** A la fuerza o voluntariamente. **por las malas** A la fuerza. **ser alguien el malo de la película** *fam.* Hacer injusta o involuntariamente un papel de perdedor o de malicioso. **más vale malo conocido que bueno por conocer** Denota reticencia a sustituir lo ya experimentado por lo desconocido. 🖎 Tiene sup. irreg.: "pésimo".

malograr (ma-lo-**grar**) *v. tr.* **1.** No aprovechar una cosa, como la ocasión, el tiempo, etc. *Malogró aquella buena oportunidad.* **SIN.** Desaprovechar, perder,

maloliente - mamífero

desperdiciar, frustrar. || v. prnl. **2.** Frustrarse lo que se pretendía o se esperaba conseguir. *Se malogró el plan.* **SIN.** Perderse, fallar, fracasar. **3.** No llegar algo a su natural desarrollo. *Se malograron las cosechas por el granizo.*

maloliente (ma-lo-**lien**-te) *adj.* Que despide mal olor. *Era una pequeña cabaña muy sucia y maloliente.* **SIN.** Apestoso, hediondo. **ANT.** Perfumado.

malparado, da (mal-pa-**ra**-do) *adj.* Que ha sufrido un importante daño. *Se metió en la discusión y salió bastante mal parado.* **SIN.** Maltratado, maltrecho. **ANT.** Entero, ileso.

malpensado, da (mal-pen-**sa**-do) *adj.* Que piensa mal de las personas y de la conducta de éstas. *No seas malpensado, esto no va contra ti.*

malquerer (mal-que-**rer**) *v. tr.* Tener mala voluntad a una persona o cosa. *Malquería a su compañero.* **SIN.** Aborrecer, odiar. **ANT.** Amar, querer, apreciar. ✎ v. irreg., se conjuga como querer. Tiene doble p. p.; uno reg., malquerido, y otro irreg., malquisto.

malquistar (mal-quis-**tar**) *v. tr.* Enemistar a dos o más personas entre sí. *Trataba de malquistar a los dos amigos.* **SIN.** Indisponer, meter cizaña. **ANT.** Avenir, unir, pacificar.

malsano, na (mal-**sa**-no) *adj.* Nocivo para la salud. *Vive en un clima malsano.* **SIN.** Insalubre.

malsonante (mal-so-**nan**-te) *adj.* Se aplica a las palabras o expresiones groseras, de mal gusto o gramaticalmente incorrectas. *Es una expresión malsonante.* **SIN.** Disonante, ofensivo, grosero.

malta (**mal**-ta) *s. m.* **1.** Cebada germinada artificialmente, que se utiliza para fabricar cerveza. *Esta cerveza está elaborada con malta.* **2.** Granos de cebada o de trigo tostados para sustituir al café. *Como no tenía café echó malta.*

maltraer (mal-tra-**er**) *v. tr.* Maltratar, mortificar. *Le acusaba de maltraer a aquel pobre chico.* || **LOC. llevar o traer a alguien a maltraer** Maltratarle o fastidiarle mucho. ✎ v. irreg., se conjuga como traer.

maltratar (mal-tra-**tar**) *v. tr.* **1.** Tratar mal a alguien de palabra u obra. **GRA.** También v. prnl. *Nunca había maltratado a nadie.* **SIN.** Injuriar, ofender, denostar. **2.** Menoscabar, echar a perder. *No maltrates así los muebles.* **SIN.** Estropear, deteriorar.

maltrecho, cha (mal-**tre**-cho) *adj.* Maltratado, malparado. *Salió bastante maltrecho de aquel asunto.* **ANT.** Sano, intocado, entero.

malva (**mal**-va) *s. f.* **1.** Planta de tallo ramoso y velludo, y flores grandes y violáceas, que se usa mucho en medicina. *Hay unas 20 especies de malvas.* || *s.*

m. **2.** Color violeta. **GRA.** También adj. *Llevaba un traje malva.* || **LOC. criar alguien malvas** *fam.* Estar muerto y enterrado. **ser alguien como una malva, o una malva** *fam.* Ser dócil, bondadoso, apacible.

malvado, da (mal-**va**-do) *adj.* Muy malo, perverso. **GRA.** También s. m. y s. f. *Era un malvado.* **SIN.** Malo, perverso, cruel. **ANT.** Bondadoso, bueno.

malvender (mal-ven-**der**) *v. tr.* Vender a bajo precio, sin apenas ganancia. *Se vio obligado a malvender sus tierras.* **SIN.** Saldar.

malversar (mal-ver-**sar**) *v. tr.* Apropiarse de bienes públicos. *Fue acusado de malversar fondos.* **SIN.** Defraudar, desfalcar.

malvivir (mal-vi-**vir**) *v. intr.* Vivir mal y con penalidades. *Apenas podían malvivir.*

mama (**ma**-ma) *s. f.* **1.** Teta de los mamíferos. *El perrito no quería soltarse de la mama de su madre.* **SIN.** Seno, ubre, pecho. **2.** *fam.* Madre, en el lenguaje infantil principalmente. *Pídele permiso a la mama.*

mamá (ma-**má**) *s. f., fam.* Madre. *Mamá me fue a buscar a la salida de clase.* ✎ Su pl. es "mamás".

mamar (ma-**mar**) *v. tr.* **1.** Chupar con los labios y lengua la leche de los pechos. *Era la hora de dar de mamar al bebé.* **SIN.** Succionar, extraer. **2.** Aprender algo en la infancia. *La afición a la lectura la había mamado en su casa.* **3.** *fam.* *Emborrachar. **GRA.** También v. prnl.

mamarrachada (ma-ma-rra-**cha**-da) *s. f.* Cosa o acción ridícula o extravagante. *¡Vaya mamarrachada de actuación!.* **SIN.** Payasada, tontería.

mamarracho (ma-ma-**rra**-cho) *s. m.* **1.** *fam.* Persona extravagante y ridícula. *Así vestido vas hecho un mamarracho.* **SIN.** Adefesio, espantajo. **2.** Persona informal, que no merece respeto. *No cuentes con su apoyo, es un mamarracho.* **SIN.** Memo, pelele, tarambana, botarate.

mambo (**mam**-bo) *s. m.* **1.** Baile originario de las Antillas, muy popular en Europa en la década de los 50. *El mambo mezcla ritmos de rumba y de swing.* **2.** *fam.* Juerga, diversión. *Se pasó el fin de semana de mambo.*

mameluco, ca (ma-me-**lu**-co) *s. m. y s. f.* Persona tonta, pánfila. *Eres un mameluco.* **SIN.** Bobo.

mamífero (ma-**mí**-fe-ro) *s. m.* Animal vertebrado de sangre caliente, que se desarrolla dentro del cuerpo materno y que de pequeño se alimenta de la leche de su madre. **GRA.** También adj. *La vaca, la ballena, el ser humano, el murciélago, etc., son animales mamíferos.* ❀ Ver cuadro, pág. 648.

mamografía - manchar

CLASIFICACIÓN DE LOS MAMÍFEROS	
Orden	Animales
Monotremata	Mamíferos ovíparos: ornitorrincos y equidnas
Marsupalia	Mamíferos con bolsa: canguros, opossum y koalas
Insectivora	Erizos, topos y musarañas
Chiroptera	Murciélagos (únicos mamíferos voladores)
Primates	Lémures, monos, humanos
Edentata	Hormigueros, armadillos
Pholidota	Pangolín
Dermoptera	Ardillas voladoras
Rodentia	Roedores: ardillas, marmotas, castores, ratas, hámsteres, etc.
Lagomorpha	Liebres, conejos
Cetacea	Ballenas, delfines
Carnívora	Osos, gatos, perros, pandas, etc.
Pinnipedia	Focas, leones marinos
Artiodactyla	Pezuñas con dedos pares: antílopes, camellos, vacas, venados, jirafas, hipopótamos, cerdos
Perissodactyla	Pezuñas con dedos impares: rinocerontes, caballos, cebras
Sirenia	Dugongos, manatíes
Tubulidentata	Oricteropo
Hyracoidea	Damanes
Proboscidea	Elefantes

mamografía (ma-mo-gra-**fí**-a) *s. f.* Radiografía de las mamas. *Se hizo una mamografía.*

mamón, na (ma-**món**) *adj., vulg.* Se dice de la persona de malas intenciones. *No seas mamona y devuélveme lo que me debes.* **SIN.** Gusano, capullo.

mamotreto (ma-mo-**tre**-to) *s. m.* **1.** *Armatoste. **SIN.** Trasto. **2.** *fam.* Libro o conjunto de papeles muy abultado. *Aquella novela era un buen mamotreto.* **SIN.** Tocho.

mampara (mam-**pa**-ra) *s. f.* Armazón vertical de cristal, madera, plástico, etc., que sirve para dividir una habitación, cubrir las puertas y para otros usos. *Estaba limpiando la mampara de la bañera.* **SIN.** Bastidor, biombo.

mamporro (mam-**po**-rro) *s. m., fam.* Golpe o coscorrón que hace poco daño. *Le dio un mamporro.*

mampostería (mam-pos-te-**rí**-a) *s. f.* Obra hecha con mampuestos colocados con argamasa. *El muro era una excelente obra de mampostería.*

mampuesto (mam-**pues**-to) *s. m.* Piedra sin labrar. *Colocó un mampuesto para rellenar el hueco.*

mamut (ma-**mut**) *s. m.* Especie de elefante fósil, de la era cuaternaria, que tenía el cuerpo cubierto de pelo largo y los incisivos superiores muy desarrollados. *El mamut tenía una altura de tres metros y medio.*

maná (ma-**ná**) *s. f.* **1.** Milagroso manjar enviado por Dios desde el cielo, a modo de escarcha, para alimentar al pueblo de Israel en el desierto. *Según la Biblia el maná cayó durante cuarenta años sobre la tierra.* **SIN.** Alimento, comida. **2.** Líquido azucarado que fluye de ciertos vegetales. *Algunos manás tienen propiedades medicinales.* **3.** Lo que se recibe gratuitamente de manera imprevista. *Aquello era el maná.* ✎ Su pl. es "manás".

manada (ma-**na**-da) *s. f.* **1.** Hato de ganado al cuidado de un pastor. *Venía con la manada.* **SIN.** Rebaño. **2.** Conjunto de ciertos animales de una misma especie que van en grupo. *Tenía miedo de toparse con la manada de lobos.* **SIN.** Bandada, rebaño. **3.** Grupo numeroso de gente. *Una manada de jóvenes esperaba entusiasmada la llegada del cantante.*

manager *s. m. y s. f.* **1.** *Gerente. **2.** *Apoderado.

manantial (ma-nan-**tial**) *s. m.* Nacimiento de las aguas. *El agua de ese manantial es muy fría.* **SIN.** Venero.

manar (ma-**nar**) *v. intr.* **1.** Brotar o salir un líquido de alguna parte. **GRA.** También v. tr. *Apenas manaba ya agua de la fuente.* **SIN.** Salir, nacer, surgir, surtir. **2.** Abundar una cosa. *De aquel negocio manaba dinero, estaba claro.*

manatí (ma-na-**tí**) *s. m.* Mamífero herbívoro de cuerpo grueso y redondeado, y miembros torácicos muy desarrollados, que vive cerca de las costas orientales de América. *Un manatí puede pesar hasta 500 kg.* ✎ Su pl. es "manatís" o "manatíes".

manazas (ma-**na**-zas) *s. m. y s. f., fam.* Persona torpe. *Se ha cargado media vajilla, es un manazas.* **SIN.** Patoso. **ANT.** Manitas. ✎ Invariable en número.

mancar (man-**car**) *v. tr.* Herir, lastimar. **GRA.** También v. prnl. *Cayó mal y se mancó en un brazo.* ✎ Se conjuga como abarcar.

mancebo, ba (man-**ce**-bo) *s. m. y s. f.* **1.** Joven. *El mancebo despachaba las recetas.* **2.** Aprendiz. *Un mancebo atendía las mesas de la posada.*

mancha (**man**-cha) *s. f.* **1.** Señal que una cosa hace en un cuerpo, ensuciándolo o echándolo a perder. *Tienes una mancha de grasa en el pantalón.* **SIN.** Borrón, lamparón, defecto. **2.** Parte de una cosa con distinto color del general en ella. *La camiseta es azul clara con manchas azul oscuro.* **3.** Deshonra, vergüenza. *Fue una mancha en su brillante carrera.* **SIN.** Mácula.

manchar (man-**char**) *v. tr.* **1.** Poner sucia una cosa, echando a perder en alguna de sus partes el color que tenía. **GRA.** También v. prnl. *Pon el babero al*

manchón - mando

bebé para que no se manche. **SIN.** Ensuciar(se), emporcar(se). **ANT.** Limpiar. **2.** Dañar la buena fama de una persona, familia o linaje. **GRA.** También v. prnl. *Manchó su honor.* **SIN.** Deshonrar(se), mancillar(se).

manchón (man-**chón**) *s. m.* Mancha grande. *Le has echado un buen manchón a la camisa.*

mancillar (man-ci-**llar**) *v. tr.* Dañar la reputación o buena fama de alguien. **GRA.** También v. prnl. *Mancilló su honor.* **SIN.** Deshonrar, (se), deslucir(se), enviciar(se).

manco, ca (**man**-co) *adj.* **1.** Que le falta un brazo o una mano. **GRA.** También s. m. y s. f. *Se quedó manco de la mano derecha.* **2.** Defectuoso, incompleto. *El trabajo no está mal, pero ha quedado un poco manco.* ‖ **LOC. no ser alguien manco** *fam.* Ser muy hábil para realizar algo.

mancomunar (man-co-mu-**nar**) *v. tr.* Unir personas, fuerzas o medios para un fin. **GRA.** También v. prnl. *Tomaron la decisión de mancomunarse.* **SIN.** Asociar(se), agrupar(se), federarse.

mancomunidad (man-co-mu-ni-**dad**) *s. f.* Corporación constituida legalmente por agrupación de municipios o provincias. *La mancomunidad estaba en contra del proyecto.* **SIN.** Federación.

mandado, da (man-**da**-do) *s. m. y s. f.* Persona que realiza encargos o cumple órdenes ajenas, sin autoridad para actuar por su cuenta. *Dijo que ella era sólo una mandada.* **SIN.** Enviado.

mandamás (man-da-**más**) *s. m. y s. f.* **1.** *fam.* Nombre que se da irónicamente a la persona que tiene mando. **GRA.** También adj. *Habló con el mandamás del grupo.* **2.** *fam.* Persona que abusa demasiado de su autoridad. *Era un soberbio y un mandamás.* Invariable en número.

mandamiento (man-da-**mien**-to) *s. m.* **1.** Precepto u orden de un superior a un inferior. *Se apresuró a cumplir su mandamiento.* **SIN.** Instrucción, mandato, prescripción. **2.** Cada uno de los preceptos del decálogo y de la Iglesia católica. *En la catequesis les enseñaron los mandamientos.* **3.** Despacho del juez, por escrito, mandando ejecutar una cosa. *Llevaba un mandamiento judicial.* **SIN.** Prescripción.

mandanga (man-**dan**-ga) *s. f.* **1.** Cosa molesta o que tiene dificultades. *¡Vaya mandanga!* ‖ *s. f. pl.* **2.** Tonterías, cuentos. *No me vengas con mandangas.*

mandar (man-**dar**) *v. tr.* **1.** Decir a alguien lo que tiene que hacer. *El capitán mandó ponerse firme al soldado. Mi madre me mandó comprar el pan.* **SIN.** Decretar, ordenar. **ANT.** Obedecer, cumplir. **2.** Enviar algo a alguien. *Te he mandado un paquete de libros.* **SIN.** Remitir. **ANT.** Recibir. **3.** Encargar algo, avisar de que se haga. *Mandó que le avisaran si había alguna novedad.* **SIN.** Disponer, encomendar, ordenar. ‖ *v. intr.* **4.** Regir, gobernar. *Mandaba en sus tropas.* **SIN.** Dirigir.

mandarina (man-da-**ri**-na) *s. f.* Fruto del mandarino, especie de naranja de cáscara muy fácil de separar y pulpa muy dulce. *A media mañana se comió dos mandarinas.*

mandarino (man-da-**ri**-no) *s. m.* Árbol originario de China, de flores blancas y perfumadas, y cuyo fruto es la mandarina. *Toda la parcela está plantada de mandarinos.*

mandatario (man-da-**ta**-rio) *s. m.* **1.** Persona a la que se encomienda una gestión, en representación de otra. *Habló con su mandatario.* **SIN.** Apoderado, representante. **2.** *Gobernante.

mandato (man-**da**-to) *s. m.* **1.** Orden o precepto de un superior. *Cumplió sus mandatos.* **SIN.** Disposición, prescripción. **2.** Encargo o representación que por la elección se confiere a los diputados, concejales, etc. *Realizó grandes obras durante su mandato.* **3.** Período de tiempo en que alguien desempeña un cargo. *Terminó su mandato.*

mandíbula (man-**dí**-bu-la) *s. f.* Cada una de las dos piezas óseas de la boca de los vertebrados en las que están implantados los dientes. *Le dolía la mandíbula.* **SIN.** Maxilar, quijada.

mandil (man-**dil**) *s. m.* **1.** Prenda de cuero o tela fuerte que protege desde el cuello hasta por debajo de las rodillas. *Los soldadores usan mandil.* **2.** *Delantal.

mandioca (man-**dio**-ca) *s. f.* Planta típica de las regiones tropicales de América, cuya raíz contiene una fécula muy nutritiva. De ella se extrae la tapioca, harina muy fina cuyo consumo se ha extendido al mundo entero. *Preparamos unas tortas de mandioca.* **SIN.** Yuca.

mando (**man**-do) *s. m.* **1.** Autoridad y poder que tiene el superior sobre sus súbditos. *Tenía el mando del ejército.* **SIN.** Dominio, superioridad. **2.** Tiempo durante el cual se ejerce esta autoridad. *Su mando se caracterizó por la mano dura.* **3.** Persona o conjunto de personas que tienen dicha autoridad. *Es orden del mando.* **4.** Dispositivo con que se controla un mecanismo o aparato electrónico. *Accionó el mando.* ‖ **5. mando a distancia** Dispositivo electrónico utilizado para poder conectar, manejar o desconectar un aparato receptor desde otro lugar.

mandolina - mango

mandolina (man-do-**li**-na) *s. f.* Instrumento musical parecido al laúd, con cuatro o seis cuerdas pareadas. *Tocaba muy bien la mandolina.* **SIN.** Bandolina.

mandón, na (man-**dón**) *adj.* **1.** Que ostenta demasiado su autoridad y manda más de lo que le corresponde. **GRA.** También s. m. y s. f. *Su hermana mayor es un poco mandona.* **SIN.** Autoritario, imperioso, sargento. ‖ *s. m.* **2.** *amer.* Capataz de mina.

mandrágora (man-**drá**-go-ra) *s. f.* Planta herbácea de hojas anchas y rugosas, y de gruesa raíz, que se ha usado en medicina como narcótico. *Las raíces de la mandrágora tienen forma humana.*

mandril (man-**dril**) *s. m.* Primate africano, de robusta constitución, con una gran cabeza y el hocico alargado y marcado con profundos surcos, muchas veces coloreados. *Vimos un mandril en el zoológico.*

manducar (man-du-**car**) *v. tr., fam.* *Comer. **GRA.** También v. intr. **SIN.** Jalar, zampar, papear. ⌇ Se conjuga como abarcar.

manecilla (ma-ne-**ci**-lla) *s. f.* Saetilla del reloj y de otros instrumentos que sirve para señalar las horas, minutos, segundos, etc. *En las 6: 30 las dos manecillas coinciden.*

manejar (ma-ne-**jar**) *v. tr.* **1.** Usar o traer entre las manos una cosa. *Manejas muy bien los pinceles.* **SIN.** Manipular, emplear, utilizar. **2.** Utilizar algo aunque no sea con las manos. *Maneja un vocabulario muy técnico* **3.** Guiar, llevar una caballería. *Maneja el caballo con destreza.* **4.** Dirigir, gobernar. *Manejó el asunto con habilidad.* **SIN.** Regir, administrar. **5.** Manipular la opinión pública. **GRA.** También v. prnl. *Ese periódico intenta manejar a sus lectores.* **6.** *amer.* Conducir un vehículo. ‖ *v. prnl.* **7.** Desenvolverse en algún asunto. *Se maneja con mucha soltura.* **SIN.** Apañarse.

manejo (ma-**ne**-jo) *s. m.* **1.** Acción y efecto de manejar o manejarse. *Venían las normas para su manejo.* **SIN.** Uso, empleo, utilización. **2.** Treta, maquinación. *Le pillaron en sus manejos.* **SIN.** Artimaña, chanchullo, maniobra, tejemaneje. **3.** Habilidad para hacer algo. *Tiene mucho manejo.* **SIN.** Desenvoltura, práctica.

manera (ma-**ne**-ra) *s. f.* **1.** Modo y forma de hacer una cosa. *Anda de una manera muy rara.* **SIN.** Procedimiento, estilo, método, sistema. **2.** Talante de las personas. *Era de esa manera.* **SIN.** Formación, crianza. **3.** Porte y modales de una persona. **GRA.** Se usa más en pl. *Tenía buenas maneras.* **SIN.** Estilo, educación. ‖ **4. manera de ser** Carácter de una persona. ‖ **LOC. a la manera de** A semejanza. **de buenas maneras** Con cortesía. **de cualquier manera** Sin cuidado, sin interés. | De todas formas. **de esa manera** Según eso. **de malas maneras** Con grosería. **de manera que** De suerte que. **de ninguna manera** Se utiliza para negar algo tajantemente o para intensificar una negación anterior. **de todas maneras** en cualquier caso. **en gran manera** Mucho, muy. **mal y de mala manera** *fam.* Con desgana y torpemente. **sobre manera** Con exceso.

manga (**man**-ga) *s. f.* **1.** Parte del vestido en que se mete el brazo y lo cubre total o parcialmente. *Llevaba una camisa de manga corta.* **2.** Tubo de cuero, caucho, etc., que se acopla a las bombas o bocas de riego. *Dejó la manga en el jardín.* **SIN.** Manguera. **3.** Cono de tela que se emplea para colar líquidos. *Cuela la leche con la manga.* **4.** Embudo de tela terminado en una boquilla para adornar con nata, crema, etc., un alimento. *Coge la manga para decorar la tarta.* **5.** En algunos deportes, cada una de las partes en que se divide una competición. *Pasó a la siguiente manga.* ‖ **6. manga ancha** Falta de escrúpulos y delicadeza, o excesiva magnanimidad. **7. manga raglán o ranglan** La que empieza en el cuello y cubre el hombro. ‖ **LOC. andar manga por hombro** *fam.* Tener algo muy abandonado y en desorden. **en mangas de camisa** Sin chaqueta, sólo con camisa. **sacarse algo de la manga** Decir o hacer algo que no tiene fundamento. **ser más corto que las mangas de un chaleco** Ser muy poco inteligente.

manganeso (man-ga-**ne**-so) *s. m.* Metal de color y brillo acerados, quebradizo y muy oxidable. Tiene gran aplicación en la fabricación del acero. *El símbolo del manganeso es Mn.*

mangante (man-**gan**-te) *s. m. y s. f.* **1.** *fam.* Granuja, sinvergüenza. *Ten cuidado con él, es un mangante.* **SIN.** Estafador. **2.** *fam.* Ladrón, chorizo. *Unos mangantes le robaron la cartera.* **SIN.** Mangui.

mangar (man-**gar**) *v. tr.* Sablear, robar. *Le mangaron la cazadora.* **SIN.** Hurtar, ratear, limpiar. **ANT.** Reponer, restituir. ⌇ Se conjuga como ahogar.

mangle (**man**-gle) *s. m.* Arbusto cuyas hojas, frutos y corteza se emplean en las tenerías. *El mangle mide unos 4 metros de alto.*

mango[1] (**man**-go) *s. m.* Parte por donde se coge con la mano un utensilio. *Se rompió el mango de la escoba.* **SIN.** Asa, agarradero, puño, empuñadura.

mango[2] (**man**-go) *s. m.* **1.** Árbol originario de la India, de fruto oval, amarillo, aromático y de sabor agradable. *El mango se cultiva en África y en las zo-*

mangonear - maniobra

nas tropicales de América. **2.** Fruto de este árbol. *Le gusta mucho el mango.*

mangonear (man-go-ne-**ar**) *v. intr.* Entrometerse alguien en cosas que no le incumben, dirigiéndolas o mandando en ellas. *Le gustaba mangonear todo.* **SIN.** Mandar, dirigir, mandonear, manipular.

manguera (man-**gue**-ra) *s. f.* Manga de riego. *Riega el césped con la manguera.*

mangueta (man-**gue**-ta) *s. f.* Pieza articulada situada en el eje delantero de un vehículo que permite el giro de las ruedas. *Se rompió la mangueta.*

mangui (**man**-gui) *s. m. y s. f., fam.* Ladronzuelo, ratero. *Le atracó un mangui.* **SIN.** Chorizo.

manguito (man-**gui**-to) *s. m.* **1.** Prenda en forma de rollo, con aberturas en ambos lados, de piel y algodonado por dentro, que se utiliza para llevar abrigadas las manos. *Perdió un manguito.* **2.** Prenda semejante que se usa en algunos oficios. *Antes los oficinistas usaban manguitos.* **3.** Cilindro que sirve para empalmar dos tubos unidos al tope en una máquina o en conducciones. *Se rompió el manguito del radiador.* **SIN.** Tubo.

maní (ma-**ní**) *s. m.* *Cacahuete. ✎ Su pl. es "manís".

manía (ma-**ní**-a) *s. f.* **1.** *Psicosis. **2.** Extravagancia, obsesión. *Pedro tiene muchas manías.* **SIN.** Rareza. **3.** *Ojeriza. **SIN.** Antipatía, tirria, rabia. **4.** Afición o deseo excesivo por alguna cosa. *Tiene manía por los coches.* **SIN.** Capricho, obsesión. **ANT.** Desinterés. || **5. manía persecutoria** Preocupación constante de ser objeto de la mala voluntad de una o varias personas.

maníaco, ca (ma-**ní**-a-co) *adj.* Enajenado, que padece manía. **GRA.** También s. m. y s. f. *El crimen era obra de un maníaco.* **SIN.** Loco, chiflado, chalado. ✎ También "maniaco".

maniatar (ma-nia-**tar**) *v. tr.* Atar las manos. *Los secuestradores le maniataron.* **SIN.** Inmovilizar, sujetar. **ANT.** Soltar.

maniático, ca (ma-**niá**-ti-co) *adj.* Que tiene manías. **GRA.** También s. m. y s. f. *Es difícil la convivencia con él porque es muy maniático.* **SIN.** Antojadizo, caprichoso, obseso. **ANT.** Cuerdo.

manicomio (ma-ni-**co**-mio) *s. m.* Hospital psiquiátrico. *Estuvo internado en un manicomio.*

manicura (ma-ni-**cu**-ra) *s. f.* Cuidado y arreglo de las manos y de las uñas. *Fue a hacerse la manicura.*

manido, da (ma-**ni**-do) *adj.* **1.** Sobado, ajado. *Su chaqueta estaba muy manida.* **SIN.** Manoseado, gastado. **ANT.** Intacto. **2.** Se dice de los temas de conversación o literarios muy trillados. *Ese tema está ya muy manido.* **SIN.** Habitual, trillado, tópico. **ANT.** Novedoso, insólito, original.

manifestación (ma-ni-fes-ta-**ción**) *s. f.* **1.** Acción y efecto de manifestar o manifestarse. *Era una manifestación más de su cariño.* **SIN.** Expresión, demostración. **2.** Concentración, generalmente al aire libre, en la cual las personas que a ella concurren expresan sus protestas o la reclamación de algo. *La gente acudió masivamente a la manifestación.* **SIN.** Sentada, protesta.

manifestar (ma-ni-fes-**tar**) *v. tr.* **1.** Dar a conocer. **GRA.** También v. prnl. *El director manifestó su retirada en público.* **SIN.** Exhibir(se), presentar(se), revelar(se), anunciar(se). **ANT.** Callar(se), esconder(se). **2.** Descubrir, poner a la vista. **GRA.** También v. prnl. *Los montes se manifestaban entre la niebla.* **SIN.** Revelar(se). **ANT.** Ocultar(se), tapar(se). || *v. prnl.* **3.** Tomar parte en una manifestación. *Los trabajadores se manifestaron por las calles de la ciudad.* ✎ v. irreg., se conjuga como acertar. Tiene doble p. p.; uno reg., manifestado, y otro irreg., manifiesto.

manifiesto, ta (ma-ni-**fies**-to) *adj.* **1.** Patente, ostensible, claro. *El descontento de los trabajadores era manifiesto.* **ANT.** Oculto. || *s. m.* **2.** Escrito que una persona, partido o agrupación dirige a la opinión pública. *Todos firmaron el manifiesto.* **SIN.** Proclama, declaración. || **LOC. poner de manifiesto una cosa** Manifestarla, exponerla al público.

manija (ma-**ni**-ja) *s. f.* **1.** Mango, puño o manubrio de ciertos utensilios y herramientas. *Se rompió la manija del destornillador.* **2.** Abrazadera de metal con que se asegura una cosa. *Aprieta bien las manijas de la barrica.* **3.** Pequeña palanca o pomo que sirve para accionar el pestillo de puertas y ventanas. *No puedo abrir, se rompió la manija.*

manilla (ma-**ni**-lla) *s. f.* **1.** Pieza del reloj en forma de ruleta exterior para darle cuerda al mismo. *Los relojes eléctricos no tienen manilla.* **2.** Palanca o pomo para accionar el pestillo de puertas y ventanas. *Cierra la ventana y asegura la manilla.* **SIN.** Manija.

manillar (ma-ni-**llar**) *s. m.* Pieza de la bicicleta o de la motocicleta, que está formada por un tubo transversal encorvado y se emplea para apoyar los manos y dar dirección a la rueda delantera. *Esta bicicleta tiene el manillar un poco torcido.* **SIN.** Guía.

maniobra (ma-**nio**-bra) *s. f.* **1.** Cualquier operación que se realiza con las manos. *La maniobra de unión de las piezas requiere mucha habilidad.* **SIN.** Proceso, tarea. **2.** Manejo con que alguien lleva un negocio. *Cuidado con sus maniobras.* **SIN.** Estrategia,

maniobrar - mano

maquinación, manejo. ‖ *s. f. pl.* **3.** Simulacros militares en que se ejercita la tropa. *Fueron de maniobras.* **4.** Operaciones que se hacen en las estaciones y cruces de vías, para la formación o paso de trenes. *El descarrilamiento se debió a un fallo en las maniobras.* **5.** Operaciones que se hacen con otros vehículos para cambiar de rumbo. *Tuvo que hacer muchas maniobras para sacar el coche de allí.*

maniobrar (ma-nio-**brar**) *v. tr.* Realizar maniobras. *Tuvo que maniobrar para aparcar.*

manipular (ma-ni-pu-**lar**) *v. tr.* **1.** Realizar algo con las manos o con un instrumento. *Manipula la válvula.* **2.** *fam.* Manejar alguien los negocios a su manera, o mezclarse en los ajenos. *Lo manipula todo.* **SIN.** Mangonear. **3.** *fam.* Dirigir astutamente a alguien o algo en cuestiones políticas, financieras, etc., en beneficio propio. *Trataba de manipular la opinión pública a su favor.*

maniquí (ma-ni-**quí**) *s. m.* **1.** Figura de aspecto humano, usada para probar, arreglar y exhibir prendas de ropa. *En la tienda había un maniquí.* ‖ *s. m. y s. f.* **2.** Persona cuya profesión es exhibir modelos de ropa. *Contrató a una nueva maniquí.* **3.** *fam.* Persona sin carácter y sin voluntad que se deja manejar por los demás. *Es sólo un maniquí en sus manos.* **SIN.** Pelele. ✎ Su pl. es "maniquís" o "maniquíes".

manirroto, ta (ma-ni-**rro**-to) *adj.* Que malgasta sus bienes. **GRA.** También m. y s. f. *Ahorra y no seas tan manirrota.* **SIN.** Malgastador, derrochador, despilfarrador. **ANT.** Ahorrador.

manitas (ma-**ni**-tas) *s. m. y s. f.* Persona de gran habilidad para trabajos manuales. *Es un manitas.* ✎ Invariable en número.

manivela (ma-ni-**ve**-la) *s. m.* Pieza o palanca acodada a un eje para hacerlo girar. *Dale vueltas a la manivela.* **SIN.** Manubrio.

manjar (man-**jar**) *s. m.* **1.** Cualquier cosa comestible. *Para él, el pan es un manjar de dioses.* **SIN.** Alimento, comida, comestible. **2.** Comida exquisita. *Pusieron toda clase de manjares.*

mano (**ma**-no) *s. f.* **1.** Parte del cuerpo humano, que comprende desde la muñeca hasta la punta de los dedos. *Las personas zurdas escriben con la mano izquierda.* **2.** En los cuadrúpedos, cualquiera de los dos pies delanteros. *Cocinó manos de cerdo.* **3.** En las reses de carnicería, cualquiera de los cuatro pies cortados. *Compró manos de cerdo.* **4.** Capa de pintura, yeso, barniz, etc., que se da sobre una pared, mueble, etc. *Esta puerta necesita otra mano de pintura.* **SIN.** Baño. **5.** Lance entero de varios juegos. Ganó la primera mano. **SIN.** Vuelta, tanda. **6.** Habilidad, aptitud. *Tiene buena mano para los negocios.* **7.** Poder, mando, facultades. *Su madre tiene mucha mano en su hogar.* ‖ *s. m. pl.* **8.** Trabajo manual que se emplea para hacer una obra. *Se necesitan más manos para acabar este trabajo a tiempo.* ‖ **9. buenas manos** Destreza, habilidad. **10. mano blanda** *fam.* Falta de severidad a la hora de ejercer autoridad. **11. mano de obra** Trabajo manual que se emplea para realizar una obra. **12. mano de santo** *fam.* Lo que resulta muy eficaz para algo. **13. mano derecha** La que corresponde al lado del cuerpo humano opuesto a aquel en que se encuentra el corazón. | Persona de máxima confianza de otra. **14. mano dura** Severidad a la hora de ejercer autoridad. **15. mano izquierda** La que corresponde al lado contrario de la derecha. | Astucia para salir airoso de una situación difícil. **16. manos de mantequilla** Las que actuan con torpeza. **17. manos largas** Se dice de la persona que es propensa a golpear a otra. **18. manos libres** Poder de obrar libremente en un asunto o negocio. **19. manos limpias** *fam.* Integridad y honradez profesional. ‖ **LOC. a mano** Manualmente. | Muy cerca. **a mano alzada** Se dice del dibujo o boceto de trazos imprecisos, realizado sin ayuda de instrumentos. | Se aplica a la votación que se realiza públicamente levantando el brazo. **abrir la mano** Ser más permisivo. **atar las manos a alguien** *fam.* Impedirle realizar algo. **cambiar algo de manos** *fam.* Cambiar de dueño. **con la mano en el corazón** Con total sinceridad. **con las manos cruzadas** Sin hacer nada. **con las manos en la masa** En el preciso momento de hacer algo. **con las manos vacías** *fam.* Sin conseguir lo que se pretendía. | *fam.* Sin regalos ni obsequios. **conocer alguien algo o a alguien como a sus manos, o como a la palma de la mano** *fam.* Conocerlo muy bien. **dar alguien una mano por algo** *fam.* Ser capaz de hacer cualquier cosa por conseguirlo. **dar la mano a alguien** Saludarle cogiéndole la mano. **de primera mano** Nuevo, sin estrenar. | De buena fuente. **de segunda mano** Usado, viejo. **dejado de la mano de Dios** Descuidado, olvidado. | En una situación desgraciada. **dejar, o poner, una cosa en manos de alguien** Encomendársela. **echar mano de una persona o cosa** Servirse de ella para conseguir algo. **echar una mano a alguien** Ayudarle. **en buenas manos** Al cuidado de alguien responsable. **entregar algo en mano**

manojo - manteca

Entregarlo personalmente. **estar una cosa en manos de alguien** Estar a su cargo. | Depender de su decisión. **estrechar la mano a alguien** Saludarle cogiéndole la mano. **frotarse las manos** *fam.* Expresar alegría y satisfacción por algo. **írsele a alguien la mano** *fam.* Excederse. **írsele a alguien una cosa de entre las manos** Escapársele, perderla. **lavarse alguien las manos** Desentenderse, eludir una situación comprometida. **levantar uno la mano a otro** Amenazarle con pegarle. **llegar a las manos** Pelearse, pegarse. **mano sobre mano** Sin hacer nada. **manos a la obra** Expresión con que se anima a alguien o a sí mismo a trabajar. **meter mano a algo** *fam.* Acometer un trabajo, especialmente si ofrece dificultad. **meter mano a alguien** *fam.* Tocarle para sentir un goce erótico. **no dejar una cosa de la mano** *fam.* No dejarla en el olvido. **no saber alguien dónde tiene su mano derecha** *fam.* Ser inútil e ignorante. **no saber alguien lo que trae entre manos** *fam.* No ser competente para llevar a cabo algo. **pedir la mano** Pedir en matrimonio. **poner las manos en el fuego** Asegurar la certeza de algo. **ponerse en manos de alguien** Confiarse a él. **quitarse unos a otros una cosa de las manos** Tener mucha prisa e interés por comprarla. **tener alguien las manos atadas** No tener libertad para actuar. **tener alguien mano izquierda** *fam.* Ser muy hábil y sagaz para salir airoso de situaciones difíciles. **tener uno a otro en su mano, o en sus manos** *fam.* Tenerlo a su voluntad. **traer, o traerse, entre manos algo** *fam.* Estar ocupado en ello.

manojo (ma-**no**-jo) *s. m.* **1.** Haz pequeño de hierbas o de otras cosas que se puede coger con la mano. *Traía un manojo de rosas.* **SIN.** Fajo, gavilla, haz. **2.** Abundancia de cosas. *Tengo un buen manojo de preguntas.*

manoletina (ma-no-le-**ti**-na) *s. f.* **1.** Suerte taurina creada por Manolete que consiste en sujetar la muleta con las dos manos por detrás de la espalda. *El público aplaudió mucho sus manoletinas.* **2.** Zapatilla plana semejante a la de los toreros. **GRA.** Se usa más en pl. *Las manoletinas son un calzado muy cómodo.*

manómetro (ma-**nó**-me-tro) *s. m.* Instrumento que sirve para medir la presión de líquidos y gases. *Utiliza el manómetro.*

manopla (ma-**no**-pla) *s. f.* Guante sin separaciones para los dedos, excepto para el pulgar. *Llevaba unas manoplas de lana.*

manosear (ma-no-se-**ar**) *v. tr.* Tocar repetidamente una cosa con las manos. *No manosees la fruta.* **SIN.** Sobar, ajar, manipular, palpar.

manotazo (ma-no-**ta**-zo) *s. m.* Golpe dado con la mano. *Le dio un manotazo.* **SIN.** Guantada, bofetada.

manotear (ma-no-te-**ar**) *v. intr.* Mover las manos para dar mayor fuerza a lo que se dice, o para mostrar un estado de ánimo. *Se burlaban de ella porque manoteaba mucho.* **SIN.** Gesticular, accionar.

mansalva, a (man-**sal**-va) *loc. adv.* En gran número o cantidad. *Había peticiones a mansalva.*

mansarda (man-**sar**-da) *s. f.* *Buhardilla.

mansedumbre (man-se-**dum**-bre) *s. f.* **1.** Condición de manso. *Era un animal de noble mansedumbre.* **SIN.** Domesticidad, docilidad. **2.** Apacibilidad, dulzura. *Mansedumbre de carácter.* **SIN.** Afabilidad, benevolencia. **ANT.** Rebeldía, indocilidad.

mansión (man-**sión**) *s. f.* Casa grande y señorial. *Vivían en una lujosa mansión.* **SIN.** Palacio, residencia.

manso, sa (**man**-so) *adj.* **1.** Se dice de los animales que no son bravos. *El cordero es un animal manso.* **SIN.** Doméstico, amansado. **ANT.** Silvestre, salvaje. **2.** Tranquilo, sosegado. *Es una persona de carácter manso.* **SIN.** Apacible, pacífico. **ANT.** Inquieto, salvaje. **3.** De movimiento suave y lento. *Este río es muy manso, no tiene remolinos.* **ANT.** Bravo, turbulento. || *s. m.* **4.** En el ganado, animal macho que sirve de guía a los demás. *Sacaron a los mansos para retirar al toro que se había roto una pata.*

manta (**man**-ta) *s. f.* **1.** Pieza de forma rectangular y de un tejido grueso y tupido que sirve para abrigar, especialmente en la cama. *Echó una manta más en la cama porque tenía frío.* **SIN.** Edredón, frazada, cobertor. **2.** Zurra de azotes o golpes. *Le dieron una buena manta.* **SIN.** Somanta, paliza. || *s. m. y s. f.* **3.** *fam.* Persona muy torpe, o muy vaga. *Es un manta, no se entera de nada.* **SIN.** Calamidad, desastre. || **LOC. a manta** En abundancia. **liarse alguien la manta a la cabeza** Emprender algo arriesgado sin tener en cuenta las posibles consecuencias. **tirar de la manta** *fam.* Descubrir algo que se mantenía en secreto.

mantear (man-te-**ar**) *v. tr.* Lanzar al aire a una persona puesta en una manta, tirando varias personas a un tiempo de las orillas. *Le mantearon entre todos.* **SIN.** Levantar, vapulear.

manteca (man-**te**-ca) *s. f.* **1.** Gordura de los animales, especialmente la del cerdo. *Derrite un poco de manteca de cerdo en la cazuela.* **SIN.** Grasa, unto. **2.** Sustancia grasa de la leche. *Hizo un bizcocho con la*

mantecada - manubrio

manteca de la leche que había guardado. **SIN.** Nata. **3.** Sustancia grasa de algunos frutos, como la del cacao. *Compró manteca de cacao.* ‖ **4. manteca de vaca** *Mantequilla. ‖ **LOC. como manteca** Denota la suavidad o blandura de una cosa.

mantecada (man-te-**ca**-da) *s. f.* Bollo compuesto de harina, mantequilla, huevos y azúcar, que se suele cocer en una cajita cuadrada de papel. *Pidieron café con leche y mantecadas para desayunar.* **SIN.** Magdalena.

mantecado (man-te-**ca**-do) *s. m.* Helado dulce, preparado con leche, azúcar y huevos. *El helado que más me gusta es el mantecado.*

mantel (man-**tel**) *s. m.* Pieza de tela, plástico o papel con que se cubre la mesa para comer. *Vete poniendo el mantel, la comida está casi a punto.*

mantelería (man-te-le-**rí**-a) *s. f.* Juego de mantel y servilletas. *Nos regaló una mantelería bordada.*

mantelete (man-te-**le**-te) *s. m.* Vestidura con dos aberturas para sacar los brazos, que llevan los obispos y prelados. *En la ceremonia, el cardenal llevaba mantelete.*

mantener (man-te-**ner**) *v. tr.* **1.** Dar a alguien el alimento necesario. **GRA.** También v. prnl. *Ese matrimonio mantiene a sus diez hijos.* **SIN.** Nutrir(se), alimentar(se), sustentar. **ANT.** Desnutrirse, ayunar. **2.** Conservar una cosa para que no se caiga o se tuerza. *Mantén la cuerda tensa.* **SIN.** Sostener, soportar. **ANT.** Soltar. **3.** Costear los gastos de alguien. *Le mantenían sus padres, porque él no tenía trabajo.* **4.** Conservar una cosa en su ser. *Mantiene todas sus propiedades.* **5.** Defender una opinión o sistema. *Mantuvo su opinión en contra de todos.* **SIN.** Amparar, apoyar. **6.** Sostener un torneo, justa, etc. *Mantuvieron una fuerte lucha.* ‖ *v. prnl.* **7.** Tener constancia y tenacidad. *Se mantiene a la espera de nuevas noticias.* **SIN.** Afirmarse, ratificarse. **ANT.** Rectificar, variar. **8.** Fomentarse, alimentarse. *Parece que se mantiene del aire.* **9.** Guardar el equilibrio. *Se mantiene en pie.* ‖ **LOC. mantener a raya** Mantener a alguien alejado. **mantenerse alguien en sus trece** No ceder. ✎ v. irreg., se conjuga como tener.

mantenimiento (man-te-ni-**mien**-to) *s. m.* Serie de operaciones y cuidados necesarios para el buen funcionamiento de una instalación, fábrica, etc. *Se ocupa del mantenimiento de las instalaciones.* **SIN.** Conservación.

mantequilla (man-te-**qui**-lla) *s. f.* **1.** Manteca que se obtiene de la leche de vaca. *Hizo mantequilla.* **2.** Pasta blanda y suave de manteca de vaca batida y mezclada con azúcar. *Tomó pan con mantequilla.*

mantilla (man-**ti**-lla) *s. f.* **1.** Prenda de tul, seda, encaje, etc., utilizada por las mujeres para cubrirse la cabeza. *Iba con mantilla.* **SIN.** Mantellina, velo. **2.** Prenda para abrigar y envolver a los bebés por encima de los pañales. *Envuelve a la niña en la mantilla.* ‖ **LOC. estar algo en mantillas** *fam.* Estar en sus comienzos. **estar alguien en mantillas** *fam.* Saber muy poco de todo lo relativo a un asunto.

mantis (**man**-tis) *s. f.* Insecto de gran tamaño cuyas patas anteriores están provistas de pinzas para cazar sus presas. *La mantis hembra suele devorar al macho después de la cópula.* ✎ Invariable en número.

manto (**man**-to) *s. m.* **1.** Prenda de vestir amplia, parecida a la capa. *Llevaba un manto.* **SIN.** Capa, clámide. **2.** Mantilla grande sin adornos. *Se echó un manto sobre los hombros.* **3.** Capa de grasa en la que nace envuelta una criatura. *La comadrona lavó el manto del recién nacido.* **4.** Repliegue cutáneo que envuelve el cuerpo de los moluscos y de algunos gusanos. *El manto de los moluscos segrega la concha.* **5.** Capa de mineral que yace casi horizontalmente. *El hierro estaba cubierto por un manto de óxido.* **6.** Capa de la Tierra, situada entre la corteza y el núcleo. *El manto de la tierra está muy caliente.*

mantón (man-**tón**) *s. m.* **1.** Prenda de abrigo femenina, de forma cuadrada o rectangular, que se echa sobre los hombros. *Iba a todas partes con su mantón.* **SIN.** Chal, capa, estola. **2.** Pañuelo grande que se echa sobre los hombros. *Llevaba un bonito mantón sobre el abrigo.* **SIN.** Pañolón. ‖ **3. mantón de manila** El de seda y bordado, procedente generalmente de China.

manual (ma-nu-**al**) *adj.* **1.** Que se realiza con las manos. *Es muy buena para los trabajos manuales.* **SIN.** Artesanal. **ANT.** Automático, mecánico. **2.** Casero, de ejecución fácil. *Es un invento manual.* ‖ *s. m.* **3.** Libro en que se recoge lo más importante de una materia. *Lo había leído en un manual de carpintería.* **SIN.** Sumario, breviario, compendio.

manualidad (ma-nua-li-**dad**) *s. f.* **1.** Trabajo realizado con las manos. *Un delicado trabajo de manualidad.* **SIN.** Artesanía. ‖ *s. f. pl.* **2.** Trabajos manuales realizados en la escuela. *Hoy tenemos clase de manualidades.*

manubrio (ma-**nu**-brio) *s. m.* Empuñadura que tienen algunos mecanismos y por medio de la cual se los hace girar. *Dale vueltas al manubrio.* **SIN.** Cigüeña, manivela, manija.

manufactura (ma-nu-fac-**tu**-ra) *s. f.* Obra hecha a mano o con la ayuda de una máquina. *Vimos un taller de manufacturas de lino.* **SIN.** Producto.

manufacturar (ma-nu-fac-tu-**rar**) *v. tr.* Fabricar algo con medios mecánicos. *Han inaugurado una nueva fábrica para manufacturar el algodón.* **SIN.** Producir.

manumitir (ma-nu-mi-**tir**) *v. tr.* Dar libertad a un esclavo. *Manumitió a sus esclavos.* **SIN.** Liberar, libertar. **ANT.** Esclavizar, someter. ✎ Tiene doble p. p.; uno reg., manumitido, y otro irreg., manumiso.

manuscrito, ta (ma-nus-**cri**-to) *adj.* **1.** Escrito a mano. *Le envió unas hojas manuscritas.* **ANT.** Impreso. || *s. m.* **2.** Papel o libro escrito a mano, especialmente el de algún valor o antigüedad. *En aquel museo se conservaban varios manuscritos.* **SIN.** Códice, original, pergamino. **3.** Original. *Guardó el manuscrito de su novela.*

manutención (ma-nu-ten-**ción**) *s. f.* Acción y efecto de mantener o mantenerse. *Se encargaba de su manuntención.* **SIN.** Sustento, sostenimiento.

manzana (man-**za**-na) *s. f.* **1.** Fruto del manzano, globoso y algo hundido por los extremos. *Le gustan las manzanas muy verdes.* **2.** En las poblaciones, conjunto aislado de varias casas contiguas limitado por calles. *Vivíamos en la misma manzana.* **SIN.** Bloque, cuadra. || **3. manzana de Adán** Nuez, prominencia de la garganta. **4. manzana de la discordia** Aquello que provoca una disputa.

manzanilla (man-za-**ni**-lla) *s. f.* **1.** Hierba de flores olorosas. *Recogimos manzanilla.* **2.** Flor de esta planta. *Las manzanillas tienen pétalos blancos.* **3.** Infusión de flores de manzanilla. *Le dolía el estómago y tomó una manzanilla.* **4.** Especie de aceituna pequeña. *De aperitivo tomaron unas manzanillas.* **5.** Vino blanco que se hace en Sanlúcar de Barrameda y en otros lugares de Andalucía. *Pidió una copa de manzanilla.*

manzano (man-**za**-no) *s. m.* Árbol de hojas sencillas y ovaladas, cuyo fruto es la manzana. *La huerta estaba llena de manzanos.*

maña (**ma**-ña) *s. f.* **1.** Destreza habilidad. *Tiene mucha maña para ese tipo de trabajos.* **SIN.** Maestría, arte, buena mano. **2.** Habilidad para engañar o evitar el engaño. *Utilizó su maña para conseguirlo.* **SIN.** Artificio, astucia, destreza, picardía. **3.** Vicio o mala costumbre. **GRA.** Se usa más en pl. *Tiene muy malas mañas.* || **LOC. darse alguien maña** Ingeniarse, disponer sus negocios con habilidad.

mañana (ma-**ña**-na) *s. f.* **1.** Tiempo que va desde que amanece hasta el mediodía. *Cada mañana desayuna café.* **2.** Tiempo que va desde la medianoche hasta el mediodía. *¿Se levantó a las cuatro de la mañana o de la tarde?* || *s. m.* **3.** Tiempo futuro. *Se preguntaba cómo sería el mañana.* **SIN.** Porvenir. || *adv. t.* **4.** El día siguiente al de hoy. *Hoy es día 1, mañana es día 2.* || **LOC. de mañana** Al amanecer. **muy de mañana** Muy temprano, de madrugada. **pasado mañana** En el día que seguirá inmediatamente al de mañana.

mañanita (ma-ña-**ni**-ta) *s. f.* Prenda femenina, de punto o de tela, que se echa sobre los hombros cuando se está sentada en la cama. *Ponte la mañanita mientras comes para no coger frío.*

mañoso, sa (ma-**ño**-so) *adj.* Que tiene maña o que se hace con maña. *Es una persona muy mañosa.* **SIN.** Hábil, habilidoso. **ANT.** Torpe, manazas.

mapa (**ma**-pa) *s. m.* **1.** Representación geográfica de la Tierra o parte de ella en una superficie plana. *Dibujaron el mapa de Europa.* **SIN.** Carta, plano. || **2. mapa astronómico o celeste** El que representa la distribución de las estrellas o de la superficie de un cuerpo celeste. **3. mapa de bits** Representación gráfica de los datos registrados en un soporte de almacenamiento informático. **4. mapa de carreteras** El diseñado con el fin de ayudar a los automovilistas a orientarse. **5. mapa del tiempo** El que se vale de signos convencionales para mostrar el estado de la atmósfera a una hora y en un lugar determinados. **6. mapa físico** El que recoge ríos, montañas y demás accidentes geográficos. **7. mapa mudo** El que no tiene escritos los nombres de los países, provincias, etc., y sirve para facilitar el estudio de la geografía. **8. mapa político** El que representa los distintos países y sus fronteras, casi siempre en colores. **9. mapa temático** El que recoge aspectos determinados de una región. **10. mapa topográfico** Aquel que representa la estructura físico-política de la Tierra. || **LOC. borrar del mapa** *fam.* Eliminar, matar. **poner a alguien la cara como un mapa** *fam.* Golpeársela haciéndole contusiones y heridas. **no estar algo en el mapa** *fam.* Ser desusado y extraordinario.

mapache (ma-**pa**-che) *s. m.* Mamífero carnívoro que habita en las zonas templadas y tropicales de América. Su cuerpo es rechoncho, con un pelaje grisáceo denso y la cola poblada, anillada con bandas negras; su cara alargada tiene un característico antifaz sobre los ojos. *Vimos un mapache.*

mapamundi (ma-pa-**mun**-di) *s. m.* Mapa que representa la superficie de la Tierra dividida en dos he-

maquearse - mar

misferios. *En la siguiente página del atlas viene un mapamundi.*

maquearse (ma-que-**ar**-se) *v. prnl., fam.* Arreglarse, acicalarse. *Se maqueaba mucho antes de salir de casa.*

maqueta (ma-**que**-ta) *s. f.* **1.** Modelo plástico en tamaño reducido, de un monumento, edificio, etc. *El escultor presentó su maqueta de la obra.* **2.** Modelo de una publicación, para apreciar su composición y extensión. *Presentaron al autor la maqueta del libro.*

maquetista (ma-que-**tis**-ta) *s. m. y s. f.* Persona que se dedica a hacer maquetas. *Trabaja como maquetista.*

maquiavélico, ca (ma-quia-**vé**-li-co) *adj.* Taimado, pérfido. *Plan maquiavélico.*

maquillaje (ma-qui-**lla**-je) *s. m.* Producto cosmético utilizado para maquillar el rostro. *Utiliza un maquillaje de color parecido al de tu piel.*

maquillar (ma-qui-**llar**) *v. tr.* **1.** Aplicar productos cosméticos al rostro de alguien para embellecerlo o caracterizarlo. **GRA.** También v. prnl. *Le maquillaron antes de salir ante las cámaras.* **SIN.** Pintar(se), decorar, caracterizar(se). **2.** Falsear los datos de un resultado, una encuesta, etc. para que ofrezca una apariencia mejor. *Maquillaron los datos de la encuesta.* **SIN.** Disfrazar, tergiversar.

máquina (**má**-qui-na) *s. f.* **1.** Instrumento creado por las personas para hacer más fácil el trabajo. *Hay máquinas de coser, de escribir, de fregar platos, etc.* **SIN.** Aparato, ingenio, artificio. **2.** Locomotora. *Cambiaron de máquina en esa estación.* **3.** Bicicleta, motocicleta o automóvil. *Menuda máquina es su nuevo coche.* ‖ **4. máquina de afeitar** La eléctrica, provista de un pequeño motor encerrado en un estuche de plástico, que permite el afeitado en seco. **5. máquina de calcular** Calculadora. **6. máquina de coser** La provista de un motor que acciona una aguja y sirve para realizar mecánicamente los trabajos de costura. **7. máquina de escribir** La que consta de un teclado y tipos fijos, destinada a la impresión de caracteres de imprenta sobre papel. **8. máquina de vapor** La que funciona por la fuerza expansiva del vapor de agua. ‖ **LOC. a toda máquina** Con gran rapidez. **ser, o trabajar, alguien como una máquina** *fam.* Ser muy rápido y eficaz.

maquinación (ma-qui-na-**ción**) *s. f.* Asechanza oculta dirigida generalmente a un mal fin. *Alguna maquinación se traían entre manos.* **SIN.** Trama, intriga.

maquinal (ma-qui-**nal**) *adj.* **1.** Que pertenece o se refiere a los movimientos y efectos de la máquina. *Dispositivo maquinal.* **SIN.** Automático. **2.** Se aplica a los actos y movimientos ejecutados sin deliberación. *Gesto maquinal.* **SIN.** Automático, espontáneo, inconsciente. **ANT.** Reflexivo, voluntario.

maquinar (ma-qui-**nar**) *v. tr.* Urdir, tramar algo oculta y artificiosamente. *Algo está maquinando, lo puedo asegurar.* **SIN.** Intrigar, conspirar.

maquinaria (ma-qui-**na**-ria) *s. f.* **1.** Conjunto de máquinas para un fin determinado. *Compró nueva maquinaria.* **2.** Mecanismo que da movimiento a un artefacto. *Ese reloj tiene muy buena maquinaria.*

maquinilla (ma-qui-**ni**-lla) *s. f.* Máquina de afeitar, aparato constituido por un mango, en uno de cuyos extremos existe un dispositivo en el que se aloja una cuchilla, y que sirve para rasurar. *Al afeitarse, se cortó con la maquinilla.*

maquinista (ma-qui-**nis**-ta) *s. m. y s. f.* Persona que maneja una máquina. *Es maquinista de trenes.*

maquis (**ma**-quis) *s. m.* *Guerrillero. Invariable en número.

mar *s. amb.* **1.** Masa de agua salada que cubre la mayor parte de la superficie de la Tierra. *Los científicos creen que la vida viene del mar.* **SIN.** Océano. **2.** Cada una de las partes en que se divide. *Navegamos por el mar Caribe.* **3.** Se llaman así algunos lagos. *Mar Caspio. Mar Muerto.* **4.** Abundancia extraordinaria de alguna cosa. *Tengo la mar de trabajo.* **SIN.** Copia, sinfín, sinnúmero. ‖ **5. alta mar, o ancha mar** Parte del mar alejada de la costa. **6. mar bonanza, en calma, o en leche** El que está sosegado. **7. mar gruesa** La que tiene mucha agitación por las olas, que pueden llegar a alcanzar hasta seis

MARES Y OCÉANOS		
Denominación	**Superficie (km^2)**	**Profundidad máx.**
Caribe	4 320 000	6 269
Mediterráneo	2 970000	4 404
Negro	446 000	2 320
Norte, del	580 000	617
Báltico	420 000	463
Atlántico	81 600 000	9 219
Bering	2 270 000	4 273
Ojotsk	1 530 000	8 512
Japón	1 040 000	9 435
Pacífico	165 730 000	11 516
Rojo	470 000	2 359
Índico	73 500 000	8 047
Glacial Ártico	14 110 000	5 625
Glacial Antártico	8 000 000	8 581

marabú - marca

metros de altura. ‖ **LOC. a mares** En abundancia. **hacerse a la mar** Zarpar un barco. **picarse el mar, o la mar** Comenzar el oleaje. ⬥

marabú (ma-ra-**bú**) *s. m.* **1.** Ave zancuda africana parecida a la cigüeña, de patas delgadas, alas grandes, cabeza y cuello desnudo, y plumaje blanco en el vientre. *Las plumas del marabú se utilizan en la alta costura.* **2.** Adorno hecho de este plumaje. *Marlene Dietrich usaba marabús.*

marabunta (ma-ra-**bun**-ta) *s. f.* **1.** Enorme enjambre de hormigas que devora todo lo que encuentra a su paso. *La marabunta arrasó los campos.* **2.** Multitud de gente que causa alboroto y destrucción. *Una marabunta de gente se agolpaba a la entrada.*

maraca (ma-**ra**-ca) *s. f.* Instrumento musical, consistente en una calabaza seca, con granos de maíz o chinas en su interior, para acompañar el canto. *Tocaba las maracas.* ✎ Se usa más en pl.

marajá (ma-ra-**já**) *s. m.* Título que recibían los soberanos de los antiguos estados indios. *Le nombraron marajá.* ✎ También "maharajá".

maraña (ma-**ra**-ña) *s. f.* **1.** Maleza, espesura de arbustos. *El animalillo estaba atrapado en una maraña de ramas.* **2.** Enredo de los hilos o del cabello. *La cesta de costura era una maraña de hilos.* **3.** Situación intrincada y de difícil salida. *No encontraba salida aquella maraña.* **SIN.** Embrollo, enredo, lío.

marasmo (ma-**ras**-mo) *s. m.* Estado de inmovilidad física o moral. *Estaba sumido en un marasmo.* **SIN.** Apatía, pasividad. **ANT.** Actividad, movimiento.

maratón (ma-ra-**tón**) *s. m.* **1.** Carrera pedestre de resistencia en una longitud que actualmente está fijada en 42,195 km. *Corrió un maratón popular.* **2.** Por ext., cualquier otra competición de resistencia. *Participamos en un maratón de baile.* **3.** Actividad intensa que se desarrolla sin interrupción. *Este mes nos espera un buen maratón.* ✎ A veces se usa como s. f.

maratoniano, na (ma-ra-to-**nia**-no) *adj.* Agotador, extenuante. *Ha sido una semana maratoniana.*

maravedí (ma-ra-ve-**dí**) *s. m.* Moneda española, efectiva o imaginaria, que ha tenido diferentes valores y calificativos. *Vendió su reino por 1 000 maravedís.* ✎ Su pl. es "maravedís" o "maravedises", "maravedíes" es menos usual.

maravilla (ma-ra-**vi**-lla) *s. f.* **1.** Suceso o cosa extraordinaria que causa admiración. *Esta montaña es una maravilla.* **SIN.** Portento, prodigio. **ANT.** Horror. **2.** Acción y efecto de maravillar o maravillarse. *Su gran belleza causaba maravilla.* **SIN.** Asombro, pasmo. **3.** Planta de flores de color anaranjado, cuyo cocimiento se ha usado en medicina como antiespasmódico. *Plantó maravillas en la huerta.* ‖ **4. maravilla del mundo** Cada una de las siete obras artísticas consideradas en la antigüedad como más admirables. ‖ **LOC. a las mil maravillas** Perfectamente, muy bien. **contar maravillas de alguien** *fam.* Alabarlo. **de maravilla** Perfectamente, muy bien. **hacer maravillas** *fam.* Realizar algo con extraordinario primor. | *fam.* Lograr algo con medios muy escasos. **ser algo la octava maravilla** Ser realmente excelente. **ser algo, o alguien, una maravilla** Ser singular y extraordinario. ⬥

maravillar (ma-ra-vi-**llar**) *v. tr.* Admirar. **GRA.** También v. prnl. *Maravilló al público con su excelente voz.* **SIN.** Sorprender(se), asombrar(se).

maravilloso, sa (ma-ra-vi-**llo**-so) *adj.* Extraordinario, admirable. *Fue un detalle maravilloso.* **SIN.** Fantástico, genial, estupendo, prodigioso.

marca (**mar**-ca) *s. f.* **1.** Señal hecha en una persona, animal o cosa para distinguirla de otra o denotar calidad o pertenencia. *Hizo una marca en el bastón.*

LAS SIETE MARAVILLAS DEL MUNDO

Pirámides de Egipto La más antigua de las maravillas y la única que sobrevive. Construidas el 2000 a.C. como mausoleos reales, se conservan alrededor de 80. La mayor, la gran pirámide de Keops, en Giza, tiene 147 m de altura.

Jardines colgantes de Babilonia Jardines aterrazados del palacio de Nabucodonosor. Construidos por el rey hacia el 600 a.C. para complacer a su esposa; también se asocian con la reina asiria Semíramis.

Estatua de Zeus en Olimpia Esculpida por Fidias, esta efigie de 12 m señalaba el lugar de los primeros juegos olímpicos, celebrados el s. IV a.C. Era de marfil y oro, y representaba a Zeus (Júpiter) en su trono.

Templo de Artemisa (Diana) en Efeso Construido de mármol de Paros, medía más de 122 m y tenía más de 100 columnas de 18 m de altura. Las obras comenzaron hacia el 350 a.C., y duraron unos 120 años. Destruido por los godos en el año 262.

Mausoleo de Halicarnaso Erigido por la reina Artemisa en memoria de su esposo el rey Mausolo de Caria (Asia Menor), que murió el 350 a.C. Tenía 43 m de altura.

Coloso de Rodas Gigantesca estatua de bronce que representaba al dios del Sol Helios (Apolo); medía unos 36 m de altura y dominaba la entrada al puerto de Rodas. Se atribuye al escultor Cares, que trabajó en ella durante 12 años. La terminó el 280 a.C., y la destruyó un terremoto en el 224 a.C.

Faro de Alejandría Faro de mármol construido hacia el 270 a.C. en la isla de Faros, en el puerto de Alejandría. Tenía 122 m de altura, y lo destruyó un terremoto en 1375.

marcador - marchitar

SIN. Distintivo. **2.** El mejor resultado obtenido por un deportista en determinada prueba. *Superó su propia marca.* **SIN.** Récord. **3.** Huella. *Vio sus marcas en el barro.* ‖ **4. marca de fábrica** Señal que un comerciante pone a sus productos para distinguirlos de los de otros. **5. marca registrada** La marca de fábrica que goza de protección legal por estar inscrita en los correspondientes registros nacionales e internacionales. ‖ **LOC. de marca** Se dice de los productos de una marca de renombre. **de marca mayor** Se dice de lo que sobresale en su línea. **batir una marca** Superar un récord deportivo.

marcador (mar-ca-**dor**) *s. m.* En deporte, tablero en el que se van señalando los tantos obtenidos por cada equipo. *Se estropeó el marcador electrónico.*

marcaje (mar-**ca**-je) *s. m.* Acción y efecto de marcar a un jugador del equipo contrario. *Le hizo un buen marcaje.*

marcar (mar-**car**) *v. tr.* **1.** Poner una señal a una persona o cosa para distinguirla. *Los niños marcaron en el mapa, con una cruz, la ciudad donde vivían.* **SIN.** Distinguir, rayar, señalar. **2.** Pulsar los números de teléfono para llamar a alguien. *Marqué el número de mi casa para decir que llegaría más tarde.* **3.** En el fútbol y otros deportes, conseguir un tanto. *Marcó un gol al empezar el partido.* **SIN.** Anotar. **4.** En el fútbol y otros deportes, colocarse un jugador cerca de un contrario para dificultar su juego. *Era el encargado de marcar a la estrella del equipo contario.* **5.** Colocar en el cabello rulos, pinzas, etc. para darle determinada forma. *Lavar y marcar.* **6.** Bordar en la ropa las iniciales de su dueño. *Marcó su inicial en el pañuelo.* **7.** Dejar señal una herida o contusión. *El golpe marcó su frente.* **8.** Ejercer una fuerte influencia sobre alguien. *Su abuela marcó su infancia.* **9.** Señalar un aparato cantidades o magnitudes. *Marca dos kilos.* **SIN.** Indicar. **10.** Dividir espacios. *Marcó varias casillas.* **11.** Indicar en un producto comercial su precio. *Marcó las chaquetas.* **12.** Suponer un cambio o novedad. *El nuevo trabajo marcó un cambio en su vida.* **SIN.** Significar. **13.** Seguir una pauta en determinados movimientos o compases. *Marcaba el ritmo con su guitarra.* ‖ *v. prnl.* **14.** *fam.* Hacer o decir algo. *Se marcó un tango.* ✎ Se conjuga como abarcar.

marcha (**mar**-cha) *s. f.* **1.** Acción de marchar o marcharse. *Sentimos mucho su marcha.* **SIN.** Movimiento, partida. **2.** Grado de celeridad en el andar de un buque, locomotora, etc. *El tren lleva buena marcha.* **SIN.** Velocidad, aceleración. **3.** Funcionamiento de un mecanismo. *La empacadora estaba en marcha.* **4.** Desarrollo de un proyecto o actividad. *El proyecto sigue su marcha.* **SIN.** Curso. **5.** Cada una de las posiciones motrices del cambio de velocidades de un vehículo. *La mayoría de los coches tienen cinco marchas.* **6.** Movimiento de las tropas para trasladarse de un lugar a otro. *El ejército se puso en marcha.* **7.** Desplazamiento a pie de personas para un fin determinado. *Vamos a una marcha por la paz.* **SIN.** Manifestación. **8.** Pieza musical de ritmo muy determinado, destinada a regularizar el paso de la tropa o de un cortejo. *Tocaban la marcha fúnebre.* **9.** *fam.* Fiesta, diversión. *Salieron de marcha.* **SIN.** Animación. **10.** *fam.* Gasto rápido del dinero. *La cuenta corriente lleva una marcha este verano…* ‖ **11. marcha atlética** Prueba atlética de fondo en la que el atleta debe mantener siempre un pie en contacto con el suelo; echar a correr supone la descalificación. ‖ **LOC. a marchas forzadas** Caminando en determinado tiempo más de lo que se acostumbra, o haciendo jornadas más largas que las regulares. **a toda marcha** Con gran rapidez. **coger la marcha de algo** *fam.* Adquirir habilidad en ello. **poner en marcha** Hacer funcionar un mecanismo. | Comenzar un proyecto o actividad. **sobre la marcha** De prisa, inmediatamente. | A medida que va sucediendo. **tener mucha marcha** *fam.* Rebosar energía y ganas de divertirse.

marchamo (mar-**cha**-mo) *s. m.* Marca que se pone a determinados productos, especialmente los embutidos. *El jamón tiene el marchamo de la fábrica.*

marchante (mar-**chan**-te) *s. m. y s. f.* **1.** *Traficante. **2.** Persona que comercia con obras de arte. *Es un famoso marchante.*

marchar (mar-**char**) *v. intr.* **1.** Ir o dejar un lugar. **GRA.** También v. prnl. *Marchó de casa a las 10.* **SIN.** Dejar, salir. **ANT.** Regresar. **2.** Funcionar una máquina. *Este reloj no marcha bien.* **SIN.** Moverse. **3.** Caminar, andar. **GRA.** También v. prnl. *Marchaban a toda velocidad.* **SIN.** Circular, moverse, ir. **4.** Desarrollarse una cosa. *Todo marchaba sin problemas.* **SIN.** Funcionar, progresar, avanzar. **5.** Caminar con cierto orden y compás. *Los soldados marchaban en orden.* **SIN.** Desfilar.

marchitar (mar-chi-**tar**) *v. tr.* **1.** Hacer que las hierbas, flores y otras cosas pierdan su frescura y lozanía. **GRA.** También v. prnl. *Aquellas rosas se están marchitando.* **SIN.** Enmustiar, deslucir(se). **ANT.** Rejuvenecer(se), florecer(se). **2.** Enflaquecer, quitar el vigor, la fuerza. **GRA.** También v. prnl. *Sus ilusio-*

nes se marchitaban. **SIN.** Debilitar(se), ajarse, envejecer(se), agotarse. **ANT.** Fortalecer(se), rejuvenecer(se).

marchito, ta (mar-**chi**-to) *adj.* Ajado, falto de vigor y lozanía. *Esta flor está un poco marchita.* **SIN.** Agostado, ajado, mustio. **ANT.** Lozano, verde.

marcial (mar-**cial**) *adj.* **1.** Que pertenece a la guerra o la milicia. *Paso marcial.* **SIN.** Bélico, militar. **2.** Bizarro, varonil, franco. *Aspecto marcial.* **ANT.** Cobarde, apocado. ‖ **3. artes marciales** Nombre genérico con que se designa a una serie de deportes de origen oriental, como yudo, karate, taekwondo, kendo, etc.

marciano, na (mar-**cia**-no) *s. m. y s. f.* Supuesto habitante del planeta Marte. *El protagonista de la película era un marciano que se había quedado solo en la Tierra.* **SIN.** Extraterrestre.

marco (**mar**-co) *s. m.* **1.** Cerco en que encajan algunas cosas. *Ajusta bien el marco del molde.* **2.** Reborde de madera u otro material para enmarcar cuadros, tapices, etc. *Puso un marco a la fotografía.* **3.** Dintel de las puertas. *Falta pintar el marco de la puerta.* **4.** Circunstancias y ambiente en el que se desarrolla algo. *Aquel marco de inestabilidad no parecía el más apropiado.* **SIN.** Clima, ambiente, ámbito. **5.** Límites en que se encuadra una etapa histórica, una cuestión, etc. *Su obra se encuadra en el marco del romanticismo.*

marea (ma-**re**-a) *s. f.* **1.** Subida y descenso regular del agua del mar u océano, debido a las atracciones combinadas del Sol y la Luna. *Subió la marea.* **SIN.** Pleamar, bajamar. **2.** Multitud de personas. *Una marea de gente salía del estadio.* ‖ **3. marea negra** Masa de petróleo vertida en el mar.

mareado, da (ma-re-**a**-do) *adj.* **1.** Que le da vueltas la cabeza. *Se echó un rato porque se sentía mareada.* **2.** Que se siente aturdido. *Estaba mareado de tantas preguntas.* **ANT.** Sereno.

marear (ma-re-**ar**) *v. tr.* **1.** Molestar, aturdir. *No me marees, estoy haciendo cosas.* **SIN.** Abrumar, aturdir, aturrullar. **2.** Llevar de un sitio a otro sin rumbo fijo. *Le marearon de tanto dar vueltas por la ciudad.* ‖ *v. prnl.* **3.** Sentir alguien que le da vueltas la cabeza y se le revuelve el estómago. *Cuando viaja en autobús se marea siempre.* **SIN.** Embriagarse, desfallecer.

marejada (ma-re-**ja**-da) *s. f.* **1.** Movimiento tumultuoso de las aguas del mar, formando grandes olas. *Había fuerte marejada.* **2.** Nerviosismo y alboroto en el ánimo de una multitud. *Intentó apaciguar la marejada.*

marejadilla (ma-re-ja-**di**-lla) *s. f.* Marejada de escasa intensidad. *Había marejadilla.*

maremagno (ma-re-**mag**-no) *s. m., fam.* *Mare mágnum.

mare mágnum *expr. lat.* **1.** *fam.* Significa 'abundancia', 'grandeza' o 'confusión'. *Las lluvias trajeron un mare mágnum de bienes y cosechas.* **2.** *fam.* Significa 'revoltijo de personas o cosas'. *Aquello era un mare mágnum.* 🖎 Invariable en número.

maremoto (ma-re-**mo**-to) *s. m.* Agitación violenta de las aguas del mar a consecuencia de una sacudida del fondo. *El maremoto originó grandes daños.*

marengo, ga (ma-**ren**-go) *adj.* Se dice del color gris muy oscuro. **GRA.** También *s. m. Llevaba un traje gris marengo.*

mareo (ma-**re**-o) *s. m.* **1.** Efecto de marearse. *Le dio un mareo.* **SIN.** Vahído, vértigo, desmayo. **2.** *fam.* Molestia, enfado, turbación. *Tanto barullo me produce mareo.* **ANT.** Agrado, comodidad.

mareógrafo (ma-re-**ó**-gra-fo) *s. m.* Instrumento que sirve para medir y registrar las variaciones de las mareas. *A la entrada del puerto colocaron un mareógrafo.*

marfil (mar-**fil**) *s. m.* **1.** Sustancia de que están formados los dientes de los vertebrados y, especialmente, los colmillos de los elefantes. Es compacta, dura, muy blanca y recubierta por el esmalte, y se emplea para la fabricación de diversos objetos. *Le regalaron una estatuilla de marfil.* **2.** Color parecido al del hueso, que va del blanco al amarillo. **GRA.** También *adj. Llevaba un vestido de color marfil.*

margarina (mar-ga-**ri**-na) *s. f.* Grasa sólida de fabricación industrial, obtenida a partir de aceites vegetales, y enriquecida frecuentemente con minerales y vitaminas. *Toma mucha margarina.*

margarita (mar-ga-**ri**-ta) *s. f.* **1.** Planta de flores de centro amarillo y corola blanca, que se da mucho en los sembrados. *El campo estaba cubierto de margaritas.* ‖ *s. m.* **2.** Cóctel a base de tequila, triple seco y zumo de lima. *Se pidió un margarita.* ‖ **LOC. echar margaritas a los cerdos** Dar o decir algo delicado a quien no sabe apreciarlo.

margen (**mar**-gen) *s. amb.* **1.** Borde o límite de una cosa. *En las márgenes del río hay juncos.* **SIN.** Orilla. **ANT.** Medio, centro. **2.** Espacio que queda en blanco a cada uno de los cuatro lados de una página. **GRA.** Se usa más como s. m. *Puso una nota en el margen.* **3.** Ocasión, motivo, pretexto. *Le dio cierto margen.* **4.** Cuantía del beneficio que se puede obtener en un negocio, teniendo en cuenta el precio

marginado - mariposa

de coste y el de venta. *Este negocio deja poco margen.* ‖ **LOC. al margen** Sin intervenir. **dar margen** *fam.* Dar lugar, ocasión o motivo. **estar, o quedarse, al margen** *fam.* No intervenir en un asunto.

marginado, da (mar-gi-**na**-do) *adj.* Se dice de la persona que no está integrada en la sociedad. **GRA.** También s. m. y s. f. *Pertenecía a un grupo marginado.*

marginal (mar-gi-**nal**) *adj.* **1.** Se dice de lo que es secundario o de poca importancia. *Fue un hecho marginal.* **SIN.** Accesorio, superficial. **2.** Se dice de la persona que no está integrada en la sociedad. *Vivía en un barrio marginal de las afueras de la gran ciudad.* **SIN.** Discriminado.

marginar (mar-gi-**nar**) *v. tr.* **1.** Dejar de lado un asunto. *Marginaron mi propuesta.* **SIN.** Apartar. **2.** Excluir a una persona de una actividad o grupo. *Le marginaron de la pandilla.* **SIN.** Excluir, separar, segregar. **3.** Dejar a una persona o grupo en condiciones sociales de inferioridad. *La nueva ley marginaba a las regiones más pobres.*

mariachi (ma-**ria**-chi) *s. m.* **1.** Música y baile populares mexicanos originarios del estado de Jalisco. *Hay un festival popular de mariachi.* **2.** Orquesta popular mexicana que toca esta música. *Los mariachis alegraron la fiesta.* **3.** Cada uno de los músicos de esta orquesta. *El grupo estaba compuesto por tres mariachis.*

mariano, na (ma-**ria**-no) *adj.* Que pertenece a la Virgen María, y especialmente a su culto. *Era autor de numerosos versos marianos.*

marianos (ma-**ria**-nos) *s. m. pl., fam.* Calzones largos masculinos. *Sus amigos le tomaban el pelo porque llevaba marianos.*

marica (ma-**ri**-ca) *s. m., fam.* Hombre homosexual o afeminado. *Decían que era marica.* **SIN.** Invertido.

Maricastaña (Ma-ri-cas-**ta**-ña) *n. p.* Personaje proverbial símbolo de antigüedad muy remota. Se emplea generalmente en la frase "en tiempo, o en tiempos de Maricastaña". *Lo que te estoy contando ocurrió en tiempos de Maricastaña.*

marido (ma-**ri**-do) *s. m.* Hombre casado, en relación a su esposa. *El marido de mi hermana es mi cuñado.* **SIN.** Esposo, cónyuge.

marihuana (ma-ri-**hua**-na) *s. f.* Hojas del cáñamo índico que se fuman mezcladas con tabaco y producen efectos narcóticos. *Estaba prohibido fumar marihuana.* **SIN.** Grifa.

marimacho (ma-ri-**ma**-cho) *s. m., fam.* Mujer de aspecto o comportamiento parecido al del hombre. *Es un poco marimacho.*

marimandona (ma-ri-man-**do**-na) *s. f.* Mujer autoritaria y dominante. *No seas marimandona.* **SIN.** Autoritaria, mandona, tirana.

marimba (ma-**rim**-ba) *s. f.* **1.** Tambor usado en algunos lugares de África. *Tocaba la marimba.* **2.** *amer.* Instrumento musical, de origen africano, que se utiliza en América. Es una especie de tímpano o xilófono de gran tamaño.

marimorena (ma-ri-mo-**re**-na) *s. f., fam.* Riña, pelea. *Se armó la marimorena.* **SIN.** Camorra, bronca, pendencia, contienda.

marina (ma-**ri**-na) *s. f.* **1.** Pintura que representa el mar. *Era una marina al óleo.* **2.** Profesión o arte de navegar. *Dedicó su vida a la marina.* **3.** Conjunto de los buques de una nación. *La marina estaba alerta.* **4.** Conjunto de las personas que sirven en la marina de guerra. *Hizo la mili en la marina.* ‖ **5. marina mercante** Conjunto de los buques de una nación que se emplean en el comercio.

marinar (ma-ri-**nar**) *v. tr.* *Macerar.

marinera (ma-ri-**ne**-ra) *s. f.* **1.** Prenda de vestir, a modo de blusa, que usan los marineros. *Los soldados llevaban pantalón blanco y marinera.* **2.** Por ext., blusa que tiene una confección similar. *Vestía falda y marinera azul marino.*

marinero, ra (ma-ri-**ne**-ro) *adj.* **1.** Se dice de lo que pertenece a la marina o a los marineros. *Uniforme marinero.* ‖ *s. m.* **2.** Persona que presta servicio en un barco. *Su hermano es marinero.* **SIN.** Marino. **3.** Persona que sirve en la Armada en el grado inferior de la marinería. *Hizo la mili como marinero.* ‖ **LOC. a la marinera** Manera de preparar pescados a base de cebolla, perejil, tomillo, laurel y vino blanco.

marino, na (ma-**ri**-no) *adj.* **1.** Que pertenece al mar. *La milla marina es diferente a la milla terrestre.* **SIN.** Marinero, marítimo, náutico. ‖ *s. m. y s. f.* **2.** Persona que se ejercita en la navegación. *Su padre es marino.*

marioneta (ma-rio-**ne**-ta) *s. f.* **1.** Títere movido por medio de hilos. *Los niños hicieron una representación teatral con marionetas.* **2.** Persona que se deja dominar y manejar por otra fácilmente. *Es una marioneta en sus manos.* ‖ *s. f. pl.* **3.** Representación teatral de marionetas. *Durante las fiestas hay marionetas.*

mariposa (ma-ri-**po**-sa) *s. f.* **1.** Insecto lepidóptero en su fase adulta. *Las mariposas se alimentan del néctar de las flores.* **2.** Válvula regulable del carburador de un automóvil que controla la entrada de mezcla carburada en los cilindros del motor. *Este coche consume mucho, tengo que ajustar la maripo-

mariposear - mármol

sa. **3.** Estilo de natación en que los brazos pasan juntos sobre la cabeza y las piernas aletean al unísono. *Nada a mariposa.*

mariposear (ma-ri-po-se-**ar**) *v. intr.* **1.** Cambiar con frecuencia de aficiones y propósitos. *Deberías decidirte de una vez y dejar de mariposear.* **SIN.** Dudar, vacilar. **2.** Andar o vagar insistentemente en torno de alguien. *Quiere tu amistad, siempre está mariposeando alrededor tuyo.* **SIN.** Revolotear.

mariquita (ma-ri-**qui**-ta) *s. f.* **1.** Insecto de forma semiesférica, con cabeza pequeña y el cuerpo de color rojo con unos puntos negros. *Las mariquitas se alimentan de pulgones.* ‖ *s. m.* **2.** *fam.* Marica, hombre afeminado. *Es un mariquita.*

marisabidilla (ma-ri-sa-bi-**di**-lla) *s. f., fam.* Mujer engreída que presume de ser muy lista. *Es una marisabidilla.*

mariscal (ma-ris-**cal**) *s. m.* Grado más alto del ejército en ciertos países. *Era un mariscal austríaco.*

mariscar (ma-ris-**car**) *v. tr.* Coger mariscos. *Salieron a mariscar.* ⌦ Se conjuga como abarcar.

marisco (ma-**ris**-co) *s. m.* Cualquier molusco o crustáceo, y en especial el comestible. *Pidieron una tabla de marisco para seis personas.*

marisma (ma-**ris**-ma) *s. f.* Arena lisa sobre la parte de la costa resguardada de la acción de las olas y donde se ha depositado fango. *En la desembocadura de ese río hay una marisma.* **SIN.** Ciénaga, marjal.

marital (ma-ri-**tal**) *adj.* Que pertenece al marido o a la vida conyugal. *Problemas maritales.* **SIN.** Matrimonial, conyugal, nupcial.

marítimo, ma (ma-**rí**-ti-mo) *adj.* Que pertenece o se refiere al mar. *Dimos una vuelta por el paseo marítimo.* **SIN.** Marino, náutico.

marketing *s. m.* Conjunto de técnicas de estudio de mercado cuyo objetivo es aumentar las ventas de un producto. *Es director de marketing.*

marmita (mar-**mi**-ta) *s. f.* Olla de metal, con tapadera ajustada y una o dos asas. *Tenía los garbanzos cociendo en la marmita.* **SIN.** Cacerola, cazuela, pote.

marmitako (mar-mi-**ta**-ko) *s. m.* Guiso elaborado a base de atún, bonito u otros pescados, patatas y pimientos. *Hay una degustación de marmitako.*

mármol (**már**-mol) *s. m.* Roca metamórfica que se forma cuando la piedra caliza se ve sometida a altas presiones o temperaturas; se presenta en numerosos colores, desde el blanco puro hasta el negro. *El mármol es un material muy utilizado por los*

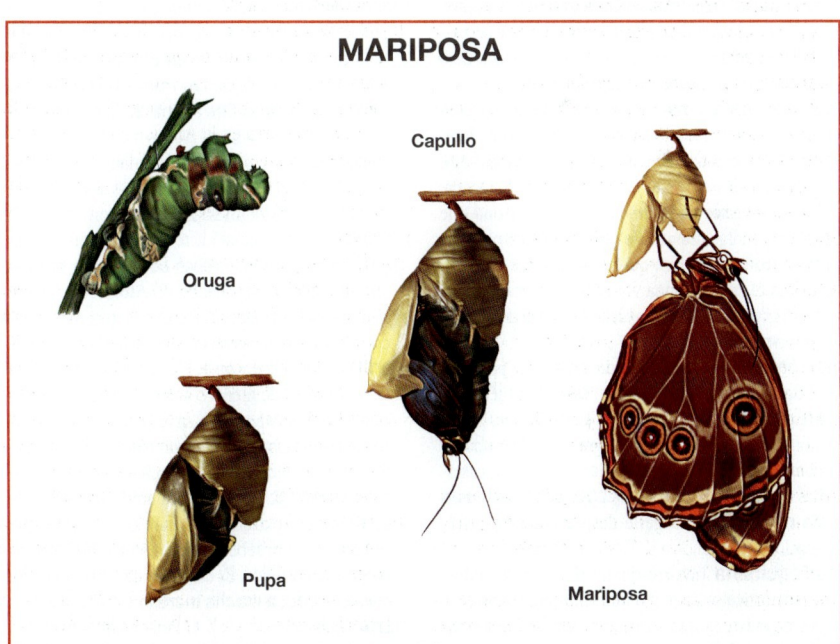

MARIPOSA
Oruga
Capullo
Pupa
Mariposa

marmota - mártir

escultores por su gran duración. ‖ **LOC. ser alguien de mármol** Ser insensible a las emociones o afectos.

marmota (mar-**mo**-ta) s. f. **1.** Mamífero roedor, de cabeza grande, orejas pequeñas y pelaje largo y espeso, que vive en los montes más elevados de Europa. *La marmota pasa el invierno durmiendo.* **2.** Persona que duerme mucho. *No le gusta nada madrugar, es una marmota.* **SIN.** Dormilón, perezoso.

maroma (ma-**ro**-ma) s. f. **1.** Cuerda gruesa de esparto o cáñamo. *Desde el barco lanzaron una maroma.* **SIN.** Cable, sirga, soga. **2.** *amer.* Función de circo en la que se realizan acrobacias, volatines, etc. **3.** *amer.* Cambio oportunista de ideas o partido político.

marqués, sa (mar-**qués**) s. m. y s. f. Título de nobleza, inferior al de duque y superior al de conde. *La finca pertenecía al marqués.*

marquesina (mar-que-**si**-na) s. f. Cubierta, generalmente de cristal, que se pone en una puerta, escalinata, andén, parada de transporte público, etc., para resguardarlos de la lluvia. *Han cubierto la marquesina de carteles publicitarios.*

marquetería (mar-que-te-**rí**-a) s. f. *Ebanistería.

marranada (ma-rra-**na**-da) s. f. **1.** *fam.* Grosería, obscenidad. *Esas fotos son una marranada.* **2.** *fam.* Jugarreta, mala pasada. *Le hizo una buena marranada.* **SIN.** Injuria, infamia. **3.** *fam.* Chapuza. *Este arreglo que has hecho es una marranada.*

marrano, na (ma-**rra**-no) s. m. y s. f. **1.** *Cerdo, animal. **2.** *fam.* Persona sucia y desaseada. **GRA.** También adj. *No seas marrano y lávate las manos.* **SIN.** Puerco, cerdo, sucio. **3.** *fam.* Persona maleducada. *Tienen modales de marrano.* **4.** *fam.* Persona que procede indignamente. *Se portó como un marrano.*

marrasquino (ma-rras-**qui**-no) s. m. Licor preparado con el zumo de una variedad de cerezas amargas y gran cantidad de azúcar. *Se tomó una copita de marrasquino.*

marrón (ma-**rrón**) adj. **1.** Se dice del color parecido al de la cáscara de la castaña. **GRA.** También s. m. *Me gusta tu chaqueta marrón.* ‖ s. m. **2.** *fam.* Situación comprometida que desagrada. *Le ha caído un buen marrón.* ‖ **3. marrón glacé** Dulce de castañas en almíbar y vainilla. ‖ **LOC. pillar a alguien de marrón** *fam.* Cogerle desprevenido o in fraganti.

marroquinería (ma-rro-qui-ne-**rí**-a) s. f. **1.** Industria de artículos de piel o imitación, como carteras, bolsos, billeteros, etc. *Ubrique es famoso por su marroquinería.* **2.** Este género de artículos. *Esta cartera es de marroquinería.* **3.** Taller donde se venden o fabrican. *Compré este bolso en la marroquinería.*

marrubio (ma-**rru**-bio) s. m. Planta herbácea de flores medicinales, blancas, y fruto seco con semillas menudas. *En esa acequia crece marrubio.*

marrullería (ma-rru-lle-**rí**-a) s. f. Engaño o astucia para conseguir algo. *Siempre anda con marrullerías.* **SIN.** Engañifa, ardid, artimaña.

marsopa (mar-**so**-pa) s. f. Cetáceo parecido al delfín, pero más pequeño y con el hocico obtuso. Vive en todos los mares y suele penetrar en los ríos persiguiendo a los salmones y lampreas. *Vimos una marsopa.*

marsupial (mar-su-**pial**) adj. Se dice de los mamíferos cuyas crías nacen incompletamente desarrolladas y deben pasar cierto tiempo en una bolsa o marsupio del cuerpo de la madre. **GRA.** También s. m. *El canguro y el koala son marsupiales.*

marsupio (mar-**su**-pio) s. f. Repliegue tegumentario, a modo de bolsa, que tienen en el abdomen la mayoría de las hembras de los mamíferos marsupiales y dentro del cual se encuentran las mamas y hacen vida las crías durante los primeros meses de su existencia. *Los canguros tienen marsupio.*

marta (**mar**-ta) s. f. **1.** Mamífero carnívoro de cabeza pequeña, cuerpo delgado, cola larga, patas cortas y pelo espeso y suave. Vive en Europa y Asia, y su piel es muy apreciada. *Las martas construyen sus nidos en los árboles.* **SIN.** Nutria. **2.** Piel de este animal. *Llevaba un abrigo de piel de marta.*

martes (**mar**-tes) s. m. Día de la semana que está entre el lunes y el miércoles. *Los martes siempre cocina mi hermano.* ✎ Invariable en número.

martillear (mar-ti-lle-**ar**) v. tr. **1.** Dar repetidos golpes con el martillo. *Estaban de obra y se pasaron toda la mañana martilleando.* **2.** Atormentar, abrumar. *No me martillees.* **3.** Repetir algo con insistencia. *Martilleaba lo mismo una y otra vez.*

martillo (mar-**ti**-llo) s. m. **1.** Herramienta compuesta de una cabeza de hierro o acero y un mango, generalmente de madera, que sirve para golpear y clavar. *Necesito unas puntas y un martillo.* **SIN.** Mazo. **2.** Hueso del oído medio. *La onda expansiva le rompió el martillo.* **3.** Bola metálica unida a un cable de acero en cuyo extremo hay una empuñadura y que se lanza en la prueba atlética denominada "lanzamiento de martillo". *Es campeón de lanzamiento de martillo.* ‖ **LOC. a macha martillo** Con firmeza.

mártir (**már**-tir) s. m. y s. f. **1.** Persona que muere en defensa de la religión cristiana y por amor a Dios.

martirio - mascarada

La Iglesia cuenta con numerosos mártires. **SIN.** Santo. **2.** Por ext., persona que muere o padece mucho en defensa de otras creencias o causas. *Era un mártir de la defensa de la libertad.* **3.** Persona que padece grandes trabajos, sufrimientos o injusticias. *Me trae mártir.*

martirio (mar-**ti**-rio) *s. m.* **1.** Tormento padecido por causa de la religión cristiana. *Muchos santos sufrieron el martirio.* **2.** Por ext., tormento que alguien padece por sostener la verdad de su creencia. *Había sufrido un gran martirio antes de ser asesinada.* **SIN.** Tortura. **3.** Cualquier trabajo largo y penoso o sufrimiento grande. *Estudiar esto es un auténtico martirio.* **SIN.** Suplicio, fastidio.

martirizar (mar-ti-ri-**zar**) *v. tr.* **1.** Atormentar a alguien o matarle por motivos religiosos o por otra causa o ideal. *Les martirizaban para que traicionaran a sus compañeros.* **SIN.** Torturar. **2.** Afligir, maltratar. **GRA.** También v. prnl. *Se martirizaba pensando que todo había sido culpa suya.* ✎ Se conjuga como abrazar.

martirologio (mar-ti-ro-**lo**-gio) *s. m.* Libro o catálogo de mártires y santos de la Iglesia católica. *Buscó su nombre en el martirologio.* **SIN.** Santoral.

marxismo (mar-**xis**-mo) *s. m.* Corriente de pensamiento inspirada en las ideas políticas, sociales, económicas y filosóficas de Karl Marx y Friedrich Engels. Es la base teórica del socialismo y del comunismo contemporáneos. *Sus ideas estaban basadas en el marxismo.* **SIN.** Comunismo.

marzo (**mar**-zo) *s. m.* Tercer mes del año; consta de 31 días. *En marzo celebro mi santo.*

mas *conj. advers.* Pero. *Eso es así, mas no tienes razón en lo que dices.*

más *adv.* **1.** Denota mayor cantidad numérica o mayor intensidad de una cualidad. *Este es más grande.* **2.** Con el artículo determinado, forma el superlativo relativo. *Es la más alta de las tres.* **3.** Denota a veces aumento indeterminado de la cantidad expresada. *Te costará un poco más.* **4.** Denota también idea de preferencia. *Me gusta más.* ‖ *s. m.* **5.** En matemáticas, signo de la adición, que se representa por una cruz (+). *4+5=9.* ‖ **LOC. a lo más, o a lo más, más** A lo sumo. **de lo más** Intensifica la cualidad del adjetivo al que se antepone. **de más** De sobra o en exceso. **el que más y el que menos** Todos. **los, o las, más** La mayoría. **más bien** En una oposición entre dos términos, acompaña al que mejor expresa la realidad. **más o menos** Aproximadamente. **más que** Sino. **más tarde o**

más temprano Alguna vez, al cabo. **más y más** Denota aumento continuado y gradual. **ni más ni menos** Justamente. **por más que** Se usa para indicar que el intento o esfuerzo no consigue el efecto deseado.

masa (**ma**-sa) *s. f.* **1.** Cantidad de materia que contiene un cuerpo. *La masa de un cuerpo nunca cambia; su peso depende de la fuerza de la gravedad.* **2.** Mezcla espesa que se obtiene uniendo un líquido y una sustancia en polvo. *El albañil hizo una masa con cemento y agua para tapar los agujeros.* **SIN.** Pasta, argamasa. **3.** Conjunto numeroso de seres o cosas. *Había una masa de gente viendo el partido de balonmano.* **SIN.** Multitud, aglomeración, muchedumbre. **4.** Mezcla de harina, agua y levadura para hacer pan. *Estaban preparando la masa.* **5.** La que se hace de harina, manteca y otros ingredientes para repostería. *Le dieron la receta de la masa de ese bizcocho.* ‖ **6. masa atómica** Relación entre la masa de un átomo de un elemento y la doceava parte de la masa del isótopo del carbono. **7. masa molecular** La suma de las masas de los átomos que componen una molécula. ‖ **LOC. en masa** En conjunto, con intervención de todos.

masacrar (ma-sa-**crar**) *v. tr.* Matar en masa. *Masacraron a mucha gente inocente.* **SIN.** Exterminar.

masacre (ma-**sa**-cre) *s. f.* Matanza colectiva de personas indefensas. *El atentado se convirtió en una auténtica masacre.* **SIN.** Aniquilamiento, exterminio.

masaje (ma-**sa**-je) *s. m.* **1.** Frotamiento o fricción que se da al cuerpo o una parte concreta del mismo. *Después del masaje quedó como nuevo.* **2.** Producto que se emplea en este tipo de frotamiento. *Compra masaje para después del afeitado.*

mascar (mas-**car**) *v. tr.* **1.** Partir y triturar un alimento con la dentadura. *Masca bien los alimentos.* **SIN.** Masticar, tronchar, morder. **2.** *fam.* *Mascullar.* ‖ *v. prnl.* **3.** *fam.* Considerarse como inminente un suceso importante. *Se masca algo gordo, estoy segura.* ✎ Se conjuga como abarcar.

máscara (**más**-ca-ra) *s. f.* **1.** Pieza de cartón, tela, etc., imitando un rostro humano o animal, con que una persona se tapa la cara o parte de ella para no ser conocida. *El día de carnaval todos salían con una máscara.* **SIN.** Careta, antifaz. **2.** Disimulo, fingimiento. *Siempre actúa con máscara.* ‖ **LOC. quitar a alguien, o quitarse alguien, la máscara** Desenmascarar, o mostrarse alguien tal como es.

mascarada (mas-ca-**ra**-da) *s. f.* **1.** Fiesta de personas enmascaradas. *Se lo pasaron muy bien en la mascara-*

da. **SIN.** Carnaval. **2.** Farsa, trampa para engañar. *Cayó en la mascarada.* **SIN.** Engaño, engañifa.

mascarilla (mas-ca-**ri**-lla) *s. f.* **1.** Máscara que cubre la boca y la nariz, utilizada por los cirujanos para evitar posibles infecciones. *Antes de entrar al quirófano se pusieron la mascarilla.* **2.** Cosmético utilizado para los cuidados de la piel de la cara y el cuello. *Una vez cada quince días es conveniente que te pongas esta mascarilla.* ‖ **3. mascarilla anestésica** Aparato que se coloca en el rostro de un paciente para facilitarle la inhalación de los gases anestésicos.

mascota (mas-**co**-ta) *s. f.* Persona, animal o cosa que se supone trae buena suerte. *Aquel osito de peluche era su mascota.* **SIN.** Talismán, amuleto.

masculino, na (mas-cu-**li**-no) *adj.* **1.** Se dice del ser que está dotado de órganos para fecundar. *El toro tiene sexo masculino.* **ANT.** Femenino. **2.** Que pertenece o se refiere a este ser. *La barba es un atributo masculino.* **3.** Varonil. *Tenía una voz muy masculina.* **4.** Se dice del género de los nombres de varones, animales machos y todas las cosas que pueden llevar delante el determinante "este". **GRA.** También s. m. *"Juan", "caballo" y "reloj" son masculinos.*

mascullar (mas-cu-**llar**) *v. tr.* **1.** *fam.* Hablar mal o con dificultad. *Nadie le entendía una palabra de lo que mascullaba.* **2.** *fam.* Hablar entre dientes o pronunciando mal las palabras. *Masculló unas palabras.* **SIN.** Musitar, farfullar.

masera (ma-**se**-ra) *s. f.* Artesa grande que sirve para amasar. *Estaba trabajando la masa en la masera.*

masetero (ma-se-**te**-ro) *adj.* Se dice del músculo que sirve de elevador de la mandíbula inferior, situado en la parte posterior de la mejilla. **GRA.** También s. m. *Tenía una pequeña lesión en el masetero.*

masía (ma-**sí**-a) *s. f.* Casa de campo típica de Aragón y Cataluña. *Alquilaron una masía para las vacaciones.*

masificar (ma-si-fi-**car**) *v. tr.* **1.** Hacer de un grupo de personas un todo homogéneo sin personalidad propia. *La organización se masificó excesivamente.* **2.** Hacer que un lugar se llene de gente. *Aquellas playas se habían masificado demasiado.* 🔸 Se conjuga como abarcar.

masilla (ma-**si**-lla) *s. f.* Pasta hecha con aceite de linaza, usada para sujetar los cristales. *El cristalero estaba echando la masilla.*

masivo, va (ma-**si**-vo) *adj.* Que pertenece o se refiere a las masas humanas, o hecho por ellas. *Hubo una masiva asistencia de público.*

masonería (ma-so-ne-**rí**-a) *s. f.* Asociación secreta de personas que profesan principios de fraternidad mutua y se agrupan en entidades llamadas logias. *La masonería estuvo prohibida en algunos países.* **SIN.** Francmasonería.

masoquismo (ma-so-**quis**-mo) *s. m.* **1.** Práctica sexual de la persona que goza con verse humillada o maltratada por una persona. *Le acusaban de masoquismo.* **ANT.** Sadismo. **2.** Por ext., disfrute en sentirse maltratatado o humillado. *Su actitud frente a la vida es de puro masoquismo.*

mass media *s. m. pl.* Medios informativos. *Hablaba del enorme poder de los mass media.*

mastaba (mas-**ta**-ba) *s. f.* Tumba egipcia en forma de pirámide truncada. *Accedieron a la cámara mortuoria de la mastaba.*

mastectomía (mas-tec-to-**mí**-a) *s. f.* Extirpación quirúrgica de una mama. *Le tenían que practicar una mastectomía.*

máster (**más**-ter) *s. m.* Curso de posgrado o para licenciados. *Se fue a hacer un máster.* 🔸 Invariable en número.

masters *s. m. pl.* Torneos deportivos a los que sólo concurren los jugadores denominados maestros. *Ambos habían participado en los masters.*

masticador, ra (mas-ti-ca-**dor**) *adj.* Se dice del aparato bucal de ciertos insectos preparado para masticar. *La langosta tiene un aparato masticador muy desarrollado.*

masticar (mas-ti-**car**) *v. tr.* **1.** Partir y deshacer los alimentos con los dientes. *La comida se digiere mejor masticándola mucho.* **SIN.** Mascar, triturar, morder. **2.** Rumiar o meditar. *Sé que estás masticando algo, podrías decirme de qué se trata.* 🔸 Se conjuga como abarcar.

mástil (**más**-til) *s. m.* Palo que sirve para sujetar las velas de una embarcación. *La fuerte tormenta había destrozado uno de los mástiles.*

mastín, na (mas-**tín**) *adj.* Se dice del perro grande y fornido. Es muy valiente y leal, muy bueno para la guarda de los ganados. **GRA.** También s. m. *En la montaña hay muchos mastines cuidando vacas.*

mastodonte (mas-to-**don**-te) *s. m.* **1.** Mamífero paquidermo fósil, parecido al elefante y al mamut, cuyos restos se encuentran en los terrenos terciarios. *Encontraron restos de un mastodonte en la expedición que realizaron el año pasado.* **2.** Persona o cosa muy voluminosa. *Ese edificio es un poco mastodonte, no me gusta nada.* **ANT.** Enano.

mastuerzo (mas-**tuer**-zo) *s. m.* **1.** Planta de huerta, que se come en ensalada y es de sabor picante. *Nunca había probado los mastuerzos.* **2.** Persona necia y majadera. **GRA.** También adj. *No seas mastuerzo.* **SIN.** Tarugo, zoquete.

masturbar (mas-tur-**bar**) *v. tr.* Procurar placer sexual estimulando los órganos sexuales o zonas erógenas. **GRA.** Se usa más como v. prnl. *Los sexólogos tienen opiniones enfrentadas sobre el hecho de masturbarse.*

mata (**ma**-ta) *s. f.* **1.** Planta baja y con muchas hojas. *Las matas de romero estaban en flor.* **SIN.** Arbusto, matojo, matorral. **2.** Ramito de una hierba. *Le llevó una mata de hierbabuena.* ‖ **3. mata de pelo** Cabello largo y abundante.

matacán (ma-ta-**cán**) *s. m.* Veneno para perros. *Al pobre le habían envenenado con matacán.*

matadero (ma-ta-**de**-ro) *s. m.* **1.** Sitio donde se mata y desuella el ganado para abasto público. *Llevaron las terneras al matadero.* **2.** *fam.* Trabajo o asunto muy penoso. *Esta asignatura es un matadero.*

matador, ra (ma-ta-**dor**) *adj.* **1.** *fam.* Muy molesto y trabajoso. *Nos dimos una caminata matadora.* **2.** *fam.* Feo, ridículo, de mal gusto. *Así vestido estás matador.* ‖ *s. m.* **3.** Espada, torero. *El publicó aplaudió al matador.* **SIN.** Diestro.

matamoscas (ma-ta-**mos**-cas) *s. m.* Producto utilizado para matar las moscas. *Este matamoscas huele fatal.* ✎ Invariable en número.

matanza (ma-**tan**-za) *s. f.* **1.** Mortandad de personas ejecutada en una batalla, asalto, etc. *Aquella batalla fue una gran matanza.* **2.** Faena de matar los cerdos y de preparar y adobar la carne. *Le gustaba ir al pueblo a las matanzas.* **3.** Época del año en que generalmente se matan los cerdos. *Iré por las matanzas.* **4.** Productos obtenidos del cerdo que se preparan de diversos modos para el consumo doméstico. *En la bodega curaban la matanza.*

matar (ma-**tar**) *v. tr.* **1.** Quitar la vida. **GRA.** También v. prnl. *Los animales carnívoros matan a otros para poder comer.* **SIN.** Ejecutar, asesinar, sacrificar. **2.** En los juegos de cartas, echar una superior a la del contrario. *El orón mata al tres de oros.* **3.** Apagar el brillo de los metales. *Este producto mata la plata.* **4.** Estampar el matasellos. *Mata este documento.* **5.** Causar sufrimiento. *Le mata la idea de que haya podido pasarle algo.* **SIN.** Torturar. **6.** Incomodar a alguien con necedades y pesadeces. *Me matas con tus estúpidas preguntas.* **SIN.** Fatigar, fastidiar. **7.** En pintura, rebajar un color o tono fuerte. *Mata este rojo tan fuerte con un poco de amarillo.* **SIN.** Atenuar, apagar. **8.** Quitar el hambre o la sed. *Come una manzana para matar el hambre.* ‖ *v. prnl.* **9.** Trabajar con afán y sin descanso, o hacer todo lo posible para conseguir alguna cosa. *Me maté a estudiar, pero no logré aprobar.* **SIN.** Aperrearse. ‖ **LOC. estar a matar con alguien** Estar muy enemistado con él. **matar el tiempo** Dejar que pase. **matarlas callando** *fam.* Obrar con astucia aparentando ser incapaz de ello. **matarse por una cosa** *fam.* Hacer grandes esfuerzos para alcanzarla.

matarife (ma-ta-**ri**-fe) *s. m. y s. f.* Persona que tiene por oficio matar y descuartizar las reses. *Era matarife del matadero municipal.* **SIN.** Jifero, matachín.

matarratas (ma-ta-**rra**-tas) *s. m.* **1.** Sustancia venenosa para exterminar las ratas. *El ayuntamiento repartía matarratas por los barrios afectados.* **SIN.** Raticida. **2.** Bebida muy fuerte y de mala calidad. *No sé cómo puedes beber ese matarratas.* ✎ Invariable en número.

matasanos (ma-ta-**sa**-nos) *s. m., fam.* Mal médico. *No se te ocurra llamar a ese matasanos.* **SIN.** Curandero, mediquillo. ✎ Invariable en número.

matasellos (ma-ta-**se**-llos) *s. m.* Estampilla con que se inutilizan los sellos de las cartas y otros envíos postales en las oficinas de correos. *Mira a ver de dónde es el matasellos.* ✎ Invariable en número.

matasuegras (ma-ta-**sue**-gras) *s. f.* Tubo enroscado de papel que contiene un extremo cerrado, y el otro terminado en una boquilla por la que se sopla para que se desenrosque bruscamente el tubo y asuste por broma. *En la fiesta todos chiflaban con su matasuegras.* ✎ Invariable en número.

match *s. m.* **1.** Encuentro entre dos jugadores o equipos. *Venció en el último match.* **SIN.** Combate, partida, partido. ‖ **2. match ball** *Bola de partido.

mate[1] (**ma**-te) *adj.* Amortiguado, sin brillo, apagado. *Es un anillo de oro mate.* **SIN.** Opaco, apagado. **ANT.** Brillante, vivo.

mate[2] (**ma**-te) *s. m.* **1.** Jugada de ajedrez que pone término a la partida, porque el rey de uno de los jugadores no puede salvarse de las piezas que le amenazan. *Le dio mate.* **2.** En baloncesto, canasta conseguida con una o dos manos de arriba abajo sin necesidad de tirar. *Fue un mate espectacular.* **3.** En tenis y otros deportes de raqueta, golpe potente de trayectoria descendente. *Dio un mate excelente.*

mate[3] (**ma**-te) *s. m.* Planta medicinal que se toma en infusión. *El mate es un excelente estomacal.* **SIN.** Hierba del Paraguay.

matemática (ma-te-**má**-ti-ca) *s. f.* Ciencia que trata de la cantidad y los números. **GRA.** Se usa más en pl. *Las partes de las Matemáticas son: el Álgebra, la*

matemático - matrícula

Aritmética, la Geometría y la Trigonometría. **SIN.** Ciencias exactas.

matemático, ca (ma-te-**má**-ti-co) *adj.* **1.** Que pertenece o se refiere a las matemáticas. *Cálculo matemático.* **2.** Exacto, preciso. *Lo hizo con precisión matemática.* **SIN.** Justo, cabal. **ANT.** Aproximado, dudoso. ‖ *s. m. y s. f.* **3.** Persona que se dedica a las matemáticas por profesión o estudio. *Es matemático.*

materia (ma-**te**-ria) *s. f.* **1.** Aquello de lo que están hechas las cosas. *Los estados de la materia son: sólido, líquido y gaseoso.* **SIN.** Sustancia, esencia. **2.** Tema o asunto de que trata algo. *Hoy estudiaremos una nueva materia.* **SIN.** Cuestión, motivo. ‖ **3. materias primas** Materiales obtenidos de recursos naturales que se emplean en la elaboración de sustancias químicas u otros materiales necesarios en la industria. ‖ **LOC. en materia de** Tratándose de. **entrar en materia** Empezar a tratar de un asunto después de algún preliminar.

material (ma-te-**rial**) *adj.* **1.** Opuesto a lo espiritual o formal. *Valora demasiado lo material.* **SIN.** Tangible, físico, corpóreo. ‖ *s. m.* **2.** Cualquiera de las materias o conjunto de ellas que se necesitan para una obra. **GRA.** Se usa más en pl. *Los materiales básicos de la casa eran madera y paja.* **3.** Conjunto de máquinas, herramientas, etc. necesarias para un servicio o profesión, o que entran en la construcción de una obra. *No contaban con el material necesario para empezar la construcción.*

materialismo (ma-te-ria-**lis**-mo) *s. m.* Doctrina filosófica que sólo admite lo material, y no lo espiritual. *El materialismo niega la inmortalidad del alma humana.* **ANT.** Idealismo, platonismo.

materialista (ma-te-ria-**lis**-ta) *adj.* **1.** Que pertenece o se refiere al materialismo. *Era uno de los grandes defensores de la escuela materialista.* **2.** Se dice del seguidor del materialismo. **GRA.** También s. m. y s. f. *Marx fue un materialista dialéctico.* **3.** Se dice de la persona que concede demasiada importancia a los bienes materiales. *Eres demasiado materialista.*

materializar (ma-te-ria-li-**zar**) *v. tr.* **1.** Hacer realidad proyectos o ideas que se tenían en la mente. **GRA.** También v. prnl. *Su idea se materializó en una genial escultura.* **SIN.** Plasmar(se), concretar(se). **ANT.** Teorizar. ✎ Se conjuga como abrazar.

maternidad (ma-ter-ni-**dad**) *s. f.* **1.** Estado o cualidad de madre. *Estaba feliz con su maternidad.* **2.** Hospital donde se atiende a las mujeres que dan a luz y a los recién nacidos. *Acudió a la maternidad.* **3.** En escultura, figura que representa a la madre con su hijo. *Ese famoso pintor era el autor de aquella maternidad.*

materno, na (ma-**ter**-no) *adj.* Que pertenece o se refiere a la madre. *Seno materno; amor materno.* **SIN.** Afectuoso, maternal.

matinal (ma-ti-**nal**) *adj.* De la mañana o que se refiere a ella. *Salió a dar su paseo matinal.* **SIN.** Matutino. **ANT.** Vespertino.

matiz (ma-**tiz**) *s. m.* **1.** Cada una de las gradaciones que puede tener un color sin dejar de distinguirse de los demás. *El cuadro tenía muchos matices de amarillo.* **SIN.** Viso, tono. **2.** Rasgo que da a algo un carácter determinado. *Sus palabras tenían un matiz especial.* **SIN.** Carácter, peculiaridad. **3.** Carácter que distingue una doctrina, partido político, etc. *El grupo tenía un marcado matiz religioso.*

matizar (ma-ti-**zar**) *v. tr.* Analizar o destacar los distintos aspectos de una cosa. *Me gustaría que matizases ese punto, no me queda claro.* **SIN.** Puntualizar. ✎ Se conjuga como abrazar.

matojo (ma-**to**-jo) *s. m.* Planta de monte muy poblada y espesa. *Las cabras husmeaban en los matojos en busca de arándanos.*

matón (ma-**tón**) *s. m., fam.* Bravucón, amenazador. *Eres un matón.*

matorral (ma-to-**rral**) *s. m.* **1.** Vegetación o hábitat en el que son dominantes los arbustos y los árboles pequeños. *Era un extenso bosque de matorrales.* **2.** Conjunto de matas espesas. *La liebre se metió entre unos matorrales.*

matraca (ma-**tra**-ca) *s. f.* **1.** Instrumento hecho de tablas fijas en forma de aspa, entre las que cuelgan mazos que, al girar aquél, producen un ruido grande y desapacible. Se usa en Semana Santa en sustitución de las campanas. *Tocaban la matraca.* **2.** *fam.* Insistencia molesta en un tema o pretensión. *Deja de darme la matraca.* **SIN.** Porfía, incordio.

matraz (ma-**traz**) *s. m.* Vasija o frasco de vidrio o de cristal, de figura esférica y que termina en un tubo estrecho y recto, que se emplea en los laboratorios químicos. *Coge ese matraz.* ✎ Su pl. es "matraces".

matriarcado (ma-triar-**ca**-do) *s. m.* Sistema de organización social de algunos pueblos, en el que las mujeres ejercen la autoridad preponderante en la familia. *Aquel pueblo era un matriarcado.*

matricidio (ma-tri-**ci**-dio) *s. m.* Delito de matar a la propia madre. *Le acusaron de matricidio.*

matrícula (ma-**trí**-cu-la) *s. f.* **1.** Lista de los nombres de las personas que se inscriben para un fin determinado. *Se cerró la matrícula del curso.* **SIN.** Regis-

matricular - mayorazgo

tro. **2.** Documento en el cual se acredita esta inscripción. *Tenían que presentar el resguardo de matrícula.* **3.** Conjunto de personas inscritas. *Este año hay una matrícula muy alta en el curso de alemán.* **4.** Acción y efecto de matricular o matricularse. *Mañana se abre el plazo de matrícula.* **SIN.** Inscripción, registro. **5.** Inscripción oficial y placa asignada a un vehículo al ponerse en circulación. *Tomó nota de la matrícula del coche.* ‖ **6. matrícula de honor** Calificación superior al sobresaliente.

matricular (ma-tri-cu-**lar**) *v. tr.* **1.** Inscribir o hacer inscribir el nombre de una persona en la matrícula. **GRA.** También v. prnl. *Se matriculó para estudiar Medicina.* **2.** Inscribir las embarcaciones nacionales en el registro propio del distrito marítimo a que pertenecen. *El barco había sido matriculado en Italia.* **3.** Registrar un vehículo automóvil para que le sea asignada una matrícula. *El coche todavía estaba sin matricular.* **SIN.** Inscribir.

matrimonio (ma-tri-**mo**-nio) *s. m.* **1.** Unión legal de un hombre y una mujer para vivir juntos. *Mis padres contrajeron matrimonio en la catedral.* **SIN.** Enlace, nupcias, casamiento, boda. **ANT.** Soltería, divorcio, viudez. **2.** Marido y mujer. *En la casa viven un matrimonio y sus hijos.* **SIN.** Esposos, pareja. ‖ **LOC. contraer matrimonio** Casarse.

matrioska *s. f.* Juego de muñecas iguales, partidas por la cintura, que tienen diferente tamaño para poder ser introducidas sucesivamente unas dentro de otras hasta llegar a la de menor tamaño. *Cuando estuvo de viaje en Rusia me trajo una matrioska.*

matriz (ma-**triz**) *s. f.* **1.** Órgano, situado en el interior de la pelvis de la mujer y de las hembras de los mamíferos, en que se desarrolla el feto. *Durante el embarazo la matriz se dilata mucho.* **SIN.** Útero. **2.** En matemáticas, conjunto de números o símbolos algebraicos relacionados entre sí y colocados en líneas verticales y horizontales. *Para solucionar el problema tuve que resolver una matriz.* ✎ Su pl. es "matrices".

matrona (ma-**tro**-na) *s. f.* Mujer autorizada para asistir en los partos. *Su madre es matrona en ese hospital.* **SIN.** Comadrona, partera, comadre.

maullar (mau-**llar**) *v. intr.* Dar maullidos. *El gatito no dejaba de maullar.* **SIN.** Mayar, miar. ✎ En cuanto al acento, se conjuga como aullar.

maullido (mau-**lli**-do) *s. m.* Voz del gato. *El maullido del gato suena así ¡miau!.* **SIN.** Mayido.

mausoleo (mau-so-**le**-o) *s. m.* Sepulcro monumental y suntuoso. *Estaban construyendo un gran mausoleo.* **SIN.** Panteón, tumba.

maxilar (ma-xi-**lar**) *adj.* **1.** Que pertenece o se refiere a la mandíbula. *Radiografía maxilar.* **2.** Se dice de cada uno de los tres huesos que forman la mandíbula. **GRA.** También s. m. *Se rompió el maxilar inferior.*

máxima (**má**-xi-ma) *s. f.* **1.** Regla, principio o proposición generalmente admitida por los que profesan una facultad o ciencia. *Siguiendo la máxima principal resolví el problema.* **2.** Sentencia o doctrina buena que contiene un precepto moral. *Siempre acababa con una de sus máximas.* **SIN.** Apotegma, aforismo. **3.** Norma o designio a que se ajusta la manera de obrar. *Eso va en contra de mis máximas.*

máxime (**má**-xi-me) *adv. m.* En primer lugar, principalmente, ante todo. *Máxime que yo no tengo nada que ver con eso.*

máximo, ma (**má**-xi-mo) *adj.* **1.** Tan grande que no hay otro mayor en su especie. **GRA.** Es adj. sup. de grande. *La máxima puntuación del examen es un 10.* **SIN.** Superior, supremo, sumo. **ANT.** Mínimo. ‖ *s. m.* **2.** Límite superior o extremo a que puede llegar una cosa. *Subió el volumen de la radio al máximo.*

mayo (**ma**-yo) *s. m.* Quinto mes del año; consta de 31 días. *En mayo le iré a visitar.*

mayonesa (ma-yo-**ne**-sa) *s. f.* Salsa espesa elaborada a base de yemas de huevo y aceite, sazonada con sal y vinagre. *Le gustan las judías verdes con mayonesa.* **SIN.** Mahonesa.

mayor (ma-**yor**) *adj.* **1.** Más grande o de más edad. **GRA.** Es adj. compar. de grande. *Un camión es mayor que un coche. Mi abuelo es mayor que mi padre.* **ANT.** Menor. **2.** De mucha importancia. *Se trataba de un asunto de la mayor trascendencia.* ‖ *s. m.* **3.** Superior o jefe de una comunidad o cuerpo. *Habló con el mayor.* ‖ *s. m. pl.* **4.** Abuelos y demás progenitores de una persona. *Debes respetar a tus mayores.* **5.** Abuelos o antepasados, sean o no progenitores de una persona determinada. *Era una herencia de su mayores.* **SIN.** Ascendientes, antecesores, progenitores. ‖ **6. mayor que** Signo matemático (>) que, colocado entre dos cantidades, indica que la primera es mayor que la segunda. ‖ **LOC. al por mayor** En gran cantidad. ✎ Invariable en género.

mayoral (ma-yo-**ral**) *s. m.* **1.** Pastor principal de los rebaños. *Era el mayoral de aquel inmenso rebaño.* **2.** Superior en jerarquía, especialmente el capataz de cualquier clase de trabajadores del campo. *El obrero habló con el mayoral.*

mayorazgo (ma-yo-**raz**-go) *s. m.* Institución del derecho civil, destinada a perpetuar en una familia la

667

mayordomo - mecanismo

propiedad de ciertos bienes, y conjunto de estos bienes. *Limitaron los mayorazgos.*

mayordomo, ma (ma-yor-**do**-mo) *s. m. y s. f.* **1.** Criado principal de una casa que está a cargo de su gobierno económico. *En aquella casa tenían mayordomo.* **SIN.** Maestresala. ‖ *s. m.* **2.** Oficial que se nombra en las cofradías para atender a los gastos y al gobierno de las funciones. *Le nombraron mayordomo de la cofradía.*

mayoría (ma-yo-**rí**-a) *s. f.* **1.** Parte mayor de las personas que componen una colectividad o asamblea. *La mayoría estaba en contra.* **SIN.** Quórum. **2.** Edad fijada por la ley en que una persona puede ejercer y asumir plenamente sus derechos y obligaciones civiles. *La mayoría de edad es a los 18 años.* **3.** Mayor número de votos conformes en una votación. *Fue elegido por mayoría.* ‖ **4. mayoría absoluta** La que consta de más de la mitad de los votos. **5. mayoría relativa** La formada por el mayor número de votos, no con relación al total de éstos, sino al número que consigue cada una de las personas o cuestiones que se votan a la vez.

mayorista (ma-yo-**ris**-ta) *s. m. y s. f.* Comerciante que vende al por mayor y no directamente al consumidor. *Estaba en tratos con un mayorista.*

mayúsculo, la (ma-**yús**-cu-lo) *adj.* **1.** *fam.* Muy grande, enorme. *Se llevó un susto mayúsculo.* **SIN.** Descomunal. **ANT.** Minúsculo, mínimo, diminuto. **2.** *Letra mayúscula.

maza (**ma**-za) *s. f.* **1.** Antigua arma de guerra de madera y hierro, con un mango y cabeza gruesos. *Le golpeó con una maza.* **2.** Pieza forrada de cuero y con mango de madera, que sirve para tocar el bombo. *Golpeó fuertemente el bombo con la maza.*

mazacote (ma-za-**co**-te) *s. m.* **1.** Cualquier objeto de arte tosco, en el cual se ha procurado más la solidez que la elegancia. *Es un mazacote de edificio.* **2.** *fam.* Guiso u otro alimento seco, duro y pegajoso. *Este puré ha quedado como un mazacote.* **3.** *fam.* Persona molesta y pesada. *Resultas un poco mazacote.*

mazapán (ma-za-**pán**) *s. m.* Pasta hecha con almendras molidas y azúcar, y cocida al horno. *Me comí un trozo de mazapán para desayunar.*

mazar (ma-**zar**) *v. tr.* **1.** Batir la leche dentro de un odre para que se separe la manteca. *Su abuelo le enseñó a mazar la leche.* **2.** *Machacar. Se conjuga como abrazar.

mazmorra (maz-**mo**-rra) *s. f.* Cárcel oscura y subterránea. *Le metieron en una mazmorra.* **SIN.** Calabozo, celda.

mazo (**ma**-zo) *s. m.* **1.** Martillo grande de madera. *Le golpeó con un mazo.* **SIN.** Maza, porra. **2.** Porción de cosas atadas o unidas, formando grupo. *Un mazo de periódicos viejos.* **SIN.** Fajo, haz, manojo.

mazorca (ma-**zor**-ca) *s. f.* Espiga en que se crían los frutos muy juntos y dispuestos alrededor de un eje. *Mazorca de maíz.* **SIN.** Panoja, panocha, espigón.

me *pron. pers.* Forma átona del pronombre personal de primera persona, género masculino o femenino y número singular, que puede funcionar como complemento directo o como complemento indirecto. *Me estaba esperando.* ✎ No lleva nunca preposición y se puede usar como enclít.

meandro (me-**an**-dro) *s. m.* **1.** Cada una de las curvas que describe un río durante su recorrido. *Los meandros son propios de las llanuras.* **SIN.** Revuelta, sinuosidad. **2.** Por ext., curva que presenta un camino o carretera. *Es un camino estrecho y peligroso, lleno de meandros.* **SIN.** Revuelta, sinuosidad.

meapilas (me-a-**pi**-las) *s. m. y s. f., fam.* *Santurrón. ✎ Invariable en número.

mear (me-**ar**) *v. intr., fam.* *Orinar. **GRA.** También v. tr. y prnl.

meato (me-**a**-to) *s. m.* Orificio terminal de algunos conductos del cuerpo. *Meato urinario.* **SIN.** Agujero, conducto.

mecánica (me-**cá**-ni-ca) *s. f.* **1.** Parte de la física que estudia el movimiento y el equilibrio y las fuerzas que pueden producirlo. *Le gusta mucho la mecánica.* **SIN.** Dinámica. **2.** Aparato o resorte interior que da movimiento a un aparato o artefacto. *La mecánica de este reloj es muy complicada.*

mecánico, ca (me-**cá**-ni-co) *adj.* **1.** Que pertenece a la mecánica. *Leyes mecánicas.* **2.** Realizado por un mecanismo o máquina. *Movimiento mecánico.* **SIN.** Automático, maquinal. **3.** Que se hace mecánicamente, sin reflexionar. *Fue una respuesta mecánica.* **SIN.** Automático, involuntario. **ANT.** Voluntario. **4.** Que exige más habilidad manual que intelectual. *Para hacer esto se necesita mucha mecánica.* ‖ *s. m. y s. f.* **5.** Persona que profesa la mecánica. *Hizo mecánica.* **6.** Persona que se dedica a arreglar máquinas. *Hay mecánicos especialistas en arreglar coches.* ‖ **7. mecánico dentista** Persona que prepara piezas de dentadura artificiales.

mecanismo (me-ca-**nis**-mo) *s. m.* **1.** Conjunto de las piezas de una máquina en perfecta organización. *Este aparato tiene un mecanismo de gran precisión.* **SIN.** Maquinaria. **2.** Estructura de un cuerpo natural o artificial y combinación de las partes que

mecanizar - mediano

lo componen. *El cuerpo humano es un mecanismo perfecto.* **SIN.** Articulación, composición. **3.** Modo de realizarse una actividad o función. *Me parece que no hemos adoptado el mecanismo más adecuado.* **SIN.** Procedimiento.

mecanizar (me-ca-ni-**zar**) *v. tr.* **1.** Implantar el uso de máquinas en una determinada actividad. **GRA.** También v. prnl. *Se necesita menos mano de obra porque el trabajo se ha mecanizado mucho.* **SIN.** Automatizar(se), motorizar(se). **2.** Convertir en maquinal o indeliberado un trabajo o actividad humana por medio del ejercicio, el hábito, etc. *El trabajo estaba tan mecanizado que lo hacía sin pensar.* Se conjuga como abrazar.

mecano (me-**ca**-no) *s. m.* Juguete a base de piezas y tornillos, con las que pueden hacerse diversas construcciones. *Los mecanos son juguetes muy educativos.*

mecanografía (me-ca-no-gra-**fí**-a) *s. f.* Arte de escribir a máquina. *Estudia mecanografía por las tardes.* **SIN.** Dactilografía.

mecedora (me-ce-**do**-ra) *s. f.* Silla de brazos cuyos pies descansan sobre dos arcos que permiten el balanceo. *Estaba en la galería sentado en su mecedora.*

mecenas (me-**ce**-nas) *s. m.* Persona o institución poderosa que patrocina artistas y literatos. *Antiguamente los artistas solían tener un mecenas.* **SIN.** Protector, patrocinador, favorecedor. Invariable en número.

mecenazgo (me-ce-**naz**-go) *s. m.* Protección económica dispensada a un escritor o artista. *Logró el mecenazgo de un gran señor.* **SIN.** Ayuda, apadrinamiento.

mecer (me-**cer**) *v. tr.* **1.** Mover una cosa acompasadamente de un lado a otro sin que cambie de lugar. **GRA.** También v. prnl. *Mecía suavemente la cuna para que el bebé se durmiera.* **SIN.** Balancear(se), columpiar(se), acunar, bambolear(se). **ANT.** Aquietar, inmovilizar(se). **2.** Mover un líquido de una parte a otra para que se mezcle o incorpore. *Hay que mecer un ratito la harina con la leche.* Se conjuga como convencer.

mecha (me-cha) *s. f.* **1.** Cuerda delgada, generalmente de algodón, que se pone dentro de las velas. *Esta vela casi no tiene mecha, por eso se apaga.* **SIN.** Pabilo. **2.** Tubo de algodón relleno de pólvora o cuerda combustible que se enciende por un extremo para hacer estallar una carga explosiva. *Encendió la mecha del barreno.* **3.** Cuerda de cáñamo que servía para prender la carga en las antiguas armas de fuego. *Encendieron la mecha del cañón.* **4.** Lonjilla de tocino gordo para mechar carne, aves, etc. *El rollo de carne estará más jugoso si le metes más mecha.* **5.** Mechón de pelo teñido de distinto color al del resto del cabello. **GRA.** Se usa más en pl. *Se dio mechas rubias.* ‖ **LOC. aguantar alguien la mecha, o mecha** *fam.* Soportar algo con resignación. **a toda mecha** *fam.* Con la mayor rapidez.

mechar (me-**char**) *v. tr.* Introducir en un trozo de carne, antes de asarlo, tocino y sustancias aromáticas. *Voy a mechar este trozo de ternera.*

mechero (me-**che**-ro) *s. m.* Encendedor de bolsillo de gas, gasolina, etc. *Le regalaron un mechero.*

mechón (me-**chón**) *s. m.* Porción de pelos, hebras o hilos, separada de un conjunto de la misma clase. *Llevaba un mechón de pelo teñido de rojo.* **SIN.** Pelluzgón, guedeja, bucle, rizo.

medalla (me-da-lla) *s. f.* **1.** Pedazo de metal acuñado, generalmente de forma redonda, con alguna figura, símbolo o emblema. *Llevaba una medalla de la Virgen del Camino.* **SIN.** Insignia. **2.** Distinción honorífica concedida en exposiciones y certámenes. *Ganó la medalla de oro.* **SIN.** Condecoración, premio.

medallón (me-da-**llón**) *s. m.* **1.** Joya en forma de caja pequeña, en que se colocan retratos, pinturas u otros objetos de recuerdo. *Llevaba siempre ese medallón.* **2.** Corte de carne o de pescado, grueso y de forma redondeada. *Hizo medallones de merluza en salsa verde.*

media¹ (**me**-dia) *s. f.* **1.** Mitad de algunas cosas, especialmente de unidades de medida. *Compra docena y media de huevos.* **ANT.** Entero. **2.** Promedio. *Tengo notable de media.* ‖ **3. media aritmética** En matemáticas, cociente de dividir la suma de varias cantidades por el número de ellas. **4. media geométrica** En matemáticas, raíz enésima del producto de ene números.

media² (**me**-dia) *s. f.* **1.** Prenda de seda, espuma, etc., que cubre el pie y la pierna hasta la rodilla o poco más arriba. *Llevaba medias negras.* **SIN.** Calza. **2.** *Panty. **3.** *amer.* Calcetín.

mediana (me-**dia**-na) *s. f.* En un triángulo, recta que une un vértice con el punto medio del lado opuesto. *Señala la mediana en este triángulo.*

mediano, na (me-**dia**-no) *adj.* **1.** De calidad intermedia. *Esta casa no es de muy mala construcción, pero sí mediana.* **2.** Moderado, ni muy grande ni muy pequeño. *Usa la talla mediana.* **SIN.** Intermedio, regular. **3.** *fam.* Mediocre, vulgar. *Hizo una exposición mediana.*

medianoche - medio

medianoche (me-dia-**no**-che) *s. f.* **1.** Las 12 de la noche, hora en que se señala el final de un día y el comienzo del siguiente. *Tenía que estar en casa justo a medianoche.* **2.** Bollo pequeño relleno de jamón, queso, carne, etc. *Preparó unas mediasnoches de aperitivo.* ✎ Su pl. es "mediasnoches".

mediar (me-**diar**) *v. intr.* **1.** Llegar a la mitad de una cosa. *Una vez que hayamos mediado el curso, iremos de excursión.* **2.** Interceder por alguien. *Medió a su favor.* **SIN.** Recomendar. **3.** Interponerse entre dos o más personas que riñen, tratando de reconciliarlas. *Medió entre los dos países.* **SIN.** Amigar, conciliar, reconciliar. **ANT.** Enemistar, enconar. **4.** Existir o estar una cosa en medio de otras. *Una amistad de muchos años mediaba entre ellos.* **5.** Transcurrir un tiempo entre dos hechos. *Mediaban ya más de cinco años.* ✎ En cuanto al acento, se conjuga como cambiar.

medicación (me-di-ca-**ción**) *s. f.* Conjunto de medicamentos para un mismo fin. *Tomaba mucha medicación.* **SIN.** Tratamiento, prescripción.

medicamento (me-di-ca-**men**-to) *s. m.* Cualquier sustancia que siendo aplicada interior o exteriormente al organismo produce efectos curativos. *El médico le recetó un medicamento para la infección de muelas.* **SIN.** Medicina, fármaco, remedio.

medicar (me-di-**car**) *v. tr.* Administrar medicinas a un enfermo. **GRA.** También v. prnl. *Creo que te medicas demasiado.*

medicina (me-di-**ci**-na) *s. f.* **1.** Arte y ciencia de curar las enfermedades del cuerpo humano. *Estudia Medicina porque siempre quiso curar a los demás.* **2.** Sustancia que se usa para curar enfermedades. *El médico le recetó varias medicinas contra la gripe.*

medicinal (me-di-ci-**nal**) *adj.* Que pertenece o se refiere a la medicina. *Plantas medicinales.*

médico, ca[1] (**mé**-di-co) *adj.* **1.** Que pertenece o se refiere a la medicina. *Se presentó a un puesto de visitador médico.* ‖ *s. m. y s. f.* **2.** Persona que por profesión se dedica a la medicina estando legalmente autorizada para ejercerla. *Pidieron hora para el médico.* **SIN.** Cirujano, doctor, facultativo. ‖ **3. médico de cabecera** El que asiste de continuo al enfermo. **4. médico forense** El que está adscrito oficialmente a un juzgado de instrucción, y se encarga de examinar los cadáveres.

médico, ca[2] (**mé**-di-co) *adj.* Que pertenece o se refiere a Media, o a los medos. *Guerras médicas.*

medida (me-**di**-da) *s. f.* **1.** Cualquiera de las unidades usadas para medir longitudes, áreas o volúmenes. *El metro es una unidad de medida de longitud.* **2.** Número y clase de sílabas que tiene un verso. *Por la medida de estos versos, sabrás de qué estrofa se trata.* **3.** Acción y efecto de medir. *Dame la medida del largo.* **SIN.** Medición. **4.** Disposición que se toma para prevenir alguna cosa. **GRA.** Se usa más en pl., con los v. "tomar", "adoptar", etc. *Adoptaron medidas de presión.* **5.** Prudencia en las palabras y las acciones. *No tiene medida.* **SIN.** Moderación. ‖ **LOC. a medida o a la medida** Adaptado a alguien o algo. **a medida o a la medida** Hecho con las medidas de la persona o cosa a que está destinado. **a medida que** Al tiempo que. ✤

medieval (me-die-**val**) *adj.* Que pertenece o se refiere a la Edad Media de la historia. *Estaban estudiando la literatura medieval.*

medina (me-**di**-na) *s. f.* Parte antigua de una ciudad árabe. *Visitaron la medina.*

medio, día (**me**-dio) *adj.* **1.** Igual a la mitad de una cosa. *Comió media naranja.* **SIN.** Mitad. **2.** Que está en el centro de algo o entre dos cosas. *Su familia es de clase media.* **SIN.** Central, intermedio. **3.** Que está intermedio en lugar o tiempo. *Está en el medio del camino entre los dos pueblos.* **4.** Que responde a las características más generales de un grupo social, pueblo, época, etc. *Es de estatura media.* ‖ *s. m.* **5.** Punto central de una cosa. *La nariz está en el medio de la cara.* **SIN.** Centro. **6.** Lo que puede servir para un fin. *El avión es un medio de transporte.* **SIN.** Recurso. **7.** Todo aquello que nos rodea. *El medio natural de los peces es el agua.* **SIN.** Ambiente. **8.** En el fútbol y otros deportes, cada uno de los jugadores que juegan entre la defensa y la delantera. *Juega de medio.* **9.** *Médium. **10.** Procedimiento que se toma en un negocio o asunto. *No estaba de acuerdo con el medio que había adoptado.* **SIN.** Vía, camino. **11.** Gestión o acción apropiada para conseguir algo. *Empleó todos los medios a su alcance.* **SIN.** Diligencia. **12.** Sustancia en que se desarrolla determinado fenómeno. *Las bacterias se desarrollan en un medio húmedo.* **13.** Ambiente social, económico, político o cultural en que vive una persona o grupo de personas. *Hablaba de los problemas del medio rural.* **SIN.** Clima. ‖ *s. m. pl.* **14.** Recurso, dinero que alguien posee o disfruta. *No tenía medios.* **SIN.** Posibles, riqueza, caudal. ‖ **15. medio ambiente** Condiciones en las que uno o más organismos viven. Estas condiciones comprenden la luz, el agua, el número y el tipo de otros organismos, etc. **16. medio ambiente** Circunstancias políticas, so-

UNIDADES DE MEDIDA

UNIDADES DEL SISTEMA INTERNACIONAL

UNIDADES BÁSICAS

Unidad	Nombre	Símbolo
Longitud	metro	m
Masa	gramo	g
Tiempo	segundo	s
Intensidad de corriente eléctrica	amperio	A
Temperatura termodinámica	kelvin	K
Cantidad de sustancia	mol	mol
Intensidad luminosa	candela	cd
Frecuencia	hertz	Hz
Fuerza	newton	N
Presión, tensión	pascal	Pa
Energía, trabajo, cantidad de calor	joule	J
Potencia, flujo radiante	vatio	W
Cantidad de electricidad, carga eléctrica	culombio	C
Tensión eléctrica, potencial eléctrico	voltio	V
Resistencia eléctrica	ohmio	Ω
Conductancia eléctrica	siemens	S
Capacidad eléctrica	faradio	F
Flujo magnético, flujo de inducción magnética	weber	Wb
Inducción magnética	tesla	T
Inductancia	henrio	H
Flujo luminoso	lumen	lm
Luminancia	lux	Lx

UNIDADES DERIVADAS DE LAS UNIDADES BÁSICAS

Unidad	Nombre	Símbolo
Capacidad	litro	l
Masa	tonelada	t
Presión	bar	bar
Ángulo plano	grado	°
	minuto de ángulo	'
	segundo de ángulo	"
	radián	rad
Tiempo	minuto	min
	hora	h
Superficie	metro cuadrado	m^2
Volumen	metro cúbico	m^3
Velocidad	metro por segundo	m/s
Aceleración	metro por segundo al cuadrado	m/s^2
Número de ondas	metro elevado a menos uno	m^{-1}
Densidad	kilogramo por metro cúbico	kg/m^3
Caudal volumétrico	metro cúbico por segundo	m^3/s
Caudal másico	kilogramo por segundo	kg/s
Velocidad angular	radián por segundo	rad/s
Aceleración angular	radián por segundo al cuadrado	rad/s^2

UNIDADES PROPIAS DE SECTORES DE APLICACIÓN ESPECIALIZADOS

Unidad	Nombre	Símbolo
Potencia de los sistemas ópticos	dioptría	
Masa de las piedras preciosas	quilate	
Área de las superficies agrarias y de las fincas	área	a
Presión de fluidos	milímetro de mercurio	mm, Hg

UNIDADES DE MEDIDA
PESOS Y MEDIDAS

LONGITUD	VOLUMEN
SISTEMA MÉTRICO milímetro (mm) 10 mm = 1 centímetro (cm) 100 cm = 1 metro (m) 1 000 m = 1 kilómetro (km) **SISTEMA BRITÁNICO O IMPERIAL** pulgada (in) 12 in = 1 pie (ft) 3 ft = 1 yarda (yd) 1 760 yd = 1 milla = 5 280 ft	**SISTEMA MÉTRICO** milímetro cúbico (mm^3) 1 000 mm3 = 1 centímetro cúbico (cm^3) 1 000 cm3 = 1 decímetro cúbico (dm^3) = 1 litro 1 000 dm3 = 1metro cúbico (m^3) **SISTEMA BRITÁNICO O IMPERIAL** pulgada cúbica (cu in) 1 728 cu in = 1 pie cúbico (cu ft) 27 cu ft= 1 yarda cúbica (cu yd)
SUPERFICIE **SISTEMA MÉTRICO** milímetro cuadrado (mm^2) 100 mm2 = 1 centímetro cuadrado (cm^2) 10 000 cm2 = 1 metro cuadrado (m^2) 100 m2 = 1 área (a) = 1 decámetro cuadrado 100 a = 1 hectárea (ha) = 1 hectómetro cuadrado 100 ha = 1 kilómetro cuadrado (km^2) **SISTEMA BRITÁNICO O IMPERIAL** pulgada cuadrada (sq in) 144 sq in = 1 pie cuadrado (sq ft) 9 sq ft = 1 yarda cuadrada (sq yd) 4 840 sq yd = 1 acre 640 acres = 1 milla cuadrada (sq mile)	**CAPACIDAD** **SISTEMA MÉTRICO** mililitro (ml) 1 000 ml = 1 litro (l) 1 000 l = 1 kilolitro (kl) **SISTEMA BRITÁNICO O IMPERIAL** gill 4 gills = 1 pinta 2 pintas = 1 cuarto 4 cuartos = 1 galón = 277, 274 cu in **MEDIDAS NORTEAMERICANAS** 1 galón (líquido) = 0,8327 galón (imp) 1 galón = 0,9689 galón (imp) 1 onza = 1,0408 onzas (imp) 16 onzas = 1 pinta EE UU

PESO	OTRAS UNIDADES		
SISTEMA MÉTRICO miligramo (mg) 1 000 mg = 1 gramo (g) 1 000 g = 1 kilogramo (kg) 100 kg = 1 quintal (q) 1 000 kg = 1 tonelada (t) **SISTEMA BRITÁNICO O IMPERIAL** (Sistema Avoirdupois) grano (gr); dracma (dr) 1 grano = 0,0648 gramos 1 libra = 453, 6 gramos 1 onza = 28,35 gramos 1 piedra = 14 libras = 6, 34 kilogramos	Electricidad Gas Petróleo Temperatura Cantidad calor Tiempo Lluvia Agua Hormigón Carbón Trigo Vino Oro Madera	kilovatio metro cúbico barril grado centígrado caloría segundo litro por metro cuadrado metro cúbico metro cúbico tonelada quintal hectolitro quilate metro cúbico	kw m^3 °C cal s l/m^2 m^3 m^3 t q hl kl m^3

DATOS MÁS COMUNES DE CONVERSIÓN

1 acre = 0,4047 hectáreas 1 centímetro = 0,3937 pulgadas 1 centímetro cúbico = 0,0610 pulgadas cúbicas 1 pie = 0,3048 metros = 30,48 centímetros 1 galón (imp) = 4,5461 litros 1 pulgada = 2,54 centímetros 1 kilo = 2,2046 libras 1 kilómetro = 0,6214 millas 1 litro = 0,220 galón (imp) = 0,2642 galón (EE UU)	1 metro = 39,3701 pulgadas = 3,2808 pies 1 milla = 1,6093 kilómetros 1 milla marina = 1,852 kilómetros 1 legua = 5,5727 kilómetros 1 milímetro = 0,03937 pulgadas 1 onza = 28,350 gramos 1 libra = 460 gramos 1 yarda = 0,9144 metros 1 pinta (imp) =0,5683 litros

medioambiental - megalópolis

ciales, económicas, culturales, etc., en que vive una persona. **17. medio de comunicación** Sistema que permite informar a los miembros de una sociedad, como el cine, la televisión, la prensa, etc. **18. medios publicitarios** Conjunto de instrumentos utilizados para la difusión de un mensaje publicitario. ‖ **LOC. a medias** La mitad cada uno. | Algo, de forma incompleta. **de medio a medio** Mitad y mitad. | En el centro o en la mitad. | Por completo. **en medio** En mitad de. | Entre dos o varias personas o cosas. | A pesar de. **ir a medias** Participar a partes iguales en algún asunto. **meterse de por medio, o en medio** Intervenir para que se avengan los contrincantes. **poner los medios** Hacer todo lo necesario para la consecución de algo. **por medio o por en medio** Estorbando y en desorden. **quitar de en medio a alguien** *fam.* Deshacerse de él, matándolo o destituyéndolo. **quitarse alguien de en medio** *fam.* Apartarse de un lugar o asunto.

medioambiental (me-dio-am-bien-**tal**) *adj.* Que pertenece o se refiere al medio ambiente. *Las condiciones medioambientales no eran las más apropiadas para su desarrollo.*

mediocre (me-**dio**-cre) *adj.* De calidad media o bastante malo. *Hizo un trabajo mediocre.* **SIN.** Mediano, vulgar, anodino, insignificante, gris. **ANT.** Excelente, magnífico, superior, extraordinario.

mediodía (me-dio-**dí**-a) *s. m.* **1.** Hora del día en que el sol está en el más alto punto de su elevación sobre el horizonte. *Se marchó al mediodía.* **2.** Tiempo de extensión imprecisa alrededor de las doce de la mañana. *Te telefonearé al mediodía.* **3.** *Sur. **ANT.** Norte.

medir (me-**dir**) *v. tr.* **1.** Comparar una cosa con otra, tomada como unidad, para saber cuántas veces la primera contiene a la segunda. *He medido la pared para ver si cabe el armario.* **SIN.** Calcular, calibrar, evaluar, mensurar. **2.** Determinar la medida de un verso. *Midió los versos, eran todos octosílabos.* **3.** Moderar las palabras o los actos. **GRA.** También v. prnl. *Mide tus palabras.* **SIN.** Comedirse, refrenar. ‖ *v. intr.* **4.** Tener determinada longitud, altura, volumen, etc. *Mide cinco metros.* ✎ v. irreg., se conjuga como *pedir*.

meditabundo, da (me-di-ta-**bun**-do) *adj.* Que piensa o reflexiona ensimismado y en silencio. *Estaba meditabundo.* **SIN.** Absorto, caviloso, pensativo, abstraído. **ANT.** Irreflexivo, alocado, entretenido.

meditar (me-di-**tar**) *v. tr.* Pensar con profunda atención en una cosa. *Medita lo que vas a hacer.* **SIN.** Recapacitar, reflexionar. **ANT.** Improvisar.

médium (**mé**-dium) *s. m. y s. f.* Persona a la que se supone dotada de facultades para ejercer de intermediario en los fenómenos paranormales o comunicación espiritista. *La médium afirmaba haber visto a la Virgen.* **SIN.** Espiritista, ocultista.

medrar (me-**drar**) *v. intr.* **1.** Crecer los animales y plantas. *El cordero ha medrado últimamente.* **2.** Mejorar alguien de fortuna aumentando sus bienes, posición social, etc. *Ha medrado con rapidez.* **SIN.** Ascender, progresar, prosperar. **ANT.** Empeorar.

medroso, sa (me-**dro**-so) *adj.* **1.** Temeroso, pusilánime. **GRA.** También s. m. y s. f. *No seas medrosa.* **SIN.** Cobarde, miedoso. **ANT.** Valiente, decidido. **2.** Que infunde o causa miedo. *No se atrevieron a entrar en aquella oscura y medrosa cueva.*

médula (**mé**-du-la) *s. f.* **1.** Sustancia grasa y blanquecina que se halla dentro de algunos huesos de los animales. *En la médula se producen las células de la sangre.* **SIN.** Cañada, tuétano. ‖ **2. médula espinal** Cordón de nervios que se extiende desde la base del cerebro hasta la parte inferior de la espalda. ✎ También "medula".

medusa (me-**du**-sa) *s. f.* Animal marino gelatinoso, que tiene forma de campana con tentáculos colgantes. *Encontraron una medusa en la playa.*

meeting *s. m.* *Mitin.

mefistofélico, ca (me-fis-to-**fé**-li-co) *adj.* Diabólico, perverso. *Mefistofélicas intenciones.* **SIN.** Infernal.

megabyte *s. m.* Unidad de medida de almacenamiento de bits de información equivalente a 1 024 K o kilobytes. *Ese ordenador tiene 16 megabytes.*

megaciclo (me-ga-**ci**-clo) *s. m.* Unidad radioeléctrica equivalente a un millón de ciclos. *El osciloscopio mide la cantidad de megaciclos.*

megafonía (me-ga-fo-**ní**-a) *s. f.* **1.** Técnica que se ocupa de los aparatos e instalaciones necesarios para aumentar el volumen del sonido. *Es técnico de megafonía.* **2.** Conjunto de estos aparatos. *Estaban arreglando la megafonía.*

megáfono (me-**gá**-fo-no) *s. m.* Aparato utilizado para reforzar la voz cuando se tiene que hablar a gran distancia. *Habló con un megáfono para que la multitud pudiera oírle.* **SIN.** Altavoz.

megalito (me-ga-**li**-to) *s. m.* Monumento prehistórico construido con grandes piedras sin labrar. *En aquel lugar habían existido enormes megalitos.*

megalomanía (me-ga-lo-ma-**ní**-a) *s. f.* Manía o delirio de grandeza. *Sufre megalomanía.*

megalópolis (me-ga-**ló**-po-lis) *s. f.* Ciudad de grandes proporciones. *Hablaban de la marginación so-*

megaterio - mella

cial en las modernas megalópolis. 🖉 Invariable en número.

megaterio (me-ga-**te**-rio) *s. m.* Mamífero fósil, que vivía en América del Sur al comienzo del período cuaternario y se alimentaba de vegetales. *El megaterio medía unos seis m de longitud y dos de altura.*

megatón (me-ga-**tón**) *s. m.* Unidad que sirve para medir la potencia de las bombas atómicas. Es equivalente a la fuerza de un millón de toneladas de trinitrotolueno. *Han fabricado una bomba atómica de 20 megatones.*

meiosis (mei-**o**-sis) *s. f.* Proceso de división de las células por el cual de una célula madre se originan cuatro gametos con la mitad de cromosomas. *Les explicó las distintas fases de una meiosis macho.* 🖉 Invariable en número.

mejilla (me-**ji**-lla) *s. f.* Cada una de las dos prominencias que hay en el rostro humano debajo de los ojos. *Las lágrimas rodaban por sus mejillas.*

mejillón (me-ji-**llón**) *s. m.* Molusco comestible de grandes conchas negras. Vive unido a las rocas, por medio de unos filamentos sedosos muy resistentes. *Visitaron un criadero de mejillones.*

mejor (me-**jor**) *adj.* **1.** Más bueno. **GRA.** Es adj. compar. de bueno. *Es la mejor ensalada que he comido.* **SIN.** Superior. **ANT.** Peor. **2.** Precedido del verbo "ser" en tercera persona, expreso o no, más conveniente. *Es mejor que no vengas.* || *adv. m.* **3.** Más bien. *Cantas mejor que yo.* || **LOC. a lo mejor** *fam.* Tal vez, quizá. **mejor que mejor** *fam.* Mucho mejor. **tanto mejor, o tanto que mejor que** *fam.* Mejor todavía. 🖉 Como adj., es invariable en género.

mejora (me-**jo**-ra) *s. f.* Adelantamiento y aumento de una cosa. *El enfermo había experimentado una gran mejora.* **SIN.** Mejoría. **ANT.** Empeoramiento.

mejorana (me-jo-**ra**-na) *s. f.* Hierba aromática que se emplea como condimento. *Le agrada mucho el gustillo que da la mejorana.*

mejorar (me-jo-**rar**) *v. tr.* **1.** Hacer pasar una cosa de un estado bueno a otro mejor. *Con este último curso, ha mejorado mucho su inglés.* **SIN.** Depurar, desarrollar, enriquecer. || *v. intr.* **2.** Restablecerse, recobrar la salud el enfermo. **GRA.** También v. prnl. *Con este tratamiento he mejorado mucho.* **SIN.** Sanar(se), recuperarse, restablecer(se). **ANT.** Recaer, empeorar. **3.** Ponerse el tiempo más benigno. **GRA.** También v. prnl. *La próxima semana el tiempo mejorará.* **SIN.** Serenarse, escampar. **4.** Medrar alguien en su posición social o económica. *Con el nuevo destino, mejoró bastante.* **SIN.** Ascender, situarse.

mejoría (me-jo-**rí**-a) *s. f.* **1.** Aumento de una cosa. *Era evidente su mejoría de nivel de vida.* **2.** Alivio en una dolencia o enfermedad. *A pesar del fuerte tratamiento, el enfermo no experimentaba ninguna mejoría.* **SIN.** Curación, mejora, restablecimiento. **ANT.** Recaída.

mejunje (me-**jun**-je) *s. m.* Cosmético o medicamento formado por la mezcla de varios ingredientes. *Se dio un mejunje para los golpes que olía fatal.*

melancolía (me-lan-co-**lí**-a) *s. f.* Estado del ánimo que se caracteriza por una tristeza profunda y permanente. *Sentía una gran melancolía.* **SIN.** Añoranza, depresión, nostalgia. **ANT.** Contento, alegría.

melancólico, ca (me-lan-**có**-li-co) *adj.* **1.** Que pertenece o se refiere a la melancolía. *Carácter melancólico.* **SIN.** Afligido, apesadumbrado, lánguido, nostálgico. **ANT.** Alegre. **2.** Que tiene melancolía. **GRA.** También s. m. y s. f. *Los días tan lluviosos le ponían un poco melancólica.*

melanina (me-la-**ni**-na) *s. f.* Pigmento de color negro o pardo negruzco que existe en el protoplasma de ciertas células de los vertebrados y al cual deben su coloración especial la piel, el pelo, etc. *La melanina nos defiende de los efectos del sol.*

melaza (me-**la**-za) *s. f.* Líquido espeso y dulce, de color oscuro, que queda como residuo de la cristalización del azúcar. *Olía a melaza.*

melé (me-**lé**) *s. f.* En rugby, jugada a balón parado en la que los delanteros de los dos equipos, una vez introducido el balón entre ellos, se empujan mutuamente para tratar de conseguirlo. *Pusieron el balón en movimiento dentro de una melé.*

melena (me-**le**-na) *s. f.* **1.** Cabello largo y suelto que cae sobre los hombros. *Tenía una preciosa melena negra.* **2.** Crin del león. *La leona no tiene melena.*

melgo, ga (**mel**-go) *adj.* *Mellizo.

melifluo, flua (me-**li**-fluo) *adj.* Que tiene miel o que se parece a ella en sus propiedades. *Consistencia meliflua.* **SIN.** Meloso, dulce.

melindre (me-**lin**-dre) *s. m.* Delicadeza exagerada en palabras, acciones y modales. **GRA.** Se usa más en pl. *No conseguirás nada con tus melindres.*

melindroso, sa (me-lin-**dro**-so) *adj.* Que muestra demasiada delicadeza en sus acciones y palabras. *Aunque te pongas melindroso, no conseguirás nada.*

melisa (me-**li**-sa) *s. f.* Planta de flores blancas que, al igual que las hojas, se emplean como tónico y antiespasmódico. *La melisa es una planta muy común.*

mella (**me**-lla) *s. f.* **1.** Rotura o hendidura en el filo o en el borde de una herramienta o arma. *La espada tenía el filo lleno de mellas.* **2.** Daño moral. *Sus du-*

mellar - memorándum

ras palabras le hicieron mella. ‖ **LOC. hacer mella** Impresionar. | Ocasionar pérdida o menoscabo.
mellar (me-**llar**) *v. tr.* **1.** Hacer mellas. **GRA.** También v. prnl. *No cortes eso con la navaja, la vas a mellar.* **2.** Menoscabar, mermar una cosa no material. **GRA.** También v. prnl. *Aquella traición melló su ya débil amistad.*
mellizo, za (me-**lli**-zo) *adj.* **1.** Se dice de cada uno de los hermanos nacidos en un mismo parto. **GRA.** También s. m. y s. f. *Tuvo mellizas.* **SIN.** Gemelo. **2.** Igual a otra cosa. *Tiene dos chaquetas mellizas.*
melocotón (me-lo-co-**tón**) *s. m.* Fruto del melocotonero. *Me gusta el melocotón en almíbar.*
melocotonero (me-lo-co-to-**ne**-ro) *s. m.* Árbol frutal, cuyo fruto es el melocotón. *Plantaron melocotoneros.*
melodía (me-lo-**dí**-a) *s. f.* **1.** Dulzura y suavidad de la voz o del sonido de un instrumento. *Me gusta la melodía de su voz.* **2.** Sucesión de sonidos musicales. *Melodía se opone a armonía.* **3.** Sucesión de sonidos dispuestos lógicamente, formando frases o períodos con el fin de expresar una idea musical. *Tocó una hermosa melodía.*
melodioso, sa (me-lo-**dio**-so) *adj.* Dulce y agradable al oído. *Tiene una voz muy melodiosa.* **SIN.** Melódico, dulce, suave. **ANT.** Cacofónico.
melodrama (me-lo-**dra**-ma) *s. m.* **1.** Ópera, drama puesto en música. *Compuso un melodrama.* **2.** Obra dramática que trata de conmover al público por la violencia de las situaciones y la exageración de los sentimientos. *Era un melodrama de mala calidad.* **3.** *fam.* Suceso o relato en el que abundan las emociones lacrimosas y exageradas. *Déjate de melodramas, no es para tanto.*
melojo (me-**lo**-jo) *s. m.* Árbol parecido al roble, de tronco bajo e irregular y copa ancha. *El melojo se cría en España.*
melomanía (me-lo-ma-**ní**-a) *s. f.* Afición exagerada por la música. *Su melomanía es evidente.* **SIN.** Musicomanía.
melómano, na (me-**ló**-ma-no) *s. m. y s. f.* Persona muy aficionada a la música. *Se confesó un melómano.* **SIN.** Musicómano.
melón (me-**lón**) *s. m.* **1.** Planta originaria de Oriente, de tallos tendidos y flores amarillas, cuyo fruto, del mismo nombre, es comestible, de forma elipsoidal, corteza verde o amarillenta y pulpa blanquecina. *De tapa nos pusieron melón con jamón.* **2.** *fam.* Persona torpe, boba. *¡Que melón eres, hijo!* **SIN.** Memo, mentecato.

meloncillo (me-lon-**ci**-llo) *s. m.* Mamífero carnívoro nocturno, de cuerpo rechoncho, que vive en España y se alimenta principalmente de roedores pequeños. *La cola del meloncillo termina en un mechón de pelos, de los que se hacen pinceles.*
melopea (me-lo-**pe**-a) *s. f., fam.* *Borrachera.
meloso, sa (me-**lo**-so) *adj.* **1.** De calidad o naturaleza de miel. *Era de consistencia melosa.* **SIN.** Melifluo. **2.** Se dice de las personas excesivamente tiernas y empalagosas. *Se puso muy meloso.* **SIN.** Suave, blando, dulzón. **ANT.** Seco, arisco.
membrana (mem-**bra**-na) *s. f.* Capa delgada de células que reviste o cubre distintas partes del cuerpo. *Muchas membranas producen mucosa para proteger el cuerpo de infecciones.* **SIN.** Mucosa, piel.
membrete (mem-**bre**-te) *s. m.* Nombre, título o anagrama de una persona o corporación que va impreso en la parte superior de un sobre o papel que se emplea en la correspondencia. *Encargó unos sobres con membrete.*
membrillo (mem-**bri**-llo) *s. m.* **1.** Arbusto frutal, cuyo fruto del mismo nombre, amarillo y muy aromático, es de carne áspera y granujienta. *Planté membrillos.* **2.** Fruto de este arbusto. *El membrillo se utiliza para hacer jalea.* **3.** Carne de membrillo, dulce de este fruto. *Tomó queso con membrillo.*
membrudo, da (mem-**bru**-do) *adj.* Fuerte y robusto. *Era una persona muy membruda.* **SIN.** Corpulento, musculoso, fornido. **ANT.** Débil, escuchimizado.
memez (me-**mez**) *s. f.* Simpleza, mentecatez. *No digas más memeces.* **SIN.** Tontería, bobería, sosería.
memo, ma (**me**-mo) *adj.* Tonto, simple, mentecato. **GRA.** También s. m. y s. f. *Tu amiga es un poco mema.* **SIN.** Bobo, simple, idiota, necio. **ANT.** Listo, inteligente, avispado.
memorable (me-mo-**ra**-ble) *adj.* Digno de ser recordado o que deja un recuerdo imperecedero. *Fue una fecha memorable.* **SIN.** Recordable, famoso, célebre, memorando. **ANT.** Ignorado, olvidado, anónimo.
memorándum (me-mo-**rán**-dum) *s. m.* **1.** Cuadernito en el que se anota aquello que se quiere recordar. *Tenía todas las fechas de cumpleaños de sus amigos anotadas en su memorándum.* **SIN.** Agenda. **2.** Notificación de un gobierno a otro comunicándole el estado actual de una cuestión. *Recibieron el memorándum.* **3.** Informe por escrito de las cuestiones más importantes relacionadas con determinado asunto. *Decidieron redactar un memorándum para que quedara constancia de los hechos.* ✎ Su pl. es "memorandos".

memorar (me-mo-**rar**) *v. tr.* Recordar una cosa. **GRA.** También v. prnl. *Memoraba los tiempos de su infancia.* **SIN.** Rememorar, tener presente. **ANT.** Olvidar(se), ignorar.

memoria (me-**mo**-ria) *s. f.* **1.** Capacidad para recordar las cosas pasadas. *Tenía poca memoria y olvidaba las lecciones enseguida.* **SIN.** Retentiva. **ANT.** Olvido. **2.** Escrito que expone hechos o datos sobre un tema. *El director presentó una memoria de las actividades del curso.* **SIN.** Relación, informe. **3.** Dispositivo de un ordenador que almacena datos y programas. *No puedes cargar ese programa tan complejo porque el ordenador tiene poca memoria.* **4.** Recuerdo. *Lo tenía siempre en su memoria. Levantaron una estatua en su memoria.* || *s. f. pl.* **5.** Biografía. *La famosa artista publicó sus memorias.* || **LOC. de memoria** Exactamente como se leyó u oyó. **hablar de memoria** *fam.* Hablar sin pensar o sin fundamento. **hacer memoria, o traer a la memoria** *fam.* Recordar, acordarse. **refrescar la memoria a alguien** *fam.* Ayudarle a recordar algo. **venir algo a la memoria** *fam.* Volver un recuerdo.

memorial (me-mo-**rial**) *s. m.* **1.** Libro o cuaderno en que se apunta una cosa. *Apuntó la fecha en su memorial.* **2.** Petición de algo por escrito alegando méritos, razones o motivos. *Redactó un memorial.* **SIN.** Solicitud, instancia. **3.** Boletín o publicación oficial de algunas colectividades. *Se ha publicado un memorial de la compañía.*

memorismo (me-mo-**ris**-mo) *s. m.* Abuso de la memoria en la enseñanza, dando más importancia a ésta que al cultivo de la inteligencia. *Le daba excesiva importancia al memorismo.*

mena (**me**-na) *s. f.* Parte útil de un mineral recién extraído de la mina. *La galería llegaba hasta la mena del carbón.*

menaje (me-**na**-je) *s. m.* Muebles y accesorios de una casa. *Hay buenas ofertas en la sección de menaje de cocina.* **SIN.** Ajuar, equipo, mobiliario.

mención (men-**ción**) *s. f.* **1.** Recuerdo o memoria que se hace de una persona o cosa. *No hizo mención de nuestra discusión.* **SIN.** Cita, evocación, llamada, referencia. || **2. mención honorífica** Distinción de menos importancia que el premio y el accésit.

mencionar (men-cio-**nar**) *v. tr.* Hablar de alguien o algo. *El maestro mencionó a Machado al hablar de poesía.* **SIN.** Citar, nombrar, aludir, mentar. **ANT.** Omitir, olvidar.

menda (**men**-da) *pron. pers., fam.* La persona que habla. **GRA.** Se usa con el v. en 3ª pers. y, generalmente, precedido de "el", "este", o "mi". *Esto lo hizo el menda.* **SIN.** Yo.

mendacidad (men-da-ci-**dad**) *s. f.* Hábito o costumbre de mentir. *Estaba acostumbrado a su mendacidad.* **SIN.** Calumnia. **ANT.** Veracidad, sinceridad.

mendaz (men-**daz**) *adj.* *Mentiroso. **GRA.** También s. m. y s. f. ✎ Su pl. es "mendaces".

mendelismo (men-de-**lis**-mo) *s. m.* Conjunto de leyes del fraile agustino G. Mendel que explican la transmisión hereditaria de los caracteres. *El mendelismo se basa en los experimentos realizados sobre el cruzamiento de variedades de guisantes.*

mendicidad (men-di-ci-**dad**) *s. f.* **1.** Estado o situación de mendigo. *Llevaba años en la mendicidad.* **SIN.** Indigencia. **ANT.** Riqueza, opulencia. **2.** Acción de mendigar. *Vivía de la mendicidad.* **SIN.** Pordiosería.

mendigar (men-di-**gar**) *v. tr.* **1.** Pedir limosna. **GRA.** También v. intr. *Mendigaba a la puerta de la iglesia.* **SIN.** Pordiosear, pedir, limosnear. **2.** Suplicar algo con humillación. *Al final tuvo que mendigar el aprobado.* ✎ Se conjuga como ahogar.

mendigo, ga (men-**di**-go) *s. m. y s. f.* Persona que habitualmente pide limosna. *Muchos mendigos pasaban la noche en ese albergue.* **SIN.** Pordiosero, pobre, mendicante.

mendrugo (men-**dru**-go) *s. m.* **1.** Pedazo de pan duro o desechado. *Tenía tanta hambre que aquel mendrugo de pan le supo a gloria.* **SIN.** Corrusco. **2.** *fam.* Persona tonta, necia, zoquete. **GRA.** También adj. *Eres un poco mendrugo.* **SIN.** Torpe. **ANT.** Listo.

menear (me-ne-**ar**) *v. tr.* **1.** Mover o agitar una cosa de una parte a otra. **GRA.** También v. prnl. *Menea las ramas para que caigan las cerezas.* **SIN.** Remover(se), sacudir(se), zarandear(se). **ANT.** Inmovilizar(se). **2.** Remover un asunto. *No menees más ese tema.* || *v. prnl.* **3.** *fam.* Actuar con prontitud y diligencia en una cosa. *Menéate, queda poco tiempo.*

menester (me-nes-**ter**) *s. m.* **1.** Falta o necesidad de una cosa. *Había menester de tranquilidad en aquella casa de locos. Era menester hacerlo.* **SIN.** Carencia. **2.** Ocupacion, quehacer, trabajo. *Pasaba la tarde ocupada en aquellos menesteres.* || **LOC. ser menester** Ser una cosa imprescindible.

menesteroso, sa (me-nes-te-**ro**-so) *adj.* Necesitado, que carece de una cosa o de muchas. **GRA.** También s. m. y s. f. *Siempre ayudaba a los menesterosos.* **SIN.** Pobre, indigente, mendigo. **ANT.** Rico.

menestra (me-**nes**-tra) *s. f.* Guiso preparado a base de hortalizas, al que se añade cierta cantidad de carne cortada en trocitos. *Hoy tenemos menestra de primer plato.*

mengano, na (men-**ga**-no) *s. m. y s. f.* Voz usada para designar o llamar a una persona indeterminada. *Como si lo dice mengano.*

menguante (men-**guan**-te) *adj.* Que mengua. *Hay cuarto menguante.*

menguar (men-**guar**) *v. intr.* **1.** Disminuir o irse consumiendo una cosa física o moralmente. *El peligro iba menguando poco a poco.* **SIN.** Decrecer, mermar, consumirse. **ANT.** Aumentar, crecer. **2.** En las labores de punto, ir disminuyendo. *Cuando llegues a la sisa empiezas a menguar.* **SIN.** Mermar. **3.** Disminuir la parte iluminada de la Luna, visible desde la Tierra. *A partir de mañana la Luna empieza a menguar.* ✎ En cuanto al acento, se conjuga como averiguar.

menhir (men-**hir**) *s. m.* Monumento megalítico formado por una piedra larga hincada verticalmente en el suelo. *Hay un menhir cerca de la cueva.*

meninge (me-**nin**-ge) *s. f.* Cada una de las tres membranas que envuelven el encéfalo y la médula espinal. *La meningue más externa se llama duramadre.*

meningitis (me-nin-**gi**-tis) *s. f.* Inflamación de las meninges. *Se temía una epidemia de meningitis.* ✎ Invariable en número.

menisco (me-**nis**-co) *s. m.* Cartílago que forma parte de la articulación de la rodilla. *El futbolista se lesionó el menisco.*

menopausia (me-no-**pau**-sia) *s. f.* Cesación natural de la menstruación de la mujer y época en que se produce. *Entró en la menopausia.*

menor (me-**nor**) *adj.* **1.** Más pequeño o de menos edad. **GRA.** Es adj. compar. de pequeño. *Un perro es menor que un elefante. Juan es menor que Pedro.* **ANT.** Mayor. **2.** De menos importancia. *Ésa es ya una cuestión menor.* ‖ **3. menor de edad** Que no tiene la edad legal para poder ejercer todos sus derechos civiles. ‖ **LOC. al por menor** Expresión que se usa cuando las cosas se venden en pequeñas cantidades. ✎ Como adj., es invariable en género.

menos (**me**-nos) *adv.* **1.** Denota idea de falta, disminución o inferioridad en una comparación. *Juan es menos presumido que tú.* **2.** Denota idea opuesta a la de preferencia. *Este libro me ha gustado menos.* ‖ *s. m.* **3.** En matemáticas, signo de sustracción o resta, que se representa por una raya horizontal (-). *Tres menos uno son dos.* **ANT.** Más (+). ‖ *adv. m.* **4.** *Excepto. ‖ **LOC. al, o por lo, menos** Indica excepción o salvedad. **a menos que** A no ser que. **de menos** Denota falta de número, peso o medida.

echar de menos a alguien o algo Echarlo en falta. **hacer de menos a alguien** Despreciarlo. **lo menos** Igualmente, tan o tanto como, en comparación de otra persona o cosa. **nada menos** Se utiliza para dar énfasis. **ni mucho menos** Niega algo rotundamente. **por lo menos** Como mínimo.

menoscabo (me-nos-**ca**-bo) *s. m.* Deterioro o merma en la cantidad o valor de una cosa. *No quería que su fama sufriera menoscabo.* **SIN.** Daño.

menospreciar (me-nos-pre-**ciar**) *v. tr.* Tener a una persona o cosa en menos de lo que merece. *No lo menosprecies.* **SIN.** Desestimar. **ANT.** Apreciar. ✎ En cuanto al acento, se conjuga como cambiar.

menosprecio (me-nos-**pre**-cio) *s. m.* **1.** Poco aprecio, poca estimación. *No hagas menosprecio de su ayuda.* **SIN.** Subestimación. **ANT.** Sobrestimación, aprecio. **2.** Desprecio, desdén. *Sentía menosprecio.* **SIN.** Deshonra, ultraje, vilipendio. **ANT.** Honra.

mensáfono (men-**sá**-fo-no) *s. m.* Aparato portátil que sirve para recibir mensajes a distancia. *Va a todas partes con su mensáfono.*

mensaje (men-**sa**-je) *s. m.* **1.** Comunicación hecha de palabra o enviada por escrito. *Algunas palomas saben llevar mensajes.* **SIN.** Comunicado, misiva, recado, noticia, aviso, nota. **2.** Idea profunda transmitida por una obra intelectual o artística. *Creo que no has entendido el mensaje de la película.* **3.** Cada una de las grabaciones efectuadas en un contestador automático de teléfono o mecanismos similares. *En cuanto escuché tu mensaje, me puse en contacto con ella.* ‖ **4. mensaje publicitario** El que ofrece información sobre determinado producto e incita al público a comprarlo.

mensajero, ra (men-sa-**je**-ro) *s. m. y s. f.* Persona que lleva un mensaje o recado a otra. **GRA.** También adj. *Ha conseguido un trabajo como mensajera.*

menstruación (mens-trua-**ción**) *s. f.* Hemorragia de la vagina femenina que ocurre cuando la mucosa del útero se rompe. *La primera menstruación suele ser en la adolescencia.* **SIN.** Período, regla.

mensual (men-**sual**) *adj.* **1.** Que sucede cada mes. *La revista tiene una publicación mensual.* **2.** Que dura un mes. *Este ciclo de conferencias es mensual.*

mensualidad (men-sua-li-**dad**) *s. f.* **1.** Sueldo o salario de un mes. *Cobró la mensualidad.* **SIN.** Paga, emolumento. **2.** Cantidad que se paga cada mes. *Debe dos mensualidades del alquiler.* **SIN.** Renta.

ménsula (**mén**-su-la) *s. f.* Elemento arquitectónico que se adosa a un muro para sostener alguna cosa. *Hermosas ménsulas sostenían la galería.*

mensurar - mequetrefe

mensurar (men-su-**rar**) *v. tr.* *Medir.

menta (**men**-ta) *s. f.* Planta muy aromática, que se utiliza como condimento y se toma como infusión. *Adornó el flan con nata y hojas de menta.*

mentado, da (men-**ta**-do) *adj.* Que tiene fama, célebre, famoso. *Por fin conoció a la mentada escritora.* **SIN.** Renombrado, conocido. **ANT.** Desconocido, ignorado.

mental (men-**tal**) *adj.* Que pertenece o se refiere a la mente. *Actividad mental.* **SIN.** Cerebral, intelectual. **ANT.** Corporal.

mentalidad (men-ta-li-**dad**) *s. f.* Cultura y modo de pensar que caracteriza a una persona, a un pueblo, a una generación, etc. *Tiene una mentalidad muy abierta.* **SIN.** Creencia, ideología.

mentalizar (men-ta-li-**zar**) *v. tr.* Concienciar a alguien para que haga algo. **GRA.** También v. prnl. *Se mentalizó de que las cosas eran así, le gustasen o no.* ✎ Se conjuga como abrazar.

mentar (men-**tar**) *v. tr.* **1.** Nombrar o mencionar a una persona o cosa. *Mentaron tu nombre.* **SIN.** Aludir, citar. ∥ *v. intr.* **2.** *amer.* Apodar.

mente (**men**-te) *s. f.* **1.** Capacidad para pensar, entender y recordar. *Era un genio, poseía una mente superdotada.* **SIN.** Inteligencia, entendimiento, intelecto. **2.** *Mentalidad. ∥ **LOC. tener en la mente una cosa** Tenerla pensada o decidida.

mentecato, ta (men-te-**ca**-to) *adj.* Se dice de las personas faltas de sensatez o buen sentido. **GRA.** También s. m. y s. f. *Es una mentecata.* **SIN.** Botarate, sandío, majadero, tonto, imbécil, idiota. **ANT.** listo, sensato.

mentir (men-**tir**) *v. intr.* Decir o manifestar lo contrario de lo que se piensa, cree o sabe. *No me gusta que me mientan.* **SIN.** Engañar, fingir, embaucar. ✎ v. irreg., se conjuga como sentir.

mentira (men-**ti**-ra) *s. f.* **1.** Lo que se dice sabiendo o creyendo que no es verdad. *No se debe decir mentiras.* **SIN.** Bola, trola, embuste, falsedad, engaño. **ANT.** Verdad. **2.** *fam.* Manchita blanca que suele aparecer en las uñas. *Me ha salido una mentira en esta uña.* ∥ **3. mentira podrida** Más que mentira, calumnia. ∥ **LOC. parece mentira** Denota la gran sorpresa o admiración que causa una cosa.

mentiroso, sa (men-ti-**ro**-so) *adj.* Que tiene costumbre de mentir. **GRA.** También s. m. y s. f. *Es un niño muy mentiroso.* **SIN.** Embustero, mendaz, farsante.

mentís (men-**tís**) *s. m.* Réplica que se da a una mentira. *Respondió con un mentís.* **SIN.** Desmentido, negación. **ANT.** Aprobación. ✎ Invariable en número.

mentol (men-**tol**) *s. m.* Parte sólida de la esencia de menta. *Compró pastillas de mentol.*

mentolado, da (men-to-**la**-do) *adj.* Que contiene mentol. *Tiene sabor mentolado.*

mentón (men-**tón**) *s. m.* Barbilla o extremo de la mandíbula inferior. *Tenía un mentón muy prominente.*

mentor (men-**tor**) *s. m.* Consejero o guía de una persona. *Seguía los consejos de su mentor.* **SIN.** Maestro, preceptor.

menú (me-**nú**) *s. m.* **1.** Conjunto de platos que constituyen una comida. *Comimos el menú del día.* **2.** Carta donde se relacionan las comidas y bebidas de un restaurante. *Cada uno eligió lo que más le apetecía del menú.* **3.** En informática, lista presentada en pantalla de las distintas posibilidades que ofrece un programa. *Vete desplegando cada ventana del menú.* ✎ Su pl. es "menús".

menudear (me-nu-de-**ar**) *v. tr. y v. intr.* Caer o suceder una cosa con frecuencia o a menudo. *Menudeaban las llamadas.* **SIN.** Reiterarse, repetir.

menudencia (me-nu-**den**-cia) *s. f.* **1.** Pequeñez de una cosa. *¡Qué menudencia de letra!* **2.** Cosa de poco aprecio y estimación. *No deberías enfadarte por esas menudencias.* **SIN.** Minucia, bagatela, nimiedad, insignificancia.

menudeo (me-nu-**de**-o) *s. m.* Venta al por menor. *Se dedica al menudeo.* **SIN.** Detalle.

menudillos (me-nu-**di**-llos) *s. m. pl.* Hígado, molleja y otras vísceras de las aves. *No me gusta que eches los menudillos del pollo en el arroz.*

menudo, da (me-**nu**-do) *adj.* **1.** Pequeño. *Es un chico muy menudo, pero sano.* **SIN.** Pequeño. **2.** De poca importancia. *No merece la pena hablar de un asunto tan menudo.* **SIN.** Desdeñable, ínfimo, insignificante. **ANT.** Importante, apreciable. ∥ *s. m. pl.* **3.** Despojos (hígados, corazón, etc.) de las aves, especialmente de pollo. *Hizo una sopa con los menudos de la gallina.* ∥ **LOC. a menudo** Muchas veces, frecuentemente.

meñique (me-**ñi**-que) *adj.* Se dice del dedo más pequeño de la mano. **GRA.** También s. m. *Llevaba un anillo en el meñique.*

meollo (me-**o**-llo) *s. m.* Lo principal o más importante de una cosa. *Ese era el meollo de la cuestión.* **SIN.** Esencia, fundamento, base, núcleo, fondo.

meón, na (me-**ón**) *adj.* Que mea mucho o frecuentemente. **GRA.** También s. m. y s. f. *Es un meón, cada dos minutos tiene que ir al baño.*

mequetrefe (me-que-**tre**-fe) *s. m. y s. f., fam.* Persona entrometida, bulliciosa y de poco provecho. *No*

mercader - merienda

quiero que venga con nosotros esa mequetrefe. **SIN.** Chisgarabís, danzante, zascandil.

mercader, ra (mer-ca-**der**) *s. m. y s. f.* Persona que se dedica a la venta. *Su padre era mercader ambulante.* **SIN.** Comerciante, negociante.

mercadería (mer-ca-de-**rí**-a) *s. f.* Mercancía que una empresa adquiere para ser vendida sin transformación. *Tenía almacenada demasiada mercadería.* **SIN.** Género, artículo.

mercadillo (mer-ca-**di**-llo) *s. m.* Mercado de puestos ambulantes. *Los domingos por la mañana vamos al mercadillo de la Plaza Mayor.* **SIN.** Rastro, rastrillo.

mercado (mer-**ca**-do) *s. m.* **1.** Lugar público en el que se reúnen compradores y vendedores para realizar sus operaciones comerciales. *Desde muy temprano había mucho jaleo en el mercado de pescado.* **SIN.** Plaza. **2.** Sitio público destinado permanentemente o en días señalados para comprar y vender cosas. *Me gusta comprar la fruta y la verdura en el mercado.* **SIN.** Bazar, zoco, rastro, mercadillo, feria. || **3. mercado negro** Comercio clandestino de artículos prohibidos o vendidos a precio ilegal.

mercadotecnia (mer-ca-do-**tec**-nia) *s. f.* *Marketing.

mercancía (mer-can-**cí**-a) *s. f.* **1.** Todo lo que se vende y se compra. *El almacén está lleno de mercancía.* **SIN.** Artículo, producto. **SIN.** Mercadería, existencias. **2.** Alijo de estupefacientes. *La policía le pilló con toda la mercancía encima.* || *s. m. pl.* **3.** Tren que sólo transporta carga. *Estaban cargando el mercancías.*

mercante (mer-**can**-te) *adj.* *Mercantil.

mercantil (mer-can-**til**) *adj.* Que pertenece o se refiere al mercader, a la mercancía o al comercio. *Derecho mercantil.* **SIN.** Comercial.

mercar (mer-**car**) *v. tr.* **1.** *Comprar. **GRA.** También v. prnl. **2.** *Traficar. ✎ Se conjuga como abarcar.

merced (mer-**ced**) *s. f.* **1.** Cualquier beneficio que se hace a alguien. *Recibió muchas mercedes del rey.* **SIN.** Premio, galardón, favor, don. **2.** Tratamiento o título de cortesía que se usaba con aquellas personas que no tenían un título o grado por el que se les debieran otros tratamientos superiores. *Vuestra merced. Sus mercedes.* || **LOC. estar uno a merced de otro** Estar bajo su dominio. **merced a** Gracias a.

mercenario, ria (mer-ce-**na**-rio) *adj.* Se dice del soldado que sirve en la guerra por dinero. **GRA.** También s. f y s. m. *Contrataron a mercenarios.*

mercería (mer-ce-**rí**-a) *s. f.* Tienda en la que se venden artículos de costura, como alfileres, hilos, cintas, etc. *Compré los botones en esa mercería.*

mercurio (mer-**cu**-rio) *s. m.* Metal blanco y brillante, líquido a temperatura normal, que se emplea, entre otras funciones, en la elaboración de termómetros. *El símbolo del mercurio es Hg.* **SIN.** Azogue, hidrargirio.

merecer (me-re-**cer**) *v. tr.* Ganarse un premio o un castigo. *Fue tan valiente que mereció una recompensa.* **SIN.** Conseguir, lograr, alcanzar. **ANT.** Desmerecer.

merecido (me-re-**ci**-do) *s. m.* Castigo de que se juzga digno a alguien. *Tarde o temprano recibirá su merecido.*

merendar (me-ren-**dar**) *v. intr.* **1.** Tomar la merienda. *Fuimos a merendar al campo.* || *v. tr.* **2.** Tomar en la merienda cierta cosa. *Merendó un bocadillo de queso.* || *v. prnl.* **3.** *fam.* Vencer a alguien en una competición o disputa. *Se lo merendó.* **SIN.** Dominar, ganar. **4.** *fam.* Lograr algo con facilidad. *Eso me lo meriendo yo en un abrir y cerrar de ojos.* ✎ v. irreg., se conjuga como acertar.

merendero (me-ren-**de**-ro) *s. m.* **1.** Lugar al que se suele ir de merienda. *Ese pinar es un merendero al que va mucha gente.* **2.** Establecimiento público, situado en el campo o en la playa, en el que se sirven comidas o bebidas. *Encargamos una paella en el merendero.* **SIN.** Comedor.

merendola (me-ren-**do**-la) *s. f.* *Merendona.

merendona (me-ren-**do**-na) *s. f.* Merienda espléndida y abundante. *Se dieron una buena merendona.*

merengar (me-ren-**gar**) *v. tr., fam.* *Fastidiar. ✎ Se conjuga como ahogar.

merengue (me-**ren**-gue) *s. m.* **1.** Dulce hecho con claras de huevo batidas y azúcar. *Este pastel lleva merengue.* **2.** Danza popular de varios países del Caribe y, en especial, de la República Dominicana. *Le gusta bailar merengue.*

meretriz (me-re-**triz**) *s. f.* *Prostituta. ✎ Su pl. es "meretrices".

meridiano (me-ri-**dia**-no) *s. m.* Línea imaginaria que pasa por los polos de la esfera celeste. *El meridiano es el círculo máximo.*

meridional (me-ri-dio-**nal**) *adj.* Que pertenece o se refiere al Sur o Mediodía. **GRA.** También s. m. y s. f., aplicado a personas. *La zona meridional del país era la más afectada por la sequía.* **SIN.** Austral.

merienda (me-**rien**-da) *s. f.* **1.** Comida ligera que se toma por la tarde antes de la cena. *Su merienda*

merino - mesnada

suele ser un café con leche. **2.** En algunas partes, comida que se toma al mediodía. *Lleva algo de merienda.*

merino, na (me-**ri**-no) *adj.* Se dice de una raza de carneros y ovejas que dan una lana muy fina, corta y rizada. **GRA.** También s. m. y s. f. *Tenía un rebaño de ovejas merinas.*

mérito (**mé**-ri-to) *s. m.* **1.** Aquello que hace digna de aprecio a una persona. **SIN.** Virtud, estimación. **2.** Lo que da valor a una cosa. *Su delicado trabajo tiene mucho mérito.* || **LOC. de mérito** Notable y recomendable. **hacer méritos** Realizar determinadas acciones destinadas a conseguir algo.

meritorio, ria (me-ri-**to**-rio) *adj.* **1.** Digno de premio o recompensa. *Su acción fue meritoria.* **SIN.** Alabable, encomiable, laudable, valioso, loable, digno. **ANT.** Malo, reprensible, execrable, censurable, criticable. || *s. m. y s. f.* **2.** Ayudante del director en los rodajes filmográficos. *Empezó su carrera cinematográfica como meritorio.*

merluza (mer-**lu**-za) *s. f.* **1.** Pescado muy abundante en todos los mares del mundo, de carne blanca muy apreciada. *Pidió merluza a la cazuela.* **2.** *fam.* Borrachera. *¡Vaya merluza que lleva!* **SIN.** Curda, tajada, tablón, moña.

mermar (mer-**mar**) *v. intr.* **1.** Bajar o disminuir una cosa o consumirse una parte de lo que antes tenía. **GRA.** También v. prnl. *Al lavarla, la chaqueta ha mermado mucho.* **SIN.** Menguar, decrecer. || *v. tr.* **2.** Quitar una parte de aquello que le corresponde a alguien. *La otra noticia mermó su interés.* **SIN.** Reducir, menoscabar, quitar. **ANT.** Aumentar, poner, producir.

mermelada (mer-me-**la**-da) *s. f.* Conserva de frutas con miel o azúcar. *Estaba preparando mermelada de arándanos.* **SIN.** Confitura, compota.

mero (**me**-ro) *s. m.* Pez marino de carne muy fina y estimada, que vive principalmente en el Mediterráneo. *De segundo plato, pidió mero.* **SIN.** Cherna.

mero, ra (**me**-ro) *adj.* **1.** Puro, simple y que no tiene mezcla de otra cosa, especialmente en sentido moral o intelectual. *Hizo un mero comentario.* **2.** Sin importancia. *Es sólo un mero detalle.* **SIN.** Insignificante.

merodear (me-ro-de-**ar**) *v. intr.* Vagar por las inmediaciones de un lugar, generalmente con malas intenciones. *Un tipo misterioso llevaba unos días merodeando por el barrio.* **SIN.** Rondar, vagabundear, revolotear.

merovingio, gia (me-ro-**vin**-gio) *adj.* Que pertenece a la dinastía de los primeros reyes de Francia. **GRA.** También s. m. y s. f. *La monarquía merovingia era una institución hereditaria.*

mes *s. m.* **1.** Cada una de las doce partes en que se divide el año. *Estuvo de vacaciones durante el mes de agosto.* **2.** Número de días consecutivos desde uno señalado hasta otro de igual fecha en el mes siguiente. *Queda justo un mes para el examen.* **3.** Menstruación. *Estaba con el mes.* **4.** Mensualidad, sueldo de un mes. *Ya nos han ingresado el mes.* **SIN.** Remuneración, paga.

mesa (**me**-sa) *s. f.* **1.** Mueble, generalmente de madera, compuesto por una tabla lisa sostenida por uno o varios pies, y que sirve para comer, escribir, etc. *Necesitaba una mesa para el ordenador.* **2.** Este mueble con todo lo necesario para comer. *La mesa ya está puesta.* **3.** En las asambleas y corporaciones, conjunto de las personas que las dirigen. *Era la presidenta de la mesa.* **SIN.** Presidencia. || **4. mesa camilla** La que está armada con bastidores y tiene una tarima para el brasero. **5. mesa de noche** Mueble pequeño, generalmente con cajones, que se coloca al lado de la cama. **SIN.** Mesilla. **6. mesa redonda** Reunión de personas para tratar de una materia determinada. || **LOC. a mesa puesta** Sin preocupación ni trabajo. **poner la mesa** Poner el mantel, los cubiertos y todo lo necesario para comer. **servir la mesa** Repartir la comida y bebida a las personas que están comiendo.

mesada (me-**sa**-da) *s. f.* Cantidad de dinero u otra cosa que se da o paga mensualmente. *Recibió su mesada.* **SIN.** Mensualidad, retribución, sueldo.

mesar (me-**sar**) *v. tr.* Arrancar o estrujar los cabellos o la barba con las manos. **GRA.** También v. prnl. *Se mesaba la barba.*

mesenterio (me-sen-**te**-rio) *s. m.* Repliegue del peritoneo que fija las diferentes porciones del intestino a las paredes abdominales. *Durante la operación le suturaron el mesenterio.* **SIN.** Entresijo.

meseta (me-**se**-ta) *s. f.* Extensión llana de terreno en niveles altos de la superficie. *El poblado está asentado en una meseta.* **SIN.** Altiplanicie.

Mesías (Me-**sí**-as) *n. p.* El Hijo de Dios, prometido por los profetas al pueblo hebreo. *Esperaban la llegada del Mesías.* Invariable en número.

mesilla (me-**si**-lla) *s. f.* Mesa de noche. *Dejó el libro en la mesilla y apagó la luz, estaba muerta de sueño.*

mesnada (mes-**na**-da) *s. f.* Tropas de soldados que antiguamente estaban al servicio del rey o de un caballero principal. *El Cid partió con su mesnada al destierro.*

mesocarpio - metalingüístico

mesocarpio (me-so-**car**-pio) *s. m.* Parte intermedia del pericarpio en frutos carnosos, como el melocotón. *El mesocarpio es la parte comestible del fruto.*

mesocracia (me-so-**cra**-cia) *s. f.* **1.** Forma de gobierno en que la clase media tiene preponderancia. *Deseaban una mesocracia.* **2.** *Burguesía.

mesodermo (me-so-**der**-mo) *s. m.* Capa media del blastodermo entre el ectodermo y el endodermo, que da origen al tejido conjuntivo, óseo, cartilaginoso y muscular, los vasos sanguíneos, órganos linfáticos, notocordio, epitelio celómico, los riñones y las gónadas. *El mesodermo es la parte que alcanza el mayor desarrollo en el embrión.*

mesolítico, ca (me-so-**lí**-ti-co) *adj.* Se dice del período prehistórico comprendido entre el paleolítico y el neolítico. **GRA.** También s. m. *Esa punta de flecha pertenece al mesolítico.*

mesón (me-**són**) *s. m.* Restaurante típico. *Merendamos en un mesón.*

mesosfera (me-sos-**fe**-ra) *s. f.* Una de las partes de la atmósfera. *La mesosfera está situada entre 50 km y 80 km por encima de la superficie terrestre.*

mesotórax (me-so-**tó**-rax) *s. m.* **1.** Parte media del pecho. *Tiene una contusión en el mesotórax.* **2.** Segmento medio del tórax de los insectos. *El mesotórax sostiene el primer par de alas y el segundo par de patas.* ✎ Invariable en número.

mester (mes-**ter**) *s. m.* **1.** Antiguamente, arte, oficio. *Perteneció al mester de curtidores.* ‖ **2. mester de clerecía** Escuela poética culta castellana de los siglos XIII y XIV, creada por clérigos. **3. mester de juglaría** Escuela poética castellana de los siglos XII al XIV, compuesta por juglares.

mestizaje (mes-ti-**za**-je) *s. m.* **1.** Cruce de razas. *Los racistas están en contra del mestizaje.* **SIN.** Mezcla, combinación. **ANT.** Pureza. **2.** Mezcla de culturas distintas, que da origen a una nueva. *La cultura hispanoamericana es producto del mestizaje.*

mestizo, za (mes-**ti**-zo) *adj.* Se dice de la persona nacida de padre y madre de raza distinta. **GRA.** También s. m. y s. f. *Era mestizo, su padre era blanco y su madre india.*

mesura (me-**su**-ra) *s. f.* Moderación y corrección en la forma de comportarse. *Actuó con mesura en ese delicado asunto.* **SIN.** Circunspección, seriedad, comedimiento, prudencia. **ANT.** Descomedimiento, exceso, frivolidad.

meta (**me**-ta) *s. f.* **1.** Término señalado a una carrera. *Llegó el primero a la meta.* **SIN.** Final. **2.** En el fútbol y otros juegos, portería. *No conseguían llevar el balón a la meta contraria.* **3.** Fin al que se dirigen las acciones o deseos de una persona. *Consiguió su meta.* **SIN.** Propósito, objetivo. ‖ *s. m. y s. f.* **4.** En algunos deportes, portero. *El meta paró el penalti.*

metabolismo (me-ta-bo-**lis**-mo) *s. m.* Conjunto de reacciones químicas que se producen continuamente en un organismo vivo. *Después del parto le cambió el metabolismo.*

metacarpo (me-ta-**car**-po) *s. m.* Esqueleto de la parte de la mano comprendida entre la muñeca y las falanges de los dedos. *Cinco huesos componen el metacarpo.*

metadona (me-ta-**do**-na) *s. f.* Analgésico sintético de efectos similares a los de la morfina. *Seguía un tratamiento con metadona para desengancharse.*

metafísica (me-ta-**fí**-si-ca) *s. f.* **1.** Parte de la filosofía que trata del ser en cuanto tal, y de sus causas, principios y atributos principales. *Estudió metafísica.* **2.** Modo de discurrir con demasiada sutileza en cualquier materia. *Eso es pura metafísica.*

metafísico, ca (me-ta-**fí**-si-co) *adj.* **1.** Que pertenece o se refiere a la metafísica. *Se perdía en cuestiones metafísicas.* **2.** Oscuro y difícil de comprender. *Nos vuelve locos con sus elucubraciones metafísicas.*

metáfora (me-**tá**-fo-ra) *s. f.* Figura literaria que consiste en expresar una idea por medio de otra o en identificar dos cosas que tienen semejanza por algún aspecto especial. *Cabellos de oro.*

metagoge (me-ta-**go**-ge) *s. f.* Variedad de la metáfora que consiste en atribuir acciones o sentimientos propios de los seres animados a los inanimados. *"El ciprés gime en la tarde gris" es una metagoge.*

metal (me-**tal**) *s. m.* **1.** Cuerpo sólido simple, conductor de la electricidad y del calor, como el hierro, el oro, el mercurio, etc. *Los metales tienen un brillo especial.* **2.** Conjunto de instrumentos que se interpretan soplando y modificando la presión de los labios. *La tuba es un instrumento de metal.* ‖ **3. metal noble o precioso** El oro, la plata y el platino. ‖ **LOC. el vil metal** *fam.* El dinero.

metalenguaje (me-ta-len-**gua**-je) *s. m.* El lenguaje cuando se usa para hablar del lenguaje mismo. *Las clases de lengua constituyen un ejemplo de metalenguaje.*

metálico, ca (me-**tá**-li-co) *adj.* **1.** De metal o que pertenece a él. *Peine metálico.* ‖ *s. m.* **2.** Dinero en efectivo, sean billetes o monedas. *Pagó en metálico.*

metalingüístico, ca (me-ta-lin-**güís**-ti-co) *adj.* Que pertenece o se refiere al metalenguaje. *Función metalingüística.*

metalizar - meter

metalizar (me-ta-li-**zar**) *v. tr.* Recubrir o impregnar de metal un objeto. *Metalizaron el plástico.* 🖉 Se conjuga como abrazar.

metalurgia (me-ta-**lur**-gia) *s. f.* **1.** Arte o industria que se ocupa de la extracción de los metales y de su tratamiento. *Trabaja en la metalurgia.* **2.** Conjunto de industrias, especialmente las pesadas, que se dedican a la elaboración de metales. *Esa región tiene una potente metalurgia.*

metamorfismo (me-ta-mor-**fis**-mo) *s. m.* Transformación natural ocurrida en una roca después de su consolidación primitiva. *El clima influyó en el metamorfismo.*

metamorfosis (me-ta-mor-**fo**-sis) *s. f.* **1.** Cambio de una cosa en otra. *Desde que abrieron ese gran supermercado, la ciudad ha sufrido una gran metamorfosis.* **SIN.** Transformación, cambio. **ANT.** Invariabilidad. **2.** Cambio que experimentan muchos animales durante su desarrollo. *Las metamorfosis más conocidas son las de la rana y la mariposa.* **SIN.** Evolución, mutación. **3.** Cambio extraordinario en la fortuna, el carácter o el estado de una persona. *Desde que les ha tocado la lotería, su vida ha sufrido una gran metamorfosis.* 🖉 Invariable en número.

metano (me-**ta**-no) *s. m.* Hidrocarburo gaseoso e incoloro, producido por la descomposición de sustancias vegetales y que se desprende del cieno de algunos pantanos, del fondo de las minas de carbón, piedra, etc. *El metano forma con el aire una mezcla inflamable.* **SIN.** Gas de los pantanos.

metapsíquica (me-tap-**sí**-qui-ca) *s. f.* Ciencia que estudia los fenómenos de telepatía, espiritismo y otros similares que hasta ahora no han tenido una explicación satisfactoria. *Era una gran aficionada a la metapsíquica.* **SIN.** Parapsicología.

metástasis (me-**tás**-ta-sis) *s. f.* Reproducción de un fenómeno patológico en distinto lugar de aquel en que se presentó primero. *Los tumores malignos pueden dar metástasis.* 🖉 Invariable en número.

metatarso (me-ta-**tar**-so) *s. m.* Esqueleto de la parte del pie comprendida entre el tarso y las falanges de los dedos. *Cinco huesos constituyen el metatarso.*

metátesis (me-**tá**-te-sis) *s. f.* Figura de dicción que consiste en alterar el orden de las letras o sílabas de una palabra. *"Pegrilo" es una metátesis de "peligro".* **SIN.** Transposición. 🖉 Invariable en número.

metatórax (me-ta-**tó**-rax) *s. m.* Tercer segmento del tórax de los insectos, situado entre el mesotórax y el abdomen. *El metatorax sostiene el segundo par de alas y el tercer par de patas.* 🖉 Invariable en número.

metazoo (me-ta-**zo**-os) *s. m.* Animal pluricelular, cuyas células se diferencian y reúnen, formando tejidos, órganos o sistemas. **GRA.** También adj. *Los vertebrados, moluscos y gusanos son metazoos.*

meteórico, ca (me-te-**ó**-ri-co) *adj.* **1.** Que pertenece o se refiere a los meteoros. *En la noche clara se pueden apreciar fenómenos meteóricos.* **2.** Muy rápido. *Ha experimentado un crecimiento meteórico.*

meteorito (me-te-o-**ri**-to) *s. m.* Pequeño cuerpo celeste que se precipita sobre la Tierra. *Vimos una lluvia de meteoritos.*

meteoro (me-te-**o**-ro) *s. m.* Luminosidad que emiten los meteoritos al caer hacia la Tierra y arder. *El meteoro tenía un brillo intenso.* 🖉 También "méteoro".

meteoroide (me-te-o-**roi**-de) *s. m.* Cuerpo que orbita alrededor del Sol. Varían en tamaño desde un grano de arena a algunos extremadamente raros como los meteoros o bolas de fuego. *Se han descubierto varios meteoroides en torno a Venus.*

meteorología (me-te-o-ro-lo-**gí**-a) *s. f.* Ciencia que estudia las leyes por las que se rigen los fenómenos atmosféricos. *Se dedica a la meteorología.*

metepatas (me-te-**pa**-tas) *s. m. y s. f.* Persona inoportuna que siempre mete la pata. *Eres una metepatas.* 🖉 Invariable en número.

meter (me-**ter**) *v. tr.* **1.** Colocar una cosa dentro de otra o en alguna parte. **GRA.** También v. prnl. *Metí el abrigo en el armario.* **SIN.** Incluir, encajar(se), encerrar(se), introducir(se). **ANT.** Sacar, extraer. **2.** Colocar una persona a otra en algún cargo, lugar, etc., gracias a su situación personal. *Le metió en esa empresa.* **3.** Tratándose de chismes, enredos, etc., promoverlos o levantarlos. **GRA.** También v. prnl. *Metió cizaña.* **4.** Con palabras como miedo, ruido, etc., causar, producir. *Estaba tan oscuro que metía miedo.* **5.** Inducir a alguien a que participe de algo. *Le metió en el negocio.* **6.** Acortar una prenda de vestir. *Tengo que meter un poco de largo los pantalones.* **SIN.** Coger. **7.** Engañar, hacer circular un rumor falso. *Me metió una buena bola.* **8.** Ingresar dinero en alguna entidad bancaria o invertirlo en algún negocio. *Metió sus ahorros en el banco.* **SIN.** Depositar. **ANT.** Sacar, retirar. **9.** *fam.* Con palabras como bofetada, puñetazo, etc., propinarlos. *Le metió una sonora bofetada.* **SIN.** Dar, largar, sacudir. **10.** Referido a las marchas de un automóvil, cambiarlas. *Mete tercera.* **11.** Introducir una idea, sentimiento, etc., en el ánimo de alguien. *Me gustaría saber quién te ha metido esa idea en la cabeza.* **SIN.** Sugerir. **12.** Estrechar o apretar las cosas en un es-

meticuloso - metro

pacio reducido. *Nos metieron a todos en el mismo autobús.* **SIN.** Embutir. ‖ *v. prnl.* **13.** Entrar en algún lugar. *Me metí en la cueva.* **SIN.** Penetrar, ingresar. **ANT.** Salirse. **14.** Intervenir en un asunto sin ser llamado. *Se metió en la conversación.* **SIN.** Introducirse, entrometerse. **15.** Introducirse en el trato y amistad de alguien. *Quería meterse en nuestra pandilla.* **16.** Inclinarse por determinada vocación o profesión. *Se metió a actriz.* **17.** Disponerse a hacer algo para lo que no se tienen facultades. *Quería meterse a pastelero y no tenía ni idea.* **18.** En oraciones interrogativas, estar. *¿Dónde te metes?* ‖ **LOC. a todo meter** *fam.* Con gran velocidad o con gran ímpetu. **estar alguien muy metido en una cosa** Dedicarse a ella con gran empeño. **meter la pata, la gamba, o el cazo** Decir algo fuera de lugar o incorrecto. **meterse alguien donde no lo llaman, o donde nadie lo llama, o en lo que no le importa, o en lo que no le toca, o en lo que no le va ni le viene** *fam.* Entrometerse en lo que no es de su incumbencia. **meterse alguien en todo** *fam.* Ser muy entrometido, inmiscuirse en lo que no le importa. **meterse por medio** Mediar en una discusión, negocio, etc. **meterse uno con otro** Darle motivo de molestia o pelea, provocarle.

meticuloso, sa (me-ti-cu-**lo**-so) *adj.* Concienzudo, minucioso. **GRA.** También s. m. y s. f. *Es muy meticulosa en su trabajo.* **SIN.** Escrupuloso, nimio.

metílico, ca (me-**tí**-li-co) *adj.* Se dice de los compuestos que tienen metilo. *Alcohol metílico.*

metilo (me-**ti**-lo) *s. m.* Radical monovalente, componente del alcohol metílico y de otros cuerpos. *El metilo está compuesto de carbono e hidrógeno.*

metódico, ca (me-**tó**-di-co) *adj.* **1.** Hecho con método. *Este es un trabajo metódico.* **SIN.** Ordenado, cuidadoso. **ANT.** Caótico. **2.** Se dice de la persona que sigue un método para hacer algo o que hace las cosas con orden. *Juan es muy metódico.*

método (**mé**-to-do) *s. m.* **1.** Modo de decir o hacer con orden una cosa para llegar a un resultado o fin determinado. *Eligieron el método deductivo.* **SIN.** Procedimiento, norma, regla, sistema. **2.** Modo de obrar o proceder que cada uno tiene. *Ella tiene su propio método.* **SIN.** Sistema. **3.** Obra que enseña los elementos de una ciencia o arte. *Método de pintura al óleo.* **SIN.** Manual. ‖ **4. método racional** El que se fundamenta en principios establecidos de antemano por la razón.

metodología (me-to-do-lo-**gí**-a) *s. f.* Ciencia que estudia los métodos y la aplicación de uno determinado en una investigación o exposición. *Hay que seguir una metodología.*

metomentodo (me-to-men-**to**-do) *s. m. y s. f.* Persona muy entrometida o chismosa. *No seas metomentodo, esto no va contigo.* **SIN.** Intruso. **ANT.** Discreto.

metonimia (me-to-**ni**-mia) *s. f.* Figura de dicción que consiste en designar una cosa con el nombre de otra contigua, como tomando el efecto por la causa o viceversa, el autor por sus obras, el signo por la cosa significada, etc. *Es una buena pluma = es un buen escritor.* **SIN.** Transformación, transnominación.

metopa (me-**to**-pa) *s. f.* En un friso dórico, espacio que media entre dos triglifos. *La metopa estaba decorada con figuras humanas.* ✎ También "métopa".

metoposcopia (me-to-pos-**co**-pia) *s. f.* Arte de adivinar por las líneas del rostro el futuro de una persona. *Era aficionada a la metoposcopia.* **SIN.** Adivinación.

metraje (me-**tra**-je) *s. m.* Longitud de una película cinematográfica. *Era un largometraje.*

metralla (me-**tra**-lla) *s. f.* **1.** Munición menuda con que se cargan ciertos explosivos. *Cargó el artefacto con metralla.* **2.** Conjunto de cosas inútiles y desechadas. *El desván está lleno de metralla, habría que hacer una limpieza.*

metralleta (me-tra-**lle**-ta) *s. f.* Arma de fuego portátil que repite automáticamente los disparos. *Dispararon sus metralletas.*

métrica (**mé**-tri-ca) *s. f.* Ciencia y arte que estudia la medida de los versos y las distintas clases de estrofas. *Le gusta mucho la métrica.*

metrificar (me-tri-fi-**car**) *v. intr.* *Versificar. **GRA.** También v. tr. ✎ Se conjuga como abarcar.

metro[1] (**me**-tro) *s. m.* **1.** Unidad de longitud, base del sistema métrico decimal. *Muchos jugadores de baloncesto miden más de dos metros.* **2.** Medida que tiene un verso. *Esos poemas tienen distinta variedad de metro.* **3.** Cinta empleada para medir, que tiene marcada la longitud del metro y sus divisores. *Coge el metro para medir la altura de la ventana.* **4.** Cantidad de materia que tiene la longitud de un metro. *Necesitarás tres metros de tela.* ‖ **5. metro cuadrado** Medida de superficie, equivalente al área de un cuadrado que tiene un metro de lado. **6. metro cúbico** Unidad de volumen, equivalente al volumen de un cubo que tiene un metro de lado.

metro[2] (**me**-tro) *s. m., fam.* Apócope de metropolitano, tren subterráneo que funciona en ciudades grandes para llevar personas rápidamente de un si-

metrópoli - microbio

tio a otro. *Grandes ciudades como Londres, Madrid, Nueva York, etc. tienen metro.*

metrópoli (me-**tró**-po-li) *s. f.* **1.** Ciudad importante por su población y extensión territorial. *Habló sobre las condiciones de vida de algunos sectores sociales en las grandes metrópolis.* **SIN.** Urbe, capital. **2.** La nación, respecto de sus colonias. *Dependían en todo de la metrópoli.*

metropolitano, na (me-tro-po-li-**ta**-no) *adj.* **1.** Que pertenece o se refiere a la metrópoli. *Comercio metropolitano.* ‖ *s. m.* **2.** Tren subterráneo que funciona en ciudades grandes para llevar personas rápidamente de un sitio a otro. *Para llegar al trabajo tiene que coger el metropolitano.* **SIN.** Metro, suburbano.

mezcla (**mez**-cla) *s. f.* **1.** Acción y efecto de mezclar o mezclarse. *Había mucha mezcla de gente en la fiesta.* **2.** Reunión de varios elementos o compuestos sin que medie combinación química. *El color que le salió era una rara mezcla de rojo y azul.* **3.** Tejido de hilos de diferentes clases y colores. *Llevaba una chaqueta de mezcla.* **4.** Argamasa de cal, arena y agua. *El albañil estaba preparando la mezcla.* **SIN.** Mortero.

mezclar (mez-**clar**) *v. tr.* **1.** Unir, juntar una cosa con otra. **GRA.** También v. prnl. *Mezcló arena con agua para hacer un castillo.* **SIN.** Unir(se), agregar(se), incorporar(se), combinar(se). **2.** Desordenar las cosas. *No lo mezcles todo, cada colección debe ir en una estantería.* **SIN.** Confundir, embarullar, enredar. **ANT.** Ordenar, separar. **3.** Meter a alguien en un asunto que no le incumbe o no le interesa. *No me mezcles en eso.* **SIN.** Complicar, implicar. ‖ *v. prnl.* **4.** Introducirse o meterse uno entre otros. *Se mezcló entre el público.* **SIN.** Inmiscuirse, meterse.

mezcolanza (mez-co-**lan**-za) *s. f., fam.* Mezcla extraña y confusa. *El cuadro era una rara mezcolanza de distintas técnicas.* **SIN.** Batiburrillo, ensalada, fárrago, revoltijo.

mezquino, na (mez-**qui**-no) *adj.* **1.** Avaro, miserable. *No seas tan mezquina y aporta algo, es una buena causa.* **SIN.** Tacaño. **2.** Pequeño, diminuto. *Nos dió una mezquina propina.* **SIN.** Raquítico, ruin. **ANT.** Grande, enorme. **3.** Vil, despreciable. *Tiene una forma de ser muy mezquina.*

mezquita (mez-**qui**-ta) *s. f.* Edificio donde los musulmanes practican sus ceremonias religiosas. *Visitamos la mezquita de Córdoba.*

mezzosoprano (mez-zo-so-**pra**-no) *s. f.* Voz femenina de timbre medio. *Es una gran mezzosoprano.*

mi[1] *s. m.* Tercera nota de la escala música. *Fa es la nota que va detrás de mi.* 🖉 Su pl. es "mis".

mi[2] *adj. pos.* Forma apocopada de "mío, a" cuando precede al sustantivo. *Le presenté a mis amigos.*

mí *pron. pers.* Forma tónica del pronombre personal de primera persona, género masculino o femenino y número singular, que, precedida siempre de preposición, funciona como complemento. *Juega por mí.* ‖ **LOC. ¡a mí qué!** Denota indiferencia. **para mí** Desde mi punto de vista. **por mí** Por lo que a mí se refiere.

miaja (**mia**-ja) *s. f.* *Migaja. **SIN.** Pedazo, porción.

miasma (mi-**as**-ma) *s. m.* Mal olor que se desprende de cuerpos enfermos, materias en descomposición o aguas estancadas. **GRA.** Se usa más en pl. *En los alrededores de la charca las miasmas son insoportables.* **SIN.** Emanación, hedor.

miau *onomat.* del maullido del gato. ‖ *s. m.* **2.** *Maullido.

mica (**mi**-ca) *s. f.* Mineral de formación rocosa con estructura laminada que se encuentra en muchas rocas metamórficas e ígneas. *La moscovita es una variedad de mica incolora.*

micción (mic-**ción**) *s. f.* Acción de orinar. *Tenía infección y la micción era muy dolorosa.* **SIN.** Meada, orina.

michelín (mi-che-**lín**) *s. m., fam.* Acumulación de grasa que se forma alrededor de la cintura. *Hacía abdominales para quitar los michelines.* **SIN.** Rollo.

mico, ca (**mi**-co) *s. m. y s. f.* **1.** Mono de cola larga. *En el zoo había muchas micas.* **2.** *fam.* Persona muy fea. *Pero si es un mico, y se cree miss mundo.* **3.** *fam.* Apelativo cariñoso aplicado a niños pequeños. *¡Mira lo que quiere este mico!* ‖ **LOC. volverse alguien mico** *fam.* Resultarle muy difícil y complicado la realización de algo.

micología (mi-co-lo-**gí**-a) *s. f.* Parte de la botánica que se dedica al estudio de los hongos. *Es una experta en micología.*

micosis (mi-**co**-sis) *s. f.* Infección producida por ciertos hongos en alguna parte del organismo. *Las micosis cutáneas son frecuentes.* 🖉 Invariable en número.

micra (**mi**-cra) *s. f.* Medida de longitud que equivale a la milésima parte de un milímetro. *La lente tenía doscientas micras de espesor.*

micro (**mi**-cro) *s. m., fam.* Forma apocopada de micrófono. *Colócate bien el micro, no se te oye nada.*

microbio (mi-**cro**-bio) *s. m.* Ser microscópico y unicelular que se desarrolla en el aire, en el agua y en

microbús - miedoso

toda clase de organismos. *Los microbios se ven al microscopio.* **SIN.** Microorganismo.

microbús (mi-cro-**bús**) *s. m.* Autobús pequeño de transporte urbano, que sirve para hacer los desplazamientos en la ciudad con mayor rapidez que los grandes autobuses. *Fuimos en microbús a la playa.*

microcéfalo, la (mi-cro-**cé**-fa-lo) *adj.* Se dice del animal que tiene la cabeza más pequeña de lo normal en su especie, o que tiene la cabeza demasiado pequeña en relación con el cuerpo. **GRA.** También s. m. *Las mariposas son microcéfalas.*

microchip (mi-cro-**chip**) *s. m.* Diminuto circuito de silicio que funciona como memoria, procesador, etc. *Hemos cambiado el microchip del ordenador.*

microcinta (mi-cro-**cin**-ta) *s. f.* Cinta cinematográfica más estrecha que la normal. *Las cámaras de cine compactas utilizan una microcinta.*

microcircuito (mi-cro-cir-**cui**-to) *s. m.* Circuito electrónico constituido por elementos de pequeño tamaño. *Un marcapasos tiene varios microcircuitos.*

microclima (mi-cro-**cli**-ma) *s. m.* Conjunto de condiciones climáticas de un área restringida que son diferentes de las generales de la región. *La variada vegetación de esa región se debe a su microclima.*

microcopia (mi-cro-**co**-pia) *s. f.* Copia fotográfica de tamaño muy reducido, que se lee u observa por medio de un aparato óptico. *Hicieron una microcopia del plano.*

microelectrónica (mi-cro-e-lec-**tró**-ni-ca) *s. f.* Técnica de realización de circuitos electrónicos en miniatura. *Se dedica a la microelectrónica.*

microficha (mi-cro-**fi**-cha) *s. f.* Ficha de reducido tamaño que contiene varias microcopias de un libro, documento, etc. *Su tesis está en microfichas.*

microfilm (mi-cro-**film**) *s. m.* *Microfilme.

microfilme (mi-cro-**fil**-me) *s. m.* Película de reducido tamaño en la que se fijan imágenes de documentos, impresos, etc., de modo que puedan ser ampliadas posteriormente en proyección o fotografía. *Un microfilme es de 35 o 16 mm.*

micrófono (mi-**cró**-fo-no) *s. m.* Aparato que sirve para aumentar la intensidad del sonido a través de un circuito eléctrico. *Había problemas con el micrófono y los de atrás no se enteraron de nada.*

microlentilla (mi-cro-len-**ti**-lla) *s. f.* *Lentilla.

micrómetro (mi-**cró**-me-tro) *s. m.* Instrumento que sirve para medir cantidades lineales o angulares muy pequeñas. *Utilizaron un micrómetro.*

microondas (mi-cro-**on**-das) *s. m.* *Horno microondas. ✎ Invariable en número.

microorganismo (mi-cro-or-ga-**nis**-mo) *s. m.* Ser vivo diminuto. *Los virus y las bacterias son microorganismos.*

microprocesador (mi-cro-pro-ce-sa-**dor**) *s. m.* Circuito integrado que hace las funciones de la unidad central de tratamiento de un microordenador. *El primer microprocesador salió al mercado en el año 1971.*

microscópico, ca (mi-cros-**có**-pi-co) *adj.* **1.** Que pertenece o se refiere al microscopio. *Estudio microscópico.* **2.** Tan pequeño que sólo puede observarse con el microscopio. *Partículas microscópicas.* **SIN.** Diminuto, imperceptible, inapreciable. **ANT.** Enorme, gigantesco. **3.** Por ext., se dice de todo aquello que es muy pequeño. *Tenía una letra microscópica.* **SIN.** Diminuto, imperceptible, inapreciable. **ANT.** Enorme, gigantesco.

microscopio (mi-cros-**co**-pio) *s. m.* **1.** Instrumento óptico que sirve para observar los objetos muy pequeños. *Examinamos el ala de una mosca con el microscopio.* ‖ **2. microscopio electrónico** El que utiliza en vez de rayos luminosos un haz de electrones producidos por un tubo catódico, y cuyo poder de ampliación es hasta doscientas mil veces superior al del microscopio óptico.

microspora (mi-cros-**po**-ra) *s. f.* Espora masculina de pequeño tamaño que tienen ciertos helechos. *Las microsporas se sitúan en el envés de las hojas.*

microsurco (mi-cro-**sur**-co) *adj.* Se dice del disco fonográfico de estrías muy finas y próximas entre sí, lo que permite registrar gran cantidad de sonidos. **GRA.** También s. m. *Todos los discos de vinilo son microsurcos.*

mieditis (mie-**di**-tis) *s. f., fam.* *Miedo. ✎ Invariable en número.

miedo (**mie**-do) *s. m.* **1.** Angustia que se siente ante un peligro real o imaginario. *La oscuridad le daba mucho miedo.* **SIN.** Temor, espanto, terror, pavor, pánico. **ANT.** Valor, tranquilidad, audacia. **2.** Recelo que alguien tiene de que le suceda una cosa contraria a lo que deseaba. *Tenía miedo de suspender el examen del carné de conducir.* **SIN.** Aprensión. **ANT.** Confianza. ‖ **LOC. cagarse, o morirse de miedo** *fam.* Tener muchísimo miedo. **de miedo** *fam.* Pondera lo excelente de alguien o algo.

miedoso, sa (mie-**do**-so) *adj., fam.* Que tiene miedo de cualquier cosa. **GRA.** También s. m. y s. f. *Es muy miedosa, nunca quiere quedarse sola en casa.* **SIN.** Medroso, pusilánime, temeroso, cobarde. **ANT.** Valiente, decidido, imperturbable.

miel *s. f.* Sustancia amarilla muy dulce, que producen las abejas a partir del néctar de las flores. *Fuimos a recoger miel de la colmena.* ‖ **LOC. dejar a alguien con la miel en los labios** *fam.* Quitarle lo que empezaba a gustar y disfrutar.

mielina (mie-**li**-na) *s. f.* Sustancia que recubre y protege las fibras nerviosas. *Los nervios simpáticos no tienen cubierta de mielina.*

mielitis (mie-**li**-tis) *s. f.* Inflamación de la médula espinal. *Sufría mielitis.* Invariable en número.

miembro (**miem**-bro) *s. m.* **1.** Extremidad del ser humano o del animal, articulada con el tronco. *Los brazos son los miembros superiores.* **2.** Persona que forma parte de una asociación o comunidad. *Soy miembro de un club de tenis.* **SIN.** Socio, integrante. **3.** *Pene. **OBS.** Se dice también "miembro viril". **4.** En matemáticas, cada una de las expresiones de una ecuación o desigualdad. *La incógnita estaba en el primer miembro.* ‖ **5. miembro inferior, abdominal o pélvico** El formado por el muslo, la pierna y el pie. **6. miembro superior o torácico** El formado por la mano, brazo y antebrazo.

mientras (**mien**-tras) *adv. t.* **1.** En tanto, entre tanto. *Ve tú acabando de recoger esto mientras.* ‖ *conj. t.* **2.** Durante el tiempo en que. *Leí el periódico mientras te estuve esperando.* ‖ **LOC. mientras más** *fam.* Cuanto más. **mientras que** En cambio. **mientras tanto** Durante el mismo tiempo.

miércoles (**miér**-co-les) *s. m.* **1.** Día de la semana que está entre el martes y el jueves. *El miércoles los alumnos irán a visitar una fábrica.* ‖ **2. miércoles de ceniza** Primer día de la cuaresma y cuadragésimo sexto anterior al domingo de Pascua de Resurrección. Invariable en número.

mierda (**mier**-da) *s. f.* **1.** Excremento humano y, por ext., el de algunos animales. *No pises esa mierda de vaca.* **2.** *fam.* Grasa o porquería que se pega a la ropa u otra cosa. *Salió del desván con los pantalones llenos de mierda.* **SIN.** Suciedad, pringue. **3.** *fam.* Suciedad en general. *Deberíamos darle una buena pasada a la casa, está llena de mierda.* **4.** *fam.* Cosa mal hecha, de mala calidad o sin valor. *No presentes ese trabajo, es una mierda.* **SIN.** Bodrio, basura. **5.** *vulg.* Borrachera. *Estuvo a punto de agarrar una buena mierda.* ‖ *s. m. y s. f.* **6.** Persona insignificante y despreciable. *Sentía que le trataban como si fuera una mierda.* ‖ **LOC. ¡a la mierda!** *vulg.* Denota contrariedad, enfado o indignación. **hecho una mierda** *vulg.* En malas condiciones. **irse algo a la mierda** *vulg.* Malograrse. **¡mierda!** *vulg.* Denota enfado o indignación. **¡una mierda! o ¡y una mierda!** *vulg.* Denota rechazo. **vete a la mierda** *vulg.* Se usa para despedir a alguien con enfado o desprecio.

mies *s. f.* **1.** Cereal maduro, de cuya semilla se hace el pan. *Ya habían comenzado a segar la mies.* ‖ *s. f. pl.* **2.** Los sembrados. *Le gustaba observar las extensas mieses.*

miga (**mi**-ga) *s. f.* **1.** Parte más blanda del pan, cubierta por la corteza. *Esta hogaza tiene mucha miga.* **2.** Porción pequeña de pan o de cualquier cosa. *No cortes el pan ahí, lo llenarás todo de migas.* **3.** *fam.* Entidad, importancia y sustancia principal de una cosa, material o moral. *El asunto tenía miga, no creas.* **SIN.** Quid, meollo. ‖ *s. f. pl.* **4.** Pan desmenuzado, humedecido y frito. *Probaron las migas típicas de la región.* ‖ **LOC. hacer buenas, o malas, migas** *fam.* Estar una persona en amistad y conformidad, o en enemistad y desacuerdo, con otra u otras. **hacerle a alguien migas** *fam.* Vencerle, agotarle, causarle un gran daño o trastorno. **SIN.** Hacerle polvo.

migaja (mi-**ga**-ja) *s. f.* **1.** Parte pequeña y menuda del pan, que suele saltar o desmenuzarse al partirlo. *Limpia la mesa, está llena de migajas.* **2.** Porción pequeña de cualquier cosa. *Dame una migaja de ese queso para probarlo.* **SIN.** Triza, partícula. **3.** Nada o casi nada. *A ella le tocaban siempre las migajas.* ‖ *s. f. pl.* **4.** Desperdicios o sobras de uno, de que se sirven otros. *Se alimentaban con sus migajas.* **SIN.** Restos.

migración (mi-gra-**ción**) *s. f.* **1.** *Emigración. **SIN.** Éxodo. **2.** Viaje periódico de las aves, peces y otros animales. *Había comenzado la migración de las cigüeñas.* **3.** Desplazamiento geográfico de personas o grupos de personas, generalmente por motivos económicos o sociales. *Hubo una gran migración del campo a la ciudad.*

migraña (mi-gra-ña) *s. f.* *Jaqueca.

mijo (**mi**-jo) *s. m.* Planta gramínea de tallo robusto, cuya semilla del mismo nombre es pequeña, de forma redondeada y de color blanco amarillento. *El mijo es originario de la India.*

mil *adj. num. card.* **1.** Diez veces cien. **GRA.** También pron. y s. m. *Pronto se celebrará el milenario de la ciudad, pues hace casi mil años que fue fundada.* ‖ *adj. num. ord.* **2.** *Milésimo. **GRA.** También pron. ‖ *s. m.* **3.** Signo o conjunto de signos con que se representa el número mil. *Acudieron 1 000 personas.* **4.** *Millar. **GRA.** Se usa más en pl. ‖ **LOC. las mil y**

milagro - millón

quinientas Hora demasiado tardía. 🖎 Como adj., es invariable en género.

milagro (mi-**la**-gro) *s. m.* **1.** Hecho del poder divino, superior al orden natural y las fuerzas humanas. *Decían que era un milagro.* **SIN.** Prodigio, portento, maravilla. **2.** Cualquier suceso o cosa rara, extraordinaria y maravillosa. *Fue un milagro que aprobara.* **SIN.** Maravilla, portento, prodigio. ‖ **LOC. de milagro** Inesperadamente. **de milagro** Por poco. **hacer alguien milagros** Hacer más de lo que se puede con los escasos medios de que se dispone. **¡milagro!** Denota extrañeza o admiración. **vivir alguien de milagro** Mantenerse con pocos recursos. **vivir alguien de milagro** Haber logrado escapar a un peligro grave.

milagroso, sa (mi-la-**gro**-so) *adj.* **1.** Que excede a las fuerzas de la naturaleza. *Hecho milagroso.* **SIN.** Sobrenatural. **2.** Que obra o hace milagros. *Fuerza milagrosa.* **3.** Maravilloso, asombroso. *Este jarabe es milagroso para la tos.* **SIN.** Prodigioso, portentoso, pasmoso.

milano (mi-**la**-no) *s. m.* Ave rapaz diurna, de plumaje rojizo, y cola y alas muy largas, que se alimenta preferentemente de roedores pequeños, insectos y carroñas. *El milano real estaba protegido en la Edad Media.*

milenario, ria (mi-le-**na**-rio) *adj.* **1.** Se dice de lo que ha durado uno o varios milenios. *Es un monumento milenario.* **SIN.** Arcaico, antiguo. **ANT.** Reciente, moderno. ‖ *s. m.* **2.** Día en que se cumplen uno o más milenios de algún acontecimiento importante. *Se celebraba el segundo milenario de su invención.*

milenio (mi-**le**-nio) *s. m.* Período de mil años. *Ya tiene dos milenios.*

milésimo, ma (mi-**lé**-si-mo) *adj. num. ord.* **1.** Que ocupa el último lugar en una serie ordenada de mil. **GRA.** También pron. ‖ *adj. num. part.* **2.** Se dice de cada una de las mil partes iguales en que se divide un todo. **GRA.** También s. m. y s. f.

milhojas (mil-**ho**-jas) *s. m.* Pastel de hojaldre, relleno de crema o mermelada de manzana, y merengue. *Se tomó un milhojas de postre.* 🖎 Invariable en número.

mili (**mi**-li) *s. f., fam.* Forma apocopada de servicio militar. *Su amigo está en la mili.* **SIN.** Ejército, milicia.

milicia (mi-**li**-cia) *s. f.* **1.** Arte de hacer la guerra y de preparar a los soldados para ella. *Había dedicado su vida a la milicia.* **2.** Servicio o profesión militar. *Llevaba años en la milicia.* **SIN.** Ejército. ‖ **3. milicias populares** Grupo de voluntarios armados que no pertenecen al ejército regular. **4. milicias universitarias** Institución del ejército en que pueden hacer el servicio militar quienes se hallan cursando estudios universitarios.

miliciano, na (mi-li-**cia**-no) *adj.* **1.** Que pertenece a la milicia. *El campamento tiene régimen miliciano.* ‖ *s. m. y s. f.* **2.** Persona que pertenece a la milicia. *Los milicianos estaban allí de maniobras.*

miligramo (mi-li-**gra**-mo) *s. m.* Medida de peso equivalente a la milésima parte de un gramo.

mililitro (mi-li-**li**-tro) *s. m.* Medida de capacidad equivalente a la milésima parte de un litro.

milímetro (mi-**lí**-me-tro) *s. m.* Medida de longitud equivalente a la milésima parte de un metro.

militante (mi-li-**tan**-te) *adj.* Que milita. **GRA.** También s. m. y s. f. *Era militante del partido ecologista.* **SIN.** Afiliado, combatiente, participante.

militar[1] (mi-li-**tar**) *adj.* **1.** Que pertenece o se refiere a la milicia o a la guerra, por contraposición a civil. *Instrucción militar.* **SIN.** Castrense. ‖ *s. m.* **2.** Persona que sirve en el ejército. *Su padre es militar.* **SIN.** Soldado, combatiente. **ANT.** Civil.

militar[2] (mi-li-**tar**) *v. intr.* Figurar en un partido o agrupación. *Milita en ese partido desde hace años.* **SIN.** Afiliarse, inscribirse.

militarismo (mi-li-ta-**ris**-mo) *s. m.* **1.** Predominio del elemento militar en el gobierno del Estado. *El país llevaba años de militarismo.* **2.** Modo de pensar de quien defiende ese predominio. *Sus ideas eran contrarias al militarismo.*

militarizar (mi-li-ta-ri-**zar**) *v. tr.* **1.** Inculcar en otros la disciplina o el espíritu militar. *Pretendía militarizar al grupo.* **2.** Organizar de forma militar un cuerpo o servicio civil. *Han militarizado a los reservistas.* **SIN.** Movilizar. **3.** Someter a la disciplina militar. *Han militarizado el gobierno.* 🖎 Se conjuga como abrazar.

milla (**mi**-lla) *s. f.* Medida de longitud, usada especialmente en la marina, equivalente a 1 852 m. *El barco estaba a varias millas de la costa.*

millar (mi-**llar**) *s. m.* **1.** Conjunto de mil unidades. *Habría un millar de cabezas de ganado.* **2.** Número grande indeterminado. **GRA.** Se usa más en pl. *Contaba con millares de seguidores.*

millardo (mi-**llar**-do) *s. m.* Un millar de millones. *En la bolsa se mueven muchos millardos.*

millón (mi-**llón**) *s. m.* **1.** Mil millares. *Le tocó un millón de pesetas.* **2.** Número grande indeterminado. *Millones de personas hablan el castellano.*

millonada - minar

millonada (mi-llo-**na**-da) *s. f.* Cantidad muy grande, especialmente de dinero. *Ese chalé es precioso, pero cuesta una millonada.*

millonario, ria (mi-llo-**na**-rio) *adj.* **1.** Muy rico, poderoso, acaudalado. **GRA.** También s. m. y s. f. *Era hijo de una famosa millonaria.* **SIN.** Potentado, rico, creso. **ANT.** Pobre, indigente. **2.** Se dice de la cantidad o magnitud que se mide en millones. *Era un presupuesto millonario.*

millonésimo, ma (mi-llo-**né**-si-mo) *adj. num. part.* **1.** Se dice de cada una del millón de partes iguales entre sí en que se divide un todo. **GRA.** También s. m. y s. f. ‖ *adj. num. ord.* **2.** Que ocupa el último lugar en una serie ordenada de un millón. **GRA.** También pron.

milmillonésimo, ma (mil-mi-llo-**né**-si-mo) *adj. num. part.* **1.** Se dice de cada una de las mil millones de partes iguales en que se divide un todo. **GRA.** También s. m. y s. f. ‖ *adj. num. ord.* **2.** Que ocupa el último lugar en una serie ordenada de mil millones. **GRA.** También pron.

miloca (mi-**lo**-ca) *s. f.* Ave rapaz nocturna, muy parecida al búho, que se alimenta de animales pequeños. *La miloca vive normalmente en las peñas.*

milonga (mi-**lon**-ga) *s. f.* Tonada popular típica de Argentina, sencilla y bailable, parecida a la saeta española, que se canta acompañada de guitarra. *La milonga es un baile de movimiento lento.*

milord *s. m.* Tratamiento que se da en España a los lores o señores de la nobleza inglesa. *Milord Wilson viene de vacaciones mañana.* ✎ Su pl. es "milores".

milpiés (mil-**piés**) *s. m.* *Cochinilla, crustáceo. ✎ Invariable en número.

milrayas (mil-**ra**-yas) *adj.* Se dice de la tela con rayas muy finas y juntas. *Llevaba un pantalón milrayas.* ✎ Invariable en número. También s. m.

mimar (mi-**mar**) *v. tr.* **1.** Hacer caricias y halagos. *Mimaba mucho a sus amigos.* **SIN.** Halagar, acariciar. **ANT.** Castigar. **2.** Tratar con excesiva amabilidad y condescendencia a alguien, especialmente a los niños. *Sus abuelos le miman demasiado.* **SIN.** Consentir, mal acostumbrar, malcriar, enviciar.

mimbre (**mim**-bre) *s. amb.* **1.** *Mimbrera, arbusto. **2.** Cada una de las varitas que produce la mimbrera, especialmente la desnuda que se usa en cestería. *Hizo un cesto de mimbres.*

mimbrera (mim-**bre**-ra) *s. f.* Arbusto común a orillas de los ríos, cuyo tronco se llena desde el suelo de ramillas largas, delgadas y flexibles, que se emplean en cestería. *Les gustaba ir a jugar a la mimbrera.*

mimesis (mi-**me**-sis) *s. f.* **1.** Imitación que se hace de una persona de su modo de hablar y gesticular, especialmente para burlarse de ella. *El actor hizo una mímesis perfecta del personaje.* **SIN.** Burla, remedo. **2.** Copia o imitación de una cosa. *Era una mimesis exacta de ese cuadro.* **SIN.** Remedo, plagio. ✎ Invariable en número. También "mímesis".

mimetismo (mi-me-**tis**-mo) *s. m.* Propiedad que tienen algunos animales y plantas de asemejarse a los seres y objetos del medio en que viven, que les sirve para protegerse o disimular su presencia. *El camaleón es un ejemplo de mimetismo.* **SIN.** Adaptación, imitación.

mímica (**mí**-mi-ca) *s. f.* Arte de imitar, representar o darse a entender por medio de gestos, ademanes o actitudes. *Se entendían por mímica.*

mimo[1] (**mi**-mo) *s. m.* **1.** Representación teatral que se vale exclusiva o preferentemente de gestos y de movimientos corporales. *Hace mimo.* ‖ *s. m. y s. f.* **2.** Intérprete de estas obras teatrales. *Marcel Marceau es uno de los mimos más conocidos.*

mimo[2] (**mi**-mo) *s. m.* **1.** Cariño, demostración de ternura. *Le trataba con mucho mimo.* **SIN.** Halago, caricia. **2.** Excesiva condescendencia con que se trata a alguien, especialmente a los niños. *No le des tantos mimos.* **SIN.** Consentimiento.

mimoso, sa (mi-**mo**-so) *adj.* Se dice de la persona a la que le gusta dar mimos o recibirlos. *Es un niño muy mimoso.* **SIN.** Consentido, melindroso, delicado.

mina (**mi**-na) *s. f.* **1.** Yacimiento en el que se excavan pozos y galerías para extraer el mineral útil que contiene. *Hay minas a cielo abierto, en las que no es necesario excavar.* **SIN.** Explotación. **2.** Barra de un mineral llamado grafito, que forma el interior del lapicero. *La parte del lapicero con la que escribimos es la mina.* **SIN.** Lápiz. **3.** Aquello que es útil y que tiene muchas cosas buenas. *Juan es una mina de conocimientos.* **SIN.** Filón. **4.** Oficio o negocio del que con poco trabajo se obtiene mucha ganancia. *Creo que has encontrado una mina.* **SIN.** Ganga, chollo. **5.** Artefacto dispuesto para hacer explosión al ser rozado su dispositivo. *Las minas son una terrible arma mortífera.* **SIN.** Bomba, granada, explosivo. ‖ **6. mina submarina** Torpedo fijo para la defensa contra los buques de la armada enemiga.

minar (mi-**nar**) *v. tr.* **1.** Abrir caminos o galerías por debajo de tierra. *Minaron el edificio.* **SIN.** Socavar, horadar. **2.** Consumir, destruir poco a poco. *El cáncer le estaba minando la salud.* **SIN.** Desgastar. **3.** Hacer minas cavando la tierra o colocar los arte-

minarete - minorar

factos explosivos del mismo nombre para volar y derribar muros, edificios, etc. *Extensos terrenos habían sido minados por el enemigo.*
minarete (mi-na-**re**-te) *s. m.* Torre de la mezquita desde la que el muecín llama a orar a los fieles. *Subimos al minarete.*
mineral (mi-ne-**ral**) *adj.* **1.** Que pertenece o se refiere al grupo de las sustancias inorgánicas, o a alguna de sus partes. *Reino mineral.* ‖ *s. m.* **2.** Sustancia natural con una configuración química definida. *El magnesio y el hierro son minerales.*
mineralizar (mi-ne-ra-li-**zar**) *v. tr.* **1.** Dar a una sustancia en el seno de la tierra las condiciones de mineral o mena. **GRA.** También v. prnl. *La madera se mineralizó hasta convertirse en carbón.* ‖ *v. prnl.* **2.** Cargarse el agua de sustancias minerales en su curso subterráneo. *El agua de ese manantial se había mineralizado.* ✎ Se conjuga como abrazar.
mineralogía (mi-ne-ra-lo-**gí**-a) *s. f.* Ciencia que estudia los minerales. *La mineralogía le gustaba mucho.*
minería (mi-ne-**rí**-a) *s. f.* **1.** Arte de trabajar las minas. *Se dedica a la minería.* **2.** Conjunto de personas que se dedican a este trabajo. *La minería de la región estaba seriamente amenazada.* **3.** Conjunto de las minas y explotaciones mineras de una nación o comarca. *Este país tiene una minería importante.*
minestrone *s. f.* Sopa espesa de verduras y arroz o macarrones. *De primero tomó una minestrone de verduras.*
miniar (mi-**niar**) *v. tr.* Pintar una cosa en miniatura. *Los monjes miniaron ese códice.* **SIN.** Iluminar. ✎ En cuanto al acento, se conjuga como cambiar.
miniatura (mi-nia-**tu**-ra) *s. f.* **1.** Pintura de pequeñas dimensiones hecha generalmente sobre papel, pergamino, marfil, etc. *En el museo se conservaban valiosas miniaturas.* **2.** Pequeñez. *¡Qué miniatura de figura!*
minibasket *s. m.* Deporte infantil similar al baloncesto que se juega en una cancha de menores dimensiones que la utilizada normalmente. *Juega en el equipo de minibasket del colegio.*
minifalda (mi-ni-**fal**-da) *s. f.* Falda corta por encima de la rodilla. *Este año la minifalda está de moda.*
minifundio (mi-ni-**fun**-dio) *s. m.* Finca rústica que, por su reducida extensión, no puede ser objeto por sí sola de cultivo en condiciones rentables. *La región tenía un cultivo de minifundio.*
minigolf (mi-ni-**golf**) *s. m.* Deporte similar al golf que se juega en un campo o pista de reducidas dimensiones. *Les gusta jugar al minigolf.*

minimizar (mi-ni-mi-**zar**) *v. tr.* **1.** Empequeñecer una cosa o quitarle importancia. *Trató de minimizar las consecuencias de su acción.* **SIN.** Subestimar, tener en poco. **2.** Menospreciar. *No minimices su fuerza, te lo aconsejo.* ✎ Se conjuga como abrazar.
mínimo, ma (**mí**-ni-mo) *adj.* **1.** Tan pequeño que no hay otro menor en su especie. **GRA.** Es adj. sup. de pequeño. *Mi casa es mínima, ya no cabe ni una persona más.* **SIN.** Ínfimo, minúsculo. **ANT.** Enorme. ‖ *s. m.* **2.** Límite inferior o extremo a que se puede reducir una cosa. *Al dormir se consume el mínimo de energía.* **ANT.** Máximo. **3.** En matemáticas, valor más pequeño que puede tener una variable. *Halló el mínimo de la función.* **ANT.** Máximo. ‖ **LOC. como mínimo** *fam.* Por lo menos. **lo más mínimo** *fam.* En una frase negativa, nada en absoluto.
minino, na (mi-**ni**-no) *s. m. y s. f., fam.* *Gato, animal.
minio (**mi**-nio) *s. m.* Óxido de plomo de color rojo, muy usado en pintura. *A la verja le dio primero una mano de minio.*
ministerio (mi-nis-**te**-rio) *s. m.* **1.** Cada uno de los departamentos en que se divide el gobierno de una nación y que está dirigido por un ministro. *Ministerio de Medio Ambiente.* **2.** Cargo de ministro de un Estado y tiempo que dura su ejercicio. *Las negociaciones con los sindicatos habían tenido lugar durante su ministerio.* **3.** Edificio donde se hallan las oficinas de cada departamento ministerial. *Tenía que ir al ministerio de asuntos sociales.* **4.** Ocupación, cargo u oficio. *El ministerio de la enseñanza le tenía totalmente ocupado.* ‖ **5. ministerio de Asuntos Exteriores** El que se encarga de los negocios y relaciones con los países extranjeros. **6. ministerio de la Gobernación** El que tenía a su cargo el orden interior del Estado y la administración local. **7. ministerio público** Representación de la ley y del interés público que ostenta el fiscal ante los tribunales de justicia.
ministro, tra (mi-**nis**-tro) *s. m. y s. f.* **1.** Jefe de cada una de las partes en que se divide el gobierno de una nación. *El ministro de Sanidad y la ministra de Cultura se reunieron con el presidente del Gobierno.* ‖ **2. ministro de Dios** Sacerdote. **3. ministro sin cartera** El que participa de la responsabilidad política del Gobierno, pero no dirige ningún departamento. **4. primer ministro** El jefe del Gobierno o presidente del consejo de ministros.
minorar (mi-no-**rar**) *v. tr.* *Aminorar. **GRA.** También v. prnl. **SIN.** Disminuir(se), reducir(se), acortar(se). **ANT.** Aumentar(se), ampliar(se), alargar(se).

minoría - mira

minoría (mi-no-**rí**-a) *s. f.* **1.** En un país, grupo, etc., parte menor de sus componentes. *La huelga fue secundada por una minoría.* **ANT.** Mayoría. **2.** Conjunto de votos opuestos a la opinión de la mayoría. *Una minoría votó en contra.* **3.** Parte de la población de un Estado que difiere de la mayoría de la misma población, por la raza, la lengua o la religión. *Era el representante de la minoría blanca del país.* **4.** Tiempo de la menor edad legal de una persona. *Le quedan sólo dos años para acabar su minoría de edad.*

minorista (mi-no-**ris**-ta) *s. m. y s. f.* **1.** Comerciante que vende al por menor, es decir, directamente a los consumidores finales. *Llegó a un acuerdo con el minorista.* || *adj.* **2.** Se dice del comercio al por menor. *El comercio minorista tenía problemas.* **SIN.** Detalle.

minucia (mi-**nu**-cia) *s. f.* Cosa de poco valor e importancia o de escaso interés. *No sé cómo le puedes dar tanta importancia a esas minucias.* **SIN.** Pequeñez, nimiedad. **ANT.** Importancia, esencia.

minucioso, sa (mi-nu-**cio**-so) *adj.* Que se fija o se detiene en las cosas más pequeñas. *Hizo un estudio minucioso del tema.* **SIN.** Escrupuloso, meticuloso, nimio. **ANT.** Superficial, descuidado.

minué (mi-**nué**) *s. m.* Antigua danza francesa para dos personas. *El minué estuvo de moda en el s. XVIII.* ✎ Su pl. es "minués".

minuendo (mi-**nuen**-do) *s. m.* Cantidad de la que se resta otra. *En la resta 20-5=15; 20 es el minuendo.* **ANT.** Sustraendo.

minuete (mi-**nue**-te) *s. m.* *Minué.

minúsculo, la (mi-**nús**-cu-lo) *adj.* **1.** Que es de muy pequeñas dimensiones, o de muy poca importancia. *La habitación era minúscula, no cabía nada dentro.* **SIN.** Ínfimo, pequeño, insignificante. **ANT.** Enorme, grande, gigantesco. **2.** *Letra minúscula. **GRA.** También s. f.

minusvalía (mi-nus-va-**lí**-a) *s. f.* **1.** Detrimento o disminución del valor de alguna cosa. *La calidad del producto había experimentado una importante minusvalía.* **2.** Deficiencia física o psíquica que disminuye las capacidades de una persona. *Esas plazas estaban reservadas para personas con algún tipo de minusvalía.* **SIN.** Incapacidad.

minusválido, da (mi-nus-**vá**-li-do) *adj.* Se dice de la persona incapacitada, por lesión física o psíquica, para determinados trabajos, movimientos, etc. **GRA.** También s. m. y s. f. *Las Paraolimpiadas son los Juegos Olímpicos en los que participan minusválidos.*

minusvalorar (mi-nus-va-lo-**rar**) *v. tr.* *Subestimar.

minuta (mi-**nu**-ta) *s. f.* **1.** Borrador o extracto que se hace de un contrato, anotando los cláusulas o partes esenciales. *Redactaron la minuta.* **2.** Borrador original que en una oficina queda de cada orden o comunicación que por ella se expide. *Archivo las minutas.* **3.** Anotación que se hace de una cosa para tenerla presente. *Le dieron la minuta con lo que tenía que hacer.* **4.** Cuenta que de sus honorarios presentan los abogados. *Presentó la minuta de sus servicios.* **SIN.** Factura, honorarios. **5.** Lista o catálogo de personas o cosas. *Presentó una minuta de los matriculados.* **6.** Lista de los platos que se sirven en una comida. *El camarero trajo la minuta del restaurante.* **SIN.** Menú.

minutero (mi-nu-**te**-ro) *s. m.* Manecilla del reloj que señala los minutos. *El minutero es la manecilla más larga.* **SIN.** Saeta, aguja.

minuto (mi-**nu**-to) *s. m.* **1.** Cada una de las sesenta partes iguales en que se divide una hora. *Un minuto tiene 60 segundos.* **2.** Cada una de las sesenta partes iguales en que se divide un grado de círculo. *El símbolo del minuto es '.*

mío, a (**mí**-o) *adj. pos.* **1.** Forma del posesivo masculino y femenino de la primera persona del singular. Indica posesión o pertenencia a la persona que habla. **GRA.** También pron. *Ese libro es mío.* || **2. los míos** La familia, compañeros, etc. de la primera persona gramatical. || **LOC. ésta es la mía** *fam.* Tener la ocasión para lograr lo que se pretende.

miocardio (mio-**car**-dio) *s. m.* Parte musculosa del corazón, entre el pericardio y el endocardio. *Dio algunas recomendaciones para prevenir el infarto de miocardio.*

miocarditis (mio-car-**di**-tis) *s. f.* Inflamación del miocardio. *Sufrió una miocarditis.* ✎ Invariable en número.

miope (**mio**-pe) *adj.* Se dice de la persona que padece miopía. **GRA.** También s. m. y s. f. *Necesitaba gafas porque era miope.*

miopía (mio-**pí**-a) *s. f.* Defecto o imperfección del ojo a causa del cual los objetos lejanos no se ven con claridad. *Tenía miopía.*

miosis (**mio**-sis) *s. f.* Contracción anormal permanente de la pupila del ojo. *Tenía una miosis.* ✎ Invariable en número.

mira (**mi**-ra) *s. f.* **1.** Pieza que en algunos instrumentos sirve para dirigir la vista hacia un punto determinado. *Ajustó la mira del telescopio.* **2.** En las armas de fuego, pieza para asegurar la puntería. *Tenía la diana en el punto de mira.* || **LOC. con miras**

mirado - misa

a Con vistas a. **poner la mira en algo** Hacer todo lo posible para conseguirlo.

mirado, da (mi-ra-do) *adj.* **1.** Se dice de la persona prudente y reflexiva. **GRA.** Se usa con los adv. "muy", "tan", "más" y "menos". *Es muy mirada para esas cosas.* **SIN.** Remirado, prudente. **ANT.** Irreflexivo, imprudente. **2.** Digno de buen o mal concepto. **GRA.** Se usa precedido de los adv. "bien", "mal", "mejor", "peor". *Está bien mirado.* ‖ **LOC. bien mirado** Pensándolo bien.

mirador (mi-ra-dor) *s. m.* **1.** Lugar alto y bien situado que sirve para contemplar el paisaje. *Desde el mirador se veía todo el valle.* **2.** Balcón cubierto y cerrado con cristales o persianas. *Estaba en el mirador de su casa.* **SIN.** Galería.

miramiento (mi-ra-mien-to) *s. m.* Respeto que se debe tener en la realización de una cosa o que se guarda a una persona. *No tuvo ningún miramiento.* **SIN.** Cuidado, cautela, precaución, atención.

mirar (mi-rar) *v. tr.* **1.** Fijar atentamente la vista en una cosa. **GRA.** También v. prnl. *Miró el cuadro durante horas.* **SIN.** Contemplar(se), observar(se). **2.** Buscar algo. *Mira en la estantería.* **SIN.** Rebuscar. **3.** Revisar o registrar. *Nos miraron el equipaje en la aduana.* **SIN.** Examinar. **4.** Tener una finalidad al realizar algo. *Miraba conseguir una sólida formación.* **SIN.** Buscar. ‖ *v. intr.* **5.** Hallarse frente a algo. *El balcón mira a la Plaza Mayor.* **6.** Cuidar, atender, proteger o amparar a alguien. **GRA.** Se usa con la prep. "por". *Mira por el negocio.* **SIN.** Amparar, auxiliar. ‖ **LOC. de mírame y no me toques** *fam.* Se dice de lo que es muy frágil, delicado o quebradizo. **¡mira!** Expresión para avisar o amenazar a alguien. **mira bien lo que haces** Expresión con que se incita a alguien a reflexionar y evitar la acción mala o peligrosa que pretende realizar. **¡mira quién habla!** Expresión con que se advierte en quien habla el mismo defecto que critica o la falta de conocimiento en el asunto. **mirar a alguien por encima del hombro** *fam.* Considerarlo inferior.

miríada (mi-rí-a-da) *s. f.* Cantidad muy grande e indefinida. *En la laguna hay una miríada de mosquitos.*

miriámetro (mi-riá-me-tro) *s. m.* Medida de longitud equivalente a diez mil metros.

miriápodo (mi-riá-po-do) *adj.* Se dice de los animales artrópodos terrestres, con respiración traqueal, cuerpo segmentado, con uno o dos pares de patas en cada elemento, antenados y mandibulados. **GRA.** También s. m. *El ciempiés es un miriápodo.* ✎ También "miriópodo".

mirífico, ca (mi-rí-fi-co) *adj.* Admirable, maravilloso. *Miríficos sucesos estaban ocurriendo.* **SIN.** Portentoso, sorprendente. **ANT.** Vulgar.

mirilla (mi-ri-lla) *s. f.* **1.** Abertura en una puerta para observar desde dentro quién llama sin ser visto. *Miró por la mirilla.* **2.** Pequeña abertura que en algunos instrumentos topográficos sirve para dirigir visuales. *Observa por la mirilla la varilla de marca.*

miriñaque (mi-ri-ña-que) *s. m.* Tela rígida o muy almidonada, a veces con aros, que se coloca debajo de las faldas para darles vuelo. *La falda de ese traje regional lleva un miriñaque.* **SIN.** Ahuecador, armazón.

mirlo (mir-lo) *s. m.* Ave de plumaje oscuro y pico amarillo, muy apreciado por su canto melodioso. *El mirlo se domestica fácilmente.* ‖ **LOC. ser algo, o alguien, un mirlo blanco** Ser muy raro.

mirón, na (mi-rón) *adj.* **1.** Que mira, y especialmente que mira demasiado o con curiosidad. **GRA.** También s. m. y s. f. *Nuestro vecino es un mirón.* **SIN.** Cotilla, curioso. **ANT.** Discreto. **2.** Se dice de la persona que, sin participar, observa cómo otras trabajan o juegan. **GRA.** También s. m. y s. f. *Dos trabajaban y los otros estaban de mirones.*

mirra (mi-rra) *s. f.* Especie de resina aromática de gusto amargo, aromática, roja y brillante. *Los Reyes Magos llevaron a Jesús oro, incienso y mirra.*

mirto (mir-to) *s. m.* Arbusto de hojas compuestas y persistentes, flores pequeñas, blancas y olorosas y fruto en baya de color negro azulado. *Los mirtos se utilizan en jardinería para formar setos*

misa (mi-sa) *s. f.* **1.** Ceremonia ritual de algunos cultos cristianos en que se conmemora la muerte y resurrección de Jesucristo. *Todos los domingos iba a misa.* ‖ **2. misa cantada** La que celebra con canto un único sacerdote. **3. misa concelebrada** La celebrada conjuntamente por varios sacerdotes. **4. misa de campaña** La que se celebra al aire libre para fuerzas armadas, y, por ext., para un grupo numeroso de personas. **5. misa de difuntos, o de réquiem** La que se dice por ellos. **6. misa de gallo** La Nochebuena. **7. misa parroquial** La que se celebra los domingos y fiestas de guardar en la parroquia. ‖ **LOC. cantar misa** Decir la primera misa un nuevo sacerdote. **como en misa** En profundo silencio. **decir misa** Celebrarla el sacerdote. **ir algo a misa** *fam.* Ser indiscutible su veracidad. **no saber alguien de la misa la media, o la mitad** *fam.* Ignorar una cosa. **que diga, o que digan, misa** *fam.* Denota que a alguien no le importa nada lo que digan u opinen los demás.

misal - místico

misal (mi-**sal**) *s. m.* Libro que contiene el orden y modo de celebrar la misa. *Guardaba con cariño el misal de su abuela.* **SIN.** Breviario, diccionario.

misántropo, pa (mi-**sán**-tro-po) *s. m. y s. f.* Persona que rehúye el trato con la gente. *Es un misántropo.* **SIN.** Huraño, arisco. **ANT.** Abierto, sociable.

miscelánea (mis-ce-**lá**-ne-a) *s. f.* **1.** Mezcla, unión de cosas diversas. *Esa división era una miscelánea de diversos temas.* **SIN.** Variedad, colección. **2.** Obra o escrito en que se tratan muchas materias inconexas y mezcladas. *Escribió una miscelánea.*

miscible (mis-**ci**-ble) *adj.* Que se puede mezclar. *El agua y el aceite no son miscibles entre sí.*

miserable (mi-se-**ra**-ble) *adj.* **1.** Pobre, desdichado, infeliz. *Lleva una vida miserable.* **SIN.** Desgraciado, mísero. **ANT.** Feliz, afortunado. **2.** Avaro, mezquino. *No seas miserable.* **SIN.** Agarrado, roñoso. **ANT.** Generoso, dadivoso. **3.** Perverso, canalla. *Es una persona miserable.* **SIN.** Infame, pérfido. **ANT.** Honrado. ✎ Tiene sup. irreg.: "miserabilísimo".

miserere (mi-se-**re**-re) *s. m.* Salmo latino que empieza con esta palabra. *Cantaron el miserere.*

miseria (mi-**se**-ria) *s. f.* **1.** Desgracia, trabajo, infortunio. *Su vida estaba llena de miserias.* **ANT.** Fortuna, ventura. **2.** Estrechez, pobreza extrema. *Vivían casi en la miseria.* **SIN.** Necesidad, ruina. **ANT.** Riqueza, opulencia. **3.** *fam.* Cantidad muy pequeña de algo. *La propina que le daban era una miseria.*

misericordia (mi-se-ri-**cor**-dia) *s. f.* Virtud que lleva a compadecerse de las penalidades ajenas y a tratar de aliviarlas. *Tuvo misericordia de aquella pobre familia.* **SIN.** Conmiseración, miseración, compasión, lástima. **ANT.** Inflexibilidad, inclemencia.

mísero, ra (**mí**-se-ro) *adj.* **1.** Infeliz, desgraciado. *Recordaba los míseros años de su juventud.* **SIN.** Desafortunado, abatido. **ANT.** Feliz, afortunado, venturoso. **2.** Avaro, tacaño. *Es tan mísera que pasa hasta frío por no gastar.* **SIN.** Roñoso, cicatero, agarrado. **ANT.** Generoso, dadivoso. **3.** De escaso valor. *¡Cómo se puso por una mísera peseta!* **SIN.** Exiguo, nimio. ✎ Tiene sup. irreg.: "misérrimo".

misil (mi-**sil**) *s. m.* Proyectil de largo alcance, autodirigido o teledirigido. *El acuerdo de desarme afectaba también a la retirada de misiles de aquella zona.* ✎ También "mísil".

misión (mi-**sión**) *s. f.* **1.** Poder que se da a una persona de ir a desempeñar algún cometido. *Tenía la misión de cerrar el trato.* **2.** El propio cometido. *Cumplió su misión.* **SIN.** Embajada, encargo. **3.** Salida o peregrinación que hacen los religiosos para predicar el evangelio. *Se dedicó a las misiones.* **4.** Lugar donde llevan a cabo su labor de evangelización los misioneros. *Tenían varias misiones en la selva amazónica.* **5.** Casa o iglesia de los misioneros. *Celebraron la misa en la capilla de la misión.*

misionero, ra (mi-sio-**ne**-ro) *adj.* **1.** Que pertenece o se refiere a las misiones. *Campaña misionera.* || *s. m. y s. f.* **2.** Persona de una orden religiosa que enseña y predica el evangelio. *Las misioneras se ocupan de muchos niños.* **SIN.** Apóstol, predicador.

misiva (mi-**si**-va) *s. f.* Carta o mensaje que se envía a una persona. *Envió una misiva.*

mismo, ma (**mis**-mo) *adj.* **1.** Indica que es una persona o cosa la que se ha visto o de la que se habla y no otra. *Se estaban refiriendo a la misma persona.* **2.** Semejante o igual. *Tenía el mismo color.* **SIN.** Idéntico. **ANT.** Distinto. **3.** Se añade a pronombres personales y a algunos adverbios para reforzar la identificación o para hacer resaltar la participación en un acto. *Lo hizo ella misma.* || **4. así mismo** Asimismo. || **LOC. por lo mismo** A causa de ello, por esta razón.

misoginia (mi-so-**gi**-nia) *s. f.* Aversión u odio a las mujeres. *Era una persona marcada por su misoginia.*

miss *s. f.* **1.** Tratamiento inglés equivalente a señorita. *Habló con Miss Dolly.* **2.** Ganadora de un concurso de belleza. *Logró el título de Miss España.*

mistela (mis-**te**-la) *s. f.* Vino dulce. *Tomé una mistela.*

míster *s. m.* **1.** Tratamiento inglés equivalente al de señor. *Avisa a míster Smith.* **2.** Ganador de un concurso de belleza. *Consiguió el título regional de míster.* **3.** Entrenador de un equipo deportivo. *Los jugadores se llevaban muy bien con el míster.*

misterio (mis-**te**-rio) *s. m.* **1.** Cosa secreta u oculta, que no se puede comprender ni explicar. *Si hay o no otros planetas habitados es un misterio.* **SIN.** Secreto, enigma, incógnita. **2.** Cada uno de los pasos de la vida, pasión y muerte de Jesucristo, considerados por separado, según la Iglesia católica. *El cuadro representaba el misterio de la Pasión.*

mística (**mís**-ti-ca) *s. f.* **1.** Unión íntima y espiritual del alma con Dios. *Dentro del cristianismo, la mística es la experiencia religiosa más elevada.* **2.** Manifestación literaria de la vivencia de esta unión. *La poesía mística alcanzó un gran desarrollo en España.*

místico, ca (**mís**-ti-co) *adj.* **1.** Que pertenece a la mística o al misticismo. *Vías místicas.* **2.** Que es muy devoto. **GRA.** También s. m. y s. f. *Es una persona muy mística.* **3.** Que escribe o trata de mística. **GRA.** También s. m. y s. f. *San Juan de la Cruz y Santa Teresa de Jesús eran escritores místicos.*

mitad - mitosis

mitad (mi-**tad**) *s. f.* **1.** Cada una de las dos partes iguales en que se divide una cosa. *Una mitad para ti y otra para mí.* **2.** Centro de una cosa. *Hay una estatua en mitad de la plaza.* **SIN.** Medio. **ANT.** Extremo. ‖ **LOC. mitad y mitad** Por partes iguales.

mitificar (mi-ti-fi-**car**) *v. tr.* Hacer de algo o alguien un mito. *Mitificaron al jugador de fútbol.* ✎ Se conjuga como abarcar.

mitigar (mi-ti-**gar**) *v. tr.* Disminuir, moderar o suavizar una cosa áspera o rigurosa. **GRA.** También v. prnl. *Esto servirá para mitigar el dolor.* **SIN.** Aplacar(se), templar(se), amortiguar(se), calmar(se). **ANT.** Incrementar(se), excitar(se). ✎ Se conjuga como ahogar.

mitin (**mi**-tin) *s. m.* Reunión donde se discuten públicamente asuntos políticos o sociales. *Numeroso público asistió al mitin.* **SIN.** Asamblea, concentración. ✎ Su pl. es "mítines".

mito (**mi**-to) *s. m.* **1.** Relato fabuloso basado en los dioses, héroes, o en un hecho real o histórico, y especialmente en materia religiosa. *Nos contó el mito de la caverna.* **SIN.** Leyenda, saga. **2.** Fábula, ficción. *Era todo un mito.* **3.** Persona o cosa considerada arquetipo de una idea o cualidad. *Se había convertido en un mito de la canción.*

mitocondria (mi-to-**con**-dria) *s. f.* Cuerpo muy pequeño, granular o en forma de varilla, que se encuentra en el citoplasma de todas las células. *Las mitocondrias contienen enzimas.*

mitología (mi-to-lo-**gí**-a) *s. f.* **1.** Conjunto de mitos de un pueblo o cultura. *Estudió la mitología griega y romana.* **2.** Estudio de los mitos. *Se dedica a la mitología.*

mitomanía (mi-to-ma-**ní**-a) *s. f.* Tendencia a mentir y a inventar cosas fantásticas con el fin de adquirir notoriedad. *Es una persona muy dada a la mitomanía.*

mitón (mi-**tón**) *s. m.* Guante que cubre desde la muñeca hasta la mitad del pulgar y el nacimiento de los demás dedos. *En la mano derecha llevaba un mitón.*

mitosis (mi-**to**-sis) *s. f.* Tipo de división celular en la que se mantiene constante la dotación cromosómica y en la que el núcleo sufre una serie de modifi-

---

MITOLOGÍA

Cada pueblo tiene su mitología, pero la que más ha influido en la cultura occidental es la griega (adaptada en ocasiones por los romanos). A continuación se recogen los nombres de algunos de sus dioses y héroes. El primer nombre es el griego, y el que figura entre paréntesis, su equivalente latino.

Afrodita (Venus) Nacida de la espuma del mar, es la diosa de la belleza, el amor y la fecundidad. Entablada una disputa entre Afrodita, Atenea y Hera acerca de cuál de las tres sobresalía en belleza, acudieron al arbitrio de Paris, quien eligió sin dudar a la primera.

Apolo (Apolo) Hijo de Júpiter y Latona. Simboliza la luz, la inteligencia, la música y la poesía. Se identifica con el sol.

Ares (Marte) Hijo de Zeus y Hera, representa la guerra feroz y sanguinaria. Cuando yacía con Afrodita, los sorprendió el esposo de ésta, Hefaistos, y encerrados en una red, los expuso a la burla de los demás dioses.

Artemisa (Diana) Hermana gemela de Apolo, se identifica con la luna. Protege la castidad y se la representa vestida de cazadora y armada de arco y flechas.

Deméter (Ceres) Hermana de Zeus, con el que tiene una hija: Perséfone. Diosa de la agricultura.

Dionisios (Baco) Hijo de Zeus y Semele, es el dios del vino y de las fiestas desenfrenadas; muy venerado por el pueblo.

Hades (Plutón) Hermano de Zeus. Con su esposa Perséfone, reina en las regiones subterráneas.

Hefaistos (Vulcano) Hijo predilecto de Zeus y esposo de Afrodita, cuya mano, que no su amor, consiguió gracias a un ardid. Dios del fuego industrial y de la forja. Feo y deforme, era también muy habilidoso y artero.

Hera (Juno) Hermana y esposa legítima de Zeus. Protectora del matrimonio y enemiga vengativa de los hijos que tuvo su esposo con innumerables diosas y mortales.

Heracles (Hércules) El mayor de los héroes griegos; dotado de fuerza prodigiosa, ejecuta los Doce Trabajos considerados irrealizables que le encomendara el rey Euristeo. Aunque por ser hijo de una mortal (fecundada por Zeus) no era un dios, alcanza la inmortalidad y contrae matrimonio con Hebe, diosa de la juventud, hija de Zeus y Hera.

Hermes (Mercurio) Hijo de Zeus y Maya, es el mensajero del Olimpo. Protege el comercio y los viajes, y simboliza la astucia y el engaño.

Hestia (Vesta) Hermana de Zeus; protectora del hogar, del fuego doméstico y de los sacrificios, decide mantenerse casta.

Palas Atenea (Minerva) Hija predilecta de Zeus; nace de la cabeza de su padre, quien se había tragado a la madre gestante para protegerla de las iras de Hera. Es protectora de muchos héroes y patrona de las ciencias y las artes; representa también el ingenio, la sabiduría, la razón y la guerra justa.

Poseidón (Neptuno) Hermano de Zeus, es el dios de los océanos y, en general, de todas las aguas. Se le representa con un tridente en la mano.

Zeus (Júpiter) Hijo de Cronos y Rea, es la divinidad suprema del Olimpo, dueño del rayo y padre legítimo o ilegítimo de muchas otras divinidades y héroes.

mitra - moco

caciones antes de separarse. *Las bacterias se reproducen por mitosis.* 🖎 Invariable en número.

mitra (**mi**-tra) *s. f.* Toca alta y apuntada con la que se cubren la cabeza los arzobispos, obispos y otras dignidades eclesiásticas en las grandes solemnidades. *El obispo se colocó la mitra.*

miura (**miu**-ra) *s. m.* **1.** Toro de la ganadería de Miura. *Toreó una corrida de miuras.* **2.** *fam.* Persona de malas intenciones. *Ten cuidado, es como un miura.*

mixomatosis (mi-xo-ma-**to**-sis) *s. f.* Enfermedad infecciosa de los conejos, caracterizada por la formación de numerosos tumores en la piel y membranas de estos animales. *Varios conejos murieron de mixomatosis.* 🖎 Invariable en número.

mixto, ta (**mix**-to) *adj.* **1.** Formado por varios elementos de naturaleza distinta. *Era un grupo mixto de chicos y chicas.* ‖ *s. m.* **2.** Fósforo, cerilla. *Me quemé los dedos con un mixto.*

mízcalo (**míz**-ca-lo) *s. m.* Hongo comestible que crece en los pinares. *Fueron a recoger mízcalos.*

mnemotecnia (mne-mo-**tec**-nia) *s. f.* Arte de desarrollar la memoria, basándose fundamentalmente en la asociación de ideas. *He leido un tratado sobre mnemotecnia.*

mnemotécnico, ca (mne-mo-**téc**-ni-co) *adj.* Se dice de los procedimientos utilizados para desarrollar la memoria, basados sobre todo en la asociación de ideas. *Lo recordó usando reglas mnemotécnicas.*

moaxaja (mo-a-**xa**-ja) *s. f.* Poema en árabe o en hebreo, de versos más cortos que los de la poesía árabe clásica, dispuestos en estrofas y basados rítmicamente en el acento, cuyos versos finales, llamados jarchas, están escritos en lengua vulgar. *Analizaron las estrofas de la moaxaja.*

mobiliario, ria (mo-bi-**lia**-rio) *adj.* **1.** Que pertenece o se refiere al mueble. *Valores mobiliarios.* ‖ *s. m.* **2.** Conjunto de muebles de una casa. *Tuvo mucho gusto para elegir el mobiliario.*

moca (**mo**-ca) *s. m.* **1.** Variedad de café cultivada en Arabia, caracterizada por su intenso perfume, empleada en repostería. *Le trajeron café de moca.* **2.** Crema elaborada a base de café, mantequilla, vainilla y azúcar. *Hizo una tarta de moca.*

mocárabe (mo-**cá**-ra-be) *s. m.* Labor formada por la combinación geométrica de prismas acoplados, cuyo extremo inferior se corta en forma de superficie cóncava. *La bóveda estaba decorada con mocárabes.* **SIN.** Almozárabe.

mocasín (mo-ca-**sín**) *s. m.* **1.** Calzado usado por los indígenas norteamericanos, hecho de piel sin curtir. *Los mocasines se decoraban con motivos geométricos.* **2.** Calzado moderno a imitación del anterior. *Se compró unos mocasines.*

mocedad (mo-ce-**dad**) *s. f.* Época de la vida humana desde la pubertad hasta la edad adulta. *Le gustaba recordar anécdotas de su mocedad.*

mocerío (mo-ce-**rí**-o) *s. m.* Grupo o conjunto de gente joven. *En el pueblo quedaba ya poco mocerío.*

mocha (**mo**-cha) *s. f., fam.* Cabeza humana. *Está un poco mal de la mocha.*

mochada (mo-**cha**-da) *s. f.* **1.** Topetada. *Se dio una buena mochada.* **2.** Golpe dado con la cabeza. *El carnero le dio una buena mochada.*

mochales (mo-**cha**-les) *adj.* **1.** *fam.* Chiflado. *Está un poco mochales.* **SIN.** Perturbado, ido. **ANT.** Cuerdo. **2.** *fam.* Muy enamorado. *Está mochales perdida por ese chico.* 🖎 Invariable en número.

mochar (mo-**char**) *v. tr.* Dar golpes con la mocha o cabeza. *El carnero mochaba a las ovejas.*

mochila (mo-**chi**-la) *s. f.* Saco o bolsa de tela fuerte, plástico, etc. que se lleva sujeta a la espalda. *Llevaba la mochila repleta de cosas.* **SIN.** Macuto, zurrón, alforja.

mocho, cha (**mo**-cho) *adj.* Se dice de todo aquello a que falta la punta o la debida terminación. *Afila el lápiz, está mocho.* **SIN.** Romo, trunco.

mochuelo (mo-**chue**-lo) *s. m.* **1.** Ave rapaz nocturna, parecida a la lechuza, de cabeza grande con ojos frontales y pico ganchudo. Es común en España. *El mochuelo se alimenta de roedores y reptiles.* **2.** *fam.* Asunto o trabajo difícil o fastidioso, del que nadie quiere hacerse cargo. **GRA.** Se usa más en las fra. "cargar alguien con el mochuelo" y "tocarle, caerle, echarle o sacudirle a alguien el mochuelo". *Le tocó cargar con el mochuelo.* ‖ **LOC. cada mochuelo a su olivo** Denota que ya es hora de retirarse a casa. ‖ Indica que cada uno debe ocupar el lugar que le corresponde y cumplir con su deber.

moción (mo-**ción**) *s. f.* Propuesta que se hace en una asamblea. *Presentaron una moción de censura.* **SIN.** Proposición.

moco (**mo**-co) *s. m.* **1.** Humor espeso y pegajoso segregado por una membrana mucosa, especialmente la nasal. *Tenía un fuerte catarro y muchos mocos.* **SIN.** Flema, mucosidad, secreción. **2.** Extremidad del pabilo de una vela encendida. *La vela tenía un moco muy largo.* ‖ **LOC. caérsele a alguien el moco** *fam.* Ser muy simple. **haber quitado a alguien los mocos** *fam.* Haberlo criado desde pequeño. **llorar a moco tendido** *fam.* Llorar desconsoladamente. **no ser una cosa moco de pavo** *fam.* Tener gran importancia o valor.

mocoso, sa (mo-**co**-so) *adj.* **1.** Que tiene la nariz llena de mocos. *Le duele mucho la garganta y está toda mocosa.* **2.** Se dice del niño o muchacho que pretende comportarse como una persona mayor. **GRA.** Se usa más como s. m. y s. f. *Pero si es un mocoso y ya quiere ir él solo.*

moda (**mo**-da) *s. f.* Costumbre de una época determinada. *Llevar sombrero no estaba de moda.* **SIN.** Boga, actualidad. ‖ **LOC. estar de moda o ser moda** Ser actual, estar al día. **ir a la moda** Seguir las últimas tendencias. **pasar, o pasarse, de moda** Estar anticuado. **salir una moda** Comenzar a usarse.

modal (mo-**dal**) *adj.* **1.** Que pertenece o se refiere al modo verbal. *Frase verbal modal.* ‖ *s. m. pl.* **2.** Acciones externas de cada persona, con que cada uno da a conocer su buena o mala educación. *Tiene muy buenos modales.* **SIN.** Maneras, formas, modos.

modalidad (mo-da-li-**dad**) *s. f.* Modo de ser o de manifestarse una cosa. *Había una nueva modalidad.* **SIN.** Forma, manera, particularidad.

modelar (mo-de-**lar**) *v. tr.* **1.** Esculpir en un material blando y plástico, como la arcilla o la cera, una figura o adorno. *Modelaba el barro para hacer vasijas.* **SIN.** Delinear, esculpir. **2.** Conformar algo no material. *Las penalidades habían modelado su personalidad.*

modélico, ca (mo-**dé**-li-co) *adj.* Que sirve o puede servir de modelo. *Era un estudiante modélico.* **SIN.** Edificante, ejemplar.

modelo (mo-**de**-lo) *s. m.* **1.** Lo que sirve como muestra para copiarlo igual. *El arte griego sirvió de modelo a los romanos.* **SIN.** Ejemplo, patrón, muestra. **2.** Prenda de vestir diseñada por determinado modisto. *Se encaprichó con ese modelo.* **3.** Por ext., cualquier prenda de vestir de moda. *Van a venir nuevos modelos.* ‖ *s. m. y s. f.* **4.** Persona u objeto que copia un pintor, un escultor, etc. *El pintor tomó como modelo a su propia hija.* **5.** Persona de buena figura que luce los vestidos de última creación para que otros los conozcan. *Ha habido un desfile de modelos en París.* **SIN.** Maniquí. ‖ **6. modelo vivo** Persona que sirve para el estudio en el dibujo.

módem (**mó**-dem) *s. m.* En informática, dispositivo de comunicación entre ordenadores a través de la red telefónica. *Instaló el módem en la oficina.*

moderado, da (mo-de-**ra**-do) *adj.* **1.** Que no es excesivo. *Tenía un precio moderado.* **SIN.** Módico, razonable, sobrio. **ANT.** Extremado, inmoderado. **2.** Que guarda el medio entre los extremos. *Es de ideas políticas moderadas.*

moderador, ra (mo-de-ra-**dor**) *s. m. y s. f.* Persona que dirige los debates públicos. *Hizo de moderadora.* **SIN.** Conciliador, mediador.

moderar (mo-de-**rar**) *v. tr.* Templar, arreglar una cosa, evitando el exceso. **GRA.** También v. prnl. *Modera tus impulsos.* **SIN.** Atemperar(se), ajustar(se), suavizar(se). **ANT.** Abusar, irritarse, descomedirse.

modernismo (mo-der-**nis**-mo) *s. m.* Movimiento artístico y literario que se desarrolló a fines del XIX y principios del XX, caracterizado por su tendencia hacia la libertad formal. *Gaudí es un destacado representante del modernismo arquitectónico.*

modernizar (mo-der-ni-**zar**) *v. tr.* Dar forma o aspecto modernos a cosas antiguas. **GRA.** También v. prnl. *Modernizó la fábrica con nueva maquinaria.* **SIN.** Actualizar(se), remozar(se), renovar(se). ✎ Se conjuga como abrazar.

moderno, na (mo-**der**-no) *adj.* **1.** Que existe desde hace poco tiempo. *Ese edificio es muy moderno.* **SIN.** Actual, reciente, nuevo. **ANT.** Viejo, caduco, pasado. **2.** Que sigue las modas de su tiempo. *Es muy moderna, siempre va a la última.*

modesto, ta (mo-**des**-to) *adj.* **1.** Humilde, recatado. **GRA.** También s. m. y s. f. *Es una persona muy modesta, nunca se da importancia.* **SIN.** Comedido, moderado. **ANT.** Presuntuoso, soberbio. **2.** Pobre, escaso. *Viven en una modesta casa.*

módico, ca (**mó**-di-co) *adj.* Moderado, limitado. *Tiene un precio módico.* **SIN.** Reducido, parco. **ANT.** Caro, exagerado, prohibitivo.

modificar (mo-di-fi-**car**) *v. tr.* Ser distinto o hacer que algo o alguien lo sea. **GRA.** También v. prnl. *El horario de trenes ha sido modificado.* **SIN.** Variar(se), alterar(se), reformar(se), transformar(se). **ANT.** Conservar(se), permanecer, mantener(se). ✎ Se conjuga como abarcar.

modismo (mo-**dis**-mo) *s. m.* Modo particular de hablar propio y característico de una lengua. *Estos diccionarios recogen muchos modismos.* **SIN.** Giro, locución.

modisto, ta (mo-**dis**-to) *s. m. y s. f.* **1.** Persona que tiene por oficio hacer trajes y otras prendas de vestir. *Ese modisto le hace toda la ropa.* **2.** Creador y diseñador de modas. *Las modelos lucieron trajes de los modistos más famosos.*

modo - mohíno

modo (mo-do) *s. m.* **1.** Forma de realizar algo. *Si lo haces de ese modo, no te saldrá bien.* **SIN.** Manera, procedimiento, técnica. **2.** Corrección y educación en los modales o en el trato. **GRA.** Se usa más en pl. *Se lo dije de buenos modos.* **SIN.** Cortesía, urbanidad. **3.** Característica del verbo por la que se expresan las diversas actitudes del hablante ante la acción. *El indicativo, el subjuntivo, el imperativo, etc., son modos verbales.* **4.** Disposición de los sonidos que forman una escala musical. *Modo mayor, menor, etc.* ‖ **5. modo adverbial** Cada una de las locuciones compuestas de dos o más palabras que funcionan como un adverbio. **6. modo conjuntivo** Cada una de las locuciones compuestas de dos o más palabras que funcionan como una conjunción. **7. modo deprecativo** El imperativo cuando se emplea para rogar o suplicar. **8. modo imperativo** El del verbo, con el cual se manda, exhorta o ruega. **9. modo indicativo** El del verbo, que expresa de forma objetiva y como reales las acciones. **10. modo infinitivo** En la gramática tradicional, el del verbo que no expresa números, ni personas, ni tiempo determinado. Actualmente comprende las formas no personales del verbo. **11. modo mayor** Disposición de los sonidos de una escala musical cuya tercera nota se diferencia dos tonos de la primera. **12. modo menor** Disposición de los sonidos de la escala musical, cuya tercera nota sólo se diferencia tono y medio de la primera. **13. modo optativo** En las conjugaciones griega y sánscrita, el que indica deseo de que se verifique lo significado por el verbo. **14. modo potencial, o condicional** El que expresa la acción del verbo como posible. **15. modo subjuntivo** El del verbo, con que se expresan de forma subjetiva las acciones, con idea de temor, duda o deseo, y que se usa principalmente en oraciones subordinadas. ‖ **LOC. a, o al, modo de** Como, a semejanza de. **a mi modo** Según mi costumbre. **de cualquier modo** De cualquier manera. **de modo que** De suerte que. **de ningún modo** De ninguna manera. **de todos modos** A pesar de todo. **en cierto modo** Quizás, tal vez.

modorra (mo-**do**-rra) *s. f.* Sueño muy pesado. *Después de comer me entró la modorra.* **SIN.** Sopor.

modorro, rra (mo-**do**-rro) *adj.* Ignorante, torpe, lerdo. **GRA.** También s. m. y s. f. *No seas modorro.*

modoso, sa (mo-**do**-so) *adj.* Que se comporta con educación. *Al principio parecía muy modosa, pero luego no veas las que liaba.* **SIN.** Cortés, urbano, bien criado. **ANT.** Maleducado, descortés.

modulación (mo-du-la-**ción**) *s. f.* Cambio de tonalidad o modalidad durante una composición musical. *La modulación es como el cambio de color en una pintura.*

modular[1] (mo-du-**lar**) *v. intr.* **1.** Variar de tono de voz en el habla o en el canto. *Modula con mucha facilidad.* **SIN.** Articular, vocalizar. **2.** Modificar una onda portadora en función de una señal electromagnética para su transmisión radiada. *Modula la señal para que se reciba mejor.*

modular[2] (mo-du-**lar**) *adj.* Que pertenece o se refiere al módulo. *Mueble modular.*

módulo (**mó**-du-lo) *s. m.* **1.** Medida tomada como unidad para establecer la proporción entre las diferentes partes de algo. *La medida de la cabeza era el módulo de perfección en la escultura griega.* **2.** Cada una de ciertas piezas que se repiten en una construcción con el fin de hacerla más sencilla y económica. *Compré el mueble por módulos.* ‖ **3. módulo de texto** En informática, concepto acuñado por la modalidad de tratamiento de textos para designar un conjunto de frases que forman una unidad.

mofa (**mo**-fa) *s. f.* Burla que se hace de una persona o cosa. *Sus compañeros le hacían mofa.* **SIN.** Befa, chanza, ludibrio.

mofarse (mo-**far**-se) *v. prnl.* Reírse de alguien, burlarse. *Se mofa de todo el mundo.*

mofeta (mo-**fe**-ta) *s. f.* **1.** Cualquiera de los gases perniciosos que se desprenden de las minas y otros sitios subterráneos. *En la isla de Java se encuentran las mayores mofetas.* **2.** Mamífero carnívoro americano, que se caracteriza por el gran desarrollo de glándulas odoríferas que segregan un líquido fétido como defensa. *Las mofetas tienen costumbres nocturnas.*

moflete (mo-**fle**-te) *s. m.* Carrillo demasiado grueso y carnoso. *Tiene grandes mofletes.*

mogollón, a *loc.*, *fam.* En gran cantidad, con exceso. *Hubo reclamaciones a mogollón.*

mohair *adj.* Se dice del pelo de la cabra de Angora y del tejido hecho con este pelo. **GRA.** También s. m. *Se compro una chaqueta de mohair.*

mohín (mo-**hín**) *s. m.* Mueca, gesto, que suele expresar un enfado fingido. *Hizo un mohín y se fue.*

mohíno, na (mo-**hí**-no) *adj.* **1.** Triste, disgustado. *Venía con gesto mohíno.* **SIN.** Enfadado, melancólico. **ANT.** Contento, dichoso. **2.** Se dice de las caballerías y reses vacunas que tienen el pelo, y principalmente el hocico, de color muy negro. **GRA.** También s. m. y s. f. *Tenía varias yeguas mohínas.*

moho - molestia

moho[1] (mo-ho) *s. m.* **1.** Nombre genérico de varias especies de hongos que se desarrollan sobre algunos cuerpos orgánicos y producen su descomposición. *Ese trozo de queso está lleno de moho, tíralo a la basura.* **2.** Capa que se forma en la superficie de un cuerpo metálico por alteración química de su materia, como la herrumbre. *Seca bien todas las cazuelas para que no les salga moho.* **SIN.** Óxido, verdín. ‖ **LOC. no dejar criar moho a una cosa** *fam.* Usarla continuamente. | *fam.* Gastarla rápidamente.

moisés (moi-**sés**) *s. m.* Cuna portátil con asas. *Mete al bebé en el moisés.* **SIN.** Capazo, cesto. Invariable en número.

mojama (mo-**ja**-ma) *s. f.* Cecina de atún. *La mojama me resulta un poco fuerte, pero está muy buena.*

mojar (mo-**jar**) *v. tr.* **1.** Echar agua u otro líquido sobre algo. **GRA.** También v. prnl. *Mojó la ropa antes de plancharla.* **SIN.** Bañar(se), empapar(se), humedecer(se). **ANT.** Secar(se). **2.** *fam.* *Apuñalar. **3.** *fam.* *Orinar. **GRA.** También v. prnl. ‖ *v. prnl.* **4.** *fam.* Tomar partido en una situación comprometida. *Éste nunca se moja por nada.* **SIN.** Implicarse, meterse.

moje (**mo**-je) *s. m.* Salsa o caldo de cualquier guiso. *Échame un poco más de moje.*

mojicón (mo-ji-**cón**) *s. m., fam.* Golpe dado en la cara con el puño. *Le dio un buen mojicón.* **SIN.** Cachete, soplamocos, torta.

mojiganga (mo-ji-**gan**-ga) *s. f.* **1.** Obra dramática muy breve y jocosa. *Representaron una mojiganga.* **SIN.** Farsa, sainete, paso. **2.** Cualquier cosa ridícula con que parece que uno se burla de otro. *Deja de hacer mojigangas.*

mojigato, ta (mo-ji-**ga**-to) *adj.* Se dice de la persona que tiene escrúpulos de todo o que se escandaliza fácilmente. **GRA.** También s. m. y s. f. *Es un poco mojigata.* **SIN.** Timorato, gazmoño, santurrón.

mojón (mo-**jón**) *s. m.* Señal permanente que se pone para delimitar una extensión de terreno. *En las carreteras, los kilómetros están señalados por un mojón kilométrico.*

moka *s. f.* *Moca.

mol *s. m.* *Molécula.

molar[1] (mo-**lar**) *adj.* Que pertenece o se refiere a la muela. *Dolores molares.*

molar[2] (mo-**lar**) *adj.* Perteneciente o relativo al mol. *Volumen molar.*

molar[3] (mo-**lar**) *v. intr.* **1.** *fam.* Gustar o apetecer una cosa. *Me mola mucho ir a la montaña.* **2.** *fam.* Fardar, presumir. *Este bici mola un montón.* ‖ **LOC. no molar algo** *fam.* Ser poco fiable o seguro.

molaridad (mo-la-ri-**dad**) *s. f.* En una solución, número de moléculas de soluto disueltas en mil gramos de disolución. *Una molaridad 20 es muy baja.*

molde (**mol**-de) *s. m.* Pieza hueca que sirve para dar forma a un líquido o materia blanda que en él se vacía. *Compramos un molde para hacer flan.*

moldear (mol-de-**ar**) *v. tr.* **1.** Vaciar por medio de un molde. *Moldeó una figurilla de escayola.* **SIN.** Forjar. **2.** Conformar las ideas, el carácter, etc. de una persona. *Moldeó su personalidad.* **3.** Peinar el cabello con ondas o rizos. *Decidió moldearse el pelo.* **SIN.** Ondular, rizar, permanentar.

moldura (mol-**du**-ra) *s. f.* Relieve que sirve de adorno en una superficie. *El mueble tenía una moldura ricamente adornada.*

mole[1] (**mo**-le) *s. f.* Cosa de gran bulto o corpulencia. *Una mole de piedras estuvo a punto de caerle encima.*

mole[2] (**mo**-le) *s. m.* **1.** *Méx.* Salsa elaborada a base de chiles, ajonjolí y otros muchos ingredientes y especias. **2.** *Méx.* Guiso de carne preparado con esta salsa. ‖ **3. mole verde** *Méx.* Salsa que se elabora con chiles y tomates verdes.

molécula (mo-**lé**-cu-la) *s. f.* **1.** Partícula más pequeña de un elemento o un compuesto que puede existir libre y tiene las propiedades de ese elemento o compuesto. *Una molécula de agua consta de dos átomos de hidrógeno y un átomo de oxígeno.* ‖ **2. molécula gramo** Cantidad de una sustancia cuyo peso es su peso molecular expresado en gramos.

moler (mo-**ler**) *v. tr.* **1.** Reducir una cosa a pequeños trozos o hasta hacerla polvo. *Molió los granos de café.* **SIN.** Pulverizar, triturar, machacar. **2.** Cansar o fatigar mucho materialmente. *Tantas escaleras muelen a uno.* **3.** Molestar con impertinencia. *Nos muele con sus estúpidas preguntas.* **SIN.** Incordiar, chinchorrear, fastidiar. v. irreg., se conjuga como mover.

molestar (mo-les-**tar**) *v. tr.* **1.** Causar incomodidad. **GRA.** También v. prnl. *El coche le molestaba para salir del garaje.* **SIN.** Incomodar(se), estorbar, fastidiar, enojar(se), mortificar. **ANT.** Aliviar, tranquilizar(se), alegrar(se), agradar. ‖ *v. prnl.* **2.** Tomarse algún interés para tratar de resolver un asunto. *Se molestó mucho por conseguirnos las entradas.* **SIN.** Interesarse, esforzarse. **ANT.** Desinteresarse.

molestia (mo-**les**-tia) *s. f.* **1.** Sensación producida por la falta de comodidad, tranquilidad o alegría. *Aquella falta de noticias le causaba molestia.* **SIN.**

molesto - monada

Angustia, preocupación, fatiga, enfado, desasosiego, disgusto, contrariedad. **ANT.** Agrado, goce, comodidad, alegría, tranquilidad. **2.** Desazón cuya causa es un leve daño físico o la falta de salud. *Tenía muchas molestias en la pierna.*

molesto, ta (mo-**les**-to) *adj.* **1.** Que causa molestia. *Estar juntos allí y no dirigirnos la palabra resultaba muy molesto.* **SIN.** Incómodo, embarazoso, fastidioso, pesado. **ANT.** Cómodo, agradable. **2.** Que la siente. *Después de la operación estaba muy molesto.*

molienda (mo-**lien**-da) *s. f., fam.* Cosa que produce molestia. *Tener que salir ahora es una molienda.* **SIN.** Tabarra, fatiga, fastidio, incordio.

molinete (mo-li-**ne**-te) *s. m.* **1.** Juguete infantil formado por un palo largo en cuyo extremo va sujeta una rueda o estrella de papel que gira impulsada por el viento. *El niño estaba encantado con su molinete.* **2.** Ejercicio gimnástico realizado en una barra fija, trapecio, etc., que consiste en dar un salto hacia atrás o hacia delante apoyándose en las manos. *Realizó un espectacular molinete.* **3.** En esgrima, movimiento circular de defensa que se hace girando el arma por encima de la cabeza. *Se defendió con un molinete.* **4.** Pase en el que el torero gira en sentido contrario al de la embestida del toro, dándole salida. *Remató la faena con un molinete.*

molinillo (mo-li-**ni**-llo) *s. m.* Instrumento pequeño para moler, especialmente café. *Compró un molinillo eléctrico.*

molino (mo-**li**-no) *s. m.* **1.** Máquina que sirve para moler los cereales. *Estaba al cargo del molino.* **2.** Edificio en el que está instalada esta máquina. *Lleva el trigo al molino.* ‖ **3. molinos de viento** Enemigos imaginarios.

molledo (mo-**lle**-do) *s. m.* **1.** Parte carnosa y redonda de los brazos, muslos y pantorrillas. *Tienen mucho molledo en los brazos.* **2.** Miga del pan. *No me gusta el pan con tanto molledo.*

molleja (mo-**lle**-ja) *s. f.* **1.** Estómago muscular de las aves, de paredes gruesas, donde los alimentos sufren una trituración. *Las aves granívoras tienen la molleja muy desarrollada.* **2.** Glándula de ternera o de cordero, situada en la parte inferior del cuello, apreciada en muchos lugares como una delicia gastronómica. *Pedimos una ración de mollejas.*

mollera (mo-**lle**-ra) *s. f.* **1.** Parte más alta de la cabeza. *Se dio un golpe en la mollera.* **2.** Talento, facultad de entender. *Tiene poca mollera.* ‖ **LOC. cerrado de mollera** Necio, tonto. **duro de mollera** Testarudo, terco. | Poco inteligente.

mollete (mo-**lle**-te) *s. m.* Panecillo de forma ovalada. *Compra un mollete pequeño.*

molusco (mo-**lus**-co) *s. m.* Animal invertebrado de cuerpo blando, casi siempre protegido por una concha o caparazón. **GRA.** También adj. *Son moluscos los caracoles, las ostras y los pulpos.*

momentáneo, a (mo-men-**tá**-ne-o) *adj.* Que sólo dura un momento. *Sólo había sido una ilusión momentánea.* **SIN.** Instantáneo, fugaz, breve, transitorio, pasajero. **ANT.** Duradero, permanente.

momento (mo-**men**-to) *s. m.* **1.** Mínimo espacio de tiempo. *Espérame un momento, que ahora mismo acabo.* **SIN.** Instante, minuto, segundo. **2.** Fracción de tiempo que se particulariza por una circunstancia determinada. *Ese momento no se le olvidaría nunca.* **SIN.** Ocasión. **3.** Oportunidad, coyuntura. *Consideró que no era el mejor momento para decírselo.* **SIN.** Ocasión, tiempo. **4.** Tiempo presente. *En este momento no puedo ayudarte.* **5.** En un cuerpo móvil, producto de la masa por la velocidad. *Hay que aplicar una fuerza para vencer el momento de inercia.* ‖ **LOC. al momento** Al instante, inmediatamente. **a cada momento, o cada momento** Con frecuencia. **de momento, o por el momento** Por ahora. **de un momento a otro** Pronto. **por momentos** Continuada y progresivamente.

momia (**mo**-mia) *s. f.* **1.** Cadáver que se conserva mediante el embalsamamiento. *Enterraban a las momias en las pirámides.* **2.** Persona muy delgada y de mal color. *La pobre parecía una momia.*

momificación (mo-mi-fi-ca-**ción**) *s. f.* Técnica de conservar un cadáver sin que se descomponga. *Procedieron a la momificación del cadáver.*

momo (**mo**-mo) *s. m.* Gesto, figura o mofa hecha para divertir en juegos, danzas, etc. *El payaso hizo muchos momos en la fiesta.*

mona (**mo**-na) *s. f.* Torta cocida al horno con huevos encima. *Estaba haciendo una mona.* ‖ **LOC. a freír manas** *fam.* Se emplea para despedir a alguien con aspereza o enfado.

monacal (mo-na-**cal**) *adj.* Que pertenece o se refiere a los monjes o a las monjas. *Llevaba una vida monacal.* **SIN.** Monástico.

monacato (mo-na-**ca**-to) *s. m.* **1.** Vida o estado de monje. *Llevaba más de veinte años de monacato.* **2.** Institución monástica. *Había dedicado su vida al monacato.*

monada (mo-**na**-da) *s. f.* **1.** Gesto o figura afectada y enfadosa. *Deja de hacer monadas.* **2.** Cosa pequeña, delicada y primorosa. *Este trajecito es una mo-

monaguillo - monja

nada. **SIN.** Hermosura, preciosidad. **3.** Acción impropia de una persona cuerda y formal. *No entiendo cómo le puede dar por hacer esas monadas a sus años.* **4.** Halago, zalamería. *Le hacía monadas para contentarle.*

monaguillo (mo-na-**gui**-llo) *s. m.* Niño o niña que ayuda al sacerdote durante la celebración de la misa. *Carmen hizo de monaguillo.*

monarca (mo-**nar**-ca) *s. m. y s. f.* Soberano de una monarquía. *Visitaron al monarca.* **SIN.** Rey.

monarquía (mo-nar-**quí**-a) *s. f.* **1.** Estado regido por un monarca. *Tenían una monarquía.* **SIN.** Reino, corona. **2.** Forma de gobierno hereditaria en la que el poder supremo corresponde a un rey o reina. *La mayoría estaba a favor de la monarquía.* **3.** Tiempo que dura este régimen de gobierno en un país. *El país llevaba ya más de un siglo de monarquía.*

monasterio (mo-nas-**te**-rio) *s. m.* Casa o convento donde viven un grupo de religiosos o religiosas. *Los monjes trabajaban el huerto del monasterio.* **SIN.** Convento, abadía.

monda (**mon**-da) *s. f.* Despojo o desperdicio de las cosas que se mondan. *Cuando acabes de pelar las patatas, tira las mondas a la basura.* **SIN.** Cáscara, piel, corteza. || **LOC. ser algo, o alguien, la monda** Ser raro o extravagante, en sentido positivo o negativo. | *fam.* Ser gracioso y ocurrente. | *fam.* Ser intolerable.

mondadientes (mon-da-**dien**-tes) *s. m.* Instrumento pequeño y rematado en punta utilizado para limpiarse los dientes. *Utiliza hilo dental, nunca mondadientes.* **SIN.** Palillo, escarbadientes, limpiadientes. 🖉 Invariable en número.

mondar (mon-**dar**) *v. tr.* **1.** Pelar una fruta, una hortaliza, etc. *Monda la manzana.* **SIN.** Descortezar, descascarillar. **2.** *fam.* Quitar a alguien lo que tiene, especialmente el dinero. *Le mondaron todo el dinero.* || **LOC. mondar a palos** *fam.* Pegar. **mondarse de risa** *fam.* Reírse mucho.

mondongo (mon-**don**-go) *s. m.* **1.** Intestinos y panza de las reses, especialmente los del cerdo. *Desecharon el mondongo para hacer embutidos.* **SIN.** Entrañas, tripas. **2.** *fam.* Lío, barullo. *Menudo mondongo había allí.*

mondo y lirondo *loc. adv.* Limpio, sin añadidura alguna. *Estaba mondo y lirondo.*

moneda (mo-**ne**-da) *s. f.* **1.** Pieza de metal, generalmente en figura de disco y acuñada, que tiene un determinado valor y sirve de medida común para el precio de las cosas. *Sólo le quedaba una moneda de cien pesetas.* **2.** Unidad monetaria de un país. *La peseta es la moneda de España.* || **3. moneda falsa** La que se fabrica ilícitamente imitando la de curso legal. **4. moneda fuerte** Nombre con que se designan a las unidades monetarias nacionales que se consideran estables. **5. la otra cara de la moneda** *fam.* El aspecto contrario de un asunto. || **LOC. pagar en, o con, la misma moneda** Tratar de manera semejante. **ser una cosa moneda corriente** *fam.* Ser regular o muy frecuente.

monedero (mo-ne-**de**-ro) *s. m.* Bolsa pequeña o cartera que sirve para guardar el dinero, especialmente monedas. *Miró a ver si tenía algo suelto en el monedero.* **SIN.** Portamonedas, billetero, cartera.

monema (mo-**ne**-ma) *s. m.* En lingüística, unidad mínima significativa. *Hay dos tipos de monemas: lexemas y morfemas gramaticales.*

móneras (**mó**-ne-ras) *s. m. pl.* Reino de seres unicelulares formado por las bacterias y las algas verdiazules autótrofas. *Las móneras son los seres más sencillos.*

monería (mo-ne-**rí**-a) *s. f.* **1.** Gesto o acción graciosa de los niños. *Todos estaban pendientes de las monerías del bebé.* **SIN.** Gracia. **2.** *Monada.

monetario, ria (mo-ne-**ta**-rio) *adj.* Que pertenece o se refiere a la moneda. *Valor monetario.* **SIN.** Económico, pecuniario.

mongolismo (mon-go-**lis**-mo) *s. m.* Enfermedad caracterizada por un retraso mental y ciertas anomalías somáticas. *Su hijo pequeño tenía mongolismo.* **SIN.** Síndrome de Down.

monigote (mo-ni-**go**-te) *s. m.* **1.** *fam.* Persona de poca personalidad. *Es un monigote, siempre hace lo que los demás quieren.* **SIN.** Pelele. **2.** *fam.* Pintura o estatua mal hecha. *Pintó unos monigotes en la pared.*

monís (mo-**nís**) *s. m., fam.* Dinero. **GRA.** Se usa más en pl. *Tenía poco monís.*

monitor, ra (mo-ni-**tor**) *s. m. y s. f.* **1.** Instructor, animador de cursos relacionados especialmente con los deportes, actividades de tiempo libre y campamentos juveniles. *Es monitora de esquí.* || *s. m.* **2.** Receptor de imagen. *Este monitor no es de muy buena calidad.* **SIN.** Pantalla. **3.** Aparato para controlar la calidad de una emisión, ya sea visual o sonora, durante la transmisión de la misma. *Estaba encargado del monitor.* **4.** Pantalla de un ordenador. *Le salió un aviso de error en el monitor.*

monja (**mon**-ja) *s. f.* Religiosa de alguna de las órdenes aprobadas por la Iglesia. *Tenía una tía monja.* **SIN.** Novicia, hermana, sor.

699

monje (mon-je) *s. m.* **1.** Religioso de una de las órdenes monacales, cuyos miembros sirven en monasterios y llevan vida de comunidad. *Los monjes estaban rezando el rosario.* **SIN.** Fraile, religioso. **2.** Solitario o anacoreta. *Llevaba una vida de monje.*

mono, na (mo-no) *adj.* **1.** *fam.* Pulido, delicado, gracioso. *La habitación te ha quedado muy mona.* **ANT.** Feo, grotesco. ‖ *s. m. y s. f.* **2.** Nombre genérico con que se designa a cualquiera de los animales del orden primates. *Les dimos de comer cacahuetes a los monos del zoológico.* **SIN.** Simio, macaco. **3.** *fam.* Persona que hace las cosas por imitación. *Pareces una mona de imitación.* ‖ *s. m.* **4.** Traje de faena compuesto de cuerpo y pantalones en una sola pieza y, generalmente, de tela fuerte. *Lleva un mono azul para trabajar.* **SIN.** Funda. **5.** Por ext., prenda de vestir de similares características. *Se compró un mono vaquero.* **6.** Síndrome de abstinencia en el consumo de drogas, especialmente la heroína. *Le ayudó a pasar el mono.* ‖ **LOC. ser alguien el último mono** *fam.* Ser una persona insignificante a la que nadie tiene en cuenta. **tener mono** *fam.* Padecer abstinencia de alguna cosa o de algún hábito. **¿tengo monos en la cara?** *fam.* Expresión de enfado con que alguien increpa a quien le está mirando descarada e insistentemente.

monocameral (mo-no-ca-me-ral) *adj.* Se dice del sistema parlamentario formado por una sola cámara. *Tenían un sistema monocameral.*

monocarril (mo-no-ca-rril) *s. m.* Elemento de transporte que se desplaza sobre una sola vía férrea. *Hizo el trayecto en un monocarril.*

monociclo (mo-no-ci-clo) *s. m.* Especie de bicicleta de una sola rueda usada por los equilibristas. *El equilibrista hizo increíbles ejercicios con el monociclo.*

monocolor (mo-no-co-lor) *adj.* **1.** De un solo color. *Se compró una tela monocolor.* **2.** Se dice del gobierno en el que la mayoría la tiene un solo partido. *Tenían un gobierno monocolor.*

monocorde (mo-no-cor-de) *adj.* **1.** Se dice del instrumento musical que sólo tiene una cuerda. *Los instrumentos monocordes son usados desde la antigüedad.* **2.** Por ext., se dice de la sucesión de sonidos que repite una misma nota. *Entonó un salmo monocorde.* **3.** Monótono, sin variaciones. *Su tono de voz es monocorde.* **SIN.** Igual, indiferenciado.

monocotiledóneo, a (mo-no-co-ti-le-dó-ne-o) *adj.* Se dice de las plantas de flor con un solo cotiledón en cada semilla. **GRA.** También s. f. *La palmera y el azafrán son monocotiledóneas.*

monocromo, ma (mo-no-cro-mo) *adj.* De un solo color. *El papel era monocromo.* **SIN.** Unicolor.

monóculo (mo-nó-cu-lo) *s. m.* Lente para un solo ojo. *Llevaba puesto un monóculo.*

monocultivo (mo-no-cul-ti-vo) *s. m.* Cultivo único o predominante de un producto dentro de una región. *Esa tierra se dedica al monocultivo de la fresa.*

monofásico, ca (mo-no-fá-si-co) *adj.* **1.** Se dice de la corriente eléctrica alterna de una sola fase. *La corriente monofásica es poco utilizada.* **2.** Se aplica a los aparatos que funcionan con esta clase de corriente. *Están estudiando un nuevo transformador monofásico.*

monogamia (mo-no-ga-mia) *s. f.* Régimen familiar que prohíbe la pluralidad de esposas o de esposos. *Era partidario de la monogamia.* **ANT.** Poligamia, bigamia.

monografía (mo-no-gra-fí-a) *s. f.* Descripción o estudio especial de determinada parte de una ciencia, o de algún tema en particular. *Preparó una monografía sobre Cervantes.*

monograma (mo-no-gra-ma) *s. m.* **1.** Cifra que como abreviatura se emplea en sellos, marcas, etc. *Es el monograma de la empresa.* **2.** *Anagrama.

monoico, ca (mo-noi-co) *adj.* Se dice de las plantas que tienen separadas las flores de cada sexo, pero en un mismo pie. *Las plantas monoicas no tienen flores hermafroditas.*

monolingüe (mo-no-lin-güe) *adj.* **1.** Que sólo habla una lengua. **GRA.** También s. m. y s. f. *Es monolingüe, sólo habla su lengua madre.* **2.** Que está escrito en un solo idioma. *Era una obra monolingüe.*

monolito (mo-no-li-to) *s. m.* Monumento de piedra de una sola pieza. *Había un gran monolito.* **SIN.** Megalito, monumento, menhir.

monólogo (mo-nó-lo-go) *s. m.* **1.** *Soliloquio. **2.** Especie de obra dramática en que habla un solo personaje. *La obra era un monólogo.*

monomanía (mo-no-ma-ní-a) *s. f.* Preocupación exagerada y obsesiva que se tiene por alguna cosa. *Tiene monomanía por el éxito.*

monomio (mo-no-mio) *s. m.* Expresión algebraica que consta de un solo término. *2x es un monomio.*

monopatín (mo-no-pa-tín) *s. m.* Plancha de madera u otro material sobre ruedas que sirve para desplazarse, y deporte que se practica con dicha plancha. *Era una gran aficionada del monopatín.*

monopétalo, la (mo-no-pé-ta-lo) *adj.* Se dice de las flores o de las corolas que tienen un solo pétalo. *Las flores monopétalas son poco frecuentes.*

monoplano - montaje

monoplano (mo-no-**pla**-no) *s. m.* Aeroplano que tiene sólo un par de alas que forman un mismo plano. *Hoy casi todos los aviones son monoplanos.*

monopolio (mo-no-**po**-lio) *s. m.* Privilegio exclusivo de vender o explotar una cosa en un lugar o territorio, o de realizar una actividad. *Tabacalera tiene el monopolio de la venta de tabaco.* **SIN.** Acaparamiento, exclusiva.

monopolizar (mo-no-po-li-**zar**) *v. tr.* **1.** Tener, adquirir o atribuirse el monopolio de alguna cosa. *Pretende monopolizar el comercio de la zona.* **SIN.** Acaparar. **ANT.** Repartir, descentralizar. **2.** Acaparar a alguien o algo. *Trataba siempre de monopolizar la atención.* 🖎 Se conjuga como abrazar.

monoptongar (mo-nop-ton-**gar**) *v. tr.* Reducir un diptongo a una única vocal. *El diptongó "au" monoptongó en "o" en la mayoría de las lenguas románicas.* 🖎 Se conjuga como ahogar.

monorraíl (mo-no-rra-**íl**) *adj.* Se dice del tren que circula sobre un solo raíl. **GRA.** También *s. m. Nunca había montado en un monorraíl.*

monorrimo, ma (mo-no-**rri**-mo) *adj.* De una sola rima. *Era una estrofa de versos monorrimos.*

monosépalo, la (mo-no-**sé**-pa-lo) *adj.* Se dice de las flores o de los cálices que tienen un solo sépalo. *Se trata de un cáliz monosépalo.* **SIN.** Gamosépalo.

monosílabo, ba (mo-no-**sí**-la-bo) *adj.* Que tiene una sola sílaba. **GRA.** También *s. m.* *"Pan" es una palabra monosílaba.*

monospermo, ma (mo-nos-**per**-mo) *adj.* Se aplica al fruto que sólo contiene una semilla. *Los melocotones son monospermos.*

monoteísmo (mo-no-te-**ís**-mo) *s. m.* Doctrina teológica de los que reconocen un solo Dios. *Predican el monoteísmo.*

monotonía (mo-no-to-**ní**-a) *s. f.* **1.** Uniformidad, igualdad de tono en la persona que habla, en la voz, en la música, etc. *Habla con mucha monotonía.* **2.** Falta de variedad. *Le cansaba la monotonía de todos los días.* **SIN.** Igualdad, invariabilidad, uniformidad. **ANT.** Diferencia, variedad.

monótono, na (mo-**nó**-to-no) *adj.* Que adolece de monotonía. *Lleva una vida muy monótona.* **SIN.** Uniforme, igual. **ANT.** Variado, diferente.

monotremas (mo-no-**tre**-mas) *s. m. pl.* Mamíferos primitivos que ponen huevos. *El ornitorrinco y la equidna son los únicos monotremas.*

monovalente (mo-no-va-**len**-te) *adj.* Que tiene una sola valencia. *El hidrógeno es un elemento monovalente.*

monseñor (mon-se-**ñor**) *s. m.* Título honorífico que otorga el Papa a determinados eclesiásticos. *Monseñor Aguirre dirigió una circular a sus fieles.*

monserga (mon-**ser**-ga) *s. f., fam.* Explicación o petición fastidiosa o pesada. **GRA.** Se usa más en pl. *No me vuelvas a venir con monsergas.* **SIN.** Tabarra.

monstruo (**mons**-truo) *s. m.* **1.** Ser fantástico que produce terror, personaje de cuentos y leyendas. *El monstruo del lago Ness.* **2.** Cosa excesivamente grande o extraordinaria en cualquier línea. *El nuevo edificio será un monstruo.* **3.** Persona o cosa muy fea. *Es feo como un monstruo.* **4.** Persona muy cruel y perversa. *Los que le conocían decían que era un monstruo.* **5.** Producción contra el orden regular de la naturaleza. *Debido a las radiaciones, algunos animales de los que nacieron eran monstruos.* **SIN.** Aberración, engendro. **6.** *fam.* Persona dotada de cualidades extraordinarias para determinada actividad. *Es un monstruo de la música.* **SIN.** Portento, genio.

monstruoso, sa (mons-**truo**-so) *adj.* **1.** Que es contrario al orden natural. *Era un ser monstruoso.* **2.** Excesivamente grande, extraordinario. *Es un palacio monstruoso.* **SIN.** Enorme, colosal, fenomenal. **3.** Enormemente cruel. *Su actitud fue monstruosa.* **SIN.** Vituperable, execrable, nefando. **4.** Extremadamente feo. *Tienes un aspecto monstruoso.* **SIN.** Horrible, horripilante. **ANT.** Hermoso, bello.

monta, de poca *loc. adv.* De poca importancia. *Era un asunto de poca monta.*

montacargas (mon-ta-**car**-gas) *s. m.* Ascensor destinado a subir y bajar cosas pesadas. *Utiliza el montacargas.* 🖎 Invariable en número.

montado, da (mon-**ta**-do) *adj.* **1.** Se aplica al que sirve en la guerra a caballo. **GRA.** También *s. m. Pertenecía a la policía montada.* ‖ *s. m.* **2.** Rebanada de pan con una loncha de lomo frito encima. *Pidió un montado.* ‖ **LOC. estar montado, o estar montado en el dólar** *fam.* Gozar de una óptima situación económica.

montaje (mon-**ta**-je) *s. m.* **1.** Acción y efecto de colocar en el lugar adecuado las piezas de un aparato o máquina. *Acabó el montaje de la maqueta.* **SIN.** Acoplamiento, articulación. **2.** Combinación de las distintas partes de un todo. *El montaje de la máquina terminó ayer.* **SIN.** Articulación. **3.** Proceso de unión de fotogramas definitivos de una película cinematográfica. *Fue un montaje muy difícil.* **4.** Organización de todos los elementos de una representación teatral. *Se encargaba del montaje.* **5.** Engarce

montante - monte

de los distintos elementos que forman una joya. *Ese collar está en proceso de montaje.* **6.** Trama para ocultar la verdad. *Era todo un montaje.* **SIN.** Engaño, trampa. ‖ **7. montaje fotográfico** Fotografía compuesta con otras fotografías y diversos elementos con una finalidad decorativa o publicitaria.

montante (mon-**tan**-te) *s. m.* Suma o importe de unos gastos. *Corrió él con el montante.*

montaña (mon-**ta**-ña) *s. f.* **1.** Monte, elevación natural del terreno. *Conseguimos llegar a la cima de la montaña.* **SIN.** Collado, picacho. **ANT.** Llano, valle. **2.** Territorio cubierto de montes. *Los Alpes son una de las montañas más importantes de Europa.* **SIN.** Cordillera. **3.** Gran cantidad o número de algo. *Llegó con una montaña de libros para leer.* ‖ **4. montaña rusa** En parques de atracciones y ferias, montículo artificial de hierros en el que se realiza un viaje ondulado, recto o tortuoso, por el cual se desliza, gracias a la inclinación, un carrito que ocupan las personas que se montan en esta atracción.

LAS MONTAÑAS MÁS ALTAS

Asia		m
Everest	Himalaya; Nepal-Tíbet	8 848
Godwin Austen	Pakistán-India	8 611
Kanchenjunga	Himalaya; Nepal-India	8 597
Makalu	Himalaya; Nepal-Tíbet	8 480
Dhaulagiri	Himalaya; Nepal	8 169
Nanga Parbat	Himalaya; India	8 162
Annapurna	Himalaya; Nepal	8 807
América del Sur		
Aconcagua	Andes; Argentina	6 960
América del Norte		
McKinley	Cordillera de Alaska	6 194
África		
Kilimanjaro	Tanzania	5 895
Europa		
Elbrús	Cáucaso; CEI	5 633
Mont Blanc	Alpes; Francia	4 807
Antártida		
Macizo Vinson		5 140
Oceanía		
Jaja	Nueva Guinea	5 029

montañero, ra (mon-ta-**ñe**-ro) *s. m. y s. f.* Persona que practica el montañismo. *Consiguieron rescatar a los montañeros.* **SIN.** Escalador, montañista.

montañismo (mon-ta-**ñis**-mo) *s. m.* *Alpinismo.

montañoso, sa (mon-ta-**ño**-so) *adj.* **1.** Que pertenece o se refiere a las montañas. *Fuimos por un camino montañoso.* **SIN.** Montuoso. **2.** Abundante en ellas. *Es una región muy montañosa.* **SIN.** Abrupto, áspero, escarpado. **ANT.** Llano.

montar (mon-**tar**) *v. intr.* **1.** Subir en un caballo u otro animal. **GRA.** También v. tr. *Montó en su caballo y se fue a dar un paseo.* **SIN.** Cabalgar. **ANT.** Desmontar. **2.** Subirse encima de una cosa. **GRA.** También v. prnl. *Se montó en el remolque.* **SIN.** Trepar, auparse, alzarse. **ANT.** Bajar, descender. **3.** Cabalgar. **GRA.** También v. tr. *Le gusta mucho montar a caballo.* ‖ *v. tr.* **4.** Poner en su lugar las piezas o partes de un aparato. *Mi hermano desmontó el motor del coche y lo volvió a montar.* **SIN.** Armar, acoplar. **ANT.** Desarmar, desajustar. **5.** Cubrir los animales a sus hembras. *El toro montó a la vaca.* **SIN.** Cubrir, fecundar. **6.** Engastar las piedras preciosas. *Estaban montando una preciosa sortija de esmeraldas.* **7.** Batir enérgicamente la nata de la leche o las claras de huevo. *Monta la nata para cubrir la tarta.* **8.** Disponer todo lo necesario para habitar una casa o abrir un negocio. *Están montando una tienda de ropa.* **9.** Organizar los diferentes elementos de una representación teatral. *Ayudó a montar el escenario para la obra.* **10.** Unir los diferentes fotogramas de una película cinematográfica. *Montó la película.* **11.** Poner en el disparador un arma de fuego. *Montó el fusil.* ‖ **LOC. montárselo alguien bien o mal** *fam.* Organizarse bien o mal. ‖ **tanto monta, monta tanto** Expresión con que se manifiesta que una cosa es equivalente a otra o tiene la misma importancia. Fue usado como emblema por los Reyes Católicos.

montaraz (mon-ta-**raz**) *adj.* **1.** Que anda o está acostumbrado a andar por los montes o se ha criado en ellos. *Es un animal montaraz.* **SIN.** Agreste, bravío. **ANT.** Doméstico. **2.** Arisco, insociable. *Tiene un carácter muy montaraz.* **SIN.** Indómito, salvaje.

monte (**mon**-te) *s. m.* **1.** Gran elevación natural de terreno. *Subió a la cumbre de un monte.* **SIN.** Altozano, cerro, montaña, peñasco. **ANT.** Valle, llano. **2.** Tierra sin cultivar, cubierta de árboles o arbustos. *El incendio acabó con gran parte de ese monte.* ‖ **3. monte alto** El poblado de árboles grandes. | Estos mismos árboles. **4. monte bajo** El poblado de arbustos, matas o hierbas. | Estas mismas matas o hierbas. **5. monte de piedad** Casa de empeño. **6. monte de Venus** Pubis de la mujer. | Pequeña eminencia de la palma de la mano, en la raíz de los dedos. ‖ **LOC. echarse al monte** Decidir, voluntaria o involuntariamente, ponerse al margen de la justicia. ‖ **no todo el monte es orégano** Indica que

montepío - moral

no todos los aspectos de un asunto son fáciles y agradables.

montepío (mon-te-**pí**-o) *s. m.* **1.** Depósito de dinero, formado con los descuentos hechos a los miembros de un cuerpo para socorrer a sus viudas y huérfanos o auxiliarles en sus necesidades. *Cobra del montepío de toreros.* **2.** Establecimiento público o privado fundado con el mismo objeto. *Era presidente del montepío.* **3.** Pensión que se recibe de dicha institución. *Vivía sólo del montepío que recibía.*

montera (mon-**te**-ra) *s. f.* Gorra usada por el torero. *Se quitó la montera.*

montería (mon-te-**rí**-a) *s. f.* Caza mayor. *Es aficionado a la montería.*

montés (mon-**tés**) *adj.* Que anda, está o se cría en el monte. *Vimos un gato montés.* **ANT.** Doméstico.

montículo (mon-**tí**-cu-lo) *s. m.* Monte pequeño que generalmente está aislado. *La caseta estaba en un montículo.* **SIN.** Alcor, collado, loma.

montilla (mon-**ti**-lla) *s. m.* Vino que se cría y elabora en Montilla, Córdoba. *Pidieron un montilla.*

montón (mon-**tón**) *s. m.* **1.** Conjunto de cosas puestas sin orden unas sobre otras. *Hay que colocar ese montón de ladrillos.* **SIN.** Pila, infinidad. **2.** *fam.* Número considerable. *Tenía un montón de cosas que hacer.* **SIN.** Infinidad, pila, porrada. ‖ **LOC. a montones** Excesivamente, abundantemente. **ser alguien del montón** *fam.* Ser corriente y moliente.

montonera (mon-to-**ne**-ra) *s. f.* Montón, cantidad grande de alguna cosa. *Nos dio una montonera de caramelos.*

montura (mon-**tu**-ra) *s. f.* **1.** Cabalgadura, bestia en que se cabalga. *Aquel burro había sido siempre su montura.* **SIN.** Caballería. **2.** Conjunto de los arreos de una caballería y silla de montar. *Pon la montura sobre el caballo.* **SIN.** Guarniciones. **3.** Montaje, acción de montar las distintas piezas de un aparato o máquina. *La montura del aparato resultó bastante complicada.* **4.** Armadura en que se colocan los cristales de las gafas. *Eligió una montura metálica para sus gafas.*

monumental (mo-nu-men-**tal**) *adj.* **1.** Que pertenece o se refiere al monumento. *Ávila es una ciudad monumental.* **2.** Se dice de la parte antigua de algunas ciudades que poseen abundancia de monumentos artísticos. *Visitamos la parte monumental.* **3.** *fam.* Muy excelente o destacado en su línea. *Es una monumental actriz.* **SIN.** Magnífico, grandioso. **4.** *fam.* Muy grande. *Has tenido un fallo monumental.* **SIN.** Descomunal, gigantesco. **ANT.** Pequeño, mínimo.

monumento (mo-nu-**men**-to) *s. m.* **1.** Obra escultórica o arquitectónica que se hace en conmemoración de una persona, una acción heroica, etc. *Le levantaron un monumento.* **2.** Por ext., cualquier tipo de construcción que destaca por su valor artístico, arqueológico o histórico. *La catedral de esa ciudad es uno de sus monumentos más importantes.* **3.** Obra científica o literaria de gran valor. *Su obra era todo un monumento de la poesía tradicional.* **4.** Persona muy atractiva físicamente. *¡Qué monumento de chico!*

monzón (mon-**zón**) *s. m.* Viento periódico que sopla en ciertos mares, particularmente en el océano Índico, unos meses en una dirección y otros en la opuesta. *El monzón trae la estación lluviosa en la India.*

moña (mo-ña) *s. f., fam.* *Borrachera.

moño (mo-ño) *s. m.* **1.** Recogido que se hace con el cabello. *Iba peinada con un moño.* **2.** Grupo de plumas que sobresale en la cabeza de algunas aves. *El pavo real tiene un moño rígido.* ‖ **LOC. estar hasta el moño** *fam.* Estar harto. **ponérsele a alguien una cosa en el moño** *fam.* Antojársele.

moqueo (mo-**que**-o) *s. m.* Secreción nasal abundante. *Le duele la garganta y tiene mucho moqueo.*

moquero (mo-**que**-ro) *s. m.* Pañuelo para limpiarse los mocos. *Toma el moquero y suénate los mocos.*

moqueta (mo-**que**-ta) *s. f.* **1.** Tela fuerte de lana con la que se hacen alfombras y tapices. *La moqueta estampada de la pared adornaba mucho.* **2.** Revestimiento de tejido sintético encolado a los suelos y paredes de las habitaciones. *Pusieron moqueta en el suelo.*

moquillo (mo-**qui**-llo) *s. m.* Catarro de algunos animales, como el perro, la gallina, etc. *El pobre gatito tenía moquillo.*

mora (**mo**-ra) *s. f.* **1.** Fruto del moral, formado por granitos morados, blandos y agridulces. *Hizo mermelada de moras.* **2.** Fruto de la morera, similar al del moral, pero más pequeño. *Estuvo cogiendo moras.* **SIN.** Zarza, mora.

morada (mo-**ra**-da) *s. f.* Lugar en el que se habita. *Aquella vieja casa era su morada.* **SIN.** Domicilio, hogar, residencia.

morado, da (mo-**ra**-do) *adj.* De color entre carmín y azul. **GRA.** También s. m. *Llevaba una chaqueta morada.* **SIN.** Cárdeno, lila. ‖ **LOC. pasarlas moradas** *fam.* Tener serias dificultades, pasarlo mal. **ponerse alguien morado** *fam.* Hartarse.

moral[1] (mo-**ral**) *adj.* **1.** Que pertenece o se refiere a las acciones de las personas, calificándolas de bue-

moral - morfina

nas o malas. *Es poco moral decir mentiras.* **SIN.** Ético. **ANT.** Amoral. || *s. f.* **2.** Conducta de una persona. *Mi moral no me permite engañar a los demás.* **SIN.** Ética, conciencia, honradez. **3.** Parte de la filosofía que trata del bien y de las buenas o malas acciones humanas. *Estoy leyendo un ensayo sobre moral.* **4.** Estado de ánimo. *Tenía la moral muy alta.* 🔖 Como adj., es invariable en género.

moral[2] (mo-**ral**) *s. m.* Árbol cuyo fruto es la mora. *El moral que había en nuestra huerta se ha secado.*

moraleja (mo-ra-**le**-ja) *s. f.* Enseñanza provechosa que se saca de un cuento, fábula, etc. *Sus cuentos siempre tenían moraleja.* **SIN.** Lección.

moralidad (mo-ra-li-**dad**) *s. f.* Cualidad de las acciones humanas que las hace buenas. *Tiene poca moralidad.* **SIN.** Decencia, honradez, virtud. **ANT.** Amoralidad, inmoralidad.

moralina (mo-ra-**li**-na) *s. f.* Moralidad inoportuna, superficial o falsa. *Después de lo que has hecho, parece mentira que vengas ahora con moralinas.*

moralizar (mo-ra-li-**zar**) *v. intr.* Hacer reflexiones morales. *En su obra moralizaba sobre las injusticias sociales.* **SIN.** Aconsejar, amonestar. 🔖 Se conjuga como abrazar.

morapio (mo-**ra**-pio) *s. m., fam.* *Vino tinto.

morar (mo-**rar**) *v. intr.* Vivir habitualmente en un lugar. *En esta gruta solía morar un ermitaño.* **SIN.** Habitar, residir.

moratoria (mo-ra-**to**-ria) *s. f.* Plazo concedido para el pago de una deuda vencida. *Había aceptado darles una moratoria.* **SIN.** Aplazamiento, prórroga.

mórbido, da (**mór**-bi-do) *adj.* Que padece enfermedad o la ocasiona. *Ambiente mórbido.* **SIN.** Morboso, malsano, enfermizo. **ANT.** Sano.

morbo (**mor**-bo) *s. m.* **1.** Inclinación enfermiza por los sucesos crueles o desagradables. *Las personas que ven ese tipo de programas tienen mucho morbo.* **2.** *Enfermedad. **SIN.** Padecimiento, afección.

morboso, sa (mor-**bo**-so) *adj.* **1.** Que se recrea en sucesos crueles o desagradables. *Es un programa muy morboso.* **2.** Que manifiesta inclinación por este tipo de acontecimientos. *No me esperaba de él aquella actitud tan morbosa.* **3.** Que causa enfermedad, o se refiere a ella. *Proceso morboso.*

morcilla (mor-**ci**-lla) *s. f.* **1.** Trozo de tripa de cerdo rellena de sangre cocida y condimentada con cebolla, especias, etc. *Le encanta la morcilla frita.* **2.** *fam.* Añadidura de palabras de su invención que hace un actor o actriz en su papel. *Aquella obra tenía muchas morcillas.* **SIN.** Improvisación. || **LOC. que te den, o que le den, morcilla** *fam.* Indica desprecio o rechazo hacia alguien o algo.

morcillo[1] (mor-**ci**-llo) *s. m.* Parta alta de las patas de los bovinos. *Pidió morcillo para guisar.*

morcillo[2] (mor-**ci**-llo) *adj.* Se aplica al caballo o yegua de color negro con cierto tono rojizo. *Era un potro morcillo.*

mordaz (mor-**daz**) *adj.* **1.** *Corrosivo. **2.** Que critica u ofende con acritud o maldad. *Su palabras fueron muy mordaces.* **SIN.** Acre, punzante, incisivo, satírico. **3.** Propenso a criticar con acritud o maldad. *Es una persona muy mordaz.* **SIN.** Sarcástico, cáustico. 🔖 Su pl. es "mordaces".

mordaza (mor-**da**-za) *s. f.* Cualquier cosa que se pone en la boca para impedir hablar. *Emplearon una venda como mordaza.*

morder (mor-**der**) *v. tr.* **1.** Clavar los dientes en una cosa. *El perro muerde el hueso.* **SIN.** Mordisquear, dentellar, roer. **2.** Gastar poco a poco quitando partes pequeñas. *La carcoma había ido mordiendo la madera.* **SIN.** Desgastar, corroer. 🔖 v. irreg., se conjuga como mover.

mordisco (mor-**dis**-co) *s. m.* **1.** Acción y efecto de morder. *Se comió el bocadillo de dos mordiscos.* **2.** Mordedura ligera y leve. *Le dio un mordisco en la oreja en señal de cariño.* **3.** Pedazo que se saca de una cosa mordiéndola. *Le dio un buen mordisco al bocadillo.* **4.** Beneficio que se obtiene de un asunto. *Ese negocio ha sido un buen mordisco.*

mordisquear (mor-dis-que-**ar**) *v. tr.* Morder una cosa frecuentemente y con poca fuerza, sacando de ella trozos muy pequeños. *Mordisqueaba el pan para entretenerse.*

moreno, na (mo-**re**-no) *adj.* En la raza blanca, se dice del color de la piel menos claro y del pelo negro o castaño. *Es una persona muy morena.* **SIN.** Atezado, bronceado, tostado. **ANT.** Pálido, blanco.

morera (mo-**re**-ra) *s. f.* Árbol originario de Asia y muy cultivado en España para aprovechar la hoja, que sirve de alimento al gusano de seda. *La morera es muy parecida al moral, pero su fruto es blanco.*

morería (mo-re-**rí**-a) *s. f.* En España, barrio en que habitaban los mudéjares y después los moriscos. *Visitaron la morería de la ciudad.*

morfema (mor-**fe**-ma) *s. m.* Elemento mínimo que en una lengua expresa relaciones o categorías gramaticales. *Las desinencias, prefijos y sufijos son morfemas.*

morfina (mor-**fi**-na) *s. f.* Sustancia narcótica que se obtiene del opio y cuyas sales, muy venenosas, se emplean en medicina como medicamento anestésico, pero en cantidades mínimas. *Le pusieron inyecciones de morfina para calmar el dolor.* **SIN.** Narcótico, sedante, soporífero.

morfología (mor-fo-lo-**gí**-a) *s. f.* **1.** Rama de la lingüística que estudia la forma de las palabras en relación con sus componentes y las posibilidades de combinación de éstos. *Tenemos un examen de morfología.* **2.** Estudio de las formas del relieve terrestre, del origen de las mismas y de su evolución. *Salimos al campo para estudiar la morfología de la región.*

morfosintaxis (mor-fo-sin-**ta**-xis) *s. f.* Rama de la Lingüística que estudia la forma de las palabras y su comportamiento en la frase. *Haz un estudio de la morfosintaxis de este párrafo.*

moribundo, da (mo-ri-**bun**-do) *adj.* Que se está muriendo o muy cercano a morir. **GRA.** También s. m. y s. f., aplicado a personas. *Lo encontraron casi moribundo.* **SIN.** Agonizante, deshauciado.

moriles (mo-**ri**-les) *s. m.* Vino fino que se cría y elabora en la villa de Moriles, provincia de Córdoba. *Le gustaba el moriles.* 🕮 Invariable en número.

morir (mo-**rir**) *v. intr.* **1.** Dejar de vivir. **GRA.** También v. prnl. *El abuelo murió de 90 años.* **SIN.** Fallecer, perecer, expirar. **ANT.** Nacer, comenzar. **2.** Acabar del todo cualquier cosa, aunque no sea material ni viviente. *Ese río muere directamente en el mar.* **SIN.** Perecer, sucumbir, acabar. **ANT.** Comenzar, iniciar. **3.** Sentir violentamente alguna pasión, afecto u otra cosa. **GRA.** También v. prnl. *Se moría por ir a ese viaje.* **SIN.** Desvivirse, pirrarse. **4.** Apagarse la luz o el fuego. **GRA.** También v. prnl. *Échale más leña, la hoguera se muere.* **5.** Cesar una cosa en su curso, detenerse. *Las negociaciones habían muerto.* ‖ **LOC. morir, o morirse, alguien por una persona o cosa** Amarla en extremo. 🕮 v. irreg., se conjuga como dormir. Tiene p. p. irreg., muerto.

morisco, ca (mo-**ris**-co) *adj.* **1.** Se dice de los moros bautizados que se quedaron en España al terminar la Reconquista. **GRA.** También s. m. y s. f. *Era de una familia morisca.* **2.** Que pertenece o se refiere a ellos. *Barrio morisco.*

mormonismo (mor-mo-**nis**-mo) *s. m.* **1.** Religión creada en Estados Unidos, en 1830, por Joseph Smith. *Practica el mormonismo.* **2.** Conjunto de máximas y ritos de esta religión. *El mormonismo es poco conocido en Europa.*

moro, ra (**mo**-ro) *adj.* **1.** Natural del norte de África, de sangre árabe o beréber. **GRA.** También s. m. y s. f. *Los moros vivieron en España 8 siglos.* **2.** Que pertenece o se refiere a esta parte de África o a sus habitantes. *Cultura mora.* **3.** Por ext., musulmán. **GRA.** También s. m. y s. f. *La religión mora es practicada en todo el mundo.* **SIN.** Mahometano. ‖ **LOC. bajar al moro** *fam.* Expresión utilizada en el mundo de los traficantes de drogas con el significado de viajar a Marruecos. **haber moros en la costa** *fam.* Expresión con que se recomienda precaución y cautela.

morosidad (mo-ro-si-**dad**) *s. f.* **1.** Lentitud, tardanza. *Su morosidad para pagar lo que debe es increíble.* **SIN.** Demora, dilación. **2.** Falta de actividad o puntualidad. *Todos conocían su morosidad y sabían que llegaría tarde.*

moroso, sa (mo-**ro**-so) *adj.* **1.** Que es muy lento o que denota o implica lentitud. *El proceso judicial es complicado y bastante moroso.* **SIN.** Tardío. **ANT.** Rápido, raudo. **2.** Retrasado en el pago de impuestos o deudas. **GRA.** También s. m. y s. f. *Varios morosos le debían dinero.*

morral (mo-**rral**) *s. m.* **1.** Saco que se cuelga en el cuello de las caballerías para que coman el pienso cuando no están en el pesebre. *Cólocale el morral al caballo.* **2.** Zurrón, mochila. *El cazador preparó su morral.* **SIN.** Talego, alforja.

morralla (mo-**rra**-lla) *s. f.* Multitud de cosas de escaso valor. *Hay que hacer limpieza en el desván, está lleno de morralla.* **SIN.** Desechos.

morrear (mo-rre-**ar**) *v. tr., vulg.* *Besar. **GRA.** También v. intr. y v. prnl.

morrena (mo-**rre**-na) *s. f.* Conjunto de rocas y arenas arrastradas por un glaciar y acumuladas en la extremidad de su lengua. *Se había formado una gran morrena.*

morrillo (mo-**rri**-llo) *s. m.* **1.** Porción carnosa de las reses en la parte superior y anterior del cuello. *Clavó el estoque en el morrillo del toro.* **2.** Canto rodado. *La carretera estaba llena de morrillos a causa del desprendimiento.*

morriña (mo-**rri**-ña) *s. f., fam.* Tristeza, melancolía, especialmente la nostalgia de la tierra natal. *Vivía en el extranjero y sentía morriña de su tierra.*

morro (**mo**-rro) *s. m.* **1.** Parte de la cabeza de algunos animales donde se encuentran la nariz y la boca. *Ese perro tiene un morro muy gracioso.* **SIN.** Hocico, jeta. **2.** Saliente que forman los labios abultados o gruesos. *No frunzas el morro.* ‖ **LOC. arrugar, o torcer, el morro** *fam.* Hacer gestos con la cara para manifestar desaprobación o desagrado. **beber a morro** *fam.* Beber directamente de la botella o de

morrocotudo - mosca

un chorro de agua. **caerse de morros** *fam.* Caerse de bruces. **echarle morro** *fam.* Actuar con descaro. **estar de morro, o de morros, dos o más personas** *fam.* Estar enfadadas. **por el morro** *fam.* Gratis. | *fam.* Con descaro y desvergüenza.

morrocotudo, da (mo-rro-co-**tu**-do) *adj., fam.* De mucha importancia o dificultad. *Se dio un golpe morrocotudo.* **SIN.** Importante, grande, formidable, fenomenal. **ANT.** Insignificante.

morrón[1] (mo-**rrón**) *adj.* Se dice de una variedad de pimiento dulce, más grueso y carnoso que el de las otras clases. *Comimos pimientos morrones.*

morrón[2] (mo-**rrón**) *s. m., fam.* Golpe, porrazo. *Se dio un buen morrón.*

morsa (**mor**-sa) *s. f.* Mamífero muy parecido a la foca pero de mayor tamaño, con dos largos caninos de más de medio metro en la mandíbula superior. *Las morsas se alimentan de moluscos y crustáceos.*

morse (**mor**-se) *s. m.* **1.** *Telégrafo. **2.** Alfabeto compuesto de combinaciones de puntos y rayas, o sus equivalentes en sonido, usado para la comunicación telegráfica. *Utilizó el sistema morse.*

mortadela (mor-ta-**de**-la) *s. f.* Embutido grueso de carne picada de cerdo o de vaca, especie de salchichón. *Se preparó un bocadillo de mortadela.*

mortaja (mor-**ta**-ja) *s. f.* Sábana o vestidura en la que se envuelve un cadáver para sepultarle. *Prepararon la mortaja.* **SIN.** Sudario.

mortal (mor-**tal**) *adj.* **1.** Que ha de morir. *El hombre es mortal.* **SIN.** Perecedero. **ANT.** Eterno, inmortal. **2.** Por antonom., se dice del ser humano. **GRA.** También s. m. *Los mortales.* **3.** Que causa o puede causar la muerte espiritual o corporal. *La herida era mortal.* **SIN.** Letal, mortífero. **4.** Se aplica a los sentimientos extremadamente fuertes. *Sentía un odio mortal.* **5.** Que cansa y aburre. *La reunión fue mortal, todos estábamos agotados.* **SIN.** Fatigoso, abrumador, penoso, aburrido. **ANT.** Ameno, divertido.

mortalidad (mor-ta-li-**dad**) *s. f.* **1.** Cualidad de mortal. *La mortalidad del ser humano.* **2.** Número proporcional de defunciones en población o tiempo determinados. *La tasa de mortalidad había descendido.* ☞ No debe confundirse con "mortandad".

mortandad (mor-tan-**dad**) *s. f.* Multitud de muertes debidas a epidemias, guerras, catástrofes, etc. *La guerra causó gran mortandad.* **SIN.** Hecatombe, matanza. ☞ No debe confundirse con "mortalidad".

mortecino, na (mor-te-**ci**-no) *adj.* Falto de vigor y fuerza. *Aquella habitación tenía una luz muy mortecina.* **SIN.** Débil, apagado. **ANT.** Fuerte, vivaz, vivo.

mortero (mor-**te**-ro) *s. m.* **1.** Utensilio de madera o metal, con forma de vaso de cavidad semiesférica, que sirve para machacar en él especias, semillas, etc. *Machaca ajo y perejil en el mortero.* **SIN.** Almirez. **2.** Pieza de artillería más corta que un cañón del mismo calibre y que sirve para lanzar bombas. *Dispararon sus morteros.* **3.** Argamasa o mezcla de arena, conglomerante y agua. *Prepararon el mortero.*

mortífero, ra (mor-**tí**-fe-ro) *adj.* Que ocasiona o puede ocasionar la muerte. *Querían prohibir aquellas armas tan mortíferas.* **SIN.** Mortal, letal.

mortificar (mor-ti-fi-**car**) *v. tr.* **1.** Dominar las pasiones castigando el cuerpo y refrenando la voluntad. **GRA.** También v. prnl. *Los santos solían mortificarse.* **SIN.** Castigar(se), disciplinarse. **2.** Afligir, causar pesadumbre o molestia. **GRA.** También v. prnl. *Pensar en lo mal que se había portado le mortificaba.* **SIN.** Contrariar, incomodar, molestar(se). **ANT.** Agradar, complacer. ✎ Se conjuga como abarcar.

mortuorio, ria (mor-**tuo**-rio) *adj.* Que pertenece o se refiere a la persona muerta o a las honras que por ella se hacen. *Esquela mortuoria.* **SIN.** Fúnebre, luctuoso, lúgubre. **ANT.** Vital, alegre.

mosaico (mo-**sai**-co) *adj.* Se dice de la obra hecha de piedras, vidrios, etc., de varios colores, que forman algún dibujo. **GRA.** También s. m. *El suelo de la capilla era un precioso mosaico.* **SIN.** Azulejo.

mosca (**mos**-ca) *s. f.* **1.** Insecto muy común y molesto, de boca en forma de trompa chupadora, con patas cortas y un par de alas transparentes. *La luz atraía a las moscas.* **2.** Pelo que nace al hombre entre el labio inferior y el comienzo de la barba. *Se dejó mosca.* **3.** Cebo para pescar. *El pescador preparó su mosca.* **4.** *fam.* Persona impertinente, molesta y pesada. *Ese amigo tuyo es un poco mosca.* **SIN.** Moscón, pelma. **5.** *fam.* Desazón, mal humor. *No le digas nada, está un poco mosca.* || **6. mosca muerta**. Se dice de la persona que aparenta poco carácter, pero que, en realidad, es aprovechada e insolente. **7. mosca tsé-tsé** Denominación vulgar de una especie de mosca africana muy peligrosa, porque transmite, al picar, la enfermedad del sueño. || **LOC. aflojar, o soltar, alguien la mosca** *fam.* Entregar o gastar dinero de mala gana. **no oírse ni el ruido de una mosca** *fam.* Haber mucho silencio. **papar moscas** *fam.* Estar absorto y distraído. **picarle a alguien la mosca** *fam.* Percibir de repente inquietud de alguna cosa. **por si las moscas** *fam.* Por si acaso. **tener la mosca en la oreja** *fam.* Ser desconfiado.

moscardón - motivo

moscardón (mos-car-**dón**) *s. m.* **1.** Mosca grande de unos 12 a 13 mm de largo, vellosa, que deposita sus huevos entre el pelo de los rumiantes y solípedos en los puntos en que el animal se puede lamer. *Le molestaba el vuelo del moscardón.* **2.** *Moscón. **3.** *fam.* Persona molesta e impertinente. *Está harta de su compañera, porque es un poco moscardón.*

moscatel (mos-ca-**tel**) *adj.* **1.** Se dice de una variedad de uva de grano redondo y muy dulce. **GRA.** También s. m. *Comimos uvas de moscatel.* **2.** Se dice también del viñedo que la produce y del vino que se elabora con ella. *Tomé una copita de moscatel.*

moscón (mos-**cón**) *s. m.* **1.** Especie de mosca con las alas manchadas de rojo. *El moscón volaba por toda la habitación.* **2.** Especie de mosca zumbadora que deposita los huevos en las carnes frescas. *El cadáver del gato estaba cubierto de moscones.* **3.** *fam.* Persona pesada y molesta. *No soporta a los moscones.*

mosén (mo-**sén**) *s. m.* Título que se daba a los clérigos en la antigua corona de Aragón y en Cataluña. *Habló con mosén Pablo.* **SIN.** Clérigo, eclesiástico.

mosqueado, da (mos-que-**a**-do) *adj.* Escamado, receloso. *Estaba un poco mosqueado.* **ANT.** Confiado.

mosquear (mos-que-**ar**) *v. tr.* Enfadarse por lo que otra persona dice. *Creyó que me metía con ella y se mosqueó conmigo.* **SIN.** Amoscarse, picarse.

mosquete (mos-**que**-te) *s. m.* Arma de fuego antigua, más larga y de mayor calibre que el fusil, que se disparaba apoyándola sobre una horquilla. *El mosquete fue usado durante los siglos XVI y XVII.*

mosquetero (mos-que-**te**-ro) *s. m.* Soldado armado de mosquete. *Los mosqueteros fueron los primeros en asaltar la fortaleza.*

mosquetón (mos-que-**tón**) *s. m.* **1.** Arma de fuego individual más corta que el fusil. *Tenían que hacer guardia con su mosquetón.* **2.** Anilla de acero de forma oval, que se abre o se cierra hacia dentro mediante un muelle interior. Es muy usado en alpinismo. *Los mosquetones sirven para unir la cuerda de la escalada a las clavijas que se fijan en la roca.*

mosquitero (mos-qui-**te**-ro) *s. m.* Trozo de gasa que se cuelga sobre una cama para ahuyentar los mosquitos. *No olvides echar el mosquitero.*

mosquito (mos-**qui**-to) *s. m.* Insecto de cuerpo cilíndrico, de tres o cuatro mm de largo, patas largas y finas, dos alas transparentes, cabeza con dos antenas y trompa armada con un aguijón; la picadura de la hembra es muy fina, produciendo inflamación rápida acompañada de picor. Las larvas son acuáticas. *La orilla del río estaba llena de mosquitos.*

mostacho (mos-**ta**-cho) *s. m.* Bigote del hombre. *Se afeitó el mostacho.*

mostaza (mos-**ta**-za) *s. f.* **1.** Planta abundante en los campos, de flores amarillas en espiga y semillas, del mismo nombre, negras y muy pequeñas. *La harina de la mostaza se emplea como condimento y en medicina.* **2.** Salsa que se prepara con esta semilla. *Le echó un poco de mostaza a las salchichas.*

mosto (**mos**-to) *s. m.* Zumo de la uva, antes de fermentar y hacerse vino. *El mosto no tiene alcohol.*

mostrador (mos-tra-**dor**) *s. m.* Mesa que hay en las tiendas, bares, etc. para presentar los artículos que los clientes desean comprar o consumir. *Dejó el dinero encima del mostrador.*

mostrar (mos-**trar**) *v. tr.* **1.** Exponer a la vista una cosa. *Mostraron sus cuadros en el museo.* **SIN.** Indicar, enseñar. **ANT.** Esconder, ocultar. **2.** Explicar una cosa o convencer de que es cierta. *Mostró su plan.* **SIN.** Exponer. **3.** Hacer patente un sentimiento o afecto. *Mostraba su cariño.* **SIN.** Manifestar. **4.** Dar a entender o conocer un estado de ánimo. *Mostraron su desilusión.* || *v. prnl.* **5.** Portarse alguien de determinada manera. *Se mostró como una buena amiga.* ✎ v. irreg., se conjuga como contar.

mostrenco, ca (mos-**tren**-co) *adj.* **1.** *fam.* Ignorante, torpe. **GRA.** También s. m. y s. f. *No seas mostrenco.* **SIN.** Zoquete, zafio. **2.** *fam.* Se dice de la persona muy gorda y pesada. **GRA.** También s. m. y s. f. *Debes adelgazar, estás hecho un mostrenco.*

mota (**mo**-ta) *s. f.* Partícula de hilo o cosa semejante que se pega a los vestidos. *Tenía una pequeña mota.*

mote (**mo**-te) *s. m.* Apodo que se da a una persona. *Su mote es "el orejas".* **SIN.** Sobrenombre.

motejar (mo-te-**jar**) *v. tr.* Censurar las acciones de una persona con motes o apodos. *Motejó su conducta.* **SIN.** Zaherir, mortificar, satirizar, criticar. **ANT.** Alabar, ensalzar.

motel (mo-**tel**) *s. m.* Establecimiento público, situado generalmente fuera de los núcleos urbanos y en las proximidades de las carreteras, en el que se da alojamiento. *Pasamos la noche en un motel.*

motín (mo-**tín**) *s. m.* Rebelión, generalmente contra la autoridad constituida. *Hubo un motín en la prisión.* **SIN.** Insurrección, revuelta. **ANT.** Obediencia.

motivar (mo-ti-**var**) *v. tr.* Dar motivo para una cosa. *Aquella tontería motivó la discusión.* **SIN.** Causar.

motivo (mo-**ti**-vo) *s. m.* **1.** Lo que mueve a hacer algo. *El motivo de nuestro viaje fue asistir a la boda.* **SIN.** Móvil, razón, causa. **2.** Tema de una composición. *Hizo un dibujo con motivos navideños.*

moto (**mo**-to) *s. f.* Apócope de motocicleta. *Fue a dar una vuelta en la moto.* ‖ **LOC. estar alguien como una moto** *fam.* Estar muy excitado o nervioso. | *fam.* Estar en forma. | *fam.* Estar un poco chiflado.

motocarro (mo-to-**ca**-rro) *s. m.* Vehículo de tres ruedas movido por motor, utilizado para transportar cargas ligeras. *Llevó los paquetes en el motocarro.*

motocicleta (mo-to-ci-**cle**-ta) *s. f.* Vehículo automóvil de dos ruedas propulsado por un motor de explosión. *Estaba sacando el carné de motocicleta.*

motociclo (mo-to-**ci**-clo) *s. m.* **1.** *Motocicleta. **2.** Ciclomotor de pequeña cilindrada en el que el motor transmite el movimiento directamente a la rueda, sin un equipo de transmisión intermedia. *Le regalaron un motociclo.*

motocross *s. m.* Competición motociclista de velocidad que se realiza en un circuito cerrado de tierra, con dificultades de terreno. *Le gusta el motocross.* ✎ Invariable en número.

motonáutica (mo-to-**náu**-ti-ca) *s. f.* Conjunto de actividades deportivas que se realizan con embarcaciones a motor. *Le gusta la motonáutica.*

motonave (mo-to-**na**-ve) *s. f.* Nave impulsada por un motor. *Pilota una motonave.*

motor, ra (mo-**tor**) *adj.* **1.** Que produce movimiento. **GRA.** También s. m. *Se estropeó la máquina motora.* **2.** Que impulsa el desarrollo de algo. **GRA.** También s. m. *Esa jugadora es el motor del equipo.* **SIN.** Causante, incitador. ‖ *s. m.* **3.** Máquina que transforma una determinada clase de energía en energía mecánica o movimiento. *Ese coche no va bien, tiene algún problema en el motor.* ‖ **4. motor a reacción** Aquel cuyo impulso viene dado por la salida de gases quemados a alta velocidad. **5. motor de combustión** El que convierte energía térmica en energía mecánica. **6. motor Diesel** El de combustión interna en el que la mezcla aire-combustible se inflama por presión. **7. motor eléctrico** El que transforma la energía eléctrica en energía mecánica. **8. motor fuera borda** El que tienen algunas embarcaciones de recreo en la parte exterior de la popa. Suele ser de dos tiempos y está provisto de una hélice.

motora (mo-**to**-ra) *s. f.* Embarcación pequeña provista de motor. *Conducía la motora.* **SIN.** Lancha.

motorismo (mo-to-**ris**-mo) *s. m.* Deporte de los aficionados a viajar en vehículo automóvil y, sobre todo, en motocicleta. *Esa revista trata de motorismo.*

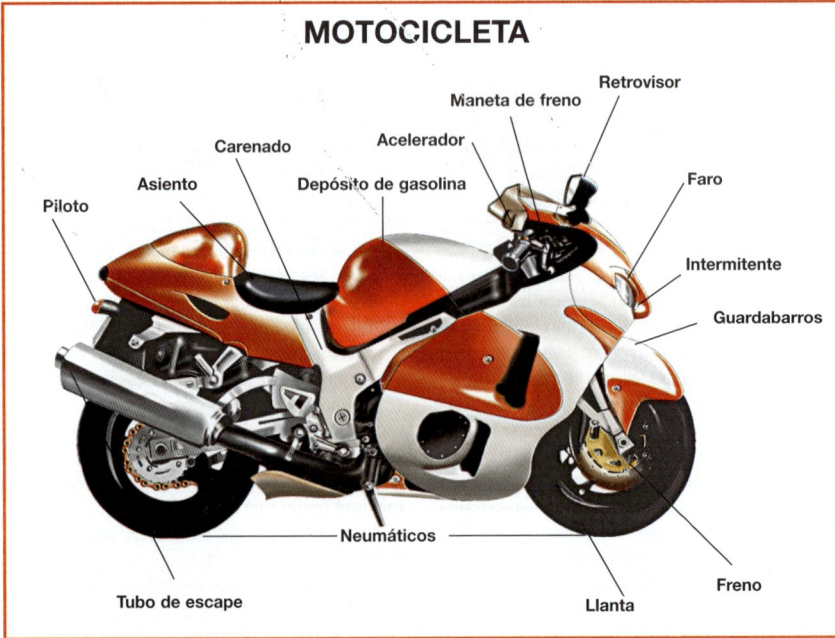

MOTOCICLETA: Retrovisor, Maneta de freno, Acelerador, Carenado, Depósito de gasolina, Faro, Asiento, Intermitente, Piloto, Guardabarros, Neumáticos, Tubo de escape, Llanta, Freno

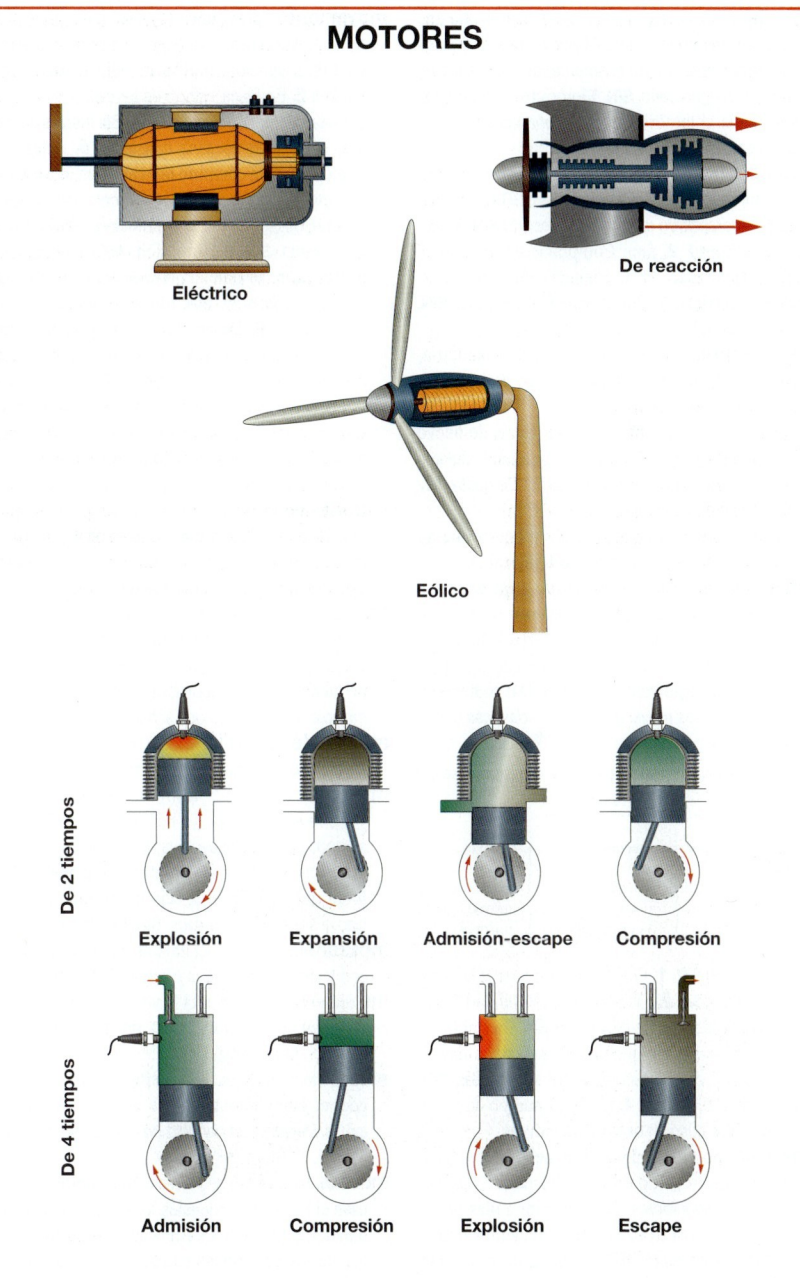

motorista - muceta

motorista (mo-to-**ris**-ta) *s. m. y s. f.* **1.** Persona que conduce una motocicleta. *El accidente fue un poco aparatoso, pero afortunadamente los motoristas no sufrieron ningún daño.* **SIN.** Motociclista. **2.** Persona aficionada al motorismo. *Había una concentración de motoristas.*

motorizar (mo-to-ri-**zar**) *v. tr.* **1.** Proveer de medios mecánicos de tracción o transporte. **GRA.** También v. prnl. *Motorizaron el servicio de reparto* **SIN.** Mecanizar. ‖ *v. prnl.* **2.** *fam.* Comprarse un automóvil. *Me he motorizado.* ✎ Se conjuga como abrazar.

motriz (mo-**triz**) *adj.* Que mueve. *Fuerza motriz.* **SIN.** Motor, propulsor. ✎ Su pl. es "motrices".

motu proprio *loc. adv.* que significa 'voluntariamente' o 'de propia voluntad'. *Lo hizo de motu proprio.* **SIN.** Espontáneamente.

mousse *s. f.* Crema preparada con claras de huevo batidas a las que se añade otro ingrediente, dulce o salado, y que se cuece al baño maría. *De postre hay mousse de chocolate.*

movedizo, za (mo-ve-**di**-zo) *adj.* Inseguro, que no está firme. *Arenas movedizas.* **SIN.** Inestable.

mover (mo-**ver**) *v. tr.* **1.** Cambiar de lugar una cosa. **GRA.** También v. prnl. *Movió el armario para limpiar detrás.* **SIN.** Trasladar(se), desplazar(se), transportar. **ANT.** Inmovilizar, dejar. **2.** Menear, agitar. *El perro movía alegremente el rabo.* **3.** Dar motivo para una cosa. *Nos movió a tomar medidas más duras.* **SIN.** Inducir, persuadir, estimular. ✎ v. irreg. ✍

INDICATIVO	SUBJUNTIVO	IMPERATIVO
Pres.	Pres.	
muevo	mueva	
mueves	muevas	mueve
mueve	mueva	mueva
movemos	movamos	movamos
movéis	mováis	moved
mueven	muevan	muevan

móvil (**mó**-vil) *adj.* **1.** Que puede moverse o ser movido. *Grúa móvil.* **2.** Que no tiene estabilidad. *No te fíes de esa escalera, es muy móvil.* **SIN.** Inestable, inseguro. ‖ *s. m.* **3.** Lo que mueve material o moralmente a una cosa. *Desconocíamos sus móviles.* **SIN.** Fundamento, motivo. **4.** En física, cuerpo en movimiento. *Nos puso un examen de móviles.*

movilizar (mo-vi-li-**zar**) *v. tr.* **1.** Poner en actividad o movimiento tropas, partidos políticos, etc. *Movilizó a todos sus seguidores.* **2.** Incorporar a filas, poner en pie de guerra tropas u otros elementos militares. *Movilizaron las tropas.* **SIN.** Militarizar, reclutar. ✎ Se conjuga como abrazar.

movimiento (mo-vi-**mien**-to) *s. m.* **1.** Acción y efecto de mover o moverse. *Puso en movimiento el motor.* **SIN.** Evolución, marcha, movilidad. **ANT.** Inmovilidad. **2.** En física, estado de los cuerpos mientras cambian de posición o de lugar. *Sin fuerzas contrarias, el movimiento sería constante.* **3.** Alteración numérica en un cómputo mercantil, en una estadística, etc. *Hoy hubo mucho movimiento en la Bolsa* **4.** Alteración, inquietud o conmoción. *Había mucho movimiento.* **SIN.** Perturbación. **ANT.** Tranquilidad. **5.** Rebelión, alzamiento. *Habían sido los promotores del movimiento.* **SIN.** Motín, pronunciamiento, sublevación. **6.** Desarrollo y propagación de una tendencia religiosa, política, social, estética, etc. de carácter innovador. *Movimiento impresionista.* **7.** Animación y variedad en el estilo, o en la composición literaria. *Sus narraciones tienen un movimiento trepidante.* ‖ **8. movimiento de rotación** El de los astros alrededor de su eje. **9. movimiento de traslación** El de los astros a lo largo de la órbita que describen. **10. movimiento obrero** Movilización internacional de los obreros en lucha reivindicativa o revolucionaria de sus derechos.

moviola (mo-**vio**-la) *s. f.* En los estudios cinematográficos o de televisión, máquina que permite proyectar un filme, secuencia a secuencia, sobre una pequeña pantalla incorporada a la misma. *En la moviola se comprobó que sí había sido penalti.*

mozalbete (mo-zal-**be**-te) *s. m.* Mozo de poca edad. *Un mozalbete le indicó el camino.* **SIN.** Mozuelo.

mozo, za (**mo**-zo) *adj.* **1.** Joven. **GRA.** También s. m. y s. f. *Ya es una moza.* ‖ *s. m. y s. f.* **2.** Criado. *Llamó al mozo para que le ayudara.* ‖ *s. m.* **3.** Persona que debe realizar el servicio militar, desde que se alista hasta que ingresa en la caja de reclutamiento. *Se hizo el sorteo de los mozos.* **SIN.** Quinto, recluta.

mozzarella *s. f.* Queso italiano blando, elaborado con leche de búfala. *Esa pizza lleva mozzarella.*

mu *onomat.* **1.** Representa la voz del toro o de la vaca. ‖ *s. m.* **2.** *Mugido. ‖ **LOC. no decir alguien ni mu** *fam.* Guardar silencio.

muaré (mua-**ré**) *s. m.* Tela fuerte de seda, lana o algodón, labrada o tejida de manera que forma aguas. *Llevaban un pañuelo de muaré muy fino.* **SIN.** Moaré. ✎ Su pl. es "muarés".

muceta (mu-**ce**-ta) *s. f.* Esclavina abotonada que usan el Papa, los cardenales, los obispos y otras dignidades, y también los licenciados y doctores universitarios. *Los profesores asistieron con su muceta al acto.* **SIN.** Capelo.

muchacho - muerte

muchacho, cha (mu-**cha**-cho) *s. m. y s. f.* **1.** Niño o niña que no ha llegado a la adolescencia. *Salió con otros muchachos.* **SIN.** Chico, rapaz, mozuelo. **2.** Mozo o moza que sirve en una casa como criado. *Contrató a varios muchachos para la vendimia.*

muchedumbre (mu-che-**dum**-bre) *s. f.* Abundancia, multitud de personas o cosas. *Había una gran muchedumbre viendo la procesión.* **SIN.** Gentío.

mucho, cha (**mu**-cho) *adj.* **1.** Abundante, numeroso. *Este año hemos cosechado mucho trigo.* **ANT.** Escaso, poco. ‖ *adv. c.* **2.** En gran número o cantidad. *El río creció mucho con las lluvias. Ha tardado mucho.* **SIN.** Bastante. **ANT.** Poco. ‖ **LOC. ni con mucho** Expresa la gran diferencia que hay de una cosa a otra. **ni mucho menos** Expresión con que se niega una cosa. **por mucho que** Por más que.

mucílago (mu-ci-**la**-go) *s. m.* Sustancia viscosa que se halla en algunos vegetales, o se prepara disolviendo en agua materias gomosas. *Los mucílagos de las plantas retienen el agua de reserva.*

mucosidad (mu-co-si-**dad**) *s. f.* Secreción viscosa de las membranas mucosas. *Tenía mucha mucosidad.* **SIN.** Moco, moquillo, secreción.

mucoso (mu-**co**-so) *adj.* Que tiene mucosidad o la produce. **GRA.** También *s. f. Tiene una infección en las mucosas.*

muda (**mu**-da) *s. f.* **1.** Juego de ropa interior. *Llevó varios juegos de mudas.* **2.** Tiempo de mudar las aves la pluma o la piel algunos animales. *La muda de piel de las serpientes se produce en primavera.* **3.** Cambio del timbre de voz que experimentan los muchachos generalmente cuando alcanzan la pubertad. *Ya no puede cantar en el coro después de la muda de su voz.*

mudanza (mu-**dan**-za) *s. f.* **1.** Acción y efecto de mudar o mudarse. *Sufrió una mudanza.* **SIN.** Alteración, cambio, variación. **ANT.** Estabilidad. **2.** Cambio de domicilio. *Pronto llegará el camión de la mudanza.* **SIN.** Traslado. **3.** Ciertos movimientos que se hacen a compás en los bailes. *Da gusto verle cambiar de mudanza al ritmo de la música.*

mudar (mu-**dar**) *v. tr.* **1.** Dar o tomar otro ser o naturaleza, otro estado, figura, etc. *Los zorros nivales mudan su piel en invierno.* **SIN.** Cambiar, variar, alterar. **ANT.** Mantener. **2.** Dejar una cosa y tomar otra en su lugar. *Los gatos mudan y pierden el pelo en el tiempo cálido.* **SIN.** Cambiar. **3.** Cambiar de voz un muchacho. *Está mudando la voz.* ‖ *v. prnl.* **4.** Cambiarse de domicilio. *Nos mudamos de casa.* **SIN.** Trasladarse. **5.** Ponerse otra ropa o vestido. *Tardaré un rato, todavía tengo que mudarme.* **SIN.** Arreglarse, cambiarse.

mudéjar (mu-**dé**-jar) *adj.* Se dice del estilo arquitectónico que floreció del s. XII hasta el XVI, caracterizado por la fusión de los elementos románicos y góticos con el de la ornamentación árabe. **GRA.** También *s. m. Ese edificio es de estilo mudéjar.*

mudo, da (**mu**-do) *adj.* **1.** Que no puede hablar. **GRA.** También *s. m. y s. f. Las personas mudas se expresan por señas.* **2.** Muy silencioso o callado. *Estuvo mudo toda la tarde, algo le pasa.* **SIN.** Taciturno. **ANT.** Charlatán, parlanchín. ‖ *s. f.* **3.** Letra que no se pronuncia. *H muda.*

mueble (**mue**-ble) *s. m.* Objeto movible que sirve para comodidad o adorno en las casas, oficinas, etc. *Estaban mirando muebles para el salón.* ☞ Ver ilustración pág. 712.

mueca (**mue**-ca) *s. f.* Gesto expresivo del rostro. *Hizo una mueca de dolor.*

muecín (mue-**cín**) *s. m.* Musulmán que convoca desde el alminar. *El muecín llamó a la oración.*

muela (**mue**-la) *s. f.* **1.** Cada uno de los dientes posteriores a los caninos y que sirven para triturar los alimentos. *Tenía que empastarse una muela.* **2.** Piedra de molino. *Hay que cambiar la muela.* ‖ **3. muela del juicio** Cada una de las que en la edad adulta nacen en el extremo de las mandíbulas. ‖ **LOC. echar las muelas** *fam.* Estar enfadado, rabiar.

muelle¹ (**mue**-lle) *s. m.* Pieza elástica, generalmente de metal, colocada de modo que pueda utilizarse la fuerza que hace para recobrar su posición natural cuando ha sido separada de ella. *Le puso un muelle a la puerta para que se cerrase sola.* **SIN.** Resorte.

muelle² (**mue**-lle) *s. m.* **1.** Obra construida en la orilla del mar o de un río navegable, para facilitar el embarque y desembarque de cosas y personas. *El barco atracó en el muelle 17.* **2.** Andén alto, que se destina para la carga y descarga de mercancías en las estaciones de ferrocarril. *Llevó el paquete al muelle de embarque.*

muérdago (**muér**-da-go) *s. m.* Planta que vive parásita sobre los troncos y ramas de los árboles, cuyo fruto es una baya pequeña con un jugo pegajoso. *El tronco estaba lleno de muérdago.* **SIN.** Almuérdago.

muermo (**muer**-mo) *s. m.* **1.** *fam.* Sopor, modorra. *Le entró el muermo y no le apeteció salir.* **2.** *fam.* Persona, cosa o situación muy pesada y aburrida. *Esa clase es un muermo.*

muerte (**muer**-te) *s. f.* **1.** Fin de la vida. *Su muerte nos entristeció a todos.* **SIN.** Defunción, fallecimien-

muerto - mulillas

to, óbito. **ANT.** Nacimiento. **2.** *Homicidio. **SIN.** Asesinato, crimen. **3.** Ruina, destrucción. *Aquello significaba la muerte del negocio.* **SIN.** Fin, término. ‖ **4. muerte natural** La que viene por enfermedad y no por lesión traumática. **5. muerte súbita** En tenis y otros deportes de cancha, sistema de desempate. **6. muerte violenta** La que priva a alguien de la vida por un accidente o agresión. ‖ **LOC. a muerte, o de muerte** Implacablemente. **GRA.** Se usa con los v. "perseguir", "odiar", etc. **dar muerte** Matar. **de mala muerte** *fam.* De poco valor, insignificante, despreciable. **hasta la muerte** Denota firme resolución y constancia de ánimo. **luchar con la muerte** Estar en agonía.

muerto, ta (**muer**-to) *adj.* **1.** Que está sin vida. **GRA.** También s. m. y s. f., aplicado a personas. *Afortunadamente, en el accidente no hubo ningún muerto.* **SIN.** Difunto, finado. **2.** Apagado, sin actividad, marchito. *El pueblo estaba muerto.* **3.** *fam.* Extenuado. *Llegó a la meta muerto.* ‖ **LOC. echarle, o cargarle, a alguien el muerto** Culparle de alguna cosa. **hacer el muerto** Dejarse flotar en el agua boca arriba inmóvil. **más muerto que vivo** Expresión con que se explica el susto o espanto de alguien, que queda como privado de acción vital. **GRA.** Se usa con los v. "estar", "quedarse", etc. **ni muerto ni vivo** Expresión que se usa para significar que una persona o cosa extraviada no se encuentra a pesar de haberla buscado. **ser alguien un muerto de hambre** Ser extremadamente pobre.

muesca (**mues**-ca) *s. f.* **1.** Hueco que hay o se hace en una cosa para encajar otra. *Hizo una muesca en el mango.* **2.** Corte que en forma semicircular se hace al ganado vacuno en la oreja para que sirva de señal. *Reconoció a las terneras por la muesca.*

muestra[1] (**mues**-tra) *s. f.* **1.** Porción que se extrae de un conjunto y que puede ser considerada representativa del mismo. *Tomaron una muestra del terreno para analizarla.* **2.** Pequeña cantidad de una mercancía que se enseña para dar a conocer su calidad. *Repartieron muestras del nuevo gel.* **SIN.** Muestrario, selección. **3.** Señal, demostración, indicio. *Le regaló una rosa en muestra de su amor.* ‖ **LOC. para muestra basta un botón** Expresión con que se denota que en prueba de lo que se dice basta aducir un solo hecho, caso o argumento de entre los muchos que se podrían citar.

muestra[2] (**mues**-tra) *s. f.* Exposición de obras artísticas o de otro género. *Había una muestra de pintura abstracta.*

muestreo (mues-**tre**-o) *s. m.* Acción de escoger muestras representativas de la calidad o condiciones medias de un todo, y técnica empleada para esta selección. *El muestreo daba vencedor a nuestro partido.* **SIN.** Sondeo.

mugido (mu-**gi**-do) *s. m.* Voz del toro y de la vaca. *El toro dio un fuerte mugido.*

mugir (mu-**gir**) *v. intr.* **1.** Emitir su sonido propio el toro o la vaca. *El ganado mugía en el establo.* **SIN.** Bramar. **2.** Producir un gran ruido el viento o el mar. *El mar mugía con fuerza.* **3.** Manifestar alguien su enojo con gritos. ✎ Se conjuga como urgir.

mugre (**mu**-gre) *s. f.* Grasa o suciedad de la lana, vestidos, etc. *Tenía el uniforme lleno de mugre.* **SIN.** Porquería, pringue.

mugriento, ta (mu-**grien**-to) *adj.* Lleno de mugre. *Tuvo que utilizar un detergente especial para lavar aquella ropa tan mugrienta.* **SIN.** Desastrado, manchado. **ANT.** Impoluto, inmaculado.

mujer (mu-**jer**) *s. f.* **1.** Persona del sexo femenino. *En clase hay más mujeres que hombres.* **2.** La casada, con relación al marido. *Nos presentó a su mujer.* ‖ **3. mujer objeto** La que es alienada por una concepción tradicionalmente machista de la sociedad. **4. mujer pública o de vida alegre** Prostituta.

mujeriego, ga (mu-je-**rie**-go) *adj.* Se dice del hombre al que le gustan mucho las mujeres. *Tenía fama de mujeriego.* **SIN.** Faldero, ligón.

mula (**mu**-la) *s. f.* Hija de asno y yegua o de caballo y burra. *Llevaba la carga de trigo en una mula.* ‖ **LOC. en la mula de San Francisco** A pie.

mulato, ta (mu-**la**-to) *adj.* Se aplica a la persona hija de madre de raza negra y padre blanco, o al contrario. **GRA.** También s. m. y s. f. *Su amiga era mulata.* **SIN.** Mestizo.

muleta (mu-**le**-ta) *s. f.* **1.** Bastón alto con un travesaño en uno de sus extremos, que se coloca debajo de la axila para apoyarse al andar. *Tiene una pierna escayolada y anda con muletas.* **2.** Cosa que ayuda a mantener a otra. *Pon una muleta en ese andamio para que no se caiga.* **SIN.** Apoyo, sostén. **3.** Engaño compuesto por una tela de color rojo sujeta a un palo que el torero utiliza en el último tercio de la lidia. *Dio unos bonitos pases con la muleta.*

muletilla (mu-le-**ti**-lla) *s. f.* Frase o palabra que se repite mucho por hábito en la conversación. *Le tomaban el pelo con sus muletillas.* **SIN.** Bordón, estribillo.

mulillas (mu-**li**-llas) *s. f. pl.* Tiro de mulas engalanadas que arrastra los toros y caballos muertos en las corridas. *Salieron las mulillas para retirar al toro.*

mullido - mundano

mullido, da (mu-lli-do) *adj.* **1.** Acolchado, ahuecado. *Los asientos de este sofá son muy mullidos.* ‖ *s. m.* **2.** Cosa blanda que sirve para rellenar colchones, asientos, etc. *Este cojín tiene poco mullido.*

mullir (mu-llir) *v. tr.* Esponjar una cosa para que esté blanda y suave. *Colocó unos cuantos cojines para mullir un poco el suelo donde dormir.* **SIN.** Ablandar, ahuecar. 🖉 v. irreg. 📖

INDICATIVO	SUBJUNTIVO	
Pret. perf. s.	Pret. imperf.	Fut. imperf.
mullí	mullera/se	mullere
mulliste	mulleras/ses	mulleres
mulló	mullera/se	mullere
mullimos	mulléramos/semos	mulléremos
mullisteis	mullerais/seis	mullereis
mulleron	mulleran/sen	mulleren
FORMAS NO PERSONALES	Infinitivo	mullir
	Gerundio	mullendo
	Participio	mullido

mulo (mu-lo) *s. m.* Hijo de asno y yegua o de caballo y burra. *Estaba dando de comer al mulo.* **SIN.** Macho. ‖ **LOC. estar alguien hecho un mulo** *fam.* Ser muy fuerte. **ser alguien un mulo de carga** *fam.* Realizar los trabajos pesados.

multa (mul-ta) *s. f.* Pena económica que se pone por una infracción, falta o delito. *Le pusieron una multa por exceso de velocidad.* **SIN.** Sanción.

multar (mul-tar) *v. tr.* Imponer una multa a alguien. *Le multaron por aparcar mal el coche.* **SIN.** Castigar.

multicelular (mul-ti-ce-lu-lar) *adj.* Que está compuesto por muchas células. *Organismos multicelulares.*

multicolor (mul-ti-co-lor) *adj.* De muchos colores. *Hubo un multicolor desfile.* **SIN.** Polícromo.

multicopiar (mul-ti-co-piar) *v. tr.* Reproducir en copias por medio de multicopista. *Tengo que multicopiar estos apuntes.* 🖉 En cuanto al acento, se conjuga como cambiar.

multicopista (mul-ti-co-pis-ta) *adj.* Se dice de la máquina utilizada para sacar de una vez varias copias de un escrito. **GRA.** También *s. f. Esta nueva multicopista va muy rápido.*

multiforme (mul-ti-for-me) *adj.* Que tiene muchas o varias figuras o formas. *Las rocas presentan aspectos multiformes.* **SIN.** Distinto. **ANT.** Uniforme.

multimedia (mul-ti-me-dia) *adj.* Se dice del sistema informático interactivo capaz de operar con sonidos, gráficos, textos, animación y vídeo en forma combinada. **GRA.** También *s. f. Método multimedia.*

multimillonario, ria (mul-ti-mi-llo-na-rio) *adj.* Que tiene fortuna por valor de varios millones. **GRA.** También *s. m.* y *s. f. Esa mansión es de una famosa multimillonaria.* **SIN.** Archimillonario.

multinacional (mul-ti-na-cio-nal) *adj.* **1.** Que pertenece o se refiere a muchas naciones. *Tratado multinacional.* ‖ *s. f.* **2.** Empresa cuyos intereses y actividades se desarrollan en varios países. *Trabaja en una multinacional.*

múltiple (múl-ti-ple) *adj.* **1.** Que presenta distintos aspectos. *Lo puedes hacer de múltiples maneras.* **SIN.** Complejo, compuesto, diverso. **ANT.** Simple, único. **2.** Se dice del adjetivo numeral que indica multiplicación. *Triple.*

multiplicación (mul-ti-pli-ca-ción) *s. f.* **1.** Acción y efecto de multiplicar o multiplicarse. *Estaba agobiado ante la multiplicación de los pedidos.* **SIN.** Acrecentamiento, proliferación. **2.** Operación de multiplicar. *Haz la multiplicación.*

multiplicador, ra (mul-ti-pli-ca-dor) *adj.* En matemáticas, se aplica al factor que indica las veces que el multiplicando ha de tomarse como sumando. **GRA.** También *s. m. 4x3, 3 es el multiplicador.*

multiplicando (mul-ti-pli-can-do) *adj.* En matemáticas, se aplica al factor que ha de ser multiplicado. **GRA.** Se usa más como *s. m. 4x3, 4 el multiplicando.*

multiplicar (mul-ti-pli-car) *v. tr.* **1.** Aumentar en número considerable el número o la cantidad de cosas de una especie. **GRA.** También v. prnl. y v. intr. *Las ventas se multiplicaban en esos días.* **SIN.** Acrecentar, propagar, reproducir. **2.** En matemáticas, hallar abreviadamente el producto de dos factores, tomando uno de ellos tantas veces por sumando como unidades contiene el otro. *Multiplica dos por tres.* ‖ *v. prnl.* **3.** Reproducirse los seres vivos. *Esos animales se multiplican rápidamente.* **SIN.** Propagarse. **4.** Afanarse, desvelarse. *Tiene que multiplicarse para llegar a todo.* 🖉 Se conjuga como abarcar.

múltiplo, pla (múl-ti-plo) *adj.* Se dice del número o cantidad que contiene a otro u otra varias veces exactamente. *36 es múltiplo de 6.*

multitud (mul-ti-tud) *s. f.* **1.** Número grande de personas o cosas. *La multitud llenaba la plaza.* **SIN.** Abundancia, infinidad, sinnúmero, gentío, muchedumbre. **ANT.** Escasez, parquedad. **2.** *Vulgo.* **SIN.** Muchedumbre, gentío, masa.

mundanal (mun-da-nal) *adj.* Que pertenece o se refiere al mundo humano. *Se retiró del mundanal ruido.* **SIN.** Terrenal. **ANT.** Celestial.

mundano, na (mun-da-no) *adj.* **1.** Que pertenece o se refiere al mundo. *Problemas mundanos.* **2.** Se dice de la persona que concede gran importancia a

mundial - muñón

las cosas terrenales. *Tiene una actitud demasiado mundana.* **SIN.** Frívolo, superficial.
mundial (mun-**dial**) *adj.* **1.** Que pertenece o se refiere al mundo entero. *La pobreza es un problema mundial.* **SIN.** Universal. ‖ *s. m.* **2.** Campeonato deportivo en el que participan países de todo el mundo. *El mundial de fútbol de 1982 fue en España.*
mundillo (mun-**di**-llo) *s. m.* Círculo de personas que tienen una misma profesión, posición social, afición, etc. *Es muy conocido en el mundillo médico.*
mundo (**mun**-do) *s. m.* **1.** Conjunto de todas las cosas creadas. *Hay varias teorías sobre el origen del mundo.* **SIN.** Cosmos, universo. **2.** La Tierra, nuestro planeta. *Hay muchos países en el mundo.* **3.** Todas las personas. *Todo el mundo quiere ser feliz.* **SIN.** Humanidad, género humano. **4.** Sociedad humana. *El mundo está tomando conciencia del valor de la naturaleza.* **5.** Parte de la sociedad humana, caracterizada por alguna cualidad o circunstancia común a todos sus miembros. *Mundo occidental.* **6.** Experiencia de la vida y del trato social. *Tiene mucho mundo.* **7.** Círculo en el que una persona vive o trabaja. *Lleva años en el mundo del arte.* ‖ **8. el fin del mundo** Lugar muy remoto. **9. el fin del mundo** Situación extrema. **10. el otro mundo** La vida ultraterrena. **11. Mundo Antiguo o Viejo Mundo** Europa, Asia y África. **12. mundo antiguo** Sociedad humana, durante el período histórico de la Edad Antigua. **13. Nuevo Mundo** América. **14. Tercer Mundo** Término acuñado por A. Sauvy y G. Balandier para referirse a los países subdesarrollados de África, Asia y Latinoamérica. **15. un mundo** *fam.* Multitud. **16. medio mundo** *fam.* Mucha gente. **17. otros mundos** *fam.* Lo desconocido. ‖ **LOC. andar el mundo al revés** *fam.* Suceder las cosas al contrario de lo normal. **caérsele, o venírsele, a alguien el mundo encima** *fam.* Amilanarse ante las dificultades, desalentarse. **correr mundo** Viajar mucho. **desde que el mundo es mundo** *fam.* Desde siempre. **este mundo es un pañuelo** *fam.* Denota sorpresa ante una casualidad. **hundírsele el mundo a alguien** *fam.* Desmoralizarse. **irse de este mundo** Morirse. **irse por el mundo adelante, o por esos mundos** Abandonar un lugar sin destino determinado. **no ser nada del otro mundo** *fam.* Ser vulgar y normal. **ponerse alguien el mundo por montera, o reírse del mundo** *fam.* No tener en cuenta la opinión de los demás. **por nada del mundo** *fam.* De ninguna manera. **tener mundo, o mucho mundo** *fam.* Tener experiencia para defenderse en la vida. **valer un mundo** *fam.* Valer muchísimo. **ver mundo** Viajar por distintas tierras y países. **vivir en otro mundo** Estar distraído.
mundología (mun-do-lo-**gí**-a) *s. f.* Experiencia y habilidad para defenderse en la vida. *Es una persona de mucha mundología.* **SIN.** Diplomacia, tacto.
munición (mu-ni-**ción**) *s. f.* **1.** Carga de las armas de fuego. *Se les acabaron las municiones.* **2.** Perdigones para la caza menor. *Cogió su escopeta y la munición.*
municipal (mu-ni-ci-**pal**) *adj.* **1.** Que pertenece o se refiere al municipio. *Campo de fútbol municipal.* ‖ *s. m. y s. f.* **2.** Miembro del cuerpo de policía que depende del ayuntamiento. *La municipal les puso una multa.* **SIN.** Guardia, policía.
municipalidad (mu-ni-ci-pa-li-**dad**) *s. f.* Ayuntamiento de un término municipal. *El alcalde reunió a la municipalidad.*
municipalizar (mu-ni-ci-pa-li-**zar**) *v. tr.* Hacer que un servicio que estaba al cargo de una empresa privada pase al municipio. *Municipalizaron el transporte urbano.* ⌦ Se conjuga como abrazar.
municipio (mu-ni-**ci**-pio) *s. m.* **1.** Conjunto de habitantes de un término jurisdiccional, regido por un ayuntamiento. *El municipio estaba en contra de la instalación del vertedero.* **SIN.** Ciudadanos, vecinos. **2.** El mismo ayuntamiento. *Trabaja en el municipio.* **SIN.** Consistorio. **3.** El término municipal. *Ese pueblo ya no pertenece a este municipio.*
munificencia (mu-ni-fi-**cen**-cia) *s. f.* Generosidad espléndida. *Era una persona de gran munificencia.* **SIN.** Liberalidad, esplendidez. **ANT.** Tacañería.
muñeca (mu-**ñe**-ca) *s. f.* **1.** Parte del cuerpo humano, en donde se articula la mano con el antebrazo. *Llevaba una venda porque tenía abierta la muñeca.* **2.** Juguete que tiene forma de figurilla de mujer. *Le regaló una muñeca.* **SIN.** Pepona. **3.** *fam.* Persona de poco carácter. *Para ellos sólo es una muñeca.*
muñeco (mu-**ñe**-co) *s. m.* **1.** Juguete que tiene forma de figurilla de hombre. *Tenía un muñeco que lloraba.* **2.** *fam.* Hombre de poco carácter. *Le maneja como a un muñeco.* **SIN.** Marioneta, pelele.
muñeira (mu-**ñei**-ra) *s. f.* Baile popular de Galicia, y música y canto de este baile. *Bailaba muñeiras.*
muñequera (mu-ñe-**que**-ra) *s. f.* Tira de cuero, venda, etc. con que se rodea la muñeca para apretarla o protegerla. *Llevaba una muñequera.*
muñón (mu-**ñón**) *s. m.* Parte de un miembro cortado que permanece unida al cuerpo. *Perdió la mano y tuvieron que dejarle sólo un muñón.*

mural - musgo

mural (mu-**ral**) *adj.* **1.** Que pertenece o se refiere al muro. *Pinturas murales.* **2.** Se aplica a las cosas que, extendidas, ocupan una buena parte de pared o muro. *Mueble mural.* ‖ *s. m.* **3.** Pintura o decoración realizada sobre una pared. *Realizaron un mural en la tapia del patio del colegio.*

muralla (mu-**ra**-lla) *s. f.* Muro que encierra y protege una plaza, una ciudad, etc. *Estaban restaurando las murallas de la parte antigua de la ciudad.* **SIN.** Muro.

murciélago (mur-**cié**-la-go) *s. m.* Nombre común de diversas especies de mamíferos del orden de los quirópteros. Es insectívoro y nocturno, y tiene membranas en las extremidades anteriores que le sirven para volar. *En esa cueva hay muchos murciélagos.* **SIN.** Morciquillo, vespertilio.

murga (**mur**-ga) *s. f., fam.* Compañía de músicos callejeros que van tocando de puerta en puerta. *Durante las fiestas, las murgas recorrían las calles del pueblo.* **SIN.** Charanga, comparsa. ‖ **LOC. dar la murga** *fam.* Molestar, importunar.

murmullo (mur-**mu**-llo) *s. m.* Ruido sordo y confuso que hacen varias personas hablando a la vez, o el agua corriente al deslizarse, el viento, etc. *A lo lejos se oía el murmullo de un arroyo.* **SIN.** Rumor, susurro.

murmuración (mur-mu-ra-**ción**) *s. f.* Conversación en la que se habla mal de una persona que está ausente. *Sabía que era objeto de murmuración.* **SIN.** Censura, comidilla, habladuría, maledicencia. **ANT.** Alabanza, elogio.

murmurar (mur-mu-**rar**) *v. intr.* **1.** Hablar entre dientes, manifestando queja o disgusto por alguna cosa. **GRA.** También v. tr. *Se fue murmurando.* **SIN.** Refunfuñar, rezongar. **2.** Hacer ruido suave y apacible la corriente de las aguas, las hojas de los árboles, etc. *Sólo se oía el murmurar del arroyo.* **SIN.** Susurrar. **3.** *fam.* Hablar mal de una persona que está ausente. **GRA.** También v. tr. *Estaban murmurando de ella.* **SIN.** Criticar, despellejar.

muro (**mu**-ro) *s. m.* **1.** Pared hecha de piedra, ladrillo, etc. *Saltó el muro.* **SIN.** Tapia. **2.** *Muralla.

murria (**mu**-rria) *s. f., fam.* Tristeza, melancolía. *Se sentía sola y sentía una gran murria.* **SIN.** Abatimiento, malhumor. **ANT.** Alegría, ilusión.

murrio, rria (**mu**-rrio) *adj.* Triste, melancólico. *Estaba murrio y echaba de menos a su familia.*

mus *s. m.* Cierto juego de naipes y de envite. *Le gusta jugar al mus.*

musa (**mu**-sa) *s. f.* **1.** En la mitología, divinidad protectora de las ciencias y las artes liberales. *Era la musa del canto y la poesía.* **SIN.** Helicónides. **2.** Inspiración del artista. *El poeta encontraba en aquellas tierras su musa.* **SIN.** Vena, numen. **3.** *Poesía.

musaraña (mu-sa-**ra**-ña) *s. f.* **1.** *Musgaño. **2.** Por ext., cualquier sabandija, insecto o animal pequeño. *Las ruinas estaban llenas de musarañas.* ‖ **LOC. mirar alguien a las musarañas** *fam.* Estar despistado. **pensar alguien en las musarañas** *fam.* No prestar atención a lo que él mismo u otro hace o dice.

muscular (mus-cu-**lar**) *adj.* Que pertenece o se refiere a los músculos. *Tirón muscular.*

musculatura (mus-cu-la-**tu**-ra) *s. f.* Conjunto y disposición de los músculos de todo el cuerpo o de parte de él. *Tiene una musculatura muy desarrollada.*

músculo (**mús**-cu-lo) *s. m.* Órgano responsable del movimiento del cuerpo del ser humano y de los animales. *Contrajo sus músculos antes de saltar.* ✿

LOS MÚSCULOS

Número de músculos El cuerpo humano tiene 639 músculos.
El músculo más largo es el glúteo mayor.
El músculo más pequeño es el estapedio, que controla el movimiento del estribo del oído.
El 40% del peso del cuerpo corresponde a los músculos.
Para caminar hay que mover unos 200 músculos.

---

musculoso, sa (mus-cu-**lo**-so) *adj.* Que tiene los músculos muy abultados y visibles. *Es una persona muy musculosa, va todos los días al gimnasio.* **ANT.** Débil, enclenque.

muselina (mu-se-**li**-na) *s. f.* Tela de algodón, lana, seda, etc., fina y poco tupida. *Llevaba un vestido de muselina.* **SIN.** Gasa.

museo (mu-**se**-o) *s. m.* Edificio o lugar destinado al estudio de las ciencias, letras humanas y artes liberales. *En el Museo del Prado admiramos cuadros de Velázquez. El fin de semana iremos a ver el museo de Ciencias Naturales.* **SIN.** Galería.

musgaño (mus-**ga**-ño) *s. m.* Mamífero insectívoro, de pequeño tamaño, hocico alargado y puntiagudo, cola desarrollada y pelaje denso. *Los musgaños se alimentan de insectos y gusanos.*

musgo (**mus**-go) *s. m.* **1.** Cada una de las plantas pequeñas que crecen en lugares sombríos, formando capa sobre la tierra, las rocas, los troncos y los árboles e incluso en el agua. *Recogieron musgo para hacer el belén.* **2.** Conjunto de estas plantas que cubren una determinada superficie. *Esa pared de la huerta está llena de musgo.*

música - muy

música (**mú**-si-ca) *s. f.* **1.** Arte de combinar los sonidos y el ritmo para agradar al oído. *Mis hermanos estudian música en el conservatorio.* **SIN.** Melodía. **2.** Concierto de instrumentos o voces, o de ambas cosas a la vez. *Le gusta la música clásica.* **3.** Composición musical. *Era la autora de la música y letra de esa canción.* **4.** Ruido molesto y desagradable. *¡Menuda música tenemos todos los días!* ∥ **5. música armónica** Aquella en la que prima la armonía sobre el resto de los elementos. **6. música celestial** *fam.* Palabras vanas o falsas promesas. **7. música clásica o culta** La que se caracteriza por su complejidad estructural y armónica. **8. música de cámara** La clásica que es ejecutada por un número limitado de instrumentistas. **9. música de escena** La compuesta para acompañar una representación teatral. **10. música de fondo** La que sirve de marco para el desarrollo de una acción. **11. música electroacústica** La realizada en laboratorio. **12. música electrónica** La realizada con sonidos producidos electrónicamente. **13. música instrumental** La compuesta para ser ejecutada por instrumentos. **14. música ligera** La que es muy pegadiza y comercial. **15. música ratonera** *fam.* La ejecutada por malas voces o instrumentos desafinados. ∥ **LOC. con la música a otra parte** *fam.* Expresión con que se despide y reprende al que viene a incomodar con impertinencias. **ir la música por dentro** *fam.* Sentir ira, inquietud, etc. sin darlo a conocer.

musical (mu-si-**cal**) *adj.* **1.** Que pertenece o se refiere a la música. *Arreglos musicales.* **2.** Se dice de aquello en que la música constituye el elemento esencial. *Comedia musical.*

music hall *s. m.* Género cultivado entre mediados del siglo XIX y principios del XX; las actuaciones comprenden piezas cómicas y números de acrobacia, canciones y bailes. *Había sido una gran artista del music hall.* **SIN.** Revista.

músico, ca (**mú**-si-co) *adj.* **1.** Que pertenece o se refiere a la música. *Instrumento músico.* ∥ *s. m. y s. f.* **2.** Persona cuya profesión es la música. *Mi vecino es músico, toca en un grupo de rock.* **SIN.** Melómano. **3.** Persona que toca algún instrumento. *Su hermano es músico, toca la guitarra eléctrica.* **SIN.** Concertista, intérprete.

musitar (mu-si-**tar**) *v. intr.* Susurrar o hablar entre dientes. *Mientras hojeaba la revista musitaba una canción.* **SIN.** Mascullar, mistar. **ANT.** Gritar, vocear.

muslo (**mus**-lo) *s. m.* Parte de la pierna, desde la cadera hasta la rodilla. *Se hizo una pequeña herida en el muslo.*

mutación (mu-ta-**ción**) *s. f.* **1.** Acción y efecto de mudar o mudarse. *Mutación fonética.* **SIN.** Metamorfosis, cambio, variación. **ANT.** Permanencia. **2.** Cambio súbito de un gen determinado. *Sufrió una mutación por las radiaciones de la catástrofe nuclear.*

mutante (mu-**tan**-te) *s. m.* **1.** Nuevo gen que resulta de una mutación. *En el laboratorio han creado un nuevo mutante del cólera.* **2.** Organismo producido por mutación. *El virus de la gripe es un mutante.*

mutar (mu-**tar**) *v. intr.* Experimentar una mutación. *Concedieron un premio a los científicos que lograron mutar ese gen.*

mutilar (mu-ti-**lar**) *v. tr.* Cortar un miembro o parte del cuerpo de un ser vivo. **GRA.** También v. prnl. *Tuvieron que mutilarle el pie.* **SIN.** Amputar.

mutis, hacer *fra.* **1.** Salir un actor de escena o de otro lugar. *La actriz hizo mutis.* **2.** Callar. *En cuanto llegó la profesora hicieron mutis.*

mutismo (mu-**tis**-mo) *s. m.* Silencio voluntario o impuesto. *La respuesta fue un mutismo absoluto.*

mutualidad (mu-tua-li-**dad**) *s. f.* Asociación voluntaria formada por socios, con cuyas aportaciones económicas se resuelven determinadas necesidades de los mismos. *Crearon una mutualidad.*

mutuo, tua (**mu**-tuo) *adj.* Se dice de lo que recíprocamente se hace entre dos o más personas, animales o cosas. **GRA.** También s. m. y s. f. *Se tenían un mutuo aprecio.* **SIN.** Recíproco. **ANT.** Singular, personal.

muy *adv. c.* Apócope de mucho que se antepone a los nombres adjetivados, adjetivos, participios, adverbios y modos adverbiales, para expresar en ellos grado sumo o superlativo de significación. *Es muy grande.*

n *s. f.* **1.** Decimocuarta letra del abecedario español y undécima de sus consonantes. Su nombre es "ene". *Nicasio empieza por "n".* **2.** En un texto escrito suple a un nombre propio que no se da a conocer. *Llamaron a "n" a declarar en el juicio.* **3.** En matemáticas, exponente de una potencia indeterminada. *2ⁿ*.

nabo (**na**-bo) *s. m.* Planta procedente de China, de raíz carnosa y comestible, blanca o amarillenta, que se cultiva mucho en las huertas. *Hemos plantado nabos en la huerta.*

nácar (**ná**-car) *s. m.* Sustancia dura, blanca y brillante, que se forma en el interior de algunas conchas. *Llevaba un colgante de nácar.*

nacarado, da (na-ca-**ra**-do) *adj.* **1.** Que tiene el color y el brillo del nácar. *Esos botones son nacarados.* **SIN.** Anacarado, irisado, tornasolado. **2.** Adornado con nácar. *Los jarrones del palacio tenían adornos nacarados.*

nacer (na-**cer**) *v. intr.* **1.** Venir al mundo un ser vivo. *El niño nació en invierno.* **SIN.** Originarse, surgir, provenir. **ANT.** Morir, expirar, perecer, sucumbir. **2.** Empezar a crecer las plantas. *Al árbol le han nacido muchas ramas nuevas.* **SIN.** Germinar, brotar. **ANT.** Marchitar. **3.** Brotar el agua de la tierra. *En las montañas nacen muchas fuentes.* **SIN.** Manar. **4.** Salir el vello, pelo o pluma en el cuerpo del animal. *A los pollitos ya les están naciendo las plumas.* **5.** Empezar a aparecer un astro en el horizonte. *El sol empezaba a nacer.* **SIN.** Surgir. **6.** Tener principio una cosa. *Nacieron las primeras propuestas.* **SIN.** Aparecer. **ANT.** Acabar, terminar, finalizar. **7.** Resultar una cosa de otra. *De aquel encuentro casual, nació una buena amistad.* **SIN.** Deducirse, derivarse, seguirse. **8.** Con las preposiciones "a" o "para", tener disposición o estar destinado a un fin. *Su hermano ha nacido para músico.* ‖ **LOC. nacer de pie** Tener mucha suerte. **volver a nacer** Librarse de un grave peligro. 🖎 *v. irreg., se conjuga como parecer.* Tiene doble p. p.; uno reg., nacido, y otro irreg., nato.

nacido, da (na-**ci**-do) *adj.* **1.** Se dice de cualquiera de los seres humanos que existen o han existido. **GRA.** Se usa más como s. m. y s. f., y en pl. *Los nacidos bajo el signo de Géminis.* ‖ **2. bien nacido** De buenos sentimientos. **3. mal nacido** Malvado.

naciente (na-**cien**-te) *adj.* **1.** Muy reciente, que empieza a ser o a manifestarse. *El sol naciente.* **SIN.** Incipiente, reciente. ‖ *n. p.* **2.** Oriente, punto cardinal. **ORT.** Se escribe con mayúscula. *Siguió la ruta del Naciente.* **SIN.** Este, Levante. **ANT.** Poniente.

nacimiento (na-ci-**mien**-to) *s. m.* **1.** Acción de nacer. *Estaban muy contentos con el nacimiento de su segunda hija.* **SIN.** Natalicio, natividad. **2.** Lugar o punto en que nace o se origina algo. *La revolución de 1789 es el nacimiento de la República francesa.* **SIN.** Principio, origen, comienzo. **ANT.** Fin, muerte. **3.** Sitio donde brota un manantial. *El nacimiento de un río.* **4.** Familia, linaje al que pertenece una persona. *Era una persona de ilustre nacimiento.* **SIN.** Alcurnia, estirpe, familia, cuna. **5.** Representación mediante figuras y escenarios del nacimiento del Niño Jesús en el portal de Belén. *Siempre ponemos el nacimiento en Navidad.* **SIN.** Belén. ‖ **LOC. de nacimiento** De un modo congénito.

nación (na-**ción**) *s. f.* Conjunto de los habitantes y tierras de un país que tienen el mismo gobierno. *México es una gran nación.* **SIN.** Estado, patria, país.

nacional (na-cio-**nal**) *adj.* **1.** Que pertenece o se refiere a una nación. *Al comienzo del acto sonó el himno nacional.* **SIN.** Interior. **ANT.** Internacional. **2.** Natural de una nación, en contraposición a extranjero. **GRA.** También s. m. y s. f. *Ese vino es de producción nacional.* **SIN.** Indígena, aborigen, autóctono, natural, vernáculo. **ANT.** Extranjero, extraño, foráneo, forastero. **3.** Que pertenece o se refiere al Estado. *Escuela nacional.*

nacionalidad - nalga

nacionalidad (na-cio-na-li-**dad**) *s. f.* **1.** Condición y carácter peculiar de los pueblos y personas de una nación. *Era de nacionalidad argentina.* **2.** Estado jurídico de la persona nacida o naturalizada en una nación. *El futbolista solicitó la nacionalidad española.*

nacionalismo (na-cio-na-**lis**-mo) *s. m.* **1.** Exaltación del propio país o región y de sus usos y costumbres. *Era defensor del nacionalismo.* **2.** Doctrina política basada en este sentimiento. *Ese partido defiende un nacionalismo exacerbado.* **SIN.** Chauvinismo, patriotismo, patrioterismo. **3.** Aspiración de un pueblo o raza a constituirse en estado autónomo. *El nacionalismo propició la creación del país.*

nacionalista (na-cio-na-**lis**-ta) *adj.* **1.** Que pertenece o se refiere al nacionalismo. *El sentimiento nacionalista preside la novela.* **2.** Partidario de él. **GRA.** También s. m. y s. f. *Los nacionalistas quieren la independencia de su país.*

nacionalizar (na-cio-na-li-**zar**) *v. tr.* **1.** Hacer que pasen a manos del Estado bienes o empresas que eran de propiedad privada. *Nacionalizaron la empresa por sus deudas con el Estado.* **SIN.** Estatalizar. **ANT.** Privatizar. **2.** Conceder oficialmente a alguien los derechos de un país que no es el suyo. **GRA.** También v. prnl. *El actor se ha nacionalizado español.* **SIN.** Naturalizar(se). **3.** Dar carácter nacional a una cosa. *Nacionalizaron esa danza como típica del país.* 🖎 Se conjuga como abrazar.

nacionalsocialismo (na-cio-nal-so-cia-**lis**-mo) *s. m.* Sistema económico, político y social del tercer Reich alemán, basado en la supremacía de la raza aria (germánica), el fascismo y el antisemitismo. *Hitler llevó hasta sus últimas consecuencias las teorías del nacionalsocialismo, asesinando a miles de judíos.*

nada (**na**-da) *s. f.* **1.** El no ser, o la carencia de todo ser. *La nada filosófica.* **SIN.** Inexistencia. **ANT.** Existencia. ‖ *pron. indef.* **2.** Ninguna cosa. *No quiero nada de eso.* **3.** Poco o muy poco. *No tenía nada para vivir.* ‖ *adv. neg.* **4.** De ninguna manera, de ningún modo. *Nada me obligará a aceptar semejante pacto.* ‖ *interj.* **5.** Expresa total decisión o negación. *¡Nada, compro éste y se acabó.* ‖ **LOC. antes de nada** Antes de cualquier cosa. **como si nada** Sin dar la menor importancia. ∣ Imperturbable, inconmovible. ∣ De escaso valor, sin importancia. **de nada** Respuesta educada cuando a alguien le dan las gracias por algo. **en nada** En muy poco. **nada menos, o nada más y nada menos** Destaca la importancia de alguien o algo. **por nada** Por poca cosa. **por nada del mundo** Por ninguna cosa.

reducir a la nada Anular. **sacar a alguien de la nada** Sacarle de la pobreza.

nadador, ra (na-da-**dor**) *s. m. y s. f.* Persona que es diestra en nadar o que practica la natación. *Es nadador profesional.*

nadar (na-**dar**) *v. intr.* **1.** Mantenerse y avanzar en el agua una persona o un animal sin tocar el fondo. *Mi hermana nada muy bien a braza.* **SIN.** Flotar. **ANT.** Hundir, sumergir. **2.** Flotar en un líquido. *El arroz nadaba en agua.* **SIN.** Sobrenadar. **ANT.** Hundir, sumergir. **3.** Tener abundancia de algo. *Nadan en dinero.* **SIN.** Rebosar. **ANT.** Carecer. **4.** *fam.* Estar una cosa muy holgada dentro de otra que le debería quedar ajustada. *Nadaba dentro del vestido.* ‖ **LOC. nadar y guardar la ropa** Actuar con precaución.

nadería (na-de-**rí**-a) *s. f.* *Nimiedad.

nadie (**na**-die) *pron. indef.* **1.** Ninguna persona. *No vino nadie.* **SIN.** Ninguno. **ANT.** Alguien, alguno. ‖ *s. m.* **2.** Persona insignificante. *Es un don nadie.* ‖ **LOC. no ser nadie** Tener poca importancia. **no ser nadie para algo** No ser la persona indicada, no tener autoridad para ello.

nadir (na-**dir**) *s. m.* En astronomía, punto de la esfera celeste opuesto completamente al cenit. *El nadir está situado a 180° del cenit.*

nado, a *loc. adv.* Nadando. *Llegó aquí a nado.*

nafta (**naf**-ta) *s. f.* **1.** Líquido incoloro, volátil e inflamable que se obtiene de la destilación del petróleo. *Algunas variedades de nafta se usan como disolventes.* **2.** *amer.* En algunos países, gasolina.

naftalina (naf-ta-**li**-na) *s. f.* Sustancia que sirve para proteger la ropa contra la polilla. *Puso bolas de naftalina dentro del armario.*

naif *adj.* Se dice de un tipo de arte de carácter ingenuo, realizado principalmente por pintores no profesionales o a imitación de éstos. *Es una pintura naif.*

nailon (**nai**-lon) *s. m.* Materia textil sintética, cuya fibra, muy fuerte y flexible, se usa para fabricar medias y diversos tejidos. *Tengo un vestido de nailon.* 🖎 También "nilón" y "nylon".

naipe (**nai**-pe) *s. m.* Cada una de las cartulinas rectangulares que llevan pintadas en una de las caras una figura o cierto número de objetos correspondientes a cada uno de los cuatro palos de la baraja, y que se usan para jugar. *Me gusta mucho jugar a los naipes.* **SIN.** Baraja, carta.

najarse (na-**jar**-se) *v. prnl., vulg.* Largarse, huir, marcharse. *Cuando empezó la pelea se najó de allí.*

nalga (**nal**-ga) *s. f.* **1.** Cada una de las dos partes carnosas y redondeadas que forman el trasero. **GRA.**

Se usa más en pl. *Le dio un golpe en las nalgas.* **SIN.** Asentaderas, posaderas. **2.** Parte superior del muslo de varios animales. *Golpeó con la fusta la nalga del caballo.* **SIN.** Anca.

nana (**na**-na) *s. f.* **1.** Canción de cuna. *Durmió al niño con una nana.* **SIN.** Arrullo. **2.** *Amér. C., Méx. y Ven.* Niñera. **3.** *Hond.* Madre. ‖ **LOC. en el año la nana** Hace mucho tiempo.

nanómetro (na-**nó**-me-tro) *s. m.* Milmillonésima parte de un metro. *El símbolo del nanómetro es nm.*

nanosegundo (na-no-se-**gun**-do) *s. m.* Milmillonésima parte de un segundo. *El símbolo del nanosegundo es ns.*

nao (**na**-o) *s. f.* *Nave. **SIN.** Navío.

napa (**na**-pa) *s. f.* **1.** Piel curtida de algunos animales, que se utiliza para hacer prendas de vestir y para otros usos. *Quiero una falda de napa negra.* **2.** Material que imita esta piel. *Tengo un bolso de napa.*

napia (**na**-pia) *s. f., fam.* Nariz, sobre todo cuando es muy grande. **GRA.** Se usa más en pl. *Me rompí las napias contra el cristal..*

napolitana (na-po-li-**ta**-na) *s. f.* Bollo relleno de chocolate o crema. *Le encantan las napolitanas.*

naranja (na-**ran**-ja) *s. f.* **1.** Fruto del naranjo, de forma redondeada y de color entre rojo y amarillo, recubierto por una corteza rugosa y dividido en su interior en gajos de sabor agridulce. *Zumo de naranja.* ‖ *s. m.* **2.** Color entre rojo y amarillo, como el de este fruto. *Está de moda el naranja.* ‖ **3. media naranja** *fam.* Persona que se adapta perfectamente al gusto y modo de ser de otra. ‖ **LOC. ¡naranjas, o naranjas de la China!** Sirve para negar algo.

naranjada (na-ran-**ja**-da) *s. f.* Bebida refrescante preparada con zumo de naranja, agua y azúcar. *Se tomó una naranjada.*

naranjo (na-**ran**-jo) *s. m.* Árbol originario de Asia, de hoja perenne y flores blancas aromáticas, cuyo fruto es la naranja. *La flor del naranjo es el azahar.*

narcisismo (nar-ci-**sis**-mo) *s. m.* **1.** Manía de la persona que presume de narciso. *El narcisismo es uno de sus defectos.* **2.** Excesiva complacencia en la consideración de las propias cualidades o acciones. *Su narcisismo es excesivo.*

narciso[1] (nar-**ci**-so) *s. m.* Planta de jardín, de hojas largas y estrechas y hermosas flores blancas o amarillas. *Los narcisos huelen muy bien.*

narciso[2] (nar-**ci**-so) *s. m.* Persona que se preocupa demasiado de su aspecto físico y manifiesta un excesivo enamoramiento de sí mismo. *Ese amigo tuyo es muy narciso.* **SIN.** Atildado, presumido.

narcótico, ca (nar-**có**-ti-co) *adj.* Se dice de la droga o medicamento que produce un profundo sueño o sopor, relajación muscular y adormecimiento de los sentidos. **GRA.** También s. m. *El opio y el cloroformo son narcóticos.* **SIN.** Estupefaciente, soporífero. **ANT.** Excitante.

narcotizar (nar-co-ti-**zar**) *v. tr.* Dar narcóticos a alguien. **GRA.** También v. prnl. *Le narcotizaron para que aguantara el dolor.* **SIN.** Anestesiar(se), aletargar(se).

narcotraficante (nar-co-tra-fi-**can**-te) *s. m. y s. f.* Persona que trafica con drogas. **GRA.** También adj. *Ayer detuvieron a un narcotraficante en mi pueblo.*

narcotráfico (nar-co-**trá**-fi-co) *s. m.* Comercio de drogas. *El narcotráfico es un delito muy grave.*

nardo (**nar**-do) *s. m.* Planta de jardín, de flores blancas, muy olorosas, en forma de espiga, y que se emplea en perfumería. *Le compró nardos por su cumpleaños.*

narigudo, da (na-ri-**gu**-do) *adj.* Que tiene las narices grandes. **GRA.** También s. m. y s. f. *Tiene complejo de narigudo.* **SIN.** Narigón, narizotas, narizón. **ANT.** Chato.

nariz (na-**riz**) *s. f.* **1.** Parte saliente de la cara, entre la frente y la boca, con dos orificios que comunican con el aparato respiratorio, y en la que reside el órgano del olfato. **GRA.** Se usa mucho en pl. *Tiene la nariz muy chata.* **SIN.** Napias. **2.** Sentido del olfato. *Los perros tienen una excelente nariz.* ‖ **LOC. asomar las narices** *fam.* Aparecer en un lugar, especialmente para fisgar. **darle a alguien en la nariz una cosa** *fam.* Sospechar algo. **darse de narices con alguien** *fam.* Encontrarse bruscamente con él. **dejar a alguien con un palmo de narices** *fam.* Sorprenderlo. **de narices, o de tres palmos de narices** Muy grande o importante. **estar hasta las narices de algo o de alguien** *fam.* Estar cansado de esa persona o cosa. **hinchársele a alguien las narices** *fam.* Enfadarse mucho. **meter, o asomar, alguien las narices en una cosa** *fam.* Curiosear, meterse en lo que no lo llaman. **no ver alguien más allá de sus narices** *fam.* No ser muy avispado. **pasar, o restregar, una cosa a alguien por las narices** *fam.* Mostrársela o hacérsela saber con insistencia, con la intención de molestarlo o producirle envidia. **por narices** Porque sí, a la fuerza. **tener algo narices** *fam.* Ser el colmo. **tener alguien narices** *fam.* Tener valor o ganas. **salirle a alguien algo de las narices** *fam.* Darle la gana. **tocarse las narices** *fam.* Hacer el

narración - natural

vago, holgazanear. **torcer las narices** *fam.* Mostrar alguien repugnancia ante algo que se le dice o propone.

narración (na-rra-**ción**) *s. f.* **1.** Acción de narrar. *La narración de los hechos fue muy breve.* **SIN.** Exposición, relación. **2.** Obra literaria de carácter narrativo o novelesco. *Es una narración muy bella.* **SIN.** Relato, cuento, exposición.

narrador, ra (na-rra-**dor**) *adj.* Que narra. **GRA.** También s. m. y s. f. *Es muy buen narrador de historias.* **SIN.** Cronista, relator.

narrar (na-**rrar**) *v. tr.* Contar, referir lo sucedido. *El viajero narraba a sus amigos las aventuras que había vivido.* **SIN.** Relatar, exponer. **ANT.** Callar, silenciar.

narrativa (na-rra-**ti**-va) *s. f.* **1.** Género literario de carácter narrativo que abarca novelas, cuentos, relatos, etc. *La narrativa española es muy prolífica.* **2.** Obra literaria de carácter narrativo o novelesco de un autor, un país o una época. *García Márquez es uno de los máximos exponentes de la narrativa en lengua española.* **SIN.** Novela, historia, ensayo.

narrativo, va (na-rra-**ti**-vo) *adj.* Que pertenece o se refiere a la narración. *Esa obra es de carácter narrativo.* **SIN.** Narrable, referible.

narval (nar-**val**) *s. m.* Mamífero marino de unos seis metros de longitud, de cabeza y cola grande y cuerpo robusto, liso y brillante. Se utilizan su grasa y el marfil de su diente mayor, que mide unos tres metros. *Los narvales se alimentan de calamares, cangrejos, camarones y peces.* **SIN.** Unicornio de mar.

nasa (**na**-sa) *s. f.* **1.** Aparejo de pesca de mimbre o de red que sirve para atrapar peces. *Pusimos las nasas en el centro del lago.* **2.** Cesta de boca estrecha en que los pescadores echan la pesca. *Guardó las truchas en la nasa.*

nasal (na-**sal**) *adj.* **1.** Que pertenece o se refiere a la nariz. *Se le rompió el tabique nasal.* **2.** Se dice del sonido que se pronuncia dejando salir el aire total o parcialmente por la nariz. **GRA.** También s. f. *Son nasales la m, n y ñ.*

nasalizar (na-sa-li-**zar**) *v. tr.* Pronunciar como nasal un sonido que ordinariamente no lo es. *Pronuncia bien, no nasalices las eles.* ✎ Se conjuga como abrazar.

nata (**na**-ta) *s. f.* **1.** Sustancia grasa, espesa y un poco amarillenta, que forma una capa sobre la leche que se deja en reposo. *Siempre cuela la leche porque no le gusta la nata.* **2.** Crema que resulta de batir esta sustancia con azúcar y que se usa en pastelería. *Su tarta favorita es la de fresas con nata.* **3.** Lo principal y más destacado en algo. *Pertenecía a la nata de la sociedad.*

natación (na-ta-**ción**) *s. f.* Actividad y deporte que consiste en nadar. *La natación es mi deporte favorito.*

natal (na-**tal**) *adj.* Que pertenece o se refiere al nacimiento, o al país en que alguien ha nacido. *Los vecinos de su pueblo natal le recordaban con cariño.*

natalidad (na-ta-li-**dad**) *s. f.* Número proporcional de nacimientos que tienen lugar en una población y tiempo determinados. *Ese país tiene un elevado índice de natalidad.* **ANT.** Mortalidad.

natillas (na-**ti**-llas) *s. f. pl.* Crema dulce preparada con yema de huevo, leche y azúcar batidos y cocidos a fuego lento. *De postre tomó unas natillas.*

Natividad (Na-ti-vi-**dad**) *n. p.* Nacimiento de Jesús, la Virgen y San Juan Bautista, en la religión cristiana. *La Natividad de Jesús se celebra el 25 de diciembre.* **SIN.** Navidad.

nativo, va (na-**ti**-vo) *adj.* **1.** Natural, nacido en el lugar de que se trata. **GRA.** También s. m. y s. f. *Tenía un lector nativo de Alemania.* **SIN.** Originario, natal, oriundo. **2.** Que pertenece al país o lugar en que alguien ha nacido. *Su música era una mezcla de ritmos nativos.* **SIN.** Aborigen, originario, oriundo. **ANT.** Extranjero. **3.** Se dice de los elementos que se encuentran puros en la naturaleza. *El oro se encuentra nativo en la naturaleza.*

nato, ta (**na**-to) *adj.* Se dice de la cualidad o defecto que una persona tiene desde su nacimiento. *Es una poetisa nata.*

natura (na-**tu**-ra) *s. f.* *Naturaleza.

natural (na-tu-**ral**) *adj.* **1.** Producido por la naturaleza y no por las personas. *La luz del sol es natural; la de las lámparas, artificial.* **ANT.** Artificial. **2.** Propio de una persona o cosa. *El gastar bromas es algo natural en Juan.* **SIN.** Característico. **3.** Nacido en un lugar determinado. **GRA.** También s. m. y s. f. *Es peruano, natural de Perú.* **SIN.** Nativo, originario, oriundo. **ANT.** Extranjero, forastero, extraño. **4.** Sencillo, hecho sin artificio. *Llevaba un maquillaje muy natural.* **ANT.** Artificioso, complicado, complejo. **5.** Sincero, sin doblez en su manera de actuar. *Me gusta porque es una persona muy natural.* **SIN.** Franco, llano, sencillo. **ANT.** Enrevesado, hipócrita, engañoso, disimulado. **6.** Que es lógico que suceda. *Es natural que haya sequía, lleva meses sin llover.* **SIN.** Normal. **ANT.** Raro, extraño, ilógico. **7.** Que sucede habitualmente y por eso es fácilmente creíble. *Es natural que nieve en esta época del año.* **SIN.** Común, normal, regular, habitual, acostumbrado,

naturaleza - navegación

corriente. **ANT.** Irregular, inusual, raro. **8.** Producido por la propia naturaleza y no por fuerzas sobrenaturales. *Fue un hecho natural.* **SIN.** Corriente, común. **ANT.** Milagroso, sobrenatural. ‖ **LOC. al natural** Tal como es, sin arreglos ni aditivos.

naturaleza (na-tu-ra-**le**-za) *s. f.* **1.** Propiedad característica de cada ser. *La naturaleza de la hormiga es muy distinta a la del perro.* **SIN.** Esencia, carácter, índole. **2.** Conjunto y orden de todas las cosas del Universo. *El movimiento de los astros obedece a leyes de la naturaleza.* **3.** Conjunto de espacios naturales, por oposición a los urbanizados. *Le gustaba vivir en plena naturaleza.* **4.** Propiedades de una cosa. *El petróleo tiene naturaleza oleaginosa.* **SIN.** Característica, índole. **5.** Constitución física o temperamento de una persona. *Tiene una naturaleza muy fuerte.* ‖ **6. naturaleza humana** Conjunto de todas las personas. **7. naturaleza muerta** Cuadro que representa animales y vegetales muertos o seres inanimados.

naturalidad (na-tu-ra-li-**dad**) *s. f.* Sencillez en el trato y en la manera de comportarse. *Se comportó con toda naturalidad.* **SIN.** Franqueza, llaneza, sinceridad, espontaneidad. **ANT.** Artificiosidad.

naturalista (na-tu-ra-**lis**-ta) *s. m. y s. f.* Persona que se dedica a las ciencias naturales o es especialista en ellas. *Me gustaría ser naturalista y especializarme en botánica.*

naturismo (na-tu-**ris**-mo) *s. m.* Doctrina que defiende el empleo de medios naturales para conservar la salud y curar las enfermedades. *Mi médico defiende el naturismo.*

naturista (na-tu-**ris**-ta) *adj.* **1.** Que pertenece o se refiere al naturismo. *Han abierto una tienda naturista en mi calle.* **2.** Se dice de la persona partidaria de esta doctrina o que la practica. **GRA.** También s. m. y s. f. *Es naturista, nunca toma antibióticos, sólo productos naturales.*

naufragar (nau-fra-**gar**) *v. intr.* **1.** Hundirse una embarcación y las personas que van en ella. *El buque naufragó en medio de la tempestad.* **SIN.** Zozobrar. **ANT.** Flotar. **2.** Salir mal de un intento o asunto. *La empresa naufragó por su mala gestión.* **SIN.** Malograrse, perderse. ✎ Se conjuga como ahogar.

naufragio (nau-**fra**-gio) *s. m.* **1.** Hundimiento de una embarcación. *Se salvaron de milagro del naufragio del barco en el que viajaban.* **SIN.** Desastre, hundimiento. **2.** Pérdida grande, desgracia. *Todavía no me he repuesto del naufragio que supuso la pérdida de mi abuelo.* **SIN.** Fracaso, desastre.

náusea (**náu**-se-a) *s. f.* **1.** Ganas de vomitar. **GRA.** Se usa más en pl. *Estaba mareado y sentía náuseas.* **SIN.** Arcada. **2.** Asco que causa una cosa. **GRA.** Se usa más en pl. *Las películas sangrientas me dan náuseas.* **SIN.** Repugnancia, repelencia, aversión. **ANT.** Atracción, simpatía.

nauseabundo, da (nau-se-a-**bun**-do) *adj.* Que produce náuseas. *Del pozo salía un olor nauseabundo.* **SIN.** Asqueroso, inmundo, repugnante. **ANT.** Agradable.

náutico, ca (**náu**-ti-co) *adj.* **1.** Que pertenece o se refiere a la navegación. *Era un gran aficionado de los deportes náuticos.* **SIN.** Naval. ‖ *s. f.* **2.** Ciencia o arte de navegar. *Me encantaría estudiar naútica.* **SIN.** Navegación, marina.

navaja (na-**va**-ja) *s. f.* **1.** Cuchillo cuya hoja puede doblarse y guardarse en una hendidura del mismo mango. *Sacó la navaja para partir la manzana.* **2.** Molusco marino de dos conchas simétricas, alargadas y estrechas, y carne comestible. *Me gustan mucho las navajas chilenas.* ‖ **3. navaja de afeitar** La de filo muy fino, que sirve para afeitar la barba.

navajero, ra (na-va-**je**-ro) *adj.* Se dice del delincuente que emplea la navaja como arma. **GRA.** También s. m. y s. f. *Ayer vi una película sobre navajeros.*

naval (na-**val**) *adj.* Que pertenece o se refiere a los barcos o a la navegación. *Se hablaba de grandes avances en la industria naval.* **SIN.** Náutico, naviero.

nave (**na**-ve) *s. f.* **1.** Barco, embarcación. *La nave estaba a punto de zarpar.* **SIN.** Navío, buque, bajel. **2.** Espacio entre los muros o filas de arcos que se extienden a lo largo de una iglesia u otro edificio público. *Aquella iglesia tenía tres naves.* **3.** Local de grandes dimensiones que se usa como almacén o en el que se instala una fábrica, etc. *Montó un taller en una nave a las afueras de la ciudad.* **4.** *Col.* carpintería, hoja de una puerta o ventana. ‖ **5. nave espacial** *Aeronave. ‖ **LOC. quemar las naves** Tomar una determinación extrema. Se dice por alusión a las naves destruidas por Hernán Cortés al comenzar la conquista de México.

navegable (na-ve-**ga**-ble) *adj.* Se dice del río, lago, canal, etc., por el que se puede navegar. *El Amazonas es un río navegable.*

navegación (na-ve-ga-**ción**) *s. f.* **1.** Acción de navegar. *Le encanta la navegación.* **2.** Arte o técnica de navegar. *El curso de verano incluye nociones de navegación.* **SIN.** Náutica. **3.** Viaje hecho en barco y tiempo que dura este viaje. *La navegación hasta la isla fue muy dura a causa del mal tiempo.* ‖ **4. nave-**

NÁUTICA

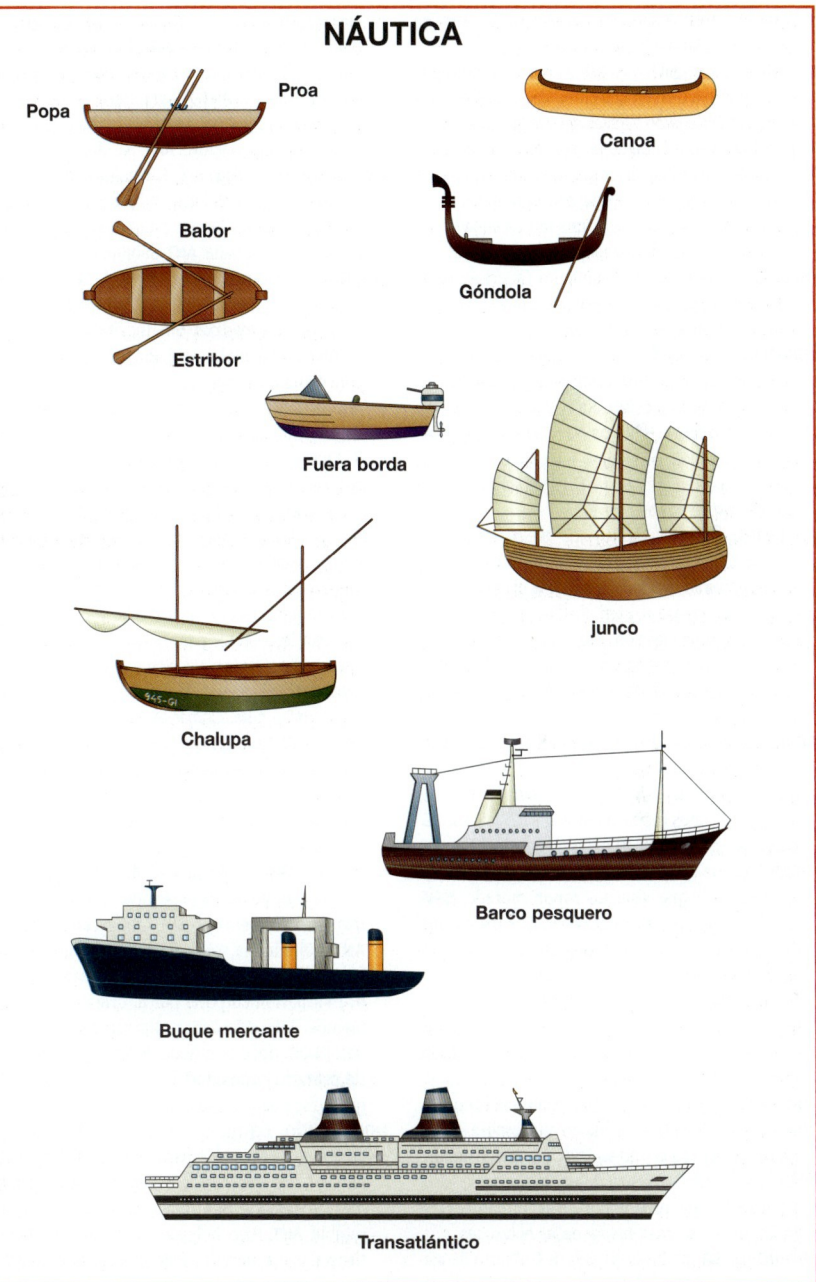

navegar - necesitado

gación aérea Acción de navegar por el aire, en globo, aeroplano o hidroavión.

navegar (na-ve-**gar**) *v. intr.* **1.** Trasladarse por agua de un punto a otro en una embarcación. **GRA.** También v. tr. *Navegaron a través del océano.* **2.** Avanzar la embarcación. *El barco navega con mucha suavidad.* **SIN.** Surcar. **3.** Viajar por el aire en globo o en aeroplano. *Salieron a navegar en globo.* **4.** En informática, moverse a través de una red. *Le encanta navegar por internet.* ✎ Se conjuga como ahogar.

naveta (na-**ve**-ta) *s. f.* Monumento funerario de la edad de bronce que se parece a una nave invertida. *Vimos una naveta de las Islas Baleares.*

Navidad (Na-vi-**dad**) *n. p.* **1.** Nacimiento de Jesús, celebrado en la religión cristiana. *El día de Navidad es el 25 de diciembre.* **SIN.** Natividad. **2.** Fiesta y día en que se celebra. *El día de Navidad siempre lo pasamos en familia.* **3.** Tiempo inmediato a este día. **GRA.** Se usa también en pl. *Durante las vacaciones de Navidad iremos a la nieve.*

navideño, ña (na-vi-**de**-ño) *adj.* Que pertenece o se refiere al tiempo de Navidad. *Se respiraba un agradable ambiente navideño por toda la ciudad.*

naviero, ra (na-**vie**-ro) *adj.* **1.** Que se refiere a las naves o a la navegación. *Esa empresa naviera sólo tiene barcos de mercancías, no de pasajeros.* **SIN.** Naval. ‖ *s. m. y s. f.* **2.** Persona propietaria de un buque. *Su padre es naviero.* **SIN.** Armador, patrón.

navío (na-**ví**-o) *s. m.* Buque de alta mar. *Es el capitán de un importante navío.*

náyade (**ná**-ya-de) *s. f.* Ninfa que habitaba en los ríos y las fuentes, según la mitología clásica. *Las náyades son personajes de la poesía griega.*

nazareno (na-za-**re**-no) *s. m.* **1.** Se dice de la imagen de Jesucristo que viste un ropón morado. **GRA.** También adj. *Jesús el nazareno.* **2.** Persona que, vestida con una túnica, desfila en las procesiones de Semana Santa para hacer penitencia. *Los nazarenos desfilan con túnicas moradas.*

nazi (**na**-zi) *adj.* Que se refiere al nazismo o que es partidario del mismo. **GRA.** También s. m. y s. f. *Los nazis son racistas y violentos.*

nazismo (na-**zis**-mo) *s. m.* *Nacionalsocialismo.

neblina (ne-**bli**-na) *s. f.* Niebla no muy espesa y baja. *Había cierta neblina y no se veía bien.* **SIN.** Bruma.

nebulosa (ne-bu-**lo**-sa) *s. f.* Masa luminosa de gases y partículas, que presenta diversas formas. *Las estrellas se forman en el interior de las nebulosas.*

nebuloso, sa (ne-bu-**lo**-so) *adj.* **1.** Cubierto de niebla u oscurecido por las nubes. *La acción de la película se desarrolla en un día muy nebuloso.* **SIN.** Nublado, nuboso, brumoso. **ANT.** Luminoso, nítido. **2.** Sombrío, tétrico. *El bosque del cuento era nebuloso.* **SIN.** Borroso. **ANT.** Alegre, claro, diáfano. **3.** Difícil de comprender. *La explicación es algo nebulosa.* **SIN.** Oscuro, confuso. **ANT.** Nítido, claro.

necedad (ne-ce-**dad**) *s. f.* **1.** Cualidad de necio. *La necedad humana.* **2.** Dicho o hecho necio. *No digas necedades.* **SIN.** Memez, estupidez, simpleza, tontería, sandez, bobada. **ANT.** Sabiduría, ingenio.

necesario, ria (ne-ce-**sa**-rio) *adj.* **1.** Que tiene que ser o suceder inevitablemente. *Fue necesario tomar aquellas duras medidas.* **SIN.** Inevitable, fatal, forzoso. **ANT.** Accidental, casual. **2.** Que es indispensable para algún fin. *El agua es un elemento necesario para la vida.* **SIN.** Indispensable, imprescindible, preciso. **ANT.** Superfluo, innecesario, sobrante, accesorio. **3.** Que es beneficioso. *Practicar algún deporte es necesario para mantenerse en plena forma.* **SIN.** Conveniente. **ANT.** Perjudicial. **4.** Se dice de lo que se hace obligado por otra cosa. *Es necesario que tú estés presente.* **SIN.** Forzoso, inexcusable. **ANT.** Voluntario, prescindible.

neceser (ne-ce-**ser**) *s. m.* Estuche o caja donde se guardan los objetos para el aseo personal. *Olvidó meter su cepillo de dientes en el neceser.*

necesidad (ne-ce-si-**dad**) *s. f.* **1.** Todo aquello que hace mucha falta. *Comer es de primera necesidad para vivir.* **2.** Falta de lo necesario para vivir. *Ayudaban a familias que pasaban necesidad.* **SIN.** Escasez, penuria, pobreza, miseria. **ANT.** Riqueza, abundancia. **3.** Lo que hace que algo ocurra inevitablemente. *El azar y la necesidad fueron dos factores determinantes.* **SIN.** Fatalidad, sino. **4.** Todo aquello de lo que alguien no puede prescindir. *Era de necesidad que hiciera aquel viaje.* **SIN.** Obligación, precisión. **ANT.** Abundancia, sobra. **5.** Riesgo, peligro. *Acudirá a nosotros cuando se vea en una necesidad.* ‖ *s. f. pl.* **6.** Evacuación corporal por la orina o por excrementos. *Tenía dificultades para hacer sus necesidades.* ‖ **LOC. de, o por, necesidad** Necesariamente. **de primera necesidad** Se aplica a las cosas de las que no se puede prescindir.

necesitado, da (ne-ce-si-**ta**-do) *adj.* **1.** Pobre, que carece de lo necesario para vivir. **GRA.** También s. m. y s. f. *Las limosnas de la parroquia eran para los más necesitados.* **SIN.** Indigente, menesteroso, miserable. **ANT.** Rico, holgado, millonario. **2.** Que no tiene algo que necesita. *Estaba necesitada del amor de sus padres.* **SIN.** Falto, carente.

necesitar - negar

necesitar (ne-ce-si-**tar**) *v. intr.* Tener necesidad de alguien o de alguna cosa. **GRA.** También v. tr. *Llevaba muchas horas trabajando y necesitaba descansar un rato.* **SIN.** Precisar, requerir, hacer falta. **ANT.** Prescindir.

necio, cia (**ne**-cio) *adj.* **1.** Ignorante, que no sabe lo que podía o debía saber. **GRA.** También s. m. y s. f. *Eres un necio si no sabes hacer ecuaciones.* **SIN.** Simple, tonto, estúpido, zote, terco. **ANT.** Inteligente, listo, despierto. **2.** Terco y obstinado sin razón. **GRA.** También s. m. y s. f. *Mi hermano es un necio, nunca admite sus errores.* **SIN.** Porfiado, insensato. **ANT.** Prudente, sensato.

nécora (**né**-co-ra) *s. f.* Cangrejo de mar, de caparazón de color rojo parduzco y carne muy apreciada. *Las nécoras viven en el fondo del mar.*

necrófago, ga (ne-**cró**-fa-go) *adj.* Que se alimenta de cadáveres. *Los zombis de la película eran necrófagos.*

necrofilia (ne-cro-**fi**-lia) *s. f.* **1.** Interés por la muerte o por alguno de sus aspectos. *Está muy interesado por la necrofilia, siempre está hablando de cadáveres.* **2.** Atracción sexual que alguien siente por los cadáveres. *La película de terror trataba sobre la necrofilia.*

necrología (ne-cro-lo-**gí**-a) *s. f.* **1.** Biografía de una persona notable, fallecida recientemente. *Han escrito una necrología sobre esa autora tan famosa.* **2.** Lista o noticia de personas fallecidas en estadísticas y periódicos. *La sección de necrología de la radio es a las 12.* **SIN.** Obituario.

necrológico, ca (ne-cro-**ló**-gi-co) *adj.* Que pertenece o se refiere a la necrología. *En el periódico local aparecen las noticias necrológicas.*

necrópolis (ne-**cró**-po-lis) *s. f.* Cementerio de gran extensión, en el que abundan los monumentos fúnebres. *En las necrópolis griegas se han encontrado muchos vestigios de su cultura.* **SIN.** Camposanto. ✎ Invariable en número.

necropsia (ne-**crop**-sia) *s. f.* Autopsia de un cadáver. *El forense tuvo que hacerle una necropsia.* ✎ También "necroscopia".

necrosis (ne-**cro**-sis) *s. f.* Destrucción de células y tejidos en el organismo vivo, especialmente del tejido óseo. *El tratamiento le produjo una necrosis.* ✎ Invariable en número.

néctar (**néc**-tar) *s. m.* **1.** Líquido dulce segregado por unas glándulas de la flor que atrae a los insectos. *Las abejas chupan el néctar de las flores.* **2.** Jugo que se obtiene de algunas frutas. *Néctar de piña.* **3.** Bebida de los dioses según la mitología clásica. *El licor era tan delicioso que parecía néctar.* **SIN.** Ambrosía.

nectarina (nec-ta-**ri**-na) *s. f.* Fruta que resulta del cruce de melocotonero y ciruelo. *La piel de la nectarina es muy suave.*

nefando, da (ne-**fan**-do) *adj.* Horriblemente malo, que causa horror. *La noticia del nefando crimen apareció en la primera página de todos los periódicos.* **SIN.** Abominable, execrable, infame, perverso. **ANT.** Honorable, listo, atractivo.

nefasto, ta (ne-**fas**-to) *adj.* Desastroso, extremadamente malo. *Lleva un día nefasto.* **SIN.** Aciago, triste, funesto, desgraciado. **ANT.** Afortunado, propicio, alegre.

nefrítico, ca (ne-**frí**-ti-co) *adj.* Que pertenece o se refiere al riñón. *Tuvo un cólico nefrítico.* **SIN.** Renal.

nefritis (ne-**fri**-tis) *s. f.* Inflamación de los riñones. *El médico le dijo que tenía una nefritis.* ✎ Invariable en número.

nefrología (ne-fro-lo-**gí**-a) *s. f.* Rama de la medicina que estudia el riñón y sus enfermedades. *Se quiere especializar en nefrología.*

negación (ne-ga-**ción**) *s. f.* **1.** Acción de negar. *Razonó el porqué de su negación.* **SIN.** Denegación, negativa, repulsa, incredulidad. **ANT.** Afirmación, aseveración, sí, credulidad. **2.** Palabra o expresión que se usa para negar. *"Jamás" es una negación.*

negado, da (ne-**ga**-do) *adj.* Incapaz, inepto. **GRA.** También s. m. y s. f. *Soy un negado para la mecánica.* **SIN.** Torpe, inútil. **ANT.** Hábil.

negar (ne-**gar**) *v. tr.* **1.** Decir que no es verdad una cosa. *Negó haber comido las galletas.* **SIN.** Desmentir, refutar. **ANT.** Afirmar, aseverar, confirmar. **2.** Decir que no a lo que se pide. *Le dijeron que si quería jugar con ellos y negó con una mueca de desagrado.* **SIN.** Denegar. **ANT.** Acceder, conceder. **3.** Impedir el uso o realización de algo. *El alcalde negó el permiso para la fiesta.* **SIN.** Rechazar, prohibir, vetar, condenar. **ANT.** Permitir, autorizar. **4.** No confesar alguien un delito que se le atribuye. *El acusado negó que fuese el autor del robo.* **5.** No reconocer como propia una cosa. *Pedro negó haber dicho eso nunca.* **SIN.** Rechazar, rehusar. **ANT.** Aceptar, admitir. || *v. prnl.* **6.** No querer hacer alguna cosa o no querer tener nada que ver con ella. *Se negaba a participar en aquel asunto.* **SIN.** Rehusar, esquivar. **ANT.** Aceptar. || **LOC. negarse en redondo a algo** Negarse rotundamente a hacerlo. ✎ v. irreg., se conjuga como acertar. Se escribe "gu" en vez de "g" seguido de "-e".

negativo, va (ne-ga-**ti**-vo) *adj.* **1.** Que expresa o contiene negación. *Ha dado negativo en las pruebas de la hepatitis.* **ANT.** Afirmativo, positivo. **2.** Que pertenece o se refiere a la negación. *"No" es una partícula negativa".* **3.** Que es dañino o perjudicial. *Es negativo para ti seguir fumando.* **SIN.** Malo, nocivo. **ANT.** Bueno, positivo. **4.** Se dice de la persona que tiende a ver las cosas sólo en su aspecto desfavorable. *Eres muy negativo, todo lo ves por su lado malo.* **SIN.** Pesimista. **ANT.** Optimista, positivo. ‖ *s. m.* **5.** Película fotográfica que reproduce los claros y oscuros o los colores del original pero invertidos, y que sirve para positivar las copias. *Dame el negativo para sacar una copia de la foto.* **SIN.** Cliché. **ANT.** Positivo. ‖ *s. f.* **6.** Acción de negar. *Tu negativa traerá graves consecuencias.* **SIN.** Negación, denegación. **ANT.** Afirmación. **7.** Repulsa o no concesión de lo que se pide. *Recibí una negativa como respuesta a mi solicitud.* **SIN.** Denegación, rechazo.

negligencia (ne-gli-**gen**-cia) *s. f.* Falta de cuidado y atención. *Denunció al equipo médico por negligencia.* **SIN.** Desidia, descuido, dejadez, abandono, indolencia, desinterés. **ANT.** Cuidado, atención, aplicación, preocupación.

negligente (ne-gli-**gen**-te) *adj.* Que tiene poco cuidado en la realización de algo. **GRA.** También s. m. y s. f. *Si eres negligente en tu trabajo, te echarán.* **SIN.** Descuidado, dejado, desidioso. **ANT.** Atento.

negociación (ne-go-cia-**ción**) *s. f.* Acción de negociar. *En la negociación participaron todos los implicados.* **SIN.** Trato, convenio, concierto, negocio.

negociado (ne-go-**cia**-do) *s. m.* **1.** Cada una de las secciones que, en una organización administrativa, está destinada para despachar determinadas clases de asuntos. *Negociado de alumnos de la Universidad.* **SIN.** Departamento, despacho, oficina. **2.** *Chil.* Negocio ilícito.

negociante (ne-go-**cian**-te) *adj.* Persona que se dedica a los negocios. *Las partes negociantes firmaron el contrato.* **SIN.** Comerciante.

negociar (ne-go-**ciar**) *v. intr.* **1.** Comprar, vender o cambiar géneros o valores para obtener un beneficio. *Su padre negocia con productos lácteos.* **SIN.** Comerciar, tratar, traficar. **2.** Tratar asuntos públicos o privados procurando conseguir un buen acuerdo. **GRA.** También v. tr. *Negoció las condiciones del contrato.* **SIN.** Discutir, gestionar. **3.** Tratar por la vía diplomática, de potencia a potencia, un asunto, como un tratado de alianza, de comercio, etc. **GRA.** También v. tr. *Negociaron los nuevos términos del contrato.* 🖋 En cuanto al acento, se conjuga como cambiar.

negocio (ne-**go**-cio) *s. m.* **1.** Asunto, trabajo u ocupación. *Tengo varios negocios entre manos.* **2.** Aquella actividad que produce ganancias o beneficios. *Un hotel y una fábrica son los negocios de su familia.* **SIN.** Empresa, ocupación. **3.** Tienda, almacén, oficina. *Tenía una negocio de frutas.* **SIN.** Comercio, establecimiento. **4.** Utilidad, beneficio, ganancia. *Si lo vendo todo será un negocio.* ‖ **5. negocio redondo** *fam.* El que ofrece muchas ventajas y se realiza con todo éxito.

negrero, ra (ne-**gre**-ro) *adj.* **1.** Se decía de la persona que se dedicaba a la trata de esclavos de raza negra. **GRA.** También s. m. y s. f. *Los negreros asaltaban los poblados africanos en busca de esclavos.* ‖ *s. m. y s. f.* **2.** Persona cruel e inhumana. *Es un negrero, explota a sus empleados.*

negrita (ne-**gri**-ta) *adj.* Se dice de la letra de imprenta cuyo trazo es más grueso que el normal. **GRA.** También s. f. *Para resaltar el título, escríbelo en negrita.* 🖙 También "negrilla".

negro, gra (**ne**-gro) *adj.* **1.** De color totalmente oscuro. **GRA.** También s. m. *El negro resulta de la falta de todo color.* **SIN.** Prieto. **ANT.** Blanco, claro. **2.** Moreno, o sin la blancura o color que le corresponde. *Este pan no es negro.* **3.** De color más oscuro que el resto. *Cerveza negra.* **4.** Triste, desgraciado, desventurado. *Tenía un día muy negro. Veía su futuro un poco negro.* **SIN.** Infeliz, sombrío, aciago, desventurado. **ANT.** Alegre, favorable, positivo. **5.** Se dice del género novelístico y cinematográfico que desarrolla el tema del crimen. *Me encantan las películas de cine negro.* **6.** *fam.* Muy bronceado por el sol. *Cuando volvió de la playa estaba negra.* **ANT.** Blanco. **7.** *fam.* Muy manchado o sucio. *Deberías limpiar la cocina, la pared está negra de tanta grasa.* **ANT.** Limpio. **8.** *fam.* Se dice de la persona que pertenece a la raza etiópica. **GRA.** También s. m. y s. f. *La raza más numerosa en África es la negra.* ‖ *s. f.* **9.** Nota musical cuya duración es la mitad de una blanca. *En esa partitura sólo hay semicorcheas, corcheas y negras.* ‖ **LOC. estar alguien negro** *fam.* Estar muy enfadado o harto. **estar, o ponerse, algo negro** *fam.* Complicarse un asunto. **pasarlas negras** *fam.* Encontrarse en una situación difícil, dolorosa o comprometida. **tener la negra** *fam.* Tener mala suerte. **verse alguien negro para hacer algo** *fam.* Tener mucha dificultad para realizarlo.

negruzco, ca (ne-**gruz**-co) *adj.* De color oscuro, casi negro. *El pantalón se ha quedado negruzco con los lavados.*

nematelminto (ne-ma-tel-**min**-to) *adj.* Se dice del gusano de cuerpo cilíndrico o fusiforme y no segmentado, desprovisto de apéndices locomotores, en forma de cordón muy delgado y carente de vasos sanguíneos. **GRA.** Se usa más como s. m. *La mayoría de los nematelmitos son parásitos.*

nematodo (ne-ma-**to**-do) *adj.* Se dice de los gusanos más típicos y numerosos, cilíndricos, cuyo aparato digestivo consiste en un tubo recto que se extiende a lo largo del cuerpo, como la lombriz intestinal. **GRA.** También s. m. *Algunos nematodos son parásitos de plantas y animales.*

nemoroso, sa (ne-mo-**ro**-so) *adj., poét.* Que pertenece o se refiere al bosque. *El paisaje que describe el poema es nemoroso.*

nemotecnia (ne-mo-**tec**-nia) *s. f.* *Mnemotecnia.

nemotécnico, ca (ne-mo-**téc**-ni-co) *adj.* *Mnemotécnico.

nene, na (**ne**-ne) *s. m. y s. f., fam.* Niño pequeño. *Le gustaba ir al parque y jugar con otros nenes.* **SIN.** Crío, rorro.

nenúfar (ne-**nú**-far) *s. m.* Planta acuática, de raíz larga y fija al fondo de los estanques, lagos o ríos en los que habitan y cuyas hojas flotan en la superficie del agua. *El estanque estaba lleno de nenúfares.* **SIN.** Ninfea, escudete, golfán.

neobarroco (ne-o-ba-**rro**-co) *s. m.* Movimiento artístico de recuperación de los modelos propios del barroco no clásico, desarrollado en los años centrales del s. XIX. *La iglesia es del neobarroco.*

neoclasicismo (ne-o-cla-si-**cis**-mo) *s. m.* Corriente europea literaria y artística, de la segunda mitad del s. XVIII, que propugnaba la recuperación de las formas clásicas y el racionalismo. *Es un estudioso del neoclasicismo.*

neoclásico, ca (ne-o-**clá**-si-co) *adj.* **1.** Se dice del arte o estilo modernos que tratan de imitar los usados antiguamente en Grecia y Roma. *El arte neoclásico está presente en la mayoría de sus obras.* **2.** Que pertenece o se refiere al neoclasicismo. *El pórtico de la catedral es de estilo neoclásico.* **3.** Partidario del neoclasicismo. **GRA.** También s. m. y s. f. *Es un arquitecto neoclásico.*

neófito, ta (ne-**ó**-fi-to) *s. m. y s. f.* **1.** Persona, especialmente adulta, recién bautizada o convertida a una religión. *Es un neófito del budismo.* **SIN.** Prosélito. **2.** Por ext., persona que recientemente se ha unido a una opinión, causa, grupo, etc. *En la defensa de la naturaleza es una neófita, antes tiraba los papeles al suelo.* **SIN.** Converso, novicio, prosélito.

neofobia (ne-o-**fo**-bia) *s. f.* Horror a todo lo nuevo. *Nunca podrá vivir en otra ciudad, padece neofobia.*

neógeno (ne-**ó**-ge-no) *s. m.* Período de la era terciaria, que comprende el mioceno y el plioceno. *Durante el neógeno hubo un enfriamiento del clima, por el que desaparecieron grandes mamíferos.*

neolítico, ca (ne-o-**lí**-ti-co) *adj.* Que pertenece o se refiere a la segunda edad de piedra, la de la piedra pulimentada, que sigue al paleolítico y que se desarrolló entre los años 5000 y 2000 a. C. **GRA.** También s. m. *En el neolítico se domesticaron los primeros animales, como el perro.*

neologismo (ne-o-lo-**gis**-mo) *s. m.* Vocablo, acepción o giro nuevo en una lengua. *Algunos términos informáticos son neologismos.*

neón (ne-**ón**) *s. m.* Gas noble, poco activo, incoloro e inodoro, que se encuentra en el aire y que se utiliza en tubos fluorescentes. *El símbolo del neón es Ne. Los anuncios de neón iluminaban las calles.*

neopreno (ne-o-**pre**-no) *s. m.* Primer caucho sintético comercial, cloropreno. *Mi hermana se ha comprado un traje de neopreno para practicar el submarinismo.*

neperiano, na (ne-pe-**ria**-no) *adj.* Que pertenece o se refiere al matemático inglés John Neper. Se aplica especialmente a los logaritmos inventados por este matemático. *Todavía no hemos llegado a los logaritmos neperianos.*

nepotismo (ne-po-**tis**-mo) *s. m.* Favoritismo hacia los parientes para los cargos o empleos públicos. *Empleó a su hijo en el Ministerio en un acto de nepotismo.* **SIN.** Predilección, privanza, sobrinazgo.

neptunio (nep-**tu**-nio) *s. m.* Elemento químico transuránico clasificado a continuación del uranio y obtenido artificialmente. Su número atómico, 93, su peso atómico, 239, y sus propiedades análogas a las del uranio. *El símbolo del neptunio es Np.*

nereida (ne-**rei**-da) *s. f.* Cualquiera de las ninfas que, según la mitología clásica, residían en el mar y eran jóvenes hermosas de medio cuerpo para arriba y como peces en lo restante. *El navegante quedó prendado por la belleza de las nereidas.* **SIN.** Sirena.

nerón (ne-**rón**) *s. m.* Persona muy cruel. *Es un verdadero nerón con los más débiles que él.*

nervadura (ner-va-**du**-ra) *s. f.* **1.** En arquitectura, nervio, arco que sirve para formar las bóvedas góticas, y conjunto de los nervios de estas bóvedas. *La*

nervio - neurona

bóveda de la capilla mayor tiene una nervadura muy compleja. **2.** En botánica, conjunto de los nervios de una hoja. *La nervadura de esa hoja está poco ramificada.*

nervio (ner-vio) *s. m.* **1.** Cada una de las fibras que llevan las órdenes del cerebro, la médula y otros centros nerviosos al resto del cuerpo. *Ante una luz muy fuerte, el nervio óptico hace que el párpado se cierre.* **2.** Cualquier tendón o tejido blanco, duro y resistente. *No me gusta esta carne para guisar porque tiene mucho nervio.* **3.** Cordoncillo fibroso que tienen las hojas de las plantas por su envés. *Las sustancias nutritivas circulan por los nervios de las hojas.* **SIN.** Vena, nerviación. **4.** En arquitectura, arco que se cruza con otro u otros para formar la bóveda de crucería. *El nervio es un elemento propio del estilo gótico.* **5.** Fuerza, vigor, energía. *Tiene mucho nervio.* **SIN.** Empuje, garra. **ANT.** Debilidad, flaqueza. ‖ **6. nervio ciático** El más grueso del cuerpo, que se distribuye en los músculos posteriores del muslo, en los de la pierna y en el pie. **7. nervio óptico** El que desde el ojo transmite al cerebro las impresiones luminosas. ‖ **LOC. alterar, o crispar, los nervios a alguien, o alterársele, o crispársele, los nervios** *fam.* Poner a alguien, o ponerse alguien muy excitado e intranquilo. **poner, o ponérsele, a alguien los nervios de punta** *fam.* Poner a alguien, o ponerse alguien, muy nervioso, irritado o exasperado. **ser alguien puro nervio, o un puro nervio** *fam.* Ser muy activo e inquieto.

nerviosismo (ner-vio-**sis**-mo) *s. m.* Excitación nerviosa. *Antes de los exámenes siempre tiene ataques de nerviosismo.* **SIN.** Desazón, intranquilidad, desasosiego. **ANT.** Sosiego, tranquilidad.

nervioso, sa (ner-**vio**-so) *adj.* **1.** Que pertenece o se refiere a los nervios. *El sistema nervioso.* **2.** Se dice de la persona cuyos nervios se excitan con facilidad. *Cuando está nervioso se enfada con todo el mundo.* **SIN.** Excitable, impresionable, inquieto, irritable. **ANT.** Tranquilo, impasible. **3.** Se dice de la persona muy inquieta. *Es muy nervioso, no para un momento.* **SIN.** Enérgico, vivo.

nervudo, da (ner-**vu**-do) *adj.* **1.** Que tiene fuertes y robustos nervios. *Su estructura es nervuda.* **SIN.** Fuerte, robusto, vigoroso. **ANT.** Débil, endeble. **2.** Que tiene muy desarrollados los tendones y músculos. *Tiene un cuerpo muy nervudo.*

nesga (**nes**-ga) *s. f.* Pieza de tela de forma triangular que se añade a un vestido para darle vuelo. *Le añadí nesgas a la falda para que tuviera más vuelo.*

nesgar (nes-**gar**) *v. tr.* Cortar una tela en dirección oblicua a la de sus hilos. *Nesgué la tela para el vestido.* ✎ Se conjuga como ahogar.

neto, ta (**ne**-to) *adj.* **1.** Se dice del dinero. *El sueldo neto es de 200 000 Ptas.* **SIN.** Líquido. **ANT.** Bruto. **2.** Se dice del peso de una cosa una vez descontado el del envase que la contiene. *El peso neto del bote es de 50 gr.* **SIN.** Limpio. **ANT.** Bruto.

neumático, ca (neu-**má**-ti-co) *adj.* **1.** Se dice de varios aparatos que funcionan con aire. *Martillo neumático.* ‖ *s. m.* **2.** Tubo de goma que, lleno de aire comprimido, sirve de llanta a las ruedas de los automóviles, bicicletas, etc. *Hicimos una barca con neumáticos de coche.*

neumonía (neu-mo-**ní**-a) *s. f.* *Pulmonía.

neura (**neu**-ra) *s. f.* **1.** *fam.* Obsesión, manía. *Le dio la neura de leer libros de terror.* ‖ *adj.* **2.** *fam.* Muy nervioso. *Andaba neura con los exámenes finales.* **SIN.** Histérico.

neuralgia (neu-**ral**-gia) *s. f.* Dolor intenso a lo largo de un nervio del cuerpo. *Le recetaron calmantes para la neuralgia.*

neurálgico, ca (neu-**rál**-gi-co) *adj.* **1.** Que pertenece o se refiere a la neuralgia. *Tiene dolores neurálgicos.* **2.** Decisivo, trascendental. *Es el centro neurálgico de la ciudad.* **ANT.** Intrascendente, insignificante.

neurastenia (neu-ras-**te**-nia) *s. f.* Enfermedad producida por debilidad nerviosa que se caracteriza por un estado de tristeza y cansancio físico. *Padece neurastenia.* **SIN.** Neurosis, depresión.

neurasténico, ca (neu-ras-**té**-ni-co) *adj.* **1.** Que pertenece o se refiere a la neurastenia. *Le dan ataques neurasténicos.* **2.** Se dice de la persona que la padece. **GRA.** También s. m. y s. f. *Es un neurasténico.* **SIN.** Neurótico.

neurocirugía (neu-ro-ci-ru-**gí**-a) *s. f.* Cirugía del sistema nervioso. *La especialidad de neurocirugía es muy complicada.*

neurocirujano, na (neu-ro-ci-ru-**ja**-no) *s. m. y s. f.* Médico especialista en operaciones del cerebro y del sistema nervioso. *Es un eminente neurocirujano.*

neurología (neu-ro-lo-**gí**-a) *s. f.* Parte de la medicina que estudia el sistema nervioso y sus enfermedades. *El equipo de neurología del hospital es muy bueno.*

neurólogo, ga (neu-**ró**-lo-go) *s. m. y s. f.* Médico especialista en el estudio del sistema nervioso. *Me dieron cita para el neurólogo.*

neurona (neu-**ro**-na) *s. f.* Célula nerviosa formada por un cuerpo celular nucleado provisto de diver-

neuropsiquiatría - ni

sas prolongaciones. *Las neuronas son las encargadas de enviar los impulsos nerviosos.*

neuropsiquiatría (neu-rop-si-quia-**trí**-a) *s. f.* Parte de la medicina que se ocupa de las enfermedades nerviosas y mentales. *Han abierto una clínica especializada en neuropsiquiatría.*

neurosis (neu-**ro**-sis) *s. f.* Enfermedad nerviosa sin ninguna causa física. *La neurosis no le deja concentrarse en sus estudios.* **SIN.** Neurastenia. ⟲ Invariable en número.

neurótico, ca (neu-**ró**-ti-co) *adj.* **1.** Que pertenece o se refiere a la neurosis. *Le dan ataques neuróticos cada vez que hay un atasco.* **2.** Se dice de la persona que la padece. **GRA.** También s. m. y s. f. *Es un neurótico depresivo.* **SIN.** Neurasténico. **3.** Se dice de la persona muy intranquila y nerviosa. **GRA.** También s. m. y s. f. *Se pone neurótico cuando tiene que hacer algo importante.*

neutral (neu-**tral**) *adj.* Que, entre dos partes que se enfrentan, no toma partido por ninguna de ellas. **GRA.** También s. m. y s. f. *En aquella guerra, el país se declaró neutral.* **SIN.** Imparcial, indiferente. **ANT.** Parcial, interesado, beligerante.

neutralidad (neu-tra-li-**dad**) *s. f.* Cualidad de neutral. *En la Segunda Guerra Mundial, Suiza adoptó la neutralidad.* **SIN.** Abstención, apartamiento, indiferencia. **ANT.** Beligerancia, partidismo, parcialidad.

neutralismo (neu-tra-**lis**-mo) *s. m.* Sistema político que defiende la neutralidad, sobre todo en los conflictos internacionales. *Mantenían una política de neutralismo.*

neutralizar (neu-tra-li-**zar**) *v. tr.* **1.** Hacer neutral un estado o territorio. **GRA.** También v. prnl. *Neutralizaron al país para no entrar en guerra.* **2.** Reducir o vencer a un atacante o contrincante. *El boxeador neutralizó el ataque. Neutralizó a sus oponentes, rebatiendo sus argumentos.* **3.** Anular o debilitar el efecto de una causa. **GRA.** También v. prnl. *Neutralizaron los efectos del medicamento.* **SIN.** Contrarrestar. **4.** En química, hacer neutra una sustancia. *El ácido clorhídrico se neutraliza con una solución de hidróxido de sodio y forma el cloruro sódico.* ⟲ Se conjuga como abrazar.

neutro, tra (**neu**-tro) *adj.* **1.** Se dice del género gramatical que poseen los adjetivos sustantivados que pueden llevar delante el artículo "lo". *Lo triste.* **2.** Neutral, imparcial. *Prefiero tomar una postura neutra en el asunto.* **SIN.** Indeciso, indeterminado. **3.** En química, se dice de la sustancia o solución que no es ácida ni alcalina, en una escala de 1 al 14, que va desde lo más ácido a lo más alcalino, su pH es 7. *La solución de la sal es neutra.*

neutrón (neu-**trón**) *s. m.* Partícula elemental sin carga eléctrica, que se encuentra en el núcleo de todos los átomos excepto en el hidrógeno. *El número másico de un átomo es la suma de los protones y neutrones que contiene su núcleo.*

nevada (ne-va-**da**) *s. f.* **1.** Acción de nevar. *Las nevadas de este invierno dejaron incomunicado el pueblo.* **SIN.** Ventisca. **2.** Cantidad de nieve caída de una vez. *Con una sola nevada se ha cubierto el patio.* **SIN.** Nevasca, nevazo, nevazón.

nevado, da (ne-**va**-do) *adj.* **1.** Cubierto de nieve. *La sierra estaba nevada.* ∥ *s. m.* **2.** *amer.* Montaña cubierta de nieves perpetuas.

nevar (ne-**var**) *v. intr.* **1.** Caer nieve. *Ha nevado mucho este invierno.* **SIN.** Ventisquear. ∥ *v. tr.* **2.** Poner blanca una cosa, dándole este color o esparciendo en ella cosas blancas. *Le gusta nevar los postres con azúcar molido.* ⟲ v. unipers. en la acepción 1; v. irreg., se conjuga como acertar.

nevera (ne-**ve**-ra) *s. f.* **1.** Armario frigorífico que sirve para enfriar y conservar los alimentos y bebidas. *Guarda la leche en la nevera.* **SIN.** Cámara, congelador, frigorífico. **2.** Caja o bolsa hecha de un material aislante que permite conservar fríos los alimentos, bebidas o productos que se coloquen en su interior. *Cuando vamos de camping, siempre llevamos las bebidas en la nevera.* **3.** Habitación demasiado fría. *Esta habitación parece una nevera.* **ANT.** Horno.

nevero (ne-**ve**-ro) *s. m.* Paraje de las montañas elevadas donde se conserva la nieve todo el año. *En los Alpes hay neveros incluso en verano.* **SIN.** Glaciar, helero.

nevisca (ne-**vis**-ca) *s. f.* Nevada corta de copos menudos. *Cayó una nevisca.*

new age *s. f.* Movimiento musical basado en la relajación, eliminando para ello todo tipo de estridencias. *La música new age me relaja mucho.*

newton *s. m.* Unidad de fuerza en el Sistema Internacional, que equivale a la fuerza necesaria para que un cuerpo de 1 kg adquiera una aceleración de 1 m por segundo cada segundo. *El símbolo del newton es N.*

nexo (**ne**-xo) *s. m.* Nudo, unión o vínculo de una cosa con otra. *Hay un nexo muy fuerte entre ellos.* **SIN.** Conjunción, cópula, lazo, ligadura, conexión.

ni *conj. cop.* **1.** Cópula que enlaza vocablos o frases denotando negación, precedida o seguida de otra u

nicho - ninfa

otras. *Ni lo uno ni lo otro.* ‖ *adv. neg.* **2.** Expresa enérgica negación. *Ni me hables de eso.* ‖ **LOC. ni bien** No del todo, en frases de sentido contrapuesto. *Ni bien morena, ni bien rubia.*

nicho (**ni**-cho) *s. m.* **1.** Concavidad o hueco hecho en un muro para colocar dentro una estatua, un jarrón u otra cosa. *En las iglesias hay nichos para colocar las estatuas de los santos.* **SIN.** Hornacina. **2.** En los cementerios, construcciones preparadas especialmente para enterrar los cadáveres. *Lo enterraron en un nicho del cementerio.* **SIN.** Hornacina.

nicotina (ni-co-**ti**-na) *s. f.* Sustancia nociva que contiene el tabaco. *La nicotina es perjudicial para la salud.*

nidada (ni-**da**-da) *s. f.* **1.** Conjunto de los huevos puestos en un nido. *La hembra es la que suele incubar la nidada.* **2.** Conjunto de los polluelos mientras están en el nido. *Algunas aves sólo tienen una cría por nidada.* **SIN.** Pollada.

nidificar (ni-di-fi-**car**) *v. intr.* Hacer nidos las aves. *Las cigüeñas suelen nidificar en los campanarios.* **SIN.** Anidar. ✎ Se conjuga como abarcar.

nido (**ni**-do) *s. m.* **1.** Pequeño lecho de ramas y paja que las aves hacen para depositar sus huevos. *La cigüeña hizo su nido.* **2.** Cavidad, agujero o conjunto de celdillas donde se reproducen otros animales. *Dentro del armario hay un nido de ratones.* **SIN.** Guarida. **3.** Sitio al que se va con frecuencia. *La biblioteca es mi nido de estudio.* **4.** Lugar donde se junta gente de mala conducta. *Es un nido de ladrones.* **SIN.** Cueva. **5.** Lugar donde se acumula algo nocivo o perjudicial. *Nido de gérmenes.* **6.** Casa, patria o habitación de una persona. *Dentro de mi casa tengo mi nido privado, que es el desván.* **7.** Principio o fundamento de una cosa. *El nido de la rebelión surgió en las montañas.* **SIN.** Germen, origen. **8.** Lugar originario de ciertas cosas inmateriales. *Nido de calumnias.* ‖ **LOC. caerse alguien de un nido** *fam.* Ser muy cándido e inocente.

niebla (**nie**-bla) *s. f.* **1.** Nube baja que se deposita sobre la superficie terrestre dificultando la visión. *Es peligroso conducir con niebla, hay poca visibilidad.* **SIN.** Bruma, neblina, calima, fosca, humazón. **2.** Mancha en la córnea. *Voy al oculista para que me observe la niebla del ojo derecho.* ‖ **3. niebla meona** La que va acompañada de gotitas menudas.

nieto, ta (**nie**-to) *s. m. y s. f.* Respecto de una persona, hijo o hija de su hijo o de su hija. *El abuelo narra historias a sus nietos.*

nieve (**nie**-ve) *s. f.* **1.** Agua helada en copos blancos que cae de las nubes. *Mis vecinos han hecho un muñeco de nieve en el jardín de su casa.* **2.** Temporal en que nieva mucho. **GRA.** Se usa más en pl. *En la época de las nieves muchas aves emigran hacia el sur.* **3.** *Cub., Méx.* y *P. Ric.* Polo, sorbete, helado. ‖ **4. nieve carbónica** Anhídrido carbónico sólido que, cuando se expone a la presión atmosférica mantiene la temperatura de -78,5º C. ‖ **LOC. a punto de nieve** En repostería, batir las claras de huevo, con o sin azúcar, hasta que se forme una crema de aspecto similar a la nieve.

night club *s. m.* Sala de fiestas que funciona por la noche. *Esta noche hay un concierto en el night club.* **SIN.** Discoteca, pub.

nigromancia (ni-gro-**man**-cia) *s. f.* **1.** Práctica supersticiosa de adivinar el futuro evocando a los muertos. *En la antigüedad, era frecuente acudir a la nigromancia antes de empezar una guerra.* **2.** *fam.* Magia negra o diabólica. *El malo de la película practicaba la nigromancia.* **SIN.** Brujería, hechicería, necromancia. ✎ También "nigromancía".

nigromante (ni-gro-**man**-te) *s. m. y s. f.* Persona que practica la nigromancia. *En algunas culturas todavía creen en los nigromantes.* **SIN.** Brujo, hechicero.

nihilismo (ni-hi-**lis**-mo) *s. m.* **1.** Doctrina que niega la existencia de toda creencia. *La filosofía de este siglo está muy influida por el nihilismo.* **SIN.** Escepticismo. **2.** Negación de todo principio religioso, político y social. *El nihilismo de la novela se aprecia en la actitud crítica del personaje principal frente a todo lo que le rodea.* **SIN.** Anarquismo, escepticismo.

nilón (ni-**lón**) *s. m.* *Nailon.

nimbo (**nim**-bo) *s. m.* **1.** Aureola, círculo luminoso que rodea la cabeza de las imágenes religiosas. *A la Virgen siempre se la representa con un nimbo.* **SIN.** Halo. **2.** *Nimboestrato.

nimboestrato (nim-bo-es-**tra**-to) *s. m.* Nube baja, gris y extensa. *Los nimboestratos producen lluvia continua.*

nimiedad (ni-mie-**dad**) *s. f.* Pequeñez, insignificancia. *No vale la pena enfadarse por nimiedades.*

nimio, mia (**ni**-mio) *adj.* Insignificante, pequeño, sin importancia. *Discutieron por una cosa nimia.* **ANT.** Importante.

ninfa (**nin**-fa) *s. f.* **1.** Diosa de las leyendas mitológicas que habitaba las aguas, bosques y selvas. *Las ninfas de los bosques inspiraron a muchos poetas.* **2.** Joven hermosa. *En esa foto pareces una ninfa.* **3.** Insecto que ha pasado ya del estado de larva y prepara su última metamorfosis. *Antes de ser mariposa fue ninfa.* **SIN.** Crisálida, palomilla.

ninfomanía (nin-fo-ma-**ní**-a) *s. f.* Exagerado deseo sexual en la mujer o en las hembras de algunos animales. *Algunas mujeres padecen ninfomanía con carácter patológico.*

ningún (nin-**gún**) *adj.* Apócope de ninguno. *No había ningún problema.* ✎ Se usa sólo antepuesto a un s. m.

ninguno, na (nin-gu-no) *adj. indef.* Ni uno solo de aquello que significa el sustantivo al que acompaña. **GRA.** También pron. *Ninguna opción le parecía buena. No quiso ver a ninguno.* **SIN.** Nadie.

ninot (ni-**not**) *s. m.* Muñeco que se pone en las calles de Valencia durante las Fallas. *La quema de ninots es lo que más me impresionó.*

niña (**ni**-ña) *s. f.* **1.** Pupila del ojo. *Se me ha dilatado la niña.* ‖ **2. niña de los ojos** *fam.* Persona o cosa del mayor cariño o aprecio de alguien.

niñada (ni-**ña**-da) *s. f.* Dicho o hecho impropio de la edad adulta y semejante a lo que suelen hacer los niños, sin advertencia ni reflexión. *Enfadarte por esa tontería es una niñada.* **SIN.** Chiquillada, puerilidad, niñería.

niñato, ta (ni-**ña**-to) *s. m., y s. f., desp.* Persona que habla y actúa irreflexivamente o con mala educación. *Esa discoteca está llena de niñatos.* **SIN.** Petulante, presuntuoso.

niñear (ni-ñe-**ar**) *v. intr.* Portarse alguien como si fuera un niño. *Le encanta niñear para llamar la atención.* **SIN.** Trastear, travesear.

niñera (ni-**ñe**-ra) *s. f.* Mujer que se dedica a cuidar niños. *Contratan a una niñera cuando van al cine.* **SIN.** Tata.

niñería (ni-ñe-**rí**-a) *s. f.* **1.** Acción de niños o propia de ellos. *Con esas niñerías nunca te tomarán en serio.* **SIN.** Puerilidad, niñada, chiquillada, muchachada. **2.** Cosa insignificante. *Se preocupa por niñerías.* **SIN.** Insignificancia, nadería, pequeñez.

niñero, ra (ni-**ñe**-ro) *adj.* Se dice de la persona a la que le gustan mucho los niños. *Es un niñero, le encanta jugar con los niños.*

niñez (ni-**ñez**) *s. f.* **1.** Primer período de la vida humana, desde el nacimiento hasta la adolescencia. *Su niñez transcurrió junto con sus abuelos.* **SIN.** Infancia, puericia. **ANT.** Madurez, vejez. **2.** Principio de cualquier cosa. *El invento todavía no ha pasado la niñez.*

niño, ña (**ni**-ño) *adj.* **1.** Se dice de la persona que tiene pocos años. **GRA.** También s. m. y s. f. *Mi hermano ha pasado rápidamente de niño a adolescente.* **SIN.** Chaval, chiquillo, crío, nene, muchacho. **ANT.** Adulto, mayor. **2.** *desp.* Se dice de la persona que tiene poca experiencia o sensatez. **GRA.** También s. m. y s. f. *En temas de amor sigue siendo un niño.* **SIN.** Impulsivo, irreflexivo, novato, inexperto. **ANT.** Considerado, reflexivo, experto, veterano, ducho. ‖ *s. m. y s. f.* **3.** *amer.* Tratamiento que se da a personas de más consideración social. ‖ **4. la niña bonita** En algunos juegos, el número quince. **5. Niño Jesús** Imagen que representa a Jesucristo en la edad de niño. **6. niño de teta** El que aún está en la lactancia. **7. niño pijo o niño bien** Joven engreído de familia de buena posición social. **8. niño prematuro** Que nace antes de tiempo. **9. niño probeta** Aquel que, por esterilidad de la madre u otras causas, ha sido concebido mediante una técnica de laboratorio que consiste en la implantación de un óvulo fecundado en el útero materno. **10. niño prodigio** El que posee cualidades excepcionales en relación a los niños de su edad. ‖ **LOC. como niño con zapatos nuevos** *fam.* Expresión que se aplica a la persona que por algo que acaba de obtener se muestra muy contenta. **¡qué niño muerto!** *fam.* Expresión de desprecio de lo que otro dice.

níquel (**ní**-quel) *s. m.* **1.** Metal duro y maleable, de color semejante al de la plata, que se emplea para fabricar moneda y para cubrir metales. *El símbolo del níquel es Ni.* **2.** *Ur.* *Dinero.

niquelar (ni- que-**lar**) *v. tr.* Cubrir con un baño de níquel otro metal. *Quiere niquelar las piezas de hierro para hacer la estatua más resistente a la humedad.* **SIN.** Cromar.

niqui (**ni**-qui) *s. m.* Camiseta exterior de punto, con cuello y de manga corta o larga. *En verano siempre uso niquis.* **SIN.** Polo.

nirvana (nir-**va**-na) *s. m.* En el budismo, estado de suprema felicidad. *Para alcanzar el nirvana hay que dedicar muchas horas a la meditación.*

níscalo (**nís**-ca-lo) *s. m.* Hongo comestible que tiene una especie de sombrerillo de color anaranjado. *Ayer comí un revuelto de níscalos.* **SIN.** Mízcalo.

níspero (**nís**-pe-ro) *s. m.* **1.** Árbol de tronco tortuoso y delgado, cuyo fruto del mismo nombre es dulce y comestible cuando está pasado. *Los nísperos tienen un sabor un poco ácido.* **2.** Fruto de este árbol. *Comimos una tarta de nísperos.*

nitidez (ni-ti-**dez**) *s. f.* Cualidad de nítido. *Sin gafas no veo con nitidez.* **SIN.** Claridad, pureza, transparencia.

nítido, da (**ní**-ti-do) *adj.* **1.** Limpio, transparente. *Llegaba una luz nítida.* **SIN.** Neto, terso, claro, resplandeciente. **ANT.** Impuro, opaco, turbio. **2.** No

nitrato - noche

confuso, que se distingue bien. *Sus explicaciones son muy nítidas.* **SIN.** Preciso, claro. **ANT.** Impreciso, confuso, borroso.

nitrato (ni-**tra**-to) *s. m.* Compuesto derivado de la combinación del ácido nítrico con una sal. *El nitrato de Chile es un abono nitrogenado natural.*

nítrico, ca (**ní**-tri-co) *adj.* **1.** Que pertenece o se refiere al nitrógeno. *Anhídrido nítrico.* **2.** *Ácido.

nitrógeno (ni-**tró**-ge-no) *s. m.* Elemento gaseoso, incoloro, transparente, insípido e inodoro, que constituye la mayor parte del aire atmosférico y es elemento fundamental en la composición de los seres vivos. *El símbolo del nitrógeno es N.* **SIN.** Ázoe.

nitroglicerina (ni-tro-gli-ce-**ri**-na) *s. f.* Líquido explosivo, pesado y aceitoso, que se usa para preparar dinamita. *La nitroglicerina también se emplea para combatir afecciones cardíacas.* **SIN.** TNT.

nivel (ni-**vel**) *s. m.* **1.** Altura a la que llega la superficie de un líquido. *El nivel del agua del pantano había subido mucho.* **2.** Altura o grado que alcanza una cosa, o al que está colocada. *Estamos a 1 000 m sobre el nivel del mar. Tiene un buen nivel de inglés.* **SIN.** Elevación, altitud. **ANT.** Desnivel. **3.** Grado que alcanzan ciertos aspectos de la vida social. *Tiene un nivel cultural muy alto.* **4.** Igualdad o equivalencia. *En matemáticas están a nivel.* **5.** Aparato para averiguar la diferencia de altura entre dos puntos o comprobar si tienen la misma. *El nivel se utiliza en albañilería.* **6.** Cada una de las plantas de un edificio. *El chalé va a tener cuatro niveles, el último será una buhardilla.* ‖ **7. nivel de vida** Grado de bienestar, principalmente material, alcanzado por la mayoría de los habitantes de un país, una clase social, los que ejercen una misma profesión, etc. **8. nivel social** Conjunto de condiciones en que se desenvuelve la vida de una persona o de un grupo de personas, en lo que se refiere a preparación, cultura, medios técnicos, competencia para organizarse, etc. ‖ **LOC. a nivel** A la misma altura. **estar al mismo nivel** Ser comparable una cosa con otra.

nivelar (ni-ve-**lar**) *v. tr.* **1.** Poner horizontal o llana una superficie. *Están nivelando la carretera porque tenía muchos baches.* **SIN.** Allanar, igualar. **2.** Comprobar con el nivel la diferencia de altura de dos puntos y equilibrarla. *Hay que nivelar las baldas de la estantería para que queden rectas.* **SIN.** Igualar. **3.** Poner a igual altura dos o más cosas. *No consiguió nivelar los platillos de la balanza.* **SIN.** Igualar, proporcionar, equilibrar. **ANT.** Desigualar, desequilibrar. **4.** Igualar una cosa con otra. **GRA.** También v.

prnl. *Se han nivelado los sueldos de la empresa.* **SIN.** Equiparar, emparejar.

níveo, a (**ní**-ve-o) *adj.* De nieve o parecido a ella. *Tenía la piel nívea y tersa.* **SIN.** Blanco, nevado. **ANT.** Negro, oscuro.

no *adv. neg.* **1.** Indica negación. *Dijo que no quería ir.* **ANT.** Sí. **2.** En sentido interrogativo, suele usarse para pedir respuesta afirmativa. *¿No fue así?* **3.** Se usa en algunos casos como sustantivo. *Su respuesta fue un rotundo no.* ‖ **LOC. ¡a que no!** Especie de reto que se dirige a alguien, en sentido de que no podrá o no se atreverá a decir o hacer cierta cosa. **no bien** Luego que, tan pronto como.

nobiliario, ria (no-bi-**lia**-rio) *adj.* Que pertenece o se refiere a la nobleza. *En la fachada del palacio había un escudo nobiliario.*

noble (**no**-ble) *adj.* **1.** Se dice de la persona que, por nacimiento o por concesión real, goza de algunos privilegios y tiene algún título, y de lo que está relacionado con ella. **GRA.** También s. m. y s. f. *Ese palacio fue de un noble español.* **SIN.** Aristócrata, ilustre. **ANT.** Plebeyo, villano, bajo. **2.** De buenos sentimientos, generoso, leal. *Es muy noble, siempre está lleno de buenos deseos.* **SIN.** Magnánimo, honesto, honrado. **ANT.** Desleal, indigno. **3.** Honroso, estimable. *Fue un acto muy noble.* **SIN.** Elevado, digno. **ANT.** Ruin, vil, despreciable. **4.** Se dice de los cuerpos químicamente inactivos, y especialmente de ciertos gases. *El neón es un gas noble.* ✎ Tiene sup. irreg.: nobilísimo.

nobleza (no-**ble**-za) *s. f.* **1.** Calidad de noble. *Tus actos demuestran una gran nobleza.* **SIN.** Altruismo, benevolencia, grandeza, generosidad, honra, dignidad, señorío. **ANT.** Ruindad, bajeza, vulgaridad. **2.** Conjunto de los nobles de una región o nación. *Hubo muchos representantes de la nobleza europea en la boda de la princesa.* **SIN.** Aristocracia. **ANT.** Burguesía, vulgo.

nocedal (no-ce-**dal**) *s. m.* Sitio plantado de nogales. *En la excursión vimos recoger nueces en un nocedal.*

noche (**no**-che) *s. f.* **1.** Período de tiempo comprendido entre la puesta y la salida del sol. *En las noches claras brilla la luna en el firmamento.* **SIN.** Oscuridad, tinieblas. **ANT.** Día, luz. **2.** Oscuridad, confusión o tristeza. *Desde que murió su esposa vive en una noche perpetua.* ‖ **3. media noche** Las doce de la noche. **4. noche cerrada** La muy oscura. **5. noche de perros** *fam.* Aquella en que hace muy mal tiempo. | *fam.* La que se ha pasado muy mal. **6. noche toledana** *fam.* La que alguien pasa sin dormir. ‖ **LOC. buenas noches** *fam.* Expresión que se usa como saludo y despedida durante la noche o al irse a acostar. **de la noche a la mañana** De pronto, en muy breve espacio de tiempo. **de noche todos los gatos son pardos** *fam.* Expresión con que se indica que con la falta de luz es fácil disimular los defectos de algo. **hacer alguien noche en alguna parte** Detenerse en un lugar para dormir. **hacerse de noche** Anochecer. **noche y día** Expresión que significa 'siempre' o 'continuamente'. **ser algo, o alguien, como de la noche al día** Ser muy distinto.

Nochebuena (No-che-**bue**-na) *n. p.* Noche de la víspera de Navidad. *En Nochebuena nos reunimos en casa de mis abuelos.*

Nochevieja (No-che-**vie**-ja) *n. p.* La última del año. *En Nochevieja siempre brindamos con champán al dar las doce.*

noción (no-**ción**) *s. f.* **1.** Conocimiento o idea que se tiene de una cosa. *No tenía ninguna noción del suceso.* **SIN.** Rudimento, noticia. **2.** Conocimiento elemental. **GRA.** Se usa más en pl. *Sabe algunas nociones de griego, pero nada más.* **SIN.** Idea, noticia, rudimento.

nocivo, va (no-**ci**-vo) *adj.* Que produce daño o es perjudicial. *El tabaco es nocivo para la salud.* **SIN.** Dañino, pernicioso, perjudicial, malo. **ANT.** Inofensivo, bueno, saludable.

noctámbulo, la (noc-**tám**-bu-lo) *adj.* **1.** Se dice de la persona que suele salir de noche. **GRA.** También s. m. y s. f. *Es un noctámbulo, le encanta pasear de noche.* **SIN.** Trasnochador. **2.** Se dice de los animales de vida nocturna y de sus hábitos. *La lechuza es un ave con hábitos noctámbulos.*

nocturno, na (noc-**tur**-no) *adj.* **1.** Que pertenece o se refiere a la noche, o que se hace durante ella. *Es vigilante nocturno.* **ANT.** Diurno. **2.** Se dice de los animales que están activos por la noche y descansan de día. *El búho y el murciélago son animales nocturnos.* **SIN.** Noctámbulo. **ANT.** Diurno. **3.** Se dice de las plantas que sólo tienen sus flores abiertas de noche. *El dondiego de noche es una planta nocturna.* ‖ *s. m.* **4.** Pieza, casi siempre para piano, de carácter melancólico o triste. *El pianista interpretó un nocturno de Chopin.*

nodo (**no**-do) *s. m.* Noticiario cinematográfico documental español del segundo tercio del s. XX. *El nodo se proyectaba en el cine antes de la película.*

nodriza (no-**dri**-za) *s. f.* **1.** Mujer que se encarga de amamantar a un niño que no es su hijo. *Al quedar huérfano le amamantó una nodriza.* **SIN.** Ama de cría. **2.** Buque o avión que sirve para abastecer de combustible a otro u otros. **GRA.** Se usa siempre en aposición. *Un buque nodriza.*

nódulo (**nó**-du-lo) *s. m.* Dureza de poco volumen que se forma en cualquier materia. *Le extirparon un nódulo.*

nogal (no-**gal**) *s. m.* **1.** Árbol de tronco corto y robusto y copa grande y redondeada, cuyo fruto es la nuez. *Los nogales son árboles de gran tamaño.* **2.** Madera de este árbol, dura y de color pardo rojizo, muy estimada en carpintería. *La mesa del comedor es de nogal.* **3.** Color de la madera de este árbol. **GRA.** También adj. *Los muebles del salón son de color nogal.*

nogalina (no-ga-**li**-na) *s. f.* Colorante que se obtiene de la cáscara de la nuez y se utiliza para pintar madera imitando el color del nogal. *Pintó el armario con nogalina.*

nómada (**nó**-ma-da) *adj.* Se dice de la persona, familia, pueblo o especie animal que va de un lugar a otro sin residencia fija. **GRA.** También s. m. *Los beduinos son nómadas del desierto del Sáhara.* **SIN.** Errante, trashumante. **ANT.** Sedentario, estable.

nombradía (nom-bra-**dí**-a) *s. f.* Fama, reputación. *Con su poema ha ganado una repentina nombradía.* **SIN.** Celebridad, renombre, notoriedad.

nombramiento (nom-bra-**mien**-to) *s. m.* **1.** Acción de nombrar. *No asistió a su nombramiento en el Congreso.* **SIN.** Designación, nominación, elección. **2.** Documento en el que se comunica la designación de alguien para un cargo o función. *Ayer recibí mi nombramiento por correo.*

nombrar (nom-**brar**) *v. tr.* **1.** Decir el nombre de una persona, animal o cosa. *Me nombraron dos veces y no estaba.* **SIN.** Aludir, mencionar, citar, denominar, mentar. **2.** Elegir a alguien para desempeñar un cargo o función. *Le nombraron gobernador civil.* **SIN.** Designar, nominar, proclamar. **3.** Hacer mención honorífica de una persona o cosa. *Nombró a varios escritores en su discurso sobre personajes ilustres.* **SIN.** Mencionar, mentar. **ANT.** Omitir, silenciar.

nombre (**nom**-bre) *s. m.* **1.** Palabra que se da a los seres y cosas para diferenciarlos de los demás. *Su nombre es Pedro.* **SIN.** Denominación, designación. **2.** Fama, reputación, renombre. *Tiene buen nombre.* **SIN.** Notoriedad. **ANT.** Anonimato, desconocimiento, desapercibimiento. **3.** Apodo que se da a alguien. *Le conocen por el nombre de "el orejas".* **SIN.** Sobrenombre, mote. **4.** En gramática, parte de

nomenclátor - normal

la oración con que se designan los seres por su naturaleza, y no por los atributos o propiedades variables. *"Gato" es un nombre.* **SIN.** Sustantivo. ‖ **5. nombre comercial** Denominación distintiva de un establecimiento, registrada como propiedad industrial. **6. nombre de pila** El que se da a la criatura cuando se bautiza. ‖ **LOC. en nombre de alguien** Actuando en representación suya. **no tener nombre una cosa** *fam.* Ser muy criticable o indignante.

nomenclátor (no-men-**clá**-tor) *s. m.* Catálogo de nombres de pueblos, de personas o de voces técnicas de una ciencia o materia. *El mapa de carreteras tiene un nomenclátor muy completo.* **SIN.** Índice, nomenclatura.

nomenclatura (no-men-cla-**tu**-ra) *s. f.* Conjunto de voces técnicas de una ciencia o materia. *La química cuántica tiene una nomenclatura muy complicada.* **SIN.** Catálogo, índice, nomenclátor.

nomeolvides (no-me-ol-**vi**-des) *s. f.* Flor de la raspilla. *La pradera estaba llena de nomeolvides.* Invariable en número.

nómina (**nó**-mi-na) *s. f.* **1.** Lista o catálogo de nombres de personas o cosas. *La nómina de personajes de la obra es muy larga.* **2.** Lista de nombres de las personas que trabajan en una empresa y que cobran un sueldo. *Esa empresa tiene en su nómina a importantes abogados.* **3.** Este sueldo y el documento en el que figura. *Hoy es el día de cobro de la nómina.* **SIN.** Emolumentos, paga.

nominación (no-mi-na-**ción**) *s. f.* Acción de nombrar. *La película obtuvo la nominación para un óscar.* **SIN.** Nombramiento.

nominal (no-mi-**nal**) *adj.* **1.** Que pertenece o se refiere al nombre. *Sintagma nominal.* **2.** Que sólo existe de nombre, pero no en la realidad. *Es un estudiante nominal, en realidad no estudia nada.* **SIN.** Irreal, inexistente, teórico. **3.** Se dice de los cheques, pagarés, etc., que han de extenderse o llevar el nombre de su propietario, en oposición a los que son al portador. *Cheque nominal.*

nominar (no-mi-**nar**) *v. tr.* *Nombrar.

nominativo, va (no-mi-na-**ti**-vo) *adj.* **1.** *Nominal, cheque. ‖ *s. m.* **2.** Caso de la declinación que corresponde al sujeto de la oración. *El nominativo singular de "rosa, -ae" es "rosa".* **SIN.** Caso recto.

nomo (**no**-mo) *s. m.* *Gnomo.

non *adj.* **1.** *Impar. **GRA.** También s. m. *Elige: ¿pares o nones? ***ANT.** Par. ‖ *s. m. pl.* **2.** Negación repetida de una cosa, o acción de negar enfáticamente. **GRA.** Se usa frecuentemente con el v. "decir". *Me dijo que nones; él no lo hará.*

nonagenario, ria (no-na-ge-**na**-rio) *adj.* Se dice de la persona que ha cumplido la edad de noventa años y no llega a la de cien. **GRA.** También s. m. y s. f. *Mi abuelo es muy mayor, es ya un nonagenario.* **SIN.** Noventón. **ANT.** Joven, mozo.

nonagésimo, ma (no-na-**gé**-si-mo) *adj. num. part.* **1.** Se dice de cada una de las 90 partes iguales en que se divide un todo. **GRA.** También s. m. **SIN.** Noventavo. ‖ *adj. num. ord.* **2.** Que ocupa el último lugar en una serie ordenada de 90. **GRA.** También pron. num.

nonato, ta (no-**na**-to) *adj.* **1.** No nacido naturalmente, sino extraído del vientre materno mediante la operación cesárea. *El bebé que está en la incubadora es un nonato.* **2.** Se dice de la cosa que aún no existe o no ha sucedido. *Lo que cuenta en su historia son hechos nonatos.*

nono, na (**no**-no) *adj. num. ord.* *Noveno.

nopal (no-**pal**) *s. m.* *Chumbera.

noquear (no-que-**ar**) *v. tr.* En boxeo, dejar fuera de combate, a consecuencia de un puñetazo. *Noqueó a su rival con un derechazo.*

nordeste (nor-**des**-te) *s. m.* Punto del horizonte entre el Norte y el Este, a igual distancia de ambos. *Continúa en dirección nordeste y llegarás al refugio.* **ANT.** Sudeste. También "noreste".

nórdico, ca (**nór**-di-co) *adj.* Perteneciente o relativo al norte. *Sopla un viento nórdico congelador.* **SIN.** Nórtico.

noria (**no**-ria) *s. f.* **1.** Máquina compuesta de dos grandes ruedas, que se utiliza para sacar agua de un pozo. *Para sacar agua del pozo hay que hacer girar la noria.* **2.** Atracción de feria que consiste en una gigantesca rueda giratoria provista de unas barquillas para que monte la gente. *Mi hermano pequeño se marea en la noria.*

norma (**nor**-ma) *s. f.* Regla que se debe seguir o a la que se deben ajustar una actividad, comportamiento, etc. *Esa asociación tiene unas normas muy estrictas.* **SIN.** Criterio, método, pauta, precepto, principio, ley, directriz.

normal (nor-**mal**) *adj.* **1.** Que no se sale de lo común. *Su comportamiento era normal, como el del resto de los niños de su edad.* **SIN.** Ordinario, corriente. **ANT.** Anormal, raro, extraño. **2.** Que se mueve dentro de los límites habituales. *Lo normal en él es ser siempre puntual.* **SIN.** Habitual, ordinario, frecuente. **ANT.** Inusual, insólito. **3.** Que está en su estado na-

normalidad - notaría

tural. *La temperatura normal del cuerpo humano es de 36° C.*

normalidad (nor-ma-li-**dad**) *s. f.* Condición de normal. *Después de los disturbios, por fin ha llegado la normalidad.* **SIN.** Costumbre, naturalidad, equilibrio. **ANT.** Perturbación, anomalía, trastorno.

normalizar (nor-ma-li-**zar**) *v. tr.* **1.** Ajustar o poner en orden una cosa. **GRA.** También v. prnl. *Aunque han acabado las obras del centro de la ciudad, el tráfico no se ha normalizado todavía.* **2.** Hacer que una cosa vuelva a ser normal o regular. **GRA.** También v. prnl. *Los dos países normalizaron sus relaciones diplomáticas.* **SIN.** Regular(se), regularizar(se). **3.** Reducir varias cosas parecidas a un tipo o modelo común. *Normalizaron el tamaño del producto para su producción.* **4.** Determinar las normas a las que debe someterse alguien o algo. *Han logrado normalizar el comportamiento en las cárceles.* **SIN.** Ordenar, metodizar. ✎ Se conjuga como abrazar.

normativo, va (nor-ma-**ti**-vo) *adj.* **1.** Normal, que sirve de norma. *Parar en los pasos de cebra es normativo para los conductores.* ‖ *s. f.* **2.** Conjunto de normas que afectan a una materia, actividad u organización. *Eso no entra dentro de la normativa del centro.* **SIN.** Código, reglamento.

noroeste (no-ro-**es**-te) *s. m.* Punto del horizonte situado a igual distancia del Norte y del Oeste. *El viento sopla del noroeste.* **ANT.** Sudoeste.

norte (**nor**-te) *n. p.* **1.** Uno de los cuatro puntos cardinales. **GRA.** Se escribe con mayúscula. *La brújula siempre señala el Norte.* **SIN.** Septentrión. **ANT.** Sur. ‖ *s. m.* **2.** Lugar de la Tierra que coincide con el polo ártico. *Comenzaron su expedición hacia el Norte.* **3.** Fin, objeto, finalidad, guía. *Creo que has perdido un poco del norte.* ‖ **4. norte magnético** Dirección a la que se orienta el polo del mismo nombre.

nos *pron. pers.* Forma átona del pronombre personal de primera persona, género masculino o femenino y número plural, que puede funcionar como complemento directo o como complemento indirecto. No lleva nunca preposición y se puede usar como enclítica. *Nos habló de su vida.*

nosotros, tras (no-**so**-tros) *pron. pers.* Forma del pronombre personal de primera persona, género masculino o femenino y número plural, que puede funcionar como sujeto o como complemento con preposición. *Lo hicimos nosotros.*

nostalgia (nos-**tal**-gia) *s. f.* **1.** Tristeza causada por la ausencia de personas o cosas queridas. *Sentía nostalgia de su tierra natal.* **SIN.** Pena, añoranza, morriña, soledad, mal de la tierra. **ANT.** Alegría, olvido. **2.** Pena que causa el recuerdo de algo que se ha perdido. *A veces siento nostalgia de la niñez.* **SIN.** Añoranza, melancolía, tristeza. **ANT.** Alegría.

nota (**no**-ta) *s. f.* **1.** Breve texto escrito que aclara o comunica algo. *Me dejó una nota diciendo que no podía esperar más.* **SIN.** Resumen, apunte, observación, anotación. **2.** Calificación de un examen. *He sacado una buena nota.* **SIN.** Puntuación. **3.** Signo que representa cada uno de los sonidos musicales. *Do, re, mi, etc. son notas musicales.* **4.** Marca que se pone en una cosa para reconocerla. *Busca la caja que tiene la nota fuera.* **SIN.** Señal, contraseña, característica. **5.** Explicación o llamada de atención que se pone al margen de un escrito. *Ese libro está lleno de notas.* **SIN.** Advertencia, observación. **6.** Detalle e importe de lo que se debe. *Pidió la nota de la comida.* **SIN.** Cuenta, factura. ‖ **7. nota discordante** *fam.* Dicho o acción que rompe la armonía del conjunto. **8. nota dominante** *fam.* Característica más destacada en una persona o cosa. ‖ **LOC. dar la nota** Ser motivo de escándalo o murmuración. **tomar nota** Apuntar algo que debe ser recordado. | Grabar en la memoria algo que se debe recordar.

notable (no-**ta**-ble) *adj.* **1.** Digno de atención o cuidado. *Tu escrito es notable, te has esmerado.* **SIN.** Importante, grande, valioso, considerable, estimable, relevante. **2.** Grande y excelente en su línea. *El notable poeta Rafael Alberti.* **SIN.** Admirable, chocante, extraordinario. **ANT.** Corriente, mediocre. ‖ *s. m.* **3.** En la calificación de exámenes, nota inmediatamente inferior a la de sobresaliente. *Mi nota media es de notable.* ✎ Tiene sup. irreg.: notabilísimo.

notación (no-ta-**ción**) *s. f.* **1.** Acción y efecto de anotar. *Tenía la libreta llena de notaciones.* **2.** Sistema de signos empleados en una ciencia, arte, etc. *Notación musical. Notación matemática. Notación química.* **SIN.** Alfabeto, clave, escritura.

notar (no-**tar**) *v. tr.* **1.** Sentir o advertir una cosa. **GRA.** También v. prnl. *En seguida noté que me miraba. Se notaba que ya había practicado antes.* **SIN.** Reparar, ver(se), observar(se), percatarse. **2.** Señalar una cosa para que se conozca o se advierta. *Pintaron el coche de verde para que se notara su presencia.* **SIN.** Advertir. ‖ **LOC. hacerse notar** *fam.* Hacer alguien algo para llamar la atención.

notaría (no-ta-**rí**-a) *s. f.* **1.** Profesión de notario. *Aprobó las oposiciones a notarías.* **2.** Despacho del notario. *He dejado los documentos en la notaría.*

notarial - novena

notarial (no-ta-**rial**) *adj.* **1.** Que pertenece o se refiere al notario. *Acudí al despacho notarial.* **2.** Hecho o autorizado por notario. *Acta notarial.*

notario, ria (no-**ta**-rio) *s. m. y s. f.* Funcionario público que autoriza contratos, testamentos y otros documentos como auténticos, dando fe de que lo que se contiene en ellos es verdadero. *Firmó las escrituras ante notario.*

noticia (no-**ti**-cia) *s. f.* **1.** Comunicación de un suceso o de una novedad. *Leí las noticias en el periódico.* **SIN.** Información, eco, novedad. **2.** Noción, conocimiento. *No tenía noticia de ello.* **SIN.** Idea. ‖ *s. f. pl.* **3.** *fam.* Informativo televisivo o radiado de los sucesos del día. *He visto las noticias del canal público.* ‖ **4. noticia bomba** La que impresiona por ser imprevista y muy importante.

noticiario (no-ti-**cia**-rio) *s. m.* **1.** Programa de radio o de televisión en que se transmiten noticias de actualidad. *Suelo escuchar el noticiario de las tres.* **2.** Sección de un periódico en la que se dan noticias diversas, generalmente breves. *Siempre leo el noticiario del periódico local.*

notición (no-ti-**ción**) *s. f., fam.* Noticia extraordinaria o interesante. *¿Ya te has enterado del notición?, Lucía se casa.*

notificación (no-ti-fi-ca-**ción**) *s. f.* Documento en el que se da noticia de algo. *Ya he recibido la notificación de mi ascenso.* **SIN.** Comunicado, aviso.

notificar (no-ti-fi-**car**) *v. tr.* **1.** Hacer saber una resolución de la autoridad. *Me han notificado por escrito la resolución del juicio.* **SIN.** Comunicar, informar. **2.** Dar noticia de una cosa. *Te notifico que mañana hay reunión.* **SIN.** Hacer saber, participar, comunicar, avisar, informar. **ANT.** Sorprender, ocultar. ✎ Se conjuga como abarcar.

notoriedad (no-to-rie-**dad**) *s. f.* Fama, renombre. *La novela ha tomado gran notoriedad.* **SIN.** Celebridad. **ANT.** Anonimato.

notorio, ria (no-**to**-rio) *adj.* Público y sabido de todos. *Lo ocurrido ayer es ya un hecho notorio.* **SIN.** Conocido, manifiesto, evidente. **ANT.** Oscuro, incierto, privado.

novatada (no-va-**ta**-da) *s. f.* Broma pesada que los veteranos de algunos colegios, ejército, etc., gastan a los recién llegados. *Le hicieron una novatada en su primer día de colegio.* ‖ **LOC. pagar la novatada** *fam.* Sufrir algún perjuicio al hacer algo por primera vez.

novato, ta (no-**va**-to) *adj.* Nuevo o inexperto en algo. **GRA.** También s. m. y s. f. *Acaba de sacar el carnet de conducir, es todavía un novato.* **SIN.** Principiante, novel, novicio. **ANT.** Maestro, experto, veterano.

novecientos, tas (no-ve-**cien**-tos) *adj. num. card.* **1.** Nueve veces ciento. **GRA.** También pron. y s. m. ‖ *adj. num. ord.* **2.** Que ocupa el último lugar en una serie ordenada de novecientos. ‖ *s. m.* **3.** Conjunto de signos con que se representa el número 900.

novedad (no-ve-**dad**) *s. f.* **1.** Cosa nueva. *En aquella época el bikini era una novedad.* **SIN.** Innovación. **ANT.** Antigüedad. **2.** Noticia reciente. *Nos puso al día de todas las novedades.* **SIN.** Nueva, primicia. **3.** Cambio inesperado. *El viaje discurría sin ninguna novedad.* **SIN.** Modificación, transformación, innovación, variación, alteración, mutación. **4.** Admiración que causan las cosas antes no vistas ni oídas. *Aquello sí que era una novedad.* **SIN.** Sorpresa, admiración. ‖ *s. f. pl.* **5.** Géneros o mercaderías que están de moda. *Estaban colocando en el escaparate las últimas novedades.*

novedoso, sa (no-ve-**do**-so) *adj.* Que tiene novedad. *Esa música es muy novedosa, mezcla todo tipo de ritmos.*

novel (no-**vel**) *adj.* Novato, sin experiencia. *Es un director novel, es su primera película.* **SIN.** Bisoño, inexperto, principiante. **ANT.** Veterano, avezado.

novela (no-**ve**-la) *s. f.* **1.** Obra literaria en prosa de cierta extensión, en que se narra una historia. *Me gusta más leer novelas de intriga que ver la tele.* **2.** Cuento, mentira. *No me cuentes novelas y dime la verdad.* **SIN.** Historieta, patraña. **ANT.** Realidad.

novelar (no-ve-**lar**) *v. intr.* **1.** Dar forma de novela a la relación de un suceso, biografía, etc. *Han novelado la vida de Cristóbal Colón.* **2.** Contar cuentos o patrañas. *Le encanta novelar su vida con un montón de mentiras.*

novelesco, ca (no-ve-**les**-co) *adj.* **1.** Propio o característico de las novelas. *Los saltos al pasado son un recurso novelesco.* **2.** Fantástico, interesante, extraordinario, como en las novelas. *Es un relato novelesco.* **SIN.** Imaginario, irreal, ficticio, inverosímil.

novelista (no-ve-**lis**-ta) *s. m. y s. f.* Persona que escribe novelas literarias. *Miguel Delibes es un afamado novelista.* **SIN.** Autor, narrador, escritor, literato.

novelón (no-ve-**lón**) *s. m.* Novela extensa, muy dramática o mal escrita. *Ese novelón cuenta la historia de los amores desdichados de una dama antigua.* **SIN.** Folletín, mamotreto.

novena (no-ve-**na**) *s. f.* Culto religioso que se hace durante nueve días. *Todos los años van a la novena de San Antonio.* **SIN.** Ofrenda, promesa, rezo.

noveno - núcleo

noveno, na (no-**ve**-no) *adj. num. ord.* **1.** Que ocupa el último lugar en una serie ordenada de nueve. **GRA.** También pron. **SIN.** Nono. ‖ *adj. num. part.* **2.** Se dice de cada una de las nueve partes iguales en que se divide un todo. **GRA.** También s. m. y s. f.

noventa (no-**ven**-ta) *adj. num. card.* **1.** Nueve veces diez. **GRA.** También pron. y s. m. ‖ *adj. num. ord.* **2.** *Nonagésimo. **GRA.** También pron. ‖ *s. m.* **3.** Conjunto de signos con que se representa el número 90.

noventavo, va (no-ven-**ta**-vo) *adj. num. part.* *Nonagésimo.

noviazgo (no-**viaz**-go) *s. m.* Tiempo durante el cual dos personas son novios. *Tuvieron un largo noviazgo.*

noviciado (no-vi-**cia**-do) *s. m.* **1.** Tiempo de prueba antes de entrar en una orden religiosa. *Durante el noviciado le asaltaron las dudas, pero ahora es muy feliz como monja.* **2.** Casa en que viven los novicios. *En el noviciado recogen dinero para Ruanda.* **SIN.** Convento, abadía. **3.** Conjunto de los novicios. *El noviciado es muy numeroso.*

novicio, cia (no-**vi**-cio) *s. m. y s. f.* Persona que se prepara para hacer los votos de una orden religiosa. *Las novicias hacen la misma vida que las monjas.* **SIN.** Monje, monja.

noviembre (no-**viem**-bre) *s. m.* Undécimo y penúltimo mes del año; consta de 30 días. *Compro los regalos de Navidad en noviembre.*

novillada (no-vi-**lla**-da) *s. f.* Festejo taurino en el que se lidian novillos. *Fueron a ver una novillada.*

novillero, ra (no-vi-**lle**-ro) *s. m. y s. f.* Lidiador de novillos, que aún no ha recibido la alternativa para matar toros. *Mañana recibirá la alternativa y dejará de ser novillero.*

novillo, lla (no-**vi**-llo) *s. m. y s. f.* Toro o vaca de dos o tres años. *La carne de novillo es más tierna que la de vaca.* **SIN.** Magüeto, eral. ‖ **LOC. hacer novillos** *fam.* Dejar de ir al lugar donde se debía sin un motivo justificado.

novio, via (**no**-vio) *s. m. y s. f.* **1.** Persona que mantiene relaciones con otra con la quiere casarse. *Son novios desde hace unos meses.* **SIN.** Prometido. **2.** Persona recién casada o a punto de casarse. *La novia iba con un traje muy sencillo a la boda.* **SIN.** Prometido.

nubarrón (nu-ba-**rrón**) *s. m.* Nube grande, densa y oscura. *En el cielo había muchos nubarrones.*

nube (**nu**-be) *s. f.* **1.** Masa de vapor de agua suspendida en la atmósfera. *El cielo estaba salpicado de nubes.* **2.** Agrupación o cantidad muy grande de algo que va por el aire, como polvo, humo, insectos o pájaros. *El incendio provocó una nube de humo asfixiante.* **SIN.** Polvareda, humareda. **3.** Gran cantidad de personas o cosas juntas. *Acudió una nube de personas a la manifestación.* **4.** Pequeña mancha blanquecina que se forma en la capa exterior de la córnea, oscureciendo la vista. *Tenía una pequeña nube en el ojo izquierdo.* ‖ **5. nube de verano** Tempestad que suele presentarse en verano con lluvia fuerte y repentina. **6. nube de verano** Enojo pasajero. ‖ **LOC. estar en las nubes** Estar despistado o ausente con la mente. **estar, o vivir, en las nubes** Ser muy soñador. **estar una cosa por las nubes** Ser muy cara, tener un precio muy alto. **poner por las nubes a una persona o cosa** Ensalzarla extremadamente. **ponerse alguien por las nubes** Estar muy irritado.

nublado, da (nu-**bla**-do) *adj.* **1.** Cubierto de nubes. *El cielo está muy nublado, no podremos ir a la playa.* **SIN.** Nublo, nubloso, nuboso, nebuloso, encapotado. ‖ *s. m.* **2.** Nube, especialmente la que amenaza tormenta. *El nublado trajo una fuerte tormenta.* **3.** Situación de peligro o enfado. *Pasar el nublado.*

nublarse (nu-**blar**-se) *v. prnl.* **1.** Cubrirse el cielo de nubes. *Cuando el cielo se nubla, amenaza lluvia.* **2.** Enturbiarse la vista. *Se le nublaba la vista.*

nubosidad (nu-bo-si-**dad**) *s. f.* Abundancia de nubes. *Hay abundante nubosidad por el norte.*

nuboso, sa (nu-**bo**-so) *adj.* Cubierto de nubes. *En las noticias han anunciado cielo nuboso para hoy.*

nuca (**nu**-ca) *s. f.* Parte del cuerpo humano donde se une la columna vertebral con la cabeza. *Tenía un fuerte dolor en la nuca.* **SIN.** Cogote, pescuezo.

nuclear (nu-cle-**ar**) *adj.* **1.** Relativo al núcleo, especialmente con al átomo. *Energía nuclear.* **2.** Referido a la parte fundamental de una cosa. *El tema es el elemento nuclear de la obra.* **SIN.** Central, principal. **ANT.** Accesorio, secundario, superficial. **3.** Que emplea energía nuclear. *Central nuclear.*

nucleido (nu-**clei**-do) *s. m.* Núcleo atómico, ya sea natural u obtenido artificialmente, constituido por protones y neutrones. *El nucleido del radio 221 tiene 88 protones y 133 neutrones.*

núcleo (**nú**-cle-o) *s. m.* **1.** Parte central y principal de una cosa. *La catedral está en el núcleo urbano.* **SIN.** Meollo. **2.** Parte de la célula que contiene los cromosomas. *El núcleo controla todos los procesos químicos que la célula lleva a cabo.* **3.** Zona interna de la Tierra. *El núcleo está compuesto principalmente de hierro y níquel a alta presión y temperatura.* **4.** Parte central de un átomo de carga eléctrica positiva. *El núcleo atómico está formado por uno o varios* protones y, a excepción del hidrógeno, por uno o más neutrones. **5.** En gramática, elemento fundamental de una unidad compuesta. *El verbo es el núcleo del sintagma predicado o verbal.*

nudillo (nu-**di**-llo) *s. m.* Parte exterior de las articulaciones de los dedos. *Golpeó la puerta con los nudillos.*

nudismo (nu-**dis**-mo) *s. m.* Doctrina que propugna que la desnudez completa es conveniente para un perfecto equilibrio físico y moral. *Practica el nudismo en vacaciones para sentirse más unido a la naturaleza.*

nudista (nu-**dis**-ta) *adj.* Se dice de la persona que practica el nudismo. **GRA.** También s. m. y s. f. *Algunas playas son sólo para nudistas.*

nudo (**nu**-do) *s. m.* **1.** Lazo que se hace trabando una o más cuerdas. *No podía desatar el nudo de los cordones de los zapatos. Nudo corredizo.* **SIN.** Lazo, lazada, atadura. **2.** Vínculo que une a las personas entre sí. *El nudo que los unía se ha roto con los años.* **SIN.** Unión, lazo. **3.** Parte del tronco de los árboles y las plantas por la que salen las ramas. *Ha podado el árbol, dejando sólo los nudos.* **4.** Parte de una obra literaria o cinematográfica que precede al desenlace y en la que la acción se complica. *Las obras de teatro clásicas se dividían en tres actos: presentación, nudo y desenlace.* **SIN.** Intriga, enredo, trama. **5.** Punto donde se cruzan dos o más líneas, carreteras, etc. *La estación del Norte es un importante nudo ferroviario.* **6.** Refiriéndose a la velocidad de una nave, equivale a milla por hora. *El buque va a 16 nudos.* || **7. nudo en la garganta** Aflicción, congoja o vergüenza que impide hablar.

nudoso, sa (nu-**do**-so) *adj.* Que tiene nudos. *Esa madera es demasiado nudosa para hacer muebles.*

nuera (**nue**-ra) *s. f.* Mujer del hijo, respecto de los padres de éste. *La mujer de mi hermano es la nuera de mi madre.*

nuestro, tra (**nues**-tro) *adj. pos.* Forma del posesivo masculino y femenino de la primera persona del plural. Indica posesión o pertenencia a dos o más personas, incluida la que habla. **GRA.** También pron. *El coche es nuestro.* || **LOC. la nuestra** *fam.* Indica que ha llegado la ocasión favorable a la persona que habla. **los nuestros** Los que forman parte del mismo partido, escuela, profesión, etc. que la persona que habla.

nueva (**nue**-va) *s. f.* Novedad, noticia. *Nos trajo las nuevas.* **SIN.** Suceso, albricias. || **LOC. hacerse al-**

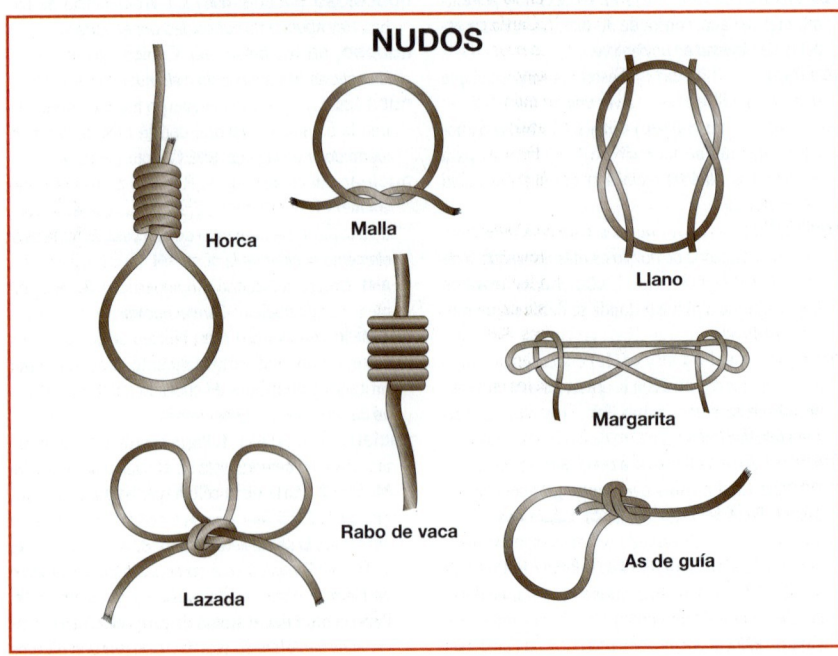

NUDOS

Horca · Malla · Llano · Margarita · Rabo de vaca · Lazada · As de guía

nueve - número

guien de nuevas Dar a entender con disimulo que no sabe una cosa, que en realidad se conocía.

nueve (nue-ve) *adj. num. card.* **1.** Ocho y uno. **GRA.** También pron. y s. m. || *adj. num. ord.* **2.** *Noveno. **GRA.** También pron. **OBS.** Se aplica especialmente a los días del mes. || *s. m.* **3.** Signo o cifra con que se representa el número nueve.

nuevo, va (nue-vo) *adj.* **1.** Recién hecho o fabricado. *¿Has visto ya los billetes nuevos?* **SIN.** Flamante, reciente, intacto. **ANT.** Antiguo, usado, viejo, gastado, vetusto. **2.** Que se ve o se oye por primera vez. *Es una noticia nueva.* **SIN.** Inédito, fresco. **ANT.** Conocido. **3.** Distinto o diferente de lo que antes había o se sabía. *Apunta mi nueva dirección.* **ANT.** Viejo. **4.** Recién llegado a un lugar. *Es nueva en el equipo de baloncesto.* **5.** Novato, sin experiencia. *Es nuevo en el trabajo.* **SIN.** Principiante, novel, inexperto. **ANT.** Experimentado, veterano. **6.** Poco o nada usado. *Tiene el traje completamente nuevo, sólo lo ha puesto tres veces.* **SIN.** Flamante, impecable. **ANT.** Viejo. || **LOC. como nuevo** En perfecta forma. **de nuevo** Otra vez. ✎ Tiene sup. irreg.: novísimo.

nuez *s. f.* **1.** Fruto del nogal, cubierto por una cáscara dura y con una semilla comestible en su interior. *Me encantan las nueces con nata.* **2.** Cartílago que sobresale por delante de la laringe. *La nuez es más prominente en el hombre que en la mujer.*

nulidad (nu-li-**dad**) *s. f.* **1.** Cualidad de nulo. *Hablaba de la nulidad del contrato.* **SIN.** Anulación, cancelación, derogación, cesación. **2.** *fam.* Persona incapaz, inepta. *Eres una nulidad para la pintura.* **SIN.** Inutilidad, ineptitud, negado.

nulo, la (**nu**-lo) *adj.* **1.** Que no es válido. *Contaron los votos nulos.* **SIN.** Abolido, derogado, revocado, cancelado. **ANT.** Válido, legal, autorizado, legítimo, servible. **2.** Se dice de la persona que es incapaz para hacer algo. *Es nulo para las matemáticas.* **SIN.** Inepto, inútil, torpe. **ANT.** Apto, hábil, útil, capaz.

numen (**nu**-men) *s. m.* **1.** Cualquiera de los dioses de la mitología griega y romana. *Zeus es el numen principal de la mitología griega.* **2.** *Inspiración.

numeración (nu-me-ra-**ción**) *s. f.* **1.** Acción de numerar. *La numeración del libro es errónea, falta la página 15.* **SIN.** Paginación. **2.** Sistema de signos para expresar todos los números. *En español se utiliza la numeración latina.* || **3. numeración arábiga, o decimal** Sistema, hoy casi universal, que utiliza los diez signos introducidos por los árabes para expresar cualquier cantidad: 0, 1, 2, 3, 4, 5, 6, 7, 8 y 9. **4.**

numeración romana La que usaban los romanos y que expresa los números por medio de siete letras del alfabeto latino: I, V, X, L, C, D y M.

numerador (nu-me-ra-**dor**) *s. m.* En matemáticas, cifra que señala el número de partes iguales de la unidad que contiene un quebrado. *El numerador se coloca en la parte superior de la raya de fracción.*

numeral (nu-me-**ral**) *adj.* **1.** Que pertenece o se refiere al número. *Escala numeral.* **SIN.** Numérico. **2.** Se dice del pronombre o adjetivo que expresa idea de número, bien sea cantidad (cardinal) u orden (ordinal). **GRA.** También s. m. *"Primero, segundo, etc." son numerales ordinales.*

numerar (nu-me-**rar**) *v. tr.* **1.** Ir contando por el orden correlativo de los números. *Pon las cajas en fila para numerarlas.* **SIN.** Enumerar. **2.** Marcar con números. *Tienes que numerar las páginas del trabajo.* **SIN.** Anotar, foliar.

numerario, ria (nu-me-**ra**-rio) *adj.* **1.** Se dice del funcionario que ocupa su plaza en propiedad. **GRA.** También s. m. y s. f. *Al aprobar la oposición se convirtió en profesor numerario.* **SIN.** Titular. || *s. m.* **2.** Dinero efectivo. *Toda moneda acuñada es un numerario.* **SIN.** Moneda.

numérico, ca (nu-**mé**-ri-co) *adj.* Que pertenece o se refiere a los números. *Es una serie numérica, porque todos sus términos son números.*

número (**nú**-me-ro) *s. m.* **1.** Signo o conjunto de signos con que se representa una cantidad. *Mi número de teléfono es el 7654321.* **SIN.** Cifra, guarismo. **2.** Conjunto de personas, animales o cosas de determinada especie. *Había un gran número de personas en la conferencia.* **SIN.** Cantidad. **3.** Accidente gramatical que expresa, por medio de cierta diferencia en la terminación de las palabras, si éstas se refieren a una sola persona o cosa o a más de una. *"Artritis" es un sustantivo invariable en número.* **4.** Cada una de las hojas de una publicación periódica correspondientes a distinta fecha de edición. *Ya ha salido el número uno de la revista.* **5.** Cada una de las partes de un espectáculo o función pública. *Quiero ver el número de magia.* **6.** Billete de lotería o papeleta de otro juego de azar. *Compré un número del sorteo del instituto.* **7.** *fam.* Acción escandalosa que llama la atención. *Al final tuvo que montar el número.* || **LOC. en números rojos** Con saldo negativo en una cuenta bancaria. **hacer números** *fam.* Calcular las posibilidades de un negocio. **ser algo, o alguien, el número uno** *fam.* Destacar sobre todos los demás. ✎ Ver cuadro página 740.

numeroso - nylon

numeroso, sa (nu-me-**ro**-so) *adj.* Que está formado por muchos seres o cosas. *Había un grupo numeroso de gente a la puerta.* **SIN.** Copioso, cuantioso, nutrido, innumerable. **ANT.** Escaso, nulo.

NÚMERO	Singular	Un solo ser: *mesa*
	Plural	Más de un ser: *mesas*
FORMACIÓN DEL PLURAL		

1. Si el singular termina en cualquier vocal no acentuada o en -é acentuada, el plural se forma añadiendo una -s:
   pato- patos
   café- cafés
2. Si el singular termina en vocal, que no sea -é acentuada, se añade la sílaba -es, aunque algunos sustantivos pueden hacer el plural con -s:
   papá- papás
   jabalí- jabalís o jabalíes
3. Si el singular termina en consonante, se añade la sílaba -e:
   árbol- árboles
4. Los nombres terminados en -z cambian la "z" por "c" antes de agregar la sílaba "-es":
   cruz- cruces
5. Si el singular termina en -s, al formar el plural, los nombres llanos y esdrújulos no cambian y los agudos añaden -es:
   el martes- los martes
   el miércoles- los miércoles
   el compás- los compases
6. Los nombres patronímicos acabados en -z no cambian:
   los López
   los Pérez

numerus clausus *expr. lat.* que denota la existencia de un número limitado de plazas. *Algunas carreras universitarias tienen numerus clausus, sólo puedes hacerlas con notas muy altas.*

numismática (nu-mis-**má**-ti-ca) *s. f.* Ciencia que estudia las monedas y medallas, principalmente las antiguas. *Es un apasionado de la numismática.*

nunca (**nun**-ca) *adv. t.* En ningún tiempo, ninguna vez. *Nunca he visto el mar.* **SIN.** Jamás. **ANT.** Siempre, perpetuamente, constantemente, continuamente o de continuo. ‖ **LOC. nunca jamás** Nunca, con sentido enfático.

nuncio (**nun**-cio) *s. m.* **1.** Persona que lleva un aviso o noticia de una persona a otra. *El rey envió un nuncio con un mensaje urgente.* **SIN.** Embajador, legado, representante, enviado, emisario. **2.** Representante diplomático del Papa. *El ministro recibió al nuncio apostólico.*

nupcial (nup-**cial**) *adj.* Que pertenece o se refiere a las bodas. *La tarta nupcial tenía tres pisos.* **SIN.** Conyugal, marital, matrimonial.

nupcias (**nup**-cias) *s. f. pl.* *Boda.

nurse (**nur**-se) *s. f.* **1.** *Niñera. **SIN.** Institutriz. **2.** *amer.* Enfermera de un hospital o clínica. *La nurse tomaba la fiebre a los enfermos.*

nutria (**nu**-tria) *s. f.* Mamífero carnívoro, de cabeza ancha y aplastada, cuerpo delgado, patas cortas, con los dedos de los pies unidos por una membrana, cola larga y gruesa, y pelaje espeso y muy fino, que vive en las orillas de los ríos y arroyos, y se alimenta de peces. *La piel de la nutria es muy apreciada en peletería.*

nutrición (nu-tri-**ción**) *s. f.* Acción de nutrir o nutrirse. *Una buena nutrición es fundamental para la salud.* **SIN.** Alimentación, subsistencia, sustento. **ANT.** Desnutrición.

nutrido, da (nu-**tri**-do) *adj.* **1.** Alimentado. *Está bien nutrido.* **ANT.** Desnutrido. **2.** Lleno, abundante. *Presentó un nutrido informe de la situación. A su protesta se unió un nutrido grupo de gente.* **SIN.** Atiborrado, atestado, copioso. **ANT.** Vacío, falto, escaso, pobre.

nutrir (nu-**trir**) *v. tr.* **1.** Proporcionar a un ser vivo las sustancias que necesita para su crecimiento. **GRA.** También v. prnl. *No tiene dinero para nutrir bien a sus hijos.* **SIN.** Alimentar(se), vigorizar(se). **ANT.** Desnutrirse, ayunar, desmejorarse. **2.** Mantener, fortalecer algo. **GRA.** También v. prnl. *Su música se nutre del rock de los 60.* **SIN.** Aumentar, sostener(se). **ANT.** Debilitar(se). **3.** Suministrar. **GRA.** También v. prnl. *El manantial nutre de agua a toda la ciudad.*

nutritivo, va (nu-tri-**ti**-vo) *adj.* Que nutre o alimenta. *Estos alimentos tienen un alto valor nutritivo.* **SIN.** Alimenticio, nutricio.

nylon *s. m.* *Nailon.

ñ *s. f.* Decimoquinta letra del abecedario español y decimosegunda de sus consonantes. Su nombre es "eñe".

ñacaniná (ña-ca-ni-**ná**) *s. f.* Víbora grande y venenosa que habita en el Chaco. *Llegó muy asustada porque vio una ñacaniná.*

ñacurutú (ña-cu-ru-**tú**) *s. m.* Ave nocturna parecida a la lechuza, de color amarillento y grisáceo. *Al anochecer salen los ñacurutús.*

ñafrar (ña-**frar**) *v. tr.* *Hilar.

ñagaza (ña-**ga**-za) *s. f.* Objeto que sirve para atrapar aves. *El muchacho atrapó varios gorriones con la ñagaza.*

ñame (**ña**-me) *s. m.* Raíz comestible o tubérculo, con un tallo muy grande, hojas grandes con forma de corazón y flores pequeñas y verdosas. *El ñame se suele comer en los países tropicales.*

ñandú (ñan-**dú**) *s. m.* Ave americana parecida al avestruz y que se diferencia de ella por tener tres dedos en cada pie y ser más pequeña. *El único ñandú que he visto ha sido en el zoológico de mi ciudad.* ✎ Su pl. es "ñandús" o "ñandúes".

ñaque (**ña**-que) *s. m.* Conjunto de cosas inútiles y ridículas. *Tira tus ñaques, en este armario ya no cabe nada.*

ñoclo (**ño**-clo) *s. m.* Mazapán hecho de harina, azúcar, huevos, vino y anís. *Comí ñoclos con el café.*

ñoñería (ño-ñe-**rí**-a) *s. f.* Acción o dichos propios de la persona ñoña. *Me molesta tu ñoñería.* **SIN.** Melindre, ñoñez, tontería.

ñoñez (ño-**ñez**) *s. f.* Cualidad de ñoño. *Eso es una ñoñez.* **SIN.** Sensiblería.

ñoño, ña (**ño**-ño) *adj., fam.* Se dice de la persona muy sosa y poco decidida. **GRA.** También s. m. y s. f. *Es un niño tan ñoño que no se separa de su madre.* **SIN.** Remilgado, apocado. **ANT.** Basto, natural.

ñoqui (**ño**-qui) *s. m.* Alimento de origen italiano con forma de concha, elaborado a base de sémola, leche y huevo. *Los ñoquis son un plato típico de Italia.*

ñora (**ño**-ra) *s. f.* Pimiento seco que se usa como condimento. *La ñora es muy picante.*

ñu *s. m.* Mamífero de África del Sur que parece un caballo con cabeza de toro. *Ayer vi un reportaje acerca de los ñús.* ✎ Su pl. es "ñus" o "ñúes".

o¹ *s. f.* Decimosexta letra del abecedario español y cuarta de sus vocales. ‖ **LOC. no saber ni hacer la o con un canuto** *fam.* Ser muy ignorante. 🖉 Su pl. es "oes".

o² *conj. disy.* Expresa diferencia, separación o alternancia entre dos o más personas, cosas o ideas. *Quiero saber si estás en contra o a favor.*

oasis (o-a-sis) *s. m.* **1.** Zona de un desierto con agua y vegetación. *Encontraron un oasis.* **SIN.** Jardín, paraíso. **ANT.** Infierno, desierto. **2.** Tregua, descanso. *Aquellas pequeñas vacaciones fueron un verdadero oasis en su ajetreada vida.* **SIN.** Remanso, consuelo, refugio. **3.** Situación o lugar agradable. *Ese camping es un verdadero oasis.* 🖉 Invariable en número.

obcecación (ob-ce-ca-**ción**) *s. f.* Idea fija que alguien tiene en la cabeza. *Su obcecación de que todo le iba a salir mal la tenía angustiada.* **SIN.** Ceguera, obnubilación. **ANT.** Reflexión, prudencia.

obcecarse (ob-ce-**car**-se) *v. prnl.* Empeñarse en algo, obstinarse. *Se obcecó en que aquello estaba mal.* **SIN.** Ofuscarse, insistir. 🖉 Se conjuga como abarcar.

obedecer (o-be-de-**cer**) *v. tr.* **1.** Hacer alguien lo que se le manda o lo que dictan las leyes. *La tropa obedeció las órdenes del capitán. Hay que obedecer siempre las normas de tráfico.* **SIN.** Cumplir, acatar, ejecutar, someterse. **ANT.** Rebelarse, desobedecer, desacatar, incumplir. ‖ *v. intr.* **2.** Ser una cosa consecuencia de otra. *El dolor de cabeza obedece a una insolación.* **SIN.** Dimanar, proceder. **3.** Realizar la acción que ha sido ordenada. *Intentó hacerse con el control, pero los mandos de la avioneta no obedecían.* **SIN.** Responder, reaccionar. 🖉 v. irreg., se conjuga como parecer.

obediencia (o-be-**dien**-cia) *s. f.* Acción de obedecer. *Su mayor virtud era la obediencia.* **SIN.** Docilidad, sumisión, acatamiento, cumplimiento. **ANT.** Rebeldía, desacato, incumplimiento, desobediencia.

obediente (o-be-**dien**-te) *adj.* Se dice de la persona que obedece fácilmente. *En clase, es un niño muy obediente.* **SIN.** Dócil, sumiso, manejable. **ANT.** Indómito, insumiso, desobediente, irrespetuoso.

obelisco (o-be-**lis**-co) *s. m.* Monumento en forma de pilar cuadrangular y terminado en punta. *En medio de la plaza se erigía el famoso obelisco.*

obertura (o-ber-**tu**-ra) *s. f.* Composición instrumental de corta duración que suele dar comienzo a una ópera o a otras obras musicales. *La obertura de Aida es impresionante.* **SIN.** Preludio, introducción, prólogo. **ANT.** Final, epílogo, desenlace.

obesidad (o-be-si-**dad**) *s. f.* Excesiva gordura de una persona. *Tenía serios problemas de salud debido a su obesidad.* **SIN.** Corpulencia. **ANT.** Delgadez.

obeso, sa (o-**be**-so) *adj.* Se dice de la persona excesivamente gruesa. *Quiere ponerse a dieta porque está muy obeso.* **SIN.** Gordo, grueso, pesado, fofo, rollizo. **ANT.** Delgado, flaco, escuálido, fino, enjuto.

óbice (**ó**-bi-ce) *s. m.* Obstáculo, impedimento. *La ignorancia de una ley no es óbice para su cumplimiento.* **SIN.** Inconveniente, tropiezo, estorbo. **ANT.** Apoyo, ayuda, despejamiento.

obispado (o-bis-**pa**-do) *s. m.* **1.** Cargo de obispo y territorio que tiene asignado. *Llevaba ya dos años de obispado.* **SIN.** Episcopado, mitra, sede, silla. **2.** Edificio donde el obispo y sus colaboradores desempeñan su labor. *Por las mañanas está en el obispado.* **SIN.** Diócesis.

obispo (o-**bis**-po) *s. m.* Sacerdote que tiene la dignidad eclesiástica de gobernar una diócesis. *El obispo vino a darles la confirmación.*

óbito (**ó**-bi-to) *s. m.* Fallecimiento de una persona. *Determinó la hora exacta del óbito.* **SIN.** Muerte, defunción, fin. **ANT.** Nacimiento, principio. 🖙 Se usa en lenguaje jurídico y eclesiástico.

objeción (ob-je-**ción**) *s. f.* **1.** Razón con que se rechaza algo. *No pusieron ninguna objeción a nuestro*

objetar - obra

plan. **SIN.** Reparo, inconveniente. **ANT.** Asentimiento, aprobación, aplauso. ‖ **2. objeción de conciencia** Negativa a realizar ciertos actos o servicios, especialmente el servicio militar, alegando motivos éticos o religiosos.

objetar (ob-je-**tar**) *v. tr.* **1.** Oponer reparos a una cosa. *Todos estuvieron de acuerdo y nadie objetó nada.* **SIN.** Replicar, oponer, refutar. **ANT.** Asentir, avenirse, aprobar, aplaudir. ‖ *v. intr.* **2.** Alegar objeción de conciencia. *No quiere ir a la mili, piensa objetar.*

objetividad (ob-je-ti-vi-**dad**) *s. f.* Calidad de objetivo. *Aseguraba la objetividad de su informe.* **SIN.** Imparcialidad. **ANT.** Parcialidad.

objetivo, va (ob-je-**ti**-vo) *adj.* **1.** Desinteresado, desapasionado, imparcial. *Hizo una valoración objetiva del tema. Es una persona muy objetiva.* **ANT.** Tendencioso, subjetivo, personal. ‖ *s. m.* **2.** Dispositivo óptico que enfoca la imagen en una cámara fotográfica o de vídeo, en un microscopio, etc. *Esta cámara tiene un poco sucio el objetivo.* **3.** Aquello que se desea conseguir. *Aprobar aquellas oposiciones era su primer objetivo.* **SIN.** Meta, finalidad, fin. **4.** Blanco sobre el que se dispara un arma de fuego. *Su disparo alcanzó el objetivo con gran precisión.* **SIN.** Diana.

objeto (ob-**je**-to) *s. m.* **1.** Cosa, aquello que tiene carácter material. *El baúl estaba lleno de objetos inútiles.* **SIN.** Ente, elemento. **2.** Finalidad, intención. *El objeto del viaje es visitar a mi madre.* **SIN.** Propósito. **3.** Materia y asunto de algo. *Desconocía el objeto de la reunión.* ‖ **4. objeto directo** Complemento directo. **5. objeto indirecto** Complemento indirecto. ‖ **LOC. al, o con, objeto de** Para. **GRA.** Se une con el infinitivo y tiene valor de conjunción final. **al, o con, objeto de que** Para que. **GRA.** Se une con el subjuntivo y tiene valor de conjunción final.

objetor, ra (ob-je-**tor**) *s. m. y s. f.* Persona que se niega a realizar ciertos actos o servicios, especialmente el servicio militar, alegando motivos éticos o religiosos. *No fue a la mili porque se declaró objetor.* ☞ También "objetor de conciencia".

oblación (o-bla-**ción**) *s. f.* Ofrenda y sacrificio que se hace a Dios. *Levantó el cáliz en oblación.* **SIN.** Ofrenda, dádiva, regalo, presente.

oblea (o-**ble**-a) *s. f.* **1.** Hoja muy delgada de pasta de harina, cocida en un molde. Se emplea para preparar empanadillas, y sobre todo para forrar determinados dulces, especialmente los turrones. *Esta oblea está poco cocida.* **2.** Hoja delgada de pan ázimo de la que se sacan las hostias y las formas. *Le dio a los niños los recortes de las obleas.*

oblicuángulo, la (o-bli-**cuán**-gu-lo) *adj.* Se dice de la figura o del poliedro que no tiene ningún ángulo recto. **GRA.** También s. m. *La figura era un oblicuángulo.*

oblicuo, cua (o-**bli**-cuo) *adj.* **1.** No paralelo, inclinado. *Colócalo en sentido oblicuo.* **SIN.** Sesgado, torcido, transversal. **ANT.** Recto, derecho, perpendicular. **2.** En matemáticas, se dice del plano o línea que se encuentra con otro u otra y hace con él o ella un ángulo que no es recto. *Dibuja dos líneas oblicuas.*

obligación (o-bli-ga-**ción**) *s. f.* **1.** Deber que una persona tiene que cumplir. *Tenía la obligación de ir.* **SIN.** Compromiso, exigencia. **ANT.** Derecho, poder. **2.** Tarea, responsabilidad. *Tiene muchas obligaciones.* **SIN.** Quehacer, faena. **3.** Título o documento en que se reconoce una deuda o se promete su pago. *Como garantía firmé una obligación.* **SIN.** Contrato. **4.** Título al portador y con interés fijo, que representa una suma exigible a la persona o entidad que lo emitió. *He comprado obligaciones del Estado.* **SIN.** Deuda.

obligar (o-bli-**gar**) *v. tr.* **1.** Hacer que alguien haga o cumpla una cosa. *En el ejército obligan a llevar uniforme.* **SIN.** Forzar, constreñir, compeler, exigir, imponer. **ANT.** Liberar, librar, permitir, eximir, dispensar. ‖ *v. prnl.* **2.** Comprometerse a cumplir una cosa. *Se obligó a asistir todos los días.* **SIN.** Responsabilizarse, encargarse. **ANT.** Apartarse, desvincularse. ✎ Se conjuga como ahogar.

obligatorio, ria (o-bli-ga-**to**-rio) *adj.* Que obliga a su cumplimiento y realización. *Era obligatorio presentar el último recibo pagado.* **SIN.** Forzoso, imperioso, preceptivo. **ANT.** Voluntario, arbitrario, libre.

oblongo, ga (o-**blon**-go) *adj.* Más largo que ancho. *Tiene forma oblonga.* **SIN.** Alargado, longitudinal, prolongado. **ANT.** Ancho, ensanchado, apaisado.

obnubilar (ob-nu-bi-**lar**) *v. tr.* **1.** *Ofuscar. **GRA.** También v. prnl. **SIN.** Confundir, obcecar(se). **ANT.** Comprender, despejar(se). **2.** Fascinar. *Tanto lujo me ha obnubilado.*

oboe (o-**bo**-e) *s. m.* **1.** Instrumento de viento, formado por un tubo cónico de madera con seis agujeros y varias llaves. *Toca el oboe.* ‖ *s. m. y s. f.* **2.** Persona que toca este instrumento. *Es una excelente oboe.*

obra (**o**-bra) *s. f.* **1.** Cosa producida por alguien o algo. *El Gran Cañón es obra de la naturaleza.* **SIN.** Producto, resultado, acción, hecho, fruto. **2.** Edificio en

obrador - obsesionar

construcción. *En las obras de la nueva estación trabajan muchas personas.* **SIN.** Edificación, construcción. **3.** Resultado de una actividad, principalmente moral. *Hacer las paces ha sido una buena obra.* **SIN.** Acción, acto, hecho. **4.** Resultado, consecuencia de algo. *Los destrozos son obra del temporal que azotó la ciudad ayer.* **SIN.** Efecto. **5.** Libro, volumen o volúmenes que contienen un trabajo literario completo. *La obra de Lope de Vega es muy extensa.* **SIN.** Tomo, ejemplar. **6.** Reparación o mejora que se hace en un edificio o en una carretera. *La carretera está cortada porque están de obras.* **SIN.** Reforma, arreglo. **7.** Medio, virtud o poder. *Esto es obra tuya.* **SIN.** Intervención, intercesión, mediación. ‖ **8. obra de caridad** La que se hace en bien de los demás. **9. obra de El Escorial** *fam.* Cosa de larga duración. **10. obra pública** La que es de interés general y se destina a uso público. **11. obra social** Centro o institución con fines benéficos o culturales.

obrador (o-bra-**dor**) *s. m.* Taller de confitería y repostería. *Esa confitería tiene su propio obrador.*

obrar (o-**brar**) *v. tr.* **1.** Hacer una cosa o realizar un trabajo. *No estaba de acuerdo con su manera de obrar.* **SIN.** Operar, gestionar, maniobrar. **ANT.** Deshacer, descansar. **2.** Comportarse de una determinada manera. *Obra con rectitud.* **SIN.** Actuar. **3.** Causar determinado efecto una cosa. *Sus adulaciones obraron un efecto negativo en su padre.* **SIN.** Producir. ‖ *v. intr.* **4.** Existir una cosa en sitio determinado. *El libro obra en su poder.* **SIN.** Estar, hallarse, encontrarse. **ANT.** Vagar.

obrero, ra (o-**bre**-ro) *adj.* **1.** Que trabaja. **GRA.** También s. m. y s. f. *Su padre es un obrero de la construcción.* **2.** Que pertenece o se refiere al trabajador. *Movimiento obrero.* **SIN.** Proletario. **3.** En los insectos con vida social, se dice del miembro que hace el trabajo de la colonia. **GRA.** También s. f. *La hormiga obrera.* ‖ *s. m. y s. f.* **4.** Trabajador manual retribuido. *Contrató varios obreros para la época de la recolección.* **SIN.** Jornalero, operario, artesano, asalariado, proletario.

obscenidad (obs-ce-ni-**dad**) *s. f.* **1.** Cualidad de obsceno. *Eso es una obscenidad.* **SIN.** Lascivia, lujuria. **2.** Cosa obscena. *No digas obscenidades.* **SIN.** Indecencia.

obsceno, na (obs-**ce**-no) *adj.* Indecente. *Un espectáculo obsceno.* **SIN.** Deshonesto, indecente, pornográfico. **ANT.** Honesto, decente.

obsequiar (ob-se-**quiar**) *v. tr.* Agasajar a alguien con regalos, atenciones, etc. *Nos obsequió con dos invitaciones para la fiesta.* **SIN.** Regalar, dar, festejar. **ANT.** Desdeñar, desatender, descuidar. En cuanto al acento, se conjuga como cambiar.

obsequio (ob-**se**-quio) *s. m.* **1.** Acción de obsequiar. *El homenaje se convirtió en un obsequio.* **SIN.** Agasajo. **2.** Regalo. *He recibido un obsequio.* **SIN.** Presente. **3.** Demostración de respeto y deseo de agradar. *Su saludo fue un obsequio.* **SIN.** Afabilidad, cortesía, deferencia, atención. **ANT.** Descortesía, grosería, desaire.

obsequioso, sa (ob-se-**quio**-so) *adj.* Dispuesto a agasajar y dar atenciones. *Estuvo muy obsequioso.* **SIN.** Atento, amable. **ANT.** Descortés.

observación (ob-ser-va-**ción**) *s. f.* **1.** Análisis, estudio de algo. *La observación diaria de su conducta durante meses le había llevado a aquellas conclusiones.* **SIN.** Examen, contemplación, percepción. **2.** Aclaración, advertencia, anotación. *Le hizo varias observaciones sobre la manera de hacerlo.* **SIN.** Nota. **3.** Objeción, advertencia. *Nadie hizo observación alguna a su propuesta.* **SIN.** Reparo.

observador, ra (ob-ser-va-**dor**) *adj.* **1.** Que observa. **GRA.** También s. m. y s. f. *Es una persona muy observadora.* **SIN.** Curioso, espectador, mirón. ‖ *s. m. y s. f.* **2.** Persona encargada de supervisar un proceso. *Eran observadores de la ONU.* **SIN.** Enviado, delegado, comisionado.

observancia (ob-ser-**van**-cia) *s. f.* Cumplimiento exacto y riguroso de una ley, mandato u obligación. *Pidió la observancia del reglamento.* **SIN.** Obediencia, acatamiento.

observar (ob-ser-**var**) *v. tr.* **1.** Fijar la vista atentamente en alguien o algo. *He observado el comportamiento de mi hijo pequeño.* **SIN.** Examinar, contemplar, estudiar, vigilar. **2.** Advertir, percatarse. *Observé que se había cortado el pelo.* **SIN.** Notar. **3.** Cumplir lo que se manda. *Observó las órdenes recibidas.* **SIN.** Guardar, acatar, obedecer. **ANT.** Desobedecer, violar, rebelarse.

observatorio (ob-ser-va-**to**-rio) *s. m.* Centro con los instrumentos apropiados para las observaciones astronómicas o meteorológicas. *Vimos el eclipse desde el observatorio.*

obsesión (ob-se-**sión**) *s. f.* Idea fija de la que alguien no puede librarse. *Eso de que estás muy delgado es sólo una obsesión tuya.* **SIN.** Fijación, manía, obcecación. **ANT.** Serenidad, despreocupación.

obsesionar (ob-se-sio-**nar**) *v. tr.* Causar obsesión. **GRA.** También v. prnl. *Se había obsesionado con la idea de que algo iba a salir mal y estaba muy nervio-*

obseso - obvio

sa. **SIN.** Preocupar(se), angustiar(se). **ANT.** Sosegar(se), despreocupar(se), serenar(se).

obseso, sa (ob-**se**-so) *adj.* Que padece obsesión. **GRA.** También s. m. y s. f. *Su temor le ha convertido en un obseso.* **SIN.** Maníaco, neurótico, ofuscado, poseso. **ANT.** Despreocupado.

obsidiana (ob-si-**dia**-na) *s. f.* Mineral volcánico de color verde o negro muy oscuro. *En la falda del volcán hay un filón de obsidiana.*

obsoleto, ta (ob-so-**le**-to) *adj.* Anticuado, que no se usa. *Ese diseño es obsoleto.* **SIN.** Pasado, desusado, desfasado. **ANT.** Vigente, actual, novedoso.

obstaculizar (obs-ta-cu-li-**zar**) *v. tr.* Poner obstáculos a algo. *Ha obstaculizado la labor policial.* **SIN.** Estorbar, dificultar. **ANT.** Facilitar, ayudar. ✎ Se conjuga como abrazar.

obstáculo (obs-**tá**-cu-lo) *s. m.* **1.** Todo aquello que impide hacer o conseguir algo. *Un río sin puente puede ser un obstáculo insalvable.* **SIN.** Estorbo, dificultad, traba, inconveniente, molestia, problema, impedimento. **ANT.** Ayuda, apoyo, conveniencia, oportunidad, facilidad. **2.** En algunos deportes, cada una de las dificultades que hay que salvar en una pista. *Ese caballo ganó la carrera de obstáculos.*

obstante, no *loc. adv.* Sin embargo, a pesar de. *No obstante, mándale una carta.*

obstar (obs-**tar**) *v. impers.* Oponerse o ser contraria una cosa a otra. *Eso no obsta para que aceptes la proposición.*

obstetricia (obs-te-**tri**-cia) *s. f.* Parte de la medicina que trata de la gestación y el parto. *Se especializó en obstetricia.* **SIN.** Ginecología, tocología.

obstinación (obs-ti-na-**ción**) *s. f.* Insistencia grande que se pone en una idea o resolución. *Discutía con obstinación algo que era evidente.* **SIN.** Testarudez, tenacidad, ofuscación. **ANT.** Transigencia, desistimiento, reflexión.

obstinado, da (obs-ti-**na**-do) *adj.* Que muestra obstinación. *Es un obstinado, no le va a dar la razón.* **SIN.** Testarudo, terco, tozudo. **ANT.** Transigente.

obstinarse (obs-ti-**nar**-se) *v. prnl.* Empeñarse alguien en hacer una cosa, sin atender a ruegos ni razones. *Se ha obstinado en saltar en paracaídas.* **SIN.** Aferrarse, porfiar, emperrarse, insistir. **ANT.** Desistir, despreocuparse, transigir.

obstrucción (obs-truc-**ción**) *s. f.* Acción de obstruir u obstruirse. *Hay una obstrucción en la cañería.* **SIN.** Atasco, impedimento, tapón.

obstruir (obs-tru-**ir**) *v. tr.* **1.** Cerrar un conducto o camino. **GRA.** También v. prnl. *Se obstruyó la tubería.*

SIN. Obturar(se), atascar(se), taponar(se). **ANT.** Abrir(se), destapar(se), desatascar(se). **2.** Impedir la realización de una cosa. *Obstruían su trabajo con continuas objeciones.* **SIN.** Dificultar, estorbar, entorpecer. **ANT.** Facilitar. ✎ v. irreg., se conjuga como huir.

obtención (ob-ten-**ción**) *s. f.* Acción de obtener. *En esa mina se dedican a la obtención de carbón.* **SIN.** Logro, consecución, adquisición, ganancia.

obtener (ob-te-**ner**) *v. tr.* **1.** Llegar a tener lo que se quiere o merece. *Ella ha obtenido el puesto de directora del banco.* **SIN.** Lograr, conseguir, alcanzar, ganar. **ANT.** Perder, desperdiciar. **2.** Fabricar o extraer un producto o un material de un determinado modo. *De las uvas se obtiene el vino y el mosto.* **SIN.** Producir, sacar. ✎ v. irreg., se conjuga como tener.

obturador (ob-tu-ra-**dor**) *s. m.* Dispositivo que cierra el objetivo de una cámara fotográfica. *Ajusta el obturador a nivel de luz.*

obturar (ob-tu-**rar**) *v. tr.* Cerrar o tapar un orificio o conducto. **GRA.** También v. prnl. *Obtura la grieta para que no se escape el gas.* **SIN.** Obstruir(se), atascar(se), taponar(se). **ANT.** Abrir(se), desatascar(se), desatrancar(se), destapar(se).

obtusángulo (ob-tu-**sán**-gu-lo) *adj.* Se dice del triángulo que tiene un ángulo obtuso. *Dibuja un triángulo obtusángulo.*

obtuso, sa (ob-**tu**-so) *adj.* **1.** En matemáticas, se dice del ángulo mayor que el recto. *Un ángulo de 120° es obtuso.* **2.** Sin punta. *El palo tiene un extremo obtuso.* **SIN.** Romo, despuntado. **ANT.** Puntiagudo, punzante. **3.** Torpe, que tarda en comprender las cosas. *No entiende nada, es muy obtuso.* **SIN.** Tardo, lerdo. **ANT.** Agudo, listo.

obús (o-**bús**) *s. m.* **1.** Cañón corto y de grueso calibre. *Dispararon salvas con los obuses.* **2.** Proyectil disparado con este cañón. *El obús al caer estalló con estruendo.* **3.** Pieza que sirve de cierre a la válvula del neumático. *Aprieta bien el obús para que no se escape el aire de la rueda.* ✎ Su pl. es "obuses".

obviar (ob-**viar**) *v. tr.* Evitar o rehuir una dificultad u obstáculo. *Obvió aquella cuestión y pasó a la siguiente para no crear polémica.* **SIN.** Eludir, sortear, apartar. **ANT.** Situar, colocar, instalar. ✎ En cuanto al acento, se conjuga como cambiar.

obvio, via (**ob**-vio) *adj.* **1.** Se dice de aquello que es evidente. *Era obvio que tenía razón.* **SIN.** Claro, manifiesto, patente, indiscutible. **ANT.** Oscuro, invisible, oculto. **2.** Fácil, sencillo. *No sé por qué le daba tantas vueltas, la solución era obvia.* **ANT.** Difícil.

oca (o-ca) *s. f.* **1.** *Ganso, ave. SIN. Ánsar. **2.** Juego de mesa que consiste en hacer avanzar unas fichas sobre un tablero con 63 casillas ordenadas en espiral. Estas casillas representan objetos diversos: cada nueve, desde el uno, representa un ganso u oca, y en algunas de ellas hay prisiones, pozos, laberintos y otros puntos de azar; cada jugador mueve su ficha según los números marcados por el dado y gana el que primero llega a la casilla 63. *Hemos ganado el campeonato de oca.*

ocarina (o-ca-ri-na) *s. f.* Instrumento musical de viento, hecho de barro cocido o de metal, más o menos alargado y con ocho agujeros. *Vamos a un recital de ocarina.*

ocasión (o-ca-sión) *s. f.* **1.** Tiempo o lugar adecuado para hacer una cosa. *Mañana tendrás ocasión de conocer a mi amigo.* **SIN.** Oportunidad, posibilidad. **ANT.** Inoportunidad, inconveniencia. **2.** Causa o motivo por el que se hace o sucede algo. *Con ocasión de su llegada se organizó una gran fiesta.* ‖ **LOC. de ocasión** Se dice de lo que se compra muy barato.

ocasional (o-ca-sio-nal) *adj.* **1.** Que ocurre accidentalmente. *Fue un encuentro ocasional.* **SIN.** Accidental, casual, fortuito. **ANT.** Provocado, intencionado. **2.** Que sucede de vez en cuando. *Sus viajes son ocasionales.* **SIN.** Eventual, esporádico, irregular. **ANT.** Permanente, fijo, habitual.

ocasionar (o-ca-sio-nar) *v. tr.* Ser causa o motivo de algo. *Es culpable, ocasionó el accidente.* **SIN.** Causar, originar, provocar. **ANT.** Sobrevenir, acarrear.

ocaso (o-ca-so) *s. m.* **1.** Puesta del Sol. *Desde el monte se ve mejor el ocaso.* **SIN.** Crepúsculo, oscurecer, atardecer. **ANT.** Amanecer, alborada, alba. **2.** *Occidente, punto cardinal. **SIN.** Poniente, Oeste. **ANT.** Este, Oriente, Levante. **3.** Decadencia, declinación. *Su dejadez le ha llevado al ocaso.* **SIN.** Declive, final, acabamiento. **ANT.** Principio, auge.

occidental (oc-ci-den-tal) *adj.* **1.** Que pertenece al occidente. *Esa ciudad se encuentra en la parte occidental del país.* **2.** Que pertenece a los países de Occidente. *La cultura occidental ha influido mucho en todo el mundo.* **3.** Natural de Occidente. **GRA.** También s. m. y s. f. *Los europeos son occidentales.*

occidente (oc-ci-den-te) *n. p.* **1.** Punto cardinal del horizonte por donde se pone el sol en los días equinocciales. *El barco zarpó hacia el occidente.* **SIN.** Ocaso, Poniente, Oeste. **ANT.** Oriente, Levante, Este, Naciente. **2.** Conjunto de países de la parte occidental de Europa. *Los países de Occidente han adoptado una política común.* **ANT.** Oriente.

occipital (oc-ci-pi-tal) *adj.* **1.** Que pertenece o se refiere al occipucio. *Me duele la zona occipital.* **2.** Se dice del hueso que une el cráneo con las vértebras del cuello. *Se fracturó el occipital.*

occipucio (oc-ci-pu-cio) *s. m.* Parte posterior de la cabeza por donde ésta se une con las vértebras del cuello. *Al caer se golpeó el occipucio.* **SIN.** Cogote.

océano (o-cé-a-no) *s. m.* **1.** Masa total de agua salada que ocupa aproximadamente las tres cuartas partes de la Tierra. *Hay cinco océanos: Atlántico, Glacial Antártico, Glacial Ártico, Índico y Pacífico.* **2.** Gran extensión de algunas cosas. *Tenía un océano de dudas.* **SIN.** Inmensidad, infinidad, grandeza.

oceanografía (o-ce-a-no-gra-fí-a) *s. f.* Ciencia que estudia los océanos y mares, sus fenómenos y sus habitantes animales y vegetales. *Se dedica a la oceanografía.*

oceanógrafo, fa (o-ce-a-nó-gra-fo) *s. m. y s. f.* Persona que se dedica a la oceanografía. *Cousteau es un famoso oceanógrafo.*

ocelo (o-ce-lo) *s. m.* **1.** Cada uno de los ojos simples, generalmente tres, que poseen muchos insectos. *Observaba el ocelo al microscopio.* **2.** Mancha redonda y bicolor en las alas de algunos insectos o en las plumas de ciertas aves. *Algunas mariposas tienen los ocelos de colores muy llamativos.*

ocelote (o-ce-lo-te) *s. m.* Mamífero carnívoro americano, parecido al leopardo, de cuerpo esbelto y pelaje suave y brillante con dibujos de varios matices, que se alimenta de aves y mamíferos pequeños. *El ocelote es un animal domesticable.*

ochavo (o-cha-vo) *s. m.* Antigua moneda de cobre. *Tengo una colección de ochavos.* ‖ **LOC. no tener un ochavo** No tener dinero.

ochenta (o-chen-ta) *adj. num. card.* **1.** Ocho veces diez. **GRA.** También pron. y s. m. ‖ *adj. num. ord.* **2.** Que ocupa el último lugar en una serie ordenada de 80. ‖ *s. m.* **3.** Conjunto de signos con que se representa el número 80.

ocho (o-cho) *adj. num. card.* **1.** Siete y uno. **GRA.** También pron. y s. m. ‖ *adj. num. ord.* **2.** Que ocupa el último lugar en una serie ordenada de 8. ‖ *s. m.* **3.** Signo o cifra con que se representa el número ocho.

ochocientos, tas (o-cho-cien-tos) *adj. num. card.* **1.** Ocho veces cien. **GRA.** También pron. y s. m. ‖ *adj. num. ord.* **2.** *Octingentésimo.* ‖ *s. m.* **3.** Conjunto de signos con que se representa el número 800.

ocio (o-cio) *s. m.* **1.** Tiempo libre del que dispone una persona. *Con tanto trabajo casi no tenemos ocio.*

ociosidad - ocupa

SIN. Descanso, recreo. **ANT.** Trabajo. **2.** Ocupación relajada que se realiza como recreo en los ratos libres de ocupaciones principales. *Dedica su ocio a la lectura.* **3.** Cesación del trabajo. **SIN.** Ociosidad, inacción, inactividad. *Es un vago, dedica todo su tiempo al ocio.* **SIN.** Trabajo, ocupación.

ociosidad (o-cio-si-**dad**) *s. f.* Hábito de no trabajar, de perder el tiempo o de gastarlo en cosas inútiles. *Puedes descansar, pero no caigas en la ociosidad.* **SIN.** Inactividad, pereza, holgazanería. **ANT.** Ocupación, laboriosidad, actividad.

ocioso, sa (o-**cio**-so) *adj.* **1.** Que no tiene ocupación o trabajo. **GRA.** También s. m. y s. f. *Ya no trabajo, estoy ocioso.* **SIN.** Desocupado, parado, inactivo, inútil. **ANT.** Ocupado, atareado. **2.** Perezoso, holgazán, vago. *Prefiero estar ocioso a trabajar.* **ANT.** Laborioso, trabajador. **3.** Inútil, vano, innecesario. *Fue un esfuerzo ocioso.* **ANT.** Útil, provechoso, beneficioso.

oclusión (o-clu-**sión**) *s. f.* Acción de cerrarse u obstruirse un conducto u orificio. *Se operó de una oclusión intestinal.*

oclusivo, va (o-clu-**si**-vo) *adj.* Se dice del sonido que se produce cerrando momentáneamente la salida del aire en algún lugar de la boca, como la "p", "t", "k". **GRA.** También s. f. *Petaca es una palabra con varios sonidos oclusivos.*

OCR *s. m.* Proceso de lectura electrónica de caracteres impresos mediante digitalización de los mismos. *En la editorial tenemos un equipo de OCR.*

ocre (**o**-cre) *s. m.* **1.** Mineral terroso, de color amarillo, que se emplea en pintura. *El ocre aparece con frecuencia mezclado con arcilla.* ‖ *adj.* **2.** Se dice del color amarillo oscuro. *La tela era ocre.*

octaedro (oc-ta-**e**-dro) *s. m.* Cuerpo geométrico que tiene ocho caras. *Dibuja un octaedro y pinta sus caras de color.*

octágono, na (oc-**tá**-go-no) *s. m.* Polígono de ocho ángulos y ocho lados. *Dibuja un octágono y marca un ángulo.*

octava (oc-**ta**-va) *s. f.* **1.** Cualquier estrofa de ocho versos. *El poema estaba escrito en octavas.* ‖ **2. octava real** Estrofa de ocho versos endecasílabos que riman ABABABCC.

octavilla (oc-ta-**vi**-lla) *s. f.* Pequeña hoja de papel impreso en la que se hace propaganda política o social de algo y que se distribuye gratuitamente. *En la manifestación arrojaron octavillas.* **SIN.** Panfleto.

octavo, va (oc-**ta**-vo) *adj. num. ord.* **1.** Que ocupa el último lugar en una serie ordenada de ocho. **GRA.** También pron. ‖ *adj. num. part.* **2.** Se dice de cada una de las ocho partes iguales en que se divide un todo. **GRA.** También s. m. ‖ **3. octavos de final** Fase eliminatoria de una competición deportiva en la que se enfrentan dieciséis participantes, de los cuales sólo pasan a cuartos de final los ocho ganadores.

octogenario, ria (oc-ta-ge-**na**-rio) *adj.* Que ha cumplido los ochenta años y no llega a los noventa. **GRA.** También s. m. y s. f. *Es un octogenario, ya no puede subir escaleras.* **SIN.** Ochentón.

octógono (oc-**tó**-go-no) *s. m.* *Octágono.

octópodo, da (oc-**tó**-po-do) *adj.* Se dice de los moluscos cefalópodos con ocho tentáculos provistos de ventosas, como el pulpo. **GRA.** También s. m. *El pulpo es un octópodo.*

octosílabo, ba (oc-to-**sí**-la-bo) *adj.* De ocho sílabas. **GRA.** También s. m. *Son versos octosílabos.*

octubre (oc-**tu**-bre) *s. m.* Décimo mes del año; consta de 31 días. *Recojo setas en octubre.*

óctuple (**óc**-tu-ple) *adj. num. mult.* Que contiene un número exactamente ocho veces.

ocular (o-cu-**lar**) *adj.* **1.** Que pertenece o se refiere a los ojos o a la vista. *El golpe le produjo un lesión ocular.* **SIN.** Oftálmico, visual. ‖ *s. m.* **2.** Lente que los anteojos y otros aparatos de óptica tienen en la parte por donde se mira. *A través del ocular vimos la luna.* **SIN.** Cristal, vidrio.

oculista (o-cu-**lis**-ta) *s. m. y s. f.* Médico que se dedica a las enfermedades de los ojos. *El oculista le dijo que necesitaba gafas.* **SIN.** Oftalmólogo.

ocultar (o-cul-**tar**) *v. tr.* **1.** Esconder, tapar, encubrir a la vista. **GRA.** También v. prnl. *Los árboles ocultan la cueva.* **SIN.** Encubrir, solapar(se), disimular, camuflar(se). **ANT.** Mostrar(se), revelar(se), desvelar(se), descubrir(se), destapar(se). **2.** Callar una cosa. *Ocultó a sus padres que no había ido a clase.* **SIN.** Omitir, silenciar, encubrir. **ANT.** Revelar, desvelar.

ocultismo (o-cul-**tis**-mo) *s. m.* Conjunto de creencias y prácticas misteriosas que tratan de investigar las fuerzas ocultas de la naturaleza y las psíquicas. **SIN.** Brujería, hechicería, teosofía. *Es un fanático del ocultismo.*

oculto, ta (o-**cul**-to) *adj.* Escondido, que no se da a conocer ni se deja ver. *Estaba en un lugar oculto que sólo ella sabía.* **SIN.** Secreto, ignorado, encubierto, desconocido. **ANT.** Manifiesto, descubierto, desvelado, visible, público.

ocupa (o-**cu**-pa) *s. m. y s. f., fam.* Persona que vive ilegalmente en una vivienda. *La policía desalojó a los ocupas.* También "okupa".

ocupación - odre

ocupación (o-cu-pa-**ción**) *s. f.* **1.** Acción de ocupar u ocuparse. *Las tropas procedieron a la ocupación de la ciudad.* **SIN.** Toma, posesión, apoderamiento, dominio. **2.** Actividad que impide emplear el tiempo en otra cosa. *Mis ocupaciones no me dejan tiempo libre.* **SIN.** Labor, ejercicio, asunto. **ANT.** Desocupación, ociosidad. **3.** Empleo, profesión de una persona. *No tiene ocupación.* **SIN.** Oficio, trabajo. ‖ **4. ocupación militar** Permanencia en un territorio o país de ejércitos de otro país que, sin anexionárselo, interviene en su vida pública y la dirige.

ocupado, da (o-cu-**pa**-do) *adj.* **1.** Que está haciendo alguna tarea. *No puede venir, está ocupado.* **SIN.** Atareado, indispuesto. **ANT.** Ocioso, libre, desocupado, dispuesto. **2.** Se dice especialmente de los asientos o plazas reservados en autocares, hoteles, salas de reunión, etc., y que no se hallan disponibles. *La mitad del aforo estaba ocupado antes de vender las entradas.* **SIN.** Reservado. **ANT.** Libre, desocupado. **3.** Se dice del territorio o país dominado por el ejército de otro país. *Las tropas consolidaron el territorio ocupado.*

ocupante (o-cu-**pan**-te) *s. m. y s. f.* Persona que viaja en automóvil, avión, etc. ocupando su asiento. *El avión lleva 36 ocupantes.* **SIN.** Tripulante, viajero.

ocupar (o-cu-**par**) *v. tr.* **1.** Tomar posesión de un lugar o establecerse en él. *El ejército enemigo ha ocupado nuestro país. Ya está ocupada la nueva habitación.* **SIN.** Adueñarse, apropiarse, apoderarse, conquistar, habitar. **ANT.** Abandonar, desocupar. **2.** Llenar un espacio o lugar. *Ocupé la única butaca vacía.* **ANT.** Desocupar, desalojar, vaciar. **3.** Habitar una casa. *Ocupaba un piso con otras tres amigas.* **SIN.** Vivir, poseer, morar, establecerse. **ANT.** Desocupar, desalojar. **4.** Desempeñar un cargo, empleo, etc. *Durante dos años ocupó la dirección de la empresa.* **SIN.** Ejercer. **ANT.** Cesar. **5.** Dedicar el tiempo a algo. *Ocupa todo el tiempo que puede en la lectura.* **SIN.** Emplear. **6.** Dar qué hacer o en qué trabajar. *Me ha ocupado en varias tareas.* **SIN.** Emplear, encargar. **7.** Llamar la atención de alguien, darle en qué pensar. *No dejes que se distraiga, ocúpale en algo.* ‖ *v. prnl.* **8.** Preocuparse por alguien o algo. *Se ocupaba de su hermano pequeño cuando sus padres no estaban en casa.* **SIN.** Atender, cuidar. **ANT.** Despreocuparse. **9.** Encargarse de un asunto. *Dijo que ella se ocupaba de sacar las entradas para el cine.* **ANT.** Desentenderse.

ocurrencia (o-cu-**rren**-cia) *s. f.* **1.** Idea o dicho que demuestra agudeza o ingenio. *Tuvo una buena ocu-* *rrencia.* **SIN.** Pronto, salida, gracia, golpe. **2.** Idea inesperada, imprudente o poco conveniente. *Tuvo la ocurrencia de salir sin paraguas con lo que llovía.*

ocurrente (o-cu-**rren**-te) *adj.* Se dice de la persona que tiene ocurrencias ingeniosas. *Siempre está alegre, es muy ocurrente.* **SIN.** Agudo, gracioso, ingenioso, chistoso. **ANT.** Aburrido, retardado, lento.

ocurrir (o-cu-**rrir**) *v. intr.* **1.** Tener lugar un acontecimiento o hecho. *Ha ocurrido un magnífico suceso: he aprobado.* **SIN.** Acontecer, pasar, suceder. ‖ *v. prnl.* **2.** Venir inesperadamente una idea a la mente. *Se me ha ocurrido una solución.*

oda (**o**-da) *s. f.* Composición poética, generalmente dividida en estrofas, que canta las hazañas o virtudes de alguien o algo. *Son célebres las "Odas elementales" de Pablo Neruda.*

odeón (o-de-**ón**) *s. m.* Teatro o lugar dedicado en Grecia para los espectáculos musicales. *Visitamos un odeón.*

odiar (o-**diar**) *v. tr.* Sentir tanto disgusto por algo o por alguien, que se desea su mal. *Te odio porque me dejaste solo.* **SIN.** Abominar, aborrecer, detestar. **ANT.** Amar, querer, desear, apreciar, estimar. 🔖 En cuanto al acento, se conjuga como cambiar.

odio (**o**-dio) *s. m.* Aversión hacia alguna cosa o persona cuyo mal se desea. *El odio le corroe las entrañas.* **SIN.** Antipatía, aversión, repulsión, rencor. **ANT.** Amor, estima, cariño, benevolencia, simpatía.

odioso, sa (o-**dio**-so) *adj.* **1.** Digno de odio. *Su forma de ser le hace odioso.* **SIN.** Aborrecible, detestable, abominable. **2.** Desagradable, repelente. *Tiene un carácter odioso.* **ANT.** Encantador, adorable, simpático.

odisea (o-di-**se**-a) *s. f.* **1.** Viaje largo en el que abundan las aventuras adversas y favorables, y sucesos extraños. *La conquista del Polo Sur fue una odisea.* **SIN.** Aventura, drama. **2.** Por ext., conjunto de sucesos desagradables que le suceden a una persona. *Después de una larga odisea llegaron a su destino.*

odontología (o-don-to-lo-**gí**-a) *s. f.* Parte de la medicina que trata de los dientes y de sus enfermedades. *Es licenciado en odontología.*

odontólogo, ga (o-don-**tó**-lo-go) *s. m. y s. f.* **1.** Médico especializado en odontología. *Tengo consulta con el odontólogo.* **2.** *Dentista.

odre (**o**-dre) *s. m.* **1.** Recipiente hecho con piel de cabra o de otro animal, que sirve para contener vino, aceite u otros líquidos. *Los odres estaban llenos de vino.* **SIN.** Cuero, pellejo. **2.** *fam.* Persona borracha. *Salió del bar como un odre.*

oeste - ofimática

oeste (o-es-te) *n. p.* **1.** Uno de los cuatro puntos cardinales. **GRA.** Se escribe con mayúscula. *El Sol se oculta por el Oeste.* ‖ *s. m.* **2.** Lugar de la Tierra situado hacia donde se pone el Sol. *En el oeste de la Península Ibérica se encuentra Portugal.*

ofender (o-fen-der) *v. tr.* **1.** Humillar a alguien o faltarle al respeto. *Con su actitud pretende ofenderte.* **SIN.** Agraviar, insultar. **ANT.** Elogiar, adular. **2.** Causar desagrado o asco alguna cosa. *Después del empacho que había cogido, sólo pensar en la comida le ofendía.* **SIN.** Molestar, fastidiar, asquear. **ANT.** Agradar. ‖ *v. prnl.* **3.** Picarse o enfadarse por un dicho o hecho. *Se ofende por cualquier cosa.* **SIN.** Molestarse, mosquearse, saltar. **ANT.** Soportar, tolerar, tragar.

ofensa (o-fen-sa) *s. f.* Dicho o hecho con que se ofende. *Sus palabras son una ofensa.* **SIN.** Insulto, agravio, injuria, afrenta. **ANT.** Halago, requiebro.

ofensiva (o-fen-si-va) *s. f.* Ataque. *El ejército lanzó una ofensiva.* **SIN.** Acometimiento. **ANT.** Defensa.

ofensivo, va (o-fen-si-vo) *adj.* **1.** Que ofende o puede ofender. *Hizo un comentario ofensivo.* **SIN.** Injurioso, insultante. **ANT.** Halagador, elogioso. **2.** Que ataca o que sirve para atacar. *El equipo empleó tácticas ofensivas.* **SIN.** Atacante. **ANT.** Defensivo.

oferta (o-fer-ta) *s. f.* **1.** Promesa que se hace de, cumplir o hacer una cosa. *Me hizo una oferta que no pude rechazar.* **SIN.** Proposición. **2.** Propuesta, invitación. *He rechazado su oferta para el viaje.* **ANT.** Solicitud, petición. **3.** Conjunto de mercancías que se ponen a la venta. *El almacén estaba lleno de ofertas.* **ANT.** Demanda. **4.** Puesta a la venta de un producto a un precio más bajo que el que tiene normalmente. *La ropa está de oferta este mes.* **SIN.** Ocasión. **5.** Este producto. *Es una buena oferta.*

ofertar (o-fer-tar) *v. tr.* Ofrecer en venta una mercancía. *Me ofertó varios productos que rechacé.* **SIN.** Presentar, proponer. **ANT.** Demandar, requerir.

ofertorio (o-fer-to-rio) *s. m.* Parte de la misa en la que el sacerdote ofrece a Dios la hostia y el vino del cáliz, antes de consagrarlos. *Llegamos tarde a misa, ya estaban en el ofertorio.*

off *s. m.* Voz inglesa que significa 'fuera de'. ‖ **LOC. off the record** Se dice de la información que el periodista no debe divulgar por haber sido obtenida de manera confidencial. **voz en off** En cine, teatro y televisión, se llama así a la voz que no procede directamente de los personajes que aparecen en escena o en pantalla.

office *s. m.* Habitación aneja a la cocina. *Deja la bolsa en el office.* **SIN.** Antecocina.

offside *s. m.* *Juego, fuera de.

oficial (o-fi-cial) *adj.* **1.** Que tiene autenticidad y que deriva de la autoridad del Estado o de una institución pública. *La noticia de su dimisión era oficial.* **SIN.** Legal, gubernativo, autorizado. **ANT.** Oficioso, ilegal, extraoficial. **2.** Que es de carácter público y no privado. *Se trataba de un asunto oficial. Esa escuela de idiomas es oficial.* **SIN.** Público. **ANT.** Privado. **3.** Se dice del alumno que está matriculado en un centro y asiste a sus clases. *Son más alumnos oficiales que libres.* ‖ *s. m. y s. f.* **4.** En la administración, persona con una categoría entre auxiliar y gestor. *Es oficial de recaudación.* **5.** Grado militar que comprende desde alférez hasta capitán, inclusive. *Estudia en la escuela de oficiales.*

oficial, la (o-fi-cial) *s. m. y s. f.* En un oficio manual, persona con una categoría entre peón y maestro. *Es oficial de albañilería.*

oficializar (o-fi-cia-li-zar) *v. tr.* Dar carácter o validez oficial a algo. *Al firmar el acuerdo oficializaron el tratado.* ✎ Se conjuga como abrazar.

oficiar (o-fi-ciar) *v. tr.* Celebrar la misa el sacerdote. *Varios sacerdotes oficiaron la misa.* ✎ En cuanto al acento, se conjuga como cambiar.

oficina (o-fi-ci-na) *s. f.* Sitio donde se hace, prepara o despacha una cosa. *Fue a arreglar los papeles del seguro a la oficina central.* **SIN.** Agencia, bufete, despacho, gabinete, estudio, negociado.

oficio (o-fi-cio) *s. m.* **1.** Trabajo que tiene una persona. *Mi oficio es el de zapatero.* **SIN.** Empleo, ocupación, profesión. **ANT.** Desempleo, desocupación. **2.** Función propia de una cosa. *El sustantivo hace el oficio de sujeto en la oración.* **SIN.** Cometido, finalidad, papel. **3.** Comunicación escrita que un órgano de la Administración envía a otro sobre asuntos de interés público. *Envió un oficio al departamento correspondiente.* **SIN.** Aviso. ‖ **LOC. estar alguien sin, o no tener, oficio ni beneficio** *fam.* Estar ocioso.

oficioso, sa (o-fi-cio-so) *adj.* Se dice de la información facilitada por una autoridad o personaje público pero sin carácter oficial. *La noticia de su dimisión era oficiosa.* **SIN.** Extraoficial. **ANT.** Oficial.

ofidio (o-fi-dio) *adj.* Se dice de los reptiles sin extremidades, con el cuerpo largo y estrecho revestido de piel escamosa. **GRA.** También *s. m. La boa y la víbora son ofidios.*

ofimática (o-fi-má-ti-ca) *s. f.* Conjunto de material y programas informáticos utilizados en el trabajo de oficina. *Hizo un curso de ofimática.*

ofrecer - ojal

ofrecer (o-fre-**cer**) *v. tr.* **1.** Prometer o dar voluntariamente una cosa. *Me ofrecieron su casa durante el verano, Ofrecían un viaje a Canarias al ganador del concurso.* **SIN.** Ofertar, ofrendar, presentar, proponer, prestar. **ANT.** Demandar, requerir, solicitar. **2.** Demostrar, manifestar. *La casa ofrecía un aspecto muy confortable. Ofrecía su mercancía.* **SIN.** Enseñar, mostrar. **ANT.** Esconder, guardar. **3.** Dedicar a Dios o a los santos un don, una obra buena o el sufrimiento que se padece como muestra de amor o de agradecimiento. *Ofreció una peregrinación a la ermita.* **4.** Dedicar o consagrar algo a alguien como muestra de gratitud o cariño. *Ofreció el premio a sus colaboradores.* **SIN.** Ofrendar. **5.** Celebrar. *Sus compañeros le ofrecieron un homenaje con motivo de su jubilación.* **6.** Decir qué cantidad se está dispuesto a pagar por algún artículo. *Le ofreció un millón por su coche viejo.* **7.** Proporcionar ventajas o cosas buenas. *Aquel trabajo ofrecía grandes posibilidades de futuro.* || *v. prnl.* **8.** Entregarse voluntariamente a hacer algo. *Se ofreció para llevarlo.* **SIN.** Presentarse. ❦ v. irreg., se conjuga como parecer.

ofrecimiento (o-fre-ci-**mien**-to) *s. m.* Acción de ofrecer u ofrecerse. *Aceptó su ofrecimiento.* **SIN.** Oferta, promesa, regalo. **ANT.** Demanda, solicitud.

ofrenda (o-**fren**-da) *s. f.* **1.** Don que se dedica a Dios o a los santos para pedir su ayuda. *Los pastores llevaron ofrendas al Niño Jesús.* **SIN.** Promesa. **2.** Regalo o servicio que se dedica a alguien como muestra de gratitud o cariño. *Aceptó su ofrenda.* **SIN.** Don, proposición, propuesta. **ANT.** Demanda, solicitud, petición.

ofrendar (o-fren-**dar**) *v. tr.* **1.** Ofrecer dones y sacrificios a Dios como muestra de amor o de agradecimiento por un beneficio recibido. *Ofrendaron el pan y el vino.* **SIN.** Ofrecer. **2.** Contribuir con dinero u otros dones para un fin. *Ofrendó el local para realizar allí la representación.* **SIN.** Ofertar, regalar. **ANT.** Demandar, requerir, pedir.

oftalmología (of-tal-mo-lo-**gí**-a) *s. f.* Parte de la medicina que trata de las enfermedades de los ojos. *Hizo la especialidad de oftalmología.*

oftalmólogo, ga (of-tal-**mó**-lo-go) *s. m. y s. f.* *Oculista.

ofuscar (o-fus-**car**) *v. tr.* **1.** Trastornar o confundir las ideas. **GRA.** También v. prnl. *Se ofuscó con eso y no hubo manera de hacerle razonar.* **SIN.** Obcecar(se), perturbar(se), obnubilar(se). **ANT.** Clarificar(se). **2.** Privar la visión un exceso de luz o un brillo muy intenso. *Le ofuscó un rayo.* **SIN.** Cegar, deslumbrar, turbar. **ANT.** Aclarar, despejar. ❦ Se conjuga como abarcar.

ogro, ogresa (**o**-gro) *s. m. y s. f.* **1.** En los cuentos, gigante que se alimentaba de carne humana. *El ogro asustó a los dos hermanitos.* **2.** Persona cruel o de mal carácter. *Su tío es como un ogro.* **SIN.** Coco.

ohmio (**oh**-mio) *s. m.* Unidad de resistencia eléctrica. *El símbolo del ohmio es* Ω.

oídas, de *loc. adv.* que se usa hablando de las cosas de las que alguien tiene noticia, sin haberlas visto. *Lo sé todo de oídas.*

oído (o-**í**-do) *s. m.* **1.** Sentido del cuerpo con el que se reciben los sonidos. *Tiene un oído muy fino.* **2.** Aparato de la audición, formado por la oreja y varios órganos situados en el interior de la cabeza. *Le entró agua en el oído.* **3.** Aptitud para la música. *Tiene muy buen oído para la música.* || **LOC. al oído** Dicho en secreto, confidencialmente. **de oído** Se dice de la persona que toca o canta sin saber música. **duro de oído** Se aplica a la persona que oye con dificultad. **entrar, o entrarle a alguien, una cosa por un oído, y salir, o salirle, por el otro** No hacer caso de murmuraciones. **llegar una cosa a oídos de alguien** Enterarse. **regalarle a alguien el oído** Lisonjearle, diciéndole cosas de su agrado. **ser todo oídos** Escuchar atentamente.

oír (o-**ír**) *v. tr.* **1.** Recibir los sonidos por medio del oído. *Las personas sordas no oyen, pero pueden entenderse por gestos.* **SIN.** Escuchar, sentir. **2.** Prestar una persona atención a lo que otra dice. *No oyó su consejo.* **SIN.** Atender, escuchar, ocuparse. || **LOC. como lo oyes** *fam.* Afirmar algo que resulta difícil de creer. **como quien oye llover** *fam.* Frase con que se denota el poco caso que se hace de lo que se escucha. **¡oiga!, ¡oigan! u ¡oye!** Se emplean para expresar extrañeza o enfado. **oír, ver y callar** *fam.* Frase con que se advierte o aconseja a alguien que no se entrometa en lo que no le importa, ni hable cuando no le piden consejo. ❦ v. irreg. 🖉

INDICATIVO		SUBJUNTIVO		
Pres.	Pret. perf. s.	Pres.	Pret. imperf.	Fut. imperf.
oigo	oí	oiga	oyera/se	oyere
oyes	oíste	oigas	oyeras/ses	oyeres
oye	oyó	oiga	oyera/se	oyere
oímos	oímos	oigamos	oyéramos/semos	oyéremos
oís	oísteis	oigáis	oyerais/seis	oyereis
oyen	oyeron	oigan	oyeran/sen	oyeren
IMPERATIVO		oye, oiga, oigamos, oíd, oigan		

ojal (o-**jal**) *s. m.* Abertura en las prendas de vestir, reforzada en sus bordes, que sirve para abrochar un botón o prender algo. *Llevaba un escudo de la organización en el ojal de la chaqueta.*

ojeada (o-je-**a**-da) *s. f.* Mirada rápida. *Échale una ojeada a ver qué te parece.* **SIN.** Vistazo.

ojeador (o-je-a-**dor**) *s. m.* Persona que ojea o espanta con voces la caza. *Lleva tres ojeadores para la cacería de mañana.*

ojear[1] (o-je-**ar**) *v. tr.* Echar un rápido vistazo a algo. *Está ojeando el libro.* **SIN.** Mirar, ver.

ojear[2] (o-je-**ar**) *v. tr.* Espantar la caza y acosarla hasta que llegue al sitio que el cazador quiere. *Vamos a ojear perdices.* **SIN.** Ahuyentar, batir.

ojeras (o-**je**-ras) *s. f. pl.* Manchas oscuras que salen alrededor de los párpados inferiores. *Cuando duermo muy poco le salen ojeras.* **SIN.** Cerco, círculo.

ojeriza (o-je-**ri**-za) *s. f.* Odio, antipatía que se tiene a alguien. *No le aguanto, me tiene ojeriza.* **SIN.** Manía, tirria, inquina. **ANT.** Simpatía, afecto, aprecio.

ojeroso, sa (o-je-**ro**-so) *adj.* Que tiene ojeras. *Hoy me he levantado ojeroso.*

ojete (o-**je**-te) *s. m.* **1.** Ojal redondo, reforzado con cordoncillo o con anillos de metal, para meter por él un cordón. *Pasa el cordón de la bota por todos los ojetes.* **2.** *fam.* *Ano.* **SIN.** Culo.

ojival (o-ji-**val**) *adj.* Se dice del estilo arquitectónico caracterizado por el empleo de la ojiva para toda clase de arcos. *El Gótico es un estilo ojival.*

ojo (**o**-jo) *s. m.* **1.** Órgano de la vista en el ser humano y en los animales. *Tiene un grave problema en los ojos.* **2.** Parte exterior visible de este órgano. *Tiene los ojos azules.* **3.** Agujero que atraviesa una cosa. *No acertaba a meter el hilo por el ojo de la aguja.* **SIN.** Hueco, orificio. **4.** Agujero por donde se mete la llave en la cerradura. *La llave se partió en el ojo de la cerradura.* **5.** Espacio bajo los arcos de un puente. *Este puente tiene 6 ojos.* **6.** Palabra que se pone como señal al margen de un escrito para llamar la atención sobre una cosa. *Cuando leas la nota fíjate en los ojos.* **7.** Atención, cuidado que se pone en una cosa. *Ten mucho ojo al empaquetarlo.* **8.** Especial capacidad para algo. *Tiene mucho ojo para cuidar niños.* **SIN.** Habilidad, maña. **ANT.** Torpeza. **9.** Cada uno de los huecos que tienen dentro de sí el pan, el queso y otras cosas esponjosas. *El queso gruyer tiene muchos ojos.* ‖ *s. m. pl.* **10.** Anillos de la tijera en los que entran los dedos. *Los ojos de la tijera son pequeños para mis dedos.* ‖ **11. cuatro ojos** *fam.* Persona que lleva gafas. **12. ojo a la fu-**

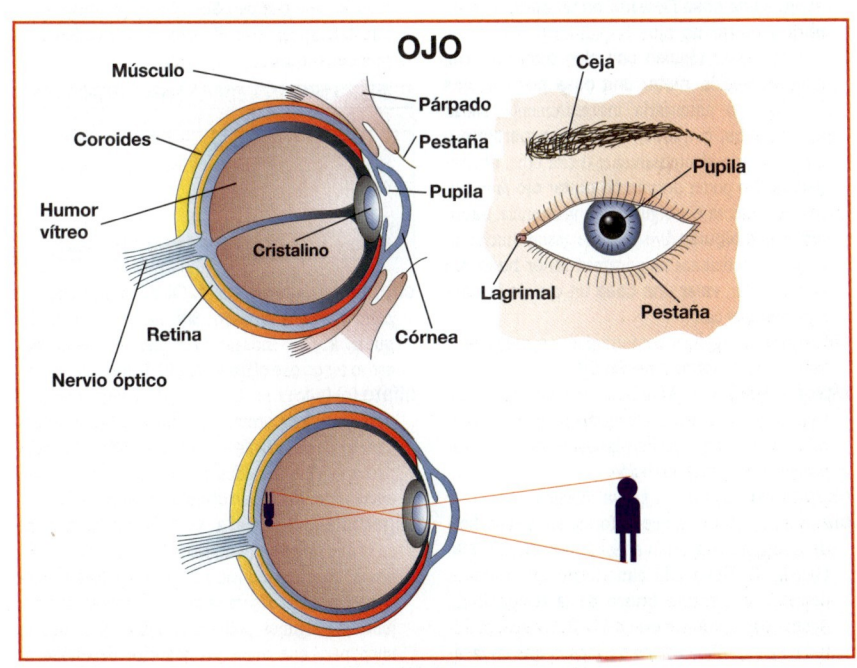

OJO

nerala *fam.* El que está amoratado por un golpe. **13. ojo clínico** Aptitud para conocer prontamente y percibir exactamente las enfermedades. **14. ojo compuesto** Tipo de ojo que tienen muchos artrópodos, sobre todo insectos y crustáceos. *Las libélulas.* **15. ojo de buey** Ventana de forma circular. **16. ojo de perdiz** Callo doloroso que se forma en los dedos del pie. **17. ojo, u ojito, derecho** La persona más apreciada o de mayor confianza de alguien. **18. ojo simple** Tipo de ojo que tienen muchos insectos. **SIN.** Ocelo. **19. ojos saltones** Los que son muy abultados. ‖ **LOC. abrirle los ojos a alguien** Desengañarle. **a ojo, o a ojo de buen cubero** De forma aproximada. **a ojos cerrados** Sin dudarlo. **bajar alguien los ojos** Ruborizarse, avergonzarse. **cerrar los ojos** Morir. **clavar alguien los ojos en una persona o cosa** Mirarla con mucho detenimiento. **comerse con los ojos a una persona o cosa** Indicar con la mirada un deseo. **costar una cosa los ojos, o un ojo, de la cara** Ser muy elevado su precio. **delante de los ojos de alguien** En su presencia. **dichosos los ojos** Se usa cuando alguien se encuentra con una persona que hace mucho tiempo que no ve. **echar el ojo a una cosa** Desearla. **en un abrir, o en un abrir y cerrar de ojos** Rapidísimamente, en un instante. **estar alguien con cien ojos** Vivir con gran precaución. **meter una cosa por los ojos** Enseñarla o anunciarla insistentemente. **mirar con buenos, o malos, ojos a una persona o cosa** Mirarla afectuosamente o con odio. **no pegar ojo** No poder dormir. **no quitar ojo** *fam.* Mirar alguna cosa o a alguien con insistencia. **sacar los ojos a alguien** *fam.* Hacerle gastar mucho dinero con peticiones inoportunas. **tener buen ojo** *fam.* Acertar. **valer una cosa un ojo de la cara** *fam.* Ser muy cara.

OK *expr.* que significa conformidad. *Le pregunté si vendría con nosotros y me dijo OK.*

okapi (o-**ka**-pi) *s. m.* Mamífero rumiante de África Central, perteneciente a la misma familia que la jirafa, aunque con el cuello y las patas cortas. *El okapi está en peligro de extinción.*

okupa (o-**ku**-pa) *s. m. y s. f., fam.* *Ocupa.

ola (o-la) *s. f.* **1.** Onda que se forma en la superficie de las aguas. *Una ola lo arrastró mar adentro.* **SIN.** Oleada. **2.** Fenómeno atmosférico que produce descenso o aumento brusco de la temperatura. *Anunciaban una fuerte ola de frío.* **3.** Oleada, multitud de gente. *El partido ha provocado olas de fana-* tismo. ‖ **LOC. en la cresta de la ola** En una situación muy favorable.

oleada (o-le-**a**-da) *s. f.* **1.** Ola grande. *Hoy el mar tiene grandes oleadas.* **2.** Golpe de la ola. *La oleada partió el muelle.* **SIN.** Embate. **3.** Movimiento impetuoso de muchas personas o cosas. *Se produjo una oleada de protestas.* **SIN.** Tropel, infinidad.

oleaginoso, sa (o-le-a-gi-**no**-so) *adj.* *Aceitoso.

oleaje (o-le-**a**-je) *s. m.* Sucesión continuada de olas. *Había gran oleaje.*

óleo (**ó**-le-o) *s. m.* **1.** Pintura realizada con colores disueltos en aceite secante. *Este óleo es muy famoso.* **2.** Este modo de pintar. *Pinta al óleo.* ‖ **3. santos óleos** Aceite consagrado que la Iglesia católica usa principalmente para administrar sacramentos como la extremaunción.

oleoducto (o-le-o-**duc**-to) *s. m.* Tubería que sirve para conducir el petróleo a larga distancia. *El oleoducto atraviesa grandes estepas.*

oler (o-**ler**) *v. tr.* **1.** Percibir los olores. *Con el catarro que tengo no puedo oler nada.* **SIN.** Olfatear. **2.** Averiguar una cosa oculta. **GRA.** Se usa más como v. prnl. *¡Ya me lo olía yo!* **SIN.** Barruntar, indagar, inquirir, sospechar. **3.** Fisgar, curiosear. *Es un curioso, todo lo tiene que oler.* **SIN.** Husmear, cotillear. ‖ *v. intr.* **4.** Despedir olor. *El basurero olía mal.* **SIN.** Desprender, trascender. ◈ *v. irreg.*

INDICATIVO	SUBJUNTIVO	IMPERATIVO
Pres.	Pres.	
huelo	huela	
hueles	huelas	huele
huele	huela	huela
olemos	olamos	olamos
oléis	oláis	oled
huelen	huelan	huelan

olfatear (ol-fa-te-**ar**) *v. tr.* **1.** Oler con insistencia. *El perro olfateaba el rastro.* **SIN.** Husmear, oler, olisquear. **2.** *fam.* Indagar, averiguar. *No me lo creo, eso lo tengo que olfatear yo.* **SIN.** Curiosear, fisgar.

olfato (ol-**fa**-to) *s. m.* **1.** Sentido del cuerpo que sirve para distinguir aromas, perfumes y otros olores. *Los perros de caza tienen muy buen olfato.* **2.** Facilidad e ingenio para descubrir lo que está oculto o encubierto. *Tuvo buen olfato para dar con ello.*

oligarquía (o-li-gar-**quí**-a) *s. f.* **1.** Forma de gobierno en la que todos los poderes de Estado están en manos de un grupo reducido de personas. *En aquel país mandaba una oligarquía de terratenientes.* **2.** Conjunto de algunos poderosos negociantes que se unen para que todos los negocios dependan de

oligisto - ombudsman

ellos. *La Liga Hanseática pasó a ser una oligarquía.* **SIN.** Camarilla.

oligisto (o-li-**gis**-to) *s. m.* Mineral de color gris negruzco o pardo rojizo, muy duro y pesado, que se utiliza mucho en siderurgia. *El oligisto es un óxido de hierro.*

oligofrenia (o-li-go-**fre**-nia) *s. f.* Enfermedad mental que se caracteriza por el desarrollo insuficiente de la inteligencia. *Sufre una oligofrenia.* **SIN.** Idiocia, infantilismo. **ANT.** Inteligencia.

olimpiada (o-lim-**pia**-da) *s. f.* **1.** Fiesta o juego público que se hacía cada cuatro años en la antigua ciudad griega de Olimpia. *Las olimpiadas se hacían en honor de los dioses.* **2.** *Juegos Olímpicos. ✎ También "olimpíada".

olímpico, ca (o-**lím**-pi-co) *adj.* **1.** Que pertenece o se refiere a las olimpiadas. *Es una prueba olímpica.* **2.** Altanero, soberbio. *Se saltó la cola con un olímpico descaro.* **SIN.** Engreído, orgulloso.

olimpo (o-**lim**-po) *s. m.* **1.** En la mitología griega, cielo o morada de los dioses. *Se cree que está en el olimpo.* **SIN.** Paraíso. **2.** *fam.* Gloria, fama. *Disfrutaba en el olimpo.* ‖ **LOC. estar alguien en el Olimpo** Estar muy concentrado en sus propios pensamientos.

oliscar (o-lis-**car**) *v. tr.* *Olisquear. ✎ Se conjuga como abarcar.

olisquear (o-lis-que-**ar**) *v. tr.* **1.** Oler cuidadosamente algo, y buscar por el olfato una cosa. *El perro olisqueaba el seto.* **SIN.** Olfatear. **2.** Husmear, curiosear. **SIN.** Indagar, inquirir. *Andaba olisqueando por ahí.*

oliva (o-**li**-va) *s. f.* **1.** *Olivo. **2.** Aceituna, fruto del olivo. *Comimos una tapa de olivas.*

olivicultura (o-li-vi-cul-**tu**-ra) *s. f.* Técnica de cultivar el olivo. *Era un especialista en olivicultura.*

olivo (o-**li**-vo) *s. m.* Árbol de tronco corto, grueso y torcido, copa ancha y ramosa, con hojas persistentes, cuyo fruto es la aceituna. *Andalucía es tierra de olivos.*

olla (o-lla) *s. f.* **1.** Vasija redonda con una o dos asas, de barro o metal, que se usa para cocer alimentos, calentar agua, etc. *Pon la olla al fuego.* **SIN.** Cacerola, cazuela, marmita. **2.** Plato compuesto de garbanzos, carne y tocino, que se cuece todo junto y se sazona. *Hoy comemos olla podrida.* **SIN.** Cocido, puchero. ‖ **3. olla a presión, o exprés** La metálica y de cierre hermético, que permite cocinar alimentos rápidamente gracias a la presión a que son sometidos. **4. olla podrida** Cocido que, además de los ingredientes habituales, garbanzos, carne, embutido, incluye otros como jamón, gallina, etc.

olmo (**ol**-mo) *s. m.* Árbol de tronco robusto y derecho, copa ancha, flores de color blanco rojizo, y excelente madera. *Hemos plantado varios olmos.*

olor (o-**lor**) *s. m.* **1.** Sensación que ciertos cuerpos producen en el olfato. *Las rosas despiden un olor muy agradable.* **SIN.** Aroma, fragancia, hedor, tufo, fetidez. **2.** Aquello que produce sospecha en alguna cosa que está oculta o por suceder. *Sus acciones tienen un olor raro.* **SIN.** Asomo, indicio. ‖ **LOC. en olor de multitudes** Aclamado por un grupo muy numeroso de personas.

oloroso, sa (o-lo-**ro**-so) *adj.* **1.** Que despide buen olor. *Es una planta muy olorosa.* **SIN.** Fragante, aromático, perfumado. **ANT.** Fétido, hediondo, pestilente, nauseabundo. ‖ *s. m.* **2.** Cierto vino de Jerez. *Bebimos unas copas de oloroso.*

olvidadizo, za (ol-vi-da-**di**-zo) *adj.* Que se olvida de las cosas con facilidad. *¡Qué olvidadizo! se dejó la cartera.* **SIN.** Desmemoriado, amnésico. **ANT.** Atento, memorión.

olvidar (ol-vi-**dar**) *v. tr.* **1.** Dejar de tener en la memoria. **GRA.** También v. prnl. *He olvidado la edad que tienes. Se olvidó de que tenía una cita.* **ANT.** Acordarse, recordar. **2.** Dejar algo en un sitio sin querer. *He olvidado los libros en la clase.* **SIN.** Extraviar. **3.** Dejar de tener afecto por una persona o cosa. **GRA.** También v. prnl. *Poco tardó en olvidarse de los viejos amigos.* **SIN.** Descuidar(se), desatender(se), abandonar, arrinconar. **4.** No tener algo en cuenta. **GRA.** También v. prnl. *¡Olvídalo!, no te preocupes de eso.*

olvido (ol-**vi**-do) *s. m.* **1.** Falta de la memoria que se tenía de una cosa. *No lo traje, qué olvido más tonto.* **SIN.** Descuido, omisión, amnesia. **ANT.** Memoria, recuerdo, evocación. **2.** Cesación del cariño que antes se tenía. *Su antiguo novio cayó en el olvido.* **SIN.** Ingratitud, desagradecimiento. **ANT.** Agradecimiento, reconocimiento. **3.** Descuido de algo que se debía tener en cuenta. *Ha sido un olvido imperdonable.* **SIN.** Inadvertencia, negligencia. ‖ **LOC. enterrar algo en el olvido** Olvidarlo para siempre.

ombligo (om-**bli**-go) *s. m.* **1.** Cicatriz redonda y arrugada que queda en medio del vientre, después de cortarse y secarse el cordón umbilical. *Al bebé tardó en secársele la herida del ombligo.* **2.** Medio o centro de cualquier cosa. *Se creía el ombligo del mundo.*

ombudsman *s. m.* *Defensor del pueblo. *Presentó su queja ante el ombudsman.*

753

omega - ópalo

omega (o-**me**-ga) *s. f.* Última letra del alfabeto griego. *Una omega es el símbolo del ohmio.*

ominoso, sa (o-mi-**no**-so) *adj.* **1.** Abominable, odioso. *Tiene un carácter ominoso.* **2.** Funesto, que predice desgracias. *Fue un período ominoso.* **SIN.** Aciago, desgraciado. **ANT.** Afortunado.

omiso, sa (o-**mi**-so) *adj.* Descuidado, negligente. *Es muy omiso en su trabajo.* ‖ **LOC. hacer caso omiso de algo** No prestarle niguna atención.

omitir (o-mi-**tir**) *v. tr.* Dejar de hacer o de decir una cosa. **GRA.** También v. prnl. *No puedo decir sus nombres, debo omitirlos.* **SIN.** Prescindir, descuidar, callar(se), silenciar(se). **ANT.** Mencionar, referir.

ómnibus (**óm**-ni-bus) *s. m.* Vehículo con capacidad para un gran número de viajeros. *Fuimos de excursión en un ómnibus.* ✎ Invariable en número.

omnipotente (om-ni-po-**ten**-te) *adj.* Que todo lo puede. *Dios es omnipotente.* **SIN.** Todopoderoso.

omnipresente (om-ni-pre-**sen**-te) *adj.* Que está en todas partes a la vez. *Sólo Dios es omnipresente.*

omnívoro, ra (om-**ní**-vo-ro) *adj.* Se dice de los animales que se alimentan de toda clase de sustancias orgánicas, tanto vegetales como animales. **GRA.** También s. m. *El oso es un aminal omnívoro.*

omóplato (o-**mó**-pla-to) *s. m.* Cada uno de los dos huesos anchos y planos, situados a uno y otro lado de la espalda, donde se articulan los brazos. *Cuando se cayó se rompió un omóplato.* **SIN.** Paletilla. ✎ También "omoplato".

once (**on**-ce) *adj. num. card.* **1.** Diez y uno. ‖ *adj. num. ord.* **2.** Undécimo. **GRA.** También s. m., aplicado a los días del mes. ‖ *s. m.* **3.** Conjunto de signos con que se representa el número 11.

onceavo, va (on-ce-**a**-vo) *adj. num. part.* Se dice de cada una de las 11 partes iguales en que se divide un todo. **GRA.** También s. m.

oncología (on-co-lo-**gí**-a) *s. f.* Parte de la medicina que estudia los tumores. *Está en la planta de oncología.*

onda (**on**-da) *s. f.* **1.** Porción de agua que alternativamente se eleva y deprime en la superficie de un líquido. *Hoy el mar está tranquilo, sin apenas ondas.* **SIN.** Ola. **2.** Cada una de las curvas, en forma de eses, que se forman en algunas cosas. **GRA.** Se usa más en pl. *En cuanto le crecía un poco el pelo se le formaban ondas.* **SIN.** Ondulación. **3.** Cada uno de los semicírculos con que se adorna el borde de algunas telas. *La falda estaba adornada con ondas de encaje.* **SIN.** Festón. **4.** En física, forma especial del movimiento vibratorio dentro de un medio o cuerpo elástico. *Calcula la diferencia de longitud de estas ondas.* ‖ **LOC. captar la onda** *fam.* Entender una insinuación, indirecta, etc. **estar en la misma onda** *fam.* Tener aficiones u opiniones similares. **estar en la onda** *fam.* Tener conocimiento de las últimas tendencias de determinado asunto o materia. ☞ No confundir con "honda", 'instrumento para arrojar piedras'.

ondear (on-de-**ar**) *v. intr.* **1.** Hacer ondas el agua. *Al tirar la piedra, la superficie del agua ondeó.* **2.** Formar ondas los pliegues de una cosa. *La bandera ondeaba en lo alto del mástil.* ☞ No confundir con "hondear".

ondulado, da (on-du-**la**-do) *adj.* Se dice de los cuerpos cuya superficie forma ondas pequeñas. *No podían construir una casa porque el terreno era muy ondulado.* **SIN.** Ondeado, rizoso. **ANT.** Liso, alisado.

ondular (on-du-**lar**) *v. intr.* **1.** Moverse una cosa formando ondas. *La bandera ondulaba con el viento.* **SIN.** Ondear, flamear. ‖ *v. tr.* **2.** Rizar el pelo. *Me voy a ondular el pelo este verano.*

ondulatorio, ria (on-du-la-**to**-rio) *adj.* Que se extiende en forma de ondas. *Movimiento ondulatorio.*

oneroso, sa (o-ne-**ro**-so) *adj.* **1.** Pesado, molesto. *Era una carga demasiado onerosa.* **SIN.** Enojoso. **ANT.** Ligero, leve. **2.** Que ocasiona muchos gastos. *Era un gasto muy oneroso.* **SIN.** Costoso, caro, elevado. **ANT.** Gratuito.

ónice (**ó**-ni-ce) *s. m.* Ágata con unas vetas muy claras y otras muy oscuras. *Llevaba un camafeo de ónice.* **SIN.** Ónix.

onírico, ca (o-**ní**-ri-co) *adj.* Que pertenece o se refiere a los sueños. *Toda su poesía era onírica.*

ónix (**ó**-nix) *s. m.* *Ónice. ✎ Invariable en número.

onomástica (o-no-**más**-ti-co) *s. f.* **1.** Ciencia que trata de la catalogación y estudio de los nombres propios. *Es un gran estudioso de la onomática.* **2.** Día en que se celebra el santo de una persona. *El próximo martes es su onomástica.*

onomatopeya (o-no-ma-to-**pe**-ya) *s. f.* Palabra que imita el sonido de una cosa. *¡Zas! es una onomatopeya de golpe.*

onza (**on**-za) *s. f.* Peso que equivale a 28,7 gramos. *Pesa unas 3 onzas.*

opaco, ca (o-**pa**-co) *adj.* Que impide el paso a la luz. *Pusieron cristales opacos.* **SIN.** Oscuro, esmerilado. **ANT.** Transparente, diáfano, translúcido.

ópalo (**ó**-pa-lo) *s. m.* Mineral duro y de colores diversos. *El ópalo de color rojo intenso se llama ópalo de fuego.*

opción - oportunista

opción (op-**ción**) s. f. Libertad o facultad de elegir. *No tenía otra opción.* **SIN.** Elección, alternativa.

open s. m. Competición deportiva abierta a la participación de deportistas de diferentes categorías. *Participó en un open de tenis.*

ópera (**ó**-pe-ra) s. f. **1.** Poema dramático compuesto todo él en música. *"Aida" es una magnífica ópera de Verdi.* **2.** Género formado por esta clase de obras. *Estaba haciendo un repertorio de autores de ópera.*

operación (o-pe-ra-**ción**) s. f. **1.** Realización de una cosa. *Se ha montado una operación de rescate.* **SIN.** Acción, actuación, manipulación, trabajo, realización. **2.** Intervención quirúrgica. *La operación duró dos horas.* **3.** En matemáticas, cálculo que se realiza con cantidades o expresiones algebraicas o aritméticas, de acuerdo con unas reglas. *Resuelve esa operación.* **4.** Negociación o trato comercial. *Cerró la operación.* **SIN.** Negocio. **5.** Maniobra militar. *Fracasó la operación de desembarco.* || **6. operación cesárea** La que se hace abriendo la matriz para extraer el feto.

operador, ra (o-pe-ra-**dor**) s. m. y s. f. **1.** Persona que, en una central telefónica, se encarga de las comunicaciones no automáticas. *Trabaja de operadora.* **SIN.** Telegrafista, telefonista. **2.** Persona que opera o funciona con una máquina informática. *Es operador.* **3.** Técnico que se encarga de la sección fotográfica en el rodaje de una película. *Fue operador en una película.* **4.** Persona que, en la proyección de una película, se ocupa del equipo de sonido y del proyector. *Conocía al ayudante del operador.* || s. m. **5.** En matemáticas, símbolo que designa una operación aritmética, como "más (+)", "menos (-)", etc. *Si varías el signo del operador, cambia el resultado.*

operante (o-pe-**ran**-te) adj. Activo, eficaz. *Hay que tomar medidas operantes y dejar las charlas inútiles.*

operar (o-pe-**rar**) v. tr. **1.** Llevar a cabo algo. **GRA.** También v. prnl. *Se operaron grandes cambios.* **SIN.** Realizar, producir(se), provocar. **2.** Realizar sobre el cuerpo vivo de una persona o animal una intervención quirúrgica. *Le operaron de apendicitis.* **SIN.** Intervenir, extirpar, amputar. || v. intr. **3.** Trabajar, actuar. *Varias patrullas policiales operaban en la zona.* **4.** Hacer una cosa el efecto para el que está destinada, especialmente las medicinas. *El calmante operó muy rápido.* **SIN.** Obrar. **5.** Realizar operaciones matemáticas. *Opera con decimales.* **SIN.** Calcular.

operario, ria (o-pe-**ra**-rio) s. m. y s. f. Trabajador manual. *Tiene en plantilla gran número de operarios.* **SIN.** Obrero, oficial.

operativo, va (o-pe-ra-**ti**-vo) adj. **1.** Se dice de lo que produce el efecto que se desea. *La medida resultó operativa.* **SIN.** Efectivo. **2.** Que se encuentra en funcionamiento. *El sistema de seguridad todavía no está operativo.*

opereta (o-pe-**re**-ta) s. f. Obra musical de poca extensión y de carácter cómico, y género formado por este tipo de obras. *La opereta nació en el siglo XIX.*

opinar (o-pi-**nar**) v. intr. Expresar una opinión de palabra o por escrito. **GRA.** También v. tr. *Opino que no está bien hecho.*

opinión (o-pi-**nión**) s. f. **1.** Lo que se piensa sobre algo o alguien. *Mi opinión sobre la poesía es que es maravillosa.* **SIN.** Criterio, juicio, parecer. **2.** Concepto en que se tiene a una persona o cosa. *No tenía muy buena opinión de ella.* **SIN.** Fama, prestigio, crédito, reputación. || **3. opinión pública** Parecer compartido por la mayoría de las personas.

opio (**o**-pio) s. m. Sustancia de propiedades narcóticas, que se extrae del fruto de una planta llamada adormidera. *El consumo de opio está prohibido.*

opíparo, ra (o-**pí**-pa-ro) adj. Se dice del banquete, comida, etc. en el que hay abundancia de cosas exquisitas. *Fue una cena opípara.* **SIN.** Copioso, espléndido, sabroso, suculento. **ANT.** Escaso, desabrido.

oponente (o-po-**nen**-te) adj. Se dice de la persona o grupo de personas que se enfrenta a otra u otras en ideas, pensamientos, o en una competición, concurso, etc. **GRA.** También s. m. y s. f. *Tuvo un duro debate con su oponente político.*

oponer (o-po-**ner**) v. tr. **1.** Poner una cosa contra otra para impedir su efecto. **GRA.** También v. prnl. *Opuso resistencia a que le viera el médico.* **SIN.** Enfrentar(se), contradecir. **ANT.** Apoyar(se), admitir, aceptar. || v. prnl. **2.** Ser una cosa contraria a otra. *La amistad se opone al odio.* **SIN.** Contraponerse, combatir. **3.** Manifestarse en contra. *Se opuso a la idea.* ✎ v. irreg., se conjuga como poner.

oporto (o-**por**-to) s. m. Vino tinto fabricado principalmente en Oporto, ciudad de Portugal. *Bebió una copita de oporto.*

oportunidad (o-por-tu-ni-**dad**) s. f. **1.** Conveniencia de tiempo y lugar para determinado fin. *Pasó tu gran oportunidad.* **SIN.** Ocasión, coyuntura, pertinencia, conveniencia. **ANT.** Improcedencia, retraso, adelanto, inexactitud. **2.** Venta de mercancías a precios más bajos de lo normal. *Esa tienda está en la semana de oportunidades.* **SIN.** Rebaja, saldo.

oportunista (o-por-tu-**nis**-ta) adj. Se dice de quien se aprovecha de las circunstancias para lograr el mayor beneficio posible, sin tener en cuenta ideas ni principios. **GRA.** También s. m. y s. f. *Le acusó de ser un oportunista.* **SIN.** Aprovechado.

oportuno, na (o-por-**tu**-no) *adj.* **1.** Que sucede o se hace como o cuando conviene. *No era el momento oportuno para decir lo que pensaba.* **SIN.** Conveniente, pertinente, adecuado. **ANT.** Impertinente, inoportuno, improcedente, inadecuado. **2.** Se dice también de la persona que es ocurrente en la conversación. *Estuvo muy oportuno.* **SIN.** Ingenioso, agudo, sutil. **ANT.** Inoportuno, aburrido, soso.

oposición (o-po-si-**ción**) *s. f.* **1.** Acción y efecto de oponer u oponerse. *Su oposición a la idea era definitiva.* **SIN.** Enfrentamiento, resistencia. **2.** Situación de dos personas o cosas enfrentadas entre sí. *La total oposición de las dos ideas era evidente.* **SIN.** Contraste, antagonismo, discrepancia. **ANT.** Conformidad, acuerdo, adhesión. **3.** Resistencia a lo que una persona hace o dice. *Encontró gran oposición.* **SIN.** Rechazo. **4.** Examen o conjunto de exámenes que los aspirantes a un puesto de trabajo deben superar. **GRA.** Se usa más en pl. *Está preparando oposiciones.* **SIN.** Prueba, ejercicio. **5.** Grupos o partidos que en un país se oponen a la política del Gobierno. *La oposición votó en contra.* **6.** Aquello que impide la realización de algo. *No encontró oposición alguna.* **SIN.** Impedimento, obstáculo, traba, dificultad. **ANT.** Facilidad, ayuda.

opositar (o-po-si-**tar**) *v. intr.* Tomar parte en unas oposiciones para conseguir un puesto de trabajo. *Oposita al cuerpo de seguridad del Estado.* ☞ Se construye con la prep. "a".

opresión (o-pre-**sión**) *s. f.* **1.** Acción y efecto de oprimir. *El pueblo estaba sometido a la opresión del dictador.* **SIN.** Avasallamiento, dominación, sumisión. **ANT.** Liberación, emancipación. **2.** Sensación molesta en el pecho que dificulta la respiración. *Voy a consultar al médico, siento una fuerte opresión en el pecho.* **SIN.** Ahogo, angustia, asfixia.

oprimir (o-pri-**mir**) *v. tr.* **1.** Ejercer presión sobre una cosa. *Oprime el timbre con fuerza.* **SIN.** Apretar, presionar, comprimir. **ANT.** Aflojar, soltar. **2.** Dominar y tratar a una persona, a una nación, etc. con violencia. *El dictador oprimía a su pueblo.* **SIN.** Esclavizar, tiranizar, subyugar. **ANT.** Libertar, liberar. ✎ Tiene doble p. p.; uno reg., oprimido, y otro irreg., opreso.

oprobio (o-**pro**-bio) *s. m.* Deshonra, afrenta, vergüenza. *No estaba dispuesta a aguantar más oprobios y decidió presentar su dimisión.* **SIN.** Vilipendio, ofensa, descrédito. **ANT.** Honor, honra.

optar (op-**tar**) *v. tr.* **1.** Elegir una cosa entre varias. **GRA.** También v. intr. *Optó por viajar en tren en vez de en autocar.* **SIN.** Escoger, preferir, inclinarse. **ANT.** Abstenerse. **2.** Aspirar a conseguir algo. *Sólo pueden optar al puesto los que tengan la carrera de biología.* **SIN.** Opositar, pretender. **ANT.** Renunciar.

optativo, va (op-ta-**ti**-vo) *adj.* Voluntario, no obligatorio. *La excursión a la nieve que organiza el colegio los sábados es optativa.* **SIN.** Personal, potestativo.

óptica (**óp**-ti-ca) *s. f.* **1.** Parte de la física que trata de la luz y de sus leyes y fenómenos. *Estudió la carrera de óptica.* **2.** Técnica de construir gafas, lentillas y otros instrumentos relacionados con la visión. *Se dedica a la óptica.* **3.** Establecimiento donde se venden y fabrican estos instrumentos, y en el que también gradúan la vista. *Compré las lentillas en esa óptica.*

optimar (op-ti-**mar**) *v. tr.* Buscar la mejor manera de realizar algo. *Hay que optimar los recursos.*

optimismo (op-ti-**mis**-mo) *s. m.* Tendencia a ver el lado bueno de las cosas. *Lleva los problemas con mucho optimismo.* **SIN.** Alegría, confianza. **ANT.** Pesimismo, tristeza.

optimista (op-ti-**mis**-ta) *adj.* Que tiende a ver las cosas en su aspecto más favorable. **GRA.** También s. m. y s. f. *Es muy optimista, está segura de que devolverá el crédito sin problemas.* **SIN.** Alegre, seguro. **ANT.** Pesimista.

optimizar (op-ti-mi-**zar**) *v. tr.* *Optimar. ✎ Se conjuga como abrazar.

óptimo, ma (**óp**-ti-mo) *adj. sup.* de bueno. Muy bueno, que no puede ser mejor. *Aquel era el momento óptimo para decírselo.* **SIN.** Buenísimo, inmejorable, perfecto, adecuado. **ANT.** Pésimo, malísimo, chapucero, imperfecto.

opuesto, ta (o-**pues**-to) *adj.* **1.** Contrario, contradictorio. *Sus ideas era opuestas. Tiró por la desviación opuesta.* **SIN.** Adverso, divergente, incompatible. **ANT.** Idéntico, favorable. **2.** Enemigo, reacio. *Se mostró opuesto al plan.* **SIN.** Antagonista, adversario, rival. **ANT.** Partidario, amigo, afín.

opulencia (o-pu-**len**-cia) *s. f.* Gran riqueza de bienes o sobreabundancia de cualquier otra cosa. *Vivían con gran opulencia.* **SIN.** Abundancia, copiosidad, suntuosidad, fortuna. **ANT.** Pobreza, escasez, modestia, necesidad.

opulento, ta (o-pu-**len**-to) *adj.* Rico, abundante. *Lo habían celebrado con un opulento banquete.* **SIN.** Copioso, suntuoso. **ANT.** Escaso, pobre, modesto, insignificante.

oquedad - oral

oquedad (o-que-**dad**) *s. f.* Hueco en un cuerpo sólido. *Había una oquedad en la pared.* **SIN.** Cavidad.

ora (**o**-ra) *conj. distrib.* Aféresis de "ahora".

oración (o-ra-**ción**) *s. f.* **1.** Conjunto de palabras con sentido completo e independiente, generalmente delimitado en la escritura por un punto. *Las oraciones constan de sujeto y verbo.* **SIN.** Frase, proposición, cláusula. **2.** Conjunto de palabras para pedir o agradecer algo a Dios. *Rezó sus oraciones.* **SIN.** Plegaria, ruego. ‖ **3. oraciones simples** Las que tienen como núcleo del predicado un único verbo en forma personal. **4. oraciones compuestas** Las que tienen dos o más verbos en forma personal.

oráculo (o-**rá**-cu-lo) *s. m.* **1.** En la antigüedad clásica, respuesta que a través de las pitonisas y sacerdotes daban las divinidades a quienes les consultaban. *Los romanos solían consultar a sus oráculos.* **SIN.** Augurio. **2.** Profecía. *Creía en sus oráculos.*

orador, ra (o-ra-**dor**) *s. m. y s. f.* Persona que habla en público, pronuncia discursos o da conferencias. *Cicerón fue un excelente orador.* **SIN.** Disertador, predicador, conferenciante. **ANT.** Oyente.

oral (o-**ral**) *adj.* **1.** Que se dice de palabra y no por escrito. *Hicimos un examen oral.* **SIN.** Verbal. **ANT.** Mímico, gestual, escrito. **2.** Que pertenece o se refiere a la boca. *Por vía oral.* **SIN.** Bucal.

CLASIFICACIÓN DE LAS ORACIONES COMPUESTAS			
COMPUESTAS	**COORDINADAS**	Copulativas	Están unidas por las conjunciones **y**, **e**, **ni**, que relacionan unos elementos con otros sumándolos. *Fuimos y volvimos en el día*
		Disyuntivas	Están unidas por las conjunciones **o**, **u**, e indican que hay que elegir lo que se dice en una de ellas, excluyendo lo propuesto en las otras. *Te vas o te quedas.*
		Adversativas	Están unidas por las conjunciones **más**, **pero**, **sino**, **sin embargo**, **no obstante**, que relacionan elementos que se oponen. *Llamamos más no contestaron.*
		Distributivas	Equivalen a las disyuntivas y su nexo lo constituyen palabras correlativas o repetidas **ora…ora, ya…ya, bien…bien.** *Ora canta, ora llora*
	SUBORDINADAS	Sustantivas	Desempeñan las funciones propias del sustantivo y su nexo es **que**, y, en ciertas ocasiones **de que**. *No me gusta que vea tanto la tele*
		Adjetivas	Funcionan como complemento de un nombre al cual se le denomina antecedente. Al igual que los adjetivos pueden ser especificativas o explicativasç *El niño que está sentado es mi hermano* *Esa película, que tiene mucha fama, no me gusta nada*
		Adverbiales — De tiempo	*Lo haremos cuando tú digas*
		Adverbiales — De lugar	*Fuimos por donde nos habías dicho*
		Adverbiales — De modo	*Iremos como podamos*
		Adverbiales — Comparativas	*Lo dijo como si estuviera enfadado*
		Adverbiales — Causales	*Llamó porque vio luz*
		Adverbiales — Consecutivas	*Así que me llames, iré*
		Adverbiales — Condicionales	*Saldremos si no llueve*
		Adverbiales — Concesivas	*Aceptó aunque no estaba de acuerdo*
		Adverbiales — Finales	*Lo hizo para que no te enfadaras*

orangután - ordenado

orangután (o-ran-gu-**tán**) *s. m.* Mono de gran tamaño, que mide hasta dos metros de altura, muy robusto e inteligente, de cabeza gruesa, piernas cortas y brazos muy largos. *El orangután vive en las selvas de Borneo y Sumatra.*

orar (o-**rar**) *v. intr.* Hacer oración a Dios. *El sacerdote se encontraba orando en el altar mayor.* **SIN.** Rezar, suplicar, alabar.

oratoria (o-ra-**to**-ria) *s. f.* Arte de hablar con elocuencia para convencer y conmover al público. *Publicó un tratado sobre oratoria.* **SIN.** Elocuencia.

oratorio (o-ra-**to**-rio) *s. m.* **1.** Lugar destinado para hacer oración a Dios. *La misa se celebró en el oratorio del colegio.* **SIN.** Capilla, santuario, templo. **2.** Capilla privada que hay en algunas casas. *En el palacio tenían un oratorio.*

orbe (**or**-be) *s. m.* **1.** Esfera celeste o terrestre. *Dibuja los continentes en ese orbe.* **SIN.** Globo. **2.** Mundo, conjunto de todas las cosas creadas. *Su fama es conocida en todo el orbe.* **SIN.** Universo, cosmos.

orbicular (or-bi-cu-**lar**) *adj.* Circular, redondo. *Tiene una forma orbicular.*

órbita (**ór**-bi-ta) *s. f.* **1.** Trayectoria descrita por un planeta o cometa alrededor del Sol, o por un satélite alrededor de un planeta. *Toda órbita es una elipse.* **SIN.** Trayectoria. **2.** Cuenca del ojo. *Los ojos se le salían de las órbitas.* **3.** Ámbito, espacio. *Se movía en la órbita de la alta sociedad.* || **LOC. estar en órbita** Estar al día de lo que sucede y actuar en consecuencia. **poner en órbita** Lanzar al espacio un satélite artificial. | *fam.* Hacer famosa a una persona, cosa, idea, etc.

orca (**or**-ca) *s. f.* Mamífero marino parecido a la ballena, que llega a medir unos diez metros de largo. *Las orcas son muy feroces.* ☞ No confundir con "horca", instrumento para ahorcar'.

órdago (**ór**-da-go) *s. m.* Envite del resto en el juego del mus. *Dio un órdago.* || **LOC. de órdago** Excelente, muy bueno.

orden (**or**-den) *s. amb.* **1.** Colocación de las cosas en el lugar que les corresponde. *Ayúdame a poner en orden estos libros.* **SIN.** Disposición. **2.** Buena disposición de las cosas entre sí. *En la organización reinaba un perfecto orden.* **SIN.** Concierto, proporción, armonía. **ANT.** Desorden, caos, desconcierto. **3.** Situación normal o habitual. *Antes de salir de casa, comprueba que todo está en orden.* **4.** Regla que hay que seguir para hacer las cosas. *Ordena estas palabras según un orden alfabético.* **SIN.** Método, sistema, regla. **ANT.** Confusión. **5.** En botánica y zoología, cada uno de los grupos taxonómicos en que se dividen las clases. Está formado por varias familias, que comparten importantes características evolutivas especializadas. *En el orden de los roedores todos sus miembros tienen un tipo especial de dientes.* **6.** Género, tipo. *Tenían algunos problemas de orden administrativo.* **SIN.** Clase. **7.** En arquitectura, cada uno de los estilos clásicos. *Orden dórico, jónico y corintio.* **8.** En una lengua, conjunto de fonemas que poseen el mismo punto de articulación. *La "p" pertenece al orden de las bilabiales.* || *s. f.* **9.** Mandato que se debe obedecer. *Cumplió sus órdenes.* **SIN.** Precepto, decreto, disposición, bando. **10.** Institución religiosa aprobada por el Papa y cuyos miembros viven bajo las reglas establecidas por su fundador o por sus reformadores. *Entró en la orden de los Carmelitas.* **SIN.** Comunidad, congregación, regla. **11.** Institución, civil o militar, creada para premiar por medio de condecoraciones a las personas ilustres. *Quevedo perteneció a la orden militar de Santiago.* **12.** En informática, instrucción o comando que se da al ordenador para realizar ciertas operaciones. *Le dio la orden de imprimir.* || **13. orden de caballería** Conjunto y sociedad de los caballeros que profesan las armas. **14. orden del día** Lista de los asuntos que, en determinada fecha, han de tratarse en una asamblea o corporación. **15. orden público** Situación de normalidad en la vida pública en la que las autoridades ejercen sus actividades propias y los ciudadanos las respetan. || **LOC. dar órdenes** Mandar. **del orden de** Aproximadamente, cerca de. **en orden** Ordenadamente. **en orden a** Respecto a. **estar algo a la orden del día** Estar de moda. **llamar a alguien al orden** Reprenderle. **sin orden ni concierto** En completo desorden.

ordenación (or-de-na-**ción**) *s. f.* **1.** Disposición de las cosas o personas en el lugar o la manera que les corresponde. *Guardaban una ordenación correlativa.* **SIN.** Organización, orden, clasificación, sistematización. **2.** Acción de conferir las órdenes sagradas a un sacerdote. *Recibió la ordenación sacerdotal.*

ordenada (or-de-**na**-da) *s. f.* En matemáticas, coordenada perpendicular al eje de las abscisas, en el sistema cartesiano. **GRA.** También *adj. Dibujo el eje de las ordenadas.*

ordenado, da (or-de-**na**-do) *adj.* Que sigue un orden o método. *Es una persona muy ordenada.* **SIN.** Organizado, clasificado, arreglado, metódico. **ANT.** Desordenado, desorganizado, caótico.

ÓRDENES ARQUITECTÓNICOS

Persa

Protodóricas

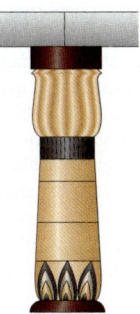
Egipcio

Palacio mesopotámico

Toscano

Corintio

Jónico

Dórico

ordenador - orear

ordenador (or-de-na-**dor**) *s. m.* **1.** Máquina que, a partir de unos datos de entrada, es capaz de elaborar una información o resultado, siguiendo una serie de operaciones para las cuales ha sido previamente programada. *Se compró un ordenador personal.* **SIN.** Computador, computadora. || **2. ordenador portátil** El que, por su diseño, es ligero de peso, plegable y fácilmente transportable.

ordenanza (or-de-**nan**-za) *s. m.* **1.** Empleado subalterno de centros públicos o privados, entre cuyas funciones están la vigilancia, el cuidado de mobiliario, la recogida y reparto de correspondencia, portería, etc. *Era ordenanza de la Universidad.* || *s. f. pl.* **2.** Conjunto de órdenes o normas por las que se rige alguna institución. *Cumplió las ordenanzas.*

ordenar (or-de-**nar**) *v. tr.* **1.** Poner una cosa como debe estar. *Ordena tu habitación.* **SIN.** Arreglar, organizar. **ANT.** Desordenar, desorganizar, desequilibrar. **2.** Mandar que se haga una cosa. *El capitán ordenó ponerse firme al soldado.* **SIN.** Dirigir, disponer, decretar, mandar. **ANT.** Cumplir, obedecer. || *v. prnl.* **3.** Recibir las órdenes sagradas. *El próximo mes se ordena sacerdote.*

ordeñadora (or-de-ña-**do**-ra) *s. f.* Máquina utilizada para ordeñar las vacas. *Se estropeó la ordeñadora.*

ordeñar (or-de-**ñar**) *v. tr.* Extraer la leche de las hembras de ciertos animales exprimiendo la ubre. *Ordeñó las vacas.*

órdiga!, ¡la *interj., vulg.* que expresa asombro o sorpresa. *Este chico es la órdiga.*

ordinal (or-di-**nal**) *adj.* **1.** Se dice del adjetivo o pronombre numeral que indica la idea de orden. **GRA.** También *s. m. Quinto.* || **2. número ordinal** El que se utiliza los elementos de un conjunto.

ordinariez (or-di-na-**riez**) *s. f.* Grosería, falta de educación. *Lo que has dicho es una ordinariez.* **SIN.** Vulgaridad. **ANT.** Cortesía, educación, urbanidad. Su pl. es "ordinarieces".

ordinario, ria (or-di-**na**-rio) *adj.* **1.** Que sucede con regularidad o frecuencia. *Un hecho ordinario.* **SIN.** Usual, habitual, corriente, común. **ANT.** Inusual, infrecuente, irregular. **2.** Vulgar, grosero. *Sus modales son muy ordinarios.* **SIN.** Maleducado, soez. **ANT.** Cortés, educado. **3.** De poca calidad o valor. *La tela de esa blusa no me gusta, es muy ordinaria.* **SIN.** Tosco, basto, rústico, simple. **ANT.** Fino, selecto. || **LOC. de ordinario** Regularmente, con frecuencia.

orear (o-re-**ar**) *v. tr.* **1.** Dar en una cosa el aire para que se seque o se le quite la humedad o el olor que ha cogido. **GRA.** Se usa más como v. prnl. *Sacó los*

	ORDINALES		
1º	primero	60º	sexagésimo
2º	segundo	70º	septuagésimo
2º	tercero	80º	octogésimo
4º	cuarto	90º	nonagésimo
5º	quinto	100º	centésimo
6º	sexto	101º	centésimo primero
7º	séptimo	102º	centésimo segundo
8º	octavo	110º	centésimo décimo
9º	noveno	200º	ducentésimo
10º	décimo	300º	tricentésimo
11º	undécimo	400º	cuadringentésimo
12º	duodécimo	500º	quingentésimo
13º	decimotercero	600º	sexcentésimo
14º	decimocuarto	700º	septingentésimo
15º	decimoquinto	800º	octingentésimo
16º	decimosexto	900º	noningentésimo
17º	decimoséptimo	999º	noningentésimo
18º	decimoctavo		nonagésimo noveno
19º	decimonoveno	1 000º	milésimo
20º	vigésimo	1 532º	milésimo quingentésimo
21º	vigésimo primero		trigésimo segundo
22º	vigésimo segundo	2 000º	dosmilésimo
30º	trigésimo	3 000º	tresmilésimo
31º	trigésimo primero	10 000º	diezmilésimo
32º	trigésimo segundo	100 000º	cienmilésimo
40º	cuadragésimo	500 000º	quinientosmilésimo
50º	quincuagésimo	1 000 000º	millonésimo

orégano - organología

sacos de dormir fuera de la tienda para que se orearan. **SIN.** Ventilar(se). ‖ *v. prnl.* **2.** Salir alguien a tomar el aire. *Estaba cansada de estudiar y salió a la terraza a orearse un poco.* **SIN.** Airearse.

orégano (o-**ré**-ga-no) *s. m.* Planta silvestre aromática, muy utilizada como condimento. *Echó un poco de orégano al guiso.*

oreja (o-**re**-ja) *s. f.* Parte externa del órgano del oído. *Se le quedaron las orejas heladas.* ‖ **LOC. aguzar las orejas** Poner mucha atención. **bajar las orejas** Ceder. **con las orejas caídas, o gachas** Con tristeza por no haber conseguido lo que se pretendía. **planchar la oreja** Dormir. **ver las orejas al lobo** Prever un peligro o dificultad.

orejera (o-re-**je**-ra) *s. f.* Cualquier tipo de pieza con la que se cubren las orejas. *Se puso unas orejeras para protegerse del frío.*

orfanato (or-fa-**na**-to) *s. m.* Centro que acoge niños huérfanos. *Había pasado la mayor parte de su infancia en un orfanato.* **SIN.** Orfelinato.

orfebre (or-**fe**-bre) *s. m. y s. f.* Persona que se dedica a hacer objetos artísticos de oro, plata y otros metales preciosos. *Viene de una familia de orfebres.*

orfebrería (or-fe-bre-**rí**-a) *s. f.* Arte de trabajar los metales preciosos como el oro y la plata. *Se dedica a la orfebrería.*

orfelinato (or-fe-li-**na**-to) *s. m.* *Orfanato.

orfeón (or-fe-**ón**) *s. m.* Agrupación de cantantes en coro, sin instrumentos que los acompañen. *Canta en el orfeón del colegio.* **SIN.** Coral.

organdí (or-gan-**dí**) *s. m.* Tela blanca de algodón muy fina y transparente. *Llevaba un vestido de organdí.* ✎ Su pl. es "organdíes" u "organdís".

orgánico, ca (or-**gá**-ni-co) *adj.* **1.** Se dice del cuerpo apto para la vida. *Un ser vivo es un ser orgánico.* **SIN.** Viviente. **ANT.** Inorgánico, muerto, inerte. **2.** Se dice de lo que hace referencia a la constitución de empresas o sociedades colectivas. *Firmaron las actas orgánicas de la empresa.* **3.** Se dice de la parte de la química que estudia las sustancias cuyo componente constante es el carbono, en combinación con el hidrógeno o con el nitrógeno. *Está estudiando química orgánica.*

organigrama (or-ga-ni-**gra**-ma) *s. m.* Esquema de la organización de una empresa o corporación, en el que se especifican las funciones de los distintos elementos que la integran. *Esta empresa tiene un complejo organigrama.*

organillo (or-ga-**ni**-llo) *s. m.* Órgano pequeño o piano, metido en un mueble portátil, que se toca haciendo girar un manubrio. *Los titiriteros ponían música a su actuación con un pequeño organillo.*

organismo (or-ga-**nis**-mo) *s. m.* **1.** Ser vivo. *Las bacterias son organismos unicelulares.* **2.** Conjunto de los órganos de un ser vivo y sus leyes de funcionamiento. *El organismo humano es complicado.* **3.** Conjunto de oficinas, dependencias o cargos que forman una institución. *Trabaja para un organismo público.* **SIN.** Corporación, entidad.

organista (or-ga-**nis**-ta) *s. m. y s. f.* Músico que toca el órgano. *Es el organista de la parroquia.*

organización (or-ga-ni-za-**ción**) *s. f.* **1.** Acción y efecto de organizar u organizarse. *Aquello no iba bien porque había una mala organización.* **SIN.** Coordinación, orden, disposición. **2.** Conjunto de personas que trabajan para lograr un determinado fin. *Formaba parte de una organización benéfica.* **SIN.** Institución, organismo, grupo.

organizado, da (or-ga-ni-**za**-do) *adj.* Que tiene organización. *Es una persona muy organizada.*

organizar (or-ga-ni-**zar**) *v. tr.* **1.** Ordenar convenientemente un grupo de personas o cosas para su correcto funcionamiento. **GRA.** También v. prnl. *Organizó su colección de postales.* **SIN.** Estructurar(se), armonizar(se), coordinar(se). **ANT.** Desorganizar(se), desordenar(se). **2.** Reunir a un grupo de personas, entidades, etc. para establecer un modo de actuar conjunto. **GRA.** También v. prnl. *Organizó los grupos para el cursillo de natación.* **SIN.** Agrupar(se), reunir(se). **ANT.** Disolver(se). **3.** Poner algo en orden. *Organizó la habitación.* **SIN.** Arreglar, ordenar. **ANT.** Desordenar. **4.** Preparar algo. *Organizó la fiesta.* **SIN.** Montar. ‖ *v. prnl.* **5.** Estructurarse uno mismo sus asuntos o trabajos. *Se organizó la tarde.* ✎ Se conjuga como abrazar.

órgano (**ór**-ga-no) *s. m.* **1.** Instrumento musical compuesto de muchos tubos, donde se produce el sonido mediante el paso del aire impelido mecánicamente. *Está aprendiendo a tocar el órgano.* **2.** Instrumento musical electrónico que funciona con teclas y registros de sonido. *El grupo rock del barrio ha comprado un órgano electrónico.* **3.** Parte del cuerpo de un ser vivo que ejerce una función necesaria para vivir. *El hígado es un órgano.* **4.** Cada una de las partes de un conjunto que tiene una función determinada. *El claustro universitario es el máximo órgano de la universidad.*

organología (or-ga-no-lo-**gí**-a) *s. f.* Ciencia que se ocupa del estudio de los instrumentos musicales. *Escribió un tratado de organología.*

orgasmo - original

orgasmo (or-**gas**-mo) *s. m.* Culminación del placer sexual. *Alcanzaron el orgasmo.*

orgía (or-**gí**-a) *s. f.* **1.** Banquete en el que se come y se bebe en exceso. *Aquel cumpleaños se convirtió en una orgía.* **SIN.** Festín, bacanal, desenfreno, exceso. **2.** Reunión en la que se realizan todo tipo de prácticas sexuales. *En la antigua Roma eran frecuentes las orgías.* **SIN.** Exceso. **ANT.** Contención.

orgullo (or-**gu**-llo) *s. m.* **1.** Sentimiento de superioridad. *Tiene mucho orgullo.* **SIN.** Soberbia, presunción, arrogancia, altivez. **ANT.** Humildad, modestia, sencillez. **2.** Sentimiento bueno y noble de uno mismo, o de las personas o cosas propias. *Hablaba con mucho orgullo de su trabajo.* **ANT.** Vergüenza.

orgulloso, sa (or-gu-**llo**-so) *adj.* **1.** Arrogante, vanidoso. **GRA.** También s. m. y s. f. *Es una persona muy orgullosa.* **ANT.** Humilde, modesto. **2.** A gusto, contento con sus cosas, su familia, amigos, etc. *Está muy orgulloso de sus amigos.* **SIN.** Satisfecho.

orientación (o-rien-ta-**ción**) *s. f.* **1.** Situación, colocación de una cosa respecto a los puntos cardinales. *No le convencía la orientación de la casa.* **2.** Información o ayuda que se ofrece a alguien. *Necesitaba orientación sobre los estudios a seguir.* **3.** Capacidad que tienen las personas y los animales de saber el lugar en el que se encuentran y la dirección a seguir para ir al sitio que desean. *Tiene buen sentido de la orientación.*

oriental (o-rien-**tal**) *adj.* **1.** Natural de los países asiáticos. **GRA.** También s. m. y s. f. *Los chinos son orientales.* **2.** Que pertenece o se refiere a estos países. *Era un admirador de la cultura oriental.*

orientar (o-rien-**tar**) *v. tr.* **1.** Colocar a una persona o cosa en posición determinada respecto a los puntos cardinales. *Orientaron su casa al sur.* **SIN.** Situar, emplazar. **2.** Informar a alguien de donde se encuentra o de la dirección a seguir para llegar a donde pregunta. *El policía nos orientó.* **3.** Informar a alguien de lo que ignora y desea saber sobre determinado asunto. **GRA.** También v. prnl. *Le orientó acerca del mundo de los negocios.* **SIN.** Instruir(se). **ANT.** Desinformar. **4.** Dirigir una cosa hacia un fin determinado. **GRA.** También v. prnl. *Voy a orientar mis estudios hacia la filosofía.* **SIN.** Encauzar, dirigir(se), encaminar(se). ‖ *v. prnl.* **5.** Saber una persona o animal el lugar en el que se encuentra y la dirección que debe seguir para ir al sitio que desea. *Se perdió y no supo orientarse.*

oriente (o-**rien**-te) *n. p.* **1.** Punto cardinal del horizonte, por donde sale el Sol. **ORT.** Se escribe con mayúscula. *El Sol sale por Oriente y se esconde por Occidente.* **SIN.** Este, Levante. **ANT.** Oeste, Occidente, Poniente. ‖ *s. m.* **2.** Lugar de la Tierra o de la esfera celeste que, con respecto a otro con el cual se compara, cae hacia donde nace el Sol. *Quiero hacer una ruta por el oriente de la isla.* ‖ **3. Extremo Oriente** Conjunto geográfico que comprende Australia, Camboya, China, Corea del Norte, Corea del Sur, Filipinas, Hong Kong, Indonesia, Japón, Laos, Malaisia, Myanmar (Birmania), Nueva Zelanda, Singapur, Tailandia, Taiwán y Vietnam. **SIN.** Lejano oriente. **4. Oriente Medio** Conjunto geográfico que comprende Arabia Saudí, Bahrein, Chipre, Egipto, Emiratos Árabes Unidos, Irak, Irán, Israel, Jordania, Kuwait, Líbano, Libia, Omán, Qatar, Siria, Sudán y Yemen. **SIN.** Oriente Próximo.

orífice (o-**rí**-fi-ce) *s. m.* *Orfebre.

orificio (o-ri-**fi**-cio) *s. m.* Boca o agujero. *Salía agua por el orificio.* **SIN.** Abertura, boquete, hueco.

origami (o-ri-**ga**-mi) *s. m.* *Papiroflexia.

origen (o-**ri**-gen) *s. m.* **1.** Principio y causa de una cosa. *Esta fuente es el origen de ese arroyo.* **SIN.** Comienzo, inicio, germen, raíz. **ANT.** Fin, muerte, término, efecto, resultado. **2.** Causa o motivo de algo. *La herencia fue el origen de la disputa.* **ANT.** Efecto. **3.** Ascendencia o familia de la que procede una persona. *Era de origen humilde.* **SIN.** Procedencia, estirpe, cuna. **ANT.** Descendencia. **4.** País donde una persona ha nacido o de donde una cosa proviene. *Es de origen colombiano.* ‖ **5. origen de las coordenadas** Punto de intersección de los ejes coordenados. ‖ **LOC. dar origen a algo** Causarlo.

original (o-ri-gi-**nal**) *adj.* **1.** Que pertenece o se refiere al origen. *Esa era la idea original.* **SIN.** Inicial, primitivo. **ANT.** Derivado, reciente. **2.** Singular, extraño, que se sale de lo usual. *Una moda original.* **SIN.** Nuevo, peculiar. **ANT.** Copiado, común, vulgar. **3.** Se dice de la lengua en que se escribió una obra o se realizó una película, así como de esta misma obra o película. *La película estaba en versión original.* **ANT.** Versión. **4.** Se dice de los escritores o artistas que dan a sus obras un carácter de novedad, y de estas mismas obras. *La obra de ese autor es muy original.* **5.** Se dice de cualquier documento, lámina, libro, etc. que se utiliza para hacer copias o reproducciones suyas. **GRA.** También s. m. *Llevó el título original para que se lo compulsaran.* ‖ *s. m.* **6.** Manuscrito que se da a la imprenta para su reproducción. *Entregó el original.* **7.** Persona o cosa retratada, respecto del retrato. *Se parecía mucho al original.*

originalidad - oropéndola

originalidad (o-ri-gi-na-li-**dad**) *s. f.* **1.** Cualidad de original. *Siempre hace lo mismo, le falta originalidad.* **SIN.** Innovación, rareza. **2.** Actitud o comportamiento extraños o singulares. *Siempre destaca en las fiestas por su originalidad.*
originar (o-ri-gi-**nar**) *v. tr.* **1.** Ser causa u origen de algo. *Aquello originó una gran discusión.* **SIN.** Causar, motivar, suscitar, provocar. **ANT.** Padecer, conseguir, terminar. ‖ *v. prnl.* **2.** Tener una cosa su origen en otra. *El jazz se originó en EEUU.* **SIN.** Comenzar, empezar. **ANT.** Terminarse, acabarse.
originario, ria (o-ri-gi-**na**-rio) *adj.* **1.** Que da origen a una persona o cosa. *La causa originaria de la vida.* **2.** Que tiene su origen en determinado lugar, persona o cosa. *Es originario de América.* **SIN.** Innato.
orilla (o-**ri**-lla) *s. f.* **1.** Extremo o límite de la superficie de algunas cosas. *El coche estaba parado en la orilla de la carretera.* **SIN.** Margen, ribera, borde, canto. **2.** Límite de la tierra que la separa del mar, lago, río, etc., y parte de esta tierra que está más cerca del agua. *Las barcas están junto a la orilla del mar.* **SIN.** Ribera, margen. ‖ *s. f. pl.* **3.** *Arg. y Méx.* Afueras, alrededores de una ciudad.
orillarse (o-ri-**llar**-se) *v. prnl.* Arrimarse a las orillas. **GRA.** También v. *intr. Cuando se cruzó con el autobús, el camión tuvo que orillarse.*
orín[1] (o-**rín**) *s. m.* Óxido rojizo que se forma en la superficie del hierro por la acción de la humedad. *La verja estaba cubierta de orín.* **SIN.** Herrín, moho.
orín[2] (o-**rín**) *s. m.* *Orina. **GRA.** Se usa más en pl.
orina (o-**ri**-na) *s. f.* Líquido de color amarillento segregado por los riñones, que se acumula en la vejiga y se expulsa por la uretra. *Tenía que hacerse análisis de sangre y de orina.* **SIN.** Orín, pipí, pis.
orinal (o-ri-**nal**) *s. m.* Recipiente para recoger los excrementos de las personas. *Le regalaron un orinal en forma de pato.*
orinar (o-ri-**nar**) *v. intr.* **1.** Eliminar del cuerpo la orina. **GRA.** También v. prnl. *Tenía que ir al servicio porque se orinaba.* **SIN.** Mear(se). ‖ *v. tr.* **2.** Echar algún otro líquido por la uretra. *Tuvo que ir al médico porque orinaba sangre.*
oriundo, da (o-**riun**-do) *adj.* Natural, originario de un lugar. **GRA.** También s. m. y s. f. *Es oriundo de Argentina.* **SIN.** Procedente, descendiente.
orla (**or**-la) *s. f.* **1.** Adorno que se pone en la orilla de algunas cosas, como telas, vestidos, etc. *No le cosas demasiadas orlas a esa falda.* **SIN.** Borde, franja. **2.** Adorno que se pone en los bordes de una hoja de papel alrededor del texto, o de un dibujo, viñeta, etc. *Las orlas de este libro están hechas a mano.* **SIN.** Filete. **3.** Lámina en la que se agrupan las fotos de los alumnos de una promoción académica que acaba de terminar sus estudios y de sus profesores. *Se hizo la foto para la orla de la facultad.*
ornamentación (or-na-men-ta-**ción**) *s. f.* Acción y efecto de ornamentar. *El rococó es un estilo con mucha ornamentación.* **SIN.** Adorno, ornato.
ornamentar (or-na-men-**tar**) *v. tr.* *Adornar.
ornamento (or-na-**men**-to) *s. m.* Adorno. *Tenía mucho ornamento.* **SIN.** Aderezo, gala. **ANT.** Sencillez.
ornar (or-**nar**) *v. tr.* *Adornar. **GRA.** También v. prnl.
ornato (or-**na**-to) *s. m.* Adorno, decoración. *La carroza destacaba por su gran ornato.* **SIN.** Ornamento.
ornitología (or-ni-to-lo-**gí**-a) *s. f.* Parte de la zoología que estudia las aves. *Se dedica a la ornitología.*
ornitorrinco (or-ni-to-**rrin**-co) *s. m.* Mamífero del tamaño aproximado de un conejo, con un pico parecido al de los patos, y el cuerpo y la cola cubiertos de pelo gris muy fino. *El ornitorrinco vive en Australia.*
oro (**o**-ro) *s. m.* **1.** Metal precioso de color amarillo, muy dúctil y maleable. *El oro brilla.* **2.** Color amarillo como el de este metal. **GRA.** También adj. *Era de color oro.* **SIN.** Dorado. **3.** Medalla de oro, primer premio de algunas competiciones deportivas. *El equipo español ganó el oro.* ‖ *s. m. pl.* **4.** Uno de los cuatro palos de la baraja española, en cuyas cartas se representan monedas de oro. *Pintó el as de oros.* ‖ **5. oro negro** Petróleo. ‖ **LOC. a peso de oro** A un precio muy elevado. **como los chorros del oro** Muy limpio. **como oro en paño** Con gran esmero y cuidado. **el oro y el moro** Mucho, demasiado. **hacerse alguien de oro** Hacerse rico. **valer algo todo el oro del mundo, o más que su peso en oro** Ser muy valioso.
orografía (o-ro-gra-**fí**-a) *s. f.* **1.** Parte de la geografía física que trata de la descripción de las montañas. *Consulté un libro de orografía.* **2.** Conjunto de montes de un país, región, comarca, etc. *La orografía de la región es muy agreste.*
orondo, da (o-**ron**-do) *adj.* **1.** *fam.* Gordo, grueso. *Se veía un poco oronda.* **ANT.** Delgado, famélico. **2.** *fam.* Presumido, satisfecho. *Se quedó tan orondo.* **SIN.** Ufano, engreído, presuntuoso. **ANT.** Humilde.
oropel (o-ro-**pel**) *s. m.* **1.** Lámina muy fina de latón que imita al oro. *Le cubrieron de oropel.* **2.** Cosa de mucha apariencia pero de poco valor. *El vestido iba cargado de oropeles.*
oropéndola (o-ro-**pén**-do-la) *s. f.* Pájaro de plumaje amarillento, con las alas, patas, cola y pico negros,

que cuelga su nido de las ramas horizontales de los árboles. *Vimos un nido de oropéndolas.*

orquesta (or-**ques**-ta) *s. f.* Conjunto de músicos y de instrumentos que tocan unidos en un mismo lugar. *La orquesta dio un concierto ayer por la tarde.*

orquestina (or-ques-**ti**-na) *s. f.* Orquesta de pocos instrumentos dedicada por lo general a tocar música para bailar. *Toca en esa orquestina.*

orquídea (or-**quí**-de-a) *s. f.* Flor de varias plantas del mismo nombre, de formas y colores raros y llamativos. *Le regaló una orquídea.*

orquitis (or-**qui**-tis) *s. f.* Inflamación del testículo. *Padecía orquitis.* ✎ Invariable en número.

ortiga (or-**ti**-ga) *s. f.* Hierba cubierta de una especie de pelillos que, al tocarlos, producen irritaciones dolorosas en la piel. *Se picó con unas ortigas.*

ortodoxo, xa (or-to-**do**-xo) *adj.* **1.** Que está de acuerdo con el dogma católico. **GRA.** También s. m. y s. f. *Doctrina ortodoxa.* **2.** Que está de acuerdo con una doctrina o teoría determinada. *Sus teorías están dentro de la economía liberal más ortodoxa.* **3.** Se dice de las Iglesias griega, rumana, rusa y otras orientales. *Pertenece a la Iglesia ortodoxa.*

ortografía (or-to-gra-**fí**-a) *s. f.* Parte de la gramática que enseña a escribir correctamente las palabras de una lengua de acuerdo con unas normas. *Estudió las reglas de ortografía.*

ortopedia (or-to-**pe**-dia) *s. f.* Parte de la medicina que se ocupa de corregir o de evitar las deformidades del cuerpo humano, por medio de aparatos o de ejercicios corporales. *Hizo la especialidad de ortopedia.*

ortopédico, ca (or-to-**pé**-di-co) *adj.* Que pertenece o se refiere a la ortopedia. *Necesitaba plantillas ortopédicas.*

oruga (o-**ru**-ga) *s. f.* **1.** Larva de cuerpo blando que es una fase en el desarrollo de ciertas clases de insectos. *Las polillas y mariposas tienen una fase de orugas.* **SIN.** Gusano. **2.** Llanta articulada parecida a una cadena sin fin, que se coloca a las ruedas de cada lado de algunos vehículos. *Esa excavadora tiene orugas.*

orujo (o-**ru**-jo) *s. m.* *Aguardiente.

orzuelo (or-**zue**-lo) *s. m.* Grano que sale en el borde de un párpado. *Al parpadear me molesta el orzuelo.*

os *pron. pers.* Forma átona del pronombre personal de segunda persona, género masculino o femenino y número plural, que puede funcionar como complemento directo o como complemento indirecto. No lleva nunca preposición y se puede usar como enclítica. **GRA.** Cuando se emplea como enclítica con las segundas personas del pl. del imperat., pierden estas personas su "-d" final. Se exceptúa únicamente el v. "ir". *Os veré mañana.*

osadía (o-sa-**dí**-a) *s. f.* **1.** Determinación a actuar de forma decidida y sin temor al riesgo. *Mostró gran osadía.* **SIN.** Arrojo, imprudencia, temeridad, valentía. **ANT.** Timidez, cobardía. **2.** Insolencia, descaro. *No sé cómo tuvo la osadía de presentarse aquí.* **SIN.** Desfachatez, atrevimiento, desvergüenza. **ANT.** Vergüenza, decoro.

osamenta (o-sa-**men**-ta) *s. f.* *Esqueleto.

osar (o-**sar**) *v. intr.* Atreverse a hacer alguna cosa. **GRA.** También v. tr. *No osó acercarse.* **SIN.** Arriesgarse, aventurarse, lanzarse, afrontar. **ANT.** Avergonzarse, retraerse, temer.

osario (o-**sa**-rio) *s. m.* Lugar destinado en las iglesias o cementerios para reunir los huesos que se sacan de las sepulturas. *Llevaron los restos al osario.*

óscar (**ós**-car) *s. m.* Premio anual que la Academia de Ciencias y Artes Cinematográficas establecida en Hollywood concede, desde 1928, a la mejor película, director, actor, actriz, etc. *Recibió el óscar a la mejor película extranjera.*

oscilar (os-ci-**lar**) *v. intr.* **1.** Moverse alternativamente de un lado para otro. *Oscilar un péndulo.* **SIN.** Balancearse, mecerse, columpiarse. **ANT.** Aquietarse, pararse, permanecer. **2.** Vibrar o moverse algo continuamente sin desplazarse. *La luz de la bombilla oscilaba.* **SIN.** Temblar. **3.** Crecer o disminuir alternativamente, con más o menos regularidad, la intensidad, el valor, etc. de algo. *Su valor oscila entre 100 y 200.* **SIN.** Fluctuar, variar. **ANT.** Estabilizarse, inmovilizarse. **4.** Dudar, titubear. *Oscilaba entre el sí y el no.* **SIN.** Vacilar.

ósculo (**ós**-cu-lo) *s. m.* *Beso.

oscurecer (os-cu-re-**cer**) *v. tr.* **1.** Desacreditar el valor o la importancia de alguien o algo. *El mal tiempo oscureció su actuación.* **SIN.** Deslucir, eclipsar. **ANT.** Resaltar, destacar. **2.** Hacer más difícil la comprensión de algo. *Tanta simbología oscurecía el sentido último de la frase.* **SIN.** Dificultar, complicar, embrollar. **ANT.** Aclarar. **3.** En pintura, fotografía, etc., dar más sombra a una parte de la composición para que otras resalten. *Oscureció el fondo.* ‖ *v. intr.* **4.** *Anochecer. **ANT.** Amanecer. ‖ *v. prnl.* **5.** Nublarse el cielo. *Se oscureció el cielo y empezó a llover.* **SIN.** Cubrirse, encapotarse. **ANT.** Despejarse, aclararse. ✎ v. unipers. en la acepción 4; v. irreg., se conjuga como parecer.

oscuro - otro

oscuro, ra (os-**cu**-ro) *adj.* **1.** Que tiene poca luz. *Los sótanos son oscuros.* **SIN.** Sombrío, lóbrego, apagado. **ANT.** Claro, transparente, luminoso, diáfano. **2.** Se dice del color que casi llega a ser negro y del que se contrapone a otro más claro de su misma clase. **GRA.** También s. m. *Viste de azul oscuro.* **3.** Se dice del cielo cuando está muy nublado. *El cielo está muy oscuro.* **SIN.** Nublado, encapotado. **ANT.** Claro, radiante, despejado. **4.** Confuso, falto de claridad. *El sentido de la frase es muy oscuro.* **SIN.** Complicado, ininteligible, incomprensible. **ANT.** Comprensible, inequívoco. **5.** Incierto, desconocido, dudoso. *Veía su futuro muy oscuro.* **SIN.** Inseguro. **ANT.** Seguro, cierto. **6.** Sospechoso, misterioso, peligroso. *Era un asunto muy oscuro.* **SIN.** Extraño, raro, enigmático. **ANT.** Corriente, normal, inofensivo. ‖ **LOC. a oscuras** Sin luz.

óseo, a (**ó**-se-o) *adj.* De hueso. *Naturaleza ósea.*

osezno (o-**sez**-no) *s. m.* Cachorro del oso. *Tenía dos oseznos.* **SIN.** Osito.

osmio (**os**-mio) *s. m.* Metal parecido al platino, duro y de color blanco azulado, empleado para filamentos de lámparas eléctricas. *El símbolo del osmio es Os.*

ósmosis (**ós**-mo-sis) *s. f.* Paso de disolvente a través de una membrana semipermeable que separa dos disoluciones de distinta concentración para que se igualen dichas concentraciones. *Los intercambios a través de las paredes de las células se realizan por ósmosis.* 🔎 Invariable en número. También "osmosis".

oso, sa (**o**-so) *s. m. y s. f.* Mamífero carnívoro de gran tamaño, de espeso pelaje de color pardo, cabeza grande, ojos pequeños, extremidades fuertes y gruesas, y cola muy corta. *Participa en una campaña para la protección del oso.* ‖ **LOC. anda la osa** *fam.* Expresión que denota admiración o sorpresa. **hacer el oso** *fam.* Hacer el ridículo.

ossobuco *s. m.* Plato típico italiano elaborado con carne de ternera no deshuesada y cortada en rodajas, y acompañado de arroz. *Cenamos ossobuco.*

ostensible (os-ten-**si**-ble) *adj.* Patente, que está a la vista. *La mejora de las instalaciones era ostensible, no parecía el mismo edificio.* **SIN.** Público, visible, palpable, evidente. **ANT.** Conuso, oculto, privado.

ostentación (os-ten-ta-**ción**) *s. f.* **1.** Exhibición externa que se hace de alguna cosa. *Siempre está haciendo ostentación del dinero que tiene.* **SIN.** Petulancia, vanagloria, jactancia. **ANT.** Modestia, sencillez. **2.** Lujo, suntuosidad. *Vivían con ostentación.* **SIN.** Boato, postín, pompa. **ANT.** Sobriedad.

ostentar (os-ten-**tar**) *v. tr.* **1.** Presumir de grandeza, riqueza, etc. *Ostentaba sus riquezas para hacer de menos a los demás.* **SIN.** Alardear, lucir, farolear. **ANT.** Pasar desapercibido. **2.** Poseer un título, ocupar un cargo, etc. *Ostentaba el cargo de director desde hacía un año.* **SIN.** Ejercer, desempeñar.

ostentoso, sa (os-ten-**to**-so) *adj.* Magnífico, suntuoso, pomposo. *Su nuevo coche es muy ostentoso.* **SIN.** Espléndido, fastuoso, rimbombante. **ANT.** Humilde, modesto, sobrio.

ostra (**os**-tra) *s. f.* Molusco de concha casi circular, áspera y rugosa, de color pardo verdoso por fuera, y blanca y algo anacarada por dentro. *Las ostras son un marisco muy apreciado.* ‖ **LOC. aburrirse alguien como una ostra** *fam.* Aburrirse mucho.

ostracismo (os-tra-**cis**-mo) *s. m.* **1.** Exilio, destierro. *Le condenaron al ostracismo.* **SIN.** Expatriación. **2.** Alejamiento, aislamiento. *Sus compañeros de partido se sintieron ofendidos y le relegaron al ostracismo.* **SIN.** Relegación.

ostricultura (os-tri-cul-**tu**-ra) *s. f.* Arte de criar ostras. *Se dedica a la ostricultura.*

otear (o-te-**ar**) *v. tr.* Mirar desde un lugar alto lo que está abajo. *Desde el faro se podía otear todo el horizonte.* **SIN.** Atisbar, divisar, observar.

otero (o-**te**-ro) *s. m.* Cerro aislado sobre un llano. *A la salida del pueblo había un pequeño otero.* **SIN.** Altozano, colina, loma. **ANT.** Llano.

otitis (o-**ti**-tis) *s. f.* Inflamación del oído. *Sufrió una otitis.* 🔎 Invariable en número.

otoñal (o-to-**ñal**) *adj.* Propio del otoño o que pertenece a él. *Era un día muy otoñal.*

otoñar (o-to-**ñar**) *v. intr.* Brotar la hierba en el otoño. *Los campos ya están empezando a otoñar.*

otoño (o-**to**-ño) *s. m.* **1.** Una de las cuatro estaciones del año. *Las hojas de algunos árboles se caen en otoño.* **2.** Edad madura de una persona. *En el otoño de su vida.*

otorgar (o-tor-**gar**) *v. tr.* Consentir, conceder una cosa que se pide o se pregunta. *Le han otorgado una beca.* **SIN.** Dar, establecer, estipular, permitir. **ANT.** Prohibir, quitar, negar. 🔎 Se conjuga como ahogar.

otorrinolaringología (o-to-rri-no-la-rin-go-lo-**gí**-a) *s. f.* Parte de la medicina que trata de las enfermedades del oído, la nariz y la laringe. *Hizo la especialidad de otorrinolaringología.*

otro, tra (**o**-tro) *adj. indef.* **1.** Se dice de la persona o cosa distinta de la que se habla. **GRA.** También pron. *Compró otro coche.* ‖ *adj.* **2.** Con artículo y ante sustantivos como "día", noche", etc., denota pasado reciente. *La otra noche estuvimos en su casa.* **3.** Con "a" y artículo, ante sustantivos como "día", "mes", "año", etc., equivale a siguiente. *Al otro año quiero empezar a estudiar alemán.* ‖ **LOC. ésa es otra** Exclamación con que se explica que lo que se dice es un nuevo despropósito, impertinencia o dificultad. **¡otra!** Voz con que se pide en espectáculos públicos la inmediata repetición de un pasaje, canto, etc. que ha gustado mucho.

output *s. m.* **1.** Cualquier sistema de salida de información de un ordenador, como impresora, pantalla, etc. *Este equipo tiene muchas posibilidades de aumentar su output.* **2.** Producto resultante de la combinación de varios factores dentro del proceso económico. *El output de una fábrica de muebles lo constituyen los muebles terminados.*

ovación (o-va-**ción**) *s. f.* Aplauso ruidoso que se tributa a una persona. *Los intérpretes recibieron una fuerte ovación.* **SIN.** Clamor, vivas, griterío. **ANT.** Abucheo, indiferencia.

ovacionar (o-va-cio-**nar**) *v. tr.* Aplaudir. *El público ovacionó al cantante con gran entusiasmo.*

oval (o-**val**) *adj.* *Ovalado.

ovalado, da (o-va-**la**-do) *adj.* Que tiene forma de huevo. *Tiene una forma ovalada.*

óvalo (**ó**-va-lo) *s. m.* Cualquier curva cerrada, parecida a la elipse. *Quería dibujar una circunferencia pero le salió un óvalo.*

ovario (o-**va**-rio) *s. m.* **1.** Parte del carpelo de la flor, que contiene los óvulos que transportan las células reproductoras femeninas. *En el ovario se producen los frutos.* **2.** Órgano sexual femenino en el que se forman los óvulos. *El ovario se une al útero por medio de las trompas de Falopio.*

oveja (o-**ve**-ja) *s. f.* **1.** Hembra del carnero. *Cuidaba un rebaño de ovejas.* **2.** *amer.* Llama, mamífero rumiante. ‖ **3. oveja negra** Persona cuyo comportamiento es diferente al de su entorno. ‖ **LOC. cada oveja con su pareja** *fam.* Cada persona con su afín.

ovejero, ra (o-ve-**je**-ro) *adj.* Que cuida de las ovejas. **GRA.** También s. m. y s. f. *Tenía tres buenos perros ovejeros.*

overbooking *s. m.* Reserva de plazas en hoteles, aviones, barcos, etc. en número superior al disponible. *Había overbooking.* **SIN.** Sobrecontrata.

ovillarse (o-vi-**llar**-se) *v. prnl.* Encogerse haciendo un ovillo. *Se hizo un ovillo en el sofá y se quedó dormido.* **SIN.** Acurrucarse, arrebujarse. **ANT.** Estirarse.

ovillo (o-**vi**-llo) *s. m.* **1.** Bola hecha de hilo o cuerda enrollada. *El gato está jugando con el ovillo.* **2.** Cosa enredada o desordenada. *Siguió todas las pistas hasta que aclaró el ovillo.* **SIN.** Lío, maraña, enredo. ‖ **LOC. hacerse alguien un ovillo** *fam.* Encogerse, contraerse, acurrucarse por miedo, dolor u otra causa natural. ∣ *fam.* Embrollarse, confundirse al hablar o pensar.

ovino, na (o-**vi**-no) *adj.* Se aplica al ganado lanar. *Se dedica a la cría del ganado ovino.* **SIN.** Lanar, óvido.

ovíparo, ra (o-**ví**-pa-ro) *adj.* Se dice de las especies animales cuyas hembras ponen huevos. **GRA.** También s. m. *Las aves son ovíparas.*

ovni (**ov**-ni) *s. m.* Siglas de "Objeto Volante No Identificado". *Aseguraba haber visto un ovni.*

ovovivíparo, ra (o-vo-vi-**ví**-pa-ro) *adj.* Se dice de los ovíparos que retienen los huevos en el aparato genital de la hembra hasta que sale la cría. *La víbora es un ovovivíparo.*

ovulación (o-vu-la-**ción**) *s. f.* Desprendimiento natural de un óvulo en el ovario para que pueda ser fecundado. *En la mujer la ovulación se produce todos los meses.*

óvulo (**ó**-vu-lo) *s. m.* Célula reproductora femenina. *El óvulo ha sido fecundado.* **SIN.** Embrión, huevo.

oxidar (o-xi-**dar**) *v. tr.* Transformar un cuerpo por la acción del oxígeno o de un oxidante. **GRA.** También v. prnl. *La bicicleta se oxidó por la humedad.*

óxido (**ó**-xi-do) *s. m.* **1.** Capa que se forma en los metales que están en contacto con el aire o la humedad. *El clavo estaba lleno de óxido.* **SIN.** Herrumbre, orín. **2.** Combinación del oxígeno con un metal o un metaloide. *Óxido de aluminio.*

oxigenar (o-xi-ge-**nar**) *v. tr.* **1.** Airear, ventilar. *Abre el ventana para que se oxigene un poco la habitación.* **SIN.** Orear. **ANT.** Enrarecer, enturbiar. ‖ *v. prnl.* **2.** Respirar aire puro. *Necesitaba salir al campo para oxigenarse.* **SIN.** Airearse, ventilarse.

oxígeno (o-**xí**-ge-no) *s. m.* Gas incoloro, inodoro e insípido indispensable para los seres vivos. *El símbolo del oxígeno es O.*

oxítono, na (o-**xí**-to-no) *adj.* Se dice de la palabra aguda. *"Cañón" es una palabra oxítona.*

oyente (o-**yen**-te) *adj.* **1.** Que oye o escucha. **GRA.** También s. m. y s. f. *Los oyentes aplaudieron al acabar.* ‖ *s. m. y s. f.* **2.** Alumno que asiste a las clases de un centro de enseñanza, pero que no está matriculado oficialmente. *Asisto a clase como oyente.*

ozono (o-**zo**-no) *s. m.* Gas muy oxidante e incoloro, que se encuentra en muy pequeñas proporciones en la atmósfera. *Está aumentando el agujero de la capa de ozono.*

p *s. f.* Decimosexta letra del abecedario español y decimotercera de sus consonantes. Sonido consonante bilabial; su nombre es pe.

pabellón (pa-be-**llón**) *s. m.* **1.** Edificio, generalmente aislado, pero que depende de otro o está contiguo a él. *Visitó el segundo pabellón de la feria.* ‖ **2. pabellón de la oreja** Parte externa del oído.

pabilo (pa-**bi**-lo) *s. m.* Mecha del centro de la vela o antorcha que se enciende para dar luz. *Acorta el pabilo de la vela para que dé menos luz.* ✎ También "pábilo".

pábulo, dar *loc. adv.* que significa 'dar motivo para algo'. *Su valor ha dado pábulo a muchas historias.*

paca¹ (**pa**-ca) *s. f.* Mamífero roedor, con pelaje espeso y lacio, pardo por el lomo y rojizo por el resto; se domestica con facilidad y su carne es muy estimada. *La paca es propia de América del Sur.*

paca² (**pa**-ca) *s. f.* Fardo o lío, especialmente de forrajes, lana o de algodón en rama. *Ese prado da más de cuatrocientas pacas de hierba.* **SIN.** Bulto.

pacer (pa-**cer**) *v. intr.* Comer el ganado la hierba en los campos. *Las vacas pacían en el prado.* **SIN.** Pastar.

pachá (pa-**chá**) *s. m.* Actualmente es un título honorífico, otorgado en Turquía a algunas personas de clase alta. *Un pachá turco ha visitado nuestro país.* ‖ **LOC. vivir como un pachá** Llevar una vida muy cómoda. ✎ Su pl. es "pachás".

pachanga (pa-**chan**-ga) *s. f., fam.* Juerga, diversión, baile. *Le gusta mucho la pachanga.*

pachanguero, ra (pa-chan-**gue**-ro) *adj.* **1.** Que pertenece o se refiere a la pachanga. *Sus amigos son muy pachangueros.* **2.** Se dice de la música de mala calidad. *La música de la verbena era muy pachanguera.* **SIN.** Malo, ratonero.

pacharán (pa-cha-**rán**) *s. m.* Bebida alcohólica que se obtiene de la maceración, en un licor anisado, de endrinas. *Se tomó una copa de pacharán.*

pachorra (pa-**cho**-rra) *s. f., fam.* Flema, tardanza. *Lo hace todo con tanta pachorra que me saca de quicio.* **SIN.** Apatía, calma. **ANT.** Nervio, inquietud.

pachucho, cha (pa-**chu**-cho) *adj.* **1.** Pasado, mustio. *Riega un poco esta planta, está un poco pachucha.* **2.** Enfermo, alicaído. *Esta tarde no puede ir a clase, está un poco pachucha.* **SIN.** Flojo, desmadejado.

pachulí (pa-chu-**lí**) *s. m.* **1.** Planta perenne y muy olorosa, que se usa en perfumería. *El pachulí procede de Asia y Oceanía.* **2.** Perfume de esta planta. *Hueles muchísimo a pachulí.* ✎ Su pl. es "pachulíes" o "pachulís".

paciencia (pa-**cien**-cia) *s. f.* **1.** Serenidad en la espera. *Tiene muy poca paciencia, en seguida se pone nervioso.* **SIN.** Calma, tranquilidad. **2.** Capacidad para soportar las molestias o incomodidades sin queja de ningún tipo. *Llevaba su enfermedad con paciencia.* **SIN.** Tolerancia, resignacion. **ANT.** Ira, impaciencia. **3.** Capacidad para hacer cosas minuciosas o que requieren mucho tiempo. *Para hacer este tipo de manualidades se requiere mucha paciencia.* **SIN.** Esmero. **4.** Lentitud o tardanza en hacer algo. *Esa paciencia suya para todo me saca de quicio.* **SIN.** Pesadez, cachaza. ‖ **LOC. acabar, o consumir, a alguien la paciencia** Irritarle mucho.

paciente (pa-**cien**-te) *adj.* **1.** Que tiene paciencia. *Es una persona muy paciente.* **SIN.** Tolerante, sufrido, manso, resignado. **ANT.** Impaciente. **2.** En gramática, se dice del sujeto que recibe o padece la acción del agente. **GRA.** También **s. m.** *El paciente es el sujeto de las oraciones pasivas.* ‖ *s. m. y s. f.* **3.** Persona que padece una enfermedad y está en tratamiento. *Trataba con mucho cariño a todos sus pacientes.* **SIN.** Enfermo.

pacificar (pa-ci-fi-**car**) *v. tr.* **1.** Establecer la paz donde había enfrentamiento. *Las fuerzas de las Naciones Unidas consiguieron pacificar el territorio.* **SIN.** Apaciguar, calmar. ‖ *v. prnl.* **2.** Sosegarse tranquilizarse. *Después de hablar con ella, se pacificó un poco.* **SIN.** Calmarse. 🖎 *Se conjuga como abarcar.*

pacífico, ca (pa-**cí**-fi-co) *adj.* **1.** Quieto, tranquilo. *El perro de mis vecinos es muy pacífico, no ladra casi nunca.* **SIN.** Reposado, sosegado, calmado, tolerante. **ANT.** Violento, guerrero, irritable. **2.** Que está en paz, sin luchas ni guerras. *Era un país pacífico.* **3.** Que no presenta cambios o alteraciones en su estado. *He tenido una pacífica semana, casi sin cambios.* **SIN.** Plácido. **ANT.** Agitado, turbulento. **4.** Que hace objeción a participar en guerras o campañas militares. *Su actitud pacífica le llevó a manifestarse en contra de aquella guerra.* **SIN.** Pacifista. **ANT.** Belicista, belicoso.

pacifismo (pa-ci-**fis**-mo) *s. m.* Conjunto de doctrinas que abogan por mantener la paz entre las naciones y que condenan la guerra, cualquiera que sea su motivo. *Es partidario del pacifismo.* **ANT.** Guerra, belicosidad.

pack *s. m.* Envase que contiene varios productos de la misma clase. *El libro y el CD vienen en un pack.* **SIN.** Paquete, lote.

pacotilla (pa-co-**ti**-lla) *s. f.* Cantidad de mercancías que los marineros u oficiales de un barco pueden embarcar por su cuenta sin pagar flete. *En este viaje he traído muchas pacotillas.* ‖ **LOC. ser de pacotilla una cosa** Ser de escasa calidad. **ser tonto de pacotilla** Ser muy tonto.

pactar (pac-**tar**) *v. tr.* Acordar una serie de condiciones para concluir una negociación o tratado entre dos o más partes. *Pactaron un acuerdo razonable para ambos.* **SIN.** Estipular, tratar, convenir, concertar. **ANT.** Incumplir, faltar.

pacto (**pac**-to) *s. m.* **1.** Convenio o acuerdo entre dos o más personas. *Existía un pacto secreto entre las dos familias.* **SIN.** Estipulación, trato, concierto, ajuste, tratado. **2.** Lo establecido por dicho acuerdo. *Ese había sido el pacto.* ‖ **3. pacto social** Convenio suscrito por el gobierno, empresarios y sindicatos para poner en práctica una determinada política económica.

padecer (pa-de-**cer**) *v. tr.* **1.** Sentir corporalmente un daño, dolor, enfermedad, etc. *Padezco gripe, pero pronto me curaré.* **SIN.** Sufrir, aguantar. **ANT.** Gozar, disfrutar. **2.** Sentir los agravios, injurias, pesares, etc., que se experimentan. *Toda la vida padeció con resignación sus desplantes.* **3.** Soportar, tolerar algo molesto o nocivo. *La región padecía un fuerte temporal.* **SIN.** Sufrir. 🖎 *v. irreg., se conjuga como parecer.*

padrastro (pa-**dras**-tro) *s. m.* Marido de la madre respecto de los hijos que ésta tiene de un matrimonio anterior. *Se llevaba muy bien con su padrastro.*

padrazo (pa-**dra**-zo) *s. m., fam.* Padre muy bueno y cariñoso con sus hijos. *Está hecho un padrazo.*

padre (**pa**-dre) *s. m.* **1.** Varón o macho que ha tenido hijos. *Te pareces más a tu padre que a tu madre.* **SIN.** Progenitor, papá. **ANT.** Madre. **2.** Religioso o sacerdote. *Habló con el padre sobre la ceremonia.* **SIN.** Fraile, clérigo. **3.** Creador de alguna cosa. *Alexander Bell es el padre del teléfono.* **SIN.** Autor, inventor. ‖ *n. p.* **4.** En el catolicismo, la primera persona de la Trinidad, que engendró a su Hijo unigénito. *Dirigió su oración a Dios Padre.* ‖ *s. m. pl.* **5.** El padre y la madre. *Me presentó a sus padres.* ‖ **6. nuestros primeros padres** Adán y Eva, progenitores del linaje humano según la Biblia. **7. padre de familia, o de familias** Jefe o cabeza de una casa o familia, tenga o no hijos. **8. padre nuestro** Padrenuestro. **9. Padre Santo** Por antonom., el Papa. ‖ **LOC. de padre y muy señor mío** *fam.* Pondera la importancia o magnitud de una cosa.

padrenuestro (pa-dre-**nues**-tro) *s. m.* Oración de la Iglesia católica que comienza con estas palabras. *Rezaron un padrenuestro.*

padrino (pa-**dri**-no) *s. m.* **1.** Persona que presenta o asiste a otra que recibe el sacramento del bautismo, de la confirmación, del matrimonio o del orden, si es varón, o que profesa, si es religiosa. *Su tío era su padrino de bautismo.* **2.** Persona que presenta y acompaña a otra que recibe algún honor, grado, etc. *Fue su padrino en la ceremonia de entrega de los premios.* **3.** Persona que favorece o protege a otra en sus pretensiones, designios, etc. *Si había entrado ahí era porque tenía padrino, estaba claro.* **SIN.** Protector, valedor, patrocinador, favorecedor. ‖ *s. m. pl.* **4.** El padrino y la madrina. *Fueron los padrinos de la boda.*

padrón (pa-**drón**) *s. m.* Lista con los nombres de los habitantes de un pueblo. *No estaba inscrito en el padrón.* **SIN.** Empadronamiento, registro.

paella (pa-e-lla) *s. f.* Plato de arroz cocido y seco, con carne, legumbres, marisco, etc., típico de la región valenciana. *Prepararon una paella en el campo.*

paellera (pa-e-**lle**-ra) *s. f.* Recipiente de metal, redondo y de poco fondo, con dos asas, que sirve para hacer la paella. *Necesitamos una paellera más grande.*

paga (**pa**-ga) *s. f.* **1.** Cantidad de dinero que se da en pago. *Todavía no había recibido paga alguna.* **SIN.**

pagado - pájaro

Pago, remuneración. **2.** Sueldo de un mes. *Ya está ingresada la paga.* **SIN.** Mensualidad, salario. **3. paga extraordinaria** La que se recibe dos o tres veces al año, como complemento del sueldo.

pagado, da (pa-**ga**-do) *adj.* Orgulloso, satisfecho de algo. *Es una persona muy pagada de sí misma.*

pagano, na (pa-**ga**-no) *adj.* **1.** Se aplica a los idólatras y politeístas. **GRA.** También s. m. y s. f. *Esa tribu es pagana.* **SIN.** Gentil, idólatra. **2.** En la Iglesia católica se aplica a toda persona no bautizada. **GRA.** También s. m. y s. f. *Las cruzadas fueron luchas contra los infieles y paganos.*

pagar (pa-**gar**) *v. tr.* **1.** Dar una persona a otra lo que le debe. *Pagué el dinero que debía por la compra de mis zapatos.* **SIN.** Abonar, costear, retribuir, saldar, sufragar. **ANT.** Deber. **2.** Expiar un delito por medio de la pena correspondiente. *Pagó sus culpas en la cárcel.* **SIN.** Purgar, cumplir. **3.** Corresponder con gratitud al afecto u otro beneficio. *Pagó muy bien el favor recibido.* **SIN.** Recompensar, gratificar. ‖ **LOC. pagarla, o pagarlas, o pagarlas todas juntas** *fam.* Sufrir el el castigo que se merece. Muchas veces se usa como amenaza. ✎ Tiene doble p. p., uno reg., pagado, y otro irreg., pago. Se conjuga como ahogar.

pagaré (pa-ga-**ré**) *s. m.* Documento escrito en el que una persona se compromete a pagar a otra una cantidad de dinero en un tiempo determinado. *Le firmó un pagaré.* **SIN.** Abonaré. ✎ Su pl. es "pagarés".

pagel (pa-**gel**) *s. m.* Pez marino comestible, de cabeza y ojos grandes, lomo rojizo, vientre plateado, y aletas y cola de color rojo. *Nos sirvieron pagel.*

página (**pá**-gi-na) *s. f.* **1.** Cada una de las dos caras de las hojas de un libro o cuaderno, y lo escrito en ellas. *Este libro tiene más de doscientas páginas.* **SIN.** Carilla, plana. **2.** Lo escrito o impreso en cada página. *Me faltan diez páginas para terminar el libro.* **3.** Suceso digno de recuerdo en el curso de una vida o de una empresa. *El descubrimiento de América es una página importante en la historia de España.*

paginar (pa-gi-**nar**) *v. tr.* Numerar páginas o planas. *Sólo me queda hacer la portada del libro y paginarlo.*

pago (**pa**-go) *s. m.* **1.** Entrega de un dinero o especie que se debe. *Efectuó unos pagos que estaban pendientes.* **SIN.** Reintegro, pagamento, paga, abono. **ANT.** Cobranza, cobro. **2.** Satisfacción, premio o recompensa. *Recibió el premio en pago de sus esfuerzos por haber logrado la paz.*

pagoda (pa-**go**-da) *s. f.* Templo de Oriente característico del budismo. *En China vimos pagodas.*

paidología (pai-do-lo-**gí**-a) *s. f.* Ciencia que estudia lo referente al buen desarrollo físico e intelectual de la infancia. *Estudió la especialidad de paidología.*

paipay (pai-**pay**) *s. m.* Abanico de forma casi circular, generalmente de palma o tela y con mango. *Se abanicaba con el paipay.* ✎ Su pl. es paipáis.

país (pa-**ís**) *s. m.* **1.** Conjunto de tierras y personas con un gobierno y un idioma común. *Argentina y Chile son países vecinos.* **SIN.** Nación, territorio, patria. **2.** Papel, piel o tela que cubre la parte superior de las varillas del abanico. *El país del abanico estaba un poco roto.*

paisaje (pai-**sa**-je) *s. m.* **1.** Pintura o dibujo que representa una vista natural, sin figuras o en la que las figuras son sólo decorativas. *Es una famosa pintora de paisajes.* **2.** Porción de terreno. *Desde la ventana se podía observar un bello paisaje.*

paisano, na (pai-**sa**-no) *adj.* Que es del mismo lugar, provincia o país que otra persona. **GRA.** También s. m. y s. f. *Le gustaba reunirse con sus paisanos.* **SIN.** Compatriota, conciudadano, coterráneo. ‖ **LOC. de paisano** De calle, sin traje o uniforme.

paja (**pa**-je) *s. f.* **1.** Caña de trigo y otras gramíneas, después de seca y separada del grano. *Estaban amontonando la paja.* **2.** Arista o brizna de hierbas. *Mulleron el pesebre con paja.* **SIN.** Broza, hojarasca. **3.** Lo inútil y desechado en cualquier materia. *Este tema tiene muchas páginas, pero la mayoría es paja.* **4.** Caña o tubo artificial que sirve para sorber líquidos, especialmente refrescos. *Le sirvió el refresco con una paja.* **SIN.** Pajilla. ‖ **LOC. hacerse una paja** *vulg.* Masturbarse.

pajar (pa-**jar**) *s. m.* Lugar donde se guarda y conserva la paja. *Este año hay tanta hierba que no cabe en el pajar.*

pájara (**pá**-ja-ra) *s. f.* En ciclismo y otros deportes, desfallecimiento repentino que se sufre tras un esfuerzo físico y que dificulta o impide continuar en la prueba. *No dosificó sus fuerzas y por eso sufrió una pájara.*

pajarería (pa-ja-re-**rí**-a) *s. f.* Tienda donde se venden pájaros y otros animales domésticos. *Siempre se queda mirando los gatitos que hay en el escaparate de la pajarería.*

pajarita (pa-ja-**ri**-ta) *s. f.* **1.** Figura de papel con forma de pájaro que resulta de doblar éste varias veces. *Me enseñó a hacer pajaritas.* **2.** Corbata de lazo sin caídas. *Llevaba camisa blanca y pajarita negra.*

pájaro, ra (**pá**-ja-ro) *s. m.* **1.** Nombre genérico que comprende toda especie de aves, y más especial-

pajarraco - palacete

mente las pequeñas. *Le apasiona la vida de los pájaros.* **2.** Cualquiera de las aves terrestres voladoras, con pico recto, tarsos cortos y delgados y tamaño generalmente pequeño. *La golondrina y el canario son pájaros.* **3.** *fam.* Persona astuta. **GRA.** También adj. *Ten cuidado con ése, es un buen pájaro.* **SIN.** Cuco, granuja, zorro, bicho. ‖ **LOC. matar dos pájaros de un tiro** Hacer o lograr dos cosas de una sola vez. **tener pájaros en la cabeza, o la cabeza llena de pájaros** Ser poco realista.

pajarraco, ca (pa-ja-**rra**-co) *s. m. y s. f., fam.* Persona disimulada y astuta. *¡Vaya jugada que te ha hecho esa pajarraca!* **SIN.** Bicho, granuja.

paje (**pa**-je) *s. m.* Criado joven para acompañar a sus amos, asistir en las antesalas, servir a la mesa, etc. *Era paje del rey.* **SIN.** Escudero.

pajilla (pa-**ji**-lla) *s. f.* Paja para sorber líquidos. *Le gustaba tomar la naranjada con pajilla.*

pajizo, za (pa-**ji**-zo) *adj.* De color de paja. *La tela de la blusa era de tono amarillo pajizo.* **SIN.** Pajado, amarillo, dorado.

pajolero, ra (pa-jo-**le**-ro) *adj., fam.* Despreciable, molesto. *No seas tan pajolero.* ‖ **LOC. no tener ni pajolera idea** *fam.* No saber nada.

pala (**pa**-la) *s. f.* **1.** Instrumento compuesto de una lámina de madera o hierro y un mango grueso, más o menos largo, y cantidad que se coge con este instrumento. *Saca la tierra con la pala.* **2.** Utensilio de esa forma. *Los niños jugaban en la arena con el cubo y la pala.* **3.** Tabla de madera con mango para jugar a la pelota. *Jugamos en la playa con las palas.* **SIN.** Raqueta. **4.** Parte ancha del remo. *Hizo fuerza en el agua con la pala.* **5.** Cuchillo utilizado para partir el pescado. *No sabía utilizar la pala de pescado.* ‖ **6. pala excavadora o mecánica** Máquina utilizada para excavar.

palabra (pa-**la**-bra) *s. f.* **1.** Elemento lingüístico formado por un conjunto de sonidos articulados que expresan una idea determinada. *No dijo ni palabra.* **SIN.** Voz, vocablo, término. **2.** Representación escrita de estos signos. *"Árbol" es una palabra de dos sílabas.* **3.** Aptitud oratoria. *Tiene buena palabra.* **4.** Promesa u oferta. *Había dado su palabra.* **5.** Derecho a hablar en una asamblea o reunión. *Tenía la palabra.* **SIN.** Voz. ‖ *s. m. pl.* **6.** Pasaje o texto de un autor. *Citó sus palabras.* **7.** Dichos vanos, que no responden a ninguna realidad. *No debes enfadarte por lo que dijo, eran sólo palabras.* ‖ **8. buenas palabras** Promesas que se hacen a alguien para contentarle o convencerle de algo. **9. cuatro palabras** Conversación muy corta. **10. medias palabras** Sugerencias, insinuaciones. **11. palabra compuesta** La que está formada por dos o más lexemas. **12. palabra de Dios** La Sagrada Escritura. **13. palabra derivada** Formada por la combinación de un lexema con uno o más afijos. **14. palabra de honor** Empeño que hace alguien de su fe u honor. **15. palabra parasintética** La que está formada por la combinación de un prefijo más un lexema más un prefijo, siempre que no exista independientemente la combinación de ese prefijo con ese lexema ni la combinación de ese lexema con el sufijo. **16. palabra simple** La que está formada por un morfema independiente o por un lexema. **17. última palabra** Decisión definitiva sobre un asunto. ‖ **LOC. comerse las palabras** Hablar precipitadamente omitiendo palabras o letras. | Omitir en un escrito parte del texto. **cruzar la palabra con alguien** Tener trato con él. **dar alguien su palabra** Prometer algo. **de palabra** De forma oral. **dejar a alguien con la palabra en la boca** No escuchar lo que dice. **dirigir la palabra a alguien** Hablar con él. **en dos, en pocas palabras, o en una palabra** Resumidamente. **faltar alguien a su palabra** No cumplir lo que había prometido. **faltar palabras** No acertar a expresar una cosa. **medir alguien las palabras** Hablar con cuidado para no caer en una inconveniencia. **ni palabra, o ni media palabra** Nada. **palabra por palabra** Literalmente. **quitarle a alguien la palabra de la boca** Decir alguien lo mismo que estaba a punto de expresar otra persona. | Interrumpir al que habla, no dejándole continuar. **ser una cosa palabras mayores** Ser una cosa de importancia. **tener unas palabras con alguien** Discutir.

palabreja (pa-la-**bre**-ja) *s. f.* Palabra rara o que tiene alguna peculiaridad que llama la atención. *No tengo ni idea de lo que significa esa palabreja.*

palabrería (pa-la-bre-**rí**-a) *s. f.* Abundancia de palabras vanas y ociosas. *El artículo no dice nada interesante, es sólo palabrería.* **SIN.** Locuacidad, charlatanería, labia, palabreo. **ANT.** Silencio.

palabro (pa-**la**-bro) *s. m.* **1.** *Palabreja. **2.** *Palabrota.

palabrota (pa-la-**bro**-ta) *s. f.* Dicho ofensivo, deshonesto o grosero. *Es de mala educación decir palabrotas.* **SIN.** Taco, maldición, juramento, blasfemia. **ANT.** Elogio, piropo.

palacete (pa-la-**ce**-te) *s. m.* Palacio pequeño que se tiene como casa de recreo. *Este era el palacete donde la familia pasaba las vacaciones de verano.*

palaciego - paleolítico

palaciego, ga (pa-la-**cie**-go) *adj.* Que pertenece o se refiere a palacio. *Ambiente palaciego.* **SIN.** Cortesano, palatino, palaciego.

palacio (pa-**la**-cio) *s. m.* **1.** Casa destinada para residencia de los reyes. *Ese palacio era la residencia de verano de los reyes.* **2.** Cualquier casa suntuosa. *La casa de su familia era un verdadero palacio.* **SIN.** Quinta, mansión. **3.** Denominación de algunos edificios destinados a una institución u organismo público, que a veces tienen carácter monumental. *Palacio de Congresos.* **4.** Edificio público de grandes dimensiones. *Palacio de deportes.* ‖ **5. palacio de justicia** Edificio destinado al servicio de la justicia. ‖ **LOC. las cosas de palacio van despacio** *fam.* Expresión para indicar la lentitud de la burocracia.

palada (pa-**la**-da) *s. f.* **1.** Porción que la pala puede recoger de una vez. *Echó varias paladas de arena.* **2.** Cada movimiento que se hace al usar la pala. *Dos o tres paladas más y estará acabado.* **3.** Golpe que se da al agua con la pala del remo. *Unas pocas paladas y estaba agotado.*

paladar (pa-la-**dar**) *s. m.* **1.** Parte interior y superior de la boca. *Se le clavó una espina en el paladar.* **SIN.** Cielo de la boca. **2.** Gusto que se percibe de los alimentos. *Tiene buen paladar.* **SIN.** Sabor.

paladear (pa-la-de-**ar**) *v. tr.* **1.** Tomar poco a poco el gusto de una cosa. **GRA.** También v. prnl. *Le gustaba paladear la comida.* **SIN.** Saborear, gustar. **2.** Disfrutar de algo. *Estaba empezando a paladear el éxito.*

paladín (pa-la-**dín**) *s. m.* **1.** Caballero fuerte y valeroso que en la guerra se distingue por sus hazañas. *El rey premió a su paladín.* **2.** Defensor infatigable de alguna causa. *Fue un paladín de la independencia.* **SIN.** Sostenedor.

paladino, na (pa-la-**di**-no) *s. m.* *Paladín.

paladio (pa-**la**-dio) *s. m.* Metal bastante raro, parecido por sus cualidades a la plata y al platino, utilizado en joyería y en laboratorios químicos como absorbente del hidrógeno. *El símbolo del paladio es Pd.*

paladión (pa-la-**dión**) *s. m.* Objeto en que estriba la defensa y seguridad de una cosa. *El paladión de la defensa de sus derechos.*

palafito (pa-la-**fi**-to) *s. m.* Vivienda primitiva construida en el agua o sobre suelo pantanoso, sobre estacas, con el fin de protegerse de los animales, o como protección contra las inundaciones. *Vivían en palafitos.*

palanca (pa-**lan**-ca) *s. f.* Máquina simple que consiste en una barra rígida que gira en torno a un punto de apoyo; aplicando una fuerza en un extremo, se mueve la carga dispuesta en el otro. *La palanca sirve para transmitir la fuerza, levantar pesos, etc.*

PALANCA

La palanca es un cuerpo sólido y rígido, generalmente en forma de barra recta, capaz de girar en torno a un punto fijo, llamado "fulcro". El momento de una fuerza respecto a un punto es el producto de la potencia P por la distancia mínima p entre el punto O y la dirección de la fuerza o potencia. La palanca puede ser de primer, de segundo o de tercer género.
Palanca de primer género es la que tiene el punto de apoyo o fulcro O entre la potencia P y la resistencia R; las tijeras son una palanca de este tipo.
Palanca de segundo género es la que tiene la resistencia R entre el fulcro O y la potencia P; pertenecen a este género el cascanueces, la carretilla, etc.
Palanca de tercer género es la que tiene la potencia P, entre el fulcro O y la resistencia R; son de este género, por ejemplo, las pinzas de arreglarse las uñas.

---

palangana (pa-lan-**ga**-na) *s. f.* *Jofaina.

palanganero (pa-lan-ga-**ne**-ro) *s. m.* Mueble donde se coloca la palangana o jofaina. *Ese palanganero es muy antiguo.*

palangre (pa-**lan**-gre) *s. m.* Cordel largo provisto de ramales con anzuelos para pescar. *La merluza se pesca en palangre.*

palanqueta (pa-lan-**que**-ta) *s. f.* Barra de hierro que se usa para forzar puertas o cerraduras. *Los ladrones usaron una palanqueta.*

palanquín (pa-lan-**quín**) *s. m.* Especie de andas usadas en Oriente para llevar en ellas a los personajes destacados. *Le llevaron a palacio en un palanquín.*

palatal (pa-la-**tal**) *adj.* Se dice de las consonantes que se articulan entre la lengua y el paladar duro. *La "ñ" es una consonante palatal.*

palatino, na (pa-la-**ti**-no) *adj.* Que pertenece o se refiere a palacio. *Lujo palatino.*

palco (**pal**-co) *s. m.* **1.** Localidad independiente con balcón en los teatros y otros lugares de espectáculo. *Estuve con ellos en el palco viendo la ópera.* **2.** Tabladillo en el que se pone la gente para ver una función. *Se subieron al palco para ver pasar la cabalgata.* **SIN.** Entarimado.

paleografía (pa-le-o-gra-**fí**-a) *s. f.* Ciencia que estudia las inscripciones y escritos de los libros y documentos antiguos. *Es una experta en paleografía medieval.*

paleolítico, ca (pa-le-o-**lí**-ti-co) *adj.* **1.** Que pertenece o se refiere al primer período de la Edad de Piedra, al que corresponde la piedra tallada. **GRA.** También s, m *En ese museo había hallazgos del pa-

paleología - palio

leolítico. ‖ **2. paleolítico inferior** Primera etapa de este período, caracterizada por la aparición de los primeros homínidos. **3. paleolítico medio** Segunda etapa de dicho período, caracterizada por el perfeccionamiento de los objetos de sílex. **4. paleolítico superior** Tercera etapa de dicho período, caracterizada por la fabricación de instrumentos en hueso y marfil.

paleología (pa-le-o-lo-**gí**-a) *s. f.* Ciencia que estudia las lenguas antiguas. *Mi hermano se dedica a la paleología.*

paleontología (pa-le-on-to-lo-**gí**-a) *s. f.* Ciencia que estudia los fósiles. *Es un gran aficionado a la paleontología.*

palestra (pa-**les**-tra) *s. f.* **1.** Lugar donde se lidia o lucha. *El luchador subió a la palestra.* **SIN.** Circo, arena, coliseo. **2.** Sitio o paraje en que se celebran certámenes literarios públicos o se establece un coloquio sobre cualquier asunto. *Salió a la palestra a leer su poema.* ‖ **LOC. saltar a la palestra** Presentarse en público.

paleta (pa-**le**-ta) *s. f.* **1.** Placa de madera u otro material en la que el pintor mezcla los colores; por extensión, gama de colores de un pintor. *El pintor aparecía retratado con su paleta.* **2.** Utensilio de figura triangular y mango de madera, que usan los albañiles para manejar la mezcla. *Necesitas una paleta más pequeña para echar por el cemento.* **SIN.** Espátula, llana. **3.** *Paletilla.

paletada¹ (pa-le-**ta**-da) *s. f.* Porción que la pala puede coger de una vez. *Échale dos o tres paletadas más de arena.*

paletada² (pa-le-**ta**-da) *s. f.* Dicho o hecho propio de un paleto. *Esa expresión es una paletada.* **SIN.** Horterada, tosquedad.

paletilla (pa-le-**ti**-lla) *s. f.* **1.** Trozo de carne de vacuno, procedente de la espalda del animal. *Está asando una paletilla de cordero.* **2.** *Omóplato. **SIN.** Paleta, espaldilla.

paleto, ta (pa-**le**-to) *s. m. y s. f.* Persona rústica y zafia. **GRA.** También adj. *Se comporta como un paleto.* **SIN.** Palurdo, labriego, tosco. **ANT.** Elegante, fino, culto.

paliar (pa-**liar**) *v. tr.* Mitigar, disminuir la fuerza o intensidad de algo. *No lograba paliar su pena.* **SIN.** Suavizar, calmar, atenuar, aliviar. **ANT.** Agravar, sublevar, incitar. ✎ En cuanto al acento, se conjuga como cambiar.

paliativo, va (pa-lia-**ti**-vo) *adj.* **1.** Que sirve para mitigar la violencia de una enfermedad incurable y refrenar su rapidez. **GRA.** También s. m. *Tratamiento paliativo contra la fiebre.* **SIN.** Calmante. **2.** Que disminuye los efectos perjudiciales de algo. *Una catástrofe sin paliativos.*

palidecer (pa-li-de-**cer**) *v. intr.* **1.** Ponerse pálido. *Palideció al oír la noticia.* **SIN.** Demudarse. **2.** Perder importancia, valor, belleza, etc. *Su belleza empezaba a palidecer.* ✎ v. irreg., se conjuga como parecer.

palidez (pa-li-**dez**) *s. f.* Amarillez del rostro, falta de color natural. *Su palidez empezaba a ser preocupante.* **ANT.** Lozanía, rubor.

pálido, da (**pá**-li-do) *adj.* **1.** Demacrado. *Me quedé pálido del susto.* **SIN.** Demudado, macilento. **ANT.** Lozano. **2.** Descolorido. *De tanto lavarla, la camiseta se quedó pálida.* **3.** De color menos vivo de lo normal. *La chaqueta es de color azul pálido.* **SIN.** Apagado. **ANT.** Vivo.

palier (pa-**lier**) *s. m.* En algunos vehículos, cada una de las dos mitades del eje de las ruedas motrices. *Al dar la curva, se rompió el palier.*

palillero (pa-li-**lle**-ro) *s. m.* Utensilio de mesa en que se colocan los palillos. *Le regalaron un palillero de cristal.*

palillo (pa-**li**-llo) *s. m.* **1.** Mondadientes de madera. *Pon los palillos en la mesa.* **SIN.** Limpiadientes. **2.** Bolillo para hacer encajes. *Maneja bien los palillos.* **3.** Palo para tocar el tambor. *Le dolían los dedos de tocar los palillos.* **4.** Utensilio que emplean los escultores para modelar el barro. *Es muy hábil modelando con el palillo.* **5.** *fam.* Persona muy delgada. *Se ha quedado como un palillo.* ‖ *s. f. pl.* **6.** Par de palitos para tomar los alimentos que se usan en algunos países orientales. *Cuando vamos al restaurante chino comemos con palillos.* ‖ **LOC. tocar, o mover, todos los palillos** *fam.* Agotar todos los recursos para conseguir algo.

palíndromo (pa-**lín**-dro-mo) *s. m.* Palabra o frase que se lee igual de izquierda a derecha que en sentido inverso. *Reconocer, severo revés.*

palio (**pa**-lio) *s. m.* **1.** Dosel portátil colocado sobre unas varas largas, bajo el cual, en las procesiones, va el sacerdote llevando en sus manos la custodia o una imagen. Lo usan los reyes, el Papa y otros prelados en ciertas funciones y en su entrada pública en las ciudades. *Entró en el templo bajo palio.* **2.** Insignia que da el Papa a los prelados formada por una faja blanca que lleva bordadas seis cruces negras. *El Papa les impuso el palio.* ‖ **LOC. recibir con, o bajo, palio** Hacer especial estimación de la venida de alguien.

palique (pa-**li**-que) *s. m., fam.* Conversación de poca importancia. *Estuvieron más de dos horas de palique.* **SIN.** Charla, parloteo, cháchara.

palitroque (pa-li-**tro**-que) *s. m.* Palo pequeño, tosco o mal labrado. *Tapó el agujero con hojarasca y algunos palitroques.*

paliza (pa-**li**-za) *s. f.* **1.** Zurra de golpes. *Recibió una paliza.* **SIN.** Tunda, vapuleo. **2.** *fam.* Derrota que sufre alguien. *Les dimos una buena paliza: 6 goles a 0.* **3.** *fam.* Trabajo, esfuerzo. *Esa subida a la montaña es una buena paliza.* **4.** *fam.* Conversación o discurso pesado y aburrido. *Deja de darme la paliza.* **SIN.** Lata, latazo, sermón. ‖ *s. m. y s. f.* **5.** Persona pesada y fastidiosa. *Tu amigo es un paliza.* **SIN.** Plasta, latoso. ‖ **LOC. dar la paliza** *fam.* Aburrir o cansar con una conversación pesada. **darse una paliza** *fam.* Trabajar muy duro.

palizada (pa-li-**za**-da) *s. f.* *Empalizada.

palloza (pa-**llo**-za) *s. f.* Construcción típica de las regiones montañosas orientales de Galicia y noroeste de León. Es de planta circular, de piedra y con cubierta de paja, y en ella conviven personas y animales. *Han reconstruido la palloza.*

palma (**pal**-ma) *s. f.* **1.** *Palmera. **2.** Hoja de la palmera. *Compré un abanico de palma.* **3.** Parte interior y un poco cóncava de la mano desde la muñeca hasta los dedos. *Le dio con la palma de la mano.* **4.** Triunfo, victoria. *Nuestro equipo se llevó la palma.* **SIN.** Laurel, gloria. ‖ *s. f. pl.* **5.** Palmadas de aplausos. *Las efusivas palmas del público le emocionaron mucho.* **SIN.** Ovación. ‖ **LOC. como la palma de la mano** Liso, llano.

palmada (pal-**ma**-da) *s. f.* **1.** Golpe dado con la palma de la mano. *Al darle la palmada a la pelota se hizo daño.* **2.** Ruido que se hace golpeando una con otra las palmas de las manos. **GRA.** Se usa más en pl. *Acompañaron el canto con palmadas.* **SIN.** Aplauso. **ANT.** Abucheo.

palmar[1] (pal-**mar**) *s. m.* Sitio o lugar donde se crían palmas. *Elche tiene un gran palmar.* **SIN.** Palmeral.

palmar[2] (pal-**mar**) *v. intr., fam.* *Morir. **SIN.** Fallecer.

palmarés (pal-ma-**rés**) *s. m.* **1.** Currículum de una persona. *Tiene un palmarés excelente.* **SIN.** Historial. **2.** Lista de los ganadores en una competición o de los agraciados en una distribución de premios. *Su nombre no está en el palmarés.* **SIN.** Clasificación.

palmario, ria (pal-**ma**-rio) *adj.* Claro, manifiesto. *Nuestro equipo perdió por una diferencia palmaria.* **SIN.** Notorio, visible, evidente, palpable. **ANT.** Latente, oculto.

palmatoria (pal-ma-**to**-ria) *s. f.* Candelero bajo, con mango y pie, generalmente con forma de platillo. *Enciende la vela de la palmatoria.*

palmeado, da (pal-me-**a**-do) *adj.* **1.** Con forma de palma. *Adorno palmeado.* **2.** Se aplica a las hojas, raíces, etc. que se parecen a una mano abierta. *Esta planta tiene las hojas palmeadas.* **3.** Se dice de los dedos de aquellos animales que los tienen ligados entre sí por una membrana. *Las nutrias tienen las patas palmeadas.*

palmear[1] (pal-me-**ar**) *v. intr.* Dar golpes con las palmas de las manos una con otra como muestra de alegría o aplauso. *Los espectadores palmeaban para animar a su equipo.* **SIN.** Aplaudir, ovacionar. **ANT.** Abuchear, patear.

palmear[2] (pal-me-**ar**) *v. intr.* En baloncesto, golpear el balón lanzado por otro jugador con la palma de la mano para introducirlo en la canasta. *El jugador palmeó el balón y marcó dos puntos.*

palmeo (pal-**me**-o) *s. m.* **1.** Acción y efecto de palmear. *El palmeo del público era ensordecedor.* **2.** En baloncesto, golpe que se da al balón con la palma de la mano para introducirlo en la canasta. *Fue un buen palmeo.*

palmera (pal-**me**-ra) *s. f.* **1.** Árbol de la familia de las palmas, con tronco áspero y cilíndrico, copa formada por las hojas que son de tres a cuatro metros de largo, con el nervio central recto y leñoso. *El paseo de la playa estaba lleno de palmeras.* **2.** Pastel de hojaldre con forma de corazón. *Entró a la confitería a comprar una palmera.*

palmípedo, da (pal-**mí**-pe-do) *adj.* Se dice de las aves que tienen los dedos palmeados, preparados para la natación. **GRA.** También s. f. *El pelícano y la gaviota son aves palmípedas.*

palmita (pal-**mi**-ta) *s. f.* que se usa en la fra. "llevar, o tener, a alguien en palmitas", que significa tratarle muy bien, darle todos los caprichos. *Sus hermanos mayores le tienen en palmitas.* **GRA.** Se usa, sobre todo, en plural.

palmito[1] (pal-**mi**-to) *s. m.* **1.** Planta de la familia de las palmas, con tronco subterráneo, hojas en figura de abanico y fruto rojizo, comestible y con hueso duro. *Se secó el plantío de palmitos.* **2.** Tallo blanco de esta planta, que es comestible. *Preparó una ensalada de palmitos.*

palmito[2] (pal-**mi**-to) *s. m., fam.* Atractivo de una persona. *Tiene un palmito especial.*

palmo (**pal**-mo) *s. m.* **1.** Medida de la mano de una persona extendida, desde el extremo del pulgar al del meñique. *El ancho de la tela es de unos cuatro palmos.* ‖ **2. palmo de tierra** Espacio muy pequeño de ella. ‖ **LOC. quedarse, o dejar a alguien con un palmo de narices** *fam.* Llevarse un chasco o hacer que alguien se lo lleve. **palmo a palmo** Expresa la dificultad o lentitud en la consecución de una cosa. | Minuciosamente.

palmotear (pal-mo-te-**ar**) *v. intr.* *Palmear.

palo (**pa**-lo) *s. m.* **1.** Trozo de madera, generalmente cilíndrico, y mucho más largo que grueso. *Clavó un palo en el suelo.* **SIN.** Vara, estaca. **2.** *Madera. **3.** *Mástil. **4.** Golpe dado con un palo. *Recibió un palo en la cabeza.* **5.** Cada una de las cuatro series de naipes en que se divide la baraja. *El palo que pinta es bastos.* **6.** Trazo de algunas letras que sobresale de las demás, como en "p" o "d". *Esta "p" parece una "o", le falta el palo.* **7.** Cada uno de los dos postes y el larguero de una portería. *El balón pegó en el palo.* **8.** Instrumento utilizado en algunos deportes para golpear la pelota. *Palo de golf.* **9.** Daño, perjuicio. *Se llevó un buen palo al ver que había suspendido.* **10.** Estafa, timo. *Unos gamberros le dieron el palo.* ‖ **11. palo de ciego** Golpe que se da desatentadamente y sin duelo, como lo daría quien no viese. ‖ **LOC. de tal palo, tal astilla** Expresión proverbial que da a entender que comúnmente todos tienen las propiedades o inclinaciones conforme a su principio u origen. **a palo seco** Se dice de ciertos actos o funciones en que se omiten adornos o complementos usuales. **dar palos al agua** *fam.* Esforzarse inútilmente. **ir de un palo** *fam.* Seguir una moda o hábito. **no dar un palo al agua** *fam.* No hacer nada.

paloma (pa-**lo**-ma) *s. f.* **1.** Nombre común a varias especies de aves, que se distinguen por tener la mandíbula superior abovedada en la punta y los dedos libres. *La paloma real es la mayor de las palomas domésticas.* **2.** Persona inocente y bondadosa. *Es cándido como una paloma.*

palomar (pa-lo-**mar**) *s. m.* Edificio donde se recogen y crían las palomas. *En el medio de la huerta había un palomar.* **SIN.** Nido, criadero, refugio.

palometa (pa-lo-**me**-ta) *s. f.* Pez comestible, parecido al jurel, aunque algo mayor que éste. *Dejé en adobo la palometa.*

palomilla (pa-lo-**mi**-lla) *s. f.* Armazón de tres piezas en forma de triángulo rectángulo que sirve para sostener tablas, estantes u otras cosas. *Estas palomillas no soportarán el peso de esa estantería.* **SIN.** Soporte.

palomina (pa-lo-**mi**-na) *s. f.* Excremento de las palomas. *El tejado estaba cubierto de palomina.*

palomino (pa-lo-**mi**-no) *s. m.* Pollo de la paloma brava. *Vimos varios palominos.*

palomita (pa-lo-**mi**-ta) *s. f.* **1.** Roseta de maíz tostado reventado. *Se sentaron delante de la tele con una enorme bolsa de palomitas.* **2.** En algunos deportes y en especial el fútbol, estirada del portero para bloquear un balón. *Hizo una espectacular palomita.*

palomo (pa-**lo**-mo) *s. m.* Macho de la paloma. *Se dedica a la cría de palomos.*

palote (pa-**lo**-te) *s. m.* Cada uno de los trazos que los niños hacen en el papel pautado como primer ejercicio de escritura. *Ya hace sus primeros palotes.* **SIN.** Rasgo, trazo.

palpable (pal-**pa**-ble) *adj.* Patente, evidente. *El descontento de la gente era palpable.* **SIN.** Manifiesto, ostensible. **ANT.** Latente, oculto.

palpar (pal-**par**) *v. tr.* **1.** Tocar con las manos una cosa para percibirla o reconocerla por el sentido del tacto. *Palpó la tela.* **SIN.** Tentar, toquetear. **2.** Andar a tientas o a oscuras, valiéndose de las manos para no caer o tropezar. *Palpaba los muebles para no golpearse con ellos.* **3.** Advertir algo con total claridad. **GRA.** También v. prnl. *El optimismo del grupo se palpaba con claridad.* **SIN.** Percibir, apreciar.

palpitante (pal-pi-**tan**-te) *adj.* **1.** Que palpita. *Escuchaba su corazón palpitante.* **2.** Que está de actualidad, que llama la atención. *Era un tema palpitante.*

palpitar (pal-pi-**tar**) *v. intr.* **1.** Contraerse y dilatarse alternativamente el corazón. *El corazón le palpitaba muy deprisa.* **SIN.** Latir. **2.** Aumentar la intensidad o frecuencia de estos movimientos a consecuencia de una emoción. *Palpitaba de emoción.* **3.** Manifestarse un afecto, sentimiento, etc. *Su corazón palpita por ella.* **SIN.** Latir, mostrarse.

pálpito (**pál**-pi-to) *s. m.* Corazonada. *Le dio el pálpito de que todo saldría bien.* **SIN.** Presentimiento.

palpo (**pal**-po) *s. m.* Cada uno de los apéndices articulados que tienen muchos invertebrados alrededor de la boca con el fin de sujetar y tocar lo que comen. *Los insectos tienen palpos.*

paludismo (pa-lu-**dis**-mo) *s. m.* Enfermedad endémica infecciosa producida en el ser humano por un protozoo que se desarrolla en los pantanos o lugares pantanosos y se transmite mediante la hembra de un mosquito del género "anofeles". *El paludismo era frecuente en aquellas tierras.*

palurdo, da (pa-**lur**-do) *adj.* Tosco, grosero. **GRA.** También s. m. y s. f. *Ese amigo tuyo es un poco pa-*

lurdo. **SIN.** Rústico, zafio, paleto. **ANT.** Exquisito, educado.

palustre (pa-**lus**-tre) *adj.* Que pertenece o se refiere a la laguna o pantano. *Explotaba la riqueza palustre.*

pamela (pa-**me**-la) *s. f.* Sombrero ancho de alas, que usan las mujeres, especialmente en verano. *Llevaba una pamela de paja.*

pamema (pa-**me**-ma) *s. f.* **1.** *fam.* Hecho o dicho insignificante, al que se ha querido dar importancia. *Siempre estás con tus pamemas.* **SIN.** Tontería, insignificancia. **2.** *fam.* *Fingimiento. **SIN.** Paripé, ficción, melindre, cumplido. **3.** *fam.* *Aspaviento.

pampa (**pam**-pa) *s. f.* Llanura extensa de América del Sur, desprovista de arbolado. *Salió a pasear por la pampa en su caballo.*

pamplina (pam-**pli**-na) *s. f., fam.* *Pamema.

pan *s. m.* **1.** Porción de masa de harina y agua que, después de fermentada y cocida en horno, sirve de alimento al ser humano. *Le gusta mucho el pan de hogaza.* **SIN.** Barra, hogaza, panecillo. **2.** *Trigo. **3.** Todo lo que sirve para el sustento diario. *Tenía que ganarse el pan.* **4.** Hoja muy delgada de oro u otro metal que sirve para dorar o platear. *Cubrió la figura con pan de oro.* ‖ **5. pan de molde** El que tiene forma rectangular, carece de corteza dura y está partido en rebanadas cuadradas. **6. pan integral, o de salvado** El elaborado con harina integral. **7. pan mollete** Mollete, panecillo ovalado y esponjado. ‖ **LOC. al pan, pan, y al vino, vino** Expresión con que se da a entender que una persona ha dicho a otra una cosa sin rodeos. **con su pan se lo coma** Expresión con que alguien da a entender la indiferencia con que se mira la mejora, la conducta o resolución de otra persona. **contigo pan y cebolla** Expresión con que se ponderan su desinterés los enamorados. **ser alguien un pedazo de pan** Ser muy buena persona. **ser una cosa el pan nuestro de cada día** *fam.* Ocurrir con mucha frecuencia. **ser una cosa pan comido** *fam.* Ser muy fácil de hacer o de lograr.

pana (**pa**-na) *s. f.* Tela gruesa, semejante en el tejido al terciopelo. *Llevaba unos pantalones y una cazadora de pana.*

panacea (pa-na-**ce**-a) *s. f.* **1.** Medicamento al que se atribuye eficacia para curar diversas enfermedades. *Creían que ese medicamento iba a ser la panacea.* **SIN.** Curalotodo, remedio. **2.** Remedio para todo tipo de males. *No pienses que esto es la panacea.*

panaché (pa-na-**ché**) *s. m.* Comida compuesta por varias verduras cocidas. *Hoy comimos un panaché.*

panadería (pa-na-de-**rí**-a) *s. f.* Sitio donde se hace o vende el pan. *Dejé encargada una hogaza grande en la panadería.* **SIN.** Tahona, horno.

panal (pa-**nal**) *s. m.* **1.** Conjunto de celdillas prismáticas hexagonales de cera que las abejas forman dentro de la colmena para depositar la miel. *Las abejas salieron del panal.* **SIN.** Colmena. **2.** Cuerpo de estructura semejante que fabrican las avispas. *Las avispas andaban construyendo su panal.*

panamá (pa-na-**má**) *s. m.* Tejido de algodón de hilos gruesos. *Estaba bordando un mantel de panamá.*

panamericanismo (pa-na-me-ri-ca-**nis**-mo) *s. m.* Doctrina política que propugna la estrecha colaboración de los países americanos para combatir las influencias extrañas, especialmente las europeas. *Sus ideas se basan en el panamericanismo.*

panarabismo (pa-na-ra-**bis**-mo) *s. m.* Tendencia política que aspira a la confederación de todos los pueblos de origen árabe. *Era un defensor del panarabismo.*

panavisión (pa-na-vi-**sión**) *s. f.* Técnica cinematográfica de filmación en la que se emplean lentes especiales y película de 65 mm. *Esta película es en panavisión.*

pancarta (pan-**car**-ta) *s. f.* En las manifestaciones públicas, cartel con emblemas o frases alusivas al objeto de las mismas. *En la pancarta se podía leer "PAZ PARA TODOS".*

panceta (pan-**ce**-ta) *s. f.* *Beicon.

panchito (pan-**chi**-to) *s. m.* Cacahuete pelado y frito. *Le encantan los panchitos.*

pancho, cha (**pan**-cho) *adj.* **1.** Tranquilo. *Es muy pancha, no se altera por nada.* **SIN.** Flemático. **ANT.** Inquieto. **2.** Satisfecho. *Lo hizo mal y se quedó tan pancho.* **ANT.** Insatisfecho.

páncreas (**pán**-cre-as) *s. m.* Glándula situada detrás del estómago; produce la insulina y segrega el jugo pancreático, que ayuda a digerir los alimentos en el duodeno. *Tenía un poco inflamado el páncreas.* ✎ Invariable en número.

panda[1] (**pan**-da) *s. f.* **1.** Pandilla. *Era de nuestra panda.* **2.** Grupo de gente que se reúne con malas intenciones. *Seguro que es obra de esa panda de gamberros.* **SIN.** Banda. ☞ Tiene matiz despectivo.

panda[2] (**pan**-da) *s. m.* Mamífero carnívoro que vive en el sur del Himalaya y se habitúa fácilmente a la cautividad. *Vieron un panda gigante.*

pandear (pan-de-**ar**) *v. intr.* Torcerse una cosa encorvándose, especialmente en el medio. *Se dice de las paredes, vigas y otras cosas.* **GRA.** También v.

pandemia - panorámico

prnl. *Esa estantería se está pandeando con tanto peso.* **SIN.** Encorvarse, combarse, alabearse. **ANT.** Enderezarse.

pandemia (pan-**de**-mia) *s. f.* Enfermedad epidémica que se extiende a muchos países o que ataca a casi todos los individuos de una localidad o región. *La gripe es una pandemia.* **SIN.** Plaga.

pandereta (pan-de-**re**-ta) *s. f.* Pandero, instrumento con sonajas y cascabeles. *Parte del grupo cantaba el villancico y la otra parte tocaba la pandereta.*

pandero (pan-**de**-ro) *s. m.* **1.** Instrumento rústico de percusión, formado por una piel estirada sobre un aro estrecho de madera, provisto de cascabeles. *Toca el pandero.* **2.** *vulg.* *Culo. **SIN.** Pompis.

pandilla (pan-**di**-lla) *s. f.* **1.** Grupo de amigos que salen juntos de forma habitual. *Era el más joven de la pandilla.* **SIN.** Panda. **2.** *Banda.

panecillo (pa-ne-**ci**-llo) *s. m.* Pieza de pan que equivale a la ración que una persona consume en una comida o bocadillo. *Compró unos panecillos.*

panegírico, ca (pa-ne-**gí**-ri-co) *s. m.* Discurso o escrito en el que se alaba a una persona o cosa. *Pronunció un panegírico del difunto.*

panel[1] (pa-**nel**) *s. m.* **1.** Cada uno de los espacios limitados por molduras u otro tipo de adornos en que se divide una pared, la hoja de una puerta, etc. *El panel inferior de la puerta era de tono más claro.* **2.** Estructura de grandes dimensiones que sirve como soporte a carteles de propaganda, información, etc. *Han cambiado los paneles de propaganda.* **SIN.** Tablón. **3.** Elemento prefabricado que se utiliza para hacer divisiones en el interior o exterior de las viviendas y otros edificios. *Falta un panel para acabar la habitación.* ‖ **4. panel de control** Tablero donde se encuentran los aparatos y mandos para dirigir y controlar una instalación, un vehículo, etc.

panel[2] (pa-**nel**) *s. m.* **1.** Grupo de personas que intervienen en un debate público sobre un tema concreto. *El debate contaba con un buen panel.* **2.** En estadística, muestra permanente de personas a las que se hacen periódicamente las encuestas. *Panel de población.*

paneslavismo (pa-nes-la-**vis**-mo) *s. m.* Tendencia política que aspira a la confederación de todos los pueblos de origen eslavo. *Expuso su opinión sobre el paneslavismo.*

pánfilo, la (**pán**-fi-lo) *adj.* **1.** Muy pausado y lento en actuar. **GRA.** También s. m. y s. f. *Eres un poco pánfilo.* **SIN.** Torpe, parado. **ANT.** Rápido, nervioso. **2.** Se dice de la persona muy cándida y simple. *Te engaña todo el mundo, eres un poco pánfila.* **SIN.** Panoli, tonto. **ANT.** Avispado.

panfleto (pan-**fle**-to) *s. m.* **1.** Libelo, folleto. *Repartía panfletos publicitarios.* **2.** Escrito en el que se difunden noticias políticas. *Repartía panfletos de un grupo clandestino.* **SIN.** Octavilla, pasquín.

pangermanismo (pan-ger-ma-**nis**-mo) *s. m.* Tendencia política que aspira a la confederación de todos los pueblos de origen germánico. *El nacionalsocialismo defendió el pangermanismo.*

panhelenismo (pan-he-le-**nis**-mo) *s. m.* Tendencia política que aspira a la confederación de todos los pueblos de origen helénico. *El panhelenismo se desarrolló después de la independencia de Grecia.*

pánico, ca (**pá**-ni-co) *s. m.* Gran temor. **GRA.** También adj. *El monstruo causaba un enorme pánico a los niños.* **SIN.** Terror, espanto, pavor, horror.

panículo (pa-**ní**-cu-lo) *s. m.* Capa subcutánea formada por un tejido adiposo. *El panículo se desarrolla en la hipodermis.*

panificadora (pa-ni-fi-ca-**do**-ra) *s. f.* Establecimiento donde se elabora y se vende pan. *A la salida del pueblo hay una panificadora.* **SIN.** Horno, panadería, tahona.

panislamismo (pa-nis-la-**mis**-mo) *s. m.* Doctrina política de los pueblos musulmanes que propicia la acción común de todos ellos contra la influencia extranjera. *El integrismo mueve el panislamismo.*

panizo (pa-**ni**-zo) *s. m.* *Maíz.

panocha (pa-**no**-cha) *s. f.* *Panoja.

panocho (pa-**no**-cho) *s. m.* Dialecto propio de los habitantes de la huerta de Murcia. *No entiendo el panocho.*

panoja (pa-**no**-ja) *s. f.* Mazorca del maíz, del panizo o del mijo. *He comprado panojas.*

panoli (pa-**no**-li) *adj., vulg.* Se dice de la persona necia, tonta o demasiado cándida. *No seas panoli, eso no se lo cree nadie.* **SIN.** Memo, lelo. **ANT.** Avispado.

panoplia (pa-**no**-plia) *s. f.* **1.** Colección de armas. *Es la mejor panoplia del país.* **2.** Parte de la arqueología que estudia las armas de mano y las armaduras antiguas. *Es un apasionado de la panoplia.*

panorama (pa-no-**ra**-ma) *s. m.* **1.** Vista de un horizonte muy extenso que se contempla desde un lugar elevado. *Desde aquí se ve un bello panorama.* **2.** *fam.* Visión global de una situación. *Menudo panorama se le presenta. El panorama económico parecía alentador.*

panorámico, ca (pa-no-**rá**-mi-co) *adj.* **1.** Que pertenece o se refiere al panorama. *Desde la torre hay* una buena vista panorámica. **2.** *fam.* Que permite una visión de conjunto. *Ofreció una visión panorámica del asunto.* **SIN.** Global. **ANT.** Parcial. ‖ *s. f.* **3.** En cinematografía, movimiento giratorio de la cámara apoyada en un punto, y toma así realizada. *La película empieza con una panorámica del valle.*

pantagruélico, ca (pan-ta-**grué**-li-co) *adj.* Se dice de las comidas excesivamente abundantes. *Fue un banquete pantagruélico.* **SIN.** Desmesurado, exagerado, opíparo, copioso. **ANT.** Parco, escaso.

pantalla (pan-**ta**-lla) *s. f.* **1.** Lámina que se sujeta delante o alrededor de la luz artificial, para que no moleste a los ojos o para dirigirla hacia donde se desee. *La lámpara tenía una pantalla opaca.* **2.** Lámina sobre la que se proyectan las imágenes de cine o las diapositivas. *Colocaron una gran pantalla.* **3.** Parte del aparato de televisor o del monitor del ordenador en la que aparecen los datos o las imágenes. *Necesitaba una pantalla mayor.* **4.** Mundo que rodea a la televisión o el cine. *Era una de las estrellas más famosas de la pantalla.* **5.** Persona o cosa que, puesta delante de otra la oculta o le hace sombra. *Hizo de pantalla.* **6.** Persona que atrae la atención mientras otra realiza o logra secretamente una cosa. *Le servía de pantalla.* **SIN.** Tapadera, encubrimiento. ‖ **7. pantalla de humo** Información que se da para desviar la atención de otro asunto de mayor importancia. **8. pantalla radioscópica** La que utiliza una sustancia sensible a los rayos X. **9. pequeña pantalla** *fam.* *Televisión.

pantalón (pan-ta-**lón**) *s. m.* **1.** Prenda de vestir que ciñe al cuerpo en la cintura y baja cubriendo cada pierna hasta los tobillos. **GRA.** Se usa más en pl. *Llevaba pantalones negros.* ‖ **2. pantalón bombacho** El ancho, cuyos perniles terminan en forma de campana abierta por el costado. **3. pantalón tejano, o vaquero** El de tela fuerte, ceñido y generalmente azul, usado en su origen por los vaqueros de Texas. ‖ **LOC. bajarse los pantalones** *fam.* Ceder en condiciones deshonrosas. **llevar bien puestos los pantalones** *fam.* Imponer su autoridad. **ponerse alguien los pantalones** *fam.* Tomar el mando.

pantano (pan-**ta**-no) *s. m.* **1.** Hondonada donde se acumulan aguas, con fondo más o menos cenagoso. *La abundancia de lluvia había formado un gran pantano.* **SIN.** Balsa, laguna. **2.** Gran depósito de agua, formado en un valle artificialmente, que sirve para alimentar las acequias de riego. *El pantano estaba a rebosar.* **SIN.** Embalse. **3.** Dificultad, lío.

En menudo pantano te has metido. **SIN.** Atolladero, embarazo.

pantanoso, sa (pan-ta-**no**-so) *adj.* **1.** Se dice del terreno donde hay pantanos. *Es una región pantanosa.* **2.** Se dice del terreno cenagoso. *Ese campo es pantanoso.* **SIN.** Encharcado, empantanado. **ANT.** Seco. **3.** Lleno de dificultades u obstáculos. *¡Ten cuidado!, ese asunto es muy pantanoso.* **SIN.** Enojoso, embarazoso. **ANT.** Fácil.

panteísmo (pan-te-**ís**-mo) *s. m.* Sistema filosófico que identifica a Dios con el universo. *Defendía un exacerbado panteísmo.*

panteón (pan-te-**ón**) *s. m.* Monumento funerario destinado a dar sepultura a varias personas. *Fue enterrado en el panteón familiar.* **SIN.** Mausoleo.

pantera (pan-**te**-ra) *s. f.* Leopardo cuyas manchas circulares de la piel son todas anilladas. *Han traído una pantera al zoo.*

panti (**pan**-ti) *s. m.* *Panty. También "pantis".

pantocrátor (pan-to-**crá**-tor) *s. m.* Representación de Jesucristo sentado y en actitud de bendecir, enmarcado por una orla en forma de almendra. *Había pintado un pantocrátor.*

pantomima (pan-to-**mi**-ma) *s. f.* **1.** Representación hecha por medio de figuras y gestos sin que intervengan palabras. *Se dedica a la pantomima.* **SIN.** Mimo. **2.** Comedia, farsa. *Deja de hacer la pantomima, no convences a nadie.*

pantorrilla (pan-to-**rri**-lla) *s. f.* Parte carnosa y abultada de la pierna, por debajo de la corva. *Se hizo daño en la pantorrilla.*

pantuflas (pan-**tu**-flas) *s. f. pl.* Calzado cómodo y sin talón para estar en casa. *Se acababa de levantar de la cama, y estaba en albornoz y pantuflas.* **SIN.** Chinela.

panty *s. m.* Leotardos de nailon. **GRA.** Se usa más en pl. *Ella llevaba unos pantys negros y zapatos de ante negro.*

panza (**pan**-za) *s. f.* **1.** Barriga o vientre, especialmente el muy abultado. *Estás echando una buena panza.* **SIN.** Tripa. **2.** Parte convexa y más saliente de vasijas u otras cosas. *Me gusta más ese jarrón que tiene menos panza.* **SIN.** Abultamiento. **3.** Primera de las cuatro cavidades en que se divide el estómago de los rumiantes. *La hierba se almacena en la panza.* ‖ **4. panza de burra** *fam.* Nombre que se da al cielo uniformemente entoldado y de color gris oscuro.

panzada (pan-**za**-da) *s. f.* **1.** Golpe que se da con la panza. *Al tirarse al agua se dio una buena panzada.*

pañal - papel

SIN. Tripada. **2.** *fam.* Exceso que se comete en la bebida, comida o al realizar cualquier otra actividad. *La comida estaba buenísima y se dieron una panzada increíble.* **SIN.** Atracón, tripada.

pañal (pa-**ñal**) *s. m.* Pedazo de celulosa absorbente que se pone a los bebés o a las personas que sufren problemas de incontinencia de orina. *Está cambiando de pañal al bebé.* ‖ **LOC. estar alguien en pañales** *fam.* Tener poco o ningún conocimiento de una cosa. **estar algo en pañales** *fam.* Estar en un estado poco avanzado.

pañito (pa-**ñi**-to) *s. m.* *Tapete.

paño (**pa**-ño) *s. m.* **1.** Tela de lana muy tupida y con pelo corto. *Llevaba un abrigo de paño.* **2.** *Tela. **3.** Ancho de una tela. *Necesito dos paños para el vestido.* ‖ **LOC. andar alguien con paños calientes** Hacer o decir algo para intentar suavizar la dureza de aquello que se va a hacer o decir. **conocer alguien el paño** Saber qué o cómo es alguien o algo. **4. en paños menores** *fam.* Medio desnudo o en ropa interior. **ser alguien un paño de lágrimas** Ser la persona en quien los demás buscan consuelo o ayuda.

pañoleta (pa-ño-**le**-ta) *s. f.* **1.** Prenda triangular que se echa sobre los hombros. *Se echó una pañoleta sobre los hombros.* **SIN.** Chal, mantón. **2.** Pañuelo que se pone en el cuello como adorno o abrigo. *Llevaba una pañoleta roja anudada al cuello.*

pañuelo (pa-**ñue**-lo) *s. m.* **1.** Pedazo de tela cuadrado y de una sola pieza, con fleco o sin él. *Llevaba un pañuelo sobre el abrigo.* **SIN.** Pañoleta. **2.** Trozo de tela o de papel que sirve y se usa para limpiarse las narices. *Usa pañuelos de papel.* **SIN.** Moquero.

papa¹ (**pa**-pa) *s. m.* Sumo pontífice romano, vicario de Jesucristo, cabeza visible de la Iglesia católica. **ORT.** Se suele escribir con mayúscula. *Estaban preparando la visita del Papa. El papa es la cabeza de la Iglesia católica.*

papa² (**pa**-pa) *s. f.* *Patata.

papa³ (**pa**-pa) *s. f.* **1.** *fam.* Paparrucha, tontería. *Sólo dice papas.* ‖ *s. f. pl.* **2.** *fam.* Sopa muy blanda. *Antes de la operación, sólo pude comer papas.* ‖ **LOC. ni papa** Nada.

papá (pa-**pá**) *s. m.* **1.** *fam.* Papa, padre. *Quería mucho a su papá.* ‖ *s. m. pl.* **2.** El padre y la madre. *Siempre estaba hablando de sus papás.* Su pl. es "papás".

papada (pa-**pa**-da) *s. f.* **1.** Abultamiento carnoso anormal que se forma debajo de la barba, o entre ella y el cuello. *Te está saliendo papada.* **SIN.** Papo, sobarba, sotabarba. **2.** Pliegue cutáneo que sobresale en el borde inferior del cuello de ciertos animales. *Era un perro con una gran papada.*

papado (pa-**pa**-do) *s. m.* Dignidad de papa y tiempo que dura. *Cumplía cuatro años de papado.*

papagayo (pa-pa-**ga**-yo) *s. m.* **1.** Ave trepadora, de pico fuerte, grueso y muy encorvado, y plumaje amarillento en la cabeza y verde en el cuerpo. Es propia de los países tropicales y vive bien en la domesticidad. *Los papagayos pueden aprender a repetir palabras y frases enteras.* **2.** Persona muy habladora. *Calla un poco, no seas papagayo.* **SIN.** Cotorra, loro, charlatán.

papamoscas (pa-pa-**mos**-cas) *s. m.* **1.** Pájaro con plumaje negruzco y blanco, moño amarillo o negro, frente y vientre blanco. *El papamoscas se domestica con facilidad.* **2.** *fam.* *Papanatas. **SIN.** Bobalicón, simple. Invariable en número.

papanatas (pa-pa-**na**-tas) *s. m. y s. f., fam.* Persona simple y crédula o demasiado cándida y fácil de engañar. *Eres un poco papanatas.* **SIN.** Papamoscas, bobalicón. Invariable en número.

paparazzi *s. m. y s. f.* Fotógrafo de prensa especializado en las fotografías de personas famosas. *Las fotos habían sido tomadas por un paparazzi.*

paparrucha (pa-pa-**rru**-cha) *s. f.* **1.** *fam.* Noticia falsa. *No hagas caso de esas paparruchas.* **SIN.** Bulo, mentira, patraña. **2.** *fam.* Memez, tontería. *¡Déjate de paparruchas!* **SIN.** Estupidez.

papaya (pa-**pa**-ya) *s. f.* Fruto del papayo, generalmente de forma oblonga y hueco. *Hizo confitura de papaya.*

papayo (pa-**pa**-yo) *s. m.* Arbolillo de madera blanda, cuyo fruto es la papaya. *Han plantado varios papayos.*

papear (pa-pe-**ar**) *v. tr., fam.* *Comer. **GRA.** También v. intr.

papel (pa-**pel**) *s. m.* **1.** Lámina delgada hecha con pasta de madera u otros materiales. *El papel se emplea para escribir, dibujar, envolver cosas, etc.* **2.** Personaje que representa un actor o una actriz. *Ese actor siempre hace papeles de bueno.* **3.** Función, cargo que una persona desempeña. *Tenía un papel importante dentro de la organización.* **SIN.** Tarea, labor . **4.** Documento que contiene la obligación del pago de una cantidad, como libranza, pagaré, etc. *He negociado papel en el banco.* ‖ *s. m. pl.* **5.** Documentos con que se acredita el estado civil o la calidad de una persona. *Tenía que presentar los papeles en el juzgado.* ‖ **6. papel biblia** El que es muy delgado y de buena acalidad, apropiado para obras

PAPAS

Papa	Año	Papa	Año	Papa	Año	Papa	Año
S Pedro	42	S. Bonifacio IV	608	Juan XIII	965	Urbano VI	1370
S. Lino	67	S. Deodato	615	Benedicto VI	973	Bonifacio IX	1378
S. Cleto	76	Bonifacio V	619	Benedicto VII	974	Inocencio VII	1389
S. Clemente I	88	Honorio I	625	Juan XIV	983	Gregorio XII	1404
S. Evaristov	97	Severiano	640	Juan XV	985	Martín V	1406
S. Alejandro I	105	Juan IV	640	Gregorio V	996	Eugenio IV	1417
S. Sixto I	115	Teodoro I	642	Silvestre II	999	Nicolás V	1431
S. Telesforo	125	S. Martín I	649	Juan XVII	1003	Calixto III	1447
S. Higinio	136	S. Eugenio I	654	Juan XVIII	1004	Pío II	1455
S. Pío I	140	S. Vitaliano	657	Sergio IV	1009	Pablo II	1458
S. Aniceto	155	Adeodato	672	Benedicto VIII	1012	Sixto IV	1464
S. Sotero	166	Donino	676	Juan XIX	1024	Inocencio VIII	1471
S. Eleuterio	175	S. Agatón	678	Benedicto IX	1032	Alejandro VI	1484
S. Víctor I	189	S. León II	682	Gregorio VI	1045	Pío III	1492
S. Ceferino	199	S. Benedicto II	684	Clemente II	1046	Julio II	1503
S. Calixto I	217	Juan V	685	Benedicto IX	1047	León X	1513
S. Urbano I	222	Conón	686	Dámaso II	1048	Adraino VI	1522
S. Ponciano	230	S. Sergio I	687	León IX	1049	Clemente VII	1523
S. Antero	235	Juan VI	701	Víctor II	1055	Pablo III	1534
S. Fabián	236	Juan VII	705	Esteban IX	1057	Julio III	1550
S. Cornelio	251	Sisinio	708	Nicolás II	1059	Marcelo II	1555
S. Lucio I	253	Constantino	708	Alejandro II	1061	Pablo IV	1555
S. Estebaán I	254	S. Gregorio II	715	Gregorio VII	1073	Pío IV	1559
S. Sixto II	257	S. Gregorio III	731	Víctor III	1086	S. Pío V	1566
S. Dionisio	259	S. Zacarías	741	Urbano II	1088	Gregorio XIII	1572
S. Félix I	269	Esteban II	752	Pascual II	1099	Sixto V	1585
S. Eutiquio	275	S. Pablo I	757	Gelasio II	1118	Urbano VII	1590
S. Cayo	283	Esteban III	768	Calixto II	1119	Gregorio XIV	1590
S. Marcelino	296	Adriano I	772	Honorio II	1124	Inocencio IX	1591
S. Marcelo I	308	S. León III	795	Inocencio II	1130	Clemente VIII	1592
S. Eusebio	309	Esteban IV	816	Celestino II	1143	León XI	1605
S. Melquíades	311	S. Pascual I	817	Lucio II	1144	Pablo V	1605
S. Silvestre I	314	Eugenio II	824	Eugenio III	1145	Gregorio XV	1621
S. Marcosv	336	Valentino	827	Anastasio IV	1153	Urbano VIII	1623
S. Julio I	337	Gregorio IV	827	Adriano IV	1154	Inocencio X	1644
Liberio	352	Sergio II	844	Alejandro III	1159	Alejandro VII	1655
S. Dámaso I	366	S. León IV	847	Lucio III	1181	Clemente IX	1667
S. Ciricio	384	Benedicto III	855	Urbano III	1185	Clemente X	1670
S. Anastasio I	399	S. Nicolás I	858	Gregorio VIII	1187	Inocencio XI	1676
S. Inocencio I	401	Adriano II	867	Clemente III	1187	Alejandro VIII	1689
S. Zósimo	417	Juan VIII	872	Celestino III	1191	Inocencio XII	1691
S. Bonifacio I	418	Maraiano I	882	Inocencio III	1198	Clemente XI	1700
S. Celestino I	422	S. Adriano III	884	Honorio III	1216	Inocencio XIII	1721
S. Sixto III	432	Esteban V	885	Gregorio IX	1227	Benedicto XIII	1724
S. Léon I Magno	440	Formoso	891	Celestino IV	1241	Clemente XII	1730
S. Hilario	461	Bonifacio VI	896	Inocencio IV	1243	Benedicto XIV	1740
S. Simplicio	468	Esteban VI	896	Alejandro IV	1254	Clemente XIII	1758
S. Félix III	483	Romano	897	Urbano IV	1261	Clemente XIV	1769
S. Gelasio I	492	Teodoro II	897	Clemente IV	1265	Pío VI	1775
Anastasio II	496	Juan IX	898	Gregorio X	1271	Pío VII	1800
S. Símaco	498	Benedicto IV	900	Inocencio V	1276	León XII	1823
S. Hormisdas	514	León V	903	Adriano V	1276	Pío VIII	1829
S. Juan I	523	Sergio III	904	Juan XXI	1276	Gregorio XVI	1831
S. Félix IV	526	Anastasio III	911	Nicolás III	1277	Pío IX	1846
Bonifacio II	530	Landón	913	Martín IV	1281	León XIII	1878
Juan II	533	Juan X	914	Honorio IV	1285	S. Pío X	1903
S. Agapito I	535	León VI	928	Nicolás IV	1288	Benedicto XV	1914
S. Silverio	536	Esteban VII	928	S. Celestino V	1294	Pío XI	1922
Virgilio	537	Juan XI	931	Bonifacio VIII	1294	Pío XII	1939
Pelagio I	556	León VII	936	Benedicto XI	1303	Juan XXIII	1958
Juan III	561	Esteban VIII	939	Clemente V	1305	Pablo VI	1963
Benedicto I	575	Mariano II	942	Benedicto XII	1316	Juan Pablo I	1978
Pelagio II	579	Agapito II	946	Clemente VI	1334	Juan Pablo II	1978
S. Gregorio I Magno	590	Juan XII	955	Inocencio VI	1342	Benedicto XVI	2005
Sabiniano	604	León VIII	963	Urbano V	1352		
Bonifacio III	607	Benedicto V	964	Gregorio XI	1362		

papela - papista

muy extensas. **7. papel carbón** El impregnado por una de sus caras con tinta grasa, que se usa para calcar y sacar copias. **8. papel cebolla** El de escribir que es muy fino, casi transparente. **9. papel continuo** El de gran longitud destinado a impresoras de ordenador. **10. papel cuché** El muy satinado y barnizado, que se utiliza principalmente en revistas y obras que lleven grabados y fotografiados. **11. papel de aluminio, o de plata** El que se utiliza para envolver alimentos y favorecer su conservación. **12. papel de estraza** Papel muy basto, áspero, sin cola y sin blanquear. **13. papel de fumar, o de arroz** El que se usa para liar cigarrillos. **14. papel de lija** Hoja de papel fuerte con vidrio molido, arena cuarzosa o polvos de esmeril encolados en una de sus caras. **15. papel de Estado** Diferentes documentos que emite el Estado reconociendo créditos a favor de sus tenedores. **16. papel higiénico** El de celulosa y muy suave que se usa para limpiarse después de expeler los excrementos. **17. papel moneda** El que por autorización pública sustituye al dinero en metálico y tiene curso como tal. **SIN.** Billete. **18. papel pautado** El que tiene pauta para aprender a escribir. **19. papel pintado** El de varios colores y dibujos que se emplea para empapelar decorativamente las paredes y en otros usos. **20. papel secante** El esponjoso y sin cola, que se emplea para enjugar lo escrito. **21. papel vegetal** El transparente y satinado que se usa en dibujo. ‖ **LOC. hacer alguien su papel** *fam.* Cumplir con su cargo y ministerio. **perder los papeles** *fam.* Perder el control. **sobre el papel** *fam.* Teóricamente. **ser algo papel mojado** *fam.* Ser de escasa importancia o no tener ningún valor. **¡vaya papel!** *fam.* Alude a una situación embarazosa.

papela (pa-**pe**-la) *s. f., fam.* Carné de identidad. *La policía le pidió la papela.*

papeleo (pa-pe-**le**-o) *s. m.* Trámites necesarios para llevar a cabo una empresa o asunto. *Estuve toda la mañana de papeleo.*

papelera (pa-pe-**le**-ra) *s. f.* **1.** Cesto para echar papeles inservibles. *Tira esto a la papelera.* **2.** Fábrica de papel. *Trabaja en una papelera.*

papelero, ra (pa-pe-**le**-ro) *adj.* Que se refiere al papel. *Industria papelera.*

papeleta (pa-pe-**le**-ta) *s. f.* **1.** *Cédula. **2.** Impreso con números para sorteo o rifa. *Tenía dos papeletas para el sorteo.* **3.** Hoja en que se halla escrito un tema de examen u oposición. *Eligieron a alguien por sorteo para sacar la papeleta.* **4.** *fam.* Asunto difícil de resolver. *Me dejó una buena papeleta.* **SIN.** Atolladero, dificultad.

papelina[1] (pa-pe-**li**-na) *s. f.* Tela muy delgada de seda fina con trama de seda basta. *Tengo una chaqueta de papelina.*

papelina[2] (pa-pe-**li**-na) *s. f., fam.* Dosis de droga, que se vende envuelta en papel. *Cuando le registraron le encontraron varias papelinas.*

papelón (pa-pe-**lón**) *s. m.* **1.** Situación difícil o delicada. *Ahora tienen un buen papelón en casa.* **SIN.** Papeleta, dificultad. **2.** Ridículo que hace alguien. *Se avergonzaba del papelón que había hecho.*

papeo (pa-**pe**-o) *s. m., fam.* Comida. *Tenemos que ir al supermercado, no hay nada de papeo.*

paperas (pa-**pe**-ras) *s. f. pl.* Enfermedad caracterizada por la hinchazón de los ganglios linfáticos cervicales. *No pude ir al colegio porque tenía paperas.*

papila (pa-**pi**-la) *s. f.* Cada una de las pequeñas prominencias formadas debajo de la piel y en la superficie de las membranas mucosas, por ramificaciones nerviosas y vasculares. *Papila gustativa.*

papilla (pa-**pi**-lla) *s. f.* **1.** Sopa espesa que se da a los niños, comúnmente sazonada con miel o azúcar. *Merienda papilla de frutas.* **SIN.** Puré. **2.** Sustancia opaca a los rayos X que una persona tiene que tomar para poder hacerse radiografías del aparato digestivo. *La papilla tenía un sabor horrible.* ‖ **LOC. echar alguien la papilla** *fam.* Vomitar. **estar alguien hecho papilla** *fam.* Estar muy cansado, física o psicológicamente. **hacer papilla a alguien o algo** *fam.* Dejarlo destrozado.

papillotte (pa-pi-**llo**-te) *s. m.* Hoja de papel blanco, cortado en forma triangular y untada con aceite, en la que se envuelven carnes, aves o pescados para cocerlos al horno. *De segundo plato pedimos salmón al papillotte.*

papiloma (pa-pi-**lo**-ma) *s. m.* Tumor en forma de botón o cabezuela. *Tenían que analizar el papiloma.*

papiro (pa-**pi**-ro) *s. m.* Lámina sacada del tallo de una planta de Oriente del mismo nombre, que antiguamente se empleaba para escribir en ella. *Los antiguos escribían en papiros.* **SIN.** Pergamino.

papiroflexia (pa-pi-ro-**fle**-xia) *s. f.* Arte de representar seres u objetos mediante el plegado de papel. *Ese libro sobre papiroflexia es muy bueno.*

papista (pa-**pis**-ta) *adj.* que se usa en la fra. "ser alguien más papista que el Papa", que significa mostrar más celo en un asunto que la persona directamente implicada. *Eres más papista que el Papa, parece que la empresa es tuya.*

papo - parábola

papo (**pa**-po) *s. m.* **1.** Parte abultada del animal entre la barba y el cuello. *Tenía un papo muy grande.* **SIN.** Papada. **2.** Desverguenza, descaro. *Le echa un papo que no veas.*

papón, na (pa-**pón**) *s. m. y s. f.* Persona que sale encapuchada en las procesiones de Semana Santa. *Los papones de esa cofradía van vestidos de negro.*

paprika (pa-**pri**-ka) *s. m.* Nombre húngaro del pimentón, polvo picante con el que se condimentan numerosos platos. *Adereza el cordero con un poco de paprika.*

paquebot *s. m.* *Paquebote.

paquebote (pa-que-**bo**-te) *s. m.* Embarcación que lleva el correo y especialmente los pasajeros de un puerto a otro. *Embarcamos en el paquebote.*

paquete (pa-**que**-te) *s. m.* **1.** Envoltorio bien dispuesto y no muy abultado de una misma cosa o de distinta clase. *Preparó un paquete con todos los libros.* **SIN.** Atado, atadijo, lío. **2.** Conjunto de alguna cosa. *Sacaron a la venta varios paquetes de acciones.* **3.** Persona que va de acompañante del conductor en una bici o en una moto. *No le gustaba nada ir de paquete.* **SIN.** Bulto. **4.** *fam.* Castigo, bronca. *Le metieron un buen paquete por ir a más velocidad de la permitida.* **SIN.** Puro, sanción, arresto. **5.** *fam.* Inútil, torpe. *Es un paquete, no hace nada bien.* **6.** *fam.* En ciclismo, pelotón. *El grueso del paquete llegó agrupado a la meta.* **7.** *vulg.* Órganos genitales masculinos, abultados bajo la ropa. **GRA.** Se suele emplear en la expr. "marcar paquete". *Le gusta marcar paquete.* ‖ **8. paquete informático** Conjunto de programas que son necesarios para realizar determinada operación. **9. paquete postal** El que se envía por correo.

paquidermo (pa-qui-**der**-mo) *adj.* Se dice de los mamíferos ungulados, omnívoros, de dentición completa, caracterizados por tener la piel muy gruesa y dura. **GRA.** También s. m. *El hipopótamo y el rinoceronte son paquidermos.*

par *adj.* **1.** Igual o semejante totalmente. *Tiene una habilidad sin par.* **SIN.** Idéntico. **ANT.** Desigual. **2.** En matemáticas, se aplica al número dos y a todos sus múltiplos. *Di un número par.* **ANT.** Impar. ‖ *s. m.* **3.** Conjunto de dos personas o cosas de una misma especie. *Necesito un nuevo par de zapatos.* **SIN.** Pareja. **ANT.** Uno. **4.** Pequeña cantidad de personas o cosas sin especificar. *Tenía unos cuantos pares de calcetines negros.* **5.** Igual, comparación. *Su magnífica actuación no tiene par.* ‖ **LOC. a la par** Juntamente o a un tiempo. | Igualmente, sin distinción. **a pares** Expresión para indicar que algunas personas o cosas van apareadas. **de par en par** Expresión con que se significa estar abiertas enteramente las puertas o ventanas. | Sin impedimento que estorbe, clara o patentemente. **ir a la par** Ir a partir igualmente la ganancia o la pérdida en un juego o negocio. **jugar, o echar, a pares y nones una cosa** Sortearla, jugando a acertar si son pares o impares las monedas que entre ambos tienen en las manos cerradas. **sin par** Singular, único. ☞ Se usa para ensalzar la excelencia de alguna persona o cosa.

para (**pa**-ra) *prep.* **1.** Denota el fin o término a que se encamina una acción. *Vino para quedarse un par de semanas.* **2.** Hacia, denota el lugar que es término de un viaje, movimiento, etc. *Vine para Madrid.* **3.** Época o plazo en que se ha de ejecutar una cosa; uso o destino de una cosa. *Acabará su trabajo para julio.* **4.** Finalidad o propósito de una acción. *Vengo para verte.* **5.** Relación, contraposición o comparación. *Para lo ocupado que está no creo que aproveche bien el tiempo.* **6.** Causa o motivo de una cosa. *¿Para qué te has apuntado?* **7.** Aptitud, capacidad o preparación para hacer algo. *No valía para ese trabajo.* **8.** Junto con los pronombres personales "mí", "si", etc. y con algunos verbos, denota que la acción de éstos es interior, secreta y no se comunica a otro. *Se lo guardó para él.* **9.** Junto con algunos nombres se usa supliendo al verbo "comprar". *Este regalo es para Juan.* ‖ **LOC. para con alguien** En relación a esa persona. **para eso** Expresión que se usa despreciando una cosa, o por fácil o por inútil. **para mí, ti, él, etc.** Según mi, tu, su, etc. opinión. **para que** Locución conjuntiva de finalidad, usada en sentido afirmativo e interrogativo. **que para qué** *fam.* Expresión con que se pondera la intensidad, la importancia o el tamaño de algo.

parabellum (pa-ra-**be**-llum) *s. f.* Arma de fuego automática. *La bala encontrada era de una parabellum.*

parabién (pa-ra-**bién**) *s. m.* *Felicitación. **GRA.** Se usa más en pl.

parábola (pa-**rá**-bo-la) *s. f.* **1.** Narración breve de un suceso imaginario de la que se saca una enseñanza o moraleja. *Les contó una parábola.* **SIN.** Alegoría, ejemplo, moralidad. **2.** En matemáticas, curva abierta, simétrica respecto a un eje, con un sólo foco que resulta de cortar un cono circular recto por un plano paralelo a una de sus generatrices, que encuentra todas las otras en una sola hoja. *El resultado era una parábola.*

parabólica - paraguas

parabólica (pa-ra-**bó**-li-ca) *s. f.* Antena de televisión que concentra el haz que se recibe desde un satélite y permite captar emisoras situadas a gran distancia. **GRA.** También adj. *Tenían parabólica.*

parabrisas (pa-ra-**bri**-sas) *s. m.* Cristal que lleva el automóvil en su parte delantera. *Se rompió el parabrisas.* ✎ Invariable en número.

paracaídas (pa-ra-ca-**í**-das) *s. m.* Aparato hecho de tela resistente que, al extenderse en el aire, toma la forma de una sombrilla grande y cae lentamente gracias a la resistencia que el aire opone a su movimiento de descenso. *Se lanzó en paracaídas.* ✎ Invariable en número.

paracaidismo (pa-ra-cai-**dis**-mo) *s. m.* Actividad militar o deportiva que consiste en lanzarse en paracaídas desde un avión. *Es un gran aficionado del paracaidismo.*

parachoques (pa-ra-**cho**-ques) *s. m.* Pieza o aparato que llevan en la parte anterior los automóviles, para amortiguar los efectos de un choque. *El parachoques amortiguó el choque contra el árbol.* ✎ Invariable en número.

parada (pa-**ra**-da) *s. f.* **1.** Acción de parar o detenerse. *Hicimos una parada para desayunar.* **SIN.** Detención, alto. **ANT.** Marcha, oscilación. **2.** Estación. *Te espero en la parada del autobús.* **3.** Fin o término del movimiento de una cosa, especialmente de la carrera. *Situaron en ese pueblo la primera parada.* **SIN.** Meta, llegada. **4.** Suspensión o pausa, particularmente en la música. *Los músicos hicieron una parada.* **5.** Lugar en el que los caballos cubren a las yeguas. *Llevó la yegua a la parada.* ‖ **6. parada de coches** Lugar asignado para que en él se estacionen los coches de alquiler. **7. parada de taxis** Lugar donde esperan a sus clientes. **8. parada discrecional** En ciertas líneas de transporte, la establecida donde el conductor no tiene que detener el vehículo excepto a petición de los viajeros.

paradero (pa-ra-**de**-ro) *s. m.* Lugar donde se para o se va a parar. *Nadie tenía noticia de su paradero.*

paradigma (pa-ra-**dig**-ma) *s. m.* **1.** Modelo, ejemplo de algo. *Le ponían como paradigma de persona honesta.* **SIN.** Prototipo, canon. **2.** En gramática, cada uno de los esquemas formales a los que se ajustan las palabras nominales y verbales para sus respectivas flexiones. *Ese verbo no sigue el paradigma de su conjugación.*

paradisíaco, ca (pa-ra-di-**sí**-a-co) *adj.* Que pertenece o se refiere al paraíso. *Aquella pequeña playa era un lugar paradisíaco.* ✎ También "paradisiaco".

parado, da (pa-**ra**-do) *adj.* **1.** Remiso, tímido. *Es un poco parado.* **SIN.** Pasivo. **2.** Desocupado, sin empleo. *Se encuentra parado desde hace un año.* **SIN.** Desempleado. **ANT.** Ocupado, empleado, activo. **3.** Que no está en movimiento o funcionamiento. *El tren está parado.* **4.** Asombrado, desconcertado. *Me quedé parado al enterarme de la noticia.* ‖ **LOC. salir alguien bien, o mal, parado** *fam.* Salir bien, o mal, de un asunto.

paradoja (pa-ra-**do**-ja) *s. f.* Expresión o situación que envuelve una contradicción. *Dice que no le gusta y va, es una paradoja.* **SIN.** Contrasentido, absurdo.

parador (pa-ra-**dor**) *s. m.* **1.** Hotel y restaurante. *Pasaron la noche en un parador.* **SIN.** Posada, hostal, hospedería, fonda. ‖ **2. parador nacional, o nacional de turismo** En España, cierto tipo de establecimiento hotelero, por lo común lujoso o situado en edificios históricos, dependiente de un organismo oficial.

parafernalia (pa-ra-fer-**na**-lia) *s. f., fam.* Ostentosidad que rodea a una persona, acto, ceremonia, etc. *No le gustan las bodas con tanta parafernalia.*

parafina (pa-ra-**fi**-na) *s. f.* Mezcla de hidrocarburos, sólida, blanca y menos densa que el agua y fácilmente fusible. *La parafina se obtiene destilando petróleo.*

parafrasear (pa-ra-fra-se-**ar**) *v. tr.* **1.** Hacer la paráfrasis de un texto o escrito. *Publicó un libro en el que parafraseaba su propia obra.* **SIN.** Comentar, explicar, glosar. **2.** Imitar el sentido o el estilo de otro autor u otro texto. *No es nada original, suele parafrasear a los demás.*

paráfrasis (pa-**rá**-fra-sis) *s. f.* **1.** Explicación o interpretación amplificativa de un texto para ilustrarlo o hacerlo más claro o inteligible. *Gracias a la paráfrasis pude comprenderlo.* **SIN.** Amplificación, glosa, comentario. **2.** Traducción libre en verso de otro texto original. *Resumió con una paráfrasis corta toda la novela.* **3.** Imitación de un original. *Su novela es una paráfrasis de las anteriores.* ✎ Invariable en número.

paragoge (pa-ra-**go**-ge) *s. f.* Figura de dicción que consististe en añadir una letra al final de una palabra. *"Colore" por "color".*

parágrafo (pa-**rá**-gra-fo) *s. m.* *Párrafo.

paraguas (pa-**ra**-guas) *s. m.* Utensilio portátil para resguardarse de la lluvia, compuesto de un bastón y un varillaje cubierto de tela que puede extenderse o plegarse. *Se va a poner a llover y yo sin paraguas.* ✎ Invariable en número.

paragüero - paranormal

paragüero (pa-ra-**güe**-ro) *s. m.* Mueble para colocar los paraguas y bastones. *En esa esquina hay un paragüero.*

paraíso (pa-ra-**í**-so) *s. m.* **1.** Lugar donde Dios puso a Adán después de crearlo, según la Biblia. *Adán y Eva fueron expulsados del paraíso.* **SIN.** Edén. **2.** Cielo, mansión de los ángeles y de los justos. *Su alma estaba en el paraíso.* **3.** Conjunto de asientos del piso más alto de algunos teatros. *Fueron a paraíso.* **4.** Cualquier sitio o lugar ameno. *En su pequeña cabaña de la montaña se sentía como en el paraíso.* **5.** Lugar adecuado para realizar cierta actividad. *Esta playa es un paraíso del surfing.*

paraje (pa-**ra**-je) *s. m.* **1.** Lugar, sitio. *La casa estaba situada en un bonito paraje.* **SIN.** Territorio, tierra, parte. **2.** Lugar lejano o aislado. *Nos perdimos por aquellos parajes.*

paralelepípedo (pa-ra-le-le-**pí**-pe-do) *s. m.* Sólido terminado por seis paralelogramos, siendo iguales y paralelos cada dos opuestos entre sí. *El cubo es un paralelepípedo.*

paralelismo (pa-ra-le-**lis**-mo) *s. m.* Calidad de paralelo. *Había cierto paralelismo en la vida de ambos.* **SIN.** Correspondencia, semejanza. **ANT.** Diferencia.

paralelo, la (pa-ra-**le**-lo) *adj.* **1.** En matemáticas, se dice de las líneas o planos equidistantes entre sí y que por más que se prolonguen no pueden encontrarse. *Dibuja dos rectas paralelas.* **2.** Correspondiente o semejante. *Tienen posiciones paralelas.* **SIN.** Similar. **ANT.** Diferente. **3.** Que sucede al mismo tiempo. *Se produjeron varias llamadas paralelas.* **SIN.** Simultáneo. ‖ *s. m.* **4.** Comparación de una persona o cosa con otra. *No tiene paralelo una casa con otra.* **SIN.** Cotejo, parangón. **5.** En geografía, cada uno de los círculos menores paralelos al ecuador. *Lima está situada en el paralelo 12.* ‖ *s. f. pl.* **6. paralelas asimétricas** Aparato de gimnasio que consiste en dos barras fijas horizontales colocadas a distinta altura.

paralelogramo (pa-ra-le-lo-**gra**-mo) *s. m.* Cuadrilátero cuyos lados opuestos son iguales y paralelos entre sí. *El cuadrado es un paralelogramo.*

paralímpico, ca (pa-ra-**lím**-pi-co) *adj.* *Paraolímpico.

paralís (pa-ra-**lís**) *s. m., vulg.* *Parálisis.

parálisis (pa-**rá**-li-sis) *s. f.* Pérdida total o parcial de la sensibilidad y del movimiento voluntario de una parte del cuerpo. *Sufrió una parálisis.*

paralítico, ca (pa-ra-**lí**-ti-co) *adj.* Enfermo de parálisis. **GRA.** También s. m. y s. f. *Un accidente le dejó paralítico.* **SIN.** Impedido, tullido, imposibilitado. **ANT.** Sano.

paralizar (pa-ra-li-**zar**) *v. tr.* **1.** Causar parálisis a una parte del cuerpo. **GRA.** También v. prnl. *Se le paralizó la parte izquierda.* **SIN.** Inmovilizar(se). **2.** Dejar a alguien estupefacto. **GRA.** También v. prnl. *Se paralizó al verme allí.* **SIN.** Petrificar(se). **3.** Detener, entorpecer, impedir la actividad o el movimiento de una cosa. **GRA.** También v. prnl. *Paralizaron las obras.* **SIN.** Parar(se), frenar(se). **ANT.** Mover(se), movilizar(se). 🖎 Se conjuga como abrazar.

paramento (pa-ra-**men**-to) *s. m.* **1.** Adorno con que se cubre una cosa. *Coloca el paramento sobre la mesa.* **SIN.** Ornamento, atavío. **2.** En un edificio, cualquiera de las dos caras de una pared. *Pintaron el paramento exterior de la casa.* **SIN.** Lienzo.

parámetro (pa-**rá**-me-tro) *s. m.* **1.** Dato que sirve de base para plantear o analizar una cuestión. *Según sus parámetros, el apoyo al grupo había descendido.* **SIN.** Valor. **2.** En matemáticas, línea constante e invariable que entra en la ecuación de algunas curvas, y particularmente en la de la parábola. *En ese problema aplica los parámetros que se indican.*

paramilitar (pa-ra-mi-li-**tar**) *adj.* Se dice de la organización civil que adopta una estructura o disciplina propia de un cuerpo militar. *Pertenecía a un grupo paramilitar.*

paramnesia (pa-ram-**ne**-sia) *s. f.* Perturbación de la memoria, particularmente la que sufre alguien que no puede recordar el sentido de las palabras, y el recuerdo erróneo de personas y cosas que no corresponde a la realidad. *Sufría una paramnesia.*

páramo (**pá**-ra-mo) *s. m.* **1.** Lugar desierto, raso y sin vegetación. *Planteaban nuevos sistemas de riego para la zona del páramo.* **SIN.** Desierto, erial. **2.** Cualquier lugar sumamente frío y desamparado. *Vivían en un auténtico páramo.*

parangón (pa-ran-**gón**) *s. m.* Comparación, paralelismo. *Entre la calidad de una y otra chaqueta no hay parangón.* **SIN.** Semejanza.

paraninfo (pa-ra-**nin**-fo) *s. m.* Salón de actos académicos en algunas universidades y otros centros de enseñanza. *La entrega de premios se realizó en el paraninfo de la universidad.* **SIN.** Aula magna.

paranoia (pa-ra-**noi**-a) *s. f.* Monomanía, perturbación mental. *Son paranoias suyas, no hagas caso.*

paranormal (pa-ra-nor-**mal**) *adj.* Se dice de los fenómenos y problemas que estudia la parapsicología. *Decían que en aquella vieja casa se producían fenómenos paranormales.*

paraolimpiada (pa-ra-o-lim-**pia**-da) *s. f.* Olimpiada en la que únicamente participan personas con algún tipo de minusvalía. *Se celebró la ceremonia de inauguración de la paraolimpiada.*

paraolímpico, ca (pa-ra-o-**lím**-pi-co) *adj.* Que pertenece o se refiere a la paraolimpiada. *La semana pasada comenzaron los juegos paraolímpicos.*

parapente (pa-ra-**pen**-te) *s. m.* **1.** Modalidad de paracaidismo que consiste en arrojarse desde una pendiente muy pronunciada y hacer un descenso controlado. *Practica el parapente.* **2.** Paracaídas rectangular con el que se practica esta modalidad. *Pliega bien el parapente antes de guardarlo.*

parapetarse (pa-ra-pe-**tar**-se) *v. prnl.* **1.** Atrincherarse los soldados con parapetos. *El capitán mandó parapetarse al pelotón.* **SIN.** Fortificarse. **2.** Protegerse, resguardarse. *Es un buen sitio para parapetarse.* **SIN.** Escudarse.

parapeto (pa-ra-**pe**-to) *s. m.* Muro de defensa. *Colocaron un montón de sacos como parapeto.*

paraplejia (pa-ra-ple-**ji**-a) *s. f.* Parálisis de la mitad inferior del cuerpo. *Le dio una paraplejia.* ✎ También "paraplejía"

parapléjico, ca (pa-ra-**plé**-ji-co) *adj.* **1.** Que pertenece o se refiere a la paraplejia. *Tiene una lesión parapléjica.* **2.** Que la padece. **GRA.** También s. m. y s. f. *Quedó parapléjico a causa de la caída.*

parapsicología (pa-rap-si-co-lo-**gí**-a) *s. f.* Rama de la psicología, que estudia los fenómenos psíquicos que, por su excepcionalidad, discrepan de las actividades psicológicas corrientes de la generalidad de las personas. *Es un gran aficionado a la parapsicología.* **SIN.** Metapsíquica, metapsicología, parapsíquica. ✎ También "parasicología".

parar (pa-**rar**) *v. intr.* **1.** Dejar de hacer una actividad o un movimiento. **GRA.** También v. prnl. *Ya ha parado de llover.* **SIN.** Detener(se), suspender(se), estacionar(se), cesar. **ANT.** Avanzar. **2.** Llegar a un término o a un estado. *No sé en que paró la disputa.* **SIN.** Acabar. **3.** Habitar, hospedarse, alojarse. *Paré en ese hotel.* || *v. tr.* **4.** Poner fin al movimiento o la acción de algo. *El portero nos paró a la entrada del cine.* **SIN.** Detener, impedir, frenar, retener. **ANT.** Movilizar. **5.** Evitar que el balón entre en la portería. *El portero paró la pelota con gran habilidad.* **SIN.** Despejar. || **LOC. ¡dónde iremos a parar!** *fam.* Expresión que indica asombro o extrañeza ante algo. **ir a parar** *fam.* Acabar en determinado sitio. *fam.* Pasar a pertenecer a alguien. **sin parar** Luego, al punto, sin dilación ni tardanza, en seguida.

pararrayos (pa-ra-**rra**-yos) *s. m.* Artificio compuesto de una o más barras metálicas terminadas en punta y unidas entre sí y con la tierra húmeda, o con el agua, por medio de conductores metálicos, que para proteger contra el rayo los edificios y otras construcciones se coloca en lo alto de los mismos. *Este edificio tiene pararrayos.* ✎ Invariable en número.

parasimpático (pa-ra-sim-**pá**-ti-co) *adj.* Se dice de la parte del sistema nervioso autónomo que contribuye a la regulación de diversas funciones y mantiene el equilibrio fisiológico. **GRA.** También s. m. *La enfermedad afectó al sistema parasimpático.*

parasíntesis (pa-ra-**sín**-te-sis) *s. f.* Formación de vocablos en que interviene la composición y la derivación. *"Reblandecer" es una palabra formada por parasíntesis.* ✎ Invariable en número.

parásito, ta (pa-**rá**-si-to) *adj.* **1.** Se dice del animal o vegetal que vive dentro o en la superficie de otro organismo, de cuyas sustancias se alimenta. **GRA.** También s. m. *Las rémoras son parásitos de los tiburones.* **2.** Se dice de la persona que se arrima a otra para vivir a su costa. **GRA.** También s. m. y s. f. *Es un parásito.* **SIN.** Gorrón, chupón, aprovechado. ✎ También "parasito".

parasol (pa-ra-**sol**) *s. m.* **1.** *Quitasol. **2.** En un automóvil, accesorio plegable colocado en el interior, sobre el parabrisas, y que sirve para evitar el deslumbramiento. *Pon el parasol.* **3.** Dispositivo que se coloca delante del objetivo de una cámara fotográfica para impedir la entrada de rayos luminosos. *Hay mucha luz, tengo que colocar el parasol en el objetivo.*

paratifoidea (pa-ra-ti-foi-**de**-a) *s. f.* Infección intestinal con muchos de los síntomas de la fiebre tifoidea, aunque originada por un bacilo distinto. *Los vómitos eran debidos a la paratifoidea.*

parcela (par-**ce**-la) *s. f.* **1.** Pequeña porción de terreno. *Se compraron una parcela para construir una casa.* **SIN.** Solar. **2.** Cada una de las tierras de distinto dueño. *Sus parcelas eran limítrofes.* **3.** Cada una de las partes en que se divide algo. *Se ocupaba de la parcela de la geografía humana.*

parcelar (par-ce-**lar**) *v. tr.* Dividir una finca grande en parcelas más pequeñas. *Parceló la finca para venderla.*

parche (**par**-che) *s. m.* **1.** Pedazo de tela, papel, piel, etc. que por medio de un aglutinante se pega sobre una cosa. *Puso un parche en la rueda de la bicicleta.* **2.** Ungüento, bálsamo, etc., pegado a un pedazo de

parchear - pared

lienzo, u otra cosa, que se pone en una herida o parte enferma del cuerpo. *Le pusieron un parche en la quemadura.* **SIN.** Emplasto, bizma. **3.** Pegote o retoque mal hecho en la pintura. *Taparon los agujeros, pero la pared quedó llena de parches.* **4.** Arreglo, remedio provisional. *Hasta que venga el técnico servirá con ese parche.*

parchear (par-che-**ar**) *v. tr.* Poner parches a una cosa. *Tengo que parchear el neumático.*

parchís (par-**chís**) *s. m.* Juego que consiste en avanzar una ficha por casillas sucesivas, según el número de puntos que saca cada jugador con un dado. Es adaptación de un juego usado en la India. *Ganaron el campeonato de parchís.*

parcial (par-**cial**) *adj.* **1.** Que se refiere a una parte del todo. *Era todavía un recuento parcial.* **SIN.** Fragmentario. **2.** No completo. *Era una visión parcial de los hechos.* **SIN.** Incompleto, deficiente. **ANT.** Total, completo. **3.** Que juzga o procede con parcialidad. *Su juicio es muy parcial.* **SIN.** Arbitrario, injusto. **ANT.** Imparcial. ∥ *s. m.* **4.** Examen de una parte de una asignatura. *Ha sacado notable en el primer parcial de ciencias.* **ANT.** Global, final. **5.** En deporte, resultado o tanteo al que se llega en un momento determinado del partido o competición. *Les sacaban cuatro puntos en el primer parcial.*

parco, ca (**par**-co) *adj.* Que tiene moderación y templanza. *Era parca en palabras.* **SIN.** Escaso, insuficiente, sobrio, moderado. **ANT.** Sobrado, generoso.

pardal (par-**dal**) *s. m.* *Gorrión.

pardillo, lla (par-**di**-llo) *adj.* **1.** Paleto, palurdo. **GRA.** También s. m. y s. f. *Me pareció un poco pardillo.* **2.** *fam.* Se dice de la persona muy ingenua. **GRA.** También s. m. y s. f. *No seas tan pardillo, te están tomando el pelo.* **SIN.** Tonto, primo. **ANT.** Listo. ∥ *s. m.* **3.** Pájaro de plumaje pardo rojizo, negruzco en las alas y la cola, carmesí en la cabeza y en el pecho, y blanco en el vientre. La hembra tiene colores menos vivos. *El pardillo canta bien y se domestica con facilidad.* **SIN.** Pajarel, pardal, pechirrojo.

pardo, da (**par**-do) *adj.* **1.** Se dice del color de la tierra o de la piel de uso común, intermedio entre blanco y negro, con tinte rojo amarillento y más oscuro que el gris. *Llevaba un abrigo de color pardo.* **SIN.** Castaño. **2.** Oscuro. *Era de color gris pardo.* **ANT.** Claro.

pardusco, ca (par-**dus**-co) *adj.* De color que tira a pardo. *La tela es de un color azul pardusco.*

pareado (pa-re-**a**-do) *s. m.* Estrofa de dos versos con rima asonante o consonante. *Escribió un pareado.*

parear (pa-re-**ar**) *v. tr.* **1.** *Comparar. **2.** *Emparejar.

parecer[1] (pa-re-**cer**) *s. m.* Opinión, juicio. *Tenían distinto parecer.*

parecer[2] (pa-re-**cer**) *v. intr.* **1.** Tener determinada forma exterior. *Por sus rasgos, parece asiático.* **SIN.** Aparentar, semejar. **2.** Creer, dar una opinión. *Me parece que te has equivocado.* **SIN.** Opinar, pensar. ∥ *v. prnl.* **3.** Tener una persona o cosa un aspecto físico o carácter similar a otra. *Mis hermanos se parecen como dos gotas de agua.* **SIN.** Asemejarse. **ANT.** Diferenciarse, distinguirse. ∥ *v. impers.* **4.** Ser probable. *Parece que va a aclarar.* ✎ v. irreg. ✍

INDICATIVO	SUBJUNTIVO	IMPERATIVO
Pres.	Pres.	
parezco	parezca	
pareces	parezcas	parece
parece	parezca	parezca
parecemos	parezcamos	parezcamos
parecéis	parezcáis	pareced
parecen	parezcan	parezcan

parecido, da (pa-re-**ci**-do) *adj.* **1.** Se dice de la persona o cosa que se parece a otra. *Todos los hermanos son muy parecidos.* **SIN.** Semejante, similar, análogo, parejo, afín. **ANT.** Distinto, diferente, desparejo. **2.** Con los adverbios "bien" o "mal", que tiene buena o mala presencia. *Era un joven muy bien parecido.* ∥ *s. m.* **3.** Semejanza, calidad de semejante. *Tienen un cierto parecido.* **SIN.** Similitud, analogía. **ANT.** Diferencia, desigualdad, distinción.

pared (pa-**red**) *s. f.* **1.** Muro hecho de ladrillo, piedra u otros materiales, que se levanta para cerrar un espacio o sostener un techo. *Ya han levantado las cuatro paredes.* **SIN.** Muro, tapia, tabique. **2.** Cara o superficie lateral de un cuerpo. *La pared interna del intestino es muy rugosa.* **3.** Conjunto de personas o cosas que se aprietan o unen estrechamente. *Formaron una pared para no dejar pasar a nadie.* **4.** Corte vertical de una montaña. *Quería escalar esa pared de la montaña.* ∥ **5. pared maestra** Cualquiera de las principales y más gruesas que sostienen el edificio. ∥ **LOC. darse alguien contra una pared** *fam.* Tener gran despecho o cólera que le saca fuera de sí. **de pared** Se dice de los objetos destinados a colocarse en una pared. **entre cuatro paredes** *fam.* Expresión con que se explica que alguien está retirado del trato de los demás o encerrado en su casa. **hablar las paredes** *fam.* Expresión con que se recomienda prudencia al que no quiere que descubran sus secretos. **hablar con la pared** *fam.* Hablar para uno mismo, no ser escuchado. **hacer la**

paredón - parir

pared *fam.* En el fútbol, modo de llevar el balón pasándolo a un compañero, que lo devuelve inmediatamente adelantado para superar al jugador del equipo contrario. **las paredes oyen** *fam.* Expresión que aconseja tener muy en cuenta dónde y a quién se dice una cosa que importa que esté secreta. **pegado a la pared** *fam.* Avergonzado, confuso, como privado de acción o de la palabra. **poner a alguien contra la pared** *fam.* Presionarle para que tome una decisión. **subirse alguien por las paredes** *fam.* Estar muy enfadado.

paredón (pa-re-**dón**) *s. m.* **1.** Pared que queda en pie en medio de unas ruinas. *Se conservaba un paredón.* **2.** Muro contra el que se fusilaba a las personas condenadas a muerte. *Fue conducido al paredón.*

pareja (pa-re-ja) *s. f.* **1.** Conjunto de dos personas o cosas especialmente con alguna correlación o semejanza. *Una pareja de novios.* **SIN.** Enamorados, matrimonio, par. **2.** En deporte, personas que compiten juntas frente a otras dos. *Jugaron al tenis por parejas.* **3.** Compañero o compañera en los bailes. *Era su pareja de baile.* ‖ *s. m. pl.* **4.** En el juego de dados, los dos puntos iguales que salen de una tirada. *He sacado cuatro parejas seguidas.* **5.** En los naipes, dos cartas iguales en número o semejantes en figura, como dos caballos o dos cincos. *Tenía una pareja de ases.* ‖ **LOC. correr parejas** Sobrevenir juntas algunas cosas o ser semejantes dos o más personas en una habilidad.

parejo, ja (pa-**re**-jo) *adj.* Igual o semejante. *Las condiciones eran parejas.* **SIN.** Par, parigual.

paremia (pa-**re**-mia) *s. f.* *Refrán, proverbio.

paremiología (pa-re-mio-lo-**gí**-a) *s. f.* Colección de refranes. *Escribió un tratado de paremiología.*

parénquima (pa-**rén**-qui-ma) *s. m.* Tejido celular esponjoso que, en los vegetales, llena el espacio comprendido entre las partes fibrosas. *El parénquima almacena las reservas de las plantas.*

parentela (pa-ren-**te**-la) *s. f.* Conjunto de parientes de una persona. *Se presentó en casa toda la parentela.* **SIN.** Familia.

parentesco (pa-ren-**tes**-co) *s. m.* **1.** Vínculo, conexión, enlace por consanguinidad o afinidad. *Había un lejano parentesco entre ellos.* **2.** Unión, vínculo que tienen las cosas. *Entre las dos posturas no había parentesco alguno.* **SIN.** Analogía, proximidad.

paréntesis (pa-**rén**-te-sis) *s. m.* **1.** Palabra o grupo de palabras que se intercala en el período, sin enlace necesario con él, y no altera su sentido. *Hizo un paréntesis en su descripción.* **SIN.** Acotación, inciso, aparte. **2.** Signo ortográfico ( ) en que suele encerrarse esta oración o frase. *Los colores de la bandera francesa sirven de título a la trilogía cinematográfica de Kieslowski ("Azul", "Blanco" y "Rojo").* **3.** Suspensión o interrupción. *Hicieron un paréntesis para comer algo, antes de continuar con la reunión.* **SIN.** Pausa, descanso. **4.** En matemáticas, símbolo de operación y de orden en las operaciones. *Haz primero las operaciones que están entre paréntesis.* ‖ **LOC. entre paréntesis** Expresión que se usa para suspender el discurso o conversación, interponiendo algo ajeno a ellos. Invariable en número.

paria (**pa**-ria) *s. m. y s. f.* **1.** En la India, persona que no pertenece a ninguna casta. *Los parias no pueden relacionarse con las otras castas hindúes.* ‖ *adj.* **2.** Persona excluida de las ventajas y trato del que gozan las demás. *Nos trata como a parias.* **SIN.** Marginado, apestado.

parida (pa-**ri**-da) *s. f., fam.* Tontería, dicho sin importancia. *Parece mentira que digas esas paridas.*

paridad (pa-ri-**dad**) *s. f.* **1.** Igualdad o semejanza de las cosas entre sí. *Las eliminatorias se fueron desarrollando con gran paridad.* **SIN.** Analogía, equivalencia, paralelismo. **ANT.** Desemejanza, desigualdad. **2.** En informática, técnica utilizada para verificar de manera global una información transmitida. *Gracias a la paridad pudimos detectar los errores.*

pariente, ta (pa-**rien**-te) *adj.* **1.** Se dice de la persona unida a otra por lazos de consanguinidad. **GRA.** Se usa más como s. m. y s. f. *Eran parientes lejanos.* **SIN.** Familiar, allegado, deudo. **2.** *fam.* Semejante o parecido. *En su forma de ser, ambos son parientes.* ‖ *s. m. y s. f.* **3.** *fam.* El marido respecto de la mujer, y viceversa. *Había quedado con la parienta.*

parietal (pa-rie-**tal**) *adj.* Se dice de cada uno de los dos huesos situados en las partes media y laterales de la cabeza. **GRA.** Se usa más como s. m. *Recibió un golpe en el parietal.*

parihuela (pa-ri-**hue**-la) *s. f.* Mueble compuesto de dos varas gruesas como las de la silla de manos, con unas tablas atravesadas en medio, donde se coloca la carga para llevarla entre dos. **GRA.** Se usa más en pl. *Lo llevaron en parihuelas.*

paripé (pa-ri-**pé**) *s. m., fam.* Fingimiento, comedia. *Se dio cuenta de que estaba haciendo el paripé.* **SIN.** Engaño, simulación. ‖ **LOC. hacer el paripé** *fam.* Hacer ostentación. Su pl. es "paripés".

parir (pa-**rir**) *v. intr.* **1.** Expulsar la hembra de cualquier especie vivípara el feto que tenía concebido.

parisílabo - parótida

GRA. También v. tr. *La gata parió cuatro preciosos gatitos.* **SIN.** Alumbrar, dar a luz. ‖ *v. tr.* **2.** Producir, crear. *Había parido su primer libro.* ‖ **LOC. parir a medias** *fam.* Ayudar uno a otro en un trabajo dificultoso. **poner a parir** *fam.* Hablar mal de alguien.

parisílabo, ba (pa-ri-**sí**-la-bo) *adj.* Se dice de la palabra o del verso que consta de igual número de sílabas que otro. *Los tres primeros versos eran parisílabos.*

paritorio (pa-ri-**to**-rio) *s. m.* Sala de un hospital preparada y destinada para los partos. *Su marido pasó con ella al paritorio.*

parka (**par**-ka) *s. f.* Prenda de abrigo con capucha forrada de piel. *Iba vestida con vaquero y una parka amarilla.* **SIN.** Chaquetón.

parking *s. m.* *Aparcamiento.

párkinson (**pár**-kin-son) *s. m.* Enfermedad causada por una lesión cerebral, y caracterizada por temblores y rigidez muscular. *Padecía la enfermedad de párkinson.*

parla (**par**-la) *s. f.* *Labia.

parlamentar (par-la-men-**tar**) *v. intr.* **1.** Hablar, conversar unos con otros. *Parlamentaron durante un buen rato.* **SIN.** Dialogar, departir. **2.** Entrar en tratos para un arreglo, capitulación. *Decidieron parlamentar.* **SIN.** Conferenciar, entrevistarse, pactar.

parlamentario, ria (par-la-men-**ta**-rio) *adj.* **1.** Que pertenece o se refiere al parlamento político. *Lo amonestaron por no seguir el procedimiento parlamentario.* ‖ *s. m. y s. f.* **2.** Miembro de un parlamento. *Eligieron a la parlamentaria por votación.*

parlamento (par-la-**men**-to) *s. m.* **1.** Órgano político formado por los representantes de la nación y compuesto por una o dos cámaras. *Fue aprobado por el parlamento europeo.* **SIN.** Cortes, cámara. **2.** Edificio donde tiene su sede este órgano. *Visitaron el parlamento.* **3.** Monólogo largo, en prosa o en verso, de un actor de teatro. *Recitó un emotivo parlamento.* **4.** Acción de parlamentar. *Soltó sin más su parlamento.*

parlanchín, china (par-lan-**chín**) *adj., fam.* Que habla mucho y con imprudencia. **GRA.** También s. m. y s. f. *Está hecho un parlanchín.* **SIN.** Hablador, charlatán, parolero.

parlante (par-**lan**-te) *adj.* Que habla. *Muñeco parlante.*

parlar (par-**lar**) *v. tr.* **1.** Hablar con soltura. *No paró de parlar.* **2.** Hablar mucho y sin sustancia. **GRA.** También v. intr. *Parlaron un buen rato por teléfono.* **SIN.** Charlar, parlotear. **3.** Revelar y decir lo que se debe callar o lo que no hay necesidad de que se sepa. *No se le puede contar nada, todo lo parla.*

parlotear (par-lo-te-**ar**) *v. intr., fam.* Charlar mucho y sin sustancia, por diversión o pasatiempo. *Estuvimos parloteando más de dos horas.* **SIN.** Cotorrear, rajar.

parmesano (par-me-**sa**-no) *s. m.* Queso procedente de la región italiana de Parma. **GRA.** También adj. *Le gusta mucho el queso parmesano.*

parnaso (par-**na**-so) *s. m.* **1.** Conjunto de todos los poetas, o de los de un pueblo o tiempo determinado. *Machado pertenece al parnaso español.* **2.** Colección de poesías de varios autores. *Publicaron un parnaso de autores clásicos.*

parné (par-**né**) *s. m., fam.* *Dinero.

paro (**pa**-ro) *s. m.* **1.** Suspensión de una actividad. *Hicieron un paro para comer el bocadillo.* **SIN.** Detención, descanso, pausa. **2.** Situación de la persona que se encuentra sin trabajo. *Llevaba ya casi dos años en paro.* **SIN.** Desempleo, desocupación. **ANT.** Trabajo. **3.** Huelga. *Han convocado un paro para el lunes próximo.*

parodia (pa-**ro**-dia) *s. f.* Imitación burlesca de una obra seria de literatura, del estilo de un escritor, de una persona, etc. *Hizo una parodia de su último libro.* **SIN.** Caricatura, simulacro.

parodiar (pa-ro-**diar**) *v. tr.* **1.** Hacer una parodia de una obra literaria, del estilo de un escritor, etc. *Los cómicos parodian con frecuencia a personajes famosos.* **SIN.** Emular, ridiculizar. **2.** Remedar, imitar. *Con su actitud pretende parodiar sus hechos.* En cuanto al acento, se conjuga como cambiar.

paronimia (pa-ro-**ni**-mia) *s. f.* Circunstancia de ser parónimos dos o más vocablos. *Entre "acceso" y "abceso" hay una paronimia.*

parónimo, ma (pa-**ró**-ni-mo) *adj.* Se dice de cada una de dos o más palabras que tienen entre sí semejanza, por su etimología, por su ortografía o por su pronunciación. *"Acceso" y "abceso".*

paronomasia (pa-ro-no-**ma**-sia) *s. f.* **1.** Semejanza entre dos o más palabras que no se diferencian sino por la vocal acentuada en cada uno de ellos. *En "azar" y "azor" hay paronomasia.* **2.** Figura que consiste en la combinación de palabras fonéticamente semejantes. *Para orador te faltan más de cien; para arador te sobran más de mil.*

parótida (pa-**ró**-ti-da) *s. f.* **1.** Cada una de las dos glándulas salivales situadas debajo del oído y detrás de la mandíbula inferior. *Tiene una inflamación de parótidas.* **2.** *Paperas.

paroxismo - parrillada

paroxismo (pa-ro-**xis**-mo) *s. m.* **1.** Exacerbación o acceso violento de una enfermedad. *Antes de remitir, la fiebre alcanzó su paroxismo.* **SIN.** Crisis, ataque. **2.** Exaltación extrema de los sentimientos y pasiones. *Expresó su odio con paroxismo.* **SIN.** Exacerbación, arrebato. **ANT.** Calma.

paroxítono, na (pa-ro-**xí**-to-no) *adj.* Se dice de la palabra que lleva su acento tónico en la penúltima sílaba. *"Árbol" y "casa" son palabras paroxítonas.* **SIN.** Llano, grave.

parpadear (par-pa-de-**ar**) *v. intr.* **1.** Abrir y cerrar los ojos. *Escuchaba atentamente sin ni siquiera parpadear.* **2.** Temblar, oscilar una luz o una imagen. *El suave airecillo hacía parpadear la luz de las velas.*

parpadeo (par-pa-**de**-o) *s. m.* Acción de parpadear. *Me ponía nervioso su parpadeo.*

párpado (**pár**-pa-do) *s. m.* Membrana que recubre el globo del ojo y que sirve para protegerlo. *Se levantó con el párpado muy hinchado.*

parpar (par-**par**) *v. intr.* Graznar el pato. *Los patos no dejaban de parpar.*

parque (**par**-que) *s. m.* **1.** Terreno o sitio cercado y con plantas, para caza o recreo, generalmente inmediato a un palacio o a una población. *Dimos un paseo por el parque.* **SIN.** Bosque, jardín. **2.** Conjunto de instrumentos, aparatos o materiales destinados a un servicio público. *Trabaja en el parque de bomberos.* **3.** Lugar destinado en las ciudades para estacionar transitoriamente automóviles y otros vehículos. *Dejó el coche en el parque.* **4.** Pequeño recinto protegido donde se deja a los niños que aún no andan para que jueguen. *El niño se pasaba horas jugando en el parque.* ‖ **5. parque de atracciones** Recinto en el que se encuentran tiovivos, la noria, la montaña rusa y todo tipo de entretenimientos e instalaciones recreativas. **6. parque industrial** Área industrial de alta calidad que está planificada con todos los servicios para un grupo de industrias. **7. parque móvil** Conjunto de vehículos del Estado o de un organismo estatal. | Lugar donde se guardan estos mismos vehículos. **8. parque nacional** Paraje extenso y agreste que el Estado acota para que en él se conserve la fauna y la flora, y para evitar que las bellezas naturales se desfiguren con aprovechamientos utilitarios. **9. parque natural** Aquel que está protegido por el Estado para la conservación de su fauna y flora. **10. parque zoológico** Lugar en que se conservan, cuidan y exhiben fieras y otros animales no comunes, para el conocimiento de la zoología.

parqué (par-**qué**) *s. m.* Entarimado construido de maderas policromadas, formando dibujos geométricos. *Todas las habitaciones tienen el suelo de parqué.* **SIN.** Tarima. ✎ Su pl. es "parqués".

parquear (par-que-**ar**) *v. tr., amer.* *Aparcar.

parquedad (par-que-**dad**) *s. f.* **1.** Moderación económica y prudente en el uso de las cosas. *Hacía las cosas con parquedad.* **SIN.** Sobriedad. **ANT.** Derroche, abundancia, exceso. **2.** Parsimonia, circunspección. *Habló con parquedad.* **ANT.** Apresuramiento, prisa.

parra (**pa**-rra) *s. f.* Vid, especialmente la que está levantada artificialmente y extiende mucho sus vástagos. *La parra estaba cargada de racimos.* ‖ **LOC. subirse alguien a la parra** *fam.* Montar en cólera, enfurecerse. | Darse importancia.

parrafada (pa-rra-**fa**-da) *s. f.* **1.** *fam.* Conversación detenida o confidencial entre dos o más personas. *Nos echamos unas buenas parrafadas.* **SIN.** Confidencia, charla. **2.** *fam.* Período de un discurso, largo y pronunciado sin pausas. *Soltó una buena parrafada.* **SIN.** Sermón.

párrafo (**pá**-rra-fo) *s. m.* **1.** Cada una de las divisiones de un escrito señaladas por letra mayúscula al principio del renglón y punto y aparte al final del trozo de escritura. *Resume el primer párrafo.* **SIN.** Parágrafo. **2.** Signo ortográfico con que se denota cada una de estas divisiones (§). *Véase § 125.*

parranda (pa-**rran**-da) *s. f., fam.* Juerga, diversión con alboroto. *Estuvieron toda la noche de parranda.* **SIN.** Fiesta, jarana.

parricida (pa-rri-**ci**-da) *s. m. y s. f.* Persona que mata a su padre, o a su madre, o a su cónyuge. *Detuvieron al parricida.*

parricidio (pa-rri-**ci**-dio) *s. m.* Muerte violenta que alguien da a su ascendiente, descendiente o cónyuge. *Estaba acusado de parricidio.* **SIN.** Asesinato.

parrilla (pa-**rri**-lla) *s. f.* **1.** Utensilio de hierro en figura de rejilla, con mango y pies, que sirve para poner a la lumbre lo que se va a asar o tostar. *Asaron unas chuletas de cordero en la parrilla.* **SIN.** Asador, grill. **2.** Restaurante en el que se prepara carne asada de esta forma. *En esa parrilla se come muy bien.* **SIN.** Asador. ‖ **3. parrilla de salida** En un circuito, lugar en el que se colocan los vehículos para iniciar la carrera.

parrillada (pa-rri-**lla**-da) *s. f.* Plato elaborado a base de pescados o mariscos, y también de diversas carnes, asados a la parrilla. *Encargamos una parrillada de marisco.*

parrocha - participante

parrocha (pa-**rro**-cha) *s. f.* Sardina pequeña. *Pedimos una botella de sidra y unas parrochas.*

párroco (**pá**-rro-co) *s. m.* Cura, sacerdote encargado de una parroquia. **GRA.** También adj. *Hablaron con el párroco para el bautizo de la niña.*

parroquia (pa-**rro**-quia) *s. f.* **1.** Iglesia en que se administran los sacramentos a los fieles de una determinada zona de una ciudad. *Pertenecemos a esa parroquia.* **SIN.** Templo. **2.** Territorio que está bajo la jurisdicción de un párroco. *Es el encargado de la parroquia.* **3.** Conjunto de clientes de un establecimiento público. *Tiene muy buena parroquia.* **SIN.** Clientela.

parroquiano, na (pa-rro-**quia**-no) *adj.* **1.** Que pertenece a determinada parroquia. **GRA.** También s. m. y s. f. *Todos los parroquianos asistieron a la boda.* **SIN.** Feligrés. ‖ *s. m. y s. f.* **2.** Persona que es cliente habitual en un establecimiento. *Atiende bien a sus parroquianos.*

parsimonia (par-si-**mo**-nia) *s. f.* Excesiva tranquilidad para hacer las cosas. *Su parsimonia me saca de quicio.* **SIN.** Calma, cachaza.

parte (**par**-te) *s. f.* **1.** Porción de un todo. *Dividió la tarta en cuatro partes.* **SIN.** Fracción, pedazo, trozo, fragmento. **ANT.** Todo, masa, íntegro. **2.** Porción que le corresponde a alguien en un reparto. *Ésta es tu parte.* **SIN.** Cantidad, cuota. **3.** Sitio o lugar. *Ha visitado muchas partes del mundo.* **SIN.** Punto, dirección, lado. **4.** Cada una de las divisiones principales de una obra científica o literaria. *El libro está dividido en cinco partes.* **SIN.** Capítulo. **5.** Cada uno de los ejércitos, partidos, sectas, etc., que luchan o contienden. *Había luchado en la parte perdedora.* **SIN.** Bando. **6.** Cada una de las personas que tienen interés en un contrato o participación en un mismo negocio. *Hubo acuerdo entre ambas partes.* **7.** Cada una de las personas o de los grupos de ellas que discuten y dialogan. *Ana y yo estábamos de la otra parte.* **SIN.** Oponente, contendiente. ‖ *s. m.* **8.** Escrito, ordinariamente breve, que se envía a una persona para darle aviso o noticia urgente. *Recibió un parte urgente.* **SIN.** Comunicación, informe. **9.** Noticiario, informativo. *Oyó la noticia en el parte del mediodía.* ‖ *s. f. pl.* **10.** Órganos sexuales externos. *Se tapó con la mano sus partes.* También partes naturales, pudendas o vergonzosas. ‖ **11. parte de la oración** Cada una de las diversas categorías de palabras que desempeñan en la oración distinto cometido. **12. parte médico, o facultativo** Informe oficial sobre el estado de salud de alguien. ‖ **LOC. dar par-**

te Notificar un hecho. **de mi parte** En nombre mío, por encargo mío. **de parte de** En nombre de alguien. **de un tiempo a esta parte** Desde el tiempo señalado hasta el momento actual. **en parte** En algo perteneciente a un todo, no enteramente. **llevar alguien la mejor, o la peor, parte** Estar próximo a vencer o a ser vencido. **no conducir, o no llevar, algo a ninguna parte** No servir para nada. **no ir una cosa a ninguna parte** *fam.* No tener importancia. **ponerse de parte de alguien** Manifestarle su apoyo. **por mi parte** Por lo que a mí toca o puedo hacer. **por partes** Haciendo distinciones y divisiones. **tomar, o tener, parte en una cosa** Actuar con interés en ella.

parteluz (par-te-**luz**) *s. m.* Columnata que divide en dos el hueco de una ventana, formando un ajimez. *Las ventanas de la iglesia tenían parteluz.* **SIN.** Mainel.

partenaire *s. m. y s. f.* Pareja, compañero. *Era su partenaire en el concurso.*

partenogénesis (par-te-no-**gé**-ne-sis) *s. f.* **1.** Reproducción de los seres vivos sin la participación directa del sexo masculino. *Varios invertebrados se reproducen por partenogénesis.* ‖ **2. partenogénesis artificial o experimental** Fecundación de huevos con sustancias químicas. Invariable en número.

parterre (par-**te**-rre) *s. m.* Jardín o parte de él con césped, flores y anchos paseos. *El parterre estaba lleno de tulipanes rojos y amarillos.* **SIN.** Macizo.

partición (par-ti-**ción**) *s. f.* **1.** Reparto o división entre algunas personas, de hacienda, herencia, etc. *No hubo ningún problema con la partición de la herencia.* **SIN.** Distribución, repartición. **2.** En matemáticas, división, una de las cuatro reglas. / *es el signo que indica partición.*

participación (par-ti-ci-pa-**ción**) *s. f.* **1.** Acción y efecto de participar. *Se pidió la participación de todos.* **SIN.** Colaboración, intervención. **2.** Papel que una persona tiene en algo. *Su participación era de vital importancia.* **SIN.** Parte. **3.** Aviso o noticia que se da a alguien. *No tenía participación de los hechos.* **4.** En la lotería, recibo en que una persona, poseedora de un billete, acredita que otra juega en su número una cantidad determinada. *Llevaba una participación de ese número.* **SIN.** Boleto, billete. **5.** Cantidad de acciones de una empresa que son propiedad de una persona o entidad. *Tenía en esa empresa una participación importante.*

participante (par-ti-ci-**pan**-te) *adj.* Que participa. **GRA.** También s. m. y s. f. *Todos los participantes estaban ya preparados.* **SIN.** Concurrente, integrante.

participar - partido

participar (par-ti-ci-**par**) *v. intr.* **1.** Tener alguien parte en una cosa. *Los doce participamos en el juego.* **SIN.** Colaborar, contribuir, cooperar, tomar parte. **ANT.** Abstenerse, negarse a. ‖ *v. tr.* **2.** Dar una noticia. *Te participo que saldremos temprano.* **SIN.** Informar, avisar, notificar, comunicar, hacer saber.

participativo, va (par-ti-ci-pa-**ti**-vo) *adj., fam.* Que suele participar en actividades colectivas. *Es muy participativa en clase.* **SIN.** Activo, comunicativo.

partícipe (par-**tí**-ci-pe) *adj.* Que tiene parte en una cosa o entra con otros en la distribución de ella. **GRA.** También s. m. y s. f. *Le hicieron partícipe de su negocio.* **SIN.** Participante.

participio (par-ti-**ci**-pio) *s. m.* **1.** Forma no personal del verbo llamada así porque en sus varias aplicaciones participa, ya de la índole del verbo, ya de la del adjetivo. *"Comido" es el participio del verbo "comer".* ‖ **2. participio absoluto** Construcción gramatical formada por un participio y un sustantivo que concuerda con él y separada por pausas de la oración principal.

PARTICIPIO: es un adjetivo verbal. Tiene un significado pasivo.			
Terminaciones	am**ado** (1ª conjugación)	tem**ido** (2ª conjugación)	part**ido** (3ª conjugación)
Función	Verbo	Terminado el programa, abandonó el salón (núcleo del predicado)	
	Adjetivo	Luis es agradecido (predicativo)	

partícula (par-**tí**-cu-la) *s. f.* **1.** Parte pequeña. *Las partículas sólo podían observarse con el microscopio.* **SIN.** Átomo **2.** Parte indeclinable de la oración. *Preposiciones y conjunciones son partículas.*

particular (par-ti-cu-**lar**) *adj.* **1.** Propio y privativo de una persona o cosa. *Era un rasgo particular de su carácter.* **SIN.** Peculiar, personal. **ANT.** Impersonal, general. **2.** Especial, extraordinario, raro. *Fue un caso muy particular.* **SIN.** Extraño, poco común. **ANT.** Ordinario, común. **3.** Singular o individual, como contrapuesto a universal o general. *Se trataba de un caso particular.* **4.** Se dice de la persona que no tiene título o empleo que la distinga de los demás ciudadanos. **GRA.** También s. m. y s. f. *El paso estaba prohibido a los particulares.* ‖ *s. m.* **5.** Tema o materia de la que se trata. *No tenía nada que opinar sobre el particular.* **SIN.** Cuestión, asunto, caso. ‖ **LOC. no tener alguien, o algo, nada de particular** No tener nada especial. **sin otro particular** Sin más cosas que decir o añadir. | Con el exclusivo objeto de.

particularidad (par-ti-cu-la-ri-**dad**) *s. f.* **1.** Singularidad, individualidad. *Aquel caso no presentaba ninguna particularidad.* **SIN.** Peculiaridad, característica. **2.** Distinción en el trato o cariño, hecha de una persona respecto de otras. *No hacía particularidades entre sus nietos.* **3.** Cada una de las circunstancias o detalles de una cosa. *Detalló las particularidades del caso.* **SIN.** Pormenor.

particularismo (par-ti-cu-la-**ris**-mo) *s. m.* **1.** Preferencia excesiva que se da al interés particular sobre el general. *Le acusaban de particularismo.* **2.** *Individualismo.

particularizar (par-ti-cu-la-ri-**zar**) *v. intr.* *Individualizar. Se conjuga como abrazar.

partida (par-**ti**-da) *s. f.* **1.** Acción de partir o salir de un punto para otro. *Estaban preparados para la partida.* **SIN.** Salida, marcha, arrancada, arranque. **ANT.** Llegada, término, meta. **2.** Registro o asiento de bautismo, confirmación, matrimonio o entierro, que se hace en los libros de las parroquias o del registro civil. *Hizo la partida de nacimiento.* **3.** Copia certificada de alguno de estos registros o asientos. *Necesitaba la partida de bautismo.* **4.** Cantidad de una mercancía. *Esa partida había salido defectuosa.* **SIN.** Envío. **5.** Conjunto poco numeroso de gente armada. *Le salió al paso una partida de bandidos.* **6.** Cada una de las manos de un juego. *Ganamos las dos primeras partidas al tute.* ‖ **LOC. por partida doble** Dos veces.

partidario, ria (par-ti-**da**-rio) *adj.* **1.** Que sigue un partido o bando, o entra en él. **GRA.** También s. m. y s. f. *Era partidario del equipo local.* **SIN.** Seguidor, secuaz, adicto, parcial, prosélito. **2.** Adicto a una persona o idea. **GRA.** También s. m. y s. f. *Era partidaria de medidas más radicales.*

partidismo (par-ti-**dis**-mo) *s. m.* Celo exagerado en favor de un partido, tendencia u opinión. *No podía ocultar su partidismo.* **SIN.** Beligerancia, fanatismo. **ANT.** Imparcialidad.

partido, da (par-**ti**-do) *adj.* **1.** Dividido en partes. *El pastel está partido.* **SIN.** Cortado, troceado. ‖ *s. m.* **2.** Competición deportiva entre dos jugadores o equipos. *El partido de baloncesto terminó en empate.* **SIN.** Encuentro, enfrentamiento. **3.** Conjunto de personas que defienden la misma opinión. *El partido ecologista defiende la naturaleza.* **SIN.** Agrupa-

partir - pasaje

ción. **4.** Postura que se toma por alguien o algo. *Tienes que tomar partido por uno u otro.* **5.** Cada una de las agrupaciones que concurren a unas elecciones democráticas. *Era cabeza de lista del partido.* **6.** *fam.* Provecho, utilidad. *Le has sacado un buen partido a esta cazadora.* **SIN.** Ventaja, beneficio. || **7. partido amistoso** Aquel en el que no se disputa ningún título oficial. **8. partido judicial** Distrito que comprende varios pueblos de una provincia. || **LOC. ser un buen partido** *fam.* Ser persona casadera con buena posición económica. **tomar partido** Decidirse la persona que tenía dudas.

partir (par-**tir**) *v. tr.* **1.** Hacer de una cosa varias partes. *Partí la piña en seis trozos.* **SIN.** Fraccionar, dividir, trocear, fragmentar. **ANT.** Unir, juntar. **2.** Romper algo. *Partió el cristal con el balón.* **SIN.** Abrir, cortar, romper, quebrar(se), rajar(se). **ANT.** Unir, juntar, pegar. **3.** Repartir o distribuir una cosa entre varios. *Partió la tarta.* **4.** Fastidiar, perjudicar a alguien o algo. *Me has partido las vacaciones por la mitad.* **SIN.** Contrariar. **5.** En matemáticas, dividir. *Calcula el resultado de partir esa cantidad entre cinco.* || *v. intr.* **6.** Ponerse en camino. *Partió hacia el sur.* **ANT.** Quedarse. **7.** Tomar una fecha o cualquier otro antecedente como base para un razonamiento o cómputo. *Partían de los datos recogidos.* || *v. prnl.* **8.** Dividirse en opiniones o grupos. *El grupo se partió en tres.* **9.** *fam.* Desternillarse de risa. *Al verme así vestido se partían.* || **LOC. a partir de** Desde.

partitivo (par-ti-**ti**-vo) *adj.* Se dice del adjetivo numeral que indica división. **GRA.** También s. m. *Tercio.*

partitura (par-ti-**tu**-ra) *s. f.* Texto completo de una obra musical para varias voces o instrumentos. *Tenía delante la partitura.* **SIN.** Composición.

parto (**par**-to) *s. m.* **1.** Acción de parir. *Fue muy bien el parto.* **SIN.** Alumbramiento. **2.** *fam.* Chorrada, parida. *Deja de decir partos.*

parturienta (par-tu-**rien**-ta) *adj.* Se dice de la mujer que está de parto o lo ha estado recientemente. **GRA.** También s. f. *Llevó a la parturienta al paritorio.*

parva (**par**-va) *s. f.* **1.** Mies tendida en la era para trillarla, o después de trillada, antes de separar el grano. *Están trillando la parva.* **2.** Cantidad grande de algo. *En Navidad recibí una parva de regalos.*

parvo, va (**par**-vo) *adj.* **1.** *Pequeño, diminuto. **2.** *Poco, escaso.

parvulario (par-vu-**la**-rio) *s. m.* *Guardería.

párvulo, la (**pár**-vu-lo) *adj.* **1.** *Pequeño. **2.** Niño, que está en la niñez. **GRA.** También s. m. y s. f. *Va a clase de párvulos.*

pasa (**pa**-sa) *s. f.* Uva seca. **GRA.** También adj. *Las pasas de Corinto se caracterizan por su tamaño diminuto.* || **LOC. estar alguien hecho una pasa, o quedarse como una pasa** *fam.* Estar o volverse una persona muy delgada de cuerpo y arrugada de rostro. **estar, o quedarse, algo como una pasa** *fam.* Estar muy arrugado o envejecido.

pasable (pa-**sa**-ble) *adj.* Aceptable. *El examen no es muy bueno, pero está pasable.* **SIN.** Soportable, tolerable, admisible. **ANT.** Inadmisible, insufrible.

pasacalle (pa-sa-**ca**-lle) *s. m.* Marcha popular de compás muy movido, que se toca generalmente con guitarras o vihuelas. *Tocaron varios pasacalles.*

pasada (pa-**sa**-da) *s. f.* **1.** Capa que se le da a algo. *La puerta necesita otra pasada de pintura.* **SIN.** Mano. **2.** Limpieza que se realiza sólo por encima. *Deberías darle una pasada a las estanterías, tienen mucho polvo.* **3.** Mal comportamiento de una persona o cosa. *Contestarle así ha sido una pasada.* **4.** Retoque que se le da a algo. *Sólo me queda darle una rápida pasada y ya estará terminado.* **SIN.** Repaso. **5.** *fam.* Cosa o acción muy exagerada. *El precio de ese traje es una pasada.* **SIN.** Pasote. || **6. mala pasada** Hecho intencionado que perjudica a alguien. || **LOC. dar una pasada a alguien** *fam.* Recriminarle. **de pasada** De paso. **¡qué pasada!** *fam.* Expresión para indicar lo exagerado de un asunto.

pasadizo (pa-sa-**di**-zo) *s. m.* Cualquier medio para pasar de una parte a otra. *Un pasadizo subterráneo comunicaba las dos casas.* **SIN.** Corredor, pasaje.

pasado, da (pa-**sa**-do) *adj.* **1.** Que ha sucedido en un tiempo anterior. *Olvidaron las riñas pasadas.* **SIN.** Lejano, remoto, antiguo. **ANT.** Actual. **2.** Gastado, estropeado, ajado. *Estas manzanas están muy pasadas.* || *s. m.* **3.** Tiempo que pasó, cosas que sucedieron en él. *Recordaba con añoranza el pasado.* **SIN.** Ayer, antigüedad. **ANT.** Futuro, porvenir, presente.

pasador (pa-sa-**dor**) *s. m.* **1.** Barrita de hierro sujeta con grapas a una hoja de puerta o ventana, o a una tapa, que sirve para cerrar corriéndola hasta hacerla entrar en una hembrilla fija en el marco. *No olvides echar el pasador.* **SIN.** Pestillo, cerrojo. **2.** Varilla de metal, que en las bisagras, charnelas, etc. une las palas y sirve de eje para su movimiento. *Se salió el pasador.* **3.** Aguja grande de metal, concha u otra materia que se usa para sujetar el pelo recogido o algún adorno de la cabeza. *Llevaba el pelo recogido con un pasador.* **SIN.** Broche, prendedor.

pasaje (pa-**sa**-je) *s. m.* **1.** Precio y billete de un transporte marítimo o aéreo. *Ya tenía los pasajes.* **2.**

pasajero - pasar

Conjunto de viajeros que van en el mismo buque o avión. *Cuando se completó el pasaje zarpó el barco.* **3.** Trozo de un libro, escrito, composición literaria, musical, etc. *Les leyó un pasaje del "Quijote".* **SIN.** Fragmento, episodio. **4.** Paso público entre dos calles, a veces cubierto. *En ese pasaje cubierto hay muchas tiendas.* **SIN.** Pasadizo. **5.** *amer.* *Pasaporte.

pasajero, ra (pa-sa-**je**-ro) *adj.* **1.** Que dura poco. *Fue una relación pasajera.* **SIN.** Transitorio, momentáneo, fugaz, efímero, breve. **ANT.** Permanente, fijo, estable. ‖ *s. m. y s. f.* **2.** Persona que viaja en un vehículo pagando, por lo general, el precio de transporte. *El retraso puso nerviosos a los pasajeros.* **SIN.** Viajero.

pasamanería (pa-sa-ma-ne-**rí**-a) *s. f.* Obra o fábrica de pasamanos. *Compró un mantel de pasamanería.* **SIN.** Bordado.

pasamano (pa-sa-**ma**-no) *s. m.* **1.** Especie de galón, cordones, flecos y demás adornos de oro, plata, seda, etc. que se hacen y sirven para adornar los vestidos y otras cosas. *El vestido estaba adornado con pasamanos.* **2.** *Barandilla.

pasamontañas (pa-sa-mon-**ta**-ñas) *s. m.* Gorro para cubrir toda la cabeza salvo los ojos y nariz, usada en zonas de montaña contra el frío. *Llevaba su anorak y su pasamontañas.* Invariable en número.

pasaporte (pa-sa-**por**-te) *s. m.* Licencia o credenciales por escrito que se obtienen para poder pasar de un país a otro. *Tenía que renovar el pasaporte.*

pasapurés (pa-sa-pu-**rés**) *s. m.* Utensilio que se emplea para triturar alimentos, reduciéndolos a puré. *Pasa las verduras por el pasapurés.* Invariable en número.

pasar (pa-**sar**) *v. tr.* **1.** Ir o llevar de un lugar a otro. **GRA.** También v. intr. y v. prnl. *Pasó la calle y torció a la derecha.* **SIN.** Cruzar, mover. **2.** Hacer que algo o alguien entre en un lugar. *Pasó el balón por el aro.* **SIN.** Introducir, meter. **ANT.** Sacar. **3.** Estar o permanecer. *He pasado unos días en casa de mi hermana.* **4.** Obtener un buen resultado en una prueba. *Pasó el examen de conducir sin ningún problema.* **SIN.** Aprobar, superar. **ANT.** Suspender. **5.** Padecer una enfermedad. *Pasé la viruela de pequeño.* **SIN.** Tener, sufrir, tolerar, soportar. **6.** Aventajar, superar. *El corredor pasó a su rival en la curva.* **SIN.** Adelantar. **7.** Atravesar un río, camino, etc. *Pasó el río a nado.* **SIN.** Cruzar. **8.** Junto con ciertos nombres que indican un punto limitado o determinado, rebasarlo. *Pasó el límite de velocidad.* **9.** Penetrar o traspasar. *Al hacer el agujero pasó la pared.* **10.** Introducir mercancías de contrabando. *Intentaban pasar droga.* **11.** Exceder, aventajar. **GRA.** También v. prnl. *Pasa con mucho del nivel medio de la clase.* **12.** Transferir o traspasar una cosa de una persona a otra. **GRA.** También v. intr. *Le pasó el mando.* **SIN.** Donar, dar. **13.** Llevar o deslizar una cosa por encima de otra de modo que la vaya tocando. *Pasa el trapo del polvo a esa mesa.* **SIN.** Rozar, tocar. **14.** Introducir una cosa por el hueco de otra. *Pasa el hilo por el ojo de la aguja.* **15.** Colar, cribar. *Pasa la leche por la coladera.* **16.** Hablando de comida o bebida, tragar. *Se hacía daño en la garganta al pasar la comida.* **17.** Aprobar, no poner reparo a una cosa. *Pasó que fuéramos vestidos de esa manera.* **SIN.** Permitir, consentir. **18.** Acompañar y ayudar a un facultativo para aprender su profesión. *Pasa consulta en esa clínica.* **19.** Aprobar un examen. *Pasó las matemáticas con muy buena nota.* **20.** Entregar el balón un jugador a otro. *Pasó la pelota a su compañera.* ‖ *v. intr.* **21.** Extenderse o comunicarse una cosa de unos a otros, contagiarse. *El sarampión pasó de unos niños a otros.* **SIN.** Contagiar. **22.** En algunos juegos de naipes, no entrar, y en el dominó, dejar de poner ficha. *En esa jugada pasamos todos menos él.* **23.** Con la preposición "a" y los infinitivos de algunos verbos y con algunos sustantivos, dar principio a la acción significada. *Pasaré a plantear la siguiente cuestión.* **24.** Cesar, acabarse una cosa. **GRA.** También v. prnl. *Parece que el vendaval ya pasó.* **SIN.** Terminar(se), finalizar. **25.** Seguido de la preposición "por", tener fama de. *Pasa por ser uno de los mejores especialistas.* **26.** Con la preposición "de" y algunos nombres, no necesitar la cosa significada, no interesarse por ella. *Paso de problemas.* ‖ *v. prnl.* **27.** Tomar un partido contrario al que antes se tenía. *Se pasó al bando contrario.* **28.** Acabarse, terminar o dejar de ser. *Se pasó la fecha para entregar el trabajo.* **29.** Olvidarse una cosa. *Se me pasó llamarte.* **30.** Perder la sazón, madurar demasiado o empezar a pudrirse las frutas, carnes, etc. y las comidas, cocerse demasiado. *Esas manzanas ya se han pasado, tíralas a la basura.* **31.** Excederse, extralimitarse. *Creo que te has pasado un pelín.* **32.** Hablando de cerraduras, tornillos, etc., estar flojos, no ajustar convenientemente. *Ese tornillo está pasado de rosca.* ‖ **LOC. ¡pasando!** Expresión para aludir la no conveniencia de un asunto. **lo pasado, pasado** Expresión con que se anima a olvidar o perdonar los motivos de queja. **pasar a mejor vida** Morir. **pasar algo a mayores** Adquirir

pasarela - pasmado

mayor trascendencia. **pasar alguien por alguna cosa** Sufrirla, tolerarla. **pasar alguien por alto alguna cosa** Omitir o dejar de decir una especie que se debía tratar. **pasar alguien por encima** Atropellar, por los inconvenientes que se proponen o que ocurren en un intento. | Anticiparse en un empleo el menos antiguo al que tocaba entrar en él. **pasar de algo** No interesarse por ello. **pasar de alguien** No hacerle caso. **pasar de largo** Ir por una parte sin detenerse. **pasar por algo** Admitirlo, soportarlo. **pasarse de listo** Errar, equivocarse por exceso de astucia y picardía. **pasarse de rosca** Transtornarse, enloquecer.

pasarela (pa-sa-**re**-la) *s. f.* **1.** Puente pequeño o provisional. *El parque está al otro lado de la pasarela.* **2.** Pasillo estrecho por el que desfilan los modelos de ropa. *Los modelos empezaron a desfilar por la pasarela.*

pasatiempo (pa-sa-**tiem**-po) *s. m.* **1.** Diversión y entretenimiento en que se pasa el rato. *La lectura era para ella un buen pasatiempo.* **SIN.** Distracción. **2.** Juego de palabras o de combinación de letras. *Le gusta hacer los pasatiempos del periódico.* **SIN.** Crucigrama, jeroglífico.

pascua (**pas**-cua) *s. f.* **1.** Entre los hebreos, fiesta solemne que conmemora su salida de Egipto. **GRA.** Suele escribirse con mayúscula. *Celebraron la Pascua.* **2.** En la Iglesia católica, fiesta solemne de la Resurrección del Señor. **GRA.** Suele escribirse con mayúscula. *Era domingo de Pascua.* || **LOC. de Pascuas a Ramos** *fam.* De tarde en tarde. **estar alguien como una pascua, o como unas pascuas** *fam.* Estar alegre. **hacerle la pascua a alguien** *fam.* Fastidiarle. **¡santas pascuas!** *fam.* Expresión con que se da a entender que es forzoso conformarse con lo que sucede.

pase (**pa**-se) *s. m.* **1.** Permiso por escrito para pasar ciertas mercancías de un lugar a otro, transitar por algún sitio, entrar en un local, viajar gratis, hacer uso de un servicio, etc. *Tenía varios pases para el estreno de la película.* **SIN.** Entrada, billete, localidad. **2.** Acción y efecto de pasar el balón. *Interceptó el pase.* **3.** Cada una de las veces que el torero, después de haber llamado o citado al toro con la muleta, lo deja pasar, sin intentar clavarle la espada. *El torero dio unos bonitos pases.* **4.** Cada una de las proyecciones de una película o pieza teatral en un cine o teatro. *Fuimos al segundo pase.* || **5. pase de modelos** Desfile de moda. **6. pase de pernocta** El que se da a un soldado para que pase la noche fuera del cuartel.

pasear (pa-se-**ar**) *v. intr.* **1.** Ir de un lugar a otro sin prisa y para distraerse. *Suele pasear por el campo.* **SIN.** Deambular, andar, dar una vuelta. || *v. tr.* **2.** Dar paseos a alguien o a algo. *Sacó a pasear al perro.* **3.** Llevar que de una parte a otra, o mostrarla acá y allá. *Paseo los libros de un sitio a otro.*

paseíllo (pa-se-**í**-llo) *s. m.* Desfile de las cuadrillas por el ruedo, antes de comenzar la corrida. *Dieron el paseíllo.* **SIN.** Exhibición.

paseo (pa-**se**-o) *s. m.* **1.** Acción de pasear o pasearse. *Había salido a dar su paseo diario.* **SIN.** Caminata, excursión. **2.** Lugar público destinado para pasear. *Estaba arreglando el paseo de la playa.* **SIN.** Rambla, ronda, avenida. **3.** Distancia corta que puede recorrerse paseando. *No cojas el coche para ir hasta allí, es un paseo.* **4.** Cosa que se hace con facilidad. *Arreglar esta puerta será un paseo.* || **LOC. echar, enviar, o mandar, a alguien a paseo** *fam.* Despedirlo bruscamente.

pasillo (pa-**si**-llo) *s. m.* **1.** Pieza de paso, larga y angosta, en un edificio. *Es una casa con mucho pasillo.* **SIN.** Corredor, pasadizo. **2.** Paso estrecho que se abre en medio de una multitud. *La policía logró abrir un pasillo entre la multitud para que pasaran.*

pasión (pa-**sión**) *s. f.* **1.** Intenso ardor o entusiasmo. *Le quería con pasión.* **2.** Fuerte deseo de alguna cosa. *Su pasión por conseguirlo le ayudaba.* **3.** Viva inclinación o preferencia por una persona o cosa. *Sentía verdadera pasión por la música.* **SIN.** Predilección. **4.** Sufrimiento o dolor. *Leyó un trozo del evangelio sobre la pasión del Señor.* **SIN.** Padecimiento. || **5. pasión amorosa** Enamoramiento.

pasivo, va (pa-**si**-vo) *adj.* **1.** Se dice del sujeto que recibe la acción del agente, sin cooperar a ella. *"La pelota" en "la pelota fue golpeada por el portero".* **ANT.** Activo. **2.** Se dice de la persona que deja obrar a las otras, quedando inactiva. *Adoptó una actitud pasiva ante lo que estaba sucediendo.* **SIN.** Inactivo, indiferente. **ANT.** Activo. || *s. m.* **3.** Obligaciones de pago o deudas contraídas por la empresa con terceros (otras empresas, empleados, bancos, etc.). *Ha aumentado el pasivo de mi empresa porque he pedido un préstamo al banco.* || *s. f.* **4.** *Voz pasiva. || **5. pasiva refleja** Construcción oracional con significado pasivo pero que se expresa a través de un verbo en forma activa precedido del pronombre "se".

pasma (**pas**-ma) *s. f., fam.* *Policía. **SIN.** Madera.

pasmado, da (pas-**ma**-do) *adj.* **1.** Se aplica a la persona torpe, inexpresiva, sin gracia. *Cada día es más*

pasmar - pasta

pasmado. **SIN.** Necio, lelo. **2.** Se dice también de la persona desconcertada, atónita. *Me quedé pasmado ante su cambio de look.* **SIN.** Alelado, aturdido.

pasmar (pas-**mar**) *v. tr.* Asombrar con extremo. **GRA.** También v. intr. y v. prnl. *Se pasmó ante sus reacciones.* **SIN.** Maravillar(se), asombrar(se).

pasmarote (pas-ma-**ro**-te) *s. m. y s. f., fam.* Persona embobada. *Reacciona, no te quedes ahí como un pasmarote.* **SIN.** Alelado, aturdido, embobado.

pasmo (**pas**-mo) *s. m.* Asombro y admiración extrema. *Al enterarse, casi le da un pasmo.* **SIN.** Asombro, maravilla, aturdimiento.

pasmoso, sa (pas-**mo**-so) *adj.* Que causa gran admiración y asombro. *Lo hizo con una rapidez pasmosa.* **SIN.** Asombroso, increíble. **ANT.** Vulgar, ordinario, común.

paso (**pa**-so) *s. m.* **1.** Movimiento de cada uno de los pies que hace una persona al andar para ir de una parte a otra. *Avanzó diez pasos y se paró.* **SIN.** Zancada. **2.** Forma o modo de andar. *Llevaba un paso muy rápido.* **3.** Lugar o sitio por donde se pasa. *Había un paso entre aquellas montañas.* **4.** Diligencia o gestión que se hace en solicitud de una cosa. **GRA.** Se usa más en pl. *Dio muchos pasos pero consiguió lo que quería.* **5.** Huella que queda impresa al andar. *Aquellos pasos eran recientes.* **6.** Adelantamiento, progreso. *Se había dado un gran paso en las negociaciones.* **7.** Efigie o grupo escultórico que representa la Pasión de Jesucristo. *Los cofrades llevaban a hombros el paso.* **8.** Cada una de las mudanzas que se hacen en los bailes. *Perdió el paso.* **9.** Pieza dramática muy breve. *Lope de Rueda fue el creador de los pasos.* **10.** Cada uno de los avances que registra un aparato contador. *Tenía cuatro pasos de teléfono.* || *s. m. pl.* **11.** En baloncesto, falta que comete el jugador que da más de tres pasos llevando la pelota en la mano. *Hizo pasos.* || **12. paso a nivel** Punto en donde el ferrocarril se cruza con otra vía de comunicación. **13. paso de cebra** Paso de peatones en las calles de una ciudad con semáforos, en el que tienen preferencia sobre los coches. **14. paso de rosca** Intervalo existente entre dos puntos consecutivos del filete de un tornillo. **15. paso del ecuador** Fiesta que celebran los estudiantes a mitad de carrera. || **LOC. abrirse paso en la vida** Lograr una buena posición social y económica. **a buen paso** Con bastante celeridad. **a cada paso** Frecuentemente, con repetición. **a dos pasos** Muy cerca. **a ese paso** Conforme a eso, de esa forma. **ceder el paso** Dejar una persona por cortesía que otra pase antes que ella. **dar paso** Permitir el acceso a un lugar. **dar paso a algo** Hacer gestiones para el despacho de un negocio. **dar un mal paso** Hacer algo que conlleve un perjuicio. **dar un paso atrás** Retroceder en lo que se hace o se persigue. **de paso** Provisionalmente. | Aprovechando la ocasión. **llevar el paso** Seguirlo de una forma regular, acomodándolo al compás de otra u otras personas. **no poder dar un paso** No poder adelantar en un asunto. **paso a paso** Con lentitud y precaución. **paso por paso** Exactitud y lentitud con se hace una cosa. **salir al paso de una cosa** Darse por enterado de ella e impugnar su fundamento. **salir del paso** Evitar o vencer una dificultad. **salirle a alguien al paso** Encontrarlo de repente deteniéndolo en su marcha. **seguir los pasos a alguien** Vigilar su proceder. | Imitar sus actos. **volver alguien sobre sus pasos** Rectificar su opinión o su proceder.

pasodoble (pa-so-do-ble) *s. m.* Composición musical en compás de cuatro por cuatro y ritmo muy marcado, y baile ejecutado con esta música. *Le encanta bailar pasodobles.*

pasota (pa-**so**-ta) *s. m. y s. f., fam.* Que pasa o se desinteresa de un asunto. *Últimamente todo le da igual, está muy pasota.* **SIN.** Apático, indiferente.

pasote (pa-**so**-te) *s. m., fam.* Cosa o acción muy exagerada. *Te has pegado un buen pasote.* **SIN.** Pasada.

pasotismo (pa-so-**tis**-mo) *s. m.* Actitud de la persona que no muestra interés por nada. *El pasotismo es la actitud general de ese grupo.* **SIN.** Desgana.

pasquín (pas-**quín**) *s. m.* **1.** Escrito anónimo de contenido satírico u ofensivo. Se fija en lugar público o se reparte anónimamente, en contra del gobierno o contra una persona particular o corporación determinada. *Las calles amanecieron llenas de pasquines.* **2.** Por ext., cualquier folleto publicitario. *Estaba repartiendo pasquines.* **SIN.** Cartel, folleto.

pasta (**pas**-ta) *s. f.* **1.** Masa obtenida de un sólido y un líquido, que se puede trabajar con las manos o con máquinas para darle distintos usos. *Hizo una figura de pasta de papel. Hizo una pasta de cemento para tapar el bache.* **2.** Masa de harina y otros ingredientes, con la que se hacen dulces, pan, fideos, tallarines, etc. *La pasta de la empanada de ayer tenía un agradable sabor.* **3.** Cubierta de un libro. *Dame el libro de pastas azules.* **SIN.** Tapa, encuadernación. **4.** *fam.* Dinero. *No tenía pasta para ir al cine.* || *s. pl.* **5.** Pasteles, hojaldres, etc. *Nos ofreció un café y unas pastas.* || **6. pasta de dientes, o dentífrica**

pastar - pata

Sustancia que se utiliza para la limpieza de la dentadura. **7. buena pasta** carácter noble y pacífico. || **LOC. soltar la pasta** *fam.* Poner el dinero.

pastar (pas-**tar**) *v. intr.* Pacer, comer el ganado la hierba en los prados. *El ganado pastaba en el prado.*

pastel (pas-**tel**) *s. m.* **1.** Dulce elaborado con pasta de hojaldre, bizcocho, etc. y relleno con mermelada, frutas, crema, chocolate, etc. *Su especialidad es el pastel de nata y chocolate.* **2.** Empanada de carne o asado de carne o pescado preparado en un molde. *Hizo un exquisito pastel de pescado.* **3.** Lápiz compuesto de una materia colorante y agua de goma, y pintura que se hace con él. *Está pintado con pasteles.* **4.** *fam.* Convenio secreto entre algunos con malos fines. *Tenían montado un buen pastel.* **SIN.** Complot, chanchullo. || **LOC. descubrirse el pastel** *fam.* Hacerse pública una cosa que se procuraba ocultar y disimular.

pastelería (pas-te-le-**rí**-a) *s. f.* **1.** Lugar donde se hacen o venden pasteles. *Encargamos la tarta en la pastelería.* **SIN.** Confitería, bollería. **2.** Arte de trabajar pasteles, pastas, etc. *Se dedica a la pastelería.*

pasterizar (pas-te-ri-**zar**) *v. tr.* *Pasteurizar. Se conjuga como abrazar.

pasteurizar (pas-teu-ri-**zar**) *v. tr.* Esterilizar la leche, el vino y otros líquidos, según el procedimiento de Pasteur. *Les explicó cómo se pasteurizaba la leche.* **SIN.** Higienizar, purificar. Se conjuga como abrazar.

pastiche (pas-**ti**-che) *s. m.* **1.** Imitación, sobre todo en obras de arte. *Ese cuadro es un mal pastiche.* **2.** Mezcla, conjunto desordenado de cosas pretendiendo una composición. *Era un pastiche de colores horrible.* **SIN.** Revoltijo.

pastilla (pas-**ti**-lla) *s. f.* **1.** Porción de pasta, generalmente pequeña y cuadrangular o redonda. *Se está acabando la pastilla de jabón.* **2.** Pequeña porción de pasta medicinal. *Tienes que tomarte una pastilla antes de cada comida.* **SIN.** Píldora, tableta, comprimido. || **LOC. a toda pastilla** *fam.* A gran velocidad.

pastizal (pas-ti-**zal**) *s. m.* Terreno de abundante pasto para caballerías. *En aquella región había buenos pastizales.* **SIN.** Herbazal, pradera, prado.

pasto (**pas**-to) *s. m.* **1.** Hierba que pace el ganado. *Este año hay abundante pasto.* **SIN.** Pastura. **2.** Sitio en que pasta el ganado. **GRA.** Se usa más en pl. *Esos terrenos son buenos pastos.* **3.** Materia que se consume a consecuencia de la actividad de un agente natural, como el combustible, la hacienda del jugador o del pródigo, etc. *El bosque fue pasto de las llamas.*

pastor, ra (pas-**tor**) *s. m. y s. f.* **1.** Persona que guarda, guía y apacienta el ganado, generalmente ovejas. *El pastor cuidaba de sus ovejas.* **SIN.** Cabrero, vaquero, boyero, mayoral, albarrán, zagal. **2.** Sacerdote, prelado. *El pastor predicó a sus fieles.* **SIN.** Sacerdote, cura.

pastoral (pas-to-**ral**) *adj.* **1.** *Pastoril. || *s. f.* **2.** Composición poética o musical, cuyos interlocutores son pastores y pastoras. *Ese poeta es autor de famosas pastorales.* **3.** Carta pública dirigida por un obispo a los fieles de su diócesis. *Su última pastoral era una defensa de los derechos de la infancia.*

pastorela (pas-to-**re**-la) *s. f.* **1.** Música y canto sencillo y alegre de pastores. *Entonó una pastorela.* **2.** Género literario poético que narra el encuentro en el campo de un caballero y una pastora, a la que declara su amor. *La pastorela se desarrolló en la literatura provenzal en los siglos XI y XII.*

pastoreo (pas-to-**re**-o) *s. m.* Ejercicio o acción de cuidar el ganado. *Se dedica al pastoreo de ganado.* **SIN.** Mayoralía.

pastoril (pas-to-**ril**) *adj.* **1.** Propio o característico de los pastores. *Ambiente pastoril.* **SIN.** Bucólico, campestre. **2.** Se dice de las obras literarias cuya tema es la vida y costumbres de pastores. *La Galatea es una novela pastoril.*

pastoso, sa (pas-**to**-so) *adj.* **1.** Se dice de las cosas que al tacto son suaves y blandas como la pasta. *La arcilla es pastosa.* **SIN.** Espeso, denso, viscoso. **2.** Se dice de la voz de timbre llano y agradable. *Tiene una voz muy pastosa.* **3.** Que está pegajoso o demasiado seco. *Este puré está demasiadio pastoso.* **SIN.** Apelmazado, espeso, viscoso, pegajoso.

pata (**pa**-ta) *s. f.* **1.** Pie y pierna de los animales. *El pobre perro cojeaba de una pata.* **SIN.** Remo, zanca. **2.** Pie, base o apoyo de algo. *Se rompió una pata de la mesa.* **3.** Hembra del pato. *La pata iba seguida de todos sus patitos.* **4.** *fam.* Pierna. *No pongas las patas encima del sofá.* || **5. pata chula** *fam.* Persona coja. **6. pata de gallo** *fam.* Arruga que con el tiempo se forma en los bordes del ojo, con tres surcos. || **LOC. a cuatro patas** *fam.* A gatas. || **a la pata coja** *fam.* Juego infantil que consiste en llevar un pie en el aire y saltar con el otro. **a pata** *fam.* Andando. **patas arriba** *fam.* Al revés, o vuelto lo de abajo hacia arriba. | Expresión con que se da a entender el desconcierto o trastorno de una cosa. **estirar la pata** *fam.* Morir. **meter alguien la pata** *fam.* Interve-

patada - patín

nir en alguna cosa con dichos o hechos inoportunos. **poner de patas en la calle a alguien** *fam.* Echarle, despedirle de un empleo. **tener alguien mala pata** *fam.* Tener poca o mala suerte.

patada (pa-**ta**-da) *s. f.* Golpe dado con la planta del pie o con la pata del animal. *La mula le dio una patada.* **SIN.** Puntapié, coz. || **LOC. a patadas** *fam.* Con excesiva abundancia y por todas partes. **dar a alguien cien patadas algo o alguien** *fam.* Desagradarle o molestarle mucho. **dar la patada a alguien** *fam.* Echarle. | Dejarle de lado.

patalear (pa-ta-le-**ar**) *v. intr.* **1.** Doblar las piernas o las patas violentamente y con ligereza, para herir con ellas o en respuesta a un accidente o dolor. *El pobre animal pataleaba de dolor.* **SIN.** Cocear. **2.** Dar patadas en el suelo violentamente en señal de enfado o pesar. *No pataleas, no pienso dártelo.*

pataleta (pa-ta-**le**-ta) *s. f., fam.* Enfado, rabieta. *Le dio la pataleta.* **SIN.** Perra.

patán (pa-**tán**) *s. m.* **1.** *fam.* Persona inculta y rústica. *Es un patán.* **SIN.** Paleto, palurdo, ordinario. **ANT.** Elegante, fino. **2.** *fam.* Persona tosca y grosera. **GRA.** También adj. *No seas tan patán.* **SIN.** Basto, cateto, soez, zafio. **ANT.** Educado, fino.

patata (pa-**ta**-ta) *s. f.* **1.** Tubérculo comestible que constituye uno de los alimentos más útiles y nutritivos para el ser humano. *La patata es originaria de América del Sur.* **2.** Cada uno de los tubérculos de esta planta. *Fríe unas patatas.* **3.** *Batata.

patatín (pa-ta-**tín**) *expr., fam.* que se usa en la frase "que si patatín que si patatán" o "que patatín que patatán". Denota las tretas o disculpas de la persona que no quiere entrar en razones. *Que si patatín que si patatán, el caso es que no has hecho lo que te he mandado.*

patatús (pa-ta-**tús**) *s. m., fam.* Síncope o accidente leve. *Cuando se enteró, casi le da un patatús.* **SIN.** Ataque, convulsión, desmayo, soponcio.

paté (pa-**té**) *s. m.* Pasta hecha de carne o hígado picado que se come fría. *He comprado un poco de paté a la pimienta.*

patear (pa-te-**ar**) *v. tr.* **1.** *fam.* Dar golpes con los pies. *Pateaba en el suelo como un niño pequeño.* **2.** *fam.* Tratar desconsiderada y rudamente a alguien. *Cuando discute con una persona va a patearla.* **SIN.** Criticar, reprobar. || *v. intr.* **3.** *fam.* Dar patadas en señal de enfado, dolor o desagrado. *La obra de teatro era tan mala que el público empezó a patear.* **SIN.** Patalear, silbar, abuchear. **4.** *fam.* Andar mucho. *Le gusta patear por la montaña.* **5.** *fam.* Hacer numerosas diligencias para conseguir algo. *Se tuvo que patear todas las oficinas.*

patena (pa-**te**-na) *s. f.* Platillo de oro, plata u otro metal dorado, en el cual se pone la hostia en la misa. *El sacerdote colocó la hostia sobre la patena.* **SIN.** Bandeja. || **LOC. como una patena** Muy limpio.

patentar (pa-ten-**tar**) *v. tr.* Registrar como propiedad un invento o marca. *Patentó su último invento.* **SIN.** Inscribir, legalizar.

patente (pa-**ten**-te) *adj.* **1.** Manifiesto, visible. *El descontento era patente.* **SIN.** Palpable, notorio, claro, perceptible. || *s. f.* **2.** Registro de un invento. *Ya tiene la patente de su invento.*

patentizar (pa-ten-ti-**zar**) *v. tr.* *Evidenciar. **SIN.** Mostrar, significar. **ANT.** Ocultar. ✎ Se conjuga como abrazar.

patera (pa-**te**-ra) *s. f.* Barca de poco calado. *Aquella patera se dedicaba al contrabando.*

paternal (pa-ter-**nal**) *adj.* Propio del afecto o cariño de los padres. *Le recibió con cariño paternal.* **SIN.** Benévolo, bondadoso, condescendiente. **ANT.** Inflexible.

paternalismo (pa-ter-na-**lis**-mo) *s. m.* Tendencia a ser excesivamente protector en cualquier tipo de relación social. *No le gustaba que le trataran con tanto paternalismo.*

paternidad (pa-ter-ni-**dad**) *s. f.* **1.** Cualidad de padre. *Estaba encantado con su paternidad.* || **2. prueba de paternidad** Examen jurídico-médico que se realiza para comprobar la consanguinidad de una persona con su supuesto padre.

paterno, na (pa-**ter**-no) *adj.* Que pertenece al padre, o propio suyo, o derivado de él. *Era la casa de sus abuelos paternos.* **SIN.** Paternal.

paternóster (pa-ter-**nós**-ter) *s. m.* *Padrenuestro.

patético, ca (pa-**té**-ti-co) *adj.* Se dice de aquello que conmueve e infunde dolor, tristeza o melancolía. *Se dieron escenas patéticas entre los familiares de los accidentados.* **SIN.** Conmovedor, emocionante.

patíbulo (pa-**tí**-bu-lo) *s. m.* Tablado o lugar en que se ejecuta la pena de muerte. *Le llevaron al patíbulo.*

patidifuso, sa (pa-ti-di-**fu**-so) *adj., fam.* Sorprendido por algo inesperado. *Se quedó patidifuso.*

patilla (pa-**ti**-lla) *s. f.* **1.** Porción de barba que se deja crecer en cada uno de los carrillos. *Se ha dejado unas patillas muy largas.* **2.** Pieza que sirve para sujetar algo. *Se le rompió una patilla de las gafas.*

patín (pa-**tín**) *s. m.* **1.** Aparato que consiste en una plancha, que se adapta a la suela del calzado, provista de una especie de cuchilla o de cuatro ruedas,

patinar - patrimonio

usada para deslizarse sobre el hielo, el agua o sobre una superficie llana. *Salió al parque con sus patines.* **2.** Aparato compuesto de dos flotadores paralelos unidos por dos o más travesaños y gobernado por un remo, que se usa para dar paseos en los lagos, proximidades de la costa, etc. *Alquilamos un patín para dar un paseo por el lago.*

patinar (pa-ti-**nar**) *v. intr.* **1.** Deslizarse con patines. *Le encanta patinar sobre hielo.* **2.** Resbalar o dar vueltas las ruedas de un vehículo sin que éste avance. *Al frenar le patinó el coche.* **3.** Equivocarse o meter la pata. *Volvió a patinar en la siguiente pregunta.* **SIN.** Deslizarse, colarse.

patinazo (pa-ti-**na**-zo) *s. m.* **1.** Acción y efecto de patinar bruscamente la rueda de un coche. *El patinazo le hizo salirse de la carretera.* **2.** Equivocación, metedura de pata. *Deberías tener más cuidado con esos patinazos.* **SIN.** Desacierto, resbalón, error.

patineta (pa-ti-**ne**-ta) *s. f.* Juguete hecho de una plancha con ruedas y un manillar perpendicular a ésta que se usa para patinar apoyando un pie en la misma y tomando impulso en el suelo con el otro. *La niña estaba encantada con su patineta.*

patio (**pa**-tio) *s. m.* **1.** Espacio de un edificio rodeado de paredes, pero sin tejado. *Los niños juegan en el patio.* **2.** En los teatros, planta baja que ocupan las butacas. *Sacó entrada de patio.* ‖ **LOC. ¡cómo está el patio!** Expresión que denota el estado de nerviosismo en que se halla un grupo de personas.

patitieso, sa (pa-ti-**tie**-so) *adj., fam.* Que se queda asombrado por la novedad o extrañeza que le causa una cosa. *Aquel suceso me dejó patitieso.* **SIN.** Atónito, estupefacto, pasmado.

patizambo, ba (pa-ti-**zam**-bo) *adj.* Que tiene las piernas torcidas hacia fuera y junta mucho las rodillas. **GRA.** También s. m. y s. f. *Es un poco patizamba.* **SIN.** Zambo.

pato (**pa**-to) *s. m.* **1.** Ave palmípeda, con el pico más ancho en la punta que en la base, cuello y tarsos cortos, y una mancha de reflejos metálicos en cada ala. *Le gustaba observar a los patos en el estanque.* **SIN.** Ánade, ansar. **2.** *fam.* Persona sosa y desmañada. **GRA.** También s. f. *No seas pato.* ‖ **LOC. estar alguien hecho un pato, o un pato de agua** *fam.* Estar muy mojado o sudado. **pagar alguien el pato** *fam.* Padecer o llevar pena o castigo no merecido, o que ha merecido otro. **tener pato** *fam.* Tener suerte.

patochada (pa-to-**cha**-da) *s. f.* Disparate, sandez, dicho necio o grosero. *Deja de decir patochadas.* **SIN.** Desatino, despropósito, majadería. **ANT.** Gracia, agudeza.

patógeno, na (pa-**tó**-ge-no) *adj.* Se dice de lo que origina las enfermedades. *Agente patógeno.* **SIN.** Infeccioso, pernicioso. **ANT.** Benéfico, sano.

patología (pa-to-lo-**gí**-a) *s. f.* Parte de la medicina que trata del estudio de las enfermedades. *Da clases de patología.*

patoso, sa (pa-**to**-so) *adj.* **1.** Se dice de la persona sosa que presume de simpática y aguda. *Me parece un patoso.* **2.** Se dice de la persona torpe y sin gracia en sus movimientos. *Soy un poco patosa, me tropiezo todo el rato.* **SIN.** Desangelado, desmañado, cargante.

patraña (pa-**tra**-ña) *s. f.* Mentira o noticia fabulosa, de pura invención. *Se inventa cada patraña.* **SIN.** Bulo, embuste, bola.

patria (**pa**-tria) *s. f.* **1.** Lugar, ciudad o país en que alguien ha nacido. *Dejó su patria para ir al extranjero.* **SIN.** Nación, tierra, pueblo. ‖ **2. patria celestial** Cielo o gloria. **3. patria chica** Lugar donde se ha nacido.

patriarca (pa-**triar**-ca) *s. m.* **1.** Nombre que se da a algunos personajes de la Biblia por haber sido cabezas de largas y numerosas familias. *Sem fue un famoso patriarca bíblico.* **2.** Título de dignidad concedido por el Papa a algunos obispos. *El Papa concedió audiencia a los patriarcas.* **3.** Cualquiera de los fundadores de las órdenes religiosas. *El patriarca de la orden visitó el nuevo monasterio.* **4.** Persona que por su edad y sabiduría ejerce autoridad moral en una familia o en una colectividad. *La comunidad gitana consultó con su patriarca.* ‖ **LOC. como un patriarca** Expresión que se usa para ponderar las comodidades o descanso de una persona.

patricida (pa-tri-**ci**-da) *s. m. y s. f.* Persona que mata a su padre, a su madre o a su cónyuge. *El patricida fue detenido.* **SIN.** Parricida.

patricio, cia (pa-**tri**-cio) *adj.* Descendiente de los primeros senadores romanos establecidos por Rómulo, cuyo conjunto constituía la clase social noble o privilegiada, a distinción de los plebeyos. **GRA.** También s. m. y s. f. *Pertenecían a la clase patricia.*

patrimonio (pa-tri-**mo**-nio) *s. m.* **1.** Conjunto de bienes pertenecientes a una persona natural o jurídica. *Su familia tiene un gran patrimonio.* ‖ **2. patrimonio nacional** Suma de los valores de los recursos disponibles de un país que se utilizan para la vida económica. **3. patrimonio real** Bienes pertenecientes a la corona o dignidad real.

patriota - pavía

patriota (pa-**trio**-ta) *s. m. y s. f.* Persona que tiene amor a su patria o trabaja por ella. *Es un gran patriota.* **ANT.** Desleal, traidor.

patriotero, ra (pa-trio-**te**-ro) *adj., fam.* Que alardea excesiva e inoportunamente de patriotismo. **GRA.** También s. m. y s. f. *No seas patriotero.*

patriotismo (pa-trio-**tis**-mo) *s. m.* Amor a la patria. *Aquella canción ensalzaba el patriotismo.*

patrocinador, ra (pa-tro-ci-na-**dor**) *adj.* **1.** Que patrocina. **GRA.** También s. m. y s. f. *Era la firma patrocinadora del festival.* **SIN.** Amparador, protector. ∥ *s. m.* **2.** Empresa, institución o marca comercial que subvenciona una campaña, un deporte, etc. *Buscaban un patrocinador para su campaña.*

patrocinar (pa-tro-ci-**nar**) *v. tr.* **1.** Defender, proteger, amparar, favorecer. *Patrocinaba la cultura de la región.* **2.** Subvencionar con dinero u otros bienes una campaña o empresa. *Patrocinaron su campaña.* **SIN.** Apadrinar, auspiciar.

patrocinio (pa-tro-**ci**-nio) *s. m.* Amparo, auxilio, protección de la persona que patrocina alguna cosa. *Lo hizo bajo su patrocinio.* **ANT.** Desamparo, abandono.

patrón, na (pa-**trón**) *s. m. y s. f.* **1.** *Patrono. **2.** Santo titular de una iglesia, un pueblo, una congregación, etc. *San Cristóbal es el patrono de los conductores.* **3.** Persona que tiene una casa de huéspedes. *A mi patrona no le gusta que me visiten.* ∥ *s. m.* **4.** Modelo para sacar otra cosa igual. *Hizo el vestido según el patrón.* **SIN.** Figurín. ∥ **LOC. cortado por el mismo patrón** Se aplica a la persona o cosa que tiene gran semejanza con otra.

patronato (pa-tro-**na**-to) *s. m.* **1.** Corporación que forman los patronos. *El patronato de comerciantes se reunirá mañana.* **SIN.** Sociedad. **2.** Fundación de una obra benéfica o social. *Era el fundador de ese patronato.*

patronazgo (pa-tro-**naz**-go) *s. m.* *Patronato.

patronímico, ca (pa-tro-**ní**-mi-co) *adj.* Se dice del nombre propio que se refiere a los apellidos. *"Álvarez" es un patronímico.*

patrono, na (pa-**tro**-no) *s. m. y s. f.* **1.** Defensor, protector, amparador. *San Cristóbal es el patrono de los conductores.* **2.** Persona que emplea obreros en trabajos manuales. *El patrono les dio el día libre.* **SIN.** Jefe. **3.** Patrón, santo titular de una festividad religiosa. *La Virgen del Pilar es patrona de Zaragoza.* **4.** Amo o señor. *Habló con el patrono.*

patrulla (pa-**tru**-lla) *s. f.* **1.** Pequeño grupo de gente armada, que ronda en un lugar para mantener su orden y seguridad. *La patrulla vigilaba el campamento.* **SIN.** Escuadra, escuadrón, pelotón, batería. **2.** Unidad motorizada de la policía municipal o nacional. *Una patrulla de la policía nacional se presentó en el lugar de los hechos.* **3.** Pequeño número de personas que forman una cuadrilla. *Una patrulla nos impidió el paso.*

patrullar (pa-tru-**llar**) *v. intr.* Rondar una patrulla. *Aquella noche tenía que salir a patrullar.*

paulatino, na (pau-la-**ti**-no) *adj.* Que procede u obra despacio o lentamente. *Ha sido un cambio paulatino.* **SIN.** Pausado, lento, calmoso. **ANT.** Raudo, rápido.

pauperismo (pau-pe-**ris**-mo) *s. m.* Existencia de gran número de pobres en una nación. *El pauperismo era un problema que preocupaba a las autoridades.*

paupérrimo, ma (pau-**pé**-rri-mo) *adj. sup.* de pobre, muy pobre. *Lleva una vida paupérrima.*

pausa (**pau**-sa) *s. f.* **1.** Breve interrupción del movimiento, acción o ejercicio. *Hicieron una pausa en el trabajo para comer algo.* **SIN.** Detención, parada, alto. **2.** Tardanza, lentitud. *¡Lo hace todo con tanta pausa!* **3.** Signo de la pausa en la música escrita, y que fija la duración de la misma según su forma o figura. *Elimina las pausas de esa partitura.* **SIN.** Silencio. **4.** En el lenguaje, breve detención lógica o expresiva y signo ortográfico que la representa. *La coma y el punto son dos tipos de pausa.*

pausado, da (pau-**sa**-do) *adj.* **1.** Que obra con pausa o lentitud. *Es una persona muy pausada.* **SIN.** Calmoso, flemático, tardo, lento, paulatino. **ANT.** Raudo, rápido, vivaz. **2.** Que se realiza o sucede de este modo. *Lleva un ritmo muy pausado.* ∥ *adv. m.* **3.** Pausadamente. *Habló muy pausado.*

pauta (**pau**-ta) *s. f.* **1.** Modelo, guía. *Siguió la pauta que le indicaron.* **SIN.** Patrón. **2.** Norma, costumbre. *Era pauta de la casa.*

pautado, da (pau-**ta**-do) *adj.* *Papel pautado.

pavada (pa-**va**-da) *s. f., fam.* Sosería, insulsez. *No dijo más que pavadas.* **SIN.** Estupidez, memez, necedad. **ANT.** Gracia, agudeza.

pavés (pa-**vés**) *s. m.* Escudo más largo que ancho que cubría casi todo el cuerpo del combatiente. *Se protegió con el pavés.*

pavesa (pa-**ve**-sa) *s. f.* Partícula incandescente que se desprende de una materia encendida y acaba en ceniza. *Ten cuidado con las pavesas que saltan de la hoguera.* **SIN.** Brasa, chispa.

pavía (pa-**ví**-a) *s. f.* **1.** Variedad del melocotón, cuyo fruto tiene la piel lisa, y la carne jugosa y pegada al hueso. *Plantó pavías.* **2.** Fruto de este árbol. *Comió unas pavías.*

pávido, da (**pá**-vi-do) *adj., poét.* Tímido, cobarde. *Estaba pávido, no podía reaccionar.* **SIN.** Asustadizo, temeroso, apocado. **ANT.** Impávido, valiente, arrojado.

pavimentar (pa-vi-men-**tar**) *v. tr.* Cubrir el suelo con ladrillos, baldosines, etc. *Estaban pavimentando el suelo del patio.* **SIN.** Solar, asfaltar, adoquinar, enlosar, empedrar, embaldosar.

pavimento (pa-vi-**men**-to) *s. m.* **1.** Suelo, superficie artificial hecha para que el piso esté sólido y pulido. *Estaban colocando el pavimento.* **SIN.** Solado, piso, entarimado, embaldosado, enladrillado, adoquinado. **2.** Material utilizado para elaborar este suelo. *El pavimento no era de buena calidad.* **SIN.** Firme.

pavo (**pa**-vo) *s. m. y s. f.* **1.** Ave gallinácea, oriunda de América del Norte, que en estado salvaje es de plumaje pardo verdoso con reflejos cobrizos y manchas blanquecinas en los extremos de las alas y de la cola. El pavo doméstico es más pequeño y de diferente plumaje. *Se dedicaba a la cría de pavos.* **2.** *fam.* Persona sosa o incauta. **GRA.** También adj. *Es un poco pava.* **SIN.** Memo, necio. **3.** *fam.* Duro, moneda de cinco pesetas. *Sólo tengo una moneda de veinte pavos.* ‖ **LOC. pelar la pava** *fam.* Tener conversaciones amorosas una pareja.

pavonear (pa-vo-ne-**ar**) *v. intr.* Presumir, hacer ostentación. **GRA.** Se usa más como v. prnl. *Se pavonea de que tiene mucho dinero.* **SIN.** Pomponearse, presumir, blasonar, vanagloriarse, jactarse.

pavor (pa-**vor**) *s. m.* Temor con espanto y sobresalto. *Pensar en que estaba totalmente solo le producía un gran pavor.* **SIN.** Miedo, terror, pánico. **ANT.** Audacia, valor.

payaso, sa (pa-**ya**-so) *s. m. y s. f.* **1.** Persona que actúa en los circos y en las ferias para hacer reír. *Los niños estaban encantados con la actuación de los payasos.* **SIN.** Clown, bufón, gracioso. **2.** Persona poco seria. *No te aguanto, eres un payaso.* **SIN.** Ganso, mamarracho, necio.

payés, sa (pa-**yés**) *s. m. y s. f.* Campesino o campesina de Cataluña o de las Islas Baleares. *Los payeses de la zona le hablaron de sus tradiciones.* **SIN.** Agricultor, aldeano, labrador.

payo, ya (**pa**-yo) *s. m. y s. f.* Para una persona de raza gitana, la que no pertenece a ésta. **GRA.** Se usa en sentido despectivo. *Tenía amigos payos.*

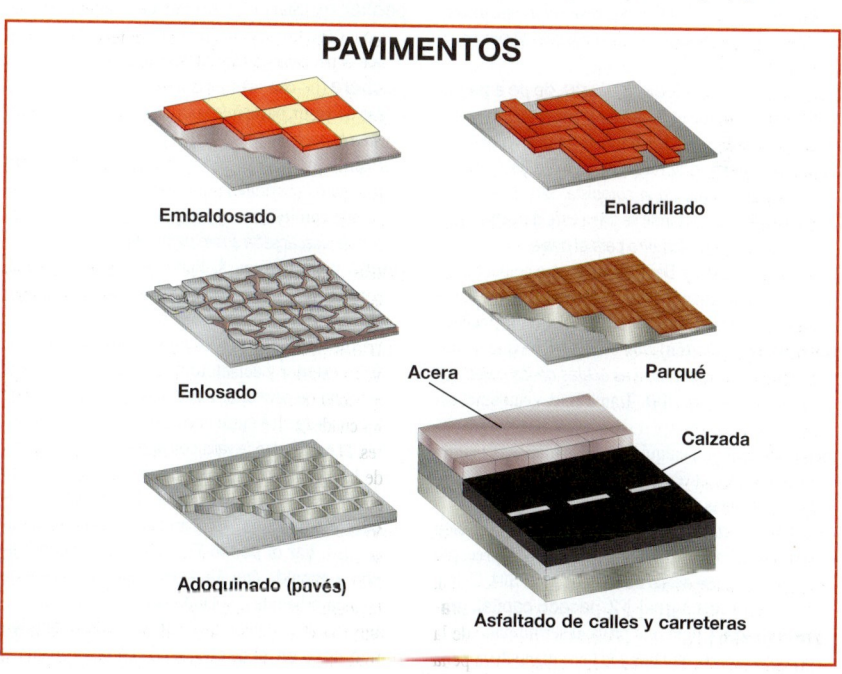

PAVIMENTOS

Embaldosado

Enladrillado

Enlosado

Acera

Parqué

Calzada

Adoquinado (pavés)

Asfaltado de calles y carreteras

paz - pecho

paz *s. f.* **1.** Equilibrio interior, estado de ánimo en tranquilidad. *En aquel maravilloso lugar había encontrado la paz.* **SIN.** Sosiego, calma, quietud. **ANT.** Intranquilidad, desasosiego. **2.** Concordia y buena correspondencia de unos con otros. *Vivían en paz.* **SIN.** Armonía, acuerdo. **3.** Convenio entre dos o más estados para poner fin a una guerra. *Firmaron la paz.* || **LOC. aquí paz y después gloria** Frase que se usa para indicar que se da por terminado un asunto. **dejar en paz a alguien** No inquietarle ni molestarle. **descansar en paz** Morir tranquilamente. | Piadosamente se dice de todos los que mueren dentro de la fe. **estar en paz** Hablando de pérdidas y de ganancias, contiendas, etc., quedar alguien como estaba u obtener alguna compensación proporcionada. **hacer las paces** Reconciliarse. **venir alguien en son de paz** Venir sin ánimo de reñir, cuando se temía lo contrario. **y en paz** Locución que se usa para indicar que se da por terminado algo.

pazguato, ta (paz-**gua**-to) *adj.* Simple, que se admira de cualquier cosa. **GRA.** También s. m. y s. f. *Se quedó como un pazguato.* **SIN.** Imbécil, memo, necio. **ANT.** Inteligente, avispado.

pazo (**pa**-zo) *s. m.* En Galicia, casa solariega, formada por un palacete y jardín o parque. *Vivían en un pazo.*

pe *s. f.* Nombre de la letra "p". || **LOC. de pe a pa** Enteramente, desde el principio al fin.

peaje (pe-**a**-je) *s. m.* **1.** Cantidad de dinero que hay que pagar por el derecho de tránsito en un lugar. *Pagamos el peaje de la autopista.* **SIN.** Pasaje, impuesto. **2.** Lugar donde se paga este derecho. *Queda menos de un kilómetro para el peaje.*

peana (pe-**a**-na) *s. f.* Basa o apoyo para colocar encima una figura u otra cosa. *La estatua estaba colocada en una peana de mármol.* **SIN.** Pedestal, peaña.

peatón, na (pe-a-**tón**) *s. m. y s. f.* Persona que se desplaza a pie por la calle. *Las aceras de las calles son para los peatones.* **SIN.** Transeúnte, viandante, caminante.

peca (**pe**-ca) *s. f.* Cualquiera de las manchas pequeñas y de color pardo que suelen salir en el cutis. *Tenía la cara llena de pecas.*

pecado (pe-**ca**-do) *s. m.* **1.** Toda acción u omisión voluntaria contra la ley de Dios o algún precepto de la Iglesia. *Se acusó de sus pecados.* **SIN.** Culpa, falta, yerro. **ANT.** Virtud. || **2. pecado capital, grave o mortal** Culpa que priva al ser humano de la gracia, le aparta de Dios y le hace digno de la pena eterna. **3. pecado venial** El que levemente se opone a la ley de Dios, o por la parvedad de la materia, o por falta de plena advertencia. || **LOC. pagar alguien su pecado** Expresión con que se explica que alguien padeció la pena debida a una mala acción, aunque por la dilación parecía estar ya olvidada.

pecaminoso, sa (pe-ca-mi-**no**-so) *adj.* **1.** Que pertenece o se refiere al pecado o al pecador. *Actitud pecaminosa.* **2.** Se aplica a las cosas que están o parecen dañadas por el pecado. *Sabía que aquel deseo era pecaminoso.* **SIN.** Bochornoso, censurable, inmoral, obsceno. **ANT.** Limpio, virtuoso.

pecar (pe-**car**) *v. intr.* **1.** Quebrantar la ley de Dios. *Pecó contra los mandamientos.* **2.** Dejarse llevar de la afición a una cosa. *Le tentó de nuevo el juego y volvió a pecar.* **3.** Exceder, abundar. *A veces, peca de ingenuo.* ✎ Se conjuga como abarcar.

peccata minuta *expr.* Error, falta o vicio leve. *No le des mayor importancia, eso es peccata minuta.*

pecera (pe-**ce**-ra) *s. f.* Vasija o globo de cristal, llena de agua, para tener a la vista algunos peces de colores. *El pececito estuvo a punto de saltar de la pecera.* **SIN.** Acuario.

pechar (pe-**char**) *v. tr.* Asumir una carga u obligación. **GRA.** Lleva generalmente la prep. "con". *Dijo que él pecharía con las consecuencias.*

pechera (pe-**che**-ra) *s. f.* En las camisas y otras prendas de vestir, parte que cubre el pecho. *La blusa llevaba la pechera de jaretas.*

pechina (pe-**chi**-na) *s. f.* Cada uno de los cuatro triángulos curvilíneos que forman el anillo de la cúpula con los arcos torales sobre que estriba. *La cúpula descansaba sobre pechinas.*

pecho (**pe**-cho) *s. m.* **1.** Parte del cuerpo humano, comprendida entre el cuello y el vientre, y en cuya cavidad se contienen el corazón y los pulmones. *Tenía un fuerte dolor en el pecho.* **SIN.** Seno, tórax. **2.** Lo exterior y delantero de esta misma parte. *Era estrecho de pecho.* **3.** Parte anterior del tronco de los cuadrúpedos entre el cuello y las patas anteriores. *El caballo tiró la valla con el pecho.* **4.** Cada una de las mamas de la mujer. *Tenía un pequeño bulto en un pecho.* **SIN.** Seno, teta. || **LOC. a pecho descubierto** Indefenso, sin armas defensivas. | Con sinceridad. **dar el pecho** Dar de mamar. **entre pecho y espalda** *fam.* En el estómago, hablando de comida o bebida; hablando de cosas inmateriales, cargar sobre alguien algo. **no caberle a alguien una cosa en el pecho** Sentir ansia de manifesnifestarla. **poner una pistola en el pecho** Amenazar un daño inmediato para cohibir la voluntad de alguien. **tomar alguien a pecho una cosa** Tomarla con mucho interés y empeño.

pechuga (pe-**chu**-ga) *s. f.* **1.** Pecho del ave, que está dividido en dos, a una y otra parte del esternón. **GRA.** Se usa frecuentemente en pl. *La tajada que más me gusta del pollo es la pechuga.* **2.** *fam.* Pecho del hombre o de la mujer. *Llevaba la camisa desabrochada enseñando la pechuga.*

pecíolo (pe-**cí**-o-lo) *s. m.* Rabillo de la hoja. *Esa planta tiene el pecíolo más largo que la hoja.* **SIN.** Rabo, pezón. ✎ También "peciolo".

pécora (**pé**-co-ra) *s. f.* *Rumiante. ‖ **LOC. ser alguien una pécora** *fam.* Ser astuto y taimado.

pectoral (pec-to-**ral**) *adj.* Que pertenece o se refiere al pecho. *Músculos pectorales.*

pecuario, ria (pe-**cua**-rio) *adj.* Que pertenece al ganado. *Se dedica a los negocios pecuarios.* **SIN.** Ganadero.

peculiar (pe-cu-**liar**) *adj.* **1.** Propio o privativo de cada persona o cosa. *Su voz es muy peculiar.* **SIN.** Distintivo, característico, particular. **ANT.** General, común. **2.** Singular, único. *Tiene un peculiar modo de vestir.* **SIN.** Raro.

pecuniario, ria (pe-cu-**nia**-rio) *adj.* Que pertenece o se refiere al dinero efectivo. *Hablaba de mejoras pecuniarias.* **SIN.** Monetario.

pedagogía (pe-da-go-**gí**-a) *s. f.* Arte o ciencia de educar e instruir a los niños. *Estudia pedagogía.* **SIN.** Didáctica.

pedal (pe-**dal**) *s. m.* **1.** Palanca que pone en movimiento un mecanismo al oprimirla con el pie. *No llegaba a los pedales de la bicicleta, porque todavía era muy pequeño.* **2.** Cada uno de los juegos mecánicos y de voces, que se mueve con los pies en el órgano o el piano para reforzar o debilitar la intensidad del sonido. *Modifica la calidad de los sonidos con el pedal.* **3.** *fam.* *Borrachera.

pedante (pe-**dan**-te) *adj.* Se dice de la persona que, por engreimiento, hace alarde inoportuno y vano de erudición. **GRA.** También s. m. y s. f. *Es una persona culta, pero resulta pedante a veces.* **SIN.** Engolado, lamido, repulido, afectado. **ANT.** Sencillo, humilde.

pedazo (pe-**da**-zo) *s. m.* **1.** Parte de una cosa que ha sido separada del resto. *Se comió el pedazo más grande del pastel.* **SIN.** Trozo, fracción, fragmento, cacho, parte, porción. **ANT.** Conjunto, todo. ‖ **2. pedazo de alcornoque, de animal o de bruto** *fam.*

pechuga - pedir

Persona incapaz o necia. ‖ **LOC. a, o en, pedazos** Por partes, en porciones. **caerse algo a pedazos** Estar muy viejo o deteriorado. **estar alguien hecho pedazos** *fam.* Estar agotado, física o psicológicamente. **hacerse alguien pedazos** *fam.* Ejecutar alguna cosa con grande y persistente esfuerzo. **hacerse algo pedazos** *fam.* Hacerse añicos, romperse. **ser alguien un pedazo de pan** *fam.* Ser de condición afable y bondadosa.

pederasta (pe-de-**ras**-ta) *s. m.* Persona que comete abusos deshonestos contra los niños. *Le denunciaron por pederasta.*

pedernal (pe-der-**nal**) *s. m.* Variedad de cuarzo compacto y de color gris amarillento. *El pedernal produce chispas al frotarlo.*

pedestal (pe-des-**tal**) *s. m.* **1.** Basamento de una columna. *Al pedestal de una columna clásica se le llama también plinto.* **SIN.** Contrabase. **2.** Peana, basa. *La estatua estaba colocada sobre un elevado pedestal.* **3.** Fundamento en que se asegura o afirma una cosa, o lo que sirve para alcanzarla. *Aquella afirmación es el pedestal de su nueva teoría.* **SIN.** Apoyo. ‖ **LOC. en un pedestal** *fam.* En extraordinaria consideración.

pedestre (pe-**des**-tre) *adj.* Se dice del deporte que consiste principalmente en andar o correr. *Participó en una carrera pedestre.*

pediatría (pe-dia-**trí**-a) *s. f.* Parte de la medicina que se ocupa de las enfermedades de los niños. *Hizo la especialidad de pediatría.*

pedicuro, ra (pe-di-**cu**-ro) *s. m. y s. f.* *Callista.

pedido (pe-**di**-do) *s. m.* **1.** Encargo hecho a un fabricante o vendedor de mercancías. *Hizo un pedido de libros.* **2.** *Petición.

pedigrí (pe-di-**grí**) *s. m.* **1.** Genealogía de un animal. *Era un perro con pedigrí.* **2.** Documento o certificado en que consta la misma. *Le mostró su pedigrí.*

pedigüeño, ña (pe-di-**güe**-ño) *adj.* Que pide con frecuencia e inoportunamente. **GRA.** También s. m. y s. f. *Se está haciendo un pedigüeño.* **SIN.** Mendigo, pordiosero, sacacuartos.

pedir (pe-**dir**) *v. tr.* **1.** Decir o rogar a alguien si puede hacer o dar algo. *Voy a pedirle la raqueta para jugar.* **SIN.** Suplicar, solicitar, implorar, demandar. **ANT.** Dar, prestar, exigir, conceder. **2.** Pedir limosna. **GRA.** También v. intr. *Vivía de lo que sacaba de pedir a la puerta de las iglesias.* **3.** Poner precio a la mercancía la persona que vende. *Pide demasiado por esos zapatos.* **4.** Reivindicar algo. *Pedían un horario más justo.* **SIN.** Demandar. ‖ **LOC. a pedir de**

pedo - pegar

boca *fam.* Según lo previsto, de forma adecuada. ✎ v. irreg.

INDICATIVO		SUBJUNTIVO		
Pres.	Pret. perf. s.	Pres.	Pret. imperf.	Fut. imperf.
pido	pedí	pida	pidiera/se	pidiere
pides	pediste	pidas	pidieras/se	pidieres
pide	pidió	pida	pidiera/se	pidiere
pedimos	pedimos	pidamos	pidiéramos/semos	pidiéremos
pedís	pedisteis	pidáis	pidierais/seis	pidiereis
piden	pidieron	pidan	pidieran/sen	pidieren
IMPERATIVO		pide, pida, pidamos, pedid, pidan		
FORMAS NO PERSONALES			Ger. pidiendo	

pedo (pe-do) *s. m.* **1.** Ventosidad ruidosa que se expele del vientre por el ano. *Se le escapó un pedo.* **2.** *vulg.* Chapuza, obra mal hecha. *Menudo pedo de trabajo.* **3.** *vulg.* *Borrachera. **4.** *vulg.* *Alucinación.

pedorro, rra (pe-**do**-rro) *adj.* Tonto, necio. *No seas tan pedorra, anda.* **SIN.** Molesto, desagradable.

pedrea (pe-**dre**-a) *s. f.* **1.** Acto de caer piedra o granizo de las nubes. *La fuerte pedrea destrozó la cosecha.* **SIN.** Granizada, pedrisco. **2.** En España, conjunto de premios pequeños de la Lotería Nacional. *Por lo menos nos ha tocado una pedrea.*

pedregal (pe-dre-**gal**) *s. m.* **1.** Terreno cubierto casi todo él de piedras sueltas. *Aquel camino era un pedregal.* **SIN.** Pedriscal, pedroche. **2.** Sitio desértico o improductivo. *En ese terreno no podrás cultivar nada, es un pedregal.*

pedregoso, sa (pe-dre-**go**-so) *adj.* Se dice del terreno cubierto de piedras. *Esa finca es muy pedregosa.* **SIN.** Pétreo, rocoso.

pedrera (pe-**dre**-ra) *s. f.* *Cantera, sitio o lugar de donde se sacan las piedras.

pedrería (pe-dre-**rí**-a) *s. f.* Conjunto de piedras preciosas como diamantes, esmeraldas, rubíes, etc. *Se dedica a trabajos de pedrería.*

pedrisco (pe-**dris**-co) *s. m.* Granizo grueso que cae de las nubes en abundancia. *Cayó una buena tormenta de pedrisco.* **SIN.** Granizada.

Pedro (**Pe**-dro) *n. p.* que se usa en la fra. "como Pedro por su casa", que significa 'con total libertad y confianza'.

pedrusco (pe-**drus**-co) *s. m., fam.* Pedazo de piedra sin labrar. *Un montón de pedruscos impedían el paso.*

pedúnculo (pe-**dún**-cu-lo) *s. m.* Rabillo en las plantas. *Poda esos pedúnculos.*

peeling *s. m.* Tratamiento de belleza que permite la regeneración de la epidermis mediante el desprendimiento de las células muertas. *Su piel quedó muy suave después del peeling.*

pega[1] (**pe**-ga) *s. f.* **1.** Engaño, chasco, broma. *Era de pega.* **2.** Pregunta capciosa o difícil de contestar. *Estaba seguro de que aquella pregunta tenía pega.* **SIN.** Añazaga, ardid. **3.** Obstáculo, contratiempo, dificultad. *Surgieron muchas pegas.* **SIN.** Inconveniente.

pega[2] (**pe**-ga) *s. f.* *Urraca.

pegadizo, za (pe-ga-**di**-zo) *adj.* **1.** Pegajoso, que se pega. *Esta cola es muy pegadiza.* **2.** *Contagioso. **3.** Pegajoso, gorrón. *Todo el mundo intenta esquivarle porque es un pegadizo.* **4.** Se dice de aquello que se graba con facilidad en la memoria. *La canción ganadora es muy pegadiza.*

pegado, da (pe-**ga**-do) *adj., fam.* Sorprendido, pasmado. *Cuando me lo dijo me quedé pegada.*

pegajoso, sa (pe-ga-**jo**-so) *adj.* **1.** Que con facilidad se pega. *Es un líquido muy pegajoso.* **SIN.** Pegadizo, viscoso. **2.** De aspecto viscoso. *La brea es muy pegajosa.* **SIN.** Glutinoso. **3.** *Contagioso. **4.** *fam.* Sobón, que resulta excesivamente cariñoso. *No soporto la gente tan pegajosa.*

pegamento (pe-ga-**men**-to) *s. m.* Sustancia que sirve para pegar sólidos entre sí. *Compra pegamento especial para madera.* **SIN.** Cola.

pegar (pe-**gar**) *v. tr.* **1.** Unir una cosa con otra atándolas, cosiéndolas, con pegamento, etc. *Pega el sello en el sobre y escribe la dirección.* **SIN.** Juntar, adherir, aglutinar, sujetar. **ANT.** Despegar, desunir. **2.** Dar golpes. *Mis padres nunca nos han pegado.* **SIN.** Golpear, maltratar. **3.** Comunicar una persona a otra una cosa por el contacto, trato, etc. *Le pegó la gripe.* **SIN.** Contagiar, transmitir, infectar, contaminar. **4.** Dar un golpe, puñetazo, tiro, grito, salto, etc. *Pegó un brinco.* || *v. intr.* **5.** Convenir una cosa con otra, ser de oportunidad, venir al caso. *Ese color no te pega con el amarillo.* **SIN.** Adecuar, caer bien. **6.** Estar una cosa próxima o contigua a otra. *Mi casa está pegando a la suya.* **SIN.** Lindar. **7.** Tropezar en una cosa. *Me pegué con la caja que había en el suelo.* **8.** Rimar un verso con otro. *Estos versos no pegan.* **9.** Incidir la luz o el sol con intensidad en una superficie. *A mediodía, el sol pegaba con fuerza.* **10.** Tener éxito algo. *Esa canción ha pegado fuerte este verano.* **SIN.** Gustar, triunfar. || *v. prnl.* **11.** Reñir, tener una disputa. *Se pegaban por ir.* **12.** Hablando de guisos, quemarse lo que está en contacto con el fondo de la cazuela. *La paella se ha pegado.* **13.** Inmiscuirse en algo, entrometerse. *En cuanto nos ve, se pega a nosotros como una lapa.* **14.** Insinuarse en el ánimo una cosa. *Me pega que algo está pasando.* || **LOC. dale que te pego** *fam.*

pegatina - pelar

De manera insistente. **pegar fuerte a algo** *fam.* No reparar en esfuerzos para conseguirlo, dedicarle todo el tiempo necesario. **pegársela a alguien** *fam.* Burlar su buena fe o confianza. **pegársela** *fam.* Hablando de una pareja, faltar a la fidelidad conyugal, cometer adulterio. ✎ Se conjuga como ahogar.

pegatina (pe-ga-**ti**-na) *s. f., fam.* Cromo adhesivo, estampa que se puede adherir a cualquier soporte. *Tenía el cuaderno lleno de pegatinas.* **SIN.** Adhesivo.

pego (**pe**-go) *s. m.* Trampa en el juego que consiste en pegar dos cartas, de manera que parezca que hay una sola. *Hizo pego.* ‖ **LOC. dar el pego** *fam.* Engañar. **darse el pego** *fam.* *Aparentar.

pegote (pe-**go**-te) *s. m.* **1.** *fam.* Persona impertinente y pesada. *Tu amiga me resulta un poco pegote.* **SIN.** Pelma, plasta. **2.** *fam.* Parche, apósito. *Puso allí un pegote para tapar el agujero.* **SIN.** Apósito, emplasto. **3.** *fam.* *Mancha. **4.** *fam.* Cosa que se añade de manera inadecuada. *Esa frase al final de párrafo es un pegote.*

peinado (pei-**na**-do) *s. m.* **1.** Adorno y compostura del cabello. *Llevaba un peinado muy llamativo.* **SIN.** Tocado. **2.** Rastreo cuidadoso de una zona para encontrar algo. *El mal tiempo dificultaba el peinado de la zona.* **SIN.** Examen.

peinador (pei-na-**dor**) *s. m.* Prenda o toalla que, puesta al cuello, cubre el cuerpo de la persona que se peina o afeita. *Antes de empezar a cortarle el pelo le pusieron un peinador.*

peinar (pei-**nar**) *v. tr.* **1.** Desenredar, limpiar o componer el cabello a una persona. **GRA.** También v. prnl. *Se peinó con raya al medio.* **2.** Desenredar o limpiar el pelo o lana de algunos animales. *Estaba peinando a su perro.* **3.** Registrar la policía minuciosamente una zona para descubrir alguna cosa. *La policía peinó el lugar del suceso.* **SIN.** Rastrear, batir.

peine (**pei**-ne) *s. m.* Utensilio de madera, marfil, hueso, concha, etc., provisto de muchos dientes, que sirve para desenredar y arreglar el pelo. *Tenía el pelo tan enredado que se rompió el peine.*

peineta (pei-**ne**-ta) *s. f.* Peine convexo que se usa para adornar o asegurar el peinado. *Llevaba moño y peineta.*

peje (**pe**-je) *s. m.* *Pez, animal acuático.

pejiguera (pe-ji-**gue**-ra) *s. f., fam* Cualquier cosa de poco provecho, que causa dificultades y molestias. *Esto es una pejiguera.* **SIN.** Incomodidad, molestia, pesadez.

pejiguero, ra (pe-ji-**gue**-ro) *adj.* **1.** Se dice de la persona muy molesta y pesada. *Te estás poniendo demasiado pejiguero.* **SIN.** Molesto. **2.** Se dice de la persona que incordia y protesta por todo. *Siempre tienes algo que objetar, eres una pejiguera.* **SIN.** Chinche.

peladilla (pe-la-**di**-lla) *s. f.* Almendra confitada, lisa y redonda. *Compró una bolsa de peladillas.*

pelado, da (pe-**la**-do) *adj.* **1.** Se dice de la fruta sin monda o cáscara y del árbol sin corteza. *La naranja ya está pelada.* **2.** Sin pelo. *Se estaba quedando pelado.* **3.** Se dice de las cosas principales o fundamentales que carecen de lo que naturalmente les viste, adorna, cubre o rodea. *Dejaron las paredes peladas.* **4.** Se dice del número que consta de decenas, centenas, o millares justos. *Un 10 pelado.* **5.** Se dice de la calificación académica sin décimas. *Sacó un aprobado pelado.* **SIN.** Justo. **6.** Sin dinero, arruinado. *A final de mes siempre anda pelado.* **7.** Estafado. *Se sintió pelado por el vendedor.*

pelagatos (pe-la-**ga**-tos) *s. m., fam.* Persona pobre y despreciable. *Es un pelagatos.* **SIN.** Pobretón, pelafustán. ✎ Invariable en número.

pelágico, ca (pe-**lá**-gi-co) *adj.* **1.** Se dice de los animales o plantas que flotan o nadan en la superficie del mar. *Las especies de alta mar son propias de la fauna pelágica.* **ANT.** Bentónicos. **2.** Se dice de las rocas sedimentarias formadas en el fondo del mar, a profundidades mayores que la plataforma continental. *Depósitos pelágicos.*

pelaje (pe-**la**-je) *s. m.* Naturaleza y calidad del pelo o de la lana que tiene un animal. *Tenía un largo y suave pelaje.*

pelambrera (pe-lam-**bre**-ra) *s. f.* Porción de pelo o de vello espeso y crecido. *Quería cortarse el pelo porque tenía ya una buena pelambrera.* **SIN.** Cabellera, melena.

pelanas (pe-**la**-nas) *s. m. y s. f., fam.* Persona sin ningún valor. *No sé cómo te hablas con ese pelanas.* **SIN.** Despreciable, inútil, pelagatos. ✎ Invariable en número.

pelandusca (pe-lan-**dus**-ca) *s. f.* *Ramera.

pelar (pe-**lar**) *v. tr.* **1.** Cortar, quitar o raer el pelo. **GRA.** También v. prnl. *Se peló al cero.* **SIN.** Rapar(se), recortar(se). **2.** Desplumar, quitar las plumas al ave. *Peló los pichones.* **3.** Quitar la piel, la película o la corteza a una cosa. *Nunca pela las manzanas.* **SIN.** Descortezar, mondar. **4.** Quitar con engaño o violencia los bienes a otra persona. *Le pelaron todo el dinero que llevaba.* **5.** En el juego, ganar a alguien

peldaño - pellizco

todo el dinero. *Le había pelado todo.* ‖ **LOC. duro de pelar** *fam.* Difícil de conseguir o ejecutar. **hacer un frío que pela** Hacer muchísimo frío.

peldaño (pel-**da**-ño) *s. m.* Cada uno de los planos o travesaños de una escalera. *Subió varios peldaños.* **SIN.** Escalón, grada.

pelea (pe-**le**-a) *s. f.* **1.** Combate, batalla, contienda, riña. *Se vio envuelto en la pelea.* **2.** Cuidado, fuerza o atención que se pone en vencer un vicio. *Su pelea con el tabaco es de admirar.* **3.** Afán, fatiga o trabajo en la realización o consecución de una cosa. *Fue una dura pelea hasta que lo logró.*

pelear (pe-le-**ar**) *v. intr.* **1.** Combatir de palabra o físicamente personas o animales. *Mi perro y mi gato nunca pelean entre sí.* **SIN.** Batirse, enzarzarse, lidiar, contender, enfrentarse, luchar. **2.** Resistir para vencer un vicio. *Peleó con fuerza para vencer el alcoholismo.* **SIN.** Combatir. **3.** Afanarse, trabajar continuamente por conseguir una cosa. *Peleaban por pasar a la siguiente fase.* ‖ *v. prnl.* **4.** Reñir dos o más personas. *Marchó porque no quería pelearse con él.* **SIN.** Enzarzarse, batirse. **5.** Desavenirse, enemistarse, separarse en discordia. *Se pelearon por una tontería y no se han vuelto a hablar.* **SIN.** Indisponerse.

pelele (pe-**le**-le) *s. m.* **1.** Muñeco de figura humana hecho de paja o trapos. *En la fiesta se quema al pelele.* **SIN.** Espantajo, monigote, mamarracho. **2.** Persona de poco carácter que se deja manejar fácilmente por los demás. *Para mí, es un pelele.* **SIN.** Apocado.

peletería (pe-le-te-**rí**-a) *s. f.* **1.** Arte o técnica de preparar pieles y hacer prendas de abrigo con ellas. *Se dedica a la peletería.* **SIN.** Curtiduría. **2.** Tienda donde se venden pieles finas. *Compró la cazadora de ante en una peletería.*

peliagudo, da (pe-lia-**gu**-do) *adj., fam.* Se dice del negocio o asunto que tiene gran dificultad. *La situación en la que se ha visto envuelto es bastante peliaguda.* **SIN.** Dificultoso, difícil, arduo, enrevesado, intrincado.

pelícano (pe-**lí**-ca-no) *s. m.* Ave palmípeda, acuática, de casi dos metros de largo, con plumaje blanco en general, pico ancho y muy largo, con la piel de la mandíbula inferior en forma de bolsa, donde deposita los alimentos. *Le encantan los pelícanos.* ✎ También "pelicano".

película (pe-**lí**-cu-la) *s. f.* **1.** Piel o capa fina y delgada. *Cubrieron la pared con una película de pintura.* **SIN.** Membrana, telilla, lámina. **2.** Cinta que tiene imágenes fotográficas que se proyectan en una superficie mediante una máquina de cine. *Es el productor de la película.* **3.** Asunto representado en esta cinta. *Le gustan las películas de aventuras.* **SIN.** Celuloide, filme. ‖ **LOC. allá películas** Expresión con la que alguien se desentiende de un asunto. **de película** Muy bueno. | Muy bien.

peligro (pe-**li**-gro) *s. m.* Posibilidad de que pase algo malo. *Es un peligro saltarse el semáforo en rojo.* **SIN.** Amenaza, riesgo. **ANT.** Seguridad. ‖ **LOC. correr peligro** Estar expuesto a él.

peligroso, sa (pe-li-**gro**-so) *adj.* **1.** Que ofrece un peligro o puede ocasionar daño. *Corrieron una peligrosa aventura.* **SIN.** Expuesto, aventurado, arriesgado. **2.** Se aplica a la persona de carácter violento y que puede causar daño. *Ese tipo es peligroso.*

pelillo (pe-**li**-llo) *s. m., fam.* Causa o motivo muy leve de disgusto. **GRA.** Se usa más en pl. *Son sólo pelillos, no le des más importancia.* ‖ **LOC. echar pelillos a la mar** *fam.* Reconciliarse dos o más personas.

pelirrojo, ja (pe-li-**rro**-jo) *adj.* Que tiene rojo el pelo. *Su hermana pequeña es pelirroja.*

pelleja (pe-**lle**-ja) *s. f.* **1.** Piel quitada del cuerpo del animal. *Vendió la pelleja.* **2.** Piel.

pellejo (pe-**lle**-jo) *s. m.* **1.** *Piel. **2.** *Odre. **3.** *fam.* Persona ebria. *Estaba un poco pellejo.* ‖ **LOC. dar, dejar o perder alguien el pellejo** *fam.* Morir. **estar, o hallarse, alguien en el pellejo de otro** *fam.* Estar o hallarse en la misma situación moral que otro. **jugarse alguien el pellejo** *fam.* Poner su vida en peligro. **salvar alguien el pellejo** *fam.* Librar la vida de un peligro.

pelliza (pe-**lli**-za) *s. f.* Prenda de abrigo hecha o forrada de pieles finas. *Como hacía frío salió con la pelliza.* **SIN.** Tabardo, zamarra.

pellizcar (pe-lliz-**car**) *v. tr.* **1.** Asir con el dedo pulgar y cualquiera de los otros una pequeña porción de piel y carne, apretándola de suerte que cause dolor. **GRA.** También v. prnl. *Le pellizcó sin querer.* **SIN.** Pizcar. **2.** Tomar o quitar una pequeña cantidad de una cosa. *No podía dejar de pellizcar la tarta.* ✎ Se conjuga como abarcar.

pellizco (pe-**lliz**-co) *s. m.* **1.** Acción y efecto de pellizcar. *Le salió un buen moratón del pellizco que se había dado.* **2.** Porción pequeña de una cosa, que se toma o quita. *Le dio unos buenos pellizcos al bollo de pan.* **SIN.** Pizca, poquito. **3.** Porción mínima de un ingrediente. *Añádale un pellizco de sal.* ‖ **LOC. un buen pellizco** *fam.* Mucho dinero. *En la lotería les ha tocado un buen pellizco.*

pelma (pel-ma) *s. m. y s. f., fam.* *Pelmazo. **SIN.** Cargante, pesado, molesto, latoso. **ANT.** Agradable.

pelmazo, za (pel-**ma**-zo) *s. m. y s. f.* **1.** *fam.* Persona pesada que produce molestia y cansancio. *Ya está aquí el pelmazo de todos los días.* **SIN.** Cargante, molesto, desagradable. **ANT.** Ameno, agradable. **2.** *fam.* Persona que hace las cosas con mucha lentitud. *Date prisa, eres un pelmazo.* **SIN.** Lento, torpe, pesado. **ANT.** Activo, rápido, diligente.

pelo (**pe**-lo) *s. m.* **1.** Cada uno de los filamentos cilíndricos, que nace y crece entre los poros de la piel de casi todos los mamíferos y de algunos otros animales. *El caballo tenía un precioso pelo de color negro.* **2.** *Cabello. **3.** Brizna o cualquier otro cuerpo extraño que se agarra a los puntos de la pluma de escribir. *La pluma tiene algún pelo, por eso escribe así de borroso.* **4.** Cualquier cosa mínima o insignificante. *Échame sólo un pelo más de café.* **SIN.** Brizna, pizca. || **5. pelos y señales** *fam.* Detalles y datos minúsculos. || **LOC. al pelo** *fam.* A punto, conforme a los deseos. **a pelo** *fam.* Con la cabeza descubierta. | Manera de montar las caballerías, sin silla. | A tiempo. | Sin protección. **caérsele a alguien el pelo** *fam.* Recibir un castigo o reprimenda. **con pelos y señales** Minuciosamente, con todo detalle. **dar a alguien para el pelo** *fam.* Pegarle o derrotarle. **de pelo en pecho** *fam.* Se dice de la persona robusta y esforzada. **echar buen pelo** *fam.* Mejorar de fortuna o de salud. **no tener alguien un pelo de tonto** *fam.* Ser avispado y despierto. **no tener alguien pelos en la lengua** *fam.* No tener inconveniente en decir con libertad lo que piensa y siente. **no vérsele el pelo a alguien** *fam.* Notar su ausencia en los lugares donde antes solía estar. **ponérsele a alguien los pelos de punta** *fam.* Enderezársele el cabello a consecuencia del miedo o de la pasión. **por los pelos** *fam.* En el último momento. **soltarse alguien el pelo** *fam.* Decidirse a hablar o actuar sin reparar en nada. **tirarse alguien de los pelos** *fam.* Arrepentirse de algo. | Estar muy enfadado. **tomar a alguien el pelo** *fam.* Burlarse de él. **traer una cosa por los pelos** *fam.* Exponer ideas muy vagas acerca de lo que se trata.

pelón, na (pe-**lón**) *adj.* **1.** Que no tiene pelo o tiene muy poco. **GRA.** También s. m. y s. f. *Vino todo pelón.* **SIN.** Calvo, pelado. **2.** *fam.* Pobre, que tiene muy pocos recursos económicos. **GRA.** También s. m. y s. f. *Al final de mes siempre anda muy pelona.* **SIN.** Necesitado. **ANT.** Rico, opulento.

pelota (pe-**lo**-ta) *s. f.* **1.** Bola maciza o hueca que se usa en varios juegos, hecha de goma o cualquier otra materia elástica. *Siempre lleva su pelota cuando va a la playa.* **SIN.** Balón. **2.** Juego que se hace con ella. *Por la tarde estuvimos jugando a la pelota.* **3.** Bola de materia blanda. *Hizo una pelota de lana de distintos colores.* || **LOC. devolver la pelota a alguien** Responderle con un dicho o hecho similar al suyo. **estar la pelota en el tejado** *fam.* Ser todavía dudoso el éxito de un negocio cualquiera. **hacer la pelota a alguien** *fam.* Adularle para conseguir algo. **hacerse alguien una pelota** *fam.* Embrollarse, confundirse al hablar o discurrir.

pelota, en *loc. adv.* Desnudo, sin ropa. **GRA.** Se usa más en pl. *Estaba tomando el sol en pelotas.* **dejar a alguien en pelotas** Quitarle todo lo que tiene.

pelotari (pe-lo-**ta**-ri) *s. m. y s. f.* Persona que tiene por oficio jugar a la pelota vasca. *Su hermano es un pelotari de categoría.*

pelotera (pe-lo-**te**-ra) *s. f., fam.* Riña, contienda. *Me montó una buena pelotera.* **SIN.** Camorra, pelea, pendencia.

pelotón (pe-lo-**tón**) *s. m.* **1.** Conjunto de personas sin orden y en tropel. *Un pelotón de niños se acercaba corriendo.* **2.** Cuerpo de soldados, menor que una sección, al mando de un cabo o sargento. *Estaba al mando del pelotón.* **SIN.** Destacamento.

peluca (pe-**lu**-ca) *s. f.* Cabellera postiza. *Dos de los atracadores llevaban peluca.* **SIN.** Peluquín, postizo.

peluche (pe-**lu**-che) *s. m.* **1.** *Felpa. **2.** Muñeco fabricado de felpa. *Sus hermanos le regalaron un enorme peluche.*

peludo, da (pe-**lu**-do) *adj.* Que tiene mucho pelo. *Tiene las piernas muy peludas.* **SIN.** Lanudo, velloso. **ANT.** Calvo, lampiño.

peluquería (pe-lu-que-**rí**-a) *s. f.* **1.** Técnica u oficio de cortar el pelo. *Estudia peluquería.* **2.** Establecimiento donde se corta o peina el pelo. *Pidió hora en la peluquería.*

peluquero, ra (pe-lu-**que**-ro) *s. m. y s. f.* Persona que tiene por oficio peinar, cortar el pelo, hacer rizos, etc. *Lleva años yendo al mismo peluquero.*

peluquín (pe-lu-**quín**) *s. m.* **1.** Peluca pequeña o que sólo cubre parte de la cabeza. *Se puso un peluquín.* **2.** Peluca con bucles y coleta que se usó a fines del s. XVII. *Necesitaba un peluquín rubio para completar su disfraz.* || **LOC. ni hablar del peluquín** *fam.* Expresión que se usa para rechazar una propuesta.

pelusa (pe-**lu**-sa) *s. f.* **1.** *Vello. **2.** Pelo menudo que se desprende de las telas con el uso. *Esta manta*

peluso - péndulo

suelta mucha pelusa. **SIN.** Borra. **3.** *fam.* Envidia propia de los niños. *Tiene pelusa de su hermanita.* **SIN.** Celos.

peluso (pe-**lu**-so) *s. m., fam.* *Recluta.

pelvis (**pel**-vis) *s. f.* Cavidad del cuerpo humano en la parte interior del tronco, donde se alojan la terminación del tubo digestivo y algunos órganos del aparato excretor y genital. *Le hicieron una radiografía de la pelvis.*

pena (**pe**-na) *s. f.* **1.** Sentimiento de dolor y sufrimiento. *Sintió mucha pena al no poder ir a a la excursión.* **SIN.** Disgusto, dolor, tristeza. **ANT.** Alegría, gozo. **2.** Castigo impuesto por un superior al que ha cometido un delito o falta. *Tenía que cumplir su pena.* **SIN.** Correctivo. **3.** Dificultad, trabajo, esfuerzo que cuesta una cosa. *Pasó muchas penas hasta conseguirlo.* **SIN.** Penalidad. ‖ **4. pena capital** La de muerte. **5. pena grave** Por oposición a las leves, cualquiera de las de mayor severidad señaladas en la ley para castigar los delitos. **6. pena leve** Cualquiera de las de menor rigor que señala la ley como castigo de las faltas. ‖ **LOC. a duras penas** Con mucha dificultad o trabajo. **ahogar las penas** Olvidarlas. **de pena** Muy mal. **ni pena ni gloria** Manifiesta la insensibilidad con que alguien ve u oye las cosas. **valer la pena una cosa** Expresión con que se encarece su importancia.

penable (pe-**na**-ble) *adj.* Que puede recibir pena o ser penado. *Era una falta penable.*

penacho (pe-**na**-cho) *s. m.* **1.** Grupo de plumas que tienen algunas aves en la parte superior de la cabeza. *Esa ave tiene un llamativo penacho rojo.* **2.** Adorno de plumas que sobresale en un casco, tocado, en la cabeza de las caballerías engalanadas para fiestas, etc. *Adornaron los cascos con penachos de colores.* **3.** Lo que tiene forma o figura de tal. *¡Córtate ese penacho de pelo!*

penado, da (pe-**na**-do) *s. m. y s. f.* Condenado a una pena. *El penado se presentó ante el juez.* **SIN.** Presidiario, forzado, recluso, prisionero.

penal (pe-**nal**) *adj.* **1.** Criminal, perteneciente a las leyes o instituciones para perseguirlo. *Derecho penal.* ‖ *s. m.* **2.** Lugar en que los castigados por la ley cumplen condenas superiores a las de arresto. *Había pasado dos años en ese penal.* **SIN.** Presidio, penitenciaría, correccional.

penalidad (pe-na-li-**dad**) *s. f.* **1.** Sufrimiento, trabajo molesto. *Sufrió grandes penalidades.* **2.** Sanción impuesta por la ley penal, las ordenanzas, etc. *Todavía no sabía cuál sería la penalidad.* **SIN.** Pena, castigo.

penalista (pe-na-**lis**-ta) *s. m. y s. f.* Jurisconsulto que se dedica con preferencia al estudio de la ciencia o derecho penal. **GRA.** También adj. invariable en género. *Mi hermana es abogada penalista.* **SIN.** Criminalista.

penalti (pe-**nal**-ti) *s. m.* En fútbol, falta cometida por un equipo en su propia área de meta. *El árbitro señaló penalti.* ‖ **LOC. casarse de penalti** *fam.* Casarse por estar embarazada la mujer.

penalty *s. m.* *Penalti.

penar (pe-**nar**) *v. tr.* **1.** Imponer a alguien una pena. *Fue penado con tres días de empleo y sueldo.* **SIN.** Sancionar, condenar, castigar. ‖ *v. intr.* **2.** Padecer, sufrir, tolerar un dolor o una pena. *Penaba por amor.* **3.** Señalar la ley castigo para un acto u omisión. *Eso está penado con la cárcel.* ‖ **LOC. penar por algo** Quererlo muy intensamente.

penates (pe-**na**-tes) *s. m. pl.* En la antigua Roma, dioses protectores de la familia. *El templo estaba dedicado a los penates.*

penco (**pen**-co) *s. m., fam.* *Jamelgo.

pendejo, ja (pen-**de**-jo) *s. m. y s. f.* Persona de vida desordenada. *Te estás haciendo un pendejo.*

pendencia (pen-**den**-cia) *s. f.* Riña de palabras o de obras. *Donde iba, armaba pendencia.* **SIN.** Trifulca, querella, altercado, pelotera.

pender (pen-**der**) *v. intr.* **1.** Estar colgada, suspendida o inclinada alguna cosa. *Los jamones pendían del techo.* **SIN.** Colgar, suspender. **2.** *Depender.

pendiente (pen-**dien**-te) *adj.* **1.** Que pende o cuelga. *Déjalo pendiente de ese gancho.* **2.** Que está por resolver o terminarse. *Te recuerdo que tenemos un asunto pendiente.* **SIN.** Aplazado, diferido, suspendido. **3.** Que tiene un declive áspero y muy pronunciado. *Esa carretera es muy pendiente.* ‖ *s. m.* **4.** Joya que se lleva colgando de las orejas. *Llevaba unos pendientes de perlas.* ‖ *s. f.* **5.** Cuesta o declive de un terreno. *Había que subir una fuerte pendiente.*

pendón (pen-**dón**) *s. m.* **1.** Bandera o estandarte de una agrupación, batallón, pueblo, etc. *Los pendones de las distintas cofradías encabezaban la procesión.* **SIN.** Enseña, bandera. **2.** *fam.* Persona de vida muy libertina. *Se ha vuelto un poco pendón.*

pendonear (pen-do-ne-**ar**) *v. intr.* Pindonguear, irse de pingo. *Anda por hay pendoneando.* **SIN.** Callejear, holgar. **ANT.** Trabajar.

péndulo (**pén**-du-lo) *s. m.* Cuerpo que oscila suspendido desde un punto fijo, debido a la acción combinada de la gravedad y de la inercia. *Observaba atento el movimiento del péndulo.*

pene - pensión

pene (pe-ne) *s. m.* Órgano sexual externo masculino. *La fimosis se corrige con una sencilla operación del pene.*
penetrante (pe-ne-**tran**-te) *adj.* **1.** Profundo, que entra mucho en alguna cosa. *Sintió un dolor penetrante.* **2.** Agudo, alto, hablando de la voz, del grito, etc. *Su penetrante voz le impresionó.* **SIN.** Estridente.
penetrar (pe-ne-**trar**) *v. tr.* **1.** Introducirse un cuerpo en otro. *La humedad penetraba por las paredes.* **SIN.** Meterse, entrar. **2.** Introducirse en el interior de un espacio, aunque haya dificultad o estorbo. *Penetraron en el interior de la cueva.* **3.** Hacerse sentir con demasiada violencia una cosa, como el frío, los gritos, etc. *El frío me penetraba hasta los huesos.* **4.** Comprender el interior de alguien o de una cosa complicada. **GRA.** También v. prnl. *Logró penetrar en su oscura personalidad.* **SIN.** Entender, enterarse.
penicilina (pe-ni-ci-**li**-na) *s. f.* Antibiótico extraído de cierto moho. *Era alérgico a la penicilina.*
península (pe-**nín**-su-la) *s. f.* Porción de tierra rodeada de agua por todas partes salvo por un estrecho istmo. *España y Portugal forman la península Ibérica.*

PENÍNSULAS DESTACADAS

Continente	Nombre	Extensión (km²)
Europa	Escandinavia	800 000
	Ibérica	580 000
	Balcánica	468 000
	Itálica	138 000
	Jutlandia	29 633
	Bretaña	23 700
	Peloponeso	22 200
Asia	Arábiga	2 730 000
	Indostán	2 088 000
	Indochina	2 050 000
	Anatolia	506 600
	Malaca	237 000
	Corea	152 000
	Sinaí	59 000
América	Labrador	1 300 000
	Yucatán	169 000
	California	143 000
	Florida	110 000
	Alaska	45 000
Oceanía	Cape York	210 000

penique (pe-**ni**-que) *s. m.* Moneda inglesa, que en la actualidad corresponde a la centésima parte de la libra esterlina. *Le dio unos cuantos peniques.*
penitencia (pe-ni-**ten**-cia) *s. f.* **1.** Cualquier acto de mortificación interior o exterior. *No poder comer, eso es para él una verdadera penitencia.* **2.** Sacramento según el cual, por la absolución del sacerdote, se perdonan los pecados cometidos después del bautismo al que los confiesa con dolor, propósito de la enmienda y demás condiciones debidas. *El sacerdote le administró la penitencia.* **3.** Pena que impone el confesor al penitente para satisfacción del pecado. *Cumplió la penitencia.*
penitenciaría (pe-ni-ten-cia-**rí**-a) *s. f.* *Cárcel.
penitente, ta (pe-ni-**ten**-te) *s. m. y s. f.* Persona que en las procesiones o rogativas públicas desfila en señal de penitencia. *En la procesión iban numerosos penitentes.*
penoso, sa (pe-**no**-so) *adj.* **1.** Trabajoso, que causa pena o tiene gran dificultad. *Tuvieron un viaje muy penoso.* **SIN.** Laborioso, fatigoso, difícil. **2.** Que padece una aflicción o pena. *Su situación familiar era penosa.* **SIN.** Aflictivo, doloroso, triste.
pensador, ra (pen-sa-**dor**) *adj.* **1.** Que piensa. *Es una persona muy pensadora.* ‖ *s. m. y s. f.* **2.** Persona dedicada a estudios elevados y que profundiza mucho en ellos. *Sócrates fue un gran pensador.* **SIN.** Intelectual, filósofo.
pensamiento (pen-sa-**mien**-to) *s. m.* **1.** Facultad y acto de pensar. *Adivinó sus pensamientos.* **SIN.** Entendimiento. **2.** Idea más importante de una obra. *Recogieron el pensamiento de Aristóteles.* ‖ **LOC. leerle el pensamiento a alguien** Adivinarle lo que piensa. **no pasarle a alguien por el pensamiento una cosa** No ocurrírsele.
pensar (pen-**sar**) *v. tr.* **1.** Examinar una cosa con atención y cuidado. *Dale tiempo para pensar la respuesta.* **SIN.** Discurrir, meditar, reflexionar. **ANT.** Improvisar. **2.** Crear una cosa en la imaginación. *Pensaba un mundo más pacífico y feliz para todo el mundo.* **3.** Formar intención de hacer una cosa. *Pienso hacerlo.* **SIN.** Intentar, proyectar, idear, planear, proponerse. ‖ **LOC. cuando menos lo pienses** Inesperadamente. **ni pensarlo** *fam.* De ningún modo. **pensar mal** Ser mal pensado o suspicaz. **sin pensar** De improviso. v. irreg., se conjuga como acertar.
pensativo, va (pen-sa-**ti**-vo) *adj.* Que medita intensamente y está absorto. *Le encontré muy pensativo.* **SIN.** Cogitabundo, meditabundo, reflexivo.
pensión (pen-**sión**) *s. f.* **1.** Casa particular que admite huéspedes. *Como el hotel le salía muy caro, buscó una pensión.* **2.** Cantidad mensual o anual que le corresponde a alguien por méritos o servicios propios o extraños. *Recibió la pensión de viudedad* **SIN.** Renta, asignación. **3.** *Jubilación. ‖ **4. pensión**

pensionado - per cápita

completa Régimen de hospedaje en el que se incluye la habitación y las tres comidas del día. **5. media pensión** Régimen de hospedaje que incluye la habitación y una comida diaria. | Régimen de pensionado que incluye la enseñanza y la comida del mediodía.

pensionado, da (pen-sio-**na**-do) *s. m.* Colegio o establecimiento para pensionistas o alumnos internos. *Estudié varios años en ese pensionado.*

pensionista (pen-sio-**nis**-ta) *s. m. y s. f.* **1.** Persona que tiene derecho a percibir una pensión. *Los pensionistas estaban contentos con las medidas anunciadas por el gobierno.* **SIN.** Retirado, jubilado. **2.** Persona que paga cierta pensión por estar en un colegio o casa particular, por sus alimentos y enseñanzas. *Estuvo pensionista en el colegio.* **SIN.** Interno.

pentágono, na (pen-**tá**-go-no) *adj.* Se dice del polígono de cinco ángulos y cinco lados. **GRA.** Se usa más como s. m. *Dibuja un pentágono regular.*

pentagrama (pen-ta-**gra**-ma) *s. m.* Guía de cinco líneas sobre la que se escriben las notas en la partitura. *Escribió la clave de sol al inicio del pentagrama.*

pentatlón (pen-ta-**tlón**) *s. m.* Ejercicio que comprende cinco pruebas: salto de longitud con carrera, lanzamiento de jabalina, carrera de 200 metros lisos, lanzamiento de disco y carrera de 1 500 metros lisos. *Fue uno de los mejores atletas del pentatlón.*

Pentecostés (Pen-te-cos-**tés**) *n. p.* Festividad de la venida del Espíritu Santo, que la Iglesia celebra el domingo, quincuagésimo día que sigue al de Pascua de Resurrección, contando ambos. *Pentecostés siempre cae entre el 10 de mayo y el 13 de junio.*

penúltimo, ma (pe-**núl**-ti-mo) *adj.* Inmediatamente antes de lo último. **GRA.** También s. m. y s. f. *Era el penúltimo de la lista.*

penumbra (pe-**num**-bra) *s. f.* Sombra débil entre la luz y la oscuridad. *La habitación estaba en penumbra.*

penuria (pe-**nu**-ria) *s. f.* Escasez, estrechez, carencia de las cosas más precisas o de alguna de ellas. *Su penuria económica empezaba a ser preocupante.* **SIN.** Carestía, necesidad. **ANT.** Copia, abundancia.

peña (pe-ña) *s. f.* **1.** Piedra grande sin labrar, según la produce la naturaleza. *El terreno estaba lleno de peñas.* **SIN.** Roca. **2.** Monte o cerro peñascoso. *Desde aquella peña tan alta se divisaba un asombroso paisaje.* **3.** Nombre que se da a algunos círculos de recreo, deportivos, etc. *Era el presidente de la peña taurina.*

peñasco (pe-**ñas**-co) *s. m.* Peña grande y elevada. *Se subió a un peñasco para observar el paisaje.*

pepsina (pep-**si**-na) *s. f.* Fermento segregado por la membrana mucosa del estómago, que es el principio más importante del jugo gástrico y ayuda a la digestión. *La pepsina que se extrae de los carneros se emplea como medicamento.*

peonza (pe-**on**-za) *s. f.* Juguete de madera que se hace bailar tirando de una cuerda que lleva arrollada en torno. *Juega a la peonza.* **SIN.** Trompo.

pequeñez (pe-que-**ñez**) *s. f.* **1.** Cualidad de pequeño. *La habitación era de una pequeñez increíble.* **2.** Cosa insignificante. *No deberías discutir por esas pequeñeces.* **SIN.** Nimiedad, bagatela, menudencia.

pequeño, ña (pe-**que**-ño) *adj.* **1.** Corto, limitado. *Su habitación es demasiado pequeña para ese armario.* **2.** De muy corta edad. *Aún es muy pequeño.*

pequinés, sa (pe-qui-**nés**) *adj.* Se dice del perro faldero originario de China, de tamaño muy pequeño, cabeza redonda, nariz ancha y chata, ojos muy prominentes, orejas caídas y pelaje abundante. **GRA.** También s. m. *Tenía un perrito pequinés.*

pera (**pe**-ra) *s. f.* **1.** Fruto del peral, carnoso oval y redondo. Es comestible y más o menos dulce, aguanoso, áspero, etc., según la clase. *De postre se comió una pera.* **2.** Llamador de un timbre o interruptor eléctrico en forma de pera. *Da la luz en la pera de la mesita.* || *adj.* **3.** *fam.* Se dice de la persona muy cursi y presumida. *Es un niño pera.* || **LOC. en el año de la pera** Hace muchísimo tiempo. **pedir peras al olmo** *fam.* Pedir una cosa imposible o impropia.

peral (pe-**ral**) *s. m.* Árbol de tronco recto y liso, hojas puntiagudas, flores blancas y fruto en pomo, y madera de este árbol. *En la huerta tenía muchos perales.*

peralte (pe-**ral**-te) *s. m.* En las carreteras, vías férreas, etc., la mayor elevación de la parte exterior de una curva en relación con la interior. *Aquella curva tenía mucho peralte.* **SIN.** Desnivel.

perborato (per-bo-**ra**-to) *s. m.* Sal producida por la oxidación del ácido bórico. *Lo limpió con perborato.*

perca (**per**-ca) *s. f.* Pez de río, de cuerpo oblongo, escamas duras y ásperas, plateado en el vientre y dorado con seis fajas negruzcas en los costados. *La carne de la perca es muy estimada.*

percal (per-**cal**) *s. m.* Tela de algodón, más o menos fina, y con cierto brillo, que sirve para vestidos y otros usos. *Llevaba un vestido de percal blanco.*

percance (per-**can**-ce) *s. m.* Contratiempo o perjuicio imprevistos que detiene la realización de algo. *Surgió un percance.* **SIN.** Accidente, contrariedad.

per cápita *expr. lat.* Por cabeza, individualmente. *Renta per cápita.*

percatar - perecer

percatar (per-ca-**tar**) *v. intr.* Advertir, considerar, darse cuenta, observar. **GRA.** También v. prnl. *No se percató de lo que sucedía.* **ANT.** Ignorar, desconocer.

percebe (per-**ce**-be) *s. m.* **1.** Crustáceo que se cría formando grupos y es marisco muy apreciado. **GRA.** Se usa más en pl. *Pidieron una ración de percebes.* **2.** *fam.* Tonto, ignorante. *No seas percebe.*

percha (**per**-cha) *s. f.* **1.** Pieza, generalmente de madera o plástico, que sirve para colgar la ropa en el armario. *Cuelga el abrigo en la percha.* **2.** *fam.* Figura, tipo de una persona. *Tiene una excelente percha.*

perchero (per-**che**-ro) *s. m.* Conjunto de perchas o lugar en que las hay. *La cazadora está colgada en el perchero.*

percherón, na (per-che-**rón**) *adj.* Se dice del caballo o yegua que pertenece a una raza francesa, que se caracteriza por su fuerza y corpulencia. **GRA.** También s. m. y s. f. *Tenían un caballo percherón.*

percibir (per-ci-**bir**) *v. tr.* **1.** Recibir o cobrar. *Percibe una pequeña pensión.* **2.** Recibir por uno de los sentidos las impresiones exteriores. *Apenas podía percibir los colores.* **3.** Comprender y conocer una cosa. *Percibió que algo extraño pasaba.* **SIN.** Advertir, distinguir, sentir, conocer, comprender, concebir.

percusión (per-cu-**sión**) *s. f.* Conjunto de instrumentos que se tocan golpeándolos. *Son instrumentos de percusión los tambores, xilófonos, maracas, triángulos, bongós, castañuelas, etc.*

percutir (per-cu-**tir**) *v. tr.* *Golpear. **SIN.** Chocar, herir.

perder (per-**der**) *v. tr.* **1.** Dejar de tener o no encontrar una cosa. *He perdido el reloj que me regalaron.* **SIN.** Extraviar, despistar. **ANT.** Encontrar, hallar. **2.** No conseguir lo que se espera, desea o ama. *Perdí la ocasión de comprar un buen coche.* **SIN.** Desperdiciar. **ANT.** Ganar, lograr, aprovechar. **3.** Desperdiciar, disipar o malgastar una cosa. *Perdió todos sus bienes.* **4.** Ocasionar un daño a las cosas, deteriorarlas. **GRA.** También v. prnl. *Se perdió la cosecha.* **SIN.** Malograr(se), corromper(se), estropear(se). **5.** Dejar de ganar o vencer en una lucha, juego, apuesta, etc. *Perdieron el partido.* **6.** Decaer del crédito o estimación. *Perdió su buena fama.* ‖ *v. intr.* **7.** Tratándose de una tela, desteñirse, decolorarse. *La falda ha perdido al lavarla.* ‖ *v. prnl.* **8.** No saber dónde se está. *Se perdió en el bosque y tuvieron que salir a buscarle.* **SIN.** Desorientarse, confundirse, extraviarse, despistarse. **ANT.** Orientarse. **9.** No hallar la manera de salir de una dificultad. *Me perdí ante tantos problemas y abandoné sin más.* **10.** Borrarse la ilación en un discurso. *Me perdí a la mitad del dictado.* **11.** Entregarse ciegamente a un vicio. *Se perdió con el alcohol.* ‖ **LOC. no habérsele perdido nada a alguien en algún lugar** *fam.* Expresión que se usa para reprochar la presencia inoportuna de alguien. **tener alguien buen, o mal, perder** *fam.* Mostrarse sereno o molesto la persona que ha tenido alguna pérdida en el juego o similar. ✎ v. irreg., se conjuga como entender.

pérdida (**pér**-di-da) *s. f.* Carencia de lo que se tenía o daño que se recibe en alguna cosa. *La pérdida de toda la cosecha les ocasionó graves problemas económicos.* **SIN.** Merma, perjuicio, extravío. ‖ **LOC. no tener pérdida un lugar** *fam.* Ser fácil de hallar.

perdido, da (per-**di**-do) *adj.* **1.** Que se ha extraviado y no se encuentra. *Encontró la pulsera perdida.* **2.** Que no tiene o no lleva destino determinado. *Se encontraba perdido.* **3.** Que no tiene remedio. *Es un asunto perdido.* **SIN.** Irremediable, insolucionable. ‖ **LOC. ser alguien un perdido** Llevar una vida de vicio y desenfreno.

perdigón (per-di-**gón**) *s. m.* **1.** Cada uno de los granos de plomo que forman la munición de caza. *Llevaba una escopeta de perdigón.* **2.** Pollo de la perdiz. *Tenía un criadero de perdigones.*

perdigonada (per-di-go-**na**-da) *s. f.* Tiro de perdigones y herida que produce. *Le alcanzó una perdigonada.*

perdiz (per-**diz**) *s. f.* Ave gallinácea, del tamaño de una paloma, con el plumaje ceniciento con manchas rojas, negras y blancas. *La perdiz es una de las aves de caza más estimadas en la cocina tradicional europea.*

perdón (per-**dón**) *s. m.* Acción y efecto de perdonar. *Pidió perdón.* **SIN.** Absolución, gracia. **ANT.** Condena. ‖ **LOC. con perdón** Con permiso.

perdonar (per-do-**nar**) *v. tr.* No tomar en cuenta lo que alguien ha hecho mal o no obligarle a pagar lo que debe. *Te perdonaré si no vuelves a hacerlo.* **SIN.** Disculpar, excusar, dispensar, eximir, indultar, amnistiar, absolver. **ANT.** Condenar, inculpar, castigar.

perdonavidas (per-do-na-**vi**-das) *s. m. y s. f., fam.* Persona que presume de valiente. *Es un imbécil y un perdonavidas.* **SIN.** Chulo, fanfarrón. ✎ Invariable en número.

perdurar (per-du-**rar**) *v. intr.* Durar mucho, subsistir. *Deseaba que aquella buena racha perdurara.* **SIN.** Permanecer, continuar. **ANT.** Acabar, cesar.

perecer (pe-re-**cer**) *v. intr.* Dejar de ser o existir. *Pereció de frío.* **SIN.** Extinguirse, sucumbir, morir. **ANT.** Nacer, vivir. ✎ v. irreg., se conjuga como parecer.

peregrinación - perfumería

peregrinación (pe-re-gri-na-**ción**) *s. f.* Viaje que se hace a un santuario por devoción. *Fueron de peregrinación a Fátima.*

peregrinar (pe-re-gri-**nar**) *v. intr.* **1.** Ir en romería a un santuario por devoción. *Peregrinaron hasta la ermita del monte.* **2.** Andar alguien por tierras extrañas. *Peregrinaron por varios países.* **SIN.** Caminar, recorrer, viajar.

peregrino, na (pe-re-**gri**-no) *adj.* **1.** Se dice de la persona que va a visitar un lugar sagrado. *Nos encontramos a varios peregrinos que estaban haciendo el Camino de Santiago a pie.* **2.** Raro, extraño, pocas veces visto. *Tiene ideas peregrinas.* **SIN.** Singular, insólito.

perejil (pe-re-**jil**) *s. m.* Planta herbácea que se cultiva mucho en las huertas y se usa como condimento. *Machaca un poco de ajo y perejil.*

perendengue (pe-ren-**den**-gue) *s. m.* Cualquier adorno de poco valor. *Siempre iba cargada de perendengues.* **SIN.** Baratija.

perenne (pe-**ren**-ne) *adj.* **1.** Incesante, continuo, que no tiene intermisión. *Estaba en perenne movimiento.* **SIN.** Eterno, imperecedero, perpetuo. **ANT.** Caduco, efímero, intermitente. **2.** Se dice de la planta que vive varios años. *Los pinos son perennes.*

perentorio, ria (pe-ren-**to**-rio) *adj.* **1.** Se dice del último plazo que se concede, o de la decisión que pone fin a cualquier asunto. *Plazo perentorio.* **SIN.** Apremiante, definitivo. **2.** Concluyente, decisivo, determinante. *Medidas perentorias.* **SIN.** Terminante, definitivo. **ANT.** Lento, pasivo. **3.** Urgente, apremiante. *Necesidad perentoria.*

perestroika *s. f.* Reforma de apertura del sistema político soviético impulsada desde el poder. *Gorbachov fue el padre de la perestroika.* **SIN.** Apertura, renovación.

pereza (pe-**re**-za) *s. f.* Falta de ganas, descuido en las cosas que hay que hacer. *Le da pereza salir de casa cuando llueve.* **SIN.** Dejadez, indolencia, negligencia. **ANT.** Diligencia.

perezoso, sa (pe-re-**zo**-so) *adj.* **1.** Que tiene pereza. **GRA.** También s. m. y s. f. *Es una persona muy perezosa.* **SIN.** Holgazán, gandul, indolente, haragán, vago. **2.** Que se levanta tarde de la cama o de mala gana. **GRA.** También s. m. y s. f. *Le cuesta mucho levantarse, es muy perezosa.* ‖ *s. m.* **3.** Mamífero propio de América tropical, arborícola, que tiene la cabeza pequeña, ojos oscuros, y pelaje pardo, áspero y largo. *El perezoso se mueve lentamente y trepa con dificultad a los árboles.*

perfección (per-fec-**ción**) *s. f.* **1.** Acción de perfeccionar o perfeccionarse. *Logró más perfección en su obra.* **2.** Cualidad de perfecto. *Aspiraba a la perfección.* ‖ **LOC. a la perfección** Perfectamente.

perfeccionar (per-fec-cio-**nar**) *v. tr.* Acabar enteramente una obra, dándole el mayor grado posible de excelencia. **GRA.** También v. prnl. *Perfeccionó su obra.* **SIN.** Acrisolar, afinar, depurar, limar, ultimar. **ANT.** Empeorar.

perfectivo, va (per-fec-**ti**-vo) *adj.* Se dice del verbo que necesita llegar a un término para que la acción se pueda considerar completada. *Nacer es un verbo perfectivo.*

perfecto, ta (per-**fec**-to) *adj.* **1.** Que es el mejor. *El mecanismo de mi reloj es perfecto.* **SIN.** Excelente, exacto, inmejorable. **ANT.** Imperfecto, inacabado, defectuoso. **2.** Se dice, en general, de los tiempos que presentan la acción verbal como acabada. *Son perfectos el pretérito indefinido y todos los tiempos compuestos.*

perfidia (per-**fi**-dia) *s. f.* Deslealtad, traición de la fe debida. *No tolero la perfidia.* **SIN.** Alevosía, asechanza, perversidad. **ANT.** Bondad, lealtad.

perfil (per-**fil**) *s. m.* **1.** Postura en que sólo se ve una de las dos mitades laterales del cuerpo. *Le hizo un retrato de perfil.* **2.** Conjunto de líneas que determinan la forma de una figura. *Dibujó su perfil.* **SIN.** Silueta. ‖ **3. perfil psicológico** Rasgos destacados de la personalidad de alguien.

perfilado, da (per-fi-**la**-do) *adj.* Se dice del rostro delgado y largo en proporción. *Tenía un rostro pálido y muy perfilado.*

perforar (per-fo-**rar**) *v. tr.* Agujerear algo de parte a parte. *Perforó la pared.* **SIN.** Taladrar, horadar. **ANT.** Cerrar, tapar, taponar.

perfumador (per-fu-ma-**dor**) *s. m.* Recipiente o aparato para quemar perfumes y esparcirlos. *Le regalaron un bonito perfumador.* **SIN.** Aromatizador, balsamera, bujeta.

perfumar (per-fu-**mar**) *v. tr.* **1.** Dar buen olor. **GRA.** También v. prnl. *El tomillo perfuma el monte.* **SIN.** Aromatizar. **2.** Esparcir cualquier olor bueno. *Perfumó la habitación.*

perfume (per-**fu**-me) *s. m.* **1.** Sustancia elaborada que despide un olor agradable. *Le regalaron un frasco de perfume.* **2.** Cualquier olor muy agradable. *Le gustaba el perfume de las rosas.* **SIN.** Aroma, fragancia.

perfumería (per-fu-me-**rí**-a) *s. f.* **1.** Tienda donde se preparan o venden perfumes. *Trabaja en una perfu-*

pergamino - peristilo

mería. **2.** Arte o técnica de fabricarlos. *Sabía mucho de perfumería.* **3.** Conjunto de productos y materias de esta industria. *Era viajante de perfumería.*
pergamino (per-ga-**mi**-no) *s. m.* Piel estirada, curtida y muy delgada, que sirve para escribir en ella. *Encontraron varios pergaminos antiguos.*
pergeñar (per-ge-**ñar**) *v. tr.* **1.** *fam.* Trazar las líneas generales de un trabajo o un escrito. *Estaba pergeñando su último libro.* **SIN.** Disponer, preparar. **2.** *fam.* Realizar una cosa con poca habilidad. *Lo pergeñó como pudo.*
pérgola (**pér**-go-la) *s. f.* Jardín con columnas y plantas enredaderas. *Tenía una cita en la pérgola.*
pericarpio (pe-ri-**car**-pio) *s. m.* Parte exterior del fruto que envuelve y protege a las semillas. *El pericarpio cubre la parte comestible.*
pericia (pe-**ri**-cia) *s. f.* Sabiduría, práctica, experiencia o habilidad en una ciencia o arte. *Tiene mucha pericia.* **ANT.** Inhabilidad, inexperiencia.
periferia (pe-ri-**fe**-ria) *s. f.* Alrededores de una ciudad. *Vivían en la periferia.* **SIN.** Aledaño, perímetro.
periférico, ca (pe-ri-**fé**-ri-co) *adj.* **1.** Que pertenece o se refiere a la periferia. *Vivía en un importante barrio periférico.* **SIN.** Circundante, exterior, limítrofe. ‖ *s. m.* **2.** En informática, cada uno de los dispositivos que permiten la entrada y salida de datos. *He ampliado los periféricos de mi ordenador con una nueva impresora.*
perifollos (pe-ri-**fo**-llos) *s. m. pl., fam.* Adornos, especialmente los que son excesivos o de mal gusto. *Iba cargado de perifollos.*
perífrasis (pe-**rí**-fra-sis) *s. f.* **1.** Rodeo al hablar para expresar un concepto. *Déjate de perífrasis y vete al grano.* **SIN.** Circunloquio, rodeo. ‖ **2. perífrasis verbal** Construcción unitaria formada por un verbo auxiliar en forma personal y un infinitivo, gerundio o participio. ✎ También "perífrasi".
perigeo (pe-ri-**ge**-o) *s. m.* Punto en que un cuerpo celeste se halla más próximo a la Tierra en la órbita. *La Luna se halla en su perigeo.* **ANT.** Apogeo.
perilla (pe-**ri**-lla) *s. f.* Porción de pelo que se deja crecer en la punta de la barba. *Se dejó perilla.* ‖ **LOC. de perilla, o de perillas** *fam.* A propósito, de modo muy conveniente u oportuno.
perillán, na (pe-ri-**llán**) *s. m. y s. f., fam.* Persona pícara, astuta. **GRA.** También adj. *Es un buen perillán.* **SIN.** Taimado, granuja.
perímetro (pe-**rí**-me-tro) *s. m.* **1.** Ámbito, contorno de una superficie. *Midieron el perímetro de la finca.* **SIN.** Alrededores, cerco, periferia. **2.** Longitud total de los lados de una figura geométrica. *Teníamos que hallar el perímetro de un triángulo cuyos lados medían 5 y 7 metros.*
periódico, ca (pe-ri-**ó**-di-co) *adj.* **1.** Que pasa, se hace o dice cada cierto tiempo. *Las estaciones del año son periódicas.* **SIN.** Regular, cíclico. **ANT.** Irregular, desacostumbrado. **2.** Se dice de la fracción decimal que tiene período. *1/3 es una fracción periódica.* ‖ *s. m.* **3.** Papel donde se imprimen noticias, anuncios, etc., que se publica cada día. *He leído la noticia en el periódico.* **SIN.** Diario, rotativo.
periodista (pe-rio-**dis**-ta) *s. m. y s. f.* **1.** Persona que compone o edita un periódico. *Es periodista.* **2.** Persona que tiene por oficio escribir en periódicos. *Dos periodistas le hicieron una entrevista.* **SIN.** Articulista, corresponsal, redactor.
período (pe-**rí**-o-do) *s. m.* **1.** Espacio de tiempo limitado que una cosa tarda en volver al estado o posición que tenía al principio. *Hablamos del período de letargo de esos animales.* **SIN.** Fase, etapa, ciclo. **2.** Espacio de determinado tiempo que comprende toda la duración de una cosa. *Está allí por un período de un mes.* **3.** *Menstruación. **SIN.** Regla. **4.** En matemáticas, cifra o grupo de cifras que se repiten indefinidamente después del cociente entero, en las divisiones inexactas. *Si la cifra que se repite es la misma, el período es puro.* ✎ También "periodo".
periostio (pe-**rios**-tio) *s. m.* Membrana fibrosa que recubre los huesos. *El periostio sirve para la nutrición y renovación de los huesos.*
peripecia (pe-ri-**pe**-cia) *s. f.* Aventura, incidente. *Nos contó las peripecias del viaje.* **SIN.** Andanza.
peripuesto, ta (pe-ri-**pues**-to) *adj., fam.* Que se arregla y viste con demasiado esmero y afectación. *Llegó todo peripuesto.* **SIN.** Repulido, acicalado, emperejilado. **ANT.** Desarrapado, adán.
periquete (pe-ri-**que**-te) *s. m., fam.* Brevísimo espacio de tiempo. **GRA.** Se usa más en la loc. "en un periquete". *Lo hizo en un periquete.* **SIN.** Instante, rato, santiamén.
periquito (pe-ri-**qui**-to) *s. m.* Ave parecida al loro, pero de menor tamaño, y cuyo plumaje es muy vistoso. *Tenía en casa dos periquitos.*
periscopio (pe-ris-**co**-pio) *s. m.* Instrumento óptico que usan los submarinos, cuando navegan sumergidos, para ver los objetos sobre la superficie del mar. *Sacaron el periscopio.*
peristilo (pe-ris-**ti**-lo) *s. m.* Galería de columnas que rodea un edificio o parte de él. *La iglesia estaba rodeada por un peristilo.*

peritación - pernio

peritación (pe-ri-ta-**ción**) *s. f.* *Peritaje.
peritaje (pe-ri-**ta**-je) *s. m.* Trabajo o estudio que hace un perito. *Realizó el peritaje del accidente.* **SIN.** Informe, evaluación, valoración.
perito, ta (pe-**ri**-to) *adj.* **1.** Experimentado, práctico en una ciencia o arte. **GRA.** También s. m. y s. f. *Es muy perito en esa materia.* **SIN.** Hábil, diestro, conocedor, experto, práctico, competente. **ANT.** Inexperto, incapaz. || *s. m. y s. f.* **2.** Persona que en alguna materia tiene título oficial de tal. *Es perito comercial.* **3.** Persona que, poseyendo especiales conocimientos teóricos o prácticos, realiza un informe, bajo juramento, sobre los datos relevantes para un proceso. *El perito tenía que evaluar el coche siniestrado.*
peritoneo (pe-ri-to-**ne**-o) *s. m.* Membrana que cubre la superficie interior del vientre. *El peritoneo envuelve las vísceras abdominales.*
peritonitis (pe-ri-to-**ni**-tis) *s. f.* Inflamación del peritoneo. *Le ingresaron con peritonitis.*
perjudicar (per-ju-di-**car**) *v. tr.* Ocasionar daño material o moral. **GRA.** También v. prnl. *Fumar perjudica la salud.* **SIN.** Dañar, damnificar, menoscabar, lastimar(se), lesionar(se), arruinar(se). **ANT.** Favorecer, perdonar, beneficiar(se), ayudar. ✎ Se conjuga como abarcar.
perjuicio (per-**jui**-cio) *s. m.* Daño que se hace a una persona. *Le ocasionó gran perjuicio.* **SIN.** Detrimento, menoscabo, deterioro. **ANT.** Favor, bien, ventaja. || **LOC. sin perjuicio** Dejando a salvo.
perjurar (per-ju-**rar**) *v. intr.* Jurar en falso. **GRA.** También v. prnl. *No perjures.*
perjurio (per-**ju**-rio) *s. m.* Delito de jurar en falso. *El testigo cometió perjurio.*
perla (**per**-la) *s. f.* **1.** Cuerpo duro y redondeado, de color blanco agrisado, que suele formarse en el interior de las conchas de diversos moluscos, y que se emplea mucho en joyería. *Le regaló un collar de perlas.* **2.** Persona o cosa excelente. *El trabajo que tienes es una verdadera perla.* || **LOC. venir de perlas una cosa** Venir muy bien.
perlé (per-**lé**) *s. m.* Hilo de algodón que se utiliza en labores de costura. *Llevaba un jersey de perlé blanco y azul.*
permanecer (per-ma-ne-**cer**) *v. intr.* Mantenerse sin cambio en un mismo lugar o situación. *El terremoto fue leve, todo permaneció como estaba.* **SIN.** Estar, persistir, subsistir, quedarse, residir. **ANT.** Ausentarse, pasar, rendirse, cambiarse. ✎ v. irreg., se conjuga como parecer.

permanencia (per-ma-**nen**-cia) *s. f.* **1.** Estado o cualidad de permanente, duración firme, estancia en algún lugar. *Su permanencia en el caso hizo que al final lo lograra.* **SIN.** Constancia, perseverancia, estabilidad, inmutabilidad. **2.** Estancia en un lugar o sitio. *Le había conocido durante su permanencia en aquella ciudad.*
permanente (per-ma-**nen**-te) *adj.* **1.** Que permanece, que dura. *Estaba en permanente vigilancia.* **SIN.** Estable, fijo, firme, inalterable, invariable, inmutable. **ANT.** Mudable, inestable, variable. || *s. f.* **2.** Ondulación artificial del cabello que se mantiene durante largo tiempo. *Fue a la peluquería a hacerse la permanente.* **SIN.** Moldeado.
permeable (per-me-**a**-ble) *adj.* **1.** Que puede ser penetrable por el agua u otro fluido. *Roca permeable.* **SIN.** Absorbente. **ANT.** Impermeable. **2.** Que se deja influir con facilidad. *Tiene una personalidad muy permeable.* **SIN.** Influenciable.
permisivo, va (per-mi-**si**-vo) *adj.* Que incluye la facultad o licencia de hacer una cosa. *Fue permisivo con ellos.* **SIN.** Condescendiente.
permiso (per-**mi**-so) *s. m.* Licencia, consentimiento dado a alguien para hacer o decir una cosa. *Solicitó permiso para abandonar la sala.* **SIN.** Autorización, venia, beneplácito. **ANT.** Prohibición, veto.
permitir (per-mi-**tir**) *v. tr.* **1.** Autorizar a alguien a hacer una cosa. **GRA.** También v. prnl. *El letrero decía: "Se permite la entrada".* **SIN.** Aprobar(se), acceder, consentir, tolerar(se), dejar. **ANT.** Prohibir(se), desautorizar, negar, impedir. **2.** Tolerar lo que se pudiera o debiera evitar. *La culpa era suya por haberlo permitido.* **SIN.** Aguantar, sufrir. || *v. prnl.* **3.** Tener los medios o tomarse una persona la libertad de hacer algo. *Se permitió marcharse sin avisar.*
permutar (per-mu-**tar**) *v. tr.* **1.** Cambiar una cosa por otra. *Los dos bandos permutaron los prisioneros.* **SIN.** Canjear, conmutar, trocar. **2.** Variar la disposición u orden en que estaban dos o más cosas. *Permutaron los elementos.*
pernera (per-**ne**-ra) *s. f.* Cada una de las dos partes del pantalón que cubren las piernas. *Esta pernera queda más corta que la otra.*
pernicioso, sa (per-ni-**cio**-so) *adj.* Gravemente dañoso y perjudicial. *El tabaco es pernicioso para la salud.* **SIN.** Maligno, dañino, nocivo. **ANT.** Benigno.
pernil (per-**nil**) *s. m.* Pata de cerdo. *El pan con tomate y pernil es un plato típico catalán.* **SIN.** Jamón.
pernio (**per**-nio) *s. m.* Gozne que se pone en las puertas y ventanas para que giren las hojas. *Los*

pernios de esa ventana están un poco flojos. **SIN.** Bisagra, charnela.

perno (**per**-no) *s. m.* Clavo corto o pieza larga y cilíndrica, de cabeza redonda por un extremo, y que por el otro se asegura con una tuerca. *Sujetó el madero con pernos.*

pernoctar (per-noc-**tar**) *v. intr.* Pasar la noche en alguna parte, fuera del propio domicilio. *Pernoctamos en aquel hotel.* **SIN.** Trasnochar.

pero (**pe**-ro) *conj. advers.* **1.** Se usa para oponer un concepto a otro. *Fui a verte pero no estabas.* **2.** Se emplea a principio de frase sólo para dar énfasis o fuerza de expresión. *Pero qué bobadas dices.* ‖ *s. m.* **3.** *fam.* Inconveniente, defecto, dificultad. *No puso ningún pero.* **SIN.** Estorbo, tacha. **ANT.** Facilidad.

perogrullada (pe-ro-gru-**lla**-da) *s. f., fam.* Verdad que, por sabida, es una tontería decirla. *No decía más que perogrulladas.* **SIN.** Obviedad.

perol (pe-**rol**) *s. m.* Vasija de metal, en forma de media esfera, que sirve para cocer diferentes alimentos. *Estaba cociendo patatas en el perol.* **SIN.** Caldera, cladero, cazo.

perola (pe-**ro**-la) *s. f.* Perol más pequeño que el ordinario. *Calentó la comida en una perola.*

peroné (pe-ro-**né**) *s. m.* Hueso largo y delgado de la pierna situado detrás de la tibia, con la cual se articula. *Tiene una fractura de peroné.*

perorata (pe-ro-**ra**-ta) *s. f.* Discurso molesto o inoportuno. *No empieces con tus peroratas.* **SIN.** Soflama, prédica.

perpendicular (per-pen-di-cu-**lar**) *adj.* Se dice de la recta o plano que forma un ángulo recto con otra recta o plano. **GRA.** Cuando se aplica a la recta, se usa también como s. f. *Dibuja dos rectas perpendiculares.* **ANT.** Paralelo.

perpetrar (per-pe-**trar**) *v. tr.* Consumar, cometer. *Perpetraron un robo.* ☞ Se aplica sólo a un delito o culpa grave.

perpetuar (per-pe-**tuar**) *v. tr.* **1.** Hacer perpetua o perdurable una cosa. **GRA.** También v. prnl. *Perpetuaron su memoria.* **SIN.** Inmortalizar, eternizar. **2.** Dar a las cosas larga duración. **GRA.** También v. prnl. *La crisis parecía perpetuarse.* **SIN.** Continuar, alargar, ir para largo. ✎ En cuanto al acento, se conjuga como actuar.

perpetuo, tua (per-**pe**-tuo) *adj.* Que dura y permanece para siempre. *Su recuerdo era perpetuo.* **SIN.** Continuo, incesante, imperecedero, perenne, perdurable, inmortal, eterno, sempiterno. **ANT.** Mortal, caduco, perecedero.

perplejidad (per-ple-ji-**dad**) *s. f.* Confusión, duda, vacilación de lo que se debe hacer. *Al ver aquello no salía de su perplejidad.* **SIN.** Irresolución, incertidumbre, indeterminación. **ANT.** Decisión, resolución.

perplejo, ja (per-**ple**-jo) *adj.* Dudoso, confuso. *Se quedó perplejo.* **SIN.** Irresoluto, incierto, dubitativo, indeciso. **ANT.** Decidido, seguro, firme.

perra (**pe**-rra) *s. f.* **1.** *fam.* Rabieta de niño. *Cogió una buena perra.* **SIN.** Pataleta, berrinche. **2.** *fam.* Dinero. **GRA.** Se usa más en pl. *Le dio unas perras.*

perrera (pe-**rre**-ra) *s. f.* **1.** Lugar o sitio donde se guardan o encierran los perros. *Le construyó una perrera en el jardín.* **2.** Lugar en el que se recogen los perros vagabundos. *Se lo llevaron a la perrera.*

perrería (pe-rre-**rí**-a) *s. f.* Mala jugada. *Le hacía muchas perrerías.* **SIN.** Vileza, trastada, jugarreta.

perro, rra (**pe**-rro) *s. m. y s. f.* **1.** Mamífero carnívoro doméstico, de la familia de los cánidos, de tamaño, forma y pelaje muy diversos según las razas. Es un animal muy leal a las personas, tiene el olfato muy fino y es inteligente. *Le gustan mucho los perros.* **SIN.** Can, chucho. **2.** Persona o cosa despreciable. **GRA.** También adj. *Ten cuidado con él, es un perro.* **SIN.** Traidor, villano, pérfido. ‖ **3. perro viejo** *fam.* Persona astuta por la experiencia. ‖ **LOC. a otro perro con ese hueso** Expresión con que se rechaza al que ofrece con halagos una cosa que no conviene o cuenta algo que no debe creerse. **como el perro y el gato** *fam.* Locución que denota la mutua antipatía entre dos personas. **echar, o soltar, los perros a alguien** *fam.* Echarle una bronca. **morir alguien como un perro** *fam.* Morir abandonado. **muerto el perro se acabó la rabia** Proverbio con que se da a entender que al concluir una causa concluyen con ella sus efectos. **tratar a alguien como a un perro** *fam.* Maltratarle, despreciarle.

persecución (per-se-cu-**ción**) *s. f.* Acción de perseguir. *La policía no cesaba en la persecución de los delincuentes.* **SIN.** Acosamiento, batida, caza.

perseguir (per-se-**guir**) *v. tr.* **1.** Ir detrás de quien se escapa o está escondido, para alcanzarlo. *Los perros persiguieron a la liebre.* **SIN.** Acorralar, buscar, acosar, hostigar. **2.** Acosar o buscar a alguien en todas partes. *Nos perseguía adonde quiera que íbamos.* **SIN.** Estrechar, acorralar, seguir la pista. **3.** Molestar a alguien, procurar hacerle daño. *No dejaba de perseguirlo.* **SIN.** Dañar, acosar, importunar. ✎ v. irreg., se conjuga como pedir. Se escribe "g" en vez de "gu" seguido de "-a" y " o".

perseverancia - persuadir

perseverancia (per-se-ve-**ran**-cia) *s. f.* Firmeza y constancia en la realización de algo. *Lo consiguió gracias a su perseverancia.* **SIN.** Tesón, persistencia. **ANT.** Inconstancia, indecisión, incumplimiento.

perseverar (per-se-ve-**rar**) *v. intr.* Mantenerse constantemente en una manera de ser o de actuar. *Perseveró en su empeño.* **SIN.** Persistir, insistir. **ANT.** Desistir, renunciar, ceder.

persiana (per-**sia**-na) *s. f.* Especie de enrejado con tablillas de madera o de plástico que se pone en las ventanas para evitar el paso de la luz. *Siempre dormía con la persiana hasta abajo.*

persignar (per-sig-**nar**)*v. tr.* **1.** Hacer la señal de la cruz como signo de ser cristiano. **GRA.** También v. prnl. *Se persignaron al acabar la misa.* ǁ *v. prnl.* **2.** *fam.* Manifestar alguien, haciéndose cruces, admiración o extrañeza. *Al ver aquello, se persignó.*

persistir (per-sis-**tir**) *v. intr.* **1.** Mantenerse firme o constante en una cosa. *Persiste en su idea de marcharse.* **SIN.** Insistir, perseverar, obstinarse. **ANT.** Desistir, renunciar. **2.** Durar por largo tiempo. *Persiste la mejoría.* **SIN.** Perdurar, permanecer. **ANT.** Decaer, acabar, terminar.

persona (per-**so**-na) *s. f.* **1.** Ser humano. *Hombres, mujeres, niños y niñas son personas.* **SIN.** Individuo, ser, sujeto. **2.** Hombre o mujer cuyo nombre se ignora o se omite. *Una persona pregunta por tí.* **3.** Cada una de las distintas posiciones en que se considera, respectivamente, a la persona que habla, a aquella a quien se habla y a aquella de que se habla. *Tercera persona.* ǁ **4. primera persona** La que habla de sí misma en el discurso. **5. segunda persona** Aquella a quien se dirige el discurso. **6. tercera persona** La persona o cosa de que se habla. ǀ La que media entre otras. ǁ **LOC. en persona** Por uno mismo o estando presente.

personaje (per-so-**na**-je) *s. m.* **1.** Persona destacada o importante. *Es todo un personaje en el mundo del cine.* **SIN.** Figura, personalidad. **2.** Cada uno de los seres creados por el escritor en libros, films, obras de teatro, etc. *Caperucita, la abuelita y el lobo feroz, son personajes de los cuentos de Perrault.* **SIN.** Figura.

personal (per-so-**nal**) *adj.* **1.** Que pertenece a la persona o es propio o particular de ella. *Recogió sus objetos personales.* **SIN.** Particular, privativo. **ANT.** General, común. ǁ *s. m.* **2.** Conjunto de las personas que pertenecen a determinada clase, corporación o empresa. *Era una empresa con mucho personal.* ǁ *s. f.* **3.** En baloncesto, falta que comete un jugador cuando toca o empuja a otro del equipo contrario. *Era su segunda personal.*

personalidad (per-so-na-li-**dad**) *s. f.* Conjunto de características propias de una persona, que sirve para distinguirla de otra. *Tiene una fuerte personalidad.* **SIN.** Carisma, idiosincrasia, carácter.

personalizar (per-so-na-li-**zar**) *v. tr.* Referirse a una persona determinada de un modo molesto u ofensivo. **GRA.** También v. intr. *No personalices, todos hemos tenido algo de culpa.* **SIN.** Aludir. ✎ Se conjuga como abrazar.

personarse (per-so-**nar**-se) *v. prnl.* Presentarse personalmente en alguna parte. *Se personó rápidamente en el lugar de los hechos.* **SIN.** Aparecer, comparecer. **ANT.** Faltar.

personificación (per-so-ni-fi-ca-**ción**) *s. f.* Prosopopeya, figura retórica. *"Hoy la tierra y los cielos me sonríen" (Gustavo A. Bécquer).*

personificar (per-so-ni-fi-**car**) *v. tr.* **1.** Atribuir a animales y cosas cualidades propias de las personas. *Personificó los personajes de su cuento.* **2.** Simbolizar en una persona determinada un suceso, opinión, etc. *Personificó en ella la lucha por la justicia.* **3.** Aludir en los discursos o escritos a personas determinadas. **GRA.** También v. prnl. *Personificó sus acusaciones.* ✎ Se conjuga como abarcar.

perspectiva (pers-pec-**ti**-va) *s. f.* **1.** Arte que enseña el modo de representar en una superficie los objetos de tres dimensiones. *En clase de dibujo estamos estudiando la perspectiva.* **2.** Punto de vista, manera de considerar un asunto. *Yo veo las cosas desde otra perspectiva.* **SIN.** Ángulo, óptica. **3.** Expectativa, esperanza. **GRA.** Se usa más en pl. *No veía muy buenas perspectivas en aquel asunto.* ǁ **4. perspectiva aérea** Aquella que representa el alejamiento de las figuras y objetos. **5. perspectiva caballera** Modo convencional de representar los objetos en un plano y como si se vieran desde lo alto.

perspicacia (pers-pi-**ca**-cia) *s. f.* Agudeza, sagacidad. *Actuó con perspicacia.* **SIN.** Sutileza, inteligencia. **ANT.** Tontería, necedad.

perspicaz (pers-pi-**caz**) *adj.* Se dice del ingenio agudo y penetrante y de la persona que lo tiene. *Se dio cuenta en seguida, es muy perspicaz.* **SIN.** Sutil, sagaz. **ANT.** Obtuso, torpe. ✎ Su pl. es "perspicaces".

persuadir (per-sua-**dir**) *v. tr.* Inducir, mover, obligar a alguien con razones a hacer o creer una cosa. **GRA.** También v. prnl. *Le persuadió para que no lo hiciera.* **SIN.** Convencer, decidir. **ANT.** Dudar, hacer desistir, disuadir.

pertenecer (per-te-ne-**cer**) *v. intr.* **1.** Ser de alguien una cosa. *El coche pertenece a la empresa.* **2.** Ser una cosa parte de otra o hacer relación a ella. *Este parque pertenece a otro barrio.* **3.** Referirse o hacer relación una cosa a otra, o formar parte integrante de ella. *Pertenece a su jurisdicción.* **SIN.** Corresponder, competer, incumbir, atañer, concernir. **4.** Formar parte de alguna corporación. *No pertenece a nuestro grupo.* ✎ v. irreg., se conjuga como parecer.

pertenencia (per-te-**nen**-cia) *s. f.* **1.** Acción o derecho que alguien tiene a la propiedad de una cosa. *Atentaron contra sus pertenencias.* **SIN.** Propiedad, dominio. **2.** Integración en un conjunto. *Admitieron su pertenencia al grupo.* **SIN.** Adscripción.

pértiga (**pér**-ti-ga) *s. f.* Vara larga que sirve para tomar impulso en los saltos de altura. *Participó en las pruebas de salto de pértiga.*

pertinaz (per-ti-**naz**) *adj.* Obstinado, terco. *No hay manera de convencerle, es muy pertinaz.* **SIN.** Tenaz, testarudo, recalcitrante. **ANT.** Resignado, conforme.

pertinente (per-ti-**nen**-te) *adj.* **1.** Que viene a propósito. *No era el momento pertinente para soltar aquello.* **SIN.** Oportuno, adecuado, indicado, conveniente. **ANT.** Inoportuno, inconveniente. **2.** Se dice de cada uno de los rasgos fonológicos que sirven para distinguir un fonema de otro. *La oclusión es un rasgo pertinente.*

pertrechar (per-tre-**char**) *v. tr.* Disponer o preparar lo necesario para la realización de una cosa. **GRA.** También v. prnl. *Se pertrecharon de víveres para una buena temporada.* **SIN.** Abastecer, guarnecer.

pertrechos (per-**tre**-chos) *s. m. pl.* **1.** Municiones, armas, máquinas, etc. necesarias para la defensa de las fortificaciones o de los buques de guerra. *El ejército recibió nuevos pertrechos.* **2.** Por ext., instrumentos necesarios para cualquier operación. *Llevaron al barco los pertrechos de pesca.* **SIN.** Aparejos.

perturbar (per-tur-**bar**) *v. tr.* Alterar el orden y concierto de las cosas o su quietud y sosiego. **GRA.** También v. prnl. *Un grupo de incontrolados trataba de perturbar el orden público.* **SIN.** Desordenar, desarreglar, turbar, trastornar, trastocar. **ANT.** Tranquilizar, aquietarse.

perversidad (per-ver-si-**dad**) *s. f.* Suma maldad. *Era grande su perversidad.* **SIN.** Perfidia, malicia. **ANT.** Bondad, benignidad, santidad.

perverso, sa (per-**ver**-so) *adj.* Sumamente malo, que hace el mal conscientemente. **GRA.** También s. m. y s. f. *Es una persona muy perversa.* **SIN.** Maligno, corrupto, depravado. **ANT.** Bueno, bondadoso.

pervertir (per-ver-**tir**) *v. tr.* Viciar, corromper con malas doctrinas o ejemplos las costumbres, ideas de alguien, etc. **GRA.** También v. prnl. *Le pervirtió con su mal ejemplo.* **SIN.** Enviciar(se), malear(se), depravar(se). **ANT.** Perfeccionar(se), purificar(se). ✎ v. irreg., se conjuga como sentir.

pervivir (per-vi-**vir**) *v. intr.* Seguir viviendo a pesar del tiempo o de las dificultades. *Pervivían como podían en extremadas condiciones de miseria.*

pesa (**pe**-sa) *s. f.* **1.** Pieza de determinado peso que sirve para comparar y medir el peso de otra cosa. *Coloca una pesa mayor en ese platillo.* **2.** Pieza de peso suficiente que, colgada de una cuerda, se emplea para dar movimiento a ciertos relojes o de contrapeso para subir y bajar lámparas, etc. *Su abuela tenía un reloj de pesas.* **3.** Barra de hierro con pesos en los extremos para hacer ejercicios gimnásticos. *Es levantador de pesas.*

pesadez (pe-sa-**dez**) *s. f.* **1.** Cualidad de pesado. *Le sacaba de quicio su pesadez para tomar decisiones.* **2.** Lata, fastidio. *Es una pesadez tener que salir ahora con lo bien que se está en casa.*

pesadilla (pe-sa-**di**-lla) *s. f.* **1.** Sueño angustioso que produce miedo. *Dormía mal porque tenía pesadillas.* **2.** Preocupación grave y continua que se siente a causa de la resolución de un asunto importante o el peligro inminente o el temor de algo malo. *Tenía que hablar con él de una vez y solucionar aquella pesadilla.* **SIN.** Angustia, zozobra, temor.

pesado, da (pe-**sa**-do) *adj.* **1.** Que pesa mucho. *No podrás con esa caja, es muy pesada.* **SIN.** Grave, ponderoso. **2.** Que se mueve con torpeza y lentitud. *Es muy pesado para hacer las cosas.* **SIN.** Lento, tardo, torpe, patoso. **ANT.** Ágil, ligero. **3.** Que resulta molesto o impertinente. *Te estás poniendo un poco pesada.* **SIN.** Enojoso, cargante, fastidioso, latoso, tedioso. **4.** Que es difícil de soportar. *Es un trabajo muy pesado.* **SIN.** Duro, áspero, desabrido. **5.** Intenso, profundo, hablando del sueño. *Tiene un sueño muy pesado.*

pesadumbre (pe-sa-**dum**-bre) *s. f.* Molestia, desazón y disgusto en lo físico o moral. *Tenía mucha pesadumbre por su marcha.* **SIN.** Pena, pesar, dolor. **ANT.** Alegría, gozo, placer.

pésame (**pé**-sa-me) *s. m.* Manifestación del sentimiento de dolor ante una persona a la que se le ha muerto un ser querido. *Le dio el pésame por la muerte de su madre.* **SIN.** Condolencia.

pesar[1] (pe-**sar**) *s. m.* **1.** Dolor. *Sintió un gran pesar por la derrota de su equipo.* **SIN.** Pena, aflicción, pe-

pesar - peso

sadumbre, tristeza, consternación. **ANT.** Alegría, gozo, placer. **2.** Arrepentimiento. *Sintió pesar por lo que había hecho.* ‖ **LOC. a pesar** Contra la voluntad de las personas, o contra la fuerza o resistencia de las cosas. **a pesar de los pesares** A pesar de todas las cosas.

pesar[2] (pe-**sar**) *v. intr.* **1.** Tener peso. *No puedo con la caja, pesa.* **2.** Causar dolor. *Le pesó no haber ido a verle.* **SIN.** Apenar, disgustar. ‖ *v. tr.* **3.** Tener un determinado peso. *La maleta llena pesa 25 kilos.* **4.** Usar un instrumento como balanza, báscula, etc., para saber el peso de una cosa. *Pesaron los sacos de trigo en una báscula.* ‖ **LOC. mal que me, te, le, nos, os, les pese** Mal de mi, de tu, de su, de nuestro, de vuestro grado. **pese a quien pese** A pesar de todos los obstáculos.

pesca (**pes**-ca) *s. f.* **1.** Acción y efecto de pescar. *Fue de pesca.* **2.** Oficio y arte de pescar. *Esa región vive de la pesca.* **3.** Lo que se pesca o se ha pescado. *Ese día había logrado una buena pesca.* ‖ **4. pesca costera, o litoral** La que se efectúa con embarcaciones de tamaño medio y cerca del litoral. **5. pesca de altura** La que practican los barcos nacionales fuera de las aguas jurisdiccionales. **6. pesca de arrastre** La que se hace arrastrando las redes. **7. pesca de bajura** La que se efectúa en la proximidad de las costas. **8. pesca de gran altura** La que se efectúa en aguas muy alejadas en cualquier lugar del océano.

pescadería (pes-ca-de-**rí**-a) *s. f.* Establecimiento donde se vende pescado. *Compró dos rajas de salmón en la pescadería.*

pescadilla (pes-ca-**di**-lla) *s. f.* Pez parecido a la merluza, de tamaño pequeño. *Cené una pescadilla frita.*

pescado (pes-**ca**-do) *s. m.* **1.** Pez comestible. *Le gusta más el pescado que la carne.* ‖ **2. pescado azul** El que tiene gran cantidad de grasa. **3. pescado blanco** El que tiene poca grasa.

pescador, ra (pes-ca-**dor**) *adj.* Se dice de la persona que pesca o que se dedica a pescar. **GRA.** Se usa más como s. m. y s. f. *Vive en un pequeño pueblo de pescadores.*

pescante (pes-**can**-te) *s. m.* En los carruajes, asiento exterior desde el cual el conductor guía el vehículo. *Se subió al pescante.*

pescar (pes-**car**) *v. tr.* **1.** Sacar peces del agua usando redes, cañas, etc. *Hay tan pocas ballenas, que está prohibido pescarlas.* **SIN.** Atrapar. **2.** *fam.* Contraer una enfermedad o dolencia. *He pescado un buen catarro.* **SIN.** Coger, pillar. **3.** *fam.* Coger a alguien en palabras o en los hechos, cuando no lo esperaba o sin prevención. *La policía pescó a los ladrones.* **SIN.** Sorprender, pillar. ✎ Se conjuga como abarcar.

pescozón (pes-co-**zón**) *s. m.* Golpe dado con la mano en el pescuezo o en la cabeza. *Le dio un pescozón.* **SIN.** Sopapo. **ANT.** Caricia.

pescuezo (pes-**cue**-zo) *s. m.* Parte del cuerpo que va desde la nuca hasta el tronco. *El perro tenía una herida en el pescuezo.*

pesebre (pe-**se**-bre) *s. m.* **1.** Especie de cajón en el que comen el pienso o la hierba los animales. *Tenía el pesebre vacío.* **SIN.** Comedero. **2.** Lugar o sitio destinado para este fin. *Ató las vacas en el pesebre.* **SIN.** Establo, cuadra.

peseta, mirar la *loc.* Ahorrar, gastar lo menos posible. *Tiene que mirar mucho la peseta.*

pesetero, ra (pe-se-**te**-ro) *adj., desp.* Se aplica a la persona tacaña. **GRA.** También s. m. y s. f. *¡Es una pesetera!* **SIN.** Avaro, agarrado, roñoso, miserable. **ANT.** Generoso, dadivoso, espléndido.

pesimismo (pe-si-**mis**-mo) *s. m.* Tendencia a ver y a juzgar las cosas por el lado más desfavorable. *Un gran pesimismo marcaba toda su obra.* **SIN.** Desilusión, melancolía. **ANT.** Optimismo.

pesimista (pe-si-**mis**-ta) *adj.* Que tiende a ver y juzgar las cosas por el lado más desfavorable. **GRA.** También s. m. y s. f. *No seas tan pesimista, seguro que las cosas irán mejor a partir de ahora.* **SIN.** Desilusionado, desesperado. **ANT.** Optimista.

pésimo, ma (**pé**-si-mo) *adj. sup.* de malo. Sumamente mal, que no puede ser peor. *Tuvo una pésima actuación.* **SIN.** Deleznable, abyecto. **ANT.** Óptimo, brillante, admirable.

peso (**pe**-so) *s. m.* **1.** Fuerza con que la Tierra atrae a los cuerpos. *En el espacio, los astronautas carecen de peso.* **SIN.** Gravedad. **2.** Instrumento para pesar, también llamado balanza. *El peso marca un kilo.* **3.** Entidad, sustancia e importancia de una cosa. *Era un argumento de peso.* **4.** Pesadumbre, dolor, disgusto. *El peso de la culpabilidad le impedía vivir a gusto.* **5.** Bola de hierro con un peso establecido que se lanza en algunos ejercicios atléticos. *Participó en la prueba de lanzamiento de peso.* ‖ **6. peso atómico** El que corresponde al átomo de cada cuerpo simple referido al del hidrógeno tomado como unidad. **7. peso específico** El de un cuerpo en comparación de otro de igual volumen tomado como unidad. **8. peso gallo** En el boxeo, luchador que pesa menos de 54 kilos. **9. peso ligero** En el boxeo, luchador que pesa 61 kilos. **10. peso neto**

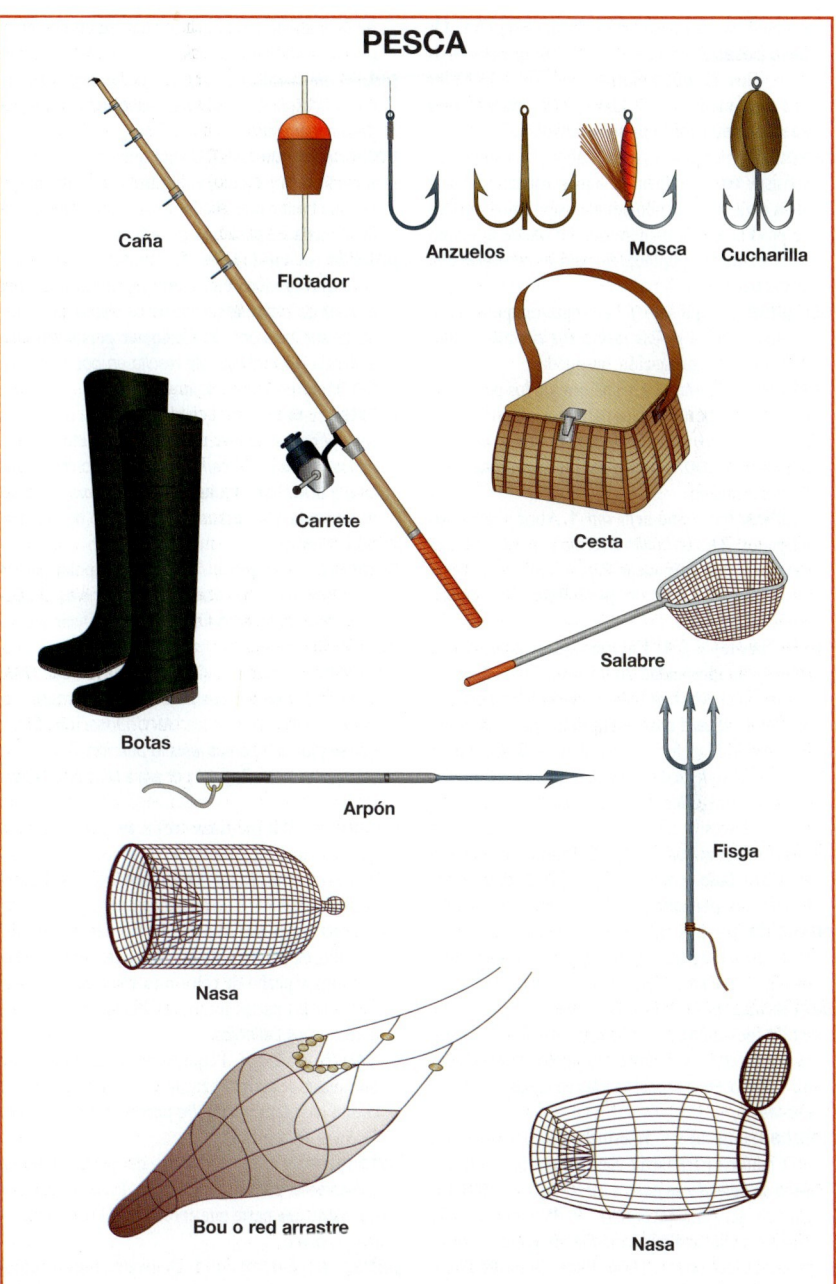

pespunte - pétreo

El que resta del peso bruto, deducida la tara. **11. peso pesado** En el boxeo, luchador que pesa más de 79 kilos. **12. peso pluma** En el boxeo, luchador que pesa menos de 57 kilos. ‖ **LOC. caerse una cosa por su propio peso** Ser evidente.

pespunte (pes-**pun**-te) *s. m.* Labor de costura que consiste en introducir la aguja volviendo hacia atrás para meter el hilo por el mismo sitio por donde pasó antes, de manera que no quede intervalo entre puntada y puntada. *Remató las servilletas con un pespunte.*

pesquisa (pes-**qui**-sa) *s. f.* Investigación que se hace de una cosa. *La policía realizó sus pesquisas.* **SIN.** Averiguación, indagación, búsqueda.

pestaña (pes-**ta**-ña) *s. f.* Cada uno de los pelos que nacen en los bordes de los párpados, que sirven para proteger los ojos. *Tenía unas largas y espesas pestañas.* ‖ **LOC. quemarse las pestañas** *fam.* Estudiar mucho.

pestañear (pes-ta-ñe-**ar**) *v. intr.* **1.** Abrir y cerrar los párpados. *Tenía un bultito en el ojo y se hacía daño al pestañear.* **SIN.** Parpadear. **2.** *fam.* Tener vida. *Ya no pestañeaba.* ‖ **LOC. sin pestañear** Con mucha atención.

peste (**pes**-te) *s. f.* **1.** Enfermedad contagiosa que causa gran mortalidad en los seres humanos o en los animales. *Muchos conejos murieron de peste.* **2.** Mal olor. *Aquella charca despedía una peste horrible.* **SIN.** Hedor, fetidez, pestilencia. **3.** Cualquier cosa mala, o de mala calidad, o que puede ocasionar daño grave. *Sus últimas películas son una peste.* **4.** *fam.* Excesiva abundancia de cosas. *Había una peste de mosquitos.* ‖ *s. f. pl.* **5.** Palabras de enojo o amenaza. *Salió echando pestes.* ‖ **LOC. decir pestes de una persona** *fam.* Hablar muy mal de ella.

pesticida (pes-ti-**ci**-da) *adj.* Se dice del producto tóxico que se usa para combatir una plaga. **GRA.** También s. m. *Sulfataron las patatas con un pesticida.*

pestilencia (pes-ti-**len**-cia) *s. f.* *Peste.

pestillo (pes-**ti**-llo) *s. m.* Pasador con el que se asegura una puerta o ventana corriéndolo como si fuera un cerrojo. *Echa el pestillo a las ventanas, hace mucho viento.*

petaca (pe-**ta**-ca) *s. f.* **1.** Estuche de cuero, metal u otra materia para llevar cigarros o tabaco picado. *Sacó su petaca y se puso a liar un cigarrillo.* **SIN.** Cigarrera, pitillera, tabaquera. **2.** Pequeña botella plana para llevar algún licor. *Siempre llevaba consigo una petaca de ron.* ‖ **LOC. hacer la petaca** *fam.* Broma que consiste en doblar la sábana superior de la cama de modo que al meterse en ella no se puedan estirar las piernas.

pétalo (**pé**-ta-lo) *s. m.* Cada una de las hojas que forman la corola de la flor. *Iba deshojando los pétalos de una margarita.*

petanca (pe-**tan**-ca) *s. f.* Juego que consiste en lanzar una bola pequeña y después otras algo mayores que tienen que quedar lo más cerca posible de la pequeña. *Le gustaba jugar a la petanca.*

petardo (pe-**tar**-do) *s. m.* **1.** Canutillo lleno de pólvora que produce una fuerte detonación. *En una esquina del patio del colegio varios chicos hacían explotar sus petardos.* **2.** Cualquier persona o cosa aburrida o fastidiosa. *Me resulta un poco petardo.* **SIN.** Muermo, latazo. **3.** *fam.* *Porro.

petate (pe-**ta**-te) *s. m.* Conjunto de ropa de cama y ropa personal de marineros, soldados, etc. *Los soldados montaron en camiones, cada uno con su petate.* ‖ **LOC. liar alguien el petate** *fam.* Cambiar de vivienda. | Ser echado o despedido de algún sitio. | *Morir.

petenera (pe-te-**ne**-ra) *s. f.* Cántico popular parecido a la malagueña. *Cantó unas peteneras.* ‖ **LOC. salir alguien por peteneras** *fam.* Decir alguna impertinencia.

petición (pe-ti-**ción**) *s. f.* **1.** Acción de pedir. *Hizo una petición para el cuerpo de bomberos.* **SIN.** Demanda, solicitud pública. **ANT.** Donación. **2.** Lo que se pide. *Me parece justa tu petición.* **3.** Oración con que se pide. *Rogaba por ella a Dios en sus peticiones.*

petimetre, tra (pe-ti-**me**-tre) *s. m. y s. f.* Persona que se ocupa excesivamente de su aspecto y de seguir las modas. *Es un poco petimetre.* **SIN.** Lechuguino.

petirrojo (pe-ti-**rro**-jo) *s. m.* Pájaro del tamaño del pardillo, de color verde oliva, con la frente, cuello, garganta y pecho de color rojo vivo uniforme y el resto de las partes inferiores, blanco brillante. *Le gustaban los petirrojos.*

petisú (pe-ti-**sú**) *s. m.* Pequeño pastel elaborado con una masa de harina azucarada y frita, relleno de crema pastelera o nata. *De postre comió un petisú.* ✎ Su pl. es "petisús".

peto (**pe**-to) *s. m.* **1.** Armadura del pecho. *Ayudó a colocarse el peto al guerrero.* **2.** Prenda de vestir que tiene una parte que cubre el pecho. *Llevaba un peto vaquero.*

pétreo, a (**pé**-tre-o) *adj.* **1.** De piedra, roca o peñasco. *Aspecto pétreo.* **SIN.** Rocoso, pedregoso. **2.** Pe-

dregoso, cubierto de muchas piedras. *Terreno pétreo*. **SIN.** Rocoso.

petrificar (pe-tri-fi-**car**) *v. tr.* Transformar o convertir en piedra, o dar a una cosa la dureza de la piedra de modo que lo parezca. **GRA.** También v. prnl. *Encontraron varios cuerpos de animales y plantas que se habían petrificado*. **SIN.** Fosilizar(se). ✎ Se conjuga como abarcar.

petrodólar (pe-tro-**dó**-lar) *s. m.* Cualquier divisa, referida al dólar, que procede de la venta de petróleo. *El país se estaba enriqueciendo con los petrodólares.*

petrografía (pe-tro-gra-**fí**-a) *s. f.* Parte de las ciencias naturales que trata del estudio, descripción y clasificación de las rocas. *Es un experto en petrografía.* **SIN.** Litología.

petróleo (pe-**tró**-le-o) *s. m.* Líquido oleoso, más ligero que el agua, de color oscuro y olor fuerte, que se encuentra nativo, formando a veces grandes manantiales en el interior de la tierra. *El petróleo refinado tiene muchas aplicaciones en la industria química.*

petrolero, ra (pe-tro-**le**-ro) *adj.* **1.** Que pertenece o se refiere al petróleo. *Industria petrolera.* ‖ *s. m.* **2.** Buque cisterna dedicado al transporte de petróleo. *El accidente del petrolero estuvo a punto de causar un gran desastre ecológico.*

petrolífero, ra (pe-tro-**lí**-fe-ro) *adj.* Que contiene petróleo. *Yacimiento petrolífero.*

petrología (pe-tro-lo-**gí**-a) *s. f.* Parte de la geología que estudia la química, los minerales y los orígenes de las rocas. *Aprobó su examen de petrología.*

petulante (pe-tu-**lan**-te) *adj.* Que es muy engreído y vanidoso. *Es una petulante insoportable.* **SIN.** Creído, fatuo, insolente. **ANT.** Comedido, humilde.

petunia (pe-**tu**-nia) *s. f.* Planta de jardín, con flores olorosas, de corola en forma de embudo y de color blanco, rosado o violáceo. *Plantó unas petunias.*

peyorativo, va (pe-yo-ra-**ti**-vo) *adj.* Despreciativo, despectivo. *Lo dijo en un tono muy peyorativo.* **ANT.** Elogioso, laudatorio.

pez[1] *s. m.* Animal acuático, vertebrado, de respiración branquial, sangre roja, siempre o casi siempre con aletas, piel cubierta de escamas y generación ovípara. *La trucha es un pez.* ‖ **LOC. estar alguien como pez en el agua** *fam.* Sentirse a gusto. **estar alguien pez en alguna materia** *fam.* Ignorarla, no haberla estudiado. **picar el pez** *fam.* Dejarse engañar una persona. ✎ Su pl. es "peces". ❀

pez[2] *s. f.* Sustancia negra o de color oscuro, resinosa, sólida, quebradiza, que se obtiene de la destilación del alquitrán. *Cubrió los huecos del fondo de la barca con pez.*

pezón (pe-**zón**) *s. m.* Botoncito eréctil que sobresale en los pechos o tetas de las hembras, por donde los hijos chupan la leche. *El bebé se agarraba con fuerza al pezón.*

pezuña (pe-zu-ña) *s. f.* **1.** Mano o pie de los animales con uñas. *Se clavó una espina en la pezuña.* **2.** *fam.* Pie o mano de una persona. *Quita la pezuña de ahí.*

phylum *s. m.* Cada uno de los grandes grupos en que los biólogos dividen el reino animal. *Moluscos, ar-*

CLASIFICACIÓN DE LOS PECES	
Orden	Nombre común
sin mandíbulas	
Cyclostomata	Lampreas y mixinos
cartilaginosos	
Selachii	Tiburones
Batoidea	Rayas y noriegas
Chimeriformes	Quimeras
óseos	
Polypteriformes	Polípteros
Acipenseriformes	Esturiones
Amiiformes	Amia
Semionotiformes	Agujas
Dipnoi	Dipnoos
Elopiformes	Tarpones
Anguilliformes	Anguilas
Notacanthiformes	Notacantiformes
Clupeiformes	Arenques y similares
Osteoglossiformes	Osteoglósidos
Mormyriformes	Mormíridos
Salmoniformes	Salmón, trucha
Myctophiformes	Anchoas luminosas
Ctenothrissiformes	Macrístidos
Gonorhynchiformes	Gonorrinquiformes
Cypriniformes	Carpa y afines
Siluriformes	Siluros
Percopsiformes	Percopsis
Batrachoidiformes	Pez sapo
Gobiesociformes	Gobiesócidos
Lophiiformes	Rape
Gadiformes	Bacalao y afines
Beryciformes	Holocéntridos
Atheriniformes	Pejerrey, pez volador
Zeiformes	Pez de San Pedro
Lampridiformes	Pierrot
Gasterosteiformes	Caballitos de mar
Channiformes	Ofiocéfalo
Synbranchiformes	Sinbranquiformes
Scorpaeniformes	Rubios
Dactylopteriformes	Chicharra
Pegasiformes	Pegasos
Tatraodontiformes	Peces globo
Pleuronectiformes	Peces planos
Peciformes	Perca, atunes, caballas, etc.

piadoso - picar

trópodos, equinodermos y cordados son ejemplos de phyla. ✎ Su pl. es phyla.

piadoso, sa (pia-**do**-so) *adj.* **1.** Compasivo, misericordioso. *Es piadoso con los pobres.* **2.** Se dice de las cosas que mueven a compasión o se originan de ella. *Se ablandó ante sus piadosas palabras.* **3.** Religioso, devoto. *Es una persona muy piadosa.*

piano (**pia**-no) *s. m.* Instrumento musical de teclado y percusión, compuesto de una caja sonora con una serie de cuerdas metálicas, que, golpeadas por macillos impulsados por un teclado, producen sonidos claros y vibrantes. *Toca todos los días alguna pieza en el piano.*

pianola (pia-**no**-la) *s. f.* Piano que puede tocarse mecánicamente por medio de corriente eléctrica o pedales. *En aquel cafetín había una pianola.*

piar *v. intr.* **1.** Emitir los polluelos y algunas aves su sonido característico de "pío, pío". *Los palomos piaban en su nido.* **2.** *fam.* Llamar, clamar con deseo o insistencia por una cosa. *No se atrevió a piar.* ✎ En cuanto al acento, se conjuga como desviar.

piara (**pia**-ra) *s. f.* Manada de cerdos, y por ext., la de yeguas, mulas, etc. *Era cuidador de una piara de cerdos.*

piastra (**pias**-tra) *s. f.* Moneda turca, egipcia y chipriota de plata, de valor variable según los países. *El tapiz le costó unas piastras.*

pibe, ba (**pi**-be) *s. m. y s. f., fam.* Muchacho, muchacha. *Ese pibe se metió con él.* **SIN.** Chaval.

pica (**pi**-ca) *s. f.* **1.** Especie de lanza que utiliza el picador de toros. *Se rompió la pica.* **SIN.** Vara. **2.** Uno de los palos de la baraja francesa. **GRA.** Se usa más en pl. *El tres de picas.* ‖ **LOC. poner una pica en Flandes** Expresión con que se explica la dificultad que supone conseguir una cosa.

picadero (pi-ca-**de**-ro) *s. m.* **1.** Lugar donde los picadores adiestran los caballos, y las personas aprenden a montar. *Aprendí a montar a caballo en ese picadero.* **2.** *fam.* Lugar reservado u oculto destinado a juegos amorosos. *Tenía el apartamento como picadero.*

picadillo (pi-ca-**di**-llo) *s. m.* Mezcla de carne picada junto con otros ingredientes, como cebolla y aromatizantes, especialmente la que se emplea para rellenar embutidos y empanadas. *Encargó una empanada de picadillo.*

picado, da (pi-**ca**-do) *adj.* **1.** Se dice de lo que está labrado con agujerillos puestos en orden. *Corta por la línea picada.* **2.** Enfadado, mosqueado. *No nos habla porque está picado con nosotros.* **3.** *amer.* Achispado, ebrio. ‖ *s. m.* **4.** En aviación, descenso rápido casi vertical de un aparato. *El avión volaba en picado.* **5.** En cinematografía, ángulo de toma por el cual la cámara se inclina sobre el objeto filmado. *Un plano picado nos mostraba la ciudad.*

picador, ra (pi-ca-**dor**) *s. m. y s. f.* **1.** Persona que tiene el oficio de domar y adiestrar caballos. *Desde pequeña había querido ser picadora.* ‖ *s. m.* **2.** Jinete que pica con garrocha a los toros. *El picador se cayó del caballo.* **3.** Persona que tiene oficio arrancar el mineral con el pico u otro instrumento semejante. *Ese minero es picador.* ‖ *s. f.* **4.** Aparato eléctrico de cocina para picar carne. *Le regalaron una picadora.*

picadura (pi-ca-**du**-ra) *s. f.* **1.** Pinchazo o mordedura de un insecto o un reptil. *Todavía tenía marca de las picaduras de las avispas.* **2.** Principio de caries en la dentadura. *Al verse las picaduras decidió ir al dentista.* **3.** Tabaco picado para fumar. *Su abuelo fumaba picadura.*

picajoso, sa (pi-ca-**jo**-so) *adj.* Se dice de la persona que se ofende y enfada con facilidad. **GRA.** También s. m. y s. f. *¡Qué picajoso es!, todo le parece mal.* **SIN.** Quisquilloso, susceptible.

picante (pi-**can**-te) *adj.* **1.** Que pica. *Los callos estaban muy picantes.* **2.** Se aplica a lo dicho con cierta ironía o mordacidad, a lo que expresa conceptos un tanto libres que no llegan a ser obscenos. *La película tenía diálogos muy picantes.* **SIN.** Mordaz, satírico. ‖ *s. m.* **3.** Condimento de la comida, extraído principalmente del pimiento o la pimienta. *Échale un poco más de picante.*

picapedrero, ra (pi-ca-pe-**dre**-ro) *s. m. y s. f.* Cantero, persona que labra piedras. *Trabajó como picapedrero.*

picapica (pi-ca-**pi**-ca) *s. m.* Polvos que hacen estornudar. *Todos tosían pues alguien echó picapica.*

picapleitos (pi-ca-**plei**-tos) *s. m. y s. f.* Abogado. *No es más que un picapleitos.* ✎ Invariable en número.

picaporte (pi-ca-**por**-te) *s. m.* **1.** Llamador, aldaba. *Golpeó fuertemente el picaporte de la puerta de entrada.* **2.** Manecilla que sirve para cerrar puertas y ventanas. *Echa el picaporte.*

picar (pi-**car**) *v. tr.* **1.** Herir levemente con un instrumento punzante. **GRA.** También v. prnl. *Se picó con unos espinos.* **SIN.** Pinchar(se), punzar. **2.** Herir el picador al toro con la garrocha. *Tuvo problemas para picar al toro.* **3.** Punzar o morder las aves, los insectos y ciertos reptiles. *Le picó una víbora.* **4.** Cortar en trozos muy menudos. *Pica un poco de*

picardía - pico

cebolla. **SIN.** Trinchar. **5.** Tomar las aves la comida con el pico. *Las gallinas picaban los granos de trigo.* **SIN.** Picotear. **6.** Causar o producir escozor o picor en alguna parte del cuerpo. **GRA.** También v. intr. *Me pica la espalda.* **7.** Excitar el paladar la pimienta, la guindilla, etc. **GRA.** También v. intr. *Le echó demasiada guindilla y picaba muchísimo.* **8.** *Espolear. **9.** Tocar con la punta del taco la bola de billar, de modo que tome determinado movimiento. *Picó la bola.* **10.** Golpear con pico u otro instrumento adecuado piedras, paredes, etc. *El albañil estaba picando la pared para revocarla.* **11.** Mover, incitar. **GRA.** También v. intr. *Le picó para que protestara.* **12.** Irritar y provocar a alguien con palabras y acciones. *Quería picarnos con sus insultos.* **13.** Moler o desmenuzar una cosa. *Pica ajo y perejil.* **SIN.** Machacar, triturar. ‖ *v. intr.* **14.** Morder el pez el cebo del anzuelo. **GRA.** También v. tr. *Llevaba toda la mañana con la caña y no picaba ninguno.* **15.** Calentar mucho el sol. *A mediodía el sol picaba con fuerza.* **16.** Tomar una ligera porción de un alimento. *No deberías picar entre horas.* ‖ *v. prnl.* **17.** Agujerearse la ropa por la acción de la polilla. *La chaqueta de lana se ha picado.* **18.** Dañarse o empezar a pudrirse o agriarse una cosa. *Ten cuidado con ese vino, se te va a picar.* **19.** Agitarse la superficie del mar formando olas pequeñas. *El mar estaba picado.* **20.** Ofenderse, enfadarse. *Se pica por cualquier tontería.* **21.** Inyectarse un pico. *Se picaba en el brazo.* ‖ **LOC. picar alguien más alto, o muy alto** Tener mucha ambición o grandes pretensiones. ✎ Se conjuga como abarcar.

picardía (pi-car-**dí**-a) *s. f.* Travesura infantil, burla inocente. *Esos niños siempre están con picardías.* **SIN.** Jugarreta, jugada, pillería.

picardías (pi-car-**dí**-as) *s. m.* Camisón corto y transparente. *Llevaba un picardías.* ✎ Invariable en número.

picaresco, ca (pi-ca-**res**-co) *adj.* **1.** Que pertenece o se refiere a los pícaros. *Vida picaresca.* **2.** Se aplica a las producciones literarias en las que se describe la vida de los pícaros, y a este género de literatura, generalmente del Siglo de Oro español. *"El Lazarillo de Tormes" en una novela picaresca.*

pícaro, ra (**pí**-ca-ro) *adj.* **1.** Se dice de la persona que se comporta con astucia y malicia; por ext., se dice también de aquella que comete travesuras o gasta bromas sin mala intención. **GRA.** También s. m. y s. f. *El muy pícaro nos engañó.* **SIN.** Astuto, taimado, bribón, granuja, tunante, pillo. ‖ *s. m.* **2.** Tipo de persona descarada, traviesa, bufona y de mal vivir, protagonista de las novelas picarescas. *Rinconete y Cortadillo son dos pícaros de una novela de Miguel de Cervantes.*

picatoste (pi-ca-**tos**-te) *s. m.* Dado de pan frito. *Echó picatostes en la sopa.*

picazón (pi-ca-**zón**) *s. f.* **1.** Desazón y molestia que causa una cosa que produce escozor o cosquillas en alguna parte del cuerpo. *Sentía una horrible picazón en las piernas.* **SIN.** Comezón, cosquilleo, hormigueo. **2.** Enojo, disgusto. *Tenía una picazón de cuidado.*

pichichi (pi-**chi**-chi) *s. m., fam.* En el fútbol español, trofeo que premia al mayor goleador de la temporada. *El capitán del equipo era el pichichi de la temporada.*

pichón, na (pi-**chón**) *s. m.* **1.** Cría de la paloma doméstica. *Tenía un palomar para la cría de pichones.* ‖ *s. m. y s. f.* **2.** *fam.* Nombre que suele darse a las personas del sexo contrario en señal de cariño. *Siempre le llamaba "pichoncito mío".* **OBS.** Se suele usar más en diminutivo.

picnic (**pic**-nic) *s. m.* Comida al aire libre. *Organizaron un picnic para el domingo.*

pico (**pi**-co) *s. m.* **1.** Parte saliente de la cabeza de las aves, compuesta de dos piezas córneas, que terminan generalmente en punta y les sirve para tomar el alimento. *Agarró el pan con el pico.* **2.** Parte puntiaguda que sobresale en la superficie o en el borde de alguna cosa. *Se dio con el pico de la ventana.* **SIN.** Punta. **3.** Herramienta de trabajo, con dos puntas opuestas aguzadas, y engastada en un mango largo de madera. *Necesitamos picos y palas.* **4.** Punta acanalada que tienen en el borde algunas vasijas. *Esta jarra no tiene pico.* **5.** Cúspide aguda de una montaña. *El pico más alto de esos montes mide casi 2 000 metros.* **6.** Parte pequeña en que una cantidad excede a un número redondo. *Me quitó el pico.* **7.** Esta misma parte cuando es indeterminada o no se quiere expresar. *Eran seiscientas y pico.* **8.** *fam.* Boca. *No se te ocurra abrir el pico.* **9.** *fam.* Facilidad para hablar. *Tiene mucho pico.* **SIN.** Locuacidad, verbosidad. **10.** *fam.* Inyección de algún narcótico o estupefaciente, generalmente aplicado a la heroína. *Necesitaba una jeringuilla para meterse un pico.* **SIN.** Dosis. ‖ **11. pico de oro** Persona que habla bien. ‖ **LOC. andar a picos pardos** *fam.* Ir de juerga. **de pico** *fam.* Sólo de palabra, sin hacer lo que se dice o se promete. **tener alguien mucho pico** *fam.* Revelar todo lo que sabe o hablar más de lo normal. ☞ Ver ilustración, pag. 822.

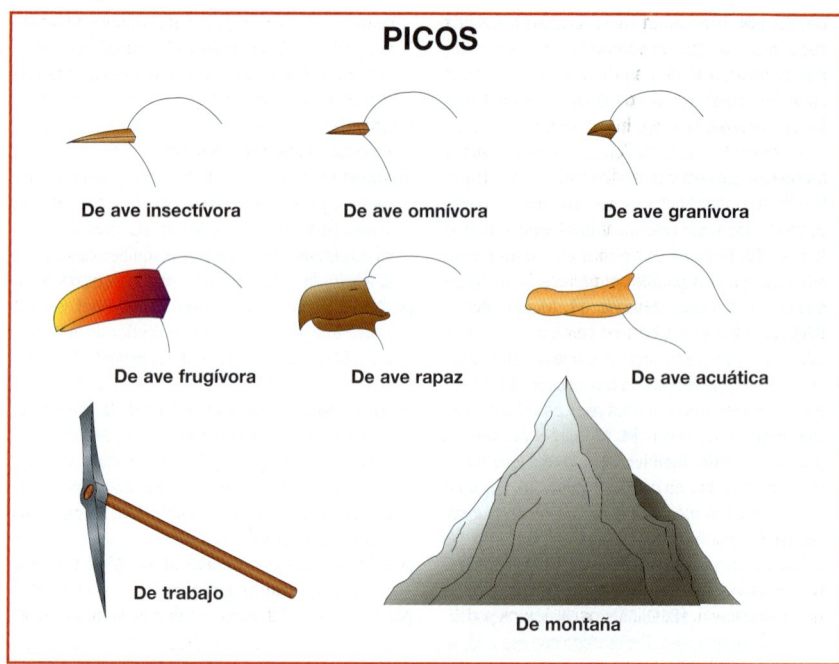

PICOS
De ave insectívora
De ave omnívora
De ave granívora
De ave frugívora
De ave rapaz
De ave acuática
De trabajo
De montaña

picor (pi-**cor**) *s. m.* **1.** Escozor que se siente en el paladar por haber comido alguna cosa picante. *No paraba de beber agua para calmar el picor.* **2.** Picazón, desazón que produce en el cuerpo algo que pica. *Al ponerse esa chaqueta de lana sintió picor por todo el cuerpo.* **SIN.** Comezón, cosquilleo, hormigueo.

picota (pi-**co**-ta) *s. f.* **1.** Parte superior, en punta, de una torre o montaña muy alta. *Subieron hasta la picota.* ‖ *adj.* **2.** Se dice de una variedad de cereza muy carnosa y de color rojo oscuro. *Le encantan las cerezas picotas.* ‖ **LOC. poner en la picota a alguien** *fam.* Exponerle a duras críticas o al ridículo.

picotazo (pi-co-**ta**-zo) *s. m.* **1.** Golpe que dan las aves con el pico o punzada repentina y dolorosa de un insecto. *La avispa le dio un buen picotazo.* **SIN.** Pinchazo, picada. **2.** Señal que queda. *Tenía la pierna llena de picotazos.*

picotear (pi-co-te-**ar**) *v. tr.* Golpear o herir algo las aves con el pico. *Las palomas picoteaban las migas de pan.*

pictografía (pic-to-gra-**fí**-a) *s. f.* Escritura ideográfica cuyos signos representan gráficamente los objetos que han de explicarse con palabras. *Estudiaron la pictografía azteca y maya.*

pictórico, ca (pic-**tó**-ri-co) *adj.* **1.** Que pertenece o se refiere a la pintura. *Exposición pictórica.* **SIN.** Iconográfico. **2.** Adecuado para ser representado en pintura. *Rostro pictórico.*

pie *s. m.* **1.** Miembro del cuerpo humano que está al final de la pierna. *Para andar, avanza un pie y a continuación el otro.* **SIN.** Extremidad. **2.** Parte similar y con igual función en muchos animales. *Tenía una herida en el pie.* **SIN.** Pata, casco, pezuña, garra. **3.** Base o parte en que se apoya alguna cosa. *El pie de la lámpara era de hierro.* **SIN.** Cimiento, fundamento, basa. **4.** En las medias o botas, parte que cubre el pie. *La bota le apretaba en el pie.* **5.** Medida de longitud, que equivale aproximadamente a 28 cm. *Medía unos 20 pies.* **6.** Ocasión, pretexto o motivo. *No le di pie para opinar.* ‖ **LOC. a pie** Andando. **a pie firme** Sin cambiar de posición. | Con firmeza. **a pie juntilla, o a pies juntillas** Con los pies juntos. | *fam.* Con gran terquedad. **al pie** Próximo, cercano. **al pie de la letra** Literalmente. **besar los pies a alguien, o estar a los pies de alguien** Expresión que se emplea para indicar sumisión. **buscarle cinco pies al gato** Obstinarse en algo. **cojear uno del mismo pie que otro** *fam.* Adolecer del mismo vicio. **con buen pie** Felizmente. **con los pies** Desacertadamente. **con mal pie** Desgraciadamente. **con pie, o pies de plomo** Con mucho cuidado. **con pie derecho** Con suerte. **con un pie en el hoyo, o en la sepultura** Cercano a la muerte. **dar el pie a alguien** Servirle de apoyo. **dar a alguien el pie y tomarse la mano** *fam.* Ofrecer ayuda a una persona y tomarse ésta más libertades aprovechando la ocasión. **dar pie** Ofrecer ocasión para que se ejecute algo. **de pies a cabeza** Por entero. **echarse a los pies de alguien** Pedirle algo con toda humildad. **en pie** Erguido. | Permanentemente. **en pie de guerra** Se aplica a las tropas a punto de entrar en campaña. **entrar con buen pie, o con pie derecho** Empezar acertadamente una cosa. **hacer pie** Tocar fondo en el agua quedando parte del cuerpo fuera. **ir alguien por su pie** Valerse por sí mismo. **irse alguien por pies, o por sus pies** Huir, escapar. **írsele los pies a alguien** Resbalar. **no dar pie con bola** No acertar. **no poderse tener alguien en pie** Expresión que se usa para indicar la debilidad que se sufre. **no tener una cosa pies ni cabeza** Ser completamente desordenada y descabellada. **parar los pies a alguien** Llamarle la atención. **poner pies en polvorosa** *fam.* Huir, salir corriendo. **por pies** Corriendo. **saber de qué pie cojea alguien** *fam.* Conocer sus defectos y vicios. **sacar, o salir, con los pies por delante a alguien** *fam.* Llevarle a enterrar. **sacar los pies de las alforjas** *fam.* Expresión con que se refiere a la persona tímida cuando va perdiendo la vergüenza o timidez. **salir por pies** *fam.* Huir, echar a correr.

piedad (pie-**dad**) *s. f.* **1.** Lástima que se siente por las desgracias de otra persona. *Sentía piedad de ella.* **SIN.** Misericordia, compasión. **ANT.** Crueldad, saña, inhumanidad. **2.** Virtud que inspira devoción por las cosas sagradas y amor al prójimo. *Tiene mucha piedad.* **3.** Pintura o escultura del dolor de la Virgen al sostener el cadáver de su hijo Jesucristo descendido de la cruz. *La "Piedad" de Miguel Ángel.*

piedra (**pie**-dra) *s. f.* **1.** Sustancia mineral, más o menos dura y compacta, que no es terrosa ni de aspecto metálico. *Colecciona piedras de formas raras.* **SIN.** Canto, roca. **2.** Granizo grueso. *La piedra que cayó en la tormenta de ayer estropeó la cosecha.* **3.** Cálculo urinario. *Tiene piedras en el riñón.* || **4. piedra angular** Fundamento de una cosa. **5. piedra**

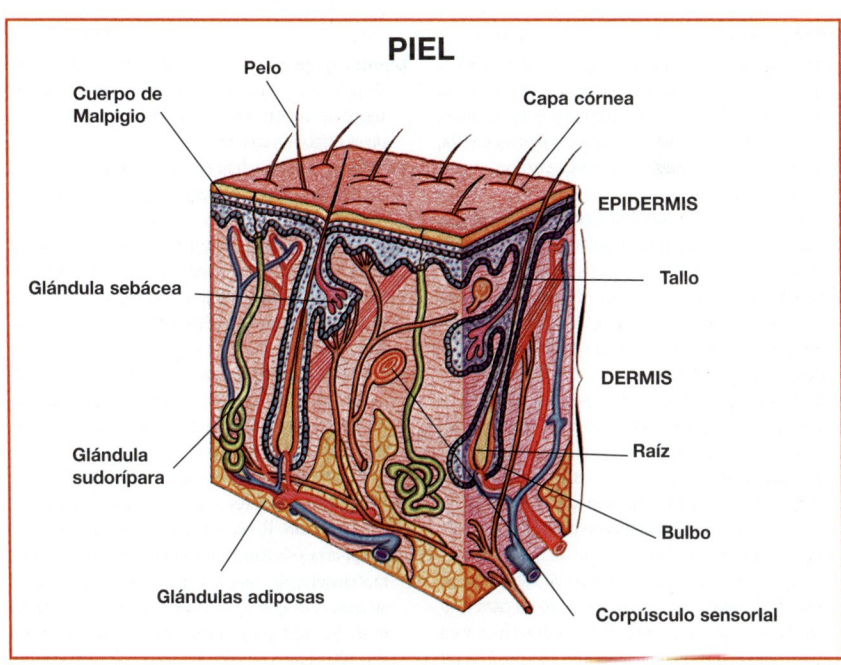

arenisca Roca sedimentaria formada por granos de arena compactos. **6. piedra caliza** Roca sedimentaria compuesta principalmente de calcita o dolomita. **7. piedra pómez** Roca volcánica, esponjosa y frágil, que flota en el agua. **8. piedra preciosa** La que, después de tallada, se utiliza en joyería. ‖ **LOC. de piedra** *fam.* Atónito, asombrado. **hablar las piedras** Producirse hechos exagerados o escandalosos. **menos da una piedra** *fam.* Frase con que se aconseja a alguien que se conforme con lo que tiene aunque sea poco. **no dejar piedra sobre piedra** *fam.* Expresión que significa la destrucción total de un edificio, localidad, etc.

piel *s. f.* **1.** Membrana que cubre todo el cuerpo de las personas y de los animales. *El sol le quemó la piel.* **2.** Parte de fuera de algunos frutos. *Siempre come las peras con piel.* **3.** Cuero curtido. *Compró un cinto de piel.* ‖ **LOC. a flor de piel** En la superficie, a punto de brotar, dicho especialmente de las lágrimas. **dejarse la piel** *fam.* Esforzarse mucho, y en algunos casos, morir. **ser alguien de la, o la, piel del diablo** *fam.* Ser muy revoltoso. ☞ Ver ilustración, pag. 823.

pienso (**pien**-so) *s. m.* Alimento seco que se da al ganado. *Les echó pienso en el pesebre.*

pierna (**pier**-na) *s. f.* **1.** Parte del miembro inferior de las personas comprendida entre el pie y la rodilla y, por ext., todo el miembro inferior. *Tenía una pierna escayolada.* **2.** En los cuadrúpedos y aves, muslo. *Asó una pierna de cordero.* ‖ **LOC. a pierna suelta, o tendida** *fam.* Expresión con que se explica que alguien goza, posee o disfruta una cosa con quietud y sin cuidado. **en piernas** *fam.* Con las piernas desnudas. **estirar, o estirarse, alguien las piernas** *fam.* Pasear. **por piernas** *fam.* A toda prisa, corriendo.

pierrot *s. m.* Personaje cómico de teatro que viste una blusa blanca con grandes botones y un pantalón muy amplio. *El pierrot es un personaje de la Comedia italiana del arte.*

pieza (**pie**-za) *s. f.* **1.** Parte de una cosa. *Desarmó el reloj en piezas.* **SIN.** Trozo, porción, elemento, fragmento. **2.** Cada una de las habitaciones de una casa. *La cocina es la pieza más pequeña de la casa.* **SIN.** Cuarto, estancia, aposento. **3.** *Moneda. **4.** Cualquier objeto trabajado con arte. *Este jarrón es una pieza única.* **5.** Porción de tejido que se fabrica de una vez. *Sólo queda un metro de esta pieza de tela.* **6.** Animal de caza o pesca. *Salió de caza y no consiguió ni una sola pieza.* **7.** Obra dramática y en particular la que no tiene más que un acto. *El autor de la pieza estuvo presente en la representación.* **8.** Composición suelta de música vocal o instrumental. *Tocó una breve pieza.* ‖ **9. buena pieza** *fam.* Se aplica a la persona traviesa o pícara. ‖ **LOC. de una pieza, o hecho una pieza** Sorprendido o admirado por algo que ha visto o ha oído. **pieza por pieza** *fam.* Parte por parte, con gran exactitud.

pífano (**pí**-fa-no) *s. m.* Flautín de tono muy agudo, y persona que toca este instrumento. *Tocaba el flautín.*

pifia (**pi**-fia) *s. f., fam.* Error, descuido, paso o dicho desacertado. *Ha metido una buena pifia.* **SIN.** Equivocación, desacierto. **ANT.** Acierto, diana.

pigmento (pig-**men**-to) *s. m.* **1.** Materia colorante empleada en pintura. *Utilizó un pigmento rojo.* **SIN.** Tinte. **2.** Sustancia con coloración propia que se encuentra en muchas células animales y vegetales. *La clorofila es el pigmento vegetal más importante.*

pigmeo, a (pig-**me**-o) *adj.* Se dice de ciertos pueblos de África central y sureste de Asia caracterizados por su piel oscura y baja estatura. **GRA.** También s. m. y s. f. *Los pigmeos son un pueblo de cultura primitiva.*

pijada (pi-**ja**-da) *s. f.* **1.** *fam.* Cosa de poca importancia. *Se enfadó por una pijada.* **2.** *fam.* Hecho o dicho impertinente o inoportuno. *¡Anda!, deja de decir pijadas.*

pijama (pi-**ja**-ma) *s. m.* Traje de dormir compuesto de pantalón y chaqueta. **GRA.** También s. f. en ciertos países de América. *Se acababa de levantar y todavía estaba en pijama.*

pijería (pi-je-**rí**-a) *s. f., fam.* Ostentación presuntuosa de una buena posición social y económica. *Tiene mucha pijería.*

pijo, ja (**pi**-jo) *adj.* **1.** *fam.* Tonto, idiota. *Está pijo.* **2.** *fam.* Se dice de la persona que ostenta afectadamente una buena posición social. **GRA.** También s. m. y s. f. *Es un niño pijo.* **SIN.** Pera, presumido. ‖ *s. m.* **3.** *fam.* *Pene.

pijotero, ra (pi-jo-**te**-ro) *adj., fam.* En numerosas regiones de España y de América, mezquino. En otras, cargante, molesto. *Es un poco pijotero.* **SIN.** Fastidioso, latoso, pesado.

pil-pil *s. m.* *Bacalao al pil-pil.

pila[1] (**pi**-la) *s. f.* Montón. *Haz una pila con los periódicos viejos.* **SIN.** Rimero, acumulación.

pila[2] (**pi**-la) *s. f.* **1.** Recipiente grande de piedra, madera, cemento, etc., que se llena de agua. *Llenó la pila de agua para lavar la ropa.* **SIN.** Abrevadero, lavadero. **2.** Aparato que produce energía eléctrica. *Lleva una radio a pilas a todos los sitios.* ‖ **3. pila bautis-**

mal Aquella en la que se administra el sacramento del bautismo. ‖ **LOC. ponerse las pilas** *fam.* Coger ánimo o voluntad para realizar un asunto.

pilar (pi-lar) *s. m.* **1.** Elemento vertical que sirve de soporte en un edificio. *La galería estaba construida sobre gruesos pilares.* **2.** Persona que sirve de amparo. *Siempre contaba con sus padres como pilar.*

pilastra (pi-**las**-tra) *s. f.* Pilar adosado a una pared. *Las pilastras tenían sección poligonal.*

píldora (**píl**-do-ra) *s. f.* **1.** Comprimido, gragea. *Le recetó unas píldoras.* **2.** *Anticonceptivo. ‖ **LOC. dorar la píldora** *fam.* Adular a alguien.

pilila (pi-**li**-la) *s. f., fam.* *Pene. 🖙 Es propia del lenguaje infantil.

pillaje (pi-**lla**-je) *s. m.* Hurto, rapiña. *Durante la noche se cometieron varios actos de pillaje.* **SIN.** Robo.

pillar (pi-**llar**) *v. tr.* **1.** Atrapar a alguien o algo. *La policía pilló a los ladrones cuando intentaban salir de la ciudad.* **SIN.** Agarrar, capturar. **ANT.** Liberar, soltar. **2.** Hurtar, robar. *Pillaron todo lo que pudieron.* **SIN.** Rapiñar, saquear. **3.** Coger, agarrar algo. *Lo pilló al vuelo.* **SIN.** Tomar, asir. **ANT.** Soltar, dejar. **4.** *fam.* Sorprender a alguien en un descuido o mentira o averiguar lo que mantenía en secreto. *Le pilló comiendo chocolate.* **SIN.** Pescar, cazar. **5.** *fam.* Contraer una enfermedad. *He pillado un buen resfriado.* **SIN.** Coger, agarrar, pescar. **6.** *fam.* Captar el significado de una cosa. *Era una indirecta, pero no la pilló.* **SIN.** Comprender, entender, captar.

pillastre (pi-**llas**-tre) *s. m., fam.* *Pillo.

pillo, lla (**pi**-llo) *adj., fam.* Sagaz, astuto, granuja. **GRA.** Se usa más como s. m. y s. f. *¡Buen pillo estás tú hecho!* **SIN.** Pillastre, pícaro, bribón, taimado.

pilón (pi-**lón**) *s. m.* Receptáculo en las fuentes para recoger el agua y servir de abrevadero, lavadero y otros usos. *El ganado bebió en el pilón.*

píloro (**pí**-lo-ro) *s. m.* Abertura que comunica el estómago con el intestino. *La función del píloro es regular el paso de los alimentos.*

piloso, sa (pi-**lo**-so) *adj.* *Peludo.

pilotar (pi-lo-**tar**) *v. tr.* Dirigir un globo, automóvil, aeroplano, etc. *Pilota un coche de carreras.*

piloto (pi-**lo**-to) *s. m.* **1.** Persona que dirige un barco, un coche, un avión, etc. *Para ser piloto de aviones, se necesita mucha preparación.* **SIN.** Conductor. **2.** Faro piloto, luz que indica la actividad de un mecanismo o señala alguna puerta, salida, etc. *Se encendió el piloto de emergencia.* ‖ **3.** *adj.* Se dice del proyecto, construcción, etc., que sirve de modelo o muestra. *Piso piloto.* ‖ **4. piloto automático** Sistema de aparatos que cumplen funciones de piloto en la dirección de ciertos automotores, especialmente aviones. **5. piloto de pruebas** Piloto encargado de probar un nuevo modelo de automóvil o avión.

piltra (**pil**-tra) *s. f., fam.* *Cama.

piltrafa (pil-**tra**-fa) *s. f.* Persona débil físicamente o despreciable moralmente. *Iba hecho una piltrafa.*

pimentero (pi-men-**te**-ro) *s. m.* Arbusto trepador cuyo fruto es la pimienta. *El pimentero es un arbusto tropical.*

pimentón (pi-men-**tón**) *s. m.* Polvo rojizo que se obtiene moliendo pimientos rojos secos, y que se emplea para dar picante a las comidas. *Échale un poco del pimentón al guiso.*

pimienta (pi-**mien**-ta) *s. f.* **1.** Semillas del pimentero que se utilizan como condimento; son unas bolitas negras de gusto muy picante. *Échale un poco de pimienta al guiso.* ‖ **2. pimienta blanca** La misma semilla del pimentero, pero sin cascarilla.

pimiento (pi-**mien**-to) *s. m.* **1.** Planta herbácea de flores blancas y pequeñas, cuyo fruto es una baya hueca comestible, de color verde primero y luego rojo y con una multitud de pequeñas semillas planas. *El pimiento es una planta de origen americano.* **2.** Fruto de esta planta muy usado como alimento. *Le gustan los pimientos picantes.* **3.** Pimentón, pimiento molido. *No le eches tanto pimiento.* ‖ **LOC. me importa un pimiento** *fam.* Expresión para indicar la indiferencia que produce un asunto.

pimplar (pim-**plar**) *v. tr., fam.* Beber con exceso. **GRA.** También v. prnl. *En la fiesta se pimpló.*

pimpollo (pim-**po**-llo) *s. m.* **1.** Vástago o tallo nuevo de las plantas. *Le ha salido ya un pimpollo.* **SIN.** Brote. **2.** *fam.* Niño o niña, y también persona joven que se distingue por su belleza. *Está hecha un pimpollo.* 🖙 También se dice "pimpollo de oro".

pimpón (pim-**pón**) *s. m.* Juego parecido al tenis, que se practica sobre un mesa rectangular de medidas reglamentarias, con pequeñas palas de madera como raquetas. *La pelota de pimpón es muy ligera.* 🖙 También "ping-pong".

pin *s. m.* Chapa o insignia que se lleva sujeta a la ropa como adorno. *Llevaba un pin de la pantera rosa.* ✎ Su pl. es "pins" o "pines".

pinacoteca (pi-na-co-**te**-ca) *s. f.* Galería o museo de pinturas. *El Museo del Prado es una de las pinacotecas más famosas del mundo.*

pináculo (pi-**ná**-cu-lo) *s. m.* Parte superior y más alta de un edificio, de un templo o de una cúpula. *Se cayó un pináculo de la catedral.*

pinar - pintada

pinar (pi-**nar**) *s. m.* Lugar o terreno poblado de pinos. *Fuimos a merendar a un pinar.*

pincel (pin-**cel**) *s. m.* Instrumento que utiliza el pintor para aplicar los colores sobre una superficie, y que está formado por un mango de madera con un haz de pelos en uno de los extremos. *Utilizó pinceles de distintos grosores.*

pincelada (pin-ce-**la**-da) *s. f.* Trazo o golpe dado con el pincel. *Consiguió el efecto superponiendo varias pinceladas.* ‖ **LOC. dar la última pincelada** Perfeccionar o concluir una obra.

pinchadiscos (pin-cha-**dis**-cos) *s. m. y s. f., fam.* Persona encargada de poner la música en locales de baile o discotecas. *Trabaja como pinchadiscos en esa discoteca.* ✎ Invariable en número.

pinchar (pin-**char**) *v. tr.* **1.** Picar, punzar o herir con una cosa aguda o punzante. **GRA.** También v. prnl. *Se pinchó con una aguja.* **2.** Picar, estimular. *Le pinchaba para que se quejara.* **SIN.** Azuzar, incitar, excitar. **3.** Molestar, mortificar. *¡Deja ya de pincharme!, no puedo concentrarme.* **SIN.** Instigar, zaherir. **4.** Poner un disco en el tocadiscos para que suene. *Pinchó su canción favorita.* **5.** Intervenir un teléfono para controlar las conversaciones. *La policía le había pinchado el teléfono.* **6.** Poner inyecciones. *Su padre mismo le pinchó.* **7.** Sufrir un pinchazo en una rueda. **GRA.** También v. intr. *Pincharon a mitad de camino y no sabían cambiar la rueda.* ‖ *v. prnl.* **8.** Inyectarse una dosis de droga. *Hacía tiempo que ya no se pinchaba.* ‖ **LOC. no pinchar ni cortar** Ser ineficaz, no tener influencia en un asunto.

pinchazo (pin-**cha**-zo) *s. m.* **1.** Punzadura o herida causada con instrumento o cosa que pincha. *Se dio un pinchazo con la aguja de ganchillo.* **SIN.** Picadura, punzada. **2.** Accidente causado por la rotura o picadura de los neumáticos de las ruedas en vehículos. *Tuvieron un pinchazo.* **SIN.** Reventón. **3.** Dolor agudo. *Le daban fuertes pinchazos en la cabeza.*

pinche, cha (**pin**-che) *s. m. y s. f.* **1.** Persona ayudante de cocina. *Había empezado como pinche y ahora era un famoso cocinero.* **2.** *Arg.* Aprendiz.

pincho (**pin**-cho) *s. m.* **1.** Punta aguda de hierro u otra materia. *El palo acaba en un pincho de hierro.* **SIN.** Aguijón, punta. **2.** Porción o ración pequeña de comida que se acompaña a modo de tapa con algunas bebidas. *Pidió un pincho de tortilla.* **SIN.** Tapa, tentempié. ‖ **3. pincho moruno** Palito con trozos de carne adobada, pimientos y cebolla, asada en la plancha.

ping-pong *s. m.* *Pimpón.

pingajo (pin-**ga**-jo) *s. m.* **1.** *fam.* Harapo que cuelga de alguna parte. *Iba lleno de pingajos.* **SIN.** Pingo, andrajo, guiñapo. **2.** *fam.* Persona o cosa muy desmejorada o estropeada. *Se ha quedado hecho un pingajo.* **SIN.** Deteriorado.

pingar (pin-**gar**) *v. intr.* Gotear lo que está empapado en algún líquido. *No tiendas la ropa sin escurrir, pinga mucho.*

pingo (**pin**-go) *s. m.* **1.** *fam.* *Pingajo. **2.** *fam.* Persona que lleva una vida muy ociosa o que le gusta mucho callejear. *No para en casa, es un buen pingo.*

pingüe (**pin**-güe) *adj.* **1.** Grasiento, mantecoso. *El mostrador estaba un poco pingüe.* **SIN.** Adiposo, graso, seboso. **2.** Abundante, fértil. *De aquel negocio sacaron pingües beneficios.* **SIN.** Copioso, cuantioso. **ANT.** Escaso, pobre.

pingüino (pin-**güi**-no) *s. m.* Ave palmípeda, no voladora, ya que sus alas se han transformado en remos para nadar. Suele salir a tierra sólo para la cría y la muda, el resto del año lo pasan enteramente en el mar. *La mayoría de los pingüinos crían en la Antártida.* **SIN.** Pájaro bobo.

pinito (pi-**ni**-to) *s. m.* Primeros pasos que da el bebé y, por ext., primeros progresos en una actividad. **GRA.** Se usa más en pl. y con el v. "hacer". *Había hecho sus pinitos en poesía.*

pino (**pi**-no) *s. m.* **1.** Árbol de las coníferas, con tronco elevado y recto de madera resinosa; hojas muy estrechas, puntiagudas y punzantes casi siempre por su extremidad, que persisten durante el invierno. *El fruto del pino es la piña, cuya semilla es el piñón.* **2.** Madera de este árbol. *La estantería es de pino.* **3.** Ejercicio de gimnasia que consiste en poner el cuerpo vertical con la cabeza hacia abajo apoyando las manos en el suelo. *Se le daba muy bien hacer el pino.* ‖ **LOC. 4. en el quinto pino** *fam.* Muy lejos.

pinrel (pin-**rel**) *s. m., fam.* *Pie.

pinta¹ (**pin**-ta) *s. f.* **1.** Mancha o señal pequeña en el plumaje, pelo o piel de los animales y en la masa de un mineral. *Su plumaje es gris oscuro con pintas blancas.* **SIN.** Peca, lunar, marca. **2.** Aspecto de una persona o cosa. *Por la pinta, esos pasteles tienen que estar buenísimos.* **SIN.** Aire, apariencia, facha.

pinta² (**pin**-ta) *s. f.* Medida de capacidad para líquidos que varía según los países. *En EE UU, la pinta equivale a 0,473 litros.*

pintada (pin-**ta**-da) *s. f.* **1.** Letreros o conjunto de letreros, generalmente de carácter reivindicativo, que se han pintado en un determinado lugar. *La va-*

pintado - pinzamiento

lla estaba llena de pintadas en contra de la nueva ley. **2.** Acción de pintar en las paredes letreros, preferentemente de contenido político o social. *La policía les sorprendió haciendo la pintada.*

pintado, da (pin-**ta**-do) *adj.* **1.** Teñido de uno o varios colores. *Puso papel pintado en la pared.* **SIN.** Coloreado, teñido. **2.** Se dice de lo que es muy adecuado o conveniente para algún fin. **GRA.** Se emplea con los v. "venir", "estar". *Este cristal viene pintado para este hueco.* **3.** *fam.* Que es prácticamente igual a otra persona o cosa con la que se compara. *Este niño es pintado a su padre.* **SIN.** Semejante, clavado. ‖ **LOC. el más pintado** *fam.* El más hábil, prudente o experimentado. | El de más valor. **que ni pintado** *fam.* A medida, que encaja perfectamente.

pintalabios (pin-ta-**la**-bios) *s. m.* Producto cosmético, generalmente en forma de barra, constituido por sustancias colorantes y que sirve para colorear los labios. *Sacó del bolso su pintalabios.* **SIN.** Carmín, barra. ✎ Invariable en número.

pintamonas (pin-ta-**mo**-nas) *s. m. y s. f., fam.* Persona de escasa personalidad. *Se cree importante y es un pintamonas.* **SIN.** Pelanas, don nadie. ✎ Invariable en número.

pintar (pin-**tar**) *v. tr.* **1.** Representar algo en una superficie con líneas y colores. *Los cuadros que pintó Picasso son admirados en todo el mundo.* **SIN.** Abocetar, retratar, colorear, plasmar. **2.** Cubrir con un color la superficie de una cosa. *He pintado las sillas de blanco.* **SIN.** Teñir, colorear, barnizar. **3.** Dibujar o dejar una marca con un lápiz o similar. *Pinta una señal por donde hay que cortar.* **4.** Describir animadamente personas o cosas por medio de la palabra. *¿De verdad es tan interesante como me lo pintas?* ‖ *v. intr.* **5.** Hablando de un palo de la baraja, señalar que éste es el triunfo en el juego. *Pintan bastos.* **6.** *fam.* Tener una cosa importancia o significación. **GRA.** Se usa en frases negativas o interrogativas. *Para mí no pinta nada.* **SIN.** Importar, significar. ‖ *v. prnl.* **7.** Maquillarse el rostro una persona. *Se pintó para no estar tan pálida.* ‖ **LOC. pintar bien, o mal una cosa** Resultar favorable o adversa.

pintarrajear (pin-ta-rra-je-**ar**) *v. tr., fam.* Pintar o manchar una cosa excesivamente, emborronándolo todo. **GRA.** También v. prnl. *No deberías pintarrajear las hojas del libro.* ✎ También "pintarrajar".

pintaúñas (pin-ta-**ú**-ñas) *s. m.* Cosmético usado para dar color y brillo a las uñas. *Siempre usa pintaúñas de tonos claros.* ✎ Invariable en número.

pintear (pin-te-**ar**) *v. intr.* *Lloviznar.

pintiparado, da (pin-ti-pa-**ra**-do) *adj.* **1.** Parecido, muy semejante. *Tu abrigo es pintiparado al mío.* **SIN.** Clavado, exacto, parejo. **ANT.** Distinto, diferente. **2.** Se dice de lo que se acomoda perfectamente a otra cosa. *Este premio de la lotería nos viene pintiparado para comprar el coche.*

pintor, ra (pin-**tor**) *s. m. y s. f.* **1.** Persona que se dedica al arte de la pintura. *Dalí era uno de sus pintores favoritos.* **2.** Persona que tiene por oficio pintar paredes, puertas, etc. *El pintor le estaba dando la segunda mano a la pared.*

pintoresco, ca (pin-to-**res**-co) *adj.* **1.** Se dice de las cosas que presentan una imagen agradable, peculiar y digna de ser pintada. *Estas montañas son muy pintorescas.* **2.** Se dice del lenguaje, estilo, etc. con que se pinta o describe algo viva y animadamente. *Las descripciones de ese autor son siempre muy pintorescas.* **SIN.** Animado, expresivo, jugoso. **ANT.** Apagado. **3.** Original, extravagante. *Tiene un modo de vestir un tanto pintoresco.*

pintura (pin-**tu**-ra) *s. f.* **1.** Arte de pintar. *Es una amante de la pintura.* **2.** La obra pintada. *La pintura no era original de Picasso.* **3.** Color preparado para pintar. *Le regalaron una caja de pinturas de madera.* **4.** Nombre que, acompañado de una determinación específica, designa diversos procedimientos con que se puede pintar una obra, o la obra pintada con cualquiera de ellos. *Pintura al óleo.* **5.** Descripción viva y animada de personas o cosas por medio de la palabra. *En sus novelas podemos encontrar magníficas pinturas de paisajes.* ‖ **LOC. no poder ver a alguien ni en pintura** Tenerle gran antipatía y aversión.

pinza (**pin**-za) *s. f.* **1.** Instrumento de metal, parecido a unas tenacillas, que sirve para coger o sujetar cosas pequeñas. *El cirujano pidió las pinzas.* **2.** Cada uno de los órganos que tienen ciertos animales invertebrados para coger las cosas. *El cangrejo y el alacrán tienen pinzas.* **3.** Pliegue que se cose en la tela para darle forma. *Esa blusa no lleva pinzas.* **4.** Instrumento de madera o plástico, que se cierra por la presión de un muelle, para sujetar la ropa tendida. *Pon otra pinza, sino el viento te llevará las sábanas.* ‖ **LOC. no se lo sacarán ni con pinzas** *fam.* Expresión con que se da a entender la dificultad de averiguar algo de una persona.

pinzamiento (pin-za-**mien**-to) *s. m.* Opresión de un músculo o un nervio entre dos superficies. *Tenía un pinzamiento en el músculo.*

piña (pi-ña) s. f. **1.** Fruto del pino o del abeto, de figura aovada. Recogieron piñas para hacer un centro de mesa. **2.** *Ananás, fruto. **3.** Conjunto de personas o cosas unidas estrechamente. Toda la pandilla formaban una piña.

piñata (pi-ña-ta) s. f. Vasija o cosa semejante, llena de dulces, que se cuelga del techo para romperla a palos con los ojos vendados. Participó en el juego de piñata.

piñón[1] (pi-ñón) s. m. Semilla del pino, que en algunas variedades es comestible. Preparó una salsa de piñones. ‖ **LOC. estar uno a partir un piñón con otro** fam. Haber entre ambos gran amistad.

piñón[2] (pi-ñón) s. m. Rueda pequeña dentada que engrana en una máquina con otra mayor. Tuvo problemas con el piñón de la bici.

pío (pí-o) s. m. Voz del pollo o cualquier ave. **GRA.** Se usa también esta voz para llamarlos a comer. El pobre pollito decía "pío, pío, pío", pero nadie le prestaba atención. ‖ **LOC. no decir alguien ni pío** fam. Callarse totalmente cuando debiera hablar.

pío, a (pí-o) adj. *Devoto. **SIN.** Beato, fervoroso, piadoso. **ANT.** Ateo.

piojo (pio-jo) s. m. Insecto muy pequeño, que vive parásito sobre las personas y otros mamíferos, de cuya sangre se alimenta. Tenía la cabeza llena de piojos.

piojoso, sa (pio-jo-so) adj. Miserable, mezquino. **GRA.** También s. m. y s. f. Eres un piojoso.

piolet (pio-let) s. m. Especie de zapapico pequeño que se usa en alpinismo para afirmarlo en la roca o en el hielo. El montañero perdió su piolet.

pionero, ra (pio-ne-ro) s. m. y s. f. **1.** Persona que inicia la exploración de nuevas tierras. Colón fue el pionero de los colonizadores de América. **2.** Persona que da los primeros pasos en alguna actividad humana. Era un país pionero en alta tecnología.

piorno (pior-no) s. m. Nombre vulgar de varias especies de plantas que forman matorrales en algunas zonas de las montañas españolas. A ese lado del sendero sólo había piornos.

piorrea (pio-rre-a) s. f. Enfermedad de las encías. Me sacaron una muela porque tenía piorrea.

pipa[1] (pi-pa) s. f. **1.** Utensilio para fumar tabaco picado. Siempre fuma en pipa. **SIN.** Cachimba. **2.** *Tonel. **SIN.** Bota, candiota. **3.** fam. *Pistola. ‖ adv. m. **4.** Muy bien, estupendamente. Los niños se lo pasaron pipa.

pipa[2] (pi-pa) s. f. **1.** Pepita de algunos frutos, como el melón, la sandía, etc. Se entretenía con las pipas del melón. **2.** Pepita de girasol. Compró una bolsa de pipas saladas.

pipermín (pi-per-mín) s. m. Licor de menta. Ese cóctel lleva pipermín.

pipeta (pi-pe-ta) s. f. Tubo de vidrio graduado, ensanchado en su parte media, que sirve para medir líquidos. La profesora de química nos enseñó la pipeta y otros instrumentos de laboratorio.

pipí (pi-pí) s. m., fam. *Orina. **SIN.** Pis. ☞ Es propia del lenguaje infantil.

pipiolo, la (pi-pio-lo) s. m. y s. f., fam. Persona principiante, novata o inexperta. Es un poco pipiolo todavía. **SIN.** Bisoño, novato. **ANT.** Experto, veterano.

pique (pi-que) s. m. **1.** Resentimiento o disgusto ocasionado por una discusión u otra cosa semejante. Era evidente que algún pique había entre ellos. **SIN.** Enfado, enojo. **2.** Empeño en hacer una cosa por amor propio o por rivalidad. Lo hizo sólo por pique. ‖ **LOC. irse a pique** Hundirse en el agua una embarcación u otro objeto flotante. ‖ Fracasar un asunto o negocio.

piqué (pi-qué) s. m. Tela de algodón que forma grano u otro género de labrado en relieve. La tela de la falda era piqué.

piqueta (pi-que-ta) s. f. Herramienta de albañilería, con mango de madera y dos bocas opuestas, una como de martillo y otra como de pico. Los albañiles derribaron la pared con sus piquetas.

piquete (pi-que-te) s. m. Grupo de huelguistas encargado de vigilar e informar durante una huelga laboral. Un piquete de trabajadores impedía el paso.

pira[1] (pi-ra) s. f. **1.** Hoguera en que antiguamente se quemaban los cuerpos de los difuntos y las víctimas de los sacrificios. Abraham colocó a su hijo Isaac sobre una pira. **2.** *Hoguera.

pira[2] (pi-ra) s. f. *Fuga. ‖ **LOC. ir de pira** Andar todo el día por ahí, sin hacer nada.

piragua (pi-ra-gua) s. f. Embarcación larga y estrecha, mayor que la canoa. Descendía por el río en una piragua.

pirámide (pi-rá-mi-de) s. f. **1.** Sólido que tiene por base un polígono cualquiera y cuyas caras son triángulos que se juntan en un solo punto común llamado vértice, y forman un ángulo poliedro. Dibuja una pirámide. **2.** Monumento funerario construido en Egipto en tiempo de los faraones con esta forma geométrica. Las pirámides le parecieron realmente impresionantes.

pirar (pi-rar) v. intr. **1.** fam. Hacer novillos, faltar a clase. Se piraron la última hora. ‖ v. prnl. **2.** vulg.

Huir, fugarse. *En un descuido del vigilante, el preso se piró.* **SIN.** Escaparse, esfumarse. **3.** *Enloquecer.
pirata (pi-**ra**-ta) *adj.* **1.** Ilegal, clandestino. *Tenía una red de autobuses piratas.* ‖ *s. m.* **2.** Persona que se dedica a abordar los barcos y saquearlos. *Echaron una película de piratas.* ‖ **3. pirata aéreo** Persona que obliga a la tripulación de un avión a modificar su rumbo. **4. pirata informático** Persona que accede ilegalmente a programas o a ficheros de información.
piratear (pi-ra-te-**ar**) *v. intr.* **1.** Apresar o robar embarciones, generalmente cuando navegan. *Se dedicaban a piratear.* **2.** Copiar o duplicar ilegalmente algún documento. *Había pirateado la película.*
piratería (pi-ra-te-**rí**-a) *s. f.* Robo o destrucción de los bienes de otro. *Le acusaban de hechos de piratería.* **SIN.** Saqueo, apropiación.
pírex (**pí**-rex) *s. m.* Material transparente y muy resistente al calor. *Esta fuente para el horno es de pírex.*
pirexia (pi-**re**-xia) *s. f.* *Fiebre.
pírico, ca (**pí**-ri-co) *adj.* Que pertenece o se refiere al fuego, y especialmente a los fuegos artificiales. *Espectáculo pírico.*
piripi (pi-**ri**-pi) *adj., fam.* Un poco borracho. *Iba un poco piripi.*
pirita (pi-**ri**-ta) *s. f.* Mineral muy duro de color amarillento verdoso, que está compuesto de hierro y azufre. *Esa piedra es pirita.*
pirograbado (pi-ro-gra-**ba**-do) *s. m.* Procedimiento para grabar en madera por medio de una punta de platino incandescente. *La técnica que había empleado era el pirograbado.*
piromancia (pi-ro-**man**-cia) *s. f.* Arte de adivinar por el color y disposición de las llamas. *Se dedicaba a la piromancia.*
pirómano, na (pi-**ró**-ma-no) *adj.* Se dice de la persona que padece la obsesión de provocar incendios. **GRA.** También s. m. y s. f. *La policía detuvo al pirómano.* **SIN.** Incendiario.
piropo (pi-**ro**-po) *s. m., fam.* Cumplido o lisonja que se dirige a alguien para alabarle. *Le decían piropos por la calle.* **SIN.** Flor. **ANT.** Insulto, improperio.
pirotecnia (pi-ro-**tec**-nia) *s. f.* Arte de preparar explosivos y fuegos artificiales. *Hizo un curso de pirotecnia.*
pirrarse (pi-**rrar**-se) *v. prnl., fam.* Desear con fuerza una cosa. **GRA.** Se usa sólo seguido de la prep. "por". *Desde el primer momento se pirró por ese coche.* **SIN.** Anhelar, desvivirse, beber los vientos. **ANT.** Ignorar.

pirueta (pi-**rue**-ta) *s. f.* **1.** Giro completo sobre un pie. *Se puso a hacer piruetas.* **SIN.** Cabriola. **2.** Vuelta rápida que se hace dar al caballo, haciéndole alzarse de manos y girar apoyado sobre los pies. *Frenó de golpe e hizo dar una pirueta al caballo.* **3.** Salida airosa de una situación difícil o comprometida. *Tuve que hacer piruetas para que no se dieran cuenta.*
pirula (pi-**ru**-la) *s. f., fam.* *Faena.
piruleta (pi-ru-**le**-ta) *s. f.* Caramelo grande con forma redonda y plana sostenido por un palito. *Quería una piruleta de fresa.*
pirulí (pi-ru-**lí**) *s. m.* Caramelo de forma alargada y puntiaguda sostenido por un palo. *Les compró un pirulí a cada uno.* ✎ Su pl. es "pirulís".
pis *s. m.* *Orina.
pisada (pi-**sa**-da) *s. f.* **1.** Acción y efecto de pisar. *Oyó sus pisadas.* **2.** Huella o señal que deja el pie en la tierra. *Aquellas pisadas eran recientes.*
pisapapeles (pi-sa-pa-**pe**-les) *s. m.* Objeto que se pone sobre los papeles para sujetarlos con su peso. *En su mesa tenía el pisapapeles que le regalamos.* ✎ Invariable en número.
pisar (pi-**sar**) *v. tr.* **1.** Poner el pie sobre alguna cosa. *Prohibido pisar el césped.* **2.** Apretar o estrujar una cosa con los pies o con algún instrumento. *En el lagar pisan las uvas.* **SIN.** Aplastar, pisotear. **3.** Cubrir en parte una cosa a otra. *El dibujo pisaba sobre el texto.* **4.** Infringir una ley, orden, derecho, etc. *Pisó sus derechos.* **SIN.** Quebrantar, atropellar. **5.** *Pisotear. **6.** Anticiparse a tomar o hacer lo que otra persona pretende. *Me pisó la idea.* ‖ **LOC. no dejarse pisar** No dejarse humillar. **no pisar en un sitio** No aparecer por él. **pisar huevos** Andar con mucha lentitud.
piscicultura (pis-ci-cul-**tu**-ra) *s. f.* Arte de la reproducción y cría de los peces y mariscos. *Se dedica a la piscicultura.*
piscifactoría (pis-ci-fac-to-**rí**-a) *s. f.* Lugar donde se crían peces o mariscos. *Eran truchas de piscifactoría.*
piscina (pis-**ci**-na) *s. f.* Estanque, de forma y tamaño variables, donde pueden bañarse a la vez diversas personas. *Suele ir a nadar un rato a la piscina.*
piscolabis (pis-co-**la**-bis) *s. m., fam.* Ligera porción de alimento que se toma como aperitivo o por gusto. *Les ofreció unos piscolabis.* **SIN.** Aperitivo, refrigerio, tentempié. ✎ Invariable en número.
piso (**pi**-so) *s. m.* **1.** Suelo. *El piso de la sala estaba cubierto por una alfombra.* **SIN.** Pavimento. **2.** En un edificio con varias viviendas, cada una de ellas. *He comprado un piso de cuatro habitaciones.* **SIN.** Ca-

sa, apartamento. **3.** Cada una de las plantas o altos de un edificio. *El ático es el piso más alto de la casa, y el piso más bajo es el sótano.* **4.** Suela de calzado, o parte de ella, que toca el suelo. *El piso de estos zapatos resbala mucho.*

pisotear (pi-so-te-**ar**) *v. tr.* **1.** Pisar repetidamente una cosa maltratándola. *El perro pisoteó todas las flores.* **SIN.** Aplastar, estrujar. **2.** Humillar a alguien. *No le importa pisotear a los demás con tal de conseguir lo que quiere.* **SIN.** Escarnecer.

pisotón (pi-so-**tón**) *s. m.* Pisada fuerte sobre el pie de otro. *Todo eran empujones y pisotones a la salida del concierto.*

pista (**pis**-ta) *s. f.* **1.** Huella, rastro dejado en el suelo. *Seguían la pista de las liebres.* **SIN.** Señal. **2.** Sitio dedicado a las carreras y otros ejercicios en los hipódromos, velódromos, etc. *Los atletas ya estaban en la pista.* **3.** En aeródromos y aeropuertos, superficie de terreno dispuesta para que despeguen y tomen tierra los aviones. *Las pistas estaban cubiertas de nieve.* **4.** Cada uno de los varios canales de grabación en las cintas, discos o mesas musicales. *Los discos antiguos se grababan en ocho pistas.* **5.** En informática, cada uno de los espacios en los que se dividen los sectores de los soportes de almacenamiento de información, como discos, tambores, citas, etc. *El ordenador no puede leer dos pistas de este disquete.* **6.** Carretera provisional. *Atravesamos por una pista forestal.* **7.** Conjunto de indicios o señales que puede conducir a la averiguación de un hecho. *Gracias a las pistas que les dieron descubrieron su escondite.* || **LOC. seguir la pista a alguien** Perseguirle, controlar sus movimientos.

pistacho (pis-**ta**-cho) *s. m.* Fruto parecido al piñón, de grano verde y cáscara más blanda. *Le encantan las avellanas y los pistachos.*

pistilo (pis-**ti**-lo) *s. m.* Órgano femenino de la flor. *El pistilo consta de ovario, estilo y estigma.*

pisto (**pis**-to) *s. m.* Fritada en la que entran diversas verduras y hortalizas troceadas, pimientos, tomates, cebolla, berenjenas, etc. *De primer plato pedimos pisto.* || **LOC. darse pisto** *fam.* Darse importancia o mostrarse orgulloso.

pistola (pis-**to**-la) *s. f.* **1.** Arma de fuego corta que se apunta y dispara con una sola mano. *Se había oído un disparo de pistola.* **SIN.** Revólver. **2.** Utensilio de forma similar que se utiliza para expulsar pintura y otras sustancias. *Lo había pintado a pistola.* || **3. pistola ametralladora** Arma de fuego automática que dispara proyectiles a ráfagas.

pistolera (pis-to-**le**-ra) *s. f.* Estuche de cuero en que se guarda la pistola. *Llevaba a la cintura su pistolera.*

pistón (pis-**tón**) *s. m.* Émbolo de bomba o máquina. *Un motor de explosión tiene varios pistones.*

pistonudo, da (pis-to-**nu**-do) *adj., vulg.* Muy bueno, superior, perfecto. *Es una historia pistonuda.*

pita[1] (**pi**-ta) *s. f.* **1.** Planta de cuyas hojas se extrae una fibra textil. *La pita es propia de terrenos secos.* **2.** Hilo o cuerda hecho de estas fibras. *Compró un rollo de cuerda de pita.*

pita[2] (**pi**-ta) *s. f.* **1.** *fam.* *Pitada. **2.** *Gallina. **GRA.** Se usa más en pl. || **LOC. ¡pitas, pitas!** Voz usada para llamar a las gallinas.

pitada (pi-**ta**-da) *s. f.* Muestra general de desagrado o desaprobación con sonidos y pitos. *Al árbitro le cayó una buena pitada de la afición.* **SIN.** Abucheo.

pitar (pi-**tar**) *v. intr.* **1.** Tocar o sonar el pito. *El guardia de tráfico pitó repetidamente.* **SIN.** Silbar, chuflar. **2.** Abuchear, dar pitidos y silbidos. *El público comenzó a pitar ante la tardanza del grupo musical.* **SIN.** Protestar, silbar. **ANT.** Aplaudir. || *v. tr.* **3.** Arbitrar un partido. *Pitará el próximo partido.* **4.** Señalar una falta. *Pitó penalti.* || **LOC. ¡pitando!** A toda prisa.

pitcher *s. m.* En el béisbol, jugador que lanza la pelota al bateador. *Es un excelente pitcher.*

pitecántropo (pi-te-**cán**-tro-po) *s. m.* Ser intermedio entre el ser humano y el mono. *En el museo había restos de un pitecántropo.*

pitido (pi-**ti**-do) *s. m.* Silbido del pito o de los pájaros. *Le dio un pitido para que se apartara.*

pitillera (pi-ti-**lle**-ra) *s. f.* Petaca para guardar pitillos. *Le regalaron una pitillera con sus iniciales.*

pitillo (pi-**ti**-llo) *s. m.* *Cigarrillo.

pito (**pi**-to) *s. m.* **1.** Flauta pequeña, como un silbato, de sonido agudo. *El árbitro tocó su pito.* **2.** *Cigarrillo. **3.** *fam.* *Pene. || *s. m. pl.* **4.** En el baile flamenco, ruido que hace el bailaor con los dedos haciéndolos chascar. *Tocaba muy bien los pitos.* || **LOC. no importar a alguien un pito una cosa** *fam.* No importarle nada. **no valer un pito una persona o cosa** *fam.* valer muy poco.

pitón[1] (pi-**tón**) *s. m.* Serpiente no venenosa de gran tamaño, propia de Asia y África. *Estuvo a punto de atacarle una pitón.*

pitón[2] (pi-**tón**) *s. m.* **1.** Cuerno que empieza a salir a los animales. *El cabrito ya tenía pitones.* **2.** Punta del cuerno del toro. *El toro le hirió con un pitón.*

pitonisa (pi-to-**ni**-sa) *s. f.* Especie de adivina o hechicera dotada con el don de la profecía. *Antes de la batalla acudió al templo a consultar a la pitonisa.*

pitorrearse (pi-to-rre-**ar**-se) *v. prnl.* Burlarse de alguien. *Al verle aparecer con esa pinta, se pitorrearon de él.* **SIN.** Mofarse, chotearse.

pitorro (pi-**to**-rro) *s. m.* Parte de los botijos o de los porrones por donde sale el líquido. *No chupes el pitorro, levanta el botijo.*

pitufo, fa (pi-**tu**-fo) *s. m. y s. f.* **1.** *fam.* *Niño. **2.** fam.* Persona de baja estatura. *Era como un pitufo.*

pituso, sa (pi-**tu**-so) *adj.* Se dice del niño pequeño y gracioso. **GRA.** También s. m. y s. f. *La llamaba siempre cariñosamente pitusa.*

piular (piu-**lar**) *v. intr.* *Piar.

pívot (**pí**-vot) *s. m.* **1.** En baloncesto, jugador que debe situarse cerca del tablero para recoger los rebotes o anotar puntos. *Jugó de pívot.* **2.** En balonmano, jugador de ataque que tiene por misión abrir huecos en la defensa del equipo contrario. *Había sido gol del pívot.*

pivote (pi-**vo**-te) *s. m.* Soporte sobre el cual puede girar y oscilar una cosa. *Se rompió el pivote.* **SIN.** Eje.

píxel *s. m.* Elemento mínimo luminoso de una pantalla o de un mapa de bits. *Cuanto mayor sea el número de píxels, mayor será la calidad de la imagen.*

pizarra (pi-**za**-rra) *s. f.* **1.** Roca metamórfica de grano muy fino, de color negro azulado, que se divide con facilidad en hojas planas y delgadas. Se usa en construcción para cubiertas y solados. *El techo de la caseta era de pizarra.* **SIN.** Esquisto. **2.** Tablero pintado de negro para escribir en él con tiza. *El profesor les hizo un esquema en la pizarra.* **SIN.** Encerado.

pizca (**piz**-ca) *s. f., fam.* Porción mínima o muy pequeña de una cosa, especialmente condimentos. *Añádele una pizca de sal.* **SIN.** Miaja, partícula. || **LOC. ni pizca** Nada.

pizpireto, ta (piz-pi-**re**-to) *adj., fam.* Se dice de la persona aguda y vivaracha. *Es una niña muy pizpireta.* **SIN.** Expresivo, coqueto. **ANT.** Serio, circunspecto.

pizza *s. f.* Masa redonda hecha de harina de trigo sobre la que se colocan diversos ingredientes y se hornea. *Le encantan las pizzas vegetales.*

pizzería *s. f.* **1.** Lugar en que se elaboran y venden las pizzas. *Han inaugurado la nueva pizzería.* **2.** Restaurante especializado en pizzas y otros platos típicos italianos. *Fuimos a cenar a una pizzería.*

placa (**pla**-ca) *s. f.* **1.** Plancha de metal u otra materia, en general rígida. *Colocó una fina placa de madera.* **SIN.** Hoja, lámina. **2.** La que, colocada en un lugar público, sirve de orientación o información. *Leyó la placa que había en la puerta de las oficinas.* **SIN.** Cartel, rótulo. **3.** La que suele colocarse en un lugar visible de una fachada o puerta y sirve para indicar el ejercicio de una profesión. *En la puerta de su casa tiene una placa con su nombre.* **SIN.** Rótulo. **4.** Insignia que llevan los agentes de policía para acreditar su identidad. *Les mostró su placa.* **5.** Matrícula de un automóvil. *Anotó el número de su placa.*

placaje (pla-**ca**-je) *s. m.* Detención del ataque de un jugador contrario sujetándole con las manos, especialmente en el rugby. *Le hizo un placaje.*

pláceme (**plá**-ce-me) *s. m.* *Felicitación.

placenta (pla-**cen**-ta) *s. f.* Tejido formado en el útero para conectar los vasos sanguíneos de la madre con los del hijo. *Tuvo problemas para expulsar la placenta.*

placentero, ra (pla-cen-**te**-ro) *adj.* Agradable, alegre, apacible, ameno. *Fue una tarde muy placentera.* **ANT.** Desagradable, fastidioso.

placer[1] (pla-**cer**) *v. tr.* Agradar o dar gusto. *Me place haberte conocido.* **SIN.** Gustar, deleitar, satisfacer. **ANT.** Desagradar, molestar. ✎ v. irreg., se conjuga como parecer.

placer[2] (pla-**cer**) *s. m.* **1.** Contento del ánimo. *Su visita les causó un gran placer.* **2.** Sensación agradable. *Comer dulces me produce un gran placer.* **SIN.** Goce, satisfacción, agrado, deleite. || **3. placer sexual** Sensación placentera que se experimenta en las relaciones sexuales. || **LOC. a placer** Con todo gusto, con facilidad. | Despacio.

plácet (**plá**-cet) *s. m.* Fórmula de aprobación de las autoridades. *El gobierno dio su plácet a la designación del nuevo embajador.*

plácido, da (**plá**-ci-do) *adj.* **1.** Quieto, sosegado. *Era un lugar muy plácido.* **SIN.** Tranquilo, calmoso. **ANT.** Inquieto, turbulento. **2.** Grato, apacible. *Mantuvimos una plácida conversación.* **ANT.** Desagradable.

plafón (pla-**fón**) *s. m.* Lámpara de techo. *Cambiaron el plafón de la cocina.*

plaga (**pla**-ga) *s. f.* **1.** Calamidad grande que afecta a un gran número de personas. *Una plaga invadió la ciudad.* **SIN.** Catástrofe, desastre, infortunio, azote. **2.** Invasión de animales dañinos en los campos. *Una plaga de langostas arrasó las cosechas.* **3.** Abundancia de una cosa nociva, o dicho impropiamente, beneficiosa. *¡Vaya plaga de pantalones de cuadros!* **SIN.** Peste, epidemia.

plagiar (pla-**giar**) *v. tr.* Copiar ideas o palabras, obras ajenas, presentándolas como propias. *El ganador*

plagio - planificación

del concurso plagió una obra ya publicada. **SIN.** Reproducir, imitar, fusilar. En cuanto al acento, se conjuga como cambiar.

plagio (**pla**-gio) s. m. Acción y efecto de plagiar. *Aquella canción era un plagio descarado.* **SIN.** Imitación, copia, reproducción.

plan s. m. **1.** Idea de hacer algo. *No tengo planes para las vacaciones.* **2.** Esquema o diseño de una cosa. *Les expuso su plan de trabajo.* **SIN.** Bosquejo, idea. **3.** *Croquis. **4.** Conjunto de objetivos y de medidas que el gobierno de un país toma para que dentro de ellos se desenvuelva la actividad económica del mismo. *Estaban elaborando un nuevo plan de desarrollo.* **SIN.** Proyecto, programa. || **5. plan de estudios** Conjunto de enseñanzas y prácticas que han de cursarse para cumplir un ciclo de estudios u obtener un título. **6. plan de vuelo** Documento que obligatoriamente deben formalizar los pilotos antes de emprender un viaje.

plana[1] (**pla**-na) s. f. Llana de albañil. *Aplicó el yeso con la plana.*

plancton (**planc**-ton) s. m. Conjunto de animales diminutos que flotan en el agua salada o dulce. *El plancton sirve de alimento a seres superiores.*

planeador (pla-ne-a-**dor**) s. m. Avión sin motor. *Voló en un planeador.*

planeadora (pla-ne-a-**do**-ra) s. f. Barca aerodinámica con motor fuera borda. *Fue al pantano a navegar en su planeadora.*

planear[1] (pla-ne-**ar**) v. tr. **1.** Trazar o formar el plan de una obra. *Planearon una nueva forma de enfocarlo.* **SIN.** Bosquejar, proyectar, concebir. **2.** Hacer o forjar planes. *Estaban planeando la excursión de final de curso.* **SIN.** Concebir, proponer, sugerir.

planear[2] (pla-ne-**ar**) v. intr. Sostenerse en el aire, volar o descender un avión lentamente con el motor parado. *El avión planeaba cerca de la costa.*

planeta (pla-**ne**-ta) s. m. Cuerpo celeste opaco que sólo brilla por la luz que refleja del Sol, alrededor del cual gira. *Los planetas de nuestro sistema solar son: Mercurio, Venus, Tierra, Marte, Júpiter, Saturno, Urano, Neptuno y Plutón.*

MAGNITUDES PLANETARIAS

Nombre	Distancia media al Sol millones de km	Diámetro en el ecuador km	Órbita solar	Rotación sobre su eje
Sol	–	1 392 000	–	25 1/3 días
Mercurio	58	4 850	88 días	59 días
Venus	108	12 140	224 días	244 días
Tierra	150	12 756	365 1/4 días	23:56 horas
Marte	228	6 790	687 días	24:37 horas
Júpiter	778	142 600	11,9 años	9:50 horas
Saturno	1 424	120 200	29,5 años	10:14 horas
Urano	2 870	49 000	84 años	11 horas
Neptuno	4 497	50 000	164,8 años	15:48 horas
Plutón	5 900	3 000	247,7 años	153 horas

plana[2] (**pla**-na) s. f. *Página.

plancha (**plan**-cha) s. f. **1.** Pieza de metal delgada y lisa. *El soldador unió las planchas de hierro.* **SIN.** Chapa, tabla, placa, hoja. **2.** Utensilio que sirve para quitar las arrugas de la ropa. *La plancha tan caliente te quemará la ropa.* **3.** *fam.* Desacierto o error que hace quedar en situación ridícula. *¡Vaya plancha que se llevó el pobre!* || **LOC. a la plancha** Se aplica al alimento asado o tostado con poca grasa.

planchar (plan-**char**) v. tr. Estirar y alisar la ropa pasando sobre ella una plancha caliente. *Hay que planchar estas camisas.*

planchazo (plan-**cha**-zo) s. m., *fam.* Desacierto o error. *Fue un buen planchazo.* **SIN.** Yerro, pifia, torpeza. **ANT.** Agudeza.

planetario, ria (pla-ne-**ta**-rio) s. m. Lugar destinado a la exposición, estudio y observación de temas astronómicos. *La visita al planetario fue de lo más interesante.*

planicie (pla-**ni**-cie) s. f. Llanura, campo sin altos ni bajos. *Al mirar a lo lejos sólo se veía una extensa planicie.* **SIN.** Extensión, planada, llano.

planificación (pla-ni-fi-ca-**ción**) s. f. **1.** Plan general, organizado y estudiado para alcanzar un objetivo determinado, en el campo económico, científico, industrial, etc. *Había grandes reformas en la planificación económica.* || **2. planificación familiar** Determinación del número de hijos que una familia desea mediante control de natalidad u otros planes.

planificar (pla-ni-fi-**car**) *v. tr.* Someter a un plan determinado cualquier actividad. *Planificaron la nueva circulación por las calles de la ciudad.* **SIN.** Plantear, proyectar. ✎ Se conjuga como abarcar.

planisferio (pla-nis-**fe**-rio) *s. m.* Representación de la esfera celeste o de la terrestre en un plano. *Consultó la situación en un planisferio.* **SIN.** Mapa.

planning *s. m.* Conjunto de técnicas y programas para conseguir el máximo aprovechamiento de medios y recursos en la producción empresarial. *Discutieron el planning del año próximo.* **SIN.** Planificación, plan.

plano, na (**pla**-no) *adj.* **1.** Llano, liso. *Estaba buscando un terreno plano para construir su casa.* **SIN.** Raso, uniforme, igual. **ANT.** Desigual. ‖ *s. m.* **2.** Superficie plana, representación de dos dimensiones. *Dibuja dos planos perpendiculares.* **3.** Representación gráfica en una superficie de un terreno o de la planta de un edificio, etc. *Les enseñó el plano del piso.* **SIN.** Mapa, croquis. **4.** Nivel, estado en que se encuentra una cosa o persona. *En el plano económico le va bastante bien.* **5.** Parte de una escena que se rueda sin detener la cámara. *Filmó varios planos.* **SIN.** Toma. ‖ **6. plano inclinado** Máquina elemental que consiste en una superficie plana dispuesta en pendiente; se emplea para elevar cargas pesadas con fuerzas relativamente pequeñas. **7. primer plano** Toma o grabación de personas u objetos desde muy cerca. ‖ **LOC. de plano** Enteramente, clara y abiertamente.

planta (**plan**-ta) *s. f.* **1.** Parte inferior del pie, con la que se pisa. *Tiene las plantas de los pies sucias por haber andado descalzo.* **2.** Vegetal, ser que vive y crece sin moverse por propio impulso. *La planta de la patata da flores blancas.* **3.** Conjunto de habitaciones o viviendas de un edificio que están a la misma altura. *La salita está en la planta baja.* **SIN.** Piso. **4.** Figura que forman sobre el terreno los cimientos de un edificio o la sección horizontal de los diferentes pisos. *Les enseñó un plano de la planta del edificio.* ‖ **5. buena planta** *fam.* Buena presencia.

plantar (plan-**tar**) *v. tr.* **1.** Meter en tierra una planta, un esqueje, etc. para que arraigue. *Plantó rosales en el jardín.* **SIN.** Cultivar, sembrar. **2.** Poblar de plantas un terreno. *Plantó lechugas en la huerta.* **SIN.** Sembrar. **3.** Dejar a alguien burlado o abandonarle. *Le plantó sin más explicaciones.* **SIN.** Burlar, chasquear. ‖ *v. prnl.* **4.** *fam.* Ponerse de pie firme ocupando un lugar o sitio. *Se plantó allí delante.* **5.** *fam.* Llegar con brevedad a un lugar, trasladarse a él en poco tiempo. *Se plantó en casa en un momento.* **6.** *fam.* Decidirse a no hacer o a resistir alguna cosa. *Se plantó y dijo que no seguiría en esas condiciones.*

plantear (plan-te-**ar**) *v. tr.* **1.** Exponer o presentar un tema, reforma, cuestión, duda, etc. *Le planteó los hechos.* **2.** Estudiar el plan de una cosa para alcanzar el acierto en ella. *La solución que planteaba podía no ser tan mala.*

plantel (plan-**tel**) *s. m.* Lugar o reunión de gente en que se forman personas capaces para una profesión, ejercicio, etc. *Contaba con un extraordinario plantel.*

plantificar (plan-ti-fi-**car**) *v. tr.* **1.** Plantear, establecer. *Se lo plantificó de golpe.* **2.** Poner, colocar. **GRA.** También v. prnl. *Lo plantificó allí sin preguntar ni siquiera si estorbaba.* **3.** *fam.* Plantar, golpear. *Le plantificó una bofetada.* ‖ *v. prnl.* **4.** *fam.* Plantarse, llegar pronto a un lugar. *Se plantificó en un periquete.* ✎ Se conjuga como abarcar.

plantígrado, da (plan-**tí**-gra-do) *adj.* Se dice de los cuadrúpedos que al andar apoyan en el suelo toda la planta de los pies y las manos. **GRA.** También s. m. *El oso es un animal plantígrado.*

plantilla (plan-**ti**-lla) *s. f.* **1.** Suela con la que se cubre interiormente la planta del calzado. *Se compró unas plantillas porque los zapatos le quedaban un poco grandes.* **2.** Conjunto de personas fijas que trabajan en una empresa o fábrica. *Había más de cuatrocientas personas en plantilla.* **3.** Conjunto de jugadores de un equipo. *La mitad de la plantilla estaba lesionada.* ‖ **4. plantilla ortopédica** La que sirve para corregir un defecto de la configuración ósea del pie o la pierna.

plantío, a (plan-**tí**-o) *s. m.* Terreno plantado de vegetales. *Detrás de la casa había un plantío.*

plantón, dar (plan-**tón**) *loc.* Hacer esperar a alguien más de lo debido o no acudir a la cita. *¡Vaya plantón que me diste el domingo!*

plañidero, ra (pla-ñi-**de**-ro) *adj.* **1.** Lloroso y lastimero. *Me habló con voz plañidera.* **SIN.** Llorica, quejumbroso. **ANT.** Alegre, risueño. ‖ *s. f.* **2.** Mujer contratada para asistir a los funerales y llorar por el difunto. *Los romanos solían contratar plañideras.*

plañir (pla-**ñir**) *v. intr.* *Gimotear. ✎ v. irreg., se conjuga como mullir.

plaqueta (pla-**que**-ta) *s. m.* **1.** Elemento celular microscópico de la sangre, en forma de disco. Interviene principalmente en el fenómeno de la coagulación. *Tenía un nivel bajo de plaquetas.* **2.** Baldosa de cerámica utilizada para cubrir suelos. *La plaque-*

plasma - platillo

ta de la pared de la cocina es de tonos marrones. **SIN.** Azulejo.

plasma (**plas**-ma) *s. m.* Parte líquida de la sangre que sirve de medio de nutrición para los tejidos y contiene una amplia variedad de sustancias, como proteínas, agente coagulantes, anticuerpos, etc. *La sangre está compuesta de un 55% de plasma, aproximadamente.*

plasmar (plas-**mar**) *v. tr.* Dar figura a una idea o forma a una cosa. *Plasmó sus sentimientos en el cuadro.* **SIN.** Crear, formar, modelar.

plasta (**plas**-ta) *s. f.* **1.** Cualquier masa blanda. *Este arroz se ha quedado como una plasta.* ‖ *adj.* **2.** Pesado, aburrido, dicho especialmente de personas. *Es un poco plasta.* **SIN.** Pasmarote, parado.

plaste (**plas**-te) *s. m.* Pasta preparada que se aplica sobre las superficies ásperas o irregulares para alisarlas antes de ser pintadas. *Tapa los agujeros con un poco de plaste.*

plástica (**plás**-ti-ca) *s. f.* **1.** Arte de plasmar, de dar forma a cosas de barro, yeso, etc. *Da clases de plástica.* ‖ **2. artes plásticas** Se llama así a todas las artes, técnicas o medios que tratan con pintura u otros materiales de cierta plasticidad o visualidad.

plástico, ca (**plás**-ti-co) *adj.* **1.** Blando, que se deja modelar fácilmente. *Es una sustancia muy plástica.* **SIN.** Maleable, moldeable. **ANT.** Rígido. **2.** Se dice del estilo o de la frase de gran fuerza expresiva. *Sus descripciones siempre son muy plásticas.* ‖ *s. m.* **3.** Nombre genérico de ciertas materias sintéticas que generalmente se ablandan por el calor y pueden modelarse mediante presión. *Cubrió las sillas del jardín con un plástico.*

plastificar (plas-ti-fi-**car**) *v. tr.* Recubrir de sustancia plástica una materia, especialmente el papel. *Plastificó las tapas del libro.* 🖎 Se conjuga como abarcar.

plastilina (plas-ti-**li**-na) *s. f.* Material blando y modelable de diferentes colores. *Hicieron varias figurillas con plastilina.*

plasto (**plas**-to) *s. m.* Cada uno de ciertos organillos dotados de vitalidad propia que se encuentran en la célula vegetal. *Los plastos tienen una membrana doble.* **SIN.** Plastidio.

plata (**pla**-ta) *s. f.* **1.** Metal precioso de color blanco brillante, dúctil y maleable. *El símbolo de la plata es Ag.* **2.** Dinero. *Este negocio le ha proporcionado mucha plata.* ‖ **LOC. como la plata** *fam.* Limpio o reluciente.

plataforma (pla-ta-**for**-ma) *s. f.* **1.** Tablero horizontal, elevado sobre el suelo, donde se colocan personas o cosas. *Hicieron la representación sobre una plataforma.* **SIN.** Tablado, entarimado. **2.** Parte anterior y posterior de los tranvías, coches de ferrocarril, etc. en la que se va de pie. *Nos tocó ir en la plataforma.* ‖ **3. plataforma continental** Superficie de un fondo submarino cercano a la costa. **4. plataforma de lanzamiento** Instalación para preparar y llevar a cabo el lanzamiento de cohetes o naves espaciales.

plátano (**plá**-ta-no) *s. m.* **1.** Planta tropical de fruto comestible envuelto en una piel, blando y de sabor agradable. *En Canarias hay importantes plantaciones de plátanos.* **2.** Fruto de esta planta. *De postre se tomó un plátano.*

platea (pla-**te**-a) *s. f.* En los teatros y los cines, patio de butacas. *Sacamos entradas de platea para ver "Don Juan Tenorio".*

platelminto (pla-tel-**min**-to) *adj.* Se dice del gusano de cuerpo aplanado, prolongado u oval, y desprovisto de apéndices. **GRA.** También *s. m. pl. Los platelmintos son parásitos.*

plateresco, ca (pla-te-**res**-co) *adj.* Se dice del estilo arquitectónico desarrollado en España durante el s. XVI, de gran fastuosidad, y a cuya formación contribuyeron elementos renacentistas italianos, góticos preciosistas, temas de arte popular y las innovaciones constructivas de la época. *La fachada de ese edificio es de estilo plateresco.*

plática (**plá**-ti-ca) *s. f.* **1.** Conversación, acto de hablar una o varias personas con otra u otras. *Estuvieron toda la tarde de plática.* **SIN.** Charla, coloquio. **2.** Sermón corto. *El sacerdote pronunció una plática sobre la solidaridad.*

platicar (pla-ti-**car**) *v. tr.* Conversar, hablar unos con otros. **GRA.** Se usa más como *v. intr. Estuvieron platicando durante horas.* **SIN.** Charlar, coloquiar, departir. 🖎 Se conjuga como abarcar.

platija (pla-**ti**-ja) *s. f.* Pez marino parecido al lenguado, pero de escamas más fuertes y unidas y de color pardo con manchas amarillas en la parte superior. *La carne de la platija es poco apreciada.*

platillo (pla-**ti**-llo) *s. m.* **1.** Pieza pequeña de figura parecida al plato, cualquiera que sea su uso. *Puso un platillo debajo del tiesto.* **2.** Cada una de las dos piezas, generalmente en forma de plato o de disco, que tiene la balanza. *Nivela los platillos de la balanza.* ‖ *s. m. pl.* **3.** Cada una de las dos chapas metálicas circulares que forman un instrumento de percusión, usado para acompañamiento. *En la orquesta tocaba los platillos.* ‖ **4. platillo volante** *fam.* Obje-

platino - plebeyo

to supuestamente desconocido y volador, usado en ciencia-ficción como vehículo de comunicación extraterrestre, con forma circular y gran velocidad de desplazamiento. **SIN.** Ovni.

platino (pla-**ti**-no) *s. m.* Metal precioso de color blanco grisáceo, que es el más pesado e inatacable de todos. *El símbolo del platino es Pt.*

platirrino, na (pla-ti-**rri**-no) *adj.* Se dice de cierta especie de monos que tienen la nariz muy ensanchada. **GRA.** También s. m. *Los platirrinos tienen costumbres arborícolas.* **SIN.** Ceboideo.

plato (**pla**-to) *s. m.* **1.** Recipiente más o menos plano que sirve para comer los alimentos. *Pon los platos de la vajilla nueva.* **2.** Alimento que se sirve en los platos. *Se tomó un buen plato de sopa.* **3.** Manjar preparado para ser comido. *De segundo plato hay cordero asado.* **4.** Platillo de la balanza. *Trata de igualar los dos platos.* **5.** Giradiscos, mecanismo para reproducir los discos musicales de vinilo. *Quería un equipo de música con plato.* ‖ **6. plato combinado** Aquel en que se combinan en un solo plato todos los alimentos que se van a tomar en una comida. **7. plato sopero** Plato hondo que sirve para comer en él la sopa. **8. plato llano** Plato menos hondo en el que se suele comer carnes, pescados, etc., pero no líquidos. **9. tiro al plato** Deporte consistente en disparar con escopeta a un platillo de materia cerámica lanzado a gran velocidad, imitando el vuelo de las aves. ‖ **LOC. no haber roto alguien un plato** *fam.* No haber cometido ninguna falta. **ser alguien plato de segunda mesa** *fam.* Ser desconsiderado, o sentirse rebajado de categoría. **no ser un plato de gusto** *fam.* Expresión para indicar la incomodidad o disgusto de un asunto.

plató (pla-**tó**) *s. m.* Recinto cubierto existente en los estudios cinematográficos, adecuadamente preparado para servir de escenario a la película que se va a rodar. *Están ensayando en el plató.* **SIN.** Escenario, estudio.

platónico, ca (pla-**tó**-ni-co) *adj.* **1.** Que sigue la escuela y filosofía de Platón o que pertenece o se refiere a ella. **GRA.** También s. m. y s. f. *Le interesa mucho la filosofía platónica.* **2.** Se dice del amor desinteresado, meramente ideal. *Sentía hacia ella un amor platónico.*

plausible (plau-**si**-ble) *adj.* **1.** Merecedor o digno de aplauso. *Su actitud me parece muy plausible.* **SIN.** Laudable, loable, meritorio, encomiable. **ANT.** Reprobable, rechazable. **2.** Atendible, admisible, recomendable. *Sus pretensiones son muy plausibles.*

play-back *s. m.* Grabación de una pieza músico-vocal desprovista de la voz. *Era una actuación en play-back.* ‖ **LOC. hacer play-back** Ejecución simulada de una pieza musical grabada previamente.

play-off *s. m.* Fase final de algunas competiciones deportivas. *Jugaron el play-off por el título.*

playa (**pla**-ya) *s. f.* Orilla del mar o del río casi llana y cubierta de arena. *Los niños hacen castillos de arena en la playa.* **SIN.** Costa, litoral, margen, ribera.

playboy *s. m.* Hombre mujeriego. *Tenía fama de playboy.* **SIN.** Conquistador, donjuán. **ANT.** Misógino.

playeras (pla-**ye**-ras) *s. f.* Zapatilla con suela de goma que se usa para hacer deporte. *Se puso las playeras para jugar al fútbol.* 🔍 Se usa más en plural.

plaza (**pla**-za) *s. f.* **1.** Lugar amplio y espacioso de un pueblo o ciudad, en el que suelen ir a parar varias calles. *Los ancianos se reúnen en la plaza.* **SIN.** Plazoleta, ronda, ágora, foro, glorieta. **2.** Lugar determinado para una persona o cosa. *Todas las plazas del tren están ocupadas.* **SIN.** Puesto, sitio. **3.** Lugar espacioso de una población donde se celebran mercados. *Siempre va a comprar la fruta a la plaza.* **SIN.** Zoco, mercado. **4.** Cualquier lugar fortificado para que la gente se pueda defender del enemigo. *Guzmán el Bueno no rindió la plaza de Tarifa.* **SIN.** Castillo, fortaleza. **5.** Puesto que se ocupa en un trabajo. *La plaza estaba vacante.* **SIN.** Cargo. ‖ **6. plaza de abastos** Mercado. **7. plaza de armas, o fuerte** Población fortificada. **8. plaza de toros** Circo o foro cerrado y circular donde se lidian toros.

plazo (**pla**-zo) *s. m.* **1.** Término o tiempo señalado para una cosa. *Le dio un plazo de cinco días.* **SIN.** Fecha, vencimiento. **2.** Vencimiento de este tiempo. *Se acabó el plazo de solicitud de matrícula.* **SIN.** Prescripción. **3.** Cada una de las partes en que puede realizarse el pago de una cosa. *Lo pagamos en tres plazos.*

plazoleta (pla-zo-**le**-ta) *s. f.* Plaza pequeña que suele haber en los jardines y paseos. *Te espero junto a la fuente de la plazoleta.* **SIN.** Glorieta.

pleamar (ple-a-**mar**) *s. f.* Fin o término de la marea creciente del mar, y tiempo que ésta dura. *Había pleamar.*

plebe (**ple**-be) *s. f.* **1.** Estado llano. *Las medidas provocaron el descontento de la plebe.* **SIN.** Pueblo. **2.** *Vulgo, chusma. **SIN.** Populacho.

plebeyo, ya (ple-**be**-yo) *adj.* **1.** Propio de la plebe o relativo a ella. *Se expresó en un lenguaje muy plebeyo.* **2.** Se dice de la persona que no es noble ni hidalga. **GRA.** También s. m. y s. f. *Pertenecía a una fa-

plebiscito - plinto

milia plebeya. **SIN.** Villano, pueblerino. **ANT.** Patricio, noble. **3.** Ordinario, vulgar. *Sus modales eran muy plebeyos.* **SIN.** Soez, grosero. **ANT.** Noble, educado.

plebiscito (ple-bis-**ci**-to) *s. m.* Resolución tomada por todo un pueblo por mayoría de votos. *La entrada en la organización fue aprobada por plebiscito.* **SIN.** Referéndum, sufragio, votación.

plegamiento (ple-ga-**mien**-to) *s. m.* Deformaciones de la corteza formadas como consecuencia del empuje de unas placas contra otras. *En aquella zona se habían formado plegamientos.*

plegar (ple-**gar**) *v. tr.* **1.** Hacer pliegues en una cosa. **GRA.** También v. prnl. *Pliega la tela.* **SIN.** Fruncir(se), doblar(se) **ANT.** Estirar(se). **2.** En imprenta, doblar los pliegos de los que se compone un libro que se ha de encuadernar. *Estaban plegando el libro.* ‖ *v. prnl.* **3.** Ceder, someterse. *Se plegó a sus deseos.* **SIN.** Doblegarse. **ANT.** Rebelarse. ✎ v. irreg., se conjuga como acertar. Se escribe "gu" en vez de "g" seguido de "-e".

plegaria (ple-**ga**-ria) *s. f.* Súplica humilde y ferviente para pedir una cosa. *Elevó a Dios sus plegarias.* **SIN.** Oración, rezo.

pleitear (plei-te-**ar**) *v. tr.* Litigar o contender judicialmente sobre una cosa. *Pleiteó aquella sentencia.* **SIN.** Querellarse.

pleitesía (plei-te-**sí**-a) *s. f.* En la actualidad se usa literariamente con el significado de homenaje, cortesía que se debe a una persona. *Le rindió pleitesía.* **SIN.** Acatamiento, sumisión.

pleito (**plei**-to) *s. m.* **1.** Contienda, disputa, litigio judicial entre partes. *Ganaron el pleito.* **SIN.** Querella. **2.** Disputa o riña doméstica o privada. *Siempre andaban con pleitos entre los dos hermanos pequeños.*

plenario, ria (ple-**na**-rio) *adj.* **1.** Completo, lleno, total. *Había una asamblea plenaria.* **2.** Se dice de la indulgencia que perdona toda la pena. *Concedió indulgencia plenaria.*

plenilunio (ple-ni-**lu**-nio) *s. m.* *Luna llena.

plenipotencia (ple-ni-po-**ten**-cia) *s. f.* Poder pleno que se concede a otra persona para realizar, concluir o resolver una cosa. *El embajador tenía la plenipotencia que le otorgaba el gobierno.*

plenitud (ple-ni-**tud**) *s. f.* **1.** Totalidad, integridad o calidad de pleno. *Hizo testamento en plenitud de sus facultades mentales.* **2.** Momento culminante de una cosa. *Se hallaba en la plenitud de su carrera como artista.* **SIN.** Apogeo, auge, culminación. **ANT.** Ocaso.

pleno, na (**ple**-no) *adj.* **1.** Entero, completo. *Se hallaba pleno de felicidad.* **SIN.** Lleno, henchido, colmado. **ANT.** Vacío, hueco. **2.** Se dice del momento central de algo. *Estaba en pleno apogeo.* ‖ *s. m.* **3.** Reunión o junta general de una corporación. *Asistió al pleno del ayuntamiento.* **SIN.** Asamblea.

pleonasmo (ple-o-**nas**-mo) *s. m.* Figura literaria que consiste en emplear en la oración más palabras de las necesarias para darle mayor expresividad. *"Lo vi con mis propios ojos".* **SIN.** Redundancia.

pletina (ple-**ti**-na) *s. f.* Equipo capaz de leer o grabar una cinta magnética. *Tiene doble pletina.*

pletórico, ca (ple-**tó**-ri-co) *adj.* Eufórico, satisfecho. *Estaba pletórico con sus últimos éxitos.* **SIN.** Lleno, repleto. **ANT.** Vacío, vacuo.

pleura (**pleu**-ra) *s. f.* Cada una de las dos membranas que, en ambos lados del pecho, cubren las paredes de la cavidad torácica y la superficie de los pulmones. *Tenía una afección en la pleura.*

pleuritis (pleu-**ri**-tis) *s. f.* Inflamación crónica de la pleura. *Le diagnosticaron pleuritis aguda.* **SIN.** Pleuresía. ✎ Invariable en número.

plexiglás (ple-xi-**glás**) *s. m.* **1.** Resina sintética que tiene el aspecto del vidrio. *La cabina del cañón era de plexiglás.* **2.** Material transparente y flexible del que se hacen telas, tapices, etc. *Se puso una capa de plexiglás para protegerse de la lluvia.*

pliego (**plie**-go) *s. m.* **1.** Porción o pieza de papel de forma rectangular y doblada por medio. *Dobló la hoja en varios pliegos.* **2.** Por ext., hoja de papel sin doblar en que se hacen dibujos, planos, mapas, etc. *Haz el mapa en un pliego más grande.* **SIN.** Folio. ‖ **3. pliego de cargos** Exposición de cargos que se hace contra un empleado al formarle expediente. **4. pliego de condiciones** Papel comprensivo de las condiciones que se proponen o se aceptan en un contrato, concesión o subasta. **5. pliego de descargo** Documento con el que se contesta a un pliego de cargos.

pliegue (**plie**-gue) *s. m.* **1.** Doblez que se hace en un papel, tela u otra cosa flexible. *La falda llevaba unos pliegues en la cintura.* **SIN.** Plegadura, frunce, lorza. **2.** Marca que queda. *Ten cuidado al planchar, te están quedando pliegues.*

plinto (**plin**-to) *s. m.* **1.** Cuadrado sobre el que asienta la base de la columna. *Las columnas de ese templo no tenían plinto.* **2.** Aparato para realizar ejercicios de gimnasia formado por distintos cajones superpuestos, según la altura que se quiera saltar. *Se pusieron en fila para saltar el plinto.*

plisar - pluviómetro

plisar (pli-**sar**) *v. tr.* Hacer que una tela quede formando pliegues iguales y muy menudos. *Plisó la tela para hacer una falda.*

plomar (plo-**mar**) *v. tr.* Poner un sello de plomo pendiente de hilos en un documento. *Plomó la carta.*

plomizo, za (plo-**mi**-zo) *adj.* **1.** Que tiene plomo o parecido al plomo en alguna de sus cualidades. *Es un material plomizo.* **2.** De color de plomo. *Llevaba una chaqueta de tonos plomizos.*

plomo (**plo**-mo) *s. m.* **1.** Metal pesado, blando, fusible, de color gris ligeramente azulado, que al aire se toma con facilidad y que con los ácidos forma sales venenosas. *El símbolo del plomo es Pb.* **2.** Persona pesada y molesta. *No seas plomo y vete ya.* **SIN.** Latoso. ‖ **LOC. a plomo** Verticalmente. **caer a plomo** Caer con todo el peso del cuerpo.

pluma (**plu**-ma) *s. f.* **1.** Cada una de las partes que cubren el cuerpo de las aves. *Le regalaron un loro con plumas de vistosos colores.* **2.** Instrumento que sirve para escribir. *Carlos tiene un juego de pluma y bolígrafo.* **3.** *Escritor. **4.** Estilo o manera de escribir. *En aquella narración se podía reconocer claramente su pluma.* **5.** Profesión de escritor. *La pluma no le producía muchos beneficios.* **SIN.** Literatura. **6.** Mástil de una grúa. *Al terminar el edificio retiraron la pluma.* **7.** *fam.* Expresividad exaltada del hombre afeminado. *Tiene mucha pluma.* ‖ **8. pluma estilográfica** La de mango hueco lleno de tinta que fluye a los puntos de ella sin necesidad de emplear el tintero.

plumazo, de un *loc., fam.* Expresión con que se denota el modo rápido de abolir o suprimir alguna cosa. *Abolieron ese derecho de un plumazo.*

plumero (plu-**me**-ro) *s. m.* Conjunto de plumas, generalmente atadas a un mango de madera, que sirve para quitar el polvo. *Pasa el plumero a estos libros.* ‖ **LOC. vérsele a alguien el plumero** *fam.* Descubrir sus intenciones o pensamientos ocultos.

plumier (plu-**mier**) *s. m.* Caja que sirve para guardar los útiles de escritura. *Olvidó su cuaderno y su plumier.* **SIN.** Plumero, estuche.

plumífero (plu-**mí**-fe-ro) *s. m.* Prenda de abrigo confeccionada con tela impermeable y relleno de plumas. *Si vas mañana a la montaña, no olvides llevar el plumífero, está nevando.*

plumilla (plu-**mi**-lla) *s. f.* Instrumento de metal que, mojado en tinta, sirve para escribir. *Estaba rotulado a plumilla.*

plumín (plu-**mín**) *s. m.* Plumilla de la pluma estilográfica. *Necesito un plumín nuevo.*

plumón (plu-**món**) *s. m.* Pluma muy delgada y sedosa que tienen las aves debajo del plumaje exterior. *Ese cojín está relleno de plumones.* **SIN.** Pelusa.

plural (plu-**ral**) *adj.* **1.** Se dice del número del sustantivo que se refiere a más de un ser. **GRA.** También s. m. *"Mesas" es plural.* **ANT.** Singular. ‖ **2. plural de modestia** Uso de la primera persona de plural cuando alguien quiere quitarse importancia. **3. plural mayestático** Uso de la primera persona de plural para expresar autoridad o dignidad.

pluralidad (plu-ra-li-**dad**) *s. f.* **1.** Multitud, número grande de algunas cosas, o el mayor número de ellas. *Obtuvo pluralidad de votos.* **2.** Variedad, diversidad. *Estaban representadas pluralidad de razas.*

pluriempleo (plu-riem-**ple**-o) *s. m.* Situación social caracterizada por el desempeño de varios cargos, empleos, oficios, etc. por la misma persona. *Se queja y encima tiene pluriempleo.*

plus *s. m.* Gratificación, remuneración adicional o sobresueldo. *Cobraba el sueldo más un plus de producción.*

pluscuamperfecto (plus-cuam-per-**fec**-to) *adj.* Se dice del tiempo que enuncia que una cosa estaba ya hecha o podía estarlo cuando otra se hizo. **GRA.** También s. m. *"Hubiera cantado" es un pluscuamperfecto.*

plusmarca (plus-**mar**-ca) *s. f.* Marca que supera a las demás en un ámbito regional, continental o mundial, por categorías o sexo y dentro de competiciones reglamentarias. *Acababa de batir la plusmarca mundial.* **SIN.** Récord.

plusmarquista (plus-mar-**quis**-ta) *s. m. y s. f.* Deportista que ha establecido una plusmarca. *Los periodistas acosaron al famoso plusmarquista.*

plusvalía (plus-va-**lí**-a) *s. f.* Aumento del valor de una cosa por razones ajenas a la cosa misma. *Los coches han alcanzado en estos últimos años una importante plusvalía.*

plutocracia (plu-to-**cra**-cia) *s. f.* Preponderancia de los ricos en el gobierno del Estado. *El país era una plutocracia.*

plutonio (plu-**to**-nio) *s. m.* Elemento metálico radiactivo que se encuentra en pequeñas proporciones en ciertas variedades de blenda. *El símbolo del plutonio es Pu.*

pluvial (plu-**vial**) *adj.* Se dice del agua de lluvia. *Régimen pluvial.*

pluviómetro (plu-**vió**-me-tro) *s. m.* Aparato que sirve para medir la lluvia que cae en un lugar y tiempo determinados. *Tomó los datos del pluviómetro.*

pluvioso (plu-**vio**-so) *adj.* *Lluvioso.
poblacho (po-**bla**-cho) *s. m., desp.* Pueblo ruin y destartalado. *En aquel poblacho sólo quedaban ya dos personas.* **SIN.** Aldehuela, villorrio.
población (po-bla-**ción**) *s. f.* **1.** Número de personas que viven en un lugar. *La población de América ha aumentado mucho durante el siglo XX.* **SIN.** Habitantes. **2.** Lugar con calles y casas donde viven personas. *Esta población tiene una bonita plaza.* **SIN.** Ciudad, villa, localidad. **3.** Acción y efecto de poblar. *Aquellas gentes iniciaron la población de los desconocidos territorios.* **4.** Conjunto de seres vivos que pertenecen a una misma especie. *La población animal de la zona es muy variada.* ‖ **5. población absoluta** El número de habitantes que hay en un territorio determinado. **6. población activa** Parte de la población de un país que tiene actividad laboral. **7. población relativa** El número de habitantes por kilómetro cuadrado que hay en un territorio determinado.
poblado (po-**bla**-do) *s. m.* *Población.
poblar (po-**blar**) *v. tr.* **1.** Fundar uno o más pueblos. **GRA.** También v. intr. *Los romanos habían poblado aquellas tierras.* **2.** Ocupar la gente un sitio para trabajar o habitar en él. *Varios jóvenes poblaron aquellos pueblos abandonados.* **SIN.** Llenar, asentarse. **ANT.** Emigrar, desertar. **3.** Por ext., se dice de animales, plantas y cosas. *Hermosas hayas poblaban el extenso bosque.* ‖ *v. prnl.* **4.** Ir echando la nueva hoja los árboles. *Los árboles se poblaron con el buen tiempo.* ✎ v. irreg., se conjuga como contar.
pobre (po-bre) *adj.* **1.** Que no tiene lo necesario para vivir. **GRA.** También s. m. y s. f. *El hombre más rico del pueblo, de joven era muy pobre.* **SIN.** Indigente, necesitado, menesteroso, miserable. **ANT.** Rico, opulento, afortunado. **2.** Escaso, que carece de algo para su cumplimiento. *El banquete me pareció un poco pobre.* **SIN.** Corto, falto. **ANT.** Largo, abundante, sobrado. **3.** Humilde, insignificante. *Sus argumentos fueron muy pobres.* **4.** Infeliz, desdichado o triste. *La pobre tenía muy mala suerte.* ‖ **5. pobre de espíritu** Se dice de la persona falta de decisión. ‖ **LOC. ¡pobre de mí!** Expresión de queja por las circunstancias propias o el estado en que alguien se halla. **¡pobre!** Expresión para indicar compasión por una persona.
pobreza (po-**bre**-za) *s. f.* **1.** Escasez o carencia de lo necesario para vivir. *Aquellas familias vivían en la pobreza.* **SIN.** Necesidad, indigencia, estrechez, penuria, miseria. **ANT.** Riqueza, generosidad, hartura.

2. Falta, escasez. *Teniendo en cuenta la pobreza de medios, lo que hemos hecho no está nada mal.*
pocero, ra (po-**ce**-ro) *s. m. y s. f.* **1.** Persona que fabrica, hace pozos o trabaja en ellos. *Trabajaba como pocero.* **2.** Persona que limpia los pozos o depósitos de las inmundicias. *Llamaron al pocero para que lo desatascara.*
pocho, cha (**po**-cho) *adj.* **1.** Descolorido, apagado. *Le encontré un poco pocho.* **ANT.** Lozano, fresco. **2.** *Enfermo. **3.** Podrido, especialmente la fruta. *Estas manzanas están un poco pochas.*
pocholada (po-cho-la-da) *s. f., fam.* Cualquier cosa bonita o graciosa. *¡Qué pocholada de habitación!*
pocilga (po-**cil**-ga) *s. f.* **1.** Establo para ganado de cerda. *Estaba limpiando la pocilga.* **2.** *fam.* Lugar hediondo y asqueroso. *Tienes la habitación como una pocilga.* **SIN.** Cuchitril, chiquero, cochiquera.
pocillo (po-**ci**-llo) *s. m.* Taza pequeña para servir té o café. *Saca los pocillos para el café.*
pócima (**pó**-ci-ma) *s. f.* **1.** Cocimiento medicinal de materias vegetales. *Decía que aquella pócima tenía propiedades curativas milagrosas.* **2.** Cualquier bebida medicinal. *No sé cómo puedes tomarte esa pócima.* ‖ *s. f.* **3.** *fam.* Veneno, sustancia líquida que puede causar trastornos. *La bruja les había envenenado con una extraña pócima.* **SIN.** Brebaje, potingue.
poción (po-**ción**) *s. f.* Bebida, y especialmente la medicinal. *Le preparó una poción de hierbas.*
poco, ca (**po**-co) *adj.* **1.** Escaso, limitado y corto en cantidad o calidad. *Este año hemos cosechado poco trigo. Ha tardado poco.* **SIN.** Corto, parvo. **ANT.** Mucho, suficiente, completo, bastante. ‖ *s. m.* **2.** Cantidad pequeña. *Dame un poco.* ‖ *adv. c.* **3.** Con escasez, en corto grado. *Me pareció poco.* **4.** Con verbos expresivos de tiempo, denota corta duración. *Duró poco.* **5.** Se antepone a otros adverbios y adjetivos denotando idea de comparación. *Parece poco agradable.* ‖ **LOC. poco a poco** Despacio, con lentitud. | De corta en corta cantidad. | Expresión que sirve para contener o amenazar al que se va precipitando en obras o palabras. **poco, o sobre poco, más o menos** Con corta diferencia. **por poco** Expresión con que se da a entender que apenas faltó nada para que sucediese una cosa. **tener alguien en poco a una persona o cosa** Desestimarla, no hacer aprecio de ella.
poda (**po**-da) *s. f.* Acción y efecto de podar, tiempo en que se realiza. *Se acercaba el tiempo de la poda.*
podar (po-**dar**) *v. tr.* **1.** Cortar o quitar las ramas inservibles de los árboles, vides y otras plantas para

podenco - podrir

que crezcan con más vigor. *Estaban podando las vides.* **2.** Reprimir o desanimar a una persona. *Los inconvenientes fueron podando sus ilusiones.*

podenco, ca (po-**den**-co) *adj.* Se dice del perro algo menor, pero más robusto que el lebrel, con orejas tiesas y cola enroscada. *Los podencos son buenos para la caza por su gran vista, olfato y resistencia.*

poder[1] (po-**der**) *s. m.* **1.** Facultad de mandar. *Le dieron poder para tomar decisiones.* **SIN.** Autoridad, facultad, mando. **2.** Dominio, mando, jurisdicción. *Aquellos territorios estaban bajo su poder.* **SIN.** Imperio, potestad, facultad, autoridad. **ANT.** Obediencia, debilidad. **3.** Gobierno de un Estado. *Llevaba tres años en el poder.* **4.** Fuerza, vigor, capacidad, posibilidad, poderío. *Confiaba en su poder para hacerlo.* ‖ *s. m. pl.* **5.** Facultades, autorización para hacer una cosa. *Tenía poderes.* ‖ **6. poder absoluto o arbitrario** Despotismo. **7. poder ejecutivo** En los gobiernos representativos, el que tiene a su cargo gobernar el Estado y hacer observar las leyes. **8. poder judicial** El que ejerce la administración de justicia. **9. poder legislativo** Aquel en que reside la potestad de hacer y reformar las leyes. **10. poderes públicos** Conjunto de autoridades que ejercen el gobierno de un Estado. ‖ **LOC. hacer por poder** *fam.* Expresión con que se incita a hacer un esfuerzo. **por poderes** Con intervención de apoderados, representantes u otros contratistas. ǀ Se aplica especialmente al matrimonio que se celebra sin poder estar reunidos los contrayentes.

poder[2] (po-**der**) *v. tr.* **1.** Ser capaz de hacer una cosa. *Ese hombre pudo levantar la piedra.* **SIN.** Conseguir, lograr. **2.** Tener ocasión, tiempo, facilidad, etc. de

INDICATIVO			
Pres.	Pret. perf. s.	Fut. imperf.	Cond. simple
puedo	pude	podré	podría
puedes	pudiste	podrás	podrías
puede	pudo	podrá	podría
podemos	pudimos	podremos	podríamos
podéis	pudisteis	podréis	podríais
pueden	pudieron	podrán	podrían
SUBJUNTIVO			
Pres.	Pret. imperf.	Fut. imperf.	
pueda	pudiera/se	pudiere	
puedas	pudieras/ses	pudieres	
pueda	pudiera/se	pudiere	
podamos	pudiéramos/semos	pudiéremos	
podáis	pudierais/seis	pudiereis	
puedan	pudieran/sen	pudieren	
IMPERATIVO	puede, pueda, podamos, poded, puedan		
FORMAS NO PERSONALES			
Inf. poder	Ger. pudiendo	Part. podido	

hacer algo. **GRA.** Se usa más en negaciones. *Creo que no podremos ir al campo mañana.* **3.** Ser más fuerte que otro. *Seguro que tú le puedes.* ‖ *v. impers.* **4.** Ser posible que suceda algo. *Puede que salga el Sol.* ‖ **LOC. hasta más no poder** Todo lo posible. **no poder con alguien** No poder sujetarlo ni reducirlo a la razón. **no poder más** Expresión con que se explica la necesidad de ejecutar o decidir un asunto. ǀ Estar sumamente cansado de hacer una cosa. ǀ Carecer de tiempo para concluir lo que se está haciendo. **no poder menos** Ser necesario o preciso. **no poder parar** Expresión con que se explica el desasosiego o inquietud de alguien. **no poder tragar a alguien** Tenerle aversión. **no poder ver a alguien ni pintado** Aborrecerle. 🖎 *v. irreg.* ✎

poderío (po-de-**rí**-o) *s. m.* **1.** Facultad de hacer o impedir una cosa. *No tenía poderío para negarse.* **SIN.** Potencia, potestad. **2.** Bienes o riquezas. *Su poderío le avalaba.* **3.** Poder, señorío, autoridad. *Es una persona de mucho poderío.* **4.** Potestad, facultades, jurisdicción. *No entraba dentro de su poderío.* **5.** Vigor, facultad o fuerza grande. *Su poderío le hizo enfrentarse con ánimo a las dificultades.* **6.** Fuerza o expresividad en el cante y en el baile. *Es un bailaor con mucho poderío.* **SIN.** Energía.

poderoso, sa (po-de-**ro**-so) *adj.* **1.** Que tiene poder. **GRA.** También *s. m. y s. f. Era una organización muy poderosa en todo el mundo.* **SIN.** Potente, fuerte, enérgico, eficaz, activo. **ANT.** Débil, pasivo, pachucho. **2.** Muy rico, colmado de bienes o de fortuna. **GRA.** También *s. m. y s. f. Era una persona muy poderosa.* **SIN.** Acaudalado, pudiente, adinerado. **ANT.** Pobre, miserable, arruinado. **3.** Grande, excelente o magnífico en su línea. *Ha creado una poderosa gama de productos.* **4.** Activo, eficaz, que tiene virtud para una cosa. *Es un poderoso desinfectante.*

podio (**po**-dio) *s. m.* Tarima sobre la que se coloca a una persona para destacarla por algún motivo, como premio, presidencia, dirección orquestal, etc. *Los tres ganadores subieron al podio.*

podología (po-do-lo-**gí**-a) *s. f.* Rama de la medicina que tiene por objeto el tratamiento de las afecciones y deformidades de los pies. *Hizo la especialidad de podología.*

podrido, da (po-**dri**-do) *adj.* Se dice de las frutas corrompidas o dañadas. *Estas patatas están podridas.* **SIN.** Pasado, pocho. **ANT.** Verde.

podrir (po-**drir**) *v. tr.* *Pudrir. **GRA.** También *v. prnl.* 🖎 *v. irreg., se conjuga como pudrir.*

poema (po-**e**-ma) *s. m.* **1.** Obra en verso. *Pablo Neruda compuso bellísimos poemas.* **SIN.** Composición, poesía. ‖ **2. poema en prosa** Subgénero literario integrado por las composiciones en prosa, generalmente de poca extensión, que expresan un contenido similar al de un poema lírico.

poesía (po-e-**sí**-a) *s. f.* **1.** Expresión de la belleza o de los sentimientos por medio del verso o la prosa. *Poetas como Virgilio, Dante y Garcilaso, me enseñaraon a amar la poesía.* **SIN.** Lírica, poética. **2.** Poema. *Te voy a leer una poesía de Rubén Darío.* **ANT.** Prosa.

poeta (po-**e**-ta) *s. m.* **1.** Persona que compone obras poéticas y está dotada de las facultades necesarias para componerlas. *Antonio Machado fue un gran poeta.* **2.** Persona que hace versos. *Mi hermano es un poco poeta.*

poética (po-**é**-ti-ca) *s. f.* Obra o tratado sobre los principios y reglas de la poesía, en cuanto a su forma y esencia. *Aristóteles y Luzán escribieron tratados de poética.*

poético, ca (po-**é**-ti-co) *adj.* **1.** Que pertenece o se refiere a la poesía. *Poéticas palabras.* **SIN.** Lírico. **2.** Propio o característico de la poesía, apto o conveniente para ella. *Describió una poética escena.* **SIN.** Bello, bucólico, sensible.

poetisa (po-e-**ti**-sa) *s. f.* Mujer poeta. *Gloria Fuertes es una famosa poetisa.*

pointer (**poin**-ter) *adj.* Se dice de una raza de perros parecidos a los perdigueros y derivados de ellos, de talla algo menor y formas más finas, usados en caza. **GRA.** También *s. m. Tenía dos pointers.*

polaina (po-**lai**-na) *s. f.* *Leotardo.

polar (po-**lar**) *adj.* Que pertenece o se refiere a los polos. *Región polar.*

polarizar (po-la-ri-**zar**) *v. tr.* **1.** Modificar los rayos luminosos por medio de refracción o reflexión, de tal manera que queden incapaces de refractarse o reflejarse de nuevo en ciertas direcciones. **GRA.** También v. prnl. *Este filtro polarizó la luz.* ‖ *v. prnl.* **2.** Hablando de una pila eléctrica, disminuir o agotarse la corriente que produce, por aumentar la resistencia del circuito a consecuencia del depósito de hidrógeno sobre uno de los electrodos. *Estas pilas no valen, están polarizadas.* **SIN.** Condensarse. **3.** Concentrar la atención en una cosa. *Las miradas se polarizaban en ella.* ✎ Se conjuga como abrazar.

polca (**pol**-ca) *s. f.* Danza de origen bohemio, de movimiento rápido y en compás de dos por cuatro, y música de este baile. *Bailaron una polca.*

pólder (**pól**-der) *s. m.* Terreno pantanoso desecado ganado al mar y que se dedica al cultivo. *Los pólderes son frecuentes en los Países Bajos.*

polea (po-**le**-a) *s. f.* **1.** Rueda móvil alrededor de un eje con un canal, que sirve para levantar y mover pesos. *Necesitas una polea para mover aquella roca.* ‖ **2. polea fija** La que funciona sin cambiar de sitio, y en este caso la resistencia se halla en un extremo de la cuerda. **3. polea simple** La que funciona sola e independiente.

polémica (po-**lé**-mi-ca) *s. f.* **1.** Discusión por escrito o hablada sobre materias políticas, literarias, etc. *La polémica ya estaba en las primeras páginas de los periódicos.* **2.** Riña, altercado. *Estalló entre ellos una dura polémica.*

polémico, ca (po-**lé**-mi-co) *adj.* **1.** Que pertenece o se refiere a la polémica. *Sus polémicas palabras excitaron los ánimos.* **2.** Poco claro o sujeto a múltiples interpretaciones. *Su decisión fue muy polémica.* **SIN.** Controvertido, discutido. **ANT.** Indiscutible.

polen (**po**-len) *s. m.* Masa de granos producidos en los estambres de una flor, que transportan las células reproductoras masculinas. *Las abejas chupan el polen de las flores.*

poleo (po-**le**-o) *s. m.* Planta de hojas pequeñas y flores azuladas o moradas, que despide un olor agradable y se usa en infusión como estomacal. Abunda en España a orillas de los arroyos. *Se preparó una infusión de poleo.*

poli (**po**-li) *s. f., fam.* *Policía.

poliandria (po-**lian**-dria) *s. f.* Régimen familiar en que se permite a la mujer vivir casada simultáneamente con dos o más hombres. *Algunos pueblos africanos practicaban la poliandria.*

poliarquía (po-liar-**quí**-a) *s. f.* Gobierno de muchos. *Su forma de gobierno era la poliarquía.*

policarpelar (po-lo-car-pe-**lar**) *adj.* Que consta de varios carpelos. *Es una planta policarpelar.*

polichinela (po-li-chi-**ne**-la) *s. m.* **1.** Nombre del personaje de teatro de títeres francés más famoso. *El cuadro era un retrato de un polichinela.* **2.** Por ext., títere, muñeco. *Hicieron una representación de polichinelas.* **SIN.** Marioneta.

policía (po-li-**cí**-a) *s. f.* **1.** Cuerpo encargado de vigilar el cumplimiento de las leyes de un Estado, a las órdenes de las autoridades. *Entró en la policía.* ‖ *s. m. y s. f.* **2.** Persona que pertenece a dicho cuerpo y desempeña las funciones del mismo. *La policía detuvo a los ladrones.* **SIN.** Poli, gura, bofia, pasma, gris, madero. ‖ **3. policía de tráfico** La encargada

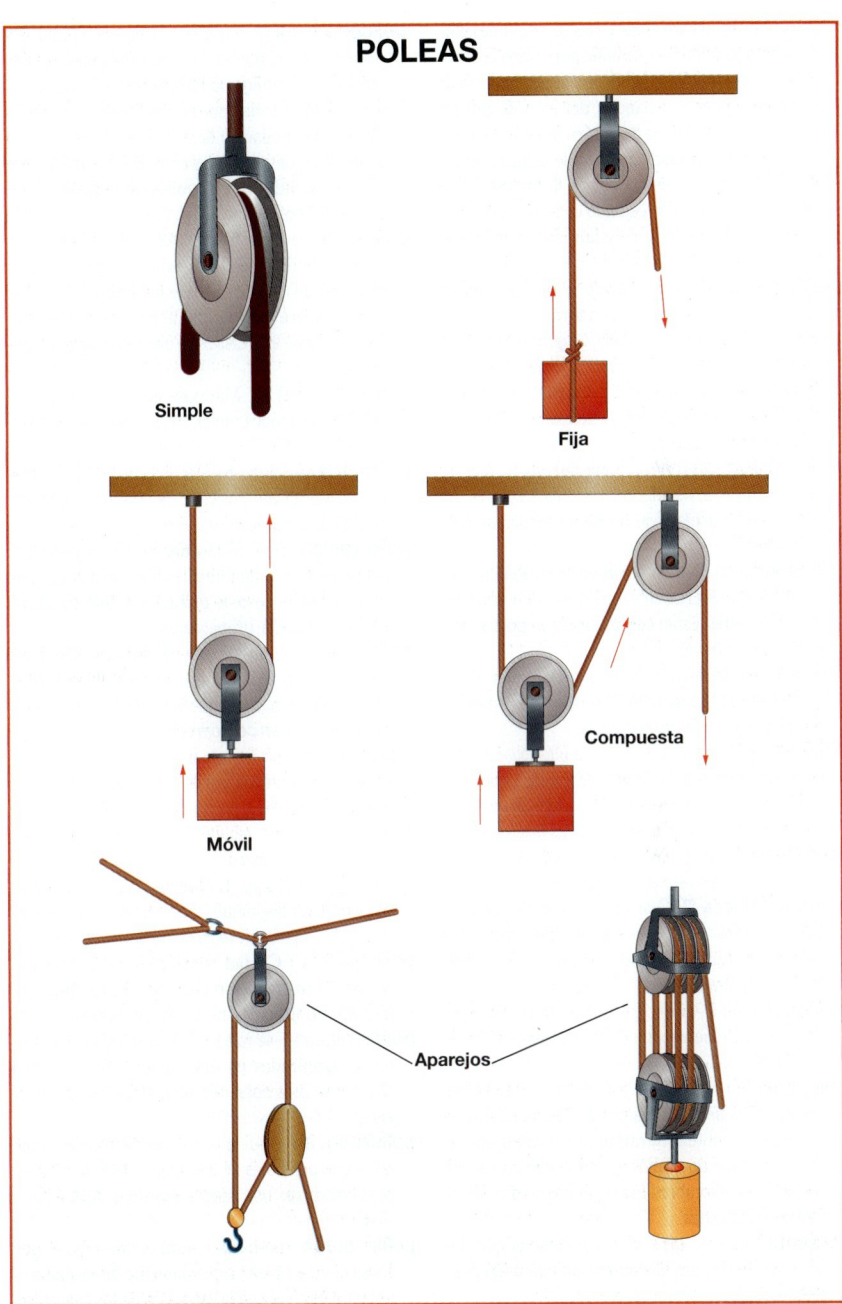

policiaco - polisíndeton

de vigilancia en carreteras y vías de comunicación. **4. policía judicial** La que tiene por objeto la averiguación de los delitos públicos y la persecución de los delincuentes a instancias del juez. **5. policía secreta** Aquella cuyos miembros no visten uniforme, a fin de pasar inadvertidos, y se dedican principalmente a labores detectivescas. **6. policía urbana** La que se refiere al cuidado de la vía pública en general, limpieza, higiene, salubridad y ornato de los pueblos.

policiaco, ca (po-li-**cia**-co) *adj.* Se dice del género de novela que se desarrolla en torno a las tareas y casos de un detective o policía. *Le gustan mucho las novelas policiacas.* También "policíaco".

policlínica (po-li-**clí**-ni-ca) *s. f.* Consultorio médico con diversas secciones o especialidades. *Habló con la directora de la policlínica.*

policromado, da (po-li-cro-**ma**-do) *adj.* Se dice de las esculturas revestidas con diversos colores. *La imaginería española tiene bellísimas esculturas policromadas.*

polideportivo (po-li-de-por-**ti**-vo) *s. m.* Recinto generalmente cubierto, en el que se pueden practicar varios deportes. *Están construyendo un polideportivo en nuestro barrio.*

poliedro (po-**lie**-dro) *adj.* Se dice de cualquier sólido de más de tres caras. **GRA.** También s. m. *Un hexágono es un poliedro de seis caras.*

poliéster (po-**liés**-ter) *s. m.* Materia plástica termoestable, obtenida por la condensación de poliácidos con polialcoholes o glicoles. *El poliéster se usa en la fabricación de pintura, películas, fibras textiles, etc.*

polifacético, ca (po-li-fa-**cé**-ti-co) *adj.* **1.** Que desarrolla diversas tareas o facetas. *Es una persona muy polifacética.* **2.** Que ofrece múltiples caras o aspectos. *Este tema que estamos discutiendo es muy polifacético.* **SIN.** Múltiple, variado, vario. **ANT.** Único, monótono.

polifonía (po-li-fo-**ní**-a) *s. f.* Canto a varias voces que suenan simultáneamente. *Compuso varias polifonías.* **SIN.** Sinfonía.

poligamia (po-li-**ga**-mia) *s. f.* **1.** Estado o calidad de polígamo. *Vivían en poligamia.* **2.** Régimen familiar en que se permiten los matrimonios múltiples, de un hombre con dos o más mujeres, o de una mujer con dos o más hombres. *Esa organización era defensora de la poligamia.*

políglota (po-**lí**-glo-ta) *s. m. y s. f.* Persona que domina varias lenguas. *Solicitaron un intérprete políglota.*

polígono (po-**lí**-go-no) *s. m.* **1.** Figura geométrica plana y cerrada por líneas rectas. *El cuadrado es un polígono.* || **2. polígono industrial** Cada una de las zonas determinadas por las autoridades económicas para la instalación de nuevas industrias, dentro de las áreas denominadas polos de desarrollo o de promoción industrial. **3. polígono regular** El que tiene sus lados y ángulos iguales.

poligrafía (po-li-gra-**fí**-a) *s. f.* Arte de escribir por diferentes modos secretos o extraordinarios, de manera que lo escrito no sea inteligible sino para quien conozca la clave, y también arte de descifrar los escritos de esta clase. *Era un gran experto en poligrafía.*

polilla (po-**li**-lla) *s. f.* Mariposa nocturna, cuya larva destruye los tejidos, pieles, etc. *Las polillas vuelan de noche.*

polimetría (po-li-me-**trí**-a) *s. f.* Variedad de metros en una misma composición. *La polimetría caracterizaba su obra poética.*

polinización (po-li-ni-za-**ción**) *s. f.* Transporte del polen desde el estambre al estigma. *Las aves intervienen en el proceso de polinización.* **SIN.** Fecundación, fertilización, propagación.

polinomio (po-li-**no**-mio) *s. m.* Expresión algebraica que consta de más de un término; pero generalmente sólo se dice de aquellas que exceden de dos. $ax^2 + bx + c$ *es un polinomio.*

poliomielitis (po-lio-mie-**li**-tis) *s. f.* Enfermedad contagiosa originada por un virus que se fija en los centros nerviosos y produce atrofia de los músculos y parálisis. *Se vacunó contra la poliomielitis.* Invariable en número.

pólipo (**pó**-li-po) *s. m.* **1.** *Medusa. **2.** Tumor que se desarrolla en las membranas mucosas de diversas cavidades orgánicas. *Tenía un pólipo en el colon.*

polis (**po**-lis) *s. f.* Ciudad-estado en la antigua Grecia. *Atenas y Esparta fueron dos polis rivales.* **SIN.** Ciudad, núcleo, urbe. Invariable en número.

polisemia (po-li-**se**-mia) *s. f.* Diversidad de acepciones o significados en una palabra. *En la palabra "banco" se da la polisemia.* **ANT.** Monosemia, univocidad.

polisílabo, ba (po-li-**sí**-la-bo) *adj.* Se dice de la palabra que tiene más de una sílaba. **GRA.** También s. m. *"Armario" es una palabra polisílaba.* **ANT.** Monosílabo.

polisíndeton (po-li-**sín**-de-ton) *s. m.* Figura que consiste en emplear repetidamente las conjunciones para dar fuerza a la expresión de los conceptos.

polistilo - polvera

"Protestaron, y armaron alboroto, y produjeron grave escándalo". **SIN.** Repetición. **ANT.** Asíndeton.

polistilo, la (po-lis-**ti**-lo) *adj.* Que tiene muchas columnas. *Los templos griegos eran polistilos.*

politécnico, ca (po-li-**téc**-ni-co) *adj.* Que abarca muchas ciencias o artes; se dice especialmente de los institutos o centros de enseñanza dedicados a la formación profesional. *Es profesora en ese instituto politécnico.*

politeísmo (po-li-te-**ís**-mo) *s. m.* Religión o doctrina que admite pluralidad de dioses. *Los romanos practicaban el politeísmo.* **SIN.** Gentilismo, paganismo.

política (po-**lí**-ti-ca) *s. f.* **1.** Ciencia, doctrina u opinión sobre el gobierno de los estados. *Maquiavelo escribió un tratado de política.* **2.** Actividad de las personas que rigen o desean regir una nación. *El ministro recién elegido ha dedicado su vida a la política.* **3.** Habilidad con que se usan los medios para lograr un fin. *La nueva política de la empresa ha conseguido grandes mejoras.* **SIN.** Estrategia, método. **4.** Habilidad, astucia para lograr algo. *Empleó una buena política.* **SIN.** Tacto, circunspección, táctica, diplomacia, sagacidad. **5.** Orientación que rige la actuación de una persona o entidad en un campo determinado. *No estoy de acuerdo con su política.*

político, ca (po-**lí**-ti-co) *adj.* **1.** Que pertenece o se refiere a la política. *Habló de sus ideas políticas.* **2.** Aplicado a un nombre de parentesco por consanguinidad, indica el correspondiente parentesco por afinidad. *Mi hermano político es mi cuñado.* || *s. m. y s. f.* **3.** Persona dedicada a la actividad política o militante de un partido político. *Es un buen político.*

polivalente (po-li-va-**len**-te) *adj.* Se dice del elemento o función química que actúa con varias valencias. *El carbono es un elemento polivalente.*

póliza (**pó**-li-za) *s. f.* **1.** Documento justificativo del contrato en seguros, testamentos, operaciones de bolsa y otras negociaciones comerciales. *En esa carpeta está la póliza del seguro.* **2.** Sello que se pone en determinados documentos. *La instancia lleva una póliza de 25 pesetas.*

polizón (po-li-**zón**) *s. m.* Persona que se introduce clandestinamente en algún lugar, especialmente en los barcos. *Los marineros descubrieron a los dos polizones.*

polizonte (po-li-**zon**-te) *s. m., desp.* Policía, agente. *Uno de ellos vigilaba por si se acercaba el polizonte.*

polla (**po**-lla) *s. f.* **1.** Gallina joven que no pone huevos o que hace poco tiempo que ha empezado a ponerlos. *Tenían más de veinte gallinas y doce pollas.* **2.** *vulg.* *Pene. || **3. polla de agua** Ave zancuda, de plumaje rojizo, que habita en parajes pantanosos.

pollino, na (po-**lli**-no) *s. m. y s. f.* Asno joven. *Cargó el haz de leña en el pollino.* **SIN.** Borrico, burro.

pollo[1] (**po**-llo) *s. m.* **1.** Cría que sacan de cada huevo las aves y especialmente las gallinas. *Las gallinas cuidaban de sus pollos.* || **2. pollo tomatero** Pollo joven, de siete a ocho semanas.

pollo[2] (**po**-llo) *s. m.* *Escupitajo.

polo[1] (**po**-lo) *s. m.* **1.** Cualquiera de los dos puntos de un cuerpo con movimiento giratorio, como un planeta o una estrella, por donde el eje atraviesa la superficie. *Polo norte.* **2.** Región contigua a un polo terrestre. *Hicieron una expedición al polo norte.* **3.** En física, cualquiera de los dos puntos opuestos de un cuerpo en los cuales se acumula en mayor cantidad la energía de un agente físico, como el magnetismo en los extremos de un imán, o la electricidad en los de una pila. *Polo negativo y polo positivo.* **SIN.** Borne, terminal. **4.** Dulce de helado con un palito para sujetarlo y chuparlo. *Se compró un polo de limón.* || **5. polo antártico, austral o sur** El opuesto al ártico. **6. polo ártico, boreal o norte** El de la esfera celeste inmediato a la Osa Menor y el correspondiente del Globo terráqueo. **7. polo terrestre** Cada uno de los dos puntos de intersección del eje de rotación de la Tierra con la superficie de la misma.

polo[2] (**po**-lo) *s. m.* **1.** Juego entre grupos de jinetes que con mazas de astiles largos lanzan sobre el césped del terreno una bola. *Juega al polo.* **2.** Prenda de punto con cuello y abotonada por delante hasta la altura del pecho. *Llevaba un polo de algodón.*

poltrón, na (pol-**trón**) *adj.* **1.** *Holgazán. || *s. f.* **2.** Butaca ancha y cómoda. *Se quedó dormido en su poltrona.*

polución (po-lu-**ción**) *s. f.* Contaminación intensa y dañina del agua o del aire producida por los residuos industriales o biológicos. *En las grandes ciudades los niveles de polución son muy altos.*

polvareda (pol-va-**re**-da) *s. f.* **1.** Cantidad de polvo que se levanta de la tierra, agitada por el viento o por otra causa cualquiera. *Los caballos levantaron una buena polvareda.* **2.** Efecto causado entre la sociedad por un dicho o hecho. *La noticia de una posible epidemia levantó una gran polvareda.*

polvera (pol-**ve**-ra) *s. f.* Cajita portátil que sirve para contener los polvos cosméticos que se aplican en el rostro. *Sacó su polvera y su barra de labios.*

polvo (**pol**-vo) *s. m.* **1.** Parte más menuda y deshecha de la tierra muy seca. *El polvo de los caminos se convirtió en barro tras la lluvia.* **SIN.** Polvareda, suciedad. **2.** Lo que queda de las cosas sólidas, moliéndolas hasta hacer partes muy pequeñas. *Hemos molido el café hasta convertirlo en polvo.* **3.** *Heroína. ‖ *s. m. pl.* **4.** Los cosméticos que se aplican en el rostro. *Se aplicó polvos transparentes para fijar el maquillaje.* ‖ **LOC. echar un polvo** *vulg.* Mantener relaciones sexuales. **estar alguien hecho polvo** *fam.* Estar muy abatido por las contrariedades y preocupaciones, o por carecer de salud. **hacerle a alguien polvo** *fam.* Arruinarle, perjudicarle. **hacer morder el polvo a alguien** *fam.* Humillarle, vencerle. **hacer polvo una cosa** *fam.* Destruirla por completo.

pólvora (**pól**-vo-ra) *s. f.* Mezcla de salitre, azufre y carbón que, a cierto grado de calor, se inflama desprendiendo bruscamente gran cantidad de gases. *Necesitaban más pólvora para los cañones.* ‖ **LOC. inventar alguien la pólvora** Decir cosas insignificantes y sabidas por todos dándoles importancia. **ser como la pólvora** Tener mal genio.

polvoriento, ta (pol-vo-**rien**-to) *adj.* Lleno o cubierto de polvo. *Tengo las botas polvorientas de andar por el campo.*

polvorín (pol-vo-**rín**) *s. m.* **1.** Lugar o edificio convenientemente preparado para guardar la pólvora, municiones, etc. *Unos soldados vigilaban el polvorín.* **2.** Persona muy enfadada o que se irrita fácilmente. *Ten cuidado con lo que le dices, es un polvorín.*

polvorón (pol-vo-**rón**) *s. m.* Dulce de harina, manteca y azúcar, cocido en horno fuerte y que se deshace en polvo al comerlo. *Le regalaron una caja de polvorones.* **SIN.** Mantecado, bizcocho.

pomada (po-**ma**-da) *s. f.* Sustancia grasa que se emplea como medicamento o como cosmético. *Esta pomada es muy buena para los golpes.*

pomelo (po-**me**-lo) *s. m.* Fruto del árbol del mismo nombre, de origen asiático. Redondo, del color del limón y de tamaño mayor que la naranja, tiene un sabor agrio muy refrescante. *Tomé zumo de pomelo.*

pómez (**pó**-mez) *s. f.* *Piedra pómez.

pomo (**po**-mo) *s. m.* Empuñadura de las puertas. *Se quedó con el pomo de la puerta en la mano.*

pompa (**pom**-pa) *s. f.* **1.** Acompañamiento suntuoso o lujo excesivo. *Fue una ceremonia con mucha pompa.* **SIN.** Ostentación, grandeza. **2.** Ostentación, vanidad. *Se da mucha pompa.* **SIN.** Suntuosidad, magnificencia, aparato. **ANT.** Sencillez, modestia. **3.** Ampolla o burbuja que forma el agua por el aire que se introduce. *Le gustaba hacer pompas de jabón.*

pompis (**pom**-pis) *s. m., fam.* *Culo. Invariable en número.

pompón (pom-**pón**) *s. m.* Bola de algodón o lana muy ligera, formada por deshilachamiento, que se usa de adorno en algunas prendas o calzados. *El gorrito terminaba en un gracioso pompón.*

pomposo, sa (pom-**po**-so) *adj.* **1.** Ostentoso, magnífico. *Toda la casa era muy pomposa.* **SIN.** Suntuoso, aparatoso. **ANT.** Llano, sencillo. **2.** Se dice del lenguaje, estilo, etc. recargado en exceso. *Esa novelista tiene un estilo muy pomposo.* **SIN.** Rimbombante, barroco, altisonante. **ANT.** Llano, natural.

pómulo (**pó**-mu-lo) *s. m.* Hueso de cada una de las mejillas. *Recibió un golpe en el pómulo izquierdo.*

ponche (**pon**-che) *s. m.* **1.** Bebida que se prepara con agua caliente, azúcar, y algún licor, añadiendo jugo de limón y aromatizantes. *Pidió una copa de ponche.* ‖ **2. ponche de huevo** El que se hace mezclando ron con leche, huevo batido y azúcar.

poncho (**pon**-cho) *s. m.* Manta o capote sin mangas, pero sujeto a los hombros, que cae a lo largo del cuerpo. *Llevaba un hermoso poncho chileno.*

ponderar (pon-de-**rar**) *v. tr.* **1.** Examinar con cuidado algún asunto. *Antes de tomar una decisión, pondera minuciosamente la situación.* **SIN.** Analizar, considerar, evaluar. **2.** Exagerar, abultar. *Ponderó mucho los hechos.* **SIN.** Aumentar, recargar.

ponedero, ra (po-ne-**de**-ro) *adj.* Se dice de las aves que ya ponen huevos. *Compró varias gallinas ponederas.*

ponencia (po-**nen**-cia) *s. f.* Propuesta o comunicación sobre un tema concreto que se expone en una asamblea, conferencia, etc. *Su ponencia resultó muy interesante.* **SIN.** Informe.

ponente (po-**nen**-te) *adj.* Se dice de la persona encargada de exponer un asunto y proponer su resolución. **GRA.** También s. m. y s. f. *Tomó la palabra el ponente.* **SIN.** Comunicante, conferenciante.

poner (po-**ner**) *v. tr.* **1.** Dejar en un sitio a alguien o algo. **GRA.** También v. prnl. *Puso los zapatos en la caja.* **SIN.** Colocar(se), depositar(se), situar(se). **ANT.** Quitar(se), descolocar(se). **2.** Preparar algo para un fin. *Vamos a poner la mesa para comer.* **SIN.** Disponer. **ANT.** Quitar. **3.** Hacer que algo funcione. *Pon la radio para escuchar las noticias.* **SIN.** Encender, conectar. **ANT.** Desenchufar, desconectar. **4.** Vestir. **GRA.** También v. prnl. *Ponle el jersey rojo.*

póney - popelina

ANT. Desvestir(se). **5.** Soltar el huevo las aves. *La gallina puso un huevo.* **6.** Escribir. *Pon tu nombre en la primera hoja del cuaderno.* **7.** *Suponer. **8.** Confiar una cosa a la resolución de otro. *Lo puso en sus manos.* **9.** Dedicar a alguien a una ocupación u oficio. **GRA.** También v. prnl. *Me puse a trabajar en ello.* **10.** Establecer, instalar. *Puso un negocio.* **11.** Tratándose de nombres, motes, etc., aplicarlos a personas o cosas. *Le pusieron Ana.* **12.** Exponer, arriesgar. **GRA.** También v. prnl. *No puso nada de su parte.* **13.** Escotar o contribuir a algún gasto. *Pusimos cada uno quinientas pesetas para comprarle un regalo.* **14.** Decir. *¿Qué pone en ese cartel?.* **15.** Tratar a alguien bien o mal de palabra. *Le puse a escurrir.* **16.** Con la preposición "a" y el infinitivo de otro verbo, empezar a ejecutar la acción. **GRA.** También v. prnl. *Ponerse a cantar.* **17.** Con la preposición "en" y algunos nombres, ejercer la acción de los verbos a que los nombres corresponden. **GRA.** También v. prnl. *Ponerse en situación.* **18.** Con la preposición "por" y algunos nombres, valerse para algún fin de lo que el nombre significa. *Poner por mediador.* **19.** Con algunos nombres, causar lo que éstos significan. *Poner respeto.* **20.** Con algunos nombres precedidos de las palabras "de", "por", "cual", "como", tratar a alguien como expresan dichos nombres. *Poner de embustero.* **21.** Con ciertos adjetivos, hacer adquirir a una persona la condición o estado que se expresa. **GRA.** También v. prnl. *Poner colorado.* ‖ *v. prnl.* **22.** Oponerse a alguien, hacerle frente o reñir con él. *Se puso en contra.* **23.** Mancharse o ensuciarse. *Mira cómo te has puesto.* **24.** Hablando de los astros, ocultarse debajo del horizonte. *El Sol se pone por el Oeste.* **25.** Llegar a un sitio determinado. *Me puse allí en menos de una hora.* **SIN.** Plantarse, situarse. ‖ **LOC. no ponérsele a alguien nada por delante** Seguir con su intento adelante sin miramientos ni reparos. **poner a parir** Insultar, difamar. **poner colorado a alguien** Avergonzarle. **poner como nuevo a alguien** Maltratarle de obra o de palabra. **poner en claro** Averiguar o explicar con claridad alguna cosa. **poner mal a alguien** Enemistarle, perjudicarle, echándole a perder la estimación. **poner por encima** Preferir, anteponer una cosa. **ponerse al corriente** Enterarse, adquirir el conocimiento necesario. **ponerse de largo** Dicho de una joven, ser presentada en sociedad al llegar a cierta edad, cuando existía costumbre de ponerse en tal ocasión vestidos largos. ◊ v. irreg.

INDICATIVO			
Pres.	Pret. perf. s.	Fut. imperf.	Cond. simple
pongo	puse	pondré	pondría
pones	pusiste	pondrás	pondrías
pone	puso	pondrá	pondría
ponemos	pusimos	pondremos	pondríamos
ponéis	pusisteis	pondréis	pondríais
ponen	pusieron	pondrán	pondrían

SUBJUNTIVO		
Pres.	Pret. imperf.	Fut. imperf.
ponga	pusiera/se	pusiere
pongas	pusieras/ses	pusieres
ponga	pusiera/se	pusiere
pongamos	pusiéramos/semos	pusiéremos
pongáis	pusierais/seis	pusiereis
pongan	pusieran/sen	pusieren

IMPERATIVO	pon, ponga, pongamos, poned, pongan	
FORMAS NO PERSONALES	Infinitivo	poner
	Gerundio	poniendo
	Participio	puesto

póney *s. m.* *Poni.

poni (**po**-ni) *s. m.* Caballo pequeño. *Le regalaron un poni.*

poniente (po-**nien**-te) *n. p.* **1.** Occidente, punto cardinal. **GRA.** Se escribe con mayúscula. *El Sol sale por el Oriente y se oculta por el Poniente.* **SIN.** Oeste, ocaso. ‖ *s. m.* **2.** Viento que sopla de la parte occidental. *Desplegaron sus velas al poniente.* **SIN.** Céfiro.

pontífice (pon-**tí**-fi-ce) *s. m.* **1.** Obispo o arzobispo de una diócesis. *El pontífice dio la bendición.* **2.** Por antonom., prelado supremo de la Iglesia católica romana. **GRA.** Se usa comúnmente con los calificativos "sumo" o "romano". **ORT.** Se suele escribir con mayúscula. *Preparaban la visita del Sumo Pontífice. El pontífice de la Iglesia católica es el jefe del Estado Vaticano.* **SIN.** Papa.

pontón (pon-**tón**) *s. m.* Barcaza para pasar los ríos o construir puentes y, en los puertos, para limpiar su fondo con la ayuda de algunas máquinas. *Nos pasó al otro lado del río en su pontón.*

ponzoña (pon-**zo**-ña) *s. f.* Sustancia venenosa o nociva. *Había echado unas gotas de ponzoña en su bebida.* **SIN.** Veneno, tósigo, tóxico.

pop *s. m.* Género musical derivado de los géneros musicales africanos y la música folclórica británica. **GRA.** También adj. *Le gusta mucho la música pop.*

popa (**po**-pa) *s. f.* Parte posterior de una embarcación. *Íbamos en la popa del barco.* ‖ **LOC. viento en popa** Favorablemente, con buena marcha.

popelina (po-pe-**li**-na) *s. f.* Tela delgada de algodón, de seda o de una mezcla de algodón y seda, o lana y seda. *La camisa era de popelina.*

populacho (po-pu-**la**-cho) *s. m.* *Vulgo, chusma.

popular (po-pu-**lar**) *adj.* **1.** Que es del pueblo o tiene que ver con él. *Enseña bailes populares.* **SIN.** Folclórico. **2.** Que es conocido y gusta a muchos. *Esta actriz es muy popular.* **SIN.** Famoso. **ANT.** Impopular, desconocido. ✎ Adj. invariable en género.

popularidad (po-pu-la-ri-**dad**) *s. f.* Aceptación y aplauso de la mayoría de la gente. *Es un cantante de mucha popularidad.* **SIN.** Crédito, estimación, notoriedad. **ANT.** Impopularidad.

popularizar (po-pu-la-ri-**zar**) *v. tr.* **1.** Acreditar a una persona o cosa, extendiendo su fama entre el público. **GRA.** También v. prnl. *Aquella canción fue la que la popularizó.* **SIN.** Afamar(se). **ANT.** Desacreditar(se). **2.** Dar carácter popular a una cosa. *Popularizó aquella tradición que casi estaba olvidada.* **SIN.** Divulgar, difundir, vulgarizar. ✎ Se conjuga como abrazar.

populoso, sa (po-pu-**lo**-so) *adj.* **1.** Se dice de la provincia, ciudad o villa con gran número de población. *Buenos Aires es una ciudad muy populosa.* **2.** Poblado o lleno. *Fue una asamblea muy populosa.* **SIN.** Concurrido, frecuentado.

popurrí (po-pu-**rrí**) *s. m.* Composición formada con fragmentos o temas de diversas obras musicales. *Cantó un popurrí con sus mejores canciones.*

poquedad (po-que-**dad**) *s. f.* **1.** *Escasez. **2.** *Timidez. **3.** *Nimiedad.

póquer (**pó**-quer) *s. m.* Juego de naipes en que cada jugador recibe cinco; es de envite y gana el que reúne la combinación superior entre las varias establecidas. *Le estaban enseñando a jugar al póquer.* ✎ También "póker".

por *prep.* **1.** Partícula con que se indica la persona agente en las oraciones en pasiva. *Fue ayudado por ella.* **2.** Unido a los nombres de lugar determina tránsito por ellos. *Vendremos por la autopista.* **3.** Unido a los nombres de lugar indica localización aproximada. *Lo encontrarás por ahí.* **4.** Indica lugar concreto. *Pasaremos por Madrid.* **5.** Unido a los nombres de tiempo, los determina. *Por Pascua.* **6.** En clase o calidad de. *Lo tomó por testigo.* **7.** Denota causa. *Cerrado por defunción.* **8.** Se usa para indicar cómo se ejecuta una cosa. *Se relacionan por carta.* **9.** Modo de realizar una cosa. *Por las buenas.* **10.** Denota el precio. *Lo vendió por cuatro duros.* **11.** A favor o en defensa de alguien. *Sólo lo hago por ti.* **12.** Precediendo a ciertos infinitivos, denota que la acción está pendiente o se concibe como futura. *Estará por llegar.* **13.** Con el verbo "ir" y otros que indican traslación, suple a traer. *Voy por algo de beber.* **14.** Se usa para comparar entre sí dos o más cosas. **15.** Sin. *Está por terminar.* **16.** A través de. *Por el ojo de la cerradura.* **17.** Detrás de un verbo y seguido de ese mismo verbo en infinitivo, denota falta de utilidad. *Hablar por hablar.* **18.** Precedida de "no" y seguida de un adjetivo o un adverbio y "que" o infinitivo, tiene sentido concesivo. *No mucho madrugar amanece más temprano.* || **LOC. por donde** Por lo cual. **por qué** Por cuál razón, causa o motivo. **por que** *conj. caus.* Porque. | *conj. consec.* Para que.

porcelana (por-ce-**la**-na) *s. f.* **1.** Cerámica fina con la que se hacen figuras decorativas y vajillas. *Le regalaron un juego de café de porcelana.* **2.** Esmalte blanco con una mezcla de azul que se usa para adornar las joyas y piezas de oro. *Llevaba un medallón de porcelana.*

porcentaje (por-cen-**ta**-je) *s. m.* Tanto por ciento. *Lleva en las ventas un porcentaje del 30 %.* **SIN.** Comisión, proporción.

porche (**por**-che) *s. m.* Espacio cubierto que en algunas casas precede a la entrada principal. *Se sentaron tranquilamente en el porche a charlar un rato.*

porcino, na (por-**ci**-no) *adj.* Que pertenece o se refiere al cerdo. *Se dedica a la cría de ganado porcino.*

porción (por-**ción**) *s. f.* **1.** Cantidad separada de otra mayor. *Le dio una porción de su tarta de manzana.* **SIN.** Pedazo, trozo, parte, fragmento. **2.** *fam.* Número considerable e indeterminado de personas o cosas. *Contaba con el apoyo de una buena porción de los alumnos.* **SIN.** Montón, muchedumbre, multitud.

pordiosero, ra (por-dio-**se**-ro) *adj.* Mendigo que pide limosna. **GRA.** También s. m. y s. f. *A la puerta de la iglesia había una pordiosera.* **SIN.** Pobre.

porfiado, da (por-**fia**-do) *adj.* Se dice de la persona obstinada y terca en su parecer. **GRA.** También s. m. y s. f. *No seas tan porfiado.* **SIN.** Contumaz, empecinado, cabezota.

porfiar (por-fi-**ar**) *v. intr.* **1.** Discutir obstinadamente. *No porfíes tanto, no tienes razón.* **SIN.** Disputar, contender. **2.** *Importunar. **3.** Continuar insistentemente algo para lograrlo. *Porfió en ello hasta que lo consiguió.* **SIN.** Insistir, machacar, importunar. **ANT.** Desistir, ceder. ✎ En cuanto al acento, se conjuga como desviar.

pórfido (**pór**-fi-do) *s. m.* Roca compacta y dura de color oscuro, formada por cristales de feldespato y cuarzo. *El pórfido es muy estimado para la decoración de edificios.*

pormenor (por-me-**nor**) *s. m.* Cosa o circunstancia secundaria en un asunto. **GRA.** Se usa más en pl. *Déjate de pormenores y vamos al grano.* **SIN.** Detalle, particularidad, menudencia.

pormenorizar (por-me-no-ri-**zar**) *v. tr.* Describir o enumerar una cosa con todo detalle. *Me pormenorizó el plan a seguir.* **SIN.** Detallar, especificar. ✎ Se conjuga como abrazar.

porno (**por**-no) *adj.* **1.** *Pornográfico. ‖ *s. m.* **2.** *Pornografía.

pornografía (por-no-gra-**fí**-a) *s. f.* Carácter obsceno de obras literarias, fotográficas o artísticas. *Eran revistas de pornografía.*

pornográfico, ca (por-no-**grá**-fi-co) *adj.* Que pertenece o se refiere a la pornografía. *Es un famoso actor de cine pornográfico.*

poro (**po**-ro) *s. m.* Orificio, invisible a simple vista, que hay en la superficie de los animales y vegetales, especialmente los que en la piel de los mamíferos constituyen la abertura de las glándulas sudoríparas. *El calor hace que se dilaten los poros de la piel.*

porque (**por**-que) *conj. caus.* **1.** Por causa o razón de que. *Se quedó en casa porque le dolía la cabeza.* **SIN.** Pues. ‖ *conj. consec.* **2.** Para que. *Luchemos porque la intolerancia se acabe.*

porqué (por-**qué**) *s. m., fam.* Causa, razón o motivo. *Me gustaría conocer el porqué de esa decisión tuya.* **SIN.** Quid.

porquería (por-que-**rí**-a) *s. f.* **1.** *fam.* Suciedad, basura. *El sótano está lleno de porquería.* **SIN.** Inmundicia, roña. **2.** *fam.* Acción sucia o indecente. *Deja de hacer porquerías.* **3.** *fam.* Cosa de poco valor o calidad. *Esta toalla es una porquería, deja pelusa y no seca.* **4.** *fam.* Cosa que no gusta o no agrada. *La comida de ese restaurante es una porquería.*

porquerizo, za (por-que-**ri**-zo) *s. m. y s. f.* Persona que guarda o cría los puercos. *Llevaba años como porquerizo.* **SIN.** Pastor, porquero.

porra (**po**-rra) *s. f.* **1.** Palo o bastón cuyo grueso aumenta desde la empuñadura al extremo opuesto. *Le golpeó con su porra.* **2.** Fritura más gruesa que el churro. *Tomamos chocolate con porras.* ‖ **LOC. mandar a una persona a la porra** Enfadarse con ella. **¡porras!** *fam.* Expresión de disgusto o enfado.

porrada (po-**rra**-da) *s. f.* **1.** *Porrazo. **2.** *fam.* Abundancia de cosas. *Recibió una porrada de felicitaciones.* **SIN.** Pila.

porrazo (po-**rra**-zo) *s. m.* **1.** Golpe dado con la porra o con cualquier otro instrumento. *Le dio un porrazo.* **2.** Golpe que se recibe por una caída, o por to-par con un cuerpo duro. *Se metió un buen porrazo contra la señal.* **SIN.** Trastazo, golpe, topetazo.

porrillo, a *loc. adv., fam.* En abundancia. *Había gente a porrillo.*

porro (**po**-rro) *s. m., fam.* Cigarro de marihuana o hachís mezclado con tabaco. *Había un debate sobre si los porros creaban hábito para consumir drogas más fuertes o no.*

porrón (po-**rrón**) *s. m.* **1.** *Botijo. **2.** Vasija de vidrio, para beber vino o cerveza a chorro por el pitorro largo que tiene en la panza. *Pidieron un porrón de cerveza con gaseosa.*

portaaviones (por-ta-a-vi-**o**-nes) *s. m.* Buque de guerra dotado de las instalaciones necesarias para transportar aviones, con cubierta dispuesta para que de ella puedan despegar y aterrizar. *El ejército utilizaba sus modernos portaaviones para recuperar la isla.* ✎ Invariable en número. También "portaviones".

portada (por-**ta**-da) *s. f.* **1.** Fachada principal, provista de adornos, de algunos edificios. *En el Renacimiento se hicieron portadas muy bellas.* **2.** Primera plana de los libros impresos. *En la portada aparecía el título del libro y el nombre de la autora.* **ANT.** Contraportada.

portador, ra (por-ta-**dor**) *adj.* **1.** Que lleva o trae una cosa de una parte a otra. **GRA.** También s. m. y s. f. *Era portador de buenas noticias.* ‖ *s. m. y s. f.* **2.** Persona que lleva en su cuerpo el germen de una enfermedad y lo propaga. *Es portadora del virus.* ‖ *s. m.* **3.** Persona que lleva un cheque, recibo, etc. para cobrarlo. *Le firmó un cheque al portador.*

portaequipaje (por-ta-e-qui-**pa**-je) *s. m.* **1.** Espacio cubierto en un automóvil que sirve para guardar el equipaje. *El portaequipaje le parecía demasiado pequeño.* **2.** Soporte fijado al techo de un automóvil que sirve para llevar bultos. *Pon las maletas en el portaequipaje.* **SIN.** Baca. ✎ También "portaequipajes".

portaestandarte (por-ta-es-tan-**dar**-te) *s. m.* Persona que lleva una bandera o estandarte. *Era el portaestandarte del equipo español.* **SIN.** Abanderado.

portafolio (por-ta-**fo**-lio) *s. m.* Carpeta para llevar documentos. *Le regalaron un portafolios de piel.* ✎ También "portafolios".

portal (por-**tal**) *s. m.* **1.** Zaguán de una casa o edificio, donde está la entrada principal. *Nos encontramos en el portal.* **SIN.** Entrada. ‖ **2. portal de Belén** Lugar del nacimiento de Jesucristo, descrito como establo.

portalada (por-ta-**la**-da) *s. f.* Portada, generalmente monumental, que da acceso al patio de las casas señoriales. *La casa tenía una gran portalada.*

portalámparas (por-ta-**lám**-pa-ras) *s. f.* **1.** Pieza adecuada para sostener una lámpara. *Este portalámparas no nos sirve.* **2.** Casquillo que se intercala en un circuito eléctrico para engarzar las bombillas de incandescencia. *Se quemó el portalámparas.* Invariable en número.

portalón (por-ta-**lón**) *s. m.* Puerta grande que hay en los palacios o casas señoriales y que cierra un patio descubierto. *Un gran portalón daba acceso a la vivienda.*

portamaletas (por-ta-ma-**le**-tas) *s. f.* Baca de los coches. *El coche no tenía portamaletas.* Invariable en número.

portar (por-**tar**) *v. tr.* **1.** Llevar o traer alguna cosa. *Portaban pancartas en la manifestación.* **SIN.** Acarrear, transportar. || *v. prnl.* **2.** Tener una determinada conducta. *Suele portarse bien en clase.*

portarretrato (por-ta-rre-**tra**-to) *s. m.* Marco utilizado para poner una fotografía. *En clase de trabajos manuales hemos hecho un portarretrato.*

portarrollo (por-ta-**rro**-llo) *s. m.* Utensilio que se fija a la pared y donde se coloca un rollo de papel para diferentes usos. *Colocó el portarrollo en el baño para el papel higiénico.* También "portarrollos".

portátil (por-**tá**-til) *adj.* **1.** Fácil de transportarse de un lugar a otro. *Compraron un pequeño televisor portátil.* **SIN.** Movible, transportable. **ANT.** Fijo. || *s. m.* **2.** *Ordenador portátil.

portavoz (por-ta-**voz**) *s. m. y s. f.* **1.** Persona que, por su autoridad, lleva la voz de una colectividad. *El portavoz del grupo se entrevistó con el ministro.* **SIN.** Representante. || *s. m.* **2.** Periódico o publicación que expresa las opiniones de un partido, agrupación, etc. *Ese periódico es el portavoz de la organización.* **SIN.** Órgano.

portazgo (por-**taz**-go) *s. m.* Derechos que se pagan por pasar por un sitio determinado de un camino. *El impuesto del portazgo es muy antiguo.*

portazo (por-**ta**-zo) *s. m.* **1.** Golpe que se da con la puerta, o el que ésta da movida por el viento. *Se oyó un fuerte portazo.* **2.** Acción de cerrar la puerta a alguien en señal de desprecio. *Y sin más le dio un portazo.* **SIN.** Desaire, desprecio.

porte (por-te) *s. m.* **1.** Acción de llevar mercancías de una parte a otra. *Necesito un camión para hacer unos portes.* **SIN.** Transporte, acarreo. **2.** Cantidad que se paga por el transporte de una cosa. **GRA.** Se usa más en pl. *Es un envío a portes pagados.* **3.** Aspecto de una persona en cuanto al modo de vestirse, modales, etc. *Juan tiene buen porte.* **SIN.** Apariencia, presencia, aire.

portento (por-**ten**-to) *s. m.* Lo que por su extrañeza o novedad causa admiración. *Esta chica es un portento para las matemáticas.* **SIN.** Prodigio, milagro.

portentoso, sa (por-ten-**to**-so) *adj.* Maravilloso, asombroso, milagroso. *Tiene una fuerza portentosa.* **SIN.** Singular, admirable. **ANT.** Vulgar, manido.

portería (por-te-**rí**-a) *s. f.* **1.** Pieza del zaguán de los edificios o establecimientos públicos o particulares donde se encuentra el portero. *Dejó el paquete en la portería.* **2.** En algunos juegos de pelota, marco por dentro del cual debe entrar el balón para lograr uno o más puntos. *El balón pegó en el palo derecho de la portería.* **SIN.** Meta.

portero, ra (por-**te**-ro) *s. m. y s. f.* **1.** Persona encargada de guardar, cerrar y abrir las puertas, la limpieza del portal, etc. *Le dejaron las llaves al portero.* **2.** Funcionario subalterno encargado de funciones de limpieza, vigilancia, etc. en oficinas públicas. *El portero nos comunicó que no estaba en su oficina.* **SIN.** Conserje, bedel. **3.** Jugador que en algunos deportes defiende la meta de su equipo. *El portero paró el penalti.* **SIN.** Guardameta. || **4. portero automático** Dispositivo que permite abrir la puerta del portal de una casa desde el interior del edificio.

portezuela (por-te-**zue**-la) *s. f.* Puerta de un automóvil o carruaje. *El caballero abrió galantemente la portezuela para que la dama se apeara.*

pórtico (**pór**-ti-co) *s. m.* **1.** Lugar cubierto y con columnas que se construye delante de los templos u otros edificios suntuosos. *La iglesia tenía un pequeño pórtico.* **SIN.** Atrio. **2.** Galería con arcadas o columnas a lo largo de una fachada o de un patio. *El pórtico del patio era de estilo románico.*

portilla (por-**ti**-lla) *s. f.* Paso, en las fincas rústicas, para carros, ganados o personas. *Abrió la portilla para que pudiera entrar el tractor.* **SIN.** Cancilla.

portillera (por-ti-**lle**-ra) *s. f.* Portilla, paso a una finca rústica. *Hizo una portillera con estacas y alambres.*

portillo (por-**ti**-llo) *s. m.* **1.** Abertura que hay en las murallas, paredes o tapias. *Asomó a través de uno de los portillos de la pared.* **2.** Postigo o puerta pequeña en otra mayor. *El portillo de la puerta estaba abierto.*

portuario, ria (por-**tua**-rio) *adj.* Que pertenece o se refiere al puerto de mar o a las obras del mismo. *Faenas portuarias.*

porvenir - positrón

porvenir (por-ve-**nir**) *s. m.* Suceso o tiempo futuro. *Veía un porvenir muy negro.* **SIN.** Futuro, mañana. **ANT.** Pasado, ayer.

pos, en *loc. adv.* Detrás o después de. *Corría en pos de ella.*

posada (po-sa-**da**) *s. f.* **1.** Mesón o casa de huéspedes. *Pasó la noche en una posada.* **SIN.** Fonda, hospedería, hostal, hostería. **2.** Alojamiento que se da a alguien. *Le dieron posada.* **SIN.** Hospedaje, albergue.

posaderas (po-sa-**de**-ras) *s. f. pl.* Nalgas. *Quita tus posaderas de ahí.* **SIN.** Asentaderas, culo.

posadero, ra (po-sa-**de**-ro) *s. m. y s. f.* Persona que tiene una casa de huéspedes. *El posadero nos dijo que no tenían camas.* **SIN.** Mesonero, hostelero.

posar¹ (po-**sar**) *v. tr.* **1.** Dejar una carga que se trae a cuestas para descansar o tomar aliento. *El molinero posó el saco en el suelo.* ‖ *v. prnl.* **2.** Depositarse los posos de un líquido o caer el polvo sobre las cosas o en el suelo. *Una gruesa capa de polvo y virutas se posó sobre los muebles.* **SIN.** Sedimentarse, reposarse. **ANT.** Removerse. **3.** *Aterrizar.

posar² (po-**sar**) *v. intr.* Permanecer en determinada postura para retratarse o para servir de modelo a un pintor o escultor. *Aceptó posar para él.*

posavasos (po-sa-**va**-sos) *s. m.* Objeto de diferentes materiales, con figura de plato pequeño, que se coloca debajo de los vasos para proteger la mesa. *Sacó unos bonitos posavasos de cristal.* Invariable en número.

posdata (pos-**da**-ta) *s. f.* Lo que se añade a una carta ya concluida y firmada. *Añadió una posdata.*

pose (**po**-se) *s. f.* Postura, actitud de posar para un público, la cámara, etc. *Me gusta la pose que tienes en esta foto.* **SIN.** Gesto, actitud.

poseer (po-se-**er**) *v. tr.* Tener alguien una cosa. *Posee varios inmuebles.* **SIN.** Gozar, disfrutar. **ANT.** Carecer, deber. *v. irreg.*, se conjuga como creer. Tiene doble p. p.; uno reg., poseído, y otro irreg., poseso.

poseído, da (po-se-**í**-do) *adj.* *Endemoniado. **GRA.** También s. m. y s. f.

posesión (po-se-**sión**) *s. f.* Cosa que se tiene en propiedad, especialmente terrenos o fincas. *Tenía grandes posesiones en aquella región.* **SIN.** Propiedad. ‖ **LOC. tomar posesión** Ocupar un puesto, administrativo, académico, militar, etc. en alguna institución.

posesivo, va (po-se-**si**-vo) *adj.* **1.** Se dice del adjetivo determinativo que indica una idea de posesión. **GRA.** También s. m. *"Mi, tu, su" son posesivos.* **2.** Se dice de la persona muy absorbente. *Era demasiado posesivo y muy celoso.*

poseso, sa (po-**se**-so) *adj.* *Endemoniado.

posguerra (pos-**gue**-rra) *s. f.* Tiempo inmediato a la terminación de una guerra, durante el cual subsisten los problemas ocasionados por la misma. *Le gustaba la literatura de posguerra.*

posibilidad (po-si-bi-li-**dad**) *s. f.* **1.** *Probabilidad. ‖ *s. f. pl.* **2.** Bienes disponibles. *No tenía posibilidades para hacer aquel viaje.* **SIN.** Medios, hacienda.

posibilitar (po-si-bi-li-**tar**) *v. tr.* Facilitar o hacer posible una cosa dificultosa. *Le posibilitó la huida.* **SIN.** Propiciar. **ANT.** Obstaculizar.

posible (po-**si**-ble) *adj.* **1.** Que puede ser u ocurrir. *Es posible que llueva hoy.* **SIN.** Potencial, factible, probable, realizable. **ANT.** Imposible, irrealizable, improbable. ‖ *s. m. pl.* **2.** Bienes, rentas o medios que alguien posee o disfruta. *Tiene posibles.* **SIN.** Recursos, medios. ‖ **LOC. ¿es posible?** Expresión con que se explica la extrema admiración que causa una cosa extraordinaria. | También se usa para reprender un delito o cosa mal hecha. **hacer alguien lo posible, o todo lo posible** No reparar en esfuerzos para conseguir algo. **no ser posible una cosa** Expresión con que se pondera la dificultad de realizarla, o de conceder lo que se pide.

posición (po-si-**ción**) *s. f.* **1.** Situación o manera en que alguien o algo está puesto. *Le dolía el cuello por haber dormido en mala posición.* **SIN.** Colocación, disposición, postura. **2.** Puesto que ocupa una persona o grupo dentro de la sociedad o en una clasificación. *Tiene una posición social respetable. Mi equipo va en tercera posición.* **SIN.** Categoría, situación, clase. **3.** Lugar de interés estratégico donde un ejército ataca al enemigo. *Trataban de defender sus posiciones.*

positivo, va (po-si-**ti**-vo) *adj.* **1.** Cierto, verdadero, efectivo, que no ofrece duda. *Los resultados fueron positivos.* **2.** Se dice de la persona que enfoca las cosas desde su lado más agradable. *Tu hermano es siempre muy positivo.* **3.** Se dice del grado del adjetivo cuando éste indica simplemente una cualidad del sustantivo. *En "la casa es alta", "alta" está en grado positivo.* ‖ *s. m.* **4.** En fotografía, prueba que reproduce los claros y oscuros de los negativos invertidos. *Necesitaba los positivos.*

positrón (po-si-**trón**) *s. m.* Elemento del átomo que tiene la misma masa que el electrón, pero cargado de electricidad receptiva. *El positrón tiene la misma masa que el electrón.*

poso - postulado

poso (**po**-so) *s. m.* Sedimento del líquido contenido en una vasija. *Los posos del café quedaron en el fondo de la taza.* **SIN.** Solada, suelo, heces.

posología (po-so-lo-**gí**-a) *s. f.* Ciencia que estudia las dosis en que deben administrarse los medicamentos. *Indicó en la receta la posología de los medicamentos.*

pospalatal (pos-pa-la-**tal**) *adj.* *Postpalatal.

posponer (pos-po-**ner**) *v. tr.* Poner o colocar a una persona o cosa después de otra, tanto en espacio como en tiempo. *Tuvieron que posponer varias horas el partido debido al mal tiempo.* **SIN.** Aplazar, diferir. **ANT.** Anteponer. ⬥ v. irreg., se conjuga como poner.

postal (pos-**tal**) *adj.* **1.** Que pertenece o se refiere al ramo de correos. *Correo postal.* **2.** Se dice de la tarjeta de tamaño determinado, con un espacio dispuesto para escribir en él, que se manda por correo, como carta sin sobre. **GRA.** También s. f. *Cuando estuvieron de vacaciones en el sur nos mandaron una postal.*

poste (**pos**-te) *s. m.* Madero, piedra o columna que se coloca verticalmente para que sirva de apoyo o de señal. *Los cables de luz se sujetan con postes.* **SIN.** Pilar, soporte. ‖ **LOC. ser alguien un poste** *fam.* Estar muy sordo.

póster (**pós**-ter) *s. m.* Cartel grande, por lo general de carácter pictórico o decorativo. *Tenía en la pared un póster de su grupo favorito.* **SIN.** Mural.

postergar (pos-ter-**gar**) *v. tr.* **1.** Dejar una cosa para más adelante. *Tuvimos que postergar el viaje.* **SIN.** Aplazar, diferir. **ANT.** Anteponer. **2.** Perjudicar a una persona en favor de otra. *Se vio postergado a un segundo puesto.* **SIN.** Arrinconar, menospreciar, rebajar. **ANT.** Elevar, ascender, ensalzar. ⬥ Se conjuga como ahogar.

posteridad (pos-te-ri-**dad**) *s. f.* **1.** Tiempo futuro. *Hacía referencia a la posteridad.* **2.** Fama póstuma. *Dejó sus obras para la posteridad.* **SIN.** Gloria.

posterior (pos-te-**rior**) *adj.* Que está o viene después en el tiempo o en el espacio. *Estaba situado en la parte posterior del edificio.* **SIN.** Siguiente, subsiguiente, ulterior. **ANT.** Anterior, primero.

posteriori, a *loc., fam.* Con posterioridad a un hecho o dicho. *Lo supimos a posteriori.*

postigo (pos-**ti**-go) *s. m.* **1.** Puerta pequeña abierta en otra mayor. *El postigo de la puerta de entrada estaba entreabierto.* **2.** Portezuela de una ventana o puertaventana. *Cerró el postigo para que la habitación quedara a oscuras.* **SIN.** Cuarterón.

postilla (pos-**ti**-lla) *s. f.* Costra en las heridas cuando se van secando. *Se cayó otra vez y se le levantó la postilla de la rodilla.*

postín (pos-**tín**) *s. m., fam.* Boato, lujo. *Fue una boda de mucho postín.* ‖ **LOC. darse postín** Darse tono.

postizo, za (pos-**ti**-zo) *adj.* **1.** Que no es natural ni propio, sino añadido, fingido o sobrepuesto. *Llevaba un bigote postizo.* ‖ *s. m.* **2.** Entre los peluqueros, añadido o tejido de pelo. *Llevaba un precioso postizo.*

postónico, ca (pos-**tó**-ni-co) *adj.* Se dice del elemento o la sílaba átona que está detrás de la tónica. *En "camarero", "ro" es la sílaba postónica.*

postoperatorio, ria (post-o-pe-ra-**to**-rio) *adj.* En medicina, se dice de lo que se produce o aplica después de una operación quirúrgica. **GRA.** También s. m. *No tuvo ningún problema en el postoperatorio.*

postpalatal (post-pa-la-**tal**) *adj.* Se dice de la consonante para cuya pronunciación se choca la parte posterior de la lengua contra el velo del paladar. **GRA.** También s. f. *La "k" ante vocal es postpalatal.*

postrar (pos-**trar**) *v. tr.* **1.** Debilitar, quitar el vigor y fuerza a alguien. **GRA.** También v. prnl. *La enfermedad la postró en cama durante meses.* **SIN.** Abatir(se), aplanar(se), extenuar(se). **ANT.** Levantar(se), fortalecer(se). ‖ *v. prnl.* **2.** Ponerse de rodillas en señal de respeto o de ruego. *Se postró ante ella pidiendo perdón.* **SIN.** Arrodillarse. **ANT.** Levantarse, ensalzarse.

postre (**pos**-tre) *s. m.* Fruta, dulce y otros alimentos que se sirven al fin de la comida. *De postre tomó flan con nata.* ‖ **LOC. a la postre, o al postre** A lo último, al fin.

postremo, ma (pos-**tre**-mo) *adj.* *Último.

postrer (pos-**trer**) *adj.* Apócope de postrero. **GRA.** Se usa siempre antepuesto al sustantivo. *Postrer adiós.*

postrero, ra (pos-**tre**-ro) *adj.* *Último. **GRA.** También s. m. y s. f.

postrimería (pos-tri-me-**rí**-a) *s. f.* **1.** Último período o últimos años de la vida. *Estaba en la postrimería de su vida.* **SIN.** Final, ocaso. **2.** Período último en la duración de una cosa. **GRA.** Se usa más en pl. *Ocurrió en las postrimerías del siglo XIX.* **SIN.** Decadencia, final.

postulado (pos-tu-**la**-do) *s. m.* Proposición que, sin ser evidente, se admite como cierta sin demostración y que es necesaria para servir de base en posteriores razonamientos. *Explicó sus postulados.* **SIN.** Axioma, premisa, principio.

postular - pozo

postular (pos-tu-**lar**) *v. tr.* Pedir, pretender una cosa, especialmente donativos para fines benéficos o religiosos. *Salió a postular para la lucha contra el cáncer.* **SIN.** Solicitar, recolectar.

póstumo, ma (**pós**-tu-mo) *adj.* Que sale a luz después de la muerte del padre o autor. *Publicaron dos obras póstumas.* **SIN.** Postrimero, posterior.

postura (pos-**tu**-ra) *s. f.* **1.** Colocación, modo en que está puesta una persona, animal o cosa. *Le dolía el cuello por haber dormido en mala postura.* **SIN.** Posición, colocación, disposición. **2.** Actitud que adopta alguien ante un hecho. *Adoptó una postura incomprensible.*

potable (po-**ta**-ble) *adj.* Que se puede beber. *El agua de esa fuente es potable.* **SIN.** Bebible, bebedizo. **ANT.** Inaceptable, intragable.

potaje (po-**ta**-je) *s. m.* **1.** Sopa espesa, en la que se mezclan legumbres secas, como garbanzos, judías, lentejas, con arroz o verduras. *Le encanta el potaje de garbanzos con arroz.* **2.** Mezcla de varias cosas inútiles y confusas. *Empezó a vaciar todos los cajones y preparó un buen potaje.*

potasa (po-**ta**-sa) *s. f.* Carbonato de potasio. *La potasa se obtiene principalmente de cenizas vegetales.*

potasio (po-**ta**-sio) *s. m.* Metal blando, ligero e inflamable en contacto con el aire y el agua, que se extrae de la potasa. *El símbolo del potasio es K.*

pote (**po**-te) *s. m.* **1.** Vasija redonda, generalmente de hierro, con barriga, boca ancha, tres pies, dos asas pequeñas, una a cada lado, y otra grande en forma de semicírculo. *Coció las patatas en el pote.* **2.** Guiso que se hace en esta vasija. *Le gusta mucho el pote gallego.* ‖ **LOC. darse pote** *fam.* Presumir.

potencia (po-**ten**-cia) *s. f.* **1.** Poder para hacer una cosa o producir un efecto. *Esta máquina tiene mucha potencia.* **SIN.** Vigor, fortaleza, fuerza, energía. **ANT.** Debilidad, flaqueza. **2.** Estado soberano. *Se reunieron los presidentes de gobierno de las principales potencias.* **SIN.** Imperio, nación. **3.** En matemáticas, producto que resulta de multiplicar un número por sí mismo una o varias veces. *2^4 es una potencia = 2 x 2 x 2 x 2.* ‖ **4. segunda potencia** Cuadrado. **5. tercera potencia** Cubo. ‖ **LOC. en potencia** Potencialmente.

potencial (po-ten-**cial**) *adj.* **1.** Posible, que puede suceder o existir, en contraposición a actual. *Hablaba de una potencial subida de precios.* **SIN.** Virtual, probable. **2.** *Condicional. **GRA.** También s. m. ‖ *s. m.* **3.** Energía eléctrica acumulada en un cuerpo conductor. *El potencial se mide en unidades de trabajo.*

potenciar (po-ten-**ciar**) *v. tr.* **1.** Comunicar fuerza o energía, aumentar o explotar las energías en cualquier aspecto de la actividad humana. *Hacía ejercicios para potenciar su memoria.* **SIN.** Desarrollar, fortalecer. **ANT.** Debilitar. **2.** Dar impulso a un proyecto, animar. *Potenció su nuevo plan de explotación de recursos.* **SIN.** Impulsar. En cuanto al acento, se conjuga como cambiar.

potente (po-**ten**-te) *adj.* **1.** Que tiene poder, eficacia o capacidad para producir un efecto. *Este automóvil tiene un motor muy potente.* **2.** *Poderoso. **3.** *fam.* Grande, abultado, desmesurado. *Me he comprado una bici muy potente.*

potestad (po-tes-**tad**) *s. f.* **1.** Dominio, poder o jurisdicción que se tiene sobre una cosa. *No tenía potestad para tomar aquella decisión.* **SIN.** Facultad, autoridad. ‖ **2. patria potestad** Autoridad que los padres tienen, con arreglo a las leyes, sobre sus hijos no emancipados.

potestativo, va (po-tes-ta-**ti**-vo) *adj.* *Voluntario.

potingue (po-**tin**-gue) *s. m.* **1.** *fam.* Cualquier preparado de farmacia o bebida de sabor desagradable. *Se negaba a tomar más potingues.* **SIN.** Pócima, brebaje. **2.** *fam.* Producto cosmético, en especial las cremas. *Se echaba en la cara todo tipo de potingues.* **SIN.** Mejunje, ungüento.

potra (**po**-tra) *s. f., fam.* Suerte. *Tiene mucha potra.*

potranco (po-**tran**-ca) *s. m.* Caballo menor de tres años. *El potranco pacía tranquilamente en el campo.*

potril (po-**tril**) *adj.* Se dice de la dehesa para criar potros. **GRA.** También s. m. *Habló con la encargada del potril.*

potro, tra (**po**-tro) *s. m. y s. f.* **1.** Caballo o yegua desde que nace hasta que cambia los dientes de leche, aproximadamente a los cuatro años y medio de edad. *Tenía mucho cariño a aquella potra.* ‖ *s. m.* **2.** Máquina de madera para sujetar los caballos cuando se resisten a dejarse herrar o curar. *Colocó el caballo en el potro.*

poyo (**po**-yo) *s. m.* Banco de piedra, yeso, etc. adosado a la fachada de una casa y próximo a la puerta. *Estaba sentado en el poyo de la casa.* **SIN.** Asiento.

poza (**po**-za) *s. f.* Charca de agua. *Aquella poza estaba plagada de ranas.*

pozo (**po**-zo) *s. m.* **1.** Hoyo profundo hecho en la tierra para sacar agua, petróleo, etc. de su interior. *Estaba sacando agua del pozo con un caldero.* **SIN.** Aljibe, alberca, cisterna. **2.** Hoyo profundo hecho en la tierra para bajar a una mina. *Esta mina tiene varios pozos en explotación.* **3.** Paraje en donde los ríos tienen mayor profundidad. *El río traía poca agua pero nos bañamos en un pozo.* **4.** En el juego de la oca, casilla de la cual no sale el jugador hasta que entre en ella otro. *Cayó en el pozo.* ‖ **5. pozo negro** El que se hace junto a las casas, cuando no hay alcantarillas, para depósito de aguas inmundas. ‖ **LOC. caer una cosa en un pozo** Quedar en el olvido o guardarla en secreto.

práctica (**prác**-ti-ca) *s. f.* **1.** Ejercicio de un arte o ciencia. *Tras largos estudios, se dedicó a la práctica de la Medicina.* **SIN.** Conocimiento, procedimiento, experiencia, trabajo. **ANT.** Teoría. **2.** Destreza adquirida con este ejercicio. *Tiene mucha práctica.* **SIN.** Pericia, habilidad, experiencia. **ANT.** Teoría, inexperiencia, inutilidad. **3.** *Hábito. **4.** Ejercicio que bajo la dirección de un maestro se tiene que hacer en algunas profesiones para poder después ejercer. **GRA.** Se usa más en pl. *Es el profesor que está haciendo las prácticas.* ‖ **LOC. en la práctica** Casi en la realidad. **llevar a la práctica, o poner en práctica** Realizar.

practicante, ta (prac-ti-**can**-te) *s. m. y s. f.* **1.** Persona que posee título para el ejercicio de la cirugía menor. *El practicante le puso la inyección.* ‖ *adj.* **2.** Que practica. *Es católico practicante.*

practicar (prac-ti-**car**) *v. tr.* **1.** Ejercitar, poner en práctica una cosa. *Ahora tienes que practicar lo que has aprendido.* **SIN.** Ejecutar, efectuar, realizar. **2.** Repetir varias veces algo para perfeccionarlo. **GRA.** También v. intr. *Tienes que practicar más.* Se conjuga como abarcar.

práctico, ca (**prác**-ti-co) *adj.* **1.** Se dice de aquello que produce un provecho o facilita las cosas. *El microondas le resultaba muy práctico.* **SIN.** Cómodo, útil. **2.** Experimentado, versado y diestro en una cosa. *Todavía no está muy práctico.* **SIN.** Perito, conocedor, diestro. **ANT.** Inexperto, novato.

pradera (pra-**de**-ra) *s. f.* Prado grande. *La pradera se cubrió de flores.* **SIN.** Pastizal, pradería.

prado (**pra**-do) *s. m.* Tierra húmeda o de regadío, en la cual crece la hierba para el pasto de los ganados. *Llevó las vacas al prado.* **SIN.** Braña, pradera.

pragmático, ca (prag-**má**-ti-co) *adj.* Que pertenece o se refiere a las soluciones útiles y reales. *Es una persona muy pragmática.*

praliné (pra-li-**né**) *s. m.* Crema de chocolate y avellanas o almendras, y bombón relleno de esta crema. *Se tomó una rebanada de pan untada con praliné.*

preámbulo (pre-**ám**-bu-lo) *s. m.* **1.** Aquello que se dice antes de entrar en materia. *Leyó el preámbulo de la novela.* **SIN.** Prólogo, proemio, prefacio, introducción. **ANT.** Epílogo, final, resumen, conclusión. **2.** Rodeo o digresión impertinente antes de decir claramente una cosa. *Déjate de preámbulos.* **SIN.** Introducción, circunloquio.

prebenda (pre-**ben**-da) *s. f.* **1.** Renta que corresponde a algunos cargos eclesiásticos. *Algunos monasterios tenían sus prebendas.* **2.** *fam.* Oficio o empleo muy ventajoso. *Alguien le había enchufado para que tuviera aquella prebenda.*

precario, ria (pre-**ca**-rio) *adj.* **1.** De poca estabilidad o duración. *Su estado de salud es muy precario.* **SIN.** Efímero, perecedero, inestable. **ANT.** Duradero. **2.** Escaso, pobre. *Vivían en condiciones muy precarias.*

precaución (pre-cau-**ción**) *s. f.* Reserva, cautela para evitar o prevenir un inconveniente o peligro. *Hay que conducir con mucha precaución.* **SIN.** Prevención, caución, tiento, desconfianza. **ANT.** Confianza, irreflexión.

precaver (pre-ca-**ver**) *v. tr.* Prevenir o evitar un riesgo o peligro. **GRA.** También v. prnl. *Tienes que precaver las posibles consecuencias.* **SIN.** Evitar(se), prever(se). **ANT.** Arrostrar.

precedente (pre-ce-**den**-te) *adj.* **1.** Que precede o es anterior. *Era mejor la plaza precedente a la mía.* **SIN.** Antecedente, antedicho, previo. **ANT.** Siguiente. ‖ *s. m.* **2.** Hecho ya ocurrido que sirve como ejemplo para ocasiones posteriores. *De lo ocurrido, ya tenemos otros precedentes.* ‖ **LOC. sentar precedentes, o servir de precedente** Hacer algo que sirva de pauta en la actuación ante casos semejantes.

preceder (pre-ce-**der**) *v. tr.* Ir delante de una persona o cosa en tiempo, lugar u orden. **GRA.** También v. intr. *Los compañeros del otro curso nos precedieron en el viaje.*

preceptivo, va (pre-cep-**ti**-vo) *adj.* Que incluye o encierra en sí preceptos. *Es preceptivo estar allí censado para poder pedir la subvención.* **SIN.** Normativo, sistemático. **ANT.** Asistemático, irregular.

precepto (pre-**cep**-to) *s. m.* **1.** Mandato u orden que el superior hace cumplir al inferior. *Cumplió el precepto que le había sido ordenado.* **SIN.** Disposición, ley, norma. **2.** Cada una de las reglas que se dan o establecen para el conocimiento de un arte. *Seguía los preceptos de la escuela.* **SIN.** Instrucción, norma. **3.** *Mandamiento.

preceptor, ra (pre-cep-**tor**) *s. m. y s. f.* Maestro o maestra, persona que enseña, especialmente como

preceptuar - preconcebir

maestro privado. *Como no podía ir al colegio, le pusieron un preceptor en casa.* **SIN.** Educador, mentor.

preceptuar (pre-cep-tu-**ar**) *v. tr.* *Prescribir. ✎ En cuanto al acento, se conjuga como actuar.

preces (**pre**-ces) *s. f. pl.* **1.** Versículos de la Sagrada Escritura, que se dicen en la misa para pedir ayuda a Dios. *El sacerdote eleva preces al Señor.* **2.** Ruegos, súplicas, plegarias. *Dirigió sus preces a la Virgen.*

preciarse (pre-**ciar**-se) *v. prnl.* Gloriarse, presumira. *Se precia de ser un buen deportista.* **SIN.** Presumir, vanagloriarse, alabarse. **ANT.** Despreciarse, humillarse. ✎ En cuanto al acento, se conjuga como cambiar.

precintar (pre-cin-**tar**) *v. tr.* **1.** Poner precinto a una cosa. *Precintó la caja.* **SIN.** Sellar. **2.** Clausurar algo por orden judicial. *Precintaron el local porque no tenía los papeles en regla.*

precinto (pre-**cin**-to) *s. m.* **1.** Acción y efecto de precintar. *La policía procedió al precinto del pub.* **2.** Ligadura sellada con que se atan cajones, baúles, productos para el consumo, etc., a fin de que no se abran sino cuando y por quien corresponda. *Quita los precintos.*

precio (**pre**-cio) *s. m.* **1.** Cantidad de dinero en que se estima o valora una cosa. *Compraré esos zapatos tan caros cuando rebajen su precio.* **SIN.** Coste, importe. ‖ **2. precio prohibitivo** El muy elevado. ‖ **LOC. alzar el precio de una cosa** Aumentarlo o subirlo. **no tener precio una cosa** Poseer un valor más afectivo que monetario, o ser de un gran valor.

precioso, sa (pre-**cio**-so) *adj.* **1.** Excelente, que merece estimación y aprecio. *Su ayuda fue preciosa.* **SIN.** Exquisito, primoroso. **ANT.** Despreciable, desagradable. **2.** De mucho valor o de elevado precio. *El rubí es una piedra preciosa.* **SIN.** Estimable, apreciable, valioso, costoso. **ANT.** Insignificante, barato. **3.** Hermoso. *Tienen una niña preciosa.* **SIN.** Bonito, bello, elegante, encantador, lindo. **ANT.** Feo.

precipicio (pre-ci-**pi**-cio) *s. m.* **1.** Lugar profundo y con mucho peligro. | Caída profunda y vertical del terreno. *Ten cuidado con el precipicio.* **SIN.** Abismo, sima. **2.** Ruina moral o espiritual. *Está al borde del precipicio.*

precipitación (pre-ci-pi-ta-**ción**) *s. f.* **1.** Acción y efecto de precipitar o precipitarse. *No actúes con tanta precipitación.* **SIN.** Aceleración, prisa, apresuramiento, arrebato. **ANT.** Sosiego, calma. **2.** Cualquier forma de agua líquida o sólida que cae desde la atmósfera al suelo. *Abundaron las precipitaciones en forma de nieve.* **SIN.** Tormenta, temporal.

precipitado, da (pre-ci-pi-**ta**-do) *adj.* **1.** Alocado, irreflexivo. *Se equivoca tanto por ser tan precipitado.* **ANT.** Reflexivo, sosegado. ‖ *s. m.* **2.** Sólido que surge a partir de una solución como resultado de una reacción química. *En el laboratorio obtuvieron un precipitado de azufre.*

precipitar (pre-ci-pi-**tar**) *v. tr.* **1.** Despeñar, arrojar o derribar de un lugar o alto. **GRA.** También v. prnl. *Resbaló y se precipitó al vacío.* **SIN.** Lanzar(se), derrumbar(se), tirar(se). **2.** Atropellar, acelerar una cosa. *Los nuevos acontecimientos precipitaron la reunión.* **SIN.** Apresurar. **3.** En química, producir en una disolución un precipitado. *El azufre se precipita en la boca de los volcanes.* ‖ *v. prnl.* **4.** Arrojarse sin reflexionar a hacer o decir una cosa. *Se precipitó a contestar y metió la pata.* **SIN.** Lanzarse. **ANT.** Meditar, contenerse, detenerse.

precisar (pre-ci-**sar**) *v. tr.* **1.** Fijar o determinar de un modo preciso. *Llamó para precisar el lugar y la hora de la cita.* **SIN.** Definir, concretar, puntualizar. ‖ *v. intr.* **2.** Ser necesario o imprescindible. *Precisa patatas para hacer el guiso.* **SIN.** Necesitar, hacer falta.

precisión (pre-ci-**sión**) *s. f.* **1.** Determinación, exactitud. *Los trenes cumplen el horario con precisión.* **SIN.** Afinación, puntería. **2.** Tratándose del lenguaje, estilo, etc., concisión y exactitud rigurosa. *Daba mucha importancia a la precisión de las palabras empleadas.* **SIN.** Concreción, especificación. ‖ **LOC. de precisión** Se dice de las máquinas o instrumentos construidos para obtener resultados exactos.

preciso, sa (pre-**ci**-so) *adj.* **1.** Necesario, indispensable para un fin. *Es preciso que vayas a la escuela.* **SIN.** Forzoso, inexcusable. **2.** Exacto. *El tren llegó en el momento preciso.* **SIN.** Puntual, fijo. **3.** Tratándose del lenguaje, conciso y exacto. *Lo dijo con las palabras precisas.* **SIN.** Claro. **ANT.** Ambiguo, confuso, impreciso.

preclaro, ra (pre-**cla**-ro) *adj.* Esclarecido, ilustre, famoso y digno de admiración y respeto. *En la película se contaba la vida del preclaro navegante Cristóbal Colón.* **SIN.** Insigne, célebre, afamado. **ANT.** Secundario, vulgar, desconocido.

preclásico, ca (pre-**clá**-si-co) *adj.* Se dice de lo que antecede a lo clásico en artes y en letras. *Seguía las reglas de la estética preclásica.*

precolombino, na (pre-co-lom-**bi**-no) *adj.* Se dice de lo relativo a América, antes de su descubrimiento por los españoles. *Culturas precolombinas.*

preconcebir (pre-con-ce-**bir**) *v. tr.* Concebir, pensar con anterioridad una cosa. *Es necesario preconce-*

preconizar - preeminencia

bir un plan de ataque por si acaso. **SIN.** Idear, proyectar, prejuzgar. **ANT.** Improvisar.

preconizar (pre-co-ni-zar) *v. tr.* **1.** Elogiar públicamente. *Todos preconizaban la obra del joven escritor.* **SIN.** Elogiar, ensalzar, alabar. **ANT.** Humillar, injuriar, difamar. **2.** Patrocinar a una persona, proyecto, idea, etc. *La empresa decidió preconizar su proyecto.* **SIN.** Apadrinar, apoyar. ✎ Se conjuga como abrazar.

preconocer (pre-co-no-**cer**) *v. tr.* Prever, conjeturar, conocer anticipadamente una cosa. *Preconocía el resultado, por eso no le pilló de sorpresa.* ✎ v. irreg., se conjuga como parecer.

precoz (pre-**coz**) *adj.* **1.** Se dice del proceso que aparece antes de lo habitual. *Su crecimiento ha sido muy precoz.* **SIN.** Temprano, prematuro. **2.** Se dice de la persona que a corta edad muestra cualidades propias de edades más avanzadas. *Era un niño precoz.* **SIN.** Prematuro, superdotado.

precursor, ra (pre-cu-**sor**) *adj.* **1.** *Antecesor. **GRA.** También s. m. y s. f. || s. m. y s. f. **2.** Persona que profesa o enseña doctrinas o realiza empresas adelantándose a su tiempo. *Leonardo da Vinci fue un precursor de la aeronáutica.* **SIN.** Pionero.

predador, ra (pre-da-**dor**) *adj.* *Depredador.

predecesor, ra (pre-ce-ce-**sor**) *s. m. y s. f.* **1.** Antecesor, antepasado. *Conservaba la casa de sus predecesores.* **2.** Persona que precedió a otra en una dignidad, empleo o cargo. *Su predecesor en el cargo le informó de las circunstancias.* **SIN.** Precursor, antecesor.

predecir (pre-de-**cir**) *v. tr.* Anunciar algo que va a suceder. *El servicio meteorológico predijo fuertes lluvias.* **SIN.** Pronosticar, presagiar, augurar, vaticinar, profetizar. ✎ v. irreg., se conjuga como decir, excepto en el fut. imperf. de ind., el cond. y el imperat.

predefinir (pre-de-fi-**nir**) *v. tr.* *Prefijar.

predestinar (pre-des-ti-**nar**) *v. tr.* Destinar anticipadamente una cosa para un fin. *Su negocio estaba predestinado al fracaso.* **SIN.** Preelegir.

predeterminar (pre-de-ter-mi-**nar**) *v. tr.* Determinar o resolver con anticipación una cosa. *Predeterminó llevarle la contraria en todo.*

predicado, da (pre-di-**ca**-do) *s. m.* **1.** Lo que se afirma del sujeto en una proposición. *En la frase "Juan juega al fútbol", "juega al fútbol" es el predicado.* || **2. predicado nominal** El que está constituido por un nombre, un adjetivo o un sistagma en función nominal y por un verbo copulativo que sirve de enlace entre este predicado y el sujeto. **3. predicado**

verbal El que está constituido por un verbo y, a veces, complementos.

predicar (pre-di-**car**) *v. tr.* **1.** Publicar, hacer patente y clara una cosa. *Predicó la noticia de su boda.* **2.** Pronunciar un sermón. *Predicó un emotivo sermón sobre la solidaridad.* **3.** *fam.* Amonestar, hacer observaciones o reproches. *Cuanto más le prediques, peor.* **SIN.** Sermonear, reprender. **ANT.** Elogiar, ensalzar. ✎ Se conjuga como abarcar.

predicativo (pre-di-ca-**ti**-vo) *s. m.* Adjetivo que funciona, a la vez, como complemento del sujeto y del verbo. *En "el río baja turbio", "turbio" es predicativo.* ☞ También "complemento predicativo".

predicción (pre-dic-**ción**) *s. f.* Acción y efecto de predecir. *La predicción del tiempo es favorable.*

predilección (pre-di-lec-**ción**) *s. f.* Cariño especial y preferencia con que se distingue a una persona o cosa entre otras. *Tiene predilección por el color amarillo.* **SIN.** Privanza, favor.

predilecto, ta (pre-di-**lec**-to) *adj.* Preferido por amor o afecto especial. *Era su amiga predilecta.*

predio (**pre**-dio) *s. m.* Heredad, tierra o posesión inmueble. *Predio urbano.* **SIN.** Hacienda, posesión.

predisponer (pre-dis-po-**ner**) *v. tr.* Preparar, disponer anticipadamente el ánimo de las personas para un fin determinado. **GRA.** También v. prnl. *Le predispuso contra nosotros.* **SIN.** Inclinar(se). ✎ v. irreg., se conjuga como poner.

predominar (pre-do-mi-**nar**) *v. tr.* **1.** Prevalecer, tener mayor dominio. **GRA.** También v. intr. *En este cuadro predominan los tonos claros.* **SIN.** Preponderar, dominar. **ANT.** Someterse. **2.** *Sobresalir.

predominio (pre-do-**mi**-nio) *s. m.* Ventaja o superioridad que se tiene sobre una persona o cosa. *El predominio en el juego lo ejercía el equipo de casa.* **SIN.** Preponderancia, hegemonía. **ANT.** Sumisión.

predorsal (pre-dor-**sal**) *adj.* Se dice de la consonante en cuya articulación interviene principalmente la parte anterior del dorso de la lengua. **GRA.** También s. f. *La "ch" es una predorsal.*

preelegir (pre-e-le-**gir**) *v. tr.* Elegir a alguien con anticipación, predestinar. *Ya le había preelegido como contricante.* **SIN.** Consagrar. ✎ v. irreg., se conjuga como pedir. Tiene doble p. p.; uno reg., preelegido, y otro irreg., preelecto. Se escribe "j" en vez de "g" seguido de "-a" y "-o".

preeminencia (pre-e-mi-**nen**-cia) *s. f.* Privilegio, preferencia que goza alguien respecto de otro por mérito especial. *Gozaba de gran preeminencia ante él.* **SIN.** Prerrogativa, superioridad.

preescolar - preliminar

preescolar (pre-es-co-**lar**) *adj.* Se dice del período de la educación anterior a la enseñanza primaria. *Estaba en el primer año de preescolar.*

preestablecido, da (pre-es-ta-ble-**ci**-do) *adj.* Establecido con anterioridad. *Había que respetar las reglas del juego preestablecidas.*

preexistir (pre-e-xis-**tir**) *v. intr.* Existir con antelación. *Dios preexiste a la humanidad.* **SIN.** Anteceder, preceder.

prefabricado, da (pre-fa-bri-**ca**-do) *adj.* Se dice de las piezas que se usan en construcciones que consisten sólo en el acoplamiento y ajuste de estas piezas, y también de este tipo de construcciones. *Compraron una casa prefabricada.*

prefacio (pre-**fa**-cio) *s. m.* Preámbulo, prólogo. *Un breve prefacio daba entrada a los capítulos de la novela.* **ANT.** Epílogo, final, desenlace.

prefecto (pre-**fec**-to) *s. m.* Entre los romanos, título de varios jefes militares o civiles. *El prefecto de Roma acudió ante el emperador.*

preferencia (pre-fe-**ren**-cia) *s. f.* **1.** Ventaja o mayoría que una persona o cosa tiene sobre otra. *Tienen preferencia los que tengan invitación.* **SIN.** Prioridad, superioridad. **ANT.** Postergación, inferioridad. **2.** Elección de una persona o cosa entre varias; inclinación favorable o predilección hacia ella. *Tiene preferencia por su sobrina mayor.*

preferir (pre-fe-**rir**) *v. tr.* Escoger o gustar más una persona o cosa entre varias. *Preferimos jugar al tenis.* **SIN.** Escoger, elegir, anteponer, optar por. **ANT.** Postergar, odiar. ✎ v. irreg., se conjuga como sentir.

prefijar (pre-fi-**jar**) *v. tr.* Determinar o fijar anticipadamente una cosa. *Prefijaron la fecha de las próximas reuniones.*

prefijo, ja (pre-**fi**-jo) *adj.* Se dice del afijo que va antepuesto a un vocablo. **GRA.** Se usa más como s. m. *"Des"-templar, "re"-visar.* ✎ Ver cuadro, pág. 856.

pregón (pre-**gón**) *s. m.* **1.** Anuncio que se hace en voz alta por los lugares públicos de una cosa que conviene que sepan todos. *El alguacil leyó su pregón.* **SIN.** Manifiesto. **2.** Discurso que se realiza al comienzo de determinados festejos. *El alcalde pronunció el pregón de las fiestas locales.*

pregonar (pre-go-**nar**) *v. tr.* **1.** Divulgar algo en voz alta. *Lo iba pregonando por los pasillos.* **SIN.** Publicar, proclamar. **2.** Anunciar a voces alguien la mercancía que lleva para vender. *Los vendedores ambulantes pregonaban sus delicias.* **SIN.** Vocear. **3.** Publicar lo que estaba oculto o debía callarse. *Nada más saberlo, lo pregonó por todo el barrio.*

preguerra (pre-**gue**-rra) *s. f.* Estado anterior a la declaración de guerra entre dos bandos. *Era una película típica de preguerra.*

pregunta (pre-**gun**-ta) *s. f.* **1.** Lo que se dice a alguien para que responda lo que sabe. *Aunque la pregunta era sencilla, no supe contestarla.* **SIN.** Cuestión, enigma, interrogación, demanda. **ANT.** Respuesta, solución, contestación. **2.** Cada uno de los temas de un cuestionario o programa de exámenes. *Nos pusieron cuatro preguntas.*

preguntar (pre-gun-**tar**) *v. tr.* **1.** Hacer preguntas. **GRA.** También v. prnl. *Me ha preguntado dónde está la biblioteca.* **SIN.** Inquirir(se), interrogar(se), interpelar, demandar. **ANT.** Contestar(se), responder(se). **2.** Exponer en forma de interrogación algo para indicar duda o para dar énfasis a la expresión cuando se cree imposible o absurda la pregunta en determinado sentido. **GRA.** También v. prnl. *Me preguntaba si aquello no sería otra de sus invenciones.*

preguntón, na (pre-gun-**tón**) *adj., fam.* Se dice de la persona que hace excesivas preguntas. **GRA.** También s. m. y s. f. *No seas tan preguntón.*

prehistoria (pre-his-**to**-ria) *s. f.* **1.** Ciencia que estudia la vida del ser humano con anterioridad a todo documento de carácter histórico. *Se especializó en prehistoria.* **2.** Ese mismo período. *El paleolítico es una de las etapas de la prehistoria.* **SIN.** Protohistoria. **3.** Período en que se incuba un movimiento cultural o social, etc. *Era la prehistoria del impresionismo.* **SIN.** Albores.

prehistórico, ca (pre-his-**tó**-ri-co) *adj.* Se dice de cualquier cosa que se sitúe en un tiempo anterior a la historia, o anterior a la invención de la escritura. *Descubrió restos de un nuevo animal prehistórico.*

prejuicio (pre-**jui**-cio) *s. m.* Inconveniente, escrúpulo. *Era un persona de muchos prejuicios.*

prejuzgar (pre-juz-**gar**) *v. tr.* Juzgar las cosas antes de tiempo o sin tener de ellas exacto conocimiento. *No deberías prejuzgar a los demás tan a la ligera.* **SIN.** Preconcebir. ✎ Se conjuga como ahogar.

prelado (pre-**la**-do) *s. m.* **1.** Superior eclesiástico constituido en una de las dignidades de la Iglesia católica. *El abad y el obispo son prelados.* **2.** Superior de un convento. *La misa estaba presidida por el prelado de la comunidad.*

preliminar (pre-li-mi-**nar**) *adj.* Que sirve de preámbulo para tratar sólidamente de una materia. **GRA.** También s. m. *Se detuvo poco en las cuestiones preliminares.* **SIN.** Antecedente, introducción, prólogo. **ANT.** Conclusión.

PREFIJOS

A-: Significa "semejanza', 'proximidad' o 'acercamiento'- *atraer.*
A-, AN-: Indica negación o privación de lo que expresa la palabra a la que se une - *anormal.*
ANTE-: Indica anteriridad en el tiempo o en el espacio - *anteclásico.*
ARCHI-: Indica superiridad - *archisabido.*
CIRCUN-, CIRCUM-: significa 'alrededor' - *circunvalar.*
CON-, COM-, CO-: Significa 'reunión', 'compañía', 'asociación' - *copartícipe.*
CONTRA-: Significa 'oposición' o 'contrariedad' - *contradecir.*
DES-, DE-: Indica negación o inversión del significado de la palabra a la que se une - *desacomodado.*
DIS-: Significa 'negación' o 'contrariedad' - *disconforme.*
DIS-: Significa 'dificultad' o 'anomalía' - *discapacitado.*
EN-, EM-: Significa 'dentro de' o 'sobre' - *encubrir.*
ENTRE-: Indica una situación intermedia o una cualidad no perfecta- *entrelínea.*
EX-: Significa 'fuera' o 'más allá' - *excarcelar*; 'negación' o 'privación' - *exministra.*
EXTRA-: Significa 'fuera de' - *extrajudicial.*
HIPER-: Significa 'superioridad' o 'exceso' - *hipermercado.*
HIPO-: Significa 'poca cantidad', 'inferior' en posición, intensidad o grado - *hipocalórico.*
IN-, IM-, I-: Significa 'negación' o 'privación' - *incontrolado.*
INFRA-: Significa 'debajo', 'inferior' - *infrasonido.*
INTER-: Significa 'entre' o 'en medio' - *intercomunicación.*
INTRA-: Significa 'dentro de' o 'en el interior' - *intramuros.*
POS-, POST-: Significa 'detrás' o 'después' - *postónica.*
PRE-: Denota 'antelación', 'prioridad' o 'encarecimiento' - *prefabricar.*
PRO-: Significa 'delante', 'a través de', 'sustitución', etc. - *proamnistía.*
RE-: Denota 'reintegración' o 'repetición', 'oposición' o negación' - *rechazar.*
RETRO-: Significa 'tiempo anterior' o 'hacia atrás' - *retrógrado.*
SOBRE-: Significa 'superposición', 'adición', 'intensificación' y 'repetición' - *sobrecargar.*
SUB-: Significa 'debajo' o también 'acción secundaria', 'inferiridad' o 'atenuación' - *subconsciente.*
SUPER-: Significa 'sobre' y denota preeminencia, superioridad, abundancia o esceso - *superabundante.*
SUPRA-: Significa 'sobre', 'arriba', 'más allá' - *suprarrenal.*
TRANS-, TRAS-: Significa 'del otro lado' o 'a través de' - *transoceánico.*
ULTRA-: Significa 'más allá de', al otro lado de'; también expresa idea de exceso - *ultrarrápido.*

SUFIJOS

-ADO: Indica ' empleo', 'cargo', 'colectividad', lugar' y 'acción' - *doctorado.*
-AJE: Indica 'acción', 'lugar', 'conjunto', 'tiempo', etc. - *aterrizaje.*
-AL, -AR: Indica 'relación o 'pertenencia'; también 'lugar en el que abunda' el sustantivo al que se añade - *trigal.*
-ALGIA: Significa 'dolor' -*neuralgia.*
-BLE: Denota 'capacidad' o 'aptitud' para recibir la acción del verbo - *abordable.*
-CIDA: Significa 'matador' o 'exterminador' - *parricida.*
-CIÓN: Significa 'acción y efecto de' - *administración.*
-CULTURA: Significa 'cultivo', 'crianza' - *apicultura.*
-DAD: Se añade a ciertos adjetivos para formar sustantivos abstractos que significa 'cualidad' - *bondad.*
-DOR, -DORA: Se añade a sustantivos o adjetivos derivados de verbos y significa 'agente', 'instrumento' o 'lugar' - *corredor.*
-DURA: Se añade a sustantivos derivados de verbor y significa 'acción o efecto de' - *mordedura.*
-ENSE: Forma sustantivos y adjetivos gentilicios - *gijonense.*
-EZA: Forma sustantivos abstractos femeninos derivados de adjetivos - *belleza.*
-FAGIA: Significa 'acción de comer o de tragar" - *arofagia.*
-FOBIA: Significa 'temor', 'repulsión', 'aversión' - *claustrofobia.*
-FORME: significa 'en forma de' - *multiforme.*
-FUGO: Significa 'que huye de' o 'ahuyenta' - *ignífugo.*
-GRAFÍA: Significa 'descripción, tratado, escritura o representación gráfica' - *ortografía.*
-IATRÍA: Significa 'campo de la medicina especializado en el tratamiento de' - *pediatría.*
-ISMO: Se añade a sustantivos abstractos y significa 'modo', 'sistema', 'doctrina' - *romanticismo.*
-ISTA: Se añade a sustantivos y adjetivos y significa 'que pertenece a una profesión, partido, etc.' - *oficinista.*
-ITIS: Sufijo griego que significa 'inflamación' - *apendicitis.*
-LOGÍA: Significa 'tratado' - *biología.*
-MENTE: Sufijo de adverbios derivados de adjetivos - *rápidamente.*
-MIENTO: Sufijo de sustantivos que significa 'acción o efecto de' - *aislamiento.*
-TECNIA: Significa técnica- *zootecnia.*

preludio (pre-**lu**-dio) *s. m.* **1.** Lo que precede y sirve de preámbulo, preparación o principio a una cosa. *Tras los preludios comenzó la conferencia.* **SIN.** Comienzo, principio, introducción, prólogo. **2.** Composición musical independiente, que precede a una representación escénica. *Chopin compuso varios preludios.*

prematuro, ra (pre-ma-**tu**-ro) *adj.* **1.** Que ocurre antes de tiempo. *No hagas juicios prematuros.* **2.** Se dice del niño que nace antes del tiempo normal de duración del embarazo. *El bebé estaba en la incubadora porque había sido prematuro.*

premeditar (pre-me-di-**tar**) *v. tr.* Pensar reflexivamente una cosa antes de hacerla. *Había premeditado todas sus respuestas.* **SIN.** Preparar, proyectar, meditar.

premiar (pre-**miar**) *v. tr.* Dar una cosa a alguien por haber hecho algo bien. *El dibujo sobre las aves migratorias fue premiado con un viaje.* **SIN.** Recompensar, distinguir, galardonar. **ANT.** Castigar, condenar, sancionar. ✎ En cuanto al acento, se conjuga como cambiar.

premier (pre-**mier**) *s. m.* Nombre con que se conoce en el Reino Unido y sus dominios al presidente del Consejo de ministros. *Se reunió con el premier de Gran Bretaña.*

premio (**pre**-mio) *s. m.* **1.** Recompensa o remuneración que se da por algún mérito o servicio. *Ganó el segundo premio del concurso de pintura.* **SIN.** Galardón, prima, recompensa. **ANT.** Castigo. **2.** Cada uno de los lotes sorteados en una lotería. *Le tocó un buen premio.* ‖ **3. premio gordo** *fam.* El lote mayor de la lotería nacional, y en especial el que corresponde al sorteo de Navidad. **4. premio Nobel** Cada uno de los premios que cada año concede la fundación Alfred Nobel a las personas más destacadas en distintos ámbitos de las ciencias y las letras.

premisa (pre-**mi**-sa) *s. f.* Señal, indicio del que se deduce algo. *Las premisas de las que partían eran poco fiables.* **SIN.** Conjetura, hipótesis, supuesto.

premolar (pre-mo-**lar**) *adj.* Se dice de los dientes molares primero y segundo. *Tenía picado uno de los premolares.*

premonición (pre-mo-ni-**ción**) *s. f.* Presentimiento, presagio. *Tenía la premonición de que ocurriría una desgracia.* **SIN.** Conjetura, corazonada.

premonitorio, ria (pre-mo-ni-**to**-rio) *adj.* Se dice de aquello que anuncia o presagia algo. *Estas manchas rojas son premonitorias de un sarampión.*

premura (pre-**mu**-ra) *s. f.* Aprieto, prisa, urgencia, instancia. *Tenía mucha premura.* **SIN.** Perentoriedad, apuro.

prenatal (pre-na-**tal**) *adj.* Que antecede al nacimiento. *Diagnóstico prenatal.*

prenda (**pren**-da) *s. f.* **1.** Cosa, mueble que se da en garantía del cumplimiento de una obligación. *Dejar en prenda.* **SIN.** Garantía, empeño, fianza. **2.** Cualquiera de las partes que componen el vestido y calzado. *Este detergente es especial para lavar las prendas de lana delicadas.* **SIN.** Ropa, trapo. ‖ **LOC. soltar prenda alguien** Revelar o decir algo que le deje comprometido a una cosa.

prendarse (pren-**dar**-se) *v. prnl.* Enamorarse de una persona o cosa. *Se prendó de él por su alegría y su buen corazón.* **SIN.** Encariñarse, colgarse. **ANT.** Enemistarse, desengañarse.

prendedor (pren-de-**dor**) *s. m.* Broche usado para sujetar el pelo, una prenda de vestir, etc. *Llevaba un prendedor de concha en el pelo.*

prender (pren-**der**) *v. tr.* **1.** Asir, agarrar, sujetar una cosa. *Lo prendió al vuelo.* **SIN.** Coger, enganchar. **ANT.** Soltar, desenganchar. **2.** Meter a alguien en la cárcel por un delito cometido. *Lo prendieron por robo.* **SIN.** Capturar, aprisionar, aprehender, encarcelar. **ANT.** Soltar, liberar, desencarcelar. **3.** Enredarse, engancharse una cosa en otra. *Prendió la camisa en una zarza.* **4.** Encender el fuego o la luz. **GRA.** También v. intr. *Prende la lumbre.* ‖ *v. intr.* **5.** Echar raíces la planta en la tierra. *Prendieron todos los rosales.* ✎ Tiene doble p. p.; uno reg., prendido, y otro irreg., preso.

prensa (**pren**-sa) *s. f.* **1.** Aparato que sirve para aplastar, comprimir o hacer más pequeño el volumen de algo. *Para obtener el aceite, se meten las aceitunas en la prensa. Los metales se meten en prensas para convertirlos en láminas.* **SIN.** Compresora. **2.** Conjunto de los periódicos y las revistas. *La prensa diaria se vende en los quioscos.* **SIN.** Periódico. **3.** Conjunto de personas dedicadas al periodismo. *Toda la prensa estaba pendiente del asunto.* ‖ **4. prensa amarilla** La de carácter sensacionalista. ‖ **LOC. tener alguien buena, o mala prensa** Serle ésta favorable o adversa.

prensar (pren-**sar**) *v. tr.* Apretar en la prensa una cosa. *Esa máquina prensa la paja.* **SIN.** Comprimir.

prensil (pren-**sil**) *adj.* Que sirve para asir o coger. *Los monos tienen cola prensil.*

prensor, ra (pren-**sor**) *adj.* Se dice de las aves de mandíbulas robustas y las patas con dos dedos diri-

prenuncio - presagiar

gidos hacia atrás, tropicales y generalmente de bellos colores. **GRA.** También s. f. *El guacamayo y el loro son aves prensoras.*

prenuncio (pre-**nun**-cio) *s. m.* *Pronóstico.

preñado, da (pre-**ña**-do) *adj.* **1.** Se dice de la hembra de cualquier especie que ha concebido y tiene el feto en el vientre. *La perrita estaba preñada.* **SIN.** Embarazada. **2.** Lleno o cargado. *El texto estaba preñado de errores.*

preocupación (pre-o-cu-pa-**ción**) *s. f.* Inquietud que produce algo. *El futuro es su mayor preocupación.* **SIN.** Cuidado, inquietud, desvelo, intranquilidad, desasosiego. **ANT.** Despreocupación, tranquilidad, sosiego.

preocupar (pre-o-cu-**par**) *v. tr.* Inquietar algo. **GRA.** También v. prnl. *Le preocupaba enormemente el resultado de los análisis.* **SIN.** Impacientar(se), alarmar(se), intranquilizar(se). **ANT.** Sosegar(se), tranquilizar(se).

prepalatal (pre-pa-la-**tal**) *adj.* Se dice de la consonante para cuya pronunciación choca la parte superior de la lengua contra el paladar. *La "ch", la "ll" y la "ñ" son consonantes prepalatales.*

preparación (pre-pa-ra-**ción**) *s. f.* **1.** Acción y efecto de preparar o prepararse. *Asistía a clases de preparación para el parto.* **2.** *Preparado.

preparado (pre-pa-**ra**-do) *adj.* Se dice del medicamento preparado en una farmacia. **GRA.** También s. m. *Dejó encargado el preparado que le habían recetado.*

preparar (pre-pa-**rar**) *v. tr.* **1.** Poner una cosa en orden o a punto, para un fin o un uso. *Mi hermano ha preparado ya las maletas para el viaje.* **SIN.** Arreglar, disponer. **ANT.** Improvisar. **2.** Prevenir o disponer a una persona para una acción que se ha de seguir. *Ya le habían ido preparando para lo que iba a suceder.* **3.** Hacer las operaciones necesarias para obtener un producto. *Prepararon la mezcla.* || *v. prnl.* **4.** Disponerse, prevenirse para realizar una cosa. *Se había preparado concienzudamente para la prueba.* **ANT.** Despreocuparse, indisponerse, olvidarse.

preparativos (pre-pa-ra-**ti**-vos) *s. m. pl.* Actos de preparación para una ceremonia o suceso. *Se están haciendo los preparativos para la visita del presidente.* **SIN.** Disposiciones, aparato, aparejo.

preponderar (pre-pon-de-**rar**) *v. intr.* Prevalecer o hacer más fuerza una opinión u otra cosa. *Al final preponderó el sentido común.* **SIN.** Predominar, dominar, prevalecer.

preposición (pre-po-si-**ción**) *s. f.* **1.** Parte invariable, que indica la relación que hay entre dos palabras. *"Entre" es una preposición.* || **2. preposición inseparable** Prefijo.

a, ante, bajo, cabe, con, contra, de, desde, en, entre, hacia, hasta, para, por, según, sin, so, sobre, tras

prepotencia (pre-po-**ten**-cia) *s. f.* Poder superior al de otros, o gran poder. *No soporto su prepotencia.* **SIN.** Superioridad, abuso. **ANT.** Inferioridad, ecuanimidad.

prepucio (pre-**pu**-cio) *s. m.* Piel móvil que cubre el bálano del pene. *En la circuncisión se corta el prepucio.*

prerrogativa (pre-rro-ga-**ti**-va) *s. f.* Privilegio que disfruta una persona por razón de su empleo, cargo, edad, etc. *Goza de muchas prerrogativas dentro de la organización.* **SIN.** Dispensa, gracia.

prerromance (pre-rro-**man**-ce) *adj.* Se dice de cada una de las lenguas que existieron en los territorios donde se impuso más tarde el latín. *Estudiamos las lenguas prerromances.*

presa (**pre**-sa) *s. f.* **1.** Animal que puede ser cazado o pescado. *El cazador mostraba orgulloso su presa.* **2.** *Acequia. **3.** Muro grueso, construido a través de un río, arroyo o canal, para detener el agua y conducirla fuera del cauce. *Construyeron una presa.*

presagiar (pre-sa-**giar**) *v. tr.* Anunciar o prever una cosa, guiándose por indicios o conjeturas. *Los astros presagiaban la catástrofe.* **SIN.** Predecir, pronosticar, augurar, adivinar, profetizar. En cuanto al acento, se conjuga como cambiar.

LAS MAYORES PRESAS ARTIFICIALES DEL MUNDO (LAGOS ARTIFICIALES)

Nombre	Situación	(m³)	Año
Owen Falls	Uganda	204 800 000 000	1954
Kariba	Zinbabwue	181 592 000 000	1959
Bratsk	CEI	169 270 000 000	1964
Asuán	Egipto	168 000 000 000	1970
Akosombo	Ghana	148 000 000 000	1965

presagio - presente

LAS PRESAS MÁS GRANDES

Nombre	Situación	m³	Año
Syncrude Tailings	Canadá	540 000 000	1992
Pati	Argentina	238 180 000	1990
New Cornelia Trailings	Arizona, Estados Unidos	209 506 000	1973
Tarbela	Paquistán	105 570 000	1976
Fort Peck	Montana, Estados Unidos	96 050 000	1937
Lower Usuma	Nigeria	93 000 000	1990
Atatürk	Turquía	84 500 000	1990

presagio (pre-**sa**-gio) *s. m.* **1.** Señal que indica, previene y anuncia un suceso futuro. *Las nubes traían presagios de tormenta.* **SIN.** Indicio, anuncio. **2.** Especie de adivinación de las cosas futuras por presentimientos o indicios. *Sentía un mal presagio respecto a ese negocio.* **SIN.** Vaticinio, predicción, pronóstico, augurio.

presbítero (pres-**bí**-te-ro) *s. m.* *Sacerdote.

prescindir (pres-cin-**dir**) *v. intr.* **1.** Abstenerse de algo. *Si quería curar el catarro tenía que prescindir del tabaco.* **SIN.** Omitir, apartar, evitar, renunciar. **ANT.** Incluir, juntar. **2.** Excluir a una persona o cosa, no contar con ella. *Prescindieron de su colaboración.* **SIN.** Descartar, excluir, relegar. **SIN.** Contar con, preferir.

prescribir (pres-cri-**bir**) *v. tr.* **1.** Preceptuar, ordenar una cosa. *Le prescribieron un tratamiento bastante fuerte.* **SIN.** Mandar, disponer, determinar. **ANT.** Obedecer, ejecutar. ‖ *v. intr.* **2.** Concluir o extinguirse una obligación o deuda por el transcurso de cierto tiempo. *El contrato prescribe dentro de un mes.* **SIN.** Empezar, valer. **3.** Extinguirse la responsabilidad penal por el transcurso del tiempo. *El delito está a punto de prescribir.* Tiene p. p. irreg., prescrito.

prescripción (pres-crip-**ción**) *s. f.* Acción y efecto de prescribir. *Le ponen esas inyecciones por prescripción del médico.* **SIN.** Mandato, orden.

presencia (pre-**sen**-cia) *s. f.* **1.** Asistencia personal, acto de estar una persona en un sitio. *Contamos con tu presencia en el festival.* **ANT.** Ausencia, inexistencia. **2.** Aspecto exterior de una persona. *Andrés tiene muy buena presencia.* **SIN.** Apariencia, traza, disposición. ‖ **3. presencia de ánimo** Serenidad y entereza en todas las circunstancias de la vida.

presenciar (pre-sen-**ciar**) *v. tr.* Estar en un lugar cuando ocurre un hecho importante. *Muchos alemanes presenciaron la caída del muro de Berlín.* **SIN.** Asistir, contemplar, observar. En cuanto al acento, se conjuga como cambiar.

presentador, ra (pre-sen-ta-**dor**) *s. m. y s. f.* Persona encargada de dirigir o presentar un espectáculo público, ya sea en vivo o directo, o grabado en algún medio. *Es una famosa presentadora de televisión.* **SIN.** Locutor.

presentar (pre-sen-**tar**) *v. tr.* **1.** Poner una cosa ante alguien. *Presentó sus grabados a un experto en arte.* **ANT.** Mostrar, exponer. **ANT.** Ocultar, encubrir. **2.** Dar el nombre de una persona a otra que está en el mismo lugar, cuando no se conocen entre sí. *Nos presentó a sus amigos en la fiesta.* **SIN.** Introducir. **3.** Dar a conocer al público a una persona o cosa. *La próxima semana presenta su última película.* **4.** Anunciar un espectáculo, programa de televisión o radio. *Es el que presenta el telediario del mediodía.* ‖ *v. prnl.* **5.** Aparecer en un lugar. *Como siempre, se presentará cuando nadie se lo espere.* **SIN.** Comparecer, acudir. **6.** Ofrecerse voluntariamente para un fin. *Se presentó voluntario para echarnos una mano.* **7.** Producirse, mostrarse, aparecer. *Se nos presentaron varios imprevistos.* **8.** Comparecer ante un jefe o autoridad de quien se depende. *Se presentó ante el director.* **9.** Comparecer en juicio. *El testigo no se presentó.* **SIN.** Personarse. **ANT.** Huir, faltar.

presente (pre-**sen**-te) *adj.* **1.** Que está en un sitio. **GRA.** También s. m. y s. f. *No estuve presente cuando ocurrió, pero me lo contaron detalladamente.* **SIN.** Asistente. **ANT.** Ausente. **2.** Actual o que sucede en el momento en que se habla. **GRA.** También s. m. *En el momento presente, no trabajo.* **SIN.** Reciente, contemporáneo. **ANT.** Pasado, futuro. ‖ *s. m.* **3.** Tiempo en que estamos. *En el pasado había menos comodidades que en el presente.* **SIN.** Actualidad. **ANT.** Pasado, futuro. **4.** Regalo. *Le llevaron un bonito presente al hospital.* **SIN.** Ofrenda, obsequio. **5.** Tiempo del verbo que expresa la coincidencia de la acción con el momento en que se habla. *"Él hace" es la tercera persona del singular del presente de indicativo del verbo hacer.* ‖ **6. presente histórico** El que se utiliza para narrar hechos del pasado, actualizándolos. ‖ **LOC. mejorando lo presente** Expre-

presentimiento - préstamo

sión que se emplea por cortesía cuando se alaba a una persona delante de otra. **por el, por la, o por lo, presente** Por ahora. 🔖 Como adj., es invariable en género.

presentimiento (pre-sen-ti-**mien**-to) *s. m.* Acción y efecto de presentir. *Tenía un extraño presentimiento de que iba a ocurrir algo extraordinario.* **SIN.** Corazonada, barrunto, vislumbre.

presentir (pre-sen-**tir**) *v. tr.* **1.** Preveer lo que va a suceder. *Presentía que se iba a enfadar.* **SIN.** Barruntar, presagiar, intuir. **2.** Adivinar una cosa antes que suceda, por algunas señales que la preceden. *Presentía un cambio del tiempo.* 🔖 v. irreg., se conjuga como sentir.

preservar (pre-ser-**var**) *v. tr.* Proteger, resguardar de un daño o peligro. **GRA.** También v. prnl. *Trataba de preservar a su hijo de las malas influencias.* **SIN.** Resguardar(se), salvaguardar(se), poner a salvo.

preservativo (pre-ser-va-**ti**-vo) *s. m.* Funda de goma con que se cubre el pene en el acto sexual para prevenir las infecciones y la fecundación. *El uso del preservativo evita el posible contagio de enfermedades.* **SIN.** Condón, profiláctico.

presidencia (pre-si-**den**-cia) *s. f.* **1.** Acción de presidir. *Se encargará de la presidencia de la ceremonia.* **2.** Dignidad, empleo o cargo de presidente. *Alcanzó la presidencia después de unas disputadas elecciones.* **3.** Tiempo que dura el cargo. *Durante su presidencia hubo importantes cambios.* **SIN.** Mandato. **4.** Oficina del presidente. *Fueron a la presidencia.*

presidente, ta (pre-si-**den**-te) *s. m. y s. f.* Persona que preside. *Hablé con el presidente de la junta.*

presidiario, ria (pre-si-**dia**-rio) *s. m. y s. f.* Persona que cumple en la cárcel su condena. *Algunos presidiarios fueron trasladados a otra cárcel.* **SIN.** Forzado, encarcelado, preso.

presidio (pre-**si**-dio) *s. m.* **1.** Establecimiento penitenciario en el que cumplen sus penas las personas condenadas por algún delito. *El condenado fue conducido a presidio.* **SIN.** Penal, penitenciaría, cárcel, prisión. **2.** Conjunto de presidiarios de un mismo lugar. *Ese presidio tenía fama de ser extremadamente pacífico.*

presidir (pre-si-**dir**) *v. tr.* **1.** Tener el primer lugar en un acto, reunión, empresa, etc. *El alcalde preside la Ayuntamiento.* **SIN.** Dirigir, mandar, gobernar. **2.** Predominar, tener una cosa principal influjo. *El miedo presidió las elecciones.* **SIN.** Dirigir, gobernar. **3.** Encontrarse en el mejor lugar o en el más destacado. *Preside la lista.*

presilla (pre-**si**-lla) *s. f.* Cordón pequeño, en forma de lazo, con que se asegura una cosa. *Hizo una presilla en la solapa de la blusa.*

presión (pre-**sión**) *s. f.* **1.** Acción y efecto de apretar o comprimir. *Haz un poco más de presión sobre el émbolo.* **SIN.** Aplastamiento, compresión. **2.** Tensión de los gases. *El gas está envasado en bombonas a mucha presión.* **3.** Fuerza que actúa sobre una superficie dada. *Calcula la presión que ejerce ese objeto sobre el suelo.* **4.** Fuerza o coacción que se ejerce sobre una persona o una colectividad. *Aseguró que no aceptaría bajo ninguna presión.* **5.** *Olla a presión. ǁ **6. presión arterial** Tensión arterial. **7. presión atmosférica** Peso del aire sobre la superficie de la Tierra. Se mide con el barómetro y al nivel del mar equivale al peso de una columna de mercurio de 76 cm de altura. **8. presión sanguínea** La que ejerce la sangre circulante sobre las paredes de los vasos. **9. presión social** Influencia que ejerce la sociedad sobre los individuos que la componen. ǁ **LOC. hacer presión** Someter a presión física una cosa. | Obligar o influir a alguien para que realice una cosa.

presionar (pre-sio-**nar**) *v. tr.* **1.** Ejercer presión sobre alguna persona o cosa. *Presiona el botón.* **SIN.** Comprimir. **2.** Influir por medios materiales o morales sobre otra persona, bando, país, etc. *Le presionaban para que aceptara.* **SIN.** Coaccionar, influir.

preso, sa (**pre**-so) *adj.* **1.** Que permanece en prisión. **GRA.** También s. m. y s. f. *Estaba preso desde hacía dos años.* **SIN.** Recluso, presidiario, prisionero, cautivo, penado. **2.** Atrapado, sin salida. *estaba preso en aquel complicado asunto.* **3.** Dominado por una pasión, estado de ánimo, etc. *Se sentía presa de su amor por él.* **SIN.** Cautivo.

prestación (pres-ta-**ción**) *s. f.* **1.** Acción y efecto de prestar. *Solicitó una prestación económica.* **2.** Cosa o servicio exigido por una autoridad o a consecuencia de un pacto o contrato. *Tenía que hacer la prestación.* ǁ *s. f. pl.* **3.** Servicios o comodidades que ofrece una cosa. *Esa agencia ofrece mejores prestaciones.* ǁ **4. prestación personal o social** Servicio personal o trabajo exigido por la ley para obras de utilidad común.

prestamista (pres-ta-**mis**-ta) *s. m. y s. f.* Persona que da dinero a préstamo. *Ante la necesidad del dinero tuvo que recurrir a un prestamista.*

préstamo (**prés**-ta-mo) *s. m.* **1.** Dinero prestado. *Solicitó un préstamo al banco para comprar la casa.* **2.** *Extranjerismo.

prestancia - pretérito

prestancia (pres-**tan**-cia) *s. f.* Aspecto de distinción. *Aquel traje le daba cierta prestancia.* **SIN.** Gallardía, porte. **ANT.** Inferioridad, vulgaridad.

prestar (pres-**tar**) *v. tr.* **1.** Dejar algo a una persona para que lo use por un tiempo y lo devuelva. *Por fin hemos devuelto al banco el dinero que nos prestó.* **SIN.** Dejar, anticipar, adelantar. **ANT.** Devolver. **2.** Dar, comunicar. *Prestó sus servicios gratuitamente.* || *v. prnl.* **3.** Ofrecerse para algo. *Todos los vecinos se prestaron para apagar el incendio.* **SIN.** Brindarse, acceder. **4.** Dar motivo u ocasión para algo. *Eso se presta a confusión.*

presteza (pres-**te**-za) *s. f.* Prontitud y brevedad en hacer o decir una cosa. *Lo hizo con toda presteza.* **SIN.** Rapidez, diligencia. **ANT.** Lentitud, pesadez.

prestidigitación (pres-ti-di-gi-ta-**ción**) *s. f.* Arte o habilidad de hacer juegos de manos y otros embelecos para distracción del público. *Fui a un espectáculo de prestidigitación.* **SIN.** Ilusionismo, magia.

prestidigitador, ra (pres-ti-di-gi-ta-**dor**) *s. m. y s. f.* Jugador de manos, mago de juegos malabares. *El prestidigitador sacó un conejo de la chistera.*

prestigio (pres-**ti**-gio) *s. m.* Crédito y renombre que se da a una persona por sus méritos en determinada materia. *Es un cirujano de mucho prestigio.* **SIN.** Reputación, crédito, fama. **ANT.** Desprestigio.

prestigioso, sa (pres-ti-**gio**-so) *adj.* **1.** Que tiene prestigio o influencia. *Asistieron los más prestigiosos especialistas en la materia.* **SIN.** Acreditado, insigne. **ANT.** Desprestigiado. **2.** Que es conocido de todos. *Es una prestigiosa presentadora de televisión.* **SIN.** Famoso, célebre, popular. **ANT.** Desconocido.

presto, ta (**pres**-to) *adj.* **1.** Pronto, ligero, diligente. *Llegó con paso presto.* **ANT.** Lento, tardo, pesado. **2.** Preparado o dispuesto para hacer una cosa o para un fin. *Estaba presto para empezar.* **ANT.** Inhábil. || *adv. t.* **3.** Luego, al instante. *Acudió presto.*

presumir (pre-su-**mir**) *v. tr.* **1.** Sospechar, conjeturar una cosa por tener indicios o señales para ello. *Presumo que no tiene razón en lo que dice.* **SIN.** Suponer, temerse. || *v. intr.* **2.** Vanagloriarse, engreírse. *Presume de que es muy guapo.* **SIN.** Jactarse, alardear, alabarse. ✎ Tiene doble p. p.; uno reg., presumido, y otro irreg., presunto.

presunción (pre-sun-**ción**) *s. f.* **1.** Acción y efecto de presumir o vanagloriarse. *Es una persona que tiene mucha presunción.* **SIN.** Vanidad, orgullo, engreimiento. **ANT.** Modestia, ignorancia, desconocimiento. **2.** Acción y efecto de conjeturar algo. *Su presunción era lógica.* **SIN.** Conjetura, sospecha.

presunto, ta (pre-**sun**-to) *adj.* Probable, supuesto. *Detuvieron al presunto autor de los hechos.*

presuntuoso, sa (pre-sun-**tuo**-so) *adj.* Lleno de presunción y orgullo. **GRA.** También s. m. y s. f. *Además de tonto, presuntuoso.* **SIN.** Vano, fantasioso, engreído, petulante. **ANT.** Modesto, humilde.

presuponer (pre-su-po-**ner**) *v. tr.* Dar por supuesta una cosa. *Presuponíamos que él estaba de acuerdo.* ✎ v. irreg., se conjuga como poner.

presupuestar (pre-su-pues-**tar**) *v. tr.* Computar de antemano los gastos e ingresos de un negocio o de un proyecto. *Presupuestaron la obra.*

presupuesto (pre-su-**pues**-to) *s. m.* Cálculo anticipado del coste de una obra, y también de los gastos o ingresos de una empresa o colectividad. *Pidieron un presupuesto a varios albañiles.*

presuroso, sa (pre-su-**ro**-so) *adj.* Pronto, ligero, veloz. *Acudió presuroso.* **ANT.** Lento, tardo, moroso.

prêt a porter *expr.* Se aplica a la ropa de aire desenfadado y cómoda. *Hubo un desfile de moda prêt a porter.*

pretencioso, sa (pre-ten-**cio**-so) *adj.* *Presuntuoso.

pretender (pre-ten-**der**) *v. tr.* **1.** Intentar lograr algo. *Pretende cruzar el Atlántico en solitario.* **SIN.** Aspirar, procurar, desear, querer. **ANT.** Renunciar, abandonar. **2.** Solicitar una cosa, a la cual alguien aspira o cree tener cierto derecho. *Varias naciones pretendían su dominio.* **SIN.** Pedir, aspirar, solicitar. **ANT.** Desistir, renunciar. ✎ Tiene doble p. p.; uno reg., pretendido, y otro irreg., pretenso.

pretendiente (pre-ten-**dien**-te) *adj.* **1.** *Aspirante. **GRA.** También s. m. y s. f. || *s. m.* **2.** Novio, prometido. *Les presentó a su pretendiente.*

pretensión (pre-ten-**sión**) *s. f.* **1.** Ambición, aspiración. *Aquel puesto era una de sus pretensiones.* **2.** Derecho que alguien juzga tener sobre una cosa. *Dos países tenían pretensiones sobre aquellas islas.*

pretérito, ta (pre-**té**-ri-to) *adj.* **1.** Se dice de lo que ya ha pasado o sucedido. *Se conocía desde épocas pretéritas.* **SIN.** Pasado. || **2. pretérito anterior** Tiempo que indica una acción acabada antes de otra también pasada. **3. pretérito imperfecto** Tiempo que indica haber sido presente la acción del verbo, coincidiendo con otra acción ya pasada. **4. pretérito indefinido** Pretérito perfecto simple. **5. pretérito perfecto** Tiempo que denota ser ya pasada la significación del verbo. Se divide en simple y compuesto. **6. pretérito pluscuamperfecto** Tiempo que expresa que una cosa estaba ya hecha, o podía estarlo, cuando otra se realizó.

pretexto - primero

pretexto (pre-**tex**-to) *s. m.* Motivo o causa aparente que se alega para hacer una cosa o para excusarse de no haberla realizado. *Llegó tarde pero tenía un pretexto.* **SIN.** Excusa, disculpa, socapa, rebozo.

pretil (pre-**til**) *s. m.* Muro o vallado de piedra u otra materia, que se pone en los puentes y otros lugares para evitar caídas. *Al borde del río había un pretil.* **SIN.** Antepecho, barandilla.

pretor (pre-**tor**) *s. m.* Magistrado romano que ejercía jurisdicción en Roma o en las provincias. *El pretor era inferior al cónsul.*

pretura (pre-**tu**-ra) *s. f.* Empleo o dignidad de pretor. *Fue firme en el mando durante su pretura.*

prevalecer (pre-va-le-**cer**) *v. intr.* **1.** Sobresalir una persona o cosa entre otras. *La verdad siempre debe prevalecer.* **SIN.** Predominar, preponderar. **ANT.** Menguar, disminuir. **2.** Conseguir, obtener una cosa en oposición de otros. *Al final prevaleció su criterio.* ✎ v. irreg., se conjuga como parecer.

prevaricación (pre-va-ri-ca-**ción**) *s. f.* Acción y efecto de cometer perjurio. *Le acusaban de prevaricación.*

prevenir (pre-ve-**nir**) *v. tr.* **1.** Prever, ver, conocer de antemano o con anticipación un daño o perjuicio. *Previno una fuerte subida de precios.* **2.** Precaver, evitar o impedir una cosa. *Con su actitud les previno de posibles daños.* **3.** Advertir, informar o avisar a alguien de una cosa. *Te previne de que era una carretera muy peligrosa.* **SIN.** Aconsejar, anunciar, notificar. ‖ *v. prnl.* **4.** Prepararse de antemano para una cosa. *Se previno de víveres por si nevaba.* ✎ v. irreg., se conjuga como venir.

prever (pre-**ver**) *v. tr.* Ver con anticipación; conocer, conjeturar lo que va a suceder. *Lo había previsto todo tal como sucedió.* **SIN.** Antever, barruntar, precaver, prevenir. ✎ v. irreg., se conjuga como ver.

previo, via (**pre**-vio) *adj.* Anticipado, que va delante o que sucede primero. *Habló de los momentos previos al suceso.* **SIN.** Anterior, precedente. **ANT.** Posterior, subsiguiente, pospuesto.

previsión meteorológica *expr.* Determinación del tiempo futuro. *Consultó las previsiones meteorológicas.*

previsor, ra (pre-vi-**sor**) *adj.* Que prevé. **GRA.** También s. m. y s. f. *Es una persona muy previsora.* **SIN.** Precavido, cauto, prudente. **ANT.** Imprudente, desprevenido.

previsto, ta (pre-**vis**-to) *adj.* Anticipado, anunciado con antelación. *Todo sucedió como estaba previsto.* **ANT.** Imprevisto, sorpresivo, desprevenido.

prez *s. amb.* **1.** *Estima, gloria. ‖ s. m. y s. f.* **2.** *Plegaria.* **GRA.** Se usa más en pl. **SIN.** Oración, súplica.

prieto, ta (**prie**-to) *adj.* *Apretado.

prima (**pri**-ma) *s. f.* **1.** Cantidad de dinero que se da a alguien a modo de gratificación o estímulo. *Cobraban prima de productividad.* **SIN.** Premio, gratificación, recompensa. **2.** Precio que el asegurado paga al asegurador. *Tenía una prima muy alta.*

primacía (pri-ma-**cí**-a) *s. f.* Superioridad que se tiene con respecto a otra persona o cosa. *Ejercía la primacía en el comercio de la zona.* **SIN.** Prioridad, preeminencia. **ANT.** Inferioridad, desventaja.

primado (pri-**ma**-do) *s. m.* Primero de todos los arzobispos y obispos de un país o región. *El primado de España se entrevistó con el Papa.*

primario, ria (pri-**ma**-rio) *adj.* **1.** Principal o primero en orden o grado. *Comer es una necesidad primaria.* **SIN.** Primordial, primitivo. ‖ **2. educación primaria** En España, etapa educativa constituida por seis cursos, dirigida a alumnos y alumnas con edades comprendidas entre 6 y 12 años. **OBS.** También "primaria".

primates (pri-**ma**-tes) *s. m. pl.* Orden de los mamíferos al que pertenecen el mono y el hombre. Tienen el cerebro grande, vista desarrollada, uñas en lugar de garras y pulgar oponible, muy útil para agarrar objetos. *Los primates son el orden más alto de los mamíferos.* **SIN.** Antropoide, cuadrumano.

primavera (pri-ma-**ve**-ra) *s. f.* Una de las cuatro estaciones del año. *En muchos países, en primavera florecen las plantas.*

primer (pri-**mer**) *adj.* Se usa delante de un s. m. sing. *Enero es el primer mes del año.*

primerizo, za (pri-me-**ri**-zo) *adj.* **1.** Que hace por vez primera una cosa, o es principiante en un arte, profesión o ejercicio. **GRA.** También s. m. y s. f. *Está muy nervioso porque es primerizo.* **SIN.** Novato. **ANT.** Experto, veterano. **2.** Se dice especialmente de la hembra que pare por primera vez. **GRA.** También s. f. *Esa comadrona se ocupa de las primerizas.*

primero, ra (pri-**me**-ro) *adj.* **1.** Que va delante de todos los demás de su especie. **GRA.** También s. m. y s. f. *La primera persona que llegó tuvo que esperar al resto.* **SIN.** Primordial, primitivo, adelantado. **ANT.** Último, reciente, secundario, posterior. **2.** Que sobresale. *Es el primero de su clase. ‖ adv. t.* **3.** En primer lugar. *Primero vamos a comer y luego iremos.* ‖ **LOC. a primeros** En los primeros días del mes. **de primera** De gran calidad, sobresaliente en su línea. **de primero** Antes o al principio.

primicia - pringado

primicia (pri-**mi**-cia) *s. f.* Fruto primero de cualquier cosa. *Aquel periodista logró una primicia informativa.*

primigenio, nia (pri-mi-**ge**-nio) *adj.* *Primitivo, originario.

primitivo, va (pri-mi-**ti**-vo) *adj.* **1.** Primero en su línea, que no tiene ni toma origen de otra cosa. *El hombre primitivo.* **SIN.** Primigenio, primario, originario. **ANT.** Derivado, imitado, nuevo. **2.** Que pertenece a los orígenes de alguna cosa. *La primitiva estructura de la organización había cambiado mucho en los últimos tiempos.* **SIN.** Primario. **3.** Se dice de los pueblos aborígenes o de civilización poco desarrollada. *Era un pueblo muy primitivo.* **4.** Se dice del sustantivo que no contiene ningún morfema derivativo. **GRA.** También s. m. *"Pan" es un sustantivo primitivo.* **5.** Rudimentario, tosco. *Sus modales son un poco primitivos.* **6.** *Lotería primitiva.

primo, ma (**pri**-mo) *s. m. y s. f.* **1.** Respecto de una persona, hijo o hija de su tío o tía. *Se lleva muy bien con sus primos.* **2.** *fam.* Persona demasiado ingenua. *Es un poco primo.* **SIN.** Incauto, simple. || **3. primo hermano o carnal** Hijo de tío carnal. **4. primo segundo** Hijo de tío segundo. || **LOC. hacer el primo** *fam.* Dejarse engañar. **ser una cosa prima hermana de otra** *fam.* Ser muy parecida a ella.

primogénito, ta (pri-mo-**gé**-ni-to) *adj.* Se dice del hijo que nace primero. **GRA.** También s. m. y s. f. *Era la primogénita de la familia.*

primor (pri-**mor**) *s. m.* Destreza, habilidad, esmero en hacer o decir una cosa. *Bordó las sábanas con primor.* **SIN.** Cuidado, maestría, habilidad, destreza. **ANT.** Descuido, chapuza, suciedad.

primordial (pri-mor-**dial**) *adj.* Necesario para algo. *Era primordial aclarar aquel asunto.* **SIN.** Básico, esencial, fundamental. **ANT.** Derivado, secundario.

princesa (prin-**ce**-sa) *s. f.* **1.** Mujer que por sí goza y tiene soberanía sobre un principado. *Era la princesa heredera del trono.* **2.** Mujer del príncipe. *El príncipe acudió a la ceremonia con su mujer, la princesa.*

principado (prin-ci-**pa**-do) *s. m.* **1.** Título o dignidad de príncipe. *A la mayoría de edad accedió al principado.* **2.** Territorio o lugar sobre el que recae este título. *Su principado era un extenso territorio.*

principal (prin-ci-**pal**) *adj.* **1.** Primero en estimación o importancia. *El trabajo principal fue limpiar, lo demás era secundario.* **SIN.** Importante, fundamental, esencial. **ANT.** Accesorio, secundario. **2.** Ilustre, distinguido, noble. *Las principales autoridades del país estaban presentes en la ceremonia.* **3.** Se dice de la persona que es jefe o cabeza en un negocio. *Habló con el principal responsable de la sección.* **SIN.** Director, presidente. **ANT.** Subordinado, subalterno. **4.** Esencial o fundamental. *Solucionar esto es lo principal.* **SIN.** Capital, primordial. **ANT.** Secundario, derivado, innecesario, accesorio. **5.** Se dice de la habitación o cuarto que en los edificios se halla entre la planta baja o entresuelo y el primer piso. *Vive en el piso principal.*

príncipe (**prín**-ci-pe) *s. m.* **1.** Por antonom., hijo primogénito del rey, heredero de su corona. *El rey envió al príncipe en visita oficial.* **SIN.** Delfín, infante. **2.** Soberano de un Estado. *El pueblo apreciaba mucho a su príncipe.* || **3. príncipe azul** Hombre ideal soñado o esperado por una mujer. **4. príncipe de Asturias** Título que se da en España al hijo del rey, inmediato sucesor de la corona. **5. príncipe de Gales** Tejido con estampado de cuadros en colores suaves. **6. príncipe de las tinieblas** Satanás. **7. príncipe heredero** El que está destinado a suceder al rey.

principiante (prin-ci-**pian**-te) *adj.* Que empieza a estudiar, o a practicar un arte o profesión. **GRA.** Se usa más como s. m. y s. f. *Se encargaba de enseñar a los principiantes.* **SIN.** Aprendiz, novato. **ANT.** Experto, maestro.

principiar (prin-ci-**piar**) *v. tr.* *Empezar. **GRA.** También v. prnl. ✎ En cuanto al acento, se conjuga como cambiar.

principio (prin-**ci**-pio) *s. m.* **1.** Primera parte de una cosa. *El principio del libro me gustó más que el final.* **SIN.** Comienzo, inicio. **ANT.** Final. **2.** Base u origen de un pensamiento. *¿En qué principios se basa tu teoría?* **SIN.** Fundamento. **3.** Causa primitiva u origen de una cosa. *Aquello fue el principio de un gran cambio.* **SIN.** Embrión, germen, origen, raíz. || **4. principio activo** Sustancia contenida en un fármaco y que constituye su principal propiedad medicinal. || **LOC. del principio al fin** De todo en todo. **desde un principio** Desde el inicio de algo. **en principio** Se aplica a lo que se acepta en esencia sin atender a la forma o los detalles.

pringado, da (prin-**ga**-do) *adj.* **1.** Se dice de la persona a la que se puede engañar fácilmente. **GRA.** También s. m. y s. f. *Se cree muy listo y es un pringado.* **2.** Se dice de la persona que paga por las culpas de otro o que carga con las tareas más duras. **GRA.** También s. m. y s. f. *Como soy un pringado, siempre me toca todo.* **3.** Se aplica a la persona que se halla involucrada en un asunto sucio. **GRA.** También s. m. y s. f. *Estaba muy pringado en el tema.*

pringar - probar

pringar (prin-**gar**) *v. tr.* Manchar. **GRA.** También v. prnl. *Me pringué toda de salsa de tomate.* **SIN.** Ensuciar(se). ‖ **LOC. pringarla** *fam.* Hacer algo erróneo, estropear. ✎ Se conjuga como ahogar.

pringue (**prin**-gue) *s. m. y s. f.* **1.** Grasa que suelta el tocino u otra cosa parecida. *Esa olla está llena de pringue.* **SIN.** Unto. **2.** *Suciedad.

prior, ra (pri-**or**) *s. m. y s. f.* Padre o madre superiores de un convento. *Me recibió el prior del convento.*

priori, a *loc.* Se dice de lo que se sabe con independencia de la experiencia. *Ese dato ya lo sabíamos a priori.*

prioridad (prio-ri-**dad**) *s. f.* **1.** Anterioridad de una cosa respecto de otra, en tiempo o en orden. *Ya lo había anunciado con prioridad a los hechos.* **SIN.** Precedencia, anterioridad. **2.** *Primacía. **3.** Derecho de paso de unas personas antes que otras, principalmente en lo que se refiere a la circulación de automóviles. *Yo tenía prioridad, pues él tenía un stop.* **SIN.** Preferencia.

prisa (**pri**-sa) *s. f.* **1.** Rapidez con que pasa o se hace una cosa. *Tenía tanta prisa, que ni se paró a saludarnos.* **SIN.** Celeridad, presteza, brevedad, apresuramiento. **ANT.** Pereza, lentitud. **2.** Ansia en el deseo de una cosa. *Tenía prisa por conseguirlo.* **SIN.** Urgencia, apremio. ‖ **LOC. andar alguien de prisa** Se aplica al que parece que le falta tiempo para cumplir con las ocupaciones y negocios que tiene a su cargo. **dar prisa** Instar y obligar a alguien a que realice una cosa con presteza y brevedad. **darse alguien prisa** Acelerarse, apresurarse. **de prisa** *Deprisa.* **de prisa y corriendo** Con la mayor celeridad, sin detención alguna, con muchos errores. **meter alguien prisa** Apresurar las cosas.

prisión (pri-**sión**) *s. f.* **1.** Cárcel o sitio donde se encierra a los presos. *Ingresó en prisión.* **2.** Cualquier cosa que ata o estorba físicamente. *Aquella relación llegó a convertirse en una prisión para ella.* ‖ **3. prisión mayor** La que dura desde seis años y un día hasta doce años. **4. prisión menor** La de seis meses y un día a seis años. **5. prisión preventiva** La que sufre el procesado hasta y durante la realización del juicio.

prisionero, ra (pri-sio-**ne**-ro) *s. m. y s. f.* **1.** Persona que en campaña cae en poder del enemigo. *Los dos bandos hicieron un intercambio de prisioneros.* **SIN.** Cautivo, preso. **2.** Persona que está como cautiva de un afecto o pasión. *Era prisionero de su amor por ella.* ‖ **3. prisionero de guerra** El que se entrega al vencedor antes de la capitulación.

prisma (**pris**-ma) *s. m.* **1.** Sólido terminado por dos caras paralelas e iguales, llamadas bases, y por tantos paralelogramos cuantos lados tenga cada base. *Dibuja un prisma.* **2.** Punto de vista. *No mirábamos las cosas desde el mismo prisma.*

prismáticos (pris-**má**-ti-cos) *s. m. pl.* *Anteojos.

prístino, na (**prís**-ti-no) *adj.* *Antiguo, primitivo.

privado, da (pri-**va**-do) *adj.* **1.** Que se se realiza en secreto o ante muy pocas personas. *Fue una ceremonia privada.* **SIN.** Íntimo, particular. **ANT.** Público. **2.** Particular y personal de cada uno. *Utilizó su coche privado.* ‖ **LOC. en privado** En la intimidad.

privar (pri-**var**) *v. tr.* **1.** Quitar a alguien una cosa que tenía. *El insomnio es una enfermedad, priva del sueño a quien lo padece.* **SIN.** Desposeer. **ANT.** Dar. **2.** Prohibir. *El medicó le privó de varios alimentos.* **SIN.** Vedar. **ANT.** Permitir. ‖ *v. prnl.* **3.** Dejar voluntariamente una cosa agradable o conveniente. *Se privaba de los dulces para adelgazar.* **SIN.** Renunciar.

privativo, va (pri-va-**ti**-vo) *adj.* Propio y especial de una persona o cosa. **SIN.** Particular. **ANT.** Común.

privilegio (pri-vi-**le**-gio) *s. m.* **1.** Gracia, prerrogativa o exención. *En la Edad Media la Iglesia tenía ciertos privilegios.* **SIN.** Bula, ventaja. **2.** Derecho de un usuario a utilizar los recursos de un sistema informático, especialmente el acceso a ciertos archivos. *No tengo los privilegios necesarios para acceder a los archivos de texto.* ‖ **3. privilegio de acceso** El orden de preferencias que un usuario posee para acceder a archivos de información o programas.

pro *s. m. y s. f.* *Provecho. ‖ **LOC. en pro de algo o alguien** En favor de.

proa (**pro**-a) *s. f.* Parte delantera de una embarcación. *Íbamos en la proa del barco.* **ANT.** Popa.

probabilidad (pro-ba-bi-li-**dad**) *s. f.* Calidad de probable. *Hay muchas probabilidades de que te den el trabajo.* **SIN.** Posibilidad. **ANT.** Imposibilidad.

probable (pro-**ba**-ble) *adj.* **1.** Verosímil, o que se funda en razón prudente. *Lo que me cuentas quizá sea probable.* **SIN.** Creíble, posible, factible. **ANT.** Imposible, improbable. **2.** Que se puede probar. *Lo que he dicho es probable.* **3.** Se dice de aquello que tiene posibilidades de que suceda. *Es probable que llueva.* **ANT.** Improbable, increíble, imposible.

probador (pro-ba-**dor**) *s. m.* En las tiendas de ropa, lugar en que los clientes se prueban los trajes o vestidos. *Pasó al probador.*

probar (pro-**bar**) *v. tr.* **1.** Examinar las cualidades de personas o cosas. *Ha probado su invento y funciona bien.* **SIN.** Experimentar, ensayar. **2.** Dar a conocer la la verdad de una cosa con razones, instrumentos o testigos. *Esta factura prueba que pagué la cuenta.* **SIN.** Demostrar, justificar. **3.** Tomar un poco de comida o bebida para conocer o comprobar su sabor. *Prueba la salsa para ver si está sosa.* **SIN.** Catar, degustar. || *v. intr.* **4.** Con la preposición "a" y el infinitivo de otros verbos, hacer pruebas, experimentar o intentar una cosa. *Prueba a hacerlo sin agarrarte.* **SIN.** Tratar, procurar. 🖝 v. irreg., se conjuga como contar.

probeta (pro-**be**-ta) *s. f.* Tubo de ensayo que se utiliza en el laboratorio. *Utilizó una probeta graduada.*

problema (pro-**ble**-ma) *s. m.* **1.** Cuestión o pregunta que se trata de aclarar. *Tengo un problema: no sé si pintar la cocina de amarillo o de salmón.* **SIN.** Incógnita, duda, enigma, pega. **ANT.** Solución. **2.** Conjunto de hechos o circunstancias que impiden hacer algo o lo dificultan. *Encontrar vivienda en las grandes ciudades, es un serio problema hoy en día.* **SIN.** Dificultad, obstáculo, inconveniente. **ANT.** Facilidad. **3.** En matemáticas, ejercicio que hay que resolver a partir de uno datos. *Resolví sin ninguna dificultad todos los problemas del examen.* **4.** Inconveniente, molestia. *No quería causar problemas en su casa.* **5.** Disgusto, preocupación. **GRA.** Se usa más en pl. *Los problemas le impedían conciliar el sueño.*

problemático, ca (pro-ble-**má**-ti-co) *adj.* **1.** Dudoso, incierto o que se puede defender por una y otra parte. *La situación era problemática.* **SIN.** Dificultoso, inseguro, enigmático. **ANT.** Indiscutible. **2.** Que causa problemas. *Es un niño problemático.* || *s. f.* **3.** Conjunto de cuestiones y dificultades relativas a una determinada disciplina. *Analizaron la problemática.*

procaz (pro-**caz**) *adj.* Desvergonzado, atrevido. *Utiliza un lenguaje muy procaz.* **SIN.** Deshonesto, insolente, licencioso. **ANT.** Comedido, recatado.

procedencia (pro-ce-**den**-cia) *s. f.* Origen o lugar de donde procede una cosa. *Desconocían su procedencia.* **SIN.** Nacimiento, fuente. **ANT.** Destino, fin.

procedente (pro-ce-**den**-te) *adj.* **1.** Que procede o trae su origen de una persona, lugar o cosa. *El tren procedente de León va a efectuar su salida.* **SIN.** Derivado, originario, proveniente. **2.** Conforme a derecho, práctica o conveniencia. *Tu forma de actuar no es procedente.* **SIN.** Oportuno, pertinente. **ANT.** Inoportuno, impertinente, improcedente.

proceder[1] (pro-ce-**der**) *v. intr.* **1.** Tener origen o nacer una cosa de otra. *El vino procede de las uvas.* **SIN.** Provenir, descender. **2.** Actuar de determinada forma. *No me gusta su manera de proceder.* **SIN.** Conducirse. **3.** Pasar a poner en ejecución una cosa a la cual precedieron algunas diligencias. *Procedió a la exposición de los hechos.* **4.** Ser conforme a razón, derecho, mandato, práctica o conveniencia. *Esa propuesta no procede ahora.* **SIN.** Portarse, comportarse, conducirse.

proceder[2] (pro-ce-**der**) *s. m.* Modo de portarse o de actuar. *Un mal proceder no admite disculpa.* **SIN.** Comportamiento, conducta.

procesado, da (pro-ce-**sa**-do) *adj.* **1.** Se dice de la persona acusada de un delito y que está sometida a juicio. **GRA.** También s. m. y s. f. *El abogado habló con los procesados.* **SIN.** Acusado, inculpado. **2.** Se aplica a la información que ha sido tratada por un ordenador o un procesador informático. *Esa información todavía no ha sido procesada.*

procesador (pro-ce-sa-**dor**) *s. m.* Dispositivo principal de la unidad central de procesamiento de información en un computador, capaz de procesar datos e instrucciones. *Hay una avería en el procesador.*

procesal (pro-ce-**sal**) *adj.* Que pertenece o se refiere al proceso. *Derecho procesal.*

procesamiento (pro-ce-sa-**mien**-to) *s. m.* Acto de procesar. *Se encuentra bajo procesamiento.*

procesar (pro-ce-**sar**) *v. tr.* **1.** Formar un proceso para condenar o declarar inocente a una persona. *Le procesaron por el crimen.* **SIN.** Encausar, enjuiciar. **2.** Tratar la información de modo automatizado. *Está procesando los datos.*

procesión (pro-ce-**sión**) *s. f.* **1.** Acto de ir ordenadamente de un lugar a otro muchas personas con algún fin público y solemne, por lo general religioso. *Las procesiones de Semana Santa de esa ciudad son muy famosas.* **SIN.** Peregrinación, romería. **2.** *fam.* Fila de personas o animales que van de un lugar a otro. *Iban todos en procesión.* **SIN.** Hilera, cola. || **LOC. andar, o ir, por dentro la procesión** *fam.* Sentir ira, inquietud, etc. sin darlo a conocer.

proceso (pro-**ce**-so) *s. m.* **1.** Conjunto de hechos que se siguen unos a otros, todos relacionados con la misma actividad. *Un método industrial para hacer una sustancia es un proceso.* **SIN.** Sucesión, transcurso, transformación, desarrollo. **2.** Conjunto de diligencias judiciales de una causa. *Había gran expectación ante el comienzo del proceso.* **SIN.** Causa, juicio. **3.** Término general que se aplica a cualquier operación que un ordenador lleva a cabo entre los datos. *Programó el proceso para que se hiciera por la noche.* **SIN.** Proceso de datos.

proclamar (pro-cla-**mar**) *v. tr.* **1.** Publicar, anunciar algo. *El alcalde proclamó la noticia.* **SIN.** Divulgar, pregonar. ‖ *v. prnl.* **2.** Declararse uno investido en un cargo. *Napoleón se proclamó emperador de Francia.*

proclive (pro-**cli**-ve) *adj.* Inclinado, propenso a una cosa mala. *Es proclive a hacer daño.* **SIN.** Tendente.

procónsul (pro-**cón**-sul) *s. m.* Gobernador de una provincia entre los romanos. *Llegó a Roma el procónsul de la Galia.*

procrear (pro-cre-**ar**) *v. tr.* *Engendrar.

procurador, ra (pro-cu-ra-**dor**) *s. m. y s. f.* **1.** Persona que en virtud del poder que le otorga otra persona ejecuta en su nombre alguna cosa. *Nombró un procurador para que hablara en su nombre.* **SIN.** Delegado, representante. **2.** Persona que representa en un juicio a cada una de las partes. *Habló con su procurador de los temas relacionados con el juicio.*

procurar (pro-cu-**rar**) *v. tr.* Hacer lo posible para lograr lo que se desea. *Cuando acabe mis estudios, procuraré conseguir un trabajo.* **SIN.** Pretender, intentar, tratar de, esforzarse.

prodigar (pro-di-**gar**) *v. tr.* **1.** *Derrochar. **2.** Dispensar elogios, favorecer, etc. profusa y repetidamente. *Le prodigaba todo tipo de alabanzas.* **SIN.** Elogiar, alabar, decir requiebros. ✎ Se conjuga como ahogar.

prodigio (pro-**di**-gio) *s. m.* **1.** Hecho o suceso sobrenatural. *Aseguraron que lo que habían visto era un prodigio.* **SIN.** Portento, maravilla, asombro, pasmo. **2.** Cosa especial o primorosa en su línea. *Es un prodigio de película.* **3.** *Milagro.

prodigioso, sa (pro-di-**gio**-so) *adj.* Maravilloso, extraordinario, que encierra en sí prodigio. *Tiene un talento prodigioso.* **SIN.** Asombroso, portentoso, milagroso. **ANT.** Normal, vulgar.

pródigo, ga (**pró**-di-go) *adj.* *Manirroto.

producir (pro-du-**cir**) *v. tr.* **1.** Dar vida o fruto. *Este manzano ha producido manzanas por primera vez.* **SIN.** Generar. **2.** Ser causa, originar. *La sequía fue producida por la falta de lluvias.* **SIN.** Causar, ocasionar. **3.** Fabricar. *En esta fábrica se producen automóviles.* **SIN.** Elaborar, hacer. **ANT.** Deshacer, consumir. ✎ *v. irreg.*, se conjuga como conducir. Tiene doble p. p.; uno reg., producido, y otro irreg., producto.

productividad (pro-duc-ti-vi-**dad**) *s. f.* Índice o promedio del rendimiento de una industria o fábrica entre las horas invertidas y los productos elaborados. *Esa fábrica tiene mucha productividad.* **SIN.** Rendimiento.

productivo, va (pro-duc-**ti**-vo) *adj.* Que tiene virtud para producir. *Es un negocio muy productivo.* **SIN.** Beneficioso, fecundo, fértil, rentable. **ANT.** Estéril, improductivo.

producto (pro-**duc**-to) *s. m.* **1.** Cosa producida. *Venden productos cárnicos.* **SIN.** Producción. **2.** Beneficio que se obtiene de una cosa cuando se vende, arrienda o explota. *El producto de ese negocio ha sido bastante bueno.* **SIN.** Fruto, provecho, rédito, lucro. **3.** Mercancía o género que se saca al mercado para su venta o consumo. *Ofrecen productos de buena calidad.* **4.** En matemáticas, cantidad resultante de la multiplicación. *El producto de 5 por 5 es 25.* **SIN.** Resultado. ‖ **5. producto nacional bruto** Valor de todos los bienes y servicios producidos en la economía de un país en un período de tiempo determinado. **6. producto nacional neto** Resultado del producto nacional bruto menos el valor asignado a la depreciación del capital utilizado en la producción.

productor, ra (pro-duc-**tor**) *adj.* **1.** Que produce. **GRA.** También s. m. y s. f. *Es un país productor de vinos.* ‖ *s. m. y s. f.* **2.** En la organización del trabajo, cada una de las personas que intervienen en la producción de bienes. *Negociaron con el productor.* **3.** Persona que, con responsabilidad financiera, asume la realización de una obra cinematográfica. *Al productor no le gustaba el guión.* ‖ *s. f.* **4.** Empresa que se dedica a la producción cinematográfica o discográfica. *Los derechos del disco los tiene la productora.*

proemio (pro-**e**-mio) *s. m.* *Prólogo. **SIN.** Prefacio, preámbulo, introducción. **ANT.** Epílogo, resumen.

proeza (pro-**e**-za) *s. f.* Hazaña, valentía o acción valerosa o heroica. *Innumerables fueron las proezas del Cid Campeador.* **ANT.** Cobardía, timidez.

profanar (pro-fa-**nar**) *v. tr.* **1.** Tratar una cosa sagrada sin el debido respeto o aplicarla a usos profanos. *Profanaron las tumbas de los faraones.* **2.** Deslucir, deshonrar, hacer uso indigno de cosas respetables. *Profanaron su buen nombre.* **SIN.** Violar. **ANT.** Respetar.

profano, na (pro-**fa**-no) *adj.* **1.** Que no es sagrado ni sirve a usos sagrados. *Hablaban de cuestiones profanas, no religiosas.* **SIN.** Secular, laico. **ANT.** Religioso, devoto. **2.** Se dice de la persona que carece de conocimientos y autoridad en una materia. **GRA.** También s. m. y s. f. *Es un profano en la materia.* **SIN.** Ignorante, lego. **ANT.** Sabio, conocedor, instruido.

profecía (pro-fe-**cí**-a) *s. f.* **1.** Don sobrenatural que consiste en conocer por inspiración divina las cosas distantes o futuras. *Tenía el don de la profecía.* **2.** Predicción hecha en virtud de inspiración o intuición. *El Niño Jesús nació y así se cumplieron las profecías.* **SIN.** Vaticinio, presagio, augurio, predicción.

proferir (pro-fe-**rir**) *v. tr.* Pronunciar, decir palabras. *Comenzaron a proferir gritos en contra.* **SIN.** Articular, decir. **ANT.** Callar, enmudecer. ✎ v. irreg., se conjuga como sentir.

profesar (pro-fe-**sar**) *v. tr.* **1.** Ejercer una ciencia, arte u oficio. *Profesa la medicina.* **SIN.** Desempeñar, practicar. **2.** Practicar una doctrina o creencia. *Profesan el catolicismo.* **3.** Sentir algún afecto, inclinación o interés por alguien o algo. *Le profesa una gran admiración.*

profesión (pro-fe-**sión**) *s. f.* Trabajo que tiene una persona. *Mi vecino es carpintero de profesión.* **SIN.** Empleo, oficio, ocupación.

profesional (pro-fe-sio-**nal**) *adj.* **1.** Que pertenece o se refiere a la profesión. *Viaja mucho por motivos profesionales.* **2.** Se dice de lo que está hecho por profesionales y no por aficionados. *Hicieron un trabajo muy profesional.* ‖ *s. m. y s. f.* **3.** Persona cualificada para ejercer determinado trabajo. *Es un profesional de la electricidad.*

profesor, ra (pro-fe-**sor**) *s. m. y s. f.* **1.** Persona que ejerce o enseña una ciencia o arte. *El profesor explicó una nueva lección de Matemáticas a sus alumnos.* **SIN.** Maestro, doctor, enseñante, educador, instructor, monitor. ‖ **2. profesor adjunto** El que está adscrito a una determinada cátedra o departamento. **3. profesor agregado** En los institutos de bachillerato y universidades, el numerario adscrito a una cátedra o a un departamenteo de rango administrativo inferior al de catedrático. **4. profesor numerario** El que pertenece a una plantilla de funcionarios.

profesorado (pro-fe-so-**ra**-do) *s. m.* Cuerpo de profesores. *El profesorado se reunió en claustro.*

profeta (pro-**fe**-ta) *s. m.* Persona que posee el don de profecía. *Isaías y Ezequiel fueron profetas.* ✎ Su fem. es "profetisa".

profetizar (pro-fe-ti-**zar**) *v. tr.* Anunciar cosas futuras. *Habían profetizado la llegada del Mesías.* ✎ Se conjuga como abrazar.

profiláctico, ca (pro-fi-**lác**-ti-co) *adj.* *Preservativo.

prófugo, ga (**pró**-fu-go) *adj.* **1.** Fugitivo, se dice especialmente de la persona que huye de la justicia o de otra autoridad legítima. **GRA.** También s. m. y s. f. *La policía detuvo a dos prófugos que habían esca-*

pado de la cárcel. **SIN.** Huido, evadido. ‖ *s. m.* **2.** Persona que se evade del servicio militar. *Fue declarado prófugo.* **SIN.** Desertor, tornillero.

profundidad (pro-fun-di-**dad**) *s. f.* Calidad de profundo. *Esa cueva tiene 3 km de profundidad. En la profundidad de su corazón es bueno.*

profundizar (pro-fun-di-**zar**) *v. tr.* **1.** Cavar una cosa para hacerla más profunda. *Profundizaron más de un metro.* **SIN.** Ahondar. **2.** Discurrir con la mayor atención y examinar una cosa para llegar a su mejor conocimiento. **GRA.** También v. intr. *Deberías profundizar más en el tema.* **SIN.** Ahondar, indagar. **ANT.** Ignorar. ✎ Se conjuga como abrazar.

profundo, da (pro-**fun**-do) *adj.* **1.** Que tiene el fondo muy alejado de la superficie o boca. *El pozo es muy profundo, no podemos ver el fondo.* **SIN.** Hondo. **ANT.** Superficial. **2.** Muy vivo o intenso. *Tengo un sueño tan profundo que no me despierta el despertador.* **SIN.** Penetrante. **ANT.** Ligero. **3.** Que penetra mucho o va hasta muy adentro. *Le llegaba un profundo olor.* **SIN.** Penetrante. **4.** Difícil de penetrar o comprender. *Le gustaba hablar de temas profundos.* **SIN.** Recóndito, difícil. **5.** Se dice de la persona cuyo entendimiento penetra mucho. *Es una persona muy profunda.* ‖ *s. m.* **6.** *Profundidad.

profusión (pro-fu-**sión**) *s. f.* Abundancia excesiva. *No le gustaba tanta profusión de color.* **SIN.** Exhuberancia, prodigalidad. **ANT.** Escasez, defecto.

profuso, sa (pro-**fu**-so) *adj.* Abundante con exceso. *El local presentaba una profusa decoración.* **SIN.** Exhuberante. **ANT.** Escaso, defectuoso, tacaño.

progenitor, ra (pro-ge-ni-**tor**) *s. m. y s. f.* Ascendiente en línea recta de quien procede una persona. *Deseaba saber más acerca de sus progenitores.*

programa (pro-**gra**-ma) *s. m.* **1.** Previa declaración de lo que se piensa hacer en alguna materia. *Presentó su programa electoral.* **SIN.** Esquema, proyecto. **2.** Sistema y distribución de las materias de un curso o asignatura. *El programa de la asignatura tenían veinte temas.* **SIN.** Cuestionario. **3.** Lista o exposición de las partes que han de tener o de las condiciones a que han de sujetarse algunas cosas. *Elaboraron el programa de fiestas.* **SIN.** Plan, planificación. **4.** Impreso que contiene este anuncio. *Estaban imprimiendo el programa de fiestas.* **5.** Proyecto ordenado de actividades. *Discutieron el nuevo programa de trabajo.* **SIN.** Plan. **6.** Serie ordenada de operaciones necesarias para llevar a cabo algo. *El programa se cumplía como estaba previsto.* **7.** Serie de las unidades temáticas que componen una emi-

programación - prologar

sión de radio o televisión. *Me gusta más el programa de esta cadena.* **8.** Cada una de dichas unidades temáticas. *Echan buenos programas infantiles.* **9.** Secuencia de instrucciones que obliga al ordenador a realizar una tarea determinada. *Ha salido ya una nueva versión del programa.*

programación (pro-gra-ma-**ción**) *s. f.* **1.** Acción de programar. *Estaban trabajando en la programación de los cursos de verano.* **2.** Conjunto de los programas de radio y televisión. *No me gusta nada la programación de esa cadena.* **3.** Preparación por anticipado de un mecanismo para que realice una determinada función. *Estudió el manual de programación del vídeo.* **4.** Proceso de preparación, diseño y escritura de programas informáticos. *Se dedica a la programación.*

programar (pro-gra-**mar**) *v. tr.* **1.** Preveer o disponer las acciones para su realización. *Programó las actividades de la semana.* **SIN.** Planear, planificar. **ANT.** Improvisar. **2.** Escribir programas para que un ordenador realice determinadas tareas. *Programó un nuevo programa de contabilidad.* **3.** Idear el programa de un curso o una materia de estudio. *Se reunieron para programar el próximo curso.*

progre (**pro**-gre) *adj., fam.* *Progresista.

progresar (pro-gre-**sar**) *v. intr.* Hacer progresos o adelantos en una materia. *La Medicina ha progresado mucho en el último siglo.* **SIN.** Avanzar, adelantar, perfeccionarse, prosperar, evolucionar. **ANT.** Retroceder, empeorar, estancarse.

progresión (pro-gre-**sión**) *s. f.* **1.** Acción de avanzar o de proseguir alguna cosa. *Su progresión en los estudios fue espectacular.* **SIN.** Progreso, adelantamiento. **2.** Serie de números o términos algebraicos en la cual cada tres consecutivos forman proporción continua. *Calcula la suma de esta progresión.* ‖ **3. progresión aritmética** Aquella en que cada dos términos consecutivos se diferencian en una misma cantidad. **4. progresión geométrica** Sucesión de números en que cada dos términos consecutivos hay un mismo cociente.

progresista (pro-gre-**sis**-ta) *adj.* Se dice de la persona que apoya o favorece ideas de progreso material, moral o político. **GRA.** También s. m. y s. f. *Es una persona de ideas progresistas.* **SIN.** Liberal, progre.

progresivo, va (pro-gre-**si**-vo) *adj.* Creciente, gradual. *Habrá un progresivo aumento de las temperaturas.*

progreso (pro-**gre**-so) *s. m.* Acción y efecto de avanzar en una materia o en un aspecto de la vida. *Para ese país el petróleo ha supuesto un progreso económico.* **SIN.** Desarrollo, mejora, perfeccionamiento. **ANT.** Barbarie, involución, retroceso.

prohibir (pro-hi-**bir**) *v. tr.* Impedir usar o hacer una cosa. *Han prohibido bañarse en esta playa debido a la contaminación.* **SIN.** Privar, proscribir, vedar, negar, impedir. **ANT.** Conceder, permitir, dejar, autorizar. ✎ v. irreg. ✐

INDICATIVO	SUBJUNTIVO	IMPERATIVO
Pres.	Pres.	
prohíbo	prohíba	
prohíbes	prohíbas	prohíbe
prohíbe	prohíba	prohíba
prohibimos	prohibamos	prohibamos
prohibís	prohibáis	prohibid
prohíben	prohíban	prohíban

prohibitivo, va (pro-hi-bi-**ti**-vo) *adj.* Desmedido, exagerado, excesivo. *Me gusta ese abrigo, pero tiene un precio prohibitivo.* **ANT.** Razonable.

prójimo (**pró**-ji-mo) *s. m.* Cualquier persona respecto de otra. *Debemos respetar al prójimo.* **SIN.** Semejante. ✎ A veces también se usa como s. f.

prole (**pro**-le) *s. f.* Linaje, hijos o descendencia de alguien. *Se fue de vacaciones con toda la prole.*

prolegómeno (pro-le-**gó**-me-no) *s. m.* Tratado previo para establecer los fundamentos generales que posteriormente se van a desarrollar. *Escribió un breve prolegómeno a su obra.* **SIN.** Prólogo, introducción. **ANT.** Epílogo, final, conclusión.

proletario, ria (pro-le-**ta**-rio) *s. m. y s. f.* Persona de la clase trabajadora. *En su manifiesto pedían la unión de los proletarios.* **SIN.** Obrero, trabajador, asalariado. **ANT.** Patrón, patrono.

proliferación (pro-li-fe-ra-**ción**) *s. f.* Multiplicación o reproducción muy abundante. *El tratamiento era para evitar la proliferación de quistes en otras partes del cuerpo.* **SIN.** Abundancia, desarrollo, reproducción. **ANT.** Escasez, reducción.

prolífico, ca (pro-**lí**-fi-co) *adj.* **1.** Capaz de reproducirse con facilidad. *Las conejas son prolíficas.* **SIN.** Fecundo, fértil. **ANT.** Estéril. **2.** Se dice del artista o literato que tiene una producción muy extensa. *Lope de Vega fue un escritor muy prolífico.*

prolijo, ja (pro-**li**-jo) *adj.* **1.** Largo, dilatado en exceso. *Es un tema muy prolijo para explicarlo en tan poco tiempo.* **ANT.** Parco, conciso, breve. **2.** Impertinente, pesado, molesto. *Se pierde en prolijas disquisiciones.*

prologar (pro-lo-**gar**) *v. tr.* Escribir el prólogo de una obra. *Su amigo prologó su novela.* **SIN.** Presentar. ✎ Se conjuga como ahogar.

prólogo - pronombre

prólogo (pró-lo-go) *s. m.* Escrito antepuesto al cuerpo de la obra en un libro de cualquier clase. *En el prólogo explicaba la intención de aquel libro.* **SIN.** Proemio, prefacio, prolegómeno, preámbulo.

prolongar (pro-lon-gar) *v. tr.* **1.** Alargar, dilatar o extender una cosa a lo largo. **GRA.** También v. prnl. *Prolongaron la red de ferrocarriles.* **2.** Hacer que dure una cosa más tiempo que lo regular. **GRA.** También v. prnl. *El curso se prolongó diez días más.* **SIN.** Dilatar(se). 🔖 Se conjuga como ahogar.

promediar (pro-me-diar) *v. tr.* **1.** Repartir una cosa en dos partes iguales. *Promedió los beneficios obtenidos.* **SIN.** Dividir. ‖ *v. intr.* **2.** Mediar, servir de intermediario. *Promedió entre las partes en conflicto.* 🔖 En cuanto al acento, se conjuga como cambiar.

promedio (pro-me-dio) *s. m.* **1.** Punto medio de una cosa. *Este coche viene gastando un promedio de 6 litros a los 100 kilómetros.* **SIN.** Medio, mitad. **2.** En matemáticas, término medio. *Halló el promedio de la nota de los tres exámenes.*

promesa (pro-me-sa) *s. f.* **1.** Expresión de la voluntad de dar a alguien o hacer por él una cosa. *Hizo una promesa.* **SIN.** Prometido, prometimiento, promisión. **2.** Señal que hace esperar algún bien. *Todo eran buenas promesas.* **3.** Persona o cosa que promete por sus especiales facultades. *Es toda una promesa en el mundo del fútbol.*

prometer (pro-me-ter) *v. tr.* **1.** Obligarse a hacer, decir o dar una cosa. *Lo haré, porque te lo he prometido.* **SIN.** Asegurar, comprometerse, garantizar. **2.** Asegurar la certeza de lo que se dice. *Te prometo que es verdad.* ‖ *v. intr.* **3.** Mostrar una persona o cosa cualidades que pueden llegar a hacerle triunfar. *Este chico promete.* ‖ *v. prnl.* **4.** Darse mutuamente palabra de casamiento. *Ya se habían prometido.* ‖ **LOC. prometérselas alguien felices** *fam.* Tener esperanza de conseguir una cosa.

prometido, da (pro-me-ti-do) *adj.* **1.** Que se ha dicho o hecho como promesa. *Cumplió lo prometido.* ‖ *s. m. y s. f.* **2.** Novio o novia, persona comprometida con otra para casarse. *Nos presentó a su prometida.* **SIN.** Pretendiente, futuro.

prominencia (pro-mi-nen-cia) *s. f.* Elevación de una cosa sobre lo que está alrededor o próxima a ella. *En medio de aquella inmensa llanura podía verse una pequeña prominencia.* **SIN.** Saliente, protuberancia. **ANT.** Llanura, depresión.

promiscuo, cua (pro-mis-cuo) *adj.* Que tiene relaciones sexuales frecuentes y variadas. *Era una persona muy promiscua.* **SIN.** Libertino, licencioso.

promisión (pro-mi-sión) *s. f.* *Promesa.

promoción (pro-mo-ción) *s. f.* **1.** Acción de promover. *Era el máximo responsable de la promoción de la nueva sociedad.* **2.** Conjunto de personas que obtienen un grado o empleo al mismo tiempo en determinada carrera o profesión. *Me encontré con una compañera de promoción.* **SIN.** Hornada, quinta. **3.** Preparación de las condiciones adecuadas para dar a conocer un producto. *Es la encargada de la campaña de promoción del producto.* **4.** Paso de un puesto o dignidad a otro superior. *Logró gran promoción en su trabajo.*

promocionar (pro-mo-cio-nar) *v. tr.* **1.** Hacer que algo o alguien mejore en su posición o categoría. *Organizaron varios cursos para promocionar al personal de la empresa.* **2.** Dar a conocer un nuevo producto o aumentar las ventas de uno ya existente, mediante una adecuada campaña publicitaria. *Van a lanzar una importante campaña de publicidad para promocionar el producto.* **3.** Jugar un equipo deportivo con otro para subir de categoría, o mantener la que tiene. *La victoria de aquel partido automáticamente les promocionó.*

promontorio (pro-mon-to-rio) *s. m.* Elevación del terreno, monte de poca altura. *A lo lejos se divisaba un promontorio.* **SIN.** Montículo, cerro.

promotor, ra (pro-mo-tor) *adj.* **1.** Que promueve una cosa. **GRA.** También s. m. y s. f. *Era el promotor de la idea.* **SIN.** Promovedor, iniciador, suscitador. ‖ *s. f.* **2.** Empresa dedicada a la promoción y construcción de viviendas. *Negociaron con la promotora.*

promover (pro-mo-ver) *v. tr.* **1.** Iniciar o adelantar una cosa procurando su logro. *Promovió la creación de esa sociedad.* **SIN.** Suscitar, iniciar, mover, procurar. **2.** Elevar a alguien a una dignidad o empleo superior al que tenía. *Lo promovió para el cargo.* **SIN.** Ascender. **ANT.** Degradar, rebajar. 🔖 v. irreg., se conjuga como mover.

promulgar (pro-mul-gar) *v. tr.* **1.** Publicar formalmente una ley u otra disposición de la autoridad. *El gobierno ha promulgado un nuevo decreto.* **SIN.** Aprobar. **ANT.** Derogar. **2.** *Difundir. 🔖 Se conjuga como ahogar.

pronaos (pro-na-os) *s. m.* En los templos antiguos, pórtico que había delante del santuario. *Ese templo es un caso raro, no tiene pronaos.*

pronombre (pro-nom-bre) *s. m.* Parte de la oración que sustituye al sustantivo, lo determina y desempeña sus funciones. *"Yo" y "tú" son pronombres personales.* 🔖 Ver cuadro pág. 870.

pronominal - pronunciar

pronominal (pro-no-mi-**nal**) *adj.* **1.** Perteneciente al pronombre o que participa de su naturaleza. *En "Lo vio" el objeto directo es pronominal "lo".* **2.** Se dice del verbo que se conjuga con el pronombre reflexivo, pero sin tener significado reflexivo. *"Arrepentirse" es un verbo pronominal.*

pronosticar (pro-nos-ti-**car**) *v. tr.* Conocer por algunos indicios lo futuro, y manifestar este conocimiento. *Pronosticó que empatarían el partido.* **SIN.** Predecir, augurar. ✎ Se conjuga como abarcar.

pronóstico (pro-**nós**-ti-co) *s. m.* **1.** Acción y efecto de pronosticar. *El médico todavía no se atrevía a dar un pronóstico.* **2.** Predicción de lo futuro. *Escuchamos el pronóstico del tiempo para la próxima semana.* ‖ **LOC. de pronóstico reservado** De dudoso resultado. | De peligroso o mal resultado. | Peligroso.

pronto, ta (**pron**-to) *adj.* **1.** Veloz, rápido. *Desearon al enfermo un pronto restablecimiento.* **SIN.** Rápido, presto, acelerado. **2.** Dispuesto, preparado para la realización de una cosa. *Lo encontró pronto para salir.* ‖ *s. m.* **3.** *fam.* Movimiento repentino a impulsos de una pasión u ocurrencia inesperada. *Le dan unos prontos muy raros.* **SIN.** Arrebato, arranque, salida. ‖ *adv. t.* **4.** En poco tiempo. *Ven pronto, tengo muchísima prisa.* **SIN.** Prontamente, presto, aprisa. **5.** Con anticipación al momento oportuno. *Llegó demasiado pronto.* ‖ **6. primer pronto** Primer arranque o movimiento del ánimo. ‖ **LOC. al pronto** En el primer momento. **de pronto** Apresuradamente, sin reflexión. | De repente. **por de, o el, o lo pronto** Provisionalmente.

prontuario (pron-**tua**-rio) *s. m.* Compendio de las reglas de una ciencia o arte. *Compró un prontuario de matemáticas.*

pronunciado, da (pro-nun-**cia**-do) *adj.* Muy marcado o evidente. *Tiene una nariz muy pronunciada.* **SIN.** Acusado, acentuado.

pronunciar (pro-nun-**ciar**) *v. tr.* **1.** Emitir y articular sonidos para hablar. *Pronuncia unas palabras.* **SIN.** Proferir, decir, deletrear. **2.** Determinar, decidir.

		PERSONALES: Sustituyen a nombres de personas		
		1ª persona	2ª persona	3ª persona
Singular	Masculino	yo, mi, me, conmigo	tú, te, ti, contigo	él, le, lo
	Femenino	yo, mi, me, conmigo	tú, te, ti, contigo	ella, la, le
	Neutro			ello, lo, le
Plural	Masculino	nosotros	vosotros	ellos
	Femenino	nosotras	vosotras	ellas
		DEMOSTRATIVOS: Indican una idea de lugar		
		Cerca del hablante	Cerca del oyente	Lejos de los dos
Singular	Masculino	este	ese	aquel
	Femenino	esta	esa	aquella
Plural	Masculino	estos	esos	aquellos
	Femenino	estas	esas	aquellas
		POSESIVOS: Indican una idea de posesión		
		Un solo poseedor		Varios poseedores
Singular	Masculino	mío-tuyo-suyo		nuestro-vuestro-suyo
	Femenino	mía-tuya-suya		nuestra-vuestra-suya
Plural	Masculino	míos-tuyos-suyos		nuestros-vuestros-suyos
	Femenino	mías-tuyas-suyas		nuestras-vuestras-suyas
		INDEFINIDOS: Sustituyen al sustantivo de manera imprecisa		
		alguien, nadie, quienquiera, algo, nada, poco, demasiado, …		
		RELATIVOS: Se refieren a algo de lo que ya se ha hablado, que se llama antecedente		
		que, cual, cuales, quien, quienes, cuyo, cuya, cuyos, cuyas, cuanto, cuanta, cuantos, cuantas		
		INTERROGATIVOS Y EXCLAMATIVOS: Sustituyen al sustantivo en frases interrogativas y exclamativas		
		qué, cuál, cuáles, quién, quiénes, cuánto, cuánta, cuántos, cuántas		

propaganda - proponer

GRA. También v. prnl. *No quiso pronunciarse sobre el tema.* **3.** Alzarse en rebelión. **GRA.** Se usa más como v. prnl. *El ejército se pronunció.* **SIN.** Sublevarse, rebelarse. **ANT.** Callarse, someterse, rendirse. ‖ *v. prnl.* **4.** Adherirse a una opinión, doctrina, etc. *Se pronunció en contra.* 🔎 En cuanto al acento, se conjuga como cambiar.

propaganda (pro-pa-**gan**-da) *s. f.* Publicidad, difusión de algún mensaje, producto o imagen. *Han hecho mucha propaganda del libro para vender más ejemplares.* **SIN.** Divulgación, publicidad, difusión.

propagar (pro-pa-**gar**) *v. tr.* **1.** Multiplicar por generación u otra vía de reproducción. **GRA.** También v. prnl. *La especie se propagaba rápidamente.* **SIN.** Reproducir. **2.** Extender, dilatar o aumentar una cosa. **GRA.** También v. prnl. *La epidemia se propagó a las regiones vecinas.* **3.** Extender el conocimiento de una cosa o la afición a ella. **GRA.** También v. prnl. *La noticia se propagó por toda la comarca.* **4.** *Divulgar. 🔎 Se conjuga como ahogar.

propalar (pro-pa-**lar**) *v. tr.* Divulgar una cosa oculta. *Fue propalándolo todo.* **SIN.** Difundir. **ANT.** Acallar.

proparoxítono, na (pro-pa-ro-**xí**-to-no) *adj.* *Esdrújulo.

propasarse (pro-pa-**sar**-se) *v. prnl.* Excederse de lo razonable en lo que se hace o dice. *Se propasó en sus atribuciones.* **SIN.** Extralimitarse, pasarse, abusar. **ANT.** Retrasarse, contenerse, limitarse.

propender (pro-pen-**der**) *v. intr.* Inclinarse alguien a una cosa por especial afición u otro motivo. *Propende mucho a despistarse por cualquier cosa.* **SIN.** Tender, decantarse. 🔎 Tiene doble p. p.; uno reg., propendido, y otro irreg., propenso.

propensión (pro-pen-**sión**) *s. f.* Inclinación de una persona o cosa a lo que es de su gusto o naturaleza. *Tiene propensión a engordar.* **SIN.** Tendencia. **ANT.** Desinterés, desgana, abulia.

propenso, sa (pro-**pen**-so) *adj.* Con inclinación o afecto a algo. *Es muy propenso a los catarros.* **SIN.** Apegado, adicto, proclive.

propiciar (pro-pi-**ciar**) *v. tr.* Favorecer la realización de algo. *Propició su ascenso.* **SIN.** Facilitar, ayudar, posibilitar. **ANT.** Obstaculizar, trabar. 🔎 En cuanto al acento, se conjuga como cambiar.

propicio, cia (pro-**pi**-cio) *adj.* Benigno, inclinado a hacer bien. *El viento era propicio para la navegación.* **SIN.** Favorable, oportuno. **ANT.** Desfavorable.

propiedad (pro-pie-**dad**) *s. f.* **1.** Dominio que se tiene sobre una cosa. *El parque es propiedad de todos.* **SIN.** Pertenencia, posesión. **2.** Cosa sobre la que recae este derecho, principalmente si es inmueble o raíz. *Esa finca forma parte de sus propiedades.* **SIN.** Dominio, pertenencia, posesión, bienes. **3.** Cualidad esencial de una persona o cosa. *El imán tiene la propiedad de atraer al hierro y otros metales.* **SIN.** Atributo, característica. ‖ **4. propiedad conmutativa** Característica de ciertas operaciones de alterar el orden de los datos sin variar el resultado. **5. propiedad intelectual o artística** Derechos del autor sobre los beneficios de su obra. **6. propiedad particular** Cualquier cosa que por pertenecer a una persona no puede ser usada libremente por las demás. **7. propiedad privada** Institución social por la que el individuo tiene derecho a bienes propios.

propietario, ria (pro-pie-**ta**-rio) *adj.* Que tiene derecho de propiedad sobre una cosa, y especialmente sobre bienes inmuebles. **GRA.** Se usa más como s. m. y s. f. *Habló con el propietario del local.* **SIN.** Dueño, amo.

propina (pro-**pi**-na) *s. f.* **1.** Gratificación con que se recompensa un servicio. *Le dio una generosa propina al camarero.* **SIN.** Extra. **2.** *fam.* Cantidad de dinero que los padres dan a sus hijos para sus propios gastos. *Se gastó casi toda la propina del fin de semana en cromos.*

propinar (pro-pi-**nar**) *v. tr., fam.* Dar, pegar. *Le propinó una buena bofetada.*

propincuo, cua (pro-**pin**-cuo) *adj.* *Allegado.

propio, pia (**pro**-pio) *adj.* **1.** Que pertenece a alguien en propiedad. *Tiene coche propio.* **2.** Característico, peculiar de cada persona o cosa. *Esa forma de actuar es propia de él.* **SIN.** Específico, privativo. **ANT.** General. **3.** Conveniente y a propósito para un fin. *Ese vestido no es propio para el acto.* **SIN.** Adecuado, pertinente, oportuno. **ANT.** Inadecuado, inoportuno, inconveniente. **4.** *Mismo. **5.** Se dice del nombre que se emplea para distinguir a un ser de los demás de su especie, sin hacer referencia a sus cualidades. **GRA.** También s. m. *Pedro es un nombre propio.*

proponer (pro-po-**ner**) *v. tr.* **1.** Explicar una cosa a alguien para que la sepa o para que la siga. *Te propongo ir a ver una película de risa, ¿qué opinas?* **SIN.** Sugerir, plantear, exponer. **ANT.** Aceptar. **2.** Decidir hacer o no una cosa. **GRA.** Se usa más como v. prnl. *Me he propuesto hacer ejercicio cada día. Se ha propuesto no volver a verle.* **SIN.** Intentar, procurar, determinar, pretender, empeñarse. **ANT.** Desentenderse. **3.** Hacer una propuesta. *Propuso ha-*

proporción - prosista

cer una excursión a la montaña. v. irreg., se conjuga como poner.

proporción (pro-por-**ción**) *s. f.* **1.** Disposición o correspondencia debida de las partes de una cosa con el todo o entre cosas relacionadas entre sí. *Las piernas de esa escultura no guardan proporción con el tamaño del cuerpo.* **SIN.** Conformidad, relación, armonía. **ANT.** Desproporción, disfunción, desmesura. **2.** *Tamaño.

proporcionar (pro-por-cio-**nar**) *v. tr.* Entregar o poner a disposición de alguien lo que necesita o le conviene. **GRA.** También v. prnl. *Le proporcionó todo lo necesario para el viaje.* **SIN.** Facilitar, suministrar(se), proveer. **ANT.** Quitar(se), dificultar, privar(se).

proposición (pro-po-si-**ción**) *s. f.* **1.** Acción y efecto de proponer. *No estaba mal la proposición que me hicísteis, pero voy a rechazarla.* **SIN.** Propuesta. **2.** Oración gramatical. *Hay proposiciones coordinadas y subordinadas.*

propósito (pro-**pó**-si-to) *s. m.* **1.** Intención de hacer o de no hacer una cosa. *Tenía el firme propósito de dejar de fumar.* **SIN.** Intento, ánimo. **ANT.** Irreflexión. **2.** Objeto, finalidad. *Lo hizo con el propósito de facilitarle las cosas.* **SIN.** Mira, fin, motivo. ‖ **LOC. a propósito** Expresión con que se expresa que una cosa es conveniente u oportuna para el fin a que se destina.

propuesta (pro-**pues**-ta) *s. f.* **1.** Proposición o idea que se manifiesta y ofrece a alguien para un fin. *Le hicieron buenas propuestas.* **SIN.** Ofrecimiento. **2.** Indicación de cierta persona para un cargo. *Aceptó la propuesta para el cargo.* **3.** Consulta de un asunto o negocio a la persona, junta o cuerpo que lo ha de resolver. *No contestó a mi propuesta.*

propugnar (pro-pug-**nar**) *v. tr.* **1.** Defender, amparar. *Propugnaban medidas más drásticas.* **2.** Proponer o promover para un cargo a una persona. *Propugnaban su candidatura.* **ANT.** Impugnar.

propulsar (pro-pul-**sar**) *v. tr.* **1.** *Repulsar. **2.** Impeler hacia delante. *Propulsaron el cohete.* **SIN.** Empujar, impulsar.

propulsión (pro-pul-**sión**) *s. f.* **1.** Acción de propulsar o impeler. *Se efectuó el lanzamiento por propulsión.* **SIN.** Impulso, impulsión, empuje. ‖ **2. propulsión a chorro** Procedimiento de reacción motriz que desarrolla su impulso hacia delante por la emisión retrógrada de un chorro de aire, de gas o de líquido.

prórroga (**pró**-rro-ga) *s. f.* Continuación de una cosa por un tiempo determinado. *Pidió una prórroga en el servicio militar para continuar los estudios.* **SIN.** Aplazamiento, moratoria, plazo.

prorrogar (pro-rro-**gar**) *v. tr.* **1.** Continuar, proseguir, dilatar un plazo u otra cosa por tiempo determinado. *Le prorrogaron el contrato por otros seis meses.* **2.** Suspender, aplazar, diferir. *Se vieron obligados a prorrogar la reunión.* **ANT.** Cumplir, terminar, acabar. Se conjuga como ahogar.

prorrumpir (pro-rrum-**pir**) *v. tr.* **1.** Salir con ímpetu una cosa. *Prorrumpió la lava del volcán.* **SIN.** Brotar, surgir. **2.** Exclamar repentinamente y con fuerza o violencia una voz, queja u otra demostración de dolor o admiración. *El público prorrumpió en aplausos.* **SIN.** Proferir.

prosa (**pro**-sa) *s. f.* Estructura o forma natural del lenguaje, no sujeta, como el verso, a medida y cadencia determinadas. *Le gusta escribir en prosa.* **SIN.** Narrativa.

prosaico, ca (pro-**sai**-co) *adj.* Se dice de la obra poética, o de cualquiera de sus partes, que utiliza una expresión demasiado llana o insulsa. *Sus poemas utilizan un lenguaje demasiado prosaico.*

prosapia (pro-**sa**-pia) *s. f.* Ascendencia o linaje de una persona. *Siempre hacía alguna alusión a su ilustre prosapia.* **SIN.** Alcurnia, estirpe, casta.

proscenio (pros-**ce**-nio) *s. m.* **1.** En el antiguo teatro griego y latino, lugar entre la escena y la orquesta. *El proscenio de ese teatro se conserva en perfectas condiciones.* **2.** Parte del escenario más inmediata al público, que media entre el borde del escenario y el primer orden de bastidores. *Los músicos estaban en el proscenio.*

proscrito, ta (pros-**cri**-to) *adj.* Perseguido por la ley o declarado culpable. **GRA.** También s. m. y s. f. *Era una persona proscrita por sus ideas.* **SIN.** Reo.

proseguir (pro-se-**guir**) *v. tr.* Seguir, continuar, llevar adelante lo que se tenía empezado. *Prosigue con el trabajo.* **SIN.** Avanzar. **ANT.** Detener, interrumpir. v. irreg., se conjuga como pedir. Se escribe "g" en vez de "gu" seguido de "-a" y "-o".

prosélito (pro-**sé**-li-to) *s. m.* Partidario. *Contaba con muchos prosélitos.* **SIN.** Neófito, adherido, militante, adepto.

prosificar (pro-si-fi-**car**) *v. tr.* Poner en prosa una composición poética. *Prosificó varios de sus poemas.* Se conjuga como abarcar.

prosista (pro-**sis**-ta) *s. m. y s. f.* Escritor o escritora de obras en prosa. *Escribe bellos versos, pero es mejor prosista.* **ANT.** Poeta. **SIN.** Literato, narrador, novelista.

prosodia - proteger

prosodia (pro-**so**-dia) *s. f.* Parte de la gramática que enseña la recta pronunciación y acentuación de las letras, sílabas y palabras. *Escribió un tratado sobre prosodia.* **SIN.** Fonética, ortología, fonología.

prosopografía (pro-so-po-gra-**fí**-a) *s. f.* Descripción de rasgos físicos de una persona o de un animal. *"Servía en la venta una moza asturiana, ancha de cadera, llana de cogote…" (Cervantes).*

prosopopeya (pro-so-po-**pe**-ya) *s. f.* Figura que consiste en atribuir a los animales o a las cosas inanimadas o abstractas, acciones y cualidades propias de un ser animado o de las personas. *"Hoy la tierra y los cielos me sonríen" (Bécquer).* **SIN.** Personificación.

prospección (pros-pec-**ción**) *s. f.* Exploración y sondeos de un terreno para reconocer sus posibilidades mineras. *Estaban realizando prospecciones petrolíferas.* **SIN.** Estudio, sondeo.

prospecto (pros-**pec**-to) *s. m.* Exposición o anuncio breve que se hace sobre algo. *Leyó el prospecto que venía con el jarabe.*

prosperar (pros-pe-**rar**) *v. intr.* **1.** Tener auge o incremento una cosa. *Económicamente la región ha prosperado en los últimos tiempos.* **SIN.** Adelantar. **2.** Progresar, salir adelante. *Gracias a su apoyo la propuesta prosperó.* **ANT.** Fracasar, arruinarse.

prosperidad (pros-pe-ri-**dad**) *s. f.* **1.** Curso favorable de las cosas, éxito feliz. *Eran tiempos de prosperidad.* **SIN.** Bonanza, felicidad, fortuna. **2.** Bienestar económico. *En pocos años el país alcanzó una gran prosperidad.*

próspero, ra (**prós**-pe-ro) *adj.* Favorable, propicio, venturoso. *Te deseo un futuro muy próspero.* **SIN.** Rico, floreciente, boyante. **ANT.** Desventurado, desgraciado.

próstata (**prós**-ta-ta) *s. f.* Glándula pequeña que tienen los machos de los mamíferos unida al cuello de la vejiga de la orina y a la uretra; segrega un líquido blanquecino y viscoso. *Le operaron de próstata.*

prosternarse (pros-ter-**nar**-se) *v. prnl.* Postrarse.

prostíbulo (pros-**tí**-bu-lo) *s. m.* Casa de prostitución. *La policía precintó el prostíbulo.* **SIN.** Mancebía, burdel.

prostitución (pros-ti-tu-**ción**) *s. f.* Acción y efecto de prostituir o prostituirse. *Se dedicaba a la prostitución.*

prostituir (pros-ti-tu-**ir**) *v. tr.* Exponer o entregarse una persona a la prostitución. **GRA.** También v. prnl. *Desde hacía años se prostituía.* ✎ v. irreg., se conjuga como huir. Tiene doble p. p.; uno reg., prostituido, y otro irreg., prostituto.

prostituto, ta (pros-ti-**tu**-to) *s. m. y s. f.* Persona que comercia sexualmente con su cuerpo. *Los prostitutos y prostitutas de la zona pedían mayores medidas de seguridad.* **SIN.** Meretriz, puta, puto, ramera.

protagonismo (pro-ta-go-**nis**-mo) *s. m.* **1.** Acción de destacar o sobresalir. *Estos días se ha hecho con el protagonismo en todos los medios de comunicación.* **2.** Afán desmedido por figurar en cualquier empresa. *Tiene demasiado protagonismo.*

protagonista (pro-ta-go-**nis**-ta) *s. m. y s. f.* **1.** Personaje principal de cualquier obra literaria o dramática. *El protagonista de su novela es un hombre corriente que vive en una pequeña ciudad.* **2.** Por ext., persona que en un suceso cualquiera tiene la parte principal. *Los periodistas entrevistaron a la protagonista del suceso.* **SIN.** Héroe, figura, actor principal.

protagonizar (pro-ta-go-ni-**zar**) *v. tr.* **1.** Desempeñar la función de protagonista. *Todavía no sabía quién iba a protagonizar la película.* **SIN.** Interpretar, representar. **2.** Desempeñar el papel más importante en un hecho. *Protagonizó varios escándalos políticos.* ✎ Se conjuga como abrazar.

protección (pro-tec-**ción**) *s. f.* Acción y efecto de proteger. *La policía se encarga de la protección de los ciudadanos.* **SIN.** Amparo, defensa, auxilio, resguardo, favor, apoyo, patrocinio. **ANT.** Desamparo, indefensión, inseguridad.

protectorado (pro-tec-to-**ra**-do) *s. m.* Parte de soberanía que un Estado ejerce en territorio que no pertenece a su país y en el cual existen autoridades propias, y territorio en el que se ejerce esta soberanía. *Marruecos fue protectorado español.*

proteger (pro-te-**ger**) *v. tr.* **1.** Defender a una persona, animal o cosa de un posible peligro. *El tejado de la casa nos protege de la lluvia. Los padres siempre protegen a sus hijos.* **SIN.** Escudar, resguardar, respaldar, preservar, guardar, amparar. **ANT.** Desamparar, atacar, desproteger. **2.** En informática, bloquear un dispositivo para evitar su lectura o escritura. *No olvides proteger el archivo.* **SIN.** Salvaguardar. ✎ v. con irreg. ortográfica: se escribe "j" en vez de "g" seguido de "-a" y "-o".

INDICATIVO	SUBJUNTIVO	IMPERATIVO
Pres.	Pres.	
protejo	proteja	
proteges	protejas	protege
protege	proteja	proteja
protegemos	protejamos	protejamos
protegéis	protejáis	proteged
protegen	protejan	protejan

proteína (pro-te-í-na) *s. f.* Cualquier grupo de compuestos complejos de hidrógeno, oxígeno y nitrógeno u otros elementos; son los elementos estructurales del organismo. *Las proteínas están formadas por unidades más pequeñas llamadas aminoácidos.*

prótesis (**pró**-te-sis) *s. f.* **1.** Procedimiento mediante el cual se suple o repara artificialmente la falta de un órgano o parte de él. *Le tenían que implantar una prótesis.* **SIN.** Ortopedia. **2.** Parte implantada en la misma operación. *Su organismo aceptó bien la prótesis.* Invariable en número.

protestar (pro-tes-**tar**) *v. tr.* Manifestar desacuerdo por algo. *Protestó por la nota que le habían puesto.* **SIN.** Abuchear, patear, silbar, oponerse, refutar. **ANT.** Acatar, aceptar, someterse.

protisto (pro-**tis**-to) *s. m.* Organismo caracterizado por su pequeño tamaño y por la carencia de órganos y tejidos diferenciados. *Los protozoos pertenecen al orden de los protistos.*

protocolo (pro-to-**co**-lo) *s. m.* **1.** Ceremonia diplomática o palatina establecida por decreto o costumbre. *La visita del presidente siguió el protocolo habitual.* **SIN.** Ceremonial, etiqueta, ritual. **2.** Sistema de reglas que determinan los formatos en los cuales se pueden intercambiar información entre dos sistemas informáticos diferentes. *No pude instalar el programa informático al no tener el protocolo necesario.*

protón (pro-**tón**) *s. m.* Partícula atómica con carga positiva que se encuentra en el núcleo de todos los átomos. *El número de protones en un átomo indica el número atómico de la sustancia a la que pertenece ese átomo.* **ANT.** Electrón.

protónico, ca (pro-**tó**-ni-co) *adj.* Se dice del sonido o sílaba átona que en el vocablo precede a la tónica. *En "presumir", "su" es la vocal protónica.*

protoplasma (pro-to-**plas**-ma) *s. m.* Material que se encuentra en el interior de la célula. *El protoplasma está dividido en citoplasma y núcleo.*

prototipo (pro-to-**ti**-po) *s. m.* **1.** Modelo, original o primer molde en que se fabrica una figura u otra cosa. *Nos enseñaron el prototipo de producto que allí fabricaban.* **SIN.** Norma, patrón. **2.** El más perfecto ejemplar de una virtud, vicio o cualidad. *Le consideraban el prototipo de belleza masculina.* **SIN.** Arquetipo, modelo, paradigma.

protozoo (pro-to-**zo**-o) *s. m.* Organismos unicelulares englobados en el reino Protisto. *Los protozoos se mueven por medio de flagelos.* **SIN.** Microorganismo.

protuberancia (pro-tu-be-**ran**-cia) *s. f.* Prominencia más o menos redonda. *Le salieron unas protuberancias en la piel.* **SIN.** Abombamiento, bulto, elevación, saliente.

provecho (pro-**ve**-cho) *s. m.* Beneficio o utilidad que se obtiene de alguna cosa. *Sacó provecho de la venta del ganado.* **SIN.** Ganancia, fruto, lucro. **ANT.** Pérdida. ‖ **LOC. buen provecho** *fam.* Expresión con que se hace notar el deseo de que algo sea útil al bienestar de alguien. Se dice con frecuencia a los que están comiendo o bebiendo. **de provecho** Se dice de la persona o cosa útil para lo que se desea.

proveer (pro-ve-**er**) *v. tr.* Prevenir y facilitar todas las cosas necesarias para un fin. **GRA.** También v. prnl. *Los materiales se los provee una fábrica alemana.* **SIN.** Suministrar(se), surtir(se), aprovisionar(se). **ANT.** Quitar, privar, consumir.

provenir (pro-ve-**nir**) *v. intr.* Nacer, proceder, originarse una cosa de otra. *Se dice que el ser humano proviene del mono.* **SIN.** Proceder, emanar, dimanar, venir. v. irreg., se conjuga como venir.

proverbio (pro-**ver**-bio) *s. m.* Refrán, máxima o adagio. *Publicó una interesante recopilación de proverbios.* **SIN.** Sentencia, paremia.

provincia (pro-**vin**-cia) *s. f.* Cada una de las grandes divisiones de un país o estado, sujeta a una autoridad administrativa. *Tarapacá es una provincia de Chile.* **SIN.** Circunscripción, departamento.

provincialismo (pro-vin-cia-**lis**-mo) *s. m.* **1.** Predilección que generalmente alguien da a los usos, producciones, etc. de la provincia en que ha nacido. *Los provincialismos estaban presentes en sus novelas.* **SIN.** Regionalismo. **2.** Palabra o giro que sólo tiene uso en una provincia o región. *Este es un diccionario de provincialismos.* **SIN.** Regionalismo.

provisión (pro-vi-**sión**) *s. f.* Conjunto de cosas que se guardan en algún lugar para utilizarlas cuando se necesiten. Se usa, sobre todo, aplicado a alimentos. *Hay que comprar provisiones para el invierno.* Se usa más en pl.

provisional (pro-vi-sio-**nal**) *adj.* Dispuesto o mandado temporal o interinamente. *Hicieron una pasarela provisional.* **SIN.** Interino, accidental, eventual. **ANT.** Estable, fijo, permanente.

provocar (pro-vo-**car**) *v. tr.* **1.** Excitar, inducir a alguien a que haga una cosa. *Le provocaba para que se negara a hacerlo.* **SIN.** Aguijonear, espolear. **2.** Irritar o estimular a alguien con palabras u obras para que se enfade. *Trataba de provocarme con sus insultos.* **SIN.** Cabrear, enojar, molestar. **ANT.** Apa-

provocativo - psicodélico

ciguar, calmar. **3.** Hacer que una cosa produzca otra como reacción o respuesta a ella. *La hoguera provocó el incendio.* 🖉 *Se conjuga como* abarcar.
provocativo, va (pro-vo-ca-**ti**-vo) *adj.* Que provoca, excita o estimula. *Sus palabras fueron muy provocativas y me enfadé.*
proxeneta (pro-xe-**ne**-ta) *adj.* Se dice de la persona que induce a los menores de edad a la prostitución. **GRA.** También s. m. y s. f. *Encarcelaron al proxeneta.*
proximidad (pro-xi-mi-**dad**) *s. f.* **1.** Cualidad de próximo. *Estaba nerviosa ante la proximidad del acontecimiento.* **SIN.** Cercanía, inmediación, vecindad. **ANT.** Lejanía, antigüedad. **2.** Contorno, inmediaciones, cercanías. **GRA.** Se usa más en pl. *Habían visto a un sospechoso por las proximidades.* **SIN.** Afueras, aledaños, contornos.
próximo, ma (**pró**-xi-mo) *adj.* Que está cerca en el espacio o en el tiempo. *La casa está próxima al mar. Está próximo el día de su santo.* **SIN.** Cercano, vecino, contiguo, familiar. **ANT.** Alejado, lejano.
proyectar (pro-yec-**tar**) *v. tr.* **1.** Lanzar una cosa de manera que recorra cierta distancia. *Proyectó la flecha e hizo diana.* **SIN.** Arrojar, despedir, impulsar. **2.** Idear, hacer un plan. *Proyectan boicotear la reunión.* **SIN.** Planear, planificar, urdir, tramar. **3.** Hacer visible una imagen sobre una superficie o pantalla. **GRA.** También v. prnl. *Proyectaron la película sobre una pared blanca.* **4.** Hacer un proyecto de arquitectura o ingeniería. *Están proyectando la construcción de un nuevo puente.* **5.** Dirigir, reflejar un sentimiento o un impulso sobre algo. *Proyectaron su enfado sobre nosotros.* **6.** En matemáticas, determinar la intersección con una superficie de las rectas o de las series de rectas trazadas en una dirección determinada desde un punto a los diferentes puntos de una figura. *Calcularon las intersecciones tras proyectar los puntos sobre el plano.*
proyectil (pro-yec-**til**) *s. m.* Cualquier cuerpo arrojadizo. *Los tanques lanzaban sus proyectiles.*
proyecto (pro-**yec**-to) *s. m.* **1.** Plan y disposición que se forma para un tratado, una investigación, una obra artística, un asunto de importancia, etc. *La universidad aprobó su proyecto de investigación.* **SIN.** Borrador. **2.** Intención o pensamiento de hacer algo. *Teníamos el proyecto de ir a Londres.* **SIN.** Idea, intención, plan. **3.** Conjunto de escritos, cálculos y dibujos que se hacen para dar idea de la realización y coste de una obra de arquitectura o de ingeniería. *Mañana será la presentación del proyecto del nuevo edificio.* **4.** Primer esquema o plan de un trabajo. *Era sólo un proyecto.* **SIN.** Borrador, croquis. ‖ **5. proyecto de ley** Ley elaborada por el gobierno y sometida al Parlamento para su aprobación.
proyector, ra (pro-yec-**tor**) *s. m.* Cámara especial para proyectar películas cinematográficas o diapositivas. *Compramos un nuevo proyector para la clase.*
prudencia (pru-**den**-cia) *s. f.* Templanza, moderación en el obrar. *Hay que conducir con mucha prudencia.* **SIN.** Equilibrio, sensatez, tacto, tino, cordura. **ANT.** Imprudencia, insensatez, descuido, irreflexión.
prudente (pru-**den**-te) *adj.* Que tiene prudencia. *No meterá la pata, es muy prudente.* **SIN.** Cauteloso, discreto, mesurado. **ANT.** Imprudente, indiscreto.
prueba (**prue**-ba) *s. f.* **1.** Acción y efecto de probar. *Déjame hacer una prueba.* **2.** Razón, argumento, etc. con que se pretende hacer evidente la verdad o falsedad de una cosa. *Tenía pruebas suficientes para demostrar que él era culpable.* **SIN.** Demostración, justificación, probanza, resultado. **3.** Indicio de una cosa. *No tenían ninguna prueba.* **SIN.** Señal, muestra. **4.** Ensayo, experiencia que se hace de una cosa. *Hizo una prueba.* **SIN.** Experimento, probatura. **5.** Muestra de un alimento, que se destina para examinar si es bueno o malo. *Le dio un trozo de queso de prueba.* **6.** Muestra de un texto, grabado, fotografía, etc. *La prueba de la foto salió un poco borrosa.* **7.** Sufrimiento, desgracia. *La muerte de su amiga fue una dolorosa prueba para él.* **SIN.** Desgracia, infortunio. ‖ *s. m. pl.* **8.** Datos y evidencias que se aportan al desarrollo de un juicio. *Aparecieron nuevas pruebas.* ‖ **LOC. a prueba de bomba** Se dice de aquello de lo que se garantiza por su perfecta construcción, firmeza y solidez.
prurito (pru-**ri**-to) *s. m.* **1.** *Picor, picazón. **2.** Deseo de hacer una cosa por amor propio. *Lo hacía todo por puro prurito.*
psicoanálisis (psi-co-a-**ná**-li-sis) *s. m.* Según Freud, método de exploración o tratamiento de ciertas enfermedades nerviosas o mentales, basado en el análisis retrospectivo de las causas morales y afectivas que determinaron la enfermedad. *Sometió a su paciente a un psicoanálisis.* 🖉 También "sicoanálisis".
psicodelia (psi-co-**de**-lia) *s. f.* Conjunto de experiencias o sensaciones que ocurren durante el tiempo en que una droga hace su mayor efecto. *En los años 60 se hicieron muchos estudios sobre la psicodelia.* 🖉 También "sicodelia".
psicodélico, ca (psi-co-**dé**-li-co) *adj.* **1.** Que pertenece o se refiere a la psicodelia. *Visiones psicodéli-*

psicología - público

cas. **2.** *fam.* Raro, fuera de lo normal. *Su forma de vestir es muy psicodélica.* ✎ También "sicodélico".

psicología (psi-co-lo-**gí**-a) *s. f.* **1.** Parte de la filosofía que trata del alma y su comportamiento. *Hizo la carrera de psicología.* **2.** Manera de sentir de una persona o de un pueblo. *Eso depende de la psicología de cada uno.* ✎ También "sicología".

psicológico, ca (psi-co-**ló**-gi-co) *adj.* Que pertenece a la psicología. *Tenía problemas psicológicos.* ✎ También "sicológico".

psicopatía (psi-co-pa-**tí**-a) *s. f.* Enfermedad mental. *Todos sus pacientes tenían alguna psicopatía.* **SIN.** Demencia, desequilibrio. ✎ También "sicopatía".

psicosis (psi-**co**-sis) *s. f.* Nombre general que se aplica a todas las enfermedades mentales. *Padecía algún tipo de psicosis.* ✎ También "sicosis".

psicotecnia (psi-co-**tec**-nia) *s. f.* Rama de la psicología práctica que pretende orientar convenientemente a las personas según sus aptitudes psíquicas individuales. *Se dedica a la psicotecnia.* ✎ También "sicotecnia".

psicotécnico, ca (psi-co-**téc**-ni-co) *adj.* Que pertenece o se refiere a la psicotecnia. *Test psicotécnico.* ✎ También "sicotécnico".

psicoterapia (psi-co-te-**ra**-pia) *s. f.* Tratamiento de ciertas enfermedades, especialmente nerviosas y mentales, por la persuasión o sugestión. *Era partidario de la psicoterapia para tratar la depresión.* ✎ También "sicoterapia".

psique (**psi**-que) *s. f.* *Alma, espíritu. ✎ También "sique".

psiquiatra (psi-**quia**-tra) *s. m. y s. f.* Médico que practica la psiquiatría. *La psiquiatra le ayudó a salir de su depresión.* **SIN.** Neurólogo. ✎ También "siquiatra".

psiquiatría (psi-quia-**trí**-a) *s. f.* Parte de la medicina que trata de las enfermedades mentales. *Hizo la especialidad de psiquiatría.* ✎ También "siquiatría".

psoriasis (pso-**ria**-sis) *s. f.* Enfermedad de la piel, generalmente crónica, que se manifiesta en costras, granos, etc. *Le recetaron una pomada para la psoriasis.* ✎ Invariable en número.

pteridofitas (pte-ri-do-**fi**-tas) *s. f. pl.* División del reino vegetal constituida por las plantas con esporas. *Los helechos son pteridofitas.*

púa (**pú**-a) *s. f.* **1.** Cuerpo delgado y rígido que acaba en punta aguda. *El erizo y el puerco espín tienen el cuerpo cubierto de púas.* **SIN.** Aguijón, espina. **2.** Diente de un peine. *Este peine tiene las púas demasiado separadas.* **3.** Chapa triangular de carey, que se usa para tocar la bandurria y otros instrumentos. *Punteaba su bandurria con la púa.*

pubertad (pu-ber-**tad**) *s. f.* Fase de la adolescencia, que comprende de 12–15 años en el sexo masculino y de 10–14 años en el sexo femenino. *Tus hijos están en la pubertad.* **SIN.** Adolescencia.

pubis (**pu**-bis) *s. m.* Parte inferior del vientre. *El pubis de las personas se cubre de vello en la pubertad.*

publicación (pu-bli-ca-**ción**) *s. f.* **1.** Acción y efecto de publicar. *La publicación de la noticia en las revistas había causado un gran revuelo social.* **SIN.** Aparición, difusión, lanzamiento, revelación. **2.** Obra literaria o artística publicada. *Es una publicación quincenal.* **SIN.** Edición, impresión, libro.

publicar (pu-bli-**car**) *v. tr.* **1.** Hacer notoria o patente una cosa para que llegue a noticia de todos. *Lo publicaron en todos los periódicos.* **SIN.** Divulgar, pregonar, difundir, propagar. **2.** Revelar lo secreto u oculto y que se debía callar. *No sé por qué tienes que ir publicando mis asuntos por ahí.* **SIN.** Divulgar, pregonar, difundir. **3.** Imprimir y poner a la venta un escrito, diario, libro, estampa, etc. *Acaba de publicar su última novela.* ✎ Se conjuga como abarcar.

publicidad (pu-bli-ci-**dad**) *s. f.* **1.** Conjunto de medios usados para dar a conocer las cosas o los hechos. *Esa canción ha recibido una enorme publicidad en radio y televisión.* **SIN.** Difusión, propaganda, divulgación. **2.** Divulgación de anuncios de carácter comercial con el fin de atraer el mayor número posible de compradores. *El mundo de la publicidad mueve grandes cantidades de dinero.*

publicista (pu-bli-**cis**-ta) *s. m. y s. f.* Persona que, con fines comerciales, se dedica a la divulgación de productos en los diferentes medios de comunicación. *Trabaja como publicista para esa empresa de automóviles.*

publicitario, ria (pu-bli-ci-**ta**-rio) *adj.* Que pertenece o se refiere a la publicidad utilizada con fines comerciales, políticos, etc. *Pusieron ayer un interesante reportaje sobre los anuncios publicitarios en televisión.*

público, ca (**pú**-bli-co) *adj.* **1.** Visto o sabido por todo el mundo. *Es inútil que lo niegues, es de dominio público.* **SIN.** Evidente, notorio, manifiesto. **ANT.** Secreto, desconocido. **2.** Que es de todos. *Las playas son públicas.* **ANT.** Privado, particular. ‖ *s. m.* **3.** Conjunto de personas que se juntan en un lugar. *El público llenaba el teatro cada noche.* **SIN.** Concurrencia, gente, audiencia. ‖ **LOC. en público** Públicamente, notoriamente.

publirreportaje (pu-bli-rre-por-**ta**-je) *s. m.* Reportaje de publicidad de larga duración. *Me gusta ese publirreportaje sobre la infancia.*

pucherazo (pu-che-**ra**-zo) *s. m., fam.* Fraude electoral que consiste en computar votos no emitidos en una elección. *Algunos periódicos decían que había habido pucherazo.*

puchero (pu-**che**-ro) *s. m.* **1.** Vasija de barro o de otra materia, de panza abultada, cuello ancho y una sola asa junto a la boca. *Retira el puchero de la lumbre.* **SIN.** Cazuela, marmita, olla, pote. **2.** Olla, guiso. *Echó un hueso para dar sustancia al puchero.* **3.** *fam.* Alimento diario. *Tenía que llevar a casa el puchero.* **4.** *fam.* Gesto o movimiento que precede al llanto verdadero o fingido. **GRA.** Se usa más en pl. *Hacer pucheros.*

pudendo, da (pu-**den**-do) *adj.* **1.** Indecente, que debe dar vergüenza. *Acto pudendo.* **SIN.** Vergonzoso. ‖ **2. partes pudendas** Órganos genitales.

púdico, ca (**pú**-di-co) *adj.* Honesto, casto, pudoroso. *Sus comentarios fueron muy púdicos.* **SIN.** Limpio, puro, recatado. **ANT.** Lascivo, libertino.

pudiente (pu-**dien**-te) *adj.* Poderoso, rico, hacendado. **GRA.** También m. y s. f. *Pertenece a una pudiente familia.* **SIN.** Opulento. **ANT.** Mísero, pobre.

pudin (**pu**-din) *s. m.* *Budín.

pudor (pu-**dor**) *s. m.* **1.** Honestidad, recato, modestia. *Se comportaba con mucho pudor.* **SIN.** Castidad, moderación, reserva. **ANT.** Impudicia. **2.** *Vergüenza. **ANT.** Impudicia.

pudoroso (pu-do-**ro**-so) *adj.* Lleno de pudor. *Es demasiado pudoroso.*

pudrir (pu-**drir**) *v. tr.* **1.** Corromper o descomponer una materia orgánica. **GRA.** También v. prnl. *Las manzanas se pudrieron.* **SIN.** Dañar(se), enmohecer(se), fermentar(se), ranciar(se). **2.** Molestar, consumir, impacientar. **GRA.** También v. prnl. *Me pudría por dentro no poder decir nada.* v. irreg.: el infinitivo puede ser pudrir o podrir. El participio es "podrido". Todas las demás formas del verbo tienen "-u-" en la base: "pudro", "pudra", etc.

pueblo (**pue**-blo) *s. m.* **1.** Población de menor categoría y tamaño que una ciudad. *Nací en un pequeño pueblo de la montaña.* **SIN.** Villa, aldea. **2.** Conjunto de los habitantes de un lugar, región o país. *El pueblo americano está formado por multitud de razas.* **SIN.** Nación, población. **3.** Gente común y humilde de una población. *Sus palabras iban siempre dirigidas al pueblo.* **SIN.** Público, vecindario. ‖ **pueblo bajo** *desp.* La plebe.

puente (**puen**-te) *s. m.* **1.** Construcción de cemento, madera, hierro, etc. que se construye sobre los ríos, fosos y otros sitios, para poder pasarlos. *Pasamos al otro lado del río a través de un puente colgante.* **SIN.** Pasarela. ‖ **2. puente aéreo** Comunicación aérea continua y muy frecuente entre dos lugares. **3. puente colgante** El sostenido por cables o por cadenas de hierro. **4. puente giratorio u oscilante** El que puede girar sobre uno de sus estribos para permitir el paso de las naves. **5. puente levadizo** El que puede levantarse sobre uno de sus extremos para permitir el paso o impedirlo. ‖ **LOC. hacer puente** Considerar como festivo el día intermedio entre dos que lo son. **tender un puente una persona a otra** Intentar la reconciliación entre dos personas enemistadas. ☞ Ver ilustración pág. 878.

puenting *s. m.* Modalidad deportiva que consiste en lanzarse desde un puente atado con cintas elásticas. *Le gustaba practicar el puenting.*

puerco, ca (**puer**-co) *s. m. y s. f.* **1.** Cerdo. *En la granja criaban gallinas y puercos.* **2.** *fam.* Persona desaliñada, sucia. **GRA.** También adj. *No seas puerco y lávate esas manos.* **SIN.** Cochino, marrano. **ANT.** Limpio, aseado. **3.** *fam.* Persona grosera, sin educación. **GRA.** También adj. *Tiene modales de puerco.* **4.** *fam.* Persona de malas intenciones. **GRA.** También adj. *El muy puerco trataba de engañarnos.* ‖ **5. puerco salvaje o montés** Jabalí. **6. puerco espín, o espino** Mamífero roedor del norte de África, cuyo cuerpo está cubierto de púas.

puericultura (pue-ri-cul-**tu**-ra) *s. f.* Ciencia que trata del cuidado de los niños, tanto en el aspecto físico como en el de la educación, durante los primeros años de su infancia. *Hizo la especialidad de puericultura.*

pueril (pue-**ril**) *adj.* Aniñado, infantil. *Su comportamiento fue un tanto pueril.* **ANT.** Maduro.

puerro (**pue**-rro) *s. m.* **1.** Planta con cebolla alargada, hojas planas, largas, estrechas y enteras. *Plantó puerros.* **2.** Bulbo de esta planta. *Le gustan los puerros en ensalada.*

puerta (**puer**-ta) *s. f.* **1.** Hueco abierto en una pared, cerca o verja, desde el suelo hasta la altura conveniente, para entrar y salir. *La casa tiene dos puertas de entrada.* **SIN.** Portal, portalón, portilla, poterna, salida. **2.** Armazón de madera, hierro u otra materia que, engoznada en el quicio y asegurada por el otro lado con llave, cerrojo, etc., sirve para impedir o permitir la entrada y salida. *Cierra la puerta.* **3.** En

PUENTES

De medio punto

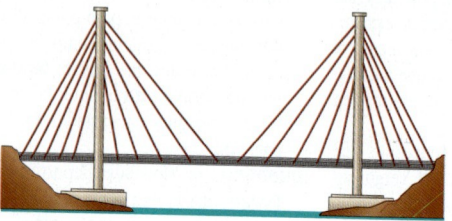
Colgante

Levadizo

Giratorio

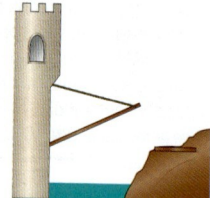
Levadizo

ciertos deportes, portería, meta. *Disparó directamente a puerta.* ‖ **4. puerta blindada** La reforzada por sistemas de seguridad. **5. puerta giratoria** La compuesta de dos o cuatro hojas, montadas sobre un eje común, que giran entre dos costados cilíndricos. **6. puerta secreta** La dispuesta de modo que sólo pueda ser usada por los que conocen su ubicación. ‖ **LOC. a puerta cerrada** En secreto. Se dice de los juicios y vistas en que sólo se permite la presencia de las partes, sus representantes y defensas. **cerrársele a alguien las puertas** Faltarle todo recurso. **dar a alguien con la puerta en la cara, o en las narices** *fam.* Desairarle. **de puerta a puerta** Referido a los transportes, entrega y recogida a domicilio de las mercancías. **de puerta en puerta** Mendigando. **de puertas adentro** En la intimidad. **echar las puertas abajo** Llamar muy fuerte. **en puertas** A punto de suceder. **estar, o llamar, a la puerta algo** Estar muy próximo a suceder. **llamar a las puertas de alguien** Solicitar su protección. **poner a alguien en la puerta de la calle** *fam.* Despedirle, echarle de algún sitio. **SIN.** Ponerle de patitas en la calle. **por la puerta grande** Triunfalmente. **tomar alguien la puerta** Irse de un lugar.

puerto (**puer**-to) *s. m.* **1.** Lugar en la costa, abrigado y seguro, donde se detienen los barcos para cargar y descargar mercancías, y embarcar y desembarcar pasajeros. *No saldrán los barcos del puerto hasta que cese la marejada.* **SIN.** Muelle, embarcadero. **2.** Paso estrecho entre montañas. *El puerto está cerrado debido a la nieve.* **SIN.** Desfiladero, garganta. **3.** Canal de comunicación al cual puede conectarse el usuario de una red informática. *Estoy conectado a internet a través de un puerto local.* ‖ **4. puerto franco o libre** El que goza de franquicia de aduanas. ‖ **LOC. tomar puerto** Arribar a él, acogerse a lugar seguro. | Refugiarse en parte segura.

pues *conj. caus.* **1.** Conjunción que denota causa, motivo o razón. *No fui a clase, pues estaba enfermo.* **2.** Toma carácter de condicional en ciertas frases. *Pues no hay más remedio, que venga con nosotros.*

puesta (**pues**-ta) *s. f.* **1.** Acción de ponerse un astro. *A la puesta del sol.* **SIN.** Crepúsculo, ocaso. **2.** Cantidad de huevos puestos por una gallina en tiempo determinado. *Con ese pienso, la puesta de las gallinas había mejorado.* ‖ **3. puesta a punto** Regulación de un mecanismo a fin de que funcione correctamente. **4. puesta de largo** Fiesta en que una

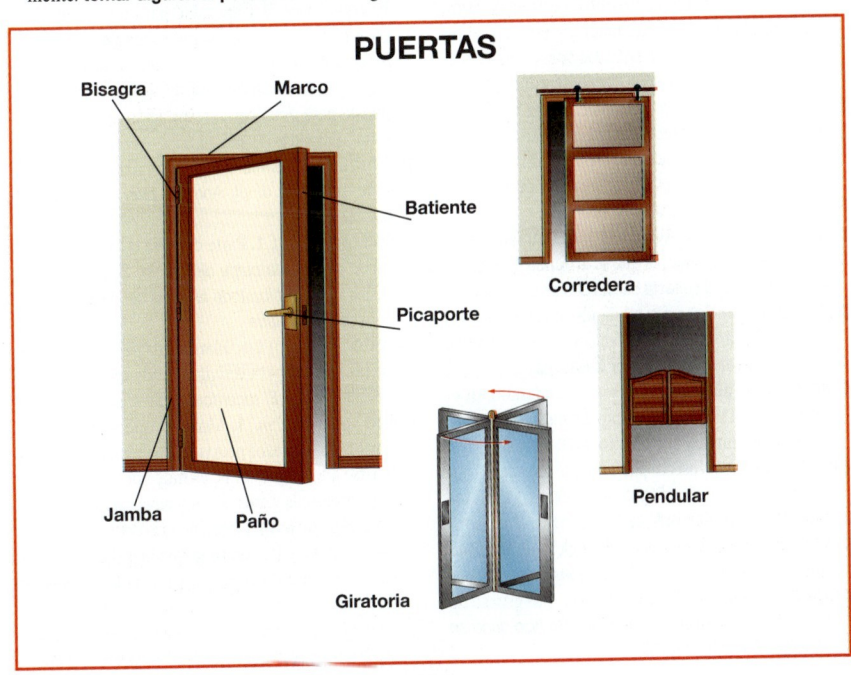

PUERTAS

jovencita se pone galas de mujer y se presenta en sociedad. **5. puesta en escena** Realización escénica de un texto teatral o un guión de cine. **6. puesta en marcha** Mecanismo del automóvil que se utiliza para su arranque.

puesto, ta (**pues**-to) *adj., fam.* **1.** Enterado, que tiene buenos conocimientos sobre una materia o situación. *Está muy puesto en temas de internet.* || *s. m.* **2.** Espacio que ocupa una persona o cosa. *No había ni un puesto libre. Consiguió el primer puesto de la clasificación.* **SIN.** Sitio, lugar. **3.** Tienda pequeña, por lo general ambulante. *Compré unos churros en un puesto de la feria.* **SIN.** Quiosco, barraca. **4.** Empleo, dignidad, cargo. *Solicitó el puesto que quedó vacante.* **SIN.** Ocupación, profesión, rango. || **LOC. puesto que** Ya que. | Pues.

puf *s. m.* Taburete bajo de asiento relleno. *Le gustaba sentarse en el puf.*

pufo (**pu**-fo) *s. m., fam.* Estafa, engaño, petardo. *Ese reloj que te han vendido es un pufo.* || **LOC. dar el pufo** *fam.* Engañar, estafar a alguien.

púgil (**pú**-gil) *s. m.* *Boxeador.

pugna (**pug**-na) *s. f.* **1.** Batalla, pelea. *Salió vencedor en la pugna.* **SIN.** Lucha, combate, contienda. **2.** Oposición, enfrentamiento entre personas o entre naciones, bandos o parcialidades, y también entre los elementos. *La pugna entre los dos líderes acababa de empezar.* **SIN.** Lucha, combate, contienda.

pugnar (pug-**nar**) *v. intr.* *Batallar, pelear.

pujar[1] (pu-**jar**) *v. tr.* Hacer fuerza para pasar adelante o proseguir una acción, procurando vencer el obstáculo que se encuentra. *Tuvieron que pujar el coche entre los tres para que arrancara.*

pujar[2] (pu-**jar**) *v. tr.* Aumentar los compradores el precio puesto a una cosa que se arrienda o se vende en subasta. *En la subasta del cuadro se pujó fuerte.*

pularda (pu-**lar**-da) *s. f.* Gallina joven cebada con el fin de mejorar la calidad de su carne. *Le dieron una riquísima receta para preparar la pularda.*

pulcro, cra (**pul**-cro) *adj.* Aseado, esmerado en el adorno de su persona. *Siempre iba muy pulcro.* **SIN.** Impecable, inmaculado, limpio. **ANT.** Sucio.

pulga (**pul**-ga) *s. f.* Insecto parásito que vive de la sangre de otros animales. *El gato tenía pulgas.* || **LOC. tener alguien malas pulgas** *fam.* Tener mal humor.

pulgada (pul-**ga**-da) *s. f.* Medida inglesa de longitud que equivale a 25,4 mm. *Medía varias pulgadas.*

pulgar (pul-**gar**) *s. m.* Dedo primero y más grueso de los de la mano. **GRA.** También *adj. Se hizo daño en el pulgar.* **SIN.** Dedo gordo.

pulgón (pul-**gón**) *s. m.* Insecto que vive parásito sobre las hojas y partes tiernas de algunas plantas, a las que causan grave daño por alimentarse de su jugo. *Las plantas de mi jardín estaban llenas de pulgones.*

pulido, da (pu-**li**-do) *adj.* Arreglado con mucho cuidado y esmero. *Iba siempre muy pulido.* **SIN.** Aseado, limpio, cuidadoso, delicado, liso. **ANT.** Sucio, zafio.

pulir (pu-**lir**) *v. tr.* **1.** Alisar o dar tersura y lustre a una cosa. *Pule la tabla y después dale una capa de barniz.* **SIN.** Afinar, lijar, pulimentar, bruñir, frotar. **2.** Civilizar, educar. **GRA.** También v. prnl. *Deberías pulir un poco tus modales.* **3.** Derrochar, dilapidar. *Pulió la paga en dos días.*

pulla (**pu**-lla) *s. f.* Expresión con que indirectamente se hiere a una persona. *Le lanzó una buena pulla.*

pulmón (pul-**món**) *s. m.* **1.** Órgano de la respiración del ser humano y de la mayor parte de los vertebrados. Es de estructura esponjosa, blanda, flexible, que se dilata y contrae al entrar o salir el aire y ocupa casi la totalidad de la cavidad torácica. *El tabaco es perjudicial para los pulmones.* **2.** Capacidad para emitir una voz fuerte. *Este niño tiene buenos pulmones, de mayor será cantante de ópera.* **SIN.** Energía, vigor. **3.** Capacidad para un esfuerzo físico. *Me gustaría tener sus pulmones para poder caminar por la montaña de esa manera.* **SIN.** Energía, vigor. || **4. pulmón de acero** Cámara metálica dispuesta para practicar la respiración artificial a personas afectadas de asfixia.

pulmonía (pul-mo-**ní**-a) *s. f.* Inflamación del pulmón o de una parte de él. *Abrígate bien o cogerás una pulmonía.*

pulpa (**pul**-pa) *s. f.* **1.** Parte carnosa de los dientes. *La caries afectó a la pulpa del diente.* **2.** Parte blanda de los frutos. *Utiliza toda la pulpa del melocotón para hacer mermelada.*

púlpito (**púl**-pi-to) *s. m.* Plataforma pequeña que hay en las iglesias para dirigirse desde ella el predicador a los fieles. *El sacerdote subió al púlpito.*

pulpo (**pul**-po) *s. m.* **1.** Molusco que se caracteriza por sus ocho brazos provistos de ventosas, para adherirse a los objetos, que es muy voraz y se alimenta de moluscos y crustáceos, y cuya carne es comestible. *El pulpo es muy popular en la cocina tradicional gallega.* **2.** *fam.* Persona a la que le gusta mucho tocar, acariciar a otras. *No le gusta nada que sea tan pulpo.* **3.** Cinta elástica terminada en ganchos metálicos, que sirve para sujetar objetos. *Lleva la caja en el portaequipajes de la bicicleta atada con el pulpo.*

pulsación - puntería

pulsación (pul-sa-**ción**) *s. f.* **1.** Latido de una arteria, del corazón, etc. *El corazón daba fuertes pulsaciones.* **2.** Cada uno de los golpes o toques que se dan en el teclado de una máquina de escribir. *Da más de doscientas pulsaciones.*

pulsar (pul-**sar**) *v. tr.* **1.** Tocar, tañer, golpear. *Pulsa el timbre.* **2.** Presionar un pulsador. *Pulsa el botón.* **3.** *Sondear. ‖ v. intr.* **4.** Latir las arterias, el corazón, etc. *El corazón le pulsaba muy deprisa.*

púlsar (**púl**-sar) *s. m.* Estrella de neutrones, que emite un rayo de luz y ondas de radio cuando gira. *Han localizado un nuevo púlsar con el radiotelescopio.*

pulsera (pul-**se**-ra) *s. f.* Brazalete de metal o de otra materia, o joya que se lleva en la muñeca. *Le regalaron una pulsera con su nombre.*

pulso (**pul**-so) *s. m.* **1.** Ritmo de la circulación sanguínea en las arterias, condicionado por la frecuencia de los latidos. *La media del pulso en los adultos es de 65–80 pulsaciones por minuto.* **2.** Seguridad, firmeza en la mano para realizar una acción con acierto. *No tengo buen pulso, tiemblo mucho.* **SIN.** Tiento, tino. **3.** Parte de la muñeca donde se siente el latido de la arteria. *Se tomó el pulso.* ‖ **LOC. a pulso** Levantar o sostener una cosa haciendo fuerza con la muñeca y la mano, y sin apoyar el brazo en parte alguna. **echar un pulso** Probar dos personas, cogida mutuamente la mano derecha y puestos los codos en lugar firme, quién de ellas tiene más fuerza en el pulso. **sacar algo a pulso** Llevar a término un negocio o actividad venciendo las dificultades a costa de perseverancia. **tomar el pulso a una cosa** Examinarla, tantearla.

pulular (pu-lu-**lar**) *v. intr.* Abundar o moverse en un lugar personas o cosas. *Mucha gente pululaba por los alrededores de la plaza.* **SIN.** Hormiguear.

pulverizador (pul-ve-ri-za-**dor**) *s. m.* *Aerosol.

pulverizar (pul-ve-ri-**zar**) *v. tr.* **1.** Reducir a polvo una cosa sólida. **GRA.** También v. prnl. *La piedra se pulverizó.* **SIN.** Destruir(se). **2.** Expulsar un líquido en forma de gotas finas, como si fuera polvo. *Pulvericé la planta con agua.* Se conjuga como abrazar.

pulverulento, ta (pul-ve-ru-**len**-to) *adj.* *Polvoriento.

puma (**pu**-ma) *s. m.* Mamífero carnívoro de América, parecido al tigre, pero de pelo suave y leonado. *Vieron varios pumas.*

punción (pun-**ción**) *s. f.* Operación quirúrgica que consiste en atravesar con un instrumento cortante y punzante los tejidos hasta llegar a una cavidad, para reconocer o vaciar el contenido de ésta. *Le practicaron una punción lumbar.* **SIN.** Corte, incisión.

pundonor (pun-do-**nor**) *s. m.* Amor propio u orgullo de cada persona. *Aquello le había herido en su pundonor.* **SIN.** Dignidad, honor, honra.

punición (pu-ni-**ción**) *s. f.* *Castigo, pena.

punk *s. m.* **1.** Movimiento musical y social de origen británico, que surge como protesta y se manifiesta en una indumentaria antiestética y una actitud violenta. *Iba vestido como un punk.* ‖ *adj.* **2.** Que pertenece o se refiere a este movimiento musical. *Tocaba en un grupo punk.* También "punki".

punta (**pun**-ta) *s. f.* **1.** Extremo agudo de un arma u otro instrumento con que se puede herir. *Se ha roto la punta del cuchillo.* **SIN.** Aguijón, pico. **2.** Extremo de una cosa. *Vive en la otra punta de la ciudad.* **3.** Clavo pequeño. *Sujetó las maderas con unas cuantas puntas.* ‖ **LOC. de punta en blanco** Vestido de uniforme, o de gala o con el mayor lujo. **sacar punta a una cosa** *fam.* Atribuirle malicia o significado que no tiene. **tener alguien una cosa en la punta de la lengua** Estar a punto de decirla. | Estar a punto de recordarla y no dar con ella.

puntada (pun-**ta**-da) *s. f.* **1.** Cada uno de los agujeros hechos con aguja en la tela, cuero u otra materia que se va cosiendo. *Se me ha descosido el bajo de los pantalones, tendrás que darle unas puntadas.* **2.** Distancia que hay entre dos agujeros seguidos en una tela cosida. *Haz las puntadas más cortas.* **3.** Palabra que se dice como al descuido para recordar una cosa o motivar el que se hable de ella. *Le tiró una puntada pero se hizo la tonta.* **SIN.** Indirecta.

puntal (pun-**tal**) *s. m.* **1.** Madero con que se sostiene una pared o edificio que amenaza ruina. *El edificio estaba a punto de caerse y el ayuntamiento ordenó poner puntales.* **SIN.** Contrafuerte, pilar, sostén. **2.** *amer.* Refrigerio, tentempié.

puntapié (pun-ta-**pié**) *s. m.* Golpe dado con la punta del pie. *Se enfadó tanto que le dio un puntapié.*

puntear (pun-te-**ar**) *v. tr.* **1.** Marcar puntos en una superficie. *Puntéo en el mapa el perímetro de la finca.* **2.** Tocar la guitarra u otro instrumento semejante hiriendo cada cuerda con un solo dedo. *El guitarrista estuvo un rato punteando.*

puntera (pun-**te**-ra) *s. f.* Punta del calzado, calcetines y medias. *Le dio con la puntera del zapato.*

puntería (pun-te-**rí**-a) *s. f.* Destreza del tirador para dar en el blanco. *Tiene buena puntería.* **SIN.** Acierto, pulso, vista. ‖ **LOC. afinar la puntería** Apuntar con esmero y detenimiento el arma contra el blanco. | Ajustar alguien cuidadosamente a sus intenciones lo que dice o hace.

puntero - punto

puntero, ra (pun-**te**-ro) *s. m.* **1.** Palito o vara con que se señala una cosa para llamar la atención sobre ella. *Con el puntero iba señalando sobre el mapa las capitales de cada nación.* **2.** Cincel de boca puntiaguda y cabeza plana, con el que labran los canteros las piedras muy duras. *El escultor era muy hábil con el puntero.* **3.** Posición de memoria en un ordenador utilizada para indicar la posición de otra u otras. *Coloca el puntero sobre la ventana que quieras abrir.* ‖ *s. m. y s. f.* **4.** *fam.* Persona o cosa que destaca entre las demás. **GRA.** También adj. *Es una moda puntera.*

puntiagudo, da (pun-tia-**gu**-do) *adj.* Que tiene aguda la punta. *Tiene una nariz muy puntiaguda.* **SIN.** Aguzado, ahusado. **ANT.** Chato, romo.

puntilla (pun-**ti**-lla) *s. f.* Encaje para adornar pañuelos, escotes, etc. *Las enaguas de mi abuela llevan una bonita puntilla.* ‖ **LOC. dar la puntilla** Rematar las reses con una especie de puñal. | Rematar, causar finalmente la ruina de una persona o cosa. **de puntillas** Modo de andar, pisando sólo con las puntas de los pies.

puntillismo (pun-ti-**llis**-mo) *s. m.* Tendencia pictórica que se deriva del impresionismo y se caracteriza por toques de color minúsculos y desunidos. *Sus cuadros podrían encuadrarse dentro del puntillismo.*

puntilloso, sa (pun-ti-**llo**-so) *adj.* Se dice de la persona que es muy quisquillosa. *Miguel es un poco puntilloso.* **SIN.** Susceptible.

punto (**pun**-to) *s. m.* **1.** Signo ortográfico (.) que señala el final de una oración e implica una pausa en la lectura. *El texto tenía tan pocos puntos que no entendimos lo que quería decir.* **2.** Señal de dimensiones poco o nada perceptibles que, por contraste de color o de relieve, es perceptible en una superficie. *Dibuja un círculo y rellénalo de puntos.* **SIN.** Lunar, mota. **3.** Cada uno de los distintos modos de enlazar los hilos que forman algunos tejidos. *La chaqueta era de punto de arroz.* **4.** Lugar, sitio concreto. *No recordaba el punto exacto.* **5.** Valor que, según el número que le corresponde, tiene cada carta de la baraja o cada cara del dado. *En el tute, el as vale 11 puntos.* **SIN.** Tanto. **6.** Unidad que se adopta como base en la calificación de ciertos ejercicios. *Obtuvo 8 puntos sobre 10.* **7.** Oportunidad, ocasión. *Ese había sido el punto, ahora será más difícil.* **8.** Cada uno de los asuntos de que trata un discurso u otra exposición. *Indicó al principio los puntos que se iban a tratar en la reunión.* **SIN.** Tema. **9.** Situación actual de una cuestión o negocio. *Se hallaban en el punto clave de la negociación.* **SIN.** Momento. **10.** Estado perfecto que adquiere una cosa elaborada al fuego. *Está en su punto.* **11.** Cada una de las puntadas que practica el cirujano en los labios de una herida. *Dentro de una semana le quitarán los puntos.* **12.** Grado de temperatura necesario para que se produzcan determinados fenómenos físicos. *El punto de ebullición del agua es 100° C.* **13.** *fam.* Persona avispada. *Es un punto de cuidado.* ‖ **14. dos puntos** Signo ortográfico : que indica cierre gramatical, pero no mental. **15. medio punto** Bóveda o arco en semicírculo. **16. punto cardinal** Cada una de las cuatro direcciones, Norte, Sur, Este y Oeste, en que está dividida la brújula, tomando como referencia el movimiento del Sol, y que nos sirven para orientarnos. **17. punto crítico** En cada cuerpo, estado determinado por su temperatura y presión críticas. | Momento preciso en que es necesario hacer una cosa. **18. punto de apoyo** Sitio fijo sobre el que estriba una palanca u otra máquina. **19. punto débil** Aspecto más vulnerable de alguien o algo. **20. punto de caramelo** Grado de concentración que se da al almíbar por medio de la cocción. **21. punto de ebullición** Temperatura en la que un líquido se transforma en gas. **22. punto de fusión** Temperatura en la que un sólido se transforma en líquido; igual que el punto de congelación del líquido. **23. punto de nieve** Aquel en el que la clara de huevo batida adquiere consistencia. **24. punto de partida** Lo que se toma como antecedente y base para tratar o inferir algo. **25. punto de referencia** Dato, informe, etc. para completar el conocimiento de algo. **26. punto de vista** Cada una de las formas de considerar un asunto. **27. punto filipino** Persona poco escrupulosa, desvergonzada. **28. punto final, o redondo** El que acaba un escrito o una división importante del texto. **29. punto muerto** Situación de los engranajes de la caja de cambios de un coche en que el movimiento del motor no se transmite a las ruedas. **30.** Situación adonde se ha ido a parar en un asunto. **31. punto neurálgico** Parte de un asunto especialmente delicado, importante y difícil de tratar. **32. punto y aparte, o punto aparte** El que se pone cuando se termina párrafo y el texto continúa en otra línea. **33. punto y coma** Signo ortográfico (;) para indicar mayor pausa que la coma. **34. punto y seguido, o punto seguido** El que se pone cuando termina un período y el texto continúa inmediatamente después, en el mismo renglón. **35. puntos**

suspensivos Signo ortográfico (…) que generalmente indica haber quedado sin completar el sentido de una oración. ‖ **LOC. a punto** Con la disposición necesaria para que algo pueda servir al fin que se le destina. | A tiempo. **a punto de** Seguida de un infinitivo, expresa la proximidad de la acción. **con puntos y comas** Con gran minuciosidad, sin escatimar detalle. **de todo punto** Enteramente. **en punto** Exactamente. **hasta cierto punto** No enteramente. **poner los puntos sobre las íes** Concretar ordenadamente una cosa, perfilarla. **punto en boca** Expresión que se utiliza para ordenar a alguien que calle. **punto por punto** Se emplea para expresar la forma detallada y minuciosa de referir algo.

puntuación (pun-tua-**ción**) *s. f.* **1.** Acción y efecto de puntuar. *Obtuvo poca puntuación en la prueba.* **2.** Conjunto de signos ortográficos que sirven para puntuar. *La coma es un signo de puntuación.* **3.** Conjunto de reglas y maneras para puntuar correctamente según ellas. *Debes estudiar las normas de puntuación.* ✎ Ver cuadro pág. 884.

puntual (pun-**tual**) *adj.* **1.** Diligente, exacto en la realización de las cosas, especialmente se dice de lo que se cumple a la hora o plazo convenidos. *No llegará tarde, es muy puntual.* **SIN.** Cumplidor, preciso, observador. **2.** Concreto, determinado. *Se trataba de un hecho puntual.*

puntualizar (pun-tua-li-**zar**) *v. tr.* Referir un suceso o describir una cosa con todos sus detalles. *Ya puntualizará lo que tenemos que hacer cada uno.* **SIN.** Detallar, pormenorizar, concretar. ✎ Se conjuga como abrazar.

puntuar (pun-tu-**ar**) *v. tr.* **1.** Poner los signos ortográficos en un texto escrito. *Debes poner más cuidado al puntuar tus redacciones.* **2.** Poner la nota en un examen. **GRA.** También v. intr. *Se quejaban de que el profesor puntuaba muy bajo.* ‖ *v. intr.* **3.** Entrar en el recuento de los puntos el resultado de una prueba cualquiera. *Esa prueba no puntuaba.* **SIN.** Calificar, valorar. ✎ En cuanto al acento, se conjuga como actuar.

punzada (pun-**za**-da) *s. f.* Dolor agudo, repentino y pasajero, pero que suele repetirse habitualmente. *De cuando en cuando le daban punzadas en el estómago.*

punzón (pun-**zón**) *s. m.* **1.** Instrumento de hierro puntiagudo que sirve para abrir agujeros y otros usos. *Hizo pequeños agujeros en la tela con el punzón.* **2.** *Buril.

puñado (pu-**ña**-do) *s. m.* **1.** Porción de cualquier cosa que se puede contener en el puño. *Echa un puñado de sal.* **2.** Escasa cantidad de algo. *Sólo acudió un puñado de personas.* ‖ **LOC. a puñados** Con abundancia y liberalidad.

puñal (pu-**ñal**) *s. m.* Arma corta ofensiva, de acero, de corto tamaño, que sólo hiere de punta. *Le arrojó un puñal.*

puñetazo (pu-ñe-**ta**-zo) *s. m.* Golpe dado con el puño de la mano. *Le tumbó de un puñetazo.* **SIN.** Trompada, puñada. **ANT.** Caricia.

puño (**pu**-ño) *s. m.* **1.** Mano cerrada. *Dio un golpe en la puerta con el puño.* **2.** *Puñado. **3.** Parte de las prendas de vestir que rodea la muñeca. *Tienes los puños de la camisa un poco sobados.* **4.** Parte por donde suele cogerse el bastón, el paraguas, etc. *El bastón del abuelo tenía el puño de marfil.* **SIN.** Empuñadura, mango. ‖ *s. m. pl.* **5.** *fam.* Fuerza, valor. *Mostró sus puños frente a los adversarios.* ‖ **LOC. a puño cerrado** Tratándose de un golpe, con el puño. **apretar los puños** *fam.* Poner mucho esfuerzo para ejecutar una cosa. **creer a puño cerrado** *fam.* Creer firmemente. **de su puño y letra** Escrito por quien se indica, autógrafo. **en un puño** Con los verbos "meter", "poner", "tener" y otros, confundir, intimidar u oprimir a alguien. **ser alguien como un puño** *fam.* Ser mezquino.

pupa (**pu**-pa) *s. f.* **1.** Erupción en los labios. *Le han salido pupas del frío.* **2.** Postilla que queda en la piel cuando se seca un grano. *Tenía la frente llena de pupas.* **3.** Voz infantil que indica dolor, herida, etc. *El pobre niño se había hecho pupa al caerse.* **4.** *Crisálida. ‖ **LOC. hacer pupa a alguien** *fam.* Darle que sentir, causarle daño.

pupila (pu-**pi**-la) *s. f.* Abertura circular o en forma de rendija, situada en el centro del iris, por donde penetra la luz en la cámara posterior del ojo. *La luz hace contraerse las pupilas.*

pupilo, la (pu-**pi**-la) *s. m. y s. f.* *Alumno.

pupitre (pu-**pi**-tre) *s. m.* Mueble de madera, con tapa en forma de plano inclinado, para escribir sobre él. *Encima del pupitre sólo tenía el lápiz y el cuaderno.* **SIN.** Escritorio.

puré (pu-**ré**) *s. m.* Pasta de legumbres u otras cosas comestibles, cocidas y pasadas por colador. *Preparó un puré de verduras.* **SIN.** Papilla.

pureza (pu-re-za) *s. f.* **1.** Cualidad de puro. *Hicieron varias pruebas para comprobar la pureza de aquellas aguas.* **SIN.** Perfección, limpidez. **ANT.** Corrupción. **2.** *Castidad.

	SIGNOS DE PUNTUACIÓN
PUNTO (.)	Se emplea para indicar el fin de una oración. También se coloca detrás de algunas abreviaturas. El **punto y aparte** se diferencia del punto y seguido en que la pausa es mayor. Esta pausa es la que determina los párrafos de un texto.
COMA (,)	Es el signo empleado para indicar una pausa en el interior de la oración. Se usa en los siguientes casos: • Para separar los elementos que constituyen una serie. • Para separar del resto de la frase las proposiciones de relativo explicativas y algún otro inciso explicativo dentro de la oración. • Para destacar, dentro de la oración, el nombre que va en vocativo. • Para separar una proposición subordinada que aparece delante de la principal. • Para separar dentro de la oración ciertos adverbios o locuciones adverbiales como, por ejemplo, *por tanto, sin embargo, no obstante,* etc.
PUNTO Y COMA (;)	Señala una pausa en un escrito que no supone la independencia de las oraciones así destacadas. Se emplea en los siguientes casos: • Para separar frases, oraciones o proposiciones en un fragmento del texto que ya lleva comas. • Para separar frases que indican un hecho y su consecuencia. • Para destaca oraciones adversativas.
DOS PUNTOS (:)	Sirven para marcar una pausa y hacer destacar lo que va a continuación y se emplea en los siguientes casos: • Antes de reproducir una cita textual. • Después del encabezamiento de las cartas. • Antes de una explicación.
PUNTOS SUSPENSIVOS (...)	Indican una interrupción o la conclusión imperfecta de una frase. Suelen usarse: • Cuando se da por sabido el final de una frase y, por tanto, no se juzga necesario terminarla. • Para indicar titubeo, duda o, simplemente, que el hablante interrumpe inesperadamente su discurso. • Para indicar que se ha suprimido parte de una cita textual. En este caso los puntos suspensivos van entre corchetes y en el lugar de la parte de cita suprimida.
PARÉNTESIS ()	Se emplea para separar una aclaración, un inciso, del resto de la frase, como en estos casos: • Para precisar un dato necesario (fechas, número de páginas de una obra, país, etc.). • Para precisar y aclarar el significado con el que se usa una palabra. • En los escritos comerciales, para reproducir con letras los número expresados en cifras. • En las obras teatrales, para señalar las acotaciones.
CORCHETES ([])	Equivalen a un paréntesis, pero se emplean: • Cuando la aclaración o el inciso ya van dentro de otro paréntesis. • Cuando el editor de un texto comentado juzga oportuno realizar una aclaración textual que queda así separada del texto del autor comentado.
RAYA (–)	Equivale al paréntesis y, además, posee los siguientes valores: •Indica el comienzo de la intervención de un personaje en un diálogo. • Precisa quién es el autor de una frase o cuál es su actitud al emitirla.
GUIÓN (-)	Es más corto que la raya y se emplea en los siguientes casos para: • Separar palabras al final del renglón. • Señalar el lazo de unión de las palabras compuestas. • Separar dos fechas que indican un período de tiempo determinado.
COMILLAS (" ")	Se emplean para: •Reproducir una cita textual. • Destacar el significado especial, generalmente irónico o de doble sentido, con el que se usa una palabra o alguna expresión.
INTERROGACIÓN (¿ ?)	• Expresan preguntas directas.
EXCLAMACIÓN (¡ !)	• Indican el valor emotivo de una oración (mandato, sorpresa, indignación, etc.).

purga (**pur**-ga) *s. f.* **1.** *Laxante. **2.** Eliminación o expulsión de miembros considerados indeseables o sospechosos por ciertos partidos políticos. *Hubo una purga de militantes dentro del partido.*
purgar (pur-**gar**) *v. tr.* **1.** Limpiar, purificar una cosa. *Purgaron el motor.* **SIN.** Depurar. **2.** Satisfacer con una pena, en todo o en parte, lo que alguien merece por su culpa o delito. *Creía que sus culpas ya estaban purgadas.* **SIN.** Expiar. ✎ Se conjuga como ahogar.
purgatorio (pur-ga-**to**-rio) *s. m.* **1.** En la religión católica, lugar donde las almas de los que mueren en gracia se purifican de sus culpas leves, para ir después al cielo. *Rezaban por las almas del purgatorio.* **2.** Cualquier lugar donde se vive con trabajo y penalidad. *Su vida se había convertido en un purgatorio.*
purificar (pu-ri-fi-**car**) *v. tr.* **1.** Quitar las impurezas de una cosa. **GRA.** También v. prnl. *Purificaron las aguas.* **SIN.** Acrisolar, depurar(se). **2.** Limpiar de toda imperfección una cosa no material. **GRA.** También v. prnl. *Purificó su alma.* ✎ Se conjuga como abarcar.
puro, ra (**pu**-ro) *adj.* **1.** Que no tiene mezcla ni imperfección alguna. *Es agua pura, sin contaminar.* **SIN.** Limpio, purificado, incontaminado. **ANT.** Sucio, impuro. **2.** Casto, ajeno a la sensualidad. *Tenía un alma muy pura.* **SIN.** Inocente, inmaculado, virginal. **ANT.** Deshonesto, sucio, impuro. **3.** Mero, solo, no acompañado de otra cosa, escueto. *Era la pura verdad.* ‖ *s. m.* **4.** Cigarro habano. *Se fumó un puro después de comer.*
púrpura (**púr**-pu-ra) *s. f.* **1.** Molusco marino, que segrega un líquido amarillento, el cual, por oxidación, se vuelve rojo o violado. *Antiguamente se usaba el líquido de la púrpura en tintorería y pintura.* **2.** Color rojo subido que tira a violado. *Llevaba una túnica de color púrpura.*

purulento, ta (pu-ru-**len**-to) *adj.* Que contiene pus o es de la naturaleza del pus. *La herida estaba purulenta y tenía mal aspecto.*
pus *s. m.* Líquido amarillento y espeso que se produce en determinadas infecciones. *La llaga estaba llena de pus.*
pusilánime (pu-si-**lá**-ni-me) *adj.* Falto de ánimo y valor, tímido. **GRA.** También s. m. y s. f. *Es una persona muy pusilánime.* **SIN.** Miedoso, cobarde, apocado. **ANT.** Valiente, atrevido.
pústula (**pús**-tu-la) *s. f.* Pequeña vejiga inflamatoria de la piel llena de pus. *Le salió una pústula en el labio.* **SIN.** Absceso, úlcera.
putear (pu-te-**ar**) *v. intr., vulg.* Molestar, fastidiar. *Sólo lo hacía para putearnos.* **SIN.** Jorobar, jeringar, molestar.
puticlub (pu-ti-**club**) *s. m., fam.* *Prostíbulo.
puto, ta (**pu**-to) *s. m. y s. f.* **1.** *vulg.* Persona que ejerce la prostitución. *No tuvo más remedio que hacerse puta para ganarse la vida.* **SIN.** Buscona, chapero, fulana, ramera. ‖ *adj.* **2.** *vulg.* Se usa como calificación denigratoria y fastidiosa, aunque a veces puede tener un sentido encarecedor. *Me encuentro de puta pena. Desde que le han subido el sueldo vive de puta madre.*
putón, na (pu-**tón**) *s. m. y s. f.* Persona que mantiene diferentes relaciones sexuales al mismo tiempo. *Las malas lenguas decían que era un poco putón.*
putrefacción (pu-tre-fac-**ción**) *s. f.* Acción y efecto de pudrir o pudrirse. *Encontraron el cadáver del hombre ahogado en estado de putrefacción.*
pútrido, da (**pú**-tri-do) *adj.* Podrido y maloliente. *Estaba en estado pútrido. Tienen una casa muy pútrida.* **SIN.** Infecto, nauseabundo.
puya (**pu**-ya) *s. f.* Punta acerada que en una extremidad tienen las varas de los picadores. *Picó al toro con la puya.* **SIN.** Garrocha, vara.
puzle *s. m.* Rompecabezas, juego. *Le dio un puzle.*

q *s. f.* Decimoctava letra del abecedario español y decimocuarta de sus consonantes. Su nombre es "cu". **GRA.** Representa el mismo sonido velar oclusivo sordo que la "c" ante "a" o "u" o que la "k" ante cualquier vocal. En español se combina únicamente con la "e" y la "i", mediante la interposición de una "u" que pierde su sonido.

quásar (**quá**-sar) *s. m.* Misterioso objeto celeste que emite potentes ondas de radio y luz. *Los quásars están muy alejados de la Tierra.*

que *pron. rel.* **1.** Forma para los géneros masculino, femenino y neutro, y los números singular y plural. Se emplea para introducir oraciones subordinadas adjetivas explicativas o especificativas, y puede tener como antecedente un nombre o un pronombre. Puede ir precedido de una preposición o de un artículo determinado, siendo este último obligatorio cuando no existe antecedente. Cuando introduce una oración subordinada adjetiva explicativa, equivale a el cual, la cual, etc. *El libro que tú me diste.* || *pron. int.* **2.** Solo o agrupado con un sustantivo, introduce oraciones interrogativas. **GRA.** Es tónico y lleva acento gráfico. *¿Qué quieres?* || *pron. excl.* **3.** Seguido o no de un sustantivo o de la preposición "de", introduce oraciones o expresiones exclamativas. *¡Qué alegría! ¡Lo he conseguido!* || *conj. sust.* **4.** Introduce oraciones subordinadas sustantivas. *Quería que yo colaborara.* || **LOC. a la que** Cuando o en cuanto. **el que más y el que menos** Cada cual o todos sin excepción. **en lo que** Mientras. **¿qué tal?** Equivale a "cómo". **¿y qué?** Expresión con que se denota que lo dicho o hecho por otra persona no convence o no importa.

quebrada (que-**bra**-da) *s. f.* **1.** Abertura estrecha entre montañas. *Los débiles rayos del sol penetraban por la quebrada.* **SIN.** Desfiladero, angostura, cañón. **2.** Barranco. *No te acerques a la quebrada, es peligroso.* **3.** *Méx.* Arroyo, riachuelo.

quebradero (que-bra-**de**-ro) *s. m.* que se usa en la expr. "quebradero de cabeza" que significa preocupación. *Aquel trabajo le daba muchos quebraderos de cabeza.* **SIN.** Conflicto, inquietud.

quebradizo, za (que-bra-**di**-zo) *adj.* **1.** Que se rompe con facilidad. *El vidrio es un material quebradizo.* **SIN.** Frágil, endeble, rompible. **ANT.** Fuerte, resistente, duro, sólido. **2.** Que tiene la salud muy delicada. *Debe cuidarse mucho porque su salud es muy quebradiza.* **SIN.** Débil, enclenque, enfermizo.

quebrado, da (que-**bra**-do) *adj.* **1.** Roto. *Tiene una pierna quebrada.* **2.** Debilitado. *Su salud ha quedado quebrada desde el último achaque.* **SIN.** Débil, enfermo. **ANT.** Sano. **3.** Desigual, escabroso, con altos y bajos. *Había que atravesar un terreno muy quebrado.* **SIN.** Abrupto, áspero, accidentado, tortuoso. **ANT.** Llano. **4.** Que ha dado bancarrota o quiebra. *Es un negocio quebrado.* **SIN.** En bancarrota, en quiebra. **5.** Se dice del número que expresa las partes en que se divide la unidad (denominador) y las partes que se toman de ella (numerador). **GRA.** También s. m. *4/5 es un quebrado.*

quebrantahuesos (que-bran-ta-**hue**-sos) *s. m.* Ave rapaz grande, que se alimenta de pequeños mamíferos. *Vimos un nido de quebrantahuesos.* Invariable en número.

quebrantar (que-bran-**tar**) *v. tr.* **1.** Romper, separar con violencia las partes de un todo. **GRA.** También v. prnl. *Quebrantó el jarrón al tirarlo al suelo.* **SIN.** Partir(se), fragmentar(se), tronchar(se). **ANT.** Arreglar(se), reparar(se). **2.** Incumplir una ley, obligación, acuerdo, etc. *Quebrantó la ley al saltarse el stop.* **SIN.** Infringir, transgredir, transpasar. **ANT.** Cumplir, satisfacer. **3.** Violar algún lugar sagrado o reservado. *Unos gamberros quebrantaron el coto privado.* **SIN.** Profanar. **ANT.** Respetar. **4.** Forzar, romper lo que impide abrir algo. *Tuvieron que quebrantar la cerradura de la puerta para poder entrar.*

quebranto (que-**bran**-to) *s. m.* **1.** Pérdida grande. *El granizo causó un gran quebranto en la cosecha.* **SIN.** Daño, detrimento, deterioro, perjuicio. **ANT.** Recuperación. **2.** Debilidad, desaliento. *Trataban de darle ánimos, pero su quebranto era demasiado fuerte.* **SIN.** Debilitamiento, agotamiento, decaimiento. **ANT.** Ánimo, vigor, energía, fuerza. **3.** Pena grande. *Hubo gran quebranto entre sus amigos al conocerse la trágica noticia.* **SIN.** Lástima, piedad, compasión, aflicción. **ANT.** Alegría, consuelo, ánimo.

quebrar (que-**brar**) *v. tr.* **1.** Romper, separar con violencia las partes de un todo. **GRA.** También v. prnl. *El huracán quebró muchos árboles.* **SIN.** Resquebrajar(se), romper(se), cascar(se), rajar(se). **ANT.** Unir(se), consolidar(se). **2.** Hundirse una empresa. *El negocio no quebrará mientras tengamos más ingresos.* **SIN.** Arruinarse. || **LOC. quebrársele a alguien la voz** Ponerse aguda la voz de una persona que está hablando o cantando, de modo que emita pequeños chillidos sin quererlo. 🖎 v. irreg., se conjuga como acertar.

quedar (que-**dar**) *v. intr.* **1.** Detenerse o permanecer en un lugar. **GRA.** También v. prnl. *Se quedó en casa porque llovía.* **SIN.** Mantenerse, parar(se). **ANT.** Irse, seguir. **2.** Citarse con alguien. *Quedé con mi madre para comprar los regalos de Navidad.* **3.** Subsistir parte de una cosa. *Todavía quedaron pasteles de la fiesta.* **SIN.** Restar. **4.** Con la preposición "en", llegar a un acuerdo u ofrecerse para algo. *Hemos quedado en vernos mañana.* **SIN.** Acordar, decidir, pactar, avenirse. || *v. prnl.* **5.** Con la preposición "con", retener una cosa propia o de otra persona. *¿Quieres quedarte tú con los libros?* **SIN.** Apoderarse, apropiarse. **ANT.** Dar, devolver. || **LOC. ¿en qué quedamos?** *fam.* Expresión con que se incita a alguien a tomar una decisión. **quedar algo atrás** Estar superado o pasado. **quedar bien, o mal, una persona** Comportarse o salir de un asunto, bien o mal. **quedarse alguien atrás** Hallarse en una situación inferior respecto a la de otros o desistir en un empeño. **quedarse alguien bizco** *fam.* Asombrarse. **quedarse alguien corto** *fam.* No lograr con sus hechos o dichos lo que se proponía. | No exagerar nada en lo que dice. **quedarse alguien frío, o helado** *fam.* Sorprenderse de ver u oír algo que no se esperaba. **quedarse alguien limpio** *fam.* Perder todo el dinero en el juego. **quedarse con alguien** *fam.* Engañarle, burlarse de él.

quedo, da (**que**-do) *adj.* **1.** Que no se mueve. *Permaneció quedo a la espera.* **SIN.** Callado, silencioso, quieto, inmóvil. **ANT.** Móvil, rápido, alto. || *adv. m.* **2.** En voz baja o que apenas se oye. *Hablaban quedo para no molestar al enfermo.* **SIN.** Callado, silencioso, bajo. **ANT.** Alto, escandaloso. **3.** Despacio, poco a poco. *Caminaba quedo, con desgana.*

quehacer (que-ha-**cer**) *s. m.* Ocupación, tarea que alguien tiene que realizar. **GRA.** Se usa más en pl. *Estaba muy ocupado con los quehaceres de la casa.* **SIN.** Trabajo, labor, faena, empleo. **ANT.** Desocupación, vagancia.

queimada (quei-**ma**-da) *s. f.* Bebida típica de Galicia que se prepara con orujo quemado, al que se añade azúcar, granos de café y limón. *En la fiesta preparamos una queimada.*

queja (**que**-ja) *s. f.* **1.** Expresión de dolor, pena o enfado. *A pesar del dolor, no le hemos oído ni una sola queja.* **SIN.** Lamento, gemido, quejido, clamor, suspiro, lamentación. **ANT.** Risa, alegría, contento, satisfacción. **2.** Protesta, reclamación. *Me dieron el cambio equivocado y tuve que presentar una queja.*

quejarse (que-**jar**-se) *v. prnl.* **1.** Expresar el dolor o la pena que se siente. *Le dolían tanto las muelas que no paraba de quejarse.* **SIN.** Lamentarse, gemir. **ANT.** Reír, alegrarse. **2.** Manifestar una protesta, reclamar. *Se quejó de aquella injusticia.* || **LOC. quejarse de vicio** *fam.* Quejarse sin motivo alguno.

quejica (que-**ji**-ca) *adj., fam.* Que se queja demasiado y sin motivo. **GRA.** También s. m. y s. f. *Es un quejica, en realidad no le duele nada.* **SIN.** Llorón, protestón. **ANT.** Fuerte, valiente, alegre.

quejido (que-**ji**-do) *s. m.* Voz lastimosa de dolor o pena. *Estaba muy apenado, pero no daba ni un quejido.* **SIN.** Lamento, queja. **ANT.** Risa, alegría, júbilo.

quejoso, sa (que-**jo**-so) *adj.* Se dice de la persona que tiene queja de alguien o de algo. *Está quejoso por el trato que recibe.* **SIN.** Descontento, enfadado, disgustado, ofendido. **ANT.** Satisfecho, contento.

quejumbroso, sa (que-jum-**bro**-so) *adj.* **1.** Se dice de la persona que se queja mucho o por costumbre. *No le hagas mucho caso, es un poco quejumbroso.* **SIN.** Llorón, descontento, ñoño. **2.** Se dice de la voz, tono, etc. que se emplean para quejarse. *No soportaba su tono quejumbroso y lastimero.* **SIN.** Llorón.

quelonio (que-**lo**-nio) *adj.* Se dice de los reptiles con cuatro extremidades cortas, mandíbulas córneas y sin dientes, y cuerpo protegido por una concha dura que cubre la espalda y el pecho. **GRA.** También s. m. *La tortuga es un quelonio.*

quema (**que**-ma) *s. f.* **1.** Acción y efecto de quemar o quemarse. *Pocos árboles se salvaron de la quema.*

quemador - querido

SIN. Combustión. **2.** Incendio, fuego. *La quema del bosque entristeció mucho a todos los habitantes de la zona.* || **LOC. huir alguien de la quema** Evitar un peligro o esquivar astutamente un compromiso.

quemador (que-ma-**dor**) *s. m.* Aparato que regula la combustión del carbón o del carburante en el hogar de las calderas, en las cocinas de gas, etc. *El gas no sale porque el quemador está obstruido.*

quemadura (que-ma-**du**-ra) *s. f.* **1.** Descomposición de un tejido orgánico por el contacto del fuego. *Se hizo una quemadura con el aceite hirviendo.* **2.** Llaga o huella que queda. *La quemadura le escocía mucho.* **SIN.** Ampolla.

quemar (que-**mar**) *v. tr.* **1.** Consumir una cosa por medio del fuego. *Quemó los periódicos viejos en la hoguera.* **SIN.** Incendiar, calcinar, carbonizar, achicharrar. **ANT.** Apagar. **2.** Calentar demasiado. **GRA.** También v. intr. *El sol quemaba mucho a aquella hora de la tarde.* **SIN.** Achicharrar, abrasar. **3.** Abrasar, secar por excesivo calor. **GRA.** También v. prnl. *Las plantas que estaban en la terraza se han quemado todas.* **4.** Causar dolor o hacer señal, llaga o ampolla una cosa cáustica o muy caliente. **GRA.** También v. prnl. *No te arrimes a la cocina, puedes quemarte.* **SIN.** Herir(se), escaldar(se). **5.** Despilfarrar, derrochar. *Quemó toda la herencia en dos años, ahora está arruinado.* **SIN.** Destruir, liquidar, saldar. **ANT.** Ahorrar. **6.** *fam.* Impacientar, inquietar a alguien. **GRA.** También v. prnl. *Su retraso le quemó la paciencia.* **SIN.** Desazonar(se), irritar(se), enojar(se), alterar(se), acalorar(se). **ANT.** Tranquilizar(se), calmar(se). || *v. intr.* **7.** Estar demasiado caliente una cosa. *Ten cuidado, acabo de retirar la sopa del fuego y quema.* **SIN.** Arder, abrasar.

quemarropa, a *loc. adv.* Refiriéndose a un disparo de arma de fuego, desde muy cerca. *Le dispararon a quemarropa.* Sin rodeos. *Fue un poco cruel, se lo dijo a quemarropa.*

quemazón (que-ma-**zón**) *s. f.* **1.** Quema, acción y efecto de quemar o quemarse. *Sintió gran quemazón.* **2.** Calor excesivo. *No encontraba ni una sola sombra y la quemazón era insoportable.* **3.** Sensación de escozor o picor. *Le habían salido manchas rojas y sentía una quemazón por todo el cuerpo.*

querella (que-re-lla) *s. f.* **1.** Discordia, riña. *Medió en aquella querella callejera.* **SIN.** Reyerta, altercado, discusión, disputa, contienda. **ANT.** Calma, paz. **2.** Acusación ante el juez. *Presentó una querella por injurias.* **SIN.** Litigio, pleito, demanda. **ANT.** Avenencia, concordia.

querellarse (que-re-**llar**-se) *v. prnl.* Quejarse, presentar una querella contra alguien. *Se querelló por difamación.* **SIN.** Litigar, pleitear.

querencia (que-**ren**-cia) *s. f.* Acción de amar o querer bien a alguien o algo. *Sentía una fuerte querencia por aquella vieja casa, le traía muchos recuerdos.* **SIN.** Afecto, inclinación, atracción. **ANT.** Despego, rechazo, repulsión.

querer[1] (que-**rer**) *s. m.* Cariño, amor. *Sentía un fuerte querer hacia él.* **SIN.** Estimación, afecto, ternura. **ANT.** Odio, hostilidad, desdén.

querer[2] (que-**rer**) *v. tr.* **1.** Sentir amor o cariño por algo o alguien. *Quiere mucho a sus hermanos.* **SIN.** Amar, apreciar, estimar, adorar. **ANT.** Odiar, aborrecer. **2.** Tener deseo de poseer algo. *Quiere una bicicleta nueva.* **SIN.** Ambicionar, desear, apetecer. **ANT.** Despreciar, desdeñar, conformarse, resignarse. **3.** Tener la voluntad de hacer algo. *Este año quiero aprobar el curso y por eso estoy estudiando mucho.* **SIN.** Proponerse, pretender, empeñarse en, intentar. **ANT.** Resignarse, conformarse, desistir, dejar. || **LOC. como quiera que** De cualquier modo. **está como quiere** *fam.* Expresa que una persona es muy guapa, goza de buena posición económica, etc. **¡qué quieres que le haga, o que le hagamos!** Expresión de conformidad o de excusa. **querer decir** Significar. **quieras que no** A la fuerza o contra la voluntad de alguien. **sin querer** Por casualidad. *v. irreg.*

INDICATIVO			
Pres.	Pret. perf. s.	Fut. imperf.	Cond. simple
quiero	quise	querré	querría
quieres	quisiste	querrás	querrías
quiere	quiso	querrá	querría
queremos	quisimos	querremos	querríamos
queréis	quisisteis	querréis	querríais
quieren	quisieron	querrán	querrían

SUBJUNTIVO		
Pres.	Pret. imperf.	Fut. imperf.
quiera	quisiera/se	quisiere
quieras	quisieras/ses	quisieres
quiera	quisiera/se	quisiere
queramos	quisiéramos/semos	quisiéremos
queráis	quisierais/seis	quisiereis
quieran	quisieran/sen	quisieren

IMPERATIVO	quiere, quiera, queramos, quered, quieran
FORMAS NO PERSONALES	
Inf. querer – Ger. queriendo – Part. querido	

querido, da (que-**ri**-do) *s. m. y s. f.* Persona que tiene relaciones amorosas con otra fuera del matrimonio. *La gente decía que tenía un querido.* **SIN.** Amante. ☞ *Tiene un matiz despectivo.*

queroseno (que-ro-**se**-no) *s. m.* Producto derivado del petróleo utilizado como combustible para lámparas, estufas, etc. *Esa estufa es de queroseno.*

querubín (que-ru-**bín**) *s. m., fam.* Persona muy hermosa. *Es un bebé precioso, parece un querubín.* **SIN.** Hermoso, bello, bonito. **ANT.** Feo.

quesito (que-**si**-to) *s. m.* Cada una de las pequeñas porciones envueltas y empaquetadas en que se puede dividir un queso cremoso. *Unté un quesito y un poco de paté en el pan.*

queso (**que**-so) *s. m.* **1.** Alimento hecho con leche cuajada. *Pedimos una tabla de quesos.* **2.** *fam.* Pie de una persona. *No sé cómo encuentra zapatos para esos quesos tan grandes.* || **LOC. dársela a alguien con queso** *fam.* Engañarle o burlarse de él.

quetzal *s. m.* Ave trepadora, de plumaje verde y muy brillante en las partes superiores del cuerpo, y rojo en el pecho y abdomen. *El quetzal es propio de América tropical.*

quevedos (que-**ve**-dos) *s. m. pl.* Lentes en forma circular que se apoyan sólo en la nariz por un puente metálico. *Encontró unos quevedos de su bisabuelo en el baúl.* **SIN.** Anteojos, antiparras.

quicio (**qui**-cio) *s. m.* **1.** Parte de las puertas y ventanas en que se apoya la hoja para girar. *Sólo queda por pintar el quicio de la puerta.* **SIN.** Jamba. **2.** Conjunto de dos o más escalones que suele haber en la puerta exterior de algunas casas para bajar a la calle. *Estaba sentado en el quicio de la puerta.* || **LOC. fuera de quicio** Fuera de lo normal. **sacar de quicio a alguien** Irritarle, hacerle perder la paciencia. **sacar de quicio una cosa** Exagerarla.

quico (**qui**-co) *s. m.* que se utiliza en la expresión "ponerse alguien como el quico", comer mucho. *Estaba todo tan bueno que me puse como el quico.*

quid *s. m.* Punto más delicado o importante de una cuestión. **GRA.** Se usa precedido del art. "el". *Dio con el quid del asunto.* **SIN.** Interés, intríngulis, clave, meollo, miga, porqué.

quiebra (**quie**-bra) *s. f.* **1.** Abertura o rotura de una cosa. *Se habían abierto varias quiebras en el terreno a causa de la lluvias torrenciales.* **SIN.** Grieta, fisura, hendidura. **2.** Pérdida grande en un negocio que obliga a su dueño a cerrarlo. *Su empresa dio en quiebra.* **SIN.** Ruina, crac, bancarrota. **ANT.** Auge.

quiebro (**quie**-bro) *s. m.* **1.** Movimiento que se hace con el cuerpo como quebrándolo por la cintura. *El delantero hizo un quiebro ante el defensa y metió un gol.* **SIN.** Ladeo. **2.** Inflexión acelerada, dulce y graciosa de la voz. *Le salieron varios quiebros.*

quien *pron. rel.* **1.** Equivale al pronombre "que" o a "la que", "el que", etc., y algunas veces a "el cual", "la cual", etc. **GRA.** Se refiere a personas y a cosas, pero especialmente a las personas. No varía de género, aunque sí de número. *Quien te presenté el otro día es muy amigo mío.* **2.** Cuando se usa con un antecedente implícito equivale a "la persona que". *Este candidato es quien tiene mejor cualificación.* **3.** Cuando depende de un verbo con negación equivale a "nadie que". *No encontró quien le ayudara.* || *pron. int.* **4.** Introduce oraciones interrogativas. **GRA.** Es tónico y lleva acento gráfico. *¿Quién te lo ha dicho?* || *pron. excl.* **5.** Introduce oraciones exclamativas. **GRA.** Es tónico y lleva acento gráfico. *¡Quién lo iba a decir!* || *pron. indef.* **6.** Equivale a "cualquiera que". *Quien venga será bien recibido.* || **LOC. no ser alguien quien para algo** No tener suficiente capacidad o habilidad para hacer una cosa o no ser el más adecuado para ello. **quien más y quien menos** Todo el mundo.

quienquiera (quien-**quie**-ra) *pron. indef.* Persona indeterminada, alguno. **GRA.** Antepuesto o pospuesto al v. va acompañado del relat. "que". *Quienquiera que sea, que venga.*

quieto, ta (**quie**-to) *adj.* **1.** Que no se mueve. *Haré la foto cuando se queden quietos.* **SIN.** Parado, estático, inmóvil, pasmado, quedo. **ANT.** Móvil, activo. **2.** Sosegado, que no molesta. *Parece mentira, pero mi hermano estuvo muy quieto durante las dos horas que esperamos en el médico.* **SIN.** Pacífico, calmado, sosegado. **ANT.** Nervioso, inquieto, intranquilo.

quietud (quie-**tud**) *s. f.* **1.** Falta de movimiento. *Admiraba la quietud del mar en aquel día soleado.* **SIN.** Inmovilidad, quietismo, estabilidad, sosiego. **ANT.** Actividad, movilidad. **2.** Sosiego, reposo, descanso. *En aquella casa se respiraba una envidiable quietud que le hacía a uno sentirse de maravilla.* **SIN.** Calma, paz, tranquilidad. **ANT.** Nerviosismo, movimiento, alteración.

quijada (qui-**ja**-da) *s. f.* Cada una de las dos mandíbulas de los vertebrados que tienen dientes y muelas. *El perro se dolía de la quijada.* **SIN.** Maxilar, mandíbula.

quijote (qui-**jo**-te) *s. m.* Persona soñadora e idealista, que trata de defender causas ajenas en favor de la justicia. *Se lleva muchos desengaños porque es un poco quijote.* **SIN.** Idealista, altruista. **ANT.** Realista.

quilate (qui-**la**-te) *s. m.* Unidad de peso utilizada para las perlas y piedras preciosas. *Es un anillo de oro de 18 quilates.*

quilla - quinta

quilla (**qui**-lla) *s. f.* Pieza en la que se asienta el armazón de una embarcación desde la proa hasta la popa. *La barca se volcó al chocar la quilla con un peñasco.*

quilo (**qui**-lo) *s. m.* Líquido lechoso producto de la digestión intestinal. *En la autopsia analizaron el quilo, para ver si había sido envenenado.*

quimbambas (quim-**bam**-bas) *s. f. pl.* Lugar indeterminado y exótico. *Estoy harta, me voy a ir a las quimbambas.*

quimera (qui-**me**-ra) *s. f.* **1.** Cosa imaginada, idea falsa o sueño que se toma como real. *Se pasa el día pensando en quimeras.* **SIN.** Utopía, fábula, fantasía, ilusión, alucinación. **ANT.** Realidad, verdad. **2.** Riña o contienda. *Se enzarzaron en una tonta quimera.* **SIN.** Gresca, pendencia, desavenencia. **ANT.** Acuerdo, paz, avenencia. **3.** Monstruo de la mitología que tiene la cabeza de león, el vientre de cabra y la cola de dragón. *La pintura que vimos representaba una lucha entre dos quimeras.*

quimérico, ca (qui-**mé**-ri-co) *adj.* Se dice de aquello que no tiene fundamento. *Todavía tenía quiméricas esperanzas.* **SIN.** Ilusorio, imaginario, utópico, fantástico, imposible, legendario, irreal. **ANT.** Factible, posible, material, real.

química (**quí**-mi-ca) *s. f.* **1.** Ciencia que estudia la composición de las sustancias y sus transformaciones, y la acción que ejercen unas sobre otras. *Da clase de química en el instituto.* || **2. química inorgánica** La que estudia los cuerpos simples y sus combinaciones, con excepción de los compuestos de carbono. **3. química orgánica** La que trata de los compuestos de carbono.

químico, ca (**quí**-mi-co) *adj.* **1.** Que pertenece o se refiere a la química. *No sabía ajustar aquella reacción química.* **2.** Por contraposición a físico, que se refiere a la composición de los cuerpos. *Está detallada la composición química del producto.* || *s. m. y s. f.* **3.** Persona que se dedica a la química. *Es un buen químico.*

quimioterapia (qui-mio-te-**ra**-pia) *s. f.* Método para curar las enfermedades que se basa en el empleo de sustancias químicas. *Está recibiendo sesiones de quimioterapia.*

quimo (**qui**-mo) *s. m.* Masa agria que resulta de la digestión estomacal de los alimentos. *El quimo pasa al intestino delgado, donde se convierte en quilo.*

quimono (qui-**mo**-no) *s. m.* Túnica larga japonesa, con mangas largas y anchas, que usan las mujeres. *Llevaba puesto un quimono.* **SIN.** Bata. ✎ También "kimono".

quina (**qui**-na) *s. f.* Corteza de un árbol llamado quino, muy usada en medicina. *La quina amarilla es la más estimada.* || **LOC. ser alguien, o algo, más malo que la quina** *fam.* Ser muy malo.

quincalla (quin-**ca**-lla) *s. f.* Conjunto de objetos de metal de escaso valor, como tijeras, dedales, imitaciones de joyas, etc. *Tiene un puesto ambulante de quincalla.* **SIN.** Baratija, chuchería, bagatela.

quinceañero, ra (quin-ce-a-**ñe**-ro) *adj.* Que tiene quince años o esa edad aproximadamente. **GRA.** También s. m. y s. f. *Es una música para quinceañeros.* **SIN.** Chaval, muchacho, adolescente. **ANT.** Adulto, maduro.

quincena (quin-**ce**-na) *s. f.* Período de tiempo de quince días seguidos. *La primera quincena de agosto voy a ver a mis abuelos.*

quincenal (quin-ce-**nal**) *adj.* Que se sucede cada quincena o que dura una quincena. *Es una publicación quincenal.*

quiniela (qui-**nie**-la) *s. f.* Boleto en el que se pronostica un resultado en las competiciones deportivas, y con el que se pueden obtener importantes premios económicos, producto de una parte de la recaudación de los boletos. *Acertaron una quiniela de fútbol de 14 resultados.*

quinina (qui-**ni**-na) *s. f.* Sustancia orgánica vegetal que se obtiene de la quina. *La quinina se utiliza para bajar la fiebre.*

quinqué (quin-**qué**) *s. m.* Pequeña lámpara de aceite o de petróleo, formada por un tubo largo de cristal en el que hay una mecha que se enciende. *La única luz de la habitación era un viejo quinqué.*

quinquenal (quin-que-**nal**) *adj.* Que se sucede cada quinquenio o que dura un quinquenio. *Tenía que efectuar pagos quinquenales.*

quinquenio (quin-**que**-nio) *s. m.* **1.** Período de tiempo de cinco años. *El próximo mes la fundación cumple su primer quinquenio.* **SIN.** Lustro. **2.** Aumento de sueldo o salario que tiene lugar cada cinco años de trabajo. *Ya cobra su segundo quinquenio.*

quinqui (**quin**-qui) *s. m. y s. f.* Persona que pertenece a un grupo social marginado debido a su forma de vida. *En las afueras de la ciudad se habían instalado varias familias de quinquis.*

quinta (**quin**-ta) *s. f.* **1.** Casa de recreo en el campo. *Tenían una quinta en la montaña.* **SIN.** Finca, propiedad, villa, cortijo. **2.** Reemplazo o conjunto de jóvenes que ingresan cada año en el servicio militar. *Somos de la misma quinta, pero hicimos la mili en distinta ciudad.* **SIN.** Reemplazo, reclutamiento.

QUIRÓPTERO
Pulgar — Alas membranosas

quintaesencia (quin-ta-e-**sen**-cia) *s. f.* Lo más puro y condensado de una cosa. *Aquella sencilla frase era la quintaesencia de todo el poema.*

quintal métrico *loc.* Peso de 100 kg. *Llevaba una carga de un quintal métrico.*

quinteto (quin-**te**-to) *s. m.* **1.** Estrofa de arte mayor formada por cinco versos con rima consonante. *"(A) Hundía el sol su disco refulgente / (B) tras la llanura azul del mar tranquilo, / (A) dando sitio a la noche, / que imprudente / (A) presta con sus tinieblas igualmente / (B) al crimen manto y al dolor asilo" es un quinteto de José Zorrilla.* **2.** Composición con cinco voces o instrumentos. *Formaba parte de un famoso quinteto.*

quintilla (quin-**ti**-lla) *s. f.* Estrofa de arte menor formada por cinco versos con rima consonante. *"(a) Pedancio, a los botarates / (b) que te ayudan en tus obras / (a) no los mimes ni los trates / (b) tú te bastas y te sobras / (a) para escribir disparates" es una quintilla de Moratín.*

quintillizo, za (quin-ti-**lla**-zo) *adj.* Se dice de cada uno de los hijos nacidos de un parto quíntuple. **GRA.** También *s. m.* y *s. f. Había tenido quintillizos.*

Quintín, San *n. p.* que se usa en la frase "armarse, o haber, la de San Quintín", haber gran pendencia, riña, etc., entre dos o más personas. *Empezaron a hablar todos a la vez y se armó la de San Quintín.* ☞ Se dice aludiendo a la batalla de este nombre, ganada por las tropas de Felipe II el 10 de agosto de 1557.

quinto (**quin**-to) *s. m.* Joven a quien toca por sorteo ir al servicio militar. *Sale quinto este año.* **SIN.** Recluta, soldado, militar.

quiñón (qui-**ñón**) *s. m.* Porción de tierra de cultivo explotada en comunidad. *Ese camino va a dar a los quiñones.* **SIN.** Parcela, terreno.

quiosco (qui-**os**-co) *s. m.* **1.** Pabellón generalmente circular que se construye en sitios públicos o en la calle, con el fin de vender periódicos, flores, golosinas, etc. *Pasa por el quiosco para recoger el periódico.* || **2. quiosco de la música** Construcción circular en jardines o paseos en la que se colocan las bandas de música para interpretar conciertos. **SIN.** Templete. ✎ También "kiosco".

quipu (**qui**-pu) *s. m.* Cuerda de nudos utilizada por los incas para llevar cuentas. *En el museo hay quipus.*

quiquiriquí (qui-qui-ri-**quí**) *s. m.* **1.** Voz imitativa del canto del gallo. *Me despertó el quiquiriquí del gallo al amanecer.* **2.** Remolino que se forma en el pelo. *No había manera de peinar aquel quiquiriquí.* **SIN.** Rizo, quiqui.

quirófano (qui-**ró**-fa-no) *s. m.* Sala de un hospital donde los médicos operan a los enfermos. *La operación era muy sencilla y sólo estuvo una hora en el quirófano.*

quiromancia (qui-ro-**man**-cia) *s. f.* Adivinación del futuro de una persona por las rayas de su mano. *Se va a dedicar a la quiromancia en sus ratos de ocio.* ✎ También "quiromancía". ☞ Ver ilustración pág. 892.

quiróptero, ra (qui-**róp**-te-ro) *adj.* Se dice del mamífero nocturno que vuela con alas formadas por una extensa membrana situada entre los dedos de las extremidades anteriores. **GRA.** También *s. m. El murciélago es un quiróptero.*

quirúrgico- quórum

quirúrgico, ca (qui-**rúr**-gi-co) *adj.* Que pertenece o se refiere a la cirugía. *Fue sometido a una intervención quirúrgica.*

quisque (**quis**-que) *pron.* Que se emplea en la locución familiar "cada quisque", con el significado de 'cada cual', 'cada uno'. *Cada quisque que piense lo que quiera.*

quisquilla (quis-**qui**-lla) *s. f.* **1.** Crustáceo pequeño parecido a la gamba. *De aperitivo comimos unas quisquillas.* || *adj.* **2.** Se dice de la persona que se ofende o protesta por cualquier cosa. *Es un poco quisquilla, cualquier comentario le molesta.* **SIN.** Chinche, susceptible.

quisquilloso, sa (quis-qui-**llo**-so) *adj.* **1.** Se dice de la persona excesivamente delicada en el trato con los demás. **GRA.** También s. m. y s. f. *Puntualiza bien lo que dices, es un quisquilloso.* **SIN.** Delicado, exigente. **ANT.** Indiferente, pacífico. **2.** Fácil de irritarse u ofenderse. **GRA.** También s. m. y s. f. *Se enfada por la cosa más tonta, es una quisquillosa.* **SIN.** Susceptible, irascible, sensible, picajoso.

quiste (**quis**-te) *s. m.* Tumor o crecimiento anormal de un tejido. *Le salió un quiste sebáceo en el cuello.*

quitaesmalte (qui-ta-es-**mal**-te) *s. m.* Sustancia líquida que contiene acetona y que se usa para eliminar el esmalte de las uñas. *Este quitaesmalte es de muy buena calidad.*

quitamanchas (qui-ta-**man**-chas) *s. m.* Producto natural o preparado que sirve para limpiar o quitar manchas. *Este quitamanchas limpia muy bien las manchas de rotulador.* ✎ Invariable en número.

quitanieves (qui-ta-**nie**-ves) *s. m.* Máquina que se emplea para quitar la nieve de los caminos, carreteras o vías de ferrocarril. *Varios pueblos permanecían todavía incomunicados porque no había podido entrar el quitanieves.* ✎ Invariable en número.

quitar (qui-**tar**) *v. tr.* **1.** Tomar una cosa separándola de otra o de un lugar. *Quité la cáscara a la castaña. Quita los platos de la mesa.* **SIN.** Arrancar, retirar, separar, eliminar. **ANT.** Poner, colocar, situar. **2.** Coger algo contra la voluntad de su dueño. *Le quitaron la cartera.* **SIN.** Sustraer, robar, arrebatar, birlar, hurtar. **ANT.** Devolver, dar, restituir. **3.** Impedir una cosa. *La lluvia me quitó de ir a verte.* **SIN.** Dificultar, evitar, estorbar. **ANT.** Ayudar. **4.** Eliminar, hacer desaparecer. *Necesitaré un producto más fuerte para quitar esta suciedad.* **SIN.** Suprimir. **5.** Prohibir. *Su padre le quitó de ir a la excursión.* || *v. prnl.* **6.** Dejar una cosa. *Decidió quitarse de los dulces.* || **LOC. de quita y pon** Se dice de ciertas prendas de vestir que se consideran cómodas y para mucho uso. **no quitar una cosa para otra** No impedir. **quitar de la cabeza** Hacer desistir de un proyecto o idea. **quitarse de encima a alguien, o algo** Librarse de él o de ello.

quitasol (qui-ta-**sol**) *s. m.* Sombrilla de gran tamaño que se usa para protegerse del sol. *Cuando va a la playa siempre va cargado con el quitasol.*

quite (**qui**-te) *s. m.* Suerte del toreo que consiste en apartar al toro de un torero o del caballo del picador. *El diestro realizó un quite muy espectacular.* **SIN.** Lance, parada. || **LOC. estar al quite** Estar preparado para acudir en defensa de alguien.

quitina (qui-**ti**-na) *s. f.* Sustancia orgánica que se encuentra en el caparazón de los artrópodos y en otros invertebrados, y que endurece algunas partes de su cuerpo. *En muchos insectos, el primer par de alas está recubierto de quitina.*

quivi (**qui**-vi) *s. m.* Fruta tropical de color verde y piel rugosa. *El quivi era una fruta poco conocida hace unos años.* ✎ También "kiwi".

quizá (qui-**zá**) *adv. dud.* Expresa duda y posibilidad. *Quizá llueva.* **SIN.** Acaso, probablemente, tal vez, posiblemente.

quizás (qui-**zás**) *adv. dud.* *Quizá.

quórum (**quó**-rum) *s. m.* Número mínimo de votos necesarios o de personas que deben estar presentes para que una asamblea pueda tomar ciertos acuerdos. *Se suspendió la votación por falta de quórum.* ✎ Invariable en número.

r *s. f.* Décimonovena letra del abecedario español y decimoquinta de sus consonantes. Su nombre es "erre". ✎ Tiene dos sonidos: uno suave y otro fuerte. El sonido suave se representa con una sola "r"; el fuerte se representa también con una sola "r" a principio de palabra y a principio de sílaba cuando la sílaba anterior acaba en "-b", "-l", "-n" o "-s", como en "rama", "subrepticio", "malrotar", "enredo" e "Israel"; en los demás casos, se representa con dos "rr".

rabadilla (ra-ba-**di**-lla) *s. f.* Extremo de la columna vertebral de un animal. *Echó un trozo de rabadilla al cocido.*

rábano (**rá**-ba-no) *s. m.* **1.** Planta originaria de China, de raíz comestible, que se suele servir en ensaladas. Su color es rojo por fuera y blanco por dentro, y tiene un agradable sabor picante y refrescante. *Plantó rábanos.* **2.** Raíz de esta planta. *Le echó un poco de rábano a la ensalada* || **LOC. importar, o no importar, un rábano** *fam.* Importar muy poco o nada. **¡un rábano!** *fam.* Expresión para rechazar una cosa.

rabel (ra-**bel**) *s. m.* Antiguo instrumento musical pastoril parecido al laúd, pero con sólo tres cuerdas, que se tocaban con arco. *Cantaba villancicos acompañándose con un rabel.*

rabí (ra-**bí**) *s. m.* **1.** Título con que los israelitas honran a los sabios de su ley. *Consultaron con su rabí.* **SIN.** Maestro. **2.** *Rabino.

rabia (**ra**-bia) *s. f.* **1.** Enfermedad caracterizada por ciertos desórdenes nerviosos, contracciones espasmódicas, dificultad de tragar y horror al agua. La padecen principalmente los perros y se comunica por la saliva a otros animales y a las personas. *Vacunaron al perro contra la rabia.* **SIN.** Hidrofobia. **2.** Irritación, enfado grande. *Su falta de educación me produjo mucha rabia.* **SIN.** Cólera, ira, furor, furia. **ANT.** Contento, calma, flema. || **LOC. con rabia** Mucho, en exceso, se aplica a cualidades negativas. **tener rabia a una persona** *fam.* Tenerle odio o mala voluntad.

rabiar (ra-**biar**) *v. intr.* **1.** Enfadarse, enojarse. *Cuando se enteró de la noticia rabió a más no poder.* **SIN.** Desesperarse, enfurecerse. **ANT.** Calmarse, sosegarse, apaciguarse. **2.** Construido con la preposición "por", desear mucho una cosa. *Rabiaba por irse a la fiesta.* **SIN.** Anhelar. **3.** Exceder en mucho a lo normal y ordinario. *Esta guindilla pica que rabia.* || **LOC. a rabiar** Mucho, con exceso. ✎ En cuanto al acento, se conjuga como cambiar.

rabieta (ra-**bie**-ta) *s. f., fam.* Enfado grande y generalmente de poca duración, sin apenas motivo para ello. *Cogió una fuerte rabieta porque no le dejaban comer más chocolate.* **SIN.** Pataleta, berrinche, perra.

rabillo (ra-**bi**-llo) *s. m.* *Pedúnculo.

rabino (ra-**bi**-no) *s. m.* Maestro hebreo que interpreta la Sagrada Escritura. *Los fieles escuchaban con atención al rabino.* **SIN.** Doctor, sacerdote, rabí.

rabioso, sa (ra-**bio**-so) *adj.* **1.** Que padece rabia. *El perro estaba rabioso.* **SIN.** Hidrófobo. **2.** Que muestra ira o enfado. *Estaba rabioso porque siempre perdía.* **SIN.** Colérico, furioso. **3.** Excesivo, demasiado grande o intenso. *Tenía un rabioso dolor de muelas.*

rabo (**ra**-bo) *s. m.* **1.** Cola de los animales. *La niña tiró del rabo al perro.* **2.** Rabillo, pedúnculo de hojas y frutos. *Le gustaba darle vueltas al rabo de la manzana hasta que se rompía.* **3.** *vulg.* *Pene. || **LOC. ir, o salir, alguien con el rabo entre piernas** *fam.* Quedar vencido y avergonzado. **ir uno al rabo de otro** *fam.* Seguirle continuamente con adulación.

rabón, na (ra-**bón**) *adj.* Se dice del animal que tiene el rabo más corto que lo normal en su especie o que carece de él. *Era un perro rabón.*

racanería (ra-ca-ne-**rí**-a) *s. f.* Tacañería, roñosería. *Era ya famosa entre sus amigos por su racanería.*

rácano - radián

rácano, na (rá-ca-no) *adj., fam.* Se dice de la persona avara. **GRA.** También s. m. y s. f. *Invita a algo, no seas rácano.* **SIN.** Tacaño, agarrado. **ANT.** Espléndido.

racha (ra-cha) *s. f.* **1.** Ráfaga de viento. *Una racha de viento cerró la ventana de golpe.* **2.** *fam.* Período breve de tiempo en el que suceden cosas buenas o cosas malas. *Estamos pasando una mala racha, espero que se acabe pronto.*

racheado, da (ra-che-a-do) *adj.* Se dice del viento que sopla a rachas. *Había viento racheado.*

racial (ra-cial) *adj.* Que pertenece o se refiere a la raza. *Estaba en contra de la discriminación racial.* **SIN.** Étnico.

racimo (ra-ci-mo) *s. m.* Porción de uvas, y también de otras frutas, unidas a un mismo tallo. *Se comió un racimo de uvas.*

raciocinio (ra-cio-ci-nio) *s. m.* Facultad que se tiene para poder razonar. *En su locura perdió el raciocinio.* **SIN.** Razonamiento, entendimiento, juicio.

ración (ra-ción) *s. f.* **1.** Porción de comida. *Los granjeros dieron a las gallinas su ración diaria de pienso.* **SIN.** Parte. **2.** Porción de cada alimento que en los bares, restaurantes, tabernas, etc., se sirve por determinado precio. *Pidieron varias raciones de gambas a la gabardina.* **SIN.** Plato. **3.** *fam.* Cantidad suficiente de alguna cosa. *Con este castigo yo ya tengo mi ración.*

racional (ra-cio-nal) *adj.* **1.** Que pertenece o se refiere a la razón. *Su comportamiento fue muy racional.* **SIN.** Razonable, lógico. **2.** De acuerdo con ella. *Una proposición racional.* **3.** Dotado de razón. **GRA.** También s. m. y s. f. *El ser humano es un ser racional.* **4.** En matemáticas, se dice de las expresiones algebraicas que no contienen cantidades irracionales. *2 + 5 = 7 es una expresión racional.*

racionalismo (ra-cio-na-lis-mo) *s. m.* Doctrina opuesta al empirismo que considera a la razón como fuente y única base del valor del conocimiento humano. *Descartes es un representante del racionalismo.* **SIN.** Idealismo.

racionalizar (ra-cio-na-li-zar) *v. tr.* **1.** Reducir a conceptos racionales. *Racionalizó sus argumentos.* **2.** Organizar la producción o el trabajo de forma que con el mismo esfuerzo se puedan aumentar los rendimientos o reducir los costos. *Decidieron racionalizar el trabajo.* ✎ Se conjuga como abrazar.

racionamiento (ra-cio-na-mien-to) *s. m.* Acción y efecto de racionar o racionarse. *Durante la posguerra hubo racionamiento.* **SIN.** Cupo, reparto, tasa. **ANT.** Derroche, desmedida.

racionar (ra-cio-nar) *v. tr.* En épocas de escasez, limitar la adquisición de ciertos artículos. *Los náufragos tenían que racionar el agua.* **SIN.** Restringir.

racismo (ra-cis-mo) *s. m.* **1.** Exaltación de la superioridad de la propia raza, especialmente cuando convive con otras. *Estaban en contra del racismo.* **SIN.** Segregacionismo, exclusivismo. **ANT.** Universalismo, tolerancia. **2.** Doctrina política basada en este sentimiento y que suele motivar la persecución de un grupo étnico considerado inferior. *El gobierno del país lucha contra el racismo.*

racista (ra-cis-ta) *adj.* **1.** Que pertenece o se refiere al racismo. *Sus propuestas le parecían racistas.* **2.** Partidario del racismo. **GRA.** También s. m. y s. f. *Le acusaban de racista.* **SIN.** Xenófobo, segregacionista.

racor (ra-cor) *s. m.* Pieza de cualquier material que se aplica sin rosca para unir dos tubos. *Utilizó un racor para unir las dos tuberías.*

radar (ra-dar) *s. m.* **1.** Sistema que permite descubrir la situación de un cuerpo que no se ve por medio de la emisión de ondas eléctricas de altísima frecuencia que, reflejadas en un obstáculo, vuelven al punto de partida. Las ondas del radar se propagan con la misma velocidad que la de la luz. *Los murciélagos se orientan a través de un sistema parecido al radar.* **2.** Aparato para aplicar este sistema. *El radar detectó un barco enemigo.* ✎ Su pl. es "radares".

radiación (ra-dia-ción) *s. f.* Emisión o transmisión de energía en forma de ondas. *Los rayos X, ondas de luz y ondas de radio son formas diferentes de radiación.*

radiactividad (ra-diac-ti-vi-dad) *s. f.* Emisión de radiación, como las partículas alfa, las partículas beta y los rayos gamma procedentes de elementos inestables por medio de la desintegración del núcleo de los átomos. *La unidad de la radiactividad es el curio.*

radiactivo, va (ra-diac-ti-vo) *adj.* Se dice de los cuerpos o sustancias que emiten radiaciones. *El uranio es un elemento radiactivo.*

radiador (ra-dia-dor) *s. m.* **1.** Aparato de calefacción compuesto de uno o más cuerpos huecos, a través de los cuales pasa una corriente de agua o vapor a elevada temperatura. *Los radiadores todavía no están muy calientes.* **SIN.** Calefactor, calorífero. **2.** Dispositivo en el que se elimina el calor del agua de refrigeración del motor. *Me limpiaron el radiador del coche.*

radián (ra-dián) *s. m.* Ángulo en el que los arcos trazados desde el vértice tienen igual longitud que los respectivos radios. *El símbolo del radián es rad.*

radiante - radiestesia

radiante (ra-**dian**-te) *adj.* **1.** Que brilla o resplandece. *Salió un sol radiante.* **SIN.** Brillante, resplandeciente, rutilante, reluciente. **ANT.** Opaco, oscuro. **2.** Que siente y manifiesta gran alegría y satisfacción. *Estaba radiante de felicidad con su juguete nuevo. Una sonrisa radiante.* **SIN.** Exultante, contento, feliz. **ANT.** Triste, melancólico.

radiar (ra-**diar**) *v. tr.* **1.** Emitir noticias, música, etc. por medio de la radio. *Hoy radian el partido.* **SIN.** Radiodifundir. **2.** Tratar una enfermedad mediante los rayos X. *Por su tratamiento le tuvieron que radiar.* ✎ En cuanto al acento, se conjuga como cambiar.

radical (ra-di-**cal**) *adj.* **1.** *Fundamental. **2.** En política, partidario de reformas extremas. **GRA.** También s. m. y s. f. *Es un partido muy radical.* **SIN.** Extremista, reaccionario. **3.** Se dice de la persona extremista en cualquier aspecto de la vida. **GRA.** También s. m. y s. f. *Tu hermano es excesivamente radical.* **SIN.** Intransigente, intolerante, tajante. **ANT.** Tolerante, permisivo. **4.** Se dice de cualquier parte de una planta que nace de la raíz. *Hoja radical.* **5.** En matemáticas, se aplica al signo con el que se indica la operación de extraer raíces. **GRA.** También s. m. *El signo del radical es* √. ‖ *s. m.* **6.** Parte que queda de una palabra variable al quitarle la desinencia. *En "panadero", "pan" es el radical.* **SIN.** Raíz, lexema. **7.** Conjunto de fonemas compartido por vocablos de una misma familia. *Flor, florista, floreado, floración.* **SIN.** Lexema.

radicalizar (ra-di-ca-li-**zar**) *v. tr.* Hacer que alguien adopte una postura extrema. **GRA.** También v. prnl. *Sus ideas se radicalizaron con los años.* ✎ Se conjuga como abrazar.

radicando (ra-di-**can**-do) *s. m.* Número del que se extrae una raíz. *Obtén el radicando de la raíz cuadrada de ese número.*

radicar (ra-di-**car**) *v. intr.* **1.** Estar ciertas cosas en determinado lugar. *Ese pueblo radica en la provincia de León.* **SIN.** Encontrarse, hallarse, localizarse, situarse. **2.** Estar fundada una cosa en otra. *Su sueño radicaba ahora en conseguir aquel trabajo.* **SIN.** Consistir, fundarse. **3.** *Arraigar. **GRA.** También v. prnl. **SIN.** Establecerse, estar, vivir. ✎ Se conjuga como abarcar.

radiestesia (ra-dies-**te**-sia) *s. f.* Sensibilidad especial para captar ciertas radiaciones. *La forma más antigua de radiestesia es la de los zahoríes para descubrir manantiales subterráneos.*

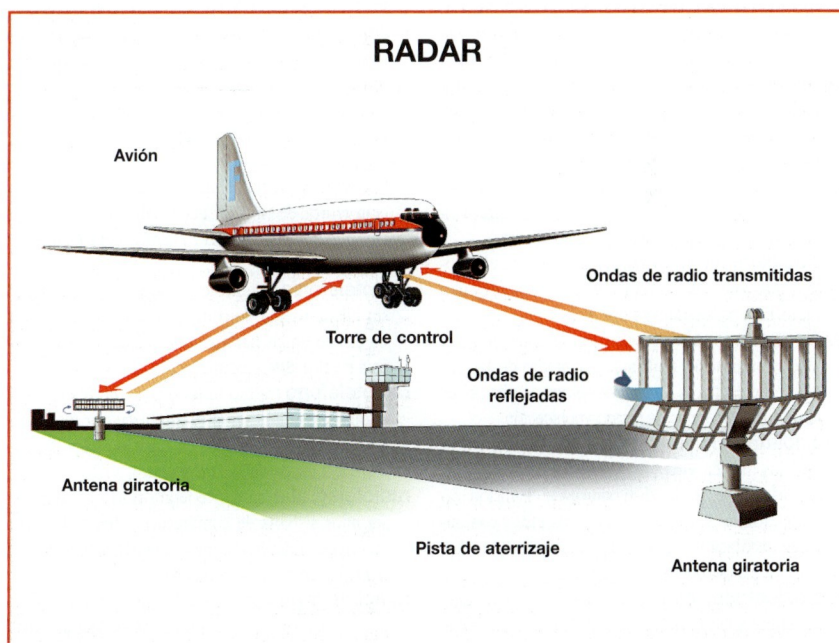

radio - radiotelegrama

radio[1] (**ra**-dio) *s. m.* **1.** En matemáticas, segmento rectilíneo comprendido entre el centro del círculo y un punto cualquiera de la circunferencia. *Calcula el radio de esa circunferencia.* **2.** Cada una de las piezas que en una rueda no maciza unen el cubo o parte central con la llanta. *Al caer la bici, se rompieron varios radios.* **3.** Hueso contiguo al cúbito, con el cual forma el antebrazo. *Se rompió el radio.* **4.** Espacio, distancia. *No había nadie en un radio de 100 km alrededor de la casa.* || **5. radio de acción** Máximo alcance de una cosa. **6. radio de población** Espacio que media desde los muros o última casa del casco de población hasta una distancia de 1 600 m.

radio[2] (**ra**-dio) *s. m.* Metal muy raro, descubierto por los químicos Curie, intensamente radiactivo. Es producto de la transformación del uranio. *El símbolo del radio es Ra.*

radio[3] (**ra**-dio) *s. f.* **1.** Término general aplicado al uso de las ondas radioeléctricas. *Es muy conocida en el mundo de la radio.* || *s. amb.* **2.** *fam.* Apócope de radiorreceptor. *Escuchamos la noticias en la radio.* || **3. radio pirata** Emisora de radiodifusión que funciona sin licencia legal.

radioaficionado, da (ra-dio-a-fi-cio-**na**-do) *s. m. y s. f.* Persona autorizada para emitir y recibir mensajes radiados privados, usando bandas de frecuencia legalizadas. *Conecté con un radioaficionado de Vigo.*

radioastronomía (ra-dio-as-tro-no-**mí**-a) *s. f.* Parte de la astronomía que estudia la radiación emitida por los cuerpos celestes. *Se dedica a la radioastronomía.*

radiobaliza (ra-dio-ba-**li**-za) *s. f.* Instalación radioeléctrica destinada a orientar a aviones y barcos en las rutas a seguir. *Colocaron una radiobaliza.*

radiocasete (ra-dio-ca-**se**-te) *s. m.* Aparato electrónico que consta de un reproductor de casetes y una radio. *Este radiocasete se oye mal.*

radiocomunicación (ra-dio-co-mu-ni-ca-**ción**) *s. f.* Telecomunicación realizada por medio de las ondas radioeléctricas. *La radiotelegrafía es una de las formas más antiguas de radiocomunicación.*

radiodifundir (ra-dio-fun-**dir**) *v. tr.* *Radiar, emitir noticias, música, etc.

radiodifusión (ra-dio-di-fu-**sión**) *s. f.* Emisión radiotelefónica de noticias, conciertos, etc., y conjunto de instalaciones destinadas a esta emisión. *Esta estación de radiodifusión es privada.*

radioeléctrico, ca (ra-dio-e-**léc**-tri-co) *adj.* Que se refiere a la radioelectricidad. *Este aparato emite ondas radioeléctricas.*

radioemisora (ra-dio-e-mi-**so**-ra) *s. f.* *Emisora.

radioescucha (ra-dio-es-**cu**-cha) *s. m. y s. f.* *Radioyente.

radiofonía (ra-dio-fo-**ní**-a) *s. f.* Parte de la física que estudia los fenómenos acústicos producidos por la energía radiante. *Se especializó en radiofonía.*

radiografía (ra-dio-gra-**fí**-a) *s. f.* **1.** Obtención de una imagen fotográfica de un órgano interior o de un objeto oculto a la vista mediante los rayos X. *Le hicieron una radiografía del tobillo.* **SIN.** Radioscopia. **2.** Imagen así obtenida. *Fue a recoger las radiografías.*

radiología (ra-dio-lo-**gí**-a) *s. f.* Parte de la medicina que estudia las aplicaciones médicas de los rayos X. *Hizo la especialidad de radiología.*

radionovela (ra-dio-no-**ve**-la) *s. f.* Obra difundida por radiofonía en varios capítulos. *Siempre escuchaba la radionovela de las 4.* **SIN.** Serial.

radiorreceptor (ra-dio-rre-cep-**tor**) *s. m.* Aparato usado en radiotelegrafía y radiotelefonía para recoger y transformar en señales o sonidos las ondas emitidas por el radiotransmisor. *Tenemos un radiorreceptor antiguo que todavía funciona.*

radioscopia (ra-dios-**co**-pia) *s. f.* Examen del interior del cuerpo humano y de los cuerpos opacos, mediante los rayos X. *Le hicieron una radioscopia.*

radiosonda (ra-dio-**son**-da) *s. m.* Aparato eléctrico transportado por un globo y conectado a una pequeña emisora, que retransmite a la superficie terrestre los valores meteorológicos. *La radiosonda fue inventada por R. Bureau.*

radiotaxi (ra-dio-**ta**-xi) *s. m.* Vehículo de servicio público dotado de una emisora conectada a una estación central de emisión, que le informa de los servicios que tiene que realizar. *No recordaba el teléfono del radiotaxi.*

radiotelefonía (ra-dio-te-le-fo-**ní**-a) *s. f.* Telefonía sin hilos, sistema de comunicación telegráfica por medio de ondas hertzianas. *La radiotelefonía móvil está en alza.* **SIN.** Comunicación, transmisión.

radioteléfono (ra-dio-te-**lé**-fo-no) *s. m.* Teléfono en el que la comunicación se establece por medio de ondas electromagnéticas en lugar de hilos. *Se comunicó a través del radioteléfono.*

radiotelegrafía (ra-dio-te-le-gra-**fí**-a) *s. f.* Telegrafía sin hilos, sistema de comunicación telegráfica por medio de ondas hertzianas. *La radiotelegrafía fue un gran avance en las telecomunicaciones.*

radiotelegrama (ra-dio-te-le-**gra**-ma) *s. m.* Telegrama cuyo origen o destino es una estación móvil. *Envió un radiotelegrama.*

radiotelescopio (ra-dio-te-les-**co**-pio) *s. m.* Aparato que sirve para captar las radiaciones de los cuerpos celestes. *Instalaron un radiotelescopio.*

radioterapia (ra-dio-te-**ra**-pia) *s. f.* Empleo terapéutico de los rayos X. *Le trataron con radioterapia.*

radiotransmisor (ra-dio-trans-mi-**sor**) *s. m.* Aparato empleado en radiotelegrafía y radiotelefonía para producir y enviar las ondas portadoras de señales y sonidos. *Llevaba un radiotransmisor.*

radioyente (ra-dio-**yen**-te) *s. m. y s. f.* Persona que oye las emisiones de radio. *Se dirigió a todos los radioyentes.* **SIN.** Oyente, radioescucha.

radisótopo (ra-di-**só**-to-po) *s. m.* Nucleido que emite radiaciones. *Los radisótopos se utilizan en investigaciones sobre la fotosíntesis.*

radón (ra-**dón**) *s. m.* Elemento químico o cuerpo simple que se produce al desintegrarse el radio. *El símbolo del radón es Rn.*

raer (ra-**er**) *v. tr.* Quitar, como cortando y raspando, la superficie de una cosa, con un instrumento cortante. *Si la lijas con eso vas a raerla.* **SIN.** Limar.

INDICATIVO		SUBJUNTIVO		
Pres.	Pret. perf. s.	Pres.***	Pret. imperf.	Fut. imperf.
raigo**	raí	raiga	rayera/se	rayere
raes	raíste	raigas	rayeras/ses	rayeres
rae	rayó*	raiga	rayera/se	rayere
raemos	raímos	raigamos	rayéramos/semos	rayéremos
raéis	raísteis	raigáis	rayerais/seis	rayereis
raen	rayeron*	raigan	rayeran/sen	rayeren
IMPERATIVO rae, raiga o raya, raigamos, raed, raigan o rayan				
FORMAS NO PERSONALES Ger. rayendo*				
* aparentemente irregulares				
** o rayo				
*** o raya, rayas, raya, rayamos, rayáis, rayan				

ráfaga (**rá**-fa-ga) *s. f.* **1.** Aumento súbito, pero breve, de la velocidad del viento. *El viento soplaba a ráfagas.* **2.** Golpe de luz instantáneo. *Le dio ráfagas con las luces del coche para avisarle.* **SIN.** Fulgor, destello, flash. **3.** Serie de proyectiles que dispara un arma automática. *Disparó varias ráfagas.*

raglán (ra-**glán**) *adj.* *Manga raglán. También "ranglan".

ragtime *s. m.* Género musical surgido en Estados Unidos a finales de s. XIX, que constituye una de las bases del jazz. *El rey del ragtime fue Scott Joplin.*

ragú (ra-**gú**) *s. m.* **1.** Guiso de carne, ave o pescado, cortada en trozos, y acompañada de legumbres y hortalizas. *Ayer comí ragú de ternera.* **SIN.** Estofado. **2.** *amer.* Sospecha fundada en conjeturas o indicios. También "ragout".

raid *s. m.* *Incursión.

raído, da (ra-**í**-do) *adj.* Se dice de la prenda o tela muy gastada por el uso, pero que aún no se ha roto. *Tenía el pantalón todo raído.* **SIN.** Ajado. **ANT.** Nuevo.

raigambre (rai-**gam**-bre) *s. f.* Conjunto de antecedentes o de cosas materiales o inmateriales que acreditan y dan estabilidad a una cosa o que ligan a alguien a un lugar. *Los carnavales de esa ciudad tienen mucha raigambre.* **SIN.** Estabilidad, firmeza, seguridad. **ANT.** Inestabilidad, inconstancia.

raigón (rai-**gón**) *s. m.* Raíz de las muelas y dientes. *Le extrajeron el raigón de la muela que se le partió.*

raíl (ra-**íl**) *s. m.* Carril de las vías férreas. *No atravieses los raíles de la vía.* También "rail".

raíz (ra-**íz**) *s. f.* **1.** Órgano o parte de las plantas que crece bajo tierra, y que sirve para sujetarlas y para que reciban su alimento. *La zanahoria es una planta de raíz comestible.* **SIN.** Cepa. **2.** Origen o principio de una cosa. *Mi familia tiene sus raíces en África: de allí procede.* **SIN.** Base, fundamento. **3.** En matemáticas, cada uno de los valores que puede tener la incógnita de una ecuación. *Esta ecuación de segundo grado tiene dos raíces, una positiva y otra negativa.* **4.** En matemáticas, cantidad que se ha de multiplicar por sí misma una o más veces para obtener un número determinado. *La raíz cuadrada de 9 es 3.* **5.** Lo que queda de una palabra después de quitarle las desinencias, sufijos y prefijos. *"Pan-" es la raíz de "panadero".* **SIN.** Lexema. **6.** Parte de los dientes de los vertebrados que está engastada en los alveolos. *Esa muela tiene las raíces muy profundas.* ǁ **7. raíz cuadrada** Cantidad que ha de multiplicarse por sí misma una vez para obtener un número determinado. **8. raíz cúbica** Cantidad que se ha de multiplicar por sí misma dos veces para obtener un número determinado. ǁ **LOC. a raíz de** A causa de. **de raíz** Enteramente, o desde el principio hasta el fin de una cosa. **echar raíces** Fijarse, establecerse o avecindarse en un lugar. | Arraigarse un sentimiento u otra cosa. Su pl. es "raíces".

raja (**ra**-ja) *s. f.* **1.** Abertura o grieta de una cosa. *Se formó una raja en la pared.* **SIN.** Fisura, abertura, hendidura, resquebrajadura. **2.** Pedazo de un fruto y de otros comestibles que se corta a lo largo o a lo ancho, como melón, sandía, queso, etc. *Dame una raja de melón.* **SIN.** Trozo, loncha, rebanada, rodaja.

rajá (ra-**já**) *s. m.* Soberano indio. *Recibieron la visita del rajá.* ǁ **LOC. vivir como un rajá** *fam.* Vivir con mucho lujo.

rajar (ra-**jar**) *v. tr.* **1.** Dividir en rajas. **GRA.** También v. prnl. *Con la humedad se rajó la pared.* **SIN.** Rom-

rajatabla, a - ramificar

per(se), hender, abrir(se), resquebrajarse, cascarse, agrietarse. **2.** *fam.* Apuñalar. *Le amenazaron con rajarle si no les daba el dinero.* **SIN.** Pinchar. ‖ *v. intr.* **3.** *fam.* Hablar mucho. *Se pasa horas rajando por teléfono.* **SIN.** Parlotear, charlar, largar. **SIN.** Callar, silenciar. ‖ *v. prnl.* **4.** *fam.* Volverse atrás. *Apostó que escalaba la montaña y luego se rajó.* **SIN.** Retractarse, abandonar, desistir, desdecirse. **ANT.** Afrontar.

rajatabla, a *loc. adv.* Con todo rigor, de un modo absoluto. *Lleva el régimen a rajatabla.*

ralea (ra-**le**-a) *s. f.* **1.** Clase, calidad de las cosas. *Este paño es de muy mala ralea.* **SIN.** Condición, género. **2.** Con un matiz despectivo, raza o linaje de las personas. *No me gusta que vayas con gente de esa ralea.* **SIN.** Casta, estofa, calaña.

ralentí (ra-len-**tí**) *s. m.* **1.** Número de revoluciones por minuto a que debe funcionar un motor de explosión cuando está en reposo. *Deja el coche al ralentí hasta que se caliente.* **2.** En cinematografía, cámara lenta. *Proyectó las imágenes al ralentí.* ✎ Se usa más en la loc. "al ralentí".

ralentizar (ra-len-ti-**zar**) *v. tr.* Disminuir la velocidad de una operación. *Se ralentizó el proceso.* ✎ Se conjuga como abrazar.

rallador (ra-lla-**dor**) *s. m.* Utensilio de cocina, compuesto de una chapa de metal, curva y llena de agujeros de borde saliente, contra el cual se raspa el pan, el queso, etc. para desmenuzarlo. *Ralla el pan duro con el rallador.* **SIN.** Rallo, raspador.

ralladura (ra-lla-**du**-ra) *s. f.* **1.** Surco que deja el rallador, y por ext., cualquier surco menudo. *La pared estaba llena de ralladuras.* **SIN.** Raspadura. **2.** Lo que queda rallado. *Espolvoréalo con ralladura de queso.*

rallar (ra-**llar**) *v. tr.* Desmenuzar una cosa restregándola con el rallador. *Ralla dos galletas y un plátano para preparar una papilla del niño.* **SIN.** Frotar, limar, restregar. ☞ No debe confundirse con "rayar", 'hacer rayas'.

rally *s. m.* Carrera automovilística, por etapas contrarreloj, por una ruta previamente trazada en carreteras normales y campo a través. *Era la primera vez que participaba en un rally.* ✎ Su plural es "rallys" o "rallies".

ralo, la (**ra**-lo) *adj.* Se dice de las cosas cuyas partes están separadas más de lo regular en su clase. *Le echó demasiada leche al chocolate y ha quedado un poco ralo.* **SIN.** Claro, disperso, espacioso. **ANT.** Apretado, espeso, concentrado.

RAM *s. m.* Parte de la memoria de un ordenador en la que los programas y la información se mantienen temporalmente. *Ese ordenador tiene mucha memoria RAM.*

rama (**ra**-ma) *s. f.* **1.** Cada una de las partes que nacen del tronco o tallo principal de la planta y en las cuales brotan generalmente hojas, flores y frutos. *El árbol estaba tan cargado de manzanas que se rompieron varias ramas.* **SIN.** Vástago, tallo. **2.** Parte secundaria de una cosa o conjunto de cosas con un origen común. *No conozco a esa rama de la familia.* **SIN.** Ramificación. **3.** Cada una de las partes en que se considera dividida una ciencia, arte, etc. *La acústica es una rama de la física.* ‖ **LOC. andar, o andarse, alguien por las ramas** *fam.* Detenerse en lo menos sustancial de un asunto, dejando lo más importante. **en rama** Designa el estado de ciertas materias antes de recibir su última aplicación o manufactura.

ramadán (ra-ma-**dán**) *s. m.* Noveno mes del año lunar de los mahometanos, durante el cual éstos hacen riguroso ayuno. *Celebraban el ramadán.*

ramaje (ra-**ma**-je) *s. m.* Conjunto de ramas de una planta. *Es una planta de mucho ramaje.*

ramal (ra-**mal**) *s. m.* **1.** Cada uno de los cabos de que se componen las cuerdas, sogas, etc. *Es una soga de tres ramales.* **2.** Cuerda con la que se sujeta a un animal. *Agarra el ramal para que no se escape el burro.* **3.** Cada una de las partes en las que se bifurca un camino, acequia, mina, etc. *Me desvié por un ramal de la carretera.* **SIN.** Bifurcación, derivación. **4.** División o parte que resulta o nace de una cosa. *El río tiene varios ramales navegables.* **SIN.** Derivación.

ramalazo (ra-ma-**la**-zo) *s. m.* **1.** Golpe dado con el ramal. *No hace falta que le des esos ramalazos al burro.* **2.** Dolor agudo y repentino. *Sintió un fuerte ramalazo en la pierna.* **SIN.** Pinchazo, punzada. **3.** Arrebato de locura. *Le dio el ramalazo y se fue él solo al monte.* ‖ **LOC. tener ramalazo** *fam.* Ser afeminado.

rambla (**ram**-bla) *s. f.* **1.** Lecho natural de las aguas pluviales cuando caen copiosamente. *En la costa mediterránea española hay muchas ramblas.* **2.** En algunas ciudades, avenida, calle o paseo principal con arbolado. *Paseamos por las Ramblas de Barcelona.* **SIN.** Avenida, paseo.

ramera (ra-**me**-ra) *s. f.* *Prostituta.

ramificación (ra-mi-fi-ca-**ción**) *s. f.* Acción y efecto de ramificarse una cosa. *Se metió por la ramificación equivocada.* **SIN.** Bifurcación, ramal, rama.

ramificar (ra-mi-fi-**car**) *v. intr.* **1.** Echar ramas un árbol. *El árbol ha empezado a ramificar.* **SIN.** Brotar,

ramillete - rape

retoñar. || *v. prnl.* **2.** Esparcirse y dividirse en ramas una cosa. *Al final de este tramo la carretera se ramifica.* **SIN.** Bifurcarse, subdividirse. **SIN.** Unirse, juntarse. **3.** Propagarse las consecuencias de un hecho o suceso. *El ambiente tenso se ramificó por toda la organización.* **SIN.** Extenderse, divulgarse. **ANT.** Ocultarse. ✎ Se conjuga como abarcar.

ramillete (ra-mi-**lle**-te) *s. m.* Ramo pequeño formado artificialmente. *Le regaló un ramillete de margaritas.* **SIN.** Manojo, ramo, maceta.

ramo (**ra**-mo) *s. m.* **1.** Rama de segundo orden que nace de la principal. *Este ramo está muy cargado de cerezas.* **2.** Rama cortada de árbol. *Utilizó un ramo como bastón,.* **3.** Conjunto natural o artificial de flores, ramas o hierbas. *Le envió un ramo de rosas.*

ramonear (ra-mo-ne-**ar**) *v. intr.* **1.** *Podar. **2.** Pacer los animales las hojas y las puntas de las ramas. *Las ovejas ramoneaban en el bosque.* **SIN.** Apacentar, triscar.

rampa (**ram**-pa) *s. f.* **1.** Plano inclinado dispuesto para subir y bajar por él. *Subió por una rampa.* **2.** Terreno en pendiente. *Se le caló el coche al subir la rampa.* **SIN.** Cuesta, declive, pendiente, subida, repechón. **ANT.** Llano, llanura.

rampante (ram-**pan**-te) *adj.* En los escudos heráldicos, se dice del animal que está levantado sobre sus patas traseras y con las delanteras en ademán de agarrar. *El escudo de la ciudad de León tiene un león rampante.*

ramplón, na (ram-**plón**-na) *adj.* Que carece de refinamiento; sin arte, de mal gusto. *Llevaba un traje muy ramplón.* **SIN.** Tosco, vulgar, chabacano, ordinario, zafio, desaliñado. **ANT.** Selecto, fino.

rana (**ra**-na) *s. f.* **1.** Animal de la clase de los batracios, anfibio de agua dulce, de lomo verde con manchas negras, vientre blanco, ojos saltones y patas muy largas, que camina o nada a saltos. Se alimenta de animales acuáticos o terrestres. *La charca estaba llena de ranas.* **2.** Juego que consiste en introducir desde cierta distancia una chapa por la abertura de una rana metálica colocada sobre una mesa. *Les gustaba mucho ir a ese merendero porque podían jugar a la rana.* || **LOC. salir rana una persona o cosa** *fam.* Defraudar, no ser lo que se esperaba de ella.

ranchera (ran-**che**-ra) *s. f.* Canción y baile populares mexicanos. *Negrete fue famoso por sus rancheras.*

rancho (**ran**-cho) *s. m.* **1.** Comida hecha para muchos en común y que, generalmente, se reduce a un solo guiso. *Se quedó sin comer porque no le gustaba el rancho.* **2.** Granja donde se crían caballos y otros animales. *Criaban caballos en un rancho de su propiedad.*

rancio, cia (**ran**-cio) *adj.* **1.** Se dice del vino y de los comestibles grasientos que con el tiempo adquieren sabor y olor más fuertes, mejorándose o echándose a perder. *Este tocino no se puede comer, está muy rancio.* **SIN.** Añejo, fermentado, picado. **2.** Se dice de las cosas antiguas y de las personas apegadas a ellas. *Pertenecía a una familia de rancio linaje.* **SIN.** Añejo, anticuado, pasado, tradicional. **ANT.** Actual, moderno, nuevo, reciente. **3.** De carácter seco y apático. **GRA.** También s.m. y s. f. *Es una persona muy rancia.* **SIN.** Desagradable.

ranglan (**ran**-glan) *adj.* *Manga raglán.

rango (**ran**-go) *s. m.* Jerarquía, orden de importancia que tienen las cosas o las personas. *Tiene un alto rango en el ejército.* **SIN.** Categoría, clase, calidad, linaje, índole.

ranking *s. m.* *Lista, catálogo.

ranura (ra-**nu**-ra) *s. f.* Abertura estrecha y larga de un objeto. *Metió la moneda por la ranura.* **SIN.** Acanaladura, raja, surco.

rap *s. m.* Género musical de ritmo constante y repetitivo, en el que la letra, generalmente de fuerte contenido social, suele ser recitada. *Son grandes aficionados al rap.*

rapapolvo (ra-pa-**pol**-vo) *s. m., fam.* Reprimenda severa. *Le echó un buen rapapolvo.* **SIN.** Bronca, regañina, sermón, represión. **ANT.** Alabanza, elogio, felicitación.

rapar (ra-**par**) *v. tr.* Afeitar la barba o cortar el pelo al rape. **GRA.** También v. prnl. *Se rapó la cabeza.* **SIN.** Rasurar(se), pelar(se).

rapaz (ra-**paz**) *adj.* **1.** Inclinado al robo. *Tenía hábitos rapaces.* **SIN.** Ladrón, avaricioso. || *s. f. pl.* **2.** Orden de las aves carnívoras, de pico fuerte y encorvado, patas robustas y uñas encorvadas y puntiagudas, como el águila, el búho y el buitre. *Era un gran amante de las rapaces.* || *s. m.* **3.** Muchacho de corta edad. *Eres un rapaz muy travieso.* **SIN.** Mocoso, chaval, niño.

rapaza (ra-**pa**-za) *s. f.* Muchacha de corta edad. *No conocía a aquella rapaza.* **SIN.** Niña, chavala, mocosa.

rape[1] (**ra**-pe) *s. m., fam.* Corte excesivo de la barba o del pelo de la cabeza. *Se dio un buen rape.* || **LOC. al rape** A la orilla o casi a raíz.

rape[2] (**ra**-pe) *s. m.* Pescado que se caracteriza por el gran tamaño de su cabeza con relación al cuerpo. *El rape es uno de sus pescados favoritos.*

rapé - rarefacer

rapé (ra-**pé**) *adj.* Se dice del tabaco en polvo para sorberlo por las narices. **GRA.** Se usa más como s. m. *En esa fábrica elaboran rapé.*

rapidez (ra-pi-**dez**) *s. f.* Prisa o celeridad al hacer las cosas. *¡Con qué rapidez hemos comido el pastel! Ven con toda rapidez, es muy importante.* **SIN.** Ligereza, presteza, velocidad, prontitud, apresuramiento, aceleración. **ANT.** Lentitud, morosidad, parsimonia, calma, tardanza.

rápido, da (**rá**-pi-do) *adj.* **1.** Que se mueve a gran velocidad. *Es una máquina muy rápida.* **SIN.** Veloz, pronto, raudo. **ANT.** Lento, tardo, pausado. **2.** Que se hace a la ligera. *Le echó un rápido vistazo.* **SIN.** Superficial, precipitado. **ANT.** Meditado. ‖ *s. m.* **3.** Parte de un río donde la corriente cae o corre con más rapidez. *El piragüista perdió el equilibrio al llegar a un rápido.*

rapiña (ra-**pi**-ña) *s. f.* **1.** Robo o saqueo que se lleva a cabo con violencia. *Los soldados al entrar en la ciudad se dedicaron a la rapiña.* **SIN.** Pillaje, expoliación. **2.** *Ave de rapiña.

raposo, sa (ra-**po**-so) *s. m. y s. f.* **1.** Persona pícara y astuta. *¡Menudo raposo está hecho!* **GRA.** También adj. **SIN.** Tramposo, taimado. **SIN.** Noble, honrado, veraz. **2.** Animal mamífero carnívoro de hocico agudo y cola gruesa y larga. *Cazaron un raposo.* **SIN.** Zorro.

rappel *s. m.* Técnica de descenso utilizada por los alpinistas y por determinados grupos de élite del ejército, que consiste en deslizarse rápidamente por una pared vertical utilizando una cuerda. *Efectuaron un rappel para bajar de la montaña.*

rapport *s. m.* *Informe.

rapsoda (rap-**so**-da) *s. m.* **1.** Persona que en la antigua Grecia iba de pueblo en pueblo recitando poemas homéricos u otras poesías. *Los rapsodas extendieron la cultura por toda Grecia.* **2.** Por ext., poeta. ‖ *s. m. y s. f.* **3.** Recitador de versos. *El rapsoda recitó una antología de poemas épicos.* **SIN.** Juglar, trovador.

rapsodia (rap-**so**-dia) *s. f.* **1.** Trozo de poema épico, que se suele recitar de una vez, y en especial de los de Homero. *Hoy hemos analizado en clase fragmentos de las rapsodias de Homero.* **2.** Pieza musical formada con fragmentos de otras obras o con trozos de aires populares. *Liszt es un importante compositor de rapsodias.*

raptado, da (rap-**ta**-do) *adj.* Se dice de la persona detenida en contra de su voluntad y por la cual generalmente se pide un rescate. *Pidieron un rescate por las dos personas raptadas.* **SIN.** Detenido, secuestrado. **ANT.** Liberado, libre.

raptar (rap-**tar**) *v. tr.* Retener a una persona en contra de su voluntad con el fin de conseguir un rescate. *Unos delincuentes raptaron a su familia para conseguir dinero.* **SIN.** Secuestrar, arrebatar, robar. **ANT.** Liberar, soltar, devolver.

rapto (**rap**-to) *s. m.* **1.** Secuestro de personas con el fin de obtener un rescate. *La policía logró impedir el rapto.* **SIN.** Retención, apresamiento. **ANT.** Liberación, devolución. **2.** Impulso, arrebato, arranque. *Contestó así en un rapto de mal humor.* **3.** Estado del alma que se caracteriza por un ensimismamiento. *Un rapto místico.* **SIN.** Éxtasis, arrebatamiento, embelesamiento.

raptor, ra (rap-**tor**) *adj.* Se dice de la persona que comete un rapto. **GRA.** También s. m. y s. f. *Los raptores se entregaron a la policía.* **SIN.** Secuestrador.

raqueta (ra-**que**-ta) *s. f.* **1.** Pala de madera de figuras diversas, con mango corto, que sujeta una red o pergamino, o ambas cosas, y que se emplea en diversos juegos. *Le han regalado una nueva raqueta de tenis.* **2.** Objeto similar a la raqueta de tenis que se pone en los pies para andar sobre la nieve. *Si no te pones las raquetas, te hundirás en la nieve.*

raquetista (ra-que-**tis**-ta) *s. m. y s. f.* Jugador que juega con raqueta. *Es una excelente raquetista.*

raquídeo, a (ra-**quí**-de-o) *adj.* Que pertenece al raquis. *Bulbo raquídeo.*

raquis (**ra**-quis) *s. m.* **1.** Espinazo, columna vertebral. *Recibió un fuerte golpe en el raquis.* **2.** Nervio principal de una hoja compuesta. *Observamos el raquis al microscopio.* ⌲ Invariable en número.

raquítico, ca (ra-**quí**-ti-co) *adj.* **1.** Se dice de la persona débil y muy delgada. *Si no te lo comes todo te vas a quedar raquítico.* **SIN.** Flaco, enclenque, esmirriado. **SIN.** Robusto, gordo. **2.** Aplicado a las cosas, muy pequeño. *La ración de pulpo era raquítica.* **SIN.** Escaso, exiguo, miserable, mezquino. **ANT.** Abundante, enorme.

raquitismo (ra-qui-**tis**-mo) *s. m.* Enfermedad crónica infantil caracterizada por un reblandecimiento y encorvadura de los huesos, sobre todo del raquis o espinazo, con debilidad y entumecimiento de los tejidos. *Padece raquitismo.* **SIN.** Anemia, debilidad, delgadez.

rarefacer (ra-re-fa-**cer**) *v. tr.* *Enrarecer. **GRA.** También v. prnl. ⌲ v. irreg., se conjuga como hacer, excepto la 2ª pers. del sing. del imperat., que es "rarefaz" o "rareface". Tiene p. p. irreg., rarefacto.

raro, ra (**ra**-ro) *adj.* **1.** Poco común, poco frecuente. *Es muy raro que en Sevilla nieve en verano.* **SIN.** Extraordinario, extraño, infrecuente, insólito, excepcional. **ANT.** Normal, frecuente. **2.** Escaso en su especie. *Los osos son raros en España.* **SIN.** Infrecuente. **ANT.** Abundante. **3.** Insigne, excelente en su línea. *Es una novela excelente, rara dentro de su obra.* **SIN.** Sobresaliente, extraordinario. **4.** Extravagante, que llama la atención. *La moda de este año le parecía un poco rara.* **SIN.** Excéntrico, estrafalario.

ras *s. m.* Igualdad en la superficie o altura de las cosas. *Iguala al ras esos dos cubos.* **SIN.** Nivel. ‖ **LOC. a ras** Casi tocando, casi al nivel de una cosa.

rasante (ra-**san**-te) *s. m.* Lugar de una carretera o camino en el que cambia el nivel. *Está prohibido adelantar en un cambio de rasante.* **SIN.** Nivel.

rasca (**ras**-ca) *s. f., fam.* Frío intenso. **GRA.** Se usa con el v. "hacer". *¡Vaya rasca que hace!*

rascacielos (ras-ca-**cie**-los) *s. m.* Edificio muy alto y de muchos pisos. *Su oficina está en uno de los últimos pisos de este inmenso rascacielos.* **SIN.** Torre. ✎ Invariable en número.

rascador (ras-ca-**dor**) *s. m.* Cualquier instrumento que sirve para rascar. *Limpia bien los restos de pintura con el rascador.*

rascar (ras-**car**) *v. tr.* **1.** Frotar la piel con una cosa áspera, y generalmente con las uñas. **GRA.** También v. prnl. *No te rasques la postilla de la herida.* **SIN.** Frotar(se), arañar(se). **ANT.** Acariciar(se). **2.** Tocar mal un instrumento musical de cuerda y arco. *No sabe tocar la guitarra, sólo rasca.* **3.** Limpiar con un rascador alguna cosa. *Rasca la pintura de los cristales.* ‖ *v. intr.* **4.** Resultar áspero un tejido. *Esta toalla rasca.* **SIN.** Raspar. ‖ **LOC. no rascar bola** *fam.* No tener suerte. | No obtener beneficio de algo. **rascarse alguien el bolsillo** *fam.* Verse obligado a pagar. **rascarse alguien la barriga** *fam.* Estar ocioso. ✎ Se conjuga como abarcar.

rascatripas (ras-ca-**tri**-pas) *s. m. y s. f.* Persona que toca mal el violín o cualquier instrumento de arco. *Qué mal toca, es un verdadero rascatripas.* ✎ Invariable en número.

rasero (ra-**se**-ro) *s. m.* Que se utiliza en la loc. "medir por el mismo, o por un rasero", que significa tratar con igualdad a todos. *No hace distinciones, mide a todos por el mismo rasero.*

rasgadura (ras-ga-**du**-ra) *s. f.* Lo que se hace y resulta al rasgar una cosa. **SIN.** Rotura, desgarrón, desgarro. *Cose la rasgadura de esa camisa.*

rasgar (ras-**gar**) *v. tr.* Hacer pedazos cosas de poca consistencia, como tejidos, papel, etc. **GRA.** También v. prnl. *Al tirar, la tela rasgó enseguida.* **SIN.** Romper(se), desgarrar(se). ‖ **LOC. rasgarse alguien las vestiduras** Indignarse, escandalizarse. ✎ Se conjuga como ahogar.

rasgo (**ras**-go) *s. m.* **1.** Propiedad distintiva. *Este producto tiene unos rasgos muy característicos.* **SIN.** Carácter, cualidad, característica, atributo, peculiaridad, propiedad. **2.** Facción del rostro. **GRA.** Se usa más en pl. *En los rasgos, se parecía mucho a su madre.* **SIN.** Fisonomía, expresión. **3.** Línea de adorno trazada al escribir. *Este tipo de letra tiene unos rasgos muy característicos.* **SIN.** Garabato, trazo, plumazo. **4.** Acción digna y notable. *El pedirle perdón fue un bonito rasgo por su parte.* ‖ **LOC. a grandes rasgos** De un modo general.

rasgón (ras-**gón**) *s. m.* Rotura de un vestido o tela. *Se enganchó con un alambre y se hizo un rasgón en el pantalón.* **SIN.** Desgarrón, desgarro, siete.

rasguear (ras-gue-**ar**) *v. tr.* Tocar la guitarra u otro instrumento rozando varias cuerdas a la vez con las puntas de los dedos. *Se entretenía rasgueando la guitarra.*

rasguño (ras-**gu**-ño) *s. m.* Pequeña herida hecha con las uñas o con algún instrumento cortante. *La caída no fue nada importante, sólo tenía unos pequeños rasguños en el brazo.* **SIN.** Arañazo, raspadura.

raso, sa (**ra**-so) *adj.* **1.** Liso, sin estorbos. **GRA.** También s. m. y s. f. *Una superficie rasa.* **SIN.** Llano, plano, libre. **ANT.** Dificultoso, escarpado. **2.** Se dice de la atmósfera, cuando está libre de nubes y nieblas. *Aparecía el cielo muy raso.* **SIN.** Despejado, claro. **3.** Que carece de título, grado o distinción. *Era un soldado raso.* **4.** Que pasa o se mueve a poca altura del suelo. *El vuelo raso de un avión.* ‖ *s. m.* **5.** Tela de seda de superficie muy lisa y brillante. *El forro del abrigo era de raso.* **SIN.** Satén. ‖ **LOC. al raso, o a la rasa** En el campo o a cielo descubierto, sin resguardo.

raspa (**ras**-pa) *s. f.* **1.** Arista del grano de trigo. *Este pan tiene restos de las raspas del trigo.* **2.** Pelo, en las plumas de escribir. *Afila la raspa para que la letra sea bonita.* **3.** Espina de algunos pescados. *Me he clavado una raspa en la boca.* **4.** En algunos frutos, zurrón, cáscara. *Quita la raspa antes de comerte la nuez.* **5.** *amer.* Reprimenda, regañina.

raspado (ras-**pa**-do) *s. m.* *Legrado.

raspar (ras-**par**) *v. tr.* **1.** Raer ligeramente la superficie de una cosa. *Hay que raspar esas manchas de* pintura del cristal. **SIN.** Escarpar, arañar. **2.** Producir un tejido áspero una sensación desagradable en la piel. *No le gusta poner esa chaqueta de lana porque dice que le raspa.* **3.** Picar el vino u otro licor al paladar. *Este vino raspa mucho, no me gusta.* **4.** Rozar ligeramente. *El balón me pasó raspando.*

raspón (ras-**pón**) *s. m.* *Rasponazo.

rasponazo (ras-po-**na**-zo) *s. m.* Señal superficial causada por un roce violento. *Sólo tenía un pequeño rasponazo en la pierna.*

rastra (**ras**-tra) *s. f.* * Rastro de recoger hierba, paja.

rastrear (ras-tre-**ar**) *v. tr.* **1.** Buscar una cosa siguiendo su rastro. *Los perros rastreaban sus huellas.* **SIN.** Seguir, perseguir. **2.** Averiguar una cosa discurriendo por conjeturas o señales. *Rastreó todas las cuentas hasta encontrar el error.* **SIN.** Informarse, indagar.

rastreo (ras-**tre**-o) *s. m.* Búsqueda, exploración. *Empezaron el rastreo de los niños perdidos.*

rastrero, ra (ras-**tre**-ro) *adj.* **1.** Se dice del tallo de una planta que crece tendido por el suelo y echa raicillas de trecho en trecho. *Las tallas rastreras hacen que se multiplique la planta.* **2.** Se dice de lo bajo, vil. *Su comportamiento ha sido de lo más rastrero.* **SIN.** Indigno, abyecto, despreciable. **3.** Que va arrastrando. *Las serpientes son animales rastreros.* **4.** Se dice de las cosas que van por el aire, pero casi tocando el suelo. *El avión hizo un vuelo de observación rastrero.*

rastrillar (ras-tri-**llar**) *v. tr.* **1.** Recoger con el rastro la parva en las eras o la hierba segada en los prados. *Tienes que rastrillar la paja y amontonarla.* **2.** Pasar la rastra por los sembrados. *Tengo que rastrillar las tierras.* **3.** Limpiar de hierba con el rastrillo las calles de los parques y jardines. *Los jardineros rastrillaban las hojas secas.*

rastrillo (ras-**tri**-llo) *s. m.* Rastro que sirve para recoger hierba, paja, etc. *Recoge la hierba seca con el rastrillo.* **SIN.** Cogedor, horquilla.

rastro (**ras**-tro) *s. m.* **1.** Instrumento compuesto de un mango largo y delgado cruzado en uno de sus extremos por un travesaño armado de púas a manera de dientes, y que sirve para recoger hierba, paja, etc. *Utiliza el rastro para recoger la paja.* **SIN.** Rastrillo. **2.** Huella que queda de una cosa. *Se había llevado todas sus cosas, no quedaba ni rastro de ella.* **SIN.** Pista, marca, indicio, señal, vestigio. **3.** Mercado callejero donde suelen venderse generalmente objetos de segunda mano. *Me compré esta gorra en un puesto del rastro.* **SIN.** Mercadillo, baratillo.

rastrojo (ras-**tro**-jo) *s. m.* **1.** Parte de la caña de los cereales que queda en la tierra después de segar. *Quemaron los rastrojos.* ‖ *s. m. pl.* **2.** Residuos que quedan de una cosa. *Después de la inundación sólo quedaron los rastrojos.*

rasurar (ra-su-**rar**) *v. tr.* Afeitar. **GRA.** También v. prnl. *Tengo que rasurarme las patillas.* **SIN.** Rapar(se), depilar(se), cortar(se).

rata (**ra**-ta) *s. f.* **1.** Mamífero roedor con cabeza pequeña, hocico puntiagudo, orejas tiesas, cuerpo grueso, patas cortas, cola delgada y pelaje gris oscuro. Es muy fecundo, y vive generalmente en los edificios y embarcaciones. *La rata es muy dañina y voraz.* **2.** Hembra del ratón. *La rata cambió su nido de sitio.* ‖ *s. m. y s. f.* **3.** *fam.* Persona muy tacaña. *Es una rata, nunca invita a nada.* **4.** *fam.* Persona despreciable. *¡Menuda rata es ese tipo!* **SIN.** Vil. ‖ **LOC. más pobre que las ratas, o que una rata** *fam.* Muy pobre.

rataplán (ra-ta-**plán**) *s. m.* Voz onomatopéyica con que se imita el sonido del tambor. *Se oyó un fuerte rataplán.*

ratear[1] (ra-te-**ar**) *v. tr.* **1.** Robar con destreza y habilidad cosas pequeñas. *Ya le habían detenido varias veces por ratear.* **SIN.** Mangar, robar. ‖ *v. intr.* **2.** Moverse arrastrando el cuerpo por tierra. *El soldado avanzó rateando.* **SIN.** Reptar, gatear. **3.** *Tacañear.

ratear[2] (ra-te-**ar**) *v. intr.* Fallar un motor por la ausencia de explosión en uno de sus cilindros. *El motor ratea, llévalo al taller.*

ratero, ra (ra-**te**-ro) *adj.* **1.** Se dice de la persona que roba con maña y cautela cosas de poco valor, o de los bolsillos. **GRA.** También s. m. y s. f. *La policía detuvo al ratero.* **SIN.** Carterista, maletero. **2.** Infame, despreciable. *Eres de lo más ratero que conozco.* **SIN.** Vil. **ANT.** Noble.

raticida (ra-ti-**ci**-da) *s. m.* Sustancia venenosa empleada para exterminar ratas y ratones. *El ayuntamiento repartía gratis raticida a todos los ciudadanos.* **SIN.** Matarratas, veneno.

ratificación (ra-ti-fi-ca-**ción**) *s. f.* Acción y efecto de ratificar o ratificarse. *Han firmado la ratificación del tratado.* **SIN.** Convalidación. **ANT.** Contraorden, anulación.

ratificar (ra-ti-fi-**car**) *v. tr.* Confirmar la verdad o certeza de una cosa. **GRA.** También v. prnl. *Me ratificó la noticia de su asistencia.* **SIN.** Legalizar(se), revalidar(se), corroborar(se). **ANT.** Modificar(se), rectificar(se), anular(se), invalidar(se). ✎ Se conjuga como abarcar.

ratio (**ra**-tio) *s. f.* En economía, relacion que existe entre dos magnitudes que se comparan. *La ratio entre gastos e ingresos nos es favorable.* **SIN.** Proporción.

rato (**ra**-to) *s. m.* **1.** Espacio corto de tiempo. *Esperamos un rato y nos marchamos.* **SIN.** Lapso, instante, momento, periquete, santiamén. **2.** Gusto o disgusto. **GRA.** Va siempre acompañado de los adj. "bueno" o "malo" u otros similares. *Hemos pasado juntos muy buenos ratos.* ‖ **3. ratos perdidos** Tiempo en que una persona se encuentra libre de ocupaciones obligatorias. **GRA.** Se usa más en la loc. adv. "a ratos perdidos". ‖ **LOC. a cada rato** Con gran frecuencia. **a ratos, o de rato en rato** Con intervalos de tiempo. **al poco rato, al rato, a poco rato** Al poco tiempo. **para rato** Para mucho tiempo. Se aplica también a lo que parece poco probable. **pasar el rato** *fam.* Perder el tiempo, entretenerse. **un rato, o un rato largo** Mucho.

ratón (ra-**tón**) *s. m.* **1.** Mamífero roedor de pelaje gris, parecido a la rata, pero más pequeño, que vive en las casas, donde es muy perjudicial por lo que roe y destruye. *Por la noche se oía a los ratones correr por el desván.* **2.** Mando separado del teclado de un ordenador que se maneja haciéndolo rodar sobre una superficie y desplaza un cursor por la pantalla. *Abre esa carpeta con el ratón.* ‖ **3. ratón de biblioteca** Persona erudita que se pasa la vida entre libros. **GRA.** A veces se usa con sentido despectivo.

ratona (ra-**to**-na) *s. f.* Hembra del ratón. *Las ratonas pueden tener varios camadas en un año.*

ratonera (ra-to-**ne**-ra) *s. f.* **1.** Trampa en la que se cogen o cazan los ratones. *Colocó varias ratoneras en el desván.* **SIN.** Cepo. **2.** Agujero que hace el ratón en las paredes, arcas, etc. para entrar y salir por él. *El arcón tenía dos o tres ratoneras por la parte de atrás.* **3.** Madriguera de los ratones. *El gato persiguió al ratón hasta la ratonera.* **4.** Engaño urdido para hacer caer a alguien. *No se dio cuenta y cayó en la ratonera.* **SIN.** Ardid, lazo. **5.** Habitación sucia y pequeña. *Vivía en una ratonera.* **SIN.** Cuchitril.

raudal (rau-**dal**) *s. m.* **1.** Torrente de agua. *Las lluvias desbordaron los raudales.* **SIN.** Avenida, inundación, riada. **2.** Abundancia de cosas que se agolpan o suceden de golpe. *Le ha tocado un raudal de dinero.* **SIN.** Sinfín, copia, cantidad, sinnúmero. **ANT.** Escasez. ‖ **LOC. a raudales** Abundantemente.

raudo, da (**rau**-do) *adj.* Se dice de la persona o cosa rápida y violenta. *Llegó raudo.* **SIN.** Acelerado, veloz, precipitado. **ANT.** Lento, moroso, tardo.

ravioles (ra-**vio**-les) *s. m. pl.* Pasta italiana, presentada en forma de pequeñas empanadillas rellenas con distintos ingredientes como carnes, verduras, etc. *Me encantan los ravioles.* ✎ También "raviolis".

raya[1] (**ra**-ya) *s. f.* **1.** Señal larga y estrecha. *Dibuja una raya en el suelo.* **SIN.** Línea, renglón. **2.** Término, límite de una nación, región, provincia, distrito o predio extenso. *Su pueblo estaba situado en la raya fronteriza entre España y Francia.* **3.** Término que se pone a una cosa. *Te has pasado de la raya, esta vez te castigarán.* **SIN.** Límite, final. **4.** Señal que queda al hacer una separación del pelo con el peine. *Siempre va peinado con la raya al lado izquierdo.* **5.** Pliegue vertical que se marca al planchar los pantalones. *No me gustan los pantalones vaqueros con raya.* **6.** En el lenguaje de la droga, dosis de cocaína. *Se negó a meterse una raya.* **7.** Signo de ortografía que se utiliza para introducir una explicación o, en un diálogo, para señalar las intervenciones de los personajes. *Javier -mi hermano mayor- se ha comprado una moto.* ‖ **LOC. a raya** Dentro de los límites precisos. **tres en raya** Juego que consiste en poner tres fichas en línea y evitar que lo consiga el contrario, sobre un tablero cuadrado con distintas divisiones. ☞ No debe confundirse con "ralla".

raya[2] (**ra**-ya) *s. m.* Pescado cuyas especies abundan en el Atlántico y en otros mares, característico por la forma romboidal de su cuerpo, terminado en una larga cola. *Nunca había comido raya.* ☞ No debe confundirse con "ralla" del verbo "rallar".

rayado (ra-**ya**-do) *s. m.* Conjunto de rayas o líneas trazadas en una cosa. *El rayado de un cuaderno.*

rayano, na (ra-**ya**-no) *adj.* **1.** Limítrofe, fronterizo. *Un país es rayano con el suyo.* **SIN.** Contiguo, próximo, vecino, lindante. **2.** Cercano, próximo. *Nuestros pueblos son rayanos.* **SIN.** Contiguo. **ANT.** Lejano.

rayar (ra-**yar**) *v. tr.* **1.** Hacer o trazar rayas. *Raya la superficie para formar una retícula.* **SIN.** Marcar, subrayar. **2.** Tachar palabras o frases con una o varias rayas. *Raya las faltas de ese párrafo.* **SIN.** Anular, enmendar. **3.** *Subrayar. **SIN.** Recalcar, marcar. **4.** Estropear una superficie con incisiones. *Ha rayado el disco.* ‖ *v. intr.* **5.** Limitar una cosa con otra. *En los Pirineos, España raya con Francia.* **SIN.** Lindar, confinar. **6.** *Amanecer. **7.** Sobresalir entre los demás. *Siempre he rayado en un empleo.* **SIN.** Distinguirse, descollar. **8.** Seguido de la preposición "en", parecerse una cosa a otra. *Raya en la perfección.* **SIN.** Asemejarse, parecerse, acercarse. ☞ No debe confundirse con "rallar", 'triturar'.

rayo (ra-yo) *s. m.* **1.** Línea de luz producida por un cuerpo luminoso. *Los rayos del Sol calientan la Tierra. La ciencia ha dado un gran paso adelante con el descubrimiento del rayo láser.* **2.** Chispa eléctrica que se produce cuando hay tormenta. *Los rayos iluminaban el cielo durante la tormenta.* **3.** Cualquiera de las piezas que a manera de radios de círculo unen el cubo a la llanta de una rueda. *Abrillanta los rayos de las ruedas.* **4.** Cualquier cosa que tiene mucho poder o gran eficacia en su acción. *Es un rayo, siempre obtiene beneficios.* **5.** Persona de gran agilidad mental. *Es un rayo para los crucigramas.* **6.** Persona muy veloz en su actividad. *Reparte los paquetes como un rayo.* ‖ **7. rayos ultravioleta** Radiación electromagnética de longitudes de onda un poco más corta que la de la luz visible. **8. rayos X** Radiación electromagnética con una longitud de onda muy corta. ‖ **LOC. oler, o saber, algo a rayos** Tener un olor o sabor muy desagradable. ☞ No debe confundirse con "rallo".

rayón (ra-yón) *s. m.* Fibra textil artificial. *Esta blusa es de rayón.*

rayuela (ra-yue-la) *s. f.* Juego en el que, tirando monedas o tejos a una raya hecha en el suelo y a cierta distancia, gana el que la toca o se acerca más a ella. *Gané la competición de rayuela.*

raza (ra-za) *s. f.* **1.** Cada uno de los grupos que forman la humanidad y que tienen características físicas diferentes. *Soy mestizo: mi padre es de raza india y mi madre de raza blanca.* **SIN.** Etnia. **2.** Cada uno de los grupos de animales o plantas con características y origen comunes. *Le regalaron un gato de raza persa.* **SIN.** Clase, especie, familia. **3.** Lista de la tela en que el tejido está más claro que en el resto. *Al lavarlas, las zapatillas han quedado a razas.* **4.** Calidad de algunas cosas. *Esas máquinas son de buena raza.* ‖ **LOC. de raza** Se dice del animal que pertenece a una raza seleccionada.

razia (ra-zia) *s. f.* Incursión o correría sobre un país pequeño y sin más objeto que el botín. *Los vencedores asolaron el país con sus razias.* **SIN.** Saqueo.

razón (ra-zón) *s. f.* **1.** Facultad de pensar y discurrir. *El estudio de la Filosofía estimula la razón.* **SIN.** Inteligencia, raciocinio, juicio, entendimiento. **ANT.** Sinrazón, incapacidad. **2.** Todo aquello por lo que se hace algo. *No hay razón que justifique la guerra.* **SIN.** Argumento, causa, motivo, móvil. **3.** Argumento con el que se trata de demostrar una cosa. *Sus razones no convencían a nadie.* **SIN.** Prueba, motivo, juicio. **4.** Método de ordenación. *Han va-* *riado la razón en las estanterías.* **SIN.** Sistema, orden. **5.** Información de un hecho o persona. *Mañana te daré razón de lo que ha pasado.* **SIN.** Noticia. **6.** Rectitud, justicia para hacer algo. *Hay que obrar con razón.* **7.** Cuenta, cómputo. *Le pidió razones de la compra que había hecho.* **8.** En una progresión geométrica, cociente de dividir cada término por el que le precede. *Esta propiedad tiene de razón tres.* **9.** Recado, mensaje. *Te mandé razón por mi hermano.* ‖ **LOC. atender, o no atender, a razones** Quedar alguien convencido o no con los argumentos que se le presentan. **dar la razón a alguien** Aceptar lo que manifiesta. **dar razón** Informar de un asunto. **en razón a o de** Por lo que concierne a una cosa. **entrar alguien en razón** Convencerse de lo que es razonable. **perder alguien la razón** Enloquecer. **tener razón** Estar en lo cierto. **tocar a razón de cierta cantidad** Tocar a esa cantidad cada uno.

razonable (ra-zo-na-ble) *adj.* **1.** Conforme a razón. *Me dio una respuesta razonable.* **SIN.** Prudente, sensato, ecuánime, justo. **ANT.** Injusto, desproporcionado. **2.** Regular, moderado, mediano. *El precio de la casa nos pareció razonable.* **SIN.** Arreglado, suficiente. **ANT.** Descomunal, insuficiente.

razonado, da (ra-zo-na-do) *adj.* **1.** Pensado, meditado. *Es un pensamiento muy razonado.* **2.** Fundado en razones o pruebas. *Es un fragmento razonado.*

razonamiento (ra-zo-na-mien-to) *s. m.* **1.** Acción y efecto de razonar. *Nos explicó su razonamiento.* **2.** Serie de argumentos que tienden a demostrar una cosa. *Demostró el teorema por medio de un razonamiento lógico.* **SIN.** Argumentación, discurso.

razonar (ra-zo-nar) *v. intr.* **1.** Pensar de forma lógica y colocar las ideas en orden. *Estaba tan enfadado que no razonaba.* **SIN.** Aducir, argüir, argumentar, discurrir. ‖ *v. tr.* **2.** Exponer las razones o documentos en que se apoya una opinión, propuesta, cuenta, etc. *Razonó su propuesta con muchos argumentos.* **SIN.** Aducir, argumentar.

re *s. m.* Segunda nota de la escala músical. *Entre do y re naturales hay un tono.* ☞ Su pl. es "res".

reabrir (re-a-brir) *v. tr.* Volver a abrir una cosa. **GRA.** También v. prnl. *Ha reabierto el sumario.* ☞ Tiene p. p. irreg., reabierto.

reacción (re-ac-ción) *s. f.* **1.** Acción que resiste o se opone a otra. *La reacción del ejército fue contundente.* **SIN.** Oposición, resistencia. **ANT.** Aceptación, acatamiento. **2.** Forma en que alguien o algo reacciona ante un estímulo. *Su reacción fue histéri-*

reaccionar - realce

ca. **SIN.** Reflejo, respuesta. **3.** Tendencia política opuesta a innovaciones y progresos. *La reacción se ha agrupado en el mismo partido.* **4.** En mecánica, fuerza que un cuerpo sujeto a la acción de otro ejerce sobre él en dirección contraria. *Mide la fuerza de reacción entre dos cuerpos.* **5.** En química, proceso que tiene lugar cuando dos sustancias se afectan mutuamente y se produce una nueva sustancia. *Cuando mezcles el ácido, ten cuidado con su reacción.*

reaccionar (re-ac-cio-**nar**) *v. intr.* **1.** Cambiar de disposición una persona o modificarse una cosa a causa de una acción opuesta a otra anterior. *Reaccionó a los insultos con frialdad.* **SIN.** Mudar, evolucionar. **2.** Recuperar la actividad fisiológica que parecía perdida. *Reaccionó al masaje cardíaco.* **3.** Mejorar la salud. *El medicamento le hizo reaccionar.* **SIN.** Restablecerse, sanar. **4.** Recobrar algo la actividad que había perdido. *La primavera hace que las plantas reaccionen.* **SIN.** Reanudar. **5.** Rechazar un ataque en una guerra. *El ejército reaccionó con energía al ataque.* **SIN.** Repeler. **ANT.** Rendirse, deponer (las armas). **6.** Oponerse categóricamente a algo. *Reaccionó con contundencia ante la propuesta.* **SIN.** Negarse, obstinarse. **ANT.** Aceptar, soportar. **3.** Modificarse una sustancia química por la acción de un reactivo. *Al añadir el ácido, la solución comenzó a reaccionar.* **8.** Producir un cuerpo igual fuerza y contraria a la que actúa sobre él. *Al reaccionar, los gases de escape hacen que los cohetes avancen.*

reaccionario, ria (re-ac-cio-**na**-rio) *adj.* **1.** Que propende a restablecer lo abolido. **GRA.** También s. m. y s. f. *Es un reaccionario, le gustaría vivir en el siglo XIX.* **2.** Opuesto a las innovaciones y al progreso. **GRA.** También s. m. y s. f. *Sus ideas políticas son reaccionarias.* **SIN.** Carca, rancio, retrógrado, conservador.

reacio, cia (re-**a**-cio) *adj.* Que muestra resistencia a hacer algo. *Era muy reacia a viajar en tren.* **SIN.** Terco, desobediente, remolón. **ANT.** Diligente, obediente.

reactante (re-ac-**tan**-te) *adj.* Se dice de cada una de las sustancias que participan en una reacción química produciendo otras diferentes a las primitivas. **GRA.** También s. m. *Añade el reactante a ese compuesto.*

reactivar (re-ac-ti-**var**) *v. tr.* Volver a activar. *Se ha reactivado la economía.*

reactivo, va (re-ac-**ti**-vo) *adj.* **1.** Se dice de lo que produce reacción. **GRA.** Se usa más como s. m. *La potencia reactiva de ese motor es muy elevada.* **2.** En química, se dice de la sustancia empleada para producir una reacción o para revelar la presencia o medir la cantidad de otra sustancia. *Añadió el reactivo a la mezcla.*

reactor (re-ac-**tor**) *s. m.* **1.** *Motor a reacción. **2.** Avión impulsado por un motor a reacción. *He viajado en un reactor.* ‖ **3. reactor nuclear** Dispositivo destinado a la producción y regulación de energía mediante la fisión nuclear de cuerpos radiactivos, provocando una reacción en cadena mediante los neutrones liberados en las mismas.

readaptar (re-a-dap-**tar**) *v. tr.* Volver a adaptar. **GRA.** También v. prnl. *Hay que readaptar el proceso de producción.*

readmitir (re-ad-mi-**tir**) *v. tr.* Volver a admitir. *Se vieron obligados a readmitirlo.*

reafirmar (re-a-fir-**mar**) *v. tr.* Afirmar de nuevo. **GRA.** También v. prnl. *Se reafirmó en sus conclusiones.* **SIN.** Asegurar, consolidar, ratificar.

reagrupar (re-a-gru-**par**) *v. tr.* Agrupar de nuevo o de modo diferente. *Tenemos que reagrupar el ganado.*

reajustar (re-a-jus-**tar**) *v. tr.* **1.** Volver a ajustar. *Reajustaron las piezas del motor.* **2.** Hablando de precios, salarios, puestos de trabajo, etc., aumentarlos o disminuirlos por diversos motivos. *El gobierno reajustó su política económica.* **SIN.** Modificar, renovar. **ANT.** Mantener, respetar.

reajuste (re-a-**jus**-te) *s. m.* Nuevo ajuste u organización que se hace de una cosa. *Un reajuste de gobierno.*

real[1] (re-**al**) *adj.* Que existe o ha existido de verdad. *El autor de esta novela mezcla seres reales con personajes de su invención.* **SIN.** Cierto, efectivo, existente, verdadero, auténtico, verídico. **ANT.** Irreal, ideal, imaginario, inexistente, incierto.

real[2] (re-**al**) *adj.* **1.** Que se refiere al rey o a la realeza. *La corona real se puede ver en el museo, junto con las joyas reales.* **SIN.** Regio, principesco, soberano. ‖ *s. m.* **2.** Antigua moneda de distintos metales y diferente valor. *La puerta valía cuatro reales.* ‖ **LOC. no valer algo, o alguien, un real o ni un real** No valer nada o muy poco. **por cuatro reales** Por muy poco dinero.

real[3] (re-**al**) *s. m.* Campo en que se celebra una feria. *Han colocado las atracciones en el real de la feria.*

realce (re-**al**-ce) *s. m.* **1.** Brillo, estima, esplendor. *Con su presencia, los soberanos dieron más realce a la fiesta. Aquel triunfo le dio mucho realce.* **SIN.** Lustre, estimación, grandeza, relieve, fama. **2.** Adorno que sobresale en la superficie de una cosa. *Han decorado el escenario con gran realce.*

realeza (re-a-**le**-za) s. f. **1.** Dignidad o soberanía real. Pertenecía a la realeza. **2.** Magnificencia, grandiosidad propia de un rey. Su comportamiento demostraba su realeza. **3.** Conjunto de familias reales. Su boda reunió a toda la realeza. **SIN.** Monarcas, soberanos.

realidad (re-a-li-**dad**) s. f. **1.** Conjunto de todas las cosas y personas que existen en el mundo. A veces confunde la realidad con sus sueños. **SIN.** Materialidad, efectividad, verdad. **ANT.** Inexistencia, irrealidad. **2.** Lo que es efectivo o tiene valor práctico frente a lo ilusorio. Lo que te he contado es una realidad, no es mentira. ‖ **3. realidad virtual** Sistema informático interactivo que consiste en simular todas las posibles percepciones de una persona a través de la realidad inexistente, es decir, simulada o creada por el ordenador. ‖ **LOC. en realidad** Sin duda alguna, efectivamente.

realimentación (re-a-li-men-ta-**ción**) s. f. *Retroalimentación.

realismo (re-a-**lis**-mo) s. m. **1.** Forma de representar las cosas tal como son. Se expresaba con gran realismo. **2.** Doctrina estética que hace consistir la belleza artística en la imitación de la naturaleza, tal como es. El realismo pictórico empezó en Alemania. **SIN.** Naturalismo. **3.** Conducta o manera de ser de la persona que se atiene a los hechos más que a los principios o razones, en oposición a idealismo. Sus acciones siempre se basan en el realismo. **SIN.** Materialismo. **ANT.** Idealismo. ‖ **4. realismo mágico** Tendencia literaria hispanoamericana caracterizada por la introducción de elementos fantásticos dentro de la narración de lo cotidiano.

realista (re-a-**lis**-ta) adj. Que actúa con sentido práctico. No pide imposibles, es muy realista. **SIN.** Materialista, práctico, sensato. **ANT.** Idealista, iluso.

realizable (re-a-li-**za**-ble) adj. Que se puede realizar. Nadie creyó que la idea de Colón fuese un plan realizable. **SIN.** Factible, posible, hacedero. **ANT.** Imposible, irrealizable.

realizador, ra (re-a-li-za-**dor**) s. m. y s. f. **1.** Persona que realiza algo. Fue el único realizador de todo el proceso. **2.** Persona que lleva a cabo la realización de una película o serie televisiva. El realizador mandó abandonar el estudio de grabación.

realizar (re-a-li-**zar**) v. tr. Llevar a cabo una acción. **GRA.** También v. prnl. He realizado mi deseo de volar. **SIN.** Efectuarse, desarrollar(se), hacer(se). **ANT.** Abstenerse. ✎ Se conjuga como abrazar.

realquilar (re-al-qui-**lar**) v. tr. Alquilar un piso o local a otra persona, alguien que a su vez lo tenía arrendado para sí. Voy a realquilar el piso a mi hermano. **SIN.** Subarrendar, especular.

realzar (re-al-**zar**) v. tr. **1.** Dar realce a una persona o cosa. **GRA.** También v. prnl. Realzó la valía de sus colaboradores. **SIN.** Enaltecer(se), ensalzar(se), destacar(se), engrandecer(se). **ANT.** Minimizar(se), despreciar(se). **2.** Levantar o elevar una cosa más de lo que estaba. **GRA.** También v. prnl. Realzaron el edificio. **SIN.** Encumbrar(se), resaltar(se), acentuar(se). **ANT.** Rebajar(se), minorar(se). ✎ Se conjuga como abrazar.

reanimación (re-a-ni-ma-**ción**) s. f. **1.** Acción y efecto de reanimar. Se ha reanimado el proceso independentista. **2.** Conjunto de medidas terapéuticas destinadas a mantener o recuperar las constantes vitales de un organismo. Se salvó porque le aplicaron pronto la reanimación.

reanimar (re-a-ni-**mar**) v. tr. **1.** Dar vigor, restablecer las fuerzas. **GRA.** También v. prnl. Después de tomarse un café bien cargado se reanimó bastante. **SIN.** Avivar, confortar, fortificar, reavivar, vivificar. **ANT.** Abatir, decaer. **2.** Hacer que una persona recobre el conocimiento. Le tiraron agua por encima para reanimarle. **3.** Infundir ánimo y valor a la persona que está abatida. **GRA.** También v. prnl. Venir con nosotros a la fiesta te reanimará un poco. **SIN.** Animar, consolar, alentar. **ANT.** Abatir, desanimar.

reanudar (re-a-nu-**dar**) s. m. Continuar, volver a hacer una cosa que se había interrumpido. **GRA.** También v. prnl. Tras las vacaciones se reanudaron las clases. **SIN.** Proseguir, continuar, seguir, retomar. **ANT.** Abandonar, interrumpir, dejar.

reaparecer (re-a-pa-re-**cer**) v. intr. Volver a aparecer o a mostrarse. Voy a reaparecer en los escenarios. **SIN.** Presentarse, resucitar, volver, retornar. **ANT.** Marcharse, irse, desaparecer. ✎ v. irreg., se conjuga como parecer.

reaparición (re-a-pa-ri-**ción**) s. f. Acción y efecto de reaparecer. Su reaparición fue todo un éxito de público. **SIN.** Reanudación, vuelta, regreso, retorno. **ANT.** Desaparición.

reapertura (re-a-per-**tu**-ra) s. f. Acción de volver a abrir un establecimiento o local. Me han invitado a la reapertura de la discoteca.

rearmar (re-ar-**mar**) v. tr. Equipar o reforzar de nuevo con armamento militar un país, ejército, etc. **GRA.** También v. prnl. Rearmaron el ejército ante el temor de un ataque enemigo.

rearme (re-**ar**-me) s. m. Acción y efecto de equipar a un país o ejército con nuevo armamento. Votaron *en contra del rearme de las tropas.* **SIN.** Militarización. **ANT.** Desmilitarización.

reasumir (re-a-su-**mir**) *v. tr.* Volver a tomar el mando o la iniciativa en alguna cosa. *El general reasumió el mando del ejército.* **SIN.** Recuperar, reanudar, proseguir. **ANT.** Abandonar, dejar. 🖎 Tiene doble p. p.; uno reg., resumido, y otro irreg., reasunto.

reata (re-**a**-ta) *s. f.* **1.** Cuerda o correa que ata y une dos o más caballerías para que vayan en hilera una detrás de otra. *Ajusta bien la reata para que no se suelten las mulas.* **2.** Caballerías en hilera. *Vimos una reata de burros.* **SIN.** Recua.

reavivar (re-a-vi-**var**) *v. tr.* Volver a avivar, o avivar intensamente una cosa. **GRA.** También v. prnl. *Reavivó el fuego. La cercanía reavivó la amistad entre ellos.* **SIN.** Reanimar, vivificar. **ANT.** Abatir, apagar.

rebaja (re-**ba**-ja) *s. f.* **1.** Disminución o descuento de una cosa, particularmente en la cantidad o precio. *Al comprar dos en vez de uno nos hizo una pequeña rebaja.* **SIN.** Abaratamiento, aminoramiento, descuento, deducción. **ANT.** Aumento, incremento, revalorización. ‖ *s. f. pl.* **2.** Venta de existencias a precios más bajos, por liquidación de las mismas. *En esta tienda tienen rebajas por reforma del local.* **3.** Período de tiempo durante el cual tiene lugar esta venta. *Han comenzado las rebajas de primavera.*

rebajador (re-ba-ja-**dor**) *s. m.* En fotografía, baño que se usa para rebajar las imágenes muy oscuras. *Logra unos efectos muy bonitos en las fotografías usando menos rebajador.*

rebajar (re-ba-**jar**) *v. tr.* **1.** Hacer más bajo el nivel o altura de una cosa. *Rebajaron el muro del jardín.* **SIN.** Bajar. **ANT.** Alzar, subir, elevar. **2.** Disminuir una cantidad, precio, etc. *Le rebajaron el 30%.* **SIN.** Aminorar, deducir, descontar. **ANT.** Elevar, subir. **3.** Abatir, humillar a alguien. **GRA.** También v. prnl. *Lo rebajaron públicamente.* **SIN.** Degradar(se), empequeñecer, menospreciar(se). **ANT.** Exaltar(se), loar(se), engrandecer(se), elogiar. **4.** Reducir la intensidad de una imagen fotográfica mediante sustancias químicas. *Debes rebajar el color negro en esas fotografías.* ‖ *v. prnl.* **5.** Quedar dispensado de un servicio. *Me han rebajado de las guardias.*

rebalsa (re-**bal**-sa) *s. f.* Estancamiento de aguas artificialmente. *Hicieron una rebalsa.* **SIN.** Embalse, presa.

rebalsar (re-bal-**sar**) *v. tr.* Detener el agua u otro líquido de modo que haga balsa. **GRA.** También v. intr. y v. prnl. *Tienen el proyecto de hacer un dique para rebalsar el río.*

rebanada (re-ba-**na**-da) *s. f.* Porción delgada y de espesor uniforme que se corta de una cosa, especialmente de pan. *Untó una rebanada de pan con mantequilla.* **SIN.** Loncha, tajada, pedazo.

rebanar (re-ba-**nar**) *v. tr.* **1.** Hacer rebanadas una cosa, particularmente el pan. *Rebana esa barra de pan para hacer las torrijas.* **SIN.** Partir, trocear. **2.** Cortar o dividir una cosa de una parte a otra. *Rebanó las zanahorias para la ensalada.* **SIN.** Partir, cercenar.

rebañar (re-ba-**ñar**) *v. tr.* **1.** Recoger alguna cosa sin dejar nada. *Rebaña bien las migas del mantel.* **SIN.** Apoderarse, coger, acaparar. **2.** Apurar los restos de comida de un plato. *Rebaña bien la salsa con un trocito de pan.* **SIN.** Arrebañar, untar.

rebaño (re-ba-**ño**) *s. m.* **1.** Cantidad grande de ganado, especialmente el lanar. *Se cruzó con un rebaño de ovejas.* **2.** Congregación de fieles. *El párroco atendía a su rebaño.* **SIN.** Feligreses. **3.** Conjunto de personas que se dejan dirigir ideológicamente. *Atendían su arenga como un rebaño.* **SIN.** Masa.

rebasar (re-ba-**sar**) *v. tr.* **1.** Exceder o pasar de un límite determinado. *Le multaron por rebasar el límite de velocidad.* **SIN.** Traspasar, exceder, sobrepasar. **2.** En una marcha, dejar atrás. *En los últimos metros logró rebasarle y llegar el primero.* **SIN.** Adelantar. **3.** Superar a alguien o algo. *Su bondad rebasaba todos los límites.* ☞ No debe confundirse con "rebosar".

rebatible (re-ba-**ti**-ble) *adj.* Que se puede rebatir. *Eso es una opinión fácilmente rebatible.* **SIN.** Refutable, cuestionable. **ANT.** Incuestionable, irrefutable.

rebatir (re-ba-**tir**) *v. tr.* **1.** Aportar argumentos y razones en contra de la opinión o propuestas de alguien. *Rebatió todas sus afirmaciones.* **SIN.** Contradecir, impugnar, refutar. **ANT.** Confirmar. **2.** Rechazar la fuerza o violencia de alguien. *Rebatió públicamente sus acciones.* **SIN.** Contrarrestar, oponer. **ANT.** Ceder.

rebato (re-**ba**-to) *s. m.* Convocación de los vecinos de uno o más pueblos, hecha por medio de campana u otra señal, con el fin de defenderse de un peligro. *Tocaron a rebato.* ‖ **LOC. de rebato** *fam.* De improviso, repentinamente.

rebeca (re-**be**-ca) *s. f.* Chaqueta femenina de punto con cuello redondo y abotonada hasta arriba. *Llévate la rebeca, seguro que luego refresca.*

rebeco (re-**be**-co) *s. m.* *Gamuza.

rebelarse (re-be-**lar**-se) *v. prnl.* **1.** Faltar a la obediencia debida a un superior o a la autoridad legítima. *Una parte de los militares se rebeló contra el gobierno*

rebelde - rebozar

de la nación. **SIN.** Alzarse, amotinarse, insurreccionarse, insubordinarse. **SIN.** Plegarse, someterse, obedecer. **2.** Oponer resistencia. *Los empleados decidieron rebelarse ante la congelación salarial.* **SIN.** Resistirse, negarse, protestar. **ANT.** Plegarse, resignarse. ☞ No debe confundirse con "revelarse".

rebelde (re-**bel**-de) *adj.* **1.** Que no obedece. **GRA.** También s. m. y s. f. *Es muy rebelde, nunca hace lo que le mandan.* **SIN.** Reacio, indócil. **ANT.** Sumiso. **2.** Se dice de la persona que se rebela contra la autoridad. **GRA.** También s. m. y s. f. *La policía detuvo a los rebeldes.* **SIN.** Amotinado, insurrecto. **ANT.** Obediente, sometido.

rebeldía (re-bel-**dí**-a) *s. f.* **1.** Calidad de rebelde. *Ha demostrado siempre su rebeldía.* **SIN.** Desobediencia, indocilidad. **ANT.** Sumisión, docilidad. **2.** Acción propia del rebelde. *Se alzaron en rebeldía.* **SIN.** Levantamiento, pronunciamiento, resistencia, alzamiento. **ANT.** Acatamiento, obediencia. **3.** Estado procesal de la persona que, siendo parte en un juicio, no acude al llamamiento que formalmente le hace el juez o deja incumplidas las intimaciones de éste. *Ha sido juzgado en rebeldía.*

rebelión (re-be-**lión**) *s. f.* **1.** Acción y efecto de rebelarse. **GRA.** Se usó también como s. m. *La rebelión ha fracasado.* **2.** Resistencia hecha a la autoridad. *Hubo una rebelión por parte del ejército.* **SIN.** Levantamiento, pronunciamiento, sedición, conspiración. **ANT.** Lealtad, obediencia, disciplina.

rebenque (re-**ben**-que) *s. m.* Látigo fuerte de cuero. *Golpeó al caballo con el rebenque.* ‖ **LOC. tener rebenque** *amer.* Tener mal genio.

reblandecer (re-blan-de-**cer**) *v. tr.* Ablandar una cosa o ponerla tierna. **GRA.** También v. prnl. *Para reblandecer la arcilla añádele agua.* **SIN.** Molificar, emolir. **ANT.** Endurecer, fortificar. ✎ v. irreg., se conjuga como parecer.

reblandecimiento (re-blan-de-ci-**mien**-to) *s. m.* Acción y efecto de reblandecer o reblandecerse. *Se produjo un reblandecimiento en las paredes de la presa.* **SIN.** Ablandamiento. **ANT.** Endurecimiento.

rebobinado (re-bo-bi-**na**-do) *s. m.* Acción y efecto de rebobinar. *Ya terminó el rebobinado de la cinta.*

rebobinar (re-bo-bi-**nar**) *v. tr.* Enrollar hacia atrás el carrete de una película cinematográfica o el carrete de una cámara fotográfica. *Antes de sacarlo, rebobina el carrete.*

reborde (re-**bor**-de) *s. m.* Orla o borde saliente de alguna cosa. *Se dio un golpe con un reborde de la mesa.*

rebosar (re-bo-**sar**) *v. intr.* **1.** Derramarse un líquido por encima de los bordes de un recipiente en que no cabe. Se dice también del mismo recipiente que no puede contener un líquido. **GRA.** También v. prnl. *El cántaro rebosaba de agua.* **SIN.** Desbordarse, rebasar. **2.** Abundar en exceso una cosa. **GRA.** También v. tr. *Rebosaba riqueza.* **SIN.** Sobreabundar, cundir. **3.** Dar a entender de algún modo y con viveza la fuerza de algún sentimiento. *Rebosaba amor hacia ella.* **4.** Estar muy lleno un lugar. *El público rebosaba el estadio.* ☞ No debe confundirse con "rebasar".

rebotado, da (re-bo-**ta**-do) *adj.* **1.** Se dice de la persona que llega a una actividad u ocupación después de haber fracasado en otras. **GRA.** También s. m. y s. f. *Venía rebotado de otro banco.* **SIN.** Rechazado. **2.** Enfadado, de mal humor. *Marchó muy rebotado.*

rebotar (re-bo-**tar**) *v. intr.* **1.** Botar repetidamente un cuerpo elástico al chocar con otro cuerpo. *Alcanzó la pelota cuando paró de rebotar.* **2.** Cambiar de dirección un cuerpo en movimiento al chocar con un obstáculo. *Rebotó contra la pared.* **SIN.** Rechazar, saltar. ‖ *v. tr.* **3.** *fam.* Poner fuera de sí a alguien, dándole motivos de temor, agravio, etc. **GRA.** También v. prnl. *¡No te rebotes!* **SIN.** Ofuscar(se), aturdir(se). **ANT.** Calmar(se), sosegar(se).

rebote (re-**bo**-te) *s. m.* **1.** Cada uno de los botes que después del primero da el cuerpo que rebota. *Los rebotes son cada vez menos altos.* **2.** En baloncesto, jugada en la que el balón golpea al tablero o el aro, sin entrar en la canasta. *Ese jugador es experto en coger rebotes.* **3.** Enfado, mal humor. *Se cogió un buen rebote.* **SIN.** Mosqueo. ‖ **LOC. de rebote** De rechazo, de resultas.

reboteador, ra (re-bo-te-a-**dor**) *adj.* Se dice del jugador de baloncesto encargado de recoger los rebotes. **GRA.** También s. m. y s. f. *Es uno de los mejores reboteadores del equipo.*

rebotica (re-bo-**ti**-ca) *s. f.* Pieza que está detrás de la principal de la botica. *Guarda esas cajas en la rebotica.* **SIN.** Trastienda, almacén.

rebozar (re-bo-**zar**) *v. tr.* **1.** Bañar un alimento en huevo batido, harina, miel, etc. *Reboza las sardinas en harina para freírlas.* **SIN.** Enharinar, empanar. **2.** Manchar a alguien. **GRA.** También v. prnl. *El niño se lo pasaba pipa rebozándose en la arena.* **SIN.** Enlodar(se), ensuciar(se). **ANT.** Limpiar(se), asear(se). **3.** Disimular un propósito. *Trató de rebozar sus intenciones.* **4.** Cubrir casi todo el rostro con la capa o manto. **GRA.** También v. prnl. *Se rebozó la cara*

rebozo - recalcitrante

por el frío que hacía. **SIN.** Tapar(se), envolver(se). **ANT.** Descubrir(se), mostrar(se). ✎ Se conjuga como abrazar.

rebozo (re-**bo**-zo) *s. m.* **1.** Sustancia o mezcla en la que se baña un alimento. *Empapa bien el pescado en el rebozo.* **2.** Simulación con que se encubre un acto. *Actuó con mucho rebozo.* **SIN.** Disimulo, excusa, pretexto. **3.** Modo de llevar la capa o manto tapando casi todo el rostro. *Ocultó su rostro con rebozo.*

rebrotar (re-bro-**tar**) *v. tr.* **1.** Volver a dar brotes una planta. *Rebrotó la planta que parecía que se había secado.* **SIN.** Retoñar, reverdecer. **ANT.** Secarse, agostarse, mustiarse. **2.** Volver a vivir lo que había perecido o se había amortiguado. *El amor por ella ha vuelto a rebrotar.*

rebrote (re-**bro**-te) *s. m.* *Retoño.

rebujado, da (re-bu-**ja**-do) *adj.* Enmarañado, enredado, en desorden. *Su estilo literario es muy rebujado.*

rebujar (re-bu-**jar**) *v. tr.* *Arrebujar. **GRA.** También v. prnl.

rebujo (re-**bu**-jo) *s. m.* Envoltorio desordenado de papel, trapos u otras cosas. *Hizo un rebujo con los papeles y lo tiró a la papelera.*

rebullir (re-bu-**llir**) *v. intr.* Empezar a moverse lo que estaba quieto. **GRA.** También v. prnl. *Las pequeñas crías ya rebullían.* **SIN.** Agitarse, moverse, temblar. **ANT.** Aquietarse, inmovilizar. ✎ v. irreg., se conjuga como mullir.

rebuscado, da (re-bus-**ca**-do) *adj.* Se dice del lenguaje o de la expresión que muestra rebuscamiento. *Este autor tiene un léxico muy rebuscado.* **SIN.** Complicado, culterano, afectado, atildado. **ANT.** Sencillo, llano, vulgar.

rebuscamiento (re-bus-ca-**mien**-to) *s. m.* Hablando del lenguaje y estilo, exceso de complejidad. *Se expresa con mucho rebuscamiento.* **SIN.** Complicación, dificultad. **ANT.** Sencillez, claridad.

rebuscar (re-bus-**car**) *v. tr.* Buscar una cosa repetidamente y poniendo especial cuidado. *Rebuscó por todos los cajones pero no encontró los guantes.* **SIN.** Escrutar, escudriñar, explorar, inquirir. ✎ Se conjuga como abarcar.

rebuznar (re-buz-**nar**) *v. intr.* Dar rebuznos el asno. *Se oía a los asnos rebuznar en el establo.*

rebuzno (re-**buz**-no) *s. m.* Voz del asno. *En el silencio de la noche sólo se oía el débil rebuzno del burro.* **SIN.** Roznido.

recabar (re-ca-**bar**) *v. tr.* **1.** Conseguir con instancias o súplicas lo que se desea. *Recabó dinero para sus obras de caridad.* **SIN.** Lograr, obtener, alcanzar. **2.** Pedir algo alegando un derecho. *Recabó nuevas pruebas.* **SIN.** Solicitar, reclamar. ☞ No debe confundirse con "recavar".

recadero, ra (re-ca-**de**-ro) *s. m. y s. f.* Persona que tiene por oficio llevar recados de un lugar a otro. *Me tienen de recadero todo el santo día.*

recado (re-**ca**-do) *s. m.* **1.** Aviso o respuesta que de palabra se da o se envía a otra persona. *Dijo que traía un recado muy urgente.* **SIN.** Misiva, mensaje. **2.** *Encargo. **3.** Provisión que para el surtido de las casas se lleva diariamente del mercado o de las tiendas. *Salió a hacer los recados.* **SIN.** Víveres, viandas.

recaer (re-ca-**er**) *v. intr.* **1.** Caer de nuevo enfermo de la misma dolencia la persona que estaba convaleciendo o había ya recobrado la salud. *Recayó de nuevo en la gripe.* **2.** Reincidir en los errores, malos hábitos, etc. *Recayó en la bebida.* **SIN.** Reiterar, repetir. **3.** Venir a parar en alguien o sobre alguien las consecuencias de algo. *Al final, las culpas recayeron sobre él.* ✎ v. irreg., se conjuga como caer.

recaída (re-ca-**í**-da) *s. f.* Acción y efecto de recaer. *No se había curado bien el catarro y tuvo una recaída muy fuerte.* **SIN.** Reincidencia, repetición, reiteración.

recalar (re-ca-**lar**) *v. tr.* **1.** Llegar a puerto un barco. *El barco recaló muy de mañana.* **SIN.** Arribar, entrar, penetrar. **ANT.** Marchar, zarpar, partir. **2.** Penetrar poco a poco un líquido por los poros de un cuerpo seco, dejándolo húmedo o mojado. **GRA.** También v. prnl. *La lluvia me ha recalado el abrigo.* **SIN.** Calar(se), empapar(se). **3.** Aparecer una persona. *El viajero recaló en el hotel.* **SIN.** Llegar, entrar.

recalcar (re-cal-**car**) *v. tr.* **1.** Decir palabras lentamente y con gran fuerza expresiva para llamar la atención sobre ellas. *Recalcó varias frases en el discurso.* **SIN.** Acentuar, subrayar. **2.** *fam.* Repetir una cosa una y otra vez. *Le recalcó insistentemente lo que tenía que hacer.* **SIN.** Machacar. **ANT.** Pasar por alto. **3.** Ajustar, apretar mucho una cosa con otra o sobre otra. *Recalcó mucho sobre ese tema.* **SIN.** Apretar, estrujar, machacar. **4.** Llenar mucho de una cosa un receptáculo, apretándola para que quepa más cantidad de ella. *Recalca bien las mantas en el armario.* **SIN.** Estrujar, comprimir. ✎ Se conjuga como abarcar.

recalcitrante (re-cal-ci-**tran**-te) *adj.* Obstinado en una opinión o una conducta. *Es una persona muy recalcitrante.* **SIN.** Terco, reacio, reincidente, contumaz. **ANT.** Obediente, dócil.

recalentamiento (re-ca-len-ta-**mien**-to) *s. m.* Acción y efecto de recalentar o recalentarse. *Debido a un recalentamiento, el motor se paró.*

recalentar (re-ca-len-**tar**) *v. tr.* **1.** Volver a calentar o calentar demasiado una cosa. *Apaga el fuego, no se vaya a recalentar el guiso.* **SIN.** Tostar, abrasar. ‖ *v. prnl.* **2.** Tomar una cosa más calor del que conviene para su uso. *Se recalentó el motor.* ✎ v. irreg., se conjuga como acertar.

recámara (re-**cá**-ma-ra) *s. f.* **1.** Parte de la escopeta o de otras armas de fuego en la que se coloca el cartucho o la bala. *Tenía una bala en la recámara.* **2.** Habitación próxima a otra más importante en la que se guardan las joyas y prendas de valor. *No permitía entrar a nadie en su recámara.* **3.** *amer.* *Alcoba.

recambiar (re-cam-**biar**) *v. tr.* **1.** Cambiar por segunda vez; hacer un nuevo cambio. *Voy a recambiar las sábanas de nuevo.* **SIN.** Remudar. **2.** Sustituir una pieza por otra idéntica. *Tengo que recambiar las ruedas otra vez.* **SIN.** Cambiar, reponer, sustituir. ✎ En cuanto al acento, se conjuga como cambiar.

recambio (re-**cam**-bio) *s. m.* **1.** Acción y efecto de recambiar. *El recambio de personal era urgente.* **2.** Pieza nueva de una máquina que sirve para sustituir a otra que se ha estropeado. *Han llegado los recambios para la máquina.* ‖ **LOC. de recambio** Se dice de la pieza que va a sustituir a otra estropeada.

recapacitar (re-ca-pa-ci-**tar**) *v. tr.* Refrescar una idea y reflexionar acerca de la misma. **GRA.** Se usa más como v. intr. *Deberías recapacitar sobre lo que has hecho.* **SIN.** Reflexionar, meditar, rememorar.

recapitular (re-ca-pi-tu-**lar**) *v. tr.* Resumir ordenadamente lo que se ha dicho o hecho con cierta extensión. *En esta lección se recapitulan los contenidos esenciales de las cinco anteriores.* **SIN.** Compendiar, reseñar, resumir, sintetizar.

recargamiento (re-car-ga-**mien**-to) *s. m.* Acumulación excesiva de elementos accesorios. *Adórnalo bien, pero sin un excesivo recargamiento.*

recargar (re-car-**gar**) *v. tr.* **1.** Volver a cargar. *Recargar el fusil.* **2.** Aumentar carga. *Hay que recargar el camión para llevarlo todo de una vez.* **3.** Agravar una cuota de impuesto. *Han recargado los impuestos sobre la gasolina.* **SIN.** Gravar. **4.** Adornar con exceso una persona o cosa. *Han recargado el vestido con demasiados adornos.* **SIN.** Emperifollar. ✎ Se conjuga como ahogar.

recargo (re-**car**-go) *s. m.* **1.** Nueva carga o aumento de carga. *Hicieron el recargo del depósito.* **2.** Incremento de la cantidad a pagar a causa del retraso en un pago. *Pagó la multa con recargo.* **SIN.** Gravamen, sobreprecio. **SIN.** Rebaja, descuento.

recatado, da (re-ca-**ta**-do) *adj.* **1.** Se dice de la persona precavida, cauta. *Es muy recatado en sus afirmaciones.* **SIN.** Prevenido. **ANT.** Desprevenido, despreocupado. **2.** Honrado, modesto. *El vestido llevaba un recatado escote.* **SIN.** Decente, púdico. **ANT.** Descocado, impúdico.

recatar (re-ca-**tar**) *v. tr.* **1.** Ocultar lo que no se quiere que se vea o se sepa. **GRA.** También v. prnl. *Le gusta recatarse ante las miradas indiscretas.* **SIN.** Esconder(se), encubrir, soterrar. **ANT.** Mostrar(se), publicar(se), enseñar(se). ‖ *v. prnl.* **2.** Mostrar recelo en tomar una resolución. *Se recató antes de tomar la decisión.*

recato (re-**ca**-to) *s. m.* **1.** Cautela, discreción en las acciones y las palabras. *Me lo contó todo sin recato.* **SIN.** Circunspección, decoro, sigilo. **ANT.** Indiscreción. **2.** Honestidad, modestia. *Se comporta con mucho recato.* **ANT.** Vanidad, orgullo.

recauchutar (re-cau-chu-**tar**) *v. tr.* Reparar un neumático, recubriéndolo con una disolución de caucho. *He recauchutado la rueda de la bici.* **SIN.** Impermeabilizar, reencauchar.

recaudación (re-cau-da-**ción**) *s. f.* **1.** Acción de recaudar. *El período de recaudación empieza hoy.* **SIN.** Cobro, colecta. **2.** Cantidad recaudada. *La recaudación fue de mil pesetas.* **3.** Tesorería para la entrega de caudales públicos. *Recaudación municipal.*

recaudador, ra (re-cau-da-**dor**) *s. m. y s. f.* Persona encargada de la recaudación pública. *Prepara las oposiciones de recaudador municipal.*

recaudar (re-cau-**dar**) *v. tr.* Cobrar o percibir dinero. *Recaudaron fondos para esa organización benéfica.* **SIN.** Embolsarse, percibir, recibir. **ANT.** Pagar. ✎ En cuanto al acento, se conjuga como causar.

recaudo (re-**cau**-do) *s. m.* Precaución, cuidado. *Lo hizo con mucho recaudo.* ‖ **LOC. a buen recaudo, o a recaudo** Bien guardado.

recavar (re-ca-**var**) *v. tr.* Volver a cavar la tierra. *Tengo que recavar la huerta.* ☞ No debe confundirse con "recabar".

recelar (re-ce-**lar**) *v. tr.* Temer, sospechar de algo o alguien. **GRA.** También v. prnl. *Recelaba de aquella persona tan misteriosa.* **SIN.** Desconfiar, escamar, maliciar. **ANT.** Confiar, avalar.

recelo (re-**ce**-lo) *s. m.* Acción y efecto de recelar. *No tengas tanto recelo.* **SIN.** Barrunto, desconfianza, escama, sospecha. **ANT.** Confianza.

receloso, sa (re-ce-**lo**-so) *adj.* Que tiene recelo. *Se mostraba receloso ante sus palabras.* **SIN.** Desconfiado, suspicaz. **ANT.** Confiado, crédulo.

recensión (re-cen-**sión**) *s. f.* Noticia o reseña de una obra literaria o científica. *En el periódico venía una recensión de su última obra.* **SIN.** Información, nota, artículo.

recensor, ra (re-cen-**sor**) *s. m. y s. f.* Persona que elabora una recensión. *Trabajo como recensor en el periódico.*

recental (re-cen-**tal**) *adj.* Se dice del cordero o del ternero de poca edad y que mama todavía. **GRA.** También s. m. *El pastor cuidaba con gran cariño de sus corderos recentales.*

recepción (re-cep-**ción**) *s. f.* **1.** Acción y efecto de recibir. *Su propuesta tuvo una recepción muy buena.* **SIN.** Aceptación, acogida, admisión, recibimiento. **2.** En hoteles, congresos, etc., oficina donde se inscriben los nuevos huéspedes, los asistentes al congreso, etc. *Deja las llaves en la recepción del hotel.* **3.** Ceremonia o fiesta celebrada para agasajar a un personaje importante. *Hicieron una recepción de bienvenida.* **4.** Acto solemne en el que desfilan ante alguna alta autoridad del estado los representantes de cuerpos o clases. *Asistimos a la recepción de la embajada.* **5.** Acción de captar un receptor las ondas radioeléctricas. *Sube la antena de la radio para mejorar la recepción.* **SIN.** Captación.

recepcionista (re-cep-cio-**nis**-ta) *s. m. y s. f.* Persona que se encarga de atender al público en una oficina de recepción. *Trabaja de recepcionista.*

receptáculo (re-cep-**tá**-cu-lo) *s. m.* **1.** Cavidad en que se contiene o puede contenerse cualquier sustancia. *Había una imagen de la Virgen en un receptáculo.* **SIN.** Recipiente. **2.** Extremo del pedúnculo de la flor donde se asientan los verticilos florales. *Las flores surgen de los receptáculos.*

receptividad (re-cep-ti-vi-**dad**) *s. f.* Capacidad de la persona para recibir estímulos exteriores. *Los niños tienen mucha receptividad para aprender.*

receptivo, va (re-cep-**ti**-vo) *adj.* Que recibe o es capaz de recibir. *Dicen que es una persona muy receptiva.* **SIN.** Abierto.

receptor, ra (re-cep-**tor**) *adj.* **1.** Que recibe. **GRA.** También s. m. y s. f. *Tú eres el receptor de la carta.* **SIN.** Aceptador, recibidor. **2.** Se dice del motor que recibe la energía de un generador instalado a distancia. *Al romperse el cable dejó de funcionar el receptor.* **3.** En telefonía y telegrafía, con hilos o sin ellos, aparato o parte de él en que la corriente eléctrica se convierte en señales visibles o sonidos. **GRA.** También s. m. *Escúchale a través del receptor.* **4.** Se dice del aparato que sirve para recibir las señales eléctricas, telegráficas o telefónicas. **GRA.** También s. m. *Cuelga el receptor después de hablar.* || *s. m. y s. f.* **5.** Persona que recibe el mensaje en un acto de comunicación. *Dirigió unas palabras a un gran grupo de receptores.* **ANT.** Emisor.

recesión (re-ce-**sión**) *s. f.* **1.** Acción y efecto de retirarse o retroceder. *La recesión del ejército se efectuó en todos los frentes.* **2.** Depresión de las actividades económicas que repercute en la producción, el trabajo, los salarios, beneficios, etc. *La recesión económica nos afecta a todos.* **3.** *amer.* Cese temporal de una corporación en sus actividades.

receso (re-**ce**-so) *s. m.* **1.** Separación, apartamiento, desvío. *Hicieron un receso en su viaje.* **2.** *amer.* Suspensión, cesación de las actividades de una corporación. **SIN.** Alto, pausa, vacación. **3.** *amer.* Tiempo que dura dicha cesación.

receta (re-**ce**-ta) *s. f.* **1.** Nota escrita en la que figura el medicamento o medicamentos que el médico ha ordenado. *Este medicamento sólo se vende con receta.* **2.** Nota en la que se indica la composición de un producto y el modo de prepararlo. *Le regalaron un libro de recetas de cocina.*

recetar (re-ce-**tar**) *v. tr.* Mandar un médico un tratamiento o un medicamento determinado. *Le recetó un jarabe para la tos.*

recetario (re-ce-**ta**-rio) *s. m.* Libro que contiene fórmulas para la preparación de varios productos. *He escrito un recetario de cocina.*

rechazar (re-cha-**zar**) *v. tr.* **1.** Resistir un cuerpo a otro, haciéndodole retroceder. *Ganó el combate al rechazar a su oponente.* **SIN.** Repeler, despedir. **ANT.** Admitir, recibir. **2.** No admitir lo que otra persona afirma, propone u ofrece. *Rechazó su ofrecimiento de ayuda.* **SIN.** Desestimar, refutar, desdeñar. **ANT.** Admitir. **3.** Denegar lo que se le había pedido. *Rechazaron su petición de aumento de sueldo.* **SIN.** Desestimar, declinar, rehusar. **ANT.** Admitir, dar. **4.** Mostrar oposición y desprecio hacia algo o alguien. *No le puede ni ver, siempre le rechaza.* **SIN.** Repudiar, desdeñar. **ANT.** Alabar, encomiar. **5.** Resistir al enemigo, obligándolo a ceder. *Rechazaron la ofensiva enemiga.* **SIN.** Oponerse, afrontar. **ANT.** Ceder, retirarse, rendirse. ✎ Se conjuga como abrazar.

rechazo (re-**cha**-zo) *s. m.* **1.** Acción y efecto de rechazar. *Sus palabras provocaron el rechazo genera-*

lizado. **SIN.** Rechace, repudio, devolución. **ANT.** Acogimiento, admisión. **2.** Retroceso o vuelta que hace un cuerpo por encontrarse con alguna resistencia. *El delantero recogió el rechazo de la pelota.* **SIN.** Choque, rebote. **ANT.** Atracción. **3.** No aceptación por parte del organismo de un injerto. *El paciente sufrió un rechazo en el trasplante de corazón.*

rechiflar (re-chi-**flar**) *v. tr.* **1.** Silbar con insistencia. *El público no dejaba de rechiflar.* **SIN.** Criticar, abuchear. **ANT.** Aclamar, ovacionar. ‖ *v. prnl.* **2.** Burlarse de alguien o de algo. *Se rechifló todo lo que quiso.* **SIN.** Befarse, bromear, ridiculizar. **ANT.** Encomiar, alabar, aclamar.

rechinar (re-chi-**nar**) *v. intr.* Hacer o causar una cosa un sonido desagradable por frotar con otra. *El frío le hacía rechinar los dientes.* **SIN.** Crujir, chirriar.

rechistar (re-chis-**tar**) *v. intr.* Protestar. *Lo hizo sin rechistar.*

rechoncho, cha (re-**chon**-cho) *adj., fam.* Se dice de la persona o animal grueso y de poca altura. *Es un niño muy rechoncho.* **SIN.** Rollizo, currutaco, gordo. **ANT.** Espigado, alto, enjuto.

rechupete, de *loc., fam.* Muy exquisito y agradable. *La tarta estaba de rechupete.*

recibí (re-ci-**bí**) *s. m.* Expresión con la que, en los recibos u otros documentos, se declara haber recibido lo que en ellos se señala. *He firmado el recibí de la mercancía.* ✎ Su pl. es "recibí".

recibidor (re-ci-bi-**dor**) *s. m.* Pieza que da entrada a las habitaciones de una casa. *Esperó en el recibidor.* **SIN.** Antesala, hall, vestíbulo.

recibimiento (re-ci-bi-**mien**-to) *s. m.* Manera de recibir a alguien. *Le brindaron un gran recibimiento.*

recibir (re-ci-**bir**) *v. tr.* **1.** Tomar una persona lo que le dan o le envían. *Aún no he recibido el paquete de libros que me enviaste por correo hace una semana.* **SIN.** Aceptar, admitir, coger, percibir. **ANT.** Rechazar, rehusar, enviar, entregar, dar. **2.** Ir al encuentro de alguien que viene de fuera. *Mis padres y mi hermana pequeña fueron a recibirme a la estación.* **SIN.** Esperar. **3.** Admitir dentro de sí una cosa a otra, como el mar, los ríos, etc. *Ese río recibe agua de varios arroyos.* **4.** Sufrir algún daño. *Recibió un puñetazo.* **SIN.** Soportar, percibir. **5.** Acoger uno a otro en su compañía o comunidad. *Le recibieron en su organización.* **SIN.** Adoptar. **ANT.** Apartar.

recibo (re-**ci**-bo) *s. m.* Escrito o resguardo firmado que justifica la realización de un pago. *Ha llegado el recibo de la luz.* **SIN.** Comprobante, factura, finiquito, justificante. ‖ **LOC. estar de recibo** Estar una persona preparada para recibir visitas. **ser de recibo** Tener un género todas las buenas cualidades que se requieren al efecto.

reciclaje (re-ci-**cla**-je) *s. m.* Acción y efecto de reciclar. *Hemos visitado una fábrica de reciclaje de vidrio.*

reciclar (re-ci-**clar**) *v. tr.* **1.** Someter una materia a un mismo ciclo varias veces para incrementar los efectos de éste. *Es conveniente reciclar el vidrio.* **2.** Dar formación complementaria a profesionales para que pongan al día sus conocimientos. *Organizaron unos cursos para reciclar al personal de la empresa.*

recién (re-**cién**) *adv. t.* **1.** Recientemente. **GRA.** Se usa siempre antepuesto a los p. p. y en Amér. antepuesto al v. *Recién traído. Recién lo dejamos en su casa.* **2.** Ante verbos y adverbios equivale a "hasta ... no", "apenas". **GRA.** Se usa en algunas partes de Amér. *Lo vi recién aparecido.*

reciente (re-**cien**-te) *adj.* **1.** Nuevo, fresco o acabado de hacer. *No te sientes en esa silla, la pintura está reciente.* **SIN.** Flamante, caliente. **ANT.** Viejo, vetusto, antiguo, pasado. **2.** Que ha sucedido hace poco. *La fecha del desagradable suceso estaba todavía muy reciente.* ✎ Tiene sup. irreg.: recentísimo.

recinto (re-**cin**-to) *s. m.* Espacio, generalmente cerrado, comprendido dentro de ciertos límites. *Estuvimos en el recinto de la Feria de Muestras.* **SIN.** Contorno, lugar, perímetro, ámbito.

recio, cia (**re**-cio) *adj.* Se dice de lo fuerte y robusto. *Tenía unas espaldas muy recias.* **SIN.** Enérgico, vigoroso. **ANT.** Débil, enfermizo.

recipiente (re-ci-**pien**-te) *s. m.* Utensilio de diversos materiales destinado a guardar o contener algo. *Echa la salsa en ese recipiente de cristal.* **SIN.** Cuenco, vasija, vaso.

reciprocidad (re-ci-pro-ci-**dad**) *s. f.* Correspondencia mutua de una persona o cosa con otra. *Hubo reciprocidad por ambas partes.* **SIN.** Intercambio, permuta, biunivocidad.

recíproco, ca (re-**cí**-pro-co) *adj.* **1.** Que tiene lugar entre dos personas o cosas y que se ejerce al mismo tiempo de una a la otra. *Su sentimiento de amistad es recíproco.* **SIN.** Correlativo, mutuo. **2.** Se dice del verbo cuya acción la realizan dos o más sujetos que se corresponden. *Pedro y Juan se escriben.*

recitado (re-ci-**ta**-do) *s. m.* **1.** Composición musical intermedia entre la declamación y el canto. *Compuso un recitado.* **2.** Fragmento o composición que se recita. *Eligió un recitado de su poeta favorito.*

recital (re-ci-**tal**) *s. m.* **1.** Concierto compuesto por varias obras ejecutadas por un solo artista. *Asisti-*

recitar - recoger

mos a un recital de aquella conocida cantante. **2.** Lectura o recitación de composiciones de un poeta. *Fuimos a su recital.*
recitar (re-ci-**tar**) *v. tr.* Decir en voz alta o de memoria versos, discursos, lecciones, etc. *Recitó un poema de Gustavo Adolfo Bécquer.* **SIN.** Declamar.
reclamación (re-cla-ma-**ción**) *s. f.* **1.** Acción y efecto de reclamar. *Su reclamación fue convenientemente atendida.* **SIN.** Demanda, requerimiento, solicitud. **2.** Oposición o impugnación que se hace a una cosa como injusta, o mostrando no consentir en ella. *Pidió el libro de reclamaciones.* **SIN.** Protesta, reivindicación.
reclamar (re-cla-**mar**) *v. intr.* Pedir o exigir con razón una cosa. **GRA.** También v. tr. *Reclamó lo que le debían.* **SIN.** Reivindicar, demandar.
reclamo (re-**cla**-mo) *s. m.* **1.** Ave amaestrada que se lleva a la caza para que con su canto atraiga otras de su especie. *Utiliza este palomo como reclamo.* **2.** Voz con que un ave llama a otra de su especie. *Este ave tiene una voz de reclamo muy fuerte y chillona.* **3.** Cualquier cosa que atrae la atención sobre otra. *Era un buen reclamo para la tienda.* **SIN.** Aliciente, incentivo, señuelo. **4.** Propaganda, especialmente de un espectáculo, mercancía, libro, etc. *Hicieron un buen reclamo de la película.* **SIN.** Anuncio, publicidad. ‖ **LOC. acudir alguien al reclamo** *fam.* Acudir a un lugar donde ha oído que hay algo que se presenta como interesante o provechoso.
reclinar (re-cli-**nar**) *v. tr.* **1.** Inclinar el cuerpo, o parte de él, apoyándolo sobre alguna cosa. **GRA.** También v. prnl. *Reclinó la cabeza.* **SIN.** Recostar, apoyar. **2.** Inclinar una cosa apoyándola sobre otra. **GRA.** También v. prnl. *Reclina la escalera.*
reclinatorio (re-cli-na-**to**-rio) *s. m.* Mueble preparado para arrodillarse y rezar. *Se arrodilló en el reclinatorio.*
recluir (re-clu-**ir**) *v. tr.* Encerrar o poner en reclusión. **GRA.** También v. prnl. *El juez ordenó recluir al inculpado hasta que se celebrara el juicio.* **SIN.** Arrestar, confinar, enclaustrar. **ANT.** Liberar, soltar. ✎ v. irreg., se conjuga como huir. Tiene doble p. p.; uno reg., recluido, y otro irreg., recluso.
reclusión (re-clu-**sión**) *s. f.* Encierro o prisión voluntaria o forzada. *Lleva un mes de reclusión.* **SIN.** Aislamiento, encierro, retiro.
recluso, sa (re-**clu**-so) *adj.* Se dice de la persona encarcelada. **GRA.** También s. m. y s. f. *Hicieron un programa sobre la vida diaria de los reclusos.* **SIN.** Prisionero, presidiario, preso. **ANT.** Libre.

recluta (re-**clu**-ta) *s. m.* **1.** Persona alistada por sorteo para el servicio militar obligatorio. *El recluta juró bandera.* **SIN.** Quinto. ‖ *s. f.* **2.** *Reclutamiento.
reclutamiento (re-clu-ta-**mien**-to) *s. m.* **1.** Acción y efecto de reclutar. *Se hizo un reclutamiento de voluntarios.* **SIN.** Alistamiento, enganche, leva. **2.** Conjunto de los reclutas de un año. **SIN.** Quinta.
reclutar (re-clu-**tar**) *v. tr.* **1.** Alistar reclutas. *Reclutaron voluntarios.* **SIN.** Enganchar, enrolar, levar. **2.** Captar personas para algún fin o actividad. *Reclutó muchos socios.* **SIN.** Afiliar, enganchar, enrolar.
recobrar (re-co-**brar**) *v. tr.* **1.** Recuperar. *Los buzos recobraron el viejo tesoro hundido.* **SIN.** Reconquistar, rescatar, retomar, recuperar. ‖ *v. prnl.* **2.** Restablecerse de un daño recibido o de un accidente o enfermedad. *Se recobró de la operación con rapidez.* **SIN.** Reponerse, mejorar, sanar.
recocer (re-co-**cer**) *v. tr.* Volver a cocer o cocer mucho una cosa. **GRA.** También v. prnl. *Recocía el pan.* ✎ v. irreg., se conjuga como mover. Se escribe "z" en vez de "c" seguido de "-a" y "-o".
recochineo (re-co-chi-**ne**-o) *s. m., fam.* Burla o ironía molestas. *Me lo dijo con recochineo.* **SIN.** Ensañamiento, chacota, befa. **ANT.** Respeto.
recodo (re-**co**-do) *s. m.* Ángulo o revuelta que forman las calles, caminos, ríos, etc., torciendo notablemente la dirección que traían. *Se encontraron en uno de los recodos.* **SIN.** Esquina, revuelta. **ANT.** Recta.
recogedor (re-co-ge-**dor**) *s. m.* Utensilio para recoger la basura que amontona al barrer. *Trae la escoba y el recogedor.* **SIN.** Pala, badil.
recogepelotas (re-co-ge-pe-**lo**-tas) *s. m. y s. f.* Persona encargada de recoger las pelotas en los campos de tenis cuando éstas quedan caídas en la pista durante un partido. *Estaba de recogepelotas.* ✎ Invariable en número.
recoger (re-co-**ger**) *v. tr.* **1.** Levantar algo que se ha caído. *Recogió las llaves que se le habían caído.* **SIN.** Alzar. **ANT.** Tirar. **2.** Juntar lo que está separado o disperso. *Recoge tus juguetes, es hora de cenar.* **SIN.** Reunir, ordenar, amontonar. **ANT.** Apartar, separar, desordenar, dispersar. **3.** Hacer la recolección de los frutos. *El mal tiempo nos ha impedido recoger la cosecha.* **SIN.** Recolectar, cosechar, vendimiar. **ANT.** Sembrar. **4.** Guardar. *Recoge la ropa en el armario.* **SIN.** Colocar. **ANT.** Sacar. **5.** Ir a buscar a una persona o cosa donde sabemos que se encuentra. *Te recogeré en la estación. Pasé por Correos a recoger un paquete.* **6.** Recibir alguien las

recogido - reconducir

consecuencias de lo que ha hecho. *"Quien siembra vientos, recoge tempestades"*. **7.** Ordenar y asear una casa, una habitación, etc. *Recoge tu habitación*. **SIN.** Limpiar. **8.** Volver a doblar una cosa que se había desenvuelto o estirado. *Recogió las chaquetas del mostrador*. **SIN.** Plegar, envolver, guardar. **9.** Dar asilo, acoger a alguien. *La recogió en su casa*. **SIN.** Asilar, refugiar, adoptar, amparar. **ANT.** Rechazar, echar, desamparar. **10.** Hacerse cargo de lo que otra persona envía. *Recogió todos los paquetes*. **SIN.** Aceptar, acoger, recibir. **ANT.** Rechazar, rehusar. ‖ *v. prnl.* **11.** Irse a casa. *Se recogieron pronto porque tenían que madrugar*. **SIN.** Marcharse, retirarse. **ANT.** Salir, quedarse. **12.** Apartarse del trato social. *Se recogió en su casa de montaña*. **SIN.** Retraerse, encerrarse, aislarse. **ANT.** Abrirse, comunicarse, relacionarse. **13.** Remangarse las prendas muy largas para que no estorben. *Se recogió la falda*. **14.** Peinarse el cabello de modo que se reduzca su longitud. *Me recogí el pelo porque me daba calor*. **SIN.** Atarse. **ANT.** Soltarse. ✎ Se conjuga como proteger.

recogido, da (re-co-**gi**-do) *adj.* **1.** Que vive retirado del trato y comunicación de los demás. *Vivía recogido en su cabaña*. **SIN.** Aislado, recluido, solitario. **ANT.** Sociable. **2.** Se dice de edificios o habitaciones que resultan agradables por su disposición y sus dimensiones. *Es un apartamento muy recogido*.

recolección (re-co-lec-**ción**) *s. f.* **1.** Acción y efecto de recolectar. *Participó en la recolección de donativos*. **2.** Cosecha de los frutos. *La recolección de la manzana ha sido excelente*. **SIN.** Vendimia. **3.** Época en que tiene lugar dicha cosecha. *Comenzó la recolección de la patata*.

recolectar (re-co-lec-**tar**) *v. tr.* Recoger la cosecha. *Recolectaron dinero para el asilo*. **SIN.** Cosechar, recoger, vendimiar. **ANT.** Sembrar.

recomendación (re-co-men-da-**ción**) *s. f.* **1.** Acción y efecto de recomendar o recomendarse. *No hizo caso de sus recomendaciones*. **2.** Elogio, alabanza de una persona para introducirla con otra. *Consiguió el trabajo por recomendación*. **SIN.** Amparo, enchufe.

recomendar (re-co-men-**dar**) *v. tr.* **1.** Hablar a favor de alguien. *Le recomendaron*. **SIN.** Enchufar. **2.** Aconsejar a alguien para un bien suyo. *Te recomiendo que tengas mucho cuidado*. **SIN.** Amonestar. **3.** Hablar bien de algo o de alguien. *Recomendó sus productos*. **SIN.** Alabar, ensalzar. ✎ v. irreg., se conjuga como acertar.

recomenzar (re-co-men-**zar**) *v. tr.* Volver a comenzar. *Recomenzó la historia*. ✎ v. irreg., se conjuga como acertar. Se escribe "c" en vez de "z" seguido de "-e".

recompensa (re-com-**pen**-sa) *s. f.* Premio o gratificación que se da por un servicio o favor prestados. *Recibió una recompensa*. **SIN.** Beneficio, galardón, premio, remuneración, merced.

recompensar (re-com-pen-**sar**) *v. tr.* **1.** Compensar, valer la pena. *No recompensa el esfuerzo hecho*. **2.** Premiar o retribuir un servicio. *Recompensó su trabajo*. **SIN.** Retribuir, resarcir. **3.** Premiar un beneficio, favor o mérito. *Le recompensaron por su buena acción*. **SIN.** Compensar, galardonar.

recomponer (re-com-po-**ner**) *v. tr.* Componer de nuevo, reparar. *Recompuso el rompecabezas*. **SIN.** Enmendar, arreglar, reparar. **ANT.** Estropear, averiar. ✎ v. irreg., se conjuga como poner. Tiene p. p. irreg., recompuesto.

reconcentrar (re-con-cen-**trar**) *v. tr.* **1.** Reunir en un punto las personas o cosas que estaban esparcidas. **GRA.** También v. prnl. *Reconcentró al ganado*. **SIN.** Concentrar, juntar, recoger. **ANT.** Esparcir. **2.** Disminuir el volumen que ocupa una cosa. *Reconcentraron el detergente*. **SIN.** Concentrar. ‖ *v. prnl.* **3.** Perderse en los propios pensamientos. *Se reconcentró en sus recuerdos*. **SIN.** Abstraerse, ensimismarse.

reconciliación (re-con-ci-lia-**ción**) *s. f.* Acción y efecto de reconciliar o reconciliarse. *Han firmado el acta de reconciliación con su empresa*. **SIN.** Apaciguamiento, armisticio. **ANT.** Guerra, enemistad.

reconciliar (re-con-ci-**liar**) *v. tr.* Hacer que vuelvan a ser amigos dos o más personas que han dejado de serlo. **GRA.** También v. prnl. *Se reconciliaron*. **SIN.** Amigar, amistar, concordar, contentar. **ANT.** Enemistar. ✎ En cuanto al acento, se conjuga como cambiar.

reconcomerse (re-con-co-**mer**-se) *v. prnl.* Impacientarse por una molestia física o moral. *Se reconcomía ante la justicia*. **SIN.** Angustiarse, atormentarse, desazonarse, preocuparse. **ANT.** Sosegarse, confiarse, calmarse.

recóndito, ta (re-**cón**-di-to) *adj.* Muy escondido, reservado y oculto. *Estará en algún lugar recóndito*. **SIN.** Hondo, secreto. **ANT.** Visible, patente.

reconducir (re-con-du-**cir**) Dirigir algo de nuevo hacia donde estaba. **SIN.** Llevar. *Recondujo el tema hacia otros aspectos*. ✎ v. irreg., se conjuga como conducir.

reconfortante - recordatorio

reconfortante (re-con-for-**tan**-te) *adj.* Que reconforta. **GRA.** También s. m. *Es reconfortante volver a verte.* **SIN.** Reparador, vigorizador, tónico.

reconfortar (re-con-for-**tar**) *v. tr.* Dar ánimos o devolver las fuerzas perdidas. *Le reconfortó espiritualmente.* **SIN.** Alentar, aliviar, descansar, fortalecer. **ANT.** Debilitar, cansar.

reconocer (re-co-no-**cer**) *v. tr.* **1.** Examinar con cuidado a una persona o cosa para enterarse de su identidad, naturaleza, etc. *El científico reconoció la planta para clasificarla.* **SIN.** Averiguar, registrar, explorar, analizar. **2.** Darse cuenta de que una persona o cosa es la misma que se cree o se busca. *Reconocí a tu hermano por la foto.* **SIN.** Identificar, distinguir. **ANT.** Desconocer. **3.** Confesar una equivocación, dar la razón a otro. *Tengo que reconocer que lo que dices es cierto.* **SIN.** Aceptar, admitir. **ANT.** Negar, rechazar. **4.** En las relaciones internacionales, aceptar nuevas situaciones. *La ONU ha reconocido el nuevo país.* **5.** Manifestar una persona que es cierto lo que otro dice. *Reconoció sus argumentos.* **SIN.** Ratificar, afirmar. **ANT.** Negar, refutar. ✎ v. irreg., se conjuga como parecer.

reconocimiento (re-co-no-ci-**mien**-to) *s. m.* **1.** Acción y efecto de reconocer o reconocerse. *Le dieron los resultados del reconocimiento médico.* **SIN.** Aceptación, admisión, inspección. **2.** Agradecimiento, gratitud. *Le expresó su reconocimiento.*

reconquista (re-con-**quis**-ta) *s. f.* **1.** Acción y efecto de reconquistar. *Se procedió a la reconquista de lo perdido.* **2.** Por antonom., lucha de los cristianos contra los moros en la Península Ibérica hasta la expulsión de éstos en 1492, tras la toma de Granada. **ORT.** Se suele escribir con mayúscula. *La siguiente lección es la Reconquista.*

reconquistar (re-con-quis-**tar**) *v. tr.* **1.** Volver a conquistar una plaza, provincia o reino. *Los Reyes Católicos reconquistaron Granada.* **SIN.** Recobrar, recuperar. **ANT.** Perder. **2.** Recuperar la opinión, el afecto, los bienes, etc. *Reconquistó su cariño.*

reconsiderar (re-con-si-de-**rar**) *v. tr.* Considerar de nuevo un asunto, proposición, tema, etc. *Deberías reconsiderar tu decisión de no perdonarle.*

reconstituir (re-cons-ti-tu-**ir**) *v. tr.* Volver a constituir, rehacer una cosa. **GRA.** También v. prnl. *Reconstituyeron la sociedad.* **SIN.** Reorganizar. ✎ v. irreg., se conjuga como huir.

reconstituyente (re-cons-ti-tu-**yen**-te) *adj.* Se dice especialmente del remedio o medicina que sirve para fortalecer el organismo. **GRA.** También s. m. *El jugo de carne es un buen reconstituyente.* **SIN.** Tónico.

reconstruir (re-cons-tru-**ir**) *v. tr.* **1.** Volver a construir una cosa que está en ruinas o en mal estado. *Reconstruyeron el castillo.* **SIN.** Recomponer, reorganizar. **ANT.** Destruir, asolar, arrasar. **2.** Unir, allegar en la memoria todas las circunstancias de un hecho para completar su conocimiento o el concepto de una cosa. *Reconstruyó los hechos en su imaginación.* ✎ v. irreg., se conjuga como huir.

reconvenir (re-con-ve-**nir**) *v. tr.* *Reprender. ✎ v. irreg., se conjuga como venir.

reconversión (re-con-ver-**sión**) *s. f.* Proceso de adaptación de la economía de un país o un factor de producción a nuevas condiciones técnicas, políticas o sociales. *Llevaron a cabo una reconversión.*

reconvertir (re-con-ver-**tir**) *v. tr.* **1.** Efectuar una reconversión industrial. *Decidieron reconvertir el sector minero.* **2.** Modificar la estructura de algo. *Reconvirtieron la organización de la empresa.* **SIN.** Reestructurar. ✎ v. irreg., se conjuga como sentir.

recopilación (re-co-pi-la-**ción**) *s. f.* **1.** Resumen o reducción breve de una obra o un discurso. *El libro era una recopilación de sus pensamientos.* **2.** Colección de escritos diversos. *Hizo una recopilación de poesías tradicionales.* **SIN.** Antología.

recopilar (re-co-pi-**lar**) *v. tr.* Juntar en compendio, recoger o unir diversas cosas, especialmente de escritos literarios. *Recopilaron sus poemas.* **SIN.** Coleccionar, compilar, reunir.

récord (**ré**-cord) *s. m.* **1.** Prueba fehaciente de una hazaña deportiva digna de registrarse. *Tenía el récord de los 100 m.* **SIN.** Marca. **2.** Esta misma hazaña. *Batió su propio récord.* **3.** Por ext., resultado máximo o mínimo en otras actividades. *El disco fue un récord de ventas.*

recordar (re-cor-**dar**) *v. tr.* **1.** Traer a la memoria una cosa. **GRA.** También v. intr. *Recuerdo que de niños jugábamos en un parque que había al lado de la casa.* **SIN.** Acordarse, evocar, rememorar, retener. **ANT.** Olvidar, soterrar. **2.** Hacer que alguien tenga presente alguna cosa. **GRA.** También v. intr. y v. prnl. *Recuerda que tienes que regar las flores. Recuerda que mi cumpleaños es mañana.* **3.** Parecerse una cosa a otra. *Su cara me recordaba a la de su madre.* **SIN.** Semejar, tirar. ‖ *v. intr.* **4.** *amer.* Despertar la persona que está dormida. **GRA.** También v. prnl. ✎ v. irreg., se conjuga como contar.

recordatorio (re-cor-da-**to**-rio) *s. m.* **1.** Aviso, advertencia, comunicación u otro medio para hacer

recordman - rectificar

recordar alguna cosa. *Su advertencia sirvió como recordatorio.* **2.** Tarjeta o impreso, en especial, estampa religiosa con motivo de la primera comunión, fallecimiento o aniversario de una persona. *Encargaron los recordatorios de su primera comunión.* **SIN.** Estampa, estampilla.

recordman *s. m.* *Plusmarquista.

recordwoman *s. f.* *Plusmarquista.

recorrer (re-co-**rrer**) *v. tr.* **1.** Atravesar un lugar o espacio o seguir un camino determinado. *Las cigüeñas recorren todos los años el mismo camino en busca de los países cálidos.* **SIN.** Andar, correr, transitar, rodear, viajar, cruzar. **2.** Registrar, mirar con cuidado, andando de una parte a otra, para averiguar lo que se desea saber o hallar. *Recorrió la habitación con su mirada.* **SIN.** Repasar.

recorrido (re-co-**rri**-do) *s. m.* **1.** Espacio que recorre o ha de recorrer una persona o cosa. *Había un largo recorrido hasta la cabaña.* **SIN.** Camino. **2.** Itinerario prefijado. *Van a cambiar el recorrido del autobús.* **SIN.** Trayecto, ruta.

recortable (re-cor-**ta**-ble) *s. m.* Hoja de papel con figuras que se recortan para jugar con ellas o reproducir un modelo. *Se entretiene mucho con los recortables.*

recortado, da (re-cor-**ta**-do) *adj.* **1.** Se dice de aquello que presenta bordes con entrantes y salientes. *Su costa es muy recortada.* **2.** Se dice de las hojas y otras partes de las plantas cuyos bordes tienen muchas y muy señaladas desigualdades. *El acebo tiene las hojas recortadas.*

recortar (re-cor-**tar**) *v. tr.* **1.** Cortar lo que sobra de una cosa. *El peluquero recortó el pelo de mi perro.* **SIN.** Rebanar, podar, perfilar. **2.** Cortar con arte el papel u otra cosa en varias figuras. *Recortó los adornos de Navidad.* **3.** Disminuir, hacer más pequeña una cosa. *Recortaron los presupuestos.* **SIN.** Empequeñecer. **ANT.** Agrandar, ampliar.

recorte (re-**cor**-te) *s. m.* **1.** Acción y efecto de recortar. *Planteó un recorte de presupuestos.* **SIN.** Cercenadura, recortadura. **2.** Noticia breve de un periódico. *Guardó el recorte.* **SIN.** Artículo. ‖ *s. m. pl.* **3.** Porciones o cortaduras excedentes de cualquier materia recortada que se trabaja hasta reducirla a la forma necesaria. *Aprovecha los recortes de madera.* **SIN.** Parte, pedazo, resto, sobras.

recostar (re-cos-**tar**) *v. tr.* **1.** Reclinar la parte superior del cuerpo la persona que está de pie o sentada. **GRA.** También v. prnl. *Recostó la cabeza en su hombro.* **2.** Reclinar, inclinar una cosa. **GRA.** También v. prnl. *Recostó el cuadro sobre el caballete.* **SIN.** Apoyar(se). ✎ v. irreg., se conjuga como contar.

recoveco (re-co-**ve**-co) *s. m.* **1.** Vuelta y revuelta de un callejón, pasillo, arroyo, etc. *Ese camino tiene muchos recovecos.* **SIN.** Ángulo, esquina, rincón. **2.** Lugar escondido. *Anduvimos por muchos recovecos.* **3.** Fingimiento de que alguien se vale para conseguir un fin. *Dímelo sin tanto recoveco.* **SIN.** Artificio, impostura, rodeo.

recrear (re-cre-**ar**) *v. tr.* **1.** Causar regocijo y alegría. **GRA.** También v. prnl. *Le recrea bastante ver películas del Oeste.* **SIN.** Divertir(se), alegrar(se), deleitar(se), entretener(se), complacer. **ANT.** Fastidiar, molestar, cansar(se), aburrir(se). **2.** Producir de nuevo una cosa. *Recreó su obra poética.*

recreativo, va (re-cre-a-**ti**-vo) *adj.* Que recrea o es capaz de causar recreación. *Le regalaron unos juegos recreativos.*

recreo (re-**cre**-o) *s. m.* **1.** Acción y efecto de recrear. *Lo hizo para su propio recreo.* **2.** Lugar preparado o apto para diversión. *En la urbanización están construyendo un área de recreo.* **3.** En los colegios, suspensión de la clase durante un breve período de tiempo destinado al juego. *Llevaba un bocadillo para el recreo.*

recriar (re-cri-**ar**) *v. tr.* Fomentar, a fuerza de pasto y pienso, el desarrollo de caballos u otros animales nacidos y criados en distinta región. *Recriaba terneros.* ✎ En cuanto al acento, se conjuga como desviar.

recriminar (re-cri-mi-**nar**) *v. tr.* **1.** Echar en cara a alguien su mala conducta. *Le recriminó su falta de tacto.* **SIN.** Acusar, afear, reprochar. **ANT.** Elogiar, loar. ‖ *v. prnl.* **2.** Reñir, acusarse dos o más personas. *Se recriminaban mutuamente.* **SIN.** Reñir, acusarse.

recrudecer (re-cru-de-**cer**) *v. intr.* Tomar nuevo incremento un mal físico o moral o un afecto o cosa desagradable, después de haber empezado a remitir o ceder. **GRA.** También v. prnl. *La batalla volvió a recrudecerse.* **SIN.** Avivarse, enconarse, exacerbarse, redoblarse. **ANT.** Disminuirse, decrecer, remitir. ✎ v. irreg., se conjuga como parecer.

rectal (rec-**tal**) *adj.* Que pertenece o se refiere al intestino recto. *Vía rectal.* **SIN.** Intestinal.

rectángulo (rec-**tán**-gu-lo) *s. m.* Polígono de cuatro ángulos rectos y de lados iguales dos a dos. *El terreno de juego de un campo de fútbol tiene la forma de un rectángulo.*

rectificar (rec-ti-fi-**car**) *v. tr.* **1.** Corregir una cosa que estaba mal. *Rectificó la dirección que estaba confun-*

rectilíneo - recurso

dida. **SIN.** Enmendar, modificar, enderezar, reformar. **2.** Modificar las propias opiniones o conducta. *Rectificó lo dicho.* **3.** Mecanizar una pieza para que tenga sus medidas exactas. *Rectificó el motor.* ⇨ Se conjuga como abarcar.

rectilíneo, a (rec-ti-**lí**-ne-o) *adj.* **1.** Que está formado por líneas rectas. *Dibuja una figura rectilínea.* **2.** Que sigue la línea recta. *Llevaba una trayectoria rectilínea.*

rectitud (rec-ti-**tud**) *s. f.* Justicia, honradez. *Se comportó con toda rectitud.* **SIN.** Honestidad, integridad. **ANT.** Deshonestidad, falsedad.

recto, ta (**rec**-to) *adj.* **1.** Que no se inclina a un lado ni a otro. *La Torre de Pisa no está recta.* **SIN.** Directo, derecho. **ANT.** Doblado, curvo, ondulado. **2.** Se dice de la persona justa. *Los jueces deben ser rectos.* **SIN.** Íntegro, honrado, equitativo. **ANT.** Injusto, parcial. **3.** *Línea recta. **GRA.** También s. f.

rector, ra (rec-**tor**) *s. m. y s. f.* **1.** Superior encargado del gobierno y mando de una comunidad, hospital o colegio. *Habló con el rector del patronato.* **SIN.** Abad. ‖ *s. m.* **2.** Superior de una universidad y su distrito. *Le nombraron rector de la universidad.*

rectorado (rec-to-**ra**-do) *s. m.* **1.** Oficio, cargo y oficina del rector. *Ocupó el rectorado.* **2.** Tiempo que se ejerce. *No había tenido ningún problema en sus años de rectorado.*

rectoral (rec-to-**ral**) *s. f.* Vivienda del párroco en algunos lugares. *La rectoral está enfrente de la iglesia.*

rectoscopia (rec-tos-**co**-pia) *s. f.* Examen visual del intestino grueso por vía rectal. *Tengo que ir al médico para que me haga una rectoscopia.*

recua (**re**-cua) *s. f.* **1.** Conjunto de animales. *Guiaba una recua de vacas.* **SIN.** Reata. **2.** *fam.* Muchedumbre de cosas que van o siguen unas detrás de otras. *Iba con toda la recua.* **SIN.** Fila, hilera, atajo.

recuadrar (re-cua-**drar**) *v. tr.* Cuadrar o cuadricular. *Recuadró el dibujo.*

recuadro (re-**cua**-dro) *s. m.* **1.** Compartimiento o división en forma de cuadro. *Pintó cada recuadro de un color.* **2.** En los periódicos, espacio encerrado por líneas para resaltar lo que se ha incluido en él. *El anuncio aparece en uno de los recuadros de las ofertas de trabajo del periódico.* **SIN.** Encuadre.

recubrir (re-cu-**brir**) *v. tr.* **1.** Volver a cubrir. *Recubrió la figura con un baño de laca.* **SIN.** Barnizar, cromar, entoldar, laminar, revestir, empastar. **2.** *Retejar. ⇨ Tiene p. p. irreg., recubierto.

rocuento (re-**cuen**-to) *s. m.* **1.** Cuenta o segunda cuenta que se hace de una cosa. *Hizo el recuento del ganado.* **2.** Cómputo, inventario. *Están realizando el recuento de votos.*

recuerdo (re-**cuer**-do) *s. m.* **1.** Memoria de una cosa pasada. *Guardo un buen recuerdo de aquel día.* **SIN.** Rememoración, evocación, remembranza. **ANT.** Olvido. **2.** Regalo. *Te he traído un recuerdo de París.* **SIN.** Obsequio, presente. ‖ *s. m. pl.* **3.** Saludo que una persona envía a alguien a través de otro. *Dale recuerdos a Luis de mi parte.*

recular (re-cu-**lar**) *v. intr.* **1.** Andar hacia atrás, retroceder. *Al cruzarse con otro automóvil tuvo que recular.* **SIN.** Desandar. **2.** *fam.* Ceder alguien en su juicio u opinión. *Tuvo que recular ante sus argumentos.*

recuperación (re-cu-pe-ra-**ción**) *s. f.* **1.** Acción y efecto de recuperar o recuperarse. *Experimentó una pronta recuperación.* **SIN.** Recobro, reparación, rescate. **2.** Examen que se realiza para aprobar una materia que había sido suspendida en un examen anterior. *Mañana es el examen de recuperación de lengua.* **SIN.** Repesca.

recuperar (re-cu-pe-**rar**) *v. tr.* **1.** Volver a tener algo que se había perdido. *Los buzos recuperaron el viejo tesoro hundido.* **SIN.** Recobrar, reconquistar, rescatar. **ANT.** Perder. **2.** Volver a dar utilidad a lo que antes era inservible. *Recuperaron la vieja casa como balneario.* **SIN.** Restaurar. **3.** Trabajar un tiempo para compensar otro que no se había trabajado. *Le faltaban dos horas por recuperar.* **SIN.** Amortizar. **4.** Aprobar una materia que se tenía suspensa. *Tengo que recuperar la primera evaluación de física.* **ANT.** Suspender. ‖ *v. prnl.* **5.** Volver a encontrarse bien después de una enfermedad. *Se recuperó de la operación con rapidez.* **SIN.** Curarse, reanimarse, mejorarse, restablecerse, reponerse. **6.** Volver alguien a un estado de normalidad que antes había perdido. *Se recuperó del susto.* **SIN.** Recobrarse, sanar, convalecer. **ANT.** Empeorar.

recurrente (re-cu-**rren**-te) *adj.* Se dice de lo que vuelve a suceder o a aparecer después de un tiempo. *Su actitud para con él es recurrente.*

recurrir (re-cu-**rrir**) *v. intr.* **1.** Acudir a un juez o autoridad con una demanda o petición. *Recurrió ante los tribunales por la sanción que le fue impuesta.* **SIN.** Apelar, reclamar, demandar. **2.** Valerse de alguien o algo para conseguir una cosa. *Recurrió a sus padres para que la ayudasen.* **SIN.** Ampararse.

recurso (re-**cur**-so) *s. m.* **1.** Medio que se emplea para conseguir lo que se pretende o salir airoso de una situación. *No tuvo más recurso que salir corriendo.* **2.** Memorial, solicitud, petición por escrito.

recusar - redoblar

Presentó un recurso. **3.** Acción que concede la ley al interesado en juicio o en otro procedimiento para reclamar contra las resoluciones, bien ante la autoridad que las dictó, bien ante alguna otra. *Hizo un recurso de alzada.* ‖ *s. m. pl.* **4.** Bienes, medios de subsistencia. *No tiene recursos, vive de la caridad de los demás.* **5.** Conjunto de medios disponibles para resolver una necesidad. *Gracias a sus recursos pudo mantenerse a flote.* ‖ **6. recurso contencioso-administrativo** Aquel que se interpone contra las resoluciones de la Administración.

recusar (re-cu-**sar**) *v. tr.* **1.** No querer admitir o aceptar una cosa, rechazándola. *Recusó el alegato.* **SIN.** Denegar, rehusar. **ANT.** Admitir, aceptar, recibir.

red *s. f.* **1.** Aparejo hecho con hilos, cuerdas o alambres trabados en forma de mallas, y dispuesto para pescar, cazar, sujetar, etc. *Los pescadores sacaron las redes llenas de peces.* **SIN.** Malla. **2.** Tejido de mallas. *Tiene una chaqueta de red.* **3.** Redecilla para el pelo. *Se puso la red para dormir.* **4.** Engaño. *Cayó en sus redes.* **5.** Conjunto de calles afluentes a un mismo punto. *Diseñó una nueva red de carreteras.* **6.** Conjunto y trabazón de cosas que obran en favor o en contra de un fin o de un intento. *La policía desmanteló una red de traficantes.* **SIN.** Organización. **7.** Conjunto de establecimientos o construcciones distribuidos por varios lugares y que pertenecen a una sola empresa. *Es dueño de una red de gasolineras.* **SIN.** Cadena. **8.** Conjunto de ordenadores que están conectados entre sí. *Internet es una red informática mundial.* **9. red comercial** Conjunto de todos los canales de distribución posibles con los que cuenta un comerciante para hacer llegar su producto al consumidor. ‖ **LOC. caer alguien en la red** *fam.* Caer en la trampa.

redacción (re-dac-**ción**) *s. f.* **1.** Composición escrita sobre un tema. *El ejercicio de lengua era una redacción.* **SIN.** Narración, descripción. **2.** Acción y efecto de redactar. *La redacción no es muy buena.* **3.** Lugar u oficina donde se redacta. *La noticia llegó pronto a la redacción del diario local.* **4.** Conjunto de redactores de una publicación periódica, editorial, etc. *Hablaron con la directora de la redacción.*

redactar (re-dac-**tar**) *v. tr.* Poner por escrito cosas sucedidas, noticias o una cosa pensada con anterioridad. *Redactó un escrito.* **SIN.** Escribir, componer.

redactor, ra (re-dac-**tor**) *s. m. y s. f.* Que forma parte de una redacción. *Trabaja de redactor para un conocido periódico.* **SIN.** Gacetillero, periodista.

redada (re-**da**-da) *s. f., fam.* Operación policial que consiste en apresar de una vez a un conjunto de personas. *La policía efectuó una redada en el barrio viejo.* **SIN.** Apresamiento, arresto.

redaños (re-**da**-ños) *s. m. pl.* Fuerzas, valor. *Le dijo que no tenía redaños.* **SIN.** Arrestos, agallas.

redecilla (re-de-**ci**-lla) *s. f.* **1.** Tejido de mallas con que se hacen las redes. *Compré varios metros de redecilla para ir a pescar.* **2.** Prenda de malla, en figura de bolsa, y con cordones o cintas usada para recoger el pelo o adornar la cabeza. *Sujétate el pelo con una redecilla.* **3.** Segunda de las cuatro cavidades en que se divide el estómago de los rumiantes. *En la redecilla se almacena el alimento antes de ser rumiado.*

redentor, ra (re-den-**tor**) *adj.* **1.** Que redime. *No quiero que seas el redentor de mis culpas.* **GRA.** También s. m. y s. f. **SIN.** Emancipador, eximente, libertador, rescatador. **2.** Por antonom., Jesucristo. *Jesucristo fue el redentor de la Humanidad.* **SIN.** Salvador. ‖ **LOC. meterse alguien a redentor** Entrometerse en los asuntos ajenos.

redicho, cha (re-**di**-cho) *adj., fam.* Se dice de la persona que habla pronunciando las palabras con una perfección afectada. *Luis es un redicho.* **SIN.** Pedante, enfático, afectado. **ANT.** Natural.

redil (re-**dil**) *s. m.* Aprisco rodeado con un vallado de estacas y redes, o de trozos de barrera armados con listones. *Metió a las ovejas en el redil.* **SIN.** Majada, apero. ‖ **LOC. volver alguien al redil** Volver a la buena vida. | Retornar al grupo, familia, etc. del que se había separado.

redimir (re-di-**mir**) *v. tr.* **1.** Rescatar o sacar de esclavitud al cautivo mediante un precio. **GRA.** También v. prnl. *Jesucristo nos redimió del pecado.* **SIN.** Libertar, soltar, salvar. **ANT.** Condenar, encerrar. **2.** Poner fin a un ultraje, castigo, dolor, etc. **GRA.** También v. prnl. *Sólo pedía que le redimieran de sus dolores.*

redistribuir (re-dis-tri-bu-**ir**) *v. tr.* **1.** Distribuir algo de nuevo. *Han vuelto a redistribuir la gente en las salas.* **2.** Distribuir algo de forma diferente. *Redistribuyó los muebles del salón.* ✎ v. irreg., se conjuga como huir.

rédito (**ré**-di-to) *s. m.* Beneficio o renta que produce un capital. *El dinero que tenía en el banco le producía buenos réditos.* **SIN.** Interés, rendimiento.

redoblar (re-do-**blar**) *v. tr.* **1.** Aumentar una cosa otro tanto al doble de lo que antes era. **GRA.** También v. prnl. *En pocos años se había redoblado el*

redoble - reembarcar

número de estudiantes. **SIN.** Acrecentar, incrementar. **ANT.** Disminuir, dividir. || *v. intr.* **2.** Tocar redobles en el tambor. *Redoblaban los tambores de la banda del regimiento.*

redoble (re-**do**-ble) *s. m.* Toque vivo sostenido que se produce tocando rápidamente el tambor con los palillos. *A lo lejos se oían los redobles del tambor.*

redomado, da (re-do-**ma**-do) *adj.* Que posee en alto grado la cualidad negativa que se le atribuye. *Tonto redomado.*

redondear (re-don-de-**ar**) *v. tr.* **1.** Poner redonda una cosa. **GRA.** También v. prnl. *Redondeó las esquinas.* **2.** Hablando de cantidades, prescindir de fracciones para completar unidades de cierto orden. *Son 998, 1000 para redondear.* **3.** Terminar algo de modo satisfactorio. *Redondeó su trabajo con un toque especial.* **SIN.** Acabar, pulir.

redondel (re-don-**del**) *s. m.* **1.** *fam.* Círculo o circunferencia. *Dibuja un redondel.* **2.** *fam.* Espacio destinado a la lidia, en las plazas de toros. *El toro salió al redondel con furia.* **SIN.** Arena, ruedo.

redondilla (re-don-**di**-lla) *s. f.* Combinación métrica de cuatro versos octosílabos, en la cual riman el primero con el cuarto y el segundo con el tercero. *"(a) La tarde más se oscurece / (b) y el camino que serpea / y débilmente blanquea / (a) se enturbia y desaparece"* es una redondilla de A. Machado.

redondo, da (re-**don**-do) *adj.* **1.** Que tiene forma de círculo o esfera. *La tierra es redonda.* **SIN.** Circular, esférico. **2.** Perfecto, bien logrado. *Es una película redonda, la mejor del director.* **SIN.** Cabal, acertado. **ANT.** Imperfecto, contrahecho. || *s. m.* **3.** Pieza de carne de res, procedente de la parte inmediata a la contratapa. *Es redondo de novillo.* || **LOC. en redondo** En circuito, en circunferencia o alrededor. | Rotundamente, claramente. **salir algo redondo** Resultar perfecto.

reducir (re-du-**cir**) *v. tr.* **1.** Hacer una cosa más pequeña. *Tuve que reducir mi exposición por falta de tiempo.* **SIN.** Aminorar, disminuir, abreviar. **ANT.** Agrandar, aumentar, ampliar. **2.** Hacer que un cuerpo cambie de estado. *Lo redujo a polvo.* **SIN.** Transformar, cambiar, licuar. **3.** Persuadir a alguien por medio de razones. *La policía redujo a los atracadores.* **SIN.** Convencer, convertir, disuadir. **4.** En matemáticas, expresar el valor de una cantidad en unidades de distinta especie. *Redujo los metros a milímetros.* **5.** En medicina, colocar en su lugar correcto un hueso o articulación dislocada. *Antes de escayolarle la pierna, le redujo la fractura.* **6.** En cocina, dejar hervir un líquido para que aumente su concentración. *Sube el fuego para reducir la salsa.* || *v. prnl.* **7.** No tener algo mayor significado o importancia que la que se expresa. *Todo se redujo a un pequeño malentendido.* **SIN.** Consistir, limitarse. ✎ v. irreg., se conjuga como conducir.

reducto (re-**duc**-to) *s. m.* **1.** Fortificación cerrada en la que se hace fuerte un grupo de un ejército. *Se hizo fuerte en aquel reducto.* **SIN.** Asilo, defensa. **2.** Lugar que sirve de refugio a alguien. *Aquella buhardilla era un reducto.*

redundancia (re-dun-**dan**-cia) *s. f.* **1.** *Demasía. **2.** Repetición innecesaria de una palabra o concepto. *Explícalo bien, pero sin caer en la redundancia.* **SIN.** Reiteración, pleonasmo.

redundar (re-dun-**dar**) *v. intr.* Venir a parar una cosa en beneficio o daño de alguien. *Redunda en su propio provecho.* **SIN.** Causar, originar.

reduplicación (re-du-pli-ca-**ción**) *s. f.* Figura que consiste en repetir consecutivamente un mismo vocablo en una frase o miembro del período. *En sus poesías abusa de la reduplicación.*

reduplicar (re-du-pli-**car**) *v. tr.* Redoblar, aumentar una cosa al doble. *Reduplicó las ganancias.* **SIN.** Acrecer, incrementar, intensificar. **ANT.** Mermar, disminuir. ✎ Se conjuga como abarcar.

reedición (re-e-di-**ción**) *s. f.* Nueva edición de un libro o publicación. *Es la tercera reedición de la obra.*

reedificar (re-e-di-fi-**car**) *v. tr.* Volver a edificar o a construir de nuevo lo arruinado o lo que se derriba con esa intención. *Reedificó el palacio.* **SIN.** Reconstruir. **ANT.** Derruir. ✎ Se conjuga como abarcar.

reeditar (re-e-di-**tar**) *v. tr.* Volver a editar una obra. *Va a reeditar la novela.* **SIN.** Reimprimir.

reeducar (re-e-du-**car**) *v. tr.* Volver a enseñar, por medio de ciertos movimientos y maniobras, el uso de los miembros u otros órganos, perdidos o dañados por algunas enfermedades. *Tenía que ir a rehabilitación para reeducar sus manos.* **SIN.** Rehabilitar. ✎ Se conjuga como abarcar.

reelegir (re-e-le-**gir**) *v. tr.* Volver a elegir. *La reeligieron como representante del consejo escolar por tercer año consecutivo.* **SIN.** Confirmar, ratificar. **ANT.** Denegar, rechazar. ✎ v. irreg., se conjuga como pedir. Tiene doble p. p.; uno reg., reelegido, y otro irreg., reelecto. Se escribe "j" en vez de "g" seguido de "-a" y "-o".

reembarcar (re-em-bar-**car**) *v. tr.* Volver a embarcar. *Reembarcó en el mismo crucero.* ✎ Se conjuga como abarcar.

reembolsar - reflejo

reembolsar (re-em-bol-**sar**) *v. tr.* Recuperar una cantidad la persona que la había desenvolsado antes. **GRA.** También v. prnl. *Voy al banco para que me reembolsen las acciones.* **SIN.** Pagar. **ANT.** Cobrar.

reembolso (re-em-**bol**-so) *s. m.* Cantidad que, en nombre del remitente, reclaman al destinatario la administración de Correos o agencias similares, a cambio del envío que le entregan. *Lo enviaron contra reembolso.*

reemplazar (re-em-pla-**zar**) *v. tr.* **1.** Sustituir una cosa por otra haciendo sus veces. *Reemplazó el viejo sofá por uno mucho más cómodo.* **SIN.** Relevar, suplir, representar. **2.** Suceder a alguien en el empleo, cargo o comisión que tenía o hacer accidentalmente sus veces. *Reemplazó a su compañero.* **SIN.** Suplantar, representar. ⌇ Se conjuga como abrazar.

reemplazo (re-em-**pla**-zo) *s. m.* Renovación parcial del contingente del ejército activo en los plazos establecidos por la ley. *Pertenecemos al mismo reemplazo.* **SIN.** Enganche, quinta, reclutamiento.

reemprender (re-em-pren-**der**) *v. tr.* Volver a emprender algo. *Reemprendimos la marcha.*

reencarnar (re-en-car-**nar**) *v. tr.* Volver a encarnar. **GRA.** También v. prnl. *Buda se reencarnó en el Dalai Lama.* **SIN.** Reaparecer, resucitar.

reencontrar (re-en-con-**trar**) *v. tr.* Volver a encontrar. **GRA.** También v. prnl. *Se reencontraron años después.*

reengancharse (re-en-gan-**char**-se) *v. prnl.* **1.** Volver a engancharse como soldado alguien que ya había prestado este servicio. *Había decidido reengancharse.* **2.** Volver a hacer cualquier actividad. *Se reenganchó en el grupo de montaña.*

reestrenar (re-es-tre-**nar**) *v. tr.* Volver a estrenar una película u obra de teatro algún tiempo después de su estreno. *Reestrenaron la obra.* **SIN.** Reponer.

reestructurar (re-es-truc-tu-**rar**) *v. tr.* Cambiar la estructura de una obra, proyecto, etc. *Decidieron reestructurar la empresa con una nueva organización.* **SIN.** Reorganizar, sistematizar.

refajo (re-**fa**-jo) *s. m.* Falda corta y con vuelo que se usaba, unas veces como prenda interior y otras encima de las enaguas. *Ese traje regional lleva refajo.*

refectorio (re-fec-**to**-rio) *s. m.* *Comedor.

referencia (re-fe-**ren**-cia) *s. f.* **1.** Narración o relación de una cosa. *Hizo una breve referencia de los hechos.* **SIN.** Crónica, informe. **2.** Dato que se tiene sobre las cualidades de una persona, especialmente en relación a su trabajo. **GRA.** Se usa más en pl. *Tenía buenas referencias de él.* **3.** Relación de dependencia o semejanza de una cosa con otra. *Mi referencia más cercana es mi familia.* **SIN.** Modelo.

referéndum (re-fe-**rén**-dum) *s. m.* Consulta que se hace al pueblo en un tema de interés nacional. *Hubo una masiva asistencia de votantes en el referéndum.* **SIN.** Plebiscito. ⌇ Su pl. es "referendos".

referente (re-fe-**ren**-te) *adj.* **1.** Que refiere o hace relación a otra cosa. *No dijo nada referente a la política.* **SIN.** Alusivo, concerniente, relativo. ‖ *s. m.* **2.** Realidad a la cual se refiere el signo lingüístico. *El referente de una palabra cambia según el contexto en el que esté inscrita.*

referir (re-fe-**rir**) *v. tr.* **1.** Contar algo. *Les referí mi último sueño.* **SIN.** Relatar, narrar. ‖ *v. prnl.* **2.** Decir algo de un ser vivo o cosa. *Se refería a ti cuando dijo que nadie le había ayudado.* **SIN.** Aludir, citar. ▸ *Aludir. ⌇ v. irreg., se conjuga como sentir.

refilón, de *loc. adv.* De pasada. *En la conversación se tocó el tema de refilón.*

refinado, da (re-fi-**na**-do) *adj.* Sobresaliente, muy fino en cualquier especie. *Tiene una educación muy refinada.* **SIN.** Delicado, distinguido. **ANT.** Tosco.

refinamiento (re-fi-na-**mien**-to) *s. m.* Esmero, buen gusto. *Tiene mucho refinamiento.* **SIN.** Delicadeza.

refinar (re-fi-**nar**) *v. tr.* **1.** Hacer una cosa más fina y pura, separando las heces y materias heterogéneas. *Refinaban el aceite.* **SIN.** Depurar, tamizar. ‖ *v. prnl.* **2.** Perfeccionar una persona sus modales y sus gustos. *Con el tiempo se refinó mucho.* **SIN.** Educar.

refinería (re-fi-ne-**rí**-a) *s. f.* **1.** Instalación industrial en la que se refinan determinados productos. *Instalaron una nueva refinería.* ‖ **2. refinería de petróleo** Planta de tratamiento en la que se transforma el petróleo en un gran número de productos.

reflectar (re-flec-**tar**) *v. intr.* Reflejar la luz, el calor, etc. *El espejo reflectaba la luz.*

reflejar (re-fle-**jar**) *v. tr.* **1.** Hacer retroceder o cambiar de dirección la luz, el sonido, el calor, etc., oponiéndoles una superficie lisa. **GRA.** También v. prnl. *Con un espejo reflejaba los rayos de Sol en la pared.* **SIN.** Reflectar, reververar. **2.** Formarse en una superficie lisa, como un espejo o el agua, la imagen de algo. **GRA.** También v. prnl. *Las montañas se reflejaban en la laguna.* **3.** Dejarse ver una cosa en otra. *Su rostro reflejaba sus sentimientos.* **4.** Hacer patente una cosa. *Reflejó sus conocimientos sobre música en la redacción.* **SIN.** Evidenciarse.

reflejo, ja (re-**fle**-jo) *adj.* **1.** Se dice de los actos que obedecen a excitaciones no percibidas por la conciencia. *Fue un acto reflejo.* **SIN.** Automático, espontáneo, inconsciente, involuntario, maquinal. ‖ *s. m.* **2.** Luz reflejada. *Se veía el reflejo de la luz de la cocina.* **3.** Representación, imagen, muestra. *El auge económico era un reflejo de la buena situación que atravesaba el país.* **4.** Lo que pone de manifiesto una cosa. *Sus dimensiones son el reflejo de los esfuerzos empleados en su construcción.* ‖ *s. m. pl.* **5.** Capacidad de alguien para reaccionar rápida y eficazmente ante algo. *Consiguió esquivar al otro coche gracias a sus reflejos.*

reflexión (re-fle-**xión**) *s. f.* **1.** Acción y efecto de reflejar o reflejarse. *Estudiaron el fenómeno de la reflexión de la luz.* **SIN.** Reverberación. **2.** Acción y efecto de reflexionar. *Estaba metido en sus reflexiones.* **SIN.** Consideración, meditación, ponderación. **3.** Advertencia o consejo con que una persona intenta persuadir o convencer a otra. *No hizo caso de sus reflexiones.* **SIN.** Amonestación, precaución.

reflexionar (re-fle-xio-**nar**) *v. tr.* Considerar nueva o detenidamente una cosa. *Deberías reflexionarlo con calma.* **SIN.** Calcular, meditar, cavilar, recapacitar. **ANT.** Repentizar, improvisar.

reflexivo, va (re-fle-**xi**-vo) *adj.* **1.** Acostumbrado a hablar y a obrar con reflexión. *Es una persona muy reflexiva.* **SIN.** Caviloso, pensativo, sensato. **ANT.** Irreflexivo. **2.** Se dice del verbo cuya acción recae sobre el mismo ser que la ejecuta. *Lavarse.*

reflujo (re-**flu**-jo) *s. m.* Movimiento de descenso de la marea. *Había reflujo.* **SIN.** Bajamar, regolfo.

reforestar (re-fo-res-**tar**) *v. tr.* Repoblar un terreno con árboles y otras especies forestales. *Van a reforestar esa zona.* **SIN.** Replantar.

reforma (re-**for**-ma) *s. f.* **1.** Acción y efecto de reformar o reformarse. *Mañana empiezan con la reforma del edificio.* **2.** Lo que se propone, proyecta o ejecuta como innovación o mejora en alguna cosa. *Aprobaron la reforma.* **SIN.** Corrección, enmienda, perfeccionamiento. **3.** Movimiento religioso, iniciado en el s. XVI, que originó la formación de las Iglesias protestantes. **ORT.** En esta acepción suele escribirse con mayúscula. *Lutero fue el promotor de la Reforma.*

reformar (re-for-**mar**) *v. tr.* **1.** Volver a formar, rehacer. *Reformaron la vivienda.* **2.** Modificar algo para mejorarlo. *Reformaron el código de la circulación.* **SIN.** Reparar, restaurar, reponer, restablecer. **3.** Corregir la conducta de una persona haciendo que abandone su comportamiento. *Consiguió reformar sus malos hábitos.* ‖ *v. prnl.* **4.** Corregirse en las costumbres o porte. *Aprendió la lección y se reformó.* **SIN.** Enmendarse, enderezarse.

reformatorio (re-for-ma-**to**-rio) *s. m.* Centro en donde, por medios educativos especiales, se trata de modificar la inadecuada conducta de algunos jóvenes. *Había pasado dos años en el reformatorio.* **SIN.** Correccional.

reformismo (re-for-**mis**-mo) *s. m.* Cada una de las doctrinas que tienden al cambio y mejora de una situación social, política, etc. *Su grupo era partidario del reformismo social.*

reforzar (re-for-**zar**) *v. tr.* **1.** Añadir nuevas fuerzas a una cosa. *Reforzaron la democracia.* **SIN.** Acrecentar, vigorizar, fortalecer. **ANT.** Debilitar. **2.** Animar, alentar, dar espíritu. **GRA.** También v. prnl. *Reforzó sus esperanzas de conseguirlo.* **SIN.** Vigorizar, alentar. **ANT.** Desanimar. **3.** En fotografía, dar un baño especial a los negativos para aumentar el contraste de las imágenes. *Tuvo que reforzar los negativos porque tenían poco contraste.* v. irreg., se conjuga como contar. Se escribe "c" en vez de "z" seguido de "-e".

refractar (re-frac-**tar**) *v. tr.* Hacer que cambie de dirección el rayo de luz que pasa oblicuamente de un medio a otro de diferente densidad. **GRA.** También v. prnl. *Al atravesar la lente, el rayo se refractó.* **SIN.** Refringir, desviar.

refractómetro (re-frac-**tó**-me-tro) *s. m.* Aparato para medir el índice de refracción. *Utilizaron el refractómetro para analizar la composición del líquido.*

refrán (re-**frán**) *s. m.* Dicho agudo y sentencioso de uso común. *"Más vale pájaro en mano que ciento volando" es un refrán muy conocido.* **SIN.** Adagio, aforismo, máxima, proverbio. ‖ **LOC. tener muchos refranes, o tener refranes para todo** *fam.* Hallar salida para cualquier cosa.

refranero (re-fra-**ne**-ro) *s. m.* Colección de refranes. *Le gustaba leer el refranero.*

refregar (re-fre-**gar**) *v. tr.* **1.** Restregar una cosa con otra. **GRA.** También v. prnl. *Refriega con fuerza los puños de la camisa, están muy sucios.* **SIN.** Frotar(se), restregar(se). **2.** *fam.* Echar en cara a alguien una cosa que le ofende, insistiendo en ella. *Se lo refregaba siempre que podía.* v. irreg., se conjuga como acertar. Se escribe "gu" en vez de "g" seguido de "-e".

refrenar (re-fre-**nar**) *v. tr.* Contener, reprimir el ánimo o las maneras. **GRA.** También v. prnl. *Refrenó su ira.* **SIN.** Comedirse, contenerse, moderarse, corregirse. **ANT.** Soltarse, excederse, extralimitarse.

refrendar (re-fren-**dar**) *v. tr.* **1.** Autorizar un despacho u otro documento por medio de la firma de

refrescar - refulgir

una persona hábil para ello. *El abogado refrendó el documento.* **SIN.** Legalizar, legitimar. **2.** Corroborar una cosa afirmándola. *Refrendó su declaración.* **SIN.** Ratificar, autorizar. **ANT.** Negar, vetar, prohibir.

refrescar (re-fres-**car**) *v. tr.* **1.** Disminuir o rebajar el calor de una cosa. **GRA.** También v. prnl. *Una ducha fría te refrescará.* **SIN.** Atemperar(se), moderar(se), enfriar(se). **ANT.** Calentar(se), inflamar(se). **2.** Renovar un sentimiento, recuerdo, etc. *Aquella foto le refrescó sus recuerdos.* **SIN.** Evocar, rememorar. ‖ *v. intr.* **3.** Coger fuerzas. *Hizo un alto en el camino para refrescar.* **SIN.** Reponerse, restablecerse. **4.** Atemperarse el calor del aire. *Por las noches refresca mucho.* **SIN.** Enfriar. **5.** Tomar el fresco. **GRA.** También v. prnl. *Salió a refrescarse.* **6.** Beber una cosa que refresque. **GRA.** También v. prnl. *Se refrescó con un frío zumo de naranja.* ✎ Se conjuga como abarcar.

refresco (re-**fres**-co) *s. m.* **1.** Bebida sin alcohol que se suele tomar fría y que generalmente se hace a partir de alguna fruta con agua y azúcar. *Me encantan los refrescos con sabor a limón.* **2.** Agasajo de bebidas, dulces, etc. que se da en las visitas u otras concurrencias. *Nos ofreció un refresco.* **SIN.** Refrigerio, piscolabis. ‖ **LOC. de refresco** De nuevo. Se dice de lo que se añade para un fin. | Se dice del animal que se utiliza como supletorio en grandes trayectos o en trabajos fuertes.

refriega (re-**frie**-ga) *s. f.* Combate de menos importancia que la batalla. *Hubo una refriega entre los soldados y los rebeldes.* **SIN.** Escaramuza, lucha.

refrigeración (re-fri-ge-ra-**ción**) *s. f.* Acción y efecto de refrigerar o refrigerarse. *En aquel local había muy buena refrigeración.*

refrigerador, ra (re-fri-ge-ra-**dor**) *adj.* **1.** Se dice de los aparatos e instalaciones para refrigerar. **GRA.** También s. m. *Instalación refrigeradora.* ‖ *s. m.* **2.** Electrodoméstico con refrigeración eléctrica para conservar alimentos. *Saca la botella abierta de leche del refrigerador.* **SIN.** Frigorífico, nevera, helador.

refrigerar (re-fri-ge-**rar**) *v. tr.* **1.** Refrescar, disminuir el calor. **GRA.** También v. prnl. *Pon un rato el ventilador para ver si refrigera un poco el ambiente.* **SIN.** Enfriar(se), helar(se), refrescar(se). **ANT.** Calentar(se), inflamar(se), achicharrar(se). **2.** Enfriar en cámaras especiales alimentos y otros productos para su conservación. *Este frigorífico no refrigera bien.* **SIN.** Congelar, conservar. **3.** Reparar las fuerzas. **GRA.** También v. prnl. *Necesitaba dormir un rato para refrigerarse.* **SIN.** Refrescarse, descansar.

refrigerio (re-fri-**ge**-rio) *s. m.* **1.** Comida ligera que se toma para recuperar fuerzas. *A media mañana suele tomar un pequeño refrigerio.* **SIN.** Piscolabis, refección, refresco, tentempié. **2.** Alivio o consuelo en cualquier apuro, incomodidad o pena. *Sus palabras de aliento le sirvieron de refrigerio.*

refrito (re-**fri**-to) *s. m.* **1.** Fritura de aceite, cebolla, ajo y algún otro ingrediente, por ejemplo, pimentón, que se añade, bien caliente, durante la cocción de algún guiso. *Falta hacerle el refrito al puré.* **2.** Cosa que se rehace dándole una nueva forma. *Esta novela es un refrito de sus libros anteriores.*

refuerzo (re-**fuer**-zo) *s. m.* **1.** Ayuda que se presta en situación de necesidad. *Llegaron refuerzos de los pueblos vecinos para apagar el fuego.* **SIN.** Amparo, apoyo, auxilio. **2.** Apoyo con que se fortalece o afirma una cosa que puede amenazar ruina. *Un muro de ladrillo servía de refuerzo a la pared.* **SIN.** Estribo, soporte, sostén. ‖ *s. m. pl.* **3.** Tropas que se suman a otras para aumentar su fuerza. *Estaban esperando refuerzos para atacar.*

refugiado, da (re-fu-**gia**-do) *s. m. y s. f.* Persona que, a consecuencia de una guerra o persecución, tiene que buscar asilo en otro país. *Visitaron un campo de refugiados.* **SIN.** Acogido, exiliado, desterrado. **ANT.** Repatriado.

refugiar (re-fu-**giar**) *v. tr.* Acoger o amparar a alguien que sufre algún peligro o persecución. **GRA.** Se usa más como v. prnl. *Llovía tanto que tuvimos que refugiarnos en una cueva.* **SIN.** Acoger(se), amparar(se), asistir, guarecer(se). **ANT.** Desamparar, desguarnecer(se), abandonar(se). ✎ En cuanto al acento, se conjuga como cambiar.

refugio (re-**fu**-gio) *s. m.* **1.** Asilo, acogida o amparo. *Buscó refugio en ella.* **2.** Lugar que sirve para protegerse de algún peligro. *La cueva nos sirvió de refugio.* **3.** Edificación situada en lugares montañosos destinada a acoger a viajeros y excursionistas. *Los montañeros pasaron la noche en el refugio.* **SIN.** Albergue, guarida, asilo. **4.** Zona de la calzada reservada para los peatones y protegida del tráfico. *Esa zona marcada con rayas es un refugio, no puedes aparcar ahí.* ‖ **5. refugio atómico** Espacio habitable protegido contra los efectos inmediatos de las explosiones nucleares y sus consecuencias.

refulgente (re-ful-**gen**-te) *adj.* Que emite resplandor. *El diamante tenía un brillo refulgente.* **SIN.** Brillante, cegador, luminoso. **ANT.** Opaco, oscuro.

refulgir (re-ful-**gir**) *v. intr.* Resplandecer, brillar. *Aquella noche las estrellas refulgían de forma inten-*

refundir - regeneración

sa. **SIN.** Brillar, fulgurar, rutilar. Se conjuga como urgir.

refundir (re-fun-**dir**) *v. tr.* **1.** Volver a fundir o liquidar los metales. *Se dedican a refundir metales.* **2.** Dar nueva forma o disposición a algo con el fin de mejorarlo. *Tiraron tabiques y refundieron toda la casa.* **SIN.** Reformar, rehacer.

refunfuñar (re-fun-fu-**ñar**) *v. intr.* Emitir voces confusas o palabras entre dientes en señal de enfado o desagrado. *Lo hizo, pero no dejó de refunfuñar.* **SIN.** Murmurar, rezongar.

refutar (re-fu-**tar**) *v. tr.* Contradecir con argumentos o razones lo que otras personas dicen. *Le refutamos todo lo que decía.* **SIN.** Impugnar, negar, objetar, rebatir. **ANT.** Aceptar, afirmar, ratificar.

regadera (re-ga-**de**-ra) *s. f.* Vasija o recipiente portátil que sirve para regar, que tiene un tubo terminado en una boca con muchos agujeros por donde sale el agua. *Llena la regadera para regar estas macetas.* ‖ **LOC. estar alguien como una regadera** *fam.* Estar algo chiflado o tener un carácter raro.

regalar (re-ga-**lar**) *v. tr.* **1.** Dar algo a una persona como muestra de cariño. *Les regalaron muchas cosas cuando se casaron.* **SIN.** Agasajar, obsequiar, ofrendar, festejar. **2.** Acariciar o hacer expresiones de afecto y benevolencia a alguien. *El presidente se esforzó en regalar a su huésped, el embajador.* **SIN.** Mimar, halagar. **3.** Causar deleite. **GRA.** También v. prnl. *La buena música regala el oído.* **SIN.** Deleitar(se), recrear(se), divertir(se). **ANT.** Aburrir(se), fastidiar(se).

regaliz (re-ga-**liz**) *s. m.* **1.** Planta leguminosa cuyos tallos tienen una sustancia dulce. *Fuimos a recoger regaliz al campo.* **2.** Barrita dulce que se toma como golosina. *Cuando estaba dejando de fumar se pasaba el día comiendo regaliz.* Su pl. es "regalices".

regalo (re-**ga**-lo) *s. m.* **1.** Obsequio que se da sin esperar nada a cambio. *Le hicieron un regalo por lo bien que se había portado con ellos.* **SIN.** Donación, ofrenda, obsequio. **2.** Gusto, complacencia. *Sentía un gran regalo contemplando aquel hermoso paisaje.* **SIN.** Deleite, placer. **3.** Comida o bebida delicada y exquisita. *Este vino es un regalo para el paladar.*

regañadientes, a *loc. adv.* De mala gana y refunfuñando. *Lo hizo a regañadientes.*

regañar (re-ga-**ñar**) *v. intr.* **1.** *fam.* Reñir, disputar. *Estuvieron regañando por una tontería.* **SIN.** Enfadarse, encolerizarse. **ANT.** Contentarse, alegrarse. ‖ *v. tr.* **2.** *fam.* Reprender, echar en cara a alguien su mal comportamiento. *Le regañaron sus padres por* no hacer los deberes. **SIN.** Sermonear, amonestar, reconvenir. **ANT.** Alabar, elogiar.

regañina (re-ga-**ñi**-na) *s. f.* Reprimenda, reprensión. *Le cayó una buena regañina por haber llegado tarde.* **SIN.** Rapapolvo.

regar (re-**gar**) *v. tr.* **1.** Echar agua sobre las plantas o sobre un terreno. *Acuérdate de regar las plantas durante mi ausencia. Tiene que regar la huerta a las 12.* **SIN.** Asperger, irrigar, mojar, salpicar. **ANT.** Secar, enjugar. **2.** Pasar un río o canal por un sitio determinado. *El Mississippi riega gran parte de América del Norte.* **SIN.** Bañar, atravesar. Se conjuga como ahogar.

regata (re-**ga**-ta) *s. f.* Carrera que se disputa entre dos o más lanchas u otros buques ligeros, para ganar un premio o apuesta el que llega antes a un punto determinado. *Era la primera vez que participaba en una regata.*

regate (re-**ga**-te) *s. m.* **1.** Movimiento rápido para evitar un golpe, caída o la presencia de alguien. *Hizo un hábil regate.* **SIN.** Escape. **2.** En el fútbol y otros deportes, movimiento que hace el jugador para no dejarse arrebatar el balón. *Hizo un regate a dos defensas y metió gol.* **SIN.** Finta.

regatear (re-ga-te-**ar**) *v. tr.* **1.** Debatir el comprador y el vendedor del precio de una cosa puesta en venta. *Después de mucho regatear el precio, lo consiguió mucho más barato.* **SIN.** Discutir, ajustar. **2.** *fam.* Rechazar la realización de una cosa. *No regateó en ofrecerle varias oportunidades de reconciliarse.* **ANT.** Aceptar, acceder. ‖ *v. intr.* **3.** Hacer regates. *El delantero regateó a varios defensas y, al final, le hicieron penalti.*

regato (re-**ga**-to) *s. m.* **1.** Arroyo muy pequeño. *En Galicia hay muchos regatos.* **2.** Cauce para regar. *Por el medio de la finca atravesaba un regato.* **SIN.** Acequia.

regazo (re-**ga**-zo) *s. m.* **1.** Especie de cavidad que se forma desde la cintura hasta la rodilla, estando la persona sentada. *Le gustaba sentarse en su regazo.* **2.** Amparo, consuelo. *Su madre siempre le servía de regazo.* **SIN.** Cobijo, refugio.

regencia (re-**gen**-cia) *s. f.* **1.** Acción de regir o gobernar. *Su regencia duró más de ocho años.* **SIN.** Mando. **2.** Gobierno de un Estado durante la minoría de edad, ausencia o incapacidad de su legítimo príncipe, y tiempo que dura este gobierno. *Fueron más de cinco años de regencia.*

regeneración (re-ge-ne-ra-**ción**) *s. f.* **1.** Acción y efecto de regenerar o regenerarse. *Consiguió su re-*

generación. **SIN.** Restablecimiento, renovación. **2.** Mecanismo de los organismos vivos mediante el cual pueden reconstruir las partes perdidas o dañadas. *La regeneración es frecuente en los protozoos.*

regenerar (re-ge-ne-**rar**) *v. tr.* **1.** Dar nuevo ser a una cosa que degeneró, restablecerla o mejorarla. **GRA.** También v. prnl. *La cola de las lagartijas se regenera.* **SIN.** Restaurar(se). **2.** Hacer que una persona modifique unos modales o hábitos reprobables para llevar una vida más correcta. **GRA.** También v. prnl. *Consiguió que se regenerara.* **SIN.** Reformar(se). **3.** Someter las materias desechadas a nuevos procesos que permitan volver a utilizarlas. *Han regenerado el papel para hacer cartón.*

regentar (re-gen-**tar**) *v. tr.* **1.** Desempeñar temporalmente ciertos cargos o empleos. *En su ausencia regentó el hotel con maestría.* **2.** Ejercer un cargo de mando u honor. *Regentó el poder absoluto durante diez años.* **SIN.** Regir, gobernar.

regente (re-**gen**-te) *s. m. y s. f.* **1.** Persona que gobierna un estado cuando su príncipe es menor de edad o por otro motivo. *La decisión del regente era firme.* || *adj.* **2.** Que rige o gobierna. *Princesa regente.*

reggae *s. m.* Género musical popular jamaicano, de ritmo repetitivo y bailable. **GRA.** También adj. *Es muy aficionada a la música reggae.*

regicida (re-gi-**ci**-da) *adj.* Asesino de un rey o reina, o que atenta contra la vida del soberano, aunque no consuma el hecho. **GRA.** También s. m. y s. f. *Condenaron al regicida.*

regicidio (re-gi-**ci**-dio) *s. m.* Acción de matar o de intentar matar a un rey o soberano. *Cometió un regicidio.* **SIN.** Atentado, magnicidio.

regidor, ra (re-gi-**dor**) *adj.* **1.** Que rige o gobierna. *Era uno de los principios regidores del grupo.* || *s. m. y s. f.* **2.** *Concejal.

régimen (**ré**-gi-men) *s. m.* **1.** Forma de gobierno de un determinado país. *Régimen parlamentario.* **2.** Modo de gobernarse o regirse en una cosa. *Régimen de media pensión.* **SIN.** Sistema, regla. **3.** Conjunto de normas sobre los alimentos que debe guardar una persona por motivos de salud. *El médico le ha puesto a régimen.* **SIN.** Dieta. **4.** Preposición que pide un verbo o un adjetivo, o caso que pide una preposición. *El régimen del verbo "jactarse" es la preposición "de".* || **5. régimen económico** Situación de la economía de un estado en relación con otros. **6. régimen hidrográfico** Variación que experimenta un caudal de agua en relación con los cambios climáticos. ✎ Su pl. es "regímenes".

regimiento (re-gi-**mien**-to) *s. m.* **1.** Tropas militares que están al mando de un coronel. *Estuvo al mando de nuestro regimiento.* **2.** *fam.* Conjunto numeroso de personas. *A comer éramos un regimiento.* **SIN.** Multitud.

regio, gia (**re**-gio) *adj.* **1.** Que pertenece o se refiere al rey. *Llegó la comitiva regia.* **SIN.** Real, monárquico. **2.** Se dice de lo suntuoso, magnífico. *Su familia era la propietaria de aquella regia mansión.* **SIN.** Fastuoso, ostentoso, espléndido. **ANT.** Humilde, sencillo, pobre.

región (re-**gión**) *s. f.* **1.** Parte de una nación que tiene características propias, como clima, producción, topografía, gobierno, lengua, etc. *En esa región hablan francés. En las regiones montañosas, hay buenos pastos.* **SIN.** Comarca, territorio, zona. **2.** Cada una de las partes en que se considera dividido al exterior el cuerpo de los animales, con el fin de determinar la situación, extensión y relaciones de los diferentes órganos. *Región lumbar.* || **3. región aérea** Cada una de las partes en que se divide un territorio nacional en lo que se refiere al mando de las fuerzas aéreas. **4. región militar** Cada una de las partes en que se divide un territorio nacional en lo que se refiere al mando de las fuerzas terrestres.

regional (re-gio-**nal**) *adj.* Que pertenece o se refiere a una región. *Le gustaban los bailes regionales.* **SIN.** Comarcal, territorial.

regionalismo (re-gio-na-**lis**-mo) *s. m.* **1.** Tendencia o doctrina política según la cual cada región de un estado debe ser administrada y gobernada atendiendo particularmente a su modo de ser o a sus aspiraciones. *Era partidario del regionalismo.* **ANT.** Centralismo. **2.** Amor o apego a la propia región y a las cosas que pertenecen a ella. *En sus obras se podía apreciar un claro regionalismo.* **3.** Vocablo o giro idiomático propio de una región. *Estaban preparando un diccionario de regionalismos.*

regir (re-**gir**) *v. tr.* **1.** Dirigir, gobernar o mandar. *El Parlamento rige los destinos del país.* **SIN.** Regentar, administrar, conducir. **2.** Conducir una cosa. *Era la encargada de regir el proyecto.* **SIN.** Dirigir, manejar, guiar. **3.** Tener una palabra bajo su dependencia otra palabra de la oración. *El verbo "jactarse" rige la preposición "de".* **4.** Exigir una palabra determinada preposición, caso de la declinación o modo verbal. *Ese verbo rige la preposición "de".* || *v. intr.* **5.** Estar en vigencia, tener eficacia y validez una ley. *Para nuestra comunidad seguía rigiendo aquella norma.* **SIN.** Imperar, valer. ✎ v. irreg., se

registrador - regocijar

conjuga como pedir. Se escribe "j" en vez de "g" seguido de "-a" y "-o".

registrador, ra (re-gis-tra-**dor**) *adj.* **1.** Que registra. *Se ha estropeado la máquina registradora.* ‖ *s. m. y s. f.* **2.** Funcionario que tiene a su cargo algún registro público; se dice en especial del de la propiedad. *Sacó la plaza de registrador de la propiedad.*

registrar (re-gis-**trar**) *v. tr.* **1.** Examinar con todo cuidado y detalle una persona o cosa. *Registraron la casa.* **SIN.** Escudriñar, inspeccionar. **2.** Poner de manifiesto las mercancías o bienes que deben ser examinados y anotados. *Era la encargada de registrar los artículos nuevos.* **3.** *Señalar. **4.** Inscribir en una oficina determinados documentos públicos. *Registró a su niña en el juzgado.* **SIN.** Matricular, entregar. **5.** Inscribir con fines jurídicos una marca comercial o una firma. *Esa marca ya estaba registrada.* **6.** Anotar de forma automática un aparato las indicaciones variables de su función peculiar, tales como presión, temperatura, velocidad, sonido, etc. *El termómetro apenas había registrado variación.* **7.** Enumerar los casos reiterados de alguna cosa. *Las autoridades sanitarias decían que ya se habían registrado otros casos similares.* ‖ *v. prnl.* **8.** Matricularse, presentarse. *No estaba registrado en aquel hotel.* **9.** Producirse ciertas cosas que pueden cuantificarse. *Se registraron cambios importantes.* ‖ **LOC. ¡a mí que me registren!** Frase con la que alguien se declara inocente de una responsabilidad.

registro (re-**gis**-tro) *s. m.* **1.** Acción de registrar. *La policía llevó a cabo un registro de la zona.* **SIN.** Batida, búsqueda, exploración. **2.** Pieza que en una máquina sirve para disponer o alterar el movimiento. *Acelera la máquina variando el registro.* **3.** Abertura con su correspondiente tapa, que sirve para examinar el interior de una cosa. *Miró el registro del gas.* **4.** Lugar y oficina en que se registra. *Fui al registro.* **5.** Departamento especial en las dependencias de la administración pública donde se entrega y anota la información referida a dicha dependencia. *Tenía que ir al registro de la propiedad.* **SIN.** Archivo. **6.** Apunte de lo registrado y cédula en que consta que se ha registrado algo. *Necesitaba presentar un registro.* **7.** Libro a modo de lista o inventario, en que se realizan anotaciones. *Míralo en el registro.* **SIN.** Catálogo. **8.** Cada una de las tres grandes partes en que se divide la escala musical. *Registro grave, medio y agudo.* ‖ **9. registro civil** Relación en que figuran oficialmente todos los hechos relativos al estado civil de las personas. **10. registro de la propiedad** Aquel en que el registrador hace inscripción de todos los bienes raíces de un partido judicial. **11. registro de la propiedad intelectual** El que inscribe y ampara los derechos de autores, traductores o editores sobre su trabajo.

regla (**re**-gla) *s. f.* **1.** Instrumento para trazar líneas rectas y medir. *Utiliza la regla para subrayar lo que consideres más importante.* **2.** Principio en las ciencias o artes. *En este escrito no se han seguido las reglas gramaticales.* **SIN.** Máxima, precepto, fundamento, ley. **3.** Norma establecida por las personas para poder hacer una cosa. *Dime las reglas del juego, no las conozco.* **SIN.** Reglamento, pauta. **4.** Ley por la que se rige una comunidad religiosa. *El monasterio se regía por la regla benedictina.* **SIN.** Norma, precepto. **5.** Menstruación. *Tenía una regla muy dolorosa.* **6.** En matemáticas, método de hacer una operación. *Resolvió el problema siguiendo la regla de tres.* **SIN.** Modelo. ‖ **LOC. por regla general** Casi siempre. **en regla, o en toda regla** Como corresponde o es lícito. **SIN.** Como es debido.

reglaje (re-**gla**-je) *s. m.* **1.** Conjunto de cuadrículas impresas en un papel. *Las hojas de ese cuaderno tienen reglaje.* **2.** Reajuste de las piezas de un mecanismo para conservarlo en perfecto estado. *Efectuaron el reglaje del coche.* **SIN.** Ajuste, regulación. **ANT.** Desajuste.

reglamentar (re-gla-men-**tar**) *v. tr.* Determinar las reglas por las que se ha de regir un trabajo, deporte, institución, etc. *La federación reglamentó la nueva variedad de ese deporte.* **SIN.** Normalizar, ordenar, regular, sistematizar. **ANT.** Desordenar.

reglamento (re-gla-**men**-to) *s. m.* Colección ordenada de reglas o preceptos dada por la autoridad competente para la ejecución de una ley, para el régimen de una corporación, etc. *Había que seguir al pie de la letra el reglamento.* **SIN.** Código, constitución, estatuto, regla, ordenamiento.

reglar (re-**glar**) *v. tr.* **1.** Tirar o hacer líneas rectas, valiéndose especialmente de una regla. *Estaba reglando un folio para usarlo de falsilla.* **2.** Sujetar a reglas una cosa. *Había que reglar aquel nuevo juego.* **SIN.** Reglamentar, codificar.

regleta (re-**gle**-ta) *s. f.* Soporte aislante sobre el cual se colocan los componentes de un circuito eléctrico. *El electricista estaba colocando las regletas.*

regocijar (re-go-ci-**jar**) *v. tr.* Alegrar, causar gusto o placer a alguien. **GRA.** También v. prnl. *Al conocer la noticia se regocijó mucho.* **SIN.** Agradar, festejar,

regocijo - rehacer

distraer(se). **ANT.** Aburrir(se), fastidiar(se), entristecer(se).

regocijo (re-go-**ci**-jo) *s. m.* Alegría, gozo, júbilo. *Tenía gran regocijo.* **ANT.** Tristeza, aburrimiento.

regodearse (re-go-de-**ar**-se) *v. prnl.* **1.** *fam.* Deleitarse con algo que gusta. *Se regodeaba con la película.* **SIN.** Complacerse, recrearse. **2.** *fam.* Hablar o estar de broma. *Siempre se está regodeando de todo.* **SIN.** Bromear, burlarse. **3.** *fam.* Complacerse maliciosamente de las dificultades ajenas. *En el fondo sé que se regodea de mi mala suerte.* **SIN.** Alegrarse.

regoldar (re-gol-**dar**) *v. intr.* *Eructar. v. irreg., se conjuga como contar.

regordete, ta (re-gor-**de**-te) *adj., fam.* Se dice de la persona o de la parte de su cuerpo pequeña y gruesa. *Tenía las piernas un poco regordetas.*

regresar (re-gre-**sar**) *v. intr.* **1.** Volver al lugar de donde se salió. *Las golondrinas regresan a este nido cada verano.* **SIN.** Tornar, retornar. **ANT.** Alejarse, marcharse, salir. ‖ *v. tr.* **2.** *amer.* Devolver algo a su dueño. **SIN.** Restituir, retornar. **ANT.** Quitar, desposeer.

regresivo, va (re-gre-**si**-vo) *adj.* Se dice de lo que hace volver hacia atrás. *Medidas regresivas.*

regreso (re-**gre**-so) *s. m.* Acción de regresar. *Esperaban con ilusión el regreso a casa.* **SIN.** Retorno, vuelta.

reguera (re-**gue**-ra) *s. f.* Canal que se hace en la tierra para conducir el agua destinada al riego. *Estaban haciendo la reguera un poco más profunda.* **SIN.** Surco, acequia.

reguero (re-**gue**-ro) *s. m.* **1.** Corriente, a modo de chorro o de arroyo pequeño, que se hace en una cosa líquida. *Pasaba un reguero de agua a la puerta de nuestra casa.* **SIN.** Acequia. **2.** Línea o huella que queda de una cosa que se va vertiendo. *Iba dejando un reguero de leche por el suelo porque la botella estaba rota.* ‖ **LOC. ser una cosa un reguero de pólvora** Frase con que se indica la propagación rápida de una cosa.

regulación (re-gu-la-**ción**) *s. f.* Acción y efecto de regular. *Estaba encargado de la regulación del tráfico en aquel cruce.* **SIN.** Medida, orden, regla. **ANT.** Desorden, caos.

regulador, ra (re-gu-la-**dor**) *adj.* **1.** Que regula. *Proceso regulador.* ‖ *s. m.* **2.** Mecanismo que sirve para controlar el movimiento o los efectos de una máquina o de alguno de sus componentes. *Ese aparato de aire acondicionado tiene un regulador.*

regular[1] (re-gu-**lar**) *adj.* **1.** Que sigue la regla. *Hay verbos regulares e irregulares.* **SIN.** Normalizado, pautado, reglamentado, regularizado, normativizado. **ANT.** Desordenado, caótico, irregular. **2.** De tamaño o condición media. *La cosecha ha sido regular, ni buena ni mala.* **SIN.** Medio, mediano, moderado. **ANT.** Excepcional. **3.** Moderado en las acciones y modo de vivir. *Es una persona de costumbres muy regulares.* **SIN.** Metódico, ajustado. **ANT.** Desordenado, extremado. **4.** Sin cambios bruscos. *Su rendimiento es siempre muy regular.* **SIN.** Uniforme, cadencioso. **ANT.** Irregular. **5.** Se dice de las personas que viven bajo una regla o instituto religioso y de lo que pertenece a su estado. **GRA.** También s. m. y s. f. *Clérigo regular.* **6.** Se dice del polígono cuyos lados y ángulos son iguales entre sí, y del poliedro cuyas caras y ángulos sólidos son también iguales. *Dibuja un hexágono regular.* **7.** Se dice del verbo que se conjuga como los modelos de la primera, segunda y tercera conjugación. *Cantar es un verbo regular.* ‖ *adv. m.* **8.** No muy bien. *El examen me salió regular.* ‖ **LOC. por lo regular** Común o regularmente. Como adj. es invariable en género.

regular[2] (re-gu-**lar**) *v. tr.* **1.** Poner en orden una cosa. *Los semáforos regulan el tráfico.* **SIN.** Ajustar, reglar. **2.** Ajustar el funcionamiento de un sistema a determinados fines. *Regularon el proceso según sus necesidades.* **3.** Determinar las reglas a que debe ajustarse una persona o cosa. *Regularon una serie de normas básicas para todo el grupo.* **4.** *Reajustar.

regularidad (re-gu-la-ri-**dad**) *s. f.* Cualidad de regular. *Venía con cierta regularidad.* **SIN.** Orden, periodicidad, cadencia, método. **SIN.** Desorden, caos, irregularidad.

regularizar (re-gu-la-ri-**zar**) *v. tr.* Regular, ajustar, poner en orden. *Adoptaron nuevas medidas para regularizar el tráfico.* **SIN.** Arreglar, normalizar, uniformar. Se conjuga como abrazar.

regurgitar (re-gur-gi-**tar**) *v. intr.* Echar por la boca, sin esfuerzo o vómito, sustancias sólidas o líquidas contenidas en el esófago o en el estómago. *Algunas aves regurgitan los residuos de pelo, plumas, etc.* **SIN.** Vomitar, devolver, arrojar. **ANT.** Tragar.

rehabilitar (re-ha-bi-li-**tar**) *v. tr.* Habilitar de nuevo o restituir una persona o cosa a su antiguo estado. **GRA.** También v. prnl. *Lo rehabilitaron en su puesto de trabajo.* **SIN.** Restablecer(se), reivindicar, reponer(se). **ANT.** Desentronizar, deponer, destituir.

rehacer (re-ha-**cer**) *v. tr.* **1.** Volver a hacer lo que se había deshecho. *Rehízo el puzzle.* **SIN.** Reconstruir, recomponer, reparar. **2.** Restablecer lo que se ha perdido o deteriorado. **GRA.** También v. prnl. *Des-*

pués del incendio, la casa tuvo que rehacerse prácticamente entera. **SIN.** Reponer(se), reparar(se), restaurar(se). **ANT.** Derruir(se), arruinar(se). ‖ *v. prnl.* **3.** Tomar nuevas fuerzas. *Necesitaba un descanso para rehacerse.* **SIN.** Reforzarse, fortalecerse. **4.** Serenarse, mostrar tranquilidad. *Le costó rehacerse después de la fuerte impresión recibida.* **SIN.** Tranquilizarse, sosegarse, aplacarse. **ANT.** Enfurecerse, encolerizarse, enervarse. ❧ v. irreg., se conjuga como hacer.

rehén (re-**hén**) *s. m. y s. f.* Persona que, como garantía, queda en poder del enemigo mientras está pendiente un ajuste o tratado. **GRA.** Se usa más en pl. *Los atracadores tenían varios rehenes en su poder.* **SIN.** Prisionero, cautivo.

rehogar (re-ho-**gar**) *v. tr.* Sazonar un alimento a fuego lento, sin agua y muy tapado, en manteca, aceite y otras cosas que se echan como condimentos. *Rehogó la carne antes de guisarla.* **SIN.** Condimentar, sofreír. ❧ Se conjuga como ahogar.

rehuir (re-hu-**ir**) *v. tr.* **1.** Retirar, apartar o evitar una cosa por algún temor, sospecha o recelo. **GRA.** También v. intr. y v. prnl. *Rehuía aquel tipo de reuniones.* **SIN.** Eludir, soslayar, esquivar. **ANT.** Afrontar, acometer. **2.** Evitar el trato con alguien. *Rehuyó mi presencia.* ❧ v. irreg., se conjuga como huir.

rehusar (re-hu-**sar**) *v. tr.* Excusar, no aceptar una cosa. *Rehusó todo tipo de ayuda.* **SIN.** Declinar, renunciar, negarse, rechazar. **ANT.** Aceptar, admitir.

reimplantación (reim-plan-ta-**ción**) *s. f.* **1.** Acción y efecto de reimplantar. *La reimplantación de la medida provocó descontento entre la población.* **2.** Operación quirúrgica que permite volver a colocar un órgano seccionado en su lugar correspondiente. *Le hicieron una reimplantación del dedo seccionado.*

reimplantar (reim-plan-**tar**) *v. tr.* Volver a implantar. *Decidieron reimplantar el antiguo horario.*

reimportar (reim-por-**tar**) *v. tr.* Importar en un país lo que se había exportado de él. *No comprendo por qué reimportan ahora ese producto.*

reimpresión (reim-pre-**sión**) *s. f.* **1.** Acción y efecto de reimprimir. *Va por la cuarta reimpresión.* **2.** Conjunto de ejemplares reimpresos de una vez. *Hicieron una reimpresión de cinco mil ejemplares.* **SIN.** Reedición.

reimprimir (reim-pri-**mir**) *v. tr.* Volver a imprimir, o repetir la impresión de una obra o escrito. *Tuvieron que reimprimir la novela, porque la primera edición se había agotado.* **SIN.** Reeditar. ❧ Tiene doble p. p.; uno reg., reimprimido, y otro irreg., reimpreso.

reina (rei-na) *s. f.* **1.** La que ejerce la potestad real por derecho propio. *Visitó a la reina de Inglaterra.* **SIN.** Emperatriz, majestad, soberana. **2.** Esposa del rey. *Llegaron el rey y la reina.* **SIN.** Consorte. **3.** Pieza del juego de ajedrez, la más importante después del rey, que puede caminar como cualquiera de las demás piezas, exceptuando el caballo. *Le comió un alfil con su reina.* **4.** Mujer que destaca o es elegida representante de algo determinado. *Fue elegida reina de las fiestas.* **5.** Animal o cosa del género femenino, que por su excelencia sobresale entre las demás de su clase o especie. *Las obreras siguieron a la abeja reina. Etapa reina de la vuelta ciclista.*

reinado (rei-**na**-do) *s. m.* **1.** Espacio de tiempo en que reina un rey o una reina. *En el reinado de los Reyes Católicos se descubrió América.* **SIN.** Cetro, reino, monarquía. **2.** Espacio de tiempo en que predomina alguna cosa o está en auge. *Esta primavera es el reinado de los colores pastel.*

reinar (rei-**nar**) *v. intr.* **1.** Regir un rey o príncipe un estado. *En la monarquía, reina una reina o un rey; en la república, gobierna un presidente.* **SIN.** Dominar, gobernar, mandar. **2.** Dominar o tener predominio una persona o cosa sobre otra. *Reinaba la hipocresía.* **SIN.** Predominar, imperar.

reincidencia (rein-ci-**den**-cia) *s. f.* **1.** Recaída en una misma culpa o defecto. *Su reincidencia en la mentira parecía no tener remedio.* **2.** Circunstancia agravante de la responsabilidad criminal, que consiste en haber sido el detenido condenado antes por un delito similar al que se le imputa. *Tenía el agravante de reincidencia.*

reincidir (rein-ci-**dir**) *v. intr.* Volver a caer o incurrir en un error, falta o delito. *No había vuelto a reincidir en la misma falta.* **SIN.** Recaer, reiterar, repetir.

reincorporar (rein-cor-po-**rar**) *v. tr.* **1.** Volver a incorporar o unir a un cuerpo político o moral lo que se había separado de él. **GRA.** También v. prnl. *Los miembros más críticos se reincorporaron al partido.* **SIN.** Reintegrar(se), devolver, reponer(se). **2.** Volver a incorporar a una persona a un servicio o empleo. **GRA.** También v. prnl. *Después de una larga temporada de baja por lesión, se reincorporó al equipo.* **SIN.** Rehabilitar(se), reponer(se), restituir(se). **ANT.** Cesar, deponer.

reineta (rei-**ne**-ta) *adj.* Se dice de una variedad de manzana, caracterizada por su gran tamaño, de piel dorada y pulpa amarillenta y jugosa, de muy buen sabor. **GRA.** También s. f. *Las manzanas que más le gustan son las reinetas.*

reingresar (rein-gre-**sar**) *v. intr.* Volver a ingresar. *Decidió reingresar en el ejército.* **SIN.** Reincorporarse.

reino (**rei**-no) *s. m.* **1.** Territorio o estado con sus habitantes sujetos a un rey. **ORT.** Se suele escribir con mayúscula. *La infanta fue la representante del reino de España.* **SIN.** Nación, país. **2.** Campo, extensión, espacio de una actividad. *Era un gran avance en el reino de las telecomunicaciones.* **SIN.** Ámbito, marco, dominio. **3.** Cada uno de los tres grandes grupos en que se consideran divididos todos los seres naturales, y que son: reino animal, reino vegetal y reino mineral. *Era una gran experta en el reino animal.* ‖ **4. reino de Dios, o de los cielos** *Cielo.

reinserción (rein-ser-**ción**) *s. f.* Acción y efecto de reinsertar o reinsertarse. *Adoptaron nuevas medidas de reinserción para los presos.* **SIN.** Integración.

reinsertar (rein-ser-**tar**) *v. tr.* Volver a integrar en la sociedad a una persona que formaba parte de un grupo marginal. **GRA.** También v. prnl. *Gracias al apoyo de su familia consiguió reinsertarse.* **SIN.** Introducir(se), reincorporar(se). Tiene doble p. p.; uno reg., reinsertado, y otro irreg., reinserto.

reintegrar (rein-te-**grar**) *v. tr.* **1.** Restituir, devolver una cosa íntegramente. *Reintegró todo el dinero que le habían prestado.* **SIN.** Reponer, devolver. **ANT.** Robar, quitar. ‖ *v. prnl.* **2.** Ejercer de nuevo una actividad o incorporarse a un grupo. *Después de varios meses de baja se reintegró a su puesto de trabajo.* **SIN.** Reincorporarser. **ANT.** Dimitir, cesar.

reintegro (rein-**te**-gro) *s. m.* **1.** Pago, entrega de lo que se adeuda. *Tenía medio año para efectuar el reintegro del dinero que había pedido.* **2.** En la lotería, premio igual a la cantidad jugada. *Sólo nos ha tocado el reintegro.*

reinversión (rein-ver-**sión**) *s. f.* Empleo de los beneficios obtenidos de un negocio en dicho negocio. *Estaba a favor de la reinversión.*

reír (re-**ír**) *v. intr.* **1.** Mostrar alegría con sonidos y gestos. **GRA.** También v. prnl. *El payaso hizo reír a los niños.* **SIN.** Sonreír, desternillarse, carcajearse. **ANT.** Llorar. **2.** Hacer burla de una persona o cosa.

INDICATIVO		SUBJUNTIVO		
Pres.	Pret. perf. s.	Pres.	Pret. imperf.	Fut. imperf.
río	reí	ría	riera/se	riere
ríes	reíste	rías	rieras/ses	rieres
ríe	rió	ría	riera/se	riere
reímos	reímos	riamos	riéramos/semos	riéremos
reís	reísteis	riáis	rierais/seis	riereis
ríen	rieron	rían	rieran/sen	rieren
IMPERATIVO		ríe, ría, riamos, reíd, rían		

GRA. También v. tr. y v. prnl. *Se reían de ella.* **SIN.** Carcajearse, mofarse. ‖ *v. tr.* **3.** Celebrar con risa alguna cosa. *Rieron sus chistes.* **SIN.** Festejar, regocijarse. v. irreg.

reiterado, da (rei-te-**ra**-do) *adj.* Se dice de lo que se hace o sucede repetidamente. *Decidieron llamarle la atención ante sus reiteradas faltas de puntualidad.*

reiterar (rei-te-**rar**) *v. tr.* Volver a decir o hacer una cosa. **GRA.** También v. prnl. *Reiteró sus declaraciones anteriores al juicio.* **SIN.** Repetir(se), insistir, reproducir(se).

reiterativo, va (rei-te-ra-**ti**-vo) *adj.* Repetitivo, reincidente. *Sus reiterativas advertencias no sirvieron de nada.* **SIN.** Redundante.

reivindicación (rei-vin-di-ca-**ción**) *s. f.* Acción y efecto de reivindicar. *La igualdad de derechos era una de sus reivindicaciones.* **SIN.** Demanda, insistencia, petición, reclamación. **ANT.** Renuncia.

reivindicar (rei-vin-di-**car**) *v. tr.* **1.** Exigir alguien aquello a que tiene derecho. *Reivindicaban su derecho a defenderse.* **SIN.** Reclamar, demandar, pedir. **ANT.** Renunciar, rechazar. **2.** Reclamar la autoría de una acción. *El atentado fue reivindicado por ese grupo terrorista.* Se conjuga como abarcar.

reja¹ (**re**-ja) *s. f.* Pieza de hierro del arado que sirve para revolver la tierra y hacer surcos. *Hincó la reja del arado en la tierra.*

reja² (**re**-ja) *s. f.* Red formada de barras de hierro de varios tamaños y figuras, que se pone en las ventanas y otras aberturas para seguridad y adorno. *Pusieron rejas en las ventanas del chalé.* **SIN.** Verja, cancela, cerca. ‖ **LOC. entre rejas** *fam.* Encarcelado.

rejilla (re-**ji**-lla) *s. f.* **1.** Celosía fija o movible, red de alambre, tela metálica, etc. que suele ponerse en las ventanillas de los confesonarios, en el ventanillo de la puerta exterior de las casas, etc. *Miró a través de la rejilla.* **2.** Tejido hecho con pequeñas tiras cortadas de los tallos duros, flexibles, elásticos y resistentes de algunas plantas, como el bejuco. *Estas sillas tienen el respaldo y el asiento de rejilla.* **3.** Armazón de barras de hierro que sostiene el combustible en el hogar de las hornillas, hornos, etc. *El carbón se cuela por la rejilla porque las barras están demasiado separadas.* **4.** Tejido en forma de red, en la parte alta de los autobuses, vagones de ferrocarril, etc., para colocar cosas pequeñas y de poco peso durante el viaje. *Colocó el abrigo en la rejilla para ir más cómodo.* **5.** Emparrillado de barras metálicas que se coloca en los registros de las alcantarillas. *La moneda se coló por esa rejilla.*

rejo (re-jo) *s. m.* Punta o aguijón de hierro y, por ext., punta y aguijón de otra especie, como el de la abeja. *La abeja le dejó el rejo en la picadura.*

rejón (re-**jón**) *s. m.* **1.** Barra de hierro cortante que remata en punta. *Clavó el rejón en la tierra.* **SIN.** Asta, pica, alabarda. **2.** Asta de madera con punta de metal, que se utiliza para rejonear. *Le clavó el rejón al toro.* **SIN.** Garrochón.

rejonear (re-jo-ne-**ar**) *v. tr.* Torear a caballo. *Rejoneó dos toros.*

rejuvenecer (re-ju-ve-ne-**cer**) *v. tr.* **1.** Dar a alguien la fuerza y el vigor propios de la juventud. **GRA.** También v. intr. y v. prnl. *Después de la operación parecía que había rejuvenecido diez años.* **SIN.** Renovar(se), fortalecer(se), vigorizar(se), reverdecer. **ANT.** Avejentar(se), debilitar(se), envejecer(se), encanecer. **2.** Renovar, dar actualidad a lo desusado u olvidado. *Rejuvenecieron las viejas tradiciones del lugar.* **SIN.** Remozar, modernizar. **ANT.** Olvidar, postergar. ✎ v. irreg., se conjuga como parecer.

relación (re-la-**ción**) *s. f.* **1.** Correspondencia, enlace de una cosa con otra. *La escarcha está en relación con el frío.* **SIN.** Conexión, unión, vínculo, nexo. **ANT.** Desconexión, desunión, independencia. **2.** Trato, comunicación de una persona con otra. *Mi relación con mis compañeros es inmejorable.* **SIN.** Contacto. **ANT.** Enemistad. **3.** Lista de nombres o elementos. *Leyó la relación de los participantes.* **SIN.** Catálogo, informe, enumeración. **4.** Informe que se hace por escrito y se presenta ante una autoridad. *Solicitó una detallada relación de los hechos.* **SIN.** Escrito, estudio. || *s. f. pl.* **5.** Noviazgo. *Llevaban más de tres años de relaciones.* **SIN.** Idilio. **6.** Influencias que tiene una persona. *Lo consiguió gracias a sus buenas relaciones.* **SIN.** Amistades. || **7. relaciones públicas** Actividad profesional cuyo fin es dar a conocer personas, empresas, productos, etc. utilizando todo tipo de técnicas de captación. || **LOC. decir, o hacer, relación a una cosa** Estar en conexión con ella.

relacionar (re-la-cio-**nar**) *v. tr.* **1.** Poner en relación personas o cosas. **GRA.** También v. prnl. *Se relaciona mucho con la gente.* **SIN.** Comunicar(se), amigar(se), emparentar(se), vincular(se). **2.** Hacer relación de un hecho. *Relacionó todo lo sucedido.* **SIN.** Narrar, contar, referir, relatar.

relajar (re-la-**jar**) *v. tr.* **1.** Eliminar la rigidez, dureza o tensión de una cosa. **GRA.** También v. prnl. *Hicieron ejercicios para relajar los músculos.* **SIN.** Ablandar(se), distender(se), suavizar(se). **ANT.** Atirantar(se), tensar(se), endurecer(se). **2.** Esparcir o divertir el ánimo con algún descanso. **GRA.** También v. intr. *Escuchar música relaja.* **SIN.** Distender, divertir. **3.** Hacer más llevadero el cumplimiento de las leyes, reglas, etc. **GRA.** También v. prnl. *Después de unos meses, las duras medidas se iban relajando un poco.* **SIN.** Atenuar(se), aminorar(se), rebajar(se). **ANT.** Recrudecer(se), reforzar(se). || *v. prnl.* **4.** Conseguir un estado de absoluto reposo físico y psicológico. *Después del esfuerzo realizado necesitaba relajarse.* **SIN.** Sosegarse, tranquilizarse. **ANT.** Enervarse, intranquilizarse.

relamerse (re-la-**mer**-se) *v. prnl.* **1.** Lamerse los labios una y otra vez. *Al perro le encantó el trozo de tarta y no dejaba de relamerse.* **SIN.** Chupar, lamer. **2.** Jactarse de lo que se ha hecho, mostrando el gusto de haberlo hecho. *Se relamían del triunfo conseguido.* **SIN.** Gloriarse, envanecerse. **3.** Saborear alguna cosa por anticipado. *Se relamía pensando en lo que iba a conseguir.*

relamido, da (re-la-**mi**-do) *adj.* Afectado, pedante. *Ese amigo tuyo es un poco relamido.* **SIN.** Repulido. **ANT.** Sencillo, natural.

relámpago (re-**lám**-pa-go) *s. m.* **1.** Resplandor muy vivo e instantáneo producido en las nubes por una descarga eléctrica. *La tormenta estalló con fuertes truenos y muchos relámpagos.* **SIN.** Rayo, centella. **2.** Usado en aposición a un sustantivo, denota el carácter rápido o repentino de una cosa. *Viaje relámpago.*

relampaguear (re-lam-pa-gue-**ar**) *v. intr.* **1.** Haber relámpagos. **GRA.** v. unipers. *Relampagueaba y llovía abundantemente.* **2.** Arrojar luz o brillar mucho con algunas intermisiones. *Estaba tan enfadado que sus ojos relampagueaban.* **SIN.** Brillar, fulgurar, chispear.

relanzar (re-lan-**zar**) *v. tr.* Repeler una cosa. *Relanzaron la pelota.* **SIN.** Rehusar, negar, rechazar. **ANT.** Aceptar, admitir. ✎ Se conjuga como abrazar.

relatar (re-la-**tar**) *v. tr.* **1.** Referir, dar a conocer un hecho. *Relató todo lo sucedido.* **SIN.** Contar, narrar. **ANT.** Callar, silenciar. **2.** *Refunfuñar.

relatividad (re-la-ti-vi-**dad**) *s. f.* **1.** Cualidad de relativo. *La relatividad de sus afirmaciones resultaba evidente.* **2.** Teoría formulada por Albert Einstein que pretende averiguar cómo se transforman las leyes físicas cuando se cambia de sistema de referencia y elaborar estas leyes de modo que sean válidas para cualquier sistema de referencia que se adopte. *Les explicó la teoría de la relatividad.*

relativizar (re-la-ti-vi-**zar**) *v. tr.* Introducir en la consideración de un asunto aspectos que atenúen su importancia. *Desea relativizar las medidas disciplinarias.* **SIN.** Atenuar. 🗣 *Se conjuga como abrazar.*

relativo, va (re-la-**ti**-vo) *adj.* **1.** Que pertenece o se refiere a una persona o cosa. *Le preocupan los problemas relativos a su trabajo.* **SIN.** Concerniente, perteneciente, referente. **2.** Que no es absoluto. *Es una verdad relativa.* **SIN.** Parcial, accidental. || *s. m.* **3.** Palabra que sirve para enlazar o relacionar una oración subordinada que se refiere a un elemento de la oración principal, el cual se llama antecedente. **GRA.** También *adj.* *"Que" es un relativo.*

relato (re-**la**-to) *s. m.* **1.** Acción de relatar o referir. *Comenzó su relato de lo sucedido.* **SIN.** Descripción, exposición, relación. **2.** Narración de un hecho real o ficticio. *Era un libro de varios relatos cortos.* **SIN.** Anales, crónica, cuento, informe, novela.

relax (re-**lax**) *s. m.* Relajamiento físico o psicológico. *La lectura le servía de relax.* **SIN.** Descanso, relajación. 🗣 Invariable en número.

relé (re-**lé**) *s. m.* Dispositivo que se emplea para regular y dirigir la corriente principal de un circuito eléctrico. *Cambió el relé de los intermitentes.*

releer (re-le-**er**) *v. tr.* Leer de nuevo o volver a leer una cosa. *Cuando tenga tiempo quiero releer esa novela.* 🗣 *v. irreg., se conjuga como creer.*

relegar (re-le-**gar**) *v. tr.* Apartar, posponer. *Se vio relegado a un segundo puesto.* 🗣 *Se conjuga como ahogar.*

relente (re-**len**-te) *s. m.* Humedad que en las noches serenas se nota en la atmósfera. *Había mucho relente.* **SIN.** Rocío, escarcha.

relevante (re-le-**van**-te) *adj.* **1.** Se dice de lo que destaca. *Asistieron relevantes personajes del mundo de la cultura.* **SIN.** Sobresaliente, excelente. **ANT.** Insignificante, nimio. **2.** De gran importancia. *Tiene un cargo muy relevante.* **SIN.** Significativo, trascendente. **ANT.** Accesorio, nimio. **3.** En lingüística, se dice del rasgo diferencial. *La sonoridad es el rasgo relevante que diferencia los fonemas /p/ y /b/.*

relevar (re-le-**var**) *v. tr.* **1.** Liberar de una pena, castigo u obligación. *Le relevó el castigo.* **SIN.** Excusar, eximir, perdonar. **ANT.** Gravar. **2.** Destituir de un empleo. *Le relevaron del cargo.* **SIN.** Cesar. **ANT.** Rehabilitar, reponer. **3.** Sustituir a una persona por otra. *Relevó a su compañera en el turno de guardia.* **SIN.** Turnar, reemplazar. **4.** Dar importancia a una cosa; poner de relieve algo. *Con su presencia relevó el acto.* **SIN.** Realzar, resaltar, subrayar, acentuar.

relevista (re-le-**vis**-ta) *adj.* Se dice del deportista que participa en una carrera de relevos. **GRA.** También *s. m.* y *s. f.* *Es una excelente relevista.*

relevo (re-**le**-vo) *s. m.* **1.** Acción y efecto de reemplazar a una persona por otra en una actividad o cargo. *Faltaba una hora para el relevo de vigilancia.* **SIN.** Sustitución, cambio, turno. || **2. carrera de relevos** En la que los corredores se reemplazan unos a otros entregándose un testigo. *Se me cayó el testigo en la carrera de relevos y perdimos.*

relicario (re-li-**ca**-rio) *s. m.* Lugar donde están guardadas las reliquias, o caja o estuche para custodiarlas. *En la exposición había bellísimos relicarios de hace siglos.*

relieve (re-**lie**-ve) *s. m.* **1.** Labor o figura que resalta sobre el plano. *Estaba esculpido en relieve.* **SIN.** Saliente, realce, bulto. **2.** Realce que aparentan algunas cosas pintadas. *Sus pinturas tienen relieve.* **SIN.** Bulto. **3.** Conjunto de las diversas formas naturales de la superficie de la Tierra. *Esta comarca tiene un relieve muy accidentado.* **4.** Renombre de una persona o cosa. *Es una autora con obras de mucho relieve.* **SIN.** Importancia, consideración, trascendencia. || **5. alto relieve** Aquel en que las figuras salen del plano más de la mitad de su grueso. **6. bajo relieve** Aquel en que las figuras destacan poco del plano. **7. medio relieve** Aquel en que las figuras salen del plano la mitad de su grosor. || **LOC. dar relieve a algo** Destacarlo. **poner de relieve una cosa** Destacarla.

religión (re-li-**gión**) *s. f.* Conjunto de creencias sobre lo divino y lo sagrado. *En el mundo hay muchas religiones: católica, protestante, budista, mahometana, etc.* **SIN.** Confesión, creencia, doctrina.

religiosidad (re-li-gio-si-**dad**) *s. f.* **1.** Cualidad de religioso. *Había polémica sobre la religiosidad de aquel acto.* **2.** Práctica y esmero en cumplir las obligaciones religiosas. *Eran personas de profunda religiosidad.* **SIN.** Devoción, misticismo, piedad. **3.** Puntualidad, exactitud en hacer, observar o cumplir una cosa. *Realizó su trabajo con toda religiosidad.* **SIN.** Formalidad, celo, rectitud.

religioso, sa (re-li-**gio**-so) *adj.* **1.** Que pertenece o se refiere a la religión. *Música religiosa.* **2.** Que ha tomado hábito en una orden religiosa regular. **GRA.** También *s. m.* y *s. f.* *Tiene dos hermanos religiosos.* **SIN.** Fraile, monja, monje. **3.** Devoto, piadoso. *Pertenecen a una familia muy religiosa.* **SIN.** Beato, fervoroso. **ANT.** Impío, ateo. **4.** Fiel y exacto en el cumplimiento del deber. *Puedes fiarte de ella, es*

muy religiosa en su trabajo. **SIN.** Formal, recto, cumplidor. **ANT.** Falso, relajado.
relinchar (re-lin-**char**) *v. intr.* Emitir con fuerza su voz el caballo. *Los caballos estaban nerviosos y no dejaban de relinchar.*
relincho (re-**lin**-cho) *s. m.* Voz del caballo. *A lo lejos se oía el relincho de un caballo.*
relinga (re-**lin**-ga) *s. f.* **1.** Cada una de las cuerdas o sogas en que van colocados los plomos y corchos que sirven para calar y sostener las redes en el agua. *Sostén bien la relinga.* **2.** Cabo que se usa para reforzar las orillas de las velas. *El fuerte viento hizo que se rompiera una relinga.*
reliquia (re-**li**-quia) *s. f.* **1.** Parte del cuerpo de un santo o lo que por haberle tocado es digno de veneración. *Veneraban las reliquias de Santa Teresa.* **2.** Residuo que queda de un todo. **GRA.** Se usa más en pl. *De aquel viejo palacio quedaban sólo las reliquias.* **SIN.** Resto, vestigio. **3.** Huella de cosas pasadas. *Aquellos documentos eran reliquias del prestigioso pasado de la región.* **SIN.** Señal, indicio. **4.** Prenda de valor sentimental por haber pertenecido a una persona querida. *Los libros de su abuela eran una de sus reliquias más queridas.* **5.** Persona o cosa muy vieja. *Deberías comprar otra bici y dejar de una vez esa reliquia.* **SIN.** Antigüedad, carroza.
rellano (re-**lla**-no) *s. m.* Llano en que termina cada tramo de escalera. *Se encontraron en el rellano de la escalera.* **SIN.** Descansillo.
rellenar (re-lle-**nar**) *v. tr.* **1.** Volver a llenar o llenar enteramente una cosa, sin dejar ningún espacio. **GRA.** También v. prnl. *Rellena la botella de agua.* **SIN.** Atestar(se), colmar(se), henchir(se). **ANT.** Vaciar(se), sacar. **2.** Llenar de carne picada u otros ingredientes un ave u otro manjar. *Rellené los pimientos con carne.* **SIN.** Embutir, condimentar. **3.** Introducir relleno. *Rellenó con espuma el cojín.* **4.** Cubrir con los datos necesarios un documento, instancia, etc. *Rellenó la solicitud.* **SIN.** Cumplimentar.
relleno, na (re-**lle**-no) *adj.* **1.** Muy lleno. *Los adornos eran bonitos, pero la pared estaba demasiado rellena para mi gusto.* **SIN.** Saturado, atiborrado, colmado. ‖ *s. m.* **2.** Material con que se rellena algo. *El relleno de esa colchoneta es de plumas.* **3.** Picadillo sazonado de carne, hierbas, etc. con que se llenan aves, hortalizas, etc. *Preparó un exquisito relleno para el pollo.* **SIN.** Adobo. **4.** Palabras que no son necesarias en los escritos o en las oraciones y sólo se intercalan para alargarlo. *La mitad era de relleno.* **SIN.** Accesorio, adorno.

reloj (re-**loj**) *s. m.* Máquina o instrumento que sirve para medir el tiempo o dividir el día en horas, minutos y segundos. *El reloj de la plaza marcaba las 12 de la mañana.* ‖ **LOC. contra reloj** Modalidad de las carreras, sobre todo ciclistas, en la que se cronometra el tiempo que cada participante emplea en recorrer un determinado trayecto. | Hacer las cosas, o resolver un asunto en un tiempo muy limitado. **estar alguien como un reloj** *fam.* Encontrarse bien de salud. **ir algo como un reloj** *fam.* Funcionar muy bien. **ser alguien un reloj, o como un reloj** *fam.* Ser muy puntual. | Evacuar regularmente. ✎ Su pl. es "relojes". ☞ Ver ilustración pág. 932.
relojería (re-lo-je-**rí**-a) *s. f.* **1.** Arte de hacer relojes. *Toda la familia se había dedicado a la relojería.* **2.** Taller o tienda donde se hacen o venden relojes. *Llevó el reloj a la relojería porque se atrasaba mucho.* ‖ **LOC. de relojería** Se dice del mecanismo provisto de un reloj que, en un momento dado, acciona o detiene un dispositivo.
relucir (re-lu-**cir**) *v. intr.* **1.** Despedir luz. *La medalla relucía con el sol.* **SIN.** Brillar, resplandecer, relumbrar. **2.** Sobresalir alguien en alguna cualidad excelente o por hechos loables. *Durante el partido relució su excelente forma física.* **SIN.** Destacar, exceder, sobresalir. ‖ **LOC. sacar, o salir, a relucir** *fam.* Mencionar o revelar inesperadamente algún hecho o razón. ✎ v. irreg., se conjuga como lucir.
reluctancia (re-luc-**tan**-cia) *s. f.* En física, resistencia que ofrece un circuito al flujo magnético. *No sé calcular la reluctancia del circuito.*
relumbrar (re-lum-**brar**) *v. intr.* Dar una cosa viva luz o alumbrar con exceso. *Relumbraba el suelo de limpio que estaba.* **SIN.** Brillar, relucir, resplandecer.
remachar (re-ma-**char**) *v. tr.* **1.** Machacar la punta o la cabeza del clavo ya clavado. *Remacha esa punta que sobresale.* **2.** Sujetar con remaches. *Remachó el marco del cuadro.* **3.** Recalcar lo que se ha dicho o hecho. *Remachó bien esas palabras.* **SIN.** Asegurar, afianzar, robustecer.
remache (re-**ma**-che) *s. m.* **1.** Acción y efecto de remachar. *Estos clavos necesitan un remache.* **2.** Roblón, especie de clavo. *Este remache es demasiado pequeño para aquí.* **3.** En el juego de billar, lance que consiste en impeler una bola sobre otra que está pegada a la banda. *Fue un buen remache.*
remanente (re-ma-**nen**-te) *s. m.* Porción que queda de una cosa. *Aún quedaba un remanente de dinero.* **SIN.** Resto, sobra, sobrante, residuo.

remangar (re-man-**gar**) *v. tr.* *Arremangar. **GRA.** También v. prnl. ✎ Se conjuga como ahogar.

remanguillé, a la, *loc. fam.* En desorden. *Lo hace todo a la remanguillé.*

remansarse (re-man-**sar**-se) *v. prnl.* Detenerse el curso o la corriente de un líquido. *Aquí se remansa el río.* **SIN.** Aquietarse, pararse, sosegarse.

remanso (re-**man**-so) *s. m.* **1.** Detención o suspensión de la corriente del agua o cualquier otro líquido, y lugar en el que esta corriente se detiene. *Ese remanso del río es ideal para bañarse.* **2.** Lugar tranquilo. *Aquella casa perdida en la montaña era un auténtico remanso.*

remar (re-**mar**) *v. intr.* **1.** Mover los remos de una embarcación para que ésta se desplace en el agua. *Me pidió que remara yo un rato porque él estaba cansado.* **SIN.** Bogar. **2.** Trabajar con gran afán y perseverancia en una cosa. *Estaban seguros de conseguirlo, habían remado mucho.*

remarcar (re-mar-**car**) *v. tr.* Volver a marcar alguna cosa. *Remarcó que se trataba de una opinión personal.* **SIN.** Acentuar, señalar, subrayar. **ANT.** Olvidar, omitir. ✎ Se conjuga como abarcar.

rematado, da (re-ma-**ta**-do) *adj.* **1.** Acabado, terminado. *Estas costuras están muy bien rematadas.* **2.** Se dice de la persona que se halla en tan mal estado que es imposible, o poco menos, su remedio. *Es un imbécil rematado.*

rematar (re-ma-**tar**) *v. tr.* **1.** Acabar una cosa. *Le queda sólo una semana para rematar el trabajo.* **SIN.** Concluir, finalizar, terminar. **ANT.** Comenzar, empezar. **2.** Poner fin a la vida de la persona o del animal que está en trance de muerte. *Remató al toro.* **3.** Afianzar la última puntada en una prenda. *Sólo le queda rematar las costuras.* **4.** Vender las últimas existencias de una mercancía a precio más bajo. *En esos grandes almacenes están rematando.* **5.** Agotar lo que queda de una cosa. *Remató el flan después de cenar.* **6.** En el fútbol y otros deportes, finalizar una jugada disparando a la portería contraria. *El delantero remató el balón y consiguió el gol del empate.*

remate (re-**ma**-te) *s. m.* **1.** Fin o cabo, extremidad de una cosa. *Faltan algunos remates para acabar la construcción.* **SIN.** Extremo, término, punta, conclusión. **ANT.** Inicio, comienzo. **2.** Acción de rematar. *Ese baile fue el remate de la fiesta.* **3.** Lo que en las construcciones arquitectónicas, muebles, etc. se sobrepone para coronarlos o adornar su parte superior. *Los remates de este armario están bastante*

mal hechos. **4.** Acción y efecto de rematar en el fútbol y otros deportes. *Sus compañeras felicitaron a la autora del remate.* **5.** Momento final de la embestida del toro. *El remate de aquellas reses fue espectacular.* ‖ **LOC. de remate** Sin remedio, absolutamente.

remedar (re-me-**dar**) *v. tr.* **1.** Seguir una persona las mismas huellas y ejemplo de otra o llevar el mismo método, orden y disciplina que ella. *Remeda a su hermana mayor en todo.* **2.** Hacer una persona, por burla, las mismas acciones o gestos que otra hace. *En aquella comedia, los actores remedaban a famosos personajes.* **SIN.** Burlarse, imitar, parodiar.

remediar (re-me-**diar**) *v. tr.* **1.** Poner los medios necesarios para reparar un daño. **GRA.** También v. prnl. *No consiguieron remediar la sequía.* **SIN.** Corregir(se), aliviar(se), subsanar(se). **2.** Socorrer una necesidad o urgencia. **GRA.** También v. prnl. *Le remedió en lo que pudo.* **SIN.** Auxiliar, amparar, ayudar. **3.** Evitar que se haga una cosa que puede producir daño contra alguien. *Se enteró del plan, pero no pudo remediarlo.* ‖ **LOC. no poder remediar algo** *fam.* No poder evitarlo. ✎ En cuanto al acento, se conjuga como cambiar.

remedio (re-**me**-dio) *s. m.* **1.** Lo que se hace o se toma para arreglar o corregir una daño, un error, una enfermedad, etc. *Cambiando las cañerías, pondrás remedio a las goteras.* **SIN.** Recurso, auxilio, ingenio, medio, solución. ‖ **2. remedio casero** El que se hace para curar una enfermedad sin recurrir a las farmacias. ‖ **LOC. no haber remedio, o no tener más remedio** Ser preciso o necesario. **no tener o no haber remedio** Hablando de personas, ser incorregible. **poner remedio a una cosa** Encontrar una solución. **¡qué remedio!** Indica resignación ante algo inevitable. **ser el remedio peor que la enfermedad** Ser lo que se propone para atajar un daño peor que ese mismo daño. **sin remedio** Inevitablemente.

remedo (re-**me**-do) *s. m.* Imitación de alguna cosa, especialmente si el parecido no es perfecto. *Su obra era un mero remedo de obras anteriores.* **SIN.** Copia, parodia, simulacro.

remembranza (re-mem-**bran**-za) *s. f.* Recuerdo, memoria de una cosa pasada. *Hizo una remembranza de su figura.* **SIN.** Evocación, memoria. **ANT.** Olvido.

rememorar (re-me-mo-**rar**) *v. tr.* Recordar, traer a la memoria alguna cosa. *Le gustaba rememorar su infancia.* **SIN.** Evocar, mencionar, acordarse. **ANT.** Olvidar, omitir.

remendar (re-men-**dar**) *v. tr.* **1.** Reforzar con remiendos lo que está viejo o roto. *Remienda el pantalón.* **SIN.** Zurzir, parchear, recoser. **2.** Corregir, enmendar. *Intentó remendar lo que había hecho, pero ya era tarde.* 🖉 v. irreg., se conjuga como acertar.

remera (re-**me**-ra) *s. f.* Cada una de las plumas largas y rígidas con que terminan las alas de las aves. *Con las remeras de un pavo real hizo un adorno.*

remesa (re-**me**-sa) *s. f.* **1.** Envío que se hace de una cosa. *Recibió una remesa de papel.* **2.** La cosa enviada de cada vez. *En esta remesa, varios libros han llegado defectuosos.*

remiendo (re-**mien**-do) *s. m.* **1.** Pedazo de paño u otra tela que se cose a lo que está viejo o roto. *Le echó un remiendo a la sábana.* **SIN.** Parche, zurcido. **2.** Reparación provisional que se hace en caso de urgencia. *Hice un pequeño remiendo en el enchufe, pero hay que llamar al electricista.* **SIN.** Apaño, parche. **3.** Añadidura que se introduce en una cosa. *El texto estaba lleno de remiendos.* **SIN.** Composición, enmienda, corrección.

remilgado, da (re-mil-**ga**-do) *adj.* Afectado, melindroso. *No me gusta la gente remilgada.* **ANT.** Llano.

remilgo (re-**mil**-go) *s. m.* **1.** Acción y ademán de remilgarse. *Hace las cosas con mucho remilgo.* **SIN.** Melindre. **ANT.** Naturalidad, sencillez. **2.** Melindre, afectación. **GRA.** Se usa más en pl. *No vengas ahora con remilgos.*

reminiscencia (re-mi-nis-**cen**-cia) *s. f.* **1.** Recuerdo de una cosa que casi estaba olvidada. *Aún tenía reminiscencias de pasadas hazañas.* **SIN.** Evocación, remembranza. **ANT.** Olvido. **2.** En literatura y música, lo que es muy parecido a lo compuesto anteriormente por otro autor. *En su poesía había muchas reminiscencias de la época anterior.*

remirado, da (re-mi-**ra**-do) *adj.* **1.** Se dice de la persona que reflexiona mucho sobre sus acciones. *Decídete, no seas tan remirado.* **SIN.** Cauto, circunspecto, mirado. **ANT.** Irreflexivo, inconsciente. **2.** *Melindroso.

remiso, sa (re-**mi**-so) *adj.* Se dice de la persona tímida e indecisa. *Se mostraba un poco remiso ante aquel plan.* **SIN.** Irresoluto, reacio, reticente, cortado. **ANT.** Decidido, resuelto.

remite (re-**mi**-te) *s. m.* Consignación del nombre y dirección en un paquete o carta que se envía por correo de la persona que lo manda. *No te olvides de poner el remite a la carta por si la tienen que devolver.*

remitir (re-mi-**tir**) *v. tr.* **1.** Enviar una cosa al lugar destinado. *Le remitió el paquete.* **SIN.** Despachar, expedir, facturar, remesar, mandar. **ANT.** Recibir, percibir. **2.** Disminuir, aflojar o perder una cosa parte de su fuerza. **GRA.** También v. intr. y v. prnl. *Parece que la tormenta remite.* **SIN.** Aplacarse, flojear. **ANT.** Arreciar, acrecentarse. **3.** Dejar, diferir la realización de algo. *Remitió la reunión para el próximo mes.* **SIN.** Aplazar, suspender. **ANT.** Tramitar, ejecutar. **4.** Confiar a otra persona la resolución de una cosa. **GRA.** También v. prnl. *Nos remitieron a otra ventanilla.* **5.** Indicar en un escrito otro lugar de posible interés para el lector. *Remite a otro libro del autor.* **SIN.** Enviar. ‖ *v. prnl.* **6.** Atenerse a lo dicho o hecho por iniciativa propia o ajena. *A las pruebas me remito.* **SIN.** Ceñirse, referirse.

remo (**re**-mo) *s. m.* Instrumento de madera, en forma de pala larga y estrecha, que sirve para mover las embarcaciones haciendo fuerza en el agua. *Se partió un remo.* **SIN.** Pala.

remodelar (re-mo-de-**lar**) *v. tr.* Transformar la forma o estructura de un edificio, calle, etc. *El edificio está totalmente remodelado por dentro.* **2.** Reorganizar algo. *Remodelaron el plan de estudios.* **SIN.** Reestructurar.

remojar (re-mo-**jar**) *v. tr.* Empapar en agua u otro líquido una cosa o ponerla en remojo. *La lluvia nos remojó.* **SIN.** Bañar, duchar, humedecer, mojar.

remojo (re-**mo**-jo) *s. m.* **1.** Acción de remojar o empapar en agua u otro líquido una cosa. *Dejó la ropa a remojo en lejía.* **2.** Operación de mantener en agua ciertos alimentos para ablandarlos o desalarlos antes de cocinarlos. *Echar los garbanzos a remojo.*

remojón (re-mo-**jón**) *s. m.* *Mojadura.

remolacha (re-mo-**la**-cha) *s. f.* **1.** Planta herbácea de tallo derecho, grueso y ramoso, hojas grandes, flores pequeñas y verdosas; fruto seco y raíz grande, carnosa, fusiforme, especialmente encarnada, comestible, y de la que se extrae el azúcar. *Plantaron remolacha.* **2.** Raíz de esta planta. *Echó remolacha en la ensalada.* ‖ **3. remolacha azucarera** Variedad de remolacha empleada en la industria azucarera. **4. remolacha forrajera** La que se utiliza como alimento del ganado.

remolcador, ra (re-mol-ca-**dor**) *adj.* Que sirve para remolcar. **GRA.** También s. m. *Era una embarcación remolcadora.*

remolcar (re-mol-**car**) *v. tr.* **1.** Llevar una embarcación u otra cosa sobre el agua, tirando de ella por medio de un cable, cadena, etc. *Remolcaron la barca.* **2.** Llevar por tierra un vehículo a otro. *Avisó a la grúa para que le remolcara el coche.* **SIN.** Arras-

remolinarse - rencoroso

trar, tirar, acarrear, transportar. ✎ Se conjuga como abarcar.

remolinarse (re-mo-li-**nar**-se) *v. prnl.* Juntarse desordenadamente muchas personas en un grupo o varios. *Muchos curiosos se remolinaron en el lugar del suceso.* **SIN.** Arremolinarse, agruparse.

remolino (re-mo-**li**-no) *s. m.* **1.** Movimiento giratorio y rápido del aire, el agua, el polvo, el humo, etc. *El agua del río formaba remolinos junto al puente.* **SIN.** Tolvanera, torbellino, vorágine. **2.** Onda del pelo. *No soy capaz de dominar este remolino del flequillo.* **SIN.** Rizo, retorcimiento. **3.** Aglomeración de gente. *La gente formaba un remolino.* **SIN.** Confusión, multitud. **4.** Persona de carácter inquieto. *Tiene sólo dos añitos, pero es un remolino.* **SIN.** Torbellino, impetuoso. **ANT.** Tranquilo, sosegado.

remolón, na (re-mo-**lón**) *adj.* Se dice de la persona perezosa que huye del trabajo o de cualquier obligación. **GRA.** También s. m. y s. f. *Se hizo el remolón para no tener que echar una mano.* **SIN.** Lento, indolente, perezoso. **ANT.** Activo, diligente, laborioso.

remolque (re-**mol**-que) *s. m.* Vehículo remolcado por otro. *El tractor llevaba un remolque.* **SIN.** Roulotte, caravana. || **LOC. a remolque** Remolcando. | Se dice de la acción poco espontánea, y más bien realizada por impulso de otra persona.

remontar (re-mon-**tar**) *v. tr.* **1.** Subir, ir hacia arriba. *Hay que remontar un duro repecho hasta llegar a la cima.* **SIN.** Alzar, elevar, subir. **2.** Superar una dificultad. *Remontaron la crisis.* **SIN.** Salvar, vencer. || *v. intr.* **3.** Navegar aguas arriba un río o corriente. *Los exploradores remontaron el río.* || *v. prnl.* **4.** Elevarse una cosa por el aire. *La cometa se remontó hasta el cielo.* **SIN.** Alzarse, elevarse, ascender. **ANT.** Bajar, descender. **5.** Ascender hasta el origen de una cosa. *Se remonta a mi infancia.* **6.** Pertenecer a una época remota. *Se remonta a los primeros siglos.*

remonte (re-**mon**-te) *s. m.* *Telesilla.

remorder (re-mor-**der**) *v. tr.* Causar remordimiento. *Le remordía la conciencia por lo que había hecho.* **SIN.** Atormentar, desasosegar. ✎ v. irreg., se conjuga como mover.

remordimiento (re-mor-di-**mien**-to) *s. m.* Inquietud, pesar interno que queda después de hacer una mala acción. *Sentía muchos remordimientos.* **SIN.** Arrepentimiento, contrición, mala conciencia.

remoto, ta (re-**mo**-to) *adj.* **1.** Que está distante o apartado. *Había sucedido en tiempos remotos.* **SIN.** Lejano, alejado, aislado, retirado. **ANT.** Cercano, próximo, vecino. **2.** Que no es verosímil, o está muy distante de suceder. *Existía sólo una remota posibilidad.* **SIN.** Inverosímil, improbable, increíble. **ANT.** Probable, cierto. || **LOC. no tener ni la más remota idea de algo** Ignorarlo totalmente.

remover (re-mo-**ver**) *v. tr.* **1.** Mover una cosa, dándole vueltas para que sus elementos se mezclen. *Remueve durante un rato el aceite, la cebolla y los pimientos.* **SIN.** Agitar, menear, revolver. **2.** Investigar un asunto para sacar a la luz lo que estaba oculto. *Lo removió todo hasta que dio con el culpable.* **SIN.** Alterar, revolver. ✎ v. irreg., se conjuga como mover.

remozar (re-mo-**zar**) *v. tr.* Dar o comunicar cierta robustez y lozanía propias de la juventud. **GRA.** Se usa más como v. prnl. *Se remozaba con la alegría de sus nietos.* **SIN.** Modernizar(se), rejuvenecer(se), renovar(se), vigorizar(se). **ANT.** Envejecer(se), arruinar(se), derribar(se). ✎ Se conjuga como abrazar.

remuneración (re-mu-ne-ra-**ción**) *s. f.* **1.** Acción y efecto de remunerar. *Recibió una remuneración insuficiente.* **SIN.** Pago, gratificación. **2.** *Retribución.

remunerar (re-mu-ne-**rar**) *v. tr.* **1.** Recompensar a alguien por alguna cosa. *Le remuneraron por haber devuelto la cartera.* **SIN.** Galardonar, premiar, gratificar. **2.** Pagar un servicio. *Remuneraron bien mi trabajo, no tengo queja.* **SIN.** Retribuir, satisfacer, liquidar.

renacer (re-na-**cer**) *v. intr.* Volver a nacer. *Renació su esperanza de futuro.* **SIN.** Resucitar, revivir, reencarnarse. ✎ v. irreg., se conjuga como parecer.

renacimiento (re-na-ci-**mien**-to) *s. m.* Recuperación de las artes y el conocimiento que tuvo lugar en Europa, y en especial en Italia, entre los siglos XIV y XVI. *Leonardo da Vinci y Rafael pertenecen al Renacimiento.* ✎ Suele escribirse con mayúscula.

renacuajo (re-na-**cua**-jo) *s. m.* **1.** Larva de la rana, mientras conserva la cola y respira por branquias. *Los renacuajos viven en el agua.* **2.** Apelativo cariñoso de los niños pequeños. *¡Vaya renacuajo!*

renal (re-**nal**) *adj.* Que pertenece o se refiere al riñón. *Insuficiencia renal.* **SIN.** Nefrítico.

rencilla (ren-**ci**-lla) *s. f.* Cuestión o riña de la que queda algún encono. *Tenemos que olvidar nuestras rencillas.* **SIN.** Rencor, enfado.

renco, ca (**ren**-co) *adj.* Cojo por lesión de las caderas. **GRA.** También s. m. y s. f. *El caballo estaba renco.*

rencor (ren-**cor**) *s. m.* Resentimiento arraigado y tenaz. *Le guardaba rencor.* **SIN.** Enemistad, aborrecimiento, inquina, odio. **ANT.** Amor, amistad.

rencoroso, sa (ren-co-**ro**-so) *adj.* Que tiene o guarda rencor. *Es una persona muy rencorosa.* **SIN.** Duro, resentido, vengativo.

rendibú (ren-di-**bú**) *s. m.* Acatamiento, agasajo que se hace con intención de halagar. *Le hicieron un rendibú.* **SIN.** Respeto, atención, cortesía, halago.

rendición (ren-di-**ción**) *s. f.* Acción y efecto de rendir o rendirse. *Firmaron la rendición.* **SIN.** Capitulación, claudicación.

rendido, da (ren-**di**-do) *adj.* **1.** Que ofrece sumisión y acatamiento. *Está rendido a sus pies.* **SIN.** Sumiso, obsequioso, galante. **2.** Se dice de la persona o animal que está muy cansado. *Llegó a casa rendida.* **SIN.** Agotado, fatigado. **ANT.** Descansado, fresco.

rendija (ren-**di**-ja) *s. f.* **1.** Hendidura o abertura larga y angosta, que se produce naturalmente en cualquier cuerpo sólido y lo atraviesa de parte a parte. *Debido a las obras se abrieron rendijas en las paredes.* **SIN.** Agrietamiento, grieta, raja, fisura. **2.** Espacio pequeño que queda entre dos planchas articuladas como la tapa de una caja, la hoja de la ventana y su marco, etc., y que deja pasar la luz o el aire. *La luz entraba por las rendijas de la ventana.*

rendir (ren-**dir**) *v. tr.* **1.** Causar cansancio o fatiga. **GRA.** También v. prnl. *Tanto trabajo me rindió.* **SIN.** Cansar(se), agotar(se), fatigar(se). **ANT.** Resistir, soportar, aguantar. **2.** Vencer, sujetar, obligar a las tropas, plazas fuertes enemigas, etc. a que se entreguen. *El asedio logró rendir la ciudad.* **SIN.** Avasallar, dominar, someter. **ANT.** Sublevar, levantar. **3.** Sujetar, someter una cosa al dominio de alguien. **GRA.** También v. prnl. *Se rindió a su poder.* **SIN.** Domeñar, dominar. **4.** Servir de provecho una cosa. *Esta finca rinde grandes beneficios.* **SIN.** Aprovechar, fructificar. **5.** Dar, entregar. *Rendir cuentas.* || *v. intr.* **6.** Dar fruto o utilidad. *Pedro rinde mucho en el trabajo.* **SIN.** Producir, rentar. || *v. prnl.* **7.** Entregarse. *Los ladrones se rindieron a la policía.* **SIN.** Ceder, claudicar, capitular, doblegarse. **ANT.** Defenderse, afrontar. ✎ v. irreg., se conjuga como pedir.

renegar (re-ne-**gar**) *v. tr.* **1.** Negar con insistencia algo. *Niego y reniego que yo lo haya hecho.* **2.** Mostrar a una persona desprecio o rechazar su parentesco o amistad. *Reniega de sus amigos desde que lo dejaron solo.* || *v. intr.* **3.** Pasarse de una religión o culto a otro. *Renegó de su fe.* **SIN.** Abjurar, apostatar. **ANT.** Abrazar, convertirse. **4.** *Blasfemar. **5** *fam.* Decir injurias contra alguien. *Renegó de él lo que quiso.* **SIN.** Abominar, maldecir. **6.** *fam.* *Refunfuñar. ✎ v. irreg., se conjuga como acertar. Se escribe "gu" en vez de "g" seguido de "-e".

renegrido, da (re-ne-**gri**-do) *adj.* Se dice del color cárdeno muy oscuro, especialmente hablando de contusiones. *Después del golpe tenía la pierna renegrida.* **SIN.** Ennegrecido, retinto.

renglón (ren-**glón**) *s. m.* **1.** Serie de palabras o caracteres escritos o impresos en línea recta. *Empieza a leer en el tercer renglón.* **2.** Cada una de las líneas horizontales impresas en algunos papeles para poder escribir sin torcerse. *Me he comprado una libreta con 50 renglones por página.* **SIN.** Línea. || **LOC. a renglón seguido** *fam.* A continuación. **leer entre renglones** Interpretar debidamente un escrito.

renio (**re**-nio) *s. m.* Elemento químico o cuerpo simple muy raro que se encuentra en los minerales de platino, molibdeno, etc. *El símbolo del renio es Re.*

reno (**re**-no) *s. m.* Mamífero rumiante, de los países septentrionales, con astas muy ramosas, pelaje espeso y pezuñas gruesas y curvadas. *El reno sirve como animal de tiro para los trineos.*

renombrado, da (re-nom-**bra**-do) *adj.* Se dice de la persona o cosa célebre. *Es obra de un renombrado arquitecto.* **SIN.** Acreditado, afamado, conocido, famoso. **ANT.** Desconocido, anónimo.

renombre (re-**nom**-bre) *s. m.* Celebridad que adquiere alguien o algo por sus acciones o cualidades. *Es una escritora de mucho renombre.* **SIN.** Prestigio, fama, gloria.

renovar (re-no-**var**) *v. tr.* **1.** Restablecer una relación u otra cosa que se había interrumpido. **GRA.** También v. prnl. *Renovó su amistad.* **SIN.** Reemprender(se), reanudar(se). **ANT.** Interrumpir(se), dejar(se). **2.** Reemplazar una cosa usada por otra nueva. *Decidió renovar todo el mobiliario de la oficina.* **SIN.** Cambiar, sustituir. **3.** Dar nueva energía a algo. *El jugador renovó sus esfuerzos.* **SIN.** Transformar, vigorizar, rejuvenecer. ✎ v. irreg., se conjuga como contar.

renquear (ren-que-**ar**) *v. intr.* **1.** *Cojear. **2.** *fam.* No acabar de tomar una decisión. *No se decide, sigue renqueando.* **SIN.** Dudar, vacilar. **3.** Tener dificultades con un asunto, negocio, etc. *Llevaba el curso renqueando.*

renta (**ren**-ta) *s. f.* **1.** Beneficio que rinde anualmente una cosa, o lo que de ella se cobra. *El alquiler de esas tierras le proporciona una buena renta anual.* **SIN.** Rédito, utilidad, ganancia, interés. **2.** Lo que paga en dinero o en frutos un arrendatario al propietario. *Paga una renta bastante alta por ese piso.* **SIN.** Alquiler, arrendamiento. || **3. renta nacional** Valor del conjunto de bienes y servicios producidos en un país durante el año. **4. renta per cápita** Renta nacional dividida por el número de habitantes de un país. ‖ **LOC. vivir alguien de las rentas** Sacar utilidad de lo que se ha logrado en el pasado.

rentabilidad (ren-ta-bi-li-**dad**) *s. f.* **1.** Capacidad de producir renta. *Esas fincas no tienen apenas rentabilidad.* **2.** Cualidad de rentable. *Esa cuenta bancaria ofrece gran rentabilidad.* **SIN.** Productividad, utilidad.

rentabilizar (ren-ta-bi-li-**zar**) *v. tr.* Hacer rentable algo. *Tenía que rentabilizar su inversión.* ✎ Se conjuga como abrazar.

rentable (ren-**ta**-ble) *adj.* Que produce o puede producir buenos beneficios. *Aquel negocio era muy rentable.* **SIN.** Productivo, provechoso, útil. **ANT.** Improductivo.

rentar (ren-**tar**) *v. tr.* Producir una cosa beneficio o utilidad anualmente. *Las tierras cada vez le rentan menos.*

rentoy *s. m.* Juego de naipes, entre dos, cuatro, seis u ocho personas, a cada una de las cuales se le dan tres cartas; se vuelve otra para muestra del triunfo. *He perdido hasta las muelas jugando al rentoy.*

rentrée *s. f.* *Regreso.

renuevo (re-**nue**-vo) *s. m.* Vástago que echa el árbol después de podado o cortado. *Por fin salieron los renuevos en el abeto.* **SIN.** Retoño, brote.

renuncia (re-**nun**-cia) *s. f.* **1.** Acción de renunciar. *Se vio obligado a la renuncia de su sueño.* **2.** Documento o instrumento que contiene la renuncia. *Firmó la renuncia.* **3.** Dimisión o dejación voluntaria de una cosa que se posee o del derecho a ella. *Presentó la renuncia de su cargo.* **SIN.** Abdicación, dimisión. **ANT.** Aceptación.

renunciar (re-nun-**ciar**) *v. tr.* **1.** Ceder por voluntad propia. *Renunció a su trabajo para poder estudiar.* **SIN.** Dimitir, abdicar, desistir, abandonar. **ANT.** Aceptar. **2.** No querer admitir o aceptar una cosa. *Ha renunciado a presidir la cena.* **SIN.** Negar, rechazar, rehusar. **ANT.** Aceptar, tolerar, admitir. **3.** Faltar a las leyes de algunos juegos de cartas por no asistir el palo que se juega, teniendo carta de él. *Perdió el campeonato al renunciar en una partida.* ✎ En cuanto al acento, se conjuga como cambiar.

renuncio (re-**nun**-cio) *s. m.* **1.** Falta que se comete renunciando en algunos juegos de cartas. *Hizo un renuncio y perdió la partida.* **2.** *fam.* Mentira o contradicción en que se coge a alguien. *Le pillaron en un renuncio muy gordo.* **SIN.** Error, mentira.

renvalso (ren-**val**-so) *s. m.* Rebajo que se hace en el canto de las hojas de puertas y ventanas para que encaje en el marco o unas con otras. *Antes de colocar la puerta tienes que hacerle un renvalso.*

rentabilizar - reparar

reñido, da (re-**ñi**-do) *adj.* **1.** Que está enemistado con otra persona. *Están reñidos desde hace dos semanas.* **SIN.** Enfadado. **2.** Se dice del concurso, prueba, oposición, etc. en el que hay mucha rivalidad entre las personas que se lo disputan. *El concurso estaba muy reñido.* **SIN.** Disputado, encarnizado. ‖ **LOC. estar reñido** Ser incompatible con otra cosa que se expresa.

reñir (re-**ñir**) *v. intr.* **1.** Discutir. *Mis hermanas riñen constantemente.* **SIN.** Disputar, pelear. **ANT.** Reconciliarse. **2.** Llamar la atención a alguien, reprenderlo. *El maestro me riñó por hablar en clase.* **SIN.** Regañar, reprender. ✎ v. irreg., se conjuga como ceñir.

reo, a (**re**-o) *s. m. y s. f.* Persona que por haber cometido una culpa merece castigo. *El reo fue condenado.* **SIN.** Acusado, convicto, culpado.

reoca, ser la *loc., fam.* Ser magnífico algo o alguien. *Tu amigo es la reoca, te mueres de risa con él.*

reóforo (re-**ó**-fo-ro) *s. m.* Cada uno de los conductores que establecen la comunicación entre un aparato eléctrico y un origen de electricidad. *Llamaré al técnico para que revise el reóforo de ese flexo.* **SIN.** Borne, clavija.

reojo, mirar de *loc.* que significa mirar disimuladamente dirigiendo la vista por encima del hombro. *Miró de reojo lo que estaba haciendo.*

reorganizar (re-or-ga-ni-**zar**) *v. tr.* **1.** Volver a organizar una cosa. **GRA.** También v. prnl. *Se reorganizó para poder asistir a las clases.* **2.** Organizar una cosa de manera distinta a como se encontraba para mejorarla. *Reorganizaron el temario.* **SIN.** Reajustar, rehacer, reconstituir. ✎ Se conjuga como abrazar.

reóstato (re-**ós**-ta-to) *s. m.* Aparato que sirve para hacer variar la resistencia en un circuito eléctrico. *El reóstato también se usa para medir la resistencia eléctrica de los conductores.*

repajolero, ra (re-pa-jo-**le**-ro) *adj., fam.* *Pajolero.

repanchigarse (re-pan-chi-**gar**-se) *v. prnl.* *Repantigarse. ✎ Se conjuga como ahogar.

repanocha, ser la *loc., fam.* Ser algo o alguien extraordinario, o fuera de lo normal, tanto en lo positivo como en lo negativo. *Es la repanocha, no hay quien pueda con ella.*

repantigarse (re-pan-tin-**gar**-se) *v. prnl.* Arrellenarse en el asiento o extenderse para mayor comodidad. *Se repantingó en el sillón.* **SIN.** Sentarse, echarse. ✎ Se conjuga como ahogar.

reparar (re-pa-**rar**) *v. tr.* **1.** Componer, arreglar el daño que ha sufrido alguna cosa. *Reparó la avería.* **SIN.** Enmendar. **ANT.** Destrozar, estropear. **2.** Mirar con cuidado; notar, advertir una cosa. **GRA.** También v. intr. *No reparó en ese detalle.* **SIN.** Apercibirse, observar, percatarse. **3.** Reflexionar sobre un asunto. **GRA.** También v. intr. *No había reparado en las consecuencias.* **SIN.** Considerar, atender. **4.** Corregir, enmendar. *Reparó su falta.* **5.** *Desagraviar.

reparo (re-**pa**-ro) *s. m.* Duda, dificultad que surge en un asunto. *No me vengas ahora con reparos.* **SIN.** Obstáculo, pega, pero, inconveniente.

repartir (re-par-**tir**) *v. tr.* **1.** Hacer partes de una cosa y distribuirla entre varios. *Reparte la tarta entre todos los presentes.* **SIN.** Adjudicar, asignar, dividir. **ANT.** Reunir, agrupar. **2.** Distribuir en lugares distintos o a personas diferentes. *Repartieron efectivos policiales por toda la zona.* **SIN.** Diseminar. **3.** *Clasificar. **4.** Señalar partes en un todo. *Repartió la finca.* **SIN.** Parcelar, partir, dividir. **5.** Extender uniformemente una materia sobre una superficie. *Reparte la nata sobre el bizcocho.* **6.** Dar los papeles de una obra dramática a los actores. *Se encargó de repartir los papeles.* **SIN.** Atribuir, adjudicar.

reparto (re-**par**-to) *s. m.* **1.** Acción y efecto de repartir. *Se encargó del reparto de invitaciones.* **2.** Relación de los personajes de una obra dramática, televisiva o cinematográfica, y de los actores que encarnan estos papeles. *Esta película tiene un excelente reparto.*

repasar (re-pa-**sar**) *v. tr.* **1.** Volver a mirar o registrar una cosa. *Repasa la cuenta.* **SIN.** Examinar, verificar. **2.** Volver a estudiar la lección el alumno. *Me queda un tema por repasar.* **3.** Zurcir la ropa. *Repasó la sábana.* **SIN.** Remendar.

repaso (re-**pa**-so) *s. m.* **1.** Acción y efecto de repasar. *Da un repaso para ver si queda todo bien cerrado.* **2.** Estudio ligero que se hace de lo que se tiene visto o estudiado, para mayor comprensión y firmeza en la memoria. *Sólo me queda darle un repaso.* **SIN.** Revisión, lectura. **3.** Reconocimiento de una cosa después de hecha, para ver si le falta algo. *Da un repaso a la solicitud para ver si le falta algún dato.* **SIN.** Revisión, examen. || **LOC. dar un repaso a alguien** *fam.* Demostrarle superioridad.

repatear (re-pa-te-**ar**) *v. tr., fam.* Desagradar mucho una cosa o una persona. **GRA.** También v. intr. *Me repatea quedar con alguien y que llegue tarde.*

repatriación (re-pa-tria-**ción**) *s. f.* Acción y efecto de repatriarse. *Logró la repatriación.* **SIN.** Regreso, vuelta. **ANT.** Exilio, expatriación.

repatriar (re-pa-tri-**ar**) *v. tr.* Hacer que alguien regrese a su patria. **GRA.** También v. intr. y v. prnl. *Se repatrió.* **SIN.** Volver, regresar, retornar. **ANT.** Exiliar(se), expatriar(se), desterrar(se). ✎ En cuanto al acento, se conjuga como desviar.

repecho (re-**pe**-cho) *s. m.* Cuesta bastante pronunciada y no larga. *Se me rompió el pedal de la bicicleta subiendo un repecho.* **SIN.** Pendiente, rampa, subida, talud. || **LOC. a repecho** Cuesta arriba, con subida.

repeinado, da (re-pei-**na**-do) *adj.* Se dice de la persona arreglada con afectación y exceso, en especial en lo que se refiere a su rostro y cabeza. *Va siempre muy repeinado.* **SIN.** Emperifollado.

repelente (re-pe-**len**-te) *adj.* **1.** *fam.* Se dice de lo repulsivo. *Decía que las arañas eran muy repelentes.* **SIN.** Asqueroso, repugnante, odioso. **ANT.** Agradable, placentero. **2.** *fam.* Se dice de la persona impertinente y cursi. *Era un niño pijo y muy repelente.* **SIN.** Pedante, redicho, engolado. **SIN.** Sencillo, natural.

repeler (re-pe-**ler**) *v. tr.* **1.** Arrojar, echar de una cosa con impulso o violencia. *Repelió la agresión.* **SIN.** Despreciar, rechazar, desechar. **2.** Rechazar, contradecir una idea. *Repelieron el plan.* **SIN.** Negar, descartar, rehusar. **ANT.** Aceptar, tolerar, aprobar. **3.** Causar repugnancia. *La lana le repele.* **SIN.** Repugnar, asquear. **ANT.** Complacer, agradar, gustar. **4.** No admitir una cosa en su composición. *Repelió el injerto.*

repelús (re-pe-**lús**) *s. m.* Fuerte temor o repugnancia que inspira algo. *La piel del melocotón le daba repelús.* **SIN.** Asco, miedo.

repeluzno (re-pe-**luz**-no) *s. m.* **1.** Escalofrío leve. *Le dio un repeluzno.* **SIN.** Contracción, miedo, susto, sacudida. **2.** *Repelús.

repente (re-**pen**-te) *s. m.* **1.** *fam.* Movimiento súbito o no previsto de personas o animales. *Reaccionó con un repente ante el ruido.* **SIN.** Pronto. **2.** *fam.* Impulso que mueve a hacer o decir algo. *Le dio un repente y salió de la casa.* **SIN.** Pronto. || **LOC. de repente** De pronto, sin reflexionar.

repentino, na (re-pen-**ti**-no) *adj.* Se dice de lo que llega o se hace de manera impensada. *Sucedió de modo repentino.* **SIN.** Inesperado, inopinado, insospechado, súbito. **ANT.** Estudiado, esperado.

repera, ser la *loc., fam.* Ser extraordinario algo o alguien. *Es la repera, ¡se le ocurre cada cosa!*

repercutir (re-per-cu-**tir**) *v. intr.* **1.** Trascender, producir efecto una cosa en otra posterior. *La crisis repercutió en los precios.* **SIN.** Afectar, implicar, alcanzar. **2.** Producir eco los sonidos. *El trueno repercutió en los cristales.*

repertorio - repollo

repertorio (re-per-**to**-rio) *s. m.* **1.** Piezas que una compañía representa en una temporada. *Esta orquesta tiene un repertorio muy variado.* **2.** Colección o recopilación de obras o de noticias de una misma clase. *Tenía un gran repertorio de chistes.*

repesca (re-**pes**-ca) *s. f.* Nueva oportunidad que se da a la persona que había sido eliminada de un examen. *Aprobó matemáticas en la repesca.*

repetición (re-pe-ti-**ción**) *s. f.* **1.** Acción y efecto de repetir o repetirse. *Había mucha repetición de ideas.* **SIN.** Redundancia, reiteración, reproducción. **2.** Figura que consiste en repetir a propósito palabras o conceptos. *La estructura de las cantigas de amigo se basa en las repeticiones.* **SIN.** Tautología, anáfora, polisíndeton. ‖ **LOC. de repetición** Se dice del mecanismo que repite su acción automáticamente.

repetidor (re-pe-ti-**dor**) *s. m.* Aparato electrónico que devuelve amplificadas las señales electromagnéticas que le llegan. Se emplea en comunicaciones. *Repetidor de televisión.*

repetir (re-pe-**tir**) *v. tr.* **1.** Volver a decir o hacer algo que ya se había dicho o hecho. *El cantante repitió la última canción.* **SIN.** Reiterar, reincidir, volver, rehacer. **2.** Volver a servirse una comida o bebida. *Repitió postre.* ‖ *v. intr.* **3.** Tratándose de alimentos o bebidas, venir a la boca el sabor de la comida o bebida. *Le gusta la morcilla pero le repite mucho.* **4.** Volver a cursar. *Suspendió todas y tuvo que repetir.* ‖ *v. prnl.* **5.** Volver a suceder una cosa. *Se repitió el resultado del partido anterior.* **SIN.** Recaer, reproducirse, tornar. ✎ v. irreg., se conjuga como pedir.

repicar (re-pi-**car**) *v. tr.* Tañer o sonar repetidamente y con cierto compás las campanas en señal de fiesta o regocijo; también se dice de otros instrumentos. **GRA.** También v. intr. *Repicaron las campanas.* ✎ Se conjuga como abarcar.

repintar (re-pin-**tar**) *v. tr.* **1.** Pintar sobre lo ya pintado, bien para restaurar cuadros que están maltratados, bien para perfeccionar más las pinturas ya terminadas. *Repintó el cuadro.* **2.** Pintar una cosa nuevamente. *Hay que repintar las paredes.* ‖ *v. prnl.* **3.** Pintarse o usar cosméticos con esmero y cuidado. *Se repinta mucho.* **SIN.** Acicalarse, emperifollarse.

repipi (re-**pi**-pi) *adj., fam.* Se dice de la persona afectada y pedante. **GRA.** También s. m. y s. f. *Es un poco repipi.* **SIN.** Redicho, cursi, resabido, sabihondo. **ANT.** Humilde, sencillo.

repique (re-**pi**-que) *s. m.* Acción y efecto de repicar o repicarse. *Un repique de campanas.* **SIN.** Tañido, volteo.

repiquetear (re-pi-que-te-**ar**) *v. tr.* **1.** Repicar con mucha fuerza las campanas u otro instrumento sonoro. *Las campanas repiqueteaban alegremente.* **SIN.** Tañer. **2.** Hacer ruido golpeando sobre algo. *La lluvia repiqueteaba en el cristal.*

repisa (re-**pi**-sa) *s. f.* *Estante.

replantear (re-plan-te-**ar**) *v. tr.* Volver a plantear un asunto. *Replantearon la cuestión.* **SIN.** Alterar, modificar. **ANT.** Mantener.

replay *s. m.* *Repetición.

replegarse (re-ple-**gar**-se) *v. prnl.* **1.** Retirarse en buen orden las tropas avanzadas. **GRA.** También v. tr. *El enemigo se replegó hacia posiciones más defensivas.* **SIN.** Retirarse, retroceder. **ANT.** Avanzar. **2.** Encerrarse alguien en sí mismo. *Se replegaba en sus propios pensamientos.* ✎ v. irreg., se conjuga como acertar. Se escribe "gu" en vez de "g" seguido de "-e".

repleto, ta (re-**ple**-to) *adj.* Muy lleno. *La calle estaba repleta de gente.* **SIN.** Ahíto, inflado, saciado, harto. **ANT.** Vacío, hambriento.

réplica (**ré**-pli-ca) *s. f.* **1.** Acción de replicar. *No tuvo ninguna réplica.* **2.** Expresión, argumento con que se replica. *No me gustó su réplica.* **SIN.** Contestación, respuesta, objeción. **3.** Copia de una obra artística que reproduce con exactitud la original. *Es una réplica de "Las Meninas".*

replicar (re-pli-**car**) *v. intr.* **1.** Contestar a una respuesta o argumento. *En seguida le replicó el portavoz de la oposición.* **SIN.** Argumentar, responder. **2.** Poner objeciones a lo que se dice o manda. **GRA.** También v. tr. *Deja de replicar a tus superiores.* **SIN.** Criticar, objetar, contradecir, rebatir. ✎ Se conjuga como abarcar.

repliegue (re-**plie**-gue) *s. m.* **1.** Pliegue doble. *Los repliegues eran simétricos.* **SIN.** Plisado, doblez. **2.** Acción y efecto de replegarse las tropas. *El ejército comenzó a efectuar su repliegue.* **SIN.** Retirada, retroceso.

repoblar (re-po-**blar**) *v. tr.* **1.** Volver a poblar. **GRA.** También v. prnl. *Repoblaron la región.* **SIN.** Colonizar, instalarse, asentarse. **ANT.** Abandonar. **2.** Volver a plantar árboles y otras especies vegetales en un lugar. *Repoblaron la finca con pinos.* **SIN.** Reforestar, replantar. ✎ v. irreg., se conjuga como contar.

repollo (re-**po**-llo) *s. m.* Una de las variedades de la col, caracterizada por la forma redonda y apretada que adquiere el conjunto de las hojas. Se emplea en potajes y en ensaladas. *Le gusta el potaje hecho con repollo.*

reponer (re-po-**ner**) *v. tr.* **1.** Completar lo que falta o lo que se había sacado de alguna parte. *Repuso las bebidas consumidas.* **SIN.** Restituir, devolver. **ANT.** Quitar, sustraer. **2.** Volver a poner, constituir, colocar a una persona o cosa en el empleo, lugar, estado que antes tenía. *Le repuso en el cargo.* **SIN.** Restituir, reintegrar. **ANT.** Cesar, echar, destituir. **3.** Representar nuevamente en el teatro una obra ya estrenada en otra época anterior. *Reponen la película la semana que viene.* **SIN.** Reestrenar. ‖ *v. prnl.* **4.** Recuperar la salud o el patrimonio. *Se va reponiendo poco a poco de la operación.* **SIN.** Mejorar, recobrar, rehacerse. **ANT.** Empeorar, recaer. **5.** Tranquilizarse, serenarse, sosegarse. *Se repuso de la impresión.* ◊ v. irreg., se conjuga como poner.

reportaje (re-por-**ta**-je) *s. m.* **1.** Información periodística sobre alguna persona o sobre algún acontecimiento. *Vimos un reportaje en la tele sobre aquella guerra.* **SIN.** Crónica, información, reporte. ‖ **2. reportaje gráfico** Conjunto de fotografías sobre un suceso que aparece en una publicación.

reportar (re-por-**tar**) *v. tr.* **1.** Refrenar, reprimir un sentimiento o a la persona que lo tiene. **GRA.** También v. prnl. *Repórtate.* **SIN.** Apaciguarse, contenerse, refrenarse, reprimirse. **ANT.** Soltar, descargar. **2.** Proporcionar un asunto un provecho o daño. *Aquel negocio le reportó grandes beneficios, pero también muchos dolores de cabeza.* **SIN.** Ocasionar, producir.

reportero, ra (re-por-**te**-ro) *adj.* Se dice del periodista que se dedica a los reportajes o noticias. **GRA.** También s. m. y s. f. *Los reporteros tuvieron problemas para poder filmar aquellas escenas.*

reposado, da (re-po-**sa**-do) *adj.* Sosegado, quieto. *Tuve una tarde muy reposada.* **SIN.** Apacible, calmoso, tranquilo. **ANT.** Inquieto, nervioso.

reposapiés (re-po-sa-**piés**) *s. m.* **1.** Tarima pequeña colocada delante de la silla para descansar los pies la persona que está sentada. *Coloca las piernas en el reposapiés.* **SIN.** Escabel. **2.** Estribo situado a ambos lados de las motocicletas para apoyar los pies durante la conducción. *No llegaba a los reposapiés.* ◊ Invariable en número.

reposar (re-po-**sar**) *v. intr.* **1.** Descansar, hacer una pausa en el trabajo. *Reposaron para tomar un café.* **2.** Descansar durmiendo un breve sueño. *Reposó un ratito después de comer.* **SIN.** Acostarse, dormir, sestear. **3.** Estar enterrado, yacer. **GRA.** También v. prnl. *Sus restos reposan en este cementerio.* ‖ *v. prnl.* **4.** Tratándose de líquidos, posarse. **GRA.** También v. intr. *Deja que se repose el vino.* **SIN.** Depositarse. ‖ **LOC. reposar la comida** Descansar un rato después de comer para favorecer la digestión. **OBS.** En esta locución es v. tr.

reposición (re-po-si-**ción**) *s. f.* Acción y efecto de reponer o reponerse. *Fueron al cine a ver una reposición de su película favorita.* **SIN.** Restitución, retorno, devolución. **ANT.** Sustracción, robo.

reposo (re-**po**-so) *s. m.* **1.** Quietud o tranquilidad. *El reposo después de comer me viene bien.* **SIN.** Descanso, placidez, sosiego, calma, relajamiento. **ANT.** Actividad, intranquilidad. **2.** En física, estado de inmovilidad de un cuerpo respecto de lo que se toma como referencia. *Un cuerpo en reposo no tiene movimiento.* ‖ **3. reposo absoluto** El que se impone en ciertas enfermedades y que consiste en permanecer tumbado y no hacer esfuerzos de ninguna clase.

repostar (re-pos-**tar**) *v. tr.* Reponer provisiones, combustible, munición, etc. **GRA.** También v. prnl. *Repostamos en una estación de servicio que había junto a la autopista.* **SIN.** Proveer(se), suministrar.

repostería (re-pos-te-**rí**-a) *s. f.* **1.** Arte y oficio del repostero. *Trabaja en repostería.* **2.** Productos de este arte. *Escribió un libro sobre repostería.* **3.** Tienda donde se hacen y venden dulces, pastas, fiambres, embutidos y algunas bebidas. *Estaba en la sección de repostería.* **SIN.** Bollería, confitería, pastelería.

reprender (re-pren-**der**) *v. tr.* Corregir, amonestar a alguien, criticando o desaprobando lo que ha dicho o hecho. *La profesora nos reprendió por hablar en clase.* **SIN.** Abroncar, amonestar, increpar, censurar, reprochar. **ANT.** Elogiar, loar, alabar.

represa (re-**pre**-sa) *s. f.* Obra para contener o regular el curso de las aguas. *Con tanta lluvia, la represa rebosa de agua.* **SIN.** Embalse, presa, estanque, balsa.

represalia (re-pre-**sa**-lia) *s. f.* Mal que una persona causa a otra para satisfacer un agravio. *Amenazó con tomar represalias.* **SIN.** Castigo, venganza.

representación (re-pre-sen-ta-**ción**) *s. f.* **1.** Acción y efecto de representar o representarse. *Aquella persona tenía poca representación.* **2.** Cada una de las veces que se presenta al público una obra dramática. *Asistimos a la representación teatral.* **SIN.** Función. **3.** Figura, imagen o idea que sustituye a la realidad. *Ese paso es una representación de la Pasión de Cristo.* **SIN.** Efigie, símbolo, ideograma, signo. **4. en representación de alguien** En su nombre.

representante (re-pre-sen-**tan**-te) *s. m. y s. f.* **1.** Persona que representa a otra o a una organización. *Enviaron a un representante del gobierno.* **SIN.** Delegado, portavoz, suplente, sustituto, vicario. **2.** Persona que representa a una casa comercial fuera de la localidad donde aquélla está establecida. *Trabajó como representante de esa firma.* **SIN.** Viajante. **3.** Persona que gestiona los asuntos profesionales de los artistas. *Habló con su representante para contratar su actuación.*

representar (re-pre-sen-**tar**) *v. tr.* **1.** Hacer presente una persona o cosa por medio de figuras o palabras. *Este retrato representa a un antepasado nuestro.* **SIN.** Imaginar, simbolizar, semejar, imitar, reproducir, personificar. **2.** Hacer una obra de teatro o un papel en una película, obra o espectáculo. *Esta compañía de teatro siempre representa obras clásicas.* **SIN.** Actuar, protagonizar, interpretar. **3.** Sustituir, ir o estar en el sitio de alguien. *El subdirector representa al director cuando éste está de viaje.* **SIN.** Reemplazar, relevar. **4.** Ser imagen o símbolo de una cosa. *La bandera representa la patria.* **SIN.** Simbolizar, materializar. **5.** Aparentar alguien determinada edad. *Representa menos años de los que tiene.* **6.** Importar mucho o poco una persona o cosa. *Representa mucho para mí.* **SIN.** Significar.

representativo, va (re-pre-sen-ta-**ti**-vo) *adj.* **1.** Se dice de lo que sirve para representar otra cosa. *El rector de la universidad tiene una función representativa.* **2.** Que tiene condición de ejemplar. *Estos ideales son representativos de una generación.* **SIN.** Característico, modélico, típico.

represión (re-pre-**sión**) *s. f.* **1.** Acción y efecto de reprimir o reprimirse. *La represión de aquellos sentimientos le produjo un gran trastorno.* **SIN.** Contención, moderación, limitación. **ANT.** Exceso. **2.** Acto ordenado desde el poder para castigar con violencia alguna actuación. *En el país había una dura represión policial.* **SIN.** Prohibición, coerción, coacción.

reprimenda (re-pri-**men**-da) *s. f.* Llamada de atención a alguien por su mal comportamiento. *Se llevó una buena reprimenda.* **SIN.** Amonestación, regañina, sermón. **ANT.** Alabanza, elogio.

reprimir (re-pri-**mir**) *v. tr.* Contener un movimiento, impulso, sentimiento, etc. **GRA.** También v. prnl. *Reprimió sus ganas de llorar.* **SIN.** Apaciguar(se), calmar(se), contener(se), templar(se). **ANT.** Soltar(se), desahogar(se). **2.** Castigar desde el poder una sublevación política o social. *Reprimieron con dureza la revuelta.* **SIN.** Sofocar, dominar, castigar. **ANT.** Tolerar.

reprobación (re-pro-ba-**ción**) *s. f.* Acción y efecto de reprobar. *Su mala actuación provocó la reprobación del público.* **SIN.** Censura, crítica, murmuración.

reprobar (re-pro-**bar**) *v. tr.* No aprobar a una persona o cosa, dar por malo. *Reprobaron su conducta.* **SIN.** Afear, amonestar, censurar, condenar, reconvenir. **ANT.** Alabar, elogiar, alentar. ◆ v. irreg., se conjuga como contar.

réprobo, ba (**ré**-pro-bo) *adj.* **1.** Condenado a las penas eternas. **GRA.** También s. m. y s. f. *En la escena del "Juicio final" de Miguel Ángel, los réprobos aparecen en el infierno.* **SIN.** Maligno, malvado, pérfido, demonio. **2.** *Malvado.

reprocesado (re-pro-ce-**sa**-do) *s. m.* Tratamiento químico al cual es sometido el combustible nuclear ya utilizado, para recuperar el uranio y el plutonio. *Este uranio ha sido reprocesado.*

reprochar (re-pro-**char**) *v. tr.* Echar en cara alguna cosa. *Le reprochó su falta de puntualidad.* **SIN.** Afear, amonestar, reprender. **ANT.** Alabar, loar, elogiar.

reproche (re-**pro**-che) *s. m.* **1.** Acción de reprochar. *Me molestan tus reproches.* **SIN.** Censura, reparo, objeción, tacha. **ANT.** Elogio, alabanza. **2.** Expresión con la que se reprocha. *Basta de reproches.* **SIN.** Bronca, filípica, regañina, sermón. **ANT.** Aplauso, elogio.

reproducir (re-pro-du-**cir**) *v. tr.* **1.** Volver a producir. **GRA.** También v. prnl. *Reproducir ese modelo de coche ha sido una buena idea. El brote de gripe se reprodujo en toda la ciudad.* **SIN.** Reaparecer, repetir. **2.** Sacar copias de un original. *El maquetista reproduce edificios en miniatura.* **SIN.** Imitar, copiar. **ANT.** Inventar, crear. ‖ *v. prnl.* **3.** Producir los seres vivos otros de su misma especie. *Los conejos se reproducen rápidamente.* **SIN.** Engendrar, procrear, perpetuar, multiplicarse. ◆ v. irreg., se conjuga como conducir.

reproductor, ra (re-pro-duc-**tor**) *adj.* Que reproduce. *Estaban estudiando el aparato reproductor masculino y el femenino.*

reptar (rap-**tar**) *v. intr.* Andar arrastrándose como algunos reptiles. *Se arrastró reptando entre la maleza para que no le vieran.* **SIN.** Arrastrarse, culebrear.

reptil (rep-**til**) *adj.* Se dice de los vertebrados ovíparos u ovovivíparos, de sangre fría y respiración pulmonar, piel cubierta de escamas y escudos córneos; caminan rozando la tierra por tener los pies muy cortos o carecer de ellos. **GRA.** También s. m. *Entre los reptiles están las serpientes, lagartos, cocodrilos y tortugas.* **SIN.** Saurio. ◆ También "réptil". ☞ Ver ilustración pág. 942.

república (re-**pú**-bli-ca) *s. f.* **1.** Forma de gobierno en que el pueblo elige a sus gobernantes cada cier-

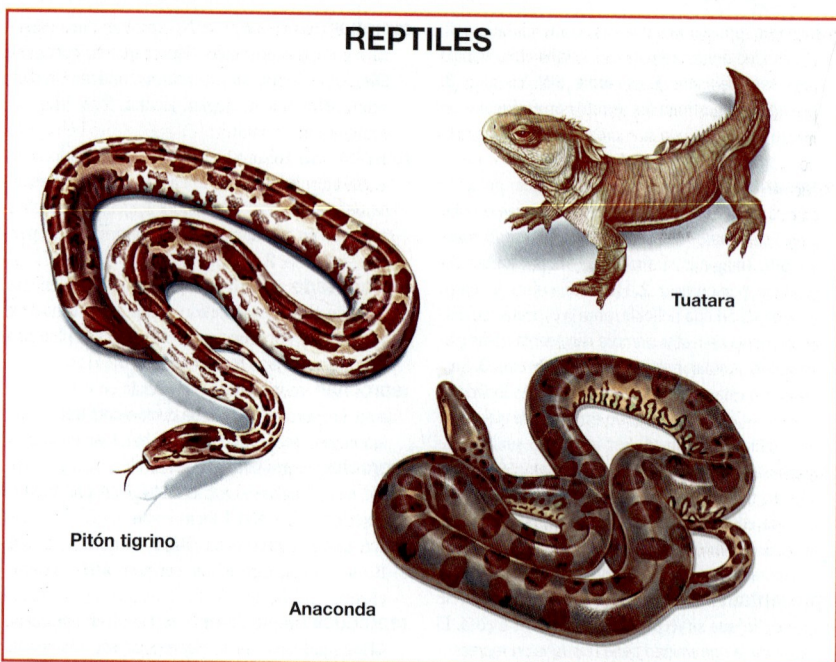

REPTILES

Tuatara

Pitón tigrino

Anaconda

to tiempo y cuyo jefe es el presidente, y estado que posee esta forma de gobierno. *Francia es una república.* **2.** Estado, cuerpo político. *Salió elegido presidente de la república.*

repudiar (re-pu-**diar**) *v. tr.* Rechazar algo. *Repudió aquel acto tan vandálico.* **SIN.** Desestimar, recusar, rehusar, repeler. **ANT.** Aceptar, admitir. ✎ En cuanto al acento, se conjuga como cambiar.

repuesto (re-**pues**-to) *s. m.* Provisión de comestibles u otras cosas para cuando sean necesarias. *Necesitaban más repuestos para aguantar el asedio.* **SIN.** Reserva, retén. ‖ **LOC. de repuesto** De prevención, para reemplazar.

repugnancia (re-pug-**nan**-cia) *s. f.* **1.** Aversión que se tiene a alguna persona o cosa. *Las ratas le daban repugnancia.* **SIN.** Hastío, desagrado, fobia. **2.** Alteración del estómago que incita al vómito. *Sólo el olor ya le daba repugnancia.* **SIN.** Asco, náusea.

repugnante (re-pug-**nan**-te) *adj.* Que causa repugnancia o aversión. *Despedía un repugnante olor.* **SIN.** Abominable, aborrecible, nauseabundo, repulsivo. **ANT.** Atractivo, seductor, agradable.

repugnar (re-pug-**nar**) *v. tr.* **1.** Realizar de mala gana una cosa o admitirla difícilmente. *Le repugnaba aquel trabajo.* ‖ *v. intr.* **2.** Producir asco una cosa. *Ese tipo de fiestas le repugnan.* **SIN.** Asquear, desagradar. **ANT.** Encantar, deleitar.

repujar (re-pu-**jar**) *v. tr.* Labrar figuras con relieve en metal, en cuero u otra materia adecuada. *Se dedica a repujar cuero.* **SIN.** Adornar.

repulido, da (re-pu-**li**-do) *adj.* Acicalado, peripuesto. *Iba todo repulido.* **ANT.** Natural, sencillo.

repulsa (re-**pul**-sa) *s. f.* Condena tajante de un hecho. *Aquel acto obtuvo la repulsa de todos.*

repulsar (re-pul-**sar**) *v. tr.* **1.** *Desechar. **2.** *Denegar.

repulsión (re-pul-**sión**) *s. f.* Repugnancia hacia algo o alguien. *No ocultaba su repulsión hacia ese tipo de personas.* **SIN.** Náusea, aversión. **ANT.** Atracción.

repulsivo, va (re-pul-**si**-vo) *adj.* Que causa repulsa, repugnancia o aversión. *Lo encontraba repulsivo.* **SIN.** Repugnante. **ANT.** Agradable, atrayente.

reputación (re-pu-ta-**ción**) *s. f.* **1.** Fama, opinión común que se tiene sobre algo. *La gastronomía de esa zona tiene mucha reputación.* **SIN.** Consideración, nombre. **2.** Opinión favorable que la gente tiene sobre alguien que sobresale en algún aspecto. *Era una doctora con muy buena reputación.* **SIN.** Popularidad, prestigio, crédito, renombre.

requemar - rescatar

requemar (re-que-**mar**) *v. tr.* **1.** Volver a quemar o tostar con exceso alguna cosa. **GRA.** También v. prnl. *Se requemó el guiso.* **SIN.** Chamuscar(se). ‖ *v. prnl.* **2.** Irritarse o acongojarse interiormente y sin manifestarlo. *Se requemó al oír aquello de quien consideraba su amigo.* **SIN.** Consumirse, resentirse, reconcomerse.

requerir (re-que-**rir**) *v. tr.* **1.** Avisar o hacer saber o preguntar una cosa con autoridad pública. *Le requirieron judicialmente.* **SIN.** Intimar, pretender, demandar. **2.** Necesitar, precisar. *Requirió la presencia de un médico.* ✎ v. irreg., se conjuga como sentir.

requesón (re-que-**són**) *s. m.* Masa blanca y ligera que se obtiene del cuajado de la leche, una vez retirado el suero, o bien de los cuajos de leche que sobran tras la fabricación del queso. *Comimos requesón.*

requeté (re-que-**té**) *s. m.* **1.** Cuerpo de voluntarios que lucharon en las guerras civiles españolas en defensa de la tradición religiosa y monárquica. *Los requetés se formaron con gran rapidez.* **2.** Miembro de este cuerpo aun en tiempo de paz. *Mi abuelo fue requeté.*

requetebién (re-que-te-**bién**) *adv. m., fam.* Muy bien. *Ha quedado requetebién.* **SIN.** Estupendo.

requiebro (re-**quie**-bro) *s. m.* Dicho o expresión con que se alaba o galantea a alguien. *Es muy galante, siempre está diciendo requiebros.* **SIN.** Flor, piropo, alabanza. **ANT.** Insulto, pateo.

réquiem (**ré**-quiem) *s. m.* Oración fúnebre. *Entonaron un réquiem.* ✎ Invariable en número.

requisar (re-qui-**sar**) *v. tr.* Expropiar ciertos bienes considerados aptos para las necesidades de interés público. *Le requisaron sus fincas.* **SIN.** Confiscar, incautar, decomisar.

requisito (re-qui-**si**-to) *s. m.* Circunstancia o condición necesaria para una cosa. *Cumplía todos los requisitos.* **SIN.** Formalidad, menester, obligación, requerimiento.

res *s. f.* **1.** Cualquier animal cuadrúpedo de ciertas especies domésticas, como del ganado vacuno, lanar, etc., o de los salvajes, como venados, jabalíes, etc. *Las reses pastaban tranquilamente en el campo.* **SIN.** Cabeza, animal, ganado. **2.** *amer.* Gallo muerto en la riña.

resabiado, da (re-sa-**bia**-do) *adj.* Se aplica a una persona que por sus experiencias ha perdido su ingenuidad y se ha vuelto desconfiado. *Ya no se fía de nadie, está muy resabiado.* **SIN.** Enviciado, pervertido. **ANT.** Inocente, ingenuo.

resaca (re-**sa**-ca) *s. f.* **1.** Movimiento en retroceso de las olas, una vez que han llegado a la orilla. *Cuando llegamos a la playa había una gran resaca.* **SIN.** Marea. **2.** Molestia que se siente por la mañana a consecuencia de haber tomado con exceso bebidas alcohólicas la noche anterior. *Tenía un fuerte dolor de cabeza por la resaca.*

resalado, da (re-sa-**la**-do) *adj., fam.* Que tiene mucha gracia. *Era una niña muy resalada.*

resaltar (re-sal-**tar**) *v. intr.* **1.** Sobresalir mucho una cosa. *Su belleza resaltaba mucho.* **SIN.** Acentuarse, alzarse, descollar. **2.** Sobresalir en parte un cuerpo de otro, particularmente en los edificios u otras cosas. *Esa casa resalta mucho entre las otras, mucho más bajas.* **SIN.** Destacar, despuntar.

resarcir (re-sar-**cir**) *v. tr.* Reparar, compensar un daño o agravio. **GRA.** También v. prnl. *Se resarció de la ofensa recibida.* **SIN.** Indemnizar, desagraviar, enmendar, reparar, restituir. ✎ Se conjuga como esparcir.

resbaladizo, za (res-ba-la-**di**-zo) *adj.* **1.** Se dice de lo que resbala fácilmente. *Las truchas son muy resbaladizas.* **2.** Se dice del lugar en que hay peligro de resbalar. *Vete con cuidado, el suelo está muy resbaladizo.* **3.** Se dice de lo que se expone a incurrir en algún desliz. *Se metió en un terreno muy resbaladizo.* **SIN.** Conflictivo, problemático, peligroso.

resbaladura (res-ba-la-**du**-ra) *s. f.* Señal o huella de haber resbalado. *Todavía se notaba en el suelo la resbaladura.*

resbalar (res-ba-**lar**) *v. intr.* **1.** Deslizarse sobre una superficie. **GRA.** También v. prnl. *La lluvia resbala en los cristales.* **SIN.** Deslizar(se), patinar, escurrir(se). **ANT.** Mantener(se). **2.** Incurrir en un desliz. **GRA.** También v. prnl. *Con sus palabras resbaló delante de todos.* **SIN.** Equivocarse, errar. ‖ **LOC. resbalarle a alguien algo** Dejarle indiferente.

resbalón (res-ba-**lón**) *s. m.* **1.** Acción y efecto de resbalar o resbalarse. *El suelo estaba helado y se dio un buen resbalón.* **2.** *fam.* Metedura de pata. *No sé cómo he podido tener ese resbalón.* **SIN.** Desliz, traspié.

rescatar (res-ca-**tar**) *v. tr.* **1.** Recuperar, mediante un pago o por la fuerza, personas o cosas que otro ha tomado. *La policía rescató a la niña secuestrada.* **SIN.** Liberar, recobrar, recuperar, reconquistar, redimir. **ANT.** Capturar, coger, secuestrar, conquistar. **2.** Liberar de un daño, peligro o molestia. *La rescataron de las llamas sin sufrir daño alguno.* **SIN.** Salvar, recuperar. **3.** Recuperar para su uso algún objeto que se tenía olvidado o estropeado. *Rescató la vieja olla de cobre como adorno.* **SIN.** Restaurar, renovar.

rescate (res-**ca**-te) *s. m.* **1.** Acción y efecto de rescatar. *El ejército colaboró en el rescate de los secuestrados.* **SIN.** Liberación, redención, salvación. **2.** Dinero con que se rescata, o que se pide para ello. *Pagaron el rescate.*

rescindir (res-cin-**dir**) *v. tr.* Dejar sin efecto un contrato, obligación, etc. *Rescindieron el contrato.* **SIN.** Abolir, anular, cancelar, invalidar. **ANT.** Confirmar, ratificar.

rescoldo (res-**col**-do) *s. m.* **1.** Brasa menuda resguardada por la ceniza. *Asó la carne con los rescoldos.* **2.** Lo que queda de un sentimiento o una pasión. *Quedaban rescoldos de su amor.* **SIN.** Huella, marca.

resecar (re-se-**car**) *v. tr.* Secar mucho una cosa. **GRA.** También v. prnl. *La escasez de lluvias había resecado mucho el ambiente.* **SIN.** Deshidratar(se), marchitar(se). **ANT.** Humedecer(se), regar(se), refrescar(se). ✎ Se conjuga como abarcar.

reseco, ca (re-**se**-co) *adj.* **1.** Muy seco. *Necesitas una buena crema hidratante, tienes la piel muy reseca.* ‖ *s. m.* **2.** Sensación de sequedad en la boca. *No paraba de beber agua para ver si se le quitaba aquel reseco.*

resentido, da (re-sen-**ti**-do) *adj.* Se dice de la persona que muestra o tiene algún resentimiento. **GRA.** También s. m. y s. f. *Estaba muy resentida por lo que le habían hecho sus amigos.* **SIN.** Dolido, rencoroso, quejoso.

resentimiento (re-sen-ti-**mien**-to) *s. m.* Acción y efecto de resentirse. *No guardaba resentimiento alguno.* **SIN.** Rabia, rencor, resquemor, ojeriza.

resentirse (re-sen-**tir**-se) *v. prnl.* **1.** Perder fortaleza una persona o cosa. *Su salud se resintió mucho tras el accidente.* **SIN.** Debilitarse, desmayarse, quebrantarse. **ANT.** Fortalecerse, endurecerse. **2.** Sentir dolor en alguna parte del cuerpo. *A menudo se resiente de la rodilla rota.* **SIN.** Dolerse. **3.** Tener sentimiento de pesar o enojo por una cosa. *Se resiente cuando se lo recuerdan.* **SIN.** Cabrearse, disgustarse, irritarse, ofenderse. **ANT.** Contentarse. ✎ v. irreg., se conjuga como sentir.

reseña (re-**se**-ña) *s. f.* Breve noticia y examen de una obra literaria o científica. *Apareció una reseña del libro en el periódico.* **SIN.** Artículo, recensión.

reseñar (re-se-**ñar**) *v. tr.* **1.** Contar brevemente algo. *Reseñó lo sucedido.* **SIN.** Narrar, referir, relatar. **2.** Examinar algún libro u obra literaria y dar noticia crítica de ellos. *Ha reseñado casi toda la producción de ese autor.* **SIN.** Criticar, enjuiciar.

reserva (re-**ser**-va) *s. f.* **1.** Conjunto de cosas que se tienen guardadas para cuando sean necesarias. *Tenían una reserva de víveres suficiente para pasar el invierno.* **SIN.** Previsión, repuesto. **2.** Prevención o cautela para no descubrir algo. *Actuó con toda reserva.* **SIN.** Discreción, comedimiento, sigilo. **SIN.** Indiscreción. **3.** Actitud de recelo o desconfianza. *No estaba en contra, pero tenía sus reservas.* **SIN.** Reparo, pega, objeción, escrúpulo. **4.** Parte del ejército o armada de una nación que no está en servicio activo. *Pasó a la reserva.* **5.** Vino o licor con una crianza mínima de tres años. *Era un vino de reserva.* ‖ *s. m. y s. f.* **6.** Jugador que no es titular en su equipo y sale al terreno de juego como sustituto. *Tuvo que sacar a los reservas.* ‖ *s. f. pl.* **7.** Recursos para resolver una necesidad o emprender un negocio. *Les quedaban pocas reservas.* ‖ **8. reserva india** En ciertos países, territorio que se concede a una comunidad indígena. **9. reserva nacional** *Parque nacional. **10. reservas naturales** Ecosistemas naturales o artificiales protegidos. ‖ **LOC. de reserva** Se aplica a lo que está disponible para suplir una falta. **sin reserva** Abiertamente, sin secretos, sin disfraz.

reservado, da (re-ser-**va**-do) *adj.* **1.** Se dice de la persona que tiene cautela para manifestar lo que pasa en su interior. *Es una persona muy reservada.* **SIN.** Callado, desconfiado, receloso. **2.** Que está apartado o destinado para algún uso especial. *Tenía algún dinero reservado.* **SIN.** Guardado, depositado, separado. ‖ *s. m.* **3.** Compartimiento de un coche de ferrocarril, estancia de un edificio, etc., destinados a personas o a usos determinados. *Hicimos la reunión en uno de los reservados del hotel.*

reservar (re-ser-**var**) *v. tr.* **1.** Guardar para más adelante, o para cuando sea necesaria, una cosa. *Reservó algún dinero para las vacaciones.* **SIN.** Ahorrar, acumular, almacenar. **ANT.** Derrochar, gastar. **2.** Destinar un lugar o una cosa de forma exclusiva a un determinado uso. *Reservaron el salón para reuniones.* **SIN.** Predestinar. **3.** Separar una cosa de las que se distribuyen, reteniéndola para sí o para entregarla a otra persona. **GRA.** También v. prnl. *Se reservó el trozo más grande del pastel.* **4.** Ocultar una cosa. **GRA.** También v. prnl. *Me reservé la opción.* **SIN.** Tapar, encubrir. **ANT.** Descubrir, publicar.

resfriado (res-**fria**-do) *s. m.* *Catarro.

resfriarse - resma

resfriarse (res-fri-**ar**-se) *v. prnl.* Coger un resfriado. *Salió muy ligero de ropa y se resfrió.* **SIN.** Acatarrarse, constiparse. En cuanto al acento, se conjuga como desviar.

resguardar (res-guar-**dar**) *v. tr.* **1.** Defender o proteger. *Los paraguas resguardan a la gente de la lluvia.* **SIN.** Amparar, escudar, garantizar, cuidar, preservar. **ANT.** Desamparar, abandonar, desproteger, exponer. ‖ *v. prnl.* **2.** Defenderse de un daño. *Los conejos siempre se resguardan del zorro.* **SIN.** Guarecerse, protegerse, refugiarse, precaverse. **ANT.** Confiarse, descuidarse.

resguardo (res-**guar**-do) *s. m.* **1.** Defensa o seguridad contra algo. *Buscaron un resguardo de la tormenta en una vieja cabaña.* **SIN.** Amparo, custodia, defensa, garantía, protección. **ANT.** Desamparo, abandono. **2.** Documento por escrito que da algún derecho. *Pidió un resguardo de la matrícula.*

residencia (re-si-**den**-cia) *s. f.* **1.** Lugar donde se vive. *El médico ha fijado su residencia en el pueblo donde trabaja.* **SIN.** Dirección, domicilio, hogar, paradero. **2.** Edificio donde se vive, en especial si es lujoso. *La residencia del ministro está en la calle principal.* **SIN.** Morada, vivienda, mansión. **3.** Lugar donde viven varias personas que tienen una ocupación, edad, etc. comunes. *Mi hermana vive durante el curso en una residencia de estudiantes.* **4.** *Hospital.

residencial (re-si-den-**cial**) *adj.* Se dice del barrio en el que abundan las casas lujosas. *Vivían en una barrio residencial de las afueras de la ciudad.*

residir (re-si-**dir**) *v. intr.* **1.** Habitar en algún lugar. *Reside en esa ciudad desde hace años.* **SIN.** Habitar, establecerse, avecindarse. **2.** Radicar en una persona algo inmaterial, como un derecho, un poder, etc. *El poder de decisión reside en ella.* **3.** Radicar en un punto determinado el meollo de una cuestión. *El problema reside en su cabezonería.* **SIN.** Basarse, estribar, hallarse.

residuo (re-**si**-duo) *s. m.* **1.** Parte o porción que queda de un todo. *Ya habíamos tirado los residuos de comida a la basura.* **SIN.** Resto, sobra, sobrante. **2.** Lo que resulta de la descomposición o destrucción de una cosa. *Los residuos nucleares son muy peligrosos.* **3.** Material inservible después de un trabajo. **GRA.** Se usa más en pl. *Aprovechó los residuos de madera para hacer un tablero.* **SIN.** Desecho, resto, viruta, desperdicio. **4.** En matemáticas, resultado de la operación de restar. *5 menos 3 da un residuo de 2.*

resignación (re-sig-na-**ción**) *s. f.* Conformidad, paciencia. *Tenía que aceptarlo con resignación.* **ANT.** Inconformismo, resistencia.

resignarse (re-sig-**nar**-se) *v. prnl.* Mostrar conformidad con lo que uno tiene o le sucede, aceptando los hechos. *Se resignó con lo que tenía.* **SIN.** Sacrificarse, conformarse. **ANT.** Rebelarse, resistirse.

resina (re-**si**-na) *s. f.* Sustancia orgánica, principalmente de origen vegetal, sólida o de consistencia pastosa, transparente o translúcida, soluble en el alcohol y en los aceites esenciales y que puede arder en contacto del aire. *Recogía la resina de los pinos.*

resistencia (re-sis-**ten**-cia) *s. f.* **1.** Acción y efecto de resistir o resistirse. *Ofreció fuerte resistencia.* **2.** Capacidad para resistir. *Era una persona de gran resistencia física.* **SIN.** Aguante, fortaleza, potencia, energía. **ANT.** Debilidad. **3.** Renuncia en hacer alguna cosa. *No consiguieron vencer su resistencia.* **SIN.** Rebeldía, desobediencia. **4.** Fuerza que se opone al movimiento de una máquina y ha de ser vencida por la potencia. *La resistencia es demasiado grande para avanzar, así que aumenta la potencia.* **5.** Dificultad que opone un conductor al paso de la corriente eléctrica. *La resistencia se mide en ohmios.* **6.** En física, elemento que se intercala en un circuito para impedir el paso de la corriente o para hacer que ésta se transforme en calor. *Hay que cambiar la resistencia de ese circuito.* ‖ **7. resistencia pasiva** Cualquiera de las que en una máquina dificultan su movimiento y disminuyen su efecto útil, como el rozamiento, los choques, etc. | Rechazo a hacer algo.

resistir (re-sis-**tir**) *v. tr.* **1.** Aguantar o soportar una fuerza, un sufrimiento, etc. *El muro de la presa no resistió la presión del agua y se abrió. Para poder resistir la pena se fue a vivir con su familia.* **SIN.** Contrarrestar, sostener, tolerar, soportar. **ANT.** Doblegar, ceder. **2.** Sentir rechazo ante un hecho o una idea. **GRA.** También v. intr. *Se resistió a aceptar que había sido derrotado de nuevo.* **SIN.** Contradecir, contrariar, repugnar. **ANT.** Aceptar, acatar. ‖ *v. prnl.* **3.** Oponerse con fuerza a hacer algo. *Se resiste a ir al colegio después de comer.* **SIN.** Rebelarse, forcejar. **ANT.** Aceptar, acatar, doblegarse, someterse, rendirse. **4.** Ofrecer algo dificultades para su comprensión o manejo. *La geografía es una asignatura que se le resiste.*

resma (**res**-ma) *s. f.* Conjunto de 20 manos de papel, es decir 500 pliegos. *Le pidieron varias resmas de papel.*

resollar (re-so-**llar**) *v. intr.* **1.** Respirar fuertemente y con algún ruido. *El pobre animal resollaba al subir aquella cuesta.* **SIN.** Jadear, resoplar, bufar. **2.** Proferir palabras. *Nadie resollaba ante sus amenazas.* ✎ v. irreg., se conjuga como contar.

resolución (re-so-lu-**ción**) *s. f.* **1.** Acción y efecto de resolver o resolverse. *Todos esperaban con impaciencia la resolución del conflicto.* **2.** Ánimo, valor para acometer una acción. *Se enfrentó a ello con resolución.* **SIN.** Audacia. **ANT.** Temor. **3.** Actividad, prontitud de ánimo. *La situación requiere actuar con resolución.* **SIN.** Presteza. **4.** Decreto, providencia, auto o fallo de autoridad gubernativa o judicial. *Hay que acatar la resolución del juez.*

resolver (re-sol-**ver**) *v. tr.* **1.** Tomar una determinación fija y decisiva. *Resolvió marcharse.* **SIN.** Decidir, determinar, zanjar. **2.** Dar la solución a una dificultad, duda o problema. *Resolvió el problema.* **SIN.** Despejar, solventar. || *v. prnl.* **3.** Atreverse a decir o realizar algo. *Se resolvió a decírselo.* ✎ v. irreg., se conjuga como mover. Tiene p. p. irreg., resoluto y resuelto.

resonancia (re-so-**nan**-cia) *s. f.* **1.** Sonido producido por repercusión de otro. *Había mucha resonancia en aquel local.* **2.** Gran divulgación que adquieren un hecho o las cualidades de una persona. *La noticia tuvo mucha resonancia.* **SIN.** Eco, notoriedad, publicidad, repercusión. **3.** En física, aumento de la amplitud de una oscilación en un oscilador armónico por la influencia de impulsos regulares cuya frecuencia es semejante a la frecuencia del oscilador. *Aumentó la resonancia cambiando las frecuencias con un osciloscopio.* || **4. resonancia magnética** Absorción de energía por los átomos de una sustancia cuando son sometidos a la acción de campos magnéticos.

resonar (re-so-**nar**) *v. intr.* Hacer sonido por repercusión o sonar mucho. **GRA.** Se usa en poesía como v. tr. *El trueno resonó en el silencio de la noche.* **SIN.** Retumbar. ✎ v. irreg., se conjuga como contar.

resoplar (re-so-**plar**) *v. intr.* Dar resoplidos, respirando forzadamente con ruido. *El b⟶ resoplaba.* **SIN.** Bufar, jadear, resollar.

resoplido (re-so-**pli**-do) *s. m.* Resuello fuerte. *Dio un resoplido.* **SIN.** Bufido, respiración.

resorte (re-**sor**-te) *s. m.* **1.** *Muelle. **2.** Fuerza elástica de una cosa. *Falla el resorte de los frenos.* **3.** Medio del que alguien se vale para lograr algún fin. *Movió todos los resortes a su alcance para conseguir que le admitieran.* **SIN.** Procedimiento, influencia.

respaldar (res-pal-**dar**) *v. tr.* Prestar apoyo a una persona en un asunto. *Respaldaron su propuesta.* **SIN.** Proteger, apoyar, socorrer. **ANT.** Desamparar, abandonar.

respaldo (res-**pal**-do) *s. m.* **1.** Parte de la silla o banco en que descansa la espalda. *El respaldo de estas sillas no es demasiado cómodo.* **2.** Apoyo, garantía de una cosa. *Contaba con el respaldo del gobierno.* **SIN.** Amparo, protección. **ANT.** Desamparo, abandono.

respectar (res-pec-**tar**) *v. tr.* Tocar, pertenecer. *Esa ley respecta a los problemas de los emigrantes.* **SIN.** Atañer. || **LOC. por, o en, lo que respecta a** En lo que atañe a.

respectivo, va (res-pec-**ti**-vo) *adj.* **1.** Que se refiere a una persona o cosa determinada. *Cada uno llegó con su respectiva familia.* **2.** En los miembros de una serie, indica correspondencia por unidades o grupos. *Cada artículo aparece con su respectiva referencia.* **SIN.** Mutuo, correspondiente.

respecto a, al o con *loc. adv.* Con relación a. *No tenía nada que decir al respecto.*

respetable (res-pe-**ta**-ble) *adj.* **1.** Digno de respeto. *Su opinión me parece muy respetable.* **SIN.** Distinguido, honorable, venerable. **ANT.** Despreciable, desechable. **2.** Considerable en número, en tamaño, etc. *Contaba con un respetable número de seguidores.* **SIN.** Numeroso, abundante, grande. **ANT.** Escaso, pequeño. || **3. el respetable** Abreviación de "el respetable público", expresión con que se designa al público de los espectáculos.

respetar (res-pe-**tar**) *v. tr.* **1.** Obedecer. *Hay que respetar las leyes.* **SIN.** Acatar, cumplir. **ANT.** Desobedecer, desacatar. **2.** Tolerar, tratar con respeto. *Respetamos su costumbre, aunque no nos gusta. Hay que respetar a los ancianos.* **SIN.** Aceptar, honrar. **ANT.** Burlarse, insultar.

respeto (res-**pe**-to) *s. m.* **1.** Consideración y reverencia hacia algo o alguien. *Debemos tener respeto a nuestros mayores.* **SIN.** Obediencia, acatamiento. **2.** Miramiento, atención que se tiene con alguien. *Le trató con todo respeto.* **SIN.** Consideración, deferencia. **3.** Miedo ante algo o alguien. *Aquel complicado asunto le merecía respeto.* **SIN.** Temor, reparo. || *s. m. pl.* **4.** Expresión de acatamiento que se hace por cortesía. *Le presentó sus respetos.* **SIN.** Reverencia.

respetuoso, sa (res-pe-**tuo**-so) *adj.* **1.** Que causa o mueve a veneración y respeto. *Su aspecto era muy respetuoso.* **2.** Que se comporta con cortesía y res-

respingar - responsable

peto. *Se mostró muy respetuoso en todo momento.* **SIN.** Cortés, deferente, atento. **ANT.** Descortés, grosero.

respingar (res-pin-**gar**) *v. intr., fam.* Elevarse el borde de la chaqueta o de la falda por estar mal hecha o mal colocada la prenda. *Esa chaqueta respinga mucho.* ✎ Se conjuga como ahogar.

respingo (res-**pin**-go) *s. m.* Sacudida violenta del cuerpo. *Dio un respingo.* **SIN.** Bote, brinco, salto.

respingón, na (res-pin-**gón**) *adj., fam.* Se dice de la nariz con la punta hacia arriba. *Tiene una nariz respingona.*

respiración (res-pi-ra-**ción**) *s. f.* **1.** Acción y efecto de respirar. *Tenía una respiración entrecortada.* **SIN.** Inhalación, inspiración, espiración. **2.** Entrada y salida del aire en un lugar cerrado. *Ese cuarto no tiene apenas respiración.* ‖ **3. respiración artificial** Conjunto de maniobras que se practican en el cuerpo de una persona para restablecer la respiración que ha perdido. ‖ **LOC. sin respiración** Asombrado o asustado, y también muy cansado. **GRA.** Se usa con los v. "quedarse", "llegar" o "estar".

respiradero (res-pi-ra-**de**-ro) *s. m.* Abertura por donde entra y sale el aire. *La habitación sólo tenía un pequeño respiradero.*

respirar (res-pi-**rar**) *v. intr.* **1.** Absorber y expulsar el aire. *Al respirar se hinchan los pulmones.* **SIN.** Inhalar, inspirar, espirar. **2.** Animarse, cobrar aliento. *La ampliación del plazo de entrega le hizo respirar.* **3.** Descansar, encontrar alivio respecto del trabajo u opresión. *Al acabar el trabajo, respiró tranquilo.* **SIN.** Aliviarse, reconfortarse, reposar. **4.** Gozar de un ambiente más fresco después de haber permanecido en un lugar de mucho calor. *Salió a la terraza a respirar un poco.* **SIN.** Refrescarse, airearse. **5.** *fam.* Hablar, chistar. *Allí nadie respiraba.* ‖ *v. tr.* **6.** Manifestar una cualidad o estado de ánimo. *Respiraba satisfacción.* **SIN.** Mostrar, denotar. ‖ **LOC. no dejar respirar a alguien** *fam.* Molestarlo constantemente. **no poder ni respirar** *fam.* Tener mucho trabajo o estar muy cansado. **sin respirar** Sin descanso, ininterrumpidamente.

respiro (res-**pi**-ro) *s. m.* **1.** *Respiración. **2.** Rato de descanso en el trabajo. *Decidió tomarse un respiro y bajar a por un café.* **SIN.** Recreo, asueto. **3.** Alivio de una fatiga, pena o dolor. *Esas vacaciones serán un buen respiro.* **SIN.** Reposo, tregua, sosiego.

resplandecer (res-plan-de-**cer**) *v. intr.* **1.** Despedir rayos de luz o brillar mucho una cosa. *Los relámpagos resplandecían en el cielo con gran intensidad.* **SIN.** Fulgurar, relucir, alumbrar, relumbrar. **ANT.** Oscurecer, apagarse. **2.** Sobresalir, aventajar en algo. *Su talento resplandeció enseguida.* **SIN.** Destacar, realzar. **3.** Reflejarse la alegría en el rostro. *Su rostro resplandeció de felicidad.* ✎ v. irreg., se conjuga como parecer.

resplandor (res-plan-**dor**) *s. m.* **1.** Luz muy clara que despide un cuerpo luminoso. *Despedía un gran resplandor.* **SIN.** Brillo, fulgor. **2.** Brillo de algunas cosas. *El resplandor del oro.* **SIN.** Luminosidad.

responder (res-pon-**der**) *v. tr.* **1.** Contestar una pregunta, llamada, carta, etc. *He decidido dejar de escribirle porque nunca responde a mis cartas. Respondió a mis preguntas con un sí.* **SIN.** Replicar, argumentar. **2.** Replicar a un alegato. *No tenía nada que responder.* **SIN.** Objetar. ‖ *v. intr.* **3.** Servir de provecho. *Respondió a las expectativas depositadas en él.* **4.** Tratándose de una cosa, producir el efecto que se busca. *Los frenos no respondían.* **5.** Corresponder con una acción a la que otro ha realizado. *Respondieron con un contraataque.* **SIN.** Pagar. **6.** Estar conforme una cosa respecto de otra. *Este envío no responde a lo que le pedimos.* **7.** Replicar, responder excesivamente. *A todo lo que decíamos tenía algo que responder.* **SIN.** Contradecir, criticar, impugnar. ‖ **LOC. responder por alguien** Abonarle, salir fiador por él.

respondón, na (res-pon-**dón**) *adj., fam.* Que tiene la costumbre de replicar irrespetuosamente. **GRA.** También s. m. y s. f. *No seas respondón.* **SIN.** Deslenguado, replicón. **ANT.** Obediente.

responsabilidad (res-pon-sa-bi-li-**dad**) *s. f.* **1.** Compromiso que tiene una persona con ella misma de hacer algo. *Tengo la responsabilidad de alimentar a mi perro.* **SIN.** Compromiso, deber. **ANT.** Irresponsabilidad. **2.** Obligación de asumir las consecuencias de una decisión o acto. *Él tiene la responsabilidad de acabar el trabajo en marzo.* **SIN.** Compromiso, deber, obligación.

responsabilizar (res-pon-sa-bi-li-**zar**) *v. tr.* **1.** Hacer a una persona responsable de una cosa. *Le responsabilizaron de la seguridad del local.* **SIN.** Comprometer, inculpar. ‖ *v. prnl.* **2.** Asumir la responsabilidad de una cosa. *Se responsabilizó de acabarlo en el plazo acordado.* **SIN.** Comprometerse. ✎ Se conjuga como abrazar.

responsable (res-pon-**sa**-ble) *adj.* **1.** Obligado a responder de alguna cosa o por alguna persona. **GRA.** También s. m. y s. f. *Se hizo responsable del pa-*

responso - restringir

go de aquella hipoteca. **SIN.** Avalista, fiador, garante. **2.** Se dice de la persona que pone mucho cuidado en todos sus actos. *Me fío de ella, es una persona muy responsable.* **SIN.** Formal, ordenado, prudente. **ANT.** Irresponsable, inmaduro, irreflexivo. **3.** Culpable de un hecho. **GRA.** También s. m. y s. f. *Se buscó al responsable.* **SIN.** Reo, convicto. **ANT.** Inocente. ‖ s. m. y s. f. **4.** Persona que tiene a su cargo la dirección y vigilancia del trabajo en una fábrica, oficina, etc. *Buscaron al responsable para pedirle permiso.*

responso (res-**pon**-so) *s. m.* **1.** Oración que se dice por los difuntos. *El sacerdote rezó un responso en el cementerio.* **2.** *fam.* Reprensión, reprimenda. *Me echó un buen responso.*

responsorio (res-pon-**so**-rio) *s. m.* Conjunto de oraciones que se dicen en el rezo. *Rezó un responsorio.*

respuesta (res-**pues**-ta) *s. f.* Acción de responder. *No oímos su respuesta.*

resquebrajar (res-que-bra-**jar**) *v. tr.* Abrir ligeramente algunos cuerpos duros, producir grietas. **GRA.** También v. prnl. *La pared se estaba resquebrajando.* **SIN.** Hender(se), agrietar(se), cuartear(se), rajar(se).

resquebrar (res-que-**brar**) *v. tr.* Comenzar una cosa a resquebrajarse o agrietarse. **GRA.** También v. intr. y v. prnl. *El terremoto resquebró la pared de la casa.* **SIN.** Resquebrajarse, descascarillarse.

resquemor (res-que-**mor**) *s. m.* Escozor, desazón, pesadumbre. *Tenía ciertos resquemores.*

resquicio (res-**qui**-cio) *s. m.* **1.** Abertura pequeña. *La luz entraba por un resquicio de la puerta.* **SIN.** Grieta, hendidura. **2.** Ocasión propicia para algo. *Aprovechó el primer resquicio que tuvo.* **SIN.** Circunstancia, oportunidad, pretexto.

resta (**res**-ta) *s. f.* Operación matemática de restar. *Efectúa esta resta.* **SIN.** Sustracción. **ANT.** Adición, suma.

restablecer (res-ta-ble-**cer**) *v. tr.* **1.** Volver a establecer una cosa. *Le restablecieron en el puesto que tenía.* **SIN.** Restituir, rehacer, reformar. **ANT.** Eliminar, revocar. ‖ *v. prnl.* **2.** Recobrar la salud, repararse de una dolencia u otro daño. *Se restablece poco a poco del accidente sufrido.* **SIN.** Curarse, mejorar, reponerse, sanar. **ANT.** Enfermar, decaer, empeorar. ✎ v. irreg., se conjuga como parecer.

restallar (res-ta-**llar**) *v. intr.* Crujir, hacer fuerte ruido una cosa. *El látigo restalló.* **SIN.** Crujir, chasquear.

restallido (res-ta-**lli**-do) *s. m.* Ruido que produce una cosa al restallar. *Se oyó el restallido de la fusta.* **SIN.** Crujido, crepitación. **ANT.** Silencio.

restante (res-**tan**-te) *adj.* Que resta. *Entregamos la cantidad restante.* **SIN.** Remanente, sobrante.

restar (res-**tar**) *v. tr.* **1.** Separar una parte de un todo y hallar el residuo que queda. *Restó lo que se debía.* **SIN.** Deducir, sustraer, quitar. **2.** Hacer menor la intensidad, el número o la extensión de alguna cosa. *Restó importancia al hecho.* **SIN.** Disminuir, rebajar. **3.** En matemáticas, hallar la diferencia entre dos cantidades. *Resta 8 menos 4.* **SIN.** Sustraer, deducir. ‖ *v. intr.* **4.** Faltar o quedar. *Aún resta por pagar una cantidad de dinero.*

restaurante (res-tau-**ran**-te) *s. m.* Establecimiento donde se sirven comidas. *Celebraron el banquete en ese restaurante.* **SIN.** Mesón.

restaurar (res-tau-**rar**) *v. tr.* **1.** Reparar, volver a poner una cosa en el estado o estimación que antes tenía. *Restauraron el antiguo castillo medieval.* **SIN.** Renovar, restablecer. **ANT.** Arruinar. **2.** Reparar una pintura, escultura, etc. del deterioro que haya sufrido. *Se dedica a restaurar cuadros.* **SIN.** Renovar, arreglar, retocar.

restituir (res-ti-tu-**ir**) *v. tr.* Devolver algo a alguien que lo tenía antes. *Le restituyeron en su puesto.* **SIN.** Reintegrar, devolver. **ANT.** Quitar, robar. ✎ v. irreg., se conjuga como huir.

resto (**res**-to) *s. m.* **1.** Parte que queda de un todo. *Gastó la mitad del dinero y guardó el resto.* **SIN.** Residuo, remanente, restante. **ANT.** Totalidad. **2.** En matemáticas, residuo. *Al dividir 5 entre 2, nos da de resto 1.* ‖ *s. m. pl.* **3.** Desperdicios, sobras. *Recoge los restos de comida de los platos.* **SIN.** Residuos. ‖ **4. restos mortales** *Cadáver.* ‖ **LOC. echar,** o **envidar, el resto** En ciertos juegos de cartas, parar y hacer envite de todo el caudal que uno tiene en la mesa. | Realizar el mayor esfuerzo posible.

restorán (res-to-**rán**) *s. m.* *Restaurante. ✎ Su pl. es "restoranes".

restregar (res-tre-**gar**) *v. tr.* Frotar mucho y con fuerza alguna cosa. *Restriega bien la mancha con este producto.* ✎ v. irreg., se conjuga como acertar. Se escribe "gu" en vez de "g" seguido de "-e".

restricción (res-tric-**ción**) *s. f.* **1.** Acción y efecto de restringir. *Decidió hacer restricción de grasas en sus comidas.* **2.** Cualquier limitación existente en una actividad. *No había restricción alguna.* **SIN.** Cortapisa, modificación, reducción.

restringir (res-trin-**gir**) *v. tr.* Ceñir, circunscribir a menores límites. *Deberías restringir el consumo de tabaco.* **SIN.** Acortar, limitar, reducir. **ANT.** Ampliar, extender. ✎ Se conjuga como urgir.

resucitar (re-su-ci-**tar**) *v. tr.* **1.** Volver la vida a un muerto. *Jesucristo resucitó a Lázaro.* **SIN.** Revivir. **ANT.** Matar, asesinar. **2.** *fam.* Restablecer, dar nuevo ser a una cosa. *Resucitó sus viejas ilusiones.* **SIN.** Reponer, restaurar, resurgir. ‖ *v. intr.* **3.** Volver alguien a la vida. *Esta planta ha resucitado con el riego.* **SIN.** Revivir, renacer. **ANT.** Morir, fallecer, fenecer.

resuello (re-**sue**-llo) *s. m.* Respiración, especialmente la violenta. *Llegaba casi sin resuello.* **SIN.** Aliento.

resuelto, ta (re-**suel**-to) *adj.* **1.** Se dice de un asunto o negocio al que ya se ha dado solución. *Ese problema ya está resuelto.* **SIN.** Despachado, solventado, solucionado. **ANT.** Pendiente. **2.** Que actúa con mucha determinación y resolución. *Iba resuelto a decir cuatro verdades.* **SIN.** Audaz, atrevido, decidido, osado. **ANT.** Apocado, indeciso, temeroso.

resultado (re-sul-**ta**-do) *s. m.* Consecuencia o efecto de un hecho, operación, investigación, competición, etc. *A los pocos días de los análisis, supimos el resultado. El resultado de su investigación fue el descubrimiento de una nueva vacuna.* **SIN.** Derivación, fruto, resulta, secuela, desenlace. **ANT.** Antecedente, premisa, causa.

resultante (re-sul-**tan**-te) *adj.* Se dice de una fuerza que equivale al conjunto de otras varias. **GRA.** También s. f. *Calcula la resultante de ese par de fuerzas.*

resultar (re-sul-**tar**) *v. intr.* **1.** Aparecer, demostrarse una cosa. *El coche nos resultó pequeño.* **SIN.** Manifestarse. **ANT.** Ocultarse. **2.** Llegar a ser. *De aquella amistad resultó un gran amor.* **SIN.** Derivar. **3.** Tener buen o mal final. *La fiesta resultó un éxito.* **SIN.** Salir.

resultas, de *loc. adv.* Por consecuencia, por efecto de. *De resultas, nos enfadamos todos.*

resultón, na (re-sul-**tón**) *adj.* Que gusta por su aspecto o simpatía. *Es un chico muy resultón.*

resumen (re-**su**-men) *s. m.* Exposición resumida de un asunto o materia. *Hicimos un resumen del trabajo.* **SIN.** Abreviación, compendio, extracto, síntesis. **ANT.** Ampliación, explicación. ‖ **LOC. en resumen** Resumiendo, recapitulando.

resumir (re-su-**mir**) *v. tr.* **1.** Hacer más breve un escrito o exposición, dejando lo más importante. **GRA.** También v. prnl. *Tengo que resumir este libro en 100 palabras.* **SIN.** Compendiar, extractar, sintetizar(se), concretar(se), reducir(se). **ANT.** Ampliar(se), explicar(se), extender(se), detallar. ‖ *v. prnl.* **2.** Convertirse, resolverse una cosa en otra. *Resumieron todas sus divergencias en una acción conjunta.* **SIN.** Comprenderse, reducirse.

resurgir (re-sur-**gir**) *v. intr.* **1.** Surgir de nuevo, volver a aparecer. *Volvió a resurgir el conflicto entre ambos.* **SIN.** Reaparecer, rebrotar. **ANT.** Ocultar, soterrar. **2.** *Resucitar. **3.** Cobrar nuevas fuerzas. *Su apoyo hizo resurgir la idea de intentarlo.* **SIN.** Revivir. **ANT.** Agostarse. ✎ Se conjuga como urgir.

resurrección (re-su-rrec-**ción**) *s. f.* **1.** Acción y efecto de resucitar. *El Evangelio nos habla de la resurrección de Lázaro.* **SIN.** Reencarnación. ‖ *n. p.* **2.** Por antonom., la de Jesucristo. **ORT.** Se escribe con mayúscula. *El evangelio trataba sobre la Resurrección de Cristo.* **3.** Pascua, fiesta con que la Iglesia católica celebra la Resurrección de Cristo. **ORT.** Se escribe con mayúscula. *Era domingo de Resurrección.* ‖ **4. Resurrección de la carne** La de todos los muertos, en el día del Juicio final.

retablo (re-**ta**-blo) *s. m.* **1.** Conjunto o colección de figuras pintadas o de talla, que representan en serie una historia o suceso. *En el convento conservan bellos retablos.* **2.** Obra de arquitectura que compone la decoración de un altar. *Aquella iglesia tenía un retablo gótico.*

retaco, ca (re-**ta**-co) *adj.* Se dice de la persona baja y rechoncha. **GRA.** También s. m. y s. f. *Era un poco retaco.* **SIN.** Regordete, tachuela, pequeñajo. **ANT.** Espigado, alto.

retaguardia (re-ta-**guar**-dia) *s. f.* Parte del ejército que va detrás cubriendo las marchas y movimientos de un ejército en marcha o en operaciones. *Iba en la retaguardia.* **SIN.** Rezaga. ‖ **LOC. a, o en, retaguardia** Rezagado, postergado.

retahíla (re-ta-**hí**-la) *s. f.* Serie de muchas cosas que van ordenadas una tras otra. *Le dijo toda una retahíla de insultos.* **SIN.** Letanía, sarta.

retal (re-**tal**) *s. m.* Pedazo sobrante de una tela, piel, chapa, etc. *Compró ese género en una tienda de retales.* **SIN.** Recorte, retazo.

retama (re-**ta**-ma) *s. f.* Mata con muchas ramas delgadas, largas, flexibles, de color verde ceniciento, hojas pequeñas muy escasas y flores amarillas. *Parte de la pradera estaba cubierta de retamas.*

retar (re-**tar**) *v. tr.* Provocar a duelo, batalla o contienda. *Le retó públicamente.* **SIN.** Desafiar, enfrentarse.

retardar (re-tar-**dar**) *v. tr.* Detener la realización de una cosa. **GRA.** También v. prnl. *Retardamos la reunión para ver si llegaban.* **SIN.** Aplazar(se), demorar(se), posponer(se). **ANT.** Acelerar(se).

retazo (re-**ta**-zo) *s. m.* **1.** Retal de una tela. *El mantel estaba hecho de retazos de distintos colores.* **2.** Trozo o fragmento de un razonamiento o discurso. *Citó algunos retazos de su obra.*

retejar (re-te-**jar**) *v. tr.* Recorrer los tejados, poniendo las tejas que les faltan. *Retejaron la casa porque había goteras.* **SIN.** Trastejar.

retel (re-**tel**) *s. m.* Instrumento de pesca que consiste en un aro con una red que forma bolsa. *El retel se usa para la pesca de cangrejos de río.*

retén (re-**tén**) *s. m.* **1.** Repuesto de alguna cosa. *Deja estas piezas de retén.* **SIN.** Acopio, provisión. **ANT.** Escasez, imprevisión. **2.** Tropa militar de refuerzo. *Le tocó estar de retén.* **SIN.** Refuerzo, repuesto.

retener (re-te-**ner**) *v. tr.* **1.** Conservar en sí, no devolver una cosa. *Retuvo la carta en su poder.* **SIN.** Guardar. **ANT.** Dar, soltar. **2.** Conservar en la memoria una cosa. *Retuve esa frase suya.* **SIN.** Memorizar, recordar. **ANT.** Olvidar, soterrar. **3.** Descontar de un pago una cantidad como impuesto fiscal. *Hacienda le retiene un 15%.* **4.** *Arrestar. **5.** Reprimir un deseo o sentimiento. *Retuvo sus ganas de llorar.* **SIN.** Contener, dominar. **ANT.** Liberar, desahogar.
✎ v. irreg., se conjuga como tener.

retentiva (re-ten-**ti**-va) *s. f.* Facultad de retener datos en la mente. *Tiene una retentiva admirable.* **SIN.** Recuerdo, memoria.

reticencia (re-ti-**cen**-cia) *s. f.* **1.** Desconfianza. *No entiendo a qué viene ahora esa reticencia.* **2.** Figura que consiste en dejar incompleta una frase, dando a entender, sin embargo, el sentido de lo que se calla. *Háblame claro y déjate de reticencias.*

reticente (re-ti-**cen**-te) *adj.* **1.** Se dice de la persona desconfiada. *Al principio se mostró muy reticente.* **SIN.** Reservado, receloso. **ANT.** Franco, abierto. **2.** Ambiguo. *Su discurso era reticente.* **ANT.** Claro, directo, franco.

retícula (re-**tí**-cu-la) *s. f.* **1.** Conjunto de líneas que se ponen en un instrumento óptico para precisar la visual. *Coloca la retícula en el microscopio.* **2.** En fotograbado, red de puntos que reproduce las sombras y los claros. *La retícula no es correcta.* **3.** Placa de cristal cuadriculada usada para determinar el área de una figura. *Necesitarás otra retícula para hallar esa área.*

retículo (re-**tí**-cu-lo) *s. m.* **1.** Tejido en forma de red. *Algunos tejidos orgánicos son retículos.* **SIN.** Malla. **2.** Conjunto de dos o más hilos cruzados o paralelos que se pone en el foco de algunos instrumentos ópticos y sirve para precisar la visual o efectuar medidas muy delicadas. *Coloca el retículo en el teleobjetivo.* **3.** Redecilla, cavidad del estómago de los rumiantes. *Encontraron veneno en el retículo de la vaca.*

retina (re-**ti**-na) *s. f.* Membrana interior del ojo que es sensible a la luz. *El golpe le produjo un desprendimiento de retina.*

retintín (re-tin-**tín**) *s. m., fam.* Tonillo y modo de hablar, generalmente irónico y malicioso, con el que se pretende molestar a alguien. *No me gustó nada su retintín.* **SIN.** Sarcasmo, sonsonete.

retirada (re-ti-**ra**-da) *s. f.* Acción y efecto de retirarse. *Una retirada a tiempo les había salvado de una gran catástrofe.* **SIN.** Retiro, retorno, retraimiento, vuelta. **ANT.** Avance.

retirado, da (re-ti-**ra**-do) *adj.* **1.** Que se encuentra distante, apartado. *Vivía en un lugar retirado.* **SIN.** Desviado, lejano, alejado. **ANT.** Próximo, vecino, cercano. **2.** Se dice de la persona que ya no está activa en su trabajo. **GRA.** También s. m. y s. f. *Está retirado del ejército.* **SIN.** Jubilado. **3.** Se aplica a la persona que vive alejada del trato con los demás. *Desde hacía años, llevaba una vida retirada.* **SIN.** Solitario, misántropo, huraño. **ANT.** Sociable, comunicativo.

retirar (re-ti-**rar**) *v. tr.* **1.** Quitar o separar a alguien o algo de un lugar. **GRA.** También v. prnl. *Retira la escalera si no la necesitas.* **SIN.** Alejar(se), incomunicar(se), aislar(se), apartar(se). **ANT.** Acercar(se), comunicar(se), aproximar(se). **2.** Apartar de la vista una cosa. *Retiró la mirada.* **SIN.** Ocultar, evitar. **ANT.** Observar. **3.** *Expulsar. **4.** Desdecirse de algo que se había dicho anteriormente. *Retiró lo que había dicho el día anterior.* **SIN.** Retractarse. ‖ *v. prnl.* **5.** Dejar de trabajar por razón de edad. *Se retiró a los 65 años.* **SIN.** Jubilarse. **6.** Irse a dormir o irse a casa. *Su amigo se retiró de la fiesta antes de que terminara.* **SIN.** Marchar, recogerse, acostarse. **7.** Separarse del trato o amistad. *Se retiró del grupo porque no le agradaba su conversación.* **SIN.** Aislarse, encerrarse. **ANT.** Abrirse, comunicarse. **8.** Abandonar un ejército el campo de batalla. *El enemigo se retiró.* **SIN.** Replegarse, retroceder. **9.** Abandonar un trabajo o una competición. *Se retiró a mitad de la carrera.* **SIN.** Dejar, ausentarse.

retiro (re-**ti**-ro) *s. m.* **1.** Acción y efecto de retirarse. *Fue un retiro voluntario.* **SIN.** Aislamiento, apartamiento, retraimiento. **2.** Lugar apartado de la gente. *No quiere salir de su retiro.* **3.** Recogimiento, apartamiento. *Necesitaba unos días de retiro.* **4.** Ejercicio piadoso que consiste en practicar ciertas devociones apartándose de las ocupaciones ordinarias. *Estuvo unos días de retiro en aquel monaste-*

rio. **5.** Situación del trabajador retirado, y sueldo o pensión que disfruta. *Le quedan sólo dos años para cobrar el retiro.* **SIN.** Jubilación.

reto (re-to) *s. m.* **1.** Citación al duelo o desafío. *Aceptó el reto.* **SIN.** Desafío, provocación. **2.** Objetivo difícil de alcanzar y que constituye un estímulo en sí mismo. *Aquel trabajo era todo un reto profesional.*

retocar (re-to-car) *v. tr.* **1.** Dar a un dibujo, cuadro o fotografía ciertos toques para quitarle imperfecciones. *Su trabajo consiste en retocar fotografías.* **SIN.** Modificar, arreglar. **2.** Restaurar las pinturas deterioradas. *Retocar ese lienzo llevará muchísimo tiempo.* **SIN.** Renovar, reparar. **3.** Perfeccionar el arreglo corporal. **GRA.** También v. prnl. *Se retocó un poco antes de salir de casa.* **4.** Dar la última mano a cualquier obra. *Quiso retocar un poco el trabajo antes de entregarlo.* 🖎 Se conjuga como abarcar.

retomar (re-to-mar) *v. tr.* **1.** Volver a tomar algo que se había perdido. *Retomaron los territorios.* **SIN.** Reconquistar. **2.** Reanudar algo que se había interrumpido. *Retomaron el proyecto con entusiasmo.* **SIN.** Seguir, proseguir. **ANT.** Abandonar, dejar.

retoño (re-to-ño) *s. m.* **1.** Vástago o tallo que echa de nuevo la planta. *A la planta le han salido varios retoños.* **SIN.** Brote, rebrote, renuevo. **2.** *fam.* Referido a personas, hijo de corta edad. *Iba de paseo con sus dos retoños.*

retoque (re-to-que) *s. m.* Última mano que se da a cualquier obra. *Le faltaba el último retoque.* **SIN.** Modificación, arreglo, cambio.

retorcer (re-tor-cer) *v. tr.* **1.** Torcer mucho una cosa, dándole vueltas alrededor. **GRA.** También v. prnl. *Se retorció la cuerda.* **SIN.** Ensortijar(se), rizar(se). **2.** Interpretar equivocadamente una cosa. *Retorció mis palabras.* **SIN.** Distorsionar, malinterpretar, confundir. ‖ *v. prnl.* **3.** Hacer movimiento o contorsiones por causa de un dolor agudo, una risa violenta, etc. *Se retorcía de risa.* **SIN.** Contorsionarse, doblarse. 🖎 v. irreg., se conjuga como mover. Tiene doble p. p.; uno reg., retorcido, y otro irreg., retuerto. Se escribe "z" en vez de "c" seguido de "-a" y "-o".

retorcido, da (re-tor-ci-do) *adj.* **1.** Que está muy torcido. *La cuerda estaba un poco retorcida.* **2.** Se dice de la persona que interpreta con mala intención las cosas. *Es un poco retorcido, no te fíes de lo que te diga.* **3.** Se dice del lenguaje confuso e incomprensible. *Le criticaban su retorcido estilo.* **SIN.** Tortuoso, artificioso. **ANT.** Claro, sencillo, llano.

retórica (re-tó-ri-ca) *s. f.* **1.** Arte de dar al lenguaje la eficacia debida para deleitar, persuadir o conmover. *Escribió un tratado de retórica.* **SIN.** Oratoria, poética. ‖ *s. f.* **2.** Artificio excesivo, rebuscamiento en el lenguaje. *Me resulta molesta tanta retórica.* **SIN.** Circunloquio, alambicamiento. **ANT.** Sencillez.

retórico, ca (re-tó-ri-co) *adj.* Se dice del lenguaje o estilo rebuscado y falto de naturalidad. *Utiliza un lenguaje muy retórico.* **SIN.** Altisonante, ampuloso, grandilocuente, enfático. **ANT.** Llano, sencillo.

retornable (re-tor-na-ble) *adj.* Se dice de los envases que pueden volver a ser utilizados. *Este casco es retornable.*

retornar (re-tor-nar) *v. tr.* **1.** Devolver, restituir. *Retornó los libros que había tomado prestados.* ‖ *v. intr.* **2.** Volver al lugar o a la situación en que se estuvo. **GRA.** También v. prnl. *Retornaron las golondrinas.* **SIN.** Regresar, tornar.

retorno (re-tor-no) *s. m.* Acción y efecto de retornar. *Esperaba con ansia su retorno.* **SIN.** Reintegro, devolución, restitución, regreso.

retorta (re-tor-ta) *s. f.* Vasija con cuello largo y encorvado, utilizada en los laboratorios para diversas operaciones químicas. *En clase de ciencias utilizamos una retorta para hacer experimentos.*

retortijón (re-tor-ti-jón) *s. m.* Dolor breve y vehemente que se siente en las tripas. *Sentí de pronto un fuerte retortijón de tripas.*

retozar (re-to-zar) *v. intr.* Dar saltos y brincos alegremente. *Los corderos retozaban por el campo.* **SIN.** Corretear, jugar. 🖎 Se conjuga como abrazar.

retractar (re-trac-tar) *v. tr.* Desdecirse expresamente de lo que se ha dicho. **GRA.** También v. prnl. *No me retracto de lo dicho.* **SIN.** Abjurar. **ANT.** Mantener.

retráctil (re-trác-til) *adj.* Se dice de los órganos de plantas y animales que pueden encogerse o retroceder quedando ocultos al exterior. *Los cuernos del caracol son retráctiles.*

retraerse (re-tra-er-se) *v. prnl.* **1.** Retroceder, retirarse de un lugar o una actividad. *Decidió retraerse de sus actividades comerciales.* **SIN.** Alejarse, apartarse. **2.** Vivir aislado. *Se retrajo de la vida social.* **SIN.** Enclaustrarse, recogerse, retirarse. 🖎 v. irreg., se conjuga como traer.

retraído, da (re-tra-í-do) *adj.* **1.** Que gusta de la soledad. *Es un poco retraído.* **SIN.** Solitario, retirado, misántropo. **ANT.** Sociable, gregario. **2.** Poco comunicativo. *Cuando está con desconocidos se vuelve algo retraído.* **SIN.** Apocado, corto, tímido. **ANT.** Hablador, sociable, comunicativo.

retransmitir (re-trans-mi-tir) *v. tr.* Emitir desde una emisora de radio o de televisión lo que se ha trans-

retrasado - retrovisor

mitido a ella desde otro lugar. *Retransmitieron el partido de fútbol.* **SIN.** Comunicar, emitir, difundir.

retrasado, da (re-tra-**sa**-do) *adj.* **1.** Diferido, aplazado. *La reunión ha sido retrasada para la próxima semana.* **SIN.** Retardado. **ANT.** Adelantado. **2.** Se dice de la persona, planta o animal que no ha llegado al desarrollo normal que le corresponde por su tiempo. *En la naturaleza, los animales retrasados no sobreviven.* **3.** Se dice de la persona que no tiene un desarrollo normal completo. **GRA.** También s. m. y s. f. *Su hermano pequeño es un poco retrasado.* **SIN.** Deficiente, anormal, subnormal.

retrasar (re-tra-**sar**) *v. tr.* **1.** Diferir o suspender la realización de una cosa. **GRA.** También v. prnl. *Retrasaron la hora del partido.* **SIN.** Aplazar(se), atrasar(se), demorar(se), dilatar(se). **ANT.** Adelantar(se), anticipar(se). ‖ *v. prnl.* **2.** Andar menos aprisa que lo que se debe. *Se retrasó del grupo.* **SIN.** Rezagarse, colgarse, remolonear. **ANT.** Adelantar, aventajar, preceder. **3.** Llegar tarde a alguna parte. *Este tren se retrasa.* **SIN.** Demorarse, tardar. **ANT.** Anticiparse, adelantarse.

retratar (re-tra-**tar**) *v. tr.* **1.** Hacer el retrato de una persona o cosa dibujando su figura o por medio de la fotografía, escultura, etc. *Esa es la fotógrafa que la retrató.* **SIN.** Dibujar, fotografiar, pintar. **2.** Hacer la descripción de la figura o del carácter de una persona o cosa. **GRA.** También v. prnl. *En el texto estaba retratando a su padre.* **SIN.** Representar, reseñar. **3.** Describir con fidelidad una cosa. *Retrató minuciosamente la escena de los hechos.* **SIN.** Representar.

retrato (re-**tra**-to) *s. m.* **1.** Representación de un ser humano. *Los primeros retratos se hacían sólo a reyes y grandes personajes.* **SIN.** Foto, fotografía, imagen. **2.** Descripción de la figura o carácter de una persona. *Hizo un completo retrato de los miembros de su familia.* **SIN.** Representación. **3.** Lo que se parece mucho a una persona o cosa. *Es el vivo retrato de su madre.* **SIN.** Imagen. ‖ **4. retrato robot** Sistema policial que, basándose en la descripción de los testigos, pretende hacer un dibujo lo más aproximado posible de la cara de la persona sospechosa.
‖ **LOC. ser uno el vivo retrato de otro** Tener gran parecido con él.

retreta (re-**tre**-ta) *s. f.* **1.** Toque militar que se usa para marchar en retirada, y para avisar a la tropa que se recoja por la noche al cuartel. *Tenían que estar en el cuartel antes del toque de retreta.* **2.** *vulg.* Serie, retahíla. *Nos contó una retreta de mentiras increíble.*

retrete (re-**tre**-te) *s. m.* Cuarto retirado y acondicionado para realizar algunas necesidades corporales. *El retrete estaba ocupado.* **SIN.** Aseo, baño, excusado, letrina, váter.

retribución (re-tri-bu-**ción**) *s. f.* Recompensa o pago de una cosa. *No recibió retribución alguna por aquel trabajo.* **SIN.** Remuneración, paga.

retribuir (re-tri-bu-**ir**) *v. tr.* Recompensar o pagar un servicio o favor. *Le retribuyeron las horas extras.* **SIN.** Gratificar, indemnizar, premiar, remunerar, satisfacer. ⌲ v. irreg., se conjuga como huir.

retroactivo, va (re-tro-ac-**ti**-vo) *adj.* Que obra o tiene fuerza sobre lo pasado. *La subida del sueldo es con carácter retroactivo desde enero.*

retroalimentación (re-tro-a-li-men-ta-**ción**) *s. f.* Mecanismo que permite que un organismo o un sistema mecánico o electrónico controle sus propios procesos. *El aparato tiene un mecanismo de retroalimentación.* **SIN.** Feed-back, realimentación.

retroceder (re-tro-ce-**der**) *v. intr.* **1.** Volver hacia atrás. *Tuve que retroceder porque me había olvidado de comprar el pan.* **SIN.** Regresar, retornar, desandar. **ANT.** Avanzar, pasar, progresar. **2.** Detenerse ante un peligro u obstáculo. *Al darse cuenta de las dificultades, retrocedió.* **SIN.** Recular, replegarse.

retroceso (re-tro-**ce**-so) *s. m.* **1.** Acción y efecto de retroceder. *Las negociaciones habían sufrido un retroceso.* **SIN.** Rebote, reculada, regreso, repliegue. **ANT.** Avance, paso. **2.** Aumento de la gravedad de una enfermedad. *El enfermo había sufrido un importante retroceso.* **SIN.** Recaída, agravamiento.

retrógrado, da (re-**tró**-gra-do) *adj.* Partidario de instituciones políticas o sociales propias de tiempos pasados. **GRA.** También s. m. y s. f. *Tiene unas ideas un poco retrógradas.* **SIN.** Rancio, tradicionalista. **ANT.** Liberal, avanzado.

retropropulsión (re-tro-pro-pul-**sión**) *s. f.* Procedimiento de propulsión de un móvil basado en la proyección de un chorro de gas hacia atrás que parte del propio móvil. *Los cohetes se mueven por retropropulsión.*

retrospectivo, va (re-tros-pec-**ti**-vo) *adj.* Que se refiere a tiempo pasado. *Lanzó una mirada retrospectiva a su vida.* **SIN.** Evocador, pretérito.

retrotraer (re-tro-tra-**er**) *v. tr.* Retroceder a un tiempo pasado para tomarlo como punto de referencia. **GRA.** También v. prnl. *Se retrotraía a tiempos antiquísimos.* ⌲ v. irreg., se conjuga como traer.

retrovisor (re-tro-vi-**sor**) *s. m.* Espejo pequeño que llevan algunos vehículos, en especial los automóviles, para ver lo que viene detrás. *Mira a ver si están bien colocados los retrovisores.*

retruécano (re-**trué**-ca-no) *s. m.* Inversión de los términos de una proposición o cláusula en otra subsiguiente, para que el sentido de esta última forme contraste o antítesis con el de la anterior. *El poder de la inteligencia no es la inteligencia del poder.* **SIN.** Conmutación, equívoco.

retumbar (re-tum-**bar**) *v. intr.* Resonar mucho o hacer gran estruendo una cosa. *El portazo retumbó por toda la casa.* **SIN.** Atronar, retronar.

reuma (**reu**-ma) *s. amb.* Enfermedad que se manifiesta por dolores en las articulaciones, o en las partes musculares y fibrosas del cuerpo, con incapacidad funcional o sin ella. **GRA.** Se usa más como s. m. *El médico le dijo que tenía reuma.* ✎ También "reúma".

reumatismo (reu-ma-**tis**-mo) *s. m.* *Reuma.

reunión (reu-**nión**) *s. f.* **1.** Acción y efecto de reunir o reunirse. *Se aplazó la reunión.* **SIN.** Agrupación, conjunto. **2.** Conjunto de personas reunidas. *La reunión de vecinos había acordado aquella medida.* **SIN.** Asamblea, cónclave, congreso.

reunir (reu-**nir**) *v. tr.* **1.** Juntar varios seres vivos o cosas. **GRA.** También v. prnl. *Reuní a mis amigos en mi casa.* **SIN.** Congregar(se), agrupar(se), convocar(se), amontonar(se). **ANT.** Separar(se), dispersar(se). **2.** Volver a unir. **GRA.** También v. prnl. *Reunió los trozos rotos.*

reválida (re-**vá**-li-da) *s. f.* Examen final para obtener un grado académico. *Pasó la reválida con muy buena nota.*

revalidar (re-va-li-**dar**) *v. tr.* Ratificar, dar nuevo valor y firmeza a una cosa. *El boxeador revalidó su título en un gran combate.* **SIN.** Confirmar, corroborar. **ANT.** Refutar, rechazar, recusar.

revalorizar (re-va-lo-ri-**zar**) *v. tr.* **1.** Dar a una cosa el valor que había perdido. *Con la construcción de ese centro comercial, se han revalorizado mucho esos terrenos.* **2.** Aumentar el valor de una cosa. **GRA.** También v. prnl. *El oro se revaloriza mucho.* **SIN.** Subir, acrecentar, alzar. **ANT.** Rebajar(se). ✎ Se conjuga como abrazar.

revaluar (re-va-lu-**ar**) *v. tr.* Elevar el valor de una cosa. **GRA.** También v. prnl. *Se revaluó el valor de la moneda.* **SIN.** Subir, alzar. **ANT.** Devaluar, rebajar. ✎ En cuanto al acento, se conjuga como actuar.

revancha (re-**van**-cha) *s. f.* Desquite, venganza, represalia. *Sus amigos decidieron tomarse la revancha por su cuenta.*

revanchismo (re-van-**chis**-mo) *s. m.* Actitud de la persona que mantiene una actitud vengativa. *Ese revanchismo tuyo te está comiendo por dentro.*

revelado (re-ve-**la**-do) *s. m.* Conjunto de operaciones que se necesitan para revelar una fotografía. *Ella misma se encargó del revelado de las fotos.*

revelar (re-ve-**lar**) *v. tr.* **1.** Decir a alguien un secreto o algo que no se sabe. *Nunca me ha revelado la edad que tiene.* **SIN.** Anunciar, confesar, divulgar, pregonar, declarar, manifestar, descubrir. **ANT.** Ocultar, soterrar, encubrir, callar. **2.** Hacer visible la imagen impresa en la placa fotográfica. *Llevó el carrete a revelar.* **3.** Proporcionar indicios de algo. *Su confesión reveló nuevos datos.* **SIN.** Descubrir, demostrar, delatar. **ANT.** Ocultar, encubrir. ☞ No debe confundirse con "rebelar".

revender (re-ven-**der**) *v. tr.* Vender uno lo que otra persona le ha vendido, y al poco tiempo de haberlo comprado. *Se dedicaba a revender entradas en los partidos de fútbol.* **SIN.** Especular, mediar. **ANT.** Comprar, adquirir.

revenirse (re-ve-**nir**-se) *v. prnl.* Ponerse una masa blanda y correosa debido al calor o a la humedad. *El pan se ha revenido, no hay quien lo coma.* ✎ v. irreg., se conjuga como venir.

reventar (re-ven-**tar**) *v. intr.* **1.** Abrirse una cosa por impulso interior. **GRA.** También v. prnl. *Se reventó la tubería del agua.* **SIN.** Rajarse, quebrarse, estallar. **2.** Tener gran ansia de una cosa. *Reventaba por ir a decírselo.* **SIN.** Anhelar, apasionarse. **3.** *fam.* Estallar, refiriéndose a un sentimiento. *Su amor por él reventó.* **4.** *fam.* Manifestar un afecto del ánimo, particularmente si es negativo. *Reventó y le dijo cuatro cosas bien dichas.* **5.** *fam.* Morir violentamente. *Debido al esfuerzo, el caballo reventó.* ‖ *v. tr.* **6.** Destruir una cosa, aplastándola violentamente. *Hizo tanta fuerza que reventó el globo.* **SIN.** Despachurrar, aplastar. **7.** Fatigar mucho a alguien por exceso de trabajo. **GRA.** También v. prnl. *Se reventaron a cavar en el huerto.* **SIN.** Cansar(se), hastiar(se). **8.** *fam.* Importunar constantemente a una persona. *Me revientan tus insolencias.* **SIN.** Fastidiar, molestar, incomodar. **9.** *fam.* Causar grave perjuicio a una persona. *Con su actitud me reventó por completo.* **10.** *fam.* Hacer fracasar un espectáculo mostrando su desagrado de manera ruidosa. *Un grupo de gamberros reventó la conferencia.* ✎ v. irreg., se conjuga como acertar.

reventón (re-ven-**tón**) *s. m.* Acción y efecto de reventar una cosa. *Un reventón en la rueda le hizo sa-

reverberar - revitalizar

lirse de la carretera. **SIN.** Estallido, bombazo, explosión.

reverberar (re-ver-**be**-rar) *v. intr.* Brillar, resplandecer. *Las luces de las farolas reverberaban con fuerza en la oscura noche.*

reverdecer (re-ver-de-**cer**) *v. intr.* **1.** Cobrar nuevo verdor los campos. **GRA.** También v. tr. *La abundancia de lluvia hizo al campo reverdecer.* **SIN.** Renovarse, verdecer. **ANT.** Agostarse, secarse. **2.** Renovarse o tomar nuevo vigor. **GRA.** También v. tr. *Su amistad reverdeció con aquella nueva prueba de lealtad.* **SIN.** Rejuvenecer, vigorizarse. **ANT.** Envejecer, arruinarse, acabarse. ✎ v. irreg., se conjuga como parecer.

reverencia (re-ve-**ren**-cia) *s. f.* Inclinación del cuerpo en señal de respeto. *Hizo una reverencia.* **SIN.** Cabezada, saludo.

reverendo, da (re-ve-**ren**-do) *adj.* Como tratamiento, se aplica a las dignidades eclesiásticas y a los prelados y superiores de las órdenes religiosas. **GRA.** También s. m. y s. f. *El reverendo padre.*

reversible (re-ver-**si**-ble) *adj.* **1.** Se aplica a la prenda de vestir a la que se puede dar la vuelta para su uso. *Esa cazadora es reversible.* **2.** Se dice del proceso que, variando ciertas circunstancias, puede volver atrás. *Después de aquella firma, el proceso ya no era reversible.*

reverso (re-**ver**-so) *s. m.* **1.** Revés, espalda. *Se te ha ensuciado el reverso de la chaqueta.* **2.** En las monedas y medallas, haz opuesto al anverso. *Tenía una inscripción en el reverso.* **SIN.** Cruz, revés. ‖ **3. el reverso de la medalla** *fam.* Persona que es la antítesis de otra con quien se compara.

reverter (re-ver-**ter**) *v. intr.* *Rebosar. **SIN.** Rezumar, desbordar. ✎ v. irreg., se conjuga como entender.

revertir (re-ver-**tir**) *v. intr.* Redundar, venir a parar una cosa en otra. *Sus malas acciones revirtieron en su contra.* **SIN.** Resultar. ✎ v. irreg., se conjuga como sentir.

revés (re-**vés**) *s. m.* **1.** Espalda o parte opuesta de una cosa. *Estás mirando la tela por el revés.* **SIN.** Cruz, dorso, reverso, verso. **2.** Golpe dado a otro con la mano vuelta. *Le dio un buen revés.* **SIN.** Bofetada, manotazo. **3.** Golpe que con la mano da el jugador a la pelota para volverla. *Lanzó el revés al fondo de la pista.* **4.** En los juegos en que se emplea pala o raqueta, golpe dado a la pelota cuando ésta viene por el lado contrario al de la mano que empuña la raqueta o pala. *Ganó el punto con un excelente revés.* **5.** Infortunio, desgracia o contratiempo. *Sufrió un serio revés en sus negocios.* ‖ **LOC. al, o de, revés** Al contrario, invertir el orden regular. **de revés** De izquierda a derecha.

revestir (re-ves-**tir**) *v. tr.* **1.** Vestir una ropa sobre otra. **GRA.** Se usa más como v. prnl. *Se revistió con una túnica negra.* **SIN.** Embozarse, abrigarse, rebozarse, disfrazarse. **2.** Cubrir con un revestimiento alguna cosa. *Revistió los muebles con sábanas viejas para que no cogieran polvo.* **SIN.** Entoldar, recubrir. **3.** Vestir con galas poéticas una expresión, un escrito, etc. *Revistió su descripción con bellas metáforas.* **4.** Disfrazar la realidad de una cosa con artificios. *Revistió la situación de dramatismo.* **SIN.** Disimular, ocultar, celar. **5.** Presentar una cosa un determinado aspecto. *Revestía aspectos de grandeza.* ✎ v. irreg., se conjuga como pedir.

revirar (re-vi-**rar**) *v. tr.* Torcer, desviar una cosa de su posición o dirección normal. *Las costuras de esta camisa se han revirado.*

revisar (re-vi-**sar**) *v. tr.* Analizar con atención una cosa, generalmente para comprobar si está bien. *El mecánico revisó nuestro automóvil.* **SIN.** Examinar, inspeccionar, repasar, ver.

revisión (re-vi-**sión**) *s. f.* Acción de revisar. *Le hizo una revisión al coche.* **SIN.** Comprobación, examen.

revisor, ra (re-vi-**sor**) *s. m. y s. f.* **1.** Persona que tiene por oficio revisar o reconocer una cosa. *Vino el revisor del gas.* **2.** En los ferrocarriles, persona que comprueba que el viajero va provisto de billete. *El revisor pidió los billetes.*

revista (re-**vis**-ta) *s. f.* **1.** Inspección que un jefe hace de las personas o cosas sometidas a su cuidado o autoridad. *El general pasó revista a las tropas.* **2.** Publicación periódica por cuadernos, con escritos sobre varias materias, o sobre una sola especialmente. *Siempre está leyendo revistas de informática.* **3.** Género popular de fines del siglo XIX formado por canciones, escenas breves y números de baile. *Era una famosa actriz de revista.* **SIN.** Revista musical, variedades. ‖ **4. revista del corazón** Publicación periódica cuyo contenido se basa principalmente en los acontecimientos de la vida de personas famosas.

revistero (re-vis-**te**-ro) *s. m.* Mueble para colocar y guardar las revistas. *Vuelve a poner la revista en el revistero.*

revitalizar (re-vi-ta-li-**zar**) *v. tr.* Dar más fuerza y vitalidad a una cosa. *Abona la planta para revitalizarla.* **SIN.** Vigorizar, fortalecer. **ANT.** Debilitar. ✎ Se conjuga como abrazar.

revivificar - rey

revivificar (re-vi-vi-fi-**car**) *v. tr.* *Vivificar, reavivar. 🔖 Se conjuga como abarcar.

revivir (re-vi-**vir**) *v. intr.* **1.** Resucitar, volver a la vida. *El pez revivió en el agua.* **SIN.** Resurgir. **2.** Volver en sí la persona que parecía muerta. *Después de algunos minutos inconsciente parecía que revivía.* **SIN.** Recobrarse, reponerse. **3.** Reproducirse una cosa. *El brote de epidemia parecía revivir.* **SIN.** Resurgir, renovarse. **4.** Evocar un suceso del pasado. *Aquella melodía hizo que sus recuerdos revivieran.* **SIN.** Recordar, rememorar. **ANT.** Olvidar, soterrar.

revocar (re-vo-**car**) *v. tr.* **1.** Dejar sin efecto una concesión, un mandato o una resolución. *Revocó la orden.* **SIN.** Abolir, derogar, cancelar. **ANT.** Ratificar, aprobar. **2.** Pintar de nuevo las paredes exteriores de un edificio. *Revocaron la fachada y retejaron.* 🔖 Se conjuga como abarcar.

revolcar (re-vol-**car**) *v. tr.* **1.** Derribar a alguien y maltratarle, dándole vueltas por el suelo. *El toro revolcó al torero.* **SIN.** Arrastrar, revolver. ‖ *v. prnl.* **2.** Arrojarse sobre una cosa, refregándose en ella. *¡No te revuelques así en la arena!* 🔖 v. irreg., se conjuga como contar. Se escribe "qu" en vez de "c" seguido de "-e".

revolcón (re-vol-**cón**) *s. m. fam.* *Revuelco. ‖ **LOC. dar un revolcón a alguien** *fam.* Demostrarle su ignorancia en un tema determinado.

revolotear (re-vo-lo-te-**ar**) *v. intr.* Volar haciendo giros en poco espacio. *Las palomas revoloteaban en torno a la torre de la iglesia.* **SIN.** Mariposear, alear.

revoltijo (re-vol-**ti**-jo) *s. m.* *Revoltillo.

revoltillo (re-vol-**ti**-llo) *s. m.* **1.** Conjunto de muchas cosas sin orden ni método. *Mira a ver si encuentras el otro calcetín en ese revoltillo de ropa.* **SIN.** Batiburrillo, mezcolanza, revoltijo. **2.** Confusión o enredo. *Tenía un buen revoltillo de ideas.* **SIN.** Embrollo, lío.

revoltoso, sa (re-vol-**to**-so) *adj.* **1.** Travieso, enredador. *Es una niña muy revoltosa.* **2.** Se dice de la persona que promueve alboroto y sublevaciones. **GRA.** También s. m. y s. f. *Sospechaban de un grupo de revoltosos.* **SIN.** Alborotador, provocador, rebelde, sedicioso. **ANT.** Pacífico, sumiso.

revolución (re-vo-lu-**ción**) *s. f.* **1.** Inquietud, alboroto, sedición. *Había gran revolución en el ambiente.* **2.** Cambio violento en las instituciones políticas de la nación. *Hubo una revolución en el país.* **SIN.** Levantamiento, sublevación, golpe de estado. **3.** Movimiento de un astro en todo el curso de su órbita. *La revolución de la Luna sobre la Tierra se produce cada 24 horas.*

revolucionar (re-vo-lu-cio-**nar**) *v. tr.* **1.** Sublevar, soliviantar, en especial, alterar, perturbar el orden de un país como consecuencia de una subversión de las ideas. *Revolucionó el ejército.* **SIN.** Amotinar, alzar, levantar. **2.** Producir una alteración en las ideas. *Con su teoría revolucionó el mundo de la física.* **3.** En mecánica, imprimir revoluciones a un cuerpo que gira o al mecanismo que produce dicho movimiento. **GRA.** También v. prnl. *Al acelerar se revoluciona el motor.*

revolver (re-vol-**ver**) *v. tr.* **1.** Mover una cosa de un lado a otro, dándole vueltas. *Revuelve la sopa para que se enfríe.* **SIN.** Menear, remover, agitar. **2.** Cambiar el orden de las cosas. *Revolvió el cajón para buscar un pañuelo.* **SIN.** Desordenar. **ANT.** Ordenar, arreglar. **3.** Volver la cara al enemigo para hacerle frente. **GRA.** También v. prnl. *Se revolvió con ira.* **4.** Enredar, inquietar, promover alborotos. *No revuelvas al niño, que ahora está dormido.* ‖ *v. prnl.* **5.** Cambiar el tiempo atmosférico. *A última hora de la tarde se revolvió un poco.* **SIN.** Nublarse, encapotarse. **6.** Enfrentarse una persona a otra. *Se revolvió contra él.* **SIN.** Reñir, desafiar, enemistarse. **ANT.** Amigarse, reconciliarse. 🔖 v. irreg., se conjuga como mover. Tiene p. p. irreg., revuelto.

revólver (re-**vól**-ver) *s. m.* Pistola de cilindro giratorio con varias recámaras. *Disparó con un revólver.* 🔖 Su pl. es "revólveres".

revuelco (re-**vuel**-co) *s. m.* Acción y efecto de revolcar o revolcarse. *Se dio unos buenos revuelcos en la arena.* **SIN.** Caída, derrota, ofensa, revolcón.

revuelo (re-**vue**-lo) *s. m.* Turbación de algunas cosas o agitación e inquietud entre las personas. *Se montó un gran revuelo.* **SIN.** Revuelta, torbellino.

revuelta (re-**vuel**-ta) *s. f.* **1.** Alboroto, sedición, alteración. *Hubo una revuelta.* **2.** Riña, pendencia. *Se vio en medio de una revuelta callejera.*

revuelto, ta (re-**vuel**-to) *adj.* **1.** Se dice del líquido que se vuelve turbio por levantarse el poso del fondo. *El agua del arroyo estaba revuelta.* **2.** Respecto del estómago, alterado, próximo al vómito. *Tenía el estómago muy revuelto.* **3.** Intrincado, difícil de entender. *El asunto estaba revuelto.* **SIN.** Enrevesado, embrollado, confuso. **ANT.** Fácil, sencillo. **4.** Se dice del tiempo inestable. *El día amaneció un poco revuelto.* ‖ *s. m.* **5.** Plato elaborado a base de huevos mezclados con algún otro ingrediente y cuajados sin forma. *Me encanta el revuelto de setas.*

rey *s. m.* **1.** Monarca o príncipe soberano de un reino. **ORT.** Se suele escribir con mayúscula. *El Rey inau-*

guró la exposición. *El rey es el jefe del Estado español.* **2.** Pieza principal del juego de ajedrez, la cual camina en todas direcciones, pero sólo de una casa a otra contigua. *Comió al caballo con el rey.* **3.** Carta duodécima de cada palo de la baraja, que tiene dibujada la figura de un rey. *Pintó el rey de oros.* **4.** Persona, animal o cosa del género masculino que, por sus cualidades, destaca entre los demás de su clase. *El león es el rey de la selva.*

reyerta (re-**yer**-ta) *s. f.* Contienda, disputa violenta. *Varias personas se vieron envueltas en la reyerta.* **SIN.** Bronca, gresca, pelotera, trifulca.

rezagarse (re-za-**gar**-se) *v. prnl.* Quedarse atrás. *Se rezagó de sus compañeros.* **SIN.** Retrasarse, retardarse. Se conjuga como ahogar.

rezar (re-**zar**) *v. tr.* **1.** Dirigirse a Dios, la Virgen o los santos con una oración. **GRA.** También v. intr. *Mi madre va a rezar a la iglesia.* **SIN.** Suplicar, orar, rogar. **2.** *fam.* Decir o decirse en un escrito una cosa. *Así rezaba el encabezamiento.* ‖ *v. intr.* **3.** *fam.* Gruñir, refunfuñar. *Rezaba por lo bajo, pero no le entendí.* ‖ **LOC. rezar una cosa con alguien** *fam.* Tocarle o pertenecerle. Se conjuga como abrazar.

rezongar (re-zon-**gar**) *v. intr.* Gruñir, poner pegas a lo que se manda o propone. *Rezonga por todo, sea lo que sea.* **SIN.** Mascullar, refunfuñar. Se conjuga como ahogar.

rezumar (re-zu-**mar**) *v. tr.* **1.** Transpirar un líquido por los poros de un recipiente. **GRA.** También v. prnl. *Rezumaba agua.* **SIN.** Sudar, exudar, filtrar. ‖ *v. intr.* **2.** Dicho de un líquido, salir al exterior en gotas a través de los poros o intersticios de un cuerpo. **GRA.** También v. prnl. *Las paredes de la presa rezumaban agua.* **SIN.** Sudar, exudar. ‖ *v. prnl.* **3.** *fam.* Translucirse o divulgarse ago. *Se rezumaba alegría.* **SIN.** Filtrarse, mostrarse. **SIN.** Ocultarse.

rhythm and blues *s. m.* Estilo musical derivado del blues y claro precedente del rock. *Le gusta mucho el rhythm and blues.*

ría (**rí**-a) *s. f.* Parte del río próxima a su entrada en el mar, hasta donde llegan las mareas y se mezcla el agua dulce con la salada. *Vivía a orillas de la ría.*

riachuelo (ri-a-**chue**-lo) *s. m.* Río pequeño y de poco caudal. *Se descalzaron para atravesar el riachuelo.* **SIN.** Regato, arroyo.

riada (ri-**a**-da) *s. f.* Crecida impetuosa de las aguas. *La riada destrozó los cultivos.* **SIN.** Inundación.

ribeiro (ri-**bei**-ro) *s. m.* Vino que se produce en la comarca gallega del mismo nombre. *Pedimos una ración de pulpo y un ribeiro.*

ribera (ri-**be**-ra) *s. f.* Margen y orilla del mar o de un río. *Paseamos por la ribera del río.* **SIN.** Costa, litoral, playa. ☞ No debe confundirse con "rivera".

ribete (ri-**be**-te) *s. m.* **1.** Cinta con que se reviste la orilla del vestido, calzado, etc. *El paño llevaba un ribete de color rojo.* ‖ *s. m. pl.* **2.** Asomo de una cosa. *No había ribetes de él.* **SIN.** Huella, señal, indicio.

ribonucleico (ri-bo-nu-**clei**-co) *adj.* Se dice del ácido nucleico que sintetiza las proteínas características de las diversas especies o estirpes y son los ejecutores de las órdenes de ADN, que es el suministrador de la información genética. *El ARN fue sintetizado por Severo Ochoa en 1955.* ☞ También "ARN".

ribosoma (ri-bo-**so**-ma) *s. m.* Corpúsculo que se halla disperso en el citoplasma. *Los ribosomas están formados por ARN y proteínas.*

ricachón, na (ri-ca-**chón**) *s. m. y s. f., fam.* Persona acaudalada vulgar en su trato. *Pertenecía a una familia de ricachones.* **SIN.** Ricacho, acaudalado.

ricino (ri-**ci**-no) *s. m.* **1.** Planta de cuyas semillas se extrae un aceite purgante. *Cultiva ricino.* **2.** Este aceite. *Le dieron aceite de ricino.*

rico, ca (**ri**-co) *adj.* **1.** Que tiene mucho dinero o bienes. **GRA.** También s. m. y s. f. *Su padre es rico.* **SIN.** Acaudalado, adinerado. **ANT.** Pobre, necesitado. **2.** Que tiene buen sabor. *El asado me supo muy rico.* **3.** Que tiene algo en abundancia. *Esta mina es rica en carbón.* **SIN.** Abundante, copioso, fértil. **4.** Se aplica a las personas, especialmente a los niños, como expresión de cariño. *¡Qué niña más rica!*

rictus (**ric**-tus) *s. m.* Aspecto del rostro que manifiesta un estado de ánimo. *Tenía un rictus de dolor.* **SIN.** Gesto. Invariable en número.

ricura (ri-**cu**-ra) *s. f.* Calidad de rico, gustoso o bueno. *Este bebé es una ricura.* **SIN.** Preciosidad.

ridiculizar (ri-di-cu-li-**zar**) *v. tr.* Burlarse de una persona o cosa, de sus defectos o actos. *Siempre ridiculizaba a sus personajes.* **SIN.** Mofarse, reírse. **ANT.** Honrar, respetar. Se conjuga como abrazar.

ridículo, la (ri-**dí**-cu-lo) *adj.* **1.** Que por su rareza o extravagancia puede mover a risa. *Su comportamiento fue ridículo.* **SIN.** Absurdo, bufo, grotesco. **2.** Escaso, de poca estimación. *Es una cantidad ridícula.* **SIN.** Nimio, insignificante. **3.** Cursi, melindroso. *Sus reparos eran ridículos.* **SIN.** Ñoño. ‖ *s. m.* **4.** Situación ridícula en que cae una persona. *Hizo el ridículo.* ‖ **LOC. en ridículo** Expuesto a la burla o al menosprecio de los demás. **GRA.** Se usa más con los v. "estar", "poner" y "quedar".

riego - rinoceronte

riego (**rie**-go) *s. m.* **1.** Acción y efecto de regar. *Establecieron los turnos de riego.* **SIN.** Irrigación. **2.** Agua disponible para regar. *El riego era escaso.* ‖ **3. riego sanguíneo** Sangre que nutre los órganos y la superficie del cuerpo.

riel *s. m.* **1.** Barra pequeña de metal que sirve para colgar las cortinas. *Colocó el riel para poner las cortinas del salón.* **2.** *Raíl.

rienda (**rien**-da) *s. f.* **1.** Cada una de las correas, cintas o cuerdas que sirven para guiar las caballerías. **GRA.** Se usa más en pl. *Tira de las riendas para que el caballo se detenga.* **SIN.** Brida. **2.** Moderación en acciones o palabras. *No tiene rienda en lo que hace.* **SIN.** Sujeción, freno, contención. ‖ *s. f. pl.* **3.** Gobierno, dirección de una cosa. *Ahora es su hija quien lleva las riendas de la empresa.* **SIN.** Mando, administración, gerencia. ‖ **LOC. aflojar las riendas** Aliviar, disminuir el trabajo y cuidado en la realización de una cosa, o ceder en la vigilancia y cuidado de lo que está a cargo de alguien. **a rienda suelta** Con violencia o celeridad. | Sin sujeción y con toda libertad. **a toda rienda** Al galope. **dar rienda suelta** Dar libre curso. **soltar la rienda** Entregarse con libertad a los vicios o los afectos.

riesgo (**ries**-go) *s. m.* Posibilidad de peligro o pérdida. *Subir allí era un gran riesgo.* **SIN.** Inseguridad, trance, peligro, exposición, amenaza. **ANT.** Seguridad. ‖ **LOC. a todo riesgo** Se dice de un tipo de seguro de automóvil que cubre todo tipo de daños.

rifa (**ri**-fa) *s. f.* Juego que consiste en sortear una cosa entre varios. *Hicimos varias rifas para sacar dinero para el viaje de fin de carrera.* **SIN.** Lotería, sorteo, tómbola.

rifar (ri-**far**) *v. tr.* Sortear una cosa en rifa. *Rifaban un coche.*

rifirrafe (ri-fi-**rra**-fe) *s. m., fam.* Pelea o bulla de poca importancia. *Se montó un buen rifirrafe.* **SIN.** Gresca, alboroto. **ANT.** Calma.

rifle (**ri**-fle) *s. m.* Fusil de procedencia norteamericana. *Disparó su rifle.* **SIN.** Carabina, escopeta, mosquetón.

rígido, da (**rí**-gi-do) *adj.* **1.** *Inflexible. **2.** Riguroso, severo. *Es un profesor muy rígido.* **SIN.** Duro. **ANT.** Condescendiente, transigente.

rigodón (ri-go-**dón**) *s. m.* Danza francesa de origen provenzal, que estuvo en boga a fines del siglo XVII. *Bach y Ravel compusieron rigodones.*

rigor (ri-**gor**) *s. m.* **1.** Severidad extrema. *Cumplió las órdenes con todo rigor.* **SIN.** Acritud, inflexibilidad, rigidez. **ANT.** Bondad, tolerancia, permisibilidad. **2.** Dureza en el trato. *No hacía falta que nos tratase con tanto rigor.* **SIN.** Aspereza. **ANT.** Amabilidad, dulzura. **3.** Precisión y exactitud. *El mecanismo de estos relojes está fabricado con el máximo rigor.* ‖ **4. rigor mortis** Expresión latina que define el estado de rigidez que adquiere un cadáver pasadas unas horas de su muerte. ‖ **LOC. ser de rigor una cosa** Ser imprescindible.

riguroso, sa (ri-gu-**ro**-so) *adj.* **1.** Que se comporta con crueldad o extrema rigidez. *Es muy riguroso con sus alumnos.* **SIN.** Severo, cruel. **ANT.** Tolerante, flexible. **2.** Se dice de lo que está gobernado por la austeridad. *Tomaron medidas muy rigurosas.* **SIN.** Austero, rígido. **ANT.** Flexible, permisivo. **3.** De gran exactitud y precisión. *A la hora de corregir los exámenes es muy rigurosa.* **SIN.** Exacto, meticuloso, preciso. **ANT.** Impreciso, inexacto. **4.** Hablando del tiempo, que es difícil de soportar. *En aquella región los inviernos eran muy rigurosos.* **SIN.** Inclemente, crudo. **ANT.** Suave.

rilar (ri-**lar**) *v. intr.* **1.** Temblar, tiritar. *Rilaba de frío.* ‖ *v. prnl.* **2.** Estremecerse. *Se riló ante los desagradables sucesos.*

rima (**ri**-ma) *s. f.* Semejanza entre los sonidos finales de un verso, a partir de la última vocal acentuada. *La rima da musicalidad al verso.*

rimar (ri-**mar**) *v. intr.* Ser una palabra asonante o consonante de otra. *Busca una palabra que rime con "cantaba".*

rimbombante (rim-bom-**ban**-te) *adj.* Que es llamativo u ostentoso. *No me gusta nada su rimbombante forma de hacer las cosas.* **SIN.** Grandilocuente, campanudo, hueco. **ANT.** Sencillo, modesto.

rincón (rin-**cón**) *s. m.* **1.** Ángulo entrante que se forma en el encuentro de dos superficies. *La estantería quedará bien en ese rincón de la habitación.* **SIN.** Codo, esquina. **2.** Escondrijo o lugar alejado. *Buscó un rincón donde refugiarse.* **3.** Espacio pequeño. *Guardé mis fotos en un rincón de la cómoda.* **4.** *fam.* Domicilio o habitación en que alguien se retira del trato de los demás. *Prefirió quedarse en su rincón.*

rinconera (rin-co-**ne**-ra) *s. f.* Mesa o estante pequeños comúnmente de figura triangular, que se coloca en un rincón de una habitación. *Mira en la jarra que hay en la rinconera.*

ring *s. m.* *Cuadrilátero. **SIN.** Lona.

rinitis (ri-**ni**-tis) *s. f.* Inflamación de las mucosas de la nariz. *Padecía una rinitis.* Invariable en número.

rinoceronte (ri-no-ce-**ron**-te) *s. m.* Mamífero de Asia y África, de piel muy gruesa y rígida, muy corpulento, de patas cortas, cabeza estrecha con el hocico puntiagudo y uno o dos cuernos sobre la nariz. *El rinoceronte habita en lugares cenagosos y se alimenta de vegetales.*

rinología (ri-no-lo-**gí**-a) *s. f.* Parte de la medicina que estudia las funciones y enfermedades de las fosas nasales. *Hizo la especialidad de rinología.*

riña (**ri**-ña) *s. f.* Altercado, bronca. *Cuando llegué, estaban en plena riña.* **SIN.** Altercado, gresca, pendencia, disputa.

riñón (ri-**ñón**) *s. m.* **1.** Cada uno de los dos órganos que filtran los residuos de la sangre y producen orina, que se acumula en la vejiga. *Los riñones se encuentran a ambos lados de la columna vertebral.* **2.** Interior o centro de un terreno, sitio, etc. *Estaba situado en pleno riñón de la región.* ‖ **3. riñón artificial** Aparato que depura la sangre cuando hay insuficiencia renal. ‖ **LOC. costar una cosa un riñón** *fam.* Ser muy cara una cosa.

riñonera (ri-ño-**ne**-ra) *s. f.* Bolsa de pequeño tamaño que se lleva atada a la cintura. *Cuando va de excursión siempre lleva su riñonera.*

río (**rí**-o) *s. m.* **1.** Corriente de agua que se origina en la tierra y fluye continuamente hasta desembocar en otra o en el mar. *Atravesó el río a nado.* **2.** Abundancia grande de una cosa. *Se produjo un río de demandas.* **3.** Afluencia de personas. *Había ríos de gente.* ‖ **LOC. a río revuelto** En la confusión y desorden. **de perdidos, al río** *fam.* Frase usada para expresar la necesidad de aceptar todas las consecuencias, una vez tomada una decisión. **pescar en río revuelto** *fam.* Aprovechar la confusión y el desorden para sacar algún beneficio.

rioja (rio-ja) *s. m.* Vino procedente de la región de este nombre. *Pedimos un rioja.*

LOS RÍOS MÁS LARGOS		
Nombre	**Continente**	**km**
Nilo	África	6 695
Amazonas	América del Sur	6 440
Yang-tse	China	6 380
Mississippi	América del Norte	5 970
Ob-Irtish	CEI	5 410
Amarillo	China	4 672
Zaire	África	4 667
Amur	Asia	4 416
Lena	CEI	4 400
Mackenzie	Canadá	4 240
Mekong	Asia	4 180
Níger	África	4 170

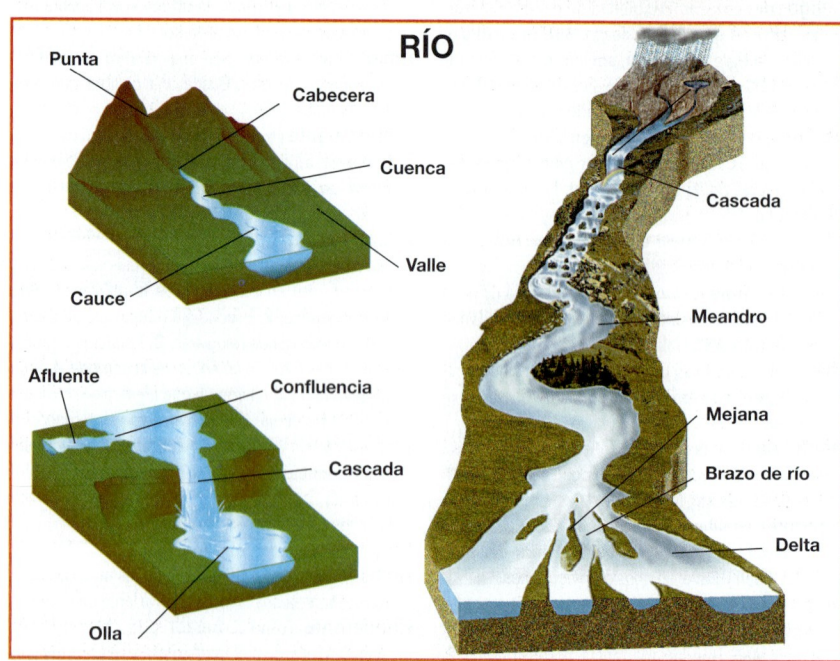

RÍO

ripio (**ri**-pio) *s. m.* Palabra superficial que se emplea con el único objeto de completar el verso. *Ese poemilla está lleno de ripios.*

riqueza (ri-**que**-za) *s. f.* **1.** Abundancia de bienes y cosas preciosas. *Su familia poseía una gran riqueza.* **SIN.** Acomodo, bienestar, opulencia. **ANT.** Pobreza, escasez. **2.** Abundancia de cualidades o atributos excelentes. *Era una persona de gran riqueza humana.* **3.** Gran cantidad de cualquier cosa. *Nos lo describió con riqueza de detalles.* **SIN.** Profusión, exuberancia, cantidad. **ANT.** Escasez, falta.

risa (**ri**-sa) *s. f.* Movimiento del rostro que refleja alegría. *Les entró la risa.* **SIN.** Carcajada. **ANT.** Llanto, sollozo. ‖ **LOC. caerse, desternillarse, o morirse alguien de risa** *fam.* Reírse mucho y con movimientos desacompasados. **mearse, mondarse, morirse, partirse, o reventar de risa** *fam.* Reírse mucho y con ganas. **tomar a risa una cosa** *fam.* No darle crédito o importancia. **troncharse de risa** *fam.* Reír violentamente, con grandes carcajadas.

risco (**ris**-co) *s. m.* Peñasco alto o escarpado. *Al intentar bajar del risco se cayó rodando y se rompió una pierna.* **SIN.** Peña, peñón.

risible (ri-**si**-ble) *adj.* Capaz de reírse o que causa risa. *Su reacción fue risible.* **SIN.** Irrisorio, ridículo.

risión (ri-**sión**) *s. f. fam.* Persona o cosa objeto de burla. *Era la risión de todos.*

risotada (ri-so-**ta**-da) *s. f.* Carcajada, risa estrepitosa. *Soltó una risotada.*

risotto *s. m.* Preparación tradicional del arroz en la cocina italiana, con numerosas variaciones regionales. *Comimos un risotto.*

ristra (**ris**-tra) *s. f.* **1.** Trenza hecha de los tallos de ajos o cebollas con un número de ellos o de ellas. *Compró varias ristras de cebollas.* **2.** *fam.* Conjunto de ciertas cosas colocadas unas tras otras. *Tenía una ristra de preguntas que hacernos.* **SIN.** Ringlera, sarta, serie.

ristre (**ris**-tre) *s. m.* Parte de la armadura antigua en la que se apoyaba la lanza. *Con la lanza en ristre acometió el caballero.*

risueño, ña (ri-**sue**-ño) *adj.* **1.** Que muestra risa en el semblante. *Venía con una cara muy risueña.* **SIN.** Carialegre, alegre, contento. **ANT.** Triste, enfadado, sombrío. **2.** Que con facilidad se ríe. *Es una persona risueña.* **SIN.** Jocundo, jovial. **ANT.** Triste, ceñudo. **3.** Próspero, favorable. *Se le presentaba un futuro bastante risueño.*

ritmo (**rit**-mo) *s. m.* **1.** Armoniosa combinación y sucesión de sílabas, notas musicales, movimientos, etc. que se logra combinando acertadamente pausas, acentos, voces, etc. *Esta canción tiene mucho ritmo.* **SIN.** Equilibrio, cadencia, regularidad. **2.** Orden acompasado en la sucesión o acaecimiento de las cosas. *El ritmo de sus estudios es muy desigual.* **SIN.** Proporción, regularidad. **ANT.** Desproporción.

rito (**ri**-to) *s. m.* **1.** Costumbre o ceremonia. *La entrega de premios era todo un rito.* **2.** Conjunto de reglas establecidas para el culto. *Lo celebraron según el rito.*

ritornelo (ri-tor-**ne**-lo) *s. m.* **1.** Trozo musical que precede o sigue a un trozo cantado. *En medio de las dos estrofas había un ritornelo.* **2.** *Estribillo.

ritual (ri-**tual**) *adj.* **1.** Que pertenece o se refiere al rito. *Palabras rituales.* **SIN.** Ceremonial. ‖ *s. m.* **2.** Conjunto de ritos de una Iglesia o de una religión. *Era partidario de seguir el ritual.* **SIN.** Ceremonial, protocolo, solemnidad.

rival (ri-**val**) *s. m. y s. f.* Persona que compite con otra o se enfrenta a ella por el logro de una cosa. *Lo tenía difícil, su rival era muy buena.* **SIN.** Adversario, antagonista, competidor, contrincante. **ANT.** Compañero, ayudante.

rivalidad (ri-va-li-**dad**) *s. f.* **1.** Oposición entre dos o más personas que aspiran a obtener una misma cosa. *La rivalidad por el puesto era enorme.* **SIN.** Antagonismo, competencia, enfrentamiento. **2.** Enemistad. *Había entre ambos una gran rivalidad.*

rivalizar (ri-va-li-**zar**) *v. intr.* *Competir. ✎ Se conjuga como abrazar.

rivera (ri-**ve**-ra) *s. f.* *Arroyo. ☞ No debe confundirse con "ribera".

rizar (ri-**zar**) *v. tr.* **1.** Formar artificialmente en el pelo bucles, anillos, etc. *Les pusieron los tubos para rizar un poco el pelo.* **SIN.** Ondular, ensortijar. ‖ *v. prnl.* **2.** Ensortijarse naturalmente el cabello. *Cuando llueve se le riza el pelo.* ✎ Se conjuga como abrazar.

rizo (**ri**-zo) *s. m.* Mechón de pelo que, artificial o naturalmente, tiene forma de sortija o bucle. *Sobre la frente le caía un gracioso rizo.* **SIN.** Caracol, tirabuzón. ‖ **LOC. rizar el rizo** Hacer dar al avión una vuelta de campana en el aire. | Apurar las máximas dificultades de una actividad cualquiera. | Complicar algo innecesariamente.

rizoma (ri-**zo**-ma) *s. m.* Tallo horizontal y subterráneo. *Los topos se comieron los rizomas.*

róbalo (**ró**-ba-lo) *s. m.* *Lubina. ✎ También "robalo".

robar (ro-**bar**) *v. tr.* Quitar a alguien algo que es suyo. *El ladrón me robó la cartera sin que me diera cuenta.*

SIN. Saquear, hurtar, sustraer, usurpar. **ANT.** Devolver, entregar.

robinsón (ro-bin-**són**) *s. m.* Persona que se basta a sí misma sin necesidad de ayuda. *Vivió en esa isla durante un año como un robinsón.* ✎ Su pl. es "robinsones".

roble (**ro**-ble) *s. m.* **1.** Árbol de madera dura, compacta y muy apreciada, cuyo fruto es la bellota. *Plantó robles.* **2.** Madera de este árbol. *La mesa y el armario son de roble.* **3.** Persona o cosa fuerte y de gran resistencia. *Está hecho un roble.* **SIN.** Robusto, vigoroso, forzudo.

robo (**ro**-bo) *s. m.* **1.** Acción y efecto de robar. *Cometieron un robo en un banco de la localidad.* **SIN.** Hurto, timo, estafa. **2.** Cosa robada. *El robo ascendía a unos tres millones de pesetas.* **SIN.** Botín.

robot (ro-**bot**) *s. m.* **1.** Máquina electrónica que puede realizar automáticamente una serie de movimientos y operaciones de precisión, antes exclusivas de seres inteligentes. *El proceso era controlado por un robot.* **2.** *Autómata.

robótica (ro-**bó**-ti-ca) *s. f.* Técnica que aplica la informática al diseño y empleo de aparatos que realizan operaciones y trabajos en sustitución de las personas. *Iba a clase de robótica.* **SIN.** Cibernética.

robustecer (ro-bus-te-**cer**) *v. tr.* Dar robustez. **GRA.** También v. prnl. *Con tanto ejercicio, se robusteció mucho.* **SIN.** Fortalecer(se), fortificar(se). **ANT.** Debilitar(se). ✎ v. irreg., se conjuga como parecer.

robusto, ta (ro-**bus**-to) *adj.* **1.** Se dice de lo fuerte y vigoroso. *Ese árbol es muy robusto.* **SIN.** Firme, recio. **ANT.** Endeble, enclenque, débil. **2.** Que tiene buena salud y complexión fuerte. *Es una persona muy robusta.* **SIN.** Sano, saludable. **ANT.** Débil, enfermizo.

roca (**ro**-ca) *s. f.* **1.** Piedra muy dura y sólida. *El granito es una roca.* **SIN.** Pedrusco, peñasco. **2.** Cosa dura, firme y constante. *Pedro es una roca cuando toma una decisión.* ‖ **3. rocas ígneas** Rocas que se han vuelto sólidas a partir de un magma, tanto en las profundidades como en la superficie de la Tierra. **4. rocas metamórficas** Rocas formadas por alteraciones de las rocas ya consolidadas de la corteza de la Tierra. **5. rocas sedimentarias** Rocas formadas como resultado de la erosión o de un precipitado químico. **6. rocas volcánicas** Rocas arrojadas sobre la superficie de la Tierra desde un espacio que contiene magma.

rocambolesco, ca (ro-cam-bo-**les**-co) *adj.* Se dice de la serie de hechos o circunstancias exageradas o inverosímiles. *Era una situación rocambolesca.*

roce (**ro**-ce) *s. m.* **1.** Acción y efecto de rozar o rozarse. *Tenía los pantalones desgastados por el roce.* **SIN.** Fricción, rozamiento. **2.** Trato frecuente entre

CUADRO GENERAL DE CLASIFICACIÓN DE LAS ROCAS			
	A **Magmáticas**	**B** **Sedimentarias**	**C** **Metamórficas**
Se originan por	Enfriamiento de un magma fundido	Depósito final en el fondo de cuencas marinas	Trasformación de A y B por presión, temperatura y elementos mineralizadores
Clases según su origen	Endógeno: 1. **Intrusivas** (dentro) 2. **Filonianas** (intermedio) 3. **Efusivas** (fuera)	Exógeno: 1. **Detríticas** (restos minerales) 2. **Orgánicas** (restos orgánicos) 3. **Químicas** (evaporación de un disolvente)	Mixto: En los geosinclinales: metamorfismo general o regional. En las aureolas de metamorfismo: metamorfismo local o de contacto
Cristalización	1. Cristales grandes e iguales 2. Cristales pequeños + vidrio 3. Vidrio + algún cristal	Nunca cristalinas	Cristales en disposición paralela en A Recristalización en B
Estratificación	Nunca estratificadas	Estratificadas	Estratificación por presión
Fosilización	Nunca fosilíferas	Extraordinariamente fosilíferas	Rarísimamente fosilíferas
Se presentan en	1. Macizo 2. Filones 3. Coladas y mantos	Estratos plegados, fallados o montados	Masas estratificadas nunca plegadas, si acaso, rizadas

las personas. *Apenas tienen roce.* **SIN.** Comunicación, amistad. **3.** Pequeña discusión. *Entre ellos ha habido algunos roces.* **SIN.** Enfrentamiento.

rociar (ro-ci-**ar**) *v. intr.* **1.** Caer sobre la tierra el rocío. **GRA.** v. unipers. *Esta mañana ha rociado mucho.* || *v. tr.* **2.** Esparcir un líquido en gotas muy pequeñas. *Rocía la ensalada con aceite.* **SIN.** Pulverizar, atomizar. **3.** Arrojar algunas cosas de manera que caigan diseminadas. *Roció unas semillas sobre los surcos.* **SIN.** Desparramar. ✎ En cuanto al acento, se conjuga como desviar.

rocín (ro-**cín**) *s. m.* Caballo de mal aspecto en general. *Montó en su rocín.* **SIN.** Jaco, jamelgo, penco, matalón.

rocío (ro-**cí**-o) *s. m.* Vapor que en el frío de la noche se condensa en la atmósfera en gotas pequeñas y cae sobre la tierra o las plantas. *El suelo estaba cubierto de rocío.*

rock *s. m.* **1.** *Rock and roll. **2.** Denominación genérica de los distintos subgéneros derivados del rock and roll. *Hubo un concierto rock.*

rock and roll 1. Género musical que surgió en Estados Unidos en los años cincuenta y que ha dado lugar a numerosos subgéneros. *Le gusta mucho el rock and roll.* **2.** Baile que se ejecuta al ritmo de esta música. *Ganaron el concurso de baile de rock and roll.*

rocker *s. m. y s. f.* *Roquero.

rococó (ro-co-**có**) *adj.* Se dice del estilo barroco que predominó en Francia en tiempo de Luis XV. **GRA.** También s. m. *El rococó se caracterizó por la riqueza y la extravagancia de la ornamentación.*

rodaballo (ro-da-**ba**-llo) *s. m.* Pescado de carne blanca, de cuerpo aplanado, muy apreciado en gastronomía. *Pidió rodaballo a la plancha.*

rodada (ro-**da**-da) *s. f.* Señal que deja impresa la rueda de un vehículo en el suelo. *Fue hasta donde estaba siguiendo las rodadas.* **SIN.** Rodera, carril.

rodado, da (ro-**da**-do) *adj.* Se dice del tránsito de vehículos de rueda. *Había tráfico rodado.* || **LOC. venir algo rodado** Suceder o producirse sin ningún esfuerzo ni preparación.

rodaja (ro-**da**-ja) *s. f.* Tajada circular o rueda de algunos alimentos. *Partió unas cuantas rodajas de chorizo.* **SIN.** Loncha, lonja, pedazo.

rodaje (ro-**da**-je) *s. m.* **1.** Período de ajuste y suavización de piezas por el que tiene que pasar un automóvil. *El coche ya pasó el rodaje.* **2.** Toma con la cámara de las escenas de la película. *Mañana comienzan el rodaje de la película.* **SIN.** Filmación.

rodapié (ro-da-**pié**) *s. m.* Franja que rodea la parte inferior de una pared. *El rodapié era de una madera un poco más oscura.* **SIN.** Friso, zócalo. ✎ Su pl. es "rodapiés".

rodar (ro-**dar**) *v. intr.* **1.** Dar vueltas. *La canica rodó por el suelo.* **SIN.** Girar, rotar. **2.** Moverse una cosa por medio de ruedas. *Tanta nieve hacía que los coches rodaran con gran dificultad.* **SIN.** Desplazarse. **3.** Caer dando vueltas o resbalando. *La piedra rodó montaña abajo.* **4.** No tener una cosa colocación fija. *Mira a ver dónde colocas esto, siempre está rodando por ahí.* **5.** Ir de un lado a otro sin establecerse en un lugar determinado. *Lleva años rodando por distintos países.* **SIN.** Vagabundear, merodear. **6.** Correr el dinero. *Se nota bien que en esa región el dinero rueda.* **7.** Suceder unas cosas a otras. *Las llamadas rodaban sin cesar.* || *v. tr.* **8.** Filmar una película. *Había rodado su primera película.* ✎ v. irreg., se conjuga como contar.

rodear (ro-de-**ar**) *v. intr.* **1.** Ir por un camino más largo que el normal. *Rodearon por el bosque, en lugar de seguir el camino.* **SIN.** Desviarse. **ANT.** Atajar, acortar. **2.** Usar de rodeos en lo que se dice. *Vete al grano y deja ya de rodear.* **SIN.** Divagar. || *v. tr.* **3.** Estar o poner una persona o cosa alrededor de otra. *Un bonito jardín rodeaba la casa. Mi padre me rodeó con sus brazos.* **SIN.** Ceñir, cercar, envolver, acabar, limitar.

rodeo (ro-**de**-o) *s. m.* **1.** Acción de rodear. *Dio un rodeo.* **2.** Vuelta que se da para escapar de quien persigue. *Tuvo que dar un rodeo para despistarle.* **3.** Deporte o diversión popular en algunos países de América, que consiste en montar un toro o potro salvaje y hacer otros ejercicios. *Fue la ganadora del rodeo.* **4.** Manera indirecta de hacer alguna cosa a fin de eludir las dificultades que presenta. *Dio muchos rodeos antes de decidirse a hacerlo.* **5.** Manera de decir una cosa, valiéndose de circunloquios. *Siempre anda con rodeos.* **SIN.** Evasiva, insinuación, perífrasis, indirecta. **6.** Subterfugio para disimular o eludir algo. *Observo algunos rodeos en su coartada.* **SIN.** Disimulo.

rodera (ro-**de**-ra) *s. f.* Camino abierto por el paso de los carros a través de los campos. *Atravesaron por la rodera.*

rodete (ro-**de**-te) *s. m.* **1.** Rosca que con las trenzas del pelo se hace en la cabeza. *Se hizo un rodete.* **2.** Rosca de lienzo u otra materia que se pone en la cabeza para cargar y llevar sobre ella un peso. *Llevaba el cántaro sobre el rodete.*

rodilla (ro-**di**-lla) *s. f.* **1.** Conjunto de partes que forman la unión del muslo con la pierna, y especialmente la parte anterior de dicha región. *Tenía un buen rasponazo en la rodilla.* **2.** En los cuadrúpedos, unión del antebrazo con la caña. *Echó un hueso de rodilla para dar sustancia a la sopa.* ‖ **LOC. de rodillas** Con las rodillas dobladas y apoyadas en el suelo. | Suplicando.

rodillera (ro-di-**lle**-ra) *s. f.* **1.** Cualquier cosa que se pone para comodidad, defensa o adorno de la rodilla. *El futbolista llevaba una rodillera.* **2.** Remiendo que se coloca en los pantalones u otra ropa en la parte correspondiente a la rodilla. *Rompió el pantalón por la rodilla y tuvo que ponerle rodilleras.* **3.** Convexidad que llega a formar el pantalón en la parte que cae sobre la rodilla. *A los dos días de poner los pantalones, ya le salieron rodilleras.*

rodillo (ro-**di**-llo) *s. m.* Utensilio de cocina, formado por un cilindro de madera con mangos en los extremos, que se utiliza para extender las masas. *Extiende la masa con el rodillo.*

rodio (**ro**-dio) *s. m.* Metal raro de color blanco de plata, al que no atacan los ácidos y es difícilmente fusible. *El símbolo del rodio es Rh.*

rodríguez (ro-**drí**-guez) *adj.* Se dice de la persona que envía a la familia de vacaciones y ella se queda en la ciudad. *El mes de agosto está de rodríguez.*

roedor, ra (ro-e-**dor**) *adj.* Se dice del mamífero con grandes dientes frontales utilizados para roer alimentos vegetales duros. **GRA.** También s. m. *Ratones, ardillas, castores y puercoespines son roedores.*

roer (ro-**er**) *v. tr.* **1.** Cortar o desmenuzar con los dientes la superficie de una cosa dura. *Los ratones roían las paredes.* **SIN.** Desgastar, picar, carcomer. **2.** Desgastar superficialmente poco a poco una cosa. *Al arrastrar el armario se ha roído la pared.* **SIN.** Raer, raspar. **3.** Molestar, afligir interiormente. *Le roía por dentro.* **SIN.** Atormentar, inquietar, turbar. **ANT.** Calmar, sosegar. ✎ v. irreg. ✏

INDICATIVO		SUBJUNTIVO		
Pres.	Pret. perf. s.	Pres.***	Pret. imperf.	Fut. imperf.
roo**	roí	roa	royera/se	royere
roes	roíste	roas	royeras/se	royeres
roe	royó*	roa	royera/se	royere
roemos	roímos	roamos	royéramos/semos	royéremos
roéis	roísteis	roáis	royerais/seis	royereis
roen	royeron*	roan	royeran/sen	royeren
IMPERATIVO	roe, roa (roiga/roya), roed, roan (roigan/royan)			
FORMAS NO PERSONALES		**Ger.** royendo*		

* aparentemente irregulares
** roigo o royo
*** o roiga/roya, roigas/royas, roiga/roya, roigamos/royamos, etc.

rogar (ro-**gar**) *v. tr.* **1.** Pedir por favor una cosa. *Te ruego que vengas aquí.* **SIN.** Suplicar, implorar, solicitar. **2.** Instar con súplicas. *Le rogó una nueva oportunidad.* **SIN.** Solicitar, suplicar. ‖ **LOC. hacerse alguien de rogar** Hacer que le supliquen algo reiteradamente. ✎ v. irreg., se conjuga como contar. Se escribe "gu" en vez de "g" seguido de "-e".

rogativa (ro-ga-**ti**-va) *s. f.* Oración pública hecha a Dios para conseguir el remedio de una necesidad grave. **GRA.** Se usa más en pl. *Se hicieron rogativas para que lloviera.* **SIN.** Plegaria, rezo.

rojo, ja (**ro**-jo) *adj.* **1.** Del color de la sangre, del rubí, del tomate, etc. **GRA.** También s. m. *Compra un bolígrafo rojo.* **SIN.** Colorado, encarnado, escarlata, púrpura. **2.** Se dice del pelo de un rubio muy vivo, casi colorado. *Tiene el cabello rojo.* **3.** Se dice de lo que tiene este color por su alta temperatura, y por ext., de lo que está muy caliente. *El hierro estaba al rojo.* **4.** En política, se dice de la persona con ideas y planteamientos de izquierdas. **GRA.** También s. m. y s. f. *Los comunistas son rojos.* **SIN.** Izquierdista, progresista. ‖ **LOC. al rojo** Se dice del hierro u otras materias cuando toman ese color por efecto de una alta temperatura. | Se dice de los ánimos muy excitados. **al rojo vivo** Se emplea cuando están muy exaltados los sentimientos. **ponerse alguien rojo** Ruborizarse.

rol *s. m.* **1.** Lista, nómina o catálogo. *Antes de zarpar, comprobaron el rol de embarque.* **2.** Función, papel. *Juega un rol muy importante en su empresa.*

rollizo, za (ro-**lli**-zo) *adj.* Robusto y grueso. *Se veía demasiado rollizo, tenía que adelgazar.*

rollo (**ro**-llo) *s. m.* **1.** Objeto cilíndrico. *Metió los documentos en un rollo de cartón para que no se estropeasen.* **SIN.** Cilindro, rulo. **2.** Trozo de tela, papel, etc. enrollado en forma cilíndrica. *Hizo un rollo de papel.* **3.** Película fotográfica enrollada en forma cilíndrica. *Compra un rollo para la cámara.* **4.** *fam.* Acto o discurso largo y aburrido. *La película fue un rollo.* **SIN.** Aburrimiento, pesadez. ‖ **LOC. estar hecho un rollo de manteca** *fam.* Estar muy gordo. **ser algo un rollo patatero** *fam.* Ser insoportable o muy aburrido. **tener alguien mucho rollo** *fam.* Extenderse demasiado al hablar o escribir sin decir nada realmente interesante.

ROM *s. f.* Parte de la memoria de un ordenador que tiene un programa permanentemente fijo, generalmente de fabricación. *Tiene 20 megas de ROM.*

romana (ro-**ma**-na) *s. f.* Instrumento para pesar, compuesto de una palanca de brazos desiguales.

Pesó las manzanas en una romana. **SIN.** Balanza, báscula.

romance (ro-**man**-ce) *adj.* **1.** Se aplica a cada una de las lenguas modernas derivadas del latín. **GRA.** También s. m. *El castellano es una lengua romance.* **SIN.** Neolatino, románico. ‖ *s. m.* **2.** Composición poética de rima asonante en los versos pares, quedando libres los impares. *Publicó una recopilación de romances.* **3.** Relación amorosa superficial y pasajera. *Las revistas del corazón se hicieron eco de su romance.* **SIN.** Idilio, amorío, flirteo.

romancero (ro-man-**ce**-ro) *s. m.* Colección de romances. *Estaba incluido en ese romancero.*

románico, ca (ro-**mán**-ti-co) *adj.* **1.** Se aplica al estilo arquitectónico que dominó en Europa desde los siglos XI al XIII, y al período en que se desarrolla. *Las paredes son enormes, con pocas luces, y se estriban con sólidos contrafuertes. Los arcos, puertas y aberturas adoptan, de ordinario, el medio punto.* **GRA.** También s. m. *Esa iglesia es románica.* **2.** Se aplica a las lenguas derivadas del latín. *Era una característica de las lenguas románicas.* **SIN.** Romance, neolatino. **3.** Que pertenece o se refiere a estas lenguas. *Estudió filología románica.* **SIN.** Romance, neolatino.

romanizar (ro-ma-ni-**zar**) *v. tr.* **1.** Difundir la civilización, leyes y costumbres romanas, o la lengua latina. *Romanizaron la lengua, las costumbres, la cultura, etc.* ‖ *v. prnl.* **2.** Adoptar la civilización romana o la lengua latina. *Las naciones dependientes del Imperio Romano se romanizaron.* **SIN.** Latinizar. Se conjuga como abrazar.

romanticismo (ro-man-ti-**cis**-mo) *s. m.* **1.** Período de principios del siglo XIX caracterizado por la exaltación de la libertad y la preferencia por temas y escenarios exóticos. **ORT.** Se suele escribir con mayúscula. *El Romanticismo comenzó en Inglaterra y Alemania.* **2.** Calidad de romántico, sentimental, soñador. *Sus canciones desbordaban un exceso de romanticismo.*

romántico, ca (ro-**mán**-ti-co) *adj.* **1.** Que pertenece al Romanticismo, o que participa de sus cualidades. *Larra fue un famoso escritor romántico.* **2.** Se dice de lo sentimental y fantástico. *Es una persona muy romántica.* **SIN.** Apasionado, sensible, tierno.

romanza (ro-**man**-za) *s. f.* Composición musical de carácter sencillo y tierno. *Compuso una romanza.*

rombo (**rom**-bo) *s. m.* Paralelogramo con lados iguales y dos de sus ángulos mayores que los otros dos. *Esa piedra tiene figura de rombo.*

romboedro (rom-bo-**e**-dro) *s. m.* Prisma oblicuo de bases y caras rombales. *La figura era un romboedro.*

romboide (rom-**boi**-de) *s. m.* Paralelogramo cuyos lados contiguos son desiguales y dos de sus ángulos mayores que los otros dos. *Dibuja un romboide.*

romería (ro-me-**rí**-a) *s. f.* **1.** Viaje o peregrinación hecho a un santuario o ermita por devoción a un santo. *Fuimos a la romería de Nuestra Señora del Rosario.* **SIN.** Peregrinaje, procesión. **2.** Fiesta popular que, con meriendas, bailes, etc., se celebra en el campo cercano a alguna ermita o santuario. *Nos lo pasamos muy bien en la romería.* **SIN.** Feria. **3.** Gran concurrencia de personas que afluyen a un lugar. *La calle Mayor parecía una romería.*

romero (ro-**me**-ro) *s. m.* Planta aromática, utilizada como condimento. *Le echó romero al guiso.*

romo, ma (**ro**-mo) *adj.* **1.** Obtuso y sin punta. *Tenía las esquinas romas.* **ANT.** Afilado, listo, agudo. **2.** De nariz pequeña y poco puntiaguda. *Tiene una nariz roma.* **SIN.** Chato.

rompecabezas (rom-pe-ca-**be**-zas) *s. m.* **1.** *fam.* Problema o acertijo de difícil solución. *Su vida era un rompecabezas.* **2.** Pasatiempo que consiste en componer una figura que ha sido previamente dividida en trozos menudos. *Le regalaron un rompecabezas.* **SIN.** Puzzle. Invariable en número.

rompehielos (rom-pe-**hie**-los) *s. m.* Buque acondicionado para navegar por mares en los que abunda el hielo. *Vimos un rompehielos.* Invariable en número.

rompeolas (rom-pe-**o**-las) *s. m.* Dique construido a la entrada de un puerto para protegerlo del mar abierto. *Dimos un paseo hasta el rompeolas.* Invariable en número.

romper (rom-**per**) *v. tr.* **1.** Hacer pedazos una cosa, con más o menos violencia. **GRA.** También v. prnl. *El fuerte viento ha roto la vela del barco.* **SIN.** Quebrar(se), partir(se), rajar(se), fragmentar(se), fraccionar(se). **ANT.** Componer(se), pegar(se), reparar, juntar(se). **2.** Desgastar, destrozar. **GRA.** También v. prnl. *Se rompieron los zapatos.* **3.** Cortar o separar por breve tiempo la unión o continuidad de un cuerpo o fluido. *Rompieron la conexión.* **4.** Interrumpir la continuidad de algo no material. *Rompimos nuestra amistad.* **5.** Quebrantar el cumplimiento de la ley, de un contrato, etc. *Rompieron el acuerdo.* **SIN.** Infringir. **ANT.** Acatar, respetar. ‖ *v. intr.* **6.** Deshacerse en espuma las olas. *Las olas rompían con fuerza.* **7.** Empezar, tener principio, iniciar. *De repente rompió a llover.* **SIN.** Comenzar, nacer, salir. **ANT.** Acabar, finalizar. **8.** Decidirse a hacer algo en lo que se hallaba dificultad. *Rompió a conducir.* **9.** Cesar de pronto un impedimento físico. *Rompió a hablar.* **10.** Prorrumpir, salir o brotar. *Estaban cavando y el agua rompió de repente.* ‖ **LOC. de rompe y rasga** *fam.* Muy decidido. **romper con algo** Dejarlo de lado, abandonarlo. **romper con alguien** Enemistarse con él. **romper filas** Deshacer una formación militar. ✎ Tiene p. p. irreg., roto.

rompiente (rom-**pien**-te) *s. m.* Bajo o costa donde, cortado el curso de la corriente de un río o el de las olas, rompe y se levanta el agua. *Las olas se estrellaron con fuerza contra el rompiente.* **SIN.** Arrecife, escollo.

ron *s. m.* Licor alcohólico que se saca de una mezcla fermentada de melazas y zumo de caña de azúcar. *Se tomó una copa de ron.*

roncar (ron-**car**) *v. intr.* Hacer ruido bronco con la respiración cuando se duerme. *Ronca tanto que no deja dormir.* ✎ Se conjuga como abarcar.

roncha (**ron**-cha) *s. f.* Abultamiento que se forma en la piel. *Le salieron unas ronchas en el brazo.*

ronchón (ron-**chón**) *s. m.* Bulto de pequeño tamaño que se forma en el cuerpo. *La picadura de ese insecto le hizo un gran ronchón.* **SIN.** Tumor.

ronco, ca (**ron**-co) *adj.* **1.** Que tiene o padece ronquera. *Se quedó ronco de tanto gritar.* **SIN.** Afónico, bronco, rauco. **2.** Se aplica también a la voz o sonido áspero o bronco. *Tiene la voz muy ronca.*

ronda (**ron**-da) *s. f.* **1.** Acción de rondar. *Le tocaba ronda.* **2.** Reunión nocturna de jóvenes para tocar y cantar por las calles. *Salieron de ronda.* **SIN.** Rondalla, tuna. **3.** *fam.* Distribución de copas de vino o de cigarros a personas reunidas en corro. *Yo pago esta ronda.* **SIN.** Convite. **4.** Carrera ciclista en etapas. *La ronda ibérica terminó en Madrid.* **5.** Patrulla militar destinada a rondar por las calles o recorrer determinados puestos, y vigilancia que realiza esta patrulla. *Hicieron una ronda por el monte.* **SIN.** Centinela, guardia.

rondalla (ron-**da**-lla) *s. f.* **1.** Conjunto musical de instrumentos de cuerda. *Hay un recital de rondallas.* **2.** Conjunto de personas con instrumentos que tocan y cantan por las calles. *Tocaba en una rondalla.*

rondar (ron-**dar**) *v. intr.* **1.** Vigilar de noche una población, campamento, etc. **GRA.** También v. tr. *El sereno ronda las calles por la noche.* **SIN.** Patrullar, guardar. **2.** Andar de noche paseando las calles. **GRA.** También v. tr. *Con lo que está lloviendo, no podremos salir a rondar.* **SIN.** Callejear. **3.** Pasear los mozos las calles donde viven las mozas a quienes galantean. **GRA.** También v. tr. *La tuna fue a rondar a esa chica.* **SIN.** Cortejar, galantear. **4.** Dar vueltas alrededor de una cosa. *Un desconocido rondaba alrededor de la casa.* ‖ *v. tr.* **5.** *fam.* Andar alrededor de alguien importunándole para conseguir algo de él. *Estuvo rondando alrededor de su madre hasta que lo consiguió.* **SIN.** Molestar. **6.** *fam.* Amagar, empezar a sentir una cosa. *La gripe me está rondando.*

rondeau *s. f.* Danza antigua de origen francés, basada en un texto poético de ocho versos. *El rondeau era una pieza breve.*

rondel (ron-**del**) *s. m.* Composición poética corta en la que se repite al final el primer verso o las primeras palabras. *El rondel es propio del siglo XV.*

rondó (ron-**dó**) *s. m.* Composición musical cuyo tema se repite o insinúa varias veces. *El rondó tiene un ritmo rápido.* **SIN.** Letrilla. ✎ Su pl. es "rondós".

ronquera (ron-**que**-ra) *s. f.* Afección de la laringe, que cambia el timbre de la voz haciéndolo bronco y poco sonoro. *Tenía mucha ronquera.* **SIN.** Carraspera, enronquecimiento, afonía.

ronquido (ron-**qui**-do) *s. m.* Ruido o sonido que se hace roncando. *Sus ronquidos no me dejaban dormir.* **SIN.** Respiración, resuello.

ronronear (ron-ro-ne-**ar**) *v. intr.* Producir el gato una especie de ronquido. *El gatito comenzó a ronronear de contento.*

ronzal (ron-**zal**) *s. m.* Cuerda que se ata al pescuezo o a la cabeza de las caballerías con el fin de sujetarlas o conducirlas caminando. *Llevaba al caballo del ronzal.* **SIN.** Cabestro, ramal.

roña (**ro**-ña) *s. f.* **1.** Porquería pegada fuertemente. *No conseguía quitarle la roña a esa mesa.* **SIN.** Mugre, suciedad, sarna. **2.** Corteza del pino. *Me hizo un barquito con roña de pino.* **3.** Orín de los metales. *La armadura estaba llena de roña.* **SIN.** Herrumbre, verdín. ‖ *s. m. y s. f.* **4.** *fam.* Persona roñosa, mezquina. *Es un poco roña.* **SIN.** Avaro, agarrado, tacaño. **ANT.** Generoso, rumboso.

roñica (ro-**ñi**-ca) *adj.* Se dice de la persona roñosa y tacaña. **GRA.** También s. m. y s. f. *Tu amigo es un roñica.* **SIN.** Avaro, roña. **ANT.** Dadivoso, espléndido.

roñoso, sa (ro-**ño**-so) *adj.* **1.** *fam.* Miserable, tacaño. **GRA.** También s. m. y s. f. *Eres un roñoso.* **SIN.** Agarrado, avaro. **ANT.** Dadivoso, generoso. **2.** Que está muy sucio. **GRA.** También s. m. y s. f. *Las paredes estaban roñosas.* **SIN.** Puerco, mugriento. **ANT.** Limpio, reluciente. **3.** Oxidado o cubierto de orín.

ropa - rotación

Ese cuchillo está todo roñoso. **SIN.** Herrumbroso, oxidado. **ANT.** Pulido.

ropa (ro-pa) *s. f.* **1.** Todo género de tela que, con variedad de hechuras, sirve para el uso o adorno de las personas o cosas. *Necesitaba ropa de más abrigo.* **SIN.** Indumentaria, vestimenta, traje, vestido. **2.** Cualquier prenda de vestir. *La lluvia le mojó la ropa.* || **3. ropa blanca** La de hilo o algodón empleada en el uso doméstico o usada por las personas debajo del vestido exterior. **4. ropa interior** La de uso personal que va debajo de las otras prendas. **5. ropa vieja** Guiso de la carne que ha sobrado de la olla. || **LOC. a quema ropa** Tratándose del disparo de un arma de fuego, desde muy cerca. | De improviso, sin rodeos. **guardar alguien la ropa** *fam.* Obrar con cautela para evitar un peligro. **haber ropa tendida** *fam.* Frase que se usa para evitar que alguno de los presentes se entere de una cosa que debe permanecer oculta. **nadar y guardar la ropa** *fam.* Proceder con mucha cautela en un asunto para no correr riesgos y obtener el máximo beneficio. **no tocar a alguien ni un pelo de la ropa** *fam.* No hacer ni decir algo que pueda causarle un perjuicio.

ropero (ro-pe-ro) *s. m.* Armario o cuarto donde se guarda ropa. *La chaqueta está en el ropero.* **SIN.** Guardarropa, aparador.

roque (ro-que) *adj., fam.* Dormido. **GRA.** Se usa con los v. "estar" y "quedarse". *Nada más echarse se quedó roque.*

roquefort (ro-que-**fort**) *s. m.* Queso francés, de sabor picante, fabricado con leche de oveja, que, sometido a fermentación por hongos, adquiere unas manchitas azules características. *Preparó unos canapés con roquefort.*

roquero, ra (ro-que-ro) *s. m. y s. f.* **1.** Persona que se dedica profesionalmente al rock o que es aficionada a este tipo de música o baile. *Es una famosa roquera.* || *adj.* **2.** Que pertenece o se refiere al rock. *Le gusta mucho la música roquera.*

rorcual (ror-**cual**) *s. m.* Ballena de los mares del Norte que llega a tener 30 metros de longitud y un peso de 150 toneladas. *Está prohibida la caza de rorcuales.*

rorro (ro-rro) *s. m., fam.* *Bebé, criatura.

rosa (ro-sa) *s. f.* **1.** Flor del rosal. *Le regaló un ramo de rosas amarillas.* || *s. m.* **2.** Color parecido al de la rosa común. **GRA.** También adj. *Llevaba una camiseta de color rosa.* || **LOC. como las propias rosas, o como una rosa** Muy bien. **ver todo de color de rosa** Ser muy optimista.

rosal (ro-**sal**) *s. m.* Arbusto con flores blancas, amarillas o rojas, en diversos matices según las variedades, que se cultiva en los jardines por su belleza. *Plantaron varios rosales en la huerta.*

rosario (ro-sa-rio) *s. m.* **1.** Rezo de la Iglesia católica en que se conmemoran los quince misterios de la vida de la Virgen, recitando después de cada uno un padrenuestro, diez avemarías y un gloria. *Rezamos el rosario.* **2.** Sarta de cuentas, separadas de diez en diez por otras de distinto tamaño y que sirve para rezar ordenadamente el rosario. *Guardaba con cariño el rosario de su abuela.* **3.** Sarta, serie, hilera. *Le esperaba un rosario de protestas.* || **LOC. acabar como el rosario de la aurora** *fam.* Marcharse airada y tumultuosamente las personas que componían una reunión, por falta de acuerdo.

rosbif (ros-**bif**) *s. m.* Carne de vaca poco asada. *A tu amigo inglés le gusta mucho el rosbif.*

rosca (**ros**-ca) *s. f.* **1.** Máquina que se compone de tornillo y tuerca. *La rosca se ha aflojado.* **2.** Pan o bollo de forma cilíndrica que, cerrada en redondo, deja en medio un espacio vacío. *Compré una rosca de pan.* **SIN.** Rosquilla. || **LOC. hacer la rosca a alguien** *fam.* Adularle para conseguir algo. **hacerse una rosca** *fam.* Enroscar el cuerpo. **no comerse una rosca** *fam.* No conseguir lo que se quiere. **pasarse de rosca** Aflojarse un tornillo por holgura de la tuerca. **pasarse alguien de rosca** Excederse en lo que dice o hace, ir más allá de lo prudente.

rosco (**ros**-co) *s. m.* Roscón o rosca de pan. *Compró un rosco.*

roscón (ros-**cón**) *s. m.* **1.** Bollo en forma de rosca grande. *Encargamos un roscón.* || **2. roscón de Reyes** Dulce típico en forma de rosca adornada con frutas, que se come el día de Reyes.

rosetón (ro-se-**tón**) *s. m.* Gran ventana circular calada, con adornos. *El rosetón es típico de las catedrales góticas.*

rosquilla (ros-**qui**-lla) *s. f.* Dulce en forma de rosca. *En esa pastelería hacen unas rosquillas exquisitas.* **SIN.** Golosina, dulce, pastel, rosca. || **LOC. no saber a rosquillas una cosa** *fam.* Producir dolor o disgusto. **saber a rosquillas una cosa** *fam.* Producir satisfacción o efecto agradable.

rostir (ros-**tir**) *v. tr.* *Asar.

rostro (**ros**-tro) *s. m.* Cara, parte anterior de la cabeza. *Se le notaba el cansancio en el rostro.* **SIN.** Faz, facciones, fisonomía, rasgos, semblante.

rotación (ro-ta-**ción**) *s. f.* **1.** *Movimiento de rotación. || **2. rotación de cultivos** Variedad de siembras que se hacen en un terreno para evitar que éste se agote.

rotar (ro-**tar**) *v. intr.* *Rodar.

rotativo, va (ro-ta-**ti**-vo) *adj.* **1.** Se dice de la máquina de imprimir que imprime los ejemplares de un periódico a gran velocidad. *La noticia llegó tarde a las rotativas del periódico.* ‖ *s. m.* **2.** Por ext., periódico impreso en estas máquinas. *La noticia apareció en la portada del rotativo.* **SIN.** Periódico, diario.

roto, ta (**ro**-to) *adj.* Partido, estropeado, descompuesto. **GRA.** También s. m. *Llevaba el pantalón roto.* **SIN.** Harapiento, desastrado. **ANT.** Elegante. ‖ **LOC. ser peor el roto que el descosido** *fam.* Ser, entre dos daños, uno peor que otro.

rotonda (ro-**ton**-da) *s. f.* Plaza con forma circular. *La escuela está girando la rotonda a la derecha.* **SIN.** Glorieta.

rótula (**ró**-tu-la) *s. f.* Hueso en la parte anterior de la articulación de la tibia con el fémur. *Se rompió la rótula.*

rotulador (ro-tu-la-**dor**) *s. m.* Instrumento de escritura semejante a un bolígrafo, que tiene un trazo generalmente más grueso. *Escribió el título con rotulador negro.*

rotular (ro-tu-**lar**) *v. tr.* Poner un rótulo. *Rotuló el nombre del local en un tablón de madera.* **SIN.** Titular.

rótulo (**ró**-tu-lo) *s. m.* **1.** Título, encabezamiento, letrero. *Apenas se podía leer ya el rótulo de la vieja tienda.* **2.** Inscripción con que se indica el contenido o destino de una cosa. *Escribió el rótulo en el paquete.* **SIN.** Encabezamiento, letrero, etiqueta, marbete.

rotundo, da (ro-**tun**-do) *adj.* **1.** Completo y terminante. *Su respuesta fue un rotundo no.* **2.** Aplicado al lenguaje, lleno y sonoro. *Sus discursos suelen ser retóricos y rotundos.* **SIN.** Grandioso, ampuloso. **ANT.** Sencillo, fácil.

rotura (ro-**tu**-ra) *s. f.* Rompimiento, acción y efecto de romper. *Era su segunda rotura de tobillo.* **SIN.** Brecha, fractura, rasgadura.

roturar (ro-tu-**rar**) *v. tr.* Arar por primera vez las tierras para ponerlas en cultivo. *Roturaron aquel terreno.* **SIN.** Romper.

roulotte *s. f.* *Caravana. **SIN.** Remolque.

round *s. m.* *Asalto.

royalty *s. m.* **1.** Pago de los derechos de autor. *Pedía un royalty muy alto.* **2.** Pago que se realiza por la utilización de una patente o procedimiento industrial de producción extranjera. *La editorial extranjera reclamaba unos royalties demasiado elevados.* ✎ Su pl. es "royalties".

roza (**ro**-za) *s. f.* **1.** *Roce. **2.** Surco abierto en una pared para empotrar tuberías, cables, etc. *Hizo las rozas en la pared para empotrar los cables.*

rozadura (ro-za-**du**-ra) *s. f.* Herida superficial de la piel. *Los zapatos nuevos le hicieron rozaduras.* **SIN.** Arañazo, rasponazo, rozamiento, escoriación.

rozamiento (ro-za-**mien**-to) *s. m.* En mecánica, resistencia que se opone al resbalamiento de un cuerpo sobre otro. *El aceite se utiliza para disminuir el rozamiento.* **SIN.** Fricción, roce, tangencia. **ANT.** Deslizamiento, suavidad.

rozar (ro-**zar**) *v. tr.* **1.** Pasar una cosa o persona muy cerca de otra, tocándola un poco. **GRA.** También v. intr. *Las gaviotas vuelan rozando el agua.* **SIN.** Acariciar. **2.** Frotar la superficie de una cosa. *Rozaba una pierna con otra al andar.* **SIN.** Ajar, friccionar, frotar. ‖ *v. prnl.* **3.** Tener trato entre sí dos o más personas. *Las dos familias se rozan mucho.* **SIN.** Tratarse, relacionarse. ✎ Se conjuga como abrazar.

roznar *v. intr.* *Rebuznar.

rúa (**rú**-a) *s. f.* *Calle.

rúbeo, a (**rú**-be-o) *adj.* Que tira a rojo. *Tenía un bonito color rúbeo.* **SIN.** Rojizo, bermejo.

rubéola (ru-**bé**-o-la) *s. f.* Enfermedad infecciosa que se caracteriza por una erupción parecida a la del sarampión. *Se vacunó contra la rubéola.* ✎ También "rubeola".

rubí (ru-**bí**) *s. m.* Mineral cristalizado, más duro que el acero, de color rojo y brillo intenso. *La piedra del anillo era un rubí.* ✎ Su pl. es "rubís" o "rubíes".

rubiales (ru-**bia**-les) *adj.* Se aplica a la persona rubia y generalmente joven. **GRA.** También s. m. y s. f. *Sólo recordaba que era un chico alto y rubiales.*

rubidio (ru-**bi**-dio) *s. m.* Metal raro, semejante al potasio, aunque más blando y más pesado. *El símbolo del rubidio es Rb.*

rubio, bia (**ru**-bio) *adj.* **1.** De color parecido al del oro. Se dice en especial del cabello de este color y de la persona que lo tiene. *Su hermana pequeña es rubia.* **SIN.** Blondo, bermejo. ‖ *s. m.* **2.** Pez marino de carne poco estimada, que abunda en los mares de España. *En la red había unos cuantos rubios.* ‖ **3. rubio platino** Color de cabello rubio muy claro.

rubor (ru-**bor**) *s. m.* Vergüenza, bochorno. *Pasó mucho rubor.* **SIN.** Sonrojo.

ruborizar (ru-bo-ri-**zar**) *v. tr.* **1.** Causar rubor o vergüenza. *Nos ruborizó con sus palabrotas.* **SIN.** Abochornar, avergonzar. ‖ *v. prnl.* **2.** Teñirse de rubor el semblante. *Al ver que había metido la pata, se ruborizó.* **SIN.** Enrojecer, encenderse, sonrojarse. **3.** Sentir vergüenza. *En situaciones así, siempre se ruborizaba.* **SIN.** Avergonzarse, abochornarse. ✎ Se conjuga como abrazar.

rúbrica (**rú**-bri-ca) *s. f.* Rasgo o rasgos de figura determinada que, como parte de la firma, pone cada cual después de su nombre o título. A veces se pone la rúbrica sola. *Firmó y puso la rúbrica.* **SIN.** Firma, signatura.

rubricar (ru-bri-**car**) *v. tr.* Poner alguien su rúbrica, vaya o no precedida del nombre de la persona que la hace. *El presidente tenía que rubricar todos los documentos.* **SIN.** Firmar, signar. ✎ Se conjuga como abarcar.

rudimentario, ria (ru-di-men-**ta**-rio) *adj.* Elemental, embrionario, superficial. *Su organización era rudimentaria.* **ANT.** Desarrollado, elaborado.

rudimento (ru-di-**men**-to) *s. m.* Primeros estudios de cualquier ciencia o profesión. *Aprendió los rudimentos del oficio.* **SIN.** Bosquejo, esbozo, fundamento, noción, principio.

rudo, da (**ru**-do) *adj.* **1.** Tosco, sin pulimento. *Era una superficie muy ruda.* **SIN.** Basto, grosero, torpe, romo. **ANT.** Fino, pulido. **2.** Necio, de inteligencia torpe. *Está tan claro que lo entendería hasta el más rudo.* **SIN.** Tonto, memo, romo, zopenco, obtuso. **ANT.** Listo, avispado, inteligente. **3.** Se dice de la persona grosera. *Desaprobaba sus rudos modales.* **ANT.** Brusco, descortés. **ANT.** Cortés, educado. **4.** Se dice de la persona violenta. *Es un hombre rudo, me da miedo.* **ANT.** Riguroso, cruel.

rueca (**rue**-ca) *s. f.* Instrumento que sirve para hilar. *Estaba hilando con la rueca.* **SIN.** Huso.

rueda (**rue**-da) *s. f.* **1.** Pieza circular poco gruesa respecto a su radio, que puede girar sobre un eje. *Se me pinchó una rueda del coche.* **SIN.** Disco, volante. **2.** Círculo o corro de personas o cosas. *Se metió en la rueda.* ‖ **3. rueda de la fortuna** Inconstancia y poca estabilidad de las cosas humanas en lo próspero y en lo adverso. **4. rueda de prensa** Reunión de periodistas en torno a alguien para escuchar sus declaraciones y hacerle preguntas. **5. rueda de presos** La que se hace con muchos presos, poniendo entre ellos a aquel a quien se acusa, para que sea reconocido por un testigo. ‖ **LOC. chupar rueda** En ciclismo, colocarse un corredor inmediatamente detrás de otro para defenderse del aire. | Aprovecharse del trabajo del otro. **ir algo sobre ruedas** Ir muy bien, sin dificultades. **tragárselas como**, o **comulgar con, ruedas de molino** Creer las cosas más inverosímiles.

ruedo (**rue**-do) *s. m.* Redondel de la plaza de toros. *El torero dio la vuelta al ruedo.* **SIN.** Arena, plaza.

ruego (**rue**-go) *s. m.* Acción y efecto de rogar. *No atendió sus ruegos.* **SIN.** Súplica, petición, imprecación, plegaria.

rufián (ru-**fián**) *s. m.* Persona sin honor, perversa. *Se portó como un rufián.* **SIN.** Bribón, sinvergüenza.

rugby *s. m.* Juego que se practica con un balón ovalado entre dos equipos de 15 jugadores cuyo objetivo es puntuar, bien colocando el balón detrás de la línea de ensayo del campo contrario, o bien lanzando el balón por encima de la portería contraria. *Es muy aficionado al rugby.*

rugido (ru-**gi**-do) *s. m.* Voz del león. *El león dio un fuerte rugido.*

rugir (ru-**gir**) *v. intr.* **1.** Bramar el león. *Los leones del circo rugían en sus jaulas.* **2.** Bramar una persona enfadada. *Se puso a rugir como un loco.* **3.** Crujir o rechinar y hacer ruido fuerte. *El temporal hacía rugir las ventanas.* ‖ *v. impers.* **4.** Sonar una cosa, o empezarse a decir y saberse lo que estaba ignorado. *Los rumores sobre su dimisión empezaban a rugir.* **SIN.** Traslucirse. ✎ Se conjuga como urgir.

rugoso, sa (ru-**go**-so) *adj.* Que tiene arrugas. *Salió del agua con las manos todas rugosas.* **SIN.** Arrugado, plegado. **ANT.** Liso.

ruido (**rui**-do) *s. m.* **1.** Sonido confuso, más o menos intenso, que no agrada. *El ruido de la moto me molesta.* **SIN.** Estrépito, zumbido, estridencia, estruendo. **2.** Griterío producido por un conjunto de personas. *Procurad no hacer ruido, que estoy hablando por teléfono.* **SIN.** Alboroto, bullicio, escándalo, jaleo. **ANT.** Silencio. ‖ **LOC. ser más el ruido que las nueces**, o **mucho ruido y pocas nueces** *fam.* Ser insignificante una cosa que aparece como grande o de importancia.

ruin (ru-**in**) *adj.* **1.** Se dice de la persona o cosa despreciable. *Su acción fue muy ruin.* **SIN.** Bajo, vil, rastrero. **ANT.** Honrado, probo. **2.** De pequeño tamaño o entidad. *El pobre animal pasaba hambre y estaba muy ruin.* **SIN.** Insignificante, desmedrado, enclenque. **ANT.** Grande, exuberante. **3.** Se dice de la persona tacaña. *No seas tan ruin, aporta algo.* **SIN.** Mezquino, avariento. **ANT.** Generoso, dadivoso.

ruina (ru-**i**-na) *s. f.* **1.** Acción de caer o destruirse una cosa. *Aquello suponía su ruina.* **SIN.** Decadencia, demolición, destrucción, hundimiento. **ANT.** Reconstrucción. **2.** Pérdida grande de los bienes de fortuna. *La empresa estaba en la ruina.* **SIN.** Bancarrota, depresión, insolvencia, quiebra. **3.** Decadencia de una persona, familia, etc. *Era una ruina de hombre.* **SIN.** Desgracia, hundimiento. **SIN.** Resurgimiento. **4.** Causa de esta decadencia. *Su ruina fue hacerle caso.* || *s. f. pl.* **5.** Restos de uno o más edificios arruinados. *Del castillo sólo quedaban las ruinas.*

ruiseñor (rui-se-**ñor**) *s. m.* Pájaro común en España, con plumaje pardo rojizo y notable por su canto melodioso. *Le gustaba escuchar a los ruiseñores cantar.* **SIN.** Filomena, roncal.

rular (ru-**lar**) *v. intr., fam.* Moverse. *Rulaba de pueblo en pueblo.*

ruleta (ru-**le**-ta) *s. f.* **1.** Juego de azar para el que se usa una rueda horizontal giratoria dividida en 36 casillas radiales, numeradas y pintadas alternativamente de negro y rojo. *Jugaron a la ruleta.* || **2. ruleta rusa** Juego suicida que se practica con un revólver cargado con una única bala, disparándose alternativamente los jugadores hasta que uno de ellos reciba el tiro.

rulo (**ru**-lo) *s. m.* Cilindro de pequeño tamaño en el que se enrolla el pelo para rizarlo. *Le puso los rulos.* **SIN.** Rizador, tubo.

rumba (**rum**-ba) *s. f.* Baile y música popular de origen gitano-andaluz. *Le gustaba bailar rumbas.*

rumbo (**rum**-bo) *s. m.* **1.** Dirección en el plano del horizonte. *El piloto indicó su rumbo.* **2.** Orientación. **2.** Camino o método que se propone seguir una persona. *A raíz de aquello, su vida tomó otro rumbo.* **SIN.** Derrotero, vía, medio.

rumboso, sa (rum-**bo**-so) *adj.* **1.** *fam.* Que tiene pompa. *Fue una boda muy rumbosa.* **SIN.** Pomposo, magnífico, ostentoso. **ANT.** Sencillo, vulgar. **2.** *fam.* Desprendido, que gasta alegremente su dinero. *Es una persona muy rumbosa.* **SIN.** Liberal, generoso, dadivoso. **SIN.** Tacaño, roña, cicatero.

rumiante (ru-**mian**-te) *adj.* Se aplica a los mamíferos vivíparos, patihendidos, que carecen de dientes incisivos en la mandíbula superior y tienen el estómago compuesto de cuatro cavidades. **GRA.** También s. m. *La vaca, la cabra y la oveja son rumiantes.*

rumiar (ru-**miar**) *v. tr.* **1.** Masticar por segunda vez, volviéndo a la boca el alimento que ya estuvo en el depósito que, a este efecto, tienen algunos animales. *Las vacas rumiaban tranquilamente la hierba.* **SIN.** Triturar. **2.** *fam.* Considerar despacio y pensar con madurez una cosa. *Todavía estaba rumiando la idea de aceptarlo.* **SIN.** Reflexionar, meditar. **3.** *fam.* Rezongar, refunfuñar. *No protesta claramente, pero está rumiando todo el rato.* 🖉 En cuanto al acento, se conjuga como cambiar.

rumor (ru-**mor**) *s. m.* **1.** Voz que corre entre el público. *El rumor corría por toda la ciudad.* **SIN.** Chisme, habladuría. **2.** Ruido confuso de voces. *Se oía el rumor de la calle.* **SIN.** Runrún, murmullo. **3.** Ruido vago, sordo y continuado. *Desde donde estábamos se escuchaba el rumor del agua.* **SIN.** Zumbido, son.

rumorearse (ru-mo-re-**ar**-se) *v. prnl.* Difundirse un rumor. *Se rumoreaba que habría boda.* 🖉 v. impers.

rumrum (rum-**rum**) *s. m.* *Runrún.

runrún (run-**rún**) *s. m., fam.* *Rumor.

rupestre (ru-**pes**-tre) *adj.* Se dice de algunas cosas pertenecientes o relativas a las rocas. Se aplica especialmente a las pinturas y dibujos prehistóricos existentes en algunas rocas y cavernas. *En esa cueva se encontraron pinturas rupestres.* **SIN.** Prehistórico.

ruptor (rup-**tor**) *s. m.* **1.** Dispositivo electromagnético o mecánico que cierra y abre un circuito eléctrico. *Activó el ruptor.* **2.** Dispositivo que produce la chispa en la bujía de un motor de explosión. *El ruptor no funciona.*

ruptura (rup-**tu**-ra) *s. f.* **1.** Rompimiento, desavenencia en una relación. *La ruptura de las negociaciones era evidente.* **SIN.** Pendencia. **ANT.** Concordia, reconciliación. **2.** Rotura, acción y efecto de romper. *Ruptura de rodilla.* **SIN.** Fractura, fisura.

rural (ru-**ral**) *adj.* Que pertenece o se refiere al campo y a las labores de él. *Está de moda el turismo rural.* **SIN.** Campesino, agrario.

rústico, ca (**rús**-ti-ca) *adj.* **1.** Que pertenece o se refiere al campo. *Alquilaron una casa rústica.* **SIN.** Rural, campesino, agrario. **2.** Tosco, grosero. *Sus modales son un poco rústicos.* || **LOC. a la, o en rústica** Tratándose de encuadernaciones de libros, a la ligera y con cubierta de papel.

ruta (**ru**-ta) *s. f.* **1.** Itinerario de un viaje. *Aún no sabían qué ruta iban a tomar.* **SIN.** Rumbo, trayecto. **2.** Camino que se toma para lograr un propósito. *Marco Polo llegó a China siguiendo la ruta de la seda.* **SIN.** Vía, derrotero. **3.** *Carretera.

rutenio (ru-**te**-nio) *s. m.* Metal muy parecido al osmio y del que se distingue por tener óxidos de color rojo. *El símbolo del rutenio es Ru.*

rutilar (ru-ti-**lar**) *v. intr., poét.* Brillar como el oro, o resplandecer y despedir rayos de luz. *Las estrellas rutilaban en el oscuro cielo.* **SIN.** Fulgurar, relumbrar, resplandecer. 🖉 v. unipers.

rutina (ru-**ti**-na) *s. f.* Costumbre, hábito adquirido de hacer las cosas por mera práctica y sin razonarlas. *Lo hizo según la rutina acostumbrada.* **SIN.** Práctica, usanza, uso.

S

s *s. f.* Vigésima letra del abecedario español y decimosexta de sus consonantes. Su nombre es "ese". *Sebastián empieza por s.*

sábado (**sá**-ba-do) *s. m.* Día de la semana que está entre el viernes y el domingo. *Sábado, en lengua hebrea "sabbat", significa 'descanso'.*

sabana (sa-**ba**-na) *s. f.* Llanura extensa sin vegetación arbórea. *Vimos un reportaje sobre la sabana africana.* **SIN.** Páramo, planicie.

sábana (**sá**-ba-na) *s. f.* Cada una de las dos piezas de tela, de tamaño suficiente para cubrir la cama y colocar el cuerpo entre ambas. *En verano sólo duermo con las sábanas.* ‖ **LOC. pegársele a alguien las sábanas** *fam.* Quedarse en la cama hasta más tarde de lo que debe.

sabandija (sa-ban-**di**-ja) *s. f.* **1.** Cualquier reptil pequeño o insecto, especialmente de los perjudiciales y molestos. *Las zonas pantanosas suelen estar llenas de sabandijas.* **SIN.** Alimaña, bicho. **2.** Persona despreciable. *Eres una sabandija, me has timado.*

sabañón (sa-ba-**ñón**) *s. m.* Rojez, hinchazón o ulceración de la piel, principalmente de las manos, pies y orejas, con ardor y picazón, causada por frío excesivo. *Este invierno me salieron sabañones.*

saber[1] (sa-**ber**) *s. m.* Dominio o conocimiento profundo de una ciencia, arte, etc. *Por medio de la lectura, ha adquirido un amplio saber.* **SIN.** Sabiduría, ciencia, erudición. **ANT.** Ignorancia, desconocimiento. ‖ **LOC. el saber no ocupa lugar** Frase con que se da a entender que nunca estorba el conocimiento.

saber[2] (sa-**ber**) *v. tr.* **1.** Averiguar y entender una cosa o tener noticia de ella. *No sé dónde vives.* **SIN.** Conocer, enterarse. **ANT.** Desconocer, ignorar. **2.** Tener habilidad para una cosa. *Él sabe bailar rock.* **SIN.** Poder, ser capaz. **ANT.** Ser incapaz. **3.** Ser docto en alguna materia. *La profesora sabe mucho de álgebra.* **SIN.** Dominar. **ANT.** Ignorar. ‖ *v. intr.* **4.** Estar informado de la existencia o estado de una persona o cosa. *Hace mucho que no sé de ti.* **5.** Ser muy sagaz y avispado. *Sabe mucho.* **6.** Tener sabor una cosa. *La sopa sabía a pescado.* **7.** Con los verbos "ir", "venir", etc., conocer el camino para ir a alguna parte. *No te preocupes, sé ir.* **8.** *fam.* Con los adverbios "bien", "mal", etc., agradar o desagradar alguna cosa. *No me supo bien que faltaras a mi fiesta.* ‖ **LOC. a saber** Expresión con que se anuncia la explicación de lo que precede. **a saber, vete a saber, o vaya usted a saber** Expresa duda o recelo. **no saber alguien dónde meterse** *fam.* Frase con que se pondera la vergüenza que siente alguien ante una situación embarazosa. **no saber alguien lo que tiene** *fam.* Tener una gran riqueza una persona. **no saber alguien por dónde anda, o se anda** *fam.* Ser ignorante o torpe para hacer aquello de que está encargado. | No acertar a hacer una cosa, por ofuscación. **no sé cuantos** Frase que se utiliza para aludir a una cantidad indeterminada y también a una persona cuyo nombre se desconoce. **no sé qué** Cosa indeterminada o que no se acierta a explicar. **no sé qué te diga** *fam.* Frase que se utiliza para mostrar incertidumbre ante lo que se

INDICATIVO			
Pres.	**Pret. perf. s.**	**Fut. imperf.**	**Cond. simple**
sé	supe	sabré	sabría
sabes	supiste	sabrás	sabrías
sabe	supo	sabrá	sabría
sabemos	supimos	sabremos	sabríamos
sabéis	supisteis	sabréis	sabríais
saben	supieron	sabrán	sabrían
SUBJUNTIVO			
Pres.	**Pret. imperf.**	**Fut. imperf.**	
sepa	supiera/se	supiere	
sepas	supieras/ses	supieres	
sepa	supiera/se	supiere	
sepamos	supiéramos/semos	supiéremos	
sepáis	supierais/seis	supiereis	
sepan	supieran/sen	supiesen	
IMPERATIVO sabe, sepa, sepamos, sabed, sepan			

escucha. **saber algo a poco** *fam.* No ser suficiente o resultar poco provechoso. **saber alguien lo que es bueno** *fam.* Expresión que se usa como amenaza. | Sufrir un escarmiento. **sabérselas todas** *fam.* Tener gran habilidad para salir con éxito de cualquier situación. **quién sabe** *fam.* Indica duda. **vete tú, o vaya usted, a saber** Expresa duda o recelo. **¡y qué sé yo!** Frase que remata una enumeración. Equivale a "y muchos más". ✎ v. irreg.
📖 Ver cuadro pág. 969.

sabiduría (sa-bi-du-**rí**-a) *s. f.* **1.** Conducta prudente en la vida. *La sabiduría popular está viva entre los mayores.* **SIN.** Mesura, prudencia, cordura, juicio. **ANT.** Imprudencia, desmesura. **2.** Conocimiento profundo en ciencias, letras o artes. *Su sabiduría le ha convertido en un erudito.* **SIN.** Erudición, ilustración, saber. **ANT.** Ignorancia, desconocimiento.

sabiendas, a *loc. adv.* Con conocimiento y deliberación. *Lo hizo a sabiendas de que estaba mal.*

sabio, bia (**sa**-bio) *adj.* **1.** Se dice de la persona que posee la sabiduría. **GRA.** También s. m. y s. f. *Aristóteles fue un gran sabio.* **SIN.** Erudito, docto, ilustrado, versado. **ANT.** Ignorante, tonto, lerdo. **2.** Se aplica a las cosas que instruyen o que contienen sabiduría. *Tu explicación es muy sabia.*

sabiondo, da (sa-**bion**-do) *adj., fam.* Persona que presume de sabio sin serlo. **GRA.** También s. m. y s. f. *Hay muchos sabiondos en clase.*

sablazo (sa-**bla**-zo) *s. m., fam.* Acto de sablear a alguien, o de comer, vivir o divertirse a su costa. **GRA.** Se usa generalmente con el v. "dar". *Le dieron un sablazo en el restaurante.* **SIN.** Extorsión, estafa.

sable (**sa**-ble) *s. m.* Arma blanca algo curvada y de un solo corte. *En la película, los piratas iban armados con sables.* **SIN.** Cimitarra.

sablear (sa-ble-**ar**) *v. intr., fam.* Dar sablazos, sacar dinero con maña. *El vendedor ambulante me sableó.*

sabor (sa-**bor**) *s. m.* **1.** Sensación o efecto que la bebida y la comida dejan en el sentido del gusto. *Esta naranja tiene un sabor ácido.* **SIN.** Gusto. **2.** Impresión que una cosa produce en el ánimo. *Su contestación me dejó mal sabor.* **SIN.** Huella, sensación. || **LOC. dejar algo mal sabor de boca** Dejar un mal recuerdo o producir una impresión negativa.

saborear (sa-bo-re-**ar**) *v. tr.* **1.** Comer o beber una cosa despacio, percibiendo su sabor con agrado. *He saboreado los mejores platos de la cocina vasca.* **SIN.** Paladear, degustar. **2.** Deleitarse con gusto en las cosas que agradan. *Me gusta saborear los momentos agradables con la familia.* **SIN.** Complacerse.

sabotaje (sa-bo-**ta**-je) *s. m.* **1.** Destrucción intencionada que, para perjudicar a los patronos, hacen los obreros en la maquinaria, productos, etc. *Durante la huelga, hubo un sabotaje en la fábrica.* **SIN.** Atentado, boicot. **2.** Oposición y obstaculización de proyectos, órdenes, decisiones, etc. *La población ha hecho un sabotaje a la ley de inmigración.* **SIN.** Boicot.

sabroso, sa (sa-**bro**-so) *adj.* **1.** Sazonado y agradable al sentido del gusto. *El guiso estaba muy sabroso.* **SIN.** Apetitoso, suculento. **ANT.** Insípido, soso. **2.** Deleitable al ánimo. *Pasé momentos muy sabrosos este verano.* **SIN.** Gustoso. **ANT.** Repugnante.

sabueso, sa (sa-**bue**-so) *adj.* **1.** Se dice del perro de olfato muy fino. **GRA.** También s. m. *Los sabuesos perseguían al zorro.* || *s. m. y s. f.* **2.** *Detective.

saca (**sa**-ca) *s. f.* Costal muy grande de tela fuerte, más largo que ancho. *El cartero se dejó la saca llena de cartas en el portal.* **SIN.** Talego.

sacacorchos (sa-ca-**cor**-chos) *s. m.* Instrumento para quitar los tapones de corcho a las botellas. *Se nos olvidó el sacacorchos y no pudimos abrir la botella.* **SIN.** Descorchador. || **LOC. sacar algo a alguien con sacacorchos** Lograr con mucho esfuerzo que lo diga.

sacacuartos (sa-ca-**cuar**-tos) *s. m., fam.* *Sacadineros. ✎ Invariable en número.

sacadineros (sa-ca-di-**ne**-ros) *s. m.* **1.** *fam.* Espectáculo o cosa de poco valor, pero de buena vista, que atrae a la gente incauta. *Esa atracción de la feria es un sacadineros.* || *s. m. y s. f.* **2.** *fam.* Persona que tiene arte para sacar dinero a otras con cualquier engaño. *Es un sacadineros, vive a costa de los demás.* **SIN.** Sacacuartos, gorrón, sablista. **ANT.** Incauto, inocente. ✎ Invariable en número.

sacamuelas (sa-ca-**mue**-las) *s. m. y s. f.* **1.** *fam.* *Dentista. **2.** *fam.* Vendedor ambulante que convence a los compradores con su palabrería. *Los sacamuelas de antaño vendían todo tipo de productos.* **SIN.** Charlatán. ✎ Invariable en número.

sacar (sa-**car**) *v. tr.* **1.** Poner una cosa fuera del lugar donde estaba metida. *Saca el abrigo del armario.* **SIN.** Extraer, separar, retirar. **ANT.** Introducir, meter. **2.** Quitar a una persona o cosa del sitio en que se halla. *Le sacó del equipo porque no acudía a los entrenamientos.* **SIN.** Excluir, apartar. **ANT.** Incluir, atraer. **3.** Resolver un problema. *Sacó la solución del acertijo.* **SIN.** Averiguar, solucionar. **ANT.** Ignorar. **4.** Conseguir algo. *Sacó todas las asignaturas.* **SIN.** Alcanzar, obtener, lograr. **ANT.** Fracasar, perder. **5.** Aventajar. *Le saca dos años a su hermano el* menor. **SIN.** Exceder, superar. **ANT.** Retrasar. **6.** Lograr con fuerza o con maña que alguien diga o dé una cosa. *Le sacó la verdad.* **7.** Elegir por sorteo o por votos. *Sacaron a su candidato por mayoría.* **SIN.** Escoger, nombrar, seleccionar. **ANT.** Rechazar, repudiar. **8.** Ganar por suerte una cosa, o ganar al juego. *Sacó el primer premio.* **SIN.** Llevarse. **9.** Con sustantivos como "entradas, billetes, boletos", etc., comprarlos. *Se encargó de sacar las entradas.* **10.** Hacer una fotografía. *Me sacó una foto sonriendo.* **11.** En el juego de pelota, hacer el saque. *Sara fue la primera que sacó en el partido.* **12.** Con la preposición "de" y un sustantivo o adjetivo, librar a alguien de lo que significan. *La herencia le sacó de pobre.* ‖ **LOC. sacar a alguien de sus casillas, o de sí** Enfadarle mucho. **sacar adelante** Criar a alguien y educarle, especialmente en situaciones adversas. | Llevar a buen término un negocio. **sacar en claro, o en limpio** Deducir claramente, llegar a la conclusión. ✎ Se conjuga como abarcar.

sacarina (sa-ca-**ri**-na) *s. f.* Sustancia blanca pulverulenta que endulza como el azúcar. *Usó sacarina para endulzar el café.* **SIN.** Edulcorante.

sacerdote (sa-cer-**do**-te) *s. m.* **1.** Hombre dedicado y consagrado a hacer, celebrar y ofrecer sacrificios. *Los sacerdotes egipcios tenían mucho poder.* **2.** En la Iglesia católica, hombre consagrado a Dios, ungido y ordenado para celebrar y ofrecer el sacrificio de la misa. *El sacerdote de la parroquia se ha ido a las misiones.* **SIN.** Clérigo, eclesiástico, cura, religioso, tonsurado. **ANT.** Lego. ‖ **3. sumo sacerdote** Príncipe de los sacerdotes.

sacerdotisa (sa-cer-do-**ti**-sa) *s. f.* Mujer dedicada a ofrecer sacrificios a ciertas deidades gentílicas y cuidar de sus templos. *Las sacerdotisas ofrecían sacrificios a los dioses para calmar sus iras.* **SIN.** Vestal.

sachar (sa-**char**) *v. tr.* *Escardar.

saciar (sa-**ciar**) *v. tr.* **1.** Hartar y satisfacer de bebida o de comida. **GRA.** También v. prnl. *El bocadillo no me ha saciado el hambre.* **SIN.** Ahitarse, inflarse, atracarse. **ANT.** Moderarse, ayunar. **2.** Hartar y satisfacer en las cosas del ánimo. **GRA.** También v. prnl. *Los libros saciaron su sed de sabiduría.* **SIN.** Saturarse, satisfacerse. ✎ En cuanto al acento, se conjuga como cambiar.

saco (**sa**-co) *s. m.* **1.** Receptáculo de tela, cuero, papel, etc., generalmente de forma rectangular, abierto por uno de los lados. *En la obra tenían sacos para meter los escombros.* **SIN.** Bolso, costal, macuto, morral. **2.** Lo que cabe en él. *Necesitamos un saco de leña para la chimenea.* ‖ **3. saco de dormir** El que se usa para dormir dentro de él en acampadas, etc. ‖ **LOC. entrar, o meter, a saco** Saquear. | Irrumpir de forma violenta. **meter en el mismo saco** Incluir en el mismo grupo personas o cosas muy distintas entre sí. **no echar en saco roto una cosa** *fam.* No olvidarla, tenerla en la memoria.

sacramento (sa-cra-**men**-to) *s. m.* Según la Iglesia católica, signo que Dios obra en nuestras almas para concedernos la gracia. *Hay siete sacramentos.*

sacrificar (sa-cri-fi-**car**) *v. tr.* **1.** Hacer sacrificios, ofrecer o dar una cosa en reconocimiento a la divinidad. *En muchas culturas antiguas sacrificaban animales para honrar a los dioses.* **SIN.** Ofrendar, inmolar. **2.** Matar las reses para el consumo. *Sacrificaron varios lechazos para la cena del pueblo.* **SIN.** Degollar. **3.** Poner a una persona o cosa en algún riesgo, en provecho de un interés. *Ha sacrificado su vida por los demás.* **SIN.** Exponer, arriesgar. **4.** Renunciar a una cosa para conseguir otra. *Sacrificó sus vacaciones para conseguir el ascenso.* ‖ *v. prnl.* **5.** Soportar con resignación una cosa molesta. *Decidió sacrificarse y ocuparse ella de aquello.* **SIN.** Resignarse, conformarse, aguantarse. ✎ Se conjuga como abarcar.

sacrificio (sa-cri-**fi**-cio) *s. m.* **1.** Cosa difícil que se hace para conseguir algo, para superarse o por amor a alguien. *En el pasado hicieron muchos sacrificios para sacar adelante a sus hijos.* **SIN.** Privación, renuncia. **2.** Ofrenda a una deidad en señal de homenaje o expiación. *En la antigüedad se realizaban sacrificios para aplacar la ira de los dioses.* **SIN.** Inmolación, oblación. **3.** Según la Iglesia católica, acto del sacerdote al ofrecer en la misa el cuerpo de Cristo bajo las especies de pan y vino. *El sacrificio de la misa.* **4.** Acción a que alguien se resigna con gran molestia. *Coger el metro todos los días es para mí un sacrificio.*

sacrilegio (sa-cri-**le**-gio) *s. m.* Profanación de una cosa, persona o lugar sagrados. *La profanación de tumbas es un sacrilegio.* **SIN.** Impiedad, irreverencia.

sacristán (sa-cris-**tán**) *s. m.* Persona que en las iglesias ayuda al sacerdote en el servicio del altar, y cuida de los ornamentos y de la limpieza de la iglesia. *Hay un nuevo sacristán en el pueblo.*

sacristía (sa-cris-**tí**-a) *s. f.* Lugar, en las iglesias, donde se revisten los sacerdotes, y están guardados los ornamentos y otras cosas pertenecientes al culto. *Habló con el sacerdote en la sacristía.*

sacro, cra (**sa**-cro) *adj.* *Sagrado.

sacudir (sa-cu-**dir**) *v. tr.* **1.** Mover violentamente una cosa a una y otra parte. *Un terremoto sacudió la ciudad.* **SIN.** Zarandear, agitar. **2.** Golpear una cosa o agitarla con violencia en el aire con el fin de quitarle el polvo, enjugarla, etc. *Sacude la alfombra.* **SIN.** Batanear, aporrear. **3.** Golpear, dar golpes. *Le sacudió una bofetada.* **SIN.** Zurrar, atizar. **4.** Arrojar una cosa o apartarla violentamente de sí. *Lo sacudió con desprecio.* **SIN.** Rechazar, tirar. ‖ *v. prnl.* **5.** Rechazar violentamente o con astucia un trabajo, molestia, etc. *Se sacudió rápidamente de su compromiso.* **SIN.** Repeler, eludir. **ANT.** Aceptar.

sádico, ca (**sá**-di-co) *adj.* Que pertenece o se refiere al sadismo. **GRA.** También s. m. y s. f., aplicado a personas. *Es una persona un poco sádica.* **SIN.** Bestial, cruel, despiadado.

sadismo (sa-**dis**-mo) *s. m.* **1.** Perversión sexual que se satisface con las humillaciones y torturas inferidas a otra persona. *Era un espectáculo de sadismo.* **2.** Crueldad refinada. *El sadismo en una persona con autoridad puede ser muy peligroso.*

sadomasoquismo (sa-do-ma-so-**quis**-mo) *s. m.* Perversión sexual que se satisface infiriendo torturas y humillaciones a otra persona y recibiéndolas de la misma. *Decían que era muy dado a las prácticas de sadomasoquismo.*

saeta (sa-e-ta) *s. f.* **1.** Arma arrojadiza que consiste en un asta delgada y ligera, con punta afilada en uno de sus extremos, y que se dispara con el arco. *Disparó varias saetas.* **SIN.** Flecha, dardo. **2.** Manecilla del reloj. *Las saetas del reloj no se movían.* **SIN.** Aguja, minutero, segundero. **3.** Copla breve y fervorosa que se canta al paso de las imágenes en algunas procesiones religiosas. *Le cantó varias saetas.* **SIN.** Cante, canción.

safari (sa-**fa**-ri) *s. m.* Expedición de caza mayor que se hace en algunos lugares. *Hicieron un safari por África.*

saga (**sa**-ga) *s. f.* Relato novelesco que abarca las vivencias de una familia y su entorno a través de dos o más generaciones. *Son muy famosas las sagas escandinavas.*

sagacidad (sa-ga-ci-**dad**) *s. f.* Cualidad de sagaz o astuto. *Actuó con mucha sagacidad.* **SIN.** Cautela, disimulo, perspicacia. **ANT.** Cortedad, ingenuidad.

sagaz (sa-**gaz**) *adj.* **1.** Se dice de la persona avispada y astuta. *Es una chica muy sagaz.* **SIN.** Sutil, ladino, artero. **ANT.** Noble. **2.** Precavido, que prevé las cosas. *Fue muy sagaz al tomar aquellas medidas.* **SIN.** Cauteloso, circunspecto, previsor. **ANT.** Ingenuo, lelo. **3.** Se aplica al perro que saca por el rastro la caza. *Ese perro es muy sagaz.*

sagrado, da (sa-**gra**-do) *adj.* **1.** Dedicado a Dios. *El templo es un lugar sagrado. Tiene varios libros de Historia Sagrada.* **SIN.** Sacro, sacrosanto, divino, santo, bendito. **ANT.** Profano. **2.** Que es digno de veneración y respeto. *Aquellos recuerdos eran sagrados para él.* ✎ Tiene sup. irreg., sacratísimo.

sagrario (sa-**gra**-rio) *s. m.* Lugar en que se depositan las formas consagradas durante la misa. *El sacerdote abrió el sagrario para repartir la comunión.*

sahumar (sa-hu-**mar**) *v. tr.* Dar humo aromático a una cosa. **GRA.** También v. prnl. *Sahumó la habitación con sándalo.* **SIN.** Aromatizar(se), perfumar(se).

sainete (sai-**ne**-te) *s. m.* **1.** Pieza dramática jocosa en un acto, de carácter popular, que se representaba en el intermedio de una función teatral o al final. *El sainete hizo reír mucho al público.* **SIN.** Paso, entremés. **2.** Obra teatral de carácter cómico o serio, con ambiente y personajes populares, representada como función independiente. *Arniches escribió varios sainetes.* **SIN.** Farsa, comedia.

sajar (sa-**jar**) *v. tr.* Cortar, rajar. *Le tuvieron que sajar de nuevo la herida.* **SIN.** Seccionar.

sal *s. f.* **1.** Sustancia en polvo de color blanco que da sabor salado a los alimentos. *La sal se saca principalmente del agua de mar.* **2.** Agudeza, chispa. *Cuenta las cosas con mucha sal.* **3.** Compuesto químico formado cuando el hidrógeno de un ácido es reemplazado por un metal. *El resultado de la oxidación del cobre es una sal.* ‖ *s. f. pl.* **4.** Sustancia perfumada que se disuelve en agua para el baño. *Llenó la bañera de agua caliente y echó sales.*

sala (**sa**-la) *s. f.* **1.** Habitación principal y más grande de la casa, donde la familia pasa la mayor parte del tiempo. *Recibimos a las visitas en la sala.* **SIN.** Cuarto de estar, estancia. **2.** Pieza donde se constituye un tribunal de justicia para celebrar audiencia. *No estaba permitido el acceso a la sala.* **3.** Conjunto de los jueces que forman un tribunal. *Se reunió la sala de lo penal.* ‖ **4. sala de fiestas** Local donde se sirven bebidas y se puede bailar o presenciar alguna actuación musical o similar.

salado, da (sa-**la**-do) *adj.* **1.** Se aplica a los alimentos o guisos que tienen más sal de la necesaria. *Esta sopa está salada.* **ANT.** Soso, insípido. **2.** Se aplica a lo gracioso o agudo. *Es un chico muy salado.* **SIN.** Ingenioso, chistoso. **ANT.** Aburrido, manido.

salamandra (sa-la-**man**-dra) *s. f.* **1.** Batracio insectívoro de piel lisa, de color negro intenso con manchas amarillas simétricas. *Vio una salamandra.* **SIN.** Salamanquesa. ‖ **2. salamandra acuática** Batracio acuático con una especie de cresta, que se prolonga en los machos por encima del lomo. **SIN.** Tritón.

salami (sa-**la**-mi) *s. m.* Embutido típico de Italia, a base de carne picada y aromatizantes. *Se preparó un bocadillo de salami.*

salar (sa-**lar**) *v. tr.* **1.** Echar en sal carnes, pescados y otras sustancias para su conservación. *Saló el rabadillo.* **SIN.** Acecinar, curar. **2.** Echar más sal de la necesaria. *Has salado el guiso.*

salario (sa-**la**-rio) *s. m.* **1.** Remuneración o paga que se da a la persona que realiza un trabajo. *Cobró su salario.* **SIN.** Sueldo, remuneración, jornal. ‖ **2. salario base** Retribución mínima, estipulada por la ley, que debe pagársele a todo trabajador.

salazón (sa-la-**zón**) *s. f.* **1.** Acción y efecto de salar carnes o pescados. *Puso el pescado en salazón.* **2.** Industria y comercio que se hace con estas conservas. *Se dedica a la salazón de pescados.*

salchicha (sal-**chi**-cha) *s. f.* Embutido, en tripa delgada, de carne de cerdo picada, que se sazona con sal, pimentón y otras especias, y que se consume en fresco. *Cenó un huevo frito con salchichas.*

salchichón (sal-chi-**chón**) *s. m.* Embutido de jamón y tocino, aromatizado con pimienta en grano. *Le encanta el salchichón.*

saldar (sal-**dar**) *v. tr.* **1.** Liquidar enteramente una cuenta. *Saldó todas sus deudas.* **SIN.** Finiquitar, cancelar. **ANT.** Adeudar, deber. **2.** Vender a bajo precio una mercancía para deshacerse pronto de ella. *A finales de mes saldarán todo el género.* **SIN.** Liquidar, rebajar. **3.** Liquidar rápidamente un asunto, negocio, etc. *Tenía que saldar aquel compromiso.* **SIN.** Concluir, terminar, zanjar.

saldo (**sal**-do) *s. m.* **1.** Pago de deuda u obligación. *Se encargó del saldo de sus cuentas.* **SIN.** Liquidación. **ANT.** Deuda. **2.** Cantidad que resulta de una cuenta en favor o en contra de alguien. *Pidió en el cajero información sobre el saldo de su cuenta.* **3.** Resto de mercancías que el fabricante o el comerciante venden a bajo precio para deshacerse pronto de ellas. *Esa tienda tiene buenos saldos.* **SIN.** Ganga.

salero (sa-**le**-ro) *s. m.* **1.** Recipiente en que se sirve la sal en la mesa. *Puso el salero en la mesa.* **2.** *fam.* Gracia, chispa. *Esa niña tiene mucho salero.* **SIN.** Garbo.

saleroso, sa (sa-le-**ro**-so) *adj., fam.* Que tiene salero o gracia. *Toda su familia es muy salerosa.* **SIN.** Ingenioso, ocurrente, gracioso. **ANT.** Soso, aburrido.

salida (sa-**li**-da) *s. f.* **1.** Acción y efecto de salir. *Se informó sobre el horario de salida.* **SIN.** Partida. **ANT.** Retorno. **2.** Parte por donde se sale fuera de un sitio o lugar. *Por ese pasillo está la salida.* **3.** Despacho o venta de los géneros. *Este tipo de artículos tiene mucha salida.* **4.** Comienzo de una carrera de velocidad. *Dio la salida.* **5.** Lugar donde se sitúan los participantes para comenzar una carrera de velocidad. *Todos estaban situados en la línea de salida.* **SIN.** Parrilla. **6.** Acción de aparecer un astro en el firmamento. *Le gustaba observar la salida del sol.* **7.** Medio con que se vence un argumento, peligro, etc. *Tiene salida para todo.* **8.** *fam.* Dicho ingenioso. *Tuvo una salida muy simpática.* **SIN.** Gracia, ocurrencia. ‖ *s. f. pl.* **9.** Posibilidades laborales favorables que ofrecen algunos estudios o profesiones. *Es una carrera con pocas salidas.* ‖ **10. salida de tono** Dicho destemplado o impertinente. ‖ **LOC. dar la salida** Hacer una señal convenida que informe a los participantes del comienzo de la competición.

salido, da (sa-**li**-do) *adj.* **1.** Se dice de lo que sobresale en un cuerpo más de lo regular. *Esa tele está muy salida de la mesa.* **2.** *vulg.* Se dice de las personas y animales cuando experimentan urgente deseo sexual. *No digas esas groserías, estás un poco salido.* **SIN.** Obsceno, cachondo. **ANT.** Frío, casto.

saliente (sa-**lien**-te) *s. m.* Parte sobresaliente en alguna cosa. *Se dio un golpe con un saliente de la mesa.*

salina (sa-**li**-na) *s. f.* **1.** Mina de sal. *Trabaja en unas salinas.* **2.** Lugar donde se obtiene industrialmente la sal de las aguas. *Las salinas de Alicante le impresionaron mucho.*

salinidad (sa-li-ni-**dad**) *s. f.* **1.** Cualidad de salino. *Las tierras con mucha salinidad son poco fértiles.* **2.** En oceanografía, cantidad proporcional de sales que contiene el agua del mar. *La salinidad del Mar Muerto es la más elevada de todas.*

salino, na (sa-**li**-no) *s. f.* **1.** Que contiene sal de forma natural. *Las lágrimas son salinas.* **2.** Que participa de los caracteres de la sal. *Para aclarar las lentillas se usan soluciones salinas.*

salir (sa-**lir**) *v. intr.* **1.** Pasar de dentro a fuera. *Los niños salieron al jardín.* **SIN.** Irse, retirarse. **ANT.** Meterse, entrar. **2.** Irse de un sitio a otro. *Al amanecer saldremos al campo.* **SIN.** Marchar, partir. **SIN.** Volver, regresar, quedarse. **3.** Librarse de un mal o peligro. *Al fin ha salido del apuro.* **SIN.** Liberarse, quitarse, desembarazarse, evadirse. **4.** Empezar a manifestarse algo. *El sol sale por el Este. Cuando tomo el sol me salen pecas.* **SIN.** Surgir, brotar, apare-

salitre - salpicar

cer. **ANT.** Ocultarse, quitarse. **5.** Desaparecer las manchas cuando se limpian. *Esa mancha no sale ni con lejía.* **6.** Provenir una cosa de otra. *El mal olor salía de aquella fábrica.* **SIN.** Originarse, resultar, dimanar. **7.** En ciertos juegos, ser alguien el primero que juega. *Te toca salir a ti.* **8.** Darse al público. *La noticia salió a la luz.* **SIN.** Mostrarse, manifestarse. **9.** Decir o hacer algo inesperado o inoportuno. *Ante aquella inesperada pregunta, salió por donde pudo.* **SIN.** Prorrumpir. **10.** Suceder otra vez una cosa. *Me ha vuelto a salir la mancha.* **11.** Costar, importar una cosa un precio determinado. *No nos sale demasiado caro.* **12.** Resultar bien hechas las cuentas. *Las cuentas salieron bien.* **13.** Con la preposición "con" y algunos sintagmas, conseguir, obtener, lograr. *Se salió con la suya.* **14.** Frecuentar el trato con otra persona por motivos amorosos. *Salen juntos desde hace meses.* **SIN.** Cortejar. **15.** Con la preposición "a", parecerse. *Este chico sale a su padre.* **16.** Separarse de lo normal o debido. **GRA.** También v. prnl. *Esto está que se sale.* **17.** Ser nombrado por votación o suerte. *Salió delegada de clase.* **SIN.** Resultar. **18.** Ir a parar, tener salida a un punto determinado un camino, calle, etc. *Esta pista forestal sale al pueblo de al lado.* **SIN.** Desembocar, llegar. || *v. prnl.* **19.** Derramarse por una abertura el contenido de un recipiente. *La sal se sale por ese agujero de la bolsa.* **SIN.** Verterse. **20.** Rebosar un líquido cuando hierve. *Se salió la leche.* **SIN.** Desbordarse, derramarse. || **LOC. a lo que salga** Sin importar lo que resulte. **no salir de alguien una cosa** No decirla. | Ser sugerida por otra persona. **salir adelante** Llegar a buen término en lo que se había emprendido. **salir algo de alguien** Hacerlo por propia iniciativa. **salir alguien pitando** *fam.* Salir o echar a correr impetuosamente. **salir caro, o cara, una cosa a alguien** Resultar un daño de una acción emprendida. **salir mal con alguien** Enemistarse. **salir por alguien** Defenderle, fijarle, abonarle. **salirse alguien con la suya** Obtener lo que deseaba contra el parecer de otros. ✎ v. irreg.

INDICATIVO		SUBJUNTIVO		
Pres.	Pret. perf. s.	Pres.	Pret. imperf.	Fut. imperf.
salgo	salí	salga	saliera/se	saliere
sales	saliste	salgas	salieras/ses	salieres
sale	salió	salga	saliera/se	saliere
salimos	salimos	salgamos	saliéramos/semos	saliéremos
salís	salisteis	salgáis	salierais/seis	saliereis
salen	salieron	salgan	salieran/sen	salieren
FORMAS NO PERSONALES			Ger. saliendo	

salitre (sa-**li**-tre) *s. m.* Cualquier sustancia salina. *Esa tierra tiene mucho salitre.*

saliva (sa-**li**-va) *s. f.* Líquido liberado por tres pares de glándulas de la boca; inicia la digestion. *La saliva ablanda los alimentos para que puedan tragarse mejor.* **SIN.** Baba, espumarajo. || **LOC. gastar saliva** Hablar. **gastar saliva en balde** *fam.* Hablar inútilmente. **tragar saliva** *fam.* Soportar sin protestar una determinación, palabra o acción que ofende y desagrada. | No acertar a hablar, azorarse.

sallar (sa-**llar**) *v. tr.* *Escardar.

salmo (**sal**-mo) *s. m.* Composición o cántico que contiene alabanzas a Dios. *Entonaron un salmo.* **SIN.** Himno.

salmón (sal-**món**) *s. m.* **1.** Pez fluvial y marino, de carne muy estimada, que vive cerca de las costas y remonta los ríos en la época de la cría. *Se dedica a la pesca del salmón.* **2.** Color rojizo, similar a la carne de este pez. **GRA.** También adj. *Llevaba una camiseta de color salmón.*

salmonete (sal-mo-**ne**-te) *s. m.* Pescado de mar de color rosado, parecido al salmón, pero de pequeño tamaño. *Los salmonetes estaban riquísimos.*

salmuera (sal-**mue**-ra) *s. f.* Agua muy salada, conserva de pescado en salazón. *He comprado aceitunas en salmuera.*

salobre (sa-**lo**-bre) *adj.* **1.** Que por su naturaleza tiene sabor de sal. *Era muy salobre.* **SIN.** Salado. **2.** *Agua salada.

salón (sa-**lón**) *s. m.* **1.** Pieza de grandes dimensiones para visitas y fiestas en las casas particulares. *Tomaron el café en el salón.* **SIN.** Sala. **2.** Lugar destinado a la exposición comercial de determinados productos, como automóviles, electrodomésticos, etc. *La exposición era en el salón del automóvil.* **3.** Pieza de grandes dimensiones donde se celebran las reuniones de una corporación. *Se reunieron en el salón municipal.* || **4. salón de belleza** Establecimiento donde se prestan servicios relacionados con la belleza, como peluquería, depilación, cosmética, etc.

salpicadero (sal-pi-ca-**de**-ro) *s. m.* Parte frontal del habitáculo de un vehículo, sobre el que se disponen los instrumentos de control, ventilación y dirección. *Llevaba fotos de sus hijos en el salpicadero.*

salpicar (sal-pi-**car**) *v. tr.* **1.** Hacer que salte un líquido esparcido en gotas menudas por choque o movimiento brusco. **GRA.** También v. intr. *Tiraba piedras al agua para salpicarlo.* **2.** Caer gotas de un líquido en una persona o cosa. *Me salpicó un poco de aceite.* **3.** Esparcir varias cosas, como si se rocia-

salpicón - saludable

se algo con ellas. *Salpicó la tarta con almendras.* **SIN.** Desparramar, desperdigar, diseminar. **ANT.** Recoger, amontonar. 🖉 Se conjuga como abarcar.

salpicón (sal-pi-**cón**) *s. m.* Guiso de carne o pescado desmenuzado y aderezado con sal, aceite, vinagre y cebolla. *Me encanta el salpicón de marisco.*

salpimentar (sal-pi-men-**tar**) *v. tr.* **1.** Condimentar con sal y pimienta. *Salpimentó el guiso.* **SIN.** Condimentar, sazonar. **2.** *Amenizar. 🖉 v. irreg., se conjuga como acertar.

salpullido (sal-pu-**lli**-do) *s. m.* *Sarpullido.

salsa (**sal**-sa) *s. f.* **1.** Mezcla líquida de varias sustancias comestibles que se añade a las comidas para darles sabor. *Hay salsa mayonesa, salsa rosada, salsa tártara, salsa verde, etc.* **SIN.** Adobo, caldo, jugo. **2.** Cualquier cosa que excita el gusto. *Para ella, aquello era la salsa de la vida.* ‖ **LOC. en su propia salsa** *fam.* Frase que sirve para indicar que una persona o cosa se muestra rodeada de todas las condiciones que realzan lo típico y característico de la misma.

saltamontes (sal-ta-**mon**-tes) *s. m.* Insecto, especie de langosta, de cinco a seis cm de longitud, color verde amarillento, con las patas anteriores cortas y muy robustas, y largas las posteriores, con las cuales da grandes saltos. *En la huerta había muchos saltamontes.* 🖉 Invariable en número.

saltar (sal-**tar**) *v. intr.* **1.** Levantarse del suelo con impulso para caer en el mismo sitio, en otro diferente, cruzar de un salto una distancia o bajar a una altura inferior. **GRA.** También v. tr. *Me gusta saltar a la comba. Saltó el charco. Saltó en paracaídas.* **SIN.** Brincar, botar. **2.** Comenzar a funcionar. *Saltó el botón de alarma.* **3.** Salir con ímpetu un líquido hacia arriba. *El agua saltó de la fuente con fuerza.* **SIN.** Brotar. **4.** Demostrar algún enfado o resentimiento. *Al oír aquello no pudo evitar saltar.* **5.** Decir una cosa impertinente o inoportuna. *Saltó con una estupidez.* **SIN.** Soltar, espetar. **6.** Salir los jugadores al terreno de juego. *Los jugadores saltaron al campo con entusiasmo.* ‖ *v. tr.* **7.** Pasar de una cosa a otra sin orden. *Salta de un estado de ánimo a otro continuamente..* **8.** Hacer omisión de una parte de un escrito. **GRA.** También prnl. *Saltó el párrafo en el que hablaba de eso.* **SIN.** Omitir, olvidar, silenciar. ‖ *v. prnl.* **9.** Infringir una ley o un precepto. *Se saltó un semáforo en rojo.* **SIN.** Conculcar, quebrantar. **ANT.** Acatar, respetar. ‖ **LOC. estar alguien a la que salta** *fam.* Estar siempre dispuesto a aprovechar una oportunidad. ‖ No perder ocasión de hacer no-

tar un error o una falta de otro en la conversación o el trato. **saltar algo a la vista** *fam.* Destacar. **saltar algo en pedazos, o por los aires** *fam.* Estallar. **saltarse algo a la torera** *fam.* No cumplirlo.

saltarín, na (sal-ta-**rín**) *adj.* Se dice de la persona inquieta y de poco juicio. **GRA.** También s. m. y s. f. *Es una niña muy saltarina.* **SIN.** Brincador, retozón.

saltear (sal-te-**ar**) *v. tr.* **1.** Salir a los caminos y robar a los pasajeros. *Saltearon la diligencia.* **SIN.** Expoliar. **2.** Empezar a hacer una cosa y dejarla comenzada, pasando a otra. *Fui salteando actividades para no aburrirme.* **3.** Sofreír un manjar a fuego vivo en manteca o aceite hirviendo. *Salteó los riñones.*

salto (**sal**-to) *s. m.* **1.** Acción y efecto de saltar. *Dio un gran salto.* **SIN.** Brinco, bote, cabriola. **2.** Lugar que se ha de pasar saltando. *Le daba miedo aquel salto.* **3.** *Precipicio. **4.** Cambio brusco. *De un curso a otro hay un gran salto.* **5.** Supresión de una parte de un escrito voluntariamente o por error. *Había un salto de párrafo.* **SIN.** Olvido, omisión. **6.** Ascenso a jerarquía superior, omitiendo los puestos intermedios. *Pegó un gran salto dentro de la empresa.* **7.** Acción de lanzarse en paracaídas desde un avión o similar. *El salto de los paracaidistas fue toda una exhibición.* **8.** Prueba atlética que consiste en saltar una altura o longitud. *Es muy bueno en el salto de longitud.* **9.** En natación, acción de saltar desde un trampolín. *Hizo un salto perfecto.* ‖ **LOC. a salto de mata** Huyendo y ocultándose. | Aprovechando las ocasiones propicias. **a saltos** Saltando de una cosa en otra o dando saltos. **en, o de un, salto** *fam.* Manifestar alegría exageradamente.

salubre (sa-**lu**-bre) *adj.* Saludable, bueno para la salud. *Aquel lugar no presentaba unas condiciones muy salubres.* **SIN.** Sano. **ANT.** Insalubre.

salubridad (sa-lu-bri-**dad**) *s. f.* Cualidad de salubre. *Comprobaron la salubridad de los locales.* **SIN.** Higiene, limpieza. **ANT.** Enfermedad.

salud (sa-**lud**) *s. f.* Estado en que el cuerpo de un ser vivo funciona correctamente y no tiene enfermedades. *Tiene buena salud, nunca ha estado enfermo.* **SIN.** Vitalidad, bienestar. **ANT.** Enfermedad. ‖ **LOC. curarse alguien en salud** Tener precaución ante la más leve insinuación de un daño. | Dar satisfacción de una cosa antes de que se lo reclamen. **¡salud!** *fam.* Se usa para saludar a alguien o desearle un bien.

saludable (sa-lu-**da**-ble) *adj.* **1.** Que sirve para conservar o restablecer la salud corporal. *El aire de la montaña es muy saludable.* **SIN.** Beneficioso, conveniente, provechoso. **ANT.** Inconveniente. **2.** Que tiene aspecto sano. *Después de un buen descanso su aspecto era muy saludable.* **SIN.** Vigoroso, lozano. **ANT.** Enfermizo. **3.** Provechoso para un fin. *Desahogarse con él le resultó saludable.*

saludar (sa-lu-**dar**) *v. tr.* **1.** Decir o hacer por educación palabras o gestos al encontrarse o despedirse de las personas. **GRA.** También v. prnl. *Saludó a Pepe dándole la mano.* **2.** Enviar saludos. *Salúdalo de mi parte.* ‖ **LOC. no saludar a alguien** No hablarle.

saludo (sa-**lu**-do) *s. m.* **1.** Acción y efecto de saludar. *Le negó el saludo.* **2.** Palabra o gesto que sirve para saludar. *Su saludo fue muy efusivo.* **SIN.** Ademán, cabezada, reverencia. ‖ *s. m. pl.* **3.** Expresiones corteses. *Te manda saludos.*

salva (**sal**-va) *s. f.* Serie de cañonazos consecutivos, disparados sin bala, que se hacen en señal de honores o saludo. *Su llegada fue anunciada con las salvas de los soldados.*

salvado (sal-**va**-do) *s. m.* Cáscara del grano molida. *Echó salvado a las vacas.*

salvaguardar (sal-va-guar-**dar**) *v. tr.* Salvar, defender, proteger. *Intentaba salvaguardarlo del peligro.*

salvaguardia (sal-va-**guar**-dia) *s. f.* *Salvoconducto.

salvajada (sal-va-**ja**-da) *s. f.* Dicho o hecho propio de un salvaje. *Lo que han hecho con él es una salvajada.* **SIN.** Atrocidad, brutalidad, vandalismo.

salvaje (sal-**va**-je) *adj.* **1.** Se dice de las plantas silvestres y sin cultivo. *La tierra estaba llena de plantas salvajes.* **SIN.** Selvático, montaraz. **2.** Se dice del animal que no es doméstico. *Allí había patos salvajes.* **SIN.** Bravío, feroz, montés. **ANT.** Doméstico, domado. **3.** Se dice de los pueblos no civilizados, que mantienen formas de vida primitivas, y de los habitantes de estos pueblos. **GRA.** También s. m. y s. f. *Apenas quedaban ya tribus salvajes.* **4.** Se dice de la persona que se comporta con crueldad. **GRA.** También s. m. y s. f. *Cuando se pone furioso es muy salvaje.* **SIN.** Bruto.

salvamanteles (sal-va-man-**te**-les) *s. m.* Pieza de cristal, loza, madera, etc. que se pone en la mesa debajo de las fuentes, botellas, vasos, etc. *Colocó los salvamanteles en la mesa.* ✎ Invariable en número.

salvar (sal-**var**) *v. tr.* **1.** Librar de un riesgo o peligro, poner en seguro. **GRA.** También v. prnl. *Nos salvamos del accidente de milagro.* **2.** Eludir una dificultad, inconveniente, etc. *Salvó el problema como pudo.* **3.** Superar un obstáculo, pasando por encima o a través de él. *Para pasar al otro lado hay que salvar un gran salto.* **SIN.** Saltar, franquear. **4.** Recorrer la distancia que existe entre dos puntos. *Salvó el desnivel.* ‖ *v. prnl.* **5.** Conseguir la gloria eterna. *Se salvaron gracias a su arrepentimiento.* **SIN.** Redimirse. **ANT.** Condenarse. ‖ **LOC. sálvese quien pueda** Frase con que se incita a huir cuando no puede hacerse frente a un ataque. ✎ Tiene doble p. p.; uno reg., salvado, y otro irreg., salvo.

salvavidas (sal-va-**vi**-das) *s. m.* Objeto de corcho, goma, etc., que permite a alguien mantenerse a flote en el agua. *Le arrojaron un salvavidas.* **SIN.** Flotador, boya. ✎ Invariable en número.

salvedad (sal-ve-**dad**) *s. f.* Advertencia que excusa o limita el alcance de lo que se va a decir o hacer. *Hizo una salvedad.* **SIN.** Observación, limitación.

salvia (**sal**-via) *s. f.* Hierba aromática cuyas hojas, de olor fuerte y sabor ligeramente amargo, se usan para infusiones estomacales. *La salvia se usa como condimento y en infusiones.*

salvo, va (**sal**-vo) *adj.* **1.** Ileso, librado de un peligro. *Salieron sanos y salvos.* **SIN.** Incólume, indemne. ‖ *adv.* **2.** Excepto, fuera de. *Acepto todo salvo eso.* ‖ **LOC. a salvo** Sin daño, fuera de peligro.

salvoconducto (sal-vo-con-**duc**-to) *s. m.* Documento expedido por una autoridad, para que quien lo lleva pueda transitar sin riesgo por los territorios donde aquélla es reconocida. *Mostró su salvoconducto.* **SIN.** Licencia, pasaporte.

samba (**sam**-ba) *s. m.* Canción y baile de Brasil. *Le gustaba mucho bailar la samba.*

sambenito (sam-be-**ni**-to) *s. m.* Mala nota que queda de una acción. *Le han colgado un buen sambenito.* **SIN.** Descrédito, difamación. **SIN.** Elogio, alabanza.

san *adj.* Apócope de santo. **GRA.** Se usa solamente ante n. p. de santos, salvo los de Tomás, Tomé, Toribio y Domingo. El pl. sólo tiene uso en las expr. familiares. *San Antonio.*

sanar (sa-**nar**) *v. tr.* **1.** Restituir a alguien la salud que había perdido. *El doctor sanó al enfermo.* **SIN.** Curar, remediar, aliviar. **ANT.** Enfermar, empeorar. ‖ *v. intr.* **2.** Recobrar la salud el enfermo. *Sanó de su enfermedad.* **SIN.** Reponerse, recuperarse, restablecerse. **ANT.** Recaer, enfermar, empeorar.

sanatorio (sa-na-**to**-rio) *s. m.* Establecimiento convenientemente preparado para la estancia de enfermos que necesitan someterse a distintos tratamientos médicos. *Lleva una semana ingresado en el sanatorio.* **SIN.** Clínica, hospital.

sanción (san-**ción**) *s. f.* **1.** Pena que la ley establece para quien la infringe. *Le pusieron una sanción eco-*

nómica. **SIN.** Castigo, multa. **ANT.** Premio. **2.** Aprobación que se da a cualquier acto, uso o costumbre. *Las Cortes dieron su sanción al proyecto de ley.* **SIN.** Autorización, permiso. **ANT.** Prohibición, veto.

sancionar (san-cio-**nar**) *v. tr.* **1.** Aplicar una sanción o castigo. *Le sancionaron por exceso de velocidad.* **SIN.** Castigar, multar. **ANT.** Premiar. **2.** Dar fuerza de ley a una disposición. *El soberano sancionó la ley.* **SIN.** Autorizar, ratificar, confirmar. **ANT.** Desautorizar. **3.** Aprobar cualquier acto, uso o costumbre. *Sancionaron con gusto aquella tradición.* **SIN.** Permitir, autorizar. **ANT.** Prohibir.

sandalia (san-**da**-lia) *s. f.* Zapato ligero y abierto que se usa en tiempo de calor. *Llevaba puestas unas sandalias.* **SIN.** Chancla, chancleta, playeras.

sándalo (**sán**-da-lo) *s. m.* **1.** Planta herbácea olorosa. *El sándalo es originario de la antigua Persia.* **2.** Árbol de aspecto semejante al nogal, de fruto parecido a la cereza, y leño oloroso de este árbol. *Toda la habitación olía a sándalo.*

sandez (san-**dez**) *s. f.* Dicho o hecho necio y vacío. *Deja de decir sandeces.* **SIN.** Despropósito, necedad, simpleza. **ANT.** Agudeza, ingeniosidad.

sandía (san-**dí**-a) *s. f.* Planta herbácea de tallo tendido, flores amarillas y fruto grande, casi esférico, con la pulpa encarnada comestible, y fruto de esta planta. *De postre se tomó una raja de sandía.*

sándwich (**sánd**-wich) *s. m.* Emparedado hecho de jamón, queso, vegetales, etc., entre dos rebanadas de pan de molde. *Se preparó un sándwich de jamón y queso.* **SIN.** Bocadillo, canapé, pepito.

saneamiento (sa-ne-a-**mien**-to) *s. m.* **1.** *Higiene. **ANT.** Suciedad, polución. **2.** Conjunto de elementos destinados a favorecer las condiciones higiénicas de un edificio, comunidad, etc. *Se ocupaba del saneamiento del edificio.*

sanear (sa-ne-**ar**) *v. tr.* **1.** Dar condiciones de salubridad a una cosa. *Sanearon el local para que pudiera ser habitable.* **SIN.** Desinfectar. **ANT.** Ensuciar. **2.** Remediar o reparar una cosa. *Sanearon la economía de la empresa.* **SIN.** Arreglar. **ANT.** Abandonar.

sangrar (san-**grar**) *v. intr.* **1.** Echar sangre. *Le sangraban las narices.* ‖ *v. tr.* **2.** *fam.* Sisar, hurtar. *Le sangraron al venderle esta porquería de reloj.* **3.** Comenzar un renglón más adentro que los demás del párrafo. *No sangres el primer párrafo, los demás sí.*

sangre (**san**-gre) *s. f.* **1.** Líquido que circula por las arterias y las venas del cuerpo de los animales vertebrados. *Sale sangre de la herida, hay que curarla.* **2.** Linaje o parentesco. *Era de su sangre.* **SIN.** Casta, familia, raza. ‖ **3. sangre azul** Linaje noble. **4. sangre de horchata** *fam.* Se aplica a la persona de actividad lenta y carácter indolente. ‖ **LOC. a sangre** Se dice de la ilustración o fondo de color cuyos límites son el corte del papel. **a sangre fría** Sin muestras de arrebato u obcecación, premeditadamente. **bullirle, o hervirle, a alguien la sangre** *fam.* Ser vigoroso y ágil. | Acalorarse, apasionarse. **chupar la sangre** *fam.* Aprovecharse de otra persona. **correr sangre** Llegar en una riña hasta haber heridos. **de sangre caliente** Se dice de los animales que mantienen su cuerpo a temperatura constante. **de sangre fría** Se dice de los animales cuya temperatura es la del ambiente en que se desarrollan. **hacerse alguien mala sangre** *fam.* Rabiarse. **hacerse alguien sangre** Sangrar. **helársele a alguien la sangre** Recibir un fuerte susto o impresión. **mala sangre** *fam.* Se dice de la persona rencorosa y de mala entraña. **no llegará la sangre al río** Frase que se usa para significar que no será un hecho tan grave como parece. **no tener alguien sangre en las venas, tener poca sangre, o tener sangre de horchata** No inmutarse por nada. **subírsele a alguien la sangre a la cabeza** Enfadarse mucho. **sudar sangre** Realizar un gran esfuerzo.

sangría (san-**grí**-a) *s. f.* **1.** Corte que se hace en un árbol para que fluya la resina. *Estaban haciendo la sangría a los pinos.* **2.** Bebida refrescante compuesta de agua y vino, con azúcar y limón. *Se tomó una sangría.*

sangriento, ta (san-**grien**-to) *adj.* **1.** Que echa sangre. *Filetes sangrientos.* **2.** Manchado de sangre o mezclado con ella. *Llegó con la ropa sangrienta.* **SIN.** Sanguinolento. **3.** Que disfruta derramando sangre. *Es una persona muy sangrienta.* **SIN.** Sanguinario. **4.** Que causa derramamiento de sangre. *Fue una batalla muy sangrienta.* **SIN.** Cruento.

sanguijuela (san-gui-**jue**-la) *s. f.* **1.** Anélido de boca chupadora que vive en las aguas dulces. *Aquellas aguas estaban llenas de sanguijuelas.* **2.** *fam.* Persona que va poco a poco sacando a alguien lo que tiene. *No sé cómo no se da cuenta de que su hijo es una sanguijuela.*

sanguinario, ria (san-gui-**na**-rio) *adj.* Que disfruta derramando sangre. *Ese ejército tiene fama de ser muy sanguinario.* **SIN.** Feroz, vengativo, cruel.

sanguíneo, a (san-**guí**-ne-o) *adj.* De sangre, que pertenece a la sangre o que la contiene. *Grupo sanguíneo.*

sanidad (sa-ni-**dad**) *s. f.* **1.** *Salubridad. **2.** Conjunto de servicios gubernativos, ordenados a preservar la salud de todos los habitantes de un país. *Trabaja en el Ministerio de Sanidad.*

sanitario, ria (sa-ni-**ta**-rio) *adj.* **1.** Que pertenece o se refiere a la sanidad. *Política sanitaria.* **2.** Que pertenece o se refiere a las instalaciones sanitarias de una casa, edificio, etc. *Faltaban los aparatos sanitarios del cuarto de baño.* ‖ *s. m. y s. f.* **3.** Persona que trabaja en la sanidad. *Los sanitarios me atendieron muy bien.*

sano, na (**sa**-no) *adj.* **1.** Que tiene buena salud. *Es un niño muy sano y alegre.* **SIN.** Lozano, robusto, saludable. **ANT.** Enfermo. **2.** Que es bueno para la salud. *Es sano respirar aire puro, por eso siempre que puede va a la montaña.* **SIN.** Saludable, salubre. **ANT.** Insano, nocivo. **3.** Hablando de vegetales, que no está estropeado, sin daño. *Te he traído unas manzanas muy sanas.* **SIN.** Fresco, fuerte, robusto. **ANT.** Podrido, estropeado. **4.** Seguro, sin riesgo. *Sano y salvo.* **SIN.** Ileso, indemne, intacto. **5.** Sincero, de buena intención. *Es una persona sana, me fío de él.* **SIN.** Honrado, honesto. **ANT.** Falso, embaucador, malvado. **6.** *fam.* Entero, no roto ni estropeado. *La mercancía llegó sana.* ‖ **LOC. cortar por lo sano** *fam.* Emplear el procedimiento más expedito para remediar males o zanjar inconvenientes. **sano y salvo** Sin tacha, enfermedad, ni peligro.

sansón (san-**són**) *s. m.* Hombre muy forzudo. *Está hecho un sansón.* **SIN.** Hércules.

santiamén, en un *loc. fam.* En un instante, en un decir amén. *Recogió todas sus cosas en un santiamén.* **SIN.** Instante, rato, periquete.

santidad (san-ti-**dad**) *s. f.* **1.** Cualidad de santo. *Todos daban fe de su santidad.* **SIN.** Virtud, bondad, religiosidad, espiritualidad. **ANT.** Maldad, impiedad. **2.** Tratamiento honorífico que se da al Papa. *Su Santidad.*

santificar (san-ti-fi-**car**) *v. tr.* **1.** Hacer a alguien santo por medio de la gracia. *Santificaron a los dos mártires.* **SIN.** Canonizar, beatificar. **2.** Dedicar a Dios una cosa. *Santificó su sacrificio a Dios.* **SIN.** Consagrar, ofrecer. ✎ *Se conjuga como abarcar.*

santiguar (san-ti-**guar**) *v. tr.* **1.** Hacer con la mano la señal de la cruz desde la frente al pecho y desde el hombro izquierdo al derecho. **GRA.** Se usa más como v. prnl. *Se santiguó al final de la oración.* **SIN.** Persignarse. ‖ *v. prnl.* **2.** *fam.* Hacerse cruces, maravillarse. *Se santiguaba ante lo sucedido.* ✎ En cuanto al acento, se conjuga como averiguar.

santísimo, ma (san-**tí**-si-mo) *adj. sup.* de santo, que se aplica al Papa como tratamiento honorífico. *Santísimo Padre.* ‖ **2. el Santísimo** En la Iglesia católica, Cristo en la Eucaristía. ‖ **LOC. hacerle a alguien la santísima** Importunarle, molestarle.

santo, ta (**san**-to) *adj.* **1.** Se dice de la persona a quien la Iglesia declara como tal, y manda que se le dé culto universalmente. **GRA.** También s. m. y s. f. *Era muy devota de santa Teresa.* **SIN.** Beato, mártir. **2.** Se dice de la persona de especial virtud y ejemplo. **GRA.** También s. m. y s. f. *Mi madre es una santa.* **SIN.** Virtuoso, honesto, inocente. **ANT.** Malvado, falso, malo. **3.** Se dice de lo que está especialmente consagrado a Dios. *Campo santo.* **SIN.** Sagrado, sacro, sacrosanto. **4.** Se dice de los seis días de la Semana Santa que siguen al domingo de Ramos. *Le gustaba la procesión del lunes santo.* ‖ *s. m.* **5.** Imagen de un santo. *Le pusieron flores al santo.* **6.** *fam.* Viñeta, grabado, estampa. *No estaba leyendo, sólo miraba los santos.* **7.** Respecto de una persona, festividad del santo cuyo nombre lleva. *El 2 de agosto es mi santo.* **SIN.** Onomástica. **8.** Nombre que sirve de contraseña al soldado que está de centinela. *Le pidió el santo y seña.* **SIN.** Clave. ‖ **LOC. a santo de qué** Con qué motivo. **írsele a alguien el santo al cielo** *fam.* Olvidársele lo que debía hacer o lo que iba a decir. **llegar y besar el santo** Frase que denota la rapidez para conseguir un propósito. **no ser una persona santo de la devoción de otra** *fam.* No serle grata, producirle desconfianza y antipatía. **por todos los santos** *fam.* Expresión con que se ruega algo. **quedarse alguien para vestir santos** Quedarse soltero. **tener el santo de cara, o de espaldas** Tener buena, o mala, suerte.

santoral (san-to-**ral**) *s. m.* **1.** Libro que contiene vidas de santos. *Le gustaba leer el santoral.* **SIN.** Hagiografía. **2.** Lista de los santos cuya festividad se conmemora en cada uno de los días del año. *Lo miró en el santoral.* **SIN.** Martirologio, hagiología.

santuario (san-**tua**-rio) *s. m.* Templo en que se venera la imagen o reliquia de un santo de especial devoción. *Fuimos al santuario de la Virgen del Pilar.* **SIN.** Capilla, oratorio, iglesia.

santurrón, na (san-tu-**rrón**) *adj.* Nimio y exagerado en los actos de devoción. **GRA.** También s. m. y s. f. *Es muy santurrona.* **SIN.** Beato, santón.

saña (**sa**-ña) *s. f.* **1.** Furor, enojo ciego. *Su saña era terrible.* **SIN.** Ferocidad, fiereza, furia. **2.** Intención rencorosa y cruel. *Lo dijo con saña.* **SIN.** Aborrecimiento, encono.

sapiencia - satélite

sapiencia (sa-**pien**-cia) *s. f.* *Sabiduría.
sapo (**sa**-po) *s. m.* **1.** Anfibio parecido a la rana, pero de cuerpo más grueso, y con la piel llena de verrugas, de ojos saltones y extremidades cortas. *Encontramos un sapo en el huerto.* **SIN.** Batracio. **2.** *fam.* Persona torpe. *Se consideraba un poco sapo.* ∥ **LOC. sapos y culebras** Cosas despreciables, revueltas y enmarañadas.
saque (**sa**-que) *s. m.* **1.** Acción de sacar. *Hizo el saque de honor del partido.* ∥ **2. saque de esquina** En el fútbol, el que hace un jugador del equipo contrario desde una esquina del campo, por haber salido el balón del terreno de juego por la línea de fondo. ∥ **LOC. tener buen saque** *fam.* Comer o beber mucho de cada vez.
saquear (sa-que-**ar**) *v. tr.* **1.** Apoderarse violentamente los soldados u otras personas de lo que se encuentra en un sitio. *El enemigo saqueó la ciudad.* **SIN.** Asaltar, atracar, rapiñar, depredar. **ANT.** Respetar, restituir. **2.** Apoderarse de todo o la mayor parte de aquello de lo que se habla. *Tenía tanta hambre que saqueó el frigorífico.*
sarampión (sa-ram-**pión**) *s. m.* Enfermedad contagiosa que produce fiebre y que se manifiesta por síntomas catarrales, seguidos de una multitud de manchitas pequeñas y rojas en la piel. *Mi hermano me contagió el sarampión.*
sarao (sa-**ra**-o) *s. m.* Reunión nocturna de personas en la que hay baile o música. *Se montó un buen sarao.* **SIN.** Recepción, fiesta.
sarasa (sa-**ra**-sa) *s. m., fam.* Hombre afeminado. *Es un poco sarasa.* **SIN.** Marica. **ANT.** Macho, viril.
sarcasmo (sar-**cas**-mo) *s. m.* Burla que ofende, ironía mordaz. *Lo dijo con mucho sarcasmo.*
sarcástico, ca (sar-**cás**-ti-co) *adj.* **1.** Que denota sarcasmo o es concerniente a él. *Utilizó un tono muy sarcástico.* **SIN.** Agresivo, punzante, irónico. **ANT.** Delicado. **2.** Se dice de la persona propensa a emplearle. **GRA.** También s. m. y s. f. *Es un sarcástico.*
sarcófago (sar-**có**-fa-go) *s. m.* Obra de piedra, madera u otro material en que se da sepultura a un cadáver. *En el museo había varios sarcófagos.* **SIN.** Sepulcro, féretro, ataúd.
sardana (sar-**da**-na) *s. f.* Danza en corro, tradicional de Cataluña. *Le enseñaron a bailar la sardana.*
sardina (sar-**di**-na) *s. f.* Pez marino comestible, parecido al arenque, pero menor y de carne más delicada. *Le gustan las sardinas fritas.* ∥ **LOC. como sardinas en lata** Con gran incomodidad, por estar demasiadas personas reunidas en un lugar.

sargento, ta (sar-**gen**-to) *s. m. y s. f.* Persona de la clase de tropa, que tiene empleo superior al de cabo que, bajo la inmediata dependencia de los oficiales, cuida del orden, administración y disciplina de una compañía o parte de ella. *Ascendió a sargento.*
sarmiento (sar-**mien**-to) *s. m.* Vástago de la vid, largo, delgado, flexible y nudoso. *Plantó varios sarmientos.*
sarna (**sar**-na) *s. f.* Enfermedad cutánea, contagiosa, que consiste en multitud de pequeñas ampollas en la piel que causan mucho picor. *Tenía sarna.* **SIN.** Cancha, roña. ∥ **LOC. no faltar a alguien sino sarna que rascar** *fam.* Gozar de todo lo que se necesita y sin embargo quejarse. **sarna con gusto no pica** Frase que denota que las molestias producidas voluntariamente no incomodan.
sarpullido (sar-pu-**lli**-do) *s. m.* Erupción leve y pasajera en el cutis. *Algo le hizo daño y le salió un sarpullido.* **SIN.** Urticaria, eczema.
sarro (**sa**-rro) *s. m.* Capa de color amarillento que se forma sobre el esmalte de los dientes. *Tenía sarro.*
sarta (**sar**-ta) *s. f.* **1.** Serie de cosas metidas por orden en un hilo, cuerda, etc. *El collar era un sarta de bolitas de cristal.* **SIN.** Ristra, rosario. **2.** Grupo de personas o de cosas que van en fila unas tras otras. *Vino una sarta de gente a preguntar lo mismo.* **SIN.** Retahíla, serie, sucesión. **3.** Serie de sucesos o cosas no materiales, iguales o análogas. *Me contó una sarta de mentiras.* **SIN.** Colección, ristra, secuencia.
sartén (sar-**tén**) *s. f.* Recipiente circular, más ancha que honda, de fondo plano y con mango largo. *Frió un huevo en la sartén.* **OBS.** En muchos lugares de Amér. y España es s. m. ∥ **LOC. tener alguien la sartén por el mango** *fam.* Asumir el manejo y autoridad en una dependencia o negocio.
sastre (**sas**-tre) *s. m.* Persona que tiene por oficio cortar y coser trajes. *Ese sastre es el que le hizo el traje.* **SIN.** Costurero, modisto.
Satán (Sa-**tán**) *n. p.* *Satanás.
Satanás (Sa-ta-**nás**) *n. p.* El demonio, Lucifer. *El pasaje hablaba de las tentaciones de Satanás.*
satánico, ca (sa-**tá**-ni-co) *adj.* **1.** Que pertenece a Satanás, propio y característico de él. *Esa secta realizaba prácticas satánicas.* **SIN.** Diabólico, infernal. **2.** Extremadamente perverso. *Tiene intenciones satánicas.* **SIN.** Depravado, maligno.
satélite (sa-**té**-li-te) *s. m.* **1.** Objeto, natural o artificial, que gira en torno a un cuerpo celeste. *Se han descubierto 60 satélites naturales en el Sistema So-*

satén - sazón

lar. *Alrededor de la Tierra giran varios satélites artificiales* **2.** Persona o cosa que depende de otra y la sigue o acompaña de continuo. *Le gusta tener satélites.* **SIN.** Adlátere, acólito. ‖ **3. vía satélite** Se dice de la comunicación que se establece entre dos o más puntos a través de un satélite artificial.

satén (sa-**tén**) *s. m.* Tela de seda o algodón parecido al raso en brillo pero de inferior calidad. *El vestido era de satén.*

satinado, da (sa-ti-**na**-do) *adj.* **1.** Semejante al satén. *Su aspecto era satinado.* **SIN.** Lustroso, pulido. **2.** Se aplica al papel que tiene este brillo. *Le gusta escribir en papel satinado.*

sátira (**sá**-ti-ra) *s. f.* **1.** Composición poética o en prosa cuyo objeto es censurar acremente o poner en ridículo a alguien o algo. *Leyó la sátira "A una nariz", de Quevedo.* **SIN.** Crítica, diatriba, invectiva, soflama. **2.** Frase o dicho agudo y mordaz dirigido a igual fin. *Siempre está con sátiras.* **SIN.** Crítica, diatriba, invectiva, soflama.

satírico, ca (sa-**tí**-ri-co) *adj.* Que pertenece a la sátira. *Utilizó expresiones muy satíricas.* **SIN.** Cáustico, incisivo, mordaz. **ANT.** Suave.

satirizar (sa-ti-ri-**zar**) *v. tr.* Censurar y criticar a alguien. *En todas sus descripciones, satiriza a sus personajes.* **SIN.** Pinchar. **SIN.** Alabar, elogiar, loar. ✎ Se conjuga como abrazar.

sátiro, ra (**sá**-ti-ro) *s. m.* Monstruo o semidiós silvestre de la mitología grecorromana, medio hombre y medio cabra, con el cuerpo velludo, y cuernos y patas de macho cabrío. *Los sátiros eran muy dados a la lascivia.*

satisfacer (sa-tis-fa-**cer**) *v. tr.* **1.** Pagar todo lo que se debe. *Nunca satisface sus deudas, es muy mal pagador.* **SIN.** Abonar, saldar, costear. **ANT.** Deber, adeudar. **2.** Comer o beber hasta hartarse. *He satisfecho mi apetito.* **SIN.** Hartar, saciar. **3.** Cumplir plenamente un deseo, una aspiración, etc. *He satisfecho mi deseo de ser arquitecto.* **SIN.** Conseguir, colmar. **ANT.** Frustrar, incumplir. **4.** Agradar. *Me satisface que hayas decidido venir.* **5.** Hacer una obra que merece el perdón de la pena debida. *Con eso esperaba haber satisfecho su culpa.* **SIN.** Purgar, expiar. **6.** Solucionar una dificultad o una duda. *No logró satisfacer su curiosidad.* **SIN.** Resolver, solventar. **7.** Deshacer un agravio. **SIN.** Reparar. **8.** Cumplir determinados requisitos. *No satisfacía las condiciones previas.* **SIN.** Observar, acatar, guardar. ✎ *v. irreg.*, se conjuga como hacer, excepto la 2ª pers. del sing. del imperat., que es "satisfaz" o "satisface".

satisfecho, cha (sa-tis-**fe**-cho) *adj.* Complacido, contento. *Estaba satisfecho de su trabajo.* **ANT.** Insatisfecho, triste, pesaroso.

saturar (sa-tu-**rar**) *v. tr.* **1.** *Saciar. **2.** Llenar algo completamente. **GRA.** También v. prnl. *La sala se saturó de gente.* **SIN.** Abarrotar, atiborrar, colmar. **ANT.** Vaciar, deshabitar, desocupar. **3.** En química, combinar dos o más cuerpos en las proporciones atómicas máximas en que pueden unirse. *Si añadimos más soluto saturaremos la disolución.*

sauce (**sau**-ce) *s. m.* **1.** Árbol común en las orillas de los ríos, de hojas lanceoladas y sedosas, verdes por el haz y blancas por el envés. *Se tumbó a leer un libro bajo el sauce.* **SIN.** Salce, salguero, saz. ‖ **2. sauce llorón o de Babilonia** Árbol de ramas y ramillas muy alargadas, flexibles y colgantes.

saúco (sa-**ú**-co) *s. m.* Arbusto de flores olorosas, blancas o amarillentas, abundante en las zonas húmedas de la Península Ibérica. *El cocimiento de las flores de saúco se usa en medicina.*

sauna (**sau**-na) *s. f.* **1.** Baño de vapor a altas temperaturas, que produce una rápida sudoración, con fines beneficiosos para el organismo. *Después de la sauna se quedó muy relajado.* **2.** Local en el que se toman estos baños. *Se encontraron en la sauna.*

saurio (**sau**-rio) *adj.* Se dice de los reptiles con cuatro extremidades cortas, mandíbula dotada de dientes, cuerpo y cola largos, y piel escamosa. **GRA.** También s. m. *El cocodrilo y el lagarto son saurios.*

savia (**sa**-via) *s. f.* Líquido que circula por el tejido celular de las plantas, formado por el agua absorbida que lleva en disolución materias minerales. *La savia es el jugo nutritivo de las plantas.*

saxofón (sa-xo-**fón**) *s. m.* *Saxófono.

saxófono (sa-**xó**-fo-no) *s. m.* Instrumento musical de viento, formado por un tubo cónico de metal encorvado en forma de U, varias llaves y una boquilla de madera y caña. *Toca el saxófono.*

saya (**sa**-ya) *s. f.* Falda que usaban antiguamente las mujeres. *En el arca todavía conservaba sayas.*

sayo (**sa**-yo) *s. m.* **1.** Casaca larga y sin botones. *Llevaba un sayo.* **SIN.** Capote, saya, túnica. **2.** *fam.* Cualquier vestido. *Encontré un sayo en el baúl.* **SIN.** Vestidura, vestimenta, atavío. ‖ **LOC. hacer alguien de su capa un sayo** hacer lo que le da la gana.

sazón (sa-**zón**) *s. f.* Punto de madurez o de sabor de una cosa. *Los frutos todavía no están en su sazón.* **SIN.** Punto, ocasión. ‖ **LOC. a la sazón** Entonces, en aquella ocasión. ǀ Oportunamente, a tiempo.

sazonar (sa-zo-**nar**) *v. tr.* Aliñar un alimento con sal u otras especias y aromatizantes. *Sazona el guiso con tomillo.* **SIN.** Adobar, condimentar, aliñar.

scanner *s. m.* *Escáner.

scooter *s. m.* *Escúter.

scout *adj.* **1.** Se dice de cada una de las asociaciones o grupos que forman parte del movimiento juvenil internacional fundado por Baden-Powel, llamado escultismo. *Pertenece a un grupo scout.* || *s. m. y s. f.* **2.** Miembro de esta asociación. *Un grupo de scouts preparaba allí su campamento.* **SIN.** Explorador.

se[1] *pron. pers.* **1.** Forma reflexiva átona del pronombre personal de tercera persona, género masculino o femenino, y número singular y plural, que puede funcionar como complemento directo o como complemento indirecto. No lleva nunca preposición y se puede usar como enclítico o proclítico. *Se está lavando.* **2.** Se usa además para formar oraciones impersonales y de pasiva refleja. *Se venden libros.*

se[2] *pron. pers.* Forma del pronombre personal de tercera persona, género masculino o femenino, y número singular y plural, que funciona como complemento indirecto en combinación con los pronombres de complemento directo "lo", "la" y sus respectivos plurales. *Dáselo.*

sebo (**se**-bo) *s. m.* **1.** Grasa sólida y dura que se saca de los animales herbívoros. *Esa carne tenía mucho sebo.* **SIN.** Unto. **2.** *amer.* Regalo que da el padrino en los bautizos.

seborrea (se-bo-**rre**-a) *s. f.* Aumento patológico de la secreción de las glándulas sebáceas de la piel. *Tenía el pelo muy graso debido a la seborrea.*

secador (se-ca-**dor**) *s. m.* Aparato que sirve para secar algunas cosas, especialmente el cabello. *Este secador no es demasiado bueno.* **SIN.** Secapelo.

secano (se-**ca**-no) *s. m.* Tierra de labor que no tiene riego. *Esas tierras son de secano.* **ANT.** Regadío.

secante[1] (se-**can**-te) *s. m.* *Papel secante.

secante[2] (se-**can**-te) *adj.* Se dice de la recta que corta una circunferencia. **GRA.** También s. f. *Dibuja una secante a esa circunferencia.*

secar (se-**car**) *v. tr.* **1.** Quitar el agua o la humedad de un cuerpo mojado. *El sol y el aire secan la ropa.* **SIN.** Absorber, desecar, drenar, enjugar. **ANT.** Empapar, mojar, encharcar, ensopar, humedecer. **2.** Enjugar con un trapo el líquido de una superficie. **GRA.** También v. prnl. *Seca esa agua con la bayeta.* **SIN.** Absorber, limpiar. **ANT.** Mojar. **3.** Cicatrizar una herida o una llaga. **GRA.** También v. prnl. *La herida le picaba mucho porque se estaba secando.* **SIN.** Sa-nar, curar(se), cerrar(se). || *v. prnl.* **4.** Quedarse sin agua un río, fuente, laguna, etc. *Si no llueve pronto, el río acabará secándose.* **SIN.** Desecarse. **5.** Perder un vegetal su verdor o lozanía. *Se olvidó de regar la planta y se secó.* **SIN.** Agostarse, marchitarse. **ANT.** Verdecer, brotar. **6.** Adelgazar excesivamente una persona o un animal. *Si sigues con ese régimen te vas a secar.* **SIN.** Enflaquecer, enmagrecer. **ANT.** Engordar. ✎ Se conjuga como abarcar.

sección (sec-**ción**) *s. f.* **1.** *Corte. **2.** Cada una de las partes en que se divide un todo o un conjunto de cosas o personas. *Trabaja en la sección de paquetería.* **SIN.** Sector, porción. **3.** Dibujo de perfil o figura que resultaría si se cortara un terreno, edificio, máquina, etc. por un plano. *El dibujo representaba la sección de una pieza.* **4.** Cada uno de los grupos, mandados por un oficial, en que se divide una compañía militar, escuadrón, etc. *Estaba al mando de esa sección.* **SIN.** División, comando.

seccionar (sec-cio-**nar**) *v. tr.* Cortar, dividir en secciones. *Seccionó el grupo en tres.* **SIN.** Escindir, fraccionar, partir. **ANT.** Unir, juntar, pegar.

secesión (se-ce-**sión**) *s. f.* Acto de separarse de una nación parte de su pueblo y territorio. *Participó en la guerra de secesión.* **SIN.** Segregación, separación.

seco, ca (**se**-co) *adj.* **1.** Que carece de jugo o humedad. *Esta carne está muy seca.* **SIN.** Reseco, árido. **ANT.** Húmedo, mojado. **2.** Falto de agua. *El terreno está muy seco.* **SIN.** Árido, marchito. **3.** Sediento. *Llegué seco y me bebí casi un litro de agua.* **4.** Muy impresionado. *Me dejó seco.* **5.** Se dice de los guisos en que se prolonga la cocción hasta que quedan sin caldo. *El cordero estaba un poco seco.* **6.** Falto de verdor o lozanía. *Riega las plantas, están casi secas.* **SIN.** Marchito, ajado, mustio. **ANT.** Lozano, verde. **7.** Se dice de las frutas, en especial de las que tienen la cáscara dura. *Las avellanas son frutos secos.* **8.** Flaco o de muy escasas carnes. *La enfermedad la ha dejado seca.* **SIN.** Delgado, chupado. **ANT.** Gordo, grueso, obeso. **9.** Se aplica también al tiempo en que no llueve. *Estamos teniendo un verano muy seco.* **10.** Se dice del país, región, etc., de escasas precipitaciones. *Esa región tiene un clima seco.* **11.** Áspero en el trato. *Es una persona muy seca.* **SIN.** Adusto, desabrido, desagradable. **ANT.** Amable, agradable, simpático. **12.** Se dice de las bebidas alcohólicas que no presentan sabor dulce. *Es un licor seco.* **13.** Respecto de algunos sonidos, corto y sin resonancia. *Se oyó un golpe seco.* || **LOC. a secas** Solamente, sin ninguna otra cosa.

dejar a alguien seco *fam.* Dejarle muerto en el acto.

secoya (se-**co**-ya) *s. f.* Árbol gigantesco de las coníferas, originario y propio de la Alta California. *Una secoya puede alcanzar hasta 158 m de altura.*

secretar (se-cre-**tar**) *v. tr.* Elaborar y despedir las glándulas, membranas y células una sustancia. *La herida secretaba pus.* **SIN.** Segregar, exudar.

secretaría (se-cre-ta-**rí**-a) *s. f.* **1.** Destino o cargo de secretario. *Ocupaba la secretaría desde hacía dos años.* **2.** Oficina donde éste despacha los negocios. *Se lo tramitaron en secretaría.* **3.** Sección de un organismo público o privado que se ocupa de las tareas administrativas. *Trabaja en la secretaría.* **4.** *amer.* Ministerio.

secretario, ria (se-cre-**ta**-rio) *s. m. y s. f.* **1.** Persona que, en reuniones, oficinas, etc., se encarga de escribir cartas, redactar informes, enviar correspondencia, ordenar documentos, etc. *El secretario redactó el acta de la reunión.* **SIN.** Administrativo, pasante, oficinista. ‖ *s. m.* **2.** *amer.* *Ministro.

secreter (se-cre-**ter**) *s. m.* Escritorio, mueble con tablero para escribir y cajones para guardar papeles. *Encontrarás papel de carta en el secreter.* **SIN.** Pupitre.

secreto (se-**cre**-to) *s. m.* **1.** Lo que se tiene reservado y oculto o lo que es desconocido. *Nunca ha revelado el secreto de su pasado. Los científicos investigan sobre los secretos del Universo.* **SIN.** Enigma, incógnita, misterio. **ANT.** Evidencia, conocimiento. **2.** Reserva, sigilo. *Todo se llevó a cabo con gran secreto.* **3.** Asunto muy reservado. *Se trataba de un secreto.* ‖ **4. secreto de Estado** El que no puede revelar un funcionario. | Por ext., cualquier asunto grave concerniente al Estado que no ha sido divulgado. **5. secreto profesional** Deber impuesto a los miembros de ciertas profesiones de no divulgar los hechos conocidos en el ejercicio de su profesión. ‖ **LOC. en secreto** Secretamente. **ser algo un secreto a voces** Ser público.

secreto, ta (se-**cre**-to) *adj.* **1.** Que está separado de la vista o del conocimiento de los demás. *Guarda su dinero en un lugar secreto.* **SIN.** Ignorado, enigmático, incógnito, oculto, escondido. **ANT.** Conocido, sabido. **2.** Se dice de lo que se mantiene callado o reservado. *La fecha de la ceremonia era secreta.* **SIN.** Confidencial, íntimo. **ANT.** Público, patente.

secta (**sec**-ta) *s. f.* Creyentes o fieles de una doctrina particular considerada como falsa. *Decían que aquella secta era muy peligrosa.*

sector (sec-**tor**) *s. m.* **1.** Porción de círculo comprendida entre un arco y los dos radios que pasan por sus extremidades. *Dibuja un círculo y señala en él un sector.* **2.** Parte de una clase o colectividad que presenta caracteres peculiares. *Era el sector más radical de la organización.* **SIN.** Grupo, sección.

secuaz (se-**cuaz**) *adj.* Que sigue el partido, doctrina u opinión de otro. **GRA.** También s. m. y s. f. *Sabía que contaba con el apoyo de todos sus secuaces.* **SIN.** Adicto, fiel, adepto. **ANT.** Oponente, contrario.

secuela (se-**cue**-la) *s. f.* **1.** Consecuencia de una cosa. *Sabía que aquella decisión iba a tener secuelas.* **SIN.** Derivación, efecto. **2.** Lesión que queda después de una enfermedad. *La enfermedad le había dejado importantes secuelas.* **SIN.** Tara.

secuencia (se-**cuen**-cia) *s. f.* **1.** Sucesión ordenada de cosas o seres. *Secuencia de números.* **SIN.** Serie, cadena. **2.** Serie de cosas relacionadas entre sí. *Secuencia de láminas.* **3.** En cinematografía, serie de imágenes o escenas que forman un conjunto. *Vimos una secuencia de la película.* **SIN.** Toma.

secuestrar (se-cues-**trar**) *v. tr.* **1.** Retener contra su voluntad a una persona, exigiéndole dinero por su rescate. *Secuestraron a un famoso empresario.* **SIN.** Raptar, robar. **2.** Tomar por medio de la violencia el mando de un vehículo, avión, barco, etc. reteniendo a sus ocupantes y exigiendo por ellos un rescate o una serie de reivindicaciones. *Su idea era secuestrar el barco.*

secular (se-cu-**lar**) *adj.* **1.** *Seglar. **2.** Que sucede o se repite cada siglo, o que dura un siglo. *Es una costumbre secular.*

sécula seculorum *expr.* Para siempre. *Quedará aquí por sécula seculorum.*

secundar (se-cun-**dar**) *v. tr.* Ayudar, favorecer a alguien en una causa. *La mayoría secundó su propuesta.* **SIN.** Apoyar, cooperar. **ANT.** Obstaculizar.

secundario, ria (se-cun-**da**-rio) *adj.* **1.** Segundo en orden y no principal. *Aquello le parecía un aspecto secundario.* **SIN.** Accesorio, complementario, supletorio. **ANT.** Esencial, principal. ‖ **2. Educación Secundaria Obligatoria** En España, etapa educativa constituida por cuatro cursos, dirigida a alumnos y alumnas con edades comprendidas entre 12 y 16 años. **OBS.** También "secundaria" y "ESO".

sed *s. f.* **1.** Gana o necesidad de beber. *Los alimentos salados dan sed. Cuando hace mucho calor bebemos más, porque tenemos más sed.* **2.** Necesidad de agua o de humedad que tienen ciertas cosas. *Las plantas tenían sed.* **3.** Gran deseo que se tiene de una cosa. *Tenía sed de justicia.* **SIN.** Anhelo, ansia. ‖ **LOC. apagar, o matar, la sed** Aplacarla bebiendo.

seda (se-da) *s. f.* Hilo que hacen ciertos gusanos, con el cual se fabrica una tela muy fina, llamada también seda. *Llevaba un pañuelo de seda.* ‖ **LOC. como una, o la, seda** *fam.* Muy suave y agradable al tacto. | Se dice de la persona de trato agradable. | Se dice cuando se consigue algo sin mayor dificultad.

sedal (se-**dal**) *s. m.* Hilo o cuerda que se ata por un extremo al anzuelo y por el otro a la caña de pescar. *El sedal se enganchó en la rama de un árbol.*

sedante (se-**dan**-te) *adj.* Se aplica al medicamento que tiene virtud de calmar o sosegar. **GRA.** También s. m. *Le dieron un sedante.* **SIN.** Calmante, tranquilizante. **ANT.** Excitante.

sedar (se-**dar**) *v. tr.* Apaciguar, sosegar el ánimo o el cuerpo. *El pobre no se enteraba de nada porque estaba sedado.* **SIN.** Adormecer, calmar. **ANT.** Excitar.

sede (se-de) *s. f.* **1.** Asiento o trono de un prelado que ejerce jurisdicción. *La sede quedó vacante.* **2.** Capital de una diócesis. *Astorga es sede episcopal.* **3.** Lugar donde tiene su domicilio una entidad económica, política, etc. *Fue a la sede central del banco.* **SIN.** Emplazamiento, ubicación. ‖ **4. sede apostólica o Santa Sede** Jurisdicción y potestad del Papa.

sedentario, ria (se-den-**ta**-rio) *adj.* **1.** Se aplicaba al oficio o vida de poco movimiento. *Deberías hacer algo de deporte, llevas una vida muy sedentaria.* **SIN.** Quieto, calmado. **ANT.** Movido, animado. **2.** Se dice del pueblo que se dedica a la agricultura y se encuentra asentado en un lugar. *Eran pueblos sedentarios.* **ANT.** Nómada, migratorio.

sedición (se-di-**ción**) *s. f.* Tumulto, levantamiento popular contra la autoridad que gobierna. *Fue acusado de promover la sedición.* **SIN.** Insurrección, motín, rebelión. **ANT.** Obediencia, acatamiento.

sediento, ta (se-**dien**-to) *adj.* **1.** Que tiene sed. **GRA.** También s. m. y s. f. *Estaba sediento.* **2.** Que desea mucho una cosa. *El pueblo estaba sediento de paz.* **SIN.** Anhelante, deseoso, ansioso.

sedimentación (se-di-men-ta-**ción**) *s. f.* Proceso de formación de sedimentos. *Aquellos terrenos se habían formado por sedimentación.*

sedimentarse (se-di-men-**tar**-se) *v. prnl.* Formar sedimento las materias suspendidas en un líquido. *Los posos del café se sedimentaron.* **SIN.** Precipitarse, concentrarse.

sedimento (se-di-**men**-to) *s. m.* **1.** Materia que, habiendo estado flotando en un líquido, se posa en el fondo. *El vino tenía sedimentos.* **SIN.** Hez, residuo, poso. **2.** Material depositado por el agua o el viento. *Aquellas rocas estaban formadas por sedimentos.*

sedoso, sa (se-**do**-so) *adj.* Parecido a la seda. *El tacto de la tela era muy sedoso.* **SIN.** Delicado, fino. **ANT.** Áspero, rugoso.

seducción (se-duc-**ción**) *s. f.* Acción y efecto de seducir. *Ejercía sobre él una gran seducción.* **SIN.** Halago, sugestión, zalema, atracción. **ANT.** Repugnancia, repulsión.

seducir (se-du-**cir**) *v. tr.* **1.** Engañar con maña, persuadir suavemente al mal. *Le sedujo para que lo hiciera.* **SIN.** Atraer, tentar. **2.** Cautivar el ánimo. *Me seduce mucho tu idea.* **SIN.** Fascinar, enamorar, encandilar. **ANT.** Repugnar, rechazar. ✎ v. irreg., se conjuga como conducir.

seductor, ra (se-duc-**tor**) *adj.* Que seduce. **GRA.** También s. m. y s. f. *El viaje que me propones me parece muy seductor.* **SIN.** Cautivador, atrayente, hechicero, galán. **ANT.** Repugnante, odioso.

segadora (se-ga-**do**-ra) *adj.* Se dice de la máquina que se utiliza para segar. **GRA.** También s. f. *Segó el prado con segadora.* **SIN.** Cortacésped, cosechadora.

segar (se-**gar**) *v. tr.* **1.** Cortar mieses o hierba con la hoz, guadaña, máquina, etc., a propósito. *Segó el césped del jardín.* **SIN.** Guadañar. **2.** Cortar, impedir desconsideradamente y bruscamente el desarrollo de algo. *Segó todas sus ilusiones de un golpe.* **SIN.** Matar, eliminar. ✎ v. irreg., se conjuga como acertar. Se escribe "gu" en vez de "g" seguido de "-e".

seglar (se-**glar**) *adj.* Lego, sin órdenes clericales. **GRA.** También s. m. y s. f. *Trabaja en ese convento, pero él es seglar.* **SIN.** Civil, laico. **ANT.** Religioso.

segmentar (seg-men-**tar**) *v. tr.* Cortar en segmentos. *Segmentó la línea.* **SIN.** Partir, escindir, dividir. **ANT.** Unir, juntar, pegar.

segmento (seg-**men**-to) *s. m.* **1.** Pedazo o parte cortada de una cosa. *Cogió un segmento de la baldosa.* **SIN.** Porción, sección, fracción. **ANT.** Todo. **2.** En matemáticas, parte de una recta comprendida entre dos puntos. *Señala dos segmentos en esa recta.* **3.** En matemáticas, parte de círculo comprendida entre un arco y su cuerda. *Dibuja un segmento en ese círculo.* **4.** Cada una de las partes seriadas y hendidas que integran el cuerpo de los gusanos y artrópodos. *El cuerpo de los cangrejos está dividido en segmentos.*

segregación (se-gre-ga-**ción**) *s. f.* Acción y efecto de segregar. *Estaban en contra de la segregación racial.* **SIN.** Desglose, secesión.

segregacionismo - seguro

segregacionismo (se-gre-ga-cio-**nis**-mo) *s. m.* Doctrina que defiende la discriminación racial. *Organizaron una multitudinaria manifestación en contra del segregacionismo.* SIN. Racismo.

segregar (se-gre-**gar**) *v. tr.* **1.** *Separar. ANT. Unir, juntar, incorporar. **2.** *Secretar. ⌦ Se conjuga como ahogar.

seguida, en *loc.* Inmediatamente. *Voy en seguida.*

seguidilla (se-gui-**di**-lla) *s. f.* **1.** Estrofa formada por versos heptasílabos y pentasílabos, muy corriente en la poesía popular. *Las seguidillas suelen ser un género festivo.* || *s. f. pl.* **2.** Aire musical popular español. *Nos deleitó con unas seguidillas.* **3.** Baile correspondiente a este aire. *Bailó unas seguidillas.*

seguidor, ra (se-gui-**dor**) *adj.* Que sigue a una persona o cosa. GRA. También s. m. y s. f. *Es seguidor del equipo local.* SIN. Discípulo, partidario.

seguir (se-**guir**) *v. tr.* **1.** Estar después o detrás de alguien o algo. GRA. También v. intr. *El 3 sigue al 2.* SIN. Secundar, segundar, suceder. ANT. Preceder, anteponerse. **2.** Ir detrás de alguien. *Te seguí para saber a qué lugar ibas.* SIN. Acosar, perseguir. **3.** Acompañar a alguien. *El perro le sigue a todas partes.* SIN. Escoltar. **4.** Continuar con lo comenzado. GRA. También v. intr. *Sigue con el trabajo hasta las 10.* SIN. Proseguir, permanecer. ANT. Abandonar, desistir, dejar, interrumpir. **5.** Profesar una ciencia, arte o estado. *Siguió la carrera de Derecho.* SIN. Cursar, desempeñar, practicar. **6.** Hacer una cosa siguiendo la pauta marcada por otra persona. *Seguí sus indicaciones.* SIN. Imitar, inspirarse, copiar. || *v. prnl.* **7.** Deducirse una cosa de otra. *De esa afirmación se sigue que tú estás en contra del proyecto.* SIN. Inferirse, colegirse, derivarse. **8.** Originarse una cosa de otra. *De esa discusión se siguió una rivalidad eterna.* SIN. Proceder, derivar. || LOC. **a seguir bien** Expresión que se usa como despedida. ⌦ v. irreg., se conjuga como pedir. Se escribe "g" en vez de "gu" seguido de "-a" y "-o".

según (se-**gún**) *prep.* **1.** Conforme o con arreglo a. *Según las leyes.* **2.** Con carácter de adverbio conjuntivo, implica relaciones de conformidad, correspondencia a modo, y equivaliendo más comúnmente a 'con arreglo', 'en conformidad a lo que' o 'como'. *Según veamos mañana la situación, tomaremos las correspondientes medidas.* **3.** Con proporción o correspondencia a. *Tasarán la mercancía según su valor en el mercado.* **4.** De la misma manera que. *Todo era según me habían contado.* **5.** Precediendo a nombres y pronombres personales, significa 'con arreglo a, conforme dicen las personas de que se trata'. *Según tú. Según Marx.* **6.** Con carácter adverbial indica posibilidad. *Lo haré o no, según.* || LOC. **según y como** De la misma suerte o manera que. **según y como, o según y conforme** Indica posibilidad.

segundero (se-gun-**de**-ro) *s. m.* Manecilla que señala los segundos en el reloj. *Se paró el segundero.* SIN. Aguja, minutero, segundero, saeta.

segundo, da (se-**gun**-do) *adj.* **1.** Que sigue en orden al primero. *Febrero es el segundo mes del año.* SIN. Posterior, siguiente. || *s. m.* **2.** Cada una de las 60 partes iguales en que se divide un minuto de tiempo. *El corredor tardó 1 hora, 40 minutos y 25 segundos.* **3.** En matemáticas, cada una de las 60 partes iguales en que se divide un minuto de la circunferencia. *Calcula en segundos el arco de esa circunferencia.*

seguridad (se-gu-ri-**dad**) *s. f.* **1.** Cualidad de seguro. *Les preocupaba la seguridad del edificio.* SIN. Amparo, caución, invulnerabilidad, protección. ANT. Desamparo, indefensión. || **2. seguridad social** Conjunto de leyes y organismos de la Administración pública, creados para proteger a los individuos contra ciertos riesgos sociales como enfermedad, paro, jubilación.

seguro, ra (se-**gu**-ro) *adj.* **1.** Libre de todo peligro o daño. *Guarda las joyas en un lugar seguro.* SIN. Protegido, resguardado, abrigado. ANT. Inseguro, peligroso. **2.** Cierto, verdadero. *Es seguro que no está allí.* SIN. Indubitable, indudable, inequívoco, evidente. ANT. Incierto, dudoso. **3.** Firme, que no va a caerse. *El puente es muy seguro.* SIN. Fijo, estable, sólido, fiable. ANT. Inestable, tambaleante. || *s. m.* **4.** Contrato por el cual una persona se obliga a resarcir daños o pérdidas que ocurran en las cosas que corren un riesgo. *Tenía que pagar el seguro del coche.* SIN. Garantía. **5.** Muelle o mecanismo en algunas armas de fuego para evitar que se disparen por el juego de la llave. *Le puso el seguro a la escopeta.* **6.** Cualquier mecanismo que impide el funcionamiento no deseado de un aparato o utensilio. *Esa navaja tiene seguro.* || *adv. m.* **7.** Seguramente. *Seguro que vendrá mañana.* || **8. seguro médico** Contrato mediante el cual el asegurador se obliga a pagar al beneficiario una cantidad o renta en caso de muerte, accidente o invalidez. || LOC. **a buen seguro, al seguro, o de seguro** En verdad, ciertamente. **sobre seguro** Sin lanzarse o arriesgarse a una aventura.

seis *adj. num. card.* **1.** Cinco y uno. **GRA.** También pron. y s. m. || *adj. num. ord.* **2.** *Sexto. **GRA.**. También pron. || *s. m.* **3.** Signo o cifra con que se representa el número seis.

seísmo (se-**ís**-mo) *s. m.* Movimiento súbito de la corteza que provoca ondas de choque y temblores en la superficie. *La intensidad de un seísmo se registra con sismógrafos.* **SIN.** Terremoto, temblor.

selacio, cia (se-**la**-cio) *adj.* Se dice de los peces cartilagíneos que tienen las branquias fijas por sus dos bordes y la mandíbula inferior móvil. **GRA.** También s. m. *El tiburón y la raya son selacios.*

selección (se-lec-**ción**) *s. f.* **1.** Elección de una persona o cosa entre otras. *Hizo una selección de los modelos que más le gustaban.* **SIN.** Opción, preferencia. **ANT.** Indistinción, indiferencia. **2.** Conjunto de cosas escogidas. *No estaba de acuerdo con mi selección.* **3.** Conjunto de deportistas de distintos clubs reunidos para participar en una competición de carácter internacional. *Hablaron con el entrenador de la selección nacional.* || **4. selección natural** Proceso natural en el que los animales mejor equipados para unas condiciones de vida particulares serán los que críen con más éxito.

seleccionar (se-lec-cio-**nar**) *v. tr.* Elegir, escoger entre varias posibilidades. *Seleccionaron a los tres mejores.* **SIN.** Optar, preferir, destacar.

selectivo, va (se-lec-**ti**-vo) *adj.* Que implica selección. *Proceso selectivo.*

selecto, ta (se-**lec**-to) *adj.* Lo mejor entre otras cosas de su especie. *El ambiente del lugar era de lo más selecto.* **SIN.** Distinguido, elegido, escogido.

self-service *s. m.* *Autoservicio.

sellar (se-**llar**) *v. tr.* **1.** Imprimir el sello a una cosa. *Sella las cartas antes de enviarlas.* **SIN.** Validar. **2.** Concluir una cosa. *Selló su trabajo con éxito.* **SIN.** Finalizar, terminar. || **LOC. sellar los labios** Callar.

sello (se-llo) *s. m.* **1.** Utensilio que sirve para estampar lo que en él está grabado. *Estampó el sello con su firma.* **2.** Lo que queda estampado, impreso y señalado con el mismo sello. *El sello estaba muy borroso.* **SIN.** Impresión, señal. **3.** Timbre oficial que se usa en el franqueo de cartas y otros paquetes postales. *Esa carta necesita un sello de 60 pesetas.* **SIN.** Franqueo. **4.** Carácter distintivo comunicado a una cosa para distinguirla de las demás. *Aquella colección llevaba el sello personal de su diseñadora.* **SIN.** Cachet. **5.** Anillo ancho que lleva grabadas las iniciales de su dueño en la parte superior. *Siempre llevaba el sello que le había regalado su padre.* ||

LOC. echar, o poner, el sello a una cosa Terminarla, perfeccionarla.

seltz *s. m.* *Agua carbónica.

selva (**sel**-va) *s. f.* **1.** Terreno extenso, sin cultivar y muy poblado de árboles. *Se internaron en la selva.* **SIN.** Boscaje, espesura, floresta. **2.** Abundancia desordenada de algo. *Su habitación es como una selva.*

semáforo (se-**má**-fo-ro) *s. m.* Aparato eléctrico de señales luminosas para regular la circulación. *Se saltó un semáforo en rojo.*

semana (se-**ma**-na) *s. f.* **1.** Período de siete días seguidos: domingo, lunes, martes, miércoles, jueves, viernes y sábado. *Se ha pasado toda la semana lloviendo.* **2.** Período de siete días de tiempo, contados a partir de uno cualquiera de ellos, hasta el siguiente del mismo nombre. *Te queda menos de una semana para entregar el trabajo.* || **3. semana grande, mayor o santa** La última de la Cuaresma, desde el domingo de Ramos hasta el de Resurrección. || **LOC. entre semana** En cualquier día de ella, menos el primero y el último.

semanal (se-ma-**nal**) *adj.* **1.** Que sucede o se repite cada semana. *Es una publicación semanal.* **2.** Que dura una semana o a ella corresponde. *El ciclo de conferencias es semanal.* **SIN.** Semanario.

semanario (se-ma-**na**-rio) *s. m.* Periódico que se publica semanalmente. *Lo leí en el semanario.*

semántica (se-**mán**-ti-ca) *s. f.* Rama de la lingüística que se centra en el significado de los signos lingüísticos y en sus posibles combinaciones. *Da clases de semántica en la facultad de Filología.*

semántico, ca (se-**mán**-ti-co) *adj.* **1.** Que se refiere a la significación de las palabras. *Estudiamos los cambios semánticos.* **2.** *Campo semántico.

semblante (sem-**blan**-te) *s. m.* Cara, rostro. *No traía muy buen semblante.*

semblanza (sem-**blan**-za) *s. f.* Breve biografía de una persona. *El profesor nos hizo una semblanza de Cervantes.*

sembrar (sem-**brar**) *v. tr.* **1.** Echar las semillas en la tierra para que broten nuevas plantas. *El agricultor siembra trigo en el campo arado.* **SIN.** Plantar, diseminar, cultivar. **ANT.** Recolectar, cosechar. **2.** Desparramar, esparcir alguna cosa. *Había sembrado la habitación de papeles.* **3.** Ser causa o principio de una cosa. *Sembró la discordia entre ellos.* *v. irreg.*, se conjuga como acertar.

semejante (se-me-**jan**-te) *adj.* **1.** Que parece a un ser vivo o cosa. **GRA.** También s. m. y s. f. *Los dos hermanos tienen un carácter semejante, pero distin-*

semejar - senda

to aspecto. **SIN.** Afín, análogo, idéntico, parejo, similar. **ANT.** Distinto, desemejante, opuesto. **2.** Se emplea con sentido de comparación o ponderativo. *Nunca vi semejante desfachatez.* **3.** Usado con carácter de demostrativo, equivale a tal. *Semejante comportamiento es indigno de ti.* || *s. m.* **4.** *Prójimo. ✎ Como adj., es invarible en género.

semejar (se-me-**jar**) *v. intr.* Parecerse una persona o cosa a otra. **GRA.** También v. prnl. *Los dos cuadros se semejan bastante.* **SIN.** Asemejarse, propender.

semen (**se**-men) *s. m.* Líquido que segregan las glándulas genitales masculinas. *El semen contiene los espermatozoos.* **SIN.** Esperma, simiente.

semental (se-men-**tal**) *adj.* Se dice del animal macho que se destina a la procreación. **GRA.** También s. m. *Compró un semental.*

semestral (se-mes-**tral**) *adj.* **1.** Que sucede o se repite cada semestre. *Esa revista es semestral.* **2.** Que dura un semestre o a él corresponde. *Esa asignatura es semestral.*

semestre (se-**mes**-tre) *s. m.* Espacio de seis meses. *Fui mejor en el segundo semestre del curso.*

semicírculo (se-mi-**cír**-cu-lo) *s. m.* Cada una de las dos mitades del círculo separadas por un diámetro. *La sala tenía forma de semicírculo.* **SIN.** Hemiciclo.

semicircunferencia (se-mi-cir-cun-fe-**ren**-cia) *s. f.* Cada una de las dos mitades de la circunferencia. *Traza una semicircunferencia.*

semiconductor, ra (se-mi-con-duc-**tor**) *adj.* Se dice del material que puede comportarse como un conductor de electricidad, o como un aislante. *Han obtenido nuevos semiconductores en el laboratorio.*

semiconsonante (se-mi-con-so-**nan**-te) *adj.* Se dice del sonido o letra que participa de los caracteres de vocal y de consonante, como la "i" y la "u" en principio de diptongo o triptongo. **GRA.** También s. f. *Diablo, cuando.*

semifinal (se-mi-fi-**nal**) *s. f.* Cada una de las dos penúltimas competiciones de un campeonato. **GRA.** Se usa más en pl. *Jugarán la semifinal de baloncesto.*

semifinalista (se-mi-fi-na-**lis**-ta) *adj.* Que participa en la semifinal de una competición. **GRA.** También s. m. y s. f. *Nuestro equipo quedó semifinalista.*

semilla (se-**mi**-lla) *s. f.* **1.** Parte de la planta que produce nuevas plantas. *He sembrado semillas de calabaza.* **SIN.** Pepita, simiente. **2.** Cosa que es causa u origen de que proceden otras. *Aquel hecho fue la semilla de la nueva organización.*

seminario (se-mi-**na**-rio) *s. m.* **1.** Organismo docente en que, mediante el trabajo en común de maestros y discípulos, se adiestran éstos en la investigación de cierta disciplina. *Seminario de literatura.* **2.** Casa destinada para la educación de los jóvenes que se van a dedicar al sacerdocio. *Estudió en el seminario.*

semiología (se-mio-lo-**gí**-a) *s. f.* Teoría general de los signos. *Es especialista en semiología.*

semipermeable (se-mi-per-me-**a**-ble) *adj.* Parcialmente permeable. *El abrigo está hecho con un tejido semipermeable.*

semirrecta (se-mi-**rrec**-ta) *s. f.* Cada una de las dos porciones en que puede quedar dividida una recta por uno de sus puntos. *Dibuja una semirrecta.*

semita (se-**mi**-ta) *adj.* *Judío. **GRA.** También s. m. y s. f.

semivocal (se-mi-vo-**cal**) *adj.* Se aplica a las vocales "i" y "u", formando diptongo con una vocal precedente. Su articulación es en este caso más cerrada que la que les corresponde siendo vocales plenas. **GRA.** También s. f. *Aula, seis.*

sémola (**sé**-mo-la) *s. f.* Harina de trigo, arroz u otros cereales, presentada en granos menudos, y que se emplea principalmente para la preparación de sopas. *Le gusta mucho la sopa de sémola de trigo.*

senado (se-**na**-do) *s. m.* **1.** En ciertos estados modernos, cuerpo que ejerce el poder legislativo juntamente con otro cuerpo nombrado por elección y con el jefe del Estado. *El proyecto de ley pasó al senado.* **SIN.** Cámara. **2.** Edificio donde los senadores celebraban sus sesiones. *Varios periodistas esperaban a las puertas del senado.*

sencillez (sen-ci-**llez**) *s. f.* Cualidad de sencillo. *Viste con mucha sencillez.* **SIN.** Candidez, franqueza, ingenuidad, naturalidad. **ANT.** Soberbia, retorcimiento.

sencillo, lla (sen-**ci**-llo) *adj.* **1.** Que no tiene dificultad. *Es un trabajo muy sencillo, no tendrás ningún problema.* **SIN.** Simple, fácil. **ANT.** Complejo, difícil. **2.** Que no tiene adornos. *El vestido es sencillo y de un color.* **SIN.** Sobrio. **ANT.** Recargado. **3.** Que no es presumido ni orgulloso. *Teresa es una mujer sencilla y nunca presume de todo lo que tiene.* **SIN.** Llano, natural, humilde. **ANT.** Soberbio, orgulloso. **4.** Que tiene menos cuerpo que otras cosas de su especie. *Es un paño muy sencillo.* **5.** Se dice del estilo llano y fácil. *Utiliza un lenguaje sencillo y directo.* **ANT.** Oscuro.

senda (**sen**-da) *s. f.* **1.** Camino más estrecho que la vereda, abierto especialmente por el tránsito de peatones. *Encontramos la senda que llevaba a la cabaña.* **SIN.** Atajo, vereda, trilla, trocha. **2.** Camino empleado para hacer algo. *Nos pareció la senda más adecuada.* **SIN.** Dirección, medio.

senectud - sentido

sendero (sen-**de**-ro) *s. m.* *Senda.
senectud (se-nec-**tud**) *s. f.* *Vejez.
sénior (**sé**-nior) *adj.* Denominación con que se clasifica en las pruebas de deportes a los concursantes que se han destacado en otras anteriores. *Participó en la categoría sénior.*
seno (**se**-no) *s. m.* **1.** *Agujero. **2.** Pecho humano. *El gran escote casi dejaba al descubierto sus senos.* **3.** Matriz de las hembras de los mamíferos. *Seno materno.* **SIN.** Útero, vientre.
sensación (sen-sa-**ción**) *s. f.* **1.** Impresión que se recibe por medio de los sentidos. *Podemos tener sensaciones de frío, de calor, de bienestar, de debilidad, etc.* **SIN.** Imagen, percepción, representación. **ANT.** Insensibilidad. ‖ **2. de sensación** Impresionante, magnífico. **SIN.** Impresión, conmoción, pasión.
sensacional (sen-sa-cio-**nal**) *adj.* Que causa sensación o emoción. *El partido fue realmente sensacional.* **SIN.** Impresionante, chocante, extraordinario. **ANT.** Ordinario, vulgar.
sensacionalismo (sen-sa-cio-na-**lis**-mo) *s. m.* Tendencia a producir fuerte impresión con noticias, sucesos, etc. *Ese programa de noticias peca de sensacionalismo.*
sensatez (sen-sa-**tez**) *s. f.* Cualidad de sensato. *Demostró tener muy poca sensatez.* **SIN.** Cautela, cordura, discreción, prudencia. **ANT.** Insensatez.
sensato, ta (sen-**sa**-to) *adj.* Prudente, de buen juicio. *Fue muy sensata en todo momento.* **SIN.** Cauto, cuerdo, juicioso. **ANT.** Loco, imprudente.
sensibilidad (sen-si-bi-li-**dad**) *s. f.* **1.** Facultad de sentir, propia de los seres animados. *Tiene mucha sensibilidad en las manos.* **SIN.** Sentimiento. **2.** Propensión natural del ser humano a dejarse llevar de la compasión y ternura. *Es una persona de gran sensibilidad.* **SIN.** Sentimiento, delicadeza, intuición. **3.** Capacidad de respuesta, de admiración, etc. *Tiene gran sensibilidad hacia la pintura.*
sensibilizar (sen-si-bi-li-**zar**) *v. tr.* **1.** Aumentar o excitar la sensibilidad física o moral. *Con aquel tratamiento intentaban sensibilizar sus piernas.* **2.** Hacer sensible. *Habría que sensibilizar más a la gente con este tema.* ⊗ Se conjuga como abrazar.
sensible (sen-**si**-ble) *adj.* **1.** Capaz de sentir física o moralmente. *Es poco sensible.* **SIN.** Sensitivo, impresionable. **ANT.** Insensible. **2.** Que puede ser percibido por los sentidos. *Ese ruido es apenas sensible para el oído humano.* **SIN.** Perceptible, manifiesto, apreciable. **ANT.** Imperceptible. **3.** Se dice de la persona que se deja llevar fácilmente del senti-

miento. *Es una persona extremadamente sensible.* **SIN.** Sentimental, sensiblero, tierno. **ANT.** Duro, insensible, impasible.
sensual (sen-**sual**) *adj.* Se dice de los gustos y deleites de los sentidos, de las cosas que los incitan o satisfacen y de las personas aficionadas a ellos. *Tenía una mirada muy sensual.* **SIN.** Deleitoso, gustoso, voluptuoso.
sentada (sen-**ta**-da) *s. f.* Protesta que realizan un grupo de personas sentándose durante largo tiempo en el suelo. *Hicieron una sentada en la plaza del Ayuntamiento.* **SIN.** Manifestación. ‖ **LOC. de una sentada** De una sola vez.
sentado, da (sen-**ta**-do) *p. p.* de sentar. *Permaneció sentada.* ‖ **LOC. dar algo por sentado** Considerar que queda claro o que es sabido por todos. **dejar algo bien sentado** Aclararlo por completo.
sentar (sen-**tar**) *v. tr.* **1.** Poner a alguien en una silla, banco, etc. **GRA.** También v. prnl. *Sentó al niño en el sofá. Se sentó enfrente.* **SIN.** Asentar(se), acomodar(se). **ANT.** Levantar(se), alzar(se). **2.** Establecer algo en un razonamiento o exposición. *Sentó las bases para la negociación.* **SIN.** Convenir. ‖ *v. intr.* **3.** Parecer bien o mal lo que hacen o dicen otros. *Le sentó mal que no le invitaran.* **4.** Sentirse bien o mal después de comer algo. *La fruta sienta bien.* **SIN.** Caer. ⊗ v. irreg., se conjuga como acertar.
sentencia (sen-**ten**-cia) *s. f.* **1.** Dictamen o parecer emitido o seguido por alguien. *No estaba de acuerdo con su sentencia.* **SIN.** Decisión, resolución. **2.** Dicho breve que encierra doctrina o moralidad. *Siempre está con sentencias.* **SIN.** Aforismo, adagio, refrán. **3.** Declaración del juicio y resolución del juez. *El juez dictó sentencia.* **SIN.** Veredicto, fallo.
sentenciar (sen-ten-**ciar**) *v. tr.* **1.** Tomar su decisión el juez sobre un asunto en un juicio. *El juez sentenció a favor del dueño de la casa.* **SIN.** Dictaminar, fallar, juzgar. **2.** Condenar por sentencia. *Le sentenciaron a tres años de cárcel.* ⊗ En cuanto al acento, se conjuga como cambiar.
sentencioso, sa (sen-ten-**cio**-so) *adj.* **1.** Se dice de la oración, frase o escrito que encierra moralidad o doctrina. *Escucharon con atención sus sentenciosas palabras.* **SIN.** Proverbial, refranero. **2.** También se dice del tono de la persona que habla con cierta gravedad. *Me molesta que me lo diga con ese tono tan sentencioso.* **SIN.** Grave, enfático, solemne. **ANT.** Sencillo, llano.
sentido, da (sen-**ti**-do) *adj.* **1.** Que se ofende con facilidad. *Es una persona muy sentida.* **SIN.** Sensible. ‖

sentimental - señal

s. m. **2.** Aptitud que tiene el alma de percibir, por medio de determinados órganos, las impresiones de los objetos externos. *Los perros tienen muy desarrollado el sentido del olfato.* **SIN.** Percepción, sensación. **3.** Entendimiento o razón. *Tiene muy poco sentido.* **SIN.** Discernimiento, sensatez. **4.** Modo particular de entender una cosa. *Lo cogió por otro sentido.* **5.** Inteligencia o conocimiento con que se realizan algunas cosas. *Actúa con mucho sentido.* **6.** Razón de ser, finalidad. *Aquello no tenía ningún sentido.* **7.** Significación de una proposición u oración. *Comprendió el sentido de la frase.* **SIN.** Significado. **8.** Significado o acepción de las palabras. *La palabra "banco" tiene diferentes sentidos.* **SIN.** Significación, semántica. ‖ **9. sentido común** Facultad, que la mayoría de las personas tienen, de juzgar razonablemente las cosas. **10. sentido figurado** Significado atribuido a una palabra o expresión distinto del que le corresponde naturalmente. ‖ **LOC. aguzar el sentido** *fam.* Poner mucha atención. **con los cinco sentidos** Con todo el cuidado. | Con total eficacia. **de sentido común** Conforme al buen juicio. **no tener sentido una cosa** Ser ilógica. **perder alguien el sentido** Desmayarse. **tener alguien un sexto sentido** Poseer una intuición especial.

sentimental (sen-ti-men-**tal**) *adj.* **1.** Que expresa o excita sentimientos tiernos, o es propenso a ellos. *Aquella escena era muy sentimental.* **SIN.** Tierno, sensible, emotivo, conmovedor. **2.** Que afecta sensibilidad de un modo ridículo o exagerado. **GRA.** También s. m. y s. f. *No te pongas tan sentimental.* **SIN.** Cursi, sensiblero. **3.** Se dice de la relación amorosa. *Mantienen una relación sentimental.*

sentimiento (sen-ti-**mien**-to) *s. m.* **1.** Acción y efecto de sentir o sentirse. *Aquella persona le producía un sentimiento extraño.* **SIN.** Emoción, sensibilidad, sensación. **2.** Afectos, emociones. *Le costaba expresar sus sentimientos.*

sentir[1] (sen-**tir**) *s. m.* **1.** Sentimiento del ánimo. *El poeta expresa su íntimo sentir.* **2.** Dictamen, parecer de alguien sobre una materia. *Aquel artículo expresaba el sentir de todos en ese tema.*

sentir[2] (sen-**tir**) *v. tr.* **1.** Tener una sensación, notar algo. *No siento dolor.* **SIN.** Percibir. **2.** Tener un sentimiento. *Siento una gran alegría por su regreso.* **3.** Lamentar algo. *Siento haberte hecho esperar.* **SIN.** Arrepentirse. **4.** Opinar, juzgar, criticar. *Sentía que aquello no estaba bien.* **5.** Presentir un hecho. *Sintió que algo bueno iba a suceder.* **SIN.** Prever, barruntar. ‖ *v. prnl.* **6.** Seguido de algunos adjetivos, encontrarse en determinada situación. *Se sentía un poco mareada.* **7.** Seguido de ciertos adjetivos, reconocerse, considerarse. *Se sentía afortunada.* ‖ **LOC. que sentir** Frase con la que se ponderan las malas consecuencias de alguna cosa. **sin sentir** Sin darse cuenta, inadvertidamente. ✎ v. irreg. 🖉

INDICATIVO		SUBJUNTIVO		
Pres.	Pret. perf. s.	Pres.	Pret. imperf.	Fut. imperf.
siento	sentí	sienta	sintiera/se	sintiere
sientes	sentiste	sientas	sintieras/ses	sintieres
siente	sintió	sienta	sintiera/se	sintiere
sentimos	sentimos	sintamos	sintiéramos/semos	sintiéremos
sentís	sentisteis	sintáis	sintierais/seis	sintiereis
sienten	sintieron	sientan	sintieran/sen	sintieren
IMPERATIVO	siente, sienta, sintamos, sentid, sientan			

seña (**se**-ña) *s. f.* **1.** Nota o indicio para dar a entender una cosa. *Le hizo una seña para que se callara.* **SIN.** Gesto, pista. **2.** Gesto que está determinado entre dos o más personas para entenderse. *Jugando a la brisca, nadie les pilla las señas.* **SIN.** Mueca, santo. **3.** Vestigio que queda de una cosa. *No había ninguna seña de su estancia allí.* **SIN.** Huella, indicio, prueba, rastro. ‖ *s. f. pl.* **4.** Indicación del lugar o paradero y domicilio de una persona. *Dame tus señas.* ‖ **LOC. dar señas** Describir algo para que pueda ser reconocido o comprendido. **hablar alguien por señas** Explicarse sólo mediante gestos. **hacer señas** Indicar alguien con gestos o ademanes lo que piensa o quiere. **por, o para, más señas** *fam.* Locución que se utiliza para traer al recuerdo una cosa recordando las circunstancias de la misma.

señal (se-**ñal**) *s. f.* **1.** Marca que se pone en una cosa para reconocerla. *Puse una señal en la página que estaba leyendo.* **SIN.** Muesca, signo, sello, nota, distintivo, llamada, seña. **2.** Todo aquello que informa, advierte o indica algo. *Si oyes el teléfono sonar, es señal de que alguien llama.* **SIN.** Signo, indicación, símbolo. **3.** Hito para indicar un límite o lindero. *Había una señal que indicaba el camino.* **SIN.** Mojón, jalón. **4.** *Signo. **5.** Vestigio que queda de una cosa, por donde se la puede reconocer. *No encontraron señales de su paso por aquel lugar.* **SIN.** Huella, indicio. **6.** Cicatriz de una herida, llaga etc. *Tenía señales del accidente.* **SIN.** Marca, mancha, lunar. **7.** *Prodigio. **8.** Parte del precio que se anticipa en garantía de que se cumplirá lo estipulado en un contrato. *Dejó 10 000 pesetas como señal.* **SIN.** Adelanto, prenda, anticipo. **9.** Aviso para acudir a

señalar - señorío

un lugar determinado. *Hizo señales con una bengala.* ‖ **10. señal de la cruz** Cruz formada con los dos dedos de la mano derecha. ‖ **LOC. en señal** En prueba de una cosa. **ni señal de** Expresión que indica la desaparición total de una cosa.

señalar (se-ña-**lar**) *v. tr.* **1.** Poner marca o señal en una cosa para darla a conocer o para acordarse después de una especie. *Señala los nombres propios que encuentres en este dictado.* **SIN.** Destacar, marcar, remarcar, subrayar. **2.** Llamar la atención hacia una persona o cosa, indicándola generalmente con la mano. *Nos señaló el camino.* **SIN.** Apuntar, mostrar, nombrar. **ANT.** Omitir, soslayar. **3.** Nombrar o determinar algo para un fin. *Señalaron el día y la hora del examen.* **SIN.** Designar, prescribir, sugerir. **4.** Fijar una cantidad que debe pagarse por algún motivo. *Señaló una cantidad mínima de 1 000 pesetas.* **SIN.** Asignar, destinar, dotar. **5.** Hacer una herida o señal en el cuerpo, especialmente en la cara. *El grave accidente sufrido señaló su cara.*

señalizar (se-ña-li-**zar**) *v. tr.* Señalar, hacer o poner señales en las vías de comunicación. *Señalizaron la curva peligrosa.* **SIN.** Jalonar, abalizar. ✎ Se conjuga como abrazar.

señor, ra (se-**ñor**) *adj.* **1.** Dueño de una cosa. **GRA.** También s. m. y s. f. *Era la señora de aquellas tierras.* **SIN.** Propietario. **2.** *fam.* Noble y educado. *Se comportó como un señor.* **3.** *fam.* Antepuesto a algunos nombres, encarece su significado. *Se compró un señor coche.* **4.** *fam.* Marido o esposa. *Les presentó a su señora.* ‖ *s. m.* **5.** Por antonom., Dios. **ORT.** Se escribe con mayúscula. *Pidió perdón al Señor.* **6.** *Jesús.* **ORT.** Se escribe con mayúscula. *Le dijeron a los discípulos que querían hablar con el Señor.* **7.** Hombre adulto. *Un señor pregunta por ti.* **8.** Término de cortesía que se aplica a cualquier persona. *Señor González.* **9.** Amo, con respecto a los criados. *Le pidió permiso al señor.* ‖ **10. Nuestra Señora** La Virgen María. **11. Nuestro Señor** Jesucristo.

señoría (se-ño-**rí**-a) *s. f.* Tratamiento que se da a las personas que lo requieren por su dignidad. *Dirigió el escrito a Su Señoría.*

señorial (se-ño-**rial**) *adj.* **1.** Que pertenece o se refiere al señorío. *Hace alarde de su poder señorial.* **2.** Majestuoso, noble. *Es una bella casa señorial.*

señorío (se-ño-**rí**-o) *s. m.* **1.** Territorio perteneciente al señor o a la señora. *Cedió su señorío y se metió a monje.* **2.** *Caballerosidad.

SEÑALES DE TRÁFICO

PRECEPTIVAS

Fin de todas las restricciones | Detención obligatoria | Estacionamiento prohibido | Acceso prohibido | Prohibido girar a la derecha | Prohibido a bicicletas

Prohibido a peatones | Prohibido adelantar | Fin de la prohibición de adelantar | Límite de velocidad | Fin del límite de velocidad | Dirección obligatoria

señorito - sequedad

señorito, ta (se-ño-**ri**-to) *s. m. y s. f.* **1.** Hijo o hija de un señor. *Tenía mucho cariño a su señorito.* ‖ *s. m.* **2.** *fam.* Joven acomodado y ocioso. *Está hecho un señorito.* ‖ *s. f.* **3.** Término de cortesía que se aplica a la mujer soltera. *Preguntó por la señorita Álvarez.* **4.** Tratamiento de cortesía que reciben las maestras de escuela, profesoras, secretarias y, en general, cualquier mujer que desempeña un puesto en la administración o el comercio. *La señorita le atendió amablemente.*

señuelo (se-**ñue**-lo) *s. m.* **1.** Cualquier cosa que sirve para atraer a las aves. *Utilizó ese pañuelo como señuelo.* **SIN.** Cebo, reclamo. **2.** Ave utilizada para atraer a otra. *Aquella milana era su señuelo.* **3.** Cualquier cosa que sirve para atraer o inducir, con alguna facilidad. *Una buena recompensa era el señuelo.* **SIN.** Acicate, aliciente, añagaza.

seo (**se**-o) *s. f.* En Aragón, catedral. *Visitamos la seo de Zaragoza.*

sépalo (**sé**-pa-lo) *s. m.* Partes externas de la flor, que protegen a los pétalos antes de que se abra la flor. *Los sépalos suelen ser de color verde.*

separación (se-pa-ra-**ción**) *s. f.* **1.** Acción y efecto de separar. *La separación fue de una semana.* **SIN.** Alejamiento, apartamiento, desunión, escisión. **ANT.** Acercamiento, conglomeración, unión. **2. separación de bienes** Interrupción de la vida conyugal por conformidad de las partes o fallo judicial, sin quedar extinguido el vínculo matrimonial. **SIN.** Repudio, disolución. **ANT.** Enlace, nupcias.

separado, por *expr.* Separadamente. *Se entrevistó con ellos por separado.*

separador, ra (se-pa-ra-**dor**) *adj.* Que separa. **GRA.** También s. m. y s. f. *Quería una carpeta con separadores.*

separar (se-pa-**rar**) *v. tr.* **1.** Poner un ser vivo o cosa más lejos de lo que estaba. **GRA.** También v. prnl. *Separa los lapiceros azules de los rojos.* **SIN.** Aislar(se), alejar(se), apartar(se), marginar(se), distanciar(se). **ANT.** Aunar(se), unir(se), hermanar(se), juntar(se). **2.** Distinguir unas cosas o especies de otras. *Separó la fruta de mejor calidad.* **SIN.** Analizar, diferenciar. **ANT.** Identificar, unificar. **3.** Forzar a dos personas o animales que pelean a que dejen de hacerlo. *Se metió en medio para separarlos.* ‖ *v. prnl.* **4.** Tomar caminos distintos dos cosas, personas, etc., que antes iban juntas. *Después de la carrera se separaron.* **SIN.** Bifurcarse, desviarse, alejarse. **ANT.** Juntarse, unirse. **5.** Interrumpir los cónyuges su vida en común. *Se separaron a los tres años de casados.* **SIN.** Divorciarse, desunirse. **ANT.** Casarse, unirse. **6.** Renunciar a una asociación que se mantenía con otra persona o personas. *El grupo más radical se separó de la organización.* **SIN.** Desvincularse, dividirse, disociarse. **ANT.** Agremiarse, aliarse, fusionarse. **7.** Retirarse alguien de algún ejercicio u ocupación. *Desde el accidente se separó de su afición a la caza.* **SIN.** Apartarse, abdicar.

separata (se-pa-**ra**-ta) *s. f.* Tirada aparte de un artículo o capítulo publicado en una revista u otra obra. *Sacaron una separata.* **SIN.** Colaboración, artículo, trabajo.

sepelio (se-**pe**-lio) *s. m.* *Entierro.

sepia (**se**-pia) *s. f.* *Jibia, molusco. **SIN.** Calamar, cefalópodo.

septentrión (sep-ten-**trión**) *s. m.* *Norte, punto cardinal. ✎ Se suele escribir con mayúscula.

septiembre (sep-**tiem**-bre) *s. m.* Noveno mes del año; consta de 30 días. *Nací el 4 de septiembre.* ✎ También "setiembre".

séptimo, ma (**sép**-ti-mo) *adj. num. part.* **1.** Se dice de cada una de las siete partes iguales en que se divide un todo. **GRA.** También s. m. ‖ *adj. num. ord.* **2.** Que ocupa el último lugar en una serie ordenada de siete. **GRA.** También pron. num.

septuplicar (sep-tu-pli-**car**) *v. tr.* Multiplicar por siete una cantidad. **GRA.** También v. prnl. *Los beneficios se septuplicaron respecto al año anterior.* ✎ Se conjuga como abarcar.

sepulcro (se-**pul**-cro) *s. m.* **1.** Obra que se construye levantada del suelo, para dar en ella sepultura al cadáver de una persona. *Depositaron un hermoso ramo de flores sobre su sepulcro.* **SIN.** Tumba, túmulo, sarcófago. ‖ **2. Santo Sepulcro** Aquél en que estuvo sepultado Jesucristo.

sepultar (se-pul-**tar**) *v. tr.* **1.** *Enterrar. **SIN.** Inhumar. **2.** Ocultar alguna cosa como enterrándola. **GRA.** También v. prnl. *Todos trataron de sepultar la verdad.* **SIN.** Encubrir, esconder, soterrar. **ANT.** Sacar, exponer. ✎ Tiene doble p. p.; uno reg., sepultado, y otro irreg., sepulto.

sepultura (se-pul-**tu**-ra) *s. f.* **1.** Acción y efecto de sepultar. *Le dieron sepultura.* **SIN.** Enterramiento, inhumación. **2.** Agujero hecho en la tierra para enterrar un cadáver. *Cavaron la sepultura.* **SIN.** Fosa, hoyo. **3.** Lugar en que está enterrado un cadáver. *Rezó ante su sepultura.* **SIN.** Nicho, tumba, panteón.

sequedad (se-que-**dad**) *s. f.* **1.** Calidad de seco. *La falta de lluvia produjo sequedad.* **SIN.** Aridez, infertilidad. **ANT.** Fertilidad, humedad. **2.** Aspereza en el trato. *Nos trató con sequedad.* **SIN.** Brusquedad, rudeza, desabrimiento. **ANT.** Dulzura.

sequía (se-**quí**-a) *s. f.* Tiempo seco por falta de lluvias. *Los pozos se han agotado a causa de la sequía.* **ANT.** Humedad.

séquito (**sé**-qui-to) *s. m.* Grupo de personas que acompaña y sigue a alguien. *Vino con todo su séquito.* **SIN.** Acompañamiento, cortejo, comitiva.

ser[1] *s. m.* Todo lo que tiene existencia. *Las personas somos seres humanos.* **SIN.** Ente.

ser[2] *v. aux.* **1.** Sirve para formar la voz pasiva. *Ha sido comprado. Fue llamado.* || *v. cop.* **2.** Indica que la persona o cosa de la que hablamos tiene la cualidad que se dice. *Mi hermano es muy alto. El coche es lento.* || *v. intr.* **3.** Tener existencia o vida. *Todo lo que existe, es.* **SIN.** Existir, estar. **ANT.** Morir, desaparecer. **4.** Tener utilidad. *Los abrigos son para quitar el frío.* **SIN.** Servir, valer. **5.** Pertenecer. *Aquella casa de allí es nuestra.* **6.** Se usa para indicar tiempo. *Son las cinco.* **7.** Suceder, acaecer, acontecer. *Así fue.* **8.** Valer, costar. *Son cinco mil pesetas.* **9.** Formar parte de una colectividad. **10.** En sentido geográfico, tener origen o naturaleza. *Es de León.* **11.** Junto a sustantivos y adjetivos, tener los empleos o cargos que significan. *Es médico.* || **LOC. como dos y dos son cuatro** Locución con que se asegura que una cosa ha de suceder como se dice. **érase que se era, o érase una vez** *fam.* Expresión con que se da principio a los cuentos. **no ser para menos** Ser algo digno de la admiración que se le profesa. **sea lo que fuere, o sea lo que sea** Expresión con que se da a entender que se prescinde de los accesorios para pasar a lo principal. **ser alguien menos** *fam.* No ser capaz de lo que otro es. **ser alguien poco** *fam.* Tener poco valor. **ser alguien muy suyo** *fam.* Ser peculiar. | Ser independiente. **ser de lo que no hay** *fam.* No tener igual en su clase. **GRA.** Se usa con sentido peyorativo. **si yo fuera fulano** Expresión que se utiliza para dar a entender lo que haría una persona si estuviera en el lugar o las circunstancias de otra. ✎ *v. irreg.* ✎ Ver cuadro pág. 992.

serafín (se-ra-**fín**) *s. m.* **1.** *Querubín. **ANT.** Demonio, diablo. **2.** Persona de singular hermosura. *Es un auténtico serafín.* **SIN.** Belleza, bello.

serenar (se-re-**nar**) *v. tr.* **1.** Aclarar, sosegar una cosa. **GRA.** También v. intr. y v. prnl. *Se serenó la tempestad.* **SIN.** Calmar(se), apaciguar(se), mejorar(se), escampar. **ANT.** Turbarse, exaltarse. **2.** Apaciguar un disturbio. *Consiguió serenar los ánimos.* **SIN.** Calmar, pacificar, refrenar, apaciguar. **3.** Templar o cesar en el enfado. **GRA.** Tambien v. prnl. *Dio cuatro voces y después se serenó.* **SIN.** Enfriarse, sosegarse. **ANT.** Enardecerse, exaltarse.

serenata (se-re-**na**-ta) *s. f.* **1.** Música al aire libre y durante la noche, para festejar a una persona. *Le dieron la serenata en su balcón.* **SIN.** Ronda. **2.** Composición poética o musical destinada a este objeto. *Compuso una hermosa serenata.* || **LOC. dar la serenata a alguien** *fam.* Insistirle mucho en algo.

serenidad (se-re-ni-**dad**) *s. f.* Cualidad de sereno. *Pidió serenidad en aquellas difíciles circunstancias.* **SIN.** Dominio, impavidez, sosiego, temple. **ANT.** Nerviosismo, exaltación.

sereno, na (se-**re**-no) *adj.* **1.** Se dice de lo apacible, sosegado. *Estaba muy serena.* **ANT.** Tranquilo, relajado, templado. **ANT.** Exaltado, turbio. **2.** Claro, despejado de nubes o nieblas. *Hacía una noche muy serena.* **SIN.** Escampado, apacible. **ANT.** Cubierto, encapotado. **3.** Que no está borracho. *No había bebido nada de alcohol, estaba completamente serena.* || *s. m.* **4.** Guarda encargado de rondar de noche para velar por la seguridad del vecindario. *El sereno nos abrió la puerta.* **SIN.** Vigilante, guardia. || **LOC. al sereno** A la intemperie de la noche.

serial (se-**rial**) *s. m.* Programa radiofónico o televisivo cuyo argumento se desarrolla en emisiones sucesivas. *No se perdía nunca el serial de las 5.*

seriar (se-**riar**) *v. tr.* Poner en serie, formar series. *Seriaron los diversos elementos según el tamaño y el color.* **SIN.** Agrupar, clasificar, ordenar. **ANT.** Desordenar, desorganizar. ✎ En cuanto al acento, se conjuga como cambiar.

serie (**se**-rie) *s. f.* **1.** Conjunto de cosas relacionadas entre sí y que se suceden unas a otras. *Nos dio una serie de motivos bastante convincentes.* **SIN.** Inventario, lista, sucesión, cadena. **2.** *Serial, programa radiofónico o televisivo. **3.** En filatelia, conjunto de sellos que forman parte de una misma emisión. *Le costó mucho conseguir esa serie.* **SIN.** Colección. **4.** En lotería, cada uno de los conjuntos de números emitidos para un mismo sorteo. *Tenía el número, pero no la serie.* || **LOC. en serie** Se aplica a la fabricación de muchos objetos iguales siguiendo un patrón determinado. **fuera de serie** Se aplica a lo que se estima sobresaliente en su género.

seriedad (se-rie-**dad**) *s. f.* Cualidad de serio. *Le impresionaba mucho su seriedad.* **SIN.** Circunspección, formalidad, gravedad, prudencia. **ANT.** Frivolidad, superficialidad.

MODO INDICATIVO		MODO SUBJUNTIVO	
Tiempos simples	**Tiempos compuestos**	**Tiempos simples**	**Tiempos compuestos**
Presente	**Pret perf. compuesto**	**Presente**	**Pret. perfecto**
soy	he sido	sea	haya sido
eres	has sido	seas	hayas sido
es	ha sido	sea	haya sido
somos	hemos sido	seamos	hayamos sido
sois	habéis sido	seáis	hayáis sido
son	han sido	sean	hayan sido
Pret. imperfecto	**Pret. pluscuamperf.**	**Pret. imperfecto**	**Pret. pluscuamperfecto**
era	había sido	fuera o fuese	hubiera o hubiese sido
eras	habías sido	fueras o fueses	hubieras o hubieses sido
era	había sido	fuera o fuese	hubiera o hubiese sido
éramos	habíamos sido	fuéramos o fuésemos	hubiéramos o hubiésemos sido
erais	habíais sido	fuerais o fueseis	hubierais o hubieseis sido
eran	habían sido	fueran o fuesen	hubiera o hubiesen sido
Pret. perf. simple	**Pret. anterior**	**Futuro**	**Futuro perfecto**
fui	hube sido	fuere	hubiere sido
fuiste	hubiste sido	fueres	hubieres sido
fue	hubo sido	fuere	hubiere sido
fuimos	hubimos sido	fuéremos	hubiéremos sido
fuisteis	hubisteis sido	fuereis	hubiereis sido
fueron	hubieron sido	fueren	hubieren sido
Futuro	**Futuro perfecto**	**MODO IMPERATIVO**	
seré	habré sido	se tú	
serás	habrás sido	sea él	
será	habrá sido	seamos nosotros	
seremos	habremos sido	sed vosotros	
seréis	habréis sido	sean ellos	
serán	habrán sido	**FORMAS NO PERSONALES**	
Condicional	**Condicional comp.**	**Infinitivo** ser	**Infinitivo compuesto** haber sido
sería	habría sido		
serías	habrías sido	**Gerundio** siendo	**Gerundio compuesto** habiendo sido
sería	habría sido		
seríamos	habríamos sido		
seríais	habríais sido	**Participio** sido	
serían	habrían sido		

serio - servidumbre

serio, ria (**se**-rio) *adj.* **1.** Se dice de la persona que no se ríe o es poco divertida. *Es tan serio que ni las bromas le hacen gracia.* **SIN.** Seco, taciturno. **ANT.** Alegre. **2.** Sincero, que no engaña y hace lo que debe. *Es muy seria en su profesión.* **SIN.** Formal, responsable, cumplidor. **ANT.** Informal, irresponsable. **3.** Que es de importancia. *La educación es un asunto serio.* **SIN.** Considerable, grave, importante. **ANT.** Leve, insignificante. ‖ **LOC. en serio** Por lo serio, con seriedad. **ser algo una cosa seria** Se usa para destacar sobremanera lo que se dice.

sermón (ser-**món**) *s. m.* **1.** Discurso pronunciado en público por un sacerdote, para enseñanza de la doctrina. *Su sermón les hizo emocionarse.* **SIN.** Plática, prédica, predicación. **2.** Amonestación o reprensión. *Aguantó el sermón que le echaron sin decir ni una palabra.* **SIN.** Riña, recriminación, reconversión, reprimenda. **ANT.** Alabanza, elogio.

sermonear (ser-mo-ne-**ar**) *v. intr.* Predicar, echar sermones. *Sabía que si lo hacía le iban a sermonear.*

serpentear (ser-pen-te-**ar**) *v. intr.* Moverse o extenderse formando vueltas y tornos como las serpientes. *Serpenteaba por el suelo con gran agilidad.* **SIN.** Gatear, zigzaguear, culebrear.

serpentina (ser-pen-**ti**-na) *s. f.* Tira de papel enrollada que, en ciertas fiestas, se arrojan unas personas a otras, sujetándola por uno de sus extremos de modo que se desenrolle en el aire. *Desde las carrozas tiraban caramelos y serpentinas.* **SIN.** Cinta.

serpiente (ser-**pien**-te) *s. f.* Reptil largo, cilíndrico, sin extremidades y con una piel escamosa de la que se desprende regularmente. *La mordedura de algunas especies de serpiente puede matar rápidamente a una persona.*

serranía (se-rra-**ní**-a) *s. f.* Terreno compuesto de montañas y sierras. *Tenía una casa en la serranía.*

serrar (se-**rrar**) *v. tr.* Cortar con la sierra madera u otras materias. *Estuvo toda la tarde ocupado serrando ese tronco.* **SIN.** Aserrar, partir. ✎ *v. irreg.*, se conjuga como acertar.

serrín (se-**rrín**) *s. m.* Conjunto de partículas desprendidas de la madera u otro material cuando se sierra. *Como el suelo estaba mojado, echó serrín para que no se resbalara.* **SIN.** Viruta, residuo.

serrucho (se-**rru**-cho) *s. m.* Sierra de hoja ancha y con una sola manija. *Necesito un serrucho un poco más grande para serrar esta tabla.*

serventesio (ser-ven-**te**-sio) *s. m.* Estrofa de cuatro versos endecasílabos en la que riman en consonante el primer verso con el tercero y el segundo con el cuarto. *A veces los sonetos se escriben con serventesios en vez de cuartetos.*

servicial (ser-vi-**cial**) *adj.* Que se presta a ayudar y complacer a otras personas. *Es un chico muy servicial.* **SIN.** Obsequioso, complaciente, atento.

servicio (ser-**vi**-cio) *s. m.* **1.** Acción y efecto de servir. *Se encargó del servicio de la mesa.* **2.** Estado de criado o sirviente. *Llevaba más de once años a su servicio.* **SIN.** Servidumbre. **3.** Retrete. *Pidió permiso para ir al servicio.* **SIN.** Lavabo, váter. **4.** Cubierto que se pone a cada comensal. *Falta un servicio.* **5.** Conjunto de vajilla y otras cosas para servir la comida, el té, etc. *Le regaló por su boda un servicio de té.* **6.** Organización y personal destinados a cuidar intereses o satisfacer necesidades del público o de alguna entidad oficial o privada. *Es la jefa del personal de servicio.* **7.** En deportes, saque, acción de sacar. *Hizo un buen servicio.* ‖ **8. servicio de inteligencia** Organización secreta al servicio del Estado para organizar el espionaje. **9. servicio doméstico** Sirvientes de una casa y prestación que realizan. **10. servicio militar** El que se presta siendo soldado. **11. servicio secreto** Cuerpo de agentes al servicio de un gobierno que se dedican a recoger información importante. **12. servicios sanitarios** Organización destinada a vigilar y proteger la salud pública. ‖ **LOC. entrar, estar, tocar, o salir, de servicio** Desempeñar activamente un cargo o función durante un turno de trabajo. **estar una persona al servicio de alguien** Frase cortés con que una persona ofrece su colaboración a otra. **hacer el servicio** Ejercer en la milicia el empleo designado. **hacer un flaco servicio a alguien** *fam.* Hacer mala obra o causarle un perjuicio. **prestar servicios** Hacerlos.

servidor, ra (ser-vi-**dor**) *s. m. y s. f.* **1.** Nombre que por cortesía y obsequio se da a sí misma una persona respecto de otra. *Al preguntar quién era, contestó "servidora".* **2.** Fórmula de cortesía empleada como despedida en las cartas. *Su seguro servidor.* ‖ *s. m.* **3.** Ordenador o programa informático que facilita información a otro, denominado cliente. *No puedo conectar con el servidor.*

servidumbre (ser-vi-**dum**-bre) *s. f.* **1.** Condición de siervo. *Estaban en contra de la servidumbre.* **2.** Conjunto de criados de una casa. *Decidió quedarse sola y despedir a la servidumbre.* **SIN.** Sirvientes, servidores. **3.** Sujeción causada por las pasiones o afectos, que coarta la libertad. *La servidumbre de aquel pacto de silencio la estaba matando.* **SIN.** Yugo.

servil (ser-**vil**) *adj.* **1.** Humilde y de poca estimación. *Tiene unos modales un poco serviles.* **2.** Rastrero, que obra con servilismo. *Su actitud fue muy servil.* **SIN.** Adulador, cobista, pelotillero.

servilleta (ser-vi-**lle**-ta) *s. f.* Pedazo de tela que sirve en la mesa para limpiarse la boca. *Falta poner los vasos y las servilletas.*

servir (ser-**vir**) *v. intr.* **1.** Ser una cosa útil o apta para un fin. *Esta tela sirve para hacer una bolsa.* **SIN.** Valer, interesar, utilizarse, usarse. **2.** Estar al servicio de otra persona o sujeto a ella. **GRA.** También v. tr. *Sirvió en su casa durante años.* **SIN.** Obedecer, respetar, someterse. **ANT.** Desobedecer, desacatar. **3.** Estar subordinado a otra persona. *Le servía en todo.* **SIN.** Seguir, obedecer, acatar. **ANT.** Desobedecer, desacatar. **4.** Ser soldado en activo. *Estaba sirviendo en la marina.* **5.** Asistir a la mesa, trayendo la comida o la bebida. *La doncella sirvió la mesa.* || *v. tr.* **6.** Trabajar alguien en una casa, restaurante, hotel, etc. **GRA.** También v. intr. *Nuestro amigo sirvió en la cafetería de ese hotel durante años.* **SIN.** Trabajar, ejercer, emplearse. **7.** Atender a un cliente. *Le sirvió la tela que había pedido.* **SIN.** Despachar. **8.** Repartir los alimentos entre las personas de una mesa. *En nuestra casa siempre sirve la mesa mi hermano.* **SIN.** Distribuir, repartir. **9.** Repartir una mercancía. *Sirvió el correo por los despachos.* || *v. prnl.* **10.** Con la preposición "de", valerse de una cosa o utilizarla. *Se sirvió de sus influencias para entrar.* **SIN.** Usar, gastar. || **LOC. ir alguien servido** Salir chasqueado. **no servir de nada** Ser inútil. **no servir uno para descalzar a otro** *fam.* Ser muy inferior a él en alguna cualidad, condición o mérito. ✎ v. irreg., se conjuga como pedir.

sesada (se-**sa**-da) *s. f.* **1.** Fritada de sesos. *Para cenar se tomó una sesada.* **2.** Sesos de un animal. *Compró una sesada de cordero.*

sésamo (**sé**-sa-mo) *s. m.* Planta de la especie de la alegría y el ajonjolí. *Me gustan los bocadillos hechos con pan de sésamo.*

sesear (se-se-**ar**) *v. intr.* Pronunciar la "c" o la "z" delante de "e", "i", como "s". Se da sobre todo en Andalucía, Canarias y América, y en las variantes vulgares de Cataluña y Valencia, con distintas articulaciones. *"Servesa" por "cerveza".*

sesera (se-**se**-ra) *s. f.* **1.** *Seso, masa contenida en el cráneo. **SIN.** Cerebro, sesos, encéfalo. **2.** *fam.* Juicio, inteligencia, cabeza. *Tiene poca sesera.*

sesgo, al *loc.* Oblicuamente o al través. *La tela estaba cortada al sesgo.*

sesión (se-**sión**) *s. f.* **1.** Cada una de las juntas de una corporación. *Asistirá a la sesión de mañana.* **SIN.** Vista, audición, reunión. **2.** Conferencia o consulta entre varios para determinar una cosa. *Tuvimos que anular la sesión.* **3.** Cada una de las funciones de teatro o cine que se celebran el mismo día en distintas horas. *Fui a la sesión de noche.* **SIN.** Función, pase. **4.** Desarrollo de una actividad. *La sesión se desarrollaba sin incidentes.* || **5. sesión continua** La de cine que se proyecta sin interrupción y repetidamente. || **LOC. abrir la sesión** Comenzarla. **levantar la sesión** Concluirla.

seso (**se**-so) *s. m.* **1.** Masa nerviosa contenida en la cavidad del cráneo. **GRA.** Se usa más en pl. *Los sesos de ciertos animales se comen.* **SIN.** Cerebro, encéfalo, sesada. **2.** Prudencia, madurez en las acciones. *Me parece que tiene poco seso.* **SIN.** Discreción, mesura, moderación. **ANT.** Insensatez, desmesura. || **LOC. calentarse, o devanarse, alguien los sesos** Meditar mucho una cosa. **perder alguien el seso** Perder el juicio. **tener sorbido el seso a alguien, o sorberle el seso** *fam.* Tener gran influencia sobre él.

set *s. m.* **1.** Cada una de las partes en que se divide un partido en algunos deportes. *Ganó el primer set.* **2.** Conjunto de objetos que sirven para un mismo fin. *Se compró un set de jardinería.*

seta (**se**-ta) *s. f.* **1.** Hongo comestible. *Pidió un revuelto de setas con gambas.* || *adj.* **2.** Se dice de la persona sosa y apática. *Esa amiga tuya es un poco seta.*

setecientos, tas (se-te-**cien**-tos) *adj. num. card.* **1.** Siete veces cien. **GRA.** También pron. y s. m. || *adj. num. ord.* **2.** Que ocupa el último lugar en una serie ordenada de 700. **GRA.** También pron. || *s. m.* **3.** Conjunto de números con que se representa el número 700.

setenta (se-**ten**-ta) *adj. num. card.* **1.** Siete veces diez. **GRA.** También pron. y s. m. || *adj. num. ord.* **2.** Que ocupa el último lugar en una serie ordenada de 70. **GRA.** También pron. || *s. m.* **3.** Conjunto de números con que se representa el número 70.

seto (**se**-to) *s. m.* Cercado hecho de palos o varas entretejidas o formado por arbustos. *Podaron el seto del jardín.* **SIN.** Macizo, emparrado, empalizada.

seudónimo (seu-**dó**-ni-mo) *s. m.* Nombre que usa un autor en vez del suyo verdadero. *"Clarín" era el seudónimo de Leopoldo Alas.* **SIN.** Apodo, sobrenombre, alias.

severidad (se-ve-ri-**dad**) *s. f.* **1.** Rigor y aspereza en el trato o en el castigo. *Se comportó con severidad.*

severo - si

SIN. Dureza, inflexibilidad, rigidez. **ANT.** Blandura, permisividad. **2.** Exactitud en la observancia de una ley, precepto o regla. *Aplicó la ley con toda severidad.*

severo, ra (se-**ve**-ro) *adj.* Que no tiene indulgencia por las faltas o por las debilidades. *Tenía fama de ser una persona muy severa.* **SIN.** Despiadado, estricto, implacable, inflexible. **ANT.** Tolerante, blando, permisivo.

sevillanas (se-vi-**lla**-nas) *s. f. pl.* **1.** Aire musical propio de Sevilla, bailable, y con el cual se cantan seguidillas. *Compuso unas alegres sevillanas.* **2.** Danza que se baila con esta música. *Está aprendiendo a bailar sevillanas.*

sexagenario, ria (se-xa-ge-**na**-rio) *adj.* Que tiene cumplidos los sesenta años de edad y no llega a setenta. **GRA.** También s. m. y s. f. *Era ya una persona sexagenaria.*

sexagesimal (se-xa-ge-si-**mal**) *adj.* Se dice del sistema de contar o de subdividir de 60 en 60. *Mi calculadora puede hacer operaciones sexagesimales.*

sex appeal *s. m.* Atractivo sexual. *Ese actor tiene mucho sex appeal.*

sexenio (se-**xe**-nio) *s. m.* Período de seis años. *Fue reelegida por otro sexenio.*

sexismo (se-**xis**-mo) *s. m.* Discriminación de las personas en razón de su sexo por considerarlo inferior al otro. *Las estadísticas seguían demostrando que en la sociedad había mucho sexismo.*

sexista (se-**xis**-ta) *adj.* **1.** Que pertenece o se refiere al sexismo. *Tenía una política muy sexista.* **2.** Se aplica a la persona partidaria del sexismo. **GRA.** También s. m. y s. f. *Es una persona muy sexista.*

sexo (**se**-xo) *s. m.* **1.** Condición orgánica que distingue al macho de la hembra. *Antes de que naciera el bebé ya sabían su sexo.* **SIN.** Género, naturaleza. **2.** Conjunto de los individuos de uno u otro sexo. *No se llevaba demasiado bien con el sexo masculino.* **3.** *Órganos sexuales.* **SIN.** Genitales, partes.

sexología (se-xo-lo-**gí**-a) *s. f.* Estudio del sexo y de diversas cuestiones relacionadas con él. *Había estudiado sexología.*

sex shop *s. m.* Establecimiento en el que se pueden comprar todo tipo de artículos eróticos. *Como eran menores de edad, no podían entrar en el sex shop.*

sex symbol *s. m. y s. f.* Persona considerada como un símbolo sexual. *Esa actriz estaba considerada como un sex symbol.*

sexteto (sex-**te**-to) *s. m.* **1.** Composición poética de seis versos de arte mayor. *Escribió un bonito sexteto.* **2.** Composición musical para seis instrumentos o seis voces, y conjunto de estos instrumentos o voces. *Interpretaron un sexteto.*

sextilla (sex-**ti**-lla) *s. f.* Combinación métrica de seis versos de arte menor. *Esa poesía es una sextilla.*

sexto, ta (**sex**-to) *adj. num. part.* **1.** Se dice de cada una de las seis partes iguales en que se divide un todo. **GRA.** También s. m. ‖ *adj. num. ord.* **2.** Que ocupa el último lugar en una serie ordenada de seis. **GRA.** También pron. num.

sextuplicar (sex-tu-pli-**car**) *v. tr.* Hacer séxtupla una cosa, multiplicar por seis una cantidad. **GRA.** También v. prnl. *Sextuplicó los beneficios.* ✎ Se conjuga como abarcar.

sexual (se-**xual**) *adj.* Que pertenece o se refiere al sexo. *Órgano sexual.* **SIN.** Erótico, genital, venéreo.

sexualidad (se-xua-li-**dad**) *s. f.* Conjunto de condiciones anatómicas y fisiológicas que caracterizan a cada sexo. *Publicaron una serie de libros de sexualidad para niños.*

sexy *adj.* *Erótico.

sfumato *s. m.* Paso casi imperceptible de la luz a la sombra, a base de difuminar los contornos. *Leonardo era el maestro del sfumato.*

sha *s. m.* Antiguo soberano de los persas. *Habían recibido la visita del sha de Persia.*

shampoo *s. m.* *Champú.

sheriff *s. m.* Funcionario que realiza cometidos de juez y policía en un distrito. *El sheriff detuvo al atracador.*

sherpa *adj.* **1.** Se dice del individuo de cierto pueblo nepalí habituado a la altura. Algunos de sus habitantes son guías especializados en las expediciones al Himalaya. **GRA.** También s. m. y s. f. *Los sherpas organizaron el asalto a la cumbre.* **2.** Por ext., se dice del individuo, perteneciente o no a este pueblo, que actúa como guía en las expediciones al Himalaya. **GRA.** También s. m. y s. f. *Contrataron a varios sherpas para la expedición.* **3.** Que pertenece o se refiere a este pueblo. *La cultura sherpa es desconocida en otros países.*

shock *s. m.* Profunda depresión nerviosa a consecuencia de una intensa emoción. *Al verlo sufrió un terrible shock.* **SIN.** Impresión, trauma.

short *s. m.* Pantalón corto. *Me he comprado un short.*

show *s. m.* *Espectáculo.

showman *s. m. y s. f.* Presentador y animador de un espectáculo. *Es un excelente showman.*

si[1] *conj.* **1.** Denota condición o suposición necesaria para que se verifique algo. *Si quieres, puedes venir.*

2. Introduce oraciones interrogativas indirectas con valor de duda. *No sé si vendrá.* **3.** Indica ponderación o encarecimiento. *¡Vaya si me has engañado!* **4.** Introduce oraciones desiderativas. *Si me tocase la lotería...* **5.** Es conjunción distributiva cuando se emplea para contraponer una cláusula a otra. *Si vas o vienes no es asunto mío.* **6.** Precedida de "como" o la conjunción "que", se emplea como comparativa. *Parecía como si le hubiera tocado un ángel.* **7.** Como conjunción adversativa, equivale a "aunque". *Si me obligaras, no lo haría.* **8.** Con el adverbio "no" forma expresiones elípticas que equivalen a "de otro modo". *Utiliza correctamente el dinero, si no, pídeselo a otro.*

Si² *s. m.* Séptima nota de la escala musical. *La nota siguiente a "si" es "do".*

sí¹ *pron. pers.* Forma reflexiva tónica del pronombre personal de tercera persona, género masculino o femenino, y número singular y plural, que, precedida siempre de preposición, funciona como complemento. *Lo hizo por sí misma.* ‖ **LOC. de por sí** Separadamente. **fuera de sí** Muy enfadado o alterado. **para sí, o para sí mismo** Mentalmente, para su fuero interno, sin manifestarlo a nadie. **por sí mismo** Sin ayuda de nadie.

sí² *adv. afirm.* **1.** Adverbio que se emplea más comúnmente respondiendo a preguntas. *Sí, iré.* **2.** Se usa para denotar especial aseveración o para ponderar una idea. *Esto sí que es vivir.* **3.** Se usa como sustantivo para consentimiento o permiso. *No hemos recibido todavía el sí definitivo.* **4.** Se usa como énfasis para avivar la afirmación expresada por el verbo con que se une. *Lo haré, sí, aunque me lo prohíban.* ‖ **LOC. porque sí** *fam.* Sin una causa justificada, por capricho. **por sí o por no** *fam.* Por si aconteciere o no, previendo alguna contingencia. **pues sí que** Expresión usada para reconvenir a alguien. **sin faltar un sí o un no** Frase con que se explica que se hizo puntual relación de algo. **sí tal** Expresión que sirve para reforzar la afirmación.

sial *s. m.* Parte de la corteza que se halla sobre las masas continentales. *El sial está formado por rocas ricas en sílice y aluminio.*

siamés, sa (sia-**més**) *adj.* **1.** Se dice de los hermanos mellizos que nacen unidos por alguna parte del cuerpo. **GRA.** Se usa más como s. m. y s. f., y en pl. *Operaron a los hermanos siameses para separarlos.* **2.** *Gato siamés.

sibarita (si-ba-**ri**-ta) *adj.* Se dice de la persona muy dada a los lujos y placeres. **GRA.** También s. m. y s. f. *Le gusta que se lo den todo hecho, es muy sibarita.* **SIN.** Epicúreo, refinado. **ANT.** Comedido, parco.

sibila (si-**bi**-la) *s. f.* Mujer sabia a quien los antiguos atribuyeron espíritu profético. *Estaban seguros de que se cumpliría el oráculo de la sibila.* **SIN.** Pitonisa.

sibilante (si-bi-**lan**-te) *adj.* Se dice de las consonantes que se pronuncian produciendo una especie de silbido, y de la letra que representa dicho sonido. **GRA.** También s. f. *La "s" es sibilante.*

sicario (si-**ca**-rio) *s. m.* Asesino asalariado. *Contrató a un sicario.* **SIN.** Esbirro, secuaz, mercenario.

sida (**si**-da) *s. m.* Enfermedad grave y mortal por el momento, que ataca a los glóbulos blancos de la sangre, dejando al organismo sin posibilidad de defenderse ante cualquier enfermedad. *Hicieron una excelente campaña de prevención del sida.*

sidecar (si-de-**car**) *s. m.* Cochecillo que algunas motocicletas llevan unido en un lateral. *Iban en un sidecar.*

sideral (si-de-**ral**) *adj.* Que pertenece o se refiere a los astros. *Mundo sideral.* **SIN.** Astral, estelar.

siderurgia (si-de-**rur**-gia) *s. f.* Arte de extraer el hierro y de trabajarlo. *La siderurgia era muy importante en aquella región.* **SIN.** Acería, forja, fundición.

sidra (**si**-dra) *s. f.* Bebida alcohólica que se obtiene por la fermentación del zumo de las manzanas. *Se le daba muy bien escanciar la sidra.*

siega (**sie**-ga) *s. f.* **1.** Acción y efecto de segar las mieses. *Comenzaron la siega.* **2.** Tiempo en que se siegan. *Llegó la siega.* **3.** Mieses segadas. *La siega que estaba en la era se mojó con la tormenta.*

siembra (**siem**-bra) *s. f.* **1.** Acción y efecto de sembrar. *Toda la familia ha trabajado en la siembra de la patata.* **SIN.** Sementera. **2.** Tiempo en que se siembra. *Llegó la época de la siembra.* **3.** Sembrado, tierra sembrada. *Tenía una buena siembra de patatas.*

siempre (**siem**-pre) *adv. t.* En todo o en cualquier tiempo. *No siempre ha habido seres humanos en la Tierra.* **SIN.** Perpetuamente, constantemente. **ANT.** Nunca, jamás. ‖ **LOC. desde siempre** De toda la vida. **lo de siempre** Lo acostumbrado. **para siempre** Por todo tiempo o para tiempo indeterminado. **por siempre** Perpetuamente. **siempre jamás** Siempre. **siempre que, o siempre y cuando que** Con tal que.

sien *s. f.* Cada una de las dos partes laterales de la cabeza comprendidas entre la frente, la oreja y la mejilla. *Le dio un suave masaje en las sienes.*

sierra (**sie**-rra) *s. f.* **1.** Herramienta que consiste en una hoja de acero con dientes agudos y triscados

siervo - signo

en el borde, sujeta a un mango, y que sirve para cortar madera u otros cuerpos duros. *Necesitarás la sierra para cortar ese tronco.* **SIN.** Serrucho. **2.** Lugar donde se sierra. *Trabaja en esa sierra.* **SIN.** Aserradero, serrería. **3.** Cordillera de montes o peñascos cortados. *Fueron de excursión a la sierra.*

siervo, va (**sier**-vo) *s. m. y s. f.* **1.** *Esclavo. **2.** Nombre que una persona se da a sí misma respecto de otra para mostrarle obsequio y rendimiento. *Le dijo que a partir de aquel día sería su siervo.* **3.** Persona que pertenece a una orden o comunidad religiosa de las que se denominan así. *Esas monjas son siervas de San José.*

siesta (**sies**-ta) *s. f.* **1.** Tiempo destinado para dormir o descansar después de comer. *Era la hora de la siesta.* **2.** Sueño que se echa después de comer. *Le gustaba dormir la siesta.*

siete (**sie**-te) *adj. num. card.* **1.** Seis y uno. **GRA.** También pron. y s. m. || *adj. num. ord.* **2.** *Séptimo. **GRA.** También pron. || *s. m.* **3.** Conjunto de números con que se representa el número 7. **4.** Naipe que tiene siete señales. *Pintó el siete de oros.* **5.** *fam.* Rasgón de forma angular. *Se enganchó el pantalón en una alambre y se hizo un siete.* **SIN.** Desgarrón, jirón. || **6. siete y media** Juego de cartas en el que gana la persona que primero consigue siete puntos, o la que más se aproxime por debajo de este número.

sífilis (**sí**-fi-lis) *s. f.* Enfermedad venérea, infecciosa, que se adquiere generalmente por contacto sexual y se transmite por herencia. *La sífilis es una enfermedad crónica.* Invariable en número.

sifón (si-**fón**) *s. m.* **1.** Tubo encorvado que sirve para sacar un líquido de un recipiente. *Necesitarás un sifón para sacar el agua de la cuba.* **SIN.** Conducto. **2.** Botella cerrada herméticamente con un sifón, cuyo tubo tiene una llave para abrir o cerrar el paso del agua cargada de ácido carbónico que aquélla contiene. *No encontraba el sifón.* **3.** Agua carbónica contenida en esta botella. *Pidió un mosto con un poco de sifón.*

sigilo (si-**gi**-lo) *s. m.* Silencio cauteloso. *Se acercó con gran sigilo.* **SIN.** Discreción, cautela.

sigla (**si**-gla) *s. f.* Letra inicial que se usa como abreviatura. *RAE son las siglas de Real Academia de la lengua Española.*

siglo (**si**-glo) *s. m.* **1.** Espacio de cien años. *Al siglo XVIII se le llamó el Siglo de las Luces.* **SIN.** Centuria, centenario. **2.** Muy largo, tiempo indeterminado. *Tardó en contestarnos un siglo.* || **3. Siglo de Oro** Tiempo en que las letras, las artes, etc., han tenido mayor esplendor en un pueblo. || **LOC. en, o por, los siglos de los siglos** Eternamente.

signar (sig-**nar**) *v. tr.* **1.** *Sellar, poner o imprimir el signo. **SIN.** Marcar, cerrar, lacrar. **2.** *Firmar. **3.** Hacer la señal de la cruz sobre una persona o cosa. **GRA.** También v. prnl. *El sacerdote se signó.*

signatura (sig-na-**tu**-ra) *s. f.* **1.** *Marca, señal. **2.** Señal que se pone a un libro o a un documento para indicar su colocación dentro de una biblioteca o un archivo. *Cada libro del archivo tiene su signatura.*

significación (sig-ni-fi-ca-**ción**) *s. f.* **1.** Sentido de una palabra o frase. *Sus palabras tenían doble significación.* **SIN.** Acepción, valor. **2.** Importancia en cualquier orden. *Aquel hecho carecía de significación para el futuro.* **SIN.** Trascendencia, alcance.

significado (sig-ni-fi-**ca**-do) *s. m.* **1.** Significación de una palabra o de otra cosa. *Busca el significado de esa palabra en el diccionario.* **SIN.** Acepción, valor, sentido. **2.** Concepto que, unido al significante, conforma el signo lingüístico. *Saussure introdujo el concepto de significado como tecnicismo lingüístico.*

significante (sig-ni-fi-**can**-te) *s. m.* Imagen acústica que va asociada a un concepto y conforma el signo lingüístico. *El significante no es sólo el sonido material, sino la representación psíquica que nuestros sentidos nos dan de él.*

significar (sig-ni-fi-**car**) *v. tr.* **1.** Ser una cosa representación o signo de otra. *EE UU significa Estados Unidos.* **SIN.** Designar, representar, simbolizar, implicar, equivaler. **2.** Expresar una palabra o frase, una idea, pensamiento o cosa. *Buscó "proponer" en el diccionario, para saber lo que significaba.* **SIN.** Connotar, denotar. Se conjuga como abarcar.

signo (**sig**-no) *s. m.* **1.** Cosa que representa a otra. *La "V" es el signo de la victoria.* **SIN.** Icono, símbolo. **2.** Señal de una cosa. *Que estén todas las persianas bajadas es signo de que no está en casa.* **SIN.** Marca, indicio, huella, vestigio. **3.** Cualquiera de los caracteres que se emplean en la escritura y en la imprenta. *La interrogación (¿?) es un signo de pregunta.* **4.** Cada una de las doce partes iguales en que se considera dividido el Zodíaco. *Mi signo es géminis.* **5.** Señal usada en los cálculos matemáticos para indicar la naturaleza de las cantidades o las operaciones que se han de ejecutar con ellas. *Una X es el signo de multiplicar.* **6.** Cualquiera de los caracteres con que se escribe la música, particularmente el que indica el tono natural de un sonido. *Escribí el signo de do.* || **7. signo lingüístico** Unidad mínima de la oración integrada por un significante y un significado. **8. signo natural** El que nos hace conocer una cosa por la analogía que tiene con ella. **9. signo negativo** Menos, signo de la resta. **10. signo positivo** Más, signo de la suma.

siguiente (si-**guien**-te) *adj.* Que sigue, que va después o detrás de acuerdo a un orden. *El día siguiente a hoy es mañana.* **SIN.** Posterior. **ANT.** Anterior.

sílaba (**sí**-la-ba) *s. f.* **1.** Sonido o sonidos articulados que constituyen un solo núcleo fónico entre una depresiones sucesivas de la emisión de voz. *En este diccionario se indica el número de sílabas de cada palabra.* || **2. sílaba átona** La que no tiene el acento prosódico. **3. sílaba libre** La que acaba en vocal. **4. sílaba tónica** Aquella en la que recae el acento prosódico. **5. sílaba trabada** Aquella que acaba en consonante.

silabear (si-la-be-**ar**) *v. intr.* *Deletrear. **GRA.** También v. tr.

silbar (sil-**bar**) *v. intr.* **1.** Dar o producir silbidos. *Al ver pasar a su amigo por la otra acera, silbó.* **2.** Agitar el aire una cosa produciendo un sonido semejante al silbo. *Las banderas silbaban con el fuerte viento.* **3.** Manifestar desagrado el público, con silbidos u otras manifestaciones ruidosas. *Silbaron la actuación del cantante.* **SIN.** Abuchear, chiflar.

silbato (sil-**ba**-to) *s. m.* Instrumento pequeño y hueco que produce un silbido agudo soplando en él con fuerza. *Tocó el silbato para señalar la salida.*

silbido (sil-**bi**-do) *s. m.* **1.** Sonido agudo que hace el aire. *Se oía el fuerte silbido del viento entre los árboles.* **2.** Sonido agudo que resulta de hacer pasar con fuerza el aire por la boca con los labios fruncidos o con los dedos colocados en ella convenientemente. *Dio un silbido.* **SIN.** Pitido. **3.** Sonido que se hace con algún instrumento. *Se oyó el silbido del tren.* **4.** Voz aguda y penetrante de algunos animales, como la de la serpiente. *El silbido de la serpiente les alertó.* || **5. silbido de oídos** Sonido o ruido que se percibe en los oídos por diversas causas.

silenciador (si-len-cia-**dor**) *s. m.* Dispositivo que acoplado al tubo de salida de gases de los motores de explosión, o al cañón de un arma, amortigua el sonido. *Puso el silenciador para que no se oyera el disparo.*

silenciar (si-len-**ciar**) *v. tr.* **1.** Callar, guardar silencio. *Silenció lo que vio.* **SIN.** Omitir, reservar. **ANT.** Hablar, publicar. **2.** Acallar, imponer silencio. *Consiguió silenciar los ánimos.* **SIN.** Aplacar, aquietar. En cuanto al acento, se conjuga como cambiar.

silencio (si-**len**-cio) *s. m.* **1.** Falta de ruido. *Cuando cesaron los ruidos, el silencio fue total.* **SIN.** Calma. **ANT.** Ruido, sonoridad. **2.** Abstención de hablar. *Cuendo le preguntaron, su silencio fue total.* **SIN.** Mudez, mutismo, sigilo. **3.** Efecto de no manifestar algo por escrito. *Yo le escribí varias cartas, pero su respuesta fue el silencio.* || **LOC. en silencio** Sin protestar, sin quejarse. **imponer alguien silencio** Hacer callar.

silencioso, sa (si-len-**cio**-so) *adj.* **1.** Que calla. Permaneció muy silencioso durante toda la tarde. **SIN.** Callado, reservado, taciturno. **2.** Que no hace ruido. *Ese frigorífico no hace apenas ruido, es muy silencioso.* **SIN.** Insonoro. **3.** Se aplica al lugar o tiempo en que hay o se guarda silencio. *Era un lugar de recogimiento, increíblemente silencioso.*

sílex (**sí**-lex) *s. m.* **1.** Pedernal opaco. *Se ha agotado el yacimiento de sílex.* **SIN.** Sílice. **2.** Utensilio prehistórico hecho con este material. *Desenterraron varios sílex.* Invariable en número.

sílfide (**síl**-fi-de) *s. f.* **1.** Ninfa del aire. *Escribió un cuento sobre las sílfides.* **SIN.** Hada. || *s. m. y s. f.* **2.** *fam.* Persona extremadamente delgada. *Se ha quedado como una sílfide.* **SIN.** Fino, flaco.

silicato (si-li-**ca**-to) *s. m.* Compuesto de silicio (Si), oxígeno (O) y uno o más metales. *Los silicatos son los minerales más importantes en la formación de rocas.*

sílice (**sí**-li-ce) *s. f.* Combinación del silicio con el oxígeno. *El sílice está presente en muchos minerales, entre ellos el cuarzo.* **SIN.** Pedernal, sílex, ónice.

silicona (si-li-**co**-na) *s. f.* Polímero de gran inercia química, formado por silíceo y oxígeno, de innumerables aplicaciones. *Tapó la junta con silicona.*

silicosis (si-li-**co**-sis) *s. f.* Enfermedad respiratoria, típica de los mineros, producida por el polvo de los minerales. *Padecía silicosis.* Invariable en número.

silla (**si**-lla) *s. f.* **1.** Asiento individual, generalmente con respaldo y con cuatro patas. *Acerca una silla y siéntate aquí con nosotros.* **SIN.** Butaca, sede. **2.** Aparejo para montar a caballo. *Coloca la silla al caballo.* **SIN.** Montura. **3.** Sede de un prelado. *Ocupó la silla de San Pedro.* **SIN.** Cargo, obispado, dignidad. || **4. silla de la reina** Asiento que forman entre dos personas con las cuatro manos, cogiendo cada una la muñeca de la otra. **5. silla de niño** Silla baja sobre ruedas que permite transportar al niño, sentado o acostado. **6. silla de ruedas** La que tiene ruedas laterales grandes, especial para perso-

sillar - simpático

nas imposibilitadas. **7. silla eléctrica** Aquella en que se ejecuta por electrocución al condenado a la pena de muerte. ‖ **LOC. pegársele a alguien la silla** *fam.* Detenerse mucho tiempo en una visita.

sillar (si-**llar**) *s. m.* Cada una de las piedras labradas que forman parte de una construcción. *El muro estaba construido a base de sillares.* **SIN.** Cimiento.

sillín (si-**llín**) *s. m.* Asiento que tienen la bicicleta y otros vehículos similares para montar en ellos. *Le quedaba muy alto el sillín de la bicicleta.*

sillón (si-**llón**) *s. m.* Silla de brazos, mayor y más cómoda que la corriente. *Se sentó en el sillón a leer un rato.* **SIN.** Butacón, poltrona.

silo (**si**-lo) *s. m.* **1.** Lugar seco en donde se guarda el trigo, las semillas o forrajes. *Llevó los sacos de trigo al silo.* **2.** Cualquier lugar subterráneo, profundo y oscuro. *Había estado escondido en ese silo durante casi tres meses.* **SIN.** Cueva, túnel.

silogismo (si-lo-**gis**-mo) *s. m.* Razonamiento que consta de tres proposiciones, la última de las cuales se deduce necesariamente de las otras dos. *Los silogismos son un parte importante de la lógica.*

silueta (si-**lue**-ta) *s. f.* **1.** Dibujo sacado siguiendo los contornos de la sombra de un objeto. *Trazó su silueta.* **SIN.** Forma, figura. **2.** *Perfil.

silva (**sil**-va) *s. f.* Combinación métrica en que generalmente alternan con los versos endecasílabos los heptasílabos al arbitrio del poeta. *Las "Soledades" de Góngora son silvas.*

silvestre (sil-**ves**-tre) *adj.* **1.** Que se cría naturalmente sin cultivo en selvas o campos. *El arándano es una planta silvestre.* **SIN.** Agreste, salvaje. **ANT.** Cultivado, domesticado. **2.** Inculto, agreste y rústico. *La casa estaba en medio de un paisaje muy silvestre.*

silvicultura (sil-vi-cul-**tu**-ra) *s. f.* **1.** Cultivo de los bosques y montes. *Se dedicaba a la silvicultura.* **2.** Ciencia que trata de este cultivo. *Era una experta en silvicultura.*

sima[1] (**si**-ma) *s. f.* Cavidad grande y muy profunda en la tierra. *Las simas se forman en terrenos calcáreos.* **SIN.** Abismo, depresión, oquedad.

sima[2] (**si**-ma) *s. m.* Parte de la corteza terrestre que se halla bajo los océanos. *El sima está formado por rocas ricas en sílice y magnesio.*

simbiosis (sim-**bio**-sis) *s. f.* Asociación de organismos de especies diferentes con beneficio para ambos. *Algunas aves limpian de parásitos al ganado, que a su vez les proporciona alimento, viviendo en un estado de simbiosis.* **SIN.** Coexistencia, convivencia. Invariable en número.

simbólico, ca (sim-**bó**-li-co) *adj.* Que pertenece o se refiere al símbolo o expresado por medio de él. *Gesto simbólico.* **SIN.** Alegórico, figurado. **ANT.** Real.

simbolismo (sim-bo-**lis**-mo) *s. m.* **1.** Sistema de símbolos empleado para representar alguna cosa. *El simbolismo de esos carteles es fácil de comprender.* **2.** Estrictamente, escuela literaria iniciada en Francia y propagada a otros países, que aspiraba a sugerir las cosas, es decir, a aludir a ellas sin nombrarlas. *Publicó su tesis sobre el simbolismo francés.*

simbolizar (sim-bo-li-**zar**) *v. tr.* Servir una cosa como símbolo de otra. *Una paloma blanca simbolizaba la paz.* **SIN.** Representar, encarnar, significar. Se conjuga como abrazar.

símbolo (**sím**-bo-lo) *s. m.* **1.** Divisa o figura con que se representa algo. *La bandera es el símbolo de la patria.* **SIN.** Alegoría, ideograma, imagen, signo. **2.** En química, letra o letras convenidas con que se designa un cuerpo simple. *Li es el símbolo del litio.*

simetría (si-me-**trí**-a) *s. f.* Proporción adecuada de las partes de un todo. *Las esculturas griegas guardaban una perfecta simetría.* **SIN.** Conformidad, armonía, equilibrio. **ANT.** Desequilibrio, desproporción.

simiente (si-**mien**-te) *s. f.* *Semilla.

símil (**sí**-mil) *s. m.* **1.** Semejanza entre dos cosas. *No había ningún símil entre ellas.* **SIN.** Comparación, parecido, similitud. **2.** Figura que consiste en comparar expresamente una cosa con otra, para dar idea viva y eficaz de una de ellas. *"Tus ojos son como palomas" (Cantar de los Cantares).*

similar (si-mi-**lar**) *adj.* Que tiene semejanza o analogía con una cosa. *Esos dos abrigos son muy similares.* **SIN.** Análogo, parecido. **ANT.** Diferente.

simios (**si**-mios) *s. m. pl.* Grupo de mamíferos primates que se distinguen de los demás por tener las uñas planas o casi planas, la cara más o menos desprovista de pelo y las órbitas de los ojos separadas de las fosas temporales por un tabique óseo. *Visitamos los simios del zoo.*

simpatía (sim-pa-**tí**-a) *s. f.* **1.** Inclinación que una persona tiene hacia otra. *Nos teníamos mutua simpatía.* **SIN.** Afinidad, analogía. **ANT.** Disidencia, animadversión. **2.** Por ext., inclinación hacia animales o cosas. *Tiene una simpatía especial por los gatos.* **SIN.** Apego, querencia, cariño. **ANT.** Aversión, desafección, esquivez. **3.** Cualidad que hace a una persona agradable en el trato. *Uno de sus rasgos más destacados era la simpatía.*

simpático, ca (sim-**pá**-ti-co) *adj.* Que es agradable o amistoso. *Es tan simpático que enseguida hace*

simpatizante - sincrónico

amigos. **SIN.** Agradable, encantador, atractivo, divertido. **ANT.** Desagradable, antipático, odioso.

simpatizante (sim-pa-ti-**zan**-te) *adj.* *Admirador. **GRA.** También s. m. y s. f.

simpatizar (sim-pa-ti-**zar**) *v. intr.* Sentir simpatía. *Tu amigo yo no conseguimos simpatizar.* **SIN.** Avenirse, congeniar, llevarse bien. **ANT.** Aborrecer, odiar, repeler. ✎ Se conjuga como abrazar.

simple (**sim**-ple) *adj.* **1.** Sencillo. *Es un trabajo muy simple, no tendrás ningún problema.* **SIN.** Elemental, fácil. **ANT.** Complicado, complejo. **2.** Sin duplicar o sin reforzar. *Es un ventana simple.* **SIN.** Sencillo. **ANT.** Múltiple. **3.** Se dice de la persona apacible e incauta. **GRA.** También s. m. y s. f. *Es demasiado simple para coger las indirectas.* **SIN.** Cándido, inocente. **ANT.** Avispado, listo, precavido. **4.** Memo, pazguato. **GRA.** También s. m. y s. f. *Es un poco simple, no tiene muchas luces.* **ANT.** Listo, inteligente. **5.** Se dice de la palabra que no se compone de otras de la misma lengua. *"Sol" es una palabra simple.*

simpleza (sim-**ple**-za) *s. f.* **1.** Bobería, necedad. *¡Nos viene con cada simpleza!* **2.** Dicho o hecho simple. *Lo que has dicho es una simpleza.* **SIN.** Estupidez, memez. **ANT.** Ocurrencia, agudeza.

simplificar (sim-pli-fi-**car**) *v. tr.* **1.** Hacer más sencilla o más fácil una cosa. *Esa nueva máquina simplificará bastante el trabajo.* **SIN.** Facilitar, allanar. **ANT.** Complicar, dificultar. **2.** En matemáticas, reducir una operación o una expresión a una fórmula más breve. *Simplifica la siguiente fracción.* **SIN.** Abreviar, esquematizar. **ANT.** Desarrollar. ✎ Se conjuga como abarcar.

simplón, na (sim-**plón**) *adj., fam.* Memo, ingenuo. **GRA.** También s. m. y s. f. *No seas tan simplón.*

simposio (sim-**po**-sio) *s. m.* Reunión de especialistas para dilucidar cuestiones y temas específicos de su temática. *Acudió a un simposio de medicina.* **SIN.** Congreso, curso, asamblea, seminario.

simulacro (si-mu-**la**-cro) *s. m.* **1.** Ficción, imitación. *Hicieron un simulacro de incendio para probar los sistemas de emergencia.* **2.** Imagen hecha a semejanza de una cosa o persona. *Esa escultura es un buen simulacro de la auténtica.* **SIN.** Efigie, escultura.

simultanear (si-mul-ta-ne-**ar**) *v. tr.* **1.** Realizar en el mismo espacio de tiempo dos operaciones o propósitos. *Simultanea el estudio con el trabajo.* **2.** Cursar al mismo tiempo asignaturas correspondientes a distintos años académicos o a diferentes facultades. *Simultaneaba tercero con algunas asignaturas de cuarto.*

simultáneo, a (si-mul-**tá**-ne-o) *adj.* Se dice de lo que se hace u ocurre al mismo tiempo que otra cosa. *Los dos partidos eran simultáneos.* **SIN.** Coexistente, coincidente, concurrente. **ANT.** Divergente.

sin *prep.* Preposición separativa y negativa que denota carencia o falta. *Estoy sin trabajo.*

sinagoga (si-na-**go**-ga) *s. f.* Templo para el culto de los judíos. *Estaban rezando en la sinagoga.*

sinalefa (si-na-**le**-fa) *s. f.* Enlace de la última vocal de una palabra y la primera de la palabra siguiente, pronunciándola en una sola sílaba. *En "bajo mI Amparo segura", hay una sinalefa.* **SIN.** Aféresis, contracción.

sincerarse (sin-ce-**rar**-se) *v. prnl.* Contar lo que se mantenía oculto. *Se sinceró conmigo.* **SIN.** Abrirse, descargar, desnudarse, revelar. **ANT.** Disimular, ocultar.

sinceridad (sin-ce-ri-**dad**) *s. f.* Veracidad, modo de expresarse libre de fingimiento. *Admiraba su sinceridad.* **SIN.** Candidez, franqueza, honestidad, veracidad. **ANT.** Deslealtad, falsedad, hipocresía.

sincero, ra (sin-**ce**-ro) *adj.* Que no engaña al decir algo. *Fue sincero al darme su opinión sobre mi nuevo trabajo, dijo que era muy interesante.* **SIN.** Veraz, honrado, abierto, franco. **ANT.** Mentiroso, desleal, falso, hipócrita.

sinclinal (sin-cli-**nal**) *adj.* Se dice del plegamiento de las capas del terreno en forma de "V". **GRA.** También s. m. *Este valle está formado por un sinclinal.*

síncopa (**sín**-co-pa) *s. f.* Figura de dicción que consiste en suprimir una o más letras en medio de una palabra para abreviarla. *"Prao" es una síncopa de "prado".* **SIN.** Reducción, supresión.

síncope (**sín**-co-pe) *s. m.* Pérdida repentina del conocimiento y de la sensibilidad. *Se emocionó tanto que casi le da un síncope.* **SIN.** Desfallecimiento, desmayo, vahído, mareo.

sincronía (sin-cro-**ní**-a) *s. f.* **1.** Rama de la Lingüística que describe el estado de una lengua en un momento temporal determinado. *Hizo un estudio del español desde el punto de vista de la sincronía.* **2.** Coincidencia de dos fenómenos o hechos en el tiempo. *La revolución industrial se produjo en Europa con gran sincronía.* **SIN.** Coexistencia, simultaneidad, concurrencia. **ANT.** Desigualdad, diferencia.

sincrónico, ca (sin-**cró**-ni-co) *adj.* **1.** Se dice del proceso que se desarrolla en correspondencia temporal con otro. *Las dos explosiones fueron sincrónicas.* **SIN.** Coincidente, simultáneo, isócrono. **2.** Se dice de las relaciones internas en una lengua en un

sincronismo - sinónimo

momento histórico dado. **SIN.** Descriptivo, estático. **ANT.** Diacrónico.

sincronismo (sin-cro-**nis**-mo) *s. m.* Circunstancia de ocurrir, suceder o realizarse dos o más cosas simultáneamente. *Hubo sincronismo en las dos acciones.* **SIN.** Sincronía, coincidencia. **ANT.** Diferencia.

sincronizar (sin-cro-ni-**zar**) *v. tr.* Hacer que coincidan al mismo tiempo dos o más movimientos o fenómenos. *Sincronizaron sus relojes.* ✎ Se conjuga como abrazar.

sindicar (sin-di-**car**) *v. tr.* Asociar varias personas de una misma profesión, o de intereses comunes, para constituir un sindicato. **GRA.** También v. prnl. *Habían decidido sindicarse para defender sus derechos.* **SIN.** Agremiarse, colegiarse, federarse. **ANT.** Disolverse. ✎ Se conjuga como abarcar.

sindicato (sin-di-**ca**-to) *s. m.* **1.** Asociación formada para la defensa de intereses económicos o políticos comunes a todos los asociados. Se dice especialmente de las asociaciones obreras. *Ése es el sindicato mayoritario.* **SIN.** Gremio, asociación, colegio. ‖ **2. sindicato amarillo** Organización que tiene por objeto minar la acción de los sindicatos obreros.

síndrome (**sín**-dro-me) *s. m.* **1.** Conjunto de síntomas característicos de una enfermedad. *El síndrome de aquella enfermedad era muy extraño.* **SIN.** Indicio, signo, manifestación. **2.** Por ext., conjunto de fenómenos que caracteriza a una situación. *Se acercaba el verano, y en clase había síndrome de vacaciones.* ‖ **3. síndrome de abstinencia** Alteraciones que presenta una persona adicta a las drogas o el alcohol cuando deja de tomarlos. **4. síndrome de inmunodeficiencia adquirida** *Sida.

sinécdoque (si-**néc**-do-que) *s. f.* Tropo que consiste en extender, restringir o alterar la significación de las palabras, para designar el todo por la parte o viceversa, el género por la especie, o al contrario, etc. *"La juventud es alegre": "la juventud equivale a "los jóvenes" (lo abstracto por lo concreto).*

sinéresis (si-**né**-re-sis) *s. f.* Pronunciación en una sola sílaba de dos vocales de una palabra que de ordinario se pronuncian separadas. *La sinéresis se considera una licencia poética en verso.* **SIN.** Compresión, contracción. ✎ Invariable en número.

sinfín (sin-**fín**) *s. m.* Infinidad, sin número. *Había un sinfín de personas.*

sinfonía (sin-fo-**ní**-a) *s. f.* **1.** Conjunto de voces, de instrumentos, o de ambas cosas, que suenan a la vez. *Escucharon una sinfonía en la sala de ensayos.* **2.** Pieza musical para orquesta de grandes proporciones, normalmente desarrollada en cuatro movimientos. *Beethoven escribió varias sinfonías.*

singladura (sin-gla-**du**-ra) *s. f.* Distancia recorrida por una nave en 24 horas. *La singladura se desarrolló sin problemas.*

singular (sin-gu-**lar**) *adj.* **1.** *Único, sin otro de su especie. **2.** Se dice de lo extraordinario, raro. *Fue un hecho realmente singular.* **SIN.** Extravagante, excelente, original. **ANT.** Vulgar, normal. **3.** Se dice del número del sustantivo que se refiere a un solo ser. **GRA.** También *s. m.* *"Mesa" es singular.* ‖ **LOC. en singular** En particular.

singularidad (sin-gu-la-ri-**dad**) *s. f.* Particularidad, separación de lo común. *No presentaba ninguna singularidad especial.* **SIN.** Anomalía, excelencia, peculiaridad, distinción.

singularizar (sin-gu-la-ri-**zar**) *v. tr.* **1.** Distinguir o particularizar una cosa entre otras. *Pon una señal para singularizar este paquete.* **SIN.** Caracterizarse, destacar, diferenciar. **ANT.** Confundir. ‖ *v. prnl.* **2.** Distinguirse o apartarse de lo común. *Se singulariza por su gusto en el vestir.* **SIN.** Destacarse, individualizarse, sobresalir. ✎ Se conjuga como abrazar.

siniestro, tra (si-**nies**-tro) *adj.* **1.** Se dice de lo mal intencionado. *Es una persona siniestra.* **SIN.** Perverso, funesto. **ANT.** Inocente, puro. **2.** Se dice del suceso infeliz, funesto. *Todos los periódicos hablaban del siniestro suceso.* **SIN.** Desgraciado, infausto, aciago. **ANT.** Feliz, placentero, afortunado. ‖ *s. m.* **3.** Avería grave, o pérdida importante que sufren las personas o la propiedad. *Afortunadamente no hubo que lamentar desgracias personales en el siniestro.* **SIN.** Catástrofe, desastre, daño. ‖ *s. f.* **4.** *Izquierda.

sinnúmero (sin-**nú**-me-ro) *s. m.* Número incalculable de personas o cosas. *Recibieron un sinnúmero de llamadas.* **SIN.** Sinfín, multitud, infinidad.

sino[1] (**si**-no) *s. m.* Signo, hado, destino. *Debes asumir tu sino.*

sino[2] (**si**-no) *conj. advers.* **1.** Contrapone a un concepto negativo otro afirmativo. *No lo vendió, sino que lo regaló.* **2.** Denota a veces idea de excepción. *Nadie es perfecto sino Dios.* **3.** Precediendo a una negación, equivale a solamente o tan sólo. *No te deseo sino lo mejor.* **4.** Precedido de "no sólo", denota adición de otros miembros a la cláusula. *No sólo no acudió al trabajo, sino que también faltó a mi cita.*

sínodo (**sí**-no-do) *s. m.* Concilio de los obispos. *Aquel sínodo fue decisivo para la Iglesia.*

sinónimo, ma (si-**nó**-ni-mo) *adj.* Se dice de las palabras y expresiones que tienen un mismo o muy

sinopsis - síntesis

parecido significado, o alguna acepción equivalente. **GRA.** También s. m. *En este diccionario puedes encontrar sinónimos y antónimos.* **SIN.** Equivalente, semejante. **ANT.** Antónimo, contrario.

sinopsis (si-**nop**-sis) *s. f.* Sumario o resumen esquemático. *Hizo una sipnosis del tema.* ✎ Invariable en número.

sinovia (si-**no**-via) *s. f.* Humor líquido que lubrica las articulaciones de los huesos. *La sinovia es transparente y viscosa.*

sinrazón (sin-ra-**zón**) *s. f.* Acción hecha contra justicia y fuera de lo razonable o debido. *No lograba entender aquella sinrazón.* **SIN.** Desafuero, injusticia, iniquidad, tropelía.

sinsabor (sin-sa-**bor**) *s. m.* Suceso que causa pesar, desazón. *La vida le había producido algunos sinsabores.* **SIN.** Contrariedad, pesadumbre, disgusto. **ANT.** Alegría, placer.

sinsentido (sin-sen-**ti**-do) *s. m.* Lo que resulta absurdo, no lógico. *Toda su declaración era un completo sinsentido.*

sintagma (sin-**tag**-ma) *s. f.* Grupo de elementos que, dentro de una oración, funciona como una unidad. *Sintagma nominal y sintagma verbal.* ✎

sintaxis (sin-**ta**-xis) *s. f.* Rama de la lingüística que estudia las posibilidades de coordinación de los signos lingüísticos dentro de la oración. *Da clases de sintaxis.* ✎ Invariable en número.

síntesis (**sín**-te-sis) *s. f.* **1.** Suma y compendio de una materia. *Hizo una síntesis del tema.* **SIN.** Resumen, sinopsis. **2.** Proceso químico mediante el cual se

SINTAGMA NOMINAL
Puede desempeñar la función de sujeto, complemento directo, indirecto, circunstancial, atributo o suplemento

1. Constituyentes imprescindibles:
  NÚCLEO: sustantivo, pronombre, infinitivo y elementos sustantivados
2. Constituyentes opcionales
  • **DETERMINANTES**:
    artículo y adjetivos determinativos
  • **ADYACENTES**:
    adjetivos calificativos, complementos preposicionales, nombres en aposición y preposiciones de relativo

SINTAGMA VERBAL	
Realiza siempre la función de predicado	
Predicado nominal	El compuesto por un verbo copulativo (ser, estar o parecer) más un atributo. *Juan es alto*
Predicado verbal	El compuesto por un verbo predicativo seguido, en ocasiones de uno o más complementos. Estos complementos pueden ser:

Predicado verbal	COMPLEMENTO DIRECTO (CD)	Es el sintagma nominal que los verbos necesitan para completar su significado. Va precedido de la preposición "a" cuando es de persona. Puede ser sustituído sólo por los pronombres "lo", "los", "la" y "las". *Vi tres manzanas. Las vi*
	COMPLEMENTO INDIRECTO (CI)	Es un sintagma precedido de la preposición "a" o "para" que expresa quién recibe el provecho o el daño de la acción del verbo. Puede ser sustituído por los pronombres "le" o "les". *Eva ofreció una manzana a Adán. Eva le ofreció…*
	COMPLEMENTO CIRCUNSTANCIAL (CC)	Indica las circunstancias de la acción. Los elementos que pueden desempeñar esta función son: un sintagma nominal, un adverbio o un gerundio. Los complementos circunstanciales pueden ser: de tiempo, de origen, de lugar, de modo, de compañía, de instrumento y de duda. *Alicia se fue con su gata. Mañana lo sabremos*
	COMPLEMENTO PREDICATIVO (CP)	Es el adjetivo que funciona a la vez como complemento de un sustantivo (con el que concuerda) y como complemento del verbo. *Gargantúa salió mojado de la tinaja*
	SUPLEMENTO	Es un complemeto con preposición que necesitan ciertos verbos para poder formar el predicado. En las oraciones con suplemento nunca hay un complemento directo. *Le gustaba hablar de política*

obtienen sustancias partiendo de sus componentes. *Síntesis de proteínas.* ‖ **LOC. en síntesis** En resumen. ↘ Invariable en número.

sintético, ca (sin-té-ti-co) *adj.* **1.** Que pertenece o se refiere a la síntesis. *Su explicación de los hechos fue muy sintética.* **SIN.** Extractado, recopilado, resumido. **ANT.** Aumentado, ampliado. **2.** Se dice de productos obtenidos por procesos químicos a partir de compuestos más simples. *El nailon y la seda artificial son hilos sintéticos.* **SIN.** Artificial, industrial. **ANT.** Natural, puro.

sintetizador (sin-te-ti-za-**dor**) *s. m.* Instrumento musical electrónico que puede producir y combinar sonidos de cualquier instrumento conocido y otros efectos sonoros. *Tenía un buen sintetizador.*

sintetizar (sin-te-ti-**zar**) *v. tr.* Hacer síntesis. *Tenemos que sintetizar, para que nos dé tiempo a verlo todo.* **SIN.** Abreviar, condensar, resumir. **ANT.** Ampliar, aumentar. ↘ Se conjuga como abrazar.

síntoma (**sín**-to-ma) *s. m.* **1.** Fenómeno revelador de una enfermedad. *Los síntomas que tenía eran de gripe.* **SIN.** Indicio, manifestación, síndrome. **2.** Indicio de una cosa que está sucediendo o va a suceder. *No había notado ningún síntoma.* **SIN.** Señal, signo.

sintomático, ca (sin-to-**má**-ti-co) *adj.* Que pertenece al síntoma. *Su extraño comportamiento de aquel día fue sintomático de su cambio de actitud.* **SIN.** Manifiesto, revelador, significativo.

sintonía (sin-to-**ní**-a) *s. f.* **1.** Circunstancia de estar el aparato receptor acomodado a la misma longitud de onda que la estación emisora. *Cambia de sintonía, no me gusta la programación de esa emisora.* **2.** Buen entendimiento entre dos o más personas. *Entre las dos pandillas había una gran sintonía.*

sintonizador (sin-to-ni-za-**dor**) *s. m.* Sistema que permite aumentar o disminuir la longitud de onda propia del aparato receptor, acomodándole a la longitud de las ondas que se trata de recibir. *Ajusta el sintonizador.*

sintonizar (sin-to-ni-**zar**) *v. tr.* **1.** En radiotelegrafía y radiotelefonía, poner el aparato receptor en sintonía con el emisor. *Sintoniza esa emisora.* **SIN.** Captar, recibir, recoger. **2.** Coincidir en lo que se piensa o se siente con otras personas. *Parecía que ambos empezaban a sintonizar.* ↘ Se conjuga como abrazar.

sinuoso, sa (si-nu-**o**-so) *adj.* **1.** Que tiene senos, ondulaciones o recodos. *Era un camino muy estrecho y sinuoso.* **SIN.** Ondulado, serpenteante, quebrado. **ANT.** Recto, directo. **2.** Se dice del carácter o de las acciones que tratan de ocultar el fin a que se dirigen. *Su sinuosa forma de actuar nos hizo sospechar.* **SIN.** Disimulado, tortuoso, hipócrita. **ANT.** Franco, sincero, veraz.

sinusitis (si-nu-**si**-tis) *s. f.* Inflamación de los senos del cráneo. *El médico le dijo que tenía sinusitis.* ↘ Invariable en número.

sinvergüenza (sin-ver-**güen**-za) *adj.* Se dice de las personas que cometen actos ilegales o inmorales. **GRA.** También s. m. y s. f. *Unos sinvergüenzas habían destrozado las papeleras.* **SIN.** Bandido, bribón, granuja, pícaro.

siquiera (si-**quie**-ra) *conj. advers. y conj. conces.* **1.** Equivale a "bien que" o "aunque". *Quisiera verlo siquiera una vez.* ‖ *conj. distrib.* **2.** Equivale a "o", "ya" u otra semejante. *Siquiera cante, siquiera no cante.* ‖ *adv. c.* **3.** Equivale a "por lo menos" o a "tan sólo". *Déme usted una limosna siquiera.*

sirena (si-**re**-na) *s. f.* **1.** Cualquiera de las ninfas marinas con busto de mujer y cuerpo de pez o ave, que atraían a los navegantes con su canto. *Nos contó un bonito relato sobre sirenas.* **SIN.** Náyade. **2.** Pito que se oye a mucha distancia y que se emplea en los buques, automóviles, fábricas, etc., para avisar. *Al oír la sirena de la ambulancia nos apartamos a un lado.* **SIN.** Bocina.

sirimiri (si-ri-**mi**-ri) *s. m.* Lluvia muy menuda. *Un sirimiri cayó durante toda la tarde.* **SIN.** Orvallo, llovizna, calabobos.

siroco (si-**ro**-co) *s. m.* Corriente de aire o viento caliente, seco y cargado de polvo que se produce en Argelia y Levante. *Soplaba el siroco.*

sirope (si-**ro**-pe) *s. m.* Almíbar, jarabe para endulzar las bebidas refrescantes y algunos postres. *La granadina es un sirope.*

sirtaki *s. m.* Baile popular griego. *Aprendió a bailar el sirtaki.*

sirviente, ta (sir-**vien**-te) *s. m. y s. f.* Persona que se dedica al servicio doméstico. *Los sirvientes estaban muy ocupados haciendo los preparativos para la llegada de los invitados.* **SIN.** Servidor, criado, asistente, muchacho. **ANT.** Amo, señor.

sisa (**si**-sa) *s. f.* **1.** Parte que se defrauda o se cobra en la compra diaria y otras cosas menudas. *Se dio cuenta de la sisa que pretendían hacerle.* **SIN.** Ratería. **2.** Sesgadura hecha en la tela de las prendas de vestir para que ajusten bien al cuerpo y, especialmente, corte curvo correspondiente a la parte de las axilas. *Esta blusa te queda estrecha de sisa.*

sisar - slalom

sisar (si-**sar**) *v. tr.* **1.** Engañar en el peso o en el precio de un producto. *Le sisaron en la compra.* **SIN.** Afanar, escamotear, sustraer. **2.** Hacer sisas en las prendas de vestir. *Tengo que sisar esta camisa, me queda demasiado grande.* **SIN.** Cortar.

sisear (si-se-**ar**) *v. intr.* Emitir repetidamente el sonido inarticulado de "s" y "ch" para manifestar desagrado o para llamar a alguien. **GRA.** También v. tr. *No se daba cuenta de que le estaban siseando.* **SIN.** Chistar, cuchichear.

sísmico, ca (**sís**-mi-co) *adj.* Que pertenece o se refiere al terremoto. *Movimiento sísmico.*

sismógrafo (sis-**mó**-gra-fo) *s. m.* Instrumento para registrar los temblores de tierra. *El sismógrafo determinó la intensidad del terremoto.*

sismología (sis-mo-lo-**gí**-a) *s. f.* Estudio de las ondas sísmicas de un terremoto. *Trabaja en ese centro de sismología.*

sistema (sis-**te**-ma) *s. m.* **1.** Conjunto de principios o reglas sobre una materia. *Nuestro sistema de numeración es arábigo.* **SIN.** Organización, método, modelo. **ANT.** Desorganización. **2.** Conjunto de elementos que, relacionados entre sí, tienen un fin. *El sistema de calefacción funciona mediante agua.* **SIN.** Organización, estructura. **3.** Conjunto de órganos de los seres vivos que, juntos, realizan una función. *El sistema digestivo se encarga de la asimilación de los alimentos.* **SIN.** Aparato. **4.** En lingüística, la lengua en sí y también cada una de las partes que la componen en cuanto que son un conjunto de elementos interrelacionados. *Sistema lingüístico.* **5.** Norma de conducta. *No seguían el mismo sistema.* **SIN.** Criterio, pauta, principio. ‖ **LOC. por sistema** Hacer algo por rutina o de modo obsesivo, sin justificación.

sistemático, ca (sis-te-**má**-ti-co) *adj.* **1.** Que sigue o se ajusta a un sistema. *Es un proceso sistemático.* **SIN.** Metódico, regular. **ANT.** Asistemático, caótico. **2.** Se dice de la persona que procede por principios. *En este trabajo tenemos que ser muy sistemáticos.* ‖ *s. f.* **3.** Ordenación, clasificación. *Todos seguían la misma sistemática.*

sistematizar (sis-te-ma-ti-**zar**) *v. tr.* Reducir a sistema. *Tenemos que sistematizar el proceso.* **SIN.** Estructurar, normalizar, organizar. **ANT.** Desarreglar, desorganizar, desordenar. ✎ Se conjuga como abrazar.

sístole (**sís**-to-le) *s. f.* Movimiento de contracción rítmica del corazón y de las arterias. *La sístole alterna con la diástole.*

sitiar (si-**tiar**) *v. tr.* **1.** Cercar una plaza o fortaleza para combatirla o apoderarse de ella. *Sitiaron la ciudad.* **SIN.** Asediar, rodear, bloquear. **2.** Cercar a alguien cerrándole todas las salidas para cogerle o rendir su voluntad. *La policía sitió a los ladrones en aquel viejo caserón.* ✎ En cuanto al acento, se conjuga como cambiar.

sitio[1] (**si**-tio) *s. m.* **1.** Espacio que ocupan o pueden ocupar seres vivos o cosas. *Ya no queda sitio para poner más libros.* **SIN.** Paraje, punto, parte, ubicación, lugar. **2.** Lugar o terreno a propósito para alguna cosa. *No tuve que buscar hotel, porque tenía sitio en su casa.* ‖ **LOC. dejar a alguien en el sitio** Dejarle muerto en el acto. **poner a alguien en su sitio** Hacerle ver cuál es su posición para que no se tome ciertas libertades con alguien de mayor importancia. **quedarse alguien en el sitio** Morir súbitamente por herida u otro accidente.

sitio[2] (**si**-tio) *s. m.* Acción y efecto de sitiar. *El ejército comenzó el sitio del castillo.* **SIN.** Asedio, bloqueo, cerco. ‖ **LOC. levantar el sitio** Desistir del asedio a una plaza sitiada. **poner sitio** Asediar, sitiar.

sito, ta (**si**-to) *adj.* Situado o fundado. *Sito en la Plaza Mayor.*

situación (si-tua-**ción**) *s. f.* **1.** Disposición de una cosa respecto del lugar que ocupa. *Desconocía la situación del lugar donde tenía que examinarse.* **SIN.** Colocación, emplazamiento, ubicación. **2.** Estado de las cosas y personas. *La situación del edificio era casi de completa ruina.* **SIN.** Condición, constitución. **3.** Conjunto de las realidades en las que una persona ha de desarrollar su existencia o sus acciones. *Sabíamos que estaba atravesando por una mala situación.* **SIN.** Circunstancia, coyuntura, factor.

situar (si-tu-**ar**) *v. tr.* **1.** Poner a una persona o cosa en determinado sitio o situación. **GRA.** También v. prnl. *Se situó a su derecha.* **SIN.** Ubicar(se), colocar(se), emplazar(se), poner(se). ‖ *v. prnl.* **2.** Lograr una posición social, económica, etc. privilegiada. *Le costó mucho esfuerzo, pero logró situarse bien.* **SIN.** Acomodarse, mejorar, medrar, prosperar. **ANT.** Empobrecerse, arruinarse. ✎ En cuanto al acento, se conjuga como actuar.

skateboard *s. m.* *Monopatín.

skay *s. m.* Tejido sintético que imita piel o cuero. *El sillón era de skay.*

sketch *s. m.* Escena cómica. *La pareja de humoristas presentó su nuevo sketch.*

skin head *s. m. y s. f.* *Cabeza rapada.

slalom *s. m.* *Eslalon.

slip - sobrealimentar

slip *s. m.* *Eslip.

slogan *s. m.* *Eslogan.

smog *s. m.* Niebla tóxica que se forma sobre las grandes ciudades o centros industriales.

smoking *s. m.* *Esmoquin.

snack-bar *s. m.* *Cafetería.

snob *s. m. y s. f.* *Esnob.

so[1] *s. m., fam.* Se usa solamente seguido de adjetivos despectivos para reforzar su significación. *So tonto.*

so[2] *prep.* Bajo, debajo de. **GRA.** Se usa con los sustantivos "capa", "pena", etc. *Acábalo, so pena de tener que quedarte.*

soasar (so-a-**sar**) *v. tr.* Medio asar o asar ligeramente. *Soasó las costillas a la brasa.* **SIN.** Tostar, torrar.

sobaco (so-**ba**-co) *s. m.* Concavidad que forma el arranque del brazo con el cuerpo. *El grano del sobaco le molestaba mucho.* **SIN.** Axila.

sobar (so-**bar**) *v. tr.* **1.** Manejar y oprimir una cosa repetidamente a fin de que se ablande. *Sobó la masa de harina y agua hasta que estuvo bien mezclada.* **SIN.** Amasar, manosear, mezclar. **2.** Palpar a una persona o cosa. *No sobes los alimentos.* **SIN.** Manosear, manipular, tocar.

soberanía (so-be-ra-**ní**-a) *s. f.* **1.** Calidad de soberano, dominio. *Estaba bajo su soberanía.* **SIN.** Señorío, mando. **2.** Autoridad suprema del poder público. *Ejercía la soberanía sobre el resto de los países.* **SIN.** Gobierno, mando. || **3. soberanía nacional** La que según algunas teorías de derecho político, corresponde al pueblo, de quien se supone emanan todos los poderes del Estado, aunque se ejerzan por representación.

soberano, na (so-be-**ra**-no) *adj.* **1.** Que ejerce o posee la autoridad suprema e independiente. **GRA.** También s. m. y s. f. *Esperaban la visita de los soberanos del país vecino.* **SIN.** Emperador, monarca, príncipe, rey, señor. **2.** Elevado, excelente y no superado. *Nunca olvidarían aquella soberana victoria.* **SIN.** Grande, excelente, supremo.

soberbia (so-**ber**-bia) *s. f.* Estimación excesiva de sí mismo menospreciando a los demás. *Tiene mucha soberbia.* **SIN.** Inmodestia, presunción, altanería.

soberbio, bia (so-**ber**-bio) *adj.* **1.** Que tiene soberbia o se deja llevar por ella. *Es una persona muy soberbia, no reconocerá que tú tenías razón.* **SIN.** Altanero, arrogante, impulsivo. **2.** Altivo, arrogante. *Es un soberbio, nos mira a los demás por encima del hombro.* **3.** Alto, fuerte o excesivo en las cosas inanimadas. *Tiene un soberbio poder de autocontrol.* **SIN.** Sublime, excelente, perfecto. **ANT.** Imperfecto, nimio. **4.** Grandioso, magnífico. *Es un trabajo soberbio.* || *interj.* **5. ¡soberbio!** Expresa fascinación o entusiasmo.

sobón, na (so-**bón**) *adj., fam.* Que por sus excesivas caricias se hace fastidioso. **GRA.** También s. m. y s. f. *Me desagrada la gente tan sobona.* **SIN.** Pulpo.

sobornar (so-bor-**nar**) *v. tr.* Corromper a alguien con regalos o dinero. *Intentó sobornar a los jueces.* **SIN.** Cohechar, comprar.

soborno (so-**bor**-no) *s. m.* **1.** Acción y efecto de sobornar. *Le acusaban de soborno.* **SIN.** Compra, cohecho, corrupción. **2.** Regalos o dinero con que se soborna. *Aquella magnífica mansión era el soborno.*

sobra (so-bra) *s. f.* **1.** Exceso de una cosa. *Este año hay sobra de fruta.* **SIN.** Abundancia, desbordamiento, redundancia, superávit. **ANT.** Carencia, escasez. || *s. f. pl.* **2.** Lo que queda de la comida. *Esta noche vamos a cenar las sobras.* **SIN.** Arrebañaduras, migajas, restos. **3.** Desperdicios o desechos. *Echa las sobras a la basura.* **SIN.** Despojos, residuos. || **LOC. de sobra** Abundantemente, con exceso. | Por demás, sin necesidad. | Bastante, suficiente.

sobrar (so-**brar**) *v. intr.* **1.** Haber más de lo necesario. *Sobra un cubierto en la mesa.* **SIN.** Abundar, exceder, superar. **ANT.** Faltar, carecer, escasear, necesitar. **2.** Quedar parte de algo después de haberse usado o consumido. *Guarda lo que ha sobrado para comerlo mañana.* **SIN.** Restar, quedar. **ANT.** Acabarse, agotarse. **3.** Estar de más. **GRA.** También v. tr. *Me di cuenta de que yo allí sobraba.*

sobrasada (so-bra-**sa**-da) *s. f.* Embuchado grueso de carne de cerdo muy picada y sazonada con sal y pimiento molido. *Le gusta mucho la sobrasada.*

sobre[1] (**so**-bre) *prep.* **1.** Encima. *El libro está sobre la mesa.* **2.** Con dominio y superioridad. *Estaba sobre ellos.* **3.** Acerca de. *Nos habló sobre sus planes.* **4.** Tratándose de una cantidad o número, indica aproximación. *Costará sobre 2 000 pesetas.* **5.** A o hacia. *Pasaré sobre las cinco.* **6.** Precedida y seguida del mismo sustantivo indica idea de acumulación. *Campana sobre campana.*

sobre[2] (**so**-bre) *s. m.* **1.** Cubierta de papel en que se incluye una carta, comunicación, documento, etc. *Pega el sello en el sobre.* **2.** Medicamento en forma de polvos. *Le recetó unos sobres.* **3.** *fam.* *Cama.

sobrealimentar (so-bre-a-li-men-**tar**) *v. tr.* Dar a alguien más alimento del que ordinariamente toma o necesita para alimentarse. **GRA.** También v. prnl. *El pediatra les aconsejó que no sobrealimentaran al bebé.* **SIN.** Cebar(se). **ANT.** Ayunar.

sobrecargar (so-bre-car-**gar**) *v. tr.* Cargar con exceso alguna cosa. *Sobrecargaron el ascensor.* 🖎 Se conjuga como ahogar.

sobrecargo (so-bre-**car**-go) *s. m.* Aumento sobre el precio convenido. *Esa compra llevaba un sobrecargo.*

sobrecogedor, ra (so-bre-co-ge-**dor**) *adj.* Que sobrecoge. *La noticia era sobrecogedora.* **SIN.** Dramático, emocionante, espeluznante, terrible. **ANT.** Agradable, aliviador, alegre.

sobrecoger (so-bre-co-**ger**) *v. tr.* **1.** Coger de repente y desprevenido a alguien. *Aquel ruido le sobrecogió.* **SIN.** Sorprender, asustar, pasmar. **ANT.** Tranquilizar, sosegar. ‖ *v. prnl.* **2.** Sorprenderse, intimidarse. *Se sobrecogieron al ver el terrible espectáculo.* 🖎 Se conjuga como proteger.

sobredosis (so-bre-**do**-sis) *s. f.* Dosis excesiva de alguna droga. *Estuvo a punto de morir por una sobredosis de heroína.* 🖎 Invariable en número.

sobrellevar (so-bre-lle-**var**) *v. tr.* **1.** Sufrir los trabajos o molestias de la vida. *Intentaba sobrellevar su desgracia.* **2.** Resignarse a algo con paciencia. *Sabía que estaría mucho tiempo lejos de su casa y tenía que sobrellevarlo.* **SIN.** Aguantar, soportar, sufrir, tolerar. **ANT.** Rebelarse, rechazar.

sobremanera (so-bra-ma-**ne**-ra) *adv. m.* En extremo, mucho. *Esta novela me ha gustado sobremanera.*

sobremesa, de *loc.* Inmediatamente después de comer y sin levantarse de la mesa; se refiere particularmente a la conversación o entretenimiento después de comer. *Estuvimos un rato de sobremesa después de la cena.*

sobrenatural (so-bre-na-tu-**ral**) *adj.* Que excede los términos de la naturaleza. *Decían que era un hecho sobrenatural.* **SIN.** Mágico, milagroso.

sobrenombre (so-bre-**nom**-bre) *s. m.* Nombre calificativo con que se distingue especialmente a una persona. *Tenía el sobrenombre de Cid Campeador.* **SIN.** Mote, apodo, alias, remoquete.

sobreentender (so-bre-en-ten-**der**) *v. tr.* Entender una cosa que no está expresa, pero que se deduce. **GRA.** También *v. prnl. Se sobreentendía que yo quedaba libre de toda responsabilidad.* **SIN.** Callar, suplir. 🖎 *v. irreg.,* se conjuga como entender.

sobrepasar (so-bre-pa-**sar**) *v. tr.* **1** *Exceder, aventajar.* **GRA.** También *v. prnl. Sobrepasó al otro corredor en el último momento.* **2.** Rebasar un límite. *Fue la primera en sobrepasar la meta.* **SIN.** Superar, pasar.

sobreponer (so-bre-po-**ner**) *v. tr.* **1.** *Superponer.* ‖ *v. prnl.* **2.** Dominar los impulsos del ánimo o hacerse fuerte en las adversidades. *No lograba sobreponerse a la muerte de su hijo.* **SIN.** Contenerse. 🖎 *v. irreg.,* se conjuga como poner.

sobresaliente (so-bre-sa-**lien**-te) *adj.* **1.** Que sobresale. **GRA.** También *s. m.* y *s. f. Nombró a los personajes más sobresalientes que asistieron a la ceremonia.* **SIN.** Destacado. ‖ *s. m.* **2.** En la calificación de exámenes, nota superior a la de notable y la más alta de todas. *Sacó un sobresaliente en lengua.*

sobresalir (so-bre-sa-**lir**) *v. intr.* **1.** Exceder una persona o cosa a otras en figura, tamaño, etc. *Sobresale por su altura.* **SIN.** Aventajar, destacar, resaltar. **2.** Aventajar alguien a otros, distinguirse entre ellos. *Es una de las alumnas que más sobresale en la clase.* **SIN.** Descollar, despuntar, prevalecer. **3.** Salir, formar un saliente, resaltar, abultar con relación a un plano. *Esa madera sobresale demasiado, hay que cortarla un poco.* 🖎 *v. irreg.,* se conjuga como salir.

sobresaltar (so-bre-sal-**tar**) *v. tr.* **1.** Saltar, venir y acometer de repente. *Le sobresaltó la idea de no verle más.* **2.** Asustar, alterar a alguien repentinamente. **GRA.** También *v. prnl. Se sobresaltó al verme.* **SIN.** Atemorizar, azorar, alarmar. **ANT.** Tranquilizar, sosegar.

sobresalto (so-bre-**sal**-to) *s. m.* Sensación que proviene de un acontecimiento repentino. *Se llevó un buen sobresalto.* **SIN.** Alteración, inquietud, turbación, miedo, pavor, temor. ‖ **LOC. de sobresalto** De improviso o inesperadamente.

sobresdrújulo, la (so-bres-**drú**-ju-lo) *adj.* Se aplica a las voces que por efecto de la composición llevan un acento en la sílaba anterior a la antepenúltima. **GRA.** También *s. m.* y *s. f. "Recuérdaselo" es una palabra sobresdrújula.*

sobreseer (so-bre-se-**er**) *v. intr.* Cesar en una instrucción sumarial. **GRA.** También *v. prnl. Sobreseyeron el caso.* 🖎 *v. irreg.,* se conjuga como creer.

sobrestimar (so-bres-ti-**mar**) *v. tr.* Estimar una cosa por encima de su valor. *Creo que estás sobrestimando su importancia.*

sobresueldo (so-bre-**suel**-do) *s. m.* Salario o dinero extra que se añade al sueldo fijo. *Hacía horas para sacarse un sobresueldo.* **SIN.** Plus, prima.

sobrevenir (so-bre-ve-**nir**) *v. intr.* Venir de improviso. *Estábamos paseando cuando sobrevino la tormenta.* 🖎 *v. irreg.,* se conjuga como venir.

sobrevivir (so-bre-vi-**vir**) *v. intr.* **1.** Vivir alguien después de la muerte de otro o después de un determinado suceso o plazo. *Sobrevivieron a la catástrofe.* **2.** Vivir con lo mínimo. *Tienen que hacer maravillas para sobrevivir.*

sobrevolar - socorro

sobrevolar (so-bre-vo-**lar**) *v. tr.* Volar por encima de un lugar. *Varios aviones sobrevolaron la ciudad.* **SIN.** Trasvolar, pasar, deslizarse. ✎ v. irreg., se conjuga como contar.

sobrexceder (so-brex-ce-**der**) *v. tr.* Exceder, aventajar a otro. *Le sobrexcede en rapidez.*

sobrino, na (so-**bri**-no) *s. m. y s. f.* Respecto de una persona, hijo o hija de su hermano o hermana. *Los hijos de mi hermana son mis sobrinos favoritos.*

sobrio, bria (**so**-brio) *adj.* **1.** Templado, moderado en comer y beber. *Es una persona muy sobria.* **SIN.** Frugal, moderado, parco. **ANT.** Inmoderado, excesivo. **2.** Que carece de adornos superfluos. *Vivían en una casa pequeña y muy sobria.* **SIN.** Simple, sencillo. **ANT.** Complicado, complejo, recargado. **3.** Que no está borracho. *No había bebido nada de alcohol, estaba completamente sobria.*

socaire (so-**cai**-re) *s. m.* Abrigo que ofrece una cosa en su lado opuesto a aquel de donde sopla el viento. *Pusieron el barco al socaire del espigón.* **SIN.** Defensa, protección, refugio. **ANT.** Intemperie, desamparo.

socarrón, na (so-ca-**rrón**) *adj.* Se dice de la persona que se burla de los demás. **GRA.** También s. m. y s. f. *Es un poco socarrón.* **SIN.** Astuto, burlón, taimado. **ANT.** Franco, sincero, honrado.

socavar (so-ca-**var**) *v. tr.* **1.** Excavar por debajo alguna cosa dejándola en falso. *Socavaron los cimientos del edificio.* **SIN.** Minar. **2.** Debilitar a alguien o algo. *Intentaron socavar sus ilusiones, pero aún siguen en pie.*

socavón (so-ca-**vón**) *s. m.* Hoyo que se produce por hundimiento del suelo. *La carretera tenía profundos socavones.* **SIN.** Agujero, derrumbamiento, sima.

sociable (so-**cia**-ble) *adj.* Afable, comunicativo. *Es una niña muy sociable.* **SIN.** Tratable, abierto. **ANT.** Misántropo, intratable.

social (so-**cial**) *adj.* Que pertenece o se refiere a la sociedad y a las distintas clases que la componen. *Seguridad Social.*

socializar (so-cia-li-**zar**) *v. tr.* Transferir al Estado u otro organismo colectivo las propiedades, industrias, etc. particulares. *Socializaron ambas empresas.* **SIN.** Nacionalizar, expropiar. ✎ Se conjuga como abrazar.

sociedad (so-cie-**dad**) *s. f.* **1.** Conjunto de personas, familias, pueblos o naciones. *Los seres humanos tienden a vivir en sociedad.* **SIN.** Colectividad, comunidad, población. **ANT.** Individualidad, soledad, aislamiento. **2.** Agrupación de personas para un fin. *Mis amigos han creado una sociedad de montañismo.* **SIN.** Hermandad, asociación, gremio, empresa, entidad. **3.** La de comerciantes, personas de negocios o accionistas de alguna empresa. *Formaron una sociedad anónima.* **SIN.** Consorcio, cooperativa, mutualidad. ‖ **4. sociedad anónima** La que se forma por acciones, con responsabilidad circunscrita al capital que éstas representan. **5. sociedad de consumo** Sistema social en el que se estimula todo tipo de adquisiciones de bienes no necesarios. ‖ **LOC. presentar en sociedad** Celebrar una fiesta para dar a conocer o introducir en las reuniones de sociedad a una persona o personas.

socio, cia (**so**-cio) *s. m. y s. f.* **1.** Miembro. *Soy socio de un club de tenis.* **2.** Persona asociada con otra para algún fin. *La empresa es de dos socios.* **3.** *fam.* Amigo, compañero, compinche. *No se separaba de su socio.* ‖ **4. socio capitalista** El que aporta capital a una sociedad mercantil, exponiéndolo a ganancias o pérdidas. **5. socio industrial** El que no aporta capital a una sociedad mercantil, sino servicios o pericia personales, poniéndolos a contribución para participar de alguna manera en las ganancias o beneficios. **LOC. ¡menudo socio!** *fam.* Expresión que se aplica a la persona de conducta sospechosa.

sociología (so-cio-lo-**gí**-a) *s. f.* Disciplina filosófica que estudia las condiciones de existencia y desenvolvimiento de las sociedades humanas. *Estudió sociología.*

socorrer (so-co-**rrer**) *v. tr.* Ayudar a alguien en un peligro o necesidad. *Los bomberos socorrieron a las víctimas del incendio.* **SIN.** Amparar, auxiliar, remediar, salvar, cooperar, proteger. **ANT.** Abandonar, desamparar.

socorrido, da (so-co-**rri**-do) *adj.* **1.** Se dice de aquello en que se halla con facilidad lo que es menester. *Un diccionario bilingüe es muy socorrido cuando se va a hacer una traducción.* **2.** Se dice de los recursos que sirven para solventar una dificultad. *Este tipo de cenas frías es muy socorrido.*

socorrismo (so-co-**rris**-mo) *s. m.* Organización destinada a prestar ayuda en caso de accidente. *Hizo un curso de socorrismo.*

socorro (so-**co**-rro) *s. m.* **1.** Acción y efecto de socorrer. *Prestaron socorro a los accidentados.* **SIN.** Amparo, asistencia, protección, favor. **ANT.** Desamparo, abandono. **2.** Dinero, víveres, etc. con que se socorre. *Enviaron los primeros socorros a la zona afectada.*

soda - sol

soda (**so**-da) *s. f.* Bebida de agua gaseosa, que contiene ácido carbónico y está aromatizada con un jarabe o esencia de alguna fruta. *Bebe soda.* **SIN.** Seltz, gaseosa.

sodio (**so**-dio) *s. m.* Metal blanco como la cera, de color y brillo similar al de la plata, muy ligero, que se empaña rápidamente, y que descompone el agua a la temperatura ordinaria. *El símbolo del sodio es Na.*

sodomía (so-do-**mí**-a) *s. f.* Coito anal, especialmente entre personas del mismo sexo. *En aquella organización eran frecuentes las prácticas de sodomía.* **SIN.** Pederastia.

soez (so-**ez**) *adj.* Se dice de lo bajo y grosero. *Empleó un vocabulario muy soez.* **SIN.** Procaz, basto, indecente, vil. **ANT.** Elevado.

sofá (so-**fá**) *s. m.* **1.** Asiento cómodo con respaldo y brazos para dos o más personas. *Se tumbó un rato en el sofá.* **SIN.** Diván, canapé, tresillo. ‖ **2. sofá cama** El que puede convertirse en cama. ✎ Su pl. es "sofás".

sofisma (so-**fis**-ma) *s. m.* Argumento correcto en apariencia con que se quiere defender lo que es falso. *Base sus teorías en sofismas.* **SIN.** Artificio, falacia, falsedad, paralogismo. **ANT.** Dogma, verdad.

sofisticado, da (so-fis-ti-**ca**-do) *adj.* **1.** Falto de naturalidad. *Se comportó de una manera demasiado sofisticada.* **SIN.** Antinatural, elaborado, amañado. **2.** Elegante, refinado. *Sus modales eran sofisticados.* **3.** Se dice de aparatos, mecanismos, etc. muy complicados. *Este mecanismo es muy sofisticado.*

sofocar (so-fo-**car**) *v. tr.* **1.** *Ahogar, impedir la respiración. **2.** Apagar, dominar, extinguir. *Los bomberos consiguieron sofocar el incendio.* **3.** Acosar, importunar en exceso a alguien. *Le sofocaba con sus continuas exigencias.* **SIN.** Agobiar, fastidiar, fatigar. **4.** Avergonzar, abochornar a alguien. **GRA.** También v. prnl. *Se sofocó al darse cuenta de su equivocación.* **SIN.** Ruborizar(se), sonrojar(se). ✎ Se conjuga como abarcar.

sofoco (so-**fo**-co) *s. m.* **1.** Sensación súbita de calor, acompañada de sudor y enrojecimiento, producida normalmente por causas orgánicas. *Tenía mucho sofoco cuando llegó a lo alto de la escalera.* **2.** Grave disgusto que se da o se recibe. *Se llevó un buen sofoco.* **SIN.** Pesar, desazón.

sofocón (so-fo-**cón**) *s. m., fam.* Disgusto provocado por alguna contrariedad. *Se llevó un buen sofocón.*

sofoquina (so-fo-**qui**-na) *s. f.* Sofoco intenso. *Llegó a la cima de la montaña con una increíble sofoquina.*

sofreír (so-fre-**ír**) *v. tr.* Freír un alimento de forma rápida y superficial. *Echa un poco de aceite y sofríe la cebolla.* ✎ v. irreg., se conjuga como reír. Tiene doble p. p., uno reg., sofreído, y otro irreg., sofrito.

sofrito (so-**fri**-to) *s. m.* Condimento que se añade a un guiso compuesto por cebolla y ajo fritos en aceite. *Arregló las alubias con un sofrito.* **SIN.** Refrito.

software *s. m.* Componentes inmateriales del ordenador: programas, sistemas operativos, etc. *He comprado nuevos programas para actualizar mi software.* **SIN.** Equipo lógico, soporte lógico.

soga (**so**-ga) *s. f.* Cuerda gruesa de esparto. *Ataron la hierba del carro con una soga.* **SIN.** Maroma, cabo. ‖ **LOC. con la soga al cuello, o a la garganta** Amenazado de un grave peligro. | En un apuro, estrechez o dificultad. **no mentar la soga en casa del ahorcado** Frase con la que se alude a la conveniencia de no mencionar en la conversación hechos que puedan causar sonrojo o molestia a alguien presente.

soja (**so**-ja) *s. f.* Legumbre con la que se obtiene harina. *La soja actualmente se emplea mucho en la fabricación de aceite.*

sol[1] *n. p.* **1.** Estrella centro de nuestro sistema solar. **ORT.** Se escribe con mayúscula. *El Sol es una esfera ardiente de gases, sobre todo hidrógeno y helio.* **SIN.** Estrella, luminaria. ‖ *s. m.* **2.** Calor y luz que produce este astro. *Le gustaba tomar el sol.* **3.** Expresión cariñosa. *Tu amigo es un sol.* ‖ **4. sol de justicia** Solazo. ‖ **LOC. arrimarse al sol que más calienta** Buscar estar siempre al lado de la persona que te puede favorecer. **de sol a sol** Desde que sale hasta que se pone el sol. **picar, o pegar, el sol** *fam.* Calentar mucho. ☀

MAGNITUDES SOLARES

Diámetro en el ecuador: 1 392 000 km
Volumen: 1 303 600 veces el de la Tierra
Densidad media: 1,41 (agua = 1)
Masa: 333 000 veces la de la Tierra
Gravedad: 28 veces la de la Tierra
Distancia media a la Tierra: 149 000 000 km
Velocidad de fuga: 618 km/s
Temperatura de la superficie: 6 000 °C
Temperatura del núcleo: unos 15 000 000 °C
Rotación sobre su eje: 25,38 días
Órbita galáctica: 225 millones de años
Velocidad de desplazamiento por el espacio: 250 km/s
Distancia al centro de la galaxia: 30 000 años luz

---

sol[2] *s. m.* Quinta nota de la escala musical. *La nota que va antes de "sol" es "fa".*

solana (so-**la**-na) *s. f.* Paraje donde el sol da de lleno. *Por las tardes esa terraza es una solana.*

solapa (so-**la**-pa) *s. f.* **1.** Parte del vestido, correspondiente al pecho, y que suele ir doblada hacia fuera sobre la misma prenda de vestir. *Llevaba una insignia en la solapa de la chaqueta.* **2.** Prolongación de la tapa de un libro que se dobla hacia dentro y en la que se imprimen notas sobre el contenido del mismo, biografía de su autor, etc. *En la solapa venía la fotografía de la autora y su biografía.*

solapar (so-la-**par**) *v. tr.* Ocultar maliciosa y cautelosamente la verdad o la intención. *Trataba de solapar los hechos.* **SIN.** Disfrazar, disimular, encubrir, tapar. **ANT.** Mostrar, revelar.

solar[1] (so-**lar**) *s. m.* Terreno donde se ha edificado o que se destina a edificar en él. *En ese solar van a construir un centro comercial.*

solar[2] (so-**lar**) *adj.* Que pertenece al Sol. *Sistema solar.*

solar[3] (so-**lar**) *v. tr.* Revestir el suelo con ladrillos, losas, etc. *Han traído los materiales para solar esta habitación.* ✎ v. irreg., se conjuga como contar.

solariego, ga (so-la-**rie**-go) *adj.* Antiguo y noble. *En el pueblo se conservaban hermosas casas solariegas.*

solárium (so-**lá**-rium) *s. m.* Terraza o lugar reservado para tomar el sol. *La casa tenía solárium.* ✎ Invariable en número.

solaz (so-**laz**) *s. m.* Esparcimiento, descanso de los trabajos. *Necesitaba unos días de solaz.* **SIN.** Asueto, descanso, diversión. **ANT.** Trabajo, ocupación. || **LOC. a solaz** Con gusto y placer.

solazar (so-la-**zar**) *v. tr.* Dar solaz. **GRA.** Se usa más como v. prnl. *Aquella semana en la playa le sirvió para solazarse.* **SIN.** Divertirse, esparcirse, recrearse. **ANT.** Trabajar, laborar. ✎ Se conjuga como abrazar.

soldado (sol-**da**-do) *s. m.* **1.** Persona que sirve en la milicia. *Los soldados estaban de maniobras.* **SIN.** Guerrero, militar. **2.** Militar sin graduación. *Un soldado avisó al capitán.*

soldadura (sol-da-**du**-ra) *s. f.* Material que sirve y está preparado para soldar. *Necesitaba más soldadura.*

soldar (sol-**dar**) *v. tr.* Unir entre sí dos partes o piezas de metal. *Tenían que soldar la tubería.* **SIN.** Estañar. ✎ v. irreg., se conjuga como contar.

soledad (so-le-**dad**) *s. f.* **1.** Carencia de compañía. *Vivía desde hace años en soledad.* **SIN.** Apartamiento, incomunicación. **2.** Pesar que se siente por la ausencia, muerte o pérdida de alguna persona o cosa. *Cuando se quedó viuda sintió una gran soledad.* **SIN.** Añoranza, melancolía, pena.

solemne (so-**lem**-ne) *adj.* **1.** Celebrado o hecho públicamente, con pompa o ceremonias extraordinarias. *Hubo una misa solemne.* **SIN.** Ceremonioso, fastuoso, majestuoso. **2.** Formal, válido, acompañado de todos los requisitos necesarios. *Fue un acto solemne.* **3.** Majestuoso, imponente. *Sus solemnes palabras emocionaron a los presentes.* **4.** Encarece en sentido peyorativo la significación de algunos nombres. *Eso es una solemne tontería.*

solemnidad (so-lem-ni-**dad**) *s. f.* **1.** Cualidad de solemne. *Nos impresionó la solemnidad de su semblante.* **2.** Acto o ceremonia solemne. *La ceremonia de apertura de curso fue una gran solemnidad.* **SIN.** Protocolo, ritual, gala.

soler (so-**ler**) *v. intr.* **1.** Tener costumbre. *Solemos madrugar en vacaciones.* **2.** Ser frecuente una cosa. *En España suele hacer calor en verano.* **SIN.** Acostumbrar, frecuentar, repetirse. **ANT.** Omitir. ✎ v. irreg. y v. defect. ✎

INDICATIVO			SUBJUNTIVO
Pres.	Pret. imperf.	Pret. perf. s.	Pres.
suelo	solía	solí	suela
sueles	solías	soliste	suelas
suele	solía	solió	suela
solemos	solíamos	solimos	solamos
soléis	solíais	solisteis	soláis
suelen	solían	solieron	suelan
FORMAS NO PERSONALES			
Inf. soler	–	Ger. soliendo	– Part. solido

solera (so-**le**-ra) *s. f.* Cualidad de lo antiguo y rancio. *Es un vino de mucha solera.*

solfear (sol-fe-**ar**) *v. tr.* Cantar marcando el compás y pronunciando los nombres de las notas. *Solfeó la partitura.*

solfeo (sol-**fe**-o) *s. m.* Acción y efecto de solfear. *Va a clases de solfeo.*

solicitar (so-li-ci-**tar**) *v. tr.* Pedir algo siguiendo unas normas establecidas. *Los alumnos solicitaron ayuda para el viaje de estudios.* **SIN.** Gestionar, instar, requerir. **ANT.** Conceder, rechazar.

solícito, ta (so-**lí**-ci-to) *adj.* Afanoso por servir o atender a una persona o cosa. *Estuvo muy solícito con nosotros.* **SIN.** Diligente, cuidadoso.

solicitud (so-li-ci-**tud**) *s. f.* Documento en que se solicita algo. *Presentó la solicitud de la prórroga.* **SIN.** Instancia, memorial.

solidario, ria (so-li-**da**-ri-o) *adj.* Se dice de la persona que se adhiere a la causa, opinión o empresa de otra. **GRA.** También s. m. y s. f. *Es una persona muy solidaria, siempre se preocupa de los necesitados.*

solidarizar - soltero

solidarizar (so-li-da-ri-**zar**) *v. tr.* Hacer a una persona o cosa solidaria con otra. **GRA.** También v. prnl. *Todos los vecinos se solidarizaron con las familias afectadas.* **SIN.** Adherirse, asociarse. **ANT.** Apartarse, separarse. 🖎 Se conjuga como abrazar.

solidez (so-li-**dez**) *s. f.* Cualidad de sólido. *El material empleado es de gran solidez.* **SIN.** Consistencia, firmeza, fortaleza, resistencia. **ANT.** Fragilidad, maleabilidad.

solidificar (so-li-di-fi-**car**) *v. tr.* Hacer sólido un fluido. **GRA.** También v. prnl. *El agua se ha solidificado a causa del frío.* **SIN.** Coagular(se), condensar(se), congelar(se), cuajar(se). **ANT.** Deshelar(se), fundir(se), licuar(se). 🖎 Se conjuga como abarcar.

sólido, da (**só**-li-do) *adj.* **1.** Se dice del cuerpo con forma y volumen determinados. **GRA.** También s. m. *El agua es un sólido cuando su temperatura es inferior a cero grados.* **ANT.** Líquido, gaseoso. **2.** Firme, seguro. *Tiene una sólida posición en su trabajo. Ese puente es muy sólido.* **SIN.** Duro, fuerte, resistente, compacto. **ANT.** Blando, débil, frágil. **3.** Establecido con razones fundamentales. *Tenía sólidos argumentos.* **SIN.** Firme, tenaz, asentado.

soliloquio (so-li-**lo**-quio) *s. m.* **1.** Acción de hablar una persona consigo misma. *Era habitual verla pasear con sus soliloquios.* **2.** Lo que habla de este modo un personaje de obra dramática. *Los soliloquios de Segismundo, en "La vida es sueño", son muy famosos.* **SIN.** Monólogo.

solista (so-**lis**-ta) *s. m. y s. f.* Persona que ejecuta un solo de una pieza musical. *Actuó como solista.*

solitaria (so-li-**ta**-ria) *s. f.* *Tenia, gusano intestinal.

solitario, ria (so-li-**ta**-rio) *adj.* **1.** Desamparado, desierto. *Los parajes de esa región son muy solitarios.* **2.** Retirado, que ama la soledad o vive en ella. **GRA.** También s. m. y s. f. *Era una persona muy tímida y solitaria.* **SIN.** Eremita, ermitaño, misántropo, retraído. **SIN.** Sociable, afable. ‖ *s. m.* **3.** Diamante grueso que se engasta solo en una joya. *Le regalaron un solitario.* **4.** Juego que ejecuta una sola persona. *Se entretenía haciendo solitarios de cartas.*

soliviantar (so-li-vian-**tar**) *v. tr.* **1.** Inducir a una persona a adoptar una actitud rebelde. **GRA.** También v. prnl. *Intentaba soliviantar a las tropas.* **SIN.** Alborotar(se), amotinar(se), incitar, sublevar(se). **2.** Inquietar o alterar a alguien. **GRA.** También v. prnl. *Ante aquella injusticia los ánimos se soliviantaron.*

sollozar (so-llo-**zar**) *v. intr.* Producir por un movimiento convulsivo varias inspiraciones bruscas y entrecortadas, seguidas de una espiración, durante el llanto. *Estaba sollozando.* **SIN.** Gimotear, lloriquear, quejarse. 🖎 Se conjuga como abrazar.

sollozo (so-**llo**-zo) *s. m.* Acción y efecto de sollozar. *Sólo se oían sus sollozos.* **SIN.** Gemido, lloriqueo, suspiro.

solo, la (**so**-lo) *adj.* **1.** Único. *Tengo un solo hijo.* **SIN.** Uno. **ANT.** Varios. **2.** Que no está acompañado. *Se fueron todos y lo dejaron solo.* **SIN.** Solitario, aislado, incomunicado. **ANT.** Acompañado. **3.** Que no tiene quien le ampare o consuele. *Se sentía muy sola.* **SIN.** Desamparado, desprotegido. ‖ *s. m.* **4.** Composición o parte de ella que canta o toca una sola persona. *Ejecutó un solo.* ‖ **LOC. a solas** Sin compañía ni ayuda de otra persona. **quedarse alguien solo** *fam.* Quedar por encima de todos.

sólo (**só**-lo) *adv. m.* Únicamente, solamente. *Sólo falta un día para las vacaciones.*

solomillo (so-lo-**mi**-llo) *s. m.* Pieza de la carne de vacuno, que se extiende a lo largo del lomo del animal, entre las costillas. *La especialidad de la casa es solomillo a la pimienta.*

solsticio (sols-**ti**-cio) *s. m.* Momento en el cual el Sol se encuentra a la máxima distancia del ecuador. *En el solsticio el día o la noche alcanzan su duración máxima.*

soltar (sol-**tar**) *v. tr.* **1.** Desatar. *Suelta el nudo.* **SIN.** Aflojar, desceñir, desligar, desunir. **ANT.** Atar, amarrar, unir. **2.** Dar libertad. **GRA.** También v. prnl. *Soltó al pájaro, que salió volando.* **SIN.** Liberar(se), independizar(se), libertar. **ANT.** Esclavizar, encerrar, retener, encarcelar. **3.** Dejar lo que se tiene agarrado o sujeto. **GRA.** También v. prnl. *Al conducir, no se debe soltar el volante.* **SIN.** Quitar(se), separar(se). **ANT.** Asir(se), sujetar(se). **4.** Despedir, dar salida. **GRA.** También v. prnl. *Aquello soltaba muy mal olor.* **SIN.** Desprender(se). **5.** *fam.* Decir con excesiva franqueza o violencia algo que debía permanecer callado. *Lo soltó en el momento más inoportuno.* ‖ *v. prnl.* **6.** Adquirir desenvoltura en la realización de las cosas. *Se soltó en poco tiempo.* **SIN.** Acostumbrarse. **7.** Empezar a hacer por primera vez algunas cosas, como andar o leer. *El bebé se soltó a andar.* **8.** Olvidar la modestia y actuar con excesiva desenvoltura. *Creo que te has soltado demasiado.* 🖎 v. irreg., se conjuga como contar. Tiene doble p. p.: uno reg., soltado, y otro irreg., suelto.

soltero, ra (sol-**te**-ro) *adj.* Se dice de la persona que no ha contraído matrimonio. **GRA.** También s. m. y s. f. *Sólo el hijo mayor estaba casado, los otros dos estaban solteros.*

1011

solterón - someter

solterón, na (sol-te-**rón**) *adj.* Se dice de la persona soltera ya entrada en años. **GRA.** También s. m. y s. f. *Todos le llamaban el solterón.*

soltura (sol-**tu**-ra) *s. f.* **1.** Agilidad, prontitud para hacer una cosa. *Tiene mucha soltura.* **2.** Facilidad y lucidez para hablar. *Se expresa con mucha soltura.*

soluble (so-**lu**-ble) *adj.* **1.** Que se puede disolver o desleír. *El azúcar es soluble.* **SIN.** Disoluble, licuable. **2.** *Viable. **ANT.** Imposible, irrealizable.

solución (so-lu-**ción**) *s. f.* **1.** Acción y efecto de resolver o poner fin a una dificultad, duda, etc. *Tengo la solución a tu problema.* **SIN.** Respuesta, resultado. **2.** Desenlace o término de un proceso, negocio, etc. *La solución fue buena para las dos partes.* **SIN.** Conclusión, desenlace, finalización. **3.** En química, resultado de disolver un soluto en un disolvente. *Añadamos líquido para hacer la solución más débil.* **4.** En matemáticas, cada una de las cantidades que satisfacen las condiciones de un problema o una ecuación. *La solución del problema son dos tercios.*

solucionar (so-lu-cio-**nar**) *v. tr.* Resolver un asunto, hallar solución a un problema. *Tenía que solucionar urgentemente el problema de la vivienda.* **SIN.** Arreglar, resolver, zanjar.

soluto (so-**lu**-to) *s. m.* Cualquier sólido o gas que, cuando se añade al agua u otro líquido, se disuelve. *Echa más soluto para que la disolución espese.*

solvencia (sol-**ven**-cia) *s. f.* Capacidad económica que se tiene para pagar una deuda. *Es una empresa con mucha solvencia.*

solventar (sol-ven-**tar**) *v. tr.* **1.** Arreglar cuentas, pagando la deuda a que se refieren. *Solventó sus deudas.* **SIN.** Zanjar, saldar. **ANT.** Adeudar, deber. **2.** Dar solución a un asunto difícil. *Todavía tengo que solventar algunas cosas.* **SIN.** Resolver, solucionar.

solvente (sol-**ven**-te) *adj.* **1.** Sin deudas, o con capacidad para satisfacerlas. *Es una persona solvente.* **2.** Se dice de la sustancia que puede disolverse. *Añade más solvente al agua.*

somanta (so-**man**-ta) *s. f., fam.* Tunda, zurra. *Le dio una buena somanta de palos.*

somático, ca (so-**má**-ti-co) *adj.* Se aplica a lo que es material y corpóreo en un ser vivo, en oposición a psíquico. *Los caracteres somáticos están muy definidos.*

sombra (**som**-bra) *s. f.* **1.** Falta de luz. **GRA.** Se usa más en pl. *Ya caían las sombras.* **SIN.** Opacidad, oscuridad. **2.** Imagen oscura que sobre una superficie cualquiera proyecta un cuerpo opaco, al interceptar los rayos directos de la luz. *El árbol proyectaba su sombra contra la tumbona.* **3.** Aparición de la imagen de una persona ausente o difunta. *En sueños le había parecido ver su sombra.* **SIN.** Fantasma, espectro. **4.** *fam.* Persona que sigue a otra por todas partes. *Estoy harto de él, parece mi sombra.* **5.** *fam.* Suerte, fortuna. *Desde luego, es mala sombra.* **6.** *fam.* Parte de la plaza de toros en que durante las corridas no dan los rayos solares. *Tenía entradas de sombra.* || **7. sombra de ojos** Cosmético compuesto por polvo o crema de colores y que se aplica sobre los párpados. **8. sombras chinescas** Espectáculo consistente en proyectar en un lienzo las sombras de figurillas hechas con las manos, títeres, etc. || **LOC. a la sombra** *fam.* En la cárcel. **a la sombra de alguien o algo** Refugiándose en él. **hacer sombra** Impedir o interceptar la luz. | Impedir una persona a otra sobresalir, prosperar o destacar, por poseer más mérito o más favor que ella. **no haber ni sombra de alguien o algo** *fam.* No haber nada en absoluto. **no ser una persona o cosa su sombra, o ni sombra de lo que era** Haber degenerado o decaído muchísimo. **tener alguien mala sombra** Carecer de atractivo, ser desagradable, soso o antipático. | Tener mala suerte.

sombrajo (som-**bra**-jo) *s. m.* Resguardo de ramas, mimbres, etc., para hacer sombra. *Se pusieron a comer debajo de un sombrajo.* **SIN.** Enramado.

sombrero (som-**bre**-ro) *s. m.* **1.** Prenda de vestir que sirve para cubrir la cabeza, y que consta de copa y ala. *Iba vestido con un abrigo de paño y un sombrero negro.* **SIN.** Bonete, gorra, hongo, montera. **2.** Parte superior y redondeada de los hongos. *Esta seta tiene el sombrero rojo con pintas blancas.* **SIN.** Sombrerillo. || **LOC. quitarse alguien el sombrero** Descubrirse en señal de cortesía. | Locución con la que se expresa admiración o respeto por algo o alguien.

sombrilla (som-**bri**-lla) *s. f.* *Quitasol.

sombrío, a (som-**brí**-o) *adj.* **1.** Se dice del lugar en que frecuentemente hay sombra. *Aquella casa era muy sombría.* **SIN.** Sombreado, umbrío, umbroso. **ANT.** Claro, soleado. **2.** Tétrico, melancólico. *Aspecto sombrío.* **ANT.** Alegre, jubiloso.

somero, ra (so-**me**-ro) *adj.* Ligero, superficial. *Hizo una descripción muy somera de los hechos.*

someter (so-me-**ter**) *v. tr.* **1.** Imponer una persona a otra su voluntad o autoridad. **GRA.** También v. prnl. *Ese pueblo estaba sometido a una dictadura.* **SIN.** Sojuzgar, sujetar(se), dominar, obligar(se). **ANT.** Rebelarse, sublevarse. **2.** Conquistar a un pueblo, provincia, etc. **GRA.** También v. prnl. *El ejército sometió la ciudad.* **SIN.** Vencer, dominar.

somier (so-**mier**) *s. m.* Soporte de tela metálica, láminas de madera, etc., sobre el cual se coloca el colchón. *Este somier es muy bueno para la espalda.* 🖎 Su pl. es "somieres".

somnámbulo, la (som-**nám**-bu-lo) *adj.* *Sonámbulo. **GRA.** También s. m. y s. f.

somnífero, ra (som-**ní**-fe-ro) *adj.* Que causa o da sueño. *Estaba tan nervioso que le tuvieron que dar un somnífero.* **SIN.** Calmante, soporífero, tranquilizante.

somnolencia (som-no-**len**-cia) *s. f.* **1.** Pesadez y torpeza de los sentidos motivada por el sueño. *Esas pastillas producen somnolencia.* **SIN.** Abotargamiento, adormecimiento, sopor. **2.** Pereza, falta de actividad. *Se despertó de la siesta con mucha somnolencia.*

son *s. m.* Sonido agradable al oído. *Siempre tarareaba el mismo son.* **SIN.** Voz, ruido. ‖ **LOC. ¿a qué son?** *fam.* ¿Cón qué motivo? **¿a son de qué?** *fam.* ¿Por qué razón?, ¿con qué motivo? **a son de un instrumento** Con acompañamiento de un instrumento. **bailar alguien a cualquier son** *fam.* Cambiar con facilidad de afecto o pasión. **bailar alguien al son que le tocan** *fam.* Acomodar su comportamiento a las circunstancias. **en son de** *fam.* De tal forma o manera de. | A título de. | **sin son, o sin ton ni son** *fam.* Sin razón, sin fundamento alguno.

sonado, da (so-**na**-do) *adj.* **1.** Famoso, que tiene fama. *Fue una boda muy sonada.* **SIN.** Célebre, conocido, popular, renombrado. **ANT.** Desconocido, ignorado. **2.** Divulgado con mucho ruido y admiración. *El caso había sido muy sonado.* **SIN.** Ruidoso, sensacional. **3.** Se dice del boxeador que ha perdido facultades mentales a consecuencia de los golpes. *Estaba un poco sonado y decidió abandonar el boxeo.* **4.** Por ext., chiflado. *Deja de hacer el bobo, parece que estás sonada.* ‖ **LOC. hacer una que sea sonada** *fam.* Promover un escándalo, dar que hablar.

sonajero (so-na-**je**-ro) *s. m.* Juguete que hace ruido y que sirve para entretener a los bebés. *Le compraron un sonajero de llamativos colores.* **SIN.** Cascabelero.

sonámbulo, la (so-**nám**-bu-lo) *adj.* Se dice de la persona que durante el sueño realiza actos de forma automática, sin que pueda recordarlos una vez despierta. *Era sonámbulo.* **GRA.** También s. m. y s. f. *Era sonámbulo.*

sonante (so-**nan**-te) *adj.* *Sonoro.

sonar[1] (so-**nar**) *v. intr.* **1.** Hacer o causar ruido una cosa. *Suenan las campanas.* **SIN.** Tintinear, resonar, retumbar. **ANT.** Enmudecer, silenciar. **2.** Recordar algo de manera imprecisa. *Me suena su apellido, pero no recuerdo su cara.* **SIN.** Resultar conocido. **ANT.** Olvidar. **3.** Producir una letra un sonido. *Esa letra suena como una "t" española.* ‖ *v. tr.* **4.** Quitar los mocos de la nariz. **GRA.** También v. prnl. *Toma el pañuelo y suénate.* **SIN.** Descargar. ‖ **LOC. como, o tal como, suena** Literalmente, en sentido estricto. **lo que sea sonará** Expresa que no se puede controlar ni prever el final de algo. **sonar bien o mal una expresión** Producir buena o mala impresión en quien la oye. 🖎 v. irreg., se conjuga como contar.

sonar[2] (so-**nar**) *s. m.* Artefacto que permite localizar, mediante el sonido, los submarinos y otros objetos sumergidos. *Localizaron el submarino enemigo con el sonar.* 🖎 También "sónar".

sonata (so-**na**-ta) *s. f.* Composición de música instrumental que comprende varias partes de diferente carácter y movimiento. *Compuso varias sonatas.*

sonda (son-da) *s. f.* **1.** Cuerda con un peso de plomo que sirve para medir la profundidad de las aguas y explorar el fondo. *Arrojaron una sonda para medir la profundidad de la bahía.* **SIN.** Plomada, escandallo. **2.** Instrumento para explorar cavidades. *Le han colocado una sonda gástrica.* **SIN.** Catéter, tienta.

sondear (son-de-**ar**) *v. tr.* Hacer las primeras averiguaciones sobre alguien o algo. *Sondearon la opinión pública para ver quién podía ser el ganador de las elecciones.* **SIN.** Interrogar, investigar, pulsar, sonsacar.

soneto (so-**ne**-to) *s. m.* Composición poética que consta de catorce versos generalmente endecasílabos, distribuidos en dos cuartetos y dos tercetos, que repiten sus rimas. *Quevedo dedicó un soneto a la nariz de Góngora.*

sonido (so-**ni**-do) *s. m.* **1.** Sensación producida en el órgano del oído. *Se oyó un fuerte sonido.* **2.** Pronunciación peculiar de cada letra. *La "p" tiene un sonido bilabial.*

sonorizar (so-no-ri-**zar**) *v. tr.* **1.** Incorporar sonidos a una banda de imágenes. *Era el jefe del equipo que sonorizaba la película.* **2.** Instalar equipos de sonido, en un lugar cerrado o no, para obtener una buena audición. *Sonorizaron el pub.* **3.** Convertir una consonante sorda en otra sonora. **GRA.** También v. intr. y v. prnl. *En el paso del latín al castella-*

no esa consonante se ha sonorizado. 🔖 Se conjuga como abrazar.

sonoro, ra (so-**no**-ro) *adj.* **1.** Que suena o puede sonar, o que suena bien. *El canto de esas aves es muy sonoro.* **2.** Se dice de las letras que durante su pronunciación van acompañadas de una vibración de las cuerdas vocales. *La "b" y la "d" son consonantes sonoras.*

sonreír (son-re-**ír**) *v. intr.* **1.** Reírse levemente. **GRA.** También v. prnl. *Al oír aquello se sonrió.* **2.** Mostrarse favorable o halagüeño para alguien cierto asunto, suceso, etc. *Parece que la vida te sonríe.* 🔖 v. irreg., se conjuga como reír.

sonrisa (son-**ri**-sa) *s. f.* Acción de sonreír. *Se despidió con una sonrisa.*

sonrojar (son-ro-**jar**) *v. tr.* Hacer que a alguien le salgan los colores en el rostro por vergüenza. **GRA.** También v. prnl. *Es muy vergonzoso y se sonroja por nada.* **SIN.** Abochornar(se), avergonzar(se), ruborizar(se), sofocar(se).

sonrosado, da (son-ro-**sa**-do) *adj.* De color rosa. Se aplica al color de la cara o la piel en general. *Su piel era muy sonrosada.*

sonsacar (son-sa-**car**) *v. tr.* Procurar con maña que alguien diga lo que sabe y reserva. *Intentaron sonsacárselo, pero nada.* **SIN.** Averiguar, sondear, investigar, pulsar. 🔖 Se conjuga como abarcar.

sonsonete (son-so-**ne**-te) *s. m.* **1.** Ruido generalmente poco intenso y continuado, y generalmente desapacible. *Llevamos todo el día con ese sonsonete en la calle.* **2.** Tono de la persona que habla o lee sin expresión, que denota desprecio o ironía. *Noté cierto sonsonete en su manera de decírmelo.* **SIN.** Retintín, tonillo.

soñador, ra (so-ña-**dor**) *adj.* Que piensa sin tener en cuenta la realidad. *Es una persona muy soñadora, por eso se lleva tantas decepciones.* **SIN.** Iluso, utopista, novelero, fantasioso. **ANT.** Realista, práctico.

soñar (so-**ñar**) *v. tr.* **1.** Imaginar cosas mientras dormimos. *Soñé algo muy extraño la pasada noche.* **SIN.** Ensoñar. **2.** Imaginar cosas que son fantasía o están muy alejadas de la realidad. **GRA.** También v. intr. *Sueña con que le toque la lotería para comprar una casa nueva.* **SIN.** Fantasear, ilusionarse, idealizar. ‖ *v. intr.* **3.** Desear mucho una cosa. *Sueña con encontrar pronto un trabajo.* **SIN.** Ansiar, codiciar, desear, anhelar. ‖ **LOC. ni soñarlo** *fam.* Frase para explicar que algo está muy lejos de existir o ser verdad. | Se usa en tono exclamativo para rechazar o negar algo terminantemente. **soñar a alguien** *fam.* Acordarse de su venganza, temerle. **soñar despierto** *fam.* Discurrir fantasías. 🔖 v. irreg., se conjuga como contar.

sopa (**so**-pa) *s. f.* Plato compuesto de rebanadas de pan, fécula, arroz, fideos, verduras, etc., y el caldo de la olla u otro análogo en que se han cocido. *Preparó una exquisita sopa de marisco.* ‖ **LOC. a la sopa boba** *fam.* Comer o vivir a cuenta de alguien. **estar, o quedarse, alguien sopa** *fam.* Estar, o quedarse, dormido. **hasta en la sopa** *fam.* En todas partes. **hecho una sopa, o como una sopa** *fam.* Muy mojado.

sopapo (so-**pa**-po) *s. m., fam.* Golpe que se da con la mano en la cara. *Le dio un buen sopapo.* **SIN.** Bofetada, guantazo.

sopera (so-**pe**-ra) *s. f.* Vasija honda en que se sirve la sopa. *Pon la sopera en la mesa.*

sopero, ra (so-**pe**-ro) *adj.* **1.** Se dice del plato hondo en que se come la sopa. **GRA.** También s. m. *Se han roto dos platos soperos.* **2.** Se dice de la cuchara que sirve para comer la sopa. *Utiliza la cuchara sopera para tomar el caldo.*

sopesar (so-pe-**sar**) *v. tr.* Considerar una situación antes de tomar una decisión. *Deberías sopesar los pros y los contras.* **SIN.** Ponderar, tantear.

sopetón, de *loc.* De improviso. *Se lo dijo de sopetón.*

sopicaldo (so-pi-**cal**-do) *s. m.* Sopa muy clara. *Preparó un sopicaldo.*

soplamocos (so-pla-**mo**-cos) *s. m., fam.* Golpe que se da a alguien en la cara, especialmente tocándole en las narices. *Recibió un soplamocos.* **SIN.** Guantazo, bofetada, sopapo. **ANT.** Caricia. 🔖 Invariable en número.

soplar (so-**plar**) *v. intr.* **1.** Echar aire por la boca, cerrando bastante los labios. **GRA.** También v. tr. *No es de muy buena educación soplar la comida.* **SIN.** Espirar, bufar. **2.** Correr el viento. *Soplaba tanto el viento, que se cayeron las hojas de los árboles.* ‖ *v. tr.* **3.** Llenar algo con aire. *Sopla el globo.* **SIN.** Inflar, hinchar. **4.** Hurtar o arrebatar una cosa ocultamente. *Le soplaron la cazadora.* **SIN.** Birlar, mangar, robar. **ANT.** Reponer, sustituir. **5.** En el juego de damas y otros, quitar al adversario la pieza con que debió comer y no comió. *Le sopló el peón.* **6.** Sugerir a alguien algo que debe decir. *Le sopló la pregunta.* **SIN.** Apuntar. **7.** Delatar, acusar. *No confiaban en él porque todo se lo soplaba a la profesora.* ‖ *v. prnl.* **8.** *fam.* Beber con exceso. *Le gusta soplarse.* **SIN.** Embriagarse, emborracharse. ‖ **LOC. ¡sopla!** Indica ponderación, admiración, alabanza.

soplete - sorprendente

soplete (so-**ple**-te) *s. m.* Instrumento para soldar metales. *Necesitaba un soplete para soldar la tubería.* **SIN.** Quemador, soldador, pistola.

soplo (so-plo) *s. m.* **1.** Instante o brevísimo tiempo. *Sucedió todo en un soplo.* **SIN.** Tris, santiamén. **2.** *fam.* Aviso dado en secreto y con cautela. *Le dieron el soplo.* **SIN.** Acusación, delación. **3.** *fam.* Ruido peculiar que se aprecia en la auscultación de varios órganos y que puede tener diferentes causas. *Tenía un soplo en el corazón.*

soplón, na (so-**plón**) *adj., fam.* Se dice de la persona que acusa en secreto y cautelosamente. **GRA.** También s. m. y s. f. *Era el soplón de la clase.* **SIN.** Delator, acusica, chivato. **ANT.** Leal, fiel.

soponcio (so-**pon**-cio) *s. m., fam.* Desmayo, congoja. *Cuando se lo dijeron casi le da un soponcio.*

sopor (so-**por**) *s. m.* Adormecimiento, somnolencia. *Después de varias horas conduciendo, notó que le entraba un gran sopor y tuvo que parar un rato.*

soporífero, ra (so-po-**rí**-fe-ro) *adj.* Que inclina al sueño o que lo produce. **GRA.** También s. m. y s. f. *La película era soporífera.* **SIN.** Adormecedor, narcótico, somnífero. **ANT.** Estimulante.

soportable (so-por-**ta**-ble) *adj.* Que se puede soportar. *Ese trabajo no le gusta mucho, pero es soportable.* **SIN.** Aguantable, llevadero, sufrible, pasable. **ANT.** Insufrible, insoportable.

soportal (so-por-**tal**) *s. m.* **1.** Espacio cubierto que en algunas casas precede a la entrada principal. *Se encontraron en el soportal.* **SIN.** Porche, porticada. **2.** Pórtico a manera de claustro que tienen algunos edificios o manzanas de casas en sus fachadas, y delante de las puertas y tiendas que hay en ellas. **GRA.** Se usa más en pl. *Le gustaba recorrer los soportales de la Plaza Mayor.*

soportar (so-por-**tar**) *v. tr.* **1.** Sostener o llevar sobre sí una carga o peso. *Tres grandes pilares soportan el puente.* **SIN.** Sobrellevar, aguantar, mantener, sustentar. **2.** Aguantar con paciencia, tolerar. *El enfermo soporta mal el dolor. No soporto su forma de ser.* **SIN.** Padecer, resistir, sufrir. **ANT.** Rebelarse, rechazar, protestar, negarse.

soporte (so-**por**-te) *s. m.* **1.** Apoyo o sostén. *Utiliza esa tabla como soporte.* **2.** Medio material. *Tenía un gran soporte técnico para hacer la obra.* **3.** Utensilio de laboratorio, consistente en una varilla metálica vertical con pie suficientemente estable, sobre la cual pueden atornillarse pinzas, aros, etc., para sostener tubos y vasijas diversas. *Coloca la pipeta sobre el soporte.*

soprano (so-**pra**-no) *s. m.* Voz femenina de timbre agudo. *Montserrat Caballé es una famosa soprano.*

sor *s. f.* Precediendo al nombre de ciertas religiosas, hermana. *Sor Amparo es la hermana encargada de la portería.* **SIN.** Monja, religiosa.

sorber (sor-**ber**) *v. tr.* **1.** Beber aspirando. *No sorbas la leche.* **SIN.** Aspirar, absorber, chupar. **2.** Atraer hacia dentro la mucosidad nasal. *Tenía la fea costumbre de sorber los mocos.*

sorbete (sor-**be**-te) *s. m.* Helado que se sirve en forma líquida, elaborado generalmente con leche, huevos y jugos de fruta. *Tomó un sorbete de limón.*

sorbo (**sor**-bo) *s. m.* **1.** Porción de líquido que se puede tomar de una vez. *Bebió solamente un sorbo de leche.* **SIN.** Bocanada, buche, cucharada. **2.** Cantidad pequeña de un líquido. *Quiero café, pero sólo un sorbo.* ‖ **LOC. a sorbos** Poco a poco, a tragos pequeños.

sordera (sor-**de**-ra) *s. f.* Privación o disminución de la facultad de oír. *Padecía sordera desde el accidente.*

sórdido, da (**sór**-di-do) *adj.* **1.** Sucio, mugriento. *Vivía en una sórdida habitación.* **SIN.** Manchado. **SIN.** Limpio, claro. **2.** Se dice de lo impuro, indecente. *La acción de la novela se desarrollaba en un ambiente muy sórdido.* **SIN.** Deshonesto, obsceno, grosero. **ANT.** Puro, inocente.

sordo, da (**sor**-do) *adj.* **1.** Que no oye o que oye poco. **GRA.** También s. m. y s. f. *Una infección lo dejó sordo de un oído.* **2.** Que suena poco o sin timbre claro. *Se oyó un ruido sordo, y después nada.* **SIN.** Apagado, amortiguado. **ANT.** Claro, estridente. **3.** Insensible o indócil a las persuasiones o consejos. *Hizo oídos sordos.* **SIN.** Indiferente. **4.** Se dice del sonido que se produce sin vibración de las cuerdas vocales; se opone a sonoro. *La "p" y la "t" son consonantes sordas.*

sordomudo, da (sor-do-**mu**-do) *adj.* Se dice de la persona que está privada del sentido del oído y de la facultad de hablar. **GRA.** También s. m. y s. f. *Tenía un hermano sordomudo.*

soriasis (so-**ria**-sis) *s. f.* *Psoriasis. Invariable en número.

sorna (**sor**-na) *s. f.* Ironía con que se dice algo. *Lo dijo con mucha sorna.* **SIN.** Sarcasmo, mordacidad, burla.

sorprendente (sor-pren-**den**-te) *adj.* **1.** Que sorprende o admira. *Era un paisaje sorprendente.* **SIN.** Admirable, desusado. **ANT.** Vulgar, común. **2.** Peregrino, raro, extraordinario. *Tuvo una reacción sorprendente.*

sorprender - sostener

sorprender (sor-pren-**der**) *v. tr.* **1.** Coger desprevenido a alguien. *La tormenta nos sorprendió en campo abierto.* **SIN.** Asaltar, pillar, atrapar, descubrir. **SIN.** Anticiparse, prever, sospechar. **2.** Extrañar a alguien algo imprevisto o fuera de lo común. **GRA.** También v. prnl. *Me sorprendió la belleza del cuadro. Me sorprende que no haya llamado.* **SIN.** Asombrar(se), desconcertar, sobrecoger(se), admirar(se), pasmar(se), impresionar(se), maravillar(se). **ANT.** Esperar. **3.** Descubrir lo que otro ocultaba o disimulaba. *Sorprendió sus perversas intenciones.*

sorpresa (sor-**pre**-sa) *s. f.* **1.** Acción y efecto de sorprender. *Se llevarán una gran sorpresa.* **SIN.** Desconcierto, pasmo, sobresalto, asombro. **2.** Cosa que da motivo para que alguien se sorprenda. *Verte allí fue una agradable sorpresa.* || **LOC. coger a alguien de, o por, sorpresa alguna cosa** Hallarle desprevenido, sorprenderle.

sortear (sor-te-**ar**) *v. tr.* **1.** Echar a suertes a algo. *Sortearon un coche entre los asistentes.* **2.** Evitar con maña un compromiso, riesgo o dificultad. *Fue sorteando todos los peligros que le salieron al paso.* **SIN.** Eludir, rehuir, soslayar. **ANT.** Afrontar, acometer.

sorteo (sor-**te**-o) *s. m.* Acción de sortear. *Nos dieron una papeleta para entrar en el sorteo.* **SIN.** Rifa, suerte.

sortija (sor-**ti**-ja) *s. f.* Aro pequeño que se ajusta a los dedos. *Le regaló una sortija.* **SIN.** Anillo, sello, solitario.

sortilegio (sor-ti-**le**-gio) *s. m.* **1.** Adivinación que se hace por suertes supersticiosas. *Creía en sus sortilegios.* **2.** Hechizo que se ejerce sobre alguien. *Estaba bajo su sortilegio.*

SOS *s. m.* En el código internacional de señales por telegrafía sin hilos, petición de socorro que emiten barcos o aviones en peligro. *Emitió un SOS.*

sosa (**so**-sa) *s. f.* Óxido de sodio, muy cáustico. *La sosa se utiliza para lavar.*

sosaina (so-**sai**-na) *s. m. y s. f., fam.* Persona sosa, sin gracia. **GRA.** También adj. *No seas sosaina y baila.* **SIN.** Anodino, insulso.

sosegar (so-se-**gar**) *v. tr.* **1.** Aplacar, tranquilizar. **GRA.** También v. prnl. *Consiguieron que se sosegara un poco.* **2.** Aquietar las alteraciones del ánimo. **GRA.** También v. prnl. *Trataba de sosegarse.* **SIN.** Apaciguar(se), enfriar(se). **ANT.** Encender(se), excitar(se). ✎ v. irreg., se conjuga como acertar. Se escribe "gu" en vez de "g" seguido de "-e".

sosería (so-se-**rí**-a) *s. f.* **1.** Insulsez, falta de gracia y de viveza. *Bailaba con mucha sosería.* **2.** Dicho o hecho insulso o sin gracia. *Esos chistes son una sosería.* **SIN.** Insipidez, pavada, zoncería. **ANT.** Gracia, ocurrencia, agudeza.

sosiego (so-**sie**-go) *s. m.* Quietud, estado de tranquilidad. *En aquel alejado lugar, el sosiego era absoluto.* **SIN.** Placidez, serenidad, reposo. **ANT.** Intranquilidad, agitación.

soslayar (sos-la-**yar**) *v. tr.* Evitar con rodeos alguna dificultad o pregunta. *Soslayó el tema como mejor pudo.* **SIN.** Eludir, evitar, rehuir, sortear. **ANT.** Afrontar, acometer, emprender, enfrentarse.

soso, sa (**so**-sa) *adj.* **1.** Que no tiene sal o tiene poca. *Añade sal al guiso, está soso.* **SIN.** Insípido, insulso, desaborido. **ANT.** Salado, sabroso. **2.** Que no tiene gracia. *Es una persona muy sosa, nunca le hace gracia nada.* **SIN.** Inexpresivo, desangelado, sosaina, simple, aburrido. **ANT.** Gracioso, chistoso, ocurrente, simpático, entretenido, audaz.

sospecha (sos-**pe**-cha) *s. f.* Acción y efecto de sospechar. *Sus sospechas eran infundadas.* **SIN.** Barrunto, desconfianza, suspicacia.

sospechar (sos-pe-**char**) *v. tr.* **1.** Imaginar una cosa en algo que parece o es verdadero. *Por la fiebre, sospecho que tengo gripe, pero me lo tendrá que decir el médico.* **SIN.** Conjeturar, entrever, creer, intuir, suponer. **ANT.** Confiar, garantizar, asegurar, afirmar. || *v. intr.* **2.** Desconfiar, dudar. **GRA.** También v. tr. *Sospechaba de ella.*

sospechoso, sa (sos-pe-**cho**-so) *adj.* **1.** Que da motivo para sospechar. *Su comportamiento era sospechoso.* **SIN.** Equívoco, indicioso, turbio. **ANT.** Claro, sincero. || *s. m. y s. f.* **2.** Persona de conducta o antecedentes sospechosos. *La policía seguía la pista a los sospechosos.*

sostén (sos-**tén**) *s. m.* **1.** Persona o cosa que sostiene. *Sus padres eran su principal sostén.* **2.** Apoyo moral, protección. *Contaba con el sostén de sus dos buenos amigos.* **SIN.** Amparo, sustento. **ANT.** Abandono, desamparo. **3.** Prenda interior femenina para ceñir el pecho. *Compró un sostén de encaje.*

sostener (sos-te-**ner**) *v. tr.* **1.** Mantener algo para que no se caiga. **GRA.** También v. prnl. *Sostén la escalera mientras subo.* **SIN.** Aguantar, soportar, sujetar(se). **ANT.** Soltar(se), tirar, dejar caer. **2.** Defender una idea u opinión. *Sostuvo que él no había estado en el banco durante el robo.* **SIN.** Defender, demostrar, asegurar, ratificar. **ANT.** Retractarse, negar, resistir. **3.** Ocuparse de alguien dándole lo necesario para que pueda vivir. *Los padres siempre sostienen a los hijos mientras son pequeños.* **SIN.**

Alimentar, sustentar. **ANT.** Desentenderse, desamparar. ‖ *v. prnl.* **4.** Mantener el equilibrio para no caerse. *El acróbata logró sostenerse de pie encima de la cuerda.* **SIN.** Aguantar, tenerse, sujetarse. **ANT.** Caer, resbalar. 🖎 v. irreg., se conjuga como tener.

sota (**so**-ta) *s. f.* Carta décima de cada palo de la baraja española. *Pintó la sota de copas.*

sotana (so-**ta**-na) *s. f.* Vestido largo que usan los sacerdotes. *Ese cura siempre va vestido con sotana.*

sótano (**só**-ta-no) *s. m.* Lugar subterráneo de un edificio. *El garaje está en el sótano.* **SIN.** Cueva, bodega, subterráneo, subsuelo. **ANT.** Ático, desván.

soterrar (so-te-**rrar**) *v. tr.* **1.** *Enterrar. **ANT.** Sacar, desenterrar. **2.** Esconder o guardar una cosa. *Soterró la verdad.* **SIN.** Ocultar, velar. **ANT.** Enseñar, mostrar. 🖎 v. irreg., se conjuga como acertar.

soto (**so**-to) *s. m.* Terreno poblado de árboles y arbustos en las riberas o vegas. *Les gustaba pasear por el soto.* **SIN.** Arboleda, bosquecillo.

soufflé *s. m.* Plato típico de la cocina francesa, formado por un puré de variados ingredientes, ligado con huevo y claras batidas a punto de nieve, dulces o salados. *Les preparó un soufflé riquísimo.*

soul *s. m.* Movimiento musical derivado del blues y del rhythm and blues, surgido en Estados Unidos en los años sesenta. *Es muy aficionada al soul.*

souvenir *s. m.* *Recuerdo.

soviet *s. m.* Órgano de gobierno local en la desaparecida Unión Soviética. *Soviet Supremo.*

spanglish *s. m.* Lengua hablada por algunos sectores de la población hispana estadounidense, resultado de la conjunción de elementos del idioma español e inglés. *El spanglish se está extendiendo mucho en EE UU.*

speaker *s. m. y s. f.* *Locutor.

sponsor *s. m. y s. f.* *Patrocinador.

sport *adj.* **1.** Se dice de las prendas de vestir informales. *Iba vestido de sport.* ‖ *s. m.* **2.** *Deporte.

spot *s. m.* *Anuncio.

spray *s. m.* *Aerosol.

sprint *s. m.* *Esprint.

sputnik *s. m.* Nombre de los primeros satélites artificiales lanzados al espacio por la antigua Unión Soviética. *Los primeros sputniks no iban tripulados.*

squash *s. m.* Deporte practicado entre dos jugadores que se sirven de raquetas para lanzar la pelota contra la pared frontal de una pequeña cancha cerrada. Gana el primero en hacer 15 puntos, en un partido que suele jugarse al mejor de cinco juegos. *Quedaron para jugar al squash.*

squatter *s. m. y s. f.* *Ocupa.

stand *s. m.* Caseta o puesto de un mercado, feria, etc. *Visitamos el stand de esa editorial*

starter *s. m.* Resorte que controla la entrada de aire en el carburador. *El starter está muy sucio.*

statu quo *loc.* que se usa como sustantivo para designar el estado de cosas en un determinado momento. *No intentes cambiar el statu quo de esa sociedad.*

status *s. m.* **1.** *Estado, situación. **2.** Posición social. *Alcanzó un elevado status.*

stock *s. m.* Existencias almacenadas. *Había stock de producción.*

stop *s. m.* En el código de circulación, señal de parada. *Se saltó el stop.*

stress *s. m.* *Estrés.

striptease *s. m.* Espectáculo erótico en el que una o varias personas se desnudan. *Fuimos a un espectáculo de striptease.* 🖎 También "strip-tease".

su *adj. pos.* Forma apocopada de "suyo, ya" cuando precede al sustantivo. *Devuélvele su libro.*

suave (**sua**-ve) *adj.* **1.** Liso y blando al tocarlo. *Esa toalla es tan suave como la seda.* **SIN.** Terso, fino, sedoso. **ANT.** Rugoso, áspero, basto. **2.** Que es agradable a los sentidos. *Hay un suave olor de violetas en la habitación.* **SIN.** Delicado, grato, apacible. **ANT.** Desagradable, fuerte. **3.** Quieto, tranquilo. *Tiene un carácter suave.* **SIN.** Reposado, pacífico, manso, dulce. **ANT.** Violento, irritable, brusco. **4.** Se dice del movimiento lento, moderado. *Golpea más suave.* **SIN.** Tranquilo. **ANT.** Rápido, vertiginoso.

suavizante (sua-vi-**zan**-te) *adj.* Que sirve para suavizar. **GRA.** También s. m., hablando de productos de limpieza y cosmética. *Echa el detergente y el suavizante en la lavadora.* **SIN.** Balsámico, paliativo.

suavizar (sua-vi-**zar**) *v. tr.* Hacer suave una cosa. **GRA.** También v. prnl. *Trató de suavizar sus palabras.* **SIN.** Ablandar, aplacar, dulcificar, mitigar, paliar. **ANT.** Acidular, agudizar, excitar. 🖎 Se conjuga como abrazar.

subalterno, na (su-bal-**ter**-no) *s. m. y s. f.* **1.** Empleado de categoría inferior. *Encarga ese trabajo a tus subalternos.* **SIN.** Mandado. ‖ *s. m.* **2.** Torero que forma parte de la cuadrilla de un matador. *El subalterno banderilleó al toro.*

subarrendar (su-ba-rren-**dar**) *v. tr.* Dar o tomar en arriendo una cosa, no de su dueño sino de otro arrendador de la misma. *Subarrendó el negocio.* **SIN.** Realquilar, subalquilar. 🖎 v. irreg., se conjuga como acertar.

subasta (su-**bas**-ta) *s. f.* **1.** Venta pública de bienes o alhajas que se hace al mejor postor. *Asistió a una subasta de antigüedades.* **2.** Procedimiento similar para adjudicar la ejecución de una obra o servicio. *Las obras de la cafetería de la universidad salieron a subasta.* ‖ **LOC. sacar una cosa a pública subasta** Ofrecerla en subasta al mejor postor.

subastar (su-bas-**tar**) *v. tr.* Vender efectos o contratar servicios, arriendos, etc., en pública subasta. *Subastaron la construcción de la urbanización.*

subcampeón, na (sub-cam-pe-**ón**) *s. m. y s. f.* Deportista o equipo que en una competición se clasifica en segundo lugar. *Quedamos subcampeones.*

subclase (sub-**cla**-se) *s. f.* Cada uno de los grupos en que se dividen los animales o las plantas que forman una categoría de clasificación entre la clase y el orden. *Agrupa esas plantas según su subclase.*

subconsciencia (sub-cons-**cien**-cia) *s. f.* Estado inferior de la conciencia psicológica en el que, por la poca intensidad o duración de las percepciones, no se da cuenta de éstas el sujeto. *El hecho quedó grabado en su subconsciencia.* **SIN.** Inconsciencia.

subconsciente (sub-cons-**cien**-te) *adj.* Que se refiere a la subconsciencia, o que no llega a ser consciente. *En el fondo de su subconsciente se consideraba culpable.* **SIN.** Inconsciente.

subdelegado, da (sub-de-le-**ga**-do) *adj.* Se dice de la persona que sirve inmediatamente a las órdenes del delegado o le sustituye en sus funciones. **GRA.** También s. m. y s. f. *Salió elegida subdelegada.*

subdelegar (sub-de-le-**gar**) *v. tr.* Trasladar o dar el delegado su jurisdicción o potestad a otro. *Subdelegó en el vicepresidente.* **SIN.** Delegar. ✎ Se conjuga como ahogar.

subdesarrollado, da (sub-de-sa-rro-**lla**-do) *adj.* Que no ha llegado a un desarrollo normal. Se dice generalmente de los países de economía pobre y atrasada, organización primitiva y bajo nivel de vida en todos los órdenes. *Deberíamos ser más solidarios con los países subdesarrollados.* **SIN.** Atrasado, inculto, pobre. **ANT.** Adelantado, civilizado.

subdesarrollo (sub-de-sa-**rro**-llo) *s. m.* Estado de atraso en la situación económica, social y cultural de un país. *Adoptaron medidas para salir del subdesarrollo.* **SIN.** Atraso, incultura, retraso. **ANT.** Adelanto, civilización, progreso.

subdirector, ra (sub-di-rec-**tor**) *s. m. y s. f.* Persona que sirve inmediatamente a las órdenes del director o le sustituye en sus funciones. *Era la subdirectora de la empresa.*

súbdito, ta (**súb**-di-to) *adj.* **1.** Sujeto a la autoridad de un superior con obligación de obedecerle. **GRA.** También s. m. y s. f. *Los súbditos obedecían a su rey.* **SIN.** Feudatario, siervo, tributario, vasallo. **ANT.** Autoridad, amo, gobernante. ‖ *s. m. y s. f.* **2.** Persona natural de un país que, como tal, está sujeta a las autoridades políticas de éste. *Se consideraba un súbdito español a todos los efectos.* **SIN.** Habitante, ciudadano, contribuyente.

subdividir (sub-di-vi-**dir**) *v. tr.* Dividir una parte que ya había sido dividida anteriormente. **GRA.** También v. prnl. *Se subdividieron en grupos de dos.* **SIN.** Ramificar(se), escindir(se), diversificar(se). **ANT.** Unir(se), fusionar(se).

subestimar (su-bes-ti-**mar**) *v. tr.* Estimar a un ser menos de lo justo. *No subestimes su capacidad.* **SIN.** Menospreciar, minimizar, despreciar. **ANT.** Valorar, sobrevalorar.

subida (su-**bi**-da) *s. f.* **1.** Acción y efecto de subir. *El ciclista tuvo problemas en la subida al puerto de montaña.* **SIN.** Alza, ascenso, aumento. **ANT.** Baja, bajón, descenso. **2.** Lugar en declive. *Han nivelado esta subida.* **SIN.** Pendiente, cuesta. **3.** Lugar por donde se sube. *Perdió las fuerzas a media subida.*

subíndice (su-**bín**-di-ce) *s. m.* Letra o número que se añade a un símbolo para distinguirlo de otro. Se coloca en la parte derecha, abajo y es de menor tamaño. *Escribe un subíndice debajo de cada entrada para distinguirlas a lo largo del texto.*

subir (su-**bir**) *v. intr.* **1.** Pasar de un sitio o lugar a otro más alto. *Puedes subir a mi casa por la escalera o en ascensor.* **SIN.** Ascender, elevarse. **ANT.** Bajar, descender. **2.** Importar una cuenta. *Si elegimos este menú tan caro, el importe del banquete subirá mucho.* **SIN.** Ascender, montar. **3.** Ascender en dignidad o empleo, o mejorar en patrimonio. *En pocos años ha subido mucho.* **SIN.** Encumbrarse, mejorar, progresar. ‖ *v. tr.* **4.** Aumentar el precio de las cosas. **GRA.** También v. intr. *El pan ha subido este mes.* **SIN.** Elevar, alzar, encarecer. **ANT.** Bajar, abaratar. **5.** Aumentar algo en volumen, intensidad o calidad. **GRA.** También v. intr. *Sube la radio, no oigo nada. Ha subido mucho mi cuenta de gastos.* **SIN.** Elevar, alzar, encarecer. **ANT.** Bajar, descender. **6.** Recorrer en dirección hacia arriba. *Subió las escaleras a toda velocidad.* **SIN.** Escalar, remontar. **ANT.** Bajar, descender. **7.** Trasladar a una persona o cosa de un lugar a otro más alto. **GRA.** También v. prnl. *Subieron el piano hasta el primer piso con una grúa.* ‖ **LOC. subirse a la cabeza** Emborrachar.

súbito - subnormal

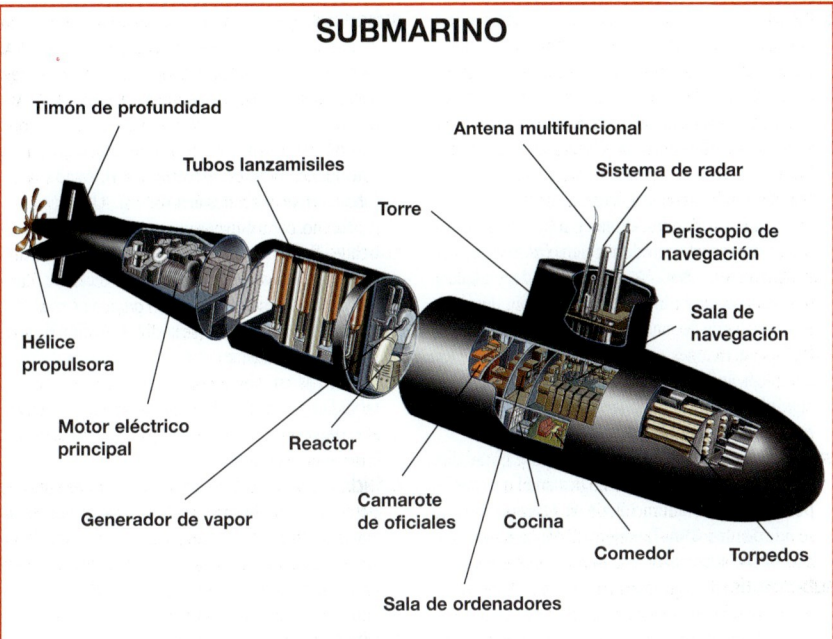

SUBMARINO — Timón de profundidad, Tubos lanzamisiles, Torre, Antena multifuncional, Sistema de radar, Periscopio de navegación, Sala de navegación, Hélice propulsora, Motor eléctrico principal, Reactor, Generador de vapor, Camarote de oficiales, Cocina, Comedor, Torpedos, Sala de ordenadores.

súbito, ta (sú-bi-to) *adj.* **1.** Improviso, repentino. *Le dio un súbito mareo.* ‖ *adv. m.* **2.** Súbitamente. *¡Fue todo tan súbito!*

subjefe, fa (sub-je-fe) *s. m. y s. f.* Persona que hace las veces de jefe y sirve a sus órdenes. *Tenía una entrevista con el subjefe.*

subjetivo, va (sub-je-ti-vo) *adj.* Que se refiere a nuestro modo de pensar o de sentir, y no al objeto en sí mismo. *Ésa es una opinión demasiado subjetiva, no me vale.* **SIN.** Íntimo, personal. **ANT.** Objetivo.

subjuntivo, va (sub-jun-ti-vo) *adj.* Se dice del modo del verbo que expresa el hecho como un deseo, o como dependiente y subordinado a otro hecho. **GRA.** También s. m. *"Corriera" es un subjuntivo.*

sublevación (su-ble-va-ción) *s. f.* Acción y efecto de sublevar. *Se temía una sublevación militar contra el gobierno.* **SIN.** Levantamiento, insurrección, motín, rebelión.

sublevar (su-ble-var) *v. tr.* **1.** Alzar en sedición o motín. **GRA.** También v. prnl. *El ejército se sublevó y se produjo un golpe de estado.* **SIN.** Rebelarse, insurreccionarse, pronunciarse. **ANT.** Acatar, obedecer. **2.** Excitar indignación, ira o protesta. *Con su actitud sublevó los ánimos de todos.* **SIN.** Enfadarse,

enojarse, irritarse. **ANT.** Calmarse, apaciguarse, sosegarse.

sublimar (su-bli-mar) *v. tr.* Engrandecer, ensalzar a una persona o cosa. *Sublimaron sus acciones.* **SIN.** Glorificar, exaltar. **ANT.** Despreciar, subestimar.

sublime (su-bli-me) *adj.* Excelso, eminente, de elevación extrema. *Es un artista sublime.* **SIN.** Elevado, grandioso.

submarinismo (sub-ma-ri-nis-mo) *s. m.* Conjunto de las actividades realizadas bajo la superficie del mar con diferentes fines. *Practica el submarinismo.* **SIN.** Buceo.

submarino, na (sub-ma-ri-no) *adj.* **1.** Que está bajo la superficie del mar. *Fauna submarina.* **2.** Que pertenece o se refiere a lo que se efectúa bajo la superficie del mar. *Pesca submarina.* ‖ *s. m.* **3.** Buque que puede navegar bajo las aguas. *Varios submarinos controlaban aquellas aguas.*

submúltiplo, pla (sub-múl-ti-plo) *adj.* Se dice del número o cantidad que otro u otra contiene exactamente dos o más veces. **GRA.** También s. m. y s. f. *48 es un submúltiplo de 6.* **SIN.** Divisor, factor.

subnormal (sub-nor-mal) *adj.* Se dice de la persona que padece alguna deficiencia mental. **GRA.** Tam-

suboficial - suburbano

bién s. m. y s. f. *Es la directora de un centro especial para niños subnormales.* **SIN.** Anormal, deficiente.

suboficial (su-bo-fi-**cial**) *s. m.* Categoría militar comprendida entre las de oficial y sargento. *Habló con el suboficial del cuerpo.* **SIN.** Brigada, subalterno.

suborden (su-**bor**-den) *s. m.* Cada uno de los grupos en que se dividen algunos órdenes de animales y plantas. *Sitúa cada planta en su suborden correcto.*

subordinación (su-bor-di-na-**ción**) *s. f.* **1.** Sujeción a la orden o dominio de alguien. *Estaban bajo su subordinación.* **SIN.** Acatamiento, dependencia, obediencia, sumisión. **ANT.** Sublevación, desacato. **2.** Relación de dependencia que se establece entre dos proposiciones que conforman una oración compleja, en la que una es la principal y la otra la subordinada. *Estudiaron la diferencia entre coordinación y subordinación.*

subordinado, da (su-bor-di-**na**-do) *adj.* **1.** Se dice de la persona sujeta a otra. *Se lo mandó a su subordinado.* **SIN.** Subalterno. ‖ *s. f.* **2.** Oración que depende de otra. **GRA.** También *adj.* *Hay oraciones subordinadas sustantivas, adjetivas y adverbiales.*

subordinar (su-bor-di-**nar**) *v. tr.* **1.** Sujetar personas o cosas a la dependencia de otras. **GRA.** También v. prnl. *Se subordinó a sus caprichos.* **SIN.** Someterse, condicionar. ‖ *v. prnl.* **2.** Estar una oración en dependencia de otra. **GRA.** También v. tr. *Esa oración condicional se subordina a la principal.*

subrayar (sub-ra-**yar**) *v. tr.* **1.** Poner una raya debajo de lo escrito. *Cuando estudio, subrayo lo más importante.* **SIN.** Señalar, marcar, rayar. **2.** Recalcar las palabras. *Subrayó bien aquella idea.* **SIN.** Destacar.

subrepticio, cia (su-brep-**ti**-cio) *adj.* Que se hace o toma ocultamente y a escondidas. *Lo que realmente le molestaba era que lo hubiera hecho de aquella forma tan subrepticia.* **SIN.** Encubierto, furtivo, tortuoso. **ANT.** Claro, abierto, público.

subrogar (sub-ro-**gar**) *v. tr.* Sustituir o poner una persona o cosa en lugar de otra. **GRA.** También v. prnl. *Subrogaron la ley.* **SIN.** Reemplazar, suplir. ◈ v. irreg., se conjuga como contar. Se escribe "gu" en vez de "g" seguido de "-e".

subsanar (sub-sa-**nar**) *v. tr.* Paliar un defecto o resarcir un daño. *Trató de subsanar su error.* **SIN.** Remediar, reparar.

subscribir (subs-cri-**bir**) *v. tr.* *Suscribir. ◈ Tiene p. p. irreg., subscrito o subscripto.

subsecretario, ria (sub-se-cre-**ta**-rio) *s. m. y s. f.* Persona que hace las veces del secretario. *Enviaron al subsecretario.*

subseguir (sub-se-**guir**) *v. intr.* Seguir una cosa inmediatamente a otra. **GRA.** También v. prnl. *De eso se subsigue que nosotros también nos vamos a ver implicados.* ◈ v. irreg., se conjuga como pedir. Se escribe "g" en vez de "gu" seguido de "-a" y "-o".

subsidio (sub-**si**-dio) *s. m.* Auxilio extraordinario. *Cobra un subsidio de desempleo.* **SIN.** Ayuda.

subsiguiente (sub-si-**guien**-te) *adj.* Que sigue inmediatamente a aquello que se expresa o sobreentiende. *Su acción fue subsiguiente a la otra.* **SIN.** Posterior, sucesivo, ulterior. **ANT.** Precedente, primero, antecedente.

subsistencia (sub-sis-**ten**-cia) *s. f.* **1.** Acción de vivir el ser humano. *Necesitaba comer para su subsistencia.* **SIN.** Mantenimiento, perduración, vida. **2.** Estabilidad y conservación de las cosas. *De su decisión dependía su subsistencia en aquel trabajo.* **SIN.** Permanencia, persistencia.

subsistir (sub-sis-**tir**) *v. intr.* **1.** Conservarse una cosa o durar. *Todavía subsistía aquella vieja cabaña de su infancia.* **SIN.** Permanecer, perdurar, persistir. **2.** Vivir, mantener la vida. *Lograron subsistir a la catástrofe.* **SIN.** Existir, ser. **ANT.** Morir, fallecer.

substancia (subs-**tan**-cia) *s. f.* *Sustancia.

substraer (subs-tra-**er**) *v. tr.* *Sustraer. ◈ v. irreg., se conjuga como traer.

subsuelo (sub-**sue**-lo) *s. m.* Terreno que está debajo de la capa laborable o, en general, debajo de una capa de tierra. *Encontraron petróleo en el subsuelo.*

subterfugio (sub-ter-**fu**-gio) *s. m.* Pretexto que se utiliza para eludir algo. *Buscaba un subterfugio.* **SIN.** Pretexto, escapatoria, excusa.

subterráneo, a (sub-te-**rrá**-ne-o) *adj.* **1.** Que está debajo de la tierra. *Hay un túnel subterráneo debajo de esta montaña.* **SIN.** Profundo, hondo. **ANT.** Superficial. ‖ *s. m.* **2.** Lugar o espacio que está debajo de tierra. *Debajo de la casa hay un subterráneo.* **SIN.** Sótano, subsuelo, excavación, pasadizo. **ANT.** Superficie.

subtítulo (sub-**tí**-tu-lo) *s. m.* **1.** Título secundario que se pone a veces después del principal. *La novela tenía un subtítulo que no recuerdo.* **2.** Letrero que aparece en la imagen inferior de una película con la traducción del texto hablado. *La película era con subtítulos.*

suburbano, na (su-bur-**ba**-no) *adj.* **1.** Se dice del edificio, terreno o campo próximo a la ciudad. **GRA.** También s. m. y s. f. *Vivía en uno de los barrios suburbanos de la gran ciudad.* **SIN.** Circundante, exterior, periférico. **2.** Que pertenece o se refiere a un suburbio. *Ambiente suburbano.* ‖ *s. m.* **3.** *Ferrocarril.*

suburbio (su-**bur**-bio) *s. m.* Barrio o aldea cerca de la ciudad, especialmente el habitado por personas de baja condición social. *Toda su infancia había transcurrido en aquel suburbio.* **SIN.** Afueras, arrabal.

subvención (sub-ven-**ción**) *s. f.* **1.** Acción y efecto de subvenir. *Logró una subvención para montar su empresa.* **SIN.** Subsidio, socorro, sufragio. **2.** Cantidad con que se ayuda. *Le dieron una subvención de dos millones de pesetas.*

subvencionar (sub-ven-cio-**nar**) *v. tr.* Favorecer con una subvención. *Subvencionaron la restauración del monumento.* **SIN.** Auxiliar, ayudar, financiar.

subvenir (sub-ve-**nir**) *v. tr.* *Socorrer. ✎ v. irreg., se conjuga como venir.

subversivo, va (sub-ver-**si**-vo) *adj.* Alborotador, revolucionario. *Fue detenido por subversivo.*

subvertir (sub-ver-**tir**) *v. tr.* *Trastornar. ✎ v. irreg., se conjuga como sentir. ☞ Se usa más en sentido peyorativo.

subyacer (sub-ya-**cer**) *v. intr.* **1.** *Yacer. **2.** Estar algo oculto tras una cosa. *Un sentimiento de inferioridad subyacía detrás de aquella actitud.* **SIN.** Esconderse. **ANT.** Aparecer. ✎ v. irreg., se conjuga como yacer.

subyugar (sub-yu-**gar**) *v. tr.* Avasallar, dominar poderosa o violentamente. **GRA.** También v. prnl. *Se subyugaron al poder del imperio.* **SIN.** Someter(se). **ANT.** Liberar(se). ✎ Se conjuga como ahogar.

succionar (suc-cio-**nar**) *v. tr.* **1.** Extraer un jugo o similar con los labios. *Succionó el jugo de la naranja.* **SIN.** Chupar, mamar. **2.** *Absorber.

sucedáneo, a (su-ce-**dá**-ne-o) *adj.* Se dice de la sustancia que por tener propiedades parecidas a las de otra, puede reemplazarla. **GRA.** También s. m. *La achicoria es un sucedáneo del café.*

suceder (su-ce-**der**) *v. intr.* **1.** Entrar una persona o cosa en lugar de otra o seguirse a ella. *Juan Pablo II sucedió a Juan Pablo I en el papado.* **SIN.** Reemplazar, sustituir. ‖ *v. impers.* **2.** Efectuarse un hecho. *Sucedió lo que todo el mundo esperaba.* **SIN.** Acontecer, ocurrir.

sucesivo, va (su-ce-**si**-vo) *adj.* Que sucede o se sigue a otra cosa. *3 y 4 son números sucesivos.* **SIN.** Siguiente, subsiguiente, inmediato. **ANT.** Precedente, anterior. ‖ **LOC. en lo sucesivo** En el tiempo que ha de venir.

suceso (su-**ce**-so) *s. m.* **1.** Cosa que ocurre o tiene lugar, especialmente cuando es importante. *La gente suele recordar los sucesos felices de su vida.* **SIN.** Acontecimiento, efemérides, incidente, peripecia, evento, hecho. **2.** Hecho delictivo. *Escribo en la sección de sucesos del periódico.*

sucesor, ra (su-ce-**sor**) *adj.* Que sucede a alguien o sobreviene en su lugar. **GRA.** También s. m. y s. f. *Nombró un sucesor para el cargo que dejaba vacante.* **SIN.** Descendiente, heredero.

suciedad (su-cie-**dad**) *s. f.* **1.** Calidad de sucio. *La suciedad es insana.* **2.** Cosa sucia. *En este cuarto hay mucha suciedad.* **3.** *Obscenidad.

sucinto, ta (su-**cin**-to) *adj.* Breve, compendioso. *Sólo hizo un sucinto comentario al respecto.* **SIN.** Conciso, somero. **ANT.** Extenso, pormenorizado.

sucio, cia (**su**-cio) *adj.* **1.** Que tiene manchas. *He lavado aquella alfombra tan sucia.* **SIN.** Mugriento, manchado, descuidado, pringoso. **ANT.** Limpio, aseado, lavado. **2.** Que se ensucia fácilmente. *Este color claro es bonito, pero demasiado sucio.* **3.** Que produce suciedad. *Esa fábrica es muy sucia.* **4.** Con daño, imperfección o impureza. *Su expediente estaba sucio.* ‖ *adv. m.* **5.** Hablando de algunos juegos, sin guardar las debidas reglas. *Juega sucio.*

suculento, ta (su-cu-**len**-to) *adj.* Sustancioso, sabroso. *Nos dieron una suculenta comida.* **SIN.** Exquisito, gustoso, jugoso. **ANT.** Soso, desabrido.

sucumbir (su-cum-**bir**) *v. intr.* **1.** Someterse ante algo o alguien. *Sucumbió ante tantas presiones.* **SIN.** Ceder, rendirse. **ANT.** Vencer, superar, ganar. **2.** Morir, perecer. *Sucumbió a la enfermedad.*

sucursal (su-cur-**sal**) *adj.* Se dice del establecimiento que sirve de ampliación a otro del cual depende. **GRA.** También s. f. *Trabaja en una de las sucursales de esa entidad bancaria.* **SIN.** Agencia, filial.

sudadera (su-da-**de**-ra) *s. f., fam.* Parte superior del chándal o jersey utilizado para hacer deporte. *Llevaba una sudadera de color rojo.*

sudar (su-**dar**) *v. intr.* **1.** Exhalar el sudor. **GRA.** También v. tr. *Después de la carrera estaba sudando.* **SIN.** Transpirar, trasudar. **2.** *fam.* Trabajar fatigosamente o con desvelo. *Sudamos para conseguirlo.* ‖ *v. tr.* **3.** Empapar en sudor. *Sudó la camiseta.*

sudario (su-**da**-rio) *s. m.* Lienzo que se ponía sobre el rostro de los difuntos o en que se envolvía el cadáver. *Envolvieron su cuerpo en el sudario.* **SIN.** Mortaja.

sudor (su-**dor**) *s. m.* **1.** Líquido claro y transparente que sale por los orificios de las glándulas sudoríparas de la piel. *Se secó el sudor de la frente.* **SIN.** Transpiración, trasudor. **2.** Trabajo y fatiga. *Conseguirlo le había costado muchos sudores y lágrimas.* ‖

sudorífero - suerte

LOC. con el sudor de la frente de alguien *fam.* Con su esfuerzo.

sudorífero, ra (su-do-**rí**-fe-ro) *adj.* *Sudorífico.

sudorífico, ca (su-do-**rí**-fi-co) *adj.* Se dice de aquello que hace sudar. *Le dieron un sudorífico.*

sudoroso, sa (su-do-**ro**-so) *adj.* Que está sudando mucho o es muy propenso a sudar. *Llegó a la cima de la montaña todo sudoroso.*

suegro, gra (**sue**-gro) *s. m. y s. f.* Padre o madre del marido respecto de la mujer, o de la mujer respecto del marido. *Fue a comer con sus suegros.* ‖ **LOC. lo que ve la suegra** *fam.* Frase con que se alude al arreglo superficial de la casa, atendiendo sólo a lo que está a la vista.

suela (**sue**-la) *s. f.* Parte del calzado que toca al suelo. *Esos zapatos tienen una gruesa suela de goma.* ‖ **LOC. no llegarle a alguien a la suela del zapato** *fam.* Ser muy inferior a él.

sueldo (**suel**-do) *s. m.* Dinero que se paga a una persona por su trabajo. *El sueldo de un día se llama jornal.* **SIN.** Paga, remuneración, salario, retribución, honorarios.

suelo (**sue**-lo) *s. m.* **1.** Material producido por la meteorización y las actividades de los organismos, y que está formado por sustancias orgánicas e inorgánicas, agua y aire. *El suelo del bosque está cubierto de helechos.* **SIN.** Terreno, tierra, territorio. **2.** Piso de una habitación o cosa. *Este dormitorio tiene el suelo de madera.* **SIN.** Pavimento. **3.** Solar de un edificio. *En esa zona el suelo está carísimo.* **4.** Territorio de una nación. *Tenía ganas de pisar suelo argentino.* **SIN.** Tierra, solar. **5.** Terreno destinado a siembra o producciones herbáceas, en oposición al arbolado o vuelo del mismo. *La región era rica en suelos.* **SIN.** Campo, sembrado. ‖ **6. suelo natal** Patria. ‖ **LOC. arrastrarse alguien por el suelo** *fam.* Humillarse ante otro. **besar el suelo** *fam.* Caerse de bruces. **besar uno el suelo por donde otro pisa** *fam.* Manifestarle agradecimiento o admiración incondicional. **poner a alguien por los suelos** *fam.* Criticarle. **por el suelo, o por los suelos** Locución que denota el desprecio con que se trata una cosa o el abatimiento que experimenta una persona. **venir, o venirse, al suelo una cosa** Caer, arruinarse, destruirse.

suelto, ta (**suel**-to) *adj.* **1.** Ágil en la realización de las cosas. *Se le ve muy suelto en su nuevo trabajo.* **SIN.** Desembarazado, desenvuelto. **ANT.** Torpe, tardo. **2.** Libre, atrevido. *Tiene la lengua muy suelta.* **3.** Se dice de la persona que padece diarrea. *Andaba un poco suelto.* **4.** Tratándose del lenguaje, estilo, etc., fácil, corriente. *Se expresaba de manera muy suelta y natural.* **SIN.** Sencillo, llano. **ANT.** Recargado, ampuloso. **5.** Separado y que no hace juego ni forma con otras cosas la unión debida. *Este calcetín está suelto.* **6.** Calderilla. **GRA.** También s. m. *No tengo nada suelto, sólo mil pesetas.* **7.** Se dice de lo que queda holgado. *Le gusta la ropa muy suelta.* **8.** Que no está envasado o empaquetado. *Compro los cigarrillos sueltos.*

sueño (**sue**-ño) *s. m.* **1.** Acto de dormir. *No quiero que interrumpan mi sueño.* **SIN.** Descanso. **ANT.** Insomnio, vigilia. **2.** Imágenes que pasan por la mente mientras se duerme. *A un mal sueño se le llama pesadilla.* **SIN.** Ilusión, ensueño. **ANT.** Realidad. **3.** Ganas de dormir. *Siempre tiene sueño después de comer.* **SIN.** Somnolencia, sopor. **ANT.** Desvelo. **4.** Cosa fantástica, sin fundamento y razón. *Había sido sólo un sueño.* **5.** Fantasía, ilusión. *Conseguir aquel trabajo era uno de sus sueños.* ‖ **6. sueño dorado** Anhelo, deseo grande. **GRA.** Se usa más en pl. **7. sueño eterno** La muerte. **8. sueño ligero** El que se esfuma con facilidad. **9. sueño pesado** El que es muy profundo. ‖ **LOC. caerse de sueño** *fam.* Sentir sueño sin poder luchar contra él. **coger alguien el sueño** Quedarse dormido. **conciliar alguien el sueño** Conseguir dormirse. **echar un sueño** *fam.* Dormir un rato. **en, o entre, sueños** Dormitando, mientras se duerme. **espantar el sueño** *fam.* No dejar dormir o desvelarse. **ni por sueño, o ni en sueños** Denota lo inverosímil e irrealizable de una cosa. **perder el sueño por algo o alguien** Preocuparse por él. **quitar el sueño una cosa a alguien** *fam.* Preocuparle en exceso.

suero (**sue**-ro) *s. m.* **1.** Líquido que se suministra a los enfermos para evitar su deshidratación y que a la vez les sirve de alimento. *Le pusieron suero.* ‖ **2. suero de la leche** Parte líquida que se separa al coagularse la leche.

suerte (**suer**-te) *s. f.* **1.** Hecho o conjunto de hechos favorables o desfavorables para alguien y que no puede controlar. *Tuve la suerte de ganar un viaje en el concurso. Su mala suerte hizo que perdiera el avión.* **SIN.** Casualidad, azar, destino. **2.** Circunstancia de ser, por mera casualidad, favorable o adverso lo que sucede. *Eso depende de la suerte.* **3.** Casualidad a que se confía la resolución de una cosa. *No hizo nada, lo dejó a la suerte.* **SIN.** Fortuna, ventura. **4.** Cada uno de los lances de la lidia taurina. *El matador solicitó el cambio de suerte.* ‖ **LOC. caerle a al-

suéter - sujetar

guien en suerte una cosa Corresponderle por sorteo. | Sucederle algo por designio providencial. **de suerte que** Locución que indica consecuencia o resultado. **echar suertes, o a suerte** Valerse de medios casuales para resolver o decidir una cosa. | Repartir alguna cosa por sorteo entre varios. **por suerte** Afortunadamente. **probar suerte** Intentar algo. **tentar la suerte** Arriesgarse demasiado. **tocarle a alguien en suerte una cosa** Tocarle en sorteo. **tocarle a alguien la suerte** Sacar en un sorteo un número favorable o adverso.

suéter (sué-ter) *s. m.* *Jersey.

suficiente (su-fi-**cien**-te) *adj.* **1.** Que no necesita más. *La calificación que obtuve fue suficiente para aprobar.* **SIN.** Bastante. **ANT.** Insuficiente. **2.** Apto o idóneo para algo. *No se consideraba lo bastante suficiente para hacer eso.* **SIN.** Hábil, capaz, competente. **ANT.** Incapaz, incompetente. || *s. m.* **3.** En la calificación de exámenes, nota que equivale a aprobado. *Saqué sólo un suficiente en el examen de ayer.*

sufijo, ja (su-**fi**-jo) *adj.* Se dice de los afijos que se sitúan a continuación de las palabras para formar derivados. **GRA.** También s. m. *En la palabra "lechería", "ería" es un sufijo.*

sufragar (su-fra-**gar**) *v. tr.* **1.** Ayudar o favorecer. *Enviaron alimentos y medicinas para sufragar a los necesitados.* **2.** Costear, satisfacer. *Sufragó el viaje.* Se conjuga como ahogar.

sufragio (su-**fra**-gio) *s. m.* **1.** Voto, parecer o manifestación de la voluntad de alguien. *Fue elegido por sufragio.* || **2. sufragio restringido** Aquel en que se reserva el voto para los ciudadanos que reúnen determinadas condiciones. **3. sufragio universal** Aquel en que todos los ciudadanos tienen derecho a voto.

sufrido, da (su-**fri**-do) *adj.* **1.** Que sufre con resignación. *Es una persona muy sufrida.* **SIN.** Conformado, paciente, resignado. **2.** Se dice del color que disimula lo sucio. *Deberías comprar la bata de un color más sufrido.*

sufrir (su-**frir**) *v. tr.* **1.** Sentir un daño, dolor, enfermedad, castigo, carga, etc. *Sufrió mucho cuando su perro se escapó.* **SIN.** Aguantar, padecer, penar, sentir. **ANT.** Gozar, disfrutar. **2.** Tolerar un hecho con el que no se está de acuerdo. *Tuve que sufrir su presencia.* **SIN.** Permitir, consentir, transigir. **ANT.** Prohibir, vetar, negar.

sugerir (su-ge-**rir**) *v. tr.* Hacer entrar o despertar en el ánimo de alguien una idea o imagen. *Me sugirió que aceptara pero me negué.* **SIN.** Aconsejar, incitar, insinuar. v. irreg., se conjuga como sentir.

sugestionar (su-ges-tio-**nar**) *v. tr.* **1.** Inspirar una persona a otra hipnotizada palabras o actos involuntarios. *Les sugestionó para que no tuvieran miedo.* **SIN.** Hipnotizar, dictar. **2.** Fascinar a alguien, provocar su admiración. *Sabía que les sugestionaba con su fuerte personalidad.* || *v. prnl.* **3.** Experimentar sugestión. *Se sugestionó mucho con la idea de la muerte.*

sugestivo, va (su-ges-**ti**-vo) *adj.* Que sugiere o que resulta atrayente. *Me pareció un plan muy sugestivo.* **SIN.** Atractivo, evocador, interesante, llamativo, tentador. **ANT.** Repugnante, asqueroso.

suicida (sui-**ci**-da) *s. m. y s. f.* **1.** Persona que se suicida. *El suicida estaba gravemente enfermo.* || *adj.* **2.** Que pertenece o se refiere al suicidio. *Conducta suicida.*

suicidarse (sui-ci-**dar**-se) *v. prnl.* Quitarse voluntariamente la vida. *Lograron evitar que se suicidara.* **SIN.** Matarse.

suicidio (sui-**ci**-dio) *s. m.* **1.** Acción y efecto de suicidarse. *Hablaron sobre el suicidio de Larra.* **2.** Acción que perjudica a la persona que la realiza. *Meterse ahora en ese negocio es un suicidio.*

sui géneris *expr. lat.* que se usa en español para denotar que la persona o cosa a que se aplica es de un género excepcional. *Ese amigo tuyo es muy sui géneris.*

suite *s. f.* **1.** En un hotel, pieza formada de dos o más dependencias. *Alquilaron una suite para dos noches.* **2.** Obra musical constituida por varios fragmentos. *Interpretó varias suites.*

suizo (**sui**-zo) *s. m.* Bollo especial de harina, huevo y azúcar. **GRA.** También adj. *Se pidió un café con leche y un suizo.*

sujetador (su-je-ta-**dor**) *s. m.* **1.** *Sostén, prenda interior femenina. **2.** Pieza del bikini que cubre el pecho. *Me gusta más la forma del sujetador de ese bikini que la de éste.*

sujetapapeles (su-je-ta-pa-**pe**-les) *s. m.* Instrumento que sirve para sujetar papeles. *Le regalaron un sujetapapeles.* Invariable en número.

sujetar (su-je-**tar**) *v. tr.* **1.** Agarrar algo con fuerza. *Sujeta los perros, no los sueltes.* **SIN.** Retener, atar. **ANT.** Soltar. **2.** Someter al dominio de alguien. **GRA.** También v. prnl. *Enrique es tan rebelde que necesita que sus padres le sujeten.* **SIN.** Someter(se), subordinar(se), domeñar. **ANT.** Rebelar(se). Tiene doble p. p.; uno reg., sujetado, y otro irreg., sujeto.

sujeto - supeditar

sujeto, ta (su-**je**-to) *adj.* **1.** Propenso a una cosa. *Está sujeto a las inclemencias del tiempo.* **SIN.** Expuesto, proclive, tendente. ‖ *s. m.* **2.** Individuo. *Ese sujeto no me ofrece ninguna confianza.* **OBS.** Frecuentemente tiene un matiz despectivo. **SIN.** Fulano, tipo. **3.** En una oración, función desempeñada por un sustantivo, palabra análoga, o sintagma sustantivado, caracterizada por la concordancia en número y persona con el verbo. *Las oraciones bimembres tienen sujeto y predicado.* **4.** Elemento o conjunto de elementos que en una oración desempeñan la función de sujeto. *En la frase "Manuel está triste", "Manuel" es el sujeto.* ‖ **5. sujeto agente** El de un verbo en voz activa. **6. sujeto paciente** El de un verbo en voz pasiva.

sulfamidas (sul-fa-**mi**-das) *s. f. pl.* Nombre que se da a un grupo de productos farmacéuticos usados contra algunas enfermedades microbianas. *Le recetaron sulfamidas.*

sulfatar (sul-fa-**tar**) *v. tr.* Impregnar o bañar con un sulfato alguna cosa, particularmente las vides y otras plantas. *Sulfató las plantas.* **SIN.** Azufrar.

sulfato (sul-**fa**-to) *s. m.* Cualquier combinación del ácido sulfúrico con un radical mineral u orgánico. *Compró sulfato para las patatas.*

sulfurar (sul-fu-**rar**) *v. tr.* Causar enfado o irritación, encolerizar. **GRA.** Se usa más como v. prnl. *Al ver que no llegábamos se sulfuró toda.* **SIN.** Encorajinarse, exasperarse, irritarse.

sultán, na (sul-**tán**) *s. m. y s. f.* Entre los musulmanes, soberano. *Vivían con todo lujo en el palacio del sultán.*

suma (**su**-ma) *s. f.* **1.** Agregado de muchas cosas y más generalmente de dinero. *Se llevaron una importante suma de dinero.* **2.** En matemáticas, operación de sumar. *Halla el resultado de esta suma.* **SIN.** Adición. ‖ **LOC. en suma** En resumen.

sumando (su-**man**-do) *s. m.* Cada una de las cantidades parciales que han de añadirse unas a otras para formar la suma. *En 2+4+5, hay tres sumandos.*

sumar (su-**mar**) *v. tr.* **1.** Hacer la operación de la suma. *Para resolver este problema tengo que sumar las tres cantidades.* **SIN.** Adicionar, añadir. **ANT.** Restar. **2.** Obtener el resultado de reunir varias cantidades en una sola. *10 y 10 suman 20. La falda y la chaqueta suman mucho dinero.* **SIN.** Ascender, importar. ‖ *v. prnl.* **3.** Adherirse o incorporarse a una doctrina, o a un grupo o partido. *Se sumó a nuestro grupo.* **SIN.** Integrarse, anexionarse. ‖ **LOC. suma y sigue** *fam.* expresa desagrado ante la continua insistencia de alguien en algo que resulta pesado o enojoso.

sumario (su-**ma**-rio) *s. m.* **1.** Resumen, compendio de una cosa. *Redactó un sumario.* **SIN.** Extracto, sinopsis. **2.** Conjunto de actuaciones encaminadas a preparar el juicio criminal, haciendo constar la perpetración de los delitos con las circunstancias que influyen en su calificación, determinar la culpabilidad y prevenir el castigo de los delincuentes. *Aquel dato no constaba en el sumario.*

sumergir (su-mer-**gir**) *v. tr.* **1.** Meter una cosa debajo del agua o de otro líquido. **GRA.** También v. prnl. *Se sumergió en el agua.* **SIN.** Zambullir(se). **ANT.** Emerger. ‖ *v. prnl.* **2.** Concentrar la atención en algo. *Me sumergí en la lectura.* **SIN.** Embelesarse, extraviarse. ✎ Se conjuga como urgir.

suministrar (su-mi-nis-**trar**) *v. tr.* Proveer a alguien de algo que necesita. *Suministraron alimentos y medicinas a la zona afectada por la catástrofe.* **SIN.** Administrar, surtir, abastecer.

suministro (su-mi-**nis**-tro) *s. m.* **1.** Acción y efecto de suministrar. *Salió el primer suministro de medicinas.* **2.** Provisión de víveres o utensilios para las tropas, prisioneros, etc. **GRA.** Se usa más en pl. *Necesitaban más suministros.*

sumir (su-**mir**) *v. tr.* **1.** Hundir o meter debajo de la tierra o del agua. **GRA.** También v. prnl. *Aquel extraño animal se sumió en el agua.* **SIN.** Sumergir(se), hundir(se), enterrar(se). **2.** *Sumergir, abismar. **GRA.** También v. prnl.

sumisión (su-mi-**sión**) *s. f.* Sometimiento de uno a otro. *Actuó con toda sumisión.* **SIN.** Acatamiento, dependencia, obediencia. **ANT.** Indisciplina.

sumiso, sa (su-**mi**-so) *adj.* Se dice de la persona que demuestra obediencia a otra. *Es un niño muy sumiso.* **SIN.** Obediente, subordinado, sometido. **ANT.** Desobediente.

súmmum (**súm**-mum) *s. m.* El colmo, lo sumo. *Aquello ya era el súmmum.*

sumo, ma (**su**-mo) *adj.* **1.** Supremo, altísimo o que no tiene superior. *Se dirigió al sumo sacerdote.* **SIN.** Elevado, máximo. **2.** Muy grande, enorme. *Lo hizo con sumo gusto.* ‖ **LOC. a lo sumo** A lo más, el mayor grado o límite a que puede llegar una persona o cosa. │ A lo más, si acaso.

suntuoso, sa (sun-**tuo**-so) *adj.* Magnífico, grande y costoso. *Vivían en una suntuosa mansión.* **SIN.** Espléndido, lujoso, opulento. **ANT.** Sencillo, humilde.

supeditar (su-pe-di-**tar**) *v. tr.* **1.** Sujetar, oprimir. **GRA.** También v. prnl. *No quería supeditarse a na-*

die. **SIN.** Doblegar(se), someter(se). **ANT.** Liberar. **2.** Subordinar una cosa a otra. *Supeditó a los estudios su pasión por el deporte.* **SIN.** Someter, sujetar. **3.** Condicionar una cosa al cumplimiento de otra. *Estaba supeditado a que se aprobara la nueva ley.*

súper (**sú**-per) *adj.* **1.** *fam.* Muy bueno. *El equipo del colegio es súper.* ‖ *s. m.* **2.** *fam.* *Supermercado.

superabundancia (su-pe-ra-bun-**dan**-cia) *s. f.* Abundancia muy grande. *Había superabundancia de trigo.* **SIN.** Copiosidad, demasía, exceso. **ANT.** Carencia, ausencia.

superabundar (su-pe-ra-bun-**dar**) *v. intr.* Abundar con extremo o rebosar. *En esta época superabundan las ofertas de viajes.* **SIN.** Derramar, proliferar, exceder. **ANT.** Escasear, faltar.

superar (su-pe-**rar**) *v. tr.* **1.** Ser superior a otro. *Le supera en fuerza.* **SIN.** Sobrepujar, exceder. **2.** Vencer obstáculos y dificultades. *Confiábamos en que superaría todas las dificultades.* **SIN.** Sortear, vadear, salvar. ‖ *v. prnl.* **3.** Hacer alguien una cosa mejor que en otras ocasiones. *En esta película, la actriz se ha superado.* **SIN.** Mejorar.

superávit (su-pe-**rá**-vit) *s. m.* **1.** Predominio de ingresos sobre los gastos. *Logró un fuerte superávit.* **2.** Por ext., exceso de algo necesario. *El superávit de patatas constituía un grave problema.*

superdotado, da (su-per-do-**ta**-do) *adj.* Se dice de la persona que posee cualidades que exceden de lo normal, especialmente refiriéndose a la inteligencia. *Vi un reportaje sobre los niños superdotados.*

superficial (su-per-fi-**cial**) *adj.* **1.** Que pertenece o se refiere a la superficie. *La herida es superficial.* **SIN.** Periférico, exterior. **2.** Que está o se queda en ella. *Era una corriente superficial.* **3.** Aparente, sin solidez. *Eran sólo palabras superficiales.* **SIN.** Insustancial. **4.** Irrelevante, sin fundamento. *Me parece una persona muy superficial.* **SIN.** Frívolo, vano.

superficie (su-per-**fi**-cie) *s. f.* **1.** Parte externa de una cosa. *Los barcos surcan la superficie del mar.* **SIN.** Exterior. **ANT.** Fondo. **2.** Extensión de tierra. *Esta región tiene grandes superficies sin cultivar.* **SIN.** Terreno. **3.** Extensión en que sólo se consideran dos dimensiones: longitud y latitud. *Halla la superficie de este rectángulo.* ‖ **LOC. salir, o aflorar, a la superficie** Darse a conocer, hacerse público.

superfluo, flua (su-**per**-fluo) *adj.* No necesario, que está de sobra. *Me parece un gasto superfluo.* **SIN.** Innecesario, redundante. **ANT.** Necesario.

superior[1] (su-pe-**rior**) *adj.* **1.** Que está más alto que otra cosa. *El campanario es la parte superior de la torre.* **SIN.** Elevado. **ANT.** Inferior. **2.** Que es mejor o muy bueno. *Este café es superior a todos.* **SIN.** Excelente, supremo, extraordinario. **ANT.** Peor, pésimo. **3.** Que excede a otros en virtud o cualidades. *En imaginación es muy superior a sus compañeros.* **4.** Se dice de los seres vivos de organización más completa y que se suponen más evolucionados que otros. *El hombre es un mamífero superior.* ✎ Invariable en género.

superior[2] (su-pe-**rior**) *s. m. y s. f.* Persona que manda, gobierna o dirige a otras. *Los empleados informaron del trabajo a sus superiores.* **SIN.** Jefe. **ANT.** Subordinado.

superlativo, va (su-per-la-**ti**-vo) *adj.* **1.** Muy grande y excelente en su línea. *Es un proyecto superlativo.* **2.** Se dice del grado del adjetivo cuando éste indica la cualidad con gran intensidad. *"Altísimo" es un superlativo.* **3.** Se dice del grado del adverbio. *Tardísimo.*

supermercado (su-per-mer-**ca**-do) *s. m.* Establecimiento comercial de venta al por menor en el que el cliente se sirve a sí mismo y paga a la salida. *Fue al supermercado a hacer la compra para la semana.* **SIN.** Autoservicio.

superponer (su-per-po-**ner**) *v. tr.* Poner una cosa encima de otra. **GRA.** También v. prnl. *Superpuso varios libros.* **SIN.** Sobreponer(se), solapar(se), tapar(se). ✎ v. irreg., se conjuga como poner.

superposición (su-per-po-si-**ción**) *s. f.* Acción y efecto de superponer. *Aquel color era la superposición de varios.* **SIN.** Añadido, solapo, anteposición. **SIN.** Postergación.

superpotencia (su-per-po-**ten**-cia) *s. f.* Nación que ocupa un lugar destacado económica y militarmente. *No había acuerdo entre las dos superpotencias.*

superproducción (su-per-pro-duc-**ción**) *s. f.* **1.** Exceso de producción. *Aquella superproducción no era buena para la empresa.* **SIN.** Saturación. **2.** Obra cinematográfica o teatral de elevado presupuesto. *Su nueva película va a ser una superproducción.*

supersónico, ca (su-per-**só**-ni-co) *adj.* En aviación, se dice de la velocidad superior a la del sonido y de los aparatos que la alcanzan. *El cohete llevaba una velocidad supersónica.*

superstición (su-pers-ti-**ción**) *s. f.* Creencia extraña a la fe religiosa y contraria a la razón. *Tiene muchas supersticiones.*

supervalorar (su-per-va-lo-**rar**) *v. tr.* Otorgar a cosas o personas mayor valor del que en realidad poseen. *Creo que supervaloras tus facultades.* **SIN.** Sobrevalorar, sobrestimar. **ANT.** Infravalorar, despreciar.

supervisar (su-per-vi-**sar**) *v. tr.* Ejercer inspección la persona que tiene autoridad para ello. *Supervisaba la obra.* **SIN.** Comprobar, inspeccionar, verificar. **ANT.** Abandonar, descuidar.

supervivencia (su-per-vi-**ven**-cia) *s. f.* Acción y efecto de sobrevivir. *La supervivencia en aquellas duras condiciones fue muy difícil.* **SIN.** Duración, longevidad.

supino (su-**pi**-no) *s. m.* En la gramática latina, una de las formas nominales del verbo. *El supino sólo tiene tres terminaciones.*

suplantar (su-plan-**tar**) *v. tr.* Ocupar ilegalmente el puesto de otro, usurpar su personalidad o los derechos inherentes a ella. *Suplantó sus funciones.* **SIN.** Usurpar.

suplementario, ria (su-ple-men-**ta**-rio) *adj.* Que sirve para suplir o sustituir una cosa o completarla. *Necesitaban personal suplementario.* **SIN.** Accesorio, adicional, subsidiario. **ANT.** Principal, esencial.

suplemento (su-ple-**men**-to) *s. m.* **1.** Cosa que se añade a otra para perfeccionarla. *Una ensalada con ese plato es un buen suplemento.* **SIN.** Complemento, agregado, anejo. **2.** Hoja o cuadernillo extraordinario que publica un periódico o revista y cuyo texto es independiente del número ordinario. *Los domingos compra el periódico y el suplemento.* **3.** En gramática, función oracional caracterizada por acotar el significado del verbo al que se refiere. Se une a él mediante una preposición de carácter fijo. *Hablaban de política.*

suplente (su-**plen**-te) *adj.* Que suple. **GRA.** También s. m. y s. f. *Era uno de los jugadores suplentes del equipo.* **SIN.** Sustituto, vicario.

súplica (**sú**-pli-ca) *s. f.* **1.** Acción y efecto de suplicar. *Atendió sus súplicas.* **2.** Memoria o escrito en que se suplica. *Presentó una súplica.* **SIN.** Apelación, demanda, instancia, ruego.

suplicar (su-pli-**car**) *v. tr.* **1.** Pedir con sumisión y humildad una cosa. *Le suplicó ayuda.* **SIN.** Rogar, implorar, demandar. **ANT.** Conceder, dar, otorgar. **2.** Recurrir contra el auto o sentencia de vista del tribunal superior ante el mismo. *Suplicó aquella sentencia.* ✎ Se conjuga como abarcar.

suplicio (su-**pli**-cio) *s. m.* Grave dolor físico o moral. *Aquel trabajo era un suplicio.* **SIN.** Tormento.

suplir (su-**plir**) *v. tr.* **1.** Completar lo que falta en una cosa o remediar la carencia de ella. *Lo suplió con buena voluntad.* **2.** Ponerse en lugar de alguien para sustituirlo. *Tenía que suplir a uno de los profesores.* **SIN.** Reemplazar, sustituir. **3.** Sustituir una cosa por otra. *Puedes suplir el vinagre por unas gotitas de limón.* **SIN.** Reemplazar, cambiar.

suponer (su-po-**ner**) *v. tr.* **1.** Creer que una cosa es cierta, aunque no se esté seguro de ella. *Supuse que estaban en casa, pues vi luz.* **SIN.** Imaginar, sospechar, presuponer. **ANT.** Conocer, saber. **2.** Traer consigo, incluir, importar. *Aquello supuso grandes gastos.* **3.** Conjeturar algo a través de los indicios que se poseen. *Supuso que algo extraño pasaba.* **SIN.** Figurarse. ‖ **LOC. ser algo de suponer** Ser lógico o natural. ✎ v. irreg., se conjuga como poner.

suposición (su-po-si-**ción**) *s. f.* **1.** Acción y efecto de suponer. *Eran sólo suposiciones suyas.* **2.** Lo que se supone o da por sentado. *Su suposición es cierta.* **SIN.** Conjetura, hipótesis, presunción, sospecha.

supositorio (su-po-si-**to**-rio) *s. m.* Preparado de pasta en forma cónica, para ser introducido en el recto, en la vagina, etc., y que, al fundirse, libera el medicamento cuyo efecto se busca. *Prefería inyecciones a supositorios.*

supremacía (su-pre-ma-**cí**-a) *s. f.* Preeminencia, superioridad. *Su supremacía en el grupo era indiscutible.* **SIN.** Hegemonía, predominio, preponderancia.

supremo, ma (su-**pre**-mo) *adj.* **1.** Sumo, altísimo. *Tribunal Supremo.* **2.** Que no tiene superior en su línea. *Era de calidad suprema.* **SIN.** Sumo.

supresión (su-pre-**sión**) *s. f.* Acción y efecto de suprimir. *Defendían la supresión de aquella ley.*

suprimir (su-pri-**mir**) *v. tr.* **1.** Hacer que algo no ocurra o que desaparezca. *Tuvieron que suprimir el concierto, debido al mal tiempo.* **SIN.** Anular, destruir, cancelar. **ANT.** Reponer. **2.** Omitir, pasar por alto. *Suprimieron la primera parte de la obra.* **SIN.** Anular, eliminar, quitar. **ANT.** Añadir, poner. ✎ Tiene doble p. p.; uno reg., suprimido, y otro irreg., supreso.

supuesto, ta (su-**pues**-to) *p. p. irreg.* de suponer. *Había supuesto que se trataba sólo de una broma.* ‖ *s. m.* **2.** *Hipótesis.* ‖ *conj. caus. y conj. conces.* **supuesto que** *Puesto que.* ‖ **LOC. dar algo por supuesto** Tenerlo por cierto. **por supuesto** Ciertamente.

supurar (su-pu-**rar**) *v. intr.* Formar o echar pus. *La herida le supuraba.*

sur *n. p.* **1.** Uno de los cuatro puntos cardinales. **ORT.** Se escribe con mayúscula. *El clima es más cálido en el Sur.* ‖ *s. m.* **2.** Lugar de la Tierra que coincide con el polo antártico. *La expedición se dirigía hacia el sur.*

surcar (sur-**car**) *v. tr.* **1.** Hacer surcos en la tierra. *Surcó la finca con el arado.* **2.** Hacer rayas en alguna cosa parecidas a los surcos que se hacen en la tierra. *Surcaron la masa.* **3.** Ir o caminar por un líquido cortándolo. *Surcar los mares.* **SIN.** Atravesar, hender. ✎ Se conjuga como abarcar.

surco (**sur**-co) *s. m.* **1.** Hendidura que se hace en la tierra con el arado. *Hizo varios surcos para plantar patatas.* **2.** Señal o hendidura prolongada que deja una cosa que pasa sobre otra. *Quedaron todos los surcos marcados.* **SIN.** Carril. **3.** Arruga en el rostro o en otra parte del cuerpo. *Los surcos de su rostro indicaban que se trataba de un señor muy mayor.*

surf *s. m.* Deporte náutico que se practica con una tabla y que consiste en deslizarse sobre las olas. *Le encanta hacer surf.*

surfear *v. intr.* En internet, navegar. *Estuve surfeando por internet.*

surgir (sur-**gir**) *v. intr.* Aparecer o manifestarse algo. *El agua surgió de la roca. Surgió una duradera amistad entre ellos.* **SIN.** Brotar, asomar, salir, manar. **ANT.** Desaparecer. ✎ Se conjuga como urgir.

surrealismo (su-rre-a-**lis**-mo) *s. m.* Tendencia artística y literaria que trata de expresar, de forma inmediata, la intimidad del subconsciente y las fuerzas instintivas que superan los cauces de la razón. *Uno de los movimientos de pintura que más le gustaban era el surrealismo.*

surtido, da (sur-**ti**-do) *adj.* Se aplica al artículo de comercio que se ofrece como mezcla de diversas clases. **GRA.** También s. m. *Compró una caja de galletas surtidas.*

surtidor, ra (sur-ti-**dor**) *adj.* **1.** Que surte o provee. **GRA.** También s. m. y s. f. *Ese almacen es uno de nuestros surtidores.* **SIN.** Abastecedor, proveedor. ‖ *s. m.* **2.** Chorro de agua que brota especialmente hacia arriba. *Había un surtidor en el patio.* **SIN.** Fuente, manantial. **3.** Bomba que extrae la gasolina de un depósito subterráneo para repostar los vehículos. *Paró junto a un surtidor de gasolina.*

surtir (sur-**tir**) *v. tr.* **1.** Proveer a alguien de alguna cosa. **GRA.** También v. prnl. *Le surtió de alimentos.* **SIN.** Abastecer, equipar. ‖ *v. intr.* **2.** Brotar, salir el agua, y más especialmente hacia arriba. *Después de varias horas cavando, el agua empezó a surtir con fuerza.* **SIN.** Emerger.

susceptible (sus-cep-**ti**-ble) *adj.* Se dice de la persona muy quisquillosa, picajosa. *No deberías ser tan susceptible.* **SIN.** Cascarrabias, irritable.

suscitar (sus-ci-**tar**) *v. tr.* Levantar, promover. *La película suscitó muchas polémicas.* **SIN.** Engendrar, originar, ocasionar.

suscribir (sus-cri-**bir**) *v. tr.* **1.** Firmar al final de un escrito. *Suscribió el contrato.* **SIN.** Rubricar, sellar. **2.** Convenir con el dictamen de alguien. *Todos suscribíamos su idea.* **SIN.** Acceder, asentir, consentir. ‖ *v. prnl.* **3.** Obligarse alguien a contribuir como otros al pago de una cantidad para cualquier obra. *Se suscribió a la organización.* **4.** Abonarse para recibir alguna publicación periódica. **GRA.** También v. tr. *Se suscribió a la revista.* ✎ Tiene p. p. irreg., suscrito o suscripto.

suscripción (sus-crip-**ción**) *s. f.* Acción y efecto de suscribir o suscribirse. *Pasado mañana se cierra el plazo de suscripción.* **SIN.** Abono.

suspender (sus-pen-**der**) *v. tr.* **1.** Levantar, sostener algo en alto o en el aire. *Lo suspendieron de un árbol.* **SIN.** Colgar, pender. **2.** Interrumpir temporalmente una cosa. **GRA.** También v. prnl. *La actuación se suspendió debido al mal tiempo.* **SIN.** Parar(se), detener(se). **3.** *Admirar. **4.** Privar temporalmente a alguien del sueldo o empleo. *Le suspendieron de empleo y sueldo durante un mes.* **5.** No pasar el examen de alguien por no haber obtenido la puntuación mínima necesaria. *Suspendí el examen de ortografía.* **SIN.** Catear, cargar. ✎ Tiene doble p. p.; uno reg., suspendido, y otro irreg., suspenso.

suspense (sus-**pen**-se) *s. m.* En el cine y otros espectáculos, situación emocional angustiosa producida por una escena de desenlace diferido o indeciso. *Le gustaban las películas de mucho suspense.* **SIN.** Intriga, tensión, angustia.

suspensión (sus-pen-**sión**) *s. f.* **1.** Acción y efecto de suspender. *Tuvo una suspensión de empleo y sueldo.* **SIN.** Admiración, interrupción, parada. **2.** Conjunto de piezas y mecanismos de un vehículo que amortiguan las sacudidas producidas por las desigualdades del terreno sobre el que circula. *Este coche tiene buena suspensión.* **SIN.** Amortiguación. ‖ **3. suspensión de pagos** Situación en que se coloca ante el juez el comerciante cuyo activo no es inferior al pasivo, pero que no puede temporalmente atender al pago puntual de sus obligaciones. ‖ **LOC. en suspensión** Locución que indica el estado de partículas o cuerpos que se mantienen en el seno de un fluido.

suspenso, sa (sus-**pen**-so) *adj.* **1.** Admirado, perplejo. *Quedó suspenso ante tanta maravilla.* ‖ *s. m.* **2.** Nota de haber sido suspendido en un examen. *Tenía un suspenso en ciencias.* **SIN.** Insuficiente, deficiente. ‖ **LOC. en suspenso** Pendiente de resolución.

suspicaz (sus-pi-**caz**) *adj.* Propenso a concebir sospechas. *Creo que hoy estás un poco suspicaz.* **SIN.** Receloso, desconfiado, reticente. **ANT.** Confiado.

suspirar - sustantivo

suspirar (sus-pi-**rar**) *v. tr.* Dar suspiros. *Suspiraba de pena.* **SIN.** Anhelar, ansiar. ‖ **LOC. suspirar alguien por una cosa, o por una persona** *fam.* Desearla con ansia o amarla mucho.

suspiro (sus-**pi**-ro) *s. m.* **1.** Aspiración fuerte y prolongada, seguida de una espiración y que suele denotar queja, aflicción o deseo. *Dio un suspiro de alivio.* **SIN.** Exhalación, respiración. **2.** *fam.* Espacio de tiempo muy breve. *Todo pasó en un suspiro.* **3.** Pausa musical breve y signo que la representa. *El suspiro estaba señalado en la partitura.* ‖ **4. último suspiro** *fam.* El del ser humano al morir; en general, fin y remate de cualquier cosa.

sustancia (sus-**tan**-cia) *s. f.* **1.** Cualquier materia. *Este medicamento está hecho con sustancias naturales.* **2.** Cosa que es lo más importante de otra. *La savia es la sustancia del árbol.* **SIN.** Esencia. **3.** Jugo que se obtiene con algunos alimentos o caldo que se hace con ellos. *Este guiso tiene mucha sustancia.* **4.** Valor y estimación que tienen las cosas. *El asunto tenía sustancia.* **5.** Lo que en cualquier cosa constituye lo esencial. *Aquello era la sustancia de la polémica.* ‖ **LOC. en sustancia** En resumen.

sustantivar (sus-tan-ti-**var**) *v. tr.* Dar valor y significación de nombre sustantivo a palabras y frases que normalmente tienen otro valor. **GRA.** También v. prnl. *Sustantivó el adjetivo poniéndole el artículo "lo" delante.*

sustantivo (sus-tan-**ti**-vo) *s. m.* Clase de palabra que sirve para designar a los seres, tanto materiales como inmateriales. *"Manantial" es un sustantivo común.*

CLASIFICACIÓN DE LOS SUSTANTIVOS

PROPIOS Distinguen a un ser de los demás de su especie, sin hacer referencia a sus cualidades	**ANTROPÓNIMOS**	Nombres propios de persona: *Juan*		
	TOPÓNIMOS	Nombres propios de lugar: *Tajo*		
	PATRONÍMICOS	Se refieren a los apellidos: *Álvarez*		
COMUNES Nombran a todos los seres de la misma especie, haciendo referencia a sus cualidades	Por su origen	PRIMITIVOS	No contienen ningún morfema derivativo: *pan*	
		DERIVADOS Contienen morfemas derivativos	Aumentativos	Contienen sufijos que sirven para aumentar el tamaño del primitivo: *perr-azo, cas-ona*
			Diminutivos	Contienen sufijos que sirven para disminuir el tamaño del primitivo: *perr-ito, cas-ita*
			Despectivos	Contienen sufijos que dan al primitivo una idea de desprecio: *perr-ucho, cas-ucha*
			Gentilicios	Indican el lugar de origen: *español, madrileño*
	Por su significado	ABSTRACTOS	Se refieren a cualidades que no pueden existir independientemente: *belleza*	
		CONCRETOS Se refieren a seres que existen en la realidad, con independencia	COLECTIVOS	Los que, estando en singular, designan una pluralidad de objetos: *caserío, pinar*
			INDIVIDUALES Los que, en singular, se refieren a un solo objeto	Contables: Designan objetos que pueden contarse: *mesa, libro*
				No contables: Los que no se pueden contar: *arena, agua*
	Por su composición	SIMPLES	Los formados por un solo lexema: *boca, jarro*	
		COMPUESTOS	Los que en su constitución entran dos o más lexemas: *bocacalle, carricoche*	

sustentar (sus-ten-**tar**) *v. tr.* **1.** Proporcionar el alimento necesario. **GRA.** También v. prnl. *Tenían lo mínimo para sustentarse.* **SIN.** Mantener, alimentar. **2.** Conservar una cosa en su estado. **GRA.** v. prnl. *Se sustentaba en perfectas condiciones.* **3.** Sostener una cosa para que no se caiga o ladee. **GRA.** También v. prnl. *Un madero sustentaba la pared.* **SIN.** Sujetar(se), apoyar(se). **4.** Defender una opinión. *Seguía sustentando su inocencia.* **SIN.** Mantener.

sustento (sus-**ten**-to) *s. m.* **1.** Mantenimiento, alimento. *Se ocupaba del sustento diario de toda la familia.* **SIN.** Manutención. **2.** Sostén o apoyo. *Contaba con el sustento de sus amigos.*

sustitución (sus-ti-tu-**ción**) *s. f.* Acción y efecto de sustituir. *Era una sustitución de cuatro meses.* **SIN.** Permuta, reemplazamiento, relevo, cambio. **ANT.** Permanencia, mantenimiento.

sustituir (sus-ti-tu-**ir**) *v. tr.* Poner a una persona o cosa en lugar de otra. *Sustituyó el sillón viejo por uno nuevo. Le sustituiré durante el mes de vacaciones.* **SIN.** Reemplazar, relevar, suplantar, cambiar, canjear. **ANT.** Mantener, conservar. ✎ v. irreg., se conjuga como huir. Tiene doble p. p.; uno reg., sustituido, y otro irreg., sustituto.

sustituto, ta (sus-ti-**tu**-to) *s. m. y s. f.* Persona que hace las veces de otra en empleo o servicio. *Iba a ser su sustituto durante los dos próximos meses.* **SIN.** Suplente.

susto (**sus**-to) *s. m.* Impresión repentina de miedo o pavor. *Se llevó un buen susto.* ‖ **LOC. caerse alguien del susto** Llevarse un gran susto. **no ganar alguien para sustos** Alarmarse o sobresaltarse con frecuencia.

sustraer (sus-tra-**er**) *v. tr.* **1.** Hurtar, robar. *Había sustraído mercancía de la tienda.* **SIN.** Chorizar, escamotear, mangar. **ANT.** Reponer, devolver, restituir. **2.** *Restar. ✎ v. irreg., se conjuga como traer.

sustrato (sus-**tra**-to) *s. m.* **1.** Lugar que sirve de asiento a un ser vivo. *Hemos de renovar el sustrato de esas plantas.* **2.** En fotografía, baño que se aplica al soporte para permitir la adherencia entre la capa sensible a la luz y el vidrio o la materia plástica. *Añade más sustrato antes de revelar las fotografías.* **3.** Terreno situado debajo del que se toma como referencia. *Excava hasta el siguiente sustrato.* **4.** Lengua hablada en un territorio sobre la cual se impone otra lengua que hace que la primera se extinga pero deje en ella determinados rasgos semánticos, fonológicos, etc. *El sustrato nativo se perdió en Norteamérica.* **5.** Cada uno de los rasgos que esta lengua ha legado. *En el italiano es claro el sustrato latino.* **6.** En química, sustancia sobre la cual se ejerce la acción de un fermento. *Estudia las transformaciones de ese sustrato.*

susurrar (su-su-**rrar**) *v. intr.* Hablar en voz baja, produciendo un murmullo. *Me susurró algo pero no le entendí.* **SIN.** Cuchichear, bisbisear.

susurro (su-**su**-rro) *s. m.* **1.** Rumor suave que resulta de hablar en voz baja. *Se oía sólo un leve susurro.* **SIN.** Murmullo, bisbiseo. **2.** Ruido suave que naturalmente hacen algunas cosas, como el viento, el agua, etc. *Le gustaba escuchar el melodioso susurro del arroyo.*

sutil (su-**til**) *adj.* **1.** De poco grosor o consistencia. *Colgaba de un hilo muy sutil.* **SIN.** Delgado, delicado, tenue. **ANT.** Grueso, tosco. **2.** Agudo, perspicaz, ingenioso. *Sus comentarios fueron muy sutiles.* **ANT.** Torpe, lerdo.

sutura (su-**tu**-ra) *s. f.* Costura que une los labios de una herida. *Le dieron quince puntos de sutura.*

suyo, ya (**su**-yo) *adj. pos.* Forma del posesivo masculino y femenino de la tercera persona del singular o del plural. Indica posesión o pertenencia a la persona o personas de que se habla. **GRA.** También pron. *Este libro es suyo.* ‖ **LOC. darle a alguien lo suyo** Darle el castigo que se merece. **de las suyas** Modo de obrar que corresponde al carácter de una persona. **la suya** Intención determinada del sujeto de quien se habla. | *fam.* Locución con que se indica que ha llegado la ocasión favorable para una persona. **lo suyo** *fam.* Locución con que se pondera la dificultad de algo. **los suyos** Personas vinculadas a otra por parentesco, amistad, servidumbre, etc. **salirse alguien con la suya** Conseguir lo que pretendía.

swing *s. m.* Estilo de jazz orquestal e instrumental surgido en Estados Unidos en la década de los treinta. *Le gusta mucho el swing.*

T t

t *s. f.* Vigésimo primera letra del abecedario español y decimoséptima de sus consonantes. Su nombre es "te". *Teresa empieza por "t".*

taba (**ta**-ba) *s. f.* **1.** Hueso del pie. *Se dio un golpe en la taba.* **2.** Juego en el que se tira al aire una taba de carnero u otra pieza similar, y se gana o se pierde según la cara que queda hacia arriba. *Estaban jugando a las tabas.* ‖ *s. f. pl.* **3.** *amer.* Zapatos.

tabaco (ta-**ba**-co) *s. m.* **1.** Planta narcótica, de olor fuerte, hojas alternas, grandes y lanceoladas, que se usan para fumar. *Visitaron una plantación de tabaco.* **2.** Hoja de esta planta, curada y preparada para sus diversos usos. *En esa fábrica se manipula el tabaco.* **3.** Color semejante al de esta hoja curada. *Llevaba unos zapatos de ante color tabaco.* ‖ **4. tabaco de pipa** El cortado en forma de hebra para fumarlo en pipa.

tábano (**tá**-ba-no) *s. m.* **1.** Insecto de dos a tres cm de longitud y de color pardo, que molesta con sus picaduras, principalmente a las caballerías. *Las vacas espantaban a los tábanos con el rabo.* **SIN.** Moscardón, moscón. **2.** *fam.* Persona molesta. *Pareces un tábano, hijo.*

tabaquismo (ta-ba-**quis**-mo) *s. m.* Intoxicación crónica producida por el abuso de tabaco. *Su bronquitis se debía al tabaquismo.*

tabardo (ta-**bar**-do) *s. m.* **1.** Prenda de abrigo ancha y larga, de paño tosco. *Llevaba un tabardo gris marengo.* **SIN.** Capote, zamarra, abrigo. **2.** Chaquetón militar que forma parte del uniforme de invierno del soldado. *Todos los soldados iban vestidos con tabardo.* **SIN.** Capote, guerrera.

tabarra (ta-**ba**-rra) *s. f.* Cosa impertinente y molesta. *Esa música es una tabarra.* **SIN.** Lata, molestia, fastidio, tostón. ‖ **LOC. dar la tabarra** *fam.* Molestar continuamente con algo.

tabasco (ta-**bas**-co) *s. m.* Salsa muy picante hecha con pimienta o ají. *Le echó unas gotitas de tabasco.*

taberna (ta-**ber**-na) *s. f.* Tienda donde se sirven o se venden al por menor vino y otras bebidas alcohólicas. *Estaban tomando un vino en la taberna de la esquina.* **SIN.** Bar, tasca, cantina.

tabernáculo (ta-ber-**ná**-cu-lo) *s. m.* Sagrario donde se guardan las formas consagradas en la misa. *El sacerdote guardó el cáliz en el tabernáculo.*

tabicar (ta-bi-**car**) *v. tr.* **1.** Cerrar con tabique una cosa. *Tabicaron la ventana.* **SIN.** Tapiar, tapar. **2.** Cerrar o tapar una cosa que debía estar abierta. **GRA.** También v. prnl. *Se le tabicaron las narices.* **SIN.** Taponar(se), obstruir(se). Se conjuga como abarcar.

tabique (ta-**bi**-que) *s. m.* **1.** Pared delgada que se hace principalmente para la división de los cuartos o aposentos de las casas. *Tiraron el tabique para hacer una sola habitación más grande.* **SIN.** Muro, panel, pared. **2.** Membrana que separa dos partes contiguas de un órgano. *El tabique nasal separa las fosas nasales.*

tabla (**ta**-bla) *s. f.* **1.** Pieza plana y fina de madera, más larga que ancha. *Hizo una estantería con las tablas que le habían sobrado.* **SIN.** Madero, tablero, larguero, plancha, tablón. **2.** Cuadro o lista de números. *Me sé la tabla de multiplicar de memoria.* **SIN.** Enumeración, relación. **3.** Pieza plana y de poco espesor de alguna otra materia rígida. *Utilizamos tablas de cartón para hacer la caja.* **SIN.** Lámina, listón, chapa. **4.** Parte que se deja sin plegar en un vestido. *Llevaba una falda de tablas.* **SIN.** Pinza. ‖ *s. f. pl.* **5.** Estado en el juego de damas o en el de ajedrez, en el cual ninguno de los jugadores puede ganar la partida. *Quedamos en tablas.* **6.** *Empate. **SIN.** Paridad, igualdad. **7.** Piedras en las que se escribió la ley del Decálogo. *Moisés les mostró las tablas de la ley.* **8.** El escenario del teatro. *Los actores salieron a las tablas.* **9.** Barrera de la plaza de toros. *El toro no se movía de las tablas.* **SIN.** Tercio, valla. ‖ **10. tabla periódica** Tabla de los elementos quími-

cos, ordenados según su número atómico. **11. tabla de salvación** Último recurso para salvarse o salir de un apuro. ‖ **LOC. a raja tabla** *fam.* Cueste lo que cueste, a todo trance. **hacer tabla rasa de una cosa** Eludirla. **tener tablas** Tener gran experiencia en una profesión.

tablado (ta-**bla**-do) *s. m.* **1.** Suelo plano formado de tablas unidas por el canto. *El tablado era de madera oscura.* **SIN.** Entablado, armazón, andamio. **2.** Suelo de tablas realizado en alto sobre una armazón. *Pusieron un tablado para los músicos.* **SIN.** Andamio, plataforma, tarima. **3.** Pavimento del escenario de un teatro. *Colocaron los decorados sobre el tablado.* **SIN.** Proscenio, tablas.

tablao (ta-**bla**-o) *s. m.* **1.** Tablado, escenario dedicado al cante y al baile flamencos. *Era la primera vez que pisaba un tablao.* **2.** Local dedicado a espectáculos de cante y baile flamencos. *Después de cenar estuvieron viendo una actuación en un tablao.*

tablear (ta-ble-**ar**) *v. tr.* **1.** Dividir un madero en tablas. *Tableaban los troncos cortados.* **2.** Hacer tablas en la tela. *Tableó la tela para hacer una falda.*

tablero (ta-**ble**-ro) *s. m.* **1.** Tabla o conjunto de tablas que forman una superficie. *Su mesa de estudio eran dos caballetes y un tablero.* **2.** Tabla cuadrada con casillas para jugar al ajedrez, a las damas, etc. *Trae el tablero y las fichas.* **3.** *Encerado.

tableta (ta-**ble**-ta) *s. f.* **1.** Lámina de chocolate, normalmente dividida en porciones. *Se comió media tableta de chocolate blanco.* **SIN.** Placa, onza. **2.** *fam.* Medicamento en forma de pastilla. *Estas tabletas son muy buenas para el dolor de muelas.* **SIN.** Gragea, comprimido, píldora. ‖ **LOC. estar en tableta una cosa** Estar en duda su realización.

tablón (ta-**blón**) *s. m.* **1.** Tabla gruesa. *Clavaron varios tablones.* **2.** *fam.* Borrachera. *Llevaba un buen tablón.* **SIN.** Curda, embriaguez. ‖ **3. tablón de anuncios** Tablero en el que se fijan anuncios para información pública.

tabú (ta-**bú**) *s. m.* **1.** Prohibición supersticiosa fundada en prejuicios o preocupaciones irracionales. *Aquel pueblo tenía muchos tabúes.* **2.** Por ext., la condición de las personas, instituciones y cosas a las que no es lícito censurar o mencionar. *Ese tema parece tabú.* **SIN.** Veto, interdicción, proscripción. ✎ Su pl. es "tabúes" o "tabús".

tabulador (ta-bu-la-**dor**) *s. m.* Mecanismo de un ordenador o máquina de escribir, que sirve para indicar márgenes en un folio. *Pon un tabulador por la derecha a 10 mm.*

taburete (ta-bu-**re**-te) *s. m.* Asiento sin brazos ni respaldo para una persona. *Se subió a un taburete porque no alcanzaba.*

tacada (ta-**ca**-da) *s. f.* Serie de carambolas hecha sin perder golpe. *Ha sido una excelente tacada.* ‖ **LOC. de una tacada** *fam.* De golpe, de una vez.

tacañear (ta-ca-ñe-**ar**) *v. intr.* Obrar con tacañería. *Tacañea descaradamente en las propinas.*

tacañería (ta-ca-ñe-**rí**-a) *s. f.* **1.** Cualidad de tacaño. *Nos alucina tanta tacañería.* **2.** Acción propia de la persona tacaña. *Ese regalo que piensa hacerle es una tacañería.* **SIN.** Roñosería, mezquindad, cicatería, ruindad. **ANT.** Generosidad, esplendidez.

tacaño, ña (ta-**ca**-ño) *adj.* Que escatima exageradamente en lo que gasta o da. **GRA.** También s. m. y s. f. *Es una persona muy tacaña.* **SIN.** Miserable, ruin, avariento, roñoso. **ANT.** Manirroto, rumboso, desprendido, dadivoso.

tacatá (ta-ca-**tá**) *s. m.* Andador con forma de pirámide de base cuadrada y patas que terminan en ruedecillas que se mueven en cualquier dirección. *El bebé ya anda en el tacatá.* ✎ Su pl. es "tacatás".

tacha (**ta**-cha) *s. f.* Falta o defecto que se halla en una persona o cosa. *No tenía ninguna tacha.* **SIN.** Mácula, impureza, tara, anomalía. **ANT.** Perfección, pulcritud, honor.

tachar (ta-**char**) *v. tr.* **1.** Poner en una cosa falta o tacha. *Nos tacharon de excesivamente responsables.* **SIN.** Reprochar, recriminar, censurar. **2.** Corregir lo escrito. *Tacha esa palabra, está mal escrita.* **SIN.** Borrar, suprimir, anular, enmendar.

tachuela (ta-**chue**-la) *s. f.* Clavo corto y de cabeza grande. *Clavó el tapizado con unas tachuelas.*

tacita (ta-**ci**-ta) *s. f.* **1.** Diminutivo de taza. *Saca esas tacitas para el café.* ‖ **2. tacita de plata** Se dice de lo que está muy limpio y acicalado.

tácito, ta (**tá**-ci-to) *adj.* **1.** Callado, silencioso. *Permanecía tácita y meditabunda.* **2.** Que no se oye o dice formalmente, sino que se supone. *En aquellas palabras había una tácita protesta.* **SIN.** Sobreentendido, omiso, implícito, presunto. **ANT.** Explícito, expreso, real.

taciturno, na (ta-ci-**tur**-no) *adj.* **1.** Triste, melancólico. *Siempre ha sido una persona muy taciturna.* **ANT.** Alegre, jocoso. **2.** Callado, que le molesta hablar. *De repente, se quedó taciturno.* **SIN.** Silencioso, tácito, ensimismado.

taco (**ta**-co) *s. m.* **1.** Pedazo de madera, metal u otra materia, corto y grueso, con que se tapa o llena algún hueco. *Este taco es demasiado grande para es-*

te agujero. **SIN.** Tapón, cuña, zoquete. **2.** Tarugo de madera. *Parte ese tronco en tacos.* **3.** Cilindro de trapo, papel, estopa, etc., que se coloca entre la pólvora y el proyectil en las armas de fuego. *Colocó el taco.* **4.** Vara de madera dura pulimentada con la cual se golpean las bolas del billar. *Un taco mide aproximadamente metro y medio.* **5.** Volumen de papel formado por las hojas del calendario de pared. *Esta cuaderno tiene un buen taco de hojas.* **SIN.** Bloc. **6.** *fam.* Bocado que se toma fuera de las horas de comer. *Partió unos tacos de queso y de jamón.* **SIN.** Piscolabis, aperitivo, refrigerio, tentempié. **7.** *fam.* Embrollo, lío. *Se hizo un taco.* **8.** *fam.* Expresión vulgar empleada para mostrar enfado, contrariedad, etc. *No digas tacos.* **SIN.** Voto, juramento, palabrota, maldición. ‖ *s. m. pl.* **9.** *fam.* *Años.

tacón (ta-**cón**) *s. m.* Pieza semicircular que va exteriormente unida a la suela del calzado en la parte correspondiente al talón. *Estos zapatos tienen demasiado tacón, resultan un poco incómodos.* **SIN.** Talón, alza, suela.

taconear (ta-co-ne-**ar**) *v. intr.* **1.** Pisar haciendo ruido con el tacón. *Sabíamos que era ella por su forma de taconear.* **SIN.** Zapatear, pisotear. **2.** Bailar golpeando el suelo con los tacones. *Las bailarinas taconeaban de manera espectacular.*

táctica (**tác**-ti-ca) *s. f.* **1.** Método para realizar algo. *Tenía sus propias tácticas.* **SIN.** Método, procedimiento, plan, sistema. **2.** Conjunto de reglas para la instrucción y ejercicio de la tropa y para la realización de las operaciones militares. *Tenían que aprender la táctica.* **SIN.** Estrategia, maniobra, operación. **3.** Habilidad y disimulo para conseguir un fin. *Empleó una de sus tácticas.* **SIN.** Tacto, diplomacia, astucia, finura.

táctil (**tác**-til) *adj.* Que se refiere al tacto. *Órgano táctil.*

tacto (**tac**-to) *s. m.* **1.** Uno de los sentidos, con el cual se descubren o se notan las características de las cosas al tocarlas: forma, tamaño, etc. *Se guió por el tacto en la oscuridad.* **SIN.** Sensibilidad. **ANT.** Insensibilidad. **2.** Habilidad para obrar o hablar con acierto, según la oportunidad, conveniencias, circunstancias, etc. *Se lo dijo con mucho tacto.* **SIN.** Delicadeza, diplomacia, tino, táctica.

tae kwon do *s. m.* Arte marcial de origen coreano que se caracteriza por el esquematismo y la estilización de los golpes. *Es muy buena en tae kwon do.*

tafetán (ta-fe-**tán**) *s. m.* Tela delgada de seda, muy tupida. *El paño era de tafetán.*

tafilete (ta-fi-**le**-te) *s. m.* Cuero bruñido y lustroso empleado en la fabricación de zapatos finos, encuadernación de lujo, etc. *El bolso era de tafilete.*

tagliatte *s. m.* Pasta italiana, en forma de cinta. *Preparó tagliattes con nata.*

tahona (ta-**ho**-na) *s. f.* **1.** Molino de harina cuya rueda se mueve con caballería. *Reconstruyeron la vieja tahona.* **2.** Casa en la que se hace pan y se vende. *Compraron el pan en la tahona.* **SIN.** Horno, panadería.

tahúr, ra (ta-**húr**) *adj.* **1.** Jugador, que tiene el vicio de jugar. **GRA.** También s. m. y s. f. *Es un auténtico tahúr.* ‖ *s. m. y s. f.* **2.** Jugador que hace habitualmente trampas en los juegos de naipes y otros. *Le acusaban de tahúr.* **SIN.** Tramposo, fullero.

taiga (**tai**-ga) *s. f.* Formación biológica de subsuelo helado y con coníferas como árboles dominantes. *La taiga es la selva propia del norte de Rusia y Siberia.* **SIN.** Bosque boreal.

taimado, da (tai-ma-do) *adj.* Astuto, disimulado. **GRA.** También s. m. y s. f. *Me parece muy taimado.* **SIN.** Bellaco, ladino. **ANT.** Inocente, ingenuo.

tajada (ta-**ja**-da) *s. f.* **1.** Trozo de un alimento. *La tajada del pollo que más le gusta es la zanca.* **SIN.** Loncha, trozo, corte, rebanada. **2.** Corte, herida. *Se metió una buena tajada con el cuchillo.* **3.** *fam.* Borrachera. *Cogió una buena tajada.* ‖ **LOC. sacar alguien tajada** *fam.* Conseguir con maña alguna ventaja.

tajante (ta-**jan**-te) *adj.* Que corta cualquier posibilidad de réplica. *Dijo un no tajante.* **SIN.** Concluyente, terminante.

tajo (**ta**-jo) *s. m.* **1.** Corte hecho con un instrumento. *Se le fue el cuchillo y se hizo un tajo en el dedo.* **SIN.** Sección, cortadura, incisión. **ANT.** Unión, cierre. **2.** Trabajo que se realiza en un tiempo determinado. *Se pusieron al tajo.* **SIN.** Tarea, labor, faena. **3.** Pedazo de madera grueso que se utiliza para cortar la carne. *Coge el tajo para partir las chuletas.*

tal *adj.* **1.** Igual, semejante o de la misma forma. *Tal desfachatez jamás se vio.* **2.** Tanto o tan grande. Se usa para ponderar o exagerar. *Tal era su desconsuelo.* **3.** Se usa para indicar de manera indeterminada algo que no está especificado o distinguido. *Nombraron a tal y tal persona.* **4.** Se usa a veces como pronombre demostrativo. *No conozco tal obra.* **5.** Aplicado a un nombre de persona, indica que ésta es poco conocida de la persona que habla o de las que escuchan. *Un tal Enrique vino a verte.* ‖ *adv. m.* **6.** Así, de esta manera. *Lo hizo tal cual se lo man-*

dé. ‖ **LOC. con tal que** A condición de, en el caso de que. **tal cual** Expresión que indica que por más defectos que tenga una cosa se estima igualmente. | Expresión que da a entender que son en corto número las personas o cosas de que se habla. **tal para cual** *fam.* Denota igualdad o semejanza moral entre dos personas.

tala (**ta**-la) *s. f.* Acción y efecto de talar. *Estaban en contra de la tala indiscriminada de árboles.* **SIN.** Poda, desmoche, podadura.

taladrar (ta-la-**drar**) *v. tr.* **1.** Agujerear una cosa con taladro u otro instrumento semejante. *Taladró la pared.* **SIN.** Trepanar, horadar. **ANT.** Cerrar, obstruir, condenar. **2.** Herir los oídos fuerte y desagradablemente algún sonido agudo. *Aquella música ratonera taladraba los oídos.* **SIN.** Ensordecer, atronar. **ANT.** Silenciar. **3.** Desentrañar. *Taladró la trama hasta descubrir el misterio.* **ANT.** Ignorar, confundir.

taladro (ta-**la**-dro) *s. m.* Instrumento agudo o cortante con que se agujerea la madera u otro material. *Necesito un taladro para hacer los agujeros en la pared.* **SIN.** Barreno, berbiquí, perforador, broca.

talante (ta-**lan**-te) *s. m.* **1.** Modo de realizar una cosa. *Lo hizo según su talante.* **2.** Semblante o disposición personal, o estado y calidad de las cosas. *Tiene buen talante.* **SIN.** Índole, forma, guisa, disposición, temperamento. **3.** Voluntad, deseo, gusto. *No tenía talante.* ‖ **LOC. estar de buen, o mal, talante** Estar con buena o mala disposición para hacer o conceder una cosa.

talar[1] (ta-**lar**) *v. tr.* Cortar árboles por la base. *Talaron el árbol que había delante de la casa porque estaba podrido.* **SIN.** Cercenar, truncar, serrar, podar.

talar[2] (ta-**lar**) *s. m., amer.* Bosque poblado de talas.

talayote (ta-la-**yo**-te) *s. m.* Monumento megalítico semejante a una torre de poca altura. *Los talayotes son propios de las islas Baleares.* ✎ También "talayot".

talco (**tal**-co) *s. m.* Silicato de magnesio, blando, suave al tacto, de textura hojosa que, reducido a polvo, se usa en farmacia. *Échale polvos de talco.*

talega (ta-**le**-ga) *s. f.* Bolsa de tela, ancha y corta, que sirve para llevar o guardar cosas. *El pastor llevaba la merienda en la talega.* **SIN.** Costal, morral, saco, bolso, fardo.

talego (ta-**le**-go) *s. m.* **1.** Saco largo y estrecho, de lienzo basto. *Venía del molino con unos talegos de harina.* **2.** *vulg.* Billete de mil pesetas. *Cuesta más de un talego.* **3.** *vulg.* *Cárcel.

taleguilla (ta-le-**gui**-lla) *s. f.* Calzón del traje de luces de los toreros. *El toro le rasgó la taleguilla.*

talento (ta-**len**-to) *s. m.* Dotes intelectuales que sobresalen en una persona. *Esa muchacha tiene un talento especial.* **SIN.** Razón, habilidad, lucidez, conocimiento.

talgo (**tal**-go) *s. m.* Tren articulado que alcanza gran velocidad. *Cogieron el talgo.*

talismán (ta-lis-**mán**) *s. m.* Objeto, signo o figura a la que se atribuyen virtudes portentosas. *Aquella figurita de marfil era su talismán.* **SIN.** Amuleto, fetiche.

talla (**ta**-lla) *s. f.* **1.** Obra de escultura, especialmente en madera. *La talla de aquel Cristo era de un famoso escultor del siglo XVI.* **2.** Estatura o altura de una persona. *Tiene una buena talla.* **SIN.** Medida, alzada. ‖ **LOC. no dar alguien la talla** Carecer de las cualidades necesarias para algo. | No hacer lo que se esperaba de él.

tallar (ta-**llar**) *v. tr.* **1.** Hacer obras de escultura. *Es muy bueno tallando la madera.* **SIN.** Esculpir, labrar, cincelar. **2.** Labrar piedras preciosas. *Este diamante lo ha tallado él.* **3.** Medir la estatura de una persona. *Les tallaron para hacer la mili.* **SIN.** Determinar, comprobar.

tallarín (ta-lla-**rín**) *s. m.* Cinta de pasta alimenticia hecha con harina de trigo, agua y huevo, que se suele servir enrollada formando una especie de nido. **GRA.** Se usa más en pl. *Preparó unos tallarines a la boloñesa.*

talle (**ta**-lle) *s. m.* **1.** *Cintura. **2.** Parte del vestido que corresponde a la cintura. *He adelgazado y la falda me sobra un poco de talle.*

taller (ta-**ller**) *s. m.* **1.** Lugar donde se reparan automóviles. *Tienes que llevar el coche al taller, no frena bien.* **2.** Lugar en que se trabaja una obra manual. *Trabaja en un taller de costura.* **SIN.** Obrador, fábrica, factoría.

tallo (**ta**-llo) *s. m.* Órgano de las plantas que se prolonga en sentido contrario al de la raíz y sirve como sujeción a las hojas, flores y frutos. *La mayoría de los tallos crecen por encima del suelo.*

talón (ta-**lón**) *s. m.* **1.** Parte posterior del pie humano. *Tenía una herida en el talón.* **2.** Parte del calzado que cubre el calcañar. *La bota se le abrió por el talón.* **SIN.** Calcañar, calcañal, zancajo. **3.** Cheque. *Me firmó un talón.* ‖ **4. talón de Aquiles** Parte vulnerable de una persona o cosa. ‖ **LOC. pisarle a alguien los talones** Competir con él con buena fortuna.

talonario (ta-lo-**na**-rio) *s. m.* Bloque de hojas impresas en las que constan determinados datos que han de ser completados por quien las expide. *Solicitó*

talud - tanque

un nuevo talonario de cheques. **SIN.** Bloque, libreta, cuadernillo.

talud (ta-**lud**) *s. m.* **1.** Inclinación del paramento de un muro o de un terreno. *El terreno presentaba un pronunciado talud.* **SIN.** Pendiente, rampa, desnivel. ‖ **2. talud continental** Zona empinada y cortada en pico al final de la plataforma continental. Normalmente está atravesada por cañones submarinos a través de los cuales pasa el sedimento de la tierra.

tamaño (ta-**ma**-ño) *s. m.* Dimensión de una cosa, lo grande o lo pequeña que es. *Esta habitación tiene un tamaño grande. Busca una caja de tamaño mediano para guardar estos libros.* **SIN.** Medida, volumen, magnitud.

tambalear (tam-ba-le-**ar**) *v. intr.* Menearse una cosa a uno y otro lado, como si fuera a caerse. **GRA.** Se usa más como v. prnl. *La barca se tambaleaba mucho.* **SIN.** Oscilar(se), bambolear(se), cabecear, vacilar. **ANT.** Inmovilizar(se), asegurar(se), afirmar(se).

también (tam-**bién**) *adv. m.* **1.** Se usa para afirmar la igualdad o semejanza de una cosa con otra ya nombrada. *También vino su hermano.* **SIN.** Asimismo, igualmente. **2.** *Además.

tambor (tam-**bor**) *s. m.* **1.** Instrumento musical de percusión, de forma cilíndrica, hueco, cubierto por sus dos bases con piel estirada. *Tocaba el tambor.* **2.** Muro cilíndrico que sirve de base a una cúpula. *El edificio tenía una cúpula sobre tambor.* **3.** Bote grande de cartón que se emplea como envase. *Compró un tambor de detergente de cinco kilos.*

tamboril (tam-bo-**ril**) *s. m.* Tambor pequeño que se toca con un solo palillo en las fiestas populares. *Uno tocaba la gaita y el otro el tamboril.*

tamiz (ta-**miz**) *s. m.* Cedazo muy tupido, que se utiliza en la cocina para obtener harinas o purés muy finos. *Pasa la harina por el tamiz.* ‖ **LOC. pasar algo por el tamiz** Examinarlo minuciosamente.

tamizar (ta-mi-**zar**) *v. tr.* Pasar una cosa por el tamiz. *Tamizó el puré.* **SIN.** Cerner, colar, cribar, limpiar, escoger. ✎ Se conjuga como abrazar.

tampoco (tam-**po**-co) *adv. neg.* Adverbio con que se niega una cosa después de haberse negado otra. *No quiero té, ni tampoco café.* **SIN.** No, nunca, menos. **ANT.** También, siempre, sí.

tampón (tam-**pón**) *s. m.* **1.** Almohadilla, encerrada en una pequeña caja metálica, que sirve para entintar sellos, estampillas, etc. *Este tampón está ya muy seco.* **2.** Rollo de celulosa que, introducido en la vagina de la mujer, absorbe el flujo menstrual. *Utiliza tampones.*

tan^1 *s. m.* Sonido o eco que resulta de golpear el tambor. **GRA.** Se usa más repetida. *La campana sonaba "tan, tan, tan".*

tan^2 *adv. c.* **1.** Apócope de tanto. Se usa precediendo al adjetivo, adverbio y participio. *No me lo imaginaba tan alto.* **2.** Correspondiéndose con "como" o "cuan" en comparación expresa, denota idea de equivalencia o igualdad. *La película no era tan buena como me habías dicho.* ‖ **LOC. quedarse alguien tan ancho** *fam.* Aparecer descuidado y tranquilo después de haber dicho o hecho alguna cosa desagradable o inoportuna. **tan siquiera** Siquiera.

tanatorio (ta-na-**to**-rio) *s. m.* Edificio o dependencias donde se vela a las personas fallecidas y donde a veces se ofrecen otros servicios funerarios. *Fue al tanatorio a dar el pésame a la familia.*

tanda (**tan**-da) *s. f.* **1.** Alternativa, turno. *Te toca en la siguiente tanda.* **SIN.** Ciclo, sucesión. **2.** Cada uno de los grupos de personas que se turnan en algún trabajo. *Les relevó la segunda tanda.* **SIN.** Partida, conjunto, cuadrilla. **3.** Número determinado de ciertas cosas de un mismo género. *Mañana llegará el camión con otra tanda de productos.* **SIN.** Conjunto, cantidad.

tándem (**tán**-dem) *s. m.* **1.** Bicicleta para dos personas provista de pedales para ambos. *Iban en un tándem.* **2.** Asociación de dos personas para colaborar en una misma empresa. *Formaban un buen tándem.*

tangar (tan-**gar**) *v. tr., fam.* *Robar.

tangente (tan-**gen**-te) *adj.* **1.** En matemáticas, se dice de las líneas y superficies que se tocan o tienen puntos comunes sin cortarse. *Son dos rectas tangentes.* ‖ *s. f.* **2.** Recta que toca en un punto a una curva o a una superficie. *Dibuja una tangente a esa circunferencia.* ‖ **LOC. escapar, escaparse, irse, o salir, alguien por la tangente** *fam.* Valerse de un subterfugio o evasiva para salir de un apuro.

tangible (tan-**gi**-ble) *adj.* Que se puede tocar o percibir de manera precisa. *El alma no es tangible.* **SIN.** Corpóreo, palpable. **ANT.** Impalpable, inmaterial.

tango (**tan**-go) *s. m.* Baile de sociedad importado de América en los primeros años del s. XX, y música de este baile. *Quería aprender a bailar el tango.*

tanque (**tan**-que) *s. m.* **1.** Automóvil de guerra blindado y armado que, moviéndose sobre una llanta flexible, puede andar por terrenos muy escabrosos. *En la mili aprendió a conducir un tanque.* **SIN.** Carro de combate, carro blindado. **2.** Depósito de agua u otro líquido, transportado en un vehículo. *La se-*

quía hizo que tuvieran que llevar tanques de agua. **SIN.** Cuba, cisterna. **3.** Vasija pequeña con asa. *Desayuna en un tanque de porcelana.*

tanqueta (tan-**que**-ta) *s. f.* Automóvil blindado y armado de poco tonelaje. *Conducía una tanqueta.*

tantear (tan-te-**ar**) *v. tr.* **1.** Considerar y reconocer prudentemente las cosas antes de tomar una determinación. *Tanteó sus posibilidades.* **SIN.** Reflexionar, sopesar, meditar. **2.** Examinar cuidadosamente a una persona o cosa, ensayarla para llegar a conocer sus condiciones. *Le estaban tanteando para ese puesto.* **SIN.** Pulsar, sondear, investigar, tentar.

tanteo (tan-**te**-o) *s. m.* **1.** Acción y efecto de tantear. *Hizo un tanteo para ver cómo podía salir aquello.* **2.** Número determinado de tantos que se ganan en el juego. *Vencieron por un abultado tanteo.* **SIN.** Puntuación, puntos.

tanto, ta (**tan**-to) *adj.* **1.** Se dice de la cantidad de una cosa indeterminada o indefinida. *Nunca había visto tanta gente.* **2.** Tan grande o muy grande. *Era la primera vez que tenía tanta cantidad de dinero en las manos.* || *s. m.* **3.** En un juego o deporte, acierto. *Marcó dos tantos.* || *adv. m.* **4.** De tal manera o en tal grado. *Nunca pensé que me afectara tanto.* || *adv. c.* **5.** Hasta tal punto, tal cantidad. *No se creía que costara tanto.* || **LOC. apuntarse alguien un tanto, o un tanto a su favor** Conseguir un triunfo o un acierto en algo. **en tanto, o entre tanto** Mientras, ínterin. **estar al tanto de una cosa** Estar al corriente, enterado de ella. **las tantas** *fam.* Expresión que sirve para indicar una hora muy avanzada del día o de la noche. **ni tanto ni tan calvo** Sin exagerar. **otro tanto** Se emplea en forma de comparativa para ponderar una cosa. | Lo mismo. **por lo tanto** Por consiguiente. **tanto por tanto** Por el mismo precio o coste. **¡y tanto!** Expresión que se usa para enfatizar un asentimiento.

tañer (ta-**ñer**) *v. tr.* **1.** Tocar un instrumento musical. *Tañía el violín con gran maestría.* **SIN.** Pulsar, rasguear. **2.** Tocar las campanas. *El monaguillo se encargó de tañer las campanas.* **SIN.** Voltear, repicar, doblar. ✎ v. irreg. ✏

INDICATIVO	SUBJUNTIVO	
Pret. perf. s.	Pret. imperf.	Fut. imperf.
tañí	tañera/se	tañere
tañiste	tañeras/ses	tañeres
tañó	tañera/se	tañere
tañimos	tañéramos/semos	tañéremos
tañisteis	tañerais/seis	tañereis
tañeron	tañeran/sen	tañeren
FORMAS NO PERSONALES		Ger. tañendo

tapa (**ta**-pa) *s. f.* **1.** Pieza que cierra por la parte superior las cajas, cofres, etc. *Cierra la tapa de la caja.* **SIN.** Tapadera, tapón, cierre. **2.** Cada una de las capas de suela del tacón del calzado. *Llevó las botas al zapatero para que le pusiera tapas.* **3.** Cada una de las dos cubiertas de un libro encuadernado. *Rompió las tapas del libro.* **4.** Corte de carne de vacuno, correspondiente a los medios cuartos traseros del animal. *Pidió carne de tapa.* **5.** Alimento ligero que se toma con el vino, vermú, etc. *En ese bar ponen una tapa de gambas muy rica.* **SIN.** Aperitivo, entremés. || **6. tapa de los sesos** *fam.* Parte superior del casco de la cabeza.

tapacubos (ta-pa-**cu**-bos) *s. m.* Tapa metálica que se adapta exteriormente al cubo de la rueda. *Le robaron los tapacubos.* ✎ Invariable en número.

tapadera (ta-pa-**de**-ra) *s. f.* **1.** Parte movible que cubre la boca de alguna cavidad. *Busca la tapadera de esta cazuela.* **SIN.** Tapa, cubierta, corcho, compuerta. **2.** Persona que encubre lo que otra desea que se ignore. *Utilizaba a su hermano de tapadera.* **SIN.** Encubridor, simulador, ocultador, testaferro.

tapar (ta-**par**) *v. tr.* **1.** Cerrar o recubrir las cosas que están abiertas o descubiertas. *Tapa la botella.* **SIN.** Cerrar, tapiar, obstruir, atrancar, cubrir, taponar. **ANT.** Abrir, descubrir, destapar, desatrancar. **2.** Cubrir con algo para proteger una cosa o persona. **GRA.** También v. prnl. *Tapó al niño con una manta. Tapamos los muebles durante el traslado para que no se golpearan.* **SIN.** Arropar(se), envolver(se), embozar(se), resguardar(se). **ANT.** Desnudar(se), descubrir(se), desvestir(se), desenvolver. **3.** Cerrar con tapa. *Tapa la caja.* **4.** Encubrir u ocultar un defecto una persona o cosa. *Siempre tapaba a su amigo.* **SIN.** Disimular, velar, silenciar, camuflar. **ANT.** Descubrir, proclamar, divulgar, denunciar. **5.** *amer.* Empastar las muelas.

taparrabo (ta-pa-**rra**-bo) *s. m.* **1.** Trozo de tela u otro material, a modo de falda, con que se cubren los órganos genitales algunos pueblos en estado primitivo. *Los habitantes de aquel pueblo iban vestidos con taparrabos.* **2.** Calzón muy corto que se usa como traje de baño. *Llevaba sólo un taparrabo.* **SIN.** Tanga. ✎ También "taparrabos".

tapete (ta-**pe**-te) *s. m.* **1.** Alfombra pequeña. *Pusieron un tapete para jugar a los dados.* **SIN.** Alfombrilla, felpudo. **2.** Paño que se suele poner como adorno encima de las mesas y otros muebles. *Sobre la mesa tenían un tapete de ganchillo.* **SIN.** Mantel, cobertor, sobremesa. || **LOC. estar, o poner, sobre el**

tapete una cosa Estar discutiéndose o someterla a resolución.

tapia (ta-pia) *s. f.* Muro de cerca. *Levantaron una tapia alrededor de la huerta.* **SIN.** Valla, empalizada. ‖ **LOC. más sordo que una tapia** *fam.* Muy sordo.

tapiar (ta-piar) *v. tr.* **1.** Cerrar con tapias. *Tapiaron el patio.* **SIN.** Emparedar, murar, amurallar. **2.** Cerrar un hueco por medio de un muro o tabique. *Hay que tapiar ese pozo, alguien podría caerse.* **SIN.** Tabicar, cegar. **ANT.** Abrir, descubrir. ✎ En cuanto al acento, se conjuga como cambiar.

tapicería (ta-pi-ce-**rí**-a) *s. f.* **1.** Juego de tapices. *El palacio de la Granja de San Ildefonso posee una valiosa tapicería.* **2.** Acción y técnica de tapizar. *Se dedica a la tapicería de muebles.* **3.** Taller en el que se hacen estos trabajos. *Está en la tapicería.*

tapín (ta-**pín**) *s. m.* Pedazo de tierra mezclada con hierba y raíces que se corta con la azada. *Tapó la quebrada con una tabla y tapines.*

tapioca (ta-**pio**-ca) *s. f.* Sémola de la yuca o mandioca, utilizada en la preparación de sopas. *Hizo sopa de tapioca.*

tapir (ta-**pir**) *s. m.* Mamífero parecido al jabalí, con cuatro dedos en las patas anteriores, tres en las posteriores, cola muy rudimentaria y el hocico prolongado en forma de pequeña trompa. *El tapir es típico de la India y de América del Sur.*

tapiz (ta-**piz**) *s. m.* **1.** Paño grande, tejido, con que se adornan generalmente las paredes de las habitaciones. *En la pared del salón tenía un bonito tapiz hecho por su madre.* **SIN.** Colgadura, cortina, paño, guardameci. **2.** *Alfombra.

tapizar (ta-pi-**zar**) *v. tr.* Forrar con tela los muebles o las paredes. *Tapizaron el sofá y les quedó como nuevo.* **SIN.** Acolchar, cubrir, revestir, guarnecer, forrar. ✎ Se conjuga como abrazar.

tapón (ta-**pón**) *s. m.* **1.** Pieza de corcho, cristal, madera, etc. con que se tapan botellas, toneles y otras vasijas, introduciéndola en el orificio por donde ha entrado o ha de salir su contenido. *Pon el tapón a la botella.* **SIN.** Taco, corcho, tarugo. **2.** Acumulación de cerumen en el oído que puede dificultar la audición y producir varios trastornos. *Tenía un tapón de cera en el oído.* **3.** Embotellamiento de vehículos. *La manifestación por el centro de la ciudad produjo un gran tapón.* **SIN.** Atasco. **4.** *fam.* Persona rechoncha y baja. *Tu amigo es un tapón.*

taponar (ta-po-**nar**) *v. tr.* **1.** Cerrar con tapón un orificio, una herida o una cavidad del cuerpo. *Le taponaron las narices para que no sangrara.* **SIN.** Tapar, sellar, obstruir. **2.** Obstruir un paso. *Taponaron las principales calles de la ciudad.* **SIN.** Obstaculizar, embotellar, entorpecer, impedir.

tapujo (ta-**pu**-jo) *s. m., fam.* Reserva o disimulo con que se disfraza la verdad. *Siempre anda con tapujos.* **SIN.** Artimaña, engaño.

taquicardia (ta-qui-**car**-dia) *s. f.* Frecuencia excesiva del ritmo de las contracciones cardiacas. *Padecía de taquicardia.*

taquigrafía (ta-qui-gra-**fí**-a) *s. f.* Arte de escribir tan deprisa como se habla, por medio de signos especiales. *Estudiaba taquigrafía.* **SIN.** Estenografía, estenotipia, abreviatura.

taquigrafiar (ta-qui-gra-fi-**ar**) *v. tr.* Escribir taquigráficamente. *Taquigrafió el mensaje.* ✎ En cuanto al acento, se conjuga como desviar.

taquilla (ta-**qui**-lla) *s. f.* **1.** Despacho de billetes, y también lo que en él se recauda. *Hizo cola en la taquilla del cine.* **2.** Armario pequeño. *Guarda la ropa en la taquilla.*

taquillero, ra (ta-qui-**lle**-ro) *adj.* Se dice del espectáculo que atrae a gran público y proporciona buena taquilla. *Ha sido un película muy taquillera.*

tara (**ta**-ra) *s. f.* Defecto, lacra. *No tenía ninguna tara.* **SIN.** Anomalía, degeneración.

tarambana (ta-ram-**ba**-na) *s. m. y s. f., fam.* Persona alocada, de poco juicio. **GRA.** También *adj. Es un poco tarambana.* **SIN.** Zascandil, calavera, irreflexivo, frívolo. **ANT.** Serio, sensato, comedido, circunspecto, juicioso.

tarantela (ta-ran-**te**-la) *s. f.* Antigua danza de origen italiano, de movimiento muy vivo, y música de este baile. *Bailaba la tarantela.*

tarántula (ta-**rán**-tu-la) *s. f.* Araña grande de picadura venenosa, pero no mortal, muy común en el sur de Europa. *Tenía verdadero pánico a las tarántulas.*

tararear (ta-ra-re-**ar**) *v. tr.* Cantar una canción entre dientes y sin articular palabras. *Iba tarareando una canción.* **SIN.** Canturrear, entonar, salmodiar, silbar.

tarasca (ta-**ras**-ca) *s. f.* Figura ridícula que sale en algunas procesiones o cabalgatas. *Lo que más le gusta de la cabalgata de las fiestas es la tarasca y los cabezudos.* **SIN.** Monstruo, tazaña, coco.

tardar (tar-**dar**) *v. intr.* **1.** No llegar a tiempo. *Tardé tanto en llegar que perdí el tren.* **SIN.** Demorar, retrasarse. **ANT.** Adelantar, anticipar. **2.** Emplear tiempo en hacer las cosas. *Tardará un mes en pintar el cuadro.* **SIN.** Invertir, gastar, durar. ‖ **LOC. a más tardar** Se usa para señalar el plazo máximo en que ha de suceder una cosa.

tarde - tartera

tarde (**tar**-de) *s. f.* **1.** Parte del día comprendida entre el mediodía y el anochecer. *Te llamaré por la tarde.* **2.** Últimas horas del día. *No vendrá hasta la tarde.* **SIN.** Crepúsculo, anochecer, atardecer. || *adv. t.* **3.** A hora avanzada del día o de la noche. *Avisó de que llegaría tarde.* **ANT.** Pronto. **4.** Después de haber pasado el tiempo oportuno, o en tiempo futuro relativamente lejano. *Ahora ya es tarde para presentar la solicitud.* **SIN.** Tardíamente. **ANT.** Rápidamente, anticipadamente. || **5. buenas tardes** Se emplea como salutación familiar durante la tarde. || **LOC. de tarde en tarde** De cuando en cuando. **para luego es tarde** Expresión con que se exhorta a alguien para que realice sin demora aquello que le ha sido encargado. **tarde, mal y nunca** Expresión que pondera lo mal y fuera de tiempo que se ha hecho algo.

tardío, a (tar-**dí**-o) *adj.* **1.** Que tarda mucho en madurar. *Estas manzanas son tardías.* **2.** Que sucede fuera de tiempo. *Esta lluvia ya es tardía.* **SIN.** Extemporáneo, intempestivo, inadecuado, inoportuno.

tardo, da (**tar**-do) *adj.* **1.** Lento, perezoso en actuar. *Se acercaba con paso tardo.* **SIN.** Moroso, pausado, calmoso, remolón, perezoso. **ANT.** Rápido, diligente, ágil. **2.** Que sucede después del tiempo oportuno. *Su tarda respuesta nos desconcertó a todos.* **SIN.** Tardío, extemporáneo, intempestivo. **3.** Torpe en la comprensión o explicación. *El chico es un poco tardo.* **SIN.** Negado, zoquete, necio, obtuso. **ANT.** Hábil, diestro, inteligente.

tarea (ta-**re**-a) *s. f.* **1.** Trabajo o actividad. *Las tareas del campo son duras.* **SIN.** Faena, cometido, tajo, ocupación. **ANT.** Ocio, despreocupación, inactividad, pasividad. **2.** Cometido o misión. *Decía que aquello no era tarea suya.* **SIN.** Empresa, deber.

tarifa (ta-**ri**-fa) *s. f.* Tabla de los precios, derechos o impuestos que se han de pagar por algo. *Pidió la tarifa.* **SIN.** Arancel, precio, coste, importe. **ANT.** Exención, franquicia, dispensa.

tarima (ta-**ri**-ma) *s. f.* **1.** Entablado móvil de varias dimensiones según su uso. *Se subió a la tarima.* **SIN.** Estrado, plataforma. **2.** Suelo cubierto de tablas. *Pusieron tarima nueva.*

tarjeta (tar-**je**-ta) *s. f.* **1.** Pedazo de cartulina, pequeño y rectangular, con el nombre, título o cargo y dirección de una persona, con una invitación o con cualquier aviso. *Me dio una tarjeta para que supiera dónde localizarle.* || **2. tarjeta de identidad** La que sirve para acreditar la personalidad del titular y generalmente va provista de su retrato y firma. **3.**

tarjeta de visita Pequeña cartulina escrita con el nombre, señas y oficio o cargo, empleada frecuentemente en el trato social. **4. tarjeta perforada** La que puede ser leída por un ordenador. **5. tarjeta postal** Tarjeta que lleva estampado un sello de correos, y se emplea como carta.

tarjetero (tar-je-**te**-ro) *s. m.* Cartera para llevar tarjetas de visita. *Le regalaron un tarjetero.*

tarot (ta-**rot**) *s. m.* Baraja con 78 naipes con diversas figuras representadas y que se emplea en cartomancia, y juego en el que se emplea esta baraja. *Le gustaba jugar al tarot.*

tarro (**ta**-rro) *s. m.* **1.** Vasija cilíndrica, por lo común más alta que ancha, de porcelana, vidrio u otra materia. *Compró unos tarros para envasar la mermelada.* **2.** *fam.* *Cabeza. || **LOC. comer el tarro a alguien** *fam.* Hacer que piense y actúe de determinada manera. **comerse alguien el tarro** *fam.* Pensar insistentemente en un problema.

tarso (**tar**-so) *s. m.* **1.** Parte posterior del pie, entre el metatarso y la pierna. *Tenía un fractura en la zona del tarso.* **SIN.** Tobillo, talón, calcañar. **2.** La parte más delgada de las patas de las aves, que une los dedos con la tibia. *Esas aves tienen el tarso muy largo.*

tarta (**tar**-ta) *s. f.* Pastel hecho con cualquier tipo de masa homogénea y rellena con dulces de frutas, crema, etc. *Les encanta la tarta de fresas con nata.* **SIN.** Dulce, torta, bizcocho.

tartajear (tar-ta-je-**ar**) *v. intr.* Hablar pronunciando las palabras con torpeza, debido a algún impedimento en la lengua. *Tartajeaba un poco.* **SIN.** Tartamudear.

tartaleta (tar-ta-**le**-ta) *s. f.* Pequeña tarta de masa cocida, que se rellena o cubre con ingredientes salados para preparar entremeses en entradas, o, en repostería, con dulces, cremas o frutas. *Preparó unas tartaletas de ensaladilla.*

tartamudear (tar-ta-mu-de-**ar**) *v. intr.* Hablar con pronunciación entrecortada y repitiendo sílabas o sonidos. *Tartamudeó al pronunciar esas palabras.* **SIN.** Farfullar, mascullar, balbucear, trabarse. **ANT.** Articular.

tartamudo, da (tar-ta-**mu**-do) *adj.* Que tartamudea. **GRA.** También s. m. y s. f. *Mi amigo es un poco tartamudo.* **SIN.** Tartajoso, zazo, balbuciente, azorado, vacilante. **ANT.** Claro, desembarazado, seguro.

tartana (tar-**ta**-na) *s. f.* Automóvil muy viejo. *No sé dónde piensas ir con esa tartana.*

tartera (tar-**te**-ra) *s. f.* Recipiente con cierre hermético que sirve para conservar los alimentos. *Metió los*

tarugo - té

filetes empanados en una tartera. **SIN.** Fiambrera, merendera, portaviandas.

tarugo (ta-ru-go) s. m. **1.** Clavija gruesa de madera. *Calzó el coche con unos tarugos.* **SIN.** Cuña, calce, alza. **2.** Pedazo de madera o de pan. *Echa unos tarugos de madera en la chimenea.* **3.** *fam.* Persona de corto entendimiento. *Es un poco tarugo.* **SIN.** Necio, tonto, negado. **4.** *amer.* Persona tramposa.

tarumba (ta-rum-ba) *adj., fam.* Aturdido, atolondrado. *Casi me vuelve tarumba.*

tasa (ta-sa) *s. f.* **1.** Precio fijo puesto por la autoridad a las cosas vendibles. *Las tasas de matrícula habían subido.* **SIN.** Tarifa, tasación. **2.** Medida, regla. *No se sabía qué tasa seguía aquello.* **SIN.** Pauta, norma, canon.

tasar (ta-sar) *v. tr.* **1.** Poner precio a las cosas vendibles. *Tasó la mercancía.* **SIN.** Valorar, estimar, cuantiar, tarifar. **2.** Valorar algo. *Le tasaron el coche.* **SIN.** Tarifar.

tasca (tas-ca) *s. f.* *Taberna.

tata (ta-ta) *s. f.* **1.** *fam.* Nombre infantil con que se designa a la niñera. *Quería mucho a su tata.* **2.** *fam.* En algunas regiones, nombre cariñoso que se da a la hermana. *No se separaba de su tata.*

tatami (ta-ta-mi) *s. m.* Tapiz acolchado sobre el que se realizan algunos deportes como el yudo o el kárate. *Le inmovilizó sobre el tatami.*

tatarabuelo, la (ta-ta-ra-bue-lo) *s. m. y s. f.* Tercer abuelo. *Tenía un retrato de sus tatarabuelos.*

tataranieto, ta (ta-ta-ra-nie-to) *s. m. y s. f.* Tercer nieto. *El abuelo más viejo del mundo tenía ya tataranietos.*

tatuaje (ta-tua-je) *s. m.* Acción y efecto de tatuar o tatuarse. *Llevaba un tatuaje en el hombro.*

tatuar (ta-tu-ar) *v. tr.* Grabar dibujos imborrables en la piel, introduciendo materias colorantes bajo la epidermis. **GRA.** También v. prnl. *Se tatuó una rosa.* 🖎 En cuanto al acento, se conjuga como actuar.

taula (tau-la) *s. f.* Monumento megalítico constituido por una piedra vertical clavada en el suelo que soporta otra piedra sobre ella en sentido horizontal en forma de "T". *La taula es un monumento característico de Menorca.*

taumaturgo, ga (tau-ma-tur-go) *s. m. y s. f.* Persona que realiza prodigios. *Muchas personas decían que aquel taumaturgo les había curado.* **SIN.** Milagrero, mago, hechicero, nigromante.

taurino, na (tau-ri-no) *adj.* **1.** Que pertenece o se refiere al toro, o a las corridas de toros. *Espectáculo taurino.* **2.** Aficionado a los toros. **GRA.** También

s. m. y s. f. *Los taurinos opinaban que la corrida había sido muy mala.*

tauromaquia (tau-ro-ma-quia) *s. f.* **1.** Arte de lidiar toros. *Es aficionado a la tauromaquia.* **2.** Obra que trata sobre dicho arte. *Escribió un tratado sobre tauromaquia.*

tautología (tau-to-lo-gí-a) *s. f.* *Redundancia.

taxativo, va (ta-xa-ti-vo) *adj.* Que no admite discusión. *Fue taxativo en sus afirmaciones.*

taxi (ta-xi) *s. m.* Automóvil de alquiler con conductor, cuya tarifa va especificada en un taxímetro. *Cogimos un taxi para ir a la estación.*

taxidermia (ta-xi-der-mia) *s. f.* Arte de disecar los animales muertos para conservarlos con apariencia de vivos. *Se dedica a la taxidermia.* **SIN.** Embalsamamiento, disecación, momificación.

taxímetro (ta-xí-me-tro) *s. m.* Aparato que en los automóviles marca automáticamente la distancia recorrida y la cantidad que se debe cobrar. *Miró lo que marcaba el taxímetro.*

taxón (ta-xón) *s. m.* Cada uno de los grupos de la clasificación de los seres vivos. *Familia, género, especie, etc., son taxones.*

taxonomía (ta-xo-no-mí-a) *s. f.* **1.** Ciencia que trata de los principios de la clasificación. *Estudia taxonomía.* **2.** Ciencia de la clasificación de los diferentes organismos. *Clasificó las especies según los principios de la taxonomía.*

taza (ta-za) *s. f.* **1.** Vasija pequeña, con asa, para tomar líquidos. *Esta taza grande es para la leche.* **2.** Lo que cabe en ella. *Desayuna una taza de café con leche y dos magdalenas.* **3.** Receptáculo del retrete. *Hemos puesto una taza nueva en el servicio.*

tazón (ta-zón) *s. m.* Taza grande de desayuno. *Este tazón blanco es el del abuelo.*

te[1] *s. f.* Nombre de la letra "t".

te[2] *pron. pers.* Forma átona del pronombre personal de segunda persona, género masculino o femenino y número singular, que puede funcionar como complemento directo o como complemento indirecto. No lleva nunca preposición y se puede usar como enclítica. *Acuérdate de mandar la carta.*

té *s. m.* **1.** Arbusto propio de Asia, con cuyas hojas se prepara una infusión en agua hirviendo. *Cuando fue al monte cogió té.* **2.** Esta misma infusión. *Se tomó un té después de comer.* **SIN.** Tisana, cocción. **3.** Reunión de personas que se celebra por la tarde y durante la cual se sirve té. *Habían quedado para el té.* ‖ **LOC. dar a alguien el té** *fam.* Darle la tabarra o la lata, importunarle, molestarle.

tea - tecnocracia

tea (**te**-a) *s. f.* Astilla muy impregnada en resina, que sirve para dar luz. *Llevaban teas encendidas para alumbrarse en la oscura noche.* **SIN.** Antorcha, hacha, hachón, velón.

teatral (te-a-**tral**) *adj.* **1.** Que pertenece o se refiere al teatro. *Espectáculo teatral.* **SIN.** Escénico, dramático, dramatizable. **2.** Se dice de las cosas de la vida real en las que hay una intención deliberada de llamar la atención. *Lo hizo todo muy teatral para impresionarnos.* **SIN.** Aparatoso, exagerado, estudiado, fantástico. **ANT.** Natural, espontáneo, sobrio, verdadero.

teatro (te-**a**-tro) *s. m.* **1.** Edificio o sitio donde se representan obras dramáticas u otros espectáculos, como conciertos, ballet, etc. *Fuimos al teatro a ver el ballet ruso.* **SIN.** Coliseo, anfiteatro, sala. **2.** Arte del autor, que escribe obras dramáticas, y del actor que las representa. *Shakespeare fue un gran autor de teatro.* **SIN.** Drama. **3.** Conjunto de obras dramáticas de un pueblo, época o autor. *Estamos estudiando el teatro español del Siglo de Oro.* **SIN.** Dramaturgia, dramática. **4.** Profesión de actor. *Se dedica al teatro.* **5.** Lugar en que ocurren acontecimientos notables y dignos de atención. *Esa calle fue el teatro del accidente de coche.* || **6. teatro de bolsillo** El que se representa en salas pequeñas. **7. teatro épico** El que pretende suscitar reflexiones más que emociones, apoyándose más en lo narrativo. || **LOC. echar, hacer, o tener, teatro** *fam.* Actuar de manera afectada.

tebeo (te-**be**-o) *s. m.* Revista infantil de historietas cuyo asunto se desarrolla en series de dibujos. *Le encanta leer tebeos.* || **LOC. estar más visto que un tebeo** *fam.* Estar ya muy vista una persona o cosa.

techar (te-**char**) *v. tr.* Cubrir un edificio formando el techo. *Techaron la caseta con uralita.* **SIN.** Cubrir, abovedar, tejar, entoldar, recubrir.

techo (te-cho) *s. m.* **1.** Parte interior y superior de una habitación o edificio, que lo cubre y cierra. *El techo de esa habitación se está resquebrajando.* **SIN.** Tejado, techumbre, bóveda, artesonado, cubierta. **2.** Casa, habitación o domicilio. *Pedían una ayuda para las personas sin techo.* **SIN.** Hogar, morada, cobijo, amparo.

techumbre (te-**chum**-bre) *s. f.* Techo, cubierta de un edificio. *La techumbre de la cabaña era de paja.*

tecla (**te**-cla) *s. f.* **1.** Cada una de las piezas que, por la presión de los dedos, ponen en movimiento las palancas que hacen sonar los cañones del órgano o las cuerdas del piano y otros instrumentos semejantes. *Colocó sus manos sobre las teclas del piano.* **2.** Pieza móvil que ha de pulsarse para poner en funcionamiento un mecanismo. *Dale a la tecla de encendido.* **SIN.** Palanca, clavija, pulsador, resorte. **3.** Cualquiera de las piezas que tienen algunos aparatos como las máquinas de escribir, de calcular, etc. *La tecla de mayúsculas de la máquina de escribir está estropeada.* || **LOC. tocar alguien muchas teclas** *fam.* Recurrir a todos los medios posibles para conseguir cierta cosa o llevar a cabo un asunto.

teclado (te-**cla**-do) *s. m.* Conjunto ordenado de teclas de un instrumento u otro aparato. *Deberías limpiar el teclado del ordenador.*

teclear (te-cle-**ar**) *v. intr.* **1.** Mover las teclas. *Tecleaba con increíble rapidez.* **SIN.** Presionar, imprimir, pulsar. || *v. tr.* **2.** *fam.* Intentar o probar diversos caminos y medios para la consecución de algún fin. *Tecleó en varios sitios hasta que logró lo que quería.* **SIN.** Ensayar, gestionar, tantear.

técnica (**téc**-ni-ca) *s. f.* **1.** Conjunto de procedimientos que usa una ciencia o arte. *Este pintor domina la técnica del color.* **SIN.** Tecnología, método, regla, sistema. **2.** Habilidad para usar estos procedimientos. *Tiene mucha técnica.* **SIN.** Maña, pericia, práctica.

tecnicismo (tec-ni-**cis**-mo) *s. m.* Cada una de las voces técnicas que se emplean en el lenguaje de una ciencia, arte, oficio, etc. *En este diccionario encontrarás numerosos tecnicismos.*

técnico, ca (**téc**-ni-co) *adj.* **1.** Que pertenece o se refiere a las aplicaciones de las ciencias y las artes. *Escuela técnica.* **SIN.** Científico, profesional, tecnológico. **2.** Se dice en particular de las palabras o expresiones empleadas en el lenguaje propio de una ciencia, arte, oficio, etc. *Utiliza un lenguaje muy técnico.* || *s. m. y s. f.* **3.** Persona que es especialista en una ciencia, arte u oficio. *Llamaron al técnico para que arreglara la máquina.*

tecnicolor (tec-ni-co-**lor**) *s. m.* Nombre comercial de un procedimiento que permite reproducir en la pantalla cinematográfica los colores de los objetos. *Era una película en tecnicolor.*

tecnificar (tec-ni-fi-**car**) *v. tr.* Introducir procedimientos técnicos donde antes no se empleaban. *Tecnificaron el proceso de fabricación.* Se conjuga como abarcar.

tecnocracia (tec-no-**cra**-cia) *s. f.* Sistema político que propone que los puestos dirigentes en el gobierno de un país estén ocupados por especialistas en las materias correspondientes. *Eran partidarios de la tecnocracia.*

tecnología (tec-no-lo-**gí**-a) *s. f.* Conjunto de los conocimientos propios de un oficio mecánico o arte industrial. *Se han producido espectaculares avances en tecnología industrial.* **SIN.** Técnica, método, procedimiento.

tedéum (te-**dé**-um) *s. m.* Cántico que usa la Iglesia católica para dar gracias a Dios por algún beneficio. *Entonaron el tedéum.* Invariable en número.

tedio (**te**-dio) *s. m.* **1.** Repugnancia, fastidio o molestia. *Tener que asistir le producía tedio.* **2.** Aburrimiento extremo. *No sabía cómo salir de aquel tedio insoportable.* **SIN.** Murria, rutina, saciedad, esplín. **ANT.** Distracción, amenidad, diversión, contento.

teflón (te-**flón**) *s. m.* Material aislante del mismo nombre, muy resistente al calor, empleado en revestimientos, sobre todo en sartenes y ollas. *La sartén era de teflón.*

tegumento (te-gu-**men**-to) *s. m.* *Piel.

teja (**te**-ja) *s. f.* Pieza de barro cocido en forma de canal, para cubrir exteriormente los techos. *El tejado de las casas del pueblo era de teja.*

tejado (te-**ja**-do) *s. m.* Cubierta hecha generalmente con tejas. *Se subieron al tejado para reparar las goteras.* **SIN.** Techumbre, techo, revestimiento, azotea, terraza.

tejemaneje (te-je-ma-**ne**-je) *s. m., fam.* Manejos enredosos para algún asunto turbio. *Me gustaría saber qué tejemanejes te traes entre manos.* **SIN.** Maquinación, engaño, intriga, chanchullo, trampa.

tejer (te-**jer**) *v. tr.* **1.** Formar en el telar la tela con la trama y la urdimbre. *Tejía la lana con mucho mimo.* **SIN.** Tramar, urdir, hilar. **2.** Entrelazar hilos de seda, lana, algodón, etc., o los nudos o anillos de un solo hilo para formar telas, trencillas, esteras, etc. *Estaba tejiendo una trenza de colores.* **SIN.** Trenzar, urdir. **3.** Hacer punto a mano o a máquina. *Estoy tejiendo una chaqueta.* **4.** Formar ciertos animales articulados sus telas y capullos. *La araña tejía su tela.* **5.** Discurrir, inventar. *Tejieron un plan para defenderse.* **SIN.** Maquinar, pensar, idear. ‖ **LOC. tejer y destejer** Variar de resolución en la obra comenzada, haciendo y deshaciendo la misma cosa.

tejido (te-**ji**-do) *s. m.* **1.** Textura de una tela. *Compró un tejido de pura lana para hacerse un abrigo.* **2.** Masa de células y material intercelular que las rodea a todas, y que en el conjunto efectúan la misma función.

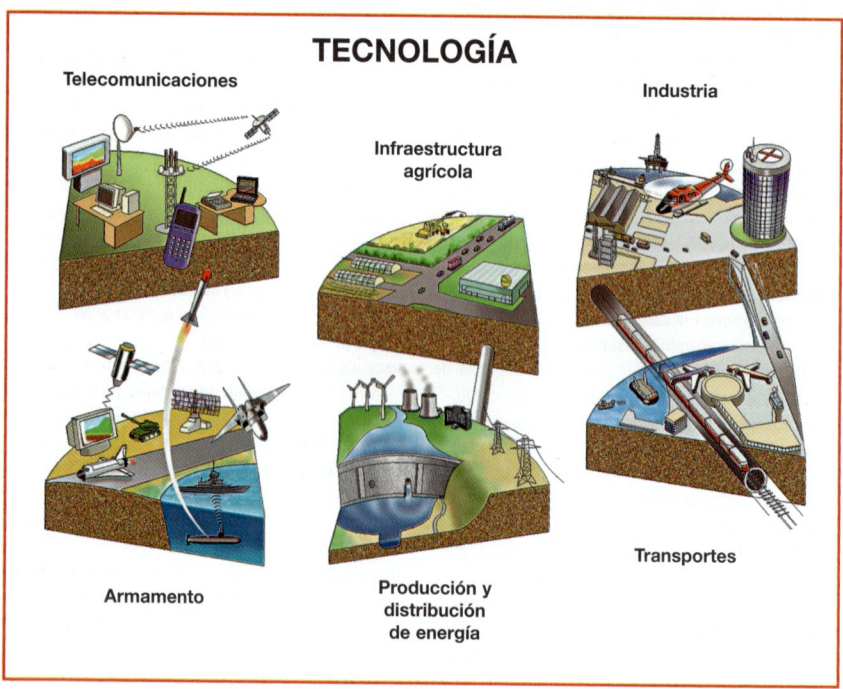

TECNOLOGÍA

Telecomunicaciones

Industria

Infraestructura agrícola

Armamento

Producción y distribución de energía

Transportes

tejón - telemática

El tejido muscular tiene la propiedad de contraerse. **3.** Cosa formada al entrelazarse diversos elementos. *La trama política tenía un complicado tejido.*

tejón (te-**jón**) *s. m.* Mamífero carnívoro mustélido de patas y cola cortas, orejas pequeñas y pelaje espeso. *El tejón es común en España y habita en madrigueras profundas.* **SIN.** Mapache.

tela (**te**-la) *s. f.* **1.** Pieza alargada de poco grosor formada por hilos entrecruzados, con la que se hacen vestidos, pantalones, mantas, etc. *La seda es una tela muy fina.* **SIN.** Tejido, paño. **2.** Flor o nata que se cría en la superficie de un líquido. *La leche estaba tan caliente que crió una tela de nata.* **3.** Tejido que forman algunos animales, como la araña. *Quitó las telas de araña del techo.* **4.** Lienzo pintado. *Esa tela era de un famoso pintor.* **5.** *fam.* *Dinero. ‖ **6. tela de araña** Telaraña. **7. tela metálica** Tejido cuya urdimbre y trama son de alambre. ‖ **LOC. en tela de juicio** En duda sobre la verdad o el éxito de una cosa. **haber tela, o tela marinera** *fam.* Expresa abundancia o magnitud.

telar (te-**lar**) *s. m.* Máquina para tejer. *En el desván guardaban un viejo telar.* **SIN.** Tejedora.

telaraña (te-la-**ra**-ña) *s. f.* **1.** Tela que forma la araña. *En la esquina había una enorme telaraña.* **2.** Nubosidad, real o imaginada, delante de los ojos. *Fue al oculista porque tenía telarañas.* ‖ **LOC. mirar alguien las telarañas** *fam.* Estar despistado.

tele (**te**-le) *s. m.* **1.** *fam.* Apócope de televisión. *Esta noche no echan nada interesante en la tele.* **2.** *fam.* Apócope de televisor. *Apaga la tele.*

teleclub (te-le-**club**) *s. m.* Lugar de reunión para ver programas de televisión. *Vamos a ver el partido al teleclub.*

telecomunicación (te-le-co-mu-ni-ca-**ción**) *s. f.* Sistema de comunicación telegráfica, telefónica o radiotelegráfica y demás análogos. *Es ingeniero de telecomunicaciones.*

telediario (te-le-**dia**-rio) *s. m.* Información televisada de las noticias más importantes del día. *Oí la noticia en el telediario.*

teledirigido, da (te-le-di-ri-**gi**-do) *adj.* Se dice del aparato o vehículo guiado por medio de un mando a distancia. *Le regalaron un coche teledirigido.*

telefax (te-le-**fax**) *s. m.* **1.** Sistema telefónico que permite reproducir a distancia cualquier tipo de escrito o imagen. *Instalaron un telefax junto a la fotocopiadora.* **2.** Documento recibido mediante este sistema. *Recibí un telefax de la oficina central.* ✎ Su pl. es "telefaxes".

teleférico (te-le-**fé**-ri-co) *s. m.* **1.** Sistema de transporte en que los vehículos van suspendidos de un cable de tracción, utilizado principalmente para salvar diferencias de nivel. *Montamos en el teleférico.* **SIN.** Telesquí, funicular. **2.** *Ferrocarril funicular.

telefilme (te-le-**fil**-me) *s. m.* Película de televisión. *El telefilme de esta noche es bastante bueno.*

telefonazo (te-le-fo-**na**-zo) *s. m., fam.* Llamada telefónica. *Cuando llegues me das un telefonazo.*

telefonear (te-le-fo-ne-**ar**) *v. tr.* Llamar a alguien por teléfono. *Telefoneó para decir que llegaría tarde.*

telefonía (te-le-fo-**ní**-a) *s. f.* Servicio público de comunicaciones telefónicas. *La telefonía móvil ha revolucionado el mundo de las comunicaciones.*

telefonillo (te-le-fo-**ni**-llo) *s. m.* Dispositivo para la comunicación dentro de un edificio. *No le oía nada por el telefonillo.*

telefonista (te-le-fo-**nis**-ta) *s. m. y s. f.* Persona ocupada en el servicio de los aparatos telefónicos. *Trabaja de telefonista en esa empresa.*

teléfono (te-**lé**-fo-no) *s. m.* **1.** Aparato eléctrico que usan las personas para hablar desde lugares diferentes. *Le llaman por teléfono desde México.* **2.** Número que se asigna a cada uno de esos aparatos. *No tengo tu teléfono.*

telegrafía (te-le-gra-**fí**-a) *s. f.* **1.** Servicio de comunicaciones a través del telégrafo. *La telegrafía supuso un gran avance en las comunicaciones.* ‖ **2. telegrafía sin hilos** Transmisión por radio de mensajes telegráficos.

telegrafiar (te-le-gra-fi-**ar**) *v. tr.* Dictar comunicaciones para su expedición telegráfica. *Telegrafió el mensaje.* **SIN.** Comunicar, transmitir, cablegrafiar. ✎ En cuanto al acento, se conjuga como desviar.

telegráfico, ca (te-le-**grá**-fi-co) *adj., fam.* Muy breve. *Sus cartas siempre son telegráficas.*

telégrafo (te-**lé**-gra-fo) *s. m.* **1.** Conjunto de aparatos que sirven para transmitir despachos con rapidez y a larga distancia mediante señales convenidas. *Se ocupaba del telégrafo.* ‖ *s. m. pl.* **2.** Administración de la que depende este sistema de comunicación. *Le encontré en la oficina de telégrafos.*

telegrama (te-le-**gra**-ma) *s. m.* Mensaje transmitido por el telégrafo. *Recibió un telegrama urgente.* **SIN.** Cable, comunicado, mensaje.

telele (te-**le**-le) *s. m.* **1.** *fam.* Patatús, soponcio. *Casi le da un telele.* **2.** *Méx.* Baile popular mexicano.

telemática (te-le-**má**-ti-ca) *s. f.* Técnicas y servicios que se sirven de la combinación de la telecomunicación y la informática. *Estudia telemática.*

telenovela - televisión

telenovela (te-le-no-**ve**-la) *s. f.* Novela filmada, destinada a ser retransmitida en capítulos por televisión. *No se pierde ni un día la telenovela.*

teleobjetivo (te-le-ob-je-**ti**-vo) *s. m.* Objetivo de distancia focal superior a la normal, que se emplea en fotografía, cine y televisión, para la toma a distancia. *Las fotografías habían sido sacadas con un teleobjetivo.*

teleósteo (te-le-**ós**-te-o) *adj.* Se dice de los peces de esqueleto completamente osificado. **GRA.** También s. m. *El celacanto es un teleósteo.*

telepatía (te-le-pa-**tí**-a) *s. f.* Percepción extraordinaria de un fenómeno que tiene lugar fuera del alcance de los sentidos. *Hizo un estudio sobre la telepatía.*

telerruta (te-le-**rru**-ta) *s. m.* Servicio oficial de información del estado de las carreteras. *Buscó el teléfono de telerruta.*

telescopio (te-les-**co**-pio) *s. m.* Anteojo de gran alcance que se destina a observar objetos lejanos, especialmente los cuerpos celestes. *Llevaba un telescopio de mano.*

telesilla (te-le-**si**-lla) *s. m.* Asiento suspendido de un cable de tracción para el trasporte de personas a la cumbre de una montaña o un lugar elevado. *Le daba vértigo montarse en el telesilla.*

telespectador, ra (te-les-pec-ta-**dor**) *s. m. y s. f.* Persona que ve la televisión. *Se dirigió a todos los telespectadores.*

telesquí (te-les-**quí**) *s. m.* Aparato que en los lugares donde se practican deportes de nieve arrastra a los esquiadores, tirando de ellos, mediante un cable, a la parte alta de la pista. *Hacían cola en el telesquí.* ✎ Su pl. es "telesquíes".

teletexto (te-le-**tex**-to) *s. m.* Sistema de transmisión de textos escritos mediante ondas hertzianas. *Compró un televisor con teletexto.*

teletipo (te-le-**ti**-po) *s. m.* **1.** Aparato telegráfico que sirve para transmitir y recibir mensajes en tipos comunes, mediante un teclado parecido al de la máquina de escribir. *Leyó la noticia en el teletipo.* **2.** Mensaje recibido mediante dicho sistema telegráfico. *Recibió un teletipo.*

televidente (te-le-vi-**den**-te) *s. m. y s. f.* *Telespectador.

televisar (te-le-vi-**sar**) *v. tr.* Transmitir imágenes por la televisión. *Mañana televisan el partido.* **SIN.** Emitir, radiar.

televisión (te-le-vi-**sión**) *s. f.* **1.** Transmisión de imágenes a distancia a través de ondas eléctricas. *Ahora la televisión es vía satélite.* **2.** *Televisor. **3.** Em-

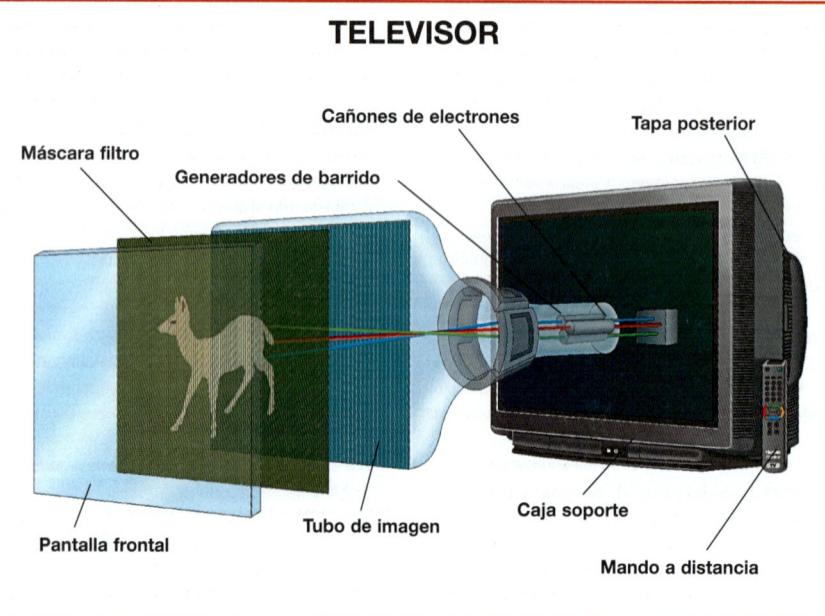

TELEVISOR
Cañones de electrones
Tapa posterior
Máscara filtro
Generadores de barrido
Pantalla frontal
Tubo de imagen
Caja soporte
Mando a distancia

televisor - temperamental

presa dedicada a transmitir por medio de televisión. *Trabaja en la televisión local.*

televisor (te-le-vi-**sor**) *s. m.* Aparato que las personas utilizan para entretenerse viendo y escuchando las imágenes y sonidos que en él aparecen como, por ejemplo, películas, concursos, noticias, etc. **GRA.** También adj. *Les hemos comprado un televisor en color como regalo de boda.* **SIN.** Tele.

télex (**té**-lex) *s. m.* **1.** Sistema telegráfico internacional en el cual los usuarios se comunican con un transmisor semejante a una máquina de escribir y un receptor que imprime el mensaje recibido. *Instalaron un nuevo télex en la oficina.* **2.** Mensaje transmitido por este sistema. *Recibió un télex.* 🖎 Invariable en número.

telón (te-**lón**) *s. m.* **1.** Lienzo grande que puede subirse y bajarse en el escenario de un teatro. *Se levantó el telón.* **SIN.** Cortina, tapaescena. ‖ **2. telón de acero** Frontera política e ideológica que separaba los países del bloque comunista de los occidentales. ‖ **LOC. bajar el telón** Interrumpir alguna actividad.

telonero, ra (te-lo-**ne**-ro) *adj.* Se dice del artista que, en un espectáculo, actúa en primer lugar, como menos importante. **GRA.** También s. m. y s. f. *Actúan como teloneros en el concierto de U2.*

tema (**te**-ma) *s. m.* **1.** Aquello de lo que se habla, se escribe, se canta, etc. *El tema de la conversación fue el verano.* **SIN.** Asunto, materia, cuestión. **2.** Parte esencial, invariable, de una palabra, a diferencia de la terminación del sufijo o del prefijo. *En "floristería", el tema es "flor".*

temario (te-**ma**-rio) *s. m.* Conjunto de temas que se proponen para su estudio en una conferencia, congreso, etc. *El próximo curso van a cambiar el temario de esta asignatura.*

temática (te-**má**-ti-ca) *s. f.* Conjunto de temas parciales contenidos en un asunto general. *Estudiaron la temática de la obra.*

temblar (tem-**blar**) *v. intr.* **1.** Agitarse una persona con movimientos frecuentes e involuntarios. *Temblaba de frío.* **SIN.** Estremecerse, tiritar, sacudirse. **ANT.** Sosegarse, tranquilizarse, aquietarse, serenarse, calmarse. **2.** Vacilar, moverse rápidamente una cosa a uno y otro lado. *El viento hacía temblar la llama de la vela.* **SIN.** Tremar, trepidar, retumbar, oscilar, vibrar, fluctuar. **3.** Tener mucho miedo. *Cuando le encontraron, estaba temblando.* **SIN.** Temer, asustarse, amedrentarse, espantarse, sobrecogerse. **ANT.** Desafiar, encararse, arrostrar. ‖ **LOC. estar, dejar,**

o quedar temblando Se dice de lo que está a punto de arruinarse, acabarse o concluirse. 🖎 v. irreg., se conjuga como acertar.

tembleque (tem-**ble**-que) *s. m.* Persona o cosa que tiembla mucho. *Le entró el tembleque.*

temblor (tem-**blor**) *s. m.* **1.** Movimiento involuntario, repetido y continuado. *De repente le entró un gran temblor de piernas.* **SIN.** Estremecimiento, espeluzno, escalofrío, convulsión, vibración. **ANT.** Quietud, inmovilidad. **2.** Vibración de la superficie de la Tierra. *Los habitantes de la ciudad se asustaron mucho ante aquel temblor.* **SIN.** Terremoto.

temer (te-**mer**) *v. tr.* **1.** Tener miedo o temor. *Mucha gente teme la oscuridad.* **SIN.** Asustarse, aterrorizarse. **2.** Sospechar. *Temo que algo va mal.* **SIN.** Recelar, desconfiar. **ANT.** Confiar, creer.

temerario, ria (te-me-**ra**-rio) *adj.* **1.** Imprudente, que se expone a los peligros sin meditado examen de ellos. *Le acusaban de comportamiento temerario, ya que podría haber provocado un grave accidente.* **SIN.** Irreflexivo, alocado. **ANT.** Cobarde, temeroso, pusilánime, reflexivo, fundado, seguro. **2.** Que se piensa, dice o hace sin fundamento. *Es una idea temeraria.* **SIN.** Imprudente, irreflexivo, arriesgado.

temeridad (te-me-ri-**dad**) *s. f.* **1.** Cualidad de temerario. *Su temeridad con el coche les tenía asustados.* **SIN.** Atrevimiento, arrojo, valentía, audacia, osadía. **ANT.** Cobardía, temor, timidez, cautela. **2.** Acción temeraria. *Ir tú solo ha sido una temeridad.*

temor (te-**mor**) *s. m.* **1.** Sensación de angustia o miedo debido a un mal real o imaginario. *Siente un gran temor de caer enfermo.* **SIN.** Miedo, intimidación, aprensión, espanto, pavor. **2.** Presunción o sospecha. *Tengo el temor de que algo malo va a pasar.* **3.** Recelo, especialmente de un daño futuro. *Le expresó su temor.* **SIN.** Desasosiego, alarma, inquietud, prevención, desconfianza.

témpano (**tém**-pa-no) *s. m.* **1.** Timbal, instrumento musical. *Toca el témpano.* **SIN.** Tambor, tamboril, atabal. **2.** Pedazo de cualquier cosa dura y plana. *Témpano de hielo, de tierra.*

témpera (**tém**-pe-ra) *s. f.* Pintura hecha con colores preparados con líquidos glutinosos y calientes, como agua de cola, etc. *Este curso vamos a pintar con témperas.*

temperamental (tem-pe-ra-men-**tal**) *adj.* Se aplica a la persona de genio vivo que cambia con frecuencia de humor. *Es una persona muy temperamental.* **SIN.** Impulsivo, vehemente, exaltado, efusivo, apasionado. **ANT.** Frío, cerebral, moderado, flemático.

temperamento - temporero

temperamento (tem-pe-ra-**men**-to) *s. m.* **1.** Carácter físico y mental peculiar de cada persona. *Tiene un temperamento muy fuerte.* **SIN.** Temple, naturaleza, personalidad, humor. **2.** Manera de ser de las personas impulsivas. *Es una persona de mucho temperamento.* **SIN.** Vehemencia, exaltación, impulsividad, apasionamiento. **ANT.** Frialdad, flema, reflexión.

temperar (tem-pe-**rar**) *v. tr.* *Atemperar. **GRA.** También v. prnl.

temperatura (tem-pe-ra-**tu**-ra) **1.** Grado de calor de los cuerpos o de la atmósfera. *En esta habitación hay una temperatura demasiado elevada.* **2.** Grado de calor del cuerpo humano y de los animales. *Cuando estuve enfermo, siempre me subía la temperatura por la noche.* || *v. intr.* **3. temperatura absoluta** La medida en grados Kelvin según la escala que parte del cero absoluto. **4. temperatura ambiente** La de la atmósfera que rodea a un cuerpo.

tempestad (tem-pes-**tad**) *s. f.* **1.** Fuerte perturbación de la atmósfera acompañada de lluvia, nieve o granizo, y frecuentemente de rayos y relámpagos. *Se acercaba una fuerte tempestad.* **SIN.** Tormenta, temporal, borrasca, aguacero, diluvio. **2.** Perturbación de las aguas del mar, causada por la violencia del viento. *El barco estuvo a punto de naufragar a causa de la tempestad.* **SIN.** Tifón, tromba, galerna, tornado, manga. **3.** Conjunto de palabras ásperas o injuriosas. *Se enfadó con él y le lanzó una tempestad de insultos.* **4.** Tormenta, agitación de los ánimos. *Levantó tempestades.* **SIN.** Alteración, desorden, tumulto, disturbio, revuelta.

templanza (tem-**plan**-za) *s. f.* Sobriedad y moderación. *Mostró mucha templanza en todo momento.* **SIN.** Parquedad, prudencia. **ANT.** Incontinencia, desmesura, inmoderación, abuso, desenfreno.

templar (tem-**plar**) *v. tr.* **1.** Moderar o suavizar la fuerza de una cosa. *Templó los ánimos.* **SIN.** Mitigar, dulcificar, sosegar, atenuar, atemperar. **ANT.** Extremar, acentuar, excitar. **2.** Quitar el frío de una cosa, calentarla ligeramente, especialmente hablando de líquidos. *Pon la leche al fuego para que se temple un poco.* **SIN.** Entibiar, tibiar, calentar, canear. **ANT.** Enfriar, refrescar. **3.** Afinar un instrumento para que produzca con exactitud los sonidos. *Templó las cuerdas de la guitarra.* **ANT.** Desafinar, destemplar. **4.** Ajustar el movimiento de la capa o la muleta a la embestida del toro, para moderarla o alegrarla. *El torero templó la faena de muleta.* || *v. intr.* **5.** Perder el frío una cosa, comenzar a calentarse. *Como llevaba tantos días sin calefacción, la casa tardó en templar.* **SIN.** Entibiarse, tibiarse, encenderse. || *v. prnl.* **6.** Embriagarse. *Se templó un poco en la fiesta.* || *v. intr.* **7.** *Chil.* Enamorarse.

temple (tem-ple) *s. m.* **1.** Carácter, temperamento. *Tiene muy mal temple.* **2.** Arrojo, valentía para afrontar las dificultades. *Demostró mucho temple.* **SIN.** Audacia, entereza, bravura, valor. **ANT.** Desánimo, timidez, cobardía, debilidad, pusilanimidad. || **3. pintura al temple** *Témpera.

templete (tem-**ple**-te) *s. m.* Pabellón o quiosco cubierto con una cúpula sostenida por columnas. *El público se agolpaba alrededor del templete donde estaba la orquesta.* **SIN.** Pérgola, cenador, mirador.

templo (tem-plo) *s. m.* **1.** Edificio destinado públicamente a un culto. *El templo más importante de la ciudad es una bella catedral gótica.* **SIN.** Iglesia, santuario, basílica, capilla, catedral, mezquita, sinagoga. **2.** Lugar real o imaginario en que se rinde culto al saber, la justicia, etc. *Esa sociedad es un verdadero templo del saber.*

temporada (tem-po-**ra**-da) *s. f.* **1.** Espacio de varios días, meses o años que tienen una unidad. *Durante la temporada de invierno siempre nos trasladamos a Canarias.* **2.** Tiempo, época, período. **2.** Tiempo durante el cual se realiza habitualmente alguna cosa. *Temporada de ópera, de teatro, etc.* **SIN.** Etapa, estación. || **LOC. de temporada** Durante algún tiempo, pero no de manera permanente.

temporal (tem-po-**ral**) *adj.* **1.** Que pertenece o se refiere al tiempo, en oposición a perpetuo, eterno. *Los bienes terrenos son temporales.* **SIN.** Transitorio, provisorio, provisional, efímero, momentáneo. **ANT.** Imperecedero, eterno, permanente, duradero. **2.** Que dura por algún tiempo. *Era una sustitución temporal.* **SIN.** Transitorio, provisorio, provisional, efímero, momentáneo. **ANT.** Imperecedero, eterno, permanente, duradero. **3.** Que pasa con el tiempo. *Decían que la situación de crisis era algo temporal.* **SIN.** Pasajero, perecedero, circunstancial. **ANT.** Definitivo, permanente, duradero. || *s. m.* **4.** Tempestad, perturbación atmosférica. *Estaba prevista la llegada de un fuerte temporal.* **SIN.** Borrasca, tifón, tempestad. **5.** Tiempo de lluvia persistente. *El temporal causó grandes destrozos en las cosechas.* **SIN.** Borrasca, tifón, cellisca, tempestad. || **LOC. capear el temporal** *fam.* Evitar compromisos y situaciones difíciles.

temporero, ra (tem-po-**re**-ro) *adj.* Se dice de la persona encargada temporalmente de la realización de un oficio o de un trabajo. *Son temporeros de la aceituna.* **SIN.** Jornalero, interino.

temprano, na (tem-**pra**-no) *adj.* **1.** Que es o se da antes del tiempo señalado. *La parra tiene uvas tempranas.* **SIN.** Prematuro, anticipado, precoz, adelantado. **ANT.** Rezagado, moroso, retrasado, tardío. || *adv. t.* **2.** Pronto, antes de lo habitual. *Se levantó temprano.* **ANT.** Tarde. **3.** En las primeras horas del día o de la noche. *Salimos por la mañana temprano.*

tenacidad (te-na-ci-**dad**) *s. f.* Cualidad de tenaz. *Demostró tener una gran tenacidad.* **SIN.** Insistencia, perseverancia, constancia, obstinación, tesón. **ANT.** Renuncia, inconstancia, abandono, pasividad.

tenacillas (te-na-**ci**-llas) *s. f. pl.* Modo de diversos instrumentos a modo de tenazas pequeñas, como las utilizadas para coger los terrones de azúcar, depilar, etc. *No sabía dónde había dejado las tenacillas de rizar el pelo.*

tenaz (te-**naz**) *adj.* **1.** Que opone mucha resistencia a romperse o deformarse. *La barra opuso una tenaz resistencia para doblarse.* **SIN.** Fuerte, duro, resistente, consistente, inflexible. **ANT.** Frágil, quebradizo, rompedizo, delicado. **2.** Firme, terco en un propósito. *No abandonará fácilmente, es muy tenaz.* **SIN.** Enérgico, tozudo, contumaz, pertinaz, constante. **ANT.** Inconstante, voluble, débil.

tenaza (te-**na**-za) *s. f.* **1.** Instrumento de metal, compuesto de dos brazos movibles trabados por un eje o enlazados por un muelle semicircular. Se usa para coger o sujetar fuertemente una cosa, o arrancarla, o cortarla. **GRA.** Se usa más en pl. *Arranca la punta con las tenazas.* **SIN.** Alicates, pinzas, muelles, cogedera, fórceps. **2.** Pinza de las patas de algunos artrópodos. *El centollo tenía unas fuertes tenazas.* || **LOC. no poder sacarle algo a alguien ni con tenazas** No conseguir que lo diga.

ten con ten *expr., fam.* que expresa el tacto o la moderación en la manera de tratar a alguien o de llevar algún asunto. **GRA.** También s. m. *Estaba en un ten con ten con su compañero.*

tendedero (ten-de-**de**-ro) *s. m.* **1.** Sitio donde se tiende algo, como la ropa. *En la azotea había un tendedero.* **2.** Conjunto de cuerdas, alambres, etc., destinadas a tender la ropa. *Compró un tendedero plegable para ponerlo en la terraza.* **SIN.** Secadero.

tendencia (ten-**den**-cia) *s. f.* **1.** Dirección o inclinación hacia un fin. *Tiene tendencia a coger catarros.* **SIN.** Predisposición, vocación, disposición, propensión. **ANT.** Aversión, antipatía, desagrado. **2.** Fuerza por la cual un cuerpo se inclina hacia otro u otra cosa. *Los planetas tienen tendencia a atraerse mutuamente.* **SIN.** Orientación, dirección, rumbo. **3.** Idea religiosa, política, artística, etc., que se orienta en determinada dirección. *Eran dos partidos de la misma tendencia.*

tendencioso, sa (ten-den-**cio**-so) *adj.* Que manifiesta o incluye tendencias hacia determinados fines o doctrinas. *La pregunta era muy tendenciosa.* **SIN.** Parcial, propenso, inclinado. **ANT.** Adverso, enemigo, neutral.

tender (ten-**der**) *v. tr.* **1.** Desdoblar, extender lo que está doblado o amontonado, especialmente la ropa mojada para que se seque. *Saca la ropa de la lavadora y tiéndela.* **SIN.** Colgar, suspender, estirar. **2.** Echar por el suelo una cosa, esparciéndola. *Tendieron las lentejas en la era.* **SIN.** Esparcir, diseminar, extender. **ANT.** Recoger, plegar. **3.** Dirigirse a algún fin una cosa. *La carrera que lleva tiende hacia el éxito.* **SIN.** Inclinarse, encaminarse, interesarse. **ANT.** Rechazar, oponerse. **4.** Tener alguien o algo una cualidad no bien definida pero próxima a otra semejante. *Este color tiende a rojo.* **SIN.** Tirarse, inclinarse, encaminarse. **5.** En matemáticas, aproximarse progresivamente una variable o función a un valor determinado sin llegar a alcanzarlo. *La función tiende a cero.* || *v. intr.* **6.** Manifestar tendencia hacia un fin. *Tiende a ser muy pesimista.* **SIN.** Inclinarse, aspirar, ambicionar, propender. || *v. prnl.* **7.** Echarse, tumbarse a la larga. *Se tendió sobre la hierba.* **SIN.** Arrellanarse, acomodarse, acostarse, abuzarse. **ANT.** Levantarse, erguirse, despertarse. || **LOC. tender la mano a alguien** Prestarle ayuda. ✎ v. irreg., se conjuga como entender.

ténder (**tén**-der) *s. m.* En los ferrocarriles de vapor, vagón enganchado a la locomotora para transportar el carbón y el agua. *El ferrocarril llevaba un ténder cargado de carbón.*

tenderete (ten-de-**re**-te) *s. m.* Puesto de venta al por menor, instalado al aire libre. *Estaban instalando los tenderetes para las ferias.*

tendido, da (ten-**di**-do) *adj.* **1.** Tumbado, echado, extendido. *Estaba tendido leyendo a la sombra de un árbol.* **ANT.** Levantado, tieso. **2.** Se dice del galope del caballo cuando éste se tiende, extendiéndose y aproximando el vientre al suelo. También se dice de la carrera violenta de una persona o de cualquier animal. *El caballo iba a galope tendido.* || *s. m.* **3.** Gradería descubierta y próxima a la barrera en las plazas de toros. *Aparecieron gran cantidad de pañuelos blancos en el tendido.* **SIN.** Grada.

tendinitis - tenis

tendinitis (ten-di-**ni**-tis) *s. f.* Inflamación de un tendón. *Tenía una tendinitis.* 🖉 Invariable en número.

tendón (ten-**dón**) *s. m.* **1.** Haz de tejido que une los músculos a los huesos. *Se retorció un tendón.* **SIN.** Ligamento, fibra, nervio. || **2. tendón de Aquiles** El grueso y fuerte, que en la parte posterior e inferior de la pierna une el talón con la pantorrilla.

tenebrismo (te-ne-**bris**-mo) *s. m.* Tendencia pictórica que emplea la luz y la sombra en contrastes violentos que las hagan destacar. *Zurbarán cultivó el tenebrismo.*

tenebroso, sa (te-ne-**bro**-so) *adj.* **1.** Oscuro, cubierto de tinieblas. *Le daba miedo atravesar aquel tenebroso túnel.* **SIN.** Triste, sombrío, lóbrego, lúgubre, tétrico. **ANT.** Claro, alegre, brillante. **2.** Confuso. *El asunto era tenebroso.* **SIN.** Misterioso, oculto. **ANT.** Evidente.

tenedor (te-ne-**dor**) *s. m.* **1.** Utensilio de mesa que consiste en un astil con tres o cuatro púas iguales, para pinchar los alimentos sólidos y llevarlos a la boca. *Coloca el tenedor a la izquierda del plato.* **SIN.** Cubierto, trinchante, servicio. **2.** Signo con la forma de dicho utensilio que en España indica la categoría de un restaurante según el número de tenedores representados. *Es un restaurante de dos tenedores.* **3.** *amer.* Marca que se hace en la oreja a los animales de una ganadería para distinguirlos. || **LOC. comer de tenedor** Tomar comida sólida.

tener (te-**ner**) *v. tr.* **1.** Ser dueño de una cosa o disfrutarla. *Tiene muchos libros.* **SIN.** Poseer. **2.** Sentir o padecer. *Tengo mucho calor. Mi hermano tuvo la gripe.* **SIN.** Pasar. **3.** Atribuye a la persona o cosa de la que se habla una cualidad, estado o circunstancia. *Tiene una blanquísima dentadura.* **4.** Contener una cosa algo dentro de sí misma. *Mi coche tiene aire acondicionado.* **SIN.** Comprender, incluir, englobar. **ANT.** Excluir. **5.** Asir, sujetar. *Ténme el abrigo mientras me pruebo el vestido.* **SIN.** Coger, tomar, agarrar, sostener. **ANT.** Soltar, dejar, desasir. **6.** Unido a las preposiciones "a", "por" y "en", tiene el significado de juzgar y reputar. **GRA.** También v. prnl. *Te tenía por una persona más seria.* **SIN.** Estimar, apreciar, valuar, valorar. **7.** Con los sustantivos que significan tiempo, expresa la duración o edad de los seres. *Tiene diez años.* **8.** Si se construye con la conjunción "que" y el infinitivo de otro verbo, expresa la necesidad u obligación de hacer lo que el verbo significa. *Tenemos que esforzarnos más.* **SIN.** Deber. **9.** Construido con algunos sustantivos, hacer o padecer lo que el sustantivo significa. *Tenía mucho miedo.* || *v. prnl.* **10.** Asegurarse o apoyarse alguien para no caer. *Apenas se tenía en pie después de su enfermedad.* **SIN.** Afirmarse, sostenerse, sujetarse. **ANT.** Caerse, derrumbarse. || **LOC. con que ésas tenemos** Denota enfado, sorpresa. **no tener alguien dónde, o sobre qué, caerse muerto** *fam.* Estar en la más absoluta pobreza. **no tener una persona o cosa por dónde cogerla** *fam.* Ser de mala calidad. **no tenerlas alguien todas consigo** *fam.* Sentir recelo o temor. **ten con ten** Comedimiento, moderación. **tener a bien** Considerar conveniente. **tener alguien mucho que perder, o qué perder** *fam.* Ser persona de estimación y que se expone mucho si se arriesga. **tener en contra** Hallar impedimento o dificultad en un asunto. **tener lo suyo una cosa** *fam.* Tener interés algo, aunque a primera vista no lo parezca. **tener presente** Conservar algo en la memoria para utilizarlo cuando convenga. **tener que ver una persona o cosa con otra** Existir entre ellas alguna relación o semejanza. 🖉 v. irreg. ✎

INDICATIVO			
Pres.	Pret. perf. s.	Fut. imperf.	Cond. simple
tengo	tuve	tendré	tendría
tienes	tuviste	tendrás	tendrías
tiene	tuvo	tendrá	tendría
tenemos	tuvimos	tendremos	tendríamos
tenéis	tuvisteis	tendréis	tendríais
tienen	tuvieron	tendrán	tendrían
SUBJUNTIVO			
Pres.	Pret. imperf.	Fut. imperf.	
tenga	tuviera/se	tuviere	
tengas	tuvieras/ses	tuvieres	
tenga	tuviera/se	tuviere	
tengamos	tuviéramos/semos	tuviéremos	
tengáis	tuvierais/seis	tuviereis	
tengan	tuvieran/sen	tuvieren	
IMPERATIVO	ten, tenga, tengamos, tened, tengan		

tenia (**te**-nia) *s. f.* Gusano platelminto, de cabeza pequeña y cuerpo largo y segmentado. Es parásito del intestino del ser humano y de algunos animales. *La tenia puede llegar a medir varios metros de longitud.* **SIN.** Solitaria, parásito.

teniente, ta (te-**nien**-te) *s. m. y s. f.* Oficial inmediatamente inferior al capitán. *Le nombraron teniente.*

tenis (**te**-nis) *s. m.* **1.** Deporte en que los jugadores, separados en dos bandos por una red, se lanzan una pelota por medio de raquetas. *Le gusta jugar al tenis.* || *s. m. pl.* **2.** Calzado de tipo deportivo. *Llevaba unos tenis y un pantalón vaquero.* || **3. tenis de mesa** *Pimpón. 🖉 Invariable en número.

tenor (te-**nor**) *s. m.* Voz masculina de timbre agudo. *Plácido Domingo es un gran tenor.* **ANT.** Bajo.

tenor de, a *loc.* De acuerdo con. *A tenor de los hechos, yo estaba equivocado.*

tenorio (te-**no**-rio) *s. m.* Galanteador audaz y pendenciero. *Tenía fama de tenorio.* **SIN.** Conquistador, donjuán, mujeriego. **ANT.** Grave, tímido, misógino.

tensar (ten-**sar**) *v. tr.* Poner tensa una cosa. *Tensa más el cable.* **SIN.** Estirar, atirantar. **ANT.** Aflojar.

tensión (ten-**sión**) *s. f.* **1.** Estado de un cuerpo sometido a la acción de fuerzas que lo estiran. *La cuerda del arco está en tensión.* **SIN.** Tirantez, rigidez, atirantamiento. **ANT.** Flojedad, relajamiento. **2.** Fuerza que impide separarse unas de otras a las partes de un mismo cuerpo cuando se halla en dicho estado. *Había una gran tensión entre las pequeñas partículas.* **SIN.** Cohesión. **3.** Tendencia de una carga eléctrica a pasar de un cuerpo a otro de menor potencial. Se dice alta o baja según sea o no muy elevado su voltaje. *Un cable de alta tensión atravesaba la finca.* **4.** Estado de oposición u hostilidad latente entre personas o grupos. *Había una fuerte tensión entre los dos países.* **SIN.** Enemistad, violencia. **5.** Estado anímico de excitación o esfuerzo producido por circunstancias o actividades como la espera, la concentración, la creación intelectual, etc. *Llevaba una semana de mucha tensión en el trabajo.* **SIN.** Angustia, zozobra, incertidumbre, nerviosismo. **ANT.** Tranquilidad, serenidad, sosiego. || **6. tensión arterial** Presión que ejerce la sangre sobre la pared arterial, dependiendo de la intensidad de la contracción cardíaca, el volumen sanguíneo y la resistencia de los vasos periféricos.

tenso, sa (ten-so) *adj.* **1.** Se dice del cuerpo que se halla en tensión. *Esta cuerda está demasiado tensa.* **SIN.** Tirante, estirado, duro, rígido, dilatado. **ANT.** Flojo, relajado, flexible. **2.** En estado de tensión emocional. *Deberías hacer algo para relajarte, estás un poco tensa.* **SIN.** Angustiado, inquieto, nervioso, preocupado. **ANT.** Tranquilo, calmo, sosegado.

tentación (ten-ta-**ción**) *s. f.* Instigación que induce a una cosa mala. *Se había prometido no comer más bombones, pero estuvo a punto de caer en la tentación.* **SIN.** Estímulo, aguijón, incentivo, atracción, seducción, impulso. **ANT.** Repugnancia, repulsión, rechazo, aversión. || **LOC. caer alguien en la tentación** Dejarse vencer por ella.

tentáculo (ten-**tá**-cu-lo) *s. m.* Cualquiera de los apéndices móviles y blandos que tienen algunos animales invertebrados, que les sirven como órganos del tacto o para hacer presas. *El pulpo tiene grandes tentáculos.* **SIN.** Palpo, extremidad.

tentar (ten-**tar**) *v. tr.* Instigar, inducir a alguien a hacer algo. *Le tentaba para que fuera.* **SIN.** Provocar, mover, incitar. ✎ *v. irreg.*, se conjuga como acertar.

tentativa (ten-ta-**ti**-va) *s. f.* Acción con que se intenta o tantea una cosa. *Era su segunda tentativa.* **SIN.** Intentona, proyecto, ensayo, propósito.

tentempié (ten-tem-**pié**) *s. m., fam.* Comida ligera que se toma entre horas. *Se tomó un tentempié a media mañana.* ✎ Su pl. es "tentempiés".

tenue (**te**-nue) *adj.* Se dice de las cosas delicadas. *Una tenue brisa acariciaba su rostro.* **SIN.** Delgado, débil, frágil, sutil. **ANT.** Espeso, grueso, pesado.

teñir (te-**ñir**) *v. tr.* Dar a una cosa un color distinto de su color natural o del que pueda tener accidentalmente. **GRA.** También v. prnl. *Tiñó los zapatos de negro.* **SIN.** Tintar, colorear, pintar. **ANT.** Decolorar, desteñir. ✎ *v. irreg.*, se conjuga como ceñir. Tiene doble p. p.; uno reg., teñido, y otro irreg., tinto.

teología (te-o-lo-**gí**-a) *s. f.* Ciencia que trata de la existencia, naturaleza, perfecciones y atributos de Dios. *Estudió teología.* **SIN.** Dogma, doctrina.

teorema (te-o-**re**-ma) *s. m.* Proposición que afirma una verdad demostrable, partiendo de axiomas, por medio de reglas de inferencia establecidas. *Estudiamos el teorema de Pitágoras.* **SIN.** Proposición, tesis, enunciado, demostración.

teoría (te-o-**rí**-a) *s. f.* **1.** Conocimiento de una materia separado de toda práctica. *Sabe la teoría musical, pero no toca instrumento alguno.* **SIN.** Especulación. **ANT.** Experimentación. **2.** Conjunto de razonamientos ideados para explicar provisionalmente un determinado orden de fenómenos. *Expuso su teoría.* **SIN.** Hipótesis. || **LOC. en teoría** Sin haber comprobado un hecho en la práctica.

teórico, ca (te-**ó**-ri-co) *adj.* **1.** Que pertenece o se refiere a la teoría. *Aspectos teóricos.* **SIN.** Hipotético, especulativo, ideal. **ANT.** Práctico, realista. **2.** Especialista en el conocimiento de la teoría de algún arte o ciencia. **GRA.** También s. m. y s. f. *Es un teórico de la literatura.* **SIN.** Ideólogo.

teorizar (te-o-ri-**zar**) *v. tr.* Tratar un asunto sólo en teoría. **GRA.** Se usa más como v. intr. *Nos hemos pasado teorizando toda la tarde y no hemos solucionado nada.* **SIN.** Suponer, especular. **ANT.** Demostrar, comprobar. ✎ Se conjuga como abrazar.

tequila (te-**qui**-la) *s. f.* Bebida típica de México, semejante a la ginebra, que se destila de una especie de maguey. *Tomó un tequila.*

terapéutica - terminar

terapéutica (te-ra-**péu**-ti-ca) *s. f.* *Terapia.
terapia (te-**ra**-pia) *s. f.* Tratamiento de las enfermedades. *La nueva terapia le vino muy bien.*
tercer (ter-**cer**) *adj.* Apócope de tercero. **GRA.** Se usa antepuesto al sustantivo masculino singular. *Vivo en el tercer piso.*
tercermundista (ter-cer-mun-**dis**-ta) *adj.* Que pertenece o se refiere al Tercer Mundo. *Analizaron los problemas de los países tercermundistas.*
tercero, ra (ter-**ce**-ro) *adj. num. ord.* **1.** Que ocupa el último lugar en una serie ordenada de tres. **GRA.** También s. m. y s. f. *La "c" es la tercera letra.* ‖ *adj. num. part.* **2.** Se dice de cada una de las tres partes iguales en que se divide un todo. *Una tercera parte de la población.* ‖ *adj.* **3.** Que media entre dos o más personas. **GRA.** Se usa más como s. m. y s. f. *Necesitaban la ayuda de un tercero.* **SIN.** Mediador, árbitro, intercesor, intermediario. ‖ *s. m.* **4.** Persona que no es ninguna de dos o más de quienes se trata o que intervienen en un negocio o una cuestión judicial. *En el accidente estaba implicado un tercero.* ‖ *s. f.* **5.** Marcha del motor de un vehículo que tiene mayor velocidad que la segunda y menor de la cuarta. *Redujo a tercera.* ‖ **LOC. a terceros** Se dice de un tipo de seguro que cubre los daños que se pudieran producir a terceras personas.
terceto (ter-**ce**-to) *s. m.* **1.** Combinación métrica de tres versos endecasílabos en la cual riman el primer y el tercer verso en consonante, mientras que el segundo rima con el primer y el tercer verso del terceto siguiente, aunque también puede quedar libre o llevar rima diferente. *(11 A) "El verso sutil que pasa o se posa / (11 A) sobre la mujer o sobre la rosa / (11A) beso pudo ser, o ser mariposa"* (Rubén Darío). **2.** Composición para tres instrumentos o tres voces, y conjunto de estas tres voces o instrumentos. *Formaron un terceto.*
terciar (ter-**ciar**) *v. intr.* **1.** Interponerse y mediar para resolver un litigio. *Si no llega a terciar entre ellos se pegan.* **SIN.** Intervenir, arbitrar. **ANT.** Abstenerse. ‖ *v. prnl.* **2.** Caer bien una cosa, suceder oportunamente. *La tarde se terció bien.* **SIN.** Acontecer. En cuanto al acento, se conjuga como cambiar.
tercio, cia (**ter**-cio) *adj. num. ord.* **1.** *Tercero. ‖ *s. m.* **2.** Cada una de las tres partes iguales en que se divide un todo. *Se comió un tercio de la tarta.* **SIN.** Parte, fracción, división.
terciopelo (ter-cio-**pe**-lo) *s. m.* Tela tupida y con pelo, de seda o algodón, formada por dos urdimbres y una trama. *La chaqueta era de terciopelo negro.*

terco, ca (**ter**-co) *adj.* Se dice de la persona obstinada en sus acciones o ideas. *Es muy terco, no se atiende a razones.* **SIN.** Testarudo, tozudo.
tergal (ter-**gal**) *s. m.* Tejido muy resistente elaborado con una fibra sintética. *Lleva una falda de tergal.*
tergiversar (ter-gi-ver-**sar**) *v. tr.* Equivocar o forzar la interpretación de un texto, un argumento o un suceso. *No tergiverses mis palabras.* **SIN.** Torcer, deformar, alterar, falsear, desfigurar. **ANT.** Aclarar, interpretar, atenerse, desentrañar.
termas (**ter**-mas) *s. f. pl.* **1.** Caldas, baños calientes. *Se fueron a pasar el fin de semana a unas termas.* **SIN.** Balneario. **2.** Baños públicos de los antiguos romanos. *Visitaron unas termas romanas.*
termes (**ter**-mes) *s. m.* Insecto masticador que corroe la madera. *Los termes habían descompuesto la madera del arca.* **SIN.** Comején, termita, térmite, sepe. Invariable en número.
térmico, ca (**tér**-mi-co) *adj.* Que pertenece o se refiere al calor o la temperatura. *Instalaron una central térmica.* **SIN.** Cálido, caliente. **ANT.** Frío, helado.
terminación (ter-mi-na-**ción**) *s. f.* **1.** Acción y efecto de terminar. *Esperaban ya con ganas la terminación del asunto.* **SIN.** Clausura, conclusión, consumación, cesación. **ANT.** Comienzo, consecución, apertura. **2.** Parte final de una obra o cosa. *No me gustó la terminación del cuento.* **SIN.** Final, desenlace, término, colofón. **ANT.** Comienzo, principio, inicio, prólogo. **3.** Letra o letras que determinan la asonancia o consonancia de unos vocablos con otros. *La terminación de los dos versos era "-aba".* **4.** Letra o letras que forman la desinencia de una palabra. *En la palabra panera, "pan" es el lexema, "era" la terminación.* **SIN.** Desinencia, sufijo, morfema, flexión.
terminal (ter-mi-**nal**) *s. m.* **1.** En física, extremo de un conductor, preparado para conectarlo a un aparato. *Une los terminales de esos dos cables.* **SIN.** Enchufe, clavija. **2.** En informática, máquina con teclado y pantalla que proporciona información de una computadora con unos datos previos. **GRA.** También s. f. *Pasa los resultados a mi terminal.* ‖ *s. f.* **3.** Extremo de una línea de transporte público. *El autobús llegó tarde a la terminal.* **SIN.** Estación.
terminante (ter-mi-**nan**-te) *adj.* Claro, concluyente. *Fue terminante en sus afirmaciones.* **SIN.** Categórico, tajante, definitivo, rotundo. **ANT.** Ambiguo, indeciso, inseguro, relativo, refutable.
terminar (ter-mi-**nar**) *v. tr.* **1.** Dar fin a una cosa. *Terminó sus estudios y ahora trabaja.* **SIN.** Completar, finalizar, clausurar, ultimar, concluir. **ANT.** Iniciar,

término - terraplén

comenzar, principiar, empezar, abrir. ‖ *v. intr.* **2.** Tener fin una cosa. **GRA.** También v. prnl. *El camino termina en este pueblo.*

término (tér-mi-no) *s. m.* **1.** Último punto hasta donde llega una cosa. *Alcanzamos la cima al término de nuestras fuerzas.* **SIN.** Fin, final, terminación. **ANT.** Origen, principio, inicio, comienzo. **2.** Último momento de la duración de una cosa. *Se acerca el término del invierno.* **SIN.** Fin, final, terminación. **ANT.** Origen, principio, inicio, comienzo. **3.** Línea que divide estados, provincias, etc. *El río señala el término de la región.* **SIN.** Frontera, límite, separación, linde. **4.** Palabra. *Le regalaron un diccionario de términos literarios.* **SIN.** Vocablo, voz. **5.** Extensión de territorio que se encuentra bajo la autoridad de un ayuntamiento. *Ese pueblo está ya fuera de este término.* **SIN.** Circunscripción, división, demarcación, jurisdicción, alfoz. **6.** Modo de comportarse o hablar. **GRA.** Se usa más en pl. *No deberías hablar en esos términos.* **SIN.** Maneras, modales. **7.** En matemáticas, cualquiera de las cantidades que constituyen un polinomio o forman una razón, una proporción o un quebrado. *El primer término era un quebrado.* ‖ *s. m. pl.* **8.** Condiciones en que se plantea un asunto o se acuerda un contrato, etc. *Está incluido dentro de los términos del contrato.* **SIN.** Puntualización, detalle, pormenor, punto. ‖ **LOC. en primer término** En el lugar más próximo al observador. | En primer lugar. **en último término** Sin otra solución. **poner término a una cosa** Hacer que algo termine.

terminología (ter-mi-no-lo-**gí**-a) *s. f.* Conjunto de términos o vocablos característicos de determinada profesión, ciencia o materia, o de un autor o libro concretos. *Al final del libro había un glosario de terminología médica.* **SIN.** Vocabulario, jerga.

termita (ter-**mi**-ta) *s. f.* *Termes.

termo (**ter**-mo) *s. m.* Vasija para conservar la temperatura de las sustancias que en ella se ponen, aislándolas de la temperatura exterior. *Echó el café bien caliente en el termo.* **SIN.** Recipiente, cantimplora.

termodinámica (ter-mo-di-**ná**-mi-ca) *s. f.* Ciencia que estudia el calor y la manera en que éste fluye de un lugar a otro. *Les explicó las principales leyes de la termodinámica.*

termómetro (ter-**mó**-me-tro) *s. m.* **1.** Instrumento para medir la temperatura, consistente en un tubo de vidrio cerrado y terminado en un pequeño depósito, que contiene una cierta cantidad de mercurio o alcohol, cuyas variaciones de volumen acusadas por el nivel que el líquido alcanza en el tubo, se leen en una escala graduada. *El termómetro señalaba 45°.* **SIN.** Termógrafo, piroscopio. ‖ **2. termómetro clínico** El de máxima precisión, que se emplea para tomar la temperatura a los enfermos. **3. termómetro de máxima** El que registra la temperatura máxima. **4. termómetro de mínima** Aquel que deja registrada la temperatura mínima.

termosfera (ter-mos-**fe**-ra) *s. f.* Parte de la atmósfera situada por encima de los 80 km de altura. *A la termosfera se la considera la última capa de la atmósfera terrestre.*

termostato (ter-mos-**ta**-to) *s. m.* Aparato que se conecta a una fuente de calor y que, mediante un mecanismo automático, impide que la temperatura suba o baje del grado que se desea o se necesita. *El radiador tiene un termostato.* **SIN.** Regulador. También "termóstato".

terna (**ter**-na) *s. f.* Conjunto de tres personas propuestas para que se designe de entre ellas la que haya de desempeñar un cargo o empleo. *Propusieron una terna para el cargo.* **SIN.** Trío, terceto.

ternario, ria (ter-**na**-rio) *adj.* Compuesto de tres elementos, unidades o guarismos. *Ciclo ternario.*

ternero, ra (ter-**ne**-ro) *s. m. y s. f.* **1.** Cría de la vaca. *La vaca no se separaba ni un momento de su ternero.* ‖ **2. ternero recental** El de leche o que no ha pastado todavía.

terneza (ter-**ne**-za) *s. f.* *Ternura. **GRA.** Se usa más en pl.

ternilla (ter-**ni**-lla) *s. f.* Cartílago, especialmente el que forma lámina en el cuerpo de los animales vertebrados. *Esa carne tenía demasiadas ternillas.* **SIN.** Lámina, tejido, armazón.

ternura (ter-**nu**-ra) *s. f.* **1.** Cualidad de tierno. *En aquella descripción había mucha ternura.* **2.** Requiebro, dicho lisonjero. *La conquistó con sus ternuras.* **SIN.** Piropo, adulación, flor, mimo. **3.** Amor, afecto, cariño. *Sentía por él una gran ternura.* **SIN.** Estima, simpatía, inclinación. **ANT.** Odio, desabrimiento, animosidad, desagrado.

terquedad (ter-que-**dad**) *s. f.* Cabezonería, obstinación. *Le sacaba de quicio su terquedad.* **SIN.** Testarudez, manía. **ANT.** Docilidad, transigencia.

terracota (te-rra-**co**-ta) *s. f.* Arcilla modelada y endurecida al horno. *Hacía pequeñas esculturas de terracota.*

terraplén (te-rra-**plén**) *s. m.* Desnivel con una cierta pendiente. *Estuvo a punto de caer por el terraplén.* **SIN.** Desmonte, pendiente, talud.

terráqueo, a (te-**rrá**-que-o) *adj.* Que está compuesto de tierra y agua. Se aplica únicamente a la esfera o globo terrestre. *Globo terráqueo.* **SIN.** Terrestre.

terrateniente (te-rra-te-**nien**-te) *s. m. y s. f.* Dueño o poseedor de tierra o hacienda. *Todas las fincas de la región estaban en manos de los grandes terratenientes.*

terraza (te-**rra**-za) *s. f.* **1.** Espacio de terreno llano que forma escalón en un jardín o a la orilla de un río, lago, etc. *En Canarias son frecuentes los cultivos en terraza.* **SIN.** Bancal, rellano, albarrada, glorieta. **2.** Sitio abierto de una casa. *Salió a tomar el aire a la terraza.* **SIN.** Azotea, tejado, solario. **3.** Terreno situado delante de un café, bar, etc., en el que se puede tomar algo al aire libre. *Se sentaron a tomar un refresco en una de las terrazas del paseo.*

terrazo (te-**rra**-zo) *s. m.* Pavimento formado por pequeñas piedras y trozos de mármol, aglomerados con cemento, y cuya superficie se pulimenta. *El suelo de los pasillos era de terrazo.*

terremoto (te-rre-**mo**-to) *s. m.* Movimiento en el interior de la corteza terrestre, que emite ondas sísmicas cuando las rocas se fracturan repentinamente. *Es una zona muy azotada por los terremotos.* **SIN.** Seísmo, temblor, catástrofe.

GRANDES TERREMOTOS

Provincia de Shensi, China, 1556: Más de 800 000 víctimas; es el seísmo que más muertes ha provocado.
Lisboa, Portugal, 1755: Murieron unas 60 000 personas, y el temblor se sintió hasta en Noruega.
San Francisco, EE UU, 1906: El seísmo y los incendios que lo acompañaron destruyeron la ciudad.
Llanura de Kwanto, Japón, 1923: Se derrumbaron unos 570 000 edificios. ha sido el seísmo que ha causado más daños materiales.
Tangshan, China, 1976: Se trata de una ciudad industrial en la que murieron unas 242 000 personas.
Lebu, Chile, 1977: El terremoto más intenso jamás registrado.
Armenia, URSS, 1988: 45 000 muertos, 20 000 heridos, 400 000 personas sin hogar y tres ciudades destruidas.

---

terrenal (te-rre-**nal**) *adj.* Que pertenece o se refiere a la tierra, en contraposición a lo que pertenece al cielo. *Daba demasiado valor a los bienes terrenales.* **SIN.** Terrestre, terreno, temporal, material.

terreno, na (te-**rre**-no) *adj.* **1.** Terrestre. *La naturaleza es un bien terreno.* **SIN.** Terrenal. **ANT.** Celeste, celestial. || *s. m.* **2.** Espacio de tierra. *Plantó pinos en ese terreno.* **SIN.** Suelo, superficie, campo, finca. **3.** Campo de juego. Hablando de pintura está en su terreno. **SIN.** Estadio. **4.** Conjunto de masas minerales que tienen origen común o cuya formación corresponde a una misma época. *Es un terreno calizo.* **SIN.** Capa, veta, humus. || **LOC. allanar, o preparar, el terreno a alguien** Conseguirle un ambiente o circunstancias favorables para realizar algo. **en su propio terreno** En el ambiente que domina y que, por lo tanto, le sitúa en unas condiciones ventajosas. **ganar alguien terreno** Hacer adelantos en una cosa. | Irse introduciendo hábilmente en orden a la consecución de algún fin. **perder alguien terreno** Atrasar en una cosa. **saber alguien el terreno que pisa** Conocer bien a alguien o algo con lo que se trata. **sobre el terreno** Precisamente en el lugar de que se trata. | Improvisando.

terrestre (te-**rres**-tre) *adj.* Que pertenece o se refiere a la tierra. *Hay transporte aéreo, marítimo y terrestre.* **SIN.** Terrenal, terreno, telúrico, terrícola, geológico, mundial. **ANT.** Celestial, aéreo, marítimo.

terrible (te-**rri**-ble) *adj.* **1.** Que causa temor. *La película de ayer era terrible.* **SIN.** Aterrador, dantesco, horroroso, espeluznante, pavoroso. **ANT.** Bello, atrayente, agradable, placentero, dulce, tierno. **2.** Enorme, extraordinario. *Tengo una jaqueca terrible.* **SIN.** Desmesurado, exagerado, tremendo, increíble. **ANT.** Corriente, insignificante, pequeño. **3.** Áspero y duro de genio. *Tiene un terrible carácter muy difícil de soportar.* **SIN.** Cruel, inhumano, agrio, violento. **ANT.** Grato, tierno, dulce, manso. Adj. invariable en género.

terrícola (te-**rrí**-co-la) *s. m. y s. f.* **1.** Habitante de la Tierra. *En la película, los marcianos se hacían amigos de los terrícolas.* || *adj.* **2.** *Terrestre.

terrina (te-**rri**-na) *s. f.* Recipiente de barro, profundo y de forma rectangular, que sirve para elaborar determinados alimentos. *Prepara la cuajada en las terrinas.*

territorio (te-rri-**to**-rio) *s. m.* **1.** Extensión de superficie terrestre perteneciente a una nación, región, provincia, etc. *En ese territorio hablan francés.* **SIN.** Comarca, país, lugar, zona. **2.** Área señalada por un animal como propia y defendida frente a otros de su misma especie. *El lobo defendió su territorio.*

terrón (te-**rrón**) *s. m.* **1.** Pequeña masa de tierra compacta. *Las tierras en barbecho están llenas de terrones.* **SIN.** Montón, gleba, tormo, tabón. **2.** Masa pequeña y suelta de otras sustancias. *Toma el café con dos terrones de azúcar.* **SIN.** Pastilla, comprimido.

terror (te-**rror**) *s. m.* **1.** Miedo extremo, pavor de un mal que amenaza. *Las tormentas le producían terror.*

SIN. Susto, horror, pavura, pánico. **ANT.** Serenidad, intrepidez, valentía, valor. **2.** Época durante la Revolución francesa en que eran frecuentes las ejecuciones por motivos políticos. *Robespierre fue el promotor de la época de terror.* **3.** Persona o cosa que lo infunde. *Ese grupo de incontrolados era el terror de la ciudad.*

terrorífico, ca (te-rro-**rí**-fi-co) *adj.* Que infunde terror. *Era un espectáculo terrorífico.* **SIN.** Espantoso, terrible, pavoroso, horripilante. **ANT.** Atrayente, agradable, placentero.

terrorismo (te-rro-**ris**-mo) *s. m.* Actos de violencia realizados para infundir terror. *El gobierno adoptaba nuevas medidas contra el terrorismo.* **SIN.** Atentado, amenaza, sabotaje, secuestro.

terrorista (te-rro-**ris**-ta) *s. m.* **1.** Partidario del terrorismo o que lo practica. **GRA.** También s. m. y s. f. *Había sido secuestrado por unos terroristas.* **SIN.** Guerrillero, saboteador. **2.** Que pertenece o se refiere al terrorismo. *Grupos terroristas.* **SIN.** Violento.

terruño (te-**rru**-ño) *s. m.* **1.** Comarca o tierra, especialmente el país natal. *Sentía nostalgia de su terruño.* **SIN.** Cuna, pueblo, patria, tierra natal, hogar. **2.** Trozo de tierra. *Cultivaba su pequeño terruño.*

terso, sa (**ter**-so) *adj.* Sin arrugas. *Su piel era tersa y suave.* **SIN.** Liso. **ANT.** Arrugado.

tertulia (ter-**tu**-lia) *s. f.* Conjunto o reunión de personas que se juntan habitualmente para conversar o recrearse. *Tenían una agradable tertulia.* **SIN.** Corrillo, sociedad, peña, club, círculo, pandilla. || **LOC. estar de tertulia** *fam.* Conversar, hablar.

tesela (te-**se**-la) *s. f.* Cada una de las piezas cúbicas con que se formaban los pavimentos de mosaicos. *El mosaico estaba hecho con diminutas teselas de colores.*

tesina (te-**si**-na) *s. f.* Trabajo de investigación escrito, exigido para obtener ciertos grados académicos inferiores al de doctor. *Mañana leerá la tesina.*

tesis (**te**-sis) *s. f.* **1.** Proposición que se mantiene con razonamientos. *Echaron por tierra su tesis.* **SIN.** Opinión, teoría, juicio, consideración, suposición. **2.** Disertación escrita presentada en la universidad por el aspirante al título de doctor. *Será doctora cuando lea su tesis sobre la clonación.* **SIN.** Memoria, estudio, disertación. 🔖 Invariable en número.

tesitura (te-si-**tu**-ra) *s. f.* Actitud, o disposición del ánimo. *No se había encontrado nunca en semejante tesitura.* **SIN.** Postura, humor, posición.

tesón (te-**són**) *s. m.* Firmeza, perseverancia que se pone en la ejecución de algo. *Pone mucho tesón en todo lo que hace.* **SIN.** Constancia, empeño, tenacidad, voluntad, esfuerzo. **ANT.** Abandono, cesación, inconstancia, renuncia.

tesorero, ra (te-so-**re**-ro) *s. m. y s. f.* Persona encargada de custodiar y distribuir los caudales de una colectividad. *Es la tesorera de la comunidad de vecinos.* **SIN.** Administrador, cajero, delegado.

tesoro (te-**so**-ro) *s. m.* **1.** Cantidad de dinero, alhajas, etc., reunida y guardada. *Tenían un gran tesoro guardado en el banco.* **SIN.** Caudal, valores, bienes, fortuna, riquezas. **2.** Erario de la nación. *Invirtió en bonos del tesoro público.* **SIN.** Hacienda, fisco. **3.** Abundancia de caudal guardado y conservado. *Había conseguido ahorrar un pequeño tesoro.* **4.** Persona o cosa de mucho precio, o digna de estimación. *Su amigo es un verdadero tesoro.* **5.** Nombre dado por sus autores a ciertos diccionarios o catálogos científicos o literarios de gran erudición. *Covarrubias escribió el "Tesoro de la lengua castellana o española".* **6.** Conjunto escondido de monedas o cosas preciosas, de cuyo dueño no queda memoria. *Los piratas encontraron el tesoro enterrado en la isla.*

test *s. m.* **1.** Examen, prueba. *He sacado muy buena nota en el test.* **2.** Prueba psicológica que pretende estudiar alguna función o capacidad. *Le hicieron test de inteligencia y de personalidad en la prueba para el trabajo.* 🔖 Invariable en número.

testa (**tes**-ta) *s. f.* Cabeza del ser humano y de los animales. *Derribó al toro de un golpe en la testa.* **SIN.** Testuz, cara, frente.

testamento (tes-ta-**men**-to) *s. m.* **1.** Negocio jurídico, unilateral y solemne, mediante el cual una persona dicta disposiciones, respecto de sus bienes y asuntos, para después de su muerte. *Hizo testamento.* **SIN.** Memoria, última voluntad, otorgamiento, herencia. **2.** Documento legal en que consta este negocio jurídico. *Encontraron el testamento en uno de los cajones de su escritorio.* || **3. Antiguo, o Viejo, Testamento** Parte de la Sagrada Escritura en que se contienen las obras de Moisés y todas las demás canónicas anteriores a la venida de Jesucristo. **4. Nuevo Testamento** Parte de la Sagrada Escritura en que se contienen los Evangelios y demás obras posteriores a la venida de Jesucristo.

testar (tes-**tar**) *v. intr.* Hacer testamento. *Nos mandó llamar al notario porque quería testar.* **SIN.** Legar, ceder, otorgar, disponer.

testarudo, da (tes-ta-**ru**-do) *adj.* Porfiado, terco. **GRA.** También s. m. y s. f. *Es una persona muy testa-*

ruda. **SIN.** Pertinaz, obstinado, cabezota, emperrado. **ANT.** Dócil, condescendiente, comprensivo, sumiso, flexible.

testículo (tes-**tí**-cu-lo) *s. m.* Cada uno de los órganos sexuales masculinos que producen espermatozoides. *Tenía inflamado uno de los testículos.* **SIN.** Criadilla, genitales.

testificar (tes-ti-fi-**car**) *v. tr.* **1.** Declarar como testigo en algún acto judicial. *Fue llamado a testificar.* **SIN.** Explicar, atestiguar, exponer. **2.** Declarar con seguridad y verdad una cosa. *Testificó que había estado con el acusado toda la tarde.* **SIN.** Refrendar, rubricar, certificar, legitimar. ✎ Se conjuga como abarcar.

testigo (tes-**ti**-go) *s. m. y s. f.* **1.** Persona que conoce una cosa por haberla visto y puede hablar de ella. *Fue el testigo del atraco y tuvo que ir a declarar. Fue testigo de su boda.* **SIN.** Declarante, deponente, testificador, atestiguante, informador, testificante. ‖ *s. m.* **2.** En las carreras de relevos, objeto que intercambian los corredores de un mismo equipo en un lugar señalado. *Perdieron tiempo porque se les cayó el testigo.* ‖ **3. testigo de cargo** El que declara en contra del procesado.

testimonial (tes-ti-mo-**nial**) *adj.* Que hace fe y verdadero testimonio. *Su presencia fue meramente testimonial.*

testimonio (tes-ti-**mo**-nio) *s. m.* **1.** Atestación o aseveración de una cosa. *Su testimonio será de vital importancia en el juicio.* **SIN.** Atestiguación, certificación, declaración. ‖ **2. falso testimonio** Falsa atribución de una culpa. | Delito que comete el testigo que declara faltando a la verdad en una causa criminal.

testuz (tes-**tuz**) *s. f.* En algunos animales, frente, y en otros, nuca. *Mató al pobre animal de un golpe en la testuz.* **SIN.** Testa, cabeza, pestorejo. ✎ Su pl. es "testuces".

teta (**te**-ta) *s. f.* Cada uno de los órganos glandulosos y salientes que tienen los mamíferos y sirven en las hembras para la secreción de la leche. *Los cachorros chupaban con ganas la leche de la teta de su madre.* **SIN.** Pecho, ubre, mama, seno, busto.

tétanos (**té**-ta-nos) *s. m.* Enfermedad muy grave producida por un bacilo que penetra, en general, a través de las heridas y ataca al sistema nervioso. Sus síntomas principales son la contracción dolorosa y permanente de los músculos y la fiebre. *Cuando se cortó con la lata le pusieron la vacuna del tétanos.* ✎ Invariable en número.

tête a tête *expr.* Cara a cara. *Nos vimos tête a tête.*

tetera (te-**te**-ra) *s. f.* Vasija con tapadera y un pitorro que sirve para preparar o servir el té. *Me regalaron una bonita tetera de porcelana.* **SIN.** Samovar, pote, cafetera.

tetilla (te-**ti**-lla) *s. f.* **1.** Cada una de las tetas de los machos en los mamíferos, menos desarrolladas que en las hembras. *El boxeador recibió un golpe en la tetilla derecha.* **2.** Especie de pezón de goma que se pone al biberón para que chupe el niño. *Hay que cambiar la tetilla al biberón.* **SIN.** Chupete, tetina.

tetina (te-**ti**-na) *s. f.* Tetilla, especie de pezón que se pone en los biberones. *Esterilizamos la tetina con agua hirviendo.* **SIN.** Chupete, tetilla.

tetraedro (te-tra-e-**dro**) *s. m.* Sólido terminado por cuatro caras o planos. *Era un tetraedro regular.* **SIN.** Poliedro.

tetralogía (te-tra-lo-**gí**-a) *s. f.* **1.** Conjunto de cuatro obras dramáticas que los antiguos poetas griegos presentaban juntas en los concursos públicos. *Sófocles y Eurípides escribieron tetralogías.* **2.** Conjunto de cuatro obras literarias que tienen entre sí enlace histórico o unidad de pensamiento. *Es autora de una interesante tetralogía.*

tétrico, ca (**té**-tri-co) *adj.* De tristeza deprimente, grave y melancólico. *El ambiente era muy tétrico.* **SIN.** Macabro, lóbrego, funesto, sombrío, pesimista. **ANT.** Alegre, animado, optimista, festivo.

textil (tex-**til**) *adj.* **1.** Se dice de la materia que puede tejerse. **GRA.** También *s. m. Fibra textil.* **2.** Que se refiere al arte de tejer o a los tejidos. *Industria textil.*

texto (**tex**-to) *s. m.* **1.** Párrafo de un libro o escrito de un autor. *Copia ese texto.* **SIN.** Contenido, escrito, argumento. **2.** Libro, manual. *Compré el texto de lengua que nos habían indicado.* **SIN.** Obra, volumen, vademécum. ‖ **3. Sagrado Texto** La Biblia.

textual (tex-**tual**) *adj.* Se dice de lo que es igual o se atiene con precisión a lo dicho en otro lugar. *Era una cita textual.* **SIN.** Idéntico, exacto, preciso. **ANT.** Falso, inexacto, distinto.

textura (tex-**tu**-ra) *s. f.* **1.** Disposición y orden de los hilos en una tela. *Este tejido tiene una textura sedosa.* **SIN.** Trama, enlace, urdimbre. **2.** Disposición que tienen las partículas de un cuerpo o sustancia entre sí. *Era un suelo de textura limosa.*

tez *s. f.* Superficie, especialmente la del rostro humano. *Tenía una tez muy pálida.* **SIN.** Cutis, dermis, epidermis.

thriller *s. m.* Género cinematográfico basado en el suspense y la intriga. *El thriller era muy interesante.*

ti *pron. pers.* Forma tónica del pronombre personal de segunda persona, género masculino o femenino y número singular, que, precedida siempre de preposición, funciona como complemento. *Depende de ti.*

tía (**tí**-a) *s. f.* **1.** Respecto de una persona, hermana o prima de su padre o madre. La primera se llama carnal, y la otra, segunda, tercera, etc. según los grados que dista. *Ayer fue a comer a casa de su tía.* **SIN.** Pariente. **2.** *fam.* Apelativo con el que se designa a la mujer de quien se dice algo. *Qué tía más simpática.* ‖ **3. tía abuela** Con relación a una persona, hermana de uno de los abuelos. **4. tía buena** *fam.* Mujer muy atractiva. ‖ **LOC. contárselo alguien a su tía** *fam.* Frase con que se niega o pone en duda lo que otro refiere como cierto. **no hay tu tía** *fam.* Expresión que indica la imposibilidad de alcanzar una cosa. **quedarse para tía** *fam.* Quedarse soltera.

tibia (**ti**-bia) *s. f.* Hueso principal y anterior de la pierna de un ser racional y de la extremidad posterior de un animal, entre el tarso y la rodilla. *Tenía una fractura de tibia.* **SIN.** Espinilla, pierna.

tibio, bia (**ti**-bio) *adj.* **1.** Templado, que no está ni caliente ni frío. *El agua sale tibia.* **SIN.** Suave, fresco, atemperado, agradable. **ANT.** Ardiente, helado. **2.** *amer.* Colérico, enojado. ‖ **LOC. ponerse tibio** *fam.* Darse un atracón de comida. | Mancharse mucho. **poner tibio a alguien** *fam.* Reprenderle con dureza o criticarle.

tiburón (ti-bu-**rón**) *s. m.* **1.** Pez marino selacio, de gran tamaño, muy voraz, con el dorso gris azulado y el vientre blanco. *En el océano Pacífico hay tiburones.* **2.** Persona que adquiere acciones de una empresa o banco con el fin de hacerse con su control. *Es un auténtico tiburón en los negocios.* **SIN.** Especulador, ambicioso, ventajista.

tic *s. m.* Movimiento inconsciente habitual ocasionado por la contracción de un músculo. *Tenía un tic en el ojo.* **SIN.** Gesto, crispamiento, temblor, espasmo.

ticket *s. m.* *Tique.

tictac (tic-**tac**) *s. m.* Ruido acompasado que produce el reloj. *Siempre se quedaba dormido escuchando el tictac del reloj.* **SIN.** Compás, ritmo, taque. ✎ Su pl. es "tictacs".

tie break *expr.* *Muerte súbita.

tiempo (**tiem**-po) *s. m.* **1.** Duración de las cosas. *Los zapatos me duraron poco tiempo.* **SIN.** Lapso, transcurso, espacio, período. **2.** Época en la que vive alguien o sucede algo. *Este puente se construyó en tiempo de los romanos.* **SIN.** Era, vida, temporada, existencia. **3.** Estado de la atmósfera, particularmente los distintos estados que se producen en un breve período de tiempo. *Hoy hace buen tiempo.* **SIN.** Temperatura, clima. **4.** Tratándose del año, estación. *El tiempo que más le gusta es el otoño.* **5.** *Edad. **6.** Oportunidad de realizar algo. *Casi se te pasa el tiempo.* **7.** Espacio libre de que alguien dispone para dedicarse a determinada ocupación. *Apenas tenía tiempo para sus aficiones.* **8.** Aspecto de la conjugación correspondiente a la época relativa en que se ejecuta la acción verbal. *Presente, pretérito perfecto, pretérito pluscuamperfecto, etc. son tiempos verbales.* **9.** Fase de un motor. *Es un motor de dos tiempos.* ‖ **10. tiempo perdido** El que se deja transcurrir sin hacer nada provechoso. **11. tiempos modernos** Edad contemporánea. ‖ **LOC. a su tiempo**, o **a tiempo** En momento oportuno. **a un**, o **al mismo, tiempo** Simultáneamente. **con el tiempo** Una vez transcurrido cierto tiempo. **con tiempo** Con anticipación, sin prisas. Cuando es todavía ocasión propicia. **dar tiempo** *fam.* Guardar la ocasión propicia para realizar una cosa. | Ser condescendiente. **del tiempo** Propio de la época del año en la que se está. | Hablando de una bebida, no enfriada. **del tiempo de Maricastaña** *fam.* De época muy antigua. **en tiempos** En el pasado. **faltarle a alguien tiempo para hacer algo** Hacerlo con la mayor celeridad posible. **hacer alguien tiempo** Entretenerse esperando que le llegue el momento oportuno para realizar algo. **matar, perder**, o **gastar, alguien el tiempo** Malgastarlo. **sentar el tiempo** Abonanzar. **tener tiempo** Disponer de tiempo para hacer algo. **tomarse tiempo** No hacer algo inmediatamente, sino dejar pasar un intervalo para hacerlo. **y si no, al tiempo** Expresión con la que se quiere indicar que el tiempo corroborará un asunto que aún no se ha resuelto.

tienda (**tien**-da) *s. f.* **1.** Casa o local donde se venden cosas. *Trabaja de dependiente en una tienda.* **SIN.** Comercio, establecimiento. **2.** Especie de caseta de tela armada con palos, que sirve de alojamiento en el campo. *Lo primero que hicimos nada más llegar al camping fue montar la tienda.* ‖ **3. tienda de campaña** Tienda de campo. **4. tienda de modas** Aquella en la que se vende ropa de última moda.

tientas, a *loc. adv.* **1.** Reconociendo las cosas por el tacto, por oscuridad o ceguera. *Buscó a tientas la llave de la luz.* **2.** Con incertidumbre, sin tino. *Contestó a tientas.*

tiento (tien-to) *s. m.* Cuidado, prudencia. *Hay que ir con mucho tiento.* **SIN.** Cautela, atención, moderación, medida. ‖ **LOC. tomar el tiento a una cosa** *fam.* Examinarla.

tierno, na (tier-no) *adj.* **1.** Que no es duro, fácil de doblar, deformar o romper. *El viento rompió los tallos más tiernos de la planta.* **SIN.** Blando, delicado, flexible. **ANT.** Duro, tieso, rígido. **2.** Que es de hace poco tiempo. *Los frutos están tiernos.* **SIN.** Reciente, fresco. **ANT.** Pasado. **3.** Cariñoso y amable. *Le dijo palabras muy tiernas.* **SIN.** Afectuoso, amoroso. **ANT.** Hosco, antipático, cruel. **4.** Se dice de la edad de la niñez. *Tenía muchos recuerdos de su tierna edad.*

MAGNITUDES TERRESTRES

Edad: unos 4 600 millones de años
Diámetro: de polo a polo, pasando por el centro de la Tierra, 12 700 km; en el ecuador, pasando por el centro, 12 760 km
Circunferencia: en torno a los polos, 40 700 km; en el ecuador, 40 170 km.
Superficie: tierras emergidas: 148 800 000 km² (29%); agua: 361 300 000 km² (71%).
Volumen de los océanos: 1 321 millones de km³
Altura media de las tierras emergidas: 840 m sobre el nivel del mar.
Profundidad media de los océanos: 3 795 m.

---

tierra (tie-rra) *s. f.* **1.** Planeta que habitamos. **ORT.** Se escribe con mayúscula. *La Tierra gira alrededor del Sol.* **SIN.** Esfera, globo, orbe, mundo. **2.** Superficie del planeta que no está ocupada por el mar. *La tierra ocupa menos superficie del planeta que el mar.* **SIN.** Litosfera, tierra firme. **3.** Materia de la que está hecho el suelo. *He cogido tierra para plantar tulipanes.* **SIN.** Arena, arcilla, barro, polvo, humus, légamo, mantillo. **4.** Región o país. *La gente que vive lejos de su tierra la añora.* **SIN.** Patria, nación. **ANT.** Extranjero. ‖ **5. tierra de Promisión, o prometida** La que es muy fértil. **6. tierra firme** Continente. | Terreno adecuado para edificar. **8. Tierra Santa** Lugares de Palestina donde nació, vivió y murió Jesucristo. ‖ **LOC. echar algo por tierra** Estropearlo. **poner alguien tierra en, o por, medio** Ausentarse, huir. **quedarse alguien en tierra** No lograr subir a un medio de transporte. **tomar tierra** Aportar, arribar la embarcación. | Aterrizar una aeronave. | Desembarcar las personas. **¡trágame tierra!** *fam.* Frase con la que se da a entender una gran vergüenza. **tragárselo a alguien la tierra** *fam.* Frase que se refiere a la persona que ha desaparecido de los sitios más acostumbrados. **venir, o venirse, a tierra una cosa** Caer, arruinarse, destruirse. ✱

tieso, sa (tie-so) *adj.* **1.** Duro, que cede con dificultad, se dobla o rompe. *El árbol estaba muy tieso.* **SIN.** Recio, sólido, agarrotado, rígido. **ANT.** Encogido, flojo, blando. **2.** Tenso, tirante. *La cuerda estaba muy tiesa.* **ANT.** Flojo, relajado. **3.** Valiente, animoso. *Se mostró muy tiesa en todo momento.* **SIN.** Esforzado, valeroso, decidido. **ANT.** Cobarde, pusilánime. ‖ **LOC. dejar tieso a alguien** *fam.* Causarle una fuerte impresión. | *fam.* Matarle. **quedarse alguien tieso** *fam.* Tener mucho frío. | Quedarse impactado. | Morirse. | Quedarse sin dinero.

tiesto (ties-to) *s. m.* **1.** Maceta para plantas. *Tiene el balcón lleno de tiestos.* **SIN.** Macetero, florero, jardinera. **2.** *Chil.* Vasija, en general. ‖ **LOC. mear fuera del tiesto** *fam.* Salirse de la cuestión o decir algo que no tiene relación con lo que se trata. **salirse, o sacar los pies, del tiesto** *fam.* Decir algo fuera de lugar.

tifón (ti-fón) *s. m.* Huracán producido en las regiones occidentales del Pacífico. *Un tifón azotó la región.* **SIN.** Tornado, tromba, galerna, ciclón.

tifus (ti-fus) *s. m.* Enfermedad infecciosa muy grave, febril, que se caracteriza por desórdenes cerebrales y erupción de manchas rojas en algunas partes del cuerpo. *Le entró el tifus.* **SIN.** Cólera, tabardillo, peste, infección. ✎ Invariable en número.

tigre, sa (ti-gre) *s. m. y s. f.* Mamífero carnívoro muy feroz, propio de Asia, de gran tamaño y con el pelaje amarillento y rayado de negro en el lomo y la cola. *El tigre de Bengala es una especie en peligro de extinción.*

tijera (ti-je-ra) *s. f.* Instrumento para cortar compuesto de dos hojas de acero, que pueden girar alrededor de un eje que las traba. **GRA.** Se usa más en pl. *Déjame las tijeras para cortar la tela que sobra.* ‖ **LOC. echar, o meter, la tijera** Alejar los inconvenientes que se presentan en un asunto. **ser alguien buena tijera** *fam.* Ser muy criticón. | Comer mucho.

tijereta (ti-je-**re**-ta) *s. f.* Salto en el que las piernas se cruzan hacia delante. *Hizo una tijereta y metió gol.*

tijeretada (ti-je-re-**ta**-da) *s. f.* Corte hecho de un golpe con las tijeras. *El peluquero le metió un buen tijeretazo en el pelo.* **SIN.** Tijerada, corte, sección, incisión, esquileo.

tijeretazo (ti-je-re-**ta**-zo) *s. m.* *Tijeretada.

tila - tino

tila (**ti**-la) *s. f.* **1.** *Tilo. **2.** Flor del tilo. *Las tilas tienen un olor agradable.* **3.** Bebida antiespasmódica hecha de flores de tilo en infusión. *Cuando está nervioso se toma una tila para tranquilizarse.* **SIN.** Cocción, infusión, tisana, calmante.

tildar (til-**dar**) *v. tr.* Señalar con alguna nota denigrativa a una persona. *Le tildaron de cobarde.* **SIN.** Acusar, difamar, desacreditar, mancillar. **ANT.** Ensalzar, alabar, respetar. ✎ Se construye seguido de la prep. "de".

tilde (**til**-de) *s. amb.* **1.** Rasgo que se pone sobre algunas abreviaturas, el que lleva la "ñ" y cualquier otro signo análogo. **GRA.** Se usa más como s. f. *Te falta la tilde de la "ñ".* **SIN.** Trazo, marca, señal, apóstrofo, virgulilla. ‖ *s. f.* **2.** Acento ortográfico. *"Cañón" lleva tilde en la "o".*

tilín (ti-**lín**) *s. m.* Sonido de la campanilla. *El tilín se oía desde el otro extremo de la casa.* **SIN.** Cascabeleo, campanilleo. ‖ **LOC. hacer tilín** *fam.* Caer en gracia, agradar, atraer, inspirar afecto. **tener tilín** *fam.* Tener gracia o atractivo.

tilo (**ti**-lo) *s. m.* **1.** Árbol de flores blanquecinas, olorosas y medicinales. Su madera es muy usada en escultura y carpintería. *Han plantado tilos en la avenida.* **2.** *Col.* Yema floral del maíz.

timar (ti-**mar**) *v. tr.* Quitar o hurtar algo con engaño. *Le timaron en la calle.* **SIN.** Defraudar, estafar, sablear, robar, sonsacar. **ANT.** Devolver, reintegrar.

timba (**tim**-ba) *s. f.* **1.** *fam.* Partida de juego de azar. *Organizamos una timba.* **2.** *fam.* Casa de juego. *Aquel bar en realidad era una timba.* **SIN.** Tasca, garito, antro, tahurería.

timbal (tim-**bal**) *s. m.* Especie de tambor, con caja metálica semiesférica cubierta por una piel tirante. *Toca el timbal.*

timbrazo (tim-**bra**-zo) *s. m.* Toque fuerte de un timbre. *Dio un timbrazo.* **SIN.** Sonido, llamada.

timbre (**tim**-bre) *s. m.* **1.** Aparato eléctrico o manual que sirve para llamar. *Suena el timbre de la puerta, alguien está llamando.* **SIN.** Llamador, avisador. **2.** Manera de ser un sonido. *Su voz tiene un timbre muy agudo.* **3.** Sello, especialmente el que se estampa en seco. *Estampó el timbre en el sobre.* **SIN.** Estampilla, póliza.

timidez (ti-mi-**dez**) *s. f.* Cualidad de tímido. *Consiguió vencer su timidez.* **SIN.** Desconfianza, duda, miedo, apocamiento, cobardía, vergüenza. **ANT.** Decisión, valor, arrojo. ✎ Su pl. es "timideces".

tímido, da (**tí**-mi-do) *adj.* Temeroso, apocado. *Es un poco tímido.* **SIN.** Asustadizo, pusilánime, vergonzoso, indeciso. **ANT.** Valeroso, decidido, resuelto, osado.

timo[1] (**ti**-mo) *s. m., fam.* Acción y efecto de timar. *Le dieron el timo.* **SIN.** Fraude, estafa, sablazo, engaño. **ANT.** Honradez, honestidad.

timo[2] (**ti**-mo) *s. m.* Glándula de la parte baja del cuello. *La secreción del timo actúa sobre el crecimiento de los huesos y el desarrollo de las glándulas genitales.*

timón (ti-**món**) *s. m.* **1.** Dirección o gobierno de un negocio. *Llevaba el timón de la empresa.* **SIN.** Mando, gobierno, autoridad, riendas. **2.** Pieza de madera o de hierro que sirve para gobernar la nave. *Iba al frente del timón.*

timonel (ti-mo-**nel**) *s. m.* Persona que gobierna el timón de la nave. *Era timonel de un barco.* **SIN.** Timonero, conductor, guía, piloto.

timorato, ta (ti-mo-**ra**-to) *adj.* **1.** Tímido, indeciso. *Es un poco timorata.* **SIN.** Pusilánime, apocado, vergonzoso, miedoso. **ANT.** Valeroso, decidido, audaz, resuelto. **2.** Se dice de la persona que se escandaliza con facilidad. *No le digas eso, es muy timorato.* **SIN.** Mojigato, gazmoño, ñoño. **ANT.** Lanzado, audaz.

tímpano (**tím**-pa-no) *s. m.* **1.** Membrana que separa el conducto auditivo externo del oído medio. *Se le perforó el tímpano.* **SIN.** Tela, telilla. **2.** Espacio triangular que queda entre las dos cornisas inclinadas de un frontón y la horizontal de su base. *El tímpano estaba decorado con bellas esculturas.* **SIN.** Témpano, frontón, triángulo.

tina (**ti**-na) *s. f.* **1.** Tinaja de barro. *Metió aceite en una tina.* **SIN.** Barreño, cuba, caldera, caldero, cubeta. **2.** *Barreño. **3.** Baño, bañera. *Preparó la tina con agua caliente.* **SIN.** Pila, artesa.

tinaja (ti-**na**-ja) *s. f.* Vasija grande de barro cocido, mucho más ancha por el medio que por el fondo y por la boca. *En el sótano guardaba varias tinajas de aceite.* **SIN.** Pozal, cántaro, buitrera.

tinglado (tin-**gla**-do) *s. m.* Artificio, enredo, maquinación. *Se montó un buen tinglado.* **SIN.** Lío, trampa, intriga. **ANT.** Franqueza, sinceridad, nobleza.

tiniebla (ti-**nie**-bla) *s. f.* **1.** Falta de luz. **GRA.** Se usa más en pl. *Todo estaba en tinieblas.* **SIN.** Oscuridad, negrura, sombras, lobreguez. **ANT.** Claridad, luz, luminosidad. ‖ *s. f. pl.* **2.** Suma ignorancia. *No quería salir de las tinieblas.* **SIN.** Incultura, analfabetismo, desconocimiento. **ANT.** Conocimiento, cultura, sabiduría.

tino (**ti**-no) *s. m.* **1.** Hábito o facilidad de acertar a tientas con las cosas que se buscan. *Lo hizo con ti-*

no. **SIN.** Acierto, ojo, tiento, mano. **ANT.** Desacierto, inseguridad, inhabilidad. **2.** Destreza para dar en el blanco. *Tiene mucho tino.* **SIN.** Pulso, puntería, acierto. **SIN.** Torpeza, inseguridad. **3.** Juicio y cordura. *Actuó con tino.* **SIN.** Prudencia, discreción, moderación, ponderación. **ANT.** Desequilibrio, exageración.

tinta (**tin**-ta) *s. f.* **1.** Sustancia de color, fluida o viscosa, para escribir, dibujar o imprimir. *Se acabó la tinta del bolígrafo.* **2.** Líquido que segregan los calamares para protegerse tiñendo el agua. *Preparó calamares en su tinta.* ‖ **3. medias tintas** *fam.* Actos, palabras o juicios vagos que manifiestan cautela y recelo. **4. tinta china** La hecha con negro de humo, especialmente adecuada para dibujar. ‖ **LOC. correr tinta, o ríos de tinta, sobre algo** Ser muy tratado en la prensa u otro tipo de publicaciones. **recargar, o cargar, alguien las tintas** Exagerar la importancia o alcance de algo. **saber alguien de buena tinta una cosa** Conocerla de fuente fidedigna. **sudar tinta** Realizar un trabajo poniendo gran esfuerzo.

tintar (tin-**tar**) *v. tr.* Dar a una cosa un color diferente del que antes tenía. **GRA.** También v. prnl. *Tintó los zapatos de negro.* **SIN.** Teñir, colorar, colorear.

tinte (**tin**-te) *s. m.* **1.** Acción y efecto de teñir. *Dio un segundo tinte al bolso.* **SIN.** Teñidura, retinte. **2.** Color con que se tiñe. *Compró tinte rojo.* **SIN.** Colorante, tono, tinta. **3.** Lugar o establecimiento donde se tiñe. *Lleva la chaqueta de ante al tinte.* **SIN.** Tintorería.

tintero (tin-**te**-ro) *s. m.* Vaso o frasco de boca ancha, en que se pone la tinta de escribir. *Se le derramó el tintero.* ‖ **LOC. dejar, o dejarse, alguien, o quedársele a alguien en el tintero una cosa** *fam.* Olvidarla u omitirla.

tintín (tin-**tín**) *s. m.* Onomatopeya del sonido de la campanilla, del timbre y del que hacen al chocar los vasos, copas, etc. *Hicieron tintín con sus copas para brindar.* **SIN.** Tintineo, repiqueteo. **ANT.** Silencio.

tinto, ta (**tin**-to) *adj.* Se dice de la uva que tiene negro el zumo y del vino que de ella se obtiene. **GRA.** También s. m. *Pidieron vino tinto para comer.*

tintorería (tin-to-re-**rí**-a) *s. f.* Tinte, taller o tienda donde se tiñe o se limpia la ropa en seco. *Vete a recoger la americana a la tintorería.*

tintura (tin-**tu**-ra) *s. f.* **1.** *Tinte. **2.** Disolución de una sustancia medicinal en agua, alcohol o éter. *Tintura de yodo.*

tinturar (tin-tu-**rar**) *v. tr.* *Teñir.

tiña (**ti**-ña) *s. f.* Cualquiera de las enfermedades contagiosas de la piel, producidas por diversos parásitos vegetales, que produce escamas, costras o la caída del cabello. *Tenía tiña.* ‖ **LOC. ser alguien más malo que la tiña** Ser muy malo.

tío (**tí**-o) *s. m.* **1.** Hermano del padre o de la madre. *La tía María es hermana de mi madre.* **SIN.** Familiar, pariente, tito. **2.** *fam.* Seguido de adjetivos despectivos, tiene el mismo significado que "so". *Tío pelma.* **3.** *fam.* Persona de quien se pondera algo bueno o malo. *Éste sí que es un tío simpático.* **4.** *fam.* Persona cuyo nombre se ignora o no se quiere decir. *Encontramos a un tío sentado en la puerta.* ‖ **5. tío abuelo** Respecto de una persona, hermano de uno de sus abuelos. **tío bueno** *fam.* Hombre muy atractivo. ‖ **LOC. tener un tío en América** *fam.* Contar con el favor o los recursos de una persona influyente o adinerada.

tiovivo (tio-**vi**-vo) *s. m.* Plataforma giratoria sobre la cual se instalan caballitos de madera, coches, etc., y sirve de diversión en las ferias. *Le gustaba montar en el tiovivo.* **SIN.** Caballitos, atracción, carrusel, rueda, noria.

tipejo (ti-**pe**-jo) *s. m., fam.* Persona ridícula y despreciable. *No nos fiábamos de ese tipejo.* **SIN.** Mamarracho, esperpento, adefesio, fulano. **ANT.** Hombrón, personaje, figura.

tipi (**ti**-pi) *s. m.* Tienda cónica construida a base de pieles sobre una estructura de madera, propia de los primeros pobladores de América del Norte. *Nos enseñaron cómo se hacían los tipis.*

típico, ca (**tí**-pi-co) *adj.* **1.** Peculiar de la persona o cosa de que se trata. *No avisar es muy típico de él.* **SIN.** Característico, particular, personal. **ANT.** General, corriente, atípico. **2.** Se aplica a las costumbres, productos, etc. de un país o región. *Comimos el plato típico de allí.* **SIN.** Popular, costumbrista, tradicional, folclórico. **3.** *amer.* Se dice de la orquesta entre cuyos instrumentos figura el bandoneón. **GRA.** También s. f.

tiple (**ti**-ple) *s. m.* **1.** La más aguda de las voces humanas. **SIN.** Soprano, tiplisonante. *La tiple interpretó su aria.* ‖ *s. m. y s. f.* **2.** Persona que tiene voz de tiple. *Este niño es un tiple.*

tipo (**ti**-po) *s. m.* **1.** Aquello que tiene bien definidas las cualidades del grupo al que pertenece. *El rock es el tipo de música que les gusta a los jóvenes.* **SIN.** Clase. **2.** Modelo a imitar. *Tengo que escribir una carta siguiendo el tipo que nos dio el profesor.* **SIN.** Muestra, prototipo, arquetipo, símbolo, ejemplo.

3. Figura de una persona. *Mi hermana tiene buen tipo.* **SIN.** Silueta, talle. **4.** En la clasificación de animales y plantas, grupo situado por debajo del reino. *Sitúa cada planta dentro de su tipo.* **5.** Persona extraña y singular. *Vino un tipo preguntando por ti.* **SIN.** Mamarracho, esperpento, adefesio. ‖ **LOC. jugarse el tipo** *fam.* Exponer la integridad física en un asunto arriesgado. **mantener el tipo** *fam.* Comportarse valientemente ante la adversidad o el peligro.

tipografía (ti-po-gra-**fí**-a) *s. f.* *Imprenta.

tipología (ti-po-lo-**gí**-a) *s. f.* Estudio y clasificación de tipos que se utiliza en diversas ciencias. *Para resolver la teoría hay que estudiar su tipología.*

tique *s. m.* Billete. *Nos pidieron el tique.*

tiquismiquis (ti-quis-**mi**-quis) *s. m. pl.* **1.** Escrúpulos o reparos vanos o nimios. *No se anduvo con tiquismiquis.* **SIN.** Melindres, miramientos, remilgos. **ANT.** Naturalidad, unanimidad. ‖ *s. m. y s. f.* **2.** Persona que los hace o dice. *Se está volviendo un poco tiquismiquis.* **SIN.** Remilgado. ✎ Invariable en número.

tira (**ti**-ra) *s. f.* **1.** Pedazo largo y angosto de tela, papel u otra cosa delgada. *Corta la tela en tiras.* **SIN.** Banda, cinta, faja, lista. **2.** *fam.* Con el artículo "la", significa gran cantidad de una cosa. *La tira de libros.* ‖ **LOC. hacer tiras una cosa** *fam.* Destrozarla, romperla.

tirabuzón (ti-ra-bu-**zón**) *s. m.* Rizo de cabello, largo y pendiente en espiral. *La peinaron con tirabuzones.* **SIN.** Bucle, caracol, sortija.

tirachinas (ti-ra-**chi**-nas) *s. f.* Goma atada a un palo en forma de horquilla que sirve para lanzar piedras pequeñas. *Estaban jugando con el tirachinas.* ✎ Invariable en número.

tirada (ti-**ra**-da) *s. f.* **1.** Acción de tirar. *Falló su tirada a puerta.* **SIN.** Disparo, expulsión, lanzamiento. **2.** Distancia que hay de un lugar a otro, o de un tiempo a otro. *Hasta su casa hay todavía una buena tirada.* **SIN.** Trecho, tramo, trayecto, extensión. **3.** Serie de cosas que se dicen o escriben de un tirón. *Contestó toda la tirada de preguntas sin vacilar.* **SIN.** Ristra, racha, sarta. **4.** Acción y efecto de imprimir. *Van ya por la tercera tirada.* **SIN.** Edición, impresión, tiraje. **5.** Número de ejemplares de una edición. *Hicieron una tirada de 90 000 ejemplares.* **SIN.** Lanzamiento, edición. ‖ **LOC. de, o en, una tirada** De una sola vez.

tirado, da (ti-**ra**-do) *adj.* **1.** Se dice de las cosas que abundan mucho o que se dan muy baratas. *Este año el precio de las patatas está tirado.* **SIN.** Regalado, saldo, ganga. **ANT.** Caro, excesivo. **2.** *fam.* Se dice de aquello que es muy sencillo de conseguir o de hacer. *El problema estaba tirado.* **SIN.** Fácil, comido, chupado. **ANT.** Complicado, dificultoso. **3.** *fam.* Se dice de la persona que ha perdido la vergüenza. *Es un pobre tirado.* **SIN.** Ruin, miserable.

tirador (ti-ra-**dor**) *s. m.* **1.** Asidero, cordón, cadenilla, etc. del cual se tira para cerrar una puerta, abrir un cajón, etc. *Se quedó con el tirador de la puerta en la mano.* **SIN.** Pomo, mango, empuñadura, asidero. **2.** *Tirachinas.

tirafondo (ti-ra-**fon**-do) *s. m.* Tornillo para asegurar en la madera algunas piezas de hierro. *Pon unos tirafondos para que quede bien sujeto.*

tiralíneas (ti-ra-**lí**-ne-as) *s. m.* Instrumento de metal que sirve para trazar líneas de tinta. *Al examen de dibujo había que llevar compás, regla y tiralíneas.* ✎ Invariable en número.

tiranía (ti-ra-**ní**-a) *s. f.* Abuso de cualquier poder o fuerza. *Su gobierno era una auténtica tiranía.* **SIN.** Avasallamiento, atropello. **ANT.** Tolerancia, respeto, moderación.

tiranicida (ti-ra-ni-**ci**-da) *adj.* Que da muerte a un tirano. **GRA.** Se usa más como s. m. y s. f. *Detuvieron al tiranicida.*

tiranizar (ti-ra-ni-**zar**) *v. tr.* Dominar tiránicamente. *Tiranizaba a su pueblo.* **SIN.** Someter, oprimir. **ANT.** Emancipar, liberar. ✎ Se conjuga como abrazar.

tirano, na (ti-**ra**-no) *adj.* **1.** Se dice de la persona que se apropia del poder supremo ilegítimamente, o que rige un Estado sin justicia. **GRA.** También s. m. y s. f. *El gobernante de aquel país era un tirano.* **SIN.** Déspota, dictador, autócrata, opresor. **ANT.** Blando, liberal, demócrata, benigno. **2.** Se dice de la persona que abusa de su poder, superioridad o fuerza. **GRA.** También s. m. y s. f. *Se comporta como una tirana.* **SIN.** Déspota, dictador, autócrata, opresor. **ANT.** Blando, liberal, demócrata, benigno.

tiranosaurio (ti-ra-no-**sau**-rio) *s. m.* Dinosaurio carnívoro que vivió en el período cretácico y que se sostenía sobre las patas posteriores, mayores y de más fuerza que las anteriores. *Los tiranosaurios llegaban a medir hasta 16 m de longitud y 6 m de altura.*

tirante (ti-**ran**-te) *adj.* **1.** Que está muy tenso. *Esta cuerda está muy tirante.* **2.** Se dice de las relaciones de amistad próximas a romperse. *Nuestras relaciones están un poco tirantes últimamente.* **SIN.** Embarazoso, violento, difícil. ‖ *s. m.* **3.** Cada una de las dos tiras elásticas o de tela que suspenden de los hombros el pantalón y otras prendas de vestir.

tirantez - tiroides

GRA. Se usa más en pl. *Se tuvo que poner los tirantes porque se le caían los pantalones.* **SIN.** Tira, goma, elástico.

tirantez (ti-ran-**tez**) *s. f.* **1.** Cualidad de tirante. *No debería haber tanta tirantez en las cuerdas.* **SIN.** Rigidez, turgencia, tensión, estiramiento. **ANT.** Flacidez, flojedad, relajamiento, laxitud. **2.** Estado de las relaciones entre personas cuando no son cordiales. *Había mucha tirantez entre ellos.* **SIN.** Enemistad, hostilidad, animadversión, enfado. **ANT.** Amistad, tranquilidad, cordialidad, acercamiento.

tirar (ti-**rar**) *v. tr.* **1.** Arrojar una cosa con la mano. *Tiró piedras al río.* **SIN.** Lanzar, echar. **ANT.** Retener, recoger, coger, tomar. **2.** Derribar. *Han tirado la vieja casa.* **SIN.** Demoler, derrumbar. **ANT.** Construir, edificar. **3.** Disparar. **GRA.** También v. intr. *Tiraron cohetes en la fiesta.* **4.** Estirar o extender. *Tira de ese extremo.* **SIN.** Desdoblar, desencoger, desarrugar. **ANT.** Doblar, plegar, arrugar. **5.** Respecto de líneas o rayas, hacerlas. *Tira varias líneas paralelas.* **6.** Malgastar una cosa. *Tiró todos sus ahorros.* **SIN.** Dilapidar, derrochar, disipar, despilfarrar. **ANT.** Ahorrar, economizar, restringir. || *v. intr.* **7.** Hacer fuerza para acercar una cosa o para llevarla detrás. *El caballo tira del carro.* **SIN.** Arrastrar, remolcar. **8.** Atraer. *Le tira mucho su tierra.* **SIN.** Agradar, simpatizar, gustar. **ANT.** Desagradar, repeler, disgustar. **9.** Producir el tiro o corriente de aire de un hogar. *La chimenea tira bien.* **SIN.** Subir el humo, quemar. **ANT.** Ahogarse, apagarse. **10.** Durar o mantenerse a duras penas una persona o cosa. *Va tirando como puede.* **SIN.** Vegetar, renquear, trampear. **11.** Tender hacia algo. *Últimamente tira a no agobiarse por nada.* **SIN.** Propender, inclinarse, aficionarse. **ANT.** Inhibirse, evitar. **12.** Parecerse a otra cosa; se dice sobre todo de los colores y algunas cualidades. *Es de un color que tira a amarillo.* **SIN.** Imitar, tender, semejarse. **ANT.** Distinguirse, diferenciarse. **13.** Poner los medios para conseguir una cosa. *Voy a tirar a sacar una buena nota.* **SIN.** Procurar, ensayar, probar. || *v. prnl.* **14.** Abalanzarse sobre algo o alguien. *Se tiró sobre nosotros.* **SIN.** Acometer, embestir, arremeter, precipitarse. **15.** Echarse o tenderse en la cama u otra superficie horizontal. *Se tiró un rato en el sofá.* **SIN.** Acostarse, yacer, caer, descansar. **ANT.** Levantarse, erguirse. || **LOC. a todo tirar** A lo más, a lo sumo. **tirar de, o por, largo** *fam.* Malgastar. | Calcular exageradamente. **tira y afloja** *fam.* Con sensatez y moderación, o alternando la dureza con la suavidad. **tirar a matar, o tirar con bala** Hacer o decir algo con mala intención. **tirar por la calle de en medio** *fam.* Verse obligado a resolver algo adoptando medidas desesperadas.

tiritar (ti-ri-**tar**) *v. intr.* Temblar o estremecerse de frío. *Le encontré tiritando de frío.* **SIN.** Temblequear, trepidar, castañetear.

tiritona (ti-ri-**to**-na) *s. f., fam.* Temblor que causa la fiebre. *Le entró la tiritona.* **SIN.** Estremecimiento, tembladera, fiebre, castañeteo.

tiro (**ti**-ro) *s. m.* **1.** Acción y efecto de tirar. *Realizó un tiro al aire.* **2.** Señal o impresión que hace lo que se tira. *Tenía un tiro en el hombro.* **3.** Disparo de un arma de fuego. *Se oyó un tiro.* **SIN.** Balazo, carga, andanada. **4.** Lugar donde se tira al blanco. *Estaban en el campo de tiro.* **5.** Conjunto de caballerías que tiran de un carruaje. *El carruaje llevaba un tiro de diez caballos.* **SIN.** Posta, yunta, pareja. **6.** Corriente de aire, y en especial la que origina el fuego de un hogar, llevando consigo los humos de la combustión. *La cocina no tiene buen tiro.* **SIN.** Ventilación, viento. **7.** Holgura que hay entre las perneras del pantalón. *Este pantalón tiene poco tiro.* **8.** Alusión desfavorable contra una persona. *Sabía de dónde le venían los tiros.* **SIN.** Ataque, acusación. **9.** Seguido de la preposición "de" y el nombre del arma disparada o el objeto arrojado, tiene el significado de distancia. *A un tiro de piedra.* **SIN.** Alcance, recorrido. || **10. tiro al blanco** Ejercicios de puntería practicados sobre siluetas y a distancias cada vez mayores. | Lugar donde se practica. **11. tiro al plato** Deporte que consiste en disparar con una escopeta a un plato especial lanzado para este propósito. **12. tiro indirecto** En varios deportes, sanción por la cual el jugador del equipo contrario no puede tirar directamente a meta, sino que ha de pasar el balón a otro compañero. || **LOC. a tiro** Al alcance de un arma arrojadiza o de fuego. | Se dice de lo que se encuentra al alcance de los deseos o propósitos de alguien. **a tiro limpio** Disparando armas de fuego. **como un tiro** *fam.* Mal, fatal. **ni a tiros** *fam.* De ningún modo, en absoluto. **no van por ahí los tiros** Expresión que da a entender lo erróneo de una conjetura. **salir el tiro por la culata** *fam.* Resultar una cosa al revés de lo que se pretendía.

tiroides (ti-**roi**-des) *adj.* Se aplica a la glándula que está en la parte superior y delantera de la tráquea. **GRA.** También s. m. *Las hormonas del tiroides influyen en el metabolismo y en el crecimiento.* Invariable en número.

tirón (ti-**rón**) *s. m.* **1.** Acción y efecto de tirar con violencia. *Recibió un tirón y cayó al suelo.* **SIN.** Estirón, sacudida, empujón. **2.** Acción y efecto de estirar o aumentar de tamaño en breve tiempo. *Dio un gran tirón.* **3.** Robo que consiste en apropiarse de un objeto tirando violentamente de él. *Le dieron un tirón.* ‖ **LOC. de un tirón** De una vez, de un golpe.

tirotear (ti-ro-te-**ar**) *v. tr.* Disparar repetidamente de una parte a otra contra el enemigo. **GRA.** También v. prnl. *Los atracadores empezaron a tirotear.*

tirria (**ti**-rria) *s. f., fam.* Manía, odio contra algo o alguien. *Le tenía mucha tirria.* **SIN.** Ojeriza, tema, aborrecimiento, antipatía. **ANT.** Agrado, afecto, simpatía, atracción.

tisana (ti-**sa**-na) *s. f.* Bebida medicinal que resulta de cocer en agua ciertas hierbas. *Se preparó una tisana.* **SIN.** Cocimiento, infusión, poción, brebaje.

tisis (**ti**-sis) *s. f.* *Tuberculosis. Invariable en número.

tisú (ti-**sú**) *s. m.* Tela de seda entretejida con hilos de oro y plata que pasan desde el haz al envés. *El fajín era de tisú.* **SIN.** Brocado.

titán (ti-**tán**) *s. m.* Persona de excepcional poder, que destaca en algún aspecto. *Es un titán de los negocios.* **SIN.** Coloso, gigante, superhombre, eminencia, águila. **ANT.** Pigmeo, pequeño, endeble, débil.

titánico, ca (ti-**tá**-ni-co) *adj.* Desmesurado, excesivo. *Hicieron un esfuerzo titánico para llegar a la cima del monte.* **SIN.** Colosal, gigantesco, descomunal, grandioso. **ANT.** Nimio, mezquino, insignificante, común.

titanio (ti-**ta**-nio) *s. m.* Metal pulverulento, de color gris de acero, casi tan pesado como el hierro y fácil de combinar con el nitrógeno. *El símbolo del titanio es Ti.*

títere (**tí**-te-re) *s. m.* **1.** Figurilla de pasta u otra materia, movida con algún artificio, que imita los movimientos humanos. *Le gustaba hacer teatro de títeres.* **SIN.** Muñeco, polichinela, guiñol, marioneta. **2.** *fam.* Persona ridícula, presumida, o informal y casquivana. *Es un poco títere.* **SIN.** Tipejo, mamarracho, payaso, mequetrefe, pelele. **ANT.** Elegante, gallardo, airoso, dominante, importante. ‖ **LOC. no dejar títere con cabeza** *fam.* Expresión que se emplea para ponderar la destrucción o desbarajuste completo de una cosa.

tití (ti-**tí**) *s. m.* Mamífero cuadrumano, pequeño, de color ceniciento, cara blanca y nariz negra, tímido y fácil de domesticar. *El tití es propio de América del Sur.* Su pl. es "títis".

titilar (ti-ti-**lar**) *v. intr.* Oscilar un cuerpo luminoso o brillante. *La bombilla titilaba.* **SIN.** Refulgir, parpadear, resplandecer. **ANT.** Oscurecer.

titiritero, ra (ti-ti-ri-**te**-ro) *s. m. y s. f.* *Volatinero.

tito (**ti**-to) *s. m.* Hueso de la aceituna o pepita de una fruta. *Echa los titos de las aceitunas en ese plato.*

titubear (ti-tu-be-**ar**) *v. intr.* Vacilar o tropezar en la elección o pronunciación de las palabras. *Titubeó un momento.* **SIN.** Azorarse, tartamudear, balbucir.

titubeo (ti-tu-**be**-o) *s. m.* Acción y efecto de titubear. *Tras un titubeo le dijo lo que pensaba.* **SIN.** Vacilación, duda, perplejidad, turbación. **ANT.** Seguridad, certidumbre, decisión, firmeza.

titulación (ti-tu-la-**ción**) *s. f.* Obtención de un título académico. *Tenía la titulación de licenciada en Filología Hispánica.*

titulado, da (ti-tu-**la**-do) *s. m. y s. f.* Persona que tiene un título académico o nobiliario. *Todas las clases eran impartidas por titulados.* **SIN.** Investido, diplomado, graduado, licenciado.

titular[1] (ti-tu-**lar**) *adj.* **1.** Que da su propio nombre por título a otra cosa. *Cheque titular.* **SIN.** Nominal, nominativo. **2.** Se dice de la persona que ejerce profesión con cometido especial y propio. **GRA.** También s. m. *Las clases eran impartidas por profesores titulares.* **SIN.** Facultativo, profesional, titulado. ‖ *s. m.* **3.** Títulos de una revista, periódico o cualquier otra publicación destacados en tipos de mayor tamaño. **GRA.** Se usa más en pl. *Leyó los titulares.* **SIN.** Encabezamiento, cabecera, inscripción.

titular[2] (ti-tu-**lar**) *v. tr.* **1.** Poner título o nombre a una cosa. *No sabía cómo titular su redacción.* **SIN.** Rotular, intitular, llamar. ‖ *v. prnl.* **2.** Obtener un título académico. *Se tituló en Medicina.* **SIN.** Licenciarse, doctorarse, graduarse, diplomarse.

título (**tí**-tu-lo) *s. m.* **1.** Nombre de una canción, libro, película, etc. *¿Recuerdas el título del último libro que has leído?* **SIN.** Rótulo, nominación. **2.** Documento que prueba el derecho a algo. *No pudo vender la casa, porque no tenía el título de propiedad.* **SIN.** Diploma, certificado. **3.** Certificado académico que permite el ejercicio de una profesión. *Tiene el título de Derecho.* **4.** Capacidad, merecimientos, servicios prestados, que dan derecho a algo. **GRA.** Se usa más en pl. *Contaba en su currículum con muchos títulos.* **5.** Dignidad nobiliaria. *Tiene el título de conde.* ‖ **LOC. a título de** Con motivo, causa o pretexto.

tiza (**ti**-za) *s. f.* Barrita que se usa para escribir en los encerados. *Tenían tizas de colores.*

tiznar - todo

tiznar (tiz-**nar**) *v. tr.* Manchar con tizne, hollín u otra materia parecida. **GRA.** También v. prnl. *Se tiznó con carbón.* **SIN.** Ensuciar(se), negrear(se), ennegrecer(se), ahumar(se), pringar(se), engrasar(se). **ANT.** Limpiar(se), lustrar(se), blanquear(se).

tizón (ti-**zón**) *s. m.* Palo a medio quemar. *Pintó en la pared con un tizón.* **SIN.** Leño, brasa, rescoldo.

tizona (ti-**zo**-na) *s. f., fam.* *Espada, arma.

toalla (to-**a**-lla) *s. f.* Paño que se utiliza para secarse uno después de haberse lavado. *Compró un juego de toallas.* ‖ **LOC. tirar, o arrojar, la toalla** En boxeo, durante un combate, lanzarla el cuidador para indicar la inferioridad física de su púgil y concluir así la pelea. | Por ext., darse por vencido.

toast *s. m.* *Brindis.

tobillera (to-bi-**lle**-ra) *s. f.* Venda elástica con que se sujeta el tobillo. *Se retorció el tobillo y llevaba una tobillera.*

tobillo (to-**bi**-llo) *s. m.* Protuberancia de cada uno de los dos huesos de la pierna llamados tibia y peroné, en el lugar donde la pierna se une con el pie. *Se dio un golpe en el tobillo.*

tobogán (to-bo-**gán**) *s. m.* Rampa que sirve para deslizarse por ella. *En los parques infantiles hay toboganes.*

toca (**to**-ca) *s. f.* Prenda de tela con que se cubría la cabeza. *Se quitó la toca.* **SIN.** Manto, gorro, velo, capucha, toquilla.

tocadiscos (to-ca-**dis**-cos) *s. m.* Aparato que reproduce los sonidos grabados en un disco. *Ese tocadiscos se oye de maravilla.* **SIN.** Fonógrafo, gramófono. ✎ Invariable en número.

tocado (to-**ca**-do) *s. m.* Peinado y adorno de la cabeza. *Iba peinada con un tocado.*

tocado, da (to-**ca**-do) *adj.* Algo perturbado, medio loco. *Yo creo que está un poco tocada.* **SIN.** Guillado, maniático, chiflado. **ANT.** Cuerdo, sensato. ‖ **LOC. estar alguien tocado** Empezar a percibir los efectos de una enfermedad. | En deporte, estar afectado de alguna lesión. **estar tocada una cosa** Comenzar a pudrirse.

tocador (to-ca-**dor**) *s. m.* Mueble con espejo, para el peinado y aseo de una persona. *Se miró en el espejo del tocador.* **SIN.** Peinador, cómoda.

tocante a *loc.* En orden a, referente a. *En lo tocante a ese asunto, no tengo nada más que decir.*

tocar (to-**car**) *v. tr.* **1.** Usar el sentido del tacto. *Me quemé con la plancha al tocarla.* **SIN.** Palpar, acariciar, rozar, manosear, manipular. **2.** Hacer sonar un instrumento musical. *Mi hermano toca muy bien el piano.* **SIN.** Interpretar. **3.** Cambiar el estado de las cosas. *No toques ese poema, así está perfecto.* **SIN.** Alterar, cambiar. **ANT.** Inalterar. **4.** Llegar a una cosa con la mano, sin asirla. *Es tan alta que casi toca el techo.* **SIN.** Rozar. **5.** Avisar mediante la campana u otro instrumento. *Tocó el timbre de salida.* **SIN.** Redoblar, doblar, voltear. **6.** Tropezar ligeramente dos cosas. *Los dos extremos casi se tocan.* **SIN.** Chocar, rozar, golpear, pegar. **7.** Tratar superficialmente de una materia. *Tocó el tema sólo por encima.* **SIN.** Mencionar, aludir. **ANT.** Profundizar, estudiar. **8.** Dar suavemente con la quilla en el fondo. *El barco tocó fondo.* **SIN.** Fondear. ‖ *v. intr.* **9.** Ser de la obligación de alguien. *Esta semana te toca poner la mesa.* **SIN.** Corresponder. **ANT.** Librarse. **10.** Caer en suerte una cosa. *Le tocó la lotería.* **SIN.** Ganar. **11.** Pertenecer por algún derecho o título. *Le tocó la finca por herencia.* **12.** Corresponder a alguien una porción de una cosa que se distribuye entre varios. *Te ha tocado el trozo de tarta más pequeño.* **13.** Haber llegado el momento oportuno para realizar algo. *Te toca tirar.* ‖ **LOC. por, o en, lo que toca a** En lo que se refiere a. **tocar de cerca** Tener una persona parentesco con otra. | Tener conocimiento práctico de un asunto. ✎ Se conjuga como abarcar.

tocata (to-**ca**-ta) *s. f.* **1.** Breve composición musical generalmente para órgano, piano, etc. *Compuso una tocata.* ‖ *s. m.* **2.** *fam.* Tocadiscos. *Este tocata suena fatal.*

tocayo, ya (to-**ca**-yo) *s. m. y s. f.* Respecto de una persona, otra que tiene su mismo nombre. *Era tocayo mío.* **SIN.** Homónimo, colombroño.

tocino (to-**ci**-no) *s. m.* **1.** Grasa del cerdo. *Este jamón tiene mucho tocino.* ‖ **2. tocino de cielo** Dulce hecho con yema de huevo y almíbar.

tocología (to-co-lo-**gí**-a) *s. f.* Rama de la medicina que se ocupa de la asistencia a partos. *Hizo la especialidad de tocología.* **SIN.** Obstetricia.

todavía (to-da-**ví**-a) *adv. t.* **1.** Hasta un momento determinado desde tiempo anterior. *Están comiendo todavía.* **SIN.** Aún. ‖ *adv. m.* **2.** Con todo eso, a pesar de ello, sin embargo. *Se lo he negado y todavía insiste.* **3.** Denota encarecimiento o ponderación. *Luis es todavía más alto que su padre.*

todo, da (**to**-do) *adj.* **1.** Se dice de lo que se toma o se comprende enteramente en la cantidad. *Toda la clase estaba de acuerdo.* **SIN.** Global, entero, total. **2.** Seguido de un sustantivo en singular y sin artículo, confiere a aquél un significado general y un valor pluriforme. *Todo trabajo es ingrato.* **3.** En plural adquiere en ciertas construcciones valor distributivo y equivale a "cada". *Viene todos los martes, viene cada martes.* || *s. m.* **4.** Cosa completa. *Se lo llevó todo.* **SIN.** Totalidad, conjunto, integridad, total. **ANT.** Nada, parte, parcialidad. || *adv. m.* **5.** Enteramente. *Estaba de acuerdo en todo.* || **LOC. ante todo** Primera o principalmente. **así y todo** A pesar de eso, aun siendo así, no obstante. **a todo esto, o a todas estas** Mientras tanto, entre tanto. **del todo** Absolutamente, de modo total. **de todas todas** Inevitablemente. **después de todo** Al fin y al cabo. **encontrárselo alguien todo hecho** *fam.* Aprovecharse alguien de una labor ya en marcha. | Poseer gran desenvoltura para cualquier cosa. **jugar alguien el todo por el todo** Arriesgarlo todo. **sobre todo** De forma particular, principalmente. **todo es uno** *fam.* Expresión que indica que una cosa es completamente diversa, inoportuna o intempestiva. **todo lo más** *fam.* Como mucho. **y todo** Hasta, también, denotando gran ponderación.

todopoderoso, sa (to-do-po-de-**ro**-so) *adj.* **1.** Que todo lo puede. *Se creía el señor todopoderoso.* **SIN.** Omnipotente, omnímodo. || *n. p.* **2.** Por antonom., Dios. **ORT.** Se escribe con mayúscula. *Confiaba en la ayuda de Dios Todopoderoso.* **SIN.** Omnipotente, Creador, Ser Supremo, Sumo Hacedor.

todoterreno (to-do-te-**rre**-no) *adj.* Se dice del vehículo que puede circular por todo tipo de terrenos. **GRA.** También *s. m. Se ha comprado un todoterreno.*

toga (**to**-ga) *s. f.* Traje exterior de magistrados, catedráticos, abogados, etc., en el ejercicio de sus funciones. *Para poder estar presentes en el juicio tenía que llevar la toga.*

toilette *s. f.* *Vater.

tojo (**to**-jo) *s. m.* Arbusto de hojas espinosas y flores amarillas. *Estaban cortando tojos.*

toldo (**tol**-do) *s. m.* Cubierta de lona que se tiende para hacer sombra en alguna parte. *Pusieron un toldo en la terraza de la cafetería.* **SIN.** Techo, pabellón, carpa, cubierta.

tolerable (to-le-**ra**-ble) *adj.* Que se puede tolerar. *Aquella falta de respeto no le parecía tolerable.* **SIN.** Admisible, soportable, llevadero, aceptable. **ANT.** Intolerable, inadmisible, insufrible, inaceptable.

tolerancia (to-le-**ran**-cia) *s. f.* **1.** Acción de tolerar. *Tiene mucha tolerancia con sus hijos.* **2.** Disposición a admitir en los demás una manera de ser, de obrar o de pensar distinta de la propia, particularmente en cuestiones y prácticas religiosas. *Es una persona que se caracteriza por su gran tolerancia.* **SIN.** Respeto, transigencia, condescendencia, consentimiento. **ANT.** Intolerancia, inflexibilidad, severidad, intransigencia.

tolerante (to-le-**ran**-te) *adj.* Que tolera, o propenso a la tolerancia. *Mis padres son muy tolerantes.* **SIN.** Condescendiente, comprensivo, indulgente, transigente. **ANT.** Intolerante, severo, intransigente.

tolerar (to-le-**rar**) *v. tr.* **1.** Llevar con paciencia. *No tolero tanto calor. Antes no toleraba su mal genio, pero ahora ya me he acostumbrado.* **SIN.** Soportar, aguantar, resistir, sufrir. **ANT.** Rechazar, recusar, repeler, rebelarse. **2.** Dejar hacer a alguien una cosa. *Mi padre me toleró llegar más tarde el día de la fiesta.* **SIN.** Consentir, permitir. **ANT.** Prohibir, vetar, negar. **3.** Resistir sin daño la acción de una medicina, de un alimento, etc. *Es un medicamento muy fuerte, pero lo tolero bastante bien.*

tolondro, dra (to-**lon**-dro) *adj.* Aturdido, desatinado. **GRA.** También *s. m.* y *s. f. Me acababa de despertar y estaba un poco tolondro.* **SIN.** Irreflexivo, atolondrado, lelo. **ANT.** Juicioso, reflexivo, listo.

toma (**to**-ma) *s. f.* **1.** Acción de tomar o recibir una cosa. *Asistimos al acto de toma de posesión.* **SIN.** Apropiación, apoderamiento. **ANT.** Devolución, restitución. **2.** Conquista, asalto por armas de una plaza o ciudad. *Los Reyes Católicos unificaron España con la toma de Granada.* **SIN.** Ocupación, botín, apresamiento. **ANT.** Liberación. **3.** Abertura para dar salida a parte del agua de una corriente o de un embalse. *Solicitó la toma de aguas.* **SIN.** Orificio, entrada. **4.** Conexión eléctrica. *Pusieron otra toma.* **SIN.** Acceso, derivación, desviación. **5.** En cinematografía, acción y efecto de fotografiar o filmar. *Hicieron varias tomas.* **6.** Cada una de las veces que se administra un medicamento por vía oral. *Eran tres tomas al día.* **SIN.** Dosis. || **7. toma de tierra** Conductor que une parte de la instalación eléctrica a tierra como medida de seguridad.

tomar (to-**mar**) *v. tr.* **1.** Coger con la mano una cosa. *Tomó al niño de la mano.* **SIN.** Asir, agarrar, enganchar. **ANT.** Dejar, soltar. **2.** Comer o beber. *No tomo azúcar con el café.* **SIN.** Ingerir, tragar. **ANT.** Vomitar. **3.** Entender una cosa con cierto sentido. *Tomó mal que olvidaran felicitarlo.* **SIN.** Interpretar, juzgar. **ANT.** Aceptar. **4.** Subir a un vehículo. *Tomé el tren en la estación.* **SIN.** Coger. **ANT.** Bajar, desmontar. **5.** Conquistar algo por la fuerza. *El pueblo francés tomó la Bastilla en 1789.* **SIN.** Apoderarse, ocupar. **ANT.** Libertar. **6.** Aceptar una cosa. *Toma el dinero.*

tomate - tono

SIN. Percibir, recibir. **7.** Pasar un alimento o bebida al estómago. *Tomó un vaso de leche.* **8.** Adoptar una determinación. *Tomó una decisión.* ‖ **LOC. toma y daca** *fam.* Expresión que indica un trueque simultáneo de algo. **GRA.** También loc. sustantivada. **tomar alguien sobre sí una cosa** Ocuparse de ella. **tomar una cosa por donde quema** Atribuir un sentido ofensivo o picante a lo que alguien hace o dice. **tomarla con algo o alguien** Contradecirle y culparle en cuanto dice y hace. **¡toma!** *fam.* Se usa para indicar la escasa novedad o importancia de alguna cosa.

tomate (to-ma-te) *s. m.* **1.** Fruto de la tomatera, carnoso y comestible, de color rojizo y brillante. *Preparó una ensalada de tomate.* **2.** *fam.* Rotura hecha en una prenda de punto. *Tenía tomates en los calcetines.* **SIN.** Agujero, roto. ‖ **LOC. ponerse como un tomate** *fam.* Subirle a alguien los colores, ruborizarse.

tomatera (to-ma-**te**-ra) *s. f.* Planta de huerta, originaria de América, cuyo fruto es el tomate. *En el huerto tenía plantadas tomateras.*

tomatero, ra (to-ma-**te**-ro) *adj., fam.* Propio para guisado con tomate. Se dice generalmente de los pollos pequeños y tiernos. *Compró un pollo tomatero en la tienda nueva.*

tomavistas (to-ma-**vis**-tas) *s. m.* Cámara fotográfica utilizada en cine y televisión. *Manejaba el tomavistas.* Invariable en número.

tómbola (**tóm**-bo-la) *s. f.* Rifa o lotería, generalmente organizada con fines benéficos, y en la que los premios son objetos y no dinero. *Organizaron una tómbola.* **SIN.** Sorteo, juego, lotería, fiesta benéfica.

tomillo (to-**mi**-llo) *s. m.* Planta aromática, muy común en toda Europa, utilizada como condimento. *Échale un poco de tomillo al guiso.*

tomo (**to**-mo) *s. m.* Cada una de las partes, con paginación propia y encuadernadas separadamente, en que suelen dividirse las obras impresas o manuscritas de cierta extensión. *Es un diccionario enciclopédico de doce tomos.* **SIN.** Ejemplar, volumen, obra, libro. ‖ **LOC. de tomo y lomo** *fam.* De mucho bulto y peso. | De consideración o importancia.

ton *s. m.* que sólo tiene uso en la frase familiar "sin ton ni son, o sin ton y son", que significa 'sin motivo o causa'. *Haces las cosas sin ton ni son, tienes que pensar más en lo que haces.*

tonada (to-**na**-da) *s. f.* Composición métrica para cantarse, y música de esta canción. *Escribió una bella tonada.* **SIN.** Copla, aria, canción.

tonadilla (to-na-**di**-lla) *s. f.* Obra escénica que termina con danzas de carácter español. Tuvo vigencia en el s. XVIII. *La tonadilla dio origen a la zarzuela.*

tonalidad (to-na-li-**dad**) *s. f.* **1.** *Escala, tono. **2.** Relación de tonos y colores. *En sus cuadros siempre hay una tonalidad de amarillos.* **SIN.** Gama, gradación.

tonel (to-**nel**) *s. m.* Recipiente grande de madera para contener líquidos. *En la bodega había varios toneles de vino.* **SIN.** Barrica, cubeta, bocoy, pipa, barril.

tonelada (to-ne-**la**-da) *s. f.* Peso de 1 000 kg o diez quintales métricos. *El camión llevaba varias toneladas de patatas.* ☞ También "tonelada métrica".

tonelaje (to-ne-**la**-je) *s. m.* **1.** cabida o volumen de una embarcación. *Fueron en un barco de mucho tonelaje.* **2.** Número de toneladas. *El paso estaba prohibido a camiones de gran tonelaje.*

tongo (**ton**-go) *s. m.* Trampa que se hace en competiciones deportivas, en la que uno de los jugadores o equipos acepta dinero para dejarse ganar. *En aquel combate de boxeo hubo tongo.* **SIN.** Fraude.

tónico, ca (**tó**-ni-co) *adj.* **1.** Que entona o vigoriza. **GRA.** También s. m. y s. f. *Era una buena bebida tónica.* **SIN.** Reconstituyente, estimulante, cordial, vivificante. **ANT.** Debilitante, enervante. **2.** Se dice de la vocal o sílaba de una palabra, en que carga la pronunciación. *En "tomillo", la sílaba tónica es "mi".* ‖ *s. m.* **3.** Loción cosmética, que sirve para limpiar y refrescar el cutis. *Date primero la leche limpiadora y después el tónico.*

tonificar (to-ni-fi-**car**) *v. tr.* Dar vigor o tensión al organismo. *Una ducha fría te tonificará.* **SIN.** Entonar, vigorizar, fortalecer, reanimar. **ANT.** Debilitar, desanimar, desmayar, decaer. Se conjuga como abarcar.

tono (**to**-no) *s. m.* **1.** Grado de elevación de un sonido. *Ese sonido tiene un tono muy alto.* **2.** Carácter del estilo y de la expresión de una obra literaria. *Usa siempre un lenguaje de tono elevado.* **SIN.** Estilo, matiz, tendencia. **3.** Inflexión de la voz y manera especial de decir una cosa, según la intención o el estado de ánimo de la persona que habla. *Lo dijo en un tono muy débil.* **SIN.** Modulación, pronunciación, dejo. **4.** Energía, fuerza para realizar algo. *No se encontraba muy a tono.* **SIN.** Aptitud, ánimo, vigor, fuerza. ‖ **LOC. estar algo fuera de tono** No ser oportuno, estar fuera de lugar. **estar, o poner, a tono** Adaptar una cosa a otra. **subido de tono** Atrevido. **subir alguien, o subirse, de tono** Aumentar la arrogancia en el trato, o la ostentación en la forma de vivir.

tontaina (ton-**tai**-na) *s. m. y s. f., fam.* Persona tonta. **GRA.** También adj. *No seas tontaina.*

tontear (ton-te-**ar**) *v. intr.* **1.** Hacer o decir tonterías. *Deja de tontear, esto va en serio.* **SIN.** Disparatar, fantochear, bobear. **2.** *fam.* *Coquetear.

tontería (ton-te-**rí**-a) *s. f.* **1.** Bobada, memez. *Deja de decir tonterías.* **ANT.** Agudeza. **2.** Dicho o hecho sin importancia. *Se enfadaron por una tontería.* **SIN.** Nimiedad, nadería, insignificancia. **ANT.** Importancia.

tonto, ta (**ton**-to) *s. m. y s. f.* **1.** De escaso entendimiento. *Es un poco tonto, le cuesta entender las explicaciones.* **2.** Infeliz, ingenuo. *La engañan porque es tonta.* ‖ **3. tonto de capirote** *fam.* Persona muy necia e incapaz. **4. tonto perdido** *fam.* Persona muy tonta. ‖ **LOC. a lo tonto** Como quien no quiere la cosa. **a tontas y a locas** Desordenadamente. **hacerse alguien el tonto** *fam.* Aparentar que no se entera de cosas de las que no le conviene enterarse. **ponerse alguien tonto** *fam.* Manifestar vanidad, petulancia u obstinación.

top *s. m.* *Corpiño.

topacio (to-**pa**-cio) *s. m.* Piedra fina de color amarillo, muy dura. *El topacio se utiliza en joyería.*

topar (to-**par**) *v. tr.* **1.** Hallar casualmente a una persona o cosa. **GRA.** También v. intr. y v. prnl. *Me topé con ellos a la salida del cine.* **SIN.** Encontrar. ‖ *v. intr.* **2.** Hallar algún tropiezo o dificultad. *Nos topamos con grandes inconvenientes.* **SIN.** Embarazar, obstaculizar. **ANT.** Facilitar.

tope[1] (**to**-pe) *s. m.* **1.** Parte por la que dos cosas pueden topar. *Llegó al tope.* **SIN.** Límite, extremidad, canto. **2.** Pieza que sirve para detener o limitar el movimiento de un mecanismo. *Puso un tope en la puerta.* **SIN.** Bloqueo, seguro, tranquilla. **3.** Punto difícil de una cosa. *El problema número 5 era el tope del examen.*

tope[2] (**to**-pe) *s. m.* Extremo superior de cualquier palo o madero. *El palo tenía una punta en el tope.* ‖ **LOC. a tope, o al tope** Expresión que da a entender la unión de las cosas por sus extremos, sin poner una sobre otra. **de tope a tope** Del comienzo al término. **SIN.** De cabo a cabo. **estar hasta los topes** Hallarse un buque con carga excesiva. | Estar una persona harta de algo. **hasta el tope** Enteramente o llenamente, o hasta donde se puede llegar.

tópico, ca (**tó**-pi-co) *adj.* **1.** Que pertenece o se refiere a la expresión trivial o muy empleada. *Esas ideas son muy tópicas.* ‖ *s. m.* **2.** Medicamento externo. *Esa pomada es de uso tópico.* **SIN.** Remedio, ungüento, preparado. **3.** Expresión vulgar o trivial. *Siempre caemos en los mismos tópicos.* **SIN.** Vulgaridad, cliché, ramplonería, frase hecha. **ANT.** Genialidad, originalidad.

topless *s. m.* **1.** Acción o efecto de desnudarse una mujer de cintura para arriba. *Estaba en la playa en topless.* **2.** Establecimiento público en el que las camareras trabajan desnudas de cintura para arriba. *Fueron a un topless.*

topo (**to**-po) *s. m.* **1.** Mamífero insectívoro, de pelaje muy fino, ojos pequeños y casi ocultos por el pelo, brazos recios, manos anchas y cinco dedos armados de fuertes uñas con las cuales hace galerías subterráneas donde vive. *El prado estaba lleno de galerías de topo.* **SIN.** Roedor, taltusa. **2.** *fam.* Persona que tropieza mucho. **GRA.** También adj. *Soy un poco topo.* **SIN.** Miope, ciego, torpe.

topografía (to-po-gra-**fí**-a) *s. f.* **1.** Arte de describir y declinar detalladamente la superficie de un terreno. *Estudió topografía.* **2.** Conjunto de particularidades que presenta la superficie de un terreno. *Describió la topografía de la región.*

toponimia (to-po-**ni**-mia) *s. f.* Estudio del origen y significación de los nombres propios de lugar. *Publicó un libro sobre toponimia leonesa.*

topónimo (to-**pó**-ni-mo) *s. m.* Se dice del nombre propio de lugar. *"Tajo" es un topónimo.*

toque (**to**-que) *s. m.* **1.** Acción de tocar una cosa. *Di un toque al balón.* **SIN.** Tacto, caricia, manoseo, roce. **2.** Tañido de las campanas o de algunos instrumentos, con los que se anuncia alguna cosa. *Oímos el toque de las campanas.* **SIN.** Campanada, timbrazo, tecleo, rasgueo. **3.** *fam.* Llamada de atención. *Al final te darán el toque.* **4.** Pincelada ligera. *Remató el cuadro con unos toques amarillos.* ‖ **5. toque de queda** Medida gubernativa tomada en circunstancias excepcionales que prohíbe el tránsito o permanencia en las calles a partir de una hora señalada. **6. último toque** Ligera corrección en una obra ya acabada. **GRA.** Se usa más en pl.

toquetear (to-que-te-**ar**) *v. tr.* Tocar reiteradamente una cosa y sin tino ni orden. *No toquetees los alimentos.* **SIN.** Manosear, sobar.

toquilla (to-**qui**-lla) *s. f.* Pañuelo, generalmente triangular, que se pone en la cabeza o al cuello. *Envolvió al bebé en la toquilla.* **SIN.** Chal, pañoleta, echarpe.

tórax (**tó**-rax) *s. m.* **1.** Pecho del ser humano y de los animales. *Le hicieron una radiografía del tórax.* **SIN.** Torso, tronco, busto. **2.** Cavidad del pecho. *El corazón está en el tórax.* **3.** Sección media del cuerpo de un insecto entre la cabeza y el abdomen. *En el tórax se sitúan dos pares de alas y tres pares de patas.* Invariable en número.

torbellino (tor-be-**lli**-no) *s. m.* **1.** Remolino de viento. *Se levantó un torbellino.* **SIN.** Tolvanera, ráfaga, revuelta, ciclón. **ANT.** Calma. **2.** Abundancia de cosas que ocurren y concurren a la vez. *Se le venía encima un torbellino de preguntas.* **SIN.** Aglomeración, revuelo, tremolina, jaleo, confusión. **ANT.** Ausencia, carencia, sosiego. **3.** *fam.* Persona demasiado viva e inquieta. *Esta niña no para, es un torbellino.* **SIN.** Tarabilla, impulsivo, apasionado, violento. **ANT.** Calmo, pacífico, juicioso, moderado.

torcaz (tor-**caz**) *adj.* Se dice de una variedad de paloma de cuello verdoso cortado por un collar incompleto muy blanco. *Vimos una paloma torcaz.*

torcer (tor-**cer**) *v. tr.* **1.** Poner una cosa curva o formando ángulo. **GRA.** También v. prnl. *Torció un alambre para hacer un gancho.* **SIN.** Doblar(se), arquear(se), alabear(se), curvar(se), combar(se). **ANT.** Enderezar(se), rectificar. **2.** Hacer tomar a una cosa dirección distinta de la natural. *Al llamarle, torció la cabeza.* **SIN.** Girar. **3.** Con relación al gesto, semblante, etc., dar al rostro una impresión de desagrado. *Torció el gesto.* **SIN.** Enfadarse, agriarse, disgustarse, enojarse. **ANT.** Contentarse, alegrarse. **4.** Dar, con violencia, dirección a un miembro u otra cosa, quebrantando el orden natural. **GRA.** También v. prnl. *Se torció el tobillo.* **SIN.** Dislocar, luxar, descoyuntar. **ANT.** Componer, enderezar. || *v. intr.* **5.** Cambiar de dirección. *Tuerce a la izquierda.* **SIN.** Girar. || *v. prnl.* **6.** Malograrse un negocio que iba bien encaminado. *Al final se torció todo y no fuimos de excursión.* **SIN.** Fracasar, frustrarse, fallar. **ANT.** Triunfar, alcanzar. v. irreg., se conjuga como mover. Tiene doble p. p.; uno reg., torcido, y otro irreg., tuerto. Se escribe "z" en vez de "c" seguido de "-a" y "-o".

torcedura (tor-ce-**du**-ra) *s. f.* Acción y efecto de torcer. *Se hizo una torcedura en el tobillo.*

torcido, da (tor-**ci**-do) *adj.* **1.** Que no es recto. *Esa línea está muy torcida.* **SIN.** Retorcido, oblicuo, inclinado, curvo. **ANT.** Recto, derecho, enderezado. **2.** Se dice de la persona que no obra con rectitud. *Es un poco torcido.* **SIN.** Depravado, corrompido, inmoral, perdido. **ANT.** Virtuoso, puro, justo. || *s. m.* **3.** Rollo de pasta que puede estar relleno de mermelada. *De postre comimos torcidos.*

tordo, da (**tor**-do) *adj.* **1.** Se dice de las caballerías que tienen el pelo mezclado de negro y blanco. **GRA.** También s. m. y s. f. *Tenía dos yeguas tordas.* **SIN.** Grisáceo, berrendo, pardo, cano. || *s. m.* **2.** Pájaro de cuerpo grueso, pico delgado y negro, lomo gris aceitunado, vientre blanco amarillento, con manchas pardas. Es común en España. *El tordo se alimenta de insectos y de frutos.*

torear (to-re-**ar**) *v. intr.* **1.** Lidiar los toros en la plaza. **GRA.** También v. tr. *Su ilusión desde pequeño había sido torear.* **SIN.** Capear, muletear, citar. || *v. tr.* **2.** Burlarse de alguien. *Parecía que me estaba toreando.* **SIN.** Cachondearse, reírse. **3.** Conducir hábilmente un asunto difícil. *Toreó las dificultades con mucha astucia.* **SIN.** Evitar, eludir. **ANT.** Afrontar.

torero, ra (to-**re**-ro) *s. m. y s. f.* **1.** Persona que por oficio o afición acostumbra a torear en las plazas. *El torero cortó las dos orejas.* **SIN.** Diestro, lidiador, matador, toreador. || *s. f.* **2.** Chaquetilla ceñida al cuerpo y que no pasa de la cintura. *Llevaba unos pantalones negros y torera negra.* **SIN.** Bolero, guayabera. || **LOC. saltar a la torera** Saltar sobre un obstáculo apoyándose en él con las manos y pasando por encima sin rozarle. **saltarse algo a la torera** *fam.* Evitar sin escrúpulos una obligación o un compromiso.

toril (to-**ril**) *s. m.* Lugar donde están encerrados los toros que han de lidiarse. *Antes de la corrida fuimos a los toriles.* **SIN.** Cuadra, corral, establo, chiquero.

tormenta (tor-**men**-ta) *s. f.* **1.** Tempestad de lluvia acompañada de rayos, truenos, ráfagas intensas de viento y, a veces, pedrisco. *La tormenta en el mar se llama tempestad.* **SIN.** Temporal, borrasca. **ANT.** Bonanza, calma. **2.** Adversidad, desgracia. *Todo les iba bastante bien, pero una tormenta se les vino encima.* **SIN.** Infortunio, infelicidad, contratiempo. **ANT.** Fortuna, suerte. **3.** Enfado. *Parece que la tormenta ya ha pasado, por lo menos se hablan.* **SIN.** Enfurecimiento, furia, ira. **ANT.** Calma, serenidad.

tormento (tor-**men**-to) *s. m.* **1.** Dolor corporal que se causaba al reo para obligarle a declarar. *Le dieron tormento para que confesara.* **SIN.** Tortura, suplicio, castigo, martirio. **ANT.** Cuidado, mimo, caricia, consideración. **2.** Congoja o aflicción del ánimo. *Tener que cargar con aquella culpa era para ella un verdadero tormento.* **SIN.** Tristeza, amargura, desolación, aflicción. **ANT.** Alegría, placer.

tornado (tor-**na**-do) *s. m.* Tormenta de viento giratorio, de gran violencia y de unos pocos cientos de metros de trayectoria. *Un tornado arrasó la región.*

tornar (tor-**nar**) *v. tr.* **1.** Devolver lo que no es propio a su dueño. *Tornó lo que le había prestado.* **SIN.** Res-

tornasol - torre

tituir, reponer, reintegrar. **ANT.** Quedarse, retener. **2.** Cambiar a una persona o cosa su naturaleza o estado. **GRA.** También v. prnl. *Se tornó insociable y muy huraño.* **SIN.** Transformar, cambiar, trocar. **ANT.** Mantener. || *v. intr.* **3.** Regresar al lugar del que se salió. *Después de varios años tornó a su país.* **SIN.** Retornar, volver. **SIN.** Quedarse, marcharse. **4.** Seguido de la preposición "a" más infinitivo, volver a hacer. *Tornó a mirar por la ventana.* **SIN.** Repetir.

tornasol (tor-na-**sol**) *s. m.* **1.** Reflejo o viso que hace la luz en algunas telas o en otras cosas muy tersas. *La luz hacía tornasoles sobre el pañuelo.* **SIN.** Irisación, fulgor, brillo. **ANT.** Opacidad. **2.** Materia colorante azul que sirve de reactivo para reconocer los ácidos, que la tornan roja. *Papel de tornasol.*

tornear (tor-ne-**ar**) *v. tr.* Labrar o redondear una cosa al torno. *Torneba la madera.*

torneo (tor-**ne**-o) *s. m.* **1.** Competición entre caballeros de la Edad Media. *Se celebró el torneo.* **SIN.** Justa, liza, combate, desafío. **2.** Competición entre varios participantes que se van eliminando en sucesivos encuentros. *Participó en el torneo de ajedrez.* **SIN.** Concurso, prueba.

tornillo (tor-**ni**-llo) *s. m.* Cilindro de metal, madera, etc., con resalto helicoidal, que entra en la tuerca. *Sujétalo con un tornillo.* **SIN.** Tirafondo, perno. || **LOC. apretarle a alguien los tornillos** *fam.* Obligarle a actuar en una dirección fija y determinada. **faltarle a alguien un tornillo, o tener flojos los tornillos** *fam.* Ser poco juicioso y sensato, estar algo loco.

torniquete (tor-ni-**que**-te) *s. m.* Instrumento quirúrgico empleado para contener una hemorragia. *Le hizo un torniquete en el brazo.*

torno (**tor**-no) *s. m.* Máquina simple formada por un cilindro que gira sobre su eje. *Para hacer vasijas se usa el torno.* || **LOC. en torno** Alrededor.

toro (**to**-ro) *s. m.* **1.** Mamífero rumiante bóvido, de un metro y medio de alto y dos y medio de largo, cabeza gruesa armada de cuernos, piel dura con pelo corto, y cola larga, cerdosa hacia el remate. *Se dedicaba a la cría de toros.* **ANT.** Vaca. **2.** Persona muy robusta y fuerte. *Está hecho un toro.* **SIN.** Fornido,

forzudo. **ANT.** Debilucho, enclenque, alfeñique. || *s. m. pl.* **3.** Fiesta en la que se lidian toros o novillos. *Fuimos a los toros.* || **LOC. coger el toro por los cuernos** *fam.* Afrontar una dificultad. **echarle a alguien el toro** *fam.* Decir sin reparos una cosa desagradable. **pillar el toro a alguien** *fam.* Acabarse el tiempo para hacer algo. **ver los toros desde la barrera** *fam.* Presenciar alguna cosa o tratar de ella sin correr el riesgo a que se exponen quienes intervienen en ella.

toronja (to-**ron**-ja) *s. f.* *Pomelo.

torpe (**tor**-pe) *adj.* **1.** Desmañado, falto de habilidad. *Tenía un andar muy torpe.* **SIN.** Inhábil, negado, incapaz, lento. **ANT.** Hábil, ágil, desenvuelto. **2.** Poco inteligente. *Parece un poco torpe.* **SIN.** Lerdo, ceporro, penco. **3.** Se dice de lo tosco o falto de adorno. *Sus modales son muy torpes.* **SIN.** Feo, desangelado, deslañado. **ANT.** Bello, hermoso.

torpedear (tor-pe-de-**ar**) *v. tr.* **1.** Lanzar torpedos. *Torpedearon el barco.* **SIN.** Disparar, atacar, lanzar. **2.** Hacer fracasar un asunto. *Torpedearon su plan.* **SIN.** Obstaculizar, impedir, vetar, prohibir. **ANT.** Autorizar, favorecer, facilitar.

torpedero (tor-pe-**de**-ro) *adj.* Se dice del buque de vapor de poco calado, destinado a lanzar torpedos. **GRA.** También s. m. *Hundieron varios torpederos.*

torpedo (tor-**pe**-do) *s. m.* Máquina de guerra, submarina y dirigible, que tiene por objeto echar a pique, mediante su explosión, al buque que choca con ella o se sitúa dentro de su radio de acción. *Dispararon varios torpedos.* **SIN.** Proyectil, obús, explosivo.

torpeza (tor-**pe**-za) *s. f.* **1.** Cualidad de torpe. *Su torpeza no le permite hacerlo más rápido.* **SIN.** Inhabilidad, ineptitud, desmaña, incompetencia. **ANT.** Habilidad, aptitud, preparación. **2.** Acción o dicho torpe. *Cometió una torpeza.* **SIN.** Necedad, simpleza, tontería. **ANT.** Agudeza, sutileza.

torrar (to-**rrar**) *v. tr.* Tostar al fuego. *Torra el pan.*

torre (**to**-rre) *s. f.* **1.** Construcción o parte de un edificio mucho más alta que ancha. *En los castillos, la torre sirve de defensa; en las iglesias, de campanario; en las casas, de adorno, etc.* **SIN.** Fortificación, torreón, vigía, atalaya. **2.** Pieza grande del juego de

TORRES DE TELECOMUNICACIONES MÁS ALTAS			
Nombre	Situación	Altura (m)	Año
Torre CN	Toronto, Canadá	553	1975
Torre Ostankino	Moscú, Rusia	537	1967
Torre Alma-Ata	Kazajstán	370	1983

torrefacto - tortura

ajedrez, en figura de torre, que camina en cualquier dirección paralela a los lados del tablero. *Movió la torre.* **3.** Bloque de viviendas de gran altura. *Viven en una torre.* ‖ **4. torre de Babel** *fam.* *Babel. **5. torre de control** Construcción existente en los aeropuertos, en la que se ubican todos los controles de radionavegación y telecomunicaciones, para regular el tránsito de los aviones. **6. torre de marfil** Aislamiento del artista que se preocupa sólo de la perfección estética, sin atender a los problemas de la realidad. **7. torre de música** Equipo musical.

torrefacto, ta (to-rre-**fac**-to) *adj.* **1.** *Tostado. **2.** Se dice del café tostado con azúcar. *Me gusta el café natural mezclado con el torrefacto.*

torrencial (to-rren-**cial**) *adj.* Parecido al torrente. *Se avecinaban lluvias torrenciales.* **SIN.** Caudaloso, impetuoso, incontenible. **ANT.** Suave, lento, escaso.

torrente (to-**rren**-te) *s. m.* **1.** Corriente de agua rápida, impetuosa, que sobreviene en tiempos de muchas lluvias. *El torrente amenazaba con desbordarse.* **SIN.** Riada, avenida de agua, rápido. **ANT.** Sequía, escasez. **2.** Muchedumbre que afluye a un lugar. *Un torrente de gente acudió al lugar del supuesto milagro.* **SIN.** Multitud, masa. **ANT.** Soledad, escasez. ‖ **3. torrente de voz** Gran cantidad de voz fuerte y sonora.

torrentera (to-rren-**te**-ra) *s. f.* Cauce de un torrente. *La torrentera estaba seca en aquella época del año.* **SIN.** Álveo, madre, lecho.

torreón (to-rre-**ón**) *s. m.* Torre grande para defensa de una plaza o castillo. *Desde el torreón había una bonita vista de la ciudad.*

torrezno (to-**rrez**-no) *s. m.* Trozo de tocino muy frito. *Comió unos torreznos.*

tórrido, da (**tó**-rri-do) *adj.* Muy ardiente o quemado. *La tarde era muy tórrida.* **SIN.** Caluroso, abrasador, sofocante, canicular. **ANT.** Frío, helado.

torrija (to-**rri**-ja) *s. f.* Rebanada de pan empapada en leche y a veces en vino, que se reboza en huevo batido y se fríe en aceite, y se endulza con miel o azúcar. *Las torrijas son un postre muy popular en la cocina española.* **SIN.** Picatoste, tostada, tajada.

torsión (tor-**sión**) *s. f.* *Torcedura. **ANT.** Enderezamiento, rectitud.

torso (**tor**-so) *s. m.* Tronco del cuerpo humano. *Era una fotografía en blanco y negro del torso de un hombre.* **SIN.** Pecho, tórax, busto.

torta (**tor**-ta) *s. f.* **1.** Masa de harina, de figura redonda, que se cuece a fuego lento. *Hizo tortas de chocolate.* **SIN.** Galleta, bizcocho, bollo. **2.** *fam.* Golpe dado con la mano en la cara. *Estuvo a punto de darle una torta.* **SIN.** Bofetada, cachete, tortazo, revés. **ANT.** Mimo, caricia. **3.** *fam.* Caída, accidente. *Se metió una torta con la bici.* ‖ **LOC. ni torta** Nada.

tortazo (tor-**ta**-zo) *s. m.* **1.** *fam.* Golpe dado en la cara con la mano. *Se llevó un tortazo.* **SIN.** Bofetada, revés, manotazo, sopapo. **ANT.** Mimo, caricia. ‖ **LOC. darse un tortazo** *fam.* Sufrir un accidente.

tortícolis (tor-**tí**-co-lis) *s. m.* Dolor del cuello que obliga a tener éste torcido. *Se levantó de la cama con tortícolis.* También "torticolis". Invariable en número.

tortilla (tor-**ti**-lla) *s. f.* **1.** Fritada de huevo batido en forma de torta, y en la cual se incluye generalmente algún otro manjar. *Se preparó una tortilla de espárragos para cenar.* ‖ **2. tortilla francesa** La que está hecha sólo con huevo. **3. tortilla de patata** La que está hecha con huevo y patata. ‖ **LOC. hacer tortilla a una persona o cosa** Aplastarla o quebrantarla. **GRA.** Tiene también un uso pronominal. **volverse la tortilla** *fam.* Suceder lo contrario de lo que se esperaba. | Trocarse la fortuna.

tórtola (**tór**-to-la) *s. f.* Ave del orden de las palomas, de plumaje vistoso. *En primavera siempre vemos alguna tórtola.*

tórtolo (**tór**-to-lo) *s. m.* **1.** Macho de la tórtola. *He criado dos tórtolos.* ‖ *s. m. pl.* **2.** *fam.* Pareja de enamorados. *Estaban siempre como dos tórtolos.* **SIN.** Novios.

tortuga (tor-**tu**-ga) *s. f.* **1.** Reptil marino perteneciente al orden de los quelonios, con las extremidades en forma de paletas que no pueden ocultarse, y coraza con manchas verdosas y rojizas. *Vimos una tortuga de agua.* **2.** Reptil terrestre perteneciente al orden de los quelonios, con los dedos reunidos en forma de muñón, y coraza con manchas negras y amarillas en los bordes. *Las tortugas son muy lentas.*

tortuoso, sa (tor-**tuo**-so) *adj.* **1.** Que tiene vueltas y rodeos. *Era un camino muy tortuoso.* **SIN.** Torcido, sinuoso, laberíntico, retorcido, ondulado. **ANT.** Derecho, recto, directo. **2.** Se dice de lo realizado con cautela o a escondidas y de la persona que así actúa. *Es una persona muy tortuosa.* **SIN.** Solapado, cauteloso, disimulado, taimado. **ANT.** Franco, abierto, confiado, claro.

tortura (tor-**tu**-ra) *s. f.* **1.** Grave dolor físico o psicológico infligido a una persona con el fin de castigarla u obtener de ella una confesión. *Les denunció por torturas.* **SIN.** Tormento, martirio. **ANT.** Placer, alegría. **2.** Dolor o aflicción grande y también cosa

torturar - tour operator

que lo produce. *Tener que estar allí era para él una tortura.* **SIN.** Incertidumbre, agonía, inquietud, tribulación, desazón. **ANT.** Seguridad, certidumbre, despreocupación, satisfacción.

torturar (tor-tu-**rar**) *v. tr.* **1.** Dar tortura, atormentar. **GRA.** También v. prnl. *Se torturaba pensando en lo que había hecho.* **SIN.** Martirizar, sacrificar, supliciar, inmolar, acosar. **ANT.** Consolar, mimar, acariciar, cuidar. **2.** Someter a tortura. *Le torturaron para que confesara.* **SIN.** Mortificar, penar, sufrir, angustiar, inquietar. **ANT.** Calmar, contentar, serenar, alegrar.

torvo, va (**tor**-vo) *adj.* Fiero, airado y terrible a la vista. *Tenía una mirada torva.* **SIN.** Amenazador, avieso, terrible, iracundo, patibulario. **ANT.** Agradable, benévolo, simpático, atractivo.

tos *s. f.* **1.** Expulsión brusca y ruidosa del aire contenido en los pulmones, producida por la irritación de las vías respiratorias o por la acción refleja de algún trastorno nervioso, gástrico, etc. *Tenía una tos muy ronca.* **SIN.** Estornudo, tosecilla, expectoración, espasmo, sacudida. ‖ **2. tos convulsiva, o ferina** La que da por accesos violentos, intermitentes y sofocantes. **3. tos perruna** Tos bronca, de ruido característico, producida por espasmos de la laringe.

tosco, ca (**tos**-co) *adj.* **1.** Grosero, basto, sin pulimento. *Es un tela muy tosca.* **SIN.** Ordinario, vulgar, ramplón, imperfecto. **ANT.** Fino, refinado, pulido, depurado, primoroso. **2.** Inculto, sin doctrina, ni enseñanza. **GRA.** También s. m. y s. f. *Sus modales eran muy toscos.* **SIN.** Ignorante, zafio, inculto, palurdo, zote. **ANT.** Culto, educado, refinado.

toser (to-**ser**) *v. intr.* Tener y padecer la tos. *Tenía mucho catarro y no paraba de toser.* **SIN.** Estornudar, expectorar, carraspear. **ANT.** Contenerse, reprimirse. ‖ **LOC. toser fuerte** *fam.* Echárselas de valiente.

toser una persona a otra *fam.* Competir con ella en algo y especialmente en valor.

tostada (tos-**ta**-da) *s. f.* Rebanada de pan tostada al horno o en un tostador eléctrico. *Untó la tostada con mantequilla y mermelada.* **SIN.** Torrija, picatoste, tostón, torta. ‖ **LOC. dar, o pegar, a alguien la tostada** *fam.* Causarle perjuicio con algún engaño. **no ver la tostada** *fam.* No ver la gracia, la utilidad, etc. a un asunto. **olerse la tostada** *fam.* Adivinar algo que se mantenía oculto con artimañas.

tostado, da (tos-**ta**-do) *adj.* **1.** Asado, torrefacto. *Café tostado.* **SIN.** Horneado, torrado. **ANT.** Crudo. **2.** Se dice del color subido y oscuro. *Tenía la piel muy tostada por el sol.* **SIN.** Atezado, moreno, curtido, bronceado, soleado. **ANT.** Blanco, pálido.

tostar (tos-**tar**) *v. tr.* **1.** Secar una cosa a la lumbre sin quemarla, hasta que tome color. **GRA.** También v. prnl. *Tostó el pan.* **SIN.** Dorar, cocinar, ahornar. **2.** Calentar demasiado. **GRA.** También v. prnl. *El asado se ha tostado un poco.* **SIN.** Chamuscar, achicharrar, carbonizar, calcinar. **ANT.** Enfriar. **3.** Atezar el sol o el viento la piel del cuerpo. **GRA.** También v. prnl. *Le gustaba tostarse al sol en la playa.* **SIN.** Asolear, broncear, curtir, dorar. **ANT.** Palidecer, empalidecer, blanquear. ✎ v. irreg., se conjuga como contar.

tostón (tos-**tón**) *s. m.* Discurso o relato molesto, latoso, impertinente. *La conferencia fue un tostón.* **SIN.** Tabarra, rollo, matraca, monserga. **ANT.** Entretenimiento, diversión.

total (to-**tal**) *adj.* **1.** General, que lo comprende todo en su especie. *Era una reforma total.* **SIN.** Universal, completo, íntegro, entero. **ANT.** Parcial, incompleto, local, fragmentado. ‖ *s. m.* **2.** En matemáticas, cantidad equivalente a dos o más homogéneas. *Ese es el total de la operación.* **SIN.** Suma adición, anexión, agregación. **ANT.** Resta, deducción. ‖ *adv. m.* **3.** En suma, en resumen. *Total, que no llegamos a ninguna conclusión.*

totalidad (to-ta-li-**dad**) *s. f.* Conjunto de todas las cosas o personas que forman una clase o especie. *Afectaba a la totalidad de los vecinos de la región.* **SIN.** Completez, generalidad. **ANT.** Parcialidad.

totalitario, ria (to-ta-li-**ta**-rio) *adj.* **1.** Se dice de lo que incluye la totalidad de las partes o atributos de una cosa, sin merma ninguna. *Adoptaron una medida totalitaria.* **2.** En política, que concentra el poder en uno solo. *Era un régimen totalitario.* **SIN.** Absolutista, dictatorial, tiránico. **ANT.** Liberal, democrático, demócrata, popular.

tótem (**tó**-tem) *s. m.* **1.** Objeto de la naturaleza, generalmente un animal, que en la mitología de algunos pueblos primitivos se toma como emblema protector del grupo o del individuo, y a veces como ascendiente o progenitor. *Un águila era el tótem de la tribu.* **SIN.** Ídolo, mito, deidad. **2.** Símbolo o representación de un tótem. *Erigieron el tótem a la entrada del poblado.* **SIN.** Talismán, emblema, efigie.

tour *s. m.* **1.** *Tur. **SIN.** Vuelta, gira, viaje. ‖ **2. tour de force** *Proeza. **3. tour operador** Organizador de viajes colectivos.

tournée *s. f.* *Gira. **SIN.** Viaje.

tour operator *s. m.* *Tour.

tóxico - trabuco

tóxico, ca (**tó**-xi-co) *adj.* Se dice de las sustancias venenosas. **GRA.** También s. m. *Retiraron el producto del mercado porque era tóxico.* **SIN.** Veneno, toxina, droga, venenoso, deletéreo, virulento. **ANT.** Antídoto, contraveneno, sano, bueno, beneficioso.

toxicología (to-xi-co-lo-**gí**-a) *s. f.* Parte de la medicina que trata de los venenos. *Hizo la especialidad de toxicología.*

toxicomanía (to-xi-co-ma-**ní**-a) *s. f.* Hábito patológico de intoxicarse con sustancias que procuran sensaciones agradables o que suprimen el dolor. *Habló de los problemas derivados de la toxicomanía.* **SIN.** Drogadicción.

toxina (to-**xi**-na) *s. f.* Sustancia tóxica producida en el cuerpo de los seres vivos, en especial por los microbios, y que obra como veneno. *Hacer deporte es bueno para eliminar toxinas.* **SIN.** Veneno.

tozudo, da (to-**zu**-do) *adj.* Se dice de la persona que no cede fácilmente en sus actitudes o ideas. *No esperes convencerle tan fácilmente, es muy tozudo.* **SIN.** Obstinado, testarudo, porfiado, cabezón, tenaz. **ANT.** Transigente, flexible, comprensivo.

traba (tra-ba) *s. f.* **1.** Instrumento con que se unen y sujetan dos cosas entre sí. *No quites la traba.* **SIN.** Abrazadera, trabazón, grillete. **2.** Impedimento para la realización de algo. *Le puso muchas trabas.* **SIN.** Estorbo, obstáculo, inconveniente. **ANT.** Facilidad, ayuda, cooperación.

trabajador, ra (tra-ba-ja-**dor**) *adj.* **1.** Muy aplicado al trabajo. *Es una persona muy trabajadora.* **SIN.** Emprendedor, laborioso, diligente, voluntarioso, activo. **ANT.** Vago, haragán, parásito, gandul, ocioso. ‖ *s. m. y s. f.* **2.** Jornalero, obrero. *Los trabajadores mostraron su descontento.* **SIN.** Operario, artesano, asalariado, proletario.

trabajar (tra-ba-**jar**) *v. intr.* **1.** Realizar una actividad física o mental durante un determinado período de tiempo. *Hemos trabajado todo el día para pintar la casa.* **SIN.** Hacer, atarearse. **ANT.** Holgar, vaguear. **2.** Desempeñar una profesión para ganarse la vida. *Trabaja como abogado en un bufete.* **SIN.** Ejercer, ocuparse. **ANT.** Estar parado. ‖ *v. tr.* **3.** Realizar una cosa, de acuerdo con un método. *Trabaja la madera.* **SIN.** Ejercitar, manejar. ‖ *v. prnl.* **4.** Ocuparse con interés en algo. *Se lo trabajó mucho.* **SIN.** Aplicarse, empeñarse, dedicarse. **ANT.** Desinteresarse, abandonar.

trabajo (tra-**ba**-jo) *s. m.* **1.** Acción y efecto de trabajar. *Está en paro, busca trabajo.* **SIN.** Actividad, labor, obra, faena. **2.** Obra, producción del entendimiento. *Hizo un gran trabajo.* **SIN.** Creación. **3.** Penalidad, molestia, tormento. *Le costó mucho trabajo.* **4.** En mecánica, producto del valor de una fuerza por la distancia que recorre su punto de aplicación. *El trabajo se mide en julios.* ‖ *s. m. pl.* **5.** Estrechez, miseria. *Pasó muchos trabajos.* ‖ **6. trabajos forzados, o forzosos** Aquellos en que se ocupa obligatoriamente el presidiario. | Trabajo que se realiza obligado y a disgusto. ‖ **LOC. con trabajo** Con mucho esfuerzo. **tomarse el trabajo** Aplicarse a la ejecución de una cosa para descargar a otro de ocupaciones.

trabajoso, sa (tra-ba-**jo**-so) *adj.* **1.** Que cuesta o exige mucho trabajo. *Fue muy trabajoso.* **SIN.** Laborioso, costoso, fatigoso, agotador. **ANT.** Fácil, sencillo, cómodo. **2.** Que padece trabajo o miseria. *Llevaba una vida muy trabajosa.* **SIN.** Triste, macilento, lánguido.

trabalenguas (tra-ba-**len**-guas) *s. m.* Palabra o frase difícil de pronunciar, especialmente cuando sirve de juego para hacer a alguien equivocarse. *Le gustaban los trabalenguas.* 🖎 Invariable en número.

trabar (tra-**bar**) *v. tr.* **1.** Echar trabas para unir alguna cosa y, especialmente, juntar, unir. *Traba las correas.* **SIN.** Sujetar, enlazar, prender, ligar. **ANT.** Separar, soltar, desunir, desenlazar. **2.** Prender, asir algo. **GRA.** También v. intr. *Trabó la tela con un imperdible.* **SIN.** Agarrar, inmovilizar, entablar. **ANT.** Soltar, desasir. **3.** Dar comienzo a una batalla, contienda, etc. *Trabaron un duro combate.* **SIN.** Iniciar, acometer, emprender. **ANT.** Abandonar, pacificar. **4.** Enlazar o conciliar. *Trabamos una fuerte amistad.* **SIN.** Concordar, relacionar, concertar. ‖ *v. prnl.* **5.** Quedar alguien retenido por una cosa. *Al llegar a la penúltima pregunta me trabé.* **SIN.** Enredarse, atascarse. **ANT.** Desenredarse, desencajarse, liberarse.

trabazón (tra-ba-**zón**) *s. f.* **1.** Conexión de una cosa con otra. *Entre los dos grupos había una gran trabazón.* **SIN.** Lazo, afinidad, coordinación, atracción. **ANT.** Repulsión. **2.** Coherencia en las partes de un discurso o una exposición. *Faltaba trabazón en sus ideas.* **SIN.** Lógica, homogeneidad. **ANT.** Heterogeneidad, incoherencia.

trabilla (tra-**bi**-lla) *s. f.* Tira de tela para sujetar el cinturón de un abrigo, chaquetón, etc. *Mete el cinto por las trabillas del pantalón.*

trabuco (tra-**bu**-co) *s. m.* **1.** Máquina antigua de guerra que se usaba para batir las murallas, disparando piedras muy gruesas contra ellas. *Dispararon los trabucos.* **2.** Arma de fuego más corta y de ma-

traca - tragaderas

yor calibre que la escopeta ordinaria. *Los bandoleros usaban trabucos.* **SIN.** Arcabuz, mosquete.

traca (tra-ca) *s. f.* Serie de petardos o cohetes colocados a lo largo de una cuerda y que estallan sucesivamente. *La traca final fue espectacular.*

tracción (trac-ción) *s. f.* Acción y efecto de tirar de alguna cosa. *Tiene tracción delantera.*

tracería (tra-ce-rí-a) *s. f.* Motivo ornamental gótico parecido a una celosía, pero labrado en piedra. *La decoración era de tracería.*

tractor (trac-tor) *s. m.* Máquina que produce tracción. *Conducía un tractor.* **SIN.** Remolque, tiro.

tradición (tra-di-ción) *s. f.* **1.** Transmisión oral de noticias, composiciones literarias, doctrinas, costumbres, etc., hecha de generación en generación. *Aquellas poesías se conservaban sólo en la tradición oral.* **SIN.** Conservación, romance, fábula, crónica. **2.** Noticia de un hecho antiguo transmitido de este modo. *Así lo contaba la tradición.* **SIN.** Leyenda, narración, testimonio. **3.** Doctrina, costumbre, etc. que prevalece de generación en generación. *La fiesta se seguía celebrando según la tradición.* **SIN.** Hábito, raigambre, consuetud. **ANT.** Novedad, modernidad.

tradicional (tra-di-cio-nal) *adj.* Que pertenece o se refiere a la tradición. *Aquella procesión era la más tradicional de la zona.* **SIN.** Ancestral, inveterado, habitual, típico. **ANT.** Nuevo, extraño, raro, actual.

traducción (tra-duc-ción) *s. f.* **1.** Acción y efecto de traducir. *Ha hecho una traducción del alemán al castellano.* **SIN.** Versión, interpretación, traslación. **ANT.** Original. ‖ **2. traducción directa** La que se realiza de un idioma extranjero al idioma del traductor. **3. traducción inversa** La que se hace del idioma del traductor a un idioma extranjero. **4. traducción libre o literaria** La que sigue el sentido general del texto pero varía en la expresión. **5. traducción literal** La que traslada literalmente el texto. **6. traducción simultánea** La que se realiza oralmente, al mismo tiempo que se pronuncia un discurso, conferencia, etc.

traducir (tra-du-cir) *v. tr.* **1.** Decir en una lengua lo que se ha escrito o dicho en otra. *Traduce libros del español al inglés.* **2.** Convertir una cosa en otra. **GRA.** También v. prnl. *Su falta de colaboración se tradujo en problemas.* **SIN.** Mudar, trocar, cambiar, permutar. **ANT.** Permanecer, quedarse. ✎ v. irreg., se conjuga como conducir.

traductor, ra (tra-duc-tor) *adj.* Que traduce una obra o escrito. **GRA.** También s. m. y s. f. *Es un buen traductor de alemán.* **SIN.** Intérprete, glosador, comentarista.

traer (tra-er) *v. tr.* **1.** Llevar una cosa al lugar en donde uno está. *Nos ha traído sus discos.* **SIN.** Trasladar, conducir, acercar. **ANT.** Alejar. **2.** Tener puesta ropa. *Traes un bonito vestido.* **SIN.** Usar, vestir, llevar. **3.** Ser causa de algo, ocasionar. *La avaricia trajo su desgracia.* **SIN.** Acarrear, originar, producir. **4.** Tener a alguien en la situación que indica el adjetivo que se une al verbo. *Esta situación me trae loco.* ‖ *v. prnl.* **5.** Estar planeando algo. *Algo se trae entre manos, estoy segura.* **SIN.** Urdir, tramar, conspirar. ‖ **LOC. traer a alguien al fresco una persona o cosa, o traerle sin cuidado** *fam.* No importarle nada en absoluto. **traer a alguien a mal traer** Maltratarle o fastidiarle mucho. **traer a colación, o a cuento** Mencionar. **traer a la memoria, o a la cabeza** Recordar. **traer consigo** Provocar, originar. **traer cuenta algo** Ser útil o beneficioso. **traer de acá para allá, o de aquí para allí** Mandarle continuamente cosas, sin dejarle parar. **traer de cabeza** *fam.* Preocupar un asunto mucho a una persona. **traer y llevar** *fam.* Murmurar, chismorrear. **traérselas** *fam.* Expresión que se emplea para significar aquello que tiene mayor intención o dificultad de lo que aparenta. ✎ v. irreg.

INDICATIVO		SUBJUNTIVO		
Pres.	Pret. perf. s.	Pres.	Pret. imperf.	Fut. imperf.
traigo	traje	traiga	trajera/se	trajere
traes	trajiste	traigas	trajeras/se	trajeres
trae	trajo	traiga	trajera/se	trajere
traemos	trajimos	traigamos	trajéramos/semos	trajéremos
traéis	trajisteis	traigáis	trajerais/seis	trajereis
traen	trajeron	traigan	trajeran/sen	trajeren
IMPERATIVO		trae, traiga, traigamos, traed, traigan		
FORMAS NO PERSONALES		Ger. trayendo*		

traficante (tra-fi-can-te) *adj.* Que trafica o comercia. **GRA.** También s. m. y s. f. *Traficante de armas.*

traficar (tra-fi-car) *v. intr.* **1.** *Comerciar, negociar. **2.** Andar en negocios ilegales. *Traficaba con cosas robadas.* ✎ Se conjuga como abarcar.

tráfico (trá-fi-co) *s. m.* **1.** Movimiento de vehículos por tierra, mar o aire. *En verano, las carreteras tienen mucho tráfico.* **SIN.** Tránsito, circulación. **2.** Acción de traficar. *Se dedica al tráfico de minerales.* **SIN.** Negocio, comercio, operación, especulación.

tragaderas (tra-ga-de-ras) *s. f. pl., fam.* Poco escrúpulo, facilidad para admitir o tolerar cosas inconvenientes. *Tiene unas tragaderas increíbles.* **SIN.** Tolerancia, aguante. **ANT.** Intransigencia, intolerancia.

tragador, ra (tra-ga-**dor**) *adj.* Que come mucho. **GRA.** También s. m. y s. f. *Es un tragador.* **SIN.** Glotón, comilón, tragón. **ANT.** Sobrio, moderado.

tragaldabas (tra-gal-**da**-bas) *s. m. y s. f., fam.* Persona muy tragona. *Estás hecho un tragaldabas.* **SIN.** Tragón, tragador, glotón, comilón. **ANT.** Sobrio, inapetente, moderado. ✎ Invariable en número.

tragaluz (tra-ga-**luz**) *s. m.* Ventana abierta en un techo o en la parte superior de una pared. *Una débil luz entraba por el tragaluz.* **SIN.** Claraboya, lucerna, ventanuco.

tragaperras (tra-ga-**pe**-rras) *s. m., fam.* Aparato que, al echarle una moneda, automáticamente marca el peso, da premios en dinero como en los juegos de azar, etc. *Era un vicioso de las tragaperras.* ✎ Invariable en número.

tragar (tra-**gar**) *v. tr.* **1.** Hacer pasar el alimento de la boca al aparato digestivo. *No podrás tragar esas pastillas tan grandes.* **SIN.** Engullir, ingerir, zampar. **ANT.** Expulsar, devolver. **2.** Comer mucho. *Tragaba el melón con mucha ansia.* **SIN.** Glotonear, zampar, devorar, tragonear. **ANT.** Ayunar. **3.** Absorber las aguas o la tierra lo que está en su superficie. **GRA.** También v. prnl. *La riada se tragó el puente.* **SIN.** Chupar, hundir, abismar. **4.** Creer con facilidad cuestiones inverosímiles. **GRA.** También v. prnl. *Se lo tragó todo.* **SIN.** Admitir, aceptar, tolerar, permitir. **ANT.** Rechazar. ‖ **LOC. no tragar a una persona o cosa** *fam.* Tenerle antipatía o aborrecimiento. ✎ Se conjuga como ahogar.

tragedia (tra-**ge**-dia) *s. f.* **1.** Obra dramática seria en que intervienen principalmente personajes ilustres o heroicos, y en la que el protagonista se ve conducido por una pasión o por la fatalidad a un desenlace funesto. *"Hamlet" es una famosa tragedia de Shakespeare.* **SIN.** Drama, melodrama. **ANT.** Comedia. **2.** Cualquier suceso de la vida real, que puede infundir terror y lástima. *Su muerte fue una auténtica tragedia.* **SIN.** Desdicha, infortunio, desgracia, fatalidad, desastre. **ANT.** Fortuna, suerte, dicha, alegría.

trágico, ca (**trá**-gi-co) *adj.* **1.** Que pertenece o se refiere a la tragedia. *Teatro trágico.* **SIN.** Dramático, tragédico, teatral. **2.** Adverso, muy desgraciado. *Fue un suceso muy trágico.* **SIN.** Desastroso, aciago, infortunado. **ANT.** Fausto, agradable, afortunado, alegre, gracioso.

tragicomedia (tra-gi-co-**me**-dia) *s. f.* **1.** Obra dramática que tiene a la vez características propias de los géneros trágico y cómico. *Escribió una tragicomedia.* **2.** Nombre que Fernando de Rojas dio a su obra, hoy conocida como "La Celestina", que inicia un subgénero de obras escritas en diálogo, con mezcla de los elementos antes citados, y no destinadas a la representación teatral. *Tragicomedia de Calixto y Melibea.* **3.** Suceso que mueve a risa y a piedad. *La situación era una tragicomedia.*

trago (**tra**-go) *s. m.* **1.** Porción de líquido que se bebe o se puede beber de una vez. *Echó un trago de agua.* **SIN.** Sorbo, ingestión, bocanada. **2.** *fam.* Suceso infortunado. *Ha sido un mal trago.* **SIN.** Adversidad, disgusto, contrariedad, amargura. **ANT.** Suerte, fortuna, dicha.

tragón, na (tra-**gón**) *adj., fam.* Que traga o come mucho. **GRA.** También s. m. y s. f. *Carmen es una tragona.* **SIN.** Tragador, glotón, comilón, insaciable, devorador. **ANT.** Sobrio, inapetente, moderado, ayunador.

traición (trai-**ción**) *s. f.* **1.** Delito que se comete contra la seguridad de la patria por los ciudadanos o por los militares. *Le juzgaron por traición.* **SIN.** Deslealtad, conjura, complot, conspiración. **ANT.** Lealtad, rectitud, honestidad. **2.** Comportamiento de la persona que engaña o falta a la lealtad de alguien que ha confiado en ella. *Si algo no soportaba de sus amigos era la traición.* **SIN.** Infidelidad, deslealtad, ingratitud, engaño. **ANT.** Fidelidad, lealtad, nobleza, honestidad. ‖ **3. alta traición** La cometida contra la persona del soberano, o contra el honor, la seguridad y la independencia del Estado. ‖ **LOC. a traición** Alevosamente, con engaño.

traicionar (trai-cio-**nar**) *v. tr.* **1.** Hacer traición o engañar a una persona. *No podía creerse que le hubieran traicionado.* **SIN.** Renegar, estafar, abandonar, desertar, conspirar. **ANT.** Ayudar, defender. **2.** Descubrir una cosa o alguna circunstancia que se quería ocultar. *Su mirada le traicionó: nos estaba mintiendo.*

traidor, ra (trai-**dor**) *adj.* **1.** Que comete traición. **GRA.** También s. m. y s. f. *Era un traidor.* **SIN.** Infiel, renegado, desertor, falso, desleal. **ANT.** Leal, noble, fiel, constante. **2.** Se dice de las cosas dañinas y que aparentan no serlo. *Este mar es muy traidor.*

tráiler (**trái**-ler) *s. m.* **1.** Remolque de un camión. *El tráiler está cargado de cajas.* **2.** Rollo corto con fragmentos de película, que se proyecta intercalado en un programa o al inicio de una sesión cinematográfica para su publicidad. *Vi el tráiler de esa película el otro día en el cine.* **SIN.** Avance, anuncio.

training *s. m.* *Entrenamiento.

traje (**tra**-je) *s. m.* **1.** Vestido completo de una persona. *Llevaba un traje negro.* **SIN.** Ropaje, indumento, atavío, vestidura. **2.** Vestido peculiar de una clase de personas o de los naturales de un país. *Iban vestidos con los trajes regionales.* **SIN.** Hábito, uniforme, indumentaria. ‖ **3. traje de baño** *Bañador. **4. traje de ceremonia, o de etiqueta** Uniforme propio del cargo o dignidad que se ostenta. **5.** El de gala, por lo común de frac, que se usa en los actos solemnes. **6. traje de luces** El traje de seda, bordado de oro o plata, con lentejuelas, que se ponen los toreros para actuar en el ruedo. **7. traje de noche** El de mujer, de ceremonia y generalmente largo. **8. traje sastre** El femenino de dos piezas, falda y chaqueta. ‖ **LOC. cortar un traje** Murmurar.

trajín (tra-**jín**) *s. m.* Ajetreo, jaleo. *Hoy hay mucho trajín.* **SIN.** Confusión. **ANT.** Tranquilidad, sosiego, calma.

trajinar (tra-ji-**nar**) *v. tr.* **1.** *Transportar. **ANT.** Dejar. ‖ *v. intr.* **2.** Andar de un sitio a otro; moverse mucho. *Estuvo todo el día trajinando.* **SIN.** Ajetrearse, afanarse, gestionar. **ANT.** Holgazanear, vaguear, detenerse. ‖ *v. tr.* **3.** *vulg.* Tener relaciones sexuales con alguien. **GRA.** Se usa más como v. prnl. *Decía que se lo había trajinado.* **SIN.** Tirarse.

tralla (tra-lla) *s. f.* *Látigo.

trama (tra-ma) *s. f.* **1.** Conjunto de hilos que, cruzados y enlazados con los de la urdimbre, forman una tela. *La trama de este tejido es muy tupida.* **SIN.** Malla, red, tejido. **2.** Artificio, confabulación con que se perjudica a alguien. *Cayó en la trama que le habían preparado.* **SIN.** Intriga, maquinación, complot. **3.** Disposición interna, contextura, especialmente el enredo de una obra dramática o novelesca. *Resumió la trama de la obra.* **SIN.** Asunto, argumento, tema.

tramar (tra-**mar**) *v. tr.* Disponer o preparar con astucia un enredo o traición. *Seguro que están tramando algo.* **SIN.** Confabular, maquinar, conspirar, intrigar. **ANT.** Sincerarse, descubrir.

tramitar (tra-mi-**tar**) *v. tr.* Hacer pasar algo por los trámites debidos. *Tramitó la denuncia.* **SIN.** Diligenciar, gestionar, expedir, negociar, instruir. **ANT.** Dificultar, entorpecer, demorar, obstaculizar.

trámite (**trá**-mi-te) *s. m.* **1.** Cada uno de los estados y diligencias que hay que recorrer en un asunto hasta su conclusión. *Tenía que cumplir todos los trámites.* **SIN.** Requisito, procedimiento, oficio, formalidad, proceso. **2.** Vía legal de un asunto. *Está en trámite.*

tramo (**tra**-mo) *s. m.* **1.** Parte de una escalera, comprendida entre dos mesetas. *Había subido sólo el primer tramo de escaleras y estaba agotado.* **2.** Cada una de las partes en que está dividido un andamio, esclusa, camino, etc. *Ya habíamos hecho un buen tramo del camino.* **SIN.** Trayecto, recorrido, espacio.

tramoya (tra-**mo**-ya) *s. f.* Máquina o conjunto de ellas para efectuar transformaciones en el teatro. *Se encargaba de la tramoya del teatro.* **SIN.** Escenografía, decorado, bambalina.

trampa (**tram**-pa) *s. f.* **1.** Artificio de caza compuesto generalmente de una excavación y una tabla que la cubre. *Pusieron trampas para los conejos.* **SIN.** Cepo, red, lazo. **2.** Puerta abierta en el suelo, para poner en comunicación cualquier parte de un edificio con otra inferior. *Abre la trampa de la bodega.* **SIN.** Escotilla, trampilla, tapa. **3.** Ardid para burlar o perjudicar a alguien. *Le tendieron una trampa.* **SIN.** Astucia, fraude, emboscada, intriga. **ANT.** Verdad, autenticidad. **4.** Engaño en el juego. *Hacía trampas.* **SIN.** Fullería, tahurería, tejadillo, trapacería, floreo. ‖ **LOC. caer alguien en la trampa** *fam.* Dejarse engañar consciente o inconscientemente.

trampear (tram-pe-**ar**) *v. intr., fam.* Ir viviendo como se puede. **GRA.** Se usa sobre todo en ger. *Iba trampeando.* **SIN.** Tirar, vegetar, conllevar, sufrir.

trampilla (tram-**pi**-lla) *s. f.* Ventanilla en el suelo de las habitaciones altas, para ver lo que pasa en el piso bajo. *Miró por la trampilla.* **SIN.** Abertura, ventanillo, ventanuco.

trampolín (tram-po-**lín**) *s. m.* **1.** Plataforma, fija o elástica, desde la que se salta a la piscina. *Saltó a la piscina desde el trampolín.* **2.** Persona o cosa de la que alguien se aprovecha para conseguir fines ulteriores. *Le utilizó de trampolín.* **SIN.** Ventaja, apoyo. **ANT.** Desventaja.

tramposo, sa (tram-**po**-so) *adj.* Que hace trampas en el juego. **GRA.** También s. m. y s. f. *No querían jugar con él porque era un tramposo.* **SIN.** Tahúr, fullero, florero. **ANT.** Honrado.

tranca (**tran**-ca) *s. f.* Palo grueso y fuerte que se pone para asegurar puertas y ventanas cerradas. *Aseguró la puerta con una tranca.* ‖ **LOC. a trancas y barrancas** *fam.* Pasando sobre los obstáculos que se presenten.

trancar (tran-**car**) *v. tr.* Atrancar, cerrar asegurando la puerta con una tranca o con otro cierre. *Tranca la puerta.* Se conjuga como abarcar.

trancazo (tran-**ca**-zo) *s. m., fam.* *Gripe, enfermedad.

trance (**tran**-ce) *s. m.* **1.** Momento crítico. *Estaba atravesando un duro trance.* **SIN.** Lance, paso, aprie-

tranquilidad - transferencia

to. **2.** *Éxtasis. **3.** Estado en que cae el médium y durante el cual se manifiestan fenómenos paranormales. *Entró en trance.* || **LOC. a todo trance** Con resolución y sin miramientos.

tranquilidad (tran-qui-li-**dad**) *s. f.* Cualidad de tranquilo. *Buscaba tranquilidad.* **SIN.** Serenidad, calma, sosiego, placidez, flema. **ANT.** Desasosiego, inquietud, sobresalto, excitación.

tranquilizador, ra (tran-qui-li-za-**dor**) *adj.* Que tranquiliza. *Eran noticias tranquilizadoras.* **SIN.** Consolador, confortador, relajante, sosegador. **ANT.** Excitante, inquietante, perturbador.

tranquilizante (tran-qui-li-**zan**-te) *adj.* Se dice de los fármacos de efecto sedante. **GRA.** También s. m. *Le tuvieron que dar un tranquilizante.* **SIN.** Calmante, sedativo, barbitúrico, hipnótico. **ANT.** Excitante, agravante.

tranquilizar (tran-qui-li-**zar**) *v. tr.* Poner tranquilo, hacer desaparecer la agitación. **GRA.** También v. prnl. *Intentaron tranquilizarlo.* **SIN.** Sosegar, calmar, serenar, relajar, confortar. **ANT.** Inquietar, preocupar, irritar, intranquilizar, agitar. ✎ Se conjuga como abrazar.

tranquillo (tran-**qui**-llo) *s. m.* Hábito o modo especial mediante el cual se hace una cosa con más destreza. *Le cogerás pronto el tranquillo.* **SIN.** Habilidad, truco, maña, práctica. **ANT.** Torpeza, desmaña, impericia.

tranquilo, la (tran-**qui**-lo) *adj.* **1.** Quieto, en reposo. *El mar está tranquilo tras la tempestad. Mi hermano estuvo muy tranquilo.* **SIN.** Pacífico, sosegado, calmo, sereno. **ANT.** Agitado, inquieto, nervioso, excitado. **2.** Se dice de las personas poco propensas a alterarse por preocupaciones como el trabajo, compromisos, etc. *Es una persona muy tranquila.* **SIN.** Despreocupado, flemático, apático, indolente. **ANT.** Desazonado, temeroso, inseguro.

transacción (tran-sac-**ción**) *s. f.* Trato, convenio, negocio. *Llevaron a cabo la transacción.* **SIN.** Acuerdo, trato, arreglo, negociación. **ANT.** Desacuerdo, ruptura, disentimiento.

transaminasa (tran-sa-mi-**na**-sa) *s. f.* Enzima que realiza el transporte de un grupo amino, formado por un volumen de nitrógeno y dos de hidrógeno, de una molécula a otra. Se encuentra normalmente en las células de los animales. *Tenía muy altas las transaminasas.*

transatlántico (tran-sat-**lán**-ti-co) *s. m.* Buque de grandes proporciones que hace la travesía del Atlántico o de otro mar de grandes dimensiones. *Hicieron la travesía en un transatlántico.* **SIN.** Navío, barco. ✎ También "trasatlántico".

transbordador, ra (trans-bor-da-**dor**) *s. m.* **1.** *Ferry. **2. transbordador espacial** Nave espacial que despega en vertical, se sitúa en órbita y aterriza como un avión convencional. ✎ También "trasbordador".

transbordar (trans-bor-**dar**) *v. tr.* **1.** Trasladar efectos o personas de un buque a otro. **GRA.** También v. prnl. *Transbordaron la carga.* **SIN.** Pasar, transferir. **2.** Transportar personas o cosas de un vehículo a otro. **GRA.** También v. prnl. *Para continuar el viaje hemos de transbordar en esa ciudad.* **SIN.** Trasladar, pasar, transferir. ✎ También "trasbordar".

transbordo (trans-**bor**-do) *s. m.* Acción o efecto de transbordar o transbordarse. *Tenemos que hacer un transbordo en la siguiente estación.* **SIN.** Traslado, transferencia, transporte. ✎ También "trasbordo".

transcribir (trans-cri-**bir**) *v. tr.* **1.** Copiar un escrito. *Lo transcribió literalmente.* **SIN.** Reproducir, duplicar. **2.** Representar la fonética de una lengua mediante un sistema de escritura convenido. *Transcribe las siguientes palabras.* ✎ Tiene p. p. irreg., transcrito o transcripto. También "trascribir".

transcripción (trans-crip-**ción**) *s. f.* Acción y efecto de transcribir. *Tenían un examen de transcripción fonética.* **SIN.** Traslación, traducción, reproducción. ✎ También "trascripción".

transcurrir (trans-cu-**rrir**) *v. intr.* Correr o pasar el tiempo. *Transcurrió un año desde que nos vimos por última vez.* **SIN.** Sucederse, deslizarse, correr. **ANT.** Detenerse, pararse, retroceder. ✎ También "trascurrir".

transcurso (trans-**cur**-so) *s. m.* Paso o carrera del tiempo. *Se te olvidará con el transcurso del tiempo.* **SIN.** Paso, sucesión, intervalo, duración. **ANT.** Detención, parada, inmovilización. ✎ También "trascurso".

transeúnte (tran-se-**ún**-te) *adj.* Que transita o pasa de un lugar a otro. **GRA.** También s. m. y s. f. *Las calles estaban llenas de transeúntes.* **SIN.** Paseante, viandante, peatón, deambulante.

transexual (tran-se-**xual**) *adj.* Se dice de la persona que, mediante tratamiento hormonal y quirúrgico, adquiere los caracteres sexuales del sexo opuesto. **GRA.** También s. m. y s. f. *Era transexual.*

transferencia (trans-fe-**ren**-cia) *s. f.* **1.** Acción y efecto de transferir. *Tuvo lugar la transferencia de poderes.* **SIN.** Traspaso, traslado. **ANT.** Permanen-

transferir - transmutar

cia, retención. **2.** Operación bancaria consistente en imponer una cantidad para ser abonada en la cuenta corriente de una persona residente en población distinta. *Le puso una transferencia.* **SIN.** Traspaso, cesión, abono, pago. **3.** Documento que acredita esta operación. *Firmó el resguardo de la transferencia.* ✎ También "trasferencia".

transferir (trans-fe-**rir**) *v. tr.* **1.** *Traspasar. **2.** Ceder a otra persona el derecho que se tiene sobre una cosa. *Transfirió sus poderes a su sucesor.* **SIN.** Renunciar. ✎ v. irreg., se conjuga como sentir. También "trasferir".

transfigurar (trans-fi-gu-**rar**) *v. tr.* Hacer cambiar de figura a una persona o cosa. **GRA.** También v. prnl. *Con el nuevo peinado se ha transfigurado mucho.* **SIN.** Transformarse, metamorfosearse. **ANT.** Permanecer, quedar. ✎ También "trasfigurar".

transformador (trans-for-ma-**dor**) *s. m.* Aparato eléctrico para convertir la corriente eléctrica en otra de mayor tensión y menor intensidad, o al contrario. *Para poder enchufar ese casete necesita un transformador.* **SIN.** Convertidor, amplificador, rectificador. ✎ También "trasformador".

transformar (trans-for-**mar**) *v. tr.* Cambiar de forma o aspecto una persona o cosa. **GRA.** También v. prnl. *El sastre transformó el abrigo en chaqueta.* **SIN.** Mudar(se), modificar(se), transfigurar(se), trocar(se), convertir(se), alterar(se). **ANT.** Permanecer, continuar. ✎ También "trasformar".

tránsfuga (**tráns**-fu-ga) *s. m. y s. f.* **1.** Persona que huye de una parte a otra. *Le detuvieron por tránsfuga.* **SIN.** Desertor, prófugo, fugitivo. **2.** Persona que pasa de un partido a otro. *Los tránsfugas crearon un nuevo partido.* ✎ También "trásfuga".

transfusión (trans-fu-**sión**) *s. f.* Operación cuyo objeto es hacer pasar cierta cantidad de sangre de un individuo a otro. *Necesitaba con urgencia una transfusión de sangre.* ✎ También "trasfusión".

transgredir (trans-gre-**dir**) *v. tr.* Violar un precepto o ley. *Transgredió la ley.* **SIN.** Infringir, quebrantar, violar. **ANT.** Cumplir, acatar. ✎ v. defect., se conjuga como abolir. También "trasgredir".

transgresión (trans-gre-**sión**) *s. f.* Acción y efecto de transgredir. *Saltarse un stop es una grave transgresión de las normas de tráfico.* **SIN.** Infringimiento, quebrantamiento, violación. **ANT.** Acatamiento, cumplimiento. ✎ También "trasgresión".

transición (tran-si-**ción**) *s. f.* Acción y efecto de pasar de un estado o situación a otro. *Escribió un libro sobre al época de la transición a la democracia.*

transigente (tran-si-**gen**-te) *adj.* Benévolo, tolerante. *Es una persona muy transigente.* **ANT.** Intolerante.

transigir (tran-si-**gir**) *v. intr.* Consentir en parte con lo que repugna, a fin de llegar a una concordia. **GRA.** Se usa a veces como v. tr. *Al final se vio obligado a transigir.* **SIN.** Consentir, permitir, soportar, tolerar. **ANT.** Prohibir, vetar. ✎ Se conjuga como urgir.

transistor (tran-sis-**tor**) *s. m.* **1.** Componente electrónico semiconductor que puede amplificar señales o impulsos eléctricos. *Los transistores supusieron un gran avance en las comunicaciones.* **2.** Por ext., aparato receptor de radio en el que se utilizan transistores. *Encendió el transistor para oír las noticias.*

transitar (tran-si-**tar**) *v. intr.* Pasar por vías o parajes públicos. *Por esa avenida transita poca gente.* **SIN.** Andar, caminar, circular. **ANT.** Parar, estacionar.

transitivo, va (tran-si-**ti**-vo) *adj.* Se dice del verbo que admite complemento directo *"Regalar" es un verbo transitivo.*

tránsito (**trán**-si-to) *s. m.* **1.** Acción de transitar, particularmente las personas y vehículos, por la vía pública. *Es una calle de mucho tránsito.* **SIN.** Circulación, paso, tráfico. **2.** Sitio por donde se pasa de un lugar a otro. *Ese pequeño pueblo es obligado lugar de tránsito entre las dos comarcas.* **SIN.** Paso.

transitorio, ria (tran-si-**to**-rio) *adj.* Pasajero, temporal. *Aseguraban que la crisis sería transitoria.*

translúcido, da (trans-**lú**-ci-do) *adj.* *Transparente. ✎ También "traslúcido".

transmigrar (trans-mi-**grar**) *v. intr.* Según ciertas creencias, pasar un alma de un cuerpo a otro. *Los hinduístas creen que el alma puede transmigrar a cualquier ser vivo.* ✎ También "trasmigrar".

transmisor (trans-mi-**sor**) *s. m.* **1.** Aparato que sirve para transmitir las señales eléctricas, telegráficas o telefónicas. *Instalaron un nuevo transmisor.* **SIN.** Conductor, emisor. **2.** Aparato telegráfico o telefónico que sirve para producir las ondas hertzianas que han de actuar en el receptor. *Llámale por medio del transmisor.* ✎ También "trasmisor".

transmitir (trans-mi-**tir**) *v. tr.* **1.** Comunicar un mensaje, conocimiento, noticia, etc. *Me transmitió el aviso.* **SIN.** Dar, decir. **2.** Emitir por radio o televisión un programa. *El programa lo transmiten por radio a las diez.* **SIN.** Radiar, televisar. **3.** Comunicar el movimiento de una pieza a otra en una máquina. **GRA.** También v. prnl. *El piñón transmite movimiento a través de la cadena.* ✎ También "trasmitir".

transmutar (trans-mu-**tar**) *v. tr.* Convertir, mudar una cosa en otra. **GRA.** También v. prnl. *La nueva*

transparencia - trapo

decoración transmutó por completo el edificio. **SIN.** Variar, alterar, mudar, transformar, metamorfosear. **ANT.** Permanecer, mantenerse, quedarse.

transparencia (trans-pa-**ren**-cia) *s. f.* **1.** Cualidad de transparente. *Le gustaba la transparencia de aquellas aguas.* **SIN.** Claridad, limpidez, nitidez. **SIN.** Oscuridad, opacidad. **2.** *Diapositiva. ✎ También "trasparencia".

transparentar (trans-pa-ren-**tar**) *v. tr.* **1.** Dejarse ver la luz u otra cosa a través de un cuerpo transparente. *Los cristales transparentaban su imagen.* **SIN.** Clarear, traslucir. ‖ *v. intr.* **2.** Ser transparente un cuerpo. **GRA.** También v. prnl. *Esa tela transparenta.* ‖ *v. prnl.* **3.** Dejarse adivinar en lo patente o declarado otra cosa que no es manifiesta. **GRA.** También v. tr. *En sus palabras se transparentaba un cierto malestar.* **SIN.** Traslucirse. **4.** *fam.* Estar una prenda muy gastada por el uso. *No te pongas más esos pantalones, se transparentan.* **5.** *fam.* Estar una persona excesivamente delgada. *¡Dice que está gordo, y se transparenta!* ✎ También "trasparentar".

transparente (trans-pa-**ren**-te) *adj.* **1.** Se dice del cuerpo a través del cual pueden verse los objetos distintamente. *El agua del río era muy transparente.* **SIN.** Diáfano, cristalino. **ANT.** Opaco. **2.** Que se deja adivinar sin manifestarse. *Es una persona muy poco transparente.* ✎ También "trasparente".

transpirar (trans-pi-**rar**) *v. intr.* **1.** *Sudar. **2.** Dejarse adivinar y conocer una cosa secreta. *Sus palabras transpiraban melancolía.* ✎ También traspirar.

transponer (trans-po-**ner**) *v. tr.* **1.** Poner a una persona o cosa en lugar diferente del que ocupaba. **GRA.** También v. prnl. *Quiere transponer las estanterías.* **SIN.** Traspasar, cambiar. **2.** *Trasplantar. ‖ *v. prnl.* **3.** Quedarse alguien medio dormido. *Se tumbó en el sofá y se transpuso.* **SIN.** Adormilarse, abotargarse. **ANT.** Despertarse. ✎ v. irreg., se conjuga como poner. También "trasponer".

transportar (trans-por-**tar**) *v. tr.* **1.** Llevar una cosa de un lugar a otro. *Los autobuses transportan viajeros.* **SIN.** Acarrear, conducir, llevar, portar, trasladar. **ANT.** Dejar. ‖ *v. prnl.* **2.** *Embelesarse. ✎ También "trasportar".

transporte (trans-**por**-te) *s. m.* Acción y efecto de transportar. *El autobús y el tren son los dos medios de transporte de la región.* **SIN.** Acarreo, conducción. ✎ También "trasporte".

transportista (trans-por-**tis**-ta) *s. m. y s. f.* **1.** Persona que tiene por oficio transportar personas o mercancías. *Impidieron a los transportistas atravesar la frontera.* **SIN.** Porteador, transportador. **2.** Dueño de una empresa de transportes. *Eran transportistas.* ✎ También "trasportista".

transposición (trans-po-si-**ción**) *s. f.* Acción y efecto de transponer o transponerse. *El hipérbaton consiste en una transposición de los sintagmas de la oración.* ✎ También "trasposición".

transvasar (trans-va-**sar**) *v. tr.* Pasar un líquido de una vasija o recipiente a otro. *En las épocas de sequía transvasan agua del Tajo al Segura.* ✎ También "trasvasar".

transversal (trans-ver-**sal**) *adj.* *Oblicuo. ✎ También "trasversal".

tranvía (tran-**ví**-a) *s. m.* Ferrocarril establecido en una calle o camino carretero. *Una de las cosas que más le gustó de Lisboa fueron sus tranvías.*

trapecio (tra-**pe**-cio) *s. m.* **1.** Palo horizontal suspendido en sus extremos por dos cuerdas paralelas, y que sirve para ejercicios gimnásticos. *Hacía ejercicios sobre el trapecio.* **SIN.** Columpio. **2.** Cuadrilátero irregular que tiene paralelos solamente dos de sus lados. *Tenía figura de trapecio.*

trapecista (tra-pe-**cis**-ta) *adj.* Se dice del artista de circo que realiza ejercicios en el trapecio. **GRA.** También s. m. y s. f. *Era trapecista y siempre había vivido en el circo.* **SIN.** Malabarista, saltimbanqui.

trapero, ra (tra-**pe**-ro) *s. m. y s. f.* Persona cuyo oficio consiste en recoger, o comprar y vender, trapos y otros objetos usados. *Le vendió los retales al trapero.* **SIN.** Quincallero, ropavejero.

trapezoide (tra-pe-**zoi**-de) *s. m.* Cuadrilátero irregular que no tiene ningún lado paralelo a otro. *Dibuja un trapezoide.*

trapichear (tra-pi-che-**ar**) *v. intr., fam.* Buscar medios o recursos, no siempre lícitos, para lograr algún objeto. *Se ganaba la vida trapicheando.* **SIN.** trigar.

trapicheo (tra-pi-**che**-o) *s. m., fam.* Acción y ejercicio de trapichear. *Vive del trapicheo.* **SIN.** Cambalache, regateo, intriga.

trapisonda (tra-pi-**son**-da) *s. f., fam.* Bulla o riña con voces o acciones. *Se montó una buena trapisonda.* **SIN.** Alboroto, confusión, jaleo. **ANT.** Calma, paz, concordia.

trapo (**tra**-po) *s. m.* **1.** Pedazo de tela desechado por viejo y roto. *Déjame un trapo para limpiar esto.* **SIN.** Harapo, jirón, pingo, andrajo. ‖ *s. m. pl.* **2.** *fam.* Prendas de vestir. *Le encantan los trapos.* ‖ **LOC. a todo trapo** *fam.* Con actividad y eficacia. **estar, o quedar, alguien como, o hecho, un trapo** Estar, o quedar, destrozado o muy cansado. **poner a alguien como, o hecho, un trapo** *fam.* Reprenderle con dureza o decirle frases ofensivas. **sacar, o salir, los trapos sucios a relucir** *fam.* Echarle en cara a alguien las quejas que se mantenían ocultas. **tratar a alguien como a un trapo, o como a un trapo viejo o sucio** *fam.* Tratarlo muy mal.

tráquea (**trá**-que-a) *s. f.* Conducto respiratorio que empieza en la laringe y desciende hasta la mitad del pecho, donde se bifurca formando los bronquios. *Tenía la tráquea un poco inflamada.*

traquetear (tra-que-te-**ar**) *v. intr.* Hacer ruido o estrépito. *El viejo coche traqueteaba por los angostos caminos.*

tras[1] *prep.* **1.** Después de, a continuación de, aplicado al espacio o al tiempo. *Llegaron a un acuerdo tras muchas horas de negociación.* **2.** En busca, en seguimiento de. *Salió tras ella.* **3.** Detrás de, en situación posterior. *Tras la operación, tuvo que estar un mes de baja.*

tras[2] *onomat.* Imita el ruido de un golpe. ‖ **LOC. tras, tras** *fam.* Expresión con que se da a entender el golpe repetido, especialmente el que se da llamando a una puerta.

trasatlántico, ca (tra-sat-**lán**-ti-co) *adj.* *Trasatlántico. **GRA.** También s. m. y s. f.

trascendencia (tras-cen-**den**-cia) *s. f.* Resultado, consecuencia de carácter grave. *El asunto no tuvo mayor trascendencia.* **SIN.** Entidad, importancia, relevancia. ✍ También "transcendencia".

trascendental (tras-cen-den-**tal**) *adj.* Que es de mucha importancia o gravedad. *La firma del acuerdo era trascendental.* **SIN.** Grave, relevante. **ANT.** Nimio, intrascendente. ✍ También "transcendental".

trascender (tras-cen-**der**) *v. intr.* **1.** Empezar a ser conocido algo que estaba oculto. *La noticia todavía no había trascendido a la opinión pública.* **SIN.** Difundirse, propagarse. **2.** Extenderse o propagarse los efectos de unas cosas a otras. *Las consecuencias no tenían por qué trascender.* ✍ v. irreg., se conjuga como entender. También "transcender".

trascribir (tras-cri-**bir**) *v. tr.* *Transcribir. ✍ Tiene p. p. irreg., trascrito o trascripto.

trasdós (tras-**dós**) *s. m.* Superficie exterior de un arco o bóveda. *Ese arco tiene el trasdós decorado.*

trasegar (tra-se-**gar**) *v. tr.* Pasar las cosas de un lugar a otro, y especialmente un líquido de una vasija a otra. *Trasegaron el vino.* **SIN.** Trasvasar. ✍ v. irreg., se conjuga como acertar. Se escribe "gu" en vez de "g" seguido de "-e".

trasero, ra (tra-**se**-ro) *adj.* **1.** Que está o viene detrás. *Tenían un pequeño huerto en la parte trasera de la casa.* ‖ *s. m.* **2.** *Nalga. ‖ *s. f.* **3.** Parte de atrás o posterior de un coche, casa, etc. *Le dio por la trasera del coche.* **SIN.** Zaga, culata.

trasferir (tras-fe-**rir**) *v. tr.* *Transferir. ✍ v. irreg., se conjuga como adquirir.

trasformar (tras-for-**mar**) *v. tr.* *Transformar. **GRA.** También v. prnl.

trasfusión (tras-fu-**sión**) *s. f.* *Transfusión.

trasgredir (tras-gre-**dir**) *v. tr.* *Transgredir. ✍ v. defect., se conjuga como abolir.

trashumar (tras-hu-**mar**) *v. intr.* Pasar el ganado con sus conductores desde las dehesas de invierno a las de verano, y viceversa. *Por aquella región todos los años trashumaban los rebaños de merinas.*

trasiego (tra-**sie**-go) *s. m.* Acción y efecto de trasegar. *Es un lugar de mucho trasiego.* **SIN.** Mudanza, traslado, trasvase, trago.

traslación (tras-la-**ción**) *s. f.* Acción y efecto de trasladar o trasladarse. Se usa sobre todo refiriéndose al movimiento de la Tierra alrededor de Sol. *El movimiento de traslación de la Tierra alrededor del Sol dura 23 h 56'.* **SIN.** Mudanza, movimiento, giro.

trasladar (tras-la-**dar**) *v. tr.* **1.** Llevar o mudar una cosa de un lugar. **GRA.** También v. prnl. *Se trasladó a Madrid.* **SIN.** Mover, cambiar, transportar. **2.** Hacer pasar a una persona de un puesto o cargo a otro de la misma categoría. *Le trasladaron a la nueva delegación.* **SIN.** Cambiar. **3.** Cambiar de fecha un acto o una celebración. *Hay que trasladar la reunión a mañana, porque falta el director.* **SIN.** Pasar, variar.

traslado (tras-**la**-do) *s. m.* Acción y efecto de trasladar. *Estaban de traslado.* **SIN.** Acarreo, trasiego, traslación.

trasluz, al *loc.* Puesto el objeto entre la luz y el ojo, para que se transluzca. *Se veía al trasluz.*

trasmigrar (tras-mi-**grar**) *v. intr.* *Transmigrar.

trasmitir (tras-mi-**tir**) *v. tr.* *Transmitir.

trasnochado, da (tras-no-**cha**-do) *adj.* Falto de novedad y de oportunidad. *La decoración del salón está un poco trasnochada, los muebles son de los años 70.* **SIN.** Anacrónico, anticuado, pasado (de moda). **ANT.** Actual, moderno.

trasnochador, ra (tras-no-cha-**dor**) *adj.* Que trasnocha. **GRA.** También s. m. y s. f. *Siempre había sido muy trasnochador.* **SIN.** Calavera, juerguista, noctámbulo, nocturno. **ANT.** Madrugador, serio, grave.

trasnochar (tras-no-**char**) *v. intr.* Pasar alguien la noche, o gran parte de ella, velando o sin dormir. *No le gustaba trasnochar los días de diario.* **SIN.** Velar, vigilar. **ANT.** Dormir, trasponerse.

traspapelar (tras-pa-pe-**lar**) *v. tr.* Confundirse, desaparecer un papel entre otros. **GRA.** También v. tr. *Se me traspapeló la factura.* **SIN.** Perderse, extraviarse. **ANT.** Encontrar, hallar.

trasparentar (tras-pa-ren-**tar**) *v. tr.* *Transparentar. *Esa camisa se trasparentaba mucho.*

traspasar (tras-pa-**sar**) *v. tr.* **1.** Pasar a la otra parte de alguna cosa. *Estaba haciendo un agujero y traspasó la pared.* **SIN.** Cruzar, franquear. **2.** *Trasladar, transferir. **3.** Transferir a una persona un derecho u obligación. *Traspasó sus poderes.* **SIN.** Ceder, entregar. **4.** Transgredir una ley o una norma. *Traspasó el límite de velocidad.* **SIN.** Conculcar, infringir, quebrantar. **ANT.** Acatar, respetar, obedecer.

traspaso (tras-**pa**-so) *s. m.* **1.** Acción y efecto de traspasar. *Hizo el traspaso de poderes.* **2.** Acción y efecto de traspasar un alquiler o un negocio. *Cogieron el traspaso del negocio.* **SIN.** Transferencia, transmisión, cesión.

traspié (tras-**pié**) *s. m.* Tropezón al caminar. *Dio un traspié que casi va al suelo.* **SIN.** Resbalón.

traspirar (tras-pi-**rar**) *v. intr.* *Sudar. **GRA.** También v. prnl. ◊ También "transpirar".

trasplantar (tras-plan-**tar**) *v. tr.* Mudar un vegetal del sitio donde está plantado a otro. *Trasplantó la planta.* **SIN.** Esquejar, replantar.

trasponer (tras-po-**ner**) *v. tr.* *Transponer. **GRA.** También v. intr. y v. prnl. ◊ v. irreg., se conjuga como poner.

trasportar (tras-por-**tar**) *v. tr.* *Transportar. **GRA.** También v. prnl.

trasporte (tras-**por**-te) *s. m.* *Transporte.

trasposición (tras-po-si-**ción**) *s. m.* *Transposición.

trasquilar (tras-qui-**lar**) *v. tr.* **1.** Cortar el pelo a alguien sin orden ni arte. **GRA.** También v. prnl. *Se reían de él porque le habían trasquilado.* **SIN.** Chamorrar, tusar. **2.** Esquilar a los animales. *Trasquilaron las ovejas.*

trastada (tras-**ta**-da) *s. f., fam.* Jugarreta, picardía. *Mi sobrina es muy traviesa, siempre hace trastadas.*

trastazo (tras-**ta**-zo) *s. m., fam.* *Porrazo.

traste (**tras**-te) *s. m.* Cada uno de los resaltos de metal o hueso que se colocan a trechos en el mástil de la guitarra u otros instrumentos parecidos, para dejar a las cuerdas la longitud libre correspondiente a los diversos sonidos. *Situa la cejilla en el segundo traste.* ‖ **LOC. dar alguien al traste con una cosa** Destruirla, malbaratarla. **irse al traste una cosa** Malograrse un negocio u otra cosa.

trastear (tras-te-**ar**) *v. intr.* Discurrir con viveza y travesura. *Sacó al niño de paseo porque no paraba de trastear.*

trastero, ra (tras-**te**-ro) *adj.* Se dice de la pieza destinada para guardar los trastos inútiles. **GRA.** También s. m. *Guardó la ropa vieja en el trastero.* **SIN.** Buhardilla, desván, leonera.

trastienda (tras-**tien**-da) *s. f.* Aposento o pieza situado detrás de la tienda. *Les pasó a la trastienda para hablar en privado.*

trasto (**tras**-to) *s. m.* **1.** Mueble o utensilio doméstico, especialmente si es inútil. *Tiene la habitación llena de trastos.* **SIN.** Bártulos. **2.** *fam.* Persona inútil o informal. *No le quiero en el grupo, es un trasto.* **SIN.** Zascandil, enredador. ‖ **LOC. tirarse los trastos a la cabeza** *fam.* Discutir violentamente dos o más personas.

trastocar (tras-to-**car**) *v. tr.* Revolver, cambiar de lugar. *Llegó y lo trastocó todo.* **SIN.** Alterar, trastornar. ◊ Se conjuga como abarcar.

trastornar (tras-tor-**nar**) *v. tr.* **1.** Invertir el orden regular de una cosa. *Trastornó la colocación de todo.* **SIN.** Desordenar, alterar. **2.** Inquietar, perturbar. *Le trastornó tanto alboroto.* **3.** Volver a alguien loco. **GRA.** También v. prnl. *Se trastornó después del accidente.* **SIN.** Enloquecer, chalarse, chiflarse.

trastorno (tras-**tor**-no) *s. m.* Acción y efecto de trastornar o trastornarse. *No puedo cambiar los planes, me hace mucho trastorno.* **SIN.** Desarreglo, perturbación, desorden.

trastrocar (tras-to-**car**) *v. tr.* Mudar el ser o estado de una cosa. **GRA.** También v. prnl. *Al cambiar eso de sitio, se trastocó todo.* **SIN.** Invertir, volver. **ANT.** Permanecer. ◊ v. irreg., se conjuga como contar. Se escribe "qu" en vez de "c" seguido de "-e".

trasvasar (tras-va-**sar**) *v. tr.* *Transvasar.

trata (**tra**-ta) *s. f.* **1.** Comercio con seres humanos. *Se dedicaba a la trata de esclavos.* **SIN.** Negocio, prostitución, alcahuetería. ‖ **2. trata de blancas** Tráfico que consiste en atraer mujeres a los centros de prostitución.

tratable (tra-**ta**-ble) *adj.* Se dice de la persona cortés y accesible. *Te resultaría agradable, es una persona muy tratable.* **SIN.** Afable, amable, sociable. **ANT.** Arisco, frío, misántropo.

tratado (tra-**ta**-do) *s. m.* **1.** Ajuste, convenio, especialmente entre naciones, después de haber hablado sobre ello. *Los dos países se comprometieron a respetar el tratado.* **SIN.** Acuerdo, pacto. **2.** Escrito o discurso sobre una materia determinada. *Escribió un tratado de filosofía.* || **3. tratado de paz** El firmado entre dos naciones para poner fin a una guerra bajo condiciones en él especificadas.

tratamiento (tra-ta-**mien**-to) *s. m.* **1.** Trato, acción y efecto de tratar. *No había tenido con esa persona ningún tratamiento.* **2.** Título de cortesía que se da a una persona, como merced, señoría, etc. *Recibía el tratamiento de "ilustrísima".* **SIN.** Título. **3.** Sistema que se emplea para curar enfermos. *Respondió bien el nuevo tratamiento.* **SIN.** Medicación. **4.** Procedimiento empleado en una experiencia o en la elaboración de un producto. *Sometieron la leche a un tratamiento de pasteurización.* **SIN.** Sistema, método.

tratante (tra-**tan**-te) *s. m. y s. f.* Persona que se dedica a comprar géneros para revenderlos. *Era tratante de ganado.* **SIN.** Traficante, comerciante.

tratar (tra-**tar**) *v. tr.* **1.** Manejar una cosa. *Se dedica a tratar la madera.* **SIN.** Manipular, usar, utilizar. **2.** Tener relación con alguien. **GRA.** También v. intr. y v. prnl. *Se trata mucho con su familia.* **SIN.** Relacionarse. **ANT.** Enemistarse. **3.** Asistir y cuidar bien, o mal, a alguien, en especial tratándose de la comida, vestido, etc. **GRA.** También v. prnl. *Se quejaba de que le trataban mal.* **SIN.** Cuidar. || *v. intr.* **4.** Con la preposición "de", intentar algo. *Trata de esforzarte más.* **ANT.** Desistir. **5.** Con la preposición "de", conversar, discutir sobre una cuestión. **GRA.** También v. intr. *El programa trata de las nuevas técnicas publicitarias.* **SIN.** Discurrir, hablar, debatir. **6.** Con la preposición "de" y un tratamiento de cortesía, dar este título a alguien. *Le trataban de "don".* || **LOC. tratar bien, o tratar mal** Tener atenciones en el trato con una persona o al contrario. **tratar por separado** Estudiar, discutir, etc. asuntos sin mezclar las ideas que atañen a cada uno.

trato (tra-to) *s. m.* **1.** Acción y efecto de tratar o tratarse. *No tienen ningún trato.* **2.** Manera de tratar a alguien. *Hay un buen trato entre ellas.* **SIN.** Camaradería, familiaridad, confianza. **3.** Tratado, ajuste entre dos partes. *Ayer firmaron un trato muy importante.* **SIN.** Acuerdo, convenio, contrato. **4.** Tratamiento, título de cortesía. *El trato siempre era de "usted".* **SIN.** Dignidad. || **5. trato carnal** Relación sexual. || **LOC. cerrar un trato** Acordar las condiciones del mismo y obligarse a cumplirlo. **hacer buenos, o malos, tratos a alguien** Ofrecer a alguien condiciones ventajosas en un trato o todo lo contrario. **no querer trato con alguien** No querer relación con esa persona. **romper el trato con alguien** Dejar de tener relación con una persona con la que antes se tenía. **¡trato hecho!** Fórmula familiar mediante la cual se da por concluido un convenio o contrato.

trauma (**trau**-ma) *s. m.* **1.** *Traumatismo. || **2. trauma psíquico** Impresión afectiva que deja una huella profunda en el subconsciente y es causa de trastornos muy diversos. **SIN.** Complejo.

traumático, ca (trau-**má**-ti-co) *adj.* Que pertenece o se refiere al traumatismo. *Fue una experiencia muy traumática.*

traumatismo (trau-ma-**tis**-mo) *s. m.* Lesión de los tejidos por agentes mecánicos o físicos. *A causa del accidente, tenía un traumatismo en la pierna.* **SIN.** Contusión, golpe.

traumatizar (trau-ma-ti-**zar**) *v. tr.* Causar trauma. *Aquella dura experiencia le había traumatizado.* ✎ Se conjuga como abrazar.

traumatología (trau-ma-to-lo-**gí**-a) *s. f.* Parte de la medicina que estudia las afecciones de naturaleza traumática. *Estaba en la sección de traumatología del hospital.*

travelín (tra-ve-**lín**) *s. m.* Avance, retroceso o desplazamiento lateral de la cámara. *Realizó un travelín.*

travelling *s. m.* *Travelín.

través (tra-**vés**) *s. m.* Desgracia, fatalidad. *Sufrió un duro través.* || **LOC. a través de** Expresa la posición de una cosa que está colocada de un lado al opuesto de otra. | Expresa la manera de realizar una acción cuando ha de pasarse al otro lado de algún sitio. | Se refiere a la acción que se realiza usando un intermediario. **a través, o al través** Por entre.

travesaño (tra-ve-**sa**-ño) *s. m.* Pieza que atraviesa de una parte a otra. *Se rompió un travesaño de la escalera.* **SIN.** Barra, barrote.

travesía (tra-ve-**sí**-a) *s. f.* **1.** Camino transversal. *Cogió una travesía.* **2.** Parte de la carretera que está comprendida dentro del casco de la población. *Redujo la velocidad al entrar en la travesía.* **3.** Distancia entre dos puntos de tierra o de mar. *Había una larga travesía.* **SIN.** Trecho, trayecto. **4.** Viaje por mar. *No se mareó durante la travesía.*

travestido, da (tra-ves-**ti**-do) *s. m. y s. f.* Persona inclinada a travestirse. *El personaje de la obra era travestido.* ✎ También "travesti" o "travestí".

travestir (tra-ves-**tir**) *v. tr.* Vestir a una persona con las ropas propias del sexo contrario. **GRA.** También prnl. *Le gusta travestirse imitando a Madonna.*

travesura - trémulo

travesura (tra-ve-**su**-ra) *s. f.* Trastada, jugarreta. *Esta es otra de sus travesuras.*

travieso, sa (tra-**vie**-so) *adj.* Se dice de las personas inquietas y revoltosas. *Desde pequeñín había sido muy travieso.* **SIN.** Juguetón, revoltoso, diablillo.

trayecto (tra-**yec**-to) *s. m.* **1.** Espacio que se recorre de un punto a otro. *Hicimos una parada a mitad de trayecto.* **SIN.** Recorrido, camino. **2.** Camino previsto para un recorrido. *Nos indicaron el trayecto de la excursión.* **SIN.** Ruta, itinerario. **3.** Acción de recorrerlo. *Tuvimos un buen trayecto.*

trayectoria (tra-yec-**to**-ria) *s. f.* **1.** Línea descrita en el espacio por un punto que se mueve y, especialmente, parábola de un proyectil. *Dibujó la trayectoria del proyectil.* **SIN.** Dirección, órbita. **2.** Orientación en la personalidad o la manera de actuar de una persona. *No había grandes cambios en su trayectoria profesional.* **SIN.** Conducta, proceder, actuación.

traza (tra-za) *s. f.* Modo o figura de una cosa. *Tenía buena traza.* **SIN.** Apariencia, aspecto, pinta. ‖ **LOC. llevar trazas** *fam.* Tener aspecto de. **por las trazas** Expresión con la que se introduce una suposición.

trazado (tra-**za**-do) *s. m.* **1.** *Traza, diseño. **SIN.** Planteamiento, proyecto. **2.** Recorrido o dirección de un camino, canal, etc. sobre el terreno. *Comprobaron el nuevo trazado de la carretera.*

trazar (tra-**zar**) *v. tr.* **1.** Hacer trazos o dibujar líneas. *Traza varias líneas paralelas.* **SIN.** Dibujar, rayar, caligrafiar. **2.** Diseñar la traza que se ha de seguir en un edificio u otra obra. *Trazó un primer diseño.* **SIN.** Diseñar, esbozar, delinear. **3.** Disponer los medios adecuados para conseguir un intento. *Teníamos que trazar una estrategia.* **SIN.** Planear, idear. ✎ Se conjuga como abrazar.

trazo (tra-zo) *s. m.* **1.** Delineación de la traza de una obra. *Elaboró un primer trazo.* **SIN.** Esbozo, diseño. **2.** *Línea, raya.

trébedes (**tré**-be-des) *s. f. pl.* Aro o triángulo de hierro con tres pies que sirve para poner al fuego sartenes, perolas, etc. *Puso la olla sobre las trébedes.*

trébol (**tré**-bol) *s. m.* **1.** Planta leguminosa de hojas casi redondas, pecioladas de tres en tres, que se usa como forraje, y de flores blancas o moradas en cabezuelas apretadas. *Encontró un trébol de cuatro hojas.* **2.** Palo de la baraja francesa. **GRA.** Se usa más en pl. *Yo gano, tengo el as de trébol.*

trece (**tre**-ce) *adj. num. card.* **1.** Diez y tres. **GRA.** También pron. y s. m. ‖ *adj. num. ord.* **2.** Que ocupa el último lugar en una serie ordenada de 13. **GRA.** También pron. ‖ *s. m.* **3.** Conjunto de signos con que se representa el número 13. ‖ **LOC. estarse, mantenerse, o seguir, alguien en sus trece** Persistir con pertinacia en una cosa.

trecho (**tre**-cho) *s. m.* **1.** Espacio de lugar o tiempo. *Para acabar el trabajo nos queda todavía un buen trecho.* **SIN.** Intervalo, tramo, transcurso. **2.** Campo, trozo de terreno. *Hasta su casa hay un trecho bueno.* ‖ **LOC. de trecho a, o en, trecho** De distancia a distancia, de tiempo en tiempo.

tregua (**tre**-gua) *s. f.* **1.** Cesación de hostilidades, por determinado tiempo, entre los beligerantes. *Firmaron una tregua.* **SIN.** Suspensión, interrupción. **2.** Intermisión, descanso en alguna labor. *Decidieron hacer una tregua para tomar un café.* **SIN.** Asueto, pausa, licencia. **ANT.** Porfía, tenacidad, constancia.

treinta (**trein**-ta) *adj. num. card.* **1.** Tres veces diez. **GRA.** También pron. y s. m. ‖ *adj. num. ord.* **2.** Trigésimo. **GRA.** También pron. ‖ *s. m.* **3.** Conjunto de signos con que se representa el número 30.

trematodo (tre-ma-**to**-do) *s. m.* Nombre de ciertos gusanos platelmintos parásitos. *Los trematodos pueden causar graves enfermedades en el ser humano.*

tremebundo, da (tre-me-**bun**-do) *adj.* Espeluznante, que hace temblar. *Era un espectáculo tremebundo.* **SIN.** Espantoso, monstruoso, terrorífico.

tremendista (tre-men-**dis**-ta) *adj.* Alarmante, exagerado. *No le hagas demasiado caso, es muy tremendista.*

tremendo, da (tre-**men**-do) *adj.* **1.** Terrible, digno de ser temido. *Recibió una tremenda impresión.* **SIN.** Espantoso, espeluznante, horripilante. **2.** *fam.* Muy grande. *Había un tremendo número de llamadas.* **SIN.** Formidable, enorme. ‖ **LOC. tomarse algo a, o por, la tremenda** *fam.* Exagerar su importancia.

trementina (tre-men-**ti**-na) *s. f.* Resina semifluida que exudan los pinos, abetos, alerces y terebintos. *La trementina se utiliza para disolver la pintura.*

tremolar (tre-mo-**lar**) *v. tr.* **1.** Temblar las banderas u otra cosa de tela a impulsos del viento. *La bandera tremolaba al viento.* **SIN.** Ondear, agitarse. **2.** Enarbolar los pendones, banderas, etc. batiéndolos en el aire. **GRA.** También v. intr. *Desfilaron tremolando los pendones.* **SIN.** Campear.

trémulo, la (**tré**-mu-lo) *adj.* **1.** Que tiembla. *Oyó su voz trémula.* **SIN.** Temblón, tembloroso. **2.** Se dice de las cosas que tienen un movimiento semejante al temblar, como la luz, etc. *Una trémula luz alumbraba la habitación.*

tren *s. m.* **1.** Serie de vagones enlazados unos con otros que, arrastrados por una locomotora, circulan por las vías. *Le gusta más viajar en tren que en autobús.* **SIN.** Ferrocarril. **2.** Conjunto de utensilios o máquinas dispuestos en serie que se emplean para una misma operación. *Tren de montaje.* **SIN.** Cadena. **3.** Modo de vivir con mayor o menor lujo. *Llevaban un buen tren de vida.* ‖ **LOC. a todo tren** *fam.* Frase que se aplica a la persona de posición muy holgada y que no repara en gastos y caprichos. **estar como un tren** *fam.* Expresión con que se pondera el atractivo de una persona. **para parar un tren** *fam.* Ser muy fuerte o abundante una cosa. **perder el último tren** *fam.* Perder la última oportunidad que se tenía.

trena (tre-na) *s. f., vulg.* *Cárcel.

trenca (tren-ca) *s. f.* Abrigo con capucha y piezas alargadas que se ensartan en presillas en lugar de botones. *Llevaba una trenca azul marino.*

trenza (tren-za) *s. f.* **1.** Enlace de tres o más ramales que se entretejen, cruzándolos alternativamente. *Hizo una trenza con tres cuerdas.* **2.** La que se hace entretejiendo el cabello largo. *Iba peinada con una trenza.*

trenzar (tren-zar) *v. tr.* Hacer trenzas. *Trenzó las cuerdas.* **SIN.** Tejer, peinar. ✎ Se conjuga como abrazar.

trepa (tre-pa) *s. m. y s. f., fam.* Persona que trata de mejorar en la vida a costa de los demás. *Es un trepa.*

trepador, ra (tre-pa-dor) *adj.* Que trepa. *La fresa tiene tallos trepadores.*

trepar (tre-par) *v. intr.* **1.** Subir a un lugar alto, ayudándose de los pies y las manos. **GRA.** También v. tr. *Trepó por la cuerda.* **SIN.** Ascender, escalar, encaramarse. **ANT.** Bajar, descender. **2.** Crecer y subir las plantas agarrándose a los árboles, las paredes, etc. *La yedra trepa hasta la ventana.* **SIN.** Ascender.

trepidante (tre-pi-dan-te) *adj.* Agitado, convulso. *Llevaba un ritmo de trabajo trepidante.*

trepidar (tre-pi-dar) *v. intr.* *Temblar.

tres *adj. num. card.* **1.** Dos y uno. **GRA.** También pron. y s. m. ‖ *adj. num. ord.* **2.** *Tercero. **GRA.** También pron. ‖ *s. m.* **3.** Signo con que se representa el número tres. *Jugaba con la camiseta del número tres.* **4.** Naipe con tres señales. *Pintó el tres de copas.* ‖ **LOC. como tres y dos son cinco** *fam.* Expresión que sirve para ponderar la verdad de una afirmación. **ni a la de tres** *fam.* Expresión adverbial que implica la imposibilidad, o al menos la grave dificultad, de realizar algo.

trescientos, tas (tres-cien-tos) *adj. num. card.* **1.** Tres veces cien. **GRA.** También pron. y s. m. ‖ *adj. num. ord.* **2.** Que ocupa el último lugar en una serie ordenada de 300. **GRA.** También pron. ‖ *s. m.* **3.** Conjunto de signos con que se representa el número 300.

tresillo (tre-si-llo) *s. m.* **1.** Conjunto de un sofá y dos butacas. *Cambiaron el tresillo del salón.* **2.** Juego de naipes que se juega entre tres personas, cada una de las cuales recibe nueve cartas, y gana la que hace mayor número de bazas. *Le gustaba jugar al tresillo.*

treta (tre-ta) *s. f.* Artificio ingenioso para conseguir algún intento. *Seguro que ésta es otra de sus tretas.*

tríada (trí-a-da) *s. f.* Conjunto de tres. *Júpiter, Juno y Minerva formaban la tríada capitolina.*

trial *s. m.* Prueba motociclista de habilidad y velocidad realizada sobre terreno accidentado. *Era el campeón de la prueba de trial.*

triangular (trian-gu-lar) *adj.* De figura de triángulo o semejante a él. *Las señales triangulares indican peligro.*

triángulo (trián-gu-lo) *s. m.* **1.** Figura formada por tres líneas que se cortan mutuamente, formando tres ángulos. *Dibuja un triángulo.* **2.** Instrumento que consiste en una varilla metálica doblada en forma de triángulo, que se hace sonar suspendida de un cordón y golpeándola con otra varilla. *Aprendió a tocar el triángulo.* ‖ **3. triángulo acutángulo** El que tiene los tres ángulos agudos. **4. triángulo ambligonio u obtusángulo** El que tiene un ángulo obtuso. **5. triángulo escaleno** El que tiene sus tres lados desiguales. **6. triángulo isósceles** El que sólo tiene iguales dos lados. **7. triángulo rectángulo** El que tiene un ángulo recto.

tribu (tri-bu) *s. f.* Cada una de las agrupaciones en que se dividen algunos pueblos. *La lucha había estallado entre las dos tribus.* **SIN.** Clan, raza.

tribulación (tri-bu-la-ción) *s. f.* **1.** Congoja, aflicción que atormenta el espíritu. *No podía soportar más aquella tribulación.* **SIN.** Angustia, cuita, amargura, pena. **ANT.** Alegría, contento, placer. **2.** Adversidad que padece la persona. *Pasó muchas tribulaciones.* **SIN.** Desgracia, quebranto.

tribuna (tri-bu-na) *s. f.* Plataforma elevada desde la cual se lee o perora en las asambleas. *Las autoridades presenciaron el desfile desde la tribuna.*

tribunal (tri-bu-nal) *s. m.* **1.** Lugar destinado a los jueces para administrar justicia. *Se dirigió al tribunal.* **2.** Ministro o ministros que administran justicia y pronuncian la sentencia. *El tribunal dictó sen-*

tencia. **3.** Conjunto de jueces ante el cual se verifican exámenes, oposiciones y otros certámenes. *Le nombraron para estar en el tribunal.* ‖ **4. tribunal colegiado** El formado por varias personas. **5. Tribunal Supremo** El que tiene jurisdicción sobre todo el ámbito nacional y contra cuyas sentencias no cabe recurso ante otro. ‖ **LOC. llevar a los tribunales** Reclamar contra una persona con intervención de un tribunal.

tribuno (tri-**bu**-no) *s. m.* Cada uno de los magistrados elegidos por el pueblo romano para defender sus derechos frente a las magistraturas patricias. *Era tribuno de la plebe.*

tributar (tri-bu-**tar**) *v. tr.* **1.** Entregar el vasallo al señor o el súbdito al Estado, para las cargas públicas, cierta cantidad en dinero o especie. *Todos los habitantes de ese pueblo estaban obligados a tributar.* **SIN.** Contribuir. **2.** Dar muestras de obsequio, veneración, gratitud, etc. *Le tributó grandes elogios.*

tributo (tri-**bu**-to) *s. m.* Lo que se tributa. *El pueblo era obligado a pagar grandes tributos al rey.* **SIN.** Diezmo, impuesto.

tríceps (**trí**-ceps) *adj.* Se dice del músculo que tiene tres porciones o cabezas. **GRA.** También s. m. *Hacía ejercicios para desarrollar el tríceps.* Invariable en número.

triciclo (tri-**ci**-clo) *s. m.* Vehículo de tres ruedas. *El niño disfrutaba mucho con su triciclo.* **SIN.** Bicicleta, velocípedo.

tricornio (tri-**cor**-nio) *s. m.* Sombrero de tres picos. *Los guardias civiles usaban tricornio.*

tricot (tri-**cot**) *s. m.* Género de punto. *El vestido era de tricot.*

tricotar (tri-co-**tar**) *v. tr.* Hacer punto a mano o a máquina. *Se ganaba la vida tricotando.* **SIN.** Tejer.

tridente (tri-**den**-te) *s. m.* Cetro en forma de arpón que tienen en la mano las figuras de Neptuno. *Dibujó a Neptuno con su tridente.*

triedro (**trie**-dro) *adj.* Se dice del ángulo formado por tres planos que concurren en un punto. *Los planos formaban un ángulo triedro.*

trienio (**trie**-nio) *s. m.* Espacio de tres años. *El mandato duraba un trienio.*

trifásico, ca (tri-**fá**-si-co) *adj.* De tres fases; se dice de un sistema de tres corrientes eléctricas alternas iguales, procedentes del mismo generador, y desplazadas en el tiempo, cada una respecto de las otras dos, en un tercio de período. *Corriente trifásica.*

triforio (tri-**fo**-rio) *s. m.* Galería que rodea el interior de una iglesia sobre los arcos de las naves y que suele tener ventana de tres huecos. *Era una iglesia gótica con triforio.*

trifulca (tri-**ful**-ca) *s. f., fam.* Disputa con grandes voces. *Montó una trifulca.* **SIN.** Alboroto, follón, jaleo.

trigal (tri-**gal**) *s. m.* Lugar sembrado de trigo. *Contemplaba extasiado los hermosos trigales.*

trigo (**tri**-go) *s. m.* **1.** Planta de cuyos granos molidos se saca la harina. *Con la harina de trigo se hace pan.* **SIN.** Cereal. **2.** Grano de esta planta. *En ese silo guardan el trigo.* **SIN.** Cereal. ‖ **LOC. no ser trigo limpio** *fam.* Frase que sirve para indicar que un asunto o una persona no está exenta de tacha, como parece.

trigonometría (tri-go-no-me-**trí**-a) *s. f.* Parte de las matemáticas que estudia la resolución de los triángulos planos y esféricos por medio del cálculo. *Estamos estudiando trigonometría.*

trigueño, ña (tri-**gue**-ño) *adj.* De color del trigo, entre moreno y rubio. *Tenía una hermosa melena larga de color trigueño.*

trilingüe (tri-**lin**-güe) *adj.* **1.** Que habla tres lenguas. *Es trilingüe: habla español, inglés y alemán.* **SIN.** Políglota. **2.** Escrito en tres lenguas. *Editaron una versión trilingüe.*

trillar (tri-**llar**) *v. tr.* **1.** Quebrantar la mies tendida en la era y separar el grano de la paja. *Estaban trillando el trigo en la era.* **SIN.** Desparvar, rastrillar, abalear. **2.** *fam.* Frecuentar una cosa continuamente o de ordinario. *Tiene ese camino muy trillado.* **3.** Maltratar, quebrantar. *Le trillaba con sus continuas broncas.*

trillizo, za (tri-**lli**-zo) *adj.* Nacido de un parto triple. **GRA.** También s. m. y s. f. *Esta semana han nacido trillizos en el hospital.*

trilogía (tri-lo-**gí**-a) *s. f.* Conjunto de tres obras dramáticas que tienen entre sí cierto enlace. *Escribió una trilogía.*

trimestre (tri-**mes**-tre) *s. m.* Espacio de tres meses. *El pago se realiza por trimestres.*

trinar (tri-**nar**) *v. intr.* Hacer trinos. *Le gustaba oír trinar a los pájaros.* ‖ **LOC. estar alguien que trina** *fam.* Estar muy enfadado o irritado. **SIN.** Cabrearse, molestarse, enojarse. **ANT.** Serenarse, contentarse, alegrarse.

trinchar (trin-**char**) *v. tr.* Cortar las carnes siguiendo reglas estrictas en el corte o despiece. *Es un especialista en trinchar el pavo.*

trinchera (trin-**che**-ra) *s. f.* Defensa hecha de tierra que cubre el cuerpo del soldado. *Los soldados disparaban desde la trinchera.* **SIN.** Foso, parapeto.

trineo (tri-**ne**-o) *s. m.* Vehículo sin ruedas que se desliza sobre el hielo. *Le encantaba jugar en la nieve con su trineo.*

Trinidad (Tri-ni-**dad**) *n. p.* En el cristianismo, distinción de tres personas divinas en una sola y única esencia. *La Santísima Trinidad está formada por el Padre, el Hijo y el Espíritu Santo.*

trino (**tri**-no) *s. m.* Sonido emitido por los pájaros al trinar. *Le gustaba oír el trino de los pájaros.* **SIN.** Gorjeo, gorgorito.

trinomio (tri-**no**-mio) *s. m.* Suma algebraica de tres términos. *Despeja la incógnita de ese trinomio.*

trío (**tri**-o) *s. m.* **1.** Conjunto musical de tres voces o tres instrumentos. *Decidieron formar un trío para participar en el concurso.* **SIN.** Terceto. **2.** Conjunto de tres personas. *Los tres amigos formaban un buen trío.* **SIN.** Terna, triunvirato.

tripa (**tri**-pa) *s. f.* **1.** *Intestino. **2.** *Vientre. **3.** Intestinos del animal, que se utilizan sobre todo para la preparación de embutidos. *En esa tienda del barrio viejo venden tripas para hacer morcillas.* ∥ **LOC. echar alguien las, o hasta las, tripas** *fam.* Echar las entrañas. **echar tripa** *fam.* Engordar, especialmente cuando se va abultando el vientre. **hacer alguien de tripas corazón** *fam.* Hacer esfuerzos en las contrariedades, reprimirse, dominarse. **¿qué tripa se, te, le, os, etc. ha, o habrá, roto** *fam.* Expresión que denota molestia o desagrado ante una petición inoportuna. **revolver algo o alguien las tripas** *fam.* Producir asco o indignación. **sacar las tripas** *fam.* Destripar.

tripada (tri-**pa**-da) *s. f., fam.* *Panzada, hartazgo.

tripi (**tri**-pi) *s. m., fam.* Dosis del ácido llamado LSD. *Tomar tripis es muy peligroso para la salud.*

triple (**tri**-ple) *adj. num. mult.* Que contiene un número exactamente tres veces. **GRA.** También s. m. *Consiguió el triple de beneficios.* **SIN.** Tresdoble.

triplicar (tri-pli-**car**) *v. tr.* Multiplicar por tres. *En poco tiempo triplicó su capital.* 🖉 Se conjuga como abarcar.

trípode (**trí**-po-de) *s. amb.* Mesa, banquillo, etc. de tres pies. **GRA.** Se usa más como s. m. *Colocó la cámara en el trípode.* **SIN.** Trébedes.

tríptico (**tríp**-ti-co) *s. m.* Pintura compuesta de tres paneles pintados, dos de los cuales se cierran sobre el tercero. *En ese museo se conserva un bello tríptico bizantino.*

triptongo (trip-**ton**-go) *s. m.* Conjunto de tres vocales, dos débiles y una fuerte entre ambas, que forman una sola sílaba. *Estudiáis.*

tripulación (tri-pu-la-**ción**) *s. f.* Conjunto de personas que van en una embarcación o en un aparato de transporte aéreo dedicadas a la maniobra y servicio. *El capitán se dirigió a la tripulación.* **SIN.** Marinería, personal, dotación.

tripulante (tri-pu-**lan**-te) *s. m. y s. f.* Persona que forma parte de una tripulación. *En el barco iban el capitán y cinco tripulantes.* **SIN.** Marinero, piloto.

tripular (tri-pu-**lar**) *v. tr.* Conducir la tripulación el barco o vehículo aéreo. *Llevaba años tripulando barcos.* **SIN.** Gobernar, guiar, llevar.

triquiñuela (tri-qui-**ñue**-la) *s. f., fam.* Medio con el que se consigue algún fin, normalmente empleando el engaño y la astucia. *Descubrieron sus triquiñuelas.* **SIN.** Rodeo, treta, artería, subterfugio.

triquitraque (tri-qui-**tra**-que) *s. m.* Ruido como de golpes desordenados y repetidos. *No sabían de dónde venía aquel triquitraque.*

trirreme (tri-**rre**-me) *s. m.* Embarcación antigua de tres órdenes de remos. *El trirreme era un barco de guerra.*

tris *s. m.* Leve sonido de una cosa delicada al quebrarse, como el vidrio. *La copa hizo tris y se rajó.* ∥ **LOC. en un tris** *fam.* En peligro inminente. **tris, tras** *fam.* Repetición molesta.

trisílabo, ba (tri-**sí**-la-bo) *adj.* De tres sílabas. **GRA.** También s. m. y s. f. *"Manada" es trisílaba.*

triste (**tris**-te) *adj.* **1.** Que siente tristeza o pena. *Está muy triste porque ha perdido un amigo.* **SIN.** Afligido, melancólico, apenado, abatido. **ANT.** Alegre, despreocupado, contento, eufórico, feliz. **2.** Que produce tristeza o melancolía. *¡Que paisaje tan triste!* **SIN.** Lastimoso, apagado, sombrío, oscuro. **ANT.** Claro, vivo, soleado, alegre. **3.** Doloroso, difícil de soportar. *Era una situación muy triste.*

tristeza (tris-**te**-za) *s. f.* **1.** Cualidad de triste. *Verle así le producía una gran tristeza.* **SIN.** Aflicción, pesar, pena, cuita, desconsuelo. **ANT.** Alegría, contento. ∥ *s. f. pl.* **2.** Sucesos tristes. *Soportó muchas tristezas.* **SIN.** Tribulaciones.

tristón, na (tris-**tón**) *adj.* Un poco triste. *Estaba muy tristón.* **SIN.** Mohíno, taciturno, pesaroso. **ANT.** Alegre, campechano, cachondo.

triturar (tri-tu-**rar**) *v. tr.* Moler una materia sólida, reducirla a partículas. *Tritura las verduras.*

triunfante (triun-**fan**-te) *adj.* Que triunfa o sale victorioso. *Salió triunfante.*

triunfar (triun-**far**) *v. intr.* Ganar, tener éxito. *Triunfó en su nuevo trabajo.* **SIN.** Derrotar, ganar, vencer, arrollar, prosperar, lograr. **ANT.** Perder, fracasar.

triunfo (triun-fo) *s. m.* **1.** *Victoria. **2.** Carta del palo preferido en ciertos juegos de naipes. *El triunfo es oros.* ‖ **LOC. costar un triunfo una cosa** *fam.* Frase con que se pondera el esfuerzo necesario para alcanzarla.

triunvirato (triun-vi-ra-to) *s. m.* Magistratura de la antigua Roma en que intervenían tres personas. *César, Pompeyo y Craso formaron un triunvirato.*

trivial (tri-vial) *adj.* Que carece de toda importancia y novedad. *Fue una conversación muy trivial.* **SIN.** Baladí, común. **ANT.** Importante, trascendental, grave.

trivialidad (tri-via-li-dad) *s. f.* **1.** Cualidad de trivial. *Me disgusta la trivialidad de sus comentarios.* **2.** Expresión o pensamiento trivial. *No dijo nada interesante, sólo trivialidades.* **SIN.** Tópico, lugar común. **ANT.** Originalidad.

triza (tri-za) *s. f.* Pedazo pequeño o partícula de un cuerpo. *El jarrón estaba hecho trizas.* **SIN.** Añicos, migaja, pizca. ‖ **LOC. hacer trizas** Destruir completamente una cosa. **GRA.** Se usa como v. prnl. ǀ Herir o lastimar gravemente a una persona o a un animal.

trocar (tro-car) *v. tr.* **1.** Cambiar o permutar una cosa por otra. *Trocaron las mercancías.* **SIN.** Canjear, conmutar, intercambiar. **2.** *Cambiar, variar. ✎ Se conjuga como abarcar.

trocear (tro-ce-ar) *v. tr.* Cortar en trozos. *Trocea el queso.*

trofeo (tro-fe-o) *s. m.* Monumento, insignia o señal de una victoria. *El trofeo del partido era una bonita copa.* **SIN.** Condecoración.

trófico, ca (tró-fi-co) *adj.* Que pertenece o se refiere a la nutrición de los tejidos. *Cadena trófica.*

troglodita (tro-glo-di-ta) *adj.* **1.** Se dice de la persona que habita en cavernas. **GRA.** También s. m. y s. f. *Las pinturas rupestres reflejaban la vida de los trogloditas.* **SIN.** Cavernario, cavernícola. **2.** Se dice de la persona bárbara y cruel, o de la que come mucho. **GRA.** También s. m. y s. f. *Es un troglodita, trata muy mal a sus empleados.* **SIN.** Grosero, hosco, tosco, glotón, comilón.

troj *s. f.* Espacio limitado por tabiques, para guardar frutos o cereales. *Almacenaron el trigo en el troj.* **SIN.** Silo, bodega, granero.

troje (tro-je) *s. f.* *Troj.

trol *s. m.* En la mitología escandinava, monstruo maligno que habitaba en los bosques. *Le gustaba leer historias de troles.*

trola (tro-la) *s. f., fam.* Engaño, mentira, falsedad. *Le metió una buena trola.*

trolebús (tro-le-bús) *s. m.* Vehículo urbano de tracción eléctrica, sin raíles, que cierra circuito por medio de un doble trole o pértiga de hierro. *Cogimos el trolebús.*

trolero, ra (tro-le-ro) *adj., fam.* *Mentiroso. **GRA.** También s. m. y s. f.

tromba (trom-ba) *s. f.* Columna de agua que tiene un movimiento giratorio por efecto de un torbellino. *La tromba provocó grandes destrozos.* **SIN.** Manga, tifón. ‖ **LOC. en tromba** Con ímpetu y todos al mismo tiempo.

trombo (trom-bo) *s. m.* Coágulo formado en la sangre. *Se le había formado un trombo.*

trombocito (trom-bo-ci-to) *s. m.* *Plaqueta.

tromboflebitis (trom-bo-fle-bi-tis) *s. m.* Inflamación venosa acompañada de formación de trombos. *Padecía tromboflebitis.* ✎ Invariable en número.

trombón (trom-bón) *s. m.* Instrumento musical de viento de gran flexibilidad sonora, especie de trompeta grande. *Toca el trombón.*

trombosis (trom-bo-sis) *s. f.* Formación de un trombo o coágulo en los vasos sanguíneos de un animal vivo. *Le dio una trombosis cerebral.* **SIN.** Obstrucción. ✎ Invariable en número.

trompa (trom-pa) *s. f.* **1.** Instrumento musical de viento, que consiste en un tubo de latón enroscado circularmente y que va ensanchándose desde la boquilla al pabellón, y cuyos sonidos se producen mediante el juego combinado de tres cilindros. *Tocaba la trompa.* **SIN.** Cuerna, bocina, caracola. **2.** Prolongación muscular de la nariz en algunos animales, como el elefante, adecuada para absorber fluidos. *El elefante tiene una trompa muy larga.* **3.** *fam.* *Borrachera. ‖ **4. trompa de Eustaquio** Conducto que arranca de la cavidad del tímpano y llega a la parte lateral y superior de la faringe. **5. trompa de Falopio** Cualquiera de los dos conductos que van de la matriz a los ovarios.

trompazo (trom-pa-zo) *s. m.* Cualquier golpe recio que se recibe al caer o chocar con algo. *Tropezó y se dio un trompazo con la mesa.* **SIN.** Batacazo.

trompeta (trom-pe-ta) *s. f.* Instrumento musical de viento que produce diversidad de sonidos según la fuerza con que la boca impele el aire. *Estaba aprendiendo a tocar la trompeta.*

trompicón (trom-pi-cón) *s. m.* Cada uno de los tropezones que da la persona que tropieza. *Anda a trompicones.* ‖ **LOC. a trompicones** Con dificultades o constantes interrupciones.

trompo (trom-po) *s. m.* *Peonza.

tronar - trotar

tronar (tro-**nar**) *v. intr.* **1.** Sonar truenos. *De repente, se puso a llover y empezó a tronar.* **2.** Despedir o causar ruido o estampido. *Sus voces tronaban en toda la casa.* **SIN.** Detonar, retumbar. 🔖 v. unipers. en la acepción 1; v. irreg., se conjuga como contar.

tronchar (tron-**char**) *v. tr.* **1.** Partir o romper con violencia el tronco, tallo o ramas de un vegetal. **GRA.** También v. prnl. *La rama se tronchó.* **SIN.** Quebrar, truncar, destrozar. **2.** Partir o romper con violencia cualquier cosa de figura parecida a la de un tronco o tallo. **GRA.** También v. prnl. *Uno de los barrotes de la barandilla se tronchó.* **SIN.** Quebrar, truncar, destrozar. **3.** *Truncar. ‖ *v. prnl.* **4.** Reírse. *Se tronchaba con sus chistes.* **SIN.** Desternillarse.

troncho (tron-cho) *s. m.* Tallo de las hortalizas que queda envuelto por las hojas. *Echó los tronchos a los cerdos.*

tronco (tron-co) *s. m.* **1.** Tallo fuerte y macizo de los árboles y arbustos. *Ese árbol tiene un tronco muy grueso y robusto.* **2.** Cuerpo humano o de cualquier animal prescindiendo de la cabeza y las extremidades. *En la foto se veía la cabeza y el tronco.* **3.** Persona insensible o inútil. *No se inmuta por nada, es como un tronco.* ‖ **LOC. estar alguien hecho, o estar como, un tronco** *fam.* Estar profundamente dormido.

tronido (tro-**ni**-do) *s. m.* Estampido del trueno. *Se oyó un fuerte tronido.*

trono (tro-no) *s. m.* Asiento con gradas y dosel utilizado por los monarcas y otras personas de alta dignidad, especialmente en actos de ceremonia. *El emperador se sentó en el trono.*

tronzar (tron-**zar**) *v. tr.* *Trocear. 🔖 Se conjuga como abrazar.

tropa (tro-pa) *s. f.* **1.** Gran cantidad de gente reunida con un fin determinado. *Una tropa de alegres muchachos se acercaba corriendo.* **SIN.** Masa, multitud. **2.** Conjunto de personas que componen un ejército. *Estaba al mando de aquella tropa.* ‖ **3. tropa ligera** La organizada para maniobrar y combatir en orden abierto.

tropel (tro-**pel**) *s. m.* Movimiento acelerado, ruidoso y desordenado de varias personas o cosas. *Venía un tropel de gente.* **SIN.** Hervidero, remolino, enjambre. ‖ **LOC. de, o en, tropel** Con movimiento acelerado y violento. | Yendo muchos juntos y sin orden.

tropezar (tro-pe-**zar**) *v. intr.* **1.** Dar con los pies contra algo. *Tropezó y estuvo a punto de caerse.* **SIN.** Chocar, topar, trompicar. **2.** Detenerse una cosa por encontrar un estorbo que le impide avanzar. *Tropezó con serias dificultades.* **SIN.** Topar. **3.** Reñir con alguien, disentir de su opinión u oponerse a lo que dictamina. *Tropezamos desde el primer día.* **SIN.** Oponer, chocar. **4.** *fam.* Encontrar por casualidad una persona a otra donde no la buscaba. *Me tropecé con Luis.* **SIN.** Hallar, toparse. 🔖 v. irreg., se conjuga como acertar. Se escribe "c" en vez de "z" seguido de "-e".

tropezón (tro-pe-**zón**) *s. m.* **1.** Acción de tropezar. *Dio un buen tropezón, casi se cae de narices.* **2.** *fam.* Pedazo pequeño de jamón u otro alimento que se mezcla con las sopas o las legumbres. **GRA.** Se usa más en pl. *La sopa tenía tropezones de jamón.*

trópico (**tró**-pi-co) *s. m.* **1.** Cada uno de los dos círculos menores paralelos al ecuador que se consideran en la Tierra en correspondencia con los trópicos de la esfera celeste. ‖ **2. trópico de Cáncer** El que está situado en el hemisferio Norte. **3. trópico de Capricornio** El que está situado en el hemisferio Sur.

tropiezo (tro-**pie**-zo) *s. m.* **1.** *Tropezón. **2.** Culpa, desliz. *No te preocupes, todos hemos tenido algún tropiezo.* **SIN.** Falta, yerro, equivocación. **3.** Dificultad o impedimento en un negocio. *Superados los primeros tropiezos, todo fue de maravilla.* **4.** Riña o quimera. *Había tenido un pequeño tropiezo.*

tropo (**tro**-po) *s. m.* Figura que consiste en modificar el sentido propio de una palabra para emplearla en sentido figurado. *El tropo comprende la metáfora, la metonimia y la sinécdoque.*

troposfera (tro-pos-**fe**-ra) *s. f.* Parte inferior de la atmósfera que va desde la superficie de la Tierra hasta una altitud de 10 km. *En la troposfera se producen las nubes y los vientos.*

troquel (tro-**quel**) *s. m.* **1.** Molde empleado en la acuñación de monedas, medallas, etc. *Han hecho nuevos troqueles para las monedas* **2.** Molde utilizado para la estampación de piezas metálicas, cartones, etc. *Dieron la forma al libro con el troquel.*

trotaconventos (tro-ta-con-**ven**-tos) *s. f., fam.* *Alcahueta. 🔖 Invariable en número.

trotamundos (tro-ta-**mun**-dos) *s. m. y s. f.* Persona aficionada a viajar y recorrer países. *Era un trotamundos.* **SIN.** Vagabundo, nómada. 🔖 Invariable en número.

trotar (tro-**tar**) *v. intr.* **1.** Ir el caballo al trote. *El caballo trotaba por la pradera.* **2.** *fam.* Andar mucho o deprisa. *Estuvo todo el día trotando porque tenía mucho que hacer.* **SIN.** Apresurarse, acelerarse. **ANT.** Detenerse, pasear.

trote (tro-te) *s. m.* **1.** Modo de caminar del caballo, intermedio entre el paso y el galope. *Iba al trote.* **SIN.** Carrera. **2.** Faena apresurada y fatigosa. *Hoy nos hemos metido un buen trote.* ‖ **LOC. al trote, o a trote** Apresuradamente, con rapidez y sin descanso. **no estar para muchos, o esos, trotes** No estar en buenas condiciones físicas. **para todo trote** *fam.* Para el uso cotidiano.

troupe *s. f.* *Compañía.

trovador, ra (tro-va-dor) *s. m. y s. f.* *Poeta.

trovar (tro-**var**) *v. intr.* Hacer versos. *De todos era conocida su afición a trovar.* **SIN.** Versificar, rimar.

trozo (tro-zo) *s. m.* Pedazo de una cosa considerado aparte del resto. *Se comió un buen trozo de tarta.* **SIN.** Porción, cacho, sección, parte. **ANT.** Todo.

trucar (tru-car) *v. tr.* Preparar algo con trampas que produzcan un efecto no esperado. *Le acusaron de haber trucado los dados.* **SIN.** Trampear, arreglar, falsear. ✎ Se conjuga como abarcar.

trucha (tru-cha) *s. f.* Pez de carne muy sabrosa, de agua dulce. *En ese río hay muchas truchas.*

truco (tru-co) *s. m.* Trampa hecha con arte o habilidad. *Hacía fantásticos trucos de magia.* **SIN.** Estratagema, ardid, artimaña, treta. ‖ **LOC. coger el truco** *fam.* Descubrir la manera de hacer cierta cosa y estar en disposición de repetirla.

truculento, ta (tru-cu-len-to) *adj.* Se dice de las acciones o hechos crueles. *Aquella película era de lo más truculento.* **SIN.** Atroz, excesivo, duro, violento. **ANT.** Blando, agradable.

trueno (true-no) *s. m.* **1.** Sonido causado por la explosión del aire que se produce a consecuencia de su rápido calentamiento por la descarga de un rayo. *Se acerca la tormenta, he oído un trueno.* **2.** *Detonación.

trueque (true-que) *s. m.* Intercambio de bienes o servicios sin mediación de dinero. *Decidieron hacer un trueque de productos.*

trufa (tru-fa) *s. f.* Dulce elaborado con una pasta de chocolate y mantequilla, en forma de bola, rebozado en virutas de chocolate. *Le encanta tomar trufas de postre.*

truhán, na (tru-hán) *adj.* Se dice de la persona sin vergüenza, que vive de engaños y estafas. **GRA.** También s. m. y s. f. *Es un truhán.* **SIN.** Granuja, sinvergüenza, bellaco. **ANT.** Honrado, sincero.

truncar (trun-car) *v. tr.* Interrumpir una actividad. **GRA.** También v. prnl. *Su carrera hacia el éxito se truncó de repente.* **SIN.** Parar(se), cesar. **ANT.** Continuar, proseguir. ✎ Se conjuga como abarcar.

trust *s. m.* Unión de empresas formada por los principales productores o acaparadores de un producto, que tratan de monopolizar una determinada industria. *El trust tenía mucho poder.* **SIN.** Monopolio.

tsunami *s. m.* Gran ola oceánica causada por un terremoto o explosión volcánica. *El tsunami provocó graves daños.*

tu *adj. pos.* Forma apocopada de "tuyo, ya" cuando precede al sustantivo. *Te devuelvo tu libro.*

tú *pron. pers.* Forma del pronombre personal de segunda persona, género masculino o femenino y número singular, que funciona como sujeto. *Tú eres el responsable de que nosotros hayamos llegado tarde.* ‖ **LOC. a tú por tú** *fam.* Con descortesía o insolencia. **de tú por tú** Tuteándose. **hablar, o tratar, de tú a alguien** Tutearle. ǀ Estar las personas de que se trata al mismo nivel. **más eres tú** *fam.* Disputa con insultos cruzados.

tuareg (tua-reg) *adj.* Se dice de un pueblo del norte de África, establecido en el Sahara Central, de raza beréber. **GRA.** También s. m. y s. f. *Los tuareg son seminómadas.* ✎ Invariable en número.

tuba (tu-ba) *s. f.* Instrumento de viento de metal, de grandes proporciones y sonoridad voluminosa y grave. *Tocaba la tuba.*

tubérculo (tu-bér-cu-lo) *s. m.* Tallo subterráneo hinchado de la planta utiliza para almacenar nutrientes. *La patata es un tubérculo.*

tuberculosis (tu-ber-cu-lo-sis) *s. f.* Enfermedad infecciosa y contagiosa producida por un bacilo. *Tenía tuberculosis.* ✎ Invariable en número.

tubería (tu-be-rí-a) *s. f.* Conducto formado de tubos para llevar líquidos o gases. *Se atascó la tubería del agua.* **SIN.** Cañería, canal.

tubo (tu-bo) *s. m.* **1.** Pieza hueca, cilíndrica, y generalmente abierta por ambos extremos. *Metió los mapas en un tubo de cartón.* **SIN.** Caño, conducto. ‖ **2. tubo de ensayo** El de cristal, estrecho y cilíndrico y cerrado por uno de sus extremos, que se usa para hacer análisis químicos. **3. tubo fluorescente** Aparato de iluminación que contiene un gas que sometido a la electricidad se torna incandescente. **4. tubo intestinal** Conjunto de los intestinos de un animal. **5. tubo lanzallamas** Arma de guerra para lanzar gases o líquidos inflamados. **6. tubo lanzatorpedos** El instalado para disparar los torpedos automóviles. ‖ **LOC. por un tubo** En gran cantidad.

tuerca (tuer-ca) *s. f.* **1.** Pieza con un hueco helicoidal, que ajusta exactamente en la rosca de un tornillo.

Aprieta bien la tuerca. ‖ **2. tuerca de aletas** La provista de dos apéndices en la parte superior, que se puede apretar con la mano.

tuerto, ta (**tuer**-to) *adj.* Que ha perdido la vista en un ojo. **GRA.** También s. m. y s. f. *Estaba tuerto.*

tueste (**tues**-te) *s. m.* Acción y efecto de tostar. *El tueste del café torrefacto se hace añadiendo azúcar.*

tuétano (**tué**-ta-no) *s. m.* Sustancia blanca que se encuentra en el interior de los huesos. *Le gustaba comer el tuétano de los huesos del cocido.* **SIN.** Médula, caña. ‖ **LOC. hasta los tuétanos** *fam.* Hasta lo más profundo. **sacar uno los tuétanos a otro** *fam.* Hacerle mucho daño. | Hacerle gastar todo lo que tiene.

tufo (**tu**-fo) *s. m.* **1.** Humo o vapor que dificulta la respiración. *La chimenea de esa fábrica desprendía mucho tufo.* **2.** *fam.* Olor molesto. *Abre esa ventana, aquí hay un tufo insoportable.* **SIN.** Pestilencia, hedor.

tugurio (tu-**gu**-rio) *s. m.* Habitación, vivienda o local pequeño y mezquino. *No entres en ese tugurio.* **SIN.** Antro, cuchitril, chabola.

tul *s. m.* Tejido delgado y transparente de hilo, algodón o seda. *Llevaba un velo de tul.* **SIN.** Gasa, muselina.

tulipa (tu-**li**-pa) *s. f.* Pantalla de vidrio con forma algo parecida a la del tulipán. *La lámpara cayó al suelo y se rompió la tulipa.*

tulipán (tu-li-**pán**) *s. m.* Planta de flor única, del mismo nombre, grande, globosa, de seis pétalos de hermosos colores. *El jardín estaba lleno de tulipanes amarillos.*

tullido, da (tu-**lli**-do) *adj.* Que ha perdido el movimiento del cuerpo o de alguno de sus miembros. **GRA.** También s. m. y s. f. *Una herida de guerra le dejó tullido de una pierna.* **SIN.** Imposibilitado, impedido, minusválido.

tumba (**tum**-ba) *s. f.* Lugar, excavado o construido, donde está enterrado un cadáver. *Pusieron flores sobre su tumba.* **SIN.** Enterramiento, sepulcro, panteón, fosa. ‖ **LOC. lanzarse a tumba abierta** Arriesgarse mucho, ser muy osado. **revolverse alguien en su tumba** Expresión que denota fuerte desaprobación de algo. **ser alguien una tumba** *fam.* Saber guardar celosamente un secreto.

tumbar (tum-**bar**) *v. tr.* **1.** Hacer caer a un ser vivo o cosa. *Tumbó al herido en el suelo.* **SIN.** Abatir, derribar, tirar. **ANT.** Levantar, erguir. **2.** Inclinar una cosa sin que llegue a caer. *El cuadro se ha tumbado un poco.* **SIN.** Ladear, escorar. **3.** *fam.* Quitar a alguien el sentido una cosa fuerte. *El primer sorbo le tumbó.* **SIN.** Turbar, impresionar. ‖ *v. prnl.* **4.** *fam.* Acostarse. *Se tumbó un rato.* **SIN.** Echarse, encamarse. **ANT.** Levantarse.

tumbo (**tum**-bo) *s. m.* Sacudida o vaivén violento. *Iba dando tumbos.*

tumbona (tum-**bo**-na) *s. f.* Silla abatible con respaldo muy largo. *Estaba descansando en la tumbona del jardín.* **SIN.** Hamaca, diván.

tumefacción (tu-me-fac-**ción**) *s. f.* *Hinchazón.

tumefacto, ta (tu-me-**fac**-to) *adj.* Hinchado, inflamado. *Aplicó hielo en el carrillo tumefacto.* **SIN.** Congestionado, inflamado.

TÚNELES

tumor - turbación

LOS TÚNELES MÁS LARGOS

Ferrocarril*

Seikan (Japón)	53,90 km	Abierto en 1988
Eurotúnel (Inglaterra-Francia)	50,5 km	Abierto en 1994
Metro de Moscú (tramo Medvedkovo/Belyaevo) (Rusia)	30,70 km	Abierto en 1979
Metro de Londres (línea norte East Finchley/Morden) (Inglaterra)	27,84 km	Abierto en 1939
Dai-Shimizu (Japón)	22,20 km	Abierto en 1982
Simplón (Suiza-Italia)	19,49 km	Abierto en 1905

Carretera

Laerdal (Noruega)	24,510 km	Abierto en 2000
St. Gotthard (Suiza)	16,918 km	Abierto en 1980
Arlberg (Austria)	13,98 km	Abierto en 1978
Hsuehshan (China-Taiwán)	12,900 km	Abierto en 2005
Fréjus (Francia-Italia)	12,90 km	Abierto en 1980
Mont-Blanc (Francia-Italia)	11,60 km	Abierto en 1965

tumor (tu-**mor**) *s. m.* **1.** Protuberancia causada por un crecimiento anormal de células sin una función útil en alguna parte del cuerpo del animal. *Le dijeron que su tumor era benigno.* **SIN.** Inflamación, quiste, absceso. || **2. tumor benigno** Aquel que no se extiende a otras partes del organismo y, por tanto, no llega a producir la muerte de quien lo padece. **3. tumor maligno** Aquel que se extiende a otras partes del organismo y que, de no ser tratado, produce la muerte de quien lo padece.

tumulto (tu-**mul**-to) *s. m.* **1.** *Levantamiento. **2.** Confusión agitada o desorden ruidoso. *Se armó un gran tumulto cuando entró la actriz en el bar.* **SIN.** Jaleo, alboroto. **ANT.** Silencio.

tuna (**tu**-na) *s. f.* Grupo musical formado exclusivamente por estudiantes. *Entró en la tuna universitaria.* **SIN.** Estudiantina.

tunante, ta (tu-**nan**-te) *adj.* Persona taimada. **GRA.** También s. m. y s. f. *Es un poco tunante.* **SIN.** Pícaro, bribón, granuja.

tunda (**tun**-da) *s. f.* Castigo riguroso de palos, azotes, etc. *Recibió una buena tunda de palos.* **SIN.** Paliza, somanta, zurra, azotaina.

tundir (tun-**dir**) *v. tr., fam.* Castigar con golpes palos o azotes. *Temía que le tundieran al enterarse.* **SIN.** Aporrear, baldar, golpear.

tundra (**tun**-dra) *s. f.* Formación ecológica ártica en la que la vegetación dominante son las plantas herbáceas o las hierbas. *La vegetación típica de las estepas siberianas es la tundra.*

túnel (**tú**-nel) *s. m.* Paso subterráneo que se abre para el tránsito de un ferrocarril o de una carretera, para establecer una comunicación a través de un monte, por debajo de un río, etc. *No te olvides de encender las luces al entrar en el túnel.* **SIN.** Galería. ☞ Ver ilustración pág. 1085.

túnica (**tú**-ni-ca) *s. f.* Vestidura exterior amplia, larga y sin mangas. *Llevaba una túnica negra.*

tuntún, al *loc. adv.* **1.** *fam.* Sin reflexión ni previsión. *Lo hizo al tuntún.* **2.** *fam.* Sin certidumbre, sin conocimiento del asunto. *Contestó al tuntún.* ☞ También "al buen tuntún".

tupé (tu-**pé**) *s. m.* Pequeño mechón de cabello sobre la frente. *Siempre llevaba muy peinado su tupé.*

tupido, da (tu-**pi**-do) *adj.* Espeso, que tiene los elementos que lo componen muy apretados. *Es un tejido de lana muy tupido.* **SIN.** Compacto, prieto.

tupir (tu-**pir**) *v. tr.* **1.** Apretar mucho una cosa cerrando sus poros o intersticios. **GRA.** También v. prnl. *La tierra del tiesto se ha tupido demasiado.* **SIN.** Apelmazar, atacar, atorar. || *v. prnl.* **2.** Hartarse de un manjar o bebida. *Se tupió a pasteles de chocolate.* **SIN.** Ahitarse.

tur *s. m.* Viaje por distracción. *Realizaron un tur por los Alpes.* **SIN.** Excursión, gira.

turba[1] (**tur**-ba) *s. f.* Combustible de aspecto terroso, resultante de la descomposición de restos vegetales acumulados en lugares húmedos y faltos de aire. *Aquellos suelos eran ricos en turba.*

turba[2] (**tur**-ba) *s. f.* Muchedumbre de gente confusa y desordenada. *Le seguía una gran turba.* **SIN.** Aglomeración, masa, turbamulta.

turbación (tur-ba-**ción**) *s. f.* Acción y efecto de turbar o turbarse. *Sintió una gran turbación cuando se rieron de él.* **SIN.** Aturdimiento, confusión, embarazo, vergüenza.

turbante (tur-**ban**-te) *s. m.* Tocado que, en lugar de sombrero, se usa en los pueblos orientales, y que consiste en una faja larga de tela rodeada a la cabeza. *Llevaba puesto un turbante.* **SIN.** Toca.

turbar (tur-**bar**) *v. tr.* **1.** Alterar o conmover el estado o curso natural de una cosa. *Con su presencia turbó la tranquilidad de todos.* **SIN.** Desordenar, descomponer. **2.** Aturdir a alguien, hacerle perder la serenidad o el libre uso de sus facultades. **GRA.** También v. prnl. *Se turbó al verme porque no me esperaba.* **SIN.** Aturdir, aturullar, azorar, desconcertar. **ANT.** Serenar, tranquilizar. **3.** *Enturbiar. **GRA.** También v. prnl.

turbina (tur-**bi**-na) *s. f.* **1.** Máquina hidráulica, consistente en una rueda encerrada en un tambor y provista de paletas curvas, sobre las que actúa la presión del agua, que llega con bastante velocidad desde un nivel superior. *Cambiaron las turbinas de la central eléctrica.* **2.** Máquina que transforma en movimiento giratorio de una rueda la fuerza viva o la presión de un fluido. *Cambiaron las palas de la turbina.* **SIN.** Generador, motor.

turbio, bia (**tur**-bio) *adj.* **1.** Mezclado o alterado por una cosa que oscurece o quita transparencia. *Las aguas bajaban muy turbias.* **SIN.** Sucio, embarrado. **ANT.** Claro, limpio, límpido. **2.** Confuso, poco claro. *Andaba metido en turbios negocios.* **SIN.** Dudoso, equívoco, sospechoso. **ANT.** Claro.

turbo (**tur**-bo) *s. m.* Mecanismo compuesto por dos turbinas conectadas en paralelo, que aprovecha los gases de escape del motor para inyectarle una mezcla de aire y combustible a presión, aumentando así su rendimiento. *Este año me he comprado un coche turbo.*

turboalternador (tur-bo-al-ter-na-**dor**) *s. m.* Conjunto formado por un alternador eléctrico y una turbina que lo pone en movimiento. *Se dedica a instalar turboalternadores.*

turbocompresor (tur-bo-com-pre-**sor**) *s. m.* Sistema de sobrealimentación consistente en dos turbinas conectadas por un eje, utilizado para inyectar combustible a presión en los cilindros de un motor. *La máquina tenía un turbocompresor.*

turbogenerador (tur-bo-ge-ne-ra-**dor**) *s. m.* Generador eléctrico movido por una turbina. *Ampliaron la potencia eléctrica de la fábrica instalando un turbogenerador.*

turborreactor (tur-bo-rre-ac-**tor**) *s. m.* Motor de reacción cuya parte fundamental es una turbina de gas. *Lo explicó el funcionamiento de un turborreactor.*

turbulencia (tur-bu-**len**-cia) *s. f.* **1.** Alteración de las cosas claras y transparentes. *Las aguas del río presentaban gran turbulencia.* **ANT.** Limpidez. **2.** Confusión o alboroto de personas o cosas. *Se vio envuelto en medio de la turbulencia de la manifestación.* **SIN.** Algarda, revuelta, cisco, follón.

turbulento, ta (tur-bu-**len**-to) *adj.* **1.** *Turbio. **2.** Se aplica a las situaciones confusas. *El ambiente estaba un poco turbulento.* **SIN.** Agitado, alborotado. **3.** Se dice de la persona que promueve disturbios, etc. *Es una persona bastante turbulenta.* **SIN.** Agitador, sublevador, revoltoso. **ANT.** Pacificador.

turgente (tur-**gen**-te) *adj.* Se dice de lo que está abultado, elevado. *El retrato dejaba al descubierto sus bonitos y turgentes senos.*

turismo (tu-**ris**-mo) *s. m.* **1.** Afición a viajar por gusto de recorrer países. *Le gusta hacer turismo.* **2.** Organización de los medios que se ocupan de facilitar estos viajes. *Promocionaron el turismo de la región.*

turista (tu-**ris**-ta) *s. m. y s. f.* Persona que recorre un país por recreo. *La zona recibía por el verano la visita de un gran número de turistas.* **SIN.** Veraneante, visitante.

turístico, ca (tu-**rís**-ti-co) *adj.* Que pertenece o se refiere al turismo. *Es un pueblo costero muy turístico en verano.*

turnar (tur-**nar**) *v. intr.* Alternar con una o más personas en el ejercicio o disfrute de alguna cosa siguiendo determinado orden. **GRA.** También v. prnl. *Se turnaban para hacer la vigilancia.* **SIN.** Relevarse, cambiar.

turno (**tur**-no) *s. m.* **1.** Orden que siguen las personas para hacer algo. *Le dejé mi turno en la carnicería porque tenía prisa.* **SIN.** Vez. **2.** Tiempo de hacer una cosa por orden. *Establecieron turnos para el riego.* **SIN.** Vez. ‖ **LOC. a turno** Se dice de la persona o cosa a la que corresponde actuar en cierto momento según un orden acordado.

turquesa (tur-**que**-sa) *s. f.* Piedra de color azul verdoso y casi tan dura como el vidrio que se emplea en joyería. *La piedra de la sortija era una turquesa.*

turrón (tu-**rrón**) *s. m.* **1.** Dulce fabricado a base de almendras, piñones, avellanas o nueces, enteras o molidas, tostado todo y mezclado con miel y otros ingredientes. *En navidades siempre compramos turrón.* **2.** *fam.* Mucho trabajo. *Esta semana hemos tenido un buen turrón.*

tute (**tu**-te) *s. m.* **1.** Juego de naipes en que gana la partida quien reúne los cuatro reyes o los cuatro caballos. *Es muy buena jugando al tute.* **2.** Reunión,

tutear - twist

en este juego, de los cuatro reyes o los cuatro caballos. *Tenía tute de reyes.* **3.** Trabajo intenso y fatigoso. *Se han dado un buen tute para limpiar toda la casa.* **SIN.** Faena, labor.

tutear (tu-te-**ar**) *v. tr.* Hablar a alguien empleando el pronombre de segunda persona. **GRA.** También v. prnl. *Se tutearon desde el primer momento.*

tutela (tu-**te**-la) *s. f.* Autoridad que, en defecto de la paterna o materna, se confiere a alguien para que cuide de la persona y los bienes de un menor o de otra persona que no tiene completa capacidad civil. *Quedó bajo la tutela de sus abuelos tras la muerte de sus padres.* **SIN.** Amparo, custodia, guarda.

tutelar (tu-te-**lar**) *adj.* Que guía, ampara o defiende. **GRA.** También s. m. y s. f. *Organismo tutelar de menores.* **SIN.** Protector.

tutiplén, a *adv. m., fam.* En abundancia, a porrillo. *Tengo cromos repetidos a tutiplén.*

tutor, ra (tu-**tor**) *s. m. y s. f.* **1.** Persona que ejerce una tutela. *Fue su tutora hasta que cumplió la mayoría de edad.* **SIN.** Custodio, protector. **2.** Persona encargada de orientar a los alumnos de un curso. *Mi padre habló con el tutor para preguntarle por los resultados de mis exámenes.*

tutti-frutti *s. m.* Helado de frutas variadas. *Pidió un tutti-frutti.*

tutú (tu-**tú**) *s. m.* Falda corta y rígida característica del ballet clásico. *Todas las bailarinas iban vestidas con tutú blanco.* Su pl. es "tutús".

tuyo, ya (**tu**-yo) *adj. pos.* **1.** Forma del posesivo masculino y femenino de la segunda persona del singular. Indica posesión o pertenencia a la persona a quien se habla. **GRA.** También pron. *¿Ese libro es tuyo?* ‖ **2. de las tuyas** Propio de esa persona.

TV *s. f.* Siglas que significan 'televisión'. *Echó un vistazo a la programación de TV.*

twist *s. m.* Baile surgido en Estados Unidos en la década de los sesenta y que se caracteriza por el rítmico movimiento de caderas y hombros. *Le encantaba bailar el twist.*

u¹ *s. f.* Vigésimo segunda letra del abecedario español y última de sus vocales. **GRA.** Es muda en las sílabas "que, qui"; y también en las sílabas "gue, gui", excepto cuando lleva diéresis. *Úlcera empieza por "u".*

u² *conj. disy.* Conjunción que para evitar la cacofonía se emplea en vez de "o" ante palabras que empiezan por esta última letra o por "ho". *Tienes que decidirte entre una u otra.*

ubérrimo, ma (u-**bé**-rri-mo) *adj. sup.* Que es muy fértil y abundante. *Poseía unos terrenos ubérrimos.* **SIN.** Fecundo, óptimo, productivo. **ANT.** Estéril, yermo, vacío.

ubicación (u-bi-ca-**ción**) *s. f.* Lugar en que se encuentra situada una cosa. *No te puedo decir la ubicación exacta del edificio pero está por esa zona.* **SIN.** Sede, situación, enclave.

ubicar (u-bi-**car**) *v. intr.* Estar en un determinado lugar. **GRA.** También v. prnl. *La Torre Eiffel está ubicada al lado del Sena.* **SIN.** Encontrarse, hallarse. **ANT.** Descolocar(se). 🖎 Se conjuga como abarcar.

ubicuo, cua (u-**bi**-cuo) *adj.* Que está presente a un mismo tiempo en todas partes. *Hablaron sobre la naturaleza ubicua de Dios.* **SIN.** Omnipresente.

ubre (**u**-bre) *s. f.* Cada una de las tetas o mamas de las hembras de los mamíferos. *Esa vaca tiene unas ubres muy grandes.*

ufanarse (u-fa-**nar**-se) *v. prnl.* Manifestarse con orgullo y vanidad. *Se ufanaba de su nuevo coche.* **SIN.** Engreírse, gloriarse, ensoberbecerse, pavonearse. **ANT.** Humillarse, avergonzarse, achicarse.

ufano, na (u-**fa**-no) *adj.* **1.** Se dice de las personas arrogantes. *Llegó todo ufano.* **SIN.** Presuntuoso, engreído. **ANT.** Humilde, modesto. **2.** Satisfecho, alegre. *Estaba ufano porque había aprobado.* **SIN.** Contento. **ANT.** Triste. **3.** Que actúa con decisión. *Es una persona muy ufana y desenvuelta.* **SIN.** Resuelto, desenvuelto, decidido. **ANT.** Tímido, torpe.

ufología (u-fo-lo-**gí**-a) *s. f.* Estudio de los ovnis. *Es un especialista en ufología.*

ujier (u-**jier**) *s. m.* **1.** Portero de algunos edificios públicos. *El ujier del tribunal nos indicó amablemente dónde estaba el despacho.* **2.** Empleado subalterno de algunos tribunales y cuerpos del Estado. *Lleva muchos años trabajando de ujier.*

úlcera (**úl**-ce-ra) *s. f.* Llaga abierta en la piel o en una membrana interna del cuerpo, con supuración. *Tenía una úlcera de estómago.* **SIN.** Herida, pústula, tumor.

ulceroso, sa (ul-ce-**ro**-so) *adj.* Que tiene úlceras. *Se aplicó la pomada en la zona ulcerosa.*

ulterior (ul-te-**rior**) *adj.* **1.** Que está en la parte de allá de un sitio o territorio. *Se hallaba en la parte ulterior de la región.* **2.** Que se dice, sucede o se hace después de otra cosa. *Esa es una decisión ulterior.* **SIN.** Posterior, siguiente, subsiguiente. **ANT.** Anterior, precedente, primero.

ultimar (ul-ti-**mar**) *v. tr.* **1.** Dar el toque final a algo. *Ultimó algunos detalles antes de entregar el trabajo.* **SIN.** Acabar, concluir, finalizar, terminar. **ANT.** Comenzar, empezar. **2.** *Matar, asesinar.

ultimátum (ul-ti-**má**-tum) *s. m.* **1.** En el lenguaje diplomático, resolución terminante y definitiva, comunicada por escrito. *Recibieron un ultimátum.* **2.** *fam.* Decisión definitiva. *Sus padres le dieron un ultimátum, o aprobaba o tendría que dejar la carrera y buscar trabajo.*

último, ma (**úl**-ti-mo) *adj.* **1.** Que no tiene otra cosa después. *El 31 de diciembre es el último día del año.* **SIN.** Postrero. **ANT.** Primero. **2.** Que ocupa el lugar del final en una serie o sucesión de cosas. *Acabó el último.* **SIN.** Postrero, zaguero. **ANT.** Primero. **3.** Se dice de lo más lejano, retirado o escondido. *Vive en la última casa del pueblo.* **4.** Se dice de lo más excelente, superior. *Este aparato es lo último en tecnología.* ‖ **LOC. a la última** *fam.* A la última moda. **a úl-**

timos *fam.* En los últimos días de mes, año, etc. que queda sobreentendido en el contexto. **estar alguien en las últimas** *fam.* Estar a punto de morir. | Andar muy apurado de dinero. **por último** Después o detrás de todo, finalmente.

ultra (ul-tra) *pref.* **1.** En composición con algunas voces, mas allá de, al otro lado de. *El comercio de ultramar, de más allá del mar.* **2.** En composición con algunos adjetivos, expresa idea de exceso. *Ese coche es ultrarrápido.* || *adj.* **3.** Se aplica a los partidos políticos o las ideologías que extreman sus ideas. **GRA.** También s. m. y s. f. *Los grupos ultras protagonizaron algunos incidentes durante el partido de ayer.*

ultracorrección (ul-tra-co-rrec-**ción**) *s. f.* Deformación de una palabra por asimilación errónea al modelo de otras. *"Bacalado", por asimilación a las palabras terminadas en -ado.*

ultraísmo (ul-tra-**ís**-mo) *s. m.* Movimiento poético nacido en 1918 que agrupaba poetas españoles e hispanoamericanos, cuya característica común era el deseo de renovación radical del espíritu y la técnica poéticas. *El profesor dio una conferencia sobre el ultraísmo.*

ultrajar (ul-tra-**jar**) *v. tr.* **1.** Injuriar a alguien de obra o de palabra. *Le ultrajó públicamente.* **SIN.** Agraviar, deshonrar, insultar. **ANT.** Alabar, respetar. **2.** Despreciar a una persona. *Sus compañeros de clase le ultrajaban porque era muy tímido.* **SIN.** Humillar. **ANT.** Ensalzar, alabar.

ultraje (ul-**tra**-je) *s. m.* Injuria, desprecio. *Se cansó de aguantar ultrajes.* **SIN.** Afrenta, agravio, ofensa, vilipendio. **ANT.** Alabanza, elogio, adulación.

ultraligero, ra (ul-tra-li-**ge**-ro) *adj.* **1.** Sumamente ligero. *Esta tela es ultraligera, no pesa nada.* **2.** Se dice de la nave de poco peso y escaso consumo. **GRA.** También s. m. *Están trabajando en la construcción de un moderno ultraligero.*

ultramar (ul-tra-**mar**) *s. m.* País o conjunto de territorios que están al otro lado del mar. *España fue perdiendo las colonias de ultramar.*

ultramarino, na (ul-tra-ma-**ri**-no) *adj.* **1.** Se aplica, en general, a los comestibles que pueden conservarse sin que se alteren fácilmente. **GRA.** También s. m., y en pl. *Es vendedor en una tienda de productos ultramarinos.* **2.** Que está o se considera al otro lado del mar. *Ese barco se dedica al comercio ultramarino.* || *s. m. pl.* **3.** Establecimiento de comestibles. *Compra la leche y el pan en los ultramarinos de la esquina.*

ultramicroscopio (ul-tra-mi-cros-**co**-pio) *s. m.* Aparato óptico que sirve para ver objetos de dimensiones tan pequeñas que no se perciben con el microscopio ordinario. *En el laboratorio tienen un ultramicroscopio.*

ultramundano, na (ul-tra-mun-**da**-no) *adj.* Que excede a lo mundano o está más allá. *Se trataba de cuestiones ultramundanas que no tenían explicación posible.*

ultramundo (ul-tra-**mun**-do) *s. m.* La vida eterna. *Expusieron varias teorías sobre el ultramundo.*

ultranza, a *loc. adv.* A todo trance, resueltamente. *Tenía que asistir a ultranza a aquella reunión, quisiera o no.*

ultrasonido (ul-tra-so-**ni**-do) *s. m.* Ondas sonoras de frecuencia superior a la que puede captar el oído humano. *Tiene numerosas aplicaciones en industria y medicina.*

ultratumba, de (ul-tra-**tum**-ba) *loc.* Mas allá de la tumba o de la muerte. *Creía en la vida de ultratumba.*

ultravioleta (ul-tra-vio-**le**-ta) *adj.* Se dice de la parte invisible del espectro solar, que está a continuación del color violeta. *La luz solar es rica en radiación ultravioleta.*

ulular (u-lu-**lar**) *v. intr.* **1.** Dar alaridos o aullidos los animales. *Los lobos ululaban por los montes.* **SIN.** Gritar, aullar, clamar. **2.** Producir el sonido del viento. *Desde dentro de la cabaña, oíamos al viento ulular con fuerza.*

umbela (um-**be**-la) *s. f.* Grupo de flores o frutos que nacen en un mismo punto del tallo y se elevan a igual altura. *Esa planta tiene flores en umbela.*

umbelífero, ra (um-be-**lí**-fe-ro) *adj.* Se dice de plantas angiospermas dicotiledóneas de fruto compuesto de dos aquenios, en cada uno de los cuales hay una sola semilla. **GRA.** También s. f. *El apio es una planta umbelífera.*

umbilical (um-bi-li-**cal**) *adj.* Que pertenece o se refiere al ombligo. *Cordón umbilical.*

umbral (um-**bral**) *s. m.* **1.** Parte inferior en la puerta o entrada de una casa. *Estaba en el umbral de la puerta.* **2.** Principio de cualquier cosa. *Estaba todavía en el umbral de su investigación.* **SIN.** Comienzo, inicio. **3.** Nivel a partir del cual empiezan a ser percibidos los efectos de un agente físico. *La vibración no alcanzaba el umbral del sonido.*

umbrío, a (um-**brí**-o) *adj.* Sombrío, que está en sombra. *Aquel lugar era muy umbrío.* **SIN.** Sombreado. **ANT.** Soleado.

un - unicameral

un, una *art. indet.* Artículo indeterminado en género masculino y femenino, y número singular. *Me dijo que el regalo era un libro.*

unánime (u-**ná**-ni-me) *adj.* **1.** Se dice del conjunto de las personas que están de acuerdo en alguna cosa. *La voluntad unánime del grupo estaba clara.* **2.** Se dice de la opinión o sentimiento compartido por todos. *El aplauso fue unánime.* **SIN.** Acorde, avenido, concorde. **ANT.** Opuesto, encontrado, disconforme.

unanimidad (u-na-ni-mi-**dad**) *s. f.* **1.** Cualidad de unánime. *Hubo unanimidad de opinión.* **SIN.** Avenencia, concordancia, conformidad, unión. **ANT.** Desacuerdo, disconformidad, disentimiento. || **LOC. por unanimidad.** Unánimemente.

unción (un-**ción**) *s. f.* **1.** Acción y efecto de ungir. *Recibió la unción en la confirmación.* **2.** *Extremaunción. **3.** Devoción, fervor. *Rezaba con mucha unción.* **SIN.** Entusiasmo, vehemencia.

uncir (un-**cir**) *v. tr.* Atar al yugo bueyes, mulas u otras bestias. *Uncieron los bueyes para ir a arar.* **SIN.** Enyugar, unir. ✎ Se conjuga como esparcir.

undécimo, ma (un-**dé**-ci-mo) *adj. num. ord.* **1.** Que ocupa el último lugar en una serie ordenada de 11. **GRA.** También pron. *Entró en la meta en el undécimo lugar.* || *adj. num. part.* **2.** Se dice de cada una de las 11 partes iguales en que se divide un todo. **GRA.** También s. m. *Le tocó sólo una undécima parte del trabajo.*

undular (un-du-**lar**) *v. intr.* *Ondular.

ungir (un-**gir**) *v. tr.* **1.** Untar con una materia grasa o aceitosa. *Tienes que ungir la superficie con aceite.* **2.** Signar con óleo sagrado a una persona. *El profeta Samuel ungió a Saúl para significar que era rey de Israel.* ✎ Se conjuga como elegir.

ungüento (un-**güen**-to) *s. m.* **1.** Todo lo que sirve para ungir o untar. *Preparó un ungüento casero.* **2.** Medicamento que se aplica en la piel compuesto de diversas sustancias grasas. *En la farmacia le dieron un ungüento para que se lo diera en la parte golpeada.* **SIN.** Bálsamo, pomada.

unguiculado, da (un-gui-cu-**la**-do) *adj.* Se dice del animal cuyos dedos terminan en uñas. **GRA.** También s. m. *El gato es un animal unguiculado.*

ungulado, da (un-gu-**la**-do) *adj.* Se dice del mamífero herbívoro provisto de pezuñas. **GRA.** También s. m. *El caballo y la vaca son animales ungulados.*

unicameral (u-ni-ca-me-**ral**) *adj.* Se dice del poder legislativo formado por una sola cámara de repre-

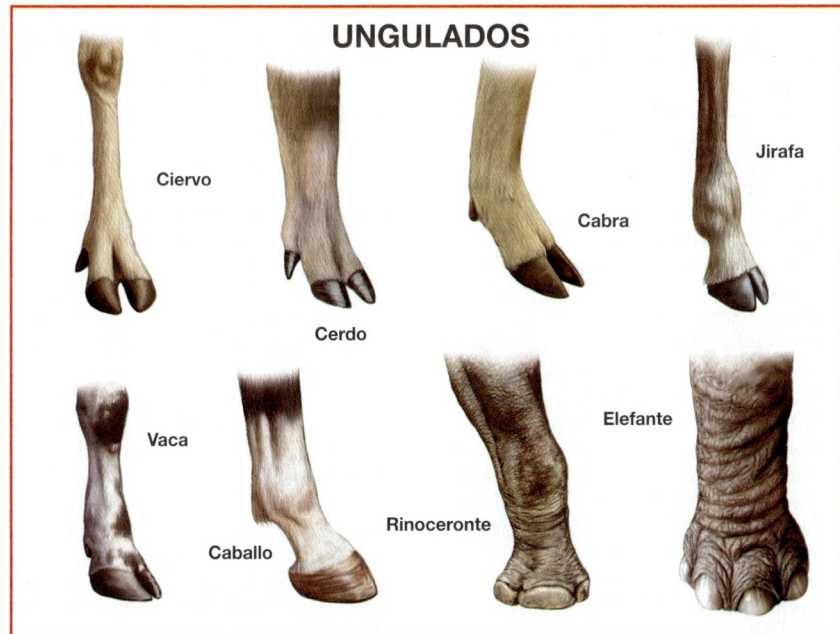

UNGULADOS

Ciervo · Cerdo · Cabra · Jirafa · Vaca · Caballo · Rinoceronte · Elefante

unicelular - unir

sentantes. *En España, el poder legislativo reside en el Congreso y en el Senado; en otros países el sistema es unicameral.*

unicelular (u-ni-ce-lu-**lar**) *adj.* Que consta de una sola célula. *La ameba es un organismo unicelular.*

único, ca (**ú**-ni-co) *adj.* **1.** Solo y sin otro de su especie. *Es un ejemplar único.* **SIN.** Exclusivo, uno. **ANT.** Variado, plural. **2.** Se dice de lo singular y extraordinario. *Tiene un estilo único.* **SIN.** Especial, inapreciable, inestimable. **ANT.** Común, ordinario, vulgar.

unicolor (u-ni-co-**lor**) *adj.* De un solo color. *Todo el decorado era unicolor.* **SIN.** Monocromo.

unicornio (u-ni-**cor**-nio) *s. m.* Animal quimérico de figura de caballo y con un cuerno en mitad de la frente. *Le regalaron un pequeño unicornio de cristal.*

unidad (u-ni-**dad**) *s. f.* **1.** Propiedad de los seres, por la cual no pueden dividirse sin que su naturaleza cambie. *El cuerpo forma una unidad.* **2.** Cantidad que se toma como medida o término de comparación en relación con las demás de su especie. *El metro, el litro, la libra y la milla son unidades.* **3.** Unión o conformidad entre dos o más partes. *La unidad de los aliados contra el enemigo común fue decisiva.* **SIN.** Concordancia, acuerdo. **ANT.** Desacuerdo, disconformidad. **4.** Cualidad de la obra literaria o artística en que sólo hay un asunto o pensamiento. *Destacó la perfecta unidad de tiempo de la obra.* **5.** Dispositivo de un ordenador que acepta discos o cintas en los que lee o graba datos. *Tenía un problema con la unidad del ordenador.* ‖ **6. unidad de cuidados intensivos** Sección hospitalaria especializada en la vigilancia y tratamiento de pacientes en estado grave. Es común designarla por medio de su acrónimo "UCI". ☞ También "unidad de vigilancia intensiva" (UVI).

unifamiliar (u-ni-fa-mi-**liar**) *adj.* Que corresponde a una sola familia. *Se compraron una casa unifamiliar.*

unificar (u-ni-fi-**car**) *v. tr.* Hacer de muchas cosas un todo, o hacer que sean uniformes. **GRA.** También v. prnl. *Unificaron los movimientos.* **SIN.** Asociar(se), uniformar(se), unir(se), vincular(se), aunar(se). **ANT.** Separar(se), disolver(se), dividir(se), desagrupar(se). ✎ Se conjuga como abarcar.

uniformar (u-ni-for-**mar**) *v. tr.* **1.** Hacer uniformes dos o más cosas. **GRA.** También v. prnl. *Uniformaron las dos colecciones.* **SIN.** Regularizar, igualar(se), tipificar, unificar(se). **2.** Hacer que alguien lleve uniforme. *Uniformaron a los alumnos.*

uniforme (u-ni-**for**-me) *adj.* **1.** Se dice de dos o más cosas que tienen la misma forma o que son iguales o semejantes. *Los ciclistas llevaban un ritmo uniforme.* **SIN.** Conforme, equivalente, coincidente. **ANT.** Distinto, diferente, desigual. ‖ *s. m.* **2.** Traje especial y distintivo que usan las personas que pertenecen a un mismo cuerpo o profesión. *Se puso el uniforme militar.* **SIN.** Hábito.

unigénito, ta (u-ni-**gé**-ni-to) *adj.* Se dice del hijo único. *Era hijo unigénito.*

unilateral (u-ni-la-te-**ral**) *adj.* **1.** Se dice de lo que se refiere a una sola parte o aspecto de alguna cosa. *Ofrecieron una visión unilateral del asunto.* **SIN.** Limitado, parcial. **ANT.** Ilimitado, objetivo. **2.** Se dice de la manifestación o del acto que sólo obliga al que lo hace. *Era una decisión unilateral.*

unión (u-**nión**) *s. f.* **1.** Acción y efecto de unir. *La unión hace la fuerza.* **2.** Conformidad de una cosa con otra. *Había una perfecta unión entre lo que decía y lo que hacía.* **SIN.** Correspondencia. **3.** Conformidad y concordia entre dos o más personas. *Había mucha unión en el grupo.* **SIN.** Avenencia, concordia. **ANT.** Discordia. **4.** Composición que resulta de la mezcla de dos o más cosas. *Ese color es la unión de este amarillo fuerte con el verde.* **SIN.** Combinación, fusión. **5.** Alianza, confederación. *Hubo una unión comercial entre ambos países.* **6.** Incorporación de una cosa a otra. *Esperaban la unión de nuevos refuerzos.* **SIN.** Agregación, suma. **7.** Matrimonio, casamiento. *La unión se celebró en la catedral.* **SIN.** Nupcias, esponsales.

unipersonal (u-ni-per-so-**nal**) *adj.* **1.** Que pertenece a una sola persona. *Hicieron habitaciones unipersonales.* **2.** Se dice de los verbos que sólo tienen una persona. *Amanecer es un verbo unipersonal.*

unir (u-**nir**) *v. tr.* **1.** Hacer de dos o más cosas una sola. *Hemos unido dos habitaciones para hacer una más grande.* **SIN.** Fundir, fusionar, juntar. **ANT.** Disgregar, disolver, dividir, desunir. **2.** Mezclar ciertas cosas entre sí. *Unió varios colores hasta conseguir el tono que quería.* **SIN.** Adjuntar, agregar, aglutinar, juntar. **ANT.** Apartar, disgregar, separar. **3.** Juntar una cosa con otra. *Unieron el dinero de todos.* **SIN.** Vincular, concordar, enlazar, conjugar. **ANT.** Apartar, separar, dividir. **4.** Acercar una cosa a otra, para que formen un conjunto. *Une los dos cables.* **SIN.** Conectar, anexionar. **5.** Autorizar un matrimonio. **GRA.** También v. prnl. *Se unieron sólo por lo civil.* **SIN.** Casar(se). ‖ *v. prnl.* **6.** Juntarse dos o más personas para un fin. *Los vecinos del pueblo se unieron para arreglar la plaza.* **SIN.** Asociarse, agruparse, aliarse, confederarse. **ANT.** Separarse, dividirse.

unisex (u-ni-**sex**) *adj.* Se dice de lo que sirve para ambos sexos. *Es una chaqueta unisex.* 🔹 Invariable en número.

unisexual (u-ni-se-**xual**) *adj.* De un solo sexo. *Es una planta unisexual.*

unísono, na (u-**ní**-so-no) *adj.* Se dice de lo que tiene el mismo tono que otra cosa. *Sus voces eran unísonas, se les confundía por teléfono.* ‖ **LOC. al unísono** Con unanimidad, al mismo tiempo.

unitario, ria (u-ni-**ta**-rio) *adj.* Que tiene unidad o que tiende a ella. *Querían ser un grupo unitario.* **SIN.** Indivisible. **ANT.** Fragmentario.

univalvo, va (u-ni-**val**-vo) *adj.* Se dice de la concha de una sola pieza y del molusco que la tiene. **GRA.** También s. m. y s. f. *La lapa es un molusco univalvo.*

universal (u-ni-ver-**sal**) *adj.* **1.** Que comprende o es común a todos en su especie, sin excepción de ninguno. *La respiración pulmonar es una característica universal de todos los vertebrados.* **SIN.** General. **ANT.** Particular, restringido. **2.** Que pertenece o se extiende a todo el mundo, a todos los países, a todos los tiempos. *Es un concepto universal, todo el mundo lo entiende.* **3.** Se aplica a las relaciones entre los países, y a las de las personas de los diferentes países entre sí. *Es el más universal de nuestros intelectuales.* **SIN.** Internacional, cosmopolita.

universidad (u-ni-ver-si-**dad**) *s. f.* **1.** Institución de enseñanza superior que comprende diversas facultades y escuelas, y que también se dedica a la investigación. *Ése es el rector de la Universidad.* **2.** Edificio o edificios donde se estudian las carreras superiores. *La fachada de la universidad es de gran valor artístico.*

universitario, ria (u-ni-ver-si-**ta**-rio) *adj.* **1.** Que pertenece o se refiere a la universidad. *Era de la tuna universitaria de Derecho.* ‖ *s. m. y s. f.* **2.** Profesor, graduado o estudiante de universidad. *Los universitarios pedían mayor número de clases prácticas.*

universo (u-ni-**ver**-so) *s. m.* Mundo, conjunto de todo lo que existe. *Hay millones de astros en el universo.* **SIN.** Cosmos, orbe. **ANT.** Nada.

unívoco, ca (u-**ní**-vo-co) *adj.* **1.** Se dice de lo que tiene igual naturaleza o valor que otra cosa. *Todas parecían diferentes, pero su valor era unívoco.* **2.** Se aplica a la palabra que sólo tiene un significado o interpretación. *El sentido de aquella frase era unívoco.* **SIN.** Monosémico.

uno, na (**u**-no) *adj.* **1.** Que no está dividido. *La finca es una, aunque una parte sea de regadío y otra de secano.* **2.** Se dice de la persona o cosa que está unida o identificada con otra. *Los dos amigos son uno.* **3.** Que es igual o lo mismo que otra cosa que se expresa. *Decir que vas a hacer eso y no hacer nada es uno.* ‖ *adj. indef.* **4.** Antepuesto a un número cardinal que no sea la unidad, expresa aproximación. *El arreglo del coche te saldrá por unas 30 000 pesetas.* ‖ *pron. indef.* **5.** Se emplea para referirse a una persona cualquiera cuyo nombre no se conoce o no se quiere decir. *Llamó uno preguntando por ti.* **6.** Se usa en singular con el verbo en tercera persona para referirse a la persona que habla. *A uno le gustaría saber su opinión si es que lo dejan.* **7.** Unido a "con otro" indica promedio. *Ha aprobado los dos exámenes, uno con otro le dan casi un notable.* **8.** Con sentido distributivo se emplea contrapuesto a "otro". **GRA.** Puede llevar art. det. *Unos estaban a favor, los otros en contra.* **9.** En femenino, se usa en el sentido de un lío, una trastada, un disparate. *Cuando dijo que iba a hacer un examen sorpresa, se montó una que ni te imaginas.* ‖ *adj. num. ord.* **10.** *Primero.* **GRA.** También pron. ‖ *adj. num. card.* **11.** Nombre del primero de los números naturales. **GRA.** También pron. ‖ *s. m.* **12.** Número con que se expresa ese número. ‖ **LOC. a una** Al mismo tiempo simultáneamente. **cada uno** Cualquier persona considerada individualmente. **de uno en uno, uno a uno, o uno por uno** Una persona o cosa de cada vez. **no dar una** *fam.* Fallar siempre en cualquier asunto. **una de dos** Locución que se emplea para contraponer dos cosas o ideas. **una y no más** Expresión con que se denota la resolución de abstenerse de algún asunto. **uno y otro** Ambos.

untar (un-**tar**) *v. tr.* **1.** Aplicar aceite u otra materia grasa. *Lo untó de aceite.* **SIN.** Engrasar, pringar, embetunar. **2.** *fam.* Sobornar a alguien con dinero o regalos para conseguir algo de él. *Le untaron para conseguir su voto.* **SIN.** Comprar, corromper. ‖ *v. prnl.* **3.** Mancharse con una materia untosa o sucia. *El niño se untó toda la cara de chocolate.* **SIN.** Pringarse. **4.** *Arg. y Ur.* Emborracharse.

unto (**un**-to) *s. m.* **1.** Grasa del cuerpo del animal, especialmente la del cerdo. *Derrite un poco de unto en la cazuela.* **SIN.** Sebo, grasa, tocino. **2.** Materia grasa para untar. *Le dio un poco de unto.* **SIN.** Ungüento, pomada. **3.** *Chil.* Betún para el calzado. **4.** *Arg. y Ur.* Borrachera.

untuoso, sa (un-**tuo**-so) *adj.* Se dice de la materia grasienta y pegajosa. *Estas patatas están demasiado untuosas para mi gusto.* **SIN.** Aceitoso, craso, mantecoso. **ANT.** Seco.

uña¹ (u-ña) *s. f.* **1.** Parte dura que nace y crece en las extremidades de los dedos. *Siempre lleva las uñas pintadas.* **2.** Casco o pezuña de los animales. *Se le rompió la uña al caballo.* ‖ **LOC. comerse alguien las uñas** *fam.* Estar muy inquieto o preocupado. **de uñas** *fam.* Expresión con la que se alude a la relación de antipatía entre dos personas. **ponerse alguien de uñas** *fam.* Escuchar con desagrado una petición o pretensión, y negarse a concederla. **ser uña y carne dos o más personas** *fam.* Ser muy amigos.

uña² (u-ña) *s. f., Chil.* Nombre que se da a una araña venenosa.

uñero (u-ñe-ro) *s. m.* **1.** Inflamación en la raíz de la uña, con formación de pus. *Le ha salido un uñero.* **2.** Herida que produce la uña cuando, al crecer indebidamente, se introduce en la carne. *Le duele mucho el uñero.*

uralita (u-ra-li-ta) *s. f.* Denominación registrada de una mezcla de cemento y amianto con la cual se fabrican placas, utilizadas para cubiertas de construcción y otros usos. *El techo de la terraza es de uralita.*

uranio (u-ra-nio) *s. m.* Metal muy denso, duro y radiactivo, de color parecido al del níquel. *El símbolo del uranio es U.*

urbanidad (ur-ba-ni-dad) *s. f.* Buen trato y buenos modales. *Se comporta con urbanidad.* **SIN.** Cortesía, educación, formación, modales. **ANT.** Grosería, incorrección, zafiedad.

urbanismo (ur-ba-nis-mo) *s. m.* Conjunto de los conocimientos para la planificación, reforma y embellecimiento de las poblaciones. *Están desarrollando un nuevo plan de urbanismo.*

urbanizable (ur-ba-ni-za-ble) *adj.* Que puede ser urbanizado. *Ese suelo es urbanizable.*

urbanización (ur-ba-ni-za-ción) *s. f.* Núcleo residencial urbanizado. *Viven en una urbanización a las afueras de la ciudad.* **SIN.** Complejo.

urbanizar (ur-ba-ni-zar) *v. tr.* **1.** Hacer cortés y sociable a alguien. **GRA.** También v. prnl. *Antes era muy grosero y maleducado, pero parece que ahora se ha urbanizado un poco.* **SIN.** Educar(se). **2.** Preparar un terreno para que se puedan construir edificios en él, abriendo calles y dotándolas de luz, empedrado y servicios municipales. *Urbanizaron ese polígono.* **SIN.** Edificar, construir. ✎ Se conjuga como abrazar.

urbano, na (ur-ba-no) *adj.* **1.** Que pertenece o se refiere a la ciudad. *Cogió un autobús urbano.* **ANT.** Rural. **2.** Cortés, atento, educado. *Su conducta es muy urbana.* **ANT.** Descortés, desatento. ‖ *s. m. y s. f.* **3.** Guardia municipal. *El urbano le indicó la dirección.* **SIN.** Agente, policía.

urbe (ur-be) *s. f.* Ciudad, especialmente la que tiene muchos habitantes. *La ajetreada vida de la urbe le llamó mucho la atención.* **SIN.** Capital, metrópoli. **ANT.** Pueblo, aldea.

urdir (ur-dir) *v. tr.* **1.** Disponer una conspiración o intriga. *Urdieron un plan para derrocar al presidente.* **SIN.** Tramar, maquinar, fraguar, conspirar, intrigar. **2.** Preparar los hilos para tejer en el telar. *Le estaban enseñando a urdir la lana.*

urea (u-re-a) *s. f.* Sustancia que constituye la mayor parte de la materia orgánica contenida en la orina. *La urea es un compuesto nitrogenado.*

uréter (u-ré-ter) *s. m.* Cada uno de los conductos que lleva la orina de los riñones a la vejiga. *Tiene obstruido un uréter.*

uretra (u-re-tra) *s. f.* Tubo que va desde la vejiga al exterior del cuerpo. *La uretra es el conducto por donde se expulsa la orina.*

urgencia (ur-gen-cia) *s. f.* **1.** Necesidad decisiva de alguna cosa. *Tenía mucha urgencia en conseguir ese préstamo.* **2.** Cualidad de urgente. *Lo hizo con urgencia.* **SIN.** Prisa. ‖ *s. f. pl.* **3.** Sección de un hospital en la que se atiende a los enfermos y heridos que necesitan cuidados médicos inmediatos. *Le tuvieron que llevar a urgencias a media noche porque se encontraba muy mal.*

urgente (ur-gen-te) *adj.* Que tiene que hacerse pronto. *Me quedé hasta tarde para sacar un trabajo urgente.* **SIN.** Apremiante, importante, inaplazable, preciso. **ANT.** Aplazable, innecesario, demorable.

urgir (ur-gir) *v. intr.* **1.** Ser indispensable la rápida ejecución de una cosa. *Urgía tomar una decisión, la situación iba de mal en peor.* **SIN.** Apremiar, apurar, acuciar, atosigar. **2.** Obligar la ley o el precepto. *La autoridad le urgió a cumplir las ordenanzas.* ✎ v. con irregularidad ortográfica. ✎

INDICATIVO	SUBJUNTIVO	IMPERATIVO
Pres.	Pres.	
urjo	urja	
urges	urjas	
urge	urja	urge
urgimos	urjamos	urja
urgís	urjáis	urjamos
urgen	urjan	urgid
		urjan

urinario, ria (u-ri-na-rio) *adj.* **1.** Que pertenece o se refiere a la orina. *En clase de anatomía estudiamos el aparato urinario.* ‖ *s. m.* **2.** Lugar destinado para orinar. *Han colocado nuevos urinarios públicos.* **SIN.** Retrete, váter, meadero, mingitorio.

urna (**ur**-na) *s. f.* **1.** Caja de cristal que sirve para tener protegidos estatuas u otros objetos preciosos. *La imagen estaba en una urna, para que no se tocara.* **2.** Caja en la que se depositan las papeletas de las votaciones. *El presidente de la mesa abrió la urna.*

urodelo, la (u-ro-**de**-lo) *adj.* Se aplica a los anfibios provistos de cuatro extremidades y larga cola, que suelen conservar las branquias en edad adulta. **GRA.** También s. m. *La salamandra es un urodelo.*

urogallo (u-ro-**ga**-llo) *s. m.* Ave gallinácea, con plumaje negruzco jaspeado de gris, patas y pico negros, que vive en los bosques y que da gritos roncos en la época de celo. *El urogallo es una especie protegida por la ley.*

urología (u-ro-lo-**gí**-a) *s. f.* Parte de la medicina que estudia las enfermedades del aparato urinario. *Es especialista en urología.*

urraca (u-**rra**-ca) *s. f.* Ave de plumaje blanco en el vientre y negro con reflejos metálicos en el resto del cuerpo, abundante en España. *Las urracas se domestican con facilidad.*

urticante (ur-ti-**can**-te) *adj.* Que pica o escuece. *Cortó unas plantas urticantes.* **SIN.** Picante, punzante, quemante. **ANT.** Calmante, emoliente.

urticaria (ur-ti-**ca**-ria) *s. f.* Conjunto de granos rojos y blanquecinos que salen en la piel, como consecuencia de una intoxicación. *Le ha salido una urticaria.* **SIN.** Erupción, picazón, sarpullido.

usado, da (u-**sa**-do) *adj.* **1.** Gastado, deslucido. *Ese pantalón ya no se puede poner, está muy usado.* **2.** Acostumbrado, habitual. *Eso es muy usado por aquí.*

usanza (u-**san**-za) *s. f.* Costumbre, uso. *Lo hizo a la vieja usanza.* **SIN.** Hábito.

usar (u-**sar**) *v. tr.* **1.** Hacer servir una cosa para algo. **GRA.** También v. intr. *Usé un palo para sujetar la planta.* **SIN.** Utilizar, emplear. **2.** Disfrutar de una cosa. *Uso la bicicleta de mi hermano.* **SIN.** Servirse. **ANT.** Prescindir. **3.** Llevar una prenda de vestir o un adorno habitualmente. *Usa mucho pantalones.* || *v. prnl.* **4.** Estar de moda. *Ese año se usaba mucho la minifalda.*

usía (u-**sí**-a) *s. m. y s. f.* Tratamiento de respeto, vuestra señoría. *Es gracia que espero alcanzar de usía.* ☞ Desusado.

uso (**u**-so) *s. m.* **1.** Acción y efecto de usar. *Al comprar el nuevo ordenador, le han garantizado su uso.* **SIN.** Utilización, empleo. **2.** Costumbre. *Celebrar así la fiesta del pueblo es un uso típico de esta región.* **SIN.** Hábito. **3.** Moda. *Ha vuelto el uso de los pantalones de campana.* **4.** Empleo continuado y habitual de una persona o cosa. *Se ha costumbrado al uso de ese bolígrafo y no le gusta escribir con otro.* || **5. uso de razón** Facultad de pensar. || **LOC. estar en buen uso** *fam.* No estar estropeado.

usted (us-**ted**) *pron. pers.* **1.** Forma del pronombre personal de segunda persona, género masculino o femenino, y número singular, que se usa como tratamiento de respeto o de cortesía. Puede funcionar como sujeto o como complemento con preposición y, gramaticalmente, se comporta siempre como tercera persona. *Espero que usted se sienta cómodo aquí.* **2.** En algunas regiones de Andalucía, Canarias y América, el plural "ustedes" equivale a "vosotros". *Ustedes vendrán con nosotros.*

usual (u-**sual**) *adj.* Que es de uso frecuente y general. *Es una expresión muy usual en esta región.* **SIN.** Común, corriente, habitual, acostumbrado.

usuario, ria (u-**sua**-rio) *adj.* Que usa habitualmente una cosa. **GRA.** Se usa más como s. m. y s. f. *Los usuarios de este coche están encantados con él.*

usufructo (u-su-**fruc**-to) *s. m.* Derecho de utilizar una cosa ajena y aprovecharse de todos sus frutos, sin deteriorarla. *Le dejaron la casa en usufructo.* **SIN.** Disfrute, goce, uso.

usura (u-**su**-ra) *s. f.* **1.** Interés o ganancia excesiva en un préstamo. *Se ha hecho rico haciendo préstamos con usura.* **SIN.** Beneficio, ganancia, lucro. **2.** Préstamo que se hace con interés excesivo. *Se dedica a la usura.*

usurero, ra (u-su-**re**-ro) *s. m. y s. f.* **1.** Persona que presta con usura o con interés excesivo. *No le pidas a él el préstamo, es un usurero.* **SIN.** Avaro, mezquino, miserable. **ANT.** Espléndido, generoso. **2.** Se aplica a la persona que obtiene ganancias excesivas. *Es un usurero que se dedica a negocios sucios.* **SIN.** Especulador.

usurpar (u-sur-**par**) *v. tr.* Quitar a alguien lo que es suyo o quedarse con ello, generalmente de forma ilegal y con violencia. *Le usurparon el trono.* **SIN.** Arrancar, robar, arrebatar, apoderarse, apropiarse. **ANT.** Reponer, sustituir, dar, devolver.

utensilio (u-ten-**si**-lio) *s. m.* **1.** Objeto o instrumento que sirve para algún uso. **GRA.** Se usa más en pl. *Un cuchillo es un utensilio para cortar.* **SIN.** Avío, bártulo, enseres. **2.** Herramienta o instrumento de un oficio o arte. **GRA.** Se usa más en pl. *Trajo todos sus utensilios de dibujo.* **SIN.** Materiales, medios.

uterino, na (u-te-**ri**-no) *adj.* Que pertenece o se refiere al útero. *El ginecólogo dio una conferencia sobre enfermedades uterinas.*

útero (**ú**-te-ro) *s. m.* Órgano femenino en cuyo interior tienen lugar la fertilización y el desarrollo del embrión. *No podía tener niños por una malformación del útero.*

útil[1] (**ú**-til) *adj.* **1.** Que da fruto, interés o provecho. *Tu consejo fue muy útil, solucionamos el problema. Esta lluvia es muy útil para el campo.* **SIN.** Fructífero, provechoso, rentable, beneficioso, productivo. **ANT.** Inservible, inútil, baldío. **2.** Que puede servir. *Aunque está viejo, este paraguas aún es útil.* **SIN.** Servible, aprovechable, disponible. **ANT.** Inservible, inutilizable.

útil[2] (**ú**-til) *s. m.* Herramienta. **GRA.** Se usa más en pl. *Para plantar las flores, necesitaré útiles de jardinería.* **SIN.** Utensilio.

utilidad (u-ti-li-**dad**) *s. f.* **1.** Cualidad de útil. *Tus herramientas me han sido de gran utilidad.* **SIN.** Idoneidad, aptitud, capacidad. **SIN.** Incompetencia, incapacidad. **2.** Provecho que se saca de una cosa. *La utilidad de un cuchillo es cortar.* **SIN.** Rendimiento, lucro.

utilitario, ria (u-ti-li-**ta**-rio) *adj.* **1.** Que es de utilidad; que sólo tiende a conseguir lo útil. *Inventó un sistema muy utilitario.* **SIN.** Funcional. ∥ *s. m.* **2.** Vehículo pequeño que consume poco. *Nos compramos un utilitario.*

utilizar (u-ti-li-**zar**) *v. tr.* Usar. *Utiliza mi lápiz, yo no lo necesito.* **SIN.** Manejar, emplear, aprovechar. **ANT.** Desaprovechar. ✎ Se conjuga como abrazar.

utillaje (u-ti-**lla**-je) *s. m.* Conjunto de útiles necesarios para el funcionamiento de una industria. *Renovó la mayor parte de su utillaje para adaptarse a la nueva tecnología.*

utopía (u-to-**pí**-a) *s. f.* Plan, proyecto, o ficción ideal, inexistente e irrealizable. *Tu idea de un mundo perfecto es una utopía.* **SIN.** Absurdo, fantasía, ficción, quimera. **ANT.** Realidad. ✎ También "utopia".

utópico, ca (u-**tó**-pi-co) *adj.* Que pertenece o se refiere a la utopía. *Siempre se propone metas utópicas.* **SIN.** Fantástico, ficticio, ilusorio, quimérico. **ANT.** Real, práctico.

uva (**u**-va) *s. f.* **1.** Fruto de la vid en forma de baya o grano redondo y jugoso. *Me ofreció un racimo de uvas.* ∥ **2. uva moscatel** Variedad de uva, blanca o morada, de grano redondo muy liso, aromática y de sabor muy dulce. ∥ **LOC. tener, o estar de, mala uva** *fam.* Estar de mal humor o enfadado.

úvula (**ú**-vu-la) *s. f.* Pequeña masa membranosa y muscular que sobresale en la parte posterior del paladar, y que divide la garganta en dos mitades a modo de arcos. *Tenía la úvula muy irritada.* **SIN.** Campanilla.

uxoricida (u-xo-ri-**ci**-da) *adj.* Se dice de la persona que mata a su mujer. **GRA.** También s. m. *El uxoricida se entregó a la policía.* **SIN.** Asesino.

v *s. f.* **1.** Vigésima tercera letra del abecedario español y decimoctava de sus consonantes. Su nombre es "uve". *Vacío se escribe con "v".* **2.** Letra numeral que tiene el valor de cinco en la numeración romana. *VII = 7.* ‖ **3. v doble** Letra de esta figura, "w".

vaca (**va**-ca) *s. f.* **1.** Hembra del toro. *Estaban ordeñando las vacas.* **2.** Carne de vaca o de buey, que se emplea como alimento. *Compró filetes de vaca.* ‖ **3. vaca lechera** La que se destina a la producción de leche. | Persona o cosa que da mucho provecho. ‖ **LOC. las vacas flacas** Etapa de escasez. **las vacas gordas** Etapa de prosperidad. ☞ No debe confundirse con "baca".

vacación (va-ca-**ción**) *s. f.* Suspensión del trabajo o del estudio durante algún tiempo. **GRA.** Se usa más en pl. *En vacaciones de verano iremos a la playa.* **SIN.** Asueto, descanso, ocio. **ANT.** Trabajo.

vacante (va-**can**-te) *adj.* Se dice del cargo o empleo que está sin cubrir. **GRA.** También s. f. *Había dos plazas vacantes.* **SIN.** Desierto, desocupado. **ANT.** Ocupado.

vaciado (va-**cia**-do) *s. m.* **1.** Figura obtenida a partir de un molde del original vaciado en arena. *Era un vaciado de un tarro.* ‖ **2. vaciado en escayola** Etapa intermedia de la escultura en bronce a partir de la cual se obtiene el molde definitivo.

vaciar (va-ci-**ar**) *v. tr.* **1.** Dejar vacía una vasija, un local, etc. **GRA.** También v. prnl. *Con sus malos modos vació la tienda.* **SIN.** Desocupar(se), despejar(se). **ANT.** Abarrotar(se), atestar(se), colmar(se). **2.** Sacar o verter el contenido de una vasija u otra cosa semejante. **GRA.** También v. prnl. *Vacía la leche en ese cazo.* **SIN.** Trasvasar, derramar(se). **ANT.** Llenar(se). ✎ En cuanto al acento, se conjuga como desviar.

vacilar (va-ci-**lar**) *v. intr.* **1.** Moverse indeterminadamente una cosa. *El suave viento que entraba por la ventana hacía vacilar la luz de la vela.* **SIN.** Oscilar, trepidar. **2.** Estar poco firme una cosa en su sitio o estado. *Esta mesa vacila un poco, esa pata no asienta bien.* **SIN.** Balancearse, tambalearse, bambolearse. **3.** Estar alguien perplejo o indeciso. *Vacilaba, no sabía si ir o quedarse.* **SIN.** Titubear, flaquear. ‖ *v. tr.* **4.** *fam.* Tomar el pelo. *Sus amigos le vacilaban mucho.*

vacilón, na (va-ci-**lón**) *adj.* **1.** *fam.* Se dice de la persona a la que le gusta tomar el pelo a los demás. *Tu amiga es un poco vacilona.* **2.** *amer.* Se dice de la persona parrandera y juerguista. **GRA.** También s. m. y s. f. **3.** *amer.* Se dice de la persona medio ebria. **GRA.** También s. m. y s. f.

vacío, a (va-**cí**-o) *adj.* **1.** Que no tiene nada dentro. *La botella está vacía.* **SIN.** Desocupado, hueco. **ANT.** Lleno, completo. **2.** Que no está ocupado por nadie. *El tercer piso está vacío.* **SIN.** Libre. **3.** Se dice de los sitios sin gente. *En la sesión de noche, el teatro estaba vacío.* **SIN.** Deshabitado, desierto, despoblado. **ANT.** Abarrotado, atestado. **4.** Se dice de la persona presuntuosa. *No me interesa nada, es una persona vacía.* **SIN.** Vano, fatuo. ‖ *s. m.* **5.** Espacio hueco de algunas cosas. *Los libros que te llevaste han dejado la estantería llena de vacíos.* **6.** Abismo, precipicio. *Se precipitó al vacío.* **7.** En física, espacio sin aire sometido a una presión considerablemente inferior a la atmosférica. *El vacío se encuentra sobre la atmósfera terrestre.* **8.** Falta de una persona o cosa que se echa de menos. *Su muerte había dejado un gran vacío.* ‖ **LOC. caer en el vacío una propuesta** *fam.* No tener acogida. **de vacío** Sin carga. | Sin ocupación o empleo. | Sin haber obtenido lo que se intentaba. **hacer el vacío a alguien** Negarle u obstaculizarle el trato con los demás, aislarle.

vacuna (va-**cu**-na) *s. f.* Cualquier virus o principio orgánico que se inyecta a una persona o animal para protegerlos de una enfermedad determinada. *Se puso la vacuna de la gripe.*

vacunar (va-cu-**nar**) *v. tr.* Inyectar a una persona o animal los microorganismos debilitados o muertos causantes de una enfermedad, para conseguir su inmunización. **GRA.** También v. prnl. *Se vacunó contra la varicela.* **SIN.** Inmunizar(se).

vacuno, na (va-**cu**-no) *adj.* Que pertenece o se refiere al ganado bovino. *Ganado vacuno.*

vacuo, cua (**va**-cuo) *adj.* Vacío, sin contenido. *Eran sólo vacuas palabras.* **SIN.** Insustancial.

vadear (va-de-**ar**) *v. tr.* **1.** Pasar una corriente de agua por un sitio donde se pueda hacer pie. *Vadeamos el río.* **SIN.** Atravesar, cruzar. **2.** Vencer una grave dificultad. *Vadeó los inconvenientes como pudo.* **SIN.** Superar. **3.** Tantear el ánimo de alguien. *Le vadeamos a ver por dónde iban los tiros.* ‖ *v. prnl.* **4.** Manejarse en una determinada situación, asunto o negocio. *En ese ambiente, ella se vadea muy bien.* **SIN.** Conducirse, portarse.

vademécum (va-de-**mé**-cum) *s. m.* **1.** Libro de consulta. *Consultó el vademécum.* **SIN.** Manual, prontuario, texto. **2.** Cartera para llevar libros y papeles. *Guardó los apuntes en su vademécum.* ✎ Invariable en número.

vado (**va**-do) *s. m.* **1.** Parte de un río con fondo firme y poco profundo por donde se puede pasar andando sin dificultad. *Atravesamos el río por un vado.* **SIN.** Paso. **2.** Modificación de las aceras y bordillos de las vías públicas para facilitar el acceso de los vehículos a los locales y viviendas. *Ahí no puedes aparcar, es un vado.*

vagabundo, da (va-ga-**bun**-do) *adj.* Que anda errante de un lado para otro. *El pobre vagabundo pasaba las noches a la intemperie.* **SIN.** Nómada, trotamundos. **ANT.** Sedentario, estable.

vagancia (va-**gan**-cia) *s. f.* Falta de ganas de trabajar. *No estudia nada, tiene mucha vagancia.* **SIN.** Pereza, haraganería. **ANT.** Laboriosidad, diligencia.

vagar (va-**gar**) *v. intr.* Andar una persona de una parte a otra sin encontrar su camino o lo que se busca. *Vagaba pensativa por las callejas de la ciudad.* **SIN.** Merodear, mariposear, vagabundear. ✎ Se conjuga como ahogar.

vagina (va-**gi**-na) *s. f.* Canal membranoso que en las hembras de los mamíferos se extiende desde la vulva al útero. *Durante el parto, la vagina se dilata para permitir el paso del bebé.*

vago, ga[1] (**va**-go) *adj.* Se dice de la persona poco trabajadora. *Ponte a hacer algo, no seas tan vago.* **SIN.** Gandúl, remolón, haragán, poltrón. **ANT.** Trabajador, laborioso, diligente.

vago, ga[2] (**va**-go) *adj.* Se dice de las cosas sin límites o significado bien definido. *Oí un vago rumor.*

vagón (va-**gón**) *s. m.* En los ferrocarriles, carruaje de viajeros o de mercancías y equipajes. *Nuestro asiento está en el segundo vagón.*

vagoneta (va-go-**ne**-ta) *s. f.* Vagón pequeño y descubierto, utilizado para transporte. *Volcó una vagoneta de carbón.*

vaguada (va-**gua**-da) *s. f.* Línea que marca la parte más honda de un valle. *Llegamos hasta la vaguada.* **SIN.** Cañada, rambla, torrentera.

vaguear (va-gue-**ar**) *v. intr.* Holgazanear, estar ocioso. *Le gusta mucho vaguear.* **SIN.** Remolonear.

vaguedad (va-gue-**dad**) *s. f.* Expresión o frase vaga e imprecisa. *No dijo nada concreto, sólo vaguedades.* **SIN.** Imprecisión, indefinición, indeterminación. **ANT.** Precisión, concisión.

vahído (va-**hí**-do) *s. m.* Desmayo pasajero con pérdida del conocimiento. *Tuvo un ligero vahído.* **SIN.** Desmayo, vértigo, mareo.

vaho (**va**-ho) *s. m.* **1.** Vapor que despiden los cuerpos en determinadas condiciones. *Limpia el vaho de los cristales.* ‖ *s. m. pl.* **2.** Método curativo que consiste en inhalar los vapores de una sustancia balsámica. *Tomó vahos de eucalipto.*

vaina (**vai**-na) *s. f.* **1.** Funda en la que se guardan algunas armas o instrumentos de metal, como espadas, puñales, etc. *Guardó su espada en la vaina.* **2.** Cáscara tierna y larga en que están encerradas algunas semillas, como las de la col, las judías, las habas, etc. *Los guisantes están envueltos en una vaina.* **3.** *fam.* Botarate, majadero. *Deja de hacer el vaina.* **SIN.** Mequetrefe.

vainica (vai-**ni**-ca) *s. f.* **1.** Deshilado menudo que por adorno se hace en la tela. *Las servilletas estaban rematadas con una vainica.* **SIN.** Adorno, costura. ‖ **2. vainica ciega** La que se hace sin sacar los hilos.

vainilla (vai-**ni**-lla) *s. f.* Planta de origen americano, que produce la semilla aromática del mismo nombre, empleada para aromatizar licores, helados, dulces, etc. *Me encanta el helado de vainilla.*

vaivén (vai-**vén**) *s. m.* **1.** Movimiento alternativo de un cuerpo en dos sentidos opuestos. *Se acabó mareando con el vaivén del autobús.* **SIN.** Balanceo, oscilación, zigzag. **2.** Inconstancia de las cosas. *No le gustaba nada que el asunto diera tantos vaivenes.* **3.** Riesgo que expone a perder lo que se intenta, o malograr lo que se desea. *No deberías meterte en ese vaivén.*

vajilla (va-**ji**-lla) *s. f.* Conjunto de utensilios y vasijas para el servicio de mesa. *Le regalaron una vajilla de 12 servicios.*

vale (**va**-le) *s. m.* **1.** Documento canjeable por dinero efectivo. *Le dio un vale.* **SIN.** Talón, pagaré. **2.** Nota firmada que se da a la persona que ha de entregar una cosa, para que después acredite la entrega. *Tenía que presentar el vale.* **SIN.** Recibo. **3.** Entrada gratuita o invitación para un espectáculo público. *Le dieron un par de vales para la feria.* **4.** Papel que sirve para adquirir ciertos artículos. *Con este vale te harán descuento.*

valedero, ra (va-le-**de**-ro) *adj.* Que vale o que es canjeable por alguna cosa. *Era valedero para todos los días de la semana.*

valedor, ra (va-le-**dor**) *s. m. y s. f.* Persona que favorece o protege a otra. *Su tío era su valedor.*

valencia (va-**len**-cia) *s. f.* Capacidad de saturación de los radicales, que se determina por el número de átomos de hidrógeno con que aquellos pueden combinarse directa o indirectamente. *El cloro tiene valencia 1.*

valentía (va-len-**tí**-a) *s. f.* **1.** Esfuerzo, aliento, vigor. *Demostró mucha valentía en aquel trance.* **SIN.** Intrepidez, osadía. **ANT.** Cobardía. **2.** Hecho o hazaña heroica. *Era conocido por su valentía.*

valentón, na (va-len-**tón**) *adj.* Se dice de la persona que presume de valiente. **GRA.** También s. m. y s. f. *Cuando va con todos sus amigos se hace el valentón.* **SIN.** Arrogante, fanfarrón, chulo.

valer (va-**ler**) *v. tr.* **1.** Tener las cosas un precio determinado para el comercio. *Esta casa vale mucho dinero.* **SIN.** Costar, importar, sumar, ascender. ‖ *v. intr.* **2.** Ser una cosa útil o importante. *Esta tela vale para hacer una bolsa.* **SIN.** Servir, importar. **3.** Tener cualidades para algo. *Su hijo vale para la mecánica.* **SIN.** Ser apto, servir. **4.** Llevando la preposición "por", contener equivalentemente las cualidades de otra cosa. *Vale por una consumición gratis.* **5.** Tener autoridad o aceptación con alguien. *Su opinión vale mucho.* **6.** Prevalecer una cosa sobre otra. *Vale lo último que te dije.* ‖ *v. prnl.* **7.** Utilizar una cosa. *Se vale de que es el enchufado.* **SIN.** Servirse, usar. **8.** Recurrir a la ayuda de otro. *Se valió de sus amistades para conseguirlo.* **SIN.** Apoyarse, ayudarse. ‖ **LOC. hacer valer algo** Hacer que se tenga en consideración. **valer alguien, o una cosa, lo que pesa** *fam.* Expresión que se emplea para ensalzar las cualidades de una persona o cosa. **valer la pena** Merecer el esfuerzo que requiere. 🖎 v. irreg. 🖉

valeriana (va-le-**ria**-na) *s. f.* Planta cuya raíz aromática se usa como tranquilizante. *Tomó una infusión de valeriana.*

valeroso, sa (va-le-**ro**-so) *adj.* **1.** Eficaz, que puede mucho. *Es un remedio valeroso.* **SIN.** Activo. **2.** Se aplica a la persona valiente y esforzada. *Se la ve muy valerosa.* **SIN.** Animoso, brioso, denodado. **ANT.** Cobarde, tímido, miedoso. **3.** Valioso, que vale mucho. *Su apoyo es muy valeroso.* **SIN.** Provechoso, estimado.

valetudinario, ria (va-le-tu-di-**na**-rio) *adj.* Enfermizo, de salud débil. **GRA.** También s. m. y s. f. *Su valetudinaria salud le causó muchos disgustos.* **SIN.** Achacoso, delicado. **ANT.** Fuerte, sano.

valía (va-**lí**-a) *s. f.* Valor de alguien o algo. *Demostró su valía.* **SIN.** Coste, estimación, precio.

validar (va-li-**dar**) *v. tr.* Dar fuerza y validez a una cosa. *Validó su título de campeona.* **SIN.** Aprobar, autorizar, ratificar, sancionar. **ANT.** Prohibir, vetar, rectificar.

validez (va-li-**dez**) *s. f.* Cualidad de válido. *Aquella firma no tenía validez.* **SIN.** Autenticidad, vigencia. **ANT.** Desautorización. 🖎 Su pl. es "valideces".

valido (va-**li**-do) *s. m.* Persona de confianza en quien el rey delegaba su autoridad, y que era como una especie de primer ministro. *El Conde-Duque de Olivares era valido.* 🖙 No debe confundirse con "balido".

válido, da (**vá**-li-do) *adj.* Firme y que vale legalmente. *El documento era válido.* **SIN.** Autorizado, vigente. **ANT.** Nulo, derogado, abolido.

valiente (va-**lien**-te) *adj.* **1.** Que no tiene miedo en las situaciones difíciles y peligrosas. *Fue muy valiente al salvar al niño de las llamas.* **SIN.** Animoso, bravo, valeroso, atrevido, osado, audaz. **ANT.** Cobarde, temeroso. **2.** Grande, excesivo. *Valiente poeta estás hecho.* **OBS.** Se usa más en sentido irónico. 🖎 Tiene sup. irreg.: valentísimo.

valija (va-**li**-ja) *s. f.* **1.** Saca de cuero para llevar el correo. *La valija estaba a tope.* **2.** El mismo correo. *Lo mandó por valija.* ‖ **3. valija diplomática** Cartera cerrada y precintada donde se transporta la corres-

INDICATIVO			SUBJUNTIVO
Pres.	Fut. Perf.	Cond. simple	Pres.
valgo	valdré	valdría	valga
vales	valdrás	valdrías	valgas
vale	valdrá	valdría	valga
valemos	valdremos	valdríamos	valgamos
valéis	valdréis	valdríais	valgáis
valen	valdrán	valdrían	valgan
IMPERATIVO	vale, valga, valgamos, valed, valgan		

valioso - vampiro

pondencia oficial entre un gobierno y sus diplomáticos en el extranjero.

valioso, sa (va-**lio**-so) *adj.* Que vale mucho o tiene mucha estimación o poder. *Este cuadro es muy valioso.* **SIN.** Estimable, provechoso, preciado. **ANT.** Despreciable.

valla (**va**-lla) *s. f.* **1.** Línea o término formado de estacas clavadas en el suelo o de tablas unidas, para cerrar algún sitio o señalarlo. *Saltaron la valla de la huerta.* **SIN.** Empalizada, tapia, cerca. **2.** Cartelera situada en la calle o en las carreteras, para fijar carteles con fines publicitarios. *Vi la publicidad en una valla de la carretera.* **3.** Obstáculo que debe ser saltado por los participantes en ciertas competiciones deportivas. *Fue la ganadora de la carrera de vallas.* **4.** *amer.* Reñidero de gallos. **SIN.** Gallera.

vallado (va-**lla**-do) *s. m.* Cerco que se levanta para defender un lugar e impedir la entrada en él. *Los caballos habían tirado parte del vallado de la finca.* **SIN.** Empalizada, valla, cerco.

vallar (va-**llar**) *v. tr.* Cercar un sitio con vallado. *Van a vallar el huerto.* **SIN.** Cerrar, emparedar.

valle (**va**-lle) *s. m.* **1.** Terreno llano entre montañas. *Este río atraviesa todo el valle.* **SIN.** Depresión, hoya, vaguada, hondonada. **2.** Cuenca de un río. *El valle se anegó después de la riada.* **3.** Conjunto de caseríos o aldeas situadas en un valle. *Es un valle muy poblado.* ǁ **4. valle de lágrimas** Este mundo, por las miserias y trabajos que obligan a llorar.

valor (va-**lor**) *s. m.* **1.** Grado de utilidad e importancia de las cosas. *No supo apreciar su valor.* **SIN.** Idoneidad, aptitud, capacidad. **ANT.** Incapacidad, nulidad. **2.** Precio de una cosa. *Preguntó por el valor del collar.* **3.** Alcance y trascendencia de una cosa. *Aquel documento no tenía ningún valor.* **SIN.** Entidad, importancia, significación. **4.** Cualidad moral que mueve a realizar con energía grandes empresas y a afrontar con valentía los peligros. *Afrontó la situación con valor.* **SIN.** Agallas, brío, coraje, valentía. **ANT.** Cobardía, cortedad, apocamiento. **5.** Se usa también en sentido peyorativo significando insolencia y desvergüenza. *¡Qué valor, hacerle eso!* **6.** En matemáticas, cantidad que se atribuye a una función, a una expresión algebraica, etc. *Halla el valor de la incógnita en la ecuación.* **7.** Equivalencia de una cosa con otra. *Esas dos monedas tienen distinto valor.* **8.** Duración del sonido correspondiente a cada nota. *Aumenta el valor de esa nota con un puntillo.* ǁ *s. m. pl.* **9.** Documentos que versan sobre derechos privados, cuyo ejercicio requiere la posesión de tales documentos. *Ha invertido en valores del estado.* ǁ **LOC. armarse alguien de valor** Reunir las fuerzas suficientes para enfrentarse a algo o a alguien. **dar valor a algo** Darle importancia. **de valor** Valioso.

valoración (va-lo-ra-**ción**) *s. f.* Acción y efecto de valorar. *Su valoración del cursillo no fue muy positiva.* **SIN.** Evaluación, justiprecio, tasación, estimación.

valorar (va-lo-**rar**) *v. tr.* **1.** Determinar el valor correspondiente de una cosa, ponerle precio. *El coche está muy viejo, te lo valorarán poco.* **SIN.** Tasar, justipreciar. **2.** Reconocer el valor de una persona o cosa. *Valora mucho su amistad.* **SIN.** Estimar, apreciar, considerar. **ANT.** Ignorar, aborrecer.

valquiria (val-**qui**-ria) *s. f.* Cada una de las diosas de la guerra en la mitología nórdica, que protegían a los guerreros en el combate y decidían quién debía morir para conducirlo al paraíso. *Leímos una oda a las valquirias.*

vals *s. m.* **1.** Danza, de origen alemán, que ejecutan las parejas con un movimiento giratorio. *Bailaron un vals.* **2.** Música de este baile. *Estaban escuchando un vals.* ✎ Su pl. es "valses".

valva (**val**-va) *s. f.* **1.** Cada una de las piezas duras y movibles que constituyen la concha de ciertos moluscos y gusanos. *El mejillón y la almeja tienen valvas.* **2.** Concha de una sola pieza de algunos moluscos. *Tiene una colección de valvas.*

válvula (**vál**-vu-la) *s. f.* **1.** Pieza que, colocada en una abertura de máquinas o instrumentos, sirve para interrumpir la comunicación entre dos de sus órganos, o entre éstos y el exterior. *Cierra la válvula del gas.* **2.** Bombilla de características especiales que desempeña funciones diversas en los aparatos de radiotelefonía. *Se ha fundido una válvula del televisor.* **SIN.** Diodo, lámpara. **3.** Repliegue membranoso que impide el retroceso de los líquidos que circulan por los vasos del cuerpo de los animales. *Le operaron de la válvula mitral.* ǁ **4. válvula de escape, o de seguridad** La que se coloca en las calderas de las máquinas de vapor para que éste salga automáticamente, cuando sea mucha su presión. **5. válvula de escape** Cualquier cosa a la que se recurre para desahogarse de la tensión o las preocupaciones.

vampiro (vam-**pi**-ro) *s. m.* **1.** Murciélago americano que chupa la sangre de las personas y animales dormidos. *Los vampiros son mamíferos voladores.* **2.** Espectro o cadáver que, según la creencia popular, va por las noches a chupar la sangre de los vivos. *La leyenda contaba que había sido asesinado por un vampiro.* **3.** Persona codiciosa que se enriquece a costa de otros. *No te alíes con él, es un vampiro.*

vanadio (va-**na**-dio) *s. m.* Elemento de color y brillo parecido al de la plata, pero de menor peso específico. *El símbolo del vanadio es V.*

vanagloria (va-na-**glo**-ria) *s. f.* Jactancia de las propias cualidades u obras. *Tiene vanagloria de su belleza.* **SIN.** Engreimiento, fatuidad, presunción. **ANT.** Humildad, modestia, timidez.

vanagloriarse (va-na-glo-**riar**-se) *v. prnl.* Jactarse de lo que se hace o se tiene. *Se vanagloriaba de sus muchas propiedades.* **SIN.** Engreírse, fanfarronear, jactarse, alardear. **ANT.** Humillarse, avergonzarse, rebajarse.

vandálico, ca (van-**dá**-li-co) *adj.* Que pertenece o se refiere a los vándalos o al vandalismo. *Actitud vandálica.* **SIN.** Demoledor, devastador, salvaje. **ANT.** Civilizado, educado.

vandalismo (van-da-**lis**-mo) *s. m.* Espíritu de destrucción que no respeta ninguna cosa. *Quemar un autobús es un acto de vandalismo.* **SIN.** Brutalidad, salvajada, barbarie.

vándalo, la (**ván**-da-lo) *s. m. y s. f.* Persona que comete acciones o profesa doctrinas propias de gente inculta y desalmada. *Son unos vándalos.* **SIN.** Bárbaro, salvaje.

vanguardia (van-**guar**-dia) *s. f.* Conjunto de ideas, personas, etc. que se adelantan a su tiempo en cualquier actividad. *Era una de las novelistas más conocidas de la vanguardia literaria.* || **LOC. a, a la, o en, vanguardia** Con los verbos "ir", "estar" y otros, ir el primero, estar en el punto más avanzado, adelantarse a los demás, etc.

vanguardismo (van-guar-**dis**-mo) *s. m.* Nombre con que se designan ciertas tendencias artísticas y culturales nacidas en el s. XX, como el cubismo, el ultraismo, el dadaísmo, y el futurismo, con un espíritu esencialmente renovador y experimental. *Picasso fue uno de los más grandes representantes del vanguardismo.*

vanidad (va-ni-**dad**) *s. f.* **1.** Jactancia, presunción. *Hablaba de él con vanidad.* **ANT.** Humildad, modestia. **2.** Palabra inútil y vana. *Nunca se compromete a nada, se pierde en vanidades.*

vanidoso, sa (va-ni-**do**-so) *adj.* Que tiene mucha vanidad. **GRA.** También s. m. y s. f. *Es una persona muy vanidosa.* **SIN.** Creído, fatuo, orgulloso, engreído. **ANT.** Modesto, vergonzoso, humilde.

vano, na (**va**-no) *adj.* **1.** Falto de realidad, sustancia o entidad. *Eran sólo vanos deseos.* **SIN.** Vacío, irreal, fantástico. **ANT.** Real, entero, lleno. **2.** Se dice de lo inútil o infructuoso. *Sus esfuerzos fueron vanos.* **SIN.** Ineficaz, improductivo, nulo, inútil. **ANT.** Provechoso, útil. **3.** Se dice de la persona arrogante y presuntuosa. *Es una persona vana.* **SIN.** Fatuo, vanidoso, orgulloso. **4.** Sin fundamento, razón o prueba. *Eran vanas estas acusaciones.* **SIN.** Infundado, injustificado. **ANT.** Firme, fundado. || *s. m.* **5.** En arquitectura, espacio vacío en un muro. *Una ventana es un vano.* || **LOC. en vano** Inútilmente, sin logro ni efecto. | Sin necesidad, razón o justicia.

vapor (va-**por**) *s. m.* **1.** Gas en que se convierten los líquidos por la acción del calor. *El vapor de agua forma nubes.* **SIN.** Vaho, humo. **2.** Buque que funciona con una máquina de vapor. *Siempre quiso viajar en un vapor.* **SIN.** Navío, barco, embarcación.

vaporizador (va-po-ri-za-**dor**) *s. m.* Aparato para vaporizar. *Echó agua a las plantas con el vaporizador.* **SIN.** Aerosol.

vaporizar (va-po-ri-**zar**) *v. tr.* **1.** Hacer pasar un cuerpo del estado líquido al de vapor, por la acción del calor. **GRA.** También v. prnl. *Se vaporizó.* **SIN.** Gasificar(se). **2.** Dispersar un líquido en gotitas muy finas. *Vaporizó las plantas con agua.* **SIN.** Fumigar. ✎ Se conjuga como abrazar.

vaporoso, sa (va-po-**ro**-so) *adj.* Tenue, ligero, se dice sobre todo de los tejidos. *La falda era de una tela muy vaporosa.*

vapulear (va-pu-le-**ar**) *v. tr.* **1.** Zarandear a una persona o cosa. *Empezaron a vapulearle sin motivo alguno.* **2.** Reprender o criticar duramente a alguien. *En el debate le vapuleó bien.* **SIN.** Amonestar, reñir.

vaquería (va-que-**rí**-a) *s. f.* **1.** Rebaño de ganado vacuno. *Tiene una vaquería.* **SIN.** Vacada, manada. **2.** Lugar donde hay vacas o se vende su leche. *Esta mantequilla la venden en la vaquería.* **SIN.** Granja, lechería, rancho.

vaquero, ra (va-**que**-ro) *s. m. y s. f.* **1.** Pastor o pastora de reses vacunas. *El vaquero llevó el ganado a la dehesa.* || *adj.* **2.** Se dice de la ropa, especialmente de los pantalones, de tela fuerte ceñida y generalmente azul. **GRA.** También s. m., sobre todo en pl. *Me encanta la ropa vaquera.*

vara (**va**-ra) *s. f.* **1.** Ramo delgado, largo y sin hojas. *Cortó un vara de avellano.* **2.** Palo largo y delgado. *Arreó a las vacas con la vara.* **3.** Bastón que, como símbolo, llevan los alcaldes y sus tenientes. *Entregaron al nuevo alcalde su vara de mando.* **4.** Medida

varadero - variopinto

de longitud equivalente a 835 mm y nueve décimas. *Está a 10 varas de distancia.* ‖ **LOC. tener vara alta** Tener poder o influencia.

varadero (va-ra-**de**-ro) *s. m.* Lugar donde varan las embarcaciones para resguardarlas o componerlas. *El barco permaneció en el varadero varias semanas.*

varal (va-**ral**) *s. m.* **1.** Vara muy larga y gruesa. *Colgó los chorizos en un varal.* **2.** Cada uno de los dos palos redondos donde encajan las estacas que forman los costados de los carros. *La paja subía por encima de los varales del carro.* **3.** Madero colocado verticalmente entre los bastidores de los teatros, en el cual se ponen luces para alumbrar la escena. *Para esta escena hay que montar más varales.* **4.** *fam.* Persona muy alta. *Ese chico es un varal.*

varapalo (va-ra-**pa**-lo) *s. m.* **1.** *fam.* Daño, pérdida. *La cosecha ha sufrido un buen varapalo con la granizada de ayer.* **2.** *fam.* Pesadumbre o disgusto grande. *Se llevó un buen varapalo.* **SIN.** Pesar, pena. **ANT.** Alegría, contento, placer.

varar (va-**rar**) *v. intr.* **1.** Encallar la embarcación. *Varó un barco.* **SIN.** Embarrancar, estancarse, detenerse. **2.** *amer.* Quedarse detenido un vehículo por una avería. ‖ *v. tr.* **3.** Sacar a la playa y poner en seco una embarcación. **GRA.** También v. prnl. *Vararon el buque para repararlo.*

varear (va-re-**ar**) *v. tr.* Golpear algo o a alguien con una vara y, especialmente, golpear las ramas de algunos árboles para recoger sus frutos. *Varearon los manzanos.* **SIN.** Apalear, bastonear.

variable (va-**ria**-ble) *adj.* **1.** Que varía o puede variar. *Son datos variables.* **SIN.** Cambiante, mudable, versátil. **ANT.** Constante, permanente. **2.** Se dice de lo inestable y fácilmente mudable. *Tiene un carácter muy variable.* **SIN.** Inconstante, frívolo. ‖ *s. f.* **3.** Magnitud que puede pasar por todos los estados comprendidos o no dentro de algunos límites. *Calcula los diversos valores de esa variable.*

variación (va-ria-**ción**) *s. f.* **1.** Acción y efecto de variar. *No había ninguna variación.* **SIN.** Alteración, mudanza, transformación. **ANT.** Permanencia, uniformidad. **2.** Cada una de las imitaciones melódicas de un mismo tema. *Era autor de varias variaciones sobre el mismo himno.*

variado, da (va-**ria**-do) *adj.* Que tiene variedad. *Tienen productos muy variados.* **SIN.** Compuesto, mixto, heterogéneo. **ANT.** Homogéneo, uniforme.

variante (va-**rian**-te) *s. f.* **1.** Cada una de las diversas formas que presenta una voz, un fonema, etc. *La pronunciación de un mismo fonema produce varian-* *tes según el contexto, el emisor, etc.* **2.** Diferencia entre distintas clases de una misma forma. *Escoge la mejor de entre todas las variantes.* **3.** Desviación en una carretera o camino. *Cogieron una variante para pillar menos tráfico.* **SIN.** Circunvalación, atajo. **4.** Cada uno de los signos posibles en una quiniela de fútbol. *Hizo una quiniela con muchas variantes.*

variar (va-ri-**ar**) *v. tr.* **1.** Hacer que algo sea diferente de lo que era. *Al final ha decidido variar el color de su habitación.* **SIN.** Alterar, modificar, cambiar. **ANT.** Mantener, conservar. ‖ *v. intr.* **2.** Cambiar algo de forma, estado, etc. *Las costumbres han variado mucho en los últimos años.* **SIN.** Mudar, transformarse, modificarse, alterarse. **ANT.** Permanecer, continuar. **3.** Ser una cosa diferente de otra. *De lo que dices hoy a lo que dijiste ayer varía mucho.* ✎ En cuanto al acento, se conjuga como desviar.

varice (va-**ri**-ce) *s. f.* Dilatación de una vena por acumulación de sangre en ella. **GRA.** También se ha usado como s. m. *Tiene varices en las piernas.* **SIN.** Abultamiento, dilatación, hinchazón. ✎ También "várice".

varicela (va-ri-**ce**-la) *s. f.* Enfermedad contagiosa, caracterizada por una erupción parecida a la de la viruela benigna. *El niño cogió la varicela.* **SIN.** Erupción, sarpullido.

variedad (va-rie-**dad**) *s. f.* **1.** Diferencia dentro de la unidad, conjunto de cosas diversas. *Había una gran variedad de productos.* **SIN.** Diversidad, heterogeneidad. **ANT.** Homogeneidad. ‖ *s. f. pl.* **2.** Espectáculo en el que se alternan números musicales, circenses, coreográficos, etc. *Fueron a un espectáculo de variedades.*

varilla (va-**ri**-lla) *s. f.* **1.** Barra larga y delgada. *La varilla de las gafas está un poco torcida.* **2.** Cada una de las tiras de madera, marfil, etc., que forman la armazón del abanico, de los paraguas, etc. *Se le rompió una varilla del paraguas.*

vario, ria (**va**-rio) *adj.* **1.** Se dice de lo diverso o diferente. *Tienes posibilidades varias.* **SIN.** Distinto, disforme. **2.** Se dice de lo inconstante y mudable. *No me fío de su vario parecer.* **SIN.** Cambiante, inestable. **ANT.** Constante, inmutable, fijo. ‖ *adj. indef.* **3. varios** Algunos, unos cuantos. *Vino con varios amigos.* ☞ No debe confundirse con "bario".

variopinto, ta (va-rio-**pin**-to) *adj.* **1.** Que ofrece diversos colores, formas, etc. *Es un cuadro muy variopinto.* **2.** Se dice de las cosas de diversa naturaleza que se encuentran mezcladas. *El ambiente de ese pub es muy variopinto.* **SIN.** Heterogéneo, variado.

variz (va-**riz**) *s. f.* *Varice.
varón (va-**rón**) *s. m.* **1.** Persona del sexo masculino. *Nuestros amigos han tenido un hijo varón.* **SIN.** Hombre, macho. **ANT.** Mujer, hembra. **2.** Hombre que ha llegado a la edad viril. *Ya es todo un varón.* ‖ **3. santo varón** Hombre de gran bondad. ☞ No debe confundirse con "barón".
varonil (va-ro-**nil**) *adj.* Que pertenece o se refiere al varón. *Cualidades varoniles.* **SIN.** Masculino, viril. **ANT.** Femenino.
vasallo, lla (va-**sa**-llo) *s. m. y s. f.* **1.** Persona sometida a un señor con juramento de fidelidad. *El señor liberó a la vasalla de su juramento.* **SIN.** Feudatario, súbdito, siervo. **2.** Súbdito. *Trataba bien a su vasallo.*
vascular (vas-cu-**lar**) *adj.* Que pertenece o se refiere a los vasos de las plantas y los animales. *Tejido vascular.*
vaselina (va-se-**li**-na) *s. f.* Sustancia grasa, amarillenta y traslúcida, que se saca de la parafina y se utiliza como lubricante y para hacer ungüentos. *Uso vaselina para que no se me resequen los labios.*
vasija (va-**si**-ja) *s. f.* Recipiente para contener líquidos o cosas destinadas a la alimentación. *Se le cayó la vasija de aceite.* **SIN.** Ánfora, tinaja, barreño.
vaso (**va**-so) *s. m.* **1.** Recipiente, generalmente de forma cilíndrica, destinado a contener un líquido, especialmente el que sirve para beber. *Compró una docena de vasos altos.* **2.** Líquido que cabe en un vaso. *Dame un vaso de agua.* **3.** Pieza cóncava, capaz de contener alguna cosa. *Echó tierra en un vaso.* **SIN.** Recipiente, cuenco, copa. ‖ **4. vaso leñoso** Cualquiera de los que conducen la savia ascendente en los vegetales. **5. vaso sanguíneo** Cualquiera de los tubos, arterias, venas y capilares que transportan la sangre por el organismo. **6. vasos comunicantes** Recipientes unidos que permiten el paso de un líquido de unos a otros. ‖ **LOC. ahogarse alguien en un vaso de agua** *fam.* Preocuparse por una causa poco importante.
vástago (**vás**-ta-go) *s. m.* **1.** Ramo tierno de un árbol o planta. *Ya han salido varios vástagos.* **SIN.** Brote, retoño, renuevo. **2.** Persona descendiente de otra. *Se sentía orgulloso de sus vástagos.* **SIN.** Hijo, retoño. **3.** En mecánica, barra que sirve para dar movimiento al émbolo o transmitir el suyo a algún mecanismo. *Se partió el vástago del embrague.*
vasto, ta (**vas**-to) *adj.* Dilatado, muy extendido. *Plantó de pinos una vasta finca.* **SIN.** Ancho, extenso, amplio. **ANT.** Estrecho, exiguo. ☞ No confundir con "basto".

váter (**vá**-ter) *s. m.* **1.** Aparato que se coloca en los cuartos de aseo para evitar el mal olor. *La cisterna del váter se ha estropeado.* **2.** Lugar acondicionado para lavarse, arreglarse, o realizar algunas necesidades corporales. *La pasta de dientes está en el váter.* ✎ Su pl. es "váteres".
vaticano, na (va-ti-**ca**-no) *adj.* **1.** Que pertenece o se refiere al Vaticano, palacio en que habita el Papa. *Estancias vaticanas.* **2.** Que pertenece o se refiere al Papa o a la corte pontificia. *Guardia vaticana.* ‖ *s. m.* **3.** Corte pontificia. *Es corresponsal en el Vaticano.*
vaticinar (va-ti-ci-**nar**) *v. tr.* Pronosticar lo que va a suceder. *Vaticinó una boda entre ellos.* **SIN.** Adivinar, augurar, profetizar, predecir. **ANT.** Ignorar.
vaticinio (va-ti-**ci**-nio) *s. m.* Predicción del futuro. *Según su vaticinio, todo les iría a las mil maravillas.* **SIN.** Augurio, pronóstico, profecía.
vatio (**va**-tio) *s. m.* Unidad de potencia eléctrica igual a la potencia capaz de hacer trabajo de un julio por segundo. *El símbolo del vatio es W.*
vecera (ve-**ce**-ra) *s. f.* Manada de ganado, generalmente porcino, que pertenece a un vecindario. *Se turnaban para cuidar la vecera.*
vecinal (ve-ci-**nal**) *adj.* Que pertenece o se refiere al vecindario o a los vecinos. *Camino vecinal.*
vecindad (ve-cin-**dad**) *s. f.* **1.** Conjunto de las personas que viven en los distintos pisos de una misma casa, en varias inmediatas o en un mismo barrio. *Se lleva muy bien con la vecindad.* **2.** Vecindario de una población. *La vecindad estaba muy descontenta con el nuevo alcalde.* **SIN.** Habitantes. **3.** Cercanías de un sitio. *Se le había visto por la vecindad.* **SIN.** Proximidades, contornos, inmediaciones.
vecindario (ve-cin-**da**-rio) *s. m.* Conjunto de los vecinos de una casa, calle, barrio, población. *Era una persona muy conocida en el vecindario.*
vecino, na (ve-**ci**-no) *adj.* **1.** Se dice de la persona que vive en el mismo pueblo, barrio o casa que otra. **GRA.** También s. m. y s. f. *Los vecinos de mi barrio se reúnen en la plaza.* **SIN.** Convecino. **2.** Que es habitante de una determinada población. **GRA.** También s. m. y s. f. *Su amigo es vecino de Madrid.* **SIN.** Residente. **ANT.** Forastero. **3.** Cercano. *El jardín vecino tiene muchas flores.* **SIN.** Inmediato, lindante, próximo. **ANT.** Alejado, lejano. **4.** Se dice de lo parecido o coincidente. *Son opiniones vecinas.* **SIN.** Semejante, símil. **ANT.** Distinto, diferente.
vector (vec-**tor**) *s. m.* Segmento rectilíneo, contado desde un punto del espacio, en una dirección deter-

minada y en uno de sus sentidos. *Dibuja un vector en esa circunferencia.*

veda (ve-da) *s. f.* **1.** Prohibición de realizar algo. *Se saltaron la veda.* **SIN.** Coto, veto. **ANT.** Permiso, autorización. **2.** Época en la que está prohibido cazar y pescar. *Comenzó la veda de la pesca.*

vedado (ve-**da**-do) *s. m.* Campo o sitio acotado por ley, donde está prohibido entrar o cazar. *Cazadores furtivos se habían internado en el vedado.* **SIN.** Acotado, cercado, coto.

vedar (ve-**dar**) *v. tr.* **1.** Prohibir una cosa por ley, estatuto o mandato. *Vedaron la pesca en este río.* **SIN.** Abolir, proscribir. **ANT.** Permitir. **2.** Impedir la realización de algo. *Les vedó el paso.* **SIN.** Obstaculizar, estorbar. **ANT.** Facilitar.

vedette *s. f.* Artista principal en un espectáculo de revista o variedades. *Entrevistaron a una importante vedette.*

vega (**ve**-ga) *s. f.* Tierra baja, bien regada y fértil. *Ese pueblo de la vega es famoso por sus pimientos.* **SIN.** Vergel, jardín, huerta.

vegetación (ve-ge-ta-**ción**) *s. f.* Conjunto de plantas que crecen en grupos o en comunidades. *Esa zona tiene una vegetación abundante y variada.* **SIN.** Flora.

vegetal (ve-ge-**tal**) *adj.* **1.** Que pertenece o se refiere a las plantas. *Reino vegetal.* ‖ *s. m.* **2.** Ser que crece y vive sin moverse por propio impulso. *Debemos equilibrar el consumo de vegetales en nuestra dieta.* **SIN.** Planta.

vegetar (ve-ge-**tar**) *v. intr.* **1.** Germinar, crecer y desarrollarse las plantas. **GRA.** También v. prnl. *La semilla comenzó a vegetar.* **2.** Holgazanear, vaguear. *Deberías dejar de vegetar y ponerte a hacer algo.* **SIN.** Apoltronarse. **ANT.** Trabajar.

vegetarianismo (ve-ge-ta-ria-**nis**-mo) *s. m.* Régimen de alimentación en el que se suprime la carne e incluso todos los alimentos de origen animal, entrando exclusivamente vegetales. *Era partidaria del vegetarianismo.* **SIN.** Vegetalismo, naturismo.

vegetariano, na (ve-ge-ta-**ria**-no) *adj.* **1.** Se dice de la persona que se alimenta exclusivamente de vegetales. **GRA.** También s. m. y s. f. *En esa familia son vegetarianos.* **SIN.** Vegetalista, naturista. **2.** Que pertenece o se refiere a este régimen alimenticio. *Dieta vegetariana.*

vegetativo, va (ve-ge-ta-**ti**-vo) *adj.* **1.** Que vegeta o tiene vigor para vegetar. *Seres vegetativos.* **2.** Se dice de los órganos y funciones que participan en la conservación y desarrollo del organismo. *La nutrición es una función vegetativa.*

vehemencia (ve-he-**men**-cia) *s. f.* Impetuosidad, violencia. *Habló con vehemencia.* **SIN.** Ardor, fogosidad, pasión, viveza, brío. **ANT.** Contención, calma, moderación.

vehemente (ve-he-**men**-te) *adj.* **1.** Que mueve o se mueve con ímpetu y pasión. *Usó un tono vehemente.* **SIN.** Impetuoso, virulento, efusivo, apasionado. **ANT.** Calmoso. **2.** Se dice de lo que se siente o se expone con viveza. *Sentía un vehemente deseo de verle.* **3.** Se dice también de las personas que sienten o se expresan de este modo. *Es una persona muy vehemente.* **SIN.** Exaltado, apasionado, febril. **ANT.** Calmado, flemático.

vehículo (ve-**hí**-cu-lo) *s. m.* **1.** Cualquier medio de transporte. *Su nuevo vehículo es un coche todoterreno.* **2.** Lo que sirve para conducir o transmitir fácilmente una cosa, como el sonido, los contagios, etc. *Era un vehículo de infecciones.*

veinte (**vein**-te) *adj. num. card.* **1.** Dos veces diez. **GRA.** También pron. y s. m. *Tiene veinte años.* ‖ *adj. num. ord.* **2.** *Vigésimo. **GRA.** También pron. ‖ *s. m.* **3.** Conjunto de signos con que se representa el número 20.

veinteañero, ra (vein-te-a-**ñe**-ro) *adj.* Se dice de la persona cuya edad está comprendida entre los 20 y los 29 años. **GRA.** También s. m. y s. f. *Es un comportamiento propio de veinteañeros.* **SIN.** Adolescente, joven.

veintena (vein-**te**-na) *s. f.* Conjunto de veinte unidades. *Me faltan dos copas para tener la veintena.*

veinticinco (vein-ti-**cin**-co) *adj. num. card.* **1.** Veinte y cinco. **GRA.** También pron. y s. m. ‖ *adj. num. ord.* **2.** Vigésimo quinto. **GRA.** También pron. ‖ *s. m.* **3.** Conjunto de signos con que se representa el número 25.

veinticuatro (vein-ti-**cua**-tro) *adj. num. card.* **1.** Veinte y cuatro. **GRA.** También pron. y s. m. ‖ *adj. num. ord.* **2.** Vigésimo cuarto. **GRA.** También pron. ‖ *s. m.* **3.** Conjunto de signos con que se representa el número 24.

veintidós (vein-ti-**dós**) *adj. num. card.* **1.** Veinte y dos. **GRA.** También pron. y s. m. ‖ *adj. num. ord.* **2.** Vigésimo segundo. **GRA.** También pron. ‖ *s. m.* **3.** Conjunto de signos con que se representa el número 22.

veintinueve (vein-ti-**nue**-ve) *adj. num. card.* **1.** Veinte y nueve. **GRA.** También pron. y s. m. ‖ *adj. num. ord.* **2.** Vigésimo nono. **GRA.** También pron. ‖ *s. m.* **3.** Conjunto de signos con que se representa el número 29.

veintiocho (vein-**tio**-cho) *adj. num. card.* **1.** Veinte y ocho. **GRA.** También pron. y s. m. ‖ *adj. num. ord.* **2.**

veintiséis - velar

Vigésimo octavo. **GRA.** También pron. ‖ *s. m.* **3.** Conjunto de signos con que se representa el número 28.

veintiséis (vein-ti-**séis**) *adj. num. card.* **1.** Veinte y seis. **GRA.** También pron. y s. m. ‖ *adj. num. ord.* **2.** Vigésimo sexto. **GRA.** También pron. ‖ *s. m.* **3.** Conjunto de signos con que se representa el número 26.

veintisiete (vein-ti-**sie**-te) *adj. num. card.* **1.** Veinte y siete. **GRA.** También pron. y s. m. ‖ *adj. num. ord.* **2.** Vigésimo séptimo. **GRA.** También pron. ‖ *s. m.* **3.** Conjunto de signos con que se representa el número 27.

veintitantos, tas (vein-ti-**tan**-tos) *adj.* Veinte y algunos más. **GRA.** También pron. *Hace veintitantos años que no nos vemos.*

veintitrés (vein-ti-**trés**) *adj. num. card.* **1.** Veinte y tres. **GRA.** También pron. y s. m. ‖ *adj. num. ord.* **2.** Vigésimo tercio. **GRA.** También pron. ‖ *s. m.* **3.** Conjunto de signos con que se representa el número 23.

veintiún (vein-**tiún**) *adj.* Apócope de veintiuno. **GRA.** Se antepone siempre al sustantivo. *Veintiún muchachos.*

veintiuno, na (vein-**tiu**-no) *adj. num. card.* **1.** Veinte y uno. **GRA.** También pron. y s. m. ‖ *adj. num. ord.* **2.** Vigésimo primero. **GRA.** También pron. ‖ *s. m.* **3.** Conjunto de signos con que se representa el número 21.

vejación (ve-ja-**ción**) *s. f.* Injuria, desprecio. *Fue objeto de muchas vejaciones.* **SIN.** Desprecio, difamación, humillación. **ANT.** Elogio, alabanza.

vejar (ve-**jar**) *v. tr.* Molestar, maltratar a alguien. *Le dolía que le vejaran de aquella manera tan despiadada.* **SIN.** Avasallar, escarnecer, mortificar. **ANT.** Alabar, elogiar.

vejatorio, ria (ve-ja-**to**-rio) *adj.* Se dice de lo que veja o puede vejar. *Recibían un trato vejatorio.* **SIN.** Avasallador, escarnecedor, mortificador.

vejez (ve-**jez**) *s. f.* **1.** Edad en que se es viejo. *Hace falta salud para disfrutar de una buena vejez.* **SIN.** Ancianidad, senectud. **ANT.** Juventud, mocedad. **2.** Cualidad o estado de viejo. *En el mundo del arte se valora especialmente la vejez.* ‖ **LOC. a la vejez, viruelas** Expresión con que se hace referencia a los ancianos que hacen cosas que no corresponden a su edad. | Se aplica también a una cosa tardía y poco apropiada.

vejiga (ve-**ji**-ga) *s. f.* **1.** Bolsa muscular que recoge la orina producida por los riñones. *Tenía cálculos en la vejiga.* **2.** Cualquier bolsita formada en la superficie y llena de un líquido o de un gas. *Se reventaron las vejigas producidas por la quemadura.* **SIN.** Burbuja. ‖ **3. vejiga natatoria** Receptáculo membranoso lleno de aire que tienen muchos peces junto al tubo digestivo y que les sirve para ascender y descender en el agua.

vejiguilla (ve-ji-**gui**-lla) *s. f.* Vesícula en la epidermis. *Se le formaron unas vejiguillas.*

vela[1] (**ve**-la) *s. f.* **1.** Cilindro de cera u otra materia grasa con pabilo en el extremo, que sirve para alumbrar. *Busca una vela, la luz se ha ido.* **SIN.** Cirio. **2.** Acción de velar y tiempo que se vela. *Estuvo de vela toda la noche.* **SIN.** Vigilia, vigilancia. ‖ *s. f. pl.* **3.** *fam.* Mocos que cuelgan de la nariz. *Toma el pañuelo y quítate esas velas, anda.* ‖ **LOC. en vela** Estar sin dormir. **estar, o quedarse, a dos velas** *fam.* Andar muy escaso de dinero. | No entender nada. **más derecho, o tieso, que una vela, o como una vela** *fam.* Que camina muy erguido. | Sometido a una dura disciplina. **no darle a alguien vela en un entierro** *fam.* No darle autoridad para que intervenga o dé su opinión en el asunto que se esté tratando. **poner una vela a Dios y otra al diablo** *fam.* Procurar hacer compatibles cosas opuestas.

vela[2] (**ve**-la) *s. f.* **1.** Lona fuerte formada generalmente por diversos trozos cosidos, que sirve para recibir el viento que impulsa una nave. *Recogieron las velas porque no hacía viento.* **2.** Toldo para hacer sombra. *Colocaron una vela.* ‖ **LOC. a toda vela** Navegando la embarcación con gran viento. | Entregado alguien con todo interés a la realización de una cosa. **recoger, o replegar, velas** Moderarse, contenerse.

velada (ve-**la**-da) *s. f.* Reunión nocturna de varias personas para charlar. *Fue una velada muy agradable.* **SIN.** Tertulia, conversación.

velador (ve-la-**dor**) *s. m.* Mesa pequeña y redonda con un solo pie, que en su base se ramifica en tres. *En la esquina colocaron un velador.*

velar[1] (ve-**lar**) *v. intr.* **1.** Estar despierto en el tiempo destinado a dormir. *Estuve velando toda la noche por los nervios del examen.* **SIN.** Trasnochar. **ANT.** Dormir. **2.** Quedar despierto para cuidar a alguien. *Mi hermano estuvo enfermo y mi madre se quedó velándole.* **SIN.** Proteger, vigilar. **ANT.** Descuidar.

velar[2] (ve-**lar**) *v. tr.* **1.** Cubrir con un velo. **GRA.** También v. prnl. *Velaron la estatua.* **SIN.** Tapar(se), celar, ocultar(se). **ANT.** Destapar(se), descubrir(se). **2.** En fotografía, borrarse del todo o en parte la ima-

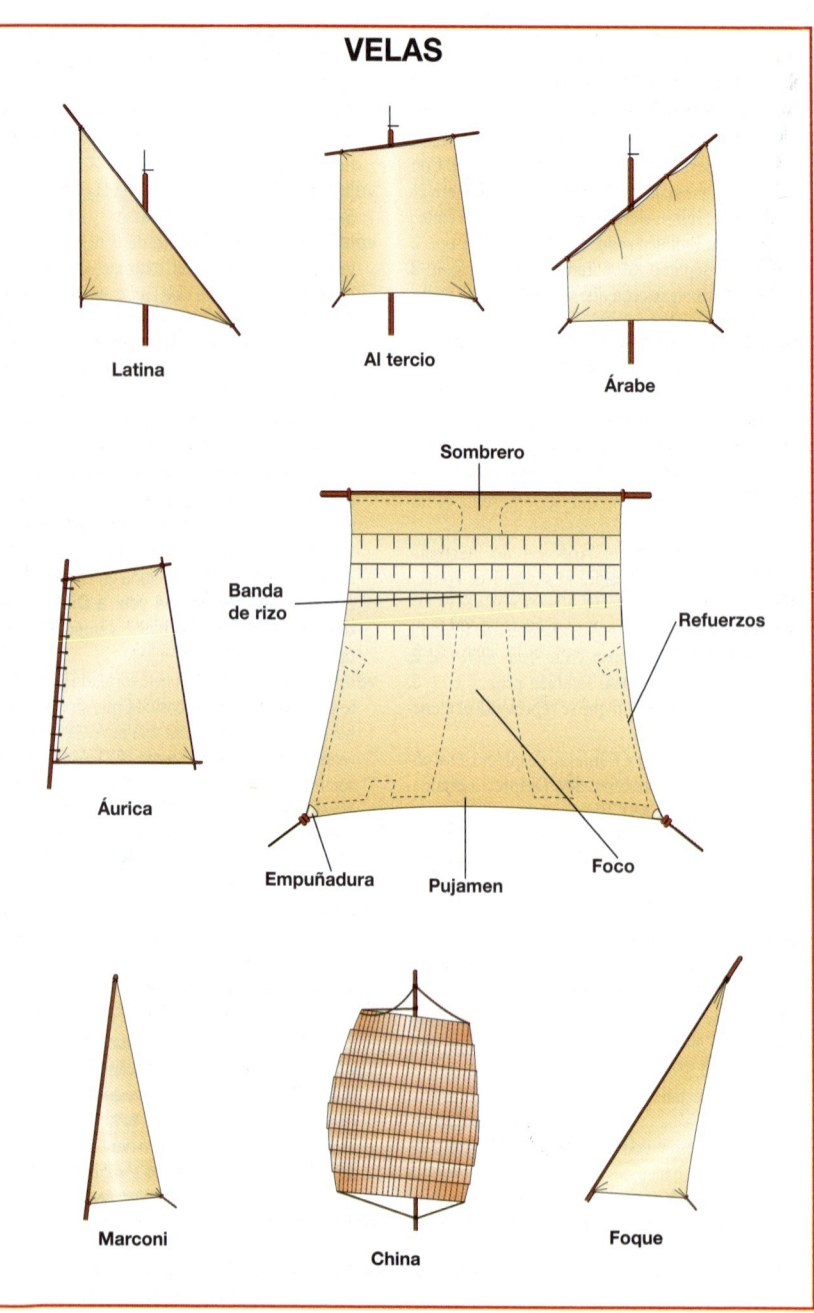

velar - veloz

gen por la acción indebida de la luz. **GRA.** También v. prnl. *El carrete se ha velado.*

velar[3] (ve-**lar**) *adj.* **1.** Que pertenece o se refiere al velo del paladar. *Tienen una herida velar.* **2.** Se dice de los sonidos que se articulan hacia la parte posterior de la cavidad bucal. *La "k" es un sonido velar.* **3.** Se dice de la vocal o consonante que se articula en la parte posterior de la cavidad bucal. **GRA.** También s. f. *La "u" y la "k" son consonantes velares.*

velarización (ve-la-ri-za-**ción**) *s. f.* Desplazamiento del punto de articulación hacia la zona del paladar. *Se había producido una velarización de la nasal.*

velarizar (ve-la-ri-**zar**) *v. tr.* Pronunciar con articulación velar vocales o consonantes no velares. **GRA.** También v. prnl. *La "n" se velarizó en contacto con la "j".* ☞ Se conjuga como abrazar.

velatorio (ve-la-**to**-rio) *s. m.* Acto de velar a un difunto y lugar destinado a ello. *Estuvo en el velatorio.*

veleidad (ve-lei-**dad**) *s. f.* **1.** Voluntad antojadiza y caprichosa. *Me molestan sus veleidades.* **SIN.** Capricho, antojo. **2.** Inconstancia, ligereza. *Con su veleidad nunca sabes a qué atenerte.*

veleidoso, sa (ve-lei-**do**-so) *adj.* Se dice de lo inconstante y mudable. *Tiene una personalidad muy veleidosa.* **SIN.** Antojadizo, caprichoso, ligero. **ANT.** Firme, constante.

velero (ve-**le**-ro) *s. m.* Barco de vela. *Nos llevó en su velero.*

veleta (ve-**le**-ta) *s. f.* **1.** Pieza de metal giratoria que, colocada en lo alto de un edificio, señala la dirección del viento. *En la torre de la iglesia hay una veleta.* ‖ *s. m. y s. f.* **2.** Persona inconstante y mudable. *Tu amiga es un poco veleta.* **SIN.** Frívolo, caprichoso, veleidoso. **ANT.** Firme, constante.

vello (**ve**-llo) *s. m.* Pelo corto y suave que nace en algunas partes del cuerpo humano y que es más corto que el de la cabeza. *Apenas tenía vello en las piernas.* **SIN.** Pelusa. ☞ No debe confundirse con "bello".

vellocino (ve-llo-**ci**-no) *s. m.* **1.** Vellón que resulta de esquilar las ovejas. *Llevaron los vellocinos a la fábrica de mantas.* **2.** Vellón, zalea, y especialmente el vellocino de oro de la fábula, y el de Gedeón en la Sagrada Escritura. *Leímos una narración sobre el vellocino de oro.*

vellón[1] (ve-**llón**) *s. m.* Toda la lana de un carnero u oveja que, esquilada, sale junta. *Juntaron todos los vellones en un fardo.*

vellón[2] (ve-**llón**) *s. f.* Antigua moneda. *Pagó 3 reales do vellón al mesonero.*

velludo, da (ve-**llu**-do) *adj.* Que tiene mucho vello. *Es un chico muy velludo.* **SIN.** Lanudo, piloso, velloso. **ANT.** Lampiño.

velo (**ve**-lo) *s. m.* **1.** Cortina o tela que cubre una cosa. *Cubrieron la imagen con un velo.* **2.** Prenda de tul, gasa u otra tela delgada con la que se cubre la cabeza o el rostro. *La novia llevaba un velo muy largo.* **3.** El que va sujeto al sombrero y se usa para cubrir el rostro. *Llevaba un sombrero con un pequeño velo.* **4.** Pretexto utilizado para encubrir algo. *Ocultó sus verdaderas intenciones bajo un velo de amabilidad.* **SIN.** Subterfugio, disimulación, excusa. **5.** Cualquier cosa que encubre o disimula el conocimiento de otra. *Es como si tuviera un velo que le impide ver la realidad.* **6.** Aparejo de pesca, formado por un varal y una red. *Prepara el velo para pescar.* ‖ **7. velo del paladar** Parte blanda y membranosa que separa la cavidad bucal de la de las fauces. ‖ **LOC. correr, o echar, un velo, o un tupido velo, sobre una cosa** Silenciarla, omitirla porque no convenga sacarla a la luz.

velocidad (ve-lo-ci-**dad**) *s. f.* **1.** Ligereza o prontitud en el movimiento. *¡Con qué velocidad hemos comido el pastel! Ven a toda velocidad, es importante.* **SIN.** Celeridad, agilidad, rapidez, prisa. **ANT.** Lentitud, torpeza. **2.** Relación entre el espacio recorrido por un objeto y el tiempo empleado para recorrerlo. *La velocidad del sonido es de 333 metros por segundo.* **3.** En mecánica, cualquiera de las posiciones posibles en un dispositivo de cambio de velocidades. *Arranca en primera velocidad.*

velocímetro (ve-lo-**cí**-me-tro) *s. m.* Aparato que indica la velocidad de traslación de un vehículo. *El velocímetro marcaba 80 km por hora.*

velocípedo (ve-lo-**cí**-pe-do) *s. m.* Vehículo formado por una especie de caballete, con dos o tres ruedas, y que se desplaza por medio de unos pedales que mueve con los pies la persona que va montada en él. *Tenía un velocípedo.* **SIN.** Bicicleta, triciclo.

velocista (ve-lo-**cis**-ta) *s. m. y s. f.* Deportista que participa en carreras cortas. *Es una buena velocista.*

velódromo (ve-**ló**-dro-mo) *s. m.* Lugar destinado para carreras en bicicleta. *El público abarrotaba el velódromo.*

velomotor (ve-lo-mo-**tor**) *s. m.* Bicicleta que va provista de motor. *Iba en un velomotor.*

velón (ve-**lón**) *s. m.* Lámpara metálica de aceite. *Encendió un velón.*

veloz (ve-**loz**) *adj.* **1.** Acelerado y pronto en el movimiento. *Ese caballo es muy veloz.* **SIN.** Rápido, lige-

vena - vendimia

ro, presuroso. **ANT.** Calmoso, lento, tardo. **2.** Ágil y rápido en el movimiento, o en lo que se hace o piensa. *Vino muy veloz.* **SIN.** Raudo, vivo. **ANT.** Torpe. ✎ Su pl. es "veloces".

vena (**ve**-na) *s. f.* **1.** Vaso o tubo del cuerpo por donde la sangre vuelve al corazón. *La sangre va del corazón al resto del cuerpo por las arterias y vuelve por las venas.* **SIN.** Conducto, capilar. **2.** Mineral depositado en la fractura de una roca. *Encontraron una vena.* **SIN.** Yacimiento, veta. **3.** Cada uno de los hacecillos de fibras que sobresalen en el envés de las hojas de las plantas. *Las venas transportan agua y sustancias alimenticias.* **4.** Cada una de las listas o rayas de distintos colores que tienen ciertas piedras o maderas. *Estas tablas tienen venas oscuras.* **5.** Inspiración poética, facilidad para componer versos. *Encontró su vena en aquel asombroso paisaje.* **SIN.** Numen, musa. ‖ **LOC. darle, o entrarle, a alguien la vena** *fam.* Actuar impulsivamente en una decisión. **estar alguien en vena** *fam.* Estar inspirado para hacer poemas o para llevar a cabo alguna obra comenzada. | Tener felices ocurrencias.

venablo (ve-**na**-blo) *s. m.* Dardo o lanza corta y arrojadiza. *El venablo se clavó en el tronco del árbol.* **SIN.** Flecha, saeta. ‖ **LOC. echar alguien venablos** Prorrumpir en expresiones de cólera.

venado (ve-**na**-do) *s. m.* *Ciervo.

vencedor, ra (ven-ce-**dor**) *adj.* Que vence. **GRA.** También s. m. y s. f. *Era la vencedora de la carrera.* **SIN.** Ganador, triunfador. **ANT.** Perdedor.

vencejo (ven-**ce**-jo) *s. m.* Pájaro insectívoro, de cola muy larga y ahorquillada, con las alas también largas y puntiagudas, parecido a la golondrina. *Los vencejos revoloteaban por el tejado.*

vencer (ven-**cer**) *v. tr.* **1.** Ganar al contrario. *Vencieron al equipo visitante por tres goles.* **SIN.** Derrotar, dominar, abatir, derrocar. **ANT.** Perder, fracasar. **2.** Rendir a alguien aquellas cosas físicas o morales a cuya fuerza resiste difícilmente la naturaleza. **GRA.** También v. prnl. *Me venció el sueño.* **3.** Dominar las pasiones y sentimientos. *Logró vencer su ira.* **SIN.** Contener, refrenar. **4.** Sobreponerse a las dificultades. *Tenía que vencer grandes obstáculos para conseguirlo.* **5.** Soportar resignadamente un dolor, contrariedad, etc. *Venció la enfermedad con unas ganas enormes de vivir.* **SIN.** Aguantar, resistir, sobrellevar. **6.** Superar la altura o escabrosidad de un lugar. *Al subir la montaña, venció la barrera de los 8000 metros.* **SIN.** Subir. **7.** Ladear, inclinar o torcer una cosa. **GRA.** Se usa más como v. prnl. *La estantería se vence hacia la derecha.* ‖ *v. intr.* **8.** Acabarse el tiempo acordado. *Tienes que entregar el trabajo hoy, pues vence el plazo.* **SIN.** Terminar, finalizar. ✎ Se conjuga como convencer.

vencida (ven-**ci**-da) *s. f.* Vencimiento, acto de vencer o ser vencido. *Se acerca la fecha de vencida del plazo.* ‖ **LOC. a la tercera va la vencida** Frase con que se da a entender que, repitiendo los esfuerzos cada vez con mayor ahínco, a la tercera se suele alcanzar el fin deseado. | Significa también que después de tres tentativas infructuosas, se debe uno retirar. | Expresión dirigida como amenaza a quien reincide en algo que no se piensa perdonar más.

venda (**ven**-da) *s. f.* Tira de tela, generalmente gasa, que sirve para tapar una herida o sujetar un miembro lastimado. *Se puso una venda en el pie abierto.* **SIN.** Faja, gasa. ‖ **LOC. caérsele a alguien la venda de los ojos** Desengañarse, salir del estado de ofuscación en que se hallaba. **poner a alguien una venda en los ojos** Mantenerle engañado. **tener alguien una venda en los ojos** Desconocer una verdad por ofuscación o engaño.

vendaje (ven-**da**-je) *s. m.* Conjunto de vendas de una herida o un miembro lastimado. *Le cambiaron el vendaje.*

vendar (ven-**dar**) *v. tr.* Cubrir una herida o zona del cuerpo lastimada con una o varias vendas. *Le vendaron el brazo roto.* **SIN.** Entablillar, atar, escayolar.

vendaval (ven-da-**val**) *s. m.* Viento muy fuerte. *El vendaval derribó todo a su paso.* **SIN.** Huracán, tifón.

vendedor, ra (ven-de-**dor**) *adj.* Que vende. **GRA.** También s. m. y s. f. *Era vendedora ambulante.* **SIN.** Expendedor, comerciante, feriante, tendero.

vender (ven-**der**) *v. tr.* **1.** Dar una cosa a cambio de su precio. *En esa tienda venden muebles baratos.* **SIN.** Expender. **ANT.** Comprar, adquirir. **2.** Traicionar a una persona. *Su amigo le vendió.* **SIN.** Renegar, estafar, abandonar, conspirar. **ANT.** Ayudar, defender. ‖ *v. prnl.* **3.** Dejarse sobornar. *Se vendió al enemigo.* **4.** Acompañado de la preposición "por", atribuirse alguien cualidades que no tiene. *Se vende por poeta y no sabe casi ni leer.* ‖ **LOC. estar alguien vendido** Hallarse en conocido peligro. **vender cara una cosa a alguien** Hacer que le cueste gran esfuerzo hacerse con ella. **venderse alguien caro** Prestarse con mucha dificultad al trato, ser solitario.

vendetta *s. f.* *Venganza.

vendimia (ven-**di**-mia) *s. f.* **1.** Recolección de la uva. *Les ayudó en la vendimia.* **SIN.** Cosecha. **2.** Tiempo en que se hace. *Llegó la vendimia.* **3.** Beneficio que se saca de cualquier cosa. *Este negocio ha sido una buena vendimia.* **SIN.** Fruto, provecho.

vendimiar (ven-di-**miar**) *v. tr.* **1.** Recoger el fruto de las viñas. *Necesitaban más gente para vendimiar.* **SIN.** Cosechar, recolectar. **ANT.** Sembrar, plantar. **2.** Disfrutar una cosa o aprovecharse de ella. *Ahora vendimia los frutos de su ahorro.* En cuanto al acento, se conjuga como cambiar.

veneno (ve-**ne**-no) *s. m.* **1.** Cualquier sustancia que, introducida en el organismo de un ser vivo, ocasiona la muerte o graves trastornos. *Puso veneno para las ratas.* **SIN.** Tósigo, ponzoña. **2.** Cualquier cosa nociva a la salud. *Decía que el tabaco era veneno.* **3.** Cualquier cosa que puede producir un daño moral. *Sus palabras llevaban veneno.* **SIN.** Perjuicio. **4.** Sentimiento de ira o rencor. *Tenía mucho veneno en el cuerpo.*

venenoso, sa (ve-ne-**no**-so) *adj.* Que tiene veneno. *Esa serpiente es venenosa.* **SIN.** Letal, mefítico, ponzoñoso. **ANT.** Inocuo, sano.

venera (ve-**ne**-ra) *s. f.* Concha semicircular de dos valvas, una plana y otra muy convexa, rojizas por fuera y blancas por dentro, con dos orejuelas laterales y estrías radiales. *La venera es la concha que llevaban los peregrinos.*

venerable (ve-ne-**ra**-ble) *adj.* **1.** Digno de veneración, de respeto. *La venerable anciana nos atendió con amabilidad.* **SIN.** Estimable, respetable, honorable. **2.** Se aplica como epíteto a las personas de conocida virtud. *El venerable maestro dio su opinión.* Tiene sup. irreg.: venerabilísimo.

venerar (ve-ne-**rar**) *v. tr.* **1.** Respetar en sumo grado a una persona o cosa. *Veneró su memoria.* **SIN.** Honrar, reverenciar. **2.** Dar culto a Dios, a los santos o a las cosas sagradas. *Veneraban a la Virgen de Fátima.* **SIN.** Adorar, reverenciar.

venéreo, a (ve-**né**-re-o) *adj.* Se dice de las enfermedades contagiosas que generalmente se contraen por contacto sexual. **GRA.** También s. f. *La sífilis es una enfermedad venérea.*

venero (ve-**ne**-ro) *s. m.* **1.** Manantial de agua. *Había un venero en la falda de aquella sierra.* **SIN.** Fuente, fontanar, riachuelo. **2.** Origen y principio de donde procede una cosa. *El venero de su acción fue el odio a la injusticia.* **SIN.** Inicio, prólogo, causa. **ANT.** Final. **3.** Criadero o filón en el que se encuentran minerales. *La mina cerró al agotarse el venero.*

venganza (ven-**gan**-za) *s. f.* Satisfacción o desquite del agravio o daño recibidos, especialmente por medio de otro daño. *Lo hizo como venganza.* **SIN.** Desquite, represalia, revancha. **ANT.** Perdón, clemencia.

vengar (ven-**gar**) *v. tr.* Desquitarse de un agravio o daño, causando otro. **GRA.** También v. prnl. *Se vengó de los que le habían traicionado.* **SIN.** Desagraviar(se). **ANT.** Perdonar, absolver, tolerar. Se conjuga como ahogar.

vengativo, va (ven-ga-**ti**-vo) *adj.* Inclinado a tomar venganza del daño o agravio recibido. *Es una persona muy vengativa.* **SIN.** Rencoroso, sanguinario, vengador.

venia (**ve**-nia) *s. f.* **1.** Autorización para hacer algo. *Pidió la venia de Su Señoría.* **SIN.** Permiso. **ANT.** Prohibición, veto. **2.** Saludo que se hace a alguien inclinando la cabeza cortésmente. *Hizo la venia y se fue.*

venial (ve-**nial**) *adj.* Se dice de lo que se opone levemente a la ley o precepto, y por eso es de fácil remisión. *Era un pecado venial.* **SIN.** Intrascendente, ligero, pequeño. **ANT.** Mortal, grave.

venidero, ra (ve-ni-**de**-ro) *adj.* Que ha de venir o suceder. *Esperemos que en tiempos venideros todo vaya mejor.* **SIN.** Futuro. **ANT.** Pasado.

venir (ve-**nir**) *v. intr.* **1.** Llegar de un sitio alejado a otro más cercano. *Vendrá esta tarde a mi casa.* **SIN.** Acercarse, aproximarse. **ANT.** Marcharse, irse, distanciarse. **2.** Acercarse o llegar el tiempo en que una cosa tiene que suceder. *Me vino un mareo.* **SIN.** Sobrevenir, llegar. **3.** Tener lugar un acontecimiento. *Vino una tormenta terrible.* **4.** Presentarse una persona ante otra. *Vino pronto.* **SIN.** Comparecer, personarse, acudir. **ANT.** Faltar, ausentarse. **5.** Ajustarse o encajar bien o mal una cosa a otra o con otra. *Esa horma no me viene nada bien.* **SIN.** Acomodarse. **6.** Ser una cosa consecuencia de otra. *Esta reacción viene del enfado del otro día.* **SIN.** Colegirse, deducirse. **7.** Pasar, transmitirse la propiedad o el usufructo de una cosa de unas personas a otras. *Viene de padres a hijos.* **8.** Figurar en un libro o publicación. *El dato que buscas viene en esa enciclopedia.* **SIN.** Aparecer. **9.** Con la preposición "a", acompañado de infinitivo y de expresión de cantidad, indica ésta de forma aproximada. *Esto vendrá a costar mil pesetas.* **10.** Seguido de la preposición "ante", comparecer. *Vinieron ante el juez.* **11.** Con la preposición "con", mencionar un asunto. *Me vino otra vez con la disculpa de su enfermedad para que le disculpara.* ‖ **LOC. ¡venga ya!** Se usa para expresar asombro o desagrado. **venir al mundo** Na-

venta - ventilación

cer. **venir a menos** Decaer una persona o cosa. **venir mal dadas** Presentarse un asunto o circunstancia adversa. **venir rodada una cosa** Acontecerse por casualidad de modo favorable. **venirle a alguien ancha, o muy ancha, una cosa** *fam.* Ser excesiva para sus aptitudes o merecimientos. **venirse abajo una cosa** Caerse o descomponerse. ✎ v. irreg. ✍

INDICATIVO

Pres.	Pret. perf. s.	Fut. imperf.	Cond. simple
vengo	vine	vendré	vendría
vienes	viniste	vendrás	vendrías
viene	vino	vendrá	vendría
venimos	vinimos	vendremos	vendríamos
venís	vinisteis	vendréis	vendríais
vienen	vinieron	vendrán	vendrían

SUBJUNTIVO

Pres.	Pret. imperf.	Fut. imperf.
venga	viniera/se	viniere
vengas	vinieras/ses	vinieres
venga	viniera/se	viniere
vengamos	viniéramos/semos	viniéremos
vengáis	vinierais/seis	viniereis
vengan	vinieran/sen	vinieren

IMPERATIVO ven, venga, vengamos, venid, vengan

FORMAS NO PERSONALES	Infinitivo	venir
	Gerundio	viniendo
	Participio	venido

venta (ven-ta) *s. f.* **1.** Acción y efecto de vender. *Esa tienda tiene pocas ventas.* **SIN.** Cesión, mercadería, transacción. **2.** Cesión en virtud de la cual se transfiere a dominio ajeno una cosa propia por el precio pactado. *Le hizo una venta de sus tierras.* **3.** Posada en los caminos o despoblados para hospedaje de los pasajeros. *Comimos en una venta.* **SIN.** Fonda, parador, hostal. ‖ **LOC. en venta** Se aplica a lo que se tiene para vender.

ventaja (ven-**ta**-ja) *s. f.* **1.** Superioridad de un ser vivo o cosa sobre otro. *Tiene más ventajas que yo para aprobar el examen. Él ha estudiado más.* **SIN.** Supremacía, preeminencia. **ANT.** Inferioridad. **2.** Interés o provecho que proporciona algo. *Hacer deporte tiene muchas ventajas.* **SIN.** Utilidad, beneficio. **ANT.** Inconveniente, perjuicio. **3.** Ganancia anticipada que un jugador concede a otro para compensar la superioridad que el primero tiene. *Le dio mucha ventaja.* **4.** En algunos juegos, beneficio obtenido con una falta del contrario. *El árbitro aplicó la ley de la ventaja.*

ventajoso, sa (ven-ta-**jo**-so) *adj.* Que tiene ventaja o la reporta. *Es un trato muy ventajoso.* **SIN.** Conveniente, provechoso. **ANT.** Contraproducente, inútil.

ventana (ven-**ta**-na) *s. f.* **1.** Abertura más o menos elevada sobre el suelo, que se deja en una pared para dar luz y ventilación. *Hicieron una ventana más grande.* **SIN.** Tragaluz, vidriera, lucero. **2.** Hoja u hojas de madera y de cristales con que se cierra esa abertura. *Abre la ventana, hace mucho calor.* **3.** Nariz, cada uno de los dos orificios de la nariz. *Tenía las ventanas de la nariz irritadas.* **4.** En un ordenador, parte de la pantalla cuyo contenido es independiente del resto; en muchos casos, cada ventana funciona como un verdadero ordenador autónomo. *Cierra alguna ventana, están ocupando demasiada memoria.* ‖ **LOC. arrojar, o echar, una cosa por la ventana** Desperdiciarla o malgastarla.

ventanal (ven-ta-**nal**) *s. m.* Ventana grande. *El salón tiene dos enormes ventanales.* **SIN.** Vidriera, balcón.

ventanilla (ven-ta-**ni**-lla) *s. f.* **1.** Abertura pequeña que hay en la pared o tabique de los despachos de billetes, bancos y otras oficinas para despachar, cobrar, pagar, etc. *Había una gran cola en la ventanilla para sacar las entradas para el circo.* **2.** Abertura acristalada que tienen los vehículos. *Cierra un poco la ventanilla, me molesta el viento.* **3.** Nariz, orificio de la nariz. *Tenía las ventanillas de la nariz muy pequeñas.* **4.** Abertura que en algunos sobres permite ver la dirección del destinatario, que va escrita en la misma carta. *Siempre usa sobre con ventanilla.*

ventanillo (ven-ta-**ni**-llo) *s. m.* **1.** Postigo pequeño de puerta o ventana. *Cierra los ventanillos.* **2.** Ventana pequeña o abertura hecha en la puerta exterior de las casas y resguardada generalmente con rejillas para ver quién llama sin franquear la entrada. *Miró por el ventanillo.* **3.** Abertura en el suelo de las habitaciones altas. *Asomó por el ventanillo del desván.* **SIN.** Trampilla.

ventanuco (ven-ta-**nu**-co) *s. m.* Ventana pequeña. *La bodega tenía dos ventanucos.* **SIN.** Tronera.

ventear (ven-te-**ar**) *v. intr.* **1.** Soplar el viento o hacer aire fuerte. **GRA.** También v. unipers. *Cierra la ventana si no para de ventear.* ‖ *v. tr.* **2.** Exponer al aire alguna cosa para secarla o limpiarla. *Pusieron las lentejas en la era para ventear.* **SIN.** Orear, tender.

ventero, ra (ven-**te**-ro) *s. m. y s. f.* Persona que tiene a su cuidado y cargo una venta. *El ventero nos indicó el camino.* **SIN.** Hostelero, posadero, mesonero.

ventilación (ven-ti-la-**ción**) *s. f.* **1.** Acción y efecto de ventilar o ventilarse. *Esa habitación necesita ventilación, huele a cerrado.* **SIN.** Aireación, oreación. **2.** Abertura para ventilar una habitación. *La única ventilación de la buhardilla es la puerta.* **3.** Co-

ventilador - ver

rriente de aire que se establece al ventilarlo. *Cierra las ventanas para que no haya tanta ventilación.* **4.** Instalación con que se ventila un lugar. *Falló el sistema de ventilación.*

ventilador (ven-ti-la-**dor**) *s. m.* Instrumento que remueve el aire de un local cerrado y refrigera el ambiente. *No funciona el ventilador.*

ventilar (ven-ti-**lar**) *v. tr.* **1.** Hacer penetrar el aire en algún sitio, especialmente hacer entrar el aire del exterior para renovar el de una habitación. **GRA.** También v. prnl. *Abre las ventanas para que se ventile la habitación* **SIN.** Airear(se), orear(se), renovar(se). **2.** Poner una cosa al viento. *Pon los chorizos en el corredor para que se ventilen.* **3.** *fam.* Discutir, examinar una cuestión hasta que quede solucionada. *Hoy tenemos que ventilar este asunto.* **SIN.** Resolver, tratar, dilucidar. **4.** *fam.* Consumir algo rápidamente. *Se ventiló el bocadillo como si nada.* **SIN.** Acabar, terminar. **5.** *fam.* Dar a conocer algo íntimo o privado. *Tiene la mala costumbre de ventilar los asuntos familiares.* **SIN.** Divulgar.

ventisca (ven-**tis**-ca) *s. f.* **1.** Borrasca de viento y nieve. *La ventisca les pilló en la sierra.* **SIN.** Nevasca. **2.** Viento fuerte. *Había mucha ventisca.*

ventolera (ven-to-**le**-ra) *s. f.* **1.** Golpe de viento recio y poco durable. *En una ventolera, la barca volcó.* **2.** Pensamiento o determinación inesperada y extravagante. *Le dio la ventolera y se fue.* **SIN.** Capricho, veleidad.

ventosa (ven-**to**-sa) *s. f.* **1.** Órgano de ciertos animales que les permite adherirse a los objetos mediante el vacío, al andar o hacer presa. *El pulpo se agarró con sus ventosas.* **2.** Pieza cóncava de material plástico que, al ser oprimida contra una superficie, crea el vacío en su interior y permanece adherida a dicha superficie. *Pega el muñeco con una ventosa.*

ventosear (ven-to-se-**ar**) *v. intr.* Expeler del cuerpo los gases intestinales. *Los gases le hacían ventosear.*

ventosidad (ven-to-si-**dad**) *s. f.* Gases acumulados en el intestino y expulsados por el ano. *Las ventosidades huelen mal.* **SIN.** Pedo, cuesco, flatulencia.

ventoso, sa (ven-**to**-so) *adj.* Se dice del día, tiempo o sitio en que hace aire fuerte. *Hacía una tarde muy ventosa.*

ventral (ven-**tral**) *adj.* Que pertenece o se refiere al vientre. *Se dañó la región ventral.* **SIN.** Abdominal.

ventrículo (ven-**trí**-cu-lo) *s. m.* **1.** Nombre que recibe la cavidad del corazón de los moluscos, peces, batracios y la mayoría de los reptiles, y las dos cavidades de las aves y mamíferos que envían la sangre procedente de las aurículas a las arterias. *Tenía un soplo en un ventrículo.* **2.** En los mamíferos, cada una de las dos cavidades situadas a ambos lados de la glotis, entre las cuerdas vocales. *No puedo hablar, tengo irritados los ventrículos.*

ventrílocuo, cua (ven-**trí**-lo-cuo) *adj.* Se dice de la persona que puede modificar su voz y hablar sin mover los labios, dando la impresión de que es otra persona la que habla. **GRA.** También s. m. y s. f. *Actuó una ventrílocua con sus muñecos.*

ventura (ven-**tu**-ra) *s. f.* **1.** Felicidad, suerte. *Les deseó mucha ventura.* **SIN.** Dicha, fortuna. **2.** Contingencia o casualidad. *¿Lo viste por ventura?* **SIN.** Acaso. ‖ **LOC. a la buena ventura, o a la ventura** Sin objeto determinado, a lo que depare la suerte. **por ventura** Quizá.

venus (**ve**-nus) *s. f.* **1.** Cualquier estatua de figura femenina de la antigüedad. *En el museo hay una exposición de venus.* **2.** Mujer muy hermosa. *Es una venus.* **SIN.** Belleza. ⌨ Invariable en número.

venusto, ta (ve-**nus**-to) *adj.* Hermoso y agraciado. *Su venusta figura llamaba la atención.*

ver[1] *s. m.* Parecer o apariencia de las cosas. *Tiene buen ver.* ‖ **LOC. a mi, tu, su ver** Según el parecer o dictamen de alguien.

ver[2] *v. tr.* **1.** Percibir por los ojos los objetos. **GRA.** También v. intr. *No veo bien sin gafas.* **SIN.** Mirar. **2.** Visitar a una persona o encontrarse con ella. *Fui a ver a mi amigo.* **SIN.** Reunirse. **3.** Estudiar o examinar algo. *Vamos a ver el problema con detenimiento.* **SIN.** Investigar, analizar. **4.** Comprender o darse cuenta de algo. *Ahora veo cuál era su intención.* **SIN.** Advertir. **5.** Andar con precaución en las cosas que se hacen. *Mira a ver, puede ser peligroso.* **6.** Experimentar o cerciorarse personalmente. *Créeme, yo lo he visto.* **SIN.** Presenciar. **7.** Meditar sobre un asunto. *Dame un poco de tiempo, tengo que verlo.* **SIN.** Pensar. **8.** Predecir las cosas futuras. *No saldrá bien, lo veo.* **SIN.** Presentir. ‖ *v. prnl.* **9.** Estar en un lugar o en postura adecuada para ser visto. *Se ve desde ese alto.* **SIN.** Avistarse, distinguirse. **10.** Reunirse una persona con otra para tratar alguna cuestión. *Quedamos en vernos la próxima semana.* **11.** Darse una cosa a conocer, o conocerse con claridad y perfección. *Se vio claramente que todo era mentira.* **12.** Estar o encontrarse en un sitio o situación. *Se vio sola en medio de aquel embrollo.* **SIN.** Hallarse. **LOC. a ver** Expresión mediante la cual se pide una cosa que se desea reconocer o ver. | Cuando se usa como interjección, denota extrañeza. **a ver si** Expresión que, seguida de un verbo, denota curiosidad. Con tono exclamativo, denota temor o sospecha. **estar algo todavía por ver** No estar aún demostrado o confirmado. **había, o hay, que ver** Ponderación de algo notable. **¡habráse visto!** Exclamación de reproche o de disgusto. **no poder ver a alguien** No soportarle. **no veas, o que no veas** Sirve para destacar aquello que se expresa. **que no veo, ves, etc.** Expresión que se usa para ponderar lo que se dice. **te veo venir** *fam.* Expresión con que advertimos que ya conocemos las intenciones del otro. **veremos** Expresión que se emplea para diferir la resolución de una cosa, sin concederla ni negarla. **vérselas con alguien** *fam.* Enfrentarse. **verse negro** *fam.* Hallarse en un gran apuro para resolver algo. **verse y desearse alguien** *fam.* Frase que indica el trabajo que se pone para realizar una cosa difícil. **ver para creer** Expresión que manifiesta que para creer determinada cosa es preciso verla. **ya se ve** Expresión de asentimiento. v. irreg.

INDICATIVO		SUBJUNTIVO		
Pres.	Pret. perf. s.	Pres.	Pret. imperf.	Fut. imperf.
veo	vi	vea	viera/se	viere
ves	viste	veas	vieras/ses	vieres
ve	vio	vea	viera/se	viere
vemos	vimos	veamos	viéramos/semos	viéremos
veis	visteis	veáis	vierais/seis	viereis
ven	vieron	vean	vieran/sen	vieren
IMPERATIVO		ve, vea, veamos, ved, vean		
FORMAS NO PERSONALES		Ger. viendo – Part. visto		

vera (**ve**-ra) *s. f.* *Orilla. ‖ **LOC. a la vera de** *fam.* Junto a, al lado de.

veracidad (ve-ra-ci-**dad**) *s. f.* Cualidad de veraz. *El director quería más veracidad en aquella escena.* **SIN.** Fidelidad, sinceridad, verdad. **ANT.** Falsedad, falsía.

veranear (ve-ra-ne-**ar**) *v. intr.* Pasar el verano en algún lugar distinto de aquél donde se reside habitualmente. *Les gusta ir a veranear a la montaña.*

veraneo (ve-ra-**ne**-o) *s. m.* Acción y efecto de veranear. *El mes de agosto se van de veraneo.*

veraniego, ga (ve-ra-**nie**-go) *adj.* Que pertenece o se refiere al verano. *Hace un tiempo muy veraniego.* **SIN.** Estival.

veranillo (ve-ra-**ni**-llo) *s. m.* Tiempo breve de calor en otoño. *El veranillo de San Martín.*

verano (ve-**ra**-no) *s. m.* **1.** Una de las cuatro estaciones del año, que en el hemisferio septentrional comprende los meses de junio, julio y agosto, y en el austral corresponde a diciembre, enero y febrero. *El verano es la estación más calurosa del año en algunos países.* **SIN.** Estío. **ANT.** Invierno. **2.** En el ecuador, temporada de sequía, que dura unos seis meses aproximadamente. *En las zonas tropicales, en verano hay menos humedad en el ambiente.*

veras, de *loc.* Con verdad. *Créeme, lo digo de veras.*

veraz (ve-**raz**) *adj.* Que dice siempre la verdad. *Quiero que seas más veraz.* **SIN.** Sincero, franco, verídico. **ANT.** Mentiroso, falso, embaucador. Su pl. es "veraces".

verbal (ver-**bal**) *adj.* **1.** Que se refiere a la palabra o que se sirve de ella. *Expresión verbal.* **SIN.** Oral. **2.** Que se hace o estipula sólo de palabra y no por escrito. *Contrato verbal.* **3.** Que pertenece o se refiere al verbo. *Modo verbal.* **4.** Se dice de las palabras que se derivan de un verbo, como de "andar", "andador", "andadura". **GRA.** También s. m. *"Andador" es un adjetivo verbal.*

verbena (ver-**be**-na) *s. f.* Fiesta popular nocturna. *Había verbena en la Plaza Mayor.* **SIN.** Sarao, velada, fiesta.

verberar (ver-be-**rar**) *v. tr.* Azotar el viento o el agua en alguna parte. *El agua verberaba en las rocas.*

verbigracia (ver-bi-**gra**-cia) *expr.* con que suele representarse en castellano la expresión elíptica latina "verbi gratia", que significa "por ejemplo". *Nombra partes del cuerpo humano, verbigracia, la mano.*

verbo (**ver**-bo) *s. m.* **1.** Palabra que indica la acción, la existencia o el estado de los seres. Admite variaciones para indicar el modo, tiempo, número, persona, aspecto y voz. *El verbo es el núcleo del sintagma predicado.* ‖ *n. p.* **2.** Segunda persona de la Santísima Trinidad. **ORT.** Se escribe con mayúscula. *Dice la Biblia: "el Verbo se hizo hombre".*

verborrea (ver-bo-**rre**-a) *s. f., fam.* Palabrería excesiva. *Tiene mucha verborrea.* **SIN.** Locuacidad, palique, charlatanería. **ANT.** Parquedad.

verdad (ver-**dad**) *s. f.* **1.** Lo que está de acuerdo con la realidad. *Yo siempre digo la verdad, no me gusta mentir.* **SIN.** Certeza, veracidad. **ANT.** Mentira, falsedad, equivocación, falacia. **2.** Expresión clara y sin rodeos con que a alguien se le corrige o reprende. **GRA.** Se usa principalmente en pl. *Le dijo cuatro verdades.* ‖ **3. la pura verdad** Verdad de la que no se puede dudar. **4. verdades como puños** *fam.* Verdades manifiestas. ‖ **LOC. a la verdad, a decir verdad, o de verdad** Expresión mediante la que se afirma la certeza y realidad de algo. **bien es ver-

verdadero - verdín

CLASIFICACIÓN DE LOS VERBOS			
Por su naturaleza	COPULATIVOS	Sirven de unión entre el sujeto y el predicativo: *ser, estar, parecer*	
	PREDICATIVOS (todos los demás)	Transitivos	Admiten CD: *regalar*
		Intransitivos	No admiten CD: *llegar*
		Reflexivos	La acción recae sobre el mismo ser que la realiza: *lavarse*
		Recíprocos	La acción la realizan dos o más sujetos que se corresponden: *Pedro y Juan se escriben*
		Impersonales	Sólo se conjugan en tercera persona del singular: *llueve*
Por su conjugación	REGULARES	Los que se conjugan como los modelos *amar, temer* y *partir*: *cantar*	
	IRREGULARES	Los que no se conjugan como los modelos *amar, temer* y *partir* porque cambia el lexema, la desinencia o ambas cosas: *sentir*	
	DEFECTIVOS	Los que se carecen de algunos tiempos o personas: *soler, abolir*	
Por el modo de la acción	IMPERFECTIVOS	Los que no necesitan llegar a un término para que la acción se pueda considerar completada: *querer*	
	PERFECTIVOS	Los que necesitan llegar a un término para que la acción se pueda considerar completada: *nacer*	
	INCOATIVOS	Los que expresan el comienzo de una acción: *anochecer*	
	FRECUENTATIVOS	Los que expresan una acción frecuente o que está compuesta de momentos repetidos: *golpear*	

dad, o verdad es que Expresión que se emplea para contraponer una cosa a otra. **en verdad** Verdaderamente. **la verdad amarga** Expresión con que se da a entender que a nadie le gusta que pongan de manifiesto sus defectos. **una verdad como un templo** Aquella que es indudable. **¿verdad?** Expresión que busca el asentimiento del interlocutor.

verdadero, ra (ver-da-**de**-ro) *adj.* Que contiene verdad. *Creo que no sabes lo que es la verdadera amistad.* **SIN.** Real, efectivo, auténtico, cierto, evidente. **ANT.** Discutible, dudoso, irreal.

verde (**ver**-de) *adj.* **1.** Se dice del color simple que se encuentra entre el amarillo y el azul. Es un color parecido al de la hierba fresca, la esmeralda, etc. **GRA.** También s. m. *Tiene los ojos verdes.* **2.** Que no está maduro. *No pudimos recoger la fruta porque aún estaba verde.* **SIN.** Temprano, inmaduro. **ANT.** Maduro. **3.** Se dice de las legumbres que se consumen frescas. *Hoy hemos comido habas verdes.* **4.** Se aplica a las cosas que están en los comienzos y aún imperfectas. *El proyecto está todavía un poco verde, pero lo acabaremos de perfilar pronto.* **5.** Se dice de la persona poco experta. *Estás muy verde, tienes que practicar más.* **SIN.** Principiante, inexperto. **ANT.** Ducho, práctico. **6.** Se dice de lo obsceno. *En aquellas reuniones nocturnas se solían contar chistes verdes.* **SIN.** Lúbrico, lascivo, lujurioso. **7.** Se aplica al que mantiene tendencias obscenas o deseos sexuales que no son propios de su edad. *Le acusaban de ser un viejo verde.* **8.** Aplicado a sustantivos como zona o espacio, zona no urbanizable cuyo uso se destina a parques o jardines. *La ciudad necesitaba más zonas verdes.* **9.** Se dice de ciertos partidos ecologistas y sus miembros. *Era el número uno de la lista del partido verde.* || *s. m.* **10.** *Follaje. || **LOC. poner verde a alguien** *fam.* Reprenderle con dureza o criticarle.

verdecer (ver-de-**cer**) *v. intr.* Revestirse de verde la tierra o los árboles. *Verdecían los campos.* **SIN.** Reverdecer, verdear. ✎ v. irreg., se conjuga como parecer.

verdín (ver-**dín**) *s. m.* **1.** Capa verde formada por plantas, que se cría en la superficie de aguas estancadas, en las paredes y lugares húmedos, y en la corteza de algunos frutos, como el limón y la naranja, cuando se pudren. *El estanque estaba cubierto de verdín.* **2.** Cardenillo del cobre. *Hay que limpiar el candelabro, le ha salido verdín.*

verdolaga (ver-do-**la**-ga) *s. f.* Planta herbácea de hojas carnosas pequeñas y ovaladas, casi redondas y que se comen como ensalada. *Nunca había probado la verdolaga.*

verdor (ver-**dor**) *s. m.* **1.** Color verde vivo de las plantas. *El seto mostraba su verdor al amanecer.* **2.** Vigor, lozanía de las plantas. *El prado resplandecía con todo su verdor.*

verdoso, sa (ver-**do**-so) *adj.* Que tira a verde. *La tela es de color amarillo verdoso.* **SIN.** Aceitunado.

verdugo (ver-**du**-go) *s. m.* **1.** Persona que tiene el oficio de ejecutar las penas de muerte. *El verdugo ejecutó al reo.* **2.** Gorro de lana que tapa la cabeza y el cuello dejando descubierto el rostro. *Al niño no le gustaba nada ponerse el verdugo.* **3.** Persona cruel o cosa que atormenta mucho. *¡Deja a ese perro en paz, no seas verdugo!*

verdulería (ver-du-le-**rí**-a) *s. f.* Tienda o puesto donde se venden verduras y hortalizas. *Tengo que comprar lechuga en la verdulería.*

verdulero, ra (ver-du-**le**-ro) *s. m. y s. f.* Persona que vende verduras. *Los verduleros del mercado tienen muy buenas hortalizas.*

verdura (ver-**du**-ra) *s. f.* Hortaliza, especialmente la que se come cocida. **GRA.** Se usa más en pl. *Debes incluir muchas verduras en tu dieta.*

vereda (ve-**re**-da) *s. f.* Camino estrecho, formado casi siempre por el paso de personas y ganado. *Iban en fila por la vereda para no perderse en el monte.* **SIN.** Atajo, senda, sendero. ‖ **LOC. hacer a alguien entrar por vereda, o meterle en vereda** *fam.* Obligarle al cumplimiento de sus deberes.

veredicto (ve-re-**dic**-to) *s. m.* **1.** Fallo dictado por un tribunal al acabar un juicio. *Mañana se sabrá el veredicto.* **SIN.** Dictamen, fallo, sentencia. **2.** Parecer, dictamen, juicio emitido reflexiva y autorizadamente. *Emitió su veredicto.*

verga (**ver**-ga) *s. f.* **1.** *Pene. **2.** Vara o palo delgado. *Le golpeó con una verga.*

vergajo (ver-**ga**-jo) *s. m.* Verga del toro que, seca y retorcida, se usa como látigo. *Le amenazó con un vergajo.* **SIN.** Fusta, tralla, azote.

vergel (ver-**gel**) *s. m.* Huerto con variedad de flores y árboles frutales. *Aquella finca era un vergel.*

vergonzoso, sa (ver-gon-**zo**-so) *adj.* **1.** Que causa vergüenza. *Su comportamiento me pareció vergonzoso.* **SIN.** Deshonroso, oprobioso. **2.** Que se avergüenza con facilidad. **GRA.** También s. m. y s. f. *Es una niña muy vergonzosa.* **SIN.** Tímido, encogido. **ANT.** Atrevido, osado, desvergonzado, descarado.

vergüenza (ver-**güen**-za) *s. f.* **1.** Turbación del ánimo, que suele encender el color del rostro, causada por una falta cometida, por una humillación recibida o por sentirse objeto de la atención de alguien. *Le daba vergüenza hablar en público.* **SIN.** Bochorno, rubor, pudor, sonrojo. **2.** Pundonor, estimación de la propia honra. *No tiene vergüenza.* **3.** Timidez para hacer algo. *Tiene mucha vergüenza.* **SIN.** Cortedad. **ANT.** Osadía, atrevimiento. **4.** Acción que, por indecorosa, cuesta hacerla, o deja en mal lugar al que la hace. *El espectáculo que montaron fue una vergüenza.* **SIN.** Deshonra, deshonor. ‖ *s. f. pl.* **5.** Órganos genitales. *Tapó sus vergüenzas.* ‖ **LOC. perder alguien la vergüenza** Abandonarse, desestimar el honor que, según su estado, le corresponde. | Superar la timidez.

vericueto (ve-ri-**cue**-to) *s. m.* Lugar o sitio estrecho, alto y pedregoso, por donde se camina con gran dificultad. *Fuimos por unos vericuetos que daban pánico.* **SIN.** Atajo, senda, paso.

verídico, ca (ve-**rí**-di-co) *adj.* Que dice la verdad o la incluye. *Son hechos verídicos.* **SIN.** Veraz, verdadero, sincero. **ANT.** Falso, mentiroso.

verificar (ve-ri-fi-**car**) *v. tr.* **1.** Comprobar o examinar la verdad de una cosa. *Tenían que verificar su declaración.* **SIN.** Evidenciar, justificar. **2.** Realizar, efectuar alguna cosa prevista. **GRA.** También v. prnl. *Se verificó el acuerdo.* ‖ *v. prnl.* **3.** Salir cierto y verdadero lo que se pronosticó o dijo. *Sus amenazas se verificaron.* **SIN.** Acontecer, cumplirse, suceder. ✎ Se conjuga como *abarcar*.

verja (**ver**-ja) *s. f.* Enrejado que sirve de puerta, ventana o cerca. *Una verja rodeaba el jardín.* **SIN.** Cerca.

vermicular (ver-mi-cu-**lar**) *adj.* **1.** Que tiene gusanos. *El perro tiene una infección vermicular.* **2.** Que se parece a los gusanos o participa de sus cualidades. *Tenía forma vermicular.*

vermiforme (ver-mi-**for**-me) *adj.* De figura de gusano. *Hizo un dibujo vermiforme.* **SIN.** Agusanado.

vermífugo, ga (ver-**mí**-fu-go) *adj.* Que mata las lombrices intestinales. **GRA.** También s. m. *Estoy siguiendo un tratamiento vermífugo.*

vermouth *s. m.* *Vermú.

vermú (ver-**mú**) *s. m.* **1.** Licor compuesto de vino blanco, ajenjo y otras sustancias amargas y tónicas. *Tomamos un vermú antes de comer.* **SIN.** Aperitivo. **2.** Función cinematográfica o teatral de tarde. *Quedamos para ir a la función vermú.* ✎ Su pl. es "vermús". También "vermut".

vermut (ver-**mut**) *s. m.* *Vermú.

vernáculo - vertedero

vernáculo, la (ver-ná-cu-lo) *adj.* Propio del país del que se trata. *Estudian su lengua vernácula.* **SIN.** Específico, oriundo, propio. **ANT.** Foráneo.

vernal (ver-nal) *adj.* Que pertenece o se refiere a la primavera. *Estación vernal.* **SIN.** Primaveral.

verónica (ve-ró-ni-ca) *s. f.* **1.** Planta de flores azules en espigas axilares. *Compré un ramo de verónicas.* **2.** Lance que consiste en esperar el lidiador la acometida del toro teniendo la capa extendida o abierta con ambas manos enfrente de la res. *Recibió al toro con una verónica.*

verosímil (ve-ro-sí-mil) *adj.* Que tiene apariencia de verdadero y puede creerse. *Lo que contaba parecía verosímil.* **SIN.** Aceptable, creíble, plausible, posible. **ANT.** Increíble, imposible, inverosímil.

verraco (ve-rra-co) *s. m.* Cerdo semental. *Compró un verraco.*

verriondo, da (ve-rrion-do) *adj.* **1.** Se dice del cerdo y otros animales cuando están en celo. *El semental está verriondo.* **SIN.** Encelado. **2.** Se dice de las hierbas o cosas parecidas cuando están marchitas o mal cocidas. *Esta berza está verrionda.*

verruga (ve-rru-ga) *s. f.* **1.** Bulto rugoso que se forma en la piel, generalmente redondo. *Tenía verrugas en la rodilla.* **SIN.** Abultamiento, carnosidad, bulto. **2.** *fam.* Persona o cosa molesta y fastidiosa. *Es como una verruga, no consigo quitármelo de encima.* **3.** *fam.* Tacha, defecto. *Le sacó muchas verrugas al proyecto.*

versado, da (ver-sa-do) *adj.* Se dice de la persona que tiene experiencia en alguna actividad. *Es una persona muy versada en astrología.* **SIN.** Práctico, instruido, ejercitado. **ANT.** Inexperto, torpe.

versal (ver-sal) *adj.* Se dice de la letra mayúscula. **GRA.** También s. f. *Pon el título en versales.*

versalita (ver-sa-li-ta) *adj.* Se dice de la letra mayúscula de igual tamaño que la minúscula. **GRA.** También s. f. *Señaló los sinónimos en versalitas.*

versar (ver-sar) *v. intr.* Tratar de cierta materia un libro, discurso, conversación, etc. **GRA.** Se usa con la prep. "sobre" o la loc. "acerca de". *La conferencia versó sobre las nuevas tecnologías.* **SIN.** Hablar, perorar.

versátil (ver-sá-til) *adj.* **1.** Se dice de la persona o cosa que se adapta con facilidad y rapidez a diversas funciones o actividades. *Es un músico versátil, se adapta bien a las nuevas tendencias.* **2.** De personalidad o carácter variable e inconstante. *Es una persona muy versátil, en realidad no sabe lo que quiere.* **SIN.** Caprichoso, inconstante. **ANT.** Centrado, serio.

versículo (ver-sí-cu-lo) *s. m.* **1.** Cada una de las breves divisiones de los capítulos de ciertos libros, especialmente de la Sagrada Escritura. *Leyó unos versículos del Génesis.* **2.** Cada uno de los versos de un poema que no guarda rima ni metro fijo. *Señala los versículos de esta composición.*

versificar (ver-si-fi-car) *v. intr.* **1.** Hacer o componer versos. *Es muy bueno versificando.* **SIN.** Rimar, trovar, metrificar. || *v. tr.* **2.** Poner en verso. *Versifica este texto.* **SIN.** Poetizar. Se conjuga como abarcar.

versión (ver-sión) *s. f.* **1.** Traducción, acción y efecto de traducir. *Preparaban una versión al francés.* **SIN.** Exégesis, explicación, interpretación. **2.** Modo que tiene cada uno de referir un mismo suceso. *Cada uno contó su versión de los hechos.* **3.** Cada una de las formas que puede tomar el texto de una obra o la interpretación de un tema. *La película era una versión de "La Celestina".*

verso (ver-so) *s. m.* **1.** Conjunto de palabras combinadas según unas reglas de medida y acentuación. *"Río con riberas / de historias y mitos: / ¿Dejas o te llevas / los días perdidos?", es un poema de Jorge Guillén que tiene cuatro versos.* **SIN.** Metro. **2.** Empleado en sentido colectivo, se contrapone a prosa. *Escribe en verso.* **3.** *fam.* Composición en verso. **GRA.** Se usa más en pl. *En su juventud había escrito algunos versos.*

versus (ver-sus) *prep.* Por influencia anglosajona, contra, frente a. *El título original de la famosa película era "Kramer versus Kramer".* Se usa en el lenguaje jurídico y deportivo.

vértebra (vér-te-bra) *s. f.* Cada uno de los huesos cortos articulados entre sí que forman la columna vertebral de los mamíferos, aves, reptiles y peces. *Con el golpe, se hundió una vértebra.* Ver ilustración pág. 1116.

vertebrado, da (ver-te-bra-do) *adj.* **1.** Que tiene vértebras. *El hombre es un ser vertebrado.* **2.** Se dice de los animales con columna vertebral y cráneo. **GRA.** También s. m. *Peces, anfibios, reptiles, aves y mamíferos son animales vertebrados.* **3.** Se aplica a lo que está bien organizado y es coherente. *Es una organización muy bien vertebrada.*

vertebrar (ver-te-brar) *v. tr.* Dar cohesión y estructura interna a algo. *Deberías vertebrar el trabajo de otra manera.* **SIN.** Sistematizar, cohesionar.

vertedero (ver-te-de-ro) *s. m.* Sitio en el que se vierte algo, particularmente escombros, basuras, etc. *Había polémica sobre dónde ubicar el vertedero de basura.* **SIN.** Albañal, cloaca, pozo negro.

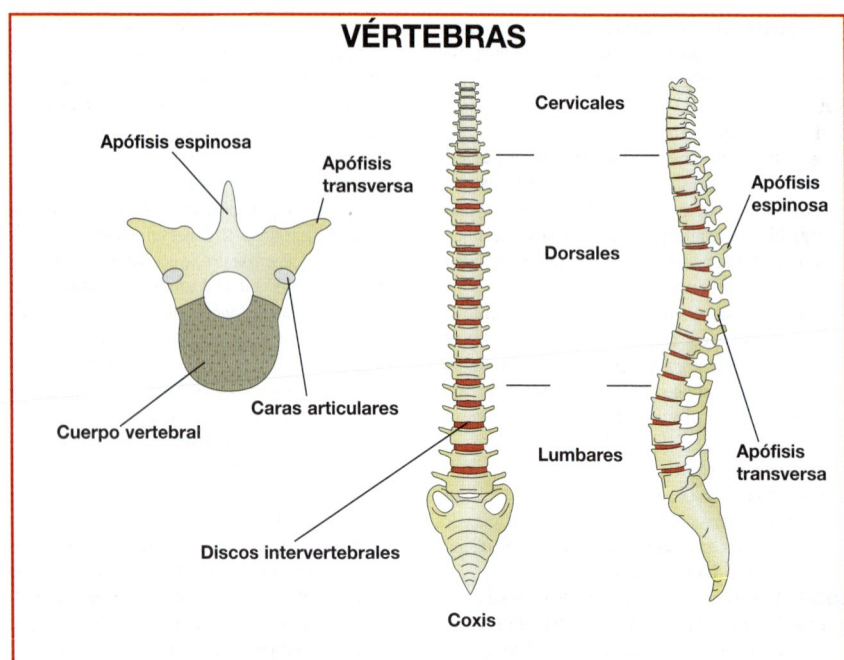

VÉRTEBRAS

verter (ver-**ter**) *v. tr.* **1.** Derramar o vaciar líquidos y también cosas menudas, como sal, harina, etc. **GRA.** También v. prnl. *Vertió la leche en el hervidor.* **SIN.** Volcar(se), vaciar(se), derramar(se). **2.** Inclinar un recipiente o volverlo boca abajo para que salga su contenido. **GRA.** También v. prnl. *Vierte la flanera.* **SIN.** Volcar(se), vaciar(se). **ANT.** Llenar(se). **3.** Traducir un texto a otro idioma. *Vertió el texto al inglés.* ‖ *v. intr.* **4.** Desembocar una corriente de agua en otra. *Las aguas de ese río vierten al mar.* **SIN.** Afluir. ✎ v. irreg., se conjuga como entender.

vertical (ver-ti-**cal**) *adj.* **1.** En matemáticas, se dice de la recta o plano perpendicular al horizonte. **GRA.** También s. f. *Traza una línea vertical.* **2.** Se dice de todo aquello que es perpendicular al horizonte. *Lo colocó en posición vertical.* **SIN.** Derecho, tieso, rígido. **ANT.** Horizontal, plano, tendido. **3.** Se dice de organizaciones fuertemente subordinadas a un estrato superior. *Su empresa tiene una estructura vertical.*

vértice (**vér**-ti-ce) *s. m.* **1.** Punto de intersección de los lados de un ángulo. *Un triángulo tiene tres vértices.* **2.** Cúspide de la pirámide y el cono. *El vértice de la pirámide estaba a gran altura.* **SIN.** Cénit.

verticilo (ver-ti-**ci**-lo) *s. m.* Conjunto de tres o más ramos, hojas, inflorescencias u órganos de una flor dispuestos en un mismo plano alrededor de un tallo. *Los pétalos de una flor forman un verticilo.*

vertido (ver-**ti**-do) *s. m.* **1.** Derramamiento de líquido. *Hubo un vertido de petróleo en el mar.* ‖ *s. m. pl.* **2.** Conjunto de materias de desecho que las instalaciones industriales arrojan a los vertederos. *Esa fábrica arroja vertidos al río.*

vertiente (ver-**tien**-te) *s. amb.* **1.** Declive por donde corre o puede correr el agua. *La vertiente era muy pronunciada.* **SIN.** Costanera, ladera. ‖ *s. f.* **2.** Aspecto desde el que se aborda un asunto. *No se me había ocurrido mirarlo desde esa vertiente.*

vertiginoso, sa (ver-ti-gi-**no**-so) *adj.* **1.** Que pertenece o se refiere al vértigo, o que lo causa. *Había una bajada vertiginosa.* **2.** Se dice del movimiento rápido o apresurado. *Conducía a una velocidad vertiginosa.* **SIN.** Galopante.

vértigo (**vér**-ti-go) *s. m.* **1.** Trastorno del sentido del equilibrio, cuya principal característica es la sensación de movimiento rotatorio de las cosas o del propio cuerpo. *Tanta altura le daba vértigo.* **SIN.** Náusea, desmayo. **2.** Apresuramiento anormal de la actividad de una persona o colectividad. *Lo hizo a una velocidad de vértigo.* **SIN.** Prisa, aceleración. **ANT.** Lentitud, calma.

vesícula (ve-**sí**-cu-la) *s. f.* **1.** Ampolla llena de líquido que se forma en la piel. *Se le formaron pequeñas vesículas en las manos.* ‖ **2. vesícula aérea, o pulmonar** Cada una de aquellas en que terminan las últimas ramificaciones de los bronquios. **3. vesícula biliar** Bolsa situada bajo el hígado, en la que se almacena la bilis. **4. vesícula seminal** Cada una de las dos que contienen el semen.

vespertino, na (ves-per-**ti**-no) *adj.* **1.** Que pertenece o se refiere a las últimas horas de la tarde. *Ha comenzado a trabajar en jornada vespertina.* **2.** Se dice de los astros que transponen el horizonte después del ocaso del Sol. *Lucero vespertino.* ‖ *s. m.* **3.** En periodismo, diario que sale por la tarde. *Lo leyó en el vespertino.*

vestal (ves-**tal**) *adj.* Se dice de las doncellas romanas consagradas a la diosa Vesta. **GRA.** Se usa más como s. f. *Vimos las estatuas de las vestales en el foro de Roma.* **SIN.** Sacerdotisa, virgen, pitonisa.

vestíbulo (ves-**tí**-bu-lo) *s. m.* **1.** Atrio o portal en la entrada de un edificio. *Se encontraron en el vestíbulo.* **2.** Antecámara, antesala. *La habitación tenía un vestíbulo.* **3.** Pieza que da entrada a cada uno de los pisos habitados por una familia. *Esperé en el vestíbulo.* **SIN.** Recibidor, hall. **4.** En los grandes hoteles, sala de amplias dimensiones que está próxima a la entrada del edificio. *Quedaron en el vestíbulo del hotel.* **SIN.** Hall. **5.** Cavidad irregular del laberinto óseo del oído interno. *Tenía una lesión en el vestíbulo del oído izquierdo.*

vestido (ves-**ti**-do) *s. m.* **1.** Conjunto de prendas que sirven para cubrir el cuerpo humano. *Había una exposición sobre la evolución del vestido.* **SIN.** Indumentaria, traje, ropa. **2.** Traje entero de mujer. *Llevaba un vestido de tirantes.*

vestidura (ves-ti-**du**-ra) *s. f.* **1.** *Vestido. **2.** Vestido que, sobrepuesto al ordinario, usan los sacerdotes y sus ministros para el culto divino. **GRA.** Se usa más en pl. *El sacerdote se puso las vestiduras.* **SIN.** Ropaje, sayo. ‖ **LOC. rasgarse las vestiduras** *fam.* Frase que se usa para indicar que se estima un escándalo lo que dice o hace otra persona.

vestigio (ves-**ti**-gio) *s. m.* **1.** Memoria o noticia que se tiene de las acciones de los antiguos. *Había importantes vestigios de otras civilizaciones.* **2.** Huella, señal que deja el pie por donde ha pisado. *No encontraron ningún vestigio.* **SIN.** Indicio, rastro. **3.** Señal que queda de un edificio u otras cosas. *Quedaban vestigios del castillo incendiado.*

vestimenta (ves-ti-**men**-ta) *s. f.* **1.** *Vestido. **2.** Vestidura del sacerdote. *Se puso sus vestimentas.* **SIN.** Hábito, ropaje. ✎ Se usa más en pl.

vestir (ves-**tir**) *v. tr.* **1.** Cubrir el cuerpo con ropa. **GRA.** También v. prnl. *Vistió a su hermano pequeño y le llevó al parque.* **SIN.** Arropar(se), envolver(se), revestir(se). **ANT.** Desnudar(se), desvestir(se). **2.** Cubrir una cosa con otra para defensa o adorno. *Vistieron la pared con un hermoso tapiz.* **SIN.** Revestir. **3.** Entregar vestidos a una persona o la cantidad que necesita para hacérselos. *Se ocupo de vestirlos.* ‖ *v. intr.* **4.** Vestirse o ir vestido. *Siempre vestía de negro.* **SIN.** Llevar, ponerse. **5.** Ser una prenda adecuada para el cuerpo de una persona. *Ese traje te viste fatal.* ‖ **LOC. el mismo que viste y calza** *fam.* Locución que se emplea para afirmar y asegurar la identidad de una persona. ✎ v. irreg., se conjuga como pedir.

vestuario (ves-**tua**-rio) *s. m.* **1.** *Vestido. **2.** Conjunto de trajes necesarios para una representación escénica. *La película recibió un premio por el vestuario.* **SIN.** Equipo. **3.** Parte del teatro donde se visten los actores que toman parte en la representación. *Había muchos nervios en el vestuario.* **4.** Local destinado a cambiarse de ropa en gimnasios, piscinas, etc. *Me dejé las llaves en el vestuario de la piscina.* **5.** Uniforme de los soldados. *Ya les han dado el vestuario de verano.*

veta (**ve**-ta) *s. f.* **1.** Raya o franja de color distinto. *Pinta siguiendo las vetas de la madera.* **2.** Estrato de un mineral útil. *Veta de carbón.* **SIN.** Vena, filón.

vetar (ve-**tar**) *v. tr.* Poner veto a una persona o cosa. *Vetaron su propuesta.* **SIN.** Prohibir, obstaculizar. **ANT.** Permitir, tolerar.

veteranía (ve-te-ra-**ní**-a) *s. f.* Cualidad de veterano. *Le favoreció su veteranía.* **SIN.** Experiencia, pericia.

veterano, na (ve-te-**ra**-no) *adj.* **1.** Antiguo y experimentado en cualquier profesión. *Es veterano en el oficio.* **SIN.** Avezado, experto. **ANT.** Bisoño, novato, primerizo. **2.** Se dice de los militares que ya llevan mucho tiempo. **GRA.** También s. m. y s. f. *Tenían que obedecer a los veteranos.* **ANT.** Novato, recluta.

veterinaria (ve-te-ri-**na**-ria) *s. f.* Ciencia y arte de prevenir y curar las enfermedades de los animales. *Estudia veterinaria.*

veterinario, ria (ve-te-ri-**na**-rio) *s. m. y s. f.* Persona que se dedica a la veterinaria por profesión o estudio. *Llevaron el perro a la veterinaria para vacunarlo.*

veto (**ve**-to) *s. m.* Derecho que tiene una persona o corporación para prohibir una cosa. *Tiene derecho a veto*. **SIN.** Impedimento, obstáculo. **ANT.** Permiso. ‖ **LOC. poner veto a algo** *fam.* Oponerse a cualquier cosa que otros planean o aceptan.

vetusto, ta (ve-**tus**-to) *adj.* Muy antiguo, de mucha edad. *Nos encantó aquella vetusta ciudad*. **SIN.** Anciano, antiguo, añejo. **ANT.** Nuevo, joven.

vexicología (ve-xi-co-lo-**gí**-a) *s. f.* Disciplina que estudia las banderas, pendones y estandartes. *Es toda una experta en vexicología*.

vez *s. f.* **1.** Cada uno de los casos en que tiene lugar un acto o acontecimiento que puede repetirse. *Lo intentó por segunda vez*. **SIN.** Oportunidad, ocasión. **2.** Tiempo u ocasión determinada. *Sólo nos vimos esa vez*. **3.** Tiempo u ocasión de hacer una cosa por turno u orden. *Te toca la vez*. **SIN.** Turno, tanda. ‖ *s. f. pl.* **4.** Ministerio, autoridad o jurisdicción que una persona ejerce supliendo a otra o representándola. **GRA.** Se usa con el v. "hacer". *Hizo las veces de ministro durante su ausencia*. ‖ **LOC. a la vez** Simultáneamente. **a su vez, o por vez** Por orden sucesivo y alternado. **a veces** Ocasionalmente. **de una vez** Con una sola acción, en un acto seguido. **de vez en cuando** De cuando en cuando, o de tiempo en tiempo. **hacer las veces de alguien** Sustituirle. **otra vez** Reiteradamente. **rara vez** En pocas ocasiones. **tal vez** Acaso, quizá. **tomarle a alguien la vez** *fam.* Adelantársele. **una vez que** Después que.

vía (**ví**-a) *s. f.* **1.** Camino por donde se transita. *Seguí la vía más corta para ir a tu casa*. **SIN.** Calle, camino, avenida, senda, sendero. **2.** Raíles por donde circula el ferrocarril, el metro. *Están arreglando la vía del tren*. **3.** Conducto por el que pasan en el cuerpo los humores, los alimentos, el aire, etc. *Vías respiratorias*. **4.** Dirección y camino que han de seguir los correos. *Vía aérea*. **5.** Conducto o persona por la que se tramita un asunto. *Reclamó su dinero por vía judicial*. **6.** Camino o instrumento para realizar una cosa. *Eligieron la vía del diálogo para tratar de solucionar el conflicto*. **SIN.** Medio, procedimiento. ‖ **7. cuaderna vía** Estrofa usada en la poesía española del s. XIII y XIV por el Mester de Clerecía, formada por cuatro versos alejandrinos monorrimos. **8. vía contenciosa** Procedimiento judicial ante la jurisdicción competente para el caso, por contraposición a la administrativa. **9. vía culta** Forma de derivación léxica en la que una palabra se toma del latín o del griego sin sufrir ninguna evolución. **10.**

vía férrea *Ferrocarril. **11. vía láctea, o Camino de Santiago** Galaxia en la cual se contiene el Sistema Solar. Se percibe como una ancha faja de luz blanca y difusa, que atraviesa la mayor parte de la esfera celeste, de norte a sur. **12. vía muerta** Tratándose de ferrocarriles, aquella que no tiene salida. **13. vía ordinaria** Forma procesal de contención, que se emplea en los juicios declarativos. **14. vía pública** Calle, plaza, camino, etc., por la que transita el público. ‖ **LOC. dejar vía libre a algo** Permitir que suceda. **en vías de** En proceso, en trámite, en curso o en camino de. **estar algo en vía muerta** Estar paralizado.

viabilidad (via-bi-li-**dad**) *s. f.* Cualidad de viable. *No le veo viabilidad a tu propuesta*. **SIN.** Facilidad, posibilidad, aptitud. **ANT.** Dificultad, imposibilidad.

viable (**via**-ble) *adj.* Se dice del asunto que, por sus circunstancias, tiene probabilidades de llevarse a cabo. *Era un proyecto viable*. **SIN.** Posible, factible, hacedero. **ANT.** Imposible, inviable.

vía crucis *expr. lat.* con que se denomina el camino señalado con diversas estaciones de cruces o altares, y que se recorre rezando en cada una de ellas, en memoria de los pasos que dio Jesucristo caminando al Calvario. **GRA.** También *s. m. Recorrieron el vía crucis*. **SIN.** Calvario, Vía Sacra. ‖ *s. m.* **2.** Conjunto de catorce representaciones de dichos pasos. *En la pared derecha de la iglesia estaba el vía crucis*. **3.** Ejercicio piadoso en que se conmemoran los pasos del Calvario. *Rezaron el vía crucis*. **4.** Trabajo, aflicción continuada que sufre una persona. *Su vida era un continuo vía crucis*. **SIN.** Dolor, sufrimiento. **ANT.** Alegría, contento. ✎ Invariable en número.

viaducto (via-**duc**-to) *s. m.* Puente para salvar una hondonada. *Estaban a punto de finalizar las obras del viaducto*.

viajante (via-**jan**-te) *s. m. y s. f.* Dependiente comercial que hace viajes para negociar. *Su padre era viajante*. **SIN.** Representante.

viajar (via-**jar**) *v. intr.* **1.** Ir de un lugar a otro, casi siempre lejano. *Los pilotos de avión viajan frecuentemente*. **SIN.** Recorrer, desplazarse, trasladarse. **ANT.** Permanecer. **2.** Recorrer un viajante varias localidades para vender una mercancía. *En su profesión tiene que viajar mucho*.

viaje (vi-**a**-je) *s. m.* **1.** Acción de trasladarse de una parte a otra. *Hicimos el viaje en autobús*. **SIN.** Marcha, recorrido, trayecto. **2.** Recorrido que se hace de un lugar a otro. *Nos quedan todavía bastantes*

viajero - viciar

horas de viaje. **3.** Carga que se lleva de una parte a otra. *Tengo que llevar este viaje.* **4.** Narración en que se refiere lo que ha visto u observado un viajero. *Libro de viajes.* || **LOC. para ese viaje no se necesitan alforjas** *fam.* Frase con la que se da a entender que lo que otro ofrece o hace se considera insuficiente o inútil.

viajero, ra (via-**je**-ro) *s. m. y s. f.* Persona que hace un viaje, especialmente largo. *Los viajeros estaban impacientes ante el retraso del tren.*

vial *adj.* Que pertenece o se refiere a la vía. *Seguridad vial.*

vianda (**vian**-da) *s. f.* **1.** Sustento y comida de los seres racionales. *Se nos acabaron las viandas.* **SIN.** Manjar, alimento, comida. **2.** Comida que se sirve a la mesa. *Era el encargado de servir las viandas.* **SIN.** Plato.

viático (**viá**-ti-co) *s. m.* En la Iglesia católica, comunión que se administra a los enfermos en peligro de muerte. *Recibió el viático.* **SIN.** Extrema unción.

víbora (**ví**-bo-ra) *s. f.* **1.** Serpiente venenosa, de unos 50 cm de largo, de cabeza en forma de corazón, con dos dientes, uno a cada lado de la mandíbula superior, por los cuales, al morder, sale un líquido ponzoñoso. *Le mordió una víbora.* **2.** Persona murmuradora. *Es una víbora, nos pone a todos verdes.*

vibración (vi-bra-**ción**) *s. f.* **1.** Acción y efecto de vibrar. *Ese motor tiene mucha vibración.* **SIN.** Trepidación, oscilación. **2.** Movimiento de una partícula de un cuerpo que oscila durante un período. *Calcula el período de vibración de esas partículas.*

vibrante (vi-**bran**-te) *adj.* Se dice del sonido o letra cuya pronunciación se caracteriza por un rápido contacto oclusivo, simple o múltiple, entre los órganos de la articulación. **GRA.** También s. f. *La "r" es vibrante.*

vibrar (vi-**brar**) *v. intr.* **1.** Moverse con celeridad las moléculas de un cuerpo elástico, y también la totalidad del cuerpo. *Vibran las cuerdas de la guitarra.* **SIN.** Oscilar, temblar. **2.** Sonar la voz como temblando. *Le vibraba la voz de miedo.*

vicaría (vi-ca-**rí**-a) *s. f.* Oficio o dignidad de vicario, y territorio de su jurisdicción. *Estaba al frente de la vicaría.* || **LOC. pasar por la vicaría** Casarse.

vicario, ria (vi-**ca**-rio) *adj.* **1.** Que tiene el poder y facultades de otra persona o la sustituye. **GRA.** También s. m. y s. f. *El vicario representó al rector en aquel acto.* || *s. m. y s. f.* **2.** Persona que en las órdenes religiosas tiene las veces y autoridad de alguno de los superiores. *Era vicario de la orden.* || *s. m.* **3.** Juez eclesiástico nombrado y elegido por los prelados para que ejerza sobre sus súbditos la jurisdicción ordinaria. *Le nombraron vicario.*

vicealmirante (vi-ce-al-mi-**ran**-te) *s. m.* Oficial general de la armada, inmediatamente inferior al almirante. Equivale a general de división en el ejército de tierra. *Mi abuelo era vicealmirante.*

vicecanciller (vi-ce-can-ci-**ller**) *s. m.* **1.** Cardenal presidente de la curia romana para el despacho de las bulas y breves apostólicos. *El vicecanciller concedió las bulas.* **2.** Persona que hace las veces de canciller, a falta de éste, en orden al sello de los despachos. *Recibió la visita del vicecanciller.*

vicecónsul (vi-ce-**cón**-sul) *s. m.* Funcionario de la carrera consular, inmediatamente inferior al cónsul. *Fue vicecónsul durante dos años.*

vicegobernador, ra (vi-ce-go-ber-na-**dor**) *s. m. y s. f.* Persona que hace las veces de gobernador. *El vicegobernador se encargó del asunto.*

Vicente (Vi-**cen**-te) *n. p.* que se emplea en la frase "¿Dónde va Vicente? Donde va la gente", con la que se acusa a alguien de excesivo conformismo o falta de personalidad.

vicepresidente, ta (vi-ce-pre-si-**den**-te) *s. m. y s. f.* Persona que está facultada para hacer las veces de presidente o presidenta. *La vicepresidenta asistió al acto.*

vicerrector, ra (vi-ce-rrec-**tor**) *s. m. y s. f.* Persona que hace las veces de rector. *Le nombraron vicerrector.*

vicesecretario, ria (vi-ce-se-cre-**ta**-rio) *s. m. y s. f.* Persona que hace o está facultada para hacer las veces del secretario o secretaria. *El vicesecretario se encargó de redactar las actas.*

viceversa (vi-ce-**ver**-sa) *adv. m.* Al contrario o por lo contrario, cambiadas dos cosas recíprocamente. *Lo harás primero tú y luego yo, o viceversa.*

vichy *s. m.* Tela de algodón que se usa para hacer camisas, blusas, etc. *Llevaba una blusa de vichy.*

viciar (vi-**ciar**) *v. tr.* **1.** Dañar o corromper física o moralmente. **GRA.** También v. prnl. *Se vició con las malas compañías.* **SIN.** Depravar(se), envilecer(se), pervertir(se). **ANT.** Educar(se), formar(se), perfeccionar.(se). **2.** Tergiversar o torcer el sentido de una proposición. *No vicies mis palabras.* || *v. prnl.* **3.** Entregarse alguien a los vicios. *Se fue viciando poco a poco con el juego.* **SIN.** Enviciarse. **ANT.** Apartarse. **4.** Aficionarse a algo con exceso. *Se vicia con la lectura.* ✎ En cuanto al acento, se conjuga como cambiar.

vicio - vidente

vicio (**vi**-cio) *s. m.* **1.** Costumbre de obrar mal. *Tiene mucho vicio.* **ANT.** Virtud. **2.** Defecto. *Todos tenemos vicios.* **SIN.** Lacra. **3.** Demasiado deseo de una cosa, de la que se abusa en exceso. *Tenía el vicio del juego.* **SIN.** Adicción. **4.** Mimo, cariño excesivo. *Este niño lo que tiene es mucho vicio.* || **LOC. quejarse de vicio alguien** *fam.* Quejarse sin motivos.

vicisitud (vi-ci-si-**tud**) *s. f.* Sucesión de acontecimientos favorables y desfavorables. *Pasó por todas aquellas vicisitudes.*

víctima (**víc**-ti-ma) *s. f.* **1.** Persona o animal destinado al sacrificio. *Abraham ofreció como víctima a su hijo Isaac.* **SIN.** Mártir. **ANT.** Victimario, verdugo. **2.** Persona que se expone a un grave riesgo en beneficio de otra. *Su causa contaba ya con numerosas víctimas.* **SIN.** Mártir. **3.** Persona que sufre por culpa ajena o por causa fortuita. *Las víctimas del terrorismo formaron una asociación.* **SIN.** Martirizado, perjudicado, torturado. || **LOC. hacerse alguien la víctima** Fingir un daño.

victoria[1] (vic-**to**-ria) *s. f.* Triunfo que se consigue al ganar o vencer. *¿Sabes quién ha obtenido la victoria en la carrera?* **SIN.** Éxito, ventaja. **ANT.** Derrota, pérdida, desventaja, fracaso. || **LOC. cantar alguien victoria** Blasonar o jactarse del triunfo.

victoria[2] (vic-**to**-ria) *s. f.* Coche de dos asientos, abierto y con capota. *En la exposición de coches antiguos vimos victorias.*

victorioso, sa (vic-to-**rio**-so) *adj.* **1.** Que ha conseguido una victoria. **GRA.** También s. m. y s. f. *Logró salir victorioso.* **SIN.** Ganador, invicto, triunfante, vencedor. **ANT.** Perdedor, vencido. **2.** Se dice de las acciones en que se consigue. *Fue una hazaña victoriosa.*

vicuña (vi-**cu**-ña) *s. f.* **1.** Mamífero rumiante parecido a la llama, sin cuernos, con orejas puntiagudas y derechas y piernas muy largas. Su cuerpo está cubierto de un pelo largo y finísimo. *La vicuña vive salvaje en manadas en los Andes de Perú y de Bolivia.* **2.** Tejido hecho con este pelo y, más tarde, algunas imitaciones fabricadas con lana fina y alpaca. *La chaqueta era de vicuña.*

vid *s. f.* Arbusto trepador, de flores muy pequeñas y fruto en bayas redondeadas y jugosas, agrupadas en racimos, como la uva. *Podó las vides.* **SIN.** Cepa, parra. ✎ Su pl. es "vides".

vida (**vi**-da) *s. f.* **1.** Tiempo que va del nacimiento a la muerte. *La vida del perro es más corta que la de las personas.* **SIN.** Existencia, duración. **ANT.** Muerte, final. **2.** Estado de actividad de una persona, de un organismo o de un sector social. *Esa ciudad tiene mucha vida.* **SIN.** Energía, dinamismo. **3.** Duración de las cosas. *Ese juguete tuvo poca vida.* **4.** Modo de vivir. *Lleva una vida bastante cómoda.* **5.** Modo de comportarse. *No me gusta la vida que lleva.* **SIN.** Comportamiento, proceder, pauta. **6.** Persona o ser humano. *El temporal se cobró varias vidas.* **7.** Relación o historia de los hechos notables realizados por una persona. *Leyó la vida de Cervantes.* **SIN.** Biografía. **8.** Cualquier cosa que produce mucho agrado o complacencia. *Estar aquí tumbado sí que es vida.* **9.** Cualquier cosa que contribuye al ser o conservación de otra. *Ese color le da mucha vida.* || **10. vida espiritual** Forma de vivir de acuerdo con los ejercicios de virtud y aprovechamiento en el espíritu. **11. vida y milagros** Biografía de los santos en el proceso de su canonización. | *fam.* Forma de vivir, travesuras y conducta de alguien. **12. la otra vida, o vida futura** Supervivencia del alma después de la muerte. **13. media vida** Cosa de gran gusto o alivio para alguien. **14. vida de perros** *fam.* La que transcurre con trabajos, fastidios y contratiempos. || **LOC. a vida o muerte** Expresión con que se denota el peligro de muerte que reviste una operación quirúrgica o una situación comprometida. **buscarse alguien la vida** Encontrar los medios con los que poder mantenerse. **costar la vida** Frase que pondera lo grave de una circunstancia o la determinación de hacer algo, aun con riesgo de la propia vida. **dar alguien la vida por una persona** Sacrificarse por ella. **dar alguien mala vida a otra persona** Tratarla mal. **darse alguien buena vida** Buscar y gozar de comodidades. **dejarse alguien la vida en algo** Esforzarse mucho. **de por vida** Siempre, perpetuamente. **de toda la vida** *fam.* Desde hace mucho tiempo. **enterrarse alguien en vida** Retraerse del trato social y, sobre todo, entrar en alguna orden religiosa. **entre la vida y la muerte** En peligro inminente. **en vida** Durante el transcurso de la misma. **ganarse alguien la vida** Trabajar o buscar medios para mantenerse. **hacerle la vida imposible a alguien** Causarle continuas molestias o sufrimientos. **pasar a mejor vida** Morir. **tener alguien la vida en un hilo** *fam.* Hallarse en un grave peligro. **tener alguien siete vidas como los gatos** *fam.* Salir incólume de graves riesgos y peligros de muerte.

vidente (vi-**den**-te) *s. m. y s. f.* Persona que tiene la facultad de adivinar lo que aún no ha sucedido. *Vi-*

vídeo - viernes

sitó a una vidente para conocer su futuro. **SIN.** Profeta, adivino, médium.

vídeo (**ví**-de-o) s. m. Aparato que graba y reproduce imágenes y sonidos. *Vieron la película en el vídeo.*

videocámara (vi-de-o-**cá**-ma-ra) s. f. Cámara de vídeo. *Regalaron a su sobrino una modernísima cámara de vídeo.*

videocasete (vi-de-o-ca-**se**-te) s. f. Cinta magnética en la que se graban imágenes y sonidos. *El documental está grabado en esa videocasete.*

videoclip (vi-de-o-**clip**) s. m. Vídeo musical. *Todavía no he visto el último videoclip del grupo.*

videoclub (vi-de-o-**club**) s. m. Establecimiento comercial en el que se pueden alquilar o comprar cintas de vídeo. *Fueron al videoclub a devolver la película.*

videoconsola (vi-de-o-con-**so**-la) s. f. Aparato electrónico de tamaño reducido que permite jugar, con ayuda de un monitor de televisión y unos mandos, a diferentes videojuegos. *Quería una videoconsola como regalo de cumpleaños.*

videodisco (vi-de-o-**dis**-co) s. m. Disco en el que se graban imágenes y sonidos, y que pueden ser reproducidos en un televisor mediante rayo láser. *Reprodujeron el videodisco.*

videofrecuencia (vi-de-o-fre-**cuen**-cia) s. f. Frecuencia de onda empleada para la transmisión de imágenes. *Este aparato tiene una amplia banda de videofrecuencia.*

videojuego (vi-de-o-**jue**-go) s. m. Juego electrónico contenido en un disquete, casete o cartucho, con el que se puede jugar a través de un ordenador o videoconsola. *Es muy aficionado a los videojuegos.*

vidorra (vi-**do**-rra) s. f., fam. Vida muy cómoda. *Desde que se murió su marido, se da la vidorra padre.* **SIN.** Comodidad, descanso, holganza. **ANT.** Trabajo.

vidriera (vi-**drie**-ra) s. f. **1.** Bastidor con vidrios con que se cierran puertas y ventanas. *Las vidrieras de la catedral de León son muy famosas.* **SIN.** Cristalera, ventanal. ∥ **2. vidriera de colores** La formada por vidrios coloreados formando dibujos y que cubre los ventanales de palacios e iglesias.

vidrio (**vi**-drio) s. m. **1.** Sustancia transparente o translúcida, dura, frágil, a la cual pueden darse distintas coloraciones añadiendo óxidos metálicos. *Visitamos una fábrica de vidrio.* **SIN.** Cristal. **2.** Cualquier objeto de esta sustancia. *Tenía una espléndida colección de vidrios antiguos.* ∥ **LOC. pagar alguien los vidrios rotos** fam. Cargar con la culpa de otra persona.

vidrioso, sa (vi-**drio**-so) adj. **1.** Que se quiebra con facilidad, como el vidrio. *Es un material muy vidrioso.* **SIN.** Delicado, frágil, quebradizo. **ANT.** Irrompible. **2.** Se dice del piso cuando está muy resbaladizo por haber helado. *Por la mañana temprano la carretera estaba vidriosa.* **3.** Se dice de los ojos que se vidrian por el miedo, la enfermedad, etc. *Tenía los ojos vidriosos.*

vieira (**viei**-ra) s. f. **1.** Molusco comestible, especie de ostra, cuya concha es la venera, insignia que llevan los peregrinos a Santiago. *Le encantan las vieiras.* **2.** Esa misma concha. *Usaba una vieira de cenicero.*

viejo, ja (**vie**-jo) adj. **1.** Se dice de la persona de mucha edad. **GRA.** También s. m. y s. f. *Las personas viejas guardan infinidad de recuerdos.* **SIN.** Anciano. **ANT.** Joven, niño. **2.** Que tiene muchos años. *Este anillo es muy viejo.* **SIN.** Antiguo. **ANT.** Joven. **3.** Muy estropeado o muy usado. *Tira ese viejo pantalón.* **SIN.** Ajado. **ANT.** Nuevo. **4.** Que no es reciente ni nuevo. *Es una vieja historia.* **SIN.** Pasado, gastado. **ANT.** Nuevo. **5.** Que se refiere al tiempo pasado. *Me encontré con un viejo amigo al que hacía mucho tiempo que no veía.* **SIN.** Antiguo.

viento (**vien**-to) s. m. **1.** Corriente de aire. *El viento en el estrecho es fuerte y peligroso.* **SIN.** Brisa, vendaval. **ANT.** Calma. ∥ **2. vientos alisios** Vientos tropicales del Este. ∥ **LOC. a los cuatro vientos** En todas direcciones, por doquier. **beber alguien los vientos por algo o por alguien** fam. Desear algo con ansia o estar muy enamorado. **como el viento** Muy rápido. **contra viento y marea** Superando todas las dificultades. **con viento fresco** Con los verbos "marcharse", "irse", significa con desprecio o con enfado. **correr malos vientos** No ser las circunstancias favorables para algún asunto. **dar al viento una cosa** Divulgarla y también presumir de algo. **dejar atrás los vientos** Correr con mucha velocidad. **llevarse el viento una cosa** fam. No ser estable algo. **viento en popa** Con prosperidad o suerte favorable.

vientre (**vien**-tre) s. m. **1.** Cavidad del cuerpo en la que están el estómago y los intestinos. *Le dolía el vientre.* **SIN.** Barriga, panza, tripa. **2.** Conjunto de las vísceras contenidas en esta cavidad, especialmente después de extraídas. *El carnicero desechó el vientre de la vaca.* **SIN.** Tripas. **3.** Panza de las vasijas y de otras cosas. *Este jarrón tiene un vientre muy abultado.*

viernes (**vier**-nes) s. m. Día de la semana comprendido entre el jueves y el sábado. *Los viernes me*

viga - villa

acuesto más tarde, porque el sábado no tengo que trabajar. 🔍 Invariable en número.

viga (vi-ga) *s. f.* **1.** Madero largo y grueso que sirve generalmente para formar los techos y sostener una construcción. *Barnizaron las vigas del techo de la cabaña.* **2.** Hierro de doble T destinado en la construcción moderna a los mismos usos que la viga de madera. *Colocaron las vigas en el edificio.* ‖ **3. viga maestra** La que, tendida sobre pilares o columnas, se emplea para sostener las cabezas de otros maderos también horizontales, o para sustentar cuerpos superiores del edificio.

vigente (vi-gen-te) *adj.* Se dice de las leyes, costumbres, etc., que están en vigor. *Esa ley está aún vigente.* **SIN.** Eficaz, valedero, válido. **ANT.** Cancelado, abolido, prescrito.

vigesimal (vi-ge-si-mal) *adj.* Se dice del sistema para contar de veinte en veinte. *Utilizamos el sistema vigesimal en clase.*

vigésimo, ma (vi-gé-si-mo) *adj. num. part.* **1.** Se dice de cada una de las 20 partes iguales en que se divide un todo. **GRA.** También s. m. ‖ *adj. num. ord.* **2.** Que ocupa el último lugar en una serie ordenada de 20.

vigía (vi-gí-a) *s. f.* **1.** Torre situada en un alto para vigilar el horizonte. *Sube a lo alto de la vigía.* **SIN.** Atalaya. **2.** Persona encargada de vigilar el mar o el campo. **GRA.** Se usa más como s. m. y s. f. *Releva al vigía en su puesto.* **SIN.** Centinela, oteador, torrero.

vigilancia (vi-gi-lan-cia) *s. f.* **1.** Acción de vigilar, cuidando y atendiendo adecuadamente las cosas que están a cargo de cada uno. *No desatendió la vigilancia de los enfermos.* **SIN.** Custodia, cuidado, protección. **2.** Servicio ordenado y dispuesto para guardar el orden. *Por aquellos días había mucha vigilancia.*

vigilante (vi-gi-lan-te) *adj.* **1.** Que vela o está despierto. *Permaneció vigilante.* ‖ *s. m. y s. f.* **2.** Persona encargada de velar por algo. *Trabajaba de vigilante en esa fábrica.* **SIN.** Guarda, supervisor.

vigilar (vi-gi-lar) *v. intr.* **1.** Atender cuidadosamente a una persona o cosa. **GRA.** También v. tr. *Un policía vigilaba la casa.* **SIN.** Atender, cuidar, proteger, custodiar. **ANT.** Desatender, abandonar, desamparar. **2.** Observar la conducta de una persona. **GRA.** También v. tr. *El espía vigilaba sus movimientos.*

vigilia (vi-gi-lia) *s. f.* **1.** Acción de estar despierto o en vela. *Estuvo toda la noche de vigilia.* **2.** Comida con abstinencia de carne. *Los viernes de Cuaresma comían de vigilia.*

vigor (vi-gor) *s. m.* **1.** Fuerza o actividad notable de las cosas animadas o inanimadas. *Tiene mucho vigor.* **SIN.** Aliento, vitalidad, energía, ímpetu. **2.** Obligatoriedad de una ley. *La ley entró en vigor.*

vigorizar (vi-go-ri-zar) *v. tr.* **1.** Dar vigor a una persona o cosa. **GRA.** También v. prnl. *Les vigorizó con sus palabras.* **SIN.** Entonar(se), fortificar(se), nutrir(se), reanimar(se). **ANT.** Debilitar(se), extenuar(se). **2.** Animar, esforzar. **GRA.** También v. prnl. *Vigorizó al equipo con su entusiasmo.* 🔍 Se conjuga como abrazar.

vigoroso, sa (vi-go-ro-so) *adj.* Que tiene vigor. *Era una niña muy vigorosa.* **SIN.** Activo, enérgico, vital. **ANT.** Débil, extenuado.

vihuela (vi-hue-la) *s. f.* Instrumento antecesor de la guitarra, de tamaño un poco más reducido y que se toca normalmente con los dedos, aunque alguna vez se hace con púa. *La vihuela es típica de España.*

vikingo, ga (vi-kin-go) *adj.* **1.** Se dice de los navegantes escandinavos que realizaron incursiones en las islas del Atlántico y Europa occidental durante los siglos VIII y IX. **GRA.** También s. m. y s. f. *Los vikingos eran un pueblo guerrero.* **2.** Que pertenece o se refiere a este pueblo. *La cultura vikinga apenas ha sido estudiada.*

vil *adj.* **1.** Se dice del que es digno de desprecio. *Su acción fue vil.* **SIN.** Ruin, bajo, despreciable, infame. **ANT.** Importante, excelente. **2.** Se dice de la persona que falta a la confianza que en ella se pone. **GRA.** También s. m. y s. f. *Es una persona vil.* **SIN.** Traidor, falso. **ANT.** Honrado, fiel.

vileza (vi-le-za) *s. f.* Acción o expresión baja e indigna. *Cometió una gran vileza.* **SIN.** Bellaquería, indignidad, ruindad, villanía.

vilipendiar (vi-li-pen-diar) *v. tr.* Tratar con desprecio. *Vilipendió a sus adversarios.* **SIN.** Denostar, despreciar, injuriar, insultar, calumniar. **ANT.** Alabar, respetar, enaltecer, honrar. 🔍 En cuanto al acento, se conjuga como cambiar.

vilipendio (vi-li-pen-dio) *s. m.* Desprecio, denigración de una persona o cosa. *Estaba decidida a no soportar más vilipendios.* **SIN.** Afrenta, difamación, oprobio. **ANT.** Loa, alabanza.

villa (vi-lla) *s. f.* **1.** Casa de campo. *Pasaban los fines de semana en la villa.* **SIN.** Quinta, finca. **2.** Denominación que se da a algunas poblaciones, diferenciándose de ciudad o pueblo. *Visitamos aquella histórica villa.* **3.** Corporación municipal. *Asistí a una conferencia en el centro cultural de la villa de Madrid.* **SIN.** Consistorio.

Villadiego (Vi-lla-**die**-go) *n. p.* que se utiliza en la expresión "coger, o tomar, las de Villadiego", que significa ausentarse impensadamente, generalmente por huir de un riesgo o compromiso. *En cuanto se dio cuenta de la situación, tomó las de Villadiego.*

villancico (vi-llan-**ci**-co) *s. m.* **1.** Cancioncilla popular, breve, que servía de estribillo en otras composiciones. *Editó una recopilación de villancicos.* **SIN.** Canción, cantar, tonada. **2.** Composición poética popular con estribillo, y especialmente la de asunto religioso que se canta en las iglesias en Navidad y otras festividades. *Cantaron villancicos en la misa del gallo.*

villanía (vi-lla-**ní**-a) *s. f.* **1.** Bajeza de nacimiento, condición o estado. *A pesar de su villanía, llegó a ocupar un alto cargo en la corte.* **2.** Acción ruin o expresión indecorosa. *Lo que hiciste fue una villanía.* **SIN.** Alevosía, indignidad, infamia, vileza.

villano, na (vi-**lla**-no) *adj.* **1.** Que pertenece al pueblo llano a diferencia de la nobleza, clero o realeza. **GRA.** También s. m. y s. f. *Los villanos se rebelaron contra el conde.* **SIN.** Aldeano, campesino, labriego, rústico. **2.** Se dice de la persona grosera o descortés. *El muy villano me dejó plantado.* **SIN.** Patán, rudo, grosero. **ANT.** Cortés, educado. **3.** Se dice de la persona ruin y miserable. *Eres una villana.* **SIN.** Alevoso, bellaco, vil, sinvergüenza.

vilo, en *loc. adv.* **1.** Sin el fundamento o apoyo necesario; sin estabilidad. *El acuerdo todavía estaba en vilo.* **2.** Con indecisión e inquietud. *Me tuvo en vilo toda la noche.*

vinagre (vi-**na**-gre) *s. m.* Líquido agrio y astringente producido por la fermentación ácida del vino. *Echa un poco más de vinagre en la ensalada.*

vinagreras (vi-na-**gre**-ras) *s. f. pl.* Utensilio para el servicio de mesa, con dos o más frascos para aceite y vinagre. *Trae las vinagreras para que cada uno aliñe la ensalada a su gusto.* **SIN.** Aceiteras. ☞ No debe confundirse con "vinajeras".

vinagreta (vi-na-**gre**-ta) *s. f.* Salsa, compuesta de aceite, vinagre, sal y pimienta. *Preparó una vinagreta para acompañar al pescado.*

vinajeras (vi-na-**je**-ras) *s. f. pl.* Conjunto de los dos jarrillos con que se sirven en la misa el vino y el agua, y de la bandeja donde se colocan. *El monaguillo llevaba las vinajeras.* ☞ No debe confundirse con "vinagrera".

vinatero, ra (vi-na-**te**-ro) *adj.* **1.** Que pertenece o se refiere al vino. *Este año ha mejorado la cosecha vinatera.* ‖ *s. m. y s. f.* **2.** Persona que comercia con el vino. *He comprado varias botellas de vino al vinatero.* **SIN.** Bodeguero.

vincular (vin-cu-**lar**) *v. tr.* **1.** Unir o fundar una cosa en otra. *Vincularon su relación basándose en la confianza mutua.* **SIN.** Asociar, conectar. **ANT.** Separar, alejar. **2.** Perpetuar o continuar una cosa o el ejercicio de ella. **GRA.** Se usa más como v. prnl. *Desde el comienzo se vinculó mucho a la empresa.* **3.** Someter una persona a otra. *Se vinculó con ellos emocionalmente.* **4.** Sujetar a una obligación. *Al firmar el contrato se vincularon legalmente.* **SIN.** Obligar.

vínculo (**vín**-cu-lo) *s. m.* Unión o atadura de una persona o cosa con otra. *Había un fuerte vínculo de amistad entre ellos.* **SIN.** Ligamen, conexión, lazo.

vino (**vi**-no) *s. m.* Bebida alcohólica que se saca de las uvas. *En la comida he bebido vino.*

viña (**vi**-ña) *s. f.* **1.** Terreno plantado de vides. *Estaba trabajando en la viña.* **SIN.** Campo, majuelo, parral. ‖ **LOC. como hay viñas** *fam.* Expresión para afirmar una cosa evitando un juramento. **haber de todo en la viña del Señor** *fam.* Haber cosas buenas y cosas malas.

viñedo (vi-**ñe**-do) *s. m.* Terreno plantado de vides. *En Jerez hay muchos viñedos.* **SIN.** Parral, viña.

viñeta (vi-**ñe**-ta) *s. f.* **1.** Cada uno de los recuadros que componen un cómic. *Hemos coloreado las viñetas del cómic con acuarelas.* **SIN.** Dibujo, ilustración. **2.** Dibujo de carácter humorístico incluido en un periódico, libro, etc., con texto o sin él. *He dibujado varias viñetas.*

viola (**vio**-la) *s. f.* **1.** Instrumento de la misma figura que el violín, pero de mayor tamaño y de sonoridad melancólica y penetrante. *Toca la viola.* ‖ *s. m. y s. f.* **2.** Persona que toca este instrumento. *Las violas ocuparon su lugar en la orquesta.*

violación (vio-la-**ción**) *s. f.* **1.** Delito que comete la persona que obliga a otra, mediante la fuerza y en contra de su voluntad, a realizar el acto sexual. *Estaba acusado de violación.* **SIN.** Forzamiento, infracción, transgresión, fuerza. **2.** Acción y efecto de no respetar una ley, lugar, etc. *Se veía sometido a una constante violación de su intimidad.*

violar (vio-**lar**) *v. tr.* **1.** Infringir, quebrantar una ley o precepto. *Violó las normas de circulación.* **SIN.** Conculcar, transgredir. **ANT.** Respetar, acatar. **2.** Cometer un acto de violación. *Estaba acusado de haber violado a una niña.* **SIN.** Violentar, forzar. **3.** Profanar un lugar. *Unos gamberros violaron su tumba y causaron varios desperfectos.* **SIN.** Deshonrar, vulnerar. **ANT.** Respetar, honrar.

violencia (vio-**len**-cia) *s. f.* Cualidad de violento. *La violencia engendra violencia.* **SIN.** Brusquedad.

violentar (vio-len-**tar**) *v. tr.* **1.** Aplicar medios violentos a cosas o personas para vencer su resistencia. *Le violentaron para que les encubriera.* **SIN.** Forzar, obligar, atentar. **2.** Entrar en una casa o propiedad contra la voluntad de su dueño. *Violentaron la puerta de su domicilio.* **SIN.** Ganzuar, forzar. **3.** Poner a alguien en una situación molesta. *Violentaron la tranquilidad de su vida.* **SIN.** Airar, burlar.

violento, ta (vio-**len**-to) *adj.* **1.** Que está fuera de su natural estado, situación o modo. *El mar estaba muy violento.* **2.** Que obra con ímpetu y fuerza. *Le dio un violento empujón.* **SIN.** Arrebatado. **3.** Se dice del carácter impetuoso y que se deja llevar de la ira. *Es una persona un poco violenta.* **SIN.** Agresivo, airado, brusco. **ANT.** Calmado, contenido, tranquilo. **4.** Que se realiza contra el modo regular o fuera de razón y justicia. *Le replicó de forma violenta.* **5.** Se dice de la situación embarazosa en la que se encuentra una persona. *Me sentí muy violento.*

violeta (vio-**le**-ta) *s. f.* **1.** Planta de tallos rastreros y flores casi siempre de color morado claro y a veces blancas, de suave olor. *Cogió un ramito de violetas.* ∥ *s. m.* **2.** Color morado claro, similar al de la violeta. **GRA.** También adj. *Llevaba una chaqueta violeta.*

violín (vio-**lín**) *s. m.* **1.** Instrumento musical de cuerda y arco, compuesto de una caja de madera y un mástil al que va superpuesto el diapasón. *Toca muy bien el violín.* **2.** *Violinista.

violinista (vio-li-**nis**-ta) *s. m. y s. f.* Persona que toca el violín. *Es una excelente violinista.*

violón (vio-**lón**) *s. m.* **1.** *Contrabajo, instrumento de cuerda. **2.** Persona que toca este instrumento. *La orquesta necesitaba un violón.*

violonchelo (vio-lon-**che**-lo) *s. m.* **1.** Instrumento musical de cuerda y arco, más pequeño que el violón y de la misma forma, que se toca estando el ejecutante sentado. *Afina el violonchelo.* **SIN.** Chelo. **2.** Persona que lo toca. *Es un buen violonchelo.*

VIP *s. m. y s. f.* Persona muy influyente. *Es una fiesta sólo para VIP.*

viperino, na (vi-pe-**ri**-no) *adj.* Que pertenece o se refiere a la víbora, o tiene sus propiedades. *Lengua viperina.*

viraje (vi-**ra**-je) *s. m.* **1.** Cambio de dirección en la marcha de un automóvil. *Hizo un viraje y se salió de la carretera.* **SIN.** Giro, vuelta. **2.** Cambio brusco de la opinión, actitud o conducta de una persona. *Su actitud ha experimentado un viraje.*

virar (vi-**rar**) *v. tr.* **1.** En fotografía, sustituir la sal de plata del papel impresionado por otra sal más estable o que produzca un color determinado. *Esta foto está virada al sepia.* **2.** Cambiar de rumbo. **GRA.** También v. prnl. *El barco viró a estribor.* **SIN.** Girar(se), torcer(se). ∥ *v. intr.* **3.** Cambiar de dirección en la marcha de un vehículo. *Al llegar al final de esta calle, vira a la derecha.* **SIN.** Girar, desviarse.

virgen (**vir**-gen) *s. m. y s. f.* **1.** Persona que no ha tenido relaciones sexuales. **GRA.** También adj. *Era virgen.* **SIN.** Célibe. ∥ *adj.* **2.** Se dice de la tierra que no ha sido cultivada. *Había hectáreas de terreno virgen.* **3.** Se dice de aquellas cosas que están en su primera entereza y no han servido aún para aquello que se destinan. *Compró una cinta virgen para grabar el CD.* ∥ *s. f.* **4.** Por antonom., María Santísima. **ORT.** Se escribe con mayúscula. *Rezaron una novena a la Virgen.* **5.** Imagen que representa a María Santísima. *Llevó flores a la Virgen.* ∥ **LOC. fíate de la Virgen y no corras** *fam.* Frase con que se desdeña la excesiva confianza en algo o alguien. **viva la virgen** Locución que se aplica a la persona informal y aficionada a la diversión.

virginal (vir-gi-**nal**) *s. m.* Instrumento de tecla, muy pequeño, que produce un sonido muy suave y delicado. *Tocaba el virginal.*

virguería (vir-gue-**rí**-a) *s. f.* Adorno añadido a un trabajo. *Este marco lleva demasiada virguería.* **SIN.** Exceso, refinamiento. **ANT.** Sobriedad, contención.

virguero, ra (vir-**gue**-ro) *adj.* **1.** Magnífico. *Es un virguero con el balón.* **2.** De gran habilidad. *Tiene unas manos virgueras.*

virgulilla (vir-gu-**li**-lla) *s. f.* **1.** Cualquier signo ortográfico en figura de coma o rasguillo, como el apóstrofo, la cedilla o la tilde de la "ñ". *Completa este texto añadiendo las virgulillas que faltan.* **2.** Cualquier rayita o línea corta y muy delgada. *Borra esa virgulilla.*

viril (vi-**ril**) *adj.* Que pertenece o se refiere al varón. *Voz viril.* **SIN.** Varonil, masculino. **ANT.** Femenino.

virrey, virreina (vi-**rrey**) *s. m. y s. f.* Persona que con este título gobierna en nombre y con autoridad del rey. *Fue nombrado virrey.*

virtual (vir-tu-**al**) *adj.* **1.** Que puede producir un efecto. *Ya es el virtual campeón.* **SIN.** Eventual, posible, supuesto. **2.** Se dice de lo implícito, no expresado. *De momento han llegado a un acuerdo virtual.* **SIN.** Intrínseco, tácito. **ANT.** Explícito. **3.** En física, que tiene existencia aparente y no real. *Basa su teoría en un modelo virtual.* **SIN.** Imaginario, irreal.

virtud (vir-**tud**) *s. f.* **1.** Capacidad de una cosa para causar un efecto. *Sus amables palabras tuvieron la virtud de calmarlo.* **SIN.** Poder, eficacia. **ANT.** Ineficacia, inoperancia. **2.** Costumbre de obrar bien. *Tiene la virtud de ser muy generosa.* **SIN.** Bondad, moralidad, honradez. **ANT.** Vicio, inmoralidad. **3.** Propiedad o cualidad de una cosa para conservar la salud o mejorarla. *La manzanilla tiene la virtud de calmar los nervios.* **SIN.** Eficacia. **ANT.** Ineficacia. **4.** Poder de obrar. *Tiene virtud para ello.* **SIN.** Potencia, capacidad. **5.** *amer.* Órgano sexual femenino. ‖ **6. virtud cardinal** Cada una de las cuatro (prudencia, justicia, fortaleza y templanza) que son principio de otras en ellas contenidas. **7. virtud teologal** Cada una de las tres (fe, esperanza y caridad) cuyo objeto inmediato es Dios. ‖ **LOC. en virtud** Como resultado, a consecuencia de.

virtuoso, sa (vir-tu-**o**-so) *adj.* **1.** Que practica la virtud. **GRA.** También s. m. y s. f. *Es una persona muy virtuosa.* **SIN.** Bueno, honesto, moral. **ANT.** Deshonesto, vicioso. ‖ *s. m. y s. f.* **2.** Persona dotada de talento natural para un arte, especialmente la música. *Es un virtuoso del piano.* **SIN.** Artista.

viruela (vi-**rue**-la) *s. f.* **1.** Enfermedad contagiosa, que se caracteriza por una erupción de granos con costras que, cuando se caen, suelen dejar un hoyo en la piel. *Se vacunó contra la viruela.* **2.** Cada una de las pústulas producidas por esta enfermedad. **GRA.** Se usa más en pl. *Estaba lleno de viruelas.*

virulé, a la *loc.* **1.** Desordenado, de cualquier manera. *Lo hace todo a la virulé.* **2.** Chiflado. *Está un poco a la virulé.*

virulento, ta (vi-ru-**len**-to) *adj.* **1.** Maligno, ocasionado por un virus, o que participa de la naturaleza de éste. *Brote de gripe muy virulento.* **SIN.** Tóxico, venenoso. **ANT.** Inocuo. **2.** Se dice del lenguaje agresivo y mordaz. *Sus virulentas palabras le hicieron daño.* **SIN.** Acre, punzante. **ANT.** Suave.

virus (**vi**-rus) *s. m.* Agente infeccioso capaz de causar enfermedades a plantas y animales. *El sarampión, las paperas, la poliomelitis y la viruela son algunos ejemplos de enfermedades producidas por virus.* Invariable en número.

viruta (vi-**ru**-ta) *s. f.* Hoja delgada que sale al cepillar la madera o los metales. *Recoge las virutas.*

visado (vi-**sa**-do) *s. m.* Diligencia que se pone en un documento; especialmente la que los cónsules estampan en los pasaportes. *Ya había conseguido su visado.* **SIN.** Documento, permiso. **ANT.** Prohibición, veto.

visar (vi-**sar**) *v. tr.* Autorizar un documento, certificado, etc., poniéndole el visto bueno, o dándole validez para determinado fin o por cierto tiempo. *Visó el pasaporte en la embajada.* **SIN.** Aprobar, certificar, rubricar.

vis a vis *loc.* Frente a frente. *Se encontraron vis a vis.* **SIN.** Encarado, enfrentado.

víscera (**vís**-ce-ra) *s. f.* Entraña del ser humano o de los animales. *El corazón es una víscera.*

visceral (vis-ce-**ral**) *adj.* **1.** Que pertenece o se refiere a las vísceras. *Análisis visceral.* **2.** Se dice del sentimiento intenso. *Sentía un odio visceral hacia aquella persona.* **3.** Se dice de la persona que se deja llevar por ese sentimiento. *Ana es muy visceral.*

viscosa (vis-**co**-sa) *s. f.* Producto obtenido mediante el tratamiento de la celulosa, y que se usa para la fabricación de fibras textiles. *Llevaba una blusa de viscosa.*

viscoso, sa (vis-**co**-so) *adj.* Se dice de lo blando, pegajoso. *Consistencia viscosa.* **SIN.** Mucilaginoso, pegadizo, glutinoso.

visera (vi-**se**-ra) *s. f.* **1.** Ala pequeña que tienen en la parte delantera las gorras y otras prendas semejantes para resguardar la vista. *Ponte la visera.* **2.** En un vehículo, pieza usada para protegerse del sol. *Coloca la visera para que no te moleste el sol.*

visibilidad (vi-si-bi-li-**dad**) *s. f.* **1.** Cualidad de visible. *La curva tenía mucha visibilidad.* **2.** Grado de la atmósfera, que permite ver con más o menos claridad los objetos distantes. *La mañana no tenía buena visibilidad.*

visible (vi-**si**-ble) *adj.* **1.** Que se puede ver. *Todavía no está visible.* **2.** Manifiesto, que no admite duda. *Su nerviosismo era visible.* **SIN.** Palpable, indudable, manifiesto. **3.** Que llama la atención por alguna singularidad. *Su falta de atención en clase era visible.* **SIN.** Destacado, importante, conspicuo.

visillo (vi-**si**-llo) *s. m.* Cortina muy fina. *Puso visillos en la ventana de la cocina.*

visión (vi-**sión**) *s. f.* **1.** Acción y efecto de ver. *Su visión es buena.* **SIN.** Vista. **2.** Objeto de la vista, especialmente cuando es ridículo o espantoso. *Fue una visión horrible.* **SIN.** Aparición, espantajo. **3.** Ilusión que nos representa como reales cosas que sólo existen en nuestra imaginación. *Veía visiones.* **SIN.** Espectro, fantasma. **4.** Punto de vista particular sobre un asunto. *Tenía su propia visión.* **SIN.** Opinión. **5.** *fam.* Persona fea y ridícula. *¡Menuda visión!* **SIN.** Adefesio, monigote. ‖ **LOC. quedarse como quien ve visiones** *fam.* Quedarse atónito. **ver al-**

guien visiones *fam.* Dejarse alguien llevar de la fantasía, creyendo lo que en realidad no existe.

visionar (vi-sio-**nar**) *v. tr.* Ver imágenes cinematográficas o televisivas, sobre todo desde el punto de vista técnico. *Estaban visionando varias tomas.*

visionario, ria (vi-sio-**na**-rio) *adj.* Se dice de la persona que se figura y cree con facilidad cosas imaginadas, no reales. **GRA.** También s. m. y s. f. *No seas tan visionaria, las cosas no van por ahí.* **SIN.** Iluminado, iluso, utopista.

visir (vi-**sir**) *s. m.* **1.** Ministro de un soberano musulmán. *Asistieron a la fiesta dada por el visir.* ‖ **2. Gran visir** Primer ministro del sultán de Turquía.

visita (vi-**si**-ta) *s. f.* **1.** Acción de visitar. *Estuvimos de visita en su casa.* **2.** Persona que visita. *Tenía una visita.* **SIN.** Visitante, invitado. **3.** Inspección, examen, reconocimiento. *El jefe hizo la visita.* ‖ **4. visita de cumplido, o de cumplimiento** La que se hace como muestra de cortesía y respeto. **5. visita de médico** *fam.* La que dura poco tiempo.

visitador, ra (vi-si-ta-**dor**) *s. m. y s. f.* Persona que visita a los médicos para mostrar los nuevos productos farmacéuticos. *En las ofertas de empleo que salen en el periódico de hoy, hay dos de visitador.* **SIN.** Viajante.

visitar (vi-si-**tar**) *v. tr.* **1.** Ir a ver a una persona o un lugar. *Fue a visitar a sus tíos cuando estuvo en la ciudad.* **SIN.** Frecuentar. **2.** Ir el médico a casa del enfermo para asistirle. *El médico vino a visitarle.* **3.** Viajar a un lugar para conocerlo. *Visitamos Roma.*

vislumbrar (vis-lum-**brar**) *v. tr.* **1.** Ver un objeto confusamente por la distancia o falta de luz. *Vislumbraron algo a lo lejos, parecía una caseta.* **SIN.** Columbrar, entrever. **2.** Sospechar una cosa por indicios o señales. *Desde hacía días vislumbraba algo raro.* **SIN.** Barruntar, oler.

viso (**vi**-so) *s. m.* **1.** Destello luminoso que despiden algunas cosas cuando les da la luz. *Este diamante tiene visos irisados.* **SIN.** Centelleo, resplandor. **2.** Apariencia de las cosas. *Aquello tenía visos de realidad.* **SIN.** Aspecto, figura.

visón (vi-**són**) *s. m.* **1.** Mamífero carnívoro parecido a la marta, de piel muy apreciada. *Se dedicaba a la cría de visones.* **2.** Prenda hecha con la piel de este animal. *Llevaba encima un abrigo de visón impresionante.*

visor (vi-**sor**) *s. m.* Accesorio de la máquina fotográfica, que sirve para centrar rápidamente el objeto cuya imagen se desea obtener. *Centra el visor para hacer la fotografía.* **SIN.** Mira, ocular.

víspera (**vís**-pe-ra) *s. f.* Día que precede inmediatamente a otro determinado. *Nochebuena es la víspera de Navidad.* **SIN.** Vigilia. ‖ **LOC. en vísperas** Cerca o con inmediación cronológica.

vista (**vis**-ta) *s. f.* **1.** Uno de los sentidos del cuerpo que permite a los seres vivos ver lo que les rodea. *Los invidentes no poseen el sentido de la vista.* **2.** Paisaje que se contempla desde un lugar. **GRA.** Se usa más en pl. *La habitación tenía vistas al mar.* **3.** Conjunto de ambos ojos. *Tiene un problema en la vista.* **4.** Pintura o estampa que representa un lugar, un monumento, etc. *Pintó una bonita vista.* **5.** Actuación en que se relaciona ante un tribunal, con citación de las partes, un juicio o pleito, para dictar el fallo. *Se celebró la vista.* **SIN.** Sesión, juicio. **6.** Sagacidad para descubrir algo que los demás no ven. *Tiene mucha vista para los negocios.* **SIN.** Astucia, olfato, previsión. ‖ **7. vista de águila** La que alcanza y abarca mucho. **8. vista de lince** La que es muy aguda y penetrante. ‖ **LOC. a la vista** Luego, al punto, con prontitud. | De modo que pueda ser visto. **apartar la vista** Desviarla o desviar el pensamiento de un objeto, imaginado o real. **a primera, o a simple vista** Considerando una cosa por vez primera y sin reflexionar. **a vista de pájaro** Locución con la que se da a entender que se ven o se describen objetos desde un punto muy elevado. **bajar la vista** Bajar la mirada, bajar los ojos. **clavar, o fijar, la vista** Ponerla en algo con mucha atención. **con vista a** Con la finalidad de. **conocer de vista a alguien** Conocerle sin haberle tratado. **corto de vista** Poco avispado, tonto. **echar la vista a algo** Fijarse en ello. **empañarse la vista** Ver confusamente por alguna razón, como las lágrimas. **en vista de** En atención a una cosa. **hacer alguien la vista gorda** *fam.* Fingir con disimulo que no ha visto una cosa, o tolerarla sin consentir en ella de una forma expresa. **hasta la vista** Hasta volvernos a ver. **írsele, o nublársele a alguien la vista** Desmayarse o turbarse. **no perder alguien de vista a una persona o cosa** Estarla observando constante y detenidamente. **saltar a la vista una cosa** Ser muy clara o evidente. **tener vista** Tener buena apariencia una cosa. **volver la vista atrás** Recordar sucesos pasados.

vistazo (vis-**ta**-zo) *s. m.* Mirada rápida y superficial. *Echamos un vistazo.* **SIN.** Ojeada. ‖ **LOC. dar un vistazo** Leer una cosa por encima.

visto, ta (**vis**-to) *p. p. irreg.* de ver. *Nunca le había visto.* ‖ **2. visto bueno** Fórmula que se escribe al pie

vistoso - vitivinicultura

de algunos documentos para autorizarlos o legalizarlos. || **LOC. bien, o mal, visto** Locución que se emplea para indicar que un acto o una cosa es digna de la aprobación o censura de la sociedad. **es, o está, visto** Expresión que sirve para dar una cosa como segura. **estar muy visto** *fam.* Ser una cosa o persona muy conocida. | Estar pasado de moda. **ni visto ni oído** Frase que pondera la rapidez en la ejecución de algo. **no haberlas visto alguien más gordas** *fam.* No haberse encontrado nunca en situación semejante o no haber oído noticia parecida. **visto para sentencia** A punto de concluir. **visto que** Pues que, una vez que. **visto y no visto** *fam.* Frase que se aplica a lo que se hace o sucede con mucha rapidez.

vistoso, sa (vis-**to**-so) *adj.* Que llama mucho la atención por su brillantez, viveza de colores o apariencia ostentosa. *El loro tiene un plumaje muy vistoso.* **SIN.** Bello, brillante. **ANT.** Apagado, deslucido.

vitalicio, cia (vi-ta-**li**-cio) *adj.* **1.** Que dura desde que se obtiene hasta el fin de la vida. *Le quedó una pensión vitalicia.* **SIN.** Duradero, indefinido. **ANT.** Transitorio, pasajero. **2.** Se dice de la persona que disfruta de ciertos cargos vitalicios. *El rey es vitalicio.*

vitalidad (vi-ta-li-**dad**) *s. f.* Actividad, empuje, vigor. *Tiene una vitalidad admirable.* **SIN.** Movilidad, nervio. **ANT.** Atonía, melancolía.

vitalizar (vi-ta-li-**zar**) *v. tr.* Infundir fuerza o vigor a un organismo, corporación, sistema, etc. *El aporte vitamínico de los alimentos es necesario para vitalizar el organismo.* **SIN.** Vigorizar, reforzar. ✎ Se conjuga como abrazar.

vitamina (vi-ta-**mi**-na) *s. f.* Cada una de las sustancias que existen en pequeñas cantidades en la leche, grasas, verduras, frutas, cereales, etc., y que son indispensables para el organismo y la salud. *Una persona necesita pequeñas cantidades de unas 15 vitaminas diferentes.* ✽

VITAMINAS

Vitaminas	Alimentos	Beneficios para el cuerpo	Resultados cuando fallan
A	verduras	crecimiento, vista	hemeralopía, ceguera
B1	cerdo, cacahuetes	apetito, nervios	apetito escaso, beri-beri
B2	hígado, carnes magras	quemaduras, almidones y azúcares	grietas en las comisuras labiales
B3	pan, hortalizas	piel sana	trastorno de los centros superiores del cerebro
C	zumo de limón	encías sanas	encías sangrantes, escorbuto
D	luz solar, aceite de hígado de bacalao	evita el raquitismo	raquitismo

visual (vi-**sual**) *adj.* **1.** Que pertenece o se refiere a la vista como medio para ver. *Perdió capacidad visual.* **SIN.** Ocular, óptico. || *s. f.* **2.** Línea recta que se considera tirada desde el ojo del espectador hasta el objeto. *¡Apunta correctamente, traza la visual!*

visualizar (vi-sua-li-**zar**) *v. tr.* **1.** Representar mediante imágenes ópticas fenómenos de distinto carácter. *En la televisión visualizaron los resultados de las elecciones en gráficos.* **2.** Representar en la mente la imagen de un concepto abstracto. *Es difícil explicar la metafísica porque no se puede visualizar.* **3.** Hacer visible por medios artificiales lo que no se puede ver a simple vista. *Los telescopios permiten visualizar las estrellas lejanas.* ✎ Se conjuga como abrazar.

vital (vi-**tal**) *adj.* **1.** Que pertenece o se refiere a la vida. *Funciones vitales.* **SIN.** Fisiológico. **2.** De gran importancia o trascendencia. *Era vital para su trabajo.* **SIN.** Imprescindible. **3.** Que posee gran energía para vivir. *Es una persona muy vital.* **SIN.** Vigoroso.

vitaminado, da (vi-ta-mi-**na**-do) *adj.* Se aplica a preparados farmacéuticos o alimentos a los que se han unido ciertas vitaminas. *Margarina vitaminada.* **SIN.** Alimenticio.

vitamínico, ca (vi-ta-**mí**-ni-co) *adj.* **1.** Que pertenece o se refiere a las vitaminas. *Poder vitamínico.* **2.** Que contiene vitaminas. *Complejo vitamínico.* **SIN.** Energético.

vitela (vi-**te**-la) *s. f.* Piel de vaca o ternera adobada y muy pulida. *Las páginas del manuscrito son de vitela.*

vitelo (vi-**te**-lo) *s. m.* Conjunto de sustancias almacenadas en un huevo para la nutrición de un embrión. *El embrión se alimenta del vitelo.*

vitícola (vi-**tí**-co-la) *adj.* Que pertenece o se refiere a la viticultura. *Habló del panorama vitícola actual.*

viticultura (vi-ti-cul-**tu**-ra) *s. f.* Cultivo de la vid y arte de cultivarla. *Su familia se dedica a la viticultura.*

vitivinicultura (vi-ti-vi-ni-cul-**tu**-ra) *s. f.* Arte de cultivar las vides y elaborar el vino. *Es una experta en vitivinicultura.*

vitola - vivificar

vitola (vi-**to**-la) *s. f.* Especie de anilla de papel que llevan los cigarros puros con la marca. *Hace colección de vitolas.*

vitorear (vi-to-re-**ar**) *v. tr.* Aplaudir o aclamar a una persona o acción. *El público vitoreaba entusiasmado a su equipo.* **SIN.** Ovacionar, alabar. **ANT.** Abuchear.

vítreo, a (**ví**-tre-o) *adj.* **1.** De vidrio, o que tiene sus propiedades. *Brillo vítreo.* **SIN.** Transparente, cristalino, límpido. **ANT.** Opaco. **2.** Parecido al vidrio. *Aspecto vítreo.*

vitrificación (vi-tri-fi-ca-**ción**) *s. f.* Terminación brillante e impermeable de los objetos cerámicos, que se obtiene mediante la aplicación de una mezcla líquida parecida a la arcilla. *Hemos logrado este aspecto gracias a la vitrificación.*

vitrificar (vi-tri-fi-**car**) *v. tr.* **1.** Convertir en vidrio una sustancia. **GRA.** También v. prnl. *Vitrificaron la arena.* **2.** Hacer que una cosa adquiera las apariencias del vidrio. **GRA.** También v. prnl. *Hemos vitrificado el jarrón.* ✎ Se conjuga como abarcar.

vitrina (vi-**tri**-na) *s. f.* Armario o caja con puertas, o tapas de cristales, para tener objetos expuestos a la vista y sin deterioro. *En la vitrina estaban todos los trofeos ganados por el equipo.* **SIN.** Escaparate.

vitualla (vi-**tua**-lla) *s. f.* Aprovisionamiento de los alimentos necesarios para una comida. **GRA.** Se usa más en pl. *Los ciclistas recogieron sus vituallas en ruta.* **SIN.** Provisiones, víveres, alimento.

vituperable (vi-tu-pe-**ra**-ble) *adj.* Que merece vituperio. *Has cometido una acción vituperable.* **SIN.** Abominable, reprensible, reprobable. **ANT.** Elogiable, loable.

vituperar (vi-tu-pe-**rar**) *v. tr.* Censurar o reprender duramente a una persona. *Los aficionados vituperaron a sus jugadores.* **SIN.** Criticar, execrar, desacreditar. **ANT.** Alabar, loar, elogiar.

viudedad (viu-de-**dad**) *s. f.* **1.** Pensión o haber pasivo que percibe el viudo o la viuda de un trabajador mientras permanezca en tal estado. *Cobra la viudedad.* **SIN.** Asignación, paga. **2.** *Viudez.

viudez (viu-**dez**) *s. f.* Estado de viudo o viuda. *Todavía no se había hecho a la idea de su viudez.*

viudo, da (**viu**-do) *adj.* Se dice de la persona a quien se le ha muerto su cónyuge y no ha vuelto a casarse. **GRA.** También m. y s. f. *Se quedó viudo a los dos años de casarse.*

vivac (vi-**vac**) *s. m.* *Vivaque.

vivacidad (vi-va-ci-**dad**) *s. f.* Cualidad de vivaz. *Me admira su vivacidad.* **SIN.** Nervio, vigor, energía. **ANT.** Atonía, apagamiento.

vivales (vi-**va**-les) *s. m. y s. f., vulg.* Persona vividora. *Es una vivales.* ✎ Invariable en número.

vivaque (vi-**va**-que) *s. m.* Campamento militar para pasar la noche al raso. *Pasó la noche en un vivaque.* **SIN.** Acantonamiento.

vivaracho, cha (vi-va-**ra**-cho) *adj., fam.* Travieso y alegre. *Este niño es muy vivaracho.* **SIN.** Pizpireto, jovial, avispado. **ANT.** Triste, mohíno, tímido.

vivaz (vi-**vaz**) *adj.* De gran ingenio y agudeza. *Para sus pocos años, es una niña muy vivaz y despierta.* **SIN.** Inteligente, listo, perspicaz, agudo, brillante, ingenioso. **ANT.** Lerdo, torpe, tardo, apocado. ✎ Su pl. es "vivaces".

vivencia (vi-**ven**-cia) *s. f.* Experiencia vivida por una persona. *Nos contó sus vivencias.*

víveres (**ví**-ve-res) *s. m. pl.* Comestibles necesarios para el alimento de las personas. *No llevaron suficientes víveres para la acampada en la sierra.* **SIN.** Comida, alimentos.

vivero (vi-**ve**-ro) *s. m.* Criadero de plantas, peces u otros animales. *Tenían un vivero de plantas.*

viveza (vi-**ve**-za) *s. f.* **1.** Agilidad y rapidez. *No se le puede pedir más viveza.* **SIN.** Presteza, dinamismo. **ANT.** Lentitud. **2.** Agudeza de ingenio. *Es una persona de gran viveza.* **SIN.** Penetración, sagacidad, sutileza. **ANT.** Ingenuidad, simpleza. **3.** Propiedad o semejanza en la representación de algo. *Era una escena de gran viveza.* **4.** Esplendor de los colores. *Sus cuadros tienen mucha viveza.* **SIN.** Brillo, brillantez, fulgor, lustre. **ANT.** Opacidad. **5.** Gracia particular en la mirada, al moverse, etc. *Le atraía la viveza de su mirada.* **SIN.** Donaire, gallardía. **ANT.** Torpeza, tosquedad.

vívido, da (**ví**-vi-do) *adj.* **1.** *poét.* Vivaz. *Vívido sentimiento.* **2.** Agudo, de pronta comprensión. *Vívida inteligencia.* **SIN.** Ingenioso, sagaz. **ANT.** Torpe, lerdo. **3.** De mucha luminosidad. *Vívidos colores.*

vividor, ra (vi-vi-**dor**) *s. m. y s. f.* Persona que vive a costa de los demás. *Es un vividor.* **SIN.** Aprovechado, vivales, gorrón.

vivienda (vi-**vien**-da) *s. f.* Lugar donde viven las personas. *Su familia ha cambiado de vivienda.* **SIN.** Morada, habitación, domicilio, piso, casa, hogar, residencia.

viviente (vi-**vien**-te) *adj.* Orgánico, vivo. *Seres vivientes.*

vivificar (vi-vi-fi-**car**) *v. tr.* **1.** Dar vida. *El agua vivificó la planta.* **SIN.** Avivar, reanimar, reavivar. **2.** Dar fuerza a una cosa. *El descanso le vivificó.* ✎ v. irreg., se conjuga como abarcar.

vivíparo - vocativo

vivíparo, ra (vi-**ví**-pa-ro) *adj.* Se aplica a los animales que paren fetos ya muy desarrollados. **GRA.** También s. m. *La vaca es un animal vivíparo.*

vivir¹ (vi-**vir**) *s. m.* Conjunto de los medios de vida y subsistencia. *El vivir se le ponía cada vez más difícil.* ‖ **LOC. de mal vivir** De mala vida. **retirarse, o recogerse, alguien a buen vivir** Enmendar su conducta.

vivir² (vi-**vir**) *v. intr.* **1.** Tener vida. *Todavía vive.* **SIN.** Existir, estar, durar, ser. **ANT.** Morir, fenecer. **2.** Pasar la vida en un país, una casa, etc. *Ha vivido siempre en este pueblo.* **SIN.** Habitar, morar, residir. **3.** Durar las cosas. *Este coche no vivirá mucho tiempo.* **SIN.** Alargarse, perdurar, persistir, prolongarse. **ANT.** Agostarse, morir. **4.** Acomodarse alguien a las circunstancias. *No sé cómo puede vivir con tan poco sueldo.* **SIN.** Mantenerse. **5.** Estar presente una cosa en la memoria. *Vive en tu recuerdo.* **SIN.** Perdurar. **6.** Existir en un lugar o condición. *Vive en la pobreza.* **SIN.** Estar. ‖ *v. tr.* **7.** Experimentar la impresión producida por un hecho o circunstancia. *Vivió una de las peores experiencias de su vida.* **SIN.** Sufrir, soportar. ‖ **LOC. no dejar vivir a alguien** *fam.* Molestar, importunar continuamente a una persona. **¡viva!** Expresión de alegría y aplauso. **GRA.** También s. m. **vivir para ver** Expresión que se usa para manifestar la extrañeza que causa una cosa que no se esperaba del sujeto de quien se habla.

vivo, va (**vi**-vo) *adj.* **1.** Que tiene vida. **GRA.** También s. m. y s. f. *Los cangrejos estaban vivos.* **SIN.** Vital. **2.** Intenso, fuerte. *Sentía un vivo deseo de hacerlo.* **3.** Que tiene vigencia. *La costumbre sigue viva en los habitantes del lugar.* **4.** Que es inteligente. *Esa niña es muy viva.* **SIN.** Agudo, ocurrente, listo. **5.** Diligente, pronto y ágil. *Era muy vivo resolviendo crucigramas.* **SIN.** Raudo, presto. **ANT.** Tardo, lento. **6.** Perseverante en la memoria. *Estaba vivo en su corazón.* **7.** Muy expresivo. *Sus vivas palabras no dejaban lugar a dudas.* **SIN.** Enérgico, intenso. ‖ *s. m.* **8.** Filete, cordoncillo o trencilla que se pone por adorno en los bordes o en las costuras de las prendas de vestir. *El babero estaba rematado con un vivo de color rojo.* ‖ **LOC. a lo vivo, al vivo** Con la mayor viveza y eficacia. **en vivo** Expresión usada para referirse al peso del ganado que aún no ha sido sacrificado. **ni vivo ni muerto** Expresión que se usa para significar que una persona o cosa extraviada no se encuentra a pesar de haberla buscado. **vivito y coleando** *fam.* Alusión al que se creía muerto y aún vive.

vizconde, sa (viz-**con**-de) *s. m. y s. f.* Título nobiliario de rango inferior al de conde. *La mansión pertenecía al vizconde.*

vocablo (vo-**ca**-blo) *s. m.* Sonidos articulados que expresan una idea. *En este diccionario encontrarás la definición de más de 30 000 vocablos.* **SIN.** Palabra, término, voz.

vocabulario (vo-ca-bu-**la**-rio) *s. m.* **1.** Conjunto de palabras que forman una lengua. *Leer mucho es muy útil para aprender vocabulario nuevo.* **SIN.** Léxico. **2.** Conjunto de vocablos que se usan especialmente en una materia determinada. *Al final del libro venía un vocabulario de informática.* **SIN.** Léxico. **3.** Conjunto de palabras utilizadas por una persona. *Esa escritora tiene una gran riqueza de vocabulario.*

vocación (vo-ca-**ción**) *s. f., fam.* Inclinación de una persona hacia un estado, profesión o carrera. *Tenía vocación para la enseñanza.* **SIN.** Preferencia, tendencia, disposición.

vocal (vo-**cal**) *adj.* **1.** Que pertenece o se refiere a la voz. *Cuerdas vocales.* **SIN.** Oral, verbal. ‖ *s. m. y s. f.* **2.** Persona que tiene voz en un consejo, reunión o junta, por derecho, por elección o por nombramiento. *Fue elegido vocal.* **SIN.** Consejero, consultor, secretario. ‖ *s. f.* **3.** Sonido producido por la aspiración del aire, con vibración laríngea y modificado por las distintas posiciones que adoptan los órganos de la boca, y letra que representa ese sonido. *a, e, i, o, u.* **ANT.** Consonante. ‖ **4. vocal abierta** La pronunciada con la lengua más separada del paladar que para la vocal cerrada. **5. vocal breve** La de sílaba breve. **6. vocal cerrada** La pronunciada con la lengua más próxima al paladar que para la vocal abierta. **7. vocal larga** La de sílaba larga. **8. vocal mixta** La que se pronuncia elevando el dorso de la lengua hacia la parte media del paladar. **9. vocal nasal** La que se pronuncia dejando salir por la nariz parte del aire aspirado.

vocálico, ca (vo-**cá**-li-co) *adj.* Que pertenece o se refiere a la vocal. *Fonemas vocálicos.*

vocalista (vo-ca-**lis**-ta) *s. m. y s. f.* Cantante de un grupo musical. *Es la vocalista del grupo.*

vocalizar (vo-ca-li-**zar**) *v. intr.* **1.** Articular claramente vocales y consonantes al hablar para hacer más inteligible el mensaje. *Se le entiende mal porque no vocaliza.* **2.** Transformarse en vocal una consonante. **GRA.** También v. prnl. *La "y" se vocaliza en la palabra "rey".* ✎ Se conjuga como abrazar.

vocativo (vo-ca-**ti**-vo) *s. m.* Caso de la declinación, que sirve únicamente para invocar, llamar o nombrar a una persona o cosa personificada. *"Domine" es un vocativo latino.*

vocear (vo-ce-**ar**) *v. intr.* Dar voces o gritos. *No voceres, no estamos sordos.* **SIN.** Chillar, gritar, vociferar. **ANT.** Callar, silenciar.

vocerío (vo-ce-**rí**-o) *s. m.* Confusión de gritos y voces. *Había un gran vocerío ante la llegada de los atletas al estadio.* **SIN.** Barullo, alboroto, algarabía, griterío. **ANT.** Silencio, calma.

vociferar (vo-ci-fe-**rar**) *v. intr.* Hablar a gritos, dar muchas voces. *No vociferes.* **SIN.** Bramar, berrear. **ANT.** Callar.

vocinglero, ra (vo-cin-**gle**-ro) *adj.* **1.** Que habla a voces. **GRA.** También s. m. y s. f. *No seas vocinglero.* **2.** Que habla mucho y vanamente. **GRA.** También s. m. y s. f. *Es una vocinglera, no se la puede hacer mucho caso.*

vodca (**vod**-ca) *s. m. y s. f.* Especie de aguardiente de centeno que se consume mucho en Rusia. *Después de comer, se tomó un vodca.*

vodevil (vo-de-**vil**) *s. m.* Comedia ligera y picante, con argumento basado en el equívoco. Puede incluir números musicales y de variedades. *Es la artista principal de ese vodevil.* **SIN.** Revista, varietés.

voladizo (vo-la-**di**-zo) *s. m.* Borde del tejado que sobresale en la pared y que sirve para desviar de ella las aguas. *Arreglaron el voladizo.* **SIN.** Alero.

volandas, en *loc. adv.* **1.** Por el aire o levantado del suelo y como que va volando. *Le llevaron en volandas.* **2.** *fam.* Rápidamente, en un instante. *Voy en volandas.*

volante (vo-**lan**-te) *adj.* **1.** Que vuela. *No creía en los platillos volantes.* ‖ *s. m.* **2.** Tira de tela rizada, plegada o fruncida con que se adornan prendas de vestir o de tapicería. *Las cortinas estaban rematadas con un volante.* **SIN.** Pliegue, plisado. **3.** En los automóviles, pieza con figura de aro situada a la altura del pecho del conductor, que forma parte de la dirección y permite modificar la misma girando en un sentido o en otro. *Gira más el volante.* **4.** Hoja de papel, estrecha y larga, que se utiliza para notas breves. *Le dieron un volante para el especialista de garganta.*

volapié (vo-la-**pié**) *s. m.* Suerte de matar los toros, que consiste en lanzarse con la espada sobre el toro, cuando éste está parado. *Dio una estocada al volapié.*

volar (vo-**lar**) *v. intr.* **1.** Ir por el aire. *Los pájaros vuelan usando las alas. Los aviones vuelan a gran altitud.* **SIN.** Revolotear, planear. **ANT.** Aterrizar, descender. **2.** Viajar en avión. *Volamos a México haciendo escala en Canadá.* **3.** Hacer algo con rapidez. *Me ducho volando.* **SIN.** Correr. **ANT.** Tardar. **4.** Pasar muy rápido el tiempo. *El fin de semana se pasó volando.* **SIN.** Esfumarse. **5.** Ir a un lugar muy deprisa. *Salgo ahora mismo, llegaré volando.* **ANT.** Tardar. **6.** Desaparecer rápida e inesperadamente una cosa. *El dinero voló.* **SIN.** Esfumarse, escabullirse, desvanecerse, evaporarse. **ANT.** Aparecer. ‖ *v. tr.* **7.** Hacer saltar algo en pedazos. *Volaron el antiguo almacén para construir una casa.* **SIN.** Dinamitar, explosionar, bombardear. **ANT.** Construir, levantar. ✎ v. irreg., se conjuga como contar.

volatería (vo-la-te-**rí**-a) *s. f.* **1.** Caza de aves hecha con otras enseñadas. *El halcón es un ave de volatería.* **SIN.** Cetrería. **2.** Conjunto de aves de diversas especies. *Es un cocinero especializado en volatería.*

volátil (vo-**lá**-til) *adj.* **1.** Que vuela o puede volar. **GRA.** También s. m. y s. f. *Los pájaros son animales volátiles.* **2.** Se aplica a las cosas que se mueven ligeramente y andan por el aire. *Las plumas son volátiles.* **SIN.** Aéreo, etéreo. **3.** Se dice de lo cambiante e inconstante. *Tiene un carácter muy volátil.* **SIN.** Cambiante, versátil. **ANT.** Fijo, constante, inmutable. **4.** En química, se aplica a la sustancia que tiene la propiedad de volatilizarse. *El alcohol es muy volátil.*

volatilizar (vo-la-ti-**zar**) *v. tr.* **1.** Convertir un cuerpo sólido en líquido o gas. *El hielo se ha volatilizado.* **SIN.** Evaporar, vaporizar. **ANT.** licuar, solidificar. ‖ *v. prnl.* **2.** Desaparecer una cosa. *Se volatilizó.*

volatín (vo-la-**tín**) *s. m.* Cada uno de los ejercicios del volatinero. *Ese volatín ha sido realmente peligroso.* **SIN.** Acrobacia, salto.

volatinero, ra (vo-la-ti-**ne**-ro) *s. m. y s. f.* Persona que con habilidad anda y da vueltas por el aire sobre una cuerda y alambre y hace otras acrobacias. *Los volatineros hicieron piruetas espectaculares.* **SIN.** Equilibrista, saltimbanqui.

volavérunt *expr. lat.* que se usa familiarmente para significar que desapareció una cosa. *Todos mis ahorros volavérunt.*

volcán (vol-**cán**) *s. m.* **1.** Montaña en forma de cono que se forma cuando el vapor, lava, gases y rocas son expelidos del interior de la Tierra por la presión de gases y vapor. *El Teide es un volcán.* **SIN.** Grieta, fumarola. **2.** El intenso fuego, o la violencia del calor. *Todo el bosque ardía con furia, era como un volcán.* ‖ **3. volcán apagado** El que, aunque conserva su cráter abierto, no tiene ya erupciones.

volcánico - voltaje

4. volcán estromboliano El que tiene frecuentes erupciones medias y explosiones pequeñas. **5. volcán compuesto** Aquel en el que el cono está compuesto de capas alternas de lava y ceniza. **6. volcán hawaiano** El formado por magma que fluye con facilidad y en donde a menudo se forman montañas de fuego. **7. volcán peleano** El que tiene erupciones espaciadas. ‖ **LOC. estar alguien sobre un volcán** Estar en inminente peligro.

volcánico, ca (vol-**cá**-ni-co) *adj.* **1.** Que pertenece o se refiere al volcán. *Arenas volcánicas.* **SIN.** Eruptivo. **2.** Muy ardiente o apasionado. *Amor volcánico.* **SIN.** Vehemente. **ANT.** Frío, flemático.

volcar (vol-**car**) *v. tr.* **1.** Torcer una cosa de modo que caiga o se vierta lo contenido en ella. **GRA.** También v. intr., tratándose de vehículos. *El coche se salió de la carretera y volcó.* **SIN.** Inclinar(se), verter(se), ladear(se). ‖ *v. prnl.* **2.** Poner alguien el mayor interés posible en favor de una persona o de una actividad. *Se volcó mucho en su trabajo.* ✎ v. irreg., se conjuga como contar. Se escribe "qu" en vez de "c" seguido de "-e".

voleibol (vo-lei-**bol**) *s. m.* Juego entre dos equipos de seis jugadores, que consiste en pasar el balón por encima de una red al campo contrario, sin que el otro equipo logre devolverlo o no pueda impedir que toque el suelo. *El voleibol que se juega en playa es deporte olímpico.*

voleo (vo-**le**-o) *s. m.* **1.** Golpe dado en el aire a una cosa antes de que caiga al suelo. *Devolvió la pelota al voleo.* **2.** En especial, golpe que se da a la pelota antes de que bote. *Remató el balón de voleo.* **3.** Movimiento rápido de la danza española levantando un pie de frente. *Hay que coordinar los voleos con la música.* ‖ **LOC. a, o al, voleo** Arbitrariamente. *Contestó a voleo.* **de un voleo** *fam.* Con prontitud, o de un golpe.

volframio (vol-**fra**-mio) *s. m.* Cuerpo simple, metálico, de color gris de acero, muy duro, denso y difícilmente fusible. *El símbolo del volframio es W.*

volitivo, va (vo-li-**ti**-vo) *adj.* Se dice de los actos que dependen de la voluntad. *Era un acto volitivo.*

volquete (vol-**que**-te) *s. m.* Caja de camión o carro que puede girar para volcar la carga que transporta. *Descargó la arena del volquete.*

voltaje (vol-**ta**-je) *s. m.* Conjunto de voltios que actúan en un aparato o sistema eléctrico. *Por allí pasaba una línea de alto voltaje.*

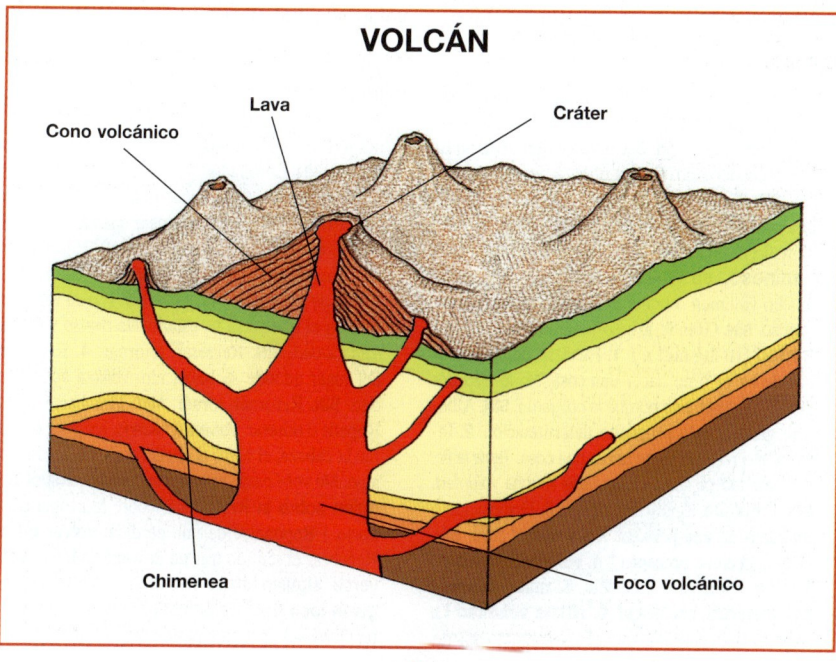

VOLCÁN

Lava · Cráter · Cono volcánico · Chimenea · Foco volcánico

1131

voltámetro (vol-tá-me-tro) *s. m.* Aparato destinado a la demostración de la descomposición electrolítica del agua, que consiste en un vaso de vidrio, atravesado en su fondo por dos alambres de platino, que están en comunicacición con dos electrodos. *En el laboratorio había un voltímetro.*

voltear (vol-te-ar) *v. tr.* **1.** Dar vueltas a una persona o cosa. *Lo voltearon con una manta.* **SIN.** Girar. **2.** Poner una cosa al revés de como estaba colocada. *Volteó el cubo de una patada.* **SIN.** Trocar, trastornar. **3.** Trasladar o cambiar una cosa a otro estado o sitio. *Volteó toda la ropa del armario.* **4.** Construir un arco o bóveda. *El trabajo de voltear exige mucha experiencia.* || *v. intr.* **5.** Dar vueltas una persona o cosa, con arte y gracia. *El trapecista se volteaba.* **SIN.** Cabriolar, caracolear.

voltereta (vol-te-re-ta) *s. f.* Vuelta ligera dada en el aire. *Dio unas volteretas.* **SIN.** Cabriola, pirueta, tumbo, volatín.

voltímetro (vol-tí-me-tro) *s. m.* Aparato que se emplea para medir potenciales eléctricos. *Conecta el voltímetro a la red.* **SIN.** Contador, medidor, registrador.

voltio (vol-tio) *s. m.* Unidad de potencial eléctrico y de fuerza electromotriz. *El símbolo del voltio es V.*

voluble (vo-lu-ble) *adj.* *Versátil. **SIN.** Inconstante, variable, mudable. **ANT.** Constante, fijo.

volumen (vo-lu-men) *s. m.* **1.** En matemáticas, espacio ocupado por un cuerpo. *Calcula el volumen de esa esfera.* **2.** En física, intensidad del sonido. *Baja el volumen de la radio.* **3.** Cuerpo material de un libro encuadernado. *Es una obra de varios volúmenes.* **SIN.** Tomo, texto. **4.** Corpulencia o bulto de una cosa. *Ese paquete tiene mucho volumen.* **SIN.** Tamaño, entidad.

voluminoso, sa (vo-lu-mi-no-so) *adj.* Que tiene mucho volumen o bulto. *El paquete era muy voluminoso.* **SIN.** Grande, grueso, abultado.

voluntad (vo-lun-tad) *s. f.* **1.** Facultad de las personas de hacer o no hacer una cosa. *No lo hizo por propia voluntad, sino porque le obligaron.* **SIN.** Albedrío, gana, anhelo, propósito, determinación. **2.** Intención o resolución de hacer una cosa. *Tenía la firme voluntad de marcharse. Tiene mucha voluntad.* **SIN.** Propósito, aspiración, ánimo. **3.** Disposición o mandato de una persona. *Era voluntad suya.* **SIN.** Orden, decreto, precepto. || **4. voluntad de hierro** La muy enérgica e inflexible. **5. mala voluntad** Malquerencia, enemistad. **6. última voluntad** La expresada en el testamento. | El testamento mismo.

|| **LOC. a voluntad** Según los deseos de una persona. | Según aconseja la conveniencia del momento. **de buena voluntad** Con gusto, de buen grado. **ganar uno la voluntad de otro** Conseguir su benevolencia mediante servicios u obsequios. **no tener alguien voluntad propia** *fam.* Ser muy dócil e inclinado a obedecer.

voluntariado (vo-lun-ta-ria-do) *s. m.* **1.** Alistamiento voluntario para el servicio militar. *Ha disminuido el voluntariado en este año.* **2.** Por ext., conjunto de personas que se ofrecen voluntarias para un trabajo. *Se están creando nuevas ONG y grupos de voluntariado.*

voluntario, ria (vo-lun-ta-rio) *adj.* **1.** Se dice del acto que nace de la voluntad de una persona. *Fue un ofrecimiento voluntario.* **SIN.** Volitivo. **2.** Que se hace sin estar obligado a ello. *Lo hizo de forma voluntaria.* **SIN.** Espontáneo. **ANT.** Obligado. || *s. m.* **3.** Soldado voluntario. *Fue a la mili como voluntario.* || *s. m. y s. f.* **4.** Persona que se presta a hacer algún trabajo por su propia voluntad. *Pidió voluntarios.*

voluntarioso, sa (vo-lun-ta-rio-so) *adj.* Se dice de la persona que pone toda su buena voluntad en hacer las cosas. *Es muy voluntariosa.* **SIN.** Diligente, cumplidor, esforzado, infatigable, tenaz.

voluptuosidad (vo-lup-tuo-si-dad) *s. f.* Complacencia en los placeres sensuales. *Actúa con gran voluptuosidad.* **SIN.** Sensualidad, goce.

voluta (vo-lu-ta) *s. f.* Adorno en figura de espiral o caracol, que se coloca en los capiteles de los órdenes jónico y compuesto. *Las volutas tenían motivos florales.* **SIN.** Enrollado.

volver (vol-ver) *v. tr.* **1.** Poner una cosa al revés de como estaba. *No vuelvas la cara cuando te hablo.* **SIN.** Girar, invertir, voltear, volcar. **2.** Hacer girar una puerta o ventana para cerrarla o entornarla. *Vuelve un poco la puerta.* || *v. intr.* **3.** Ir otra vez a un sitio en el que ya se ha estado. *No pienso volver a esta ciudad.* **SIN.** Regresar, retornar. **4.** Regresar del lugar adonde se había ido. *Volverá sobre las diez.* **SIN.** Retornar, tornar. **ANT.** Marcharse, ir. **5.** Repetir o reiterar. *Volverá a hacerlo.* || *v. prnl.* **6.** Girar la cabeza, el torso o el cuerpo hacia alguien o algo. *Me volví para ver quién era.* || **LOC. volver alguien sobre sí** Reflexionar sobre la propia conducta. | Reponerse de una pérdida. **volver en sí** Recobrar el sentido tras un desvanecimiento. **volverse alguien atrás** Retractarse. **volverse alguien loco** *fam.* Manifestar excesiva alegría o estar dominado por una pasión muy fuerte. | Perder el juicio, enloquecer. ✎ v. irreg., se conjuga como mover. Tiene p. p. irreg., vuelto.

vómer (**vó**-mer) *s. m.* Huesecillo impar que forma la parte posterior del tabique de las fosas nasales. *Se rompió el vómer de un balonazo.*

vomitar (vo-mi-**tar**) *v. tr.* **1.** Arrojar con violencia por la boca lo contenido en el estómago. *Se pasó toda la noche vomitando.* **SIN.** Devolver, regurgitar. **2.** Proferir injurias, maldiciones, etc. *Vomitó graves acusaciones.* **3.** Revelar alguien lo que tiene en secreto y se resiste a descubrir. *Le costó vomitarlo, pero al final lograron que cantara.* **SIN.** Confesar.

vomitona (vo-mi-**to**-na) *s. f., fam.* Vómito muy abundante. *Al subir al autobús, echó la vomitona.*

vorágine (vo-**rá**-gi-ne) *s. f.* **1.** Remolino impetuoso que forman en algunos sitios las aguas. *Hay una gran vorágine en el centro del río.* **2.** Pasión desenfrenada o sentimiento muy intenso. *Su amor por ella era una auténtica vorágine.* **3.** Aglomeración confusa de sucesos, personas, etc. *Nos perdimos en medio de la vorágine.* **SIN.** Confusión, torbellino.

voraz (vo-**raz**) *adj.* **1.** Que come mucho y con ansia. *Tiene un apetito voraz.* **SIN.** Comilón, devorador. **2.** Que destruye o consume rápidamente. *Las termitas son voraces.* **SIN.** Destructor, intenso, enérgico.

vos *pron. pers.* **1.** Cualquiera de los casos de segunda persona en género masculino o femenino, y número singular o plural, cuando esta voz se emplea como tratamiento. *Vos estaréis de acuerdo.* **2.** *amer.* Forma de la segunda persona de singular que cumple la función de sujeto, vocativo y término de complemento.

voseo (vo-**se**-o) *s. m.* Empleo del tratamiento de vos donde correspondía tú. Se aplica especialmente al empleo hispanoamericano del vos por el tú. *Emplea de forma habitual el voseo.*

vosotros, tras (vo-**so**-tros) *pron. pers.* Forma del pronombre personal de segunda persona, género masculino y femenino, y número plural, que puede funcionar como sujeto o como complemento con preposición. *Vosotros tenéis la culpa.*

votación (vo-ta-**ción**) *s. f.* **1.** Acción y efecto de votar. *Mañana será la votación.* **SIN.** Elección, plebiscito, sufragio. **2.** Conjunto de votos emitidos. *Hicieron el recuento de la votación.* ‖ **3. votación secreta** La que se realiza por medio de papeletas sin firmar de manera que no se pueda saber lo que vota cada uno.

votante (vo-**tan**-te) *adj.* Que vota o emite el voto. **GRA.** También s. m. y s. f. *Desde por la mañana temprano acudieron muchos votantes.* **SIN.** Elector, votador, compromisario. **ANT.** Electo, candidato.

votar (vo-**tar**) *v. intr.* **1.** Dar alguien su voto o decir su opinión en una reunión. **GRA.** También v. tr. *Votó en contra.* **SIN.** Elegir, opinar. **2.** Aprobar por votación. *Tenemos que votar las decisiones de la reunión.* ☞ No debe confundirse con "botar".

voto (**vo**-to) *s. m.* **1.** Opinión expresada en una asamblea o en una elección ante las urnas. *No se supo su voto.* **2.** Papeleta con la que se vota y acción de votar. *Echó el voto en la urna.* **3.** Persona que da o puede dar su voto. *Hay que convencer a todos los votos antes de la elección.* **SIN.** Elector. **4.** Promesa hecha a Dios, o la Virgen o a un santo. *Hizo un voto a San Antonio.* **SIN.** Compromiso, ofrenda. **5.** Cualquiera de las promesas que constituyen el estado sacerdotal o el de religión. *Hizo votos de castidad y pobreza.* ‖ **6. voto de confianza** Aprobación que las cámaras dan a la actuación de un gobierno. **7. voto secreto** El que se emite por papeletas, sobres, etc., de modo que no se pueda conocer lo que vota cada uno.

vox pópuli *expr. lat.* De dominio público. *La noticia de su inminente dimisión era ya vox pópuli.*

voz *s. f.* **1.** Sonido que produce el aire al salir de los pulmones a la boca, haciendo vibrar las cuerdas vocales. *Cuando Pedro habla por teléfono, su voz es muy clara.* **2.** Calidad, timbre o intensidad de este sonido. *Voz aguda.* **3.** *Grito. **GRA.** Se usa más en pl. **4.** *Palabra. **5.** Músico que canta. *Es la voz del grupo.* **SIN.** Cantante, vocalista. **6.** Poder, facultad para hacer una cosa en nombre propio o por delegación de otro. *Tú no tienes ni voz ni voto.* **7.** Accidente gramatical que expresa si el sujeto del verbo es agente o paciente. *Voz activa, voz pasiva.* **SIN.** Diátesis. ‖ **8. voz activa** Forma de conjugación que sirve para significar que el sujeto del verbo es agente. **9. voz aguda** Alto y tiple. **10. voz común** La que expresa la opinión general. **11. voz de la conciencia** Remordimiento. **12. voz de trueno** La muy fuerte o retumbante. **13. voz empañada** La de timbre poco claro y sonoro. **14. voz pasiva** Forma de conjugación que sirve para significar que el sujeto del verbo es paciente. **15. segunda voz** La que acompaña a una melodía, entonándola una tercera más baja. **16. viva voz** Explicación oral de algo, por contraposición a lo escrito. ‖ **LOC. alzar, o levantar, uno la voz a otro** Hablarle sin el respeto que merece o increpándole. **a media voz** Con un tono de voz más bajo que el normal. **anudárse-**

vozarrón - vulgaridad

le a alguien la voz No poder hablar por alguna vehemente pasión del ánimo. **a voz en grito, o en cuello** En voz muy alta o gritando. **correr la voz** Divulgarse una noticia de boca en boca. **de viva voz** Fórmula para indicar la expresión oral, por contraposición a la escrita. **llevar la voz cantante** Ser la persona que se impone a los demás en una reunión.

vozarrón (vo-za-**rrón**) *s. m.* Voz muy fuerte y grave. *Tiene un gran vozarrón.*

vudú (vu-**dú**) *s. m.* Creencias y prácticas religiosas procedentes de África, muy extendidas entre la población de raza negra de las Indias occidentales y del sur de Estados Unidos. **GRA.** También adj. *Eran ritos del vudú.* ✎ Su pl. es "vudúes" o "vudús".

vuecencia (vue-**cen**-cia) *s. m. y s. f.* Síncopa de vuestra excelencia. *El escrito iba dirigido a vuecencia.*

vuelco (**vuel**-co) *s. m.* **1.** Acción y efecto de volcar o volcarse. *El coche quedó destrozado por el vuelco.* **2.** Movimiento con que una cosa se vuelve o trastorna enteramente. *La negociación ha dado un gran vuelco.* **SIN.** Giro. ‖ **LOC. darle a alguien un vuelco el corazón** Sentir de repente sobresalto, alegría u otra emoción semejante, debido al presentimiento de algo.

vuelo (**vue**-lo) *s. m.* **1.** Acción de volar. *Observa el vuelo de los pájaros.* **SIN.** Revoloteo, planeo. **2.** Viaje en avión. *El vuelo de Santiago a México sale a las 10.* **3.** Anchura de una prenda de vestir en la parte que no se ajusta al cuerpo. *Esta falda tiene mucho vuelo.* **SIN.** Amplitud. **4.** Parte saliente de un edificio. *Como llovía, caminé por debajo de los vuelos de las casas.* ‖ **5. vuelo rasante** Aquel cuya trayectoria está muy próxima a tierra. ‖ **LOC. al vuelo, o a vuelo** Con prontitud y ligereza. **cazar, o coger, al vuelo una cosa** Obtenerla de paso o por casualidad. **coger, o tomar, vuelo una cosa** Adquirir importancia. **cortar los vuelos a alguien** Darle la oportunidad de que se envalentone. **no oírse ni el vuelo de una mosca** Haber mucho silencio.

vuelta (**vuel**-ta) *s. f.* **1.** Movimiento de una persona o cosa alrededor de algo o de sí misma. *La peonza dio muchas vueltas antes de pararse.* **SIN.** Revolución, giro, rotación. **2.** Regreso al punto de partida. *Emprendieron la vuelta a casa.* **SIN.** Regreso, retorno. **ANT.** Ida, marcha. **3.** Dinero que da el vendedor al que compra, cuando éste compra con moneda o billete que vale más de lo que ha comprado. *Dejó la vuelta de propina.* **SIN.** Cambio. **4.** Curva de un camino o carretera, o alejamiento del camino directo. *Si vas por ese camino, darás mucha vuelta.* **SIN.** Circunvalación, rodeo, desvío. **5.** En algunos deportes, como el ciclismo, carrera por etapas. *Este año la vuelta ciclista pasa por aquí.* **6.** Repaso que se da a una materia leyéndola. *Lo tengo leído, pero tengo que darle otra vuelta.* **7.** Paseo. *Me voy a dar una vuelta.* ‖ **8. vuelta de campana** Salto que practican los volatineros lanzándose de cabeza y dando una vuelta en el aire para caer de pie. También "salto mortal". **9. media vuelta** Acción de volverse de modo que el cuerpo quede mirando al lado contrario al que antes estaba. ‖ **LOC. a la vuelta** Al volver. **a la vuelta de** Dentro de, o al cabo de. **a la vuelta de la esquina** Frase que sirve para indicar la proximidad de un lugar. **andar a vueltas** Discutir o luchar. **andar alguien en vueltas** Andar en rodeos para no hacer una cosa, poner reparos. **a vuelta de correo** Por el correo próximo, sin pérdida de tiempo. **buscarle a alguien las vueltas** *fam.* Esperar la ocasión oportuna para cogerle descuidado. **dar cien vueltas** *fam.* Aventajar mucho a alguien en algún asunto. **darle vueltas la cabeza a alguien** *fam.* Experimentar una sensación de vértigo o mareo. **de vuelta** De regreso. **no tener vuelta de hoja una cosa** *fam.* Ser evidente o incontestable. **poner a alguien de vuelta y media** *fam.* Ofenderle de palabra.

vuestro, tra (**vues**-tro) *adj. pos.* Forma del posesivo masculino y femenino de la segunda persona del plural. Indica posesión o pertenencia a dos o más personas a las que se dirige el que habla. **GRA.** También pron. *¿Es vuestro ese coche?*

vulcanizar (vul-ca-ni-**zar**) *v. tr.* Combinar azufre con la goma elástica para que adquiera ciertas propiedades. *El caucho se vulcaniza para obtener neumáticos.* ✎ Se conjuga como abrazar.

vulcanología (vul-ca-no-lo-**gí**-a) *s. f.* Parte de la geología que estudia los fenómenos volcánicos. *Es experta en vulcanología.*

vulgar (vul-**gar**) *adj.* **1.** Grosero, tosco. *Modales vulgares.* **SIN.** Ordinario. **ANT.** Refinado. **2.** Común o general, por contraposición a especial o técnico. *Era una casa vulgar.* **SIN.** Corriente, habitual, normal. **ANT.** Interesante, notable. **3.** Se dice de las lenguas románicas frente al latín. *El castellano es una lengua vulgar, que deriva del latín.*

vulgaridad (vul-ga-ri-**dad**) *s. f.* **1.** Cualidad de vulgar. *No digas más vulgaridades.* **SIN.** Chabacanería, grosería. **2.** Especie, dicho o hecho vulgar, que carece de novedad e importancia. *Su nueva película* no es más que una vulgaridad. **SIN.** Tópico, cliché, ramplonería, frase hecha.

vulgarismo (vul-ga-**ris**-mo) *s. m.* Dicho o frase especialmente usada por el vulgo. *En la conversación ordinaria se suelen utilizar vulgarismos.*

vulgarizar (vul-ga-ri-**zar**) *v. tr.* **1.** Convertir una cosa en vulgar. *Sus modales se han vulgarizado.* **SIN.** Adocenar, popularizar. **2.** Exponer alguna cosa de manera que la entiendan aquellos que no están especilizados en ella. *La doctora decidió vulgarizar su explicación de la enfermedad, para que todo el mundo la entendiese.* **SIN.** Divulgar, propagar, explicar.
✎ Se conjuga como abrazar.

vulgo (**vul**-go) *s. m.* El común de la gente, el pueblo. *Ese restaurante es tan caro que no está al alcance del vulgo.* **SIN.** Masa, populacho.

vulnerable (vul-ne-**ra**-ble) *adj.* Que puede ser herido o recibir lesión, física o moralmente. *Era una persona muy vulnerable.*

vulnerar (vul-ne-**rar**) *v. tr.* **1.** Dañar, perjudicar. *Vulneró sus intereses.* **2.** Infringir una ley o un precepto. *Vulneraron la orden de prohibido el paso.* **SIN.** Conculcar, quebrantar. **ANT.** Acatar, respetar.

vulva (**vul**-va) *s. f.* Partes que rodean y constituyen la abertura externa de la vagina. *Tenía una infección en la vulva.*

w *s. f.* Vigésimo cuarta letra del abecedario español y decimonovena de sus consonantes. Su nombre es "uve doble". *Wenceslao se escribe con "w"*. ☞ Sólo se usa en n. p. extranjeros o vocablos derivados de otros extranjeros. ✎ Su pl. es "uves dobles".

W3 *s. f.* *WWW.

wadi *s. m.* Curso de agua intermitente, característico de África del Norte y Arabia. *Hasta que viajé a África, no supe lo que era un wadi*.

wagon-lit *s. m.* *Coche cama.

walkie-talkie *s. m.* Aparato portátil que sirve para emitir o recibir comunicaciones por radio a corta distancia. *Estábamos jugando a hablar por el walkie-talkie de una habitación a otra*. **SIN.** Emisor.

walkman *s. m.* Aparato musical portátil, de pequeño tamaño y con auriculares, para escuchar casetes de forma individual. *Cuando voy a correr llevo el walkman para escuchar música*.

wáter *s. m.* *Váter. **SIN.** Aseo, excusado, retrete.

water-closet *s. m.* *Váter.

waterpolo *s. m.* Deporte de pelota que se juega en una piscina entre dos equipos de siete nadadores y que consiste en intentar introducir el balón en la portería del equipo contrario. *Jugó un partido de waterpolo*.

watt *s. m.* Nombre del vatio en la nomenclatura internacional. *El watt es una unidad de potencia eléctrica*.

web *s. f.* *WWW.

weekend *s. m.* Fin de semana. *Están de weekend en la sierra, volverán el lunes*.

welter *s. m.* Categoría del boxeo a la que pertenecen los púgiles cuyo peso está entre 63,503 y 66,678 kg. *Se proclamó campeón de los pesos welter*. ✎ Invariable en número.

western *s. m.* Género cinematográfico al que pertenecen las películas ambientadas en el oeste americano durante la colonización. *Muchos sábados por la tarde en la tele ponen un western*.

whisky *s. m.* *Güisqui.

windsurf *s. m.* Deporte que se practica en el mar sobre una tabla con una vela. *Todos los veranos van a hacer windsurf a esa playa, porque hay olas muy grandes*.

windsurfing *s. m.* *Windsurf.

wolframio *s. m.* *Volframio. **SIN.** Tungsteno. ✎ También "wólfram".

wuapití *s. m.* Nombre común que recibe el venado que habita en los bosques caducifolios de América del Norte. *Al wuapití le llaman ciervo rojo en Gran Bretaña*. ✎ También "uapití".

WWW *s. f.* Interfaz de comunicación dentro de internet, que permite enlaces hipertextuales dentro de una o varias páginas. *http://www.stones.com/ es una dirección de internet*.

x *s. f.* **1.** Vigésimo quinta letra del abecedario español y vigésima de sus consonantes. Su nombre es "equis". **GRA.** Cuando va entre vocales se pronuncia como [ks] o [gs], y como [s] ante consonantes. Su pl. es "equis". *La "x" en México se pronuncia como la "j".* **2.** Signo con que se suele representar en matemáticas una incógnita. *El problema tiene varias soluciones, dependiendo del valor de la x en la ecuación.* **3.** Signo con que se suple el nombre de una persona o lugar que no se sabe o no se quiere dar a conocer. *No voy a ser indiscreto, le llamaré "señor x".* **4.** Letra numeral que tiene el valor de 10 en la numeración romana. *XX = 20.*

xantofila (xan-to-**fi**-la) *s. f.* Pigmento de las plantas que proporciona un color amarillo anaranjado a las hojas. *Estas hojas deben su coloración a la xantofila.*

xenofobia (xe-no-**fo**-bia) *s. f.* Odio hacia lo extranjero o hacia los extranjeros. *Se están haciendo muchas campañas contra la xenofobia, defendiendo la igualdad de todos.* **SIN.** Chauvinismo, patriotería.

xenón (xe-**nón**) *s. m.* Gas noble que se encuentra en el aire en pequeñas cantidades. *El símbolo del xenón es Xe o X.*

xerocopia (xe-ro-**co**-pia) *s. f.* Copia fotográfica que se obtiene por medio de la xerografía. *Hicieron una xerocopia.* **SIN.** Xerografía.

xerófilo, la (xe-**ró**-fi-lo) *adj.* Se dice de los animales y plantas que están adaptados a vivir en medios secos. *Estudia los xerófilos.*

xeroftalmia (xe-rof-**tal**-mia) *s. f.* Enfermedad de los ojos que se caracteriza por una disminución en la transparencia de la córnea. *Una de las causas de la xeroftalmia es la falta de vitamina A.* También "xeroftalmía".

xerografía (xe-ro-gra-**fí**-a) *s. f.* **1.** Procedimiento de impresión sin contacto, fijándose las imágenes mediante un sistema electrostático. *Trabaja en un taller de xerografía.* **2.** Fotocopia obtenida por este procedimiento. *El banco me envió la xerografía de la letra de cambio.* **SIN.** Xerocopia.

xi *s. f.* Decimocuarta letra del alfabeto griego, que corresponde a la que en el nuestro se llama equis.

xifoides (xi-**foi**-des) *adj.* Se dice del cartílago en que termina el esternón humano, parecido a la punta de una espada. **GRA.** También s. m. *El xifoides tiene la misma forma que la punta de una espada.* Invariable en género.

xilófago, ga (xi-**ló**-fa-go) *adj.* Se dice de los insectos que se alimentan de madera. **GRA.** También s. m. *La termita es un xilófago.*

xilófono (xi-**ló**-fo-no) *s. m.* Instrumento musical de percusión formado por láminas de madera o metal que se golpean con dos macillos. *Toca el xilófono.*

xilografía (xi-lo-gra-**fí**-a) *s. f.* Arte de grabar en madera. *Mi hermana aprendió xilografía en la escuela de artes y oficios.*

xilórgano (xi-**lór**-ga-no) *s. m.* Instrumento musical de percusión de los siglos XVIII y XIX, parecido al xilófono. *En la exposición había un xilórgano.*

y[1] *s. f.* Vigésimo sexta letra del abecedario español y vigésimo primera de sus consonantes. Su nombre es "i griega". *"Buey" se escribe con "y".* Su pl. es "íes griegas".

y[2] *conj. cop.* **1.** Enlace coordinante cuyo oficio es unir palabras o frases en concepto afirmativo. *Fuimos al cine y al teatro.* **2.** Se emplea al principio de período o frase, sin enlace con una palabra o frase anterior, para dar énfasis a lo que se dice. *Y pensar que íbamos ganando.* **3.** Precedida y seguida por una misma palabra, denota idea de repetición indefinida. *Meses y meses.*

ya *adv. t.* **1.** Denota tiempo pasado. *Ya se ha solucionado.* **2.** En el tiempo presente, haciendo relación al pasado. *Ya no va a clase de inglés.* **3.** En tiempo u ocasión futura. *Ya te llamaré.* **4.** Finalmente o últimamente. *Enviamos ya la carta.* **5.** Luego, inmediatamente, pronto. *Ya acabo, no te preocupes.* || *adv. afirm.* **6.** Sirve para apoyar lo que nos dicen. *Ya comprendo.* || *conj. distrib.* **7.** Enlace coordinante cuyo oficio es unir palabras o frases que se alternan. *Ya llueva, ya truene, iremos a pescar.* **SIN.** Ora, bien. || *interj.* **8.** *fam.* Expresa que se ha recordado una cosa. *¡Ya!, ahora caigo quién eres.* **9.** *fam.* Denota que no se hace caso de lo que otra persona dice. **GRA.** Se usa repetida. *Ya, ya, no te lo crees ni tú.* || **LOC. desde ya** Corresponde a "desde ahora". **OBS.** Su uso actual se debe a una influencia del español de América. **ya que** Equivale a "una vez que, aunque, dado que, porque y puesto que".

yac *s. m.* Mamífero bóvido de cuernos largos y delgados, que tiene el cuerpo cubierto de un largo pelaje. *El yac habita en las altas montañas tibetanas.* También "yak".

yacer (ya-**cer**) *v. intr.* **1.** Estar alguien echado o tendido. *Yacía en la cama.* **SIN.** Echarse, tumbarse, dormir, descansar. **ANT.** Levantarse, erguirse. **2.** Estar enterrado un cadáver en la sepultura. *Sus restos yacen en el panteón familiar.* **SIN.** Descansar, reposar. **3.** Existir o estar real o figuradamente una persona o cosa en algún lugar. *Yacía en el mismo lugar que lo habíamos dejado.* **SIN.** Mantenerse, permanecer. *v. irreg.*

INDICATIVO	SUBJUNTIVO	IMPERATIVO
Pres.	Pres.**	
yazco*	yazca	
yaces	yazcas	
yace	yazca	yace (yaz)
yacemos	yazcamos	yazca (yazga/yaga)
yacéis	yazcáis	yazcamos (yazgamos/yagamos)
yacen	yazcan	yaced
		yazcan (yazgan/yagan)

* yazgo o yago
** o yazga/yaga, yazgas/yagas, yazga/yaga, yazgamos/yagamos, etc.

yachting *s. m.* Deporte de competición en embarcaciones de vela. *Practica el yachting.*

yacimiento (ya-ci-**mien**-to) *s. m.* Sitio donde hay de modo natural una roca, un mineral o restos de antiguas civilizaciones. *El petróleo se extrae de yacimientos subterráneos. En Roma se encuentran importantes yacimientos arqueológicos.* **SIN.** Mina, filón, cantera, veta, depósito, excavación.

yambo (**yam**-bo) *s. m.* Pie métrico de la poesía clásica, formado por una sílaba breve y otra larga. *Los poetas satíricos latinos solían usar pies yambos en sus composiciones.*

yanqui (**yan**-qui) *adj.* Estadounidense, norteamericano. **GRA.** También s. m. y s. f. *Muchos yanquis veraneaban en aquella región, dejando mucho dinero.* **SIN.** Gringo. Su pl. es "yanquis". ☞ Tiene un matiz despectivo.

yarda (**yar**-da) *s. f.* Medida inglesa de longitud que equivale a 91 centímetros. *El plano tiene puestas las medidas en yardas.*

yate (**ya**-te) *s. m.* Embarcación de lujo o de recreo. *Hizo un crucero en un yate por el Mediterráneo.* **SIN.** Barco.

yayo, ya (**ya**-yo) *s. m. y s. f.* Abuelo. *El domingo siempre iba a comer a casa de su yaya.*

yaz *s. m.* Género musical originario de la población afroamericana, caracterizado por la improvisación y la variedad de ritmos. *Está haciendo una colección de yaz.*

ye *s. f.* Nombre de la letra "y".

ye-yé *adj.* Término con el que se define la música pop y la estética de los años setenta. *Es muy divertido ver las fotos de cuando mi madre era ye-yé.*

yedra (**ye**-dra) *s. f.* *Hiedra.

yegua (**ye**-gua) *s. f.* **1.** Hembra del caballo. *Participó en la carrera con su yegua.* **SIN.** Jaca, potra. **2.** *amer.* Colilla de cigarro.

yeguada (ye-**güa**-da) *s. f.* **1.** Manada de yeguas. *Cuando empezaron las primeras nieves, la yeguada bajó del monte.* **2.** *amer.* Disparate, tontería.

yeísmo (ye-**ís**-mo) *s. m.* Fenómeno fonético que consiste en pronunciar la "elle" como "ye". *El yeísmo está muy extendido en América y también en España.*

yelmo (**yel**-mo) *s. m.* Pieza de la armadura antigua que protegía la cabeza y el rostro. *Se colocó el yelmo.* **SIN.** Casco.

yema (**ye**-ma) *s. f.* **1.** Brote de las plantas por el que comienzan a salir las ramas, hojas, etc. *Esa planta ya tiene yemas.* **SIN.** Renuevo, botón. **2.** Parte central del huevo, rodeada de la clara y protegida por la cáscara. *La yema es la parte que más me gusta del huevo.* **3.** Extremo del dedo opuesto a la uña. *El piano se toca con las yemas de los dedos.* **4.** Dulce seco hecho de azúcar y yema de huevo. *Uno de los dulces típicos de esa ciudad son las yemas.*

yerba (**yer**-ba) *s. f.* *Hierba.

yermo, ma (**yer**-mo) *adj.* **1.** Vacío, deshabitado. **GRA.** También s. m. *Me daba mucha pena ver el pueblo tan yermo.* **SIN.** Abandonado, desolado. **ANT.** Habitado, poblado. **2.** Se dice del terreno sin cultivar. **GRA.** También s. m. *El campo estaba yermo.* **SIN.** Valdío, infértil, erial. **ANT.** Cultivado, fértil, fecundo, sembrado.

yerno (**yer**-no) *s. m.* Respecto de una persona, marido de su hija. *El domingo vendrán a comer mi hija y mi yerno.*

yerro (**ye**-rro) *s. m.* **1.** Equivocación, error. *Cometió muchos yerros.* **SIN.** Errata, fallo, falta, desacierto. **ANT.** Acierto, perfección. **2.** Falta, pecado. *Pagó caros sus yerros.* **SIN.** Delito, culpa. **ANT.** Virtud.

yerto, ta (**yer**-to) *adj.* Tieso o rígido, principalmente a causa del frío o la muerte. *Encontraron su cuerpo yerto a la orilla del río.* **SIN.** Entumecido, inmóvil, agarrotado, gélido, inerte. **ANT.** Doblegable, cálido, blando.

yesca (**yes**-ca) *s. f.* Madera seca que prende con mucha facilidad. *No fumes en el cobertizo, hay mucha yesca y podría prenderse.*

yeso (**ye**-so) *s. m.* **1.** Material que se utiliza en construcción y para hacer el modelado de esculturas. *Utilizó yeso para hacer una escultura en la clase de trabajos manuales.* **2.** Roca sedimentaria de color blanco que se puede rayar con facilidad. *Han encontrado un filón de yeso.*

yeti (**ye**-ti) *s. m.* Ser legendario de gran corpulencia, con el cuerpo cubierto de pelo, que habita en la cordillera del Himalaya. También se le conoce como el "abominable hombre de las nieves". *Corría como si hubiera visto al yeti.*

yeyuno (ye-**yu**-no) *s. m.* Segunda porción del intestino delgado, que comienza en el duodeno y acaba en el íleon. *Tuvo una oclusión en el yeyuno.*

yiu-yitsu *s. m.* *Jiu-jitsu.

yo *pron. pers.* Forma del pronombre personal de primera persona, género masculino o femenino, y número singular, que funciona como sujeto. *Yo canto.*

yodo (**yo**-do) *s. m.* Metaloide de color gris negruzco y brillo metálico. *El símbolo del yodo es I.*

yodoformo (yo-do-**for**-mo) *s. m.* Compuesto de yodo, hidrógeno y carbono en forma de polvo amarillento, que se usa como antiséptico en medicina. *Échate un poco de yodoformo en la herida.*

yoduro (yo-**du**-ro) *s. m.* Cualquier compuesto de yodo y otro elemento. *El profesor me preguntó la fórmula del yoduro de plata.*

yoga (**yo**-ga) *s. m.* **1.** Conjunto de técnicas físico-mentales hindúes cuya finalidad es conseguir la perfección espiritual. *Cambió su carácter desde que empezó a practicar yoga.* **SIN.** Ascética. **2.** Conjunto de técnicas modernas destinadas a obtener un dominio absoluto del cuerpo. *Practica yoga.*

yoghourt *s. m.* *Yogur.

yogui (**yo**-gui) *s. m. y s. f.* **1.** Asceta hindú adepto al sistema filosófico del yoga. *No le importan las cosas materiales, piensa como un yogui.* **2.** Persona que practica los ejercicios físicos y mentales del yoga. *No deja sus ejercicios por nada del mundo, es todo un yogui.*

yogur (**yo**-gur) *s. m.* Producto derivado de la leche sometida a procesos especiales, y que puede tener distintos sabores. *¿Prefieres el yogur natural o de frutas?*

yogurtera - yuxtaposición

yogurtera (yo-gur-**te**-ra) *s. f.* Aparato eléctrico empleado para hacer yogur. *Se ha estropeado la yogurtera, tendré que comprar yogures en el supermercado.*

yonqui (**yon**-qui) *s. m. y s. f.* En el argot de la droga, persona que consume habitualmente drogas duras. *Había sido yonqui, pero ahora estaba rehabilitado.*

yóquey (**yó**-quey) *s. m. y s. f.* Jinete profesional de carreras de caballos. *En sus tiempos fue un buen yóquey, ganó varias carreras importantes.* También "yoqui".

yoyó (yo-**yó**) *s. m.* Juguete formado por dos pequeños discos unidos, que suben y bajan enrollados en un hilo. *Manejaba muy bien el yoyó.*

yuca (**yu**-ca) *s. f.* **1.** Planta americana de cuya gruesa raíz se obtiene harina alimenticia. *Nunca he probado la harina de yuca.* **2.** *amer.* Malas noticias, sorpresa desagradable.

yudo (**yu**-do) *s. m.* Sistema de lucha japonés, que en la actualidad se practica también como deporte, cuyo objetivo es defenderse sin armas mediante llaves. *Está aprendiendo yudo en un gimnasio.* También "judo".

yudoca (yu-**do**-ca) *s. m. y s. f.* Persona que practica el yudo. *Al campeonato asistieron yudocas de todos los países.*

yugo (**yu**-go) *s. m.* **1.** Instrumento de madera que sirve para unir dos animales de tiro, generalmente el buey o la vaca. *Puso el yugo a la pareja de vacas para ir a arar.* **2.** Opresión. *Ejercía un fuerte yugo sobre sus seguidores.* **SIN.** Esclavitud, dominio, servidumbre. **ANT.** Libertad.

yugular (yu-gu-**lar**) *adj.* Se dice de cada una de las dos venas situadas a uno y otro lado del cuello. **GRA.** También s. f. *Sangraba mucho porque tenía un corte en la yugular.*

yunque (**yun**-que) *s. m.* Pieza prismática de hierro o acero para forjar metales. *Golpeaba la pieza de hierro en el yunque.*

yunta (**yun**-ta) *s. f.* Par de bueyes, mulas u otros animales unidos para arar o para transportar una carga. *Salió a arar con la yunta.*

yuppie *s. m. y s. f.* **1.** Persona profesional que trabaja en la ciudad, tiene estudios universitarios y una posición económica elevada. *Tiene un amigo yuppie que vive muy bien.* || *adj.* **2.** Propio de este tipo de personas. *Esa tienda de ropa es muy yuppie.* Frecuentemente se usa con sentido despectivo.

yute (**yu**-te) *s. m.* Materia textil que se extrae de la corteza interior de una planta. *Estos sacos están confeccionados con yute.*

yuxtaponer (yux-ta-po-**ner**) *v. tr.* Poner una cosa junto a otra. **GRA.** También v. prnl. *Hay que yuxtaponer las dos láminas para compararlas. Los chalés adosados se yuxtaponen.* **SIN.** Adosar(se). v. irreg., se conjuga como poner.

yuxtaposición (yux-ta-po-si-**ción**) *s. f.* **1.** Acción y efecto de yuxtaponer o yuxtaponerse. *La yuxtaposición de los dos dibujos te permitiría comprobar si son exactamente iguales.* **SIN.** Acercamiento, aproximación, unión. **ANT.** Apartamiento, separación. **2.** Unión de dos o más oraciones o sintagmas sin ningún tipo de nexo. *Redacta bien, pero utiliza mucho la yuxtaposición.*

z *s. f.* Vigésimo séptima y última letra del abecedario español y vigésimo segunda de sus consonantes. Su nombre es "zeta" o "zeda". *"Zaga" se escribe con "z".* **GRA.** Su pl. es "zetas"o "zedas".

zabordar (za-bor-**dar**) *v. intr.* Encallar un barco en un banco de arena o entre rocas. *Zabordó un barco en la costa.* **SIN.** Varar.

zacatín (za-ca-**tín**) *s. m.* Calle o plaza de algunos pueblos donde se vende ropa. *Compramos unas camisas en el zacatín.* **SIN.** Mercado.

zafarrancho (za-fa-**rran**-cho) *s. m.* **1.** Acción de preparar parte de un barco para determinado trabajo o actividad. *Zafarrancho de limpieza.* **2.** *fam.* Limpieza general. *El sábado por la mañana tocaba zafarrancho.* **3.** *fam.* Destrozo, lío. *Hubo una fuga de agua y se montó un gran zafarrancho.* **SIN.** Desastre. **4.** *fam.* Riña, discusión. *Empezaron a discutir y la fiesta acabó en zafarrancho.* **SIN.** Pelea, trifulca, gresca. ‖ **5. zafarrancho de combate** Preparativos necesarios para una acción de guerra inminente.

zafarse (za-**far**-se) *v. prnl.* **1.** Escaparse u ocultarse para evitar un encuentro o un riesgo. *Como no quería verle se zafó entre la multitud.* **SIN.** Esconderse, escabullirse, apartarse. **ANT.** Afrontar. **2.** Librarse de hacer algo. *Me zafé de recoger la mesa porque tenía que estudiar.* **SIN.** Desembarazarse, eludir. **ANT.** Afrontar. **3.** *amer.* Trastornarse. **4.** *amer.* Dislocarse un hueso.

zafio, fia (**za**-fio) *adj.* Se dice de la persona tosca o grosera en sus modales o en su comportamiento. *Se comportó como un zafio.* **SIN.** Ordinario, vulgar, maleducado, rudo, inculto. **ANT.** Educado, culto.

zafiro (za-**fi**-ro) *s. m.* Piedra preciosa de color azul que se utiliza en joyería. *La piedra de estos pendientes es un zafiro.*

zafra[1] (**za**-fra) *s. f.* Vasija grande de metal en la que se guarda aceite. *Limpia la zafra antes de rellenarla.*

zafra[2] (**za**-fra) *s. f.* **1.** Cosecha de la caña de azúcar. *La zafra más famosa.* **2.** Fabricación del azúcar de caña, y también del de remolacha, y tiempo que dura esta fabricación. *Ha terminado la zafra en la azucarera.*

zafra[3] (**za**-fra) *s. f.* Escombro de una mina o cantera. *La ladera del monte está cubierta de zafra.* **SIN.** Cascotes, desechos.

zaga (**za**-ga) *s. f.* **1.** Parte trasera o posterior de una cosa. *Iba en la zaga del grupo.* **SIN.** Trasera, dorso, reverso. **ANT.** Delantera, anverso. **2.** En algunos deportes, jugadores que forman la defensa del equipo. *La zaga de nuestro equipo cometió errores imperdonables* **SIN.** Retaguardia. **ANT.** Delantera. ‖ **LOC. a la zaga, a zaga, o en zaga** Atrás, detrás. **no ir, no irle o no quedarse a la zaga** *fam.* No ser inferior a otra persona.

zagal, la (za-**gal**) *s. m. y s. f.* **1.** Muchacho o muchacha adolescente. *Todavía es un zagal.* **SIN.** Adolescente, chaval, chico. **2.** Pastor o pastora joven. *El zagal estaba con las ovejas.*

zaguán (za-**guán**) *s. m.* Espacio cubierto, contiguo a la puerta de la calle, que sirve de entrada a una casa. *Esperó en el zaguán de la casa.* **SIN.** Portal, vestíbulo, hall, porche. **ANT.** Salida.

zaguero, ra (za-**gue**-ro) *adj.* **1.** Que va, se queda o está atrás. *De todos los que desfilan, él es un zaguero.* **SIN.** Último, rezagado, postrero, trasero, posterior. **ANT.** Primero. ‖ *s. m.* **2.** Jugador que se sitúa en la parte de atrás de la cancha en los partidos de pelota por parejas. *El zaguero envió la pelota fuera.* **3.** Defensor de un equipo, especialmente en el rugby. *El zaguero placó al delantero.* **ANT.** Delantero.

zahareño, ña (za-ha-**re**-ño) *adj.* Se dice del ave difícil de amansar. *Los halcones son zahareños.* **SIN.** Indomable, bravo, salvaje. **ANT.** Sumiso, manso.

zaherir (za-he-**rir**) *v. tr.* Decir o hacer algo a alguien para humillarle o maltratarle. *Lo dijo para zaherir a* sus compañeros. **SIN.** Mortificar, ultrajar, vejar, ofender, mofarse, agraviar, despreciar. **ANT.** Alabar, ensalzar, elogiar, honrar. ✎ v. irreg., se conjuga como sentir.

zahones (za-**ho**-nes) *s. m. pl.* Pantalones de cuero o paño, con las perneras abiertas por detrás, que se atan a los muslos, usados por los cazadores y gente del campo para proteger la ropa. *Si vas a montar a caballo ponte los zahones.*

zahorí (za-ho-**rí**) *s. m.* **1.** Persona a quien se atribuye la facultad de ver lo que está oculto, especialmente aguas subterráneas. *Contrataron a un zahorí para que encontrara agua.* **SIN.** Adivino. **2.** Persona perspicaz e intuitiva. *Es un zahorí, no se le escapa nada.* **SIN.** Sagaz, agudo. **ANT.** Torpe, obtuso. ✎ Su pl. es "zahoríes" o "zahorís".

zahúrda (za-**húr**-da) *s. f.* *Pocilga.

zaino, na[1] (**zai**-no) *adj.* **1.** Traidor, falso. *Ten cuidado con él, es un zaino.* **SIN.** Hipócrita. **ANT.** Noble, fiel, leal. **2.** Se dice de la caballería que parece falsa. *No montes ese caballo, es zaino.*

zaino, na[2] (**zai**-no) *adj.* **1.** Se dice del caballo o yegua de color castaño oscuro. *He comprado una yegua zaina.* **2.** Se dice del ganado vacuno de color completamente negro. *Lidiaron un toro zaino.*

zalagarda (za-la-**gar**-da) *s. f.* **1.** *Emboscada. **SIN.** Encerrona. **2.** Riña, pelea. *Me vi envuelto en una zalagarda.* **SIN.** Refriega, reyerta, bronca. **3.** Lazo usado para cazar animales. *Han retirado varias zalagardas del bosque.* **SIN.** Cepo, trampa. **4.** *fam.* Alboroto, bullicio. *Vamos a otro sitio, aquí hay demasiada zalagarda.* **SIN.** Zipizape, marimorena, zapatiesta.

zalamería (za-la-me-**rí**-a) *s. f.* Demostración de cariño afectada y empalagosa. *Era muy dado a las zalamerías para conseguir lo que quería.* **SIN.** Adulación, lisonja, zalema, halago. **ANT.** Desprecio, sinceridad, sobriedad, insulto, ofensa.

zalamero, ra (za-la-**me**-ro) *adj.* Que hace zalamerías. **GRA.** También s. m. y s. f. *No le gustaba nada la gente tan zalamera.* **SIN.** Halagador, adulador, lisonjeador, pamplinero, pelotillero. **ANT.** Arisco, hosco, sobrio, sincero.

zalea (za-**le**-a) *s. f.* Piel curtida de oveja o carnero que se usa como abrigo. *He forrado este abrigo con una zalea.* **SIN.** Pelliza, zamarra.

zalema (za-**le**-ma) *s. f.* **1.** *fam.* Reverencia realizada como muestra de sumisión. *Le recibió con grandes zalemas.* **SIN.** Saludo, inclinación, genuflexión. **2.** *Zalamería. **SIN.** Lisonja, adulación.

zamacuco, ca (za-ma-**cu**-co) *s. m. y s. f.* **1.** *fam.* Persona tonta y bruta. *Es un zamacuco, se lo cree todo.* **SIN.** Torpe, zote, ceporro. **ANT.** Culto, inteligente, listo. **2.** *fam.* Persona que calla o simula ser tonta para hacer siempre lo que quiere. *No te fíes de él, es un zamacuco.* **SIN.** Ladino, zorro, astuto. **ANT.** Noble, sincero. || *s. m.* **3.** *fam.* *Embriaguez. **SIN.** Borrachera. **ANT.** Sobriedad.

zamarra (za-**ma**-rra) *s. f.* **1.** Prenda de vestir en forma de chaqueta, hecha de piel con su pelo o lana. *Esta zamarra me queda pequeña.* **SIN.** Zamarro, pelliza, chamarra. **2.** Cualquier chaqueta de abrigo. *Ponte la zamarra, está fresco* **SIN.** Zamarro. **3.** Piel de carnero. *He comprado dos zamarras para forrar el sillón.* **SIN.** Zamarro, zalea.

zamarrear (za-ma-rre-**ar**) *v. tr.* **1.** Sacudir a un lado y otro la presa que un lobo, el perro u otro animal tiene cogida entre los dientes. *El lobo se zamarreó a su presa para que no se le escapara.* **SIN.** Agitar, destrozar. **2.** *fam.* Zarandear a alguien. *Le zamarreó agarrándole por los hombros.* **SIN.** Menear, sacudir. **3.** *fam.* Arrinconar a alguien en una discusión poniéndole en apuros. *Le zamarreó tan fuerte que le asustó.* **SIN.** Acorralar, derrotar.

zamarrilla (za-ma-**rri**-lla) *s. f.* Planta aromática con hojas muy estrechas y flores blancas o rojas. *Puso zamarrilla en el armario para aromatizar la ropa.*

zamarro (za-**ma**-rro) *s. m.* **1.** *Zamarra, prenda de vestir. **SIN.** Pelliza. **2.** Piel de cordero. *Tenemos que curtir los zamarros para venderlos.*

zambo, ba (**zam**-bo) *adj.* **1.** Se dice de la persona que tiene las rodillas juntas y separadas las piernas hacia fuera. **GRA.** También s. m. y s. f. *Por su forma de andar parece zambo.* **SIN.** Patizambo. **2.** *amer.* Se dice del hijo de madre de raza negra y padre de raza india, o al revés. **GRA.** También s. m. y s. f.

zambomba (zam-**bom**-ba) *s. f.* **1.** Instrumento musical formado por un cilindro hueco de madera, abierto por un extremo y cerrado por el otro con una piel muy tirante, que tiene en el centro un palo, que, al frotarlo con la mano, produce un sonido fuerte y monótono. *La zambomba es un instrumento típico de Navidad.* || *interj.* **2.** *fam.* Se emplea para expresar sorpresa. *¡Zambomba, no tenía ni idea de eso!*

zambombazo (zam-bom-**ba**-zo) *s. m.* **1.** Porrazo, golpetazo. *Me caí de la silla y me di un zambombazo.* **SIN.** Batacazo. **2.** Explosión con mucho ruido. *El petardo estalló con un gran zambombazo.* **SIN.** Estallido, estruendo.

zambra - zangolotear

zambra (**zam**-bra) *s. f., fam.* Bulla y ruido producido por un grupo de personas que se divierten. *Durante las fiestas se forman grandes zambras.* **SIN.** Jarana, bullicio, juerga, algazara.

zambullida (zam-bu-**lli**-da) *s. f.* Acción de zambullir o zambullirse. *Como tenía calor decidió darse una zambullida en la piscina del hotel.* **SIN.** Chapuzón, inmersión.

zambullir (zam-bu-**llir**) *v. tr.* **1.** Meter algo debajo del agua con ímpetu o de golpe. **GRA.** También v. prnl. *Se zambulló en el agua sin pensarlo dos veces.* **SIN.** Sumergir(se), hundir(se). **ANT.** Flotar, emerger. ‖ *v. prnl.* **2.** Esconderse o meterse en alguna parte, o cubrirse con algo. *Se zambulló entre los árboles para escapar.* **SIN.** Ocultarse. **ANT.** Aparecer. **3.** Dedicarse por completo a un asunto o actividad. *Se zambulló totalmente en su lectura.* ⌦ v. irreg., se conjuga como mullir.

zampabollos (zam-pa-**bo**-llos) *s. m. y s. f., fam.* *Zampatortas, persona glotona. **GRA.** También v. intr. y v. prnl. **SIN.** Tragar(se), engullir(se), embutir(se), atiborrarse. **ANT.** Refrenarse, comedirse. ⌦ Invariable en número.

zampar (zam-**par**) *v. tr., fam.* Comer mucho apresuradamente. **GRA.** También v. intr. y v. prnl. *Se zampó su trozo de tarta en un minuto.* **SIN.** Tragar(se), engullir(se), embutir(se), atiborrarse. **ANT.** Refrenarse, comedirse.

zampatortas (zam-pa-**tor**-tas) *s. m. y s. f.* **1.** Persona muy glotona. *Le encanta la comida, es un zampatortas.* **SIN.** Tragón, zampón. **2.** *fam.* Persona patosa y desgarbada. *No sabe bailar, es un zampatortas.* **SIN.** Zampabollos, zampapalo, torpe. ⌦ Invariable en número.

zampón, na (zam-**pón**) *adj., fam.* Comilón, tragón. **GRA.** También s. m. y s. f. *Come de todo con exageración, es un zampón.* **SIN.** Zampatortas, zampabollos, tragaldabas.

zampoña (zam-**po**-ña) *s. f.* Instrumento de viento parecido a una flauta o formado por varias flautas unidas. *He aprendido a tocar la zampoña.*

zanahoria (za-na-**ho**-ria) *s. f.* **1.** Planta herbácea con flores blancas y raíz jugosa y comestible de color amarillento o rojiza. *Plantamos zanahorias en el huerto.* **2.** Raíz de esta planta. *La zanahoria tiene muchas vitaminas.*

zanca (**zan**-ca) *s. f.* **1.** Parte más larga de las patas de las aves. *La tajada que más le gusta del pollo es la zanca.* **2.** *fam.* Pierna de una persona o animal muy larga y delgada. *Sólo se le ven zancas.*

zancada (zan-**ca**-da) *s. f.* Paso muy largo. *No des esas zancadas.* ‖ **LOC. en dos zancadas** *fam.* En breve, en muy poco tiempo.

zancadilla (zan-ca-**di**-lla) *s. f.* **1.** Acción de cruzar alguien su pierna por delante de la de otro para derribarle. *Le echó la zancadilla y se cayó de morros.* **2.** *fam.* Engaño o dificultad con que se intenta perjudicar a alguien. *Siempre le estaban poniendo zancadillas en el trabajo.* **SIN.** Trampa, ardid, traba, estorbo.

zancadillear (zan-ca-di-lle-**ar**) *v. tr.* Poner la zancadilla a alguien. *El defensa zancadilleó al delantero.*

zancajo (zan-**ca**-jo) *s. m.* **1.** Hueso del pie que forma el talón. *Al caer, se rompió el zancajo.* **2.** Parte posterior del pie donde sobresale el talón. *Tengo una rozadura en el zancajo.* **3.** Parte del zapato, media, etc., que cubre el talón. *Los zancajos de los zapatos me hacen daño.* ‖ **LOC. no llegarle uno a los zancajos, o al zancajo, a otro** *fam.* Haber mucha diferencia de una persona a otra.

zancarrón (zan-ca-**rrón**) *s. m., fam.* Hueso de la pata de un animal, largo y sin carne. *Compré un zancarrón de vaca para hacer caldo.*

zanco (**zan**-co) *s. m.* Cada uno de los dos palos largos, con salientes para apoyar los pies, que se usan para andar por terrenos pantanosos, o en algunos juegos de agilidad o equilibrio. *Andar con zancos es muy difícil.*

zancudo, da (zan-**cu**-do) *adj.* **1.** Que tiene las zancas largas. *Es un zancudo, mide 1,90.* **SIN.** Zanquilargo, patilargo, zancón. ‖ *s. f. pl.* **2.** Antiguo orden de la clasificación de las aves, sin valor taxonómico en la actualidad. *La cigüeña es un ave zancuda.* ‖ *s. m.* **3.** *amer.* *Mosquito.* ☞ Ver ilustración pág. 1144.

zanganear (zan-ga-ne-**ar**) *v. intr., fam.* Hacer el vago. *Trabaja y deja de zanganear.* **SIN.** Holgazanear, gandulear. **ANT.** Trabajar, ocuparse.

zángano, na (**zán**-ga-no) *s. m.* **1.** Macho de la abeja reina. *En una colmena hay muchos zánganos.* ‖ *s. m. y s. f.* **2.** *fam.* Persona holgazana que vive de los demás. *Es un zángano, nunca hace nada.* **SIN.** Vago, remolón, gandul. **ANT.** Trabajador.

zangolotear (zan-go-lo-te-**ar**) *v. tr.* **1.** *fam.* Mover continua y violentamente una cosa. **GRA.** También v. prnl. *Deja de zangolotear la radio, está estropeada.* **SIN.** Agitar(se), sacudir(se), zarandear(se). ‖ *v. intr.* **2.** *fam.* Moverse una persona de una parte a otra sin intención de hacer nada. *Lleva todo el día zangoloteando por la fábrica.* **SIN.** Enredar, holgazanear, vagar.

ZANCUDAS: Cigüeñuela de alas negras, Espátula, Avoceta, Ibis, Garza, Chorlitejo, Archibebe

zanguango, ga (zan-**guan**-go) *adj., fam.* Perezoso, vago. **GRA.** También s. m. y s. f. *Deja de hacer el zanguango y ponte a trabajar.* **SIN.** Holgazán. **ANT.** Activo, dinámico, diligente.

zanja (**zan**-ja) *s. f.* **1.** Excavación larga y estrecha que se hace en la tierra. *Hicieron una zanja para conducir el agua hasta el otro extremo.* **SIN.** Fosa, foso, cuneta. **2.** *amer.* Surco producido por el agua corriente. **SIN.** Arroyada.

zanjar (zan-**jar**) *v. tr.* **1.** Resolver un asunto o negocio. *Zanjaron la discusión con un apretón de manos.* **SIN.** Solucionar, solventar, terminar, acabar. **2.** Abrir zanjas en un terreno. *Están zanjando esa finca para construir un edificio.* **SIN.** Cavar, excavar.

zanjón (zan-**jón**) *s. m., amer.* Despeñadero, precipicio.

zanquear (zan-que-**ar**) *v. intr.* **1.** Torcer las piernas al andar. *Pon cuidado para no zanquear al andar.* **2.** Moverse de un lado para otro dando grandes zancadas. *Zanqueaba de un lado a otro de la habitación.*

zapador (za-pa-**dor**) *s. m.* Soldado que se dedica a cavar zanjas, trincheras, etc. *Ingresó en el cuerpo de zapadores.* **SIN.** Gastador.

zapata (za-**pa**-ta) *s. f.* **1.** Pieza del freno de ciertos vehículos que actúa por fricción en las ruedas o sobre el eje, para moderar o impedir su movimiento. *Puso unas zapatas nuevas.* **2.** Pedazo de cuero que a veces se pone debajo del quicio de la puerta para que no rechine. *Cambia las zapatas para que las puertas no hagan ruido.*

zapatazo (za-pa-**ta**-zo) *s. m.* **1.** Golpe dado con un zapato. *Le dio un zapatazo al balón.* **SIN.** Patadón, puntapié. **2.** Caída de un objeto y ruido que produce. *Menudo zapatazo dio al caer.* ‖ **LOC. tratar a alguien a zapatazos** *fam.* Tratarlo con dureza, desconsideradamente.

zapateado (za-pa-te-**a**-do) *s. m.* Baile flamenco sin acompañamiento instrumental y para un solo bailarín, que se realiza golpeando enérgicamente los tacones de los zapatos sobre el suelo. *El bailarín ejecutó un zapateado con gran maestría.*

zapatear (za-pa-te-**ar**) *v. tr.* **1.** Golpear con el zapato. *Cogió tal berrinche, que no dejo de zapatear el suelo.* **SIN.** Taconear, patear. **2.** En ciertos bailes, golpear el suelo con los pies siguiendo el compás de la música. *Se zapatea muy bien sobre este suelo de madera.* **SIN.** Taconear.

zapatería (za-pa-te-**rí**-a) *s. f.* **1.** Taller donde se fabrican zapatos. *Trabaja en una zapatería.* **2.** Tienda donde se venden. *En aquella zapatería no tenían las botas que quería.*

zapatero, ra (za-pa-**te**-ro) *adj.* **1.** Que pertenece o se refiere al zapato. *El gremio zapatero se reunió en una asamblea el pasado jueves.* **2.** Se dice de las legumbres y otros alimentos que han quedado duros por estar poco cocidos. *No comas los garbanzos, han quedado zapateros.* **3.** Se dice de los alimentos que se ponen correosos por estar cocinados con demasiada anticipación. *No pude comer el filete, estaba zapatero.* ‖ *s. m. y s. f.* **4.** Persona que tiene por oficio hacer zapatos, arreglarlos o venderlos. *He llevado las botas al zapatero para arreglarlas.* ‖ *s. m.* **5.** Mueble para guardar zapatos. *Coloca los zapatos en el zapatero.* **6.** Insecto que corre por la superficie del agua. *Esta charca está llena de zapateros.* **SIN.** Tejedor. ‖ **LOC. zapatero a tus zapatos** Frase con que se indica a alguien que no se meta en lo que no le incumbe.

zapateta (za-pa-**te**-ta) *s. f.* **1.** Golpe que da un pie contra otro al brincar en señal de alegría. *Expresó su júbilo dando una zapateta.* **2.** Brinco que se da sacudiendo los pies. *Es muy hábil dando zapatetas.* ‖ *s. f. pl.* **3.** En algunos bailes, golpes dados con el zapato en el suelo. *Ese baile tiene muchas zapatetas.*

zapatiesta (za-pa-**ties**-ta) *s. f.* Bulla, alboroto o pelea ruidosos. *El día de Nochevieja armamos una buena zapatiesta en casa.* **SIN.** Jaleo, embrollo, riña.

zapatilla (za-pa-**ti**-lla) *s. f.* **1.** Zapato cómodo, generalmente de abrigo, para estar en casa. *Al llegar a casa me puse las zapatillas.* **2.** Zapato utilizado para realizar algún deporte. *He comprado unas zapatillas de baloncesto.*

zapatillazo (za-pa-ti-**lla**-zo) *s. m.* Golpe dado con una zapatilla. *Me dio un zapatillazo.*

zapato (za-**pa**-to) *s. m.* Calzado que no pasa del tobillo, con la suela de cuero y lo demás de piel, fieltro, etc. *He comprado un par de zapatos.* ‖ **LOC. estar alguien como niño con zapatos nuevos** *fam.* Estar muy contento. **no llegarle a alguien a la suela del zapato** *fam.* Ser muy inferior a esa persona en algo. **saber alguien dónde le aprieta el zapato** *fam.* Saber bien lo que le conviene.

zapote (za-**po**-te) *s. m.* **1.** Árbol americano cuyo fruto, de carne amarilla oscura, es comestible. *Han plantado zapotes en el huerto.* **2.** Fruto de este árbol. *Vamos a recoger zapotes.*

zapping *s. m.* Cambio constante de canal de televisión, usando el mando a distancia. *Se pasa el día haciendo zapping.*

zar *s. m.* Título que se daba al emperador de Rusia y al soberano de Bulgaria. *Juan el Terrible fue el primer zar.* **SIN.** Emperador, señor. ✎ Su f. es "zarina".

zaragata (za-ra-**ga**-ta) *s. f., fam.* Riña, alboroto, tumulto. *Menuda zaragata montaron por nada* **SIN.** Bulla, pendencia, algarabía.

zaranda (za-**ran**-da) *s. f.* *Criba. **SIN.** Cedazo, colador.

zarandajas (za-ran-**da**-jas) *s. f. pl., fam.* Cosa de poco valor o importancia. *No te fijes en esas zarandajas.* **SIN.** Minucia, bagatela, pequeñez, insignificancia.

zarandar (za-ran-**dar**) *v. tr.* **1.** Limpiar el grano o la uva, pasándolos por la zaranda. *Zaranda el trigo antes de guardarlo.* **SIN.** Cribar. **2.** Colar el dulce con la zaranda. *Antes de hacer la mermelada debes zarandar la fruta.* **3.** *fam.* Separar de lo común lo especial y más valioso. *Debes zarandar lo mejor de él, antes de juzgarle.* **SIN.** Elegir, calificar. **4.** Mover una cosa con ligereza y facilidad. **GRA.** También v. prnl. *Da gusto ver cómo zarandea la falda al bailar.* **SIN.** Agitar(se), sacudir(se).

zarandear (za-ran-de-**ar**) *v. tr.* Agitar o mover a una persona o cosa con cierta brusquedad. **GRA.** También v. prnl. *Los baches de la carretera hacían que los pasajeros se zarandearan.* **SIN.** Menear(se).

zarandillo (za-ran-**di**-llo) *s. m., fam.* Niño muy inquieto que se mueve de un sitio a otro con viveza y agilidad. *Ese niño es un zarandillo.* **SIN.** Enredador, bullicioso, revoltoso. ‖ **LOC. traerle a alguien como un zarandillo** *fam.* Hacerle ir frecuentemente de una parte a otra.

zarcillo (zar-**ci**-llo) *s. m.* **1.** Pendiente, arete. *Me regaló unos zarcillos.* **2.** Señal con que se marca el ganado lanar y que consiste en un corte en la oreja. *Separa las ovejas según sean sus zarcillos.* **3.** Cada uno de los órganos largos, delgados y volubles que tienen ciertas plantas, como la vid y el guisante, y que les sirven para trepar. *Las matas de guisante tienen muchos zarcillos.*

zarco, ca (**zar**-co) *adj.* De color azul claro. *Sus ojos eran zarcos.*

zarevich *s. m.* Hijo del zar, en particular el príncipe primogénito. *El último zarevich ruso fue ejecutado durante la revolución.*

zarigüeya (za-ri-**güe**-ya) *s. f.* Mamífero marsupial de América, nocturno y omnívoro. *La zarigüeya lleva a sus crías en la espalda.*

zarina (za-**ri**-na) *s. f.* **1.** Esposa del zar. *Catalina I se convirtió en zarina tras su matrimonio con Pedro el Grande.* **2.** Emperatriz de Rusia. *Catalina II fue la zarina más famosa.*

zarismo - Zodiaco

zarismo (za-**ris**-mo) *s. m.* Forma de gobierno absoluto, propia de los zares. *El zarismo era la forma de gobierno en Rusia.*

zarpa (**zar**-pa) *s. f.* **1.** Mano de ciertos animales, como el león y el tigre, con dedos y uñas. *El león atrapó a sus presas con las zarpas.* **SIN.** Garra. **2.** *fam.* Mano. *No toques eso con tus zarpas.* ‖ **LOC. echar alguien la zarpa** *fam.* Apoderarse de algo con violencia o engaño.

zarpar (zar-**par**) *v. tr.* Salir un barco del lugar en el que estaba fondeado. *El barco zarpará al amanecer.* **SIN.** Marchar, levar anclas.

zarpazo (zar-**pa**-zo) *s. m.* Golpe dado con la zarpa. *Un león dio un zarpazo al domador mientras estaban actuando.* **SIN.** Arañazo.

zarrapastroso, sa (za-rra-pas-**tro**-so) *adj., fam.* Desaliñado, andrajoso, desaseado. **GRA.** También s. m. y s. f. *Es muy descuidado con su aspecto físico, siempre va como un zarrapastroso.* **SIN.** Descuidado, harapiento, sucio, desastrado. **ANT.** Elegante, pulcro, aseado, limpio.

zarza (**zar**-za) *s. f.* Arbusto de flores blancas y ramas con agudas espinas, cuyo fruto es la mora. *Me pinché con las espinas de cortar zarzas.*

zarzal (zar-**zal**) *s. m.* Lugar poblado de zarzas. *Se les cayó la pelota en un zarzal.*

zarzamora (zar-za-**mo**-ra) *s. f.* Zarza y su fruto. *Comimos una tarta de zarzamoras.*

zarzaparrilla (zar-za-pa-**rri**-lla) *s. f.* **1.** Arbusto, muy común en España, de tallos delgados, flores verdosas y fruto en bayas. *Han plantado zarzaparrilla en ese campo.* **2.** Bebida refrescante preparada con esta planta. *Suelo beber zarzaparrilla en verano.*

zarzuela (zar-**zue**-la) *s. f.* **1.** Obra dramática y musical que alterna pasajes cantados y recitados. *Fuimos a ver una zarzuela.* **2.** Letra o música de esta obra. *Ha compuesto una zarzuela.* **3.** Plato que consiste en varias clases de pescado y marisco, condimentados con una salsa. *Comimos una zarzuela de marisco.*

zascandil (zas-can-**dil**) *s. m., fam.* Persona inquieta y revoltosa. *Es un zascandil, no para quieto.* **SIN.** Enredador, tarambana, ligero, mequetrefe. **ANT.** Serio, formal, juicioso.

zéjel (**zé**-jel) *s. m.* Composición poética popular de origen árabe. Está formada por un estribillo inicial temático y un número variable de estrofas, compuestas de tres versos monorrimos seguidos de otro verso de rima constante, igual a la del estribillo. *Ha traducido un zéjel árabe para incluirlo en el libro.*

zen *s. m.* Doctrina japonesa del budismo, que se basa en el profundo conocimiento y control del espíritu para alcanzar el estado de iluminación. *El zen se introdujo en Japón a través de China.*

zenit (**ze**-nit) *s. m.* *Cenit.

zepelín (ze-pe-**lín**) *s. m.* *Globo dirigible.

zeta (**ze**-ta) *s. f.* **1.** Nombre de la letra "z". **SIN.** Zeda, ceta. **2.** Sexta letra del alfabeto griego. ‖ *s. m.* **3.** *fam.* Nombre que se da al coche de policía. *Acudió un zeta en su ayuda.*

zigurat (zi-gu-**rat**) *s. m.* Torre escalonada y piramidal, característica de la arquitectura religiosa asiria y caldea. *En la parte superior del zigurat se situaba el altar.*

zigzag (zig-**zag**) *s. m.* Línea quebrada a derecha e izquierda alternativamente. *Avanzaba haciendo zigzag.* **SIN.** Serpenteo, ondulación, culebreo. 🖎 Invariable en número.

zigzaguear (zig-za-gue-**ar**) *v. intr.* Serpentear, andar, moverse o extenderse en zigzag. *Le gustaba zigzaguear con la bicicleta.* **SIN.** Culebrear, hacer eses, serpear.

zinc *s. m.* *Cinc.

zipizape (zi-pi-**za**-pe) *s. m., fam.* Riña ruidosa o con golpes. *Cuando se juntan forman grandes zipizapes.* **SIN.** Alboroto, trapatiesta, escándalo, trifulca, bronca, jaleo, pelea, zalagarda, pelotera. **ANT.** Calma, tranquilidad, armonía.

zócalo (**zó**-ca-lo) *s. m.* **1.** Rodapié que se coloca en la pared. *Hay que barnizar los zócalos de la habitación.* **2.** En arquitectura, cuerpo inferior de un edificio, que sirve para elevar los basamentos a un mismo nivel. *El zócalo estaba recubierto de mármol.* **SIN.** Basamento, base. **3.** *Méx.* Plaza más importante de una ciudad.

zocato, ta (zo-**ca**-to) *adj., fam.* *Zurdo. **GRA.** También s. m. y s. f. **SIN.** Izquierdo, siniestro. **ANT.** Diestro, derecho.

zoco (**zo**-co) *s. m.* **1.** En Marruecos, mercado, lugar en que se celebra. *Compramos varios recuerdos en el zoco.* **SIN.** Mercadillo. **2.** Antiguamente, plaza de una población. *Hay una asamblea en el zoco del pueblo.*

zodiacal (zo-dia-**cal**) *adj.* Que pertenece o se refiere al Zodiaco. *Signos zodiacales.*

Zodiaco (Zo-**dia**-co) *n. p.* Zona de la esfera celeste, dividida en 12 constelaciones: Aries, Tauro, Géminis, Cáncer, Leo, Virgo, Libra, Escorpión, Sagitario, Capricornio, Acuario y Piscis. *He comprado un libro sobre el Zodiaco.* 🖎 También "Zodíaco".

zombi (**zom**-bi) *s. m.* **1.** Según la religión vudú, cuerpo inanimado que ha sido revivido por arte de brujería y actúa sin tener conciencia de sus actos. *Vimos una película de zombis.* ‖ *s. m. y s. f.* **2.** Persona atontada. **GRA.** También adj. *Se acababa de levantar de la cama y estaba completamente zombi.* **SIN.** Alelado, embobado, pasmado. **ANT.** Despierto, avispado.

zona (**zo**-na) *s. f.* **1.** Lista o faja. *La fachada tiene zonas de distintos materiales.* **SIN.** Banda, franja. **2.** Extensión considerable de terreno que tiene forma de franja. *La finca está dividida en zonas.* **3.** Extensión de terreno cuyos límites están determinados por razones administrativas, políticas, etc. *Ese país pertenece a la zona de influencia capitalista.* **SIN.** Área, país, demarcación, división, circunscripción, término, partido, distrito. **4.** En geografía, cada una de las cinco partes en que se considera dividida la superficie de la Tierra por los trópicos y los círculos polares. *Las zonas tropicales se extienden en torno al ecuador.* **5.** En geometría, parte de la superficie de la esfera, comprendida entre dos planos paralelos. *Colorea las distintas zonas de esa esfera.* **6.** En baloncesto, la parte del campo, señalada por una línea trapezoidal, que está más cerca de la canasta. *Encestó desde fuera de la zona y anotó tres puntos.* ‖ **7. zona franca** Aquella en la que no son vigentes los derechos de aduana comunes al resto del país. **8. zona glacial** Cada uno de los dos casquetes esféricos formados en la superficie de la Tierra por los círculos polares. **9. zona templada** La que está comprendida entre los trópicos y los círculos polares inmediatos. **10. zona tórrida** La que está comprendida entre los trópicos y dividida por el ecuador en dos partes iguales. **11. zona verde** En una ciudad, terreno destinado a parques o arbolado.

zonal (zo-**nal**) *adj.* Que pertenece o se refiere a la zona. *Han hecho una nueva división zonal de la ciudad.*

zoncera (zon-**ce**-ra) *s. f., amer.* Simpleza, tontería. **SIN.** Sosería, mojigatería. **ANT.** Ingenio, gracia.

zonzo, za (**zon**-zo) *adj.* **1.** Soso, insulso, insípido. **GRA.** También s. m. y s. f. *¡Alégrate, no seas zonzo!* **SIN.** Soseras, sosaina, mojigato. **ANT.** Divertido, ameno, gracioso, saleroso. **2.** Tonto, simple. **GRA.** También s. m. y s. f. *Cuando dices eso pareces zonzo.* **SIN.** Patoso, anodino. **ANT.** Ingenioso, ocurrente, agudo.

zoo (**zo**-o) *s. m.* Abreviación de parque o jardín zoológico. *Pasamos la mañana en el zoo.*

zoófago, ga (zo-ó-fa-go) *adj.* Que se alimenta de materias animales. **GRA.** También s. m. y s. f. *Los carnívoros son animales zoófagos.*

zoófito (zo-ó-fi-to) *s. m.* Animal que tiene aspecto de planta. *La medusa es un animal zoófito.*

zoología (zo-o-lo-**gí**-a) *s. f.* Parte de la biología que estudia los animales. *Asistimos a una clase de zoología.*

zoológico, ca (zo-o-**ló**-gi-co) *adj.* **1.** Que pertenece o se refiere a la zoología. *Han realizado un exhaustivo estudio zoológico del parque natural.* ‖ *s. m.* **2.** Parque en el que se conservan, cuidan y exhiben fieras y otros animales no comunes. *Fuimos de visita al zoológico.*

zoólogo, ga (zo-ó-lo-go) *s. m. y s. f.* Persona especializada en zoología. *El zoólogo nos dio una clase sobre animales.*

zoom *s. m.* *Zum.

zootecnia (zo-o-**tec**-nia) *s. f.* Arte de la cría de los animales domésticos. *Los avances en la zootecnia permiten criar mejor a los animales.*

zopenco, ca (zo-**pen**-co) *adj., fam.* Tonto, bruto. **GRA.** También s. m. y s. f. *¡No le trates como si fuera un zopenco!* **SIN.** Torpe, lerdo. **ANT.** Agudo, listo.

zoquete (zo-**que**-te) *s. m.* **1.** Pedazo de madera corto y grueso que sobra al labrar un madero. *Trae algunos zoquetes para la chimenea.* **SIN.** Taco, tarugo. **2.** *fam.* Persona torpe e ignorante. **GRA.** También adj. *Soy un zoquete para las matemáticas.* **SIN.** Torpe, ignorante, inculto, zote. **ANT.** Culto, listo.

zorongo (zo-**ron**-go) *s. m.* **1.** Pañuelo doblado en forma de venda, que llevan a la cabeza los aragoneses y algunos navarros. *En las fiestas, todos se ponen el zorongo en la cabeza.* **SIN.** Cachirulo. **2.** Moño ancho y aplastado. *En la peluquería me han hecho este zorongo.* **3.** Baile popular andaluz, de movimiento muy vivo. *Están bailando un zorongo.* **4.** Música y canto de este baile. *Estoy aprendiendo a tocar zorongos.*

zorra (**zo**-rra) *s. f.* **1.** Mamífero carnívoro, de larga cola, hocico estrecho y orejas empinadas, dotado de gran astucia. *La zorra ártica tiene el pelaje blanco en invierno.* **2.** Hembra de esta especie. *La manada estaba compuesta por varios zorros y tres zorras.* **3.** *fam.* Mujer astuta. **GRA.** También adj. *¡Qué zorra es tratando a la gente!* **SIN.** Maliciosa, pícara. **4.** *fam.* *Prostituta. **GRA.** También adj. **5.** *fam.* Borrachera, embriaguez. *¡Vaya zorra que lleva ese tipo!* **SIN.** Curda, cogorza. ‖ **LOC. no tener ni zorra, o ni zorra idea** *fam.* No saber absolutamente nada.

zorrera (zo-**rre**-ra) *s. f., fam.* Habitación llena de humo. *Vaya zorrera hay aquí, abrid un rato la ventana.*

zorrería (zo-rre-**rí**-a) *s. f., fam.* Astucia y cautela de la persona que busca su utilidad. *Siempre actúa con mucha zorrería.* **SIN.** Treta, ardid, engaño. **ANT.** Sinceridad, honradez, nobleza.

zorro (**zo**-rro) *s. m.* **1.** Macho de la zorra. *Las cacerías de zorros son muy crueles.* **2.** Abrigo confeccionado con la piel de este animal. *He puesto unos botones de plata en el zorro nuevo.* **3.** *fam.* Persona muy taimada y astuta. **GRA.** También adj. *Es un zorro para los negocios.* **SIN.** Sagaz. ‖ *s. m. pl.* **4.** Utensilio para sacudir el polvo, formado por tiras de piel u otro material puestas en un mango. *En la casa del pueblo limpiamos con unos zorros.* ‖ **LOC. estar alguien hecho unos zorros** Estar muy cansado.

zorzal (zor-**zal**) *s. m.* Nombre común a varias aves que viven en España durante el invierno. *Los zorzales emigran a España desde otros países.*

zote (**zo**-te) *adj.* Ignorante, torpe. **GRA.** También s. m. y s. f. *Hazlo bien, no seas zote.* **SIN.** Memo, mentecato, tarugo, zopenco. **ANT.** Listo, avispado.

zozobra (zo-**zo**-bra) *s. f.* **1.** Acción de zozobrar un barco. *Según las últimas noticias, en la zozobra no hubo víctimas.* **2.** Inquietud, aflicción, congoja. *Tenía mucha zozobra al no haber recibido noticias suyas.* **SIN.** Intranquilidad, desasosiego, estremecimiento, ansiedad. **ANT.** Serenidad, sosiego, tranquilidad.

zozobrar (zo-zo-**brar**) *v. intr.* **1.** Irse a pique una embarcación. *El barco zozobró en la tormenta.* **SIN.** Naufragar, hundirse. **ANT.** Flotar, emerger, salir. **2.** Peligrar la embarcación por la fuerza e irregularidad de los vientos. *La ventisca casi nos hizo zozobrar.* **3.** Correr algo el peligro de no realizarse. *Su relación zozobra día a día.* **SIN.** Peligrar. **ANT.** Salvar, asegurar, ganar.

zueco (**zue**-co) *s. m.* **1.** Zapato de madera de una pieza que usan en varios países los campesinos. *He tallado unos zuecos.* **SIN.** Abarca, almadreña, madreña. **2.** Zapato de cuero con suela de corcho o de madera. *El personal médico suele llevar zuecos.* **SIN.** Zanco.

zulo (**zu**-lo) *s. m.* **1.** Hoyo, agujero. *Estoy cavando un zulo.* **2.** Escondite pequeño y generalmente debajo de tierra. *Encontraron el dinero en un zulo.*

zulú (zu-**lú**) *adj.* **1.** Se dice de la persona que pertenece a un pueblo de raza negra y lengua bantú, que habita en la República Sudafricana. **GRA.** También s. m. y s. f. *Los zulúes se dedican a la agricultura y a la ganadería.* Su pl. es "zulúes" o "zulús". ‖ *s. m.* **2.** Lengua hablada por este pueblo. *El zulú es muy difícil de aprender.*

zum *s. m.* Objetivo de distancia de enfoque variable de una cámara, que permite la aproximación o alejamiento ópticos de aquello que se pretende filmar o fotografiar. *Ajusta el zum para sacar bien la foto.*

zumbado, da (zum-**ba**-do) *adj., fam.* Se dice de la persona que está un poco chiflada. *No le hagas caso, parece que está zumbado.* **SIN.** Pirado, loco, majareta. **ANT.** Cuerdo, prudente.

zumbar (zum-**bar**) *v. intr.* **1.** Hacer una cosa ruido continuado y bronco. *El viento zumbaba con fuerza.* **SIN.** Ronronear, maquetrear, retumbar. **ANT.** Callar, silenciar, apagar. ‖ *v. tr.* **2.** Golpear, pegar. *Como sigas burlándote de ella, te van a zumbar.* **SIN.** Asestar. **ANT.** Cuidar, mimar. ‖ **LOC. ir, marchar, o salir, zumbando** *fam.* Salir a toda prisa. **zumbarle a alguien los oídos** Sentir un zumbido dentro del oído. | *fam.* Tener la impresión de que están hablando de él.

zumbido (zum-**bi**-do) *s. m.* **1.** Ronroneo, murmullo. *Se oyen los zumbidos de las abejas.* **ANT.** Silencio. **2.** *fam.* Golpe o porrazo dado a alguien. *Pórtate bien o te doy un zumbido.*

zumbón, na (zum-**bón**) *adj., fam.* Se dice de la persona que frecuentemente anda haciendo bromas a los demás. *Es un zumbón, siempre está de broma.* **SIN.** Bromista, guasón, socarrón, burlón. **ANT.** Serio, formal, triste, severo.

zumo (**zu**-mo) *s. m.* **1.** Líquido que se extrae de las hierbas, flores, frutas u otras cosas parecidas. *Preparé un zumo de naranja.* **SIN.** Jugo, extracto, esencia, melaza, néctar. **2.** Utilidad y provecho que se saca de una cosa. *Sacó mucho zumo de ese negocio.* **SIN.** Beneficio, renta, ganancia. **ANT.** Pérdida.

zurcido (zur-**ci**-do) *s. m.* Unión o costura que se hace para remendar una tela. *Arregló la rotura de la sábana con un zurcido.* **SIN.** Remiendo, refuerzo, cosido. **ANT.** Roto.

zurcir (zur-**cir**) *v. tr.* Remendar la parte desgastada o rota de una tela por medio de puntadas muy pequeñas y juntas, de modo que casi no se note. *Tengo que aprender a zurcir calcetines.* **SIN.** Repasar, arreglar. ‖ **LOC. ¡que te, le, zurzan!** *fam.* Denota rechazo o desinterés hacia alguien. ✎ *v. irreg.*, se conjuga como esparcir.

zurdo, da (**zur**-do) *adj.* **1.** Que utiliza la mano izquierda del modo y para lo que las demás personas utilizan la derecha. **GRA.** También s. m. y s. f. *Es un tenista zurdo.* **SIN.** Izquierdo, siniestro. **ANT.** Dere-

zuro - zutano

cho, diestro. **2.** Se dice de la mano izquierda. **GRA.** También s. f. *Le dio un golpe con la zurda.*

zuro, ra (**zu**-ro) *adj.* Se dice de las palomas y palomos silvestres. *Tengo varias palomas zuras para criar.* **SIN.** Zurito.

zurra (**zu**-rra) *s. f., fam.* Castigo, paliza, tunda. *Se llevó una buena zurra.*

zurrar (zu-**rrar**) *v. tr.* Castigar a alguien, especialmente con azotes o golpes. **GRA.** También v. prnl. *Le han zurrado en la calle.* **SIN.** Pegar(se), golpear(se), sacudir(se). **ANT.** Respetar(se), acariciar(se).

zurriagazo (zu-rria-**ga**-zo) *s. m.* Golpe dado con el zurriago o con otra cosa flexible. *Le dio un buen zurriagazo.* **SIN.** Latigazo, palo, varazo. **ANT.** Caricia, mimo.

zurriago (zu-**rria**-go) *s. m.* Látigo con que se castiga o zurra. *Golpeó al caballo con el zurriago.* **SIN.** Tralla, fusta, verga, mimbre, correa.

zurriburri (zu-rri-**bu**-rri) *s. m.* **1.** Barullo, confusión. *A la salida del cine se armó un buen zurriburri.* **SIN.** Jaleo, alboroto, algazara. **ANT.** Orden, paz, tranquilidad. **2.** *fam.* Persona vil y despreciable. *Todo el mundo sabe que es un zurriburri.* **SIN.** Villano, ruin, truhán. **ANT.** Digno, noble. **3.** *fam.* Grupo de personas vulgares. *Vamos a otro sitio, aquí no hay más que zurriburris.* **SIN.** Ralea, chusma. **ANT.** Minoría.

zurrón (zu-**rrón**) *s. m.* **1.** Bolsa grande de pellejo, usada generalmente por los pastores. *Guardó el pan y el queso en el zurrón.* **SIN.** Morral, talego. **2.** Cualquier bolsa de cuero. *He comprado un zurrón de cuero repujado en el rastro.* **SIN.** Talego, macuto, mochila, alforja.

zutano, na (zu-**ta**-no) *s. m. y s. f., fam.* Palabra usada como fulano y mengano, cuando se alude a una tercera persona indeterminada. *Vino un zutano y nos ganó la partida.* **SIN.** Perengano, fulano.

Cuadros temáticos

	página
Abecedario	12
Aceite, clases principales de	22
Acento, el	23
Adjetivos calificativos	36
Adjetivos determinativos	37
Adverbios, clasificación de los	40
Angiospermas, familias de	74
Ángulos, clases de	75
Animales en peligro	76
Artículo	99
Aves, clasificación de las	115
Batallas, grandes	131
Carbón	181
Cardinales	183
Cataratas famosas	193
Cometas famosos	229
Comparativos y superlativos irregulares	231
Conjugaciones	241
Conjunciones	241
Constelaciones	245
Descubrimientos geográficos	304
Desiertos	312
Dinosaurios, acerca de los	332
Diptongo	333
Dramaturgos, grandes	347
Edificios más altos, los	353
Eras geológicas	394

	página
Escritores, grandes	403
Estrechos principales	419
Estrellas más próximas	420
Física, ramas de la	451
Fonemas consonánticos	457
Fonemas vocálicos	457
Género	480
Gentilicios	482
Gerundio	483
Guerras importantes	501
Horóscopo	526
Huesos	528
Infinitivo	558
Interjecciones	574
Invertebrados, clasificación de los	579
Inventos de la humanidad, grandes	580
Islas principales	584
Lagos, los mayores	601
Lenguas indoeuropeas	612
Lunares, magnitudes	636
Mamíferos, clasificación de los	648
Mares y océanos	656
Maravillas del mundo, las siete	657
Medida, unidades de	671, 672
Mitología	693
Montañas más altas, las	702
Músculos, los	716

	página		página
Número y		Pronombres	870
formación del plural	740	Puntuación, signos de	884
		Ríos más largos, los	958
Oraciones compuestas,		Rocas, clasificación de las	960
clasificación de las	757		
Ordinales	760	Sintagma nominal	1003
		Sintagma verbal	1003
Palanca	771	Solares, magnitudes	1009
Papas	779	Sustantivos,	
Participio	790	clasificación de los	1028
Penínsulas destacadas	807		
Peces,		Terremotos, grandes	1050
clasificación de los	819	Terrestres, magnitudes	1053
Planetarias, magnitudes	832	Torres de telecomunicaciones	
Prefijos y sufijos	856	más altas	1065
Preposiciones	858	Túneles más largos, los	1086
Presas artificiales			
del mundo, las mayores	858	Verbos, clasificación de los	1113
Presas más grandes, las	859	Vitaminas	1127

Apéndice gramatical

Conjugación de verbos regulares

•

Normas ortográficas

•

Abreviaturas y siglas

•

Técnica literaria

Verbos regulares: Primera conjugación

AMAR

MODO INDICATIVO		MODO SUBJUNTIVO	
Tiempos simples	Tiempos compuestos	Tiempos simples	Tiempos compuestos
Presente amo amas ama amamos amáis aman	**Pret. perf. compuesto** he amado has amado ha amado hemos amado habéis amado han amado	**Presente** ame ames ame amemos améis amen	**Pret. perfecto** haya amado hayas amado haya amado hayamos amado hayáis amado hayan amado
Pret. imperfecto amaba amabas amaba amábamos amabais amaban	**Pret. pluscuamperfecto** había amado habías amado había amado habíamos amado habíais amado habían amado	**Pret. imperfecto** amara o amase amaras o amases amara o amase amáramos o amásemos amarais o amaseis amaran o amasen	**Pret. pluscuamperfecto** hubiera o hubiese amado hubieras o hubieses amado hubiera o hubiese amado hubiéramos o hubiésemos amado hubierais o hubieseis amado hubieran o hubiesen amado
Pret. perf. simple amé amaste amó amamos amasteis amaron	**Pret. anterior** hube amado hubiste amado hubo amado hubimos amado hubisteis amado hubieron amado	**Futuro** amare amares amare amáremos amareis amaren	**Futuro perfecto** hubiere amado hubieres amado hubiere amado hubiéremos amado hubiereis amado hubieren amado
Futuro amaré amarás amará amaremos amaréis amarán	**Futuro perfecto** habré amado habrás amado habrá amado habremos amado habréis amado habrán amado	**MODO IMPERATIVO** **Presente** ama tú ame él amemos nosotros amad vosotros amen ellos	
Condicional amaría amarías amaría amaríamos amaríais amarían	**Condicional compuesto** habría amado habrías amado habría amado habríamos amado habríais amado habrían amado	**FORMAS NO PERSONALES**	
		Infinitivo amar	**Infinitivo compuesto** haber amado
		Gerundio amando	**Gerundio compuesto** habiendo amado
		Participio amado	

Verbos regulares: Segunda conjugación

TEMER

MODO INDICATIVO		MODO SUBJUNTIVO	
Tiempos simples	Tiempos compuestos	Tiempos simples	Tiempos compuestos
Presente	**Pret. perf. compuesto**	**Presente**	**Pret. perfecto**
temo	he temido	tema	haya temido
temes	has temido	temas	hayas temido
teme	ha temido	tema	haya temido
tememos	hemos temido	temamos	hayamos temido
teméis	habéis temido	temáis	hayáis temido
temen	han temido	teman	hayan temido
Pret. imperfecto	**Pret. pluscuamperfecto**	**Pret. imperfecto**	**Pret. pluscuamperfecto**
temía	había temido	temiera o temiese	hubiera o hubiese temido
temías	habías temido	temieras o temieses	hubieras o hubieses temido
temía	había temido	temiera o temiese	hubiera o hubiese temido
temíamos	habíamos temido	temiéramos o temiésemos	hubiéramos o hubiésemos temido
temíais	habíais temido	temierais o temieseis	hubierais o hubieseis temido
temían	habían temido	temieran o temiesen	hubieran o hubiesen temido
Pret. perf. simple	**Pret. anterior**	**Futuro**	**Futuro perfecto**
temí	hube temido	temiere	hubiere temido
temiste	hubiste temido	temieres	hubieres temido
temió	hubo temido	temiere	hubiere temido
temimos	hubimos temido	temiéremos	hubiéremos temido
temisteis	hubisteis temido	temiereis	hubiereis temido
temieron	hubieron temido	temieren	hubieren temido
Futuro	**Futuro perfecto**	**MODO IMPERATIVO**	
temeré	habré temido	**Presente**	
temerás	habrás temido	teme tú	
temerá	habrá temido	tema él	
temeremos	habremos temido	temamos nosotros	
temeréis	habréis temido	temed vosotros	
temerán	habrán temido	teman ellos	
Condicional	**Condicional compuesto**	**FORMAS NO PERSONALES**	
temería	habría temido	**Infinitivo**	**Infinitivo compuesto**
temerías	habrías temido	temer	haber temido
temería	habría temido	**Gerundio**	**Gerundio compuesto**
temeríamos	habríamos temido	temiendo	habiendo temido
temeríais	habríais temido	**Participio**	
temerían	habrían temido	temido	

Verbos regulares: Tercera conjugación

PARTIR

MODO INDICATIVO		MODO SUBJUNTIVO	
Tiempos simples	Tiempos compuestos	Tiempos simples	Tiempos compuestos
Presente	**Pret. perf. compuesto**	**Presente**	**Pret. perfecto**
parto	he partido	parta	haya partido
partes	has partido	partas	hayas partido
parte	ha partido	parta	haya partido
partimos	hemos partido	partamos	hayamos partido
partís	habéis partido	partáis	hayáis partido
parten	han partido	partan	hayan partido
Pret. imperfecto	**Pret. pluscuamperfecto**	**Pret. imperfecto**	**Pret. pluscuamperfecto**
partía	había partido	partiera o partiese	hubiera o hubiese partido
partías	habías partido	partieras o partieses	hubieras o hubieses partido
partía	había partido	partiera o partiese	hubiera o hubiese partido
partíamos	habíamos partido	partiéramos o partiésemos	hubiéramos o hubiésemos partido
partíais	habíais partido	partierais o partieseis	hubierais o hubieseis partido
partían	habían partido	partieran o partiesen	hubieran o hubiesen partido
Pret. perf. simple	**Pret. anterior**	**Futuro**	**Futuro perfecto**
partí	hube partido	partiere	hubiere partido
partiste	hubiste partido	partieres	hubieres partido
partió	hubo partido	partiere	hubiere partido
partimos	hubimos partido	partiéremos	hubiéremos partido
partisteis	hubisteis partido	partiereis	hubiereis partido
partieron	hubieron partido	partieren	hubieren partido
Futuro	**Futuro perfecto**		
partiré	habré partido		
partirás	habrás partido		
partirá	habrá partido		
partiremos	habremos partido		
partiréis	habréis partido		
partirán	habrán partido		
Condicional	**Condicional compuesto**		
partiría	habría partido		
partirías	habrías partido		
partiría	habría partido		
partiríamos	habríamos partido		
partiríais	habríais partido		
partirían	habrían partido		

MODO IMPERATIVO
Presente
parte tú
parta él
partamos nosotros
partid vosotros
partan ellos

FORMAS NO PERSONALES

Infinitivo	Infinitivo compuesto
partir	haber partido
Gerundio	**Gerundio compuesto**
partiendo	habiendo partido
Participio	
partido	

Normas ortográficas

REGLAS BÁSICAS EN EL EMPLEO DE LAS LETRAS

b/v

• Se escriben con **b** todas las palabras que empiezan por **bi-**, **bis-** o **biz-** (prefijos que significan dos veces), por **bibl-**, **bu-**, **bur-**, **bus-** y también las compuestas que empiezan por **bien-** o **bene-**. Ej.: *bifocal, bisabuelo, bizcocho, bibliografía, bufanda, burladero, busto, bienhablado, benevolente*.

• Se escriben con **b** todos los verbos acabados en **-bir**, **-buir**, **-ber**, **-eber**, excepto *servir, hervir, vivir, atreverse, precaver* y los derivados de *ver*. Ej.: *recibir, contribuir, caber, deber*.

• Se escriben con **b** todas las formas verbales del pretérito imperfecto de indicativo de los verbos de la primera conjugación y las del verbo *ir*. Ej.: *amaba, ibas*.

• Se escriben con **b** los adjetivos terminados en **-bundo** y los sustantivos que acaban en **-bilidad**, excepto *movilidad* y *civilidad*. Ej.: *vagabundo, respetabilidad*.

• Se escribe una **b** al final de sílaba antes de otra consonante. Ej.: *absurdo, absolución*.

• Se escriben con **v** todas las formas verbales del pretérito perfecto simple y del futuro de subjuntivo de los verbos *andar, estar, tener* y sus compuestos. Ej.: *anduviste, estuvo, contuviere, retuvieron*.

• Se escriben con **v** los adjetivos acabados en **-avo**, **-ava**, **-evo**, **-eva**, **-ivo**, **-iva** e **-ive** (excepto los adjetivos derivados de *sílaba* y *árabe*) y todas las palabras terminadas en **-viro**, **-vira**, **-ívoro** e **-ívora**. Ej.: *doceavo, medievo, leve, triunviro, carnívoro*.

• Se escriben con **v** todas las palabras que comienzan por **vic-** (que significa 'en vez de'). Ej.: *vicedecano*.

g/j

• Se escriben con **g** los verbos que acaban en **-ger**, **-gir** e **-igerar**, excepto *tejer, crujir* y *brujir*. Ej.: *recoger, elegir, aligerar*.

• Se escriben con **g** todas las palabras que empiezan por **gest-** y **geo-**. Ej.: *gesta, geografía*.

• Se escriben con **j** las palabras que empiezan por **aje-** y **eje-**, excepto *agente, agencia, agenda* y sus derivados y compuestos. Ej.: *ejército, ajedrez*.

• Se escriben con **j** las palabras que terminan en **-aje**, **-eje**, **-jero**, **-jera** y **-jería**, excepto *ambage, ligero, flamígero* y *belígero*. Ej.: *garaje, hereje, cajero, tijera, relojería*.

• Se escriben con **j** las formas verbales de los verbos que no llevan *g* ni *j* en infinitivo. Ej.: *maldije* (maldecir), *contraje* (contraer).

h

• Se escriben con **h** todas las palabras que empiezan por **hia-**, **hie-**, **hue-** y **hui-**. Ej.: *hiato, hierro, hueco, hueso, huevo, huida*.

• Se escriben con **h** todas las formas de los verbos *hacer, haber, hablar, hallar* y *habitar*.

- Se escriben con **h** las palabras que comienzan por **hidr-**, **hiper-** e **hipo-**. Ej.: *hidroeléctrico, hipermercado, hipotenso.*

y/ll

- Se escribe **y** al final de la palabras que terminan en el fonema /i/ y no son agudas. Ej.: *voy, soy, ley, buey.*

- Se escriben con **y** las formas verbales de los verbos cuyo infinitivo no tenga ni **ll** ni **y**. Ej.: *cayeron* (caer), *oyó* (oír).

- Se escriben con **ll** todas las palabras terminadas en **-illo** y **-ella**. Ej.: *colilla, tomillo.*

c/z

- Se escribe **c** delante de **e** y de **i**, salvo *Ezequiel, enzima, eczema, zeta, zig-zag, zepelín, zebedeo, zéjel* y *zipizape.*

- Se escribe **c** ante **c** y **t**, excepto en *azteca*. Ej.: *acceso, acción, acto, correcto.*

m

- Se escribe **m** siempre delante de **b** y **p**. Ej.: *cambiar, campo.*

USO DE LAS MAYÚSCULAS

- Se escribe con mayúscula la letra con la que empieza un escrito y la letra que sigue a un punto, a una interrogación, a una exclamación (a no ser que tras la exclamación o la interrogación vaya una coma o un punto y coma). También se escribe con mayúscula la letra que sigue a los dos puntos en el encabezamiento de las cartas y detrás de los dos puntos que inician una cita textual.

- Se escriben con mayúscula todos los nombres propios, los apellidos, los apodos y los sobrenombres. Ej.: *Felipe VII el Deseado.*

- Se escriben con mayúscula los artículos que acompañan al nombre de las ciudades: *La Coruña, La Haya.* Sin embargo, no ha de ponerse mayúsculas en el artículo que acompaña al nombre de algunas regiones o comarcas. Ej.: *la Mancha, los Monegros.*

- Se escriben con mayúscula los nombres que designan dignidad o autoridad. Ej.: *el Presidente de Gobierno, el Director del Museo Nacional, el Obispo.* Cuando estos nombres están utilizados en sentido genérico, es decir, sin referirse a un individuo concreto, se escriben con minúscula. Ej.: *los directores, los obispos.*

- Se escriben con mayúscula los sustantivos y adjetivos del título de una obra si bien cuando se escribe a mano se admite la mayúscula sólo en la primera letra del título (que ha de ir subrayado). Ej.: <u>*Diccionario de la Lengua Española*</u>.

- Los nombres de los meses y de las estaciones del año pueden escribirse indistintamente con letra mayúscula o minúscula.

- Se escriben con mayúscula los tratamientos de cortesía si están abreviados. Ej.: *Sr.* (señor), *Vd., Ud.* (usted).

- Se escriben con mayúscula los nombres de los puntos cardinales cuando están abreviados. Ej.: *NO* (noroeste), S (sur).

ACENTUACIÓN

Se denomina **tilde** a la rayita inclinada que se coloca sobre la vocal de la sílaba acentuada de una palabra en los siguientes casos:
1. En las **palabras agudas** que terminan en **vocal** o en consonante **-n** o **-s**. Ej.: *tabú, soñáis, cafés.*
2. En las **palabras llanas** que terminan en cualquier consonante salvo **-s** o **-n**. Ej.: *Martínez, árbol.*
3. En todas las **palabras esdrújulas** o **sobreesdrújulas**. Ej.: *práctico, bébetelo.*

Estas tres normas básicas tienen las siguientes excepciones:
- Las **palabras monosílabas** no llevan tilde excepto en los casos en que un mismo monosílabo (u otras palabras) posea dos funciones gramaticales. Entonces se emplea una tilde, llamada tilde diacrítica, para diferenciar esos dos significados gramaticales. Estos son los casos:

mí: pron. personal / **mi**: det. posesivo.
tú: pron. personal / **tu**: det. posesivo.
él: pron. personal / **el**: artículo.
sí: adv. de afirmación o pron. personal / **si**: conj. condicional.
sé: presente de indicativo de *saber* o imperativo de *ser* / **se**: pron. personal.
té: nombre común / **te**: pron. personal.
dé: presente de subjuntivo de *dar* / **de**: preposición.
más: adv. de cantidad / **mas**: conj. adversativa.
aún: sinónimo de *todavía* / **aun**: sinónimo de *incluso.*
sólo: sinónimo de *solamente* / **solo**: adj. calificativo

qué: interrogativo o exclamativo / **que**: relativo o conjunción.
quién: interrogativo o exclamativo / **quien**: relativo.
cuál: interrogativo o exclamativo / **cual**: relativo
cuánto: interrogativo o exclamativo / **cuanto**: relativo.
cúyo: interrogativo o exclamativo / **cuyo**: relativo.
dónde: interrogativo o exclamativo / **donde**: relativo.
cómo: interrogativo o exclamativo / **como**: relativo o adverbio.
cuándo: interrogativo o exclamativo / **cuando**: relativo o adverbio.

• Las palabras agudas que acaban en **-n** o **-s** y van precedidas por otra consonante no llevan tilde pero las palabras **llanas** de la misma terminación, es decir, consonante más **-n** o **-s**, llevan siempre. Ej.: *bíceps, fórceps*.

• Cuando la sílaba tónica incluye un **diptongo** o un **triptongo** y ha de llevar tilde, ésta se coloca sobre la vocal abierta (**a**, **e**, **o**) y, si las dos vocales son cerradas (**i**, **u**), sobre la segunda. Ej.: *amáis, atenuáis, casuística*.

• Las palabras cuya sílaba tónica contiene una vocal cerrada (**i**, **u**) que forma hiato con otra abierta (**a**, **e**, **o**) llevan siempre tilde. Ej.: *baúl, espía, reíd*.

• Las **palabras compuestas** presentan los siguientes casos:
- Se escriben con tilde los dos elementos que las forman si van unidos con guión y llevan tilde como palabras simples. Ej.: *físico-químico*.
- Sólo lleva tilde el segundo elemento de una palabra compuesta cuando ésta se escribe sin guión. Ej.: *decimoséptimo*.
- Los adverbios que acaban en **-mente** llevan tilde si el adjetivo de la raíz la lleva. Ej.: *prácticamente*.
- En las formas verbales que llevan pronombres enclíticos se conserva la tilde del verbo. Ej.: *vióseles*.

• Los **extranjerismos** siguen las siguientes normas:
- Si las palabras son latinas, se las acentúa siguiendo las normas de la lengua española. Ej.: *currículum*.
- Si las palabras no son latinas, conservan la tilde de la lengua original y, en ningún caso, se les añade una tilde si no la llevan en la lengua original. Ej.: *Valéry, Cocteau*.

• Las letras **mayúsculas** siguen las mismas normas que las minúsculas en lo relativo al uso de la tilde y es incorrecto omitir esa tilde tanto en la escritura a mano como a máquina. Ej.: *PAÍS*.

• Hay algunas pocas palabras que cambian la sílaba tónica al formar su **plural** y, lógicamente, llevan o no tilde según las normas básicas. Ej.: *carácter/caracteres, régimen/regímenes*.

• Algunas palabras admiten presencia o ausencia de tilde: *alvéolo/alveolo, período/periodo*.

LOS SIGNOS DE PUNTUACIÓN

Punto (.)

• Se emplea para indicar el fin de una oración, es decir, de un fragmento que tiene sentido pleno. También se coloca detrás de algunas abreviaturas (v. listado de abreviaturas).

• El **punto y aparte** se diferencia del punto y seguido en que la pausa marcada es mayor. Esta pausa es la que determina los párrafos de un texto entre los que existe una mayor diferenciación temática que entre las oraciones contiguas (las marcadas por el punto y seguido). Además, la diferencia entre un párrafo y otro suele marcarse generalmente por un espacio en blanco (denominado sangrado) situado al comienzo de la primera línea del párrafo.

• Después de un paréntesis o de unas comillas ha de ponerse el punto si la oración comienza antes de abrirse dichos paréntesis o comillas. Si las comillas o el paréntesis abarcan todo el enunciado (es decir, constituyen una oración), el punto se sitúa después de tales signos.

• No debe colocarse el punto para separar los millares de las fechas, de las páginas o de los números de teléfono.

Coma (,)

Es el signo empleado para indicar una pausa en el interior de la oración. Se usa en los siguientes casos:

• Para separar los elementos que constituyen una serie, tanto palabras como proposiciones si no van enlazadas con conjunciones.

• Para separar del resto de la frase las proposiciones de relativo explicativas y algún otro inciso explicativo dentro de la oración.

• Para destacar, dentro de la oración, el nombre que va en vocativo. Si el vocativo está situado al comienzo de la oración, irá seguido de coma; si va en medio de la frase, se coloca entre comas; si va al final, se encontrará precedido de una coma.

• Para separar una proposición subordinada que aparece delante de la principal.

- Para separar del resto de la oración ciertos adverbios y locuciones adverbiales como, por ejemplo, *por tanto*, *sin embargo*, *no obstante*, etc.

Punto y coma (;)

Señala una pausa en un escrito que no supone la independencia de las oraciones así destacadas. Se emplea en los siguientes casos:

- Para separar frases, oraciones o proposiciones en un fragmento textual que ya lleva comas.

- Para separar frases que indican un hecho y su consecuencia.

- Para destacar oraciones adversativas.

Dos puntos (:)

Sirven para marcar una pausa y hacer destacar lo que va a continuación y se emplean en los siguientes casos:

- Antes de reproducir una cita textual.
- Después del encabezamiento de las cartas.
- Antes de una explicación.

Puntos suspensivos (…)

Indican una interrupción o la conclusión imperfecta de una frase. Suelen usarse:

- Cuando se da por sabido el final de una frase y, por tanto, no se juzga necesario terminarla.

- Para indicar titubeo, duda, o, simplemente, que el hablante interrumpe inesperadamente su discurso.

- Para indicar que se ha suprimido parte de una cita textual. En este caso, los puntos suspensivos van entre corchetes y en el lugar de la parte de cita suprimida.

Paréntesis ( )

Se emplea para separar una aclaración, un inciso, del resto de la frase, como en estos casos:

- Para precisar un dato necesario (fechas, número de páginas de una obra, país, etc.).

- Para precisar y aclarar el significado con el que se usa una palabra.

- En los escritos comerciales, para reproducir con letras los números expresados en cifras.

- En las obras teatrales, para señalar las acotaciones.

Corchetes [ ]

Equivalen a un paréntesis pero se emplean:

- Cuando la aclaración o el inciso ya van dentro de otro paréntesis.

- Cuando el editor de un texto comentado juzga oportuno realizar una aclaración textual que queda así separada del texto del autor comentado.

Raya (—)

Equivale al paréntesis y, además, posee los siguientes valores:

- Indica el comienzo de la intervención de un personaje en un diálogo.

- Precisa quién es el autor de una frase o cuál es su actitud al emitirla.

Guión (-)

Es más corto que la raya y se emplea en los siguientes casos para:

- Separar palabras al final del renglón.
- Señalar el lazo de unión de las palabras compuestas.
- Separar dos fechas que indican un período de tiempo determinado.

Comillas (" ")

Se emplean:

- Para reproducir una cita textual.

- Para destacar el significado especial, generalmente irónico o de doble sentido, con el que se usa una palabra o alguna expresión.

Interrogación (¿ ?)

• Los signos de interrogación expresan preguntas directas. Si la pregunta constituye una oración, la primera palabra de la oración se escribe con mayúscula. Si la pregunta forma parte de una oración, la primera palabra comienza con minúscula a no ser que la pregunta inicie la oración. En este último caso, la palabra inicial comienza con mayúscula.

• Es normativo en castellano el uso de los dos signos de interrogación (el de inicio y el de cierre de la pregunta) y no ha de emplearse en ningún caso un punto para cerrar las preguntas.

Exclamación (¡ !)

• Los signos de exclamación indican el valor emotivo de una oración (mandato, sorpresa, indignación, etc.).

• Al igual que sucede con los signos de interrogación, es normativo el uso de los dos signos (de inicio y de cierre) y no se debe poner punto tras el signo de exclamación de cierre.

• Si la exclamación afecta a una oración entera, la letra inicial de la primera palabra se escribe con mayúscula. Si la exclamación está incluida dentro de una oración más amplia, sólo llevará mayúscula inicial la primera palabra tras el signo de exclamación inicial en el caso de que ésta palabra inicie la oración.

Partición de palabras al final del renglón

La regla general para la partición de palabras al final del renglón consiste en respetar los límites silábicos de cada palabra. Además, ha de tenerse en cuenta que:
• No deben separarse dos vocales, tanto si forman diptongo como si van en hiato.
• No debe quedar una vocal sola ni al final del renglón ni a comienzo de la línea siguiente.
• Cuando haya dos consonantes entre dos vocales, la primera de las dos consonantes se une a la vocal inmediatamente anterior a ella, y la segunda consonante, a la vocal que va detrás. Ej.: con/no/ta/ción. Sin embargo, las consonantes de ciertos grupos consonánticos son inseparables y el grupo ha de unirse obligatoriamente a la vocal siguiente. Estos grupos son: *pr, pl, br, bl, fr, fl, tr, dr, cr, cl, gr* y *gl*.

Abreviaturas y siglas

ABREVIATURAS

Las abreviaturas son representaciones de las palabras en la escritura mediante una o varias de sus letras. Su utilización está limitada a determinados contextos (escritos técnicos, jurídicos, administrativos, comerciales, etc.). Debe evitarse su empleo en textos de carácter personal como exámenes, redacciones o ejercicios literarios.

No incluimos en este apartado las abreviaturas que expresan medidas (véase apartado correspondiente).

(a): alias
AA: autores, Altezas
a/c: a cuenta
acept.: aceptación
a. C., **a. de C.**: antes de Cristo
a. de J. C.: antes de Jesucristo
a. D. g.: a Dios gracias
admón.: administración
afmo., **afma.**: afectísimo, afectísima
a. J. C.: antes de Jesucristo
a. m.: ante meridiem, antes del mediodía
ap.: aparte
art.: artículo
Av., **Avda.**: avenida
c/: cargo, cuenta, calle
cap.: capítulo
c/c: cuenta corriente
c. f. s.: coste, flete y seguro
Cf., **cfr.**: confert, confróntese, compárese
ch/: cheque
Cía., **cía.**: compañía
col.: columna
Col.: colección
cta.: cuenta
Cte.: comandante

D.: don
D.ª: doña
d. C., **d. de C.**: después de Cristo
dcha.: derecha
d. de J. C.: después de Jesucristo
D. E. P.: descanse en paz
d. J. C.: después de Jesucristo
Dr., **Dra.**: doctor, doctora
dto.: descuento
dupdo.: duplicado
E: este (punto cardinal)
ed.: editor, edición, editorial
ej.: ejemplo
E. M.: Estado Mayor
Em.ª: Eminencia
Emmo.: Eminentísimo
entlo.: entresuelo
etc.: etcétera
Exc.ª: Excelencia
Excmo., **Excma.**: excelentísimo, excelentísima
fasc.: fascículo
F. C., **f. c.**: ferrocarril
Fdez.: Fernández
fol.: folio
Fr.: fray
fra.: factura
G.ª: García
Glez.: González
g. p., **g/p.**: giro postal
gral.: general
h: horas
Hdez.: Hernández
Ibíd., **ib.**: ibídem, en el mismo lugar
íd.: ídem, lo mismo
Ilmo., **Ilma.**: ilustrísimo, ilustrísima
imp.: imprenta
ít.: ítem, también
izq., **izqda.**: izquierda
J. C.: Jesucristo
L.: libro

L.: liras
L/: letra de cambio
Ldo., **Lda.**: licenciado, licenciada
Ltda.: limitada (sociedad limitada)
M.ª: María
M. I. Sr.: Muy Ilustre Señor
m/n: moneda nacional
Mons.: Monseñor
ms., **mss.**: manuscrito, manuscritos
MS., **MSS.**: manuscrito, manuscritos
Mtro.: Maestro
n/: nuestro, nuestra
N: norte
N.ª S.ª: Nuestra Señora
N. B.: nota bene, obsérvese
NE: nordeste
NNE: nornordeste
NNO, **NNW**: nornoroeste
n.º: número
NO: noroeste
N. S.: Nuestro Señor
ntro., **ntra.**: nuestro, nuestra
núm., **núms.**: número, números
NW: noroeste
o/: orden
O: oeste
ob. cit.: obra citada
op. cit.: opus citatum, obra citada
p.: página
p. a., **P. A.**: por autorización, por ausencia
pág., **págs.**: página, páginas
párr.: párrafo
Pat.: patente
p/cta.: por cuenta
P. D.: posdata
p. ej.: por ejemplo
P. O.: por orden
pp.: páginas
P. P.: porte pagado, por poder
pral.: principal
Prof., **Prof.ª**: profesor, profesora
prol.: prólogo
prov.: provincia, provisional
P.S.: post scríptum (posdata)
pta., **ptas.**: peseta, pesetas
q. b. s. m.: que besa su mano
q. d. g., **Q. D. G.**: que Dios guarde
q. e. g. e.: que en gloria esté
q. e. p. d.: que en paz descanse
q. e. s. m.: que estrecha su mano
R.: reverendo, reverenda
R. D.: Real Decreto
Reg.: registro
R. I. P.: requiescat in pace (descanse en paz)
R. O.: Real Orden
r. p. m.: revoluciones por minuto
Rte.: remitente
s.: siguiente, siglo.
s/: su

S: sur
S.: san
s. a.: sin año (de impresión)
S. A.: Sociedad Anónima, Su Alteza
S. A. R.: Su Alteza Real
s/c.: su casa, su cuenta, su cargo
Sdad.: Sociedad
S. D. M.: Su Divina Majestad
SE: sudeste
S. E.: Su Excelencia
s. e. u. o.: salvo error u omisión
s. f.: sin fecha
s/f.: su favor
sig., **sigs.**: siguiente, siguientes
S. L.: Sociedad Limitada
S. M.: Su Majestad
Smo.: Santísimo
s/n.: sin número
s/o.: su orden
SO: sudoeste
Sr., **Sra.**: señor, señora
S. R. C.: se ruega contestación
Sres., **Srs.**: señores
Srta.: señorita
S. R. M.: Su Real Majestad
s. s.: seguro servidor
S. S.: Su Santidad, Su Señoría
ss.: siguientes
SS. AA.: Sus Altezas
SSE: sudsudeste
SS. MM.: Sus Majestades
SSO: sudsudoeste
s. s. s.: su seguro servidor
SSW: sudsudoeste
Sto., **Sta.**: santo, santa
SW: sudoeste
t.: tomo
T.: tara
tel., **teléf.**: teléfono
tít.: título
trad.: traducción
Ud., **Uds.**: usted, ustedes
v.: véase, verso
v/: visto
V.: véase, usted
V. A.: Vuestra Alteza
Vd., **Vds.**: usted, ustedes
Vda.: viuda
V. E.: Vuestra Excelencia
v. gr., **v. g.**: verbigracia, por ejemplo
V. I.: Vuestra Señoría Ilustrísima (Usía)
vid.: vide, véase
V. M.: Vuestra Majestad
V.º B.º: visto bueno
vol.: volumen
V. S.: Vuestra Señoría (Usía)
vto., **vta.**: vuelto, vuelta
W: oeste
Xto.: Cristo

SIGLAS

— A —

AA EE: Ministerio de Asuntos Exteriores (España).
ABC: American Broadcasting Companies (cadena de radiotelevisión estadounidense).
ACAN: Agencia Centroamericana de Noticias.
ACE: Allied Command in Europe (Mando Aliado en Europa) de la OTAN.
ACNUR: Alto comisionado de las Naciones Unidas para los Refugiados.
ADECU: Asociación para la Defensa de Consumidores y Usuarios (España).
Adelpha: Asociación para la Defensa Ecológica y del Patrimonio Histórico-artístico (España).
ADENA: Asociación para la Defensa de la Naturaleza (España).
ADN: Ácido Desoxirribonucleico. Allgemeine Deutscher Nachrichtendienst (Servicio General Alemán de Noticias).
AEC: Atomic Energy Commision (Comisión de Energía Atómica).
AECI: Agencia Española de la Cooperación Internacional.
AEDE: Asociación de Editores de Diarios Españoles.
AEDENAT: Asociación Ecologista de Defensa de la Naturaleza (España).
AEE: Administración Espacial Europea.
Aenor: Asociación Española para la Normalización y la Racionalización.
Aeorma: Asociación Española para la Ordenación del Medio Ambiente.
Afanias: Acrónimo de Asociación de Familias con Niños y Adultos Subnormales.
AFE: Asociación de Futbolistas Españoles.
AFP: Agence France Presse (Agencia de Prensa Francesa).
AFHQ: Allied Forces Headquarter (Cuartel General de las Fuerzas Aliadas).
AI: Amnistía Internacional.
AID: Agency for International Development (Organismo para el Desarrollo Internacional: ODI, EE UU).
AIDS: Acquired Immune Deficiency Syndrome (Síndrome de Inmunodeficiencia Adquirida: SIDA).
AISS: Administración Institucional de Servicios Socioprofesionales. Asociación Internacional de Seguridad Social.
ALADI: Asociación Latinoamericana de Integración.
ALALC: Asociación Latinoamericana de Libre Comercio.
ALU: Arithmetic and Logic Unit (Unidad aritmético-lógica).
AME: Acuerdo Monetario Europeo.
ANA: Arab News Agency (Agencia de Noticias Árabe). Athens News Agency (Agencia Griega de Noticias). Asociación Noticiosa Argentina.
ANAFE: Asociación Nacional de Árbitros de Fútbol Españoles.
ANFAC: Asociación Nacional de Fabricantes de Automóviles y Camiones (España).
AP: Associated Press (Prensa Asociada).
APA: Asociación de Padres de Alumnos (España).
APDH: Asamblea Permanente por los Derechos Humanos (España).
APE: Asamblea Parlamentaria Europea.
APETI: Asociación Profesional Española de Traductores e Intérpretes.
API: Asociación de la Prensa Internacional (Bruselas).
APN: Aguéntsvo Pecháti Nóvosti (Agencia de Prensa Novotsi, CEI).
ARN: Ácido ribonucleico.
ATS: Ayudante Técnico Sanitario (España).
AWACS: Airborne Warning and Control System (Sistema de Alerta y Control Aerotransportado).

— B —

BAE: Biblioteca de Autores Españoles.
BASIC: Beginner's All-Purpose Symbolic Instruction Code (Código de Instrucción Simbólico Múltiple para Principiantes, lenguaje de programación de computador).
BBC: British Broadcasting Corporation (Compañía Británica de Radiodifusión).
BDE: Banco de Datos para la Educación (España).
Benelux: acrónimo de Bélgica, Nederlands (Países Bajos) y Luxemburgo.
BICC: Bureau International des Chambres de Commerce (Oficina Internacional de las Cámaras de Comercio, París).
BIDA: Bureau International des droits d'Auteur. (Oficina Internacional de los Derechos de Autor, París).
BIH: Bureau Internacional de l'Heure (Oficina Internacional de la Hora).
BIOS: Biological Satellite (Satélite biológico).
BIPM: Bureau International des Poids et Mesures (Oficina Internacional de Pesas y Medidas, París).
BNF: Backus Normal Form (Notación Normal de Backus), utilizada en la descripción de los lenguajes de programación de computador.
BOE: Boletín Oficial del Estado.
BOSS: Biological Orbiting Space Station (Estación Espacial Orbital Biológica).
BRD: Bundesrepublik Deutschland (República Federal de Alemania: RFA).
BTH: Beyond the Horizon (más acá del horizonte): radar de impulsos.
BUIT: Bureau de l'Union International des Télécomunications (Oficina de Unión Internacional de Telecomunicaciones).
BUP: Bachillerato Unificado Polivalente (España). British United Press (Prensa Unida Británica).
BW: Biological Warfare (Guerra Biológica).

— C —

CAD: Computer Aided Desing (Diseño Asistido por Computador, DAC). Computer Aided Drafting (Dibujo Asistido por Computador, DAC).
CAE: Computer Aided Engineering (Ingeniería Asistida por Computador: IAC)
CAF: Control Automático de Frecuencias.
CAFTA: Central American Free Association (Asociación de Libre Comercio Centroamericano).
CAL: Conversational Algebric Language (Lenguaje Algebraico Conversacional, para programación de computador).
CAM: Computer Aided Manufacturing. Programas de diseño por ordenador en la fabricación de productos industriales.
CAMPSA: Compañía Arredantaria del Monopolio de Petróleos, Sociedad Anónima (España).
CAT: Computer Aided Translation (Traducción con Ayuda de Computador). Comisaría de Abastecimientos y Transportes (España). Compañía Arrendataria de Tabacos (España).
CATV: Community Antenna Televisión (Antena de Televisión Colectiva). Cable Televisión (Televisión por Cable).
CBS: Columbia Broadcasting System, Inc. (Emisora de Radio y Televisión Columbia, EE UU).
CCC: Council for Cultural Cooperation. Conseil de Cooperation Culturelle (Consejo de Cooperación Cultural, del Consejo de Europa. Estrasburgo).
CC OO: Comisiones Obreras (sindicato, España).
CDN: Centro Dramático Nacional (España).
CDS: Centro Democrático Social (partido político, España).
CE: Comunidad Europea. Consejo de Europa.
CEA: Confederation Européenne de l'Agriculture (Confederación Europea de la Agricultura, Brougg.) Commissariat à l'Energie Atomique (Comisariado para la Energía Atómica, Francia).
CEAPA: Confederación Española de Padres de Alumnos.
CECA: Communauté Européenne de Charbon et de l'Acier (Comunidad Europea del Carbón y del Acero, Luxemburgo)
CEDADE: Círculo Español de Amigos de Europa.
CEE: Centro de Estudios de la Energía (España). Comunidad Económica Europea. Confederación Empresarial Española.
CEI: Confederación de Estados Independientes.
CENIDE: Centro Nacional de Investigaciones para el Desarrollo de la Educación.
CEOE: Confederación Española de Organizaciones Empresariales.
CEPAL: Comisión Económica para América Latina.
CEPSA: Compañía Española de Petróleos, Sociedad Anónima.
CES: Confederación Europea de Sindicatos.
Cesid: Centro Superior de Investigación de la Defensa.
CET: Central European Time (hora de Europa Central).
CESC: Conferencia Europea de Seguridad y Cooperación.
Cetme: Centro de Estudios Técnicos de Materiales Especiales (España).
CEU: Centro de Estudios Universitarios (España).
CGPJ: Consejo General del Poder Judicial (España).
Cheka: acrónimo de Chrezvicháinaya Komissia (Comisión Extraordinaria para la lucha contra la contrarrevolución y el sabotaje). La Real Academia acepta la grafía **cheka** como sinónimo de "lugar de tortura".
CIA: Central Intelligence Agency (Agencia Central de Inteligencia, EE UU).
CIC: Codex Iuris Canonici (Código de Derecho Canónico).
CICR: Comité International de la Croix-Rouge (Comité Internacional de la Cruz Roja, Ginebra).
CIE: Centro Internacional de la Infancia.
CIMA: Comisión Interministerial de Medio Ambiente.
CIME: Comité Intergubernamental para las Migraciones Europeas.
CIO: Comité Internacional Olímpico.
CIOSL: Confederación Internacional de Organizaciones Sindicales Libres.
CIR: Centro de Instrucción de Reclutas.
CMEA: Council for Mutual Economic Assistance, COMECON (Consejo de Asistencia Económica Mutua).
CNAG: Confederación Nacional de Agricultores y Ganaderos (España).
CNRS: Centre National de la Recherche Scientifique (Centro Nacional de Investigación Científica, Francia).
CNT: Confederación Nacional del Trabajo (sindicato, España). Confederación Nacional de Trabajo (Colombia y otros países hispanoamericanos).
Cobol: acrónimo de Common Business Oriented Language (Sistema internacional para programas de gestión por computador).
COI: V. IOC.
COMECON: V. CMEA.
CONCA: Confederación Nacional de Cámaras Agrarias (España).
Confer: acrónimo de la Confederación Española de Religiosos.
CNN: Cable News Network (cadena de Noticias por Cable, EE UU).
COPE: Cadena de Ondas Populares Españolas.
COPYME: Confederación de la Pequeña y Mediana Empresa (España).
CPU: Central Processing Unit (Unidad central de proceso).
COU: Curso de orientación Universitaria.
CP: Código Postal.
CPEM: Confederación de Pequeñas y Medianas Empresas.
CS: Conseil de Sécurité (Consejo de Seguridad de las Naciones Unidas).
CSB: Consejo Superior Bancario.
CSCE: Conférence sur la Sécurité et la Coopération en Europe (Conferencia sobre la Seguridad y la Cooperación en Europa).

CSIC: Consejo Superior de Investigaciones Científicas (España).
CSJM: Consejo Supremo de Justicia Militar (España).
CSP: Cuerpo Superior de Policía.
CSPM: Consejo Superior de Protección de Menores.
CTNE: Compañía Telefónica Nacional de España.

— D —

DAC: V. CAD.
DBR: Deutsche Bundesrepublik (República Federal de Alemania; RFA).
DDR: Deutsche Demokratische Republik (República Democrática Alemana: RDA).
DDT: Diclorodifeniltricloroetano (insecticida).
DELCO: Dayton Engineering Laboratories Corporation, Ohio (Sociedad de Laboratorios de Ingeniería Dayton, Ohio). La sigla da nombre al dispositivo de encendido por batería de los motores de automóvil, dispositivo creado por esta sociedad norteamericana.
DF: Distrito Federal (México, Brasil).
DGS: Dirección General de Seguridad, actualmente DSE.
DIA: Defense Intelligence Agency (Agencia de Inteligencia de la Defensa, EE UU).
DIU: Dispositivo Intrauterino (anticonceptivo).
DL: Depósito Legal.
DNA: Desoxyribonucleic Acid (Ácido Desoxirribonucleico: ADN).
DNEF: Delegación Nacional de Educación Física y Deportes (España).
DNI: Documento Nacional de Identidad.
DOMUND: Domingo Mundial de Propagación de la Fe.
DM: Deutsche Mark (Marco alemán).
DOS: Disk Operating System (sistema operativo en disco).
DPA: Deutsche Presse Agentur (Agencia de Prensa Alemana, RFA).
DRAE: Diccionario de la Real Academia Española.
DSE: Dirección de la Seguridad del Estado (España).
DUE: Diccionario de Uso del Español (María Moliner).

— E —

EAU: Emiratos Árabes Unidos.
EB: Encyclopaedia Britannica (Enciclopedia Británica).
EBU: V. EUROVISION.
ECG: Electrocardiograma.
Ecosoc: acrónimo de Economic and Social Council (Consejo Económico y Social de las Naciones Unidas).
Ecu: European Currency Unit (Unidad de Cuenta Europea).
EEMM: Escuela de Estado Mayor.
EE UU: Estados Unidos.
EFTA: European Free Trade Association (Asociación Europea de Libre Comercio).

EGB: Educación General Básica.
ELP: Ejército de Liberación de Palestina (de la OLP).
EM: Estado Mayor.
EMF: European Monetary Fund (Fondo Monetario Europeo).
EN: Editora Nacional (España).
Enagas: Empresa Nacional de Gas (España).
ENP: Empresa Nacional de Petróleo (España).
Enpetrol: Empresa Nacional de Petróleos (España).
Entel: Empresa Nacional de Telecomunicaciones (España).
Ensidesa: Empresa Nacional Siderúrgica (España).
ESA: European Space Agency (Administración Espacial Europea).
ETA: Euskadi ta Askatasuna (Patria Vasca y Libertad).
ETS: Escuelas Técnicas Superiores (España).
EUA: Estados Unidos de América (EE UU, USA).
EURATOM (CEEA): Communauté Européenne de l'Énergie Atomique (Comunidad Europea de la Energía Atómica).
EUROVISION: Unión Europea de Radiodifusión (European Broadcasting Union: EBU):
EVR: Electronic Video Recording (Grabación Electrónica de la Imagen).
Expotur: acrónimo de la Exposición de Recursos Turísticos Españoles.
EWR: Early Warning Radar (Radar de Alerta Previa).

— F —

FACA: Futuro Avión de Combate y Ataque (España).
FAI: Fédération Astronautique International (Federación Astronaútica Internacional).
FAL: Frente Árabe de Liberación, de la OLP.
Famet: acrónimo de Fuerzas Aeromóviles del Ejército de Tierra (España).
FAO: Food and Agriculture Organization of the United Nations (Organización de las Naciones Unidas para la Agricultura y la Alimentación).
FATO: Fuerza Aérea del Teatro de Operaciones (España).
FBI: Federal Bureau of Investigation (Buró Federal de Investigación, EE UU).
FC: Ferrocarril. Fútbol Club.
FEA: Falange Española Auténtica. Federación Española de Automovilismo. Federación Española de Atletismo.
FECOM: Fond Européen de Coopération Monétaire (Fondo Europeo de Cooperación Monetaria).
FED: Fondo Europeo de Desarrollo.
FEF: Federación Española de Fútbol; también se utiliza RFEF.
FEVE: Ferrocarriles de Vía Estrecha (España).
FF AA: Fuerzas Armadas (España).
FF NN: Fuerzas Navales (España).
FGS: Fondo de Garantía Social.
FIBA: Fédération Internationale de Basketball Amateur (Federación Internacional de Baloncesto Amateur, Gi-

nebra). Fédération International de Boxeo Amateur (Federación Internacional de Boxeo Amateur).
FIEP: Fédération Internationale d'Éducation Phisique (Federación Internacional de Educación Física, Bruselas). Federación Internacional de Editores de Periódicos.
FIFA: Fédération Internationale de Football Association (Federación Internacional de Fútbol Asociación, París).
FILE: Fundación Internacional de Lengua Española.
FISA: Fédération Internationale du Sport Automobile (Federación Internacional del Deporte del Automóvil).
FIT: Fédération Internationale des Traducteurs (Federación Internacional de Traductores, París).
FITUR: Feria Internacional de Turismo.
FLG: Frente de Liberación Gay (EE UU).
FLM: Frente de Liberación de la Mujer (España).
FM: Frequency Modulation (Modulación de Frecuencia).
FMI: Fondo Monetario Internacional (de las Naciones Unidas).
FN: Fuerza Naval. Frente Nacional (partido político, España).
FOIM: V. FBI.
FOP: Fuerza de Orden Público (España).
Foratom: acrónimo de Forum Atomique Européen (Fórum Atómico Europeo, París).
FORPPA: Fondo de Ordenación y Regulación de Productos y Precios Agrícolas (España).
FORTRAN: Formula Transation (Servicio universal y simbólico de programación en ordenadores para trabajos científicos).
FP: Formación Profesional (España). Frente Popular (varios países).
FPA: Foreing Press Association (Asociación de la Prensa Extranjera, Reino Unido).
FROM: Fondo de Regulación y Ordenación del mercado (España).
FSK: Frequency Shift Keyng (Modulación Digital por Desplazamiento de Frecuencia).

— G —

GAL: Grupos Antiterroristas de Liberación (España).
GAT: Greenwich Apparent Time (Hora Aparente de Greenwich).
GATT: General Agreement on Tariffs and Trade (Acuerdo General sobre Aranceles Aduaneros).
GB: Great Britain (Gran Bretaña).
GEO: Grupos Especiales de Operaciones (de la Policía Nacional, España).
Gestapo: acrónimo de Geheime Staatspolizei (Policía Secreta del Estado nazi).
GH: Growth Hormone (hormona de crecimiento).
GMT: Greenwich Mean Time (Hora Media de Greenwich).
GPL: Gas de Petróleo Líquido.
GRAPO: Grupos de Resistencia Antifascista Primero de Octubre (España).

Gulag: acrónimo de Glavnoie Uptavlenie Laguerei (Dirección General de Campos de Concentración, de la URSS). Este acrónimo se ha convertido en un sustantivo sinónimo de "campo de concentración" cuyo plural es "gulagui".

— H —

HB: Herri Batasuna (Unidad Popular, partido político, España).
HDC: Hidrocortisona.
HDVS: High Definition Video System (Sistema de Vídeo de Alta Definición).
HF: High Frequency (Alta Frecuencia).
HGH: Human Growth Hormone (Hormona del Crècimiento).
HI-FI: High Fidelity (Alta Fidelidad).
HISPANOIL: Hispánica de Petróleos (España).
HT: High Tension (Alta Tensión).

— I —

IAC: V. CAE.
IAEA: International Atomic Energy (Organismo Internacional de Energía Atómica: OIEA, Nueva York).
IAF: V. FAI.
IATA: International Air Transport Association (Asociación Internacional del Transporte Aéreo).
IB: Iberia, Líneas Aéreas de España, S.A.
IBA: International Boxing Asociation (Asociación Internacional de Boxeo).
IBM: International Business Machines (Asociación Internacional de Material Electrónico). Instituto de Biología Molecular (España).
ICADE: Instituto Católico de Alta Dirección de Empresas (España).
ICAI: Instituto Católico de Artes e Industrias (España).
ICAO: International Civil Aviation Organization (Organización de Aviación Civil Internacional).
ICC: International Children's Centre (Centro Internacional de la Infancia: CII).
ICE: Instituto de Ciencias de la Educación (España).
ICI: Instituto de Cooperación Iberoamericana (España).
ICO: Instituto de Crédito Oficial (España).
Icona: acrónimo de Instituto Nacional para la Conservación de la Naturaleza (España).
ICPO: International Criminal Police Organization (Organización Internacional de Policía Criminal: OIPC).
IDI: Institut de Droit Internacional (Instituto de Derecho Internacional).
IDO: Instituto de Documentación de Origen (de los vinos españoles).
IEAL: Instituto de Estudios de la Administración Local (España).
IEE: Instituto de Estudios Económicos (España).
IEM: Instituto de Enseñanza Media (España).
IESE: Instituto de Estudios Superiores de la Empresa.

IGA: International Gay Association (Asociación Gay Homosexual).
IGME: Instituto Geográfico y Minero de España.
IGN: Instituto Geográfico Nacional (España).
IHAC: Instituto Hispanoárabe de Cultura (España).
IHS: Desde 1534, emblema de la Compañía de Jesús. También se escribe IHC y JHS.
IIP: V. IPI.
IJF: International Judo Federation (Federación Internacional de Yudo, Londres).
IL: L'International Libérale (Internacional Liberal). Union Libérale Mondiale (Unión Liberal Mundial).
ILP: Index Librorum Prohibitorum (Índice de Libros Prohibidos).
IMEC: Instrucción Militar de la Escala de Complemento (España).
IMF: International Motorcycle Federation (Federación Internacional Motociclista). International Monetary Fund (Fondo Monetario Internacional: FMI, Washington).
IMPA: International Movement for Peace Action (Movimiento Internacional de Acción para la Paz).
IMPE: Instituto de la Mediana y Pequeña Empresa (España).
IMPI: Instituto de la Mediana y Pequeña Industria (España).
INB: Instituto Nacional de Bachillerato.
INBAD: Instituto Nacional de Bachillerato a Distancia.
INC: Instituto Nacional de Colonización. Instituto Nacional de Consumo (España).
INDO: Instituto Nacional de Denominaciones de Origen de los Vinos Españoles.
INDUBAN: Banco de Financiación Industrial (España).
INE: Instituto Nacional de Estadística.
INEE: Instituto Nacional de Educación Especial (España).
INEF: Instituto Nacional de Educación Física (España).
Inem: acrónimo de Instituto Nacional de Empleo (España).
INEM: Instituto Nacional de Enseñanza Media (España).
INFE: Instituto Nacional de Fomento de la Exportación (España).
INH: Instituto Nacional de Hidrocarburos (España).
INI: Instituto Nacional de Industria (España).
INLE: Instituto Nacional del Libro Español.
INRI: Iesus Nazarenus Rex Iudaeorum (Jesús Nazareno, Rey de los Judíos).
Insalud: acrónimo de Instituto Nacional de la Salud (España).
INSERSO: Instituto Nacional de Servicios Sociales (España).
INTA: Instituto Nacional de Técnicas Aeroespaciales (España).
Intelsat: International Telecomumnication Satellite (Organización Internacional de Telecomunicaciones por Satélite).
INTERPOL: International Police (Policía Internacional). V. ICPO.

IOC: International Olympic Commitee (Comité Olímpico Internacional: COI).
IPC: International Press Centre (Centro Internacional de Prensa, Bruselas). Índice de Precios al Consumo.
IPI: International Press Institute (Instituto Internacional de Prensa: IIP).
IPS: International Press Service (Servicio Internacional de Prensa).
IRA: Irish Republican Army (Ejército Republicano Irlandés).
IRPF: Impuesto sobre la Renta de las Personas Físicas (España).
IRTP: Impuesto sobre el Rendimiento del Trabajo Personal (España).
IRYDA: Instituto Nacional de Reforma y Desarrollo Agrario.
IS: International Socialista (Internacional Socialista).
ISBN: International Standard Book Number (Número Internacional Uniforme para los Libros).
ITE: Impuesto de Tráfico de Empresas (España).
ITT: International Telegraph and Telephone Corporation (Compañía Internacional de Telégrafos y Teléfonos).
IU: Izquierda Unida (partido político, España).
IUPA: International Union of Press Associations (Unión Internacional de Asociaciones de Prensa).
IVA: Impuesto sobre el Valor Añadido (España).

— J —

JEN: Junta de Energía Nuclear (España).
JONS: Juntas de Ofensiva Nacional-Sindicalistas.

— K —

KAS: Komité Abertzale Sozialista (Comité Patriota Socialista).
KGB: Komitet Gosudárstvennoe Bezopasnosti (Comité de Seguridad del Estado, URSS).
KPSS: Kommunistícheskaay Partia Soviéskogo Souiza (Partido Comunista de la Unión Soviética: PCUS).

— L —

LAB: Langille Abertzale Batzordea (Asamblea de Trabajadores Patriotas).
Ladar: acrónimo de Laser Detection and Ranging (Detección y Localización por medio del Rayo Láser).
Láser: Light Amplification by Stimulated Emission of Radiation (Luz Amplificada por la Emisión Estimulada de Radiaciones).
LAU: Ley de Autonomía Universitaria (España).
LECE: Ligue Européenne de Coopération Économique (Liga Europea de Cooperación Económica).
LOAPA: Ley Orgánica de Armonización del Proceso Autonómico (España).

LODE: Ley Orgánica Reguladora del Derecho a la Educación (España).
LOGSE: Ley de Ordenación General del Sistema Educativo.
LRU: Ley Orgánica de Reforma Universitaria (España).
LSD: Lysergsäurediäthylamid, Lysergic Acid Diethylamide (Dietilamida de Ácido Lisérgico).
LT: Low Tension (Baja Tensión).
LW: Long Wave (Onda Larga).

— M —

MAE: Ministerio de Asuntos Exteriores (España).
MAP: Maghreb Arab Presse (Agencia de Prensa Árabe de Magreb, Marruecos).
MC: Mercado Común (V. CEE). Movimiento Comunista (España).
MCE: Mercado Común Europeo (V. CEE).
MEAC: Museo Español de Arte Contemporáneo.
MEC: Ministerio de Educación y Ciencia (España).
MERCOSA: Empresa Nacional de Mercados de Origen de Productos Agrarios, S. A.
MGM: Metro-Goldwyn-Mayer Incorporated (productora cinematográfica estadounidense).
MIR: Médico Interno y Residente (España).
MLM: Movimiento de Liberación de la Mujer (España).
MOC: Movimiento de Objetores de Conciencia (España).
Modem: acrónimo de Modulator-demodulator (Aparato que compatibiliza dos sistemas de transmisión distintos).
MOMA: Museum of Modern Art (Museo de Arte Contemporáneo, Nueva York).
MOPU: Ministerio de Obras Públicas (España).
MUA: Mando Único Antiterrorista (España).
MULC: Mando Único para la Lucha Contraterrorista.

— N —

NAFTA: North Atlantic Free Trade Area (Zona del Libre Comercio del Atlántico Norte).
NAP: North Atlantic Pact (Pacto del Atlántico Norte).
Napalm: acrónimo de Naphtenic Acid and Palmetate (sustancia incendiaria a altas temperaturas).
NASA: National Aeronautics and Space Administration (Administración Nacional de Aeronáutica y del Espacio, EE UU).
NATO: North Atlantic Treaty Organization (Organización del Tratado del Atlántico Norte: OTAN).
NBQ: (Guerra) Nuclear, Biológica, Química (EE UU).
NIF: Número de Identificación Fiscal (España).
NU: Naciones Unidas. V. ONU.
NY: Nueva York.
NYC: New York City.
NYS: New York State.
NYT: New York Times (diario de Nueva York).

— O —

OACI: Organización de la Aviación Civil Internacional (de las Naciones Unidas).
OCDE: Organisation de Coopération et Developpement Économiques (Organización para la Cooperación y el Desarrollo Económico, París).
OCU: Organización de Consumidores y Usuarios (España).
OEA: Organización de los Estados Americanos (EE UU).
OET: Oficina de Educación Iberoamericana (Madrid).
OID: Oficina de Información Diplomática (del Ministerio de Asuntos Exteriores).
OIT: Organización Internacional del Trabajo (de las Naciones Unidas).
OLP: Organización para la Liberación de Palestina.
OMM: Organización Meteorológica Mundial.
OMS: Organización Mundial de la Salud.
OMT: Organización Mundial del Turismo.
ONCE: Organización Nacional de Ciegos Españoles.
ONU: Organización de las Naciones Unidas.
OPA: Oferta Pública de Adquisición (de acciones sobre una sociedad).
OPAEP: Organisation des Pays Arabes Exportateurs de Pétrole (Organización de los Países Árabes Exportadores de Petróleo).
OPEC: Organization of the Petroleum Exporting Countries u Organisation des Pays Exportateurs de Pétrole (Organización de los Países Exportadores de Petróleo: OPEP).
OPEP: Organización de los Países Exportadores de Petróleo.
ORA: Operación de Regulación de Aparcamientos (España).
OTAN: Organización del Tratado del Atlántico Norte.
OUA: Organisation de l'Unité Africaine (Organización de la Unidad Africana).
OVNI: Objeto Volante No Identificado.

— P —

P-2: Propaganda Due (Propaganda Dos, secta masónica, Italia).
Pal: Phase Alternating Line (sistema alemán de televisión en color). El uso ha convertido esta sigla en palabra común que debe escribirse en minúscula.
PCE: Partido Comunista de España.
PCUS: Partido Comunista de la Unión Soviética.
PDG: Presidente Directo General.
PEN: Plan Energético Nacional.
PGC: Parque Móvil de la Guardia Civil (España).
PMM: Parque Móvil de Ministerios Civiles.
PIB: Producto Interior Bruto (España).
PNB: Personal No Docente (de las Universidades españolas).
PNN: Producto Nacional Neto (España). Profesor No Numerario (España).

Polisario: Frente Político de Liberación del Saguia Hamra y Río de Oro (Sahara Occidental).
PP: Partido Popular (partido político, España).
PSOE: Partido Socialista Obrero Español (partido político, España).
PTE: Partido de los Trabajadores de España.
PVP: Precio de Venta al Público.
PYME: Pequeña y Mediana Empresa (España).

— R —

RACE: Real Automóvil Club de España.
Radar: Radio Detection and Ranging (Detención y Localización por Radio).
RAE: Real Academia Española.
RAG: Real Academia Gallega.
RAI: Radio Audizioni Italia (emisora de radio y televisión italiana).
RALV: Real Academia de la Lengua Vasca.
RAM: Random Accesses Memory (memoria de acceso aleatorio).
RCA: Real Corporation of America (compañía de radio y televisión estadounidense).
RDA: V. DDR.
REM: Roentgen Equivalent Man (cantidad de ionización de los tejidos humanos creada por una dosis de radiación equivalente a un roentgen).
Renfe: acrónimo de Red Nacional de los Ferrocarriles Españoles.
Retevisión: acrónimo de Red Técnica Española de Televisión (del Ente Público).
RFA: V. República Federal de Alemania.
RFEF: V. FEF.
RIP: Requiescat in Pace (Descanse en Paz).
ROM: Read Only Memory (memoria sólo de lectura).
RNA: Ribonucleic Acid (Ácido Ribonucleico, ARN).
RNE: Radio Nacional de España.
RTVE: Radiotelevisión Española.
RU: Reino Unido.

— S —

S. A.: Sociedad Anónima.
SALT: Strategic Arms Limitation Talks (Conversaciones para la Limitación de Armas Estratégicas).
SAR: Search and Rescue (Búsqueda y Salvamento).
secam: Séquenciel Couleur à Mémoir (color secuencial de memoria, sistema de televisión en color). El uso ha convertido esta sigla en palabra común por lo que se escribe en minúscula.
SENPA: Servicio Nacional de Productos Agrarios (España).
SER: Sociedad Española de Radiodifusión.
SGAE: Sociedad General de Autores de España.
SIDA: Síndrome de Inmunodeficiencia Adquirida.
SIMO: Salón Informativo de Material de Oficina (España).
SJ: Societatis Jesus (nombre en latín de la Compañía de Jesús).
SI: Sistema Internacional (de pesos y medidas).
SL: Sociedad Limitada.
SMI: Sociedad Monetaria Internacional.
SOC: Sindicato de Obreros del Campo (España).
Sonar: Sound Navigation Ranging (Detención Submarina por Ondas Sonoras).
SONIMAG: Sonido e Imagen (Salón Monográfico Español).
SS: Schutzstaeffel (Escalón de Protección, nombre de la policía política del régimen nazi).
SST: Super Sonic Transport (Aviones de Transporte Supersónicos).
Syncom: acrónimo de Synchronous Orbit Satellite (Satélite de Comunicaciones de órbita Sincrónica).

— T —

TAF: Tren Automotor (o articulado) Fiat.
Talgo: Tren Articulado Ligero Goicoechea-Oriol.
Tass: Telegráfnoye Aguentstvo Soviétskogo Soyuza (Agencia Telegráfica de la Unión Soviética).
TCH: Telegrafía (o telefonía) con Hilos.
TER: Tren Español Rápido.
TVG: Trains à Grande Vitesse (Trenes de Gran Velocidad, Francia).
TIR: Transport International Routier (Transporte Internacional por Carretera).
TIJ: Tribunal Internacional de Justicia o Tribunal de la Haya, de las Naciones Unidas.
TNT: Trinitrolueno.
TVE: Televisión Española.

— U —

UCI: Unidad de Cuidados Intensivos.
UEFA: Union of European Football Associations (Unión de Asociaciones Europeas de Fútbol).
UFO: Unidentified Flying Objet (Objeto Volante no Identificado; OVNI).
UGT: Unión General de Trabajadores (sindicato, España).
UHF: Ultra High Frequency (Frecuencia Ultra Alta).
UIMP: Universidad Internacional Menéndez Pelayo.
UIT: Union Internationale des Télécommunications (Unión Internacional de las Telecomunicaciones).
UNDC: United Nations Disarmament Commision (Comisión de las Naciones Unidas para el Desarme).
UNED: Universidad Nacional de Educación a Distancia (España).
UNESCO: United Nations Educational, Scientific and Cultural Organization (Organización de las Naciones Unidas para la Educación, la Ciencia y la Cultura).
UNHACR: United Nations High Commissioner for Refugees (Comisionado de las Naciones Unidas para los Refugiados).

Unicef: United Nations Children's Fund (Fondo de las Naciones Unidas para la Infancia).
UNIPYME: Unión de Organizaciones de la Pequeña y Mediana Empresa (España).
UNREF: United Nations Refugees Emergency Fund (Fondo de Urgencia para los Refugiados de las Naciones Unidas).
UPI: United Press International (Prensa Internacional Unida, EE UU).
UPU: Unión Postal Universal (de las Naciones Unidas).
URRS: Union des Républiques Socialistes Sovietiques (Unión de Repúblicas Socialistas Soviéticas).
US: United States (Estados Unidos).
USA: United States of America (Estados Unidos de América).
USO: Unión Sindical Obrera (sindicato, España).
UVI: Unidad de Vigilancia Intensiva.

— V —

VHF: Very High Frequencies (Frecuencias Muy Altas).
VHS: Video Home System (Sistema de Video Casero).
VRT: Video Recording Tape (cinta de Grabación de Vídeo).
VTR: Videotape Recording (Grabación en Cinta de Vídeo).

— W —

WC: Water Closet (retrete).

— X —

XUV: XRay and Ultraviolet (Rayos X Ultravioleta).

Técnica literaria

Métrica
Versificación
Estrofas métricas

•

Lenguaje figurado
Figuras
Tropos

•

Géneros literarios

Técnica literaria

El contenido de este apartado del apéndice constituye un acercamiento al hecho literario a través de ciertos rasgos del lenguaje literario y de las posibles clasificaciones de estos rasgos. El texto literario es una obra de arte que parte de una materia, el lenguaje común. Esa materia, al igual que la piedra en la escultura o el sonido en la música, es elaborada mediante una serie de recursos que configuran una técnica: la técnica literaria.

Los modos técnicos que en este apartado presentamos nos proporcionan una visión meramente descriptiva del texto literario junto con una perspectiva histórica ya que la técnica es un procedimiento definido históricamente. El estudio del texto literario, con su complejidad y sus implicaciones, ha de completarse con un análisis de su particularidad, análisis que corresponde a una disciplina humanística denominada "Crítica Literaria".

MÉTRICA

Versificación

Se denomina *verso* a una palabra o conjunto de palabras sujetas a medida, rima (o agrupadas libremente en la versificación amétrica) que constituyen cada línea de un poema.

1. LA MEDIDA. Está determinada por el número de sílabas de los versos. Según su medida, los versos pueden ser:
- **De arte mayor**: los que constan de más de ocho sílabas: eneasílabo (de nueve), decasílabo (de diez), endecasílabo (de once), dodecasílabo (de doce), tredecasílabo (de trece), alejandrino (de catorce), pentadecasílabo (de quince), etc.
- **De arte menor**: son los que tienen de dos a ocho sílabas: bisílabo (de dos), trisílabo (de tres), tetrasílabo (de cuatro), pentasílabo (de cinco), hexasílabo (de seis), heptasílabo (de siete) y octosílabo (de ocho).

El cómputo silábico de los versos en lengua castellana está sujeto a las siguientes normas:
- si la última palabra del verso es esdrújula, se añade al cómputo una sílaba más.
- si la última palabra del verso es aguda, se resta al cómputo una sílaba.
- la sinalefa: consiste en escandir dos sílabas como una sola y tiene lugar cuando la primera de esas dos sílabas termina en un fonema vocálico y la segunda comienza por otro fonema vocálico. Ej: *Su pandero de hojalata* (F. García Lorca).
- la diéresis: consiste en escandir las vocales de un diptongo pronunciándolas con hiato. Ej.: *Ay sabrosa ilusión, sueño süave* (Gutierre de Cetina).
- la sinéresis: consiste en la reducción a una sola sílaba de dos vocales en hiato. Ej: *aérea como dorada mariposa* (Espronceda).

Junto con esta forma de versificación silábica, existen otras formas que a continuación enumeramos:
- **Versificación cuantitativa**: es la basada en la cantidad o duración de sonidos y sílabas. Es el sistema de las literaturas clásicas, griega y latina. Como norma general se admite que la duración de una sílaba larga equivale a la de dos breves. Las sílabas se agrupan en pies clasificables según el número de sílabas y la cantidad de éstas (espondeo, troqueo, yambo, pirriquio, etc.).
- **Versificación amétrica**: es la propia de los albores de las literaturas romances y se caracteriza por la irregularidad en el número de sílabas en cada verso. Algunas canciones populares conservan restos de vacilación métrica. La poesía culta de los últimos cincuenta años practica también la versificación libre, no sujeta a las exigencias de la medida.

- **Versificación acentual**: coincide con la versificación amétrica en no exigir un número fijo de sílabas para los versos; pero los acentos de intensidad, periódicamente situados, marcan un ritmo bien perceptible.

2. LA RIMA. Se entiende por rima la igualdad de sonidos finales entre dos o más versos a partir de la última vocal acentuada. Constituye un procedimiento general en la lírica romance y en otras líricas de lenguas próximas. La rima puede ser:
- **Asonante o imperfecta**: se basa en la coincidencia de vocales al final de verso tras la última vocal acentuada.
- **Consonante o perfecta**: consiste en la igualdad de sonidos tanto vocálicos como consonánticos.

Estrofas métricas

Los versos pueden estar reunidos formando:
- **Series**: sucesiones homogéneas indefinidas.
- **Estrofas**: combinaciones de estructura determinada que generalmente se repiten de modo igual en toda la composición o fragmento. Se denomina estrofas "parisílabas" a las agrupaciones en que los versos son todos de igual medida e "imparisílabas" cuando los versos tienen medidas diferentes.

El número que figura delante de cada verso indica el número de sus sílabas y la letra que le sigue señala la rima de ese verso con otros de la misma estrofa y si el verso es de arte mayor (letra mayúscula) o menor (minúscula).

1. ESTROFAS DE RIMA CONSONANTE

Pareado
(14 A) *Complacido en mis versos, con orgullo de artista,*
(14 A) *les di olor de heliotropos y color de amatista...*
José Asunción Silva

Terceto monorrimo
(11 A) *El verso sutil que pasa o se posa*
(11 A) *sobre la mujer o sobre la rosa,*
(11 A) *beso pudo ser, o ser mariposa.*
Rubén Darío

Tercetos encadenados
(A 11) *... Que aunque todas las aguas del olvido*
(B 11) *bebiese yo, por imposible tengo*
(A 11) *que me escapase, de tu lazo asido,*
(B 11) *donde la vida a más dolor prevengo;*
(C 11) *¡Triste de aquél que por estrellas ama,*
(B 11) *si no soy yo, porque a tus manos vengo!*
(C 11) *Donde si espero de mis versos fama,*
(D 11) *a ti lo debo, que tú sola puedes*
(C 11) *dar a mi frente de laurel la rama,*
(D 11) *donde murieron, vencedora quedes.*
Lope de Vega

Serventesio
(A 11) *Flor deliciosa en la memoria mía,*
(B 11) *ven mi triste laúd a coronar,*
(A 11) *y volverán las trovas de alegría*
(B 11) *en sus ecos tal vez a resonar.*
Enrique Gil y Carrasco

Cuarteto
(A 11) *A veces una hoja desprendida*
(B 11) *de lo alto de los árboles, un lloro*
(B 11) *de las ninfas que pasan, un sonoro*
(A 11) *trino de ruiseñor, turban mi vida.*
Enrique González Martínez

Cuarteta
(8 a) *... Mi cantar vuelve a plañir:*
(8 b) *"Aguda espina dorada,*
(8 a) *quién te pudiera sentir*
(8 b) *en el corazón clavada".*
Antonio Machado

Redondilla
(8 a) *Dadme licencia, señor,*
(8 b) *para que deshecho en llanto*
(8 b) *pueda en vuestro rostro santo*
(8 a) *llorar lágrimas de amor.*
Lope de Vega

Cuaderna vía
(14 A) *Gonzalvo fue so nonme, qui fizo est tractado;*
(14 A) *en Sant Millán de Suso fue de ninnez criado;*
(14 A) *natural de Berceo, ond Sant Millán fue nado;*
(14 A) *Dios guarde la su alma del poder del pecado.*
Berceo

Quinteto
(11 A) *Cayó como la piedra en la laguna,*
(11 B) *con rudo golpe en insondable fosa.*
(11 A) *Ya no levantará tormenta alguna*
(11 A) *su elocuencia, vibrando en la tribuna,*
(11 B) *terrible como el rayo, y luminosa.*
Núñez de Arce

Quintilla
(8 a) *No hay camuesa que se afeite*
(8 b) *que no te rinda ventaja,*
(8 a) *ni rubio y dorado aceite*
(8 b) *conservado en la tinaja,*
(8 a) *que me cause más deleite.*
Lope de Vega

Lira
(7 a) *En una noche obscura*
(11 B) *con ansias en amores inflamada,*
(7 a) *¡oh dichosa ventura!,*
(7 b) *salí sin ser notada,*
(11 B) *estando ya mi casa sosegada.*
San Juan de la Cruz

Sextina
(14 A) *¡Ay! La pobre princesa de la boca de rosa*
(14 A) *quiere ser golondrina, quiere ser mariposa,*
(13 B') *tener alas ligeras, bajo el cielo volar;*
(14 C) *ir al sol por la escala luminosa de un rayo,*
(14 C) *saludar a los lirios con los versos de Mayo,*
(13 B') *o perderse en el viento sobre el trueno del mar.*
Rubén Darío

Estrofa manriqueña
(8 a) *Partimos cuando nacemos,*
(8 b) *andamos mientras vivimos*
(4 c) *y llegamos*
(8 a) *al tiempo que fenecemos;*
(8 b) *así que, cuando morimos,*
(4 c) *descansamos.*
Jorge Manrique

Copla de pie quebrado
(8 a) *Recuérdate de mi vida*
(4 b) *pues que viste*
(8 a) *mi partir e despedida*
(4 b) *ser tan triste.*
(8 c) *Recuérdate que padesco*
(4 d) *e padescí*
(8 c) *los males que non meresco,*
(4 d) *desde que vi*
(8 a) *la respuesta non debida*
(4 b) *que me diste,*
(8 a) *por la cual mi despedida*
(4 b) *fue tan triste.*
Marqués de Santillana

Copla de arte mayor
(12 A) *Aquel claro padre, aquel dulce fuente,*
(12 B) *aquel que en cástalo monte resuena,*
(12 B) *es don Enrique, señor de Villena,*
(12 A) *honra de España e del siglo presente.*
(12 A) *¡Oh ínclito sabio, autor muy ciente!*
(12 C) *Otra e aun otra cegada yo lloro,*
(12 C) *porque Castilla perdió tal tesoro*
(12 A) *non conocido delante la gente.*
Juan de Mena

Octava real
(11 A) *Cerca del Tajo en soledad amena*
(11 B) *de verdes sauces hay una espesura,*
(11 A) *toda de hiedra revestida y llena,*
(11 B) *que por el tronco va hasta el altura,*
(11 A) *y así la teje arriba y encadena*
(11 B) *que el sol no halla paso a la verdura;*
(11 C) *el agua baña el prado con sonido*
(11 C) *alegrando la vista y el oído.*
Garcilaso de la Vega

Octava italiana
(11 A) *Tu aliento es el aliento de las flores;*
(11 B) *tu voz es de los cisnes la armonía;*
(11 B) *es tu mirar el esplendor del día,*
(11 C') *y el color de la rosa es tu color.*
(11 D) *Tú prestas nueva vida y esperanza*
(11 E) *a un corazón para el amor ya muerto;*
(11 E) *tú creces de mi vida en el desierto*
(11 C') *como crece en un páramo la flor.*
Bécquer

Octavilla italiana
(8 a) *Con diez cañones por banda,*
(8 b) *viento en popa a toda vela,*
(8 b) *no corta el mar, sino vuela,*
(7 c') *un velero bergantín:*
(8 d) *bajel pirata que llaman*
(8 e) *por su bravura, el Temido,*
(8 e) *en todo mar conocido*
(7 c') *del uno al otro confín.*
Espronceda

Décima o espinela
(8 a) *Yo sueño que estoy aquí*
(8 b) *destas prisiones cargado,*
(8 b) *y soñé que en otro estado*
(8 a) *más lisonjero me vi.*
(8 a) *¿Qué es la vida? Un frenesí.*
(8 c) *¿Qué es la vida? Una ilusión,*
(8 c) *una sombra, una ficción,*
(8 d) *y el mayor bien es pequeño:*
(8 d) *que toda la vida es sueño,*
(8 c) *y los sueños sueños son.*
Calderón de la Barca

Soneto
(11 A) *Mientras por competir con tu cabello,*
(11 B) *oro bruñido, al Sol relumbra en vano,*
(11 B) *mientras con menosprecio en medio el llano*
(11 A) *mira tu blanca frente el lilio bello;*
(11 A) *mientras a cada labio, por cogello,*
(11 B) *siguen más ojos que al clavel temprano,*
(11 B) *y mientras triunfa con desdén lozano*
(11 A) *del luciente cristal tu gentil cuello;*
(11 C) *goza cuello, cabello, labio y frente,*
(11 D) *antes que lo que fue en tu edad dorada*
(11 D) *oro, lilio, clavel, cristal luciente*
(11 C) *se vuelva, mas tú y ello juntamente,*
(11 D) *en tierra, en humo, en polvo, en sombra, en nada.*
Góngora

Soneto con estrambote
(11 A) *"¡Voto a Dios, que me espanta esta grandeza*
(11 B) *y diera un millón por describilla*
(11 B) *porque ¿a quién no sorprende y maravilla*
(11 A) *esta máquina insigne, esta riqueza?"*
(11 A) *"Por Jesucristo vivo, cada pieza*
(11 B) *vale más de un millón, y que es mancilla*
(11 B) *que esto no dure un siglo. ¡Oh gran Sevilla,*
(11 A) *Roma triunfante en ánimo y grandeza!"*

(11 C) *"Apostaré que el ánima del muerto*
(11 D) *por gozar este sitio hoy ha dejado*
(11 E) *la gloria donde vive eternamente."*
(7 e) *Y luego incontinente*
(11 F) *caló el chapeo, requirió la espada,*
(11 F) *miró al soslayo, fuese, y no hubo nada.*
Cervantes

Estancia
(11 A) *Corrientes aguas puras, cristalinas;*
(11 B) *árboles que os estáis mirando en ellas.*
(11 C) *Verde prado, de fresca sombra lleno;*
(11 B) *aves que aquí sembráis vuestras querellas;*
(11 A) *hiedra que por árboles caminas*
(11 C) *torciendo el paso por su verde seno:*
(7 c) *yo me vi tan ajeno*
(7 d) *del grave mal que siento,*
(7 d) *que de puro contento*
(11 E) *con vuestra soledad me recreaba,*
(11 E) *donde con dulce sueños reposaba*
(11 F) *o con el pensamiento discurría*
(7 e) *por donde no hallaba*
(11 F) *sino memorias llenas de alegría.*
Garcilaso de la Vega

Silva
(7 a) *¿Con qué culpa tan grave,*
(7 a) *sueño blando y suave,*
(11 B) *Pude en largo destierro merecerte*
(11 C) *que se aparte de mí tu olvido manso?*
(11 D) *Pues no te busco yo por ser descanso,*
(11 B) *sino por muda imagen de la muerte.*
(7 d) *Cuidados veladores*
(11 E) *hacen inobedientes mis ojos*
(7 f) *a la ley de las horas:*
(11 D) *no han podido vencer a mis dolores*
(11 E) *las noches, ni dar paz a mis enojos.*
(11 F) *Madrugan más en mí que en las auroras*
(7 g) *lágrimas a este llano,*
(11 H) *que amanece a mi mal siempre temprano;*
(11 I) *y tanto, que persuade la tristeza*
(11 J) *a mis dos ojos, que nacieron antes*
(11 K) *para llorar que para ver. Tú, sueño,*
(11 J) *de sosiego los tienes ignorantes...*
Quevedo

2. ESTROFAS DE RIMA ASONANTE

Series monorrimas de versos irregulares
A grandes voces llama   el que en buena hora nació:
-"¡Feridlos, cavalleros,   por amor del Criador!"
"¡Yo soy Roy Díaz, el Cid   de Bivar Campeador!"
Todos fieren en el az   do está Per Vermudoz.
Trezientas lanças son,   todas tienen pendones;
seños moros mataron,   todos de seños colpes;
a la tornada que fazen   otros tantos muertos son.
Cantar del Mío Cid

Romance
(8 -) *Cabalga Diego Laínez*
(8 a) *al buen rey besar la mano;*
(8 -) *consigo se los llevaba,*
(8 a) *los trescientos hijosdalgo;*
(8 -) *entre ellos iba Rodrigo,*
(8 a) *el soberbio castellano.*
(8 -) *Todos cabalgan a mula,*
(8 a) *sólo Rodrigo a caballo;*
(8 -) *todos visten oro y seda,*
(8 a) *Rodrigo va bien armado;*
(8 -) *todos guantes olorosos,*
(8 a) *Rodrigo guante mallado...*
Anónimo

Endecha
(7 -) *¡Ay, soledades tristes*
(7 a) *de mi querida prenda,*
(7 -) *donde me escuchan solas*
(7 a) *las ondas y las fieras!*
(7 -) *Las unas que, espumosas,*
(7 a) *nieve en las peñas siembran,*
(7 -) *porque parezcan blandas*
(7 a) *con mi dolor las peñas;*
(7 -) *las otras que bramando*
(7 a) *ya templan la fiereza,*
(7 -) *y en sus entrañas hallan*
(7 a) *el eco de mis quejas.*
Lope de Vega

Romancillo
(6 -) *Hermana Marica,*
(6 a) *mañana que es fiesta*
(6 -) *no irás tú a la amiga*
(6 a) *ni yo iré a la escuela.*
(6 -) *Pondráste el corpiño*
(6 a) *y la saya buena,*
(6 -) *cabezón labrado,*
(6 a) *toca y albanega;*
(6 -) *y a mí me pondrán*
(6 a) *mi camisa nueva...*
Góngora

Romance heroico
(11 -) *Pronto el son de timbales y añafiles*
(11 A) *en la parte exterior, la grita y bulla*
(11 -) *que en las calles levanta el gran gentío,*
(11 A) *y el estruendo de arneses y herraduras,*
(11 -) *que llega dicen el gallardo moro,*
(11 A) *el retador valiente. Expresión una*
(11 -) *y una sola actitud se advierte en todos*
(11 A) *cuantos el ancho circo en torno ocupan...*
Duque de Rivas

Copla
(8 -) *Bueno es saber que los vasos*
(8 a) *nos sirven para beber;*
(8 -) *lo malo es que no sabemos*
(8 a) *para qué sirve la sed.*
Antonio Machado

Coplas de soledad o soleares
(8 a) *Y en un cuartito los dos*
(8 -) *veneno que tú tomaras*
(8 a) *veneno tomara yo.*
Anónimo

Seguidilla
(7 a) *Mi corza, buen amigo,*
(5 b) *mi corza blanca.*
(7 c) *Los lobos la mataron*
(5 b) *al pie del agua.*
R. Alberti

Silva asonantada
(7 -) *A la desierta plaza*
(11 A) *conduce en laberinto de callejas.*
(11 -) *A un lado, el viejo paredón sombrío*
(7 a) *de una ruinosa iglesia;*
(11 -) *a otro lado, la tapia blanquecina*
(11 A) *de un huerto de cipreses y palmeras,*
(7 -) *y, frente a mí, la casa*
(7 a) *y en la casa, la reja,*
(11 -) *ante el cristal que levemente empaña*
(11 A) *su figurilla plácida y risueña.*
(7 -) *Me apartaré. No quiero*
(11 A) *llamar a su ventana... Primavera*
(7 -) *viene -su veste blanca*
(11 A) *flota en el aire de la plaza muerta-;*
(7 -) *viene a encender las rosas*
(11 A) *rojas de tus rosales... Quiero verla...*
Antonio Machado

Estrofas cuaternarias asonantadas
(11 -) *Olas gigantes que os rompéis bramando*
(11 A) *en las playas desiertas y remotas,*
(11 -) *envuelto entre la sábana de espuma,*
(7 a) *¡llevadme con vosotras!*
(11 -) *Ráfagas de huracán, que arrebatáis*
(11 A) *del alto bosque las marchitas hojas,*
(11 -) *arrastrado en el ciego torbellino,*
(7 a) *¡llevadme con vosotras!*
Bécquer

3. ESTROFAS CON ESTRIBILLO

Zéjel o villancico
(Estribillo)
(8 x) *Tres morillas me enamoran*
(4 a) *en Jaén:*
(8 a) *Axa y Fátima y Marién.*
(Mudanzas)
(8 b) *Tres morillas tan garridas*
(8 b) *iban a coger olivas*
(8 b) *y hallábanlas cogidas*
(Vuelta)
(4 a) *en Jaén:*
(Estribillo)
(8 A) *Axa y Fátima y Marién.*
Anónimo

Letrilla
(7 -) *La más bella niña*
(7 a) *de nuestro lugar*
(7 -) *hoy viuda y sola*
(7 a) *y ayer por casar,*
(7 -) *viendo que sus ojos*
(7 a) *a la guerra van,*
(7 -) *a su madre dice*
(7 a) *que escucha su mal:*
(Estribillo)
(7 a) *dexadme llorar*
(7 a) *orillas del mar.*
(7 -) *Pues me diste madre,*
(7 a) *en tan tierna edad*
(7 -) *tan corto el placer*
(7 a) *tan largo el penar,*
(7 -) *y me cautivastes*
(7 a) *de quien hoy se va*
(7 -) *y lleva las llaves*
(7 a) *de mi libertad.*
(Estribillo)
(7 a) *Dexadme llorar,*
(7 a) *orillas del mar.*
Góngora

Glosa
(8 a) *Si de mis mayores gustos*
(8 b) *mis disgustos han nacido,*
(8 b) *gustos al cielo le pido*
(8 a) *aunque me cuesten disgustos.*
(8 c) *¡Oh, que mal, Fabio, resiste*
(8 d) *mi amor mi suerte penosa,*
(8 c) *pues la estrella que me asiste*
(8 d) *de una causa muy gustosa*
(8 c) *produce un efecto triste.*
(8 a) *Porque mis pasados sustos,*
(8 e) *que padezco desiguales,*
(8 a) *en mis pesares injustos*
(8 e) *no nacieron de mis males*
(8 a) *si de mis mayores gustos.*
Sor Juana Inés de la Cruz

4. ESTROFAS SIN RIMA

De versos sueltos o blancos
(11) *Como la rosa del zarzal bravío*
(11) *con cinco blancos pétalos, tu cuerpo,*
(11) *flor de la creación; sangriento cáliz*
(11) *tu henchido corazón, donde destilas*
(11) *el suero de la crema de la vida.*
(11) *Se colmó de dolor tu cáliz, vaso*
(11) *de la insondable angustia que no coge*
(11) *en corazón mortal; de Ti aprendimos,*
(11) *divino Maestro de dolor, dolores*
(7) *que surten esperanzas...*
Miguel de Unamuno

Estrofa sáfica
(11) *Dulce vecino de la verde selva,*
(11) *huésped eterno del abril florido,*

(11) *vital aliento de la madre Venus,*
(5)   *céfiro blando;*
(11) *si de mis ansias el amor supiste,*
(11) *tú, que las quejas de mi voz llevaste,*
(11) *oye, no temas, y a mi ninfa dile,*
(5)   *dile que muero.*
Villegas

Estrofas de versificación libre
Al fin de la batalla,
y muerto el combatiente, vino hacia él un hombre
y le dijo: "No mueras; te amo tanto!"
Pero el cadáver ¡ay! siguió muriendo.
Se le acercaron dos y repitiéronle:
"¡No nos dejes! ¡Valor! ¡Vuelve a la vida!"
Pero el cadáver ¡ay! siguió muriendo.
Acudieron a él veinte, cien, mil, quinientos mil,
clamando: "¡Tanto amor y no poder nada contra la
muerte!"]
Pero el cadáver ¡ay! siguió muriendo.
Le rodearon millones de individuos,
con un ruego común: "¡Quédate hermano!"
Pero el cadáver ¡ay! siguió muriendo.
Entonces todos los hombres de la tierra
le rodearon; les vio el cadáver triste, emocionado;
incorporose lentamente,
abrazó al primer hombre; echose a andar...
César Vallejo

LENGUAJE FIGURADO

Cuando en un mensaje priman la función poética y expresiva, la emoción y el artificio se reflejan en determinadas construcciones gramaticales y en cambios de sentido de palabras y giros lingüísticos. El sentido directo, propio, por ejemplo, del lenguaje científico, deja paso a un sentido figurado. EL lenguaje figurado ha sido tratado extensamente por la retórica. La clasificación retórica tradicional, que aquí conservamos, divide los procedimientos del lenguaje figurado en "figuras" y "tropos".

Ya Montagne (1533-1592) observó que los tecnicismos de la retórica grecolatina eran "denominaciones que pueden aplicarse a la charla de vuestra criada". Con ello expresaba la idea de que algunos de los procedimientos del lenguaje figurado se utilizan en el lenguaje coloquial para lograr mayor expresividad. Por esta razón, muchos de los ejemplos que incluimos en nuestra clasificación de las figuras y tropos pertenecen al lenguaje coloquial.

Es necesario señalar que los mensajes literarios no pueden ser considerados como discursos adornados con figuras y tropos. La unidad e inseparabilidad de la forma y el contenido de los textos literarios es un principio defendido por todas las corrientes crítico-literaria actuales.

Figuras

Consisten en modificaciones en la disposición de las palabras que afectan al contenido del discurso. Una posible clasificación (no exhaustiva) sería:

1. DE DICCIÓN

1. 1. Por adición de palabras
- **Polisíndeton**: abundancia de conjunciones copulativas. Ej.: *Protestaron, y armaron alboroto, y produjeron grave escándalo.*
- **Pleonasmo**: repetición innecesaria. Ej.: *Yo lo vi con mis propios ojos.*
- **Epíteto**: adjetivo innecesario. Ej.: «*Los verdes pinos*» (Antonio Machado).

1. 2. Por supresión de palabras
- **Asíndeton**: supresión de conjunciones. Ej.: «*Llegué, vi, vencí*» (Julio César).
- **Elipsis**: supresión de una palabra o de un sintagma. Ej.: «*Año de nieves, año de bienes*».

1. 3. Por repetición de palabras
- **Anáfora**: repetición inicial. Ej.: *Esto dice la gente, esto proclama el amor, esto persigue el deseo.*
- **Conversión**: repetición final. Ej.: *Es un aviso al jefe, al orgulloso jefe, al abominable jefe.*
- **Reduplicación**: *Vivir, vivir es lo que más interesa.*
- **Conduplicación**: repetición al principio de una cláusula de la última palabra de la cláusula inmediatamente anterior. Ej.: «*Pues si él es de reyes primo, primo de reyes soy yo*» (Duque de Rivas).
- **Epanadiplosis**: repetición, al comienzo y al final de la frase, de la misma palabra. Ej.: *Un clavo puede servir para extraer otro clavo.*

1. 4. Por combinación de palabras
- **Retruécano**: juego de palabras. Ej.: *El poder de la inteligencia no es la inteligencia del poder.*
- **Derivación**: uso de derivados de un mismo lexema. Ej.: *Queremos vivir la vida.*
- **Palíndromo**: orden simétrico de letras en la oración. Ej.: *Ramalazo rojo roza la mar.*
- **Similicadencia**: repetición de estructuras sintácticas. Ej.: *No perdonaba un agravio, no toleraba una falta, no soportaba una imprudencia.*
- **Sinonimia**: «*Acude, corre, vuela*» (Fray Luis de León).
- **Paranomasia**: uso de parónimos. Ej.: «*Para orador te faltan más de cien; para arador te sobran más de mil*» (Fr. Diego González).
- **Hipérbaton**: desorden sintáctico. Ej.: *Con sus palabras a todos cautivó el conferenciante.*

2. DE PENSAMIENTO

2. 1. Lógicas
- **Enumeración**: *Vimos sus obras primigenias, sus admirables retratos, sus bodegones inimitables.*
- **Amplificación**: desarrollo de una idea. Ej.: *Es una muestra de su bondad, una prueba de su amor, una demostración de su entrega total.*
- **Gradación**: «*Della nace el odio, del odio la envidia, de la envidia la disensión*» (Mateo Alemán).
- **Antítesis**: contraposición de ideas. Ej.: «*Si deseas para vivir, nunca serás pobre; si vives para tu deseo, nunca serás rico*» (Polo de Medina).
- **Paradoja**: *Me defienden tus ofensas, me honran tus deshonras.*
- **Comparación o símil**: «*Tus ojos son como palomas*» (Sagrada Biblia, «Cantar de los Cantares», I-17).
- **Perífrasis**: *El príncipe de las tinieblas* (por el diablo).
- **Alusión**: *Por poco se arma la de San Quintín.*
- **Sentencia**: «*Los sabios heredarán la gloria; mas los insensatos adquirirán la ignominia*» (Sagrada Biblia, Prov. III-35).

2. 2. Patéticas
- **Apóstrofe**: *¡Oh vanidad! ¡Cuántos estragos produces!*
- **Interrogación retórica**: *¿Quién tendrá en cuenta esas circunstancias?*
- **Exclamación**: «*¡Oh desventurados ojos, que ninguna otra cosa veréis sino miserias!*» (P. Granada).
- **Hipérbole**: exageración. Ej.: *En aquella batalla corrieron ríos de sangre.*
- **Prosopopeya o personificación**: «*Hoy la tierra y los cielos me sonríen*» (Bécquer).
- **Reticencia**: uso de frases incompletas y alusivas. Ej.: *Ya te lo he dicho muchas veces...; no te aviso más.*
- **Imposible**: *Antes lo negro será blanco, que tú consigas mis favores.*
- **Dubitación**: «*Ser o no ser*» (Shakespeare).
- **Ironía**: *El profesor es buena persona...; no hay más que verlo.*
- **Preterición**: alusión directa e intencionada a lo que se pretende omitir. Ej.: *No voy a hablar de su imprudencia, ni de su cinismo.*
- **Deprecación**: ruego o súplica ferviente. Ej.: *¡Acuérdate de mí!*
- **Execración**: maldición sagrada. Ej.: *¡Caiga su sangre sobre nosotros y sobre nuestros hijos!*
- **Imprecación**: expresión de un vehemente deseo de mal ajeno. Ej.: *¡Que se derrumbe el edificio!*

2. 3. Descriptivas
- **Topografía**: «*Toda la planicie aparece tijereteada y subdividida en islillas verdes*» (Pereda).
- **Cronología**: *Era el momento en que comenzaba a parpadear el día.*
- **Prosopografía**: descripción de rasgos físicos de una persona. Ej.: «*Servía en la venta una moza asturiana, ancha de cara, llana de cogote...*» (Cervantes).
- **Etopeya**: descripción de la personalidad. Ej.: *El muchacho es un sujeto amable, resuelto y de gran intuición.*
- **Paralelo**: comparación entre dos personas. Ej.: «*Homero era el mayor genio; Virgilio el mayor artista... Homero es pródigo con generosidad; Virgilio es magnífico con economía...*» (Pope).

Tropos

Se definen como modificaciones que extienden, restringen o alteran el significado de las palabras. Estas modificaciones entrañan una relación entre vocablos que puede ser de semejanza, de dependencia o de simultaneidad, originando respectivamente, la metáfora, la metonimia y la sinécdoque.

1. METÁFORA
- **Entre objetos inanimados**: *Una enorme montaña de agua.*
- **Entre lo animado y lo inanimado**: *Los Cielos entonan la gloria de Dios.*
- **Entre lo inanimado y lo animado**: *La espada de mi conciencia.*
- **Entre seres animados**: *Aquella mujer es una leona.*
- **Entre el mundo abstracto y el concreto**: *La esperanza alienta a los mortales, la caridad los mueve con energía.*
- **Entre el mundo material y el espiritual**: *El entendimiento ve, la voluntad se lanza.*

2. METONIMIA
- **De la causa por el efecto, o viceversa**: *Leo a Garcilaso* (por: leo las obras de Garcilaso).
- **Del instrumento por la causa activa**: *Azorín es una pluma bien cortada* (por: es un buen escritor).
- **Del continente por el contenido**: *Bebe un vaso de vino* (por: el vino de un vaso).
- **Del lugar por la procedencia**: *La filosofía del Jardín* (por: la de Epicuro).
- **Del signo por la cosa significada**: *Estuvieron en poder de la media luna* (por: en poder de los musulmanes).
- **De lo físico por lo moral**: *Es un hombre sin entrañas* (por: sin buenos sentimientos).
- **Del dueño, patrono o colectividad de una casa o lugar por la casa o el lugar mismo**: *Voy al médico* (por: voy a la consulta del médico).
- **De la materia por la cosa**: *Blandió el acero* (por: la espada).

3. SINÉCDOQUE
- **De la parte por el todo**: *Había allí tres mil almas* (por: personas).
- **Del número singular por el plural y viceversa**: *El español es fuerte* (por: los españoles son fuertes).

- **De un número determinado por otro indeterminado**: *Mil veces te lo hemos repetido* (por: muchas veces).
- **Del género por la especie**: *El trabajo es el castigo de los mortales* (por: hombres).
- **Del individuo por la especie**: *Un «Salomón»* (por: hombre sabio).
- **De la especie por el individuo (Antonomasia)**: *Ya lo dijo el «filósofo»* (por: Sócrates).
- **De lo abstracto por lo concreto**: *La juventud es alegre* (por: los jóvenes).

GÉNEROS LITERARIOS

Un género literario constituye una agrupación de obras literarias definidas por un conjunto de rasgos temáticos y formales comunes. Con el objetivo de ofrecer una clasificación lo más amplia posible, añadimos a los tres grandes géneros (Poesía, Didáctica y Oratoria) unos géneros menores (Historia y Periodismo).

1. POESÍA
Las obras poéticas se caracterizan por tener un fin esencialmente estético:

1. 1. **Épica**
    - Epopeya
    - Épica popular y otros poemas épicos
    - Novelas idealizantes: pastoril, morisca, etc.
    - Formas narrativas breves: apólogo, cuento folclórico y moderno, etc.
    - La novela contemporánea: histórica, psicológica, realista, policiaca, fantástica, etc.

1. 2. **Lírica**
1. 2. 1. **Lírica culta**:
    - Himnos: religiosos o profanos
    - Odas: filosóficas, religiosas, morales...
    - Elegías: epitafios, églogas y baladas
    - Composiciones breves: canciones, madrigales, epitalamios, epigramas...
    - Composiciones modernas

1. 2. 2. **Lírica popular**:
    - Cantares: cuartetas, seguidillas, soleares
    - Villancicos
    - Romances
    - Serranillas
    - Endechas

1. 3. **Dramática**
1. 3. 1. **Obras mayores**:
    - Tragedia
    - Comedia: psicológica, de costumbres, de intriga, etc.
    - Drama: psicológico, sentimental, trágico, histórico, etc.

1. 3. 2. **Obras menores**:
    - Sainete
    - Entremés
    - Paso
    - Farsa
    - Auto sacramental

2. DIDÁCTICA Y ENSAYO
Las obras didácticas tratan de aleccionar o exponer una doctrina.

2. 1. **En prosa**:
    - Doctrinal: incluye monografías y tratados sobre temas filosóficos, religiosos...
    - La crítica: filosófica, científica, literaria, social, estética, etc.

2. 2. **En verso**:
    - Fábulas
    - Poemas didácticos
    - Parábolas
    - Sátiras

3. ORATORIA
Las obras de la oratoria pretenden convencer o conmover a través de la palabra hablada:
- Sagrada: sermones y pláticas
- Política: parlamentaria y popular
- Militar: arengas, proclamas y alocuciones
- Forense: civilista, administrativista y penalista
- Académica: conferencias y discursos

4. HISTORIA
- Historias generales
- Biografías y autobiografías
- Memorias

5. PERIODISMO
- Artículos
- Crónicas
- Reportajes
- Entrevistas